U0915858

ALMANAC OF ICBC 2020

中国工商银行年鉴

中国工商银行年鉴编辑委员会 ◎ 编

中国金融出版社

责任编辑：张翠华
责任校对：潘 洁
责任印制：程 颖

图书在版编目（CIP）数据

中国工商银行年鉴.2020/中国工商银行年鉴编辑委员会编.—北京：中国金融出版社，2021.3
ISBN 978-7-5220-1007-6

Ⅰ.①中… Ⅱ.①中… Ⅲ.①工商银行—中国—2020—年鉴 Ⅳ.①F832.33-54

中国版本图书馆 CIP 数据核字（2021）第 022236 号

中国工商银行年鉴.2020
Zhongguo Gongshang Yinhang Nianjian. 2020
出版发行 中国金融出版社
社址 北京市丰台区益泽路 2 号
市场开发部 (010)66024766，63805472，63439533（传真）
网 上 书 店 www.cfph.cn
(010)66024766，63372837（传真）
读者服务部 (010)66070833，62568380
邮编 100071
经销 新华书店
印刷 北京市松源印刷有限公司
尺寸 205 毫米×280 毫米
印张 49.5
插页 12
字数 1810 千
版次 2021 年 3 月第 1 版
印次 2021 年 3 月第 1 次印刷
定价 285.00 元
ISBN 978-7-5220-1007-6
如出现印装错误本社负责调换 联系电话 (010)63263947

董事长　陈四清

董事长致辞

2019年是新中国成立70周年的大庆之年，也是本行改革发展的奋进之年、收获之年。面对复杂多变的外部环境，本行坚持稳中求进工作总基调，坚持传承与创新相结合，坚持从形与势的变化中把握全局、从危与机的转化中抢抓机遇，扎实推动高质量发展。全行经营实现了量的突破，总资产突破30万亿元，储蓄存款突破10万亿元，净利润突破3 000亿元，具有重要的标志性意义；实现了质的提升，不良贷款率、拨备覆盖率、资本充足率“三率”同步改善；实现了优的口碑，连续4年蝉联“全球银行品牌价值500强”榜首，连续7年蝉联“全球银行1 000强”榜首，市值保持国内金融业第一。

一年来，公司治理体系建设迈出新步伐。我们将公司治理作为行稳致远的重要基石，持续完善“党委全面领导、董事会战略决策、监事会依法监督、管理层负责经营”的治理格局，不断优化“决策科学、监督有效、运行稳健”的运作机制。2019年，本行董事会新设立了社会责任与消费者权益保护委员会和美国区域机构风险委员会，为更好地履行社会责任、满足业务发展和监管合规需要提供治理支持。

一年来，服务实体经济取得新成效。我们主动对标经济高质量发展要求，深化金融供给侧结构性改革，提升服务实体经济的适应性。在合理加大信贷投放的同时，搭建金融服务“立交桥”，综合运用债券、股权、代理、租赁等多种方式，满足实体经济需求。积极服务国家重大战略项目，促进形成优势互补高质量发展的区域经济布局。落实金融支持制造业高质量发展行动方案，加大制造业贷款特别是中长期和信用贷款的投放力度，支持产业基础能力和产业链现代化水平提升。打好政策“组合拳”，实现普惠金融增量、扩面、降本、保质。聚焦促进供给侧结构性改革，运用债务重组、产业基金、债转股等方式，帮助有市场、有效益但暂时困难的企业脱困重整、降本增效，已落地的债转股项目成功推动企业降低杠杆水平。统筹全行力量，扎实推进定点扶贫和金融精准扶贫工作，本行在四川南江县开展的黄羊养殖产业扶贫项目，入选全球减贫最佳案例。此外，在庆祝新中国成立70周年、第二届“一带一路”国际合作高峰论坛、第二届中国国际进口博览会等一系列重大活动中，本行以一流服务、一流保障，赢得多方赞誉。

一年来，防范化解金融风险取得新进展。我们强化底线思维，坚持增量防控和存量处置并举，全力打好防范化解金融风险攻坚战。持续推进资产质量“夯基固本”工程，统筹把好新增准入、存量管控、不良处置“三道关口”，保持了资产质量逐季改善态势。开展内控合规“压实责任年”活动，深化信贷、资产处置等八大重点领域风险治理。对标全球最佳实践，加强境外风险管理、反洗钱、合规管理三大体系建设。加强各类交叉性风险防控和子公司穿透管理，确保风险“看得清、摸得透、管得住”。积极助力化解中小同业机构风险，提振市场信心和预期，发挥大行市场“稳定器”作用。

一年来，重点战略实施取得新突破。我们坚持以服务创造价值，以改革激发活力，以创新驱动发展。全面启动“第一个人金融银行”战略，个人客户、储蓄存款增长均创近年最好水平。将手机银行作为业务转型的核心、竞争制胜的“重器”，致力打造领先的线上综合金融服务平台，手机银行客户规模、黏性、活跃度指标保持同业领先。深入推进网点转型工程，完善线上线下一体化服务体系，打造人民群众满意银行和客户首选银行。着力构建国际化发展新生态，本行已在48个国家和地区建立了428家分支机构，境外机构本土化、特色化、专业化发展提速。坚持问题导向、目标导向和结果导向，纵深推进重点城市行竞争力提升、利率定价、流程优化等改革项目，激发了经营活力和动力。整合优化集团研究力量，挂牌成立现代金融研究院，打造"工银研究"品牌，建设高端金融智库。

2019年，易会满先生因工作调动，辞去本行董事长、执行董事职务。易会满先生担任本行董事长期间，恪尽职守，勤勉履职，以高超的战略规划和引领能力，带领全行开创了改革发展的新局面。我代表董事会，对易会满先生的突出贡献表示衷心的感谢！我还要代表董事会，热烈欢迎本行新任监事长杨国中先生，新任副行长廖林先生，新任高级管理层成员王景武先生，新任董事胡祖六先生、卢永真先生、冯卫东先生和曹利群女士。同时对不再担任本行董事的胡浩先生、谭炯先生、程凤朝先生、叶东海先生、董轼先生和洪永淼先生为工商银行改革发展作出的贡献表示诚挚的谢意！

2020年初，面对突如其来的新冠肺炎疫情，本行按照"坚定信心、同舟共济、科学防治、精准施策"的总要求，勇于担当，主动作为，突出重点，统筹兼顾，有力、有序、有效做好疫情防控和金融保障工作。综合来看，中国经济长期向好的基本面没有改变，我们对全年经济社会发展目标的实现充满信心，对本行保持稳中有进的经营态势充满信心。本行将聚焦全面建成小康社会和脱贫攻坚任务目标，继续坚持稳中求进工作总基调，贯彻新发展理念，不断完善治理体系、提升治理能力，扎扎实实服务好实体经济，扎扎实实防范化解金融风险，扎扎实实推动改革创新，扎扎实实抓好队伍建设，努力通过自身高质量发展服务我国经济高质量发展，不断开创世界一流现代金融企业建设的新局面。

董事长：陈四清

二〇二〇年三月二十七日

行长　谷　澍

行长致辞

2019年，在国内外风险挑战明显上升的复杂局面下，本行的经营稳健，再次经受了周期和实践检验。集团实现净利润3 134亿元，比上年增长4.9%。实现拨备前利润5 707亿元，比上年增长6.9%。不良贷款率较上年末下降0.09个百分点至1.43%，拨备覆盖率较上年末提升23.56个百分点至199.32%，资本充足率上升1.38个百分点至16.77%。成本收入比为23.28%，保持在同业较好水平。

稳健根植于金融与经济的良性互动。服务好实体经济，是金融的天职本分，也是金融发展的最大规律。我们贯彻逆周期调控政策，合理加大融资支持力度，境内人民币贷款新增1.33万亿元，同比多增1 723亿元、增长9.8%。全年境内累计新增人民币债券投资1.5万亿元，其中新增地方债投资6 760亿元，居市场首位。将制造业高质量发展作为服务实体经济的主战场和重要发力点，开展“制造业金融服务年”活动，还原不良处置后制造业贷款增加近1 200亿元，余额达到1.45万亿元，保持市场第一。其中，制造业中长期贷款和信用贷款余额占比分别升至33%和37%。推动普惠金融提质增效，普惠贷款较年初增长超过50%，是各项贷款平均增速的5倍。健全民营企业专项资金规模、专门信贷授权、专业服务团队“三大保障体系”，民营企业贷款较年初增加1 754亿元、增长10%。发挥3家总行级科创中心和20家特色支行作用，试点创立工银新动能系列基金，首批发行科创板公募基金，加大对幸福产业、物联互联等经济增长新动能的支持。

稳健得益于风险管理的全面加强。按照打好防范化解金融风险攻坚战要求，排好优先序，抓住关键点，打好主动仗，在“稳金融”中发挥大行“压舱石”作用。强化集团全口径信用风险统筹管理，优化重点领域和大户风险管控机制，分门别类加大不良资产处置力度，推动资产质量逐季改善，不良贷款率连续12个季度下降。搭建集团交叉性风险监控平台和投融资风险监控平台，实现各类信息的统一展现和各类风险的动态监测预警，防范风险交叉传导。加强境内外合规管理，落实从严治行措施，厚植合规文化。

稳健源自于经营转型的加快推进。抓住一批增长空间大、带动效应强的板块，培育续航能力和多元动力。实现手续费及佣金净收入1 556亿元，比上年增长7.1%。个人客户净增超4 300万户，创近年最好水平，个人客户总量达6.5亿户。信用卡客户破亿，领先全球同业。ETC客户增加4 203万户，增量市场第一。依托坚实客户基础和持续服务创新，境内人民币全部存款（含同业）增加1.90万亿元，存款总量及分品种增量均保持市场领先。强化对公对私业务联动，构筑G-B-C全链条业务优势。资产管理、私人银行、投行等业务平稳推进转型。工银理财及奥地利、希腊机构开业，综合化国际化布局进一步完善，跨境跨市场服务能力进一步增强。

稳健孕育于金融科技的创新突破。金融科技是过去一年本行创新发展的“重头戏”。我们坚持从生态、场景、架构、技术、体制等多端发力，促进科技与金融的深度融合，打通线上线下、界内界外，全面打造客户服务智能普惠、金融生态开放互联、业务运营共享联动、产品创新高效灵活的智慧银行体系。在雄安新区设立工银科技有限公司，致力于“服务社会、共建生态、引领创新、荟聚人才”。组建金融科技研究院，设立5G、区块链等多个实验室，探索“产学研用”一体化研发模式，整合提升科技创新力量。重磅发布智慧银行生态系统ECOS 1.0，集中展示本行金融科技创新成果，尤其是“主机+开放平台”双核心IT架构的构建，以及开放合作共赢金融生态圈的形成，标志着本行“智慧银行”“数字银行”建设迈入新阶段。

总的来看，当前世界经济仍处于国际金融危机后的深度调整期，全球动荡源和风险点增多。国内经济运行总体平稳，同时经济下行压力加大，突如其来的新冠肺炎疫情，不可避免地对我国经济运行造成冲击。同时也要看到，我国经济韧性强、潜力足、回旋空间大，经济长期向好的基本面没有改变。工商银行经过36年的发展，形成了良好基础和独特优势。我们有信心、有底气、有能力，继续保持穿越周期的稳健经营，并以自身的“稳”为国家“六稳”助力，为推动经济高质量发展持续贡献工行力量。

行长：

二〇二〇年三月二十七日

监事长　杨国中

2019年5月8日，工银科技有限公司在雄安新区正式开业。陈四清董事长、谷澍行长、官学清董事会秘书出席开业仪式。

2019年6月4日下午，全行召开“不忘初心、牢记使命”主题教育动员大会，党委书记、董事长陈四清出席会议并做动员部署，总行党委、高管层成员参加现场会议，中央指导组第二十六组组长邓声明出席会议并讲话。

2019年6月6日，工银理财创新产品发布暨战略合作签约活动在北京举行。陈四清董事长出席并致辞，谭炯副行长、官学清董事会秘书出席活动；北京市副市长殷勇、中金公司总裁毕明建发表致辞；人民银行、银保监会、证监会等监管部门、北京市政府、部分同业机构及实体企业代表应邀参加活动。

2019年6月20日，2018年度股东年会在北京和香港两地通过视频连线方式同步召开。会议由陈四清董事长主持，谷澍副董事长、行长，胡浩副行长、谭炯副行长及董事会、监事会成员，官学清董事会秘书出席会议。

2019年10月19日至20日，陈四清董事长深入四川凉山州金阳县，慰问贫困群众，调研扶贫项目，部署扶贫工作。四川省副省长李云泽、董事会秘书官学清一同参加调研。

2019年11月5日至6日，陈四清董事长在上海参加第二届进博会暨虹桥国际经济论坛开幕式并出席第二届进博会系列活动。

2019年11月8日，智慧银行生态系统ECOS发布会在北京举行。陈四清董事长出席并致辞，谷澍行长介绍ECOS成果，官学清董事会秘书主持发布会；人民银行、中铝股份、故宫博物院等单位嘉宾参加了发布活动。

2019年11月13日至15日，陈四清董事长出访巴西，作为金砖国家工商理事会中方理事，赴巴西利亚出席金砖国家工商理事会相关活动，并赴圣保罗对工银巴西开展调研。

2019年12月25日，现代金融研究院成立仪式在北京举办。陈四清董事长、谷澍行长、杨国中党委副书记、王林组长、廖林副行长、王百荣首席风险官出席。

2019年12月31日，党委书记、董事长陈四清在派驻纪检监察组组长、党委委员王林的陪同下，前往派驻纪检监察组慰问并指导工作。

2019年7月18日，谷澍行长在青海分行调研期间，走访慰问一线员工。

2019年11月18日，谷澍行长在银川代表工商银行与宁夏回族自治区人民政府签署“互联网+政务”战略合作协议，并出席“我的宁夏”手机APP上线发布等系列活动。

2019年10月16日，谷澍行长出席联合国全球可持续发展投资者联盟GISD成立大会，并发表演讲。

2019年12月11日，党委副书记杨国中赴离退休人员管理部调研并慰问干部员工。

2019年12月17日，党委副书记杨国中到监事会办公室进行工作调研。

2019年12月30日上午，党委副书记杨国中检查总行本部办公楼管理情况并慰问干部员工。

2019年11月22日，派驻纪检监察组组长王林出席工商银行纪检干部学习十九届四中全会精神暨集中视频培训总结会议。

2019年9月25日，胡浩副行长深入浙江某先进制造业企业调研。

2019年5月30日，谭炯副行长出席第二届全行数据分析建模大赛总决赛并为获奖选手颁奖。

2019年12月11日，廖林副行长（左一）出席全行授信审批条线加强“真实性”审查工作动员会。

2019年4月15日，王百荣首席风险官出席由中国国债协会、工商银行和农业银行联合主办的地方政府债柜台发行工作交流会，并作为联合主办方致辞。

2019年8月6日至7日，官学清董事会秘书赴杭州金融研修学院出席“全面打造第一个人金融银行”工作报告会，并出席相关业务专题会。

2019年是新中国成立70周年，全行认真落实“防风险、保安全、迎大庆”要求，以高度政治责任感，做好安全稳定和服务保障各项工作，度过了一个安全、欢乐、祥和的国庆。图为宁波分行举办庆祝新中国成立70周年文艺汇演暨先进表彰大会。

2019年10月18日至27日，第七届世界军人运动会在湖北武汉举行。全行上下密切配合，全力做好赛事相关金融服务，较好履行军运会合作伙伴职责。图为军运村唯一银行专属服务网点——湖北分行军运村服务网点。

2019年，全行认真贯彻落实打赢脱贫攻坚战部署，扎实推进定点扶贫和金融精准扶贫工作。图为入选全球减贫最佳案例的南江县黄羊养殖定点扶贫项目。

2019年，全行全面贯彻落实打赢污染防治攻坚战部署，大力实施绿色信贷，支持环境整治项目，助力改善人居环境。图为贵州分行支持建设的“织金县城区水环境综合治理项目一期工程”。

2019年，全行更加注重精准投放，优先满足国家重大项目资金需求。图为北京分行支持建设的北京市国际交往重要基础设施——国家会议中心二期项目。

2019年，全行主动对接京津冀协同发展、粤港澳大湾区建设、长三角一体化发展等国家区域发展战略，大力支持基础设施补短板，促进形成优势互补高质量发展的区域经济布局。图为浙江分行支持的舟山某LNG接收及加注站项目。

2019年，全行落实政策“组合拳”，加大普惠贷款投放，实现普惠金融增量、扩面、降本、保质。图为福建分行创新推出的“渔排贷”普惠特色产品，助力海洋养殖业发展。

2019年，全行不断完善民营企业专项资金规模、专门信贷授权、专业服务团队“三大保障体系”，加大对民营企业的融资服务支持。图为广东中山分行客户经理走访当地科创小微企业，了解贷款使用情况。

2019年，全行落实金融支持制造业高质量发展行动方案，加大制造业贷款特别是中长期和信用贷款的投放力度，支持产业基础能力和产业链现代化水平提升。图为安徽分行支持的某企业第6代柔性有源矩阵有机发光显示器件（AMOLED）生产线建设项目。

2019年，全行积极发挥总行科创企业金融服务中心和特色支行作用，试点创立工银新动能系列基金，首批发行科创板公募基金，不断探索金融支持科创等经济增长新动能的新路径和新模式。图为科创企业金融服务中心（深圳）支持的深圳市某机器人科创企业。

2019年，全行认真落实全面打造“第一个人金融银行”战略，围绕财政统发、建工代发工资、城市改造与拆迁等领域狠抓全量客户拓展，个人客户、储蓄存款增长均创近年最好水平。图为江西分行员工为农民工现场办理代发工资卡。

2019年，全行积极落实国务院决策部署，加快推动ETC业务发展，全年ETC客户增量达4 203万户，显著领先同业。图为山东分行员工在街头开展ETC营销活动。

2019年，全行加速推动“智慧政务”工程落地，到年末已有28家分行与当地政府签署政务门户合作协议或达成意向。图为工商银行独家承建的“我的宁夏”政务服务APP上线运营。

2019年，全行积极打造领先的线上综合金融服务平台，手机银行客户规模、黏性、活跃度指标保持同业领先。图为12月21日，深圳分行举办粉丝嘉年华活动，庆祝分行手机银行用户突破 1 000万户。

2019年，全行积极从生态、场景、架构等多端发力，全面打造客户服务智能普惠、金融生态开放互联、业务运营共享联动、产品创新高效灵活的智慧银行体系。图为6月11日，首家全功能5G智慧银行在苏州分行正式发布。

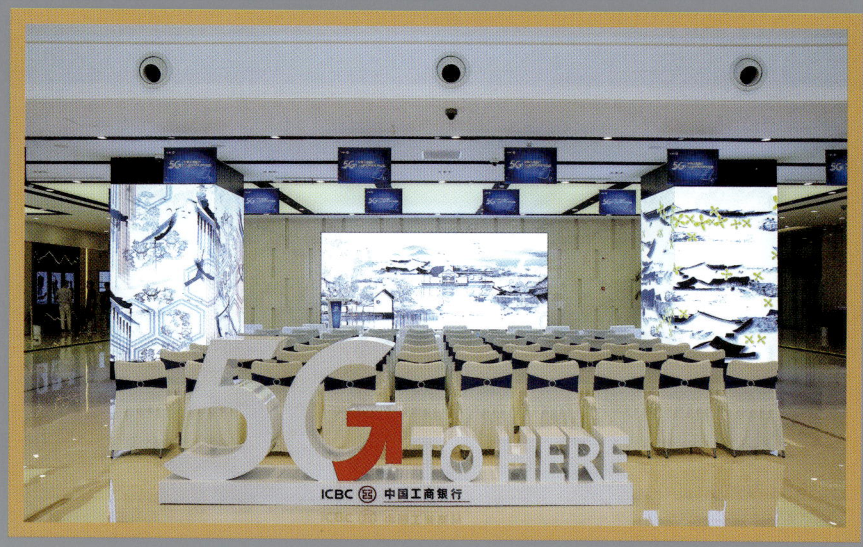

2019年，全行积极运用金融手段和力量，改善金融服务，持续完善打造人民群众满意银行和客户首选银行。图为四川宜宾“6·17”地震后，四川分行第一时间派出流动银行车到受灾最严重的的珙县，为受灾群众提供各项金融服务。

2019年，全行着力构建国际化发展新生态，已在48个国家和地区建立了429家分支机构，境外机构本土化、特色化、专业化发展提速。图为5月，工银澳门举办“工银澳门十周年慈善跑2019”活动。

上海分行支持建设的某外高桥数据中心项目。

海南分行支持建设的海南昌江核电一期项目。

云南分行支持建设的云南省“五出境”通道之一——临沧至清水河高速公路。

陕西分行支持建设的第十四届全国运动会主场馆——西安奥体中心主体育场项目。

新疆分行支持建设的“一带一路”核心区战略项目——乌鲁木齐国际机场改扩建项目。

杭州分行支持建设的未来社区项目。

目 录

第一部分 党建工作与公司治理

第二部分 重要战略与改革发展

第三部分 风险管理

第四部分　境内分行成就

第五部分　国际化发展与综合化经营

第六部分 重要文献

第七部分 大事记

第八部分 附 录

Contents

Part 1 Party building and corporate governance

Part 2 Important strategies, reform and development

Part 3 Risk management

Part 4 Achievements of Domestic Branches

Part 6 Important documents

Part 7 Chronicle of events

Part 8 Appendix

第一部分

党建工作与公司治理

责任编辑：孙清华
于　鸣

开展“不忘初心、牢记使命”主题教育

2019 年 6 月至 2020 年 1 月，在全行上下分两批开展“不忘初心、牢记使命”主题教育。2019 年 6 月至 9 月，总行本部、各一级（直属）分行、直属机构、境内综合化子公司、内审分局参加了第一批主题教育，共涉及 1 489 个处级及以上领导班子、1 500 余个党组织（其中党委 94 个，党支部 1 400 多个）、5 000 名处级及以上党员干部、3. 5 万余名党员（其中在职党员 2. 7 万名）。总行抽调 66 人组建 11 个巡回指导组，各一级（直属）分行抽调 641 人组建 163 个指导组，对第一批主题教育各单位开展了全覆盖督促指导。

2019 年 9 月至 2020 年 1 月，各二级分行及以下机构参加了第二批主题教育，共涉及 3 460 个一级支行及以上领导班子（其中处级及以上领导班子 865 个）、近 1. 7 万个党组织（其中党委 871 个，党支部 15 949 个）、3 800 多名处级及以上党员干部、24. 3 万余名党员（其中在职党员 15. 7 万名）。总行抽调 30 人组建 6 个巡回指导组，各一级（直属）分行抽调 764 人组建 170 个指导组，会同各级领导小组办公室，深入基层开展了督促指导。

主题教育期间，全行各级党组织和广大党员牢牢抓住深入学习贯彻习近平新时代中国特色社会主义思想这一根本任务，全面把握“守初心、担使命，找差距、抓落实”的总要求，一体推进学习教育、调查研究、检视问题、整改落实四项重点措施。

一是坚持高标定位，推动中央精神一贯到底。总行党委把开展好主题教育作为重要政治任务，切实履行主体责任，坚持统筹谋划，抓好具体推动。召开 10 次主题教育领导小组会议，面向全行召开 2 次动员大会、4 次专题培训会和 1 次工作推进会，制定两批主题教育实施方案和 12 个具体落实文件，确保标准要求直达基层、不偏不漏。建立“一竿子”插到底机制，针对基层党支部和普通党员专门制定工作安排，加强直通式管理。建立“分片包干”制度，督促各级党委逐级落实现场指导全覆盖，确保主题教育各项要求有效落地落实。

二是坚持聚焦主线，推动学习教育走深走实。聚焦学习贯彻习近平新时代中国特色社会主义思想这一主线，总行党委研究确定了“牢记初心使命”“锤炼政治品格”“勇于担当作为”3 个学习研讨专题，系统梳理了习近平总书记关于金融工作的重要论述。党委书记、董事长陈四清带头面向全行宣讲党的十九届四中全会精神，推动广大党员、干部持续深化对党的创新理论的理解。各级党组织认真抓好学习教育规定动作，一级支行以上领导班子和班子成员累计开展集中学习研讨 6. 2 万次，平均每个班子集中学习研讨时间达到 7 天以上；组织党支部书记开展全覆盖集中轮训，创新方式方法，开展党建理论知识竞赛、爱国主义“快闪”等活动，激发党员群众爱党爱国热情，推动学习教育入脑入心。

三是坚持求真务实，推动调查研究成果转化。坚持从实际出发，下沉基层一线开展调查研究。总行党委立足工作实际，确定了 7 个方面的调研方向，带头深入基层调研 30 余次，既解剖麻雀、以点带面，也全盘分析、明确思路。各级领导班子深入基层一线、市场、客户，累计开展调查研究 3 万人次，形成调查研究成果 1. 7 万个。在深入学习、广泛调研基础上，总行党委班子成员带头、各级领导班子成员和基层党支部书记认真讲授专题党课，进一步激发了广大党员、干部理论学习的内生动力。

四是坚持问题导向，推动检视剖析查深找准。各级领导班子突出问题导向、实践导向，深入查摆存在问题，为整改落实提供精准靶向。总行党委梳理了检视问题的 15 个重点方向，征求并归纳了 69 条意见建议。各级领导班子通过自己找、群众提、集体议、上级点等方式，广泛听取意见建议，深挖思想根源，持续完善问题清单；认真对照党章党规找差距，召开专题会议，深入检视问题，相互咬耳扯袖，增强了查摆和解决问题的针对性。

五是坚持上下联动，推动整改整治抓牢抓实。总行党委分 3 批确定了 24 项整改任务，制定了 49 条整改措施，至主题教育结束时已全部完成整改。在落实中央专项整治任务的基础上，将整治非法集资、非法放贷、“飞单”等损害群众利益的突出问题，单独列为专项整治任务。各级领导班子均认真制定整改清单，采取过硬措施，确保整改工作有序推进；建立上下联动整改任务清单，推动两批主题教育相互衔接。扎实开展整改落实“回头看”，持续巩固整改整治成效。主题教育期间，全行聚焦服务国家重大战略、支持先进制造业发展、完善民营小微金融服务等重点领域集中发力；组织开展“服务提升、百日行动”、治理客户投诉问题专项活动，优化客户意见工单流转机制；累计为网点员工解决生活保障类问题 6 800 余个；深入推进网点减负赋能工程，实现了运营类手工登记簿、报表大幅精简64%；召开全面从严治党从严治行暨警示教育大会、推进会，组织开展“顾国明、谢明案”专题教育整改，推动全体员工以案促思、以案促省、以案促查、以案促改。一级支行以上领导班子高质量召开专题民主生活会，严肃开展批评与自我批评；基层党支部认真召开专题组织生活会，进一步深化了主题教育成效。

六是坚持从严从实，推动督促指导取得实效。总分行两级指导组积极履行职责，抓住“一把手”这个关键，坚持原则，严格督导，要求学习教育不达标的“重新补课”、调查研究走过场的“重新回炉”、检视问题不聚焦的“重新剖析”、整改落实不到位的“重新校准”、专项整治有漏项的“重新补齐”，从严从实纠偏纠差。指导组按周量化工作安排，通过座谈交流、个别访谈、实地走访、随机测试等多种形式，把工作要求传导到位，把压力动力传递到位。

七是坚持宣传引导，推动形成良好活动氛围。围绕宣传和解读党中央开展主题教育的重大意义、部署学习党的十九届四中全会精神，发布20期学习资料汇编和110余篇参考资料。综合运用多种媒介开展广泛宣传，营造良好学习环境。总行编发主题教育简报28期，编发网讯动态信息、官微报道等1 000余条；各机构积极借助网讯、微刊微报和自有新媒体平台发布信息10 000余条，编发主题教育简报800余份；借力全国性、地方性媒体平台开展对外宣传报道700余次，广泛宣传全行主题教育进展情况和取得成效。先后被中央主题教育简报编发信息4次，被中央电视台采访报道2次。深入挖掘秉持理想信念、保持崇高境界、坚守初心使命、敢于担当作为的先进典型，集中宣传了各地区、各层级、各专业条线400多个集体和个人的先进事迹，形成了激励广大干部员工守初心、担使命的强大正能量。

通过主题教育，全行各级党组织和广大党员对习近平新时代中国特色社会主义思想的学习更加入脑入心，对马克思主义的信仰和对中国特色社会主义的信念更加坚定，中央决策部署在全行上下切实落地见效，以人民为中心的发展思想得到积极实践，全面从严治党从严治行持续深化压实。全行上下在理论学习、思想政治、干事创业、为民服务、清正廉洁等方面实现了全方位提升，党的建设和改革发展取得了新的成绩。

（总行党委组织部）

党建工作

一、系统党建

2019年，全行认真贯彻落实党中央决策部署，强化全面统筹和整体推进，实现基层党建工作质量的进一步提升。

（一）持续推进全面从严治党。印发《贯彻落实新时代全面从严治党要求的实施意见》《加强全行党的政治建设的具体措施》等制度办法，推动各级党组织进一步加强全面从严治党，以全面从严治党带动全面从严治行。严格党内政治生活，高质量召开2018年度民主生活会。总行党委召开征求意见建议座谈会，面向各分支机构征求意见建议，梳理民主生活会整改落实情况，形成整改落实情况报告和班子整改清单；对各一级（直属）分行、直属机构、境内综合化子公司党委民主生活会进行全覆盖督促检查和指导，切实提高会议质量。组织开展全行2018年度组织生活会和民主评议党员工作。开展党组织书记抓基层党建工作述职评议考核，组织6家分支机构党委书记和5家总行本部党组织书记向总行党委现场述职；组织党员群众通过网上测评系统对本单位党委书记抓基层党建工作情况进行评议；全行开展了各级党组织书记述职评议考核工作，各级党委书记切实履行全面从严治党和抓基层党建工作第一责任人职责。

（二）切实提高党的基层组织建设质量。一是健全组织覆盖。认真落实《中国共产党支部工作条例（试行）》，按照经营机构“支部建在网点”和机构本部“支部建在部门”原则，在符合条件的机构成立独立党支部，加强支部标准化、规范化建设；完善综合化子公司和境外机构党组织设置，工银科技、工银理财子公司成立党委，部分境外机构设立独立党支部；本着“有利加强管理、方便开展活动”的原则，合理设立党小组。2019年全行基层党组织从1.5万个增加到2万个，境外机构党组织从40个增加到45个。二是激发基层活力。加强党组织带头人队伍建设，对基层党支部书记开展全覆盖轮训，提升基层党组织带头人履职能力；严格规范基层组织生活，以主题教育为契机，推动基层党组织高标准开展“三会一课”、组织生活会、民主评议党员、主题党日等党内政治生活，强化党组织政治功能；注重创新方式方法，鼓励基层党组织开展“党建+”、结对共建等特色党建活动，推动党建工作与业务发展相融共促。三是改善薄弱环节。境外机构认真落实“双重领导、双线报告”制度，因地制宜抓好党建基础工作。召开2次海外党建工作座谈会、1次境外机构廉洁从业专题会议，明确新时代海外党建工作要求。印发2期一级（直属）分行基层党建工作情况通报，提高基层党组织建设科学化规范化水平。持续整顿软弱涣散党组织，对存在问题的71个党支部实行清单式管理，按照“一支部一对策”抓好整改落实。对照中央新要求，研究起草《进一步加强全行党的基层组织建设的意见》，为提高基层党组织建设质量打下基础。开发并试点推广“智慧党建”融e联平台，不断提高党建信息化水平。

（三）不断强化党员队伍建设。一是优化党员队伍结构。指导各单位科学制订2019—2021年发展党员工作三年计划，结合党员存量和需求情况，突出重点、统筹安排，对发展党员指标进行科学分配和合理使用。注重将发展党员指标向基层一线、高学历优秀青年员工、业务骨干倾斜，推动党员队伍结构不断优化。优先把党员中的优秀分子培养成网点负责人、支行行长等基层管理者，优先把工作表现突出的基层管理者发展为党员，提高网点负责人等关键岗位党员占比。二是引导党员发挥作用。采取集中学习、理论宣讲、组织生活、在线培训等多种方式，着力加强党员思想教育，组织开展党员承诺践诺、党员挂牌上岗、设置党员责任区、党员志愿服务等活动，引导广大党员牢固树立“人民金融为人民”的思想，切实增强干事创业、执行落实、开拓创新的本领。三是加大激励关怀力度。以建党98周年为契机，深入开展全行优秀共产党员、优秀党务工作者、先进基层党组织评选表彰工作，用先进典型激励全行干部员工奋发进取、创先争优。加强党员关心关爱，2019年元旦春节期间和新中国成立70周年期间，全行共走访慰问帮扶党员2.8万余名，发放慰问款3 100余万元，进一步增强了党员队伍的归属感和凝聚力。

二、本部党建

2019年，直属党委按照中央和国家机关工委、总行党委工作部署，坚持以习近平新时代中国特色社会主义思想为指导，聚焦围绕中心、建设队伍、服务群众职责定位，积极推进党建工作与业务工作融合互促，全面提升总分行机关党的建设质量，不断推动各项工作实现了新跨越。

2019年，在中央和国家机关纪检监察工委执纪审查专项检查中，工行在所有被检查单位中排名第三，在金融企业中排名第一；中央和国家机关党的建设工作会议召开后，工行作为10家单位中的唯一一家企业，接受央视《新闻联播》采访；《着力破解“两张皮”　全面提升机关党建质量》课题被评为“2019年度机关党建课题研究成果评选一等奖”；在工委机关党建创新案例征集活动中，总行运行管理部、金融市场部党总支的案例荣获“百优案例”称号；在“学用新思想、笔谈千字文”征文评选中，工行荣获三篇三等奖、三篇优秀奖，获奖质量、数量均为四大行最多；总行机构金融业务部党总支作为6家发言企业单位党组织之一，在工委“四强”支部建设论坛作了经验交流；全年在《旗帜》《机关党建研究》、旗帜网等期刊和媒体平台刊发文章近30篇。

（一）以政治建设为统领，旗帜鲜明讲政治。坚持把党的政治建设作为机关党建的根本性建设，放在统领地位，融入机关党建各方面、全过程。研究模范机关创建办法，总分行机关各级党组织开展专题学习研讨、制定具体措施，不断强化政治机关意识，做到“三个表率”，当好“排头兵”。以《关于加强党的政治建设的意见》为根本遵循，引导党员干部增强“四个意识”、坚定“四个自信”、做到“两个维护”；加强党的思想理论学习，自觉与党的基本理论、基本路线、基本方略对标对表；严守党的政治纪律和政治规矩，坚决防止“七个有之”，切实做到“五个必须”；严肃党内政治生活，严格执行“三会一课”、民主生活会、民主评议党员、请示报告等制度；着力防范和化解政治风险，切实增强政治敏锐性和政治鉴别力；按照“明码结账了事”的要求，以钉钉子精神认真抓好巡视、督查、检查发现机关党建问题的整改工作。

（二）强化四个着力，不断推动机关党建高质量发展。一是围绕学懂弄通做实，着力加强思想建设。将学习贯彻落实习近平新时代中国特色社会主义思想和党的十九大精神作为“两学一做”学习教育常态化、制度化的核心工作，及时组织推动总分行机关各级党组织学习习近平总书记重要讲话精神，尤其是关于经济，金融工作的重要论述，充分发挥大讲堂领学、“三会一课”助学、党日活动引学、“应知应会”“口袋书”助学、“理论测试”考学、“回乡见闻”“千字文”活学作用，重点抓好“关键少数”和“年轻干部”两个群体，推动党员干部用习近平新时代中国特色社会主义思想武装头脑、指导实践、推动工作。落实干部职工思想动态分析报告制度，围绕学习、生活、工作三个方面的100个问题，开展抽样调查分析，查找共性和个性问题，研究进一步加强和改进思想政治工作的具体举措，切实发挥好政治引领、理顺情绪、化解矛盾、解疑释惑的作用。二是围绕组织力提升，着力加强组织建设。树立大抓基层的鲜明导向，制定《关于规范总分行本部基层党组织设置的意见》，对总分行机关部室党组织设置标准、委员会建设标准、党务干部建设要求作出了规范，组织推动机关各级党组织按期换届。出台总分行本部党支部标准化规范化建设试点工作方案，推动试点支部掌握规定动作，查找工作短板，主动改进工作。核定总行机关党费最低交纳限额，加强了党费收缴、使用、管理的督导检查。按照“两个优先”要求，主动做好优秀人才的发现、培养、发展工作，发展党员115名。加大督导力度，进一步提升机关各级党组织“三会一课”、民主生活会、组织生活会、领导干部双重组织生活等制度执行质量，不断增强主题党日活动仪式感，持续开展“两优一先”等树典推优工作，真正把党员管住管好，努力使每名党员都成为一面鲜红的旗帜，每个支部都成为党旗高高飘扬的战斗堡垒。三是围绕正风肃纪，着力营造良好政治生态。坚决整治违反八项规定精神的问题，组织“以案释纪明纪　严守纪律规矩”主题警示教育月活动，加强对全面从严治党主体责任的监督检查，开展党员干部廉政排查，有效运用“四种形态”。按照派驻改革要求，做好职能承接、机构设置、查审分离等工作，印发《总行机关纪委工作规则》、研究《总行机关党支部纪检委员工作指引（试行）》，严格规范监督执纪问责，一体推进不敢腐、不能腐、不想腐。四是围绕责任落实，着力加强体制机制建设。牵住责任制“牛鼻子”，推动形成责任层层压实、齐抓共管的机关党建工作格局。强化领导干部“一岗双责”意识，形成各级党委、直属党委、基层党组织“三级联动”、环环相扣的责任链条。按照“述职述党建、评议评党建、考核考党建”的要求，突出书记抓、抓书记，组织了两场现场述职会，总行部室党组织书记首次面向总行党委述职，一级（直属）分行直属党委书记首次面向总行直属党委述职。印发《总行本部部室党组织党建工作考核评价办法》，首次开展了总行机关党建考核评价，制定《一级（直属）分行直属党委党建工作考核评价办法》。树立“一盘棋”思想，充分发挥直属机关党委全委会组织推动作用，召开7次会议，研究审议重点难点工作；充分发挥专兼职党务干部主体作用，把政治上强、综合素质高的优秀干部放到委员的岗位上培养锻炼，并推动业务骨干充实到专职党务岗位；充分发挥党委各职能部门作用和群团组织桥梁纽带作用，有效积聚资源力量，统筹各方面积极性，合力推动工作落实。

（三）抓好七项重点，机关党建工作取得新实效。一是扎实开展总行机关“不忘初心、牢记使命”主题教育。按照总行党委统一部署，制订总行本部“不忘初心、牢记使命”主题教育工作方案，与巡回指导组建立沟通联系机制，推动机关各级党组织发挥示范引领作用。总行机关强化思想理论武装，组织“守初心担使命　凝心共筑中国梦”党建知识竞赛，覆盖100多家单位的3万多名干部员工。以“学用新思想、建功新时代”为主题开展实践活动，深入开展调查研究，认真检视存在问题，抓好问题整改，切实把主题教育成效转化为推动机关各级党组织履职尽责、助力三大攻坚战、落实金融三大任务的强大动能。二是实施年轻干部理论学习提升工程。制订推动总行本部深入学习习近平新时代中国特色社会主义思想实施方案，逐步建立“述学、评学、督学、考学”机制。举办8期年轻干部专题培训班，培训近700人，形成105篇课题研究成果。成立98个青年学习小组，配备学习导师，评选学习标兵。三是圆满完成第五届直属党委、纪委换届选举工作。完善中共中国工商银行直属委员会、纪律检查委员会换届选举工作方案，坚持自下而上、上下结合，做好候选人推选工作，召开了直属党委第五次代表大会，差额选举产生了新一届直属党委、纪委委员。在北京的行领导出席会议，工委副书记李勇到会指导，党委书记陈四清充分肯定了上一届直属党委、纪委工作，并对新一届直属党委、纪委提出了希望和要求。四是集中整治总分行机关形式主义、官僚主义问题。组织形式主义、官僚主义问题“大排查”，找准“病灶”，开展“我为基层减负献一策”活动，着力解决“痛点”“堵点”问题。通过支部联学共建、结对帮扶等形式，督促机关各级党组织形成攻坚克难小组，真正把整治成效体现到为基层减负实效上。五是督导指导总行机关开展“顾国明、谢明案”专题组织生活会。按照总行党委部署，与派驻纪检监察组共同组织总行机关各级党组织和党员领导干部认真开展自查、广泛听取意见建议、深刻剖析问题、开好专题组织生活会，用身边事教育身边人，以案促思、以案促省、以案促查、以案促改，达到“查处一案、教育一片、挽救一批、规范一方”的效果。六是加强专兼职党务干部培训工作。举办9期专兼职党务干部培训班，培训800余人次，覆盖了总分行、直属机构机关各基层党组织；开发总分行党支部书记、新任党支部书记和各委员培训项目；运用学员讲堂、结构化研讨、参观党建特色单位等方式，构建了全覆盖、多层次、立体化的培训体系，有效提升了专兼职党务干部履职能力。七是不断夯实党建工作基础。梳理《机关党建相关制度和规范性文件汇编》，编写《总分行机关基层党组织工作手册》；开展机关党建典型案例征集活动，定期推送《机关党建动态》；加强对机关党建工作研究力度，印发《机关党建研究成果集》；将调研、培训、考核等工作有效延伸至总行部室管理的直属机构和一级（直属）分行机关。

（总行党委组织部、直属党委）

领导班子建设

2019年，全行坚持以习近平新时代中国特色社会主义思想为指导，坚决贯彻新时代党的组织路线和中央关于干部工作的新精神、新要求，突出政治标准，严格选拔程序，从严管理监督，不断加强各级领导班子建设，取得了良好成效。

一、选优配强各级领导班子

充分发挥总行党委在选人用人方面的领导把关作用，按照人岗相适、人事相宜原则，为各机构领导班子配备政治过硬、作风优良、业务精通的干部。全年共对10个总行部室、24个一级（直属）分行、3个直属机构、1个利润中心、1个内审分局、13个境外机构、4个境内综合化子公司的领导班子进行了调整充实，着力打造来源结构更加合理、年龄梯次更加优化、专业分工更加科学、性格气质更加相容的各机构领导班子。

二、不断加大领导班子交流使用力度

深刻吸取“顾国明、谢明案”教训，加大关键岗位干部的轮换和交流力度，从纪委书记和新提拔干部着手，分阶段、有重点推进干部交流使用工作。全年共对22家一级（直属）分行的纪委书记进行调整任职，实现了分行纪委书记全覆盖、全专职、全交流和到期全轮换。新提拔各机构班子成员中交流使用的比例超过50%，所有总行直管机构均已配备交流干部，分行领导班子中交流干部占比超过40%。

三、持续加强领导班子能力素质建设

一是加强对领导干部的党性理论培训，全年共选调47名总行管理干部参加中组部调训，组织140余名干部参加总行党校班培训，对全行800余名二级分行党委书记、纪委书记进行“两个提升”专题培训。二是按照年龄段和成熟度分层分类实施培训，举办“70后”、“75后”中青年干部培训班，不断提升教育培训效果。三是通过上下交流、横向交流和内外交流，对干部进行“炼金式”培养。全年共组织71名总行本部干部赴基层交流任职，选拔107名分支机构干部到总行交流培养，选派近20名干部赴四川、广西、海南、雄安等地方政府挂职，让干部在实践中砥砺品质、增长才干。

四、加强对领导干部的激励约束和监督管理

一是落实中央关于激励干部担当作为的精神，结合全行实际，制定出台有针对性措施，旗帜鲜明为敢于担当的干部撑腰鼓劲。结合主题教育，开展“干事创业精气神不够，患得患失，不担当不作为的问题”专项整治工作。二是强化全行“比”的思想，发挥考核的指挥棒作用，建立完善任期考核机制，打通“选拔任用—考核评价—进退留转”管理闭环，对少数任期考核结果不佳的干部加大“下”的力度，确保各级领导班子保持“一池活水”。三是注重人文关怀和减负赋能，制定完善易地交流干部住房和补贴办法，着力克服形式主义和“层层留痕”做法，让干部员工在负重前行的同时也能轻装上阵。四是修订管理人员职务任期规定，制定员工亲属回避管理办法，规范执行个人有关事项报告制度，加大对分支机构选人用人工作的督导力度，营造风清气正的选人用人环境。

五、进一步完善干部制度体系

一是按照习近平总书记关于精准科学选人用人的要求，系统梳理全行现行干部制度情况，结合干部队伍现状和未来发展需要，制定完善管理人员选拔聘用、监督检查和责任追究等制度办法，进一步搭建起涵盖各层级、全流程的干部制度体系。二是加强对干部成长规律的研究，科学把握干部成长的关键时期和重要节点，不断提升干部工作的针对性和精准性。三是认真落实中央关于大力发现培养选拔优秀年轻干部的相关要求，制定出台《关于加强一级（直属）分行下辖机构助理管理的意见》《关于加强初级管理人员选聘工作的意见》等针对性政策措施，加快推动优秀年轻干部成长成才。

（总行党委组织部）

纪检监察工作

2019年，在中央纪委国家监委坚强领导下，在中国工商银行党委（以下简称总行党委）和各级党组织支持配合下，中央纪委国家监委驻中国工商银行纪检监察组（以下简称派驻纪检监察组）和各级纪检机构以习近平新时代中国特色社会主义思想为指导，认真贯彻落实党的十九大和十九届二中、三中、四中全会以及十九届中央纪委三次全会精神，以深化派驻改革和“不忘初心、牢记使命”主题教育为契机和动力，忠实履行党章和宪法赋予的职责，推动纪检监察各项工作取得突破性进展。

一、以“真学真懂真信真用”为导向，扎实开展“不忘初心、牢记使命”主题教育

紧扣“守初心、担使命，找差距、抓落实”总要求，扎实组织开展主题教育，较好实现预期目标。一是坚持将自学和集体学习紧密结合。深入学习习近平新时代中国特色社会主义思想，带着责任、带着问题读原著学原文，集体学习研讨，讲授专题党课，派驻纪检监察组和各级纪检机构累计开展学习教育7 000余次，进一步强化理想信念和使命担当。二是坚持深刻检视反思，深入开展调研。派驻纪检监察组和各级纪检机构对照党中央决策部署，对照党章党规党纪，结合工作实际，带头对“顾国明、谢明案”等暴露出的纪检监察方面的问题进行深刻反思剖析和自我检视，深入检视梳理共计5 000多个问题，并深入基层一线调研累计近2 000次，将一体推进“三不”机制建设等调研成果融入实际工作，形成边学习、边调研、边实践的良好氛围。三是坚持从实际出发，及时改、认真改。针对检视剖析出的问题即知即改，如对任职满5年的一级机构纪委书记轮岗交流；对需要中长期解决的问题，确定阶段性目标，定期督导、持续推进。

二、以“两个维护”为根本任务，推进政治监督常态化、具体化

始终牢记纪检监察机关是政治机关，纪检监察监督是政治监督，及时制定《关于加强政治监督的实施办法》，推进政治监督常态化、具体化。一是紧盯政治纪律、政治规矩，督促落实党中央重大决策部署。全行共立案审查、调查违反政治纪律案件×件，处分×人。派驻纪检监察组深入西藏阿里、新疆喀什、青海德令哈等艰苦地区和巴基斯坦、印度等境外机构开展调研，组织开展精准扶贫、普惠金融、支持“一带一路”建设等专项调研和监督检查，严肃查处扶贫干部作风不实等×个问题，处理责任人×人。二是紧盯加强党的领导，督促落实全面从严治党政治责任。派驻纪检监察组会同总行党委召开5次全面从严治党会议，督促出台《关于贯彻落实新时代全面从严治党要求的意见》等制度；对总行党委班子议事决策情况进行监督检查，督促发挥好把方向、管大局、保落实的作用；向总行党委发送出访提示函，进一步明确外事纪律。三是紧盯涵养政治生态，强化对选人用人的监督。派驻纪检监察组对部分一级机构班子成员开展监督调研，丰富政治画像维度；开展近千名总行党委管理干部信访问题线索“大起底”，加强政治生态综合研判。把好选人用人关，全年共参加涉及研究干部事项的总行党委会×次，回复党风廉政意见×人次，提出否定性意见×人次，坚决防止“带病提拔”。

三、以锲而不舍的精神抓落实，持续发力纠治“四风”

认真学习贯彻习近平总书记重要批示精神和中央纪委国家监委电视电话会议精神，持续发力纠治“四风”。一是制定《集中整治形式主义、官僚主义实施意见》，确定12个方面整治重点；对党的十八大以来形式主义、官僚主义“零报告”的×家机构进行现场检查；集中通报落实党中央决策部署不力等×个典型问题。全年共查处形式主义、官僚主义问题×个，处理责任人×人。二是在紧盯公款吃喝、公车私用、大办婚丧喜庆等老问题，坚持露头就打的同时，结合主题教育，重点查处整治截留或挪用员工绩效等漠视和侵害群众利益的问题。根据商业银行特点，预防整治领导干部利用理财产品销售等“金融特产”以权谋私、进行利益输送。全年共查处奢靡之风、享乐主义问题×个，处理责任人×人。三是坚持问题整改与健全机制相结合。综合收集巡视巡察、内部审计、内检外查等发现的问题，畅通问题线索来源渠道，推动完善财务报销、公务接待等制度规定。

四、以政治建设为统领，提升巡视巡察监督实效

派驻纪检监察组积极协助总行党委，将派驻监督和

巡视巡察监督统筹考虑，一体推进。一是坚守政治定位，推进巡视监督高质量全覆盖。全年各级党组织共对340家单位开展巡视巡察，实现了对境内所有一级机构和总行部门巡视的第二轮全覆盖，其中包括对总行私人银行部等2家单位开展的防范金融风险专项巡视。同时，创新方式探索境外机构巡视。巡视巡察期间共受理群众信访举报×件，发现党员干部违纪违法问题线索×个。二是探索建立巡视巡察上下联动机制。印发巡察工作指导意见，将巡视巡察工作一体谋划部署；举办巡察业务培训班，抽调巡察组组长和业务骨干44人次参加总行党委巡视，以干代训跟班锻炼。三是深化中央巡视整改落实。督促总行党委对中央巡视整改情况进行再检视、再梳理，完善相关制度，健全工作机制，强化成果运用，确保整改真正落地、取得实效。四是巡视监督与派驻监督贯通发力。派驻纪检监察组对巡视转来的问题线索认真研判分析处置，对其中部分线索初核后立案并取得重大突破。

五、以做深做细日常监督为基本职责，切实把纪律和监督挺在前面

派驻纪检监察组和各级纪检机构认真履行监督基本职责、第一职责，注重抓早抓小、防微杜渐，2019年共提出监督建议、风险提示等2 000余个。一是强化线索监督。加强问题线索的接收、梳理、研判和分办，加大科学精准处置力度。全年共收到信访举报×件，处置问题线索×件，其中初步核实×件次，增长×%；立案×件次，增加×%。二是加强同级监督，建立一级机构纪委两个“月报告”机制，贯通上级监督和同级监督，探索推进同级监督、“一把手”监督。三是进一步发挥各监督主体的责任和作用，制定《关于发挥监督合力提高派驻监督效能的意见》，将派驻监督和工商银行党内监督、治理层监督、业务监督结合起来。四是探索对境外机构监督的有效路径，制定境外机构廉洁从业监督办法，对中巴经济走廊相关融资项目进行廉洁风险排查。五是深化运用“四种形态”。在用好第一种形态上下更大功夫，努力把第二、第三种形态做精做细，充分发挥第四种形态的“后墙”作用。全年“四种形态”应用分别为×人次、×人次、×人次、×人次。六是推进执纪问责工作制度化规范化，对×名总行党委管理的领导干部进行严肃问责；开展处分决定执行情况大检查，维护纪律严肃性权威性；对×余名受处分人员进行回访教育，凸显人文关怀。

六、以“顾国明、谢明案”查处和专题教育整改为切入口，一体推进不敢腐、不能腐、不想腐

抓住以案促改这个重点，全力做好查办案件“后半篇文章”，不断完善一体推进“三不”的思路举措。一是取得案件查办突破，强化不敢腐的震慑。派驻纪检监察组联合、配合地方纪委监委坚决查处“顾国明、谢明案”，在全行引起极大震动。同时，高度重视自查自办案件的突破。组成若干工作组同步启动私人银行部等重要问题线索的深度初核，并指导全行纪检系统加强与地方纪委监委的联系沟通，提升案件查办水平。全年全行共立案审查调查案件×件，给予党纪政务处分×人；向地方纪委监委移交问题线索×件，对×人采取留置措施，坚决清除甘于被围猎的腐败分子。二是抓好案件查办“后半篇文章”，扎紧不能腐的笼子，增强不想腐的自觉。派驻纪检监察组会同总行党委在全行开展为期两个月的“顾国明、谢明案”专题教育整改，明确五项“规定动作”，开展“十查”，派出14个督导指导组进行现场指导和纠偏。派驻纪检监察组和各级纪检机构共制发300余份纪律检查建议书，督促各级党委和信贷审批、选人用人等重点条线，健全权力运行机制，持续深化“三重一大”机制改革，消除腐败滋生的土壤。如信贷审批方面，规范授信审批条线员工会见客户行为；选人用人方面，修订《管理人员选拔聘用工作规定》，在动议之前增加“加强日常了解和分析研判”条款；干部轮岗交流方面，提出“四步走”干部交流计划，新提拔的各机构班子成员中交流使用比例应超过50%。同时，通过制作警示教育片、建设廉政基地等方式，发挥反面典型教育作用，用身边事教育身边人，使广大干部员工深受警醒。特别是对反腐败形势形成共识，实现了从盲目乐观到深刻警醒，从“旁观者”到“反思者”的转变。

七、以忠诚干净担当为标尺，建设过硬纪检监察干部队伍

时刻铭记“打铁必须自身硬”，从严从实加强队伍建设，努力做到政治过硬、本领高强。一是坚持把政治建设摆在首位，及时传达学习习近平总书记重要讲话和中央纪委国家监委领导同志最新讲话精神，带头执行民主集中制，不断提高政治站位和政治觉悟。二是严把纪检干部准入和交流关，分5个批次对27名一级机构纪委书记进行调整和充实，实现一级（直属）分行纪委书记全覆盖、全专职、全交流和到期全轮换。总行本部纪检委员均由支部副书记兼任。三是贯通政治培训、业务培训和全员培训。在5个月内连续开展18期、8 000余名专兼职纪检监察干部参加的视频培训，并通过测试检验和巩固学习效果。派驻纪检监察组和各级纪检机构组织各类培训3 000余期次，不断提高执行政策水平、执纪执法水平、思想政治工作水平和信息化工作水平。四是强化自我监督。把正面引领和反面警示相结合，学习王瑛同志先进事迹，认真组织学习杨锡怀、邱大明等反面典型案例，深入开展“三对照、三自查”活动，教育引导全行纪检监察干部防微杜渐，警钟长鸣。出台

《监督执纪工作规则实施细则（试行）》，加强案件查办等全流程管理，坚决守住安全和保密底线，保证纪检监察权力正确行使。印发《纪检监察干部监督办法》，处置涉及纪检监察干部问题线索×件次，给予党纪政纪处分×人次，严防“灯下黑”。

（派驻纪检监察组）

巡视巡察工作

2019年，巡视巡察工作坚持以习近平新时代中国特色社会主义思想为指导，深入贯彻习近平总书记关于巡视工作的重要论述和中央关于巡视工作的新部署新要求，把“两个维护”作为根本任务，围绕中心、服务大局，不断强化政治监督，为全行更好地服务国计民生、赋能社会提供坚强政治保障。

一、深入学习贯彻中央巡视工作精神，切实把思想和行动统一到党中央决策部署上来

一是认真学习《关于中央部委、中央国家机关部门党组（党委）开展巡视工作的指导意见（试行）》有关精神，全面落实相关工作要求，重新修订印发《中共中国工商银行委员会巡视工作规定》。二是组织召开全行巡视巡察工作会暨总行本部巡视工作动员部署会，切实把思想和行动统一到党中央关于巡视工作的决策部署上来。按照中央巡视工作总体框架和总行党委要求，结合金融工作实际，不断深化对巡视巡察监督规律的认识和把握，加大工作落实力度。

二、坚守政治巡视职能定位，聚焦国有商业银行职能责任开展监督

一是深入检查学习贯彻习近平新时代中国特色社会主义思想和党的十九大精神情况。督促全行在学懂弄通做实和结合实际创造性贯彻落实上下功夫，用党的创新理论武装头脑、指导实践、推动工作。二是深入检查贯彻落实全国国有企业党的建设工作会议精神情况。督促全行把加强党的领导与完善公司治理统一起来、把党的建设与经营发展融合起来，充分发挥党委领导作用、基层党组织战斗堡垒作用和党员先锋模范作用。三是深入检查贯彻落实党中央决策部署情况。把习近平总书记关于经济、金融工作的重要指示批示精神落实情况作为巡视重点内容，督促全行在贯彻新发展理念、推进供给侧结构性改革、防范化解重大风险等方面当先锋、作表率。

三、不断拓宽监督范围，积极推进高质量的全覆盖

一是实现总行本部巡视全覆盖。按照“无禁区、全覆盖、零容忍”方针，集中完成对总行本部的巡视全覆盖，并着力推动巡视与主题教育和机关党建融合共进，引导总行本部更好地发挥“头雁效应”。二是开展专项巡视。贯彻落实党中央打好“三大攻坚战”的战略部署和总行党委要求，对2家机构开展防范金融风险专项巡视，有力推动被巡视单位转变经营观念，强化风险管理。三是探索境外机构巡视。积极探索建立巡审协同机制，对2家境外机构开展巡视，对其政治生态和经济责任落实情况进行全面“体检”和“诊断”，进一步推动境外机构更好发挥党组织的政治优势、促进业务健康持续发展。四是对部分单位开展巡视“回头看”。重点关注被巡视单位落实巡视整改意见和责任追究情况，关注在落实两个责任、加强班子建设、作风建设、选人用人等方面是否存在新情况、新问题。

四、一体谋划协同推进，建立巡视巡察上下联动的监督机制

一是强化工作指导。印发《2019年巡察工作指导意见》，进一步明确2019年度巡察重点和工作要求，一体谋划、一体部署巡视巡察工作。二是强化业务培训。举办全行巡察业务培训班，引入行动学习方法，组织巡视和巡察工作人员就提升监督质量、上下协同联动、机构队伍建设等主题开展研讨，形成行动方案，在今后的巡视巡察工作中实践和验证。三是强化以干带训。全年共抽调各一级（直属）分行巡察组组长、副组长和业务骨干44人次参加总行党委巡视工作，通过建立常态化的“以干代训”机制，加强跟班锻炼，不断提高巡察干部履职本领，带动派出单位巡察工作水平的提升。

五、深化整改落实和成果运用，扎实做好巡视“后半篇文章”

一是强化整改落实。统筹推动中央巡视以及内部巡视整改工作，压实被巡视单位及相关部门整改主体责任，对整改进展情况进行跟踪督办，确保整改工作件件有回音、事事有着落。二是强化成果运用。将巡视发现的问题线索移交有关机构或职能部门处理，将党委巡视组提出的工作建议转交相关部门办理，推动其举一反三、标本兼治，充

分发挥政治巡视推动改革、促进发展的战略作用。

六、加强队伍建设，打造高素质专业化巡视巡察队伍

一是加强巡视巡察队伍建设。优化党委巡视组、巡视办内部管理机制，印发《关于选派“311”培养对象参加巡视巡察工作的通知》，将优秀年轻干部纳入巡视巡察人员库，要求巡视巡察组成员做守纪律、讲规矩的表率，强化自我监督，自觉接受监督，建设一支忠诚干净担当的巡视巡察干部队伍。二是探索推进“组办融合”。全年党委巡视办共派出工作人员8人次参加现场巡视，使党委巡视办对巡视一线情况了解更加充分，工作协调更加顺畅高效。

（总行党委巡视办）

党风廉政建设

2019年，全行坚持以习近平新时代中国特色社会主义思想为指导，以党的政治建设为统领，聚焦党建主体责任落实，聚焦党风廉政建设责任制，聚焦作风建设，坚持全面从严治党从严治行，坚决贯彻落实中央八项规定精神，驰而不息纠“四风”，将党风廉政建设与“不忘初心、牢记使命”主题教育相结合，把作风建设的成果转化为支持和服务实体经济的成果，确保党风廉政建设责任不弱化、交接不断档、工作不脱节，推动党建与业务发展齐头并进。

一是夯实管党治党主体责任。党委班子把学习贯彻习近平新时代中国特色社会主义思想作为统一思想认识、凝聚发展共识的科学指引，作为汲取智慧力量、增强工作本领的理论源泉。全年总行党委组织召开21次党委会研究部署党风廉政建设相关工作，认真学习中央党风廉政建设重要会议精神和相关文件；梳理党委会议议题提报流程和“三重一大”决策事项，进一步明确决策范围。组织开展68次党建工作调研，深入了解基层真实情况，更好地指导党建工作。

二是抓好典型案例警示教育。全年组织召开了全面从严治党从严治行暨警示教育大会、全面从严治党从严治行推进会等3次全行性警示教育大会，及时分解党风廉政建设任务，深入推动6个方面28项重点工作，从严拧紧责任链条。在全行组织开展了“顾国明、谢明案”专题教育整改，督促各单位以案促思、以案促查、以案促改，传导不敢腐、不能腐、不想腐的高压震慑。

三是抓好中央八项规定精神深入贯彻。扎实开展“不忘初心、牢记使命”主题教育，组织违反中央八项规定精神突出问题专项整治、形式主义官僚主义突出问题专项整治等，真刀真枪解决问题。加强重点领域的整治，结合金融行业特点，对领导干部利用名贵特产、特殊资源谋取私利问题，对贷款发放、理财产品销售、集中采购等领域可能存在的问题进行了整治。加强公务接待、差旅、教育培训费用和因公出访管理，进一步严格规范公务接待管理，完善差旅伙食费和市内交通费收交管理机制，细化培训管理要求。加强对扶贫领域和作风问题治理的监督，组织开展“四风”整治专项检查，对形式主义、官僚主义零报告的6家机构进行现场监督检查，对2018年违反中央八项规定精神问题“清零”检查的2家分行进行“回头看”。重要节点及时下发廉洁提示，督促干部严格落实中央八项规定精神，严防“四风”问题反弹回潮。加大违规违纪问责力度，全年共查处违反中央八项规定精神问题57个，处理责任人79人。

（总行党委办公室）

工会工作

2019年，工会认真贯彻落实总行党委决策部署，加大员工权益维护和关爱服务力度，积极弘扬劳模工匠精神，精心开展各类文体活动，深受广大员工认可。

一、积极推动全行工会条线思想政治建设

组织全行工会干部深入学习习近平新时代中国特色

社会主义思想、习近平总书记关于工会工作重要指示和中国工会十七大精神。为促进学习，举办现场答题竞赛，经各单位选拔推荐，全行共150余名工会干部参加了竞赛。在年度专业考核中，将党建工作和党风廉政建设情况作为考核重点并加大权重，引导各级工会切实加强党建工作，提高政治站位，准确把握工作方向和工作重点，服务好大局、服务好职工群众。

二、弘扬劳模工匠精神，团结动员广大员工积极建功新时代

（一）评选表彰宣传先进典型。制定《中国工商银行群团组织类荣誉奖励管理办法》。组织评选第二届大行工匠99名。组织评选工商银行五一劳动奖状30个、五一劳动奖章98名、工银先锋号48个。全行荣获全国级和金融系统五一劳动奖状和先锋号8个、五一劳动奖章56人。组织开展巾帼建功荣誉评选，全行荣获全国级和金融系统巾帼建功先进集体及文明岗20个、标兵9人。通过编印事迹集、报刊报道、推荐劳模参加中央电视台《挑战不可能》节目等多种方式，广泛宣传劳模工匠事迹，展示工行员工工匠精神。

（二）积极推动劳模和工匠人才创新工作室创建命名工作。全行共创建总行级劳模工匠创新工作室21个、金融系统劳模工匠创新工作室9个。分别组织了3期劳模工匠创新工作室经验交流活动，引导推动劳模工匠人才在业务创新、技术攻坚、人才培养等方面积极发挥示范带动作用。

（三）大力开展劳动竞赛。会同15个专业部门组织开展了机构金融客户营销技能大赛、普惠金融客户经理技能大赛等17项劳动竞赛。在发放竞赛奖励的同时，对重点竞赛项目优胜选手即时授予工商银行五一劳动奖章，并邀请中国金融工会领导颁发全国金融五一劳动奖章。通过开展各类劳动竞赛活动，引导和激励广大员工提升素质、建功立业，促进优秀人才脱颖而出。

（四）营造关心关爱劳模先进良好氛围。庆祝新中国成立70周年期间，在全行组织走访慰问老劳模213人。做好劳模先进疗休养工作，安排全行5 821名劳模先进参加疗休养。总行工会组织6批次疗休养活动，并推荐23名全国级和金融系统劳模参加全国总工会、中国金融工会组织的疗休养活动。

三、传达落实总行党委对员工的关心关爱，不断增强员工获得感、幸福感、安全感

（一）加强基层职工之家建设。统计摸查全行网点职工之家（小家）建设情况，为基层网点配备空气净化设备、净水器、暖水宝等设备设施，改善员工工作生活条件。继续加大对老少边穷地区基层行建家扶持力度，向19个基层行下拨专项资金共210万元。积极打造建家示范点，评选总行级模范职工之家104个，荣获全国和金融系统模范职工之家、职工书屋共10个。

（二）做好受灾和困难员工救助慰问工作。根据陈四清董事长关于四川宜宾抗震救灾的批示精神，及时赴灾区调研受灾情况，慰问受灾员工。组织开展两批困难员工救助，全年发放救助资金8 000万元，救助近万人次；突出精准救助，对598名特困员工，由总行统一按2万元/人标准予以救助。积极开展元旦春节送温暖活动，以现场和非现场两种方式，共计慰问基层员工882人，发放慰问金281.5万元。总行工会组织了4个慰问小组，由工会负责人带队赴基层慰问困难员工。

（三）加强对女员工的关爱服务。组织开展了庆祝“三八”国际劳动妇女节系列活动和“培育好家风——女职工在行动”主题实践活动。在全行推动建成1 332个“爱心妈妈小屋”，总行与分行共建38个“女职工关爱室”。持续深入开展对困难女员工一对一结对子帮扶活动，总行工会直接结对子帮扶100对。加强女职工权益维护与服务制度建设，在同业中率先制定了《关于进一步加强女职工权益维护与服务工作的指导意见》和《中国工商银行女职工权益保护专项集体合同参考文本》，推广应用《促进工作场所性别平等指导手册》。

（四）完善日常关爱服务工作。积极开展法定节日和员工生日、结婚、生育、重大疾病住院、退休离岗等慰问，以及冬送温暖夏送清凉活动。

四、积极参与扶贫工作

广泛开展扶贫工作宣传，动员全行员工参与扶贫。组织全行工会系统积极利用融e购“e福礼”开展员工节日慰问，支持消费扶贫，累计购买扶贫产品2 000余万元。总行机关累计购买定点扶贫四县市商户产品172.8万元。赴川慰问总行扶贫挂职干部，传达总行党委的关心关爱。

五、开展丰富多彩员工文化体育活动

举办了全行员工第四届网球赛和第二届篮球大赛。组织开展庆祝新中国成立70周年全行文艺作品征集评选、“工商银行杯”影像雄安全国摄影大赛、写春联送“福”字等活动。组织全行195名运动员参加中央和国家机关职工运动会，取得了广播体操一等奖、优秀组织奖等优异成绩。积极配合总行相关部门举办重要外事和文化活动。配合总行国际业务部举办驻华使节新春招待会，组织行内书法家、美术（剪纸）家现场为各国使节制作书法、美术（剪纸）作品，向外国友人展示中国传统文化魅力，深受各国使节欢迎；配合总行企业文化部举办“工银全球荟”主题活动，组织行内书法家书写百幅春联和福字赠送参加活动人员，并现场为外籍员工进行书法讲座。

六、加强工会基础建设和内部管理

（一）推进民主管理建设。根据监事会办公室关于

职工监事任期届满应重新选举的意见，报行领导批示同意后，组织召开中国工商银行第一届职工代表大会临时会议，选举中国工商银行职工监事。

（二）推进工会组织和干部队伍建设。完成工银投资、工银科技等7家单位工会组织的建立、更名、注册工作，批准工银国际投资有限公司工会委员会纳入总行系统工会统一管理。举办全行工会办公室主任培训班，进一步提升工会干部履职能力。

（三）加强工会经费管理和审查监督。制定《员工传统文化艺术作品征集使用管理办法》《文化体育活动奖励办法》《工会工作委员会财务报销办法》等制度。严格执行“三重一大”制度，召开工会财务审查会议16次，对重大开支事项进行集体审议。注重发挥经费审查委员会审查监督职能，分别召开总行系统工会和机关工会经费审查委员会会议，对工会经费预决算等情况进行审议；组织开展对河北分行等17家单位工会经费审计，并对2018年审计的9家单位工会整改落实情况进行审计回访。评选全行工会优秀审计项目30个，荣获全国工会优秀审计项目1个、金融系统工会优秀审计项目3个。工行在中国金融工会经审工作规范化建设考核评比中荣获特等奖。

（总行工会工作委员会）

宣传思想文化建设

2019年，宣传思想文化工作以习近平新时代中国特色社会主义思想为指导，认真落实总行党委要求，突出理论教育、思想教育、精神文明建设和企业文化建设重点，为推动全行高质量发展提供了思想保证、精神动力和文化支撑。

一、强化干部员工理论武装

围绕学习贯彻习近平新时代中国特色社会主义思想工作主线，发挥好总行党委中心组学习秘书职能，服务总行党委中心组学习33次。加强系统指导，完成对50家一级机构近三年学习情况调研检查的全覆盖，并对17家一级机构党委和部分二级机构党委中心组学习情况进行了实地调研检查，以“金融助力打好三大攻坚战”为重点，推动各单位中心组成员开展课题研究。全年各一级机构党委中心组学习889次，形成调研报告447篇。完善学习制度，修订印发落实《中国共产党党委（党组）理论学习中心组学习规则》的实施细则，并创新政策解读方式，推动学习制度在基层落实。启动党的十九届四中全会精神学习宣讲，出台宣传方案，拟制宣讲基础稿，确保理论学习不跑偏、不走样，力促党的创新理论进基层、入头脑。

二、大力推动精神文明建设

把握新中国成立70周年和工行成立35周年节点，围绕中央关于开展“我和我的祖国”群众性宣传教育活动部署，以“感动岁月”为主线，开展了“感动工行”评选、“学雷锋集中宣传月”及老照片征集展示等活动。先后组织全行挖掘宣传“身边感动”个人和集体近250个，报道“工行雷锋”近200余名，整理展示照片2 000余张，全面展示工行人敬业奉献的感人情怀。组织全行通过老员工座谈、照片故事会、演讲、征文、才艺展示、“我和我的祖国”快闪、内部特刊等方式，营造共庆国庆的喜庆热烈氛围，凝聚起爱国爱岗、砥砺奋进的力量。组织全行推进文明单位创建，鼓励各单位在注重系统内创建的同时抓好地方创建工作，为迎接全国文明单位评选打好基础。

三、推进员工思想政治工作

结合“基层减负年”要求，开展新时期员工思想政治工作调研，形成专题研究成果上报中宣部。积极组织推动行内参加全国金融系统思政“双先”推荐和调研成果评选。在“2018—2019年全国金融系统思想政治工作先进单位和先进工作者”评选中，获得“标兵单位”“标兵”个人各1个，“先进单位”4个、“先进工作者”5个，获奖数量在参评的170家单位中位列第一。在“2019年度全国金融系统思想政治工作和文化建设优秀调研成果”评选中，37篇调研报告获奖，其中一等奖2个、二等奖2个、三等奖9个、优秀奖24个。工行连续8年被授予“全国金融系统思想政治工作和文化建设调研活动优秀组织奖”，获奖数量和质量在金融系统中均位居前列。

四、全面加强企业文化建设

（一）丰富集团文化内涵。围绕“工于至诚　行以致远”价值观，丰富发展新时期企业文化，坚定文化自信，提升集团文化凝聚力。将企业文化内容纳入各级各类培训，作为新员工的“必修课”，向全行发布行领导《新员工寄语》，组织开展新员工“开学第一课”活动。拓展文化传播载体平台，推动文化进网点工作；推出《工行通讯》“企业文化”专版，完善官微“文化周刊”，提升文化传播渗透力。加大企业文化传播力度，工行“奋斗”精神荣获“新中国70年中国企业精神奖”。

（二）推动子文化落地深植。一是推动廉洁文化建设，推进廉洁文化基地建设，制作“顾国明、谢明案”等警示教育片。二是持续加强合规文化建设，开展“压实责任年”合规文化活动，通过竞赛、巡讲等方式，推动合规文化落地。三是加大服务文化建设力度，开展“服务百姓　至臻至境”等主题服务文化活动，助力客户首选银行和人民满意银行建设。四是推动创新文化建设，举办“创新工行”大赛，在全行搭建跨专业、跨区域的协同创新平台。五是深化信贷等重点板块专业文化建设，开展从严治贷“四严”活动，编写《信贷文化故事集》。六是继续打造基层特色文化名片，选树北京、浙江、西藏、华沙分行等文化标杆。

（三）推进企业特色文化建设。适应国际化发展新趋势，加强境外机构文化建设，开展“ONE ICBC, ONE FAMILY”工银全球荟主题活动暨2019年荣誉表彰仪式，展示境外机构奋斗风采。推出“感动工行”“创新工行”“大行工匠”“服务进博会先进奖”等典型，激励全行凝心聚力、砥砺奋进。结合“不忘初心、牢记使命”主题教育，传承与发展红色金融文化，挖掘全行红色金融文化资源，打造长院红色金融文化基地；制作《红色金融足迹》教育片，在主题教育期间安排全行1.67万个基层党组织进行了学习。

（总行党委宣传部）

共青团工作

2019年，团委深入学习宣传贯彻习近平新时代中国特色社会主义思想和党的十九大、团的十八大精神，全面落实总行党委决策部署和共青团中央、中央金融团工委各项工作要求，引领全行各级团组织紧密围绕党委中心工作和青年实际需求，坚定不移贯彻强“三性”去“四化”要求，聚焦“思想引领、助力发展、服务青年、从严治团”四个方面组织开展工作，取得了良好成效。

一、突出思想政治引领能力，用习近平新时代中国特色社会主义思想武装青年

（一）引导全行青年不忘跟党初心、牢记青春使命。把学习宣传贯彻十九大精神作为首要政治任务，引领广大团员青年和团干部深入学习习近平新时代中国特色社会主义思想。总行团委书记担任总行“不忘初心　牢记使命”主题教育第一批巡回指导组第二组副组长，并派员参加主题教育领导小组办公室工作，制订和执行青年教育活动方案。

（二）举办五四运动100周年纪念活动。在总行举办“青春心向党　奋斗在工行”五四主题活动，陈四清董事长出席活动并讲话，对全行青年员工提出了树立大志向、成就大贡献、展现大情怀、实现大追求四点希望。在全行开展“向五四运动100周年致敬”主题活动，制作发布“工行的五四青年，真棒!”专题宣传片。

（三）广泛成立青年学习小组。印发《关于在全行广泛成立习近平新时代中国特色社会主义思想青年学习小组的通知》，全行成立学习小组4 166个，参加人数74 107人。

（四）以线上线下竞赛形式深入开展青年大学习。启动线上知识竞赛，共3万人参与，答题7万余次；丰富线下知识竞赛形式，在总行举办“守初心担使命　凝心共筑中国梦”党建知识竞赛决赛。

（五）隆重庆祝中华人民共和国成立70周年。组织各级团组织开展歌唱祖国快闪活动，全行51家境内外机构、2.5万余人参与。总行统一制作视频“我和我的祖国　我的工行和我”，在学习强国平台首页推荐；组织“我和我的祖国”主题征文活动，共征集文章1 700余篇，精选33篇发文表彰，其中2篇被中央金融团工委评选为“优秀征文作品”。

（六）组织召开共青团工作创新研讨会。派驻纪检监察组组长、总行党委委员王林出席会议并讲话，充分肯定了全行团青工作成绩，指出全行各级团组织在引导青年聚焦主责主业、致力成长成才等方面开展了大量工作，取得了扎实成效，并对下一阶段工作提出了具体要求。

（七）推荐全国金融青联第三届委员会委员。按照中央金融团工委要求，推荐12名同志为全国金融青联第三届委员会委员，其中苏明娟当选为副主席，张展、孙伯龙、纪彦彬3位同志当选为常务委员会委员。

（八）开展“青春心向党　建功新时代”主题宣传教育实践活动。组织全行各级团员青年到西柏坡等地参

观学习、接受教育，共开展主题活动200余次，参与人数超过1万人。

二、提升服务大局能力，组织动员青年建功新时代

（一）联合开展营销竞赛活动。与银行卡业务部联合举办第四季、第五季“青年先锋队 百日大会战”营销竞赛，共组建先锋队超过4 000支，组建先锋队员超过80 000人，累计营销e分期交易金额130亿余元，融e借余额3.5亿元，绑卡81万多张；与普惠金融事业部联合举办“工银普惠行”青年先锋行动，开展经验宣讲及品牌建设行动；与网络金融部联合开展融e购平台营销推广劳动竞赛，建立了总分行对口服务支持机制。

（二）与总行企业文化部联合开展首届“创新工行”微创新大赛。大赛期间共产生成果创意630个，评选出创意十五强。充分发挥了青年员工创新生力军作用，助力各专业条线持续创新发展。

（三）制定并执行《关于做好2019年青年志愿者工作的指导意见》。指导全行各级团组织积极、持续开展爱心公益、绿色环保等系列活动，全年各级分支机构青年志愿者累计开展志愿者活动项目9 746个，参与活动志愿者达到112 714人次，志愿服务活动总计时长194 876小时。尤其是在第二届中国国际进口博览会期间，组织600余名青年志愿者全身心投入到进博服务中，产生了良好的社会反响。

（四）开展第三季“爱心助学‘工’益有你”捐资助学活动。在腾讯公益平台开展捐资助学活动，为工行对口扶贫县义务教育阶段贫困学生进行宣传和募捐。在四川万源市举办捐赠仪式，向683名贫困学生转交了募集的爱心助学款68.3万元。

（五）开展“爱目行动”第五季“让我们共同呵护好孩子的眼睛”公益活动。在万源市为27所小学的830名儿童进行了视力检查诊断。来自工行28家机构的百余名青年志愿者参加了公益活动。在拉萨市为38所学校的4万余名儿童完成视力筛查，并为9 300名初筛不合格的儿童进行了复诊。

三、凸显桥梁纽带作用，服务青年成长成才

（一）举办主题集体婚礼。在总行中心花园举行“工贺新婚 一生同行”中国工商银行集体婚礼，陈四清董事长在婚礼上致辞。本次集体婚礼用35对佳偶、70位新人的寓意，献礼工行成立35周年，献礼新中国成立70周年，体现了总行党委对集团员工的关心关爱，激励广大青年员工不忘初心跟党走，为工行发展、祖国富强贡献力量。

（二）组织实施迎接新员工“‘团’聚星辰计划”。通过组织开展一次规范新颖的团课等“十个一”活动，从源头上强化共青团对青年的思想引领，增强新员工对工行团组织的认同感和归属感，帮助新员工尽快融入工行大家庭。全年各级团组织共开展活动1 395场，活动时长6 000多小时，覆盖了全行2万余名新入行员工。

（三）组织开展青年文明号创建活动。全行14家青年集体获评2017—2018年度全国青年文明号。开展青年文明号开放周活动，组织收看2017—2018年度“全国青年文明号”授牌仪式暨“青年文明号”接续奋斗故事分享会，对237家集体授予“2017—2018年度总行级青年文明号”称号。

（四）以评优评先鼓励先进、树立典型。授予268名青年“2018年度中国工商银行青年岗位明星”称号。授予134名同志“优秀共青团干部”称号、116家单位“五四红旗团委（团总支、支部）”称号、52个青年集体“优秀青年小组”称号、32家集体“青年五四奖章集体”称号、35名同志“青年五四奖章”称号。

（五）组织开展“青春工行·绿色金融百校行”活动。世界环境日期间，组织全行的5 500名青年志愿者和17 000名在校大学生跨时空联跑，用时尚的形式践行绿色公益，助力校园金融环境净化。活动覆盖了包括清华大学、浙江大学等在内的300余所高等院校，新华社、人民网等百余家媒体对活动进行了报道。

（六）服务青年相识交友，举办丰富多彩的联谊活动。开展“同筑爱情树‘工’赏温柔春”联谊文体活动。举办“金缘青年汇—爱的银河系，与你相遇”主题联谊活动，邀请来自银保监会、证监会等35家机构的110名青年参加，搭建工行青年与行外青年沟通联谊的桥梁。

四、全面从严治团，永葆组织活力

（一）深入开展基层调研工作。总行团委书记和副书记带队分批前往6省13地市，开展了15场集体座谈；面向基层青年及团干部开展问卷调查，共获得三万余份有效问卷；基于调研，形成课题成果《加强和改进党对共青团的领导研究》。

（二）以培训强化人才队伍建设。举办“全行团委书记岗位能力暨新任团委书记培训班”一期、“全行青年骨干人才培训班”两期、“全行青年文明号负责人培训班”一期、“2019年团委书记培训班”一期。对岗位培训教材团青部分进行修订，并对考试题库进行了扩充。

（三）夯实团青工作信息化管理基础。指导督促分行团委开展智慧团建系统团属信息录入工作；在评优评先等工作中积极利用信息系统，不断提高工作效率和精准度。

（四）加强共青团宣传阵地建设。做优做强总行网讯“青春在线”、《才智青年》杂志、微信公众号“青

春进行时”等宣传阵地。“青春进行时”共发布153篇图文报道，总阅读量31.7万人次，分别较2018年增长138%和432%，其中集体婚礼报道阅读量达3.6万，达到历史最高水平。

（系统团委）

公司治理机制建设

2019年，全行认真贯彻境内外监管要求，持续完善集团公司治理机制，在复杂多变的外部环境中保持了稳健发展态势，获得监管机构、资本市场和社会公众的高度评价。2019年，荣获香港上市公司商会“2019年香港公司管治卓越奖”、《董事会》杂志“金圆桌奖——董事会公司治理勋章”、《新财富》杂志“最佳上市公司奖”、中国上市公司百强高峰论坛“中国百强企业奖”等多项境内外公司治理权威奖项，公司治理水平得到资本市场和投资者认可。

一、持续提升“三会一层”运作效能

（一）有序完成董事会成员调整。严格遵照相关法律法规的规定，认真评估董事会及专门委员会的组织架构与人员构成，依照公司治理程序，合规有序推进董事换届工作。2019年，新聘、续聘部分董事，实现了董事会成员的新老接替和平稳过渡。及时调整董事会专门委员会人员构成，增设了社会责任与消费者权益保护委员会、美国区域机构风险委员会，进一步凸显董事会对社会责任、消费者权益保护、境外风险防控的高度重视。持续完善董事会架构，进一步发挥董事会各专门委员会的辅助决策职能。

（二）积极维护股东各项权益。2019年，共召开3次股东大会，审议21项议案，听取3项汇报。会议的召集、召开、通知、公告、提案、表决等均严格遵守相关程序，充分保障了沪港两地投资者的合法权益。2019年，坚持稳定的现金分红机制，继续保持了较高的分红金额和分红比例，在资本市场上赢得了较好的口碑。

（三）充分发挥董事会职能，科学决策能力不断提高。2019年，董事会严格遵守境内外金融监管要求，认真执行股东大会决议，积极发挥战略引领作用，加强集团资本、全面风险和内审内控管理，强化投资者关系以及信息披露管理，践行大行社会责任，不断完善集团公司治理，全力支持管理层推进各项战略落地。2019年，共召开13次董事会会议，审议通过《中国工商银行金融科技发展规划（2019—2023）》等74项议案，听取27项汇报。董事会各专门委员会充分发挥决策支持职能，共召开29次专门委员会会议，审议50项议案，听取34项汇报。董事会专门委员会围绕金融科技战略与创新发展、境外合规建设与反洗钱管理、关联交易控制与内幕信息管理等问题召开专题研讨会和座谈会，督导规划落地，讨论执行效果，为董事会科学决策提供专业化意见和建议。

（四）监事会围绕全行中心任务，深入开展监督工作。2019年，监事会根据有关法律法规、监管要求和公司章程规定，认真履行监督职责，扎实做好履职尽责、财务活动、风险管理和内部控制等方面监督工作，推动完善公司治理，促进依法合规稳健发展。2019年，监事会共召开5次会议，审议年度报告及摘要、履职评价报告、社会责任报告等20项议案，听取经营情况、财务报表审计结果、内部控制合规工作情况等11项专题汇报，审阅2019年各季度监督情况、集团反洗钱工作情况、年度风险管理情况等23项专题报告，客观公正地发表意见，恰当行使表决权。监事会成员勤勉忠实地履行职责，参加3次股东大会，列席6次董事沟通会、9次董事会会议及27次专门委员会会议，参加12次高级管理层有关会议。加强理论学习和实践总结，与多家同业金融机构监事会进行座谈交流，学习借鉴工作经验。外部监事在行内工作时间超过15个工作日，符合有关规定。

一是深入开展履职监督。监督董事会和高级管理层及其成员遵守法律法规和公司章程，以及执行股东大会、董事会决议和监管意见等情况，重点关注董事会和高级管理层在公司治理、发展战略和经营管理等方面履职尽责情况。开展履职评价工作，访谈董事会和高级管理层成员、总行有关部室主要负责人，听取有关意见和建议，结合日常监督情况，形成对董事会、高级管理层及其成员履职评价意见，促进依法合规履职尽责。做好战略评估工作，对发展战略的科学性、合理性和有效性以及战略实施情况进行评估，促进加强战略管理。开展信用风险业务授权管理专项监督，分析研究信用风险业务授权管理存在的问题，提出相关工作建议，进一步改进信用风险业务授权管理。二是深入开展财务监督。监督财务活动和重要财务事项决策及执行情况，重点关注主要财务数据变化、重大财务审批和核算、会计准则和财务制度变动及其影响等情况。认真审核定期报告、年度财务决算和利润分配方案，定期听取经营情况和审计结果汇报，抽查重大会计核算事项，核实财务信息的真实性，客观、公正地发表独立意见。监督外部审计工作的独立性和有效性，提示审计重点，评价外部审计师履职情况。开展固定资产投资管理、股权管理等专题调研，分析研究固定资产投资计划编制和执行、固定资产日常管理和会计核算、股权管理体系建立和运行、股权投资管理、控股子公司治理等情况，提出相关工作建议，进一步加强固定资产投资管理，完善股权管理体系。三是深入开展风险管理监督。监督风险管理体制机制的健全性和有效性，重点关注全面风险管理、资本管理、并表管理、主要监管指标达标及监管政策调整等情况。加强重要实质性风险监督，聚焦信贷体制机制改革、资产质量管理、不良资产处置、境外机构信贷管理、汇率风险管理、流动性风险管理、操作风险管理、声誉风险管理、国别风险管理及交叉性输入性风险管理，以及主要区域、机构和产品风险管理情况。开展房地产融资风险管理、网络金融业务风险管理和普惠金融业务发展情况等专题调研，分析研究房地产融资准入管理、网络金融业务管理机制、普惠金融业务风控机制建设和产品创新等情况，提出相关工作建议，促进房地产融资业务、网络金融业务和普惠金融业务健康发展。四是深入开展内部控制监督。监督内部控制体系有效性、内部控制职责履行和依法合规经营情况，重点关注内部控制体系运行、制度建设、案件和风险事件处理、监督检查问题及整改落实等情况。加强对反洗钱、信息披露、案防管理等重点领域监督，监测主要内部控制指标和信息系统运行情况。关注内部控制评价工作实施和质量情况，审核内部控制评价报告，出具有关审核意见。开展关联交易管理、科技与金融业务融合、业务参数管理、外汇业务合规管理等监督和专题调研，分析研究关联交易风险控制、科技资源配置和产品创新机制、业务参数管理模式、外汇业务合规管理等情况，提出相关工作建议，促进加强关联交易管理，完善业务参数管理机制，促进科技与金融业务融合发展，提高外汇业务合规管理水平。

二、持续完善公司治理机制

（一）进一步完善公司治理制度。根据《公司章程》规定及公司治理实际需要，修订了《中国工商银行股份有限公司董事会战略委员会工作规则》《中国工商银行股份有限公司董事会风险管理委员会工作规则》，制定了《中国工商银行股份有限公司董事会社会责任与消费者权益保护委员会工作规则》《中国工商银行股份有限公司董事会美国区域机构风险委员会工作规则》，为加强消费者权益保护、提升美国区域风险防控提供了制度保障。

（二）持续提升信息披露管理质效。严格遵守境内外信息披露监管规定，持续完善集团信息传导机制，主动加强集团信息披露管理，圆满完成全年各项信息披露工作，连续 13 年实现信息披露零差错，在上海证券交易所上市公司信息披露工作年度考评中获评优秀。积极履行信息披露义务，扎实高效做好强制性信息披露，深入推进自愿性信息披露，不断拓展信息披露的广度和深度，在提升集团透明度、维护投资者知情权的同时，进一步发挥了信息披露助力集团发展、促进集团价值增长的积极作用。

（总行董事会办公室、监事会办公室）

投资者关系管理

2019 年，投资者关系管理工作依托集团优势，坚持“全面、主动、协同、精准、有效”原则，高频开展投资者交流活动，精准穿透做好股东服务工作，有效维护了市值的同业领先地位。

一、主动作为，高频开展投资者交流活动

一是在总行和雄安新区举办 2019 年中期业绩发布暨反向路演活动，通过管理层见面、问答座谈、业务亮点展示和雄安新区实地调研等形式，带领投资者“走进工行，感受工行，听工行故事，品工行价值”，展现了工行传承创新、守正出新的发展思路。二是开展欧洲、日韩境外路演，拜访挪威、法国、德国、日本、韩国重要机构投资者，积极展现工行经营亮点和发展故事，向资本市场传递信心和正能量。三是通过投资者开放日主动回应市场焦点问题，通过一对一上门拜访北京、上海、深圳等地区机构投资者，深入了解股东关切的问题，通过参与国际投资论坛主动向市场传递信心，通过上证 e 互动、投资者热线、投资者邮箱等多种渠道保障中小投资者合法权益。

二、凝聚合力，推动客户和股东的相互转化

全面统筹境内外分支机构，落实责任分工，凝聚合力推动客户和股东相互转化。推动境内外分支机构共同讲好中国故事和工行故事，更大范围宣传推介工行投资价值。协同行内业务部门联合营销境内重要保险、基金、资管、民营公司及高净值客户；协同重点分行联合营销龙头企业客户；推动境外机构一对一上门拜访投资者，以股权合作为纽带发掘更多业务合作机会。

三、智慧创新，提高股权管理的精准性和穿透性

扎实推进投关管理信息化工作，积极推动打造汇集股权管理、投资者画像等功能的智慧投关平台，并完成平台立项工作。精准分析研究 A + H 股股东结构变化，制订并落实相关投资者维护方案。

四、搭建桥梁，推动资本市场关注与自身经营管理的双向互促

实时研究明晟和富时罗素指数扩容、科创板设立、人民币汇率破七、LPR 机制完善、外管局取消 QFII 额度、工行业绩发布等热点事件，分析研究市场资金流向和政策方向对工行股价和市值的影响，为提升工行公司治理、经营管理做好镜鉴。

（总行战略管理与投资者关系部）

子公司公司治理及股权投资管理

2019 年，全行深入贯彻集团综合化发展思路，进一步优化子公司战略定位、治理架构和投资布局，着力加强子公司全面风险管控，在推动子公司稳健发展上取得新成效。

一、进一步完善子公司公司治理机制

一是加强子公司董事会的专业性与独立性建设。进一步优化子公司董事会人员结构，增配与子公司业务规模、性质和复杂程度相匹配的独立董事。根据实际情况增设专业委员会并健全相应的工作机制，确保董事会能够科学决策、相互合作、有效制衡。二是规范子公司董事会的运行机制。推动子公司健全完善董事会议事规则，做好年度董事会工作计划安排，规范会议召开频次和方式，加强董事会议案的全流程管理及董事会会议全程记录、留痕管理，强化独立董事、非执行董事与管理层之间沟通交流。三是加强派驻董监事履职能力建设，围绕公司治理、战略管理、业务发展及风险管控等方面加强研究，提出更具质量的意见与建议。

二、持续做好股权投资管理

一是全面强化子公司增资管理，提升增资项目推动效率。高效完成工银加拿大、工银亚洲、工银秘鲁等多个增资项目，有效提升子公司资本实力和竞争能力。二是积极响应国家政策、监管要求和市场竞争需要，设立工银理财有限责任公司，成为首家获批开业的银行系理财子公司。三是积极推进前期已完成审批的投资项目。加快推动并完成工银资管（全球）首期增资获监管批准、工银科技顺利开业、虚拟银行获香港金管局颁发牌照；持续跟进虚拟银行筹备进展，以及工银亚洲与腾讯财付通、虚拟银行合作情况。四是审慎论证子公司新增股权投资和存量股权调整。研究论证工银理财与外资资管公司合作投资设立联营资管公司等项目。工银泰国和工银国际完成部分泰国 FSS 证券公司股权的转让，保障工银泰国符合泰国监管部门关于参股投资的持股要求。五是持续开展子公司战略性股权投资的投后监测。通过现场和非现场调研等方式，定期监测各参控股公司经营情况，更新子公司战略性股权投资基础台账。六是统筹开展对锦州银行的业务合作与支援工作。在国务院金融委统一指挥下，按照人民银行、银保监会要求，坚持市场化、法治化原则，稳妥推进锦州银行改革重组工作。全资子公司工银金融投资有限公司收购锦州银行股份有限公司 10.82% 内资法人股。入股锦州银行后，通过人才交流、业务合作和技术支援等方式，支持其加快实现脱困振兴，化解潜在风险。

（总行战略管理与投资者关系部）

履行社会责任

2019年，全行在履行社会责任方面的良好表现赢得了社会各界广泛认可，先后荣获中国银行业协会“助力打赢‘三大攻坚战’成效奖”、《中国新闻周刊》“年度责任企业”、《南方周末》“年度杰出责任企业”、新浪财经“年度可持续发展奖”、联合国全球契约中国网络“实现可持续发展目标企业最佳实践（生态保护与关注气候变化）”、《金融时报》“年度最佳脱贫攻坚银行”、《亚洲货币》“年度最佳绿色金融银行”等多个奖项。

一、从严推进治理机制建设

一是不断完善由股东大会、董事会、监事会、高级管理层组成的“权责分明、各司其职、相互协调、有效制衡”的公司治理制衡机制，优化权力机构、决策机构、监督机构和执行机构之间“决策科学、监督有效、运行稳健”的公司治理运作机制，持续推动公司治理能力现代化。2019年，新设社会责任与消费者权益保护委员会等董事会专业委员会。二是严格遵守境内外信息披露监管规定，积极履行信息披露义务，有序高质做好各项强制性信息披露工作。主动对境内外投资者和资本市场重点关注事项进行自愿披露，维护投资者知情权，持续提升公司透明度。三是不断强化内控内审体系建设，积极加强境内外合规管理，大力开展重点领域风险防控及反商业贿赂工作，将从严治理引向深入。

二、持续增强服务能力

致力于满足实体经济和人民群众对金融服务的新期待、新需求，打造不忘初心、有情怀、负责任、受尊重的银行。优化服务质量，完善消保体系，多维度提升客户体验。深耕C端、赋能B端、服务G端，提升金融服务的适应性、竞争力和普惠性。截至2019年末，全量个人客户规模突破6.5亿户，融e行手机银行用户突破3.61亿户，信用卡客户1.03亿户，储蓄存款余额达到10.10万亿元。坚定扎根实体经济的决心，在深化金融供给侧结构性改革上持续用力，支持重大战略实施，支持优质民营企业，打造以“融资、融智、融商”为核心的“普惠金融服务2.0”。截至2019年末，银保监普惠口径贷款余额4 715亿元，服务于“三农”的县域网点5 145家，覆盖全国84.1%的县域地区。

三、着力创新服务模式

通过金融与科技的深度融合，打造更加智慧化的线上+线下金融服务新模式。发布智慧银行生态系统ECOS 1.0，全面布局人工智能、区块链、云计算、大数据、物联网等前沿技术领域，做智慧金融的主导者和先行者。截至2019年末，全行APP个人用户达到4.92亿户，覆盖全国57.4%的移动互联网用户。首家5G智慧网点和新一代智慧银行旗舰店年内相继在苏州和北京开业，境内智能化网点达到1.57万家，基本实现网点全覆盖。全面推进绿色金融建设，积极支持绿色产业发展，加强环境风险防控，持续推进低碳运营，实现经济效益、社会效益、生态效益同步提升。截至2019年末，境内绿色信贷余额13 508.38亿元，同比增长9.1%。全年现金分红936.64亿元，为利益相关者创造卓越价值。

四、积极做好全球经营

一是进一步完善全球网络布局，已在全球48个国家和地区拥有428家分支机构。通过参股标准银行集团间接覆盖非洲20个国家。二是逐步建立全球化的投融资体系，积极支持中资企业“走出去”。稳步推进境外融资产品线建设，全面提升专业化经营能力，业务已覆盖五大洲，常态化合作机制成员已覆盖51个国家和地区的94家金融机构。三是全面推动境内外汇业务升级发展，以外汇账户、国际结算和贸易融资产品为切入点，构建全行本外币、内外贸、线上线下一体化的交易银行产品服务体系。四是不断完善全球风控体系建设，推进全球先进风险管理技术应用，持续提升全球风险管理能力。

五、不断深化改革创新

持续推进经营结构转型，不断优化业务收入结构，大力发展轻资本业务；打造“工银投行”品牌，顺应资管新规要求，成立工银理财，推进资管业务转型发展；推进基层网点转型，不断优化服务流程，持续提升服务质效；聚焦科技创新类企业金融需求，提供科技企业创新金融服务；加大产品创新力度，推进私人银行业务改革。

六、进一步夯实了经营基础

强化底线意识，加强全面风险防控，落实主体责任，持续提升风险治理能力。截至2019年末，不良贷款率连续12个季度下降，较期初降低9个基点，创三年来最大年度降幅。建立促进员工成长发展的科学机制，为员工提供多元化的职业发展路径，实现员工成长进步和企业发展相统一。

七、积极开展对外捐赠和志愿者活动

全年对外捐赠2.06亿元，开展境内志愿者活动项目9 746个，志愿者活动时长194 876小时。捐资支持“工银光明行——健康快车吉林四平站”，为该地区1 221位白内障患者免费实施了复明手术。

（总行战略管理与投资者关系部）

品牌建设

一、展示高标引领的大行风范

工行坚持稳中求进工作总基调，贯彻新发展理念，以总行党委“48字”工作思路为引领，凭借卓越的金融服务和良好的经营业绩，实现品牌价值、知名度及影响力持续提升，在国内外多项权威榜单中取得了优异表现。其中，在Brand Finance榜单中，以798亿美元的品牌价值，连续第三年蝉联全球银行品牌价值500强榜首。以2 931.29亿元的品牌价值第4次位居中国企业品牌价值榜榜首。连续七年位居英国《银行家》全球银行1 000强、美国《福布斯》全球企业2 000强以及美国《财富》500强商业银行榜单的榜首。推出一系列品牌管理及传播新举措，品牌形象及企业面貌实现新提升。例如，《新思路篇》宣传片推动“48字”工作思路在全行员工中入脑入心。制作中英文版《追梦篇》年度简介片，向行内外传递经营发展重要信息。制作《闪亮2019》主题宣传片，全面回顾2019年重大经营事件，展现励精图治、卓有成效的建设风貌。

二、体现客户至上服务实体的宗旨意识

工行坚持“客户至上　服务实体”的宗旨，夯实发展根基。主动对接京津冀协同发展、粤港澳大湾区和长三角一体化等国家区域重大发展战略，把握经济脉搏，优化资源投放，汇聚起推动区域协调发展的金融力量。组织开展“服务百姓　至臻至境”主题活动、设立工行驿站等系列活动，传递“工行温度”。以“健康快车”公益项目为基点，在同业中率先推出公益品牌体系“工银光明行”，倡导公益美德传承。举办小微客户节、推出“普惠就是越过越好的每一天”系列广告等品牌宣传活动，体现积极服务小微企业、“三农”、扶贫的品牌形象。

三、把握科技驱动价值创造的发展趋势

工行坚持科技创新驱动，全力打造智慧银行，提高对实体经济、股东、社会、员工的价值回报。发布智慧银行生态系统（ECOS），推动网络金融持续创新，智慧网点建设、三融平台、工银e生活、电子政务、工银无感支付等广受认可的品牌再上新台阶。发布工银理财创新产品、举办工银理财节等品牌活动，充分体现用价值创造回馈客户的品牌追求。

四、紧扣国际视野全球经营的发展方向

工行境外机构再添新翼，全球布局日臻完善。重大活动金融服务呈现新气象，跨国、跨界合作彰显品牌活力，国际化大行形象闪亮国际舞台。精心设计制作机构开业宣传视频、国际化宣传片，塑造深耕当地、服务全球的品牌形象。通过成功举办2019年进博会期间配套活动、第二届“一带一路”银行家圆桌会等活动，成功输出国际化大行品牌形象。积极服务第七届世界军人运动会，推出军运会联合标识和主题形象，实现工行品牌与军运品牌的特色联合呈现，充分展示中国银行业的服务水平和精神风貌。

五、锻造转型务实改革图强的发展动力

工行不断加快向改革要动力、向创新要空间的转型步伐，促进工行巨舰行稳致远。全力打造第一个人金融银行，聚力开展“ETC选工行”“工迎新春”“工祝幸福年”“故宫陪你过大年”“一步初心·一步未来”“工银金行家”、生肖信用卡整合营销等一系列具有较好市场反响的品牌活动，有效传导了锐意创新的品牌形象。

六、夯实风控强基人才兴业的发展保障

工行持续完善全面风险管理的理念和实践，实施人才兴行工程，厚植发展根基。开展基层网点金融知识宣传、开发推广工银融誉e信、融安e信等智慧风控产品品牌，着力提升稳健专业的品牌形象。发布“工银星辰”招聘计划、推出总行校园招聘宣传片《定义未来的你》、举办“工贺新婚　一生同行”集体婚礼、倡导健康生活方式等，积极打造广纳人才、关爱人才和成就人才的优秀雇主品牌形象。

（总行办公室）

人力资源管理

2019年，全行深入学习贯彻习近平新时代中国特色社会主义思想，坚决贯彻党中央决策部署，落实总行党委战略安排，坚持人才兴业思路，聚焦效能提升主线，积极推动人力资源管理工作取得了新的进展。

一、全面推进集团三年人员规划落地见效

（一）稳步推进三年人员规划落地实施。一是系统总结三年人员规划年度落地实施情况，形成专题总结报告，并在全行范围内下发通报。二是制定印发《关于持续做好各类中后台与综合管理人员压降的意见》，多措并举压降各类中后台与综合管理人员。三是结合集团经营转型要求、同业竞争形势变化及未来退休高峰分布情况，编制下达2019年集团用工计划，前瞻研究2020年集团用工计划。

（二）搭建全行人员岗位标签体系。一是按照“覆盖全面、分类明晰”原则，建立全行人员岗位标签体系。通过与现有岗位职级体系、业务管理系统用户数据的交叉组合，形成线上人员分布视图。二是投产人力资源管理系统“岗位标签”模块，完成数据铺底工作，建立员工个人、直线管理者与各级人力资源部门之间的分角色负责的信息维护机制。三是对全行各专业条线、各机构层级的从业人员分布状况进行全面梳理。

（三）做好招聘引才工作。一是根据年度招聘工作总体安排，组织开展春季、暑期实习生训练营项目和秋季校园招聘工作。二是持续强化“工银星辰”雇主品牌建设，创新涵盖星辰管培生计划、专业英才计划、科技菁英计划及客户经理岗位、客服经理岗位、服务代表岗位的“3+3”招聘岗位体系，实现优秀高潜力人才与岗位适用性人才的有效区分。三是针对科技类、理工类人才实行提前批次招聘，缩短招聘周期，及时锁定人才。四是就部分境外机构针对来华留学的外籍应届毕业生的校园招聘，首次试点将其纳入集团统一校园招聘体系，充分展现国际化、集团化的形象。五是针对县域机构及相关业务领域空缺岗位需求，积极组织各机构在用工计划范围内有序开展社会招聘。六是修订印发《集团员工招聘录用管理办法》，启动新一代招聘系统自主设计研发工作，进一步规范全行招聘管理。

（四）强化重点队伍建设。一是制订印发公司信贷客户经理核心人才队伍建设工作方案，建立总行级公司信贷客户经理核心人才库，择优选拔市场拓展能力强、风险把控水平高的公司信贷客户经理入库。二是开展信贷队伍建设专题调研，形成调研报告，为研究制定信贷队伍建设指导意见提供决策依据。三是开展网点减负赋能系列调研，针对客服经理、运营主管等队伍的优化建设提出专项意见，加快提升网点各类人员效能。

（五）持续开展人员管理专题研究。一是组织召开多场座谈会，围绕如何平衡人员总量和结构关系、提升人力资源使用效能、加强专业人才队伍建设等主题进行研讨，充分听取各级机构意见建议。二是开展人力资源效能同业对标分析，撰写专题报告，形成持续优化人员总量结构、提升人力资源效能的工作思路。三是深入研究全行人力资源管理的“资产”优势与“负债”短板，就“如何充分调动好员工队伍的积极性和主动性，为推进全行各项业务的高质量发展提供人才保障和智力支持”这一课题进行专题分析。四是举办各级管理者员工管理工作能力专题培训班，引入课程开发研讨模式，萃取全行优秀管理者实践经验，产出一批可在全行复制推广的员工管理专题课程。

（六）规范员工日常管理。一是综合采用现场检查与非现场检查的方式，对各类关键岗位人员轮岗情况、应轮未轮人员数量等进行全面检查。二是制定印发全行员工亲属回避管理办法，进一步加强全集团员工亲属回避管理，促进员工公正履行职责，确保集团稳健发展。三是妥善做好2019年退役士兵接收安置工作，确保国家各项政策要求落实到位。对全行所有在职及离退休退役军人情况开展全面调查研究，遴选部分优秀先进事迹进行宣传。四是落实总行党委关于加强员工关心关爱的指示精神，针对在职员工各类突发事件编制应急处置指

引，指导各机构妥善做好处置。

（七）持续加强境外员工队伍建设。一是统筹规划外派员工总量与结构。对境外机构的岗位设置、综合用工成本、员工任期等进行全面梳理，制定长期外派人员规划，进一步加强选派审核把关，逐步压缩非关键岗位外派员工数量。二是精准做好重点机构、重点专业人员配备。在集团范围内开展主管层级外派岗位公开招聘，做好欧美机构监管整改工作人员配备，全力支持新设机构筹备工作，持续加强信贷管理、内控合规、风险管理等条线队伍建设。三是着力加强外派后备人才储备工作。建立对公前台、资金资负两个外派后备人才库，组织总分行新入职管培生赴境外实岗锻炼，加强全行稀缺的小语种和高级人才队伍建设。四是继续开展境内外各类人员交流工作。建立大湾区机构人才双向交流机制，实施第二期与标银集团人员交流项目，开展台湾、香港大学生暑期实习项目，参加两岸青年实习就业创业研讨会。

二、完善薪酬资源配置，加强员工关心关爱

（一）优化集团薪酬分配。一是在薪酬增量有限的情况下，按照“量入为出、精准投入”原则，通过调整工资总额基数、加大当期业绩挂钩力度、调整绩效工资计划挂钩等方式，进一步完善工资总额分配机制，提升薪酬资源配置效率。二是加强工资分配导向逐级传导管理。指导各一级（直属）分行按总行导向完善对二级分行的工资费用分配办法，确保总行分配导向的向下传导到位。

（二）着力提升基层员工工资收入。制定印发《关于提升基层员工薪酬待遇的指导意见》，通过建立网点员工岗位津贴制度、全面推行艰苦边远地区津贴制度等举措，加大薪酬福利资源向基层员工倾斜配置力度，努力实现基层员工薪酬福利水平的稳步提升。

（三）完善网点考核体系。在统筹整合总行层面各类网点考核办法基础上，制定印发《营业网点及网点员工绩效考核指引》，并将其作为全行网点层面统一的考核指引，从源头上确保网点考核体系简洁明确、规范有序。一是通过设置总、分行两级指标库，既保证经营导向上下一致，战略传导顺畅，又体现各行的经营特点和网点禀赋差异，提高绩效考核的针对性和有效性。二是精简考核指标，明确要求网点各类员工的考核指标数量上限不得超过15个。考核上突出核心目标和重点任务，切实为网点减负赋能，激发基层员工活力。三是将网点各类员工考核与网点整体业绩进行不同程度的挂钩，促进个人目标与机构目标相一致，实现员工业绩与机构业绩融合匹配。

（四）提高薪酬管理的规范化、精细化水平。一是每半年专门对境内分行员工工资管理情况进行通报，重点关注各行在工资费用管理、延期支付制度执行、岗位工资发放及时性、绩效工资发放均衡性以及低收入员工工资保障等方面的管理，对于不符合总行管理要求的问题，及时组织指导相关分行进行整改，并持续跟踪整改落实情况。二是依托人力资源管理系统开发薪酬管理自动化监测功能，从薪酬发放的及时性、员工收入的保障性、薪酬水平的均衡性和工资晋升的合理性等四个方面开展自动监测，切实加强薪酬管理的常态化监督。

（五）强化非工资性人力费用管理。一是统筹境内外各机构非工资性人力费用分配办法，形成统一框架下的差异化管理体系，完成首次全集团非工资性人力费用预决算管理。二是完善境内分行福利性费用配置机制，建立在职员工福利增长保障机制。修订印发《职工福利费办法》。实施差异化的职工福利费上限管理，向低收入和重点增长区域分行适当倾斜配置福利费用。三是推进全行性医疗保障服务建设，在境内各分支机构原有补充医疗保障基础上，总行统一为全行在职员工购买重大疾病保障，增加覆盖疾病种类，有效缓解了患大病员工的医疗费用负担。

三、持续优化组织架构，提升组织机构效能

（一）研究全行机构设置和职能定位优化问题。为进一步加强业务协作，提高工作效率，从总行、一级分行和二级分行三个维度，深度剖析全行在机构设置、职责分工和人员配置方面的现状与问题，对标同业情况，提出了理顺机构职能、优化相关机构设置的思路。

（二）做好中央纪委国家监委派驻改革配套工作。根据中央纪委国家监委派驻改革相关要求，按照总行党委审议通过的实施方案，研究拟订总行本部及境内分支机构、境内综合化子公司组织架构和相关职能的优化调整措施。

（三）优化集团组织架构。完成工银理财和工银科技两家子公司筹建并开业，搭建了与之相适应的公司治理体系、组织架构、行司协同机制及人力资源管理模式；组建金融科技研究院及六大创新实验室，设立软件开发中心（成都）和软件开发中心（西安），整合分行金融科技和产品创新职能，促进业务与技术的深度融合；推进资产管理和私人银行条线的业务转型，对职能定位、业务流转、内部设置等进行了重新界定；探索全行研究体系改革，将总行城市金融研究所更名为现代金融研究院，作为全行研究统筹机构，与深改办合署办公。

（四）规范并推进集约化中心设置。根据银保监会《关于规范银行业金融机构异地非持牌机构的指导意见》的有关规定，进一步梳理、规范行内异地非持牌机构的设置，就相关情况与银保监会及部分地方银保监局进行沟通。设立集约运营中心（佛山）和集约运营中心（成都），将分行业务处理、远程授权、风险监测等后台业务集中上收。设立牡丹卡中心西安分中心，实现信用卡制卡、账单分期外呼营销、逾期催收等业务的

集中运营。研究在天津、郑州和成都设立远程银行中心外呼团队事宜。

（五）完善境内分支机构体系。一是深入推进城区一级支行优化调整。在全面总结2018年非大中城市行城区一级支行优化调整工作的基础上，结合三年人员规划和年初网点工作会议精神，印发《关于深入推进非大中城市行城区一级支行优化调整工作的意见》，进一步加大工作推进力度。全年共降格82家规模较小的一级支行，并将14家发展潜力较大的网点升格为一级支行。二是分类推进境内分支机构建设。编制2019年全行机构发展计划及年中调整计划。加大对重点区域机构申设的支持力度，推动西藏分行在山南和那曲分别设立1家二级分行。同时，为服务国家区域发展战略，在上海、河南、黑龙江等省市的6个自贸试验区、城市新区设立二级分行，进一步提升工行在上述区域的市场影响力和同业竞争能力。

（六）重构全行职数管理方式。在总结全行职数管理工作经验、充分评估各机构职数管理工作基础上，对各机构职数管理方式进行了系统性重构，重新核定全行处级及以上管理类职务职数和高级（资深）经理及以上业务类职务职数，并制定印发《关于进一步加强职数管理并重新核定部分机构相关职数的通知》。调整后，全行实现职数全口径管理。

四、加强人力资源管理队伍建设，提高信息化、智能化服务能力

（一）持续深化系统管理工作。一是召开2019年组织人事工作会议，开展人力资源专业考核表彰。二是构建包含20余项关注指标的全行人力资源风险监测体系，按季向各行发布《人力资源风险监测报告》。三是针对境内外组织部长（主管）、二级分行新任组织部长、各专业骨干人才等对象举办培训班，优化人力资源序列大纲教材和题库。四是继续实施定点联系制度，对四家分行开展精细化指导。

（二）全面推进新一代人力资源信息化系统建设。一是以服务员工、赋能人力资源管理、辅助支持管理者为目标，全面推进新一代人力资源信息系统建设。基本建成员工服务平台并向全行发布应用，分板块推进业务处理平台建设，启动智慧管理平台建设。员工服务平台向全行员工提供事务办理、信息查询、成长发展、关心关怀等四大类二十多项服务事项，员工服务的各项功能已累计被员工点击超过3 000万次，在线完成因私出境审批近1万余次，实现在线自助证明打印超过25万份，累计节约上千人日的工作量。二是加快业务流程优化，强化亲属回避、职数管理、关键岗位等系统硬控制功能。投产岗位标签管理模块，完成薪酬管理系统涉税功能改造。三是大力推动RPA（机器人流程自动化）、人工智能等新技术在人力资源的专业应用。在日常员工服务模块中上线的“HR咨询”智能服务机器人，可在线解答员工职业发展、手续办理、薪酬政策、保险福利等问题，上线以来已服务员工近2 000人次，解答问题近2万个，有效提升了员工体验。在业务处理中，尝试将RPA流程自动化机器人引入医保定点医院调整、薪酬管理、年金管理、档案审核等工作中，替代人工操作，提高工作效率。

（总行人力资源部）

离退休人员服务和管理

2019年，全行离退休人员服务和管理条线认真贯彻落实总行党委要求，以“让党委放心，老同志满意”为目标，秉持精准服务理念，用心用情、用功用力服务广大老同志，推进各项工作取得了新的进展。

一、坚持务实作风，认真开展“不忘初心、牢记使命”主题教育

一是抓好学习教育，在学思践悟上求实效。聚焦专题，先后组织集中学习12次、专题研讨7次。部门党支部书记、副书记分别给全体党员讲授了专题党课。组织全员参观了周恩来邓颖超纪念馆、南水北调团城湖工程和新中国成立70周年大型成就展，集中观看了《背叛》等警示教育片，认真学习了张富清等典型的先进事迹，有效增强了学习教育的实效性和感染力。二是抓好调查研究，在破解难题上求实效。着眼解决离退休人员工作行际间不平衡问题，组织近年来考评排名靠前分行和工作比较薄弱分行一同开展调研，以先进带后进，并邀请调研地点周边分行参与调研，力求实现“蹲一省带一片”的效果。调研期间，针对基层行反映比较强烈的统筹调配离退休人员经费、成立老年大学、配强工作人员队伍等问题，及时与分行党委沟通，初步达成了解决方案。调研的特色做法还被编入总行主题教育简报和“旗帜网”相关报道中。三是抓好检视问题，在查漏补缺上求实效。面向总、分行和老同志广泛征求意

见，认真查摆不足，并先后召开对照党章党规找差距专题会议和专题民主生活会，达到了提醒警醒、排毒治病的预期效果。四是抓好整改落实，在真抓实干上求实效。聚焦问题整改，认真研究提出了加强党员干部思想政治建设、创新离退休人员党组织建设、以培训改善专业作风锤炼专业精神等 24 项整改措施，并逐一推进落实。特别是按照陈四清董事长关于“工行一定要每年为全辖的老同志办几件实事，真正解决老有所养、老有所依、老有所乐的问题”的批示精神，多次与总行相关部门就为老同志办实事、做好事、解难事问题进行沟通研议，形成具体工作举措。

二、聚焦重大事件，精心组织好各类活动

总行层面，为纪念改革开放 40 周年和庆祝新中国成立 70 周年，利用“工行离退休之家”微信公众号，先后组织全行离退休人员和离退休人员工作部门开展了“我看改革开放新成就”书法摄影作品和“礼赞七十年 颂歌献祖国”短视频作品网上展示评比活动，均得到广泛关注和好评。短视频投票评比活动展示页面访问量共达 703.8 万人次，累计投票 260.9 万票，进一步扩大了工行离退休人员工作的影响力；先后组织退休行级领导、离休干部等举办了“我看新中国成立 70 周年新成就”专题座谈，原汁原味地记录了老领导老干部们的心声感受和意见建议；组织老同志集体赴世园会、南水北调工程等地参观，实地感受我国生态文明建设新成果；举办了“庆祝新中国成立 70 周年和工商银行成立 35 周年”书画摄影展、“我的军旅生涯”征文、“诗词歌赋颂祖国联欢会”等活动。系统层面，各行通过开展座谈调研、主题党日、实地参观等方式，举办专题征文、诗书画影和开展文艺演出等形式，进一步营造庆祝新中国成立 70 周年的浓厚氛围。同时，大力开展全行离退休人员先进集体和先进个人评选活动。经各行广泛发动、认真组织、逐级推荐，总行评审组审查评比，共评选出 40 个离退休人员先进集体和 82 名离退休人员先进个人。其中，总行推荐的江西分行退休干部甘公荣被中组部授予“全国离退休干部先进个人”荣誉称号。

三、注重政治引领，着力抓好离退休人员党建工作

一是加强政治思想教育。利用离退休人员集中活动日，先后向老同志们传达了全国老干部局长会议、全行全面从严治党从严治行暨警示教育大会、全行主题教育动员大会等会议精神，教育引导老同志始终做到政治坚定、思想常新、理想永存。二是推动完善党组织建设。本着让老同志就近学习、就近活动、就近得到关心照顾、就近发挥作用的“四就近”原则，重新划分了离退休人员党支部，并成立了由退休行级领导组成的退休人员第三党支部；成功举办了离退休人员党支部书记和骨干培训班。三是发挥先进典型示范引领作用。认真组织开展离退休人员优秀党员和优秀党务工作者的遴选推荐工作，并利用微信公众号集中向全行宣传了“两优一先”的先进事迹。

四、树立精准理念，用心用情服务好老同志

一是扎实开展走访慰问。举办了离退休老领导迎新春座谈会和离休干部党支部春节团拜会，总行有关行领导分别出席并代表党委向老领导老干部们表达节日的问候。坚持做好异地走访慰问工作，总行部门负责人带队先后赴海口、三亚和深圳看望慰问了异地休养的老领导老同志。2019 年，仅总行本部就先后上门慰问探望了 126 位高寿、年老体弱和患病住院的老同志，并妥善处理了 3 位去世老同志的丧事。二是成功举办了总行机关离退休老同志集体祝寿会。陈四清董事长、谷澍行长和官学清董事会秘书出席祝寿会，为 70 周岁和 80 周岁的离退休老同志庆祝生日。通过此次祝寿会，再次向全行传达了总行党委对老同志的关心、关爱、关怀。三是认真搞好医疗保健服务。坚持做好老同志一年一度的体检，并聘请专家，先后举办了“关注心房颤动，预防脑卒中”“把握老年人的黄金十年”等讲座。四是积极组织开展老同志喜闻乐见的各项活动。总行层面，先后举办了老同志迎新春联欢会、离休支部庆“三八”座谈会，并组织退休女员工参观了三元食品公司；利用老同志集中活动日，先后邀请城市金融研究所为老同志举办了“温暖冬日、美味烘焙”活动，邀请网络金融部为老同志讲解了如何使用手机银行“幸福生活版”；利用一年一度的春游和秋游，组织老同志参观游览了世园会、北宫国家森林公园和新首钢等。系统层面，各行始终本着“常规活动不断线，小型活动每周见，大型活动有重点”原则，着力拓展文化养老载体，着力丰富老同志的晚年生活。

五、加强部门自身建设，不断提高工作的科学化水平和队伍的综合素质

一是抓好重点课题研究。组织撰写了《以“三化”强“三性” 疏通老干部工作“最后一公里”问题研究》和《以信息化精准化规范化为目标，提高基层行离退休人员工作质量和水平问题研究》等重点课题报告，为领导决策提供参考。二是推进离退休人员工作信息化建设。积极推进开发引进服务管理老同志的手机 APP 软件相关事宜。争取总行人力部支持，在人力资源管理系统开通了离退休人员信息浏览、查询、维护的相关权限。三是加强业务培训。成功举办了全行离退休人员工作负责人培训班，邀请总行相关部门主要负责人为学员进行授课。四是加大信息宣传力度。全年共编发部

门网讯1 338篇；“工行离退休之家”微信公众号发稿130多篇；编发《情况通报》12期。五是做好专业教材修订工作。对专业岗位培训教材内容、考试大纲和题库进行了修订完善，为推动形成规范、清晰、精准的岗位知识技能标准奠定了基础。六是抓好部门党建。结合主题教育，通过组织离退休工作人员认真学习习近平新时代中国特色社会主义思想、习近平总书记关于老干部工作的重要论述，跟进学习中央及总行的重要会议和文件精神等，有效加强了队伍的思想、作风和能力建设。

（总行离退休人员服务与管理部）

教育培训

2019年，企业文化部根据总行党委部署，聚焦“服务战略、助推业务、传导文化、成就员工”定位，积极推进全行教育培训工作，取得良好成效。全年共举办各类培训4.38万期、531万人次。

一、努力开拓党校工作新局面

（一）扎实做好党校培训工作。以学习习近平新时代中国特色社会主义思想为主线，以党的基本理论、党性教育、专业能力、综合素质为主要内容，重点抓好总行党校领导干部研究班和二级分行党委书记、纪委书记“提升政治能力、提升经营能力”专题轮训，统筹推动二级分行、一级支行、基层党支部书记和党务工作人员常规培训班，全年举办各级各类干部党校培训53期、3 913人次。

（二）充分发挥党校的平台联系作用。依托年内3期领导干部研究班，组织学员围绕建设第一个人金融银行、普惠金融业务发展、境外合规与反洗钱等经营发展重点主题撰写课题报告9篇，为党委决策提供参考。行领导、总行部门负责人赴各级党校授课座谈达126人次，积极促进战略传导，畅通上情下达和下情上达的渠道。

（三）做好党校工作顶层设计。紧扣中央干部培训规划和全行党校工作实际，研究完善全行党校培训体系，推动分行成立党校。新增北京、河南等5家一级（直属）分行党校，全行党校总计达32家。

二、持续提升培训项目的针对性和有效性

（一）实施战略传导力培训。围绕第一个人金融银行战略，举办分行个金业务分管行长“个人客户服务能力提升”境外培训，实施“个人客户经理精英人才培训”；聚焦信贷业务等经营重点，组织“信贷经营能力提升”项目；围绕普惠金融业务，打造“融智小微”项目，举办小微金融服务顾问示范培训和精英训练营；围绕国际化战略，统筹推进境外培训、回国参训、境外送训等；围绕防范化解金融风险，实施全球合规官培训项目。

（二）加强职业进阶发展培训。针对公司信贷、个人信贷客户经理实施“信贷铁军”项目；围绕投行、内控、风险、银行卡等专业实施核心人才培训项目；配合网点转型和劳动组合优化工作，实施网点负责人、客户经理、客服经理、运营主管等岗位培训；面向新员工实施“繁星计划”，开展“开学第一课”行领导新员工寄语活动。

（三）开展业务支持和客户关系提升培训。根据四川、大连等分行需求开展“对公存款竞争力提升”等定制化送训，协助分行破解业务发展难题；探索客户关系提升培训，举办“民营企业高管金融研修班”；推进私人银行“青年领袖计划”，协助拓展市场、维系客户。

（四）统筹推动全集团分层分级培训。在总行统一规划下，各机构也精心打造了一批卓有成效的培训项目，如天津分行“513人才”、河北分行“深化普惠金融业务培训”、上海分行“基层行青年业务骨干培训”、浙江分行“支行行长经营管理能力提升”、江苏分行“银鹰计划”、工银亚洲“领英计划”、工银租赁“双英人才计划”等项目，为所在机构转型发展和人才培养提供了有力支持。

在开展上述培训工作的同时，着眼解决“多头培训、重复参训”问题，通过统筹全行培训计划、加强学员名单审核、规范境外员工回国参训等措施，不断提高培训精细化管理水平和经费使用效能。

三、进一步提高知识的积累、转化和管理能力

（一）加大教材案例研发力度。适应基层员工学习特点和需求，推动资格认证教材“表格化、标签化、模块化”，实现重点教材“掌上阅读”功能；围绕资格认证教材开发《知识要点图谱》，探索构建“学、考、用”一体化的学习内容体系；集中开发信贷风险专题研讨案例73个、信贷领域风险警示教育案例微课12

个，推动经验成果的萃取转化。

（二）优化专业资格认证机制。着眼为基层减负，从放宽报名要求、加强行内外资格衔接、照顾特殊员工等方面优化考试认证政策，积极响应员工诉求、缓解工学矛盾；推进大纲、教材、题库“三个一”建设，印发客服经理、信贷等条线大纲，开发网点负责人、客户经理等条线大纲，并依纲编制教材试题，推动员工将知识学习、检验与应用紧密结合起来。

（三）推广知识管理新方法新工具。开展重点岗位学习地图和课程开发，构建理财客户经理、个贷客户经理、公司信贷客户经理、网点运营主管和客服经理的能力素质模型和学习地图，配套开发客服经理微课 108 门、初级财富顾问和运营主管课程 10 门；在各类培训中开展 PDP（行为动态衡量系统）授课 69 场次、覆盖 4 300 余人，积极推广绩效改进、行动学习、行动教练等新方法，提高知识转化效率。

（四）提高知识管理与应用水平。推出移动端知识管理平台，搭建“搜索 + 百科 + 分享”的互动空间，将培训服务融入工作场景，为员工提供“查、问、学、用”于一体的线上学习新模式；丰富网络培训资源，研发课件 2 200 门、移动微课 820 门，完善微课视图体系，为员工提供更加便捷高效的学习支持；推动网络大学、考试系统、员工培训、知识管理、移动学习等五大系统整合，构建新一代学习平台。

四、推动院校管理和队伍建设取得新进展

（一）优化培训基地布局。继续推进以房山、银泉教学点为主体的“工银大学”北京校区建设，梳理运营流程，推广培训新工具；依托“教研室”建设，提高院校专业能力；结合两院和分行学校需求，更新教学设施，解决工具方法应用等问题；联合工银澳门，在北京挂牌成立“工银大学——澳门青年金融人才培训学院”，助力澳门青年金融人才培养。

（二）加强从业人员队伍建设。发挥 9 家“教研室”共建、共创、共享的平台作用，全年培养认证讲师 321 名，其中基层业务骨干 261 名，占比 81%，并定向培养管理信息、普惠金融、渠道管理等条线专业讲师 84 名；开展教师节慰问表彰活动，向全行培训工作者致教师节慰问信，开展培训条线评选表彰，召开教师节座谈会，营造尊师重教氛围；在全行教育培训条线培养“行动学习催化师”“行动教练”“PDP 认证讲师”共计百余名，组织系统人员外部学习参访 20 余次，开展系统人员横向、上下交流 10 余次。

五、不断发挥香港培训中心作用

2019 年，香港培训中心紧扣“四个平台”定位，积极应对外部挑战，着力发挥自身优势，推动各项工作再有新进步。一是做实培训主业。顺利完成总行下达的各项培训任务，同时主动满足在港机构培训需求，全年累计完成各类培训任务 25 期、882 人次。二是抓好基础管理。进一步完善培训中心制度体系，修订印发参训学员管理办法、突发事件应急管理预案、内训师管理实施细则等多项制度办法。建立健全联动预警弹性调课、参训学员动态追踪、突发事件紧急报告等工作机制，有效保障内地来港参训学员安全。三是加强研发创新。积极争取总行支持，开展了首次“东南亚地区培训工作调研”，承接了首次“亚太区业务联动研讨会”，为境外培训项目研发奠定基础。推动培训科技创新，全面应用了“培训服务无纸化系统”，实现了讲义分发、浏览、笔记等的全面无纸化，推动了“绿色培训”理念在境外落地。四是积极凝聚人心。坚守理想信念，积极参与“爱国爱港”系列活动，坚持倡导“主旋律、正能量”；关心关爱员工，鼓励员工素质能力培养提升，营造良好的工作氛围。

（总行企业文化部）

长春金融研修学院教育培训

2019 年，学院认真落实总行党委要求，坚持抓党建、抓队伍、抓创新、抓监督主线，力促党建与业务深度融合、同向发力，有效推动各项工作实现新的进步。

一、主要培训业绩

全年共举办现场培训 178 期，培训学员 1.2 万人次，5.3 万人天；编审完成教材 42 本，开发案例 77 个，开发课件 781 个，总计 733 课时；全年培训班院校满意率 99.15%，教学教务满意率 99.39%，班主任满意率 99.54%。全年组织承办了内控合规经理大赛等 4 次全行性大赛。

二、主要工作措施

（一）抓党建，坚守初心使命。一是深入开展主题

教育和专题教育整改。坚持将学习教育、调查研究、检视问题、整改落实贯穿始终。认真落实全行全面从严治党从严治行推进会精神，以案促思、以案促省、以案促查、以案促改，针对查摆出的问题，实行清单化管理，以每周工作报告制度推进落实，与月度、年度考核紧密结合，确保整改工作取得实效。二是持续加强日常学习教育。通过联学、跟学、领学、自学、研学和开展主题教育知识竞赛、实地考察等方式，增强学习效果。发挥总行党校分校作用，研发《红色金融发展史》等党建课程；建立红色金融馆，开发“重走长征路”主题红色拓展活动；组建学习资源研发部，持续研发优质党建微课资源，为全行主题教育、战略转型和业务发展服务。三是加强基层党组织建设。坚持“一切工作到支部、一切工作靠支部”原则，健全组织机构，调整充实支部班子；研究制定《加强支部标准化规范化建设的意见》，深入开展“三亮三比三评三议”，树牢“抓好党建是本职，不抓是失职，抓不好是渎职”的鲜明导向。四是坚持“党建 + 业务”“线上 + 线下”“学习 + 实践”“管理类 + 专业类”理念，以“现场授课 + 工作坊 + 线上学习 + 实践 + 座谈”等形式，实施“员工管理能力提升项目”，全面提高员工管理能力和党支部组织力。五是打造特色文化名片，弘扬忠诚奉献的“党员文化”、求知求真的“校园文化”、包容共进的“家园文化”、奋斗担当的“实干文化”，凝聚干事创业精气神。

（二）抓队伍，提升专业能力。一是抓好“关键少数”，发挥关键作用。党委班子成员以身作则，带头学习、带头调研、带头找问题、带头抓落实，自觉接受监督。对中层管理人员按照精选、重用、严管、细育、促流的原则，加强考核和动态调整，发挥各年龄段干部的价值和作用。二是赋能“关键人才”，激发队伍活力。选拔30多名年轻同志担任项目经理，对教学研发全过程进行全面负责，并持续加强跟踪培养、业绩考核和有效激励，促使其逐步从项目运行师向项目设计师、讲师、咨询师等多个角色转变。通过组建跨部门、跨专业的柔性团队，加强重点研发项目攻关。

（三）抓创新，增强发展动力。一是聚焦教育培训主责主业，坚持“服务全行转型发展战略、服务全行经营管理创新、服务全行员工成长成才”思路，不断满足全行员工在线随时学、在岗随需学、在校随师学的学习需求。二是加强创新研发，共完成学习资源开发、学习项目设计、运行管理三个方面50多项创新成果，先后与总行12个专业部室完成15个工作坊，并衍生开发了相关课程、案例、微课产品，促进了培训专业技能、培训方法论、教学设计理念和培训运行理念升级。三是突出重点项目，贡献专业智慧。按照总行按年龄段和成熟度培养干部的要求，组织力量积极参与总行中青年干部培训班和85后副处级干部、88后网点正职负责人培训项目的设计与实施。牵头建立了全行“绩效改进教研室”。

（四）抓监督，加强体系建设。纵深推进全面从严治党从严治院，按照派驻纪检监察组要求，及时成立了纪委办公室，配备精干力量，深入推进“三转”，不断提升监督能力。加强关键少数监督、日常监督和重点监督，形成监督合力。抓住人、财、物三个核心环节，持续加强制度建设。坚持严管与厚爱相结合原则，进一步严明工作纪律，改进工作作风；加强对附设机构财务工作的指导、管理、检查和监督。

（长春金融研修学院）

杭州金融研修学院教育培训

2019年，学院在总行党委领导下，聚焦“服务战略、助推业务、传导文化、成就员工”定位，统筹抓好现场培训、项目研发、网络大学运营、培训资源建设等重点工作，自觉践行“四个角色”，推动“双满意”现代企业大学建设迈上新台阶。

一、主要培训业绩

全年共举办现场培训218期，培训学员1.7万人次，8.2万人天；举办网络培训311期，培训学员134万人次；承办各类考试280期，服务考生31.2万人次；全新开发培训项目22个；编审完成教材26本，开发制作各类课件478个，开发课程11门；撰写完成总行和学院课题16个。院内教师全年授课1 750课时，其中送教上门913课时。全年培训班院校满意率99.36%，班主任满意率99.64%，教学设施设备满意率99.71%，后勤保障服务满意率99.39%，校园环境和文化氛围满意率99.72%。全年组织承办了普惠金融客户经理技能大赛决赛、信用卡案例大赛决赛等7次全行性大赛。

学院在2019年中国企业大学高峰论坛评选的“中

国企业大学50强”中获得冠军，并获得“2019年中国标杆企业大学”引擎奖、2019年第五届中国企业微课大赛最佳实践奖等荣誉。

二、主要工作措施

（一）全面提升党的建设质量。

一是加强党的政治建设。深入学习贯彻《中共中央关于加强党的政治建设的意见》，严守党的政治纪律和政治规矩，坚决把“两个维护”落实到学院党建和业务工作的各方面全过程。不折不扣执行新形势下党内政治生活若干准则“规定动作”，坚持和完善民主集中制，严格执行党委工作规则，集体决策“三重一大”事项，落实职代会制度，推进党务、院务公开。

二是开展“不忘初心、牢记使命”主题教育。发挥党委中心组学习示范引领作用，全年组织党委中心组开展学习27次，其中日常集中学习13次，各类专题研讨、专题讲座、特色主题活动等共计14次。各党支部围绕中心工作打造主题党日特色品牌，组织开展“支部工作法”创新实践，重点做好总结提炼和推广工作。全年各支部开展各种形式主题党日活动、支部共建活动17次。落实管党治党政治责任，组织开展领导干部述职述廉，召开党支部书记抓党建述职评议会议，做好年度支部党建工作目标责任制考核。

三是推进党风廉政建设。开展案件警示教育活动和纪检监察干部“三对照三自查”警示教育活动。配合派驻纪检监察组对学院“四风”整改及“采购”情况开展专项监督检查。协助总行稳步推进全行廉洁文化教育展览工程项目相关工作。

四是培养高素质干部队伍。制订实施“杭院双狮计划”人才培养方案和“导师制”培养工作方案。修订部门绩效考评办法、员工绩效考核实施细则、职工教育经费管理实施细则，提升绩效考核科学化水平。落实学院派驻改革实施方案，撤销监察室，成立纪委办公室。开展选人用人问题专项自查和干部人事档案专项审核工作。制订实施年度管理类、专业类员工培训学习计划。

五是推进企业文化建设。深入开展“学雷锋日记 谈十字理念 讲身边故事”活动。组织开展学院“创新工行”微创新大赛，征集各类创新作品9个。发布旨在促进团队合作、传递正能量的“爱激励”小程序。完成杭院狮主形象、表情包设计、学院Q地图制作以及价值理念宣传视频制作。

六是发挥群团工作优势。全年举办职工大讲堂8期、培训沙龙14次，推进杭院文化传播。以关心关爱员工为主题，举办欢迎小候鸟、送清凉、气排球比赛、呵护职业健康等系列活动。开展“青年赋能计划”“院长圆桌会”“青年拓展训练”“对话优秀青年”系列活动，鼓励青年发声，培育优秀青年文化。用心用情做好离退休人员服务和管理工作。

（二）聚焦五个重点，推动培训业务实现新突破。

一是做平台。及时了解分行贯彻落实总行重点战略情况和相关意见建议，立足工作实际，做好经验萃取和提炼总结，全年开发各类案例97个。深入开展培训管理“四个一”建设，形成标准化服务规范和最佳实践成果，并在全行推广应用。承办全行2019年网络培训工作研讨会，全程参与总行新平台建设，重点配合总行做好新一代学习平台试点投产及使用体验、移动端知识管理平台试运行等相关工作。印发《智慧学院建设三年规划（2019—2021年）》，重点实施一站式发布系统改造升级建设、教室教学环境提升、“钉钉”移动办公功能拓展完善以及电教室智能监控等项目。

二是做伙伴。配合总行做好重点培训项目实施，策划实施2期二级分行党委书记、纪委书记“两个提升”专题轮训、1期二级分行负责人党校培训班、1期一级机构内设部室负责人党校示范培训班；开发完成“板块+”联动项目和民营+小微处级干部培训项目；开发子公司全流程培训项目，先后为工银澳门、工银安盛提供人才培训支持。开发境外机构专业力培训项目，联合新加坡分行开发“新叶芳林”零售竞争力提升项目，以视频直播方式实现国内外现场互动。深化与境内分行的合作，完成郑州分行“厉兵计划”和“郑青春”青年人才培养工程、成都分行信贷精英骨干训练营等培训项目。持续深化重点城市行系列项目，开发实施二级分行中层管理人员培训项目，形成“引领+推广”的培训格局。开展网点驻点辅导咨询项目，助力网点效能提升与转型升级。

三是做顾问。配合总行人力资源部推进全行“人才测评系统”建设，联合总行企业文化部完成理财客户经理、个贷客户经理、公司信贷客户经理、网点运营主管和客服经理的能力素质模型和学习地图。服务河北、福建、陕西、宁夏、青海、云南等6家一级分行及江苏镇江、江西吉安2家二级分行人才队伍建设工作，开发完成云南、青海、宁夏、福建分行“311”中级培养对象·领航培训项目和新疆分行“311”中级培养对象·领跑培训项目。探究培训项目在“X+绩效改进”领域的实践，建立部分机构绩效改进样本库，为咨询体系搭建奠定基础。

四是做专家。做培训业务专家，印发学院《项目经理管理办法》，开展院内宣讲，推进项目经理制落实；推进行动学习催化师、哈佛案例教学课程师资认证工作；开展统一案例分析与结构化研讨，提升杭院行动学习课程、领导力课程的品牌价值。做工具方法专家，积极推进场景化学习，重点引进和内化“战略解码”“绩效改进”等工具方法；开发完成“微课众创”，探索推进工银大学（移动端）电子讲义工作。做培训管理服务专家，加强过程管理，总结提炼班主任“互动六步曲””，充分发挥班主任资源协调者、课程诊断者、学习促动者的作用；做好“三个一”建设，夯实专业资格考试基础，完成2019年全行各序列中级专业资格考试的考场安排和考试组织实施工作。努力打造名师行家，全年举办教师业务学习8次、屏峰大讲堂2次；参与总行标准课程开发，培养师资、锻炼队伍。

五是做传播。《金融言行》围绕工行战略和转型发展重点，推出“两个提升”“工行的春天故事”“追梦雄安”“温暖服务、百城接力”等专题和“感动工行”评选活动子栏目，全年推出12期、发布文章264篇。加强学院微信公众号“工行培训”微智库建设，开设互动吧，增强与学员的交流互动，发挥专业分享、知识共享的作用。

（杭州金融研修学院）

金融理论研究与学术交流

2019年，金融理论研究工作在助推全行贯彻落实党中央决策部署、服务实体经济、深化改革创新过程中发挥的智力支持作用更加凸显，各项研究成果继续实现量质齐升。全行学术交流活动愈发活跃，研究交流机制不断完善，在高层次学术活动中不断发出工行声音，贡献工行智慧。

一、围绕全行中心工作和改革发展重大问题，组织推动40项重大课题研究，全面服务全行战略决策

（一）围绕工行改革发展总体要求和重点战略的总体思路，就关键业务领域和产品服务的改革创新开展研究。相关课题研究内容包括：重点区域战略研究、客户价值实现研究、大型银行普惠金融业务的可持续发展道路、建立“大对公结算体系架构”的思考和研究、与区域性中小银行的银银合作策略研究、资产管理业务服务金融供给侧结构性改革路径与模式创新研究、把握资本市场形势拓展投行发展空间、工商银行养老金业务发展构想研究、境内债券市场开放背景下金融市场业务发展思路研究、贵金属实物定制业务发展研究、资管新规时代金融资产公允价值计量、工商银行票据业务竞争力提升研究等。

（二）围绕新形势下银行深化全面风险管理，提升风控效率与技术，促进业务稳健发展等方面展开研究。相关课题研究内容包括：新时期工商银行智能化信贷管理体系建设思路与框架、新形势下工商银行科学的不良资产管理体系构建研究、新规时代集团理财业务风险管理模式研究、基于转移熵技术的“两张表”关联风险研究、关于打造工银信用卡智慧风控新生态的研究、财务视角下国有商业银行实质风险管理策略研究、利率周期预判管理和利率风险动态调控策略与调控机制研究、全量客户资金流向流量监测分析体系研究等。

（三）着眼工行信息化银行建设与金融科技的研发应用方面开展研究。相关课题研究内容包括：数据驱动下成长型企业金融服务模式研究、5G时代下的全渠道数字转型研究、金融科技发展趋势及工行对策研究、个人客户智能化营销服务体系研究、互联网金融新形势下的场景建设及配套机制、工商银行智慧审批体系建设研究、新形势下工商银行信息安全体系研究、贸易金融集约化运营中心创新发展2.0工程探索等。

（四）落实“比”的思想，就国际国内可比同业竞争策略和管理模式等开展深入研究。相关课题研究内容包括工商银行同业竞争策略研究、全球大型商业银行公司治理与业绩相关性研究、银行控股集团总部管理机制研究、中国私人银行财富管理同业比较研究等。

（五）着眼全行党建与队伍建设开展研究。相关课题研究内容包括新时代下加强和改进党建工作与业务工作相互融合的路径探索、提高基层行离退休人员工作质量和水平问题研究。

二、提升研究实际应用效果和决策支持水平

（一）健全研究机制，提高服务决策效率与质量。一是建立针对国内外重要会议、重大经济金融政策、重点热点问题、重要突发事件的快速响应和研究机制，全年形成相关研究成果60余份。二是密切跟踪研判2019年国内外宏观经济金融形势、金融监管政策和同业竞争趋势，全年发布各类研究报告和监测月报100余篇。三是作为银保监会季度形势交流机制的核心参与单位，每季报送形势分析材料并参与研讨；就宏观经济形势、银行业高质量发展、中美贸易摩擦、香港修例影响、绿色金融进展等主题，向相关政府部门报送专题研究报告。

（二）全面推进绿色金融研究与交流。一是取得一批绿色金融研究成果。与清华大学合作完成《推动绿

色“一带一路”发展的绿色金融政策研究》课题，该课题成果获“2018 年中国绿色金融论文大赛”一等奖。发布《绿色金融专题报告》。与牛津大学等机构共同研发“一带一路”绿色经济指数，该指数成为第二届“一带一路”合作高峰论坛成果。与北京市环交所合作完成《碳交易对商业银行信用风险的影响》，并在绿金委年会发布，标志着工行的环境风险压力测试研究体系已覆盖政策、灾害和价格三大领域。根据 GIP（“一带一路”绿色投资原则）规划，着手制订未来三年行动方案。二是为配合银保监会绿色信贷自评价、第二届“一带一路”银行家圆桌会、绿色金融创新支持雄安新区发展、伦敦分行筹组绿色俱乐部融资等工作的开展，提供绿色金融研究支持。三是积极开展绿色金融研究交流活动。荣获《亚洲货币》“年度最佳绿色金融银行”和“海外市场表现最佳绿色金融银行”两项大奖。与联合国开发计划署、世界经济论坛、全球金融论坛等合作，探索绿色金融国际合作机遇，积极宣传工行绿色金融实践。

三、提升办刊理念，持续扩大两刊影响力

（一）进一步优化行刊宣传阵地。一是成功推出“纪念新中国成立 70 周年特刊”，回顾金融业发展历程，梳理工行支持经济社会发展成就。二是围绕智慧零售转型、支持民营企业发展、助力精准脱贫攻坚、境外机构扎根当地转型发展、5G 特色网点落地等重点工作进行专题报道。三是稳步推进新媒体编辑运营。“金融论坛”微信公众号和“工银金融评论”融 e 联服务号、微信公众号关注人数持续上升，打通了纸媒与新媒体的传播渠道，拓展了工行改革发展成就的宣传平台。

（二）提升《金融论坛》办刊质量。注重刊登名家文章及金融热点、难点研究文章，成功举办“美国金融制裁：机制、影响与对策”等多场研讨会及《金融论坛》优秀文章评选和优秀审稿专家评选等活动，为金融理论界与实务界研究相关问题提供学术支持。《金融论坛》影响因子比上年继续有所提升，在 62 种同类期刊中影响因子位列第三。

四、打造智库传播平台，提升智库品牌软实力

（一）持续打造“创新沙龙”学术交流精品平台。2019 年共举办三期创新沙龙，主题分别为“2019 年经济形势分析与展望”“2018 年度总行改革发展重点课题成果发布”“普惠金融创新与发展”。

（二）发挥学会重要作用。一是为贯彻国家金融改革战略、推动构建现代金融体系、促进金融治理现代化，经登记管理机关批准（民函〔2019〕149 号），中国城市金融学会正式更名为中国现代金融学会，开启学会发展新征程。二是召开学会学术委员会会议，审定第 14 届全国城市金融优秀论文与调研报告评选结果。王广谦、吴晓求、曹凤岐、李晓西、张宇燕、张承惠等行外专家就当前形势以及需要重点关注和研究的问题发表建议。三是学会系统组织开展重点课题研究，共完成研究成果 183 篇。四是组织开展“金融扶贫、助力乡村振兴”专项调研。组织各团体会员单位结合自身特点开展对口帮扶、捐助等多种形式的扶贫工作，开展消费者保护、征信宣传、防范金融诈骗等不同主题的科普宣传活动。五是通过开展学会工作评比表彰、举办秘书长培训班等方式，进一步推动全行学会工作开展。

（三）博士后科研工作站建设再上新台阶。一是组织完成 2017 级博士后出站报告答辩及留行考察工作；邀请行内外专家对 2018 级博士后开题报告进行评审；组织完成 2019 级博士后进站工作和 2020 级博士后招聘工作。二是博士后研究课题按进度稳步推进。在站 12 位博士后全年共对外发表文章 36 篇（其中 19 篇为核心期刊），1 位博士后获得中国博士后科学基金第 66 批面上资助。三是加强博士后的培训和调研安排，组织 10 余次内部专题讲座和调研活动。

（四）稳步推进行史和学术金融史编修。继续推进《中国工商银行史》（电子版）项目制作和《中国工商银行信息化建设史》（行史第七分册）编写工作。组织开展行史授课和红色金融宣传教育等活动。

（总行现代金融研究院）

第二部分

重要战略与改革发展

责任编辑：徐　朋

“48字”工作思路

2019年7月25日，在中国工商银行2019年年中工作会议上，总行党委提出当前及未来一个时期，全行要以习近平新时代中国特色社会主义思想为指导，坚持“党建引领、从严治理，客户至上、服务实体，科技驱动、价值创造，国际视野、全球经营，转型务实、改革图强，风控强基、人才兴业”的工作思路，集众智、汇众力，把工商银行建设成为具有全球竞争力的世界一流现代金融企业。

一、坚持党建引领、从严治理，做旗帜鲜明讲政治、两加强两全面、两手抓两手硬的银行

党的领导是中国特色社会主义最本质的特征，是中国特色社会主义制度的最大优势。坚持党的领导、加强党的建设，是国有企业的“根”和“魂”。办金融是党执政的要事。党的十八大以来，习近平总书记对金融工作作出一系列重要论述。比如，关于金融的地位和作用，强调“金融是国家重要的核心竞争力，金融安全是国家安全的重要组成部分，金融制度是经济社会发展中重要的基础性制度”。关于金融与经济的关系，强调“金融是实体经济的血脉，为实体经济服务是金融的天职”“金融活，经济活；金融稳，经济稳。经济兴，金融兴；经济强，金融强”。关于防范化解金融风险，强调“防范化解金融风险特别是防止发生系统性金融风险，是金融工作的根本性任务”。关于深化金融改革，强调“供给侧结构性改革是经济工作的主线，也是金融工作的主线”。这一系列重要论述是习近平新时代中国特色社会主义思想的重要组成部分，是做好新时代金融工作的根本遵循。要深入学习贯彻习近平总书记关于金融工作的重要论述，牢记自己的第一职责是为党工作，毫不动摇地坚持党的领导来办好金融这桩事关国计民生的要事。要旗帜鲜明讲政治，以党的政治建设为统领，全面提高党的建设质量，发挥好党委把方向、管大局、保落实的作用。要秉承永远在路上的执着，全面加强党的领导，全面加强党的建设，以全面从严治党带动全面从严治行，以党风带动行风，以“关键少数”带动“绝大多数”。要坚持党建和经营“两手抓”，做到“四同步”“四对接”，把党建优势转化为创新优势、发展优势、竞争优势。同时，要进一步完善公司治理机制，使决策有良好的程序和方式，始终沿着正确的方向前进。

二、坚持客户至上、服务实体，做不忘初心、坚守本源，有情怀、负责任、受尊重的银行

银行是服务行业。服务是立行之本、发展之基。满足实体经济和人民群众对金融服务的新期待、新需求，是全行践行党的初心和使命的根本要求，是大行家国情怀的重要体现。无论是客户至上，还是服务实体，都要有市场拼抢意识。要先看再比，在比中想，想好干，最终达到提高的目的。要当好服务实体经济的“国家队”，聚焦供给侧结构性改革和经济高质量发展，深化金融供给侧结构性改革，激发金融全要素的活力与效率，提高金融供给对实体经济的适配性和灵活性，促进金融与实体经济的良性循环。要当好为民服务的“主力军”，积极适应、引领和创造客户需求，潜心笃志打造随时、随地、随心的卓越服务体验，持续提升品牌美誉度和影响力，建设客户首选银行和人民满意银行，赢得客户和社会的广泛尊重。

三、坚持科技驱动、价值创造，做面向未来、创新领跑、智能智慧、价值卓越的银行

科学技术是第一生产力。要以更加开放和进取的姿态拥抱金融科技，以“鼎新”带“革故”，用新技术、新模式对传统金融体系进行全方位、智能化改造，全面构建智慧银行体系，重塑工商银行科技发展代际优势，做智慧金融的主导者和先行者。要顺应创新、创造、创意的大趋势，跑出创新“加速度”，全面优化科技创新机制，集聚并用好创新资源、创新人才，最大限度地激活ICBC的科创爆发力，涌现更多现象级的创新成果，形成金融与科技深度融合的“场效应”。要以金融科技全面赋能经营发展，为股东、客户、员工和社会创造卓越价值。

四、坚持国际视野、全球经营，做服务国家对外开放新格局、统筹两个市场、境内外一体化发展的银行

要坚持把国际化经营放到国家对外开放大格局中去把握和推动，树立全球化的经营理念和战略眼光，强化跨境跨市场服务能力建设，成为中国企业对外经贸合作

的首选银行、全球最受推崇的中资银行。要坚持走审慎稳健、提质增效的国际化发展道路，走与风控能力相匹配、与集团战略相融合的国际化发展道路，持续提升经营实力、价值贡献度和全球影响力。要坚持本地化、特色化、专业化发展与境内外一体化联动相对接，境内做强、境外站稳，一点接入、全球响应。

五、坚持转型务实、改革图强，做按规律办事、经营活力足、发展动力强、竞争优势突出的银行

要善于把握经济社会发展规律和商业银行规律，坚持实践第一，突出问题导向，推动高质量发展。要抓住一批增长空间大、带动效应强的战略板块，带动形成多元动力和发展引擎，向转型要空间。要深化体制机制改革，激发各经营主体活力与效能，向改革要动力，向精细化管理要红利。大行要有大行的样子，不仅是规模庞大，还要志向远大、竞争力强大。要对标市场最高标准、最好水平，勇于直道追赶，善于弯道超车，长于变道领先，既要有迈出第一步的闯劲，也要有走好每一步的韧劲，在务实图强的转型改革中，成为竞争力一流的银行。

六、坚持风控强基、人才兴业，做安全稳健、以人为本、凝心聚力、行稳致远的银行

对有近 30 万亿元资产的工商银行来讲，风险管理就是经营生命线，风控能力就是核心能力和看家本领。要树牢“总体国家安全观”，着眼全市场格局、全风险图谱、全周期监控、全口径管理，排好风险优先序，打好风险化解的主动仗和攻坚战，守牢风险底线。建设世界一流现代金融企业，必须要有世界一流人才。要坚持党管人才原则，树立正确选人用人导向，坚持严管和厚爱结合、激励和约束并重，建设忠诚干净担当的高素质专业化干部队伍，建设人才大行、人才强行，在聚才、聚心、聚势中，为打造基业长青的百年老店厚植人才基石和文化基因。

（总行办公室）

第一个人金融银行战略

在 2019 年年中工作会议上，总行党委结合新时期工商银行经营转型需要，在战略传承创新的基础上，提出全面打造“第一个人金融银行”战略。8 月初，总行个人金融业务部举办了全行个金条线中高级管理人员培训班，宣导解读“第一个人金融银行”战略，统一思想、振奋精神、明确思路，在全行掀起了战略学习和传导的热潮。9 月，总行组织召开了全面打造“第一个人金融银行”座谈会，陈四清、谷澍、官学清等行领导和高管出席，分别听取相关部门、重点分行和综合化子公司的汇报，并就推动“第一个人金融银行”战略在全行落地实施深入研究、作出指示，明确了下一阶段战略推进路径与思路。12 月，又召集了 10 家重点分行主要负责人组织召开“全面打造‘第一个人金融银行’大力发展储蓄存款”座谈会，研讨部署储蓄存款规模赶超同业的总体思路和具体路径。

为落实全面打造“第一个人金融银行”座谈会重要精神和指示要求，加强战略推进顶层设计，总行制定了《中国工商银行关于全面打造“第一个人金融银行”的意见》（以下简称《意见》），并以工银发 2020 年 1 号文印发全行。《意见》明确了全面打造“第一个人金融银行”的指导思想，提出了优先发展、创新发展、可持续发展、分类发展、高质量发展的原则，指出了实现市场竞争力最强、价值创造力最大、经营质态最优、品牌美誉度、客户满意度最佳的战略目标。同时在《意见》框架之下，围绕全量客户、个人金融资产和储蓄存款、手机银行、信用卡、个人贷款、个人中收、私人银行、个人外汇、风险控制等重点领域起草制订了若干行动方案，并配套提出了财务会计、人力资源、资产负债、运行管理、渠道管理、金融科技等专业的若干支持措施，共同构成了全面打造“第一个人金融银行”的制度框架和方案体系。

在全行的共同努力下，全面打造“第一个人金融银行”战略加快推进落地实施，2019 年全行个人金融业务市场竞争力、价值创造力、经营质态和客户基础都取得了新的发展，多项关键指标创下近年来最好成绩。其中，全行人民币储蓄存款余额突破 10 万亿元大关，增量实现了“双第一、双万亿”；个人按揭贷款新增同业第一，不良率 0.23%，实现同业最优；全量客户站上 6.5 亿户大关，净增突破 4 300 万户；5 万元以上个人客户净增创近 5 年来最好水平，私人银行达标客户数站稳 9 万户大关，信用卡客户率先破亿，ETC 客户新增四行占比超过 41%；个金板块营业贡献行内占比达到 46.1%，再创新高，实现了良好的战略开局。

一、加强精细化管理，推动负债业务高质量发展

一是落实新发展理念。推出“双新”负债产品，实现优质产品向“新客户、新资金”的精准投放。做好客群化、场景化创“新”，持续深化特色存单产品创新，年初首推“工迎新春”“故宫存单”主题存单，并相继推出线上线下一体化的苏博存单、军运会存单、熊猫存单等。二是推动储蓄存款与个人金融资产的协同发展。推动第三方存管客户、管理账户余额分别较年初增长444万户和514亿元，实现快速扩容；累计代理发行储蓄国债22期、金额766亿元，销售电子式国债171亿元，销量稳居同业之首。截至2019年末，全行个人金融资产规模达到14.56万亿元，较年初增长10 508亿元，发挥了储蓄存款蓄水池作用。三是做好活期类存款创新产品承接引流和压降工作。严格遵守行业自律要求，5月17日率先停办个人活期类存款创新产品。同步制订创新产品压降计划，同步开展精准营销活动，做好个人活期创新产品资金引流与承接工作。

二、积极适应市场变化，加强个贷业务营销组织推动

一是进一步加大组织推动力度。加强对监管部门及合作单位的沟通维护，积极争取政策和业务支持。明确全行房贷规模分配向重点地区、重点开发商倾斜的大原则，逐月分配及动态调整，充分发挥好规模配置的导向作用。做好一线开发商的对接交流，全年实现总分行级开发商按揭发放占全行一手房贷款发放的60.3%，较上年提高5.2个百分点。二是有条不紊推进营销管理精细化。研究制订个金条线开展个人普惠贷款业务的行动方案，全方位调动起全行上下的积极性，实现个人普惠贷款业务高速增长，年末贷款余额1 520.5亿元，较年初增长775.28亿元，完成新增任务的222%。三是全面加快产品创新步伐。妥善做好房贷利息抵税、LPR改革等关乎民生利益的重大工作。完善个贷自动化审查应用。推动房贷合作机构系统功能优化。完善个人金融资产质押贷款功能，重点做好个人房产抵押消费与经营组合贷款推广工作。持续推广政银互联系统建设。

三、夯实基础、抓住重点，推动中间业务收入较快增长

一是顺应趋势推动非货币基金销量较快增长。动态调整代理基金营销策略，满足客户多元化投资需求，实现非货币基金销量3 784.22亿元，同比增长846.72亿元。成功实现AI投指数产品化。二是代理保险业务加快发展。用趸交理财型保险产品承接资管新规下溢出的理财资金，实现销量翻倍增长，代理保险销量达1 325.64亿元，四行占比28.19%。按季制订期交营销方案，加大期交产品销售的激励力度。加快打造工银车主客户服务回馈体系，全年实现车险销量27.72万件。三是个人理财收入稳居四行第一。适时推出具有竞争力的新规理财产品，年末个人新规理财产品规模4 472亿元，较年初增长3 131亿元。坚持以固定收益类产品为核心、权益混合产品为补充的产品推广策略，全年实现个人理财业务收入58.31亿元。四是多措并举助力支付结算业务赋能促活。全面开展借记卡线上办卡服务，相继推出“麒麟卡”“故宫卡”等产品，使卡产品从单一的低利润账户介质变成多主题、高收益的文创商品。开展各类绑卡促销活动，提升借记卡回佣收入和消费活跃度。坚持新客拓展和存量挖潜，实现工银信使收费账户净增2 308万户、收入32.05亿元。

四、拓展与维护齐头并进，重点客群经营呈现较好态势

一是加快全量客户拓展。优化实体卡服务体验，加快电子社保卡签发应用，社保客群拓展再创新高，全年净增发卡2 099万张，获客1 040.7万户。加快代发工资拓新维存，全年代发个人客户达9 680万户，较年初净增403万户。印发了县域个人金融市场拓展方案，全面布局县域个人金融业务营销拓展。按照“把网点开到互联网上”的工作思路，构建以电子账户为底层、以金融产品为组件的“工银e钱包”金融解决方案，实现线上获客1 328万户。

二是提升客户维护水平。启动星级评定模型优化调整和个人客户权益体系规划工作。推动远维团队效能提升，引入第三方智能语音机器人，首批推动智能外呼平台在江苏和甘肃分行上线试运行，应用于金融资产5万元以上客户提升等10余个场景，提高了远维团队服务供给能力。持续推进队伍建设，印发了理财经理业务管理和考评管理办法，修订完善个人客户经理序列专业资格认证体系，举办了个人客户经理日、“精英领航”个人金融营销人员技能大赛等活动。

五、创新发展，全面做好信用卡业务

一是新精神打赢新战役。坚决打好ETC营销攻坚战，第一时间成立总分行ETC领导小组，加强组织推动和资源保障，6月1日至年末，全行新增ETC客户4 203万户，四大行占比41%，所有分行均实现当地市场增量四行第一。ETC营销攻坚战树立起打破常规、快速响应、高效协同、线上线下一体化的业务发展新机制新典范。二是新格局创造新价值。构建线上线下双轮驱动新格局，线下网点及行内优质客户渗透获客624万户；线上互联网平台引流及合伙人营销获客434万户；推出故宫卡、牡丹黑金卡、Plus系列卡等新产品，提升产品获客成效。升级开展境内外“工银爱购”促销，组织15轮精准调额，大力发展绑卡消费，新增绑卡客

户1 228万户，绑卡回佣同比增幅438%。全渠道发展资产业务，线下做强分期付款，e分期交易额和余额均突破1 000亿元；账单分期实现交易额152.2亿元，手续费收入11.5亿元。线上做优融e借，深耕六大板块优质客户，创新发展联合贷业务。三是新转型打造新生态。从商户和“e生活”两方面转型发力，深化“以B端、C端为核心，以e生活APP为平台”的生态圈。推动商户业务向综合金融服务平台转型，全面升级“e商助梦计划”，带动个人商户日均储蓄存款达1 129亿元，为上年同期的4倍。深入贯彻大中小微商户全覆盖策略，新拓展37个集团商户和108万户小微商户。全面升级e生活APP平台，发布e生活3.0，资产业务实现交易额104亿元，收入9亿元，初步实现流量变现。

六、转型驱动，实现私人银行业务稳健发展

一是推进建立客户分层分类的综合服务体系。积极推进向上驱动、急升缓降的客户服务机制，建立客群分类营销机制，实现客户精准营销。制订并落实重点客群营销方案，截至2019年末，普惠联动、个贷联动、信用卡高消费三大客群时点资产达标客户5 899户。加强“一行一策”差异化指导。落实大行逐行指导、重点行片区督导。二是推进建立全市场遴选的私银专属产品体系。整合集团资源，初步建立私银客户专属产品体系。截至2019年末，工银理财私银专属新规产品投放52只，累计募集258亿元。协同工银瑞信开展四大类遴选产品布局，完成募资6.7亿元。协同工银安盛，开展私银专属保险销售工作，为客户配置保险9.26亿元。完善家族信托、优惠融资、二代创业贷款等服务。三是推进建立数字化智能化的智慧私银体系。研究开发易流失客户、交叉营销等模型，为建立分层分类的客户服务体系奠定基础。开发手机银行私人银行尊享版，拓展线上服务种类。建立并完善君子智投智能投顾系统，为专业化、便捷化的资产配置服务提供技术支持。

七、加快渠道建设，支持个人金融业务发展

一是网点优化调整。全年累计完成910家网点优化调整。紧跟国家重点发展区域战略规划，63%新建网点投放在长三角、珠三角和环渤海等国家重点发展区域。紧跟城市经济金融资源迁移趋势，在84家重点城市行完成370家网点迁建，占网点迁建总量的59%。紧跟国家扶贫攻坚战略导向和县域经济发展趋势，新增覆盖了11个空白县域。二是网点装修亮化。重点对环境老旧网点、重点城市行网点、资源富集网点、百千佳评优候选网点等进行装修建设，全年完成网点装修2 049家。累计完成全行三分之一网点5 200余家的装修改造和硬件升级。三是智能网点建设。境内实现智能网点全覆盖，共投产推广6 000余台便携式智能设备，为客户开卡110万张、开办电子银行96万笔，网点智能渠道的价值创造力、金融服务力明显提升。四是全渠道协同。初步建成“线上网点”功能入口。扩展提升“工商银行服务”小程序功能，打造集网点信息展示、网点服务预约与业务办理、网点活动运营为一体的线上网点运营平台。积极推进员工集团响应平台建设。加强远程银行智能客服功能建设。持续发挥码上赢营销服务支持作用。

八、风险管控有力，资产质量保持基本稳定

一是风险管控有序推进。合规风险管控方面，印发个人金融业务反洗钱工作履职要点，制定个人金融业务合规审查工作细则。操作风险管控方面，修订印发双录管理办法，开展“双录”专项治理。外部欺诈风险管控方面，严格落实人行、公安部打击防范电信网络诈骗工作要求，配合监管部门对涉案的11 249个账户进行身份核实和交易限制。上线借记卡风险监控系统。建立老年客户大额资金转移电话提醒服务机制。搭建起覆盖代理销售业务“机构准入—产品准入—业务管理—销售管理—售后管理”的全流程制度体系。加大客户投诉治理力度。推动网点小额快速补偿制度试点与推广，开展难点问题投诉根源治理。二是个贷资产质量继续向好。修订完善征信合规、押品评估、个人商用房贷款、住房公积金组合贷款、印章、档案等方面政策制度，持续优化个贷制度流程。全面推进个贷业务处理中心建设，进一步规范业务集中处理操作。优化个贷资金流向监控功能，严控贷款资金购买理财类产品、流入房地产等领域。三是加强信用卡业务风险管理。扎实推进智慧风控，引入外部数据，构建覆盖各业务、全流程的大数据风控新生态。贷前加强差异化、精准化授信，推进“刚性扣减”落地，实现调查审批集中；贷中加强监测干预，处置高违约风险账户控制风险敞口702亿元，监测并避免贷中欺诈风险潜在损失23.3亿元。贷后压实各级机构风控主体责任，健全催收体系，加速西安催收中心建设，现金清收、账销案存回款、受托处置回款分别同比增长35.4%、61%和42.5%。

（总行个人金融业务部）

重点区域竞争力提升

在2019年年中工作会议上，总行党委提出区域竞争力提升战略，要求全行上下进一步提高政治站位，实现服务国家重点区域发展与提升战略性区域竞争发展能力的有机结合。

一、强化顶层设计，构建战略体系

（一）前瞻部署，座谈研究5大重点区域战略。陈四清董事长先后主持召开全行粤港澳大湾区建设、长三角区域一体化、京津冀协同发展、中部地区发展和成渝地区双城经济圈建设座谈会，针对服务上述重点区域发展，提升重点区域内分行市场竞争能力做出重要部署。

（二）统筹谋划，构建服务国家区域发展战略体系。结合国家区域发展整体布局和总行党委相关要求，总行正式提出以京津冀、长三角、粤港澳大湾区、中部地区、成渝地区为战略核心层，以重点城市行为竞争主体层，以重点县域支行为经营活力层，构建全行服务国家区域发展战略体系。同步印发了《关于服务国家区域发展战略的意见》，作为全行服务国家区域发展的纲领性文件，明确发展定位、深化战略共识、汇聚战略合力。

（三）精细布局，制订服务各重点区域工作方案。结合区域发展定位、资源禀赋、经营实际和竞争现状，总行分别围绕五大重点战略区域，制订工作服务方案，从重大战略机遇、战略发展目标、重点业务领域、体制机制改革、资源聚焦支持、工作保障机制等方面，明确具体改革措施，细化时间表、路线图。

二、增强“比”的意识，筑牢竞争优势

（一）深化内涵发展。构建重点城市行内涵深化监测体系，监测督导相关一级分行加强战略执行力度，全面落实总行战略导向，持续加大重点城市行资源、政策支持。

（二）优化评价体系。两次修订完善重点城市行综合竞争能力评价办法，进一步突出“比”的导向，提高增量占比、市场占比变动等市场竞争类指标权重，推动重点城市行通过做大增量，扩大与追随者的优势，缩小与领先者的差距。

（三）推进核心指标争先进位。推动重点城市行存贷款争先进位，提高资源聚焦精度，对于市场竞争处于胶着状态的城市行，在关键时点上加大资源倾斜支持，帮助其实现争先进位，并持续巩固进位优势。

（四）持续开展结对交流活动。组织开展两批次重点城市行结对交流活动，范围涵盖直属行、省会城市行和重点二级分行，以先进行的经验共享，为竞争力阶段性落后行坚定发展信心，开阔经营思路，实现以点带面、共享共赢。

（五）推进人格化授权落地实施。持续深化重点城市行人格化授权工作，督导相关一级分行加快推进授权落地，构建精细化、差异化的授权支持体系，提高重点城市行市场响应速度。

三、下沉服务中心，推进县域突破

（一）深入调研县域市场发展状况。按照总行党委统一部署，通过多种方式，深入开展县域市场调研，及时掌握县域市场竞争现状、发展中存在的问题等一手信息。

（二）研究确定总行级重点县域支行名单。按照分类管理、战略协同等原则，总分行共同商定，确立400家重点县域支行作为全行县域市场竞争力提升战略主体。

（三）制定重点县域市场竞争力提升的意见。正式印发《关于加快提升重点县域市场竞争力的意见》，进一步丰富全行县域市场竞争力提升战略内涵。

（总行深化改革领导小组办公室）

服务经济高质量发展

2019 年，工商银行主动对标经济高质量发展要求，深化金融供给侧结构性改革，提升服务实体经济的适应性、竞争力、普惠性。以服务实体经济为主线，搭建金融服务“立交桥”，综合运用“贷款 + 债券 + 股权 + 代理 + 租赁 + 顾问”等方式满足实体经济需求。积极服务国家重大战略项目，促进形成优势互补、高质量发展的区域经济布局。落实金融支持制造业高质量发展行动方案，加大制造业贷款尤其是中长期和信用贷款的投放力度。坚持把精准支持民营和小微企业作为促进货币政策传导和“六稳”落地的突破口。统筹全行力量，扎实推进定点扶贫和金融精准扶贫工作。深化促进供给侧结构性改革，帮助有市场、有效益但暂时困难的企业脱困重整、降本增效。

一是服务好实体经济，贯彻逆周期调控政策，合理加大投融资支持力度。2019 年，境内人民币贷款新增 1.33 万亿元，同比多增 1 723 亿元，增幅 9.8%。2019 年境内累计新增人民币债券投资 1.5 万亿元，其中新增地方债投资 6 760 亿元，新增投资规模和存量规模均为同业第一，为基础设施建设等实体经济领域提供有力资金支持。

二是全力服务国家区域发展战略，助力推动区域经济协调发展。积极支持粤港澳大湾区、京津冀协同发展、长三角一体化等重点区域投融资业务发展和创新，优先满足国家重大项目资金需求，积极支持基础设施在建及补短板重大项目建设，加大对医疗、教育、养老等消费升级和民生相关服务业领域的支持力度。

三是开展“制造业金融服务年”活动，突出支持制造业高质量发展。将制造业高质量发展作为服务实体经济的主战场和重要发力点，2019 年全年还原不良处置后制造业贷款增加近 1 200 亿元，年末余额达到 1.45 万亿元，保持市场第一。其中，制造业中长期贷款和信用贷款余额占比分别升至 33% 和 37%。

四是全面落实普惠金融和民营企业发展战略，提升服务实体经济质效。打好政策“组合拳”，实现普惠金融增量、扩面、提质、降本。普惠贷款较年初增长超过 50%，是各项贷款平均增速的 5 倍。健全民营企业专项资金规模、专门信贷授权、专业服务团队“三大保障体系”，民营企业贷款较年初增加 1 754 亿元，增长 10%。

五是积极贯彻落实国家“三农”金融服务相关政策，加大精准扶贫信贷投放力度。全面推进普惠型涉农金融服务，年末普惠型农户经营性和普惠型涉农小微企业贷款达到 1 115.76 亿元，较年初增加 224.42 亿元，增长 25.2%。围绕贫困地区、人口的金融需求，持续加大精准扶贫贷款投放力度，推广“精准扶贫 + 涉农供应链”服务模式，以产业精准扶贫贷款带动贫困人口稳步脱贫增收。

六是提升投资银行业务服务实体经济质效，深化金融供给侧结构性改革。加大上市公司、产业并购、国企改革、“一带一路”等重点领域并购贷款支持力度。设立工银新动能（科技创新）基金、工银新动能（债转股）基金，加大对战略性新兴产业与民营经济支持力度。撬动社会资本共同参与市场化债转股投资，推动困境企业债务重组。

七是围绕全面打造“第一个人金融银行”战略目标，稳步推进个人贷款业务发展。2019 年末个人贷款余额 6.4 万亿元，较上年末增加 7 470.5 亿元。个人贷款不良额、不良率连续三年“双降”，个人住房贷款资产质量创十年来最好水平。同时适应市场变化，落实国家政策，积极推进房贷利率抵税、LPR 改革等关乎民生利益的重点工作。

（总行信贷与投资管理部）

金融扶贫

2019 年以来，工商银行深入贯彻落实党中央、国务院关于打赢脱贫攻坚战的方针政策和战略部署，始终把金融扶贫当作重大政治任务，坚决以习近平总书记扶贫重要论述为根本遵循，不断加大金融扶贫工作力度，主动作为，从多个领域动脑筋、想办法、出实招，打出金融精准扶贫的“组合拳”。连续两年获评《金融时报》“年度最佳脱贫攻坚银行奖”；在2019年度第二届“中国网之优秀金融扶贫先锋榜”评选活动中，从120家参评机构中脱颖而出，获评“优秀扶贫先锋机构”。南江黄羊项目获联合国全球最佳减贫案例。

一、提高政治站位，加强组织领导，建立健全工作机制

2016年起成立由总行党委书记任组长，多名党委成员和高管任副组长的金融（定点）扶贫工作领导小组，切实将扶贫工作落实到党委成员和高管的肩上，将金融扶贫工作作为“一把手”工程，坚持全行“一盘棋”统筹推进。2019年总行党委书记主持召开3次金融（定点）扶贫工作领导小组会议，根据全行扶贫工作需要，扩充小组成员部门至20个，审议并印发相关工作文件5项。

二、夯实工作手段，切实加强过程管理

总行层面，一是做好领导小组成员部门重点工作分工。制订金融精准扶贫工作方案（2019年版），明确行内各部门具体工作职责，并根据监管要求不断更新、充实工作内容。二是建立金融（定点）扶贫领导小组工作进展情况督促督办与定期报告机制。通过强化对工作进展的督促督办，密切跟踪各条线扶贫领域工作进度。按季度向行领导汇报当季金融精准扶贫工作进展情况，全面促进各领域工作有序推进。三是通过制定并实施《金融精准扶贫工作效果评估办法》，统筹总行主要业务条线的扶贫考核指标，从扶贫信贷、基础金融服务、网络金融服务、投行、宣传等方面推动成员部门向下延伸扶贫工作触角。

分行层面，一是做好针对分行的政策传导。年初邀请农业农村部、人民银行及银保监会等单位对口领域专家和总行相关师资，对全行普惠、公司、个金和办公室等金融扶贫领域的骨干员工进行培训，宣讲金融精准扶贫政策要求，传导工作思路，交流发展经验，提升业务技能。二是做好精准扶贫贷款情况通报。印发《2019年上半年精准扶贫贷款情况通报》，剖析全行精准扶贫贷款发展状况，督促未完成序时任务的分行加强精准扶贫贷款投放，持续提高全行对精准扶贫贷款的重视程度。

三、加大精准扶贫贷款投放，全面完成监管任务

工商银行持续向贫困地区、贫困人口倾斜信贷资源，通过制订全行扶贫贷款增量信贷计划、向分行分解任务目标、与分行“一把手”签订责任状等方式，切实引导分行落实贷款责任，服务贫困地区与贫困人口。截至2019年末，全行精准扶贫贷款余额1 703.60亿元，较年初增235.62亿元，超两倍完成年初制订的100亿元增量计划。

四、扎实推进定点扶贫工作，超额完成各项任务

2019年，工商银行大力助推四川省通江县和万源市脱贫摘帽、南江县持续巩固脱贫成果，加大对金阳县帮扶力度，超额完成中央单位定点扶贫责任书任务。其中，向定点地区捐赠资金1.13亿元，计划完成率355%；帮助引进资金3 639万元，计划完成率606%；培训基层干部19 253人，计划完成率1 925%；培训技术人员18 260人，计划完成率761%；购买定点地区扶贫产品1.04亿元，计划完成率260%；帮助销售农产品3.6亿元，计划完成率299%。

五、丰富综合金融服务供给，提高贫困地区服务覆盖率

一是服务覆盖率持续提升。截至2019年末，全行贫困县共设网点1 074家，覆盖全国537个贫困县，覆盖率64.5%，较2015年初新增覆盖16个贫困县，覆盖率提升2个百分点。二是做好贫困地区网点拓面的顶层设计。制订县域网点结构调整规划方案，重点支持符合条件的服务空白县域新建网点，实现贫困县覆盖水平再上台阶。三是设立扶贫专属理财产品和扶贫专属大额存单，扶贫专属大额存单利率较央行同期限定期存款基准利率上浮50%，给贫困地区老百姓带来实实在在的优惠。

六、持续发挥平台优势，扶贫手段进一步丰富

一是依托工商银行“融e购”平台，大力开展电商扶贫，开拓贫困地区农产品销售渠道、组织开展扶贫商品采购。截至2019年末，融e购累计发展扶贫商户3 400余户，全年扶贫交易额6亿元；大力开展消费扶贫采购，全年采购扶贫商品逾6 800万元；全年与中国人寿、大连商品交易所、陕西日报社、大庆油田、中国民航信息集团、天津税务局等200余个优质企业、机构客户开展扶贫共建合作，采购扶贫商品逾1.7亿元。在产品质量方面，制定扶贫商品双核准模式及售后客诉检测机制，把关扶贫农产品原产地，加强对临期、过期产品的核查，确保融e购“真扶贫、扶真贫”。二是依托工商银行“工银e生活”平台，以青海地区为试点，精选地方特产，通过以“大美青海”工商银行扶贫专区专题页的形式嵌入中粮我买网APP开展特卖活动。三是依托工商银行集团优势，持续开展就业与干部扶

贫。截至2019年末，全行共有1 336名专职扶贫干部交流任职开展扶贫工作，其中2019年当年选派323名。全行扶贫干部遍布四川、贵州、云南、新疆等29个省份的300余个贫困县市，覆盖汉、满、回、维等23个民族；2016年以来，全行共有21家分行组织开展贫困大学生专项招聘，合计已签约贫困大学生1 869人，帮助贫困地区家庭实现了“一人就业、全家脱贫”的目标。四是不断创新扶贫模式。2019年在工商银行定点扶贫县成功探索种养殖业“银行+期货+保险”模式，帮助企业和农户借力期货、保险等金融产品，有效规避养殖饲料成本上涨风险和青花椒、核桃种植天气风险。五是充分发挥自身优势，推进落实“巴中乡村振兴发展基金”、南江县水务PPP项目、巴万高速公路PPP项目，为贫困地区提供资本市场服务。

七、总结经验，大力开展扶贫宣传

工商银行金融扶贫工作成效与创新成果多次得到人民银行、银保监会等监管机构的肯定，在各级政府和贫困群众中得到广泛好评，成为人民银行专刊报道金融扶贫工作经验与成效的唯一商业银行；获评新浪财经“金融扶贫最佳品牌”、人民网“优秀扶贫先锋机构”，连续两年获评金融时报“年度最佳脱贫攻坚银行奖”。2019年，人民日报制作“两会”专题策划《我们都是追梦人》视频，宣传了工商银行扶贫干部的事迹。人民日报、新华社等主流媒体播发工商银行扶贫类稿件超过1 000篇次。

在行内，通过《中国城市金融》杂志开展全行扶贫工作综述报道及总行扶贫工作组历年来扶贫工作专题报道。依托行内培训，做好行内的扶贫政策传导与宣传。自2019年3月以来，通过网讯“不忘初心、牢记使命”主题教育专栏、内刊平台“感动岁月·工商银行榜样”专栏持续开展扶贫工作先进典型宣传，先后报道了20余个扶贫先进典型事迹。在全行范围内开展了“扶贫典型在身边”主题征文活动，宣传身边金融扶贫工作的典型人物与典型事迹。引导和激励全行员工守初心、担使命，汲取榜样力量，总结扶贫经验，进一步做实做精金融扶贫工作，彰显工商银行的大行担当形象。

（总行普惠金融事业部）

服务重大活动

一、服务第二届“一带一路”国际合作高峰论坛

为配合第二届“一带一路”国际合作高峰论坛召开，2019年4月27日，工商银行在北京成功举办第二次“一带一路”银行家圆桌会（BRBR会议），来自“一带一路”银行间常态化合作机制（BRBR机制）的40多个国际和区域性大型商业银行、政策性银行和保险机构主要负责人，超过80家金融机构共200余名嘉宾应邀与会。会议在项目融资、债务资本市场、绿色金融、信用风险管理等领域取得一系列务实成果，见证了总额88亿美元的第三方市场合作项目启动，发布了BRBR机制支持“一带一路”绿色投资原则（GIP）、加强BRBR债券和信用风险管理合作三大合作倡议，为推动深化“一带一路”银行间常态化合作迈出了新的坚定步伐。

工商银行协同BRBR机制成员发行等额22亿美元的全球首只BRBR绿色债券、研发“一带一路”绿色金融（投资）指数、举办BRBR发展中国家成员机构经济政策培训三项具体合作被纳入第二届“一带一路”峰会官方成果清单。工商银行成为纳入“一带一路”峰会成果数量最多的商业性金融机构。

BRBR机制是工商银行在首届“一带一路”峰会期间倡导成立的开放性“一带一路”资金融通多边合作平台，是首届“一带一路”峰会官方成果清单中唯一的商业性成果。

二、服务第二届中国国际进口博览会

2019年11月5日至10日，第二届中国国际进口博览会在上海举办。作为进博会“境外招商合作伙伴”，工商银行在第二届进博会期间，提供全方位金融服务，并成功举办多场配套活动及磋商活动。中欧企业家大会得到了中国商务部和国家外汇管理局的大力支持，来自服务贸易、工程机械、生物医疗、运输物流、先进制造等领域的中欧企业开展对接磋商，现场签约及达成合作意向120余项，350多家企业达成进一步实地考察合作意向；非洲·拉美地区经贸洽谈会邀请了400名多中、非、拉美企业代表与来自中国近30个省份的工商银行客户代表进行了经贸洽谈，现场达成了100个合作意向；携手中国人民银行成功举办金融科技论坛，来自金融、科技、外贸等领域的近百家中外企业、近40家

“一带一路”银行间常态化合作机制成员代表出席论坛。论坛期间，工商银行发布了自主研发的“智慧贸金平台”，并在现场举行了项目换约仪式。商务部、人民银行、外汇管理局、上海市、四川省等部委和地方政府领导出席并致辞，充分肯定工商银行配套活动效果，为中外企业提供了深入交流洽谈机会，有效提升了进博会成交率，凸显了金融特色，体现了工商银行实力。境内外客户普遍认为工商银行活动层次高，客户范围广，论坛和磋商将有力带动双边经贸往来，是“双赢之举”。对扩大工商银行在全球的影响力，促进国际化发展都有积极推动作用。

三、参加金砖国家工商理事会系列活动

2019 年 11 月 12 日至 14 日，金砖国家工商理事会 2019 年度系列会议在巴西首都巴西利亚的国际会议中心举行。来自巴西、俄罗斯、印度、中国、南非五国的理事会理事、行业工作组成员、工商界代表参加会议。工商银行董事长陈四清作为金砖国家工商理事会中方理事出席，在金砖国家工商论坛“贸易投资便利化”专题讨论中发言，并在金砖国家工商理事会与新开发银行早餐会上与新开发银行卡马特行长进行交流。陈四清还出席了理事会 2019 年度全体会议、理事会年度报告签署仪式等活动。同期，工商银行作为金砖国家工商理事会金融服务工作组中方组长单位，牵头组织中方组员单位参加了五国金融服务工作组 2019 年度会议并发言。

（总行机构金融业务部、国际业务部）

全面深化改革

一、加强改革统筹，扎实推动深改项目落地

（一）立柱架梁，开展深改项目选型和方案设计。根据总行党委战略部署和内外部形势研判，围绕全行重点领域改革和重大决策部署，在充分调研和访谈基础上，确定 2019 年重点深改项目方案共 17 项，其中新增项目 12 项，存量项目 5 项。

（二）加强过程控制，推进重点改革战略解码与督办。按照“做大蛋糕、做强业务、完善机制、强化责任”原则，坚持问题导向、目标导向、结果导向，编制 2019 年度重点深改项目任务书，建立改革进度台账，将任务逐项解码，明确到部门，分解到处室，落实到个人，压实主体责任。

（三）按季跟踪督办，扎实推动深改项目落地。完成 4 次跟踪督办，编制 4 个季度《2019 年度重点改革执行进展报告》，督办结果第一时间提交总行党委，反馈业务部门，通报全行，对进度滞后项目会诊分析，查摆原因，明确整改时间。年度各项目执行进展均符合预期，深化改革对全行经营发展的推动效应显著。

（四）落实深改工作省行主体责任。印发《2019 年深改工作要点》，明确深改工作重点领域，突出分类指导和重点突破，推动改革在分行层面落地。

二、强化规划引领，纵深推进战略落地

（一）前瞻性做好 2021—2023 年发展战略规划编制工作。提早谋划布局，2019 年下半年着手制订编制计划，对标对表总行党委战略部署，初步确定编制原则、发展主线、战略框架。

（二）规划检查与经营督导相结合，双维度推进战略落地实施。根据总行党委战略部署，定期检查2018—2020 年发展战略规划进展情况，检查结果提交董事会并通报全行。从执行情况看，战略实施情况良好，核心指标符合预期，部分指标超额完成。每半年向 36 家分行通报客户拓展、风险控制、经营效益等重点战略执行进展与改进要求，督导分行对标同业和先进行，查找经营短板，明确整改措施。

（三）加强战略风险管理与预判。按照战略风险管理规定，及时跟踪国内外经济形势变化，重点研究中美贸易摩擦、国内政策调整、行业技术变革等诸多重要因素，完成战略风险识别、评估和压力测试，优化战略风险评分模型开发。集团战略得到有效执行，战略风险保持在较低水平。

三、聚焦关键领域，有序深化重点改革项目

（一）提升金融服务适应性方面。围绕新时期工商银行转型发展和建设世界一流现代金融企业战略愿景，将全面打造“第一个人金融银行”作为集团优先发展战略，制定印发《关于全面打造“第一个人金融银行”的意见》和 9 项行动方案，构建战略制度框架体系。扩大公司客户一体化营销系统覆盖范围，打通大湾区对公和境外客户营销管理系统。推出以“融资、融智、融商”为核心的普惠金融服务体系，打造民营企业专属

金融服务体系。服务国家区域经济布局，强化区域发展战略顶层设计，完善重点城市行综合竞争能力评价体系。

（二）激发经营活力方面。启动研究体系改革，挂牌成立现代金融研究院，以物理集中与逻辑整合、对内整合与对外联合为主要导向，建设中国特色新型智库。启动私人银行改革，推动私人银行部从利润中心向直属机构转型，从产品部门向客户营销服务部门转型，从产品自主供给向多渠道、全市场产品遴选转型。推进平台型工作团队建设，将智慧反洗钱、工银聚、大数据应用、工银e钱包、AI投、银校通、社保场景C端获客等7支团队纳入第二批试点范围，全年绩效合约执行情况良好。

（三）科技转型发展方面。制定《金融科技发展规划（2019—2023年）》，发布智慧银行生态系统ECOS 1.0版本，成立金融科技公司和金融科技研究院，构建“一部、三中心、一公司、一研究院”（总行金融科技部，业务研发中心、数据中心、软件开发中心，工银科技有限公司，金融科技研究院）金融科技新布局。完成多个业务领域的IT架构对接和业务架构整合，打造行业领先的“主机+开放平台”双核架构，实现云计算平台大规模推广应用，在大数据及智能化应用方面取得实质性进展。

（四）夯实风控基础方面。落实党中央、国务院关于打好防范化解重大金融风险攻坚战的要求，制定本行打好防范化解金融风险攻坚战的实施方案，以体制机制改革为切入点，以提升治理能力为重点，完善全面风险治理体系。

（总行深化改革领导小组办公室）

纪检监察派驻改革

2019年是中国工商银行派驻改革“元年”。总行党委会同派驻纪检监察组认真领会改革精神，把握改革原则，明确改革举措，狠抓改革落实，于2019年初启动了改革步伐，6月正式印发工商银行派驻改革实施方案。近一年来，在中央纪委国家监委坚强领导和总行党委大力支持下，派驻纪检监察组及全行纪检系统对标对表、边干边学，以派驻改革和“不忘初心、牢记使命”主题教育为契机与动力，结合实际落实，上下一体推进，转身份、抓学习、补短板、强监督、严作风、查案件、抓警示，取得了派驻改革明显成效和良好开局。

一、注重上下贯通，整体推进改革

总行党委带头履行改革主体责任，多次召开会议学习领会中央精神，及时成立总行派驻改革领导小组，加强组织领导和统筹协调。党委书记作为“施工队长”，亲自指挥安排部署，带头真诚欢迎、主动接受监督，为改革创造良好环境和有利条件。派驻组认真履行改革专责，抓好组织推动和具体落实，结合主题教育要求，深入基层调研，指导督促全行有力有序推进。各级党委、纪委不断强化领导推进改革、自觉接受监督的意识，结合实际摸情况、做沟通、抓落实，确保各项改革举措落地见效。总行各相关部门主动参与、积极落实，为改革顺利推进发挥了重要保障作用。同时，总行党委和派驻纪检监察组指导安徽分行因地制宜深化纪检工作改革试点，探索将监督检查组和巡察组紧密结合的方式，强化对省行党委管理干部的监督。深圳、厦门、大连等分行也自发探索加强基层监督力量的方法和路径。

二、注重组织保障，推进职能调整

在机构设置方面，派驻纪检监察组设立4个监督室强化监督检查力量，并严格贯彻管查分离、监审分离和查审分离的改革精神，为依规依纪依法履行职责提供机构职能保障。天津、江苏、湖南等分行调整优化纪委办公室内设科室或岗位划分，推动形成相互制约监督的体制机制。在人员编制方面，总行党委高度重视和支持，组织人事部门积极配合，从总行部门选拔14名优秀干部到派驻组工作，将50人编制全部配齐；还为部分一级（直属）分行选聘19名有办案经验的纪法专才。河南、新疆等分行增加纪委办公室人员编制；工银瑞信、数据中心等直属机构和子公司设立专职纪检岗位。在职能调整方面，全面落实派驻改革不单是纪检监察条线的改革，也是全面从严治党职责体系的调整和重构。改革后，总行单设了党委巡视办，进一步增强巡视力量，探索巡视巡察上下联动新模式，不断提高政治巡视水平；各级党委办公室承接党风廉政建设主体责任日常工作职责，总行办公室还增设专门处室加强组织推动、作风建设、整改落实等工作；各级内控合规部门承接银保监会口径案件管理、行规管理等职责，总行内控合规部建立健全了违反行规处理工作机制制度；各级党委宣传部承接廉洁文化建设相关工作，总行党委宣传部联合派驻组拍摄“顾国明、谢明案”专题警示教育片等，收到良好效果；总行直属机关纪委充实机构人员，加强对总行本部处级及以下人员的监督执纪问责。各级纪检机构结合实际稳妥推进职能划转、机构调整，确保纪检工作职能上下对应、监督力量得到加强。

三、注重制度建设，健全履职机制

在制度建设方面，派驻纪检监察组重点围绕“强化关键少数监督”“落实三为主要求”“依规依纪依法履职”“强化沟通协调”四个方面，明确制度建设任务清单，加紧建立与派驻改革相配套的制度体系。2019年出台各项制度18项，初步搭建起新机制的“四梁八柱”。各级纪检机构主动对标对表，结合实际研究制定相关制度办法，如河北、陕西、四川、宁波等分行出台纪委同级监督办法，不断将制度优势转化为监督效能。在机制建设方面，派驻纪检监察组与总行党委尝试定期会商研究全面从严治党、党风廉政建设和反腐败工作，建立重要情况通报机制，定期向总行党委通报政治生态、作风建设、廉洁风险、问题线索等方面情况。建立决定党员处分、回访教育等工作协调机制，会同党委及时坚决地对相关违纪人员给予党纪处分。强化境外机构廉洁风险防控机制，推动建立派驻监督与工商银行党内监督、治理层监督、业务监督贯通起来的机制与方法，制定印发《关于发挥监督合力提高派驻监督效能的意见》，并组织细化实施。青岛分行、软件开发中心等机构也探索整合监督资源，形成监督合力。

四、注重指导管理，落实“三为主”要求

在纪检干部提名考察、考核方面，派驻纪检监察组会同总行党委组织部修订总行党委管理的纪委书记提名考察办法，修订和优化一级机构纪检机构及负责人的两个考核办法相关内容。率先调整27名一级机构纪委书记，实现了一级（直属）分行纪委书记全覆盖、全专职、全交流和到期全轮换“四个全”。福建、辽宁、贵州等分行建立健全制度机制，用好对下级纪委书记、副书记提名考察权，增强考核的针对性、可比性和有效性。在领导监督执纪工作方面，印发《监督执纪工作规则实施细则（试行）》等制度，进一步强化对下级纪检机构查办案件的领导。此外，还制定出台《一级机构纪委向派驻纪检监察组报告工作办法》，进一步严肃请示报告纪律；建立两个“月报告”机制，支持保障一级机构纪委履行同级监督职责。

五、注重政治建设，加强全员培训和自我监督

在政治建设方面，派驻纪检监察组认真组织开展“不忘初心、牢记使命”主题教育，及时传达学习习近平总书记重要讲话和指示批示精神，带头执行民主集中制，不断坚定斗争意志、增强斗争精神。在全员培训方面，2019年派驻纪检监察组连续5个月开展18期、8 000余名专兼职纪检监察干部参加的全员视频培训，学习中央纪委国家监委推出的18节课程光盘，并通过测试检验和巩固学习效果。在自我监督方面，认真吸取中央纪委通报的案例教训，深入开展“三对照三自查”活动，教育引导全行纪检监察干部防微杜渐、警钟长鸣。印发《纪检监察干部监督办法》，搭建起纪检监察干部监督体系框架。同时，严厉查处涉及纪检监察干部问题线×件次，给予党纪政纪处分×人次，切实解决“谁来监督‘监督者’”的问题，真正杜绝“灯下黑”。

（派驻纪检监察组）

成立党委巡视办

工商银行党委高度重视巡视工作，随着派驻改革的不断深入，于2019年6月设立专职巡视机构党委巡视办，作为党委工作部门之一，与派驻纪检监察组机构分设、人员分开。根据工作需要增配专职人员，任命专职党委巡视组组长，充实年轻干部到党委巡视办工作，为深化政治巡视提供坚强组织保障。党委巡视办自成立以来，在总行党委的正确领导下，认真履行工作职责，坚定不移深化政治巡视，取得较好工作成效。

（总行党委巡视办）

成立现代金融研究院

一、制订研究体系改革方案

基于外部形势变化、参与国家智库建设和指导服务高质量发展的需要，总行制订《深化研究体系改革方案》，聚焦高端金融智库建设，推动集团研究力量整合，打造“工银研究”品牌，助力工商银行建设成为具有全球竞争力的世界一流现代金融企业。

二、启动研究总部改革

（一）集团层面成立现代金融研究院。发挥研究统筹职能，建立研究与智库建设、学会与研究交流、期刊与品牌建设三大模块，组织举办现代金融研究院成立仪式。

（二）研究体系改革各项具体措施全面启动。学会更名为中国现代金融学会，研究与智库体系建设、工银研究交流平台建设、工银研究成果发布与品牌管理机制建设有序推进。

（总行现代金融研究院）

成立工银科技

一、基本信息

工银科技有限公司（以下简称工银科技）是中国工商银行股份有限公司控股的全资子公司，注册资本6亿元人民币，总部位于雄安新区，于2019年5月8日挂牌开业，6月24日成立北京分公司，在北京、雄安两地办公。工银科技是银行业在雄安设立的首家科技公司，主要从事创新研究、软件开发、产品运营、技术服务等业务。2019年末，工银科技总资产6.89亿元，净资产5.87亿元。

二、公司治理与组织架构

工银科技依照《公司法》及有关公司治理规则，作为法人独立运作。董事会共有5名董事和1名监事履职，下设战略与风险管理、提名与薪酬管理、关联交易3个委员会。公司管理层下设财务审查委员会、集中采购委员会、内控管理委员会、保密管理委员会，组建了战略规划团队、IT架构团队。设立了技术一部、技术二部、运营与市场部、数字金融实验室、综合管理部等部门。

三、业务发展情况

2019年，工银科技坚持“服务社会、共建生态、引领创新、荟聚人才”的经营理念，推进专业化、市场化运营，依托工商银行深厚的科技实力和丰富的金融资源，公司深耕B端和G端客户并惠及C端客户，明确了系统研发、科技产品输出、托管服务、生态云建设、科创企业股权投资等核心业务板块，在赋能工商银行智慧银行建设和服务社会数字化转型上取得了积极进展。系统研发方面，以智慧政务为切入点，推进“互联网+政务+金融”的一体化创新服务体系建设。宁夏政务项目拓展了金融服务场景和获客引流渠道，开启工商银行“银政合作”新模式。银保监会门户、审计署三期、银保监会“百行进万企”小微企业调查问卷等项目赢得了良好口碑。开发上线的雄安征地群众权益保障平台、雄安新区劳动力就业平台、基于区块链平台的工程建设资金支付项目、境外务工人员“易汇家”项目（跨境汇款）兼具金融价值和社会价值。产品输出方面，成功向邮储银行、乌鲁木齐银行输出反洗钱产品（BRAINS）。基于工商银行“银行类”反洗钱产品，与工银瑞信合作研发“非银类”反洗钱产品，并向基金、理财以及证券等行业推广；与农发行、北京农商银行开展战略合作。生态云建设方面，积极探索“工商银行云”合作建设模式创新突破，积极引入并推广人力云、建筑云、租赁云、供应链云、金融监管服务云等产品。

（总行金融科技部）

成立金融科技研究院

一、基本信息

为适应全行经营转型和业务发展新要求，进一步做好重点金融科技领域的战略规划和新技术研究，不断巩固工商银行科技领先地位，总行于2019年11月4日研究设立了金融科技研究院，推动建立金融与科技高度融合的全新生态体系，有效支持全行数字化、智能化转型。

二、主要职责

收集整理、研究分析全球金融科技技术、基础性IT技术、信息安全技术等领域的前沿动态和发展趋势，并开展相关领域的政策法规研究。根据金融科技相关领域技术成熟度及工商银行业务发展需求，主动开展课题研究和技术攻关，制订创新产品技术解决方案、开展原型系统研发及验证；对新技术企业级应用战略进行规划布局和研究，明确各项技术应用策略，为全行战略决策和重大产品策略和业务策略制定提供参考；推动支持新技术研究成果的应用推广，通过与行内外相关机构协同联动开展创新应用落地实践；组织开展全行新技术研究成果宣传、技术交流、业务培训等工作，定期组织行业会议、论坛，发布权威报告。

三、机构设置

由金融科技部组建管理团队，负责研究院的业务指导和相关管理工作。研究院整体人员规模500人，下设6个实验室，分别挂靠在软件开发中心、业务研发中心、数据中心和工银科技，实验室实行柔性团队管理模式，实验室人员的定级、考核、晋升、调整等管理要求，由金融科技部和挂靠机构共同研究制定。各实验室挂靠机构和研究方向如下：

（一）数字化银行实验室。挂靠软件开发中心。重点开展银行数字化转型、物联网、生物识别等新技术和应用场景的研究。

（二）大数据和人工智能实验室。挂靠软件开发中心。重点开展大数据、人工智能领域机器学习、图计算、知识图谱等新技术和应用场景的研究。

（三）云计算实验室。挂靠软件开发中心。重点开展云计算、分布式、基础支撑软件等新技术和应用场景的研究。

（四）安全攻防实验室。挂靠业务研发中心。承担信息安全框架体系研究、安全防护体系趋势研究、安全攻防体系建设等工作。

（五）基础技术实验室。挂靠数据中心。重点开展系统、网络、机房、设备及基础设施的相关技术研究及应用工作。

（六）工银雄安数字金融实验室。挂靠工银科技。负责雄安相关项目落地对接；联合雄安新区，重点开展智慧城市、产业互联网等配套金融服务体系研究。

四、工作开展情况

强化金融科技平台技术支撑能力，在多个新技术领域保持同业领先。

（一）区块链应用方面，区块链平台实现同业首家通过工信部区块链权威认证、首家完成网信办备案，取得60余项核心技术突破，围绕6大领域80种场景创新应用，打造出具有业界影响力的“工银区块链＋”品牌，在支持国密算法、多CA认证、处理性能、可扩展性等方面达到同业领先水平。

（二）5G技术应用方面，率先在国内银行业实现5G网络连通，在苏州亮相落成同业首个全功能5G智慧网点，并推动南京、北京智慧网点旗舰店建设和自助渠道创新研发工作。

（三）大数据及智能化应用方面，在同业率先实现大数据平台的国产自主可控，完成TD平台向Hadoop和MPPDB平台迁移转型，批量数据处理时效提升达40%，灵活查询执行效率大幅提升。

（四）人工智能应用方面，同业率先投产企业级机器人流程自动化（RPA）平台，并在清算报文分拣、单位结算账户报备等场景试点应用，其中单位结算账户报备时间由15分钟压降至0.5分钟。构建并全行推广人工智能现金用量预测模型，近8万台ATM设备资金使用效率提高近15%，每年可节省加钞人工成本及押运费用上亿元。

（五）生物识别应用方面，通过人脸识别辅助客户身份认证，实现柜面交易远程授权精简，审核授权日均减少量20余万笔，降低63%的远程授权业务量。

（六）物联网应用方面，物联网平台已接入100万台设备，为业务运营、机房管理、融资抵质押品监控等领域应用提供海量物联数据支撑。

（总行金融科技部）

成立工银理财

一、工银理财基本情况与筹建过程简介

（一）工银理财基本情况

工银理财是工商银行的全资子公司，中文全称为工银理财有限责任公司（以下简称工银理财或公司），中文简称为工银理财；英文全称为ICBC Wealth Management Co., Ltd.，英文简称为ICBC Wealth Management。注册地为北京市西城区，注册资本160亿元。业务范围为面向不特定社会公众公开发行理财产品，对受托的投资者财产进行投资和管理；面向合格投资者非公开发行理财产品，对受托的投资者财产进行投资和管理；理财顾问和咨询服务；经国务院银行业监督管理机构批准的其他业务。工银理财设立股东、董事会、监事会和高级管理层的公司治理结构，并设置产品营销板块、投资研究板块、风险管理板块、运营支持板块和综合管理板块5大板块20个内设部门。

（二）工银理财筹建过程

2018年11月26日，工商银行董事会决议成立工银理财并发布董事会公告。12月29日，工商银行向中国银行保险监督管理委员会提交筹建申请。2019年2月15日，收到银保监会正式批准工商银行设立理财子公司的批复函（银保监复〔2019〕203号）。4月30日，工商银行向银保监会提交理财子公司开业申请。5月20日，中国银保监会批复同意工银理财开业（银保监复〔2019〕523号），并核准普通类衍生产品交易业务资格和外汇业务资格。6月6日，工银理财在北京召开创新产品发布暨战略合作签约活动，发布六款创新类理财产品，正式启动运营。

（三）工银理财经营方针和战略定位

工银理财主要定位于集中发行和管理符合新规的理财产品，按照监管要求、市场情况以及客户需求设计和发行产品，提升综合金融服务能力。同时，工银理财将接受总行委托，在满足风险隔离相关监管要求的基础上，承担总行资管部存量老产品的部分中后台管理职能。

公司经营方针：坚持集团大资管战略引领，坚持以“服务实体经济、防控金融风险、深化金融改革”为根本目标，坚持“稳中求进”的总基调，在渠道销售、产品布局、项目推荐、风险管控、系统运营、考核评价、区域理财以及境外发展等八个方面保持集团联动，发挥“1+1>2”的协同效应，为客户提供综合化金融服务，为实体经济提供全方位金融支持。

公司战略定位：以保持规模最大、质量最优、口碑最佳、竞争力最强为发展要求，打造工商银行大资管业务的“核心平台”和“旗舰品牌”，努力做好集团的产品中心、轻资本的创收中心和客户经营的稳定器，利用5—10年迈入全球银行系资管公司前5位，建成“国内第一、国际一流”的银行系资产管理公司。

二、工银理财2019年业务发展情况

2019年是工银理财的奠基开局之年，公司领先同业高质、高效、高标完成筹建并首家获批开业。开业后公司首抓建章立制，力推流程再造优化，重点聚焦备案开户、产品移行、系统建设基础工程，持续推进优化产品体系、构建营销架构、提升投资能力、夯实风控基础各项工作，实现了领先、创新和稳健起步。

（一）创新首创成为行业“头雁”

公司开业后，多项工作均处于行业开创、首发和领先位置，在公司治理、登记备案、开户移行、产品营销、投研风控方面积累较大先发优势，实现了领跑、规范、创新、洁净、平稳起步，树立了行业标杆。公司成为行业首家全部新规产品在公司业务系统独立运行的理财子公司，并在监管支持下积极推进理财产品在多级托管模式下进行银行间市场债券交易试点。2019年，公司获得“最佳银行理财子公司”“年度最佳理财产品”等多个重量级奖项，提升“工银理财”品牌知名度和影响力。

（二）规模盈利保持同业第一

截至2019年末，公司新规产品规模5 985.6亿元，持续巩固国内第一市场地位。公司自营业务投资规模163.9亿元，较开业初增长3.9亿元。公司首年即实现盈利，实现净利润3.3亿元，并保持理财与自营业务无风险暴露。

（三）强基固本实现稳健起步

2019 年，公司重点聚焦建章立制，制度体系涵盖了党建纪监、市场营销、产品管理、投资交易、信用审查、风险管理、财务税务、人员管理、系统运营等各板块。公司同步推进流程再造优化，以核心业务和考核为导向明晰各部门职能定位和分工，梳理优化了代客理财业务受理、项目尽调、信用债券投资、审查审批、自营投资等关键业务流程。

（四）布局完善“4＋3”产品体系

2019 年，公司全面布局全条线新规理财产品，坚持产品专业化、策略化管理理念，牢固树立“工银理财”长期产品品牌建设意识。一是基于“4＋3”产品体系架构，按照“稳固前行、持续发展、继续培育、前瞻引导”梯队安排，基本构建形成公司产品体系架构和发展规划。二是坚持投资专业化、产品策略化管理理念，同业首创并率先推出产品策略管理理念，基于公司产品体系架构，配套设计 100 多个产品子策略类型，制定并严格落实产品策略管理机制。三是领先同业完成多批次产品储备和发行，成功打造添利宝、鑫得利、鑫稳利、鑫添益、博股通利、全鑫权益等多条主力明星产品线。

（五）搭建形成营销体系框架

2019 年，公司初步搭建形成公司整体营销体系框架，持续推进渠道拓展、客户服务和合规销售工作，在承接和巩固集团渠道基础上，积极拓展直销以及三方代销能力。一是平稳推进集团内渠道和客户的承接工作，完成与总行资管部、各渠道部门销售服务协议签订工作。二是持续强化直营直拓能力，建立法人直销业务重点名单和资源储备库，通过“总对总”直拓、专场推介推动结现渠道法人理财直营销售额超过 300 亿元。三是稳步推动外部三方销售渠道拓展，完成 35 家银行类、券商类、互联网平台类等代销机构资源储备。四是严格落实银保监会和行领导关于合规销售的相关要求，持续做好产品移行过程中客户权益维护和消费者权益保护各项工作。

（六）提升投资能力服务实体经济

公司充分发挥理财子公司牌照优势、市场化机制优势和同业先发优势，大力发展直接投资和标准化投资切实支持和服务好实体经济，通过股权＋债权并综合运用各种融资工具，有效满足集团客户个性化、多元化、全周期融资需求。从投资规模看，截至 2019 年末，公司投资余额 6 646.7 亿元，其中直接投资比例和标准化投资占比均接近 90%。从投资结构看，以货币、债券、项目等固定收益投资品为主，同时涵盖股票、股权、对冲基金、商品等各类投资品。从投资策略看，持续巩固现金管理类、固定收益类和项目类传统优势基础，积极培育权益、量化、跨境和多资产投资能力。从投资领域看，全面支持基础设施、交通运输、新能源、生物制药等国计民生行业和创新领域。从投资导向来看，全力支持国家一带一路、产业升级、扶持民营经济、降杠杆等战略部署。

（七）构建全面风控体系架构

公司坚持集团统一风险偏好管理，制订完善与母行风险隔离和协同方案，构建全面风控体系架构，聚焦关键敏感环节，严守风控合规底线，确保公司清洁、稳健起步。一是制定与母行风险隔离和协同两项框架性方案，初步构建全面风险管理、风险偏好管理、风险限额指标及风险分析指标管理方案等基础性风控合规制度。二是切实做好关键、敏感环节的风险把控。比如，制订并执行三方合作机构风险管理实施方案；又如，完善反洗钱、关联交易等公司架构下的关键敏感制度办法；再如，加强第三道防线布控，搭建内控合规管理架构，制定员工行为禁止规定和异常行为排查办法，加快推动内、外部审计工作。三是严守风险底线，做好移行产品底层资产筛查和穿透监测，确保公司新业务清洁起步，并定期、持续开展各类风险监测、分析和报告工作。四是围绕“打造专业化风险管理中台”要求，对公司风险管理的目标、里程碑和关键举措提出规划，推动底层数据穿透工作及公司风险管理平台系统建设。

（工银理财）

信贷审批体制改革

一、个贷业务集中处理改革情况及成效

2017 年个贷经营模式优化启动以来，全行个贷条线按照专业化、集约化、扁平化的理念，持续推进个贷业务体制机制改革，将个贷业务处理中心（以下简称处理中心）打造成风控、集约和业务支持中心，分阶段有序推动处理中心建设，实现个贷业务处理模式由传统分散处理向集约高效处理的创新变革。

（一）分阶段推进处理中心建设，打造全行个贷风控中心

1. 试点启动和全行推广阶段。2017 年 2 月总行启动了个贷经营模式优化试点工作，重点工作之一是推动试点分行建设处理中心，建立“分散受理、集中处理”的集约化业务处理模式，12 家试点分行积极响应开展处理中心建设，为全行推广个贷业务集中处理积累了经验；在总结经验基础上，9 月总行在全行推广个贷经营模式优化。各分行按照总行的工作要求，细化分解工作流程并跟踪建设进度，通过建设改革样本的方式，以点带面推动个贷业务集中处理。

2. 全面标准化推进阶段。针对各行处理中心建设进度不一、标准不一等问题，总行印发了《处理中心运行规范及指导手册》，着力打造标准统一、管理规范、专业高效的集约化处理中心；印发了《关于全面推进处理中心建设的通知》，督促各行加快完成处理中心建成比例和集中处理全覆盖“两个百分百”的目标。各分行采取现场查看、座谈汇报、审阅材料等多种方式，从“岗位配备、流程衔接、系统支持、规定动作、操作时效、监督换手”等方面，加强处理中心规范化、专业化运行建设。

3. 限期完成攻坚阶段。针对全行个贷业务集中处理覆盖率低，县域行操作不规范、换手不充分等问题，2019 年总行印发了工作推动、专项检查、系统控制等通知，包括《个人信贷业务操作规程》《关于加快做好县域支行个人贷款业务集中处理工作的通知》等，督导各行全面推动业务集中处理规范落地。同时，为防止出现“假集中”情形，总行建立了检查、停牌、整改、复牌工作机制，2019 年 11 月启动处理中心专项检查，第一阶段针对 21 家一级分行的 36 家处理中心、32 家县域支行开展了集中处理现场检查，推动集中处理落实到位。截至 2019 年末，总行共实施了三批次停牌，累计停办 123 家支行业务，其中 114 家支行整改达标恢复业务办理，9 家仍处于停牌状态。

（二）个贷业务集中处理两个“百分百”目标基本实现

个贷业务处理中心建设工作开展已三年有余，总行和各分行将其作为重要工作持续推动，目前基本实现了城市分行建设全覆盖和个贷业务开办机构集中处理全覆盖的目标。

从处理中心建设进度来看，截至 2019 年末，全行建成处理中心 320 家，处理中心基本实现城市分行建设全覆盖的目标。从集中处理覆盖来看，全行已实现“用印、办抵、放款”等关键环节集中处理的个贷支行达 3 437 家，集中占比达 98%，基本实现个贷业务开办机构集中处理全覆盖的目标，其中城区支行已集中 1 750家，县域和远郊支行已集中 1 687 家。

（三）个贷业务集中处理改革工作成效显著

1. 风险管理和防控水平显著提升。处理中心通过合理设置业务流程、精准管控重要业务环节、确保关键岗位换手操作，真正建立了全流程作业风控模式。新的业务处理机制实现了前台营销调查岗与中后台业务处理真正分离，实现了关键岗位换手操作与职能不兼容岗位不相互通岗，电子用印合同管理岗与用印审核岗不兼岗、实物用印岗与监印岗分离、办抵岗不能兼核准岗，贷款核准岗核实抵押真实性，确保个贷用印合规性、抵押登记真实性，从业务流程、工作机制方面防范原一手清业务处理模式下恶意造假、骗取贷款情况发生。

2. 市场竞争力大幅提高。处理中心和支行建立了协调配合机制，提高了处理效率，大幅减少支行承担的个贷业务中后台职能和操作环节，将个贷客户经理从长期处于“5 + 2”“白 + 黑”的高强度、高压力工作状态中解放出来，更加专注于个贷营销和调查，个贷业务市场竞争力大幅提升。杭州分行推行“六统一”运行模式，实行业务限时办结制，助力辖内支行与公积金中心建立稳定、长效的合作机制，公积金贷款发放量遥遥领先同业，实现跨越式提升。

3. 业务处理和人力资源使用效率持续提升。处理中心通过细化岗位职责、梳理业务流程、规范操作动作，实现了个贷业务处理全流程流水化作业，建立了高效运行机制，规模效益显著。处理中心采取了直驱放款方式、实行了电子用印，大幅减轻了网点柜面业务操作压力，业务处理效率显著提升。

4. 金融科技应用场景不断拓宽。金融科技在业务集中处理中的应用范围和场景不断扩大，处理中心逐步由“标准化、规范化、流程化”向“科技化、信息化、精细化”发展。成都分行处理中心通过与不动产登记中心的系统直连，实现了数据多跑路、客户少跑路，有效缩减业务办理流程，提升客户体验感。银证直连的应用，加深了工商银行与成都不动产登记机构、国土资源信息中心等政府部门的合作，并获得四川省银行业协会的高度赞誉。

二、信贷“真实性”审查机制建设情况及成效

（一）“真实性”审查机制建设总行组织情况

一是印发《关于加强授信审批条线“真实性”审查的意见》，建立“反信贷欺诈”审查专岗，突出“专岗、专责、专品、专流、专人”的“五专”要求，规范岗位职责、审查范围、业务流程和工作要求。制定国内订单融资、国内采购融资、国内保理融资、应收租赁款保理及银行承兑汇票承兑业务等 5 个“专门产品”真实性审查要点。加强尽调人员履职情况审查，压实前台尽调责任。二是召开全行“真实性”审查工作动员会，总行 14 个相关部门和派驻纪检监察组负责人、各一级（直属）分行、“5 + 1”分行（以下简称各分行）授信审批分管行长、授信审批部总经理参会，安排部署工作要求，督导各分行加快实施进度。三是举办加强

“真实性”审查专题培训班，各分行“真实性”审查分管副总和业务骨干共86人参训。通过强调“真实性”审查的重要性、讲解违法放贷和不良责任评议案例、详解“反信贷欺诈”规范动作等，提高相关人员防假反欺诈的技术水平。四是推动“真实性”审查系统建设，研究提出GCMS系统配套功能改造需求，推动科技部门尽快研发投产。

（二）“真实性”审查机制各分行实施情况

一是按照总行统一部署，积极开展“真实性”审查机制建设工作，在《意见》基础上制定实施细则，截至2019年末，各分行均设置“反信贷欺诈”审查专岗，选配59名业务骨干作为专岗审查人员。二是各分行结合当地实际情况，对具有5类“专门产品”审批权限的388家二级分行（包括直辖市分行、直属分行和实行扁平化管理一级分行辖属一级支行），选择相应的“真实性”审查机制，二级分行中设置专岗的有81家，由主审查人负责的293家，上收权限的14家。

（总行个人金融业务部、授信审批部）

智慧银行建设

2019年，工商银行快速推动智慧银行战略转型，成立工银科技有限公司、金融科技研究院，构建“一部、三中心、一公司、一研究院”金融科技新布局；发布智慧银行生态系统ECOS，以新科技构建新生态，赋能全行业务转型发展。

强化顶层设计，制定金融科技发展规划。按照人民银行《金融科技（FinTech）发展规划（2019—2021）》指导意见，根据全集团发展战略规划和智慧银行战略目标，结合金融科技发展趋势的新变化、新要求，制定《中国工商银行金融科技发展规划（2019—2023年）》。金融科技发展规划着眼于推进集团跨境、跨业、跨界转型发展要求，以“金融＋科技”打造智慧银行生态体系，纵深推进金融科技创新发展，打造“数字工行”。

快速推动智慧银行战略转型，实施金融科技组织架构和研发模式改革优化。全面构建“一部、三中心、一公司、一研究院”（总行金融科技部，业务研发中心、数据中心、软件开发中心，工银科技有限公司，金融科技研究院）金融科技新布局，在河北雄安挂牌成立工银科技有限公司；在成都、西安增设软件开发中心研发部，承接反欺诈及银行催收管理、远程银行中心等系统研发工作；成立金融科技研究院，重点开展金融科技新技术前瞻性研究及技术储备、重点金融科技领域战略规划布局和创新应用。实施科技创新研发机制变革，进一步提升研发效率和研发质量。秉持培育复合型金融科技人才和领军人物的理念，多元化强化金融科技队伍建设。

发布智慧银行生态系统ECOS，开启智慧银行建设新篇章。智慧银行生态系统ECOS以开放融合的跨界生态、无处不在的智能化应用、高弹性的业务支撑、双核心的IT架构、自主可控的新技术平台、组件化的研发模式等成果为标志，逐步深化各业务领域应用，显著提升服务能力和客户体验。

紧密围绕全行发展战略推动重点领域创新研发。聚焦集团业务发展战略，充分运用金融科技创新成果，赋能“第一个人金融银行”、开放互联生态、全公司、全机构、普惠金融、大资管、风险管理、国际化综合化等创新领域，增强市场竞争力。

持续提升信息系统业务连续性和信息安全防御能力。升级转型生产运营体系，顺利完成全行信息系统同城切换运行，验证核心业务系统的高可用性；完成年度业务级异地灾备演练，充分体现灾备技术水平对业务恢复的支撑性作用。全面实施全集团信息安全一体化管理工作，深化全集团整体安全防御水平，推进信息安全运营中心（SOC）平台建设，实现全行多维度多视角的安全态势感知视图，构建基于模型的多层次立体安全监控体系，有效提升全行安全防护能力。持续开展信息安全检查，加快安全团队攻防能力提升，完成业内领先的全行级攻防技术实操平台建设，聘请外部权威机构开展专项检测和安全评估，测评结果均符合标准。

工商银行连续六年在中国银保监会信息科技监管评级中位列全行业第一，2019年7项成果获人民银行年度银行科技发展奖，其中《金融云建设项目》获一等奖。智慧银行生态系统ECOS发布入选人民银行等有关部门评选的“2019年金融信息化十件大事”；连续四年蝉联《银行家》（中国）“最佳金融创新奖”，获“十佳金融科技创新奖”“十佳区块链应用创新奖”；获《亚洲银行家》“最佳人工智能”“最佳数字化转型”两项金融科技创新大奖，以及其他各类权威媒体奖20余项。截至2019年末，累计专利公开615项。本年度获得专利授权54项，累计获得专利授权603项，居银行业第一。

（总行金融科技部）

专栏：智慧银行生态系统 ECOS

2019 年 11 月 8 日上午，工商银行在北京举行智慧银行生态系统 ECOS 发布会，以前沿金融科技支撑新时期的转型发展，开启了智慧银行建设的新篇章。

智慧银行生态系统 ECOS 取得了“六大标志性成果”，在各业务领域正逐步深化应用，显著提升了服务能力和客户体验。

构建了开放融合的跨界生态，成为国内最大的综合金融服务“供应商”。实现支付、融资、理财、投资等金融产品，无缝嵌入教育、医疗、出行、政务等民生消费和企业生产场景，让金融服务像水和电一样便捷可得。通过 API“走出去”，1 000 多个服务和产品做成标准化接口，开放给故宫博物院、国家电网、中国邮政等 2 000 多家合作伙伴。通过金融云“引进来”，引入了财资、教育、景区等 15 个行业应用，与合作伙伴携手为客户提供“行业 + 金融”的综合服务，目前租户数量超过 2 万户。

开启了“智慧 +”创新新模式。强化数字化智能化应用，打造智慧服务、智慧产品、智慧风控、智慧运营，满足实体经济和人民群众对金融服务的新期待、新需求。全新推出个人手机银行 5.0，企业手机银行 2.0，运用新技术实现一呼秒应、无感支付等智能服务；打造经营快贷等多款小微产品，同业首家推出 AI 指数，推出业界首款智能化对公线上支付结算产品“工银 e 企付”，把智慧产品融入获客、活客、黏客每个环节；打造信用风险智慧监控、同业首创智能化全球反洗钱系统、业界率先推出金融风险信息服务产品“融安 e 信”，构建智慧风控体系。

实现对热点秒杀场景的高适应高弹性支撑。通过金融云平台，有效实现资源调度的高弹性以及热点适应的高弹性，有效保障了业务连续性，获得银行科技发展奖一等奖。

打造“主机 + 开放平台”双核心 IT 架构，同业首家基于分布式、云平台形成银行核心业务处理能力，将 90% 以上的应用系统部署在开放平台上，建设了完整的账户、客户、核算等基础业务支撑体系，实现了大型银行 IT 架构的历史性突破；在大型银行中首家建成体系最完备的分布式技术平台，累计完成 138 个应用系统的分布式转型，全面支撑关键业务发展。

打造一系列同业领先的企业级金融科技平台。全面布局云计算、大数据、区块链、人工智能、物联网等主要新技术领域，建设一批新技术平台，大力推进新兴技术与业务融合应用，形成同业领先的企业级技术能力和业务应用能力。例如，在金融同业中首次实现大数据服务云全面实现分布式和国产化转型；率先在国内银行业实现 5G 网络连通，在苏州亮相落成同业首个全功能 5G 智慧网点，推动南京、北京智慧网点旗舰店建设和自助渠道创新；区块链平台实现同业首家通过工信部区块链权威认证、首家完成网信办备案，同业率先投产企业级机器人流程自动化（RPA）平台并推广应用，物联网平台已接入 100 万台设备并提供海量物联数据支撑。

形成灵活组合、快速研发的组件化创新能力。打造了业内标准化服务数量最多、交易量最大的组件化研发体系，建立 4 300 多个产品参数，95% 的产品都可通过参数化配置 T + 1 快速上线，并通过 3 500 个标准化的业务流程组件和 500 多个标准化跨渠道用户界面组件快速拼装，使大型银行具备更敏捷的市场和客户需求响应能力。

ECOS 的发布，是工商银行科技发展史上的又一重要里程碑。在这一新起点上，工行将进一步深化金融科技的创新应用，打造促进经济高质量发展的“数字工行”，用科技改变金融，让金融创造更美好的生活。

（总行金融科技部）

网络金融

2019 年，网络金融部坚决贯彻落实总行党委决策部署，坚持党建与业务并重，积极发挥“三个统筹”

职能，推动GBC三端联动发展，推进网络金融与传统金融融合，在高起点上实现了新突破、打造了新优势、作出了新贡献。

一、业务发展量质齐升，同业竞争力显著增强

（一）C端客户发展量质齐升。截至2019年末，全行APP个人用户达到4.92亿户，MAU在同业中率先破亿。其中，融e行手机银行3.61亿户，净增4 774万户，存量增量均创近三年新高，持续巩固客户规模、活跃程度、客户黏性三项同业第一。融e购用户1.46亿户，月活512万户，稳居银行业电商之首，综合电商排名跻身前十。融e联用户1.67亿户，月活2 844万户，位列银行业APP榜单第六名。

（二）G端和B端客户加速拓展。对公网络金融客户867万户，覆盖全行87%的公司、机构客户。其中，法人手机银行实现跨越式发展，年动户突破200万户，同业占比48.51%；企业网银净增客户148万户，创近三年新高。扎根消费互联网、拥抱产业互联网，开放平台合作方超5 000家，与世界500强、互联网头部企业、行业龙头等大型平台合作144家。其中，e企付上线120家，政府国资背景、实业民企等大型平台占比超过80%；聚富通合作24家，以B带C电子账户获客7万户。全行建成有效互联网场景2 937个，遍布政务、交通、教育、医疗、司法等各领域，呈现面上开花、点上出彩的生动局面。

（三）经营效益创历史佳绩。实现网络金融中收176亿元，同比增长41.57%，增量增幅均居四行之首。其中，电子商务收入增幅位列全行22条产品线前列，工银信使收入同比大幅增长50.17%。

二、服务G端，智慧政务合作迈出坚实步伐

立足深化“放管服”改革优化营商环境的政策导向，纵横结合、深耕行业、加速推进，横向支持政府打造一站式、综合化智慧政务平台，纵向对接各政府委办司局，构建多元政务服务体系，为政府数字化转型提供了工行方案、贡献了工行智慧。

（一）智慧政务服务日益丰富。25家分行与当地政府签署政务门户合作协议或达成合作意向，其中“我的宁夏”一站式政务APP成为标杆引领，安徽、甘肃、河北等10家分行将身份识别、生活缴费、资信证明等金融服务嵌入省级统一政务门户，广东、北京等分行实现政务服务进网点。融e联共搭建政务类场景559个，推送政务类信息近5 000万条，政务类缴费268万笔，电子社保卡签发覆盖全部一级分行281个城市，累计签发37.7万张。

（二）智慧出行场景广布局。ETC、无感支付、电子乘车码三大金融服务能力同部署、齐发力。正式发布“工银无感支付”产品，全行投产项目300个，涌现出了北京机场车牌付、吉林高速公路、四川成都环球中心等多个标杆项目；电子乘车码覆盖全国180个城市，北京地铁易通行、湖北武汉地铁、上海融e联乘车码等项目年交易笔数突破1 000万笔。三融平台ETC线上引流获客50万户，支付宝、微信等合作引流获客60万户。

（三）智慧校园实现规模价值双丰收。“银校通”迭代升级，丰富服务外延，综合金融价值凸显。截至2019年末，累计上线学校1.5万所，缴费金额超过140亿元，带动个人客户新增50余万户，对公账户新增近4 000个；时点存款余额超过200亿元，实现了近70亿元的存款增长贡献；带动线上申请宝贝成长卡超过10万张，贡献了三成发卡量。

（四）“银法通”进军司法蓝海。融e购网络司法拍卖平台和融e购网络询价平台助力工商银行成为唯一获得最高法司法拍卖资质银行。2019年询价业务成功率达到100%，询价金额2 451亿元，司法拍卖成交金额4.4亿元。

（五）电商扶贫践行大行担当。搭建扶贫专区、开展电政合作、创新扶贫模式，组织200余场扶贫专项活动，从供给、需求两侧发力打通电商扶贫痛点。截至2019年末，累计发展扶贫商户3 490户，覆盖22个省区市465个国家级贫困县，扶贫交易额6亿元，其中国家级贫困县交易额4.4亿元，农副产品交易额3.9亿元。

三、赋能B端，开放银行生态面貌焕然一新

深化平台经济布局，全面推进开放平台基础设施建设，推动金融服务无处不在。

（一）互联网龙头企业合作上台阶。加强Top 20互联网合作项目的统筹规划，推进与阿里巴巴、华为、腾讯、网联等合作取得重要进展。与阿里巴巴、蚂蚁金服、网联达成战略合作协议，深化在支付结算、跨境金融等领域的合作。推出华为钱包、腾讯智能定期。2019年，微信存款新开电子账户398万户，他行卡存入金额11.4亿元。

（二）e企付“双百行动”成效显著。打造“工银e企付”对公支付统一品牌，整合五大对公支付产品，兼容各类平台场景，多项功能引领同业，2019年上线合作平台120家，交易额超过70亿元。

（三）全力打造第一法人手机银行。创新推出2.0版，完善全新交互体验，新增智能客服、语音搜索、企业名片等功能，丰富工银e贴、经营快贷、渠道结售汇等服务，打造市场热度，促进交易规模显著增长，融资、法人理财等高价值、高贡献应用占比稳步提升。

（四）API开放平台取得阶段性成效。开放账户管

理、结算、收单等18大服务组、91个产品、968个接口，开放能力、合作方数量稳居同业第一。目前平台已推广至36家一级分行、260家二级分行，并延伸至港、澳、新加坡、万象、加拿大等境外机构，成为全行对外开放金融服务能力的“资源池”和互联网场景共建的“武器库”。

（五）“行业+金融”云生态进一步提升。建设金融生态云平台，在政务、教育等14个重点行业引入近20项云服务解决方案，服务租户近2万家，链接C端客户500万户，2019年交易1 500万笔、3 000亿元。

（六）聚富通综合服务能力进一步优化。推进平台标准化改造，补全融资、支付、清算等核心功能，技术对接最小周期由2周缩短至2天，对接效率和风险防控能力大幅提升。2019年达成合作项目55个。

（七）融e购活力竞相迸发。e资产作为银行业首家综合化线上资产交易平台，2019年处置资产本金251亿元。e采购突破企事业单位员工福利、宣传品采购、线上寻源等场景，拓展230家采购单位，发放e福礼金额5 200万元。e差旅对接企业60余家，差旅订单4万余笔、交易额突破1亿元。集客平台对接碧桂园凤凰会、云马易校园等行外平台，实现用户互通、积分互通、商品互通，助推融e购商融服务“走出去”；引入饿了么、锦江、考拉海购等20余家重点商户，实现垂直电商行业合作“请进来”。

四、深耕C端，线上流量入口建设成效卓著

坚持C端为发展根本，以三融平台为自有流量入口，强化互联网统一运营，做专业、做极致、做体验。

（一）第一个人手机银行全面启航。推出手机银行5.0版本，依托生物识别、大数据、人工智能等新技术，在语音导航、共享众测等方面实现同业首创。全面构建个性化服务体系，面向长者、学生、军人、小微和私人银行客群打造专属版本服务，针对中老年客群的幸福生活版确立了移动家庭金融服务的业界标杆，助力手机银行在重点客群的占比持续提高。推动网点无介质服务建设，推出智能终端扫码和柜面交易刷脸免卡场景，实现换卡不换号、资信证明等交易的统一订单化管理，助力线上线下服务的无缝链接。

（二）融e购价值创造能力显著提升。升级融e购2.0改版，推出新版商城和移动端商户中心，全面提升客户体验与智能化水平。拓展重点商户，中国品牌力排行榜上榜品牌覆盖率达到65%，直营商户占比43%，商户活跃度80%，高于同业电商平台。打造积分专区，2019年流量达到1.4亿人次，积分兑换全行占比70%。

（三）融e联发展潜能不断释放。推出操作更轻快、服务更简捷的融e联4.0版本。全新构建场景号云平台，支撑场景灵活快速的拓展和运营，抢抓高考热点推出“求学宝”服务，紧贴客户购房场景上线“房产管家”，在细分领域市场找到了新的突破口。截至2019年末，融e联公众号达1.4万个，初步建成以线上政务、服务信使、共享中心、企业专属服务号等为特色的场景服务生态。

（四）绑卡促活，支付业务迅猛增长。对外牵头手续费率谈判、对内推进市场化分润、对客创新一键绑卡服务，实现业绩精准归属至网点和员工，全行高效协同，推动第三方支付绑卡量和交易额跨越式增长。2019年，绑卡总量达到5.77亿张，同比增长26.99%，交易额达到14.87万亿元，同比增长15.2%。进一步优化丰富功能，提升工银e支付市场竞争力，前瞻布局数字货币在线上场景和三融平台的试点应用，构建工商银行“大支付”体系。

（五）互联网运营初显成效。统一“品悦”营销主题，融e行推出“悦行越快乐”O2O活动以及“品悦合伙人”全民营销新方式；融e购推出“五周年庆”“年中大促”等大型营销活动2 000余场，“双11”活动期间平台UV同比增长380%。创新运营形式，推出“小象乐园”、小鲸鱼IP等游戏化、社交化、IP化运营模式。强化数据运营，全流程支持重点业务精准营销，首次推出手机银行“年度账单”，引爆互联网传播热度。提升运营品质，搭建融e购商户和融e联公众号运营服务平台，融e购客户差评率下降至1.2%，订单投诉率保持在1.5‰以内。

五、全球经营，助推境外网络金融提质增效

坚持分类指导、重点推进原则，聚焦港澳、辐射全球，推进境外网络金融业务创新发展、提质增效。截至2019年末，境外个人网络金融客户92.7万户，对公网络金融客户5.7万户，线上业务占比74.9%，同比提升1.9个百分点。2019年，境外业务移动化趋势进一步提速。一是以平台提升为基石，在工银亚洲、工银澳门等4家机构全面升级个人手机银行；先于当地中资银行，在悉尼分行、工银新西兰等4家机构推广企业手机银行。二是以服务为利器，在工银亚洲推出手机银行e开户服务，实现开户流程线上化，上线两个月成功开户近3 000户，线上吸纳存款超过2亿港元，成为线上获客吸存新利器。三是以支付为突破，在工银澳门率先推出手机银行移动支付服务，持续完善扫码支付、线上支付、安全认证等功能。四是以跨境电商为延伸，打造“e链通”平台，上线跨境B2B进口和出口、航运平台金融输出三大模式，对接上海旭空、中非网等行业知名平台。

六、全面落实网络金融业务风险管理

高度重视网络金融风险管理，以安全保发展、促发

展，2019 年网络金融专业未发生 50 万（含）以上的内部案件。一是强化制度建设，建立健全内控合规长效机制。全年修订发布《网络金融业务管理规定（试行）》等八项规章制度，建立内控合规管理机制，规范部内集中采购机制。二是完善处置机制，深化网络金融风险防控。强化外部合作，与京东数科、北京公安联合，优化风险事件处置机制；推动风险监控由事中、事后向事前转移，由交易维度向用户维度转变，2019 年监控线上交易 22 亿笔，拦截欺诈交易 1.87 万笔，挽回客户资金损失 1.53 亿元。三是落实监管要求，确保业务依法合规开展。牵头完成全行 11 个对客 APP 个人信息保护自查整改工作，配合完成人行、外汇局关于支付、反洗钱、外汇与涉密的检查。四是深入风险本质，推进创新研究。参与国家企业领跑者网上银行服务标准制定，位列国家级企业标准“领跑者”优秀榜单榜首。

七、统筹发展，体制机制变革彰显实效

履行“三个统筹”职责使命，深化统筹机制、创新机制变革，不断激发互联网创新发展活力。一是夯实统筹联动的制度基础，印发《网络金融业务管理规定（试行）》，深化统筹管理共识并推动落地实施。二是 GBC 三端业务统筹全面开启，牵头制订 GBC 三端业务联动工作意见与综合性服务方案，组织全行全面实施。三是个人对客 APP 统筹稳妥推进，牵头拟订规范方案，开展《对客 APP 管理办法》修订工作，稳步退出 e 校园 APP。四是研发模式互联网转型不断深入，2019 年网络金融部创研中心共完成总行级立项 79 个，同比增长 82%；项目平均研发测试周期缩短至 50 天，较中心成立前减少 60%。五是积极推进新技术应用，基于大数据分析细化客户画像应用，引入生物识别打造云鉴证服务能力，借助 AI 技术实现商品图片智能审核，布局 5G、互联网通信云基础能力建设，推进音视频中台打造，为业务发展提供坚强支撑。

（总行网络金融部）

智慧运营体系建设

2019 年，运行管理服务于全行经营战略转型发展要求，深入实施智慧运营体系建设，集约运营开启新纪元，线上线下运营服务模式初步建成，智能风控体系建设迈出坚实步伐，网点新岗位体系和账户服务创新成效明显，人工智能、RPA 等技术与业务运营融合成功实践，为智慧银行建设提供了有力支撑。

一、集约运营体系开启全新变革

在深入调研论证和精心筹备的基础上，2019 年 12 月 17 日至 18 日，佛山、成都总行两大集约运营中心正式成立并投入运营，启动了柜面非实时业务运营从省行层面向总行层面的跨越升级。按照“简单业务机器做、标准业务外包做、复杂业务行内人员做”的原则，建立了“驻场 + 离场”相结合的外包模式，搭建了支持离场外包多地作业、业务实时互备、风险多维管控的集中处理平台，应用机器学习技术替代了 19% 的人工录入量，业务运营质量效率、人力资源利用效能和运营服务能力明显提升。率先试点碎片录入业务集中上收，青海、厦门、大连等 8 家分行碎片录入业务上收至总行集约运营中心，业务处理效率提升了 60%，规模效应有效发挥。

二、现金集约运营能力持续提升

积极应对全行现金业务量、收付量持续下降趋势，充分发挥现金集约运营管理的优势，持续推进现金业务信息化、智能化建设，现金营运管理效能不断提升。强化金库建设和管理，2019 年累计改造、撤并不达标业务库 120 座，新建 6 座现金中心库，南京、成都、天津分行率先建成智能化现金营运中心，移动作业、智能机器人、物联网技术在金库成功应用。实施库存精细化管理，现金库存连续 4 年下降，减少 256 亿元无息资金占用，库存控制同业领先优势明显；推广上门收款智能服务至 2 500 家企业，年上门收款量达 5 500 亿元，实现信息实时交互、现金扫码交接和联动清点入账；广州等 10 家分行试点外币预约取现服务，建立了现金标准化封装、后台统一配送、客户到店即取流程，现金服务能力有效增强。

三、线上线下运营流程建设亮点纷呈

适应移动互联时代客户金融消费习惯变化趋势，立足客户服务需求端到端视角，以订单化管理为手段，2019 年优先完成 15 类业务场景建设，领先同业构建起线上快捷办理、业务集中处理、线下便捷交付、全程透

明感知的线上线下一体化运营服务新模式，让客户享受“一次都不跑”的服务。借记卡换卡不换号、个人资信证明等实现线上下单、集中处理、邮寄到家；“函证E信”产品首开行业先河，实现数据集成处理和自动反馈，函证效率与可信度实现质的提升，受到财政部、银保监会的高度认可；35项主要法人信贷业务实现放款直驱记账。线上线下新模式在浙江、湖北、江苏等分行试点应用。截至2019年末，使用新模式办理业务占比超过80%，满足了新时期客户对金融服务的新期待。

四、网点新岗位体系效能加快释放

2019年，按照深化网点转型工程和新岗位体系建设的总体部署，建立了运营主管和客服经理准入退出、分级管理、考核激励、职业发展机制，全面加强队伍建设和履职管理，网点全新岗位体系平稳运行。以教育培训为抓手，构建起网点人员网络培训平台，开发涵盖场景视频、H5等多种形式的百余门微课，满足基层员工移动式、碎片化学习需要；启动实施运营主管队伍“磐石”培养计划，以全面系统的培训助推运营主管素质能力提升。通过加强学习和考试认证。截至2019年末，运营主管持证率接近100%，客服经理持证率提升39个百分点，达到97%，全行10.9万名客服经理中有8.2万名、占比77%的客服经理实际承担柜台内外多项职责，人力资源综合利用效能大幅提升。

五、网点减负工作成效明显

2019年，深入贯彻中央“基层减负年”工作要求，结合“不忘初心、牢记使命”主题教育工作，以基层员工和客户体验改善为检验标准，深入基层一线开展实地调研，研究解决了手工登记多、咨询查询工单处理量大等21类痛点问题。聚焦运营类工作负荷压降，全面推广智能交接系统，实现了重要物品交接的电子登记和无感留痕，网点手工登记簿和报表大幅精简69%；在确保风控水平不降的基础上实施“技术替代授权”，完成柜面58个常用交易授权改造，现场审核和远程授权量降幅达40%。

六、全新单位账户管理模式有效建立

贯彻落实国务院“放管服”和人行账户改革部署，2019年圆满完成取消企业银行账户许可新政推广，账户核准改为备案、账户当日开立当日收付顺利实施。创新线上申请异地开户模式，成功拓展企业便捷开户对接第三方渠道，全年企业便捷开户量占新增账户量的70%。上海、山西、重庆等分行试点应用RPA技术实施账户自动备案、智慧年检项目，账户全流程、全生命周期管理能力明显提升。

七、运营风险智能管控体系建设稳步推进

以对公客户为切入点，汇集行内外多个系统的数据信息，构建了客户资金往来等10个维度的客户关系网络。聚焦账户开立、资金结算等关键环节，应用AI智能算法设计10类智能模型，实现结算账户全过程监控、资金交易偏离监测预警以及风险量化管理；构建集监测、甄别、核查及评定于一体的运营风险监控新流程，提升了风险管理的独立性和有效性。截至2019年末，全新运营风险智能管理系统在北京、云南等7家分行成功试点，有效定位风险行为，累计识别涉嫌团伙开户、电信诈骗等风险账户4 000余个，核查下发工作量降低90%，监控质量效率明显增强。

八、运营领域科技赋能成效明显

2019年，根据人民银行安排部署，工商银行作为法定数字货币研发机构，与央行共同构建支撑我国数字经济发展的金融基础设施，在运营平台建设、支付工具研发等方面取得阶段性成果，并在深圳、苏州、雄安、成都四个地区试点，为法定数字货币投放、回笼、兑换、流通提供高效、便捷、安全的应用环境。机器学习、机器人流程自动化等先进技术在业务集中处理、支付清算、风险管理等15个业务运营领域应用取得原创性和突破性成果，实现对凭证信息的自动定位和准确识别、支付清算相关业务智能化处理，月均处理量达290万笔，“技术换人”成效初显。

九、境外业务运营体系建设持续强化

工银澳门、河内等8家机构完成运营管理职能整合，工银亚洲、首尔等10家机构制定百余项运营制度，核算要素管理系统、会计档案管理系统推广到工银泰国、工银欧洲等35家机构，主机柜员审批及身份认证新模式基本建立。组织完成亚太机构业务共享运营方案论证，规划设计集约运营架构模式和系统平台，为实施亚太机构业务集约化、智能化运营奠定基础。

（总行运行管理部）

渠道转型和服务创新

一、升级客户服务模式，客户服务口碑持续改善

2019年，全行服务模式创新逐步深化、客户体验渐趋优化、价值创造能力持续增强。

（一）升级客户服务模式，强化智慧创新。全行智能服务迅速突破、积极引领，形成了以智慧银行生态系统ECOS为支撑、以“智慧零售、智慧客服、智慧网点”为代表，覆盖全渠道、全业务、全流程的智慧客服体系。苏州工业园区支行和北京金融街支行营业室等5G智慧网点投入营业，开启了工商银行网点智慧转型新篇章。信息科技与集约化处理优势结合应用到贸易金融产品创新领域，在第二届中国进口博览会金融科技论坛上向全球发布了工商银行智慧贸易金融平台，构建出开放、智能、安全、便捷的贸易金融新生态。这些新成果创新与应用，标志着工商银行进入了智慧服务新时代。

（二）深化改进提升举措，优化客户体验。全行紧密围绕“建设客户满意银行”这一战略目标，以“服务百姓　至臻至境”活动为主线，以“服务提升　百日行动”为突破，统筹推动认识升华、效率升速、管理升温、队伍升档、服务升级等重要举措，客户体验优化效果明显。一是客户服务效率逐步提升，全行近1.6万家网点，在年均服务亿级人次客流、承担百余项社会责任业务的前提下，客户平均等候时间已大幅压降到10分钟左右。二是客户满意度渐趋提高，外部调查显示工商银行客户评价总体趋势逐年向好，客户满意度跃居可比同业第一，并且连续11年获评“中国银行业文明规范服务突出贡献奖”。三是网点员工体验持续向好，总行2018—2019年连续三次对全行网点员工开展服务支持体验情况调研，员工满意度由55%到67%再到78%，实现稳步提升。

（三）深挖客户服务潜力，引领行业品牌。全行紧紧围绕总行党委的战略导向、服务提升的趋势走向、客户需求的发展动向，从真心对客户负责、热心为客户服务、诚心接受客户监督的角度，不断优化服务环境、丰富服务功能、精简服务流程、改善服务态度。全行已完成1.4万家“工行驿站”网点挂牌，网点覆盖率达到89%；累计建成一站式办理示范网点9 883家，以金融渠道拓展公益惠民便民服务。在中国人民银行等八部委联合组织的行业“领跑者”活动中，工商银行作为首批47家银行之一入围银行营业网点服务企业标准“领跑者”名单，成为银行业服务标准化的佼佼者和引领者。

二、科学优化网点布局，渠道资源契合度显著提升

（一）科学推进网点优化调整。2019年，全行紧密围绕总行党委战略部署，全年累计完成910家网点优化调整。其中，紧跟国家重点发展区域战略规划，63%的新建网点投放在长三角、珠三角和环渤海等国家重点发展区域；紧跟城市经济金融资源迁移趋势，在84家重点城市行完成370家网点迁建，占网点迁建总量的59%；紧跟国家扶贫攻坚战略导向和县域经济发展趋势，新增覆盖了11个空白县域，其中8个为贫困县，县域覆盖率和贫困县覆盖率分别提升0.5个和1个百分点。

（二）持续优化网点业态布局。2019年，按照“全行标准+本地特色”相结合的业态布局，一方面，优先对“老破旧网点、重点城市行网点、资源富集网点”等进行装修改造，全年共完成2 049家网点装修改造，并对安全隐患网点进行了全面摸排和分类治理。全行网点标准化装修工作启动以来，已累计完成5 200余家、三分之一网点的装修改造和硬件升级。全行网点服务标识、设施与环境规范度持续提升，服务面貌焕然一新。另一方面，结合区域市场资源禀赋，探索将网点打造成“金融+”服务平台，围绕“网点+文化、政务、贵金属、普惠、军队”等20余种特色场景，通过跨界合作打造“网点+”特色网点1 461家，“千店多面”的发展格局正在形成。

（三）强化减负赋能激发网点经营活力。打出网点减负赋能系列“组合拳”，强化“二线为一线”服务，有效激发网点经营活力。减负方面，结合“不忘初心、牢记使命”主题教育，深入落实中央“基层减负年”精神，各级行围绕报表报告、检查培训、工单压降等负担问题综合施策，减负工作取得明显效果，网点反映强烈的21类痛点问题有效解决。赋能方面，加强员工关爱，聚焦员工在网点工作生活的基本诉求，不断完善网点生活保障类设施，解决网点卫生间、新风净化、就餐饮水等员工生活保障类问题8 532个，惠及5 461家网点、6.2万员工，网点员工整体满意度达到97%。完善

网点援助保障平台应用，为网点解决各类事项15.2万件；充分发挥集团集约服务优势，推广网点支持响应平台，及时响应基层员工复杂疑难业务咨询需求，2019年累计服务客户4.6万人次，解答员工咨询13.6万笔，问题解决率达到90.1%。

三、深化智慧转型，渠道价值贡献更加凸显

（一）境内智能化实现全覆盖，境外智能化实现新引领。2019年末，工商银行智能网点1.57万家，智能设备总业务量16.7亿笔。智能渠道已承接网点78%的个人非现金业务，全年服务客户4.3亿人次，比柜面多25%。智能渠道全年共获新客户2 234万户，新开手机银行客户3 245万户，绑定第三方支付、开通信使银行卡分别为3 204万和4 663万张，保险销售700亿元，一举实现了新拓客户、新开个人手机银行、第三方支付及工银信使绑定客户、个人保险销售额四项指标的全渠道占比第一。同时，积极推进网点智能化向境外延伸，在工银阿根廷、工银亚洲投产了首家智能化网点。

（二）强化科技驱动，加快推进全行网点智慧转型升级。一是创新打造智慧银行网点。在苏州成功发布全行首家5G智慧网点，在北京金融街发布全行新一代智慧网点旗舰店，应用54项新型智慧设施和前沿技术，累计打造105个具体场景，具有技术驱动、服务协同、场景链接、生态融合等显著特点，同业引领效应显著。二是推动智能服务功能优化与效能提升，推广刷脸、扫码等网点“无介质”智能服务，已覆盖52项高频业务，全年自助渠道无介质登录145万笔，无介质取款773万笔。依托大数据赋能，实现18万台自助设备支持智能识别营销。运用生物识别技术，全年在智能终端应用人脸识别审验客户身份1.3亿次，应用指纹识别完成员工亲到亲审2亿次，实现人员节约与服务效能双提升。三是整合流程提升智能服务体验。推动智能设备一次填写、一次核验、一次签字全流程整合改造，全年节省人工核验6 838万笔，节约客户等待735万个小时。2019年工商银行荣获《银行家》杂志“十佳银行智能网点创新奖”和《金融界》网站“杰出智能网点创新奖”。

四、强化渠道协同，深化远程+近场、线上+线下服务模式

（一）远程银行中心转型持续深化。通过强化平台创新、细化统筹管理、深化业务融合，进一步做优全渠道服务、做强全集团链接、做大全业务贡献。一是持续提升服务水平，完成新中国成立70周年大庆、军运会服务保障，上线粤港澳大湾区服务专线，在全行推广电话智能语音。2019年，远程银行中心服务客户超4亿人次，整体业务量达到25亿笔，其中智能业务量同比增长105%；全年电话接听率93.5%，实现四行领先。二是稳步提升集团服务价值。投产网点支持响应平台，探索建立集团员工内部知识库，完善“双微”运营机制，加快全媒体服务创新。全年实现信用卡中收35.5亿元，同比增长10.4%，占全行同类收入的14%；营销个人经营快贷提款53.6亿元，占全行同类业务的41%；远维客户规模和管户资产分别较年初增长33%和22%；完成信用卡及个贷催收1 659.7万户、回款335.9亿元，完成信用卡风险监控179.4万笔，为客户避损16.7亿元。

（二）新渠道运营助力一线数字化、社交化营销服务。一是初步建成“线上网点”功能入口。扩展提升“工行服务”小程序功能，打造集网点信息展示、网点服务预约与业务办理、网点活动运营为一体的线上网点运营平台。全年“工行服务”小程序客户访问量4 935万人次，服务客户数1 741万人；网点WiFi客户登录2 954万次。二是加强远程银行智能客服功能建设，智能语音识别率95.82%，覆盖全行亿级客户；智能文字识别率98.37%，服务行内外60余个渠道；智能催收功能实现信用卡贷中高违约回款金额1 413万元，回款率达76%。三是持续深化新渠道、新入口矩阵建设。利用“码上赢”销售各类产品1 539亿元、实现各类APP获客1 863万户；“客户服务”微信公众号粉丝突破1 000万，实现线上发卡82万张，贡献中收7 710万元，融e借累计放贷1.4亿元。

（总行渠道管理部）

公司金融业务

2019年，全行公司金融条线围绕党中央决策部署及总行党委“48字”工作思路，坚持以客户为中心、主动服务国家战略、积极支持实体经济，经营质效得到显著提升。连续第11年荣获《环球金融》“最佳公司银行”奖项。

一、2019 年经营情况概览

客户方面，实现全行公司客户总数 728.6 万户、同业第一，净增 102 万户、同业第一，全年经营计划完成率 163%。

存款方面，实现本币公司存款时点余额 4.33 万亿元、同业第一，净增 2 169 亿元，平均付息率 0.99%，各条线最低水平。

贷款方面，实现本币公司贷款余额 8.27 万亿元，同业第一，净增 5 256 亿元，全年经营计划完成率 175%，新发放贷款收益率 4.72%，同业第一，较四行平均高 12 个基点，信贷有效储备 1.4 万亿元。

中收方面，实现公司类中间业务收入 829 亿元、全行占比 53%，其中公司重点类中收创历史最佳业绩，完成 137 亿元、同比多收 19 亿元，四行第一，超全行平均水平 7 个百分点。“1 + N”一体化营销服务体系建设上，实现 GCMS 流程中公司客户需求信息的自动抓取及主动推送，在总行级客户、大湾区及集团内重要产品线推广并启动客户端开发。

二、2019 年重点工作综述

（一）主动服务国家战略

1. 服务区域协调发展战略。主动对接“三个支撑带”“四大板块”、长三角一体化发展、京津冀协同发展、长江经济带发展、粤港澳大湾区、中部崛起、成渝城市群、西部大开发、东北振兴等国家战略。一是举办“聚力一体化　聚焦高质量　金融助力长三角”活动，发布金融支持长三角一体化发展“12345”行动方案，并与国家铁路总公司等央企、区域内龙头企业、要素市场代表签署战略合作协议，研究《关于支持上海建设总行金融创新中心、跨境业务中心与金融市场交易中心的意见》等。二是积极支持长江经济带绿色发展。出台《关于进一步加强长江经济带绿色发展金融服务的意见》，并通过与三峡集团、国投集团、中节能集团签署银企“共抓长江大保护”战略合作协议，支持长江经济带生态环境保护、交通走廊构建、产业升级转型、新型城镇建设。三是助力东北振兴，签署支持东北地区重大基础设施建设及制造业发展战略合作协议。四是支持雄安新区建设，新区注册资本 1 亿元以上企业 99 户，在工商银行开户 40 户（其中基本户 27 户）；新区入驻央企 67 户，在工商银行开户 37 户（其中基本户 29 户）。五是深化银政合作，与甘肃、广西、辽宁、厦门、江苏、浙江、安徽、广州等地政府签署战略合作协议。

2. 服务脱贫攻坚及乡村振兴战略。一是支持脱贫攻坚和服务“三农”。印发《乡村重点领域营销指导意见》，做好乡村建设配套金融服务。将涉农供应链融资作为支持脱贫攻坚和服务“三农”的重要手段，完成与国家农担联盟全部 33 家省级机构对接。实现单位精准扶贫贷款余额 977 亿元，较年初增长 117 亿元。拓展涉农贷款供应链 70 条，落地 56 条，累计投放 73 亿元。二是积极支持生猪产业发展。截至 2019 年末，为 342 家生猪企业提供贷款 25 亿元，在生猪全产业链条上贷款余额突破 150 亿元。

3. 服务国家全面开放战略。一是支持“走出去”信贷转型。贯彻落实年初全行境外合规会议关于“要着力推动境外信贷经营转型”的指示精神，印发《“走出去”信贷转型工作指引》。二是配合完成中欧企业家大会，组织 180 名重点企业代表参加中欧企业家大会。

（二）有效支持实体经济

1. 深入推进“1 + 3”信贷布局。印发《2019 年公司信贷业务布局意见》，不断夯实“1”基础产业板块“压舱石”，持续培育“3”先进制造业、幸福产业、物联互联板块业务发展“新引擎”。首先，支持基础设施补短板。公共设施、交通运输、能源等基础板块公司贷款较年初增长 4 593 亿元。其中，公共设施板块，重点支持了城市能级提升、棚户区改造、公共事业等重点项目，较年初净增 2 770 亿元；交通板块，铁路行业贷款余额保持同业第一；公路行业贷款余额超过万亿元，较年初增长超过 1 200 亿元；能源板块，重点核电项目获得同业最大承贷份额，风光电等新能源行业贷款继续大幅领先同业，余额达到 2 334 亿元，四行同业占比达到 45%。其次，打造“制造业金融服务年”。一是加强顶层设计。召开两次重点分行制造业市场拓展座谈会及“公司信贷结构调整专题研究会”，印发《关于加快拓展先进制造业信贷市场的意见》《金融支持制造业高质量发展行动方案》等重要文件。二是细化行业指导。优化制造业细分子行业客户准入与分类、授信核定、担保要求、贷款期限、技改项目贷款条件等方面政策制度，梳理产业链重点客户名单，匹配差异化的融资服务策略。截至 2019 年 12 月末，全行制造业公司贷款余额达 1.44 万亿元，较年初增长 609 亿元；其中中长期贷款占比较年初提升 2.1 个百分点，信用贷款增量较年初增长 10.3%。最后，大力支持幸福产业、物联互联产业发展。一是营销指导，印发《关于做好 2019 年幸福产业市场拓展的意见》《关于拓展康养产业市场的意见》《关于加强 5G 产业链营销拓展的意见》等指导全行拓展新兴产业优质市场。二是银政合作，与国家发改委签署政企联动普惠养老战略合作协议，实现与 119 个专项行动康养项目全面对接。与文化和旅游部联合开展全国文化和旅游优选项目库的设立工作，筛选出 393 个入库重点项目。三是重点客户合作，与中国移动签署战略合作协议；以“理事单位”加入中国联通发起成立的“5G 应用创新联盟”。四是抢抓重点项目，成为成都大学生运动会独家合作银行；积极支持陕西华山、乐山、峨眉山等世界遗产文旅项目，上海欢乐谷、深圳欢乐海岸等文化娱乐项目；加大对信息产业龙头企业优质项目的支持力度。

2. 多措并举加速新市场拓展。一是加快科技企业专营机构建设。在深圳、上海和广州成立科创企业金融服务中心，在高科技企业集聚地区设立了20家科技特色支行。二是构建科技金融专属产品体系。印发科创企业综合金融服务方案，针对科创企业在不同发展阶段的金融服务需求，提供综合性金融服务。三是聚焦国高企业推出“九三一”工程。力争通过三年时间实现国高企业开户覆盖率达90%，授信覆盖率达30%，信贷覆盖率达10%。四是完善科创企业专属风控体系。打造“科技风险评估、专属评级模型、专属授信模型”三大工具。五是探索科创企业投贷联动业务创新模式。印发《关于科创企业投贷联动业务发展的意见》。六是构建科创企业金融服务联盟。构建“工银科创金融联盟”。七是探索差别化科创容错机制。探索制定科创金融专属尽职免责实施细则。

（三）打造全量客户体系

1. 做深“头部”客户。运用全口径融资渠道，完善全球营销服务网络，做好定制化、综合化联动金融服务，巩固提升央企、世界500强等头部客户服务质效。重点加强与国资委对接合作。作为央企主要合作银行，业务覆盖率达70%，并成功营销新成立的国家石油天然气管网集团、中国船舶集团、先正达集团股份在工商银行开立基本账户。国资委监管的央企在工商银行总计融资余额超2.1万亿元。积极支持央企混合所有制改革，为“两化”合并、国电投黄河公司、国投高新公司等企业提供混改金融服务。助力企业降低杠杆率和两金，截至2019年末，全行共实施114个市场化债转股项目，落地金额近1 650亿元。

2. 做强“中部”客户。积极开展集团公司核心成员企业、地方骨干企业、细分行业龙头企业的拓展。重点通过名单制管理，抓好民营企业市场拓展。印发《关于进一步加强民营企业金融服务的通知》。拟订100户总行级民营骨干企业及2 300户分行级优质民营企业名单，为名单内客户提供精准金融支持。建立民营企业专项资金规模保障、专门信贷授权体系和专业服务团队保障“三大资源保障体系”，完善民营企业融资尽职免责和容错纠错机制。综合运用信用风险缓释凭证（CRMW）、纾困基金、债转股等方式解决民企融资难问题，累计创设7只信用风险缓释凭证，是创设规模最大、创设只数最多的国有大行。通过开展民企债转股，帮助企业降低杠杆、化解流动性风险，民企市场化债转股项目落地金额超200亿元。在广州、杭州成功试点成立2只金额合计300亿元纾困基金。截至12月末，民营企业贷款本外币公司贷款余额1.94万亿元，较年初增加1 753亿元，增幅10%，超额完成全年净增1 400亿元的任务。

3. 做宽“底部”客户。充分发挥工商银行平台和服务创新优势，以平台为核心、批量拓户。一方面推动企业通、智能开户、小微平台、大额资金平台、工银聚、聚富通等平台拓户；另一方面推进政银e线通、电商通、银账通、e企付等新平台的推广与优化，促进其拓户效能的转化落地。

4. 加快构建智慧营销支持系统。一是投产公司金融业务经营能力监测系统，实现从行业、机构、客户、产品四个维度分析全行公司金融经营情况，并建立从分行到网点四级机构综合评价体系。二是投产公司客户画像2.0系统，实现对客户的股权、资金、高层任职、集团关联数据智能分析，协助客户经理开展精准营销。三是完成公司金融业务ECOS工程落地，进一步明确客户经理权责，量化考核指标，解决客户经理评价“最后一公里”问题。

（四）强化综合金融服务

通过优化综合金融服务，实现客户基础及贡献提升。2019年，全行公司客户营业贡献2 051亿元，较上年增长73亿元。

1. 负债业务方面，一是组织召开“G2B2C2B资金闭环管理研讨会”，研究交通、城建、建筑、汽车、房地产等板块的资金闭环管理方案。二是完成《关于工商银行公司存款业务竞争力的分析报告》。三是加速创新产品试点推广，满足重要客户个性化需求。创新完成中央汇金专属大额存单、中国烟草按季付息大额存单、格力集团按月付息大额存单等新产品。

2. 全口径融资方面，将信贷“独木桥”改造为综合服务的“立交桥”。印发《关于做好全口径投融资营销服务工作的意见》，推进全口径投融资服务新机制建设。截至2019年末，债券、代理投资、委托贷款、租赁融资业务等业务余额近2.26万亿元，较年初净增近1 000亿元；巩固提升“债券精品大行”品牌。实现主承销公司客户债务融资工具5 408亿元，同比增长30.0%，市场占比8.1%，市场排名第一，领先第二名兴业银行298亿元；剔除过剩产能行业后工商银行承销额领先第二名兴业银行748亿元。银团贷款业务提质增效显著。印发《关于持续提升银团贷款市场竞争力的意见》，以提高同业竞争力为导向开展银团推动工作。全行境内银团贷款余额首次突破万亿元大关，达10 239亿元，较年初增加1 270亿元，增幅14%；银团安排收入38亿元，居四行首位；年内牵头银团签约金额超5 700亿元，同比增加474亿元，增幅9%。在《中国银行业》银团评优活动中，斩获“最佳业绩奖”“行业贡献奖”等9项大奖。全面实现供应链融资业务“1+10+100+1 000”工程。创建供应链金融创新实验基地（深圳）；实现中车中企云链、中航金网络、TCL简单汇、顺丰Rong-E链平台等11个重点供应链服务平台互联网+合作；实现供应链全口径融资余额突破1 200

亿元。按需开展信贷资产证券化。“工融2019年信贷资产流转项目”成功发行，实现14亿元信贷资产洁净出表，优化信贷投放。

3. 公私联动方面，举办“公私联动”营销案例大赛，打造“公私联动”宣传推广平台，针对高科技人才专门推出了“科创精英卡”，针对科创企业高管提供专属的私人银行服务和个性化公司金融服务。ETC营销上，聚焦公务用车、企业员工、运输公司三大领域，开展ETC覆网式营销。截至12月末，公司条线完成新增ETC客户1 445万户，占全行新增ETC客户总量的34%。

（总行公司金融业务部）

普惠金融业务

2019年，工商银行大力践行“不做小微就没有未来，做好小微有大未来”的发展理念，坚持“做真、做实、做好、做活、做持久”，全面超额完成监管目标，顺利实现人行定向降准二档标准目标，普惠金融业务取得近年来最好的发展局面，全年荣获“2019年度普惠金融服务银行”“改革开放四十年·助力脱贫攻坚突出贡献奖”“杰出银行普惠金融奖”“杰出小微企业金融服务奖”“金融服务民营及中小企业优秀案例奖”“2019金融创新服务实体经济十佳金融产品奖”等重要奖项。

一、全面完成业务发展目标，资产质量大幅改善

一是高质量完成各项监管指标。2019年末全行银保监普惠口径贷款余额4 715亿元，较年初增长1 614亿元，增幅52%，客户数42.3万户，较年初增加15.3万户，超额完成全年增量任务和监管“两增”考核要求。人行降准口径贷款余额4 886亿元，较年初增长1 657亿元，增量占同期全行人民币贷款增量的11.86%，顺利实现人行定向降准二档标准目标。二是资产质量大幅改善。银保监普惠口径不良贷款余额120.14亿元，较年初减少45.98亿元；不良率2.55%，较年初下降2.81个百分点，实现了不良额、不良率“双降”，达到“普惠型小微企业贷款不良率不高于各项贷款不良率3个百分点”的监管要求。三是贷款利率控制得当。对普惠金融重点领域小微企业采取差异化利率政策、实行减费让利，当年新发贷款平均利率较2018年度五大行平均利率下降91个基点，同期费用减免折合38个基点，贷款综合成本合计下降129个基点，圆满完成国务院提出的“小微企业综合融资成本降低1个百分点”的要求。四是较好完成涉农扶贫信贷任务。年末普惠型涉农贷款余额1 116亿元，较年初增长224亿元，超额完成80亿元普惠型涉农贷款增量计划；精准扶贫贷款余额1 704亿元，较年初增长236亿元，超额完成100亿元精准扶贫贷款增量计划。

二、深化科技应用，创新线上产品

按照“数据有价值、信用可变现、融资高效率”理念，逐步搭建以数据为驱动，对外开放交互、内部充分整合的融资服务平台，集中开展场景接入、客户聚合和数据分析，推行智能化审批、自动化处理、自助化服务，做到“让数据多跑路、客户少跑腿”。努力提升普惠金融服务的覆盖面和可得性，重点推广经营快贷、网贷通、线上供应链融资三大产品体系。其中，在经营快贷方面，通过整合工商注册、投融资、资产等基本信息，采购、生产等各环节经营信息以及征信、涉诉等社会信用信息，融入企业结算、税务、开户等场景，采用在线自助申请、系统自动审批、在线放款的服务模式，为超过70万家小微客户授信近3 500亿元，累计发放融资近千亿元，业务余额超300亿元，有贷户超7万户。在网贷通方面，重点打造“e抵快贷”新产品，实现押品在线评估和贷款自动审批功能，大幅简化客户融资流程。“e抵快贷”年末业务余额1 290.9亿元，较年初增长1 289.2亿元。在供应链融资方面，运用区块链技术，研发推出“工银e信”产品，尝试“以大带小”的融资模式，将核心企业信用进一步向供应链末端小微企业延伸。截至2019年末，银保监普惠口径线上小微企业贷款余额2 361.8亿元，较年初增长1 480亿元，占全行小微企业贷款增量的九成以上，重点产品的市场竞争力逐步展现。

三、拓宽服务渠道，丰富服务内容

一是持续推进小微专营机构建设，全行440家二级分行中428家二级分行设立普惠部，小微中心（含分中心）共计288家。二是持续推动外部机构合作，与国家融资担保基金开展业务合作，参与国家发改委“信易贷”项目，持续推动各分行与全国农担联盟省级农担公司合作，依托产业集群推进“银政通”等信用类业

务批量化落地。三是围绕小微企业“长贷难、续贷难、信用贷款难”问题精准发力，更新固定资产购建贷款管理办法，增加中长期贷款供给，灵活运用固定资产购建贷、经营型物业贷等产品，逐步改善小微信贷期限结构。积极运用“续贷”手段满足优质小微客户连续使用资金需求，推动小微客户履约保证保险贷款落地，增加信用贷款投放拓宽小微金融服务渠道。四是开展“千名专家进小微”主题活动，选拔小微金融服务专家2 180人，总行直接对445人进行现场培训并颁发“小微金融服务顾问”证书，开展重点客户上门咨询服务、融资培训等活动1 270次。五是提供跨境撮合服务，组织300多家境内小微企业参加进博会“中欧企业家大会”，积极支持广大小微企业开展国际合作。

四、夯实风控基础，风险管理水平不断提高

一是完善全流程风控体系。强化数据搜集、交叉验证、模型开发应用、信息核查等工作，实施客户风险画像，从多维度对客户、产品进行风险识别、评估和预警，推行现场检查与非现场监测相结合的贷后管理模式创新，打造以“数据驱动、智能预警、动态管理、持续运营”为特征的融资风险管理体系。二是推动不良贷款压降。设置新增贷款质量控制底线，制定季度、年度不良贷款压降方案，顺利实现“2015年以来新增普惠贷款不良率控制在2%以内”及“全行普惠贷款不良率控制在3%以内”的目标。三是持续强化合规管理。严格落实监管要求，确保支持小微企业相关政策落实到位，持续组织全行开展针对借贷搭售、转嫁成本、存贷挂钩、不当收费等内容的专项排查，对发现的问题立整立改、严肃问责、及时通报。

五、广泛营销宣传，品牌影响深入人心

一是举办首届“工商银行小微客户节”，启动“万家小微成长计划”，推出以“融资+融智+融商”为核心的“普惠金融服务2.0”。二是持续深化“工银普惠行”系列活动，推动市场影响力不断提高。当年全行累计开展11 672场“工银普惠行”营销推介活动，发布媒体宣传文章4 942篇、宣传视频2 016余部。三是成功举办首届普惠金融客户经理技能大赛，组织全行近万名客户经理参加选拔，完成2 700余名客户经理进入总行资质审核，吸引全行19万人的关注和参与。四是组织开展2019年度“工银普惠行”青年先锋行动。选拔52名优秀青年员工代表组成普惠青年先锋队，完成14家分行的经验宣讲活动，覆盖范围达万人以上。此外，发起“有情怀的普惠人”主题典型人物宣传活动，官方微博话题阅读量超过370万。五是对接人民网、央视等主流媒体，通过《金融科技助力改善小微企业融资环境》《“破解小微企业融资难、融资贵”的“工商银行方案”》等报道，多角度宣传工商银行普惠金融服务。

（总行普惠金融事业部）

机构金融业务

2019年，机构金融业务部认真贯彻总行党委的决策部署，按照“全面出击、巩固优势、扩大成果、不可复制、难以超越”的总体要求，在复杂严峻的市场环境下，迎难而上，锐意进取，机构金融业务继续保持良好发展态势。

2019年，机构金融业务主要经营指标完成情况良好，机构金融业务营业贡献为1 015亿元，同比增长11%。机构及同业存款日均增量8 006亿元，同比多增1 447亿元，创历史最高水平。中间业务收入实现29.64亿元，同比增长1.8亿元，超额完成全年计划值。截至2019年12月末，机构存款余额和增量四行占比分别为35.7%和48.5%，存款增量近市场半壁江山，分别较上年末提升0.4个和0.6个百分点，在严峻复杂的市场环境下，进一步扩大了同业领先优势；同业存款以市场最低的资金成本，余额和增量四行占比分别达30%和45%，稳居市场首位。

回顾2019年，面对市场资金变化和改革深入引起的资金管理效能提升、存款沉淀减少、客户需求变化，以及风险挑战加大的严峻形势，全行机构金融战线积极应对激烈的市场竞争，坚持“以客户为中心”，突出创新驱动，推动客户营销服务再上新台阶。

一、巩固扩大优势，国家重点领域改革营销连战连捷

机构改革营销取得全面胜利。账户改革营销全满收官，在总部改革客户覆盖率达81%的良好基础上，省、市、区县级客户覆盖率分别为56%、47%和32%，分别领先第二名36个、30个和18个百分点，整体较改

革前提升了14个百分点，其中退役、医保、税务、应急四大重点部门覆盖率分别为40%、44%、69%和41%，全面锁定“政府第一合作银行”优势地位。

职业年金合作资格实现百分之百中标。在已启动招投标工作的30个地区（含中央、新疆兵团）、89个可参与投标的资格中，实现100%中标。

机关事业单位潜力领域拓户效果显著。在巩固财政、社保等传统优势领域的基础上，抓住国家支持和保障民生改革窗口期，挖掘医疗、教育、工会、宗教、乡村等领域增长潜力，机关事业类客户增量实现历史新高，客户存款增量较上年提升近5倍，成为机构金融业务新的源头活水。

二、突出创新制胜，客户服务能力全面增强

“智慧政务”战略工程全面落地。抢抓政府“互联网+政务”建设趋势，创新推进“1个政务服务门户+12大重点延伸领域+22项增值服务”的多引擎业务合作架构落地，落地项目2 500多个，与25家省级政府，签署政务门户合作协议或达成合作意向，成功上线“我的宁夏”政务移动服务端标杆工程，在服务事项、场景覆盖、交互体验、及时保障等方面牢固树立比较优势。

同业业务改革创新推进。与沪深交易所等9家要素市场机构以及国开行、中再集团等重点客户签署战略合作协议，与10家头部券商签署科创板银证合作备忘录，合力助推实体经济和资本市场发展。营销同业机构投资近90%的工商银行10年期以上资本补充债，以及92%的永续债和70%的优先股，服务全行资本管理。争取到亚投行全球市场美元债主承销资格、农发行境外绿色金融债全球协调人资格等一批重量级角色，进一步提升了工商银行在全球金融市场的地位和形象。成功向90余家同业客户营销输出工商银行融安e信、智能反洗钱系统、对公客户营销管理系统等科技产品，在业界开创大行主动输出科技实力的新风潮。成功落地同业存款活期便利业务，优化升级“码上赢”三方存管拓户手段，创新推广对公保险职域营销模式，打造开拓同业市场的产品“撒手锏”。做实对重点同业客户实施差异化FTP精准施策，与郑商所等五家金融基础设施客户近年来首次开展定期存款合作。四行中唯一获得票据经纪业务资格，成功办理全市场首单票据“贴现通”业务。业内首家推出农户饲料成本保险、青花椒气象指数保险和核桃种植特色农业险等定制产品，探索实践金融精准扶贫长效机制。及时跟踪锦州、包商等18家中小银行、华信证券风险暴露，加强风险排查，采取区别化对策，保障工商银行资产安全和防范风险输入。业内首家实现限制性同业机构名单系统硬控，并将公募基金、阳光私募纳入标准化限额系统硬控范围，初步实现合作机构全覆盖。落实监管要求，合理适当向重点银行、券商等提供融资支持，向市场注入流动性，维护金融市场稳定。

三、发挥源头作用，机构客户辐射作用初步显现

认真落实总行党委全面打造“第一个人金融银行”战略部署，制定机构客户以公带私整体服务方案，通过统筹规划、协同联动、标杆引领、平台共建，助力全面打造“第一个人金融银行”。研发投产并试点“GBC客户资金闭环管理”系统，搭建源头客户、重点领域资金流向分析框架，协同公司、个金部门，助力下游客户精准营销。通过为46万户机构客户提供全方位综合服务，为工商银行带来超万亿元的公司、个金资金流量；并在医疗、教育、工会、宗教等重点领域，对公拓户8 000余户，带动C端获客2 200万户；新绑定316万代发工资客户，累计代发工资额1万亿元；三方存管客户总量5 515万户，较年初净增445万户；营销ETC车辆287万辆，建成“社银一体化网点”542个，总体覆盖个人客户3 000余万人，服务近1亿高端个人投资者，初步构建了源头带动、协同发展的良性生态。

（总行机构金融业务部）

负债业务

2019年，工商银行认真贯彻落实国家宏观经济政策和金融监管要求，主动应对复杂多变的国际国内经济金融形势，多条线联动配合，坚持“同业领先、注重日均、成本可控、自律合规”，不断巩固负债业务改革发展的政策基础、产品基础和客户基础，推进负债管理再上新台阶，实现资金来源总量稳健增长，结构不断优化，有效提升服务实体经济的能力。2019年末，境内人民币各项存款（含同业）余额224 865亿元，比年初增加19 437亿元。其中储蓄存款余额101 006亿元，比年初增加10 088亿元；公司存款余额43 349亿元，比年初增加2 169亿元；机构存款余额65 292亿元，比年初增加2 517亿元；同业存款余额15 218亿元，比年初

增加4 663亿元。

一、个人负债业务创新发展情况

一是储蓄存款余额突破10万亿元，储蓄存款时点和日均增量实现“双万亿”，增量蝉联同业“双第一”。截至2019年末，全行人民币储蓄存款余额突破10万亿元，达到101 006亿元，占全行各项存款余额的48.18%，同比提高1.52个百分点；较年初增长10 088亿元，同比多增2 263亿元，储蓄存款增量在各项存款增量中的占比达到68.28%，同比提高14.10个百分点。全行储蓄存款日均余额96 862亿元，在各项存款日均余额中的占比达到47.52%，同比提高1.34个百分点；储蓄存款日均增量10 484亿元，同比多增5 712亿元，在各项存款日均增量中的占比达到62.44%，同比提高24.44个百分点。时点储蓄存款增量较农行、建行、中行分别多增1 507亿元、1 688亿元和4 952亿元。日均储蓄存款增量较农行、建行、中行分别多增1 049亿元、1 406亿元和4 742亿元。

二是储蓄存款效益贡献突出。截至2019年末，全行储蓄存款营业贡献1 109亿元，占个金业务营业贡献的48.31%，较上半年提升了0.56个百分点，为占比最高的业务品种。其中，活期存款、定期存款营业贡献分别为784亿元和330亿元。

三是首推节庆存单产品，初探存款产品品牌化经营。2019年初，开展旺季营销活动，结合与故宫战略合作契机，推出“工迎新春”“故宫过大年”两款节庆存单产品，受到客户的广泛欢迎与主流媒体关注报道。截至2019年末，节庆存款销量超700亿元，既为客户提供了个性化金融服务，又为全行存款业务发展作出突出贡献。

四是首推“双新”个人大额存单产品。立足创新引领，不断提升存款产品经营内涵，在国有大行中首发“双新”个人大额存单产品，实现优势产品资源向新客户、新资金等目标客群的精准投放与系统刚控。截至2019年末，工商银行“双新”个人大额存单销量达540亿元，新资金占比高达105%，充分发挥了优势资源竞新引存的作用。

二、对公负债业务创新发展情况

一是创新稳存增存模式，聚焦对公结算基础。从货币派生角度做好资金闭环管理，分行业探索落地方案。主抓交通、城建、房地产、汽车四个行业，通过“抓结算、摸规律、优机制、推产品”，稳定企业资金流与存款，打通政府、企业、个人之间的资金循环链条，研究形成资金闭环落地方案。

抓账户源头，充分发挥新开账户及其存款在对公存款长期稳定增长方面的贡献和意义，强化开户环节产品渗透，特别是“五个一”产品（一张财智卡、一个U盾、一个小微平台、一个回单、一个工银信使或到账伴侣）配备，通过账户“提质”实现客户“增存”。

抓客户服务，有效利用现金管理优质客户的能力，立足支付创新，通过财资管理云、工银e缴费等多样化的产品服务进行引客、获客、黏客，促进公司存款稳定增长。

抓资金沉淀，以企业的交易和供应链为切入点，围绕企业交易行为，为大中型客户及其上下游企业提供集资金结算、信息服务、供应链融资、风险管理和B2B电子商务等为一体的综合化、交互式、可定制的金融服务，进一步加大链条资金的沉淀率。

二是强化竞争意识，对标同业保持领先。每季度组织召开一次分行公司存款业务座谈会，为有针对性做好重点分行稳存增存打好基础。自年初以来公司存款时点余额一直保持同业第一，自下半年开始，人民币公司存款保持余额、增量四行双第一；且相对可比同业，公司存款增长更加稳健，突出体现在7月、8月、10月、11月等非季末时点公司存款仍保持比年初正增长，与可比同业的增量走势形成鲜明对比。

三是充分利用主动负债产品，实现量价协调发展。积极落实监管的自律约束要求，强化主动负债产品创新应用，充分发挥公司结构性存款、公司大额存单等主动负债产品在拉动公司存款方面的积极作用。一方面，构建结构性存款一级（直属）分行的价格审批机制，合理设置报价区间，实施额度动态管理，达到有效控制总体付息成本、通过主动负债业务撬动更多低成本公司存款的目标；另一方面，结合公司存款同业竞争情况，对公司大额存单增设不同上浮比例，丰富产品形态，通过分层定价管理满足不同客户需求，实现量价协调发展。

四是抓好体系建设，强化队伍培养。持续深化网点对公业务转型，统筹推进对公服务支持体系建设与网点对公服务能力提升，完成近千家对公业务标杆网点现场验收，推进对公服务支持体系的构建和运行，着力账户质量提升、远程客户维护、智能服务建设，全年激活长期不动户13.26万户，夯实公司存款增长之基。综合运用年度培训、日常沟通等多种形式与各行存款专员保持密切沟通，传达总行政策导向，解答分行实际需求，跟踪分行存款变化，了解分行存款情况与规律。

五是加强数据监测通报，深化竞争力分析。按季形成全行公司存款与客户结构情况的通报，从地区、行业、客户等不同维度持续监测通报公司存款情况，包括公司存款总体情况、重点存款产品情况、信贷资金管理情况、资金流转情况、公司客户拓展情况五大方面，为全行业务发展提供数据支撑、参照体系、决策依据。根据工作需要，不定期进行公司存款业务竞争力分析。

（总行资产负债管理部）

信贷业务

一、2019年信贷业务发展总体情况

2019年，工商银行切实提高服务实体经济的适应性，加大对城市基础设施和公共服务等领域的重大项目和民生工程、制造业高质量发展、消费升级和民生相关服务业等领域的支持力度，全面落实民营企业和普惠金融发展战略。2019年末，各项贷款16.76万亿元，比上年末增长1.34万亿元，增长8.7%。其中，境内分行人民币贷款14.92万亿元，增加1.33万亿元，增长9.8%；公司贷款较上年增加5 369.27亿元，增长5.7%；个人贷款比上年末增加7 470.5亿元，增长13.3%。

二、持续优化信贷结构

2019年工商银行认真贯彻落实服务实体经济和防范化解重大风险相关要求，持续推进行业信贷结构优化调整。

一是基础设施领域，继续发挥公司信贷投放主力作用。2019年，工商银行认真贯彻落实党中央、国务院关于打好三大攻坚战精神，优选区域、客户和项目，稳健支持相关投融资需求，做好隐性债务风险防范化解。交通运输、仓储和邮政业贷款比上年末增加2 374.67亿元，增长12.5%，主要满足高速公路和城市轨道交通建设等融资需求；水利、环境和公共设施管理业贷款增加1 402.83亿元，增长18.2%，主要城镇基础建设、环境保护和公共服务等领域的重大项目和民生工程。

二是服务业领域，消费升级和民生相关行业成为服务业增长主体。租赁和商务服务业贷款增加1 392.01亿元，增长13.3%，主要是向民生工程、基础设施补短板项目等提供融资支持，以及服务国家级新区、自贸区等战略规划区域和各类产业集聚区的发展建设融资需求。

三是制造业领域，有效落实国家支持制造业高质量发展战略。全面部署支持制造业相关举措，持续完善相关信贷政策，明确支持制造业的总体思路和目标，引导全行制造业信贷投向，积极支持新一代信息技术、科技创新重大项目等新兴制造业领域优质企业和项目，择优支持传统产业转型升级龙头企业，以及搬迁改造、转型升级类项目融资。2019年全年还原不良处置后制造业贷款增加近1 200亿元，年末余额达到1.45万亿元，保持市场第一。

四是房地产领域，引导加大房地产领域民生保障力度。强化房地产行业分类管理，继续支持经济基础好、人口净流入、房地产市场具备中长期发展潜力的一类及重点二类城市，重点支持符合调控政策导向的刚需普通商品住房项目，积极稳妥推进商业性租赁住房融资业务，合规支持保障性住房建设融资，从严控制商用房开发融资和商业性棚户区改造融资。

五是有效促进产能过剩行业结构调整和风险化解。对钢铁、煤炭、常用有色金属冶炼、船舶和海工装备制造、黑色金属矿采选、平板玻璃、水泥7个产能严重过剩行业、大宗商品批发贸易行业、商业性房地产等三大领域实施重点行业移位（限额）管理，投融资总量保持下降。截至2019年末，全行对7个产能过剩行业各项投融资总量3 697.9亿元，较年初下降86.2亿元。

三、加强信贷管理

一是持续加强信贷制度体系建设。统筹信用风险闸口管控，完善以客户为中心的限额管理体系，强化对全集团全口径信用风险的统筹管理。进一步加强经营性物业支持贷款、特定资产收费权支持贷款管理，严格业务办理条件、强化约束手段，提高债权保障水平。严格贯彻落实监管政策，及时调整、完善金融资产服务业务内部风险管理制度，强化对业务的精细化和差异化管理，推动资产管理业务健康发展。

二是继续做好重点领域信用风险管理。在涉及政府负债的投融资项目方面，稳妥把握稳投资重点领域政策底线。合理把握稳投资与隐性债务清理关系，及时出台规范PPP投融资业务管理、防范化解融资平台到期融资风险、专项债配套融资等政策。在强化贸易融资统筹管理方面，强化全行贸易融资业务防假反假意识、严格落实客户与债项风险管理要求及责任，严把供应链核心企业准入关。

三是做好行业政策与区域政策有机衔接。行业政策方面，保障全行基础设施板块贷款平稳发展和质量稳定，加大制造业政策支持，坚持服务业领域差异化支持策略，加大房地产领域民生保障力度。区域政策方面，解决重点区域重点行业业务创新及投融资需求，如上海城市更新、浙江老旧小区改造、云南有色骨干企业搬迁改造等，以及配合雄安新区基础设施项目融资需求完善相关政策。境外方面，深入挖掘和努力拓展“走出去”

优质信贷市场，重点支持“一带一路”和大湾区建设。

四是推进不良资产处置加力提效。坚持合规处置，促进常规方式与创新手段相结合，努力提高不良资产处置效率与收益。强化不良资产经营能力建设，通过对不良资产细化分类，因地制宜、分类施策进行管理和经营。统筹境内外各类不良资产高效处置，实施重点突出的核销额配置方式，并向重点领域予以资源倾斜。

（总行信贷与投资管理部）

中间业务

一、中间业务发展情况

2019 年，工商银行上下强化“比”的思想，围绕全面打造“第一个人金融银行”“境内外汇业务首选银行”战略，坚守“中收总量第一”底线，聚焦集团手佣收入管理，优化中收管理机制，有序推进收入结构转型，促进中间业务收入健康持续增长。

2019 年，集团实现手佣净收入 1 556 亿元，同比增长 7.09%，收入总量继续保持同业第一。其中：境内分行手佣收入 1 578.22 亿元，同比增长 4.98%。增长较好的产品有：第三方支付实现收入 128.65 亿元，同比增长 73.81%；代理保险 68.25 亿元，同比增长 29.78%；人民币个人结算 46.69 亿元，同比增长 23.18%；债券承销及代销 38.13 亿元，同比增长 22.45%；担保承诺 101.99 亿元，同比增长 18.92%；人民币对公结算 96.23 亿元，同比增长 12.70%；信用卡 405.08 亿元，同比增长 5.69%；贵金属 29.83 亿元，同比增长 4.69%；银团安排承销与管理 38.37 亿元，同比增长 3.1%。担保承诺、贵金属 2 项业务收入实现总量、增量“双第一”。

二、中间业务组织推动情况

一是坚持目标导向，及时传导经营压力。按照“比”的思想和“坚守总量第一底线，稳步推进收入结构转型”的工作要求，围绕打造“第一个人金融银行”“境内外汇业务首选银行”战略，结合《全面打造第一零售银行决心书》和《全面打造第一信用卡银行决心书》的要求，按照“直接动因”和“同业占比”制定年度目标和阶段性目标，强化过程管理、缺口管理，准确传递总行经营意图，引导各经营单元努力多增中间业务收入。

二是完善考核机制，加大资源投入。将“人均结算理财代理中收”指标扩大为“人均中间业务收入”指标，引导分行更加注重中收总量发展。设立“结算类中收”考核指标，引导分行提升结算类业务收入贡献和市场竞争力。继续实施结算类中收和信用卡分期付款收入增量与营销费用挂钩的政策。加大对第三方支付绑卡促活、个人工银信使、融安 e 信、融智 e 信、融誉 e 信等产品的营销费用投入。

三是优化第三方支付收入确认和分配机制。按权责发生制确认第三方支付收入，同时按“总量 7∶3”在发卡行与主办行之间分润，激发发卡行积极性，引导全行做大第三方支付交易额。

四是持续做好中间业务收入同业分析和专题分析。完成《境内分行中间业务重点产品、重点区域竞争力分析报告》，按月完成《手续费及佣金收入分析》《手续费及佣金收入同业月报》，按季完成《手续费及佣金收入同业分析》并报行领导，及时发现中间业务增收过程中存在的问题和薄弱环节，研究工商银行与主要同业银行中间业务竞争情况，提出政策建议。

五是加强基础管理，扩大联机收费项目。对“对公账户管理费”“财智账户卡年费”“对公账户开户费”“电子银行银行承兑汇票开票手续费”“企业网银境内转账汇款手续费”“企业网银证书年费”等 6 项收费项目实施系统硬控制收费，减少跑冒滴漏，取得了较好增收效果。

六是规范手续费支出管理。制定《手续费支出管理办法》（征求意见稿）和《手续费支出项目表》（征求意见稿），明确手续费支出与其他营业成本、营业费用的边界，对手续费支出项目实施准入制管理，为逐步实现手佣净收入管理打好基础。

三、中间业务规范管理情况

一是严格落实银行服务收费管理规定。持续跟踪《“17 版”价目表》实施情况，积极配合外部收费检查。

二是完成部分服务项目优化调整。协助完成重点项目收费标准的同业对标，及“人民币对公账户基础服务”等 17 项收费项目调整的公示安排，防范声誉风险。

三是安排部署两次中间业务收费自查自纠，持续规范收费行为。先后在全行范围内开展了“中间业务收费自查”和“违规涉企服务收费自查”，制定自查要点，要求全面覆盖，突出重点，尤其是对涉企及“小微”企业收费自查自纠，确保依法合规。对自查发现的各类问题，按照“边查边改”原则，及时退费，严肃问责。

（总行财务会计部）

结算与现金管理业务

一、结算与现金管理专业整体情况

2019年，结算与现金管理专业坚决贯彻落实全行经营发展战略，聚焦重点业务，致力创新与转型发展，切实支持实体经济，多项业务获得重大突破，经营质效全面提升。先后荣获“亚太最佳国际现金管理银行”“年度最佳交易银行”“最佳商业生态系统、平台——工银聚”等诸多奖项。其中“小微金融服务项目”入选2019年度十大“首都金融创新激励项目”。

一是客户拓展有突破。全年对公结算账户新开197.37万户，净增超过110万户，平台拓户效果明显。二是业务创收有突破。结算与现金管理专业中间业务收入120.43亿元，同比增长10.60%，保持稳定增长态势。三是支付体系有突破。深入建设“全球现金管理”“工银小微金融”和“工银聚”三大平台，持续打造行业领先的对公支付结算体系。四是客户维护有突破。坚持贯彻现金管理六大产品线综合服务理念，构建常态化对公客户维护机制，服务能力和服务手段更上一个新台阶。

二、主要业务发展情况

（一）坚持抓客户市场，夯实对公基础结算业务根基

高度重视对公账户拓展，并将该项工作与全行转型发展、加强基础工作建设相结合，积极对标可比同业，拓户工作成效显著。全年实现新开对公结算账户197.37万户，同比多开53.63万户；在重视账户数量增长的同时，持续关注账户质量的提升，新开基本结算账户占比79.84%，有效对公结算账户占比63.83%，新开户带来的对公存款3 018.46亿元。发挥企业通源头拓户和小微平台便捷服务优势，发力抢抓中小微企业，全行通过企业通为86.5万户新注册企业办理工商注册手续，61.98万户在工商银行开立单位结算账户，通过小微平台成功开立账户超过141万户，开户转化率高达82%；借助工银聚平台，高效拓展核心及上下游企业，全年完成拓户4.9万户；综合运用工银e缴费、党费云、物业云、学校云等创新平台，在推动B端拓户的同时，有效延伸并支持C端和G端实现引流获客，2019年度工银e缴费项目数达32 240个，缴费金额达4 403亿元，带动收费企业存款年日均余额增长554亿元；用好大额资金监控系统信息优势，营销目标客户1.56万户，挖转他行存款490亿元。

（二）坚持抓业务升级，实现中间业务收入稳定增长

一是调整收费策略，树立“优质服务、有偿收费”理念，建立合理灵活的收费机制，减少主动的收费优惠或减免。二是调整对公基础结算业务价格，推进对公结算服务统一定价管理；规范收费审批流程和全流程化管理，做好集团类客户和有贷客户现金管理服务收费工作，实现现金管理收入持续正增长。2019年实现现金管理业务收入11.82亿元，超过建行3.64亿元。三是持续落实重点结算产品的自动收费功能改造，按照客户规模实施差异化收费策略，对大型客户的综合金融服务收费，对小微企业适度让利，体现大行责任。四是做好理财产品营销工作。统筹兼顾新老产品转化及新规产品营销，创新推动各类代销业务，为中间业务收入提升挖掘新的增长点，法人理财实现中间业务收入28.56亿元。

（三）坚持抓全球现金管理，交易银行转型发展取得突破

坚持以做好对公客户服务支持、做精产品、做实业务为基本原则，以打造国际水准的全球交易银行服务为目标，持续开展全球现金管理六大产品线全产品体系建设。一是狠抓现金管理客户深度挖掘。抓住政府“放管服”等机遇布局全球，聚焦国内大中型直营客户、中资走出去、外资走进来、海外本地客户等重点客群，挖掘客户在财资管理中趋同性、特定性、关键性的痛点，抓财资管理新政、抓拳头产品开展现金管理场景营销，试水互联网批量营销，实现客户市场规模和客户价值贡献“双提升”。全年深度合作现金管理客户同比净增29 445户，优质客户量质齐升；新增全球现金管理客户691户，较年初增长9.5%，跨境双向人民币资金池和跨境资金集中运营客户分别达到535户和267户。二是着力交易银行体系转型发展。坚持“平台＋数

据+金融”的工作思路，以“全球现金管理+贸易融资”的有机结合为核心，将综合金融服务嵌入客户供应链、上下游和融资等各个业务环节，全力推进具有工商银行特色的交易银行建设探索与尝试。创新推出财资管理云等一系列对标国际化与综合化服务标准的优势产品，通过场景获客、产品黏客、服务留客有效提升全产业链客户服务水平，全方位助力企业提升财资管理效率。

（四）坚持抓三大平台，赋能对公支付结算体系建设

持续推进“全球现金管理”“工银小微金融”和“工银聚”三大对公服务平台优化和应用，打造对公支付领域同业领先优势。推广全球现金管理平台，实现金融服务、现代科技和企业财资管理的融合和创新；以普惠金融综合线上服务平台为定位，依托经营快贷等网络融资产品，大力推广“工银小微金融”品牌，实现“开户+结算+融资”相结合的模式满足客户金融服务需求；整合资源，提升“工银聚”平台营销服务能力，不断丰富交易银行产品体系，创新推出供应链云、政采云、医采云、建筑云等特色产品，打造GBC闭环服务体系，以“交易+金融+财资管理”的模式，推动企业实现供应链数字化转型。2019年全年工银聚平台新上线101家集团客户，实现结算金额11 115亿元，中间业务收入7 348万元，日均存款新增77亿元。打造“工银e企付”品牌，以平台型银企合作模式为切入点，全行开展“双百行动”精准拓展对公支付市场。2019年全行累计新开通上线工银e企付平台型企业客户119家，计划完成率119%；已上线平台交易笔数达15.65万笔，交易额累计达121.72亿元，顺利完成“双百”目标。

（五）坚持抓服务支持，网点建设服务体系齐头并进

一是网点对公业务转型成效显著。在适宜开办对公业务的地区推动新增对公业务网点487家，全行网点综合化率达到92%；统筹推进网点对公客户营销服务规范和智慧营销项目实施，进一步推动网点对公业务提质增效及营销“赋能”，完成近千家对公业务标杆网点现场验收。二是不断加强产品营销客户经理实战能力。坚持市场导向，以营销实践经验形成竞赛案例、以客户推介活动巩固竞赛成果，开展历时半年的产品营销经理实战营销大赛，实现了锻炼和培养队伍、提升并展示营销能力的目标。2019年末，产品营销经理人数达2 300名。三是推进对公服务支持体系的构建和运行，着力账户质量提升、长尾客户维护和智能服务建设等工作。全年激活长期不动户13.26万户，助力新开账户有效率达63.83%。结算与现金管理业务智能客户服务月均咨询量16万人次，客户满意度99%以上。

（总行结算与现金管理部）

信用卡业务

2019年，信用卡专业认真贯彻落实新一届总行党委的决策部署，努力克服经济下行、共债风险滋生、监管约束加强等带来的压力和挑战，以“三比三看三提高”工作方法为指导，坚持“信用卡业务全行办”，全面深化互联网化转型，构建起线上线下双轮驱动的发展新格局，在做好信用卡业务经营的同时牵头打赢了ETC营销攻坚战，朝着全面打造“第一信用卡银行”的新愿景不断迈进。

一、2019年信用卡业务经营成效

一是ETC营销攻坚战胜利收官。2019年6月1日至12月31日，全行新增ETC客户4 203万户，全市场占比34%，四大行占比41%，圆满实现增量同业第一目标，且所有分行在当地市场均实现增量四行第一，存量市场占比由8%上升至24%。

二是价值创造力持续增强。全年信用卡专业总收入达524亿元，其中信用卡中间业务收入411.6亿元，增幅7.1%，在全行和大零售板块占比继续提升，分别达26.1%和44.5%，稳居全行中收总量最大、贡献度最高的产品线。

三是市场竞争力有效提升。2019年末，信用卡发卡量、有效发卡量、客户数、有效客户数继续保持同业第一，其中发卡量达1.58亿张，有效发卡量达7 993万张，客户数达1.04亿户，全球率先破亿；有效客户数达6 566万户，较同业优势进一步扩大；动户率达63%，成为四大行第一。e支付商户数达393万户，其中活跃商户数148万户，全年实现收单交易额3.18万亿元，继续保持“第一收单银行”地位。全年实现消费额3.2万亿元，增幅11.7%，跃居四大行第一。e生活注册客户数、绑卡客户数分别突破6 100万和4 300万，一跃成为四大行第一、全行业第三的信用卡综合服务平台。全行信用卡贷款余额达6 773亿元，其中分期

付款余额4 263亿元，继续保持同业第一，较年初增长605亿元，占信用卡贷款余额的比重达63%，生息资产比例进一步提高。

四是风险管控力稳步提高。2019年末银行卡专业不良率2.34%，其中信用卡不良率2.31%，连续三年实现下降。

二、2019年信用卡业务发展的主要措施和成效

（一）新精神打赢新战役。发挥好ETC营销攻坚战牵头部门职责，充分调动全行积极性。一是快速创新。渠道创新上，线上迅速打通三融一活、e钱包、微信支付宝等ETC申办渠道，线下迅速打造近万家ETC一站式受理网点，领先同业实现线上线下营销渠道全覆盖；模式创新上，推出ETC合伙人计划激活社会化营销，发展C端合伙人50万人，B端合伙人百余户；产品创新上，同业首创ETC数字信用卡，独家联合中石油推出昆仑卡绑定工商银行ETC，独家联合中石化、中石油推出ETC智慧加油。二是高效协同。部门协同上，主动打破部门墙、机构壁，集中采购、科技迭代研发和制度制定等工作均打破常规、迅速落地；公私联动上，在对公客户ETC授信政策、联合营销、批量获客等方面实现快速突破，对公条线ETC营销共拓展超1 770万户，占比42%。三是组织有力。第一时间成立总分行ETC领导小组，掀起全行办的营销热潮。四是保障充分。科技保障上，最优先级保证ETC研发需求，快速开发迭代；财务保障上，迅速落实OBU费用及营销费用；宣传保障上，网络、报纸、高速路口等媒介推广铺天盖地，“ETC选工行”深入人心。ETC业务的营销攻坚，在全行树立起打破常规、快速响应、高效协同、线上线下一体化的业务发展新机制新典范，进一步坚定了全行全面打造“第一个人金融银行”的信心和决心。

（二）新格局创造新价值。将互联网新优势与传统集团网点优势相结合，构建线上线下双轮驱动新格局，全力助推中收增长。一是双轮驱动获客活客，广开中收源头。线下获客上，通过“一日一户”网点营销以及中高端、房贷、私行等优质客户批量营销，实现获客624万户；线上获客上，深化头部互联网平台引流质效，将合伙人获客由朋友圈、公众号等场景向影院、大型卖场、加油站等延伸，实现获客434万户。产品获客上，以ETC信用卡5%加油返现、线上线下实时发卡等优势实现获客220万户，其中新客占比达76%；打造信用卡文化自信年，推出故宫卡、女性卡、国乒卡、牡丹黑金卡等，增强客群化获客效果；将Plus系列卡作为新的增收抓手，全年年费收入增幅达30%。同时通过激活新办卡与睡眠客户、挽留流失客户等举措提升活客效果。二是全面提升线上线下消费额，厚植中收土壤。升级“工银爱购”促销品牌，境外开展“爱购全球”消费返现，境内推出“爱购云南”“爱购四川”“爱购青海”等区域性促销和“爱购ETC”“爱购新春”等主题促销，涵盖餐饮、购物、出行等线上线下消费场景。以“逢节必调、出境调额”为策略开展15轮精准调额，不断优化调额模型与流程，参与客户消费额增长1.6倍，分期中收增长3倍。全面加速第三方支付绑卡消费，实现新增绑卡客户1 228万户，第三方绑卡消费回佣收入同比增幅438%。三是传统优势与互联网优势相结合发展资产业务，做强中收核心。一方面发挥传统线下优势做强分期付款。抓牢e分期，依托网点营销竞赛、六大板块精准营销、优质存量客户外呼营销、对公客户职场营销等，e分期交易额和余额双双突破1 000亿元，打造新的增长点。抓好账单分期，新建西安外呼中心，上线1 000余人，实现分期额152.2亿元，手续费收入11.5亿元，人均年化创收246万元。抓稳汽车分期，推动业务合规稳健发展。另一方面依托互联网平台做优融e借。深耕六大板块优质客户，推动公积金、社保等可信政务场景秒授信业务覆盖全国178个城市行。与分期乐、360金融、新网银行等9家互联网金融企业达成联合贷业务合作。

（三）新转型打造新生态。从商户和“e生活”两方面转型发力，深化“以B端、C端为核心，以e生活APP为平台”的生态圈，提升信用卡业务发展活力。一是推动商户业务向综合金融服务平台转型。全面升级“e商助梦计划”，在487家专业市场与1 031条惠民示范街落地，带动个人商户日均储蓄存款达到1 129亿元，净增304亿元，是去年同期的4倍。深入贯彻大中小微商户全覆盖策略，一方面深耕“大行业、大商户、大市场”，新增路易威登、华为、中石化、中粮、大兴机场等37个集团商户和收单项目；另一方面紧抓中小微商户市场，以e支付收款码为利器，以网格化营销、商户之家、e商通、e客行为渠道扩大中小微商户规模，今年新增108万户，动户率高达71.3%。二是推动e生活APP平台全面升级。平台功能上，发布e生活3.0，增加我要办卡、我要现金、我要分期等金融功能，上线融e借、急用钱、e分期、账单分期等拳头产品，资产业务交易额104亿元，收入9亿元，初步实现流量变现。场景构建上，完成“衣、食、住、行、娱、学、医、车、扶贫”九大智慧场景聚合建设，提供便民服务，提升客户活跃度。赋能营销上，推动e生活本地活动专区覆盖全部36家分行，丰富网点生态建设，助力外拓营销。

（四）新管理促进新发展。一是智慧风控扎实推进。推进大数据风控建设，引入人行征信、中诚信评分、FICO评分等外部数据，研发并优化覆盖发卡、e分期、融e借等业务的准入模型，扩展BLAZE决策引擎在发卡、调额等环节的应用，切实提升风控智能化水平。加强全流程风控，贷前加强不同客群差异化、精准

化授信，加快推进“刚性扣减”，额度分布更趋合理；全面实现全行调查审批集中，业务质效明显提升；贷中加强监测干预，加大高违约风险账户处置力度，控制风险敞口702亿元；监测并避免贷中欺诈风险潜在损失23.3亿元。贷后压实各级机构风控主体责任，健全催收体系，加速西安催收中心建设，现金清收、账销案存回款、受托处置回款同比分别增长35.4%、61%和42.5%。二是客户服务更趋完善。强化息费、催收、征信等投诉问题源头治理，加强对外部转办升级投诉的分级督办，全年信用卡月均投诉量较上年下降10%。客户生命周期管理全面破题，以到期换卡业务作为突破口，客户换卡启卡率同比提升3个百分点。

三、工银信用卡中心（国际）业务发展和经营管理情况

（一）业务发展总体情况。在全球经济不确定性持续增加、部分核心市场受到冲击等多重压力下，境外银行卡业务各项核心业务指标仍保持稳步增长。截至2019年末，境外机构银行卡总发卡量382万张，较上年增长4%，其中信用卡194万张，借记卡188万张；境外线上办卡比例达41%，线上线下双轮驱动格局逐步形成；境外累计消费额人民币463亿元，增幅达34%，其中信用卡消费额人民币352亿元，增幅30%；收单业务拓展至10家境外机构，收单商户8 478户，累计收单额人民币411亿元；境外信用卡专业资产业务余额人民币115亿元，较2018年增加19亿元，增幅20%。境外信用卡不良率为1.55%，较年初降低0.78个百分点。

（二）经营管理主要成效和措施。一是大湾区业务全面提速。2019年4月，召开粤港澳大湾区信用卡业务推动会，确立了打造大湾区第一信用卡银行的发展目标，并下发《粤港澳大湾区信用卡业务联动发展指导意见》。推出银联双币粤港澳大湾区虚拟信用卡、粤港澳大湾区借记卡等新产品，在工银e生活APP上线“大湾区生活圈”专栏，升级工银“爱购大湾区”系列促销，全面完善大湾区产品和服务布局。二是产品创新全面突破。一方面，香港地区同业首发微信在线办卡功能，澳门地区同业首发APPLE PAY产品，抢占市场先机；另一方面，推出虚拟信用卡、工银生肖信用卡、新版国际借记卡、境外“银联云闪付”、工银融e借等，产品获客不断增强；同时，搭建收单商户服务平台，投产万事达支付网关服务（MPGS），为微信香港钱包提供收单服务。三是服务能力显著提升。推出境外手机银行新版信用卡专栏，重构电话银行信用卡功能，自助服务办理量提升200%，服务线上化水平不断提高。为11家境外机构开通全球机场/高铁贵宾厅权益，推出爱购港澳、爱购新加坡、爱购泰国等促销活动，客户权益日趋丰富。四是开放合作持续深化。与香港新世界发展有限公司、香港八达通公司等跨境知名企业签署总对总合作协议，在发卡、收单、消费等领域开启全面合作。

（总行银行卡业务部）

专栏：ETC营销

为贯彻落实党中央、国务院关于深化收费公路制度改革、取消高速公路省界收费站的战略决策，2019年6月，工商银行全面打响了ETC业务营销攻坚战，全行迅速掀起了“无人不知、无人不做”的ETC业务全行办营销热潮，业务办理渠道不断完善、营销效果稳定增长、市场地位显著提升。截至2019年末，圆满实现同业增量第一的战略目标。

一、全行ETC营销取得良好成效

（一）ETC客户总量实现高速发展

2019年6月1日至12月31日，全行在6个月时间里新增ETC客户4 203万户，是过去十年ETC客户总量的6.3倍，其中线下获客2 385万户，线上获客1 818万户，圆满实现增量同业第一目标。从分行来看，山东分行新增ETC客户517万户，排名全行第一。河南、广东、河北、江苏、贵州、浙江、湖南、四川等分行ETC客户增量均超过150万户。截至2019年末，工商银行ETC客户总量达4 865万户。

（二）ETC市场地位得到显著提高

工商银行ETC客户总量全市场占比由2019年5月末的8%提升至年末的24%，在极短时间内实现了市场占比的较大提升；增量占比方面，2019年6月1日至12月31日，增量全市场占比达到34%，所有分行在当地市场增量均实现四行第一。

（三）ETC产品体系达到同业领先

ETC营销攻坚启动以来，全行在短时间内从无到有迅速构建出线上线下、行内行外，多渠道、全覆盖的营销体系。截至2019年末，线下渠道建成ETC一站式办

理示范网点9 833家，网点覆盖率63%，并积极开展网点阵地营销与外拓营销。线上渠道快速迭代研发，搭建起e钱包、“三融一活”平台、小程序、公众号全覆盖，总对总、分对分模式同发力的营销格局，并全面上线与微信、支付宝等互联网平台的引流合作。2019年7月，推出工银ETC信用卡，业内首创快速审批、即时开卡的客户体验，结合5%加油返现、现金分期3折费率等优惠权益，截至2019年末发卡量达220万张。2019年11月，与中石油集团合作推出昆仑ETC卡；与中石油、中石化先后签署了ETC合作协议，并正式对外发布了工银ETC智慧加油产品。截至2019年末累计发卡180万张，其中绑定工商银行账户占比达到90%。

（四）ETC综合营销取得显著成效

在ETC营销攻坚过程中，全行秉持“1+1+N”客户经营理念，明确银行卡、个金、网金、贵金属等部门及公司、机构、结现等对公部门的职能分工，细化属地业务推广方案，围绕存量及新增优质ETC客户，提供“N项一揽子综合金融服务”。同时通过1位ETC客户带动至少2位家庭成员，拓展家庭金融服务，实现综合效益最大化。截至2019年末，ETC业务引流新拓客户265.61万户，带来新增个人客户资产18.1亿元，新增个人客户贷款23.1亿元。ETC客户手机银行注册2 055万户，网上银行注册2 179.84万户，工银e生活注册727.84万户。

（五）ETC业务实现良好的社会效益

一方面，工商银行ETC推广的实际行动和优秀业绩为全国高速公路省界收费站的全面成功撤销作出了重大贡献，彰显了工商银行在关键时刻响应国家号召、践行“交通强国”发展理念的大行担当。交通运输部主要领导等在山东、湖北、河南、河北等地调研时对工商银行发展ETC业务坚定的决心、良好的营销氛围和出色的成绩都给予了高度赞赏。另一方面，结合“不忘初心 牢记使命”主题教育，秉持不忘为民服务的初心，通过免费为广大群众办理ETC，提高了千万人的出行效率。工行人传承和恪守为民、便民、利民的服务宗旨，通过小小的ETC将工商银行智慧、情感和服务的温度传递到千家万户，收获了在广大人民群众之中的良好口碑。

二、全行ETC营销呈现出的突出特点

2019年的ETC营销攻坚战是工商银行集全行之力而为的一项重大工程，深入实施过程中呈现出几大特点：

（一）万众一心的重视程度

ETC营销攻坚战是名副其实的“一把手工程”，重视程度前所未有。从总行层面来看，在组织推动上，陈四清董事长亲自作出指示，明确了“ETC业务增量要实现同业第一”的战略目标。谷澍行长全面部署，成立了亲自任组长，官董秘任副组长，卡部牵头、12个总行部室为成员的战略工程领导小组；谷澍行长第一时间主持召开全行营销动员会议作重要讲话，并在连续三周的行长周例会上亲自听取营销推广情况汇报，后续还不定期听取汇报，及时协调解决突出问题，统筹推动业务发展。各部室站位大局、强化担当、多措并举，先后召开全行ETC阶段性工作推进会、全行ETC客户“1+1+N”营销服务推动会和全行相关专业条线的ETC业务推动会。在资源投入上，总行拿出专项财务费用对分行进行费用专项追加和利润考核还原，ETC标签的集采创造出高效采购新纪录，全力支持分行营销。从分行层面来看，所有分行在一周时间内全部成立由分行行长任组长的ETC领导小组，迅速召开辖内ETC业务推动会，一把手亲自部署动员，将任务指标迅速分解至二级分行、一级支行和所有网点。正是在总行行领导和分行行长的亲自挂帅、亲自带领和亲自决策下，全行上下坚定目标和信心，士气高涨，把ETC营销攻坚各项工作落到实处，为夺取最后胜利奠定了坚实的基础。

（二）众志成城的精神状态

ETC营销推广工作成为全行重视程度最高、覆盖部门最广、参与人数最多的战略工程。陈四清董事长在四川分行调研期间亲赴巴达高速水宁寺收费站，调研ETC便民办理点，并亲切慰问一线营销人员；谷澍行长在青海分行调研期间亲赴高速公路收费站点，慰问分行ETC外拓员工并调研ETC业务情况，鼓励大家全力以赴打赢ETC攻坚战；官学清董事会秘书在河南分行调研期间赴郑州分行ETC外拓据点郑东新区收费站慰问ETC营销人员。总行各部室负责人、各分行行领导均带队下基层、赴一线，走企业、进社区，调研ETC业务、视察营销场景、慰问一线员工、鼓舞队伍士气。卡部作为全行ETC营销牵头部门率先垂范，直接参与营销、与基层并肩作战，开展ETC营销竞赛，所有干部员工领取营销任务，人人肩上有指标。各一级（直属）分行、二级分行、各级支行齐心协力，各尽其责，全员发动，陆续开展多次ETC主题营销、“青年先锋队”ETC专题营销以及“全行机关ETC营销竞赛”，以全行一盘棋的思想克服困难、主动作为，为实现“ETC增量同业第一”的战略目标贡献关键力量。在各级领导的带领和鼓舞下，全行干部员工斗志昂扬、热情饱满、干劲十足，打破常规工作方式，打破常规工作时间，不知疲倦、奋战一线，集中展现了工行人“奋斗+落实”的顽强作风，深刻诠释了新时期的工商银行速度与工商银行精神。

（三）兼程并进的研发速度

金融科技条线全力以赴、快速迭代响应业务需求。总行层面，金融科技部组建专项支持团队，全方位加强科技支持。攻坚战期间，不分昼夜，通过24小时两班制无间断研发，率先实现ETC 1.0平台上线，仅用25

天即完成与交通部路网中心2.0接口的对接，抢占市场先机；以周甚至天为周期完成ETC 2.0平台升级，快速推出借记卡绑定、信用卡实时申请，三融一活、小程序、合作方渠道拓展等功能，赋能业务推广，形成强大竞争力。总行运行管理部迅速与公安机关完成对接，配合完成线上ETC申请流程改造，实现7×24小时客户身份核验。分行层面，各分行金融科技条线快速响应当地ETC发行机构特色需求，推进特色功能升级改造，仅用10天时间基本实现了ETC记账模式的借记卡和贷记卡绑定功能，形成了支持行内网点、行外发行机构、线上APP、小程序等多渠道的ETC特色服务能力。高效的金融科技研发能力和效率为快速抢占市场提供了坚实的技术保障。

（四）斗志昂扬的营销激情

全行通过铺天盖地的营销宣传打出了“ETC选工行”的猛烈攻势。线上方面，充分利用行内三融平台、e生活APP、各类小程序、微信公众号等渠道进行宣传，还积极对接百度、高德地图、途牛旅游、微信朋友圈广告等互联网渠道进行轮播宣传。线下方面，全面利用ATM、智能柜员机、网点门楣、网点WIFI等自有渠道进行宣传，网点和营销人员还深入各类场景现场宣传，很多分行还在各地地铁、公交站台、高速路口、广播、报纸等渠道大量投放ETC广告。多渠道的集中曝光营造出持续性、大范围、高强度的宣传攻势，“ETC选工行”真正打出声势、深入人心。

（五）卓有成效的联动营销

一是条线联动不断加深。全行公司条线按照客户分层分类分级拓展营销思路，牵头拟订公司客户营销名单，与零售条线共同上门，通过签约、高层走访、拓展场景等方式开展营销，实现批量拓户。机构条线全力以赴走访各级各类政府部门、机关事业单位、军队等源头客户，加强高校、医院等客群密集单位营销，并以公带私加强私家车营销；还与同业客户合作推出“ETC+保险”、“ETC+证券”等创新营销模式。2019年6月1日至12月31日，全行对公条线ETC营销共拓展ETC超1 770万户，占比42%，展现了ONE ICBC的强大生命力。

二是总分联动持续加强。卡部会同公司部与属地分行共同协调相关厂商向工商银行倾斜OBU供货，协调发行机构提供ETC营销资源和队伍支持，协调路网中心加强客户服务和投诉处理配合。2019年9月，总行联合工作组对9家分行开展现场督导，在关键时刻为相关分行提供精准指导、注入发展动能。各行还积极采取因地制宜的营销和运营策略，在争取OBU供货方面“八仙过海、各显神通”，在ETC发行合作方面多方施策、多措并举，在服务方面妥善处理客户投诉，做好消费者权益保护。

三是线上线下、行内行外双向联动。一方面充分利用工商银行网点与当地ETC发行机构的线下优势开展ETC业务推广，另一方面积极应用互联网发行模式，与获客量较大的头部B端企业总对总开展营销合作，丰富渠道，突破获客瓶颈；创新推出“工银ETC合伙人计划”，将汽车经销商/4S店销售代表、保险公司业务员、加油站工作人员、高速公路收费员、停车场管理员等涉车行业员工发展成为工商银行ETC合伙人，形成了人传人滚雪球式的社会化营销新模式，截至2019年年末，共拓展行外合伙人50万名，ETC获客总量超过330万。

ETC营销攻坚战充分展现了工商银行践行大行责任的高度、实现业务发展的速度和服务社会民生的温度，孕育和形成了具有鲜明工商银行特色与时代烙印的“新时代工行ETC精神”。ETC攻坚战的辉煌成就必将载入工商银行史册，胜利战果定将转化为全行深化转型的战略突破力和面向未来的核心竞争力，对打造“第一个人金融银行”具有重要借鉴意义。

（总行银行卡业务部）

金融市场业务

2019年，工商银行金融市场业务紧紧围绕服务实体经济这一核心工作，以创收增效为目标，以风险防控为底线，妥善应对国内外复杂局面，实现经营效益持续提升、各产品线稳健发展、风险控制能力不断增强。

一、经营效益及资产规模稳步提升

一是净利润保持较快增长。总行金融市场部净利润803.18亿元，同比增加138.88亿元、增长20.90%。二是中间业务收入逆市增长。实现产品线中间业务收入117.51亿元，同业第一。三是营业贡献进一步提升。金融市场业务条线营业贡献1 164亿元，同比增加204亿元、增长21.30%。四是同业业务净利润稳步增长。同业专营业务净利润152.57亿元，同比增加17.14亿元、增长12.70%。五是其他主要业绩指标均表现优异。超计划完成本、外币债券新增投资收益；新增不良率处于市场最优水平；操作风险损失率保持为零。六是整体资产规模保持稳健增长。资产日均余额 6.38 万亿元，同比增加 0.98 万亿元、增长 18.20%，其中投资日均余额 5.11 万亿元，同比增加 0.69 万亿元、增长 15.50%。

二、加大运作力度服务实体经济发展

一是提升债券投资与承销发行规模支持实体经济发展。2019 年完成人民币债券投资 1.51 万亿元、同比增长 20.80%。其中地方债投资 6 760 亿元（其中完成地方政府专项债投资 4 168 亿元、同比增长 61.10%，占全部地方债投资的 61.66%）、同比增长 5.50%，有力支持交通运输、社会保障等民生项目建设；非金融企业信用债投资 1 210 亿元、同比增长 18.80%，涉及制造、商贸等行业；国债、金融债等投资共 7 128 亿元，多渠道为实体经济发展提供资金支持。主承销各类债券 1.52 万亿元、同比增长 23.52%；为 10 家客户承销 18 笔熊猫债发行规模共 250.40 亿元。二是发挥大行引领作用向市场提供流动性支持。积极配合人民银行维护金融市场稳定，2019 年融出资金累计 54.29 万亿元、同比增长 22.50%。三是践行普惠金融政策创新柜台地方债和专项绿色金融债券业务。作为首批承办银行完成 2019 年全部 12 个试点省市柜台地方债发行分销工作，其中有 9 省市工商银行分销规模当地同业第一；完成国家开发银行首单可持续发展专题“债券通”绿色金融债券境内柜台发行分销和海外发行协调人工作，柜台销售量及海外订单量均为同业第一。四是高效推进资产证券化支持信贷结构优化。2019 年共发行 18 单资产证券化项目，发行规模合计 1 406.8 亿元，支持信贷结构优化与存量资产盘活。五是持续做好信用风险缓释工具（CRMW）创设支持中小企业直接融资。2019 年共完成 3 单 CRMW 创设，规模合计 4.5 亿元，支持 4 只民营企业债券融资规模累计 12 亿元，缓解优质中小企业“融资难、融资贵”问题。六是发行两期 1 100 亿元二级资本债项目。相对利差、认购倍数及投资者结构均优于可比同业同类债券，提高工商银行资本充足率约 64BP。

三、多领域市场领先地位进一步巩固

一是人民币债券投资余额与净增规模保持同业第一。2019 年末总分行人民币债券余额 5.74 万亿元，其中地方债投资余额 3.30 万亿元，保持同业第一；2019 年人民币债券投资净增规模保持同业第一，其中地方债投资连续 4 年同业第一。二是承销发行总量及分项均排名第一。2019 年承销发行总量四行占比 29.76%、连续 13 年市场第一。其中主承销非金融企业债券市场占比 8.06%、金融债（含资产支持证券）市场占比 9.43%、地方债市场占比 15.20%，均排名第一。三是投资收益率与资金运作效率优于同业。在收益率整体大幅下行环境下收益水平领先市场；日均超额备付金率保持 0.84% 合理水平、优于四行均值 13 个基点。四是结售汇与外汇买卖收入四行第一。结售汇与外汇买卖币种分别达 34 个和 90 余个，覆盖手机银行、电子交易平台等多个渠道，支持点击、询价和挂单成交等多种模式，收入四行占比 37.63%，总量四行第一。五是账户交易与对公商品交易市场竞争力同业最强。2019 年账户交易业务量四行占比 43.62%、同业第一；5 大类 44 小类的对公商品交易产品体系，保持市场品种最全、功能最多的领先地位。六是外汇与衍生品交易领先地位进一步巩固。发挥工商银行外汇买卖与衍生品做市业务品种全、币种多、交易平台功能强的优势，银行间外汇市场外币对做市交易量市场第一。七是人民币利率交易业务优势不断扩大。完成贷款市场报价利率（LPR）新报价机制启动以来市场首笔挂钩 5 年 LPR 利率互换交易；积极参与财政部国债做市支持，累计中标 53.1 亿元，市场占比 33%、同业第一。八是境外机构投资者客户拓展同业领先。2019 年新增交易对手 793 个，与 57 个国家和地区 1 236 个境外机构投资者建立银行间市场交易对手关系、较 2019 年年初增长 1.6 倍，代理债券交易与结算业务客户数中资行第一。九是代客做市业务规模不断扩大。2019 年代客交易业务量 6.2 万亿元、增长 24.46%；做市交易量 21.99 万亿元、增长 10.35%；与境外机构投资者各类交易量 8 711.44 亿元、同比增长 1.81 倍。十是荣获各类奖誉 60 余项，市场影响力显著提升。荣获《财资》等国际权威媒体与中国银行间市场交易商协会等机构颁发的“最佳中国债券承销顾问”“核心交易商”等 60 余项重要奖项。

四、业务创新活力不断迸发

一是创新推出“中债—工行人民币债券指数”。联合中央国债登记结算有限责任公司及新加坡交易所全球发布“中债—工行人民币债券指数”，覆盖存量规模大、流动性好的国债、政金债、信用债等市场主流券种。二是完成银行间市场首笔外币同业存款线上化交易。本外币同业存款均首家实现线上交易，2019 年非结算性存放同业（存出）线上交易量 4 141.01 亿元，市场占比 59.04%。三是达成银行间市场首笔国开债做市支持交易。业务规模 13.3 亿元，居市场首位。四是政策性金融债与债券借贷业务联动效应突出。适度加大政策性金融债投资与债券借贷业务联动提高综合收益。2019 年累计开展债券借贷交易 1.51 万亿元、市场占比 34.9%，保持同业第一。五是重点客户差异化定价同业存入创新有序开展。推动部分重点客户 2016 年以来首次与工商银行开展定期存款合作，支持财务公司活期存款余额四行占比升至 33%、排名第一。六是创新开展以境内债券为抵押品的外币回购交易。做好境内外币货币市场工具创新，市场首批开展以上海清算所托管人民币债券为抵押品的外币回购交易。七是债券承销产品创新不断加强。牵头主承销熊猫债新规颁布后首单国际开发机构人民币债券，联席承销首单欧洲银行熊猫债，主承销银行间市场首单租赁住房资产支持票据以及市场首批发行的8只证券公司金融债与7期大型永续债项目。八是代客结售汇业务创新服务成效明显。为证券公司客户办理“沪伦通”大额结汇、成为全国首家办理全球存托凭证结售汇业务的银行；创新开办挂钩LPR浮动利率的货币掉期业务。

五、境内外产品线推动力度稳步加大

一是分行产品线组织推动日益增强。近十年来首次举办境内金融市场业务高级管理人员培训班，邀请分管行领导出席并授课；印发36家境内分行金融市场业务“一行一策”指导意见；优化同业专营收益返还方案等，向分行返还收益同比增长45.7%。二是业务营销推广成效显著。2019年总行金融市场部赴广东等35家分行开展近80场培训、举办37场客户推介会、营销2 698家重点客户，涵盖国家主要战略区域和重点分行。2019年末全行金融市场业务客户数突破4 000万。三是金融市场业务全球布局进一步优化。将境外机构在岸人民币利率交易等3条产品线纳入集中交易范围，2019年集中交易规模约8 989亿美元、同比增长22%；持续加大工银标准支持力度，在市场化条件下与其开展交易。

六、智能化交易水平显著提高

一是做好智慧银行ECOS工程金融市场业务领域项目建设与投产。完成资金交易、债券承销、自有资金投资、自有资金融资、代理利率汇率交易等5大领域业务架构整合构建及产品、流程与实体建模；2019年共投产146个系统项目。二是推动金融市场业务智能交易水平提升。投产自动化平盘交易系统，支持外汇买卖、贵金属等业务自动化对外平盘交易；同业首批与中国外汇交易中心开展程序化交易实验室合作。三是加快自主研发系统推广。金融市场交易管理平台（FMBM）推广至集团内94家机构，金融市场内部询价及交易系统（MMTA）在所有分支机构推广；同业交易平台签约客户118户，2019年交易额累计171.09亿元。

七、风险管理工作全面加强

一是加强市场风险防控。针对国内外央行货币政策调整、贸易摩擦等重大事件及时调整策略，防范潜在利率、汇率等风险，严格将各类风险敞口控制在限额内。二是做好信用风险管控。加强债券投资投前甄别与投后管理，及时处置潜在风险债券，金融市场业务新增不良率十万分之一、处于市场最优水平。三是强化操作风险管理。将完善业务流程系统管控与强化交易人员思想教育有机结合、同步发力，2019年无操作风险损失。

八、支持保障能力不断优化

一是业务管理方面，动态完善金融市场业务制度体系，按季修订、印发四版金融市场业务制度文件；持续加强业务授权、限额管理及执行监督，提升业务精细化管理水平。二是研究分析与产品管理方面，完善策略管理体系，深入研究监管政策与市场焦点事件，累计编发“工银市场研”系列报告122篇；及时更新产品目录、发布产品文件与知识问答。三是市场营销方面，在门户网站首页、网银、手机银行等渠道投放营销广告1.5万日次、点击量550万次。

（总行金融市场部）

资管业务

2019年，资产管理部积极落实资管新规要求，强化政治担当，坚持稳中求进，稳妥推进资管业务经营转型发展，高标准高质量推进理财子公司建设，工银理财首家获批开业，有效统筹传统产品压降与新规产品发行，规范母子公司风险隔离与协同，完善全面风险管理体系。在政策过渡期、市场调整期、机构转型期叠加的情况下，扎实完成一系列重大改革，以改革转型激活发展动力，切实发挥国有大行的“头雁引领”作用。

一、经营业绩

产品方面，非保本理财产品规模达到2.64万亿元，四行占比约35%，其中资管存量及授权分行约1.44万亿元、受托私银业务约6 000亿元、工银理财近6 000亿元，保持银行理财总规模和工银理财新产品规模市场“双第一”，持续为2 422万个人客户、63万法人客户、9万私银客户提供优质理财服务，累计为客户贡献收入约 1 141 亿元，较好地满足了客户的多样化理财需求和财富保值增值的需要。

投资方面，非保本理财投资规模达到 3.07 万亿元，其中债券类投资余额约 1.72 万亿元，占比约 56%，非标投资余额约 0.69 万亿元，占比约 23%，资本市场类投资余额约 0.29 万亿元，占比约 9%，有效落实了服务实体经济和“六稳”要求。

收入方面，理财业务实现中间业务收入 119.45 亿元（其中工银理财 5.1 亿元），完成全年任务指标的 106.57%，稳居市场第一。

风险方面，理财业务风险整体可控，其中工银理财代客业务和自营业务均保持零风险。

二、重点工作

2019 年，资产管理部坚决贯彻落实总行党委各项决策部署，坚持党建引领，重点围绕经营转型发展和理财子公司建设“两条主线”开展各项工作。

（一）高质高效推进理财子公司建设

1. 工银理财筹建过程。在总行党委坚强领导和统一部署下，在行内相关部门的大力支持和精诚协作下，理财子公司筹备组攻坚克难，用 90 余天领先同业高质高效完成各项筹建工作。2018 年 11 月 26 日，工商银行董事会决议成立工银理财并发布董事会公告；12 月 29 日，工商银行向银保监会提交筹建申请。2019 年 2 月 15 日，收到银保监会正式批准工商银行设立理财子公司的批复函；4 月 30 日，工商银行向银保监会提交理财子公司开业申请；5 月 20 日，银保监会同意工银理财开业，并核准普通类衍生产品交易业务资格和外汇业务资格；6 月 6 日，工银理财在北京召开创新产品发布暨战略合作签约活动，发布六款创新类理财产品，正式启动运营。工银理财首家获得监管批准开业，160 亿元注册资本金居同业之首，率先获得衍生品交易和外汇业务资格，领先市场推出三大系列六款创新理财产品，首家以管理人身份获得银行间债券市场准入备案，首家完成上海和深圳证券交易所开户联网，首家在上海黄金交易所账户开户并同步推出首款可直投上海黄金交易所现货合约的黄金联动理财产品，首家将新规理财产品从母行资管系统批量移行至公司自主系统，首家采用公司自主业务系统进行投资运作管理。

2. 工银理财战略定位和经营方针。关于战略定位，工银理财定位为集团的产品中心、低资本的创收中心和客群经营的稳定器，努力成为推动工银集团大资管战略深化发展的核心平台和旗舰品牌，持续优化工银理财、工银瑞信和集团其他资管平台或通道的“1 + 1 + N”的大资管平台框架体系，提升对集团的整体贡献。

关于经营方针，工银理财坚持集团大资管战略引领，坚持以“服务实体经济、防控金融风险、深化金融改革”为根本目标，坚持“稳中求进”的总基调，在渠道销售、产品布局、项目推荐、风险管控、系统运营、考核评价、区域理财以及境外发展等八个方面保持集团联动，发挥“1 + 1 > 2”的协同效应，为客户提供综合化金融服务，为实体经济提供全方位金融支持。

3. 工银理财开业后发展情况。制度建设方面，建立涵盖党建纪监、市场营销、产品管理、投资交易、信用审查、风险管理、财务税务、人员管理、系统运营等各板块的制度体系。产品体系方面，坚持产品专业化、策略化管理理念，牢固树立“工银理财”长期产品品牌建设意识，全面布局完善“4 + 3”产品体系。营销体系方面，初步搭建整体营销体系框架，持续推进渠道拓展、客户服务和合规销售工作，在承接和巩固集团渠道基础上，积极拓展直销以及三方代销能力。投资能力方面，充分发挥理财子公司牌照优势、市场化机制优势和同业先发优势，大力发展直接投资和标准化投资，通过股权 + 债权并综合运用各种融资工具，有效满足集团客户个性化、多元化、全周期融资需求，切实支持和服务好实体经济。风控体系方面，坚持集团统一风险偏好管理，制订完善与母行风险隔离和协同方案，构建全面风控体系架构，聚焦关键敏感环节，严守风控合规底线，确保工银理财清洁、稳健起步。

（二）稳中求进推动经营转型发展

1. 深化 2.0 时代集团大资管战略发展。积极发挥资产管理业务推进委秘书部门职能，加强大资管战略顶层设计，以工银理财成立为新起点，扎实推动子公司与集团在八个方面协同机制的设计和落地，充分发挥银行理财、基金、保险、养老金、托管等业务的价值创造能力，打造兼具客户信赖度、市场知名度和集团特色的品牌形象，为客户提供综合化金融服务，为实体经济提供全方位金融支持，实现集团综合收益最大化。截至 2019 年末，按照 AUM + 托管的工行标准，本行大资管业务规模达到 20.97 万亿元，稳居中国第一大资产管理金融集团。

2. 积极稳妥推进存量业务整改。严格按照资管新规要求积极研究存量理财业务转型计划，全力推进资管业务转型发展。2019 年初成立存量产品投管团队，负责推动存量业务集中管理和转型工作。产品端持续推动产品整合、压缩产品只数、优化产品结构，抢抓市场机遇推进产品净值化转型，做好关键时点流动性管理，稳步推进存量产品转型整改。截至 2019 年末，资管条线传统产品规模 1.95 万亿元，较 2018 年 4 月 27 日压降超 6 000 亿元，净值化改造规模超 2 500 亿元，产品净值增长稳定，客户认可度较高。资产端合理摆布存量产品投资布局，调整优化存量资产结构，稳妥推进存量资产处置。

3. “六端发力”受托管理私人银行存量业务。根据总行党委会审议通过的私人银行部改革方案安排，资产管理部会同相关部门，积极履行分工责任。2019 年中组成私人银行存量理财业务专项工作组，按照总行党委关于客户端、产品端、资产端、负债端、外包端、员工端“六端”全面发力处置化解重大风险的要求，以“产品共管、资产托管、新老划断”的原则，制订了私人银行存量理财业务处置及托管方案；2019 年 10 月 21 日，组建私银存量产品投资管理团队；11 月 8 日正式完成交接，履行相关职能。截至 2019 年末，提前终止高成本产品超 800 亿元，推动产品成本下降和生息资产收益率上升。

4. 推动分行平稳转型和海外平台快速发展。区域理财转型方面，按照转型统一安排，推动 19 家授权分行逐步压降存量资产，平稳推进区域理财转型工作。2019 年末分行区域理财规模 2 462 亿元，较年初压降 977 亿元，降幅 28.4%；以主题教育为契机深入基层调研，研究区域理财与理财子公司协同机制，推动分行业务向客户营销和资产推荐两头转型。海外平台发展方面，持续加强内外联动，丰富产品线建设。截至 2019 年末，工银资管（全球）管理及顾问资产规模 1 283 亿港元，较年初增加 66 亿港元、增长 5.4%。

5. 推动资管业务存量业务风险防控和化解。资产管理部在转型发展中，坚持风控强基工作思路，筑牢制度的防火墙，完善前中后台三道防线建设，防范风险传染、内幕交易、利益冲突和利益输送，推动理财业务平稳转型和健康发展。制度建设环节，在执行和落实好总行关于风控合规相关要求的基础上，抓好内部风控合规方面的流程梳理、制度建设和能力提升，坚决防范化解各类风险隐患。系统优化环节，及时做好系统建设工作，分步分批完成产品移行工作，并持续推动风控合规各项流程的系统硬控水平和自动化程度，严格防范操作风险。流程管控环节，进一步打造专业化风险管理中台，加强风险主动防控水平，强化对信用风险、市场风险、流动性风险的研究预判和提前防范，加强交易对手准入和控制，重点抓好反洗钱、投资者适当性管理等领域的合规风险防控。人员管理环节，持续夯实人力保障基础，强化人力资源专业管理能力，同时，严格执行关键敏感岗位轮岗制度和员工违规行为处理规定和违规积分管理办法，将员工从严管理拓展到“八小时之外”。风险处置环节，成立专门风险处置团队，压实分行投后责任，按照“一户一策”“一行一目标”原则，推动存量风险处置和潜在风险化解。

（总行资产管理部）

资产托管业务

2019 年，工商银行资产托管条线坚持党建引领，贯彻规模优先、收入稳定的发展策略，在资管市场规模下降的背景下实现逆势增长。年末托管规模 16.5 万亿元，同比增加 2 402 亿元，增长 1.5%；托管总收入 136.4 亿元，同比增加 3.4 亿元，增长 2.6%，托管在集团大资管板块中营业贡献占比 49.5%，较年初提升 10.5 个百分点，对大资管板块贡献度进一步提升。

一、经营业绩稳步增长，品牌影响力持续提升

2019 年，工商银行托管资产规模达到 16.5 万亿元，较年初增长 2 402 亿元，增幅 1.5%，始终保持国内托管行业绝对领先地位，证券投资基金、保险、银行理财、基金专户等主要托管产品继续领跑市场。托管业务总收入达到 136.4 亿元，较上年增加 3.4 亿元，增长 2.6%，对大资管板块贡献度进一步提升。其中，托管手续费收入 67.9 亿元；托管存款息差收入 68.5 亿元，同比增加 3.5 亿元，增长 5.5%。

2019 年荣获《亚洲银行家》“年度最佳大型托管银行”、《财资》“年度中国最佳保险托管银行”等多家境内外权威财经媒体颁发的托管奖项。截至 2019 年末，累计获得“年度最佳托管银行”大奖 71 项，是获得奖项最多的国内托管银行，“工银托管”的品牌影响力与市场美誉度与日俱增。

二、科学调整发展战略，经营管理取得实效

一是研判资管新规后市场情况和竞争形势变化，确立“规模优先、收入稳定”的核心策略，并逐一研究资管子市场的机遇和挑战，制定并印发《2019 年资产托管业务工作要点》，保障核心策略落地到位，为业务稳健发展打牢基础。二是组织召开部分分行托管业务座谈会，分析当前经营形势，明确下一阶段托管业务三项重点工作——建设智慧托管银行、实施营运集中改革、推进本行理财外包，加快从“托管业务全行办”到“营销重点办”“营运集中办”的战略升级，确立了托管业务战略转型重心。三是针对新规实施后资管领域的潜在风险出清，加强托管业务风险防控，印发《资产

托管业务全面风险管理办法》，优化交易监督架构，筑牢风险防范体系，保障全年托管条线零风险。

三、紧贴市场发展动态，产品创新成果显著

一是把握发展格局，密切跟踪基金公司产品策略变化，新增托管国内首只科技龙头主题ETF、国内首只大湾区主题ETF、首批央企创新驱动ETF、首只工银财富指数FOF基金，公募基金托管数量突破1 000只，规模2.2万亿元，是全市场唯一一家非货币类基金规模破万亿的托管银行。二是全球托管创新拔得头筹，首批获得“沪伦通”存托资格，托管全市场首单GDR的境内基础证券“华泰证券GDR”，成功营销全市场首单CDR存托业务“九号机器人”，新增国际货币基金组织IMF等一大批具有国际影响力的多边金融组织、主权基金客户，品牌国际知名度提升。三是加快外包业务创新，承接银行理财子公司新发产品外包业务，推动外包业务规模增至7 101亿元，较年初增长6倍，实现跨越式发展，跻身银行业首位。四是加快职业年金攻坚成果显著，新增中标26省份职业年金托管资格；全国29个已招标省份全部中标，其中在8省份托管两个计划、在12省份担任主托管。

四、持续加大科技投入，提升托管核心竞争力

作为中国大陆唯一一家自主研发托管业务系统的商业银行，工商银行自1998年率先开发国内首套基金托管会计核算系统以来，先后自行研发并投产了六代具有国际领先水平的托管业务综合系统，有力支撑托管业务发展，在托管系统建设方面始终保持业内领先地位。2019年，工商银行启动智慧托管银行建设，利用金融科技新技术，打造“智慧营运”“智慧数据”“智慧客服”“智慧管理”四大平台，建设营运效率和自动化水平同业领先、风险监控全面及时、管理工具灵活多样、客户服务方便快捷的智慧化托管系统。智慧营运平台（一期）于11月顺利投产，重点提升了营运系统响应效率和友好性；智慧数据平台（一期）于12月投产，重构托管数据指标体系架构，为托管大数据应用和创新增值服务奠定基础。

五、全面加强风险管理，保持托管零风险

工商银行建立并实施多层次的资产托管业务风险控制体系，形成了总行内部监管部门、内部独立风险控制机构之间组织、指导、协调、监督的风险控制机制。2019年，资产托管业务条线从“更新系统、优化流程、量化管理”三方面着力，全面加强风险管理：一是开发新一代监督系统，重构交易监督指标体系，增强风险防控能力；二是加强源生性操作风险管控，依据《资产托管业务全面风险管理办法》，建立托管业务操作风险指标体系和限额管理方案，对操作风险量化管理；三是坚持“一事一议、集体评审”机制，对私募基金托管、创新类业务严把准入关，在资管市场风险高发期始终保持托管业务零风险。

（总行资产托管部）

票据业务

2019年，工商银行票据业务条线认真贯彻落实总行工作会议精神，把握“发展+合规”的工作主基调，推进全行票据产品线建设，深化“大票据”战略落地，扎实推动票据业务保持稳健发展态势，全面完成了总行下达的年度经营管理目标。

一、全行票据业务创新发展成效

（一）服务了实体经济发展。发挥票据优势，在支持普惠金融、服务小微企业上作出积极贡献。通过资金成本优惠、内部转移价格支持、扩大利率减点幅度等措施，促进了小微贴现业务发展。2019年末，全行工信部口径小微企业贴现余额2 140亿元，较年初增加163亿元、增长8%，在全部企业贴现余额中占比52%。积极推动分行加强与属地人行的密切联系，努力争取办理再贴现业务。全年累计办理再贴现业务795亿元，同比增加302亿元、增长61%。

（二）保持了市场领先地位。紧盯票据市场源头，运用线上渠道挖掘客户资源，推动分行大力拓展贴现业务，增强了工商银行在票据市场竞争的攻击力。2019年全行贴现业务量达13 859亿元（含财务公司），同比增加3 072亿元、增长28%，在全市场占比11%，创历史新高，保持了“贴现第一大行”的市场领先地位。2019年末，工商银行买入返售票据资产余额3 141亿元，比年初增加1 494亿元、增长91%，位列全市场第一。贴现与买入返售业务的收益率均在四行领先，贴现收益率领先对手招商银行约40个基点。

（三）提升了条线营业贡献。通过做大持票生息、周转获利、资金创效等三大基础，增强条线盈利能力，提升了“大票据”对全行的利润贡献。2019 年，实现票据业务营业贡献 68.21 亿元，同比增加 4.08 亿元、增长 6.36%；实现大票据业务贡献 81.07 亿元，同比增加 3.64 亿元、增长 4.69%；实现同业专营业务利润 7.67 亿元，同比增加 3.40 亿元、增长 79.83%，均超额完成总行下达的 T2 年度计划。用好总行资金，集中办理买入返售业务 17 105 亿元，同比增加 6 455 亿元、增长 61%，平均利差 64 个基点，同比提升 20 个基点。

二、全行票据业务工作进展情况

（一）条线建设做“深”。一是深入传导。印发了 2019 年“大票据”推进方案，从业务联动、普惠金融、机构布局、授权策略等方面，推动落实“大票据”发展理念，并以非现场形式召开了“大票据”发展推进委员会 2019 年会议，研究推进重点工作。分片区举办了三场分行票据业务交流会，深入开展分行票据业务的工作调研与指导，稳步推动经营目标与策略落地，并编制下发了《“大票据”问答》，推动“大票据”综合平台建设基本成型，为“大票据”落地传导了理念、搭建了平台。二是深化改革。加快推进二级分行票据融资业务运行机制优化，印发了《关于优化二级分行票据融资业务运行机制的意见》，完善营销与审批分离架构，引导分行将票据业务经营机构与对公经营网点布局结合，推动票据业务融入公司业务营销服务体系。以“票据融资 + 大票据”为总体框架，进一步完善了分行票据产品条线评价机制，修订印发了《票据融资业务管理规定》《银行承兑汇票贴现业务管理办法》《商业汇票转贴现业务管理办法》等制度，不断规范条线业务管理。三是深造人才。进一步加强全行票据融资条线专业人才培训，以全行面授培训、“票据讲堂”系列视频培训、制度知识网络测试以及分部辖区送教上门、本地小班化施训和区域远程授课等形式，切实加大条线专业人才培训覆盖面与频次力度。2019 年开展票据业务相关各类培训 86 期，同比增长 132%，全行参训人次累计达 2 万多人次。

（二）经营转型求“变”。一是转变经营模式。结合经营形势与市场动态，及时调整经营策略，重点竞争贴现市场，积极配合全行规模调控，通过库存调整、快进快出等措施，加大转卖力度，加快周转交易，既为分行做大贴现腾让了规模，又提升了转卖收益水平，2019 年实现投资收益 8.53 亿元，同比增加 1.16 亿元、增长 16%。加强票据转卖的同业渠道建设，制订同业客户营销实施方案，通过营销走访、业务交流等形式，与主要系统行总行级机构、重点同业客户加强合作对接，进一步密切“总对总”机构联系和区域同业客户交流，建立了分类分层的同业客户体系，转变了单靠规模运营的传统模式，加快了贴现后转卖的“直转联动”周转，成为四大行中唯一的转贴现票据净卖出行。二是转变营销模式。调整了总分部市场营销架构，实施总行级票据业务大企业客户分类与营销管理，建立了大企业客户经理交流机制，实现了大企业客户实地营销走访的全覆盖，2019 年总分部累计走访名单内大企业客户近 1 000 户。实施大客户总部直营，加快市场响应速度，进一步深化了银企票据业务合作。2019 年单户贴现量超 2 亿的客户达 1 445 户，在全行贴现客户中占比 4%，但贴现业务占比达 69%。

（三）业务运作讲“活”。一是激活规模资源。结合贷款投放和票据贴现余额的运行规律，不断优化票贷比运行机制，通过票贷比在利率管理、BTP 管理、月内到期票管理中的应用，促进了全行票据贴现余额合理波动。2019 年末全行票据贴现余额 4 084 亿元，比年初增加 546 亿元、增长 15.43%。主动应对经营形势，准确把握市场变化，以 BTP 为核心，强化系统外转卖交易，辅以系统内银团操作，全力提升资源使用效率。全年票据资产收益率达到 3.52%，其中通过票据周转提高收益率 23 个基点。二是灵活利率管理。核定分行贴现业务自主审批额度，将分行利率下浮自主审批与限额管理相结合，在有效管控利率风险的前提下，灵活运用利率下浮审批权，高效支持贴现业务发展。细化了财务公司承兑票据贴现利率差异化分类定价，扩大了流量票据减点幅度，优先支持贴现和周转业务，对特定票据交易进行利率执行下限管理，将 BTP 指导利率挂钩基准调整为票交所收益率曲线，重启并优化规模偏离度和利率偏离度指标在 BTP 中的应用，调整集中与配置价格政策，有效促进了票据资产高效运作。

（四）创新发展重“实”。一是业务创新。成功推出了移动端“工银 e 贴”“普惠专享贴”，大力推广“付款票据通”，其中“普惠专享贴”自 7 月首单业务以来，在各分行不断推广应用，已累计办理 1 083 笔，实现业务量 7.09 亿元，成为票据业务积极助推全行普惠服务实体经济的重要成果；“工银 e 贴”荣获上海金融创新成果奖，成为各商业银行中唯一获奖的票据产品创新项目；付款票据通自 6 月启动业务推广以来，在系统优化、业务管理等层面加强了推动与督导，全行已办理业务 32.91 亿元，覆盖了汽车、粮油、家居制造等多个行业，其中已准入 12 家总行级、10 家分行级供应链企业，并成为唯一一项入围商务部主办的“全国供应链创新成果展示会”票据供应链创新产品。启动了客户票据管理增值服务创新项目，成功办理了工商银行首单票交所标准化票据基础资产委托业务。二是系统创新。根据全行智慧银行建设的统一规划，启动了票据业务 ECOS 架构改造项目。在深入分行调研的基础上，克服时间紧、任务重、要求高等困难，开展了业务架构设计的集中办公，对票据全产品、全流程、全链条进行架构梳理和业务建模，取得了重要阶段性成果，为打造工商银行票据业务的全新系统架构奠定了扎实基础。

（五）专业服务领“先”。一是服务技术领先。深入推广“鹰眼票据”在营销“获客”作用，助推了票据融资、对公结算客户特别是“票据池”客户的定向精准营销拓户，带动了全行多条线协同发展。投产了大票据工作平台，实现客户使用票据产品统一画像、贴现批量定价模型、大票据报表、精准营销支持等功能。顺应移动化发展趋势，在工银 e 办公实现按层级、分角色推送经营视图、营销视图和大票据视图三个维度的指标和界面，在分行得到广泛应用。开展了企业网银票据产品客户体验提升项目，推进人工智能技术在票据领域的实践，实现了通过“工银图灵”的机器学习技术在企业贴现意愿度分析、企业关系图谱两大场景的落地，为打造智慧票据创造了有利条件。二是助推经营优先。加快推动并正式投产了大票据业务数据入湖项目，实现票据全产品的数据整合和共享，为数据应用和分析提供了新工具。并将对公客户票据业务提质挖潜项目纳入总行数据产品落地应用项目需求，深化“大票据”业务数据的采集与挖掘，按月编制并发送“大票据”产品线业务数据表，及时、全面反映“大票据”经营发展成效。

（六）风险防控趋“严”。一是严控风险环节。积极推动将票据业务纳入全行统一风险管理体系，出台银票贴现业务信用主体监测方案、建立区域大票据风控小组管理机制、调整票据融资业务风险限额授信制度、实施财务公司承兑票据分类管理，进一步健全票据业务重要风险管控政策制度，强化业务条线风险监测与风险提示。重点从客户准入、尽职调查、背景审查、限额管理等方面加强了贴现流程管控与风险防控，通过提前预警防范，主动协调配合，强化商票、财务公司及中小银行信用风险防控，快速有效应对电子商票涉嫌伪假、包商银行被接管、天津物产集团出现债务危机等风险形势，确保了业务条线稳健运行，实现了全行票据资产不良率、假票收进率“两率为零”，创下近年来票据资产最优纪录。二是严格业务监测。研发了“类金融服务机构贴现”监测模型，扩大系统内外转贴现业务监测范围，整合形成了包含 15 个贴现业务、10 个转贴现业务监测模型的模型库，对业务实行全量监控，并开展了防范票据和结构性存款套利、系统内快速买卖票据等专题监测，进一步规范核查确认和整改落实流程，严格闭环管理，确保监测效果。全年对 57 户企业采取了禁入、对 20 户企业采取了系统风险提示、对 30 户企业采取了暂停业务等措施。

（总行票据营业部）

私人银行业务

2019 年，私人银行部推动私人银行供给侧改革，巩固两大优势，实现四个转变，持续“六端”发力，稳步实现改革转型，主动融入“第一个人金融银行”“境内外汇业务首选银行”“战略性区域发展”“大资管”等总行党委战略部署，开启打造全面领先第一私人银行新篇章。

一、私人银行客户数、管理资产增速双创近三年来最高水平

截至 2019 年 12 月末，全行私人银行达标客户数站稳 9 万户大关，达 90 224 户，较年初增加 9 504 户、增长 11.8%；管理资产达 15 547 亿元，较年初增加 1 611 亿元、增长 11.6%。与同业比（按四大行可比口径），工商银行私人银行客户规模 158 156 户，客户资产规模 18 954 亿元，均居同业第一。

二、加强党建引领，从严治党从严治行

一是提高站位，全面从严抓好政治建设。认真学习贯彻中央及总行重要文件精神，全面从严治党、从严治行，进一步压实“两个责任”。二是全面推进“不忘初心、牢记使命”主题教育。部党委班子集中学习 12 次，各党支部组织集中学习 700 余人次。总经理室成员赴分行开展实地调研，召开调研座谈会 16 次，形成 7 篇调研报告。三是严格落实专项巡视组及派驻纪检组整改要求，以“顾国明、谢明案”为鉴，开展专题教育，持续开展四风整顿。四是发挥党支部战斗堡垒作用，明确一岗双责主体职责要求，进一步激发全体党员工作积极性，加快专业队伍培育。

三、落实六端要求，有序推动改革转型

落地实施私人银行部改革方案，推动存量资产产品平稳有序移交。一是凝聚共识，通过动员会、专题会、

座谈会、员工谈心等多种方式，引导全员全身心投入私银改革转型。二是与资产管理部平稳交接，通过多次对接、研究、协商，形成存量资产产品管理机制。三是“六端”发力，改革取得阶段性进展。客户端坚持迎难而上、做好品牌；产品端推进集团联动、增加供给；负债端加快压降成本、收缩规模；资产端实现盘活存量、优化结构；外包端实施穿透监测、精细管理；员工端体现凝心聚力、以人为本。

四、融入总行战略，打造第一私人银行

坚持为人民服务、以客户为中心的宗旨，回归业务本源，通过服务创造价值。主动融入“第一个人金融银行”战略、大资管战略和大投行战略，对标同业，结合自身特点，以实现“口碑最好、体量最大、发展最稳、风控最严”的全面领先第一私人银行为目标，推动私人银行供给侧改革，努力巩固两大优势，实现四个转变，着力打造私人银行业务的规模竞争力、专业竞争力和体系竞争力。

五、借力集团优势，推动客户分层分类

积极推进向上驱动、急升缓降的客户服务机制，建立客群分类营销机制，实现客户精准营销。一是协同个金部开展金融资产600万元以上高端客户联动拓展专项竞赛。二是制订并落实重点客群营销方案，截至12月末，普惠联动、个贷联动、信用卡高消费三大客群共计优选超7.4万户进入私银潜力客户库，时点资产达标5 899户。三是加强“一行一策”差异化指导。落实大行逐行指导、重点行片区督导。

六、丰富产品体系，优化落实资产配置

整合集团资源，初步建立私银客户专属产品体系。一是协同工银理财和资产管理部，定制策略多样化的私银专属理财产品。截至12月末，工银理财私银专属新规产品已投放52只，累计募集258亿元。二是协同工银瑞信开展四大类遴选产品布局，已完成募资6.7亿元，指数增强产品线形成一定口碑效应。三是协同工银安盛，积极开展私银专属保险销售工作。截至12月末，在私银渠道为客户配置保险9.26亿元，共实现中收1.04亿元。四是完善家族信托、优惠融资、二代创业贷款等服务。

七、加强队伍建设，提高专业服务水平

着力提高队伍服务水平和专业素养，建立完善分层管理机制和考核评价体系。一是强化财富顾问分级分类管理，探索客户分层服务系统改造方案。二是初步组建投资顾问队伍，推动优化投资顾问资产配置服务方案落地，建立并完善君子智投资产配置模型，提高资产配置水平。

八、强化私银品牌，完善非金融服务体系

以客户分层服务为基础，加强增值服务标准体系建设，持续强化私银品牌建设。一是加大标准化增值服务推动力度，形成主题活动标准权益，鼓励分行基于总行标准开展区域化、特色化服务体系建设，提升客户黏性和服务口碑。二是依托“君子伙伴，与爱同行”扶贫捐赠公益项目、二代教育主题系列活动等特色非金融服务，提升品牌影响力和美誉度。2019年工商银行蝉联英国《金融时报》旗下《银行家》及*PWM*杂志颁发的“中国最佳私人银行”奖项。

九、健全风控体系，完善合规治理架构

作为持牌专营机构，建立健全风险管理三道防线体系，全面完善风险合规治理架构。一是严格落实各类监管要求，对检查发现问题即查即改。二是重点落实合规销售、消费者权益保护和反洗钱等工作，强化风控为本的全员合规意识。三是完善遴选业务风险管理体系，健全合规经营、严控风险和集体审议的可持续发展长效机制。

十、加强科技应用，推进私银数字化建设

加强金融科技应用，有序推进贯穿前中后台的智能化系统工程建设，打造数字化智慧私银体系。一是客户服务方面，研究开发易流失客户、交叉营销等模型，为建立分层分类的客户服务体系奠定基础。投产融e行私人银行尊享版，拓展线上服务种类。二是产品服务方面，持续推进理财子公司产品代销系统建设，建立完善君子智投智能投顾系统，为专业化、便捷化的资产配置服务提供技术支持。

（总行私人银行部）

投行业务

2019年，工商银行投资银行条线认真贯彻落实总行党委决策部署，以总行党委“48字”工作思路为指引，围绕“服务实体经济、赋能企业发展、防控金融风险、提升营业贡献”这一主线，不断提升综合服务能力和水平，取得了较好的成绩。

一、市场领先地位稳固，为全行转型发展作出重要贡献

收入贡献方面，集团大口径投行业务（含银团贷款、债券承销等）实现收入242.11亿元，其中投资银行部负责的七科目收入138.34亿元，为全行中收增长和经营结构转型作出了积极贡献。

可比同业方面，工商银行投行业务收入四行占比为52.32%，稳居同业首位。

业务流量方面，境内并购融资余额2 984亿元，其中并购贷款余额2 735.1亿元，居全部金融机构首位；境内分行非标代理投资余额7 182.78亿元，当年新增投放1 724.37亿元，稳固了非标资产在理财配置中的“压舱石”地位。

荣誉奖项方面，获路孚特并购交易数量亚太区、中国区双榜第一名及“中国海外并购顾问”排行榜榜单首位；中国有限合伙人联盟（CLPA）2018—2019年度“最佳并购服务奖”；《证券时报》“2019年度全能投行业务天玑奖”；《银行家》杂志“2019年十佳投资银行创新奖”；21世纪“2019年度银行智库金帆奖”；金融界“杰出银行投行业务品牌奖”“2019年杰出投资银行创新奖”“杰出银行科创企业服务奖”；中国并购公会2019度中“最佳并购交易奖”“最佳并购管理奖”和“最佳并购推广奖”。

二、产品创新步伐加快，投行综合服务能力不断提升

2019年初，总行下发了集团投行战略目标及工作指引，明确了投资银行业务的内涵框架和工作内容，投行业务发展有了更明晰的发力点和落脚点，年内落地了多项市场首单、全行首笔的创新业务，投行综合服务水平持续提升。

（一）并购重组持续做大做强。境内并购业务深耕资本市场、产业并购、国企改革等重点领域，通过证券化、银团化等手段努力解决贷款规模限制问题，在并购交易明显收缩的背景下实现了业务稳定发展。截至2019年末，境内并购融资余额2 984亿元，其中并购贷款余额2 735.1亿元，居全部金融机构首位。跨境并购业务持续推动业务向综合化、一揽子财务顾问、投贷联动结合的方向转型，创新利用可交债、夹层债、Pre－IPO股权投资等跨境投资产品，满足客户多元化的投融资需求，进一步夯实了以融资为主体、以财务顾问和跨境投资为两翼的“一体两翼”跨境并购新模式。财务重组业务确立了“打基础、调结构、促收入、出成果”的发展方针，构建了风险资产投行创新经营体系，在投行手段化解风险资产、扩源创收等方面取得积极成效。运作了包括中信国安、光汇石油、川煤集团等具有标志性意义等大型项目，市场影响力显著增强。

（二）交易所ABS业务快速发展。优化流程机制，加强主动管理，全年营销主动管理型ABS项目超100个，成功发行全国首单以国有土地承包金债权为基础资产的ABS项目、全国首单省级人才租赁住房REITs项目等3笔业务。ABS投资方面，参与市场规模最大央企CMBS、市场首单地铁票款绿色ABS、市场首单基础设施类REITs等项目136个，实现投资80个，金额180亿元，落地项目数和金额分别是2018年的4倍和4.5倍，实现了跨越式增长。

（三）非标融资规模逐渐企稳。围绕产品“功能化、差异化”定位，多措并举稳住非标投资规模。全年共运作非标项目269个，实现投资1 517.9亿元，非标债权融资存量4 559.84亿元，呈现筑底企稳态势。在保持过桥融资、流动性债务融资等拳头产品平稳发展的同时，重点加强国资控股、政府平台、资本市场和房地产领域的营销力度，大力发展类永续、ABS配套融资等业务，提升了非标融资业务的生命力，夯实了工商银行理财第一大行的地位。

（四）投贷联动取得多项进展。债转股业务成为投行条线在股权投资领域的重要抓手，全行共运作债转股业务28笔，实现投资300多亿元；工银新动能（科技创新）基金试点取得阶段性进展，上海分行已与合作机构完成签约，用于支持长三角地区科创企业发展，深圳、江苏、南京已完成审批和签约；印发《投行科创普惠贷款业务管理办法（试行）》，为科创企业投贷联动提供了制度支持；积极推进国企混改和股权多元化投融资业务，完成中化能源、国电投青海黄河混改、国投

高新等重大项目，满足了客户大额股权资金需求。

（五）跨境投行规模不断扩大。积极推进跨境投行产品一体化营销，加强境外投行业务管理人员培训，制定下发《关于推进跨境投行产品一体化营销的通知》，确定了境外 IPO 保荐承销、境外 REITs 发行、境外债券发行承销、股票质押融资、跨境股权投资和私募基金五大重点产品线，推动境外投行业务稳步发展。境外 IPO 保荐承销方面，工银国际承销规模稳居香港市场中外资投行第一梯队，新加坡主板 IPO 业务稳步开拓。境外 REITs 保荐承销取得新突破，成功组织推动 2 笔 S – REITs 业务落地。

（六）咨询服务打造全新体系。加强科技赋能，将原基础投行产品改造升级为“一顾两证三融”的金融顾问咨询服务产品体系。其中，融智 e 信实现智知、智咖、智讯、智圈、智询五大功能全部上线；拓展外接资源模式，加速产品信息接入效率；扩展服务方式，通过网络直播论坛等提升服务体验。融安 e 信累计为 5 万客户提供风险大数据服务，有效防控电信诈骗及对失信人实施惩戒，实现社会效益与工商银行经济效益的双赢。融誉 e 信成功落地苏宁及上海农商行，财务对标管理引擎成功上线。函证 e 信作为业内首款电子银行询证函，有效防控函证伪造等风险，获得财政部与银监会的高度认可。顾问类业务通过营销支持计划、分层服务计划、智能服务系统等方式提升顾问价值，2019 年总行团队直接服务项目百余个。

三、注重保障体系建设，夯实投行业务可持续发展基础

围绕投研能力、客户服务、风险防控、信息系统和队伍建设五个方面，进一步夯实和完善投行业务可持续发展的基础。

（一）增强投研互动，打造投研品牌。投行研究深耕国内外最新形势、紧盯市场前沿、依托业务发展方向，加大撰写年度策略报告等各类研究报告近 2 000 篇，与中信出版社和合作私募基金共同合作《独角兽的科创时代》。提升研究力量与顾问业务的有机融合，全年研究团队与各机构进行各类有效互动次数同比增长 62%。创新推出“工银企业融资指数”产品，通过工商银行对公信贷融资成本的变化分析，为行内运营决策提供信息支持，为企业客户提供融资决策参考，为各级政府、监管部门提供市场信息参考。依托年微信公众号、《投行研究》、Workshop 等平台加强投行及投行研究的宣传，稳步提升投研品牌知名度。

（二）围绕客户服务，加强联动协作。投资银行条线坚持“以客户为中心”的服务理念，以全行“1 + N 客户营销服务体系”为行动指南，全面推动投行客户服务体系建设，有序开展投资银行重点营销客户服务工程试点。组织“百家客户，百天会战”集中营销服务活动，筛选优质客户 139 家，并将近百户企业纳入总行投行重点营销客户名单，同时联动分行开展持续跟踪营销，发掘潜在业务机会。同时，为提升客户服务水平，投资银行条线着力打通部门间、机构间、同业间的合作链条，协调养老金业务部实现受托管理年金投资投行项目零的突破，协同普惠金融事业部共同推进“投普贷”产品试点，联动工银安盛实现其资管牌照获批后与集团投行项目对接零的突破，联合工银投资推动多个优质企业项目和债转股基金业务的落地，并分批次设立了“工银新动能（债转股）基金”。

（三）提高合规意识，做好内控防范。一方面，积极配合完成信贷管理专项检查、理财业务审计、中间业务收费检查、涉企收费检查、产品及机构洗钱风险评估、毕马威各期审计等多项内外部检查和审计工作，做好总行自查和条线督查，全面扎实推动条线各项风险防范工作，促进了投行业务健康稳定发展。另一方面，组织召开项目审核委员会会议及内部投委会会议，严格规范执行了内部审议制度，有效防控了项目风险，促进了业务健康可持续发展。

（四）保持技术更新，完善系统功能。2019 年初，智慧投行信息系统 1.0 版本成功投产，逐步实现由单一收入管理向客户及业务全面管理的升级转型，对推动投行业务快速发展起到重要“稳定器”作用。顶层设计方面，组织召开“智慧投行”系统建设工作会议，为开展全年工作打下坚实基础。系统功能方面，完成新老系统功能迁移，新增和优化了多个模块，完善了系统功能，提高了管理效率。系统规范方面，印发《投资银行业务管理系统管理办法》，实现对一级分行、直属分行、二级分行及一级支行系统管理员人数的刚性控置。

（五）创建学习地图，加强人才培养。为提升投行人才培养的针对性和系统性，投资银行部联合教育部设计完成了投行专业学习地图，开发了投行顾问序列专业教材和题库，完善了投行专业的通识结构；根据投行岗位人才成长规律和培养周期，组织了一系列分层次、进阶式、针对不同专业板块的面授培训班，加强细分领域知识技能的针对性培养。编发投资银行典型案例简报、案例集、专项推广思路等，分析归纳业务亮点，提出复制推广和营销建议，帮助分行拓展思路、有效推进。

（总行投资银行部）

贵金属业务

2019年，工商银行贵金属业务线认真贯彻落实总行党委要求，克服监管从严对黄金融资业务发展规模的影响，牢牢把握黄金市场回暖的机遇，以专营化十周年为新的发展动力和工作起点，坚持“一体两翼”转型发展思路，全面完成三个“确保”的任务，主要经营指标好于同期，同业第一优势持续扩大，综合价值贡献稳步提升，转型攻坚取得显著成效。

一、贵金属竞争优势得到巩固扩大

强化“比”的思想激发业务赶超力，主要经营指标在“比同期”和“比市场”上均取得了显著进步。截至2019年12月末，全行实现贵金属业务营业贡献52亿元，同比增长2.8%；实现实物贵金属中间业务收入23.8亿元，同比增长13%。截至2019年12月末，实物贵金属中收可比四行占比53.4%，较年初提升7个百分点，连续10个月保持总量和增量双第一；实物零售中收总量和增量可比四行排名双第一；代理上金所交易额场内占比15%，排名第一，较上年末提升3个百分点；代理上金所清算额占比33.3%，较同期上升1.1个百分点，保持场内第一；黄金融货（黄金租赁和同业租借）场内占比35%，比年初提升9个百分点；积极融入全面打造“第一个人金融银行”战略，充分发挥贵金属业务黏客获客属性，客户基础不断壮大，2019年全年新增实物贵金属有效户94.4万户，同比多增29.8%。

二、贵金属市场影响力得到稳步提升

丰富“工银金行家”品牌内涵，内构专业力、外筑影响力。以培训为抓手着力增强专业能力，先后组织8期线下集中培训班，与杭院、长院合作两期线上“微课程”，打造22门微课，参训人数超五千人次；围绕本部创新和引领能力提升，打造“贵金讲坛”“青年讲坛”培训品牌，先后组织开展14期活动；在全行开展“贵金万里行”活动，先后赴80多家基层行，指导贵金属业务转型发展；联合中金协在全行组织开展首届贵金属分析师大赛，近5 000名行内员工踊跃参赛，吸引行内外50万人次观看。以“十周年”为契机，与上海黄金交易所、世界黄金协会签署全面战略合作协议；成为国内唯一一家当选为中国黄金协会第四届理事会副会长单位的商业银行；获《环球金融》“Star of Precious Metals最佳贵金属银行”；获世界黄金协会“中国黄金市场杰出贡献奖”；获《亚洲货币》“年度最佳贵金属银行”；连续两年获上海黄金交易所“优秀金融类会员特等奖”。

三、在贵金属产品创新、服务升级以及渠道拓展上取得显著进展

（一）围绕文化贵金属和黄金金融属性两个方面丰富产品体系。一方面，把握“文化自信”内涵，结合客群需求特点，重构实物产品体系。与体育赛事、文博IP合作，全行17家分行先后开发湖北军运会、大连马拉松等区域贵金属实物产品，累计实现中收4 010万元、同比增长75%；较往年提前一个月，推出以“那一刻·回家”为主题的，有温度、有文化、有故事的贵金属组合产品，与故宫合作的“福包”在年末贺岁季销量已近40万套（线上超20万套），“大丰年”销量近4万套，生肖银章经7次补货仍处于脱销状态。截至2019年末，实物零售中收8.3亿元、同比增长7%。另一方面，把握人行黄金业务新规，着力挖掘黄金金融属性，拓展积存、融资、资管产品外延。在浙江、江苏和山西分行投产积存金“微定投”（活期储蓄利息转存积存金），打通积存金与储蓄业务交叉销售、黏客活客通道；投产积存金API接口，开启与线上渠道合作批量获客，率先登录行内融e联渠道；稳步创新白银租赁和铂金租赁业务、实物募集型理财产品，打通业务流程、制定业务制度以确保合规基础。

（二）围绕市场需求转型升级贵金属专业服务。一是抓住消费新趋势，大力推进实物定制业务发展，以此为公私联动有力抓手，全行37家一级（直属）分行、509家二级分行实现业务覆盖，截至2019年12月末，实物定制中收同比增长78%；发布国内商业银行首个连接B端创意设计企业和C端零售客户的贵金属定制平台——“工银e定制”（微信小程序）平台，开启个性化定制服务的系统化、规模化发展。二是落地金库、金馆和金沙“三金”项目，增强平台型服务能力。于2019年7月31日正式启用工商银行承建的上金所国际板深圳交割库，建立了工商银行在粤港澳大湾区黄金保税仓储物流业务上不可复制的优势，为提升面向“一带一路”国家和地区的跨境贵金属金融服务能级奠定了基础，目前已拓展6家国际板仓储客户，累计发生仓

储业务8.9吨；前瞻布局邮币钞集藏生态圈，打造了国内银行系首家线上邮币收藏服务平台——“融e购”邮币馆，并与集藏领域头部机构合作对平台实施优化升级和向线下网点延伸，实现从产品销售服务向专业化内容服务平台的跨越；与腾讯合作在手机端推出“金沙”项目，成为人行黄金业务新规后四大行首个落地的互联网黄金业务，并投产“实物金沙”账户系统，开启商业银行黄金账户体系建设的实践探索。三是依托对大数据的应用和经营规律的把握，全面升级营销服务能力。加强实物零售及交易业务营销服务智能化、精准化、场景化、内容化的顶层设计，为基层赋能减负。把握新零售营销传播方式，成功组织“那一刻”贺岁旺季营销活动，呈现营销推动由层层行政下达到基层主动作为转变的新气象；加强对珠宝首饰行业、涉金电子行业的洞察，印发《珠宝首饰行业黄金租赁指导意见》，为基层行服务新市场提供前瞻指引；实施集团企业黄金租赁业务整体营销模式，中国黄金等四家集团企业租赁余额较年初增加8.9吨。

（三）围绕集团战略推动贵金属渠道向境内外、行内外延伸。深度融入全面打造“第一个人金融银行”战略，强化与个金部、网金部、私银部、渠道部联动的深度、广度和频度，推进渠道多元化发展。一是加快代理业务与外部互联网企业合作引流模式向全行复制推广。全年新增合作企业11家，实现中收超1.3亿元，对代理业务总收入贡献占比达20%。在上金所场内同业中率先落地代理程序化交易及“特法户”业务，成功拓展25家机构客户，交易额398亿元，在代理业务总交易额中占比达2.7%。二是转型升级贵金属旗舰店，充实完善黄金回购、邮币专区、少儿财商、职业体验等场景。广州分行建立“贵金属少儿财商基地”，组织活动91场，超5 300人次参与，为网点注入了新活力；瞄准金价上涨回购需求增多的契机，推出“他行金条我行收”的业务模式，2019年黄金回购业务量同比增长134%。三是把握总行国际化发展战略，协同上金所推进黄金市场国际化发展，发挥大行在助力人民币国际化进程中的作用。联合上金所面向集团东南亚地区8家境外分支机构及上海自贸区分行推介“黄金之路”项目、推广代理上金所与芝加哥商业交易所合作推出的沪纽金业务、成为上金所首批“上海银”定盘报价成员。

（总行贵金属业务部）

专项融资业务

2019年，专项融资部以高质量发展为目标，坚持稳中求进总基调，持续强化结构化融资专业优势，全面提升防范化解风险能力，努力打造最专业的结构化融资银行、“一带一路”投融资首选银行、高质量发展的跨境融资领先银行，产品线总体实现平稳发展。专项融资部全年新承贷项目67个，合计承贷金额182亿美元；产品线余额保持在3 154亿元的合适体量；全年实现本部中间业务收入11.77亿元，实现拨备前利润26.59亿元，实现本部考核净利润12.68亿元；不良贷款余额6.11亿美元，较年初下降0.37亿美元，境外贷款不良率为1.98%。

一、出口信贷、项目融资、飞机船舶、银团并购等主要板块保持同业领先

（一）出口信贷和项目融资领域。资源板块在油气矿领域的项目融资、资源换贷款等方面，领先商业银行同业；融资顾问市场排名第一，国际油气项目融资财务顾问和国际矿业资产包卖方顾问均实现中资金融机构零突破。电力板块在出口信贷和项目融资领域多年保持中资商业银行份额第一。基建板块近年来中资商业银行份额第一，包揽中建集团等央企的全部境外项目牵头安排。

（二）资产融资领域。飞机融资在国航、东航、南航三大航空集团2019年新交付110架飞机中，共中标36架，市场占比33%，跃居同业第一。船舶融资近年在周期波动中主要以防控化解潜在风险为主，目标业务为优质船东的大型LNG船舶融资，2019年实现在中远海运的LNG船舶融资份额占比15%，居同业首位。租赁公司金融债承销业务市场占比15%，继续保持同业首位。

（三）银团并购领域。跨境并购融资额多年居中资银行首位，突出抓好央企海外大型并购，其中长江电力收购秘鲁电网资产是当年中资企业最大海外并购项目，工商银行率先出具45亿美元承诺函，并作为第一牵头行、账户行筹组40亿美元银团。

二、结构融资专业能力持续提升

一是资源财务顾问能力快速积累。获任东非原油管

道、中海油菲律宾八打雁 LNG、泰国钾盐矿、澳洲镍钴矿、欧洲矿企特大资产包出售等一系列资源财务顾问，进入中石化阿穆尔化工项目、中海油气电集团菲律宾天然气一体化项目二期融资顾问短名单，锁定西芒杜铁矿项目财务顾问意向。

二是电力总协调人咨询能力不断加强。与中信保联合为央企和优质民企提供总协调人服务，联合德勤、安永等为中资企业提供买方顾问咨询服务，为企业提供包括交易撮合、交互式财务模型、风险矩阵分析、辅助商务谈判等服务。

三是海外基建项目 PPP 把握能力持续提高。对境外公路、铁路、港口、机场等大型项目的公私合营交易模式更加熟悉，基建项目结构设计、现金流测算、银团筹组和咨询顾问能力不断提升。

四是飞机融资结构安排能力日益强化。结合航空公司购机需求，强化在前端设计 T+0 保理、日税租赁等结构化融资产品的能力，通过交易结构设计优化航空公司进口税负，全面提升对各类机型价值、市场流动性的专业研判和评估能力。

五是大型跨境并购融资解决方案不断专业化。深入分析客户海外并购融资需求特点，综合考虑融资比例、标的资产性质、标的企业股权价值稳定性和流动性、现金流特征、并购方资信等因素，合理设计银团融资结构、保障措施和条款。

三、以大项目为抓手，着力提升结构化融资竞争力

资源融资：牵头安排莫桑比克 LNG 一号区块项目，是全球最大天然气田开发；落地马来西亚边佳兰项目，是亚太最大石化项目；完成审批阿穆尔炼厂融资，是中俄东线天然气进口通道关键项目；中标中海油澳洲柯蒂斯 15 亿美元银团贷款，是首个投产的大型煤层气液化项目；获批埃克森美孚尼尔利亚油田开发项目；落地安盛矿业绿纱铜钴矿项目。

电力融资：开拓新能源市场成效显著，安排宁德时代德国图林根动力电池厂融资；签署迪拜 DEWA IV 950MW 光热电站项目协议；探索美国 OCE 燃气电站项目等发达国家电力市场投融资合作；完成审批 Cobra 西班牙 865MW 光伏电站项目，是西班牙迄今最大光伏电站项目；完成审批中电建卡塔尔阿尔卡萨 750MW 太阳能独立电站项目，是电建集团首个境外投资的大型太阳能光伏电站项目。

基建融资：签署埃及新首都 21.4 亿美元出口买方信贷银团融资协议，获得市场超额认购近 3 倍；获安哥拉财政部委任，与渣打银行、德意志银行共同作为主承销商和簿记管理人，为安哥拉政府在国际市场成功发行 30 亿美元主权债券；实现安哥拉罗安达国际机场项目首笔提款，完成对外分销 4 亿美元；签署某国“资源换贷款”合作框架一期两个重点项目；牵头安排中远海运秘鲁钱凯港等代表性基建融资。

装备融资：推进电信设备、高科技行业、国际产能合作等领域的合作机会；开拓与南非最大综合电信运营商 Telkom 融资合作，打造在南非市场竞争优势并助力华为无线网络设备出口。

资产融资：发挥产品线差异化经营优势，牵头分行形成合力。拓展欧洲、中东、南美等重点区域优质航空公司飞机融资业务。成功安排建信租赁、昆仑金租、交银租赁等一系列同业客户金融债业务，金租业务占比提升至 65%，非金租客户数压降到 100 户以内。

跨境并购：牵头安排安踏体育并购 Amer 项目，是中国体育用品领域最大跨境并购交易；深投控收购和基建项目完成放款，是深投控首笔跨境并购交易；跟进国家电网 20 亿美元竞购智利电网资产、10 亿美元竞购阿曼国家电网 49% 股份、中铁联合体 19 亿美元收购吉隆坡大马城等重点项目机会。

四、做好外部合作，强化“一带一路”影响力

一是落实好重大项目商务签约。与中国能源建设集团、英国努尔能源公司和希腊 PRENECON 能源建设公司共同签署希腊米诺斯塔式光热电站项目及希腊可再生能源市场合作协议。米诺斯项目是希腊首个光热发电项目，采用中国自主知识产权，是国际多边合作及中国—中东欧“17+1”能源合作成果。与柬埔寨发展理事会签署金融合作框架协议，为中柬投资合作和柬埔寨业务开发奠定基础。与巴西淡水河谷签署全球金融合作备忘录，推动双方在全球金融领域深入合作，促进淡水河谷与中资企业对接，拓展中巴经贸合作与投资机遇。第二届“一带一路”峰会期间，签署孟加拉达卡高速等 6 个项目合作协议。第一届中国—非洲经贸博览会期间，签署塞内加尔联合国办公楼项目融资协议。第 16 届中国—东盟博览会期间，与中国能建、沙特电力、德勤等中外优质企业签署 5 项合作协议。

二是抓住业内重要平台履行大行角色。作为中国对外承包工程商会副会长单位，借助商会平台宣传工商银行支持企业“走出去”和参与“一带一路”项目政策和产品，营销重点“走出去”央企客户，把握行业发展趋势和变化，倡导企业贯彻可持续基础设施理念，推动对外承包工程行业高质量发展。作为世行全球基础设施项目评议机制顾问委员会（GIF）唯一中资委员，参加 GIF 春季会议和年会，促进 GIF 机制和中资企业的国际项目合作，与 GIF 成功合办国际多边金融组织东盟基础设施投融资合作论坛，推动机制落地东盟国家。作为商务部内地—澳门“一带一路”工商专业委员会内地理事单位，与商务部等单位共同推动内地—澳门企业界交流，参与“一带一路”项目合作。作为中国航协唯

一银行会员及财务金融审计委员会委员，积极参与飞机融资领域专业研讨。

三是做好“一带一路”外部论坛和专项工作。作为首届中非经贸博览会金融服务战略合作伙伴，与商务部、湖南省政府共同主办“中非经贸合作磋商会”，吸引近500家中非企业参会，现场达成合作意向42个，体现了中非经贸合作的强劲需求和发展潜力，得到双方企业高度评价。在第16届中国—东盟博览会期间，联合广西壮族自治区政府、世界银行全球基础设施项目评议机制（GIF），成功举办“国际多边金融组织东盟基础设施投融资合作论坛”，吸引100多家中外企业参会，是东盟博览会举办16届以来首次多边金融组织合作论坛。世界银行副行长、13家央企高管出席会议，共同探讨东盟地区基础设施投融资合作，取得良好效果。落实国家重大专项工作取得实质进展。受发改委委托，牵头落实某国资源换贷款合作框架，首批项目已落地实施。与欧洲客户积极开展第三方市场合作。联合英国出口信贷机构支持葛洲坝与英国 Nur Engergie ltd. 开发希腊光热电站；联合渣打银行支持中电建卡塔尔光伏项目；与英国私营基础设施发展集团 PIDG 共同推动在亚洲、非洲的水电站、输变电及新能源项目；联合法国 BPI 支持中海油、道达尔等开发乌干达油气管道项目。此外，第二届“一带一路”峰会期间，协同国际部组织 BRBR 银行家圆桌会并首次评选8个“一带一路”最佳项目，涉及25家常态化合作机制成员。配合完成邀请进博会中欧企业家大会欧洲企业12户。

五、提升信贷基础管理质量，全面夯实风险管控能力

首先，落实审贷分离等顶层设计要求。迅速落实审贷分离要求，所有新项目均报总行审查审批。实施项目预沟通制度，所有新增融资均在报审前征求相关部门意见并报行领导。严格执行国别限额管理要求，配合信管部、内控部完成信贷“双评”及内控专项调研。完成起草《专项融资部境外业务发展规划》，明确产品线经营策略。

其次，全力清收大额不良贷款。下大力气推进信保理赔、境外诉讼、展期重组三方面工作。四笔大额不良均有相应进展。美国 M&G 化工和 Swiber 船舶融资不良贷款与信保进行了密集沟通，全力争取提高保单项下赔付比例。印度 Reliance 电信不良贷款诉讼担保人一案已于11月在伦敦法院开庭审理，简易程序判决结果对工商银行有利。河北远洋船舶融资不良贷款将在追加担保的基础上与借款人推进贷款展期工作。

最后，信贷基础管理改善明显。部内新设信贷管理、内控合规两个团队，优化管理架构，加强信管、内控职能。准入会制度效果显著，“入口关”不断从严，全年共召开信贷业务准入会44期，审议信贷项目162个，再议和否决项目21个、57亿美元。尽调方面突出审核第一还款来源，盯住直接风险主体和核心现金流。持续更新12个调查报告模板，细化调审要点。对法律协议和提款前提进行集中专岗审核，放款签约质量显著提升。全面细化存续期管理，制作专项审核表，从严把控贷后检查内容。全面落实限额管理要求，新业务均在直接限额下办理，国别敞口超限金额较半年时高点压降8.9亿美元。主权客户信用风险限额已核定43个国家且无超限情况。部门信贷资质持证比例约达90%，累计开展32期业务培训。

六、强化党建工作对经营管理的核心带动作用

一是加强政治建设，提高政治站位。部门始终把党的政治建设摆在首位，党总支和各支部累计开展主题党日活动7次，先后举办了“讲述行史行风，牢记初心使命”等主题座谈会，参观李大钊纪念馆、国家博物馆、北京展览馆“建国70周年大型成就展”等。通过组织系列活动，重温入党誓词和学习系列讲话，多形式、多角度、多层次传承红色基因，夯实思想基础，强化使命担当。

二是抓实主题教育，深化理论学习。学习教育方面，完成支部学习3次，党小组活动18次，全员理论知识测试4次，并在工作群开展《学习纲要》云学习和云测试20期。调查研究方面，班子成员分别牵头完成金融服务资源型企业“走出去”、金融服务民营企业“走出去”、关于中东欧基金的调研报告和提高基建“走出去”服务能力等四项课题。检视问题方面，面向总行部门、分支机构、融资客户匿名征集意见，并召开部内专题座谈会。整改落实方面，按照问题覆盖面分类归集、专项整治，压实班子、团队和个人的责任。

三是落实“三会一课”，履行“一岗双责”。成立党总支，下辖三个党支部，严格执行组织生活制度，并设立台账进行管理。以《纲要》和《选编》为基础，围绕牢记初心使命、锤炼政治品格、勇于担当作为等专题开展中心组学习。定期开展双重组织生活，完成班子成员讲党课6次，全面强调责任担当、组织纪律、服务基层和从严治党。

四是严格作风管理，做好警示督导。着力开展“顾国明、谢明案”警示教育，通过“三会一课”和部务会高频率、多角度进行案情通报并提出具体的工作要求；按季度进行员工异常行为排查，切实做到防微杜渐；在内控合规、授信审查、信贷管理等方面不断完善团队设置和相关制度，做好业务的检查整改和审查把关，将责任落实到岗、到人。

（总行专项融资部）

养老金业务

2019 年，工商银行养老金业务明确了“回归本源，在养老细分市场精耕细作”的业务定位，以“立足本源，做大做强年金业务；围绕本源，创新发展养老金融”为战略方向，以“三大战役”“四个延伸”为方法举措，紧抓发展机遇，夯实业务基础，圆满完成全年各项任务。

一、业务规模快速增长，同业优势更加凸显

2019 年，养老金本源业务规模快速增长、客户范围不断扩大、市场竞争力稳步提升、收入结构持续优化，为后续业务转型发展奠定了坚实基础。

各项业务保持同业领先，2019 年末集团企业年金受托管理、账户管理、基金托管、投资管理规模全市场占比分别为 10.86%、42.23%、34.58%和 7%，账管、托管多年持续保持全市场同业第一的领先市场地位，受托业务保持银行业第一、全市场第三，工银瑞信年金投资管理业务为基金业第一、全市场第四。

客户范围不断延展，2019 年不断加大职业年金、个人养老理财等新业务拓展，养老金客户范围由 B 端、C 端逐步扩大到了 G 端。年末，在 G 端覆盖了 33 个单位和地区的职业年金计划，在 B 端覆盖了超过 5 万家企业客户，在 C 端覆盖了 1 790 万个人客户，进一步扩大养老保障服务半径。

本源业务规模增速迅猛，至 2019 年末，全行受托管理养老金规模 1 978 亿元，较年初新增 823 亿元，增长 71.3%，比近 5 年的平均增长率高 56 个百分点。其中企业年金基金规模 1 356 亿元，较年初新增 201 亿元，完成全年新增计划的 175%。职业年金运作半年以来，基金规模达 622 亿元，超过外部受托企业年金十余年积累规模。管理企业年金个人账户 1 076 万户，较年初新增 60 万户，完成全年新增计划的 120%，同比增长 6%，比近 5 年的平均增长率高 4 个百分点，同比多增 18 万户，持续保持行业绝对领先优势。

养老金理财业务保持平稳发展。2019 年，全行累计销售养老金理财产品 2 055 亿元，同比增长 18%；全年日均余额 957 亿元，同比增加 115 亿元；截至年末，养老金理财存量余额 882 亿元，较年初上涨 21%。收入结构明显优化。2019 年，全行实现养老金业务收入（考核口径）8.01 亿元。从总量上看，在四行占比达到 94%，同比增长 3 个百分点，保持同业第一；从结构来看，本源业务收入占比首次超过收入总额一半，提高至 58%，最核心的受托业务收入同比增幅达到 43.4%；顾问业务收入占比下降 23 个百分点，结构优化效果显著。

二、践行责任，服务国家养老保障事业

积极参与养老领域政策研究制定。2019 年，积极向人社部、财政部等监管部门建言献策，成功推动确立了以账户制为基础的第三支柱业务管理模式，为商业银行深度参与第三支柱赢得了政策支持。积极协调相关部门、子公司以及银行同业共同开展监管营销，推动将商业银行理财产品纳入年金投资范围，为商业银行争取更多业务机会。积极服务民生领域和小微企业。践行普惠金融，面向中小企业举办“年金政策进企业”系列活动，宣传养老保障政策，累计为近 1 500 家中小企业提供优质的养老金管理服务。2019 年获评“2019 年度养老金融服务银行天玑奖”，进一步展示和巩固在养老金领域的领军地位。

三、立足本源，做大做强年金业务

（一）职业年金“攻坚战”取得全胜。2019 年，持续加大职业年金营销力度，在完成职业年金受托管理人选择的 30 个地区（共 33 个）中，中标率 100%，且均位列银行业第 1，全市场并列第 2，并带动托管中标最大规模计划、工银瑞信投管中标最多投资组合。在江西、青海、重庆、贵州、内蒙古 5 个地区获得全市场第 1 名；在新疆、福建、新疆生产建设兵团、湖北、河北、云南、黑龙江、广西、四川 9 个地区获得全市场第 2 名。

（二）企业年金“阵地战”成效显著。大客户营销方面，全年共参加企业年金项目投标 454 个，在已公布结果的 452 个项目中，中标 409 个，中标率 91%。新中标的中国银联、汾酒集团、光大证券等近 20 家大型企业市场影响力大、示范效应强，对后续业务拓展起到极大推动作用。中小客户营销方面，以“如意养老”“如意人生”等重点产品为载体积极拓展中小客户，通过集中推介、集中签约等方式，高效批量营销中小企业。全年参加企业年金集合计划投标项目中，中标率达 97%。联动营销方面，进一步深化与公司、机构等部门

合作力度，联合下发《关于加强公司客户企业年金业务营销的通知》《关于加强机构金融客户企业年金业务营销的通知》等重要营销通知，探索将企业年金业务嵌入对公重点客户营销计划，提高营销合力。

（三）优质服务带动业务发展。2019 年，将“打好服务持久战”作为推动本源业务发展的重要举措，通过提升服务质效夯实客户基础。2019 年，总行带队回访年金客户 188 次，一类客户回访率达 100%，实现所有大客户合同到期后续签，并延展多个业务资格，其中与中航集团等 10 余家一类客户续签合同，与中核集团等 4 家大客户拓展了账户管理人资格。

四、围绕本源，创新发展养老金融

紧紧围绕本源业务开拓思路、创新发展，不断拓宽业务领域，丰富产品服务。第三支柱政策营销取得突破，各项准备工作有序开展。对外引导确立以账户制为基础的第三支柱管理模式，并推动将商业银行理财产品纳入投资范围，为商业银行争取最大政策支持；对内协同相关部门研发专属个人养老理财产品、开发业务系统，为第三支柱业务推开做好准备。个人养老规划业务稳步推进，重点创新产品推广落地。探索“养老测算＋智能投顾”服务模式，设计开发个人养老规划测算模型；积极开展养老投资产品创新，与长江养老在业内率先推出由养老保险公司担任受托人和投资管理人，商业银行担任账管人和托管人的团体养老保障产品，满足员工薪酬延付、员工持股等需求，10 家分行进入落地推广阶段。充分发挥受托人业务源头优势，推动资金端到资产端创新。协调 12 家养老金投资机构认购工商银行永续债投标，助推工商银行永续债投资者范围拓宽至养老基金，进一步丰富投资者结构；与 2 家投资管理机构完成定制型养老金产品包装和配置工作，与 7 家投资管理机构开展直投顾问合作，与投资银行部合作完成成都兴城、中国化工信托项目包装和推介，进一步拓展收入来源。积极探索“养老金融＋养老服务”业务模式，构建养老金融服务生态圈。与国务院发展研究基金会商谈养老服务机构评级合作，与多家养老地产、智慧养老、医养服务机构商谈业务合作等，不断探索养老金融服务场景，构建具有工商银行特色的养老金融服务生态圈。

五、稳扎稳打，夯实业务发展基础

持续提升管理及运营水平。通过机制建设、系统建设不断提高经营管理水平，在部内建立目标责任机制，分解任务目标，压实主体责任；搭建养老金业务管理驾驶舱，为经营管理提供系统抓手。紧跟智慧银行信息系统建设步伐，以运营智能化、数据共享化、内外部系统互通互联为着力点，推动养老金业务运营服务自动化、自助化、属地化、专业化、差异化和综合化水平迈上新台阶。

大力推动条线专业团队建设。以队伍建设促业务发展，对分行机构设置和人员配备情况进行名单式管理、一对一督导，专职人员数量由 148 人增加至 243 人，增长 64%。内蒙古分行新设养老金业务一级部，目前已有 9 家分行成立养老金业务专职部门。持续开展分行“以工代训”培训项目，累计为 37 家分行培养 76 名骨干人才，并将其中 51 人纳入总行受托管理业务长效人才库。

依法合规经营，守住风险底线。条线和部门风险管理全覆盖，通过强化制度管理、开展风险监测检查和风险评估、加强客户投诉管理、推进印章综合改革、做好新业务风险防范等工作，风险管理工作机制更加健全、手段更加丰富、成效更加显著。

（总行养老金业务部）

专栏：职业年金营销

养老金业务部深入贯彻党委决策部署和发展要求，面对养老保障政策红利和激烈的市场竞争，以高度的使命感、强烈的责任感，积极把握重大战略机遇，全面推进营销服务工作，职业年金“攻坚战”取得全面胜利。

一、职业年金制度沿革

2015 年 1 月 3 日，国务院印发《国务院关于机关事业单位工作人员养老保险制度改革的决定》，机关事业单位养老保险改革正式启动，将实施职业年金制度。

2015 年 3 月 27 日，国务院办公厅印发《机关事业单位职业年金办法》。2016 年 9 月 28 日，人力资源社会保障部、财政部联合印发《职业年金基金管理暂行办法》。两个办法的发布，标志着职业年金基金进入市场化管理实施阶段，职业年金营销工作全面启动。

作为机关事业单位养老保险制度改革的重要组成部分，职业年金在推进双轨制并轨，完善多层次养老保障体系，促进社会和谐稳定等方面具有重要作用。作为近年来国家社保改革难得的政策红利，职业年金覆盖全国机关事业单位4 000万人，预计每年缴费超过3 000亿元。为职业年金做好管理服务工作，不仅是工商银行的重要使命和社会责任，也为工商银行带来千载难逢的巨大市场空间。同时，职业年金具有一次性进入、失难复得、不易转移的特点，一旦获得，长期受益；一旦失去，格局很难扭转。与企业年金制度不同，职业年金全国同步强制实施，基金增量和增速将远超企业年金，短期内就会对市场格局产生重大影响，使现有各年金管理机构的市场地位发生显著变化，是工商银行养老金业务实现新跨越的历史性机遇。

二、总行党委精密部署

2015年6月5日，总行召开全行社保改革营销工作动员会，时任易会满行长、张红力副行长出席会议并讲话。会议明确成立以易会满为组长的社保领域系列改革联合服务团队，要求各行加快落实总行决策部署，全面推进机关事业单位养老保险改革营销服务工作。

2016年10月20日，总行召开全行职业年金营销工作动员会，时任王敬东副行长出席会议并讲话。会议明确了职业年金“首争受托”的营销策略，要求各行统一思想，认清形势，坚定必胜信心，以勇于担当、奋发有为的作风，以敢于攻坚、昂扬向上的精神，迎接新挑战，担当新责任，夺取职业年金营销攻坚的新胜利。

2017年1月19日，总行召开2017年工作会议。会议要求立足把住源头业务，首争受托人资格，继而带动托管和投资业务发展，确保市场份额最大化。在境内分行行长绩效考核方案中将职业年金受托人中标与否的考核权重调整为±45分，充分体现了总行党委的高度重视。

2018年1月25日，总行召开2018年工作会议。会议要求各专业、各机构要精诚合作，全力攻坚，务求完胜，首争受托人资格，确保实现所有地区全覆盖和同业份额第一。

2019年1月24日，总行召开2019年工作会议。会议要求把这一战略性业务作为支撑集团大资管发展的“增长极”，作为检验协同作战能力的“试金石”，算好综合账，打好联动牌，务必打赢营销决胜战，首争受托并确保中标资格数量和市场份额同业第一。

2019年7月25日，总行召开2019年年中工作会议。会议中，陈四清董事长强调要再接再厉，打好营销“收官战”，并做好后续运营服务等工作。

三、高层营销提升效果

自机关事业单位养老保险制度改革以来，总行党委对职业年金营销工作高度重视。行领导多次与国家部委、地方党委政府相关领导会晤，营销职业年金业务。

陈四清董事长亲笔致函云南、广东、四川省政府领导营销职业年金业务。

时任易会满董事长先后拜访内蒙古、云南、四川、江西、湖南5个省（自治区）政府领导，亲笔致函福建、湖北、重庆、甘肃、海南等19个省（市、自治区）政府领导营销职业年金业务。

谷澍行长先后拜访人力资源社会保障部游钧副部长，贵州、广西、云南等3个省（自治区）政府领导，亲笔致函北京市政府领导营销职业年金业务。

时任谭炯副行长先后拜访人社部社会保险事业管理中心唐霁松主任，陕西、宁夏、福建、重庆、甘肃、海南、安徽、广东、山西、四川、云南、河北、浙江、山东、吉林、新疆生产建设兵团、天津、贵州、上海、江苏、西藏、江西、湖南、北京24个省（市、自治区）政府领导营销职业年金业务，并接待云南、广东、黑龙江省人社部门赴总行考察职业年金受托业务。

官学清董事会秘书拜访广东、四川省政府领导营销职业年金业务。

四、专业营销奠定基础

养老金业务部与机构金融业务部等部门联动，与各分行共同开展专业营销。在组织推动方面，养老金业务部制定《职业年金受托业务营销指导意见》，对全行营销活动进行策划部署；编写《职业年金基金受托人营销话术》《职业年金基金受托服务方案》《职业年金基金受托人评选方案建议》《职业年金基金受托人投标问题库》《职业年金基金受托人投标现场答疑集锦》等材料，供分行营销使用。在市场营销方面，养老金业务部负责人先后拜访人社部、央保中心，以及各地人社部门60余次，实现全国各地区职业年金营销全覆盖。在营销管理方面，建立营销定期通报和专题报告制度，完成《职业年金基金受托业务营销工作旬报》82期，按旬通报分行营销工作进展，强化督导落实。

各分行均成立“一把手”为第一责任人的营销服务团队，持续开展多种形式营销工作。分行班子成员分工协作，加大对政府、社保、财政等部门关键人营销力度。积极参与本地职业年金实施细则、经办流程和议事规则等政策制度的制定，协助社保管理部门和经办部门开展业务培训、数据测算、系统研发，密切与社保部门的合作关系。站在委托人和代理人角度为职业年金基金管理和管理人招标提供协助和建设性意见，抢占业务先机。强化养老金与其他条线的联动，结合地方融资平台、政府债务置换、信贷规模投入等热点工作，整合产品、优化服务，形成一揽子综合服务方案，获得领先同业的竞争优势。

在投标工作中，总、分行联合成立投标工作小组，制订详细的投标工作方案。及时了解招标工作计划，掌握评选管理委员会构成，积极开展一对一跟进营销。根据招标要求，集中专业力量准备投标文件和演示材料。在投标现场，总、分行述标团队分工明确，详细介绍量身定制的受托服务方案和对地方经济作出的贡献，充分表达对职业年金工作的重视，展现工商银行强大的综合实力、卓越的管理能力和突出的服务优势。

五、攻坚战役成绩卓著

2017 年 12 月 16 日，新疆自治区启动全国首单职业年金基金受托人招标，时任谭炯副行长带队参加投标，以银行业第 1 名、全市场第 2 名的成绩中标。此次中标，开启了工商银行职业年金基金受托人之路，为争取其他地区受托人业务奠定了良好开端。

2018 年 7 月 3 日，时任谭炯副行长带队参加中央国家机关事业单位职业年金基金受托人投标，以银行业第 1 名、全市场第 3 名的成绩中标。此次中标，鼓舞了全行养老金条线员工的信心，进一步坚定了打赢职业年金营销攻坚战的决心。

2019 年 3 月 26 日，在江西省职业年金基金受托人评选中，工商银行以全市场第一名的成绩中标。此次中标，是工商银行首次以全市场第一名的成绩中标职业年金基金受托人，进一步提升了工商银行养老金服务品牌形象，大大增强了市场竞争力。

截至 2019 年末，在已完成职业年金受托人招标的 30 个地区中，工商银行受托中标率 100%，且均列银行业第一名，全市场并列第 2 名，领先于银行业第 2 名建信养老 4 个名次。其中，在江西、青海、重庆、贵州、内蒙古等 5 个地区位列全市场第 1 名，在新疆、福建、新疆生产建设兵团、湖北、河北、云南、黑龙江、广西、四川 9 个地区位列全市场第 2 名。通过受托业务带动托管中标最大规模计划、工银瑞信投管中标最多投资组合，是所有管理机构中投标资格最多、中标规模最大的机构。

（总行养老金业务部）

第三部分

风险管理

责任编辑：王近思

全面风险管理

2019年，集团全面风险管理工作有序推进，集团市场风险管理稳步加强，风险计量体系应用更加深入，全集团风险管理水平进一步提升。

一、梳理全行风险状况，做实集团全面风险管理

一是制订我行落实打好防范化解金融风险攻坚战的实施方案，逐项梳理全行风险状况。根据党中央、国务院要求，结合我行实际，提出全行落实打好防范化解金融风险攻坚战的实施方案。扫描全行表内外业务风险状况，重点对集团投融资业务、影子银行及高风险机构进行分析，提出夯实风险管理基础的工作建议。

二是推动分支机构全面风险管理落地。对24家控股机构开展风险偏好和限额管理体系专项评估，制定境内分行全面风险管理手册，印发重点机构个性化风险管理提升方案，制订机构全面风险管理评估方案，规范各机构全面风险管理机制。

三是强化子公司并表管理。推进非银子公司业务穿透，将业务数据表纳入集团数据湖统一管理，首次实现看清非银子公司全部投融资业务底层明细。逐机构对非银子公司业务及风险管理情况开展排查，提升子公司二道防线履职能力。优化非银子公司风险限额指标体系，进一步覆盖各子公司实质性风险。完善经营考评方案，增加对SPV管控、经营性租赁、待租资产业务的评价指标，强化对子公司重点风险的考核约束。强化对二级子公司的并表管理，首次建立重点二三级子公司风险监测指标体系并纳入总行直接监测范围。

四是明确合作机构风险管理规范和方法。制定《投融资业务合作机构风险管理规定》，推进投融资业务合作机构风险监控平台建设，统一全行投融资业务合作机构风险管理的基本要素与流程要求，明确合作机构风险识别和评估的基本方法，建立合作机构统一风险视图。

五是完善国别限额管理体系，推进限额系统刚控。构建以总限额为核心、集中度限额和单一国别限额相结合的国别风险限额体系。设立专项限额机制，统筹国别风险管理和业务发展总体平衡。推进集团国别风险管控平台项目建设，在信贷业务系统中试点国别敞口实时计算和刚性控制。优化敞口统计规则和限额管控要求，密切监测分析国别风险趋势动向，做好国别风险内部评级和报告。

六是推进集团交叉性风险监控预警系统建设。建成集团交叉性风险监控系统，实现交叉性业务关联关系和风险传染路径的识别。

七是完善压力测试模型，扩展结果应用。优化集团强化审慎标准（EPS）压力测试模型，扩展压力测试结果应用，前瞻性分析不同压力情景下集团资产负债表、损益表以及风险损失情况。完成2019年度集团恢复处置计划更新。

八是提升集团风险报告管理水平。持续完善集团全面风险管理报告，从全集团表内外全量资产角度看风险，紧跟市场关注问题，加强对重点区域、重点业务的分析。结合国际国内监管要求，修订印发《风险报告操作规程（2019年版）》。将分行风险报告工作纳入专业条线考核，从准确性、及时性、适用性三方面提升分行风险报告工作水平。投产集团风险报告管理系统，实现风险报告编制、校验、流转、审议、评价全流程管理和文档管理。

九是深化风险加权资产监测分析。优化集团风险加权资产监测分析报表，拓展监测分析维度和深度，定期做好风险加权资产分析报告，根据管理需要编发专题风险提示。推进风险加权资产计量系统升级改造，部署巴三新规风险加权资产计量规则，积极应对监管规则升级。

二、推动欧美区域管理落地，提升境外风险管理水平

一是夯实美国区域风险整合管理。支持美国落实区域风险管理强化措施，基本建成区域统一的战略、风险管理框架、偏好限额、风险报告和制度体系，投产美国区域风险监测报告系统，建立区域风险数据湖，是集团首个区域层面、跨机构加总的风险IT系统。

二是推进纽约分行评级整改。完成纽约分行评级整改方案，从数据、模型、制度、流程、系统等方面，全面提升纽约分行信用风险识别与计量能力，自主开发与外购模型覆盖纽约分行全部信用风险敞口。

三是开发美国区域机构压力测试模型。提升美国区域机构全面风险压力测试能力，开发情景生成模型、收入预测模型和损失预测模型。

四是加强欧盟机构全面风险管理。制定工银欧洲全

面风险管理手册、全面风险管理提升方案和欧盟机构全面风险管理提升方案，加强关键岗位管理、完善战略和偏好限额管理、夯实数据和 IT 系统基础。

五是完成境外评级模型开发，整合内外部数据，基本完成债项评级模型开发。制订评级应用方案与集团管理机制方案，推进境外评级模型优化项目成果应用工作。

三、加强全集团市场风险管理，管好业务和交易员

一是落实市场风险管理八大基本目标。组织重点机构逐条对照梳理、查找薄弱环节，强化市场风险管控。督导美国机构落实区域市场风险管理要求，支持纽约分行 DFS 监管检查，市场风险管理获得积极评价。

二是提升集团市场风险限额管理水平。审慎核定集团市场风险限额，增设美国区域限额，将 VaR 指标传导至各境外子行。做好总行金融市场业务及贵金属业务限额指标监控，准实时监控各项敞口限额，定期做好集团范围限额监控统计报告。积极开展汇率风险和债券业务风险分析报告，监测提示高风险信用债情况。推进市场风险系统建设和推广，实施市场数据质量自动化监测功能。国内率先实现巴三市场风险标准法系统上线，实施交易对手信用风险监管新规，完成集团衍生品授信高级法应用项目系统开发。

三是落实交易监控，全年未发生重大市场风险事件。全年实现对 88 家境内外机构、500 多个活跃交易员、3 500 多个活跃交易对手、150 万笔新交易、120 万亿元交易量和 10 万亿元存量资产的监控，及时堵住交易业务风险事件。实现估值头寸和估值结果的逐笔验证，覆盖外汇、商品、债券、衍生等产品。实施损益归因分析项目。完成估值验证系统建设，实现全机构、全产品的估值头寸、估值结果、市场参数等全量数据入湖，估值结果逐笔验证和市场数据点对点验证。

四是启动交易员行为风险监控项目。调研国内外监管要求和同业实践，梳理交易员不当行为模式，构建全职业生涯的交易员行为治理体系、交易员行为监控模型和统一视图，做好开发环境、数据等准备工作。

四、健全集团理财业务风控体系，实现穿透管理

一是基本实现理财业务全产品线穿透。实现合作机构业务穿透，按日接入合作机构底层交易明细。基本实现理财投资持仓穿透，逐笔摸清企业 ABS 等复杂投资品底层资产。开展境外资管业务穿透分析，将工银资管（全球）纳入穿透实施项目，推进底层数据入湖和总行统一监测。推进穿透风险数据标准统一。

二是持续开展穿透风险提示。综合行内外各类风险信息，构建了股票、债券风险筛查体系，每周逐笔扫描排查，适时发布风险提示。

三是健全新规时代理财业务风险管理。形成理财子公司风险管理提升方案，指导建立清晰有效的风险治理架构，开展理财子公司风险评估。完善净值化转型背景下的风控技术，研发非标投资风险估值模型，推进估值系统建设，开展理财业务压力测试。

五、运用大数据等先进技术计量和监测风险

一是提升押品自动评估工作水平，推动评估维度提升为楼栋级。建立了覆盖 285 个城市、50 万个小区、141 万个楼栋的外部房地产数据库。优化估值模型、地址自动识别和匹配技术，精确匹配率达 90%，将押品模型评估维度由小区级提升为楼栋级，估值精度提升 12 个百分点。完成押品自动评估系统、手机银行、网上银行、GCMS 系统等多个系统改造。

二是加强线上业务风险监测。开展信用卡引流平台监测，全面刻画平台整体客群质量，推动卡部开展平台清理工作。根据小区维度贷款风险分析，识别风险高发业务所在小区，建立黑名单机制，提高小区层面准入管理水平。按月识别 P2P 平台融资记录客户，加强预警与风险提示。按照线上申请业务可疑风险情况，加强业务真实性监测。

三是完善内部评级计量方法，提升评级的准确性、及时性。优化零售客户评分模型，开发了授信风险模型、贷中监测模型、预警评分模型和个人企业综合模型，提升了模型的风险敏感性。综合监控分析客户信息、征信信息的异常变动情况，识别指标数据背后的模型外风险因素。充分利用和优化集团投融资风险监控平台，对出现风险事项的法人客户，及时进行风险预警和等级重评。根据最新数据，对小企业、房地产、轻工业评级模型参数进行优化。开展 2019 年度省市偿债能力评价，对政府偿债能力进行评价分析，并针对各省市逐一形成评级报告。

四是积极支持普惠业务发展。完成线上小微结算贷客户评级模型和线上微型企业模型投产，在模型中引入融安 e 信等内外风险信息和黑名单风险事项。分析结算贷客户风险情况，制定贷后重评策略。开发完成线上小企业客户评级模型和供应链评级模型。

五是在同业中率先建成企业级反欺诈平台。建立了集信息整合、模型开发、策略应用和风险监测为一体的欺诈风险智能化平台，为零售业务提供覆盖业务产品全生命周期的欺诈防控体系。推进设备反欺诈应用，建立全行设备黑名单库和特征库，同时防范“坏人”和“坏设备”，目前在“融 e 行”和“工银 e 生活”线上信用卡申请的 APP 渠道投产。

六是做好模型验证工作。参考国际标准，制定了模

型风险管理规定，对模型开发、验证、评级、审批、部署、应用、监测、报告等全流程进行了规范，启动模型风险管理系统建设，完成项目立项。

（总行风险管理部）

不良贷款管理与处置

2019 年，我行持续完善风险防范与治理机制，严守新增、存量和处置三道关口，统筹规划，加强精细化管理，稳步推进各类风险有序化解和处置，资产质量关键指标持续向好。

截至 2019 年末，集团不良贷款余额 2 402 亿元，不良率 1.43%，比年初下降 9 个基点，创近年来年度不良率最大降幅，实现连续 12 个季度不良率稳步下降，其中境内 24 家分行实现不良“双降”。集团逾期贷款率 1.60%，比年初下降 15 个基点；剪刀差贷款 280 亿元，比年初减少 68 亿元，连续 14 个季度下降。全年集团共处置不良贷款 1 887 亿元，使用核销额 962 亿元，核销额撬动处置规模的比为 1:1.96。

一是持续优化不良资产管理方式。坚持新增风险、存量风险和资产处置三道关口协同高效部署。前移劣变防控关口，保持对新发生逾期贷款防控的高压态势，从源头上遏制新增风险。2019 年新发生逾期和劣变额分别比上年下降 29% 和 19%，创近 3 年最大降幅。加强存量风险化解，加大对潜在风险的清淤疏堵力度，审慎运用调整结息周期、展期、暂缓劣变、调整分期还款计划等手段，前瞻性防控和缓释风险。推进不良资产处置加力提效，有效统筹境内外各类不良资产高效处置，合理分配使用核销资源，向关系全行资产质量稳定的重点地区和重点项目倾斜，全年处置总额及核销额撬动比位居四大行前列。

二是强化不良资产经营能力建设。在国内银行同业中首家提出将不良资产分类为“冰棍类”“根雕类”“顽石类”管理，深入把握资产特性，因地制宜，分类施策管理和经营，综合采用常规清收、资产证券化、批量转让、法律诉讼等方式，加快了随账龄延长而回收率趋降的“冰棍类”资产处置，盘活了一批处置效益较好的“根雕类”项目，化解了一批属于产能过剩行业或“僵尸企业”的“顽石类”不良资产，提升了不良资产价值创造和处置效率，支持集团高质量发展。

三是主动防范化解大户风险。在贷款劣变前提早介入，力争在初始阶段发现和化解风险，减少对资产质量产生大的冲击。对实质性风险突出的不良贷款大户，加强银政、银法、银企协调，兼顾服务实体经济与防范化解金融风险，坚持有进有退，创新工作手段，发挥债委会作用，适当运用市场化债转股、债务重组及投行方式，推动处僵治困，积极履行大行的经济责任、政治责任和社会责任。

四是坚持向账销案存资产清收要效益，深挖清收潜力。完善账销案存资产清收考核管理措施，狠抓责任落实。以常规清收方式为主，批量处置方式为辅，重点追偿抵质押及已诉讼保全资产，提高了清收成效。

五是完善合规管控，严防各类风险。健全信用风险防控、不良资产处置、责任评议等专业人员配置，强化内部流程控制和日常监督检查，完善责任评议及信贷业务闭环管理机制，找准风险点、筑起“防火墙”，确保资产穿透管理，处置依法合规。

（总行信贷与投资管理部）

内部审计

2019 年，内部审计围绕全行发展战略和中心任务，准确把握自身在风险管理、内部控制和公司治理体系中的职能定位，落实境内外监管要求，有序开展审计活动，做好监审协调配合，改进内部审计管理，全面完成了董事会批准的年度审计计划和各项工作任务，为打好防范化解重大金融风险攻坚战提供了有力支持。

一、坚持底线思维，谋实防控风险主责主业

坚持风险导向、问题导向和价值导向，把握战略全局，精准研判风险，集中力量实施了多层次、多形式的监督评价活动，重点揭示了关键领域与重点机构中的实质性风险和深层次问题，完成了年度审计项目计划及相关审计任务。全年共开展境内外审计项目40项，境内外高管人员离任审计24项。审计活动涉及44个总行部门和直属机构，37家境内分行，50家境外经营性机构和8家境内附属机构，保证了合理的审计样本量和适当的审计覆盖。审计活动主要聚焦几个方面：

（一）聚焦主要业务风险管控。加强对跨境、跨界、交叉领域的风险防控，实现对重点业务领域的有效覆盖。密切关注发展快、风险大、影响大的业务领域，防范演化“灰犀牛”事件，重点开展了地方政府债务、大户风险、信用卡分期和票据业务审计；关注表面平稳但存有隐藏风险的业务领域，防范突发“黑天鹅”事件，重点开展了重要业务系统应用控制、业务外包风险管理和境外附属机构并表管理审计；关注贯彻中央政策导向的业务领域，重点开展了精准扶贫、普惠金融战略实施情况和房地产贷款业务审计，确保国家重大战略传导落实。

（二）聚焦重要机构经营发展。针对浙江、广东等10家境内机构和工银国际、工银澳门等5家境外机构开展机构审计，重点关注信贷、资管、反洗钱等领域，突出对机构经营发展的整体研判，强化对第一个人金融银行、公司业务发展、资管业务风控、重点区域竞争力提升等工作成效的评价。

（三）聚焦监管要求对标落实。梳理对标监管要求开展审计项目，有效促进各机构领会政策，完善管理。同时，根据银保监会要求和总行部署，牵头组织信贷检查和综合整治，聚焦信贷管理、资产处置、影子银行等领域。审计及时报告了全行经营发展过程中，各类风险的管理和控制情况，主动向各机构提供大量客观、有建设性的审计建议，向全行传导规范经营与合规管理的要求，推动各领域不断完善风险管控机制，对全行在复杂环境下预判和防范风险起到了支持作用。

内部审计积极完善“审计项目＋整改督促＋核实评价”全流程闭环管理。一是推进审计发现整改跟踪督促工作，修订《审计发现整改督促工作实施细则》，从审计实施、整改跟踪、整改核实三个阶段，对审计整改督促要求和流程进行改进完善，明确整改认定标准、改进整改报告方式，强化动态管理，突出质量控制。全面回顾评价近三年审计发现整改情况，对长期未完成整改的审计发现进行了重点分析，做到“心中有数”。二是强化审计整改核实评价工作，组织开展审计发现整改核实评价试点，制订全年整改核实计划，尝试建立常态化核实工作机制。围绕监督检查整改流程和整改效果，分析查找影响全行整改有效性的制约因素，提出有针对性的建议，进一步提升整改效率和效能，推动实质性整改。截至2019年底，审计发现问题已整改283项，整改率为73.51%。

二、坚持大局观念，落实监审协调服务要求

内部审计主动适应强、严、深、精的监管要求，牵头协调配合国家审计署、银保监会、外部审计师等审计检查机构，完成了各类专项检查和监管工作，在传导国家监管要求，督促落实监管事项，促进我行各项业务依法合规经营，营造和谐的外部监管环境等方面发挥了积极作用，协调服务的质效和水平持续提升。

（一）强化协调配合。配合审计署开展2019年贯彻落实国家重大政策措施和防范化解重大风险跟踪审计，做好银保监会对我行日常监管的配合工作，协助毕马威完成2018年年度审计、2019年季度商定程序、中期审阅、年度预审、内部控制审计和各类增值服务，有效保障国家审计、日常金融监管和外部审计工作的顺利进行。

（二）强化外审管理。完成2019年度会计师事务所聘任工作，修订完善《外部审计师年度履职情况评价方案》，开展2019年度集团外部审计师履职评价，进一步促进外部审计师持续提升专业服务水平。

（三）强化整改推动。推动审计署2018年跟踪审计发现问题与银保监会影子银行和交叉金融业务检查发现问题的整改落实，持续推进监管通报问题的有效整改，及时审核报送整改跟踪台账，整改计划的时效性和整改台账填报的规范性得到提升。

三、坚持管理导向，夯实境外审计管理基础

重点加强对境外机构的审计监督与管理，在强化集团和机构两个层面的监督评价的同时，持续完善境外机构规范化、差异化审计分层管理机制。

（一）深化欧美重点机构垂直管理。跟进美国机构监管检查和执行令整改，推进欧洲机构审计管理提升，强化对新加坡分行、工银伦敦、工银亚洲等机构的常态化管理。

（二）强化机构日常审计管理。完成21家境外机构57次董事会或股东大会会议资料、19家机构72份审计报告的审议审阅工作，建立标准化项目管理流程，优化整改机制，完善质量控制机制，督导部分机构开展质量评估，做到对机构内审日常有管理，工作有要求，计划有审批，结果有报告，保证集团对境外机构的审计覆盖。

（三）改进境外审计信息化管理。建设投产境外审

计管理系统，实现了境外审计项目、日常审计管理和整改跟踪等重要审计事项报批与管理留痕的系统化管理，为总行和境外机构间的审计信息沟通、资料报送和共享提供了信息化交流存储平台；推进境外审计监测系统开发，在业务领域上聚焦于信贷、财务、金融市场和银行卡四大主要领域，有效提升非现场审计能力。

（四）建立境外审计整改跟踪机制。根据对境外机构内外部检查情况的日常跟踪，结合核心监管联席会议和银保监会最新要求，建立定期沟通、跟进、汇总和分析的整改工作机制，更新完善境外机构内外部整改台账，并录入境外审计管理信息系统。

四、坚持创新驱动，用实智慧审计方法技术

坚持“技术强审”，加快信息化审计步伐，有效提升审计项目信息化技术的应用程度。

（一）有效开展持续性监测。针对区域机构特点、近期关注热点和风险领域焦点，以非现场方式为主，开展专题监测和日常监测，并对监测发现的问题及时进行风险提示，共编发风险提示 25 期，涉及金融资产质押、汽车分期业务、供应链融资、外汇业务等领域，有效引导被审计机构、其他相关机构、总行专业管理部门关注风险隐患及其演变趋势，全面落实守土有责工作要求。

（二）推进系统和模型建设。优化审计分析、审计管理、经责审计等系统功能，创新研发机构审计、信贷大户监测、新兴业务审计、客服工单及非结构化数据分析等系统，加强模型日常维护、分库管理、应用管理和生命周期管理。

（三）探索智慧审计道路。编制智慧审计发展规划，开展“客户之声服务工单非结构化数据分析”等专题分析，推进机器学习等技术落地，逐步实现审计项目的智能化运作。

五、坚持比的思想，做实内审专业转型升级

体现“比”的思想，开展同业交流，在组织方式、方法技术等方面查找不足，进一步优化我行内审工作。

（一）改进工作机制。建立健全“审计发现风险提示”“监管和审计发现问题整改通报”“审计信息共享与移交”“机构年度评价”和“服务基层”五项机制。

（二）改进制度体系。全面梳理现行制度，重构内审制度体系框架，修订《内部审计项目工作规程》，补充调整审计流程、整改跟踪、质量控制等内容。

（三）改进质量管理。根据监管要求和行业标准，制定《内部审计质量管理办法》，建立自评估指标体系，制订评估方案，组织年度质量评估。

（四）改进立项评估。建立立项评估机制，根据项目价值、覆盖范围、实施难度等进行差异化管理。通过项目融入、整合进场等方式，实现集约化运作。建设资源管理系统，改进资源精细化管理。

（总行内部审计局）

内控合规建设

一、完善内控机制建设

（一）以“内控评价优化升级”为硬抓手，强化过程管控导向。聚焦重点风险和关键控制环节，重构境内分行内控评价体系，大幅精简评价指标及要点，解决评价内容冗余和缺失并存问题；强化方式和手段创新，运用多维评价模式，提升模型量化监测和非现场专家评价比重，在提升评价科学性的同时，缓解人员投入难以为继、尺度把握不够公允等难题；建立健全指标的责任分解和激励约束机制，完善常态化监测分析，推进评价与日常管理的融合，促进各级机构持续改善过程控制。按照新体系，分三阶段完成 2019 年度对 36 家分行的评价，减少现场人员投入 30%，问题发现比率明显提升，大部分行基本建立起指标的管理责任分解和考核挂钩机制，增强了管理合力。

（二）以“内控手册”为切入点，助力内控责任压实。准确定位，优化组织协调、强化事中管理、细化测试验证，组织总行 31 个部室完成涉及 34 个业务领域、1 400 多个控制事项的手册编制工作，明确风险点 7 000 余项，匹配控制措施近 9 000 项，为各层级、各条线、各岗位内控履职提供明晰参照标准，形成更为健全的内控制度体系；在此基础上，推进手册应用和长效管理机制建设，确保手册的准确性和及时性，逐步实现各项内控措施与具体岗位的准确匹配，为压实各岗位内控责任奠定坚实基础。

（三）以“内控三年规划”为指向标，抓好内控体系建设统筹。总行层面，组织各部门根据三年规划确定 262 项年度重点措施，做好任务推进的跟踪与督促，基

本实现全行内控体系建设的年度目标；分支机构层面，组织各分行根据总行年度计划，结合本机构实际制定年度计划，合理传导和分解内控体系建设任务，推进全行内控体系的持续优化。

二、开展“压实责任年”活动

按照“一年一个主题，一年一个台阶”的思路，在全行组织开展了2019年内控合规“压实责任年”主题活动。一是强化关键群体引领。推动各一级（直属）分行、二级分行行长讲授专题合规课，18万余人接受“一把手”合规教育，推动信贷主管行长讲授案例警示课，9万余人接受警示教育；推动全行开展“牢记合规红线　提升履职能力”大讨论，全行22万余人参与其中，推动《合规红线手册》基层运用落地；创新搭建“合规有实招”分享平台，35家一级（直属）分行提炼总结本级机构合规经理工作经验、管理方法和实践成果，8万余名员工学习“身边人”先进的合规管理实践；连续第4年打造“践行合规”主题竞赛品牌，全行19万人参加合规知识网络竞赛，18家分行现场参加“践行合规　学行实效”内控合规精英挑战赛，以寓教于乐的方式展现了“合规从我做起、合规人人有责”的文化品牌。二是持续打造合规名片。创新搭建内控合规“移动课堂”平台，总行组建2支巡讲团队，现场举办2场直通式巡讲，通过直播和下发视频相结合的方式，全行21万余人观摩学习，同步推动各行多形式开展本机构“移动课堂”，10万余名员工聆听身边合规故事；持续推动合规文化与发展实践“联系点”建设，组织2家总行级联系点开展“结对共建”活动，推动打造省行级“联系点”102个，鼓励基层创新实践。三是突出正面典型引路。印发实施《合规正向激励管理办法》，首次以制度的形式固化合规标兵“三年一评”机制，“合规标兵”正式纳入集团“荣誉称号”之中。35家一级（直属）分行已制定适用于本级机构的实施细则，15家分行已落地执行，激励集体及个人700余次，持续营造“从要我合规到我要合规”的良好氛围。

三、加强操作风险管理

操作风险管理方面：抓分类施策、抓平台建设、抓专项治理，夯实管控基础，推动管理升级。操作风险损失率继续控制在监管目标值以内。

（一）优化集团操作风险限额管理方案。为提高风险限额利用效率与管控水平，积极调动分行控损挽损的主动性，根据银保监会给我行下达的操作风险损失率年度目标值，优化2019年操作风险限额分解落实机制。对境内分行，结合各机构潜在损失敞口，试行“一行一策”分解落实损失和监管处罚限额，强化限额管控压力传导和考核工作；对境外机构及集团附属机构，按照核心及重点市场类、潜力及节点市场类、新设及发展初期类，进行差异化限额管理，并将操作风险损失率与监管处罚率统一纳入非银子公司风险限额管理方案。

（二）加强操作风险集体审议。按照“突出重点、聚焦风险、整合资源、注重实效”的原则，全年首次采取“常规+专题”套开形式，共围绕“监管罚没、账户管理、系统控制、理财投资”四个专题召开会议，融入操作风险、内部控制方面需要审议、汇报、审阅的事项，强化同一条线前中后台部门的协同效应，突出委员会对重点风险领域、重要控制环节、重大风险事件、重点风控工作的协调、审议、推动。全年共组织召开委员会现场会议4次，审议、听取汇报、审阅15个部门提交的议题25项，形成会议决议61项，显著提升了操作风险委员会议事平台效用，增强对典型风险领域的管控，持续推动一道防线履职。

（三）创新探索，开展新型操作风险管理模式研究。为进一步厘清操作风险、合规管理、内部控制等管理工具关系，寻找操作风险事件发生动因和风险传递关系，组织操作风险全行专家团队开展《基于风险动因与风险传递关系的新型操作风险管理模式研究》课题，尝试通过“损失事件—风险点—制度—流程一控制措施—风险管理”关联模型，提出构建“风险导向、基于流程”新型操作风险管理模式思路；以“风险驱动”为建设思路，推动操作风险损失、关键指标监测系统优化，实现损失数据、异动指标向各业务部门推送的功能，为后续构建数据自动汇总、自动推送和智能分析平台提供坚实基础。

（四）开展“八大领域”风险纵深治理。持续巩固2016年以来重点领域和关键环节治理成果，按照“矩阵更新+评估摸排”双管齐下的思路，突出重点用力，聚焦“八大领域”开展深度治理。协同总行19个治理责任部室梳理八大领域关键风险点和控制失效环节，细化提出涉及项目化、制度化、系统化、数据化的118项总行层面实施的治理措施和涵盖准入及限额管理、员工行为动态排查、关键岗位人员轮岗、案件风险重点排查等69项案防措施。通过八大领域部门专题联席会议，组织各部门分析执行进度，开展差距分析，推动重点问题解决和措施执行。

（总行内控合规部）

境外机构合规建设

2019年，全球经济金融形势不确定性显著增强，保护主义、单边主义蔓延，中美贸易摩擦呈现出长期化、复杂化趋势，且逐渐从贸易领域向科技、金融领域扩展。金融监管标准持续抬升，在反洗钱与反恐怖融资、公司治理、重点业务合规、信息安全、消费者保护等领域持续发力。监管处罚力度不减，境外同业巨额监管处罚仍然主要集中在美国和欧洲，且呈现出由单一关注违规事项向关注机构合规与反洗钱基础资源配置充足性与工作机制有效性、由处罚违规个体机构向对集团总部追溯的趋势，且通过长臂管辖、溯及既往、联合执法、集团追责等多种方式加大处罚力度。在此背景下，我行坚持稳健合规发展，持续强化集团合规管理，提高合规风险防控水平。

一、推动境外合规管理长效机制建设

中长期，对标银保监会指导意见，参考全球合规监管标准和国际同业实践，制定印发《境外合规管理长效机制建设方案》，对未来3~5年境外合规管理体系进行安排，确定了未来一段时期推进境外合规管理体系建设任务，并明确了具体职责分工、实施路径及时间表。短期，制定发布《2019年境外合规与反洗钱工作任务》，从夯实管理基础、聚焦关键领域、关注特定机构三个层面，明确了20项重点工作任务，并对25家机构分别提出专门工作要求，推动境外机构提升合规履职水平。

二、实施境外合规分类管控

一是在分区管理方面，组建亚太和中东区域合规管理团队，基本实现对境外合规监督管控的全覆盖，制定并推动“区域经理+区域团队”的工作机制并开始履职，初步完成现阶段区域合规管理的框架设计；按照“一区一模式”强化对境外合规事项的监督、指导与支持，系统研究欧美监管体系、模式以及重要监管规则，编制完成《欧洲监管手册》《美国监管手册》。二是在分级管控方面，引入第三方咨询，实施境外合规风险评估项目，参照业内通行实践，搭建境外合规风险评估框架，研究设计境外合规风险评估指标体系，对全部境外机构开展评估。

三、加强境外合规队伍建设

一是持续加大合规人员投入力度，截至2019年底，境外合规人员586人，较2018年底增长16.3%，形成了以本地合规人员为主体、外派合规人员为衔接、后备人员为保障的梯队式境外合规队伍。二是修订完善《境外机构合规官管理办法》，对境外合规官实施分类管理，进一步严格合规官准入资质标准，明确差异化职责定位和考核要求。三是持续做好合规官准入评估，年内共完成13家境外机构、15名合规官或反洗钱官的准入评估。四是组织开展境外合规官年度考核，并背对背发送履职提示，加强集团总部对境外合规官履职能力和成效的评价，听取部分机构合规官视频或现场述职。五是实施两期“全球合规学院”培训项目，召开亚太、欧洲区域合规官片会，加强与合规官的沟通交流和培训培养。

四、加强境外合规管理系统建设应用

境外合规管理系统（OCO）目前已覆盖47家境外机构，2019年根据监管要求和境外机构使用情况，对系统进行了优化：一是落实欧盟GDPR对员工信息的存储和保密要求，对系统信息进行清理；二是以用户体验为导向，集中展现境外监管检查和评级最新情况，逐条分析并研究纳入境外机构诉求和反馈，整合系统用户角色、优化系统应用界面和流程。

五、加大监督检查力度

一是组织完成集团合规领域监管规则梳理对标，从合规治理架构、合规部门、合规制度建设、合规管理活动、合规保障机制5个方面梳理出各境外机构属地涉及集团合规领域的417项监管规则，并逐项开展差距分析，对发现的管理薄弱环节，指导机构采取相应管控措施。二是结合近年来境外属地监管发现和关注重点，组织境外机构开展集团合规关注点自查，对发现的薄弱环节及时采取管控措施。三是督导重点机构以改促建，对纽约分行，持续推进执行令整改，组建专项小组，推进纽行交易监控和制裁筛查系统升级和替换，增配纽行合规反洗钱队伍，审慎推进交易回溯；对工银欧洲，推动开展客户KYC档案审查和系统优化升级，对布鲁塞尔和阿姆斯特丹分行开展自查整改验证。

（总行内控合规部）

反洗钱工作

2019年，全行坚持“风险为本”，持续完善集团反洗钱管理体系，重点抓好境外反洗钱整改提升，着力夯实境内反洗钱工作基础，稳步加强子公司反洗钱管理，集团反洗钱工作水平不断提高。

一、坚持与时俱进，持续完善集团反洗钱管理体系

（一）规范制度流程。组织修订了洗钱风险管理办法、客户身份识别管理办法、大额和可疑报告管理办法、涉敏业务管理办法等反洗钱基本制度，为全行执行反洗钱监管新规提供重要依据；多个业务部门相应更新了管理办法或操作指引，反洗钱要求与业务流程紧密衔接。各境内外机构根据属地监管和总行要求制定或更新反洗钱手册或操作规程156个，集团反洗钱制度体系更加完备。

（二）重构评估体系。机构维度，成立评估项目组，组织总行19个业务部门及37家境内分行实施评估。客户维度，开展客户职业或行业洗钱风险等级划分，累计完成45个职业和1 386个行业洗钱风险评估，逐步对分类指标模型进行调校。产品维度，增加多维度量化分析指标，综合评价产品固有风险，组织业务部门对8 890个存量产品进行分类梳理，整合为183个产品类别进行重新评估。地域维度，建立了评估指标和模型，完成249个国家（地区）洗钱风险评估。

（三）优化信息系统。推进智能反洗钱3.0建设，打造反洗钱云平台、数据平台、智能模型平台三大平台，投产智能甄别助手功能，构建“智能监测+智能分析”模式，深化反洗钱系统架构转型。优化境内反洗钱监控系统，按照人民银行统一部署完成3号令系统切换，成为首家成功试报送反洗钱数据、首家成功通过消息中间件完成数据报送、首家成功切换到新系统的银行；现有监控模型46个，监测指标175个，系统监控业务范畴不断扩大。提升境外反洗钱系统服务能力，持续拓展BRAINS和COMPASS应用范围和系统功能，已分别在24家和38家境外机构投产应用；完成BRAINS系统外部独立审计项目，获得“领先实践”审计评价。稳步推进反洗钱金融服务输出，与中国邮政储蓄银行、乌鲁木齐银行等同业机构签署反洗钱系统、监控模型等有偿服务合同，成为国内首家提供反洗钱云服务的金融机构。

（四）加强监督检查。内部审计方面，完成集团总部、9家境内机构和6家境外机构现场审计，从顶层设计、执行管理、系统应用、整改落实等方面提出了审计建议。专项检查方面，开展个人金融业务、企业结算账户管理反洗钱专项检查，并对10家境外机构开展反洗钱合规现场检查。日常监测方面，定期对境内外机构反洗钱工作进行非现场监测，形成问题发现、通报整改、监督跟踪、控制风险的闭环管理，经过六期非现场监督，境外机构反洗钱业务平均分数提高22%，涉敏甄别业务平均分数提高3%，各项业务处理效率和质量得到大幅提升。

（五）增强专业能力。专业人才培养方面，举办11期现场培训班和3期视频培训，出版发行《反洗钱自定义监控模型与异常交易分析实战》，组织CAMS认证，持续提升反洗钱队伍素质。全员履职提升方面，上线“反洗钱基础知识”网络培训，累计参训人数超过11万；总行业务部门、各境内外机构有针对性地组织开展反洗钱培训2 400余次，参训人数超过52.7万。

二、坚持以改促建，扎实推进境外反洗钱长效机制建设

（一）紧抓欧美机构整改。针对美国机构，指导纽约分行统一客户定义和分类标准，完成全量客户KYC档案复评；投产制裁合规新系统，优化反洗钱监控模型，做好交易回溯筛查，在部分关键领域取得突破。针对欧洲机构，指导工银欧洲细化客户洗钱风险分类标准，加强交易监测和名单筛查，退出高风险零售业务，通过聘请独立第三方全面完成自查验证整改。

（二）加强标准化建设。启动监管规则库建设，编制《境外机构属地法律法规框架下反洗钱工作手册（卷一）》，建立了规则跟踪—差异分析—标准确认闭环对标流程，持续推进监管标准梳理。修订完善《反洗钱标准化手册》，配套开发标准化在线培训课程及测试试题，推动标准化手册落地。

（三）启动KYC专项治理。制订境外机构客户身份识别与尽职调查（KYC）专项治理工作方案，按照“明确客户定义、优化尽调机制、规范尽调标准、丰富尽调工具、提升KYC质量、配套系统建设”六大任务，细化总行部门和境外机构任务和目标；印发《关于做好境外机构反洗钱领域客户认定工作的通知》，规范客

户认定原则和清单管理要求，同步推进机构试点工作。

（四）强化风险防控。代理行业务方面，修订《外资代理行尽职调查和洗钱风险分类指引》，持续做好代理行定期审核和动态调整工作，主动退出高风险代理行，清退境外机构高风险来账账户。跨境业务方面，持续强化跨境担保业务交易背景合法性、合理性和真实性审查审批；对洗钱风险较高的贸易融资产品采取逐步退出、加强制度建设等管控措施，并逐步退出与代理汇款机构的业务合作。

（五）优化反洗钱机制管理。推行境外合规差异化分类管理，启动境外合规风险评估和洗钱关键风险评价项目，明确集团对境外机构差异化合规管理策略。持续完善新设机构反洗钱验收标准，对新设机构开展非现场验收，提出改进意见，从源头上防控反洗钱合规风险。

（六）抓好人员管理。对 20 家机构反洗钱合规官开展准入审查，组织对 10 家机构反洗钱合规官进行了视频述职；启动反洗钱合规官履职管理项目，理清权责关系。截至 2019 年末，各境外机构共配备反洗钱合规人员 410 名，较上年末增加了 14.2%，基本形成以本地人员为主体、外派人员为衔接、后备人员为保障的梯队式反洗钱合规队伍。

三、坚持强基固本，有效提升境内反洗钱工作质效

（一）完善反洗钱运行机制。深化集中做，建立定期通报机制，指导督促分行加快集中改革进度。规范专家干，印发《关于规范反洗钱工作机制及人员管理的意见》，建立量化考核和激励约束机制。加强统一管，印发《关于加强洗钱风险偏好管理的通知》，明确管理策略和控制指标；下发《反洗钱工作提示函》，跟踪督导落实整改。

（二）开展 KYC 综合治理。制订治理方案，明确 61 项任务，按照“治存量、控增量、建机制”思路，分类、分层、分步进行整治，做到“治有计划”。投产个人客户信息批量查询、更正、控制工具和企业账户智慧年检平台，实现“治有手段”。对非实名和证件异常个人客户采取交易控制措施，上述问题客户数较治理前下降超过 30%；对证照注吊销单位客户（含特约商户）作账户控制或销户处理，达到“治有效果”。

（三）加强重点领域管控。涉敏风险防控方面，印发《涉敏业务管理办法》《关于做好外汇及涉敏合规管理工作的意见》，形成事前尽职调查、事中筛查布控、事后风险排查的全流程管理格局；持续优化名单系统，扩大筛查范围和回溯筛查功能；及时发布涉敏风险提示，组织做好涉敏风险排查。重点客户管控方面，对受益所有人，完成外购数据与我行客户信息匹配，实现与全球资讯平台对接，并纳入尽职调查流程；对外国政要（PEPS），完成新增客户 PEPS 筛查审批，组织对存量非居民客户进行 PEPS 筛查，并纳入高风险客户管理；对可疑报告客户，进一步明确了后续控制措施，实现可疑报告由“报没报”向“控没控”转变。分类结果应用方面，实现与信用卡、信贷审批、电子银行等 10 个业务系统对接，为业务部门事中风险控制决策提供依据。

（四）提升子公司管理水平。组织对工银瑞信、工银租赁、工银安盛、工银投资等 4 家子公司进行摸底调查，全面查找与行业监管要求差距，指导子公司完善制度流程、信息系统和控制措施。

（总行内控合规部）

声誉风险管理

2019 年，总体实现“主题宣传有声势、舆情管理有提升、传播创新有突破”，为全行改革发展营造了平稳的舆论环境。

一、正面宣传形成强大声势

全年坚持安全、专业、稳健、创新、服务、责任的宣传主基调，不断做深主题宣传，提升传播力、引导力、影响力，着力讲好“工行故事”，传播“工行好声音”。

一是权威媒体报道较上年翻番。全年新华社、中新社、央视、央广、《人民日报》《光明日报》《经济日报》《解放军报》《金融时报》、人民网、新华网等权威媒体刊发原发报道 2 100 余篇，其中央视《新闻联播》播出 26 条，两项数据均在 2018 年度高增长的基础上，进一步翻番。

二是主题宣传形成品牌。坚持“总行确定主题—发动全行—鼓励创新—注重再推广”的“四结合”主题宣传模式，着力调动行内外宣传资源，形成有力“合音”。全年接力式策划推出“工行温度”“不忘初心、牢记使命”“金融扶贫工行情”“全方位服务进博会”“拥军工行情”等主题宣传，得到各专业、各机构的积极响应和广泛参与，境内外各类媒体刊发我行相关

正面报道近 30 万篇次，较上年增长 40%。

三是重点报道屡创高峰。围绕“每月有亮点、每段有爆款”的宣传目标，借力、借势在各类媒体打造宣传高峰，及时、有力发声，保持行业领先优势。如在“金融扶贫工行情”主题宣传中，各类媒体刊发我行助力脱贫攻坚报道超过 9 000 篇次。其中，央视、新华社等刊发了我们通过产业扶贫、卫生扶贫等助力脱贫攻坚的报道；《金融时报》刊发我行高质量推进四川定点扶贫专题报道；全国“两会”首日，以我行员工李兴柯为扶贫干部典型的微纪录片《我们都是追梦人》，在《人民日报》及其新媒体、各主要网络媒体首屏发布，同时通过 Facebook 平台的政务账号“Xi's Moments”面向境外权威发布，阅读量超过 3 000 万，在社会上形成强烈反响。在“全方位服务进博会”主题宣传中，我行克服缺乏赞助商宣传权益的不利条件，总体实现了“同业领先、特色鲜明”的宣传效果，境内外各类媒体刊发我行服务进博会新闻报道 1 200 余篇次，其中新华社、央视、《人民日报》《经济日报》四大权威媒体刊发 15 篇，显著高于同业。陈四清董事长作为银行机构唯一代表接受《人民日报》采访，谈学习习近平主席在进博会开幕式上的主旨演讲的体会。在“不忘初心、牢记使命”主题宣传中，央视《新闻联播》播出我行主题教育工作成效 4 条，其中我行普惠金融服务作为中央企业代表首家播出。在“拥军工行情”主题宣传中，着重找准定位，通过新华社、《人民日报》《经济日报》《解放军报》等刊发我行服务军运会系列报道，其中，我行武汉分行为新中国第一位女航空兵马旭老人贴心办理千万助学捐款的故事，得到《人民日报》及其官方微信（头条）、央视新闻等持续报道，引起社会广泛好评。

二、舆情管理质效持续提升

面对内外复杂形势带来的舆情压力，坚持“前瞻、主动、及时”三原则，重点抓好源头治理、主体责任、有效应对三项工作，实现全行声誉风险总体平稳。2019 年上半年，我行舆情管理监管考核排名升至同业第一；2015 年以来首次实现监管通报中舆情管理整改“摘帽”，2018 年全年及 2019 年上半年监管通报中均没有舆情管理整改问题。

一是稳妥应对重大突发舆情事件。面对境内外监管处罚、重大服务投诉、不规范营销、信用风险、敏感事件等带来的重大舆情，前移防控关口，全力争取内外部支持，最大限度降低了负面影响。全年指导协调各单位处置舆情事件 600 余件，与上年持平；协调撤除各类媒体渠道的失实及炒作信息 1 000 余条，是上年的 4 倍。

二是强化声誉风险管理责任落实。在督促各单位落实声誉风险管理办法、新闻发言人制度、危机管理预案“三项制度”的基础上，推出落实舆情管理“三项机制”，即重大舆情提示到一把手、引发舆情的业务谁主管谁负责、全行轮流监测值班，进一步提升了全员声誉风险管理意识。全年促进各单位处置客户投诉、改进工作 400 余项。

三是做好重点敏感时段舆情防控。坚持“境内 + 境外”“自主 + 外包”“常规 + 专项”相结合的舆情监测体系，不断增强监测的时效性、精确性、主动性。全年针对车贷、房贷、消费投诉、ETC 不规范营销、不当使用宣传素材、违反宣传纪律等事项，编发 11 期舆情提示向全行预警。在“两会”“3·15”“新中国成立 70 周年”、军运会、进博会等重点敏感时段，提前组织开展声誉风险隐患排查，实行全天候舆情值班和每日舆情“零报告”。央视“3·15 晚会”当晚，协调总行相关部室集中值班、现场研判处置、拟订应对方案，有效防控了敏感商品、敏感企业等可能带来的声誉风险。

三、新媒体传播不断实现新突破

紧跟新媒体传播趋势，坚持“正能量、接地气”传播定位，全力打造与工行调性相契合，有故事、有个性、有情怀的新媒体报道。全年新媒体影响力、阅读量、粉丝量不断攀升，稳居“金融业第一官微”地位。官方微信、微博报道实现对所有二级分行的全覆盖，有效发挥了凝心聚气的作用。

一是“双微”影响力领先同业。全行微信、微博阅读量达到 4 亿，较上年翻番。官方微信粉丝量突破 2 200万，较年初增长 30%。官方微信、微博获评新华社新闻中心“最具影响力新媒体”、中国思想政治研究会“中国金融企业新媒体品牌榜”第一名、清博大数据“全国企业新媒体 TOP10”等奖项，在国资委新闻中心发布的“中国企业新媒体指数榜”中，连续四年蝉联金融业第一。协助银保监会牵头组织银行业“小编联盟”，受到监管部门和同业高度肯定。

二是创新项目获多方点赞。总行办公室打造的“童行人”公益创新项目，全年相关新媒体报道阅读量达 1 200 万。喜马拉雅官方电台推出“大行工匠说”“金融扶贫工行样本”等 10 期音频节目报道，收听量超过 740 万，成为传递“工行好声音”的重要渠道。将网易公开课优质网络课程资源引入定点扶贫地区中小学课堂，推动扶贫和宣传融合创新。在银行业中首家成功申设人民日报新媒体官方账号，通过“人民号”这一权威渠道进一步提升了工行影响力。

三是新媒体传播形成新高度。坚持“三个第一”原则，针对全行大事、行领导重要活动、社会正能量热点，第一时间策划、第一时间编发、第一时间互动，全力把握新媒体传播主动权。在行领导活动方面，策划推出进博会、金砖峰会、精准扶贫、ECOS 发布会等重点报道，受到粉丝广泛转发、点赞，实现了信息传播权威、及时、精准。在全行大事方面，围绕“不忘初心、牢记使命”主题教育、迎国庆、精准扶贫等话题，策划推出一系列有分量、有看点的报道，相关阅读量超过3 000万。在社会热点方面，坚持呼应传播正能量，其中官方微博发布的山西忻州九原支行员工机智解救身陷传销组织人员，得到微博CEO等大V以及银保监会官方媒体转载，阅读量超过100万；“情人节”当天单条微博获得近5万次转评赞、逾1 200万阅读量，创造近年高峰；“工行人的新年愿望”系列微博和喜马拉雅音频广播节目，覆盖半数以上境外机构，阅读量超过100万，受到境内外员工的好评。

四、制度机制建设进一步完善

一是完善三项制度。全年修订下发《中国工商银行新闻宣传考核办法（2019年版）》，制定下发《关于和全国性媒体地方站建立直通式联系的通知》《关于加强声誉风险管理的通知》，进一步完善了新闻宣传和舆情管理制度体系。

二是提升培训质量。全行公共关系及声誉风险管理工作培训班获评当月全行十佳培训班。在全行首次举办新媒体编辑运营工作培训班，培养了一批新媒体传播人才。

三是不断健全声誉风险并表管理。指导美国、欧洲等重点境外机构完善区域舆情管理框架，健全汇报路径、三道防线、风险偏好体系，夯实舆情管理基础。

（总行办公室）

消费者权益保护

2019年，本行认真落实监管要求，持续深化“以客户为中心”理念，及时响应客户需求，全面实施“消保一把手责任制”“监管转办投诉压降”和“投诉问题根源治理”三大工程，消费者权益保护工作体制机制更加完善，部门协作更加高效，基层操作更加规范，客户满意度继续提高。

一、致力推进消保体制机制建设

进一步完善消费者权益保护工作顶层设计，体制机制建设取得新进展。机构设置方面，在董事会下新设“社会责任与消费者权益保护委员会”，明确委员会工作职责、议事规则和运行机制，在公司治理层面进一步提升消保管理站位。制度建设方面，印发实施《消费者权益保护审查工作管理办法》，在银行同业率先出台专门的消费者权益保护审查制度，从业务准入源头精准识别和有效防范涉及消费者权益的相关风险。考核机制方面，扩大总行消保定量考核部门范围，对部分重点部门实施消保定性考评，增加分行绩效考核中投诉指标权重，推动各部门和机构进一步提高消保工作重视度。

二、认真落实监管部门部署要求

严格落实监管部门各项要求，积极发挥大行表率作用。参加重要活动方面，总行高管层出席最高法院、人民银行和银保监会召开的金融纠纷多元化解机制建设推进会，并作为金融机构唯一代表发言，介绍本行参与金融纠纷多元化解机制建设情况，获得多方认可。配合新规制定方面，针对监管部门起草的多项规范性文件，结合本行实践提出完善意见，为监管政策制定提供参考依据。系统开发建设方面，推进行内客户投诉管理系统与人民银行投诉监测分析系统对接，高质量投产金融消费者投诉统计分类行业标准实施项目，助力提升银行业投诉信息化、标准化管理水平。重点工作组织方面，全面开展侵害消费者权益乱象整治工作。

三、深入推进投诉问题根源治理

更加注重将投诉问题根源治理作为提高客户满意度、防控投诉风险的根本途径。高层推动方面，总行高管层先后主持召开投诉问题根源治理专题会和行长办公会，分析投诉反映的顶层设计问题，研究根源治理措施，并组织相关部门落实。制度建设方面，印发《关于进一步加强客户投诉问题根源治理工作的意见》，推动构建“全行共同做消保”格局，启动打造消保“一把手工程”等重大举措。重点治理方面，总行相关部门召开投诉问题根源治理座谈会，专题研究解决重点投诉问题。事前防控方面，从消费者权益保护角度加强事前审查，更多发挥前瞻性识别风险、穿透性管控风险、系统性预防风险的保障作用。

四、着力压降监管转办投诉数量

坚持将监管转办投诉压降作为全年消保工作重点，持之以恒加强治理。责任落实方面，建立监管转办投诉压降目标承诺机制，要求分行对全年压降目标作出书面承诺。印发《关于深入开展监管转办投诉问题治理工作的通知》，督促分行深入分析投诉成因，主动发现痛点问题，确保实现压降目标。重点分行推动方面，组织相关重点分行先后召开监管转办投诉压降工作推进会、消费者权益保护重点工作推进及督导会、监管转办投诉压降工作座谈会，压实分行主体责任。情况通报方面，向全行通报2018年、2019年上半年客户投诉情况和多起客户投诉典型案例，按月通报监管转办投诉压降情况，进一步提高各级机构对消保工作的重视程度。责任人约谈方面，充分发挥立体式约谈机制作用，对投诉多、管理问题突出的分行，分情况、分层面、分步骤约谈相关负责人。

五、不断加强服务收费规范管理

全面落实服务收费相关监管政策和要求，持续强化服务收费规范管理，不断提升服务实体经济能力。现场检查方面，对相关分行开展涉企收费现场检查，督促分支机构依法合规开展服务收费管理，不断提升依法合规收费意识和水平。分行督导方面，强化对违规服务收费行为的日常监测和管理，同时发挥案例通报的警示教育作用，提高全行合规收费意识。考核评价方面，强化考核评价力度，督促相关分行牢固树立红线意识，切实落实主体责任，不断提升规范管理质效。

六、全面开展金融知识宣教活动

将消费者金融知识宣教作为提升消费者金融素养的有效手段及展现本行负责任大行形象的窗口工程，推动全行高效务实开展宣教活动。集中式活动开展方面，深入开展“金融知识普及月　金融知识进万家　争做理性投资者　争做金融好网民”“普及金融知识万里行”等集中式宣教活动，荣获银保监会“2019年金融联合教育宣传活动优秀组织单位”、银行业协会“2019年银行业普及金融知识万里行活动最佳成效单位”。常态化活动开展方面，因地制宜开展个性化宣教活动，加强对校园贷、非法集资、电信诈骗等重点领域和在校大学生、中老年人、农村居民等特定群体的宣教，注重提升宣教针对性和有效性。将宣教活动与“不忘初心、牢记使命”主题教育、金融精准扶贫等深度融合，有效提升本行社会形象。2019年，全行累计开展各类宣教活动10万余次，参与网点1.48万余个，参与员工61万余人次，受教育消费者达2.49亿余人次。

七、注重提升全员消保意识技能

更加重视消费者权益保护理念培养和行为规范，通过教育培训提升全员消保意识和水平。现场集中培训方面，举办消费者权益保护现场培训班，各分行消保牵头管理部门负责人及业务骨干，总行相关业务部门消保与投诉工作管理人员近百人参加培训，创新运用行动教练、拓展训练等培训形式，培养和激发学员领导力与团队协作力，取得良好成效。专题培训方面，针对消保审查办法实施、投诉分类标准应用等重点工作，以视频形式举办专题培训，扩大培训覆盖面。面向总分行相关层级负责人、全行服务管理条线及部分境外机构开展现场培训。知识竞赛方面，组织全行参加《中国银行业》杂志社发起的“2019消保之星”有奖答题活动，不断提升相关人员消费者权益保护意识和水平。

（总行法律事务部）

财务会计管理

2019年，本行坚持稳中求进，以机制创新和科技创新切实提升管理效能，全力推动集团发展战略落地和经营目标实现。

一、高标定位，推动经营效益稳步增长

牢固树立“比”的思想，坚持全盘统筹平衡，引导全行顺利完成各项经营目标。集团净利润创近年来最高增速，营业收入、拨备前利润等发展指标均呈现良好增势，在可比同业中保持较优水平。

（一）坚持“两端”发力，深入推进量价协调发展。一是合理控制负债端付息成本。量方面，通过预算工具强化存款的基础性地位，2019年我行存款增量继续保持同业领先。综合运用主动负债限额、利率上浮存款总量管理等举措，控制主动负债类产品总量。价方面，锚定主要同业，“一行一策”设定上浮幅度、上浮总量限额、定活结构，遏制付息成本过快上升势头。强化“实质利差”管理，加大对主动负债支出的预算监测和考核力度。二是全力提高资产端投入回报。量方面，强化预算管理，引导分行提升资产负债业务均衡性，加快信贷投放进度，实现早投放早受益。加大高收益个人贷款资源倾斜配置，引导分行优化新增贷款结构。对金融市场业务效益建立按旬跟踪机制，2019年债券投资余额及新增均居同业第一。价方面，综合考虑所得税、增值税和资本占用情况，不断提升资金运作效率。对特定历史条件下形成的低收益资产项目，通过推动提高收益水平或享受税收优惠政策等方式，提高资金

综合贡献。2019 年集团 NIM2.24%，较 2018 年下降 6 个基点，降幅处于同业较优水平。

（二）用好两个“杠杆”，加强实质风险成本管控。一是持续优化拨备管理政策。要求新发生法人不良贷款拨备计提比例不得低于上年不良贷款处置损失率。适时调整拨备计提参数，客观反映分行信贷成本，强化压力传导。二是合理安排财务核销资源。表内信贷，重点控制劣变金额，提高核销资源使用效率。表外业务，根据资管新规转型要求，提前做好资源配置和考核方案等财务安排，有序推进风险化解，实现表内外协同；引导分行加大账销案存资产清收处置力度；抓好受托资产清收管理，避免出现缺口。拨备覆盖率 199.33%，较年初上升 23.57 个百分点。

（三）突出三个“抓手”，强化中间业务组织推动。一是抓任务分解，增强目标进度的可控性。按照“坚守总量第一底线，稳步推进收入结构转型”的思路，围绕打造“第一个人金融银行”“境内外汇业务首选银行”等战略要求，制定收入目标，按季做好缺口管理，加强同业对标分析。二是抓沟通协调，提升解决问题的针对性。组织召开专题推动会，听取总行部门、重点分行的挖潜增收思路。由主要负责人带队，与重点业务部门面对面沟通，确认目标缺口及弥补措施。三是抓精细管理，激发拓展业务的积极性。继续实施结算类中收、信用卡分期付款收入增量与营销费用挂钩政策。完善第三方支付收入分润方式，引导做大第三方支付交易额。全年中收总量保持同业首位，结构优化有序推进，集团实现中收 1 728.03 亿元，同比增长 6.44%。境内分行结算类收入 585.98 亿元，同比增长 9.13%；第三方支付、工银信使和人民币对公结算同比分别增长 73.81%、50.17% 和 12.7%。

（四）坚持分类指导，促进各盈利单元提质增效。一是推动境内分行利润持续增长。引导盈利大行多作贡献，支持重点城市行竞争力提升，推动困难行早日脱困。二是引导境外及控股机构保持稳定增长。特别关注受特殊事件影响机构的经营动态，制定针对性措施，确保经营业绩稳健；落实差异化管理思路，积极寻找新的潜力机构和业务，督促综合化子公司有效提升盈利贡献。全年境外及控股机构实现净利润 251 亿元，同比增幅 9.5%。三是推进利润中心创利能力建设。持续跟进利润中心改革，及时排查和化解财务风险，特别是跨区域、跨国别风险，重点关注利润中心和分支机构之间的财务机制，从集团化角度弥补管理空白点，完善拨备、税收、分润等政策。

二、聚焦重点，全力保障发展战略落地

（一）加大财务资源投入，精准支持业务发展。一是加大总量投入。营业费用，全年投入 1 990.6 亿元，同比增长 7.47%，其中境内分行营销费用（不含业务招待费）同比增长 112%。固定资产，全年投入 159.33 亿元，同比增加 11.46 亿元。预算执行率达 99.6%，连续两年保持在 95% 以上。二是优化资源投向。全力支持“第一个人金融银行”战略实施。持续加大客户积分兑换、第三方支付促销、“工银爱购”促销等直达客户的营销投入，特别是总行直投 ETC 专项营销费用 49.8 亿元，推动全年拓户 4 203 万户。加大力度支持精准扶贫战略落地。申请增加 3 800 万元对外捐赠临时授权额度，及时做好额度分配。顺应趋势做好固定资产投入结构调整。持续压降现金、安保等相关投入；加大 IT 架构转型及 ECOS 系统建设等科技资源投入，科技投入同比增加 7.92 亿元、增长 20.2%；在“稳投资”中发挥大行担当，渠道建设投入同比增加 3.58 亿元、增长 5.2%；主动对接国家区域发展战略，长三角、粤港澳、京津冀等重点区域投入占比达 63.6%。三是优化管理手段。优化结算模式。对腾讯第三方绑卡创新性建立“营销商户号 + 代收代付”模式，对融 e 购平台引入第三方服务代理，提升结算效率，降低税务成本。加大服务力度。支持改善网点员工生活保障类设施；全面排查网点及自助银行所在建筑老危旧情况，加强隐患治理。

（二）优化绩效考评体系，强化集团战略传导。一是多维度完善考评办法。境内分行，增加新发生逾期贷款率考核，引导分行前移风险防范关口；优化存款及付息率考核，重点关注高成本负债，引导量价协调发展；加大基础类中收考核，引导中收高质量增长；单设互联网金融板块，助力创新发展。总行部门定量考核，把境内分行考评导向和指标进行横向传导和分解，引导部门对标市场、提升综合贡献。境外机构及子公司，强化同业比较考核，优化案件控制考核。一级（直属）分行竞争力评估，提高市场份额变化加扣分幅度，鼓励以增量进步带动总体竞争力提升。二是多视角强化考评统筹。“条”与“块”，引导各专业按照“以块为主、条块结合”原则制定条线评价办法，保持考评导向、指标口径、数据来源一致。总行与分行，加强考评办法审批，确保分块考核办法精准传导。结果与应用，强化考核评估结果在干部考核、资源配置方面的应用，提升分块考核办法权威性。三是多举措提升考评效能。加强业财融合。统一经营计划与考评指标口径；推进“考核进 MOVA”，基本实现考核结果“一键生成”。强化落地传导。整合发布《网点与网点员工绩效考核办法》，有效解决网点层面考核办法多、指标多、导向不明晰等问题，确保全行经营目标统一、策略灵活。

三、守正出新，促进财务管理提质增效

（一）坚持创新驱动，切实为基层减负赋能。一是成功投产财务分润系统，化解基层业务痛点难点。已有 12 个条线，33 只产品的中收下划切换至财务分润模式，

有效提升分润效率，网点业绩计量的精准度和完整性显著提升。二是深化财务共享平台建设，持续提高业务处理效率。推动差旅费进项抵扣和业务外包闭环管理功能升级，试点投产工银 e 差旅服务，实现 OCR 自动识别增值税发票和火车票等功能。在总行本部及直属机构投产财务共享平台，试点推广差旅费模块。三是顺利实施成本精细化项目，引导网点强化成本效益管理。成本归集精准度由 60% 提升至 99%，自动化归集比例提升 55.18%，为产品定价、网点分润、成本管理及经营分析提供有力支持。四是推进境外财务系统建设，提升工作效率和风控能力。完成 FRMS 在境外及控股机构的运用转换，对两家新设机构以及工银美国等四家特色化机构投产财务综合管理系统，境外代表处账务从手工核算成功转为系统核算。

（二）做好税收筹划，税务管理成效持续提升。一是按时保质完成合规申报。顺利完成 2018 年度企业所得税汇算清缴及纳税申报、BEPS 合规申报工作，最大限度降低信息披露风险。二是筹划节约所得税成本。统筹做好资产损失企业所得税税前扣除工作，2018 年度扣除率达 81.22%；及时制定《法人风险资产损失税前扣除工作指引》，对债转股方案提出相关建议，推动重点项目节约所得税 5.39 亿元；协调多渠道搜集海外收入完税凭证，连续两年实现境外所得境内零补税。三是强化增值税成本管控。积极推动小微企业免税政策落地，实现免征增值税 15.15 亿元；持续加强进项抵扣管理，全行抵扣率 7.61%，连续四年稳步增长。四是提升系统自动化水平。投产发票影像交互系统，账面分润业务处理效率提升 99% 以上；投产企业所得税模拟预测模块，分析预测能力进一步强化。五是防控境外机构涉税风险。指导境外机构妥善应对税务检查；做好转让定价管理办法推广和落实；密切跟踪国际反避税动向，提早筹划，规避风险。

（三）树牢合规意识，财务基础管理更加规范。一是以制度建设筑牢合规防线。完善业务招待、会议、差旅伙食等费用管理办法，巩固拓展作风建设成果。完善境外机构固定资产、会计核算、代表机构财会管理等政策制度，推动集团财务制度一体化管理。二是以专项检查强化合规管理。开展全行财务会计合规检查并持续跟踪整改情况，进一步规范分支机构财务管理行为。开展两次中间业务收费自查，确保依法合规落实中央减税降费的决策部署。三是以会计规范管理提升核算质量。基本完成合并报表附注编报流程改革，修订会计科目管理办法，完善科目体系，做好业务发展的会计核算支持。四是以精细化拨备管理保障业务平稳运行。制定集团金融工具信用风险损失准备管理规程。对总行本部实现保有拨备系统化管理，对分行实现多层级全产品全视图的逐日拨备监测。

（四）平衡风险效率，采购管理效能明显提高。一是推动制度执行落地，深化合规采购。扩大公开竞争性采购，项目占比 73.73%，较去年提升 0.89 个百分点；严控单一来源，项目占比 0.46%，较去年压降 2.5 个百分点。扩大使用外部专家，强化专业化和合规履职管理。全面规范招标业务和招标代理机构管理，强化信息公开和社会监督。二是持续强化实质风险管理，有效防控制度空转。公开招募 112 家优质供应商，清理存量不合格供应商 1 127 家，全面提升供应商质量。强化供应商准入和廉洁诚信管理，统一线上线下供应商管理标准。组织巡视整改回头看和多次专项检查，加强重点机构、重点项目跟踪督导。三是深化大集采理念，推动管理前伸后延。把测试环节、评分方案纳入采购审查审批流程，管理更加缜密。充分运用供应商后评价结果，传导优质优价导向。四是服务战略落地，助力业务发展。推动机构间认同采购，扩大集采结果共享，有效节约采购资源。推出合作类管理方案，服务业务发展。加强网点建设项目采购督导，网点装修平均采购用时较上年缩减 9%。五是深入内部挖潜，提升效率效能。加强项目计划整合，有效提高采购效能。推行项目经理制，强化全流程督导。深化部门间会商机制，推广线上评审谈判功能，重大项目采购实施周期缩短 45%。

（总行财务会计部）

资产负债管理

2019 年，本行积极传导落实货币政策，增强服务实体经济能力，资产负债业务整体呈现总量适度加快、布局持续优化、改革稳步推进、风险总体可控的特征。全年累计召开四次资产负债管理委员会议，获得 MPA 考核 A 类评估次数和央行评级一级次数均为大型银行最多。

一、2019 年资产负债管理各项指标总体运行良好

（一）资产负债总量平稳增长，结构配置效率持续

提升。集团本外币总资产为30.1万亿元，比年初增加2.4万亿元、增长8.7%，其中本外币各项贷款比年初增加1.34万亿元、增长8.7%。集团本外币总负债为27.4万亿元，比年初增加2.1万亿元、增长8.1%，其中本外币客户存款余额22.9万亿元，比年初增加1.57万亿元、增长7.3%。

（二）境内本外币存款增量首次突破2万亿元，竞争力进一步巩固。在近年M2增速下行和全社会存款增速放缓背景下，全年本外币存款（含同业）和人民币存款分别增加20 302亿元和19 437亿元，同比分别多增4 280亿元和3 953亿元，年度增量均达到历史最高。人民币存款日均余额比上年增加18 584亿元，均衡率为57.8%，同比提升5.3个百分点。各项存款和一般性存款的时点增量、日均增量以及个人和对公存款增量均排名四大行首位。

（三）信贷总量结构节奏保持同业最优，服务实体经济的适配性进一步提升。全行积极响应宏观政策要求，适时调增年度信贷总量，推动贷款增量再创新高，服务实体经济的适配性、普惠性和稳定性进一步提升。境内人民币贷款（含拆放）增加13 975亿元，同比多增2 455亿元、增长10.1%。结构上，通过设置专项贷款规模、内部定价优惠等措施，全力保障普惠、民营及制造业等重点业务发展需求。落实政策要求，推动房地产贷款增量占比稳步回落且处于合理区间，个人住房贷款连续第三年增量领先主要竞争对手。大湾区等重点区域分行增量占比达到60%，13家重点分行增量同业排名环比提升。

（四）统筹推进利率市场化改革，量价协调发展优于可比同业。持续深化以“放权、赋能、强责”为主线的市场化定价机制改革，顺应市场利率变化灵活调整FTP，保持存贷款利差同业竞争力，人民币存贷利差2.94%，四行排名较上年上升两位至四行首位。前瞻研究制定LPR形成机制改革应对工作预案，高质量完成全行LPR配套改革各项工作，推动LPR贷款定价应用显著提升，12月新发放对公贷款中LPR占比达92%，较上半年提升27%，超额完成应用推广计划。

（五）资金管理效率同业领先，大类资产摆布前瞻主动。坚持前瞻主动，加强资金统筹管理，有效应对市场流动性持续合理充裕的新态势，推动资金管理效率和资金运作收益保持同业领先，全年日均备付率低于四行均值13个基点，节约资金可增加利润8亿元。大类资产摆布主动、前瞻，营运收益稳步提升，债券投资余额突破6万亿元，增加6 363亿元，余额和增量均居四行首位；新增债券投资收益率3.60%，债券投资和同业资金运作实现收益同比增加193亿元。

（六）资本充足率创历史新高，资本使用效率进一步提升。集团口径资本充足率为16.77%，较年初提高138个基点，创我行历史新高，一级资本连续七年蝉联全球银行业首位。抓住市场流动性充裕、利率下行的有利窗口，有序推进资本工具创新，成功发行2 600亿元各类资本工具发行，创历年最高，合计提高资本充足率151个基点。境内分行经济资本占用增幅为6.9%，较本外币各项贷款增幅低3.3个百分点；信贷资产信用风险经济资本占用率为6.10%，较年初下降7个基点。

（七）集团外汇资产稳健增长，境外资产负债运行平稳。组合运用资金规模、价格调节、额度控制、窗口指导等政策工具控制集团外汇资产增速，集团外汇资产稳健增长。境内外汇各项贷款增加52亿美元、增长14%，有效支持了实体经济外汇资金需求；外汇各项存款增加94亿美元、增长11%。境外机构资产负债总体运行平稳。2019年末，境外机构总资产余额4 662.7亿美元，较年初增加179.1亿美元、增长4%。

（八）流动性利率汇率风险管理基础强化，各项指标符合监管要求和策略安排。兼顾安全适度和集约高效，各项流动性风险指标均符合监管及行内管理要求。动态研判利率风险管理策略，推动资产负债久期较年初拉长0.02，有效支撑利率下期集团营业收入的持续增长。灵活运用汇率风险管理工具，加强境外机构资本投入账面价值的保值增值管理，年末账面价值较年初增长30亿美元。

二、2019年资产负债管理各项工作开展情况

（一）精细化调控信贷总量、节奏、结构，持续提升全行服务实体经济能力。积极响应逆周期政策导向，发挥大行服务实体经济的主力军作用。聚焦实体经济重点领域和薄弱环节，持续加大普惠民营制造业专项贷款计划考核传导。突出战略引领，更加突出对重点业务品种和重点区域的倾斜配置。

（二）落实“比”的思想，有效夯实存款领先地位。一是按照“同业领先、注重日均、成本可控、自律合规”的原则，通过制定FTP激励政策、统筹布局主动负债、加强重点分行督导推动等方式，在存款付息成本相对可控的情况下，实现了存款总量及分品种增量持续大幅领先主要竞争对手。二是密切监测存款运行态势，在季末年末关键时点提早启动逐周预测以及日间多场次、全批量动态监测，实现偏离度合规与存款增长的有效平衡。三是做好境内分行存款竞争力评估，推动分行在扎实做好客户基础工作同时，稳步提升存款市场竞争力。平衡存款增长与成本控制，动态调整分条线分地区主动负债产品增量额度，做好主动负债产品量价协同管理，响应客户需求，推动存款增长，持续提升存款产品价值创造力。

（三）深化市场化定价改革，量价协调市场竞争力不断提升。一是认真落实国家金融供给侧结构性改革政策，积极推进贷款市场报价利率（LPR）形成机制改革

落地，组织完成LPR改革的系统功能改造与贷款合同修订工作，顺利实现新发放贷款全面应用LPR定价；认真履行LPR报价行职责，持续提高LPR报价质量，及时扩大制造业贷款LPR定价授权，简化优惠利率审批流程，有效降低实体经济融资成本。二是持续深化行内人民币存贷款利率市场化定价改革，建立自我约束长效机制，在促进存款增长同业领先的同时，实现存贷利差等主要指标四行排名领先。三是有效发挥在行业组织中的引领作用，引导和促进行业自律，增强服务实体经济能力。

（四）积极传导货币政策，前瞻摆布大类资产，资金营运保持高效。一是积极配合做好货币政策传导和衔接，加大市场融出力度，熨平市场阶段性波动，在助力稳定市场和防范化解风险中积极发挥大行稳定器的作用。二是前瞻研判货币政策和市场利率走势，年初抢先抓早做好大类资产布局，为债券投资提供有力资金保障，实现“早投资、早收益”，年末债券投资余额和增量均排名四行第一。三是统筹做好资金监测及投融资安排，持续做好关键时点、重点业务、重点客户的流动性监测管理，备付管理集约高效、同业领先。四是积极分析三方支付机构断直连、小额支付系统清算额度上调等政策变化对流动性的影响，妥善应对大额、小额、网银互联等渠道资金清算迁徙变化，确保全行流动性平稳有序。五是建立并有效应用资金管理同城备份机制，率先打造集团资金管理一体化全景视图平台，全面优化对资金的实时流量监测和多维度动态分析。

（五）资本补充有序推进，资本节约成效显著。一是抓住市场流动性充裕、利率下行的有利窗口，成功发行1 100亿元二级资本债券、700亿元优先股、创新发行800亿元无固定期限资本债券，有效控制发行成本，进一步夯实我行资本实力。二是深入推进资本节约和管理挖潜，印发2019年经济资本优化方案，开展贷款承诺压降。2019年末，占用资本的表外贷款承诺余额较年初下降3 914亿元，降幅约42.4%，减少RWA 1 957亿元。三是市场风险RWA统计口径优化取得重大突破，深入研究国际国内可比同业做法，加强监管沟通汇报，实施结构性外汇敞口统计口径优化，2019年末释放RWA约1 900亿元。四是加大无效低效“其他应收款”资本占用的清理力度，自5月起实现对网联等清算资金应收应付款的轧差统计，下半年月均资本占用压降比例为99.95%，月均降低RWA 1 220亿元。五是系统重要性银行组别管理取得显著成效，克服多重困难挑战，实现G－SIBs组别连续三年不升组。

（六）及时调整FTP策略，持续以市场化为方向完善FTP定价机制建设。一是及时、有效传导全行经营管理导向。科学把握资金运行规律和利率走势，阶段性上调旺季营销期间存款FTP，下调中长期和高利率存款FTP，确保存款竞争优势的基础上，努力增加稳定、低成本的资金来源，并防范利率风险。适时下调贷款FTP，鼓励适度拉长贷款久期，支持制造业、普惠和上海自贸区业务发展，切实服务实体经济。二是稳步推进市场化FTP机制建设。优化结构性存款FTP定价模型，量价协调管理取得了良好成效。统筹应对LPR报价改革和贷款发展新要求，优化贷款FTP形成机制。三是全面加强FTP传导。研发并大力推广利差明白纸、经营绩效计算器、利差分析小助手、网点点差排行榜和定价场景优化推荐等管理小工具，全面加强FTP传导，分行优秀做法和先进管理经验不断涌现，全行FTP利差管理意识明显提升。

（七）统筹协调集团外汇资产增长和结构优化，完善外汇资金管理模式。一是以“控增速、优结构、守合规、防风险”为原则，组合运用资金规模、价格调节、额度控制、窗口指导等政策工具，强化境外机构分类施策，推动境外机构资产负债业务稳健发展。二是优化集团内资金交易平台系统，有效发挥总行资金枢纽作用，充分利用集团内跨境资金双向融通渠道，实现集团内外汇资金的统筹调度和市场导向性流动。三是投产集团外汇资金监测平台，加强对集团外汇资金头寸的实时监控，逐步推进集团、境外机构层面的外汇日间流动性管理。四是优化境外筹资工具管理模式，加强总行对境外筹资工具发行的全流程管理，稳健有序发行境外筹资工具。成功发行“一带一路”主题绿色债券、“粤港澳大湾区”绿色债券，成为全球商业银行发行的最大规模境外绿色债券。2019年我行绿色债券发行获得具有国际影响力的《财资》《环球金融》等三项国际大奖。

（八）全面强化风险管理，不断增强各类风险管控能力。一是对标国际国内最新监管标准和同业优秀实践，持续完善集团流动性风险管理体系。做好集团流动性统筹协调，引导集团内单位合理安排期限结构，保持稳健的流动性风险偏好。二是强化贯彻“风控强基”要求，对标监管新规和国内外先进同业，强化利率风险制度与系统建设，全面夯实利率风险管理基础。三是围绕“一个核心、两项机制、三种工具”构筑集团汇率风险管理体系，牢牢抓住境外机构资本投入账面价值的保值增值这个核心，坚持和完善集团汇率风险管理多部门会商机制和重点境外机构汇率风险磋商机制，综合运用对冲交易、套期会计、财务考核三项工具，全方位提升集团汇率风险管理水平。

（总行资产负债管理部）

授信审批

2019 年，全行核定法人及机构客户年度授信方案 58 221个，核定授信额度 20.24 万亿元；共受理审查各类融资业务 229.2 万笔、21.4 万亿元，完成审批各类融资 223.8 万笔、18.9 万亿元，分别占受理笔数和金额的 97.64% 和 88.73%；完成项目评估 4 311 个，涉及融资 3.06 万亿元；完成新增押品评估 141.34 万宗，评定价值 2.79 万亿。

一、支持民营、小微企业和先进制造业，助力实体经济高质量发展

（一）突出支持优质民营、小微企业。一是召开三场民营企业座谈会，邀请 21 家分行 42 家骨干民营企业负责人参加，收集企业需求及意见建议 155 条，已落实 144 条，其余正在持续推进。二是组建全行民营企业审查审批专家团队，确定首批专家 57 人，明确工作内容和管理机制。三是修订《小微企业信贷业务审查要点》，注重第一还款来源，减少对抵质押物的过度依赖。四是汇编 106 篇全行支持民营、小微企业典型审查审批案例，为分行审查审批提供指导。五是高效支持腾讯、华为等一批民营龙头企业需求，积极支持均瑶等民营集团参与国企混改。

（二）突出支持先进制造业。一是高效完成制造业融资审查审批工作，2019 年全行审批各类制造业融资合计 2.5 万亿元，较上年增长 16.82%。二是灵活审批比亚迪西安整车基地扩产项目等，积极支持前台和分行抢抓制造业大户的市场机遇。三是主动支持先进制造业技术创新。率先同业完成长江存储 NAND 存储芯片等一批先进制造业项目贷款审查审批，展现大行担当。四是编发近两年总行审批同意的 87 个制造业贷款案例，有效指导分行提升制造业项目审查水平和支持力度。

（三）突出支持前台和分行拓展优质信贷资源。一是积极支持雄安新区、长三角、京津冀、粤港澳大湾区等重点区域的重大建设项目，高效审批长三角铁路通道 283 亿贷款等一批重大项目融资。二是积极支持扶贫攻坚和绿色信贷项目，提出产融结合支持扶贫对策建议，高效审查审批扶贫公路、节能环保等融资业务。三是积极支持境外机构营销本地龙头企业银团贷款和中资企业跨境并购，审批长江电力收购桑普拉电力 40 亿美元并购融资等。四是积极支持表外业务创新，审批总行首笔储架式发行、首笔自营资金投资、首笔市场化退出的资产支持证券，创新审查审批广州越秀 100 亿元债转股和南航 80 亿元股权收益权理财投资业务。

二、着力把好风险关口，为全行经营发展提供有力支撑

一是房地产行业，重点支持总行级房地产客户核心区域优质项目，严控扩张快、杠杆高的房地产企业风险限额总量，严控三类城市及非市区范围新增房地产融资需求，严控高负债房企 PPP 项目融资，严控商用房融资，审慎把握房地产企业并购和资产证券化业务。二是产能过剩行业，严格审核煤电企业债券承销业务，加强环保审查，从严掌握行业地位不高、经营前景不确定性较大的汽车企业融资，严格把控钢铁、有色行业融资总量。三是同业业务，对突发风险事件、涉及负面舆情报道的 22 家银行进行风险排查，第一时间采取应对措施，对区域经济环境和信用环境欠佳、主要监管指标不达标、不良率高的同业客户严控风险限额总量和融资。四是代理投资业务，严把债转股准入关，严控对主营业务较差、债务负担重、融资集中度高的企业开展债转股。严控第一还款来源不足，交易方案、资金用途或退出方式不符合监管政策的项目。五是境外业务，从严把握借款人经营情况一般、国别风险较高且贷后管理难以落实的跨区域信贷业务，严控收购动机不明、整合效益差、杠杆率过高的并购贷款。

三、加强系统指导管理，不断提升全集团风险把控能力

（一）深化境内分支机构系统指导和管理。一是印发《关于规范二级分行审查审批体系建设的意见》，规范二级分行审查审批机构设置、转授权、队伍建设等。完成工银集团信用风险审查审批体系建设及统筹管理方案，对境内分行、境外分（子）行、业务条线以及集团控股机构 4 个板块提出工作建议。二是加强贷中监测。提取分行权限内已审批未提款大额融资 4 079 笔、大额授信方案 1 066 个，向分行发出风险提示函 19 份。三是赴 8 家重点分行及 16 家二级分行开展授信审批专项检查，发现 114 个问题，印发检查通报和限时整改要求。四是印发《信贷专家对口联系分行工作机制》，指导 14 家资产质量压力较大分行做好授信审批工作。

（二）加强对境外机构的指导管理。一是印发《关于加强境外机构授信审批专业系统指导与管理的意见》，初步构建境外分（子）行专业条线管理框架体系。二是赴7家境外机构开展调研指导，分析授信审批工作现状、存在问题，并提出措施建议。

（三）改进对子公司和利润中心的指导和管理。一是全面评估私人银行部非标投资审批流程，提出解决方案。二是研究建立银行卡新型线下审查审批机制的可行方案。三是调研帮助工银国际做好授信审批机构设置、集体审议等相关工作。四是参与研究加强工银标准信用风险统筹管理。五是赴工银安盛、票据营业部、贵金属部调研信用风险审查审批管理情况，为授信审批统筹管理提供充分依据。

四、做实做细授信，加强统一风险限额管理

（一）建立健全风险限额制度。一是修订法人客户统一投融资风险限额管理相关制度办法。二是修订授信项下授权审批制相关规定。三是制订合作机构非标合作限额审查模板。

（二）修订限额测算模型。一是构建科创企业专属授信模型。二是研究优化代理行授信测算模型，提出模型指标、参数及权重的优化方案。三是优化主权限额核定方法。研究提出进一步完善模型逻辑和参数设置，细化主权限额结构。四是优化证券公司风险限额测算模型。五是优化融资性担保机构测算模型。

（三）统筹推进统一限额核定工作。一是对186户优质企业实施简易流程，对18户潜在风险较高客户上收总行核定限额，对73户区域龙头企业授权分行核定限额。二是建立境内外统一风险限额沟通协调机制，及时解决境外机构55户客户限额调整和71户客户限额切分。三是从严控制赞比亚等高风险国家主权限额。年度内核定33个国家主权限额634亿美元，较申请减少217亿美元。四是推动联合授信工作进度。起草全行联合授信报告，督促9家试点分行按照时间表加快落实进度。

五、深入调查研究，推动审查审批能力建设与转型创新

一是完成《工商银行智慧审批体系建设研究报告》，推进审查审批模型化、智能化建设，构建审查审批辅助决策体系。二是开展大额不良贷款案例反思。梳理过去三年授信审批条线人员受到处分的不良贷款案例115笔以及分行重点风险领域典型案例73笔，分批下发分行。三是印发《绿色信贷审查要点》，建立健全绿色信贷审查体系。四是开展国际银团融资方案与风险控制模式研究，对比借鉴国际主流银团在约束指标、增信措施等方面风控技术。五是加强业务总结分析，起草并购贷款、代理投资业务等5篇报告，梳理存在问题，提出针对性建议。六是印发《制造业项目贷款评估实施细则》等17篇专业指导意见，进一步优化项目评估测算模型。七是梳理企业大额商誉风险识别方法和控制措施。八是构建股权估值案例库。

六、全面加强党风廉政建设和内控案防管理，确保廉洁审贷

（一）落实全面从严治党决策部署。一是落实全面从严治党主体责任要求，组织处长以上人员签署《党风廉政建设工作责任书》。二是深入开展“不忘初心、牢记使命”主题教育。领导班子重点对照党章党规逐条对照查找差距和不足，形成100项问题清单，已全部整改到位。三是扎实开展“顾国明、谢明案”专题教育活动，确定7项规定动作和24项自选动作，确定“六增六补”整改措施，组织分行开展本专业专题自查。

（二）加强纪律建设。一是强化专业条线党建工作考核力度，将违法违纪和廉政案防工作纳入条线考核指标。二是强化阳光审贷和限时服务承诺，修订下发《关于规范审查审批时效管理的通知》。三是印发《关于规范授信审批条线员工会见客户行为的管理细则》，严格规范中台会见客户全过程。四是完成《法人信贷领域内部控制手册》授信审批专业的编制。

（三）强化监督管理，提高专业条线案防水平。一是印发《关于授信审批条线加强“真实性”审查的意见》，明确“真实性”审查专岗职责、范围、流程和工作要求，制定国内贸易融资等5个产品防假反欺诈审查要点。召开全行“真实性”审查工作动员会。截至12月末，42家分行已全部设立“反信贷欺诈”审查专岗。二是制定《授信审批条线主要负责人审核规则（试行）》，进一步加强境内外机构授信审批部总经理聘任准入审核。三是制定《关于加强授信审批条线廉政案防建设的建议》，23条具体措施已陆续落地执行。

（总行授信审批部）

运行管理

2019 年，我行加强重点领域风险管理的机制建设和措施创新，着力完善境内外综合业务运营后台制度、流程、系统建设，运营安全、效率、质量水平大幅提升。

一、业务运营风险管理持续强化

（一）内部账务核算管理体系建设取得明显成效。按照“挂账、销账、账龄、对账”四位一体的核算管理要求，2019 年攻坚推进重点科目内部账务核算数据梳理、流程重构和规范管理。组织完成全行其他应收款、其他应付款科目涉及的 19 个专业条线、3 000 万笔核算明细梳理，明确了 50 类重点核算场景流程重构方案。完成代理财政支付等 10 类场景群的流程重构并在重庆、广东、四川、河北等分行成功试点，近 2 000 亿挂账资金实现直驱记账和进销匹配的系统刚性控制。严格管理随意开立账户、垫款确认中收和归还贷款等不合规行为，错用滥用内部户问题得到遏制。1670 科目季度手工核算金额同比减少 2.9 万亿元，降幅 66%，核算风险敞口大幅降低，内部账务核算规范管理共识正在全行形成。

（二）关键环节运营风险管理更加扎实有效。制定完善账户、票据、岗位等 20 余项制度；实施同城票据交换、代理财政支付等分行特色业务流程优化，实现行内外系统业务的联动直驱处理，操作风险得以刚性控制。落实关键岗位轮换制度，完成 2 万多名业务人员轮岗。围绕支付结算和反洗钱等监管规定，开展多轮单位结算账户排查，对证照超期、涉嫌电信诈骗的，实施清理和支付控制。全行在 ATM 运营维护、查库盘点等环节应用动态密码验证、移动智能查库等信息化手段，现金领域风险控制水平显著提升。各行深入实施网点运营风险分级管理，截至 2019 年末，高风险网点退出率达到 87%，连续 2 期的高风险网点同比下降 33%。

二、集团运营支持能力有效增强

（一）跨境支付清算水平显著提升。按照共享、智能、便捷、安全的原则，重塑跨境支付清算运营架构。构建跨境支付运营管理平台，整合分散于 30 余个系统的汇款处理、币种兑换、收支申报等六大类功能，率先在个人跨境产品领域建立起全流程无缝衔接、全过程透明可视的跨境支付运营模式，为客户提供一站式、全线上跨境汇款服务。积极践行“金融为民”理念，创新推出业务提交、咨询答疑、指令修改的全线上、一站式跨境汇款解决方案，深化应用 SWIFT GPI 标准为全球客户提供进程可视、费用透明、可实时止付的跨境支付服务，显著改善客户体验。创新实现全球清算汇路智能配置，汇路自动选择率达 95%；业内首推跨境汇款全程可实时止付服务，有效降低电信诈骗风险；实施支付清算外汇合规和洗钱风险过程控制，切实保障支付清算安全。

（二）金融市场后台建设取得重大成果。2019 年，金融市场运营平台（GMO）推广至境内外 94 家机构，支持债券、资金、衍生品、商品期货等全种类交易和投融资一体化运转，GMO 平台荣获人民银行“科技发展一等奖”；配套建立集团统一的运营制度、流程和标准，有效保障全行 6.4 万亿金融市场业务安全平稳运营。落实资管新规要求，顺利完成 181 只、4 992 亿理财产品净值化转型。工银理财完成总行理财后台系统复用、运营流程设计和运营人员培训。

（三）参数集中统一管理持续加强。参数管理基础保障作用充分发挥，贯穿设计、推广、维护、监控的参数质量管理机制高效运行，累计完成 390 余个项目的参数设计投产和 5 万余份参数申请维护，有力支持全行业务产品创新，全年参数管理实现安全生产无事故。率先在湖南分行试点特色平台参数纳入总行平台统一管理，相关领域参数运营风险得以有效管控。

（总行运行管理部）

法律事务与授权管理

一、法律事务工作

2019 年，本行法律事务工作的专业价值创造能力不断增强，风险防控化解质效持续提升，业务服务保障作用更加突出，为全行改革发展事业提供了有力支持。

（一）着力深挖广拓，法律清收成果与银法合作综合价值显著提升。本行在法律清收工作中坚持夯实基础与攻坚创新双轮驱动，既强化系统性组织推动，重视运用法律手段创新追索思路，提升处置效益，又强调法律事务综合贡献，着力拓展司法金融新空间。

1. 强化组织推动，巩固提升法律清收价值贡献。通过重点工作督导、精简考评指标、调增分行授权等方式，进一步夯实管理基础，落实“应诉尽诉、尽职追索”。建立失信惩戒常态化机制并推进开展试点工作，提升以惩促收成效。拓展法律清收受偿来源，积极运用法律手段支持大户债务风险化解涉及的诉讼保全、债务重组、破产重整、以诉促谈等相关工作。2019 年，全行运用法律手段共收回各类风险资产 207.58 亿元。

2. 主动适应服务重心下沉，助力实现经营保“稳”。在持续做好个案重大风险应对基础上，注重前瞻性预防小额分散但具有规模性的群体系统风险。完善线上融资业务顶层设计解决举证难题，推进网络公证试点降低追索成本，积极跟进相关司法动态和同业实践，与多家互联网法院、仲裁机构沟通对接，全方位优化完善风险防控及化解机制。通过法律清收典型案例分享和网络培训，有效促进了法律清收创新方法在基层行的交流互鉴，提升了基层法律清收人员的专业素养和实战经验。

3. 持续推进银法合作，不断开拓共赢新领域。2019 年，本行先后荣获全国扫黑除恶专项斗争领导小组评选的“全国扫黑除恶专项斗争先进单位”和司法部评选的“全国七五普法中期先进集体”等荣誉称号。融 e 购平台成功入选最高法院司法拍卖网络服务提供者名单库（第二批入围的两家平台之一）和全国性司法网络询价平台名单库（首批入围的三家平台之一），有效拓展了保证金存款、司法拍卖贷款等金融服务范围。积极配合司法机关开展涉众类案件案款归集管理，并借助融 e 购平台承接执行财产处置，全方位打造本行司法金融特色品牌，提升法律事务工作综合效益。

（二）贯彻源头化解，被诉风险防控势头更加强劲。主动适应外部风险加剧并通过被诉案件向银行传导复杂形势，突出源头治理，风险防控目标更加精准，应对处理措施更加有力，被诉风险综合应对水平持续提升。

1. 被诉案件应对质效再上新台阶。多维度分析研判重大敏感被诉案件趋势，发挥合力精准制定处置方案，在票据、非法集资、违规担保、民间借贷等领域妥善化解了一批重大疑难被诉风险。2019 年，被诉案件各项关键指标均实现同比下降，其中，新发件数和金额分别下降 16.23% 和 46.03%，败诉件数和金额分别下降 17.48% 和 44.89%，未决件数和金额分别下降 26.59% 和 21.47%；全行避免损失率提高 2 个百分点，被诉风险水平不仅同比继续下降，且继续保持明显低于同业的领先水平。

2. 被诉风险防控前瞻性不断加强。深入研究重大突发、刑民交叉等被诉案件解决思路和处理策略，提升复杂案件驾驭能力。健全内部信息共享机制，强化对重点涉诉风险事件和操作风险引发被诉及败诉案件的分析监测。系统化总结提炼大额被诉案件发案及败诉原因，加强社会舆论热点、同业处罚案件等相关风险揭示，通过广泛分享法律风险防控建议、开展专题培训等方式，提升被诉风险源头治理能力与成效。

3. 协助执行信息化继续领跑同业。率先优化升级与国家监委、人民银行和公安部总对总网络查控系统，高效满足有权机关执法办案查控新需要，工作成绩获有关部委高度认可。2019 年，全行共办理网络查控事项 3 033万笔，涉及账户 712 万个。

（三）致力精益求精，法律咨询审查支持保障效能更加稳健。高度重视发挥法律咨询审查的支持保障作用，在业务谈判、产品研发、制度设计、流程管理、合同制定、非诉风险事件处理、系统优化建设等每一环节做好法律风险防控。

1. 电子签约系统应用管理水平显著提升。通过建立健全管理制度、强化流程刚性控制、完善用印管理手段，电子签约系统管理架构、制度体系、用印方式及管理模式等持续优化，成功实现业务合同签约全线上处理和电子化用印。2019 年，在广泛调研、反复论证基础上，成功投产了 12 个电子签约系统优化版本，从完善系统权限控制机制、健全免法审功能、建立审批人员池、提高系统易用性等维度实现系统效能稳步提升，全行高效安全用印近 1 200 万枚，未发生一笔因违规用印引发的操作风险事件或被诉案件，实物印章被套取和泛用等风险得到有效防控。

2. 支持保障经营发展更加精准到位。法律咨询审查聚焦服务保障战略性区域竞争、推进实施打造“第一个人金融银行”等全行重大战略部署落实，深度参与金融科技创新、普惠金融发展等重要经营目标推进，强化对跨市场、跨行业、跨国界等新业务法律风险的识别和防控，为国际化经营发展保驾护航。多起跨境重大风险事件取得良好处置效果，法律风险和声誉风险化解成效突出。

二、授权管理工作

2019 年，本行授权管理规范化水平与精细化程度持续提升，政策传导与风险防控作用得到进一步发挥。

（一）年度基本授权工作。根据公司章程及有关文件规定，及时编制印发 2019 年度基本授权方案，授权内容涵盖银行经营主要业务事项，包括风险管理类、交易业务类、营销管理类、资源管理类等权限，涉及 30 余个专业条线。授权对象覆盖全集团，包括高级管理人员、总行部门（利润中心）、境内外机构（分行、子行和子公司）等。根据全行法人客户统一投融资风险限额管理改革要求，构建统一投融资风险限额授权管理体系，同时兼顾境外机构业务发展需要和风险防控能力，授权管理差异化和区别化更为突出，进一步提升了对重点业务和机构的风险管控水平。

（二）转授权与日常授权管理工作。各级机构根据基本授权文件和授权管理相关规定妥善开展转授权工作，及时解决日常授权管理中遇到的各类问题。通过转授权和特别授权文件备案审查管理和开展授权执行情况监督检查，个别不规范行为得到及时纠正，授权管理的严肃性和规范性得到切实保障。

（总行法律事务部）

管理信息

2019 年，管理信息工作聚焦 ECOS 建设，抓基础、建平台、推应用，深化大数据管理与产品落地应用，提升统计、资讯和征信信息管理与应用能力。获得了由中国人民银行征信中心颁发的“个人征信系统数据质量工作优秀机构”荣誉。

一、围绕 ECOS 建设夯实数据基础管理，初步实现大数据服务云在全行推广应用

（一）完成数据全入湖。2019 年向数据湖迁移境内外机构及行外数据表 2.6 万张，基本建成以数据湖、数据仓库和集团信息库“一湖两库”为核心的大数据服务云数据体系。完成通用查询（DAS）模板（4 543 个）、用户功能向大数据服务云迁移。建立了大数据资产视图，实现全行大数据资源“一图尽览”。注重向二级分行及以下机构推广数据查询工具，全行数据查询用户达到 10 225 人，较年初增长近 2 600 人。

（二）加强对境外机构、综合化子公司数据治理。健全集团信息标准，印发三批 5.6 万余项信息标准。配合 ECOS 项目实体建模同步完成 15 个存量系统信息标准关联和贯标改造。优化数据质量管理平台（DQMP），首次将境外机构与综合化子公司纳入数据治理通报，推动 55 家境外机构与综合化子公司成立数据治理领导小组。

（三）实现新版客户贡献在主要业务系统应用。向总行 26 个专业部门推广客户贡献精准计量模型，实现个人客户贡献在个人客户营销管理系统（PBMS）、绩效管理平台（MOVA）等四个系统的应用；实现法人客户贡献在投资银行业务管理系统（IBMS）、境外客户营销管理系统（OBMS）的应用。

二、创新开展数据产品落地应用，积极打通数据智能应用“最后一公里”

（一）推动数据服务向基层延伸。实施数据分析产品落地应用工作方案，重点推动 32 项高价值数据分析产品在基层行落地应用；成立“大数据应用”平台型团队，通过智能营销信息服务管理系统（EBM）部署并执行 21 项营销活动，派发客户 6 081 万户，成功营销 841 万户。开展“数据服务下基层”活动，通过网讯“数据需求”栏目等渠道征集并解决基层数据需求 800 余条。

（二）完善平台功能。投产 EBM 基于资金变动事件的实时触发营销功能，全行依托 EBM 系统开展精准营销活动数量达到 3 200 项。完成个贷、车主等 19 大类客群 160 项基础标签和 58 项应用标签梳理，引入工银图灵、SAS VIYA 和自助式 BI 等分析建模工具。

（三）强化重点领域数据分析和人才培养。围绕客

户主题丰富和完善数据分析产品，完成小微客户融资准入模型、循环类和交易类客户分群预测模型、柜台债预测模型。推动21家分行上线分行版资金流动监测分析系统，投产“ETC营销监测”子模块。全年分层级培训分析师475人次，举办第二届数据分析建模大赛。

（四）实现大数据应用合作项目整合共享。做好25个大数据合作需求管理，建立对外合作重点业务专题项目库和后评价指标库。

三、坚守统计报送底线，全面提升统计信息服务能力

（一）健全统计制度，完成监管报送任务。印发2019年综合统计制度，发布支持实体经济专项统计制度。实施“信用卡资产下划分行项目”，确保信用卡资产下划分行数据的准确性。组织完成集团风险数据加总独立验证工作。在同业首家投产EAST数据监测分析平台，规范明细类数据报送机制流程。顺利完成各项监管统计数据报送任务及第四次经济普查报送任务，按时报送EAST数据和金融审计数据。

（二）持续推进统计规范化、自动化。完成GSIS系统底层数据从TD向MPPDB云平台迁移，实现约6 000余项综合指标、100项MOVA指标纳入统一指标库。提升集团统计自动化水平，实现全部境外机构、综合化子公司总账数据在管理层驾驶舱T+2日展现。规范普惠金融领域客户身份标识管理、企业“经济成分”统计标识管理，提升民营经济相关数据源统计标识质量。

（三）拓展统计信息服务。投产新版管理层驾驶舱系统并在全行推广应用，新增86张境内外机构和同业报表。在管理层驾驶舱和AIS上实现普惠贷款相关报表按日展现。向基层推介CS+平台1 289张高质量星级报表。

四、推进征信信息合规管理，深化在风险防控领域应用

（一）筑牢征信合规与信息安全管理基础。组织召开2019年征信信息安全领导小组会议，印发2019年版征信合规管理办法、征信用户安全积分管理实施细则。投产CIIS系统个人征信授权书OCR识别校验功能，实现了授权书合规性查询前刚控。指导分行完成直接登录人行企业征信系统（CCRS）的4 000余名用户清理，推动实现GCMS系统个人征信报告禁打印、复制功能改造及贷后管理无业务背景查询刚性阻断。摸排全行可查询个人客户信息的35个系统安全管理现状，加快健全个人客户信息安全管理机制。

（二）深化征信信息在风险防控领域应用。引入CIIS138万余张增值税发票信息，为小微企业客户风险管理和营销提供多元化的信息支持。组织相关部门试用百行征信的特别关注名单产品，将人行“网贷平台恶意逃废债借款人和失联跑路高管”信息纳入CIIS并参与客户定级。配合银行卡业务部REAF（反欺诈）系统定期从FCIIS系统大批量查询人行征信评分。启动征信二代系统试用验证，制订工作方案和系统上线工作规划。

五、持续做好网讯资讯信息服务，推出服务基层营销新产品“e企查”

（一）推进集团网讯3.0建设。推出“不忘初心、牢记使命”“全面打造第一个人金融银行”等16期重点专题策划。聚焦“互联互通”下的信息共享与分析，推出反映全行对重点工作、重大事件关注度的信息产品，投产搜索后台管理模块。改造分行网讯子站点搜索中心，实现子站点间及子站点与集团网讯间信息搜索。

（二）聚焦基层需求投产拓户利器“e企查”。在工银e办公投产企业信息查询平台（e企查），提供企业信息、企业族谱、股权结构等信息查询，极大便利了基层营销人员随时随地、便捷智能查询企业数据信息；截至2019年末，平台查询次数达到80万人次。规范总行外购信息管理流程，完成全行资讯信息服务及终端服务集中采购。

六、高质量完成定期信息披露，投产新版信息披露系统

（一）顺利完成全年四期定期报告和资本充足率信息的披露，发布四期工行《简介》和年度获奖集锦。完成国际国内同业业绩快讯37篇、同业指标比较快报12篇、同业比较分析报告4篇。投产新版信息披露系统，纳入我行及可比同业历年披露数据，实现了披露数据信息的查询和共享。

（二）积极推进国际评优评级。2019年，工商银行连续七年蝉联英国《银行家》“全球银行1 000强”榜单、美国《福布斯》全球企业2 000强榜单、美国《财富》“世界500强”银行子榜单榜首，连续三年蝉联英国Brand Finance“全球银行品牌价值500强”榜首，在标普个体信用评级中由bbb级上调1个子级至bbb+级。

（总行管理信息部）

安全保卫

2019年，安全保卫坚持以党建为引领，风险防控为主线，能力提升为抓手，着力筑牢安全生产底板，夯实安保管理基础，提升技术防范水平，深化“三大平台”应用，统筹推动境内外一体化安全管理，加大外部案件防范与外欺风险管控力度，实现了不发生重大案件及事故的任务目标，为集团持续健康发展作出了专业贡献。

一、坚守安全底线，确保全年未发生重大案件及事故

（一）狠抓安全生产，保障全行安全运营。制定印发年度安全生产实施方案，逐级压实主体责任，明确专业分工，落实工作重点。组织开展安全生产大检查，抽查459家分支机构、126座办公楼、86个科技中心和近60处在建工程。印发《建设工程安全生产管理办法》，落实责任监督机制，强化在建工程管理。开展“安全生产月”宣传活动，各级机构共组织宣讲3 400余场次和报道2 700余次，营造了浓厚安全文化氛围。坚持灾害预警提示，指导做好防灾避险工作，保障了特殊时期的人员安全和运营安全。

（二）狠抓案件防控，保持整体风险可控。强化实体场所安全防范，全行营业场所和自助银行安防达标率均达99%，同比提升4.7个和7.4个百分点。各级报警监控平台防范盗抢、破坏及治安事件4 500余件，全行未发生重大抢盗及人员伤亡案件。加强业务欺诈监测预警，融安e信共预警业务风险交易39万笔，帮助客户拦截电信诈骗汇款9.84万笔。加强重点风险防控，集中部署防范银行卡盗刷风险，大幅压降事件数量及损失。持续防控外部案件发生，监管认定外部案件数量较上年降低20%，完成了外部案件发案率和损失率控制目标。

（三）狠抓重大保障，维护总部安全运营。认真落实“防风险、保安全、迎大庆”要求，圆满完成建国70周年大庆期间安全稳定和服务保障工作任务，确保总部及在京机构安全稳定。加强重要活动和重要时期安全保障，完成总理来行、两节两会和股东大会等重要安保工作。认真履行总部综合治理协调推动职责，做好维稳工作，切实维护总部办公环境安全和正常运转。

二、强化监督管理，着力抓好安全保卫基础工作落实

（一）压实责任，督导履职。结合年度工作重点，分解责任事项，确定一级（直属）分行、直属机构和境外机构年度安保履职事项6 400件，依托安全保卫业务管理信息系统，编发履职清单，定时监督，定量评价，推动各项工作有序实施，年末各机构履职事项完成率达99.9%。指导跟踪各级机构落实责任分解，抓好履职监督，推动本级安保工作得到有效落实。

（二）完善制度，规范操作。组织编制完成《安全保卫领域内部控制手册》，全面梳理确认安全保卫管理的关键环节、风险点和控制措施，为强化专业管理提供清晰对照标准。编发《集团安全管理手册》，有效帮助各级机构全面系统掌握安全保卫核心业务和基本规范。印发《报警监控联网中心管理办法》《安全监督检查管理手册》等制度规程，为完善管理、规范操作和落实监督提供了制度保障。

（三）加强检查，排除隐患。总行开展专项安全检查，每季度组织非现场检查，累计抽查357家分支机构、542个基层网点和152座金库，督促整改问题571项，整改率99.1%。监督推动各级机构落实日常检查，年内累计检查10.58万余次，查改隐患3.2万余处，整改率98.8%。全年各级报警监控平台加强过程监督，随查随改，累计纠改内部违反安全管理行为或问题6 300余件。

（四）强化应急，抓好演练。加强各级报警监控中心应急值守管理，组织值机人员适岗能力测试，定期开展中心与网点联动演练。监督各级机构抓好日常演练，按季度通报演练完成情况。全年一级分行组织实战演练6 150余次，二级分行组织演练4.1万余次，支行及网点开展演练5.5万余次。

三、加强专业指导，切实提高境外机构安全管理效能

（一）加强统筹管理指导。修订境外机构安全管理办法，建立起境外安防设施建设审批、日常履职评价等管理闭环。编发境外安全及差旅风险地图和“一带一路”沿线风险地图，为相关机构和员工全面解析地区安全形势。坚持全球风险监测预警，发布境外差旅安全

风险提示100余篇，提示关注目的地风险，加强自我防护。与保赛固公司签署战略合作备忘录，进一步深化合作，助推境外安全集约化管理。

（二）加强分类指导支持。建立健全新设境外机构安全管理验收工作，制定验收方案手册，完成工银奥地利、马尼拉分行、澳门分行安全管理工作验收。针对银行卡盗刷、电信诈骗等欺诈高发事件，指导境外机构完善ATM巡查流程、组织防范培训和加强风险提示，提示员工和客户辨伪能力。

（三）提供专业高效援助。针对香港地区敏感时期的特殊安保需求，指导工银亚洲加强报警监控平台值守和高效处置警情，月均处置风险事件近百次，累计协调出警20余次。同时派员为各驻港机构提供现场援助，指导完善防护方案，强化员工保护，落实应急保障，协调争取香港警方资源支持。

四、推进创新发展，不断提升安全与反欺诈专业能力

（一）坚持科技引领，推动报警平台智能化升级。研发平台智能运维系统并试点运行，实现动态监测安防系统运营和设施故障修复状况。投产应用平台数据可视化分析功能，动态监测和视图展示辖内警情类型、密度和地区分布等变化，为差异化风险防控提供数据支撑。完成监控中心、自助银行等特定场景下大数据和视频智能分析研发与试点，实现对人员活动进行动态监测和异常预警。

（二）坚持问题导向，开展外欺风险针对性评估。牵头完成银行业防范外部欺诈课题研究。总行开展普惠金融、单位账户、电子票据等领域相关风险评估，推动分行开展信贷欺诈、ATM攻击等区域性风险评估，针对评估发现薄弱环节，提出强化防控措施。

（三）坚持价值提升，深化融安e信多领域应用。持续扩充外欺风险数据库，新增信息3亿余条，总量超33亿条。深化行内风控应用，积极支持总行业务部门风控需求，实现经营快贷风险预警、公司部客户画像等8个项目投产，支持完成160余万小微客户风险筛查、5.67万人次员工风险排查以及首批百家总行级骨干民营企业进行风险筛查。做好行外风险服务，年内拓户1.7万余户，新增同业客户63家，全力支持“军采e信”等重点项目，助力业务创收8.9亿元。

（总行安全保卫部）

案件查防

面对复杂多变的经济形势，内外部风险交叉性、传染性加剧的艰巨挑战，我行始终保持案防高压态势和强基固本一体推进，预防、查办、处置多措并举。案件风险率继续控制在监管目标值以内。

一、贯彻监管要求，强化高层基调，认真部署案防工作

董事会审议通过年度工作目标、政策、措施。监事会定期审阅我行案件（风险）情况报告。行领导多次在全行会议以及总行案防工作领导小组会议上，传达监管精神，对案防工作全面部署；年中召开案防工作会议，分析研究高风险领域案防措施，强化案防主体责任。及时传达监管案情通报，要求各级机构加强防控。

二、加强制度建设，完善工作机制，推动责任落地

一是强化案防体系建设。印发《关于做好派驻机构改革中内控合规部门职能承接相关工作的通知》，整合案防牵头管理部门职能，强化“防查处”一体化建设。二是加强监管制度学习研究，修订印发《案防工作规定（2019年版）》。制定相关问题线索移送规程，指导分行有序安全处置案件风险。三是健全案防机制，建立案件归口、闭环管理，案防“三查”（案件风险排查、员工异常行为排查、案防履职督查）、“三谈”（新任职管理人员案防履职谈话、重点机构案防履职述职、案防约谈）等多项机制；强化“一把手”负责制，落实各级机构案防责任；突出一道防线，发挥业务部门主体作用；发挥党内监督与业务监督合力，强化内审监督职能，连续开展年度案防管理专项审计。

三、深入推进重点领域治理，主动前瞻防控风险

组织全行开展深化整治的同时，2016—2019年连续四年开展重点领域和关键环节风险治理、案防专项行动，持续完善风险治理长效机制。2019年8月19日，行长周例会专题研究《关于重点案件风险防控的报告》，迅速开展“信贷领域、核算领域、关键岗位系统控制、遏制侵犯个人信息”四项专项行动，强化从业

人员监督履职、强化人员管理和队伍建设。同时，大力推广外部欺诈风险信息管理系统，加快建设关键岗位人员管理系统，提升外部欺诈风险防范和人员管理技术手段。

四、提升案件风险“两排查”质效，前移案防关口

深化“以事找人”和“从人到事”相结合的两排查机制。一是做实案件风险排查。总行 17 个部门以“八大领域”为重点开展全面排查，探索结合操作风险与控制自我评估工具，提升排查质效；指导分行开展专项排查，总行按季通报典型问题，推动各级机构、专业有序整改。二是强化员工异常行为排查。总行本部开展专项排查，组织各境内分行落实辖内排查并按季通报典型问题，跟踪整改问责情况。

五、加强案件查处整改和考评，保持高压态势

一是迅速组织案件调查。要求涉案机构开展核查和排查，总行针对重点案件成立专案组，查清作案手法，核查风险敞口，督导机构和条线“双线整改”，严肃问责。二是全力追赃挽损。指导发案机构积极配合司法机关追缴涉案资金，查冻扣涉案资产，最大限度挽损。三是强化案件信息管理。落实案件和风险事件对应业务条线的归口统计，进一步健全、畅通案防信息渠道。四是加强履职考核，将案防履职与效果纳入分行经营绩效考评、机构班子考评、经济责任审计以及党委巡视范畴，促进各级机构案防履职意识的提升。

六、持续开展警示教育，培育良好合规文化

一是贯彻监管要求，实施案件警示教育。印发实施方案。二是总行党委围绕顾国明案、谢明案等典型案件在全行开展多轮警示教育；持续印发案情、问责通报、风险提示，编发案防工作动态、同业典型案例等，以案为鉴、警钟长鸣。三是突出刑法学习教育。全员继续学习《刑法（节选）读本》，分专业推送配套《刑法导读》课件。四是开展形式多样的专题培训，“敬畏法律、从严治行”专题教育、“案防及操作风险管理”培训班，以及面向分行、业务条线、各级管理者的案防培训，提升全员遵纪守法意识。

（总行内控合规部）

基础管理

一、保密工作基本情况

对 1984—2017 年总行产生的 4 758 份国家秘密文件进行了核实，对其中 824 份文件开展解密审查。492 份解密，320 份降为商业秘密，12 份明确了保密期限。通过集中解密审查，实现了国家秘密载体动态化管理，在一定程度上解决了定密工作中存在的“低密高定”“高密低定”“随意标密”“不定保密期限”等问题，为全行全面开展解密工作积累了经验。

二、档案工作基本情况

扩大出口，2019 年销毁档案 451 万卷，腾出有效库房超 1 万平方米，可供全行存放半年的新增档案。严控入口，进一步优化归档标准，改进档案装具，每年少存纸张 2 亿张，年均节约库房 1.2 万平方米。全行档案库容可用年限由 3 年延缓至 5 年。

开发推广基于二维码的个贷档案全生命周期管理，实现个贷档案全流程电子化管理。系统投产后，个贷档案管理效率提高一倍以上，以保管技术填补档案人员缺口超 190 人，全行档案人员缺口从 500 余人降为 300 余人。

将鉴定销毁作为今年的重点工作之一，强化省行管理职责，健全监测分析流程，定期督促落后分行加大工作力度。2019 年，销毁档案 451 万卷，鉴定销毁当年完成率 111%，三年规划完成率达 90%。对 49 家仍未完成标准化建设的分行，要求其尽快制订整改方案。向 82 家档案库容即将饱和的分行发送风险提示。在重要管理时点督促各分行加强日常巡查，消除安全隐患。

累积小创新，实现大集约。一是优化个贷档案立卷归档标准，将归档范围由 47 条降为 24 条，降幅 50%，缩减个贷档案厚度达 70%。二是重新设计个贷权证装具，改档案盒存放为信封保管，节约权证档案库容高达 80%。三是在个贷档案管理系统应用二维码功能，实现个贷档案移交、归档、借阅的全流程快捷操作。四是优化档案鉴定销毁流程。探索由业务部门编制档案鉴定清册，大幅提高待鉴定清单的准确率。

三、办公信息化建设基本情况

2019 年，办公信息化建设重点围绕“为基层减负”“为全行增效”“绿色办公”三大着力点发力。

（一）开展系统调研、帮扶并举，为基层减负

一是开展行政印章管理调研。境内方面，面向全行广泛征求意见，累计收集各类建议 746 条。对于统一性问题，整理《常见问题解答手册》发布全行；对个性化问题，开展视频“一对一”辅导。境外方面，对保留行政印章的 34 家境外机构逐家开展“一对一”视频培训，将保留行政印章的境外机构由 34 家缩减至 22 家，行政印章总数由 48 枚减至 32 枚。截至 2019 年底，全行行政印章保有量降至 7 590 枚，较上年减少 875 枚，较综合改革前减少 52%；业务事项用印占比降至 30%，较上年减少一半以上，全行用印规范化程度显著提高。

二是开展无纸化办公调研，推进绿色办公。无纸化会议和无纸化培训系统在全行推广以来，全行已有 22 家机构启用无纸化会议系统。2019 年，通过对境内 38 家一级机构进行调研，梳理网络设备问题 15 条，系统功能问题 18 条；制定网络架构“瘦身”策略、完善系统使用场景，建立无纸化技术服务小组和绿色办公定期统计制度，推动绿色办公向纵深发展。截至 2019 年底，全行累积节约用纸近百万张，相当于 36 层楼高，绿色办公的成效进一步显现。

（二）完善系统、提升效率，为全行办公服务提质增效

一是提升系统应用范围，让线上办公更普及。配合纪检监察派驻制改革要求，优化派驻部门公文处理要求；按照“一司一策”原则，为工银科技、工银理财新成立子公司提供公文系统解决方案；配合本部员工考勤休假新办法落地，完善考勤管理系统相关功能。完成参阅信息（年鉴）审核发布功能的开发工作，进一步丰富办公平台的应用场景。

二是提升公文系统规范化程度，让办公更安全。启动公文系统商密密码加密体系换装工作，优化公文红头红章的生成、使用和废止方案，优化请示、报告的稿纸正文模板，优化收文、发文处理表单，使公文流转过程信息一目了然。

三是提升系统服务能力和效率，让办公更流畅。研究疏通公文打开“耗时长、反应慢”的阻塞点，优化公文数据处理能力和存储机制，提升系统查询效率。为行政印章系统引入新技术、新工具，加盖印章耗时从 8 秒减少至 3 秒，效率提升达到 63%。提升印章系统智能化水平，空白用印实现硬控制，用印审计检查实现电子化，节约大量人力物力。

（总行办公室）

第四部分

境内分行成就

责任编辑：李　放

北京分行

【主要业务指标完成情况】

2019 年，北京分行实现本外币拨备前利润 700.98 亿元、净利润 510.86 亿元，同比分别多实现 86.93 亿元和 45.08 亿元、增长 14.16% 和 9.68%，分别完成总行任务的 108.09% 和 107.18%，保持系统内和同业第一盈利大行地位。本外币全部存款余额 4.57 万亿元，较年初增加 4 098 亿元，余额和增量均保持系统内和同业第一。本外币各项贷款余额 9 652 亿元，较年初增加 1 037 亿元，分别排名北京四大行第一和第二。实现中间业务收入 128 亿元，北京四大行排名第一，系统内排名第四，同比多实现 2.98 亿元，增幅 2.4%。资产质量保持稳定，不良贷款额 19.99 亿元（含卡），不良率 0.21%，北京四大行最优。客户基础不断夯实，个人客户净增 144 万户，总量达到 3 157 万户。信用卡有效客户净增 89 万户，达到 615 万户。ETC 客户新增 99 万户，达到 128 万户。个人手机银行客户净增 156 万户，达到 1 616 万户。对公客户净增 3.7 万户，达到 32 万户。对公结算账户净增 4 万户，达到 41.7 万户。养老金个人账户净增 40 万户，达到 409 万户。

【主要工作措施】

一、聚焦量价协调，持续扩大负债业务竞争优势

坚持以攻为守、主动出击的发展策略，处理好“量”与“价”、“日均”与“时点”的关系，推动存款规模稳定增长、领先优势持续扩大、成本控制合理有效。一是全面抓好各类存款资金竞揽，推动负债市场竞争力持续提升。储蓄存款方面，充分利用完善的产品体系，做好分层维护和精准营销，加强源头资金拼抢、存量资金盘活、行外资金争揽，有效激发了储蓄工作新动能。机构存款方面，密切跟进军队、政府、金融同业等改革动态和资金管理模式新变化，抓好重点服务保障，有效巩固机构存款领先优势。公司存款方面，深入挖掘存量公司客户的产业链、资金链，推动形成资金流动闭环，提高资金留存率。同业存款方面，强化组织保障，深入推进“1+N”综合营销转型，健全同业业务发展机制，开创了同业业务发展新局面。截至年末，人民币全部存款较年初增加 3 900 亿元，余额达到 4.41 万亿元，系统内和北京同业均排名首位。其中，人民币储蓄存款、对公存款、同业存款增量分别为 724 亿元、501 亿元和 2 672 亿元，均排名北京四大行首位。人民币全部存款日均余额 4.29 万亿元，较上年全年增加 4 604 亿元，排名北京四大行第一。二是认真做好成本效益管理，推动负债经营水平不断提高。持续强化“1BP”精算账意识，加强主动负债管理和分层定价管理，完善差异化定价策略，推动了存款量价协调发展。截至年末，人民币存款付息率 1.6%，保持北京四大行最优，好于四行平均水平 22 个基点。

二、聚焦服务实体，不断提升投融资业务发展质效

紧跟国家政策着力点和总行要求变化趋势，主动适应供给侧结构性改革和经济高质量发展要求，实现了投融资业务上台阶、增质效、可持续。一是进一步优化投融资布局配置。突出支持实体经济重点领域和薄弱环节，做深做实“1+3”信贷布局调整，金融资源配置与实体经济发展的契合度持续提升。二是持续提升全口径投融资经营能力。积极构建以满足客户整体需求为核心、以全口径投融资为主体的客户服务体系，深入推进“1+N”一体化营销服务体系建设，加快推动全行向综合金融服务提供商转型。持续提升“专家治贷、专业治贷”水平，促进“大小新优”布局持续优化，有效提升投融资长期可持续发展能力。三是坚决把严投融资风险防控关口。大力弘扬“24 字”信贷文化，抓实重点领域风险管控，确保防患于未然。截至年末，人民币各项贷款余额 9 226 亿元，较年初增加 1 001 亿元，北京四大行分别排名第一、第二位。其中，法人贷款较年初增加 688 亿元、个人贷款较年初增加 160 亿元，法贷、个贷余额和增量均排名北京四大行第一。发放疏解及城市更新贷款 299 亿元，制造业贷款净增 69 亿元，民营企业贷款净增 110 亿元，银保监和人行口径普惠贷款分别净增 93.6 亿元和 94.4 亿元，科技文化贷款净增 168 亿元，新兴市场贷款净增 229 亿元。非信贷融资 4 324亿元，余额 8 027 亿元，位居同业首位。

三、聚焦转型创新，积极培育可持续发展新动能

坚持固本强基与转型升级相结合，推动各板块共同发力、共撑大局，为经营发展增添新动能。个人金融业务方面，全面贯彻“第一个人金融银行”战略，深入挖掘个人金融资产、银行卡、私人银行、网络金融等各产品线增长潜力，着力打造贡献高、结构优、影响力强、口碑好的个人金融业务大行强行。截至年末，个人金融资产净增 1 089 亿元，达到 1.56 万亿元；信用卡消费额净增 207 亿元，达到 1 976 亿元；融 e 借净增 13 亿元、增长 56%；私人银行管理资产规模净增 149 亿

元，余额达到1 692亿元；融e购交易额254亿元，其中非金融交易额158亿元；融e购电商扶贫交易额突破3 500万元；账户交易量862亿元，同比增幅52%。资管业务方面，稳中求进加快业务转型和模式创新，大力提升投资管理和资产配置能力，业务发展活力和领先优势持续扩大。截至年末，理财产品余额3 772亿元，其中新规理财产品占比24%；承销非金融企业债2 788亿元；代客资金交易业务量1 456亿美元；投行资产管理规模890亿元，系统内和同业排名双第一；并购贷款余额188亿元；资产托管总量4.8万亿元，系统内排名第一；受托业务增长113%，达到216亿元。国际业务方面，持续发力"境内外汇业务首选银行"建设，加强专业协同和产品组合联动，精准服务稳外资、稳外贸，推动外汇业务实现新突破。截至年末，外汇存款余额242.64亿美元，较年初增加25.59亿美元；外汇贷款余额61.16亿美元，较年初增加4.4亿美元。国际结算量2 932亿美元；跨境人民币结算量8 794亿元；个人结售汇业务量57亿美元，连续四年保持同业第一。同业业务方面，主动把握金融市场持续开放扩容的政策机遇，持续深化银银、银保、银证等机构合作关系，积极探索重点客户跨境合作、深度合作，夯实多方合作基础。截至年末，三方存管客户新增31.6万户，存量客户391万户，均位居同业第一。

四、聚焦管理提升，有效夯实经营发展基础

围绕区域市场竞争、客户需求变化和自身发展需要，前瞻性抓好渠道优化、服务提升、重大项目建设等各项重点工作，进一步夯实了经营发展基础。一是持续推进网点渠道转型。深化渠道转型"五大工程"，不断优化网点布局，全年迁建、改建、新建、撤并网点33家；成功抢滩城市副中心、大兴机场等发展前沿阵地，顺利投产金融街智慧银行旗舰店。深入推进网点智慧转型，探索建立智慧网点新体系，搭建完善网点智慧营销平台，加快智能设备迭代升级。二是全面提升客户服务质态。积极推广37度恒温厅堂，狠抓"问题解决"满意度短板，服务口碑稳步改善。全行服务评价满意度99.36%，居系统首位。超时等候客户同比压降1.02个百分点。通州新华分理处、CBD支行营业室分别获得中银协"百佳"网点创建第一、第二名，30家网点获评中银协星级、总行"五星级"资格，稳居系统和同业首位。圆满完成新中国成立70周年阅兵金融保障服务。三是加强重大项目管理。建成行史馆并正式开放，打造了展示发展成就、弘扬工行精神的新窗口。优化固定资产投资，通州复地中心营业用房项目、天银大厦C座（东区）项目均圆满完成购置交割，半步桥15号院地块启动金融交易中心营业楼建设，大万中心项目完成全面交割并进入整体装修阶段。

五、聚焦合规有力，确保全行安全平稳运营

牢固树立"三个意识"，扎实筑牢"三道防线"，坚决维护好安全平稳的发展大局。一是压紧压实内控案防主体责任。将内控案防作为"一把手"工程，严格落实管理责任，坚决做到"三个统一"。二是抓深抓细重点领域案件防控。始终保持零容忍的案防高压态势，"一、二道防线"履职更加有效，"8+2领域"风险治理精准有力，切实做到管住人、看住钱、扎牢制度防火墙。三是从严从实引导案防机制落地。深入落实案防形势分析会要求，不断完善专业部门"下沉一级"参会机制，做到"全覆盖""真下沉""真指导"。持续加强制度建设，强化属地监管要求在分行的对标管理，通过外规内化，提高制度管理的效能和价值。四是全面抓好各类风险防控。持续强化运行和信息系统管理，压实安全保卫和安全生产责任，加强新闻宣传、舆情管控和投诉处理，做好保密管理、信访维稳和突发事件应急处置，应急管理能力与合规运营水平持续提升。集中业务处理质效达到总行最优标准，可控风险暴露水平0.9‰，业务操作规范性问题占比0.8‰，均远优于总行基准值。全年未发生案件及案件风险事件，保持平稳健康的发展态势。

六、聚焦党建引领，推动党建工作和改革发展融合共进

一是着力提升党建工作质量。深入学习习近平新时代中国特色社会主义思想，认真贯彻落实党的十九大和十九届二中、三中、四中全会精神，积极引导全行增强"四个意识"，坚定"四个自信"，做到"两个维护"，推动了党建与经营管理互促共进、融合发展。坚持以党的政治建设为统领，扎实开展"不忘初心、牢记使命"主题教育，认真做好"顾国明、谢明案"专题教育整改，持续抓好党风廉政建设，营造了风清气正、奋进担当的良好氛围。全年发展党员350人，党支部达到773个，较上年末提升了17.8%。二是持续强化党风廉政建设和党内监督。坚持将纪律挺在前面，认真贯彻从严治党、从严治行要求，确保层层压实管党治行责任。深入贯彻落实中央八项规定精神，驰而不息正风肃纪、坚定不移纠治"四风"问题，形成了清正廉洁、干事创业的政治生态。全面加强党风廉政建设，扎实推进分行巡察监督工作，"两个从严"工作水平再有明显提升。持续深化巡视巡察成果运用，推动政治监督、同级监督、日常监督常态化、系统化，坚决守好零案件风险的底线。三是持续加强干部人才队伍建设。突出政治标准，完善选人用人机制，年末，分行40岁以下处级干部（含助理）、35岁以下科级干部分别占比29.6%和27.6%，达到两个"四分之一"要求。完善组织机构管理，落实总分行"311"干部培养规划，切实用好各年龄段干部，干部队伍建设更趋严格完善。突出效益贡献导向，深化人力资源优化配置，推动员工队伍有序更替和结构优化。深入推进"三共"家园文化建设，做实做细员工关心关爱工作，员工幸福感、归属感和使命感进一步增强。

天津分行

【主要业务指标完成情况】

2019年，天津分行实现拨备前利润75.06亿元，同业排名第一，同比增加4.83亿元、增长6.88%；实现净利润43.11亿元，同比增加8.22亿元、增长23.55%。实现中间业务收入20.92亿元，同比增加3.39亿元、增长19.34%，增量同业排名第一。本外币各项存款余额（含同业）3 291.68亿元，较2019年初增加272.3亿元。其中储蓄存款增加198.16亿元，对公存款增加73.28亿元，均位居同业第一。本外币各项贷款余额（含信用卡透支）3 286.52亿元，位居同业第一，较2019年初增加201.62亿元。个人贷款（含信用卡透支）较2019年初增加129.92亿元，外汇贷款较2019年初增加3.03亿美元，均位居同业第一。不良贷款账面余额41.08亿元，较2019年初下降11.06亿元，不良贷款率1.27%，较2019年初下降0.44个百分点。全行拨备覆盖率达到180.05%，较2018年末提升30.81个百分点，风险抵补能力显著增强。

【主要工作措施】

2019年，天津分行坚持以综合市场竞争力达到同业首位的“一个目标”指引方向，以不唯指标唯市场，不唯任务唯实效，不唯模式唯转型的“三大理念”解放思想，以系统性、联动性、开放性、严谨性“四种方法”提升质效，实现多项业务指标市场领先。

一、党建引领促发展

始终坚持以党的政治建设为统领，按照中央、总行党委的部署，扎实开展第一批和第二批“不忘初心、牢记使命”主题教育，制订实施方案，组织学习研讨，开展调查研究，深入查摆问题，认真抓好整改落实，对查找出的16项问题全部进行了整改。以“顾国明、谢明案”为鉴深入开展专题教育整改。深化巡察工作，对巡察发现的126个问题进行巡察反馈和整改问责。以高压态势整治“四风”，实施治理形式主义突出问题为基层减负40条措施。夯实基层党建基础，编印了《基层党建工作指南》，开展了党建基础工作自查，组织并实现了基层党支部书记轮训全覆盖。

二、服务实体展担当

坚持在服务天津经济发展中履行国有大行责任，聚焦京津冀协同发展，新增贷款369亿元；聚焦棚户区改造，新增贷款86亿元；聚焦普惠金融，与第三方平台合作，实现供应链融资业务的突破，探索与融资担保机构、微众税银等第三方机构合作共创场景。截至2019年末，银保监口径普惠贷款较2019年初净增14.25亿元、增长120.76%；人行降准口径普惠贷款较2019年初净增13.79亿元、增长128.04%。聚焦个人贷款，继续加大对总行级重点开发商的营销力度，强化二手房大型中介机构的分层维护。截至2019年末，个人贷款余额突破千亿元，个人贷款余额和增量占全部贷款的32.73%和88.78%，同比提升2.22个和29.11个百分点。

三、革故鼎新激活力

坚持以改革促发展，以改革解难题，大客户服务中心“定盘星”作用逐步显现，2019年全年实现营业贡献30.46亿元，实现中间业务收入7.72亿元、增长35.68%。渠道建设取得突破，网点布局优化3年规划2年圆满完成；低效网点逐步压降，两项存款3亿元以下网点占比较2018年下降了7.29个百分点；综合化改革初见成效，87家网点全部实现对公业务开户，网点营销服务能力进一步提升。远维中心不断探索和尝试“线上远维+”业务模式，截至2019年末管户资产达到458.94亿元，较2019年初增加27.07亿元，进一步发挥了获客活客作用。个人贷款中心改革深入推进，细化了岗位配备、提高了操作时效。现金运营体制改革稳步推进，智慧运营体系不断健全。业务创新持续推进，政府隐性债务缓释融资、小城镇保障房资产证券化、同业结构化债权投资、包买型国内信用证福费廷等业务都实现了零的突破。成功中标天津银行金融债券联席主承销商，以银行组第一名的成绩成功中标全市职业年金受托资格，并喜获托管资格。信用卡分期业务加快发展，2019年全年分期交易额超过47.8亿元、增长72.33%，分期余额达到34亿元，较2019年初净增21亿元，是2018年的2倍。

四、客户至上夯基础

坚持把市场规划做深做细，定期召开客户分析会，强化过程管理。做实重点客户群批量拓展，加快拓展社保卡客户，梳理了社保卡6大类客户营销名单，开展专项营销活动。2019年全年共发行社保卡47.99万张，占累计发卡量的70.65%，新拓客户19.68万，新客户占比41.09%。持续开展临界5万元客户精准营销活动，触达客户21万户，有效提升了客户服务体验。集全行之力拓展ETC，成功营销ETC客户58.02万，占全市总发行量的43.43%，历史累计发行量四行占比达32.41%，均位居同业首位。通过津通卡绑定ETC车辆23万户，津通卡活跃率达到57.19%，较2018年末提升14.29个百分点。积极推动天津智慧政务落地，成功与市政务办签署战略合作协议。做大线上获客，在教育、交通、政务等多个领域的场景建设上取得突破。积极推进第一手机银行建设，融e行净增55.25万户，完成总行任务的131.55%。截至2019年末，全行个人全量客户突破1083.56万户，净增58.85万户，同比多增25.57万户、增长5.74%。金融资产5万元（含）以上客户增加3.02万户，总行排名第5位。私人银行日均达标客户净增110户、增长18.84%，增幅和任务完成率在总行系统排名双第一。新开对公结算账户3.64万户，完成2019年全年计划的115.56%，较2018年末增长114.12%；对公结算账户净增3.15万户，完成2019年全年计划的157.50%，较2018年增长226.56%，勇夺同业第一。

五、强化管理筑屏障

把好客户准入关，制定了《新建信贷关系客户准入管理实施细则》。持续强化信用风险客户监测，优化"大户会诊"工作制度。开展了国企及政府隐性债务的风险排查。加大清收处置力度，建立个人不良贷款集中处置机制。加快重点大户清收处置进程，完成了聚龙集团、俊安系不良贷款的核销。稳妥推进渤钢集团债务重整工作。作为天物集团债委会主席行，与总行密切配合，有序推进各项工作，最大限度争取我行权益。2019年全年累计清收处置不良贷款25亿元。坚持以"不敢做、不能做、不想做"为重点，强化内控案防管理。加大监督检查力度，积极开展"八大领域"风险治理。开展"压实责任年"活动，严格落实《内部控制手册》，组织开展案件警示教育，促进了合规文化的深植。连续10年在天津外汇局外汇业务合规与审慎经营评估中等级为A。

六、以人为本聚民心

践行以人为本的价值观，尊重员工的主体地位，关心员工疾苦，为员工办好事、办实事。为全行员工定制了新工装，持续提高了员工保险标准，在薪酬福利方面加大了向基层一线员工的倾斜力度。多措并举完善帮扶机制，为困难员工雪中送炭；配备了"新风系统"，为员工改善工作环境。分行本部首次荣获"天津市文明单位"的光荣称号，分行代表队多次在天津市金融系统各类比赛中获奖，展示了天津工行人良好的精神风貌。

河北分行

【主要经营指标完成情况】

2019年，河北分行实现拨备前利润160.95亿元、增长5%，系统第九位，同业首位；净利润78.32亿元、增长12.33%，系统第八位；中间业务收入52.16亿元、增长7.75%，系统第九位；三大指标均超额完成总行计划。人民币全部存款日均增加865.56亿元，系统第五位，首次实现同业占比首位。储蓄存款突破5 000亿元，存量占比升至同业第二位，时点和日均增量占比首次实现"双第一"；机构存款日均增量连续4年同业首位。各项贷款突破6 000亿元，个贷和按揭贷款增量同业"双首位"。不良贷款实现"双下降"，不良贷款额下降12.09亿元，不良贷款率下降0.3个百分点。实现了无案件、无重大风险事件和重大安全事故。

【主要工作措施】

一、以党建引领推动队伍建设取得新成效

2019年，河北分行按照总行党委统一部署，扎实有效开展第一批和第二批"不忘初心、牢记使命"主题教育，坚持将学习教育、调查研究、检视问题、整改落实贯彻始终，用习近平新时代中国特色社会主义思想深化理论武装，党员干部"四个意识"更强、"四个自信"更足、"两个维护"更坚决。全面落实派驻制改革，召开全面从严治党从严治行系列会议，扎实开展"顾国明、谢明案"专题教育整改，强化"两个落实"专项巡察，以全面从严治党引领和带动全面从严治行。充分发挥党委把方向、管大局、保落实作用，完成基层党组织规范设置，启动结对共建活动，广泛开展纪念"五四"运动100周年、庆祝新中国成立70周年及"党建+"系列活动，"大党建"格局进一步健全完善。干部队伍建设得到加强，落实"教育培训+实践锻炼"培养机制，开展穿透式培养和交流轮岗，组织年轻干部赴中央党校和深圳分行学习，新提拔干部达到两个"五分之一"要求。治理形式主义突出问题为基层减负30条措施落地取得初步成效，围绕会议、发文等"五多"方面梳理28项重点问题，逐条线完善制度，逐项目落实整改，基层体验显著改善。网点减负赋能工程深入推进，完成减负事项198项，各级管理行服务意识和服务效率明显提升。

二、以转型升级推动增收创效取得新突破

2019年，拨备覆盖率177.72%，同比增长33.42%，创近年来新高，效益增长更具含金量。10家分行利润实现双增长，石家庄、保定、沧州分行拨备前利润同比增长超亿元。加快推动中间业务由抓产品向抓板块驱动转变，续航能力明显提升，收入总量系统排名较上年提升一个位次，增幅高于系统3.04个百分点。保定、廊坊分行中收总量同业首位。基础板块增收迈出新步伐，组织深化重点产品增收专项行动，实现结算类收入19.27亿元、增长17.2%，高于系统11.61个百分点。信使业务、第三方支付、账户交易、对公结算增幅超过30%。战略板块和潜力板块市场竞争力有效提升，投行、票据、贵金属、金融市场业务收入同业首位。国际业务坚持资产拉动，实现收入2.08亿元、增长35.95%，增量和增幅均居同业首位。

三、以全量客户拓展推动存款竞争力再上新台阶

河北分行把客户拓展提升为“一号工程”，全量客户战略深植年活动取得积极成效。个人全量客户净增196.38万户、同比增长5%，居同业第二位，较上年前进一个位次。对公结算账户净增6.66万户，同比增长50%，近年来首次夺得同业首位。以拓客户促存款效果逐步显现，全部存款日均增量创历史最好水平，夺得同业首位。石家庄、廊坊、承德分行全部存款日均增量同业首位，沧州、保定分行全部存款时点增量同业首位。储蓄存款落实第一个人金融银行战略，时点和日均分别增加626亿元和569亿元，首次实现“双第一”。石家庄、雄安、唐山、秦皇岛、邯郸分行储蓄存款增量实现“双第一”。密切跟进政府机构改革营销，八大重点领域机构改革累计232家单位落户我行，启动县域机构金融提振计划，机构存款日均增加221.2亿元，同业占比达到43%。职业年金营销取得重大突破，以银行业第一、全市场第二的成绩中标省机关事业单位职业年金受托人资格。

四、以信贷结构优化推动服务实体经济能力实现新提升

河北分行统筹信贷增量和存量移位，服务实体经济的适配性、普惠性和稳定性进一步增强。支持“三件大事”取得积极进展，成功投放京雄城际、荣乌新线等一批重点项目，京津冀协同发展项目贷款余额突破1 200亿元。雄安新区项目投放实现重大基础设施项目营销全覆盖，同业占比54%，河北建投、河北交投新增融资同业首位。把支持制造业发展作为服务实体经济的突破口，制造业贷款累放405亿元，保持行业第一。民营和普惠金融服务全面提升，人行降准口径和银保监会普惠口径贷款分别增加32.1亿元、28.6亿元，均超额完成任务计划。金融扶贫贷款增加31.08亿元、增长44.4%，高于各项贷款平均增速38.5个百分点。个贷精品亮点工程持续推进，个贷余额同业首家突破3 000亿元，个贷和按揭贷款分别增加364.82亿元和317.73亿元，同业“双第一”。

五、以质量攻坚推动信用风险防控开创新局面

坚持标本兼治，质量管控更加主动有效，不良额、不良率、剪刀差、潜风险贷款、关注贷款五项关键指标连续两年保持全面下降。8家分行不良贷款实现双下降，雄安、承德、保定分行不良率控制在0.2%以下，承德分行实现法人贷款零不良。个人不良贷款实现双下降，按揭不良率首次实现同业第一。不良处置质效提升，常规清收53亿元，近三年来最多，批量处置受偿率40%，高于系统和同业10个百分点以上。实现账销案存清收1.75亿元，系统首位，是2018年的15倍，超额完成总行任务。管贷治贷能力得到加强，建立客户准入联席审议机制，推进授信审批体系调整优化和全流程履职监督精细化，行业客户分类系统首家实现存量客户全覆盖。全力抓好“八个聚焦”落实落地，扎实开展“四严”主题活动，持续推进24字理念深植，信贷基础管理持续改进加强。

六、以科技赋能推动经营转型和服务能力取得新进展

加快ECOS工程应用推广，金融科技全面赋能经营发展取得积极成效，全年投产研发类项目73个，技术支持类项目61个。围绕平台场景输出金融，建成交通出行等有效场景45个，融e联签发电子社保卡实现各地市全覆盖。全力打造第一个人手机银行，个人手机银行净增242万户、法人手机银行动户13.2万户，均居同业首位。投产“燕赵工·行”一卡通等重点项目，实现发卡70万张。全员上阵投身ETC营销攻坚，通过“零售+对公”“城区+县域”“行内+外联”“线上+线下”全面发力，新增客户213.78万户，稳居同业首位。探索实施网点群落化试点，推进空白县域网点全覆盖工作，完成网点撤并17家、迁址优化39家。深化网点新岗位体系建设，客服经理通岗率92.7%，系统首位。深入开展服务提升主题活动，态度类工单同比减少28.9%，连续6年中银协千百佳示范单位创建数量同业最多。

七、以责任落实推动全面从严治行取得新加强

以深化“双无”专项行动为统领，纵深开展“十大领域”深度治理，持续强化重点监控支行管控，保持案件防范高压态势。紧盯重点机构、重点领域、重点人员，持续强化综合整治，全部可控风险事件同比下降39.5%。强化运营风险事件治理，准风险事件和风险事件双下降。深入开展“压实责任年”主题活动，连续四年开展案防主题宣讲和“一把手”合规授课，促进了员工合规习惯养成。逐级落实安全生产主体责任，确保了国庆等重要时段安全稳定，成功防范外部欺诈风险事件4 000余起，涉及金额近亿元，连续21年无重大安全责任事故。

八、以人本理念激发干事创业新活力

坚持把以人为本作为一切工作的出发点和落脚点，不断提升员工收入和保障水平，组织业务类职务层级晋升，增设网点员工岗位津贴、艰苦边远地区补贴，落实最低薪酬保障制度。结合主题教育整改工作，扎实为员工办好十件实事，解决网点员工生活保障类设施建设问题309个。企业文化建设扎实推进，组织开展大行工匠、感动工行评选，举办“创新工行”微创新大赛，凝聚了干事创业的激情和活力。同心工程内涵不断丰富，持续开展健身日、爱心日、读书月等品牌活动，举办首届员工运动会，落实困难员工救助金415万元，开展各层级面授培训865期，建成职工之家标杆行35家，营造了团结和谐的家园氛围。

山西分行

【主要业务指标完成情况】

2019年，山西分行实现营业净收入116.98亿元，同比增加11.29亿元、增长10.68%；实现拨备前利润73.71亿元，同比增加5.49亿元、增长8.04%；实现净利润43.73亿元，同比增加5.41亿元、增长14.12%；实现中间业务收入20.26亿元。本外币各项贷款（含贴现）余额2 750.86亿元，较年初增加275.13亿元、增长11.11%，增量四大行占比32.59%，余额、增量同业占比双第一。其中公司贷款较年初增加219亿元，是同期的1.8倍，四行占比43.05%，排名第一。个人贷款较年初净增82.23亿元，增量占比31.6%，同业占比第一。票据贴现较年初增加48亿元，同业占比第一。本外币全部存款余额4 764.72亿元，较年初增加401.5亿元、增长9.2%，余额、增量同业占比双第一。其中储蓄存款时点增量251亿元，四行占比34%，排名第一；对公及同业存款时点净增148亿元，四行占比56%，排名第一。年末不良贷款额分别较年初压降6.9亿元和0.37个百分点，实现了“双下降”。

【主要工作措施】

一、党建工作

认真学习贯彻党的十九大精神，坚持全面从严治党，深入推进反腐败斗争；以管好人为核心，正风肃纪；统筹抓好主体责任和监督责任“两个责任”的落实；全面提升党建工作质量。扎实推进“不忘初心、牢记使命”主题教育，牢牢把握主题教育的根本任务和总要求，紧盯五项具体目标，聚焦主题主线，认真梳理检视问题，扎实推进整改落实。从严从实开展“顾国明、谢明案”专题警示教育。开展巡察工作，全年累计完成十个党组织的政治体检，访谈干部员工160余人，发现问题347个，提出整改意见46条。持续深入整治“形式主义、官僚主义”，从重查处了部分分行管理人员违规聚餐和婚丧嫁娶事件，推动全面从严治党从严治行向纵深推进。

二、贷款业务

一是突出对重点行业的信贷支持。积极发挥在支持实体经济发展、助力资源型经济转型中的引领作用。全年累计投放交通行业贷款508.26亿元、电力行业贷款69.78亿元、煤炭行业贷款207亿元、城建行业贷款21.8亿元。二是突出对新兴行业的资金支持。累计为太重股份、中铁三局、山西建投等客户投放新兴行业贷款115.95亿元，投放先进制造业贷款180亿元。三是突出对重点客户的资金保障。积极支持七大煤炭集团、太钢集团、太重集团等重点企业集团降低财务成本，全年累计办理流动资金贷款期限升级业务27户、金额285亿元，节约财务费用近30亿元，有效缓解了企业资金压力。四是支持民营经济和扶贫事业发展。全年累计投放民营企业贷款72亿元，余额83亿元，净增12亿元。积极推动产业扶贫和项目扶贫，全年产业扶贫和项目扶贫贷款余额20.19亿元，净增4.24亿元、增幅达36%。五是以供应链创新信贷服务新模式。创新设计工银e信、电子保理、商票质押、项目供应链、中企云链等标准化方案，开展专项营销活动。截至2019年末供应链融资余额1.24亿元，新增8517万元。以供应链带动金融扶贫业务发展，促成与美特好、定点扶贫村、两村合作社签订四方合作协议，创新“政府+银行+超市+合作社+农户”合作新模式。六是开展“工银普惠行”活动，截至2019年末，人行定向降准口径贷款余额24.31亿元，较年初净增8.72亿元。银保监口径普惠贷款余额23.04亿元，较年初净增8.36亿元。银保监口径普惠有贷户2 321户，较年初净增1 314户。七是落实差别化住房信贷政策，加快推进个贷业务转型，坚持“重点区域、重点企业、重点楼盘”的拓展策略，全年太原、晋中分行住房贷款增量占到全省的53.3%，总分行级优质开发商投放规模达60.4%。住房存量贷款当中，加大总分行级开发商投入，截至

2019年末，总分行级开发商余额265.1亿元，占一手房贷的54.9%，余额是年初的2.5倍，占比上升了近30个百分点。

三、存款业务

紧抓系统构建夯基础、换车换道谋转型两条主线，全力打造三晋第一零售银行。一是抓住客户这个核心，主动适应市场环境变化，坚持客户分层、公私联动，在巩固扩大核心客户既有优势的同时，持续加强对优质客户、潜力客户的营销拓展，切实推进从做负债向做客户转型。二是抓住产品与服务这个重点，持续提高客户资金沉淀留存比例。个人客户方面，重点强化新产品推广和全产品组合营销渗透，促进客户资金闭环循环。对公客户方面，切实以更优质的综合金融服务引流客户资金，增加客户黏性，扩大领先优势。三是抓住定价管理这个关键，持续提升存款量价协同水平。积极用好存款综合定价和负债利率敏感性分析模型，不断提升存款定价管理能力和组合营销能力。持续强化上浮存款比例控制、限额管理，不断优化负债品种和期限结构。积极引导全行进一步优化存款结构，控制存款成本。2019年末利率上浮存款占比46.74%，较年初下降了0.18个百分点；存款付息率1.74%，连续5个季度四行排名第一。

四、中间业务

以提升中间业务组织收入能力为重点，加快重点产品线转型，努力打造基础产品支撑、重点领域拉动、新型业务创收的收入格局。投行业务，全年实现中间业务收入1.14亿元，新增投行项目9个，新增融资安排额51亿元，实现基础投行转型客户拓展104户。创新资金来源渠道，公私联动募集社会资本，2019年上半年成功落地晋煤集团市场化债转股项目20亿元。养老金业务，全年养老金理财产品新增销售60.64亿元，日均余额35.98亿元，同比增加3.53亿元；受托管理养老金规模22.92亿元，较年初净增19.71亿元。资管业务，资产托管净值740亿元，同比增加26亿元；托管日均存款43.55亿元，同比增加18.8亿元，托管存款利息收入7 613万元，同比增加3 053万元，托管业务营业贡献合计1.15亿元，同比增加1 458万元。结算业务，全年实现现金管理服务收入877万元，现金管理客户日均金融资产同比增长20%。法人理财有效客户近3 000户，实现理财业务收入3 877万元。贵金属业务，有效客户达4.26万户，交易量达155吨。零售业务，全年零售板块中收达14.12亿元，同比多增1.6亿元。网络金融业务，以三融平台为核心，全年实现中间业务收入2.7亿元。新增快捷支付绑卡290万张，新增收费短信工银信使账户75.5万户。信用卡业务，全年实现中间业务收入6.78亿元，同比增加5 136万元、增长8.2%。分期付款交易额实现51.13亿元，同比增加10.93亿元、增长27.2%。

五、拓户工程

一是对公客户“量质并举”。新增对公结算账户3.62万户，同比增长59%，净增对公结算账户2.37万户，同比增长196%，增量同业排名第一。政府机构改革新设机构开户覆盖率达86%，十大重点领域客户覆盖率超过77%，机构改革营销衍生带动新开各类账户1 383户。“一案一账号”项目带动案款账户增加至106户，占全省所有法院的80%。在全省职业年金受托人、托管人、投资管理人的评选工作中，中标我省职业年金叁号计划受托人、壹号计划托管人和主托管人。二是个人客户“速效并重”。个人客户净增188万户，同比多增91万户、增长95%。手机银行存量用户突破970万，月均动户突破212万，存量和动户客户位列同业第一。企业手机银行动户客户突破4万户，同比增长87.4%，规模、动户同业第一。新增对公账户手机银行捆绑率达到92%，全国第二。全年三方支付绑卡量1 500万张，新增290万张，月均有交易动户卡585万张，快捷支付交易额达到3 750亿元，位列同业第一。

六、创新发展

自主开发投产ETC线上线下一体化营销平台及ETC线上小程序“晋通行”，2019年，ETC营销134.3万户，是以往5年总量的71倍。成功投产“民生山西”APP线上补换卡业务，成为省社保“民生山西”线上项目的合作行，同业首家布放补换卡一体化服务网点，同业首家获批并发行三代社保卡。与健康山西签署全面合作协议，在账户管理、聚合支付、资金清算、金融增值服务以及平台运营推广服务等金融服务领域开展全方位深度合作，成功上线医生端钱包应用。强化“e商通”平台的运维推广，推出了“e商通—客如云”、“e商通—口袋零钱”综合金融服务平台，全年累计交易额53.3亿元，通过“e商通”平台不仅新拓账户5.8万户，而且已经被8家省分行广泛应用。

七、渠道管理

坚持效能优先和体验改善，持续提升网点竞争能力与服务水平。一是强化网点服务精益管理。组建包括服务核心团队、网点服务专员和服务督导柔性团队三级服务架构体系的服务工作团队，加大不同层级服务管理职责的落地执行。二是强化抱怨工单治理。将服务工单分派和消费者权益保护及监管转办投诉等工作职能统一纳入渠道管理部，实现“一条龙”服务，百万户均抱怨工单较同期压降44%。三是提升网点渠道建设精益化管理。从网点装修立项设计、财审、需求准备、集采、施工、验收、开业等核心环节进行动态监控，2019年，网点布局优化18家，撤并网点10家，装修改造网点61家。

八、风险管理

全面落实风险管控主体责任，统筹抓好全口径风险防控化解，全力维护安全稳定发展大局。一是加强操作风险及其他风险防控。有效提升重点运营环节风险防控水平，盯紧抓好业务外包、外部欺诈、信息安全、声誉、法律、印章、保密等各类风险防控工作。二是加强案件风险防控。坚持标本兼治原则，完善内控案防责任体系，切实把好“入口关”。制定实施了《山西分行2019—2021年“强化内控”三年规划》，全面强化内控案防，强化正面典型引路，首次将“正向激励”写入制度。在人民银行2018年度综合考评评价和反洗钱考核评价中均取得第二名的好成绩。三是加强员工异常行为日常管理。深入开展员工违规投资经商办企业专项排查，始终对违规违纪行为保持“零容忍”的案防高压态势，坚决遏制案件、风险事件和违规事件的发生。

九、资产质量

认真履行风险防范的主体责任，持续强化信用风险全流程治理，坚决守住资产质量底线。坚持常规清收和创新清收同步走的处置思路，统筹用好现金清收、债务重组、推动兼并、以物抵贷、打包处置、呆账核销等手段，尽可能以更少的财务成本撬动更多的不良资产化解。积极探索与资产管理公司、信托、证券、基金子公司、保险、私募股权投资等机构的合作，开拓不良资产创新处置新渠道。紧盯市场形势，对预计劣变的大额剪刀差客户实施重点监控，通过合同要素调整、展期等风险缓释措施，有效化解重点客户贷款劣变。截至2019年末，逾期贷款24.6亿元，较年初减少7.14亿元；剪刀差2.1亿元，较年初减少0.24亿元。

十、人才队伍

积极搭建干事创业平台，推动人员结构持续优化，完善人才培养激励机制，充分发挥工会、共青团、培训学校等组织的职能，激发人才活力，形成了组织和人才保障的新优势。优化各级领导班子的年龄和专业结构，2019年度提拔二级分行和省分行本部部室管理人员33人，管理类干部转任业务序列9人，提任高级业务干部49人，平级调整45人，交流任职2人，续聘8人。打造专业化人才队伍，截至2019年末，全行累计举办各类培训班1 429期，培训23.71万人次，培训总量达到6.46万人·天，综合满意率为95.83%。

内蒙古分行

【主要指标完成情况】

2019年，内蒙古分行实现净利润23.19亿元，较上年增加6.57亿元、增长39.5%，增幅排名第4位；实现拨备前利润46.29亿元，较上年增加5.64亿元、增长13.88%，增幅系统内排名第4位，较上年提升5个位次。实现营业收入79.22亿元，较上年增加8.68亿元、增长12.3%，增幅系统内排名第6位。

【主要工作措施】

一、坚持稳中求进，市场竞争能力稳步提升

2019年末，内蒙古分行各项存款余额2 788亿元，较年初增加335.41亿元、增长13.68%，增速较系统平均水平高4.22个百分点，系统排名第5位，较上年提升2个位次。各项存款日均增量323.06亿元，较年初增长13.65%，增速是系统平均水平的1.46倍，系统排名第4位，较上年提升4个位次。各项存款时点和日均增量连续两年同业排名第一位，同业占比均在30%以上。在各项存款保持快速增长的基础上，存款付息率1.34%，同业最低，低于同业平均水平（1.54%）20个基点，优势较上年末扩大5个基点。

2019年，实现中间业务收入15.07亿元，创近六年来新高；较上年增加2.62亿元、增长21.04%，为八年以来最高增幅，较上年增速提高5.62个百分点。中间业务收入总量和增幅系统内排名分别为第27位和第2位，均与上年持平，其中增幅为系统内平均水平的4.22倍。

二、坚持服务本源，服务实体经济质效提升

2019年末，各项贷款余额2 021亿元，在连续两年增量超百亿的基础上新增143亿元，同比多增42.93亿元、增长7.63%，系统排名第21位，较上年提升8个位次，为2015年以来最好增长水平。若剔除打包处置、核销、批量转让等因素，各项贷款实际增加183.62亿元。2013年以来新增融资不良率连续三年下降，降至0.98%，新增融资质量保持较好水平。分品种看，累计向民营企业投放贷款174.48亿元，同比多投44.95亿元，民营企业贷款增量占公司贷款增量的82%，完成银保监会“新增公司贷款中民营企业贷款不低于1/3”的要求监管。普惠贷款较年初增长超过20%，超额完成人行口径和银保监口径目标任务，不良额和不良率实现双降。认真落实房地产调控政策，坚持“房住不炒”，个人住房贷款新增75.38亿元、增长24.6%，系统排名第3位，同业排名第2位。承销地方债265亿元，在全区各承销机构中排名第1位。金融精准扶贫贷款余额10.06亿元，较年初增加1.26亿元，完成序时任务的126%。

三、强化风险管控，资产质量持续改善

2014—2016 年不良贷款连续三年双升后，2017—2019 年实现连续三年双降，不良额由 2016 年末 85.3 亿元降至 2019 年末 33.74 亿元，减少 51.56 亿元，下降 60.5%；不良率由 2016 年末 5.07%降至 1.67%，下降 3.4 个百分点，自 2014 年以来首次降至 2%以内。不良额自 2011 年以来首次同业最低，不良率同业排名第二位，是四行同业中唯一近三年不良贷款双降的机构。拨备覆盖率 253.79%，较上年提高 91.77 个百分点，风险抵补能力进一步增强。

四、加快转型创新，释放发展活力

打造“第一个人金融银行”成效初显，新增个人客户突破 100 万户，5 万元以上个人客户增量任务完成率系统排名第 1 位。储蓄存款时点增量达到 214 亿元，日均增量达到 194 亿元，分别是上年的 1.6 倍和 2.3 倍。个人金融资产总量突破 2 000 亿元，增量突破 240 亿元，是上年的 3 倍，实现资产存款协同发展。2019 年末，ETC 客户总量 118.3 万户，当年新增 116.3 万户，ETC 客户当年增量同业排名第一，全市场增量占比 34%，四行增量占比 49%，四行占比系统排名第 3 位；ETC 客户总量市场占比 28.6%，较年初提升 25 个百分点。国家重点领域机关机构改革营销攻坚战取得显著成效，全年新拓展政府机构改革客户 409 户，账户 654 户，20 个重点领域合作客户由改革前的 800 个提升至 1 012个，服务账户规模由 1 249 户提升至 1 593 户，客户覆盖率由 34%提升至 43%；20 个重点领域以外改革客户新拓展 197 个，账户 310 户。机构客户数较上年增长 1 517 户，增量系统内排名第四位。启动工银“乌兰牧骑”外拓扶贫活动，创新打造零售外拓与扶贫攻坚相结合的金融扶贫新模式。4 月选择 5 家首批试点支行，7 月扩选 20 家工银“乌兰牧骑”支行，打造了超过 500 人的外拓营销和金融扶贫服务团队，实现了对自治区国家级贫困县的全覆盖。

五、坚守合规底线，安全稳定运营

认真贯彻落实总行内控案防决策部署，严格落实全面从严治党，从严治行管理要求，强化闭环管理和过程控制，进一步提升监督检查工作督导质效。年内共开展了法人客户不良贷款管理等六项专项检查，涉及贷款金额 1 573.86 亿元、整改率 98%，覆盖了存在较大风险隐患或风险频发的业务品种和环节，增强了风险管控的有效性和针对性。同时，不断完善“全行重视、全员参与、全面覆盖、全程控制”内控案防管理体系，坚持内控案防与业务发展同安排、同部署、同考核，将内部控制 5 大要素、49 个控制事项、162 项具体措施分解落实到 22 个责任部门，通过不断完善科学有效的内控体系，持续促进三道防线内控管理联动水平的提升，为实现转型脱困提供了良好的内部控制环境和合规保障。

六、坚持党建引领，提升发展动力

扎实开展“不忘初心、牢记使命”主题教育，印发实施方案，制定“一清单五张表”，标定时间表、路线图，组织召开推进会、培训会、汇报会，突出抓好整改落实和 8 个专项整治，推动主题教育各项规定动作落细落实。举办“2437 培养对象暨管理培训生培训班”和“2437 培养对象暨 75 后干部培训班”，强化“2437”培养对象培训和实岗锻炼。针对“赖小民案”“林晓轩案”，组织开展警示教育和对照检查工作。针对“顾国明、谢明案”，深入组织开展了专题教育整改工作，制订了整改实施方案和工作安排表，按照“四个不放过”的工作要求，深入督促对照检查整改，通过积极部署，细化职责，召开专题会议自我检视反思等一系列工作安排，确保“顾国明、谢明案”警示效果深入人心，切实做到以案为鉴、自我检视、深刻认识的目标要求。

辽宁分行

【主要业务指标完成情况】

2019 年，辽宁分行人民币各项贷款 2 886 亿元，比年初增加 74.9 亿元、增长 2.7%；本外币全部存款 3 975亿元，比年初增加 278.9 亿元、增长 8.8%；实现中间业务收入 18.4 亿元。全年实现拨备前利润 52.8 亿元、增长 6.9%，实现净利润 18.8 亿元、增长 692%，两项利润均超额完成总行计划。

【主要工作措施】

一、推动“第一个人金融银行”战略落地

坚持高标引领、前瞻规划，狠抓零售业务发展，零售营业贡献 41.5 亿元，连续三年快速增长，占比达 61.4%。核心业务指标持续向好，储蓄存款总量增量均创历史新高，时点增量 256 亿元，由同业第 3 位升至第 2 位；个人贷款余额突破 800 亿大关，达到 853 亿元，支撑作用明显；个人客户再创新高，客户总量 1 841 万户，净增 100 万户，同业第一，客户占区域人口比重 50.4%，高于系统平均水平 3.3 个百分点；5 万元以上中高端客户扭转三年负增长局面，净增 3.4 万户，同业第一；信用卡有效客户净增17.5万户，同业第一；活跃商户增量超万户，收单额五年来首超建行；汽车分期余额、增量和投放均为同业第一。营销服务能力明显增强，线上获客能力提升，新建12个重点场景，新增绑卡288万张；标准化装修网点88家，数量历史同期最多，网点形象明显改观。

二、支持实体经济高质量发展

立足辽宁振兴和供给侧改革大局，大力支持实体经济发展。注重通过优化信贷布局支持高质量发展，“1+3”重点行业贷款增加112亿元，占比提升5个百分点；中长期贷款增加125亿元，占比提升6.1个百分点；个人贷款增加65亿元，占比提升3.4个百分点。支持辽宁区域发展战略，把“沈阳经济区”“辽宁沿海经济带”作为重点投放区域，总省行两级重点城市行贷款增加103亿元，增幅远高于分行平均水平。把民营和普惠金融作为政治任务，启动“百行进万企”“工银普惠行”专项行动，民企贷款、客户均实现较快增长，超额完成普惠金融人行降准和银保监“两增两控”监管任务。坚持投融资一体化发展，支持国企改革，完成首笔国企上市公司大股东增持；支持民企发展，办理全国最大一笔标准化股权投资业务。票据贴现量四行第一、贴现收入系统内第一；福费廷收入达到同期10倍；融资租赁、债券承销等业务均取得重大突破。

三、持续狠抓市场竞争力提升

在总行存款、中收竞争力三年考核评估中，辽宁分行两项竞争力取得“双提升”。存款一年上一个台阶，连续三年实现竞争力提升目标，2019年时点、日均、月均增量均超两百亿元，时点、日均分别增加282.6亿元和275.1亿元，创十年同期最好水平；三年累计月均增量596亿元，四行排名首位。中收竞争力进一步提升，位列系统内4家评估期与同期“双提升”分行。2019年实现中收18.4亿元、增长11.3%，高于系统平均水平6.3个百分点；增量、增幅、完成率均为近五年最好水平。重点城市行市场份额不断扩大，总省两级重点行存款、中收和拨备前利润同业占比分别提升0.5个、2个和1.4个百分点。县域支行存款和中收同业占比分别提升17个和9.4个百分点，网均存款增量由同业末位跃升至首位。

四、加快推动客户发展

新增ETC客户123.8万户，市场占比超过三分之一，是第2位建行的1.8倍；新增手机银行121万户，个人、法人手机银行增量均列同业第一；三方存管净增10万户，四行占比33%，连续两年同业第一。新开对公结算账户4万户，为同期2.4倍，同业排名从第3位升至第2位，任务完成率系统内排名第三。新拓税务、医保、财政统发单位等一批重点客户。中标省直机关事业单位职业年金全部管理资格。

五、夯实经营管理基础

风险管理能力增强，资产质量实现好转，不良贷款近五年首次“双降”，且全年保持逐季“双降”良好态势。潜在风险贷款已连续15个月下降，年内大幅下降65.4%。完善内控、合规、案防、反洗钱全方位框架体系建设，分层建立合规经理团队，聚焦重点领域深化整治，逐级开展“压实责任年”活动，全年未发生案件和重大风险事件。利率管理更加科学，完善定价管理机制，落实LPR贷款经营导向，各类存款付息率四行最优，存贷利差与新发放贷款收益率同业领先。考核管理更加全面，补齐城区支行评价板块，实现二级分行及以下机构考评全覆盖。

六、推动全面深化改革

启动辽宁分行“8优化8提升”改革项目。优化机构设置，对16家一级支行进行整合，对17家网点进行布局优化。优化岗位体系，推动网点新岗位体系有效运转，客服经理岗通岗率达到81%，超过总行目标要求11个百分点。优化体制机制，进一步理顺大客户中心职能定位；沈阳私人银行中心投入运营，四家分行成立了体验中心；票据业务新增准入支行28家，16家已开办业务；信用风险技防项目投产；专业和应用分析师队伍组建完成；新建70家“重点客群线上网点”，综合营销服务体系更加健全。

七、加强党的建设

扎实开展“不忘初心、牢记使命”主题教育，牢牢抓住深入学习贯彻习近平新时代中国特色社会主义思想这一根本任务，全面把握“守初心、担使命，找差距、抓落实”的总要求，一体推进学习教育、调查研究、检视问题、整改落实重点工作。辽宁分行主题教育工作得到中央第二十六指导组和总行指导组的高度肯定。强化全面从严治党、从严治行，加强基层组织建设，全辖党支部覆盖率98%，同比提升32个百分点。规范本部党组织设置和党建考评机制，两级本部党建基础得到巩固。党员干部占比不断提升，处级、科级干部和网点负责人党员占比达到100%、96%和84%。深入落实“两个从严”，完成纪检派驻改革，对3家市行和9个省行党支部开展巡察。通过“赖小民、林晓轩案”和“顾国明、谢明案”警示教育，筑牢党员干部思想行为防线。制定干部队伍建设三年规划，系统谋划干部队伍的总量和结构。深入推进年轻干部培养计划，“325”培养对象25%得到提拔任用。抓住支行“一把手”这个关键，建立一级支行行长任前报备制度，将任期考核制度延伸到支行层面，“头雁”作用更加明显。人员三年规划进一步落实，“两库”人才工程持续推进，第一批储备人才32%实现转岗到位，骨干人才15%得到提拔任用。改善基层员工收入，提高员工普惠性福利待遇，为边远地区员工和新员工发放津贴补贴，出台为基层减负的制度措施，解决221个网点生活设施问题。通过“大行工匠”“最美家庭”评选，激发了正能量。

吉林分行

【主要业务指标完成情况】

2019 年，吉林分行实现拨备前利润 44.1 亿元，同比增加 4.7 亿元，超额完成全年计划。实现中间业务收入 17.4 亿元，同比增加 2.24 亿元、增长 14.8%，增幅连续两年位列系统内前十名。不良贷款余额 60.87 亿元，不良率 3.31%，逾期贷款剪刀差 687 万元。全部存款余额 2 708.8 亿元，比年初增加 219.4 亿元、增长 8.8%；一般性存款余额 2 666.5 亿元，比年初增加 209.3 亿元、增长 8.5%，两项指标增幅系统内排名分别比年初上升 7 个和 16 个位次。各项贷款（含卡透）余额 1 997.3 亿元，比年初增加 122.4 亿元、增长 6.5%，完成全年计划的 102%，余额保持同业第一。

【主要工作措施】

一、坚持党建引领发展，坚定不移强化队伍文化建设

一年来，吉林分行坚持党建引领，通过持续正风肃纪、强化队伍建设、凝聚发展力量，进一步筑牢经营发展的政治根基。党建质量不断提升。围绕“守初心、担使命，找差距、抓落实”总要求，扎实开展“不忘初心、牢记使命”主题教育，通过制订实施方案，组织学习研讨，开展调查研究，深入查摆问题，认真抓好整改落实，主题教育工作成效得到总行巡回指导组高度认可。强化基层党组织建设，基层党支部比年初增加 71 个，新发展基层党员 88 人，严肃“三会一课”，创新党日活动，推动高质量党建工作向基层延伸。廉政建设更加牢固。扎实做好“顾国明、谢明案”专题教育整改工作，坚决抵制“四风”，力戒形式主义官僚主义，着力减轻基层负担。推动巡察全覆盖，切实做好“后半篇文章”。综合运用专项检查、巡察等方式，强化问题查摆整改。贯通运用“四种形态”，有效发挥监督警示作用，全年累计运用第二、三、四种形态问责处理 110 人次。队伍建设更加坚实。加强干部队伍建设，组织开展总经理及二级分行行长助理公开遴选，超额完成新选拔年轻干部不低于“五分之一”的工作目标。着眼于提升专业及适岗能力，强化专业人才培养，推动人才队伍升级和结构优化。增设网点员工岗位津贴和艰苦边远地区津贴，连续两年调增员工薪点值，人均薪酬涨幅达 9.85%，切实将党委对基层员工的关怀落到实处，让经营成果更加惠及广大员工。文化建设持续深入。各类群团活动与经营发展进一步融合，全行上下干事创业热情得到大幅提升。

二、坚持服务经济发展，坚定不移优化贷款业务格局

一年来，吉林分行推动信贷业务扩总量、优结构，进一步提升服务实体经济的适应性、普惠性和竞争性。大力支持地方经济建设。快速推动高速公路化债重组项目，主动化解地方债务风险。创新“成本规制法”融资模式，推动新建地铁项目审核落地。支持民营企业发展，民营企业贷款余额突破 120 亿元，并超额完成总行增量计划。年末公司贷款余额 1 050.9 亿元，比年初增加 43.1 亿元、增长 4.28%。储备制造业、幸福产业优质项目贷款近 400 亿元，为服务实体经济，推进信贷业务快速发展打下坚实基础。积极发展普惠金融贷款。围绕“工银普惠行”开展系列活动，加大 e 抵快贷、经营快贷营销力度，推动普惠金融线上、线下同步发展。到年末，人行降准口径和银保监普惠贷款分别比年初增加 5.3 亿元和 6.3 亿元，均完成全年计划，并实现了银保监普惠贷款“两增”监管目标，进一步展现支持普惠金融的社会责任和担当。持续推进零售贷款转型升级。优化个贷经营模式，加强优质按揭资源营销工作，积极发展消费及经营贷款，不断提升个贷业务市场份额。大力发展 e 分期，打造车位和家装分期等新亮点，推动信用卡分期业务多元化发展，年末个人贷款（含卡透）余额 874.9 亿元，比年初增加 69.1 亿元，余额稳居同业首位。

三、坚持提质进位发展，坚定不移夯实存款业务基础

一年来，吉林分行着力夯实存款基础地位，持续增强存款业务竞争发展能力。储蓄存款保持竞争优势。抓好代发工资营销活动，做好行内到期资金承接，有效利用各类归集手段引流行外资金，年末储蓄存款余额 1 849亿元，比年初增加 179.1 亿元、增长 10.7%，增幅列系统内第 15 位。公司存款实现稳定发展。强化对公客户营销管理，运用优势产品稳存增存，年末公司存款余额 340.9 亿元，比年初增加 17.2 亿元、增长 5.3%。机构存款发展基础不断夯实。在政府、军队深化改革进程中抢抓先机，争揽各级机构改革单位账户 508 户；通过抓好军队特色服务，打造专属网点，做好应急保障，不断夯实军队业务主办行地位。年末机构存款余额 476.6 亿元，比年初增加 13 亿元、增长 2.8%。

抓好同业合作创新发展，年末同业存款余额42.2亿元，比年初增加10亿元、增长31.2%。

四、坚持战略促进发展，坚定不移推进战略落地见效

一年来，吉林分行认真落实总行党委决策部署，推动重大战略和重点工作落地见效。全面打造“第一个人金融银行”。以高政治站位推动ETC拓展，全口径获客81.75万户，增量排名同业首位。强化联动营销，合力抓好代发工资，全年拓展代发单位客户1 207户、净增代发个人客户9.2万户。年末个人全量客户1 387万户，增量突破100万户。更加注重产品交叉渗透和客户价值提升，信用卡有效客户净增22.1万户，总量达到115万户。实现信用卡中收8.13亿元，同比增加2亿元，增长33.1%，增量、增幅分别排名系统内第4位和第2位。私银客户净增123户，增量排名东北三省第1位。持续推动投行资管业务。夺取一汽集团200亿中期票据主承销行资格。完成长春轨道交通定向发债项目注册及发行工作。连续四年获得吉林地方债主承销商和唯一簿记管理人资质，承销公开发行的吉林地方债总金额始终保持同业第1位。着力深化e－ICBC 3.0战略。召开无感支付产品发布会，在高速公路通行、市内停车场缴费、欧亚购物结算等领域全面领先同业。抓好“三融”产品增量提质，融e行月均动户数突破125万，排名东北三省第1位。有序推进国际业务发展。持续抓好核心客户，加快拓展中小客户，成功承办进博会中欧企业家大会东北地区推介活动，助推东北企业迈出国际化步伐。

五、坚持转型创新发展，坚定不移强化体制机制建设

一年来，吉林分行着力推进体制机制改革，管理成效更加显著，经营活力更加充沛。持续完善机构建设。将“信息科技中心”更名为“金融科技部”，理顺产品创新管理职能，进一步增强金融科技发展能力。健全内部监督体系，落实派驻改革要求，设立纪委办公室；设置专职巡察组组长、副组长，进一步增强巡察工作力量；设立省行直属纪委，推进监督触角向机关本部延伸。在各二级分行设立结算与现金管理部，着力提升结现专业贡献度。积极创新发展模式。通过开展“零售＋对公”旺季营销，开创“双轮驱动”、协调发展新局面。增强现金管理场景化营销能力，成功复制国网电力“一省一行一户”项目模式，在省内三个地区供水领域取得实质进展。完善薪酬挂钩管理。以经营效益和竞争力提升为导向，提高二级分行效益贡献与绩效工资的匹配度，有效传导经营压力。优化运营流程。开展网点运营减负“4050”项目，改造交易55个，授权量下降41%，网点减负工作成效显著。

六、坚持安全稳健发展，坚定不移强化经营风险管控

一年来，吉林分行在外部环境错综复杂的形势下，主动担当作为，坚守风险底线。着力化解信贷风险。积极解决历史遗留问题，主动释放吉林森工、通钢集团等客户不良贷款。推动通钢集团破产重组方案，实现了自股改以来第一笔破产重整审核的成功案例。批量转让股改以来金额最大的资产包，累计清收处置不良贷款28.63亿元，进一步夯实信贷质量基础。着力强化内控案防工作。开展内控合规“压实责任年”活动，持续完善内部控制体系。深化“八大领域”风险治理及非法集资、非法放贷等专项整治，突出抓好员工异常行为排查，强化案件风险防控能力。进一步增强反洗钱工作质效，在人民银行可疑交易分析比武大赛中，夺得银行业第1名。着力维护经营发展安全稳定。层层压实安全生产责任，紧盯“国庆”“两会”等重要时点，保障信访维稳、声誉风险、信息科技、消费者权益保护等领域的安全稳定，全年实现重大案件和安全生产事件零发生。

黑龙江分行

【主要经营指标完成情况】

2019年，黑龙江分行全部存款余额3 744亿元，比年初增加392.4亿元。各项贷款余额（含银行卡透支）2 063亿元，比年初增加101亿元。实现中间业务收入15.72亿元，同比增收0.62亿元。实现拨备前利润54.11亿元，同比增加7.4亿元、增长15.8%；实现净利润31.13亿元，同比增加3.3亿元、增长12%。不良贷款实现“双降”，不良贷款余额26.8亿元，比年初减少1.65亿元，不良率1.30%，比年初下降0.15个百分点。从市场竞争力来看，全部存款余额、各项贷款余额、中间业务收入、税前利润四项主要指标均居可比同业第一位；存款、中间业务收入、利润的增量均居可比同业第一位；不良率低于可比同业平均水平0.07个百分点。

【主要工作措施】

一、全面从严治党从严治行取得新成效

认真学习贯彻习近平新时代中国特色社会主义思想，不断增强“四个意识”、坚定“四个自信”、做到“两个维护”，通过党委中心组学习、专题讲座等形式，学习贯彻党的十九届四中全会精神。按照中央和总行党委部署，扎实有效开展“不忘初心、牢记使命”主题教育，组织学习研讨，开展调查研究，深入查摆问题，抓好整改落实，在理论学习、思想政治、干事创业、为民服务、清正廉洁等方面实现全面提升。全面落实纪检监察体制改革，重构内部监督体系；深入开展“顾国明、谢明案”专题教育整改，用身边事教育身边人，以案促思、以案促省、以案促查、以案促改；强化纪委监督执纪问责，均衡运用四种形态，全年共处理相关责任人416人次；对5家二级分行和省行9个部室开展了巡察监督，反馈问题139个，修订制度16个，处分相关责任人22人次。持续推进“走基层、抓党建”活动，帮助基层解决党建和经营工作中的实际困难；推进基层党组织标准化、规范化建设，基层党支部增至739个、增幅53%；联合党支部降至28个、降幅65%。切实落实中央“基层减负年”要求和总行党委治理形式主义突出问题30条措施，会议、文件、检查、考核等同比大幅压降。持续加强干部队伍建设，选人用人始终坚持把政治标准放在第一位，树立鲜明的实绩导向；加强干部交流锻炼，累计交流干部28人次；新增90名优秀年轻干部纳入“311”人才库培养，推进了干部队伍的梯队建设。

二、存款规模再创历史新高

2019年，全部存款连续4个季度屡创新高，在2018年增长245.7亿元的高位基础上，全部存款实现增长392.4亿元。全部存款日均增量达到378.3亿元，为经营效益大幅攀升作出了突出贡献。主要得益于黑龙江分行坚定不移发展零售业务，个人全量客户突破1 900万户，比年初净增144万户，完成全年计划的120%；其中：个人有效客户1 377万户，占全省总人口的36.5%，比年初净增86万户；金融资产5万元以上客户净增5万户，同比多增3.7万户，完成全年计划的133%。金融社保卡总量达406万张，比年初增长了22.5%，优质客户基础进一步夯实；手机银行客户新增120.3万户，计划完成率128.3%。全年新增ETC客户116万户，是过去四年的93倍，实现了ETC存量、增量同业双第一。实现大零售营业贡献44.4亿元，占营业贡献的57.4%；实现零售业务中收12.3亿元，占中间业务收入的78%。同时，也得益于黑龙江分行狠抓民生领域金融服务，紧盯国家机构改革步伐，成功营销省生态环境厅新成立的13个市级生态环境监测中心基本账户和零余额账户；为政府21个重点领域改革系统客户开户991户，省市县级覆盖率均超过30%，在同业中具有较大的领先优势。成功中标省级财政国库集中支付代理银行资格，成为省级财政国库“直接支付”和“授权支付”全资格代理银行。以银行业第一、全市场第二的成绩成功中标黑龙江省机关事业单位职业年金基金受托人资格，跟进国税地税合并进程，将105家税务部门竞争为合作单位。在包揽省退役军人事务厅全部账户基础上，又包揽省退役军人服务中心全部账户，发行拥军优抚卡16.2万张；成功从建行竞争挖转某特战旅，新增军队客户存款3亿元。累计竞争银校合作客户28户，占全省81所高校的35%，拓展校园一卡通项目28个；竞争银医合作客户36家（其中三甲医院19家，占全省39家三甲医院的48.7%），拓展银医项目36个。

三、服务实体经济质效取得新提升

黑龙江分行不断加大对实体经济的支持力度，全年累计投放各类贷款979亿元，其中：投放公司贷款854亿元，投放个人贷款125亿元。充分发挥头雁效应和引领作用，助力全省七大产业投资集团快速发展，意向性授信1 350亿元，投放贷款257亿元；积极服务全省百大项目，主动对接项目95个，提供授信90亿元，发放贷款33亿元；与建投集团共同发起10亿元债转股项目成功落地，实现了黑龙江省首单真正意义上的国有控股企业市场化、法治化债转股项目的历史性突破；牵头完成龙煤股份30亿元债转股项目，受到黑龙江省委省政府的直接表扬和高度认可。聚焦“百千万”工程，助力优质民营企业做大做强，全年投放民营企业贷款70.6亿元，年末民营企业贷款余额128.4亿元，实现新增13.7亿元，完成总行计划的457%，并且连续三年成为黑龙江民营经济发展论坛首席合作银行。扎实有效推进普惠金融“增量扩面”，创新推出了经营快贷、e抵快贷等网络融资产品，全年提供线上融资9.5亿元，银保监普惠金融口径贷款余额28.7亿元，比年初增加7.9亿元，完成总行计划的131.6%。人行定向降准口径贷款余额27.8亿元，比年初增加7.8亿元，完成总行计划的130%。普惠金融连续5年完成监管部门“三个不低于”及“两增两控”工作目标。此外，累计推荐总行承销地方政府债券总额919亿元，占全省发行额的18.5%；年末债券余额852亿元，承销额及余额均居同业第1位。

四、信贷资产质量进一步夯实

全年累计清收处置不良贷款20.78亿元，完成总行计划的153%。通过处置不良贷款，腾出贷款规模13.76亿元，既增加了贷款收益又优化了资产结构。法人不良贷款清收处置实现突破，贡献利润3.39亿元。全年法人不良贷款累计清户24户9.28亿元，其中5家分行法人不良贷款清户。创新处置方式，尝试线上（融e购资产交易平台）、线下同步竞价并溢价成交商业包，成功批量转让6户1.38亿元法人不良贷款，填补了黑龙江分行线上处置不良资产业务空白。全年战略性退出贷款19亿元，完成总行存量移位计划的190%。

五、改革创新和经营转型步伐进一步加大

深化信贷经营体制机制改革，大客户中心、小微中心和个贷中心的信贷市场营销和业务管理能力有效提升，上移经营层级和严格客户准入对风险防控的积极作用更加突出；深入贯彻落实总行“专家治贷、专业治贷”的总体要求，审查审核团队、风险监控团队、不良清收处置团队各司其职、专事专办，风险把控、预警、监测和化解工作顺利推进，成效显著。持续加大对重点城市行的管理力度和政策资源倾斜力度，着力激发哈尔滨分行的内生动力，更好发挥头雁效应，目前哈尔滨分行稳定在总行级重点城市行十强行之列。网点布局持续优化，全年迁建网点13家，撤并低效网点17家，装修改造网点70家，实现农垦和林业局所在地营业网点全覆盖。在黑龙江自贸区获批的第一时间，分别设立哈尔滨自贸区分行、自贸区黑河片区、绥芬河片区支行，同时将哈尔滨自贸区分行升格为二级分行，全力支持和服务黑龙江自贸区建设发展。按照总行三年人员规划，黑龙江分行员工总数13 758人，净减511人。同时，通过调整优化组织架构，压缩中后台人员，撤并低效网点，发挥“机器换人”分流效能，人力资源效率进一步提升。新兴业务取得突破，全面拓展线上贴现业务，成功办理移动端“工银e贴”和“普惠专享贴”全国首笔业务；大力支持鑫达集团私有化项目，与工银澳门合作发放银团贷款1.35亿美元，完成我省首笔股权私有化融资。

六、员工获得感不断增强

成功举办“壮丽70年，奋进新时代”员工文艺汇演，充分展示了黑龙江分行员工热爱祖国、团结进取、奋发有为的精神风貌。黑龙江分行认真贯彻落实总行党委为基层员工办好十件实事的意见，努力解决百姓关心关注的问题：累计投入资金73.8万元，解决了网点空气净化、就餐饮水、更衣室等问题，同时将网点员工生活保障类设施建设纳入网点迁址、装修改造的必要条件；累计投入资金426万元，推动职工之家、职工书屋等员工关爱设施建设提档升级；针对重特大疾病发病率高的特点，建立了总额达300万元的医疗救助基金，并将员工门诊医疗保额由400元提高到500元；加大对基层和特困员工支持帮扶力度，全年向688名困难员工发放救助金432万元；在总行党委的关怀支持下，为符合条件的7 231名员工发放艰苦边远地区津贴，为9 696名基层一线员工普调了工资，并在工资费用紧张的情况下增加1 596万元配套资金，适度提高了员工岗位津贴标准。

上海分行

【主要业务指标完成情况】

截至2019年底，上海分行本外币全部存款余额16 743亿元，比上年增加1 652亿元，同业第一。本外币各项贷款余额7 834亿元，比上年增加737亿元，同业第一。人民币各项贷款增加600亿元，同比多增117亿元。外币各项贷款余额保持同业第一，增量19亿美元，系统第一。中间业务收入114.2亿元，比上年增加0.6亿元；拨备前利润311.4亿元，比上年增加15.6亿元。贷款不良率0.64%，优于上海同业平均水平。

【主要工作措施】

一、抓目标导向，保持市场领先地位

经营效益保持同业最优，在四大行中唯一一家实现拨备前利润正增长。中间业务实现同比正增长，市场占比40%。下半年确立了负债业务在整个经营中的基础性地位，通过抓每个关键时点、加大考核力度，有力扭转了存款竞争力下滑态势，本外币全部存款增长同业第一，而且各品种存款的余额及增量均为同业第一。存款市场占比提升到35.4%，稳居市场第一。贷款增长达到近年来最好水平，强调了信贷的顶层设计，既抓好总量投放，也抓实表内外投融资优化，更好地服务实体经济。本外币各项贷款增长同业第一。普惠金融超额提前完成总行指标，主要核心指标在系统可比城市行排名第一，人行降准口径贷款增加137亿元，四行第一，小微企业贸易便利化服务获人行肯定。本外币制造业贷款增加111亿元，民营板块增加184亿元，均超额完成总行任务。科创贷款净增118亿元，核心行业贷款增长47%。新增并购贷款132亿元，承销信用债1 280亿元，设立60亿元中金长三角科创基金。票据贴现业务量突破千亿，同比增幅59%。

二、抓战略落地，迈出高质量发展新步伐

立足高起点，全力稳长板，打造更高水平的第一个人金融银行。人民币储蓄存款时点、日均增量均超500亿元，分别创近9年新高和近7年新高。网均储蓄余额继续领先同业。个人外汇存款保持余额、增量双第一，是系统内唯一正增长且余额实现同业第一的分行。个人住房贷款净增279亿元，同业第一。全量客户同比多增14万户，金融资产破万亿、增量破千亿，私行客户发展系统内领先。ETC业务提前达成目标，总量同业第一，充分体现了干部员工的执行力和战斗力。“春秋钱包”“云闪付e钱包”两大场景项目获客超万户，全国首单公交“乘车码”项目落地。着眼于培育核心竞争力，主动对接长三角一体化发展战略，深度融入上海国际金融中心建设，加快新市场新领域布局。协助总行成功举办金融服务长三角系列活动，发布了服务方案，成立了上海自贸新片区分行和跨境业务中心、金融市场交易中心、金融创新中心“三大中心”。围绕要素市场、资本市场加快业务创新，金融同业客户业务实现全覆盖，新机构营销成效明显，金融债、境外债承销、RQFII托管取得新突破，资产托管规模和理财产品日均余额迈上新台阶。

三、抓强基固本，提高精细化管理水平

全面落实“巩固治乱象成果　促进合规建设”工作部署，积极打造合规管理示范行。开展内控合规“压实责任年”活动，明确了内控合规“四个更加”的工作要求，紧盯重点领域风险防范，抓实员工异常行为排查、信息安全管理、网点现场管理、扫黑除恶等工作，挂牌31家反洗钱分中心，防范非法集资工作获得监管表彰，监管数据报送保持“零差错”。完善信贷流程，建立预审制，规范双优业务，提足拨备，做实资产质量。持续做好安全保卫、保密和印章管理及各类运行保障工作，未发生重大安全生产事故。理顺相关部门风控职能，建立了“职责清晰、无盲点无交叉”的风险管理体系。新设大客户中心，将地铁支行整合至闸北支行，优化了部分支行的经营四至，完成15家存款5亿元以下低效网点的调整，机构布局进一步优化，为提升金融服务能力打下了基础。有序推进远程授权、反洗钱、托管运营的集中，扎实抓好智慧运营、档案智能化等工作，经营管理更趋集约化、规范化。强化服务工作的系统性，进一步强调做好消费者权益保护是一切经营工作的前提，主流媒体播放、刊登、转载精选服务事迹和优秀案例550余次，提升了我行的品牌和口碑。

四、抓党建引领，进一步汇聚发展力量

扎实推进两批“不忘初心、牢记使命”主题教育，将“学习教育、调查研究、检视问题、整改落实”贯穿始终，各项工作都紧扣一个“实”字，得到了中央指导组的充分肯定。坚决贯彻总行党委以全面从严治党带动全面从严治行的要求，全面落实派驻改革任务，针对同级监督、选人用人、信贷等方面的问题，第一时间印发了“三关”“五禁”要求，强化对关键少数特别是一把手的监督。持续整治“四风”，落实治理形式主义突出问题30条措施。加强分行机关和基层党组织党建工作，完成16家单位党组织升格工作，净增近100家基层党支部，新发展党员350人，提升党员在中层干部和骨干员工中的比例，其中网点主要负责人党员占比提升至92%。抓好为员工办实事办好事，积极落实基层减负，尤其是提高了基层员工收入，设立基层网点员工专项津贴，惠及9 100余人。举办首届分行“大行工匠”评选、员工风采成果展，弘扬先进、凝聚正能量，积极创建金融业廉洁文化。

江苏分行

【主要业务指标完成情况】

2019年，江苏分行实现营业收入484亿元、拨备前利润369亿元、净利润231亿元，增幅分别为11.5%、9.7%和12%。全年实现中间业务收入135亿元，同比增加7.37亿元、增长5.78%。产品线建设卓有成效，14项产品线收入同比正增长，其中个人资产业务、承销业务增幅超过50%。

【主要工作措施】

一、存款和客户竞争力不断提升

坚决落实“比”的思想，统筹推进日均、月均、时点三维考核，存款市场竞争力稳中有升。年末，本外币全部存款日均增量、月均增量、时点增量分别为1 620亿元、1 647亿元和1 151亿元，人民币全部存款月均余额1.33万亿元，全面实现同业进位目标，圆满完成存款竞争力提升三年规划“期望目标”。启动实施“第一个人金融银行”战略，储蓄存款日均增量836亿元、月均增量784亿元，均处于同业和系统前列。率先推出“双e齐飞”策略，ETC客户新增188万户，排名同业第一。坚持平台拓户、网点拓户并举，新开对公结算账户17.2万户。公司存款日均增量359亿元、月均增量425亿元。机构客户三大改革市场拓展胜利收官，政府客户覆盖率领先同业，职业年金营销处于第一梯队，军队客户实现所有类型特种客户全覆盖，全年机构客户新增850户。机构存款日均增量211亿元、时点增量152亿元，同业存款日均增量120亿元、时点增量106亿元。坚持国际业务客户名单制营销，国际业务有效客户净增1 525户。外币存款时点余额75.8亿美元，外币对公存款月均增量10.2亿美元。

二、贷款投放力度加大

认真贯彻逆周期调控政策，本外币各项贷款（含信用卡）新增1 185亿元、增长11.21%。其中公司贷款新增614亿元，个人贷款新增533亿元，增量均创历史新高。注重规划引领和精准投放，优先满足重大项目资金需求，择优开展地方政府隐债重整，项目贷款累放1 169亿元，同比多放206亿元，新增460亿元。坚持信贷公平原则，提高服务实体经济适应性，民营企业贷款新增193亿元，制造业贷款新增127亿元。树立“分散、有序、走稳”发展理念，深化“工银普惠行”“百行进万企”主题活动，人行和银保监口径普惠贷款分别新增161亿元和165亿元，增幅超过60%。票据业务发挥规模“调节器”作用，全年累计办理票据贴现1 237亿元、增长32.62%。坚持个人住房贷款主体地位，还原证券化因素，个人住房贷款新增510亿元。

三、资产质量管控有力

坚持“从严治贷、专家治贷”，把好新增准入、存量化解、不良处置三大关口，资产质量关键指标持续向好。年末，不良贷款余额（不含卡）95.2亿元、不良率0.83%，较年初下降4.7亿元、0.14个百分点。强化全口径信用风险统筹管理，优化重点领域和大户风险管控机制，严格新增逾期欠息贷款治理，贷款劣变总量大幅下降，全年累计劣变70.7亿元、劣变率0.67%，比上年减少57.9亿元、下降0.67个百分点。完善信用卡风险防控体系，有效遏制专项分期劣变势头，信用卡不良贷款实现“双降”。强化不良贷款常规处置和分类管理，累计清收处置各类不良资产110.4亿元，其中清收处置不良贷款75.9亿元、账销案存资产28.4亿元。

四、内部管理执行到位

组织开展内控合规“压实责任年”活动，逐级签订《案件防范工作责任书》，压紧压实内控案防主体责任。聚焦案件风险易发领域，开展“八大领域”风险治理和“非法集资、非法放贷、飞单”专项治理，持续抓好员工异常交易行为管控。深化合规文化建设，完善内控管理机制，推动合规管理从“事后治理”向“事前甄别、事中预警”转变。推进网点运营风险分级，提升运营风险监控水平，全年D、E类高风险网点退出率超过75%。强化安全生产管理，加强信息系统维护，做好重要敏感时期的信访维稳，实现零案件、零重大事故、零重大负面舆情目标。认真贯彻监管政策要求，做好执法检查配合工作。

五、党建和队伍建设深入推进

扎实开展两批次“不忘初心、牢记使命”主题教育活动，制订实施方案，组织学习研讨，开展调查研究，深入查摆问题，认真抓好整改落实，取得较好成果。全面落实从严治党从严治行要求，突出大抓基层导向，推动党建责任层层落实。落实派驻体制改革要求，完善内部监督体系，开展专题教育整改，组织巡察工作并严肃责任问责。深化作风建设，以高压态势整治“四风”，扎实推进治理形式主义为基层减负。推进干部人才队伍建设，优化人员结构配置，开展分层分类培训，人力资源效能进一步提升。继续办好十件实事，努力改善基层员工收入，将关心关爱员工落到实处，凝聚起推进高质量发展的强大合力。

浙江分行

【主要业务指标完成情况】

2019年，浙江分行全面完成总行下达经营任务，实现经营质态跃升和市场竞争力提升。全年拨备前利润突破300亿元，达到309.9亿元、增长10%，连续3年保持两位数增长；实现中间业务收入136.45亿元，列四行第一、系统第二，保持持续增长态势。存款达到1.5万亿元，首次实现两千亿级增长，自2015年以来首次增量和余额“双第一”。贷款余额突破1万亿元，新增1 036亿元。资产质量继续保持双降，不良贷款额90.85亿元、比年初下降0.14亿元，不良率0.87%、比年初下降0.1个百分点。全年实现安全经营无案件。

【主要工作措施】

一、加强党的建设，统领经营发展

以习近平新时代中国特色社会主义思想为指导，贯彻新时代党的建设总要求和新时代党的组织路线，坚持问题导向和结果导向，统筹推进党的建设各项工作。扎实开展“不忘初心、牢记使命”主体教育，抓好统筹推进，牢牢把握主题教育根本任务和目标要求，做实“规定动作”；结合浙江特色、立足浙江省情行情，做优“自选动作”，做到理论学习有收获，做学深悟透的

"入心人"；思想政治受洗礼，做政治坚定的"明白人"；干事创业敢担当，做履职尽责的"带头人"；为民服务解难题，做服务群众的"贴心人"。清正廉洁作表率，做严于律己的"干净人"。抓好问题整改，围绕"四个对照"，认真查找自身差距，梳理形成11条整改任务、8项专项整治工作，明晰目标专题整改。扎实贯彻落实董事长调研要求，省分行党委专门研究制定六个方面18条具体工作举措，并由党委班子牵头落实和组织推动，切实把调研要求转化为具体的目标、制度、措施和成效。推动全面从严治党、从严治行向纵深推进，坚持把作风建设摆在更加突出的位置，深入贯彻实施总行治理形式主义突出问题为基层减负30条措施，制定实施20条具体举措，让基层有切身感受。坚持合规经营，明确内控合规工作"望远镜""放大镜""显微镜"的"三大视镜"定位，推动工作主线完成被动转向主动、形式转向实质、成本合规转向价值合规"三大转变"，更加聚焦操作风险、信用风险、市场风险"三大风险"，为安全经营和高质量发展保驾护航。强化巡察督导，完成5家二级分行以及省分行本部10个部室巡察工作，预计2020年实现二级分行全覆盖。深化信贷巡察，剖析分行近三年不良成因，系统梳理信贷管理中的薄弱环节，夯实信贷管理基础。深入开展员工关爱工作，围绕基层员工长期关切的痛点难点，实施网点减负工程，制定21项减负任务、34项具体举措，减少网点管理性和事务性工作，有效提升基层员工获得感和幸福感。落实总行员工关爱工作，以办好"十件实事"为抓手，提升基层薪酬福利水平，持续改善网点工作环境，落实员工带薪休假制度，不断提升员工获得感；完善创客计划等各类基层创新展示平台，持续提升员工队伍凝聚力和向心力。

二、全力推动客户高质量发展，提升存款市场竞争力

坚持把客户增长和结构优化作为经营发展的主环节。打造有质量的客户总量，在深化推进客户"回归、截流、倍增"三大工程的基础上，于年初推出两个客户计划：实施客户伙伴计划，聚焦以客引客、以客荐客，通过产业链、客户群、生态圈、利益带、社交网络带动全量客户拓展；实施客户升级计划，着眼于存量客户潜力挖掘，抓好流失回归、临界客户升级、忠诚客户留存，以账户管理、产品覆盖、分层分包为手段，推动客户质量提升。此外，将拓展ETC客户作为获客的重要渠道，抓好合作客户综合营销、公务车辆营销推广、对公客户职场营销等重点环节，新增ETC发行129万个，四行占比41.3%，总量占比达到34.8%，由四行第三跃居第一。抓获客渠道的协同，线上，加快发展手机银行业务，将手机银行作为客户的基础标配产品，打造"第一手机银行"。年末个人手机银行客户2 090万户，四行第一。线下，根据环境变化调整优化网点渠道布局，全年完成45家网点迁址开业，76家网点装修改造。抓客户维护模式创新，打造分层服务的客户维护体系，个人客户维护上，推动客户经理人均管户数翻倍，释放客户经理230名。对公客户维护上，投产对公远维平台，深化无贷户分层分包，实现对全省中小对公客户的全覆盖。经过一年的努力，客户发展取得实效，对公客户保持稳定增长，年末对公客户总数51.25万户，较年初净增6.50万户；个人客户增势向好，个人客户总量3 856万户，较年初净增313万户、同比多增103万户；高质量客户增长提速，日均5万元以上公司客户净增11 093户、同比多增3 532户；私人银行客户达到10 091户，较年初净增1 188户、同比多增1 153户，增量居系统首位。

客户的高质量发展有力推动了存款市场竞争力提升，全年新增本外币存款2 193亿元，增量四行占比50.69%，超过余额四行占比15.52个百分点，系统内仅次于北京分行，排名第二。其中，储蓄存款增量实现近6年来首次超过农行，机构存款保持领先优势，公司存款缩小落后差距；12家分行中，10家分行实现新增存款第一；存款有效性持续提升，日均存款占时点存款增量比重达到45.3%，同比提升14个百分点。

三、优化信贷结构，进一步提升服务实体经济能力

面对经济环境的不确定性，坚持服务实体经济不动摇，统筹资产业务投向布局，努力提高服务实体经济的适配性和精准性。在投向布局上，更加聚焦重点领域。聚焦服务民营企业，针对省内民营企业的不同发展质态，分类实施"支持一批、稳定一批、解困一批、出清一批"，年末民营企业贷款余额2 181亿元，较年初新增304亿元。聚焦服务普惠小微，完善考核激励、差异化授权、尽职免责机制，真做小微、做真小微，全年新增普惠贷款289亿元，完成总行下达全年任务的192.7%。聚焦新一轮技术改造，加大力度支持制造业高质量发展，全年新增贷款109亿元，总量保持系统内第一。聚焦打造"第一个人金融银行"，深挖个人按揭市场潜力，年末个人按揭贷款余额3 185亿元，保持"第一按揭银行"地位；稳步推进个人经营性贷款，全年贷款新增216亿元，同比多增167亿元，实现恢复性增长。依托上述举措，全年新增贷款1 036亿元，其中个贷新增631亿元，项目贷款新增478亿元，基本实现个贷（含卡透）：项目：流贷4:3:3（45:31:24）的信贷格局。在风险管控上，坚持提升信贷精细化管理水平。排查存量风险，紧盯关键领域和重点环节，深化大户分层会诊制度，逐户量风险、定策略、落措施。管好新增准入，落实专人负责、进一步完善项目贷款预审机制，推动风险防控从末端治理向源头控制转变。加快清收处置，坚持领导挂帅、重点督办、集中处置，进一步加大清收处置力度和效益，全年累计处置不良71.14亿元，计提贷款减值损失39.4亿元，年末实际保有246.2亿元，拨备覆盖率301.02%，

较年初提升27.19个百分点。

四、抓好业务攻坚，推动可持续发展

以更有力的举措优化内在发展结构和质量，加快从传统注重规模扩张的粗放式发展向以质量效益为中心的内涵式发展转变。抓区域平衡发展，对重点城市行，围绕责任落实、资源配置、分类施策、网点灭负等小切口，精准破题、提升竞争力。特别是对温州分行，明确了三阶段追赶农行规划，狠抓竞争力提升，全年温州地区各项存款增量与农行的差距由231亿元缩小至51亿元。对县域支行，明确19家县域支行作为补短板的主要对象，设立结对帮扶机制、专项奖励基金，激励支行主动谋变，年末19家县支行各项存款新增411亿元，与农行差距缩小157亿元。抓量价协调发展，以净息差稳定为核心，抓好量价的动态平衡。在负债端，优化存款考核，从三季度开始对高成本、资金点差倒挂存款，在考核中降低权重或全额扣除；在资产端，严控下浮贷款总量，确保资源投向优质客户、重点领域，在高速发展的同时保持了净息差的稳定。抓中收稳定增长，坚持加强基础中收，设立基础中收白名单加强业务督导，在第三方支付减收因素影响下，保持了平稳增长态势。坚持以转型业务满足客户多元需求，在债券承销、并购交易、市场化债转股等新老领域不断突破，全年实现投行收入12.78亿元，可比行中增幅第一。

五、坚持改革创新，激发转型发展经营活力

根据内外部环境变化，积极创新服务手段和管理方法，不断释放经营活力。加大新市场拓展力度，成立“四新”市场专职团队，负责全省“新产业、新业态、新模式、新客户”领域营销拓展，实现“一点接入，全行响应”。积极拓展互联网板块市场，组建阿里蚂蚁专属服务团队，以更优质的服务、推动全面战略合作协议落地实施；融资支持微医集团旗下挂号网、微医云大数据体系建设，开拓互联网医疗市场；开展租赁分期业务支持“大搜车”新车租赁模式。推进民生场景合作，紧跟政府“最多跑一次”改革，与浙江政务服务网合作，输出公积金服务、税务三方协议签订等线上金融服务，通过“互联网＋政务＋金融”的服务模式获客引流。创新批量获客模式，针对客户个性化需求，通过场景共建、平台合作等方式，加强产品的运营推广，持续提升客户的体验感和活跃度。比如与物产中大集团签订合作方案，为2万名员工提供一揽子个人金融服务，通过资源互换提供优惠，加强产品交叉销售。推进信贷经营体制改革，在去年两家二级分行开展试点的基础上，推进7家二级分行直接经营和7家二级分行牵头经营，深化分层经营机制。

安徽分行

【主要业务指标完成情况】

2019年，安徽分行拨备前利润历史上首次突破百亿元，达104.19亿元，同比增加12.87亿元，居系统第8位，增长14.09%，总量市场占比25.81%；实现净利润70.82亿元，同比增加16.98亿元，分别居系统第8和第7位，总量居同业第2位，总量市场占比27.21%。本外币各项存款余额5 446.48亿元，居系统第11位，同业第1位；增加458.13亿元，居系统第13位，居同业第2位，增长9.18%，余额市场占比27.08%，较年初提高0.48个百分点。各项贷款余额3 992.46亿元，居系统第13位，同业第1位；增加331.45亿元，居系统第15位，同业第4位，同比多增16.22亿元；余额市场占比26.95%；超额完成人行降准和银保监普惠贷款任务，制造业贷款增量领先同业，民营企业贷款超额完成总行计划。不良贷款继续保持“双降”，不良贷款余额41.02亿元，不良率1.03%，较年初分别下降0.7亿元和0.11个百分点。个人客户2 429万户，较年初增加213万户。公司有贷户3 741户，较年初增加1 015户；无贷户179 926户，较年初增加32 463户。机构客户16 061户，较年初增加383户。

【主要工作措施】

一、深入推进全面从严治党，持续提升党建工作质量

发挥党委把方向、管大局、保落实的作用，紧紧抓住党委的主体责任和纪委监督责任，推进党建质量持续提升。

一是加强政治建设。牢固树立“四个意识”，坚定“四个自信”，坚决做到“两个维护”，自觉同以习近平同志为核心的党中央保持高度一致。突出问题导向、务实导向、效果导向，全程高标准、全面高质量地推进“不忘初心、牢记使命”主题教育。持续推进“两学一做”学习教育常态化制度化，举办多期学习班、培训班，对270余名基层党支部书记进行了集中轮训，推动了各级管理人员政治意识、政治能力的提升。紧抓重大政治任务落实，连续第三年开年即召开二级分行党委书

记会议，加强党对重大政治任务和中心工作的谋划部署。全年召开35次党委（扩大）会议，专题研究重大政治任务以及中心工作。深入推进党支部标准化建设，基层党支部全部实现达标。认真落实扶贫政治责任，投放精准扶贫贷款16.85亿元，强化融e购扶贫措施，通过开展贫困县年货节、定点扶贫村调研等活动，助力脱贫攻坚战。

二是强化纪律建设。认真开展“顾国明、谢明案”专题教育整改，以案促思促改。对12家二级分行和14个省行部室开展了巡察，并切实抓好整改“后半篇文章”。从严管理党员干部，制定了《“关键少数”干部教育管理监督若干规定》。强化选人用人党性考核，对19名新提任的基层支行一把手进行了任前党建知识检验。落实纪委监督责任，贯彻好纪检改革试点工作的各项要求，重点构建了“1+3+N”制度体系。狠抓制度执行，创新运用“纪检E监督”系统，对问题线索涉及的人和事，建立台账跟踪帮扶。

三是推动作风建设。开展为期一年的形式主义、官僚主义集中整治活动，共查摆问题838条，大部分已完成整改，作风持续改善。持续为基层减负，制定了两批《为基层减负清单》38条措施，对基层行材料报送、工作群管理等提出了细化要求。让基层员工共享发展成果，为近2 000名青年员工和收入较低的员工普调了工资等级。研发了作风建设考评系统，建立了劳动考勤、效能监察、督办落实等作风建设制度体系，作风建设长效机制进一步完善。制定了《关于加强公文和会议数量压降的通知》，上线了无纸化会议系统，省行本部发文数量较上年减少31.69%，文风会风得到进一步改进。

四是加快完善“大党建”格局。认真做好党员发展和教育管理工作，年末辖内网点实现党员全覆盖。统筹开展了“同唱国歌、同升国旗”、功勋模范座谈会、文艺汇演等系列活动，切实凝聚了人心、鼓舞了士气。召开青年员工座谈会，开展主题歌咏比赛、十一书跨时空回信等团组织活动，青年员工政治意识得到提高、作用得到更好的发挥。

二、贯彻“比”的思想，推动市场竞争力持续提升

强化“比”的思想，把市场竞争力提升作为工作出发点，把市场占比提高作为考量业务发展的核心，实现市场竞争力的稳步提升。

一是压实责任。明确党委书记牵头，各党委成员在分工范围内负责推动的责任机制。完善二级分行和省行部室市场竞争力评估及结果应用机制，实行工作提示、警示约谈、黄牌问责等责任追究，推动了责任落实，强化了行内联动。

二是夯实客户基础。将客户拓展维护作为竞争力提升的基础，突出抓好代发、社保、商户和县域等重点客群的拓展，个人客户增加212.8万户，居系统第8位；新开对公结算账户6.63万户，居同业第1位；净增机构客户1 219户；净增第三方存管客户19万户，继续保持同业领先。

三是全力稳存增存。抓源头、盯账户，重日均、增月均，保时点、控成本，日均存款增加542.51亿元，居系统第12位。存款月均余额占比26.71%，较上年提升0.11个百分点，余额提升至同业第1位，彻底消除了二级分行存款余额同业占比第4的情况；存款增量占比居第2位，比居首位的农行少1.88亿元。

四是补齐中收短板。围绕市场订计划，分产品、逐科目明确目标和措施，实现中间业务收入28.75亿元，同比增加4.79亿元，居系统第8位；中间业务收入总量和增量分别居同业第2和第1位，市场占比分别提高1.54个和6.41个百分点。

三、坚守经营本源，以信贷稳健发展服务实体经济

坚持服务实体经济本源，努力当好服务实体经济的“国家队”。

一是着力推动信贷稳健发展。加大省行对重大项目、重点客户的营销责任，推动前中后台专业加强联动。亿元以上的信贷项目由党委书记听取情况汇报。成立由省行信贷前中后台部门人员组成的5个信贷投放督导组，分赴二级分行现场督导，传导省行的相关要求。全年各项贷款增加331.45亿元，同比多增16.22亿元，考虑资产证券化等因素，各项贷款实际增加500亿元。

二是加快优化调整信贷结构。提高信贷服务与实体经济需求的适配性，将普惠金融纳入党建主体责任清单，作为政治巡察的重要内容，制定了发展普惠金融的十条意见，人行降准和银保监普惠贷款分别增加42.53亿元和41.87亿元，分别完成全年计划的146%和135%。抢抓第二届世界制造业大会契机，在全省制造业贷款整体大幅下降情况下，制造业贷款增加36.06亿元，《金融时报》等主流媒体进行了报道。投放民营企业贷款170.08亿元，贷款增加31.01亿元，超额完成总行下达计划。紧抓优质客户、政府隐性债务置换、基建补短板等项目，累放项目贷款145亿元。推动战略新兴行业、幸福产业、上市公司等优质市场拓展，累放贷款623亿元。

三是推动个人信贷业务稳健发展。严把区域、项目、客户准入关，用好个人按揭贷款限额，优先满足首套刚需贷款需求，个人住房贷款增加166.11亿元。加大e分期、汽车分期、家装分期产品营销推广力度，抓好存量客户潜在价值挖掘，切实增加个人消费信贷投放，分期付款交易额连续两年突破百亿。

四、落实重点战略，扎实推进经营转型

注重推动重点战略落地和重点改革创新举措实施，进一步激发经营活力。

一是加快传导贯彻“第一个人金融银行”战略。

召开专题党委扩大会议、县支行储蓄存款市场竞争力提升座谈会、打造“第一个人金融银行”座谈会，就贯彻“第一个人金融银行”战略进行部署安排，成立了全面打造第一个人金融银行战略推进委员会。把 ETC 营销推广作为“第一个人金融银行”战略的“试金石”，新增 ETC 客户 142.6 万户，在营销伊始落后 11.7 万户的情况下，年末以 20 万户的优势领跑同业。把手机银行业务作为“一把手工程”，制订了全省发展规划和推广方案，坚持全员体验、全行办，新增个人手机银行客户 176.42 万户，同业占比前进 1 个位次至第 2 位。重视渠道对个人金融的基础支撑作用，撤并网点 10 家，迁址优化网点 31 家。

二是提升重点城市行和县支行竞争力。把重点城市行作为竞争力提升工作重点来抓，深化人格化授权实施，加快经营转型、优化资源配置、完善考核管理体系，3 家总行级重点城市行和 3 家省行级重点城市行存款余额均居同业前 2 位，其中 4 家分行存款增量居同业第 1 位，1 家分行居第 2 位。制定实施了县支行市场竞争力提升考核意见，进一步明确县支行优先发展个人金融和普惠金融的经营定位，在费用和人力资源等方面给予倾斜。

三是大力推进改革创新发展。国家重点领域改革营销取得阶段性成果，在地市级医保、应急保障、税务、退役军人事务等机构账户覆盖率均超过 50%，成功获得省职业年金基金主托管人资格，成功开立省异地就医管理中心省级支出账户，实现百亿级医保市场突破。全力突破 G 端，与政府合作开发了“智慧政务”项目和“皖事通”线上获客项目，在同业中率先完成全省各地市电子社保卡签发全覆盖，“聚合支付收款码”“宗教云平台”等创新项目成功上线。深化信贷经营体制机制改革，组建了芜湖大客户中心，加强了审查审核中心建设。以“三个打通”为主线，试点构建了网点“5 变 4”新岗位体系。

五、防范金融风险，全面推进从严治行

注重平衡发展与风险的关系，持续净化优化资产质量，深入落实“管住人、看住钱、扎牢制度防火墙”要求，为稳健发展保驾护航。

一是持续净化优化资产质量。建立新增融资分层准入、项目融资全流程管理机制，完善资产质量调度会制度。统筹潜在风险化解和释放节奏，全年压降潜在风险贷款 22.09 亿元。强化贷款大户风险管控，全年压降风险大户贷款 48.27 亿元。按照“冰棍、顽石、根雕”标准对存量不良资产进行分类，清收处置不良贷款 23.25 亿元，其中现金清收 4.32 亿元，占比较上年提高 8.84 个百分点。

二是紧抓内控案防不放松。扎实推进“十大重点领域和关键环节”专项治理，以及扫黑除恶等重点工作，实现了清雷排险。深化反洗钱集中处理模式改革，人行监管评价良好。开展“客户投诉管理年”活动，银保监转办投诉同比下降 73.7%。深入开展“压实责任年”活动，制定了内控案防管理考评办法、省行内部控制手册、二级分行内控评价方案、一级支行及以下营业机构内控评价实施细则等，进一步完善了内控合规管理机制。深入落实国家总体安全观，定期开展安全大检查，全面加强安全生产管理。完善安全保卫非现场检查机制，完成了全省最后 5 个县级金库撤库工作。深化外包业务监督评价，对外包履约事项按月开展监督检查。

福建分行

【主要业务指标完成情况】

2019 年，福建分行实现营业收入 131.34 亿元，增加 16.59 亿元、增长 14.46%；拨备前利润 89.86 亿元，增加 11.62 亿元、增长 14.85%；净利润 42.31 亿元，增加 37.49 亿元、增长 776.60%。实现中间业务收入 36.75 亿元，增加 3.89 亿元、增长 11.83%，同业第二。各项贷款余额 4 149.55 亿元，较年初增加 371.21 亿元。全部存款余额 3 875.92 亿元，较年初增加 578.85 亿元，增量同业第一。不良额（含卡透）50.24 亿元，较年初下降 44.08 亿元，下降额度系统第一；不良率 1.21%，较年初下降 1.29 个百分点，下降幅度系统第一。

【主要工作措施】

2019 年，面对复杂的经济环境、激烈的同业竞争、严格的监管形势以及历史积累的矛盾问题，认真贯彻落实总省行决策部署，紧扣建设区域和系统强行这个总目标，深入实施新三年发展规划，全力打好资产质量、竞争力、经营转型三大攻坚战，交出了一份好于预期、好于同期、好于同业的“答卷”，创造了近年来最好的业绩。主要抓了“六个聚焦”：

一、聚焦党建领行，打造行风新貌

筑根塑魂，通过抓党建、强党建，营造人心齐、士气盛、信心足的进取氛围，队伍斗志更加昂扬。强化政治引领，开展“不忘初心、牢记使命”主题教育、“顾国明、谢明案”警示教育活动，完成省市两级行纪检监察改革，对福州、泉州分行及省行 6 个部门开展巡察，营造风清气正的政治生态。强化作风整治，深入推进总行为基层减负 30 条措施落地，专项整治形式主义、官僚主义突出问题，形成狠抓落实的工作作风。强化队伍建设，选拔二级分行行长助理（总经理助理）以上干部 25 人及高级经理 17 人，推动 54 名干部交流轮岗，激发干部队伍活力。强化企业文化，召开职工代表大会，落实为基层员工办好十件实事，落地网点员工岗位津贴制度，组织“我和我的祖国”等主题宣传活动，开展“五一劳动奖章”等各类评优评先，举办“唱响新时代　启航新征程”合唱比赛等各类文体活动，组织走访慰问困难员工 889 人次，发放特困救助金 383.9 万元，投入近 500 万元改造职工之家，打造暖人心的企业文化。

二、聚焦存款立行，提升同业占比

开拓进取，“干”字当头、“实”字打底，积极竞争存款市场，赶超态势更加明显。一是储蓄存款增量同业第一。通过主攻代发、乡镇、商户、闽商四大源头市场，依托网点、外拓、线上、远维四大揽存渠道，落实全员、全产品、全区域、全过程“四全”营销机制，实现新增 376.23 亿元，增量四行占比 34.48%，自 1997 年以来首次实现增量四行第一。二是公司存款增量创历史新高。通过抓大额资金封闭管理稳存，抓裸贷治理促存，抓系统大户增存，抓存贷联动引存，实现新增 115.91 亿元，增量四行第一，四行占比 44.64%。三是机构存款稳定增长。克服政府机构、军队改革以及职业年金启动带来的资金整合、上收、归集等不利因素，通过点上全力突破中铁公司东部区域工程建设指挥部账户、福建省职业年金基金受托管理人及托管人资格、各级市场监督管理局、工业信息化局、退役军人事务局等重点账户，面上深耕细植 13 个机构重点领域和县域“两院三校五局”，在新一轮洗牌中基本稳住了市场份额，实现新增 45.41 亿元，增量四行第二。

三、聚焦风控护行，改善资产质量

多管齐下，做实做强信用风险管控，基本甩掉不良贷款包袱，资产质量更加洁净。一是把好清收处置关。坚持常规和创新并重、存量不良清淤和受托资产清收并行、总量压降与品种优化并举，累计处置不良贷款（含卡专业）119.05 亿元、系统第三。其中，常规现金清收 7.96 亿元，常规核销 18.39 亿元（含卡核销 6.36 亿），重组转化 23.3 亿元，批量转让 67.26 亿元，证券化 2.14 亿元。清收处置收回受托资产（法人和个贷证券化）13.27 亿元，清收账销案存资产 1.60 亿元。二是把好潜在风险化解关。坚持早发现、早治理、早化解，全面开展摸底排查，定期会诊贷款大户，精准定位潜风客户，逾期和潜风融资余额分别较年初下降 51.01 亿元和 107.37 亿元。三是把好新增准入关。坚持把控实质风险导向，在强化信贷投向管理、落实名单制管理、理顺审查审批体系上下功夫，着力发展优质信贷客户，2013 年以来新增融资不良率 0.48%，低于系统平均水平 0.41 个百分点。四是把好信贷基础强化关。坚持抓住重塑健康审慎信贷文化这一主线，完成防假反假、异地贷款两项治理，落地优化审批模式、项目类投融资流程、优质客户融资服务模式三项改革，推进“四严”主题活动，进一步端正发展观、风险观、业绩观。

四、聚焦信贷兴行，服务实体经济

坚守本源，紧跟政策导向、市场需求和同业动态，做到总量稳、投向准、节奏好，信贷质态更加优化。一是实现了量的突破。各项贷款余额 4 149.55 亿元，新增 371.21 亿元、增长 9.82%，同比多增 143.3 亿元，增量为 2010 年以来新高。二是体现了质的提升。起“压舱石”作用的个人住房贷款和项目贷款占各项贷款比重达 67.92%，高于系统平均水平 2.21 个百分点，其中个人住房贷款新增 265.57 亿元，增量同业第一。三是实现了优的口碑。在普惠金融、民营企业、制造业贷款等实体领域精准发力，展示了负责任、有担当的大行形象：大力发展普惠金融，强化线上线下双轮驱动，抓好 e 抵快贷等线上标准产品和“陶瓷贷”等线下特色产品的营销推广，实现普惠金融增量、扩面、降本、保质，普惠客户（含个人）超过 15 536户，较年初增加 7 350 户，普惠贷款新增（还原处置因素）62.13 亿元，超额完成总行任务和监管目标；鼎力支持民营企业，通过强化分类施策，支持一批、稳定一批、解困一批、出清一批，民营企业贷款（还原处置因素）新增 23.21 亿元，民营企业有贷户 2 276户、占有贷户比重的 75.79%，完成总行任务和监管目标；全力支持制造业，制造业贷款（还原处置因素）新增 40.58 亿元，完成总行任务。

五、聚焦转型塑行，打造增收动能

突破瓶颈，在发展中转型，在转型中发展，经营活力更加迸发。经营结构多维优化：收益结构优化，启动实施“第一个人金融银行”战略，实现大个金营业贡献 57.82 亿元，同比增长 9.95 亿元，占营业贡献的比重达 59.64%；资产负债结构优化，新增存贷比 64%，创近年来最好水平；融资结构优化，新增非信贷融资业务量（含债券承销、代理投资和融资租赁）96.51 亿元，同比增加 84.47 亿元，其中累计承销福建省地方债 143.42 亿元，市场第一；渠道结构优化，网点撤迁 27 家、靓化 86 家，建设 58 个政务类、商业类、学校类场景。业务创新多点突破：分行内办理首笔 ABS 业务和交易所债券投资业务、首笔金融债承销业务、首笔履约保证保险业务，推出首个红色主题贵金属系列产品；系统内率先投产跨境业务区块链服务平台，率先上线国际贸易“单一窗口”金融服务功能；同业内成功中标龙岩、莆田、宁德市政府网上公共服务平台统一支付项目，创新利用融e联平台签发福州、龙岩、泉州、莆田、三明、宁德市电子社保卡。

六、聚焦管理强行，推进基础工作

固本强基，不断完善体制机制和内部管理，练好内功、深挖潜力，发展后劲更加充足。在体制机制上，完成漳州、龙岩、莆田三家分行远程授权业务上收，提高集约化经营水平；完善二级分行大客户直营机制，基本实现全流程、一手清，提高大客服务质效；成立省分行远程银行中心和资金交易、投行资管、商户收单、贵金属等团队，提高本部营销能力。在机构效能上，完成省分行本部定岗定编设科和交流轮岗；完成支行机构人员改革，组建89个支行外拓营销团队、配备人员517人，推进乡镇市场拓展；深化网点“四变三”改革，释放117人充实至营销队伍。在考核考评上，全面修订完善各类细则办法，突出竞争力导向，提高重点工作权重，打通绩效考核“最后一公里”。在技术保障上，自主研发贷款定价审批、大额资金监测管理、外拓营销管理等系统，赋能经营发展。在内控案防上，“压实责任年”活动全面展开，“八大领域”深度治理纵深推进，总行内控评价提升至三级二档，保持无恶性上访事件、无影响全局性生产事件、无重大负面舆情、无重大外部案件事故的良好态势。

江西分行

【主要业务指标完成情况】

2019年末，江西分行各项存款余额4 125亿元，较年初增加512亿元，增量创历史新高，余额、增量继续保持同业第一，增幅14.16%，高于系统平均6.58个百分点，列系统第3位。其中：储蓄存款较年初增加318亿元，增量、增幅分列系统第13位、第5位，增量同业第一；公司存款余额较年初增加150亿元、增长17.83%，增量、增幅分列系统第5位、第2位，余额、增量均列同业第一；机构存款较年初增加44亿元，增量同业第一。

2019年末，各项贷款余额3 105亿元，较年初增加345亿元，同比多增69亿元、增长12.5%，余额、增量均列同业第一，其中：公司贷款余额1 574亿元，较年初增加165.99亿元、增长11.91%，余额连续三年保持同业第一且优势持续扩大；个人贷款余额1 348亿元，较年初增加165亿元、增长13.92%。2019年末不良贷款余额24.88亿元，较年初减少19.39亿元；不良率0.83%，较年初下降82个基点，持续优于系统、好于同业，处于股改上市以来最优水平。

2019年全年实现拨备前利润和净利润分别为88.82亿元和51.1亿元，均列同业第一，分别同比增加14.07亿元和10.46亿元，增量均列系统第8位，增幅分别为18.83%和25.74%。全年实现中间业务收入26.62亿元，同比增加1.56亿元、增长6.24%。

不良贷款拨备覆盖率280.31%，较年初增加114.8个百分点。在系统综合经营绩效考核中排名第10位。

【主要工作措施】

一、坚持党建统领，深入落实全面从严治党从严治行要求

扎实开展“不忘初心、牢记使命”主题教育，牢牢把握根本任务、总要求和具体目标，紧密结合本行实际，将学习教育、调查研究、检视问题、整改落实贯穿始终，推动主题教育开展高质量有实效。累计开展集中学习研讨2 127次，学习时长1 118天；各级领导班子成员累计开展调研845次，形成调研成果483个，讲授专题党课425次，查找问题1 163条，初步整改率84%。推进“两学一做”学习教育常态化制度化，深入学习宣传贯彻党的十九大和十九届四中全会精神，聚焦解决“灯下黑”与“两张皮”，全面提升省市行两级本部党建工作质量。基层党组织覆盖面进一步扩大，党组织数较年初新增122家，党员空白网点较年初下降24家。统筹抓好江西分行纪检体制改革，确保相关职责平稳过渡，工作及时承接、连贯运转。深入开展“赖小民案”“顾国明、谢明案”主题警示教育，一体推进“不敢腐、不能腐、不想腐”机制，营造风清气正的政治生态和经营环境。完成五家二级分行巡察工作，发现问题107个，完善制度26项。强化“三专”建设，盯紧“关键少数”，监督执纪问责质效不断提升，全年运用第一种形态191人次、第二种形态141人次、第三种形态14人次。围绕“自满松懈”“简单粗糙”“困难退缩”“与己无关”四方面问题，开展机关作风问题的检视与整改，全面提高为民服务干事创业本领。积极落实中央及总行“基层减负年”活动要求，制定《江西分行治理形式主义突出问题为基层减负30条措施》，坚决破除形式主义、官僚主义。落实总行两个“五分之一”要求。全年新提拔处级管理干部8名，

40 岁以下占比 62.5%。制定江西分行干部选拔培养工作 5 年规划，组织 52 名中级培训对象开展 311 领航培训。聚焦员工关心的重点问题，着力解决网点办公环境、员工就餐等实际问题，努力让员工体面劳动、舒心工作。积极落实总行《关于加快提高基层员工薪酬待遇的意见》，强化薪酬资源分配向基层倾斜导向，将总行党委温暖及时送达每一位基层员工，员工获得感、幸福感进一步提升。

二、坚持“比”“拼”意识，推动负债业务站上高点再创新高

储蓄存款方面，深刻把握“加、减、乘、除”方法要义，抢抓旺季营销黄金档，扎稳储蓄存款增长根基。至年末，储蓄存款日均增量 323 亿元，增量列系统第 13 位。围绕代发工资“两张表”精准发力、靶向施策，着力抓好源头资金的争揽和沉淀。至年末，代发单位净增 3 321 户、增长 31.15%，代发客户净增 11.63 万户、增长 5.66%，代发客户金融资产净增 86.11 亿元，增长 13.02%。突出抓好中储粮惠农卡、金融社保卡、特色借记卡等发卡和绑卡工作，不断拓宽质稳价廉的资金渠道。至年末，借记卡净增 215.96 万张、增长 12.76%，借记卡第三方支付绑卡净增 263.6 万张，系统排名第 2 位，实现交易额 3 535 亿元。公司存款方面，坚持“持久战”与“攻坚战”相结合，精细日常管理，构建存款增长长效机制，日均增量 117.23 亿元，列系统第 5 位。有序推进分层定价策略，通过主动负债产品撬动更多业务机会。累计为中文传媒等 7 户重点客户量身定制活期宝、大额存单等产品，挖转他行存款 65 亿元，新增日均存款 51 亿元。机构存款方面，牢牢把握政府机构改革机遇，重点围绕退役军人、医保、税务、应急等四类账户精准发力，持续完善账户体系。成功营销省本级医保局基本账户、省医保收入账户，新开退役军人事务局、医保局、应急管理局账户 83 户。总分第一名中标职业年金计划受托管理人资格。全年承销地方债 202 亿元，占比 17.3%，列承销团成员第一。积极参与省本级财政现金管理资金投标，中标 98.8 亿元，市场份额第一。

三、坚持回归本源，金融服务实体经济适配性进一步提升

法人贷款方面，以“1+3”信贷布局为指引，紧扣国家战略布局和区域经济发展，推动信贷投放精准落子、带活全盘。至年末，“1+3”板块贷款净增 181.7 亿元，是公司贷款增量的 1.09 倍。主动发挥国有大行在“稳投资”中的压舱石作用，紧密契合全省“大干项目年”活动部署，重点支持产业聚集区、PPP 基础设施、交通能源等领域项目建设，全年新批项目 56 个、金额 270.67 亿元，实现投放 126.83 亿元。充分依托江西资源禀赋和产业基础，围绕全域旅游、医院学校、普惠养老等核心市场，因地制宜、深挖潜力，推动幸福产业板块提速快进。成功打造“婺源旅游”“龙虎山旅游”等示范案例，储备项目 80 亿元，5A 景区覆盖率提升至 92%；持续开展“一县一院”“一行一校”营销活动，县级医院覆盖率达到 93%。民营贷款方面，坚决落实中央部署和总行党委要求，持续加大对民营企业的倾斜力度。全年累计向民营企业投放贷款 274.53 亿元，如还原核销，实际净增 52.44 亿元，占公司贷款增量的 31.59%。普惠贷款方面，牢固树立“真做普惠、做真普惠”理念，银保监口径和人行降准口径普惠贷款余额分别为 98.58 亿元和 97.74 亿元，分别较年初增长 15.06% 和 12.91%，均高于各项贷款增速。以线上普惠产品为抓手，以点带面，抢占优质市场资源，“e 抵快贷”和“经营快贷”合计净增 14.41 亿元，占银保监降准口径普惠贷款增量的 112%，其中“经营快贷”白名单客户提款率 6.42%，高于全国平均水平 41 个基点。大力实施小微企业减费让利政策，新发放普惠贷款执行利率居四行最低，累计给小微企业客户让利 5 000 多万元。个人贷款方面，坚持“重点区域、重点企业、重点楼盘”统筹推进，不断巩固和扩大同业竞争优势。至年末，个人住房贷款余额 1 284 亿元，净增 174 亿元，余额、增量同业占比分别为 29.27% 和 34.26%，继续保持同业“双第一”。

四、坚持固本培元，牢牢守住不发生重大金融风险底线

重点推进信贷“四严”活动和全流程履职监督工作，增强履职能力，健全机制建设，信贷管理基础不断夯实。统筹抓好存量移位管理，全年战略退出客户池净移出 51.85 亿元，完成目标计划的 192.04%。持续加大不良资产处置力度，重点抓好常规处置，全年累计现金清收 12.14 亿元，常规处置 17.31 亿元。深入开展“压实责任年”和非法集资风险排查整治活动，落实扫黑除恶专项斗争工作要求，推动合规文化融入经营管理全流程各环节。组织开展“巩固治乱象成果，促进合规建设”整治自查工作，在总行质效评估中排名第 3 位。在银行业第六轮安全评估中排名第一，综治工作摘除挂牌督办帽子。

五、坚持创新驱动，培育壮大支撑高质量发展新动能

全面落实“第一个人金融银行”战略，围绕全量客户和“三基”业务持续用力，加快经营转型，实现个金业务营业贡献 55.86 亿元、增长 8.83%；私银管理客户资产 219.19 亿元、增长 19.43%，增幅系统第 4 位；代理保险收入 1.08 亿元、增长 68.68%；重点贵金属产品销售排名均位列系统前六；e 支付活跃商户占比 45.05%，高于系统平均 7.29 个百分点；第三方支付绑卡净增 283 万张，完成率系统第 3 位。跨境人民币结算量创历史最好水平，实现 114.68 亿元，增幅列系统第 3 位。成功落地债转股项目 2 笔、金额共计 14 亿元，其中赣州高速项目金额系省内同类项目最大。全年完成网点撤并 2 家，优化布局 16 家，标准化装修 70 家，转型升级稳步推进。

山东分行

【主要业务指标完成情况】

2019年山东分行实现拨备前利润（总行口径）194亿元，超出总行沟通目标0.3亿元。其中贷款收益94亿元，同比增加5亿元；实现中间业务收入70亿元，同比增加2.4亿元；实现存款收益108亿元，同比增加1.1亿元。计提拨备273.7亿元，同比增加126亿元。2019年个人全量客户较年初增加496万户，排名系统第1。ETC新增绑卡客户501万户，提前完成总行计划，在系统和同业遥遥领先。个人手机银行客户增加356万户，排名系统第3。机构客户新增2 300户，排名系统第2。公司客户新增6.1万户，排名系统第5。得益于客户工作扎实有效，2019年末本外币全部存款时点较年初增加549亿元，排名四行第2；日均较年初增长836亿元，创历史新高，存款付息率1.62%，四行最优。

2019年累计投放各类贷款3 200亿元，较年初净增403亿元，且信贷结构进一步优化。表外融资方面，承销债务融资工具215亿元，政府债券认购额、余额排名市场第一。普惠金融方面，普惠贷款较年初净增52.7亿元，客户净增1.1万户，全面完成监管工作要求。民营企业贷款净增72亿元，精准扶贫贷款增长5.3%。

2019年处置不良贷款286亿元，同比多处置73亿元，年末不良额302.6亿元，不良率4.17%，较年初“双降”。严格管控融资质量，贷款劣变274亿元，同比减少30.9亿元；剪刀差贷款余额－16.4亿元，较年初下降9.9亿元；潜在风险贷款余额243.4亿元，较年初下降145.9亿元。

【主要工作措施】

一、全力推进实施“第一个人金融银行”战略

迅速行动，积极作为，围绕储蓄存款、公私联动、渠道规划、服务提升等焦点问题，召开一系列专题会议研究部署。总体思路是：围绕打造山东区域“第一个人金融银行”，落实总行要求，树立“比”的思想，聚焦核心指标，持续做大规模、改善结构、提升质量、优化服务，奋力实现市场竞争力最强、价值创造力最大、经营质态最优、品牌美誉度和客户满意度最佳的战略目标。对于旺季营销工作，坚持高标引领，加大资源投入和督促推动力度，提升过程化、精细化管理水平。

二、全力提升服务实体经济的质效水平

加强顶层设计，做好全口径投融资业务发展规划，做到“四个统筹、三个突出、两个提升、一个确保”，即：统筹表内外、本外币、省内外、流量增量；突出重点城市、项目贷款、制造业；提升前台风险控制力、大客户服务能力；确保贷款结构和客户结构的持续优化。推动信贷业务稳定增长，全力支持实体经济发展。

三、全力抢占机构金融重点领域

加大政府重点领域机构改革营销，省市县客户覆盖率分别高出全国平均水平3个、6个、8个百分点。加大省属国有企业年金营销，成功拿下山东钢铁年金账管资格，获得最大业务份额。抓住职业年金投入运营的机遇，成为全国首批、系统内首家运作职业年金的分行，成为省内第一家顺利完成山东社保四轮系统测试的银行，2019全年累计归集职业年金基金575.6亿元，派生日均存款64.23亿元，受托及托管规模双双超过76亿元。

四、全力做好资产质量攻坚工作

加快不良资产出清。优化机制、提升效率，不良资产处置再创新高。加大“冰棍类”不良资产处置。加强资产质量管控。强化移位管理，严格剪刀差管控，严控贷款劣变，开展风险融资清淤，资产质量更加真实、洁净。加强信用风险监测。下发系统预警4 225条、书面通知书131条。开展重点行业风险排查，加强大户风险管控。提升信贷经营能力。构建信用风险防控长效机制，严把准入调查关和授信审批关，实施信贷全流程履职监督。加强信贷基础管理。深化“四严”主题活动，开展七大重点领域专项治理，加强资质管理，强化信贷系统管理。

五、全力筑牢内控合规风险防线

持续强化内控管理，锲而不舍抓好案件和案件风险管控。扎实开展监督检查，完成34项监督检查项目，各类检查发现问题整改率达到98.57%。严格内控履职考评，修订二级分行行长经营绩效考核，增加了风险合规指标分值。落实从严治行要求，开展不良责任认定，共问责1 450余人次，完成12家二级分行管理责任认定。持续加强案件防范。扎实开展“行业规范建设年”活动，抓好重点领域专项治理，落实“巩固治乱象成果　促进合规建设”要求，加大违规类诉访事件治理。全面提升风险管控水平。扎实推进反洗钱工作。有效防范外欺风险。坚守安全底线，全年未发生高级别生产事件，未发生既遂刑事治安案件和安全责任事故。

六、全力抓好全面从严治党从严治行

以纪检监察体制改革为引领，深化监督执纪问责。从严抓教育，集中开展“顾国明、谢明案”警示教育和对照检查。从严抓作风，开展形式主义、官僚主义集中整治，共查摆问题437条，配套制定了整改措施。从严抓监督，统筹运用好“四种形态”，完成对32个部室的专项巡察，发现问题523个。从严抓执纪，给予各类违规违纪人员行政处分232人次，党纪处分13人次。加大信访核查和惩戒审理力度。从严抓管理，顺利完成纪检监察体制改革。开展“三对照三自查”警示教育，强化了纪检队伍人员保障。

河南分行

【主要业务指标完成情况】

2019年末，河南分行全部存款余额6 301亿元、系统第10位，较年初净增514.3亿元，其中储蓄存款净增336.1亿元，公司存款净增71.8亿元，机构存款净增67.6亿元，同业存款净增38.7亿元，均排同业第一。各项贷款（含卡透支）余额5 256亿元，排系统第10，较年初净增472.3亿元，排系统第8。实现拨备前利润137.36亿元、排系统第10位，实现净利润40.5亿元，均超额完成总行计划。实现中间业务收入46.3亿元，排系统第10位。内控案防趋于稳定、未发生风险事件和案件，资产质量一改过去四年“双升”局面、连续四个季度保持“双降”。

【主要工作措施】

一、抓经营理念更新

坚持新发展理念，聚焦重点难点，研究改进举措，创新抓好落实。围绕建设优秀分行，提出了追求卓越的“十争七保”（市场争客户、发展争持续、同业争领先、系统争进位、结构争优化、创新争转型、经营争效益、改革争活力、队伍争士气、社会争形象；严管保安全、稳健保质量、服务保品质、协作保效率、机制保成果、抓实保落地、人本保幸福）、经营管理的“三个坚决”（从严治党从严治行、端正思想遵循本源、依法合规稳健经营）、打好“三大攻坚战”（内控案防、资产质量、转型发展）、班子建设的“九句方针”（政治过硬、秉公清廉、正气规矩、团结协作、勤奋拼搏、担当务实、学习创新、洞察敏锐、贡献卓越）、打造“十优”（党建文化优、价值贡献优、竞争引领优、创新转型优、管理风控优、体制机制优、服务口碑优、人才队伍优、作风形象优、员工满意优）的发展愿景。通过不断传导，新思维、新理念、新方法深入人心、广泛响应，思想统一、斗志昂扬、信心倍增。创造性落实总行“48字”工作思路，强化政治站位，强化从严治党，强化时间意识，强化同业领先，强化服务本源，强化从严治贷，强化内控案防，推进工作、提高效果。

二、抓党建工作引领

坚持以高质量党建引领高质量发展，扎实开展“不忘初心、牢记使命”主题教育，举办处级干部、新提任管理干部政治素养提升培训班，分行党委书记3次为管理人员讲专题党课，引导党员干部坚定理想信念、提升政治站位、增强党性修养，受到中央指导组肯定。优化干部队伍结构，调整优化处级干部67人，激发了干部干事创业的精气神；加大年轻干部培养使用，公开遴选35名管理人员，平均年龄41岁，老中青结合，结构基本合理；强化干部制度化培养和履职过程管理，根据上年考评结果，对12名处级干部告诫谈话，6名确定为“基本称职”。深化从严治党，两次召开全面从严治党专题会议，聚焦“管住人、看住钱、扎牢制度防火墙”，研判形势，分析问题，洞察隐患，压实责任，推进全面从严治党向纵深发展。强化政治监督，聚焦“两个责任”落实，强化监督执纪问责，贯通政治监督、业务监督、巡察监督，深入整治“四风”和案件警示教育，对356人（次）给予党政纪处分；对8家二级分行和5个省行部室开展了三个批次的常规巡察及巡察“回头看”，共发现管党治行方面问题356个。加强作风建设。持续整治形式主义、官僚主义，开展“转理念、转作风、转方式”大讨论，建立作风效能考评机制，分行本部作风效能得到有效改观。关心关爱员工。落实十件实事，新建、改造、修缮职工食堂89个、职工之家场所102个，网点员工工作和生活环境得到改善；做好老干部和共青团工作，省行团委荣获共青团中央金融工委“银团合作先进派出机构奖”；老干部工作荣获省委老干部局“省直老干部工作先进单位”等称号。

三、抓竞争能力提升

落实“比的思想、干的劲头、超的结果”新要求，在风险可控前提下，加快提升竞争力。加快打造“第一个人金融银行”。领会总行战略内涵，制订实施“1+7”行动方案和四类保障机制，以开局即决战、起步即冲刺的决心和行动，启动个金业务旺季营销，推动战略率先落地。加快拓展全量客户。线上线下全渠道发力、大中小全市场布局、上下游全链条延伸、对公对私全板块统筹，净增全量个人客户305万户，系统第6，其中5万元及以上客户净增6.2万户，同比多增3.8万户；新开对公结算账户7.2万户、增长42%；净增机构客户1 554户，退役、医保、应急、市场监督等重点领域市场覆盖率42%，同业第一；营销ETC239.2万户，增量同业第一。加快推进稳存增存。抓源头、循流向、盯账户，全链条全封闭拓户增存，全部存款增量由上年的同业第三升至第一并持续巩固。加快提升各机构竞争发展能力。持续深化重点城市行竞争力提升内涵，平顶山、洛阳、南阳、郑州4家总行级重点分行综合竞争能力较上年分别提升40个、29个、8个、6个位次。分类施策提升支行竞争力，对县域支行实行分类管理和差异化考核；对城区支行以提升系统贡献度为核心，着力升级进位。

四、抓服务实体经济

主动对标全省经济高质量发展要求，围绕基础设施领域补短板及投资计划和项目安排，投融资一体化发展，全力支持重大战略、重大工程和重点项目建设资金需求，本外币公司贷款净增179亿元，重点投向“1+3”重点领域，其中先进制造业、幸福产业板块分别净增11亿元、12亿元；制定实施支持民营和小微企业发展的22条措施，民营企业贷款余额627.7亿元，净增2.2亿元。普惠金融坚持做真、做小、做实、做好、做活、做持久，开展“工银普惠行”“百行进万企”等工作，人行降准普惠贷款净增23.3亿元，银保监普惠贷款净增21.4亿元，精准扶贫贷款净增5.5亿元，均完成监管目标。落实国家宏观调控政策，支持居民合理住房需求，个人住房贷款余额2 383亿元、累放540亿元、净增309亿元，实现“三第一”。积极承销地方债，中标总额223.9亿元，占全省发行总量的12.3%，同业第一，受到政府肯定。

五、抓转型创新发展

围绕业务、模式、渠道等加快创新突破。加快业务创新。率先在全省金融系统平台投产电子社保卡业务，并开通融e行手机银行签发电子社保卡功能，社保客户净增125万户，四行占比26%；与中储粮签订全面合作协议，县域批量获客取得新突破；成功中标河南省职业年金、安钢集团企业年金受托业务，受托总规模52.3亿元，同比增长200%。加快模式创新。系统内率先推出公安涉案资金管理系统，争揽各级公安案款专户112户，市场覆盖率67%；推广智慧政务营销，平顶山、驻马店、安阳等分行在全国首批实现智慧工会系统上线；成功与63家省内重点医院开展“智慧医疗”项目合作；投产全系统首家地市级政务合作项目“i许昌智慧政务平台”，投产河南财政厅线上非税收缴项目，实现B2C、B2B缴费模式。加快渠道转型。建成101家网点，其中迁址改建32家，重点投向城市新区、重点县域等金融资源丰富区域；低效自助设备、智能设备占比分别降至5%、4.2%，均优于总行标准；智能化网点非现金业务迁移率80.2%、提高0.5个百分点，主要审核类业务迁移率75.1%、提高3.4个百分点。加快服务提升，客户之声系统服务抱怨类工单、“两微一端”服务事件分别下降78.6%和35%。

六、抓资产质量攻坚

围绕信贷基础管理和质量管控，深化资产质量攻坚，推动资产质量稳步向好。构建管控架构体系。制定6个管理办法，实施全口径、全品种、全流程信用风险集中统一归口管理；坚持资产质量调度会等制度，全年召开10次调度会，对9户不良大户、21户风险大户进行前中后台集体会诊，逐户制订处置和化解方案，实现精准快速处置。建立前台部门风控团队，管控责任进一步压实。严控“新增、存量、不良”三道闸口。新增融资坚决落实总省行信贷战略，各级机构一把手自上而下管控，防止“病从口入”；存量融资注重调结构，突出治理过度融资；不良资产坚持常规清收、盘活、转化主渠道，全年累计清收处置100.9亿元，其中清收转化25.98亿元，较上年多清收12.1亿元，创近5年新高；年末不良贷款额120.09亿元、不良率2.29%，分别下降16.3亿元、0.57个百分点。提升信贷经营能力。落实专家治贷，各级行一把手、主管行长直接参与信贷、研究信贷，严把关口，提升信贷经营管理专业水平和信贷统筹能力；加大资产质量与二级分行行长经营绩效挂钩考核权重，建立质量管控目标追责、风险贷款化解履职问责、清收处置滞后问责机制，督促充分履职。

七、抓全面从严治行

把风险防控作为生命线，抓牢制度执行和管理者履职，消除各类隐患。健全管控体系，聚焦关键人员、关键岗位、关键环节和重要敏感部位风险管控，制定实施“一意见三办法”（加强内控案防工作的意见和“抓员工行为排查、抓案防履职考核、抓正反两面典型”三项办法），开展“压实责任年”“8+2重点领域”风险排查治理、扫假除患、学讲用图谱等活动，发现问题370个，树立正负面典型371个，排查异常行为员工81名，坚决做到“早识别、早预警、早发现、早处置”。深化警示教育，四次召开从严治行警示教育大会，通报典型案例，查摆剖析问题，以案为鉴、以案促改，实施制度化规范化管控；汲取“顾国明、谢明案”惨痛教训，省行党委带头对照“十查”检视问题，扎实开展专题教育整改，一体推进不敢腐、不能腐、不想腐。做实整改整顿，站在全面从严治党从严治行高度，扎实抓好内外部检查问题整改整顿，共处理责任人1 061人次。

湖北分行

【主要业务指标完成情况】

2019 年，湖北分行实现拨备前利润 152. 2 亿元，同比增加 11. 9 亿元；实现净利润 68. 3 亿元，同比增加 0. 87 亿元。实现中间业务收入 49. 98 亿元，总量在同业排名第一。本外币全部存款余额达到 6 945. 5 亿元，比上年增加 521. 7 亿元。各项存款比上年增加 489. 86 亿元，其中，储蓄存款比上年增加 340. 12 亿元，对公存款比上年增加 149. 74 亿元。本外币各项贷款余额达到 5 501. 6 亿元。各项贷款比上年增加 513. 85 亿元，其中法人贷款增加 253. 8 亿元，个人贷款增加 260. 05 亿元。清收处置不良贷款 69. 9 亿元，同比多处置 11. 1 亿元。不良贷款余额比上年减少 0. 55 亿元，不良率为 1. 16%，实现“双下降”目标。全量个人客户比上年净增 191. 1 万户，日均金融资产 5 万元以上公司客户比上年增加 7 447 户。转型发展动能不断激发，票据业务客户数、交易量和收入分别达到 1 709 户、1 967 亿元和 5. 2 亿元，实现倍增目标。资产托管规模比上年增加 216 亿元，超过了近 5 年规模增量的总和。

【主要工作措施】

一、坚持政治统领，全面加强党的建设

坚持以习近平新时代中国特色社会主义思想为指导，全面加强党的建设。坚持党建与业务发展同谋划、同部署、同检查、同考核，引导广大党员树牢“四个意识”，坚定“四个自信”，坚决做到“两个维护”。加强各级领导班子和干部梯队建设，全面贯彻落实派驻改革要求，确保职能转换、机构设置、人员配备“三到位”。召开全面从严治党从严治行暨警示教育大会，深入开展“顾国明、谢明案”专题教育整改，加强对“关键少数”的日常监督，坚持“无禁区、全覆盖、零容忍”，充分发挥巡察作用，持续整改四个批次问题 302 例，整改率达 96. 5%。

二、坚持持续整改，扎实开展主题教育

按照中央和总行党委部署要求，持续推动“不忘初心、牢记使命”主题教育、“顾国明、谢明案”专题教育整改工作往深里走、往实里走。通过制定主题方案、讲授专题党课、开展实地调研、组织专题学习，把学习教育、调查研究、检视问题、整改落实贯穿主题教育全过程。坚持聚焦问题，为基层减负赋能。合理规划网点服务柜口，优化运营资源配置，有效提升人力资源效能；对基层各类凭证资料实施统一配送，减轻基层负担；进一步密切联系群众，从 7 个方面细化制定 28 条具体措施，确保“基层减负年”取得成效；针对基层员工工作环境相对较差的问题，着力解决 55 个网点就餐饮水和 61 个网点更衣哺育不便等问题，实现卫生间、空气净化设施配备全覆盖。

三、坚持求真务实，凝聚发展合力

结合分行实际，提出了“凝心聚力、真抓实干、转型提质、行稳致远”的经营理念，制定了打造“同业领先、系统一流的中部强行”的发展目标，持续推进“党建引领、同业领跑、全量客户、转型升级、创新驱动、夯基固本”六大工程，进一步坚定发展信心，破解发展难题。进一步强化“比”的意识、“拼”的精神、“赢”的效果，省分行党委发挥以上率下带动作用，带头走访营销重点企业、机关单位和重点院校，“6 + 2”政府机构改革攻坚圆满收官，全省 118 个区域（含省本级）6 家重点单位共开合作客户 375 户，开立账户 598 户，客户数、账户数均同业排名第一。

四、坚持担当作为，倾力服务实体经济

以服务实体经济发展为己任，构建“贷 + 债 + 股 + 代 + 租 + 顾”六位一体的多元化金融服务体系。全口径投融资额达到 3 224. 8 亿元，余额达到 7 842. 8 亿元，比上年增加 673. 3 亿元，同比多增 160. 5 亿元。主动服务湖北省“一芯两带三区”发展战略，聚焦长江经济带生态保护和绿色发展“双十工程”、万企万亿技改工程和军运会场馆及配套工程等重大项目，强化对基础设施建设、新型能源、先进制造、现代服务、战略性新兴产业领域的信贷支持。强化民营企业金融服务，民营企业贷款比上年增加 40. 95 亿元，计划完成率 136. 5%。全力推进普惠金融发展，普惠口径小微贷款平均利率 4. 51%，较上年下降 0. 55 个百分点；人行和银保监两个口径普惠贷款分别完成年度计划的 118% 和 151%；加大扶贫和涉农信贷支持力度，涉农贷款比上年增加 10. 85 亿元，贷款增幅 2. 14%。

五、坚持战略落地，打造“第一个人金融银行”

组织召开打造“第一个人金融银行”暨旺季营销工作会议，制订储蓄存款赶超行动方案和县域个人金融市场拓展工作方案，全面推进战略实施。把握市场资金流动规律和客户分类价值贡献，找准发展重点，深耕重点客群，代发工资个人客户比上年净增 16. 47 万户，代发额同比增长 160. 8 亿元；金融资产 5 万元以上客户

177.7 万户，比上年净增 9.2 万户，同比多增 3.2 万户。全面推进协同联动发展，通过打造“智慧民生”“智慧出行”“智慧校园”等多维场景和用户数量同步提升，构建个人金融业务生态基础。融 e 行当年新增 196.7 万户、同比多增 80.3 万户。

六、坚持问题导向，深入推进重点工作

在全省组织开展三项重点工作劳动竞赛，推动提质增效。强化对公存款源头增存，突出日均考核，注重稳存效益，持之以恒抓好收支账户、财政专户、代理资金归集、三级闭环管理、有贷户管理和存款分析监测，初步扭转了对公存款波动起伏较大的局面。对公存款日均余额 2 803.86 亿元、同比多增 158.91 亿元。调整优化中收结构，对当期收入做到“应收尽收”，杜绝“虚收预收”，通过算清“三本账”，中收结构逐步趋于优化。实现结算代理理财类收入 27.3 亿元，占中收总量的 54.54%，较同期提升 0.86 个百分点。开展资产质量攻坚，坚持防控结合，坚决止住新的“出血点”。逾期贷款余额比上年减少 4.72 亿元，新发生逾期贷款比上年减少 86.36 亿元；存量贷款移位 726.12 亿元，其中重点客户池移出 40.5 亿元。加大市场化处置力度，转让成交 7 个资产包 124 户 37.54 亿元。账销案存资产清收 1.17 亿元，较上年增长 98.31%。

七、坚持创新驱动，加快推进经营转型

构建以客户为中心的全产品运营体系，组建资产托管、养老金、票据、金融市场专业及柔性团队，全面推进“三中心、三团队”建设；组建大客户中心，集中上收重点客户 15 户，提升了服务层级和服务效能。调整优化考核机制，对二级分行实施差异化考核评价，精简网点绩效考评指标；对专业团队实施直接经营、直接考核，充分发挥其直面市场、攻城拔寨的作用。加快推进转型发展，在湖北省职业年金计划受托人招标中以银行业第一名的成绩中标。投行业务收入，养老金受托、账管、客户和收入，资产托管、金融市场、贵金属规模和收入等指标均居同业第一；资管、私银、贵金属、投资交易收入超额完成总行计划；三方支付、承销业务收入大幅超同期。

八、坚持合规经营，强化内控案防管理

深刻吸取风险事件和监管处罚的教训，层层压实内控案防“三道防线”责任。深入开展八大领域风险专项整治，加强员工异常行为排查，开展网点全覆盖飞行检查，推行“五步责任压实法”加强整改落实，杜绝整改不彻底、整改走过场现象，切实防范违规经营、遏止违规操作的苗头隐患。严肃落实问责，全年共开展各类监督检查 640 项，检查发现问题 1 739 个，已整改问题1 723个，问题整改率 99.08%，开展违规问责 2 012 人次。

九、坚持规范管理，提升服务效率品质

加强制度建设，将“当下改”与“长久立”有机结合，全年修订完善党建工作、廉政建设、干部员工管理、工资薪酬福利、绩效考核评价、质量风险管控等领域的制度办法和实施细则 52 项。理清职能职责，对省分行本部部门职能重新梳理，规范二级分行、基层支行组织架构设置，核定各级机构领导班子、工作人员编制，化解多头管理、职能交叉、权责不清和职责缺位问题。围绕“服务品质提升年”和军运会金融服务高品质要求，持续提升网点服务水平。制定营业网点“三化”管理指引，强化营业网点和办公区域规范化、标准化、精细化管理。

十、坚持以人为本，真诚关心关爱员工

深入办好“十件实事”，全面落实员工健康体检、工作服装、劳保用品、服装清洗费等保障。在总行福利清单标准内，按照普惠均等的原则，统一了 5 项标准，提高了 2 项标准，增加了 1 个项目，自主综合福利较上年大幅增长。保障员工收入水平，人力费用同比增长 1.86%。针对新入行大学生和部分老员工岗位等级偏低问题，明晰和合理保障基层员工等级晋升路径，惠及 8 200余名员工。

湖南分行

【主要业务指标完成情况】

2019 年，湖南分行实现拨备前利润 95.04 亿元，同比增加 11.16 亿元，完成总行下达年度计划的 103.11%。实现净利润 57.62 亿元，同比增加 4.24 亿元，完成总行下达年度计划的 102.92%。实现中间业务收入 27.93 亿元，同比增加 0.75 亿元，完成总行下达年度计划的 95.88%。

本外币全部存款增加 342.1 亿元，其中公司、机构存款增量均列同业第 1 位。新增 ETC 客户 175 万户，列同业第 1 位。本外币各项贷款增加 447.3 亿元，其中公司贷款增加 298.88 亿元，累计投放 1 234 亿元。人行定向降准和银监口径普惠贷款分别完成总行下达年度计划的 141.31% 和 143.93%。

不良贷款余额 59.89 亿元，较年初下降 14.89 亿元；不良贷款率1.58%，较年初下降0.62%。信用卡不良余额8.97亿元，较年初下降9.13亿元，不良率6.48%，较年初下降7.16%。累计清收处置不良贷款53.7亿元，其中信用卡不良15.82亿元。

承销政府债券517.48亿元，列同业第1位。重点投行项目投放45.9亿元。完成跨境人民币结算量118.9亿元、同比增长36.7%。个人金融重点中收产品三方绑卡、代理个人保险、收费工银信使、线下信用卡发卡4项业务量同比增幅均超50%。社保卡累计发卡349.37万张，较年初净增23.83万张，增量占比14.45%，列同业第1位。新增重点平台合作客户11户，完成总行下达年度计划的366.7%。

【主要工作措施】

2019年，湖南分行始终围绕区域经济的优势和特点，结合本行经营实际，始终坚持效益这个核心，坚持“走出去”营销，坚持转型促发展，坚持从严管党治党，实现健康可持续发展。

一、坚持党建引领，推进主题教育走深走实

各级党组织共开展集中学习研讨2 044次、专题调研1 159次，讲授专题党课766次。强化监督责任落实，对6个二级分行党委和10个省分行本部党支部开展了三个批次的巡察，对4个二级分行开展巡察“回头看”。通过原原本本学习，深入调查研究，认真检视问题，积极推进整改，坚持“四个贯穿始终”。新设基层党支部45个，网点主要负责人党员占比提高11.8%，实现了无党员空白网点目标。坚持“两个优先”，全年新发展党员115人，35岁以下青年员工和一线党员发展占比均较上年提高8%。开展“四风”专项整治，发现问题39个并及时整改，处理32人次。开展全面从严治党从严治行和信贷从业人员警示教育大会，对近年来我行审结、查处的违规违纪典型案例予以剖析通报。组织各级机构开展“顾国明、谢明案”专题警示教育，召开专题民主（组织）生活会，对照检查发现问题498个，深刻剖析原因并明确整改方向，整改到位470个。

二、坚守金融本源，着力提高服务实体经济质效

一是突出支持重点项目建设。优先满足地方重大战略项目资金需求，项目贷款增加167亿元，占公司贷款增量的55.9%。落实支持制造业高质量发展行动方案，制造业贷款较年初增加22.98亿元，增长7.73%。积极推进“中企云链”和省内支柱产业项目下的供应链融资服务，建立了以中车、中航、三一、中联、蓝思等12家企业为核心的供应链融资链，为近800家上下游中小制造企业发放融资36亿元，“链”客户、“链”融资均列系统第1位。二是加大对幸福产业和小微民营企业的融资支持。幸福产业贷款增加24.5亿元、增长17.25%。幸福产业贷款项目获评“湖南金融力量奖”。人行降准口径、银保监口径普惠贷款分别增加36.74亿元和40.3亿元，分别增长45.14%和55.17%。民营企业贷款增加56.33亿元，增长13.19%。三是加大创新融资支持力度。并购贷款、理财直投、ABS资产证券化分别投放10亿元、7.6亿元、5亿元，非公开发行公司债券投资23.2亿元。融安e信、融智e信标准化投行产品收入同比提升30.11%。首单央企“混改+债转股”湖南航天4.22亿元获许达哲省长点赞“改革创新，开拓进取，完善治理，做强做大”。潭衡西高速公路特定资产收费权支持贷款（85亿元）、全国首笔民营企业永蓝高速债转股（20亿元）均获评省政府融资创新最高奖。创新办理了张家界武陵源30亿元特定资产收费权质押贷款，系全国首创“世界遗产保护贷款”。四是积极参与地方政府债务化解。按照省委省政府“六个一批”要求，坚决打赢政府隐性债务化解攻坚战。累计审批化债项目金额231.84亿元，发放到位151.95亿元。其中，通过办理“天易城中村改造项目”营运期贷款，置换化解了株洲市天元区隐性债务10亿元；办理流动资金贷款，分别化解长沙市芙蓉区城投、益阳城投隐性债务6亿元和3.2亿元。

三、聚焦重点领域，提升市场竞争能力

一是强化存贷款拓展攻坚力度。本外币全部存款、各项贷款余额占比分别提升0.37%和0.41%。全部存款同比多增129.9亿元。各项贷款增量创历史最好水平，民营企业、幸福产业和制造业贷款分别完成总行下达年度计划的274.8%、122.5%和114.9%。深入实施总行第一个人金融银行战略，抓好客户营销和维护，分别净增个人客户113万户、金融资产5万元以上个人客户4.34万户、信用卡客户3.15万户、融e行客户152.7万户、个人手机银行客户152万户、私人银行客户127户。二是持续发力抓好增收创收。拨备前利润、净利润、中间业务收入分别增长13.30%、7.94%和2.77%。其中公司、网金、国际业务收入贡献明显提升，第三方支付、担保承诺、人民币对公结算类、工银信使和国际业务5项收入同比多增3.26亿元。三是推进全量客户发展工程。ETC客户新增完成省政府下达任务的200%，市场占比从年初的5%提升至45%。营销新成立的省国家税务局及附属账户148个，以及国家税务、医疗保障、应急管理、市场监督、卫生健康、自然资源等20个部门585个账户。四是创新领域发展持续增强。办理贸易项下风险参贷和跨境直贷15亿元，推广售汇零成本期权组合3.5亿美元。深耕银校通政务场景，银校通云平台缴费机构132户，年交易客户11.4万户、交易量37.3万笔。在5月成功承办中非经贸合作磋商会，实现签约项目9个，合计金额62.85亿美元，达成意向合作42个。9月又成功举办中非人民币国际化论坛，助推中非跨境人民币中心落户湖南。

四、突出风险管理，改善信贷资产质量

一是严格新增融资质量控制。把好新增准入、存量管控、不良处置“三道闸口”，将新增融资逾期劣变作

为质量管控重点。2013 年以来新增融资不良余额和不良率分别下降 10.26 亿元、0.54%。二是全力压降逾期和潜在风险贷款。重点做好 6 类风险贷款的收息与缓释，逾期贷款余额 58.65 亿元，较年初下降 1.73 亿元，逾期率下降 0.36%。对大额潜在风险客户建立省分行行领导督导机制，将 17 户客户（涉及融资 22.6 亿元）纳入潜在风险融资客户，潜在风险贷款下降 0.16 亿元。三是加大不良贷款处置力度。提高处置效率和效益，核销银行卡不良透支呆账 10.2 亿元，批量转让表外黄金租赁不良资产 1.2 亿元。普惠贷款不良余额和不良率分别下降 2.32 亿元和 6.52%。

五、严格内部控制，夯实内控案防基础

一是落实内控案防主体责任。推动“四个专项行动”重点任务，深化“八大领域治理”。召开由省分行副职向行长报告案防工作履职情况的专题会议。强化对内控基础薄弱行的重点管理，确定了 1 家案件重点监控行和 1 家内部控制重点关注行。反洗钱可疑交易报告抓取准确率高，反馈立案率高，得到人行长沙中心支行通报表彰。二是推进内控案防文化建设。深入开展内控合规“压实责任年”活动，深化信贷、资管、金融市场、投行等领域风险治理，讲授“压实责任　提升能力”合规课。加强员工教育引导，开设移动课堂，强化合规意识，厚植合规文化。三是加大规章制度执行力度。完成对 8 165 名关键岗位人员的清查和轮换管理。加强业务办理过程中的防假反假，成功防堵假票、假证及电信欺诈等外部风险事件 653 笔。强化安全生产监督管理与事故预防，获公安和银保监安全评估优秀等级，连续 28 年实现安全保卫管辖案件“零发案”。

六、深化改革创新，不断优化体制机制

一是统筹推进二级分行本部机构改革。各二级分行本部较改革前精简 62 个机构、106 个干部职数、221 名人员，经营管理效能明显提升，基本实现“三减一提升”目标。制订配套方案加大对长沙和岳阳分行 2 个总行级重点城市行的支持，遴选 4 个深改项目进行立项和实施。二是推动派驻改革落地，完成全省纪委办事机构设置和工作职责及人员调整。加强关键岗位干部交流和轮换，提拔、交流、转任副处级以上干部 71 人，完成 141 名应轮未轮人员轮换工作。拓宽优秀年轻干部选拔视野，制定《湖南分行 2020—2022 年干部队伍建设规划》。三是完善费用收入考核分配办法。修订完善《工资总额分配办法》《经营绩效考核办法》，大幅提高存款和客户基础指标考核比重。修订《营业网点及网点员工绩效考核工作方案》，努力解决政策传导和执行的“最后一公里”问题。四是开展基层行处员工减负赋能。贯彻落实总行治理形式主义突出问题为基层减负 30 条措施。省分行本部各类发文同比下降 349 个，减少 11%；组织召开需下级行参加的会议同比减少 79 个；对下级行考核设置指标同比下降 61 项。五是推进优服工作取得更大改善。扎实推进网点转型“五大工程”和智慧运营项目，业务集中和远程授权业务量下降 25%，网点柜面线上线下客户评价满意度 98.54%，同比提升 0.32%。深入落实“放管服”要求，企业开户行政许可取消后的省内首笔开户业务落户我行。消费者权益保护工作在人行长沙中心支行的考评中连续三年为 A 级。

广东分行

【主要业务指标完成情况】

2019 年，广东分行实现拨备前利润 500.5 亿元，同比增长 12.03%；实现净利润 301.6 亿元，同比增长 9.35%；利润总额居同业第一，人均拨备前利润 168 万元，同比增幅 16.58%。本外币全部存款余额 19 759 亿元，比年初增加 1 476 亿元，日均余额 18 942 亿元，日均增量 1 659 亿元。本外币贷款余额 13 458 亿元，比年初增加 1 589 亿元。全年实现中间业务收入 178 亿元，同比增长 7.99%，居同业系统双第一。资产质量总体稳定，不良率和不良贷款余额实现“双降”，不良贷款余额 125 亿元，比年初减少 8 亿元；不良率 0.93%，较年初下降 0.19 个百分点。全年无案件发生，实现安全运营，确保“内控评价一类行”的地位。在总行 2019 年度一级分行经营绩效与业务发展考评中排名第 2，有 10 家分行进入全国二级分行经营 30 强。

【主要工作措施】

一、扎实开展“不忘初心、牢记使命”主题教育，进一步推动全面从严治党从严治行向纵深发展

一是坚持把党的政治建设摆在首位。旗帜鲜明讲政治，认真学习贯彻习近平新时代中国特色社会主义思想，抓好十九届四中全会精神的学习宣传贯彻，扎实开展“不忘初心、牢记使命”主题教育活动，把“改”字贯穿主题教育全过程，以真刀真枪解决问题的实效来衡量主题教育的效果，进一步树牢“四个意识”、增强

“四个自信”、做到“两个维护”。二是进一步将全面从严治党、从严治行引向深入。深入贯彻落实纪检监察派驻改革，持续深化政治巡察工作，持续加强形式主义、官僚主义整治，深入开展“顾国明、谢明案”专题教育整改活动，强化重点领域风险防范，切实将全面从严治党从严治行的要求向基层延伸，全年实现安全运营。三是深入实施人才兴行战略。突出抓好各级机构领导班子建设，深化“横纵结合、先横后纵”评价标尺应用，加强干部任期考核和结果应用，高质量完成“311”干部教育培训计划，加快年轻干部培养，组织开展了第二次公开遴选，选拔了一批优秀的年轻干部。四是以新中国成立 70 周年暨工行成立 35 周年为主题主线，深入推进共创共建共享的家园文化建设。中山分行、汕尾分行、横琴分行分别荣获“全国五一劳动奖状”“中国工商银行五一劳动奖状”“广东金融五一劳动奖状”。

二、持续加大客户拓展力度，不断夯实转型发展的基础

一是聚焦公私联动。坚持把公私联动作为优势和发力点，加大从企业端、平台端、场景端等批量获客的营销开拓力度。深化开展有贷户“优势贷发”项目，部署启动非贷公司、机构客户代发工资业务营销服务方案。全年代发工资单位 6.36 万户、732 万人，稳居系统首位。二是聚焦客户维护。在庞大的全量客户基础上，加强精耕细作，高度重视客户的跟进营销和后续维护，扎实做好客户经理的管户工作，建立健全客户分层管理、人员分级配置、产品分类销售的个人客户服务体系。个人有效客户近 5 000 万户，较年初增 293 万户，其中资产 5 万以上核心中高端客户超 400 万户，较年初增 19.7 万户。三是聚焦网点对公竞争力提升。进一步明确网点对公业务发展战略，推进“对公制胜”网点竞争力提升工程，加强网点对公获客能力的顶层设计，完善对公客户服务和考评体系，按照“核心 + 卫星”协同模式打造一批优质对公服务网点和强有力的网点对公服务团队。工商登记新注册企业开户率 23.7%，居系统第一。四是聚焦网点转型升级。持续推进网点总量和布局优化，深化网点“5 变 4”改革，实施网点负责人能力提升计划，积极探索网点智慧化转型，完成网点撤并 29 家，迁址 60 家。

三、紧抓市场机遇，千方百计推动存款市场竞争力提升

一是储蓄存款实现突破万亿目标。积极拓展源头资金、“双新”资金，加强对高流量、低存量客户的营销，提高代发工资、社保卡、第三方存管等重点客户的资金留存率，细化“承接 + 争揽”双轮驱动策略，做好客户差异化营销和产品统筹管理，不断强化金融资产与储蓄存款的协同发展。储蓄存款时点、日均余额和增量四项指标同业首位。二是公司存款突破 5 000 亿元，稳居同业第一。加强公司存款的日均管理，坚持抓新拓优，通过新客户拓展带动日均存款增长，积极推广日均 30 万元以上客户分包管户模式。同时坚持重点突破，运用好主动负债产品“争揽新客户、吸引新资金”的作用，狠抓重点区域的竞争力提升和重点产品的推广应用。三是机构存款规模增量保持同业第二。加强重点项目的攻坚力度，抓好高层营销、政策倾斜和资源投入，集中力量进一步提升在重点区域的竞争力。同时积极把握地市县各级机构改革机遇，做好各类政务场景的搭建拓展，积极扩大在财政、社保、教育、医疗、水电煤气等与民生高度相关基础性行业和业务领域的市场占比。

四、主动对接广东省发展战略，着力提升服务实体经济质效

一是“大”的方面，实施更加积极进取的竞争策略，通过改进服务、主动竞争、完善定价，重点加大对轨道交通、机场、5G 等新型基础设施领域重大项目建设的信贷投入，做好项目提款的二次营销工作。人民币大中法人贷款、项目贷款余额为 4 654 亿元、3 435 亿元，较年初分别增长 706 亿元、624 亿元，同比分别多增 302 亿元、330 亿元。二是“小”的方面，重点抓好普惠金融业务转型发展和个人贷款拓展。从政治高度充分认识到普惠金融业务发展的重要性，进一步做强线下、做活线上，抓好税易通、聚融通、尊享贷、结算贷等重点产品推广，积极打造“1 + N”的线上普惠产品和风控体系，确保普惠金融业务可持续健康发展，圆满实现“两增两控”目标。在个人贷款方面，加大对个人住房的信贷支持，稳健发展消费信贷业务。个贷余额 6 242 亿元、净增 824 亿元，余额增量均居同业系统首位。三是“新”的方面，积极开拓先进制造业、科创企业市场。深化制造业信贷客户营销模式转变，实施跑道式经营，自上而下的开展名单制管理、板块化推进和标准化操作，努力建立并完善相应的资源配置、考评、系统等配套制度，提升信贷从业队伍对制造业客户的技能素养，培育分行的制造业核心客户群。截至 12 月末，分行先进制造业贷款余额 328.7 亿元，比年初增加 59.3 亿元。四是“优”的方面，提升对优质上市公司的服务能力。坚持加大对优质上市公司的营销，把握好上市公司金融服务需求特点，逐户制订营销方案，扎实细致地推进对上市公司的客户覆盖面。

五、坚持转型务实、改革图强，着力打造发展的新动能

一是全力推动打造广东“第一个人金融银行”。遵循“客户是根基、存款是标志、中收是贡献、内控是保障、创新是方法、线上是机遇”的零售业务经营导向，着力抓好客户经营、揽储留存、资产业务、中收转型和 ETC 业务拓展等重点工作，全面提升市场竞争力、效益贡献度、客户满意度和风险控制力，保持储蓄存款、个人贷款、中间业务收入等核心指标同业第一。二是努力打造多点支撑的中间业务增长格局。围绕目标补

短板，深耕客户抓基础，加快创新抓突破，加强联动提效能，进一步强化基础重点产品的渗透率，强化基础业务的营销，在发挥好基础板块“压舱石”作用的基础上积极打造新的增长点，努力构建多点支撑的增长格局。三是进一步完善考核评价体系。按照总行及相关监管要求，做好考核指标的“收口管理”，取消相关嵌套办法和附加分项目，大力精简指标，加强拓户指标权重，强化互联网客户和活客考核，加强客户业绩分析和有效客户考核，针对各分行长期落后的核心指标设置“一行一策”考核指标。四是努力实现区域协调发展新突破。加大对粤港澳大湾区建设的支持力度，进一步加强与港澳机构的对接合作，完善联动机制，更好地发挥广东分行作为境内牵头行的作用。加大对“1+7+1”重点城市行的资源投入，积极引导和激发支行的经营主体活力，努力将重点县支行、重点镇支行打造成为新的增长点，提高战略聚焦能力。五是加快推进智慧银行建设提质增效。聚焦重点领域加快业务研发创新，强化业务与科技的深度融合，推进广东智慧运营服务平台建设，推进金库综合物流体系建设，探索线上线下一体运营的网点新型智能运营服务模式。

六、进一步加强风险治理，打好风险防控攻坚战

一是持续改善资产质量，实现不良贷款和不良率双降目标。持续推进信贷管理基础工作落地，开展信贷从业人员的人岗匹配工作，确保实现“岗得其人、人适其权”目标。增强信贷风险防控的前瞻性和预见性，深化重点领域、重点客户和重点产品风险管控。强化时间意识，加快不良资产清收处置，培养不良资产经营团队。2013 年以来新增不良率 0.42%，法人贷款劣变 79.05 亿元，同比下降 56.95 亿元，潜在风险融资余额 154.35 亿元，同比下降 10 亿元。二是齐抓共管，持之以恒的抓好内控案防。压实内控案防责任。组织开展好“压实责任年”主题活动，加强内控案防能力建设，强化依法合规教育，深化重点领域的深度治理，抓好检查整改，健全完善合规管理、内部控制、案防管理、反洗钱管理“四个体系”建设，持续推动“一道防线”履职落地，压实内控合规主体责任，推动重点领域和关键环节风险治理取得实效。同时完善反洗钱机制建设，进一步推升反洗钱风险管控水平。三是强化安全管理。强化科技风险常态化管理，深化网点运营风险分级，不断丰富运营风险的监控和管理手段，抓好安全生产重点部位、重大危险源和建设工程项目的安全管理，顺利实现连续十年安全生产无事故的目标。同时，落实监管机构及总行要求，认真抓好征信信息和大数据信息安全管理、消费者保护、扫黑除恶专项活动。

深圳分行

【主要业务指标完成情况】

2019 年，深圳分行实现拨备前利润 210.9 亿元、净利润 127.3 亿元，同比分别增加 8.8 亿元和 2.6 亿元，中收 86.8 亿元，同比微降 1.1 亿元。从考核口径看，拨备前利润、净利润和中收同比分别增长 15.6%、15.6% 和 10.3%。拨备前利润、净利润和中收分别排名系统第 7 名、第 7 名和第 6 名。截至 2019 年末，分行本外币贷款余额 5 835 亿元，较年初增加 731 亿元，增量同业第一。制造业贷款新增 134 亿元，增量系统和同业双第一，占系统内制造业贷款增量的 22%。普惠贷款全面完成监管“两增两控”和总行调增任务，增速同业第一。民营企业贷款较年初增加 257 亿元，总行任务完成率接近 200%。科创企业贷款实现批量化突破，人民币融资余额同比增长 38%。

截至 2019 年末，分行本外币存款余额 7 539 亿元，较年初增加 1 224 亿元，存款付息率保持同业第一。用两年时间补齐第三方备付金缺口并实现正增长，比 2017 年末存款增加 145 亿元（剔除第三方存款后增加 2 186亿元）。

投行中收首次突破 10 亿元，保持同业第一。资产托管中收 3.8 亿元，托管规模突破 1.5 万亿元，营业贡献同业第一。ETC 客户累计新增占比同业第一；第三方存管客户总数重夺同业第一；快捷支付绑卡数与交易量同业第一。推出微信·银行储蓄项目、华为钱包、腾讯智能存款等创新产品。云银行平台场景建设有序推进，“新·深圳·人”项目内涵不断丰富。

截至 2019 年末，分行全口径不良贷款率 1.39%，同比下降 10 个基点。认真做好安全保卫、信访舆情、保密管理等工作，保持生产运营平稳。

【主要工作措施】

一、全面提升党的建设质量

发挥党建优势，调动和发挥干部员工队伍的主观能动性、工作积极性，激发全体干部员工在新起点上以新担当实现新作为。加强管党治党。坚持党要管党，党要治党，以高质量党建引领高质量发展。坚持党的政治建设为统领，始终把政治建设摆在首位，增强“四个意

识”，坚定“四个自信”，做到“两个维护”。学懂弄通做实习近平新时代中国特色社会主义思想，认真开展“不忘初心、牢记使命”主题教育，同步加强学习和调查研究，将思想政治学习成果转化为实实在在的经营业绩和价值创造。强化党建主体责任落实，紧紧围绕经营发展各项任务开展党建工作，以党的建设成效推动和保证各项经营发展任务落地见效。坚持大抓基层的鲜明导向，充分发挥基层党组织战斗堡垒作用和党员模范带头作用。加强党风廉政建设和反腐败工作。增强抓实党风廉政建设和反腐败工作的自觉性和主动性，强化不敢腐的震慑，扎牢不能腐的笼子，增强不想腐的自觉。坚持教在纪前，开展经常性、常态化的纪律教育，加强廉政监督和教育提醒，让干部员工自觉不破底线、不逾红线、不碰高压线，切实筑牢拒腐防变的政治和思想根基，保持反腐败工作的高压态势。加强干部员工队伍建设。开展分层次、多手段、纵横结合的持续性系统培训，加强领导干部多层次、多领域的岗位轮换，重视年轻干部的培养使用和实践锻炼。牢固树立“有为才能有位，有位必须有为”的思想观念，强化标杆意识、领跑意识，强化责任担当。坚持倡导“四为”价值观，深入实施“员工关爱成长项目”，充分发挥党政工团合力作用，抓好新时期企业文化建设，以价值观凝聚合力，带动广大员工投身到蓬勃的经营发展中来，营造干事创业、共同奋斗的良好氛围。

二、加大服务实体经济力度

坚持金融支持实体经济导向，贯彻落实总行信贷战略布局，统筹控好信贷总量、投向和节奏，推进信贷业务可持续健康发展。保持对基础客户、重点项目的支持力度。优选信贷投向，重点围绕“1＋3”四大板块，加强对大湾区、深汕合作区、民营骨干企业等重点区域、重点客户、重点项目的营销攻坚。同时丰富全量融资渠道，完善“六位一体”多元投融资体系。推进普惠金融业务发展。坚定不移地贯彻总行“做真小微，真做小微”要求，全面加大专项激励力度。按照线上线下“双轮驱动”发展思路，创新普惠金融服务模式，创新普惠金融产品体系，提升风险防范水平。推动科创中心发展迈上新台阶。加快科创专属产品创新，按照科创企业生命周期金融需求，构建具有强竞争力的全融资产品体系。

三、抓好“负债业务决战年”

坚持全员行动，奋力抓好负债业务决战。做大客户基础。着眼于全量客户拓展，坚持线上线下双向发力。个人客户在线上紧紧抓住场景这个突破口，线下重点做好代发客群、商友客群、民生客群、个贷客群、城市更新和旧改客群等重点客群资金营销揽存工作。公司客户结合交易银行建设的布局，大力拓展结算账户市场，依托总行对公服务平台，批量拓展客户来源。机构客户围绕政府、社保、军队等重点板块和医疗、教育、司法等潜力板块，加强全领域拓户。做实过程管理。充分调动各市场部门和支行网点的合力，既分兵把守自己的滩头阵地，又强化公私联动、跨部门联动，围绕重点存款市场，扎实做好过程管理，稳步提升日均存款。做强支撑配套。营造全员行动、协力攻坚的浓厚氛围。加大产品支持力度，持续加强产品创新，充分发挥产品优势。强化负债队伍专业能力建设，打造一支善于抓负债的队伍。

四、推进转型创新

持续推动基础板块的转型升级，努力培育新的盈利增长点，激活经营发展的新动能。加快重点板块转型升级。持续推进大零售、大资管、大投行业务重点板块转型发展，加快国际业务、交易银行业务、贵金属业务、托管业务等潜力业务升级发展。加快新兴领域创新突破。以“金头盔”计划为突破口，加快推动更多创新成果落地；以“云银行”平台为切入点，加快推动线下网点转型；以“数据资产”运用为助推器，加快推动经营管理数据化、智能化。

五、把握大湾区和深圳建设先行示范区的机遇

紧抓大湾区和深圳建设先行示范区的“双区驱动”机遇，拓宽未来发展空间。强化协同推动，提高全局意识，不断深化总分行联动、粤港澳大湾区机构联动、行内工作小组和团队间联动，提升协作与服务能力。有序推进业务落地，按照“民生优先、远近结合、以点带面”的原则，以产品创新为抓手，以重点项目为支撑，以龙头客群为重点，率先突破账户、支付和理财等业务，统筹推进贸易项和资本项业务创新。加强重点业务率先突破，公司层面，发挥深圳总部经济和产业机构优势，重点支持基础设施建设、产业升级转移，深化跨境服务和产品创新。个人层面，依托粤港澳深四行协同合作，形成“账户通”“支付通”“服务通”“理财通”“融资通”创新品牌，推动实现人流、物流、资金流、信息流有效融通，提升个人客户跨境金融服务能力。

六、强化风险管控

深化对风险演变特征和规律的再认识，全力以赴打好风险防控主动仗，确保资产质量稳定和总体风险可控。扎实做好全口径信用风险防控。管理好表内和表外“两张资产负债表”，坚决防止“黑天鹅”事件，守住资产质量生命线。深入推进全面风险管理。高度关注表外业务风险、操作风险、安全生产管理、信息系统安全、业务运营安全、反欺诈、消防安全等重点工作，确保安全稳定运营。突出抓好内控案防和合规管理。推进“三道防线”联动建设，健全合规管理体系，压实合规管理的主体责任、监督责任和整改责任，深化“十大重点领域和关键环节”风险治理，坚决遏制住案件和风险事件，维护安全稳定的经营发展大局。

七、夯实内部管理基础

深化“最大的对手就是我们自己”的重要认识，

深入开展“管理提升年”活动，努力推动分行经营管理水平实现从量变到质变的跨越提升。深化分类管理，推动支行机构经营能力和干部管理能力“双提升”。以价值创造为主线，以效益贡献为导向，深化分类指导、分类管理。加强支行领导班子建设，提升独立作战能力，提升各级管理人员综合素质，更好地驾驭复杂经营局面、自主解决复杂问题，推动实现支行自我管理、主动经营和安全稳健经营。强化高标站位，推动部门全局能力和协同能力“双提升”。强调各部门自觉高标站位，强化“一盘棋”思维，加大对支行的服务和支持力度，提升统筹全市场、全条线、全客户的能力。加快提升跨界、跨部门的协同能力，发挥各单位协作优势，实现有效联动、同向发力。

海南分行

【主要业务指标完成情况】

2019 年，海南分行在区域经济结构出现重大调整、金融形势不容乐观的情况下，拨备前利润、净利润、存贷款规模、中间业务收入等主要指标保持同业优势。其中，实现拨备前利润 32. 61 亿元，完成总行调整计划的 109. 81%；净利润在大幅计提拨备的情况下实现 1. 18 亿元，完成总行调整计划的 236. 22%。各项存款余额 1 372. 7亿元，较年初下降 13. 47 亿元，存量“四行”第一、日均增量“四行”第一。各项贷款余额 980. 39 亿元，增加 71. 31 亿元、增长 7. 84%。中间业务实现收入 9. 58 亿元，总量“四行”第一。剔除个别企业因素影响，贷款不良率从最高时的 1. 86% 压降至 1. 23%，低于系统水平，总体风险可控。全年无案件、无重大差错和重大事故，未发生监管处罚和涉敏事件。

【主要工作措施】

一、在开展“不忘初心、牢记使命”主题教育中进一步加强了党建和队伍建设

一是深入开展“不忘初心、牢记使命”主题教育。通过制订主题教育实施方案、主题教育巡回指导工作方案及成立领导小组、办公室和指导组，全面推进“不忘初心、牢记使命”主题教育深入开展，用习近平新时代中国特色社会主义思想和党的十九大精神武装头脑、指导实践、推动工作。二是扎实开展作风专项整治。持续推进“两个落实”落地生根，扎实开展形式主义、官僚主义专项整治，严肃查处空泛表态、推诿扯皮、出工不出力、不担当、不作为等突出问题。制定“基层减负年”22 条措施，为基层干部松绑减负，激励广大干部担当作为。深入开展“顾国明、谢明案”专项教育整改、领导干部警示教育大会，坚定不移地打造廉洁银行。三是扎实推进干部队伍建设。认真落实“两个优先”的要求，有效增强基层班子实力。纯洁选人用人之风，综合运用交流、挂职等方式，进一步加强干部梯队建设。

二、在积极服务海南自贸区（港）建设中进一步提升了市场竞争力

一是成功投产上线 FT 账户，且运行良好。在总行的大力支持和精心指导下，海南分行 FT 账户系统于 2019 年 2 月顺利实现投产上线。上线以来，持续拓展 FT 账户数量，丰富 FT 账户下产品体系。12 月末，FT 账户数量已经达 10 660 户，开户企业 3 193 家，继续稳居海南地区同业第二位。开办业务已涵盖结算、融资、结售汇及存款等多个业务品种。二是加强对自贸区（港）重点入驻企业的营销。截至 12 月末，省政府签约的 21 家央企全部实现对接，其中落户 14 家，占比达 67%；已进驻海南的 97 家招商企业，对接率 76%，开户率 43%；储备融资需求 556 亿元，为 2020 年信贷投放和市场布局奠定了良好基础。三是特色业务、创新业务取得突破。海南分行是海南全省唯一全程参与全国首单人才租赁住房 REITs 和首单土地承包金 ABS 交易安排和管理的银行，获得省政府的极高评价。

三、在落实“三个紧紧围绕”发展战略中进一步优化了信贷市场布局

2019 年省行党委依据市场形势变化，制定了“三个紧紧围绕”的发展战略，即紧紧围绕自贸区（港）基础设施建设找客户，紧紧围绕央企支持自贸区（港）建设找客户，紧紧围绕老百姓日常生活消费找客户。信贷工作始终围绕三个方向展开布局。一是公司信贷布局持续优化。着力加大重点客户、重点项目、重点产业、重点板块的资源储备和转化落地，准确把握信贷投向、节奏、收益和风险，业务发展总体向好。“1 +3”市场板块贷款净增 27. 3 亿元，增量占比达到252%、余额占比达到 53. 3%，较年初提升 9 个百分点。二是普惠金融发展势头良好。严格落实中央“两个毫不动摇”、监管部门“两增两控”和总行“做真、做实、做好、做活、做长久”的工作要求，以优化小微业务发展模式为抓手，确保了业务的持续快速发展。银保监会口径普

惠贷款余额25.17亿元，人行降准口径普惠贷款余额24.37亿元，两项监管普惠贷款指标均超额完成序时任务。三是个人贷款稳定增长。构建“互联网+不动产抵押登记”架构，在多家支行设立一站式抵押业务便民服务点，既提高了效率又便利了群众。精准发力e分期业务，推出直客式汽车分期业务试点，全面提升了消费金融服务的深度和广度。全年新增幸福分期卡和定制分期卡5 683张和6 252张，实现分期付款交易额5 320万元，汽车分期交易额4.22亿元。

四、在稳存款、抓客户、促中收、优服务的过程中进一步巩固了发展根基

一是存款根基更加稳固。持续加强存款推动，不断传导稳存增存压力。12月末，人民币各项存款余额保持四行第一、增量第三；全年日均余额保持四行第一，增量第一。二是拓户工作更具成效。通过紧抓工商注册改革契机、派驻营销人员抢抓源头、加快FT账户拓展等多措并举，扭转了新增对公结算账户落后建行的不利局面。全年新开对公结算账户计划完成率151.66%，系统排名第一。三是中间业务总量保持稳定。全年实现外汇中间业务总收入4 947.78万元，同比增长6.19%，好于同期。其中，网络金融中间业务收入22 007万元，同比增长35.3%。贵金属总收入1 304.67万元，同比增长30.07%，四行占比54.93%，重回同业第一位次。四是服务工作成效显著。持续推进网点服务痛点难点专项治理，不断完善服务应急响应机制，服务质效显著提升。2019年海南分行海甸营业部荣获海南省唯一一家“百佳”称号。

五、在推动重点工作落地过程中进一步增强了改革创新的动力

一是大零售战略稳步推进。海南分行一直把零售业务作为重点发展对象，结合总行打造“第一个人金融银行”的战略部署，制订了专门的实施方案并逐步开展落实。截至12月末，储蓄存款、个人中收等多项核心指标继续位居同业第一，整体保持稳中有进的发展态势。二是定价管理持续优化。强化了负债业务分层定价管理，推动“分金额、分期限、分产品”的分层定价原则和导向有效落地，将存款分层占比指标纳入绩效考核体系，“一浮到顶”现象明显减少。同时，将新发放贷款综合浮动幅度水平指标纳入分支行综合绩效考评体系，有效发挥了利率对资产业务的引导作用。三是线上线下同步发力。线上，以三融平台为支撑，强化B端和G端业务布局，深耕C端客户市场，进一步提升了线上获客、活客、黏客的能力。线下，通过深入推进网点“一变三”转型和柔性团队建设，使网点阵地与外拓营销有机结合，进一步延伸了网点服务外延。四是“包行包点”工作持续深化。截至12月末，省行28个机关部室共成功营销存款9.1亿元，任务完成率283.42%；各部门采取现场调研、座谈指导等方式对挂钩行和挂钩网点进行帮扶，帮助基层解决实际问题37个，较好地解决了“最后一公里”和“中梗阻”的问题。五是扶贫工作取得阶段性成果。认真贯彻落实党中央和总行关于脱贫攻坚的各项决策部署，充分发挥金融行业优势，积极帮助定点扶贫对象脱贫攻坚，并取得了良好成效。目前定点扶贫村已整村退出贫困行列。

六、在积极防控信贷风险中进一步筑牢了合规经营的底线

一是全力抓好资产质量管理。主动转变工作思路，将清收处置责任落实到人、落实到时间节点，形成清收处置合力，有效提高了清收处置效率。全年通过常规清收、批量转让、债务重组等方式，清收处置不良贷款16.14亿元，完成率107.6%，贷款不良率从最高时的1.86%压降至1.23%。同时，狠抓信用卡催收工作，全年累计收回逾期贷款9.1亿元，其中不良贷款1.14亿元。二是突出抓好内控案防管理。认真贯彻总省行及监管部门工作部署，以服务和保障各项业务合规发展为根本，继续贯彻“两个从严”总要求，着力压实“三大责任”，加强“三大建设”。深入开展员工违规担保等54种异常行为排查工作，全力管控员工异常行为风险。全面落实安全生产责任，强化安全隐患排查治理，稳健有序推进安全生产工作。

广西分行

【主要业务指标完成情况】

2019年，广西分行实现拨备前利润80.46亿元、增长8.41%；实现净利润50.11亿元、增长14.23%，高于系统一级分行平均水平11.47个百分点。实现中间业务收入24.49亿元，系统排名18位。2019年末，本外币全部存款余额3 298.83亿元，较年初增加210.12亿元，增量居可比同业首位；各项贷款余额（含卡透支）3 035.45亿元，较年初增加253.89亿元，贷款余额在可比同业中继续保持第一；不良贷款余额23.34亿元、不良率0.77%，较年初分别下降3.55亿元、0.2

个百分点，不良贷款持续实现“双降”。经营绩效考评在系统排名第14位。

【主要工作措施】

2019年，广西分行认真落实总行决策部署，提出打造“社会美誉、客户首选、同业领先、员工满意、总行认可”的中西部强行发展愿景，明确“增利润、优服务、涨收入”经营目标，狠抓“务实担当高效”作风，不断激发全员活力，构筑经营发展新优势，推进高质量发展。

一、以管党治党为引领，着力实现党的建设高质量

认真贯彻落实中央和总行党建工作部署，充分发挥党建引领作用，增强队伍凝聚力、精气神和战斗力。强化思想政治建设。扎实开展“不忘初心、牢记使命”主题教育，各级党组织集体学习超过1 400次，区分行党委围绕提升存款竞争力、信贷支持实体经济、为基层减负赋能等课题，深入基层调研20余次，积极帮助基层解决实际问题。常态化开展“两学一做”学习教育，促使全体党员增强“四个意识”、坚定“四个自信”、做到“两个维护”。强化干部队伍建设。持续优化班子结构，处级管理人员平均年龄低于总行平均年龄，系统排名第9位，科级干部的存量和增量结构均达到总行提出的两个“五分之一”要求。强化基层组织建设。做好党员发展工作，持续壮大党员队伍，全年发展党员120名，完成153名入党积极分子培训，为党员发展打好基础。加强基层党员教育，成立广西分行委员会党校，与广西分行金融培训学校合署办公，强化党员教育培训效力；抓好基层带头人队伍建设，举办覆盖全辖266名基层党支部书记的专题轮训，提高党支部书记管党治党能力。强化党风廉政建设。深入学习贯彻落实中央纪委十九届三次全会精神，压实党风廉政建设“两个责任”，深入落实中央八项规定精神，持续整治“四风”问题，营造干事创业良好氛围。强化执纪监督，综合运用各种监督资源，加强重点领域、重点环节的监督。2019年共对21名任职期满的处级管理人员开展任期考核，1 100人次员工参与网上民主测评。深化政治巡察，全年共组成8个巡察组，分4个批次对14个单位开展巡察工作。

二、以夯基提质为根本，着力实现经营发展高质量

坚持问题导向，实施拓户夯基、队伍强基和风控稳基“三基”工程，不断增强可持续发展能力。扎实推进拓户夯基。通过全渠道发力、全市场布局、全链条延伸、全板块统筹，抓好全量客户战略传导和责任落地，结合拓展获客机制、健全活客机制、创新留客机制、完善营销机制、优化考核机制“五机”统筹并进，客户基础得到有效夯实。全年新开对公结算账户5.03万户，同比增加2.3万户、增长81.6%，任务完成率系统排名第2位。全年全量个人客户1 862万户，较年初净增262万户、增长16.4%，增幅系统排名第2位。ETC业务增量同业第一。扎实推进队伍强基。持续推进人员结构调整，不断壮大营销队伍，客户经理数量比年初增加528人，占比达到28.3%，加上新开通客户维护权限参与营销的客服经理1 779人，销售人员占比达46.8%，比年初提高22.5个百分点。坚持以人为本理念，打造“乐学善思、开放务实、担当协作、创新进取”特色企业文化，落实基层员工岗位津贴等制度，提升员工收入水平，丰富员工文体生活，实现共建共荣共享。营造进取氛围，评选表彰175名区分行杰出员工、10名区分行“大行工匠”，发挥先进榜样示范作用。扎实推进风控稳基。加强全面风险管理，深入推进从严治行、从严治贷，着力提升内控案防和资产质量管理水平。加强案件风险防控，坚持“管住人、看住钱、扎牢制度防火墙”一体推进，开展“顾国明、谢明案”专题教育整改，推进“压实责任年”主题活动和“八大领域”风险治理回头看，严防案件和重大风险事件。加强信用风险管控，深入推进信贷体制机制改革，强化信贷全生命周期管理，统筹把握信贷投放节奏，适度“踩刹车”，有序退出潜在风险较高的企业，严防线上融资、住房贷款“假按揭”和“烂尾楼”风险，持续加大不良资产清收处置力度，推动资产质量稳中向好。年末，2013年以来新增融资不良余额6.38亿元，比年初减少4.74亿元，不良率为0.26%，比年初下降0.26个百分点。

三、以服务实体经济为初衷，着力实现资产业务高质量

强化信贷顶层设计，实施“1核心+3支撑”的区域布局、“8+8+2”的行业布局、均衡发展的品种布局、强优补差的客户布局，择优发展重大基础设施项目、先进制造业、幸福产业、优质个人信贷和普惠信贷等领域业务，实现信贷结构四个“优化”目标。区域布局优化，核心布局区、重点支撑区等7家重点分行贷款余额2 383.84亿元，占全部贷款的78.53%，增量占全部新增贷款的78.08%。行业布局优化，积极进入类、适度进入类行业贷款余额1 141.6亿元，占法人贷款比例73.35%，增量占新增法人贷款比例89.9%。客户布局优化，法人贷款AA级以上客户贷款余额776.7亿元、占法人贷款比例49.9%。品种布局优化，项目贷款、个人住房按揭贷款分别较年初增加122.62亿元和153.5亿元，余额占比分别为40.19%和39.27%，重点拓展的拳头产品持续保持壮大态势；普惠金融质效双升，超额完成监管目标任务。

四、以稳存增存为基础，着力实现负债业务高质量发展

强化联动机制，推动存款量价协调发展，持续提升存款市场竞争力。强化市场聚焦，巩固储蓄存款增量同业领先地位。继续围绕“五个聚焦”拓户增存策略，实施“1+N”考核，强化“承接+争揽”双轮驱动，强化旺季等关键节点营销、县域市场驱动和32家头雁

支行带动，发挥优势产品和渠道的吸金作用，在做大金融资产的基础上提升储蓄存款竞争力。年末储蓄存款时点、日均增量夺下同业“双第一”，同业占比进一步提高，迈出建设“第一个人金融银行”坚实一步。强化重点突破，推动公司存款稳定增长。着力抓好新开户资金，抓好重点源头资金，抓好财政资金链式承接，抓好信贷资金源头闭合管理，抓好跨界市场资金，抓好境外机构投资境内银行间债券市场资金的落地承接工作，多管齐下，拓来源、强链条，推动公司存款稳定增长。年末公司存款增量同业第一，是四大银行中唯一正增长的银行。强化固本培元，保持机构存款增长优势。在巩固财政、军队等传统优势板块的基础上，扬长补短，开辟增长新空间，成功竞选自治区职业年金受托人招投标，取得职业年金代理资格，打破了同业竞争对手长期市场垄断局面；顺利完成县级以上具有代理财政业务资格的81个地区国库集中支付电子化系统全线投产；成功中标自治区本级医保异地就医结算账户，填补区本级医保存款领域市场空白的历史；保持养老金业务持续领跑同业，企业年金基金规模达128亿元；决胜党政机构改革市场，自治区级政府机构、市级政府机构开立账户占比分别为45%和51%，均在同业排名第一位；全区拓展新组建军队单位账户2户、挖转他行空军基地1户、拓展退役机构账户152户，年末机构存款增量同业第一。

五、以转型发展为动力，着力实现中收创效高质量

按照“规范发展为先、基础类中收做大、信用卡分期做强”发展思路，推动中收从资产拉动向基础业务支撑转型，增强中收发展续航能力。做大基础板块。完善经营绩效考评、资源配置、培训指导等措施，加大结算、第三方支付绑卡、工银信使、借记卡、手机银行等基础业务发展力度，提高创收水平。突破潜力领域。将信用卡业务作为中收赶超同业主要竞争对手的重要抓手，针对“e分期”六大板块客户、优质房贷车贷客户、私人银行客户制订专属授信方案，加快汽车、家装、教育、旅游等领域分期付款业务发展。加强行司联动，做大理财直投、资产证券化、债转股、融资租赁等业务规模，提升收入水平。抓好合规管理。加强与监管部门沟通，严格落实涉企收费相关要求，促进业务规范发展和中收平稳增长。全年实现基础中收11亿元，占全部中收的44.92%，信用卡分期收入4.14亿元，成为中收增长亮点。

六、以改革创新为抓手，着力实现提质增效高质量

持续深化改革创新，着力破解制约经营发展的深层次矛盾，增强可持续发展新动能。优化营销管理模式。优化大客户服务中心职能，推动区分行和南宁分行大客户错位经营，实施“本级大客中心+落地支行”的营销模式，不断提升服务效能；将结现职能转入公司金融业务部，提高公司客户营销服务效能；推动网点群落化建设，探索创新网际间协同运营，在12家二级分行19组41个网点实施群落化管理，实现“客户留得住、人员走得出、核心网点跑得快”目标；深化网点岗位体系“5变4”改革，实施“客户经理+客服经理+远维经理”三维客户维护模式，提升客户服务成效。完善绩效考评机制。完善经营绩效考评办法、分行本部部室考核办法、二级分行行长绩效考核办法，建立绩效反馈谈话机制，突出同业指标和人均指标考核，精简基层行考核指标，打通绩效考核“最后一公里”。积极推动减负赋能。按照“有利于业务创新发展、有利于防控实质风险、有利于激励员工队伍”三个标准完善内部管理，科学授权缩短链条，优化对二级分行转授权，大幅精文简会，统筹检查项目，进一步提升业务效率和市场响应速度。全年区分行本部会议、文件分别同比下降38%、36%，检查项目减少50%，网点报表材料取消57项。

重庆分行

【主要业务指标完成情况】

2019年，重庆市分行实现拨备前利润109.9亿元，完成总行年度计划，可比口径同比增加4.14亿元；实现净利润60.48亿元，完成年度计划的104%；实现中间业务收入37.46亿元，四行占比39.11%，继续排名四行第一；各项贷款余额达到4 249.18亿元，排名四行第一，新增428.33亿元、增长11.21%；全部存款余额达到4 686.96亿元，新增417.51亿元，余额及新增均排名四行第一；不良贷款余额、不良贷款率控制在总行目标计划内。

【主要工作举措】

一、不忘初心、牢记使命，推动党的建设深入人心

坚持把政治建设摆在首位，以开展“不忘初心、牢记使命”主题教育为契机，推动全面从严治党从严治行向纵深发展。主题教育扎实开展。将学习教育、调查研究、检视问题和整改落实贯穿始终，扎实开展两批主题教育，组织集中学习研讨754次、专题党课239次、参观教育44次，形成调研成果196个，检视问题

527 个，完成整改 457 项，各级党员干部在思想、政治、作风、能力、廉政上实现全面提升。基层党建深入推进。创新开展“党建＋业务”组织生活方式；党员员工占比提高 2 个百分点至 37.15%，党员网点负责人占比提高 7 个百分点至 76.7%。队伍基础不断夯实。系统推进干部梯队建设和年轻化建设，交流干部 48 人；选拔处级干部 12 人、资深经理 1 人、助理 10 人；处级、科级年轻干部占比分别提升 2.5 个和 4.4 个百分点；持续推进能上能下，9 名干部转任业务类职务。作风建设成效显著。严格落实八项规定精神，驰而不息改进作风，深入整治形式主义、官僚主义；认真落实“基层减负年”精神，会议、发文、检查明显减少。员工关爱不断加强。为基层员工办好“十件实事”；建立网点岗位津贴制度和艰苦边远地区津贴制度，近 3 600 名基层员工受益；加强补充医疗保险产品配置；保障困难行员工基本福利待遇；为 462 名困难员工发放慰问金 269 万元。通过党建引领，有效激发全员干事激情和创新活力。

二、守好存量、拓好新增，不断夯实客户基础

坚持将客户作为全行经营发展的动力之源和稳定之锚，努力耕好基本“口粮田”，推动客户数量持续增长。个人客户。从获客、活客、维客、黏客等维度，全流程做好全量客户的拓展维护和重点客户的精准营销，全量个人客户突破 2 000 万户大关，达到 2 002 万户，占全市常住人口的 64.54%，较年初新增 83 万户，其中，有效客户占比 95.54%；全年发放金融社保卡 4 万张，同比增 15.6%；信用卡有效客户净增 18.6 万户，完成年度计划的 110%，排名系统第九；私人银行客户数 1 417 户，较年初增加 232 户、增长 19%，排名系统第五，日均客户数 971 户，任务完成率 197%，较年初增加 138 户，增长 16%，排名系统第六。公司客户。新开对公结算账户 41 264 户，增长 38%；净增对公结算账户 32 686 户，增长 40%；日均金融资产 5 万元以上客户、1 万元以上客户分别较年初净增 3 543 户和 6 985户，分别完成全年任务的 142% 和 146%；票据贴现客户新增 600 户至 1 199 户、增长 100%；新增国际业务大中型客户 76 户，任务完成率 109%。机构及同业客户。机构客户新增 488 户，总量达到 9 136 户；全国性机构客户合作取得突破，实现与中国人寿资产管理公司、全国社保基金理事会、工银安盛等客户合作，并成功争取机构资金 57 亿元。此外，融 e 行手机银行客户数、企业网银客户数、第三方支付绑卡数均排名同业第一。

三、坚守本源、担当使命，支持实体经济高质量发展

坚持回归本源，努力把资源更多配置到经济社会发展的重点领域和薄弱环节。全年累计投放融资 3 067 亿元，继续领先同业。其中，贷款投放 1 595 亿元。公司贷款。积极支持城市更新改造升级，投放棚改项目贷款 106.62 亿元，较年初净增 102.55 亿元，排名系统第五；支持基础设施补短板，推动 50 亿元项目贷款高效通过审批；支持产业提档升级，幸福产业、物联互联、先进制造业等三大领域贷款均较年初实现正增长，合计增加 48.52 亿元。切实支持民营企业发展，累计投放 205.57 亿元，余额达到 462.56 亿元。切实支持制造业发展，本外币贷款全年新增 66.25 亿元，排名系统第六。切实做好普惠金融服务，人行降准口径、银保监口径普惠贷款分别较年初增长 53.85 亿元和 53.19 亿元，增幅分别达 84% 和 83%，均完成总行下达年度计划。个人贷款。积极满足居民合理住房及消费需求，全年投放个人贷款 480.84 亿元，其中个人住房贷款 367.85 亿元；投放分期付款 97.87 亿元，同比增长 62.1%，排名系统第四；投放融 e 借 36.4 亿元，同比增长 60.28%。此外，通过加强存量移位管理，实现重点移位池移出 42.6 亿元，增配信贷规模 11 亿元。

四、加强创新、深化改革，推动经营发展加快转型

第一个人金融银行。批量代发额突破千亿大关，达到 1 054 亿元，建工代发实现翻番。代发留存率大幅提升 10 个百分点至 23%。私人银行客户金融资产突破 200 亿元。大资管。新规理财销售突破 400 亿元，日均余额 118 亿元，完成总行年度计划的 187%。实现贵金属递延交易 288 亿元，同比增长 210%，账户贵金属交易 62.7 亿元，同比增长 24%，均创历史新高。大投行。突破全市首笔文化产业市场化债转股项目以及重庆分行首笔类永续业务、首笔消费信贷类 ABS 投资。推动资管新规后系统首笔权益性用途类债权项目通过总行审批。国际业务。外汇存款及贷款余额、结售汇等指标继续排名四行第一。实现与迪拜分行和新加坡分行人民币反向风参业务合作 55 亿元。金融市场及同业业务。成功推荐总行投资地方债 145.9 亿元、占比 11.64%，保持同业第一。成功营销中保登结算账户、富民银行主投融资账户。智慧银行。成功与重庆大学签订战略合作协议，共建智慧高校。成功上线 8 个平台型企业合作项目，并成功突破首个赛博云平台。成功投产 97 个分行特色创新项目，并完成分行大数据服务云平台建设。

五、围绕重点、狠抓落实，推动重大战略落地见效

通过抓好重大战略的谋划与落地，以点带面促进业务发展和竞争力提升。成功打赢三场“争夺战”，即年金业务争夺战。以全市场第一档第一名中标重庆市机关事业单位职业年金受托人和托管人。夺得轻纺、建工和农商行三大市属重点国企年金业务受托资格和账管资格。企业年金客户、个人年金账户排名同业第一。机构改革争夺战。实现市级党政机关 44 个账户开立，覆盖率高达 69%，排名同业第一；在税务系统、消防应急系统、市场监督管理系统、规划和自然资源系统的账户竞争中均排名同业第一。ETC 推广争夺战。新增 ETC

客户82.6万户，排名同业第一，分别领先第二、第三名20万户和25万户。牢牢抓住两个“着力点”，即加强战略合作。先后与两江新区、经开区、渝中区、巫山县、市民政局、市工商联等机构，以及中新南向通道公司、重庆联合产权交易所、中国邮政集团重庆公司等企业签署战略合作协议。加强精准营销。深入推进工商拓户项目，注册资本50万元以上新企业拓户率提升至19.49%，高于系统2.8个百分点；全年拓户1.62万户，同比增长41.06%。此外，大力推进机构优化整合。成功设立自贸区分行和巫溪支行，完成对璧山支行的直管和主城区六家分支行的优化整合，有效提升重点区域的竞争力。深入推进网点转型优化。“三中心、两小站”网点达到35家；网点综合化率提升10个百分点至95%；完成首批“网点+普惠”实体店建设；沙坪坝三峡广场支行成功创建中银协全国百佳网点。高水平服务全市大型活动。在庆祝新中国成立70周年、智能产业博览会、中新金融峰会等重大活动中，以一流服务赢得各方广泛赞誉。其间，分行首次登上央视《新闻联播》，并3次被央视和《人民日报》等主流媒体集中报道。

六、深入反思、砥砺前行，推动风险防控保持平稳

坚持“维护经营稳定、有序化解风险”总原则，深入开展“顾国明、谢明案”专题教育整改和“反思与前行”主题活动，统筹抓好内部制度管理和风控措施落实，切实打好防范化解金融风险的攻坚战。深入开展“顾国明、谢明案”专题教育整改。在总行党委和派驻纪检监察组领导下，从严从实抓好组织推动和方案制订，高标准落实了五项规定动作，高质量完成了三项自选动作，深刻反思“顾国明、谢明案”特别是谢明案带来的惨痛教训，实现了思想认识全面提升、问题查摆积极深刻、整改落实严格到位。同时，坚持以案为鉴、以案促改，针对存在的问题，从压实主体责任、强化监督责任、健全信贷体制机制、严格选人用人管理、加强“关键少数”监督、完善“三重一大”决策机制等方面，进行了全面且深刻的整改。积极推进派驻改革。按照总行部署，及时制订分行派驻改革贯彻落实方案，有序推进并顺利完成了职能移交、机构设置、人员配置和机制建设等系列工作，进一步强化政治监督、做实日常监督，充分发挥专责监督职能。持续深化政治巡察。在做好首轮第一批次五个被巡察单位“回头看”的同时，圆满全面完成首轮第二、第三批次的巡察；扎实做好整改“后半篇”文章，巡察发现问题已全部整改。加快风险资产出清。清收处置不良贷款32.9亿元，其中，常规清收21.24亿元，完成总行计划的139%；诉讼清收6.9亿元，为上年清收额的3.8倍；呆账核销5.53亿元；信用卡不良额下降1.38亿元，不良率下降2.61个百分点至3.12%；化解表外理财风险及潜风项目12.09亿元。健全信贷管控机制。坚持“风险敞口只降不增”原则，继续实施高风险企业名单制管理。坚持分类施策，持续清收压降逾期贷款，控制资产质量劣变源头。通过“四个价值”运用分析，下调51宗抵押物价值19.46亿元，退回或否决18宗抵押物、价值约48亿元。夯实内控案防根基。认真组织开展内控合规“压实责任年”活动，进一步深化“八大领域”风险治理及“非法集资、非法放贷、飞单”专项整治，扎实开展“巩固治乱象成果 促进合规建设”专项工作，以及“从严治贷”专项排查，持续推进合规文化建设。

四川分行

【主要业务指标完成情况】

截至2019年末，四川分行各项主要业务指标完成情况继续保持在工商银行系统内前7、中西部分行第1。本外币各项存款余额突破1万亿大关，成为系统内继北京、广东、上海、浙江、江苏分行后第六家存款迈上万亿台阶的分行；各项存款净增856.3亿元，四大行同业排名第1。本外币各项贷款余额突破7 000亿元，系统第7，连续8年保持全省第一信贷大行地位；各项贷款净增815.7亿元，还原批量处置和资产证券化等因素实际净增845.6亿元；全年合计提供表内外融资1 366.3亿元，持续领先金融同业和工行系统内中西部分行。存贷比71.02%，高于四行平均水平3.87个百分点；当年增量存贷比95.26%，贷款增幅高于存款增幅3.95个百分点。年末不良贷款余额84.7亿元、不良率1.18%，继续在同业和系统内保持较低的水平，实现了资产质量安全稳定可控。全年未新发生内部案件和重大风险事件，监管罚款处于同业较低水平；监管评级、总行内控评价与专业考核实现稳中有升。

【主要工作措施】

一、支持重点项目建设取得新成效

紧紧围绕四川省“一干多支、五区协同”发展战

略，全力服务长江经济带、成渝双城经济圈、西部陆海新通道建设等国家战略。积极向总行争取表内贷款规模755亿元，实现表外非信贷融资593亿元，均创历史新高。城建交通房地产电力等传统产业贷款累计实现投放630.1亿元，新增276.5亿元，牵头组建了“资阳临空产业新城PPP项目”“简州新城PPP项目”等重大项目银团。文化教育医疗体育等幸福产业贷款累计实现投放60.5亿元，新增20.5亿元，与四川体育产业集团实现战略签约，重点支持成都2021世界大运会建设项目4个。先进制造业和物联互联贷款累计实现投放159亿元，新增45.9亿元，积极服务了格罗方德、清华紫光等重大产业项目。民营企业贷款累计实现投放206亿元，新增46.7亿元，重点围绕新希望、通威、科伦等总省行级骨干民企做好了全方位金融服务。与此同时，全力做好四川地方债牵头主承销商工作，积极争取总行资源支持，自2015年以来已累计承销2 174.4亿元，占比18.3%，全川排名第一，是四川省唯一一家承销量突破2 000亿元的金融机构。带头开展定向承销置换本行贷款工作，已置换贷款137亿元，切实帮助融资主体节省了资金成本。2019年3月，还顺利完成了全国首批地方债柜台试点发行工作，分销金额5.5亿元，位居同业第一。

二、民生金融服务落地新举措

联合四川省市场监管局在全国首家推出了“营商通”线上APP，目前已在成都、绵阳、德阳、广元、宜宾、泸州6市试点上线，作为2019年全省优化营商环境的重要改革创新举措上报国办。研发的“中欧e单通”跨境平台创造性地将区块链技术应用到中欧班列沿线多式联运单据的验证环节，实现了中小进出口企业的普惠融资便利化，构建了互信安全跨境贸易环境，该平台不仅在第二届中国国际进口博览会上进行了发布，还入选了中组部编写的《贯彻落实习近平新时代中国特色社会主义思想、在改革发展稳定中攻坚克难案例》，小切口开拓了大纵深、产生了大影响。在省交通厅的支持下，在4月提前研发投产“高速通”微信小程序，实现了ETC线上申请，并支持绑定29家银行的借记卡办理，全年ETC新增用户157万，在金融机构中排名榜首，为全省ETC推广作出了应有贡献。加快社保费税银缴费平台建设，在全国首家上线“工银e社保”聚合支付，全年查缴交易笔数824万笔。与省大数据中心就“智慧政务”共建达成首批战略合作签约意向，累计上线“工银e政务”18家、宗教云22家、赛博云5家。除此之外，还结合四川区域特点，打造了熊猫信用卡、熊猫存单等特色产品，精心组织策划的“熊猫陪你过大年”场景活动方案被总行向全国推广，在更好宣传四川特色的同时普惠了全省广大人民群众。

三、普惠金融发展实现新进步

线上做好经营快贷场景打造。持续深挖泸州“酒e贷”、绵阳“中油e贷”等传统场景潜力，融资余额新增1.4亿元。积极拓展烟草和医保等新场景，新批复达州等7家分行“金叶e贷”创新方案，在绵阳和南充营山积极探索市、县两级医保场景创新。线下狠抓区域特色产品创新。推出了德阳“医保贷”、广安和自贡“银政信易贷”、宜宾“竹海旅游贷”、乐山“科技贷”等多个区域特色创新业务方案，累计实现投放2.2亿元。持续推进供应链融资。成飞军工供应链荣获总行供应链融资优秀案例一等奖，实现中铁二局全省首笔“云信”业务落地，通过新希望乳业“工银e信”业务，在全省率先实现农业产业链场景融资突破。2019年末，银保监普惠贷款比2019年初增加50.3亿元，人行定向降准口径普惠贷款比2019年初增加49.1亿元，均超额完成目标任务，增量均排名系统前十。

四、助力西部金融中心建设作出新贡献

通过积极向总行汇报争取，先后成功实现软件开发中心（成都）、集约运营中心（成都）和远程银行中心外呼营销职场在川落地，总行在川机构已达八家，进一步为西部金融中心建设添砖加瓦。与省商务厅签署《推进“一带一路”及中国（四川）自贸试验区金融建设框架合作协议》，积极支持四川“一带一路”建设和自贸创新。充分发挥工行系统遍布全球特别是港澳和东南亚地区的机构优势，通过“境内+境外”的模式为全省重大项目建设和企业“走出去”发展拓宽融资渠道，参与承销企业海外发债8笔，支持省内企业累计约20亿美元海外债落地，为海外发债提供基石订单资金6亿美元，为17亿美元回流资金提供专业利率汇率管理服务，其中，成都天投集团5年期3亿美元债系四川省首笔自贸区企业海外债、成都空港兴城投资集团3年期5亿美元债系四川省区级平台最大规模美元债。

五、深耕脱贫攻坚迈出新步伐

全力做好“四大片区”尤其是藏区彝区等深度贫困地区金融扶贫工作，进一步加强通江、南江、万源、金阳四县（市）的定点扶贫。持续加大对贫困地区重点领域的信贷投放。按照人民银行精准扶贫贷款统计口径，2019年末，精准扶贫贷款比2019年初增加20.1亿元、增长24.7%，高于全部贷款增速12个百分点。推动贫困地区金融基础设施建设。截至2019年末，在贫困地区投产智能化服务模式网点125家，离行式自助银行208家，分别占全省总量的17%和26%，普遍提升了贫困地区群众对金融服务的获得感、幸福感、安全感。创新金融精准扶贫方式。在总行的大力支持下，在巴中市成功落地全国首单革命老区产业振兴基金1亿元，取得了良好的社会效益。

云南分行

【主要业务指标完成情况】

2019年，云南分行全面完成了总行下达的核心指标经营计划，年度行长经营绩效和业务发展考评等级为B++级，系统排名较2018年提升五个位次，总体保持了平稳健康的良好发展势头。实现拨备前利润75.83亿元，较上年增长10.3%，增幅系统排名第4位，较上年上升7位；实现净利润43.65亿元，较上年增长12.5%，增幅系统排名第16位；实现中间业务收入21.85亿元，较上年增长11.89%，增幅系统排名第4位，三项指标均超额完成总行下达的经营计划。公司中间业务收入是上年同期的1.35倍，可比口径远超同业，银团安排费及对内担保收入完成率系统内排名第2位。个金中间收入4.63亿元，电子商务收入是上年的10倍，工银信使收入较上年增长73%，系统排名第3位。贵金属业务线收入同业占比提升至第一。投行中间业务收入较上年同期增长41%，其中基础投行收入增幅达175%。信用卡生息资产占比同比提升11.8个百分点，中收增幅比系统平均水平高3.8个百分点。资管收入保持同业第一。不良贷款余额（不含卡）27.74亿元，较上年末减少5.8亿元，不良率0.98%，较上年末下降0.32个百分点，继续实现“双降”。

【主要工作措施】

一、全面推进从严治党从严治行

坚持把党的政治建设摆在首位，深入开展两批“不忘初心、牢记使命”主题教育，得到了中央第二十六指导组和总行巡回指导组的充分肯定。全面学习宣传党的十九届四中全会精神，通过“两优一先”表彰大会、基层党建座谈会等丰富多彩的活动纪念庆祝新中国成立70周年。着力强化党的组织建设，新发展党员人数同比增长200%，制定《云南省分行年轻干部接续培养工作规划》，年末科级年轻干部占比提前实现“五分之一”目标。全面开展基层减负排查，印发第一批基层网点工作正向清单，全辖发文数量较去年减少18.7%，会议数量减少50%。圆满实现派驻改革各项任务落地，扎实推动“顾国明、谢明案”专题教育整改取得实效，完成对15个单位的巡察工作，对26个单位开展集中整治形式主义、官僚主义调研检查，对8个单位开展中央八项规定精神及纠正“四风”问题专项检查，共问责处理相关责任人250人次。

二、研究部署“1+3”年战略发展规划

总结回顾云南分行2018—2020年发展规划执行情况，分析形势和问题，谋划云南分行2020年和新三年（2021—2023年）总体目标和发展思路，以习近平新时代中国特色社会主义思想为指导，深入贯彻落实总行“48字”工作思路，突出强化政治保障，强化“比”的思维和底线思维，加快推动“第一个人金融银行”和县域机构布局规划“两大战略”，着力提升对公客户经营能力、新兴业务贡献能力、科技成果运用能力、精细有效管理能力和全面风险防控能力“五大能力”，到2020年全面建成小康社会之际，确保三年规划圆满收官，实现云南分行的持续、协调、健康发展，力争到2023年末拨备前利润达到100亿元，成为发展速度与发展质量同步提升的高品质分行，开启云南分行新时代的发展新篇章。

三、服务实体经济更加精准有力

全口径投融资新投放1 795亿元，各项贷款较年初净增236亿元，创新融资投放量达557亿元。全年筹组银团贷款市场份额第一，非金融企业债务融资工具业务累计承销金额创历史新高。制造业贷款完成总行增量计划的436%，幸福产业公司贷款增量为上年的1.88倍。推荐总行投资地方债165亿元，承销量同业第一，累计中标国库现金管理127亿元，中标量市场第一。成功实现云南建投、交投32亿元理财直投和建投10亿元债转股业务落地。个人贷款投放量创历史新高。近几年来首次圆满完成总行下达的人行降准、银保监普惠和精准扶贫贷款增量任务目标。票据直贴量、再贴量再创历史新高，核心指标继续保持同业第一，市场份额超过60%。

四、业务转型创新形成竞争优势

ETC发行量从“零”突破，累计新增145万户，增量同业排名第一，四行占比达到47%，完成率系统排名第9位。省级政府机构改革开户占比达80%，原武警消防、边防部队转制开户占比分别达94%和89%，第三方存管客户存量、增量同业“双第一”。全量个人客户较2018年多增33万户，其中钱包模式获客突破100万户，5万元以上个人客户同比增长146%，“双100”核心网点储蓄存款增量较上年提升了10.5%，私人银行管理资产和客户储蓄存款同比多增125%和112%。以优异的成绩成功中标云南省职业年金受托人和托管人资格，企业年金受托和账管规模继续排名全市场第一，资产托管存量、增量四行“双第一”。个人手机银行客户首次实现年净增过百万，客户活跃度再创新高。

五、全面风险管控取得良好成效

持续开展信贷经营能力会诊和复诊，制定《全流程履职违规处罚实施意见》，持续深入推进信贷体制机制改革。累计新发生逾期贷款和劣变贷款大幅减少，潜在风险贷款压降 22.85 亿元，年末潜在风险贷款余额 45.34 亿元，逾期剪刀差余额 -0.07 亿元，防逾期防劣变取得实质成效。累计清收处置不良贷款 24.4 亿元，处置损失率控制在 40% 以内的较好水平，资产质量各项管控指标均超额完成总行任务。扎实开展内控合规“压实责任年”主题活动，约谈案防管理重点机构“一把手”，完成案件风险排查项目 808 个，问责违规人员 785 人次，“巩固治乱象成果　促进合规建设”自查发现问题整改率 86%。未发生安全生产事故，连续保持 21 年安全经营。

贵州分行

【主要业务指标完成情况】

2019 年，贵州分行拨备前利润突破百亿元大关。实现拨备前利润、净利润、中间业务收入、营业收入分别为 109.6 亿元、68.8 亿元、38.8 亿元和 143 亿元，增幅分别为 6.69%、3.1%、10.6% 和 6.25%，均超额完成总行追加任务。人民币各项贷款余额 3 751 亿元，累计投放各项贷款 1 407 亿元，新增 339 亿元，贷款总量同业第一，有力支持地方经济发展。人民币各项存款余额 2 957 亿元，时点负增长 154 亿元。储蓄存款时点增量 6 亿元，公司存款时点负增长 161 亿元，机构存款时点负增长 53 亿元，同业存款时点增量 55 亿元。不良额 22.49 亿元、不良率 0.66%，分别较年初下降 2.28 亿元和 0.12 个百分点，连续三年“双降”。累计清收处置不良贷款 22.2 亿元，其中常规处置达 20.6 亿元，占比达 92.76%，总量和占比在总行均位居前列。现金清收账销案存资产 2.07 亿元，连续八个季度超额完成序时目标，利润贡献显著。第三方支付绑卡 276 万张，完成率系统排名第二。ETC 发行 190 万户，完成率系统排名第一。全年无内外部经济案件，无廉洁案件、无安全责任事故、无重大服务投诉事件。

【主要工作措施】

一、以主题教育为抓手，全面从严治党从严治行深入推进

按照中央和总行党委统一部署，扎实开展了第一批和第二批“不忘初心、牢记使命”主题教育，得到了总行巡回指导组的肯定，初步考核为“好”。通过主题教育，进一步形成了浓厚学习氛围，思想政治和党性作风受到了洗礼锤炼，干事创业和担当作为的精气神进一步提振，为民务实清廉的意识更加牢固，夯实了纵深推进全面从严治党从严治行的基础。同时，认真落实推动“顾国明、谢明案”专题教育整改工作，确保了专题教育成效。进一步推动支部标准化、规范化建设，新增党支部 50 个，开展了“两优一先”、示范性党支部和特色党支部评选，连续四年组织开展重走长征路活动。完成对二级分行巡察“回头看”并开展 7 个专项巡察项目，完成对省行本部 10 个党支部常规巡察。落实派驻改革任务要求，统筹抓好政治监督和日常监督。深入落实中央八项规定精神，持续发力纠治“四风”，集中整治形式主义、官僚主义，为基层减负工作初见成效。将从严要求贯穿到干部选拔、培养、管理、监督等各方面，完善干部考核评价体系，深化人员结构调整，加强人才培训。组织党委中心组到黎平扩大学习并开展红色教育，召开劳模座谈会、青年工作会议等，提振队伍精气神。着力深化“十件实事”，解决县域异地员工吃住行困难，将关心关爱员工落到实处。着力推动宣传思想工作、精神文明创建、特色文化建设有机结合，传播好声音，展示好形象。荣获贵州“十佳社会责任贡献企业”，5 名员工分别荣获全国金融系统、贵州省和总行“五一劳动奖章”“五一巾帼标兵”等荣誉，7 家单位荣获总行五一劳动奖状、贵州工人先锋号、全国青年文明号等荣誉。

二、以服务本源为重点，信贷经营质效得到提升

围绕服务实体经济“千户行动计划”开展营销攻坚，新开日均金融资产 5 万元以上实体经济账户 723 户，有贷户增加 820 户。精准支持贵州“十大千亿级产业”发展，累计融资 186 亿元。加快推进新优市场拓展，38 户重点客户纳入总行优质制造业名单，投放贷款 83 亿元支持 170 户制造业实体企业。物联互联行业贷款新增 16 亿元，幸福产业新审批项目贷款近 53 亿元，任务完成率总行排名第一。绿色扶贫产业新审批项目 54 亿元，超额完成省委省政府任务，排名同业第一。跟投贵州工业绿色发展基金 187 户 165 亿元，排名同业第二。普惠金融发展提质增效，超额完成总行、人民银行和银保监部门全年目标任务，用工贷、跨境贷和分行

特色场景的菜篮子助农贷、黔税 e 贷、医保贷、线上供应链等创新业务全面落地，线上业务新增 9.5 亿元，金融精准扶贫贷款新增近 65 亿元，排名总行第一，同时普惠贷款不良额、不良率实现“双降”，小微企业剪刀差贷款连续 12 个月为零。

三、以“比”的思想为引领，经营发展新动能不断积聚

在存款攻坚过程中，客户拓展取得新进展。日均金融资产 5 万元以上个人客户净增 1.3 万户、公司客户净增 1 978 户。新开对公账户 3.62 万户，同比增长 47%，超额完成总行任务。净增机构账户 605 户，政府机构改革拓户 236 户，覆盖率同业第一。贯彻落实总行战略精神，组织召开了“全面打造第一个人金融银行”工作推动会，大零售营业贡献 38 亿元，个人全量客户和有效客户数均突破千万户，增幅排名总行前列，个人手机银行客户净增完成率总行排名第六。信用卡七项核心指标排名同业第一，ETC 完成率、e 分期交易额、信用卡消费额增幅、特约商户增幅等均排名总行第一。承销贵州省地方债近 238 亿元，累计投资量连续 5 年稳居同业第一，彰显大行担当。加大创新推动，牵头债委会成员行完成 380 亿元债务重组和 76 亿元债转股，助力企业脱困，排名同业第一、系统前列。加强境内外联动，跨境直贷等产品实现境外融资 42 亿元，国际结算量、跨境人民币结算量保持同业第一。系统内首家搭建私银客户网点到店识别获客场景，延伸拓客渠道，实现 61 户私银客户资产提升 2.3 亿元。以全市场第一的优异成绩中标贵州省机关事业单位职业年金受托管理人，并唯一夺得两个职业年金基金托管资格。省内独家、工行首家上线非税 POS 场景。贵州同业首家上线税务三方网签系统、首家实现代理城乡居民社保费业务全省覆盖、首家签发电子社保卡、首家落地智慧加油项目等。

四、以改革创新为动力，与转型发展相适应的新机制持续完善

进一步构建完善“纵横相结合、上下共承担”特色绩效考评体系。研究出台了城区支行综合经营五强、县域支行综合经营十强评价方案，制订下发了营业网点及网点员工绩效考核实施方案，推动“最后一公里”落地。完善各类员工考核分配机制，注重资源保障向基层和艰苦边远地区倾斜。着力推进人员机构优化和效能提升，将新增人员重点投向县域机构和重点城市行，探索建立跨条线跨区域的集约运营中心，丰富远程维护团队职能，推进投行、私银、反洗钱中心等组织模式创新，完成非重点城市行城区一级支行优化调整，组建资产托管与养老金分部、信用集中调查团队和专项分期审批团队等。抓好人才队伍建设，进一步完善人才培养锻炼机制，常态化开展员工业务类职务聘任和晋升，建立新人行员工师带徒培养模式。

五、以强基固本为目标，全面风险管控持续加强

持续抓好全口径融资风险管控，坚持控新降旧双向发力。细化新客户准入预审，加大逾期和潜在风险贷款化解，扎实推进不良资产名册化管理，综合运用多种手段提高处置效率和效益。持之以恒抓好内控案防，着力压实主体责任、监督责任、整改责任，统筹推进机制建设、能力建设、文化建设。接受了总行内控现场评价和监管部门各项检查，强化问题整改，促进内部控制和基础管理水平提升。持续推进“八大领域”风险治理，大力开展案件警示教育，统筹组织“飞行检查”。落实监管要求，反洗钱评级考核取得较大进步，接受监管评级的 8 家二级分行 4 家排名第一，61 个县支行排名前两位占比达 85%。落实好总行内控合规“压实责任年”主题活动要求，深植合规文化理念。消费者权益保护工作成效显著，在人行考评中获评 A 级。深入开展安全生产集中整治和大排查大整治大演练行动，坚决防范遏制重大风险事件和安全责任事故发生。

六、以金融扶贫为责任，脱贫攻坚成效显著

坚决贯彻党中央决策部署，全力抓好金融精准扶贫，取得明显成效。一是精准发力，打好金融扶贫“攻坚战”。坚持“地方所需、工行所能”，加大旅游、美丽乡村、教育医疗、“9 + 3”县域贷款投入，增加金融服务供给。2019 年金融精准扶贫贷款余额 497 亿元，较年初增加 64 亿元，带动贫困人口 58 万，贷款余额系统排名第一、当地四行排名第一，2019 年精准扶贫效果评估在系统内排名第一。二是精耕定点扶贫“责任田”，2017 年以来结对帮扶普安县脱贫攻坚，整合工行资源优势，累计投入贷款 50 亿元，捐赠各类资金 1 400 余万元，以工行力量有效助力普安整县脱贫，并在年末同步启动结对帮扶晴隆县三个集体经济财政扶持村工作。在全省 2019 年脱贫攻坚“七一”表彰中，我行派驻普安的扶贫干部有 1 人获全省脱贫攻坚优秀共产党员、1 人获优秀村第一书记表彰，兴义普安支行荣获全省脱贫攻坚先进党组织。

陕西分行

【主要业务指标完成情况】

2019年，陕西分行实现拨备前利润82.96亿元，列系统第18位。实现净利润50.64亿元，列系统第15位。全部存款总额4 798亿元，列系统第13位，较年初净增371亿元。各项贷款总额2 857亿元，较年初净增259亿元。实现中间业务收入20.56亿元，增长5.9%。清收处置不良贷款38.80亿元，不良贷款余额20.8亿元，不良率0.73%，含信用卡透支口径的不良贷款余额23.7亿元，不良贷款率0.8%。

【主要工作措施】

一、党建引领发展的工作格局进一步确立，全面从严治党取得新成效

突出学习贯彻习近平新时代中国特色社会主义思想这条主线，按照“守初心、担使命，找差距、抓落实”总要求，分两批在省行和各二级分行扎实开展“不忘初心、牢记使命”主题教育。坚持把学习教育、调查研究、检视问题、整改落实贯穿始终，党风行风持续向好。深入开展八个方面突出问题的专项整治，组织开好专题民主生活会，形成了一批员工认可、基层欢迎的成果。认真开展“顾国明、谢明案”警示教育，对照“十查”深刻剖析，扎实抓好整改落实。加强信贷领域廉洁建设，服务民营企业实行“从告知承诺到事中事后监督”的闭环管理，着力打造不敢腐、不能腐的新机制。稳妥推进省市分行纪检监察体制改革，建立完善纪委监督同级党委工作机制，持续发挥巡察利剑作用，对3家二级分行和省行4个部室开展常规巡察，对部分二级分行开展5个批次专项巡察并督促整改，进一步全面压实“两个责任”。

着力从各级管理行较为突出的形式主义、官僚主义表现抓起，推出“效能革命”69项措施，进一步提高服务基层效率和服务员工水平；省市行本部争当抓落实的“头雁”，主动承担存款、代发、ETC等营销任务，形成了上下同欲、齐抓共进的良好氛围。扎实推进网点减负赋能，运营手工登记精简64%、远程授权业务量下降20%。加大优秀年轻干部培养使用力度，开展二级分行行长助理、省行部室总经理助理公开遴选，新提拔40周岁以下处级干部、35周岁以下科级干部分别达到23%和35%；加快核心人才、优秀青年员工的专业晋升速度，1 321人晋升至经理三级、530人晋升至经理二级。全心全意为员工办实事办好事，实施提升基层员工薪酬待遇、建立网点岗位津贴等九大措施，44%的员工实现工资档次等级晋升，基层员工收入平均增长10%以上。西安太华路支行荣获“中银协服务百佳单位”，第三方调查客户满意度连续三年保持同业领先。

二、资产质量和经营效益创历史新优，长期高风险状况得到根本改善

坚持控新降旧双向发力，把好新增准入、存量管控、不良处置“三道闸口”，资产质量攻坚战取得决定性胜利。全年累计清收处置不良贷款38.8亿元，不良贷款余额20.78亿元，不良贷款率0.73%，分别较年初下降22.86亿元和0.94个百分点；含信用卡透支口径的不良贷款余额23.7亿元，不良贷款率0.8%，资产质量提升至系统第8位，同业进入优良级序列。拨备前利润和净利润完成总行调增后的任务目标。实现拨备前利润82.96亿元，同比增长7.2%；实现净利润50.64亿元，首次突破50亿元大关，增长15.8%，列系统第10。拨备覆盖率较年初提高129个百分点至282%。

三、强力拓户增存，各项存款稳定增长

紧紧围绕“客户”这一核心，对标同业领先和系统先进，以创新和拼抢的姿态，全力以赴拓户增存。全量个人客户增加137万户，同比多增36%；私人银行达标客户增加91户，其中亿元以上客户增加列系统第5；第三方支付绑卡客户增加280万户，列同业第1、系统第5。抢抓基础教育、医疗、社保、财税等重点领域机遇，新开对公结算账户5.1万户，同比增长86%，净增3.9万户，列同业第1；日均金融资产5万元以上公司客户、机构有效客户同比分别多增64%和81%。税务机构账户市场覆盖率60%；退役军人事务部门市场覆盖率42%。紧盯源头资金承接和争揽，仅用两周时间，实现50余家省直单位代发工资的强力突破。全部存款增加371亿元，继续保持同业领先。其中，储蓄存款时点和日均分别增加190亿元和164亿元；同业存款时点和日均分别增加53亿元和9亿元；机构存款时点和日均分别增加72亿元和130亿元，时点、日均余额和增量均保持四行第1。

四、各项贷款增量再创历史新高，服务实体经济能力进一步提升

积极发挥“稳增长”“稳投资”主力军作用，全口径融资累计投放1 463亿元，融资余额达3 359亿元，净增408亿元。各项贷款增加259亿元，再创历史新高，同比多增26亿元和11%。其中公司贷款增加147

亿元，同比多增52亿元和55%，余额保持同业领先。取得陕西“米字型”高铁网中西安至重庆、至十堰、至延安三大项目主办行资格。先进制造、幸福产业、物联互联等新引擎板块贷款同比多增31亿元，增长近5倍，其中幸福产业贷款增长40%，列系统第9；积极支持民营经济和普惠金融发展增效提质，民营企业贷款增量占公司贷款增量的40%，银保监和人民银行口径普惠贷款增速均超过22%，同比分别多增314%和293%；新发放普惠贷款利率4.33%，保持市场较低水平。同时，积极推荐总行认购省内公开债278亿元，累计认购地方债1 080亿元，当年认购额和累计认购额均保持同业第1；全年承销企业债券75亿元，承销额跃居四行第1，成功发行30亿元永续中票业务，实现了债券承销创新业务历史性突破。多措并举加大扶贫工作力度，捐赠扶贫资金近400万元，融e购上线贫困商户140余户，116名驻村干部坚守脱贫攻坚一线，助力30个定点帮扶村脱贫摘帽。积极争取总行在西安设立信用卡制卡中心、外呼中心、催收中心、软件开发中心（西安），并确定在西安设立新北方运营中心等集团功能性中后台和区域性总部，为支持陕西“追赶超越”提供了更多领域的金融服务，受到省委、省政府表扬。

五、进一步强化改革创新，转型发展跃上新台阶

全年实现中间业务收入20.56亿元、增长5.9%，高于系统平均1.6个百分点；投行、国际、结算、公司专业同比分别增长43%、13%、12%和10%。投放工银e分期48亿元，同比多增240%，投放额列同业第1、系统第8。加速布局互联网金融生态建设，同业首家投产上线智慧税务，并将银校通项目嵌入陕西省政府信息平台；无感通行交易笔数43.6万笔，列系统第7；党建云客户新增264户，列系统第6。抢早动快、全力出击，ETC营销攻坚战取得决定性胜利，增量（117万户）显著领先同业，任务完成率列系统第3；并且实现毕其功于一役，半年扭转了ETC十年落后的局面。

六、坚持打赢从严治行攻坚战，合规管理基础更加坚实

深入开展“压实责任年”活动，坚持高压整治和夯基固本一体推进，扎实推进深化整治监管检查和自查发现问题整改问责“回头看”“8+5”领域案件防范和专项治理。持续开展信贷与信用卡领域反假防欺诈斗争，建立信贷“真实性”审查机制。强化合规文化正向激励，构建合规经理团队管理新模式，全面加强内控合规基础管理。统筹“打老鼠”与“护玉盘”，妥善处理历史上早就暴露的案件与风险事件，以及外部审计揭露历史上形成的严重违规事件，深入排查、主动化解一些潜伏的类风险事件，并且以高度的责任感、想尽一切办法降低对工商银行的影响。同时，重点整治违规问题，从速从严清除管理漏洞和风险隐患。全年没有发生新的案件和风险事件。

甘肃分行

【主要业务指标完成情况】

2019年，甘肃分行实现营业收入58.9亿元、拨备前利润36.12亿元、中间业务收入13.09亿元，同比分别增长6.08%、3.67%和1.3%。存款付息率1.18%，系统排名第2；存贷利差3.29%，系统排名第6。各项存款净增66亿元，增量四行排名第二，实现了稳增长的目标。各项存款余额四行占比较2018年提升了2个百分点，与建行差距由258亿元缩小至117亿元。各项贷款余额继续保持四行第一，拨备前利润总量增量四行占比双第一。累计营销ETC 37.4万张，稳居同业第一。职业年金取得优异成绩，资产托管规模和收入位居四行首位。

【主要工作措施】

一、更加突出党建引领，将全面从严治党从严治行引向深入

甘肃分行坚持和加强党对金融工作的全面领导，增强“四个意识”，坚定“四个自信”，做到“两个维护”。按照总行党委统一部署，扎实开展第一批和第二批“不忘初心、牢记使命”主题教育，甘肃分行党委带头进行学习研讨、开展调研、征求意见，对检视出的问题逐条制定整改措施。各二级分行围绕第二批主题教育要求，认真组织、扎实推进，取得了良好效果。中央第十二巡回督导组对主题教育工作给予了肯定。召开全面从严治党从严治行警示教育会议，认真开展“顾国明、谢明案”专题教育整改，全面落实纪检监察派驻改革，完成二级分行巡察全覆盖，推动从严治党责任层层落实。印发《关于规范基层党支部设置的意见》，对党支部形成“123”的管理模式，提出党支部书记工作的“八动作”，基层党建质量明显提升。继续组织“双服务”活动，持之以恒整治“四风”，认真落实总行治理形式主义突出问题的意见，制定9条具体措施，营造风清气正的工作氛围。

二、更加突出坚守本源，持续推动高质量发展

甘肃分行坚持服从和服务于甘肃经济社会发展，找准定位、持续发力，努力实现政治责任、经济责任和社会责任的统一。各项贷款净增 95.51 亿元，存量移位158.61 亿元，实际新增 281.12 亿元。累计投放项目贷款 126.2 亿元、金融扶贫贷款 12.55 亿元、绿色金融贷款 119.94 亿元，在支持全省经济转型升级上作出工行贡献。组织开展普惠金融陇原行活动，普惠金融贷款完成监管口径任务；累计投放民营企业贷款 71.5 亿元，在服务民营小微上展现工行担当。打造智慧政务平台，上线企业“一网通办”系统，取消企业银行账户许可工作顺利完成，在助力简政放权上提出工行方案。连续两年与中国经济信息社联合举办祁连山高峰论坛，连续12 年冠名“感动甘肃·陇人骄子”活动，始终把扶贫作为光荣的政治使命，省分行荣获全省脱贫攻坚先进集体荣誉称号。甘肃分行服务经济社会发展的优势受到各方好评，总行与甘肃省政府签订全面战略合作协议，甘肃省分行连续两年荣获省长金融奖。

三、更加突出创新驱动，加快转型发展步伐

甘肃分行坚持守正出新，以创新推动新时期发展。注重提升零售发展能力，全量个人客户净增 81.62 万户，个人金融资产净增 54.55 亿元，个人贷款净增33.32 亿元，实现零售中收 9.4 亿元，继续保持良好态势。注重增强对公客户服务能力，制定对公客户拓展意见，亿元以上机构客户净增 7 户，日均 5 万元和 1 万以上公司客户分别净增 1 359 户和 2 995 户，是近几年最好水平。注重以新的增长点带动全面发展，第三方支付、工银信使、国内保理、分期等四项产品收入同比多增 6 773 万元，为中间业务收入增长注入新动力；结算与现金管理、公司金融专业中间业务收入同比增幅超过20%，个人金融、银行卡专业收入保持正增长，稳定了收入增长的基本面。注重以互联网思维促进业务发展，银医通在 21 家医院投产，银校通黏合缴费客户 24.14万户，落地 e 缴费项目 50 个，线上银税快贷实现互联互通，个人手机银行客户规模、企业手机银行存量客户规模、企业手机银行年动户均为同业第一。

四、更加突出以人为本，激发干事激情和创新活力

甘肃分行坚持“以人为本”的理念，营造“与人为善”的氛围，激励干部员工敢干事、会干事、干成事。着眼当前与长远，做好干部队伍建设。优化班子的专业分工和年龄结构，选拔任用综合素质高、有发展潜力的优秀年轻干部进班子。加强干部任期考核，为异地交流任职干部回家休假及交通住房等提供制度保障，干部管理和关爱同步推进。启动干部三年规划，持续实施“361”培养计划，建立二级分行行长助理“兼职支行行长 + 参与班子分工”的培养模式，搭建上下、横向、内外多渠道的干部交流锻炼平台，帮助年轻干部成长。完善业务类干部选拔聘用和管理机制，组织高级经理、经理三公开竞聘，调动业务类干部积极性。着眼结构和效率，做好人力资源加减法。深入推动人力资源结构性改革，在营销队伍上做加法，客户经理较年初提升2.19%。在中后台队伍上做减法，精减部门岗位，推动网点“5 变 4”，中后台与综合管理类人员净减 155 人。着眼办实事办好事，做好关爱员工工作。积极回应员工关切，提高员工重大疾病保险赔付额，网点空气质量、用餐空间、母婴室、更衣室、工装行服等问题得到有效整改。举办第二届业务技能大比武，组织开展“大行工匠”评选活动，进一步弘扬工匠精神。在落实总行提高基层员工薪酬待遇实施意见的基础上，额外增加支行本部员工岗位津贴，增加新入行大学生员工住房补贴，提升距离退休 3 年员工薪酬福利待遇，4 324 名支行网点员工、4 608 名艰苦边远地区员工、399 名新入行员工、62名距离退休 3 年员工的薪酬福利待遇得到提升。

五、更加突出风险防控，稳健过好资产质量关

甘肃分行坚持抓主要矛盾和矛盾的主要方面，打好风险防范主动仗和攻坚战，切实守住风险底线。抓重点大户管控与清收，建立大户会诊制度，成立不良贷款清收处置团队，对 15 户重点风险大户、24 户重点不良大户实行团队负责制，天水锻压、华城置业处置有较大突破，东润国际、高台华浩有一定进展。开展信贷经营管理提升年活动，成立法人、个人风险监控中心，优化信贷审查审批体系，明确信贷操作的十条红线，严肃开展打假专项治理。强化信贷队伍建设，制订信贷人才培养计划，举办二级分行、支行一把手信贷业务专题培训，组织二级分行行领导、省分行本部信贷专业人员业务知识考试，持续夯实信贷管理基础。

青海分行

【主要业务指标完成情况】

2019 年，青海分行实现拨备前利润 14.48 亿元，同比增长 3%，完成总行下达年度计划，优于可比同业。全年实现中间业务收入 3.68 亿元，同比增长

8.4%，完成总行下达年度计划。年末各项存款余额704.41亿元，同比增加6.22亿元，增量同业排名第二，日均存款净增39.13亿元，存款稳定性有所提高。年末各项贷款余额746.06亿元，净增33.89亿元，增量同业占比37.81%，排名第一，个贷净增9.57亿元、增长441%；票据贴现稳居同业之首，营业贡献再创历史新高。全年累计清收处置不良贷款10.51亿元。受盐湖股份贷款进入不良的影响，不良贷款较年初增加50.09亿元；不良率8.44%，较年初上升6.63%。剔除不可比因素，资产质量四行最优。

【主要工作措施】

一、加强从严治党，新时期党建引领员工关爱工程深入实施

一是扎实开展“不忘初心、牢记使命”主题教育。结合主题教育根本任务、目标要求，高效完成了两批主题教育。首次采取线上方式，征求每一名员工意见建议，参与人数占从业人员总数的91%。研究制定了“五张表”，即，专题学习研讨安排表、调研安排表、讲党课安排表、专题民主生活会安排表、整改落实任务分工表，坚持将“四个贯彻始终”的要求落到实处。总行谷行长、王组长赴青海分行调研和指导工作，召开5场不同层次的员工座谈会，对主题教育和经营发展给予了全面指导。二是全面夯实基层党建工作基础。召开党建工作会议，对新时期党建工作进行了全面部署。结合派驻改革任务，制订贯彻落实纪检监察内设机构改革工作方案，推动党风廉政建设和案件防范工作有效对接、有序开展。落实网点负责人必须是党员的“硬杠杠”，党的组织覆盖和工作覆盖全面提升，省分行内设部室负责人、网点负责人党员占比均升至100%，覆盖率升至系统第一。2019年新发展党员人数超过前三年合计。三是强化执纪监督责任。新设纪委办公室，启动派驻纪检监督模式，完成对支行巡察全覆盖，执纪监督全面加强；把分行班子成员和部门负责人纳入日常行为排查范围，建立每半年一次提醒谈话机制，“关键少数”监督日趋严格；持续深化“顾国明、谢明案”专项教育整改，全面从严治党从严治行不断深入。四是深化员工队伍建设。出台了选人用人、干部交流、人才培养、履职问责的五项制度，实施了“311初中级人才”、业务经理选聘工作，畅通了业务类、管理类晋升通道。全年开展员工培训63期，参训人数2 995人次，完成了“高潜”青年骨干、网点负责人、311初中级培养对象、信贷铁军等特色培训班14期，开办大讲堂12期。五是深入实施员工关爱工程。制定了党建引领员工关爱工程22项具体任务，分、支行各具特色的“十件实事”。建立员工增收的五项制度（网点员工岗位津贴制度、调整艰苦地区津贴、科学发放网点员工加班工资、提升近三年入行大学生薪酬待遇水平、畅通业务类人员晋升通道），确保在经营困难时期员工的整体收入不下降。

二、坚持回归本源，服务实体经济发展的能力得到提升

一是公司贷款投放精准高效。全年累计投放贷款289.53亿元，重点支持了电力、制造业、现代物流、房地产和铁路运输等行业的发展。公司贷款同比增加35.01亿元。还原债转股、核销等因素，公司贷款余额和增量由2018年的同业第二跃居双第一。加大了对清洁能源、交通等绿色项目的支持力度，累计支持了17个绿色信贷项目，发放绿色项目贷款24亿元，占全部新发放项目贷款的41%。融资余额215亿元，连续6年保持同业领先。二是个贷、小微和民营贷款投放齐头并进。个人住房贷款较年初增加7.66亿元，同比多增4.64亿元、增幅154%。完善普惠金融管理机制，在城东支行等8家一级支行设立普惠金融事业部，制订了青海生物科技产业园、青海省人民医院融资方案，线上经营快贷、泛交易链、税务贷、用工贷、e抵快贷等产品均实现了突破。银保监口径普惠贷款较年初增加2.36亿元，较同期增加3.43亿元，完成年度计划的118%。大中型民营企业贷款较年初增加11.4亿元，荣获2018年度金融支持地方经济社会发展进步奖一等奖。

三、保持竞争主动，重大项目营销取得领先优势

一是政府合作实现四个突破。在社保卡竞争中，取得了青海省全部市场的营销权。坚持总分联动，以全市场第一名成绩中标省职业年金受托人。与青海省政府正式签订“智慧政务”合作协议。争取到省医保局账户，结束了农行独家垄断医保资金的局面。二是第一个金银行取得新进展。年末储蓄存款实现时点和日均增量“双第二”；个人金融资产5万元以上客户精准营销活动中，目标客户提升率16.7%，系统排名第三；全年信用卡获客任务完成率系统排名第三，累计消费交易额同业第一。实施全员代发工资劳动竞赛，累计新增代发工资客户6.55万户。联合拓展三方存管客群，推动三方存管客户突破10万户，存量及增量同业排名“双第一”。坚持ETC发行第一的目标不放松，在机构覆盖率不足28%，网点和人员不占优的情况下，打赢了以少胜多的攻坚战，勇夺市场第一，用实际行动诠释了ETC精神。三是新兴业务保持同业领先。全年实现中间业务收入3.68亿元，同比增长8.4%。企业年金、投行顾问咨询、第三方存管、银团安排承销与管理业务收入四行排名第一。“基保理”业务收入同业占比排名第一。四是大美青海战略有序推进。成功举办“大美青海”发布会，发行大美青海主题信用卡、大美青海专属贵金属产品，推出具有“青海元素”的金融产品和青海省首款金融品牌，构建“旅游+金融+互联网”线上线下一体化生态圈，为工银集团作出了贡献。“大美青海”项目受到政府高度评价，大美青海贵金属产品作为总行“大美中国”贵金属产品系列的首发产品，上线以来得

到市场追捧。

四、深化改革创新，重点领域改革措施落地生根

出台《重点城市行综合竞争力评价办法》，鼓励金融资源富集行优先发展。实施分行本部定编定岗，提高了机关本部的管理效能。调整优化了省分行纪委、投资银行、国际业务的管理职能，主业主责和经营职能更加聚焦高效。创新推出“军银扶贫＋”“军银驻训＋”“军银优扶＋”项目。推行营业网点岗位优化整合，兼岗调度、协同补位新模式稳步实施；合理设置岗位权限，提升网点人力资源利用效能，客服经理通岗履职率72.7%；优化渠道布局，新建迁建网点2家，撤并低效和扎堆布局网点3家，29家新标准建设网点开业，覆盖率35.8%。员工渠道二维码使用覆盖率99.06%，系统排名第一，荣获总行2019年度最佳物理渠道运营奖。打造标杆网点，西门口支行成功迈入“百佳服务示范单位”（省内第二家）。

五、坚守底线思维，保障了经营发展的稳定运行

强化政治责任，坚决守住“不发生案件和重大风险事件”的底线思维。建立《青海省分行案件、重大操作风险事件、不良贷款及非信贷资产损失管理人员问责工作管理办法》，对违规违纪人员进行顶格处理。修订《一级支行、内设部室合规管理和案件防控评价（考核）办法》，建立部室、支行合规管理和案件防控动态评价机制，评价结果与分行部门15%、支行17.5%的绩效工资挂钩，提高了“一道防线”履职责任。建立法人客户准入预审机制，前中后台共同确定客户准入标准，强化“八大领域”案件风险专项治理，针对内外部各类检查发现的管理漏洞，完善措施，强化问责。强化信息系统安全运行，全年未发生四级（含）以上生产事件。推进安防建设达标工作和“三大平台”交互应用，网点标准改造完成率达到100%，风险预警处置率达100%。全年没有发生恶性投诉事件和重大声誉事件，全面实现了不发生案件和重大风险事件的管控目标。

宁夏分行

【主要业务指标完成情况】

2019年，宁夏分行实现拨备前利润14.73亿元，增长3.27%，完成年度计划任务的101.34%，实现净利润7 680万元，完成总行下达年度计划的118.15%，实现中间业务收入5.04亿元、增长10%，完成总行下达年度计划的103.4%。各项存款时点余额598.12亿元，较年初增加18.49亿元、增长3.2%；各项存款日均余额600.02亿元，较年初增加42.31亿元，创历史新高，增幅达8%，存款稳定性进一步增强。各项贷款时点余额为773.3亿元，较年初增加33.94亿元、增长4.59%。不良贷款余额18.97亿元，较年初减少0.78亿元；不良贷款率2.45%，较年初下降0.22个百分点。全年累计清收处置不良贷款13.6亿元，不良额和不良率实现“双降”。

【主要工作措施】

一、经营效益企稳回升

实现营业收入21.82亿元，同比增加9 973万元、增长5%。其中，实现中间业务收入5.04亿元，同比增加4 639万元、增长10%，完成总行计划的103.4%。实现拨备前利润14.73亿元，同比增加4 670万元、增长3.27%，完成总行计划的101.34%；实现净利润7 680万元，同比增加3 520万元、增长85%，完成总行计划的118.15%。拨备前利润、净利润是建立在营业费用成本增长8%、风险成本增长5%、拨备覆盖率提高31个百分点的情况下实现的，所以效益的基础明显提升。

二、资产质量明显改善

面对经济下行压力加大、不良贷款处置难度增加的状况，一方面，加大潜在风险和违约贷款的转化化解力度，通过展期、续贷、重组、债委会协同等多种方式，缓释潜在风险贷款38亿元，有效防止了贷款劣变。2019年，贷款劣变13.73亿元（含卡，下同），同比少劣变24亿元；劣变率2.39%，同比下降4.11个百分点；逾期贷款剪刀差1.6亿元，较年初减少1.77亿元，其中公司贷款剪刀差五年来首次为零。另一方面，针对不良贷款形态和处置难易程度，采取多种方式，加快不良贷款清收处置，全年累计清收处置13.6亿元。其中，批量处置6.43亿元，核销3.6亿元，常规处置2.58亿元。截至年末，不良额18.97亿元，较年初减少0.78亿元；不良率2.45%，较年初下降0.22个百分点，不良额和不良率实现“双降”。

三、基础业务转型发展取得初步成效

认真贯彻客户、存款和服务“三基”发展战略，全面落实基础业务扩量提质增效三年行动计划，坚持“每天增加一点点”，久久为功、持续推动，基础业务扩量提质增效取得初步成效。个人全量客户新增18.98

万户，增长6.4%，总量达到315万户。其中：私人银行客户新增35户，总量达到224户；银行卡客户新增6.21万户，总量达到50.37万户；手机银行客户新增22.2万户，总量达到160.19万户；信用卡发卡新增11万张，发卡总量突破100万大关，达到101万张。ETC新增19.3万户，同业排名第一。对公客户新增5 088户，增长2.3%；新开对公结算账户8 507户，净增账户5 729户，四行排名第一。各项存款余额598.12亿元，较年初增加18.49亿元、增长3.2%。其中，储蓄存款较年初增加26.11亿元，增量四行占比24.69%，高于余额占比1.75个百分点；公司存款较年初增加8.97亿元；因企业养老金省级统筹和职业年金集中运作等因素影响，机构存款较年初减少7.15亿元。各项存款日均余额600.02亿元，较上年增加42.31亿元，创历史新高，增幅达8%，存款稳定性进一步增强。全年实现基础类中收2.95亿元，同比增加3 150万元、增长11.97%，高于全部中收增幅1.97个百分点。银行卡、电子商务、对公结算、个人结算、国际结算等业务中收均实现了正增长。全年完成25家网点装修改造，星级网点分层建设工作有序推进，银川开发区支行营业室获评总行“2019年度服务五星级网点”，网点服务质效进一步改善。

四、信贷供给和结构逐步优化

按照总行“1+3”信贷布局和“抓大、抓小、抓新、抓优”的总体要求，坚持稳投放和调结构并重、支持重点领域和薄弱领域并举，不断优化信贷经营管理体制，积极争揽优质信贷市场。全年累计发放贷款212.73亿元（不含票据），年末贷款余额773.3亿元，较年初增加33.94亿元、增长4.59%。若还原不良贷款处置因素，实际增加48.29亿元、增长6.53%。其中，制造业贷款较年初增加29亿元，人行口径和银保监口径普惠贷款分别增加2.85亿元和4.18亿元（还原处置因素），民营企业贷款增加12.03亿元（还原处置因素），均超额完成了总行下达的专项计划。个人贷款增加11.79亿元、增长9.83%，其中个人住房贷款增加16亿元、增长16.1%。

五、内部管理全面加强

以“压实责任年”和“争先进位年”主题活动为载体，坚持高压整治与强基固本一体推进，深化“八大领域”风险治理和发现问题整改，全面压实一二道防线责任，深入根植合规文化核心理念，近三年内外部检查发现问题整改率达94.67%，获得了总行“践行合规　学行实效”内控合规精英挑战赛第二名的好成绩，全年未发生案件。坚持目标导向、结果导向，进一步完善“穿透式考核、直通式管理”模式，考评更加科学、精准、规范。启动实施支行组织架构优化及“三定”工作，推动人员岗位调整优化向纵深发展。开展员工岗位工资晋升工作，惠及全辖2 321名员工；全面落实基层员工岗位津贴和艰苦地区补贴，加强员工福利保障，将取暖费标准提高了30%，深入开展漠视群众利益问题专项整治，广大干部员工的幸福感、获得感明显增强，工作积极性、主动性明显提高。认真贯彻“为基层减负”要求，制定《宁夏分行治理形式主义突出问题为基层减负实施细则》，对“文山会海”等问题进行量化整顿，2019年分行组织下级行参加的会议数量较上年减少了39%，行发文数量较去年减少了9%。

六、党建工作扎实有效

扎实开展“不忘初心、牢记使命”主题教育。通过学习教育、调查研究、检视问题、整改落实四项措施，党员干部理论学习的自觉性明显增强，对习近平新时代中国特色社会主义思想精髓有了深刻的理解，干事创业的精气神明显好转，“比”的思想逐步树立，“比学赶超”氛围逐步形成，分行第一批主题教育得到中央第二批第十二巡回指导组的充分肯定。基层党组织和党员队伍建设得到提升，新设基层党支部87个，45家网点单独设立党支部，党支部总数达160个。制定《宁夏分行党员发展三年规划》，全年发展党员45名，在职党员占比达43.6%，较上年提升1.1个百分点，其中网点负责人党员占比60.7%，较上年提升7.1个百分点。加强培训教育，对基层党支部书记、委员共计247人次开展集中脱产培训，管理人员“一岗双责”的履行更加到位，党建和经营管理“两张皮”问题得到初步解决。干部和人才队伍建设得到巩固，共提拔使用29人，平均年龄37岁，35岁以下占比46%。加强人才队伍建设，共开展“311”“1555”周末讲堂20期，累计培训850人次。从严治党从严治行深入推进，认真落实派驻改革各项要求，对7家基层党组织和4家分行机关党支部开展巡察，以“顾国明、谢明案”为鉴开展警示教育，持续开展集中整治和专项治理，作风持续好转。

七、社会影响力得到提升

在总行大力支持下，与自治区政府合作开展“我的宁夏”政务移动端建设项目。11月18日项目一期正式上线，项目建设得到自治区政府和总行的充分肯定。与银川市人民政府顺利签订《全面战略合作框架协议》，银川市政府专门组织130多名市区（县）及市局负责人到宁夏分行观摩项目建设情况，银政合作深入推进。切实履行社会责任，分行定点扶贫的同心县下马关镇新园村顺利通过国家级脱贫考核验收，荣获自治区扶贫捐赠先进单位金色奖牌。全面做好就业扶贫，2019年招聘贫困大学生34人，占校园招聘总招录人数的21%。积极配合宁夏军区开展退役军人困难家庭精准帮扶，得到了中央和自治区党委、政府的充分肯定。

新疆分行

【主要业务指标完成情况】

2019年，新疆分行在总行经营绩效与业务发展考评中居第八位，保持前十水平。

实现净利润42.7亿元，同比增长19.1%；拨备前利润跨上60亿元台阶，达到63.8亿元，同比增长11.5%；经济增加值20.4亿元，同比增长22.1%。净利润、拨备前利润和经济增加值连续两年保持两位数以上增速，全面超额完成总行预算目标任务，预算完成率分别为112.2%、105.5%和137.6%。

不良贷款余额12.1亿元，不良率0.65%，较年初下降8个基点。累计压降潜在风险融资32.6亿元、余额降至7.1亿元；累计清收处置不良贷款11亿元，清收账销案存资产2 890万元，超额完成总行不良贷款及账销案存资产清收任务。

个人客户净增92.4万户，其中线上渠道获客48.1万户；新增ETC 92万户，客户增量同业第一；代发工资单位净增430户，代发工资个人客户净增14.5万户；三方支付净增绑卡237.6万户；新开对公结算账户2.5万户，公司客户净增1.3万户，机构客户新增972户。

存款业务，全口径存款时点余额3 346.8亿元，比年初略降，但日均存款余额比年初增加296亿元，完成总行计划的106.9%。储蓄存款较年初净增89.8亿元、增长6.4%；公司存款较年初净增24.1亿元、增长8.1%；机构日均存款同比增加174.4亿元。贷款业务，各项贷款较年初净增92.7亿元、增长5.6%。其中，公司贷款较年初净增15.2亿元、增长1.3%；个人贷款较年初净增21.2亿元、增长5.4%；票据贴现较年初净增57.1亿元、增长55%。人行及银保监口径普惠贷款分别净增6.8亿元和7.8亿元，增速分别为31.5%和37%，全面完成监管考核任务。中间业务，实现中收17.5亿元，同比增长15%，增幅居系统内第8位。

【主要工作措施】

一、坚持量价并举，着力推动存款业务竞争力提升

一是储蓄存款“耕存拓新”并重。紧抓源头资金的争揽和转化，实施代发工资等六大类客群的分类精准营销。2019年储蓄日均余额及增量“双第一”。二是公司存款“全市场拓展”。通过强化对公结算账户源头获客、夯实大户稳存增存、适时用好主动负债类产品等，存款实现稳步增长。三是机构存款巩固传统优势。牢牢守住财政、社保、军队传统优势领域，把握国家重点领域改革营销窗口期，加大机关事业单位全领域精准营销攻坚，机构存款保持同业领先地位，日均存款创历史最好水平。按照“放权、赋能、强责”要求，强化利率监测、考核、奖惩，推动量价协调发展，人民币存款付息率1.25%，系统排名保持前5位。

二、坚持服务本源，着力强化信贷资源投放效能

一是坚持“大小新优”信贷战略布局。做强基础板块，围绕“一带一路”核心区建设，加大对能源、交通、城市基础设施领域信贷投放，全年累计投放196.3亿元；突破前沿板块，加大幸福产业、先进制造业、物联互联等领域信贷投放，全年累计投放90亿元（含八钢债转股）、增长7.8%。二是做实民营和小微。通过完善激励约束机制、升级经营管理体系、制定指导意见、创新业务发展模式、打造特色重点产品、强化核心客户拓展等，促进民营小微金融业务健康发展。普惠贷款全面完成“两增两控”监管目标。三是全力支持兵团发展。围绕兵团深化改革，探索存量金融债务管理政策和转换路径，在同业中率先完成兵团首笔存量政府性金融债务承接转换，得到兵团领导认可表扬和总行、监管部门理解支持。累计承接转换兵团存量金融债务65亿元，累计中标兵团四批地方政府债券31.57亿元，同业第一。四是提升个贷市场影响力。坚持以个人住房贷款为主、消费贷款为辅，统筹规划规模控制下的信贷资源，将有限规模配置到最佳区域、客户和项目，持续提升个贷市场竞争力。个人住房贷款余额保持同业第一。

三、坚持深化转型，着力激发经营新动能

一是建立健全考核评价体系。完善“三维一体”绩效考评体系，实施竞争力评价考核，持续推进重点城市行竞争力提升等改革，“比”的氛围逐步形成。二是实施拓户工程。贯彻落实“第一个人金融银行”战略，建立全量客户分层维护体系；探索重塑对公客户营销服务体系，落实全机构自上而下的分层营销服务，坚持“对公引领，零售渗透”原则，加大对公客户全产品覆盖，强化与政务部门合作，发挥源头批量获客效应。通过“金融+场景”实现产品、服务和拓客的深度融合。三是狠抓渠道和服务提升。聚焦网点效能提升和客户体验改善，统筹推进渠道优化、服务协同和精细管理。扎实开展网点减负赋能专项治理，实施零售与结现“双下沉”和网点厅堂管理“一加强”工程，网点管理效

能、员工和客户体验进一步提升。全渠道客户评价满意度达到99.6%。四是补中收短板。围绕中间业务“三本账”，制订市场规划及竞争力方案，压实主体责任，强化激励约束，全产品对标可比同业和系统先进行，提升各类中收产品贡献，扭转三年来中收负增长局面。

四、坚持合规经营，着力提升风险防控和内控案防水平

一是强化信用风险管控。完善大户会诊工作机制，强化信用风险监测、排查及全流程履职监督管理。逐户明确风险客户管控策略，保证资产质量整体稳定、风险可控。开展全疆信贷业务大检查及6大重点风险领域专项治理和7项重点信贷专业检查，制订信贷体制机制调整方案，进一步厘清前中后台风险管理职责，信贷基础管理进一步夯实。二是强化内控案防管理。压实“一道防线”主体责任、“二道防线”监督责任、主要负责人的整改责任，坚持和完善“抓排查、抓考核、抓典型”三项制度建设，聚焦“八大领域”风险源头治理和实质性风险管控，抓实案件警示教育、“压实责任年”“巩固治乱象成果　促进合规建设”等主题活动，内控合规水平稳步提升。三是强化安全生产管理。夯实安全生产主体责任，充分发挥安全生产、反洗钱、案防形势分析等制度作用，加强重点机构特别是偏远县域支行督导检查、风险管控，确保安全稳定运行。

五、坚持党建引领，着力全面开创党建工作新局面

扎实开展“不忘初心、牢记使命”主题教育。各级党组织和党员干部深化了对习近平新时代中国特色社会主义思想精髓的领悟，增强了“四个自信”，提升了站位格局，强化了担当作为的积极主动性。改进党建考核考评体系，推动各级党的建设规范发展，党员3人以上机构党组织覆盖率提升至91%；完善干部培养锻炼机制，提升干部理论素养和专业能力，“311”中级培养对象培训覆盖面达到80%。落实纪检监察派驻改革要求，开展专题警示教育，推进巡察监督，开展形式主义、官僚主义专项整治，强化日常警示和执纪监督，党风行风持续向好。聚焦总目标，抓实“访惠聚”驻村、脱贫攻坚等工作，30个包村定点贫困村中29个已脱贫，分行“访惠聚”驻村工作队荣获第五届“感动工行”集体。通过调增薪点值、落实网点员工岗位津贴和艰苦边远地区津贴等，改善员工收入，将关心关爱员工落到实处，汇聚起推进改革发展的强大力量。

西藏分行

【主要业务指标完成情况】

2019年，西藏分行全年实现考核口径拨备前利润3.36亿元、净利润2.1亿元、中间业务收入3 599万元，同比增幅分别为17.9%、9.4%和14.3%，分别完成总行下达目标任务的109%、106%和116%。各项贷款净增17亿元、增长6.1%，其中个人贷款净增13.2亿元、增长126%。各项存款净增4.2亿元、增长6.4%，其中储蓄存款净增2.1亿元、增长20.2%；公司存款净增2.1亿元、增长6%。个人客户总量13.5万户，净增6.2万户、增长84.4%；对公客户总量3 881户，净增500户、增长14.8%。各项存款、对公存款、储蓄存款、公司贷款、个贷增幅均居四大行首位，各项存款、对公存款、公司贷款、个贷增量均居四大行第二，特别是个人住房贷款总量占全区金融机构的17.9%，增量占比高达50.3%，培育了局部市场竞争领先优势。

【主要工作措施】

一、立足区情行情，谋划推动竞争发展

2019年年初，本届党委在全面深入调查的基础上，提出“同业讲竞争、系统讲贡献”的发展目标，确立“固本强基、因地制宜、创新进取”工作主基调，并通过逐部门支行召开座谈会和全员年度工作会议，就推动西藏分行经营发展行稳致远进行了动员部署，切实把干部员工的思想和行动统一到抓党建、讲竞争、拓市场、强管理、带队伍、树形象上来。2019年下半年以来，对标总行年中工作会议提出的“48字”工作思路和“稳中求进、进中谋变、底线思维、机遇意识”四点要求，立足西藏分行成立晚、机构人员少的现状，深入思考了“比”路径，确立通过提高网均及人均效率，逐步缩小与同业差距，并通过年中工作会、主题教育研讨调研和参加各党支部扩大会等多种形式进行了传导，逐步实现系统内增加贡献度、同业内提升影响力。

二、加强机制建设，增强协同发展能力

坚持市场导向、客户导向、基层导向，着眼于提升整体协同能力和经营效能，结合实际完善建立经营机制，有效激发了经营活力。一是建立重点事项行长督办机制。2019年年初，通过各部门支行自行申报、分管协管行领导审核，全年共计明确51项重点事项，由分管协管行领导进行督办，综合管理部按月统计、按季通报完成进度，较好地实现了以重点工作突破带动整体工

作提升。二是建立业务联动协同机制。结合实际出台了《二线为一线服务规定》和《业务联动协同机制实施规定》，并在拉萨城投近30亿元按揭项目、央企在藏军民融合项目、军队客户维护、拉萨森林消防总队全建制代发、边防总站账户招标等项目客户的联动营销实践中，取得了“一点接入、全面开花”的效果，促进了经营管理效能和客户服务响应效率的提升。三是优化信贷经营管理模式。立足分行高度扁平化管理架构，秉承“专业化、集约化、扁平化”理念，梳理并建立了“分层营销、集中管理”的公司信贷经营模式和“分散受理、集中处理”个人信贷经营模式，极大地提升了分行信贷经营及风险管控能力，又面向基层和市场培养历练了信贷从业人员队伍。四是完善绩效考核评价机制。突出市场竞争力绩效考核导向，明确存款、贷款、中收等主要业务指标市场竞争力提升目标，且把完成市场竞争力提升目标作为目标完成的前提。自我加压，分别确定了确保、力争和奋斗目标，对完成力争和奋斗目标的给予递增加分奖励，增强了竞争发展意识。

三、优化经营结构，增强内生发展能力

坚持把构建良好的经营结构作为推动经营发展“行稳致远”的出发点和落脚点，紧贴目标客户市场，持续优化经营结构，为推动可持续发展奠定了基础。一是优化信贷结构。针对财政部对贷款“特补”取消和“利差补贴”审核从严对贷款准入及收益带来的新挑战，提出“控风险、稳总量、调结构”信贷业务指导思想。加大对水电、光伏、铁路、公路、建材等重点项目贷款营销力度，项目贷款占公司贷款的比重增至65.8%。在系统内联动上，做到借势协同而不依赖，主动对接营销贷款项目和争揽央企在藏分公司，行内银团贷款占比由2019年年初的37.9%降至29.7%，实现了由“单级支撑”向“双轮驱动”的转型。紧抓区域城镇化建设的机遇，大力拓展按揭贷款市场，个人住房贷款余额21.7亿元、在全区金融机构中占比17.9%、第二位，净增13.2亿元、全区金融机构占比高达50.3%，培育了局部市场竞争领先优势。二是优化客户结构。注重从增量中高端客户的拓展和存量客户的维护提升两端发力，通过考评机制引导、公私联动和产品渗透等措施，促进了客户品质的持续改善。日均金融资产5万元以上对公客户、1万元以上个人客户均实现了23.9%的增长。同时得益于客户品质的提升，促进了业务结构的优化与转型，在区域存款市场增速大幅下滑的情况下，各项存款保持稳定增长态势，其中储蓄存款逆势净增2.1亿元，增幅高达20.2%，中间业务收入同比增长14.3%。三是优化服务渠道。扎实推进了分行营业部和经开区支行改造升级，东城和经开区支行开办了现金业务；合理匡算投入产出，撤销了神力时代广场、西郊百益超市、雪龙酒店、圣地天堂酒店等四处低效自助银行，在自治区森林消防总队和干部培训中心新增布放两台ATM。持续加大智能服务模式和互联网金融推广应用，业务总体迁移率超过82%，线上交易笔数占比超50%。

四、创新金融服务，培育市场竞争优势

在持续填补业务空白和推广新产品的同时，更加注重拓展新市场、创新营销模式及新系统在业务营销和改进服务上的运用。一是抢抓机遇拓展新市场。紧跟区内优质信贷客户的金融需求，首次以市场利率发放区外项目贷款1.6亿元，首次独立牵头组建拉萨城投祁连山水泥项目同业银团10亿元，还实现了电子银行承票贴现和经营快贷的零突破。紧跟重点领域改革，成功参与军民融合项目和森林消防、边防、反恐转隶账户招标，成功挖转归集森林消防总队全部存款3.1亿元，成功中标自治区边防站警务保障中心工会费、党费和公积金三个对公账户。紧跟区内上市公司，成功争揽西藏天路可转债募集资金1.5亿元、筑博设计上市募集资金1.2亿元。还设计推出了区域特色贵金属产品——“吉祥雪域”挂件，拓宽了贵金属业务市场。二是创新营销模式拓市场。强化“1+N”综合链式营销，成功争揽交通厅系统存款16亿元、交投下游施工企业的农民工保证金专户12户。强化公私联动，实现军队存款的翻番增长和官兵代发工资渗透由年初的55%增至97%，还实现了森林消防系统全建制的工资和退役金的代发。强化系统内四川、陕西、青海联动，投产异地发卡和异地双柜员等跨域一体化社保卡服务，同业首批投放金融社保卡一体机，实现电子社保卡发卡，阶段性完成了拉萨、林芝、昌都和区外退休人员的发卡工作，服务效率走在同业前列。还加强与中石油西藏分公司联动合作，打通了昆仑ETC的办理渠道。三是强化新系统推广应用。投产了商事登记全业务自助一体机，运用工商企业通平台营销对公账户1 198户，占新开户的89.2%，带来新增存款6.47亿元，精准营销对公客户成效明显；深化与自治区人社厅及社保局合作，对接金融前置系统设置，开发了职业年金账管系统，为下一步职业年金招投标奠定了基础。还成功在自治区智慧政务平台上线了工银e缴费，投产并办理首笔“银关通”业务。这些既为优选和服务目标市场客户提供了手段，也较好地彰显了分行服务创新能力。

五、强化从严管理，全面推进管党治行

一是在党建工作上着眼于从严治党。围绕学习贯彻习近平新时代中国特色社会主义思想这条主线，扎实开展了第一批和第二批“不忘初心、牢记使命”主题教育，增强了干部员工“讲政治、守初心、担使命、抓经营、带队伍、树形象”的责任担当和具体行动。通过召开全员警示大会、按季召开纪委工作会议、组织副科级以上管理人员到监狱和廉政教育基地接受警示教育、组织观看“决不饶恕”警示片，以及落实管理人员任前廉政谈话和集中采购监督等，扎实开展

“顾国明、谢明案”专题教育整改工作，以案为鉴、以案促改，不断深化了廉洁从业教育和党风廉政责任制的落实。二是在风险管理上着眼于合规安全。定期召开风险委、财审会、审贷会、大户信贷风险会诊会、安全生产会和保密会等会议，提高整体风险把控能力。通过勤教育、建制度、细检查、压责任、严问责等措施，深入开展了内控合规“压实责任年”从严治贷“四严”“防风险、保安全、迎大庆”“严守保密纪律、筑牢思想防线等活动，接受了总行安全大检查和内控评价，重点开展了“十大重点领域和关键环节”风险隐患排查和整治工作，建成了报警监控联网中心平台，增强了依法合规经营意识和风险防范能力。持续保持着经营管理“三无”和维稳安保“三不出”的良好局面，不良率0.05%，保持同业及系统最优水平。三是在干部员工管理上着眼于赋能添力。坚持并落实了周二周四学习例会制度，组织开展了业务类员工职级晋升工作，组织举办了管理人员能力提升培训班，建立了四个板块树典推优机制，明确并落实了为员工办实事的具体事项，建立了员工家访和给新员工家长一封信的制度，特别是总行党委对全区四个空白地市机构布局和分行办公楼购建作出批示要求，极大增强了干部员工的归属感和自豪感。

大连分行

【主要业务指标完成情况】

2019 年，大连分行认真贯彻总行决策部署，严格落实金融监管要求，有效应对外部环境深刻变化，保持了市场整体竞争优势。实现拨备前利润 30.3 亿元，继续保持同业第一位次且优势进一步扩大；实现中间业务收入 8.7 亿元，四行占比 30%。本外币各项存款（含同业）时点余额 1 568.4 亿元，较年初增加 38.5 亿元，日均余额 1 552.2 亿元，较年初增加 21 亿元，并成为大连地区首家储蓄存款规模过千亿元的银行。人民币存款付息率为 1.72%，首次达到地区同业最优水平。

【主要工作措施】

一、坚定不移地打好服务实体经济主动仗

坚守服务实体经济本源，围绕地区发展规划和全市重点项目，早筹划、早部署、早介入，信贷投放稳健扩展且结构进一步优化。截至年末，本外币各项贷款余额 1 361 亿元，较年初增加 41.9 亿元，发挥了支持地方经济建设主力军作用。其中，基础设施产业、先进制造业、幸福产业、物联互联“1 + 3”板块余额占比达到 67.72%，较年初提升 4.35 个百分点，民营企业有贷户较年初增长 20.54%，贷款余额占比提升 5.76 个百分点；个人贷款实现新增 35.4 亿元，贷款余额达到 553.9 亿元，继续领跑同业，个人住房贷款余额率先在同业中突破 500 亿元大关，保持、巩固了区域同业按揭第一大行地位；深入推进“工银普惠行”系列活动与特色场景融资项目进程，华为云闪贷、中企云链线上供应链项目成功落地并取得突破，银保监普惠贷款余额 16.03 亿元，较年初增加 3.83 亿元、增长 31.39%，高于各项贷款增速 28.21 个百分点，圆满完成普惠金融“两增两控”的监管要求。

二、全力以赴地推进重点战略落地根植

大零售营业贡献不断提升，截至年末，实现“大零售”经营贡献 22.1 亿元，个人金融资产规模达到 1 477.4亿元，信用卡客户总量、商户总量、消费额、收单额继续保持地区四行首位，日均私人银行客户数达到 619 户，管理金融资产 121.5 亿元，客户规模和资产总额再上台阶，大零售“压舱石”作用进一步增强。同时，积极响应国家号召，加快推进 ETC 的快速普及，累计新增 ETC 客户 28.8 万户，业务增量位居区域同业第一。切实落实总行“大投行”“大资管”战略转型的部署和要求，新增并购贷款和流动性债务融资投放额 10 亿元，实现总行首笔买方重组顾问业务落地；融资租赁和金融市场业务取得较大突破，完成 41.1 亿元融资租赁业务审批、1.1 亿元应收租赁款保理业务发放和 10 亿元的超短期融资券的承销。

三、持续不懈地推进转型创新

紧密围绕智慧银行战略发展核心目标，全力推动 GBC 三端业务全面协调快速增长，积极打造第一手机银行。截至年末，融 e 行客户达到 315 万户，同比增长 47.42%；个人手机银行移动端月均动户数 64.29 万户，客户规模同业第一；企业手机银行动户数达 1.16 万户，同比增长 54.59%；“大马助手”小程序、融 e 联 ETC、“大连公交移动支付项目”等场景项目成效显著；积极拓展三方支付市场，第三方绑卡数、电子商务收入以及交易额均列四大行首位。在系统内率先实现大型运动赛事贵金属定制服务，销售大马纪念银章 2.4 万套；在喜马拉雅平台成功推出对外行情回顾播报栏目“小金说金”，点击量突破 24 万人次。同业专营业务当年累计交易规模达到 337.65 亿元，利润 1 747.26 万元，是同期的6.19倍；全年实现外汇中收7 206万元，同比增长1%；代客资金交易收入同比增长17%、平均点差收益同比增加49个基点；结融类收入同比增长15%。

四、审慎突出地抓好风控提升工程

不断强化“战略退出、潜在风险、不良贷款”三位一体的统筹管理，全力抓好信用风险管控与不良资产清收处置。个人不良贷款额及不良贷款率连续四年实现环比“双降”，贷款质量处于同业最好水平。紧紧围绕“责任线、检查线、人员线”，稳步推进“压实责任年”主题活动，不断强化重点领域治理与监督检查，持续加强运营风险管控与反洗钱管理，在人民银行大连中心支行开展的金融机构反洗钱监管考核评级中，获得A类评级，成为大连地区金融机构历年反洗钱监管考核评级中的首个A类机构。高度重视信息安全管理，深入开展安全生产重大危险源排查治理，严防外部欺诈风险、涉印风险与各类声誉风险，统筹抓好信访维稳工作，确保了无案件和重大风险事件发生，维护了经营环境的总体稳定。

五、不断加强党建和队伍建设

始终坚持党的领导核心地位，以习近平新时代中国特色社会主义思想为引领，全面贯彻落实党的十九届四中全会精神，扎实有效开展“不忘初心、牢记使命”主题教育，推动全面从严治党从严治行不断深入。加强干部员工队伍建设，加大竞争性选人用人和干部交流力度，累计提拔干部14人，纵横向交流干部27人，开展面授培训班145个，参训8 425人次，干部员工队伍素质不断提升。进一步优化绩效考评机制、资源分配机制和薪酬分配机制，持续推进利率市场化定价深化改革落地，稳步推进机构职能优化，设置专职巡查组，网点渠道转型加速，撤并3家网点、优化调整2家网点布局，网点客户服务营销能力和基层员工体验大幅提升。关心关爱员工，成功举办大连分行第二届员工运动会，实施“阳光心态”培训项目，打造和谐温馨的家园文化。同时，积极践行企业社会责任，再次冠名大连国际马拉松赛，启动推广“我爱大连·工享驿站”公益服务模式，深入开展精准扶贫工作，贵州六盘水扶贫项目成功上线、对口帮扶村“爱民桥”“便民桥”落成，得到了当地政府和百姓的赞誉。

青岛分行

【主要业务指标完成情况】

2019年，青岛分行实现拨备前利润46.15亿元，同比增加6.63亿元、增长16.77%。实现净利润23.03亿元，同比增加1.14亿元、增长5.20%。实现中收11.89亿元，同比增加0.91亿元、增长8.28%。全年实现营业收入61.94亿元，同比增加8.88亿元、增长16.74%。拨备前和账面利润均排名四行第一。全部存款、贷款时点和日均均较年初实现两位数大幅增长。本外币全部存款余额1 717亿元，比年初增加183亿元，增幅11.91%；日均余额1 771亿元，比上年日均增加283亿元，增幅19.05%。个人贷款余额898亿元，较年初增加145亿元。公司贷款余额832亿元，较年初增加36亿元。不良贷款连续保持“双降”态势，不良贷款额23.4亿元，较年初减少0.2亿元；不良率1.3%，较年初下降17个基点。

【主要工作措施】

一、坚持高标定位，全力打造“第一个人金融银行”

树立“打造第一个人金融银行”战略目标，搭建大数据营销场景，建立“线上线下，双线维护”机制，精准锁定目标客户，项目营销齐头并进，整体保持了持续快速增长的势头。截至年末，储蓄存款余额845亿元，较年初新增108亿元，增量四行排名第1。全量客户拓展创历史最好水平。客户总量649.8万户，较年初净增47.5万户。私银客户规模达到711户，较年初新增65户、增长10.06%。中高端客户较年初净增17 693户，同比增长126%。信用卡客户数92万户，客户增量4.3万户；信用卡有效客户49.2万户，客户增量1.6万户。

二、增强发展内力，提高服务实体经济质效

以服务实体经济为己任，充分发挥综合服务优势，做好支持新旧动能转换发展的金融布局，为实体经济发展提供充足的资金保障。截至年末，本外币各项贷款余额1 846亿元，较年初增加201亿元，余额同业排名第一，信贷结构优化明显。同时，开辟绿色审批通道，对重大项目、重点客户建立了信贷投行业务“预审会”制度，切实提高业务审批效率，提升客户服务水平，2019年累计发放各项贷款1 219亿元，累计发放公司贷款575亿元，其中，普惠贷款全面超额完成人行和银保监两个口径计划，增速高出全部贷款增速123.35个百分点；民营企业贷款较年初增加32亿元，制造业贷款较年初增加13亿元。

三、完善机构业务发展模式，巩固市场竞争优势

把网格化营销作为机构金融业务营销的重要工具和方法，持续完善配套机制，形成“以点带面 + 系统推动”的工作格局，网格化营销对于客户拓展的拉动作用日益显现，新拓客户涵盖医保、国土、退役、公检法司、党团工会、街道办等诸多领域，呈百花齐放态势。截至年末，网格化营销新拓机构客户365户，客户总量增长近18.8%。当年新拓日均5万元以上机构客户116户。在国家重点机构改革营销上，成功实现包括国家重点领域的全覆盖，财政、社保电子化、公积金二次营销等市级项目也已全部落地，新增存款近50亿元。创新方面，坚持G端引领作用，积极推动“智慧政务”建设，线上线下齐发力，助力政府改革。线上，实现了智慧政务突破，与青岛市大数据管理局签订战略合作协议，作为唯一清算银行，合力打造青岛政务通平台；研发投产了社保转移资金批量代付项目、公积金商贷系统项目，线上税务贷项目。线下，与市行政审批局等部门合作，通过进驻审批大厅和网点引入30台综合性政务终端、25台工商注册证照一体机终端，40台税务社保自助机，实现了金融政务功能的交叉输出。

四、加强创新驱动，全力打造“外汇业务首选银行”

以创新为驱动，以产品抢市场。成功实现青岛首笔“跨境贷”落地。搭建跨境资金池6户；多币种开户、自贸区新政，实现多例首单落地。挂牌成立青岛西海岸新区分行自贸区支行，为自贸区内新注册企业提供贴身便利的“一站式服务”，为片区内企业提供涵盖国际市场交易、跨市场投融资、贸易结算和融资、全球资金服务、大宗商品交易资金清算等全产品线的综合金融服务，全面助力青岛自贸区高质量发展。牵头金融市场业务中人民币利率互换，网银远期结售汇、对公商品交易均实现“从无到有”突破，交易额近1亿元。实现国际结算量279亿美元，同比增长89%。实现外汇中收13 311万元，其中国际结算中收7 194万元、同比增长10.4%；实现跨境人民币67亿元、同比增长12.8%。

五、强化大行责任担当，大力推动普惠金融业务发展

坚持分类施策，推动“经营快贷、e抵快贷、供应链”三大产品线快速落地。针对经营快贷白名单客户，区分结算、金融资产、优质机构支持、泛交易链及平台、商户、开户、税务、用工、海关等场景，实行分行—支行—网点三级联动。2019年，实现总行场景经营快贷余额达3.59亿元，户数553户。推动e抵快贷稳健发展。e抵快贷押品智能评估、贷款自动审批和线上随借随还的业务优势，主动挖掘优质产业链、供应链的上下游客户，严格贷款资金用途，落实经营实体现金流归行管理，实现网贷通业务稳健增长。2019年末，e抵快贷余额达18.5亿元，较年初净增18.4亿元。围绕“一带一路”“军民融合”“民生改善”“物联互联”等经济发展热点领域，重点锁定先进制造业、现代农业、幸福产业、港口物流等行业的优势企业和青岛市龙头企业，全力开拓线上供应链融资。实现线上供应链融资落地12条，其中农业链4条，先进制造业3条，建筑板块5条，贷款余额2.76亿元，较年初净增2.65亿元。加强区域特色产品创新，增强市场竞争力和影响力。做好分行特色产品“医保贷”等融资方案的营销推动，医保贷户数112户，融资余额0.58万元。加强与政府风险补偿基金、中小企业公共服务中心、知识产权服务中心、担保公司和保险公司合作，深化“投保贷”“政银保”“政府采购贷”“农担贷”和“专利权质押保证贷款”业务规模，政府合作场景贷款户数9户，贷款余额0.42万元。

六、巩固发展优势，继续保持个人贷款领先地位

积极响应“房子是用来住的　不是用来炒的”政策，全年累计发放住房贷款214亿元，2019年末，个人贷款余额898亿元，较年初增长145亿元，余额、增量均居同业首位，成为岛城第一按揭银行，进一步满足岛城市民改善民生需求。充分发挥个贷资产证券化在缓解规模压力、优化利率结构、改善资产质量等方面的积极作用。全年正常类证券化出表22亿元，实现个人住房贷款证券化服务收入2 860万元，进一步提升个人贷款效益贡献。全力推进个人贷款业务经营模式优化工作，上收全辖19家支行实物印章用印、抵押核查、核准放款、档案整理环节，以及6家城区支行信息录入、7家城区支行电子用印环节，实现个人贷款业务“7集中”。

七、从严治党从严治行向纵深发展

一是扎实有效开展两批“不忘初心、牢记使命”主题教育，突出解决实际问题，注重实际效果，两批主题教育共检视剖析问题502条，通过分支行上下联动，目前446条建议已整改到位。二是以“顾国明、谢明案”为鉴，开展专题警示教育，扎牢制度笼子，从严规范做好整改。强化政治巡察，完成对9家支行、10个分行部门的巡察工作，实现对支行第二轮巡察全覆盖，共发现问题261个，目前整改完成率82.5%。三是出台“治理形式主义突出问题切实为基层减负44条措施”。文件数量压降28.7%，需支行参加的会议数量压降38.5%，考核指标数量压降27.5%，网点登记簿和手工报表分别压降85%和53%。四是深入推进新岗位体系建设，客服经理通岗率达到93.19%，超过总行标准23.19%，维护客户3.4万次，促进了网点竞争力的提升。五是突出关爱员工，落实总行政策上调了薪点值，调整后人均岗位工资水平增长7.69%，并同步建立了网点岗位津贴制度，加大薪酬资源向基层员工倾斜力度；畅通员工职业发展通道，共有230名员工实现了职务层级晋升，有1 062名员工实现了工资等级档次晋升。

宁波分行

【主要业务指标完成情况】

2019年，宁波分行实现拨备前利润67.02亿元，较上年增加4.94亿元、增长7.96%；净利润34.51亿元，较上年增加2.00亿元、增长6.14%。各项存款时点余额2 258.51亿元、保持四行第一，较年初新增116.73亿元；各项存款日均余额2 177.66亿元，较上年增加115.26亿元；全部存款时点余额2 288.30亿元。各项贷款（含卡）时点余额2 586.66亿元、保持四行第一，较年初新增26.67亿元。中间业务收入23.92亿元、保持四行第一。不良贷款余额33.70亿元，不良率1.30%。

【主要工作措施】

2019年，面对国内外风险挑战明显上升的复杂局面，宁波分行认真贯彻总行新一届党委“48字”工作思路和各项决策部署，以“不忘初心、牢记使命”主题教育为动力，扎实推进各项工作，在极为困难的情况下实现了经营管理稳中有进，以“稳”塑造了大局，以“进”支撑了“稳”。

一、稳中求进拓市场

顶住外部复杂形势的考验和内部转型“阵痛”带来的压力，稳住了基本盘，存款、贷款各项关键指标都在合理区间波动，基本符合预期。一方面，逆势突围推进稳存增存。力保储蓄增量“双第一”，抢抓“旺季”，紧盯春节前冲刺、节后维稳、季末收官、月末攻关等关键节点，提高储蓄存款日均增量贡献和增长稳定性；聚焦产品，做好“承接+争揽”；拓展源头，开展代发工资业务及“工银e钱包”项目拓展竞赛活动；突出重点，对余姚、慈溪、宁海、象山等重点区域“一行一策”，加强资源投入。年末，储蓄存款较年初增加63.21亿元，实现增量时点、日均四行“双第一”。力保对公存款“稳中升”，拓户引存，新开市财政局代管资金、市中级人民法院执行款专户等重量级账户；招标增存，全年中标机构客户招投标项目93个；合作稳存，千方百计推动财政、社保、军队、政府等重点系统大户多收少支和早收晚支，并配合宁波市政府完成柜台地方债全国首发；系统留存，积极推进全市各级财政国库集中电子化系统上线准备工作，完成市中医院等48家医院“两卡融合、一网通办”系统投产；同时，积极打响公司存款“保卫战”。年末，对公存款较年初增加53.53亿元。另一方面，迎难而上优化信贷投放。服务实体经济适配性进一步提升，积极参与并推动“一带一路”、长三角一体化等国家重大战略，累计投放项目贷款160.17亿元，为轨道交通、奉化城际铁路等107个项目提供了融资支持；以提升民营和小微企业金融服务作为促进货币政策和“六稳”落实的突破口，民营企业贷款比年初增加59.32亿元、完成任务的118.64%、民营企业有贷户净增200户，人行降准口径和银保监普惠口径贷款较年初分别新增26.71亿元和28.98亿元、分别完成任务的102.73%和111.46%；制造业有贷户净增86户，制造业贷款在高位上实现极为不易的正增长。重夺“第一个贷银行”市场地位，通过与重点开发商、大型中介机构建立战略合作关系，提高在优质合作机构的按揭投放占比，通过推动全网点营销消费和经营贷款、促进非住房贷款业务发展，通过推出赎楼贷、渔船贷、烟草贷，不断丰富和优化个贷产品，年末个贷余额794.24亿元、较年初增加98.01亿元，个人住房贷款余额727.11亿元、较年初增加94.92亿元，实现个贷、房贷余额、增量“四行第一”。

二、开拓创新促创收

既发挥好基础板块的“压舱石”作用，又发挥好战略板块的“头雁效应”，全面增强各产品线“续航能力”，不断提升中间业务发展层次和整体产出。一是大零售板块挖潜增效。“第一个人金融银行”战略开局良好，坚持基金、保险、资管及理财同步发展，个金中间业务收入保持四行第一；配置私人银行遴选产品18.1亿元、是2018年配置额的4.2倍，私银专业中收保持直属分行和区域四行双第一；信用卡客户数、发卡量、消费额、贷款余额、中收均保持同业第一；ETC新增29.22万户、同业第一，其中新增ETC信用卡有效客户近4万户、系统内考评第四；E分期业务从上半年只有几百万到全年累放3.26亿元，呈现加速发展态势；个人手机银行客户增量是上年的1.4倍。二是对公板块增长动能培育加快。完成财政部永续新规后经总行审批的首批永续债权业务、也是迄今宁波分行单笔投放金额最大的理财直投项目，完成宁波市辖内首单市场化债转股业务、也是系统内首笔县级市的市场化债转股项目，完成辖内首单上市公司控股股东增持型并购业务；成功上线工银聚链式项目5户，新增奥克斯电气等9家全球现金管理客户，上线宁波分行首个多银行财资云项目，成功营销经营规模3 000亿元的通商集团基本户；国际业务方面，对公商品交易量系统排名第五，期权交易量系统内排名第六，办理系统内首笔财务报表并表项下远期结售汇差额交割业务、首笔电子交易平台远期结售汇业务，荣获总行“单一窗口业务特别贡献奖”；金融市场业务方面，系统内率先办理电子化用印模式和银行间本币交易系统线上成交模式的非结算性同业存款业务、首家投产金融市场同业交易平台商品交易模块；贵金属业务中标系统内单笔定制金额最大订单。三是推动互联网金融板块做大做强，全年发展金融生态云场景 59 个、新增有效场景 49 个；实现 API 接口推广应用联网落地、全年推广 API 接口应用 51 个；成功上线象山人民医院无感支付业务、实现无感支付项目发展零的突破。

三、克难攻坚控风险

一手抓好不良管控。中安金控等一些重大历史形成的风险得到稳妥化解和有效缓释，避免了资产质量断崖式下跌。在控新增方面，建立所有 283 户亿元以上法人大户台账，分行层面组织 29 次大户风险会诊专题会，涉及 276 户亿元以上集团关联及单一客户。在防劣变方面，加快潜在风险融资压降，原则上逐笔压降 10% 以上，累计收回潜在风险融资 12 亿元。在快处置方面，综合运用多种手段增强清收成效，特别是着力加大对中达、安邦、围海、东泓等不良大户集中攻坚，全年累计处置不良贷款 25. 44 亿元。在严管理方面，系统推动信贷管理流程、经营资质、责任机制的改进优化；对双优信贷业务、贸易类企业融资等关键领域开展专项检查。一手抓内控案防和安全保卫。开展内控合规“压实责任年”活动，深化案件风险治理及警示教育，强化系统用户管理、重点关注员工统一认证号使用的规范性，开展个人客户信息专项整治，加强外部风险防控、重点防控电信诈骗、伪冒证件等风险，同时抓好制度统筹、全面风险和操作风险管理、非法集资风险排查、反洗钱等工作，总体实现稳健运营和安全生产。

四、夯实基础增动力

改革创新上，统一网点考核架构，从“分行考核、绩效合约考核和个人360 度评价”三个维度对网点负责人、客户经理和运营主管开展综合考核，从“业务量、厅堂管理效能、个人 360 度评价、业务运营及服务质量”四个维度将 A、B 类客服经理纳入同一考核办法。完善个贷中心建设，实现个人贷款录入、审查、用印、办抵、放款等“八个集中”。认真落实人民银行工作部署，在全辖取消企业银行账户许可。启动北仑支行升格工作，进一步优化二级分行、一级支行层级分布。按照“精简高效”原则，完成市分行部室职能调整和定岗定编设科工作，分行本部净减少 35 人。渠道建设上，实施网点“五大工程”，竞争力达标网点占比 60. 84%，提升 10. 14 个百分点，系统内排名从第 18 提升至第 13，提升幅度最大；组团网点总量达到 14 组，迁建优化网点 10 家，装修网点 25 家；落实网点“5 变 4”改革，客服经理通岗履职率 92. 25%，系统内领先；全辖推广“定点定责”动态补位；全辖推广智能交接系统，实现重要物品、凭证、资料、虚拟物品等 4 大类物品的电子登记和交接管理，手工报表和登记簿大幅减少；分行营业部获评“银行业文明规范服务百佳单位”荣誉称号。

五、开拓党建新面貌

巩固党建引领“势头”，围绕学习贯彻习近平新时代中国特色社会主义思想这条主线，扎实开展“不忘初心、牢记使命”主题教育；突出大抓基层导向，印发《关于加强基层党建工作的实施意见》；新增党支部 93 个，实现“应设尽设”目标；网点党员和网点负责人党员比重双提升；开展党员示范岗、优秀党员工作室创建工作；继续深化全面从严治党，强化日常监督管理。增强作风转变“劲头”，扎实开展赖小民案、林晓轩案警示教育“回头看”和“顾国明、谢明案”专题教育整改，以案为鉴、以案促改；开展首轮第二、第三批次巡察，覆盖 8 个支行和 16 个部室；实现分行管理干部同级监督全覆盖；开展支行和部室“服务基层、大抓落实”作风效能建设互评，集中整治形式主义、官僚主义突出问题。满足广大员工“盼头”，加快年轻干部培养任用，开展支行行长（部室总经理）助理公开遴选，面向“362”中青年干部举办 3 期培训班，打通管理类和业务类职务发展通道；致力于改善员工薪酬待遇，在 2018 年人均工资费用增长 10% 的基础上，2019 年人均收入增长 4. 61%；加大基层关爱力度，增加客户经理、网点员工补贴，面向新员工建立晋升保障等多项激励机制，有新风系统、空气净化器的网点实现全覆盖；举办庆祝新中国成立 70 周年文艺汇演暨先进表彰大会、员工综合运动会，和谐银行建设成效良好。

厦门分行

【主要业务指标完成情况】 2019 年，厦门分行拨备前利润实现总量四行第一、增量四行第一和增幅系统第一。可比拨备前利润 33. 25 亿元、净利润 20. 99 亿元，同比分别增加 9. 5 亿元和

4.8亿元，增幅均超过30%。可比营业收入43.98亿元，同比增加10.2亿元、增长30%，排名系统第一。中间业务收入11.57亿元，同比增加0.55亿元、增长4.95%。

存款时点增量117.5亿元，创近三年新高。增量四行第一，人民币全部存款月均余额四行占比较年初提升1.11个百分点，连续三年均超额完成总行期望目标。存款日均增量157.8亿元，创历史最好水平。

贷款增量149.4亿元，创历史新高。承销地方债15.5亿元，居四行第一。连续4年实现不良“双降”，创近9年最好质量水平。年末不良额9.61亿元，不良率0.71%，分别比年初下降5.93亿元、0.58个百分点。清收处置不良贷款12亿元。拨备覆盖率253%，比年初提升116个百分点。

【主要工作措施】

一、旗帜鲜明坚持党建引领发展，推动全面从严治党从严治行向纵深发展

一是不断提高党建质量。坚持党建引领，迅速掀起学习贯彻党的十九届四中全会精神的热潮，深入开展“不忘初心、牢记使命”主题教育和“顾国明、谢明案”专题教育整改，贯彻落实总行派驻改革实施方案，开展两个批次巡察，以全面从严治党引领全面从严治行。二是不断强化作风建设。大力弘扬狼性文化和精细文化，认真落实治理形式主义突出问题为基层减负30条措施。三是不断深化队伍建设。建立或完善竞争性选拔、干部能上能下、员工内部交流、信贷专业人员库、客服类员工转岗等机制，提升基层员工收入，改善网点生活保障设施，开展“好读书、读好书”活动，激发了干部员工队伍的生机活力。

二、量质并举加快信贷赶超发展，促进信贷竞争力有质量提升

一是重点抢抓项目市场。抢抓厦门大招商大发展历史机遇，重点营销储备了华为、象屿壳牌、橙联跨境电商物流园等一批招商重点项目。公司贷款增73.97亿元，其中项目贷款余额、增量占公司贷款比重分别提升3.54个和43.15个百分点。先进制造业、物联互联、幸福产业等领域贷款余额比年初增超85%，贷款户数增超20%。二是大力拓展零售信贷。多措并举保障房贷规模需求，开展二手房交易涉及贷款阶段性担保业务合作。全年累放个人住房贷款127亿元，同比增长136%。以分期付款和融e借为抓手，做强信用卡贷款，银行卡透支增9.63亿元。三是推进普惠金融合规可持续发展。主推e抵快贷等总行重点产品，“信息担保贷”“云闪贷”“关e贷”等分行特色场景融资落地，普惠贷款增近30亿元，贷款余额、户数增幅均超40%，计划完成率系统领先。

三、守正出新加快中收动能转换，增强中收“续航能力”

一是抓好重点类这个“压舱石”。进一步发挥分期付款、投资银行、国际业务、贵金属等增长极的引领带动作用。实现信用卡中收3.6亿元、增量超7 000万元，实现贵金属中收4 392万元、增量近1 900万元。二是抓好基础类这个“潜力股”。提升结算代理类收入贡献，工银信使收入增幅超10%，代理个人保险收入增幅超40%。巩固贷款相关类收入成效，实现担保承诺收入5 400万元，增量超1 000万元。三是抓好创新类这个“助推器”。持续加大第三方支付营销，实现第三方支付收入5 682万元，增量超1 500万元。

四、乘势而上推动存款持续增长，促进存款竞争力再上台阶

聚焦代发工资、财政支付、拆迁补偿、新户拓展等重点板块，强化源头引存、产品增存、管理留存、大户稳存。发挥优势产品对存款的拉动作用，抓实融资客户信贷资金管理、公司存款月末周末管理、机构客户精细化管理，做好财政、社保、军队等机构大户的稳存增存，重视岛外区域潜力市场挖掘提升。储蓄存款增69.22亿元，创历史新高，余额突破500亿元，对公存款增48.29亿元，全部存款、同业存款增量四行第一。全部存款日均增量157.8亿元，远高于时点增量，各类存款日均增量的同比增幅均处于系统领先。

五、统筹兼顾狠抓重点工作落实，推进改革发展取得更多突破

一是不断深化各层级竞争力建设。更加突出岛外区域竞争力提升，岛外支行客户指标增速领先、存贷贡献度有所提升。更加突出“三高”“三新”市场拓展，以新市场特色支行为依托，新市场贷款余额突破80亿元、增速超40%，新市场贷款客户数增速超30%。更加突出分行本部直接经营，直营大客户日均存贷款分别较年初增长27%和24%，中收同比增长13%。二是全力推动客户发展突破。坚持全量拓展和重点突破并进、线上线下双维获客并举，机构、个人、私银等优质客户的增幅位居系统前列。个人全量客户数突破460万，三方支付绑卡客户数净增超100万户，e支付活跃商户完成率排名系统首位。公司客户数净增近7 000户。成功争揽边检总站等多个关键账户，独家中标厦大统一支付平台。ETC客户增23.08万户，实现存量、增量同业双第一。成功办理全国首笔“单一窗口”跨境汇款、全市首单债转股和首单跨境金融区块链服务平台业务，树立市场领先形象。

六、持之以恒强化全面风险治理，推动资产质量持续向好

一是持续净化资产质量。全年清收处置不良贷款12亿元。完成厦工股份债务重组落地，成功清收中盛系、永榕系等大额不良贷款。超额完成受托资产处置任务。账销案存资产处置取得重大突破，年末集中处置9.48亿元。公司贷款、个人贷款均较年初实现“双降”。重点移出客户池净移出9.37亿元，完成总行下达

计划的187.43%。二是突出抓好内控运营。坚持抓履责、重警示，抓排查、早处置，抓整改、严问责，一体推进高压整治和强基固本。开展内控合规“压实责任年”主题活动，以内控评价为契机，不断强化内控合规建设。金库和档案库房顺利搬迁，运营管理更加集约化。

苏州分行

【主要业务指标完成情况】

2019年，苏州分行经营效益再创历史新高，全年实现拨备前利润97.20亿元，净利润60.55亿元，营业收入122.24亿元，均已完成总行年度目标；实现中间业务收入33.25亿元，同比增加1.70亿元，增幅5.40%。存贷款规模迈上新平台，本外币全部存款余额3 032.42亿元，新增350.76亿元，日均余额3 007.24亿元，较年初日均新增453.68亿元。全部存款时点、日均、月均增量四行第一、总量进位。本外币贷款余额3 262.86亿元，新增342.9亿元，民营企业贷款、制造业企业贷款、普惠贷款和精准扶贫贷款新增均完成总行年度任务。全量客户拓展取得新突破，个人客户总量突破1 100万户、净增55.63万户，公司客户总量突破15万户、净增26 882户。新开对公结算账户突破4万户，净增突破3万户，四行排名第一。机构客户总量突破4 000户、净增629户。ETC新增突破53万户，同业排名第一。风险控制水平实现新提升，剪刀差余额首次负2 004万元，实现历史性突破。拨备覆盖率270.3%，较年初提高20个百分点。累计清收处置不良贷款20.43亿元，不良贷款余额18.71亿元，较年初减少2.75亿元，不良率0.59%，较年初下降0.16个百分点，连续三年环比“双降”。

【主要工作措施】

一、深化党建引领激发奋斗精神

一是转化好主题教育成效。扎实开展“不忘初心、牢记使命”主题教育，把学习教育、调查研究、检视问题、整改落实四项重点工作与业务经营发展有机融合，为破解发展瓶颈、夯实管理基础和完成年度各项经营任务等，提供了政治保障和发展动力。二是融合好党建业务关系。自上而下建立党委委员工作分工制度，将行长经营绩效考评结果纳入党建综合考核体系，深化党建共建工作，推进党建与服务实体经济、提高治理能力的有机融合。三是夯实好人才队伍基础。全年提任和调整53人次的管理干部充实分支行和分行部室领导班子。组织党支部书记专题培训班，实施“311干部领航、领跑”等培训项目，开发工银星辰实验室2.0项目，培养选拔新时代干事创业的复合型管理干部和岗位人才。四是落实好基层减负赋能。贯彻总行为基层员工减负30条意见，增设网点员工岗位津贴、提高新员工薪酬待遇，实施网点双休制度，精简考核指标，为基层减负赋能取得明显成效。

二、深化战略执行落实总行决策

一是落实对标对表第一银行战略有新成效。制订实施对标对表第一银行行动方案，在全域市场和细分领域开展旺季营销奋斗比拼，存款市场综合竞争力进一步提升。至12月末，本外币全部存款日均、月均、时点余额均突破3 000亿元大关，新增均突破300亿元大关，增量均位列四行第一。二是贯彻第一个人金融银行有新进展。成立分行第一个人金融银行战略推进委员会，落实分支行两级班子成员乡镇挂钩责任制，开发“智慧永联e钱包”项目，与昆山张浦等9个重点乡镇签订战略合作协议，以公带私有效提升了个人市场拓户能力。三是抢抓长三角一体化等国家战略叠加实施历史机遇有新突破。成立支持长三角一体化高质量发展领导小组，先后与旭创科技、德尔集团和国测集团等先行示范区内骨干企业建立全面战略合作关系。设立自贸试验区苏州片区支行，累计为自贸区企业办理本外币开户1 080户，跨境外币收付汇15.59亿美元，为区内中小微企业融资2.15亿元。

三、深化责任担当服务实体经济

一是加快信贷投放助力地方经济提质增效。本外币全部贷款新增342.9亿元、增长11.74%，其中制造业贷款余额突破500亿元，新增48.16亿元。坚持项目为“王”，全年累计发放项目贷款313.86亿元，储备项目95个、金额366.82亿元。二是加快改进民营和小微金融服务。完成总行民营企业贷款全年任务的113.74%。加强普惠产品和线上场景建设，小微有贷户净增1 759户，全年新发放普惠贷款平均执行利率较去年下降50个基点，完成银保监“两增两控”目标。三是加快零售转型服务百姓民生。积极构建以网点为轴心的零售金融消费圈，以便捷支付和信贷支持服务百姓民生，年末个人贷款新增154.7亿元，信用卡贷款规模达69.4亿元。

四、深化创新驱动推进经营转型

一是科技、文化赋能加快线下渠道转型。建设并成功发布首家5G智慧网点，开业以来到店客户已突破

2.2 万人次。建成全国首家博物馆文化特色主题网点，持续提升苏州工行特色服务品牌。二是产品、场景建设推动线上获客能力提升。充分运用“手机银行＋二类账户”“工银 e 钱包”等特色场景和产品实现客户引流，“云马易校园”项目上线单月获客超过 7 万户，“中来民生 e 钱包”线上获客超 2 万户，苏博主题线上存单开户突破 1 万户。三是一体化协调经营促进业务发展动能转换。贯彻本外币、投融资一体化经营战略，争揽盛虹集团炼化一体化项目银团牵头行和管理行资格，办理了银行间、系统内、区域内一系列首单创新业务，创新和服务能力持续提升。

五、深化安全意识严防风险隐患

一是加强信用风险全流程治理，抓好违约贷款分类管理和重点领域风险监测，健全大户风险管理机制，逾期欠息贷款余额较年初减少 3.5 亿元，2013 年以来新增贷款不良率降至 0.37%。二是内控案防保障有力。建立分行—支行—网点三级内部控制评价体系，推动落实各专业《内部控制手册》落地执行，警示教育 100% 覆盖，反洗钱评估连续六年保持 A 类机构，未发生监管处罚等合规风险事件。三是安全生产平稳有序。夯实全辖安全生产责任，落实各项应急措施，保障了中秋国庆等重要时点的稳定有序。安全保卫工作被苏州市公安局记集体三等功，获评 2019 年度打击治理电信网络新型违法犯罪工作先进单位。

广州分行

【主要业务指标完成情况】

2019 年，面对异常严峻复杂的经营环境，广州分行突出抓好从严治党、从严治行，按照总行党委提出的新时期“48 字”工作思路，认真贯彻落实总省行各项工作部署，不断强化“比”的思想，加快转型发展，各项工作迈上了新台阶，经营效益再创新高。2019 年末，该行辖设二级分行 2 家、一级支行 35 家、二级支行 325 家（不含营业室），从业人员（不含外派人员）10 300 人；实现拨备前利润 239.69 亿元，同比增加 26.03 亿元、增长 12.18%，继续保持四行首位；中间业务收入 83.09 亿元，同比增加 6.26 亿元、增长 8.15%，对总省行贡献连续五年提升；本外币全部存款（含同业存款）日均余额 8 579.00 亿元，比上年日均余额增加 713.19 亿元，增量创近 10 年新高；本外币各项贷款（含银行卡透支）余额 5 751.66 亿元，比年初增加 633.92 亿元，增量创历史最好水平；不良贷款率 0.92%，比年初下降 0.02 个百分点，资产质量保持稳定；内控评价保持一类行；经营考评在全国直属分行和省会城市行中排名第 2 位，连续六年排名前三甲。此外，该行有 5 家机构、5 名员工荣获全国金融系统、工总行五一劳动奖状（章）等系统内外表彰，辖属第一支行营业室获评中国银行业协会“百佳示范网点”称号。

【主要工作措施】

一、全力支持粤港澳大湾区建设，做有格局的银行

一是着力满足粤港澳大湾区重点项目、重点企业信贷资金需求。推动工总行与广州市人民政府签订金融创新赋能粤港澳湾区产业腾飞战略合作框架协议，增强对粤港澳大湾区发展金融服务能力；2019 年累计投放项目贷款 584.36 亿元，突出加大对战略性新兴产业、先进制造业、现代服务业、文化产业等“四大新市场”的资源倾斜力度。

二是加强投融资业务创新。与港澳地区银行合作创新采用“内保外贷＋资金池回流”“非贸易风险参贷”等业务模式，累计为湾区内企业发放境外人民币贷款 102 亿元，业务量同业排名前列。成立工行广州科创企业金融服务中心和广州科技支行，发布广州工行科创综合金融服务方案，联合广州科技金融集团牵头发起成立广州科技金融投贷联盟，推出“科技入池贷”并入池 12 笔、共 2 100 万元普惠线上融资，为纳入广州市科技型中小企业信贷风险补偿资金池的企业注入金融“活水”。

三是积极介入企业债务融资工具承销发行业务。通过债贷联动投放、发行短债过渡支持、长短债搭配调整等方式满足客户融资需求，2019 年共承销债券 447.50 亿元，金额和债券数量均居广州地区四行第一。

四是大力引导重点企业开展供应链融资。围绕广州大型核心企业，累计为 557 户经销商及供应链客户开立国内信用证、承兑汇票和发放预付款融资 417.18 亿元。

二、全力支持地区社会民生事业，做有担当的银行

一是全力满足地方金融服务需求。全力做好广东省政府地方债发行工作，2019 年累计承销广东省地方政府债券 263.09 亿元；推出银行业首个“赛搏云”平台，服务广州市“市长杯”乒乓球赛、白云山马拉松赛、中大马拉松赛等重大赛事活动；率先上线“不动产 e 登记”服务，实现不动产登记“零跑动”，是广州地区首

家实现与广州市不动产登记结果共享信息的银行机构。

二是全力支持财政体制改革。截至2019年末，共代理省、市和各区财政授权支付137.04万笔；满足预算单位和军队公务卡结算需求，累计发放公务卡18.19万张。同时，作为各级非税收入代收银行和非税资金唯一清算银行，广州工行代理的省市区非税业务量累计587.68万笔、金额601.86亿元。

三是大力推进社会保障领域金融服务。全力配合广州市医保局做好社保卡发放工作，截至2019年末，累计发放社保卡134.83万张；实现985.83亿元社保基金直解入户；免费代理发放广州市约50%的离退休人员社保工资；为广州地区392家企业、22.68万名企业职工提供企业年金服务，是广州地区最大的养老金银行；托管规模2.06万亿元，是广州地区最大的资产托管银行；管理工人工资专户1 060个，代发笔数41.52万笔、金额18.14亿元。

四是全力构建粤港澳大湾区便捷金融生态圈。打造全线上跨境清算业务系统，便利湾区居民跨境购物、旅游、留学等民生需求；积极利用市场采购线上收结汇系统，为近300家市场采购商户开立企业或个人外汇结算账户；落地全国首笔澳门“湾区账户通”业务，推动湾区个人金融业务联动发展，提升湾区个人客户服务水平。

五是着力满足和改善居民金融服务。合理满足居民各类融资需求。截至2019年末，个人贷款余额2 066.00亿元，比年初增加248.02亿元，余额四行占比第1；信用卡总量达534.67万张，消费额1 154.59亿元，继续保持广州第一大信用卡银行市场地位；个人客户借记卡2 618.12万张，为2.76万户单位提供代发工资服务、代发客户数超过305.33万户，发卡量和服务客户数均居同业前列。

三、全力支持小微企业发展，做有温度的银行

一是扎实推进小微企业金融服务，打造“有温度、在身边”的普惠金融品牌。截至2019年末，银保监口径普惠贷款余额237.55亿元，比年初增加95.79亿元、增幅67.6%，银保监普惠贷款客户数1.85万户，比上年同期增加3 231户，高质量完成监管部门“两增、两控”目标。

二是深入推进专营机构建设。截至2019年末，辖内34家支行能办理小微贷款业务，并同时设置了18家分行小企业金融业务分中心、8家总行级小微金融服务中心，不断深化小微业务专营机制，持续提升普惠金融服务的覆盖面。

三是打造“融资、融智、融商”为一体的普惠金融服务机制。开展“工银普惠行”“万户小微成长计划”“千名专家进小微”等系列活动，做好银保监会“百行进万企”融资对接，推出经营快贷、e抵快贷、税易通等，突出抓好线上重点融资产品发展。截至2019年末，广州工行e抵快贷有贷户4 152户、贷款余额117.72亿元。

四、持续深入推进改革创新，做有活力的银行

一是体制机制创新不断深化。零售业务“三分改革”升级至2.0，公司业务“三分改革”吹响号角；信贷体制机制改革不断深化，在系统和同业中率先成立线上融资业务管理委员会，通过互联网法院开创线上融资业务清收先例；科创企业金融服务中心和科技支行挂牌成立；年内召开两次网点工作会议，网点转型深入推进。

二是业务创新全面推进。成功落地某集团100亿元债转优先股项目，为广州地区国企混改、银企融合树立了标杆；成功为广州市某集团办理总额100亿元的代理股权投资项目，是全国首笔央企股权多元化运作的创新举措，创广州工行股权业务单笔最大规模纪录；与南部战区某部签署代建项目资金监管合作协议，军银合作再上新台阶。此外，少儿财商、老友记、广马、迷你马等场景获客能力持续提升。

五、持续深入推进从严治党从严治行，做有责任的银行

一是持续加强党建和人才队伍建设。扎实开展“不忘初心、牢记使命”主题教育，基层党组织和党员队伍建设得到加强，年末全行共有基层党支部427个，比上年末增加261个；新发展党员150名，党员覆盖面进一步提升。全面启动“雏鹰计划”“雄鹰计划”，加大优秀干部选聘，持续调整优化干部队伍；举办各专业大比武、大练兵11场，近1.3万人次参加了比赛，是上年的2.5倍；开展了分行“十佳行员”“大行工匠”“优秀青年”“十大明星网点行长”等评选；5家机构、5名员工荣膺全国五一劳动奖状（章）等系统内外表彰，持续弘扬标杆精神。

二是抓牢抓实从严治行。认真抓好内控合规“压实责任年”主题活动，连续4年被评为总行内控评价一类行；深入开展“顾国明、谢明案”专题教育整改；扎实推进安全生产、扫黑除恶、反欺诈、反洗钱、信访维稳、印章改革、声誉风险防控等各项工作，全年实现安全运营。

三是资产质量持续保持优良水平。广州工行始终把好新增贷款准入关、存量贷款管控关和不良贷款处置关，推进资产质量逐步改善。2019年末，广州工行不良贷款率在持续保持优良的基础上，比年初再压降0.02个百分点，创2006年股改上市以来最好水平。

四是深化家园文化建设。全面落实为基层员工办好“十件实事”，网点现金区空气质量治理、员工医疗健康管理、一线员工岗位补贴等实事先后落地，离退休员工活动中心、分行培训中心正在加快建设之中。

杭州分行

【主要业务指标完成情况】

2019年杭州分行经营发展“稳中快进”，连续第二年实现系统直属分行及省会城市行经营绩效、重点城市行综合竞争能力评价、全省二级分行经营绩效排名“三第一”。盈利方面，全年实现拨备前利润133.3亿元、净利润95亿元，可比口径分别增长11.5%和19.8%；实现中间业务收入64.2亿元、可比口径增长14.6%。存款方面，本外币各项存款新增1050.8亿元，排名四行第一（占比51.5%）、重点城市行第一；各项存款余额达5 856亿元，四行首位领先优势扩大到1 903亿元，其中储蓄、对公、外汇各口径存款同业占比“全面第一”。贷款方面，各项贷款（含票据贴现、信用卡透支）新增353亿元，增量近年最高。其中公司贷款余额破2 000亿元；个人贷款（含卡透）余额1 554.8亿元、新增139亿元，继续实现四行双第一。普惠贷款规模“翻番”以上，超额完成全年目标任务，并实现增量排名全省系统内、杭州四行双第一。同时不良贷款余额20.96亿元，不良率0.64%，分别下降0.35亿元和0.1个百分点；全年无重大差错事故和案件发生，继续实现安全经营。

【主要工作措施】

分行认真落实总、省行党委决策部署，不忘初心、牢记使命，树立“高”的标准、强化“比”的思想，全力推动发展跑在前列。主要工作及经营特点体现在五个“比”、五个“进一步”：

一、比存款占比，进一步巩固第一大行优势

牢牢盯住存款市场占比，各项存款实现“稳中快进”，巩固提升了杭州地区“第一大行”领先优势。具体工作上：储蓄存款，分行坚定抓好代发“门户”和重点市场，全年代发金额达到988.2亿元、同比增加105.2亿元，缴存购房诚意金1 040.6亿元，四行占比达到39.4%；同时持续抓好存款基础工作，做大金融资产、强化“行外吸金”。全年储蓄存款新增250亿元，比同业第二多增147.2亿元，增量四行占比50.5%，余额占比提升到42.6%。对公存款，坚决打好政府机构改革攻坚战，巩固财政社保领域优势，并实现在市一级机构的突破；加强名单制营销管理，用好创新产品等抓手，全力竞争新客户新资金。全年对公存款新增800.8亿元，比同业第二多增298.2亿元，增量四行占比51.8%，余额占比提升到42.9%。其中，机构、公司分别新增346.1亿元和454.7亿元。同时外汇存款实现突破进位，余额占比提升到46.4%，进而实现了各口径存款同业占比的“全面第一”。

二、比信贷服务，进一步加大融资支持力度

把握服务实体经济本源，坚持立足杭州、服务杭州，积极挖掘优质项目、优质客户，加快信贷拓展和投放。公司贷款，一方面把握杭州“后峰会、前亚运”“长三角一体化”等重大历史机遇，进一步加大棚改、城市有机更新等政府类重点项目营销投放；另一方面贯彻落实金融供给侧改革要求，加快优质民营、制造业企业拓展，加快中期流贷转化，加大重点支持力度。全年累计投放表内公司贷款522亿元、同比多投22亿元。普惠贷款，依托专营机构和队伍，用好标准化产品和特色化方案，积极对接杭州e融等政府平台，持续深耕科技型、小微园区等客群，进一步提升了普惠服务的可获得性和便捷性，逐步打造出新的市场竞争优势。普惠贷款规模实现“翻番”以上，增量排名四行第一，超额完成人行定向降准口径、银保监口径全年目标任务。个人贷款，强化与优质房企、中介机构、省市公积金中心的合作，提升个贷中心业务办理集约化水平和效能，按揭贷款前后台市场竞争力同步提升，全年新增个人按揭125.3亿元，继续发挥了“压舱石”作用。截至2019年末，个人贷款（不含信用卡透支）余额1 198亿元，较年初新增174.6亿元，余额和增量均位居四行第一。与此同时，表内外、境内外、投融资综合服务水平进一步提升，累计投放表外贷款221.9亿元；办理贴现504.9亿元，同比增长57.1%，创历史新高；累放国际融资24亿美元，是2018年累放量的近3倍。

三、比客户发展，进一步积聚持续发展动能

杭州分行牢牢抓住“客户”根本，坚持基础与创新并举，加快推进客户战略落地，取得了积极成效。一方面，线上线下一体化获客取得实效。加快推进网点布局优化，共迁建网点20家，建设特色网点3家，并探索推进智慧厅堂、后台集约运营等，为网点获客营客赋新能。创新发挥线上获客优势，通过云马易校园、正泰、小米等二类账户特色场景项目，累计实现个人获客98.4万户，推动个人全量客户新增135.2万户、个人有效客户新增79.3万户，同比均多增1倍以上；依托网格化系统、淘宝电商通、工银聚平台等，拓宽了对公结算账户来源，全年累计新开对公结算账户30 709户，其中线上获客率超45%，实现结算账户总量、新开户数、新开基本有效户数三项四行第一；同时利用法院案款管理、农民工工资监管、民宗委财务管理等系统平台，有力做大了机构基础客群。另一方面，客户精准营销提质取得成果。对公，继续抓好“名单制”落地，实现一般法人客户新拓183户，同比多增30户；加快推进存量客户提质及他行优质客户拔旗，日均金融资产5万元以上公司、机构客户持续扩容。个人，深化分层营销机制，推进5万元以下客户远维、中高端客户EBM精准营销及“熟客倍增”工作，新增日均金融资产1万元以上客户3.8万户、日均金融资产5万元以上客户2万户；同时，私人银行客户总量超过3 000户、创下新高，年末客户数达3 043户，较年初增加457户。

四、比安全经营，进一步加强全面风险防控

突出坚守风险底线，深入推进从严治贷、从严治行，确保了资产质量稳定和持续安全经营。信用风险方面，优化重点领域评估审批，严格把好准入关口；落实大户会诊分析，针对性开展房开贷、股票质押融资等专项检查，加强日常监测，严密防范风险劣变。同时加快潜在风险化解和不良风险处置。截至2019年末，不良贷款继续“双降”；“剪刀差”余额控制在0.42亿元、降至新低，其中法人“剪刀差”保持零余额。内控合规方面，认真开展“压实责任年”主题活动，加强多种形式合规教育；严格落实监管要求，围绕屡查屡犯、非法集资、贷款资金流向等领域和环节，落实专项检查、“双线整改”和闭环管理，严密防范重点领域风险；同时进一步完善内控管理机制，形成内控、案防、反洗钱、整改问责“四大评价”体系，进一步压实了“第一道防线”责任。内部风险暴露水平持续下降，无重大差错事故和案件发生，继续实现安全经营。外部风险方面，启动“智慧安防”建设，顺利通过银行业金融机构第六轮安全评估，同时保持信访稳定，有力防范了外部及舆情风险。

五、比党风行风，进一步深化全面从严治党

杭州分行党委及各级党组织认真履行党建主体责任和党风廉政建设主体责任，切实加强全面从严治党，深化人员队伍管理，持续营造风清气正、和谐向上的良好氛围。一是党的建设不断深化。深入学习贯彻习近平新时代中国特色社会主义思想，认真开展“不忘初心、牢记使命”主题教育，落实“四个贯穿始终”，并通过分类编制指导手册、两级领导班子全覆盖联系，抓好各级党组织工作；长效推进基层组织建设，党组织数量已达325个，实现了网点党员全覆盖，提升了网点负责人党员占比，同时通过基层党建工作清单制管理、党建工作巡查、党建述职评议等，逐级压实党建责任。二是党风廉政不断深化。结合监察体制改革，进一步落实党风廉政建设责任制，深化廉洁教育，从严执纪监督，通过深入开展主题教育专项整治、“顾国明、谢明案”专题教育整改，持续加强日常监督、巡视巡查，坚定不移把党风廉政建设和反腐败工作引向深入。三是队伍管理不断深化，突出抓好“关键少数”，严格干部管理，完善干部评价，并加快干部梯队培养，全年提拔使用行处级干部51名、其中40周岁以下干部占比43.1%；加强队伍作风建设，出台机关作风八项纪律，以机关带动全辖，进一步正风肃纪。四是员工关爱不断深化，提高员工岗位工资薪点值、防暑降温补贴标准，落实网点员工岗位津贴、新员工薪酬福利、员工年休假保障，推进实施柜员合同工住房补贴政策，进一步改善了员工薪酬福利；加快员工职业发展，开展多层面员工系统培训，完善职务层级晋升机制，417名助理层级员工、9名核心人才获得晋升；同时深入推进网点减负、小家建设、困难帮扶等工作，进一步营造了温暖和谐氛围。

成都分行

【主要业务指标完成情况】

2019年，成都分行实现拨备前利润128.54亿元，同比增长11.55%；实现净利润86.64亿元，同比增长11.43%。实现中间业务收入40.36亿元，同比增长12.49%，四行连续第九年排名第一，占比37.59%，较上年提升0.72个百分点。存款时点余额5 336.97亿元，净增379.24亿元，增长7.64%，28家省会城市行和直属分行排名第三，四行排名第二，占比28.57%，较上年提升3.72个百分点。各项贷款余额4 183.28亿元，净增513.60亿元，同比多增142.03亿元，直属分行排名第二，四行排名第一，占比29.45%，较上年下降0.18个百分点。法人客户总量19.83万户，净增2.87万户，增长26.63%，个人客户总量1 629万户，净增250.17万户，增长54.43%，增量直属分行第一，创历史新高。不良贷款余额17.22亿元，较年初下降13.51亿元。不良贷款率0.45%，较年初下降0.45个百分点，较全省低0.67个百分点。

【主要工作措施】

2019年，成都分行全面落实总行、省分行战略部署和工作安排，不忘初心、牢记使命，稳中求进、扎实工作，持续深化近年来结合成都实际提出的党建、存款、客户、安全、方法“五个更加重要”的认识，比学赶超、狠抓落实，以高质量党建引领高质量发展，经营态势整体良好、竞争能力稳中有升。

一、强化党建引领，扎实开展主题教育

成都分行按照第二批“不忘初心、牢记使命”主题教育工作安排，同步推进学习教育、调查研究、检视问题、整改落实四项重点工作，共开展集中学习研讨2 182次，实现支部书记培训全覆盖，开展调查研究295次，检视问题1 578条，纳入整改任务清单1 415条，整改完成率98.5%，各级领导班子成员逐级到定点联系单位深入开展督促指导。党员干部对习近平新时代中国特色社会主义思想的认识水平有了新提高，进一步树牢“四个意识”、坚定“四个自信”，坚决做到“两个维护”，经营发展有了新成效、作风建设有了新进步。进一步强化党建引领，深化“比学赶超”意识，围绕存贷款、中收、利润、资产质量等核心指标提升，明确“与谁比”“学什么”，制定了《“比学赶超”活动实施方案》和《“比学赶超”实施细则》，明确赶超目标并与年度目标、考核评价有效衔接，责任意识和拼抢精神进一步增强。

二、落实总行战略，全面打造第一个人金融银行

储蓄存款方面，坚持时点、日均增量同业“双第一”目标不动摇，全力提升市场竞争力。全年储蓄存款时点净增241亿元，同比多增41亿元，同业占比32.65%，同业第一、直属分行第三。日均净增248亿元，同比多增110亿元，同业占比31.01%，同业第一、直属分行第二。个人贷款方面，强化三个长效机制（定期会晤机制、个贷规模预沟通机制、满意度评价机制），创新启动两个“1+1”融合方案（县域竞争力提升“1+1”融合方案、公积金贷款竞争力提升“1+1”融合方案），个人贷款余额1 416.99亿元，同业占比28.51%，提升0.75个百分点；净增181.13亿元，同业占比34.96%，提升11.3个百分点。余额、增量均排名同业第一。围绕“第一有效客户”目标，客户规模突破1 600万户，净增250万户，创历史新高。围绕“第一信用卡银行”目标，抢抓资源做大客户规模，量质并举优化融资结构，信用卡有效客户数160万户，新增17.17万户；信用卡透支275.21亿元，净增26.05亿元。网点转型方面，成功打造警银e站、三国文化等“金融+”特色网点10个。开展“吹哨报到”服务效能改革，日均解决网点问题200余个。推进服务面貌整治和投诉治理工作，服务口碑持续提升。打好ETC攻坚战，ETC用户总量达135.52万户，市场占比32%，增量总量四行第一。手机银行方面，个人手机银行存量客户745万户，净增102万户，增量同业第一；企业手机银行新增有效法人客户渗透率达95.4%，动户率达37.7%，较年初提升3个百分点。

三、协同发力营销，持续增强对公业务市场竞争力

一是法人存款稳中有进。公司人民币存款稳步提升，围绕“基础管理+增存措施”，打好稳存增存攻坚战，公司存款余额1 155.22亿元，较年初增长72.31亿元，余额同业第一，增量同业第三。外币对公存款持续领先，较年初增长7.32亿美元，余额和增量同业双第一。纯机构存款迎难而上，突出划圈管理稳存量，开展项目攻坚拓新增，机构存款较年初下降41亿元，还原社保、部队刚性上划185亿元因素，净增144亿元，同比多增35亿元。

二是法人贷款量质并进。坚定不移推进“1+3”信贷布局，累计投放673.65亿元，同比多投86.11亿元。其中：累计向公共设施、交通、电力等基础产业领域投放贷款524.34亿元；累计向先进制造业、幸福产业、物联互联领域投放贷款67.85亿元。

三是法人拓户量质提升。通过推进“一站式”服务“营商通”平台应用落地，加大手机预约、微信预约、“码上赢”三个便捷开户渠道的营销力度，全力提升网点对公获客能力，实现新开对公结算账户4.97万户，每日网均开户0.79户，比直属分行平均水平多0.15户。加大新经济市场客户拓户力度，开户率50.53%，较上年提升13.6个百分点。

四、以政策为导向，支持民营小微企业发展

多措并举持续助力民营企业发展，围绕“双百优”榜单建立民营企业客户支持名册，为优质民营企业提供综合化金融服务方案，运用“股权+债券”“商行+投行”“表内+表外”等多种模式满足企业融资需求，全年实现民营企业贷款投放84.99亿元，新增24.66亿元。贯彻“不做小微就没有未来”理念，重点围绕“工银普惠行”活动，切实支持小微企业、普惠金融、实体经济发展。积极推进小微企业线上产品，全年“经营快贷”“e抵快贷”增加37.98亿元；积极探索普惠创新业务，全年特驱集团“农牧贷”投放149户共1.19亿元，复制推广通威集团“水产贷”、德康农牧集团“德康农牧贷”产品，及“政采贷”“园保贷”“空港e贷”等创新方案落地。全年实现普惠人行口径净增37.95亿元，全省占比78.02%；普惠银保监口径净增38.24亿元，全省占比77.85%。

五、推进转型创新，做好改革创新整体推动

创新动能全面提升。召开创新年启动大会，成立创新梦工厂，组织开展了创新创意金点子征集、青年创新骨干交流座谈、金融科技大讲堂等大型活动6场，全年落地创新项目192个，其中直属分行首单创新业务24项，同比增长118%；实现创新中收3.94亿元，同比增

长 132%。全面推进大运会综合金融服务。成立大运会综合金融服务领导小组，全力推进工作开展。围绕账户开立、融资优先等十项权益，与大运会筹委会办公室开展全面对接。积极服务场馆项目建设，实现场馆及配套基础设施项目对接 35 个、金额合计 372 亿元。

六、坚持底线思维，深入实施全面风险管理

扎实开展“三年合规文化”和“压实责任年”主题活动，积极开展“薄弱机构、薄弱人员、薄弱环节、薄弱业务”专项治理。共开展内外部检查 448 项，检查发现问题整改率 99.82%。操作风险损失额 205.56 万元、损失率 0.015%，低于监管和上级行限额，全辖无案件和重大风险事件发生。深入开展“顾国明、谢明案”专题教育整改，召开警示教育大会，多种形式广泛征求意见建议，严肃查摆问题，开展相互批评。分行党委共查摆出 5 个方面 14 个具体问题，党委班子成员共查摆出 4 个方面 13 个问题，研究制定相应整改措施并纳入整改清单，相关问题正在持续整改中。

七、注重员工关爱，队伍建设呈现新气象

持续开展“两优一先”评选表彰，在全辖营造创先争优良好氛围。强化党员队伍建设，全年新发展党员 59 人，预备党员转正 86 人，网点负责人党员占比达 87.5%，比上年提升 7 个百分点。不断加强干部人才队伍建设。全年新提拔干部 3 人，年龄均在 40 岁以下，平级调整 3 人。安排 28 名优秀年轻干部开展横向、纵向交流锻炼。全心全意做好员工关爱工作。组织实施员工岗位工资档次晋升，落实网点员工岗位津贴制度，提升基层员工薪酬福利水平。全面落实基层员工“十件实事”，增强员工获得感、幸福感。

南京分行

【主要业务指标完成情况】

2019 年，南京分行按照“奋进利润百亿征程”的阶段目标，积极应对形势挑战，扎实推进各项工作，在拨备增提 3.75 亿元、增幅达 26% 的情况下，实现拨备前利润、净利润、营收、中收、利息净收入等五项效益指标的全面增长，增速均创近年来新高。其中，拨备前利润 93.49 亿元、增长 9.27%，净利润 55.83 亿元、增长 5.7%，均超额完成总省行计划；营收 117.42 亿元，利息净收入 87.95 亿元，增幅均达两位数；中收 30.4 亿元、增长 5.9%。本外币全部存款余额 3 522 亿元、全口径信用总量 3 571 亿元。全部存款增量在全年有 7 个月份列全市场第 1、年末占比达 68%，其中储蓄存款增量全年保持全市场第 1、年末占比达 15.24%，对公存款增量有 8 个月份列全市场第 1。各项贷款和对公贷款增量保持全市场前 3。存款付息率、贷款收益率保持四行最优。个人、对公客户分别达 1 049 万户、11 万户，分别净增 41.8 万户和 1.6 万户，分别增长 4.15% 和 16.6%。在总行绩效考评和重点城市行竞争力评价中，连续四个季度均保持前 3，在重点城市行年度综合评价中首次跃居十强榜首。

【主要工作措施】

一、围绕激发内生动力，坚持从严治党、从严治行，在党建引领上迈上了新高度

扎实开展“不忘初心、牢记使命”主题教育，将学习教育、调查研究、检视问题、整改落实贯穿始终，取得了较好成效。通过月月大讲堂、党组织书记讲党课、集中轮训、网络学习等方式，深入学习习近平新时代中国特色社会主义思想，跟进学习十九届四中全会精神，党员队伍的思想认识进一步提高。有序推进党支部设置、党建共建、量化考评、述职评议等工作，年末基层党支部达 208 个、发展党员 70 人，均较上年翻番，基层党组织的战斗堡垒作用进一步增强。认真落实纪检监察体制改革，组织召开全行作风建设大会、开展“五五四”作风建设专项整治，对信贷前中后台、“人财物”相关部门的干部进行集体约谈，强化负面警示教育，风清气正的经营环境进一步巩固。先后荣获 2018—2019 年全国金融系统思想政治工作先进单位、省市两级文明单位、市五一劳动奖状等各类荣誉，一批干部员工受到内外部先进表彰。

二、围绕释放发展活力，坚持规划先行、前瞻布局，在战略落地上跨出了新步伐

全面贯彻“打造第一个人金融银行”战略，聚焦提升营业贡献这一根本目标迅速落地有关举措，实现个人金融板块营业贡献 36.6 亿元、增幅近 20%，占比 32.16%、同比提升 2.07 个百分点。启动实施信贷业务发展规划，明确当前及今后一个时期的信贷发展目标、实施路径和保障措施，加快提升信贷核心竞争力。研究制定县域市场竞争力提升规划，两次召开专题会议统筹推进各项工作，6 个县支行的拨备前利润、净利润分别增长 15.73% 和 17.85%，分别高于全行 6.46 个和 12.15 个百分点，全行占比分别为 33.41% 和 39.78%，同比分别提升 1.13 个和 3.6 个百分点。提速推进网点

布局三年规划，优化改造项目 53 个、同比增长 12%，打造了同业首个 5G 智慧网点和跨界融合网点，与南京博物院开启战略合作，物理网点的区位布局更趋完善。提前谋划 2020—2022 年网点存款发展，先后召开存款工作会议和网点工作大会，通过夯实网点基础来做大存款总量、优化盈利结构。

三、围绕增强竞争实力，坚持聚焦主责、专注主业，在坚守本源上增强了新动能

一是存款经营发展业绩喜人。人民币全部存款时点、日均、月均各项增量分别为 266.6 亿元、287.8 亿元和 378.7 亿元，均创近年来新高；外币存款时点、日均均实现正增长。储蓄存款抓日常管理、批量揽存和关键节点组织推动，各项增量均超 110 亿元。机构存款抓项目招投标和大额资金留存，共中标省公积金、市房产局等 41 个项目、中标率同业最高，归集省财政中央调剂金、市职业年金近 300 亿元，机构存款时点、月均增量均超 70 亿元、均列四行第 1。公司存款抓日均稳定，夺得市烟草“跨行结算、主动支付”项目唯一主结算行、完成省电力收费账户改革，日均扭转下滑态势，月均增长 41.8 亿元、列四行第 1。同业存款抓重点客户合作，各项增量均超 75 亿元、均列四行第 1。外币存款抓资本项下大额资金落地和 NRA 账户资金归集，外币对公存款日均新增 2.6 亿美元、列四行第 1。二是信贷投放总体达到预期。人民币信用总量达 3 513 亿元、新增 232 亿元，其中贷款增量、表外投融资推荐量均突破 300 亿元，以上均创近年来最好水平。大力支持实体经济发展，制造业贷款完成省行计划的 170%，人行降准和银保监普惠贷款增幅均超 90%，民企贷款投放近 200 亿元。不断提升重大项目话语权，与省交控、省铁路、省港口、东部机场等集团客户就金融助力长三角一体化达成战略合作，落地南沿江铁路、禄口机场、江北新区 G03 地块、园博园、中粮地产等一批项目，投放隐债 35 笔、118 亿元，并购业务保持四行第 1。适当回补贴现余额，累计办理贴现 160 亿元、四行占比达 73%。全力守住个贷位次，按揭贷款增量超百亿，公积金贷款增量首次夺得四行第 1，分期、融 e 借投放额均列全省第 1，年末个贷余额超千亿、增量达 118.8 亿元。三是中收结构调整稳步推进。细化资产类收入过程管理，强化产品销售、支付结算、网点自营中收组织推动，实现基础类收入 10.78 亿元、增长 8.7%、首次超过资产类收入增幅，占比 35.5%、同比提升 1 个百分点。对公结算、代理保险、贵金属、企业年金、个人结算、结售汇等 6 个基础中收产品线的四行占比同比提升。

四、围绕提升服务供给力，坚持客户为尊、员工为本，在为民服务上展现了新风貌

一方面，客户体验感不断增强。上线苏宁 e 钱包、省特检院 e 企付、秦淮国资委“财资云”、省烟草零售终端收单、江苏有线资金池等项目，抓好工商通、全链通两大平台，推动 ETC 公私联动营销，针对上市公司、跨境、普惠、私银等重点客群举办多场专题活动，促进了批量引流。完善普惠、金融科技、现金运营等机构设置，揭牌科技支行，打造智能金库，促进了客户服务和业务发展。全年新开对公结算账户 2.82 万户、同比增长近 1 倍，存量及新开均列四行第 1；净增小微有贷户 732 户、增幅近 50%；拓展千万美元以上新项目 25 户、落户率保持四行第 1，“单一窗口”签约有效户 72 户；信用卡有效户增长 34%、发卡量突破 200 万张，手机银行动户增长 18%，ETC 全年新增 31 万户、列同业第 1。另一方面，员工获得感持续提升。深入推进岗位优化和人员结构调整，通岗客服经理占比达 77%、同比提升 25 个百分点，网点员工转岗 218 人，其中 63% 转至各级营销管理岗。成功举办覆盖全行的技能大赛，常态化抓好教育培训和资质认证，加强基层激励表彰，队伍专业能力进一步提升。加速推进新大楼建设，室内环保全面达标，装修工程荣获“金陵杯”市优工程；为网点安装新风系统，做好内部生活区调整改造，员工工作环境更加舒适。进一步完善医疗保障体系，抓好职工小家建设，举办龙舟赛、大合唱等文体活动，做好高寿慰问、困难救助等日常工作，通过扎实办好十件实事，促进员工的幸福感和归属感有效提升。

五、围绕强化风控能力，坚持防化并举、有的放矢，在风险管理上取得了新成效

着力强化信贷基础管理，严格新户准入和到期管理，合理配置大户授信资源，做实分析会诊机制，稳妥推进不良处置，风险防控的前瞻性、主动性、有效性进一步增强。全年主动退出两户、10 亿元融资，压降风险客户 23 户、2.4 亿元融资；清收处置不良贷款 13.9 亿元，同比增幅达 162%，超额完成省行计划；年末剪刀差 -3.17 亿元、同比下降 2.07 亿元，不良额 28.48 亿元、不良率 1.12%、控制在省行计划内。组织开展深化整治、“八大领域”风险治理回头看，持续加强安全生产管理，配合完成内外部各类检查，内控案防机制进一步完善。继续保持自 2007 年平安金融创建活动开展以来所有年度参评网点全部达标的纪录，总行内控评价保持一级行，外汇局年度评价获评最高级别 A 类，实现了零案件、零重大事故、零重大负面舆情。

武汉分行

【主要业务指标完成情况】

2019年，武汉分行实现拨备前利润91.28亿元，增长8.95%，总量在全省占比60.09%，上升0.24个百分点；实现净利润61亿元，增长6.28%，总量在全省占比89.58%，上升4.19个百分点；实现中间业务收入29.94亿元，降长7.57%；账面利润、中收持续保持同业第一。

全部存款和各项贷款双双突破3 000亿元大关并全面领跑同业。本外币全部存款净增284.47亿元，增长9.68%，增量系统排名第5。其中，储蓄存款净增123.46亿元，公司存款负增长5.8亿元，机构存款净增154亿元，同业存款净增12.83亿元；本外币各项贷款净增354.86亿元，增长13.18%，增量系统排名第4。其中，公司贷款净增215.63亿元，个人贷款净增118.59亿元，票据贴现净增5.9亿元，银行卡透支净增14.74亿元。本外币全部存款、储蓄存款、对公存款、各项贷款、公司贷款的余额及增量均保持同业第一，存款付息率、贷款收益率同业第一。

个人全量客户净增59.5万户，总量达到997万户，占武汉市常住人口（1 108万人）的90%；私银达标客户净增143户，总量达到989户；信用卡有效客户净增8.9万户，总量达到69.75万户；融e行客户净增54.7万户，总量达到556.5万户；新开对公账户3.07万户，总量达到14.9万户；公司有贷户净增148户，总量达到939户；机构客户净增382户，总量达到4 349户。

年末不良贷款余额5.5亿元，不良率0.18%，保持同业最优水平；全年累计清收转化不良贷款8.81亿元。经营管理保持平稳运行和风险可控，连续16年安全无事故。

【主要工作措施】

一、扎实开展“不忘初心、牢记使命”主题教育

把主题教育作为首要政治任务，在学习教育上求“真”、在调查研究上求“实”、在检视问题上求“准”、在整改落实上求“效”，切实推动学习贯彻习近平新时代中国特色社会主义思想往深里走、往心里走、往实里走，有效提升了各级管理人员的政治能力和经营管理能力，提升了为民服务水平、保障了军运会金融服务万无一失，促进了各项工作目标的顺利实现。坚持两个“全面从严”，落实“两个责任”，以“顾国明、谢明案”、赖小民、林晓轩案为鉴，加强警示教育和监督管理，压实压细各级党委的主体责任和纪委的监督责任，通过抓好思想教育“总闸门”、廉政建设“高压线”、制度建设“铁笼子”、作风建设“精气神”，将全面从严治党、从严治行引向深入。集中开展整治形式主义、官僚主义及“四风”问题整治“回头看”活动，明确了五个方面14项整治重点，取得明显成效。加强干部队伍建设和企业文化建设，通过拓展员工晋升渠道，加大工资激励效用，让更多的员工共享成果、得到实惠。加强人文关怀，充分保障员工各项福利，建好各级行职工之家和员工食堂，走访慰问困难党员与特困员工，举办国庆70周年歌咏会以及重阳节老干部金婚庆典等活动，进一步增强员工的满意度、归属感和荣誉感。

二、着力打造“第一个人金融银行”

制订以“聚焦存款为核心、客户为基础、同业位次为标准”的全面赶超计划，实现金融资产时点和余额、储蓄存款时点余额、日均和时点增量“五个第一”。坚持全量客户战略，将“拓户拓市场”具体落实到全客户拓展、全市场营销、全渠道服务中去，深耕代发、建工、商户、民生、军队、院校等重点客群，实施集群管户和深度维护，不断提升客户产品覆盖率和资金留存率。全年代发单位净增1 309户，总量达到7 983户；商户新增2.64万户，总量达到4.16万户；建工客群净增6万户，总量达9万户；三类重点客户资产累计净增76亿元，代发资产留存率增长2个百分点，实现了客户产品覆盖率和资金留存率的有效提升。2019年，武汉分行零售客户满意度不断提升，在武汉地区树立起“走进工行、不用到其他银行”的服务口碑，“第一个人金融银行”的基础不断夯实。

三、着力构建对公业务领跑格局

始终把机构存款作为对公存款增长的“稳定器”。通过抓机遇，已实现95个“8＋1”重点领域改革单位开户或更名，市场占比达33%；成功中标省财政国库现金管理和社保资金项目，取得省社保职业年金受托和托管主办行资格，累计归集约232亿元。强力营销地方债招投标业务，实现增存28亿元。通过巩固优势，部队市场份额保持绝对领先，2019年武汉地区军队账户数达到95%，存款市场份额达到86%，在汉9家副军以上单位，有8家在分行开立结算账户。通过补短板，持续强化重点院校市场营销，目前已与84所大专院校中的65所合作，有7所部属院校在分行开户，有40多

万大学生在分行开卡并绑定网银等产品，大专院校存款达60亿元，全市场占比30%以上。着力夯实大公司拓户稳存基础。强化三级闭环管理、网点对公客户经理配置、有贷户管理和存款分析监测；落实总行“构建更加合理的公司客户梯队结构”的要求，进一步做宽“底部”，做强“中部”，做深“头部”，围绕核心客户和重点项目做好“链上”拓户，深化“1＋N”一体化营销体系建设，全年新增法人结算账户3.07万户、增幅25.97%。

四、着力提升实体经济服务能力

围绕全省“一芯两带三区”区域协调发展战略和武汉市“加快建设四个国家基地、打造三大世界级产业集群”、筹办军运会等战略机遇，持续加大对区域市场的信贷支持力度，深入落实总行“1＋3”信贷布局，持续优化信贷结构，有效提升区域信贷市场占有率，确保了增量、存量市场占比双第一。全年累计投放基础设施贷款325.7亿元，同比增加133.7亿元；发放制造业贷款78.71亿元，储备项目72.09亿元；发放服务业贷款120亿元，其中幸福产业23.35亿元；办理票据直贴200亿元；投放表外融资180亿元。持续加大对民营和小微企业金融服务力度，切实做活线上、做专线下，在省内实现“e抵快贷”“烟草贷”“购建贷”“商票贷”“园区贷”“私银尊享”“云信”等一系列普惠创新产品的首单投放，上述产品累计投放25亿元。通过构建以场景服务为核心的“线下＋线上、短期＋中长期、标准化＋特色化”的“可得易得”的智慧金融营销模式，全年人行和银保监口径小微企业贷款分别比年初增加14.95亿元和17.34亿元，两项口径贷款增量是去年同期增量的4倍，超额完成全年增量计划和监管“两增两控”考核要求。紧跟市场变化、抢抓优质资源、服务刚需客户，突出住房贷款、做优消费贷款、做大委托贷款，累计发放个人贷款286亿元。

五、着力优化金融服务水平

全年调迁网点14家，撤并优化低效物理网点8家；开展“求学宝”“智慧出行”“智慧停车”“智慧校园”“智慧景区”等金融服务场景建设，武汉地铁“扫码过闸”项目月高峰客户量超过240万人次，“智慧停车”为武汉市300个停车场和两万多个路侧停车位提供智能泊车服务；认真落实省分行网点“三化”管理要求，纵深推进“服务品质提升年”和服务专项整治活动；协同总、省行多级联动，设立军运村专属服务网点和志愿者服务团队，突出做好了军运会各项金融服务，并累计为军运会配套项目投放信贷资金226.6亿元，以军运村为代表的60家核心重点网点充分展示了武汉分行良好的服务品质和品牌形象，赢得了赛事组织方、世界各国运动员及社会各界的一致好评。

六、着力加强内控案防工作

始终坚持把全面风险管理贯穿于经营发展全过程，不断优化全流程信贷管理机制和投融资全周期风险处置机制。继续扎紧潜在风险贷款管控这个笼子，加强新发生逾期贷款管控，力争做到风险客户不逾期、逾期客户不劣变。始终对内控案防形势保持清醒认识，持续加大“8＋N”领域的排查和治理，加强“三道防线”建设，逐级压实案防责任，夯实内控案防基础。

雄安分行

【主要业务指标完成情况】

2019年，雄安分行实现拨备前利润3 188万元，中间业务收入1 952万元，较上年增长80%，任务完成率88.73%，增长率居系统及同业双首位。

存款方面，全部存款余额251亿元，较年初增加47亿元，较筹建前增长近五倍。日均余额175.59亿元，较上年增加103.22亿元、增长142.63%，完成省行任务2.92倍。其中机构存款余额、同业存款余额和增量均居同业首位。特别在个人客户处于完全劣势情况下，储蓄存款首次突破百亿元大关，时点达103亿元，净增63亿元，实现了时点和日均增量双第一。

贷款方面，全部贷款余额91亿元，较年初增加42亿元、增长85.66%，较筹建前增长5倍多，余额和净增额自筹建以来始终保持同业第一。京雄城际、市民服务中心、白洋淀综合治理等重大项目贷款份额同业首位，牢牢占据新区信贷市场制高点。

客户拓展方面，在新区本级政府类账户招标中中标占四大行43%，开立新区本级社保收入账户及其下挂全部子账户等23个账户，中标质量与数量同业首位。新区全年入驻央企36户，争揽开户20户（基本户14户），占比56%。新区累计入驻央企78户，在工行开立44户（基本户33户），占比57%。新区全部四家注册超百亿企业（雄安集团、中石化资本、南航雄安航空、雄安高速铁路）均在工行开立基本户或主要结算账户。

【主要工作措施】

一、坚定不移推动总行战略部署落地

作为总行在雄安新区战略布局的落地行，河北雄安分行与新区管委会在同业中合作范围最广、层次最深。一是全力协助工银科技在雄安实现开业运营，为其在雄安的业务拓展和组建雄安数字金融实验室提供了全面保障。二是配合总行形成工行雄安分行入驻雄安“金融岛”等核心规划区的初步方案，并与新区就地块选择等进行了深入对接。三是促成总行与雄安集团正式签署股权合作备忘录，并协助开展监管沟通工作。其他多项股权合作项目也在积极推动中，为集团实现全牌照经营提供一个有效路径。四是推动雄澳基金等跨境投资业务合作取得新进展，协助新区与澳门签署合作备忘录。五是继续主承了新区第二期400亿元“雄安债”，进一步协助新区探索建立长期可持续的建设资金筹措机制。六是同新区建立起常态化人才交流机制，协调总行选派4名政治素质好、专业能力强的同志赴新区挂职，为新区提供智力支持。七是成功协助总行举办2019年反向路演雄安站活动，让工行投资者切实了解工行服务国家重大战略的具体举措。

二、积极探索未来雄安金融服务模式创新实践

紧盯雄安建设的资金流和信息流，紧紧抓住G端进行悄无声息地谋篇布局，形成了分行面向未来的核心竞争力。一是投产上线征拆迁安置资金管理区块链平台。自上线以来，2019年新区已通过该平台成功拨付征迁款约158亿元，覆盖三县25个项目100余村2万余户，户均拨付68万元，为征迁资金挖转提供了有效支撑，也成为新区区块链技术应用的典范。二是投产上线工程建设资金管理区块链平台。该平台将对接新区BIM系统，对分行拓展B端和C端客户、营销供应链融资和代发工资等金融产品、承接新区建设资金，将起到重要促进作用。目前上链企业26家，共拨付资金39笔，约9 500万元。三是深度参与智慧政务系统建设。与管委会签订智慧社保和工商注册“一窗通”战略协议，研发投产社保统一受理平台、公共服务平台、被征地群众基本养老保险参保补贴、口粮补贴管理等系统；上线雄安工商注册全流程电子化系统，涵盖企业注册的全流程及金融服务扩展，实现了从企业设立登记、纸质营业执照打印、银行对公账户预约开户、公章刻制等一站式全自助电子化管理服务，大大提升了新区企业的办事效率。新区政务系统中最有含金量的板块均由河北雄安分行研发，也更有利于从源头上掌握新区入驻企业动态和社保资金流向。四是搭建完成劳动力管理区块链平台，上线“智慧民生”APP，专门服务于新区建设单位和劳务用工。目前平台累计注册用户达到12.5万户，上线企业163家，通过平台发放工资超过1 800万元。五是上线工商银行系统内首个5A级智慧景区项目，同时，还着手开发了智慧校园、智慧医院、智慧法院、智慧交通等B端和C端平台，分行在新区的金融服务生态圈逐步形成，这既是工商银行体系内前所未有的重大创新，也为分行争取了更多关系长远的业务机会，奠定了未来数年的发展基础，分行面向未来的核心竞争力得到进一步增强。

三、多措并举推进金融精准扶贫快速落地

河北雄安分行全面贯彻党中央、国务院、总省行战略部署，切实履行大行责任担当，将金融精准扶贫和全行发展紧密结合，多维度推动金融精准扶贫快速落地。一是以产业扶贫带动贫困人口脱贫。主动加强银企对接，加大对扶贫企业融资支持力度，积极协调为建档立卡贫困人口提供工作岗位，并对其中不具备劳动能力的提供部分生活保障金和生活用品。全年发放精准金融扶贫贷款2 160万元，向12户贫困家庭提供扶贫帮助。二是加强渠道建设，提升综合金融服务水平。深入推进渠道建设，不断扩充物理网点覆盖范围，让包括贫困人口在内的广大老百姓享受便捷、高效的金融服务。加大对乡镇及空白服务区域的网点布局优化力度，助力普惠延伸服务触角，雄县昝岗支行正式开业运营，新增9家“1+2+N”轻型网点。辖内容城支行营业室荣获新区首家“中国银行业文明规范服务五星级网点”称号，树立了大行优质服务形象。

四、不断夯实经营管理基础

坚持党建引领，把“不忘初心、牢记使命”主题教育各项要求融入服务雄安新区建设的各个方面，联合新区党政机关和企事业单位设立“党建互联共建平台”，推出“闪亮的初心”党建实践品牌，分行本部荣获“全国金融系统五四青年奖章集体”。持续开展“压实责任年”主题活动，深化“双无”专项行动，分行全年实现安全稳定运行。全力做好不良贷款清收处置，不良额和不良率实现双降，不良率四大行最低。新增1家二级支行和9家“1+2+N”轻型网点，辖内容城支行营业室荣获新区首家银行业“五星级”网点。制定干部能上能下实施细则和转任干部管理办法，对14名管理人员进行了调整补充，干部队伍力量持续增强。制定绩效考核办法，建立与绩效考核匹配的薪酬管理机制，员工收入大幅提升。优化职工之家建设，组建员工特色兴趣小组，新建员工食堂，举办跨年活动和开业一周年庆祝仪式，营造家园文化氛围。

第五部分

国际化发展与综合化经营

责任编辑：谢逸琴

境外机构拓展与业务发展情况

2019 年，面对风险挑战明显上升的复杂经营局面和依然严峻的监管合规形势，全行坚持稳中求进总基调，落实“国际视野、全球经营”的工作思路，不断强化底线思维，扎实推动高质量发展，持续完善国际化布局和内涵，着力构建国际化发展新生态，境内外、本外币相结合的跨境与跨市场金融服务能力取得新突破，合规管理与风控体系建设取得新进展，国际化经营在巩固提升中迈上新征程。

一、全球服务布局更趋完善

2019 年，工银奥地利、澳门分行获颁牌照并正式开业。希腊代表处获颁牌照。沙特吉达代表处获得境外监管批复。巴拿马分行、奥克兰分行获得境内监管批复。全球服务网络扩展至 48 个国家和地区，428 家机构覆盖了六大洲和全球重要国际金融中心，在“一带一路”沿线 21 个国家和地区拥有 129 家分支机构，并通过参股标准银行集团间接延伸至 20 个非洲国家，形成了层次分明、定位合理、渠道多样、运营高效的全球化金融网络服务平台。

二、境外盈利贡献基本平稳

2019 年，境外机构经受复杂环境和经济周期的考验，资产规模稳中有增，盈利贡献基本平稳。截至 2019 年末，境外机构（含境外分行、境外子公司及对标准银行投资）总资产 4 056.83 亿美元，比上年末增加 213.79 亿美元、增长 5.6%，占集团总资产的 9.4%，同比下降 0.1 个百分点。报告期税前利润 40.90 亿美元，比上年末减少 0.25 亿美元，下降 0.6%，占集团税前利润的 7.3%，同比下降 0.3 个百分点。各项贷款 2 008.33 亿美元；客户存款 1 347.49 亿美元，同比增加 37.85 亿美元、增长 2.9%。

三、全球产品线服务能力向纵深推进

积极推进符合市场需求的境外产品创新，加强对企业“走出去”和“一带一路”建设的金融支持，统筹推进粤澳港大湾区一体化联动发展机制，加强内外联动，逐步提升各产品线在国际市场的竞争力和影响力，推进高价值业务向纵深发展。公司投行业务方面，积极服务“一带一路”建设，互利合作促进国际产能对接和第三方市场合作，组合海外发债、跨境并购、项目融资、衍生品交易、全球现金管理等多种类型产品，为跨境客户提供“一站式”综合金融服务。中国企业海外并购项目数量蝉联路孚特（Refinitiv）“中国海外并购顾问”榜单首位，境外 IPO 承销保荐业务、境外债券承销发行业务稳居市场前列。金融市场业务方面，联合中央国债登记结算有限责任公司及新加坡交易所面向全球发布“中债—工行人民币债券指数”。成为全国首家办理全球存托凭证结售汇业务的机构，与 50 余个国家和地区的境外机构投资者客户建立银行间债券及外汇市场业务合作关系，熊猫债承销额保持同业前列。资产管理业务方面，丰富完善跨境资产管理业务产品线，打造“全球轮动”“全球精选”“全球安盈”等一系列旗舰品牌，在离岸市场成功发行“一带一路”主题 UCITS 债券基金。资产托管业务方面，坚定服务海外中资科创企业，成为首批获得存托凭证试点存托业务资格的机构。紧抓资本市场互联互通机遇，成为沪伦通当前唯一 GDR 基础证券托管行、中日 ETF 互通项目首批试点托管行，合格境外机构投资客户数继续保持中资同业第一。零售与网络金融板块方面，包含个人和对公网上银行、手机银行的境外网络金融产品体系覆盖 41 个国家和地区，共提供 14 种语言文字服务。融 e 购跨境电子商务形成 B2C、B2B 和金融服务输出三大业务板块，商品覆盖亚、非、欧、澳、北美和南美六大洲，入驻商户超过 500 家。积极促进粤港澳大湾区民生便利化，推出“湾区服务通”“湾区账户通”业务。境外银行卡发卡量 382 万张，重点打造“工银粤港澳大湾区虚拟信用卡”及“工银粤港澳大湾区借记卡”等系列产品。

四、国际化管理体制不断优化

不断加大顶层设计优化力度，深入研究新时期国际化发展方向、改革重点和运行机制，成效显著。一是提升国际化经营站位，开展境外党建课题专题研究、调研和座谈，总行组织专题会议向境外传达总行廉洁从业管理要求，督促境外机构强化重大涉外活动管理。基本实现境外机构党组织“全覆盖”，建立“双重领导、双线报告”机制，各境外机构在驻在国使领馆党组织和总行党委的双重领导下，因地制宜推进境外党建工作，取得良好成效。二是强化国际化联席会议机制统筹和领导作用，不断丰富机制内涵，提升“管总”效能。全年召开3次会议，研究15项境外发展重点议题，形成《关于新时期工商银行国际化发展思考的报告》，梳理总结2018—2020年境外发展战略规划中期执行情况，建立国际化经营发展诉求台账机制，机制性解决境外机构185项诉求。通过考核指挥棒作用，总行25个国际化联席部门向内涵式发展模式和境内外一体化管理转变，聚焦合规与风险底线，推进“差异化、本地化、一体化、集约化”。三是优化重点机构精细化管理。推进亚太旗舰机构转型发展。召开粤港澳大湾区、亚太联动座谈会，推动工银亚洲经营转型并研究东盟机构整合方案，研究澳门机构发展战略推动方案并圆满完成工银澳门成立十周年系列活动。优化境外机构区域管理。以《2019—2021年美国区域发展战略》为纲要，持续推动美国区域战略落实，印发《关于推动美国区域管理提升及工银金融战略转型的指导意见》，进一步优化美国区域管理委员会管理架构，按照“三重一大”要求做好对美国三家机构的集中统一管理。以“优化工银欧洲与卢森堡分行的分工协作机制，持续提升工银欧洲总部对辖属分行的管控能力”为主线，稳妥应对欧盟中间母公司（IPU）监管要求，提高工银欧洲集中管理能力，推动工银欧洲重回增长轨道。

五、国际化合规管理与风险管控进一步强化

把强化合规管理与风险管控作为转型发展的前提和基础，主动对标监管标准和最佳银行实践，推动境外合规管理持续改善，坚决守住合规经营这个最大底线。一是强化境内外监管沟通，顺利组织2019年度银保监会核心监管联席会，境外机构完成年度属地监管沟通。二是持续跟进核心监管关切问题整改，境外机构制订有针对性、系统性的整改计划，落实整改责任、明确整改时限，确保整改到位。三是推动境外合规管理长效机制建设落地，依托亚太区域合规官会议、全球合规官培训等多种途径，强化合规管理长效机制落地，印发西班牙语版本方案。

六、支持保障板块优化工作扎实开展

一是持续推进集约化运营系统建设，稳步研究亚太共享运营中心建设方案，组织亚太机构完成监管合规政策、业务流程、风险场景等的梳理分析。二是完善境外机构财务制度建设和经营考核体系，根据境外机构发展定位设置差异化的考核指标及权重，初步构建集团税务一体化管理框架。三是加强境外核心银行系统顶层设计，持续推进Fova转型升级，支持新设机构系统延伸；强化集团一体化应用延伸，GMO、单证系统在境外机构稳步推广。四是不断提升人力资源管理效能，开展外派管理层任期考核，不断加强干部队伍建设；规范境外机构管理层以下员工职务职级体系，完善境外员工的晋升发展机制和薪酬福利体系。境外员工总数达1.6万人，其中当地员工超过90%。五是丰富发展新时期企业文化，提升集团文化凝聚力，创新开展“ONE ICBC，ONE FAMILY”工银全球荟主题活动，展示境外机构奋斗风采；稳步推进教育培训工作，设立“澳门青年金融人才培训学院”“工银大学全球合规学院”，满足境外机构日益增长的培训需求。

七、国际化美誉度和影响力持续扩大

深度融入国家高水平对外开放新格局，做好第二届“一带一路”国际合作高峰论坛、第二届中国国际进口博览会、金砖国家峰会等重大活动的服务工作，成功举办“一带一路”银行家圆桌会（BRBR）、中欧企业家大会、中德企业与金融机构第三方市场业务合作研讨会、中国—东盟国家经商参赞与银行家、企业家交流会、国际多边金融组织东盟基础设施投融资合作论坛等重大活动。用好BRBR常态化合作机制，促进金融服务共建“一带一路”高质量发展，促进绿色金融的发展与合作；积极参与金砖国家合作机制、亚太经合组织等区域性经贸合作框架下的对外交流，为服务实体经济发展和贸易投资便利化贡献力量。

（总行国际业务部）

中国—中东欧金融控股有限公司

一、主要工作进展

2019年，中国—中东欧金融控股有限公司切实履行职能，做好相应出资及投资管理工作。一是做好对世福资本管理有限公司（以下简称世福资本）的股权投资管理工作。已出资1 141.28万欧元，并按照公司治理程序，通过派驻董事、参加董事会或股东会、行使股东权利等方式参与世福资本公司治理，为世福资本开展工作、履行职能提供资源和组织保障。二是积极支持中国—中东欧基金（以下简称中东欧基金）投资及运营。

截至2019年末，共向其实缴2.5亿欧元，顺利履行中东欧基金有限合伙人的职责，定期跟踪了解基金运营状态，做好相关风险管控和投后管理工作。

二、世福资本及中东欧基金工作开展情况

2019年，世福资本和中东欧基金运营治理架构和工作流程机制逐步完善、运作稳定，投资项目拓展及投后管理工作全面有序开展。一是经营效益取得新成效。2019年较好地实现了公司及基金的经营效益管理目标。世福资本2019年营业收入2.46亿港元，同比增长14.4%；营业费用2.16亿港元，同比增长0.88%；合并账面净利润3 009万港元，同比增加2 899万港元。中东欧基金2019年营业收入1.87亿欧元，全年列支营业费用2 623万欧元，经营利润达1.61亿欧元。二是项目投资实现新突破。充分发挥中国和欧洲地区协同效应，聚焦中东欧及相关区域，深耕项目投资机会。累计储备项目超过500个，包括重点跟进项目63个。2019年新增立项并进入投标流程项目3个，新增签约项目1个，新增退出项目1个。波兰70MW光伏发电开发权项目于2019年底签约，2020年上半年完成交割，浙江正泰作为总包商正式开工建设，2021年底前将实现并网发电。青岛海尔D股项目顺利实现退出，预计投资回报率19%。三是运营治理得到新提升。健全完善各项管理制度和规范各项业务流程。匹配项目推进节奏，2019年修订完善《基金投后管理办法》《基金投后估值管理办法》等系列投资管理制度，严格贯彻落实《合规手册》《员工手册》等岗位履职规范以及风险防控制度办法。基金运营管理方面继续做好与有限合伙人的关系维护，执行对投资人的定期走访机制及日常沟通协调机制，通过《投资者简报》《基金大事记》、及时推送基金网站和发送基金宣传册等方式与投资人沟通基金投资进展，争取投资合作效益最大化。四是强化团队品牌建设。遵循“精简高效、灵活扁平、强化前台、整合后台”原则，前台投资团队强调业绩导向和全球配置，中后台职能团队强调一专多能和精简集约，保证轻量化运作。积极组织联名投资论坛、各类商务签约仪式、新闻媒体采访等外事活动。做好网站内容更新及运营管理，借助《中东欧视界》《中东欧经济报告》宣传在中东欧区域投资的成果。2019年11月，与中东欧经济研究所联手举办中东欧经济圆桌讨论会，探讨“一带一路”框架下中国—中东欧合作的新机遇和新动能，进一步加强品牌形象塑造并深挖潜在投资合作机会。

（中国—中东欧金融控股公司）

国际业务

2019年，面对错综复杂的国内外经贸形势，我行克服监管压力加大等诸多困难，巩固发展基础，丰富产品体系，加大客户拓展，紧抓人民币国际化十周年的市场契机，多措并举推动国际业务稳健、创新发展，实现境内国际业务中收四行排名第一的历史新突破。

一、国际结算、贸易融资及单证业务

（一）2019年总体情况

2019年，境内分行实现国际业务中间业务收入52.3亿元，序时完成率为100.47%；四行占比首次排名第一，领先中行1.07个百分点，实现历史性突破；国际结算量1.78万亿美元，同比增长2.10%，序时完成率112.15%；表内国际贸易融资余额（本外币）416.27亿美元，较上年末增长11.18%；国际贸易融资不良率0.2%，创近年新低；全行新增国际业务客户2 355户，序时完成率157%；累计为85家境内外机构办理单证业务44.27万笔，收取手续费收入34.6亿元。

（二）主要工作措施与成效

狠抓中收拓展，国际业务发展实现历史新突破。一是根据境内分行国际业务中收、国际结算量等指标完成情况，按月发布《境内分行国际业务中间业务收入完成情况的通报》，并按季召开境内分行中收督导视频会，推广先进经验，鞭策后进分行，加强督导力度。二是总行先后6次赴基层行进行业务调研，召开三场境内分行片区座谈会，完成对境内36家一级直属分行国际业务发展情况的全面摸排，协助分行就业务拓展过程中存在的问题和诉求与总行相关部门进行沟通，有效解决分行业务发展过程中的痛点、难点。

强化顶层设计，国际业务产品基础不断夯实。一是于6月成立福费廷保函保理专项团队，集中专业力量全面推动市场潜力大、同业差距明显的福费廷、保理、保函业务。福费廷业务方面，在行内积极争取福费廷业务配套政策，特别是明确了包买他行国内证福费廷的业务报价、FTP均参照票据转贴现执行，对于先买后卖、持有期限较短的国内证福费廷业务，在贷款规模上允许月

中临时“鼓肚子”；全面加强同业合作，先后完成15家同业的协议签署，为业务发展打通同业渠道。2019年，境内分行累计办理福费廷业务1 468.09亿元，同比增长142.65%；实现中收2.06亿元，同比增长51.61%。其中，国内证福费廷业务增长尤为明显，境内分行累计办理1 271.54亿元，同比增长252.24%；中收1.96亿元，同比增长72.71%。对外担保方面，面对内保外贷业务政策趋紧态势，转换思维，大力推进非融资性保函业务发展，使之成为融资性保函的有益补充，实现了非融资性保函开立额和余额的正增长。2019年，境内分行累计开出对外担保118.79亿美元，其中非融资性对外担保83.61亿美元，同比增长1.91%；境内分行对外担保余额307.13亿美元，其中非融资性对外担保余额177.02亿美元，较上年末增长5.09%。二是紧跟贸易发展趋势，印发《服务贸易项下对外应付款融资业务管理办法》，填补我行服务贸易项下融资产品空白；紧跟监管要求和客户需求，印发国际贸易融资风险参贷业务协议，进一步规范国际贸易融资二性风险参贷业务；紧跟行内政策导向，总分行共同对《国际贸易融资业务信用风险管理基本规定》政策制定进行集中讨论，为分行办理非贸易项下风险参贷业务提供产品支持。三是对19项国际业务产品管理办法或业务协议进行英文翻译，为境外机构国际业务拓展和规范操作提供便利与支持。

加强精准营销，国际业务客户支持力度不断提升。一是强化客户营销。根据客户进出口量、在我行业务办理情况等多重维度，印发目标客户清单，对国际业务客户进行分类管理和分层营销。二是提升重点客户支持力度。印发《关于发布国际贸易融资优惠定价客户名单的通知》，为国际贸易融资重点客户优惠定价提供政策支持；全年新增25户总行级国际贸易融资重点客户，总行级国际贸易融资重点客户名单扩充至249户。

加快产品创新，国际业务电子化建设加速推进。一是全面推进海关国际贸易“单一窗口”对接建设。以我行纳入海关“单一窗口”首批金融合作银行为契机，全面推进国际贸易“单一窗口”金融服务系统功能开发，实现了“在线预约开户”“三方协议签订”“用户绑定”“跨境汇款”和“外汇牌价展示”等多项核心金融服务功能的上线应用，并在海关“单一窗口”系统上线首日成功抢占办理全国首笔跨境汇款业务。同时，为进一步扩大业务推广效果，举办试点地区“单一窗口”专项营销活动，提升市场知名度和业务拓展成效。截至2019年末，全行通过“单一窗口”共办理三方协议签订约8 840笔，跨境汇出汇款5.5亿美元，汇款业务量居四大行第一。此外，正式上线同业领先的“单一窗口跨境贷”线上融资产品，全面满足中小进出口企业融资需求。二是全面参与智能银行生态系统ECOS 1.0的建设。推进ECOS项目下国际结算和国际贸易融资领域系统建设工作，为后续国际业务产品系统建设和升级改造奠定基础。三是全面推动外汇局跨境区块链试点推广。为有效解决对报关单真实性进行核验以及审核融资企业资质的问题，积极参与国家外汇管理局组织的跨境业务区块链服务平台试点推广工作，为丰富贸易背景核实手段和风险防控水平提供支持。

加大市场宣传，国际业务专业化水平不断提高。一是牵头筹办国际商会银行委员会2019年度会议，通过搭建现场展台、参加大会分组议题讨论、举行外事会谈等多种方式，宣传我行国际形象。二是成功举办2019年国际业务专家培训班，进一步提升全行专业队伍的业务能力。三是积极配合检查和人民银行开展国际业务全量产品洗钱风险评估。

加强单证业务精细化管理，持续提升专业服务能力。一是一总两分三个中心按区域分工，互为灾备，提升服务效率，全年中心办理境内分行7项主要单证业务等待时长缩短58.33%～87.77%，等待超过2小时业务减少97.50%。结合全行智慧银行系统建设，重塑35项产品和服务业务流程。二是实现GDMS国内证福费廷包买及中介型（他行单据）系统功能模块投产。三是创新代客制单模式，以制单外包服务为支点，撬动大客户出口单证、外汇资金、现金管理全链条在我行的闭环处理。客户全年累计办理出口信用证业务同比增长274%，保函业务同比增长180.58%，并实现在我行单证项下贸易融资业务零的突破。协助解决贸易纠纷309笔，为客户挽回损失939.9万美元。四是提供43场累计3 192人次的线上、线下专业培训服务，有力提升前台单证业务水平。

二、跨境人民币业务

（一）2019年总体情况

2019年，境内外机构跨境人民币业务累计实现金额5.03万亿元（含结算、贸易融资、人民币购售），同比增长9.52%。其中，完成跨境人民币结算44 394.53亿元，完成跨境人民币贸易融资4 871.73亿元，办理跨境人民币购售1 065.31亿元。境内分行实现跨境人民币结算2.47万亿元，同比增长3.58%，四行占比达26.21%。

（二）主要工作措施与成效

积极推介重点产品，有效巩固市场地位。围绕“紧跟政策导向服务实体经济、全面挖掘金融对外开放机遇”两条主线，关注监管政策动向，研判市场形势变化，借力重点产品组合优势，夯实人民币客户基础。一是充分把握人民币国际化十周年契机，举办多场专题论坛及客户推介活动，制作我行跨境人民币服务宣传视频及人民币国际化十周年主题平面广告，重点宣传我行在服务实体经济、金融市场对外开放、资本项目可兑换、“一带一路”建设、促进普惠金融发展等领域的成绩与跨境人民币综合金融服务优势，有效提升市场影响力。二是紧跟市场需求及价格变化，扩大第一类风险参贷办理范围，从有跨境拆借权限自贸区分行拓展至所有境内分行，创新丰富增收产品，稳步提升跨境人民币融资重点产品的市场竞争力与价值贡献。

发挥自贸区政策优势，全力推广创新业务。一是在海南自贸区实现首批自贸区分账核算系统验收和上线投产，支持海南自贸港发展。二是持续关注自贸区扩容安排，第一时间完成第五批自贸区挂牌和市场首笔业务；把握自贸区升级发展机遇，支持自贸区分行为境外机构办理人民币衍生产品、向境外机构和境外项目发放人民币贷款、大宗商品贸易使用人民币计价结算等创新业务，形成一批业务亮点。三是把握上海临港新片区升级发展机遇，围绕金融支持长三角一体化发展行动方案，启动上海跨境业务中心建设；充分利用广东、浙江、深圳跨境创新政策，优化业务结构与联动机制，抓住市场契机创新开展跨境资产转让业务；在工银澳门成立十周年庆典上，发布我行大湾区金融服务方案。

深化清算行发展，培育境外人民币重点市场。一是根据人民银行统筹布局规划，持续争取我行担任巴基斯坦、印度尼西亚、老挝、缅甸、奥地利等地人民币清算行资格；受人民银行委托，承办境外人民币清算行业务座谈会，明确清算行定位及发展方向；按照监管要求，顺利完成卢森堡、多哈、多伦多清算行清算协议续期工作。二是在湖南成功举办中非人民币国际化论坛，在湖南打造中非跨境人民币中心，在人民币结算、清算、投融资及外汇交易等领域促成多项成果。三是促成缅甸政府将人民币纳入官方结算货币。四是推动境外人民币市场建设，在英国、德国、荷兰、卢森堡、瑞典、波兰等国开展沪伦通、CIBM 直投等跨境人民币业务营销拓展；在亚洲、欧洲等 12 个重点海外市场投放跨境人民币业务平面广告。

完善跨境电商服务体系，推进重点项目落地。一是建立跨境电商功能提升项目，实现支付机构跨境人民币支付功能的投产，拓宽我行跨境电商服务对象与业务品种；跟进最新监管政策，修订我行支付机构跨境业务管理办法。二是加大对重点目标客户的营销力度，建立重点客户、项目跟踪机制，紧抓监管机构只允许支付机构保留两家跨境人民业务合作银行的政策调整期，全力营销市场主要支付机构跨境人民币备付金账户，提升我行跨境电商交易市场份额与价值贡献；提升客户沟通和服务质效，专项解决重点电商客户的业务需求，持续推进与多家第三方支付机构的跨境外汇业务、区块链跨境汇款等重点创新业务系统开发及合作。三是在境外机构推广跨境电商金融服务和产品，有条件有政策的境外机构搭建本地跨境电商金融服务平台，积极推荐各类境内“走出去”电商企业落地我行境外机构。

（总行国际业务部）

与标准银行的战略合作

2019 年，工商银行持续加强标银集团股权管理，深入研究南非宏观经济及标银集团经营情况，进一步落实股权管理责任；全面推动工行与标准银行的战略合作，持续推进两行高层访问、业务合作及人员交流。

一、对标准银行投资收益情况

截至 2019 年末，工商银行持有标银集团股份 324 963 464股，股比 20.06%。按权益法核算，2019 年标银集团归属工商银行利润约 25.4 亿元人民币。自入股以来，工商银行累计收到标银集团现金分红约 210.4 亿兰特，股票分红约 1 995 万股。

二、对标准银行的投资管理

2019 年，工商银行通过派出董事履职、现场调研、专项研究及日常股权监测相结合的方式，进一步加强标银集团股权管理。系统研究南非经济社会运行情况及未来展望，会同非洲代表处研究标银数字化战略筹划及实施情况，加强对标银集团经营发展态势研判；通过派出董事履职、现场参加董事会、赴标银集团基层机构开展调研等方式，密切跟进标银集团重大经营管理事项，切实维护工商银行股东权益；建立和完善非洲代表处与总行定期沟通汇报等股权管理机制，压实股权看管责任。

三、战略合作开展情况

2019 年，工商银行和标银集团继续通过高层交流、合作会议、业务培训、人员交流等多种形式，在金融科技、贸易融资、跨境结算、风险管理等多个领域开展深入合作。截至 2019 年末，工商银行在非已审批项目近百个，涉及非洲 20 多个国家，承贷额超过 200 亿美元。

两行重要活动包括：召开标银集团中国业务研讨会，共同探讨中国业务合作前景；在莫桑比克联合举办中非跨境金融服务座谈会，推动为中非经贸合作提供全面金融支持；持续推进人员交流、大数据等金融科技领域专项交流，并开展两行人员交流项目视频宣传；在首届中非经贸博览会期间，联合承办中非经贸合作磋商会，推动中非企业寻找商机、共商合作，并与国家开发银行、中国进出口银行签署谅解备忘录，共同服务中非经贸合作；在第二届进博会期间，联合举办非洲·拉美地区经贸洽谈会，推动中非企业加深了解、创新合作；在湖南长沙举办中国—非洲人民币国际化论坛，推动提升跨境人民币服务能力。

两行高层继续保持密切的沟通交流。7 月，陈四清董事长、谷澍行长等高管在北京会见标银集团董事长、CEO。12 月，陈四清董事长、官学清董事会秘书出访南非，访问标银集团并拜会南非总统，工商银行与标银集团召开年度战略合作会，系统总结两行第一个战略合作《五年行动纲要》落实成果，并为下一步推动两行全方位、深层次战略合作指明方向；两行还举办数字化转型专题研讨会以及个人金融、人力资源、风险管理、资产管理等业务交流会，深入探讨两行未来在相关领域的交流合作规划。

（总行战略管理与投资者关系部）

工银亚洲

2019 年，香港社会面临修例风波引发的复杂局面，在严峻的社会环境中，中资银行安全经营面临巨大挑战，也给工银亚洲带来前所未有的严峻考验。工银亚洲沉着妥善应对，持续优化完善安全生产机制。结合修例事件发酵实际，预先建立并持续优化完善行内部门之间的“联防联动”体系，前瞻性开展压力测试和重点业务应急沙盘演练，以提升安全防范与应急抢险能力为中心做好全员安全培训，突出抓好分行网点安全生产保障，对全线分行网点实施设施加固工程，在子行组织推广防抢劫演练实施方案，强化营业网点和监控中心的风险协同应对机制，最大限度提升了网点突发事件的应急处置能力，确保了 2019 年子行各项工作稳步开展、安全稳定运营。在近半年的时间里，工银亚洲 57 个分行网点中有 30 个被多次破坏，177 台 ATM 中有 29 台被多次破坏。其中，3 个分行网点及 ATM 区被纵火，8 个网点外墙落地玻璃被打碎，17 个分行网点外墙被涂鸦，40 支监控镜头被喷漆，13 支监控镜头被损毁，3 台打簿机被破坏，2 部电子海报显示屏被捣毁，1 部支票机被破坏。每次发生大规模严重破坏活动时，工银亚洲均尽可能地调动最大资源，做好预案，加强分行网点防护，将财产损失降到最低，将破坏影响降到最低，事后全力恢复营业，最大限度地保障客户服务和持续稳健经营。

一、克服不利因素推进转型升级经营业绩量质并举

（一）净利润再创新高，经营效益稳步提升。面对极其复杂的社会环境和激烈的市场竞争形势，工银亚洲保持稳健经营，积极加强市场、政策及客户需求预判，不断加大客户营销拓展力度，2019 年实现净利润 91.13 亿港元，同比增长 2.1%，完成年度经营目标，净利润总量在集团境外机构的贡献占比进一步提升。

（二）存贷款实现稳步增长，资产负债结构不断优化。2019 年，工银亚洲迎难而上抢抓市场机遇，逆中寻机深挖落地优质重大项目。客户存款日均余额增长 3%，其中零售存款增长 4.73%，占比提升 1.7 个百分点至近 40%；主动退出高风险贷款超过 300 亿港元，潜在风险融资占比压降至 2.84%，新增贷款主要投向优质行业和优质客户，债券投资余额增长 11.5%。

（三）中间业务结构持续改善，转型业务增速加快。2019 年，工银亚洲不断加快业务结构调整，多方挖潜、抢抓机遇，加强公私业务联动、内外联动，在各项业务总体保持平稳增长的态势下，积极推进经营转型并取得较好成绩，零售保险、财务顾问、资产管理、资产交易等产品快速增长，中间业务纯收入持续扩大，纯收费中收实现 10.9 亿港元，同比增长 6.6%，占比提升 5 个百分点，收入结构不断优化。

二、主要经营亮点与工作措施

（一）沉着应对社会风波，努力确保安全有序运营。沉着妥善应对冲击，确保了员工及客户财产与信息安全。持续优化完善安全生产机制。完善各部门“联防联动”体系，前瞻性开展压力测试和重点业务应急沙盘演练，以提升安全防范与应急抢险能力为中心做好全员安全培训；突出抓好分行网点安全生产保障，对全线分行网点实施设施加固工程，强化营业网点和监控中心的风险协同应对机制。多措并举确保员工队伍稳定。将特殊时期员工思想及行为管理作为中心工作，确保员工不发生违法违纪行为；以康委会工作为抓手，举办各类员工康乐活动，为员工舒缓压力，保持队伍稳定。积

极发声支持社会止暴制乱。多次在主流媒体严正发声，积极参加各类正能量活动，通过成为香港奥运代表队独家金融机构合作伙伴、积极冠名赞助国庆70周年电视节目《国家相册》等方式切实履行在港中资企业责任，展现中资企业与香港市民共同携手跨越挑战的形象。

（二）坚持“发展为要”，积极拓展资产业务增长点。面对贷款大量到期和潜在风险客户主动退出等压力，更加积极主动、多元化拓展优质客户和市场。持续推动重大项目和大额投放，成功落地名气创建过桥贷款，华为、中海外等银团贷款，以及华为、保利置业、招商局集团等客户的大额循环及定期贷款等项目；推动零售贷款取得良好增长，在大力拓展按揭业务的基础上，加快定期/循环贷款业务发展，带动零售贷款多元化增长；克服不利市场环境，实现贸易融资余额快速增长，有效稳固子行资产业务；加大债券投资力度，年末债券投资余额较年初显著增长。

（三）强化精细管理，推进负债业务多元化发展。挖掘营销华为、中远、中石油等重点存款大户，灵活使用产品组合提升重点客户服务能力。IPO收款及派息业务稳健发展，IPO收款行客户数连续两年稳居同业第二位，现金管理业务在客户拓展、存款沉淀及产品管理均取得重大突破。大力发展零售存款业务，开展新客户新资金存款推广活动，推出活期宝（专属版）及增利宝等产品，实现零售客户存款量质提升。积极运用多元化手段，发行首笔“粤港澳大湾区”概念绿色债券，CD发行量大幅上升，不断拓宽资金来源。

（四）加快转型创新，积极推动业务结构持续优化。积极转变发展理念和服务模式，推动经营转型迈向深入。“大零售”战略取得良好成效。零售条线存款、贷款、非息收入、中高端客户均实现较快增长，成为子行业务稳定增长新的引擎。继续推进“四大转型业务”发展。坚定贯彻“大投行”战略，债券承销市场影响力及同业优势持续扩大，银团贷款市场港澳地区排名保持前三，信贷资产交易业务收入突破亿元水平。资管业务构建了涵盖固收、股票、另类业务的多元特色创新产品体系，并初步形成集团内外平台多维联动的业务拓展网络。交易银行领域，激活网银拓户与存量客户唤醒，“加e”客户数、升级“e+2/e+3/e+4”客户数稳步增长。互联网金融领域，推动手机银行4.0全面升级，新增“e开户”、智能客服、“跨境手机号汇款”等功能，推进网银升级、信用卡业务线上化、开放银行生态建设等领域发展。

（五）深化业务联动，持续挖掘内外资源潜能。深化“一体两翼”发展战略，发挥集团境外旗舰和联动枢纽作用，不断提升联动发展水平。亚太区联动方面，以亚太区银团贷款中心发展为切入点，优化亚太一体化联动营销机制，为客户提供综合化金融服务方案，将亚太业务扩大至21个国家和地区，连续两年获得“Asia Money‘一带一路’最佳中资银行（东南亚地区）”大奖。大湾区联动方面，成立大湾区公司业务部，在华商银行挂牌“湾区跨境金融服务中心”，联动兄弟机构推出了“开薪汇”“湾区置业通”“跨境企业通”等一批创新产品和服务，市场影响力不断提升。公私联动方面，依托“考核直通车”项目，调动子行全员参与联动营销的积极性，实现大零售业务和对公业务高效协同的良性互促发展。

（六）突出“稳健为基”，不断提升风控合规及运营科技水平。不断强化底线思维，坚守“安全稳健”这一生命线，树立正确的发展观、业绩观、风险观。强化风控合规管理工作。积极做好本地监管合规与集团合规各项工作，推进分行本地系统重要性银行项目工程。加强信贷资产质量管理。着力推进“信贷资产质量管理”和“信贷基础管理”两大工程，抓住“管好新增、管住存量、加快处置”三个关键。提升科技及运营支持水平。将金融科技作为子行加快转型发展的核心动力，围绕“业务创新、对客服务、内部管控”三大领域，实现金融科技为经营发展赋能。成立流程优化委员会，围绕客户体验痛点问题，重塑流程优化与服务响应机制；高效完成RPA一期、ECS管理平台1.0等项目，智慧运营能力再上新台阶。

（工银亚洲）

工银澳门

2019年是新中国成立70周年、澳门回归祖国20周年、工银澳门整合成立10周年的大庆之年。在国际形势复杂多变、周边不稳定因素增加情况下，工银澳门坚持改革创新、锐意进取，在攻坚克难中保持了平稳健康增长。截至2019年12月末，工银澳门资产总额417亿美元，增长13.8%；存款余额282亿美元，增长9.7%；贷款余额257亿美元，增长5.2%；NIM水平1.17%，同比提高11个基点；实现净利润3.41亿美元，同比增长13.5%，计划完成率100%；主要经营指标同业占比稳中有升，继续保持本地注册第一、同业第二的主流银行地位。不良贷款率继续保持在0.12%低位，资产质量良好，未出现大的风险合规事件。2019年，工银澳门获惠誉调升短期发行人违约评级至“F1+”；继续蝉联美国《环球金融》、英国《世界金融》杂志“澳门地区最佳银行”；获*Macau Business*评选商务大奖之“企业社会责任大奖（金奖）”和“领导楷模大奖（优秀奖）”；更荣获澳门特区政府“工商功绩勋章”，成为澳门回归20年来，澳门社会第9家获此殊荣的实体机构，发展成效和社会贡献得到政府及社会各界的充分赞誉和认可。

一、稳中求进，抓住危中之机实现了新的跃升

面对国际形势复杂多变、内地经济放缓等不利影响，深刻把握澳门“一中心、一平台、一基地”的功能定位和“国家所需、澳门所长”的历史机遇，协同全集团在“一带一路”及大湾区建设、金融科技及多元化布局等领域深入拓展。业务基础方面，个人客户规模达到42万户，本地常住人口占比达到65%，零售存贷款分别突破600亿澳门元，占比达到30%；信用卡发卡规模达到28万张，保持同业第一；电子银行客户达到28.4万户，离柜业务占比增至81%；私人银行客户突破2 500户，站上发展新台阶。业务结构方面，债券投资余额743亿澳门元，增幅45.2%，债券投资占总资产比重达到21%，同比提高4.6个百分点。存款业务占总负债资金来源的比重接近70%，集团资金依存度9.1%，同比下降0.8个百分点。人均拨备前利润达到300万澳门元，经营效率进一步提升。

二、着眼长远，致力推动全行未来可持续发展

在战略布局上。围绕“一体两翼”布局，制订了澳门机构战略发展方案，推动经营战略转型；复设澳门分行，成为澳门首家双牌照经营机构，有效提高了澳门机构业务承载能力；深入推进运营体制改革并完成第二阶段改革任务，为业务发展打下了坚实基础。在管理提升上，统筹抓好选人用人、人员管理、薪酬激励、教育培训等重点工作，着力提升人事工作的服务协同作用，为全行改革发展提供组织保障和人才支持。在业务发展上，主动调整经营结构，完善产品服务，通过聚焦大零售、大资管及交易银行市场，搭建多点支撑的发展格局。南光银企互联及跨境资金池首家投产，华为结算服务成功落地，结现及C+S存款稳步增长；资产托管规模突破100亿美元，增长25%。

三、转型创新，致力提升综合市场竞争力

深化金融科技创新和移动支付布局，不断提高线上线下渠道的获客活客黏客水平，海外微信、支付宝收单额26.36亿澳门元，同比增幅超过200%；独家推出全聚合支付产品，聚合商户接近主要对手2倍；移动银行成功改版，手机银行日活数增长51.4%；在海外机构中首家推出企业网银全球批量跨行汇款、全球批量跨行发薪等服务，推动了结现业务发展。率先创新推出“湾区账户通”见证开立内地个人账户业务，助力大湾区互联互通；在国际市场成功发行5亿美元次级债，创下澳门市场最低利差、最低票息、最高评级、最大规模、最高认购倍数等历史纪录，树立了澳门金融业良好形象。

四、风险为本，坚守依法合规防控风险底线

合规经营方面，始终坚持“风险为先”的经营理念和“审慎稳健”的经营原则，扎实做好内控合规及风险防控，杜绝涉敏合规隐患，保障了各项业务的健康运行。全面风险管理方面，对各类业务风险及反洗钱状况进行深入分析和研究，有效甄别和防范了投资、代理行及国别风险，以预防为主，强化责任落实，防范了安全保卫及外部欺诈事件。尤其在信用风险管理方面，不断夯实信贷管理基础，累计压降逾期贷款141.45亿澳门元，减少不良贷款2.25亿澳门元，维护了资产质量稳定。市场风险管理方面，及时调整资金策略及投资组合，强化利率指导及管理工具运用，实现了防风险、增收益、降成本目标。

五、回馈社会，彰显驻澳中资企业担当精神

工银澳门积极践行责任担当、深度服务社会，努力在民生、慈善、教育等领域发挥更大作用。成功举办工银澳门成立十周年庆典，提高了市场影响；首设社会教育基金和工银大学—澳门金融人才培训学院，联合澳门大学举办首届濠江论坛，支持文教事业发展；首设跨境电商协会、发起濠江论坛，为特区政府建言献策；赴四川开展跨境扶贫工作，为巴中贫困地区捐赠救护车及教育设施，助力扶贫攻坚；首设员工康委会并首办员工运动会，营造和谐发展氛围。

（工银澳门）

新加坡分行

2019年，按照总行境外发展战略部署以及对新加坡“核心市场”定位，新加坡分行紧扣“提质增效”发展理念，坚守“合规与风险底线”，认真落实金融监管规定，着力加强风险管控，持续深化结构调整，各项业务稳健发展，经营效益持续提升。现将2019年工作总结报告如下。

一、主要经营指标

（一）经营效益。2019年实现净利润12 246万美元，同比增加1 200万美元、增长11%；实现中间业务收入4 800万美元，同比增加1 164万美元、增长32%。中间业务收入占营业净收入的比例22%，较上年提高6个百分点；成本收入比24.60%，与上年基本持平。

（二）资产负债。截至2019年末，总资产余额232亿美元，较年初增加3.5亿美元、增长1.50%。受区域经济增长大幅放缓以及部分客户降杠杆提前还款影响，各项贷款余额92亿美元，较年初下降18.85亿美元；全部存款（含同业）余额116亿美元，较年初增加17亿美元、增长17%。其中，客户存款余额76亿美元，较年初增加4.8亿美元、增长6.80%。

（三）资产质量。截至2019年末，不良贷款余额1 993万美元，按原币种计算，不良贷款比年初减少7.08万新元，但受贷款总量下降影响，不良贷款率较年初微升0.04%至0.22%。贷款减值准备余额1.1亿美元，不良贷款拨备覆盖率545%，风险抵补能力维持在较高水平。

二、各项业务发展

（一）人民币清算行地位持续巩固。截至2019年末，新加坡清算行共为47个国家和地区的参加行开立人民币同业往来账户122户，其中工行集团内机构账户48户，同业代理行账户74户。2019年清算量47.4万亿元，同比增长3.70%，集团清算行清算总量排名第1，占比超过90%。开业以来累计完成人民币清算业务287万笔，清算金额282.9万亿元。

依托人民币清算行优势，加强与本地以及东南亚区域央行、银行、非银行金融机构的业务合作。一是与本地主流银行的合作关系持续巩固，成功与华侨银行续签对等拆借协议、与渣打银行、MUFG银行新签双边借款协议，筹集长期资金4.5亿美元。二是持续加强主权类重点客户的营销，与新加坡、柬埔寨、印度尼西亚、菲律宾、泰国、文莱、卡塔尔、科威特、阿联酋、中国澳门等10多家（地区）央行或主权类机构建立了业务合作。三是非银行金融机构营销实现新突破，先后为Lim & Tan、Sing Investment & Finance等12家非银行金融机构开立账户，并继成为亚太交易所和新交所中央托管私人有限公司的结算银行后，2019年5月又成为新加坡交易所衍生品清算所指定的结算银行。

（二）金融市场业务实力提升。一是发挥集团离岸人民币做市中心职能，持续提升分行在离岸人民币市场的影响力。2019年，分行离岸人民币做市交易量达到4 900亿美元，同比增长8.80%。2019年，分行在新加坡交易所人民币兑美元期货做市量约104亿美元，并成功开展全球首笔人民币兑美元FlexC（灵活定制）期货交易，成为新交所重要期货做市商之一。二是积极履行境外筹资中心职能，为第二届“一带一路”高峰论坛贡献力量。2019年4月，在总行支持下，分行成功发行等值22亿美元绿色“‘一带一路’银行间常态化合作债券”，用于支持“一带一路”绿色项目建设。此次发行被列入第二届“一带一路”高峰论坛官方成果清单，获得新闻联播、新华社、The Asset、Business Time等国内外知名媒体的广泛报道，并被The Asset评选为2019年中国区“最佳可持续金融债券交易”奖。三是在人民币国际化10周年之际，促成了“中债—工行人民币债券指数”在新加坡发布和挂牌。2019年11月，工行联合中央国债登记结算公司、新加坡交易所向全球发布了该指数，并签署三方合作备忘录，共同推广该指数的境外应用。这是发挥新加坡离岸人民市场优势，并以新加坡为连接点，连通东盟以及全球资本市场的有益探索。四是通过直接投资和“债券通”两种方式积极参与境内人民币市场，参与境内债券及回购交易规模位居境外机构前列，获得中央国债登记结算公司连续第三年颁发的“优秀境外机构投资者”奖。五是优化客户结构，努力提升债券承销发行能力。2019年共承销债券37笔，参与承销发行量260亿美元，积极扩展中资券商、租赁公司等非银行金融机构类优质发行人。2019年9月，新加坡分行作为全球协调人、联席主承销商和联席簿记人，成功协助东方证券在新加坡发行2亿新元的3年期债券，募集资金全部留存集团，带动了存款、外汇买卖等派生业务。本笔债券是中资非银行金融机构第一次在新加坡挂牌发行新元债券，具有较大创新意义和示范效应。

（三）公司金融业务纵深发展。一是深耕新加坡市场，加强信贷业务本地化营销，不断优化客户结构，持续推动公司业务本地化进程。2019 年新拓展盛裕、荷兰皇家壳牌等优质客户 139 户。本地贷款余额达 55.6 亿美元，占比 60%。新币贷款余额 15.2 亿新元，较年初增加 7.11 亿新元，增长 88%。持续做大做强银团贷款业务，2019 年新拓展银团承贷项目 15 个，新发放银团贷款 7.22 亿美元。二是发挥新加坡作为金融中心以及“一带一路”节点区域优势，加强与总行、马尼拉分行、莫斯科子行等境外机构、广东、重庆、南沙自贸区分行等境内机构的业务联动，促成多个境内外重点项目的成功落地。三是打造大宗商品贸易融资业务首选中资银行，采取多项措施压降单证业务处理时间，提高处理效率，全面提升客户服务水平。2019 年共办理国际结算业务 3 000 余笔，总金额达到 236.2 亿美元。国际结算和贸易融资业务量有了飞跃式进步，2019 年 5 月起超过工银亚洲，在分行 45 家境外机构中排名第一。四是以全球现金管理服务切入，成功撬动路易达孚、丰树、悦榕庄、船级社、华为等大型跨国集团客户营销，签约上线跨境资金池、全球账户信息管理、集中付款、预结汇代发工资等金融服务，现金管理主办行项目累计达到 51 个，覆盖账户总数超过 800 个。五是稳步推进跨境联动网络建设及产品营销。助力中新互联互通项目，与 GeTS 推进“金融 + 物流”深度融合的跨境电商平台合作；借助跨境 e 缴费等产品推广，成功与新加坡南洋理工大学等 8 家本地重点客户建立合作关系，跨境缴费金额超过 220 万新币；在境外机构中率先实现融 e 购 B2B 线上全流程跨境扶贫，并借助分行工银速汇通道实现款项付出，成为全行扶贫工作的新突破。

（四）个人金融业务提质增效。一是通过持续加强网点精细化管理、实施网点柜员标准化服务、借力移动互联网技术以及共享经济增加小额提款点，加强个人手机银行推广等一系列措施，全面提升个人金融服务能力。二是强化市场拓展和营销管理，开展出行中国必备、老客户回家等主题营销宣传活动，提升产品与服务市场知名度；加强与本地保险公司的业务合作，抢占保险代理销售市场，拓宽收入来源。三是充分发挥外拓营销团队作用，公私联动，实施精准营销，提升市场推广效果。2019 年外拓团队开展各类营销宣传活动 50 余场，走访公司和机构客户近 40 家，累计营销个人账户 600 个。四是持续加大总行“爱购”品牌活动推广，本地合作商户达到 150 家，涵盖滨海湾金沙、樟宜机场等新加坡本地及国际品牌，着力打造境外爱购活动的旗舰品牌。截至年末，分行个人客户达到 10.4 万户，较年初增加 2.6 万户，储蓄存款余额 39.4 亿美元，较年初增加 13.8 亿美元、增长 54%。2019 年新发万事达生肖卡、银联星座卡，信用卡净增 9 411 张，居境外机构第二位，发卡总量达到 3.26 万张，并推出了工行金卡客户赴新加坡专属签证政策。

（五）金融科技创新发展。依托集团金融科技优势，推进工行优势产品在新加坡市场的应用，相继投产个人新版手机银行、企业手机银行，对接新加坡政府平台 MyInfo 实现信用卡在线办卡，打造 SWIFT 海外直联、跨境 e 缴费、融 e 购跨境 B2C 及 B2B 等创新项目。在移动支付领域，投产企业 PayNow、SGQR，并为中国驻新加坡大使馆投产实现签证缴费扫码支付。连续第三年牵头参展新加坡金融科技节，以“智慧银行 ECOS”为主题，围绕财资云、跨境 e 缴费、融安 e 信、融 e 购等特色业务以及分行 SGQR 移动支付等创新产品展示；同时，积极学习、运用 RPA 技术提升分行业务处理自动化，并对分行主机房等信息科技基础设施进行了全面升级改造，部署机房自动化监控系统，提高科技运行保障能力。

（六）工行品牌价值不断提升。一是充分发挥中资金融机构载体作用，积极服务于人民币国际化战略发展及“一带一路”建设。2019 年，新加坡分行成为亚洲基础设施办公室（新加坡企业发展局和金融管理局联合成立）的唯一中资合作伙伴，并参加首届“亚洲基础设施论坛”发表主旨演讲，其间组织东南亚金融机构与 70 余名重要客户围绕“工行国际化发展及人民币跨境业务”等议题进行交流；与新加坡交易所、新加坡工商联合总会等机构密切合作，邀请新加坡企业共同参加东盟博览会、中新重庆金融峰会等重大活动并签署合作协议；参展第二届中国国际进口博览会，分行与新加坡政府重点合作项目新加坡互联贸易平台（NTP）在进博会亮相发布。二是擦亮工行招牌，参与新加坡金融行业新规及标准等制定。2019 年，分行成为新加坡银行业 Culture and Conduct Steering Group 创始成员之一，应邀参加新加坡金管局 FCAP 绿色金融工作小组，加入 ABS 数据管理常务委员会，并成为新加坡金管局主导的 AI 研究项目 VERITAS 成员之一。三是投身社会活动，树立良好的企业形象。支持新加坡报业控股与新加坡南洋女中联合举办的“华文大比拼”，新加坡旅游局等机构主办的“春到河畔”，以及中企协“工行杯”篮球赛等文化体育活动，承办“中国工商银行·盛世华彩”庆祝中华人民共和国成立 70 周年文艺汇演，持续提升品牌认知度。

三、风险及内控管理

深入贯彻总行“全面前瞻、防控有效”的合规与风险管理战略要求，将合规和风险防控体系建设作为各项业务发展的前提和基础，切实加强合规与各类风险管控，合规经营防线进一步巩固。

内控合规管理方面，一是提升反洗钱委员会层级，做到管理层全员参与，夯实反洗钱管理基础；优化反洗钱管理制度与流程，加大反洗钱资源投入，确保反洗钱机制适应性和有效性；提升反洗钱系统功能，增强系统控制能力；扩大履职培训范围和频率，走访本地同业，丰富工作实践经验。二是不断完善内控合规管理机制。注重合规制度建设与合规文化传导，规范制度管理和发布机制；积极应用集团海外合规管理平台，推动合规管理信息化建设；加大监管规则跟踪落实，完成172条监管规则对标；积极参与新加坡金融管理局支持的2019年度全行业应急演练（Raffles Exercise），提高风险防控前瞻性；优化客户投诉管理流程，理顺客户投诉处理机制。三是认真做好监管检查配合工作。2019年，先后接受新加坡金管局信贷风险管理及反洗钱控制两项进行现场检查，按照监管要求认真制定整改措施；对于BRAINS上线期间遗留的部分客户KYC数据缺失问题，分行已完成整改，新加坡金管局对分行积极整改及完善管理框架的措施表示认同，但对该历史事项的处理认定尚在研究。2019年度，新加坡金管局对分行的非现场风险评估（CRAFT）净风险维持“中低”水平，其中，反洗钱风险管理单项评级由2018年度“中高”改善为“中低”。

信用风险管理方面，加强信贷顶层设计，将分行信贷客户所处的主要行业划分为积极进入类、适度进入类和谨慎进入类，实现主要行业的信贷政策全覆盖；调整信贷结构，积极进入本地支柱产业房地产业等，对评级较低的批发零售业客户控制风险敞口。大力拓展本地信贷业务，压降跨境担保信贷业务；把好信贷资产质量关，对风险较为集中的船舶海工等重点领域、波音MAX飞机坠机等突发事件组织风险排查，2017年以来无新增不良贷款；加强信贷基础管理，修订完善了内部评级管理细则、信贷存续期管理细则等信贷制度流程，扩建分行信贷档案室，完善信贷档案管理。

流动性及市场风险管理方面，继续强化资产负债精细化管理手段，逐月统计、监控、检查主要币种的资金流动性缺口。管理层定期对资金流动性进行审议，即时研究制定应对策略，持续做好流动性风险防控；严格落实本地监管部门及总行流动性管理要求，加强流动性风险限额与预警指标的监测，主要流动性风险指标均达标；做好应急资金预案的年度演练工作，演练侧重银行挤兑预案，并相应增加了现钞需求的预测与紧急筹措，提高资金应急处理能力；完成年度市场风险限额申请和修订，按日做好限额监控、分析和报告工作，2019年未发生主动超限事件；修订银行账簿利率重定价缺口限额，依据历史数据进行合理设置指标值，提升利率风险管理水平；研究实施银行利率风险最新的计量方法，根据BCBS的《IRRBB监管标准》以及银保监会的最新要求，采用经济价值法（EVE）测算银行账簿利率风险。

（新加坡分行）

东京分行

一、2019年经营情况

2019年，日本经济整体增长乏力，负利率政策长期持续导致金融业盈利能力整体下滑。在复杂的经营环境下，东京分行认真贯彻总行党委决策部署，坚持党建与经营发展有机结合，按照总行“合规优先，稳中求进”的工作基调要求，迎难而上、积极进取，取得较好的经营业绩，各主要经营指标均优于2018年同期，价值贡献持续增强。2019年末，分行总资产为253.20亿美元，较年初增长18.98%；实现税前利润7 351万美元，税后利润4 662万美元，完成2019年计划的126.00%，同比增长9.57%；实现中间业务收入1 972万美元，同比增长12.74%；不良贷款余额保持为零。同时，分行不断加强业务合规和全面风险管理，平稳应对各项监管检查，不良贷款继续保持为零。

二、2019年主要经营亮点与工作措施

（一）持续强化合规管理，确保安全运营

设立合规官制度，进一步做好合规架构建设和反洗钱督导管理工作，同时完善三道防线协调配合的合规与反洗钱管理机制。加强与属地监管联系，建立良好沟通渠道，认真落实属地法律规定及监管政策，为业务发展创造良好监管环境。加强反洗钱系统运用并进行针对性优化，实现业务处理质量和效率双提升。分行在日本财务省外汇检查中获得无整改事项的良好成绩，同时接受了日本金融厅和日本央行现场听证，经充分前期准备，取得圆满结果，得到监管机构较好评价。

（二）开展差异化、特色化客户营销，夯实业务持续发展根基

分行将客户拓展视为经营的基础和核心，将发展重心切实落在客户资源的发现、拓展、维护和有效利用

上，力求建立起客户导向下的特色化和本地化经营模式。依托中国市场拓展本地客户，突出特色化服务，以跨境人民币、联动产品等“中国元素”特色业务为抓手开展本地拓户工程，与三井物产、日立集团、住友商事及伊藤忠等世界五百强企业新建或通过高层互访等手段深化业务合作关系，积极拓展与富士通、柯尼卡美能达、日本邮政、明治、AGC、出光兴产等日本知名企业的联系和合作。践行“ONE ICBC”一体化协同发展理念，依托集团网络，合理组合存款、银团贷款、贸易结算、资金产品等业务，助力中投公司、中铁集团、中粮日本、五矿日本、上海电力等“走出去”中资企业拓展全球市场。

（三）本地与海外市场双轮驱动，促进融资产品线创新与多元化发展

积极从新形势中发掘机遇，因时而变、因需而变，新业务拓展和传统业务升级并重，促进盈利能力不断提升。2019 年 12 月末，分行公司贷款余额 44.2 亿美元，创开行以来最高纪录。

本地市场方面，为日本大型综合性商社三井物产发放首笔日资企业人民币贷款，成功营销中投公司和上海电力实现本地不动产和项目融资突破，联动日资三大银行通过风险参贷形式发放本地主流贷款，开辟破解主办行制度新途径。

海外市场方面，主动服务国家战略，积极拓展第三方市场。响应总行支持粤港澳大湾区建设号召，与湾区内各机构加强联动，在亚太区银团贷款中心落地项目和项目库建设中位居前列；支持总行完成南标银行 2.5 亿美元贷款发放，紧密融入共建“一带一路”；与工银印尼合作为中铁集团提供应收账款融资，为中国首条高铁“走出去”示范性工程提供有力金融服务支持。

（四）聚焦集团价值贡献，打造“金融机构 +”特色发展模式

分行把金融机构业务作为本地经营转型的重要抓手，并积极协助集团重点业务条线与日资金融机构开展合作。营销本地金融机构客户负债类业务，成功新拓资金合计 340 亿日元；协助总行营销野村资管 ETF 投资托管行，并签署三方托管协议；成功营销三井住友信托银行购买总行融安 e 信产品；联动工银亚洲成功营销三井住友银行、瑞穗证券（亚洲）“债券通”结算行和托管行等。

（五）深入研究本地市场环境，着力发展金融市场业务

分行适时调整本地负利率环境下筹资策略，在严格把控各类风险的前提下，积极开展资金交易业务，稳步提高资产负债管理水平，努力实现综合效益提升。资金筹措方面，2019 年累计成交金额 1 770 亿美元，发行各类筹资工具累计达 51 亿美元，同比分别增长 17% 和 24%，为资产业务发展提供有力流动性支持。资金交易方面，继续通过外汇交易、资金拆放、资金存放和外汇掉期等业务获取稳定的资金收益，实现净收益 2 850 万美元。

（六）抓住蓝海市场业务机会，有效推动特色产品线延伸

跨境人民币业务方面，分行以合规为基石，以联动为抓手，深入挖掘客户资源和业务机会，2019 年共完成跨境人民币结算量约为 1 562 亿元，其中跨境人民币贸易融资业务累计办理金额约为 321.97 亿元，跨境人民币融资余额约为 204.87 亿元，同比分别增长 8.91% 和 24.44%，在境外机构排名中保持前列。积极探索区块链技术跨境运用场景，配合四川分行实现“中欧 e 单通”跨境区块链平台数据“秒碰”，并利用其“透明、互信、可追溯”技术特点，成功为平台核心企业办理首笔贸易融资业务。

日元清算方面，充分发挥全行日元清算中心职能，积极做好面向全集团的价值型业务后台支持，加大业务创新力度，推动跨境服务平台扎实稳固，本地影响力不断扩大。2019 年末，分行清算账户达 53 户，完成清算业务量约 10 万笔，清算总金额达 22 万亿日元。

（七）积极履行社会责任，培育和谐企业文化

跨境扶贫方面，分行把定点扶贫作为“守初心、担使命”重要实践载体，多方调动在日社会资源，以交通配套、教育扶持为切入点，引进外部捐赠专项资金，解决当地群众出行难、上学难等切实问题。整合本地产业资源，积极探索跨境人才培训、技术引进等智慧扶贫道路。

队伍建设方面，尊重并主动适应本地文化，积极导入集团价值理念，加强人文关怀，增进理解信任，增强员工对 ICBC 的认同感和归属感，持续提升员工队伍素质，为业务发展奠定良好组织基础。

社会活动方面，采取冠名、捐款、赞助等方式增加公益投入，连续第四届参加“中国节”、成功举办第三届“工行杯”乒乓球友谊赛等，通过文化沟通、民间交往等活动拉近与本地居民距离，提升品牌知名度。

（东京分行）

首尔分行

2019 年，首尔分行坚持稳中求进的总基调，以“合规提升年”为主题，持续推动三道防线协调发展，合规与反洗钱管理能力有了大幅提升。以“风险防控年”为主题，塑造分行风险偏好，完善风险矩阵建设，全面风险管理能力得到实质性提高。以资产负债管理为抓手，优化资产负债结构，本地化经营再上新台阶，提质增效基础更加牢固。保持了来之不易的市场领先地位，进一步稳定了首尔分行可持续稳健发展模式。

一、工作成效

盈利水平同业领先。分行净利润在韩国 6 家中资银行中排名第 1，在 36 家外资银行中位列第 3，并逐渐扩大了对其他中资银行的优势。

利润增长趋于稳定。2019 年净利润 7 098 万美元，同比增幅 7.8%，三年复合增长率 21.42%；中收达到 4 383万美元，营收占比为 32.47%。在保持净利润增长的同时，自行消化了 2016 年前离岸业务形成的税务包袱，累计补交税款 1 866 万美元。

盈利能力不断提升。经济资本占用从 2017 年至 2019 年持续下降，2019 年 ROA 为 0.38%，较 2016 年提高了 0.06 个百分点，ROE 为 9.18%，较 2016 年提高 3.69 个百分点，EVA 是 2016 年的 3.36 倍，均为 2016 年以来最好值。

本土发展更加深入。本土化收入占比提升至 85.33%，较上年增加 5.56 个百分点。本地自主筹资比例达到 74.58%，较上年末提升了 10.3 个百分点。本地雇员比例 82.91%，其中一半中层干部为本地雇员。一名本地雇员荣膺“大行工匠”。本地雇员表演团队入选总行 2019 年度工银全球荟活动。

监管评价保持领先。推动了三道防线协调发展，在监管机构 2019 年反洗钱综合评价中，分行在 38 家在韩外资银行中位列第 2 名，连续两年名列前茅，充分证明分行合规与反洗钱管理工作已具有较稳固的基础。

风险防控实质提升。风险防控的管理闭环基本形成，任期内保持着不良贷款率继续为零，无事故与案件发生，无监管处罚事项。LCR 从 2016 年的 60% 提升至 2019 年的 103%。

投行项目荣获奖项。分行与总行、中东、工银国际等集团协作并由分行负责安排项目利率掉期的投行项目获汤森路透《国际项目融资》杂志评选的 2019 年“中东和非洲地区年度电力项目”奖项。

二、工作措施

（一）因时因势制定发展战略，持续推进基础能力建设，打造分行可持续稳健发展的经营模式。2019 年，结合分行经营发展环境变化情况、资源禀赋阶段性基础，确定分行工作思路为：立足市场，着眼长远，坚定信念，深耕细作；调整客户结构、服务模式、资产负债结构。在巩固公司金融和贸易融资产品线优势基础上，重点打造投资银行、金融市场、金融机构三条特色产品线。同时，将 2019 年经营主题确定为“合规提升年”“风险防控年”。

（二）以党建凝心聚力促发展，打造风清气正、责任担当的战斗集体，确保战略落地实施。通过书记严格自律、当好班长，带好班子，班子带好外派团队，充分发挥支部的战斗堡垒作用和党员干部的先锋模范作用。持续不断地向占分行员工总数 80% 以上的本地雇员输出正能量，形成全员落实分行发展战略的合力。

（三）着力提升投资银行、金融市场、金融机构等三个有竞争力的本土业务产品线竞争力，业务技术含量不断提高，形成并稳固了竞争优势。2019 年，投资银行新增业务 26 笔，金额 14 亿美元，余额达到 23 亿美元，实现营业净收入 3 920 万美元。

金融机构条线为分行带来同业担保、同业融资、金融债券投资等表内外业务累计 28 亿美元，营收贡献近 1 300 万美元。新增同业短期资金池业务，带来稳定短期资金近 8 000 万美元，相当于全部网点存款余额。

金融市场条线巩固了分行在韩国本地市场人民币兑韩元直接交易做市商的领先地位；优化筹资渠道，加强资金成本管控；提升市场敏锐度，及时调整债券投资策略，提高衍生品市场交易参与度。衍生品交易总量稳居境外机构第 1。在资本金管理端，主动作为，实现收益 374 万美元，有效对冲了汇率波动对经营的影响。金融市场交易收入高达 4 503 万美元。

公司业务条线的优势继续保持，2019 年累计投放 20.62 亿美元，成功牵头现代重工等 2 笔本地重要银团业务，新增新近管理客户 5 户，实现营业净收入 1 628 万美元。

从同业对比来看，首尔分行之所以能领先建行成为在韩中资净利润第 1 并逐渐拉开差距，主要优势就在投资银行、金融市场和金融机构三条本土业务产品线。

（四）主动对表对标，重点加强二、三线建设，推动三道防线协调发展，塑造了分行全员内控合规文化。内控机制更加成熟、制度建设明显改善、合规队伍逐步充实，CAMS 上岗人员由 0 人增加到 4 人，闭环管理初步实现，科技合规建设更完善，监管关注点得到针对性加强。

（五）围绕塑造分行风险偏好，完善风险矩阵，全流程控制风险的能力得到实质性提升。一是统一了分行风险偏好，从源头上明确了各项业务的风险认知和边界；二是关注风险内涵，推动以违约概率为核心的集团内部、韩国本地、国际机构评级对照表的一致性调整，推动违约概率在管理中的应用；三是推进了风险矩阵建设，从客户、产品、区域三个维度不断完善风险矩阵；四是将流动性比例从 2016 年的 60% 左右提升至 2019 年的 100%；五是较大提高了分行各业务条线对利率、汇率风险敏感度和预判能力。

（六）围绕资产、资本、资金三个关键做好资负管理。

明确资产发展边界、提升资本增值保值能力，强化经济资本管理，提高资金自筹比例，拓展掉期、同业存拆、短期资金池等融资渠道，降低资金成本。

（七）关注领导力培养和干部梯队建设。抓好学习型组织培育和专业人才培养，实施“首尔分行管理者领导力提升项目”，培养干部的忠诚度、大局观和带队伍的能力。提升干部调查研究能力，确保分行发展战略的准确定位和有效实施。前瞻性布局干部梯队建设，为分行长远发展打造坚强的队伍。

（首尔分行）

工银泰国

2019 年，工银泰国紧紧围绕总行国际化发展工作部署和自身发展战略，在泰国社会环境错综复杂，经济形势尚未根本好转，市场有效需求不足，国内外合规监管压力持续增大的情况下，立足本地市场，坚定发展信心，持续提质增效，对外紧紧抓住中泰经贸联系和泰国政府发展经济的机遇，稳健发展公司信贷、零售、机构、租赁和金融市场五大支柱业务，持续拓展市场和客户基础；对内狠抓内部管理，不断夯实信贷管理基础，提高风险管理水平，持续推进业务流程优化和提高工作效率，实现了资产规模稳定增长，经营效益再创新高，资产质量持续提升的经营成果。

一、利润再创新高，各项指标稳步提升

（一）经营效益再创历史新高。2019 年，子行实现净利润 7 563 万美元，再创历史新高，较上年增长 23.86%，分别完成总行年初预算和年末目标的 117.80% 和 111.71%。实现营业净收入 2.02 亿美元，同比增长 12.38%；中间业务净收入 3 309 万美元，同比增长 22.78%。

（二）资产规模较快增长。2019 年末，子行总资产、负债规模保持稳步增长，资产总额达到 85.39 亿美元，较年初增长 19.95%；贷款余额达到 55.48 亿美元，较年初增长 18.42%；负债总额达到 74.79 亿美元，较年初增长 20.29%。

（三）资产质量持续提升。2019 年，子行继续实现不良贷款余额和不良贷款率的双降。年末，不良贷款余额 3 381 万美元，较年初下降 39.94%。不良贷款率 0.62%，较年初下降 0.60 个百分点。贷款拨备余额 2.33 亿美元。

二、加快本地化经营转型步伐，推进重点业务突破发展

（一）继续推动“在泰中资企业首选银行”战略的落地生根。通过上门拜访营销、集中召开中资企业合作恳谈会等多种形式，从广度和深度两个层面充分挖掘存量中资客户的合作空间，解决东部区域中资企业的合作盲区问题；同时积极把握机遇，紧盯新项目新企业的合作机遇，积极把握中美贸易摩擦带来的产业投资溢出效益，通过上门走访国外公司和国内总部，确保了一批新投资中资企业首选子行为业务主办行。年末中资企业元素贷款余额较年初净增近 100 亿泰铢，增幅超过 20.06%。

（二）持续深耕本土推动公司业务升级发展。子行在客户定位上坚持做大做优方向不变，依托工银集团的整体优势和国际银行的服务视野，加大对行业龙头、骨干上市公司和跨国企业的合作渗透，同时积极协助本土企业参与投标 EEC 区域基础设施项目。2019 年成功营销泰国大型能源集团企业过桥融资 30 亿泰铢、大型零售企业泰国王权国际 30 亿泰铢项目贷款，牵头筹组 BCPG 集团 2.20 亿美元银团贷款项目等大客户大项目，

进一步深化本土企业优选银行的品牌效应。

（三）强化负债管理，推动存款量价协调发展。主动加强对负债和流动性的管理。一方面，加强存款营销，针对目标客户市场开展了一系列内容形式多样的存款营销宣传活动，客户和存款拓展成效显著；另一方面，密切跟踪资产负债变动情况，有针对性地微调利率授权和 FTP 定价，提高前台部门组织存款的积极性。同时，在考核权重上适当向控制存款成本倾斜，鼓励和引导业务部门在完成存款业务量目标的同时更多地注重存款成本控制。年末，子行存款余额 43.54 亿美元，较年初增长 38.76%，存款成本与上年保持稳定。

（四）拓市场调结构，推动租赁业务快速发展。租赁子公司一手抓市场，一手抓内部管理，推动业务稳健发展。稳步推进车贷业务发展转型和车贷业务结构调整，个人车贷业务的结构不断优化，一手车业务占比不断提升，从 2018 年末的 66.84% 提升到 73.25%；同时，以工作效率提升、客户体验提升、公司知名度提升等为目标，调整和优化业务流程，加强业绩优先的经营考核导向，实现内部整体效率提升。个人车贷业务余额达到 10.91 亿美元，较年初增长 32.08%。

（五）加快产品和服务创新，零售业务保持快速发展。子行基于本地市场环境和自身特点，明确目标客群，紧抓源头获客、加快产品功能升级，积极拓展营销渠道，全面加大“人、财、物”三位一体的投入，个人金融、银行卡、收单业务、网络金融等各条线业务发展态势良好，圆满完成总行下达的各项任务指标。截至 2019 年末，零售客户数达到 22.34 万户，信用卡总量 2.73 万张，借记卡总量 11.41 万张，2019 年收单额 12.06 亿泰铢，零售业务规模经营迈上新台阶。

（六）加强同业联动和合作，推动机构金融业务取得新突破。2019 年协助总行完成泰国央行进入中国银行间债券市场代理交易的全部手续；成功签约盘谷银行（中国）签约融安 e 信，获得盘谷资产管理公司 CIBM 代理交易承诺以及汇商银行熊猫债代理发行承诺等，进一步提升了工银泰国的知名度；加强流动性管理，抱有高质量流动性资产的同时保持债券投资业务稳定发展；2019 年累计国际贸易结算量 77.64 亿美元；发挥好曼谷人民币清算行牌照功能，2019 年累计办理收付业务 2.43 万笔、金额近 1 600 亿元。

（七）完善信用风险管理机制，资产质量持续提升。一是强化准入管理，把好新增贷款质量。进一步完善目标客户选择，明确负面清单，清晰准入标准，依托预审机制过滤风险，更加注重把握实质性风险，防止病从口入。二是严格贷款的存续期管理。努力扭转重放轻管意识，积极推进贷后管理入脑入心、落地生根，引导前台客户经理更多关注现金流和归行管理，注重第一还款来源。三是加快不良贷款的化解处置，实现资产质量稳步提升。在制度上明确了不良贷款前台和资产处置部门的管理原则，全行统一思想加快处置；清收策略上坚持单户处置和批量打包并重，2019 年顺利完成了不良大户的核销工作，累计核销和处置不良贷款 4 323 万美元，为后续风险缓释腾出更多空间。

（八）坚守合规及风险底线，实现稳健可持续发展。合规风险管理是子行稳健可持续发展的基石。对外积极与监管沟通协调，子行负责人多次拜访泰国央行等监管机构负责人，就监管关注的相关问题多次汇报和沟通，获得了监管对子行业务发展的理解和支持；对内不断强化合规风险意识，完善合规体系和流程，加强对反洗钱业务的相关监测工作，2019 年共完成涉敏业务监测排查 2.91 万笔，拒绝 119 笔。组织开展对各类内控合规、风险管理、反洗钱与反恐融资、监管检查发现问题整改和自查工作。连续四年保持了监管综合评级的稳定，没有发生被监管机构处罚情况，保持了工行在泰国市场的良好形象。

（九）持续推动流程优化，提升服务效率。强化中后台对前台市场的支撑，在财务、人力等资源配置方面有重点地给予支持；在信贷审查方面，形成相对统一的风险偏好，分类确定审查审批的要点和重点，预审沟通机制日渐成熟，效率的提升增强了前台部门拓展市场的信心；继续推动中后台部门的流程优化，对信贷业务放款处理和业务处理进行再优化，提高了放款效率；梳理简化国际汇款流程，制定印发了跨境汇款手册，受到客户尤其是中资企业的好评。

（十）加强人才队伍和企业文化建设。2019 年，保持员工队伍总体稳定，推动实现员工队伍年轻化、专业化。截至年末，子行员工总量 1 126 人，平均年龄 37.42 岁，大学本科以上学历员工 1 112 人，占比超过 98.71%。加强人才培养，2019 年共组织开展了信贷管理、授信审批、合规管理、风险控制等各项业务和专业培训 34 场，参训人数累计 1 300 多人。组织本地泰籍员工赴国内参加培训、中泰商业文化融合研修班等活动，通过实地亲身体验和面对面沟通交流，让本地中层管理人员开阔了视野，拉近与工商银行的距离。通过举办羽毛球、足球、乒乓球比赛、家庭电影日等系列活动，丰富员工娱乐生活，缓解工作压力，进一步增强本地雇员对于工商银行的自豪感、荣誉感和归属感。

（十一）积极开展主题教育活动，扎实做好党建工作。在总行党委、大使馆党委的领导下，子行党支部深入开展“不忘初心、牢记使命”主题教育活动，组织召开主题教育工作交流和整改落实汇报会，副主管及以上的外派员工逐一汇报发言。通过扎实开展主题教育，让支部外派党员的思想状态、精神风貌、工作作风都有了较大程度的转变和提高。2019 年，子行先后组织召开了五次支部委员会和党支部扩大会议（扩大至非党员），集中学习宣讲了习近平总书记在纪念五四运动 100 周年大会上的重要讲话、在“不忘初心、牢记使命”主题教育工作会议上的重要讲话精神，以及《中国共产党第十九届中央委员会第四次全体会议公报》等党中央和总行党委的一系列重要讲话精神，传达总行陈董事长在总行党委开展主题教育动员大会上的动员讲话等。子行六个党小组分别制定年度学习计划，积极开展学习汇报、谈心交流等党小组活动。通过学习进一步增强了党支部的组织活力、凝聚力和战斗力。

（工银泰国）

工银印尼

2019 年，工银印尼认真贯彻落实总行“党建引领、从严治理，客户至上、服务实体，科技创新、价值创造，国际视野、全球经营，转型务实、改革图强，风控强基，人才兴行”“48 字”工作思路，围绕“打造具有全球竞争力的世界一流现代金融企业”的远景，扎实推进“正三观，抓三基，提三力”（树立正确的发展观、风险观、业绩观；抓好基础客户、基础业务、基础管理；提升风险管理能力、竞争发展能力、价值创造能力）的工作思路，凝心聚力，克难攻坚，勇于担当，砥砺奋进，交出一份党建、经营、管理相互促进的成绩单。

一、较好地完成各项经营管理目标

（一）经营效益稳步提升

2019 年实现营业收入 8 953 万美元，实现利息净收入 6 712 万美元，通过降本增效，严控经营成本等措施，实现账面利润 3 707 万美元，同比增加 110 万美元、增长 3.07%；实现净利润 3 318 万美元，同比增加 125 万美元、增长 3.92%。圆满完成总行 2019 年利润计划 3 200 万美元，计划完成率 103.69%。

（二）经营质量持续改善

实现不良贷款率、额双降，潜在风险融资率、额双降的目标。不良贷款客户 22 户、不良贷款余额 8 561 万美元、不良率 3.16%，分别较年初减少 2 户、下降 1 020万美元、下降 0.27 个百分点。潜在风险融资客户 5 户、潜在风险融资余额 8 981 万美元、潜在风险融资率 2.96%，分别较年初减少 4 户、下降 2 553 万美元、下降 0.53 个百分点。账面拨备余额 8 028 万美元，拨备覆盖率 93.78%，较年初增加 1.30 个百分点。

（三）经营结构持续优化

公司业务方面，截至 2019 年末，贷款余额 21.98 亿美元，较年初减少 1.03 亿美元、降低 4.48%，占全行贷款余额 81.20%，其中优质印尼国企 24 户，贷款余额 9.98 亿美元，较年初增加 0.39 亿美元、增长 4.07%，占法人贷款余额 37.29%，较年初上升 2.93 个百分点，主要集中在金融机构、航空运输、石油、钢铁和电力等行业。中资元素客户 27 户，贷款余额 6.80 亿美元，较年初增加 0.32 亿美元、增长 4.94%，占法人贷款余额的 25.42%，较年初上升 2.21 个百分点，主要行业涉及电力开发、电信通讯、矿产冶炼、制造业等。

机构业务方面，主权类客户方面，子行成功营销印尼央行开设资金交易账户并开展美元兑人民币外汇买卖交易。代理行客户方面，截至 2019 年末子行存量代理行 255 家，与其中 78 家有业务往来，从包括曼迪利银行、中亚银行、大华银行（印尼）、渣打银行（印尼）、Permata、马来亚银行（印尼）在内的金融机构同业资金融入余额为 5.5 亿美元。非银行金融机构客户方面，截至 2019 年末子行非银行金融客户数 53 家，存款余额 1.35 亿美元。

零售业务方面，截至 2019 年末个人客户存款余额 7.42 亿美元，占全行各项存款的 38.13%；零售利润贡献达 636.42 万美元，占全行利润的 12.60%。个人客户质量持续优化，个人高端客户存款在全行存款的占比达 28.01%。

（四）客户基础持续夯实

截至 2019 年末，公司客户共 2 215 户，较年初减少 13 户。其中公司客户有贷户 155 户，较年初减少 48 户；公司客户存款户 2 189 户，较年初增加 63 户。机构客户共 309 户，较年初增加 17 户，其中主权类客户一户为印尼央行，代理行客户 255 户，非银行金融机构 53 户。零售客户达 44 059 户，较年初增加 1 502 户，增长 3.52%，其中 50 万美元以上个人高端客户数达 206 户，较 2018 年末提升 21.82%；银行卡共计 26 850 张，其中信用卡 14 863 张，借记卡 11 987 张。零售客户基础保持良好发展势头。

（五）经营规模平稳发展

2019 年末，资产总额 39.3 亿美元，与年初持平，负债总额为 34.8 亿美元，较年初减少 0.9 亿美元、降低 2.53%。子行按照总资产金额在印尼 114 家商业银行中排名第 28 位。

二、扎实推进各项主要工作

（一）公司治理能力不断提升

2019 年，子行监管评级、公司治理评级保持二级良好水平，完成公司章程和八个委员会章程修订完善，进一步规范子行监事会、董事会议事规则，明确董监事职责，强化规范股东授权对子行的法律约束。同时，按照“遵守 IT 监管规定、发挥总行 IT 优势、立足子行长期发展、确保 IT 运行安全”的原则，积极稳妥推进 IT 系统建设，实现核心平台系统上线，实现金融市场业务系统上线并本地化部署，为 2020 年 IT 本地化部署和新产品上线打下良好基础。此外，积极履行社会责任，加强品牌建设，举办一期跨境人民币研讨会并联合承办深交所与印尼证交所资本市场合作研讨会，2019 年组织社会公益捐款近 50 万元，组织员工义务献血 203 人次，开展形式多样的跨文化融合活动 4 次。

（二）内部管理基础不断夯实

信用风险管理方面，把“抓质量、防劣变”作为第一要务，持续推进“两项工程、三项机制、九项措施”。2019 年不良贷款清收处置金额 5 438 万美元，账销案存现金清收 913 万美元。2018—2019 年，不良贷款累计清收处置金额 25 649 万美元，不良贷款率累计下降 8.90 个百分点。另外，账销案存累计现金清收 1 140 万美元。一是持续推进信贷资产质量和信贷基础管理两大工程。二是持续推进三项机制，即推进不良贷款周例会机制，研究制订“一户一策”解决方案，结合风险变化趋势及时调整风险管控策略，落实风险化解和退出措施。2019 年共召开 27 次不良贷款分析会，26 次潜在风险融资分析会，31 次个人贷款、信用卡不良处置及潜风化解分析会。三是持续推进九项措施，具体包括控准入、防劣变、移存量、强清收、重处置、追核销、重诉讼、严贷后、优制度。

合规建设方面，制定合规手册、反洗钱手册、内审手册等三大手册，落实主体责任、监督责任、整改责任等三大责任，完善整改办法、非信贷损失责任认定和处理办法、员工行为规范等规章制度；把内控合规反洗钱工作纳入绩效考核，实行倒扣分制，权重高达 40.00%；加大合规培训，推动合规文化建设，开展第二轮 CARAL 培训，让“合规为本、全员有责、风险可控、稳健高效”的合规文化内化于心、外化于行，成为员工的自觉行动，成为经营管理的重要举措。操作风险方面，持续开展六项清理六项治理活动、合规风险大讲堂活动、双学双优活动、双比双评等活动。市场风险、流动性风险管理等方面，优化八大委员会章程、规则、职责、流程、成员组成，构建科学性、针对性、效率性的决策机制。制度建设方面，新建制度办法 42 份，优化制度办法 129 份。

（三）人力资源管理不断加强

加强子行人力资源顶层设计和人员规划，进一步优化人力资源配置，人员配比向前台营销、IT 及风控等重点业务倾斜。2019 年新招聘员工 93 人。其中，投向网点、公司业务、金融市场等前台业务条线合计 49 人、信贷条线 6 人和风险内控合规条线合计 15 人，重点业务条线新招聘人员占全行新招聘人员的 75.00%。加强班子建设、中层管理团队建设、外派队伍建设、本地青年员工培养和任用，促进核心人才和业务骨干稳定。加强员工管理制度建设，制定完善《员工行为管理规范》、违规处理办法、激励约束办法等。加强员工培训和跨文化融合，2019 年坚持新员工培训、岗位任职资格培训、跨文化培训、本地雇员国内培训、风险合规大讲堂和专业培训为主要抓手，积极开展各项培训。

（四）全面从严治行不断深入

坚持把党的政治建设摆在首位。深入学习习近平新时代中国特色社会主义思想和党的十九大、二中、三中、四中全会精神，增强“四个意识”，坚定“四个自信”，做到“两个维护”。深入学习习近平总书记对金融工作的重要论述，往深里学，融会贯通学，联系实际学，坚定信念，砥砺初心，不断提高理论素养、政治素养。扎实开展“不忘初心，牢记使命”主题教育，积极开展国有企业海外机构党建试点工作。把初心和使命落实到本职岗位上、一言一行中。坚持两个主体责任和党风廉政建设两个责任一起抓，坚持党建和经营发展两手硬，以党风带行风、以从严治党带动从严治行。

（工银印尼）

河内分行

2019 年度，河内分行认真贯彻落实总行国际化战略部署，结合各机构驻在国国情和监管要求，发挥各自发展优势，合规经营和可持续发展基础进一步夯实，系统价值贡献进一步提升，可比同业竞争力进一步加强，各项经营指标超额完成总行下达任务。

一、主要经营数据

2019 年 12 月末，河内分行实现拨备前利润 3 469.07万美元，较2018 年同期增长 7.91%（2018 年同期拨备前利润为 3 214.74 万美元）；实现净利润 2 922万美元，完成总行下达经营目标的 103%，较 2018 年同期增长 10.33%（2018 年同期为 2 648 万美元）。实现中间业务收入 826 万美元，完成总行下达中间业务收入目标的 136%，较 2018 年增长 8.58%（2018 年为761 万美元）。

2019 年年末，分行总资产余额 17.73 亿美元，较年初下降5.86%；总负债余额16.77 亿美元，较年初下降7.68%。实现营业收入 4 326.13 万美元，较 2018 年同期增长 7.38%。ROA 为 1.64%，ROE 为 23.05%；净利息收益率 1.51%，较 2018 年提升 4 个基点，手续费及佣金收入占比 19.09%，较 2018 年提高 0.21%。资本充足率（当地口径）35.14%，远超当地监管最低要求 9%。

分行风险合规控制良好，不良贷款率继续保持为零，2019 年无内部案件，重大风险事件和监管关注事件。效率类指标在越南可比同业保持较高水平，高于区域平均水平。

二、2019 年经营亮点

（一）明确河内分行总体发展思路。按照总行国际化工作的总体布局，结合河内分行成立以来的发展历程和监管特点拟定分行发展规划，明确守合规底线，稳资产质量，优业务结构，增系统贡献，强同业竞争，把分行打造成为总行放心的海外分行的发展总体要求。

（二）筑牢依法合规经营的基础。将 2019 年确定为“合规提升年”，并支持制订方案，对照总行内控、内审要求和越南监管要求，对照最佳银行实践，突出问题导向，加强内控和内审自查强度，2019 年共实施 7 个内控、内审项目，共发现问题隐患 42 个，并逐一安排整改，2019 年制定和完善有关业务制度 65 个，经营合规基础得到进一步加强。

（三）大力推动业务结构优化。在盈利结构优化方面，本年度内分行形成了金融机构和公司业务 50:50 的盈利贡献态势，兼顾了长短期发展与风险控制的平衡；在产品结构优化方面，金融机构产品从简单资金拆借、同业贷款拓展到了越盾偿付，100% 保证金的信用证保兑等涵盖本外币、表内外的综合产品线；公司贷款产品由简单的双边流动资金贷款拓展至银团贷款，分行通过簿记平台参与了 Vingroup、越捷航空、长海汽车、Novaland、赛轮合资公司、海利得等越南行业龙头企业的境外美元银团贷款，银团份额超过 2 亿美元；在收入结构优化方面，基础类中间业务收入到 2019 年末达 390 万美元，较 2018 年末的 256.51 万美元，增幅 52%。

（四）不断扩大客户基础。分行将客户拓展作为可持续发展战略的基础工作，行领导多次率团队工业园区、境内客户总部、使领馆经商处、各类商会，走访客户数十家，积极开展高层营销，联动营销，客户拓展年取得初步成效。在客户数量上，公司客户达到 1 030 户，成功超过一千户，增加公司客户 195 户，较 2018 年增长 22.3%；有贷户显著扩大，达到 40 户，比 2018 年增加了 13 户，增幅达到48%；新增证券、消费金融公司、租赁公司等非银行客户 4 家；个人客户达到 18 000 户，增加 2 977 户，较 2018 年增长 20.3%。在客户地域上，借助胡志明代表处成立优势，2019 年新增南方客户 13 户（其中资本金账户 7 户，有贷户 5 户）；在服务重点“一带一路”项目方面，成功作为银团参贷行和安排行拓展“一带一路”重点项目投资 19 亿美元的南定火电站项目；与总行公司金融业务部快速联动，共为 9 家中资企业出具了 19 封有条件承诺函，极大地支持了中资企业参与南北高速相关标段的竞标，展现了分行在“一带一路”建设方面的全方位的金融服务能力。

（五）增强体制机制上的保障，激发经营活力。一是部门职责的优化调整，完成各部门的定员定岗定责工作，优化资产负债管理分工，组建运行管理团队，优化了营业部劳动组合；二是完善考核激励机制，以强化压力传导和效率提升为目标，建立了外派和本地员工一体化考核体系，完善了区域—分行—部门—个人四级考核传导机制。在绩效分配方面，明确净利润正增长，总体绩效增加的情况下，前台与中后台部门人均绩效按照 6:4分配，反之在净利润负增长总体绩效下降的情况下，前台和中后台部门人均绩效按 4:6 分配。并将部门奖金与创利直接挂钩，与部门人员增减脱钩，初步实现了“工资增长靠利润，人均工资增长靠效率，个人工资增长靠业绩”的绩效文化，推动考核最后一公里落地。三是加强人才梯队建设，在严控外派人员的基础上，积极借助总行公开招聘平台选拔优秀外派人才，2019 年新增 4 名外派人员，其中 3 名投入前台营销条线，1 名投入合规风险条线；晋升 1 名本地副主管担任部门主管（已在任职资格报审流程中），晋升 1 名副主管兼任团队主管，2 名副主管，4 名高级经理。有力带动了整个团队的凝聚力和战斗力。

（六）将“三比三看三提高”作为基本方法论，保持追求更高发展目标的斗志。分行在经营中自觉将陈董事长关于“三比三看三提高”的要求作为河内分行经营管理工作的方法论，与市场比，分行持续保持在越五家中资银行资产规模、利润、资产质量等竞争力指标优势明显（年末资产规模、净利润是其他四家中资银行的总和）；与兄弟行比，第三季度末分行的 ROA/ROE 分别为 1.55% 和 22.1%，贡献率显著高于境外机构平均水平，分行总资产占系统境外机构比重 0.37%，净利润占系统境外机构比重的 1.02%；与自身比，开业 9

年来净利润平均增长率达 17.59%。

（七）落实海外党建各项工作部署，遵循总行党委和使馆党委的指示，积极探索党建与经营结合之路，2019 年以来共召开全体党员大会 7 次、集体党课 5 次，参加使馆组织生活 5 次，召开组织生活会和恳谈会各 2 次。分行支部注重 5 个结合，形成鲜明工作特色。

一是将党建工作与促进经营发展相结合。坚持以确保资本保值增值、确保资产质量安全稳健、确保员工生命财产安全作为衡量检验支部党建工作质量的基本标准，实现党建与经营目标的一致，将政治优势转化为经营管理优势。

二是将党建工作与服务外交战略相结合。作为政治过硬的使馆外支部，分行多次为使馆在中越两国领导人高访、双边重大经贸交流活动提供人员和金融服务支持；7 月支部两名党员还获使馆评选的优秀党员表彰。作为驻在国最重要的中资银行，主动向越南央行介绍我行作为全球系统性重要银行的风险管理经验，为两国央行货币金融组年度例会提供信息和保障支持，作为当地中资商会理事单位，连续 7 年赞助汉语桥等中国文化传播活动，响应使馆号召捐助当地水灾。

三是将党建工作与企业文化建设相结合。积极传播中国文化和工行价值观，以新理念、新方法讲好中国故事和工行故事，建设丰富“中国书架”。出台多项政策鼓励本地员工参加总行资格认证考试，已有 9 人获初级资格，3 人获高级资格。选派本地优秀员工到总行和兄弟行学习交流、以岗代训 28 人次。关注群众切身利益，解决实际问题，在员工遭遇交通事故和疾病时，多方协调医疗资源进行保障。落实总行关爱政策，积极协助解决外派员工及随任家属租房、医疗、交通、子女上学、家属签证等需求。

四是将党建工作和反腐倡廉建设相结合。支部严格执行新形势下党内政治生活若干准则和中央八项规定精神，在“三重一大”方面严格执行集体决策机制，2019 年度将规范集中采购制度和严控财务支出作为反腐倡廉建设重点，并下发了相应的制度规范。

五是将党建工作和主题教育活动相结合。支部严格按照总行党委和使馆党委的部署，推进主题教育活动扎实开展、取得成效，并通过强化“三不”体系建设，通过深化警示教育、多角度算账，梳理完善制度，将总行“管住人、看住钱、扎牢制度的防火墙”的三个核心环节落实到位。

（河内分行）

金边分行

一、基本经营情况

2019 年，金边分行围绕总行战略目标，秉承争先创优的发展思路，深耕中资客户，不断夯实市场基础，持续推动经营转型，化解经营风险，保持了分行净利润持续稳定增长、中资同业领先、资产结构不断优化、不良贷款继续为零的良好态势。2019 年年末，分行实现中间业务收入 1 130 万美元，继续保持历史最好水平；实现净利润 3 135 美元，增幅近 16%。在长期资本金平均只有 7 000 万美元和子行监管模式下，近 5 年已累计实现账面净利润 1.1 亿美元。2019 年，资产规模、净利润大幅领先中资同业，进一步巩固和扩大了对中资同业的优势。在经营发展的同时，分行坚持依法合规纳税，积极履行社会责任，受到柬埔寨税务总局表彰，连续两年获得金牌纳税人称号。金边分行也当选为柬埔寨商会会长单位，提高了分行的社会形象和市场地位。

二、主要工作措施

（一）持续推动经营转型，不断夯实发展基础。综合分析市场环境，结合自身服务特点，金边分行在坚持发展本地业务的基础上，推动实施第二次经营转型战略。在发展本地客户的基础上，加大拓展中资企业业务，形成更加合理的客户结构，奠定更加扎实的业务基础。一方面通过拓展此类业务，控制国别风险；另一方面为分行业务的长远发展创造有利条件。2019 年年末，本地贷款规模 7.4 亿美元，较上年增幅近 26%，其中公司贷款 3.2 亿美元，同业贷款 3.9 亿美元，个人贷款 1 700 万美元。2019 年共拓展公司客户 214 户，公司日均存款再创新高，余额达 3.68 亿美元，较上年增加 1.42 亿美元、增长 62.83%。各类存款余额 5.15 亿美元、增长 2.5%。

（二）坚持开拓创新，巩固和强化优势领域。一是推动聚合支付业务快速落地。继 2018 年成为首家上线总行海外版本智能 POS 系统的境外机构后，2019 年又成功整合银联、VISA、微信、支付宝等多种支付方式，成为柬埔寨第一家完成聚合支付的银行，同时也是继香港、澳门地区外第三家实现“银行卡 + 微信 + 支付宝”聚合支付的境外机构。二是银行卡收单业务再创佳绩。

2019年完成收单业务3.5亿元，较上年增长74%，连续3年在零售业务特色发展III类机构排名第1，境外机构中排名第3。三是克服瑞尔贷款比例和LCR指标100%的困难，充分利用分行同业金融平台优势，营销本地主流银行瑞尔贷款业务，灵活调节资金拆入拆出期限，在保证瑞尔贷款比例和LCR指标满足当地监管要求的基础上，实现同业贷款收入突破1 100万美元、增长26.63%。四是及时调整同业业务策略，从吸收同业存款转变为存出资金。拓展台湾第一商业银行和合作金库银行作为同业存放交易对手，成功营销短期同业定期存款，提升分行短期资金的收益率。

（三）抓中柬合作新机遇，深入拓展重点项目。2019年，中柬两国政府签订了中柬命运共同体计划，两国战略合作伙伴关系达到历史新高度，中国继续保持柬埔寨最大投资来源国、贸易伙伴、旅游最大客源国。分行紧抓中国资本对柬基础设施领域加大投资的历史机遇，以交通运输、基础设施、互联互通、电力生产和供应以及金融领域为积极进入类行业和项目，与国家开发银行、中国进出口银行以及工银亚洲、工银马来西亚等集团内机构紧密联系，积极参与银团组建，成功营销储备了中国路桥金边—西哈努克港高速公路项目、云南投资集团暹粒新机场项目、华电燃煤电站项目、太阳能发电及电网项目建设等项目，同时战胜竞争对手，争取到银团结算代理行地位，为分行信贷业务和存款业务的可持续发展奠定基础。

（四）持续落实风险合规管理，构筑稳健发展根基。柬埔寨为洗钱高风险国家，外部环境存在较大的不确定性和严峻性，分行始终高度关注各项风险防控工作，指导各业务部门风险管理水平不断提升。一是加强合规反洗钱管理，将控制措施落到实处。按照总行要求，密切关注重点客户及其关联企业的经营动态，定期开展存续期检查，落实“早发现、早介入、早化解”的风险控制要求，成功收回2户法人风险贷款合计近1 800万美元，有效预防风险发生。二是积极应对税务审计，有效化解税务风险。2018年柬埔寨税务总局对分行开展税务现场审计，要求分行补缴税款和罚金共计1 300万美元。面对税务风险，依靠专业中介机构和税务专家，按法定程序处理，同时加强与本地同业、柬政府的沟通与联络。柬税务总局最终撤销了处罚决定，成功避免风险。三是积极运用法律手段，化解信用风险。2016年，客户无合理依据，即向当地法院申请止付已由我行承兑的信用证，严重侵害分行合法权益。经组织专人开展诉讼，多渠道反映问题，耗时三年历经三审，最终取得案件胜诉，避免出现垫款行为，维护了分行合法权益。四是扎实抓好合规管理，顺利通过本地监管检查。柬埔寨央行于2018年末对分行开展现场检查，现已出具监管检查报告，无处罚意见。截至目前，分行不良贷款率保持为零，表外业务无垫款，无剪刀差，信用风险整体可控。

（五）扎实开展主题教育活动，党建工作再上新台阶。以加强党的基层组织建设为抓手，持续促进经营业务与党建工作双融合、双促进，推动分行党建工作再上新台阶。一是建立分行党支部，务实高效开展工作。分行高度重视总行党建工作新要求，多次向使馆党委汇报与沟通，终于在总行党委和驻柬大使馆党委的大力支持下，分行由党小组升格为党支部，进一步强化了分行党组织的战斗堡垒作用。二是抓思想教育建设，提升党员综合素质。每月利用周末时间，定期组织全行外派员工学习。采取理论学习、讨论交流、观看总行教育宣传纪录片等形式，组织集中学习了《习近平新时代中国特色社会主义思想学习纲要》《全面推进中国特色大国外交》《中国工商银行员工行为禁止规定》等中央文件、总行纪检监察、内控合规等重要会议和行领导讲话，确保总行党委在党建和廉政建设方面的决策部署及时传达给全体外派员工。三是开展“不忘初心、牢记使命”主题教育活动。积极参加使馆党委组织的“不忘初心、牢记使命”工作会，并向全体党员传达了本次主题教育的目标要求、根本任务和重要措施，并制定了贯彻学习本次主题教育活动的具体措施。按要求召开了分行党员民主生活会，并开展了党建知识竞赛、重温入党誓词、线上聆听党内经典著作等形式多样的党内活动，保证主题教育活动的扎实开展。四是积极参加使馆学习，提升党员党性修养。组织党员参加使馆党委组织的大使讲党课、中柬关系发展史等系列讲座，充分学习领会中央关于海外党建工作的最新精神和相关要求，促进党员加强党性修养。

（六）优化人力资源配置，推动员工队伍成长。分行积极关注人才队伍建设，牢固树立“发展依靠员工，发展成就员工”的基本精神，坚持“以人为本”，力求在“选人、用人、育人、留人”方面高质高效。一是持续完善选人用人机制。研究制定本地员工岗位职级体系，明确员工晋升发展渠道，完善人力资源管理水平，提高员工工作积极性，人员效能不断提高。在建设多元化员工队伍的同时，着力支持员工成长成才，经分行管理层集中研究讨论，选拔、推荐本地1名青年员工走上管理岗位，为分行的持续有效发展奠定了较为坚实的人才基础。二是完善绩效考核手段。通过绩效考评制度的优化，强化激励约束机制，激励员工的工作积极性，传达分行战略和工作意图。划分部门类型，设计定量和定性相结合的考核指标体系，并在考核评价中引入员工评价，引导部门和分行一起落实分行发展战略。在考核结果运用上，将薪酬提升、职务晋升与业务发展挂钩联动。通过加强绩效文化传导，在员工中形成比拼赶超的绩效导向。三是推动学习型组织建设。为提高员工整体素质能力，充分利用行内和行外培训资源，为员工提供各类培训，提高了员工的整体素质，营造了浓厚的学习氛围。

（七）积极履行社会责任，塑造分行良好形象。金边分行在注重经营发展的同时，也注意履行社会责任，为自身发展营造良好外部环境。分行当选柬埔寨中国商会会长单位后，组织开展了多项活动。一是在西港塌楼事件发生后，牵头中国商会立即倡议会员为遇难者捐款。二是牵头中国商会与柬埔寨税务总局成功建立了中柬税务合作机制，通过定期召开中柬税务小组工作会议，帮助解决中资企业纳税难题，推动中资企业在柬可持续发展。三是开展了“中国音乐之夜”晚会等形式多样的联谊活动，营造温馨家园氛围，提高中国商会凝聚力。分行通过中国商会这个重要平台，不断加强与柬政府的沟通与协调，保护在柬中资企业合法利益，推动中资企业与当地社会的融合共赢，展现了国际大行的良好形象。

（金边分行）

万象分行

2019 年，万象分行认真贯彻总行“稳中求进、进中谋变、底线思维、机遇意识”的要求，认真落实总行各项工作部署，克服老挝经济发展趋缓的不利局面，沉着应对，稳发展、促转型，在分行全体员工的不懈努力下，分行利润继续保持增长，不良资产保持为零，未发生各类风险事件，取得了预期的经营成效。

一、主要经营情况

2019 年末，万象分行资产规模达 27.56 亿美元，同比增加 3.39 亿美元、增长 14.04%；负债规模达 26.84 亿美元，同比增加 3.2 亿美元、增长 13.53%；实现净利润 4 153 万美元，完成净利润目标的 104.87%，同比增长 11.85%；其中实现中间业务收入 1 113 万美元，同比增加 150 万美元、增长 15.58%，中收占比达 15.50%。预计分行的资产规模继续位居老挝外资银行第一位，利润规模居同业首位，纳税规模居老挝全部企业前十位。

各项财务指标中，分行不良贷款继续保持为零，ROA 为 1.92%，税前所有者权益回报率 ROE 为 57.28%，NIM 为 2.03%，成本收入比 13.88%，各项指标继续保持良好态势。

二、工作亮点及主要工作举措

（一）统一思想，明确规划，有序推动，经营转型初显成效。2019 年初，分行结合自身实际，提出了“3 + 3”转型思路，即夯实资产质量、资产负债结构和资金配置三个基础，坚持依法合规经营、严明制度执行和加强员工队伍建设三个根本，提升市场影响、各类风险控制和可持续发展三个能力。同时制定了《2019—2023 发展规划》，明确了未来五年内的总体目标以及每一年度的基本发展目标，逐步优化资产、负债、利润结构，稳步提升经营效益和质量，使分行资产负债结构及盈利结构更趋多元性和均衡性。经过有序推动，分行资产负债结构优化初显成效，一是央行业务余额和占比实现双降，老挝央行业务资产余额下降 5 000 万美元，占比由年初的 83.94% 下降至 71.77%，下降 12.17 个百分点。二是各项贷款合理增长，贷款占比较年初增长 10.37 个百分点，达到 19%；客户存款大幅增长，存款余额较年初增加 1.13 亿美元、增长 17.58%，日均存款余额较上年增加 1.02 亿美元、增长 15.26%。三是净利润较上年同期增长 11.85%，同时 2019 年新增拨备 631 万美元，拨备余额较上年同期增长 29.47%。分行经营结构不断优化，经营基础更趋稳健。

（二）固本夯基，压实责任，合规经营底线进一步固牢。分行认真落实“压实责任年”活动，做好《境外机构反洗钱标准化手册》落地推广，稳步提升合规与反洗钱管理水平。一是优化部门职能，结合工作实际和监管要求，成立内审部、运管团队，进一步理顺合规内控工作职责，筑牢三道防线。二是完善制度建设，2019 年制定梳理和更新 41 项制度，收集整理外部监管制度 11 项。三是加强合规审查力度，强化客户开户环节的尽职调查，针对二类风参、微信收单等新开办业务进行合规准入审查。四是改进反洗钱工作流程，制定重大反洗钱问题、方案和反洗钱系统参数修订等事项的集体审议机制。五是加强反洗钱系统应用，对系统数据的完整性和准确性进行全面整治，做好 BRAINS 系统可疑交易参数全面调优。

（三）从严治理，完善体系，全面风险管理进一步强化。一是高度重视老挝主权债务还款压力问题，对到期国债制定预案确保及时收回，控制央行存放业务总体规模，整合持有期限，做好系统性风险的防范。二是结合总行及分行信贷管理要点，2019 年制定及修订手册 2 项、信贷管理制度 5 项，进一步完善了分行信贷管理制度体系，提升信贷制度执行的规范性、有效性和可操作性。三是开展信贷业务重点风险领域专项治理，开展跨境融资业务、押品管理、存量信贷业务、GCMS 系统数据及信息录入情况等专项检查，达成治理目标。四是建立信贷审查审批预沟通机制，严把信贷准入审查关，提高风险穿透管理能力，不断提高审查质量及效率。

（四）转换思路，主动作为，业务营销取得硕果。2019 年老挝外部经济形势较差，分行转换思路、调整方向、主动作为，扎实推进稳存增存、市场开拓和信贷投放。一是多措并举稳存增存，以委托代理业务为抓手，密切跟踪国开行、口行提供信贷支持的项目，精准营销当地龙头企业，积极营销以保证金方式办理的信用证、保函业务，2019 年对公存款规模再创新高。二是积极拓展离岸信贷业务，强化业务创新，研究非贸风参、债券投资等新业务、新产品，成功办理首笔非贸易项下风险参贷。三是大力拓展贸易融资、国际结算业务，福费廷、保函、信用证等业务笔数和金额大幅增长，项下的手续费收入成为分行中间业务收入新的增长点。四是密切联动境内分行，推进在老中资企业授信审批工作，完成太阳纸业授信审批，完成万象矿业授信和贷款审批，为下一步业务合作奠定坚实基础。

（五）提质增效，改进流程，网点服务能力进一步提升。一是优化客户结构，通过调整收费标准、电子银行分流等方式，推动客户优选，提供差异化服务，显著改善服务质量。二是加强公私联动，以代发工资业务为抓手，带动有效客户和储蓄存款的稳步增长。三是提升网点营销能力，发挥工行平台优势，举办地球银行卡发布会，成功营销百盛百货等大客户，以优质产品和服务促进营销。四是强化运行管理，组建专职团队，优化业务流程，开展业务运营风险评估，进行柜面业务风险专项治理，全面提升操作风险管控水平。

（六）强化激励，关爱员工，员工队伍凝聚力进一步增强。一是进一步完善人力资源管理机制，出台了定岗定编方案、薪酬管理办法、工资晋升办法、年度考核办法、绩效工资分配办法，明晰了部门职责和目标，优化了人力资源配置，突出了业绩激励导向，建立了晋升通道，进一步夯实了人力资源管理的基础。二是加强对员工的关心关爱，主动解决员工面临的困难，积极为员工办实事办好事，开展了加班专项治理，提高了员工的社保、体检、医疗保险、节日慰问等福利标准，改进食堂质量和服务，组织多种多样的文体活动，在合规合理的前提下，在有限的资源空间内，提升了员工福利满意度。

（七）积极履责，回报社会，企业社会形象进一步提升。分行立足长期发展，积极履行社会责任，不断推动文化融合。年初，分行荣获老挝国家主席三级劳动勋章和奖状，是老挝对金融企业的最高级别荣誉之一。2019 年分行继续开展多项具有重大宣传和影响力的社会公益活动，一是为“汉语桥”世界大学生中文比赛老挝区决赛提供支持，助力中老文化交流；二是分行和员工共同向老挝中南部水灾地区捐款 18 万美元，得到老挝政府总理的肯定和感谢；三是通过老挝教育部向当地 11 所学校捐赠 33 台电脑，改善办学条件。

（万象分行）

仰光分行

仰光分行坚决贯彻执行总体发展战略规划，集中精力打造第一中资银行、第一外资银行，各项业务稳健快速发展，经营效益保持良好发展，在复杂多变的缅甸外部环境下，分行在当地外资银行中排名一直保持领先。

一、资产规模平稳增长，资产结构持续优化，业务产品更加丰富

2019 年，仰光分行转变经营思路，从全力打造精品银行至建设缅甸第一中资银行、第一外资银行，积极贯彻落实总行战略规划，拓展优质产品业务。经过几年的发展，业务范围已涵盖传统普通贷款、银团贷款、国际贸易融资、海外代付、存放同业、拆放同业、债券投资和汇率利率衍生品等全部公司金融主要业务品种，缅币当地贷款和人民币业务也实现了突破。在总行调整境外机构发展总体思路，求强不求大的指导思想下，仰光分行积极顺应总行政策导向，秉承效益先行的发展思路，在维持效益快速提升的前提下，较好地控制了资产规模，实现资产规模平稳稳健增长，2019 年年末资产规模达到 8.19 亿美元。

二、大力拓展客户、市场，系统内资金的依赖不断下降，自身造血功能显著增强

分行开业初期，资金来源主要是总行和其他境外分行的系统内资金支持，但从 2017 年开始，分行大力拓展当地客户存款市场，从当地同业市场筹集资金也不断增长，经过一段时间的调整，2019 年已无系统内资金

拆入，年末分行实现总负债7.24亿美元，其中公司活期存款2.75亿美元，定期存款0.29亿美元。2019年新增公司客户356户，增长率66.67%。

三、延续快速增长势头，经营效益、利润超额完成规划目标

分行大力推行精细化管理，千方百计增收节支。经过全行上下的共同努力，分行在营业费用基本持平的情况下，营业收入实现较快增长，分行经营利润年均增长率46.47%，连年超额完成年初区域下达目标。2019年共实现净利润1 012.64万美元（含簿记），比上年同期增长25%，超额完成810万美元净利润的目标；中间业务收入实现突破，2019年共收入728.12万美元（含簿记），比上年增长33.48%。由于分行经营效益不断提升，分行ROE和ROA等各项核心指标也不断优化，根据最近几年公布的数据，仰光分行经营效益指标在当地外资银行中一直排名领先，并且在2018年和2019年总行经营考核中实现进位，排名湄公河区域第三。

四、在当地同业尤其是外资银行的同业对标中，仰光分行资产收益等各项可比指标一直处于同业领先地位

目前仰光中行刚刚开业，当地同业在集团规模和业务模式上同我行存在较大差距，可比性不高。相对于在缅的其他外资银行，工行在规模和效益上均已取得一定的优势地位，成为当地的同业市场标杆。外资银行主要竞争对手为OCBC仰光分行，分行在资产规模和盈利水平方面高于OCBC，在当地全部外资银行中排名第一位，初步确立了市场标杆地位。

（仰光分行）

工银马来西亚

2019年，工银马来西亚继续加强内外部管理，夯实各项业务基础，推进持续稳健发展，取得了较好成绩。

一、2019年经营业绩概况

（一）核心指标情况。截至12月末，子行资产总额12.37亿美元，较上年末增加0.76亿美元、增长6.52%；负债总额9.53亿美元，较上年末增加0.57亿美元、增长6.36%；实现净利润1 239万美元，较上年减少697万美元、降低36.02%，完成总行年初下达净利润目标的68.83%，完成年末总行下达经营目标的114.40%。

（二）主要指标亮点。资产负债增长稳健。资产和负债较上年增长超过6%，为子行未来经营效益的提高奠定了良好的基础。利息收入结构多元。通过优化资产结构，改变单一依赖贷款盈利的局面，2019年债券投资利息收入实现719万美元，较上年增长125.48万美元、增长21.34%，在利息收入中占比14.63%，较上年末提升2.4个百分点。成本管理效果显著。子行2019年业务及管理费1 780万美元，在优化资源投入，支持零售业务、电子银行发展和科技项目投入的情况下，费用总额较上年减少132万美元、下降6.91%。风险管控水平良好。子行年末不良贷款余额27.28万美元，较上年末下降1.28万美元，不良贷款率为0.04%，与上年末持平。

（三）主要经营亮点。零售业务实现跨越发展。紧跟总行打造第一零售业务银行的战略步伐，明确辖属分行以零售业务为核心的发展导向。子行2019年零售业务发展态势喜人，个人马币存款新增超过1.5亿，推动子行流动性管理更加稳健。主要开展的工作包括跨年度旺季营销活动、提前锁定存款增量，紧盯有效目标客户、采取多样化营销活动提高揽存效率，以存款为核心，带动信用卡、基金、贵金属销售多点开花等。

金融市场和机构业务效果显著。2019年6月子行联动总行成功承销马来亚银行发行的第二期熊猫债(20亿元)，标志着子行成为参与主承销东南亚地区发行人熊猫债的首家中资当地分支机构，进一步加强了工行和马来亚银行的合作关系，提升了工行在当地同业的知名度和影响力。凭借人民币业务资源优势，子行与马央行、雇员公积金、国库投资等重点机构客户建立战略伙伴关系，积极协助总行为马央行、雇员公积金、马来亚银行、丰隆银行等主权和金融机构开拓中国银行间债券市场代理投资业务和外汇代理业务，持续推进人民币国际化进程。

成功拓展公司业务新领域。子行将华为马来西亚作为电信行业核心客户，以华为与本地电讯运营商应收账款融资为切入点，成功打入本地电信行业，拓展了MAXIS、UMOBILE、CELCOM在内的本地前三大运营商，助力华为马来、华为国际为其本地运营商提供软硬件产品及服务，提早实现现金流收入。此举一方面扩大

了业务合作范围，另一方面更大限度地满足了华为的融资需求，尤其是“强增应收账款保理业务”，是境外机构与华为集团的首次业务突破。

以全球现金管理带动核心客户服务能力提升。2019年，子行以多元化的全球现金管理服务为抓手，提升核心客户服务能力，一是与总行协作推进华为马来及华为南太全球现金管理项目；二是充分利用集团全球布局优势，为马来西亚国家石油公司提供上海自贸区、中非联动、外汇交易等全球化现金管理服务；三是与东部铁路项目合作打造集团首笔境外银企互联。以上项目的顺利开展，为子行积累了现金管理服务经验，为下一步继续深耕核心客户打下合作基础。

二、2019年经营管理情况

（一）分行经营转型升级，加强特色化发展。2019年子行全力推进分行经营模式转型升级，深化分行零售业务体系建设，提升分行人员业务水平和服务水平，助推分行市场竞争力提升。按照年初管理层分行转型研讨会会议精神，各家分行明确零售业务为核心的战略发展方向，以网上银行和手机银行等科技手段推动为核心，持续优化业务结构，精简业务管理链条及管理成本，定位于拓展零售市场及重点客户的落地服务，增强内生动能，提高发展质量。

（二）夯实信贷管理基础，有效化解潜在风险。为提升信贷资源的高效分配，子行2019年制订了客户结构战略转型计划。坚持“抓大、抓优”，坚决退出经营业绩不佳且使用率低的中小企业，持续优化子行信贷结构。2019年计划退出客户23户，缩减还款期限7户。截至12月末已完成退出19户，7户已开始压缩还款期，共计压缩融资3 150万美元。

（三）运管体系改革创新，推动营运规范高效。围绕全行经营发展目标，实施改革创新和强基固本双核驱动战略，推动运行管理体系建设取得新成效，为子行网点转型发展之路提供了有力支撑。一是全面实施了营业网点运营标准化改革工作；二是深化运营集约化改革，实现业务后台集约化处理；三是实施监管报送自动化集中管理项目，监管报送质量、效率大幅提升；四是持续开展系统流程优化，网点业务运营风险管控、服务支持能力显著增强。

（四）人事管理纵深发展，不断丰富管理内涵。2019年，子行人力资源管理工作向更深层次迈进。在薪酬管理、绩效考核、培训管理、人员管理等多个方面均实施了重点项目或重要政策的落地，提升了整体员工队伍的业务能力和稳定性。一是将集团工资总额管理机制与子行公司治理进行了有效衔接，实现了信息对称，薪酬管理工作更加规范有序；二是重新制定了子行本地员工的薪酬水平框架，依据第三方机构提供的方案更新了原有薪酬水平框架，并开展了市场对标工作；三是推动建立了中层管理岗位的人才储备库工作，对存量本地员工按部门进行盘点分析，重点在业务能力、管理能力等方面配套资源，提升后备人员的相关能力和水平，实现人才梯队管理。

（五）加强全面研究分析，拓展风险管理深度。2019年子行从强化风险管理前瞻性、提升区域风险管理能力、深化风险限额监控分析等方面着手，提升了全面风险管理水平，夯实了稳健审慎的风险管理文化。一是强化风险管理的前瞻性。跟踪关键宏观变量、市场变量，聚焦新风险、新趋势，积极主动地对未来发展趋势进行科学的研判，并提供风险防控措施。二是加强对经济环境和市场的分析。2019年，子行侧重研究分析马来西亚国民经济支柱产业和子行拟进入的重点行业，将行业周期性特征、行业发展现状及前景与马来西亚国民经济发展特征相结合，制定行业信贷指引。

（六）落实FTP管理机制，提升资负管理水平。子行从2018年开展内部资金转移定价项目，经过一年多的方案研讨、账户梳理、数据测试，已确定了各项资产负债产品的内部资金转移定价机制及管理流程。内部资金转移定价采取资产负债全额集中配置，模拟计价，集中管理的模式。按照收支两条线，分产品、分期限、分币种计算资金来源和运用的价格，实现了资产负债的精细化管理。

（七）坚持合规工作底线，提升合规工作水平。面临马央行以罚代管严监管高压态势，子行采取系统化、集中化处理监管报表报送工作，分别开发了CASHBOP外汇交易报送系统、CCRIS信贷后台采集系统。在此基础上，集中处理监管报表，由运管部、合规部、财务部分别成立对应的监管报表团队，集中报送监管报表。从近两年的报送情况看，大大降低了报送差错率，其中CASHBOP和CCRIS监管报表至今无差错下发。在过去的两年时间里，马央行对子行开展了二次反洗钱专项检查，对子行反洗钱工作表示认可。

（工银马来西亚）

马尼拉分行

2019 年，马尼拉分行在总行党委的正确领导下，实现了从正式对外营业到顺利开展各项业务，并积极探索菲律宾市场，寻找适合分行经营发展的商业模式。分行始终不折不扣地贯彻落实 2019 年全行工作会议精神，努力打造一个“积极进取、业务稳健、经营合规、管理高效”的境外机构。

一、2019 年主要经营情况

分行于 2019 年 2 月 14 日正式营业。截至 2019 年 12 月底，资产总额为 13 285 万美元，较年初增长 76.96%。负债总额为 13 559 万美元，较年初增长 76.98%，负债来源主要为总行拨付营运资金以及总行拆借资金。

2019 年，分行实现营业收入 313 万美元，其中中间业务收入 22 万美元，实现拨备后利润 -416 万美元。不良率为零。

分行目前主要开展公司业务。截至 2019 年 12 月底，累计开立公司客户账户 19 户，累计发放贷款 5 376.5万美元，累计转开保函金额 1 608 万美元。

二、2019 年扬帆起航，努力开创在菲发展新局面

（一）党建工作取得初步成效。一是坚持以从严治党带动从严治行，在思想上、政治上、行动上同以习近平同志为核心的党中央保持高度一致。切实落实总行党委和使馆党委的各项要求，坚持以党建促进业务的持续健康发展。二是成立分行党支部，加强党组织建设。2019 年 4 月 27 日在使馆党委和总行党委组织部的指导下，迅速成立了支部，成为使馆直属的四个使馆外支部之一，组建了支部委员会，并选举产生了支部书记、纪检委员和组织委员，健全了组织架构。扎实推进党支部的标准化规范化建设，认真落实“三会一课”制度。三是加强思想政治教育，认真组织学习重要文件精神。支部始终把党员的学习教育作为日常党建工作的核心内容来抓，每月组织支部党员认真学习十九大以来各全会文件精神，学习习近平总书记系列重要讲话，还组织党员谈心得、谈体会，提高学深悟透的能力。支部还按照使馆党委的要求组织开展了“不忘初心、牢记使命”主题教育活动，把学习教育、调查研究、检视问题和整改落实贯穿主题教育全过程，积极推进整改落地。四是开展廉洁从业教育，提高拒腐防变能力。2019 年下半年，根据总行党委的要求，支部开展了党风廉政建设专题学习扩大会议，向全体外派员工通报了“两明”案件，通过警示教育，教育引导全体外派员工树立正确的道德观和职业观，进一步增强党员干部群众在境外复杂环境下拒腐防变的能力。

（二）运营环境体系成功搭建。一是完成了菲央行账户的开立，参与本地公开市场操作业务。分行在开业初期就向菲律宾央行申请并开立了在央行的清算账户（DDA 账户），与央行建立了交易对手关系，开立了公开市场操作产品账户，开通了货币市场交易系统，完成了参与央行公开市场操作进行分行资金流动性管理的各项准备工作。二是布署核心银行系统，加入本地清算体系。完成核心银行系统及外围系统的部署，完成了会计核算、资金清算、风险管理、业务运营等领域的基础设施建设。迅速加入本地比索及美元清算系统，实现本地直参清算，上线了本地票据影像交换系统，推出了支票及本票产品。完成各币种清算账户的开立，成功搭建分行境内外清算体系，基本完善各币种的清算汇路。推进行内系统优化改造，投产了企业网银、电子印鉴、支票管理与同城交换、核算要素、会计档案影像等应用。三是建立同业交易关系。分行与 14 家本地银行、境内分行、海外兄弟行交换了密押，建立了交易关系，并获总行同意，将当地主要的 5 家银行授信主办行权限调整至分行。为开立主要币种的清算户，分行在花旗银行菲律宾分行、纽约梅隆银行、新加坡分行、东京分行申请开立了清算户。四是成功接入本地主流信用征信系统。为进一步提升信用风险防范能力，全面了解客户历史信用背景，分行成功接入了三家本地主流征信系统，通过利用系统提供的功能，多维度考量客户背景，全面掌握借款人历史信用情况，为信贷业务的持续健康发展提供有力的保障。五是抓住有利市场时机，完成债券投资。为使分行投入的营运资金及早产生效益，分行在正式开业之前就确定将营运资金 37 亿比索先行投入菲律宾本地国债中。为此分行做了大量的债券投资前的准备工作，在正式开业后第一时间内完成了债券投资，为分行 2019 年和今后两年的经营打下了良好的基础。六是首次向菲央行上报 ICAAP 报告。根据菲律宾央行规定，马尼拉分行需要报送 ICAAP 报告。分行认真研究了监管有关规定，梳理了分行资本管理和全面风险管理现

状，明确了分行未来三年在资本管理、风险管理、主要市场和业务等方面的努力方向，通过报告向菲央行客观反映了分行的经营管理和风险管理情况。七是完成央行监管报表报送，开展报表自动化工作。分行积极研究本地监管手册，积极配合参与央行的培训，学习报表报送规则，保证监管报表报送的时效性和准确性。分行还主动学习监管报表组织架构，研究央行报表与分行报表的逻辑联系，努力实现报表的自动化。

（三）市场开拓取得一定进展。一是积累客户基础，建立客户清单。2019 年，分行通过走访大量的本地客户、在非走出去央企、国企及同业银行等，逐步建立起较为立体的客户结构，特别对“一带一路”倡议下的走出去项目进行了持续跟进。分行为此建立了企业客户清单，收集了 170 余户中资及当地企业的客户和项目信息，确定的核心项目 75 个，有贷款需求的项目 19 个。2019 年，分行完成企业开户 19 户，其中中资企业 11 户，菲律宾企业 8 户。二是稳中求进，通过银团业务探索当地市场。借助国际银团业务在风险把关、反洗钱审查、议价能力方面的优势，分行积极参与了多笔菲律宾当地客户的银团交易。目前分行 5 300 万美元的信贷资产中，81%来自银团贷款，其余为当地企业的流动资金贷款。三是加强集团联动，提高工商银行在当地的影响力。分行充分发挥菲律宾桥头堡的作用，2019 年与总行专融部、工银亚洲、新加坡分行联动参与了 5 笔银团业务，全行累计参与份额达 3.43 亿元。通过联动参与当地大型财团的银团贷款，赢得了客户的信任，提升了工行品牌在当地的影响力，为未来争揽银团牵头行角色及业务的进一步开拓打下基础。四是积极跟进中国项目，与总行一并营销。一年来，分行持续追踪项目十余个，涉及电信、工业园、填海、地铁、电力，特大型项目均与总行专融或工银亚洲建立项目工作小组，保持信息互通。目前来看可行性较高的项目有 7 个，其中有 2 个已在分行开立项目专户。五是拓展主权客户，加深高层合作。分行协助菲律宾央行在总行开立人民币账户，用于未来参与 CIBM 市场、人民币存款、外汇业务等交易，促进了分行与当地监管的友好关系，也为日后总行进一步营销其他业务奠定了基础。

（四）风控机制和内部管理逐步完善。一是建立了公司管理架构体系。分行按照境内外监管对分行公司治理的要求搭建公司管理架构，设立了 6 个内部管理委员会及 3 个子委员会，对相关重大事项进行集体讨论和集体决议，保证了治理结构的完善，管理决策的透明。二是建立了三道防线。分行按照菲律宾监管要求建立了全面风险管理体系和治理架构，建立了前中后三道防线，能充分听取风险、合规、内审部门的意见和建议，对发现的问题能督促及时整改。三是加强流动性和信用风险管理。信用风险和流动性风险是分行面临的主要实质性风险，主要来源于信贷业务和金融市场业务。分行严格履行信贷业务审查和金融市场复核职责，定期做好 LCR 和 NSFR 等流动性指标的监测分析，确保分行信用风险管理和流动性风险管理有效到位。四是加强合规反洗钱管理。建立健全合规与反洗钱制度。加强合规与反洗钱培训，提高员工合规意识。积极与监管沟通，建立有效联系渠道。2019 年，分行拜访了菲央行行长助理、监管四部、金融系统健全部、反洗钱协会以及央行行长和副行长。五是完善制度建设，建立人才培训机制。分行始终坚持“业务发展，制度先行”的原则，重视制度建设，要求各部门根据业务实践不断修订完善现有制度。分行组织制定了员工的行内定期培训制度，通过培训促进员工对工商银行文化、经营、制度、流程的了解，促进员工知识面和实际工作能力的提升。

（马尼拉分行）

卡拉奇分行

2019 年，卡拉奇分行认真贯彻年度工作会议和国际化工作会议精神，紧抓中巴经济走廊建设及本地化特色化发展主线，深入推进“转型 2.0”，稳字当头、稳中有进，继续保持“零安全事故、零合规处罚、零风险事件、零不良率”，在 2019 年度潜力及节点市场类境外机构经营绩效考评中排名第一，被巴基斯坦金融分析师协会（CFA Society Pakistan）授予 2018 年度最佳小型银行称号，获得巴基斯坦 2018 财年度前 50 名纳税贡献奖，合规纳税人称号以及大使馆颁发的 2019 年推动人民币国际化机构贡献奖。

一、2019 年经营发展概况

一是资产稳健增长。2019 年末，分行总资产 50.70 亿美元（含簿记资产），较年初增长 0.8%；近三年（2017—2019 年）平均增速 3.36%；各项生息资产均衡发展。二是负债结构优化。2019 年末存款余额达到 6.24 亿美元，较上年增长 29.8%；全口径存款贡献达 8.86 亿美元（含离岸账户存款），较上年增长 29.3%。

三是盈利能力提升。2019年，分行实现净利润8 875万美元，较上年增长17%，近两年平均增速达到38%。中间业务收入实现1 986万美元，同比增长6.24%。四是分行可持续发展的基础逐步夯实。对公有效户260户，占全部客户的56%，比2017年末增加近100户，其中本地客户占1/4；业务产品线创新发展，银团贷款、信贷透支、人民币贸易融资、人民币做市、投行顾问、代理业务、保函信用证等业务多点开花；全面风险管理水平不断提升，内控合规机制更加完善，近三年保持“零案件、零处罚、零通报”的良好态势。

二、业务发展与管理情况

（一）客户量质齐升，业务基础进一步夯实。一是积极开展拓户及客户提升工程。截至2019年底，分行全部对公客户430户，其中有效户226户，占比52.56%，较上年增加40户和8个百分点。二是注重与总行、境内外分行的联动，加强世界500强客户的拓展。2019年扩展联合利华、乐天化学、Dawlance等客户共6户。三是提高行业覆盖，强化本地龙头企业营销。2019年新增重点客户共10户。

（二）存款多点开花，存款结构及稳定性进一步提高。一是以中巴经济走廊长期项目为重点，成功争取塔尔一区块项目、塔尔二区块项目二期、瓜达尔机场项目账户行角色。截至2019年底，账户余额共2.99亿美元。二是关注中巴产能合作，争取长安汽车合资公司账户和资本金注入，共计500万美元。三是试水模拟资金池模式，成功拓展乐天化学、联合利华、IGI保险、中巴投资公司等本地存款客户，增加存款3 120万美元左右，对CMPAK 1.1亿美元定期存款起到了较好的稳定作用。

（三）贷款产品丰富，信贷资产结构进一步优化。一是试水经营性物业项目，以联合利华租赁项目为支持资产提供融资。二是积极牵头参与银团贷款，牵头安排中电胡布、Avari银团贷款，参加KE Guarantco银团贷款。三是通过开展KE 5年期贷款，中长期贷款比例由5.18%提高至17.4%，信贷资产期限结构得到优化。

（四）人民币做市高位增长，大力推动人民币本地使用。一是人民币做市继续保持高速发展，2019年交易量110亿元，突破百亿大关，同比增加66.08亿元、增长149%。二是积极创新人民币产品，推进人民币国际化，采取信用证+保兑+福费廷，促进华为和Ufone合同币种采用人民币；在阿扎德帕坦项目中，积极推动人民币列入电价计价货币；开展巴工商联人民币推介会，积极配合集团争取人民币清算行资格。

（五）中间业务多点增长，盈利能力进一步提高。分行坚持将发展中间业务作为可持续经营的核心工作。由于走廊重大基础设施项目逐步扫尾，传统保函、信用证价格竞争激烈、市场总量大幅减少，分行全力发展其他中间业务，举办人民币业务推介会，2019年代客交易业务收入达到700万美元，账户代理业务收入达到120万美元，形成新的可持续增长点。

（六）合规为本理念持续强化，合规管理水平不断提升。一是优化合规治理架构与管理框架，成立反洗钱委员会，设立反恐怖融资团队，充分发挥议事平台及团队协同作用，2019年共组织7场面向员工及客户的反恐怖融资培训，促进反洗钱工作的高效实施。二是加强合规系统控制，积极推进合规管理系统上线工作，依托COMPASS系统，外购当地主流信息工具ACCUITY，加强国际贸易领域反洗钱和反恐怖融资管理。三是坚守合规风险“零容忍”底线。制定《内控合规年度工作要点》，强化年度基础合规工作，制订内控合规履职评价方案，优化分行合规考核机制。四是持续完善内部控制体系。制定《制度管理办法》，持续加强制度建设并完善制度传导机制；制定《监督检查整改实施细则》，完善问题整改、督促、考核的闭环管理机制；有效推动RCSA、ICFR等操作风险管理工具在分行的应用，提升内部控制能力。

（七）管理基础进一步夯实，信贷风险管理水平不断提高。一是制定系列信贷管理办法，不断完善分行信用风险管理体系。二是制订“一户一策”贷后管理落实方案，定期开展信用风险“回头看”以及信贷客户信用风险专项排查，提高客户风险监控水平。三是完善金融市场业务事前风险控制实施细则，开展对中台交易电话监控，提高市场风险管理能力；开发多项自主监测指标，增加流动性指标的监测频率，增强流动性风险管理；开展每日国别风险额度量化计算，强化国别风险限额管理。

（八）精细化管理显著提升，各条线内部管理水平进一步提高。

一是财务管理水平不断提升。通过强化资产负债管理职责出效益，资金使用效率不断提高；完善保函定价和减免费相关规定；完善内部费用管理；经过多方努力，成功向总行首次汇回部分未分配利润500万美元。

二是组织文化建设稳步推进。制订“不忘初心、牢记使命”主题教育方案并扎实推进，积极参加总领馆党委联学联建党建活动；建立新的岗位职级和薪酬管理体系，完成对当地雇员的工资套改，充分发挥薪酬激励作用；创新当地雇员招聘方式，提高当地雇员招聘质量，首次尝试开展有中国留学背景的本地雇员的校园招聘工作，探索校园招聘模式和系统性培训培养方案，加大当地雇员的战略性储备；持续开展优秀当地雇员评选，精心组织了国庆健步走、观看阅兵式等活动，加强中巴融合、增强企业文化认同。

三是安全保障基础继续夯实。坚持月度及季度安全会议制度，发现问题及时解决。加强人防、物防管理，提升保安、警察履职能力，完成防弹车、防弹衣购置及安全屋建设，外部风险防范能力不断提高。2019年末发生任何人身、财产安全事故。

四是加强档案集中和印章规范管理。制定了《卡拉奇分行档案管理办法》，开展档案库房安全性检查，加强档案规范性和集中管理；对全辖会计印章进行了清理和规范。

五是社会影响力持续提高。积极参与社会公益事业，为信德省某贫困小学捐赠课桌椅及文具；获得2018财年前50名纳税贡献奖、合规纳税人称号，社会反哺能力不断增强；通过当地主流报纸、机场广告，增强品牌宣传，助力人民币国际化进程，在企业中引起热烈反响，社会影响力不断提升。

（卡拉奇分行）

孟买分行

2019年，孟买分行根据总行国际化战略定位和印度宏观经济与银行业现状，深入分析外部经营环境和自身发展特色，实事求是面对现存困难与挑战，因地因势调整经营策略，着力提升全面管理能力、化解不良资产压力，取得一定成效，为下一步发展奠定了较好基础。

一、经营情况

分行资产负债主要由两部分合并构成，其中本地报表为印度境内资产部分，目前资产占比53.2%；簿记报表由簿记在香港、迪拜、总行专项融资部等资产构成，资产占比46.8%。

截至2019年末，分行总资产余额9.4亿美元，较年初下降2.8亿美元。其中本地报表余额5.0亿美元，较年初下降1 729万美元；簿记报表余额4.4亿美元，较年初下降2.6亿美元。贷款余额5.8亿美元，较年初下降2.6亿美元。其中本地贷款余额0.9亿美元，较年初下降0.7亿美元；簿记贷款余额4.8亿美元，较年初下降1.9亿美元。债券投资余额3.9亿美元，较年初增加0.5亿美元。其中本地债券余额3.8亿美元，较年初增加0.5亿美元；簿记债券余额842万美元，与年初基本持平。

2019年，分行净利息收入1 328万美元，较去年同期增长16.7%。其中本地报表净利息收入1 101万美元，同比增长113.6%；簿记报表净利息收入227万美元，同比下降63.5%。佣金和手续费收入353万美元，同比下降17.0%。其中本地报表收入335万美元，同比增长1.1%；簿记报表收入18万美元，同比下降80.8%。拨备前利润1 109万美元，同比下降25.8%。其中本地报表864万美元，同比增长11.1%；簿记报表245万美元，同比下降65.8%。因结转和计提大额拨备，净利润为-5 674万美元，同比下降950.1%。

二、工作措施

2019年，面对前期不良贷款造成的负面影响集中爆发，分行面临前所未有的经营压力。分行一方面总结教训，以史为鉴，积极调整经营战略和客户策略，提升内部管理能力，时刻保持战略定力，另一方面迎难而上，守正出新，探索高风险市场低风险经营模式，本地业务努力克服监管政策负面影响，实现稳健增长。

一是对基础设施、组织架构、风险管控、考核方式等多方面进行系统性梳理，建立健全各项规章制度办法，对照高标准努力补齐短板，为发展奠定良好基础。通过多年努力后，于2019年初全面上线央行清算系统直联，极大提升电子渠道客户服务能力。强化内控案防和全面风险管理能力，全面梳理各类风险管理制度流程手册，全面普及使用风险管控各系统并有效提高数据质量。建立精细化考核机制和内部转移定价机制，确保权责匹配，发挥全员主观能动性。

二是根据印度市场环境实际，深化经营策略调整，发挥内外联动优势，持续优化客户和资产结构，重点推进中资企业业务发展。中资企业客户占比和贡献度逐步上升，市场影响力不断提升。2019年新开立中资客户41户，新增客户数占比达93%，中资客户存款、本外币汇款业务量、国际结算量等指标均较上年实现较快增长。密切监测市场和舆论动向，主动提前退出印度本地企业贷款两户合计1 164万美元。

三是努力探索低资本占用、低风险承担的发展道路，根据市场需求和资源禀赋多元化收入结构。重点针对中资企业发展基于佣金和手续费收入的业务，保持公司结算、个人结售汇等基础类中间业务收入稳步增长。积极挖掘中印贸易往来业务机会，夯实贸易融资客户基础，拓展信用证贴现等相对低风险品种。着力推进黄金业务、投资银行等特色业务线建设，力争构建多条利润贡献超百万美元的中间业务品种条线。

（孟买分行）

工银阿拉木图

2019年，工银阿拉木图紧紧围绕总行党委的部署和子行董事会确定的发展战略，一方面坚持依法合规、稳健有序的经营与管理原则，实现了管理层平稳过渡，与监管保持了良好的沟通，行内各项风险管理效果明显，继续保持资产不良率零的记录，没有发生监管批评与处罚事项，子行内部没有发生操作风险损失。另一方面，子行积极探索新的业务渠道和产品，推动经营转型发展，对照属地法律法规和总行管理要求大力调整机构设置，补充专业人才，全面完善银行的公司治理架构，进一步提升了子行内部组织效率和外部市场竞争力，寻求股东利益最大化，各项业务稳中有进。现将有关情况报告如下：

一、业务发展情况

截至2019年末，工银阿拉木图资产总额（含簿记资产）为89 510.46万美元，较年初下降8.32%；贷款余额（含簿记贷款）49 246万美元，较年初下降29.52%，考核还原后实现拨备后税后净利润1 741.12万美元，超总行下达任务额141.12万美元，同比增长9.57%，继续保持高投资回报率，按账面口径ROA 2.87%，ROE 18.80%，成本收入比12.60%，NIM 3.2%。资产质量保持优良纪录，不良率继续为零。

剔除簿记因素，表内资产突破5亿美元，达到54 756.46万美元，同比增长27.55%；表内负债47 980.63万美元，同比增长30.29%；各项存款43 174.05万美元，同比增长20.6%。

二、经营管理情况

（一）制订三年战略规划，确立子行新的经营发展策略。新规划进一步明确：工银阿拉木图将依托工银集团服务“一带一路”策略，抓住新时期历史机遇，不断深化业务转型，努力将工银阿拉木图打造成为工银集团在哈萨克斯坦的“旗舰”银行和在中亚乃至外高加索地区具有重要影响的外资银行。

（二）调整优化公司治理架构，进一步提升组织效率。一是对子行各类委员会（资产负债委员会、风险管理委员会、反洗钱与合规委员会、财务委员会、信贷委员会等五个委员会）的职能进行了梳理，完成委员构成调整，重新制定委员会章程和议事规则以及与各业务部门互动的流程，加强委员会秘书单位监督决议执行的职能。二是制订了详细的内设部门调整方案，并顺利获得总行批准，将部门精简为14个，并将部分员工岗位和岗位职责做了调整，彻底解决部分业务前中后台不分离、职能不清晰、人员素质与岗位不匹配等问题。三是按照公司治理的要求和FOVA系统操作流程，全面梳理了业务处理流程，更新了各项业务操作手册。四是与全体员工签署了合规与反洗钱承诺书、信息安全保证书，进一步落实各项合规与风险管理三道防线责任。

（三）积极组织选贤用能，大力加强专业人才队伍建设。通过员工推荐、猎头物色、网络搜索等各种渠道招聘人才。子行全年筛选简历200余份，组织面试100余次，录用本地各类人才合计20名，使子行本地员工队伍达到了子行开业以来的最大峰值。开展了全体员工的工资年度晋升、绩效发放及一系列岗位调整，人才队伍更加稳固，权责划分更加明确。员工培训方面，除日常专业条线的各类培训外，聘请当地语言学校为本地员工开办了为期6个月的全员英语培训课，通过不断提升员工的语言能力，银行内部沟通效率显著提高。

（四）创新思路拓展业务，经营发展亮点纷呈。一是成功完成首笔中国银行间外汇市场坚戈跨境交易。2019年4月，子行与新疆分行在中国银行间外汇市场达成了一笔人民币坚戈外汇买卖，这是坚戈区域交易在银行间外汇市场挂牌以来，首笔由境外坚戈报价行参与的交易。二是成为银联本地清算业务首家代理行。2019年4月，子行成功投产代理银联本地清算业务，并完成第一笔资金清算业务。至此，子行已先后成功投产银联卡项下跨境多币种集中清算和本地多币种清算两大系统，成为工银集团首家银联本地清算业务代理行，为代理银联资金清算业务提供一站式解决方案。三是成功营销哈萨克斯坦国家开发银行在北京分行成功开立人民币账户。四是首次引入了彭博Bloomberg交易终端，拓展交易渠道和交易对手，提升子行金融市场业务效率，改变资金运作主要靠隔夜拆放央行，小部分资金做同业市场存放，外币负债业务处于亏损的状态。五是2019年7月，子行与哈萨克斯坦交易所（KASE）签订人民币流动性支持安排协议，成为首家为哈交所提供流动性支持的银行。

（五）多措并举推动公司及同业业务，市场拓展取得实效。一是委托代理业务取得新突破。成功取得中国进出口银行在吉尔吉斯斯坦中金布丘克金矿项目0.7亿美元贷款业务的委托代理行，实现阶段性美元存款0.7亿美元、日均美元存款0.3亿美元，汇兑、手续费、委托代理费等收入5万美元。二是全球现金管理业务取得新进展。会同总行公司金融业务部、总行结算与现金管理部、北京分行、工银亚洲走访中国石油天然气勘探开发公司，就中石油中亚地区现金管理合作进行深入探讨。参与并完成中石油《“一带一路”沿线国家资金管理研究——哈萨克地区资金集中管理》课题项目。成功为华为哈萨克公司开立账户，完成华为公司全球现金集中管理项目。三是人民币业务取得新突破。成功营销西安爱菊8 000万元人民币农产品收购款、宇通客车1.2亿元人民币1年期定期存款。中石油阿克秋宾公司首次在我行对石油副产品硫磺试点采用人民币结算，2019年结算金额达1 500万元。四是金融同业业务跃居本地第一。新增代理行6家，新增代理行授信10家，代理行存量来源行达24家，授信代理行存量达18家。年末同业存款达7 050万美元，较去年同期1 190万美元净增4.9倍，增速跃居哈萨克斯坦银行同业第一。五是中资客户营销取得新胜利。中石油CIK三次分红款共计380亿坚戈全部通过子行兑换，中石油AMG收款账户月均余额达20亿坚戈，定存3 600万美元；中有色存款超过6 000万美元。六是服务政府机构客户取得新成效。子行是中国驻哈大使馆、使领馆全体馆员的代发工资、跨境汇兑、对公账户唯一中资账户行。

（六）不遗余力强基固本，合规建设取得新成就。一是制度建设。全年修订完善了100项内部管理制度，制定了子行的反洗钱管理手册与合规管理手册。二是完成所有内控制度俄语和英语版本的双语建设。三是风险监测。坚持突出对信用风险、流动性风险、市场风险、利率风险、操作风险、声誉风险以及法律风险、科技与信息安全风险的管理，全年实现了未发生大的风险事件和操作风险损失，未发生监管警告或者处罚事件，资产质量持续保持不良率为零的目标。四是自查整改。全年度组织实施了15个内控与内审联合检查项目，分别对营业部、金融市场、清算、营业、IT、信息安全、公司治理等进行了检查，针对发现问题建立整改台账，督促限期整改。五是履职能力建设。全年组织开展了32次内部培训，培训对象覆盖全体员工，培训内容包括合规管理、谨慎监管指标、反洗钱、政府及央行各项新出台的法规。2019年子行全年未发生监管处罚事件，取得了合规建设的新成效。

（七）高度重视监管沟通，不断取得新成效。年初获悉哈央行即将修订主要银行监管法规框架后，子行积极与其沟通，并成为了哈央行制度修订工作组成员，利用每次制度修订讨论的机会，积极向对方宣讲工银集团的最佳实践，同时内部认真研究每一项哈国的法规草案，积极组织专业部门阅提意见，并向哈央行反馈。自年初至今，子行员工代表参加了32次会议讨论，提出了上百项修改意见，取得了积极成效。一是存款准备金率。经过反复沟通，哈央行回函确认其接受子行提出的关于将各项短期外汇存款（包括活期、代理行账户及不超过一年的定期存款）准备金率由5%调整为3%的建议。二是关联关系界定。哈央行同意了子行关于废除外国国资持股企业间关联关系规定的建议。新规定生效后，子行对在哈中资国有企业的授信额度可以提高到资本金的25%，将极大增强子行对中资国有企业的信贷支持力度。此外，该新规定也允许子行与中资国有背景银行展开资金拆借等业务，进一步拓宽子行筹资来源。三是流动性比率和单一借款人比率指标。11月11日子行向哈央行致函，分别就K4（流动性比率）、K3（单一借款人比率）、LCR（流动性覆盖率）、KBA（银行境内资产配置比率）等指标提出修改意见和修改依据，同时与其监管部门保持密切沟通，并争取同业支持。哈央行正式回函同意并认可了子行对K4指标的修改意见，初步同意对K3指标的修改意见。

（八）坚持科技引领，持续提升客户服务能力。一是成功投产企业网银汇款余额不足等待功能，支持公司客户在资金不足的情况下正常发起汇款交易，允许客户在最长一个工作日内补足资金，企业网银将会自动处理汇款指令。这是工银集团内企业网银系统首次推出此功能，极大地提升了客户体验的同时，也为其他机构提供了宝贵的应用经验。二是成功投产企业网银灵活对账单，支持公司客户随时随地按照单位名称、账户、币种、时间段等条件，灵活查询对账单。三是子行自主研发并成功投产本地运营管理平台，既对接FOVA系统，又与属地监管系统相连。一方面实现了与监管机构之间的互联互通，及时投产了“数字哈萨克斯坦”监管项目，满足了监管要求，另一方面提高了子行业务处理效率，同时降低了操作风险。

（九）圆满完成银行闲置房产处置工作。2019年7月完成了全部27套闲置房产的销售过户和收益入账工作，净收入为1 239 770美元。

（十）改善银行办公条件，全方位推动银行办公楼修善改造工作。启动了办公区域再利用，实现办公区与接待区的隔离，大幅提升办公区域员工容纳能力，还隔离了无关人员进入关键信息操作区域。此外，还对电力系统和照明系统进行了改造，银行形象焕然一新。

（十一）持续加强党建工作，严格落实集团和总领馆各项党建工作要求。对外派人员党支部做了改选，实行了外派人员管理层会议与支部会议联席召开，重点业务与重要决策在支部先行讨论，再由与本地员工共同构成的管理层会议决策的机制，实现党对子行的绝对领导。积极组织参加“七一党建”活动；与中石油集团中油中亚公司的联学联建活动；与中铁集装箱开展党建学习交流活动；两次赴首都努尔苏丹参加大使馆“不忘初心、牢记使命”主题教育座谈会；组织本地雇员参加《我与中资企业的故事》征文比赛；按时召开“三会一课”，开展民主评议等；组织三名副处级干部参加总行举办的党校培训班。

（十二）获得独联体地区银行业最高信用评级。于2019年12月6日获得惠誉本外币长期BBB+、哈国本币AAA级、展望为稳定的评级结果。这个评级是目前独联体地区商业银行的最高信用评级，高于哈国和独联体各国主权评级，为赢得本土主权以及大型国企的信任打下基础。

（工银阿拉木图）

迪拜国际金融中心分行

2019年，迪拜国际金融中心分行紧紧围绕总行国际化战略部署，坚持稳中求进、稳不忘忧、稳中谋变的总思路，不断夯实合规基础，聚焦价值创造能力、客户服务能力、风险控制能力、市场竞争能力等“四力”提升，推进各项业务稳健发展。截至2019年末，资产总额163.44亿美元，同比增长18亿美元；实现年度净利润10 632万美元，同比增幅13.07%。资产质量保持良好，主要工作举措如下。

一、加强资源统筹协调，提升区域管理水平

（一）完善优化管理框架，推动区域集约型管理。迪拜分行作为中东区域管理中心，不断完善优化区域管理模式，进一步强化中东机构区域协调委员会的作用，统筹各驻地机构经营管理及考核，对区域内跨机构重大经营管理事项进行集体讨论决策。同时，强化区域信贷审查委员会和财务审查委员会的职能，加强区域合规总协调人对各驻地分行的协调指导，加强区域各分行间风险管理及资产负债管理等专业委员会间的沟通协作，对区域各分行重点、难点及共性问题进行讨论研究，推动委员会专业水平共同提升。中东机构区域协调委员会由迪拜分行总经理担任主席，多哈、科威特和利雅得分行总经理任委员。

（二）加强资源统筹协调，提升区域管理效能。一是加强区域营销力量的统筹协调，以内外联动、外外联动等方式，破冰营销沙特阿美公司，争取重要大型项目，通过表内外融资，带动实现跨境人民币业务量931亿元。二是发挥区域信贷审查委员会作用，集中区域审贷力量，对区域内上会业务进行集中审议，强化了区域信贷风险总体管控能力；加强区域作业监督和信用风险监控团队，细化信贷业务的全过程管理，督导基础管理工作执行到位，提升信贷管理工作质量和效率。三是加强区域资产负债管理协调，落实区域管理责任，按季召开中东资产负债管理委员会会议，针对市场情况、区域整体及各机构的资产负债业务发展规划、期限结构、流动性风险、利率风险和汇率风险以及经济资本管理等方面提交报告审议决策，强化精细化管理和风险指引与防控，不断提升中东机构整体资产负债的价值创造力、市场竞争力和风险控制力。四是为进一步提高各驻地合规反洗钱工作能力，不断强化区域合规总协调人制度，为各驻地提供技术和智力支持，促进了合规技能知识在区域各驻地的普及。五是发挥区域财审会协调指导作用，推动财务精细化管理，引导资源战略型配置，加强对区域大额财务事项的统筹管理，将财务资源高效配置到能够增强经营能力的项目中，提升区域财务决策水平和财务资源配置效率。

二、严守合规、信用、流动性风险“三道防线”，打造稳健经营文化

（一）坚守业务合规红线底线，强化合规风险防线建设。一是加强顶层制度建设与系统优化，更新11份反洗钱制度手册、3项合规管理制度，参与总行《境外机构属地法律法规框架下反洗钱工作手册》迪拜篇编写。不断完善智能反洗钱BRAINS系统的功能，完成当地监管反洗钱报告系统goAML的投产运营，为合规反洗钱工作开展提供保障。二是扎实开展合规日常工作，定期召开合规管理委员会会议，分析总结重点业务领域风险特点，审议制定工作举措；通过持续开展合规培训，向全员传导合规意识，合规工作不断做细做深，员工合规履职能力持续提升。三是接受当地监管现场检查，未发现分行存在实质性风险问题，受到当地监管机构肯定。

（二）紧守信贷资产生命线，加强信用风险防线建设。一是牵头组织召开中东区域贷审会72次，累计审议业务金额约169亿美元，较上年增长69.6%。二是做好信贷管理基础工作，加强信贷档案管理，制定管理办法，按照国别风险敞口情况，执行风险敞口限额控制，进一步夯实信贷管理基础。三是及时分析推送阿联酋地区政治、金融、经济等资讯，共享地区政治经济发展动态。

（三）牢守资金安全线，加强流动性风险管理。一是加强区域资产负债管理指导，控制资金错配比例，不断优化提升 LCR 指标。二是统筹加强区域流动性监控管理，丰富、完善流动性压力测试场景，平稳度过中东局势紧张时期。三是在做好应急预案和资金成本控制的同时，向总行累计汇回利润 1.33 亿美元，同步实现分行留存利润的保值增值。

三、加强迪拜分行“三中心、一平台”建设，打造同业领先优势

（一）加强“区域管理中心”建设，围绕本地市场和“一带一路”建设，抢抓业务机遇。一是加强本地化经营，大力拓展龙头企业，重点拓展区域内基建项目、电力能源、石油化工、航空电信等行业领域，牵头参与迪拜国家石油公司、迪拜主权投资公司、阿布扎比国家能源公司等多项银团贷款。实现对迪拜航空租赁公司、阿布扎比国家石油公司等公司的营销突破，建立起合作关系，为分行进一步深耕本土市场打下良好基础。二是围绕“一带一路”项目建设，助力“走出去”中资企业，提升机构影响力。通过区域联动，积极为中石油、中铁国际、中建、中石化、上海电气等重点“走出去”企业提供资金清算、表内外融资等多种金融解决方案。4 月，在第二届“一带一路”国际合作高峰论坛上，与 Emaar 集团、ENBD 银行签署三方合作备忘录。三是内拓外联，推进贸易融资业务稳健发展。2019 年贸易融资业务余额 68 亿美元，较 2018 年末增长 240%，2019 年无任何垫款及逾期情况发生，累放量排名集团境外机构首位。通过与境外兄弟机构外外联动，办理探戈通、双边贷款、代付等业务，缓解其流动性压力和单客户敞口限制问题。通过总分联动、境内外联动，采用风险参贷、跨境直贷等业务模式，提供 20 多亿美元融资，降低了境内客户融资成本，提升市场占比，实现三方共赢。

（二）加强“海外筹资中心”建设，拓宽资金来源，多渠道拓展各项业务发展。一是抢抓机遇，成功发行 10 亿美元浮息中期票据 MTN，发行价格创同期可比同业新低，有效降低筹资成本；广泛拓展交易对手，累计拆入资金 473 亿美元，拆出资金 233 亿美元，其中向兄弟机构提供资金 126 亿美元，保质保量完成 2019 年负债融资任务。迪拜分行荣获英国《国际资本金融》杂志颁发的欧洲、中东、非洲地区（EMEA）“最佳创新国际银行”荣誉、连续三年获得“最佳债券发行国际银行”，荣获全国银行间同业拆借中心颁发的“优秀境外机构投资者”荣誉。二是促进资产业务发展，投资中国银行间债券市场约 45 亿美元，在控制利率风险的同时，提升收益水平。三是积极拓展债券承销，完成 7.5 亿美元首笔阿联酋主权债券发行，协助国家开发银行面向全球发行首单 100 亿元“债券通”绿色金融债券。

（三）加强“金融机构客户合作中心”建设，加深同业合作，大力发展金融同业业务。将主权类金融机构作为战略目标客户，与排名靠前的本地银行成为全面合作伙伴，并持续拓展中东北非地区资产质量较好的商业银行，参与部分优质贷款项目，并获得好收益；成功举办“ICBC2019 中东北非金融论坛”，邀请 52 家主权及金融同业机构参加，进一步提升我行在中东北非地区的影响力，巩固了市场地位，为深化区域内同业合作起到积极促进作用。

（四）加强“簿记平台”建设，合理开展簿记业务，实现集团利益最大化。在严格把控合规风险的基础上，探索簿记业务操作管理新机制、好做法，不断提升服务水平和精细化效率。对各类风险做到“预防在先、发现在早、处置在小”，构建簿记业务风险第二道防线。2019 年与 14 家海外机构建立簿记业务联系，累计审批簿记业务约 104 亿美元，累计放款 94 亿美元，年末余额约 58.9 亿美元，为集团实现簿记业务净利润 1.07 亿美元。

四、加强内部资源管理，提升机构资源战略配置效率

优化完善“人、财、科技”管理机制，夯实管理基础，提升资源战略配置效率。一是加强人才队伍建设，激发人力资源活力，优化人力资源结构，持续提高员工本地化率，吸引来自全球 10 余个国家的雇员，人员本地化率达到 49.5%。二是发挥区域财审会协调指导作用，制定实施 5 项财务制度，推动财务精细化管理，2019 年共召开 30 期财审会，合计审议 42 项大额财务开支项目，有效规范了财务支出。三是加强科技应用与实践，以汇聚式网络架构为基础，充分发挥科技引领作用，通过加强信息系统投产、规范科技管理、强化信息安全建设，不断提升科技服务和业务发展的能力。

（迪拜国际金融中心分行）

多哈分行

2019 年，面对复杂变化的外部政治经济金融环境，多哈分行认真贯彻总行党委和中东区域机构工作部署，始终坚持贯彻风险为本、稳中求进的经营理念，以质量和效益为主线，积极对接“一带一路”战略，抢抓市场有利时机，主动进行业务结构调整，有效推进经营结构转型，在继续保持资产零不良水平的前提和基础上，主要经营指标实现了较大幅度增长。现将有关情况报告如下。

一、主要经营指标完成情况

2019 年末，多哈分行资产规模 53 亿美元，较年初增加 2.42 亿美元，增长 4.78%；贷款余额（剔除代付业务，总行口径）22 亿美元，较年初减少 4 亿美元；负债规模 51 亿美元，较年初增加 2.15 亿美元、增长 4.4%。实现税前利润 2 958 万美元，净利润 2 726 万美元，同比增加 887 万美元、增长 48.28%。按资产规模计算，业务本地化率达到 66% 以上。多哈人民币清算行作为中东地区首家人民币清算行，2019 年实现人民币清算量 1 845 亿元，自开业以来累计完成人民币清算量 1.83 万亿元，居系统内人民币清算行第 3 位，更好地促进了人民币业务在中东的国际化进程。分行连续 6 年无任何合规风险事件发生，资产质量连续 11 年保持零不良水平。

二、主要业务开展情况

（一）积极对接国家“一带一路”战略，主动进行业务结构调整，有效推进经营结构转型。一是积极加强对国家“一带一路”战略及总行相关规划要求的支持服务。2019 年，结合分行经营规划，分行重点加大了对当地基础设施、绿色环保、改善民生和提升内生经济增长动力等项目的服务支持，为“走出去”中资企业提供优质高效的金融服务。为中国电建—卡塔尔阿尔卡萨 750 MW 太阳能光伏电站项目办理融资承诺函 3 亿美元，为上海振华重工卡塔尔新港集装箱起重机项目开立履约保函 5 853 万里亚尔，为中国石油工程建设有限公司卡塔尔石油二氧化碳管线项目开立投标保函，为华为卡塔尔政府部门通讯设备项目开立了首笔阿拉伯语履约保函，为厦门金龙汽车参与 2022 卡塔尔世界杯接驳大巴项目开立投标保函，为上海海勃膜结构公司参与建设世界杯主体育场项目开立履约保函等。二是稳步实施本地化经营战略，进一步提升分行在本地金融市场的份额及影响力。面对卡塔尔断交事件常态化，始终坚持风险控制和经营转型两手抓的经营方针，持续深耕本地业务，实行精准营销，积极开拓当地金融、电信、航空等国民经济支柱行业龙头企业客户，不断提升分行在本地金融市场的份额及影响力，努力创造新的利润增长点并取得了良好效果。分行与卡塔尔国民银行、卡塔尔电信、卡塔尔航空等企业建立了业务合作关系，2019 年完成卡塔尔国民银行 1.99 亿欧元银团贷款和 3.5 亿美元债券投资，卡塔尔电信 1 亿美元双边贷款项目，卡塔尔伊斯兰银行 1.5 亿美元债券投资，并累计为卡塔尔航空办理现金归集业务 14.9 亿元人民币。年末，按资产规模计算，分行业务本地化率达到 70% 以上。三是稳步提升多哈人民币清算行的客户服务水平。始终秉承安全稳健、精细管理的工作宗旨，促进多哈人民币清算行运营管理与清算能力的持续提升。积极向参加行推广应用 SWIFT 组织全球支付创新（GPI）项目，使多哈人民币清算行具备向客户提供更加快速、透明、可追溯的跨境支付服务能力，更好地促进了人民币业务在中东的国际化进程。

（二）严守合规和风险控制底线，把依法合规经营放在首位。以依法合规为前提，认真贯彻落实总行和当地监管要求，严格落实主体责任、抓实重点治理、夯实管理基础、牢守“合规第一”的底线，确保经营管理符合内外部监管要求。一是全面落实总行内控合规工作要点和当地监管各项要求，完善合规管理架构，强化三道防线责任机制，建立覆盖全机构、全业务、全客户的合规反洗钱风险管理常态化工作机制。分行与驻地监管建立并保持了良好的沟通机制，定期向监管汇报分行战略规划和业务经营情况，主动了解监管动态，积极配合监管检查并及时落实整改要求。分行连续多年无任何合规风险事件发生，未发生监管处罚情况，各项工作得到了驻地监管部门的充分肯定。二是坚守质量底线，认真落实全面风险管理。按照监管和总行要求，进一步完善稳健高效的风险控制，建立了前中后台分离的全面风险管理体系。信用风险方面，分行提高客户准入门槛，优选本地大中型金融机构、国有航空公司和主流电信服务商等龙头企业开展业务，分行开业以来一直保持资产质量零不良。市场风险方面，分行落实总行规定，严格执行各项风险控制措施，未出现重大市场风险事件或隐患。建立了部门之间的联动机制，严格落实岗位分离和事权划分管理要求，做好风险专项排查和日常监测监控，确保分行各项业务的平稳发展。

（三）以党建促发展，积极引领各项经营业务稳步发展。按照驻地使馆党委和总行党委统一领导和部署，坚持“围绕发展抓党建、抓好党建促发展”的指导思想，将党建工作与分行中心工作密切结合，杜绝“两张皮”，推动党建工作和业务发展的相互促进和有机融合。立足当地经济金融环境特点，结合驻地监管部门关切，分行管理层带队多次到中国港湾、中国铁建等驻卡重点中资企业走访座谈，组织开展“联学联建”活动，切实了解“走出去”企业、“一带一路”项目和人民币国际化在推进过程中的痛点和难点，研究主动服务国家战略、服务中卡经贸往来、强化银企互动以及促进人民币国际化等方面领域的思路和措施。以学习习近平新时代中国特色社会主义思想为主轴，做好对党的十九大精神、习近平谈治国理政等系列理论、“不忘初心、牢记使命”等系列重要讲话精神，积极通过“三会一课”开展理论学习，坚持学用结合、强化输出，增强学习效果。通过组织党建知识竞赛、重温入党誓词，组织党员过政治生日等多种形式，引导全体党员坚定共产主义的理想信念，保持与时俱进的精神状态，增强“四个意识”，坚定“四个自信”，做到“两个维护”。扎实有序推进“不忘初心、牢记使命”主题教育序时开展。坚持以问题为导向，把学习教育、调查研究、检视问题、整改落实贯穿主题教育全过程，形成了《人民币国际化在卡塔尔的实践与展望》主题调研成果，确保主题教育活动各个环节工作的有效落实，并通过主题教育切实推动了分行整体经营管理工作的持续提升。

（多哈分行）

阿布扎比分行

2019 年，阿布扎比分行积极贯彻落实总行国际化战略和“48 字”工作思路，聚焦“三个服务”原则，科学谋划部署，严密组织实施，推进各项业务稳健发展。截至 2019 年末，分行资产总额 7.68 亿美元，同比增加 8 584 万美元、增长 13%；负债总额 7.14 亿美元，同比增加 7 177 万美元、增长 11%；2019 年实现净利润 654 万美元，同比增幅 10%；资产不良率为 0。

2019 年，是分行迁入阿布扎比未来经济中心 Reem 岛新办公场所的开局之年，分行充分发挥在岸银行牌照优势，积极开拓市场，服务于中国与中东地区经贸往来，稳步推进分行高质量向前发展，具体举措如下。

一、服务国家“一带一路”发展战略，深化本地化企业营销合作

一是服务国家发展战略。2019 年 7 月 22 日，与阿布扎比港口公司、中国江苏国际经济技术合作集团有限公司签署《工商银行、阿布扎比港口公司和江苏海投关于开展阿布扎比哈利法工业园区暨中阿产能合作示范园合作备忘录》。阿布扎比分行以此次合作备忘录的签署为契机，大力营销推进中阿产能合作示范园建设，为入园的中资企业提供包括账户开立、结算、金融咨询等一系列金融服务，协助更多的中资企业顺利落地阿联酋，助力整合中阿优势，促进双边产能合作。

二是服务“走出去”企业。服务“一带一路”建设，支持“走出去”中资企业进入阿联酋，成功营销两家中国顶尖原创 AI 高科技企业在分行开立账户，为双方深入业务合作打下良好基础。坚持内外联动，为“走出去”的企业提供多币种的结算服务、保函、信用证等金融服务，2019 年分行新开保函 16 笔，折合 5 800 万美元。加强业务创新，与境内分行开展互动，将国内走出来企业信息与境内分行充分共享。2019 年，阿布扎比分行与四川省分行合作，成功投产“中欧 e 单通”跨境区块链平台，通过创新将区块链技术与多式联运“一单制”各业务环节相结合，将各参与方链接起来，通过数据的联通和互相验证，实现互信互认，为中小企业融资提供贸易物流信息支持，高效服务于中国与阿联酋的贸易企业，为当地贸易企业及“走出去”中资企业提供优质、快捷的金融服务。

三是服务当地企业或项目。以大型国有企业和重点行业客户为切入点，在客户数量增加、质量提升、产业分布多元化、业务种类丰富化等方面多管齐下，推动新老客户结构持续优化，客户贡献度不断提高。2019 年，分行为中韩联合竞标体开出投标保函，投标阿联酋伊蒂哈德铁路项目二期 D 段工程项目，密切了分行与当地企业合作关系，实现了多方共赢的良好局面。助力某石油企业在阿市场首次承接天然气建设项目，标志着分行与中阿客户在油气建设项目的合作迈出新的一步。成功营销某大型石化企业在分行开立账户、办理注册保函业务，推动该企业首次登陆阿联酋市场、投标当地石油炼化建设项目。此外，分行还配合总行积极为第二届中国

国际进口博览会提供阿联酋经贸客户信息资源和在阿联酋的宣传推介支持，协助更多中东地区客商借力进博会进一步开拓中国市场，实现银企共赢。

二、加强联动合作，积极推动人民币跨境基础业务和投资业务

一是做好跨境人民币清算结算基础服务。阿布扎比分行作为总行迪拉姆账户行，为总行以及各境内分行都提供迪拉姆的结算和汇兑服务；为企业客户提供人民币账户服务，提供代客直接收付款和人民币对多币种的汇兑服务；为阿联酋与周边国家同业机构提供人民币代理清算和人民币汇兑服务；依托总行和工银亚洲的账户行关系，为当地同业及客户提供便捷高效的人民币清算服务和流动性支持。2019 年，阿布扎比分行完成国际结算量 25.34 亿美元，其中实现跨境人民币业务量 58 亿元，推动了人民币在境外的有效使用，助力人民币国际化发展。

二是推动债券投资及相关业务发展。依托总行“一带一路”新兴市场货币先发优势，统筹推进代客风险管理业务，有效帮助“走出去”企业管理汇率与利率波动风险。采取积极的债券组合管理策略应对市场变化带来的风险和机遇，积极发展中东债券承销业务及债券交易能力，提升中间业务及交易收入。2019 年，阿布扎比分行新增债券投资 5 000 万美元；办理了外汇掉期 49 笔，提供了等值约 9.4 亿美元的流动性资金；为 56 个本地客户办理了 360 笔换汇交易，总计 3.3 亿美元。

三、夯实稳健经营管理基础，构筑实用可靠的内控风险防御体系

一是完善内部规章制度。对标监管规范、总行要求和最佳实践，持续完善合规组织架构和合规制度建设，守住合规工作及反洗钱要求底线。2019 年，以迎接监管检查和 FATF/MENAFATF 对阿联酋的互评为契机，研习当地监管制度和总行管理，参考 FATF 建议和沃尔斯堡反洗钱指引，全面梳理原有反洗钱内部规章制度，不断完善反洗钱制度架构体系，夯实了反洗钱合规基础。

二是加强与监管沟通交流。与阿联酋央行建立常态化的沟通交流机制，定期汇报分行重大经营事项和合规工作进展，及时了解监管思路、要求和政策的变化，对监管提出的问题和隐患及时排查整改并反馈整改情况，在历次监管检查过程中均未发现实质性重大问题。2019 年，根据阿联酋央行对内审的最新监管要求以及总行境外机构内部审计相关规章制度，分行参考国际内部审计师协会有关标准及业内最佳实践，对原有内审制度进行分析梳理，并在总行内审局的指导下完成了分行《内部审计章程》《内部审计政策》和《内部审计手册》等制度修订更新工作。

三是提升各类风险防控能力。进一步做好信贷风险管理，动态研判辖区内各类风险特征变化，增强预警能力，提升对信用风险、市场风险和操作风险防控能力，确保资产质量维持在较好水平。对现有资金市场交易制度办法进行了梳理、整合和完善，对相关内部管理指标体系进行了补充，得到了监管部门的肯定和认可。2019 年，分行开通接入了阿联酋征信局（Al Etihad Credit Bureau）的征信查询系统，实现了对本地客户更为深入和全面的信用风险分析，为分行稳健发展本地化业务提供了有力支持。

（阿布扎比分行）

科威特分行

2019 年，科威特分行按照总行部署和国际化战略目标，落实中东区域总部工作要求，积极拓展资产负债业务，强化合规反洗钱管理和风险控制，保持合规稳健发展。截至 2019 年末，分行总资产 5.06 亿美元，较上年增长 9%，实现净利润 269 万美元，不良贷款率保持为零。

一、持续强化客户营销，积极拓展信贷业务

科威特分行持续深耕本地客户和信贷市场，积极营销科威特优质大型企业和驻科中资企业，成功新增信贷投放和业务储备。一方面深挖本地资源，增加对本地重点行业大客户的信贷投放，包括向科威特石油公司、科威特移动通讯公司、阿曼石油公司等发放项目贷款，同时积极开拓新市场新客户，通过内外联动实现投放跨境人民币直贷，通过外外联动与本地两家代理行初步达成同业贷款意向。另一方面积极服务“走出去”中资企业，增加对中资企业在科建设项目的信贷支持，包括中建科威特大学城项目、中交集团公路建设项目等。

二、加强资产负债管理，提高资金业务收益

随着分行账面信贷资产的增长，本地监管指标如存贷比、资金错配率和净稳定资金比例等制约日益突出，分行积极采取各种措施加强资产负债匹配，有效支撑生息资产增长，有效提高资金运用效益。一是积极拓展资金交易对手，扩大资金来源，与12家新增交易对手建立关系，其中已发生业务往来6家，与新交易对手资金交易量占2019年总交易量的24.47%，并实现了首笔非金融同业客户的资金拆入。二是优化长期融资渠道，稳定流动性指标，通过迪拜分行提供循环贷款支持有效缓解了存贷比和净稳定资金比率压力，显著降低了长期借款成本。三是合理调整新增债券投资结构，包括主权债、金融债、公司债等，有效平衡流动性和收益性。在利率下行背景下，2019年债券收益率提升至3.22%，比上年提升16个基点。

三、强化联动营销机制，积极开拓新产品线

在积极发展信贷业务的同时，分行在总行相关专业部室的指导下，与总行和境内外机构密切联动，努力探索拓展非资本消耗型的新产品线和业务。一是在总行结算与现金管理部、广州分行的支持下，积极争取科威特航空公司开通中国直航业务的开户并为其提供现金管理方案。二是与总行资产托管部、金融市场部及迪拜分行联合营销科威特社会保障公共管理局、科威特投资局和科威特中央银行等主权类机构，争取境外机构投资者进入中国境内资本、债券市场和外汇市场的投资和交易机会及资产托管业务。三是成功投产个人网银、企业网上银行代发工资业务、金融市场后台运营管理平台GMO、账户余额变动提醒服务，适应业务规模扩大持续优化业务流程。

四、夯实管理基础，加强全面风险管控

面对科威特严苛的监管形势和复杂外部市场环境，分行认真开展“三个对标”工作，严格对标当地监管规定和总行最新政策制度更新内化本行制度要求，全面加强合规、信用、资金风险管控，牢守合规经营底线和把握风险防控主动权。一是高度重视信贷风险管理，认真贯彻总行年度信贷管理工作指导意见，把好贷款准入关，审慎开展新业务及新市场，及时排查并快速退出潜在风险贷款。二是统筹抓好汇率、利率、流动性等风险管理，确保资金条线稳健安全。通过流动性风险指标预测体系建设，搭建了LCR和NSFR精准预测模型，完善利率、汇率风险管理机制建设，提高预警性并建立应对预案，保证各项流动性指标处于合规水平。三是狠抓内控合规管理，落实监管检查整改，2019年共新增制度4项，修订30项，并更新分行反洗钱手册2次，在外部咨询公司配合下完成《2019年度科威特分行洗钱风险评估研究》；同时开展不同专题合规培训，积极打造合规文化，与当地监管建立常态化交流机制，2019年监管检查过程中均未发现实质性问题。

（科威特分行）

利雅得分行

2019年，利雅得分行以党建为引领，深入开展“不忘初心，牢记使命”主题教育活动，继续深耕沙特市场。分行上下团结一心，努力拼搏，圆满完成了区域下达的任务指标，交出了一份满意的答卷。

一、持续以党建为引领，始终把握正确的政治方向

2019年，分行党小组获批成立党支部，在沙特这样宗教氛围浓厚的君主制国家，开展党建工作面临诸多客观条件的限制，但作为党的基层战斗堡垒，利雅得分行党小组始终坚持“党旗在心中”。在总行党委和使馆党委的领导下，通过灵活的学习方式，以习近平新时代中国特色社会主义思想为指引，聚焦组织的“向心力、凝聚力、战斗力”，不断以党建铸魂。一是深入开展“不忘初心、牢记使命”主题教育活动，丰富形式开展，在传统的读文件学讲话的基础上，增加了重温誓词、观看视频、座谈交流、体会分享等方式，创新联合在沙中资企业开展“共创党建”活动，前往恶劣条件工地参观交流，触动爱国爱岗情怀；二是获得驻沙特使馆党委批准，成立驻沙特使馆第二党支部，同时成立第二党支部委员会，支部建设逐渐走入正轨，将分行党务工作推向正规化和系统化；三是结合双线管理要求，召开了组织生活会，开展批评与自我批评，提出建议并帮助党员干部找出自身问题。

二、深耕市场，稳中求进，经营效益再上新台阶

2019 年，分行面对不利市场局面，前台部门积极营销市场，拓宽业务渠道，在保证资产规模稳定的基础上，实现了经营效益再上新的台阶。截至 2019 年末，实现净利润 1 500 万美元，合人民币 1.05 亿元，较上年增长 24.4%。实现拨备前利润 1 946 万美元，较上年增加 415.6 万美元，增长 27%。ROA 0.84%，ROE 21%，NIM 128 个基点，成本收入比 26.63%。同时，分行积极响应号召，在开业仅 3 年多后向总行汇回 1 000万美元的利润。总行口径资产规模 17.6 亿美元，较年初增加 1.5 亿美元、增长 9.3%。其中贷款余额 13.78 亿美元，较年增加 5 000 万美元、增长 3.6%。债券业务规模 2.87 亿美元，较年初增加 1 亿美元、增长 53%。

（一）拓展本地信贷业务，实现重点客户融资落地。一是完成沙特阿美公司信贷业务首次实质突破，马来西亚项目与 SATORP 项目共参贷 1.41 亿美元。二是继续支持沙特主权类客户业务，新增沙特主权基金贷款 1.12 亿美元。三是继续支持中资企业沙特业务，逐步推进重点客户出口买方信贷融资，完成发放 747.48 万美元。四是完成 1 840 万欧元以及 200 万美元内保外贷提款。

（二）因地制宜，积极争取中间业务收入。分行积极抓住市场的有利时机，一方面挖掘存量重点客户保函潜力，另一方面拓展新增中资企业保函客户。为中资企业新增办理保函转开业务 141 笔，保函余额 5.67 亿美元，较年初增加 2.87 亿美元、增长 102.5%。保函业务办理量位居境外机构首位，创造中间业务收入 152 万美元。同时，分行为沙特央行办理里亚尔兑换人民币业务 22.52 亿元，实现汇兑收益 59.1 万美元。2019 年分行实现中间业务收入 494.2 万美元（含分润），较上年增加 189.3 万美元、增长 62.1%，超额完成区域下达的任务指标。

（三）拓展资金投资渠道，不断降低融资成本。2019 年以来，资金业务新增 3.5 亿优质长期资产。其中，投资债券 1 亿美元，为卡拉奇、河内分行贷款项目提供资金支持 2.5 亿美元。而且，分行资金部紧盯美元利率走势，制定资金期限错配运营策略，通过拆借 3 个月以内的资金，不断在降息通道中压降资金成本。第三季度末分行 NIM 值为 1.29%，较第一季度末的 1.09% 增长了 20 个基点，较中东区域均值 0.87% 高出 42 个基点，为完成分行 2019 年净利润目标发挥了积极作用。

（四）提前储备，为 2020 年业务发展奠定基础。一是储备沙航 8 亿美元的过桥贷款，沙特国民银行的俱乐部贷款，阿吉兰公司 1.5 亿美元的融资等；二是申请进入中国外汇中心银行间外币交易平台，从中国境内获取外币资金；三是抓住中国债券市场全面开放的有利时机，申请以直投模式进入中国银行间债券市场。

三、不断强化风险管理，持续提升合规水平

（一）不断夯实风险管理的基础。一是整章建制。2019 年共修订制度 18 项，制定制度 22 项，基本涵盖了分行所有的业务及经营管理。二是成立了资产负债委员会、信息安全委员会，并且从风险委员会中分离出来，单独成立了信贷审查委员会，完善了公司治理架构。三是改进了资金交易的流程，加强了中后台对前台业务的监督和复核，提高了业务操作的准确性。四是抓好 IT 审计结果的整改。截至 2019 年末，全部发现问题已整改完毕。五是督促前台部门及时进行存续期管理检查，复核确认信贷和债券投资存续期管理报告。六是在风险管理部内成立了信息安全管理单元，招聘了信息安全官，并聘请外部咨询公司对标监管要求进行全面的差距分析。

（二）以整改促提高，持续提升合规水平。2019 年分行以监管检查问题整改为契机，全面提升合规和反洗钱工作水平。一是全面修订了《AML－CTF 手册》。二是完成核心银行系统 T24 的改造。对部分功能进行完善，增加了 KYC 模块，增加了新的可疑交易监测模型。三是聘请当地知名的反洗钱培训机构加强了全员的反洗钱培训。四是适时调整合规队伍。分行顶住压力对队伍进行了调整，多方努力招聘了新的合规经理并增加了反洗钱经理。五是及时汇报整改进度，提高了监管机构对分行的认可。六是对整改工作成果进行审计。

四、夯实信息系统基础，为业务发展保驾护航

由于特殊的监管要求，分行一直以来使用独立系统架构，例如独立的核心银行系统－T24 以及 SWIFT 系统等。在 2018 年的反洗钱检查中对核心银行系统的功能提出了一系列的改进意见，并颁布了系统信息安全的监管规则。分行在总行相关部门和区域的指导和支持下，认真研究监管规则，积极协调相关团队，信息系统建设取得了明显进步。一是积极推进核心银行系统替换工作。二是推进本地清算系统灾备机房建设。三是完成 SWIFT 系统迁移工作。四是完成核心银行系统优化工作。五是配合沙特央行推进 Watheeq Edge 系统实施。六是开展信息安全制度建设。根据监管要求，分行聘请了外部咨询公司制订了信息安全制度和业务连续性计划等。七是完成分行与迪拜区域中心专线连接改造，大幅提升了分行网络的稳定性，保障了业务的连续运行。

五、狠抓队伍建设，不断提高人力资源效率

结合工作实践中反映出来的问题，分行在人力资源管理上花费了大量精力，基本实现了考核、岗位定级、晋升及外派员工福利待遇等问题的规范化和制度化，回应了广大员工普遍关心的问题。一是完善人力资源管理相关制度。组织完成了分行2018年度考评，印发了《利雅得分行年度考核办法》《分行管理层以下员工本地职务职级体系实施细则》《利雅得分行外派员工管理细则》。二是考核评价的激励作用持续加强，考核基本打造出员工人人工作有目标、力争上游的良好氛围。年末圆满完成了区域下达的任务，考核指引收效显著。三是分行发展与员工职业发展紧密结合，2019年分行5名员工实现管理职务晋升，11名员工实现工资等级档次晋升。此外，共4名外派员工实现国内职级晋升。

（利雅得分行）

工银土耳其

2019年，工银土耳其认真落实总行国际化战略，坚持“立足本地、辐射周边、联通欧亚”的发展定位，大力推进经营转型、提质增效，积极服务土耳其经济、产业和社会发展，服务中土经贸合作大局，为中国“一带一路”倡议对接土耳其“中间走廊”计划提供金融支持。截至2019年末，总资产余额（含簿记）为48.21亿美元，较年初增长9.43%；净利润3 213万美元，同比增加20.42%。不良贷款余额和不良贷款率（含簿记）分别为2 617万美元和0.75%。较年初增加846万美元，不良率增加17个基点。

一、公司金融及跨境项目部资源储备丰富、营销成效显著

2019年，子行与土耳其前100强中的80户企业保持合作关系，公司及项目条线贷款余额接近全行贷款余额40%。为Botas地下天然气储库项目发放1.75亿欧元贷款，为黑海集团黎巴嫩电船项目发放2 300万美元贷款，为Guris地热项目发放3 000万欧元贷款，为Sanko集团风力发电项目发放4 000万欧元贷款，为土耳其航空发放9 100万欧元贷款，为Trakya Cam公司发放3 250万欧元贷款，为OYAK集团发放8 000万欧元贷款，为飞利浦土耳其公司发放9 000万里拉贷款，为土耳其Petrol Ofisi公司提供1.7亿里拉贷款，为Vakf保理、QNB保理、NG保理等金融机构共提供2.37亿里拉贷款等。已批未放项目包括：Borusan风电4 000万欧元贷款、Arkas物流港口3 000万美元贷款、上海电力EMBA燃煤电站5 000万美元贷款、KOC集团50MW风电项目7 000万美元贷款、Gulaylar亚洲购物中心项目1.1亿欧元贷款等。储备项目包括：ASKI饮水管道项目8 000万美元贷款、中车机场地铁车厢项目2.6亿欧元贷款、中机科尼亚轻轨项目2亿欧元贷款、中铁安卡拉伊兹密尔高铁项目2亿欧元贷款、伊斯坦布尔第三机场再融资项目20亿欧元贷款等十余个项目。

二、证券公司及投资银行发展势头良好

证券公司综合实力进一步增强，ROE、净利润、投资银行业务收入、净资产在63家同业排名分别为第11名、第13名、第4名、第14名，较之前年度分别提高11个名次、3个名次、4个名次、1个名次。信贷资产增长6.83亿美元，较上年增幅269%。实现税后利润1 000万美元以上，较2018年增长167%，提前完成三年计划。牵头承销了土耳其财富基金银团贷款10亿欧元，参贷3亿欧元，实现承销费收入150万欧元；TKD水力发电银团项目参贷5 000万欧元，实现前端费100万欧元；北马尔马拉高速公路银团参贷1亿美元，实现前端费及项目推荐费150万美元；AK银行银团参贷5 500万美元，实现前端费22万美元。中标四川某国企收购土耳其某航空公司买方顾问项目；担任土耳其某白色家电领导品牌卖方顾问，为其寻找中国投资者；担任中国某彩票印刷企业买方投资顾问，协助其投标土耳其彩票发行私有化项目；担任子行购置大楼买方顾问，为子行和总行科学决策提供依据。在2017年和2018年连续获土耳其资本市场委员会颁发的“最佳投资银行奖”之后，又荣获英国《国际银行家》杂志“2019年土耳其最佳投资银行奖”，集团内投资银行业务影响力空前提高，得到总行更多的支持和兄弟机构的合作请求，并被总行赋予中东/北非跨境并购财务顾问业务区域执行中心。

三、国际业务取得了重要进展

一是引入适合本地市场的贸易融资业务产品，如与国内分行信用证下福费廷业务、土耳其代理行信用证保

兑业务等，挖掘新的利润增长点，加强中小企业贸易融资业务审批管理，有效防范贸易融资业务风险，保持零不良记录。二是培养重点客户群，共发展重点客户48家，积极与本地优质客户开展保函/备用证等贸易金融业务合作，积极参与中资企业在土耳其项目。三是制定自贸区业务利润分享制度，积极培训自贸区分行人员，指导自贸区分行开展客户营销。四是通过部门内部设立营销小组，落实分行营销牵头人制度，加强总部直接营销，推进与土耳其银行同业、优质中资企业的合作。

四、金融机构业务稳健发展

一是在发展同业双边银团贷款、资金互拆等业务基础上，积极拓展贸易融资、人民币结算等各领域的同业合作。为土耳其进出口银行发放3.5亿美元双边贷款，为Fiba银行发放5 000万美元双边贷款，完成子行首笔金融资产转卖业务，金融机构部贷款余额15.2亿美元（含簿记业务）。二是加强人民币业务市场拓展。向市场推介中国银行间外汇/债券市场投资等业务，进一步加强与总行、境内外分行的沟通及业务联动，目前正在进行CIBM的试点工作。三是加强代理行反洗钱风险分类和风险限额管理，夯实业务发展基础。

五、零售业务主要发展指标稳步增长

一是客户规模持续增长。通过线上远程获客和手机银行推广，结合线下分行营销竞赛、信用卡促销、伊兹密尔博览会、移民金融服务等活动零售活跃客户数量达6.3万户，较年初增长22%，累计代发工资企业数量近200家，代发工资员工超过3 500人，累计发放银行卡超过52 000张，其中借记卡较年初增长40%，稳步推进SME业务，择优筛选中小企业客户69家，累计发放新增SME贷款950万里拉。二是零售存款业务规模大幅增加。零售存款余额46亿里拉，较年初增加30亿里拉，增长200%。三是渠道建设进一步优化。成立了网点优化调整工作领导小组，完成Antalya、Ümraniye、Moda分行迁址，Dalyan分行撤并，Malpete分行因地震受损临时迁址工作。优化手机银行功能，推出手机银行专属优惠活动，开展手机银行营销比赛和短信精准营销，手机银行活跃客户已达22 302户。推动与微信、易宝等金融科技公司的沟通合作，为未来快捷支付市场抢占先机。

六、资产负债业务稳健增长、结构优化

一是做好资产负债总量及结构管理，严控增速、优化结构。二是加强对政策预期分析及市场的前瞻性研究判断，合理制定短、中、长期内资金价格，指导各业务营销部门、各分行做好存、贷款业务议价工作，夯实了存款基础。三是指导、支持子行扩大优质项目贷款和中小企业贷款，择机扩大低风险、高收益债券投资，稳定和提高了NIM水平。

七、风险管理体系进一步完善

一是按照“三个对标”工作要求，强化风险管理“三道防线”建设，在董事会下设立风险管理委员会，在管理层下设风险管理委员会及三个子委员会，完善全面风险管理框架。二是制定了全面风险管理框架和各级风险管理委员会工作规则，印发了各类主要风险管理办法，进一步明确了前中后台在风险管理中的职责，以及各类风险的牵头管理部门，确保各类风险得到有效管理。三是成功完成集团全球市场风险管理系统（GM-RM）延伸投产工作，为落实集团市场风险管理要求打下良好基础。

八、合规管理基础不断夯实

一是按照子行责任追究机制、责任认定流程，积极开展不良贷款和监管罚款事件的责任评议，严肃追究违规行为责任。2019年，子行纪律委员会对32人次给予了纪律处分。二是启动了合规管理长效机制建设的对标工作，定位差距，进一步夯实管理基础，严守经营底线。三是在工作中不断调优反洗钱监控系统，丰富监测模型，改进涉敏合规工作。四是持续开展银行法规、合规及反洗钱培训，积极推动规章制度和工作流程年度更新。

九、人力资源管理效能持续提升

一是优化机构设置，提高管理效率。建立“部室+中心”的总部管理架构，将总部部门由原来的40个精简为22个部门和3个中心，分行部门改为营销+运营为两部制，提高联动营销效率。二是初步完成人力资源改革。建立了职务层级精简、职级体系两轮驱动的双线职务职级体系，压实管理人员职责，打通专业人员晋升通道。启动第24期管培生计划，择优招聘了10位应届生，并制订了更加合理科学的培养计划。在总行支持下，作为第一批境外机构首次参加了总行统一的秋季校园招聘，多语种、复合型人才的招聘力度加大。

十、企业文化扎实推进，积极承担社会责任

为庆祝中华人民共和国成立70周年，促进中土文化融合，工银土耳其举办第二届“工商银行丝路杯”乒乓球比赛，中国驻伊斯坦布尔领事馆领事、当地中资企业、土耳其乒乓球爱好者等近两百人参加此次活动；积极推动上海交响乐团在伊斯坦布尔交流演出，开展文化互鉴、促进民心相通；牵头承办70年成就—伊斯坦布尔中资企业文化展暨中土经贸人文交流合作研讨会。活动采取“图片展出、商品展示、文化展演、论坛研讨”有机结合，以多媒体形式呈现中华人民共和国成

立70年来的巨大发展成就，并以武术、书画、茶道、古筝等中华传统艺术与参会者深度互动。研讨会紧密围绕中土双边务实合作发展前景，重点就中国发展对土耳其的机遇、“一带一路”和“中间走廊”对接、中土经贸人文交流合作潜力、金融合作与创新等议题进行深入探讨，为双方业界增进彼此了解，凝聚信心和共识，扩大务实合作及携手应对挑战创造基础和条件；广东卫视《丝路汇客厅》栏目组走进土耳其，大篇幅报道了工银土耳其的经营发展和文化融合，取得很好的社会反响。

2019年，工银土耳其荣获英国《国际银行家》杂志“2019年土耳其最佳商业银行”和“2019年土耳其最佳投资银行”两项大奖。在《国际银行家》杂志获奖名单中，工银土耳其是土耳其银行业中唯一获奖银行。

（工银土耳其）

悉尼分行

2019年，悉尼分行贯彻落实总行各项战略，不断加强党建工作，坚持走稳中求进、提质增效的发展道路，管理水平持续提高。

一、经营亮点

净利润继续保持稳定增长，2019年实现净利润10 733万美元、增长2.5%，实现中间业务收入4 583万美元。总资产规模稳步增长，资产总额达161.62亿美元、增长8.8%，增长稳定，结构合理。经营效率领先同业及集团内可比机构，成本收入比17.89%，ROA为0.55%，均在总行境外核心及重点机构排名中位居前列。其中，成本收入比居本地中资行首位。金融市场参与度及经营贡献度稳步提升。公开发行5亿澳元三年期债券，吸引全球近50个投资者参与，创历史最好水平；加大债券投资，年末余额37亿澳元，增幅21.47%。本地存款竞争优势明显，余额达30.8亿澳元，增幅41%。悉尼分行监管评级持续维持为最高级，不良贷款率继续保持为零。零重大损失事件、零法律案件诉讼。

二、“双管齐下”拓市场

（一）本地化经营的广度和深度持续提升。2019年新增客户40户，客户总数达798户，其中本地客户约占80%，与澳洲过半百强企业保持良好业务关系。本地资产余额108.63亿澳元，同比增长9.4%。一是继续深耕本地客户。成功营销全球大宗商品交易商龙头托克集团，营销本地重点医疗企业Healthscope的重大并购项目及电建海投牧牛山风电项目，继续深化对Woolworth、AMP等本地行业龙头的合作。二是继续拓宽业务向多元化发展。分行信贷行业投放涵盖19个大类，包括基础设施领域、房地产、采矿、电力、交通等澳洲主要支柱产业，并成功进入医疗健康和养老等新兴行业，与澳洲前四大上市医疗集团建立信贷关系。三是资金类交易对手及存款客户不断丰富。前台架构改革后增设金融机构部（FI）后效果初现，在与悉尼分行建立交易对手的366家银行类金融机构中，新增交易对手共32家，其中，澳洲本地金融机构10家。四是实施全产品营销，提高产品渗透率和客户黏性。成功向存量信贷客户渗透分行利率衍生产品业务、贸易融资业务、利率掉期业务等。

（二）依托集团联动，紧抓市场机遇。一是外外联动方面。与工银新西兰合作Vodafone收购业务、与工银亚洲联动办理Macquarie Group融资业务、与工银伦敦联动Trafigura全球银团业务；成功推荐工银标准完成Westpac债券承销；积极配合总行，与国开行悉尼代表处签署“一带一路”合作备忘录。二是内外联动方面。充分把握进博会、中澳贸易投资机遇，联动境内分行，共同服务中资企业在澳洲天然气、风电、水电、太阳能等投资项目，有力支持在澳大利亚发展的中资企业。

三、“创新赋能”促提升

（一）业务及科技创新提升竞争力。大宗商品保值业务进展顺利，与Perilya正式签署ISDA；协助贵金属部与Perth Mint签订借金协议；提供境外机构首笔银团贸易融资1 000万美元；提供外币资金池项下风险参贷业务5亿美元；创新提出进口跨境交单业务方案；创新开办港口运力保函；创新采用黄金美元套保交易方式，有效降低资金成本；2019年投产澳洲新一代支付平台NPP汇款产品，形成了批量汇款、7×24小时实时汇款和大额实时汇款的全方位清算产品体系，成为首家在澳推广NPP产品的中资银行；在澳中资银行中首家推出Osko网银实时收付款服务，跻身本地主流银行行列；在澳中资银行中首家推出企业手机银行服务；总分行联动投产GMO系统，提升金融市场后台业务运行和管理水平。

（二）系统创新提升经营效率。通过行内转移定价贷款计价自动化模块，自动实现所有贷款交易转移定价计算，提升了管理会计自动化、系统化水平；税务报告实现自动化。

四、“全面管控”应挑战

一是不断夯实基础工作。在风控管理上，稳妥开展了信贷专项治理、内控三年规划实施、强化高风险客户尽调、KYC和交易监控系统、将反洗钱管控指标纳入分行考核体系、对资金交易室等重点领域开展操作风险自查等重点工作，完善风险管理薄弱环节。在内部管理上，严格规范议事制度、建立重要项目及重要事项督办机制、保持财务精细化管理水平、运营2019年保持安全生产、信息科技管理在境外行排名前列。二是对标监管要求，稳步推进BEAR法案、CPS234信息安全监管条例的实施。三是各类风险管控有序，风险偏好执行良好，各风险监控指标均处于限额内。四是作为首家外资银行分行率先开展了风险文化自评，评定结果达到当地银行业较优水平。五是顺利通过国家税务局（ATO）检查，获评可信任等级，在完成审查的300多家公司中位列前25%，是唯一一家达到该级别的中资银行。

五、“立体宣传”树形象

一是密切与使领馆及当地政府的联系。积极参与使领馆及政府举办的经贸合作、各类论坛和招商引资等活动。二是组织多场客户活动，提升工行品牌影响力。2019年承办了总商会金融委员会午餐会，中华文化音乐会，私人银行客户专场增值活动等。三是践行社会责任，展现工行形象。积极参与本地各类慈善活动；扎实推进跨境联动扶贫工作并取得重要进展。四是加强多元企业文化建设提高员工认同。开展长期雇员表彰、组织本地员工参加总行培训和总行集体婚礼，定期举办员工活动等。

（悉尼分行）

工银新西兰

2019年，工银新西兰深入贯彻落实全行国际化发展战略，进一步强化合规与风险管理，持续推进业务稳健经营发展，资产规模保持稳定、资产质量明显提高，净利润较上年大幅增长。新西兰储备银行在年度审慎监管会议中对工银新西兰整体经营管理和风险防控给予了高度评价。奥克兰分行申设工作取得重大突破，通过中国银保监会审批并已正式向当地监管递交申设材料，为分行在新西兰中长期发展奠定坚实基础。

一、总体经营情况

截至2019年12月末，工银新西兰总资产余额15.35亿美元，增幅5.17%；贷款余额11.79亿美元；总负债余额13.61亿美元，较年初增长4.57%。其中，各项存款余额5.93亿美元、发行存款证及债务证券余额4.78亿美元，较年初增幅分别为12.49%和19%。2019年，实现税前利润2 170万美元，较2018年增长24倍，实现税后净利润1 560万美元，增长22倍，超额完成总行年初下达的1 008万美元净利润经营目标，超额完成55%。

二、主要工作举措

（一）狠抓信贷管理，显著提升全面风险管理水平。全力推进不良贷款处置工作并取得重大进展，积极调整信贷结构，严格控制信贷总量规模，有效提升重点风险治理能力，从政策、架构、流程、产品、系统、人员等方面稳步推进信贷和风险管理工作，取得了良好管理成效，呈现了业务发展与风险管理并举的良好态势。法人贷款方面，不良贷款余额降为795万新西兰元，不良率降至0.48%。个人贷款方面，深入分析本地市场环境，进一步强化信用卡逾期欠款追偿工作和个人不良贷款处置工作。进一步健全信贷业务制度体系，完善全面风险管理架构，明确风险管理三道防线机制，强化信贷全流程管理，推进重点领域治理工作。更新和完善资本充足率内部评估程序。加强信贷和风险团队建设，进一步完善前中后台分离的组织架构。

（二）持续加强反洗钱管理，确保业务合规经营。合规反洗钱工作顺利通过了2019年10月末新西兰央行现场检查，检查报告高度评价工银新西兰反洗钱管理工作，认为所采取的措施，解决上次检查中发现的问题，整改工作周密全面并且达到了高标准。一是积极应对各类当地监管检查，合规管理水平有了新提升。二是圆满完成各项整改工作，合规经营能力迈上新台阶。高质量完成个人贷款反洗钱自查整改，按时完成总行内控合规部现场检查提出的整改事项。三是进一步加强合规制度建设，合规管理体系建设有了新进展。对合规、反洗钱制度进行全面升级，积极推动《文化与行为准则》修订，进一步全面规范和提升员工文化与行为管理水平。四是持续开展“合规年”培训活动，全员合规意识有了新变化。通过现场、线上及考试等方式，持之以恒提升全体员工的合规意识和能力。

（三）全面夯实业务基础管理，保持业务稳健增长。一是公司业务本地化、主流化、集团一体化战略有效执行。瞄准龙头企业、优质项目主动出击，在基础设施行业、教育行业、健康养老等行业实现突破。截至2019年12月末，公司贷款余额12.4亿新西兰元，较年初增长27.4%。公司客户243户，较年初新增25户，其中有贷户44户，较年初新增9户，本地化率100%，得到本地市场及客户的高度认可。积极融入集团“一点接入、集团联动、全球服务”的大格局，与总行、悉尼分行、工银加拿大等积极联动营销，提升对客户需求的快速响应和服务能力。依托新单证系统实现产品服务智能化提升，成功营销新西兰第一大牛羊肉出口商。二是零售业务战略转型获得阶段性进展。坚持本地化、特色化发展思路，审慎拓展优质客户，以特色产品为抓手做强高端客户。着眼于本地主流客群和高端客群，发挥电子银行跨地域服务优势，深入贯彻“走出去”发展战略，提供线上线下一体化的金融服务。2019年末，有效个人客户（即有账户协议的客户）为3 960户，较年初增长12.5%；有效个人电子银行客户数量达3 258户，较年初增长15.4%。个人客户电子银行渗透率为82.3%。

（四）立足本地市场，自我融资能力不断增强。通过大力吸收存款、拓展本地发债渠道，实现资金来源多样化。大力发展金融机构业务，2019年12月末，机构存款余额3.4亿新西兰元（折合2.29亿美元），较年初增长10%。成功发行2亿新西兰元中期票据，其中三年期浮动利率创所有中资银行历史最低水平，五年期固定利率2.61%，创过去13年本地银行同业发行的历史最低水平，继续保持中资同业筹资工具发行规模领先地位。

（五）创新系统建设，线上业务风控能力有效提升。推出企业网银分支机构管理功能，启动企业网银代发工资项目研发，全面推广企业手机银行，参与个人网络金融产品智能风控项目研发。部署新客户端管理系统，加强员工信息安全培训与教育。加强信息科技外包管理，有效控制信息科技外包风险。持续加强业务连续性建设，圆满完成2019年各项信息系统、清算系统、卡组织各类应急演练计划。启动奥克兰分行FOVA系统推广项目。

（六）加强队伍建设和员工关爱，为员工发展提供广阔平台。全面加强党的建设，发挥支部的堡垒作用，增强“四个意识”，坚定“四个自信”，做到“两个维护”，实现党建和业务双促进、共发展。推进员工队伍建设和人员素质的不断提升。全面梳理提升企业文化和员工行为规范。完善激励约束机制和构建全员职务职级晋升体系。推进企业文化建设和本地员工对工行文化的认同。深入开展员工培训，全面提升员工素质。

（工银新西兰）

工银欧洲

2019年，工银欧洲（含工银欧洲、卢森堡分行）盈利能力核心指标重现增长，内控合规管理体系建设初见成效，业务发展市场开拓活力再现，管理提升基础建设稳步推进，集约经营战略工程取得突破。

一、2019年工银欧洲区域管理情况

（一）十大集中战略工程稳步推进，集约化精细化管理能力进一步提升。2019年工银欧洲区域管理十大集中工程稳步推进。公司治理集中方面，集中管理架构运转日渐顺畅，重点项目启动总部督导委员会机制；营销视图集中方面，成功投产CIS系统，客户视图集中工程完成最后一块拼图；专业条线集中方面，投行、资管、现金管理、绿色金融等专业已实现总部集中；内控合规集中方面，全辖整改跟踪机制实现大整合和常态化，完成合规最后三块拼图，全辖产品控制集中管理得到实施；信贷审查集中方面，总部强化实地调研，信贷行业分析和指导不断细化，完成了区域内汽车制造业、电力热力燃气和水务、批发零售和贸易、航空、电信、石油、金融机构、房地产等8个重点行业的研究报告；资负管理集中方面，本部资负管理水平不断提升，各项工具和指标体系日渐优化；运行管理集中方面，成功实现华沙和布鲁塞尔金融市场后台业务总部集中，节约分行相关人力资源30%；人力资源集中方面，逐步规范了辖属行部门正副主管的任职审批条件和流程，对全辖ICF（内部控制条线）人员的考核进行有益的尝试。全辖人力资源良性流动逐渐展开，已推广到本地员工；财务管理集中方面，投产会计档案影像系统，FTP政策首次投入实际运用，TP政策再次优化；信息科技集中方

面，升级 DPO 和 ISO 架构，全辖信息安全和数据保护架构基本搭建完成。

（二）公司治理和内部管理日渐规范，完成下一步发展的架构建设。经过 2018 年的试运行，工银欧洲机构常态化议事机制已日渐规范。2019 年共召开各类例会 59 次，其中股东会 1 次，董事会 13 次，薪委会 1 次，管理层会 26 次，经营管理会 4 次，内控法务会 10 次，区域会 4 次。形成各类会议纪要 16 万字。自研的行内办公系统正式投入使用，公文审批、出差申请和报销流程实现了电子化。

2019 年，授信审批部、资产负债管理部相继成立，单独的人力资源团队亦开始投入运行。授信审批专业化程度得以提升；资负部下发了《关于成立资产负债管理部的通知》《资产负债管理委员会章程（2019 年版）》等一系列基础性文件，全年共按季度组织召开四次资产负债委员会，统筹管理全辖资产负债运行情况，有效地加强产品结构管理，提升利率、汇率风险管理水平，促进欧洲机构资产负债结构优化调整；人力资源团队持续推进全辖本地化队伍建设，全辖本地化率由 50.5% 提升到 52.7%，本部本地化率由 37.7% 提升到 43.2%。一系列人力资源基础管理工作得以落实，董事会新薪酬委员会组建完成并召开第一次会议。推出了“新四定方案（新到岗员工、新提拔员工、国内职级提级员工的工资定级方案以及年度考核工资晋级方案）”，提升了外派员工人力资源管理的科学性。

（三）创新工程继续为工银欧洲发展提供动力源泉。2019 年全辖共完成 92 个需求项目的投产，其中 CIS 项目既是反洗钱合规管理架构级的平台，也为构建客户统一视图提供了信息基础。2019 年，卢森堡分行在工银集团内首家正式发布《IFRS9 套期会计管理办法》。工银欧洲成为集团内首家实现对清算报文完整性实施系统化检查的境外机构，也是首家实现对第三方支付报文（Downstream）实施系统化拦截的境外机构。IFRS16 等一系列监管新规在 2019 年顺利落地，PSD2、PAD 实施工作也在持续推进。首次办理了欧洲流行的“NOVATION”模式下的代客利率互换交易。2019 年 5 月，卢森堡分行正式成为卢森堡证券交易所交易会员，是首家获得卢森堡证券交易所会员资格的中资金融机构；也是首家在卢森堡当地积极筹备离岸人民币债券、中资企业外币债券场内交易的银行机构。

（四）内控合规管理体系建设初见成效，合规和监管压力逐步舒缓。合规工作完成最后三块拼图。一是总部合规团队由 2018 年底的 6 人扩充至 2019 年底的 18 人，达到了监管要求；二是总部合规部成立了正式的区域管理团队和预防金融犯罪团队，实质性补齐了两块短板；三是全辖客户统一视图 CIS 系统投产，实现了客户准入的全量统一。至此，工银欧洲机构内控合规管理体系建设初见成效。

监管检查整改工作进入新阶段。总部出台了适用于全辖的《工银欧洲监督检查整改工作管理办法》，是工银欧洲首个整改管理规范化制度流程。第一次实现了内外部监管检查和整改信息集中化管理，形成涵盖 1 026 条检查信息的统一数据信息库。有针对性地强化对重点整改任务的管控。截至年底，2019 年以前外部监管发现存量问题整改工作全面完成。与监管和外部审计机构的沟通日渐顺畅和友善。CSSF 在多个场合开始对工银欧洲的管理提升工作予以肯定。业务上与监管的沟通亦多次获得良好结果，2018 年全辖外审检查发现数量相比前一年下降 56%。

二、2019 年业务发展总体情况

2019 年工银欧洲机构实现净利润 7 445 万美元，同比增长 16%，完成总行下达的年初预算目标。截至 2019 年末，工银欧洲和卢森堡分行信贷资产整体规模为 118.47 亿美元（不含海外代付），主要包括本地信贷业务余额 38.02 亿美元、风险参贷业务余额 28.25 亿美元、内保外贷业务（含跨境直贷业务）余额 12.11 亿美元；债券投资余额 77.25 亿美元。工银欧洲和卢森堡分行共实现营业收入 2.28 亿美元，其中利息净收入 1.41 亿美元，手续费及佣金净收入 7 532 万美元，投资收益 508 万美元，手续费及佣金收入占比达到 32%，远高于境外机构平均水平。盈利结构中，来源于公司金融业务占比 46%，零售业务占比 0.04%，其他收入（债券业务、资金业务、衍生品等）占比 54%。近年来工银欧洲业务本地化率持续提升，已从 2015 年末的 20.02% 提高到 2019 年末的 51%。

（一）资产业务本地化业务转型持续深入。新增 SixT 等多家优质本地客户，表内公司信贷业务本地化率首次突破 50%。中资在欧客户产品覆盖率显著提升，跨境并购专业优势持续巩固，紧抓业务窗口期拓展国内证福费廷业务，卢森堡分行全年共办理该类业务超 30 亿元，实现净利息收入 600 余万元。金融机构信贷业务继续高速增长，全年实现信贷收入 3 276 万美元，同比增长 92%。

（二）金融市场业务继续领跑新兴利润增长点。债券投资力度不断加大，全年共完成外币债券投资 265 笔，投资金额 32.88 亿美元，同比增长 88%。合计实现债券利息收入 1.45 亿美元，同比增长 5.6%，全年合计卖出债券 41 笔、金额 4.18 亿美元，获取价差收益约 516 万美元。卢森堡分行维持境内银行间债券参与力度，丰富债券组合的同时获取合理利差，全年实现利息收入约 6 200 万美元。货币市场拆放业务发展势头十分喜人。全年拆放业务交易量 354.79 亿美元，同比增长 3.49%；交易笔数 992 笔，同比增长 13.63%；实现利息收入 8 665.9 万美元，同比接近翻番。拆放业务交易对手数量增长迅猛，2019 年达 46 家，同比增长近

50%。作为人民币清算行，全年为各金融机构累计提供人民币流动性支持20亿元，对提升我行作为卢森堡人民币清算行的影响力发挥了积极作用。积极拓宽小币种的融资渠道，卢森堡分行成功发行工银欧洲机构首单波兰兹罗提（PLN）债务融资工具10亿元。

卢森堡分行在总行资产负债管理部、国际业务部、董事会办公室的积极指导和帮助下，于2019年6月3日成功完成欧洲中期票据项目的公开定价发行工作。本次发行成为工商银行近两年来发行规模最大、定价利率最低的美元普通金融债，也是卢森堡分行继2017年成功发行绿色金融债之后，再次代表总行圆满完成EMTN公开发行任务。

（三）债券承销业务持续发展。全年完成债券承销项目13个，实现债券承销总收入约67.8万美元。协助总行营销熊猫债承销发行两单，其中意大利存贷款公司10亿元人民币熊猫债不仅是意大利金融机构首发熊猫债，也实现了意大利主体熊猫债发行零的突破，更是落实中意共同推进“一带一路”建设谅解备忘录的一项重要务实措施；法国农业信贷银行10亿元人民币熊猫债是欧资银行发行人首次在中国资本市场发行熊猫债，也是首个欧资全球系统重要性银行发行的熊猫债。

基金管理资产3 632万欧元，同比增长5.78%。成功发行UCITS平台下第二只子基金——工行施罗德“一带一路”债券基金。

（四）积极服务第二届进博会，重点把握欧洲区域项目机会。工银欧洲机构高度重视这一难得的平台，全力邀请辖内企业参与进博会活动，共实际邀请到场企业114家，其中90家企业共达成合作意向171笔，三项指标分别占欧洲地区所有机构的87.7%、88.2%和87.2%。部分分行，如米兰分行跟进进博会客户已取得业务实效，会后已吸收参会企业定期存款2亿欧元，另有5亿欧元将于2020年1月初存入。

（五）绿色金融继续走在同业前列。工银欧洲管理层先后多次代表工行参加绿色金融论坛，积极参与相关规则制定。工银欧洲积极参与国际交流，相继参加央行与监管机构绿色金融网络（Network for Greening the Financial System，即NGFS）第二次全体会议，第二届中法绿色金融联席会议等国际会议，成为国际资本市场协会绿色债券和社会债券工作组成员，并受到国际金融公司（IFC）和国际资本市场协会的邀请，作为优秀发行案例，参加面向发展中国家潜在绿债发行银行的绿债高管培训。成功担任跨境协调人分销国家开发银行首单可持续发展专题“债券通”柜台绿色金融债券。协助总行完成了《2018年度绿色债券年度报告》并在卢森堡交易所网站发布。

（工银欧洲）

巴黎分行

2019年，巴黎分行实现考核净利润319万美元，较2018年减少589万美元；实现账面净利润－743万美元，较2018年下降882万美元。资产方面，2019年末表内外信贷资产合计29.18亿美元，较2018年减少7.12亿美元。负债方面，截至2019年末，账面负债总额18.87亿美元，其中各项存款（不含同业）总额15.95亿美元。

2016年和2017年法国金融监管当局对巴黎分行实施两次现场反洗钱专项检查，2018年出具整改意见书，2018年12月分行提交整改计划并于2019年9月完成整改工作，前后历时近四年。巴黎分行新一届领导班子紧紧依靠总行和工银欧洲总部，解决内部配合顽疾和外部机构配合难题，多项整改工作都提前于监管预期时限完成，CIS系统更是作为辖属分行中首家投产上线。2019年12月，普华永道会计师事务所对分行整改成果进行了专项的验收审计，结论中普华永道给出了积极正面、高于同业平均整改水平的评价，这个积极结论是分行向监管表明整改决心、能力和成效的关键证据，分行的监管整改工作在2019年内圆满完成。

2019年分行制定了2019—2021年的三年工作规划，明确了财务经营、人力资源、商业模式、同业竞争力、风险管理、合规管理、企业文化七个方面的具体目标。为落实这七个目标，提出“三大两靠前”的执行战略，即专营“大公司”业务，建设“大风控”格局，强化“大后台”支撑，通过管理财务指挥“靠前”、信用风险把关“靠前”，引领并推动分行未来三年持续健康发展。

（巴黎分行）

阿姆斯特丹分行

2019年，面对欧洲经营环境和监管要求的持续趋严，工银欧洲阿姆斯特丹分行在总行和工银欧洲总部的周密部署及指导下，认真贯彻落实相关工作要求，紧密围绕“全面完成合规整改、确保信贷资产质量、兼顾业务平稳开展”的经营方针及全年目标任务，全行上下齐心协力，积极努力，不忘初心，牢记使命，全年经营发展稳中有进。

2019年12月末，分行账面资产余额10.3亿美元，含联动还原资产余额11.5亿美元。账面负债总额9.7亿美元，其中各项存款7亿美元。实现账面净利润134万美元，考核还原净利润636万美元，均位列工银欧洲机构第二。经营效率方面，ROE为5.59%，位列工银欧洲机构第二；ROA为0.52%，位列工银欧洲机构第二。全年信贷质量良好，不良贷款额、不良贷款率始终保持为零。

2019年根据分行公司客户结构调整策略，分行继续执行无效客户退出计划。截至2019年末，公司客户总数82户，其中无贷户47户，有贷户35户；机构客户已建立代理行关系的共计66户。

2019年分行以参贷银团和加强集团内联动的基本营销策略，集中优势资源，力争做稳做准。全年共新发放贷款7笔，合计约等值1.5亿美元。同时助力中资企业走出来，发挥中荷经贸往来桥梁。协助四川省政府赴荷兰招商路演；全力参与进博会“中欧企业家大会”招商工作，参与国内两次路演，为进博会共邀请14户参会企业，并协客户一同参加进博会，会议期间达成合作意向8个；与工银国际外外联动，组织了山东黄金荷兰站路演。

2019年是阿姆斯特丹分行合规整改工作的收官之年，连续三年来的合规整改工作需要在今年全面完成，并要经过第三方的现场验证通过。阿姆斯特丹分行相对其他欧洲机构而言，公司客户和机构客户数量较多，时间紧、任务重，整改压力较大，但在总行和总部的正确引领和指导下，在全行员工的共同努力和拼搏下，圆满地完成了合规整改的收官工作。2019年分行合规自查2次，接受合规现场检查6次，经过第三方公司现场验证，没有发现重大合规风险隐患，各项整改基本顺利完成。

（阿姆斯特丹分行）

布鲁塞尔分行

2019年，布鲁塞尔分行立足本地业务、内外联动、外外联动三条线，进一步强化内部管理，努力扭转经营被动局面。

一、2019年经营指标完成情况

截至2019年12月31日，布鲁塞尔分行实现考核口径净利润326万美元，同比增加199万美元，完成工银欧洲下达年初利润预算目标277万美元的118%。分行总资产规模10.13亿美元，其中账面资产7.32亿美元，联动资产2.81亿美元。账面资产中，信贷资产4.64亿美元，同比下降1.39亿美元（主要是船舶贷款3.14亿美元提前归还，新增贷款不足以弥补缺口导致）；债券投资1.31亿美元，同比下降0.4亿美元。2019年度账面新发放贷款2.49亿美元，联动业务投放0.28亿美元，共计2.77亿美元。2019年，分行资产币种结构调整明显，美元资产占比由年初的72%调整为32%，欧元资产占比由27%上升为67%；地区结构调整明显，本地及欧洲地区贷款余额由2018年末的17.5%提升到51%。

二、2019年主要工作举措

（一）大力推进本地化和内外联动，从市场争取资源。找准三大重点市场，即“本地业务+欧洲地区优势银团+内外联动”，以优质客户、优质业务为营销重点，拓展市场争取资源。以使团使馆、中企协活动为平台，促进与中资企业合作关系。2019 年分行当选新一届比卢中企协会长单位。积极开发金融机构业务作为新的业务增长点，定期走访伦敦、法兰克福、苏黎世等金融中心并建立良好的业务联系。面对 2019 年跨境内外联动市场萎缩的不利局面，积极开拓本地公司出口到中国的贸易融资业务。

（二）加强精细化管理，从内部发掘效益。一是高度重视党建工作，认真开展恳谈会，收集员工意见 15 条并整改落实。培养发展新党员，确定 1 名发展对象，1 名积极分子。驻比利时大使馆大使及政务、商务、领事参赞等领导多次参加分行党员学习活动并对分行党建工作高度评价。二是加强资产负债管理，提高流动性管理水平。持续优化债券投资组合，初步实现债券投资品种多元化。加强测算和资金灵活调度，确保满足长期稳定性资金比率新规。

（三）落实合规整改措施，强化合规管理职能。一是推进落实合规整改措施，全面完成整改目标。根据当地反洗钱立法及监管要求建立有效的合规制度体系，规范对客户背景调查及档案保管，强化合规规范以及员工合规意识。二是邀请安永对可追溯年份的税务事项进行全面税务自查，包括企业所得税、增值税、转移定价、营业税和 FATCA/CRS 五个项目。分行将根据安永建议进行后续整改完善。三是全力维护分行权益，获得当地税款返还 205 万欧元。2017 年，当地税务局以分行系统内拆借资金所付利息不得做税前扣除为由要求补缴税款 200 万欧元。分行深入研究本地税务政策，申请税务行政裁定成功，获得相应税款返还。

（四）加强信息科技建设，防范安全生产隐患，基础设施建设方面，对 4 套机房 UPS 供电系统全面进行了升级更换；升级部署了 3 套服务器设备和 Windows server 2012 操作系统；与比利时国家电信合作，对使用近 9 年的 ADSL 网络线路全面升级为高速光纤接入。科技创新发展方面，对分行旧电脑进行了批量升级和更换，实现了所有行内应用对 WIN10 系统的全面支持；完成 BRUDB 本地报表自动化平台搭建；强化信息安全方面，全面完成了新版 TMS 系统的推广和网络安全准入认证，试点完成了新版 DSP 系统的推广，全面完成了新版工银 e 办公客户端的推广，按进度完成了年度科技应急演练工作，通过门户网站完成了 PSD2、GDPR 相关内容的更新和发布，实施了严格文件授权访问策略，运用总行 AD 域策略实现了各部门 AD 用户对文件访问权限的分级授权管理。

（布鲁塞尔分行）

米兰分行

2019 年，米兰分行抓整改、控风险、拓发展、强管理、打基础，稳步推进转型战略，强化经营管理，实现了经营规模、经营效率、内部管理、队伍建设和社会影响力等迈上新台阶。

一、整体经营情况呈现出健康持续发展的良好态势，主要经营指标大幅增长

一是主要资产业务保持两位数增长。2019 年末资产余额 21.9 亿美元，比年初净增 3.9 亿美元、增长 22%。二是拨备前效益同比大幅增长。米兰分行从 2019 年 5 月起实现连续 8 个月拨备前效益指标同比增长。拨备前利润 965 万美元，同比增加 269 万美元、增长近 40%。三是效率类指标稳步提升。通过优化业务和币种结构、拓宽收入来源、提高议价能力等措施，促使 NIM 和拨备前 ROA 稳步提升。年末 NIM 为 0.73%，拨备前 ROA 为 0.43%。四是营业费用同比下降，成本收入比优于上年 12 个百分点。

二、下大力气真力气开展市场深度调研，有计划有步骤开拓本地公司与投行业务，取得良好效果

全年新投放公司类信贷资产 4.09 亿美元，考核口径公司类信贷资产余额 11.42 亿美元，较年初增加 1 499万美元。新增公司存款 2 亿欧元，有效改善分行年末 NSFR 指标。

一是全年共精准营销走访 60 余家本地企业及 45 家金融机构，先后参贷意大利国家天然气管网 Snam 备用银团 1 亿欧元，以及意大利电信 TIM 德式银团 4 200 万欧元。二是协助总行以联席主承销商、联席簿记管理人角色成功完成意大利存贷款公司 CDP 10 亿元人民币熊猫债发行工作。三是首次以本地银团代理行的身份，联动总行专融部，成功筹组海尔并购意大利 Candy 家电公司的 3.28 亿欧元俱乐部贷款。四是加强投行业务信息收集及交易撮合，全年向总行投行部、四川分行推荐 10 个标的公司。五是全年累计走访 16 家境内分行及同业机构。

2019年5月，应邀参与苏州分行主办“走进意大利”投资论坛活动并发表主旨演讲，推介分行联动服务优势。与浙江分行联动办理的海亮股份收购欧洲铜加工业务9 000万欧元并购再融资业务也正按计划推进中。

三、不断开拓创新，通过主动营销推广和开拓同业合作发展金融机构类业务，将其作为新的业务增长点，效果初现

一是加强集团间外外联动，着眼新兴市场，发挥资源优势，寻找业务突破口，实现集团内资金的优化配置，有效提高了分行的生息资产规模。二是将债券业务作为拓展资产重要抓手。2019年末银行账户债券余额约为2.92亿美元，较上年末增长约40%。分行所投债券发行体均为符合债券投资策略的超主权机构、政策性银行、优质公司以及金融机构。三是加强对本地主权类客户金融市场产品以及服务的营销，2019年以来促成意大利央行与总行金融市场部达成8笔境内债券投资交易，交易金额约4.8亿元人民币。

四、牢牢把住合规关口，树立底线思维，不断提升内控合规防范能力

米兰分行遵照“三个对标”的要求，根据意大利231/2001法规要求建立了预防单位犯罪的公司内部治理模型，于2019年6月底按监管要求按时按质整改完毕。

（一）强力推进内控文化建设工作。思想认识、绩效考核、监督检查多管齐下，在干部员工中树立合规优先的文化，充分阐述合规风险从局部影响全局的严重后果，让每位员工都重视合规。

（二）高度重视并积极保持与意大利监管当局的充分沟通，定期联络拜访。积极参加本地监管组织的各类会议、会谈，及时了解监管意向以及关注的风险点，对于可能产生的合规问题早谋划、早准备、早应对，确保监管沟通信息充分，取得监管信任，树立了良好的合规信誉。对区域内同业发生的合规风险情况进行定期监测，提前预警防范。

（三）加大合规培训力度。2019年分行在合规及反洗钱培训上投入大量人力和物力，不断加强组织、加大投入。培训的方式有行内和行外结合、现场与网络结合，注重实效。此外，借助意大利当地基金会提供培训安排的机会，开展了多轮合规类培训，内容涉及反洗钱、可疑交易报送、GDPR以及最新前沿监管法规培训等。

（四）持续推进合规系统本地化建设。实现了客户风险分类自动评级实时监控调整，并实现涉敏合规审核系统、可疑交易监控系统与风险评级系统等合规系统联动监测处理。在涉敏合规系统建设方面，分行完成对分行已结束业务关系的3 129名公司客户与个人客户的梳理、确认和批量注销，成功优化分行黑名单批量扫描无效客户的问题，提高了分行涉敏风险防控效率和管理能力。在提高监管报表和管理类报表自动化程度方面，分行在意大利央行、反洗钱及税务局等监管报表范围中，已实现自动化率达93%。

（五）高标准、严要求地开展各类检查整改和监督检查工作。米兰分行2019年经历了数次总部和外部审计经常性审计检查。对各类检查，米兰分行有一整套完善的组织检查、落实整改、管理提升的机制：第一，分行对内外部检查态度端正、组织有序，沟通充分，检查结果可控。第二，严格实施检查发现的整改。每次检查结束后，分行立即组织专门团队进行整改，从问题原因、责任落实、整改路径、进度控制、回头看等环节确保整改落实到位，确保每次检查后分行内控合规管理提升一个台阶，把合规风险点逐步消除。第三，在完成总行、欧洲总部有关检查项目的实施外，分行自加压力，主动邀请KPMG按照卢森堡和属地属严的原则对分行的合规管理开展全面评估和检查，并对结果进行跟踪整改，逐一制订整改方案和进度要求，效果明显。

（米兰分行）

马德里分行

2019年，马德里分行合规管理水平再上新台阶，本地化经营战略持续深化，为分行奠定了更加扎实稳健的发展基础。

一、以全面提升为主线，推动分行合规管理水平再上新台阶

2019年，分行以反洗钱合规监管整改项目圆满完成为新起点，以“紧盯监管动向，力争最佳实践”为目标，以全面提升为主线，实现了从“合规被动整改”到“内控主动作为”的转变。

一是在2018年普华永道（PwC）反洗钱监管检查整改项目几乎获得满分通过的基础上，分行再接再厉，在2019年成功完成了剩余三项发现的整改工作，实现了反洗钱合规整改的全面达标，获得了卢森堡监管机构

的高度认可。2019 年 2 月，评估机构天职国际（Baker Tilly）在 2018 年度本地反洗钱外部专家评估项目中对分行出具了无任何检查发现和整改建议的评估报告。

二是高度重视反洗钱与合规管理委员会这一集体决策机构的职能强化和作用发挥。2019 年分行共按月累计召开会议 12 次，会议材料和审议内容覆盖了业务处理和合规管理的全部环节，实现了及时发现问题、及时讨论对策措施、按月监控整改进度的合规内控动态化管理。

三是 2019 年初，分行经过近半年的培训和准备，启动了公司防御项目（Corporate Defense Program），作为内控管理提升的新抓手。在该项目构建的框架和机制下，监测目录累计覆盖 38 个项目，既对分行内控合规日常执行情况进行有效控制，也在员工个人犯罪和公司或管理层承担刑责之间搭建了防火墙。

四是针对欧盟《通用数据保护条例》（GDPR）监管新规，围绕 29 个方面合计 266 个检查点，对分行 GDPR 实施情况进行了全面自查并针对问题和发现启动了整改项目，按月向反洗钱与合规委员会通报整改进度。

五是主动开展了全量客户历史交易可疑筛查项目，对开业以来已销户客户的全部历史交易进行了筛查分析，2019 年最终完成了 381 户已销户客户历史存量可疑交易的分析报送。

六是针对油气供应、电力及再生能源、旅游酒店、电信运营、汽车制造、公用事业、建筑、生物制造、商业地产和批发零售等 10 个本地主要行业，制定完成了年度行业信贷政策，做到有压有放，主动优化信贷投向和布局。

七是制订并开展了“信贷档案全面提升计划”，对分行存量 52 户法人信贷档案进行了全面整理，并于 2019 年底前顺利完成。

八是持续完善合规及风险管理制度体系。2019 年新发布合规制度流程文件 10 份，实现了对分行合规管理各环节、各类主要工作的全覆盖，并更新了 6 项信贷、风险管理制度和规程。

九是合规系统建设有序推进。在 2019 年如期完成反洗钱监测系统（SIRON）模型整改优化同时，分行成立了客户尽职调查管理系统（CIS）项目组，从年初起有序开始系统开发准备工作。

十是不断强化合规风险队伍建设。2019 年 4 月在欧洲辖内分行率先成立法律部，是工银欧洲辖属分行中唯一一家单设的法律部门，法律部与合规部相互配合，顺利完成了多个监管合规项目。

十一是 2019 年组织开展内外部合规反洗钱类培训 26 次。在前台部门设立了专职合规联系人，负责学习、传导和落实合规制度和合规要求，并要求合规部门对前台开展了近 10 次针对性培训。

二、以稳健发展为目标，本地化经营战略持续深化

（一）零售业务战略性调整顺利完成。一是客户结构调整到位。加大力度清退无效户和非目标客户，2019 年完成了最后一批 9 户定期存款户的全部退出，分行个人客户总数降至 134 户。二是产品渠道调整到位。除向使领馆外交人员和本行员工提供最基本的结算汇兑和借记卡服务外，包括现金业务在内的其他零售产品和服务已全部退出。在零售业务转型过程中，分行严格遵守相关的法律法规和监管要求，并得到了西班牙央行、反洗钱局等监管机构的理解和认可。

（二）本地化战略持续深化。一是积极参与筹组本地优质企业银团贷款。2019 年共以联合牵头行身份参与筹组了七笔本地银团贷款，银团筹组总额 50 亿欧元，分行参贷份额 2.5 亿欧元，其中在三笔银团贷款中分行是唯一中资参与银行。二是充分发挥贷款敲门砖作用，本土企业债券承销业务持续取得突破。在成功落地三笔本地主流企业双边备用贷款的基础上，通过加大交叉营销力度，成功被其中两户企业委任为债券承销簿记管理人。三是强化集团内联动，积极探索特色合作模式。联动总行专项融资部和卢森堡分行，成功营销葡萄牙航空新购置 A321NEO 飞机融资租赁业务，最终参贷份额 6 600万美元等值欧元，这也是工商银行首次介入西葡两国的飞机融资业务。四是成功组团参加第二届进博览会中欧企业家大会。邀请敖司堡集团 CEO 作为工银欧洲机构邀请的唯一一家外方发言嘉宾做主题发言。共有 11 家西班牙企业参加大会论坛，15 家西班牙企业参加大会磋商，共计约 40 位客户代表参会。现场共有 12 家西班牙企业与中国公司达成合作意向 24 笔，合作意向成功率 80%。

三、不忘初心，牢记使命，扎实推进党建工作

一是持续深化思想建设，不断提升党员政治思想觉悟。除了通过定期党小组会议开展集中学习以外，2019 年 7 月，在中国驻西班牙大使馆党委的统一安排下，分行全体党员分三个批次参加了“不忘初心、牢记使命”主题教育脱产学习。通过系统的学习和讨论，党员政治思想觉悟有了全面提升。二是召开外派管理层恳谈会，使馆党委相关人员出席会议。会上分行总经理代表分行班子对照查找了在思想理念、精神状态、工作作风等三个方面存在的差距，其他两名管理层成员也分别开展了自我批评和相互批评，查摆自身存在的问题和不足。三是加强廉政建设，确保反腐工作的机制化和常态化。继续强化廉政制度建设，制定或更新了《营业费用管理细则》《员工行为守则》《反腐败制度》《内部举报制度》等制度文件，从制度上使廉洁反腐败覆盖分行全

员。四是推进组织建设。分行于2019年12月向使馆党委提交了关于成立分行党支部的申请，并得到使馆党委批准，分行党小组在成立九年后正式升格成立为党支部，党组织的政治核心和战斗堡垒作用进一步增强。

（马德里分行）

华沙分行

2019年，华沙分行强化内部管理，积极拓展市场，坚守风险合规底线，突出队伍建设，保持了稳健发展态势，进一步为工银欧洲的转型发展贡献力量。净利润继续保持欧洲辖属机构第一水平，全年实现净利润1 400万美元，同比增加140.57万美元、增长11.16%；信贷资产结构向稳健、可持续发展方向调整，总资产22.51亿美元，其中本地和国际银团贷款余额14.26亿美元，较年初增加1.72亿美元，占信贷资产的75%，较年初增加了22个百分点；经营效益和质量进一步改善，NIM、ROA、ROE分别为0.95%、0.80%和8.80%，较年初分别提高了0.24个、0.25个和0.95个百分点；高度重视合规管理，无违规事件和监管负面评价；严格信贷风险防控，保持零不良，零逾期，零剪刀差。

一、资产结构强化调整，经营发展提质增效

一是积极拓展本地业务，扩大业务来源渠道。2019年新增投放近7亿美元本地化业务。二是适应信贷业务区域的调整，加大营销力量投入，德国市场拓展初见成效，年内已完成3户企业放款，总金额1.9亿美元。三是加强行业分析，扩大业务的行业分布。在对行业的周期性风险重点关注的同时，重点对房地产行业进行了拓展，成功完成了3个房地产项目的固定资产融资业务，累计金额1.2亿美元，在风险可控的情况下，有力支持了分行贷款收益的提升。四是注重风险和收益的平衡，紧抓精细化信贷管理，既不简单随便放弃一笔贷款，也不冒进忽略信贷风险，NIM水平保持了工银欧洲辖属分行第一的水平。

二、合规管理扎实有效，合规底线严守不破

一是完成STIR二期系统的投产和Split Payment（付款账户分拆）系统相关工作。二是按月召开合规会议，提高合规意识和水平。三是主动监管沟通，保持良好的监管关系。将工行始终如一重视合规管理、稳健经营的理念向监管机构进行了充分汇报。日常沟通方面，各部门及时、准确、完整地向监管报告有关报表。四是注重合规机制建设，保证合规机制健全。进一步完善合规部门人员的配备，加强合规方面的培训和学习，提高全员合规的认识。积极配合工银欧洲总部及独立第三方机构开展各项反洗钱合规的现场及非现场检查工作，并认真整改，截至2019年末已经顺利完成分行层面的整改工作。

三、风险控制严格把关，确保分行稳健运行

围绕风险管理与业务发展目标，坚持查漏补缺、规范管理，强化全面风险管理，不断夯实分行风险管理基础。一是抓好信贷风险防控工作，保持零不良的状态。提升风险管理部的审贷职能，严格按照“四严”的标准，提高贷款全流程的操作，确保贷款符合工银欧洲整体风险偏好。加强对信贷大户的监测分析和存续期管理，切实发现和揭示潜在风险，及时采取措施。二是改善操作风险监控和报告方式，提高操作风险防范水平。逐月对操作风险情况进行排查确认。在IT风险防范上，对机房管理、消防安全、系统运行、数据存储等方面专题进行了操作风险的强化，消除了一些风险隐患。三是加强其他全面风险的管理和监控，确保各项风险指标符合监管和总部要求。针对风险加权资产、流动性覆盖比率、固定利率缺口等各项监管指标任务，以及声誉风险、外部欺诈风险等方面，进一步加强了监控和管理，确保各项风险指标符合监管要求，保持分行安全稳健运营。

（华沙分行）

工银标准

一、2019年经营概况

2019年是工银标准并购以来最为曲折、最为困难的一年，先后经历了主要管理层调整、费城能源火灾事件、关闭分支机构收缩业务线、大规模裁减人员等一系列变革和阵痛。面对极为复杂的经营形势，工银标准在总行党委的领导下，贯彻落实“降成本、增收入、控风险、促整合”的要求，深入研究扭亏脱困方案，采取果断措施压降经营成本、努力提升集团整合协同效应。

2019年末，工银标准总资产244.26亿美元，总负债232.52亿美元，净资产11.74亿美元。受费城火灾事件及一次性重组成本支出影响，工银标准2019年出现了较大幅度的经营亏损，剔除上述一次性因素影响，日常经营亏损约2 000万美元，同比减少3 280万美元。

二、全面加强党建和公司治理

工银标准全面加强党的领导，坚决贯彻总行党委确定的工银标准发展战略与指导方针；完善公司治理体制，提高公司治理有效性，确保总行党委的重大决策在公司治理层面有效贯彻执行。一是实现并购以来首次管理层平稳过渡，由原董事长王文彬改任CEO，董事长职务由独立董事Andrew Simmonds担任。同时改组管理委员会，调整了本地管理层分工及相应职务，显著增强了与集团管理对接并提高了子行决策效率和执行力。二是调整优化董事会构成，按照股东意志完成独立董事和股权董事更替，为子行战略提升提供坚强后盾和保驾护航。三是提升当地公司治理要求与集团管理的有效对接，在满足当地监管和公司治理要求的同时，不断强化与集团的战略协同、客户业务协同、风控协同、利益协同和人才文化协同。

三、深入研究重组改革发展战略

工银标准对标集团战略，结合监管要求、市场环境、股东意见及发展实际，研究制定工银标准发展战略规划和经营计划，不断提高集团战略协同并推进落实。一是优化业务条线突出独有优势。退出成本消耗大、资本占用高、发展潜力较小的业务条线，合并投资银行业务线，退出股票交易业务，收缩基本金属业务，将基本金属业务台并入贵金属业务台。二是撤并分支机构，精简网络布局。2019年关闭东京和迪拜分行，并启动香港分行关闭工作。保留美国子行和新加坡分行作为美洲和亚洲区域总部满足跨时区运作需求，保留上海商贸公司作为服务中国客户的平台。三是加强区域整合，提高战略协同。加强与伦敦机构在牌照优势互补、业务协同联动、评级增信和税务筹划等资源共享和统筹，提高区域战略协同。

四、稳步提升盈利能力和战略价值贡献

2019年，工银标准持续深化与工行集团业务联动，成为集团金融市场业务的重要组成部分。一是推动集团金融市场业务产品体系多元化。发挥工银标准在商品、外汇、信用、股权等领域丰富的现货及衍生产品优势，巩固在新兴市场货币、结构化衍生产品、信用类产品等业务领域的比较优势；构建成熟的融资与交易业务相互配合的服务模式，可为客户融资一并提供商品包销、金属租赁与回购、外汇买卖、汇率避险、利率互换等配套金融服务，提高工行集团在国际金融市场业务领域专业水平和服务实力。二是深耕“一带一路”国家货币交易业务，提供具有竞争力的外汇报价和配套产品服务，助推工行集团建立“一带一路”国家货币外汇交易优势。三是发挥投资者客户渠道提高欧美市场分销能力。在我国持续加大资本市场双向开放力度的背景下，有效提升集团全球营销能力。2019年营销境外机构投资者与工行广泛开展境内银行间市场交易业务，工银标准营销客户数占比超过80%。

在大宗商品业务方面，一是发挥商品资质优势拓宽服务渠道。工银标准拥有众多国际主要商品交易所、行业协会等会员资质，已成为集团进入境外商品交易所开展场内交易的首选渠道，总行通过工银标准经纪的场内基本金属交易占比已超过95%。二是打造中资贵金属仓储业务品牌。工银标准是唯一在中国市场之外拥有并运营贵金属仓库的中资银行，具有符合国际标准的专业资质并获得业内认可。三是发挥商品专业优势提高集团竞争优势。工银标准已成为集团对公商品交易的主要交易对手，集团内通过工银标准交易占比超过80%。

五、定向发行永续债提升资本实力

2019年12月向工行定向发行1.6亿美元永续债（额外一级资本工具，AT1），显著提升了工银标准资本

实力，增强了监管机构和外部评级机构信心。

六、持续提升监管合规和风险管控能力

一是持续提升监管合规能力，推进实施《欧洲市场和基础设施法规（EMIR）》《金融工具市场指令（MIFID II）》《交易账户基本审查（FRTB）》《资本要求指令（CRD）》《通用数据保护法（GDPR）》《证券融资交易法（SFTR）》、同业拆借利率改革（LIBOR Reform）等一系列监管合规项目实施，在不断变化的国际监管环境中走在了合规前沿。二是妥善处置费城能源项目火灾事件。2019 年 6 月 21 日，工银标准美国能源融资客户费城能源炼厂发生火灾事故。工银标准及时启动风险处置和相关保险索赔程序，2019 年为该项目计提拨备及相关处置成本约 1.99 亿美元。三是持续加强风险防范力度，尤其是新兴市场的信用风险和市场风险，以及商品业务的操作风险和市场风险，平衡好业务发展与风险防控的关系，切实建立起与风险暴露相匹配的风险防控能力，不断优化风险控制手段，提高风险防范的主动性和前瞻性。

（工银标准）

工银伦敦（伦敦分行）

2019 年，伦敦机构坚持党建与经营两手抓，努力克服英国脱欧不确定性及历史贷款上年劣变的后续影响，致力于“求稳”，着眼于“灾后重建”，坚持“比”的思想，实现了“稳资产、稳利润、稳团队，无大风险，零不良”的总体目标。

一、资产规模较快增长，盈利能力稳中有升，规模和盈利均稳居中资同业第二

2019 年末，伦敦机构资产总额 190.56 亿美元，较年初增加 25.55 亿美元、增长 15.5%，结构更加均衡。其中，贷款余额 97.9 亿美元，较年初增加 4.27 亿美元、增长 4.56%，债券投资余额 25.03 亿美元，较年初增加 4.89 亿美元、增长 24.3%；全年实现拨备后利润 9 671.76万美元，同比增长 699.89%，净利润6 684.75万美元，同比增长 645.58%；实现中间业务收入 2 928 万美元，同比基本持平。在 NIM（0.78%）降 14.3 个基点的情况下，ROA（0.33%）同比提高 0.71 个基点，ROE（5.17%）提高 8.42 个基点，经营效率有所提高。资产、贷款、利润等指标均稳居当地中资同业第二。

二、绿色金融建设获市场认可

一是积极践行“一带一路”绿色投资原则和总行绿色金融战略，充分发挥伦敦国际绿色金融中心的区位优势，成功打造绿色金融领域先行优势，有力提升了工行在英市场的形象。

二是双币种绿债获评权威机构“新兴市场最大绿色债券”先锋奖。上半年，前期发行的双币种等值 15.8 亿美元绿债获国际绿债市场权威奖项——国际气候债券倡议组织（CBI）年度新兴市场最大绿色债券奖。该项发行曾创伦交所规模最大双币种绿债和集团历史发行最低价两项纪录。

三是绿色俱乐部融资纳入中英第十次经济财经对话金融领域合作成果清单。在 6 月中英第十次财经对话期间，与汇丰银行、法国巴黎银行达成等值 4 亿美元双币种绿色俱乐部融资合作意向书，标志着工行成为第一家依据绿色贷款原则（GLP）筹集绿色融资的中资银行，也是首家办理纯绿色俱乐部融资的全球性银行。该项业务被纳入中英第十次经济财经对话金融领域合作成果清单，得到 30 多家中外媒体广泛报道，提升了工行在全球绿色金融领域的影响力。2019 年 12 月该笔融资已顺利落地。

三、EMEA 区域银团资产中心建设持续推进，EMEA 银团市场排名在中资行中稳居第二

一是银团一级市场牵头筹组及二级市场交易能力进一步提升。2019 年，在 EMEA 区域银团市场总规模同比萎缩 30% 的背景下，伦敦机构作为集团在区域内唯一具备主动簿记能力的机构，维持了银团业务的平稳发展。全年累计完成一级市场银团 60 笔，其中任牵头行 48 笔、簿记行 21 笔，中间业务收入超过 1 500 万美元。年末银团贷款余额达 62 亿美元，较年初基本持平，银团贷款承诺额 52 亿美元，较同期持平。完成二级市场银团交易 25 笔、9 亿美元，资产经营能力增强。

二是发挥区位中心和专业优势，与集团内兄弟行联动完成多笔优质业务。全年联动业务融资发生额 28 亿美元，实现联动业务净收入 532 万美元。与 10 家兄弟行完成 19 笔、7.8 亿美元银团资产交易。牵头工银亚洲、新加坡分行为德国超市巨头 Lidl 安排 5.5 亿美元银团，联动阿姆斯特丹分行为全球领先飞机租赁集团 Aercap 提供贷款，联动布鲁塞尔分行成功参与加纳可可局

项目融资，与工标联席牵头承销 BP 9 亿欧元债券业务，与上海分行成功营销 Burberry 境内资金池业务、申达对境外子公司 8 000 万美元融资业务，成功协调瑞士先正达账户服务落地苏黎世分行。向总行投行部、境内推荐多笔投行顾问业务。

三是成功跻身多家跨国公司全球核心银行名单，优质客户基础进一步夯实。作为牵头簿记行为壳牌安排总额 100 亿美元备用银团，成功参贷 BHP 银团贷款 2.5 亿美元，完成 BP、希思罗机场、英国国家电网等多笔债券承销，成功为欧洲最大停车运营商 Q – Park 提供融资。

四、成功公开发行中资银行首笔英镑债，发挥集团跨区域筹资中心作用更加明显

继续发挥伦敦作为国际金融中心的区位优势，以分行作为筹资主体，综合运用多种筹资工具，在满足自身资金需求的同时，积极为集团兄弟行提供资金支持。2019 年累计为集团内兄弟行提供资金支持 748 笔、593 亿美元，同比增长 45%，有力缓解了兄弟行资金压力，支持了兄弟行业务拓展。继 4 月成功定向发行 2 亿英镑中资行首只英镑债之后，7 月完成 6 亿英镑三年期固息英镑债券公开发行，成为首只由中资行公开发行的以英镑计价的中期票据，对推动中资机构在英镑债务融资市场建立新的定价基准，丰富中资行境外融资币种，提升多样化资金筹措能力具有积极意义，进一步夯实了工行在国际资本市场的专业形象。

五、合规风险管理不断加强，无重大合规事件

伦敦机构持续加强合规与风险管理，在与当地监管开展的季度沟通会中，监管未提出重大关切，对伦敦机构合规与风险管理整体情况表示认可。

2019 年伦敦机构无重大风险事件和隐患，无重大合规反洗钱事件，未受到监管处罚，未来受到监管处罚可能性较低，税务风险评级维持在低风险等级。

六、信贷风险基础管理持续夯实，不良贷款率为零

持续夯实信贷管理薄弱环节，顺利完成历史大额不良贷款核销，年末不良贷款率降为零，资产质量保持稳定。

七、积极支持总行定点扶贫，勇于承担社会责任

一是积极支持总行定点扶贫。组织捐款 86 400 元，协助四川凉山州、新希望集团在伦敦进行发债路演，与新希望六和公司探讨生猪养殖风险参贷方案，协助巴中市巴山牧业公司同英国行业协会等渠道建立联系，推动 Save the Children 慈善机构加大对四川的项目支持等。

二是积极支持当地公益慈善。赞助伦敦金融城市长年度巡游活动、皇家莎士比亚公司传统文化交流活动，参与金融城年度慈善跑步活动，组织员工在金融城内小学一对一伴读，积极参与当地慈善活动 Jumper Day，组织为贫困儿童捐款。

三是积极支持使馆发起的社会活动。赞助新中国成立 70 周年庆祝活动、中英财经对话、中英公益慈善之夜等活动。

（工银伦敦）

法兰克福分行

2019 年，法兰克福分行认真贯彻落实总行国际化战略，坚定分行发展策略和风险策略不动摇，紧紧围绕提质增效、转型升级的目标任务，抓实抓细强化风险管控，做强做优加大市场拓展，持之以恒夯实基础管理，实现了各项业务稳健发展，经营效益稳步增长。

一、主要经营数据

截至 2019 年末，全行资产总额 52.22 亿美元，比年初增加 2.83 亿美元、增长 5.72%。各项贷款余额 34.87 亿美元，比年初增加 0.30 亿美元、增长 0.88%。债券投资余额 7.14 亿美元，比年初增加 3.34 亿美元、增长 88.06%。负债总额 51.33 亿美元，比年初增长 5.71%。全年实现净利润 1 569.89 万美元，较上年增加 233.76 万美元、增长 17.50%，完成总行年度计划 101.28%，完成总行年末沟通计划 100.70%；实现拨备前利润 2 618.71 万美元，较上年增长 6.97%；实现拨备后利润 2 429.64 万美元，较上年增长 19.51%。拨备前利润和拨备后利润较上年继续保持较快增长，盈利能力稳步提升。资产质量继续保持零不良。

二、稳进兼顾，扎实推进分行发展战略

（一）强化合规和风险管理。分行狠抓责任落实，不断加大资源投入以提升合规及反洗钱管理水平，满足当地监管和集团合规反洗钱要求，重塑合规风险文化，加快制度体系建设，优化各项业务流程，夯实分行可持续发展基础。

落实主体责任，抓实整改工作。针对内外部审计和专项检查发现的问题，由分行管理层承担整改落实的主体责任，负责对发现问题整改的统筹推动、控制和督导，确保高效完成整改工作。一是分行上下凝聚共识、统一行动，确保内外沟通达成共识、问题分析全面透彻、整改措施直接有效、汇报反馈充分及时，将整改作为年度工作的重中之重来抓。二是利用有限财务资源，既引入外部咨询专业团队，又加快招聘充实队伍，全力支持审计整改以及合规管理提升。三是实施整改工作的项目化管理，分行与“四大”咨询公司展开多层次合作，全面统筹和各个击破相结合，借力外部咨询按时保质地完成整改，比如：聘请普华永道公司负责协助分行整改项目全面推进，并对前期整改进行二次审核和优化完善；聘请德勤公司负责落实德国银行薪酬体系规范条例（Instituts VergV）和劳工法的最新要求，完成人力资源管理优化项目；聘请安永公司负责反洗钱审计发现的整改支持；聘请毕马威公司对以前年度外部审计发现问题整改结果进行质量检查。

加大资源投入，强化支持保障。一是强化专业队伍建设。2019 年分行为进一步提升合规和风险管理水平，在合规、反洗钱、风险管理和信息科技条线都增配了人员，且以高素质、有相关工作经验的人员为主，以确保合规相关工作的人员支持充足。二是强化科技投入。在顺利完成 BAIT 实施以来首次全面 IT 外部审计的基础上，着重投入科技力量优化反洗钱合规相关支持系统，特别是分行制裁名单导入流程和 KYC 信息治理等工作的提升，此外主动积极跟进数据保护相关合规工作，搭建并颁布了删除概念（Deletion Concept）的框架，为反洗钱的 KYC 历史数据删除、FOVA 系统历史数据删除工作提供支持。三是强化合规“外脑”引入。2019 年分行开展多项合规咨询项目，进一步发挥“外脑”对合规的支持作用，尤其是聘请普华永道公司作为协助分行合规、风险控制、信息科技、信贷管理等重要后台条线进行审计整改，深入开展操作风险盘查、法律合规风险盘查等，成效显著。四是加大培训投入。除支持合规反洗钱和风险控制专业的员工脱产参加德国法定、监管要求和集团组织的各项专业培训外，还聘请安永咨询公司组织了反洗钱集中培训，继续组织落实全员参加反洗钱、反欺诈、数据保护、信息安全等网上培训与测验，提升分行合规反洗钱能力水平。

深化基础管理，夯实合规基础。一是加强文档管理。认真执行文件和档案管理相关办法，完成内部制度平台的新旧更替，并定期集中归档重要法律文件；基本完成信贷档案的卷宗整理，并对历史档案的销毁处理和相关数据保护要求进行了专题研究，为后续档案集中管理打下基础。二是强化考核约束。2019 年分行在发布部门年度考核办法的基础上，首次根据分行新发布的人力资源一体化管理制度，落地了员工个人 2019 年度考核评价，通过个人年度绩效合约的签署将分行经营管理要求和合规压力有效传导到个人，把合规工作要求落实到部门和员工的工作当中。三是持续推进部门内设机构改革。2019 年内分行完成清算部和营业部的整合，成立了运行管理部，并完成部门职责调整、岗位设置和报告路径的重塑，明晰了部门权责界限和员工岗位体系，提升了运行效率和风控质量。

抓实抓细，持续提升风控水平。一是狠抓信贷管理防范信用风险，认真落实总行“三个对标”管理要求，持续完善信贷制度建设，围绕总分行信贷管理制度、产品办法和系统应用等主题对信贷人员定期或不定期开展培训。二是着力提升全面风险管理，设立风险管理委员会和反洗钱委员会，制定并发布《风险管理委员会工作规则》《反洗钱委员会工作规则》《风险治理框架》《风险偏好指引》《风险偏好声明书》《风险文化声明书》等基础性制度规范，搭建分行全面风险管理框架。三是强化内控严防操作风险。进一步完善各专业条线操作手册、处理流程的制定和更新工作，确保业务行为有章可循；加大外派关键岗位配备和本地人才招聘力度，进一步规范员工日常管理，加强全员安全意识教育，贯彻集团和分行的合规风险文化，做到警钟长鸣。

（二）稳健拓展业务。在经营环境日趋复杂严峻情况下，分行 2019 年“早动手”“快动手”，确保生息资产业务有效增长，为完成全年预算目标打下良好基础。

坚持稳步推进本地化。2019 年，分行 88. 94% 新发放贷款的客户为本地客户，97. 32% 新发放贷款的币种为本位币欧元，稳步退出离岸客户信贷业务。继续积极拓展在德中资企业信贷业务，累放贷款金额合计 3. 41 亿欧元，包括中国化工、徐工集团、潍柴集团、北汽集团等集团在德企业。稳步开拓德国本地企业信贷业务，累放贷款金额合计 1. 95 亿欧元，并抓住有利时机参与汉莎航空、大陆、采埃孚等本地跨国公司和行业龙头企业银团，不断深挖本地优质信贷业务市场。

抓住时机增加债券投资规模。在本地信贷需求不旺情况下，分行抢在欧洲再次量化宽松前加大债券投资力度，2019 年净增债券投资 3. 34 亿美元，全年贡献净利息收入约 840 万美元，估值浮盈 675 万美元。

利用短期限贸易融资业务以量补价。当前，贸易融资业务收益呈现不断下滑趋势，但由于其期限短资本占用低等优势，分行抓住时机继续大力发展贸易融资，拓展收入来源。分行贸易融资业务 2019 年贡献净利息收

入约350万美元，有效增加盈利来源。

特色清算业务得到夯实。为降低反洗钱风险，分行坚持清退高风险代理行客户，集中精力做好集团内机构的欧元清算服务。受此影响，分行2019年清算总笔数达到51.77万笔，同比下降9.74%；清算总额为7 723.03亿欧元，同比增长6.68%；实现清算收入677.81万欧元，同比下降4.99%。提升了客户质量、强化了业务风险控制。

业务协同联动不断加强。通过与总行公司金融、专项融资等部门、境外资产业务中心以及境内外分行协同联动，服务优质客户，比如2019年协助总行及境内分行参与大众备用银团并成为第一档参贷银行，获配额度3.2亿欧元。协同联动强化不仅进一步提升分行服务优质中资“走出去”企业和本地优质客户的能力，而且分行也获得了较好的业务收益及良好市场声誉。

盈利来源更趋多元化。2019年，信贷利差收入占营业收入比重59.63%，较上年下降3.21个百分点；债券投资收入占比16.86%，较上年提高5.34个百分点；清算收入占比16.16%，较上年下降1.62个百分点；投行收入占比3.39%，较上年下降0.83个百分点；代客外汇买卖收入占比2.38%，较上年提高0.23个百分点。盈利来源多元改善了分行一直以来对信贷利差收入、清算业务收入和一次性业务收入依赖，增强盈利稳定性。

（三）不断提升党建质量。分行严格落实总行党委对境外机构党建工作要求，认真落实“双重领导、双线报告”制度，积极探索组织生活的有效形式，因地制宜、灵活务实提升党建质量。2019年分行以支部和小组为单位，开展了包括民主生活会、小组学习、支部书记讲党课等一系列形式灵活多样的活动，开展“不忘初心、牢记使命”主题教育，积极组织参加总领馆组织的歌咏比赛。同时，通过外派班子集中学习、组织干部员工会议、开展学习研讨、运用工银大学、微信等渠道分享主题学习课程和材料等方式，及时传达总行对境外机构发展的新思路、对干部员工新要求等内容，确保总行的政策和要求及时在分行落地。另外，秉持把业务骨干发展成党员的原则，2019年在当地上级党组织的指导和支持下，分行党支部已完成2名预备党员转正工作，并确定了1名入党积极分子。通过上述组织生活方式，较好发挥了党建凝心聚力、引领发展的重要作用，分行凝聚力和战斗力得到有效提升。

（法兰克福分行）

工银莫斯科

2019年工银莫斯科遵照集团要求，坚持合规优先、风控先行，加强对制裁涉敏的管理研究和专业应对。聚焦“一带一路”项目、人民币业务和跨境服务，着力提升人民币清算、结算、融资和投行服务能力，努力保持经营稳定。

一、2019年业务发展情况

2019年世界经济逆全球化、中美经贸冲突加剧，增速普遍放缓。国际油价较上年走低。欧美对俄制裁继续加重，8月美国发布新制裁限制在一级市场投资俄罗斯外币国债，12月对“北溪-2”和“土耳其流”天然气管道项目实施新制裁。全年俄罗斯社会经济基本稳定，全年增速1.3%；通货膨胀率较好控制在4%货币政策目标内；卢布兑美元较年初升值约11%；俄央行5次降低关键利率，从7.75%降至6.25%。中俄两国关系升级为新时代全面战略协作伙伴关系，连续10年为俄第一大贸易伙伴国。

子行实现资产总额9.61亿美元，同比增加3 136万美元，控制在总行下达的限额指标内；实现净利润2 250万美元，完成全年计划（1 170万美元）的192.28%，年末确保任务（2 100万）的107.13%；实现手续费及佣金收入392.32万美元，完成年末确保任务（330万美元）的118.88%。实现贷款总额4.25亿美元，净增2 284万美元，客户存款3.63亿美元，净增9 871万美元，分别完成任务数的114.19%和246.78%。主要经营指标均超额完成计划任务。同业比较方面，按资产排名在俄罗斯同业列85名，自有资本193亿元，在俄罗斯同业排名第52位，领先各中资在俄银行。在俄资产规模、存贷款总额和手续费及佣金收入保持中资同业第一。

（一）贷款投放方面。全年子行共完成76笔公司客户贷款发放，金额达3.73亿美元，投放对象全部为行业排名靠前的龙头企业，如ROLF、CEGESH、VEON、ILIM、SUEK，Chipipe、西伯利亚无烟煤等，确保子行的信贷资产质量稳定、优质。同时和总行专融合作互动频繁，联合完成审批的项目包括SUEK出运前银团1亿美元，共获得专融部65个基点前端费分润，一次性为子行增加63.7万美元的中间业务收入。

（二）客户存款方面。中资本土大客户两翼齐飞，实现了公司存款的平稳较快增长。本地客户存款比重进一步提升，其中俄镍和新利佩茨克钢铁3个月的大额美元存款优化了子行流动性指标，MEGAFON和第一车辆厂的大额卢布存款匹配了ROLF和俄罗斯电信的短期卢布融资，降低了筹资成本。继续做好对优质中资企业的日常维护，中资优质核心客户的合作稳步提升，华为外汇资金交易、保函转开业务成功落地；海尔俄罗斯将其发债监管账户落户子行，带来4 300万美元新存款；成功挖转了吉利汽车9.5亿卢布存款，保证了中资企业存款的稳中有升。

（三）资金运用方面。子行密切关注汇率变动及套利机会，由于俄央行降息预期因此将卢布资金用于收益更高的欧元掉期业务，资金收益不断提高，外汇买卖业务交易量和活跃客户数不断增长，全年实现汇兑损益1 234万美元，同比增加572万美元、增长86.48%。同时努力降低美元资金融资成本（境外集团内融入需要缴纳准备金）以支持子行资产业务发展和流动性指标，通过反复多次向本地银行争取授信并询价，成功与多家本地交易对手共办理31笔同业拆入业务，较去年6笔大大增加，期限也拉长最高至三个月。

二、2019年经营管理特点

（一）保障资源投入，确保全面合规。认真对标当地监管、集团要求，组织两次全面客户信息筛查清理，严格年度KYC管理，清退合规不达标、拖欠税款、长期休眠客户，停止第三方汇款、前独联体国家代理行、个人无开户汇款等高风险业务，全行涉敏合规反洗钱意识和能力不断加强，制度规范化水平不断提高。将跟踪监管变化纳入子行日常工作流程，确保及时落实各类变化要求。高度重视各类检查发现问题的整改监督以及总行文件的落实执行情况，建立违规查处、跟踪监督等工作新机制，进一步完善内控合规体系建设。

（二）聚焦存款和人民币两大经营任务见成效。坚持名单制营销重点目标客户，全年新拓公司客户62户，客户质量明显提高，成功延揽了俄镍、新利佩茨克钢铁、MEGAFON、第一车辆厂等俄籍大客户相对稳定的大额卢布、美元存款，恢复俄籍和中资客户存款相对平衡。同时本地客户业务开展更加全面，从传统结算，外汇兑换、存款到贸易融资业务、贷款均有进展。依托人民币清算行优质服务，人民币存款增长1.6亿元，发展了12家同业间参CIPS，全年人民币跨境清算量1 160多亿元。

（三）通过分红控制股东敞口汇率风险。2019年分红1 100万美元，实现连续3年对股东分红累计近7 000万美元。继续加强基础管理，持续有效管理信贷及各主要职能风险。顺利推进前后台分离一期、GMO、GPI等项目投产。内控合规反洗钱等涉敏管理制度规范化建设进一步加强，安全生产，未发生合规以及重大风险事件，保持无不良贷款。

（四）公司治理进一步加强。管理委员会及管理层下设7个专业委员会认真履职，定期召开会议审议相关议题，如遇紧急情况随时召开。党建引领，扎实开发主题教育活动、廉洁从业专题教育，规范党支部组织建设，加强ONE ICBC企业文化宣导，俄籍员工积极参与文化汇演等总行组织的活动，ONE ICBC文化认同和归属感显著加强。继续保持人才队伍相对稳定，保持经营稳定。

（工银莫斯科）

布拉格分行

2019年，布拉格分行以主动合规、稳健发展为核心理念，客户基础显著增强，机构人员不断优化，多项重点工作取得实质性突破，合规管理和风险防控能力显著提升，全年无监管通报和风险事件，资产质量继续保持零不良。截至2019年末，分行经营绩效创历史新高，连续第二年圆满完成总行下达经营考核任务目标，各项核心数据均达到总行下达指标T3值。现将有关情况汇报如下：

一、主要经营数据

截至2019年末，按总行考核口径，布拉格分行资产总额为45 625万美元，负债总额为45 425万美元，不良贷款余额和不良率均为零。2019年，实现营业收入737万美元，同比增长29%，其中净利息收入659万美元，同比增加167万美元。2019年加权平均净利息收益率为1.34%，综合收益率保持境外机构较高水平。

二、主要经营情况

（一）实抓党建促发展。积极服务国家“一带一路”、中国—中东欧“17＋1”合作和总行国际化发展战略大局，严格落实双线汇报，以主题教育活动为抓手，在总行和驻地使馆指导下务实开展相关党建工作，将“守初心、担使命，找差距、抓落实”贯穿于主题教育的全方位、全过程。作为使馆指定首批开展主题教育活动单位，得到了驻地使馆高度评价，受邀在主题教育经验总结大会上做优秀企业代表发言。

以多种形式务实组织开展理论学习，坚持境内外“有时差，无温差”，组织自学总行、使馆相关文件30余个，赴使馆参加党员集中学习8次，获得驻在国党员知识竞赛团体第3名的佳绩。积极配合使馆党组织改组改选工作。与使馆组建联合党支部，严格落实党建工作责任制，进一步增强了外派党员的组织归属感和责任使命感。围绕本职工作召开外派员工自我检视座谈会，严肃认真开展批评与自我批评，对相关问题立行立改，逐项盯住限期整改，截至2019年末已全部整改完毕，将党建工作紧密结合业务发展转化为实质成果。

（二）创新业务实现突破。成功营销工行成为捷克央行人民币债券结算唯一代理人。在2017—2019三年持续营销过程中，牢牢抓住人民币国际化机遇，多次带队拜访捷克央行营销投资人民币市场，紧密跟踪捷克央行高层决策动态，积极推动陈董事长会见捷克央行行长，并多次组织协调集团内专家团队赴现场为其答疑解惑。在我行积极努力下，最终力克5家同业竞争对手，获得捷克央行人民币债券结算的唯一代理人资格，成为首家突破欧洲区央行同类业务的境外机构。

发挥集团优势高效协助捷克龙头企业发债。在不断拓展新增客户的同时，注重深挖存量优质客户多元化融资需求。经过持续不懈的营销，在成功拓展了捷克第一大能源业龙头企业的结算、贷款、存款等业务后，成功促成工银标准参与，高效完成客户的欧元债券联合发行工作，开启了分行同类业务先河，为协助优质企业多元化融资打下了基础。

（三）本地化取得长足发展。积极应对欧盟经济增长持续放缓及银行低利率的经营环境，克服部分存量客户提前还款等不利因素，优选各行业龙头优质客户，稳步新增高质量本土客户，本地化发展成效显著。一是主动获客。截至2019年末达46户，较2018年新增14户，增幅达44%，新增企业均为当地客户。严选优质客户，贷款主要投向电信、能源、物流、建筑、现代化农业、消费金融等行业龙头企业，市场影响力不断提升，优质客户基础显著增强。二是创新活客。克服央行分管领导换届、系统开发资源紧张等复杂局面，成功加入当地清算系统CERTIS。以便捷高效的当地结算网银服务为切入点，带动外汇买卖、跨境汇款等金融高附加值服务，动户率达63%，网银离柜率达100%，存量客户满意度和贡献度综合提升。三是服务黏客。紧抓中捷经贸往来机遇，注重“走出去”及“请进来”客户，陪同客户全程参与进博会，举办分行首届经济投资论坛，加入捷克商会、捷新协会，持续为客户创造价值，牢固锁定优质客户。

（四）合规经营基础稳健扎实

按照总行内控合规固本强化和欧洲区域风险管理提升总体要求，主动适应“强监管”的国际大趋势，持续优化公司治理结构，在原有风险与合规管理委员会基础上进一步强化合规反洗钱职能，单独成立合规反洗钱委员会，稳步提升风险管理和合规经营水平。

以考核为抓手推动合规主体责任落实。持续巩固部门合规责任，主动合规意识显著增强。与各部门签署年度履职承诺，30%为合规类指标。在全行树立了稳健合规、健康发展的核心理念。在考核指标设置中注重压实“一道防线”的合规主体职责，坚持风险倒扣分机制。二、三道防线通过定期和不定期检查抽查，对检查发现明确时间表、责任人，督导按时保质完成整改。

良性畅通多层级属地监管沟通渠道。坚持每月捷克央行管理层面对面沟通，落实属地监管沟通长效机制。如2019年初带队赴央行汇报年度经营情况及相关计划，工作层面就NSFR、PSD2、ANACREDIT、欧盟恢复计划等议题开展常态化汇报等，各项工作得到监管正面评价。

加大投入合规资源促管理水平提升。一是引入外部咨询。2019年将有限财务资源投入CRRII、PSD2、GDPR、反洗钱评估等多项合规咨询项目，同时还在全行范围内组织了反洗钱集中培训和考试，持续提升全行反洗钱能力水平。二是配强合规主管。选聘经历丰富、专业能力突出的合规官，实现关键岗位人员平稳更替。三是强化科技投入。如顺利投产企业网银相关功能改造、实现ANACREDIT报表自动化功能、完成数据保护系统相关改造需求梳理等，有力支持保障了分行合规基础。

坚持制度“三对标”长效机制。作为集团内首个通过开业对标的境外机构，坚持每半年对标当地法规、总行制度、同业最佳实践，牵头组织开展监管动态对标自查工作，分专业组建学习小组，通过“三对标”认真分析全量规章制度。2019年新增4个制度，修订11个制度，持续提升流程合规性、时效性。积极配合总行内控现场检查，得到总行总体正面反馈评价。

专家治贷，资产质量良好。2019年分行保持零不良贷款、零潜在风险融资、零剪刀差融资。在积极发展信贷业务的同时，分行高度重视信贷基础管理工作，坚持“专家治贷”，信贷A类高级资格获得者新增2名现达5人，占信贷人员比例为62.5%，占全行人员比例的19.2%，处于境外机构较高水平。信贷档案、评级授信、资产分类等基础工作得到总行信贷与投资管理部相关专家现场调研后的积极认可。

（五）本土化团队建设初见成效。扎实推进员工职级一体化建设。2019 年实现外派及当地雇员一体化考评及集团内可比且符合当地实际的员工职级体系，高效稳定了分行骨干员工队伍，正向激励了当地员工长期扎根工行的职业发展预期，有力保障了业务发展需要。

出台分行违规行为管理规定。2019 年与国际知名律师事务所贝克麦坚实合作，深入对标当地捷克劳动法等法律规定，明确违规行为和禁止性行为以及相应处理细则，明确了对员工异常行为违规问责程序，推动分行人力资源制度规范化提升，切实加强了分行员工合规意识和工作效能。

持续增强分行人力资源储备。截至 2019 年末员工总人数同比增长 8%，员工本地化率提升至 53.8%，同比增长 3.8%。着重加强公司金融、对公前台、风险合规等关键岗位人员储备。2019 年合规从业人员增至 3 人；推荐总行捷克语小语种高层次人才 1 人并成功招聘，累计储备 3 名，成功构建了分工组合合理、专业能力过硬、文化融合度高的本地员工团队。

多措并举构建特色文化。一是持续深化中捷跨文化沟通。如开展“如何与你的中国或捷克同事有效沟通”跨文化专题工作坊，坚持每周开展汉语、英语等培训等。二是持续推广集团文化和合规文化理念，设立集团及合规文化展示区。三是深耕家园文化理念，组织多种类型的员工团队建设活动，搭建分行活动照片角。员工过生日时准备鲜花，并由总经理送上生日祝福，使员工感受到 ONE ICBC ONE FAMILY 的温暖。

（六）企业形象正面良好。2019 年，分行多措并举积极树立当地中资银行良好形象。一是积极对外宣传，社会影响正面。与总统府、捷克工贸部、投资局、贸促局及捷克商会等保持畅通沟通渠道，得到大使“中资企业名片”称号。主要负责人接受央视 2 台专题栏目采访。成功树立办公楼工行行徽标志，在机场及市中心投放户外广告。二是履行社会责任，展现大行风范。如跨境扶贫取得实质性突破，赴当地敬老院开展义务劳动及慈善募捐，支持 2020 年春节文化活动，协助驻地使馆开通移动支付便民服务。分行以一系列正面行动，支持中捷经济人文交流，充分展现了我行回馈社会的大行风范。

（七）安全保卫抓严抓实。严格落实国家总体安全观，围绕“一带一路”与“17＋1”重要合作纽带，客观认清复杂并充满挑战的中东欧安全格局，坚持商业化运作基本原则，坚持维护国家利益，将发展和安全有机结合相互统一。2019 年主动加大安保投入，严格抓实安保基础工作。一是高度重视外部欺诈风险信息报送工作，协助总行持续完善集团风险信息库建设。二是对标总行和当地最新制度，及时更新分行相关制度及预案。三是深化安保机制建设，建立并坚持定期巡检、定期培训、定期汇报的长效机制。经过全行积极努力，2019 年分行无重大安全风险事件发生，实现了全年安全平稳运行。

（布拉格分行）

苏黎世分行

2019 年是苏黎世分行第一个完整经营年度，分行以党建促发展，严格按照总行国际化发展战略规划要求，走本地化、一体化、特色化和差异化发展之路，取得了良好的经营效果，分行业务基础进一步夯实，优质客户不断增加，市场份额迅速扩大，资产规模稳步增长，盈利能力持续上升，服务能力及同业竞争力大幅提高。

一、经营管理情况

在不到两年的时间里，苏黎世分行在瑞士打开了局面，站稳了脚跟。分行资产规模持续增长，2019 年末总资产达到 14.75 亿美元，同比增长 128%，负债总额 14.68 亿美元，同比增长 125%。同时分行的盈利能力持续提升，提前实现盈亏平衡。分行全年营业收入 1 100万美元，同比增长 91%，实现净利润 5.23 万美元，剔除营运资金损益后的实际经营成果 94.92 万美元，较 2018 年度净增 637.24 万美元，同比增长 571%，分行实现考核利润 173.40 万美元，较总行年度经营目标超额完成 354 万美元。

二、工作措施

一是业务推动以点带面，全面开花。分行以银团贷款和债券投资为切入点，迅速打开局面，在双边贷款、贸易融资、资金交易、公司和机构存款、中间业务、跨境人民币结算、瑞士法郎清算、表外业务等领域取得突破。截至 2019 年末，分行贷款余额 6.31 亿美元，同比增长 49%；其中银团贷款 4.31 亿美元，双边贷款 2 亿美元；债券投资余额 5 亿美元，同比增长 354%；存款拓展方面已初见成效，客户存款余额 7 679 万美元，同业存款余额 5 700 万美元，同业拆入余额 7 242 万美元；瑞士法郎清算方面，分行自 2019 年 5 月开始为总行及境内分行提供瑞士法郎清算服务，代理总行清算与 Visa、MasterCard 等卡组织日常瑞士法郎结算的业务，全年清算业务累计完成 658 笔，有效地提升了集团瑞士法郎清算效率，降低了清算成本。

二是营销本地优质客户资源成果显著。截至年末，分行共拓展客户 101 户。其中，公司客户 36 户，机构客户 65 户。公司客户中有贷户 15 户，包括嘉能可、中粮国际、拉法基、标致汽车等世界 500 强、国有大型企业在瑞子公司、行业领军企业等优质客户。在董事长的亲自营销推动下，先正达也成功落户分行。经过近 2 年的持续跟踪营销，全球最大黄金精炼企业之一美泰乐成功落户分行。分行客户行业主要分布在大宗商品交易、机械制造、水泥、汽车、食品包装、黄金精炼等本地优势行业。瑞士 14 家世界 500 强企业中，已有 5 家与分行开展业务合作。

三是充分发挥“一点接入，全集团响应，全球化服务”联动机制。分行配合总行相关部门积极营销国际清算银行（BIS）和瑞士央行（SNB）人民币债券投资和外汇交易业务。2019 年与瑞士央行开展现券交易 74.6 亿元，较 2018 年增长 92.76%；与国际清算银行开展外汇和现券交易 1 207.53 亿元，较 2018 年增长 183.80%（应客户保密要求，总行金融市场部要求该部分数据仅限内部使用）。成功举办第二届人民币论坛，邀请来自瑞士银行家协会、银行、保险、资产管理、私人银行等金融同业客户近 50 人。以人民币论坛为抓手，持续跟进客户需求，加强同业业务合作，重点开展“一带一路”基金、中国基金（Chinese Winner Fund）、人民币债券市场“直接投资”和“债券通”业务营销。分行与多家境内外机构合作，成功完成保函转开、信用证通知、外汇存款、外汇买卖等业务联动。

四是继续保持高标准的客户准入，有所为，有所不为。分行客户信用等级结构较好，信贷客户内部评级均在 A+级以上，债券投资客户外部评级均在投资级以上；客户均为世界 500 强、在瑞中资企业走出去和行业龙头，符合分行三年规划提出的目标客户定位；信贷资源投放行业不断多元化，除大宗商品及农产品交易外，还积极拓展汽车制造、汽车销售、建材、食品等领域；分行开业之初即强调本地化经营是分行的立行之本，与本地客户的直接接触，以此强化了分行对本地市场的感知，同时优化收入来源，锻炼队伍，使分行充分融入当地市场。

五是确保经营质量，严守合规底线。分行按照“零不良、零处罚、零案件、零事故”的四零目标，不断加强风险管理，截至年末，分行未发生不良贷款，无逾期贷款，无潜在风险贷款，市场风险限额满足总行要求，流动性覆盖比率始终保持在监管标准之上（100%），债券投资策略均满足总行要求，整体风险较低。分行始终将合规经营放在突出位置，实施合规事项一票否决，强化合规在分行经营管理和业务发展中的重要地位，严格遵守本地各项法律法规和母国的监管要求，不断加强在反洗钱、税务、内控、风险等方面的管理。2019 年监管审计情况良好，除一项审计建议外无审计发现，标志着分行合规管理水平不断提升。

（苏黎世分行）

工银奥地利

中国工商银行奥地利有限公司于 2018 年 8 月获欧洲央行正式批复银行牌照，可从事除证券托管、证券交易、居住建筑储蓄业务、房地产基金、职业养老金外所有持牌银行业务。同年 10 月和 11 月子行分别完成当地公司和税务注册，2019 年 5 月 21 日在维也纳正式举办开业庆典。工银奥地利是中国工商银行的全资子公司，注册资本金 1 亿欧元。

一、主要经营数据

截至 2019 年 12 月 31 日，子行总资产 4.68 亿美元，较年初增长 310%。其中贷款 3.44 亿美元，包括中长期普通贷款 2.48 亿美元，簿记上海自贸区中长期普通贷款 0.96 亿美元，在总资产中占比 74%；债券投资 0.93 亿美元，包括金融债券 0.84 亿美元，公司债券 0.09 亿美元，在总资产中占比 20.00%；总负债 3.60 亿美元，主要为同业资金，其中同业拆借 3.31 亿美元（含匹配簿记贷款拆借资金 0.96 亿美元），同业存款 0.28 亿美元；净资产 1.07 亿美元。全年实现营业收入 141 万美元，净亏损 413 万美元。

二、主要经营情况

工银奥地利作为中国工商银行的中东欧业务中心，

自开业以后一直秉持精耕细作奥地利，审慎拓展中东欧的业务策略，致力于将机构打造成中国—中东欧经贸往来的首选银行。子行目前处于营业初期，经营情况平稳良好。

（一）制度建设及标普评级。2019年子行在公司治理架构及合规运营体系搭建，风险等各项内部制度、产品体系及业务流程梳理等基础性工作基础上，进一步强化市场调研和客户储备工作，取得了有效进展。

同时，子行积极推动外部评级工作，并于2019年5月获得标普A－评级，成为工行第一家获得标普评级的欧盟内机构，有助于提升子行在当地市场的形象并助力子行未来业务发展特别是存款及金融市场业务的拓展。

（二）公司业务拓展。公司业务方面，子行稳健拓展中东欧市场，夯实项目基础，稳步拓展黑山、塞尔维亚、罗马尼亚、匈牙利、克罗地亚、斯洛文尼亚等国业务机会；同时，利用进博会等平台积极营销重点客户。

工银奥地利积极为中东欧经贸合作提供金融服务。工银奥地利深耕本地市场，2019年为奥地利全球领先的耐火材料公司提供德式银团贷款；为某中资国有企业收购的奥地利公司下的全资子公司，从事研发和制造复合材料部件和系统的专业化公司，也是世界上所有大型飞机制造企业的内饰供应商提供流动资金贷款等。

工银奥地利同时注重服务“一带一路”国家战略，在黑山全力支持中资清洁能源项目，设计组建银团替换企业昂贵的建设期融资，为企业更好服务黑山经济提供保障。支持“走出去”战略，作为注册在奥地利的中资商业银行，工银奥地利始终坚持利用自身特殊身份，通过与本地接轨的金融服务，保障中国企业投资中东欧。例如依靠保函、信用证等信用背书，为某国有大型设备制造企业在欧洲市场开疆扩土保驾护航。

在2019年11月上海进博会期间，子行积极邀请奥地利企业客户参与相关活动，其中当地某老字号咖啡公司经磋商成功与境内商贸公司签订合作协议；此外，子行注重有效内外联动，提升集团贡献，依托工行集团优势，与境内分行联动，助力获得项目融资、现金管理、跨境结算、保函业务、资本金账户业务等机会，并配合境内分行举办奥地利专场投资促进会。截至2019年底，公司投行部发放公司贷款3.2亿欧元，其中发放公司簿记贷款9 600万欧元，完成公司债券投资800万美元。

（三）资金业务发展。资金业务方面，子行积极持续营销，打造工行优越市场形象。经过子行前期艰苦营销和沟通，奥地利国库署指定工商银行作为其熊猫债发行，为我行赢得了市场声誉，树立了良好的本地形象；子行还积极营销匈牙利央行，双方在ISDA & CSA框架下率先开展衍生交易合作；子行资金部密切关注市场，抓住机会进行债券投资，并成功在较好的价格窗口期完成债券投资并获得浮盈；开业至今，子行在资金业务方面逐步熟悉当地规则，基本完成当地资金交易系统建设。另一方面，子行努力拓展代理行规模，2019年完成与21家银行的新建代理行工作，基本搭建起子行初步的代理行网络，广开相关渠道，积极拓展本地资金来源。

截至2019年底，子行已开办的金融市场业务有：货币市场资金拆借、同业拆放、同业存款、一级市场债券投资、二级市场债券买卖。子行共开展货币市场拆借拆放16笔（含匹配簿记资产的拆借业务），累计金额约2.7亿欧元；同业存款3笔，累计金额2 500万欧元；债券投资4笔，累计金额8 200万欧元；资金调拨15笔，累计金额约1.3亿欧元。

（工银奥地利）

纽约分行

2019年，纽约分行面临着巨大的监管整改压力，外部环境因中美摩擦不断升级又存在较大不确定性。在内外交困的情况下，纽约分行全力推进整改，强化合规风险管理，完善升级系统，夯实基础设施，稳定队伍，并积极探索业务转型之路，实现了可持续稳定发展。

一、基本经营情况

有效控制资产规模。截至2019年12月31日，纽约分行资产总额为208亿美元，资产规模较2018年继续下降54亿美元；贷款余额73.5亿美元，同比下降40亿美元。

保持经营稳定，盈利结构得到优化。纽约分行2019年实现拨备后利润2.58亿美元，净利润1.29亿美元，同比有所下降，但超额完成总行给定的利润指标。其中，中间业务净收入为1.13亿美元，同比增加3%；中间业务收入占比达到33%，为纽约分行历史最好水平。纽约分行营业收入下降主要是由于资产规模下降所致，同比资产规模下降了20.6%，贷款规模同比下降了35.4%，导致净利息收入下降16%。此外，由于整改合规需要，合规风险人员大幅增加，人力成本同比增长9%；大量聘请的外部咨询机构导致经营性费用同比增加1 842万美元，增幅为46%。

二、主要工作成果

（一）合规整改工作

加大合规投入，全力推进监管整改。在总行的支持下，2019年纽约分行全力投入资源，实施高强度全面整改，并同时应对年内十多次的高规格监管检查。除了2018年的监管令整改之外，2019年分行还围绕监管机构签发的3份合规检查报告中提出的问题进行整改。经过艰苦卓绝的努力，2019年关闭监管发现问题33项，监管发现问题关闭率达32.04%；整体监管发问题（MRA）未关闭数量从103个下降到70个。客户KYC整改全部按时完成，656个整改客户年末全部完成最终审批。

夯实三道防线建设，完善风险管理流程和治理架构。一是一道防线合规管理职责直接列入前台业务手册，在前台部门增设风险经理和KYC岗质量控制岗，团队负责人重要合规事项“亲审亲签”，并在前台引入QC质量控制功能及流程，设立KYC质量控制岗；同时，前台部门建立投资组合报送体系，将投资组合监测与风险管理前移。二是充实二道防线队伍，优化合规、风险管理流程，完善公司治理。合规、风险管理队伍大幅充实，区域风险管理和新反洗钱官等关键岗位人员到位。三是设立分行内审部门，专职人员已增加到5人，与聘请的第三方机构合作，第三道防线风险控制能力大大增强。

坚守不受处罚的底线，监管评价有所改善。面临监管整改的巨大压力，以及中美贸易摩擦不断升级的复杂背景，通过实际整改成果展示，以及管理层与监管的充分沟通，分行守住了不遭受监管处罚这一风险底线，并在大部分监管检查中取得了正面的评价。纽联储和纽约金管局对分行的ROCA评级均为3（Fair），整体评级稳定。

实现系统升级，夯实合规运营基础。分行已实施新的OFAC制裁筛查风险评估体系，并将制裁筛查系统成功替换为Firco Soft，在10月实现了与行内系统GDMS的成功对接。完成客户信息报表和客户集中控制项目的投产，有效地解决了客户信息集中管理的问题。完成交易监控及制裁筛查工具的模型验证，并开始启动准备Actimize交易监控系统，以替换现有的EDD反洗钱系统。

持续推广培育合规文化建立实施常态化的合规交流培训机制，按照“合规从高层做起”的管理基调，组织全行范围的合规与风险管理培训和知识竞赛，定期开展前台与合规交流沙龙。严格落实合规与风险激励约束机制，首席合规官、首席风险官对分行人员晋升和考核享有一票否决权，打造积极正面的合规考核导向与管理文化。设立“合规之星”季度和年度评选机制，激励员工践行合规操作，推进合规管理。

（二）双轮驱动，实现稳健经营。加强合规整改的同时，分行在资产规模控制的情况下不忘初心，双轮驱动，持续专注于核心客户与核心业务，并积极探索轻资产业务，以实现稳健经营。

一是持续专注服务行业高端优质客户。分行的目前标客户仍是全球500强企业及美国本土行业龙头企业，年内新增客户有缤客、路易达孚北美公司、万豪国际和希捷公司等美国本土优质客户。

二是深挖业务蓝海，多方位扩大市场影响力。金融机构业务、贸易融资、商业房地产、债务咨询等业务是纽约分行近几年打造出的已颇具市场影响力的业务品牌。在内外交困之年，金融机构业务虽然也受到较大影响，但仍实现稳健增长，全年收入超过1亿美元，同比增长13%，成为纽约分行的一大亮点。积极开拓本地非银金融业务，贷款新增累计发放6.95亿美元，成为新的业务增长点；银团业务承销显著，全年协助实现一级银团筹组13笔，完成二级银团市场资产买卖交易46笔；并充分重视负债业务，广开融资渠道，成为分行流动性重要支持。受到市场融资资金多元化冲击，商业房地产业务受到一定影响，但仍是分行重要的收入来源；项目融资业务具有较高市场排名；债务咨询领域分行是市场上与为数不多的活跃银行之一，其他活跃银行均为国际主流银行。

三是发挥区域多牌照优势，加强区域联动和全球联动。2019年，分行与工银标准合作完成发债39笔，其中包括成功完成通用汽车总价值8.5亿欧元公司债券的联合承销发行工作，较2018年增长一倍，首次实现综合手续费等收入超千万美元；纽约分行通过调整战略，积极牵头出售美国本地优质资产给境内外分行，并发挥区域优势协助境内机构营销美国波音、天力士、通用等500强企业，为集团创造了较好效益。

四是根据市场形势变化，及时调整业务发展策略。根据监管合规要求以及市场风险变化，纽约分行及时调整业务策略，减少风险暴露。2019年，关闭了在分行开立美元清算账户的全部外资代理行和绝大部分中资代理行，集中做好工商银行集团内美元清算服务。经调整，2018年12月底全部外资代理行账户均已关闭，4月末除批准保留的四个非工行集团内客户账户外已全部关闭。截至2019年底分行共有47个代理行美元清算账户。贸易融资类业务交易量和存量都大幅下降；信用证开立与保兑业务（不包含银团业务）交易总量同比下降64%。

五是加强资产负债管理，提高资金业务收益。通过多种举措进一步增强自主融资能力、拓宽资金来源、合理控制资金成本、开拓人民币等非美元币种融资渠道，加强流动性管理并合理优化负债结构；进一步强化债券投资管理，兼顾加大投资力度、提高收益水平，并兼顾满足高质量流动性的监管要求，继续为保障 EPS 流动性缓冲资产充足率的达标作出积极贡献，抓住美元利率下行有利时机发行了 3.5 亿美元的两年期以及 2.5 亿美元的三年期可售回存款证，以较低的成本增加了长期资金来源。

（三）推进区域后台整合，提供良好运营保障。2019 年，新办公楼部分装修完工交付，除公司金融和贸易融资团队仍留在原办公楼之外，纽约分行其他部门已顺利从原来的三个办公地点全部搬迁到新办公楼，实现了集中办公，大大便利了工作的沟通交流，提高了办公效率，也方便集中管理。

为配合整改需求，更好推动美国区域整合，IT 部门启动了区域机房项目，以实现机房集约化管理。截至 2019 年底，新主、备机房已启用，完成了线路和设备的测试安装，原旧机房 90% 的本地应用已经迁移到新机房，预计 2020 年第 1 季度前将完成整个区域机房迁移工作，位于新主机房旁的新办公灾备场所也在 10 月启用，并已进行了一次灾备演练测试。

（纽约分行）

工银美国

2019 年，工银美国在确保合规的前提下，根据市场动态调整业务结构，确保安全、稳健发展，获得监管肯定。

一、基本经营情况

截至 2019 年末，工银美国资产余额 29.02 亿美元，2019 年营业收入 9 384 万美元，净利润 2 301 万美元，ROA 和 ROE 分别为 0.79% 和 5.36%，成本收入比为 58.68%。

二、主要经营特点

在经济不确定性增加、市场下行趋势明显的环境下，工银美国 2019 年工作重点为优化资产结构、强化风险合规管理。

（一）安全稳健经营，监管检查获得最优评价。工银美国建立了全面风险管理机制，整体风险偏好严于监管要求、区域要求和总行要求。2019 年继续采取措施加强风险管理、强化反洗钱及合规部门力量，主要风险指标平稳且均满足监管要求。

2019 年监管检查，监管部门对工银美国的综合评价为“满意”；监管部门认为工银美国的总体经营情况健康稳健，整体风险水平由 2018 年的高风险降为风险适中，风险变化方向由 2018 年的上升降为平稳；认可工银美国反洗钱管理工作成果，将银行保密法/反洗钱风险管理评级由 2018 年的令人满意升级为强健。

上述检查结果为工银美国收购以来的最优评价。OCC 监管风格严苛，过去十年对其所监管的将近一半的本地和外资机构都出具过公开监管处罚，非公开处罚和日常监管提示也很普遍。相较美国同业，无论是本地同业还是外资同业口径，工银美国 2019 年取得的检查结果都属于优良水平。

（二）贷款结构持续优化，资产质量保持良好水平。工银美国贷款业务本地化程度高，风险偏好相对本地同业较稳健，对各业务类型、各行业集中度设置风险限额，定期监控并向董事会汇报执行情况。2019 年持续监控市场和行业周期风险趋势，及时调整行业信贷限额，优化贷款结构。

一是根据监管要求持续压降商业房地产贷款占比，通过发展银团贷款分散集中度风险。商业房地产贷款占比已由收购前的 92% 降至 2019 年末的 60%，银团贷款占比 30%，个人住房贷款等其他贷款占比 10%。

二是考虑到商业房地产贷款市场可能已达峰值，未来下行风险因素逐渐显露，主动压降建筑开发贷款和酒店房产贷款比例，控制新贷款增速，前者占比由 2018 年的 10% 下降至 2019 年末的 9%，后者占比由 2018 年的 13% 降至 2019 年末的 9%。

三是因监管比较关注银行业的银团贷款风险敞口，持续提升银团贷款资产组合质量，投资级别以上评级占比由 2016 年的 36% 提高至目前的 68%。由于上述优化措施，工银美国资产质量保持良好，不良贷款率仅 0.007%，显著低于集团不良贷款率平均水平。

（三）加强联动营销和交叉销售。联动营销方面，充分发挥集团协作优势，提升公司客户服务深度广度。比如，通过总对总联动，成功营销存量房地产客户旗下数十家资产管理公司落户，新增存款 1 000 万美元；通过与国内分行联动，成功营销某能源客户的备用信用证业务和存款业务；通过美国区域联动，成功营销某美国本地化工企业 5 亿美元商品承销业务，取得中间业务收入 11 万美元；通过与兄弟金融机构联动，成功营销国内某竞技体育公司客户在美项目融资监管账户，存款峰值达 4 000 万美元，取得中间业务收入 20 万美元等。

交叉销售方面，鼓励前台部门充分挖掘存量客户跨产品服务需求，提升客户综合贡献度。比如，2019 年新增商业房地产贷款客户 25 户，存款开户 24 户，存款交叉销售渗透率 96%；成功引导部分存量贸易融资客户由单一转开保函业务升级为保证金开立保函模式，客户黏性提升，全年新增存款约 1 500 万美元；个人住房贷款和信用卡客户，均绑定营销存款账户服务；2018 年 8 月推出个人手机银行服务以来新增用户 8 034 位，渗透率达 20%。

（四）立足本地市场产品创新，增强本地客户服务能力。精确对标本地目标客户需求，优化个人住房贷款拳头产品，收效明显，2019 年住房贷款本地客户占比由 2018 年 57% 上升为 75%，新增贷款 101 笔，较 2018 年增长 1.06 倍，贷款余额 7 500 万，较 2018 年增长 1.34 倍。

立足本地客户资金池管理需求，优化现金管理 Sweep Account 服务，可实现集团企业客户的成员单位账户余额每日自动归集，2019 年新拓展 5 家集团客户的 40 余个成员单位，管理日均存款余额达 2 500 万美元等。

（五）创新工作思维，提高工作效率和有效性。为提高工作效率和有效性，工银美国鼓励各部门打破固有工作模式，关注市场与技术发展趋势，形成主动创新、科学发展的工作思维。如作为境外机构中首例，工银美国在反洗钱领域研究应用机器人流程自动化（RPA）技术，即应用软件机器人、人工智能概念实现流程自动化，取代重复性、规律性的手工任务。应用此技术，工银美国预计合规部门搜集客户交易信息时间可缩短 50% 以上，可疑交易信息查询步骤将更加严谨规范，有助于合规人员更加专注于分析高风险、可疑交易活动。通过与本地监管机构的充分沟通，与第三方服务商共同开展测试验证，目前已实现系统顺利投产。工银美国还准备将该技术扩展运用在网点运营方面，即用 RPA 技术代替网点员工手工记账（会计、风险等录入和报表），实现签名自动化、待办事项自动追踪等。信贷部门准备借助第三方平台追踪前台提案、中台审批用时，以督促各环节加快审批速度、提高业务效率。

（工银美国）

工银金融

2019 年，工银金融全力落实总行各项要求，持续完善风险治理体系，全力实施新的 IT 核心系统建设项目，为公司长期可持续发展奠定坚实基础。

一、持续完善公司人力资源管理，为进一步确立科学管理框架和促进战略转型奠定夯实了团队基础

2017 年以来，工银金融积极引入高素质专业人才，同时主动优化公司管理团队。2019 年，市场化择优选聘了新的首席合规官、首席商务官（固定收益业务负责人）、首席内审官和反洗钱官。新的管理团队不仅在美国证券业执业背景资深，而且认同工行和子公司文化，尽管面临重重挑战，但仍奋发向上。

2019 年，工银金融还不断加强人力资源管理整章建制工作。在本地劳动法框架下，立足集团人力资源管理理念和工银金融中心工作要求，结合行业普遍实践，借助全球知名人力资源顾问和本地知名劳动法律师事务所的专业协助，深入实施人力资源管理提升项目，包括进一步规范招聘流程和背景调查，实施了合法合规且契合公司文化的员工手册；健全员工考核机制，强化了考核的目标导向，压实各级员工的合规履职责任；优化薪酬管理机制，成功实施奖金递延政策，促进了团队稳定尽职。

通过不断完善各项人力资源管理制度和流程、实施严管厚爱的管理文化，工银金融进一步确立了公平、严格的奖惩机制和“相互尊重、相互理解、相互支持”的企业家园文化，巩固增强了团队的凝聚力和战斗力，保障了总行各项决策部署的落地执行，有效实施进一步全面提升合规风控等总行布置的重点工作。

二、高度重视风险治理体系建设，持续完善三道防线，进一步全面提升公司科学管理水平

2019 年工银金融主动持续完善公司治理，不断加强董事会自身建设，修订完善《公司治理文件（Corporate Governance Policies and Procedures）》，在“管理层委员会”下，优化了“合规管理委员会”“风险管理委员会”“财务管理委员会”“运营管理委员会”“新客户审批委员会”等公司日常经营各专业委员会，经营管理机制日趋规范完善。在此基础上，进一步优化公司风险治理，并结合总行要求，主动持续加强了全面风险

管理。

（一）大力推进风险治理相关工作。在外聘顾问协助下，调动全公司力量，认真开展了覆盖各个业务线的“风险识别”和《公司治理文件》《风险管理框架》与《风险偏好声明》等风险治理文件修订完善工作，强化了公司风险管理委员会和首席风险官在工银金融风险治理中的独立性及其地位作用。同时还制订完善了“管理层委员会”及其下设各管理性委员会《章程》等公司管理重要文件。在集团和区域的风险偏好内，工银金融通过定性陈述和定量指标方式，以指导公司各类风险管理和各业务线经营角度，设置完善了 30 多项风险偏好指标、限额、预警值及监测频率。

（二）不断加强三道防线建设。一是进一步明确三道防线的职责划分，并强化了第一道防线的风险防控意识和职能，将风险管理成效与员工薪酬挂钩。二是修订了《公司治理文件》，强化第二道防线的独立性，并修订了一系列风险管理政策制度，同时确保了与区域风险管理整合要求保持一致。三是稳步加强第三道防线团队建设，在集团内率先设置和任命了公司首席内审官，进一步提升了工银金融内审工作的独立性和专业性；同时以内部审计为抓手，不断促进提升合规经营和精细化管理水平。

（三）主动提升全面风险管理水平。2017 年以来，工银金融坚持提升信用风险、流动性风险等全面风险管理能力。2019 年，在外部顾问协助下，对所有融资客户和证券抵押品完成了穿透式风险排查，并根据客户类型，通过对财务数据、风险管理能力、监管要求、交易策略、交易产品等领域的定性定量分析，科学划分客户信用等级，全面评估其信用风险能力，进而优化工银金融的信用风险审核机制，设定针对性的信用风险缓释工具，确保公司信用风险暴露水平可控；在总行和区域支持下，还积极推进了信用风险评级模型建设。为完善抵押品管理，在 2018 年引入第二套押品报价系统的基础上，完善了两套报价系统的互相验证机制，密切监测押品价格异常情况；2019 年还完善了《抵押品管理制度》和《抵押品最低削价率指引》，进一步明确了可接受抵押品类型和审批流程，通过对比同业以及美联储相关指引，确认工银金融近年来的抵押品削价水平较之市场实践和美联储指引更为审慎。2019 年在总行支持下，进一步提升了监管资本水平和流动性应急能力。在 2019 年的美国区域流动性应急测试中，工银金融的流动性应急测试方案周全、操作顺畅，得到了区域机构的高度评价。

三、继续推进提升合规管理“五大支柱”计划，适应公司可持续发展的立体合规管理体系已经确立

工银金融作为一家外国银行控股的美国券商，在美需同时接受纽约联储、美国证监会（SEC）、美国金融业监管局（FINRA）三家全球顶级金融监管机构监管。

（一）持续实施提升合规管理五大支柱规划。2019 年，工银金融继续大力推进了以下工作：一是打造专业素质过硬，支持业务良性发展的合规管理团队，合规团队职责分工进一步优化。在加强队伍建设的同时，工银金融还非常重视合规相关的系统建设，2019 年进一步加强客户准入管理的科学化、综合化和自动化。二是在业界专家协助下，显著更新优化了业务监督流程手册，一方面使公司所有员工对于遵守最新的监管要求和行业标准有明确指引，另一方面使公司的政策和流程可以跟上不断发展的监管规则和行业标准。三是在外聘律师协助下，持续开展公司业务监督手册与法律监管规则“差异分析”。按年就公司相关制度办法与监管规则开展差异对标，通过循环开展，使公司可以跟上监管的最新变化。四是不断加强业务合规监测自查，督促落实公司各项合规管理要求，使合规管理形成闭环。五是持续提升合规文化建设，使正确的合规理念深入人心。以网络培训与现场培训相结合的形式，增加合规培训覆盖的领域和深度。大力加强合规管理对考核及绩效的影响。

（二）积极主动沟通各家监管，增进了解互信。工银金融一直以来高度重视监管沟通工作，由公司总经理亲自牵头，首席合规官及首席风险官协助下，工银金融与三家监管机构保持了密切及时的沟通，分别与 SEC、FINRA 及纽约联储建立了定期及不定期沟通汇报机制。工银金融通过积极主动与监管机构沟通，逐步增进了三家监管机构对工银金融的信任和信心。在美国金融业监管局（FINRA）2019 年长达 3 个月的年度合规检查中实现“零发现”。

四、适应行业主流实践的核心业务系统转换项目稳步推进，为公司业务流程优化和未来可持续发展打下坚实基础

2017 年，经总行和公司董事会审议批准，工银金融启动了核心系统重构项目，拟将现有分立的债券清算系统和股票清算系统同步转换至新的证券清算平台，该平台为市场主流、功能强大、开放性较好，亦为摩根大通、花旗等国际一流银行所采用。2019 年，根据项目计划，工银金融成功推进了系统功能映射需求分析、数据移行、功能开发、系统测试、模拟转换等工作；公司 90% 员工参与项目，完成 1 000 多个业务功能测试。

五、坚决贯彻总行决策，不断优化客户结构，与集团战略协同取得积极进展

工银金融作为美国纽交所（NYSE）、纳斯达克交易所（NASDAQ）、美国期权清算所（OCC）、美国证券托管清算公司（DTCC）、美国固定收益中央清算公司（FICC）和欧洲证券清算所（Euroclear）等各主要交易

所和清算所的注册会员，是纽交所股票业务唯一中资会员，作为美国多个债券回购市场的场内会员，工银金融在美细分市场确立了较强的回购交易能力和市场影响力；在工银集团内、国有四大行间及中资券商中，也确立了在美综合实力最强中资券商的市场地位：相较在美其他中资券商，工银金融牌照资源和业务品类较多，本地服务能力最强：目前可提供固定收益产品回购和清算、美股交易代理执行、股票借贷、保证金融资、股票清算和托管等服务；公司无证券自营业务和零售业务。且资本消耗较低，截至2019年末，工银金融风险加权总资产仅18亿美元。

2017年以来，工银金融在有效调控总资产规模的同时，抓住市场格局调整机遇，大力优化客户结构、业务结构和收入结构，继2018年成为美国纳斯达克交易所美国国债交易独家清算商后，2019年成功成为美国债券市场主流交易平台 MarketAxess 的美国国债交易主清算商。工银金融的交易对手和清算客户包括高盛、摩根士丹利、花旗、摩根大通、巴黎银行、巴克莱等国际主流金融机构；与集团机构也进一步推进了业务协同合作。

（工银金融）

工银加拿大

工银加拿大坚持稳健发展，在保证风险可控、业务合规的前提下，积极拓展本地市场，保持了经营管理的平稳健康发展。

一、2019年经营情况

截至2019年末，子行资产规模为15.09亿美元，较年初增加0.64亿美元、增长4.46%。其中，贷款余额10.94亿美元，较年初增加190万美元、增长0.17%。负债规模为12.40亿美元，较年初减少369万美元、减幅0.30%。其中，存款余额8.26亿美元，较年初增加1.27亿美元、增长18.20%。

截至2019年末，子行不良贷款余额为16.90万美元，比年初减少72.77万美元、减少81.16%；不良贷款率0.02%，比年初降低0.07个百分点，继续维持在较低水平。子行各项信贷指标均在风险框架限额内。受到增资资本稀释的影响，2019年末子行ROA为1.38%，较年初下降0.15个百分点；ROE为8.41%，较年初下降2.44个百分点。

子行在净收益率（NIM）逐渐走低、大量贷款提前还款及加元汇率波动的影响下，2019年实现税后净利润2 106万美元，同比增加32万美元、增长1.55%；完成了总行下达的净利润目标，超过总行目标6万美元，完成率100.26%。全年营业收入为4 493万美元，较2018年减少77万美元、减幅1.68%。其中，利息净收入3 632万美元，比2018年增加21万美元、增长0.58%；客户贷款利息收入比2018年增长154万美元、增长3.20%。与此同时，受存款同比大幅增长和加息滞后反应的双重影响，子行客户存款利息支出增加907万美元、增长101.48%；NIM也从年初的2.70%下降至2.34%。另外，随着子行逐步退出风险较大的业务，贷款相关的手续费收入也受到影响，手续费佣金净收入为685万美元，比2018年减少115万美元、减幅14.38%。子行严格控制营业费用支出，全年业务及管理费支出1 635万美元，比年初减少68万美元、减幅4.00%。

二、主要工作措施

（一）公司业务稳健发展。2019年，子行面对巨大的还款缺口，凭靠专注发展本地银团及贸易融资业务，基本补回了锐减的贷款余额水平。年内共完成12笔新增银团贷款项目，其中9笔已经放款，累计放款金额折加币近1.5亿加元；新增4笔二手银团；完成跨国并购贷款新西兰元银团项目。全年贸易融资累计发生额为6 733万美元。同时，实现了首笔通过暗参形式购买双边贷款的项目。

负债业务方面，子行通过调整营销策略，采用积极探求新业务机会等方式挖掘客户需求，最终迎来了几笔大额存款的流入。截至2019年末，存款余额折合加币新增超过500万的客户有8家，合计新增加币存款约1.6亿元。同时，积极发掘与本地优质贷款客户间的开户机会，积极营销由资产业务下派生的结算业务需求，与本地大企业进行接触，努力推荐其开立账户，为继续拓展本地市场，与发展优质企业大额存款业务打下坚实的基础。

（二）金融市场业务保持良好势头。截至2019年末，金融市场业务实现收入1 764.13万加元，较2018年收入增长42.76%；金融市场代客与做市业务交易量折合278.75亿美元，债券投资余额规模折合为1.30亿美元，Broker GIC 存款余额达 1.31 亿加元，人民币清算行清算金额 219.02 亿元，实现外资金融机构（含外资代理行、非银金融机构、主权机构客户）业务收入折合 134.44 万美元，各项管理指标均符合规定要求，全年不良资产率和操作风险损失率继续保持为零。

（三）零售业务积极向好发展。子行零售业务继续坚持“精品化”路线，重点做好留学生、新移民、旅加人员及中企在加人员的专业服务。2019 年，由于加央行连续降息，市场竞争异常激烈，子行没有跟风“价格战”，而是树立了“争取长期稳定低息存款”的战略，另辟蹊径，通过扩大营销、优化产品、提升服务，实现了零售业务的平稳健康发展。

全年新开 GIC 账户 1 403 户，同比增长42%，带来低息稳定存款 1 000 多万加元；借记卡累计消费额 2 499 万加元，超额完成总行 1 亿元人民币的任务；新发人民币预付卡 33 186 张，超额完成全年 12 000 张的任务指标；银联收单业务实现全年交易额 2 248 万加元，签约商户 15 家，圆满完成本年的目标任务；高端客户总数达到 108 户；个人网上银行、企业网上银行渗透率均增长超过 2 个百分点，完成全年目标任务。

（四）改革温哥华地区业务管理架构。2019 年初，子行经过审慎研究，推动了温哥华业务管理架构改革，对该区域内的公司、零售业务拉直管理。经过一年时间的沉淀，取得了一定成绩：对公存款正向增长；成功拓展四户优质公司客户；新增银团贷款四笔，参贷总金额约为 1.93 亿加元；中小型客户营销和信用证业务稳步发展；完成第一笔俱乐部银团性质的贷款（Club Deal），完成放款 1 000 万加元。

（五）运营科技保障平稳运行。日常运营方面，子行全年共维护各类主机参数 155 笔；维护清算平台参数 40 笔；对分行的活期和定期存款利率进行抽查，非现场检查全面检查了近 44 000 个活期、近 10 000 个定期账户的利率使用情况；完成了内部户挂账集中清理及在加境外兑付汇票的账务核对工作；全年总体情况平稳，未发生重大安全生产事故。

业务核算方面，全年处理汇款累计达 21 万余笔，累计处理查询查复业务 9 899 笔，处理国际结算单证类业务 314 笔，处理资金拆借业务 749 笔，与同业的外汇买卖交易 292 笔，加元债券和人民币债券交易量及笔数均高于 2018 年。人民币清算行累计处理人民币清算业务 1 912 笔，总金额为 219.02 亿元。

科技方面，全年生产保持安全稳定运行，银行系统总体可用率达到 99.95%；紧密围绕业务发展战略，依托金融科技推动业务转型与创新，为财务、合规、零售、运管等条线提供技术开发支持，涉及 PO 监管监控项目、LCTR 提交流程处理优化项目、三应用借记卡更换项目、智能 POS 更换项目、手机支票存款项目、中加债券通项目等；通过科技风险管控与传统金融风险管理有效融合，完成 OSFI Cyber Security 自评估报告、总行非现场信息安全检查工作、编写信息安全风险培训教材；加强科技外包与成本管理，通过精细化管理提升科技效率与内部管理。

（六）合规反洗钱迎接监管检查。子行自 2010 年收购以来，在业务持续增长的同时，始终保持综合风险“温和”的监管评级。子行一方面不断充实反洗钱合规队伍，另一方面及时跟进监管规定及趋势变化，将最新合规要求落实到具体业务政策及相关制度中。2019 年，子行迎来了 FINTRAC 和 OSFI 的“反洗钱”联合现场检查。这次监管检查 OSFI 和 FINTRAC 共派出 10 人的现场检查团队，在短时间内要求的资料数量大、问题多、面谈频繁。OSFI 检查后没有提出重大问题，子行提交的整改计划已得到认可，目前正按计划进行；FINTRAC 由于需要完善新的反洗钱监管法规执行细则等原因，尚未发出检查报告。

（七）风险管理措施扎实推进。2019 年子行风险管理和监控能力持续提高，风险水平整体可控。流动性管理方面，进一步提高 LCR 以及 Liquidity Activity Monitor 监管报表数据的关联性和质量，完成了流动性风险各项指标的监测及压力测试工作。市场风险管理方面，完成向总行申请 2019—2020 年度银行账户、交易账户敞口限额更新工作，清理商业行和清算行的市场风险敞口，实现 CNY 前后台敞口差额恒定，并完成市场风险压力测试。操作风险管理方面，完成信用卡欺诈风险分析和票据业务欺诈风险分析，完成内控三年规划及 2019 年度工作计划，完成新产品的操作性及风险评估。资产负债及全面风险管理方面，完成资产负债管理框架、流动性风险管理、市场风险管理等制度年度修订工作，定期向 BCC 委员会汇报业务应急、安防等工作进展。另外，组织营业网点进行安防设施自查，开展安防措施专项检查，完成全行及零售网点的反恐袭、反抢劫培训，组织各部门完成应急演练 45 次。

信贷风险方面，持续深化信用风险管理体系建设工作，及时传达、积极落实总行信贷制度政策；推进信贷业务稳健发展，积极落实总行一行一策，有进有退，严格准入管理，积极改变信贷业务在区域、行业、产品、客户集中度等方面的结构调整；不懈提升信贷资产质量，截至年末仅有存量不良贷款 1 户，余额为 22 万加元，不良率处于 0.02% 低位，其他各项信贷指标均在子行风险框架限额内。

（八）减员增效成效显著。自 2017 年以来，子行不断推动减员增效工作，2018 年在绩效考核中引入人力成本指标，2019 年又对人力成本指标进行了大幅优化，采取了离职人员人事费用适当补贴存量员工的措施，继续开展了员工满意度匿名调查活动。全行上下牢固树立起科学的队伍管理理念，多层面优化了人员管理措施，受到了员工的普遍欢迎。加上为核心岗位人员提供培训机会、疏通职业发展途径等做法，近年来子行在留人、用人上不断取得成效。

2019 年，在人员总数与 2018 年持平的情况下，子行离职人数比 2018 年减少 5 人，约为 2017 年离职人数的一半（2017 年、2018 年和 2019 年离职人数分别为 35 人、24 人和 19 人）；2019 年员工流失率较 2018 年下降 3 个百分点，较 2017 年下降 9 个百分点（2017 年、2018 年和 2019 年员工流失率分别为 21.28%、15.19% 和 12.03%），为近六年间最佳值，继续处于较低水平。子行 2019 年员工满意度匿名问卷调查，参与率较 2018 年高出 7 个百分点。回复结果中持积极评价的占比较 2018 年高出 7 个百分点，持消极评价的占比较 2018 年降低 5 个百分点。回馈结果反映了员工在自我身份认同、绩效为主的薪酬机制、直接领导的模范作用以及工作业绩受到公正评价等方面对子行工作的认可。

（工银加拿大）

工银墨西哥

2019 年工银墨西哥以党建引领，积极应对政府换届引致的经济衰退和动荡，顶住资产质量下滑冲击，稳健拓展业务，实现信贷和产品结构优化，保持业界最优合规水平。

一、优化资产和业务结构

2019 年墨西哥遇到了 20 年来对经济和政策冲击最大的政府选举和换届，经济增长陡降为零，企业不良贷款余额剧增 60% 以上。子行迎难而上，将加强信贷管理、优化信贷结构和尽力清收处置不良贷款作为第一要务，经受住了资产质量下滑并导致利润负增长的重大考验。谨慎控制新增信贷投向，原则上以参与大型银团为主，严格控制双边贷款。截至 2019 年底，贷款余额 3.3 亿美元，净增 1 500 万美元，年增速控制在 5%，银团贷款占比从 45% 提高到 72%。年末不良率降至 3.29%，优于 2018 年。联合工银澳门参与 2 亿美元份额墨西哥国家石油公司 80 亿美元国际银团并由墨西哥总统亲自见签，参与等值 2 300 万美元墨西哥最大房地产租赁集团 FIBRA UNO 11.2 亿美元国际银团，分别被 Latin Finance 杂志评为年度最佳银团奖和最佳创新银团奖，市场形象进一步提升。多措并举推进非信贷业务发展，持续培育新兴增长点，成功营销华为、中海油、中邮等中资企业并叙做保函、人民币交易、网银等业务，多元化取得突破。邀请墨西哥大使及 22 家墨西哥企业赴上海参加进博会。保持了墨西哥标普和惠誉的 AAA 评级。

二、强化风险防控

子行坚持审慎稳健的经营原则，高度重视总行和本地监管要求，是墨西哥开业一年半以上唯一没有监管罚款的银行，合规和风控指标保持 50 家银行中最佳水平。持续深入推进“内控增强计划”，实施流程对标优化、监管报表自动化、业绩评价配套落实等五个子项目，狠抓审计发现的整改落实，持续夯实三道防线建设；进一步提升反洗钱和涉敏管理，聘请外部咨询公司和普华永道等一流审计事务所，有序推进客户风险三级分类模型改造、反洗钱及涉敏合规系统优化等；强化对集团要求的对标及统一风险偏好的传导，优化市场风险和流动性风险管理；推进监管报表自动化改造、GMO 资金后台系统、风险管理等系统自动化提升工作并取得实质进展。继续保持与监管的良好沟通，克服因政府换届 2019 年起相关监管机构负责人几乎全部变动的困难，与新任财政部部长、副部长，新任银行与证券委员会主席、副主席、两任监管司长建立了新的联系，坚持定期监管沟通例会。重视公司治理，接受董事会的有效指导，推动独立董事在战略、业务拓展和风险防范方面发挥更大作用。

三、坚持党建引领

2019 年子行完成了从“要我做党建”到“我要做党建”的转变，以“真、实、活”为特征持续抓党建，压实“一岗双责”，形成以党员为核心、外派团队为骨干、团结激励外方同事的格局与氛围。坚持“三会一课”制度，37 次月度学习从未间断。认真完成“不忘初心、牢记使命”主题教育，被驻墨使馆党委誉为墨西哥党建旗帜。坚持和优化业务党建融合做法，将党建分解到各项具体工作中，年内两次召开组织生活会查摆检视、狠抓落实整改，严肃开展批评和自我批评，以审计整改跟踪的方法，持续改进思想、战略、管理、产品、风控和业务流程。子行将党建的谈心谈话方法拓展到外方员工，设立 CEO 信箱，员工可通过匿名或署名方式自由投递，年内共收集近 20 条改进意见，增强了中外方的理解和融合，党建工作形式和内涵得以延展。

四、完善考核体系

2019年首次推行月度绩效考核机制，使得员工、主管、管理层之间的汇报沟通反馈机制更为有效，每月公布优秀部门及其事迹，逐渐形成良性竞争氛围和压力传导机制。继续强化企业文化建设，完善本地员工职级晋升体系，提升人力资源管理专业程度，通过当地人力资源咨询公司调查，我行雇主品牌已高于其他在墨的亚洲外资银行。参照团委工作机制创设由外方青年员工为主参与的“希望俱乐部（Hope Club）”，激活员工创造力和凝聚力；设立了“Coffee Talk”论坛，以行内早餐会方式邀请员工参与，由外派员工、部门主管、业务骨干等来分享对中国、工行和产品的了解。连续第三年担任墨西哥中资企业协会主席单位，并作为5个由工行担任的境外中企协会会长单位之一，出席商务部钟山部长组织的111个国家全球中资企业商（协）会联席会议。积极履行社会责任，号召员工及家属对墨西哥孤儿院进行修缮、连续第三年对Quiera流浪儿童基金会进行捐赠，发动中资企业和行内员工以慈善羽毛球赛等创新方式成功为工行四川定点扶贫项目进行募捐。

（工银墨西哥）

工银阿根廷

2019年，工银阿根廷整体经营持续保持“稳中有进”态势。

一、坚持价值导向

（一）稳盈利。2019年，在比索贬值55.29%的情况下，子行累计实现税后净利润2.41亿美元，达到了并购以来的最高水平，同比增长43.49%，完成总行年初下达预算目标的130%，完成总行年底下达沟通目标的102%；总行口径成本收入比42.99%，同比下降5.41个百分点；总行口径ROA为5.19%，ROE为47.16%，分别同比上升2.37个和19.34个百分点；根据最新同业可比数据：以比索计的本地口径ROA为6.1%，同比上升2.70个百分点，优于核心可比同业平均水平0.50个百分点。ROE（已剔除PRISMA出售收益的特殊因素）为57.10%，同比上升26.80个百分点，优于核心可比同业平均水平3.50个百分点，较同期通胀率高3.60个百分点。

灵活运用多元化渠道筹资，灵动调整资产负债结构，保持优于同业的管理效能。按总行口径NIM为13.53%，同比上升3.98个百分点。从同业数据看，工银阿根廷NIM在核心可比同业中最优，其中活期及储蓄存款在各项存款中占比及存款付息率在核心可比同业中最优。

（二）控质量。全面提升信贷风险管理的敏感度，前瞻快速收紧风险偏好，有进有退，深度调整信贷结构，大幅压缩信贷风险敞口；果断应对急剧动荡，成功压降本地美元融资，在有效防控信用风险的同时快速释放本地美元流动性；开发投产法人客户信贷预警系统，提升风险识别和风险预警能力；前置潜风监控化解，提早缓释劣变风险；强化逾期贷款管理责任的落实，剪刀差较年初下降57.31%，剪刀差余额仅为总行下达目标的36.46%；强化100万美元以上不良的清收处置责任落实与督导。年末全口径不良贷款较年初下降724万美元，不良贷款率1.69%，优于总行下达目标11个基点。从最近可获得的同业数据看，央行监管口径本地不良贷款率、贷款损失率分别优于核心可比同业平均水平1.06个和1.95个百分点，其中贷款损失率处于核心可比同业最优水平。

（三）强化合规风控。强化监管沟通，做好属地监管法规对标落实；加大合规及反洗钱项目研发投入和培训力度，合规领域研发有效投入占比达24.39%，同比提升3.9个百分点；将各类检查发现问题的整改落实纳入考核体系，问题整改率从2018年的90%提高到了94.99%。逐日监测交易组合及头寸损益，逐日开展压力测试、风险模型验证，严格限额管理，全年未发生任何超限和市场风险事件。前瞻性采取措施化解大选冲击；制定并有效实施应急预案，成功应对大选引发的系统性流动性危机，流动性状况始终优于同业，美元流动性比例优于同业10个百分点。强化安全风险警戒水平及安全管理意识。深化与集团风险管理融合，开展全面风险管理评估和集团合规制度体系差异化对标评估，制定统一的风险偏好政策和陈述书，成功投产总行信贷信息服务系统直连优化项目、市场风险数据直连第三期项目。2019年没有发生大的风险、合规事件和监管处罚，2019年9月，央行出具了最新综合检查意见，工银阿根廷监管综合评级处在商业银行最优评级集群。

二、坚持创新转型

同业首家智能网点正式营业，非现金业务分流率由常规网点的25%提升至88%；完成全部ATM机具更新，小额现金类业务占柜面业务的操作时间由原先的12%下降至4%。新一代手机银行3.0（第一阶段）的13项创新功能滚动投产，注册客户数、活客数、交易笔数、交易金额分别较上年增长51%、60%、64%和155%；在线开户（Digital On Boarding）实现同业首家与阿根廷人口局合作试点使用人脸对比身份验证；在线销售通过网银发放的个人贷款笔数占全部发放额的30%；场景获客项目顺利推进，与拉美最大旅游公司Despegar签订10年独家合作协议，已完成系统接口确认、流程测试等前期准备工作；电商ICBC MALL生态建设取得新进展，在本地综合类电商中关注度排名第二，机票销量排名第三。发布新一代企业网银品牌MultiSmart，成功上线新一代企业网银系统1.5版本，首次投产了英语运行环境；同业率先推出请款支付API，移动端远程支票和支票托管服务；在本地同业现金管理评级中，处最优评级，在贸易融资、短期贷款、供应商付款、支票账户等领域市场占比第一。无纸化桌面版完成在所有网点推广，完成了移动端无纸化项目需求编写和论证工作。持续开展成本优化项目，推动节流措施的深入开展，自项目启动以来，经过两年时间，共计完成各类成本精简项目30项，可持续性地为全行每年节约423万美元。实施本部组织架构优化与人员精简项目，共精简7个部门，精减人员89人，包括7个部门主管、66个团队长及相当的中高级经理，转型取得新成效。

三、坚持能力建设

在价值贡献大、市场空间大、带动效应强的业务领域持续构筑特色核心竞争优势，远期外汇市场、基金分销、保险资产托管、新车贷款市场占比排名继续保持第一；在交易银行（现金管理、国际结算和国际贸易融资）、结构化融资、债券承销、银行卡、财富管理等领域继续保持市场主流地位。截至2019年末，大型公司客户数1 213户，大型本地客户和世界500强在阿企业的渗透率超过71%，同比提升1个百分点，驻阿中资企业活跃账户保持100%全覆盖。总部直营优质中小企业3 224户，较年初增加558户；代发工资客户突破21万户，同比增长3.73%，代发工资企业7 866户，同比净增426户；财富客户达13.22万户，较年初增加0.90万户、增长7%，交叉营销率达到5.61。从最近可获得的同业数据看，工银阿根廷存、贷款均排在银行业第9位。

四、坚持融合发展

实现对中资企业活跃账户和中阿重大融资项目全覆盖，中国元素效应持续放大；精心组织外方高层赴京与集团在风险合规、信息安全、数字化转型、金融科技、金融市场业务、资产保值增值、市场研判、集约化运营等多个关键融合领域开展深度交流，在数字化转型领域复用总行技术方案、借助总行智力资源联合攻关，与集团的交流互鉴效应持续增强。与集团境外机构开展资金领域的深度合作，利用集团软件版权开展采购，并购价值增值与成本节约效应持续放大。

五、坚持党建引领

着力发挥党建在推动经营发展、完成重大任务、应对突发事件、团结凝聚员工等方面的作用。开展主题教育，抓理论学习，发挥中方班子的关键引领，促中外双方核心关键共识，推动经营战略落地。联合使馆组织中资企业开展形势研判，维护共同安全；精心组织本地优势行业企业参加中国第二届进口博览会，2019年获得总行服务第二届进博会优秀机构表彰；抽调本地员工为第七届世界军人运动会提供保障支持，2019年获得总行军运会服务先进单位表彰；履行中方主席单位驻在国分支机构的担当，配合使馆顺利召开中阿企业家研讨会暨圆桌会议筹备会，服务国家对外开放大局。

（工银阿根廷）

工银巴西

2019年，巴西国会通过关键性的养老金改革方案，标普将巴西主权评级展望由“稳定”上调为“正面”，经济有望逐步向好。但改革效果仍需市场检验，持续动荡的国际和国内局势仍对经济存在不利影响。面对复杂多变的经营局势，巴西子行秉承“稳中求进、提质增效”的经营策略，对外积极拓展本地市场，保量增质做大业务规模；对内严守风险合规底线，千方百计化解历史遗留问题；围绕管理和效益双提升的目标对组织、人员、流程持续开展调整优化，较好地完成了全年的各项工作任务，为后续抓住巴西经济回暖机遇乘势而上，实现弯道超车打下了良好的基础。

截至2019年末，子行本地账面资产共计5.52亿美元，负债4.98亿美元，所有者权益0.54亿美元，实现拨备前利润65万美元，净利润-5万美元；全口径考核还原后总资产10.16亿美元；总负债9.52亿美元，均较年初增长15%；拨备前利润546万美元，净利润456万美元，完成总行年末沟通目标的184%；实现全口径中间业务收入381万美元，同比增加128万美元、增长51%。不良贷款率继续保持为零。

一、境内、外业务齐头并进，保量增质做大市场规模

面对本币大幅贬值、央行降息至历史新低、离岸簿记平台数次停摆、预期外客户大额提前归还贷款等不利因素的影响，子行将信贷业务的发展策略由“主要依赖离岸”转为“本地支撑总量”，集中团队力量加大营销力度，全年共拜访新客户152个，实现有贷户转化21个，成功进入了矿业、棉花、环保、生物化学等行业。截至2019年末，子行全口径信贷余额8.79亿美元，较上年增加5 746万美元、增长7%，成功守住了整体信贷规模。其中本地贷款2.61亿美元，较上年增加1.13亿美元、增长76.36%；离岸簿记5.98亿美元，受大户集中还款及其他外力影响较上年下降4 183万美元、降幅6.54%。全口径信用风险敞口客户63户，含公司客户48户，较上年增长19户。同时借助与本地伙伴的合作关系，积极跟进多个中巴合作项目，力求提供包括顾问、融资、存款结算等在内的一条龙服务，以融资带动顾问、以投行反哺融资。

二、抢抓机遇提升投资收益，加强营销夯实负债基础

子行抓住巴西中长期限国债收益率掉头上行的机会，分笔出售短期浮动利率国债并买入中长期固定利率国债，大幅提升了国债投资收益。同时继续通过同业贷款、同业保函、信用卡应收款保理、外汇及衍生品交易等方式创造投资收益。此外，子行积极开展主权及金融机构营销，加大存款营销力度，从多家外资同业拆借美元头寸，取得了6 000万美元的发行额度。流动性方面，稳步推动资产负债管理，各项监管和管理指标持续达标，流动性覆盖率保持在150%以上，集团负债依存度控制在20%以下。

三、严把资产质量底线，健全风险管理制度体系

2019年子行开展了信贷领域专项治理工作，全面梳理信贷制度流程，优化贷后管理报告，组织开展了多次信贷培训。此外子行千方百计化解潜在风险资产，至2019年末，潜在风险贷款降至1 284万美元，占比降至1.46%，不良率保持为零。

流动性风险管理方面。子行实行分币种管理。逐笔拆入美元资金适配信贷需求，同时维持美元长头寸应对临时性需求；通过扩大公司存款，吸收固期机构存款，辅以同业拆借、国债回购等工具确保雷亚尔流动性需求。汇率风险管理方面。子行扩大美元头寸，择机买入高收益国债，对冲雷亚尔贬值风险。利率风险管理方面。子行主动扩大浮动利率美元负债规模，借助Libor走势提升利差水平，并通过衍生工具对冲风险。操作风险管理方面。子行完成了9个管理制度和操作规程的修订，形成了覆盖全面、重点突出的制度体系。进一步规范业务运营流程，有效控制关键环节风险，全面落实本地监管要求。

四、不断加固三道防线建设，提升内控合规管理水平

内控合规建设方面，为落实三道防线建设，子行密切监测监管法规变化，切实落实重点合规任务，狠抓客户信息注册管理，完善网络与信息安全管理架构，开展全员合规反洗钱培训。在巴西央行于8月开展的监管评级复查中，子行周密组织，精心应对，获得了代表中低风险的评级结果（2级），充分反映了三道防线建设的成果。此外子行还就前期监管检查结果与央行积极沟通，力争达成和解，将损失降至最低。

五、创新形式开展境外党建，加强管理提升组织效能

组织建设方面，子行以“轮值制”学习为抓手，创新开展境外党建，全年累计举行15次学习活动，形成了良好的学习氛围；自觉接受组织监督，邀请上级党委参加子行管理层恳谈会和民主生活会，并积极配合上级党组织开展主题教育活动；主动与其他中资企业开展支部共建，增强银企互动。

综合管理方面，为配合经营发展需要，子行加大了招聘力度，年末净增雇员13人；继续优化岗位及人员设置，完善考核体系；以人为本开展公司治理、行政及安保工作；妥善处理了多起涉及集团的外部欺诈事件；根据业务需要和监管要求开展行内培训37次，以促进文化融合为主线继续丰富企业文化建设内容。

（工银巴西）

工银秘鲁

2019 年，工银秘鲁紧紧围绕子行三年规划和商业计划，不断提升核心竞争力，经营业绩快速增长。资产、负债总额较年初显著增长，客户基础不断扩大，不良贷款率保持为零，风险合规未出现重大问题。2019 年末，子行全口径资产总额 9.37 亿美元，同比增长 37%；负债总额 8.23 亿美元，同比增长 37%；实现拨备前利润 982 万美元，净利润 857 万美元，较上年增长 274%。NIM 为 1.48%，ROA 为 1.04%，ROE 为 9.38%，成本收入比 41.91%，经营效益显著提升。

一、以主题教育活动为契机，加强党的建设

按照总行和使馆党委部署，子行党支部深入学习贯彻习近平新时代中国特色社会主义思想，围绕“三个把握”，认真落实中央关于“不忘初心、牢记使命”主题教育活动要求，注重方式方法创新，与大使馆和中资企业协会开展了丰富多彩的联学联建活动，如党建知识竞赛、新中国成立七十周年诗歌比赛活动、中资企业党建交流和“一带一路”延伸到秘鲁相关论坛等。

二、稳步推进合规管理，总体情况向好

子行董事会全体董事共同拜访秘鲁银监局主席，介绍集团和子行的合规管理工作进展，并在利马召开现场董事会，强调合规经营。继续加强合规队伍建设，新增合规人员 1 名；加强监管规则跟踪、制度梳理更新、监管发现整改，开展合规自查评估和合规管理培训，推进安永对内审审计的整改工作。做好反洗钱制度建设、培训和风险评估，做好 KYC 准入及复评、异常交易和涉敏甄别。按时完成内审审计计划和各类发现问题的整改落实。整体合规管理工作未出现重大缺陷，未受到监管处罚。

三、细化全面风险管理，提升管理精细化水平

制订、公布风险偏好陈述书，为加强全面风险管理提供基础依据。信用风险方面，继续保持零不良，零逾期欠息。潜在风险融资余额 31.91 万美元，较年初压降 141.61 万美元。信贷管理方面，编制《属地信贷合规管理手册》和《公司债投资风险管理手册》，完成贷款到期管理、建筑行业信贷管理等多项内部制度的修订，实现信贷档案电子化管理。市场和流动性风险方面，完成对标评估和外汇敞口的 Var 参数设置；首次完成新索尔无风险利率曲线和总行口径银行账簿利率风险限额；实现日间流动性指标监测自动化。操作风险及业务连续性风险方面，增加专人梳理主要经营管理活动，绘制业务操作和管理流程图；完成对衍生品和公司债投资的新产品评估工作，加强业务连续性运作演练。不断完善公司治理，加强董事现场调研和履职，加强与监管沟通和政策跟踪，充分发挥董事会下属各委员会作用。精细化人力资源管理，细化考核和薪酬管理细则，调整优化员工队伍，加强团队建设。提升财务管理，完善财务制度，加强预算管理和财务分析，完善财务监测和披露，完善绩效考核，加强财务审查，提升财税管理水平。优化保函业务、客户 KYC 等流程，提升工作效率。认真研究汇率市场，对于新增资本金转换为索尔部分，适时做好套期保值工作，确保资本的保值增值。

四、营销工作多点开花，盈利能力显著增强

一是拓户成效显著，经营基础进一步夯实。以活跃中资客户全覆盖为目标，提升对公拓户成效，客户数达 202 户，较 2018 年增加 37 户、增长 22%；其中信贷类客户共计 72 户，较 2018 年增加 15 户、增长 25%；网上银行动户数达到 21 户、增长 110%。

二是推进“一带一路”重点项目建设，服务能力不断增强。营销在本地市场上具有重大影响力的项目，如中远钱凯项目、Luz de Sul 公司、Las Bambas 循环备用贷款，联动总行办理我行在厄瓜多尔的首笔融资业务——迪拜世界厄瓜多尔 Posorja 码头项目，完成首笔电力并购融资业务——三峡收购本地 Chaglla 水电项目。

三是丰富产品线，提升服务能力。保函及信用证等业务蓬勃发展。新开保函 165 笔，涉及金额 1.8 亿美元，在上年高速增长的基础上继续增加 2 000 万美元，中间业务收入超过百万美元，形成了较好的品牌效应。信用证通知类业务共办理 16.96 亿美元。完成首笔进口代收，优化网银功能，营销华为全球现金管理业务，办理三峡集团收购查格亚电站项目交易资金托管业务。

四是积极融入本地市场，提升子行影响力。加入本地银行业协会，加强同业合作交流。连续两年成为秘鲁参展中国国际进口博览会的唯一银行合作伙伴，为秘鲁

企业对接中国市场开辟了绿色金融通道。举行子行成立六周年暨“一带一路”倡议六周年纪念答谢会，近200位中外嘉宾出席了庆典，多家媒体广泛宣传，提升了子行在当地市场的影响力。

（工银秘鲁）

非洲代表处

2019年，非洲代表处积极参与工行与标行两行的年度战略合作会、第二届进口博览会、首届中非经贸博览会，持续加强对标行集团的股权管理，重点推动完善两行战略合作机制，拓展战略合作领域，深入非洲市场调查研究，积极开展党建工作，开创了各项工作新局面。

一、积极参加一系列重要活动并取得圆满成功

（一）年度战略合作会议圆满成功。2019年是工行和标行携手战略合作的第11个年头，也是两行落实首个“五年行动纲要”的收官之年，2019年两行年度战略合作会议具有承上启下、承前启后的特殊重要意义。在总行战投部、国际部等有关部门的指导下，代表处高度重视，全体总动员，从外事会谈和战略合作会议筹备、协调、推动、执行等环节全面联动、全面覆盖、不留死角，确保了年度战略合作活动的顺利开展，为两行进一步深化合作、提质增效夯实了基础。

（二）第二届进口博览会满载而归。2019年11月5—10日，第二届中国国际进口博览会在上海举行。得益于早谋划、早推动，代表处协助标行连续第二年参加进博会并取得圆满成功。

（三）首届中非经贸博览会成果丰硕。2019年6月27—29日，首届中非经贸博览会于长沙成功举行。非洲代表处在总行的统筹指导下，与湖南分行密切配合，积极推动标行参会参展，并联合开展系列活动。最终标行成为本届博览会上唯一一家参展的非洲银行，各项活动取得圆满成功。

二、不断加强投资管理，对标行股权管理水平持续提升

（一）切实加强股权管理，积极参与重大决策。2019年以来，代表处在升级理顺两行股权投资管理关系，实现与标行沟通机制化、流程化的基础上，进一步规范了标行需与工行提前沟通批准的重大事项范围、内容和处理流程。

（二）认真履行董事职责，加强标行公司治理。2019年以来，通过季度董事会报告、年度股东大会报告、临时董事会和传签议案报告等，累计上报董事审议议案77条，阅知类报告23篇，密切跟进标行的经营业绩以及重大事项，协助总行及时、全面、准确地把握标行的经营治理和战略动向。

（三）调研标行经营管理状况，定期提供分析报告。代表处在对标行内外环境整体把握的基础上，不断深入和细化对标行集团经营情况的调研和分析，先后整理出关于标行高管变动、业务转型、同业态势分析、汇率走势分析以及有关标行的南非和国际重大事项等50余篇报告，不断拓展和加深对标行的经营分析，帮助总行全面深入了解标行动向和内外经营动态。

（四）人员交流项目持续深化。自2017年交流计划正式启动、人员互派正式落地至2019年，两行已累计进行了42人次的人员交流，涉及公司与投行业务、中小企业与个人业务、财务管理、风险管理、金融科技、金融市场、现金结算等板块。

（五）金融科技合作不断加强。从2019年开始，代表处与标行集团CIO办公室建立了定期沟通机制，通过设立专门的两行月度例会及参加标行阶段总结会，加深两行在金融科技方面的了解及合作，已落实的创新产品合作有基于大数据反欺诈平台融安e信，基于区块链平台的保函业务系统。

三、不忘初心，积极有为，持续深化落实两行战略协同

（一）非洲经济论坛品牌效应凸显。在代表处的大力推动下，工行和标行两行分别在南非、莫桑比克（两次）、刚果金、加纳成功举办了大型客户联谊会暨主题经济论坛。

（二）爱购非洲覆盖区域持续扩容。在总行指导下，两行在纳米比亚、坦桑尼亚和赞比亚联合举办了“爱购纳米比亚”“爱购坦桑尼亚”“爱购赞比亚”和“爱购中国”系列跨国消费促销活动启动仪式。

（三）初步探讨数字金融领域合作。2019年代表处积极推动两行在数字金融领域的交流，推动创新技术的业务应用，在系统、产品、风控、服务等多个方面挖掘可合作项目。

（四）非洲重点市场开拓扎实推进。联合标行对驻毛里求斯、安哥拉等国的主要大型客户进行营销；携手梳理中非贸易核心客户，协助标行反向拓户；积极配合总行推进尼日利亚相关项目；联合迪拜分行出访北非国家；联动伦敦分行、巴黎分行，就其在非存量项目贷后管理，委托代为执行贷后检查工作。

（五）信贷业务风险管理交流取得初步成果。4 月，标行信贷业务条线人员拜访工行总行，与总行进行了交流；11 月，在代表处的推动安排下，总行信管部成功访问标行 CIB 风险团队管理层。2019 年，代表处还推动总行与标行风险团队就肯尼亚重油电站项目进行了联合贷后检查工作。

（六）对标行及非洲同业的调研力度不断加大。2019 年，代表处向标行介绍了智能 POS 及收单综合服务服务、使用融安 e 信查询中国企业等应用，对标行集团数据化战略、Ucount 积分、Standard Bank mobile 等特色项目等特色产品进行了研究分析，并撰写了标行莫桑比克、津巴布韦子行、莱索托子行经营情况调研报告。

四、牢记使命，兢兢业业，积极拓展我行在非业务

（一）持续做好非洲项目贷后管理。代表处受总行和境内外有关机构的委托，充分按照相关贷后检查要求，结合代表处工作安排，通过代表处派员、陪同总行等方式对马拉维、纳米比亚、肯尼亚、安哥拉、南非、加蓬、赞比亚等国的我行融资项目完成了现场贷后检查工作、形成贷后检查报告。

（二）不断深化非洲国别风险管理。2019 年，代表处完成了非洲 27 国的年度国别风险初评报告撰写工作，在 2018 年的基础上再增加一个国别，对我行集团层面在非洲有风险敞口的国家和标行在非洲设有机构的国家基本实现了全覆盖。

（三）深入开展非洲人民币国际化研究。在 2019 年初，代表处《创新方式发挥优势，把南非打造成非洲人民币国际化的先行先试国家》人民币调研课题荣获总行境外机构课题评选一等奖的基础上，3 月底 4 月初，非洲代表处联合总行城市金融研究所，通过对南非、埃塞俄比亚和尼日利亚的央行、财政部、中国大使馆、本地金融机构、专家学者、投资者、企业等共 20 家机构的调研和访谈，形成了翔实可行的调研材料，为我行相关部门政策安排提供参考。

（四）举办中国—非洲人民币国际化论坛。2019 年 9 月，在代表处的全力推动下，由工行主办，标行大力支持、湖南省商务厅和工行湖南省分行承办的中国—非洲人民币国际化论坛在长沙成功举办。

（五）大力拓展非洲委托代理业务合作。代表处积极与口行、开行、中非发展基金、中国农业发展银行等金融机构开展交流沟通，加强合作。联合标银梳理了非洲委托代理业务合作情况，并每季度及时将有关情况报告总行。

（六）稳步推进财富管理及托管业务合作。为协调和促成两行达成相关合作，代表处管理层亲自推动，并尝试就两行财富管理业务合作与标行集团财富管理条线建立常态化沟通机制。目前，两行已就依托工银欧洲基金平台发行基金、产品分销、投资管理和顾问服务合作等方面达成合作共识，并正式在 2019 年两行战略合作年度会议上签署合作协议。

（非洲代表处）

蒙古代表处

蒙古代表处扎根蒙古国市场，践行经营型代表处理念，挖掘涉蒙优质项目资源，服务集团涉蒙客户，推广工行产品和服务，较好地完成了 2019 年工作任务。

一、积极推进营业机构申设工作

按照蒙古国现行投资方面相关法律规定，外资银行代表处升格为分支机构或控股子行时存在一定限制，采用特殊审批方式，须经政府和议会双重审批。迄今为止，蒙古国议会未审批通过任何一家外资银行代表处升格为分支机构或控股子行。中行乌兰巴托代表处于 2013 年 1 月成立，至今已 7 年时间，但在机构升级方面仍未取得实质进展。为推动机构升级工作，代表处与中行乌兰巴托代表处保持沟通，共同努力推动机构申设：一是积极接触国家议会，推动议会修改相关法律，以期放松对外资银行开设营业机构的限制；二是拜访人民银行国际司等相关主管部门，在“中蒙圆桌会议”等场合提出，希望借助 2020 年中蒙本币互换协议到期、蒙方迫切希望续期之机，请央行将两行机构落地作为续签协议条件；三是紧密联系我驻蒙使馆，提请使馆给予支持，使馆专此向蒙古政府发出照会，敦促蒙方考虑允许两行落地；四是联络世界银行相关地区负责人，借助世行对蒙影响力，游说蒙古政府放开外资银行进入本地

市场。另外，我驻蒙大使在会见蒙古总统、总理、议长等高层时多次提出工行机构升级诉求。

二、跟踪蒙古国优质项目，挖掘项目融资业务机会

按照经营型代表处运作思路，代表处始终以挖掘优质项目资源为核心任务，向集团推荐涉蒙优质项目，跟踪推动涉蒙项目，积极承担项目尽调和贷后管理工作。一是配合专项融资部推动中色股份总承包蒙古国白塔铜矿项目。二是密切跟踪蒙古国多个优质项目。如蒙古国OT铜金矿自备燃煤电站及矿区开发整体融资项目、华为公司出口买方信贷项目二期、中核二二巴格诺尔电厂项目等。

三、为集团涉蒙客户提供属地化服务，为营业机构培育潜在客户

蒙古国中资企业众多，在蒙实施工程承包、项目投资的央企、国企达数十家，都是未来营业机构的潜在客户。在蒙中资企业基本都是蒙古国中华总商会会员单位，代表处作为蒙古国中华总商会常务副会长单位，充分利用商会平台开展企业营销工作。2019 年组织了多场在蒙中资企业座谈会、组织那达慕会员日活动、组织“中蒙建交70周年”大型体育活动，组织蒙古国大型企业专场交流活动等。代表处与大多数在蒙央企、国企建立了良好互信，营造了良好的客户环境，为后续业务延揽、客户发展做准备。

四、着力推广工行产品与服务

代表处在蒙古国市场积极推广工行 CIBM（直接投资银行间债券市场）、跨境人民币、资产托管和国际结算等优质产品和服务。在对蒙古国第一大商业银行瀚银行的营销中了解到，该行有人民币头寸，代表处适时推荐了工行 CIBM 业务服务，向客户提供了详细的业务咨询，赢得了客户的信赖，客户对工行 CIBM 业务表示了极大的兴趣，已启动账户开户准备工作。代表处促成工银租赁与蒙古开发银行下属租赁公司签署 MOU 协议。持续向蒙古国主流银行介绍工行贸易金融服务，贸易金融业务量逐年增长。

五、营销维护金融机构客户，积极提升代理行贡献度

本地主流金融机构是代表处重点本地客户，代表处做好外资金融机构客户准入和动态管理，挖掘金融机构潜力，持续提升代理行贡献度。代表处对代理行实行客户经理负责制，定期拜访主流银行，增加互信并收集业务需求；按照总行代理行评级授信有关办法和规定，代表处 2019 年完成蒙古国瀚银行、郭勒蒙特银行和贸易发展银行授信额度尽职调查工作，并撰写尽调报告提交授信主办行，及时完成三家银行授信额度展期工作；代表处积极营销蒙古开发银行租赁子公司，成功促成蒙古开发银行租赁子公司与工银租赁对接并成功签署 MOU 协议；充分利用工行授信资源，工行与有授信代理行的贸易融资业务持续开展，贸易融资业务笔数和金额均较上年增加；营销主流商业银行，推广工行 CIBM 业务，力争早日打开市场。

加强与其他外资银行代表处、政策性银行交流合作。目前蒙古国仍无一家外资银行独立设立的经营性机构，除工行代表处外，还有 4 家外资银行代表处，分别是 ING、三菱东京、三井住友和中行。代表处定期拜访其他外资银行代表处，组织交流活动。同时，代表处与国开行工作组、进出口银行对蒙业务团队建立定期交流机制，落实与两行“总对总”合作协议相关要求。两行在蒙古有着多年业务经验，口行是我国援助和两优贷款执行行，国开行通过对蒙古国政策性银行进行转贷，自 2006 年该行工作组成立以来累计发放融资余额超过 6 亿美元，两行未来营业机构委代业务潜力很大，国开行转贷业务经验值得借鉴。

六、不忘初心、牢记使命，始终把党建工作放在首要位置

代表处全体党员是使馆第三党支部成员，在使馆党委的领导下，全体党员积极参加“不忘初心、牢记使命”主题教育活动，认真学习《习近平新时代中国特色社会主义思想学习纲要》《中国共产党党内重要法规汇编》《中共中央关于加强党的政治建设的意见》、新《党章》等重要讲话文献规章制度，学习董事长在“不忘初心、牢记使命”主题教育工作会议上的讲话精神，全面系统学、深入思考学、联系实际学，不断增强“四个意识”、坚定“四个自信”、做到“两个维护”。认真参加每一次党支部学习和民主生活会。组织专项支部活动，走访中铁二十局、中联水泥在蒙公司，开展银企共建共学。

七、做实市场调研，及时向集团传递蒙古国政治经济动态

2019 年 10 月，蒙古国被 FATF 列入灰名单，受中美贸易摩擦等因素叠加影响，一季度强势回暖的经济形势受到冲击，到 11 月底，蒙图对美元汇率从年初的历史低点 2 640:1 跌至 2 720:1，再创历史新低。进入 12 月后跌势不减，通胀率始终处于高位，蒙古国国别风险依然高企。在此情况下，代表处扎实做好本地市场调研工作，通过《蒙古国经济与金融动态》《蒙古国快讯》《蒙古国简报》等形式定期向行领导、总行相关部门和境内外相关机构报送，为总行提供决策参考。

（蒙古代表处）

希腊代表处

2019 年 9 月 12 日工银欧洲希腊代表处筹备组成立，2019 年 9 月 25 日获得中国银保监会关于设立中国工商银行（欧洲）有限公司希腊代表处批复后，同步正式启动境外监管审批申请工作，并于 2019 年 10 月 2 日获得卢森堡金融监管局批复，于 2019 年 11 月 11 日获希腊央行颁发牌照。筹备组正式启动包括办公用房选址、税务注册等开业准备工作。

（希腊代表处）

巴拿马分行（筹）

巴拿马分行筹备组于 2019 年 4 月 25 日成立。目前各项筹建工作顺利推进并全部实现预期目标，取得了阶段性成果。取得巴拿马银监总署（SBP）申设许可，顺利通过 SBP 对全部申设资料的审查，申设进度创巴拿马近些年来银行申设最快纪录。分行筹建工作的所有重要环节均全面有序推进并取得了显著进展。

一、快速进入角色，抢抓筹备队伍的组建工作

仅用时半个月筹备组首批成员便全部选定，为筹备工作开展奠定了基础；筹备组于 2019 年 5 月 20 日到总行正式报到开展筹备工作，仅用时一周便完成筹备组办公环境的搭建工作，使得筹建工作迅速展开。

二、有效利用资源，科学创建申设工作机制

筹备组从多个维度综合比对分析后，选择了一家专于申设的律师事务所为巴拿马分行筹备提供申设律师服务，该律师事务所在协助筹备组高效组织形成申设材料并顺利通过监管审核等方面起到了关键作用。为有效利用好各方资源，筹备组、申设顾问、申设律师事务所三方创建了联合工作机制，充分发挥各自优势形成申设工作合力，确保了各项申设工作平稳有序开展。

三、精心准备演示，迅速取得巴拿马分行申设许可

在精心准备的基础上，根据巴拿马当地监管要求，2019 年 7 月 3 日筹备组向 SBP 作演示报告并现场回答各项提问，银行监管总署署长对报告内容给予了高度评价，同时现场要求总署相关部门要积极配合工行完成申设相关工作。演示报告后两个工作日即 7 月 5 日，筹备组便顺利拿到通常需要两至三个月才能取得的申设无异议函。

四、认真组织实施，顺利通过 SBP 对全部申设材料的审核

取得申设许可后，经过 3 个多月的扎实工作，筹备组完成全部申设材料的准备及公证和双认证工作，并于 2019 年 10 月 28 日正式向 SBP 提交全部申设资料。2019 年 12 月 20 日全部申设资料通过 SBP 审核，成功实现申设资料一次提交、一次全部通过监管审核的可喜结果。

五、及早安排谋划，顺利推进办公用房租赁、装修设计和施工

2019 年 9 月，筹备组在全面了解巴拿马城房地产租赁市场格局的基础上，重点分析了十余个楼盘项目，实地走访 5 个项目，及早确定了未来巴拿马分行办公地址。同时，及时开展装修设计及项目管理公司的招标工作，装修费用预算于 2019 年 12 月 25 日获批准。施工方面，通过多方协调解决了市政规定完成公司注册后才能提交施工申请的难题，大幅提前了开工时间。

六、扎实练好内功，稳步推进系统搭建和建立完善各项内部管理制度

2019 年 8 月起，筹备组完成 FOVA 项目推广立项和应用系统需求梳理，进入开发和测试阶段。2019 年

12月25日，筹备组完成分行IT方案制订和科技资源采购项目立项批复、预算批复工作；筹备组通过协调和督促本地服务商、厂商，提前做好网络设备的采购和安装准备工作，提早准备临时办公场所的网络搭建和机房建设工作。同时拟订了核心内部管理制度和管理手册，为未来稳健合规经营打好基础。

七、提前掌握情况，确保后续人员招聘工作顺利开展

2019年9月筹备组分别与巴拿马当地两家最大人力资源服务公司，重点就如何解决当地劳工法令规定的外籍雇员数量和薪酬占比不能超过10%等关键问题进行了深入探讨，同时还全面了解了巴拿马当地劳工政策和人力资源管理市场惯例等情况，并就未来如何开展业务合作进行了充分沟通。

八、深入走访调研，全面了解巴拿马政治经济环境

一是寻求中国驻巴拿马使馆和经商处的指导。2019年6月28日，筹备组首次赴巴拿马开展筹备工作期间，第一时间向中国驻巴拿马大使、商务参赞、政务参赞作了汇报，筹建工作得到了大使馆的悉心指导和大力支持。

二是与中资同业深入沟通交流。主动向中国银行巴拿马分行学习，全面了解当地市场情况、银行业情况、业务模式和管理机制等情况，同时双方在如何实现合作共赢、增强中资银行在当地金融行业的影响力等方面形成共识。

三是筹备组逐一与在巴拿马的十余家主要中资企业和机构进行了座谈。通过广泛交流进一步了解当地营商及经济环境，充分了解和借鉴中资企业和机构在巴拿马发展的心得体会和经验教训。

四是积极走访巴拿马当地主流银行、优势企业及四大会计师事务所。筹备组与多家巴拿马本地大型银行及企业进行了交流，分别与四大会计师事务所的高级合伙人进行了座谈，既熟悉了解巴拿马金融同业、优势企业经营情况和当地相关法律法规、税务等政策，又为未来业务合作打好基础。

九、多方联络沟通，筹备工作获得中巴社会各界的广泛认可和支持

筹备组积极争取巴拿马政府和社会各界对工商银行机构申设工作的认可和支持。如仅用3个工作日就完成了通常需要1个多月才能完成的全部申设材料的认证工作；2019年8月在巴拿马筹建期间，筹备组还走访了新任工商部部长、区域总部设立管理中心主任等巴拿马政府机构负责人。巴拿马分行筹备工作得到了中国政府相关部门及驻巴机构的有力支持。

十、坚持党建引领，通过严格管理不断加强队伍建设

筹备组发挥党建对筹备工作的引领作用，通过现场和视频会议相结合的方式按月开展集中党建学习，并组织材料开展自学活动。筹备期间，筹备组严格按照党风廉政制度的要求规范行为，严格做到廉洁自律、公私分明、合规守纪。筹备组坚持以“严格管理、严谨规范、严肃纪律、严明规则”为指导思想强化筹备期间员工队伍管理，确保筹备期间各项工作平稳有序推进，员工精神风貌良好。

（巴拿马分行筹备组）

工银瑞信

2019年，面对国际国内形势复杂多变、资本市场波动加大、大资管新规影响持续发酵、同业竞争更加激烈的外部形势，工银瑞信认真贯彻总行各项部署要求，以党建为引领，坚持稳中求进的总基调，以“调结构、稳规模、提质量、促发展”为指导方针，紧紧围绕服务国家战略和实体经济、服务客户多元化需求、增强对集团战略贡献三大主线，抢抓新机遇、培育新动能，深化行内协同和加强行外拓展并举，紧抓“募、投、管、退”各环节工作，继续保持了稳中有进的态势，总体上可概括为“两稳、两优、两深化、四提升”。

一、“两稳”——管理总规模企稳，净利润稳中略增

（一）有效应对新规冲击，管理总规模“企稳”。通过抢抓新机遇，重点加大养老金业务、非货基业务发展力度，消化了大资管新规对行内合作货基、专户、专项等业务合计1 800多亿元的规模下降缺口。截至2019年末，工银瑞信资产管理总规模12 882亿元，成功实现了管理总规模的企稳。

（二）全方位开源节流，净利润“稳中略增”。除

了强化业务拓展和全力保持总规模稳定之外，还通过提升业绩报酬和自有资金收益、加强业务成本和营业费用管理，全方位开源节流。2019 年，实现净利润 15.36 亿元，不但消化了资管新规带来的 3.7 亿元的同比利润缺口，还较上年略增 2.71%，圆满完成了集团下达的 15 亿元利润目标。

二、“两优”——业务结构优化，投资业绩优良

（一）业务结构持续优化。一是抢抓养老金业务机遇，同业第一的领先优势继续巩固扩大。截至 2019 年末，公司管理的年金社保等各类养老金资产合计规模突破 3 600 亿大关，达到 3 658 亿元，较年初增加逾 1 000 亿元，增长 39.04%，同业第 1 的领先地位进一步巩固，其中企业年金排名提升至同业第 1，职业年金中标组合数量和已受托规模均同业领先。二是非货基业务快速增长，其中被动基金规模翻番。非货币基金规模突破 2 000 亿大关，达到 2 006 亿元，较年初增长 50.93%，其中被动基金规模达到 477 亿元，较年初增长高达 169.80%。三是高附加值的股票投资规模快速增长。通过加强资产精选，加大权益资产配置力度，股票资产投资规模从年初的 717 亿元增长到 1 026 亿元，增长 43.10%。

（二）投资业绩表现优良。2019 年，通过公司全力提升投研核心能力，加强研究分析、精选资产，抓机会和防风险并举，投资表现全面开花。一是业绩排名巩固提升。养老金组合业绩继续同业领先，其中管理的年金资产整体收益率为 10.17%，保持 21 家投管人第 1。主动管理股票基金平均业绩达 46.6%，同业排名由上年的 1/2 分位提升前 1/4 分位。债券基金产品平均业绩为 6.20%，在可比同业中位居第 2。二是为客户创造优异回报。全年累计为客户创造投资回报超 600 亿元，是 2018 年的 3 倍。三是获得社会各界广泛认可。2019 年共获得各类奖项 53 项，其中包括三大证券报在内的证监会认可权威奖项 27 项，同业领先。公司层面获得“2019 最佳公募基金公司”“卓越 ETF 基金管理人”“海外投资回报金基金公司”等多个权威奖项；产品层面旗下双利、金融地产、文体产业、新蓝筹、全球精选等明星基金再次揽获多项大奖。

三、“两深化”——深化协同发展，深化创新发展

（一）深化协同，成效突出。2019 年，工银瑞信严格贯彻总行党委要求，发挥自身专业优势，深化协同发展，持续提升对集团贡献能力。一是个金协同有亮点。在行内基金新发规模 114 亿元，较 2018 年翻倍。同时，加强 AI 投合作推广，“工银稳健组合”在规模、业绩、客户数量均居同类第 1；智远动态配置 FOF 基金成为客户基金配置新抓手；积极与集团开展“子公司专区”项目建设，为行内客户提供全流程、直达式服务。二是资管协同有突破。与工银理财投资合作成立了“鲲鹏 1 号”资管计划，助力集团理财资金资产配置；结合私银部转型，实现专户产品代销落地突破；实现资管新规后与集团自有资金的债基投资合作重启；积极推进与工银安盛保险资金开展投资合作。三是公私联动有特色。继续加大 ABS 业务、股权投资、非标债权等业务与集团协同力度，积极服务集团公司客户多元化融资需求；持续完善与机构客户基金销售协同分润机制，通过固收类基金产品服务客户的投资管理需求和流动性管理需求，持续增强投融资一体化服务能力。

（二）稳步创新，引领同业。工银瑞信围绕服务实体经济和客户多元化投资配置需求，紧抓资本市场改革和开放契机，稳步推进创新发展。一是积极服务资本市场改革创新，在基金行业内首批发行了科创板基金产品，积极支持实体经济创新升级，并为集团个人客户提供低门槛参与科创板投资服务。二是积极服务粤港澳大湾区建设，在业内首家发行了湾创 100ETF 及联接基金，是国内首只横跨沪、深、港三地交易所的 ETF 产品。三是积极服务海南自贸区建设，发行了海南农垦土地收益权 ABS 产品，为国内首单农垦类 ABS 产品。四是积极服务国企混改，完成中粮集团大悦城定增融资的资产管理计划。五是积极服务资本市场对外开放，通过中日 ETF 机制，与日本大和证券合作推动产品互通事宜。六是积极服务债券市场建设，加强跨市场债券 ETF 产品、组合债券基金等创新产品研究，助力债券市场发展。

四、“四提升”——通过强化党建、抓好风控、优化管理、加强队伍建设，提升可持续发展的支撑保障力

（一）纵深推进党的建设，对经营的引领促进作用持续提升。一是深入开展主题教育。通过对照初心使命，找差距、抓落实，在推动提升投研核心竞争力、优化客户服务、强化合规风控等方面的实效明显。二是全面压实管党治党主体责任。严格执行“三重一大”决策程序，推动“一岗双责”落实，全部实现“支部建在部门上”，加强党建与经营紧密结合。按照全行纪检监察体系改革部署，设立了纪委办公室，强化监督作用。三是加强党员队伍建设。加强优秀青年员工的党员发展，党员占比提升至过半，党员队伍模范带头作用不断增强。

（二）风险管控不断加固，合规稳健经营的保障力持续提升。一是坚守合规经营底线。严格执行各项监管政策规定，不断完善合规风控体系，加强内部制度流程建设和合规培训，强化内控管理和监督检查，重点加大反洗钱、销售适当性管理等领域合规管理，加强对子公

司重点风险领域垂直管理。二是加强风险主动防控。重点加强对市场风险、信用风险、流动性风险等风险前瞻性分析和防控。在各类风险暴露频繁的环境下，未发生踩雷事件，持续加强操作风险管理和科技安全防护，保持平稳经营。

（三）不断优化内部管理，精细化的经营管理能力持续提升。一是调整优化组织架构。单独设立了银行机构业务团队，集中营销服务力量加强银行机构业务竞争，提升同业竞争力。积极调整优化信息科技板块团队架构，推动信息科技建设与业务需求紧密融合，推动科技赋能。二是加强集团化管理，持续强化母子公司协同发展，增强对客户的综合金融服务能力。

（四）持续加强队伍建设，干部队伍积极性和创造性持续提升。一是加强人才队伍建设。多渠道推进重点业务岗位人才引进，加强各层级员工培训和培养，不断加强“在岗提升”。二是完善激励约束机制。激励与约束并举，加强市场对标考核和奖优罚劣，持续完善人才评价体系和晋升规则优化，激发干部队伍干事创业积极性。三是加强员工关心关爱。严管与厚爱并重，认真落实“为员工办十件实事”，不断增强员工的归属感，离职率较 2018 年下降 3 个百分点，低于行业平均。

（工银瑞信）

工银租赁

2019 年是工银租赁全力推进风险攻坚任务落地、落实公司三年发展规划、全面实施高质量发展的关键一年。工银租赁紧紧围绕总行“48 字”工作思路，紧紧围绕年度战略解码任务落地，牢牢把握稳中求进总基调，坚持党建铸魂，突出专业赋能，强化风控护航，持续强基提质，增强人才保障，高质量发展取得显著成效，各项工作呈现良好发展态势。

一、稳固行业领先地位，经营取得良好业绩

2019 年末，工银租赁总资产 2 709.81 亿元，其中租赁资产 2 351.61 亿元。实现营业收入 175.90 亿元，净利润 34.36 亿元。资产质量总体稳定，融资租赁不良资产率 1.08%。与 2018 年相比，公司在资产规模略降的基础上，净利润上升 6.87%。与同业相比，工银租赁资产规模、营业收入、净利润等核心指标在金融租赁行业中继续稳居第一，领先优势显著。

2019 年，工银租赁航空航运专业化经营优势进一步凸显，设备业务深耕细作转型成果已较好体现，经营发展效能持续增强。

二、突出政治引领，全面落实党建主体责任

2019 年，工银租赁党委坚持把政治建设摆在首位，认真学习习近平新时代中国特色社会主义思想，深入学习贯彻党的十九届四中全会精神及总行党委工作要求，不断增强“四个意识”，坚定“四个自信”，做到“两个维护”。全面提升党建工作总体质量，党建对公司经营发展的引领作用更加突出，有力带动公司各项工作开展。

一年来，工银租赁全力开展“不忘初心、牢记使命”主题教育，坚持读原著学原文悟原理，确保学习教育学深悟透，紧盯经营发展难点和关切热点开展调查研究，多渠道广泛征求意见检视问题，对照整改清单扎实推进整改，通过主题教育凝聚人心、夯实作风。扎实推进党建各项工作，切实强化政治引领，狠抓党委决策落实执行的实效性，不断提升党委工作效能，围绕纪念五四运动 100 周年、新中国成立 70 周年主题宣传强化思想教育，扎实提升党建工作质量。深入推进全面从严治党从严治司，认真落实总行派驻纪检机构改革工作，持续强化案例警示教育。全面开展形式主义、官僚主义集中整治，督促落实为员工减负的 16 条措施，在保证工作实效不降低的前提下，竭尽所能优化工作方式和流程为员工减负增效赋能。

三、推进高质量发展，不断提升专业发展水平

2019 年，面对国内外复杂的经济环境，工银租赁积极克服波音 737MAX 停飞、全球石油价格波动、设备领域竞争加剧等不利因素影响，经营发展保持充沛动能，总体实现稳健发展。

航空业务方面，全年交付飞机 33 架，新增项目投放超 130 亿元。有效发挥创新动能，努力做大增量、做优存量，积极开发浮动租金、半寿退租、日税结构等创新产品模式，进一步提升全生命周期价值创造能力。与中国商飞、成都航空共同探索国产 ARJ21 飞机商业化运营方案，支持民族航空发展取得新进展。母子公司协同管控体系建设初见成效，专业经营效能持续提升。构

建起覆盖项目全流程、管理全过程和全部资产的Aplease 2.0航空租赁业务系统，顺利实现境外GDPR、反洗钱等监管要求落地。

航运业务方面，全年新增项目投放约175亿元，带动全球航运客户年内在国内船厂建造订单超过140亿元，更好地助力中国制造船舶走出国门。积极探索BDI指数挂钩定价、经营租赁、联合租赁等创新业务模式，创新打造“金融+制造+管理”一体化航运金融服务方案，进一步深化与达飞、马士基、邦吉、壳牌等行业头部企业合作，客户信用资质和资产质量进一步提升。

设备类业务方面，全年新增项目投放近420亿元，突出租赁特色，探索“厂商租赁+普惠”、制造业场景服务促销售等创新业务模式，拓展工程机械、智慧出行、装配式建筑、医疗器械等租赁“蓝海”产业，在集成电路、生物制药等行业积累了一批“小而精”的优质客户。行司联动体制机制不断完善，通过融资业务合作，进一步提升协同质效，实现共赢发展。

四、夯实发展基础，持续提升基础管理质效

2019年，工银租赁不断夯实发展基础，全力推进风险防控化解。进一步完善了全面风险管理体系，针对新增项目，多维度监测风险信息；针对存量项目，持续提升租赁业务全周期管理水平，强化租期管理。不断提升公司治理水平，强化董事会规范运作。

进一步加强资产负债均衡管理。资产端以定价机制不断优化带动新增租赁资产收益水平稳步提升，以加大资产交易力度带动存量资产结构持续优化。负债端以完善久期压降短期负债成本，以提高优势资金占比优化中长期负债结构，年内成功发行60亿元境内金融债及21亿美元境外金融债，积极探索拓展跨境融资渠道，发行规模、利率等均领先同业。

持续加快境内外合规体系建设，进一步强化反洗钱管理，全面规范境内外SPV全生命周期运营管理。

不断加强金融科技建设，加强Cplease、Aplease核心业务系统建设，自主研发投产航空客户营销管理、飞机资产管理系统、档案管理、各类监测报表等一批重点科技项目。

五、践行社会责任，陆续荣获行业奖项

2019年，工银租赁践行绿色金融理念，发展绿色租赁，进一步加大对环保、节能、清洁能源、绿色交通等领域项目的融资服务力度。加大对涉及重金属排放和高危化学品污染等高环境与社会风险客户融资的控制与清退力度，对环保不达标项目实行“一票否决制”。积极服务优质民营经济发展，为民营石化、医疗养老、急诊抢救中心医院等提供资金支持。

围绕助力三大攻坚战，继续在天津参与组织慈善羽毛球赛，在青海资助当地贫困学生，在四川开展“领航助学”活动，为贫困群体定向组织爱心团购、爱心义卖等精准扶贫活动。

年内，公司先后荣获《金融时报》金龙奖“年度最佳金融租赁公司”、中国航空金融“十年产业贡献奖”和“国际合作奖”、中国CFO杰出团队“年度最佳财务数字化应用奖”、2019年亚太税务租赁交易大奖等一系列奖项，行业引领能力和品牌价值进一步提升。

（工银租赁）

工银国际

2019年，面对复杂严峻的外部压力和挑战，工银国际管理层团结带领全体员工，坚持稳中求进的工作总基调，保持定力，激活动力，交出了一份超预期的年终答卷。

一、努力克服多重外部压力，实现经营管理稳中有进

受中美经贸摩擦、香港修例风波等多重事件的叠加影响，香港资本市场大幅波动，在港投行的经营压力加大。工银国际沉着应对，笃定前行，高质量发展取得新成绩。

一是经营效益稳中有进。实现营业净收入30.5亿港元、同比增长17%，账面净利润（不含工银科技）15.7亿港元、同比增长2.4%，提前两个月完成总行年初下发的1.6亿美元全年考核任务，圆满完成总行年底调整后1.75亿美元沟通任务的115.4%。ROE、ROA分别为16%、2.5%，保持同业较高水平，成本收入比为35.4%、同比下降3.4个百分点。

二是资产质量稳中有进。严守资产质量生命线，持续优化信用风险审议审批机制，深化全流程风控体系建设，连续四年新增融资无不良发生。加大风险资产化解力度，创新不良资产处置办法，完成3笔历史遗留不良

项目的责任评议和认定、2 笔项目启动申报核销，不良处置取得历史性突破。

三是队伍建设稳中有进。做实做强员工这张资产负债表。优化员工培训、绩效、薪酬、内部流动管理，提升办公、用餐服务，丰富企业文化活动，增强员工满意度和人力资源竞争力。落实总行关于外派员工薪酬福利的新标准，制定外派员工服务管理办法，为外派员工更好地发挥作用创造条件。截至年末，员工总数达到 513 人，其中外派员工 53 人；离职率 14.6%，同比下降 5.3 个百分点，处于同业较低水平。

二、牢固树立争先进位意识，持续释放发展活力潜力

对标总行要求和同业竞争需要，以争先进位为目标，不断强化“比、拼”意识，增强各条业务线的市场竞争力，IPO、发债、经纪、二级市场自营投资保持可比同业领先位置，新经济股权投资取得新成果，投行研究的知名度不断提升。

一是 IPO 业务增量提质。“增量”表现在完成 22 笔、259 亿美元 IPO 项目，承销规模稳居市场第一梯队、四行国际第 1 名。“提质”表现在完成 5 笔保荐人项目，其中 3 笔为独家保荐人，保荐人项目数创历史新高；参与全球瞩目的阿里巴巴香港 IPO，是除中金公司外，唯一中资投行账簿管理人；完成申万宏源保荐人项目，是今年香港市场规模最大的金融 IPO 项目。获评国际金融报“2019 港股 IPO 先锋投行”荣誉。

二是境外发债稳居前列。全年承销 90 笔、586 亿美元境外债券，项目数量同比增长 39%，债券承销规模集团内占比 81%，中资离岸投资级债券承销规模排名四行国际第 1 名。成功完成亚投行 25 亿美元超主权债、安哥拉政府 30 亿美元主权债承销，扩大了国际影响力。荣获“香港地区最佳债券承销商”，助力集团蝉联“中国最佳债券承销商”。

三是资产业务取得新亮点。新经济股权投资收获新成绩，华熙生物成为公司首笔 A 股科创板上市项目，其余投资项目正在排队上市进程中。拓展 GP 合作朋友圈，试行直投向基金业务转型，与阿里、厚朴、高瓴、红杉等知名基金建立了业务往来，首只新动能基金即将成立。参与市场标志性地产项目，房地产投资规模、业绩回报稳居四行国际领先。坚持以价值投资理念指导二级市场自营投资，在资本市场大幅波动的背景下取得跑赢大市、绝对盈利的投资业绩。

四是销售业务增强全客户服务能力。积极拓展大型央企、国企、金融机构、个人超高净值等优质客户，全年新增客户 277 户，客户总量同比增长 16%。克服外部环境影响，在市场总成交量下降 20% 的背景下，通过引入高频交易客户、促成大宗交易、开展投资者路演等措施，实现二级市场港股交易量（外部客户）逆势上涨 173%，港交所排名同比提升 45 个位次、保持四行国际前列。在严格管控风险的基础上，做强做稳保证金融资业务，债券做市交易量是去年的 3 倍，是集团在亚太时段唯一的债券做市商。

五是研究实力得到各方肯定。受邀为国务院办公厅、发改委、证监会等中央部委和香港特区政府建言献策，体现出决策层对工银国际研究成果的重视。先后荣获第一财经年度首席经济学家、包揽《机构投资者》亚洲大宗商品分析师前 3 名、《机构投资者》亚洲分析师排名中资投行第 2 名、“机构投资者—财新分析师成就奖”三个行业第 1 名等市场荣誉。

六是增强对集团的价值贡献。落实工银集团“特种兵”定位，商投互动，为集团内客户提供境外 IPO、发债和股权投资等综合化金融服务，2019 年 60% 的 IPO、80% 的境外发债均通过集团内联动完成，其中 IPO 项目为工银亚洲带来百亿港元的收款行业务。落实工银航母“驱逐舰”定位，协助总行成立工银科技，为工银投资受让锦州银行内资股提供并购顾问服务，与私人银行部完成家族财富公司 100% 股权交接、与工银泰国完成 FSS 证券 12.3% 股权交接，支持两家机构及时满足监管要求。与集团内机构共享人才建设成果，全年累计为集团内机构开展授课培训 70 余次，是为集团内培训班贡献师资力量最多的机构之一。

三、聚焦围绕内部管理提升，有效夯实高质量发展基础

高度重视内部管理，把公司治理、合规管理、反洗钱、全面风险管控摆在更加突出的位置，不折不扣地落实总行和监管部门的各项工作要求，为高质量发展夯实基础。

一是完善公司治理。积极支持集团派驻董事工作，每季度向董事会报告公司经营情况和重大事项进展，邀请董事实地调研、参加各类活动，为董事掌握公司经营、更好地履职创造条件。认真执行董事会内部审计工作，全年开展内部审计 12 项、执行总行审计 3 项、配合国家审计署工作 27 项。

二是抓好重点风险管控。全面梳理存量 SPV 情况，出台 SPV 管理细则，建立 SPV 全生命周期管理体系；稳妥推进融通资本转型工作，明确转型方案，分类施策开展存量项目处置；加强太平基金管理，与太平集团定期交换意见，达成了 17 条投资指引；落实全面风险管理要求，完善辖属子公司的并表管理、授权管理，增强对整体风险的管控能力。

三是筑牢合规管理体系。及时落实各类监管新规，发布制度办法 78 份、举办合规培训 49 场、完成内部检查 37 项，在香港证监会现场检查中无重大问题发现，在总行反洗钱及涉敏业务非现场监测中取得满分成绩。

四是科技助力内部管理。出台科技建设两年规划，

综合运用总行延伸、公司自研、外部采购，实现 IT 系统覆盖反洗钱、客户关系、合规管理、项目审批等各类业务，并完成数据入湖工作，有效提升了管理效率和风险硬控制水平。

四、不断强化基层党的建设，扩大爱国爱港统一战线

时刻牢记“在商言商、在商言政”双重任务，认真落实中央和总行党委关于境外机构党建工作的指示要求，以高度的政治担当和党性自觉，不断提升基层党建工作能力。

一是强化党的建设。主动对标主题教育要求，班子成员带头学习习近平总书记重要讲话精神，深化对习近平新时代中国特色社会主义思想的理解领悟，不断增强“四个意识”、坚定“四个自信”、做到“两个维护”。自觉查摆不足，召开外派员工座谈会、支部党员学习会，广泛听取员工对公司经营、支部建设的意见建议，深刻剖析原因，明确整改措施，统一了目标，凝聚了人心。

二是应对修例风波。针对修例风波以来的社会动荡，在上级的组织领导下，主动担当，在香港媒体连续发声谴责暴力，挺特首、挺警队。主要负责人亲自带队，组织员工参加“共庆回归、全民撑警、反暴力集会、齐唱国歌”等系列活动，在实际行动中锤炼激发了全体员工的爱国热情。

三是扩大统一战线。在公司成立义工队，以新中国成立 70 周年为主题，组织员工慰问驻港部队、参加香港青年认知祖国行、合唱《我和我的祖国》等活动，激发本地员工对祖国的认同感和自豪感。积极参与境内扶贫工作，员工自发为四川南江县人民医院捐赠价值 26 万元人民币的救护车一台，引入外部资金为工商银行在四川的四个定点扶贫县捐建 6 个希望厨房，展现工银国际员工对国家扶贫事业的关注。

（工银国际）

工银安盛

2019 年是工银安盛实施新三年发展规划的开局之年，公司在总行党委的正确领导下，围绕公司董事会提出的任务目标，致力于调整结构，转型发展，实现高价值成长，多项经营指标创公司成立以来新高，取得了较为良好的发展势头。

一、业务规模高速增长，客户基础持续强化

2019 年，公司总保费达到 527. 10 亿元，同比增长 56. 50%。其中，续期保费收入达到 176. 79 亿元，同比增长 34. 63%；新业务保费收入达到 350. 32 亿元，同比增长 70. 48%；期交保费收入达到 61. 61 亿元，同比增长 16. 84%，四项指标均创下历史同期最高纪录。保费收入的增长带来了资产规模的扩大，总资产达到 1 607. 76亿元，同比增长 35. 24%。公司的客户基础也得到强化，个人有效客户数达到 131. 49 万人，较年初增加 15. 75 万人、增长 13. 61%。

二、同业竞争优势得到巩固，市场影响力进一步扩大

根据银保监会公布的数据，以原保费收入计算，2019 年公司在寿险全行业排名第 11 位，在银行系和合资寿险公司中继续排名第 1 位。公司的转型发展、企业文化建设获得了社会各界的普遍认可，2019 年共赢得了包括 2018 年精准扶贫先锋机构、2019 年度卓越管理保险公司、2019 年度最佳银行系保险公司在内的 10 个奖项，进一步巩固了银行系及合资寿险公司领头羊的市场地位和品牌形象。

三、投资能力持续增强，股东回报有效提升

2019 年，公司积极打造专业投资平台，资产管理子公司于 5 月正式开业，进一步提升了公司的投资能力。截至 12 月底，公司共实现投资收益 64. 93 亿元，同比增长 39%；财务投资收益率为 5. 07%，同比提升 0. 31 个百分点。受益于近年来行司在结构转型方面的努力和投资水平的提升，公司盈利能力进一步增强。预计全年累计实现旧准则净利润 9. 83 亿元，同比增长 40. 92%，净资产回报率达到 6. 79%，达到历史新高。实现新准则净利润 12. 58 亿元（总行并表口径），同比增长 1 243. 93%。截至 12 月，累计贡献中间业务收入 17. 26 亿元，同比增长 63. 68%。

四、营销转型有序推进，渠道发展多点突破

2019 年，公司着力提升综合业务能力，实现多点

突破。银保业务渠道在工行的大力支持下，不断夯实管理基础、加大培训力度、创新营销方式，全年实现期交保费收入40.61亿元，同比增长21.89%。个险业务渠道通过打造“健康人力”，2019年实现月均活动人力同比增长23.54%，队伍质量有效提升，全年实现期交保费7.56亿元，同比增长12.41%。团险及中介业务渠道在服务集团内机构保险保障需求的同时，承保了宝洁、诺基亚等一批世界知名企业客户，获得了市场认可。全年实现保费收入13.45亿元，其中团险业务10.36亿元，同比增长37.23%。

五、机构发展逐步优化，中支管理初见成效

2019年，公司以提升区域竞争力为重点，深化机构改革，提升总分机构经营管理能力，机构发展整体向好。截至12月末，21家省级分公司均实现了新业务保费的同比正增长，有17家省级分公司实现了期交保费的同比正增长；72家中心支公司中，有68家中心支公司实现新业务保费同比正增长，50%的困难机构实现脱困。

六、风控管理不断升级，经营防线全面牢筑

2019年，公司加强了全面风险管理体系建设，修订了全面风险管理基本规定，完善了全面风险管理制度体系；强化合规监督检查，认真落实银保监会要求的各专项整治工作，进一步提升了公司日常经营管理的合规程度；加强反洗钱管理，将反洗钱合规风险提升至董事会管理职责范畴；加强内审再监督、再评价，扎实实施内部审计计划，有效发挥了第三道防线对公司合规经营的重要支撑作用。

七、党建工作深入推进，党组织基础进一步夯实

2019年，公司党委扎实开展“不忘初心、牢记使命”主题教育，组织党员干部开展系统的理论学习、深入基层调研、广泛查找问题、扎实整改提高，党员干部运用党的创新理论指导实践、推动工作的能力得到进一步增强；强化组织建设，党支部数量由年初的28个增至年底的38个，增幅达35.71%；强化作风建设，明确党支部职责和考核要求，将从严治党压力压到实处。公司纪委坚持纪律建设和作风建设常抓不懈，做实警示教育，运用四种形态强化监督执纪问责，推动制度完善，探索合力监督，推动全面从严治党、全面从严治司向纵深发展。

（工银安盛）

工银投资

2019年，工银投资聚焦服务供给侧结构性改革和协同集团战略发展，积极稳妥推动市场化债转股业务高质量发展，超额完成国家四部委和总行党委确定的各项目标任务，实现公司经营发展“党建引领、行司联动、完善治理、精细管理、优化结构、快速发展、提升效益、同业领先”的良好局面。

一、坚持党建引领聚合力，推动全面从严治党、从严治司引向深入

一是“不忘初心、牢记使命”主题教育活动扎实推进。认真落实中央和总行决策部署，统筹推进，将主题教育工作落实到支部、细化到个人。党委班子召开工作部署会1次，开展10次集中学习研讨、1次读书班，深入8个部门进行调查研究，深入26家省市分行与当地政府、分行、企业进行座谈交流，推动债转股业务发展；与干部群众进行60余次一对一谈心谈话，广泛征求意见建议67条，检视问题43条，完成整改30条；组织召开专题民主生活会，进一步提高思想认识，明确整改措施和努力方向。二是基层党组织逐步完善。按照总行要求，召开公司党委2018年民主生活会及各支部组织生活会，认真开展以“顾国明、谢明案”为鉴的专题教育整改，开展“两优一先”评选，设立工银资本党总支1个、基层党支部16个，推动党建工作在基层落地生根。三是以全面从严治党带动全面从严治司引向纵深。公司党委班子与各部门主管签订党风廉政建设、案件防范责任书，设立纪委和纪委办公室，深化运用监督执纪“四种形态”，开展形式主义、官僚主义等“四风”问题专项整治，营造风清气正的政治生态。

二、聚焦主业、服务本源，助力实体经济去杠杆、稳增长、防风险、促改革

一是主要经营指标全面超额完成、领先同业。截至2019年末，工银投资债转股项目累计签约162个、金额5 903亿元，同比增加1 482亿元；累计落地项目178

个，同比增加125个；累计落地规模2 849亿元，同比增加1 955亿元、增长219%，其中发改委口径落地规模2 626亿元，收债未转股及其他等项目投资金额223亿元。涉及工银投资承担风险的落地规模1 696亿元，同比增加928亿元、增长121%。实现940亿元降准资金全部投放，联合社会资金投资1 284亿元，联合投资比例达1∶1.37，超额完成人民银行等四部委考核要求。实现净利润5.63亿元，同比增长2.3%，计划完成率102%。新增落地规模、净利润均位居同业第一。二是投资布局持续优化。业务遍布北京、上海、广东等28个省市，广泛覆盖钢铁、电力、新能源、科技创新、基础设施建设等行业。服务主体多元化，央企占比31%，地方国企占比57%，民企占比12%。三是行司联动协同成效显著。债转股投资已带动全行138户战略合作企业深化全面合作，投资期间，预计债转股业务新增收入285亿元、盈利130亿元。促进关联业务发展，已带动分行公司存款增加1 200亿元，集团托管规模增加387亿元等；协同集团履行社会责任，完成扶贫等捐赠6 250万元。累计向77家持股企业派驻101名董监事，审议三会议案1 150项，促进企业提升治理效率，增强企业资本实力和竞争力。四是创新发展树标杆。广州越秀项目是全国首单获批的非上市非公众股份公司债转优先股业务，青海黄河项目是国内规模最大的央企混改引战项目，中化能源项目是我行领投规模最大的“双百企业”引战项目，招商公路项目迈出了“债转股+并购”模式创新第一步，华能集团项目是国内规模最大的投资央企本部项目，龙煤项目树立了综合实施“债务重组+债转股”、帮助企业改革脱困的典范等，均为工银投资赢得了良好的市场口碑。

三、多措并举、开拓创新，实现募资渠道多元化

工银投资充分发挥集团在渠道、资源、营销、品牌等方面的优势，建立与总分行相关专业条线联动募资机制，多元化拓展募资渠道。一是有效拓宽同业合作通道。累计取得23家银行合计1 637亿元授信额度；获准发行300亿元金融债券，并成功发行两期共200亿元金融债券，成为首家发行金融债券的金融资产投资公司。二是社会募资引领同业。工银投资及工银资本先后取得私募基金管理人资格，成为业内首家具有两张私募基金管理人牌照的债转股实施机构。截至2019年末，累计设立私募基金及资管产品24只，认缴规模990亿元，实缴规模397亿元，领先同业。实现济南新旧动能转换债转股基金、北京诚通工银股权投资基金等首创银政企、银企合作基金新模式落地，实现业内首次撬动银行私募理财资金、保险资金投资债转股业务。获准发行广州越秀等9只债转股投资计划并成功发行2只，募集资金49.8亿元。

四、严格把控实质风险，促进公司依法合规稳健经营

一是全面风险管理能力持续增强。工银投资出台落实总行债转股业务纳入统一授信管理、重点行业移位管理等要求意见，印发2019年风险限额管理方案、民营企业债转股业务风险控制研究、并表管理工作细则等制度，制定市场风险、资产质量分类、金融市场业务产品控制等管理办法，编制4期风险管理报告，全面严格管控风险。二是严守依法合规底线。印发案防、合规经理、反洗钱、私募基金合规手册等管理办法，开展案防警示教育，积极配合审计署、总行内审局及毕马威做好审计工作，开展2019年度内部控制评价自评估，完成战略管理、私募基金、风险资产债转股等8个专项审计项目，促进公司依法合规稳健经营。三是存续期管理系统化推进。组织完成2019年派驻董事监事履职考核评价、新任董监事履职谈话，开展派驻董监事人才库调优，举办两期存续期管理高级研修班；完成63个已投项目119次间隔期检查、2个项目3次专项风险排查，不断提升债转股业务存续期管理高效优质开展。

五、加强体制机制建设，进一步强基固本、夯实公司发展基础

工银投资系统性、前瞻性滚动修编公司三年发展战略规划，制订年度业务发展计划及预算方案，编制信息科技规划。联动总分行相关部门，印发全行第一期476户债转股客户准入名单，组织召开重点分行债转股业务推动会。建立健全债转股业务管理规程、深化行司联动协作、推进民营企业债转股、业务合作费用分配、风险资产债转股业务工作指引、资金募集、母子公司一体化运营管理、合作机构管理、定价管理、加强派驻董事监事管理、柔性投后管理团队、投资见面会机制等多项制度，充分调动各方积极性，为债转股业务稳健发展提供体制机制保障。累计完成债转股业务系统5个版本优化并实现与总行相关系统对接；投产持股管理、金融市场交易等子系统支持公司业务发展；加强数据治理，有效提升债转股业务信息化水平。

（工银投资）

浙江平湖和重庆璧山工银村镇银行

一、浙江平湖工银村镇银行

（一）经营情况。存款：各项存款余额 18.88 亿元，较年初增加 2.1 亿元、增长 12.54%，超额完成年初董事会确定的目标任务。从存款构成来看，对公存款 12.12 亿元，较年初增加 0.4 亿元；储蓄存款 6.76 亿元，较年初增加 1.7 亿元。

贷款：各项贷款余额 18.36 亿元，较年初增加 0.51 亿元，其中：个人贷款余额达到 8.57 亿元，较年初新增 0.41 亿元；公司贷款 9.79 亿元，较年初新增 0.1 亿元。个人贷款占比达到 46.65%，贷款结构进一步优化。

风险：不良贷款余额 4 564.18 万元，不良率 2.49%，分别较年初下降了 1 019.77 万元和 0.64 个百分点。全年不良贷款处置 2 604.73 万元（其中现金清收 1 693.49 万元，呆账核销 911.24 万元），拨备覆盖率达到 244.47%，较年初提高了 85.60 个百分点，贷款不良率基本呈现持续下降态势，资产质量稳中向好。

经营效益：各项营业收入 11 609 万元，各项营业支出 7 058.3 万元，提取各项贷款损失准备 3 160 万元，实现拨备前利润 4 551.82 万元，实现净利润 546.67 万元，净利润较去年同期增加 196.60 万元。

（二）主要工作措施。

1. 党建引领注重实效。不断完善党组织架构体系，自党委成立以来首次任命行长为党委副书记，首次任命监事长为纪委书记，进一步完善了党委班子成员的组成，同时在原有一个党支部的基础上，设立第二党支部，使党组织架构更加完善。先后组织开展“不忘初心、牢记使命”主题教育、党员参观新四军苏浙军区革命旧址纪念馆、党员重温入党誓词、党员干部谈心谈话、召开组织生活会开展民主党员评议，讲授专题党课，与嘉兴分行直属党委开展结对共建等活动。发挥党员干部先锋模范作用进一步引领，佩戴党徽，亮明身份，作出承诺，以岗位业绩、榜样示范，带动员工，共同推动稳健发展。

2. 经营管理稳字当头。扎实推进存款工作，存款规模稳步提升。一是以特色存款产品为抓手，提升存款竞争力。以打破理财产品刚性兑付为契机，针对中老年客户，通过“期期赢”“定制储蓄存款”和“利添利”等创新产品，打造竞争优势，吸引存款客户。二是员工揽存意识逐步形成，存款宣传成为常态。分季度制定存款考核办法，引导激励存款工作。营销部门每天安排人员到各大社区、村、各专业市场、超市等，通过现场发放宣传单，开展存款营销，进一步拉近了与社区、乡镇居民的关系。三是充分以各种节日为契机，开展专项存款营销活动。全年先后组织开展了元宵节、妇女节、劳动节、国庆节、十周年行庆等多场专项厅堂营销活动，收效明显。四是积极参与财政存款招标，全年竞标成功财政存款 12 000 万元，进一步增强了存款的稳定性。

积极拓展小微信贷，贷款规模保持平稳。一是以小微创业园为抓手，做好小微企业信贷市场。根据平湖市政府开展的“退散进集”活动，锁定平湖辖内初具规模的创业园，逐户跑动，了解需求，积极拓展新客户。针对进驻园区购买厂房和经营场所的小微企业，创新设计推出了小微企业创业无忧贷，有效满足了小微企业的融资需求，共计发放 2 010 万元。同时依托主发起行建立的小微企业支持目标库，加快走访进度，推动业务合作。二是持续拓展普惠型农户贷款。农户光伏得利贷 2.0 版协议签署完成，为进一步推动绿色金融、普惠金融打下良好基础。三是进一步做好个人住房贷款业务，稳定信贷规模。针对一手房市场，加强与滨江、中梁、紫金华庭、东福城、龙湖紫宸、中筑名瑞府等六大楼盘的业务合作。针对二手房市场，陆续走访，密切联系，第二季度举办了房产中介联谊会。同时，根据人行统一工作部署，从 10 月开始，对新发放个人住房贷款和个人消费贷款全部执行 LPR 基准定价。

强化信贷风险管控，资产质量稳中向好。一是加强贷前审查，严控新增贷款不良发生。谨慎控制新增保证贷款，优先发展有充足现金流、有合格抵质押品优质信贷客户。引导客户经理重视走访信贷客户，加强信贷客户以及担保企业的现场核查，多次前往外地开展现场核保，通过现场和非现场相结合的管理方式，及时掌握企业对外担保、投资，银行支持政策变化等情况。强化信贷审查，确保信贷业务资料的完整性、及时性、准确性。同时充分发挥好贷款的预审准入机制，加强与工行的联合授信工作，有效防止“病从口入”。二是加强贷后管理，防止存续期间发生“病变”。引入主发起行的贷款管理理念与措施，充分借助贷款企业水费、电费、用工工资或税收等异常变化，以及贷款用途和还贷资金来源等来分析企业的经营情况和财务状况。三是加快存量不良处置速度，力争轻装上阵。进一步建立与完善了潜在风险监测台账、不良处置进度台账、核销贷款管理台账。

完善内控工作机制，内部管理趋向稳定。围绕提升内部管理目标，充分发挥内审小组作用，组织开展了多项内审检查，以查促改。进一步优化业务流程，不断完善各项规章制度，提高制度执行力。开展案件警示教育，提升员工合规意识，为稳健发展提供强有力保障。

3. 科技提升初显成效。2019 年通过向主发起行申请，借调了省分行金融科技部专业科技人员担任技术总监，全面提升科技队伍的整体水平。截至年末，工行新一代反洗钱系统已经上线；工行全球信贷管理系统中企业评级授信管理功能上线；工行电票系统的代理接入已经完成申请，即将进入系统开发和参数设置阶段；柜面一体化组合模式以及电子档案系统正在内部测试需求评估阶段；银行卡银联贷记功能处于联调测试阶段；嘉兴工行数据仓库对公存款统计功能正在研发测试中，管理水平和服务水平不断提升。

4. 队伍建设以人为本。一是围绕提升员工队伍素质、增强员工凝聚力、打造和谐团队等方面积极加强队伍建设，员工队伍的稳定性和整体素质不断增强。在成立十周年之际，启动了“新起点、新探索、新发展，讲学习、讲规矩、讲担当”大讨论大宣传大实践暨向村镇银行建行十周年献礼的主题系列活动，陆续开展了宣传工作座谈会、员工座谈会、十周年员工评优评先、主题征文等活动，不断凝聚共识、激发活力，敢于担当，务实创新。二是进一步加强员工培训学习。组织两名新员工到平湖工行市场部跟岗学习一个多月；内控专员到平湖工行内控专管员处进行学习交流；组织市场营销部和风险管理部员工参加由总行统一安排的客户经理专业资格考试；组织营业部员工参加由省分行统一安排的客服经理专业资格考试；安排两名员工参加嘉兴分行的网点主任培训。三是多次组织员工团队活动，增强队伍合力。组织开展了户外集体拓展活动，召开了庆祝村镇银行成立十周年员工联欢活动，组织开展环东湖健步走等。同时，参照工行财务标准，逐步提升员工福利，解决了滨海支行员工的中午就餐问题，让员工的满意度、获得感不断提升。

二、重庆璧山工银村镇银行

2019 年，重庆璧山工银村镇银行紧紧围绕董事会确定的年度经营计划，以监管评级提档升级为重点目标，着力开展降低存款付息率、调整贷款结构和处置不良贷款三大核心工作，央行评级由 7 级提升到 6 级，央行宏观审慎评估由 C 级提升到 B 级，新增 3 个监管达标指标，18 个监管指标中 16 个指标实现优化，完成了总行下达的利润指标和中间业务收入指标，实现了经营扭亏、监管指标优化、监管评级提档升级。

（一）经营指标。2019 年末各项存款余额 28 228 万元，较 2019 年初减少 4 836 万元、降幅 14. 63%。其中，储蓄存款余额 19 557 万元，较年初增加 1 835 万元、增长 10. 35%；公司存款余额 3 332 万元，较年初减少 4 345 万元、降幅 56. 6%；机关团体存款余额 37 万元，较年初增加 9 万元、增长 32. 14%；保证金存款 1 613 万元，较年初减少 1 007 万元、降幅 38. 44%。

2019 年末各项贷款余额 20 912 万元，较 2019 年初减少 3 292 万元，降幅 13. 6%。其中，公司贷款余额 5 321万元，较年初减少 7 129 万元、降幅 57. 26%；个人贷款余额 15 591 万元，较年初增加 4 337 万元、增长 38. 54%；垫款较年初减少 500 万元、降幅 100%。

2019 年末不良贷款余额 390 万元，较年初减少 4 674万元、降幅 92. 3%。不良贷款率 1. 86%，较年初下降 19. 06 个百分点，逾期 90 天以上贷款与不良贷款之比为 100%。

通过加强特殊资产的管理力度，2019 年收回账销案存资产 668 万元，实现贷款拨备回拨 423 万元。通过加强以物抵债资产的管理，实现抵债资产租金收入 18 万元。

2019 年实现拨备前利润 -411 万元，较上年减少 50 万元，拨备后利润、净利润均为 16 万元，分别较上年增加 6 529 万元和 6 589 万元。净利润超额完成总行下达的预算目标。

（二）监管指标。在 2018 年末新增 3 个监管指标达标的基础上，2019 年实现了“不良资产率”“不良贷款率”“单一客户贷款集中度” 3 个指标达标，18 个监管指标全面优化和改善。

风险抵补能力得到进一步增强，贷款拨备覆盖率达到 1 364. 91%，较年初增加 1 149 个百分点；贷款损失准备充足率 1 776. 63%，较年初增加 1 519. 75 个百分点。

资产质量方面，不良贷款余额和不良贷款率实现双降，分别较年初下降 4 671 万元和 19. 06 个百分点。

效益类指标中，实现净利润 16 万元，效益类指标全部实现优化和改善。成本收入比较年初下降 2. 83 个百分点；资产利润率、资本利润率较年初分别增加 10. 61 个和 65. 1 个百分点。

农村、小微金融服务方面，全力发展支农支小业务，500 万元以下贷款占比达到 100%，较年初增加 17. 63 个百分点；户均贷款余额 46. 27 万元，较年初下降 25. 76 万元。

（三）存款工作。2019 年，存款工作主要围绕降成本开展，彻底扭转了依靠拆借资金支撑的局面，降低了存款付息率。

一是璧山区四大平台公司及区属担保公司全部在村镇银行开立账户。2019 年末，上述公司存款余额达 2 045万元。

二是克服财政不能在村镇银行开立专户的不利政策影响，营销重庆农商行开户，吸收低息日均同业存款近4 000万元。

三是代发业务取得突破。成功营销两个旧城改造项目和一个高速公路拆迁项目代发业务，全年共发放拆迁款2 157笔，金额7 472.75万元；代发工资客户7户，代发笔数5 844笔，金额2 221.5余万元。

四是按照监管要求，压降银行承兑汇票的保证金存款，年末保证金存款余额1 613万元（其中银承保证金1 390万元），较2017年最高峰时期压降1亿元。

截至2019年末，各项存款付息率下降0.28个百分点，时点存款较年初减少4 836万元，日均存款较年初减少19 183万元。

（四）贷款工作。2019年末，各项贷款余额20 912万元，较年初减少3 292万元，其中：单边新增贷款11 986万元，存量贷款净减少9 044万元，核销不良贷款5 831万元，现金清收不良贷款403万元。生息贷款较年初增加1 382万元、增长7.22%。

始终坚持支农支小的经营定位，切实推动业务结构向三农、小微转型。年末，户均贷款余额46.27万元，较年初下降25.76万元，涉农贷款占比73.16%。

一是新拓户的翻身仗初见成效，全年新增信贷客户302户，投放贷款11 564万元，其中：按揭183户8 864万元、农担25户1 115万元、其他抵押类8户1 485万元、信用贷3户59万元、扶贫贷83户41万元。

二是“小额分散”要求执行到位，全年300万元（含）以上客户数从年初的21户11 798万元下降到10户4 486万元，减少11户7 312万元；500万元（含）以上客户数从年初的4户4 267万元减少到1户500万元，减少了3户3 767万元；本年度新增302户贷款户均仅38万元。

三是支农支小，小微营销渠道初步成型，一是主动走访政府牵头部门收集客户对象名单，获取了家庭农场、种植、养殖户、农村合作社、涉农企业、个体制造、药店及诊所等信息；二是从各行业协会、商会收集名单，积极参加其内部会；三是加强与农担公司的深度合作；四是到各镇街、村及城区主商业区的分片走访；五是抓政府关注点，针对“三社融合”“三变改革”开展营销。

（五）信用风险防控工作

一是风险抵补能力指标进一步优化。拨备覆盖率达到1 364.91%，较年初增加1 149个百分点；贷款损失准备充足率1 776.63%，较年初增加1 520个百分点；核心一级资本充足率42.63%，较年初增加11.61%；资本充足率43.68%，较年初增加11.67个百分点。

二是完成总行下达的存量贷款行业移位任务。全年共压降各类大额贷款9 642万元，其中：收回89户8 022万元，压降10户1 620万元，全面完成了总行下达的皮鞋制造业200万元、机械制造业2 800万元的移出计划，贷款结构调整基本完成。

三是贷款方式持续优化。抵押贷款占比74.18%，较年初增加31.56个百分点；保证贷款余额占比24.33%，较年初下降20.94个百分点。

（六）内控案防工作。成立十年以来，在总行和市行的领导、支持和帮助下，经营稳健发展，无案件和重大差错事件。

一是为贯彻落实市行“统一标准，融合发展”的战略部署，组织开展了整章建制工作。各部门、各专业依据总行和市行的相关规章制度，全面清理、修订本行产品办法和管理制度，废止村镇银行的标准，从制度上确保严格执行工商银行标准，确保与集团协同发展。2019年已修订完善管理制度37个。

二是认真开展排查，结合银保监会“巩固乱象成果　促进合规建设”“重大信用风险排查”“重点领域风险排查”“信贷管理专项检查”“股权及关联交易专项排查”“涉企违规收费排查”等要求，制订了2019年内控案防及内部审计工作计划。按照本年度计划，有序开展了信贷业务检查、账销案存管理检查、现金业务检查、重要空白凭证检查、反洗钱检查、银企对账检查、重要岗位轮换检查等21项检查。本年度重点检查内容为信贷业务，排查业务笔数238笔，排查业务涉及金额43 967万元。检查发现各类问题37个，问题已整改或已落实整改措施的37个，整改率达100%。

三是加强员工行为管理，组织各部门及各级管理人员按照本行“案防4个细则”明确的职责、履职要求和工作任务，加强对员工异常行为管理工作，认真组织开展了员工异常行为排查，共排查27人，排查率100%。重点关注员工行为异常、社交异常、收入异常和家族状况异常、违法违规对外提供担保、私售“飞单”、与社会不法中介勾结从事非法金融活动、泄露客户信息、参与民间借贷、充当资金掮客、经商办企业、利用职务便利贪污、挪用、侵占银行或客户资金以及收受贿赂等情况，强化员工行为管理，各级管理人员按照“管事要管人，管人要管思想”的要求，分级对员工思想进行管理，及时洞悉各层面员工的风险度，提高员工行为管理的有效性。

（浙江分行、重庆分行）

第六部分

重要文献

责任编辑：张骜宇

在全行干部大会上的讲话

陈四清

（2019 年 4 月 22 日）

刚才姜部长宣布了中央有关任命决定，并作了重要讲话。我坚决拥护中央的决定，完全服从组织安排。感谢党中央及中央组织部对我的关怀和信任。我决心在以习近平同志为核心的党中央的坚强领导下，团结带领工商银行领导班子和广大干部员工，切实履行“一岗双责”，大力加强党的建设，努力推动工商银行改革发展各项事业，不辜负党中央的重托和全行广大干部员工的期望。

工商银行是我国最大的商业银行，在中国金融业乃至世界金融舞台上具有举足轻重的地位。工于至诚，行以致远。近年来，工行领导班子和广大干部员工大力加强党的建设，认真践行新发展理念，坚决执行党中央关于经济、金融工作的方针政策和决策部署，积极建设“客户首选的银行”，锐意进取、奋发有为、攻坚克难，推动各项事业取得长足发展，多项核心业务指标在国际上持续领先。在这个过程中，姜建清、易会满等同志作出了重大贡献。会满同志到证监会任职后，谷澍同志和班子成员一道，做了大量工作。

今天我来到工商银行，担任党委书记、董事长，深感责任重大、使命光荣。当今世界面临百年未有之大变局，银行发展既要面对复杂严峻的形势挑战，同时也处于重要的战略机遇期。我们要坚持以习近平新时代中国特色社会主义思想为指导，认真学习贯彻习近平总书记系列重要讲话精神，特别是最近在中央政治局第十三次集体学习时的重要讲话精神，用创新的理论武装头脑，指导思想，推动工作。刚才，姜部长作了重要讲话，对工行的改革发展和党建工作提出了明确要求，我们一定要认真学习领会，抓好贯彻落实。

一是要提高政治站位，坚定正确政治方向，对党绝对忠诚，严守纪律规矩，增强“四个意识”，坚定“四个自信”，坚决做到“两个维护”，始终在思想上政治上行动上同以习近平同志为核心的党中央保持高度一致，坚持党对工商银行的绝对领导。

二是要坚决落实中央的决策部署，深化金融供给侧结构性改革，增强金融服务实体经济能力，坚决打好防范化解重大风险的攻坚战。主动强化责任担当，积极履行中管金融企业的经济责任、政治责任和社会责任，以服务实体经济、服务人民生活为本，自觉在党和国家事业大局中谋划工商银行的各项工作。

三是大力推动工商银行的改革发展，虚心向工行的老同志和领导班子学习治行经验，以客户为中心，开拓创新，锐意进取，全力以赴完成各项经营管理任务，推动工行改革发展事业再上新台阶。大力加强领导班子和干部队伍建设，关爱员工，服务基层，凝聚全行力量，为改革发展提供坚强的组织保证和人才保障。

四是大力加强党的建设，将抓好党建作为最大的政绩，认真落实管党治党的责任，推动全面从严治党向纵深发展，把全面从严治党的思路举措做得更加科学、更加严密、更加有效，以全面从严治党引领全面从严治行。

我将认真贯彻落实民主集中制，充分发扬民主，严格按程序决策，按规矩办事，发挥好每位班子成员和各方面的积极性，同时，以身作则、严于律己，带头认真贯彻执行中央八项规定精神，持之以恒反对“四风”，严格要求家属和身边工作人员，请全行干部员工监督。

同志们，今年是新中国成立 70 周年，让我们紧密团结在以习近平同志为核心的党中央周围，不忘初心、牢记使命，奋发有为、砥砺前行，为实现中华民族伟大复兴的中国梦而不懈奋斗。

在中国工商银行2019年年中工作会议上的讲话

陈四清

（2019年7月25日）

这次会议的任务是，以习近平新时代中国特色社会主义思想为指导，增强“四个意识”，坚定“四个自信”，做到“两个维护”，深入贯彻中央经济工作会议精神，总结上半年工作情况，研判当前形势，研究战略传承与创新，部署下半年重点工作，动员全行不忘初心、牢记使命，切实将思想和行动统一到党中央决策部署上来，奋力开创工商银行党的建设、经营管理和转型变革新局面。根据会议安排，今天下午谷澍行长还将作经营分析报告，希望大家认真学习贯彻。下面，我讲几点意见。

一、上半年成绩来之不易

今年以来，面对复杂多变的外部环境，全行认真落实党中央、国务院决策部署，保持定力，激活动力，交出了一份总体平稳、稳中有进的“中考”成绩单。

一是以全面从严治党带动全面从严治行取得新成果。坚持和加强党的全面领导，坚持党要管党、全面从严治党，以党的政治建设为统领，全面提高党的建设质量，在思想上政治上行动上同以习近平同志为核心的党中央保持高度一致。总行党委加强对全行各项工作的全面领导，把方向、管大局、保落实作用得到充分发挥。召开全面从严治党从严治行暨警示教育大会，以案明纪，以案促改。全面落实派驻改革任务，重构内部监督体系，推进总行本部巡视“全覆盖”。落实中央“基层减负年”要求，制定实施治理形式主义突出问题30条措施。完善干部考核评价体系，深化人员结构调整，加强对各类人才的培训。举办“青春心向党、奋斗在工行”五四主题活动，激发全行担当精神和创新活力。

二是“不忘初心、牢记使命”主题教育扎实推进。自6月初全行“不忘初心、牢记使命”主题教育启动以来，在中央指导组的悉心指导下，主题教育开局良好、进展顺利。把深入学习贯彻习近平新时代中国特色社会主义思想作为主线，总行党委带头开展专题学习研讨，系统梳理和认真学习习近平总书记对金融工作的重要指示批示精神。把学习教育、调查研究、检视问题、整改落实贯穿主题教育全过程，尤其是坚持边学边查边改，梳理出一批整改事项，积极推进整改落地，让员工和客户看到成效和变化。主题教育中，涌现出一批先进典型，开展了“两优一先”评选表彰。

三是社会责任工作和品牌建设持续加强。银保监会考核口径精准扶贫贷款余额1 652亿元，较年初增加184亿元。我行南江县定点扶贫项目——黄羊养殖产业扶贫，入选全球减贫最佳案例。发行全球首笔绿色“一带一路”银行间常态化合作债券。市值居金融业国内第一、全球第二。连续7年蝉联全球银行1 000强榜首。连续3年蝉联全球最有价值的银行品牌。

四是效益质量双稳格局巩固提升。集团实现净利润××亿元，同比增长××%；实现拨备前利润××亿元，同比增长××%；营业收入同比增长××%。净利润和拨备前利润增速均为近年来同期最高。拨备前利润和营业收入增速在可比同业中保持相对优势。实现手续费及佣金净收入883亿元，同比增长11.4%。境外及控股机构净利润同比增长20%。资产质量延续逐季改善势头。自2017年以来首次实现季度环比“双降”，其中不良率连续10个季度下降。剪刀差降至××亿元，连续12个季度下降，其中公司贷款剪刀差连续4个季度保持为负。逾期率××%，连续12个季度下降。拨备覆盖率较年初上升××个百分点至××%。

五是服务实体经济更加精准到位。上半年境内人民币贷款新增7 881亿元，同比多增1 613亿元、增长5.7%。非信贷融资与地方债投资合计新增4 507亿元，其中地方债投资新增3 829亿元、增长13.8%。从投向看，优先满足国家重大战略项目资金需求，项目贷款增加2 527亿元，占公司贷款增量61%。普惠金融发展增效提质，银保监会和人民银行口径普惠贷款增速均超过40%，增量分别是去年同期的3.5倍和5倍。普惠贷款实现不良“双降”。新发放普惠贷款利率4.55%，保持市场较低水平。民营企业贷款较年初增加1 340亿元、增长7.6%。先进制造业、幸福产业、物联互联等新引擎板块贷款同比多增190亿元。新增债转股落地项目23个、金额296亿元。两项成果纳入第二届“一带一路”高峰论坛成果清单。

六是经营活力和市场竞争力增强。全行上下“比”的意识进一步增强，“比”的氛围进一步浓厚。净增个人客户超2 000万户，创近年同期最好水平。信用卡客户破亿，领先全球同业。新增ETC客户400多万户。

手机银行客户规模、黏性、活跃度三项指标保持同业第一。对公结算账户净增64.5万户，同比多增21.5万户。在中央、省、市、区县四级政府机构改革账户营销中，市场占比第一。在已开标的职业年金受托人合作资格招标中100%中标。各项存款增加1.97万亿元，一般性存款增加1.64万亿元，均领先同业且创历史同期最高。储蓄存款时点和日均增量取得“双第一”，机构、公司存款增量四行占比均接近一半，机构业务营业贡献占比提升2个百分点。大零售营业贡献占比提升2.75个百分点至47.25%。资产托管营业贡献同比增长7.9%，成为大资管板块增长亮点。投行收入同比增长8.88%。金融市场净利润增长23.1%。票据业务营业贡献同比增长33.7%。工银瑞信养老投资管理规模突破2 800亿元，居基金行业第一。工银理财子公司首批获准开业。工银科技公司在雄安新区设立。e－ICBC 3.0和ECOS两大创新工程落地加快，IT新架构初步建成。网点转型工程有序实施，集约运营新平台成功试点。

七是风控和管理基础进一步夯实。资产质量夯基固本工程扎实推进。2013年以来新发放贷款不良率××%。潜在风险融资较年初压降××亿元。清收处置不良贷款××亿元。集团投融资风险监控平台建设与应用取得积极进展，子公司穿透管理启动实施。内控合规“压实责任年”活动全面展开，“八大领域”深度治理纵深推进。聚焦欧美等重点区域，强化整改落地，境外合规管理长效机制建设有序推进。

在当前外部环境总体趋紧的情况下，取得上述成绩的确来之不易。这是党中央坚强领导、国务院科学决策的结果，是监管机构和国家有关部门指导帮助的结果，也是全行员工狠抓落实、攻坚克难的结果。这里，我代表总行党委和董事会，向监管机构、股东单位和国家有关部门，向全行干部员工，表示衷心感谢和敬意。

同时要清醒认识到，全行经营发展中仍存在不少困难和问题。一是收益率稳定的难度加大。集团NIM为××%，较上年下降××个基点。在下半年存款市场竞争激烈、付息成本上升较快、资产端收益率提升难度较大的情况下，NIM稳定较为困难。二是资产质量改善基础还不牢固。部分机构风险多发态势尚未得到有效遏制。全行潜在风险融资总量仍处相对高位。亿元以上大户贷款劣变占全部公司贷款劣变的60%以上。我行不良率和剪刀差都高于可比同业。三是合规案防压力增大。上半年案件数量和金额同比呈“双升”态势。境外合规管理压力与成本显著上升，个别机构遭受监管处罚和监管评级下调。四是经营分化依然突出。部分行出现拨备前利润负增长。一些重要利润条线可持续增长能力面临考验。一些机构和板块市场竞争力弱化。个别机构潜在风险敞口大，化解任务十分艰巨。

全行要高度重视这些问题和短板，找准症结，抓住关键，推动解决。同时，上半年我行发生了顾国明和谢明两大案件，教训深刻，说明我们在全面从严治党、反腐败斗争方面还存在漏洞，还存在严重不足，一定要引以为戒，一定要努力改变。

二、正确认识当前形势

习近平总书记深刻指出，领导干部要胸怀两个大局，一个是中华民族伟大复兴的战略全局，一个是世界百年未有之大变局，这是我们谋划工作的基本出发点。两个大局同步交织、相互激荡，标注了我国发展新的历史方位，也构建了工商银行新时期改革发展的宏大背景。认清大势，洞察趋势，把握态势，有利于我们谋定而后动，审时度势做好下半年及今后一个时期的工作。

从经济形势看，当前经济全球化遭遇曲折，保护主义、单边主义持续蔓延，贸易和投资争端加剧，地缘政治冲突多点爆发，世界经济运行风险上升，各种不稳定不确定因素明显增多。国际货币基金组织、世界银行和经合组织都下调了2019年全球经济增速预期。世贸组织发布的第二季度全球贸易景气指数创2010年3月以来新低。发达经济体增长前景减弱，部分新兴经济体脆弱性上升，可能进一步拖累全球经济增长。尽管中美经贸谈判重启，但不确定性较大。中美经贸摩擦长期化、复杂化趋势，对全球经济增长的影响、对我国经济金融等领域的影响将逐步显现。我们要密切跟踪、审慎研判。

我国经济总体平稳，运行在合理区间，主要经济指标符合预期，经济基本面保持稳中向好态势。上半年国内生产总值增长6.3%。CPI同比上涨2.2%。平均每天新设企业1.94万户。6月城镇调查失业率稳定在5.1%的较低水平。同时，我国经济运行仍然存在不少矛盾和问题，既有周期性的因素，但更多是结构性、体制性的原因。外部不确定性给部分企业生产经营、外贸出口特别是市场预期带来一定影响。部分传统支柱产业进入调整期，制造业投资和民间投资增长有所放缓。区域走势分化态势较为明显，产业向外转移现象增多。居民消费潜力释放受到一些制约。经济面临新的下行压力。总体判断，我国经济平稳健康可持续发展具备充足支撑条件，长期向好的趋势没有改变，这为银行经营创造了有利的大环境。同时实体经济运行中的一些困难有可能向银行体系传导，需要我们从多个维度观察分析，妥善应对。

从金融形势看，一是金融风险出现一些新变化。经过一段时间的集中整治，金融风险从发散状态转向收敛状态，同时风险演化也呈现一些新特点。地方政府隐性债务存量规模仍较大，房地产市场风险可能局部显现。个别金融控股集团、中小银行和非银机构风险可能暴露，互联网金融特别是P2P风险仍需关注。汇市波动加大，股市震荡调整，债市违约风险上升，金融市场共振风险加大。二是国内外金融监管同步趋紧。全球尤其是美欧金融监管加强，频繁使用长臂管辖、溯及既往、集团追责、联合执法等方式，在反洗钱、信息安全、公司治理等领域加大处罚力度，中资银行国际化发展合规成本显著上升。国内监管也持续加大防范化解系统性金融风险的力度，强化金融机构的主体责任，监管从严趋紧成为常态。三是金融改革加快推进。包括深化金融供给侧结构性改革，健全货币政策和宏观审慎政策双支柱调控框架，稳妥推进利率“两轨合一轨”，深化汇率市场化改革，进一步扩大金融高水平双向开放等，都将给银行经营管理带来重要影响。四是金融科技快速发展。以5G、区块链、AI人工智能等为代表的新技术在金融领域深入应用，一方面推动银行经营方式和服务模式向线上化、数字化、智能化转型，另一方面也加速重构金融生态和竞争格局。

做好下半年工作，要把握好四点。第一，稳中求进。这几年我们经常讲稳中求进，今年更有特殊意义和特定要求。当前形势的最大特点就是不确定因素多，有时候一个不确定因素的出现，就可能引发全局变化，进而对工商银行经营产生直接或间接影响。因此，一定要保持战略定力，确保稳定发展，阵脚稳住了，发展就有基础。稳是进的前提和基础，进是稳的方向和保障。要把“稳”和“进”辩证统一到经营发展的各领域和全过程，做到该稳的稳住，该进的进取，以稳促进，以进固稳。第二，进中谋变。当今世界正处于百年未有之大变局，我们正处于一个大有可为的历史机遇期。形势在变，任务在变，工作要求也在变。我们既要有一张蓝图绘到底的决心和定力，又必须准确识变、科学应变、主动求变。正所谓“明者因时而变，知者随事而制”。第三，底线思维。凡事预则立，不预则废。要始终保持经营理性，增强忧患意识，宁可把形势想得复杂一点，把挑战看得严峻一些，从最坏处着眼，向最好处努力，打有准备之仗，把握战略主动。第四，机遇意识。要增强做好各项工作的信心和决心，坚定不移抓机遇、用机遇。要树立辩证思维，充分认识到危和机是同生并存的，善于在风险挑战中创造机遇，用创新发展的确定性来有效对冲外部不确定性，在变局中开创新局。

三、立足当前，着眼长远，开创工商银行改革发展新局面

今天的工商银行又站在一个新的起点上。经过几代人的接力奋斗，我们已发展成为全球最大的商业银行，资产规模、盈利能力、存款、贷款、资本、品牌价值等多项指标领先全球同业。我们有理由自豪但决不能自满，我们应该树立大行自信但决不能有“以老大自居”的心态，不能在掌声和喝彩声中迷失自我、丧失斗志。全行每个干部员工特别是领导干部，都要结合这次主题教育的问题检视，看看自己是否存在以下几个“有没有”。有没有因为工商银行是第一大行，就盲目乐观，认为可以轻轻松松领跑同业？有没有只看到第一大行光鲜亮丽的一面，而忽略细分领域的竞争弱势和发展短板？有没有较强的思维惯性、路径依赖和本领恐慌，甚至滋生惰性和暮气，而不愿再艰苦奋斗、追求卓越？有没有口头上强调“以客户为中心”和以人为本，而在服务客户、服务员工的过程中，却存在形式主义和官僚主义问题？

工商银行新时期的愿景是打造具有全球竞争力的世界一流现代金融企业，进而做基业长青的百年老店。现在我们正处在爬坡过坎、滚石上山的阶段，处在船到中流浪更急、人到半山路更陡的阶段，决不能有停一停、歇一歇的想法。“四种危险”中第一位的就是“精神懈怠”的危险。站在新时代的历史坐标体系下，我们要保持当初艰苦创业时那种激情奋斗的姿态，保持强烈渴望建功立业的心气，保持舍我其谁的担当精神，重整行装再出发，做和时间赛跑的“追梦人”，走好新时期“再次创业”的长征路。我们要保持战略定力和耐力，不轻易改弦易辙，坚持一张蓝图绘到底，一锤接着一锤敲，一年接着一年干，在久久为功、驰而不息中，推动愿景蓝图变为现实。我们要坚持传承创新和守正出新，着眼于新的形势变化，持续解放思想、更新理念，及时完善治行方略和经营策略，不断创造工商银行新的精彩。

当前及未来一个时期，全行要以习近平新时代中国特色社会主义思想为指导，坚持“党建引领、从严治理，客户至上、服务实体，科技驱动、价值创造，国际视野、全球经营，转型务实、改革图强，风控强基、人才兴业”的工作思路，集众智、汇众力，把工商银行建设成为具有全球竞争力的世界一流现代金融企业。

（一）坚持党建引领、从严治理，做旗帜鲜明讲政治、两加强两全面、两手抓两手硬的银行。党的领导是中国特色社会主义最本质的特征，是中国特色社会主义制度的最大优势。坚持党的领导、加强党的建设，是国有企业的“根”和“魂”。办金融是党执政的要事。党的十八大以来，习近平总书记对金融工作作出一系列重要论述。比如，关于金融的地位和作用，强调“金融是国家重要的核心竞争力，金融安全是国家安全的重要组成部分，金融制度是经济社会发展中重要的基础性制度”。关于金融与经济的关系，强调“金融是实体经济的血脉，为实体经济服务是金融的天职”“金融活，经济活；金融稳，经济稳。经济兴，金融兴；经济强，金融强”。关于防范化解金融风险，强调“防范化解金融风险特别是防止发生系统性金融风险，是金融工作的根本性任务”。关于深化金融改革，强调“供给侧结构性改革是经济工作的主线，也是金融工作的主线”。这一系列重要论述是习近平新时代中国特色社会主义思想的重要组成部分，是做好新时代金融工作的根本遵循。要

深入学习贯彻习近平总书记关于金融工作的重要论述，牢记自己的第一职责是为党工作，毫不动摇地坚持党的领导来办好金融这件事关国计民生的要事。要旗帜鲜明讲政治，以党的政治建设为统领，全面提高党的建设质量，发挥好党委把方向、管大局、保落实的作用。要秉承永远在路上的执着，全面加强党的领导，全面加强党的建设，以全面从严治党带动全面从严治行，以党风带动行风，以“关键少数”带动“绝大多数”。要坚持党建和经营“两手抓”，做到“四同步”“四对接”，把党建优势转化为创新优势、发展优势、竞争优势。同时，要进一步完善公司治理机制，使决策有良好的程序和方式，始终沿着正确的方向前进。

（二）坚持客户至上、服务实体，做不忘初心、坚守本源、有情怀、负责任、受尊重的银行。银行是服务行业。服务是立行之本、发展之基。满足实体经济和人民群众对金融服务的新期待、新需求，是我们践行党的初心和使命的根本要求，是大行家国情怀的重要体现。无论是客户至上，还是服务实体，都要有市场拼抢意识。要先看再比，在比中想，想好干，最终达到提高的目的。要当好服务实体经济的“国家队”，聚焦供给侧结构性改革和经济高质量发展，深化金融供给侧结构性改革，激发金融全要素的活力与效率，提高金融供给对实体经济的适配性和灵活性，促进金融与实体经济的良性循环。要当好为民服务的“主力军”，积极适应、引领和创造客户需求，潜心笃志打造随时、随地、随心的卓越服务体验，持续提升品牌美誉度和影响力，建设客户首选银行和人民满意银行，赢得客户和社会的广泛尊重。

（三）坚持科技驱动、价值创造，做面向未来、创新领跑、智能智慧、价值卓越的银行。科学技术是第一生产力。要以更加开放和进取的姿态拥抱金融科技，以“鼎新”带“革故”，用新技术、新模式对传统金融体系进行全方位、智能化改造，全面构建智慧银行体系，重塑工商银行科技发展代际优势，做智慧金融的主导者和先行者。要顺应创新、创造、创意的大趋势，跑出创新“加速度”，全面优化科技创新机制，集聚并用好创新资源、创新人才，最大限度激活 ICBC 的科创爆发力，涌现更多现象级的创新成果，形成金融与科技深度融合的“场效应”。要以金融科技全面赋能经营发展，为股东、客户、员工和社会创造卓越价值。

（四）坚持国际视野、全球经营，做服务国家对外开放新格局、统筹两个市场、境内外一体化发展的银行。要坚持把国际化经营放到国家对外开放大格局中去把握和推动，树立全球化的经营理念和战略眼光，强化跨境跨市场服务能力建设，成为中国企业对外经贸合作的首选银行、全球最受推崇的中资银行。要坚持走审慎稳健、提质增效的国际化发展道路，走与风控能力相匹配、与集团战略相融合的国际化发展道路，持续提升经营实力、价值贡献度和全球影响力。要坚持本地化、特色化、专业化发展与境内外一体化联动相对接，境内做强、境外站稳，一点接入、全球响应。

（五）坚持转型务实、改革图强，做按规律办事、经营活力足、发展动力强、竞争优势突出的银行。要善于把握经济社会发展规律和商业银行规律，坚持实践第一，突出问题导向，推动高质量发展。要抓住一批增长空间大、带动效应强的战略板块，带动形成多元动力和发展引擎，向转型要空间。要深化体制机制改革，激发各经营主体活力与效能，向改革要动力，向精细化管理要红利。大行要有大行的样子，不仅是规模庞大，还要志向远大、竞争力强大。要对标市场最高标准、最好水平，勇于直道追赶，善于弯道超车，长于变道领先，既要有迈出第一步的闯劲，也要有走好每一步的韧劲，在务实图强的转型改革中，成为竞争力一流的银行。

（六）坚持风控强基、人才兴业，做安全稳健、以人为本、凝心聚力、行稳致远的银行。对有近 30 万亿元资产的工商银行来讲，风险管理就是经营生命线，风控能力就是核心能力和看家本领。要树牢“总体国家安全观”，着眼全市场格局、全风险图谱、全周期监控、全口径管理，排好风险优先序，打好风险化解的主动仗和攻坚战，守牢风险底线。建设世界一流现代金融企业，必须要有世界一流人才。要坚持党管人才原则，树立正确选人用人导向，坚持严管和厚爱结合、激励和约束并重，建设忠诚干净担当的高素质专业化干部队伍，建设人才大行、人才强行，在聚才、聚心、聚势中，为打造基业长青的百年老店厚植人才基石和文化基因。

四、下半年要着力抓好的几项重点工作

下半年各项工作头绪多、任务重、要求高。要摆布好时间和精力，把“不忘初心、牢记使命”主题教育中激发出来的工作热情和奋斗精神，转化为做好下半年各项工作的实际行动。

（一）推动全面从严治党从严治行向纵深发展。

一是扎实开展主题教育。6 月 24 日，习近平总书记在中央政治局第十五次集体学习时发表重要讲话，强调全党必须始终不忘初心、牢记使命，在新时代把党的自我革命推向深入。总书记的重要讲话，是深入推进主题教育、加强新时代党的建设的行动指南。全行要切实把思想和行动统一到总书记重要讲话精神上来，围绕守初心、担使命，找差距、抓落实的总要求，引导广大党员干部发扬自我革命精神，积极主动投身到这次主题教育中来。我们党开展的历次集中教育，都是以思想教育、理论学习打头。这次主题教育也要把深化理论武装作为重中之重，推动学习贯彻习近平新时代中国特色社会主义思想往深里走、往心里走、往实里走。要坚持问题导向，把检视问题抓到位，把“改”字贯穿主题教

育全过程。中央列出了主题教育要专项整治的 8 个方面突出问题，第一批单位首先要抓好 5 个方面问题的整治，即整治对贯彻落实习近平新时代中国特色社会主义思想和党中央决策部署置若罔闻、应付了事、弄虚作假、阳奉阴违的问题；整治干事创业精气神不够，患得患失，不担当不作为的问题；整治违反中央八项规定精神的突出问题；整治形式主义、官僚主义，层层加重基层负担，文山会海突出，督查检查考核过多过频的问题；整治领导干部配偶、子女及其配偶违规经商办企业，甚至利用职权或职务影响为其经商办企业谋取非法利益的问题。总行党委围绕这 8 个方面问题，提出了检视问题 15 个重点方向。全行要对症下药，以真刀真枪解决问题的实效来衡量主题教育的效果。要开门搞教育，哪些问题最亟须解决，问题解决得好不好，由群众来评价、由实践来检验。要切实发挥领导干部的带头示范作用，既当好组织者，又当好参与者。要认真总结第一批主题教育开展经验，精心组织好第二批主题教育，确保取得实效。

二是推动派驻改革落地见效。目前，派驻改革方案已印发实施。各级党委要自觉对标对表改革要求，把派驻改革同完善内部监督体制机制、提高风险防控水平统一起来，统筹做好机构人员设置、职责划分、机制健全、队伍建设等工作，确保相关职能及时承接、工作连贯运转。要积极支持派驻纪检监察组依规依纪依法开展工作，对其发现、反馈的意见和问题，要深入研究，认真整改，确保主体责任和监督责任同向发力、同频共振。

要以派驻改革为促进，将全面从严治党从严治行引向深入。要一体推进不敢腐、不能腐、不想腐。以顾国明等典型案例为镜鉴，深化警示教育，抓好纪律教育、政德教育、家风教育及全行廉洁文化建设。要落实中央关于经济责任审计工作要求，把审计监督与纪检监察、组织人事、巡视巡察等监督贯穿起来，形成监督合力。要抓住“管住人，看住钱，扎牢制度防火墙”三个核心环节，标本兼治推进反腐败工作。要深化和拓展巡视巡察。坚持有形覆盖和有效覆盖相统一，既扩大面，又提升质。年内要完成总行本部巡视全覆盖。要强化巡视巡察成果运用，建立巡视巡察问题整改和“回头看”两本台账，确保整改落实到位。要力戒形式主义、官僚主义。认真落实治理形式主义突出问题 30 条措施，坚决叫停“痕迹主义”，防止“责任甩锅”，纠正“问责走样”，精简“文山会海”，形成真抓实干的高效能。

三是统筹抓好本部、基层、境外机构和子公司党建工作。要认真贯彻落实习近平总书记在中央和国家机关党的建设工作会议上的重要讲话精神，从总行本部严起，从本部党建抓起，聚焦解决“灯下黑”问题，全面提升各级本部党建工作质量。要树立大抓基层的鲜明导向，抓紧解决少数基层党组织弱化、虚化、边缘化问题，使每个支部都成为坚强的战斗堡垒，使每名党员都成为一面鲜红的旗帜。海外党建工作是全行党的建设的重要一环。要按照中央加强海外党建工作的要求部署，结合我行实际，探索灵活务实的方式方法，健全海外党建工作机制。明天我们还将召开海外党建工作座谈会，进行专门研究。要做好子公司党建入章工作，把党的领导融入公司治理的要求向下延伸。

四是打造忠诚干净担当的高素质干部队伍。工商银行事业发展，需要一支政治过硬、本领过硬、作风过硬的队伍。要提高选人用人的科学性。进一步完善干部考核评价体系和正向激励机制，把政治标准放在第一位，树立鲜明的实绩导向。谁有担当谁上，谁有本事谁来，谁有潜力谁干。要锻造能担当的“铁肩膀”。担当要靠专业打底。要根据工商银行未来发展要求，特别是国际化、综合化、信息化需求，科学测算人员总量和选择人才培养方式，把人才培养好、储备好。要按照干部成熟度和年龄段，分层分类推进培训。总行层面将按照 60 后、75 前和 75 后进行分层培训，对 85 前和 85 后作示范培训，分行层面要把 90 后纳入培训。要加强实践锻炼，让干部到一线、到火线上去学习磨砺，实打实、硬碰硬，练真本事。要坚持严管与厚爱相结合。建立管思想、管工作、管作风、管纪律的从严管理体系，坚持抓小抓早抓经常。要进一步强化干部任期管理，严格落实干部交流和岗位轮换制度。要将政治教育、思想引导、待遇保障、职业发展、人文关怀等贯通起来，把关心关爱员工落到实处。要把宣传思想工作、精神文明创建、企业文化建设和品牌建设有机结合，传播好声音，展示好形象，汇聚起推动工行改革发展的强大力量。

（二）提升服务实体经济的质效。贯彻“创新、协调、绿色、开放、共享”的新发展理念，落实“巩固、增强、提升、畅通”八字方针，在服务供给侧结构性改革和经济高质量发展中发挥更大作用。

一要优化投放策略。根据货币政策导向、实体经济需求和有效信贷储备，合理把握好信贷投放总量、结构和节奏，持续提升支持实体经济的力度和精准度。要进一步完善增量与存量并轨管理、信贷与非信贷一体化服务体系，发挥存量移位、资产证券化、信贷资产流转和银团贷款的调节作用，发挥债券、代理投资、租赁、市场化债转股等补充作用，为实体经济注入更多源头活水。要优化新增融资结构，重点保障小微和民营企业贷款、优质项目贷款、制造业贷款等需求。同时，要落实好房地产信贷监管要求，控制好房地产类贷款增量占比。

二要主动服务国家战略。充分发挥大行在“稳投资”中的主力军作用，把握基建领域补短板的有利窗口期，主动对接“四大板块”“三个支撑带”、雄安新区、粤港澳大湾区、长三角一体化、海南自贸区建设等国家重大战略，提高优质市场份额。要敏锐把握经济结构调整和产业转型升级的“脉搏”，加强在5G、大数据、云计算、区块链、人工智能、物联网等先导性产业和新型基础设施领域的布局。

三要进一步推进普惠金融合规可持续发展。巩固上半年普惠金融发展成效，持续优化业务结构，增强内生动能，提高发展质量。重点在“做真、做实、做好、做活、做持久”上下功夫。做真，就是要实打实投入精力和资源，真做小微，做真的小微。在客户选择上要正本清源，严格遵守单户授信1 000万元以下的监管标准，聚焦真正的小微企业。产品创新上要坚持小额化方向，走零售化发展道路，坚决遏制“名小实大”、管理套利现象。做实，就是要强化各级机构小微金融发展职责，做实小微专营机制。要继续通过实施内部资金价格优惠、落实尽职免责制度等手段，强化正向激励，增强内生动力。要切实强化小微中心经营职能，打通专营机构与支行网点联动渠道，实现“普惠业务全行办”。做好，就是要坚持优选客户，优选产品，严控质量。要加大线上融资产品的迭代开发和风控模型优化力度，从源头上提升客户筛选和业务“防假”能力。同时注重发挥线下专营机构作用，把线上大数据和线下“活情况”相结合，提高一体化风控能力。要严格落实监管要求，对违规收费和转嫁贷款成本等问题从严查处。做活，就是要抓好产品服务创新，更加适配小微企业需求。要创新作业模式，在保障风控能力的前提下，有效缩减业务环节，提升服务效率。要打造开放式、场景化的服务平台，拓展各类创新产品的应用场景，实现客户的快速接入和融资服务的自动匹配。做持久，就是要立足商业可持续发展，建设“敢贷、愿贷、能贷”的长效机制。服务小微不是一时之需，而是长久之计。要以提高专业能力为关键，突出加强小微从业队伍建设，把精兵强将选配到小微条线，让最了解市场、最了解客户、最了解风险的专业人员来选择客户、管控风险，实施“专家治贷”“专业治贷”。

要高度重视做好金融扶贫工作，突出“精准”导向，发挥专业优势，创新运用电商扶贫、联合扶贫、产业扶贫、教育扶贫、供应链扶贫等模式，进一步提升脱贫攻坚质量和效果。

四要积极支持发展动能转换。要把握制造业高质量发展的市场机遇，加大资源倾斜和配置力度，增加制造业中长期贷款和信用贷款投放，积极支持制造业转型升级。对一些符合国家政策导向、主业突出、市场前景良好，但遇到暂时困难的传统行业龙头企业，综合运用“债务重组＋债转股”“产业基金＋债转股”“工银新动能（债转股）基金”等方式，帮助企业脱困重整、降本增效。要把握科创板开市机遇，完善“科创中心＋特色支行”的发展布局，创新商投一体发展模式，丰富完善专属产品和服务体系，支持优秀科创企业不断成长壮大。

（三）全面加强风险治理。坚持底线思维，把握金融风险发生和演化的新特点，下好“先手棋”，打好风险防控攻坚战。

一要全力做好中美经贸摩擦应对。我行体量庞大，遭受外部风险冲击的触点更多、概率更大。要做好中美经贸摩擦长期化的思想和措施准备，健全集团中美经贸关系月报研究机制和季度会商机制，动态完善应对预案。既要关注加征关税带来的直接影响，也要关注贸易争端可能向科技、金融等领域扩散的风险。既要密切监测对美进出口依赖度高的企业及其供应链客户可能出现的经营困难，也要密切监测全球金融市场波动可能带来的汇率、利率和流动性风险。要主动开展业务结构、外汇资产组合、国别风险敞口的优化调整和风险化解，尽可能降低贸易摩擦对我行的影响。

二要持续净化资产质量。把稳定信贷资产质量作为风险防控的主战场，坚持控新降旧双向发力。严格新增融资准入。构建以客户为中心的全口径信用风险管理体系，统一集团信用风险偏好，强化客户准入监控，严防过度融资。对问题苗头暴露较多、呈现集群性风险特征的行业和区域，以及线上融资、境外融资和子公司融资等领域，要强化联动管控。要突出第一还款来源，避免形成对抵押的过度依赖。加快潜在风险化解。持续优化客户交叉违约尤其是大户风险管控机制，将金额大、复杂度高的大户风险化解牵头工作提升到总行层面。对净负债率过高的房地产企业，对财力弱、债务负担重的区县级政府融资平台，对主业不突出、核心竞争力不强、财务包袱重、存在多头融资的地方国企和民企，要认真研判实质风险，前瞻做好风险化解预案，有序压降风险融资总量。强化不良资产清收处置。根据“冰棍、根雕、顽石”三类资产的特点，采取批量转让、重整盘活、风险代理、依法收贷等措施，提高处置效率和效益。要加大账销案存资产清收力度，确保完成清收任务目标。

三要严防风险交叉传染。把好资产管理、金融市场、同业、票据等跨市场业务的创新边界，加强综合化经营机构的并表和穿透管理。要优化集团投融资风险监控平台功能，实现各类信息的统一展现和各类风险的监测预警。要高度关注个别中小同业机构的风险暴露，完善同业合作策略，加强准入和限额管理，有序化解存量风险，发挥好大行市场“稳定器”作用。

四要持之以恒抓好内控案防。坚持高压整治与强基固本一体推进，坚决遏制案件和风险事件反弹势头。严控“两率”监管目标。针对全行操作风险率和案件风险率同比“双升”的严峻态势，继续紧盯信贷、资管、金融市场、投行、委外等第三方合作、同业业务、资产处置、集中采购“八大领域”，深化风险治理，着力解决典型性、普遍性、系统性的管理漏洞和控制缺失。认真做好监管检查配合与整改工作。积极配合做好人民银行反洗钱现场评估检查工作，领导小组及专项工作小组要牵起头、负起责，对外及时响应监管要求，对内有效指导分行。要认真做好监管通报问题及检查发现问题的整改，确保整改取得监管认可。严格责任追究机制。落实好信贷、非信贷、非标代理三个责任认定办法，建立监管罚没损失与机构领导班子绩效挂钩机制，在问责上强化“问严、问精、问准”。

（四）推动竞争力提升和高质量发展。今年是全行实施新一轮三年规划的承上启下之年。各机构、各条线要以更加积极进取的姿态，唯市场不唯指标，努力在可比同业中保持更有竞争力、更高质量的发展水平。

全力打造“第一个人金融银行”。在当前经济存在下行压力背景下，个人金融业务分散风险、稳定收益的作用更加凸显。同时，随着对互联网金融监管的加强，客户的金融资产和金融交易正在回归银行体系。时不我待，要抓住这个窗口期，对标市场最强对手，敢于亮剑，奋起直追，打好个人金融业务翻身仗，力争到今年底，核心业务增量同业占比全面领先。储蓄要紧盯时点和日均增量“双第一”的目标不动摇，紧盯市场资金流动变化和同业竞争策略，畅通金融资产与储蓄存款协同发展路径，抓好各类资金尤其是源头资金的承接和争揽。个贷要在巩固增长领先势头的基础上，进一步优化投向结构，提高重点区域、重点品种、重点客群的占比，落实好按揭贷款政策和资金流向管理要求，做到既有增量，又有质量。中收要着力补强基础支付结算的短板，推动第三方支付绑卡量和交易量再提升，通过抓产品创新、抓服务提升、抓交易活跃，真正让客户资金转起来、投资消费旺起来。客户要确保实现全年新增4 000万个人客户的目标，并做好金融资产5万元以下客户的激活与价值提升工作，强化交叉销售，把这块隐藏的“富矿”开发利用好，推动客户结构和质量稳步上移。要坚决打赢ETC业务攻坚战，深耕交通出行这个高频支付场景，强化综合营销，力争全年新增5 000万户，确保增量同业第一。信用卡要坚持“全行办”理念，深化互联网化转型发展，在强化风控的基础上，做大有效客户总量、消费额和分期付款规模，提升信用卡业务市场竞争力和价值贡献度。私人银行条线要扎实推进业务运作模式改革，剥离投资管理职能，强化客户服务职能，确保存量风险有序化解，改革平稳落地。

打造第一个人金融银行，不仅要业务领先，还要注重科技、渠道的基础支撑作用，多维发力、全面赋能。尤其要将手机银行作为个人金融业务转型升级的核心、竞争制胜的“重器”，使工商银行不仅是“您身边的银行”，更是“您手中的银行，您心中的银行”，实现一机在手、走遍全球，一机在手、尽享所有。要强化用户思维，瞄准高值人群、注重潜在价值、加大前瞻投入，深入开展场景化、智能化、开放化建设。要打造产品深度，根据客户年龄、职业、资产等维度，投产面向不同客群的专属手机银行版本，在客户规模、活跃程度、客户黏性等主要指标上创造绝对优势，牢固树立线上综合金融服务第一平台的品牌形象。要深入推进网点转型，促进线上线下融合打通。加快“五大工程”落地，为网点减负赋能。减负要从细处入手，聚焦一线痛点，通过流程简化、作业集中、报表精简、培训整合等措施，把“超载”的职能减下来，更好发挥网点价值创造作用。赋能要从大处着眼，聚焦网点布局优化调整、经营生态构建、营销服务响应等，提供指导和支持，推动网点向智慧化转型，实现智能柜台与手机银行的无缝衔接，形成全渠道发展的强大合力。

这里要特别强调一下，公司条线和机构条线都要将打造第一个人金融银行当成己任，以公促私，将公司和机构中的个人发展成为我行的客户。

夯实公司业务发展基础。要构建更加合理的公司客户梯队结构。做宽“底部”，坚持抓大不放小，聚焦全市场3 600万企业存量和每年近700万新登记企业增量，利用企业通、e缴费、小微企业综合服务等平台，抓好新客户、新账户拓展。做强“中部”，以名单制为抓手，抓好一批集团公司核心成员企业、地方骨干国有企业、分行级民营骨干企业、细分行业龙头企业的拓展，推动日均资产50万元以上公司客户的数量和占比稳步提升。做深“头部”，深化“1+N”一体化营销体系建设，在总行直营客户上率先取得突破，提升客户黏性和综合贡献。

构筑机构业务竞争发展新优势。一是竞争和服务手段要有新突破。在政府、社保、军队改革向下延伸营销攻坚过程中，注重系统对接带来的“一点突破、全局盘活、长期稳定”作用，重点深化智慧政务、军民融合信息化建设等领域的合作。二是全领域拓户要有新进展。教育、医疗卫生、党团工会、公安司法、公共服务等相对薄弱领域要拉长补强，把“短板”变成“潜力板”和“优势板”。三是统筹能力要有新提升。充分发挥机构客户和资金的源头性作用，强化机构、公司、零售板块的协同联动，实现G-B-C全链条的拓户增存。要特别强调的是，三季度市县级政府改革所涉及的机构将基本完成账户开立工作，职业年金受托营销也接近尾声。要再接再厉，打好营销“收官战”，并做好后续运营服务等工作。

稳步推进资管和投行业务转型。优化多元化、全功能服务平台建设，推进向综合金融服务商的转型。资管板块要以理财子公司成立为新起点，理顺子公司与集团渠道销售、产品布局、项目推介、风险管控、系统运行、考核评价、区域理财、境外发展八大协同关系，将集团的全价值链优势、子公司的专业投研能力和分行的客户营销优势更充分结合起来，稳住客户、规模和市场优势。投行板块要进一步完善商投一体、境内外一体、表内外一体的发展机制，提升统筹、协同和创新水平，在重组并购、资产证券化、结构化融资、债券承销、投贷联动、咨询服务等优势领域聚力发力，不仅要将投行板块打造成中收的重要增长极，还要发挥其在公司金融转型中的“标兵”和引领作用。

全面提升战略性区域竞争发展水平。把服务国家区域协调发展战略，同提升我行在战略性市场的竞争发展能力有机结合，强化顶层设计，精准落子卡位。要提高战略聚焦能力。把京津冀、长三角、粤港澳大湾区等战略性区域作为工商银行竞争发展的主战场，在规模、费用、人力、创新等要素投入上给予充分倾斜，支持区域内机构冲锋陷阵，攻城拔寨，牢牢占据领头羊地位。要提高统筹协同能力。取得战略市场的竞争胜势，靠的不仅是单兵作战能力，还要看资源整合能力、全兵种作战能力。各机构、各条线要以客户为中心，强化战略协同，实现信息共享、项目共研、市场共拓，形成强大的聚合效应。要提高精细化管理能力。把加快战略性区域发展与提升重点城市行竞争力相结合，进一步健全业务授权、考核评价、分类管理等措施，引导区域机构眼睛向内，激发内生动力。其中，京津冀区域机构要抓住疏解北京非首都功能这个“牛鼻子”，把握城市群空间和产业格局重构的主线，抢抓雄安新区、北京城市副中心建设和2022冬奥会等市场机遇，进一步巩固同业龙头、系统旗舰地位。长三角区域机构要紧扣“一体化”和“高质量”这两个关键，提升服务辐射能级，带动长三角区域成为我行创新发展的高地和高质量发展的示范区。粤港澳大湾区机构战略定位上要眼界更高，在融入全局、优化布局、突破格局中，树立与工商银行地位相称的市场竞争优势。发展方式上要内拓外延，内生发展与外延增长并重。业务模式上要创新驱动，围绕制度规则对接，加强跨境金融创新，用好资本手段和牌照优势，实现跨越式发展。

（五）构建国际化发展新格局。党的十九大报告提出“推动形成全面开放新格局”。习总书记在中央政治局第十三次集体学习时强调，要深化金融对外开放，增强三种金融能力。我们要深刻领会和把握中央要求，找准方向，明确定位，优化布局，提升质量，构建国际化发展新格局。

一要优化境外布局。要根据整个全球化进程的变化，对我行国际化经营布局做些微调，围绕国家战略，聚焦大中华区、“一带一路”沿线及经贸往来密切区域，进一步做优网络布局。突出强化核心市场与重点市场，壮大已有机构的经营实力和全球服务能力。重点做强亚太市场。工银亚洲要名至实归，真正发挥旗舰平台作用，为支持香港融入国家发展大局作出贡献，并辐射带动东盟及其他亚太机构转型发展和争先进位。工银澳门也要打造成旗舰平台，尽快缩小与领先同业的差距并实现赶超。要总结自建与并购的经验，推进新的发展，加快填补战略市场空白。台湾地区机构设立要尽快取得突破。

二要健全境外管理架构。总行部门要加强对境外机构的专业指导和监督，打通境内境外、在岸离岸，成为全球一体化经营的行家里手。要探索区域业务协同与管理融合的有效方式。美国机构要做实区域管理委员会机制，调整资产结构，专注核心客户及业务。工银欧洲要强化统筹管理能力，理顺辖属分行的责权利关系，加快重回增长轨道。要加强对并购机构尤其是非银行机构的整合管理，关注战略协同与集团管控落地，避免其“自成一体”“自我循环”。

三要突出强化风险管理、反洗钱、合规管理三大体系。确保风控能力提升与业务发展速度相匹配，尤其要高度重视境外信贷风险管控，夯实信贷管理基础。要把反洗钱摆在更加突出位置，投入更多资源，持续完善全球反洗钱系统，对客户、业务进行严格尽职调查，筑牢防火墙。要巩固境外合规管理成果，按照“急用先改、以改促建”的原则，抓好欧美等重点机构合规问题整改，完善境外合规制度体系和管理模式。要建立境外机构与监管的常态化沟通机制，以及总行与境外监管的高级别对话协调机制，把与监管沟通作为“必选动作”。要增强预警能力，备足应对各种突发状况的“工具箱”，变被动救火为主动防火，防止个体事件产生“涟漪效应”。

四要做强国际化经营的战略支撑。加强国际化资源保障，避免“小马拉大车”。尤其要把队伍建设摆在更加突出位置，加大合规风控、小语种等关键人才的储备，打造一支既精通语言，又熟悉当地监管规则；既精通金融业务，又能融入当地文化环境的国际化人才队伍。要完善外派员工激励保障政策，打通职业发展通道，解除后顾之忧，确保国际化人才“派得出、留得住、调得动、回得来”。

（六）优化资金、资产、资本的筹措运用。平衡优化资金、资产、资本这些银行经营的核心要素，既是科学，又是艺术。

一要拓宽低成本资金来源。上半年全行存款增势良好，但季末冲时点、付息成本上涨较快的隐忧也有所显现。要夯实存款工作基础。按照“同业领先、注重日均、成本可控、自律合规”的要求，下常功夫抓好存款基础工作，使存款增长更多建立在客户基础的壮大上，建立在对社会资金流动规律的精准把握上，建立在产品服务核心竞争力的提升上。要实现主动负债类产品量价协调发展。坚持主动负债类产品“争揽新客户、吸引新资金”的定位，强化总量控制，健全规模分配与存款整体增长挂钩机制，引导产品定价与市场利率、资产端收益率相协调。要加强存款定价管理。深入推进“放权、赋能、强责”的利率市场化定价机制改革，在扩大分行定价授权的基础上，健全利率管理自律约束和内生发展机制。要狠抓分层定价管理，压实存款部门管理责任，推进存款综合定价模型和负债利率敏感性模型的实际应用。

二要优化大类资产配置。信贷投放要通过资产证券化、银团贷款、行内资产流转、存量移位等手段有效腾挪资源，优化贷款的品种、期限和投向结构，将资源向储备多、结构好、收益稳、质量优的区域倾斜。要顺应“两轨合一轨”改革，前瞻制定应对预案，确保利率并轨实施后贷款利率基准的平稳过渡。债券投资要抢抓阶段性利率高点，精选投资标的、优化组合结构、把控进度节奏。对历史原因形成的低收益特别国债，要千方百计盘活解决。理财投资要在平稳转型中进一步优化结构，坚持做优非标投资长板，补齐标准化投资短板，进一步增强优质资产的组织和投放能力，并充分利用过渡期时间窗口，积极推进存量资产转化。

三要积极缓解资本约束。按全年集团风险加权资产增长××%测算，如保持年初××%的资本充足率不下降，除利润留存外还需额外补充资本××亿元。此外，今明两年我行还面临全球系统重要性银行从第二组升到第三组的可能性，由此将增加0.5个百分点的附加资本要求。要坚持资本补充与管理挖潜两条腿走路，实现资本供给与资本需求动态平衡。推进资本补充，把握当前市场利率低位运行、资本补充政策放宽等有利因素，统筹优先股、永续债等工具，拓宽资本来源。强化资本节约，完善经济资本计量政策和配套机制，引导各类机构算好“资本账”和“效益账”，主动压降低效无效资本占用。抓好升组得分控制，聚焦得分敏感性高的指标，适度压降和调控，确保实现今年不升组的预期目标。

（七）深化改革创新。要坚持机制改革与技术创新双轮驱动，破解发展瓶颈，增强发展后劲。改革要聚焦提升组织活力和运行效率，持续深化绩效考核、人力资源效能提升、集约化运营、网点转型、流程优化等项目。同时，要结合主题教育调查研究和问题检视，研究推出一批新的增量改革项目。

创新要聚焦e-ICBC 3.0和ECOS两大工程，推进科技与业务的深度融合。要推动e-ICBC 3.0战略落地厚植。进一步整合流量入口，聚焦核心定位和功能，加快各类自有APP的统筹布局和整合优化。要坚定不移地把手机银行作为我行自有平台的主入口，强化运营推广，对外有针对性地开展主题营销活动，对内发挥好全员尤其是领导干部使用手机银行的示范带动作用，促进手机银行的快速迭代创新，打造极致客户体验。要坚持突破B端和G端、激活C端，依托金融生态云、API开放平台和聚富通三大基础平台，以场景合作为切入点，发力产业互联网和政务互联网，构建开放合作共赢的“工行朋友圈”。

确保ECOS工程见效出彩。要以“高质量工程”打底，用“全方位应用”增色，确保ECOS工程一经推出，一炮而响。尤其要加快推动企业级业务架构整合构建、IT架构转型、智慧运营体系建设等各项成果落地应用，把科技创新的成果切实体现在产品的敏捷创新与快速交付上，体现在客户服务与运营效率的提升上。要悉心谋划ECOS 1.0成果发布会，在金融科技竞争的赛场上打出工行声势、擦亮工行品牌。

深化科技体制创新。要畅通科技部门与业务部门的“对话”机制，使双方能想到一起、谈到一起、干到一起。科技部门要增强市场感觉，让技术增添市场的“温度”；业务部门要主动拥抱技术变革，增强运用技术创新提高竞争发展能力的意识。要完善业务与开发直连的快速研发机制，最大限度提高研发效能和科技供给能力。要以组建金融科技研究院为契机，进一步加快在“ABCDI”（人工智能、区块链、云计算、大数据、物联网）等领域的抢滩布局，把握主动权。

最后要强调的是，今年是新中国成立70周年。维护好安全稳定的大局，是一项重大政治任务。全行要扎实做好安全生产运营、信访稳定、客户服务、舆情管理等工作，深入排查治理各类安全隐患，努力营造和谐稳定的发展局面，扎扎实实把工商银行的事情办好，以更加优异的成绩迎接新中国成立70周年！

在中国工商银行2019年年中工作会议上的总结讲话

陈四清

（2019年7月26日）

这次会议开得很成功，是一次务实高效的会议，是一次当前和长远相结合、战略和战术相统一的会议，达到了认清形势、统一思想、明确任务的预期目标。大家充分肯定上半年全行经营发展取得的成绩，一致赞成党委对下半年重点工作的安排。对大家所提的意见建议，总行有关部门要梳理归类，分清是共性问题还是个性问题，认真研究，务实解决。下面，我结合大家讨论的情况，再谈几个方面的意见。

第一，进一步认清形势，把握工作主动权。所谓形势，形是近观，势是远景。远近结合，准确研判，才能未雨绸缪，掌握主动。在昨天的报告中，我们对宏观经济金融形势进行了解读分析。总的判断，当前经济金融运行总体平稳，但不确定不稳定因素也很多。习近平总书记在中央政治局会议上分析一季度经济形势时深刻指出，我国经济运行仍然存在不少困难和问题，这些问题有周期性因素，但更多是结构性、体制性的，解决起来绝非一日之功。7 月 15 日，克强总理主持召开经济形势专家和企业家座谈会，指出当前全球经济增长动力减弱，贸易投资放缓，保护主义抬头，影响国内经济的因素和困难挑战很多，下行压力有所加大；强调必须激活力挖潜力增动力，保持经济平稳运行，推动高质量发展。从工商银行自身发展来看，也可以说是“稳中有进、稳中有忧”。上半年我们交出一份来之不易的成绩单，这表明我们贯彻落实党中央、国务院决策部署是坚决有力的，在座各位及全行干部员工的拼搏奋斗是富有成效的，这也进一步提振了我们做好各项工作的信心。同时我们也要清醒认识到前进道路上的“问题清单”“挑战清单”，对可能遇到的困难和问题作万全准备，善于在风险挑战中创造机遇，善于用创新发展赢得好的局面。

第二，进一步统一思想，明确改革发展的方向和路径。大家在讨论发言中，谈得比较多的是当前及未来一个时期的工作思路。经过三十多年的发展，工商银行已经从“近海”驶向更广阔的“深海”“蓝海”，需要应对的情况也更为复杂，更加需要战略谋划来锚定航向。这次提出的新时期工作思路，充分体现了坚持党的领导、加强党的建设这个根本，体现了客户至上这个理念，体现了科技创新这个第一驱动力，体现了风险管控这个永恒主题，体现了人才兴业这个保障。新时期工作思路是党委根据党中央、国务院对金融工作的一系列新要求，根据外部环境发生的新变化，在前期深入调研的基础上总结提出的。全行要准确领会新时期愿景和工作思路的内涵，坚持一张蓝图绘到底、一锤接着一锤敲，在打造基业长青“百年老店”的新征程中，跑好属于自己的这一棒。

第三，进一步明确任务，统筹抓好下半年重点工作。在座的都是各机构、各专业的一把手，在实际工作中面对的事情千头万绪，要善于“弹钢琴”，统筹兼顾，突出重点，抓住关键，以重点工作的突破带动面上工作的整体提升。我的报告和谷行长的经营分析中，都讲到了下半年要着力抓好的重点工作。这些工作任务和要求，既事关全行经营发展全局，又关系服务经济社会发展大局；既是经营责任，又是政治任务。比如，这次会议上我们围绕贯彻“巩固、增强、提升、畅通”八字方针、提升服务实体经济的质效，围绕全面加强风险治理、打好风险防控攻坚战进行了重点安排，这是对落实中央经济工作会议精神的再推动、再部署。我们突出强调了全力提升战略性区域竞争发展水平，突出强调了构建国际化发展新格局，这与国家实施区域协调发展战略和推动全方位对外开放是紧密呼应的，是我们践行大行担当、坚决贯彻国家战略的具体体现。各机构、各专业要进一步提高政治站位，强化担当作为，高标准、高质量做好这些重点工作。同时，要有和时间赛跑的紧迫感，把各项工作抓紧抓早、抓出成效。

第四，进一步筑根塑魂，确保主题教育取得实效。组织好、开展好“不忘初心、牢记使命”主题教育，是当前全行各级党组织的一件大事。第一批主题教育开展以来，党委坚持统筹谋划，高标定位，将“学习教育、调查研究、检视问题、整改落实”的要求贯穿始终，抓深抓细，抓在实处。比如，在组织安排上，采取了“1 + N”模式，在主题教育总体实施方案的基础上，配套制定了 10 个具体文件，包括学习教育安排、调研方案计划等。在理论学习上，以学习贯彻习近平新时代中国特色社会主义思想为主线，总行党委中心组制订了三个主题 8 个子专题的集中学习计划，坚持原原本本学、结合实际学。在检视问题、整改落实上，围绕中央提出的专项整治 8 个方面突出问题，梳理了检视问题的 15 个重点方向，并广泛征求意见建议，坚持边学边查边改，逐条逐项明确责任主体、进度时限和整改措施，项目化推进整改落实。这次我们把开会地点放在总行办公大楼，一个目的也是为了让大家看到总行本部的新气象、新变化，检验我们主题教育的初步成效。目前第一批主题教育已经到了关键时期，第二批也将紧锣密鼓地启动开展。各机构要按照习近平总书记关于主题教育“四个到位”（思想认识到位、检视问题到位、整改落实到位、组织领导到位）的重要指示精神，按照中央在主题教育中开展专项整治、对照党章党规找差距等最新要求部署，精心组织、周密安排、扎实推进，以主题教育的成效促进党的建设质量全面提升。

同志们，做好银行工作，既要讲专业能力，也要讲管理艺术，讲担当作为。要坚持以人为本。不仅要客户至上，也要关心关爱员工，发挥好人才这个第一资源的作用。要始终与人为善。在管理中做到公平公正，尊重他人、善待他人。要坚信事在人为。许多管理的难题、市场拓展的难题、风险化解的难题，看起来束手无策，但只要肯努力，就能够找到突破口。就像我们讲危与机，常常是相互并存、相互转化的。要愿意为 1% 的机会付出努力，争取 100% 的收获。要做到人人有责。不仅要对自己分内的事尽心尽责，对跨条线、跨机构的工作也要主动做好配合，不能有“不关我事”的想法。万物是相互联系的，要善于在协同联动中实现相互促进、相互成就。

最后，再强调一点。会议结束后，各机构、各部门要及早安排传达贯彻。要把总行对形势的分析研判讲清楚，把新时期工作思路讲清楚，把重点工作任务讲清楚，团结带领全行员工不忘初心、牢记使命，以“奋斗+落实”的精神状态，以守土尽责的担当作为，把工商银行的事情办好。

在中国工商银行2019年第44次党委（扩大）会议上的讲话

陈四清

（2019年10月24日）

刚才几个部门作了汇报，分管行领导对重点工作进行了强调。谷行长分析了第三季度经营情况，对年前六个方面的重点工作作了安排。我都赞成，大家要认真抓好贯彻落实。下面，结合大家的发言，我谈几点意见。

一、第三季度经营总体平稳、稳中有进

在7月份召开的年中工作会议上，我们提出了“48字”工作思路、15组关键词，以及做好下半年工作“稳中求进、进中谋变、底线思维、机遇意识”四点要求。全行各条线、各机构加强年初和年中工作会议精神的对标和解码，结合实际、高标定位、狠抓执行。办公室对会议重点任务的落实情况加强跟踪督办、督查问效。从第三季度经营发展情况来看，我们实现了该稳的稳住，质量稳、效益稳、风控稳、队伍稳，以“稳”塑造了大局；实现了该进的进取，做到了稳中求进、稳中提质、稳中创新，特别是服务实体经济、强化市场竞争、深化改革创新、全面从严治党等工作，都有了新的进步和提升，以“进”支撑了“稳”。总的来看，工商银行经营发展是有韧性、有弹性、有回旋空间、有发展潜力、有战略执行力的。总行党委确定的工作思路和经营策略是符合实际的，全行上下攻坚克难、狠抓落实的精神状态是好的、成效是明显的。尤其是以下几方面工作值得充分肯定。

一是经营基本面、基本盘更加稳固。盈利、资产质量、拨备覆盖率等关键指标符合预期。集团净利润同比增长5.2%，增速较上半年快0.2个百分点。拨备前利润同比增长9.1%。手续费及佣金净收入同比增长9.6%。不良率、逾期率、剪刀差等指标保持逐季改善态势。其中，不良率降至1.44%，较6月末下降0.04个百分点，创近年来单季下降最大幅度。拨备覆盖率198.09%，较年初增加22.33个百分点。

二是以重点工作突破带动了整体工作提升。年中工作会议分解的49项重点工作任务，都在积极推进之中，一些重点工作取得实质性突破或阶段性进展。如，服务实体经济的适配性进一步提升。贷款投放进度较快、结构合理。项目贷款、普惠贷款、民营企业贷款保持较好增势，房地产类贷款增量占比控制在50%以内。基础业务领域市场竞争力进一步增强。各条线、各级行同业比较和市场拼抢意识都有了显著增强，先看再比、在比中想、想好干、干中提高的方法论得到较好应用，竞争发展的新优势得以确立。集团总资产突破30万亿元。各项存款总量及分品种增量继续保持同业领先优势。其中，储蓄存款余额突破10万亿元，时点增量首破万亿元。个人客户净增近3 200万户，创近年同期最好水平。ETC客户增加2 100多万户，增量领先同业。改革创新和经营转型推进力度进一步加大。大家强化辩证思维和机遇意识，在挑战中抢抓机遇，用创新发展的确定性对冲外部形势的不确定性，立足当前、面向长远，着力推动科技驱动、全球经营、转型务实、改革图强等思路举措的落地见效。尤其是重点抓了“第一个人金融银行”、战略性区域发展、国际化发展新格局、金融科技创新等一系列“关键子”“先手棋”，以“几子落”带动“全盘活”。

三是全面从严治党向纵深推进。按照中央统一部署，在中央指导组悉心指导下，围绕学习贯彻习近平新时代中国特色社会主义思想这条主线，把握“守初心、担使命、找差距、抓落实”的总要求，扎实开展第一批和第二批“不忘初心、牢记使命”主题教育，取得重要阶段性成果，在增强“四个意识”、坚定“四个自信”、做到“两个维护”上认识更加深刻、行动更加自觉。认真落实“防风险、保安全、迎大庆”要求，以高度政治责任感，做好安全稳定和服务保障各项工作，度过了一个安全、欢乐、祥和的国庆。进一步强化纪委监督专责，有序推进一级机构纪委书记全覆盖、全专职、全交流和到期全轮换。扎实开展警示教育，以案为鉴、以案促改。完成对总行本部第二批巡视，实现“全覆盖”。结合主题教育专项整治和整改推进，深入落实治理形式主义突出问题30条措施，为基层减负。

加大对干部员工培训培养和关心关爱力度，激发干事激情和创新活力。

同时也要清醒认识到，全行经营发展中的困难和问题也还比较突出，主要表现在“五方面压力”。一是统筹平衡的压力。在盈利增长、质量改善、提高员工收入等多元目标的把握上，统筹平衡的难度增大，决策空间、回旋余地和调控弹性有限。二是利差收窄的压力。受资产收益率下行和存款付息率上行的双向影响，前三季度 NIM 较上半年下降 3 个基点，较上年下降 4 个基点。三是资产质量同业比较的压力。不良率、逾期贷款占比、剪刀差均在可比同业中处于高位，拨备也不占优势。四是中收可持续增长的压力。第三季度中收增速有所放缓，一些基础类中收增长乏力，一些创新类中收下降较快。五是内控案防的压力。案件高发势头尚未得到有效遏制，第三季度新增案件及风险事件 14 件，占今年以来总量的 52%。上述问题要着力加以解决。

二、敏锐把握外部形势变化，做好当前几项重点工作

做好第四季度经营工作，需要准确研判形势变化，有针对性地完善策略措施。

国际环境更趋复杂。中美经贸摩擦是影响我国经济发展的最大外部不确定因素，已对我国市场预期和经济金融稳定运行造成一定影响。从后续走势看，尽管新一轮中美经贸高级别磋商，在多个领域取得实质性进展，但后续仍存较多变数，不排除向其他领域进一步扩散，加剧外部环境的复杂性。全球经济下行风险上升，一些主要经济体增速普遍回落，货币政策逐步转向宽松，全球债务规模持续扩大，金融风险可能进一步累积。世界银行、经济合作与发展组织、世界贸易组织都下调了今明两年世界经济和贸易增长预期。

国内经济面临挑战增多。我国经济延续总体平稳、稳中有进的运行态势，但在外需相对收缩与内需动力不足的叠加影响下，下行压力有所加大。一些指标低位放缓、波动增加。第三季度国内生产总值同比增长 6%。今年前 8 个月制造业投资增速回落 0.7 个百分点，规模以上工业企业利润总额同比下降 1.7%。9 月进出口总值同比下降 3.3%，PMI 已连续五个月低于荣枯线。一些地区发展动力不足。一些重点行业回落明显。一些高负债企业经营趋紧。实体经济困难突出，新旧动能转换过程中存在短板领域和薄弱环节。

近一个时期以来，党中央、国务院召开一系列重要会议，深入分析当前经济运行形势，重点部署深化供给侧结构性改革、做好“六稳”等工作。月底还将召开党的十九届四中全会，研究坚持和完善中国特色社会主义制度、推进国家治理体系和治理能力现代化若干重大问题。国家有关部门也就金融服务实体经济、缓解融资难融资贵、打好防范化解金融风险攻坚战、深化利率市场化改革等内容，出台了一系列新的政策措施。做好第四季度工作，全行要一以贯之突出一个“稳”字，做到“五个更加注重”，确保年底各项工作收好口。一要更加注重加强政策传导。进一步把思想统一到党中央、国务院对形势的分析判断上来，统一到对经济金融工作的安排部署上来，助推“六稳”落地和货币政策传导。二要更加注重对标对表。按照年中工作会议“48 字”工作思路，抓住主要矛盾，强化薄弱环节，打通落地执行“最后一公里”，一抓到底、务见实效，扎扎实实办好自己的事。三要更加注重稳字当头。保持定力，增强信心，确保全年经营计划圆满完成，在复杂多变形势下保持健康平稳的发展态势。四要更加注重同业比较。持续强化“比”的思想，尤其要做好与可比同业情况的比较分析，不仅要在总量和整体竞争中具备同业领先优势，还要在各个区域、各个板块、各个细分领域同最强对手比拼过招，敢于亮剑，善于制胜。五要更加注重精细化管理。管理出竞争力、管理出生产力、管理出战斗力。工商银行遍地是黄金。要善于眼睛向内、练好内功、深挖潜力，做到重管理、懂管理、会管理，向管理“淘金”，向管理要效能，向管理要质量效益。

（一）扎实开展第二批“不忘初心、牢记使命”主题教育。第一批主题教育虽然基本结束，但并不等于画上句号。要将学习贯彻习近平新时代中国特色社会主义思想作为长期必修课，做到集中教育有时限，经常教育不断线。要对照整改方案和专项整治任务，一项一项抓到位，一件一件落到底，不断巩固和扩大主题教育成果。11 月还要开展整改落实情况的“回头看”。第一批、第二批主题教育是上下篇、接力跑，是一个有机衔接的整体。尤其是第二批参加单位和人员层级多、范围广、数量大，又正值第四季度经营发展任务较重时期。要认真总结第一批主题教育好的经验做法，以严的标准、实的作风，推动第二批主题教育高质量开展。要督促指导第二批单位始终聚焦主题主线，坚持不懈地用党的创新理论武装头脑，推动学习贯彻习近平新时代中国特色社会主义思想走深走实。始终突出问题导向，发扬自我革命精神，深入检视反思，真刀真枪解决问题。始终注重统筹兼顾，把学习教育、调查研究、检视问题、整改落实贯通起来，一体推进；把主题教育同落实中央决策部署及总行党委工作安排结合起来，两手抓两促进；把上下联动衔接起来，对第一批主题教育的整改任务，第二批单位要主动配合、承接落实；对第二批主题教育中查摆的“表现在基层、根子在上面”的体制性机制性问题，第一批单位要主动认领，形成“回路”、合力解决。

要以开展主题教育为契机，将全面从严治党引向深入。要落实好《关于贯彻落实新时代全面从严治党要求的意见》，层层压实管党治党责任。要继续抓好派驻改革的落地，发挥监督合力，一体推进不敢腐、不能

腐、不想腐机制建设。要以“顾国明、谢明案”为鉴，开好各级专题组织生活会，深化警示教育，以案促思、以案促改。要按照中央纪委国家监委电视电话会议要求，深入落实中央八项规定精神，持续发力纠治“四风”，坚决整治形式主义、官僚主义。要做好总行本部巡视“后半篇文章”，强化整改落实和巡视成果运用。

（二）提高服务实体经济的适配性。作为国有大行，我们担负中央重托，受到广泛关注。尤其是在经济下行压力加大的情况下，全行要把服务实体经济和防控金融风险更好地结合起来，克服顺周期思维，坚决避免简单抽贷断贷，有效提升服务实体经济的质效。要保持信贷总量的适度增长，按全年 1.3 万亿元的增量计划，合理做好第四季度融资安排。同时，通过存量移位和资产证券化等手段，更大力度地盘活信贷资源。要摆布好投放节奏和结构布局，进一步提高服务实体经济的精准性。

一要助力制造业高质量发展。全行要进一步提高政治站位，将支持制造业高质量发展作为服务本源、服务大局的重要发力点，全面落实好总行印发的金融支持制造业高质量发展行动方案，优选目标市场，加大资源投入。要注意把握好贷款增量、还款节奏和不良处置力度的综合平衡，力争实现今年制造业贷款净增 800 亿元、有贷户增长 1 万户的目标，并稳步提升制造业中长期贷款和信用贷款占比，确保“先进制造业金融服务年”取得实效。要把支持传统制造业升级和先进制造业发展相结合，把推动先进制造业和现代服务业相融合，促进打好产业基础高级化、产业链现代化的攻坚战。

二要支持新旧动能转换。要落实好房地产市场调控政策，把房地产贷款增量控制在合理水平。要密切跟踪地方政府专项债券发行政策动态，做好专项债券项目配套融资。要研究推进创新创业金融债券落地，发挥大型银行支持双创的标杆作用。要加快股权投融资业务发展，积极服务企业客户混合所有制改革和引进战略投资者需求。要综合运用债务重组、产业基金、债转股等多种方式，帮助有市场、有效益但暂时困难的企业脱困重整、降本增效。作为第二届进博会“境外招商合作伙伴”，要为进博会提供优质高效金融服务，全力支持“稳外贸”。

三要持续改进小微和民营金融服务。小微金融方面，银保监会不断完善小微金融服务监管评价体系，拟在“两增两控”要求之外，增加信用贷款、中长期贷款等细化指标。要按照监管导向，进一步优化完善小微融资品种、期限、流程和业务模式。尤其是要以国家有关部门推广“信易贷”产品为契机，加大线上信用类产品创新和推广力度，破解银企信息不对称，缓解小微企业融资难融资贵问题。要坚持利当前和惠长远相结合，在确保完成各项监管目标的基础上，做实基础工作，抓好专营机构建设，完善激励约束和风控机制，保证小微金融“专人做”“专业做”“有动力做”“有质量做”，增强可持续发展能力。

民营金融方面，今年以来，国家紧锣密鼓出台了一系列政策措施，支持民营企业发展。9 月 9 日召开的中央全面深化改革委员会第十次会议，又审议通过了《关于营造更好发展环境支持民营企业改革发展的意见》。全行要认真落实党中央、国务院决策部署，进一步细化完善配套措施，创新优化民营企业金融服务体系，积极发挥大行“头雁”效应，支持民营企业改革创新、转型升级、健康发展。

（三）确保完成全年经营计划。要坚持目标导向和问题导向，紧盯关键指标和薄弱环节，确保经营计划圆满收官。

一要确保完成利润计划。境内分行是集团利润贡献的主体。当前境内分行经营分化局面还比较突出，32 家分行中，拨备前利润负增长的有 4 家，净利润负增长的有 12 家，其中 2 家分行出现亏损。全行上下要充分认识当前形势下保持盈利合理增长的重要性，以更加积极进取的姿态，把开源节流、增收节支、挖潜创新的各项措施落实到位。总行职能部门要加强对重点分行的帮扶督导。稳息差是稳盈利的关键。考虑到第四季度存款利率上升、贷款利率下行趋势仍将持续，要更加注重推动存贷款业务的量价协调发展，并综合运用主动负债限额、利率上浮存款总量管理、授权动态调整等举措，努力控制息差过快收窄势头，保持 NIM 同业领先优势。要认真落实 LPR 改革要求，做好 FTP 策略调整，完成第四季度新发放贷款 LPR 应用目标。补齐中收短板是实现利润计划的最大潜力。要强化中间业务收入缺口管理，盯住计划、盯住同业，逐产品、逐科目进行诊断分析，提出挖潜增收方案，消化不利因素影响。特别是对业务规模较大而收入下降较快的条线和机构，要加大督导推动力度。第四季度要在补齐基础类中收短板上重点发力，通过补缺提速，增强对利润增长的拉动作用。此外，财政部正在就《金融企业绩效考核评价办法》和《金融企业财务规则》征求意见，相关部门要做好研究分析。

二要统筹做好“三资”管理。要通过资金、资产、资本的“三资”优化，在更高层面实现安全性、流动性、盈利性的“三性”统一。资金方面，深化对社会资金运行规律的跟踪分析和同业对标研究，按照“同业领先、注重日均、成本可控、自律合规”的原则，在确保竞争优势的基础上，努力增加稳定、低成本的资金来源。个金、公司、机构、结算等部门，要深化联动，抓实重点区域、重要客群和重大项目，强化营销拓展和服务维护，压实目标责任传导。要充分发挥主动负债类存款组合管理机制作用，坚持“优化资源配置、强化激励约束、实现竞新引存”的导向，提升存款精细化管理水平。资产方面，要做好资产配置同货币政策传导的衔接，发挥好大行作用。要动态优化信贷投放、债券投资、理财投资等大类资产布局，注重期限搭配和节奏把握，提升运作效益和效率。特别是在当前市场环境下，要统筹做好本外币投资策略安排。要密切跟踪中美贸易谈判、美联储货币政策等最新进展，灵活调整外币债券品种结构，加大对欧元、澳元等非美币种债券关注力度。资本方面，近一个时期以来，国务院金融委在不同场合多次提及商业银行资本补充问题。我们要把握政策导向和时间窗口，抓紧构建资本补充长效机制，确保资本充足率处于较优平衡点和可比同业较高水平。要积极推进资本补充和工具创新，提前谋划资本工具发行安排。要持续推进资本节约和优化挖潜，清理无效低效资本占用。要扎实做好全球系统重要性银行（G－SIBs）组别管理，关注总损失吸收能力（TLAC）落地实施进展，前瞻制定应对策略措施。

（四）坚决打好防范化解风险攻坚战。按照党中央、国务院关于打好防范化解重大金融风险攻坚战行动方案的要求，我行制订了实施方案和具体措施，并以信用风险为重点，对集团投融资业务、影子银行及高风险机构进行了摸底分析。总行各责任部门要坚持点面结合、标本兼治，以先进理念和技术，构建覆盖全球、全程、全员的全面风险管理体系，确保止住出血点、补好漏洞点、化解潜在点。

一抓信用风险管控。要强化同业对标，抓好质量管控目标的分解和督导，做到前中后台齐抓共管，对关键机构和条线实施针对性帮扶，形成资产质量攻坚合力，力争实现不良“双降”目标。要坚持控新降旧双向发力，把防劣变、控剪刀差作为第四季度攻坚重点，尤其是要针对部分地区到期偿债压力较大、风险主体更趋集团化、房地产领域面临严调控、部分传统优势行业风险有所显现等新特征，加大联动防控力度，实现管控成效的最大化。要持续加强对中美贸易摩擦进展情况的跟踪分析，密切关注对我行客户及融资的影响，提前预判和做好风险处置应对。要在持续加大常规处置力度的同时，分类推进“冰棍类”“根雕类”“顽石类”资产处置，高效使用核销资源，落实账销案存资产考核激励方案，有效挖掘不良资产处置潜力。

二抓交叉性风险及市场风险管控。要推进集团全量投资品底层穿透工作，落实风险限额刚性控制。要强化非银子公司并表管理，年内实现非银子公司业务与总行风险监控系统的对接。要加强合作机构准入和存续期管理，及时全面掌握各类合作机构风险情况，尤其是高度关注和防范个别中小金融机构风险可能产生的连锁反应。要提升集团市场风险管理能力，加强对全球经济金融，特别是股市、汇市、债市、大宗商品市场的跟踪分析，做好压力测试，统筹抓好利率、汇率、流动性风险管理。

三抓内控案防。第四季度要紧盯“两率”（操作风险率和案件风险率）目标，拿出更加行之有效的措施，坚决遏制案件和风险事件高发反弹势头。要推进落实“四个专项行动”（信贷、核算、关键岗位系统控制、遏制侵犯个人信息案件专项行动），着力整治“业务一手清”问题。要压茬推进“八大领域”治理措施落地，深化案件风险排查及线索处置。要高质量做好本年度的内控评价及成果运用工作，发挥“以评促管”作用。要加强监管处罚、违规担保、违规资产处置、大额诉讼等易形成大额损失事件领域的风险管控，提升控损质效。要强化从严治贷，在主题教育推进过程中，完善信贷管理制度机制，深化对“非法集资、非法放贷、飞单”的专项整治，明年信贷领域案件要坚决降下来。要积极配合做好人民银行对总行本部的反洗钱评估，力争在离场前完成发现问题的整改，争取正面评估反馈。

四抓境外风险防控。要下大气力抓好风险管理、反洗钱、合规管理三大体系建设，为国际化发展提供坚实支撑。要对标监管要求和同业最佳实践，加强“在线修复”，从组织架构、制度机制、队伍建设、IT系统等层面，高标准做好欧美区域的监管检查配合与整改工作。最近，美联储发布了对外资银行强化审慎标准的修订法案，适用于所有在美资产500亿美元以上的外资银行，我行是唯一一家列入其中的中资银行。要高度关注监管动向，进一步强化区域整合管理，周密妥善应对。要加快推动统一授信、信贷政策、风险监控等机制向所有境外机构的延伸，并适度控制严监管和高风险地区的资产业务发展节奏，确保境外信贷合规稳健经营。

三、持续抓好重点战略的落地推进

第四季度既是完成全年目标任务的“收官期”，也是重点战略跨年度推进的“接续期”，又是明年各项工作的“谋划期”。要把做好岁末收尾工作、抓好战略落地与谋划好明年经营布局相结合，为来年工作和今后发展创造有利条件。

（一）推动“第一个人金融银行”战略实施取得新进展。打造“第一个人金融银行”是全行共同的决心，我们做“第一个人金融银行”，不单纯是要做得更大，还要做得更强、更优、更好、更新，无愧于几代工行人的努力和期望。年末收官是检验决心成色和全行执行力、战斗力的一个重要时间节点。第四季度，要从以下几个维度，推进战略实施取得阶段性成效。

一要巩固储蓄存款时点和日均增量“双第一”。要建立存款产品化运营思维，及早谋划“开门红”，及早启动旺季营销，抓好各类资金尤其是源头资金的承接，抓好“新客户、新资金”的争揽，在做大金融资产的基础上，筑实储蓄存款竞争力，确保增量“双第一”，力争突破“双万亿”。

二要实现个贷和按揭贷款增量“双领先”。要在严格落实监管要求的前提下，坚持按揭贷款的主体发展地位，统筹做好规模、结构、储备、收益、风控及客户服务的综合文章，打造一支与“第一个人金融银行”战略相匹配的“个贷铁军”。第四季度要重点通过加快证券化发行，弥补贷款规模供需缺口，保持市场领先优势。

三要确保代销类和基础结算类中收“双提升”。要把握客户金融资产和金融交易回归银行体系的机遇，加快推动个金中间业务收入由代销为主向代销和基础结算并重转变，在持续推动新规产品销售转型的同时，夯实账户服务类业务基础，深挖基础支付结算和信用卡业务创收潜力。

四要强化全量客户和重点客群“双激活”。要从获客、活客、维客、黏客等维度，全流程做好全量客户的拓展维护，确保全年个人客户新增4 000万户。要强力抓好金融资产5万元以上客户拓展，确保今年净增200万户，推动客户结构持续优化。第四季度总行将对5万元以上客户拓展情况进行模拟考核，明年开始正式考核。要紧盯代发、拆迁、商友、县域、社保、养老和建工七大源头性客群持续发力，加快补齐短板。要全面夺取ETC客户增量同业第一的最终胜利，并抓紧研究“后ETC时代”的金融服务方案，强化对ETC客户的综合营销，在拓客形成“势”的基础上，让营销结出“果”。

五要形成总体方案和若干具体意见的“双支撑”。个金部牵头，尽快拿出全面打造第一个人金融银行的1+N系列方案，作为引领战略实施的纲领性文件。依托方案实施，积极构建以公带私、以私促公、私私互动、公私联动的发展格局。

（二）推动金融科技创新取得新突破。近期，人民银行发布《金融科技（FinTech）发展规划（2019—2021年）》，明确了未来三年我国金融科技工作的指导思想和目标任务。我们要结合实际制定工商银行金融科技发展五年规划，全面开启智慧银行建设的新征程。总行每个部门都要积极投身e-ICBC 3.0战略实施，以“煲汤”的思维，推动网络金融与传统金融融为一体，全面提升跨境、跨业、跨界一体化服务能力，形成深度融合的“场效应”，打造一个“e”无处不在、无时不有、无所不包的新ICBC。当前，要聚焦“四个一”重点发力。

一是GBC三端联动要一体推进。当前数字化和平台化正由C端向B端、G端加速演进，产业互联网、政务互联网成为金融科技发展的新蓝海。全行要适应这一趋势，加大资源投入力度，巩固提升我行在B端、G端的优势地位，以B端和G端强力突破，带动C端联动发展。要加强分工协作，围绕基础市场领域，做大基础客群，形成横向联通、纵向穿透的综合服务机制，成为重点垂直领域的服务集成商和市场领跑者。尤其要按照国家关于深化“放管服”改革、优化营商环境的要求部署，以政务场景合作为切入点，全力推动智慧政务建设，打造“互联网+政务服务+金融支持”的一体化创新服务体系。第四季度智慧政务营销攻坚要取得实质性进展。

二是“第一手机银行”建设要一马当先。要着眼“一机在手、尽享所有”，打造第一个人手机银行。第四季度要推出个人手机银行新版本，全面上线老年、学生、军人、小微、私银“五人五面”专属服务。要抓好对重点客群的旺季营销，确保实现手机银行客户净增4 500万、月活7 000万的年度目标。要加强个人对客APP统筹管理，将手机银行打造成为支撑个人金融服务的线上首选平台。要着眼“一机在手、企业无忧”，打造第一法人手机银行。面向B端中小微客群建设企业手机银行专属版本，丰富移动端创新应用。面向县域市场，以供销社、电商、扶贫等场景为切入点，扩大县域和农村金融覆盖面。面向B、G两端客户，推进账户、资金等服务的公私联动，形成客户统一视图。年内确保完成法人手机银行200万动户目标。

三是ECOS发布要一炮而响。要精心组织ECOS工程建设成果发布会，面向社会集中展示我行开放合作、智能惠民、科技领先的大行形象，并同步做好对分行、对员工的培训宣导，强化工程成果落地应用，真正达到“同业有影响、基层有感觉、客户有好评”的目标。年内还要全面完成剩余8个领域业务架构的构建和对接工作，深入推进IT架构转型。

四是科技体制改革要一贯到底。要按照既定规划，深入推进金融科技体制机制改革，抓紧组建金融科技研究院，完成“一部、三中心、一公司、一研究院”的架构布局，以治理体系转型，助推科技供给能力提升。要深化研发模式改革，加强需求、研发、测试一体化管理，全面缩短研发链条，增强快速迭代和敏捷创新能力。金融科技部要紧密跟踪国家政策要求、产业发展趋势以及技术成熟度，制订明确的国产化转型工作计划，稳步推进转型试点工作。要密切关注人民银行法定数字货币电子支付工具的研发进展，做好充足的措施准备。

同志们，第四季度工作头绪多、任务重、要求高、挑战大。大家要以钉钉子精神做细做实各项工作，确保完成全年目标任务，并为明年工作开局起步打下坚实基础。

在“青春心向党　奋斗在工行”五四主题活动上的讲话

陈四清

（2019 年 5 月 7 日）

很高兴参加今天的五四主题活动，和大家一起隆重纪念五四运动100周年。首先，我谨代表总行党委，向奋斗在全行各个岗位上的青年朋友们致以诚挚的问候！向为我行改革发展作出积极贡献的团青工作者们，以及所有关心支持团青工作的同志们，表示衷心的感谢！

4 月 30 日，中央隆重召开纪念五四运动 100 周年大会，习近平总书记发表重要讲话，高度评价了五四运动的历史意义，明确提出了新时代发扬五四精神的重要要求，深情寄语当代青年要“树立远大理想、热爱伟大祖国、担当时代责任、勇于砥砺奋斗、练就过硬本领、锤炼品德修为”。总书记的重要讲话立意高远、情真意切，为青年成长提供了遵循，为青春航程指明了方向，不仅青年为之热血沸腾，每个人都会为之一振、心潮澎湃。

习近平总书记强调，五四运动以来的100年，是中国青年一代又一代接续奋斗、凯歌前行的100年，是中国青年用青春之我创造青春之中国、青春之民族的100年。百年岁月沧桑、百年风华正茂。100年前，以先进青年知识分子为先锋的五四运动，实现了中国旧民主主义革命向新民主主义革命的转折，孕育了以爱国、进步、民主、科学为主要内容的伟大五四精神，奏响了浩气长存的爱国主义壮歌。从五四运动出发，在中国共产党的领导下，青年们积极投身党领导的革命、建设、改革的伟大事业，与广大人民共同书写了国家发展的壮丽史诗。从工商银行来看，在30多年的风雨兼程中，正是包括青年在内的一代代工行人接力奋斗、砥砺前行，才推动工商银行实现了历史性跨越，以充满生机与活力的姿态，屹立于世界优秀银行之林。历史和实践充分证明，无论是过去、现在还是未来，中国青年、工行青年始终值得信赖，始终堪当重任，始终是我们事业前行的先锋力量。

下面，我就深入学习贯彻习近平总书记重要论述，传承五四精神，跑好历史交给我们的这一棒，对青年朋友们提四点希望，与大家共勉。

第一，要以理想信念把好方向，树立“大志向”。习近平总书记深刻指出，青年理想远大、信念坚定，是一个国家、一个民族无坚不摧的前进动力。金融是国家重要的核心竞争力，金融安全是国家安全的重要组成部分，金融制度是经济社会发展中重要的基础性制度。在打造金融国之重器进程中，在建设具有全球竞争力的世界一流现代金融企业新征程中，工行青年肩负着重大使命。只有把自己的小我，融入祖国和人民的大我，融入工行的事业发展中，才能升华人生境界、实现人生价值。希望大家树牢“四个意识”，坚定“四个自信”，做到“两个维护”，坚持用习近平新时代中国特色社会主义思想武装头脑，秉持理想之光和信念之火，与工行发展同心同向，在志存高远、脚踏实地的创新创造中，实现自身与全行的共同成长。

第二，要以砥砺奋斗谱写新篇，成就“大贡献”。奋斗是中国青年最鲜明的标识。我们的国家，从积贫积弱一步一步走到今天的发展繁荣，靠的就是一代又一代人的顽强拼搏，靠的就是中华民族自强不息的奋斗精神，当代青年亲身见证、经历、参与了我国进入新时代的伟大奋斗进程。“奋斗 + 落实”是工商银行经营发展的主题词，是我们企业文化的重要内涵，是最宝贵的精神财富。今天，工行发展进入一个船到中流浪更急、愈进愈难的阶段，但不进则退，非进不可。这需要我们进一步弘扬奋斗精神，在艰苦奋斗和攻坚克难中锻造一个更加优秀的工商银行。青年员工正处在人生最有激情、最有闯劲、最能拼搏的时期，希望大家把奋斗作为青春最亮丽的底色，争做走在时代前列的奋进者、开拓者、奉献者。奋斗不是空喊口号，要把奋斗精神和务实作风相结合，做到知行合一，在做好每一个岗位工作、完成好每一项任务、履行好每一份职责中，展现奋斗姿态和精神，写下无愧于时代、无愧于工行的精彩篇章。

第三，要以责任担当勇挑重担，展现“大情怀”。工商银行是国有大行，大行就要有大行的样子，有大行的情怀，有大行的担当。我们不仅要把自己的事情办好，管好29万亿元的资产，带好近45万人的队伍，还要践行大行担当，以金融手段和专业力量，助力解决经济社会发展不平衡不充分问题，实现金融为民、金融利民、金融惠民、金融安民，实现经济责任与政治责任、社会责任的有机统一。广大青年员工活跃在接触市场和客户的经营一线，是做好各项政策落地的关键一环，希望大家主动将自身工作融入全行发展去考虑，将全行发展融入国家战略去把握，积极贯彻新发展理念，以新思维、新手段打好服务实体经济的主动仗，打好防范风险的攻坚战，打好改革创新的组合拳，在担当中历练，在尽责中成长，不负青春、不负使命。

第四，要以学习创新锻造能力，实现“大追求”。当前，经济高质量发展对我国金融业的市场结构、经营理念、创新能力、服务水平等都提出了新的更高要求。同时，科技创新进入空前活跃的时期，正在重塑经济结构和金融格局。这些都对金融从业者的能力迭代提出紧迫要求。我行青年员工普遍学历较高，具有良好的能力之基。希望大家如饥似渴、孜孜不倦地加强学习，既研习理论、又投身实践，既广泛涉猎、又术有专攻，既独立思考、又沟通交流，心无旁骛地锤炼专业素养、专业精神、专业能力；要以创新文化为引领，锐意进取，革故鼎新，保证工商银行的发展永立潮头。

未来属于青年。重视青年就是重视未来。在纪念五四运动100周年大会上，总书记强调要做青年朋友的知心人、青年工作的热心人、青年群众的引路人。各级党组织要站在工商银行后继有人、基业长青的战略高度，把青年工作摆在更加重要的位置，切实传导总行党委对青年员工的关心关爱，持续为青年员工发展创造更有利的条件、搭建更广阔的舞台。各级团组织作为党的助手和后备军，要切实履行好引领凝聚青年、组织动员青年、联系服务青年的职责，以有温度、有力度、有厚度的工作，团结带领全行青年员工“青春心向党、奋斗在工行”。

青年朋友们，同志们，一代人有一代人的长征路。中国特色社会主义进入了新时代，工商银行的经营发展也进入了新时期，我们生逢其时，重任在肩。让我们接过五四精神的火炬，在传承与创新中，跑出属于自己的精彩人生，创造工商银行更加美好的明天！

在总行党校第十八期领导干部研究班学员座谈会上的讲话

陈四清

（2019年5月14日·根据录音整理）

今天是我到工商银行工作后，第一次参加这么大规模的座谈会。形式上是座谈，实质上是调研。主要是听和学，了解情况，听取意见建议，同时也借此机会看望大家。本期研究班的学员来自总行本部、一级（直属）分行、直属机构和境外机构，基本涵盖了我行各类经营管理机构。大家从天南海北汇聚到总行党校，对我来说，对大家来说，都是一次难得的全面沟通交流机会。

刚才，宋建华同志代表全班作了学习情况汇报。总体来看，这期党校研究班课程安排丰富，研讨较为充分，成效较为明显。大家能够按照中央及总行党委要求，认真学习习近平新时代中国特色社会主义思想，达到“充电”“补钙”的目的，进一步增强了“四个意识”“四个自信”“两个维护”的自觉性和坚定性。

10位学员的发言选题，紧紧围绕学习贯彻习近平新时代中国特色社会主义思想、落实中央决策部署、加强党的建设、推动改革发展等中心内容，体现了时代性和针对性。大家围绕落实全行2018—2020年发展规划、年度工作部署和全面从严治党要求，结合在党校的学习和思考，谈思想认识、谈心得体会、谈思路举措、谈问题困难、谈意见建议，作了很好的发言交流，听了很有收获和启发。下面，结合大家的发言，我谈几点感想和建议。

第一点感想，工商银行波澜壮阔的历史发展进程，凝聚着几代工行人的不懈奋斗。30多年前，工商银行从中国人民银行分离出来，正式宣告成立。作为最后一家成立的专业银行，工商银行的成立，标志着中国专业银行体系的形成，中国人民银行开始独立承担中央银行职能。金融是经济的“寒暑表”。工商银行30多年的发展成就，是整个中国改革开放历史性进步的一个缩影，是整个中国金融业改革发展的一个代表。能够在工商银行工作，实为一件幸事。我作为一个来工行工作不到一个月的“新来者”，更是深感责任重大、使命光荣。这段时间，我密集拜访了我们的老领导，密集开展了调查研究，就是希望用比较短的时间充分了解工商银行的过去、现在和未来。今天同志们介绍的情况又丰富了我对工商银行的认识，让我有机会博采众长、智汇八方，为下一步工作开展提供了帮助、打下了基础。

第二点感想，新时代为新时期工商银行改革发展提供了重要战略机遇。“中国特色社会主义进入新时代，工商银行的发展也进入了新时期，我们生逢其时，重任在肩”。这是我在5月7日全行五四主题活动上对青年同志们讲的，今天对于在座的各位来讲，也同样适用。在这样一个新的历史坐标体系下，我们要明确自身的战略定位和价值追求，牢牢把握机遇，用足用好各种有利条件，在新的征程上阔步前行。

第三点感想，要勇于面对我们前进道路上的各种挑战。实事求是地讲，我们面前还有一张“挑战清单”。世界经济环境总体趋紧，贸易保护主义抬头升温，多边主义和自由贸易体制受到冲击，全球动荡源和风险点增多，科技竞争更加激烈，“黑天鹅”“灰犀牛”事件都可能出现。国内经济运行还存在不少困难和问题，经济下行压力犹存，地区、行业分化态势较为明显，等等。这些挑战有些是可以预料的，有些是难以预料的。工商银行是全球系统重要性银行，也是全球资产规模最大、市值排名前列的银行，伴随着国际化程度的不断提高，面临的各种挑战可能会更加突出。特别是近期美方极限施压，使中美经贸磋商横生曲折。这也让我们更加深刻地认识到，向世界一流现代金融企业迈进的过程中，必然会经历沟坎和“压力测试”，不能幻想敲锣打鼓、顺顺当当抵达胜利的彼岸。

工商银行的发展道路是非常辉煌的，也是非常艰辛的。这既是对过去的观察和总结，也是对未来的评估和预判。我们要始终保持战略定力，一如既往、聚精会神地办好自己的事。我们在党的十九大以后，提出了工商银行新的发展战略，既务实，又进取。我们这一班人，就是要坚持一张蓝图绘到底，一锤接着一锤敲，就是要在传承与创新中，扎扎实实走好新时期的发展道路，在打造基业长青的“百年老店”征程中跑好属于自己的这一棒。

在座的各位来自五湖四海，但我们有着共同的愿景和奋斗目标。无论身在何处，身居何岗，希望大家始终记住四件事。

第一件事，以全面从严治党带动全面从严治行。今年发展面临的环境更复杂更严峻。全行越是形势复杂、挑战严峻，越要坚持和加强党的领导，树牢“四个意识”，坚定“四个自信”，做到“两个维护”，不折不扣落实中央决策部署。越是形势复杂、挑战严峻，越要抓党建、强党建，发挥好党委把方向、管大局、保落实作用，以全面从严治党引领全面从严治行，以实际行动把我们的党组织建设好，把全辖1万多家机构管理好，把风清气正的生态环境营造好。特别是对海外机构而言，要根据主权、治权、法律、监管、文化等不同状况，因地制宜开展党建工作。同时，要充分理解在海外工作干部员工的艰辛和不易，给予他们更多的关心和爱护，让他们心里装着党、装着祖国，充分感受到工行大家庭的温暖。

第二件事，全力以赴做好金融风险防范化解工作。风云变幻的国际形势，复杂敏感的经济金融环境，艰巨繁重的改革发展任务，需要我们有防范风险的先手、化解挑战的高招，需要打好防范抵御风险的有准备之战，打好化险为夷转危为机的战略主动战。具体工作不展开讲，一句话，我们要守住风险底线，这是做好一切工作的前提和保证。

第三件事，名副其实地担当起民族金融振兴的大任。金融是国之重器。工商银行是国有大行。我们经营稳健与否和竞争力强弱，在很大程度上影响着民族金融业的整体竞争力和国家经济金融的安全稳定。全行要紧紧围绕党和国家事业发展新要求，在服务实体经济、防控金融风险、深化改革创新等领域，更好地发挥作用、体现价值、实现突破。当前形势下，经济转型和创新发展要更加聚焦科技创新的尖端和前沿，加快智慧银行建设步伐，在正本清源中成为金融科技场域的“主力军”，形成面向未来的核心竞争力。一个不面向未来的银行，是没有希望的银行，也难以堪当民族金融振兴的重任。我们要有战略自信，要有雄心壮志，在金融科技的实力比拼和较量中掌握主动、脱颖而出。我到工商银行第一次出差，就是到雄安参加工银科技的开业仪式。雄安是未来之城，未来之城的发展要有未来银行的助力。我们要伴随着雄安新区高质量发展的脚步一路前行，在为新区建设贡献金融智慧和力量的同时，激发出更加充沛的科技创新活力和价值创造能力。

第四件事，打造一支政治过硬、作风优良、专业精通，与工商银行改革发展要求相适应的人才队伍。这是我们这一届党委班子最重要的任务之一。十年树木，百年树人。人是最宝贵的财富。要认真贯彻中央关于干部队伍建设的一系列精神要求，把握干部工作和人才成长规律，深化教育和培养工作，做好稳定和激励工作，使工商银行能够更好地聚才、聚心、聚势。我想同志们在党校学习，既要学政治，也要学业务，实现政治能力和经营能力“两个提升”。同时也要注意相互学习交流，彼此吸收养分。水波相荡才能产生涟漪。大家把各自的经验告诉和传递给对方，自己的经验不会减少只会增加，最终会“成人之美，美美与共”。

好好学习，天天向上，是我们小时候上学的第一堂课。好好学习是手段，天天向上是目的。我想借用毛主席这句题词祝福大家，希望你们好好学习，天天向上。

对当前工作的几点要求

陈四清

（2019 年 5 月 17 日·根据录音整理）

来工行后，我一直在抓紧学习和熟悉情况，看了一些材料，做了一些初步调研。利用这次会议的机会，谈谈对当前工作的一些想法和要求。

第一，要强化时间意识。时间不等人，现在已经是五月中旬，上半年眨眼就要过去。当前外部形势非常复杂，变化快，不确定性大。从一些数据来看，各个条线和分行的情况总体不错，但困难和挑战也很多。大家要有一定的压力和紧迫感，要有只争朝夕的意识，把好节奏，抢抓进度，马上着手安排下半年工作，力争各项工作早谋划、早启动、早见效。我们要把党中央的要求内化于心，外化于行。我们的政治意识和责任担当从来不是空洞的，我们的战略发展从来不是空洞的，都要具体体现和落实到经营管理中。战略蓝图是一锤一锤敲出来的，钱是一分一分赚出来的，不良资产是一块一块收回来的，客户是一户一户拓展来的，步步为营，久久为功，积小胜为大胜。

第二，要狠抓作风转变。这些天我看了很多材料，材料一定要短而精、短而实，不要长而泛。现在总行正在研究整治形式主义、转变本部作风，转变作风要首先从签报、文件做起，要争取做到翻开第一页，就能看见报告什么事项、请示领导作什么决策、你的意见和建议是什么，然后再介绍详细的情况。大家要形成一种简洁、清晰、明快的风格。我不鼓励大家长篇大论，也不鼓励大家加班。总行本部要把鲜明的形象和正确的导向树起来，树立一面旗帜，昂扬一种精神，传导一种风气。作为大行，首先要有朝气，以一种朝气蓬勃的力量来干事创业，激发热血和奋斗精神，不能暮气沉沉，得过且过。其次要讲和气，部门之间要团结协作，心往一处想，劲往一处使，不能自扫门前雪，相互推诿扯皮，画地为牢。再次要有锐气，要紧跟市场，紧跟客户，引领同业，引领潮流，尽锐出战，敢想敢干，不断创新突破，勇立潮头浪尖。实际上，我们有些工作跑在市场的前头，有些是在与同业“并跑”，有些领域甚至落在了后头。

第三，要有“比”的思想。这个“比”，不是说局限在工商银行内部比，而是一定要和同业比。有人会讲，我们现在已经是市场“老大”了，还要比什么。不能大而化之地讲、笼统地看，要认真分析结构状况和趋势变化。比如，你的市场份额是在下降还是在上升，你与追赶者的差距是在缩小还是在扩大，你的资产质量改善程度是比人家好还是比人家差，你管理的精细化水平是比别人高还是比别人低。现在有些业务条线已经掉下来了，有些还掉得很厉害。这种掉队可能是日积月累、悄无声息形成的，好似“随风潜入夜，润物细无声”。但回头再看，往往已“物是人非”，尘埃落定。我们不能让这种事情发生。因此，大家必须有一个非常好的精神状态，有很强的市场意识。已经是市场第一的，要多思考怎么把领先的优势巩固住、发展好，成为持续的领跑者；暂时落后的，要不甘落后，奋起直追，一个山头一个山头地攻，一个项目一个项目地争，一个客户一个客户地营销。我们要做“行商”，不能成为“坐商”。我们要在市场上有声音、有影响、有冲击力。作为第一大行，各个方面都要优秀，保持一颗冠军的心。管理要是一流的，营销要是一流的，创新要是一流的，竞争力也要是一流的，这才是真正的第一大行。各个条线都要高标定位，自己去对照，尤其是现在落后的要抓紧赶上去。我们是以实干论英雄的，这句话立在这里。从行领导开始一视同仁，从部门总经理开始一视同仁，从各分行行长开始一视同仁，大家都要盯住市场、守牢战场、打赢赛场。在市场上打赢了，而且经得起时间和实践的检验，那就是英雄。当然有一条，不能在落实全面从严治党上、在大是大非问题上、在廉政问题上有任何闪失，这是前提，这是根本。

第四，要把握规律方法。马克思主义活的灵魂，就是具体问题具体分析。就我而言，我不会照搬过去在原来单位的管理办法来治理工行，管理原则一定要和具体的管理对象、管理实践结合起来。因此，大家也没有必要过多去打问我原来的管理习惯和方法，可以在今后具体接触过程中逐渐感受和领悟，也可以直接交流。总之，我会用适合工商银行的方法来带领工商银行前进，在现有这么好的基础上推动工商银行百尺竿头、更进一步。这几天我跟我们工行的老领导们请教了很多问题，跟班子成员之间也聊得很深入。希望大家沉心静气，铆足干劲，把握规律，专心专注做事。就像前面讲的，我们不搞论资排辈，也不会“唯年龄”论，一切靠实干说话、凭本事吃饭。大家要以实事求是的作风，攻坚克难、攻城拔寨。我希望6月底的数据，能够看到业绩的提升，看到管理的变化，看到资产质量的改善，看到一些重点领域的工作能够打开局面、取得突破。

总之，在当前复杂的经营形势下，我们要坚持以全面从严治党带动全面从严治行，全力以赴做好金融风险防范化解工作，打造一支政治过硬、作风优良、专业精通的人才队伍，真正担负起民族金融振兴的大任。

在中国工商银行“不忘初心　牢记使命”主题教育动员大会上的讲话

陈四清

（2019 年 6 月 4 日）

这次会议的主要任务是，认真学习贯彻习近平总书记在“不忘初心、牢记使命”主题教育工作会议上的重要讲话精神，落实中央《关于在全党开展“不忘初心、牢记使命”主题教育的意见》要求，对全行开展这次主题教育进行动员部署。接下来，中央第 26 指导组组长邓声明同志还要作重要讲话，传达中央精神和要求。下面，我代表总行党委，讲四点意见。

一、深刻认识开展主题教育的重大意义

5 月 31 日，习近平总书记在“不忘初心、牢记使命”主题教育工作会议上发表重要讲话，从统揽伟大斗争、伟大工程、伟大事业、伟大梦想的战略高度，精辟论述了主题教育的重大意义，深刻阐明了主题教育的总要求、目标任务、重点措施，对加强主题教育组织领导、落实各级党组织责任提出了明确要求。总书记的重要讲话，立意高远，思想深邃，内涵丰富，具有很强的政治性、思想性、战略性、指导性，通篇贯穿着马克思主义立场观点方法，彰显了我们党勇于自我革命、全面从严治党的坚定决心，为全党开展主题教育指明了方向、提供了根本遵循。全行要认真学习领会，提高政治站位，自觉把思想和行动统一到习近平总书记重要讲话精神和党中央决策部署上来。

（一）开展这次主题教育，对于实现“两个一百年”奋斗目标、实现中华民族伟大复兴的中国梦，具有十分重大的意义。总书记强调指出，今年是中华人民共和国成立 70 周年，也是我们党在全国执政第 70 个年头，在这个时刻开展这次主题教育，正当其时。开展这次主题教育，是用习近平新时代中国特色社会主义思想武装全党的迫切需要，是推进新时代党的建设的迫切需要，是保持党同人民群众血肉联系的迫切需要，是实现党的十九大确定的目标任务的迫切需要。党的十八大以来，以习近平同志为核心的党中央，以巨大的政治勇气和强烈的使命担当，解决了许多长期想解决而没有解决的难题，办成了许多过去想办而没有办成的大事，推动党和国家事业取得了全方位、开创性历史成就，发生深层次、根本性历史变革。今天，中华民族伟大复兴展现出前所未有的光明前景。同时，我们面临的形势任务依然严峻复杂，肩负的历史使命光荣而艰巨。从国内看，中华民族正处在“两个一百年”奋斗目标的历史交汇期，决胜全面建成小康社会的目标近在眼前，全面建设社会主义现代化国家新征程即将开启。从国际看，当今世界处于百年未有之大变局，不稳定性不确定性因素增多，风险挑战突出。无论面临什么样的风险挑战，中国共产党人的初心不会改变，中国人民追求梦想的步伐不会停歇。今天，我们开展“不忘初心、牢记使命”主题教育，就是要坚持思想建党、理论强党，坚持学思用贯通、知信行统一，推动广大党员干部全面系统学、深入思考学、联系实际学，不断增强“四个意识”、坚定“四个自信”、做到“两个维护”，筑牢信仰之基、补足精神之钙、把稳思想之舵；就是要认真贯彻新时代党的建设总要求，奔着问题去，以刮骨疗伤的勇气、坚忍不拔的韧劲坚决予以整治，同一切影响党的先进性、弱化党的纯洁性的问题作坚决斗争，努力把我们党建设得更加坚强有力；就是要继续教育引导广大党员干部自觉践行党的根本宗旨，把群众观点、群众路线深深根植于思想中、具体落实到行动上，着力解决群众最关心最现实的利益问题，不断增强人民群众对党的信任和信心，筑牢党长期执政最可靠的阶级基础和群众根基；就是要教育引导广大党员干部发扬革命传统和优良作风，团结带领人民把党的十九大绘就的宏伟蓝图一步一步变为美好现实。

（二）开展这次主题教育，对于工商银行全面强化党的领导、全面加强党的建设、全面从严治党、以全面从严治党带动和引领全面从严治行，奋力打造世界一流现代金融企业，具有十分重大的意义。坚持党的领导，加强党的建设，是国有企业的“根”和“魂”。工商银行 30 多年的改革发展实践证明，坚持党的领导、加强党的建设，是我们战胜各种风浪考验，实现跨越发展的根本保障。党的十八大以来，我们按照中央统一部署，先后开展了党的群众路线教育实践活动、“三严三实”

专题教育、“两学一做”学习教育常态化制度化等党内集中教育，完成了对处级以上干部和基层党支部书记十九大精神轮训的全覆盖，以全面从严治党带动了全面从严治行，以党建工作推动了经营发展。当前，中国特色社会主义进入新时代，工商银行的发展进入新时期。在这样一个新的历史坐标系下，如何更好地贯彻落实党中央决策部署，建设好世界一流现代金融企业，是对我们政治站位、责任担当、管理水平和驾驭复杂局面能力的综合考验。开展这次主题教育就是要拿出实招、硬招解决实际问题，全面提高党的建设质量，推动党中央决策部署在工商银行不折不扣贯彻落实，推动全行在建设世界一流现代金融企业的新征程上迈出新步伐。

（三）开展这次主题教育，对于引导全行党员干部践行党的宗旨、勇担历史使命，努力在职业生涯中忠诚和奉献党和国家的金融事业，具有十分重大的意义。总的来看，工商银行各级党组织和广大党员干部在服务实体经济、防控金融风险、推进改革创新中，较好地发挥了战斗堡垒和先锋模范作用。同时，也有少数机构和党员干部存在宗旨意识不牢、担当作为不够的问题。比如，有的机构服务客户质量和效率不高，客户负面评价和投诉较多，影响了工商银行的品牌形象。这实际上反映了一些党员干部宗旨意识不强、作风漂浮、工作不实的问题。有的机构不善于创造性开展工作，落实总行党委要求存在简单化、片面化现象，或者口头表态多、实际行动少。这折射了一些党员干部缺乏求真务实、开拓进取的工作作风。有的机构和人员面对竞争压力和风险挑战，存在畏难情绪和消极思想，导致经营管理被动、市场竞争力持续下滑。这反映了一些党员干部精神状态不佳、担当意识不足、战斗力不强的问题。针对全行党员干部队伍中存在的这些实际问题，迫切需要我们通过开展这次主题教育，让大家在精神上来一次升华，思想政治上来一次洗礼，作风上来一次大转变，能力上来一次大提升，凝聚起担当实干的强大力量。

二、准确把握主题教育的目标要求

党中央对这次主题教育的总要求、目标任务作出了明确规定。根据中央精神，结合工商银行实际，党委研究制订了全行开展主题教育的实施方案。各级党组织和广大党员要准确把握目标要求，以奋斗姿态把主题教育抓紧、抓实、抓好，把不忘初心的标尺树起来，把牢记使命的责任扛起来，把工商银行的良好形象立起来。

（一）牢牢把握主题教育的根本任务。开展这次主题教育，根本任务是深入学习贯彻习近平新时代中国特色社会主义思想，锤炼忠诚干净担当的政治品格，团结带领全国各族人民为实现伟大梦想共同奋斗。对于工商银行来说，就是要做习近平新时代中国特色社会主义思想的忠诚实践者，学思践悟、以知促行，把学习成果转化为干事创业的担当，转化为解决问题的能力，转化为推动工作的动力。就是要做“两个维护”的坚定执行者，严格遵守党的政治纪律和政治规矩，切实把“四个意识”和“两个维护”落实到实际行动中。就是要做推动金融事业发展的担当实干者，主动站在中国特色社会主义进入新时代这一宏大背景下，谋划和推动全行党的建设和改革发展各项工作，真正成为党执政兴国的“六个力量”。

（二）牢牢把握主题教育的总要求。“守初心、担使命，找差距、抓落实”的总要求，是根据新时代党的建设任务、针对党内存在的突出问题、结合这次主题教育的特点提出来的。全行要将这12个字作为一个相互联系的有机整体，系统理解、全面把握。

守初心，就是要牢记全心全意为人民服务的根本宗旨，以坚定的理想信念坚守初心，牢记人民对美好生活的向往就是我们的奋斗目标，时刻不忘我们党来自人民、根植人民，永远不能脱离群众、轻视群众、漠视群众疾苦。具体到工商银行，我们的初心就是要办好党的金融事业，“把银行办成真正的银行”，为实体经济和人民群众提供卓越金融服务。

担使命，就是要牢记我们党肩负的实现中华民族伟大复兴的历史使命，勇于担当负责，积极主动作为，保持斗争精神，敢于直面风险挑战，以坚忍不拔的意志和无私无畏的勇气战胜前进道路上的一切艰难险阻。金融是国之重器。工商银行是国有大行。我们经营稳健与否、竞争力强弱，在很大程度上影响着民族金融业的整体竞争力，影响着国家经济金融的安全稳定。全行要紧紧围绕党和国家事业发展新要求，更好地发挥作用，体现价值，为民族金融振兴作出贡献。

找差距，就是要对照习近平新时代中国特色社会主义思想和党中央决策部署，对照党章党规，对照人民群众新期待，对照先进典型、身边榜样，坚持高标准、严要求，找一找在增强“四个意识”、坚定“四个自信”、做到“两个维护”方面存在哪些差距，找一找在知敬畏、存戒惧、守底线方面存在哪些差距，找一找在群众观点、群众立场、群众感情、服务群众方面存在哪些差距，找一找在思想觉悟、能力素质、道德修养、作风形象方面存在哪些差距，有的放矢进行整改。对工商银行来说，就是要把握这“四个对照”“四个找一找”，坚持问题导向，坚持高标定位，把问题找实，把根源挖深，明确努力方向和整改措施。

抓落实，就是要把习近平新时代中国特色社会主义思想转化为推进改革发展稳定和党的建设各项工作的实际行动，把初心使命变成党员干部锐意进取、开拓创新的精气神和埋头苦干、真抓实干的自觉行动，力戒形式主义、官僚主义，推动党的路线方针政策落地生根，推动解决人民群众反映强烈的突出问题，不断增强人民群众获得感、幸福感、安全感。对工商银行来说，我们开展主题教育的成效，最终要体现在落实好金融“三大任务”，管好近30万亿元资产，带好44万人队伍，服务好客户和员工上。尤其要结合当前的形势任务，推动全行统一思想、坚定信心，积极协助做好“六稳”工作，聚精会神做好自己的事情。

（三）牢牢把握主题教育的具体目标。按照中央要求，开展这次主题教育，要达到理论学习有收获、思想政治受洗礼、干事创业敢担当、为民服务解难题、清正廉洁作表率的具体目标。这一目标任务体现了对新时代党员干部思想、政治、作风、能力、廉政方面的基本要求。

理论学习有收获，重点是教育引导广大党员干部在原有学习的基础上取得新进步，加深对习近平新时代中国特色社会主义思想和党中央大政方针的理解，学深悟透、融会贯通，增强贯彻落实的自觉性和坚定性，提高运用党的创新理论指导实践、推动工作的能力。要紧密结合全行党的建设和改革发展实际，在学习中深化认识、增强自觉、提升自信、提高本领，全面提升谋划工作、制定政策、推动落实的能力，提高治行兴行水平，确保思想和行动跟上党中央要求、跟上时代前进步伐、跟上工商银行事业发展需要。

思想政治受洗礼，重点是教育引导广大党员干部坚定对马克思主义的信仰、对中国特色社会主义的信念，传承红色基因，增强“四个意识”、坚定“四个自信”、做到“两个维护”，自觉在思想上政治上行动上同以习近平同志为核心的党中央保持高度一致，始终忠诚于党、忠诚于人民、忠诚于马克思主义。工商银行的党员干部，第一身份是党员，第一职责是为党工作。要通过主题教育全面加强党性锻炼，把“两个维护”体现在坚定不移听党话、跟党走上，执行中央决策部署不讲条件、不打折扣、不搞变通；体现在培养和提升家国情怀上，自觉把个人发展同国家、民族、社会紧密融合在一起；体现在投身党的金融事业上，在落实好“党是领导一切的”这一重大政治原则上作表率、作标杆。

干事创业敢担当，重点是教育引导广大党员干部以强烈的政治责任感和历史使命感，保持只争朝夕、奋发有为的奋斗姿态和越是艰险越向前的斗争精神，以钉钉子精神抓工作落实，努力创造经得起实践、人民、历史检验的实绩。我们要发挥好1.5万个基层党组织的战斗堡垒作用，发挥好19万名党员的先锋模范作用，直面困难和挑战，以“奋斗＋落实”的精神状态，扎扎实实把工商银行的事情办好。

为民服务解难题，重点是教育引导广大党员干部坚守人民立场，树立以人民为中心的发展理念，增进同人民群众的感情，自觉同人民想在一起、干在一起，着力解决群众的操心事、烦心事，以为民谋利、为民尽责的实际成效取信于民。银行是服务行业，连通千行百业，关系千家万户。我们要把以人民为中心的发展思想贯彻到经营发展和金融服务各项工作之中，弯下腰、沉下心，真心了解客户和员工在想什么、盼什么，重视客户体验和员工评价，多办实事，多干好事，更好地践行金融为民、金融利民、金融惠民、金融安民。

清正廉洁作表率，重点是教育引导广大党员干部保持为民务实清廉的政治本色，正确处理公私、义利、是非、情法、亲清、俭奢、苦乐、得失的关系，自觉同特权思想和特权现象作斗争，坚决预防和反对腐败，清清白白为官、干干净净做事、老老实实做人。十九届中央纪委三次全会强调指出，“要加大金融领域反腐力度”，全行要对照反思“赖小民”案以及发生在我们身边的典型案例，充分认识反腐败斗争和金融风险防控形势的严峻复杂，充分认识全面从严治党、全面从严治行永远在路上。要以派驻改革为契机，进一步优化和完善内部监督体制机制，推动全面从严治党、从严治行责任全面覆盖、层层落实。

三、认真落实四项要求，确保主题教育扎实推进、不走过场

根据中央要求，我行主题教育自上而下分两批进行，总体安排6个月左右。第一批包括总行本部，各一级分行、直属分行、直属机构、境内控股子公司、内审分局，从2019年6月开始，8月底基本结束。第二批包括各二级分行及以下机构，从2019年9月开始，11月底基本结束。境外机构要结合本单位和驻在国（地区）实际情况，统筹安排，采取灵活多样的形式开展主题教育。具体到每个单位，开展集中教育时间不少于3个月。这次主题教育不划阶段、不分环节，不是降低标准，而是提出更高要求。要切实把中央要求和我行实际紧密结合起来，把学习教育、调查研究、检视问题、整改落实贯穿主题教育全过程，确保抓出实效。

（一）以持之以恒的精神抓好学习教育。认认真真读原著、学原文、悟原理是搞好这次主题教育的基础。要将学习贯彻始终，推动全行来一次理论大学习。要在原原本本学上下功夫。深入学习习近平新时代中国特色社会主义思想，坚持全面系统学、深入思考学、联系实际学，坚持学而信、学而思、学而行。要注重联系工作实际，学习习近平总书记关于本地区本领域工作的重要讲话和指示批示精神，理解其核心要义和实践要求，自觉对表对标，及时校准偏差。要开展集中学习研讨。各级党组织领导班子要集中安排一周时间，采取党委理论学习中心组学习、举办读书班等形式，制订学习研讨计划，列出专题，交流研讨。注重加强革命传统教育、形势政策教育、先进典型教育和警示教育，增强学习的针对性、实效性和感染力，提高学以致用、用有所成的能力。

（二）以求真务实的态度抓好调查研究。全行处级以上领导班子成员要深入开展调研，围绕贯彻落实党中央决策部署和习近平总书记重要指示批示精神，围绕解决党的建设和经营发展中的突出问题、员工和客户反映强烈的问题，围绕落实中央打好“三大攻坚战”部署、金融工作“三大任务”等进行调研。调查研究要接地气，一竿子插到底，掌握第一手材料；要落实好中央

“基层减负年”要求，坚持轻车简从，不增加基层负担，不扎堆调研，不重复调研，不搞“作秀式”、不解决实际问题的调研。处级以上领导班子成员要在学习调研基础上讲专题党课，党委主要负责同志要带头讲，其他班子成员到分管领域或基层机构讲。

（三）以自我革命的勇气抓好问题查摆。从主题教育一开始就要奔着问题去，把存在的问题查找准、剖析透、检视到位，为整改提供精准靶向。一是广泛听取意见。要通过多种方式，充分听取监管机构、广大客户、基层员工等对领导班子、领导干部存在问题的反映，对改进作风、改进工作的意见建议。上级党组织要结合巡视巡察、干部考察、工作考核等情况，对下级单位领导班子和班子成员提出意见。二是认真检视反思。检视问题要防止大而化之，避重就轻，防止以上级指出的问题代替自身查找的问题、以班子问题代替个人问题、以他人问题代替自身问题、以工作业务问题代替思想政治问题、以旧问题代替新问题。

（四）以脚踏实地的作风抓好整改落实。要把“改”字贯穿始终，立查立改、即知即改。能够当下改的，明确时限和要求，按期整改到位；一时解决不了的，要盯住不放，持续整改，不断让员工和客户看到变化、见到成效。要把推动中央大政方针贯彻落实作为整改落实的重要内容，对贯彻习近平总书记重要讲话和指示批示精神、贯彻中央重大决策部署情况进行一次全面梳理，确保把习近平总书记要求和指示批示件件抓到位、党中央决策部署项项落到底。要对全行主题教育实施方案中列出的重点问题开展专项整治。专项整治情况要以适当方式向党员干部群众进行通报，对专项整治中发现的违纪违法问题，要严肃查处。在主题教育结束前，各级领导班子要召开一次高质量的专题民主生活会，认真开展批评和自我批评。

四、坚持高标准严要求，切实把主题教育各项任务落实到位

这次主题教育时间紧、任务重、要求高。各级党委要高度重视、精心组织，周密安排、扎实推进。

（一）加强组织领导，健全工作机制。总行已经成立主题教育领导小组，负责全行主题教育的开展。领导小组下设办公室，负责日常工作。领导小组成员单位要发挥职能作用，形成齐抓共管合力。各级党委要把主体责任扛起来，主要负责同志履行第一责任人职责。总行将派出指导组，采取巡回指导、随机抽查、调研访谈等方式，对各单位主题教育开展情况进行督促指导。第一批主题教育启动后，第二批开展的单位要不等不靠，抓紧时间安排学习，检视问题，立行立改。

（二）坚持领导带头，发挥表率作用。这次主题教育自上而下开展，党员领导干部和机构本部是关键。各级党员领导干部和机构本部要先学一步、学深一点，先改起来、改实一点。同时要担负好领导指导责任，抓好辖内机构的主题教育。

（三）注重讲求实效，发扬良好作风。要坚持两手抓两促进，防止“两张皮”。要把开展主题教育同推动全行中心工作结合起来，把教育成果转化为工作实效。要把力戒形式主义、官僚主义作为主题教育的重要内容，推动全行治理形式主义突出问题为基层减负 30 条措施落地见效，以好的作风开展主题教育，注重实际效果，解决实质问题。

（四）加强宣传引导，营造良好氛围。要精心策划宣传方案，发挥网讯、网络大学、融 e 联公众号等平台作用，加强对主题教育各项要求的精准解读，把党员干部思想统一到党中央精神上来，要加强对主题教育进展成效的宣传，发挥先进典型的引路作用。

同志们，开展好这次主题教育，责任重大、使命光荣。让我们以高度的政治责任感、良好的精神状态和扎实的工作作风，把这次主题教育组织好、开展好，确保取得实实在在的效果，以优异成绩迎接中华人民共和国成立 70 周年！

在“不忘初心　牢记使命”主题教育专题党课上的讲话

陈四清

（2019 年 7 月 1 日）

根据这次“不忘初心、牢记使命”主题教育安排，结合这段时间的理论学习和调查研究，今天我为大家讲一堂党课。主要就主题教育的目标任务和实践要求，谈一些认识和体会，希望以此启发大家思考、推动工作改进。

一、深入学习贯彻习近平新时代中国特色社会主义思想

开展“不忘初心、牢记使命”主题教育，根本任务是深入学习贯彻习近平新时代中国特色社会主义思想，锤炼忠诚干净担当的政治品格，团结带领全国各族人民为实现伟大梦想共同奋斗。习近平新时代中国特色社会主义思想，是这次主题教育的主旨和灵魂，是贯穿主题教育始终的鲜明主线，是我们守初心、担使命的铸魂之本、实践之基、动力之源。

“立身百行，以学为基”。回顾历史，我们党开展的历次集中教育，从延安整风运动以来，都是以思想教育、理论学习打头，注重思想建党、理论强党。这是我们党之所以能够历经艰难困苦而不断发展壮大，从一个50多人的小党发展成为有9 000多万名党员、在近14亿人口国家长期执政的世界第一大党的重要原因，是我们党之所以能够跨越百年风雨而始终朝气蓬勃、始终保持先进性和纯洁性的重要原因。这次主题教育，也要把抓好理论武装作为重中之重，推动全党来一次理论大学习，推动学习贯彻习近平新时代中国特色社会主义思想往深里走、往心里走、往实里走。

中央第二十六指导组在参加总行党委中心组集体学习时，强调指出学习贯彻习近平新时代中国特色社会主义思想，要在真学、真懂、真信、真用上下功夫，把握好其辩证统一关系。真学是基础，真懂是关键，真信是核心，真用是目的；真学体现政治态度，真懂体现政治觉悟，真信体现政治信仰，真用体现政治担当。我体会，要做到真学、真懂、真信、真用，必须坚持全面系统学、及时跟进学、深入思考学、联系实际学，重点深化“三个认识”。

（一）深化习近平新时代中国特色社会主义思想对党和国家事业发展重大意义的认识。中国特色社会主义进入新时代。新时代是一个伟大的时代，一个需要伟大思想理论也能够产生伟大思想理论的时代。习近平新时代中国特色社会主义思想，就是这个伟大时代产生的伟大思想理论。习近平总书记作为这一思想的主要创立者，发挥了决定性作用、作出了决定性贡献。

这一思想，立足时代之基，回答时代之问。习近平新时代中国特色社会主义思想，是在中国特色社会主义进入新时代、世界面临百年未有之大变局的背景下形成和发展起来的。新时代，“新”在发展阶段变化，从“未发展起来”时期进入到“发展起来以后”时期；“新”在社会主要矛盾变化，转化为人民日益增长的美好生活需要和不平衡不充分的发展之间的矛盾；“新”在奋斗目标变化，从站起来、富起来到强起来。百年未有之大变局，体现在全球化进程之“变”，单边主义、贸易保护主义、逆全球化思潮抬头；体现在世界政治格局之“变”，多极化不断推进；体现在经济格局之“变”，经济重心从北大西洋转向太平洋；体现在科技与产业之“变”，新一轮科技革命和产业变革蓄势待发。世界怎么了？中国怎么办？习近平新时代中国特色社会主义思想，正是在这样宏大的背景下应运而生，既系统回答了新时代坚持和发展什么样的中国特色社会主义、怎样坚持和发展中国特色社会主义这个重大课题，又为全球治理带来中国智慧、中国理念、中国方案。

这一思想，内涵丰富、系统完备。时代风云多么激荡变幻，实践发展多么波澜壮阔，理论创新就多么鲜活深邃，思想创造就多么博大精深。习近平新时代中国特色社会主义思想的核心内容，是“8个明确”“14个坚持”，包括了新时代坚持和发展中国特色社会主义的总目标、总任务、总体布局、战略布局和发展方向、发展方式、发展动力、战略步骤、外部条件、政治保证等，涵盖了经济、政治、法治、科技、文化、教育、民生、民族、宗教、社会、生态文明、国家安全、国防和军队、“一国两制”和祖国统一、统一战线、外交、党的建设等各方面。

其中，“8个明确”是最核心关键的组成部分，是支撑习近平新时代中国特色社会主义思想的四梁八柱。具体包括，一是明确坚持和发展中国特色社会主义，总任务是实现社会主义现代化和中华民族伟大复兴，在全面建成小康社会的基础上，分两步走在21世纪中叶建成富强民主文明和谐美丽的社会主义现代化强国；二是明确新时代我国社会主要矛盾是人民日益增长的美好生活需要和不平衡不充分的发展之间的矛盾，必须坚持以人民为中心的发展思想，不断促进人的全面发展、全体人民共同富裕；三是明确中国特色社会主义事业总体布局是“五位一体”、战略布局是“四个全面”，强调坚定道路自信、理论自信、制度自信、文化自信；四是明确全面深化改革总目标是完善和发展中国特色社会主义制度、推进国家治理体系和治理能力现代化；五是明确全面推进依法治国总目标是建设中国特色社会主义法治体系、建设社会主义法治国家；六是明确党在新时代的强军目标是建设一支听党指挥、能打胜仗、作风优良的人民军队，把人民军队建设成为世界一流军队；七是明确中国特色大国外交要推动构建新型国际关系，推动构建人类命运共同体；八是明确中国特色社会主义最本质的特征是中国共产党领导，中国特色社会主义制度的最大优势是中国共产党领导，党是最高政治领导力量，提出新时代党的建设总要求，突出政治建设在党的建设中的重要地位。

“14个坚持”是实现“两个一百年”奋斗目标、实现中华民族伟大复兴中国梦的路线图和方法论。“14个坚持”包括：坚持党对一切工作的领导，坚持以人民为中心，坚持全面深化改革，坚持新发展理念，坚持人民当家做主，坚持全面依法治国，坚持社会主义核心价值体系，坚持在发展中保障和改善民生，坚持人与自

然和谐共生，坚持总体国家安全观，坚持党对人民军队的绝对领导，坚持“一国两制”和推进祖国统一，坚持推动构建人类命运共同体，坚持全面从严治党。

“8个明确”更侧重于理论思考和理论概括，“14个坚持”更侧重于实践层面和方略层面，每一条都有很强的针对性和指导性。“8个明确”和“14个坚持”，有机结合、有机融汇，体现了理论与实践、认识论和方法论的贯通。

这一思想，是当代中国马克思主义、21世纪马克思主义。长期以来，马克思主义在中国之所以显示出强大生命力，最根本的就是我们党把坚持马克思主义和发展马克思主义有机统一起来。习近平新时代中国特色社会主义思想，鲜明体现着马克思主义立场观点方法，始终把马克思主义作为理论起点、逻辑起点、价值起点，闪耀着马克思主义真理光辉，是当今时代最现实、最鲜活的马克思主义，是马克思主义中国化最新成果。这一思想有一系列原创性贡献，写出了马克思主义新的时代篇章。比如，提出中国共产党领导是中国特色社会主义最本质特征、是中国特色社会主义制度最大优势，提出以人民为中心的发展思想，提出构建人类命运共同体，等等。这些原创性思想，彰显了习近平新时代中国特色社会主义思想以全新的视野深化了对共产党执政规律、社会主义建设规律、人类社会发展规律的认识，实现了马克思主义基本原理与中国具体实际相结合的又一次飞跃。同时，这一思想继承和吸收了中华民族优秀传统文化，吸收了人类文明有益成果，贯通了5 000多年中华文明史、500多年世界社会主义史、中国人民近代以来170多年斗争史、中国共产党近百年奋斗史、中华人民共和国70年发展史、改革开放40多年实践史，展现了宽广视野和博大胸怀。

这一思想，经过实践检验，又指导新的实践。习近平新时代中国特色社会主义思想，以我们正在做的事情和将要做的事情为中心，以深刻的理论性实践性和鲜明的战略性前瞻性，从根本上引领了党和国家事业开创新局面。党的十九大报告指出，五年来的成就是全方位、开创性的，五年来的变革是深层次、根本性的；解决了许多长期想解决而没有解决的难题，办成了许多过去想办而没有办成的大事。我国经济实力、科技实力、综合国力、国际影响力显著提升。从经济社会发展主要指标看，2018年我国经济总量突破90万亿元，对世界经济增长贡献率近30%，占全球经济总量的比重超过15%，稳居世界第二位。全国农村贫困人口从2012年底至2018年底累计减少0.82亿人，贫困发生率从10.2%降至1.7%。我们比历史上任何时期都更接近、更有信心和能力实现中华民族伟大复兴的目标。习近平新时代中国特色社会主义思想的实践价值是作用于现实的，更是影响长远的。党的十九大概括和提出了习近平新时代中国特色社会主义思想，确立为党必须长期坚持的指导思想，并写入党章。这是党的十九大最重要的政治成果、最深远的历史贡献。十三届全国人大一次会议通过宪法修正案，把习近平新时代中国特色社会主义思想载入国家根本大法，进一步实现了从党的指导思想向国家指导思想的转化。这一思想成为指引为中国人民谋幸福、为中华民族谋复兴的思想之旗，成为凝聚中国人民勠力同心、奋勇前行的精神之魂。在这一思想指引下，新时代中国特色社会主义道路必将越走越宽广、越走越顺畅。这条路是强党之路、强国之路、复兴之路。

（二）深化习近平新时代中国特色社会主义思想对金融改革发展重大意义的认识。党的十八大以来，以习近平同志为核心的党中央高度重视金融改革发展。习近平总书记坚持以马克思主义立场、观点、方法，立足对金融本质和规律的深刻认识，立足时代发展和中国实际，对金融工作做出一系列重要论述，提出了一系列新理念新思想新观点。比如，关于金融的地位和作用，强调“金融是国家重要的核心竞争力，金融安全是国家安全的重要组成部分，金融制度是经济社会发展中重要的基础性制度”。关于金融与经济的关系，强调“金融是实体经济的血脉，为实体经济服务是金融的天职”“金融活，经济活；金融稳，经济稳。经济兴，金融兴；经济强，金融强”。关于防范化解金融风险，强调“防范化解金融风险特别是防止发生系统性金融风险，是金融工作的根本性任务”。关于深化金融对外开放，强调“提高金融业全球竞争能力、提高开放条件下经济金融管理能力和防控风险能力、提高参与国际金融治理能力”，等等。

这一系列重要论述内涵丰富、博大精深，是习近平新时代中国特色社会主义思想的重要组成部分，是指导金融改革发展的科学指南，是做好新时代金融工作的根本遵循。总行已组织将习近平总书记关于金融工作的重要论述进行了初步梳理汇编，全行干部员工要将此作为主题教育和日常工作学习贯彻的重要内容。作为金融工作者，我们能切身感受到，党的十八大以来，在习近平新时代中国特色社会主义思想的科学指引下，我国金融改革发展取得了新的重大成就。金融体系不断完善，多层次金融市场逐步形成，持牌金融机构达5 000多家。全社会金融资产规模快速增长，超过400万亿元，其中银行业总资产276万亿元，排名世界首位。金融业经济增加值从2011年的3.1万亿元增加到2018年的6.9万亿元、增长123%，占GDP的比重由6.29%升至7.68%。金融国际竞争力与影响力显著增强，外汇储备规模世界第一，股市规模世界第二，债市规模世界第三。人民币加入国际货币基金组织特别提款权（SDR）货币篮子，成为第五大全球支付货币。12家中资银行入围全球银行1 000强前50榜单，4家大型银行位居榜单前四，且全部为全球系统重要性银行。工商银行在总资产、利润、存款、贷款、一级资本、品牌价值等多项指标上领先全球同业。总的来看，在国际金融危机持续影响和国内经济“三期叠加”的挑战下，我国金融改革发展取得这样的成绩实属不易，根本在于有习近平新时代中国特色社会主义思想的指引。

（三）深化习近平新时代中国特色社会主义思想对党员干部健康成长重大意义的认识。理论创新每前进一步，理论武装就要跟进一步。党的十九大提出“培养担当民族复兴大任的时代新人”。担当民族复兴大任的时代新人，必须是在思想水平、政治觉悟、道德品质、文化素养、精神状态、工作能力等方面，同新时代要求相符合的。而首要任务，就是深入学习贯彻习近平新时代中国特色社会主义思想。习近平新时代中国特色社会主义思想，既是世界观、价值观，又是认识论、方法论；既有强大的真理力量，又有强大的人格力量；既是党员干部举旗定向的航灯，又是做人做事的标尺。全行党员干部要切实把习近平新时代中国特色社会主义思想学深悟透，做到知其言更知其义，知其然更知其所以然，做到学思用贯通、知信行统一。要把学习贯彻成效体现在提高政治站位、坚定维护核心上。旗帜鲜明讲政治，增强“四个意识”，坚定“四个自信”，做到“两个维护”，始终在政治立场、政治方向、政治原则、政治道路上同以习近平同志为核心的党中央保持高度一致。体现在补钙壮骨、立根固本上。解决好世界观、人生观、价值观这个“总开关”问题，坚定理想信念，坚守共产党人的精神高地，加强党性修养和党性锤炼，自觉做远大理想和共同理想的忠诚实践者。体现在凝心聚力、不懈奋斗上。着眼党和国家事业发展大局，以担当精神和奋斗姿态，践行好党的初心和使命，扎扎实实做好工商银行的事情，奋力走好建设世界一流现代金融企业的新长征路，拥抱新时代，展现新作为。

二、把握主题教育的目标要求

（一）把握“十二字”总要求。这次主题教育提出了“守初心、担使命，找差距、抓落实”的总要求。这十二个字的总要求是一个相互联系的整体，要全面把握，贯彻主题教育全过程。

守初心，就是要牢记全心全意为人民服务的根本宗旨，以坚定的理想信念坚守初心，牢记人民对美好生活的向往就是我们的奋斗目标；以真挚的人民情怀滋养初心，时刻不忘我们党来自人民、根植人民，人民群众的支持和拥护是我们胜利前进的不竭力量源泉；以牢固的公仆意识践行初心，永远铭记人民是共产党人的衣食父母，共产党人是人民的勤务员，永远不能脱离群众、轻视群众、漠视群众疾苦。

担使命，就是要牢记我们党肩负的实现中华民族伟大复兴的历史使命，勇于担当负责，积极主动作为，用科学的理念、长远的眼光、务实的作风谋划事业；保持斗争精神，敢于直面风险挑战，知重负重、攻坚克难，以坚忍不拔的意志和无私无畏的勇气战胜前进道路上的一切艰难险阻；在实践历练中增长经验智慧，在经风雨、见世面中壮筋骨、长才干。

找差距，就是要对照习近平新时代中国特色社会主义思想、习近平总书记重要指示批示精神和党中央决策部署，对照习近平总书记在“不忘初心、牢记使命”主题教育工作会议上的重要讲话中指出的突出问题，对照党章党规，对照初心使命，对照人民群众新期待，对照先进典型、身边榜样，坚持高标准、严要求，找一找在增强“四个意识”、坚定“四个自信”、做到“两个维护”方面的差距，在做到“不忘初心、牢记使命”方面的差距，在群众观点、群众立场、群众感情、服务群众方面的差距，在知敬畏、存戒惧、守底线方面的差距，在思想觉悟、能力素质、担当作为、道德修养、作风形象方面存在的差距，有的放矢进行整改。

抓落实，就是要把习近平新时代中国特色社会主义思想转化为推进改革发展稳定和党的建设各项工作的实际行动，把初心使命变成党员干部锐意进取、开拓创新的精气神和埋头苦干、真抓实干的自觉行动，力戒形式主义、官僚主义，推动党的路线方针政策落地生根，推动解决人民群众反映强烈的突出问题，不断增强人民群众获得感、幸福感、安全感。

建设坚强的马克思主义政党首先要从理想信念做起。对马克思主义的信仰，对社会主义和共产主义的信念，是共产党人的政治灵魂。我们要把自己摆进去、把职责摆进去、把工作摆进去，以“君子检身，常若有过”的态度来发现和改正自身的差距和不足。

（二）把握“四个贯穿始终”。这次主题教育与以往主题教育的一个明显区别，就是不划阶段、不分环节，学习教育、调查研究、检视问题、整改落实贯穿始终。这不是降低标准，而是提出更高要求。学习教育是根本，调查研究是途径，检视问题是关键，整改落实是目的。这四个方面是一个紧密联系、相互作用的整体，要全面把握、有机贯通、深度融合、统筹推进。各部门各机构要结合各自实际，探索方法，创新形式，更好体现和落实“四个贯穿始终”的要求。要强化理论武装，深入开展革命传统教育、形势政策教育、先进典型教育和警示教育，聚焦解决思想根子问题，自觉对表对标，增强学习教育针对性、实效性、感染力。要教育引导广大党员干部了解民情、掌握实情，搞清楚问题是什么、症结在哪里，拿出破解难题的实招、硬招。要教育党员干部以刀刃向内的自我革命精神，广泛听取意见，认真检视反思，把问题找实、把根源挖深，明确努力方向和改进措施，切实把问题解决好。要把“改”字贯穿始终，立查立改、即知即改，能够当下改的，明确时限和要求，按期整改到位；一时解决不了的，要盯住不放，通过不断深化认识、增强自觉，明确阶段目标，持续整改。要有针对性地列出需要整治的突出问题，进行集中治理。专项整治情况要以适当方式向党员干部群众进行通报，对专项整治中发现的违纪违法问题，要严肃查处。

（三）把握“五句话”具体目标。目标明确方向，标准突出质量。在“不忘初心、牢记使命”主题教育工作会议上，习近平总书记提出“理论学习有收获、思想政治受洗礼、干事创业敢担当、为民服务解难题、清正廉洁作表率”的具体目标，为开展主题教育指明了方向。这五个具体目标，体现的就是党对新时代党员干部思想、政治、作风、能力、廉政等方面的基本要求。我们要对照这些目标要求，把高标准立起来，把严要求落下去。

第一，理论学习有收获。从一定意义上讲，掌握马克思主义理论的深度，决定着政治敏感的程度、思维视野的广度、思想境界的高度。这次主题教育“十二字”总要求中，“找差距”首先要对照习近平新时代中国特色社会主义思想和党中央决策部署来找。“抓落实”首要是把习近平新时代中国特色社会主义思想转化为推进改革发展稳定和党的建设各项工作的实际行动。“五句话”具体目标中，首要的是“理论学习有收获”。“四个贯穿始终”中，第一位的也是“学习教育”。

这些年我们把思想建设作为一项经常性、基础性工作来抓，特别是通过深入学习贯彻习近平新时代中国特色社会主义思想和党的十九大精神，推进“两学一做”学习教育常态化制度化，引导各级党组织和广大党员不断补钙壮骨。大家学习的热情是有的，态度是好的，但距离中央学懂弄通做实的标准和要求，还有一些差距。每位党员干部都应当把理论学习当作一种神圣职责、一种精神境界、一种终身追求，不能以工作多、业务忙为理由放松理论学习。那些刻苦进行理论学习并深入思考的人，往往是实际工作中善于解决棘手问题的行家里手。要通过深入学习贯彻习近平新时代中国特色社会主义思想，筑牢信仰之基、夯实能力之本。

要抓深化，往深里学，真正学懂。组织党员干部认真学习党的十九大报告和党章、《习近平关于“不忘初心、牢记使命”重要论述选编》《习近平新时代中国特色社会主义思想学习纲要》，跟进学习习近平总书记最新重要讲话文章，学习习近平总书记关于经济金融工作的重要指示批示精神。要静下心来读原著、学原文、悟原理，做到常学常思，常悟常进，不断把学习贯彻引向深入。要抓消化，融会贯通学，真正弄通。要联系地而不是孤立地，系统地而不是零散地去理解和把握，注重入脑入心，深刻理解习近平新时代中国特色社会主义思想的科学体系、丰富内涵、实践要求，掌握蕴含其中的马克思主义立场观点方法，领悟这一思想的政治意义、政治信仰、政治智慧、政治品格，做到融会贯通，融入信仰。要抓转化，联系实际学，真正做实。紧密结合金融工作实际，深刻领会习近平总书记关于金融工作一系列重要论述，提高运用科学理论解决实际问题的能力，学出忠诚，学出担当，学出治行、兴行的能力和水平。

第二，思想政治受洗礼。习近平总书记强调，思想政治受洗礼，重点是教育引导广大党员干部坚定对马克思主义的信仰、对中国特色社会主义的信念，传承红色基因，增强“四个意识”、坚定“四个自信”、做到“两个维护”，自觉在思想上政治上行动上同党中央保持高度一致，始终忠诚于党、忠诚于人民、忠诚于马克思主义。工商银行是党领导下的国有金融企业，是从人民银行母体分离出来的银行，延续了“人民银行”的根脉，传承了红色基因，秉持着“国企姓党”的理念。全行各级党组织和广大党员干部在政治上是坚强和过硬的，在落实党中央决策部署上，认识是明确的，态度是坚决的，行动是务实的。但在具体工作中，工作效果与中央要求还存在一定的差距。

我们的党员干部不是西方的银行家，不是简单的职业经理人，不是为资本打工、为资本代言。我们必须牢记，自己的第一身份是党员，第一职责是为党工作，是受组织委派到银行来工作的，必须听党话、跟党走。要把加强政治建设抓在日常，强化政治忠诚、政治定力、政治担当、政治能力、政治自律，增强“四个意识”、坚定“四个自信”、坚决做到“两个维护”，自觉在思想上政治上行动上同以习近平同志为核心的党中央保持高度一致。要找准党的建设与业务工作的结合点，把“两个维护”体现在实际行动上，既防止游离于业务工作搞空头政治，也防止出现以业务工作代替党建工作的现象。当前尤其要注重增强服务实体经济效能，深化对经济运行稳中有进、稳中有变、稳中有忧特征的认识，促进货币政策传导和“六稳”落地。始终把风险防控放在第一位，坚持按商业银行规律办事，掌握好“度”，坚持审慎稳健的经营风格，确保资产质量稳定和各类风险可控，维护好经济金融稳定大局。要严守政治纪律，认真贯彻落实民主集中制，进一步完善党委会工作规则。坚持从政治和全局高度认识判断形势，增强战略思维、创新思维、辩证思维、法治思维、底线思维能力，做到政治过硬、本领高强，确保各项工作方向正确、效果良好。要教育引导党员干部锤炼政治品格，强化在党爱党、在党为党、在党忧党的政治担当，增强政治敏锐性和政治鉴别力，同一切影响党的先进性、弱化党的纯洁性的问题作斗争，做政治上的干净人、明白人。

第三，干事创业敢担当。重担当是中华民族的优秀文化传统。范仲淹的“居庙堂之高则忧其民，处江湖之远则忧其君”，文天祥的“人生自古谁无死，留取丹心照汗青”，林则徐的“苟利国家生死以，岂因祸福避趋之”，鲁迅的“横眉冷对千夫指，俯首甘为孺子牛”等，都包含着担当意识。敢于担当，更是中国共产党人应有的政治品格。能否敢于负责、勇于担当，最能看出一个干部的党性和作风。习近平总书记对金融工作提出了服务实体经济、防控金融风险、深化金融改革三大任务。工商银行作为国内乃至全球第一大行，必须高标定位，不折不扣贯彻落实中央决策部署，全力打造具有全球竞争力的世界一流现代金融企业。目前，我们一些规模类、总量类指标领先同业，但要认识到“尺有所短”，具体到一些条线、具体到一些机构，我们还有提升的空间。

竞争力差距的背后，往往是人的精神状态和担当能力的差距。习近平总书记讲过，功成名就时做到居安思危、保持创业初期那种励精图治的精神状态不容易，执掌政权后做到节俭内敛、敬终如始不容易，承平时期严以治吏、防腐戒奢不容易，重大变革关头顺乎潮流、顺应民心不容易。作为一名党员干部，必须在其位、谋其政，干其事、求其效，提振奋斗的精气神，挺起担当的宽肩膀。要奋勇争先，坚定大行自信，树立弄潮时代、引领同业的志向和抱负，不论干什么工作，都要保持一颗冠军的心，与最强者比拼、与最快者赛跑，在百舸争流、千帆竞发中，做勇立潮头的时代弄潮儿。要改革创新，要敢为天下先、敢为人先，敢于突破传统路径，打破条条框框，用创新的思维、改革的办法，解决前进中的困难和问题，勇于直道追赶，善于弯道超车，长于变道领先，在变局中开创新局、奠定胜局。要蓬勃向上，在新的长征路上，心有活力，满怀朝气，永葆激情，以一往无前、奋发进取的姿态，走好自己的路，做好自己的事。前一段，总行个金、银行卡、财会3个部门的老总自己写了决心书，我们通过《内部情况通报》转发给全行，对全行干部员工震动很大。我们就是要倡导和鼓励这种不甘落后、奋勇争先的决心和勇气，树起一面旗帜，昂扬一种精神，传导一种风气。

同时，要进一步完善干部考核评价体系和正向激励机制，把敢不敢扛事、愿不愿做事、能不能干事，作为识别干部、评判优劣、奖惩升降的重要标准，旗帜鲜明地为敢担当的干部撑腰鼓劲，捆住一些人乱作为的手脚，放开广大党员干部担当作为的手脚，形成争立新功、争创业绩的生动局面。

第四，为民服务解难题。银行是服务行业。我们有6亿多个人客户、700多万对公客户，员工总数超过44万人，与人民利益、百姓福祉紧密关联。客户体验好不好，员工感受好不好，是衡量我们工作成效的重要标尺。从这段时间调研了解到的情况看，全行在改进客户服务、培育服务文化，在坚持以人为本、关心关爱员工上，做了很多富有成效的工作。比如，坚持每年围绕一个主题，接力式推动服务改进，力争一年一变样，一年一台阶；在全行开展“为基层员工办好十件实事”活动，推动解决员工最关心最现实的问题，等等。但在服务客户、服务基层、服务员工上，我们还存在一些差距和问题。服务问题实际上反映的是思想认识问题、是作风问题，更是严肃的政治问题。形式主义的突出表现就是重形式、不重内容和结果，无实事求是之意，有哗众取宠之心。这不仅严重影响中央决策部署的落实，损害党的形象，也损害人民群众的切身利益。解决服务问题，必须在思想根子上深挖、在作风转变上用力、在工作方法上创新。

要心中有民，解决立场问题。搞形式主义、官僚主义，说到底是思想“总开关”出了问题。解决形式主义、官僚主义问题，必须正本清源，从思想源头抓起，从群众立场抓起。全行党员干部尤其是领导干部，要时刻牢记自己是从群众中来，培养与群众的深厚感情。这是我们走进基层、走进群众的“通行证”。要以开展调查研究为抓手，真正和客户、和员工坐在一条板凳上，说到一块、想到一块，弄清楚他们的关心事、烦心事、操心事，找准工作的着力点。要把握好对上负责与对下负责的辩证统一，将贯彻上级要求与响应群众呼声、客户诉求有机结合起来，紧跟中央、尊重基层、贴近客户，在创造性抓好政策落地的过程中解民忧、增民利、得民心。

要实干为民，解决作风问题。要把力戒形式主义、官僚主义，作为这次主题教育的重要内容。作风改进要实打实，不能空对空。前期总行制定印发了《治理形式主义突出问题为基层减负30条措施》，要认真抓好贯彻落实，切实为基层“减负”“松绑”。要以钉钉子精神一项一项整治，确保主题教育期间看到一些突出改进成效，让员工真正“有感”。要突出做到“三减”：第一，减量增质，发务实的文、开管用的会；第二，减痕增效，统筹安排检查考核；第三，减压增劲，严管厚爱相结合。要总结正反两方面典型，拿出见人见事的硬措施，完善干部考核机制，树立正确用人导向，不让那些滥竽充数的“南郭先生”混吃混喝，不让那些只会纸上谈兵的“赵括”占据高位要处，持续释放整治作风的强烈信号，营造关心关爱基层的浓厚氛围。

要创新惠民，解决能力问题。服务客户和员工的一些问题之所以长期没有解决，既有作风问题，也有资源约束问题，还有方法能力问题。解决这些问题，要解放思想、开动脑筋、创造条件、破解难题，不能因为畏难而无所作为。比如，要以更加开放的心态拥抱互联网，更广泛运用金融科技的手段和方法，打通服务客户的“最后一公里”。要以更大魄力推动人员结构优化，通过网点岗位整合、运营集中改革等治本措施，释放更多人力资源到营销服务的一线。要千方百计改善员工收入，增强员工归属感和凝聚力。总之，多问计于客户、问计于员工，多与基层一起总结规律、寻找方法。

第五，清正廉洁作表率。习近平总书记强调，清正廉洁作表率，重点是教育引导广大党员干部保持为民务实清廉的政治本色，正确处理公私、义利、是非、情法、亲清、俭奢、苦乐、得失的关系，自觉同特权思想和特权现象作斗争，坚决预防和反对腐败，清清白白为官、干干净净做事、老老实实做人。每一位党员干部都应当对照要求、对准目标，找一找自己在知敬畏、存戒惧、守底线方面的差距。从全行看，这些年我们在推进全面从严治党和全面从严治行上采取了一系列措施，取得了积极成效，也连续实现了“案件总量不上升，不发生重大恶性案件和风险事件”的管控目标。但近期发生的顾国明、谢明案件，加上之前林晓轩等案件，都给我们敲响了警钟。教训是沉痛的，警示是深刻的。

银行是经营货币的特殊企业，同时保证国有资产保值增值是中央交给我们的重大责任。这决定了银行从业人员面对的利益和诱惑大，对我们的防范风险意识、责任担当要求、廉洁从业标准也比一般国企更高更严。如果在廉洁问题上翻了船，最终只会一失万无。这是一笔再清楚不过的“廉洁账”。因此，全行党员干部一定要常思贪欲之害、常怀律己之心，稳得住心神、管得住行为、守得住清白。要自省自警，拧紧思想开关。一个人能否做到清正廉洁，最大的诱惑是自己，最难战胜的敌人也是自己。共产党人的心性和政治本色，需要一辈子拂拭、打磨。我们的党员干部工作不单是为了养家糊口，我们是有信念和使命的，我们是有理想和情怀的，一定要像习近平总书记要求的那样，正确处理公私、义利、是非、情法、亲清、俭奢、苦乐、得失的关系，行得端、走得正。要慎始慎微慎处，找准行为标尺。一次做让步，次次守不住。党员干部在私底下，在细微处，在第一次上，一定要守住“闸口”，保持洁身自好。面对“微腐败”绝不能掉以轻心，碰上“人情礼”绝不能欣然笑纳。要净化自己的“社交圈”“朋友圈”，警惕成为被“围猎”的对象。要严管厚爱，强化制度约束。各级党组织对干部员工既要关心关爱，也要从严要求、从严管理，二者不可偏废，这才是真正对干部负责。要以派驻改革为契机，推动全面从严治党、从严治行向纵深推进，充分发挥好监督作用，对苗头性、倾向性问题做到早发现、早提醒、早纠正。要进一步健全制度机制，管长远管根本。尤其是严格落实干部交流和岗位轮换制度，尽量不让一个人“老在河边走”。

三、发挥领导机关和领导干部的带头示范作用

全行主题教育要抓到位、见实效，必须抓重点、带全面，尤其是发挥好机构本部和领导干部的带头示范作用。

（一）抓好总行本部。总行本部是全集团的战略规划中心、经营决策中心、管理指挥中心和资源配置中心，同时还担负着一些直接经营、直接服务重要客户的职能。总行本部作风如何、作用发挥如何，直接影响全局，而且会在“上行下效”中产生放大效应。同时，这次主题教育自上而下分两批进行，总行本部作为第一批参加机构，担负着示范引领作用。因此，这次主题教育中，必须把抓好总行本部摆在突出位置。

前一段时间，中央和国家机关工委对总行本部党的政治建设情况进行了督查，总行党委部署开展了对总行本部的巡视，直属党委对本部党支部建设状况作了集中调研。综合各方面反馈情况看，总行本部在加强党的政治建设、以全面从严治党带动全面从严治行、落实本部党建工作要求等方面，总体是好的。但也发现了一些问题和短板。比如，有的贯彻落实中央决策部署和总行党委工作安排时，存在传达文件多、深入研究少等问题；有的存在党建工作与业务发展“两张皮”问题，班子成员“一岗双责”意识不强；有的还存在形式主义、官僚主义的倾向，条线指导不到位，服务基层意识不强，抓工作浮于表面，等等。总行本部要针对这些已发现问题和主题教育中进一步梳理查找的问题，坚持把“改”字贯穿始终，切实行动起来，雷厉风行，边学边改、边查边改、即知即改。要落细落小，抓住几个最突出的、在主题教育期间能够解决的问题，抓紧整改解决，让基层和群众看到真改进、真变化。要继续抓好总行本部巡视工作，做到全覆盖，防止“灯下黑”，让总行本部的先锋形象真正树立起来，“龙头”真正摆动起来。

要在学习贯彻习近平新时代中国特色社会主义思想上发挥示范作用。坚持以习近平新时代中国特色社会主义思想为指导，深入贯彻习近平总书记关于金融领域的重要指示批示精神，落实新时代党的建设总要求，以党的政治建设为统领，以“做好‘三个表率’、争当模范机关”为主题，带头维护党中央权威和集中统一领导，在深入学习贯彻习近平新时代中国特色社会主义思想上作表率，在始终同党中央保持高度一致上作表率，在坚决贯彻落实党中央各项决策部署上作表率，确保把总行本部党组织锻造得更加坚强有力，党员干部队伍忠诚干净担当的示范引领作用更加突出，机关党的政治生态更加风清气正，服务大局、服务发展、服务基层、服务群众的辐射带动更加有效，建设让党中央放心、让人民群众满意的模范机关。

要在持续深入转变作风上发挥示范作用。要增强服务意识，定政策、下任务要多考虑基层状况和各行特点，研发产品、设计流程要多听取基层和客户的意见建议，在市场竞争、业务推动中出现问题时，要多一些具体指导和解决措施。要提高各部门决策效率，对重大问题、重要事项要提升决策层次，明确责任主体，强化问责、严格责任追究；对重要工作、重要制度要确保落实到位，明确完成时限和责任人员，完善督察督办机制和手段，加强跟踪反馈，及时修正补漏。要加强各部门间协同联动，总行各部门在系统开发、产品创新、制度制定等方面，要坚决避免“部门化”和“机构壁垒”；在遇到重要工作、困难事项和复杂问题时，要主动沟通协

调，协商解决措施。

要在凝心聚力攻克难关上发挥示范作用。要强化客户至上导向，坚持一切以客户为中心的理念，在做好传统客户市场的同时，不断夯实客户基础。要强化系统推动，总行部门要争做最好的部门、打造最好的条线，带领分行、带领系统共同努力，在主要业务指标上坚持眼睛向上看齐，主动杜绝相互比差自我安慰、面对困难消极应对的心态，充分发挥好集团的整体优势，形成部门和机构间推动经营发展、服务维护客户、突破业务瓶颈的合力。

（二）抓好“关键少数”。习近平总书记在主持中央政治局第十五次集体学习时强调，不忘初心、牢记使命，关键在党的各级领导干部特别是高级干部。中央“不忘初心、牢记使命”主题教育领导小组近日也印发通知，要求各级领导干部发挥示范带动作用。全行在职党员 19 万，其中处级以上党员干部 9 000 多人。只有抓好这些“关键少数”，才能以上率下，形成一级抓一级、一级带一级的良好局面，确保这次主题教育取得良好成效。

“关键少数”带头是我们党历次集中教育取得实效的重要经验。领导方法千万条，率先垂范是关键一条。在我们党开展的历次集中教育中，各级领导干部作为“关键少数”，充分发挥示范导向作用，已形成了优良传统。例如，党的十八大以来开展的党的群众路线教育实践活动、“三严三实”专题教育、“两学一做”学习教育，都把坚持领导带头、以上率下作为重要原则和方法，保证了集中教育取得扎实效果。实践证明，政治路线确定以后，干部就是决定性因素。“关键少数”身先士卒，就能一呼百应；“关键少数”以身作则，就能不令而行。这次主题教育，领导干部也要学在先、做在前，抓得紧、抓得实，不能只把自己当主题教育的领导者、组织者而置身事外，不能只对别人作指示、提要求，“手电筒照人不照己”。

切实发挥“一把手”关键之关键作用。“一把手”是“关键少数”中的“关键少数”，既要当好主题教育的组织者、参与者，也要当好引领者、示范者。在主题教育中，“一把手”的标准要更高一些、要求要更严一些、措施要更实一些，把学习教育深不深、调查研究质量高不高、检视问题透不透、整改落实严不严，作为“一把手”示范带动作用强不强的重要检验。同时，要切实承担起主题教育第一责任人的责任，把主题教育紧抓在手上，投入精力，靠前指挥，把好主题教育质量关，绝不能搞“权力下放”、当“甩手掌柜”。

“一把手”要在带头做实做好学习教育、调查研究、检视问题、整改落实的基础上，讲好党课、组织开好专题民主生活会。一要讲一堂高质量的专题党课。讲党课不仅是领导干部思想水平、理论水平、工作水平的展示，也是个人敢于自我解剖的胸怀、敢于直面问题的担当的体现。中央指导组在悉心指导我行主题教育工作时强调，班子成员和领导干部讲党课，要做到三个“讲清楚”，即讲清楚习近平新时代中国特色社会主义思想对党和国家的重大意义、对金融系统和本企业发展改革稳定的重大意义、对个人健康成长的重大意义。同时不能千篇一律，而是要用自己的认识、自己的实践、自己的话想清楚、讲清楚。我理解，就是要既接“天线”，又接“地气”，既对习近平新时代中国特色社会主义思想理解深、领会透，又对分管工作情况掌握清、把握准；既强调中管金融企业“中管”的党性、政治性，又讲“金融”的专业性、规律性；既讲党的创新理论成果和中央大政方针，又讲存在的具体差距和改进工作的举措，把大道理与小道理、理论与实践、战略与战术、组织与个人贯通起来，在晓之以理、动之以情中，在春风化雨、润物无声中打动人心，增进政治认同、理论认同、情感认同。二要开一次高质量的专题民主生活会。领导班子专题民主生活会是对“守初心、担使命，找差距、抓落实”的一次集中检验。“一把手”要高度重视，以极端认真、极端负责的态度对待专题民主生活会，把会前准备工作做充分、谈心谈话做到位、批评和自我批评开展好，勇于进行积极健康的思想斗争，敢于动真碰硬、揭短亮丑，防止当老好人、搞一团和气，使每位班子成员灵魂受到触动、思想得到提升。

千言万语道不尽，真情实感静流深。入党多年，我时常告诫自己，不能忘了初心，必须认真对待自己入党时的承诺，严格按照党章要求行事。我也希望大家以这次主题教育为新起点，在解决思想入党上再下功夫，在践行入党誓言上再用气力，努力做一名让党放心、让人民满意的合格党员和称职干部。希望大家以对党、对人民、对工商银行事业高度负责的精神，高标准、严要求落实主题教育各项任务要求，更加坚定地用初心和使命，烛照自己的精神家园，心无旁骛地办好工商银行的事情，办好党的金融事业。

以“不忘初心　牢记使命”主题教育为动力推动工商银行全面从严治党从严治行向纵深发展

——在中国工商银行全面从严治党从严治行暨警示教育大会上的讲话

陈四清

（2019年7月5日）

这次全面从严治党从严治行暨警示教育大会，是在党中央对深化全面从严治党作出一系列新部署、全行“不忘初心、牢记使命”主题教育纵深推进、我行派驻改革方案正式落地实施的背景下，召开的一次重要会议，也是我们深入开展主题教育的一项重要内容。中央纪委国家监委、中央主题教育指导组十分重视本次会议，中央纪委国家监委第三监督检查室李中华副主任，中央第26指导组周为处长、秦强明副调研员莅临指导。我们倍感责任重大，一定把工商银行全面从严治党工作做扎实，一定把工商银行反腐败工作做扎实，一定把“不忘初心、牢记使命”主题教育做扎实。

在工商银行35年的发展历程中，不同阶段、不同领域、不同岗位都涌现出一大批先进典型，他们信念坚定、对党忠诚，勇于创新、敢于担当，爱岗敬业、清正廉洁，为工商银行改革发展稳定作出了积极贡献。近期，总行将集中表彰宣传一批优秀党员、优秀党务工作者和先进基层党组织。各级机构要结合“不忘初心、牢记使命”主题教育，善于发现、深入挖掘身边的典型人物和事迹，寻找感悟他们身上的可贵品质，进一步引导和激励全行上下崇尚先进、学习先进、追求先进，以榜样为标杆找差距、知不足，以榜样为鞭策强决心、聚动力，形成奋进新征程、建功新时代的强大正能量。

同时，我们始终要坚持两手抓，以反面案例开展警示教育，警醒全行引以为戒。刚才，王林组长通报了我行一些领导干部违规违纪违法典型案例，还有一些案件正在查处中，这既彰显了总行党委全面从严治党从严治行的鲜明态度和坚定决心，也体现了对全行干部员工的严管厚爱。下面，我讲三方面意见。

一、准确把握当前形势，切实增强全面从严治党从严治行的责任感和紧迫感

党的十九大以来，全行深入学习贯彻习近平新时代中国特色社会主义思想，坚持按党的方针办金融，按党的纪律管金融；坚持牢牢抓住人这个核心，始终保持党的先进性和纯洁性；坚持把全面从严治党和从严治行相结合，形成党建与业务发展的融合共促；坚持抓好管党治党主体责任和监督责任的全面落实，积极巩固、深化、拓展全面从严治党成果。同时也要看到，当前世情、国情、党情、行情正在发生深刻变化，需要我们准确把握新形势新任务，进一步增强责任感和紧迫感，以全面从严治党引领和带动全面从严治行。

（一）立足党和国家事业发展的新方位，深刻认识国有大行的责任担当。习近平总书记特别强调，领导干部要胸怀两个大局，一个是中华民族伟大复兴的战略全局，一个是世界百年未有之大变局，这是我们谋划工作的基本出发点。这两个大局紧密关联，相互影响。一方面，国际格局深刻调整，不稳定不确定因素增多。特别是中美经贸摩擦可能对我国经济金融等领域带来多方面影响。另一方面，我国仍处于发展的重要战略机遇期，同时也面临一系列风险挑战。金融是国之重器。工商银行作为国有大行，必须牢记初心与使命，在服务实体经济中发挥“主力军”和“领头羊”的作用，在维护国家经济金融安全中发挥“压舱石”和“稳定器”的作用。越是重大历史关头，越是形势复杂、挑战严峻、任务艰巨，越要提高政治站位，坚持和加强党的领导，树牢“四个意识”、坚定“四个自信”、做到“两个维护”，以实际行动把我们的党组织建设好，把工商银行的事情办好，成为冲得上去、扛得起来、名副其实的“国家队”。

（二）立足深化派驻机构改革的新起点，深刻认识金融领域反腐败斗争面临的严峻复杂形势。习近平总书记在十九届中央纪委三次全会上强调指出，“反腐败斗争已经取得压倒性胜利，但对形势的严峻性和复杂性一点也不能低估”，同时强调，“要加大金融领域反腐败力度”。金融是一个掌握庞大资产和稀缺资源的行业，我们要认真抓好风险防控和反腐败斗争。赖小民等严重违纪违法案充分说明，党中央关于金融领域反腐败斗争形势的判断是完全正确的。从我行实际看，虽然这些年深化全面从严治党和从严治行取得积极成效，但是我们也必须清醒地认识到，我们行从严治党从严治行还任重道远。从巡视巡察等发现的违规违纪问题，以及今天通报的案例，特别是近期发生的上海分行顾国明因个人涉

嫌严重违纪违法问题接受纪律审查和监察调查，都进一步警示我们党风廉政建设和反腐败斗争还存在“灯下黑”和薄弱环节，决不能盲目乐观，决不能置身事外。我们行也不是一方净土，我们行的干部同样不具备天然免疫力，不是没有腐败问题，有的甚至已经成了“病树”“烂树”，只是暂时还没有发现和暴露出来。正风肃纪反腐永远在路上。中管金融企业派驻改革是党中央作出的重大决策部署，目的就是要加强和改进金融领域的纪检监察工作，为打赢防范化解金融风险攻坚战、提升中管金融企业治理能力提供坚强保障。我们要深刻理解派驻改革的政治考量和政治要求，主动适应改革形势，自觉践行改革要求。

（三）立足由大行向强行跨越的新征程，深刻认识党员领导干部发挥表率作用的重要意义。新时期，我行开启了由大行向强行跨越、建设世界一流现代金融企业的新征程。这对全行服务实体经济能力、主动驾驭市场能力、风险管控能力、创新转型能力是一个综合考验。能否从容应对考验，把握工作主动权，保持稳健发展，单纯就业务论业务是远远不够的，必须把党组织建设好，把队伍建设好，把全行党建优势和人才优势充分发挥出来，转化为经营发展的胜势。尤其是党员领导干部要发挥好“头雁”效应，带头营造一种风气、树立一面旗帜、昂扬一种精神，凝聚和激励全行干部员工为实现新时期愿景而共同奋斗。

二、明确任务要求，推动全面从严治党从严治行向纵深发展

在年初召开的全面从严治党暨纪检工作会议上，我们明确了做好今年全面从严治党各项工作的总体要求。面对新形势新挑战，必须认识再深化、工作再对标、任务再落实，当前和今后一段时期，全行要以习近平新时代中国特色社会主义思想为指导，全面贯彻党的十九大和十九届二中、三中全会以及十九届中央纪委三次全会精神，坚持稳中求进工作总基调，积极落实新时代党的建设总要求和全行党建工作会议部署，以政治建设为统领全面提高党的建设质量，扎实开展“不忘初心、牢记使命”主题教育，有力有序推进纪检监察派驻改革落地见效，把全面从严治党、从严治行引向深入，确保党中央决策部署坚决贯彻落实到位，以党建工作和改革发展的优异成绩庆祝新中国成立70周年。

落实好这一总体要求，首先是要求各级党组织和党员领导干部发挥好引领和示范作用。一要有自信底气。习近平总书记始终强调要有“四个自信”。只有对自己的道路、理论、制度、文化有坚如磐石的自信，才能具备坚守的从容、奋发的精神和创新的活力。对工商银行来讲，我们的地位、实力、形象、口碑，决定了我们应该有、也必须有大行自信，保持大行应有的定力与风范，发扬工商银行的好传统、好规矩、好作风，在传承中实现创新突破。二要有斗争勇气。当今世界正处于百年未有之大变局，形势复杂、挑战严峻，前进道路不可能一帆风顺、一马平川，只能在砥砺前行中拼出来、干出来。全行各级领导干部要保持斗争精神，增强斗争本领，在百舸争流、千帆竞发中勇立潮头，在攻坚克难中下好经营发展的先手棋，打好服务实体经济的主动仗和防范化解风险的攻坚战，在动真碰硬中推进全面从严治党、从严治行向纵深发展。三要有改革锐气。工商银行的事业因改革而兴、因改革而强。在纷繁复杂的形势变化中，要善于用创新的思路、改革的办法，解决前进中的困难和问题，保持敢为人先的锐气和韧劲，敢于引领潮流、引领同业。四要有时代朝气。在波澜壮阔的时代进程中，在迈向世界一流现代金融企业的新征程中，要提振精气神，心有活力，满怀朝气，永葆激情，以蓬勃向上的姿态担当起历史重任。

落实好这一总体要求，关键是要突出“七个聚焦”。一是聚焦提高政治站位，重点看是否真正树牢“四个意识”、坚定“四个自信”、做到“两个维护”；二是聚焦党的十九大精神和党的路线方针政策，重点看贯彻落实态度是否坚决、措施是否得力、成效是否明显；三是聚焦加强党的领导、加强党的建设，全面从严治党、全面从严治行，重点看党组织作用是否有效发挥，领导干部“一岗双责”是否履行到位；四是聚焦反腐败斗争，重点看干部员工是否清正廉洁，政治生态是否风清气正；五是聚焦反对形式主义、官僚主义，重点看“关键少数”是否发挥表率作用；六是聚焦防范化解风险，重点看是否贯彻落实新发展理念，把握好促发展与防风险的关系；七是聚焦长效机制建设，重点看是否把不敢、不能、不想一体有效推进。

落实好这一总体要求，重点是要抓好以下六方面工作。

（一）把政治建设摆在首位，坚决做到“两个维护”。要全面落实党中央《关于加强党的政治建设的意见》，把政治建设作为党的根本性建设，以政治上的加强推动全面从严治党向纵深发展，引领带动党的建设质量全面提高。

加强政治建设，必须坚持用习近平新时代中国特色社会主义思想武装头脑。要在“不忘初心、牢记使命”主题教育中，把抓好理论武装作为重中之重，推动全行来一次理论大学习，深入学习贯彻习近平新时代中国特色社会主义思想，特别是习近平总书记关于经济金融工作的重要论述，在真学真懂真信真用上下功夫，变“要我学”为“我要学”，引导全行党员干部守初心、担使命，找差距、抓落实，焕发新面貌、新气象，彰显新担当、新作为，切实树牢“四个意识”、坚定“四个自信”，以更高站位、更严要求做到“两个维护”。

加强政治建设，必须严明政治纪律和政治规矩。严明政治纪律和政治规矩，要真正把自己摆进去，见人见

事见行动。要通过赖小民案和发生在我行的典型案例以案促思、以案促省、以案促查、以案促改，自觉用党章党规修正言行，认真贯彻民主集中制，严格执行请示报告等党内制度，提高政治敏锐性和政治鉴别力，坚决防止“七个有之”，始终做政治上的明白人、老实人。派驻纪检监察组已经出台对工商银行加强政治监督的实施办法，用监督的力量推动各级党组织加强政治领导、提高政治能力。各级纪委也要加大监督检查力度，做细做实，避免政治监督泛化、简单化，以政治纪律带动党的各项纪律全面严起来。

加强政治建设，必须党建与业务两提升、两促进。我们行没有脱离党建的业务，也没有脱离业务的党建。我们国有大行，考虑问题要有政治思维、政治站位，不能只有单纯业务观点。要把讲政治要求全面融入各项工作中，尤其是体现在围绕党和国家大局，不折不扣落实中央决策部署上，把对党的忠诚体现在具体行动和抓落实上，体现在服务实体经济、防控金融风险、深化金融改革的实践中。要对贯彻习近平总书记重要讲话和指示批示精神，对贯彻中央重大决策部署情况开展一次全面梳理，确保件件抓到位、项项落到底。

（二）严格落实“两个责任”，进一步推动管党治党走向严紧硬。历史和现实都告诉我们，不明确责任、不落实责任、不追究责任，就是宽松软，就做不到全面从严治党。从今天通报的这些案例看，除了有当事人党性党纪意识缺失、自律不严等主观因素外，也与一些机构和部门落实主体责任和监督责任不到位，教育、监督、管理工作不到位有关。落实好全面从严治党从严治行责任，既是对党负责、对工行事业负责，也是对干部员工最大的爱护。各级党组织和领导干部要把这份沉甸甸的责任切实扛起来，做到真管真严、敢管敢严、长管长严。

要落实领导责任。各级党委要加强对全面从严治党、党风廉政建设日常工作的领导，与业务工作同部署、同检查、同考核。党委书记要做到重要工作亲自部署、重要环节亲自协调、重大问题亲自研究解决。

要落实用人责任。严格落实干部选拔聘用相关制度办法，坚持正确导向，把好政治关、廉洁关、形象关，努力培养既懂经济又懂政治、既懂业务又懂党务、既懂专业又懂管理的干部，真正把优秀的干部用到合适的地方。

要落实管理责任。督促基层党组织落实党建责任制，从严管理党员干部，敢于动真碰硬，不当“好好先生”，真正看好自己的门，管好自己的人。

要落实自律责任。党员领导干部特别是一把手要管好自己，严格执行民主集中制，严格执行党规党纪，严格执行廉洁从业相关规定，还要管好配偶、子女和身边工作人员，以身作则，当好表率。

要落实监督责任。各级纪委要把协助同级党委推进全面从严治党的职责摆进去，把监督责任摆进去，当好党委的参谋和助手，强化对同级和下级党组织的监督，使主体责任、监督责任贯通协同、形成合力。对履行“两个责任”不到位的，要坚决予以问责，以严肃问责推动主动履责，推动全面从严治党纵向延伸、横向拓展、层层落实。

（三）强化日常监督，抓早抓小防微杜渐。好干部是“管”出来的，不是“惯”出来的。深化全面从严治党，关键在抓细抓实抓常日常监督。各级党组织和领导干部要坚持小事抓细、大事抓实，将管理和监督的责任抓具体、抓经常，防止“走过场”，做到既敢抓敢管，又会抓会管。

要坚持把纪律挺在前面。加强经常性的纪律教育，用身边事教育身边人，把思想政治工作做细做实，帮助干部算好政治账、经济账、家庭账、名誉账，使铁的纪律转化为党员干部的日常习惯，自觉遵守，避免形成“破窗效应”。

要用足用好“第一种形态”。对各级党组织来说，实践“第一种形态”是党章明确赋予、责无旁贷的职责，不是纪委的“专利”。各级党委、纪委都要当好“婆婆嘴”，常念监督“经”，常咬耳扯袖，甚至猛击一掌，防止党员干部在错误的道路上越滑越远，在严明纪律中体现惩前毖后、治病救人的组织关怀。

要严肃党内政治生活。把严肃党内政治生活作为自觉动作和规定动作，认真贯彻《关于新形势下党内政治生活的若干准则》，严格执行组织生活制度，认真落实“三会一课”、双重组织生活、谈心谈话、民主评议、述职述廉等制度，用好批评与自我批评这个武器，有意识让党员干部在党内政治生活这个“大熔炉”中锤炼党性、淬炼品格。

要发挥好党支部作用。强化日常管理的难点在支部，能出效果的亮点也在支部。要发挥支部离党员最近、最了解身边人的优势，进一步推动支部标准化、规范化建设，充分发挥好监督作用。

（四）锲而不舍抓好作风建设。要充分认识“四风”问题的顽固性、反复性、危害性，发扬钉钉子精神，巩固拓展作风建设成果。

抓作风建设，要从推动中央八项规定精神成风化俗抓起。不忘初心，才有恒心。要坚持巩固深化，继续把监督检查中央八项规定及其实施细则精神和总行 26 条规定作为重点任务和经常性工作来抓，坚持专项整治与制度建设相结合，由解决面上问题向解决深层次问题延伸，由集中整治向常态治理深入。要培育积极向上、风清气正的企业文化，注重人文关怀和心理疏导，坚持用正确的价值取向引导、凝聚、激励干部员工，坚决消除“银行例外论”“金融特殊论”，涵养简单清新健康的新风正气。

抓作风建设，要从强化党员干部奋斗担当的自觉抓起。是否敢于负责、勇于担当、务实奋斗，是对一个干部党性和作风的检验。尤其在当前爬坡过坎的关键时期，全行党员干部更要有一种强烈的责任感和使命感，保持朝气蓬勃的精神状态，保持奋发有为的奋斗姿态，保持强烈的市场意识和争先意识，心无旁骛做好本职工作，创造经得起市场和实践检验的实绩，坚决摒弃一切安于现状、得过且过、敷衍塞责的消极行为。

抓作风建设，要从改进和加强调查研究抓起。调查研究是联系员工群众、推动工作开展、检验政策实效的重要手段，也是贯穿这次“不忘初心、牢记使命”主题教育全过程的重点要求。要围绕贯彻落实习近平总书记重要指示批示精神和党中央决策部署，针对党的建设和经营发展中存在的突出问题、员工和客户反映强烈的问题，深入开展调研。要多到基层一线去，到条件艰苦、情况复杂、问题突出的机构去，摸清情况，研究对策，解决问题。要防止为调研而调研，不扎堆、不扰民、不作秀。

抓作风建设，要从治理形式主义为基层减负抓起。党中央明确提出将 2019 年作为“基层减负年”，为基层减负是党中央作出的郑重承诺，是一项严肃的政治任务。总行已制定了《治理形式主义突出问题为基层减负 30 条措施》，各级党委要将此项工作作为一项重要的政治任务，推动中央“基层减负年”要求的落地。治理形式主义突出问题关键在总行、在分行本部，总行各部门、各一级（直属）分行要开展辖内形式主义突出问题大排查，建立问题台账，明确改进措施和时限。要坚持开门搞治理，让基层干部群众参与监督评价，防止用形式主义的方式解决形式主义问题。要通过为基层减负，让基层能轻装上阵抓落实、抓发展，切实做到减负赋能、减负增效。

（五）深化巡视巡察，实现有形覆盖和有效覆盖相统一。要深化政治巡视巡察，不断增强监督实效，既扩大面，也提升质，做到发现问题与形成震慑的有形有效覆盖。

要实现高质量全覆盖。年内要全面完成对总行本部党组织的巡视全覆盖，到 2022 年完成对一级机构的新一轮巡视全覆盖。同时探索对境外机构党组织开展巡视监督，确保不留死角。总行要加强对全行巡视巡察工作的统一领导和统一部署，做到一体规划、一体推进，构建巡视巡察上下联动的监督网，引导巡视巡察同向发力、提高质效。

要不断深化巡视内涵。要认真贯彻中央巡视工作五年规划和总行巡视五年计划，按照“六围绕一加强”“五个持续”和“七个聚焦”要求，与开展“不忘初心、牢记使命”主题教育相结合，与落实派驻改革任务相结合，与净化政治生态相结合，与整治群众反映强烈的问题相结合，与解决日常监督发现的突出问题相结合，提高精准发现问题的能力。

要强化巡视整改。巡视发现问题的目的是解决问题，发现问题不解决，比不巡视的效果还坏。被巡视机构党委、党组织要压实整改主体责任，既聚焦“当下改”，集中解决巡视发现的突出问题，又着眼“长久立”，举一反三、延伸拓展，把整改和深化标本兼治有机结合起来。要重点对上轮中央专项巡视指出问题的整改情况进行“回头看”，逐条逐项梳理检查落实情况，确保真整改、真落实、真有效。要建立健全可追踪、可评价、可问责的督查督办制度，完善纪检机构、组织部门加强整改日常监督的工作机制，形成有序衔接的整改监督链条。要通过不定期抽查、现场回访等形式，跟踪督导整改情况，对整改不力的要严肃问责。

（六）坚持标本兼治，一体推进不敢腐、不能腐、不想腐。要切实把思想和行动统一到中央关于“加大金融领域反腐败力度”的要求部署上来，牢牢抓住“管住人，看住钱，扎牢制度防火墙”三个核心环节，以更加聚焦、更加精准、更加有力的措施，标本兼治推进反腐败工作，营造工商银行风清气正的政治生态和经营环境，坚决守住不发生系统性风险的底线。

管住人，就是要重点抓好“关键少数”和关键岗位，加强对他们的教育监督管理，系好廉洁从业的“安全带”。要严格落实干部交流和岗位轮换，严格执行任职回避和公务回避制度。顾国明案和谢明案有一个共同特点就是两人从参加工作开始就一直在本地工作。要切实做到公私分明，与企业保持“亲清”关系，特别是干部个人要与信贷企业零物质往来，建立健康的信贷关系，避免被腐蚀和被围猎。

看住钱，就是要紧盯腐败问题易发多发领域，重点强化对资金密集、资源富集领域的监督检查，持续推进信贷、资管、金融市场、投行、委外、同业业务、资产处置、集中采购“八大领域”风险治理，压实“双线整改”责任。

扎牢制度防火墙，就是要坚持问题导向，做实整改“后半篇”文章，针对案件和风险事件暴露出的管理漏洞和薄弱环节，有针对性地完善系统、流程和制度，形成用制度管权、按制度办事、靠制度管人的“硬约束”。要突出抓好制度执行和问责，防止制度成为“没长牙齿的老虎”。各级纪检、内控、内审部门也要成为“长牙的老虎”，不但要长牙，还要长真牙。

三、对标对表，加快推进派驻改革落地见效

派驻改革方案的印发实施，掀开了工商银行监督工作的新篇章。全行上下尤其是各级党委要正确认识改革、积极拥护改革、全面落实改革，确保把制度优势真正转化为治理效能。

一要在提高站位、转变观念上取得更大进展。这次中管金融企业派驻改革，是对全行各级党组织，尤其是

主要负责同志党性觉悟的考验。改革后，派驻纪检监察组代表中央纪委国家监委对工商银行开展监督，与工商银行党委是监督与被监督的关系。监督的目的，是为了帮助我们把工作做得更好。对监督不能想接受就接受，不想接受就不接受，这是重大政治原则。各级党组织和领导干部要充分认识到，党和人民把这么大规模的金融资产交给我们经营管理是莫大的信任，充分认识到严格监督管理是对我们最大的关心爱护。工商银行资产总额即将突破30万亿元，这就要求我们在推进金融反腐、管好30万亿元资产方面决不能有“万一”心态，因为万分之一的风险损失，就是30亿元！因此，我们一定要正确对待监督，真诚欢迎监督，习惯在受监督的环境中开展工作。

二要在创造条件、保障改革上取得更大进展。落实派驻改革，是党委履行主体责任的重要内容，要坚决防止与己无关、当看客的心态。要自觉对标对表派驻改革要求，结合本机构实际，拿出有力有效的落实措施，对机构人员设置、职责划分、机制健全、队伍建设等工作加强统筹协调，确保相关职责平稳过渡、工作连贯运转。需要强调的是，各级行、各机构改革后纪委办公室的编制数量及领导职数，不少于改革前监察部门的编制数量和领导职数。要主动领导和积极支持本级纪检机构以派驻改革为契机，严格落实“三为主”要求，各级纪检机构负责人的人选提名和考察，以派驻纪检监察组、上级纪委会同组织部门为主；纪检机构线索处置和案件查办工作，以派驻纪检监察组、上级纪委领导为主；纪检工作和纪检机构负责人的考核以派驻纪检监察组、上级纪委为主，进一步深化转职能、转方式、转作风，加强专责机构、专职人员、专业能力建设。安徽分行党委要抓好与派驻改革配套的深化纪检改革试点工作，在实践中探索派驻监督上下贯通的新形式。这里，我带头表个态。工商银行党委和我个人坚决拥护派驻改革，积极支持派驻纪检监察组依规依纪依法开展工作，并在办公条件、工作经费、薪酬待遇、干部交流使用等方面为派驻纪检监察组履职提供有力保障。

三要在强化自律、以案促改上取得更大进展。对派驻纪检监察组在日常监督中指出的问题，要举一反三认真抓好整改，这既是对自己负责，更是对工商银行负责，对党的事业负责。当前，特别是要对照赖小民、林晓轩以及我行近期查处的顾国明、谢明等案进一步认真反思、自查自纠，各级领导干部要切实把自己摆进去。要充分认识到，之所以有些同志不能真正把自己摆进去，往往出于三种心态：有的是身陷泥潭，不知收敛不愿摆；有的是盲目乐观，自以为是不想摆；还有的是鸵鸟心态，缺乏斗争勇气不敢摆。全行各级领导干部要切实克服这些不良心态，发现不足和短板要自觉改正，有问题的要及时收敛知止，主动找组织把事情说清楚，争取组织的宽大和理解，及时回到正确的轨道上来。

四要在狠抓落实、发挥成效上取得更大进展。各级党组织要把落实派驻改革作为重要政治责任，强化主体责任和一把手责任，既要抓住重点，加快进度，扎扎实实把改革引向深入，又要坚持实事求是，不断探索实践、积累经验，推动各项机制制度逐步完善，成效逐步显现。

同志们，全面从严治党、从严治行永远在路上。让我们紧密团结在以习近平同志为核心的党中央周围，不忘初心、牢记使命，开拓进取、扎实工作，不断开创全面从严治党、从严治行新局面，为建设具有全球竞争力的世界一流现代金融企业提供坚强保证！

不忘初心　牢记使命
奋力开创海外党建工作新局面

——在中国工商银行海外党建工作座谈会上的讲话

陈四清

（2019年7月26日）

大家下午好，今天我们召开海外党建工作座谈会。刚才，11家境外机构进行了发言，大家谈得都很好，总结了经验，剖析了问题，提出了思路，对抓好海外党建工作提出了意见和建议，为我们进一步坚持和加强党的领导、加强党的建设、全面从严治党提供了有价值的参考。听了大家的发言，我有几点感受：第一，思想上比较重视。大家能够正确认识海外党建工作的重要意义，认真履行主体责任，坚决落实总行党委和驻外使领馆党委的工作要求。比如，工银澳门提出党委班子成员“四要四不要”，研究制定了加强和改进党建工作的实施意见；卡拉奇分行发挥党组织推动发展、凝聚人心的作用，引导党员直面艰苦环境，勇于担当作为。党建的一个重要优势，就是能够把大家团结凝聚在一起，不是靠物质激励，不是靠行政命令，而是激发党员的自觉性。阿联酋机构通过抓支部、抓思想、抓队伍、抓廉洁等措施，强化党建工作落地执行；工银欧洲提出“不忘初心、牢记使命、求真务实、进取担当”的党建工作要求，面对整改压力，不放松党建工作。第二，认识上不断深化。大家通过这些年的具体实践，对境外机构党组织的职责定位有了更加清晰的认识，对党建工作推动经营发展的作用有了更加深刻的体会。比如，工银亚洲高度关注员工的政治立场和思想动态，团结爱国、爱港的积极力量；河内分行把党建工作与服务外交战略、促进经营发展、加强企业文化建设相融合，将政治优势转化为经营管理优势；美国机构每月举行外派员工学习讨论，鼓励员工相互交流，强化组织意识，排除各种错误思想干扰；工银墨西哥围绕“初心和使命”进行主题交流，把守土有责、做好本职工作，作为外派党员的基本职责。第三，方法上积极务实。各家机构普遍能够克服境外政治环境限制，结合自身实际，探索海外党建工作的方式方法，在健全组织设置、建立基本制度、提升队伍凝聚力战斗力等方面取得了初步成效。比如，东京分行利用网讯、工银大学、融 e 联等平台组织学习，零距离传递党建声音；工银泰国积极发挥党小组作用，制订党小组学习计划，分散、小规模地组织学习和活动；工银阿根廷定期召开中方班子例会，经常性开展谈心谈话，摆问题、谈方法、促协同，等等。大家刚刚还提出了一些意见建议，总行相关部门要认真研究，拿出解决措施。

党的十八大以来，中央对海外党建工作作出了重要部署，对加强驻外机构党建工作提出了明确要求。我行经过 27 年的国际化发展，全球服务网络已覆盖 47 个国家和地区，加强海外党建工作，已经成为总行党委和境外机构面临的一项重要课题。结合刚才大家的发言，我就进一步加强海外党建工作，谈几点意见。

一、充分认识海外党建工作面临的新形势、新挑战

中国特色社会主义进入新时代，海外党建工作也面临着新形势、新挑战，如何在国际化进程中推动工作，最核心的是靠党建引领。必须深刻把握时代特征、发展趋势和任务要求，切实把思想统一到中央决策部署上来，进一步增强做好新时期海外党建工作的责任感和紧迫感。

（一）海外党建工作要应对新变化、新挑战。随着工商银行国际化战略的深入推进，国际国内形势变化对我们的影响越来越大，也越来越考验我们的经营管理能力和水平。办好中国的事情，关键在党。做好新时代对外工作，关键也在党。加强海外党建工作，既是中央提出的明确要求，也是新时代应对新挑战的必然选择。从外部环境看，全球政治经济形势复杂多变，深层次矛盾突出，霸权主义、强权政治依然存在，保护主义、单边主义不断抬头，传统安全和非传统安全复杂交织，中美经贸摩擦对全球经济和金融市场带来较大挑战。从经营形势看，2008 年国际金融危机爆发后，全球进入“强监管、严监管”周期，监管从严已成为新常态。从内部管理看，外派员工远离祖国，受当地政治、经济、文化影响比较大，在思想上容易产生波动，迫切需要找到“组织”，找到“归属感”。这些情况既给境外机构经营管理带来了更大挑战，也对境外机构坚持党的领导、加强党的建设提出了更高要求。越是面对错综复杂的内外部环境，越需要我们发挥好党组织把方向、管大局、保落实的作用。我们要充分认识当前世情、国情、党情、行情发生的深刻变化，认真执行党的路线方针政策，认真落实总行党委的战略部署，坚定信心、增强动力，推动各境外机构准确把握经营定位，正确应对环境变化，有效解决困难和问题，保障我们在国际化进程中行稳致远。

（二）海外党建工作要肩负新使命、新要求。海外党建工作是党的建设的重要组成部分，加强海外党建工作，是落实全面从严治党要求的迫切需要，是加强党对对外工作集中统一领导的迫切需要，是服务党和国家重大战略和外交大局的迫切需要。作为党领导下的国有金融企业，作为全球资产规模最大的商业银行，我们的国际化发展，不仅事关全行经营格局，还关系到国家金融安全稳定，影响到国际上对中国经济金融的判断，影响到中国的对外形象。一个国家迈向现代化的进程中，要走出一条金融强国之路，必然要有几家具有国际影响力的大型银行，这是我们做好党的金融事业、实现“两个一百年”奋斗目标、实现中华民族伟大复兴的重要内容，也是工商银行作为大型国有银行的责任。我们要肩负起时代赋予的历史使命，既要坚定不移地加快国际化发展，主动扛起实施“走出去”战略、“一带一路”建设主力军的大旗；也要严格落实党要管党、全面从严治党要求，紧紧围绕中心工作做好海外党建工作，推动事业发展、完成重大任务、应对突发事件、凝聚干部员工，保证党中央决策部署在境外机构、在党员干部中得到坚决贯彻执行；还要牢固树立总体国家安全观，确保国有资产安全，确保工商银行境外干部员工人身安全。

（三）海外党建工作要具有新视野、新思路。党的十九大提出“培育具有全球竞争力的世界一流企业”。这就要求我们要做大做强做优，打造世界级的核心竞争力。实现这个目标，要靠科技创新引领，要靠提高管理效能和水平，要靠人员素质提高，要靠强化风险控制，但最根本的是要靠坚持党的领导，加强党的建设。有新视野、新思路，要求我们深化认识，通过加强海外党建工作，进一步提升境外机构的核心竞争力。境外机构分布在全球 47 个国家和地区，与祖国远隔千山万水，所

处的政治环境、经济环境、文化环境不同，面对的政策要求、监管条件、竞争对手和客户基础不同，在经营策略、管理制度、管理文化等方面，可以有差异化的要求，但加强党的全面领导的要求不能变，坚持全面从严治党、从严治行的方向不能变。迪拜的自然环境再艰苦、马德里的合规监管再严格、中美的经贸摩擦形势再严峻、阿根廷的地理位置再遥远，大家都要心中有党，都要牢记初心使命，都要抓好党建工作。这既是国有企业的光荣传统和独特优势，是参与市场竞争的底气所在，也是工商银行代际传承、融入血脉的红色基因，任何时候、任何地点、任何情况都必须坚定不移、坚持不懈。有新视野、新思路，要求我们创新求变，推动海外党建工作为全行国际化发展作出更大贡献。尽管我们国际化经营已经27年，但在海外党建工作的推动上，还带有比较强的境内思维惯性，局限于境内传统方式，迫切需要打开思路、摸清门路、探出新路。这个问题不仅在工商银行存在，在各家中资企业都不同程度的存在。总行党委各部门要积极探索，具备条件的境外机构要先行先试，以更高的站位、更大的视野、更宽广的格局、更灵活的方式来思考和推进海外党建各项工作。

二、准确把握新时代海外党建工作的总体要求

海外党建工作虽有特殊性，但无特殊化。全行要深刻认识海外党建工作的重要意义，不断加强和改进海外党建工作。当前和今后一个时期，我们要坚持以习近平新时代中国特色社会主义思想为指导，坚决落实中央关于驻外机构党建工作的安排部署，认真履行总行党委对海外党建工作的主体责任，推动境外机构党组织和党员认真落实全面从严治党、从严治行要求，增强“四个意识”，坚定“四个自信”，做到“两个维护”，不忘初心、牢记使命，发挥境外机构党组织“凝聚人心、稳定队伍，防范风险、维护安全，保证监督、促进发展”的重要作用，为打造具有全球竞争力的世界一流现代金融企业提供坚强政治保证。

做好新时代海外党建工作，要突出抓好思想武装、保持战略定力、掌握科学方法。

一是要坚持用习近平新时代中国特色社会主义思想武装头脑。作为当代中国的马克思主义、21世纪的马克思主义，习近平新时代中国特色社会主义思想具有很强的战略性、思想性、指导性、针对性，无论是对大势大局的把握，对矛盾问题的分析，还是对事业布局的谋划，对重大工作的部署，都展现出深厚的洞察力和预见力，展现出强大的真理力量和实践力量。习近平总书记对做好新时代外交工作提出了一系列重要论述，形成了习近平新时代中国特色社会主义外交思想，包括坚持以维护党中央权威为统领加强党对对外工作的集中统一领导，坚持以实现中华民族伟大复兴为使命推进中国特色大国外交，坚持以维护世界和平、促进共同发展为宗旨推动构建人类命运共同体，坚持以中国特色社会主义为根本增强战略自信，坚持以共商共建共享为原则推动“一带一路”建设，坚持以相互尊重、合作共赢为基础走和平发展道路，坚持以深化外交布局为依托打造全球伙伴关系，坚持以公平正义为理念引领全球治理体系改革，坚持以国家核心利益为底线维护国家主权、安全、发展利益，坚持以对外工作优良传统和时代特征相结合为方向塑造中国外交独特风范。这些重要论述，既是我们在海外开展各项工作的战略指引，也是加强海外党建工作的基本遵循。习近平总书记的很多讲话、文章都是公开发表的，比如《习近平谈治国理政》，第一卷被翻译成20多个语种，第二卷中英文版发行到世界100多个国家和地区，大家要有效利用这些公开资料，深入学习贯彻习近平新时代中国特色社会主义思想，学出治行、兴行的能力和水平，真正将学习成效转化为推动改革发展的科学决策、提升经营业绩的实际举措、解决痛点难点的有效做法、保障稳健发展的长效机制。

二是要保持战略定力。习近平总书记指出，当今时代风云变幻，最需要的是战略定力。境外机构党组织和党员干部身处异域他乡，被各种社会思潮包围，如果缺乏足够的战略定力，就容易在心理上患得患失、行动上犹豫不决、决策上摇摆不定，错失发展机遇。战略定力的基础是坚定中国特色社会主义道路自信、理论自信、制度自信和文化自信。保持战略定力，就要毫不动摇地坚持和发展中国特色社会主义，无论我们身处哪个国家，从事何种业务，在道路、方向、立场等重大原则问题上，旗帜要鲜明，态度要明确，不能有丝毫含糊；就要始终保持清醒头脑，冷静观察、谨慎从事、谋定后动，不为各种错误观点所左右，不为各种干扰所迷惑，从实际出发，以我为主，把握战略主动；就要集中精力做好自己的事，在复杂多变的外部环境下平心静气、静观其变，审时度势、内外兼顾、趋利避害，从形势和条件的变化中把握方向、用好机遇、创造条件、驾驭全局。

三是要掌握科学方法。党的十八大以来，习近平总书记多次强调各级领导干部要努力学习掌握科学的思想方法和工作方法，防止出现“新办法不会用，老办法不管用，硬办法不敢用，软办法不顶用”的情况。海外党建工作环境千差万别，工作条件各有不同，如果缺乏科学方法，是难以克服各种困难、顺利向前推动的。我们要培养战略思维、历史思维、辩证思维、创新思维、法治思维、底线思维，不断增强工作的科学性、预见性、主动性和创新性。要坚持围绕中心、服务大局，紧紧围绕服务党和国家发展战略、围绕境外机构发展任务开展工作，充分发挥党建工作的真实效能，激发党建工作促进经营发展的强大力量；要坚持统一领导、分工负责，既要按照总行党委的安排部署，因地制宜、积极

主动开展工作，又要加强汇报沟通，多听取驻外使领馆党委的意见建议；要坚持内外有别、安全保密，严格遵守中国和驻在国法律法规，牢固树立“保密工作无小事”的思想意识，坚持党组织机构、党员身份、党内职务、党内活动、党内文件“五不公开”，防止敌对势力对我们的队伍进行渗透。在开展“三会一课”、主题党日、学习教育等活动时，要严格控制党建工作的知悉范围，严格执行保密要求，不面向驻在国雇员，不在公共场所进行，不在内外部进行宣传报道，纸质和电子材料可以不保存；要坚持分类指导、务实有效，充分考虑境外特殊的政治、经济、文化、法律、宗教等因素，根据机构所处的不同环境和发展的不同阶段提出工作要求，确定工作重点，创新工作方法，简化操作流程，重实质不重形式，以各种方式和不同名义开展好工作。

三、坚持思想建党，扎实开展好“不忘初心、牢记使命”主题教育

6月以来，全行按照中央统一部署，全面启动并深入推进“不忘初心、牢记使命”主题教育。各境外机构也在驻外使领馆党委的要求下，采取多种方式参与到主题教育中。这次座谈会，既是做好海外党建工作的一次交流探讨，也是对境外机构开展“不忘初心、牢记使命”主题教育的一次再动员。各境外机构要坚持“境外无例外”，紧密结合本单位和驻在国实际，采取灵活多样的形式开展主题教育。

（一）深刻领会开展主题教育的重大意义。对于全党全国来说，开展这次主题教育，是用习近平新时代中国特色社会主义思想武装全党的迫切需要，是推进新时代党的建设的迫切需要，是保持党同人民群众血肉联系的迫切需要，是实现党的十九大确定的目标任务的迫切需要，对于实现“两个一百年”奋斗目标、实现中华民族伟大复兴的中国梦，具有十分重大的意义。对于工商银行来说，开展这次主题教育，对于推动工商银行更好地贯彻落实党中央决策部署，全面强化党的领导、全面加强党的建设、全面从严治党、以全面从严治党带动和引领全面从严治行，奋力打造具有全球竞争力的世界一流现代金融企业，具有十分重大的意义。对于境外机构来说，开展这次主题教育，对提升境外党员干部宗旨意识和担当精神，克服当前工作中面临的困难和挑战，以全新的精神面貌，悟初心、守初心、勇作为、担使命，推动全行国际化发展，服务党和国家对外工作，具有十分重大的意义。

（二）牢牢把握这次主题教育的目标要求。这次主题教育，根本任务是深入学习贯彻习近平新时代中国特色社会主义思想，锤炼忠诚干净担当的政治品格，团结带领全国各族人民为实现伟大梦想共同奋斗。境外机构党员干部虽然身在境外，但心不能在他乡，要做习近平新时代中国特色社会主义思想的忠诚实践者，切实做到学思践悟，将学习的成果转化为落实中央决策部署的坚定行动，转化为干事创业的担当作为。开展这次主题教育，总要求是“守初心、担使命，找差距、抓落实”，这十二个字是一个有机整体，体现了教育为先和实践为要的一贯要求，体现了使命引领和问题导向的有机统一。各机构要牢牢把握这个总要求，教育引导党员干部，紧紧围绕贯彻习近平新时代中国特色社会主义思想，特别是习近平总书记关于经济金融工作的重要指示批示精神，对照党章党规，找差距、抓落实，做好全行国际化经营发展各项工作。按照中央要求，开展这次主题教育，要达到“理论学习有收获、思想政治受洗礼、干事创业敢担当、为民服务解难题、清正廉洁作表率”的具体目标。这个目标，体现了对新时代党员干部思想、政治、作风、能力、廉政方面的基本要求。各境外机构要以这次主题教育为契机，坚持解决思想问题和解决实际问题相结合，坚持解决共性问题和解决个性问题相结合，在规定的时间内实现预期目标。

（三）紧紧抓住“四个贯穿始终”。根据中央要求，全行主题教育自上而下分两批进行，总体安排6个月左右。具体到境外机构每个单位，开展集中教育时间不少于3个月。目前，工银亚洲、工银澳门已经参与了第一批主题教育，其余各境外机构也按照驻外使领馆党委要求，积极推进主题教育。各单位要把总行党委要求和使领馆党委要求结合起来，细化工作方案，扎实推进工作。这次主题教育不划阶段、不分环节，要求把学习教育、调查研究、检视问题、整改落实贯穿全过程。这四项重点措施中，学习教育是根本，调查研究是途径，检视问题是关键，整改落实是目的，贯穿其中的主线是学习贯彻习近平新时代中国特色社会主义思想。各单位在推进主题教育中，要坚持边学边查边改，把四项重点措施贯通起来，有机融合，统筹推进，务求实效。

一是扎实抓好学习教育。聚焦学习贯彻习近平新时代中国特色社会主义思想，以自学为主，坚持读原著、学原文、悟原理，认真学习习近平总书记关于“不忘初心、牢记使命”的重要论述，学习习近平总书记对经济金融工作的重要指示批示精神。领导班子成员要采取适当的形式进行集中学习研讨。学习教育要按照总行党委和使领馆党委的部署，严格做好保密工作，可以通过参加使领馆党委组织的学习交流来进行。

二是认真开展调查研究。境外机构领导班子成员要围绕党中央决策部署和习近平总书记重要指示批示精神，围绕解决本单位突出问题和群众反映强烈的热点难点问题，围绕解决党的建设面临的紧迫问题，围绕应对和化解各种风险挑战，开展调查研究，形成调研成果。调研成果要有情况有分析，有解决问题的思路，并在本单位领导班子范围内进行交流。要在调查研究的基础上，结合使领馆党委要求，结合境外机构情况，结合自身思想和工作实际，讲好专题党课，讲清楚习近平新时

代中国特色社会主义思想对党和国家、对本单位改革发展稳定、对干部个人健康成长的重大意义。

三是检视反思突出问题。境外机构领导班子要通过多种方式听取意见。领导班子成员之间、班子成员同分管部门外派负责同志之间要开展谈心谈话，相互听取意见建议。要结合征求到的意见建议，把自己摆进去、把职责摆进去、把工作摆进去，深刻剖析反思，针对工作短板、突出问题，从思想、政治、作风、能力、廉政方面进行深入剖析，把问题找实、把根源找深，明确努力方向。

四是切实抓好整改落实。在学习教育、调查研究、检视问题的基础上，要坚持不等不靠，认真推进问题整改。对能够当下改的问题，明确时限和要求，按期整改到位；一时解决不了的，要制定阶段目标，盯住不放，持续整改。整改要落细落小，要对整改清单动态管理、持续更新，定期补充整改问题、完善整改措施。主题教育结束前，境外机构领导班子要召开一次高质量的专题民主生活会，红脸出汗，认真开展批评和自我批评，民主生活会要结合当地实际情况，坚持实质重于形式，具体要求总行会专门进行部署。

四、坚持以全面从严治党带动全面从严治行，持续加强境外机构党的建设

各境外机构要认真落实总行党委和使领馆党委要求，进一步增强做好党建工作的责任感和紧迫感，坚持以全面从严治党带动全面从严治行，在落实中央决策部署、推动事业发展、凝聚干部员工方面取得新成绩。

（一）明确领导体制，强化主体责任。加快国际化发展不只是境外机构的事情，加强海外党建工作也不只是境外机构的任务。根据中央最新精神，外交部党委履行对驻外机构党建工作的领导责任，驻外使领馆党委对所在国家或地区驻外机构进行党的政治领导，总行党委履行对驻外机构党建工作的主体责任，境外机构党组织对本单位党建工作承担直接责任。总行相关部门要各司其职、齐抓共管，认真谋划和推进海外党建工作。党委组织部要牵头组织推动海外党建工作，党委办公室、党委宣传部、国际业务部等部门要配合做好相关工作。要指导、帮助境外机构因地制宜开展党建工作，制定政策、部署工作、印发文件时，既要把境外机构纳入其中通盘考虑，又要充分关注境外实际情况，充分理解境外机构实际困难，避免政策制度“一刀切”，留给境外机构一定的自主性和灵活性。境外机构要结合实际抓好党建工作，认真执行“双重领导，双线报告”的工作机制，把党建工作融入经常、落在日常。一方面要坚持把党的建设抓好、把员工队伍带好；另一方面要把风险控制好，推动各项业务健康平稳的发展。境外机构主要负责人要定期、主动向总行党委和使领馆党委汇报工作情况，主动抓好本单位党建工作，切实担负起党建工作第一责任人的职责。

（二）突出政治引领，强化政治建设。政治建设是党的根本性建设，决定党的建设方向和效果。要坚决做到“两个维护”。这是新时代党的政治建设的首要任务，也是我们要讲的最大的政治、最大的大局。境外机构党员干部要切实提升政治意识和政治站位，将贯彻党中央决策部署作为第一任务，学会从政治高度认识判断形势、分析解决问题，提升驾驭政治局面、防范政治风险的能力，推动全面从严治党向纵深发展，引领带动党的建设质量全面提高。要严肃认真开展党内政治生活。结合所在地区的实际情况，把握原则要求，创新工作方法，认真组织好民主生活会、组织生活会、谈心谈话、民主评议、述职述廉等工作，用好批评与自我批评的武器，真正提升党内政治生活的质量和效果，使我们的干部经常性接受政治体检，切实提高政治免疫力。要坚持和完善民主集中制。将民主集中制作为境外机构党员领导干部的必修课，使每一位领导班子成员都熟悉民主集中制的规矩，懂得民主集中制的方法，增强贯彻执行民主集中制的自觉性，善于运用民主集中制的办法干好工作。

（三）加强组织建设，打造过硬队伍。党的全面领导、党的全部工作要靠坚强的组织体系去实现。目前，我们在境外机构独立设立了 40 个党组织，外派党员 900 余人，是境外机构事业发展的坚实基础和中坚力量。要继续完善组织设置。按照《党章》和《中国共产党支部工作条例（试行）》规定，合理设置党组织。符合单独成立党组织条件的境外机构，要及时向驻外使领馆党委申请，做到应设尽设。对于党员人数较多或工作地较分散的党支部，要成立党小组，积极开展组织生活。要发挥支部主体作用。通过分散自学、集中活动、业务联动等方式，因地制宜开展“三会一课”、主题党日、民主评议党员等基本组织生活。运用好工银大学、融 e 联等平台和载体，通过资源共享、活动共办等方式，探索党员学习教育的有效形式，为国有企业加强海外党建工作积累经验、作出示范。要着力打造高素质干部人才队伍。选优配强管好境外机构领导班子，加强干部储备和人才梯队建设，持续优化外派员工结构，统筹各类人才的规划、培养和使用，营造公平公正、风清气正的用人环境，以组织的力量、机制的力量、文化的力量吸引和留住人才。要结合实际做好发展党员工作。努力把优秀员工培养为优秀党员，组织引导党员带头承担急难险重任务，带头捍卫国家利益、维护企业形象，在重大外交行动、突发事件、项目攻坚中发挥先锋模范作用。要注重关心激励干部员工。总行近期研究出台了提高外派员工子女教育补贴标准的相关举措，后续还将持续加大对境外艰苦地区的资源倾斜力度。境外机构负责人要定期与员工谈心谈话，做好思想政治工作，给予党员、员工更多的关心和爱护，主动了解思想动态、解决

实际困难，让大家心中有党、心中有国、心中有行，充分感受到工行大家庭的温暖。

（四）严守纪律规矩，持续改进作风。“没有规矩不成方圆”，境外机构接受国内和驻在国双重监管，受到不同政治经济文化的双重影响，强化纪律执行、传承良好作风，对机构和个人的健康发展都至关重要。要把守纪律、讲规矩摆在重要位置，严守政治纪律和政治规矩，严守外事纪律和组织工作纪律，对内抓实案件查防工作，筑牢廉洁从业防线；对外认真履行合规经营的主体责任，主动对标监管标准，坚守合规经营底线。要完善监督执纪问责，加强对领导人员和重点部门、重要岗位的监管，立足“早教育”，加强经常性的纪律教育，用身边事教育身边人，提升党员干部规矩意识；立足“早发现”，时刻关注干部员工思想动向，做好提前判断，将问题解决在萌芽状态；立足“早提醒”，经常咬耳扯袖，让“红脸出汗”成为常态；立足“早遏制”，落实责任、完善问责制度，对违规违纪问题，不仅要处理直接责任人，还要从党组织和党员领导干部管党治行中找原因、追责任，防止小问题变成大错误。要发挥监督合力，把基层党组织日常监督、党员民主监督意识充分调动起来，把上级下级之间、同级之间的监督效能充分发挥出来，把党内监督与内审内控、业务部门监督充分贯通起来，真正将制度优势转化为治理效能。要把作风建设作为重点任务和经常性工作。坚持落实中央八项规定及其实施细则精神，落实总行改进作风26条规定，力戒形式主义、官僚主义。充分认识“不思进取是最大的享乐主义，无所作为是最大的奢靡之风”，树立正确的业绩观和事业观，在复杂严峻的国际竞争环境中，推动经营实力、价值贡献度和全球影响力不断提升。

同志们，国际化发展任重道远，海外党建工作责任重大，各境外机构要进一步提高思想认识、增加政治自觉、强化责任担当、改进工作方法，把党建工作的政治优势转化为全行国际化发展的源动力和竞争力，努力构建全行国际化发展和海外党建工作的新格局。

在全行机构金融业务座谈会上的讲话

陈四清

（2019年8月23日）

刚才听了大家的发言，我很受启发，很受教育。近几年机构金融业务取得的成绩令人瞩目，在服务国家大局、维护重要客户、助推全行发展、树立市场标杆等方面做出了显著的成绩。特别是今年以来，面对内外部挑战明显增多的复杂局面，全行机构金融业务仍然创造了远超同业的成果，交出了一份具有含金量、亮点十足的成绩单。我非常高兴工商银行有这么一支特别能战斗的队伍。我对工商银行的经营发展和风险控制更有信心，对打造名副其实的全球第一大银行更有信心。这次座谈会是“不忘初心、牢记使命”主题教育调研的一部分，主要目的就是总结机构金融业务的发展经验，进一步加快推动全行整体的转型发展。机构金融业务取得这么好的成绩，归功于历代工行人，归功于历届党委的坚强领导，也归功于我们在座的同志们。在此，我代表总行党委向全辖机构金融业务条线的同志们表示感谢！

今天的工商银行已成为全球最大的商业银行，为780万的机构、公司客户和6.4亿的个人客户提供全面的金融产品和服务。这启发我们从另一个视角对“ICBC”进行诠释：“Institution（机构）、Consumer（个人）and Business（公司）”。其中，机构客户对应字母“I”，首当其冲、角色关键。为什么关键？在一家银行内部，有些客户起到鹅卵石的作用，有些客户起到沙子的作用，有些客户起到水泥的作用，然后将他们混合在一起，就变成银行“钢筋混凝土”的客户结构。在我们工商银行，机构客户就是要起到钢筋、鹅卵石的作用。目前，机构金融业务发展已经非常不错了，无论是军队业务、政府业务，还是同业业务，都有非常好的基础。可以说，机构金融业务是全行的“压舱石”。尽管取得了这么好的成绩，但作为一个“领头羊”的条线，机构金融业务仍然要有“比”的思想。要通过“比”，进一步“拼”市场，使机构业务的优势更优、更稳，拉大与市场竞争者的距离，从而为全行转型腾出时间和空间，加大力度发展一些短板领域，为全行的经营发展作出更大的贡献。

当前，重点要找准机构金融业务在新时期改革发展中的战略定位。一方面，机构金融是工商银行服务国家战略的重要领域。要在深化重点领域改革、服务现代化国防建设、防控金融风险等领域中发挥国有大行应有的作用。另一方面，机构金融是工商银行改革图强的重要抓手。要努力成为全行客户拓展的总源头、科技创新的试验田、体制机制改革的排头兵、人才培养的尖兵连、区域竞争力提升的高标杆。大家要深刻认识到机构金融客户是全行最大的源头客户之一，机构金融客户综合服务是全行最大的服务场景之一。要立足新时代，开启业务转型升级的新征程，不仅要“全面出击”，还要“巩固优势，扩大成果”，形成“不可复制、难以超越”的市场领先优势。下面，我讲几点意见。

一、要在服务国家战略中发挥更大的作用

工商银行的改革发展要围绕党和国家大局，不折不扣落实中央决策部署，办好党的金融事业。机构金融业务主要服务财政、社保、军队等机构客户，连接银行、证券、保险等同业市场，是我行服务国家战略、服务深化改革的主战场，使命光荣，重任在肩。

要担负起保障国计民生资金安全高效运转的重大政治责任。我行是代理财政业务的直接参与方，资金链向上联结国库，向下覆盖各级政府职能部门、公务人员群体及广大对公、对私缴款人，服务客户数和业务量都位居同业首位，是国家财政资金运行的重要脉络。我行为军队客户提供资金结算、应急保障、后勤支持和装备发展上的全方位金融服务，必须履行好军队业务主办行的责任。我行为资本市场提供第三方存管服务，个人客户数和存管资金量同业第一，是保证资本市场平稳运行的重要角色。在这些方面，我们都要从讲政治的高度做好服务，做金融战线上的“铁军”，保持零差错、零故障、零风险，不能有任何闪失，以过硬的服务守护好我行的“金字招牌”。

要着力做好政府机构和军队改革向下延伸的营销攻坚。现在，我行军队业务占有市场绝对优势，但是随着军队体制改革往下延伸，军队的力量编成发生了很大的变化，军费资金收付体系也将发生变化。在政府领域，我行在政府机构改革账户营销中已经取得市场第一的骄人战绩，但客户的开户覆盖率，从总部到省市再到县，存在逐级递减的现象。这跟我行的机构布局有关。下一步，我们要在保持机构总量整体稳定的情况下，加紧调整机构布局，特别是在尚未设立机构的经济发达和经济潜力比较大的县域地区，设立机构，助推军队和政府机构营销向下延伸。当前竞争力排在第三位、第四位的分行，要抓紧改变竞争被动局面。

要牢牢守住不发生系统性金融风险的底线。当前形势复杂严峻，中美经贸摩擦还在持续，影响国内经济金融稳定运行的风险和挑战较多。工商银行在防范和化解风险方面要履行更多的责任。机构部门在营销时，要注重与公司部门、风险管理部门的配合，打好“组合拳”，在把业务抓上去的同时，还要把风险化解好。要加强风险监控，特别注意防范城投平台和地方政府隐性债务风险，既要在防范化解地方政府债务风险中坚决贯彻好国家政策，又要在稳投资中发挥好大行的主力军作用。要高度关注个别中小同业机构的风险暴露，贯彻落实监管要求，突出市场流动性传导的枢纽作用，做好对重点金融机构的融资支持，强化对交叉性金融风险的管控，成为维护市场稳定的源头活水，做顶得上去、扛得起来的“国家队”。

要在国家改革的顶层设计中积极贡献工行智慧。在国家构建多层次社会保障体系、深化金融供给侧结构性改革、实施区域发展战略、智慧政务建设、军民融合发展、精准扶贫等方面，要发挥我行资金、渠道、科技等综合优势，以自告奋勇、舍我其谁、勇于担当的精神，为国家改革发展的顶层设计做好配套金融服务，提供工行标准，输出工行方案，为创建服务型政府、满足人民美好生活需要作出工行贡献。

二、要发挥源头作用，为“打造第一个人金融银行”作出贡献

机构金融服务的财政、社保、军队等机构客户，是全社会资金流、信息流的重要源头，广泛连接大量优质的公司、个人客户群体，能够延伸带动全行多条线业务发展。比如，服务政府客户可以拓展发掘一大批公务员客户，公务员群体是较成熟的个人客户，收入稳定，对利率也不是很敏感，对银行的黏性和忠诚度很高。要科学把握机构客户这种独具的源头性、衍生性、辐射性特点，更加重视稳固机构客户基础为全行转型发展带来的长期持续效应，进一步强化机构、公司、零售板块之间的协同联动，构建政府、军队、同业业务获客大场景，实现G－B－C全链条客户协同发展与全量资金闭环管理，为打造“第一个人金融银行”多作贡献。要搭好“大场景”，加速全链条拓户。要围绕政府、社保、军队等重点板块和机关事业潜力板块，加强公私联动和专业协同，搭建并丰富一批涵盖工资发放、民生缴费、资金监管等高频次、高黏性的有效获客场景，锁定下游公司客群，拓展公务人员、军人群体、金融从业者等优质个人客群，实现全链条拓户增存。要抓住“资金流”，做实资金的争揽与承接。要将视野扩展到全社会资金的大循环大流转之中，既要争揽源头资金代理资格，持续提高业务市场份额，确保资金活水源源不断；又要做实资金流向监测跟踪平台，加强全链条资金监测，做好数据运用和部门协同，力戒资金的“跑冒滴漏”，确保客户拿得稳、资金接得住。

三、要以创新为驱动力，跑出机构金融发展“加速度”

要找准创新的着力点。始终围绕“为什么要创新、解决什么问题、达到什么效果”这三个问题开展创新，不能偏离“客户需求”这一中心航线。机构金融业务覆盖客户范围广、市场份额高、创新需求多、竞争压力大，要紧紧围绕客户需求、洞察客户痛点，以创新为驱动力，先人一步、迭代创新，牢牢把握市场竞争的主动权。要紧盯可比同业。在政府机构和军队的营销创新领

域，同业对我们的追赶很急，做了很多前瞻性的投入。我们要密切关注市场同业竞争动态，积极应对同业的竞争。对于竞争对手，要注意观察谁在追赶，通过加快自身发展，进一步实现“不可追赶”的领先优势。要融入全行智慧银行建设大局。新形势下，国家重点领域改革需求与我行智慧银行战略高度契合。可以说，我行未来发展有没有发展后劲，有没有竞争活力，重点看机构，关键看创新。机构金融条线要立足全行，以上率下，加强业务与科技的对话，在全行推进智慧银行建设的大局中，做科技创新落地的试验田和试金石。要重点抓好线上场景搭建。坚持将 G 端作为我行优势和发力点，以政务场景合作为切入点，激活 B 端和 C 端，构建开放合作共赢的“工行银政朋友圈”。要“跟着市长找市场”，顺应各级政府持续深化“互联网 +”、大数据战略、“放管服”改革的趋势，打造“互联网 + 政务服务 + 金融支持”一体化创新服务体系，全力推动智慧政务建设。在这个体系中，既要增强自身平台的资源整合能力，形成“一个窗口、一点接入”的一站式服务体系，又要积极参与政务门户等外部平台的建设，实现场景嵌入、金融输出、引流获客。网络金融一定要实现和机构金融的融合，现在对“智慧政务”建设前期投入多，后期产出会更多。要通过智慧政务体系建设推广，带动全行业务的发展升级。要抓好线下网点转型。大型银行提供的基础金融产品和服务，与国家和社会治理涉及的诸多公共产品、公共服务具有密切的关联性，在做好政务线上服务的同时，可探索以“社银一体化”网点为有益尝试，将政务服务向我行线下网点延伸，积极构建“银行网点办政务”的业务模式。未来，我行网点也可全面承载社保、公积金、退役军人服务等各类政府公共服务职能，通过扩展服务职能、引入优质客源、提升网点价值，促进全行渠道转型。

四、要强化“以客户为中心”的营销体制机制建设

机构金融条线要着力发挥客户部门的牵头作用，加强顶层设计，将“以客户为中心”融入贯穿到战略制定、考核评价、资源配置、渠道流程、产品科技和营销服务的全过程，构建“一点接入、集团联动、矩阵体系、全面服务”的营销服务模式。全行各相关部门要从经营发展和战略转型的大局出发，把协同推动机构金融业务的发展放在更加重要的位置，协助深化体制机制改革，进一步激发客户部门的经营活力与效能，共同推动“以客户为中心”的一体化营销服务机制在机构金融条线率先落地。

要强化统筹营销，做到“三个营销”相结合。一是高层营销。机构客户营销是讲级别的，但我们各级机构的领导不要去讲求对等，过于强调“我是什么级别，对方是什么级别”。要充分给人尊重，充分给人方便，在平衡使用资源的基础上，做到“该出手时就出手”。二是牵头营销。针对机构重点合作客户，总行机构部要组织好牵头营销，通过对 G 端总部客户的整体合作，带动 C 端和 B 端的批量获客，更好地做大机构客户的整体价值。在这其中，特别要把握好“医”“教”“养老”几个关键点，这些领域契合国家重点战略，具有较强的业务带动作用。比如，在医疗、医院领域，可以通过与国家卫健委整体合作，把医疗条线所有的医院都带动起来，再通过医保卡等业务，带动上下游的个人客户。在这方面，我们要有 ETC 营销的劲头。在教育领域，也要通过与教育部签署协议，带动整个全辖的高校和大学生营销。还有，在政府客户签约上，可由机构部统一牵头，全面平衡某级政府客户投融资、资金保值增值、科技合作等需求，以资源换资源，带动全面合作深化，促进全行整体利益提升。三是系统营销。纵向上，要明确好总行管什么，一级分行管什么，二级分行管什么，支行管什么。总行机构部要与各分行密切联动，特别注意与北京分行联动，共同做好总部客户的协同营销。横向上，要研究公司业务、机构业务和个金业务怎么相互配合，风险怎么控制，授权怎么能充分授到下级行，又能够把风险控制住。在关系营销的基础上，还要进一步创新营销方式方法。

要完善同业业务组织架构。北京分行、上海分行，未来还有深圳分行，都要设立单独的金融同业部，抢占同业市场，在竞争中做到寸土必争。同时，要做好同业业务风险控制，总行机构部内部也要有一个同业风险管理团队，把同业业务风险牵头管起来。人力资源部要加大人员支持。全辖的同业风险如果仅靠风险管理部、靠授信审批部去控制，可能就为时已晚。特别是现阶段同业市场流动性风险加大，市场上个别中小金融机构已经出现了一些风险问题。可以说，同业业务既是一个获取资源的渠道，也是一个防范风险的关口，要从这两方面全面把握好同业业务，既把业务做大，又把风险控制住。

要加强对机构业务的资源倾斜和支持。目前，总行机构部有 87 个人，总量较少，特别是服务军队板块的人力资源不足。机构客户辐射群体广、服务需求多、发展潜力大，普遍具有“低投入、高产出，短期投入、长期受益”的特征。机构客户与银行的合作相对长期稳定，一旦失去，想再夺回来，需要花费数倍、甚至数十倍的资源和代价。现在我们有 20 多万亿存款，但一旦军队和政府机构的存款流失了，市场份额很快就会下降。所以，一定要抓好机构金融业务，要做第一大银行，拉开与第二大银行的距离。对待机构核心客户，各相关部门不要吝惜暂时的资源投入与政策倾斜，要综合考虑全行收益和长期价值，在财务、人力等资源匹配上尽量充分供应，在业务授权上尽量灵活机动，在科技开发上尽量优先支持，全方位打造同业竞争的比较优势。

五、要打造一支作风过硬、战斗力强的机构人才队伍

工商银行的党员干部，第一身份是党员，第一职责是为党工作。机构金融条线要围绕“三个强化”，进一步提振干部员工的精神风貌和队伍士气。要强化党建工作引领。要以习近平新时代中国特色社会主义思想为指引，以“不忘初心、牢记使命”主题教育为契机，加强理论武装和党性锻炼，争做习近平新时代中国特色社会主义思想的忠诚实践者、“两个维护”的坚定执行者、推动金融事业发展的担当实干者，以良好的精神状态和扎实的工作作风，推动党建和业务全面进步、全面过硬。要强化政治担当，永葆奋发有为的精神风貌。“人无精神而不立”。机构金融业务身处党和国家全面深化改革的前沿，没有一种非常好的精神状态，就不能担当起服务国家改革、维护金融安全的重任，也不能引领同业，保持长盛不衰。因此，机构金融条线一定要在全行传承一种精神，树立一面旗帜。要树立一种营销必争的精神，就像刚才三亚分行的同志所讲：“丢掉一个客户就是失败”。这是我们工商银行的精神，也是一种自我加压。如果我们工行人，特别是机构金融条线的同事们都能有这么好的意识和状态，就一定会战无不胜。具体到服务国家战略上，要进一步提高政治站位，塑造不畏艰难、敢于担当、爱国奉献、忠诚干净的精神品格。在机构金融事业发展上，要怀着“创业难，守业更难”的敬畏之心，在发扬“快乐乙方，积极向上”优良传统的基础上，继续保持好激情奋斗的姿态。正如革命战争时期，在革命战士面前“不相信有完不成的任务，不相信有克服不了的困难，不相信有战胜不了的敌人”一样，机构金融条线的员工也要激发像军人一样的热血精神和英雄气概，面对新形势新挑战，英勇顽强，善作善成，敢于胜利。要强化优秀人才的培养和选拔。事业兴旺，关键在人。机构金融条线不仅要在业务发展上走在全行前列，也要在人才培养上走在前列。习近平总书记曾讲：“越是条件艰苦、困难大、矛盾多的地方，越能锤炼人。”机构金融业务涉及领域多，专业跨度大，客户需求复杂多样，对客户经理的要求更高，挑战更大。这样的“乙方”岗位，正是锻炼人、出人才的好地方。下一步，还要用更多艰苦工作的历练，更多激烈竞争的锤炼，更多严峻压力的考验，全面打造一支站位高、业务精、作风硬、讲奉献的机构金融人才队伍。机构金融条线中有大量的优秀人物、先进人物，要挖掘出来。总行相关部门要善于从机构金融业务条线中发现人才，该奖励的要奖励，该提拔的要提拔，该重用的要重用，进一步打造好这支队伍，为工商银行事业发展培养一批有硬功夫、有大担当的“铁肩膀”。同时，要把全面从严治党、从严治行向纵深推进。机构金融条线营销非常辛苦，但是在这个过程中也要注意方式方法。第一，自己不能犯错误。第二，不要因为你的营销行为让客户犯错。第三，不要因为客户犯错误引起你也犯错误。今天，总行很多部门都参会了，不仅内审、内控、风险部门要把风险防控好，各个条线也都要自查，检查总行的风险在哪里？各分行的风险在哪里？大的风险在哪里？要注意防止因管理漏洞，“把猫养成老虎”，然后成患，贻害无穷。

所有过往，皆为序章。面对新的形势和新的任务，机构金融条线要站在改革发展的新起点上，保持艰苦创业的奋斗姿态，保持建功立业的激情渴望，进一步扛起国有大行的使命担当，进一步扛起为全行作大贡献的光荣责任，以良好的精神面貌和卓越的工作业绩，奋力走好新长征路。

在“不忘初心　牢记使命”主题教育第一批总结大会上的讲话

陈四清

（2019年9月6日）

今天，我们召开“不忘初心、牢记使命”主题教育第一批总结大会，主要任务是，总结全行第一批主题教育开展情况，深化认识体会，巩固拓展成果。

下面，我代表总行党委，讲四个方面内容。

一、全行第一批主题教育的总体情况

总行党委和参加第一批主题教育的100家单位，牢牢把握主题教育的根本任务、总要求和具体目标，坚持高标定位、精心组织、抓深抓细，将学习教育、调查研究、检视问题、整改落实贯穿始终，推动主题教育扎实开展、取得实效。

（一）党委带头示范，强化系统推动。总行党委把主题教育作为首要政治任务，第一时间成立总行主题教育领导小组，在全行范围内进行动员部署，制定主题教

育实施方案和10个具体落实文件，先后印发20多篇工作通讯，及时贯彻落实中央最新精神。总行党委班子成员带头加强督促指导，深入基层面对面了解主题教育进展情况。总行11个巡回指导组履职尽责、积极作为，坚持做好9个规定动作，认真审阅10类调阅材料，累计赴各单位现场指导800多次，与近900名领导班子成员开展了个别访谈，有力推动了各单位主题教育工作质量提升。各单位党委严格落实总行要求，制定具体工作方案，成立163个巡回指导组，确保全行主题教育步调一致、一贯到底、执行到位。

（二）深化学习教育，筑牢思想根基。总行党委聚焦学习贯彻习近平新时代中国特色社会主义思想这一主线，坚持先学一步、学深一些，重点通读《选编》《纲要》《汇编》，系统梳理了习近平总书记关于金融工作的重要论述，加深了对习近平新时代中国特色社会主义思想的理解。各级领导班子和广大党员统一围绕“牢记初心使命”“锤炼政治品格”“勇于担当作为”三个专题，通过党委中心组学习、读书班、“三会一课”等方式，累计开展集中学习研讨1.5万余次，在思想交锋中持续深化认识。同时，紧跟中央要求，及时学习了习近平总书记在中央政治局第十五次集体学习、中央和国家机关党的建设工作会议、内蒙古考察并指导开展主题教育时的重要讲话精神，围绕党章、《准则》《条例》和党史、新中国史等内容组织学习研讨，进一步提高了贯彻落实习近平总书记重要指示批示精神的主动性和自觉性。

（三）深入调查研究，摸实情解难题。坚持问题导向，沉下心、弯下腰，一竿子插到底开展实地调研。3个月来，总行党委班子成员到基层调研30余次，形成了11篇调研报告，并召开了调研成果交流会，积极推动调研成果共享和转化。各单位领导班子成员累计开展调研1 500余次，调研主题涵盖党建工作、金融三大任务、提升服务质量等多个方面，切实摸清情况、研究问题、提出对策。在此基础上，各单位领导班子成员累计讲授专题党课近600次，结合个人实际和心得感悟，阐述了习近平新时代中国特色社会主义思想对党和国家、对金融系统和工商银行、对党员干部个人健康成长的重大意义，充分激发了广大党员理论学习的内生动力。

（四）深刻检视剖析，找准差距短板。坚持边学边查边改，把存在的问题查找准、剖析透、检视到位。总行党委结合实际确定检视问题的15个重点方向，通过多种方式广泛听取广大客户、基层党员群众、监管机构的意见，梳理归纳为69条意见建议，逐条研究解决措施。各单位领导班子认真开展征求意见建议、检视剖析问题等工作，召开征求意见建议座谈会近600次，通过各种方式征求意见建议8 000余条，检视问题2 700余个。同时，认真对照党章党规找差距，带头检视问题纠偏差，结合学习体会、工作职责、个人实际等情况，围绕“18个是否”逐条列出问题，切实增强了查摆和解决问题的针对性。

（五）抓紧整改落实，务求取得实效。坚持不等不靠立行立改，总行党委聚焦群众反映强烈的问题，先后确定3批24项整改任务，制定49条整改措施，拿出实招硬招推进整改工作；各单位领导班子共确定整改事项2 600余个，其中近一半事项已完成整改。坚持真刀真枪开展专项整治，在中央八个专项整治任务基础上，将整治非法集资、非法放贷、“飞单”等损害群众利益的突出问题，单独列为一项专项整治任务；成立专门工作小组，逐个制订具体方案，部分专项整治已取得阶段性成果。坚持以高质量的专题民主生活会深化主题教育成效，各单位领导班子成员做到“一带头三必谈”，认真开展谈心谈话，聚焦主题盘点收获、检视问题、剖析原因、开展批评与自我批评，进行了一次找差距、抓落实的政治体检，班子的凝聚力和战斗力得到了进一步提升。

在过去3个月的时间里，中央第26指导组的领导和同志们到总行现场指导14次，与总行党委班子成员、高管和部分部门负责人进行了个别访谈，到19个省市与分行行长和巡回指导组组长进行座谈，在总行和3家分行召开了5次党支部书记、党员代表座谈会，以高度负责的态度、脚踏实地的作风、从严从实的要求、科学高效的方法，对工商银行第一批主题教育各项工作给予了有力督促和悉心指导。在此，我代表总行党委和全行党员干部，向中央指导组的领导和同志们表示衷心的感谢和崇高的敬意！

二、开展主题教育取得的成效

通过开展主题教育，全行党员干部实现了一次思想上的升华、政治上的洗礼、作风上的转变、能力上的提升、廉洁上的净化，对全行党的建设和改革发展起到了重要的促进和推动作用。主要体现在以下几个方面。

（一）理论学习有了新收获。此次主题教育是一次理论大学习，广大党员干部进一步加深了对习近平新时代中国特色社会主义思想的系统思考，领会了习近平新时代中国特色社会主义思想所蕴含的真理光辉和理论力量，充分认识到了习近平新时代中国特色社会主义思想的重大意义，从根本上增强了政治认同、思想认同和情感认同。在理论学习中，《选编》《纲要》《汇编》等不仅成为了不可或缺的案头读物，更成为我们认识问题、分析问题、解决问题的“思想密码”。广大党员干部在理论学习中寻策问道，在思想交流中凝聚共识，进一步增强了用党的创新理论破解实践难题、推动经营发展的信心和能力。

（二）思想政治达到新境界。此次主题教育是对党员干部的一次全方位政治历练。通过开展主题教育，广大党员干部加强了党性锻炼，严明了纪律规矩，更加旗帜鲜明地将讲政治的要求落实到各项工作中。通过开展主题教育，广大党员干部进一步增强了党的意识、党员意识，坚持把对党绝对忠诚作为立身之本、履职之要，牢记自己的第一身份是共产党员、第一职责是为党工作，以更加主动的姿态投入党的金融事业中。通过开展主题教育，广大党员干部加深了对初心使命的理解和感悟，坚定了对马克思主义的信仰、对中国特色社会主义的信念，“四个意识”更加牢固，“四个自信”更加坚定，“两个维护”更加自觉。

（三）干事创业实现新作为。在主题教育中，各单位坚持将学习成效转化为工作动力，知重负重、苦干实干，进一步强化了做好党的金融事业的政治责任感和历史使命感，落实中央决策部署的自觉性更高了，推进金融三大任务的力度更大了。全行认真落实新发展理念，优先满足京津冀协同发展、雄安新区、粤港澳大湾区、长三角一体化、共建“一带一路”等国家重大战略项目资金需求，积极支持供给侧结构性改革和发展动能转换，重点改进民营和小微企业金融服务，加大金融扶贫力度，7 月末民营企业贷款增幅 7.93%，普惠贷款增速超过 40%，精准扶贫贷款增速超过全行贷款平均增速，发挥了国有大行“头雁”效应。9 月 5 日，国务院金融稳定发展委员会召开全国金融形势通报和工作经验交流电视电话会议，我行作为金融机构唯一代表在会上作了经验交流。

（四）为民服务取得新成效。广大党员干部进一步树立群众观点、坚定群众立场、增进群众感情，更加自觉地把以人民为中心的发展思想贯彻到各项工作中，通过深入推进整改落实和专项整治，切实解决了群众反映强烈、关系群众切身利益的突出问题，更好地践行了金融为民、金融利民、金融惠民、金融安民。聚焦加强和改善窗口服务，开展“服务提升、百日行动”活动，明确了优化业务流程等 7 个方面 23 条具体措施，上半年全行客户满意度同比提升 2.2 个百分点。聚焦员工关心的重点问题，着力改善网点办公环境、解决外派员工实际困难，进一步加强了员工关怀。深入推进网点减负赋能工程，通过流程简化、作业集中等“组合拳”，实现运营类手工登记簿、报表大幅精简 59%。

（五）清正廉洁得到新提升。在主题教育中，总行党委认真贯彻中央关于“加大金融领域反腐力度”的要求，抓住“管住人，看住钱，扎牢制度防火墙”三个核心环节，一体推进不敢腐、不能腐、不想腐。全面落实派驻改革任务，重构内部监督体系。强化和拓展巡视巡察，实现总行本部巡视“全覆盖”。召开全面从严治党从严治行暨警示教育大会，通报 12 起违规违纪案例。制定实施治理形式主义突出问题 30 条措施，推动中央“基层减负年”要求落地。印发员工亲属回避管理办法，加速解决领导干部配偶、子女“近亲繁殖”问题。通过这些工作，广大党员干部进一步提升了廉洁自律的意识，提高了正确处理好公私、义利、是非、情法、亲清、俭奢、苦乐、得失关系的自觉性，夯实了纵深推进全面从严治党、全面从严治行的基础。

总体来看，我行第一批主题教育进展顺利，初步达到了预期效果和目标，但与中央要求相比，与群众期盼相比，仍有一些有待改进的地方，主要表现为：一是在学习习近平新时代中国特色社会主义思想上还存在融会贯通不够的情况，在贯彻落实上还存在不够精准到位的问题；二是部分整改落实工作力度有待进一步加强，一些涉及重点、难点问题的整改任务还需要加快推动和跟进，提高落地见效的速度。我们要高度重视这些问题，并在后续工作中认真加以改进。

三、开展主题教育的经验体会

通过这次主题教育，我们对全面加强党的领导、全面强化党的建设、推动经营发展有了新的认识和体会。

（一）必须始终坚持把习近平新时代中国特色社会主义思想作为长期坚持的指导思想。学习贯彻习近平新时代中国特色社会主义思想，是这次主题教育的根本任务，也是一项长期的政治任务。实践证明，只有自觉做到真学真懂真信真用，才能保证我们在“两个大局”之中定准方位，在贯彻中央决策部署中把准方向，在严峻复杂的形势中增强战略定力和战胜困难挑战的信心决心，凝聚起建设世界一流现代金融企业的强大力量。

（二）必须始终坚持党的群众路线，践行全心全意为人民服务的根本宗旨。服务好人民群众是银行的生存之本、发展之基，更是广大党员干部的宗旨和天职。我们以主题教育为契机，推动全行广大党员与群众说在一起、想在一起、干在一起，进一步服务好实体经济发展，服务好广大客户，服务好基层员工，为主题教育的扎实推进和工商银行的长远发展奠定了坚实的基础。实践证明，只有牢固树立宗旨意识，把人民群众是否满意作为检验工作成效的标准，才能保证党的金融事业落地生根、取得实效。

（三）必须坚持和加强党对金融工作的全面领导，以全面从严治党带动全面从严治行。党的十八大以来，在党中央的高度重视和坚强领导下，国有金融企业改革发展不断取得新的成就。主题教育期间，我们把全面从严治党和全面从严治行紧密结合，进一步营造了风清气正的政治生态。实践证明，始终保持党要管党、全面从严治党的政治清醒，保持直面问题、攻坚克难的政治担当，保持植根人民、造福人民的政治自觉，对我们推动党的建设新的伟大工程，具有重大而深远的意义。

（四）必须紧密结合自身实际，将主题教育成果转化为干事创业的强大动力。我们将调查研究作为谋事之基、成事之道，将主题教育开展与中心工作推进紧密结合，紧盯突出问题，沉到基层一线摸实情、查症结，形成了推进重点领域改革发展的具体思路和举措。实践证明，只有坚持知行合一，不断用理论学习的思想自觉引导经营发展的行动自觉、用行动的成果继续促进思想的深化，才能确保各项工作抓得实、做得深，才能教育引导广大党员干部勇担职责使命，激发干事创业、为民服务的精气神和原动力。

四、进一步巩固扩大主题教育成果

目前，第一批“不忘初心、牢记使命”主题教育已经基本结束，下周我们将全面启动第二批主题教育。各单位要认真总结第一批主题教育好的经验做法，不断巩固和深化主题教育成果，实现与第二批主题教育有序衔接，以新的形象、新的作风开创党的建设和经营发展新局面。

（一）将学习贯彻习近平新时代中国特色社会主义思想作为长期必修课。要始终保持学无止境、持之以恒的求知态度，持续推动学习贯彻习近平新时代中国特色社会主义思想往深里走、往心里走、往实里走。要在常学常新中增强理论修养，养成认真读原著、学原文、悟原理的良好习惯，及时跟进学习习近平总书记最新重要讲话精神，在学懂弄通做实上狠下功夫。各级领导班子和党员领导干部要带头学习、带头践行，引导广大党员干部全面系统掌握习近平新时代中国特色社会主义思想的核心要义、精神实质、丰富内涵和实践要求，切实增强“四个意识”、坚定“四个自信”、做到“两个维护”。

（二）以自我革命的勇气持续深入推进整改落实工作。各单位要以正视问题的自觉和刀刃向内的勇气，以闻过则喜的胸襟和知错就改的行动，抓住要害、紧扣重点，认真抓好整改。一方面，要上下联动抓好整改落实。第一批主题教育的各单位要对整改落实情况进行盘点分析，紧盯不放，持续整改到位。要扭住专项整治任务，把责任明确到位、措施落实到位、问题解决到位。要及时公开后续整改进展情况，自觉接受群众监督。另一方面，要在11月开展整改落实情况“回头看”。对照专项整治要求和本单位整改方案，梳理进展落实情况，确保整改措施不折不扣落到实处。

（三）把“不忘初心、牢记使命”的要求融入党的建设和经营发展各方面。要将“不忘初心、牢记使命”作为加强党的建设的永恒课题，作为全体党员干部的终身课题，紧紧围绕党的建设各项任务，建立健全经常性查找解决各种违背初心使命问题的长效机制。要始终坚守理想信念宗旨，时刻不忘为中国人民谋幸福、为中华民族谋复兴的初心和使命，不断增进同人民群众的感情。要认真学习贯彻习近平总书记最新重要讲话精神，培养和保持顽强的斗争精神、坚韧的斗争意志、高超的斗争本领，常怀忧党之心，常怀为国之责，常怀强行之志，保持奋进姿态，坚决贯彻落实好党中央各项决策部署，把初心使命变成锐意进取、开拓创新的具体行动，在建设世界一流现代金融企业的道路上奋勇前进。

同志们，让我们紧密团结在以习近平同志为核心的党中央周围，以习近平新时代中国特色社会主义思想为指导，守初心、担使命，凝心聚力、攻坚克难，为做好党的金融事业、实现伟大复兴的中国梦贡献力量，以优异的成绩庆祝新中国成立70周年！

在第二批“不忘初心　牢记使命”主题教育动员大会上的讲话

陈四清

（2019年9月10日）

今天，我们召开全行第二批主题教育动员大会，主要任务是，深入贯彻落实习近平总书记关于主题教育的重要指示批示精神，以及中央“不忘初心、牢记使命”主题教育第一批总结暨第二批部署会议精神，对全行第二批主题教育进行动员部署。

下面，我就开展好第二批主题教育，讲四点意见。

一、充分认识开展第二批主题教育的重要意义

习近平总书记在5月31日主题教育工作会议上，对开展“不忘初心、牢记使命”主题教育的重要意义作了深刻阐述，总行党委在6月4日全行主题教育动员大会上，也进行了重点强调。这次主题教育，是用习近平新时代中国特色社会主义思想武装全党的迫切需要，是推进新时代党的建设的迫切需要，是保持党同人民群众血肉联系的迫切需要，是实现党的十九大确定的目标任务的迫切需要。

开展好第二批主题教育，对于用习近平新时代中国特色社会主义思想统一全党思想和行动，引导基层党员干部自觉增强“四个意识”、坚定“四个自信”、做到

“两个维护”，具有十分重要的意义；对于推动全面从严治党向基层延伸，促进各级党组织全面进步、全面过硬，具有十分重要的意义；对于践行以人民为中心的发展思想，不断厚植党执政的阶级基础和群众基础，具有十分重要的意义；对于贯彻落实党中央重大决策部署和习近平总书记指示批示精神，把党的十九大确定的目标任务落到实处，具有十分重要的意义。

对工商银行来说，第二批主题教育层级下移，主要面向基层单位，同客户、群众的联系更加直接，面对的矛盾更加复杂，需要解决的问题更加具体。开展好第二批主题教育，就是要推动全行党员干部深入学习贯彻习近平新时代中国特色社会主义思想，始终同以习近平同志为核心的党中央保持高度一致，确保中央决策部署在工商银行一贯到底、不折不扣落实；就是要引领各级党组织全面加强党的领导，全面强化党的建设，全面提升党建工作质量，确保全面从严治党、全面从严治行在基层落地生根；就是要引导广大党员牢记初心使命、践行党的宗旨、勇于担当作为，增强自我革命勇气和斗争精神，忠诚奉献党和国家的金融事业，凝聚起建设世界一流现代金融企业的强大力量。

我们要充分认识开展第二批主题教育的重要意义，切实提高政治站位，统一思想行动，以高度的政治责任感和使命感，以持之以恒的决心和求真务实的态度，把第二批主题教育谋划好、组织好、开展好。

二、准确把握第二批主题教育的总体要求

按照中央要求，全行第二批主题教育在二级分行及以下机构中开展，时间从2019年9月开始，到11月底基本结束。各单位要牢牢把握主题教育的目标要求，紧密结合实际、精准组织实施，确保取得实实在在的成效。

（一）要坚持标准要求。第二批主题教育和第一批主题教育参与范围不同，具体的内容、方式可以有所差异，但根本任务、目标、要求是一致的，必须做到主题不变、标准不降、力度不减。要紧紧围绕“不忘初心、牢记使命”这个主题，牢牢抓住深入学习贯彻习近平新时代中国特色社会主义思想这个根本任务，全面把握“守初心、担使命，找差距、抓落实”的总要求，把学习教育、调查研究、检视问题、整改落实有机融合、贯穿始终，坚持抓思想认识到位、抓检视问题到位、抓整改落实到位、抓组织领导到位，充分借鉴运用第一批主题教育的成功经验，以彻底的自我革命精神解决违背初心和使命的各种问题，努力实现理论学习有收获、思想政治受洗礼、干事创业敢担当、为民服务解难题、清正廉洁作表率的目标。

（二）要把握主题教育着力点。按照中央要求，国有企业要把贯彻新发展理念、推动转型升级、加强党的建设作为主题教育的着力点。对于我们来说，就是要将“创新、协调、绿色、开放、共享”的新发展理念落到实处，认真贯彻中央打好“三大攻坚战”的战略部署，完成好金融工作“三大任务”，在服务人民群众和促进经济高质量发展中发挥更大作用；就是要将“培育具有全球竞争力的世界一流企业”的要求落到实处，优化经营结构，加快转型创新，夯实管理基础，破解发展瓶颈，增强发展后劲，努力在可比同业中保持更有竞争力、更高质量的发展水平；就是要将新时代党的建设总要求落到实处，坚持党建和经营“两手抓、两手硬”，有效解决基层党组织弱化、虚化、边缘化问题，一体推进不敢腐、不能腐、不想腐，推动全面从严治党、全面从严治行向基层延伸压实，实现基层党组织全面进步、全面过硬。

（三）要注重解决实际问题。习近平总书记指出，“不忘初心、牢记使命，关键是要有正视问题的自觉和刀刃向内的勇气。要坚持问题导向，真刀真枪解决问题。”各单位要聚焦影响和制约发展的问题，聚焦群众反映强烈的问题，聚焦巡视巡察反馈的问题，一件件认真梳理、一条条仔细研究，一个个加以整改。一方面，坚守理想信念、初心使命不动摇，着力解决党员干部自身存在的问题，特别是思想根子问题；另一方面，紧盯“为民服务解难题”的目标，着力解决群众最关心最直接最现实的利益问题，以为民谋利、为民尽责的实际成效取信于民，让群众切实感受到主题教育带来的新变化新成效。

（四）要坚持开门搞教育。习近平总书记指出，“我们不能关起门来搞自我革命，而要多听人民群众意见，自觉接受人民群众监督。”第二批主题教育主体在基层，与群众距离最近，工作效果群众看得最清楚、感受最直接、评价最真实。要扩大群众参与，真开门、开大门，欢迎提意见、敢于听批评，把背靠背和面对面结合起来，把请进来和走出去结合起来，把自己找、上级点、群众提结合起来，真心了解广大客户和员工在想什么、盼什么。要自觉接受监督，确保主题教育全过程都置于群众监督之下，通过多种形式公布整改落实和专项整治情况，让群众看到改没改、改得怎么样，形成良性互动。要重视群众评价，坚持主题教育成效由群众来评判、由实践来检验，把群众是否满意作为主题教育是否取得成效的重要检验标准。

（五）要坚决反对形式主义、官僚主义。习近平总书记指出，要以好的作风开展主题教育，力戒形式主义、官僚主义。第二批主题教育涉及机构层级多，容易层层加码，要提前预判、有效防范。学习教育要坚持读原著学原文悟原理，不对写读书笔记、心得体会提硬性要求；调查研究要奔着问题去，拿出措施来，不搞不解决实际问题的调研；检视问题要刀刃向内、深查细找，不避重就轻、避实就虚；整改落实既要立行立改、又要

集中火力，不能虎头蛇尾、久拖不决。要采取有效措施，避免自选动作过多，给基层增加较多负担；避免“作秀式”调研，搞形式、走过场，没有实际效果；避免主题不聚焦，把主题教育当成筐，什么工作都往里装；避免因为营销压力大、事务性工作多，投入时间精力不够，降低标准要求；避免关起门来搞教育，自我感觉良好，但没有获得广大干部员工和客户的认可；避免上下左右一般粗，简单照抄照搬，导致针对性不强，难以取得实际效果。

要落实中央“基层减负年”要求，减负不能只关注减少多少会议、多少文件。要把减负的工作重点聚焦到把基层干部干事创业的手脚从形式主义束缚中解脱出来，完善基层减负的长效机制，让基层党员干部有更多的精力服务人民群众、推动改革发展。

三、加强分级分类指导，认真落实第二批主题教育各项工作

第二批主题教育参加单位和人员范围广、层级多、数量大、分布广，情况千差万别，既要总结运用第一批主题教育的好做法、好经验，又要紧密结合基层实际开展主题教育，充分考虑不同机构、不同层级、不同对象的特点，改进领导方式，抓好关键对象，统筹安排、合理摆布各项措施和工作任务。

（一）突出抓好二级分行领导班子和领导干部主题教育。二级分行领导班子和领导干部，是第二批主题教育的重点，要认真贯彻落实中央和总行党委在第一批主题教育期间印发的文件要求，统筹推进四项重点措施，坚持先学先改、即知即改，既抓好自身的主题教育，又示范带动广大党员的学习教育。

一是要聚焦主题主线。紧紧围绕学习贯彻习近平新时代中国特色社会主义思想这条主线，紧扣习近平总书记关于“不忘初心、牢记使命”的重要论述，开展学习教育、调查研究、检视问题、整改落实。学习教育要在学懂弄通做实习近平新时代中国特色社会主义思想上下功夫，调查研究、检视问题、整改落实要聚焦贯彻落实习近平新时代中国特色社会主义思想、习近平总书记重要指示批示精神和党中央决策部署，边学边查、立行立改。特别是要把改造主观世界与改造客观世界结合起来，以理论滋养初心、以理论引领使命，切实增强“四个意识”、坚定“四个自信”、做到“两个维护”。

二是要统筹推进四项重点措施。这次主题教育的一个突出特点，就是不划阶段，不分环节，学习教育、调查研究、检视问题、整改落实四项重点措施一体推进，从一开始就要把学和做结合起来，把查和改贯通起来，边学边查边改。要深入开展学习教育，认真抓好个人自学和领导班子集中学习研讨，组织党员领导干部通读《选编》、党章、《纲要》等，及时跟进学习习近平总书记最新重要讲话精神，深入学习习近平总书记对本地区和经济金融工作的重要指示批示精神，认真学习党史和新中国史，注重运用各领域攻坚克难典型案例开展学习，提高用党的创新理论解决实际问题、推动事业发展的能力。要脚踏实地调查研究，着眼查找自身问题和解决实际问题，立足职能职责和当前正在做的事情，进一步转作风、强担当、抓落实。领导班子成员要在深入学习、广泛调研的基础上讲好专题党课，通过高质量的党课起到示范带动作用，激发广大党员的学习动力。要检视反思突出问题，深入查摆差距不足，形成检视问题清单，从思想、政治、作风、能力、廉政方面，特别是从主观上、思想上进行剖析，把存在的问题找准查实，把根源剖深析透，为整改提供精准靶向。要扎实推进整改落实，把“改”字贯穿始终，从一开始就改起来，即知即改、应改尽改。对能够当下改的，明确时限和要求，按期整改到位；一时解决不了的，要制定阶段目标，盯住不放，持续整改，确保取得扎实成效。主题教育结束前，二级分行领导班子要召开专题民主生活会，认真开展批评和自我批评。要明确责任主体、进度时限和工作措施，以钉钉子精神逐条逐项推进落实，防止向群众交假账、交空账。

三是要上下联动抓好专项整治。按照中央专项整治通知要求和总行专项整治实施方案，从严抓好贯彻执行，把专项整治贯通于两批主题教育，持续推进、务求实效。第一批单位要在继续深化专项整治的同时，根据职责分工抓好第二批单位的专项整治。第二批单位要结合实际，采取项目化方式，逐项推进专项整治。对需要第一批、第二批主题教育参与单位联动整治的问题，要注重前后衔接、上下贯通、联动整治，整体推进问题解决。需要强调的是，总行在第一批主题教育期间印发了专项整治的具体实施方案，各分行要聚焦漠视群众利益等问题，抓紧推进整改，切实让群众感受到整改落实的成效。

（二）做实做细基层党支部学习教育和检视整改。基层党支部是全行经营发展的滩头阵地和战斗堡垒，要以党支部为单位，结合“两学一做”学习教育常态化制度化，依托“三会一课”、主题党日等，组织广大党员积极投身到这次主题教育中，开展理论大学习和政治大体检，进一步增强守初心、担使命的思想自觉和行动自觉。

一是要抓好学习教育。组织党员以个人自学为主，静下来、坐下来，认真读原著、学原文、悟原理，通读《习近平关于“不忘初心、牢记使命”论述摘编》等，领悟初心使命，增强党的意识，坚定理想信念。通过党员大会、支委会、党小组会，深入交流学习体会，相互启发提高。要抓好党支部书记的学习教育，对党支部书记进行1次轮训，重点组织学习习近平新时代中国特色社会主义思想和党中央关于开展主题教育的部署要求。党支部书记要在深入学习基础上，讲授专题党课，或向

所在支部党员报告个人学习体会，切实发挥好示范带动作用。通过学习教育，使党员不断有新进步新领悟，不断增强党性、提高素质。

二是要认真检视整改。组织党员对照党章党规和群众提出的意见建议等，查找党员意识、担当作为、服务群众、遵守纪律、作用发挥等方面的差距和不足，一条一条列出问题，一项一项整改到位。通过党员先锋岗、党员责任区、主题党日等，组织党员立足岗位，履职尽责。要通过主题党日，组织广大党员结合自身实际至少参加1次志愿服务，为身边群众至少办1件实事好事，以实际行动践行初心使命。同时，要结合专项整治，整顿软弱涣散党支部，为开展主题教育打牢组织基础。主题教育结束前，党支部要召开1次专题组织生活会，认真做好民主评议党员工作。

三是要创新方式方法。在运用“学习强国”等党员教育管理载体平台的基础上，针对基层党员的实际，采取生动鲜活、喜闻乐见的方式，用好案例教育、网讯专栏、网点宣传展板和电子屏、微信公众号等载体，增强主题教育的吸引力。有条件的单位，可以利用本地区红色资源，开展革命传统教育，增强主题教育的感染力。要注重基层首创精神，充分激发基层活力，及时总结基层党组织开展主题教育的新鲜经验，交流推广先进做法，以点带面，深入推动工作。

此外，境外机构的主题教育，已经在海外党建工作座谈会上进行了部署，工银亚洲、工银澳门参加了第一批主题教育，其他境外机构也采取了多种方式，开展主题教育。各境外机构要坚持“境外无例外”，认真贯彻落实海外党建工作座谈会的要求，根据使领馆党委的统一安排，紧密结合本单位和驻在国实际情况，采取灵活多样的方式，扎实推进主题教育，务求取得实效。主题教育结束前，境外机构外派管理层要通过恳谈会、管理层会议等方式，召开专题民主生活会或专题组织生活会。相关工作要在11月底之前完成。

四、加强组织领导，切实提高第二批主题教育质量

各级党委要严格落实主体责任，以更加务实的作风、更加有效的措施，精心组织、扎实推进、力求实效。

（一）压实领导责任，发挥表率作用。各级党委要把开展第二批主题教育作为重要政治任务，切实履行职责，抓好组织领导。一级分行、直属分行党委要负起责任，加强计划指导，推动落地落实。二级分行党委是抓好第二批主题教育的关键层级，既要抓自身，又要抓基层，还要承担落实上下联动的整改任务，要集中精力、统筹安排，充分发挥承上启下的作用。各级党组织书记要带头学、带头改、带头抓，切实担负起第一责任人责任，班子成员要切实履行“一岗双责”，以“关键少数”带动“大多数”。

（二）加强督促指导，形成工作合力。总行主题教育领导小组继续负责全行第二批主题教育的组织推动，派出巡回指导组，对各单位第二批主题教育进行督促指导。各一级分行、直属分行党委要成立主题教育领导小组、领导小组办公室和巡回指导组。巡回指导工作要紧紧依靠指导单位党委开展工作，深入基层和一线，从严从实加强督促指导，及时发现和解决问题。各二级分行党委也要成立主题教育领导小组和领导小组办公室，直接负责辖内机构的主题教育各项工作。

（三）坚持统筹兼顾，做好衔接联动。第一批和第二批主题教育是有机整体，要注重统筹衔接。第一批主题教育要巩固深化成果，做到集中教育有时限，经常教育不断线。对于第二批主题教育中查找出的“表现在基层，根子在上面”的问题，第一批主题教育单位要主动认领，第二批单位要积极配合，共同解决。要把主题教育同落实当前改革发展稳定各项任务结合起来，同抓好本单位中心工作结合起来，同庆祝新中国成立70周年结合起来；要把主题教育作为党员领导干部的一次政治体检，在各项工作任务中发现干部、锤炼干部、检验干部，引导基层党组织和广大党员干部把在主题教育中激发出来的工作热情和奋斗精神，转化为做到“两个维护”、担当使命的实际行动。

（四）强化宣传引导，营造良好氛围。要加强正面宣传和舆论引导，深入宣传习近平总书记关于主题教育的重要讲话和重要指示批示精神，深入宣传党中央部署要求，及时反映主题教育进展情况和实际成效。要总结宣传秉持理想信念、保持崇高境界、坚守初心使命、敢于担当作为的先进典型，及时发现表扬一批群众身边的党员先进事迹，以身边榜样教育身边党员、以身边事感染身边人；要运用反面典型，以案例明法纪、促整改，发挥警示作用。

同志们，不忘初心、牢记使命，是加强党的建设的永恒课题，是全体党员、干部的终身课题。全行各级党组织和广大党员要以高度的政治责任感、良好的精神状态和扎实的工作作风，组织和开展好第二批主题教育，确保整个主题教育有机衔接、持续推进、取得实效，努力向党和人民交出一份满意的答卷！

在总行党委2019年第二批本部巡视汇报会上的讲话

陈四清

（2019年9月23日·根据录音整理）

刚才，4个巡视组分别汇报了对总行16个部门的巡视情况。总体来看，各巡视组能够按照总行党委部署，坚守政治巡视定位、把握政治巡视内涵，紧盯管党治行“温差”“落差”“偏差”，发现了一些问题和线索，有针对性地提出了整改建议，体现了很强的党性。本批巡视结束后，总行党委实现了对本部的巡视全覆盖。在此，我代表总行党委、巡视工作领导小组对大家的辛勤工作表示感谢！

刚才，王林同志通报了中央巡视办对国务院国资委、航天科技等45家中央单位党组（党委）开展巡视工作专项检查的情况，其中一些问题需要引起我们的高度重视。下面，结合本次巡视情况和中央巡视办通报情况，我讲三个方面的意见。

一、深入学习贯彻《关于中央部委、中央国家机关部门党组（党委）开展巡视工作的指导意见》，不断增强做好巡视工作的责任感使命感紧迫感

党的十九大对健全党和国家监督体系作出重大决策部署，其中很重要的一项工作，就是建立巡视巡察上下联动的监督网。我们党长期执政，面对的一个严峻挑战就是权力容易被侵蚀、党的干部脱离群众。全面从严治党，一个重要目的是要解决党长期执政条件下的自我监督问题。在党和国家各项监督制度中，党内监督是第一位的监督，党内监督有效有力，其他监督才能更好发挥作用；党内监督失灵，其他监督也会失效。大家要从这个战略高度来认识党内监督的重要性，认识巡视在党和国家监督体系中的地位和作用。

同对下级机构的巡视相比，对本部巡视的难度更大。从对16个部门的巡视监督来看，党委各巡视组都很有斗争精神，能够正视问题、揭示问题。本部要重点解决“灯下黑”问题，下面之所以会有形式主义，主要是因为上面有官僚主义，要解决下面的形式主义，就必须先解决上面的官僚主义。实际上，本部强，全辖才能强。如果总部没有战斗力，基层也很难有战斗力。总行本部素质过硬，才能协调好各方，引领全行平稳健康发展。

包括中管企业、中管金融企业在内的中央单位巡视，是上下联动、条块结合的重要环节。加强和规范中央单位巡视工作，有利于健全监督体系，推动形成全国“一盘棋”的巡视巡察战略格局。从实践看，在以习近平同志为核心的党中央坚强领导下，在中央巡视工作领导小组的有力指导下，中央巡视、省区市和中央单位巡视“一体两翼”的战略格局不断完善。但相对而言，中央单位开展内部巡视时间比较短，巡视工作基础还比较薄弱。大家能够感受到，2019年是中央单位巡视工作深化发展的关键一年。3月至6月，中央对3个中央单位和42家中管企业开展了巡视，完成对中管企业巡视全覆盖。9月6日开始了新一轮巡视，共派出15个巡视组，对中央统战部等37个中央和国家机关单位党组织开展巡视。前不久，中央办公厅印发《关于中央部委、中央国家机关部门党组（党委）开展巡视工作的指导意见》，对中央和国家机关开展巡视工作提出了明确要求，同时规定中管企业、中管金融企业、党委书记和校长列入中央管理的高校要参照执行。

在大家的共同努力下，近年来我行巡视工作质量不断提升，成效逐步显现。我们也要清醒认识到，与中央要求相比，与全行干部员工的期盼相比，我们要走的路还很长、任务还很重，中央巡视办专项检查发现的很多问题在我行也同样存在。总行党委单设巡视办，就是要进一步增强巡视工作力量。站在新的起点上，大家要有新面貌新状态新作为，以贯彻《指导意见》为契机，坚持稳中求进工作总基调，把巡视工作做细做实做到位。要结合“不忘初心、牢记使命”主题教育，逐项对照中央专项检查发现的问题，查找差距检视不足，并在今后的工作中认真整改，推动全行巡视巡察工作高质量发展。

二、突出监督重点，发挥巡视政治监督作用

习近平总书记强调，巡视要紧扣党组（党委）职能责任，加强政治监督，深入查找贯彻落实党的路线方针政策和党中央重大决策部署中存在的政治偏差，坚决整治形式主义、官僚主义，用实际行动践行“两个维

护”。从本批次巡视情况看，各巡视组把“两个维护”作为根本任务，紧扣被巡视部门实际开展监督，达到了政治巡视的目的。今后的工作中还要继续把握好以下几个具体方面，进一步深化政治巡视。

一要聚焦职能责任。赵乐际同志指出，企业自身开展巡视，既有政治要求、纪律要求，也有企业管理上的要求，可以把这两个方面结合起来。十九届中央第三轮巡视期间，中央巡视办对政治责任进行了系统梳理，主要有七个方面：一是落实习近平总书记重要讲话和指示批示精神的责任；二是落实中央赋予核心职能的责任；三是落实中央有关会议和文件精神的责任；四是落实全面从严治党要求的责任；五是落实党建工作要求领班子带队伍的责任；六是落实整改工作的责任；七是落实特殊任务要求的责任。我行开展内部巡视也应当重点关注这七个责任。

二要准确把握政治和业务的关系。一方面，要把政治监督与业务检查区分开来。巡视是监督检查的重要载体，但不是无所不包。要坚守政治巡视定位、把握政治巡视内涵，否则巡视的质量和效果就会打折扣。另一方面，要透过业务看政治、透过问责看责任。政治和业务是一枚硬币的两面，没有离开业务的政治，也没有离开政治的业务。要善于从具体业务切入，从政治高度发现和辨析问题。既不能陷入具体业务就事论事，简单罗列问题表现，也不能简单“扣帽子”，脱离业务空谈政治。

工商银行作为国有大行，一定要讲政治，怎么体现讲政治？比如，巡视一定要聚焦防范化解重大风险，这既是决胜全面建成小康社会三大攻坚战的首要战役，也是银行自身的工作。除此之外，我们的工作还要聚焦普惠金融发展、支持实体经济等。这既是业务，也是政治。大行就要有大行的责任，有大行的担当。我们的社会责任一定要履行到位，政治担当一定要尽职到位。因此，我们的巡视工作必须围绕增强“四个意识”，坚定“四个自信”，做到“两个维护”开展。

三要紧盯监督重点。突出党组织领导班子及其成员这个“关键少数”，坚持以上看下和以下看上相结合，查找面上问题和深入了解领导干部问题线索相结合，全面审视被巡视党组织和领导干部的政治立场、政治态度、政治担当，切实发挥政治监督作用。

三、强化整改落实和成果运用，扎实做好巡视“后半篇文章”

党的十九大以来，习近平总书记每一次关于巡视工作的重要讲话，都对巡视整改和成果运用提出明确要求。如，在听取十九届中央首轮巡视情况汇报时，总书记指出，发现问题不解决比不巡视效果还坏；整改落实是“四个意识”的试金石，整改不落实，就是对党不忠诚。在听取脱贫攻坚专项巡视情况汇报时，总书记强调，整改不落实，就是对人民不负责。在听取十九届中央第三轮巡视情况汇报时，总书记再次强调，巡视把问题发现了，必须认真解决问题。否则，巡视效果就会大打折扣，巡视制度就会变成“稻草人”。只有坚持发现问题、解决问题，巡视才会有威力，问题才会越来越少。应当说，总书记对巡视整改要求越来越具体、越来越明确，把做好巡视“后半篇文章”提到了一个新高度。我们要认真学习贯彻总书记的重要指示精神，并体现在中央巡视整改和总行党委巡视整改中。领导小组成员要狠抓整改，各被巡视单位也要对照检查，看巡视指出的问题整改了没有，提出的要求落实了没有。

本批次巡视深入查找了总行本部党组织存在的问题，其中一些问题让人吃惊，比如，党口部门发展党员不宣布、不宣誓，出入境证照管理部门和安保部门员工不上交护照、未经审批出入境，有的部门对总行部署的形式主义官僚主义专项整治不作安排，有的部门对辖属分支机构情况不了解不掌握，还有个别党员仍然存在少缴党费的问题，反映出我们在很多方面还存在明显的差距和不足，下一步关键是强化整改落实。

巡视整改是一项系统性工作，除了压实被巡视部门主体责任，还需要各个方面协同配合。今年第一批本部巡视的集中反馈，被巡视部门分管领导、纪检监察机构、党委组织部的负责人都参加了，取得了很好的效果。这次，这些同志也要参加巡视反馈，体现反馈的严肃性和权威性。同时要研究建立巡视整改督查机制，把督促整改作为纪检监察部门和组织部门日常监督的重要任务，推动整改常态化、长效化、机制化。

另外，巡视办前期向总行党委报告了2015年中央专项巡视整改情况。从报告情况看，巡视整改取得了一定成效，但整改不到位、不到底的问题仍然存在。结合这次本部巡视的情况看，许多有针对性、代表性的问题，既是部门的问题，也是党委的问题。做好巡视整改，不仅是各部门的责任，也是总行党委成员，包括我的责任。巡视组提出的问题，有利于帮助各分管领导更好地指导、监督被巡视部门改进工作。要督促相关部门切实增强持续整改意识，坚持不懈地抓到底，做实巡视“后半篇文章”。

最后，我再强调一下，巡视既是发现问题的工作，也是锻炼干部的工作。要把优秀年轻干部选派到巡视队伍中历练，切实将巡视岗位打造成为发现、培养、锻炼干部的重要平台。希望大家只争朝夕，不断加强学习、提升能力、改进方法、总结经验，切实发挥巡视在管党治行中的重要作用，不断为全行改革发展作出新的贡献！

在总行青年员工座谈会上的讲话

陈四清

（2019 年 9 月 27 日・根据录音整理）

今天非常高兴与大家座谈。这个座谈会我很早就想开，但一直没能抽出时间。希望这样的座谈会能够常态化地开展，而且可以让更多年龄段、更多层级、更多机构的干部员工参加。

大家刚才的发言都很好，从不同角度表达了自己的所思所想，有自己工作中的积累、有成长过程中的感受、有对工行改革发展的建议，讲得很中肯、很真实。我充分感受到了大家的忠诚、热情、渴望、期待、自信和力量，也从你们身上看到了工商银行未来的潜力和希望。"人才兴行"是我们一以贯之的治行方略。总行党委历来高度重视人才工作，高度重视青年员工成长，在各个时期也都为青年人提供了成长成才、建功立业的广阔舞台。今天，我代表总行党委与大家座谈，就是要更加旗帜鲜明地表达一个思想：工行呼唤人才、工行重视人才、工行爱惜人才、工行培养人才。

在新中国成立 70 周年之际召开这个座谈会，大家更应该感到责任重大、使命光荣。我们正处于"两个一百年"奋斗目标的历史交汇期，正面临世界百年未有之大变局，这是一个机遇与挑战并存、变革与创新激荡的时代，青年一代面临的压力更大、承担的责任更重，但展现才华、奉献才智的机会也更多。这里，我想给大家提几点希望：

一是要坚守家国情怀。当前，全党正在开展"不忘初心、牢记使命"主题教育。初心和使命，诠释了我们为何出发，决定了我们为何奋斗。金融是国之重器。工行是国有大行，是党领导下的金融企业，是党和国家金融事业的主力军。我们的根脉深植于人民，血液中流淌着红色的基因；我们肩上扛着的是服务实体经济、防控金融风险、深化金融改革的重大任务，这是工商银行最根本的身份与定位。无论在什么岗位工作，这一点必须时刻牢记。在工行这样的平台上，需要有一种家国情怀，怀抱远大志向，有弄潮时代的抱负和胸怀天下的格局，以理想信念把好人生方向，以努力奋斗绘就人生的光彩，把自己的职业生涯融入金融报国的事业中去，把自己的点滴之力汇入到中华民族伟大复兴的大江大河中去。

二是要常怀忧患意识。今天的工行是一家当之无愧的"大行"。大要有大的样子。我们从经营业绩到公司治理，从业务发展到风险管理，从综合实力到市场影响力，都得到了各方面的广泛认可与关注。这是我们的光荣，是我们的底气。但也要清醒认识到，规模最大不等同于质量结构最优，利润领先不等同于最有创新活力。今天的市场第一，绝不能保证未来就不会被后来者超越。时代从不眷顾因循守旧、坐享其成者，唯有勇于自我革新、不断自我超越，才能长久屹立潮头。作为全球最大银行，我们在前行路上已经没有了标准答案，而身后的同业和跨界挑战者又时刻紧追不舍。实现从传统大行到现代化强行的跨越，打造具有全球竞争力的世界一流金融企业的愿景，责无旁贷地落到了我们这代人身上，前方仍是雄关漫道，容不得丝毫懈怠。大家在工行工作，可以自豪但不能自满，应该自信但不能自负。当前是工行转型发展的关键时期，船到中游浪更急，不进则退、非进不可，前行道路上需要不断地攻坚克难、爬坡过坎，需要不断地鼓足勇气、拼搏奋斗。你们要走的是一条新时代的长征路，这是交给你们的光荣任务。习近平总书记强调，广大青年要有敢为人先的锐气，要树立在继承前人的基础上超越前人的雄心壮志。这句话送给大家。

三是要保持脚踏实地。大家的素质都很好，现在也都是各自部门的业务骨干，可以说有了很好的开局。董必武同志在"一大"会址题词"作始也简、将毕也钜"，就是说事情的开头总是简单的，但有始有终地走到最后却是难得的。在这里我想表达两层意思。一是作风要踏实、要重落实。习近平总书记提出做工作要有"抓铁有痕、踏石留印"的劲头。大家要用这样的要求鞭策自己、磨炼自己，讲实干、重实绩、求实效。将"奋斗 + 落实"的作风融入岗位、融入日常、融入生活，脚踏实地做深做实做细每一项工作。二是人生要踏实、要走稳。从职业生涯来看，你们人生的履历表才刚刚开始，一定要"扣好人生第一粒扣子"。金融系统是孕育人才的摇篮，但金融人才并不具有天然的免疫力。近期的一些案件都是前车之鉴。修身立德是为人之本，廉洁自律是成事之基。希望大家一定要明辨是非、恪守正道，心怀敬畏、保持定力，严守规矩、坚守底线，做有浩然正气、有赤子之心的时代青年。

四是要坚持不断学习。这是一个知识爆炸的时代，金融创新日新月异，新情况新挑战层出不穷，一味吃老本，只会坐吃山空，只有不断学习，才能增强“续航能力”。总行要代表全行最高、乃至业界最高的专业水平，总行的员工更要把勤于学习、善于思考作为我们的看家本领。要加强政治理论学习，认真学习习近平新时代中国特色社会主义思想，学习习近平总书记关于经济金融工作的重要论述，并作为我们工作的根本遵循与方法指导。既要学习金融业务，还要学习新科技知识。要发扬“挤”和“钻”的精神，向书本学、向基层学、向实践学，不断锤炼自己的专业能力，培养专业精神和专业素养，以“匠心”铸“匠艺”，拥有能够安身立命、引以为傲的一技之长。

五是要敢于突破创新。银行经营发展有两个翅膀，一边是风险管理，一边是创新变革，二者缺一不可。一家企业可以历史悠久，但不能老态龙钟，必须常葆创新变革的朝气和锐气。转型的希望在创新，创新的希望在青年。你们既年轻，又具备一定的工作经验，更要有敢为天下先的胆识，大胆突破传统观念与惯性思维的束缚，敢于探索、敢闯敢试。当然，创新要有热情，更要有科学的态度，大胆设想，小心求证。创新要接地气，符合实际，不能闭门造车、不能异想天开。创新的范畴是广义的，日常的工作改进、优化也是创新。大家要结合自己的本职岗位，从手头的工作做起，多发现可以改进、可以变革、可以进步的点点滴滴，多思考是否存在优化的可能，多探索解决问题的办法，多提出建设性的意见，积“微创新”的小步，致“大变革”的千里。

最后，希望大家要懂得感恩与珍惜。要感谢我们所处的这个伟大的时代，感恩党和国家。要珍惜在工行的工作机会，珍惜工行对各位的培养，珍惜这个干事创业的舞台。要珍惜无数前辈打下的事业基础，珍惜工行良好的市场形象与业界口碑，珍惜作为一名工行人的身份。要珍惜时间，珍惜宝贵的青春年华，珍惜在工行的每一天。要感恩与珍惜父母家人，不能因为工作忙碌，就少了对家人的关心和问候，要始终记得报答他们的恩情。

毛主席曾说，“世界是你们的，也是我们的，但归根结底还是你们的”。希望大家继续把自己的理想和目标依托于工行广阔的事业平台，尽情施展自己的才华和热情，在奉献中成就工行发展的梦想和自己的人生价值，努力创造工行更加美好的未来。

在纪检系统全面从严治党座谈会上的讲话

陈四清

（2019 年 10 月 10 日 · 根据录音整理）

刚才，17 位同志围绕本次座谈会主题，结合本机构、本部门工作实际作了很好的发言，介绍了在推进全面从严治党方面所做的有益探索，还就“关键少数”监督、发挥监督合力、一体推进“三不”机制建设等分析了存在的问题，提出了很好的建议。特别是有几个原来发生过案件的分行痛定思痛，作了深刻反思。这种“痛定思痛”不仅仅是分行，总行党委和派驻纪检监察组也一样要“痛定思痛”，有决心、有能力解决全面从严治党过程中应该解决的问题。

从近年来纪检工作情况，特别是派驻改革以来的各方面工作情况看，全行的纪检队伍是过硬的，党委非常信赖这支队伍。今年在推进全面从严治党、落实派驻改革方面取得的成绩是可圈可点的，在总结教训、以案促改方面也做了有益的探索。纪检系统培养、选拔、涌现了大量优秀干部。根据前期的工作实际，我们进一步确定了在全行一级机构纪委书记实现全覆盖、全专职、全交流和到期全轮换的目标，即一级机构纪委书记任职要全覆盖，而且不兼任副行长；纪委书记要全交流任职，已到任期的纪委书记要全轮换。在落实党委要求，推进纪检系统干部轮岗交流中，同志们克服了很多困难，在新的岗位工作也很有起色，取得了阶段性的成绩，为全行干部交流轮换带了好头，真正把“不忘初心、牢记使命”主题教育做到了实处。

各级党委、纪委和组织部门等要高度关心纪检干部，尤其是异地交流的纪检干部，为大家解决后顾之忧。这是我今天首先想表达的，即对全行纪检系统工作的充分肯定，以及对纪委书记任职和交流轮岗的明确态度。借此机会，我再谈三点具体意见。

一、深入贯彻全面从严治党从严治行暨警示教育大会精神，进一步增强全面从严治党的责任感和紧迫感

7 月 5 日，总行党委会同派驻纪检监察组召开了全面从严治党从严治行暨警示教育大会。这次会议是新一届党委班子成立后召开的一次非常重要的会议，表明了总行党委坚持党的领导、加强党的建设，推动全面从严

治党从严治行向纵深发展的坚定决心和鲜明态度。会上，我们深入分析了当前全面从严治党、党风廉政建设和反腐败的形势，王林组长通报了近两年查处的12起典型违纪违法案例，进一步对抓好派驻改革落地实施提出了明确要求，对当前和今后一段时期全面从严治党从严治行作出了安排部署。

近期，派驻纪检监察组向总行党委通报了各机构贯彻落实会议精神情况的报告。从报告情况看，总体上各机构、各部门都能迅速组织传达学习，并结合实际研究部署贯彻落实措施，但是也有些单位和领导干部对新形势下全面从严治党从严治行的严峻复杂形势判断还不够准确、不够敏感，依然缺乏责任感和紧迫感；在具体行动上没有充分发挥主观能动性，没能结合实际创造性加以贯彻落实、推动工作。对通报的12起违规违纪违法典型案例的反思查摆，还没有真正做到“三个摆进去”。有的为这些案件没发生在本单位而沾沾自喜，有的为本单位过去发生案件较少或一些问题尚未充分暴露而心存侥幸，有的认为本单位的工作相对规范或者认为本单位是“清水衙门”而盲目乐观。对于这些错误的认识，我们必须提高警惕、认真反思、坚决纠正。

习近平总书记在十九届中央纪委三次全会上深刻指出，“坚决防治腐败是党自我革命必须长期抓好的重大政治任务”。虽然反腐败斗争已经取得压倒性胜利，但还没取得彻底胜利，反腐败斗争形势依然严峻复杂。总书记专门指出“金融乱象和腐败问题交织，金融信贷、监管审批、证券买卖等同权钱交易深度勾连，抱团腐败、期权式腐败凸显”，要“查处与‘金融大鳄’狼狈为奸、大搞幕后交易、非法操纵市场的‘内鬼’，铲除金融乱象背后的腐败毒瘤”“加大金融领域反腐力度”。

事实表明，总行通报的12起案件，特别是“顾国明、谢明案”再次印证了党中央关于金融领域反腐败形势的判断。一些干部在党的十九大以后依然不收手、不知止，问题性质之严重、金额之巨大、影响之恶劣，令人触目惊心！这也充分说明工商银行不是远离腐败的“真空地带”，我们的干部也不是在“无菌环境”中工作生活。对照“顾国明、谢明案”查处发现的问题，以及巡视巡察、监督检查、信访核查、主题教育调研检视等发现的问题来看，全行在管党治行和风险防控等方面还存在许多薄弱环节和制度漏洞。比如，信贷审批等机制“空转”、干部轮岗交流等制度执行不到位、对“关键少数”特别是“一把手”监督管理不够有力有效、查处腐败案件不够坚定有力等。我们决不能高估制度流程的有效性和干部廉洁守纪的自觉性，决不能低估干部被围猎被腐蚀的严峻性和腐败存量问题的严重性。古人说：“夫唯病病，是以不病。”只有真把问题当问题，才不会出大问题。为此，我们必须深刻吸取教训、增强忧患意识，认真做好“顾国明、谢明案”的“后半篇文章”，以案为鉴、以案促改，一体推进不敢腐、不能腐、不想腐，推动全面从严治党从严治行向纵深发展。

二、推动《贯彻落实新时代全面从严治党要求的意见》落地，坚决压实管党治行责任

根据全面从严治党从严治行暨警示教育大会的安排部署，9月16日总行党委正式印发了《贯彻落实新时代全面从严治党要求的意见》（以下简称《意见》），明确提出八个方面任务要求，对今后一个时期深入学习贯彻习近平新时代中国特色社会主义思想和习近平总书记关于全面从严治党的重要指示批示精神，认真落实新时代党的建设总要求，推动全面从严治党从严治行向纵深发展作出总体部署。

党的十八大以来，习近平总书记多次指出，各级党组织要担负起全面从严治党的主体责任。《党章》强调，“强化管党治党主体责任和监督责任”。《关于新形势下党内政治生活的若干准则》《中国共产党党内监督条例》《中国共产党纪律检查机关监督执纪工作规则》等党内法规也都明确规定，党委负全面从严治党主体责任。履行全面从严治党主体责任，既是党委的政治责任、政治担当问题，也是政治态度、政治立场问题。全行各级党委及其班子成员，尤其是“一把手”应该深刻认识履行全面从严治党主体责任的极端重要性，以高度政治自觉贯彻落实好《意见》。

纪委作为党内监督的专责机关，是管党治党的政治机关，是党进行自我革命的重要力量。同时，《党章》规定纪委主要任务之一就是协助党委推进全面从严治党、加强党风建设和组织协调反腐败工作。全行各级纪委要认真履行监督专责和协助职责，把全面从严治党主体责任和监督责任贯通起来，确保总行党委《意见》提出的八个方面任务落到实处。

一是履行监督专责，做到有的放矢、精准有序。要强化政治监督，加强对党的路线方针政策、党中央重大决策部署在工商银行的贯彻落实情况的监督检查，推动各级党组织把做到“两个维护”落实到具体事、具体行动中，坚决防止和纠正一切偏离“两个维护”的错误言行，决不允许对党中央阳奉阴违，做两面人、搞两面派、搞“伪忠诚”。要加强对各级机构落实总行党委决策部署的有效监督，提高全辖执行力。要净化政治生态，加强对《关于新形势下党内政治生活的若干准则》执行情况的监督检查，大力倡导清清爽爽的同志关系、规规矩矩的上下级关系。对来自上级领导机关和领导干部及其家属、子女、身边工作人员及其他特定关系人的违纪违法干预、捞取好处行为，必须坚决抵制、记录在案并及时报告。要坚决抵制庸俗腐朽的政治文化，自觉抵制商品交换原则对党内生活的侵蚀，严惩权权交易、权钱交易、权色交易，破除关系学、厚黑学、官场术等封建糟粕，坚决防止和反对宗派主义、圈子文化、码头文化，推动政治生态持续好转。要做实做细日常监督、

长期监督，当好“探头”，加强对腐败问题易发多发的业务核心领域、重点环节、关键岗位的监督，广泛运用约谈、专项检查、述职述廉、巡察等方式加强督促，探索同级监督、“一把手”监督、八小时外监督的有效方法。同级监督一直是个难点。比如，上海分行纪委书记反思到，尽管他与顾国明共事十多年，但对顾国明案的发生仍感到非常吃惊；重庆分行原纪委书记曾反思，谢明这些年“主动”向组织累计上缴两百余万钱款，但自己作为纪委书记对这一情况并没有予以足够的重视和警觉。这反映出，当前我们的同级监督还是比较薄弱的，尤其是对“一把手”的监督方法不多、效果不佳。解决这个问题，我认为根本上还是需要把上级监督和同级监督贯通起来，要按照“三为主一报告”的要求，发现问题及时向上报告。报告也是监督的一种，发现问题不报告是失职。把上级监督和同级监督认真做好了，上下联动，就能有力监督“关键少数”。要推进作风建设常态化长效化，以上率下改进作风，持之以恒正风肃纪，巩固深化落实中央八项规定精神成果，持续整治群众身边的腐败和作风问题，对典型问题进行警示通报。尤其是对于一些私自截留员工绩效或者将员工绩效用作营销费用，侵害员工利益的，要加大监督，决不允许。基层员工包括基层干部很不容易。纪委书记是干监督的，要加大对群众身边的腐败和作风问题的监督，维护好基层员工的合法权益。要重点整治形式主义、官僚主义问题，认真落实中央“基层减负年”要求和总行党委治理形式主义突出问题30条措施，让广大干部员工更好地投入到干实事、求实效中去。要发挥问责利器作用，对不履行全面从严治党“两个责任”或者履行不力的，加大问责力度，倒逼责任落实。

二是找准定位，做到推动不代替、到位不越位。全面从严治党，党委履行主体责任，纪委履行监督专责、协助职责。所谓“协助”，既不是袖手旁观，也不是大包大揽，而是要为党委履职提供有效载体，做好参谋助手。要把坚持和加强党的全面领导作为根本政治原则，始终在党的领导下开展工作。比如，监督执纪工作规则明确规定，党委应当定期听取、审议同级纪委的工作报告，加强对纪委工作的领导、管理和监督。要抓好正风肃纪、反腐惩恶等常规性工作，并与工商银行改革发展的“大战略”同步推进，拓展工作内容、强化保障职能。要聚焦监督执纪问责，不能回到“包打天下”的老路上去。比如，派驻改革后，将党风廉政建设主体责任的日常工作移交给了党委职能部门，将银保监会口径案件管理，违反工行规章制度行为的调查处理以及集中采购、笔试面试等现场监督职责移交给了内控合规部。纪委要把好监督定位，做好对各级党组织、主责部门和责任人员履职情况的监督。如果还有党委和党委职能部门等不履行主体责任，纪委就应该明确提出来，就要向总行党委和派驻纪检监察组报告。要做到主体责任、监督责任贯通发力。纪委要当好“参谋”，如对总行党委和派驻纪检监察组作出的重大决策、重大安排等，要结合本机构、本部门全面从严治党工作实际，向党委提出贯彻落实措施建议。要当好“助手”，如围绕党委作出的全面从严治党安排部署，协助进行责任分解；协助抓好中央及总行党委巡视问题整改和分行党委巡察，压实各级党组织政治责任。

三是充分发挥总分行本部全面从严治党的表率作用。总行本部作为全行战略规划中心、经营决策中心、管理指挥中心和资源配置中心，可以说很大程度上代表了工商银行全集团的形象；同理，各级分行本部也一样。所以，总分行本部党的建设，政治站位更要高、标准更要严、行动更要快，落实好“一个带头”“三个表率”和建设“模范机关”要求。习近平总书记在十九届中央纪委三次全会上，针对党内政治生活中出现的新情况新问题，强调“职位越高越要自觉按照党提出的标准严格要求自己，越要以坚强党性和高尚品格，为全党带好头、作表率”。好的作风是抓出来的，更是带出来的。总分行本部和各级领导干部要发挥“头雁效应”，如果上面没有先做到，要求下面就没有说服力和号召力。总的来讲，总行各个部门的执行力还是很强的，但是“部门墙”仍存在，惯性作用还是很大。总分行机关纪委和纪检委员作为总分行本部全面从严治党的纪律部队，更要积极适应新形势、新任务，定准方向，摆正位置，履行职责，发挥作用。机关纪委要进一步做实，增强精准监督、查案办案能力，真正实现党内监督全覆盖、无盲区、高效率。纪检委员要发挥贴身监督、日常监督、全程监督的优势，协助和督促支部书记抓好党建工作，从“一岗双责”角色出发，积极探索方式方法，创造性做好支部纪检工作，把纪检工作优势转化为竞争发展优势。

三、认真学习贯彻习近平总书记中青年干部培训班开班式重要讲话精神，以斗争精神深入推进全面从严治党

从严管党治党，实质上是同一切影响党的先进性纯洁性、破坏党的团结统一的人和事作斗争，是进行伟大斗争的重要内容。当前全行各级党员干部尤其是纪检干部首先要认真学习领会和贯彻落实习近平总书记9月3日在中青年干部培训班开班式上的重要讲话精神，坚定斗争意志，把准斗争方向，掌握斗争规律，增强斗争本领，推动全面从严治党取得新的更大成效。

一是坚定斗争意志。纪检干部是党的忠诚卫士，如果自己都不能坚定理想信念、牢记党的宗旨，就更谈不上去监督别人。全行纪检干部要学懂弄通做实习近平新时代中国特色社会主义思想，结合派驻改革和“不忘初心、牢记使命”主题教育，用科学理论武装头脑，进一步坚定斗争意志，夯实斗争底气。要特别指出的是，斗争不是“争斗”。“为公”还是“为私”，是伟大

"斗争"与狭隘"争斗"的最鲜明、最本质区别。只要纪检工作的站位和出发点是大公无私，我们就能做到骨头硬、底气足。

二是把准斗争方向。习近平总书记强调，"共产党人的斗争是有方向、有立场、有原则的。"作为纪检干部，把准斗争方向，就是要始终站稳人民立场，坚持人民群众反对什么、痛恨什么，就坚决防范和纠正什么。要结合第二批"不忘初心、牢记使命"主题教育，深入聚焦侵害群众利益问题，严肃查处基层干部贪污侵占、虚报冒领、截留挪用、优亲厚友等行为，真刀真枪解决干部员工最关心最直接最现实的利益问题，增强干部员工的获得感、归属感。

三是掌握斗争规律。习近平总书记特别强调，斗争是一门艺术，要善于斗争。作为纪检干部，必须立足派驻改革新起点，一体推进不敢腐、不能腐、不想腐。要坚持高压反腐不动摇，对查实的问题果断运用第三、第四种形态，以最坚决的态度减少腐败存量、遏制腐败增量。要坚持标本兼治不撒手，把查办案件与制度建设、教育警示有机结合起来，做好对"顾国明、谢明案"的以案为鉴、以案促改。要坚持稳中求进不停步，处理好"打老鼠"和"护玉盘"的关系，在严惩腐败的同时，还要与防控金融风险、保护工商银行声誉等工作做好衔接，想方设法挽回国有资产损失，及时稳妥处理舆情事件，防止发生次生风险。对犯了错误愿意回头、愿意改正的干部，要为他们创造将功补过的机会，帮助其改正错误、回归正道，继续为党和工商银行作贡献。纪检干部要和接受第一、二、三种形态处理的干部定期谈心，对受处分的同志不能歧视，要团结和帮助他们。处分的影响是有期限的，处分影响期结束后表现好的同志，该使用的还要合理使用。纪检干部要把严监督、斗争精神和团结精神结合起来，以斗争来求团结，齐心尽力、凝聚人心，通过"奋斗 + 落实"实现工商银行建设世界一流现代金融企业的愿景。

四是增强斗争本领。派驻改革对全行纪检干部的意识、作风、能力都提出了更高的要求。要加强思想淬炼，扎实开展"不忘初心、牢记使命"主题教育，把教育成果转化为坚定理想信念、砥砺党性心性、忠诚履职尽责的思想自觉和实际行动。要严格自我监督，自觉接受监督，对纪检干部违纪违法行为"零容忍"，坚决防止"灯下黑"。要认真落实"三为主"要求，加大岗位交流轮换力度，防止"好人文化"造成的不担当不作为问题，增强同级监督权威性有效性。要加强实践锻炼，通过开展全员培训、以案促训、以查代训等方式，不断提升自身素质。党委也有责任培养好纪检干部，在纪检条线的干部里发现更多的人才。

同志们，在新的历史起点上，让我们以派驻改革和开展"不忘初心、牢记使命"主题教育为"双契机、双动力"，始终保持奋斗姿态和斗争精神，以国有大行的担当，锻造新时代纪检铁军，推进全行纪检工作高质量发展，努力营造工商银行风清气正的生态环境。

在中部地区发展座谈会上的讲话

陈四清

（2019 年 10 月 17 日 · 根据录音整理）

这次会议开得很成功。五家一级分行和一家省会城市分行作了全面翔实的工作汇报，总行相关部门也提出了切实可行的建议措施。大家思考深入、富有激情，充分体现了干事创业的责任感和紧迫感，展现了工商银行良好的精神风貌。总的来看，近年来全行在贯彻落实国家区域协调发展战略、助力中部崛起方面，有效发挥了大行引领作用；在推进经营转型和提升市场竞争力方面，也取得了一定成效。下面，围绕服务中部地区崛起战略、巩固提升中部地区分行竞争力，我谈两点意见。

一、提高政治站位，准确把握中部地区崛起的战略意义和重大机遇

（一）认真学习贯彻习近平总书记对做好中部地区崛起工作的新要求新部署。推动中部地区崛起，是党中央作出的一项重要决策。党的十八大以来，中部地区经济社会发展取得显著成效，在国家区域协调发展战略中的支撑作用更加突出。今年 5 月，习近平总书记在主持召开推动中部地区崛起工作座谈会时强调，做好中部地区崛起工作，对实现全面建成小康社会奋斗目标、开启我国社会主义现代化建设新征程具有十分重要的意义。习近平总书记就做好中部地区崛起工作提出了 8 点意见：推动制造业高质量发展、提高关键领域自主创新能力、优化营商环境、积极承接新兴产业布局和转移、扩大高水平开放、坚持绿色发展、做好民生领域重点工作、完善政策措施和工作机制。今年 8 月，习近平总书记在中央财经委第五次会议上，专门对推动形成优势互

补高质量发展的区域经济布局做了研究部署。习近平总书记关于中部地区崛起工作的新要求新部署，对于推动中部地区崛起再上新台阶，推动区域协调发展战略深入实施，必将产生重大而深远的影响。全行要认真学习贯彻习近平总书记重要讲话精神，进一步提高政治站位，增强政治责任感和历史使命感，在服务中部地区崛起中，更好发挥大行“主力军”和“领头雁”作用。

（二）把握中部地区崛起战略蕴含的重大机遇。中部地区承东启西、连南接北，交通网络发达，生产要素密集，人力资源丰富，产业门类齐全，是我国新一轮工业化、城镇化、信息化和农业现代化的重点区域，是扩大内需、提升开放水平的潜力区域，也是支撑我国经济保持中高速增长的重要区域，在全国区域发展格局中举足轻重。2018 年末，中部六省人口合计达 3.7 亿人，占全国的 26.6%。中部地区 GDP 合计达到 19.26 万亿元，占全国的 21.4%。经济增速居“四大板块”首位，其中江西、安徽、湖北、湖南四个沿江省份经济增速位居全国前 10 位。在当前我国经济面临的外部不确定性加大的形势下，中部地区成为经济发展新的发力点和稳定器。目前，中部地区初步形成武汉城市圈、中原城市群、长株潭城市群、皖江城市带、环鄱阳湖城市群和太原城市群六大城市群发展格局，未来将在产业和人口等方面，形成更加明显的集聚效应。中部地区也是工商银行战略发展的交汇点，服务中部地区崛起战略，既是我们义不容辞的责任，也是我们面临的宝贵发展机遇。全行一定要树牢机遇意识，主动融入国家战略布局，找准发力点和突破口，在支持中部地区崛起过程中，加快自身的转型升级。

（三）充分认识我行在中部地区竞争发展面临的挑战。近年来，全行积极对接中部地区崛起战略，在全力服务当地经济社会发展的同时，积极扩大优质市场份额，总体保持了竞争优势。与此同时，中部地区分行也呈现贷款业务强、存款业务弱，资产质量和盈利能力有所分化的特征。从贷款看，9 月末，中部地区分行人民币贷款余额2.4 万亿元，占全行比重 16.2%，四行占比 28.7%，排名同业首位。从存款看，9 月末，中部地区分行人民币存款余额 3.2 万亿元，占全行比重 14.1%，四行占比 27.3%，排名第二位。其中，江西、山西分行存款余额排名第一，河南、湖北、安徽分行排名第二，湖南分行排名第三。存款是立行之本。存款业务基础夯实了，才有充足的资金和资源发展贷款等业务。从中收看，中部地区分行中间业务收入排名第二，收入总量大约是第一名的 80%。从资产质量看，中部地区分行的不良贷款额、不良率在可比银行中是最高的。面对日趋激烈的同业竞争形势，各分行要明目标，强优势，找差距，补短板，奋发进取，确保走在同业前列。

二、加强顶层设计，巩固提升中部地区竞争发展优势

中部地区分行要保持一颗敢打敢拼、敢于亮剑的“冠军的心”，立足自身客户基础、业务结构和管理能力，全面打造工商银行的经营优势、竞争优势和品牌优势，进一步提升工商银行在中部地区的竞争力。

（一）强化“比”的思想。工商银行的市场地位是比出来的，竞争优势是比出来的，经营发展成效也是比出来的。“比”的目的是“拼”，“拼”的目的是赢。比学赶帮超，最后落脚点要放在“超”上。中部地区各分行要突出问题导向、目标导向，步步为营，逐业务、逐领域去实现突破和赶超。要比增量，从增量领先入手，以持续领先为目标，对标同业最优，加快提升核心指标竞争力。要比结构，实现长板更长、短板补齐，打造更多领域、更多维度的全面领先，提高发展的质量。要比长远，以发展的眼光，处理好“稳”和“进”的辩证关系，立足当前、谋长虑远，增强战略定力和经营韧性，化优势为胜势。

（二）做好战略布局规划。我们召开这次座谈会的主要目的，就是研究金融服务中部地区崛起的新路径。要积极把握中部地区政策优势和区位优势，推动中部地区机构主动融入共建“一带一路”，积极参与长江经济带发展，对接长三角、粤港澳大湾区，加强与集团相关机构的协同互动。要牢牢抓住中部地区推进供给侧结构性改革的机遇，特别是承接产业梯度转移的机遇，加快金融创新和服务升级，支持中部地区制造业转型、新旧动能转换和居民消费升级，打造新的业务增长极。总行深改办要会同相关部门，抓紧制订支持中部地区分行发展和竞争力提升的方案，完善体制机制，优化资源配置，推动中部地区分行成为全行转型发展的新发力点。

（三）抓好经营转型发展。中部地区分行要抓住人口资源丰富的优势，将零售业务发展作为竞争力提升的突破口，全面打造“第一个人金融银行”。要聚焦供给侧结构性改革和经济高质量发展，深化信贷结构调整，加大对先进制造业、战略性新兴产业、普惠等重点领域的支持力度，提高金融供给的适应性和灵活性，促进金融与实体经济的良性循环。

最后要强调的是，工商银行要把做第一大行变成动力而不是包袱。工商银行的优势很大，同时向上的空间也很大、弹性也很大。做第一大行，每项业务都要争第一。当然也要摆布好战略重点和次序。基础业务和战略性业务必须往前赶、争第一。境内市场必须保持领先优势。接下来，再把国际化、综合化的事情做好。通过多点开花、满盘激活，保持工商银行全面领先、持久领先优势。做第一大行，每家分行都要争第一。分行在当地市场的地位，要和工商银行第一大行的市场形象和声誉口碑相匹配。如果一家分行不是当地第一大行，就等于

拖了全行的后腿。如果是当地第一大行，但与第二名的差距在不断缩小，实际上也是在丧失第一的优势。各分行都要找准定位，按照年中工作会议提出的“48 字”工作思路，对标市场最高标准、最好水平，突破竞争胶着状态，努力争先进位。做第一大行，必须培养好人才。各分行行长，就是各战区的司令员，你们有子弹，有资源，一定要敢打硬仗，善打胜仗。特别是要培养好人才、带好队伍，打造一支攻无不克、战无不胜的铁军。要善于发现和推荐德才兼备、年富力强、敢于担当的人才，把最合适、最胜任的干部放到最需要、最重要的前线。合适的人才，可以通过总行人力资源部，或直接向我推荐。经营管理方面有好的意见建议或情况反映，可以通过总行办公室转交给我。总行本部要进一步转变作风、优化机制、完善政策、提升效率，全力支持基层同志在前线作战。同志们，在当前严峻复杂的外部形势下，全行要以开展“不忘初心、牢记使命”主题教育为契机，将全面从严治党从严治行引向深入，切实把开展主题教育激发出来的奋斗精神，转化为全行改革发展的强大动能，努力创造更加美好的明天。

在中国工商银行全面从严治党从严治行推进会上的讲话

陈四清

（2019 年 10 月 23 日）

刚才，王林同志通报了违反中央八项规定精神典型问题、基层机构违规违纪违法典型案例，特别是“顾国明、谢明案”的有关情况。这些发生在我们身边的案例，教训十分深刻，警示我们决不能盲目乐观。在深入开展第二批“不忘初心、牢记使命”主题教育的关键时刻，召开这次推进会，就是要对 7 月 5 日全面从严治党从严治行暨警示教育大会精神再推动、再落实，对下一阶段全面从严治党从严治行工作再动员、再部署。下面，我讲四个方面意见。

一、以“顾国明、谢明案”为鉴，扎实做好审查调查“后半篇文章”

习近平总书记在中央纪委三次全会上强调指出，要“在严厉惩治、形成震慑的同时，扎牢制度笼子、规范权力运行，加强党性教育、提高思想觉悟，一体推进不敢腐、不能腐、不想腐”。全行要认真学习贯彻习近平总书记重要讲话精神，以高度的政治自觉承担起深刻总结反思、严肃警示教育、认真检查整改的责任，扎实做好“顾国明、谢明案”审查调查“后半篇文章”。刚才，王林同志的通报里用了很多反问句，提了很多“为什么”，目的就是希望大家能深刻吸取案件教训，认真检视反思整改。为此，总行党委决定从 10 月下旬到 12 月上旬，在全行集中开展“顾国明、谢明案”专题教育整改。

（一）准确把握教育整改的指导思想和目标要求。指导思想是，以习近平新时代中国特色社会主义思想为指导，坚持党要管党、全面从严治党，坚持惩前毖后、治病救人，坚持标本兼治、纠建并举，一体推进不敢腐、不能腐、不想腐，推动工商银行全面从严治党从严治行向纵深发展，营造风清气正的政治生态，为建设世界一流现代金融企业提供坚强保障。总的目标是，通过“顾国明、谢明案”，用身边事教育身边人，以案促思、以案促省、以案促查、以案促改，达到“查处一案、教育一片、挽救一批、规范一方”的综合效果。具体来讲，要实现以下四个目标。

一是以案促思受警醒。就是要警钟长鸣，用好“顾国明、谢明案”反面教材，使党员干部受警醒、明底线、知敬畏、守规矩。二是以案促省强觉悟。就是要固本培元，自觉拧紧世界观、人生观、价值观“总开关”，增强坚定理想信念、砥砺党性心性、忠诚履职尽责的思想自觉、政治自觉和行动自觉。三是以案促查找差距。就是要举一反三，切实把自己摆进去、把工作摆进去、把职责摆进去，剖析反思，查找症结。王林同志的通报提到，有的干部把案例当成“故事”，把自己当成“看客”。如果不能真正做到“三个摆进去”，教育整改就会流于形式。同时，促使已经走上错误道路的同志主动认错悔错、迷途知返。四是以案促改筑防线。就是要深化治理，针对案件暴露出的理想信念、廉洁自律、权力运行、监督管理、制度机制等方面问题，精准施治，严肃整改，堵塞漏洞。

（二）抓实抓细教育整改的关键环节。这次集中专题教育整改的主要对象是二级分行及以上机构党委及班子成员，总行和一级机构内设部门党支部（总支）及部门班子成员。境外机构以适当方式开展，由总行国际业务部、党委组织部等部门结合实际另行安排。教育整改主要包括五项“规定动作”。

一是用好“一报一书”。即把顾国明、谢明严重违纪违法案及其教训的通报和两人的忏悔书，作为开展教育整改的反面教材。“一报一书”呈现了两人思想蜕变过程和失去自由之后的忏悔，揭示了本质问题、主要原因、突出危害、深刻教训，是对心存侥幸者的警示，也是对身陷违纪违法泥潭者的棒喝，让全行党员干部更加直观认识到“手莫伸，伸手必被捉”的道理，领悟“一失足成千古恨”的戒训，强化对组织的忠诚、对纪法的敬畏、对腐败的警惕，自觉按纪律规矩办事。

二是认真开展“十查”。各级党组织和领导干部要重点围绕“五个方面”和“五个关系”开展“十查”。

“五个方面”，即各机构、各部门党组织要重点查摆在坚持民主集中制、信贷等业务领域风险把控、制度建设、选人用人、监督管理等方面存在的问题。一是在执行民主集中制方面，重点查是否存在故意规避集体决策，违反议事规则，个人或少数人决定“三重一大”事项等问题。这个方面“一把手”负有更大责任。二是在信贷等业务领域风险把控方面，重点查是否存在打政策“擦边球”、踩制度“边界线”，甚至分拆业务、化整为零、越权审批；是否以业务创新为名、行利益输送之实等问题。三是在制度建设方面，重点查是否存在内控制度不执行或执行不严格、不到位等问题。比如干部交流制度，总行明确了要在全行一级机构纪委书记实现全覆盖、全交流和到期全轮换的目标要求，为全行干部交流工作带了头，下一步组织人事部门要加快推进其他关键岗位干部交流工作的落地见效。四是在选人用人方面，重点查是否存在任人唯亲、排斥异己、封官许愿、说情干预、跑官要官、突击提拔等问题。五是在监督管理方面，重点查是否存在主体责任不落实、党建和经营管理“两张皮”；是否存在“一团和气”、当“好好先生”，不敢动真碰硬，监督执纪“宽松软”等问题。

“五个关系”，即领导干部要重点查摆个人与党组织关系、上下级关系、银企关系、亲情关系、朋友关系等方面存在的问题。一是在个人与党组织关系方面，重点查是否存在政治学习应景应付，“四个意识”和党性观念淡薄，丧失理想信念，对党不忠诚不老实，表里不一、阳奉阴违、欺上瞒下、搞两面派、做两面人。二是在上下级关系方面，重点查是否存在热衷建圈子、立山头，拉拢或强令下级做违规违纪违法的事；是否沉迷拉关系、找靠山，想方设法讨好取悦领导，对上级违规违纪违法行为不抵制、不报告。三是在银企关系方面，重点查是否存在利用职权或者职务上的影响，为他人在金融信贷等方面谋取利益。信贷领域是目前反腐败存量和增量的重点所在，必须标本兼治，彻底铲除滋生腐败的土壤。四是在亲情关系方面，重点查是否存在不重视家风建设，对配偶子女失管失教，纵容亲属利用其职务影响牟取私利。五是在朋友关系方面，重点查是否存在以“朋友”名义的违规吃请送礼，以“情谊”为遮羞布的徇私帮忙，甘于被别有用心的不法分子、利益集团“围猎”等问题。总之，以上十个方面都是“顾国明、谢明案”暴露出的非常典型的问题，是日常工作中可能遇到的“高危场景”，必须做到眼明心亮、防微杜渐。

三是开好“两个会”。一个是今天召开的推进会，要把会议精神传达到基层干部员工，统一思想认识。各机构、各部门也可结合实际，召开有针对性的警示教育会议。另一个是领导班子专题组织生活会。各级党组织领导班子成员会前要结合“十查”结果谈话谈心，认真对照检查，严肃开展批评和自我批评，真正达到实事求是、不遮不掩，红脸出汗、触及灵魂的效果。

四是制发“两书”。针对案件重点暴露出的信贷审批、选人用人等方面问题，派驻纪检监察组将制发纪律检查建议书和监察建议书。各机构、各部门特别是总行信贷审批、组织人事等相关部门，要严肃对待，认真整改，及时反馈。各级纪检机构也要针对专题教育整改中对照检查发现的问题，向同级党委制发纪律检查建议书，并监督党委和相关部门抓好整改落实。

五是切实整改落实。各机构、各部门及领导干部要针对检视剖析出的问题，开展集中治理，在加强理论武装、强化忠诚看齐、规范权力运行、优化工作作风、狠抓责任落实上下功夫，确保整改到位、见到实效。在教育整改中，对以前存在的问题，主动认错悔错的，要教育挽救。情节轻微的，要批评教育；违纪违法的，要从轻处理；涉嫌犯罪的，移送时也要提出从宽处理的建议。

（三）加强教育整改的组织推进。这次教育整改工作时间紧、任务重、标准高、要求严。各机构、各部门要高度重视、精心组织，周密安排、扎实推进。一是压实工作责任。总行党委将会同派驻纪检监察组成立专题教育整改领导小组，我担任组长，王林同志担任副组长。领导小组办公室设在派驻纪检监察组，负责专题教育整改日常工作。总行组建14个专题教育整改督导指导组，进行督促指导。各级党组织要全面履行主体责任，党组织主要负责同志是第一责任人，要亲自抓、负总责，带好头、作表率，班子成员要落实“一岗双责”。要把开展教育整改同“不忘初心、牢记使命”主题教育整改结合起来，同推动本机构、本部室、本专业条线中心工作结合起来。二是形成强大合力。各级党组织要加强领导，统筹协调本机构、本部门教育整改工作。党委办公室要督促落实责任，及时总结报告会议精神贯彻落实情况和教育整改落实情况；组织人事部门要把教育整改列入对领导班子和党员领导干部年度述职述廉、考核评价的重要内容；党委宣传部门要通过多种形式宣传教育整改工作的典型事例和突出成效，营造良好氛围。纪检机构要认真履行协助职责和监督专责，发挥监督推进作用。三是加强跟踪问效。各级党组织要加强对教育整改工作的督促检查和验收把关，坚持“四个不放过”，即问题找不准确不放过、原因分析不透彻不放过、整改措施不过硬不放过、成效不显著不放过。各级纪检机构、党委巡视巡察部门要将教育整改工作开展情况列入日常监督、巡视巡察内容，适时开展“回头看”。对消极对待、敷衍应付的，要坚决纠正、督促整改；对教育不认真、走过场，整改不力、问题严重的，要严肃问责。

二、以“不忘初心、牢记使命”主题教育为契机和动力，着力抓好基层案防工作

防范化解金融风险特别是防止发生系统性风险，是全行各级领导干部应当承担的政治使命和岗位责任。9月19日，国务院召开中管金融机构加强内部治理、防范风险座谈会，强调各金融机构党委要增强主动担当精神，强化防范化解风险主体责任，紧盯信贷、不良资产等关键领域，切实守住不发生系统性风险的底线。

2015年以来，全行有28家境内分行发生了案件及风险事件，涉案人员中46%是党员、33%是各级机构管理者。二级分行及以下层级案发件数、金额及涉案人数分别占总量的92%、78%和95%。今年以来，境内分行案件及风险事件呈高发态势，千万元以上案件数量和涉案金额“双升”。为此，各级党委和领导干部要以正在开展的第二批“不忘初心、牢记使命”主题教育为契机和动力，认真反思、深刻检视案件根源，强化整改，着力提高案防水平，确保主题教育取得更大成效。

（一）提高政治站位，履职担当。很多案件的发生，特别是屡查屡犯问题，往往与一些领导干部政治站位不高、落实案防责任不到位有直接的关系。在当前严峻的案防形势下，各级党委和领导干部要把防控案件风险作为检验履职担当的重要标准，作为全面从严治党从严治行的具体体现。要坚持把防控案件风险及案防履职作为党委巡视巡察的一项内容，作为各级机构领导班子考核的一项内容。

（二）落实案防责任，齐抓共管。各级机构党委、纪委，业务部门、监督部门要各司其职，完善案防机制，做到“管住人、看住钱、扎牢制度防火墙”。各机构“一把手”要落实案防第一责任，坚持正确的发展观、业绩观、风险观，坚持审慎合规的经营理念，加强对“关键少数”和关键岗位人员的教育监督和管理。各机构专业条线要落实案防主体责任，将内控案防工作落实到日常营销管理、业务处理的全流程，加强监督检查，将党内监督和业务监督有机结合。重点要关注三种机构和人员，一是业务增长异常快或慢、偏离正常规律的；二是业务风险异常高、风险事件异常多的；三是不声不响、比较神秘的人员，或神通广大、八面玲珑的所谓“能人”。各机构要改进对查办案件工作的考核办法，既要鼓励各级机构以零发案为目标，又要鼓励主动挖掘线索、主动报告问题、主动查办案件，及时堵住出血点。不能仅仅因为发生案件而全面否定其工作成效，更不能为了考核得分而瞒案、抹案，导致风险损失扩大，让违纪违法者逍遥法外。对压案不查、瞒案不报的，要实行一票否决，并追究有关人员的责任。

（三）紧盯重点领域，精准控险。各级党委要从防范化解金融风险和加大金融反腐力度的高度，组织开展案件风险评估、员工异常行为排查，锁定案防工作重点，高压整治，精准控险。当前，要重点防控五个方面的案件：一是贷款诈骗、骗取融资和违法发放贷款等严重影响服务实体经济的案件；二是挪用资金、挪用公款、职务侵占等严重侵害银行及客户权益的案件；三是非法集资、非法吸收公众存款、侵犯个人信息安全等直接损害人民群众利益的案件；四是严重不负责、滥用职权等失职渎职的案件；五是贪污受贿等严重损害党和国家形象及银行声誉的案件。

（四）持续培训教育，强基固本。要着力完善案防教育培训长效机制建设，加大同业、我行典型案例通报力度，以案为鉴，充分发挥警示、震慑作用。要强化“敬畏法律、从严治行”法治教育，教育员工自觉远离违法犯罪，争做遵纪守法的模范。

三、坚决贯彻习近平总书记重要指示批示精神，深入落实中央八项规定精神

今年4月12日，习近平总书记在中央纪委呈报的有关报告上作出重要批示，要求“锲而不舍、持续发力、再创新绩”，为持之以恒落实中央八项规定精神、纠治“四风”指明了方向。9月10日，中央纪委国家监委召开贯彻习近平总书记重要批示精神、深入落实中央八项规定精神电视电话会议，对以主题教育为动力契机、深入落实中央八项规定精神作了具体部署。全行各级党组织和干部员工要认真学习领会习近平总书记关于作风建设的重要论述和指示批示精神，准确把握新时代落实中央八项规定精神的规律特点和工作要求，推动作风建设再上新台阶。

（一）保持战略定力，以钉钉子的精神抓到底。今天通报的6起违反中央八项规定精神和“四风”方面的典型案例，再次说明了作风问题容易反复，要经常抓，对顽症痼疾要出重拳、下猛药。党员干部尤其是领导干部要做落实中央八项规定精神的积极实践者，而不是被动参与者，带头深入抓好作风建设，锲而不舍纠治“四风”，以党风带行风，抓出成效。

（二）坚持问题导向，突出纠治“四风”的有效性。习近平总书记强调，反“四风”，就是要一个问题一个问题加以解决，越具体越好。我们要紧密结合实际，坚持问题导向，突出工作的针对性和有效性。

一方面，要继续深入治理享乐主义、奢靡之风。今

年以来全行查处的享乐主义、奢靡之风问题，一半以上发生在党的十九大之后，违规吃喝、违规配备使用公务用车、违规收送礼品礼金、公款国内旅游和大办婚丧喜庆等五类老问题病根未除，数量占比仍然较高。此外，还查处了3起基层行领导干部办公用房超标问题，表明基层行在贯彻中央部署及落实总行党委要求上，存在压力传导递减和执行滞后的情况。我们要对享乐主义、奢靡之风保持高度警惕，持续加大治理力度，重拳惩治突出问题。对隐形变异的“四风”问题，要坚持实质性判断原则，坚持露头就打，坚决防止反弹回潮。

另一方面，要从坚持政治原则、严明政治纪律的高度，坚决整治形式主义、官僚主义问题。今年以来全行共查处形式主义、官僚主义问题77起，其中履职尽责和服务经济社会不担当不尽责、弄虚作假等问题较为突出。形式主义、官僚主义，背后是严肃的政治问题。我们必须提高政治站位，加强政治监督，下大力气解决不作为、慢作为、乱作为，推诿扯皮等问题，坚决纠正少数党员领导干部干事创业精神不振、担当劲头不足的不良风气，不断激发和保护干部挑重担子、啃硬骨头的积极性、主动性。

（三）维护群众利益，突出抓好主题教育专项整治工作。要把落实中央八项规定精神、纠治“四风”同第二批主题教育紧密结合，同8个方面专项整治紧密结合。一是要重点整治基层漠视和侵害群众利益问题。关于这个问题，之前已经多次讲过，今天还要再强调，就是一些基层行领导把该给员工的绩效截留挪用，甚至私分、花掉等典型侵害员工利益行为。前不久，总行制定下发了《关于加快提高基层员工薪酬待遇的指导意见》，就是因为基层收入相对较低，要想方设法提高基层员工的收入。对于截留或挪用员工绩效等侵害员工利益的问题，要作为“四风”整治的一项重点任务进行查纠治理。二是坚决整治困扰基层的形式主义突出问题，认真执行总行《治理形式主义突出问题为基层减负30条措施》，确保中央“基层减负年”要求落地见效。三是持续转变工作作风，强化服务意识。今年以来查处的形式主义、官僚主义问题中，服务态度差、办事效率低的问题有5起。对此，必须高度重视，认真加以整治。

（四）坚持精准思维，越往后执纪越严。正风必须肃纪。要继续把查处违反中央八项规定精神问题作为监督执纪重点，对“四风”问题线索深挖细查、严肃处置、不留情面。今后再有发生违反中央八项规定精神问题的相关责任人要从重处理。要加强制度建设，围绕反复出现的开会发文、津贴补贴、公务差旅、公务接待、公务用车、因公出国（境）等方面共性及突出问题，抓紧修订完善制度规定。许多“四风”问题，特别是形式主义、官僚主义，往往表现在下边、根子在上面。纠治“四风”，要紧盯“关键少数”，首先从领导机关、领导干部抓起。要严格执行新修订的《中国共产党问责条例》，对存在党的作风建设松懈、落实中央八项规定精神不力等问题的，要严肃问责，防止“问下不问上”等问题。

四、深化规律认识，将全面从严治党从严治行引向深入

回顾党的十八大以来我行全面从严治党从严治行工作，我们在继承中发展，深化了对管党治行规律的认识。下一步，要继续把握六个“统一”，不断将全面从严治党从严治行引向深入。

（一）把握全面从严治党与全面从严治行的统一。习近平总书记强调指出，一个地方要实现政通人和、安定有序，必须有良好的政治生态。顾国明、谢明作为一级分行的领导，不仅自己严重违纪违法，还污染了所在机构的政治生态，带坏了一批干部，给我行造成巨大的损失。可见没有健康的政治生态，经营发展也就无从谈起。我们必须把严的标准、严的措施贯穿于管党治党全过程，以全面从严治党引领和带动全面从严治行，为党和国家管好30万亿元资产的“钱袋子”、带好44万人的队伍，落实好服务实体经济、防控金融风险、深化金融改革三大任务。

（二）把握主体责任和监督责任的统一。党委主体责任和纪委监督责任都是管党治党的政治责任。主体责任是前提。各级党委尤其是“一把手”要按照《贯彻落实新时代全面从严治党要求的意见》，坚决把主体责任落到实处。积极支持纪委履行监督责任也是主体责任的重要部分，要在提名考察、案件查办、履职考核等方面严格落实“三为主”要求。监督责任是保障。派驻改革后，各级纪委要把住监督定位，做好对各级党组织、主责部门和责任人员履职情况的监督。要聚焦监督执纪问责主业，认真履行监督专责，特别是强化同级监督，发现苗头问题要及时提醒，及时报告，把上级监督和同级监督有效贯通起来。同时，纪委要履行好对党委全面从严治党的协助职责，推动主体责任和监督责任协同发力。

（三）把握信任与监督的统一。对干部要给予充分的信任，但信任不能代替监督。顾国明就是最典型的代表，应该说组织给予其极大的信任，但是顾国明并没有心怀感恩，把组织的信任当作动力。建立在信任之上的监督，是更好的关心和爱护；建立在监督之上的信任，是更可靠的信任。各级领导干部尤其是“一把手”要把严管视为厚爱，正确看待监督，自觉主动接受监督，习惯在受监督和约束的环境中工作生活。

（四）把握斗争与团结的统一。习近平总书记9月3日在中青年干部培训班上强调，广大干部特别是年轻干部要经受严格的思想淬炼、政治历练、实践锻炼，发扬斗争精神，增强斗争本领。我们要深入学习贯彻习近平总书记重要讲话精神，既敢于斗争，也善于斗争，坚

持高压反腐不动摇，以最坚决的态度减少腐败存量、遏制腐败增量。要把斗争精神和团结精神结合起来，以斗争求团结、聚人心。在金融反腐的斗争中，对犯了错误愿意回头、愿意改正的干部，要为他们创造将功补过的机会；对受到处分的干部，要做好关心回访，帮助其改正错误、回归正道；问责或处分影响期满、表现好的干部，符合条件的还要合理使用。此外，要正确处理好“打老鼠”和“护玉盘”的关系，在严惩腐败的同时，还要与防控金融风险、保护银行声誉等工作做好衔接，防止发生次生风险。

（五）把握廉政与勤政的统一。“廉勤并重”是我行廉洁文化理念中的重要一条。为政不廉是腐败，占着位子不作为、拿着工资不做事，贻误党和工商银行的事业同样危害很大。各级领导干部在保持清廉政治本色的基础上，还要有“为官避事平生耻”的荣辱观，勤勉尽责、苦干实干，以“奋斗＋落实”的姿态，不折不扣落实好党中央决策部署。各级领导干部既要把党风廉政建设工作抓好，又要把经营管理各项任务完成好，两者一体推进。

（六）把握高标准和守底线的统一。全面从严治党从严治行，不讲底线是不行的。但对于党员干部来说，守底线和高标准之间还有很大的空间。如果仅仅满足于没有违纪违法的底线，则距离共产党员的理想信念、初心使命还相去甚远。所以，我们既要严明纪法底线，更要发挥理想信念引领作用，引导广大党员干部追求更高标准、更高境界。我们要办好工商银行的事，一靠理想，二靠纪律，这两个缺一不可，要统一起来。

同志们，全面从严治党永远在路上。让我们深入学习贯彻习近平新时代中国特色社会主义思想，把深化全面从严治党从严治行作为增强“四个意识”、坚定“四个自信”、做到“两个维护”最直接的政治检验，扎扎实实推动从严管党治行取得新成效。

在2019年中青年干部培训班座谈会上的讲话

陈四清

（2019年11月1日·根据录音整理）

今天很高兴见到大家。这次把大家请到总行本部来，一是看望一下大家，进行面对面交流，光看履历表有时候还不够清晰，要见人、见事又见表，才能进一步增进了解。二是想利用座谈会的形式和同志们进行交流探讨，听听大家对行里工作的意见建议。座谈会开始前，我们一起观看了这次培训班介绍的专题片，感觉到中青班虽然是一个临时集体，但团队整体氛围非常好，课堂学习认真，小组讨论热烈，业余生活丰富，展现出了团结紧张、严肃活泼、蓬勃向上的精神风貌。刚才15位同志作了很好的发言，有的汇报自己的工作，有的既汇报工作也谈了思考，有的还提了意见建议，不少建议经过整理之后可以在一定范围内实践推广。总的来说，今天的座谈会是一次很好的学习机会，我也收获良多。

中青年干部处于职业生涯的黄金时期，正是人生中最想干事、也最能干事的关键阶段。你们中有的同志已经挑大梁了，有的同志肩负着很重要的工作职责，有的同志带领着上千人的队伍。总行党委对包括你们在内的中青年干部高度重视，举办这期中青班，就是加强中青年干部队伍建设的重要举措。为了办好这个班，总行党委组织部和党委宣传部做了很多工作，课程安排紧凑，师资力量雄厚。当然，发现培养一批优秀中青年干部，既需要各级党委的精心浇灌、修枝剪叶，也离不开干部自身的不懈努力、修养锤炼。借此机会，我想就在新时代新时期，怎样学习成长为一名忠诚干净担当的优秀干部，提几点建议，供大家参考。具体可以概括为四个关键字。

第一个关键字是“正”。去年的全国组织工作会议提出，要建立以德为先、任人唯贤、人事相宜的选拔任用体系，并明确指出“我们今天讲的‘德’，第一位的是政治品德。”对于党员干部来说，锤炼过硬的政治品德，要突出“正”字。

一要端正政治立场，坚定理想信念，始终保持正确的政治方向。工商银行是党领导下的国有金融企业，也是党和国家金融事业的主力军和排头兵。工行是有红色基因和红色底蕴的，血脉可以追溯到革命战争年代。所以，我们抓党的建设，首先是抓政治建设；开展巡视工作，首先是开展政治巡视。在工行工作，特别是担任领导干部，要时刻牢记自己的第一身份是党员，第一职责是为党工作，不断增强“四个意识”，坚定“四个自信”，做到“两个维护”。这个班近90名学员，是从世界各地来的，有总行的、有分行的，有境内的、有境外的，大家面临的情况各不相同，有些地区局势还比较复杂，但不论在什么情况下，最核心的一点就是要坚定政治立场，遵照党员领导干部的标准，严格要求自己。

二要正视历史使命。今年是具有标志性意义的一年，全行的资产规模超过了 30 万亿元。无论是资本、资产、还是利润，我们在全球金融机构里面都排第一位。在这样一个集体里工作，要有很强的荣誉感、使命感和责任感。中青年干部是工商银行的中坚力量，要对自身肩负的职责使命有清晰的认识，培塑家国情怀，担当历史使命，既要接下老一辈的“接力棒”，还要成为年轻人的“领路人”，把服务实体经济、防控金融风险、深化金融改革等重大任务放在心中、扛在肩上。当前，银行经营存在一些困难，面临的矛盾、问题有所增多，我们改革发展的任务还很重，在总量上要发展，结构上要调整，质量上要优化。在座的同志们都很年轻，要拿出干事创业的劲头，奋斗进取的精神，强化“比”的意识，贡献你们的青春和才智。要在市场上占有一席之地，更好地贯彻中央决策部署、解决自己的问题。历届党委带领全行员工打下了很好的基础，我们这一代人今天站在高起点上要做得更好，努力走好新时期“再次创业”的长征路。

三要做到清正廉洁。党中央和总行党委都高度重视廉政建设和反腐败斗争。上周，总行召开了全面从严治党从严治行推进会，重要目的就是进一步增强全面从严治党、全面从严治行的责任感和紧迫感。大家要以高度的政治自觉，承担起深刻总结反思、严肃警示教育、认真检查整改的责任，扎实做好“顾国明、谢明案”的“后半篇文章”。重点查摆个人与党组织关系、上下级关系、银企关系、亲情关系、朋友关系等“五个关系”的问题，做到心有所畏、言有所戒、行有所止，不存非分之想，不贪不义之财，不走歪门邪道。要以“不忘初心、牢记使命”主题教育为契机和动力，将全面从严治党、全面从严治行引向深入，既重拳出击着力治标，又定制立规深入治本，建设好、稳定好员工队伍，保证本机构干部队伍的先进性、纯洁性，打造政治过硬、本领高强的金融铁军。在廉政工作上，再给大家提几点需要注意的事项，有些大家平常可能不太重视，但一旦出问题，影响是非常大的。一是要管好家人和身边的工作人员，加强教育约束。二是在开展客户营销时，既要维护好客户关系，更要遵守中央八项规定精神。三是关于个人有关事项报告工作，大家一定要认真核对填报，避免少报漏报。这次培训班上，组织部要安排相关同志讲一讲这方面的要求。四是境外干部在出入境时，要注意手机、电脑等的使用，避免违反有关国家的规定。

四要摆正自身定位。这次中青班是总行新一届党委成立以来举办的第一期，未来还会常态化举办，并逐步向不同年龄段的干部延伸。希望大家不要抱有参加中青班就等于进了“保险箱”“保温柜”的思想，要主动把个人成长融入我行事业发展中去，多想组织对自己的培养，少考虑个人的得失。今后我们还会遇到各种考验。比如，在面对交流使用、岗位调整等关乎切身利益的事情时，特别是艰苦地区、斗争激烈的地方有需要时，大家要有奉献精神，坚决服从组织安排，服务全行经营发展大局。

第二个关键字是“实”。从“实事求是”到“一切从实际出发”，再到“三严三实”要求，“实”字一直贯穿于党的建设始终。习近平总书记也对党员领导干部提出了“把当老实人、讲老实话、做老实事作为人生信条”的要求，我们务必要把好“实”字关，用“实”的精神砥砺党性、锤炼作风、成就事业。

一是讲话要实。今天同志们的汇报都很实在，敢于反映实际情况，敢于发表真实意见，敢于提出切实建议。要坚持有一说一，报喜的同时要报忧，报困难的同时也要报怎么克服困难，不能只会诉苦，要发挥主观能动性来战胜困难。实和虚是对应的，领导干部一定不能图虚名、甚至装裱自己，要本色一点，培养“实”的作风。讲话做事要实事求是，不要做“两面人”，当面一套、背后一套，尤其是绝不能对领导一套、对群众一套。要尊重员工，平等相待，跟员工讲话、对员工的关爱都要实打实。特别是对在境外工作的同事，他们远离祖国、远离亲人，更要加大对他们的关心关爱。

二是工作要实。要从实抓好研究谋划，力戒形式主义、官僚主义，不能只坐在房间里看文件报表，搞闭门造车、纸上谈兵。要多到实地去看看，主动深入市场、贴近基层，多和客户、员工坐到一起，说到一块，想到一处，弄清楚他们的实际关切和真实需求，才能吃透情况，找准问题，做工作才能精准有效、事半功倍。要从实抓好落地执行，对于总行党委决策部署要真抓实干，而且必须一抓到底，抓出实效。比如，总行提出要全面打造“第一个人金融银行”，这是打基础、利长远的事情，要把 1.6 万个网点运营好，把 44 万员工的积极性调动起来，把个人金融业务基础真正抓上去。只有当绝大部分条线、绝大部分机构都排第一，工商银行才是真正的第一。到工商银行以来，我有两点感受很深刻。首先是我们有大量的优秀人才。银行是人才密集型的企业，抓紧时间培养好这些人才，就会转化为生产力。其次就是我们有执行力，全行上下抓落实能力比较强。这是我们能够打胜仗的两大保障。希望中青年干部更加充分地体现这样的特点，锻造这样的优势。

三是能力要实。领导干部不光要有奋斗的满腔热情，更要有落实的坚强能力，自己要有几把真刷子，掌握几样真本事，队伍才能服气，事业才能干成。这次培训的时间很短，但学习是持久的，成长锻炼也是持久的。大家回去后都要抓班子带队伍，抓本机构的战略落地。有两件事对你们的成长很重要，第一是会团结人，第二是看准方向。四川成都武侯祠有副对联，上联是

“能攻心则反侧自消，自古知兵非好战”，意思是上兵伐谋，能够采取攻心办法服人的，会使那些疑虑不安、意见不同的对立面自然消除。真正懂得用兵之道的人并不喜欢用战争解决问题，要学会沟通，调动一切积极因素。下联是“不审势即宽严皆误，后来治蜀要深思”。势就是规律，审势就是摸索和掌握规律。干工作必须要审时度势、把准方向，如果看错方向、南辕北辙，差以毫厘则谬以千里，工作就难以取得成效。为什么我们在中美经贸斗争中这么有定力？就是因为党中央高瞻远瞩，对大势有准确的判断。工行是全球最大的商业银行，我们要时时把准大势，把握好方向。新一届总行党委成立以来，重点抓了两件大事，第一是推动全面从严治党、全面从严治行，从严管理干部，第二是关心关爱员工。这就是要把宽和严结合起来。你们今后都是带兵打仗的，有的在条线、有的在板块，有的在境内、有的在境外，有的在商业银行、有的在综合化子公司，必须既能从严管理，又能关爱队伍，既善攻心，又能审势。如果能够做到这两点，不但所在机构能取得好的业绩，干部个人的成长也会更加扎实、更加长远。

第三个关键字是“谦”。谦虚使人进步，骄傲使人落后。对于领导干部来说，谦虚谨慎、戒骄戒躁既是好的作风，也是好的心态；既是自我修养，也是组织要求。

一要谦以待人，虚以接物。要充分认识到山外有山，天外有天，适当看低自己，凡事谦虚一些，时常“三省吾身”，放下架子，甘当学生，才能不断提升能力、完善自我。就像刚才发言的15名同志，每个人都有值得学习的长处，每个人的发言材料也都有值得研究的内容。要用心思考如何借鉴他人所长，补己之短，可能大家思考的观点不一致，结论不一样，但是可以学习思路和方法，这个培训班就能产生良好的化学反应。要注意尊重老干部，正是这些老同志用一砖一瓦把工商银行的大厦垒起来的。尊老是工商银行的一种文化，这种文化要传承下去。对待同事和下属也是如此。在发展具体业务时，谦虚是一种营销手段，也是一种人格力量，可以帮助你赢得更多机遇，抢占更多市场。在对待全行发展时，谦虚是一支“清醒剂”，也是一颗“静心丸”。在当前日趋激烈的市场竞争中，我行虽仍处于市场领先位置，但绝没有骄傲的资本，更没有躺在功劳簿上的理由。年中工作会议上我们提出了“四个有没有”，就是希望大家要增强忧患意识，能够跳出工行看工行，在全国乃至全球金融业发展格局中立标杆、找定位，努力百尺竿头更进一步。

二要功不独居，过不推诿。知人者智，自知者明。看到别人优点和长处不容易，客观认识自己的不足和缺点，懂得谦虚谨慎，更加难能可贵。现实生活中，有的同志自我感觉良好，总是拿着“放大镜”来看自己的优点和成绩，尤其是在事业顺风顺水、组织委以重任、各方面赞赏有加的时候，总觉得一切都是自己应得的。在遇到困难、遭遇挫折时，总是习惯性地把责任推给别人，拿着“显微镜”去挑别人的过错。这种揽功诿过的做法是要不得的。干部肩膀要硬，敢于担责，特别在基层，肩膀不硬是办不成事的。我们在做决策时，有的责任是清晰的，有的责任不太清晰，有的是需要临机处置的。这要有一种担当的精神，过不推诿，功不唯己，成功不必在我，讲成绩时多说“我们”，讲问题时少用“你们”，用谦虚的品行和作风团结班子、凝聚人心、共创佳绩。

第四个关键字是“勤”。业精于勤荒于嬉。习近平总书记提出的好干部标准，把“勤政务实”列为其中之一，就是要求我们必须要勤奋踏实工作，勤勤恳恳为人。

一要勤于学习。当前，时代飞速前进，科技日新月异，要想跟上时代步伐，就必须要认真落实“不忘初心、牢记使命”主题教育相关要求，切实抓好学习教育，在学深学透、学用结合、提高学习效果上下功夫，用习近平新时代中国特色社会主义思想武装头脑、指导实践、推动工作。必须要加强对银行业务、金融科技和新兴事物的学习和探索，不断刷新自己、升级自己。必须要针对知识上的短板、经验上的盲区、能力上的弱项，既向书本学又向实践学，既向领导同事学又向基层和群众学，既向同业学又向跨界学，争做银行经营的行家里手。

二要勤于思考。学而不思则罔。学习不能原地踏步，要勤思考、多沉淀，既要抓好具体业务，也要跳出业务总结经验、把握规律，在思考中拓宽视野、提升能力。要主动把各项工作放在发展全局中来谋划，因地制宜、与时俱进地把总行各项决策落实到位。在做工作时，有四类案例是需要我们去认真思考的。第一类是营销成功了的案例，第二类是发现潜在风险并顺利退出的案例，第三类是背负了前面留下的包袱，并经过努力得到成功化解的案例，第四类是做失败了并造成损失的案例。要在思考中总结出经验和好的做法，也要吸取失败的教训，避免再犯同样的错误。他山之石，可以攻玉。对于别人的案例，也要认真去学习分析。

三要勤于作为。好的经营业绩绝不是轻轻松松、敲锣打鼓就能实现的。工商银行的行业地位、市场份额，都是靠广大干部员工勤劳的双手干出来的。在座的都是领导干部，要发挥好头雁效应，勤跑客户、勤下基层，在市场营销时走在前，在风险把控上作表率。我给部门交代一项重点工作后，每隔一段时间就会追问进度，就是要看决策对不对，执行得怎么样。只有通过持续不断的努力，才能推动工作进步。当然，我们强调的“勤”，不是简单的花时间、下苦力，而是讲究方法、讲求效率的“勤”。要学会围绕总行战略部署，紧扣客户和基层的痛点、难点和关键点有的放矢，精准发力，“勤”得有成效。

同志们，中青年干部是工商银行的希望，在你们身上我看到了工商银行潜在的磅礴力量。因为时间关系，就先讲到这里。最后，祝大家学习好、工作好、生活好。

在金融（定点）扶贫工作领导小组 2019年第三次会议上的讲话

陈四清

（2019年11月8日·根据录音整理）

刚才，我们传达学习了习近平总书记关于扶贫工作的重要指示和李克强总理批示，传达了胡春华副总理在大会上对扶贫工作提出的新要求。习近平总书记的重要指示充分肯定了脱贫攻坚取得的重大成绩，明确了全面收官阶段的工作要求，强调要咬定目标、一鼓作气，坚决打赢脱贫攻坚战。2020年将是具有历史意义的一年，“困扰中华民族几千年的绝对贫困问题即将历史性地得到解决”。这既充满期待、充满信心，又饱含情怀、饱含担当。我们作为中央定点扶贫单位，要有身在这样一段光辉历程之中的责任感、使命感，贯彻好中央要求，努力为减贫事业贡献智慧和力量。

大家的发言各有特色，说明对如何做好定点扶贫都思考了、行动了。定点扶贫是政治任务，我们在定点扶贫上取得的成绩，是用真金白银、真情实意、真抓实干换来的。我来工行以后两次到四川，把定点帮扶的四县市都跑了一遍。结合调研的思考，对下一阶段扶贫工作，我讲几点意见。

第一，要高质量完成硬任务。脱贫攻坚已经到了决战决胜、全面收官的关键阶段。我们作为国有大型金融企业，要提高政治站位，把定点扶贫作为“守初心、担使命”的重要实践载体和增强“四个意识”、坚定“四个自信”、做到“两个维护”的具体行动，在助力打赢脱贫攻坚战中作表率。这项工作，我们是与国务院扶贫办、人民银行签了承诺书的，各部门必须群策群力，“一把手”必须亲自参与、亲自推动、亲自督导，共同把工商银行的责任扛起来。从10月份的指标完成情况来看还是好的，今年最后两个月要紧盯各项任务指标，有“比”的意识，比出工行的亮点。我们不仅要高质量完成承诺书的各项任务，还要自我加压，力争在同业中走在前列，在考核中取得好成绩。

第二，金阳县是重中之重。南江县已经脱贫摘帽，通江县、万源市也摘帽在即，要做好南江、通江、万源扶贫工作的回头看，防止返贫，更要聚焦金阳这个重中之重。距离2020年底还有400多天时间，金阳县还剩余4.4万人未脱贫，时间紧迫、任务艰巨。近期总行为金阳县新选派了3名挂职干部，新安排了1 000万元帮扶资金，明年还要持续加大资源倾斜，帮助当地党委政府解决制约脱贫的突出问题。各部门要下大力气研究帮助金阳脱贫的思路举措，找准教育扶贫、产业扶贫、就业扶贫等能够激发贫困群众内生动力的项目，努力帮助金阳如期实现脱贫摘帽的任务。网金部要发挥好融e购互联网平台优势，多帮助金阳销售农产品。

第三，必须各显其能合力攻坚。我们有数量庞大的境内外机构、员工和客户，可调动的资源比较多，尤其是公司、机构、投行等前台部门，要开动脑筋发挥优势，借鉴同业、集人所长、多作创新，在向贫困地区引进优质企业和帮扶资金上承担更多任务。网金部承担着帮助销售的重任，要继续扩大上线商户规模，同时注重与公司、机构等部门的联动协同，利用好客户力量扩大销售。国际部要发挥好海外机构优势、客户优势，形成境内外机构一同帮扶的格局。普惠部要进一步运用金融手段，把定点扶贫的“责任田”打造成金融扶贫的“示范田”。办公室作为牵头部门，须加强统筹推动，整合发挥好各机构、各分行的力量，做好总结工作，及时向党委汇报相关情况。

第四，产业扶贫和就业扶贫是关键。我两次调研都看到了同一个情况，就是贫困地区的产业基础仍然较为薄弱，四县市还存在龙头企业少、产品附加值不高、市场竞争力不强等问题，产业发展还受到种种条件的制约。发展产业既是稳定脱贫、防止返贫的重要方式，也是乡村振兴的关键。我们要在帮助发展产业上投入更大力气，见到更大成效。10月份四川调研回来，我给四川省委书记彭清华写了一封信，他对工行的帮扶表示感谢，并特别提到，希望我们发挥优势，“支持金阳县解决产业扶贫中存在的一些实际困难和问题”。另外，能就业就能稳定脱贫，一人就业就能全家脱贫，在就业扶贫上也要加大力度。要继续加强劳动力转移培训，帮助提高就业能力、扩大就业渠道。人力部要继续加大贫困大学生的招聘力度，尤其是对四县市的生源，招聘力度与其他地方应有明显的区别。

第五，要加强扶贫干部关心关爱。贫困县党委、政府承担的压力、责任非常大，我们的扶贫干部与他们一起，奋战在脱贫攻坚第一线，身上的担子也很重。他们克服了个人、家庭上的种种困难，十分不易。派出部门和组织部门一定要对扶贫干部关爱到位、做好保障，经常了解他们的工作、生活、心理状况，多给指导，多帮助解决后顾之忧，要让扶贫干部心里感到温暖。对干出成绩、群众认可的干部要重点培养使用，在职级晋升方面给予优先考虑。要重视对扶贫干部和扶贫工作的宣传，挖掘先进典型和经验，我们有责任和义务向全社会讲好工行助力脱贫的故事，在脱贫攻坚中发出“工行好声音”。

离年底还有50多天的时间，现在既是业务全面冲刺的阶段，也是脱贫任务冲刺的阶段。希望各部门全力完成好今年的扶贫任务，谋划好明年工作，工商银行一定要在脱贫攻坚中履行好政治责任与大行担当。

在中国工商银行2019年工作会议上的讲话

易会满

（2019年1月24日）

这次会议的主要任务是，以习近平新时代中国特色社会主义思想为指导，贯彻落实中央经济工作会议精神及李克强总理考察座谈重要讲话精神，总结2018年工作，分析当前形势，部署2019年任务。下面，我讲几点意见。

一、2018年经营局面难能可贵，值得充分肯定

过去一年，在挑战骤然增多的情况下，全行认真贯彻党中央、国务院决策部署，落实金融监管要求，发挥合力，保持定力，激活动力，统筹推进“三大任务”落地和“五大战略工程”实施，交出了一份体现高质量发展要求、体现稳中有进特点的“年度答卷”。可以用“稳、进、活、新、好”几个特点来概括。

“稳”体现在经营大盘和基本面，尤其是效益、质量、风控和市值构筑“多稳”局面。盈利增长更具含金量。实现净利润××亿元，同比增长×%；实现拨备前利润××亿元，同比增长×%。NIM较上年上升×个基点至×%，对盈利增长起到重要拉动作用。中间业务净收入同比增长4%，总量、增量“双第一”。资产质量更坚实更洁净。实施“夯基固本”工程，全年清收处置不良××亿元，同比多处置××亿元。不良率较年初下降×个百分点至×%，连续8个季度下降；剪刀差较年初下降×%，连续10个季度下降；拨备覆盖率升至×%以上。风控和管理基础进一步夯实。盯住源头、准入、限额、账户等关键点，抓好交叉性风险防控。聚焦“八大领域”深化整治，开展内控合规“固本强化年”活动，实现“案件总量同比下降、无重大恶性案件和风险事件发生”的目标。召开境外合规工作会议，标本兼治推进整改和长效机制建设。市值表现强于大市。保持金融业国内第一、全球第二。

“进”体现在对实体经济的金融服务进一步改进提升。坚持投融资一体化发展，全年新增人民币贷款1.15万亿元，非信贷融资和地方债投资合计新增8 400亿元，通过资产证券化盘活信贷存量近2 300亿元。对标经济高质量发展要求，把提升对民营和小微企业的金融服务作为促进货币政策传导和“六稳”落实的突破口，开展了百家民营企业签约和“工银普惠行”活动，民营企业贷款新增1 137亿元，普惠金融完成银保监会“两增两控”和人民银行MPA考核要求。建立“科创中心+特色支行”新机制，先进制造业、幸福产业、物联互联等新市场贷款增加1 517亿元。优先满足国家重大战略项目资金需求，项目贷款新增4 178亿元。新增债转股落地项目37个、金额521亿元。合理支持居民自住房需求，创新消费信贷产品和服务，个人贷款和按揭贷款增量“双第一”。35个国家61家金融机构参与“一带一路”银行间常态化合作机制，新承贷“走出去”项目191亿美元。

“活”体现在改革创新激发经营活力。重点领域改革统筹推进、多点突破。重点城市行改革内涵深化。科技体制改革启动实施，ECOS工程建设有序推进，e-ICBC 3.0战略落地加快。“1+N”一体化营销服务体系建设全面启动，分行差异化考评和网点业绩考核机制基本建立，信贷体制机制改革覆盖全部一级（直属）分行及“5+1”分行，网点布局优化、运营改革及服务提升十大行动同步推进，内部账务管理新模式加快构建。

“新”体现在经营转型迈出新步伐。全量客户战略启动实施，个人客户净增近4 000万户，创近年最好水平；国家重要领域改革涉及账户逾七成落户我行；新开

对公结算账户近150万户，公司有贷户突破10万户。一般性存款增加1.45万亿元，大幅领先同业且为近十年最好水平。储蓄存款时点和日均增量多年来首次实现“双第一”；机构存款高位进一步扩大领先优势，增量四行占比接近半壁江山；公司存款同业占优。大零售营业贡献占比提高2个百分点至44.5%，信用卡中收同比增长23.7%。大资管和大投行在落实资管新规中平稳推进转型。金融市场净利润增长26%。资产托管总收入增长20%。票据业务实现增效扩盈，拨备前利润增长20%。境外机构净利润增长14.7%。

“好”体现在党建和队伍建设开创良好局面。深入学习贯彻习近平新时代中国特色社会主义思想和十九大精神，召开全行党建工作会议，加强基层党建工作述职评议考核，实施“两个落实”和“311”领军项目专题培训，促进了“四个意识”的增强、主体责任的落实及党建质量的提升。深化作风建设专项整治，集中开展警示教育，完成对一级分行的第二轮巡视全覆盖，启动总行本部巡视，推动分行党委开展巡察。编制实施三年人员发展规划，建立干部任期考核制度，深化专业人才培养。推动为基层员工办好“十件实事”。发布创新文化核心理念和企业文化白皮书。蝉联全球最有价值银行品牌，展现负责任、受尊敬的大行形象。

去年的成绩来之不易。我们在经济运行稳中有变的情况下，创造了近五年来最好的经营成果。这是党中央国务院举旗定向、谋篇布局、坚强领导的结果，是国家有关部门加强监管、指导帮助的结果，是全行员工攻坚克难、砥砺奋进的结果。这里，我代表总行党委和董事会，向国家有关部门、监管机构和股东单位，向全行干部员工，表示衷心感谢和敬意！

事非经过不知难。一年来，我们在新的实践中，深化了对十大治行理念与治行方略的认识和运用。体会尤深的几条是：

一是坚持和加强党对金融工作的领导。办金融是党执政的要事。工商银行是全球最大银行。体量越大，经受的风浪越大，掌舵领航越重要。越是形势复杂、挑战严峻，越要听从中央号令，树牢“四个意识”，增强“四个自信”，践行“两个维护”，坚持小道理服从大道理，大局小局一盘棋，不折不扣落实中央决策部署。越是形势复杂、挑战严峻，越要抓党建、强党建，发挥好党委把方向、管大局、保落实的作用，把党的领导作为我们战胜前进路上困难和风险的重要法宝，把管好28万亿资产、带好45万人队伍、服务好实体经济，作为实实在在的讲政治。

二是坚持以战略指引方向。战略是管方向、管根本、管长远的。我们保持战略定力，在作出清晰战略规划后，不轻易改弦易辙，将改革发展研讨会确定为三年一次，坚持一张蓝图绘到底，坚持久久为功。我们加强战略宣导，做好改革发展研讨会精神和三年规划的宣传解读，以新愿景新使命新战略，凝聚全行共识，形成战略合力。我们狠抓战略落地，既优化“最先一公里”、又重视“最后一公里”，既重战略研判大势、又重灵活战术应变，既以战略指引方向、又以正确策略和方法办事，让好战略能快落地、见实效。

三是坚持改革创新驱动。对改革开放40周年最好的纪念，是把吸取历史经验同解决现实问题结合起来，推动全行改革创新向前走、不停步。我们做实深改工作，建立高效务实的改革决策和执行机制，坚持眼睛向下、眼睛向内，坚持上下联动、协同配套，在深化存量改革的同时，抓好增量改革的顶层设计和压茬推进。我们立足金融本质和技术优势，创新发展具有工行特色的金融科技，为经营发展全面“赋能”。我们自信但不自满，居安思危但不瞻前顾后，顺应趋势但不被潮流左右，让改革创新的活力成为转型发展的潜力和攻坚克难的动力。

四是坚持发挥人这个第一资源的作用。全行尤为可喜的两大变化，一是经营质态，二是队伍状态。我们重视培养“政治+专业”能力，在强调政治过硬的同时，把银行吃专业饭作为硬道理，建立“311干部培养”和“重点人才库”双轮驱动体系。我们倡导“学习+调研”之风，在学习和实践中提高驾驭复杂局面、解决实际问题的能力，在调研基础上谋划思路、推动工作，并跳出银行看经济金融，从专业视角向国家建言献策。我们弘扬“奋斗+落实”文化，“奋斗+落实”不仅是我们2018年工作的主题词，更成为全行企业文化的重要内涵，成为最宝贵的精神财富。我们强化“严管+厚爱”管理，刚柔相济，营造风清气正、干净干事的生态土壤。事实证明，只要路子走对了，人的作用发挥好，再大的困难也不可怕。

五是坚持充分调动各经营主体的积极性和创造性。越是在新情况新问题不断显现的情况下，越要注重激发各经营主体的主观能动性和创造性，处理好集中与分散、收权与放权、统一性与差异性的关系。从总行层面讲，就是要在全局和战略统一性下，加强分类指导和精准施策，在授权、考核、风控、资源配置等方面增加弹性和灵活性，防止政策大而化之，努力做到可操作、真落地，并留下更多创新和探索空间，鼓励发挥主观能动性，更好地体现担当作为。从经营主体层面讲，就是要立足自身实际，开动脑筋，在准确领会精神实质的基础上，提高创造性落实中央决策部署和总行战略安排的能力，做出自身特色、亮点和比较优势，敢干事，会干事，干成事。

二、关于当前形势和今年工作总体要求

分析当前形势，要有历史思维，联系这5年经济金融变化的大格局来看。2013年以来，我们经历了三大背景的深刻变化。一是世界经济进入深度调整期，全球

经济格局和治理体系面临重塑。二是我国经济处于“三期叠加”阶段，经济发展进入新常态，呈现速度变化、结构调整、动力转换的新特征。三是互联网金融和泛资管开启发展元年，在推动金融创新的同时，也滋生了金融乱象，挤压了银行经营空间。在这一系列周期性、结构性、体制性矛盾叠加影响下，银行经营出现了拐点性变化。我行不良贷款由之前连续 12 年“双降”转为“单升”再到“双升”，盈利由之前两位数增幅进入一个平缓甚至艰难的增长阶段。在最困难的 2014 年到 2016 年上半年，全行不良率最高升至 1.66%，同时还伴有巨量剪刀差和潜在风险，在拨备覆盖一降再降的情况下，净利润增速勉强维持在 0.5%。从 2016 年下半年开始，随着经济企稳，以及全行适应经济新常态的体制机制逐步建立，经营也呈现边际改善态势。

现在来看，外部形势变化越来越快，银行经营周期更迭越来越短。春天还没真正来到，冬天可能再次降临。我们又面临新常态以来的新一轮严峻考验周期。而且综合研判，面临的环境更复杂、不确定因素更多、风险挑战更大、经营困难更突出。

放眼全球，距离国际金融危机爆发已有 10 年。尽管世界经济有望延续复苏态势，但危机的深层次影响仍未消除。受保护主义和单边主义、美联储加息、地缘政治冲突等因素影响，全球经济贸易增长动能正在减弱，世界经济下行风险逐步加大。国际货币基金组织把今年世界经济增长预期由 3.9% 降至 3.7%。世贸组织把今年全球贸易增长预期由 4% 降至 3.7%。发达经济体货币政策收紧的外溢效应持续显现，美国经济“见顶回落”的可能性增加，新兴经济体总体承压。

环视国内，经济运行稳中有变、变中有忧。中美经贸摩擦走势难料。这是我国发展环境中最大的不确定因素。其对我国经济运行特别是对企业预期的影响会在今年继续显现。实体经济面临困难明显增多。消费增长放缓，投资增长后劲不足，出口压力增大。需求走弱对供给端的影响逐步显现，新动能发展不足，经济结构调整阵痛凸显。区域行业企业分化态势加深。原本发展较好的东南沿海一些地区受到中美经贸摩擦等因素影响，并可能沿产业链向中西部地区传导。部分行业企业经营困难，特别是民营和小微企业亏损面扩大。市场预期总体偏弱。宏观层面与微观层面对经济运行困难的感受存在“温差”。一些民营企业观望和避险情绪上升，抱着“不投资不亏损”甚至“套现走人”的心态。实体经济困难传导至银行体系往往存在滞后效应，我们决不能因为经营平稳而盲目乐观，忽视经济运行中这些边际变化。

聚焦金融，政策和生态环境变化集聚交织。金融市场共振风险加大。全球金融市场动荡加剧，可能通过跨境资本流动、大宗商品市场、股市汇市等渠道，形成输入性风险。一些企业债市违约、股票质押爆仓风险，可能向银行传染扩散。国际国内金融监管同步趋紧。全球金融进入“强监管、严监管”周期，国内金融监管从严从紧成为常态。我行作为全球系统重要性银行，需满足更高监管标准。金融改革和调控措施加快落地。包括推进资管新规落地，提高直接融资比重，深化利率汇率市场化改革，扩大金融对外开放等，都将对银行经营管理产生重大影响。

分析自身，经济金融变化必然映射到经营中来，需要全行重点回答好六个问题。一是风险怎么控？对一家 28 万亿元资产的银行来讲，风险挑战是最大的挑战，风险防控是第一要务。当前既有实体经济运行困难带来的信用风险防控压力，也有市场共振风险及表外业务、代理理财、委外投资等带来的全口径风险管控压力，还有集团管理跨度大、层级多、复杂度高带来的风险穿透管理压力。对一些刚刚走出风险困境的分行来讲，稍一松懈，就很可能重蹈覆辙。如何打好风险防控持久战和主动仗，在“看得清”的基础上实现“管得住”，是我们必须回答好的问题。二是市场在哪里？存贷款市场两端承压。从存款市场看，整个银行业贷大于存、存贷比攀升局面，今年可能进一步延续，存款竞争更趋激烈。从贷款市场看，全行信贷总额 15 万亿元，约占全社会融资规模的 10%，每年信贷新投放约 3 万亿元，存量和流量规模巨大。而受中美经贸摩擦、终端需求走弱、地方政府债务规范、制造业投资意愿不强等因素影响，今年有效市场需求可能下降，排队贷款规模较去年大幅缩减。如何在市场变局中把握主动权，走好存款业务发展自求平衡和竞争力提升之路，谋划好信贷投向和布局、保持对实体经济的支持力，是我们必须回答好的问题。三是全量客户怎么抓？全量客户战略实施一年来，理念和路径日渐清晰，但尚未形成实质性支撑和突破。全行个人客户总量超过 6 亿，但不少分行对当地常住人口的客户渗透率不足 50%；对公客户接近 700 万户，但相比全国超过 1 亿的市场主体和日均 1.8 万户的新设企业，仍有广阔空间。如何将全量客户战略做深做透，尤其是探索出一条线上获客的新路子，是我们必须回答好的问题。四是净息差和盈利如何稳定？稳息差是稳盈利的关键。NIM 下降 1 个基点，大约减少利润 25 亿元。今年从负债端看，受存款市场竞争加剧和重定价等因素影响，付息成本面临刚性上行；从资产端看，在流动性合理充裕和对实体经济让利背景下，市场收益率和贷款利率面临双下行。如何通过精细化管理挖潜增效，稳定息差和盈利，是我们必须回答好的问题。五是经营分化如何解决？经济运行中区域和企业的分化，也带来银行经营的分化。当前各分行、各利润单元、各境外机构、各综合化子公司，在经营效益、资产质量、市场竞争力等维度的分化态势在加剧。这种分化有外部因素的影响，但核心还在于班子、队伍、思路、管理和转型上的差距。如何有效解决经营分化加深问题，增强协同发展能力，是我们必须回答好的问题。六是转型创新如何突破？当前处在一个转型阵痛期。尤其是资管新规背景下，全行原先拥有绝对领先优势的资管、投行、私银三大板块，面临较大转型压力，也给中收稳定增长带来难以承受的冲击。如何东方不亮西方亮，统筹算好中收重点、潜力、创新抵补“三本账”，是我们必须回答好的问题。

总的来看，国际挑战与国内挑战碰头，总量矛盾与结构矛盾并存，经济周期与金融周期叠加，实体困难与预期不稳交织，给银行经营带来前所未有的压力。对此，全行务必要有清醒认识，做好过紧日子、过苦日子的准备，做好打硬仗、闯难关的准备。从大到强、做百年老店是一个长期过程，务须只争朝夕，接续奋斗。

同时，我们要看到，严峻考验期也是战略机遇期。当今世界面临百年未有之大变局，但和平与发展作为时代的主题没有变，经济全球化作为经济发展的潮流没有变，科技进步作为经济增长的动力没有变，我国经济潜力大、韧性强、长期向好的基本面没有变。习近平总书记在中央经济工作会议上做出重大判断，我国发展仍处于重要战略机遇期，并做了深刻阐释，即加快经济结构优化升级带来新机遇，我们完全可以在全球新一轮科技革命和产业变革浪潮中勇立潮头，构建起面向未来的经济结构。提升科技创新能力带来新机遇，我们完全可以在关键核心技术创新上取得重大突破，为我国经济发展增添新的动能和优势。深化改革开放带来新机遇，我们完全可以把改革之路走得更快、开放之门开得更大，以改革开放新突破带来社会生产力大跃升。加快绿色发展带来新机遇，我们完全可以加大生态文明建设力度，推动我国经济可持续发展。参与全球经济治理体系变革带来新机遇，我们完全可以发挥更大作用，推动建设开放型世界经济，为我国经济发展营造更好的外部环境。总书记对重要战略机遇期没有变的判断及对新内涵的阐述，是最大的预期管理、最大的信心源泉，是我们做好经营工作的基本遵循和根本底气。我们要看到，这次中央经济工作会议把稳增长放在更加突出位置，对推动制造业高质量发展、促进形成强大国内市场、推进乡村振兴战略、促进区域协调发展、加快经济体制改革、推动全方位对外开放、加强保障和改善民生等作出重点部署，这些都与银行经营息息相关，为我们创造了稳定的大环境和新的发展空间。我们要看到，新年伊始，李克强总理再次到我行考察，对服务实体经济特别是民营和小微企业作出重要指示，充分体现了党中央、国务院对金融工作的重视和支持，也为我们指明了方向。我们还要看到，工商银行有一支敢打硬仗、善打硬仗的队伍，有审慎稳健的经营风格和积极进取的创新文化，有过得硬的市场形象和叫得响的“金字招牌”，有经历各种周期考验的专业积淀和自信养成。不管过去、现在和将来，我们都完全有能力办好自己的事情。

2019 年是新中国成立 70 周年，是全面建成小康社会关键之年，也是我行落实改革发展研讨会部署、实施三年规划承上启下的一年。今年工作的总体要求是：以习近平新时代中国特色社会主义思想为指导，全面贯彻党的十九大和十九届二中、三中全会以及中央经济工作会议精神，认真落实李克强总理考察座谈重要讲话精神，聚焦经济高质量发展和供给侧结构性改革新部署，紧扣我国发展重要战略机遇期的新内涵，坚持稳中求进工作总基调，坚持十大治行理念和治行方略，全面提高党的建设质量，以提升价值创造力、客户服务力、风险控制力和市场竞争力为目标，深入实施“五大战略工程”，保持盈利正增长，保持资产质量稳定和各类风险可控，保持市场应有份额和领先优势，在支持实体经济平稳健康发展中，实现自身稳健可持续发展，以优异成绩迎接中华人民共和国成立 70 周年。

2019 年经营发展的核心目标是：净利润增长 ×% 以上，中间业务收入保持总量、增量“双第一”，不良率控制在 ×% 以内，剪刀差和潜在风险得到深度治理，拨备覆盖率保持在 ×% 左右，资本充足率保持在 ×% 以上。

实现上述目标，做好今年工作，要注意把握好以下几点：一要切实坚持稳中求进。今年外部形势最大的特点就是变数多，不确定性强，一个变量可能引发全局变化，诸多不可测风险可能不期而至。这种情况下，必须要把“稳”放在第一位，坚持“稳”字当头，各项工作都要服从和服务于“稳”这个大局。“稳”的重心要放在效益、质量、风控、市值等方面。通过保持定力、遵循规律，来稳住阵脚、稳住底盘、稳住基本面，为“进”创造支撑和条件。从某种意义上讲，大体量、高基数上的稳就是进。同时要坚持“进”字为先，以“进”来支撑“稳”。“进”的重心要放在提升服务实体经济效能上，促进金融和实体经济的良性循环；放在强化市场意识和竞争意识上，既守住基本盘，也盯住对手盘，赢得市场竞争主动权。二要善于化挑战为机遇。我们既要看到全行发展稳中有忧、优中有忧，增强居安思危的忧患意识。更要看到危和机是同生并存的，克服了危即是机，失去了机即是危。用传统眼光看似乎是“危”的存在，用新视角看却往往是新机遇。银行是和风险打交道的，要善于在逆境中看到成长的机会，在变化中寻求前进的规律，在不确定性中找到确定性，在应对风险挑战中创造机遇，转危为安，化危为机。三要强化改革创新意识。改革是中国最大的红利，也是工商银行最大的红利。过去我们依靠改革创新，创造了一个充满生机和活力的工行。今天全行发展进入一个船到中流浪更急、愈进愈难的阶段，但不进则退、非进不可。这需要我们进一步强化问题导向、效果导向、客户导向、技术导向、基层导向，以改革创新的实招、活招，赢得转型发展的“胜负手”，在奋斗和变革中锻造一个更加优秀的工商银行。困难越大，荣耀也越大。一言以蔽之，做好2019年工作，困难不容低估，信心不可动摇，干劲不能松懈。

三、关于2019年重点工作

今年经营发展任务重、挑战多、要求高。全行上下要明确“任务书”，画好“施工图”，在抢先抓早中实现良好开局起势，奋力保证圆满完成全年任务。

（一）当好服务实体经济的主力银行。重点是按照“巩固、增强、提升、畅通”八字方针，服务好经济高质量发展和供给侧结构性改革，促进货币政策传导与“六稳”落地，统筹好投融资总量节奏和“大小新优”布局，坚持“不唯所有制、不唯大小、不唯行业、只唯优劣”的公平信贷原则，更好发挥金融活水对实体经济的精准浇灌与滋养作用。

一要把好总量、节奏与结构。综合考虑实体经济需求、货币政策导向以及全行经营实际，今年计划投放贷款3万亿元，其中人民币贷款新增1.16万亿元，存量移位再贷1.8万亿元。非信贷融资和地方债投资新增5 150亿元。通过资产证券化和债转股盘活信贷存量2 200亿元，其中新增债转股落地项目1 200亿元。要坚持投融资一体化发展，做好大类资产配置，深化“六位一体”综合服务体系和战略客户“1+N”服务机制建设。要坚持区别对待、分类施策，根据国家重点战略部署以及各地资源禀赋、发展阶段和金融生态，优化区域布局，更积极主动地做好风险防控。对海外融资要加强顶层设计，控制好总量限额。要坚持早布局早投放。今年投融资业务发展成效，关键看上半年、看第一季度。相关额度配置和市场拓展指引要尽快下发分行，对看得清、把得准的重点领域和优质客户要抢先投放、抢抓储备。

二要着力做好布局优化。“抓大”要主动争先。大客户、大项目是我们信贷经营的“基本盘”，无大不强、无大不稳。在做好重点区域、重点项目、重点客户营销服务的同时，要抓住基础设施领域加大补短板力度、地方政府专项债扩容和加快发行、城镇棚户区改造等窗口期，紧密做好政策跟踪和摸排对接，在促进“稳投资”中抢抓优质市场。

“民营和小微”要落地见效。克强总理来我行考察时强调，做好小微，大银行就有大未来，这是立于不败之地的根基。当前我们服务民营和小微企业的思想认识、发展目标、创新措施、实现路径都已明晰，关键是抓好落地见效，真正推动普惠金融增量、扩面、降本、保质，确保实现今年民营企业贷款增量占公司贷款增量的比重不低于1/3，普惠贷款增加1 200亿元，达到央行定向降准第二档标准。重点抓好“六个落地”：要抓好主体责任落地。进一步加大考核权重，对普惠金融完成不好的，实行考核降档，并对一把手问责。各行一把手要加强对普惠金融规律的研究、把握和运用，不能简单提要求、下文件、喊口号。要落实前中后台责任，形成全行办普惠合力。要抓好客户服务落地。在前期优选100家总行级民营客户的基础上，进一步筛选2 000家细分行业龙头和隐形冠军，纳入分行直接服务客户名单。持续开展“工银普惠行”活动，将其打造成有市场影响力和美誉度的优质品牌。要抓好线上创新落地。以小微快贷、网贷通、线上供应链融资三大产品线为抓手，推动普惠金融业务快速渗透、广泛覆盖。要抓好线下专营落地。根据总行深化小微中心建设方案要求，抓好专营机构效能提升，完善分类管理、专家治贷和专业服务。落实好总行在产品期限、品种、续贷、担保、审批等方面的一系列措施，解决好小微企业服务痛点。要抓好保障机制落地。围绕民营和普惠金融发展，细化和落实考核激励、转移定价、利润返还、优化授权、尽职免责等规定，对基层既给足粮草，又放开手脚，既传导压力，又激活动力。要抓好风控措施落地。立足商业可持续原则，精准规划，把好准入，加强风险防控，确保真刀真枪做小微、稳扎稳打做小微。同时坚持合规经营，严禁存贷挂钩、以贷搭售等行为。总行已布置对此问题的专项检查，各机构要认真自查自纠。

“抓新”要着重突破。要在先进制造、物联互联、幸福产业大的板块下，进一步细化“抓新”的行业分类和目标市场，给分行更清晰的指引。尤其要把支持制造业高质量发展放到更加突出的位置，积极对接《中国制造2025》覆盖的优质企业，促进先进制造业与现代服务业的深度融合，促进新技术、新组织形式、新产业集群的形成和发展。今年要实现国家级高新技术企业在我行开户率达到60%以上，授信覆盖率15%以上。要完善“科创中心+特色支行”的布局，择机启动广东、北京等科创中心组建，以新机制新模式，支持新经济，拓展新市场。

“抓优”要锲而不舍。客户结构和质量，从根本上决定信贷经营质效。经济转型的深化期，也是信贷结构调整的机遇期。各行都要建立辖内优质目标客户清单，及时纳入重点移入客户池管理，把握客户全面金融服务需求，逐户制定营销服务方案，通过扎实细致工作，提升优质客户覆盖面，并同步做好战略退出客户的安排，以结构优化推动信贷可持续发展。

（二）乘势而上提升客户和存款竞争力。重点是始终站在发展之基、立行之本、价值之源的高度，通过全渠道发力、全市场布局、全链条延伸、全板块统筹，实现全量客户拓展和存款竞争力提升，强化短板，巩固优势，扩大胜势。

一要抓好线上获客突围。今年全量客户拓展目标是，个人客户新增5 000万户，公司客户新增不低于10%、新开对公结算账户200万户，机构条线要实现改革客户全面覆盖、重点账户一个不丢。实现这一目标，关键在于线上获客实现突破突围。要从获客入口、黏客抓手、活客机制等方面入手，以提高线上供给侧质量为着力点，把“虚”做“实”，让线上真正挑起客户发展的“大梁”。一是建立平台化的线上获客体系。既要增强自身平台获客能力，又要通过与外部平台合作，实现场景嵌入、金融输出、引流获客。要坚持把B端作为我行优势和发力点，依托API、金融生态云、聚富通、商户之家等平台，把我们的“网点”开到第三方，围绕互联网百强企业、总行级直营客户等开展合作对接，全年力争对接大型平台企业突破100家、交易规模突破100亿元，打造一批批量获客、穿透获客的标杆项目。要深耕C端，以“三融一活”（融e行、融e联、融e购、e生活）为主体，以Ⅱ、Ⅲ类账户和e钱包、e支付等核心产品为抓手，做强线上直营获客，实现从平台用户到我行客户再到价值客户的获客闭环。二是建立高质量的线上供给体系。场景建设要加快从“总量扩张”转向“高质量发展”，坚持把获客活客、持续运营、价值贡献作为衡量有效性“三原则”，聚焦政务、交通出行、教育医疗和民生缴费四大领域，增强高频场景引流能力。产品供给要树立“强用户导向”，始终关注客户选择使用我行产品的原动力，健全线上产品评价标准和准入机制，持续提升产品针对性、便捷性、适用性，打造极致体验。三是建立成熟的线上运营体系。线上运营的重心在总部、在一级分行。要改变以线下模式做线上的惯性，防止简单下任务、层层搞动员、过度依赖网点“地推”来发展互联网金融。

二要抓好线下网点转型。线下是我们的战略性经营资源和传统优势，是不可动摇的根基。后天我们还将召开全行网点工作会议，进行具体部署。关键是解决好4个问题：一是把好总量。要适应金融科技和银行发展的大规律、大趋势，有序压缩网点总量，既要充分肯定网点价值，又要促进激活人员结构调整和效能提升，把握战略主动。二是优化布局。要契合城市化发展态势，提高金融服务供给与资源禀赋的匹配度。在这方面，总行要拿出更大魄力，省行和二级分行要承担更大责任，做好顶层规划，拿出目标清单，提高推进效率。三是业态转型。要扩展网点的内涵与外延，通过推进专业化、智慧化、体验化、轻型化转型，打造科技强、管理优、协同好的新一代网点体系。四是服务提升。要针对渠道痛点问题，持续推进“五大工程”，建设客户满意银行和客户首选银行。这里要强调的是，当前客户跨渠道交易的特征日益显著，我们要坚持线上线下一体化发展，把长尾定律与二八法则相结合，把全量客户经营与分层分类服务相结合，在线上线下交互一体中做大客户流量和价值开发。

三要抓好存款优势巩固提升。当前，社会资金流转规律发生深刻变化，呈现源头存款沉淀减少、下游存款转移和派生增加的趋势。因此，抓存款不能只盯着自己的“一亩三分地”，单就品种论品种，单就条线抓条线。要将视野扩展到全社会资金的大循环大流转之中，研判分析资金的总量、流向和时间节点，打通条线板块分割，强化大数据和系统支撑，建立广泛联系互动，积极探索以公带私、以私促公发展新模式，通过抓源头、循流向、盯账户，实现从G－B－C的全链条、全封闭拓户增存。全年客户存款增量要达到1.4万亿元，保持同业领先优势。其中，储蓄新增7 000亿元，公司存款新增1 200亿元，机构存款新增4 800亿元，同业存款新增1 000亿元。零售条线要坚持储蓄存款竞争力提升战略不动摇，在资金回流大势未变的背景下，继续拿出过硬措施做好资金承接转化，确保竞争力提升拾级而上。尤其要集中精力打好旺季营销的关键战役，聚焦代发工资、建工、拆迁、商户四大客群，加大获客吸储力度，确保一季度日均储蓄存款增长4 000亿元，为全年经营奠定主动。公司条线要一手抓大行大户，依托大额资金监控等平台，增强营销布局的前瞻性和针对性；一手抓中小企业结算账户拓展，依托企业通、小微金融服务、工银e缴费、便捷开户等平台，充分挖掘增存潜力。机构条线要紧跟国家重点领域改革进程，把握客户资金运作增效提速的新趋势新规律，围绕政府、社保、军队等重点板块和医疗、教育、旅游、司法等潜力板块，加强全领域拓户，巩固市场领先优势，并源头带动对公对私业务发展。

四要抓好利率定价管理。要通过精细化管理、针对性考核、穿透式传导，促进各业务部门和各级管理层强化量价协调发展的理念和能力，举全行之力促进NIM稳定。要观大势，科学研判宏观政策取向和市场走势，尤其要前瞻把握市场流动性和利率变化趋势，相机调整，及时决策，加强对前台和一线营销的指导，防止判断不准、反应迟缓而错失窗口，更防止政策反向造成经营被动。要转机制，按照“简单直观、易于传导”的原则，优化存款量价协调考核办法，减少“无感”上浮。按照“放权、赋能、强责”原则，增强各主体自主定价能力，逐步建立利率管理自律约束长效机制。加强“两个模型”推广应用，促进分层定价管理落地。要靶向准，发挥好主动负债拓展新客户、争揽新资金的作用。综合考虑分行到期资金承接、市场潜力和付息率管理水平，合理分配主动负债额度，鼓励分行以优化管理换取资源投入，确保主动负债产品直达新客户、吸引新资金。要将保本理财、结构性存款一并纳入付息率考核，引导各行降低对主动负债的过度依赖。

（三）坚定不移推进经营转型。重点是将固本强基与转型升级相结合，发挥好基础板块的“压舱石”作用，发挥好战略板块的“头雁效应”，带动各板块共同发力、共撑大局，为经营发展增添新的动能和优势。

一要持之以恒推进大零售业务转型发展。在当前经济下行压力加大的背景下，更要重视发挥零售业务弱周期特性和稳定器作用。要在去年零售竞争力提升取得标志性成果的基础上，坚持战略方向不动摇，以久久为功的专注和精耕细作，筑起工商银行零售发展具有核心竞争优势的“护城河”。各零售部门都要强化效益意识，力争今年零售贡献再提升3个百分点。要以客户为中心、以价值创造为目标健全统筹机制。零售金融转型，难点不在战略和方向，不在技术和市场，更多难在机制优化。要充分发挥零售业务推进委员会和牵头部门的作用，既抓纵向战略传导，又抓横向协同发力；既重打破零售板块内部的壁垒和割裂，又重加强公私业务联动，形成一体化发展。要一以贯之保证资源投入。既坚定不移地抓好储蓄存款竞争力提升，又坚定不移地发展好个人金融资产、个人按揭和中收等业务，确保今年个人按揭贷款增量同业第一，力争用3年左右时间重新成为中国第一储蓄银行和第一零售信贷银行。在消费信贷业务开展过程中，要坚持不忘初心、回归本源，把握好发展节奏，找准客户定位，突出贷款真实性管理。要深耕智慧零售转型。继续围绕全量客户经营，从产品、流程、渠道、安全、账户五个维度，推进“极智体验”工程破冰起航，打造零售金融新生态。要推进零售相关业务线夯实基础、争先进位。信用卡要发挥互联网转型先行示范作用，在量质并举基础上，完善“获客、支付、融资、服务、管理”五大转型发展。力争信用卡客户数突破1亿，有效客户数净增1 150万，中收贡献进一步提升。要以果断措施推进私人银行转型，拿出系统方案，促使其在加强投资管理能力建设、夯实运营核算基础的同时，尽快将风险管理纳入全行统一管控体系，推动业务良性发展。

二要蹄疾步稳推进大资管转型。全行大资管经营转型实施方案已经印发，要在当前政策过渡期、市场转型期、经营体制调整期相叠加的情况下，既脚踏实地促转型，又不失时机谋发展，尽量平滑新政影响，努力在转型中稳住收益、稳住客户、稳住规模、稳住市场优势。要统筹好产品转型与客户拓展，稳定收益来源。从转型大局看，提升新产品规模是长久之计和重中之重，这也是转型的最难处。要坚持市场导向，按照“有序下降、前松后紧”的策略，拿捏好新老产品转换的力度和节奏，平稳推进产品端转型，为化解风险、稳定收益赢得时间和空间。要做好对客户的分层营销和差异化服务，加快培育真正的合格投资者客户群体，为产品转型提供坚实基础。要统筹提升投研和风控能力，夯实收益基础。这是我们在大资管2.0时代市场风云变幻中站得稳、立得住的关键。要加强以大类资产配置为核心的投研能力建设，通过资金支持推进非标转标，补齐标准化投资短板，做优非标投资长板，构建“双强”格局，以产品收益表现和风控能力的“双提升”，把工银理财“可靠”的招牌擦得更亮。要开展对存量资产的动态梳理，对过渡期内不能自然到期的资产分类做好安排。要统筹联动协作，拓宽发展空间。抓好子公司与集团战略协同机制的落地，理顺子公司与总行部门、分行及集团内其他资管平台的关系，强化在渠道销售、产品布局、项目推荐、资产托管、系统运营、风险控制等领域的深度协作，确保集团综合收益最大化，实现1+1>2的目标。要积极拓展境外资管市场，力争管理规模达到3 000亿元。

要特别强调的是，今年各地职业年金招标将全面推进，省级层面将在第一季度完成。相关专业和各分行要把这一战略性业务作为支撑集团大资管发展的“增长极”，作为检验协同作战能力的“试金石”，算好综合账，打好联动牌，务必打赢营销决胜战，首争受托并确保中标资格数量和市场份额同业第一。

三要以新思维新手段推动大投行新突破。从本质上讲，投行业务就是以独到眼光，专注于解决“疑难杂症”。在错综复杂的经济形势下，投行业务市场机会多、发展潜力大，是可以大展拳脚的机遇期。要站位建设国际一流投行的高远目标，采取分步走策略，以创新思维、创新路径，实现格局突破。要实现经营机制的突破。从文化理念、容错机制、风控模式、专业团队等方面，进一步探索在商业银行大框架下推动投行业务发展的有效路径，发挥统筹联动合力和商投联动优势。要实现业务模式的突破。资管新规下，过去作为主要收入贡献的理财直投、名股实债等业务面临资金来源难题，类信贷、类表内的业务发展模式难以为继，倒逼我们必须加快创新业务模式，打造多产品线领先的投行服务体系。品牌类投行要适应“资产标准化”的转型方向，在资产证券化、债券承销、真实股权投资等方面趟出新路，实现资金渠道、客户结构、收入模式与表内业务的差异化发展。基础类投行要丰富产品和服务内涵，打造融安e信、融智e信、金融风险咨询服务“三驾马车”，树立“知识付费”时代的特色投行品牌。要实现区域发展的突破。当前投行区域发展不平衡状况较为突出，前6家分行贡献了超过一半的投行收入，有12家分行投行收入尚不足1亿元。区域短板也是潜力所在。要重点加强城市行投行队伍建设，增强业务在分行的“落地”能力，形成增量扩面提速的发展态势。

四要加力增效推动大金融市场板块发展。扩大金融对外开放，必然带来境内外市场更加紧密的联系互动，催生大量交易、避险和投资需求。要加强相关业务线的协同联动，完善大金融市场板块战略布局，提前卡位、抢占先机。要完善投融资布局。加强市场预测，择势、择时、择券做好债券投资布局，把5万亿元的债券资产管理好、运作好，保持优于可比同业的收益水平。在今年开局阶段要把握地方政府专项债投资机遇，早投放、早收益。票据专业要抓好全产品链建设，做大业务流量，增强周转获利能力。贵金属业务要把握黄金投资和交易需求回暖、监管政策趋向明朗的机会，在稳步发展实物和融货业务的基础上，积极探索布局新的增长点。要完善产品布局。围绕结售汇、账户与商品交易、外汇与衍生品交易、人民币利率交易、代理交易等重点业务线，加大产品创新和市场推广力度，更好满足客户交易和避险需求，做大业务规模和利润贡献。要完善全球布局。认真贯彻监管部门关于拓展国际金融市场推动全面发展的意见，加快优势产品线的海外布局，拓展境内外双向联动的广度和深度，用好两个市场、两种资源。

（四）推动改革创新走深走实。核心是以增强活力和提升效能为重点，做实四梁八柱性质的机制改革和科技创新，向深化改革要红利，向创新创造要红利，向管理优化要红利。

一要将智慧银行建设向纵深推进。以深化 e－ICBC 3.0 和 ECOS 建设为核心，以科技组织架构转型为依托，加快从“技术保障、业务支撑”向“科技驱动、创新领跑”转型，更充分地激发科技与金融深度融合的“聚变”效应。

3.0 战略要深化落地。当前互联网金融生态变化呈现两大新特点。一是“互联网＋”进程深入推进，产业互联网、政务互联网蓬勃发展，孕育新机遇。二是随着监管加强，互联网金融企业逐步回归本源，与银行竞合并存、优势互补、错位发展。我们要把握这些新趋势、新机遇，从理念和实践上更好地拥抱金融科技，推动 e－ICBC 3.0 落地再提速。要坚持目标导向、效果导向，全面推进“八位一体”建设，并抓紧健全与之相应的资源投入、考核评价和业绩分配等机制。要充分调动各板块积极性，加强 3.0 成果在获客活客、营销服务、经营管理、风险管控等领域的创造性运用，让创新成果遍地开花。要进一步做好统筹大文章，坚持统筹而不统包，理顺线上与线下、B 端与 C 端、主办与协办、对内与对外等关系，对内聚合力量，对外强化输出，形成金融科技风生水起的大氛围。着力解决好平台入口较分散、产品名称多而杂等问题，聚焦核心定位和功能，加强统筹布局和整合优化，形成简洁、友好的客户体验。强化资源共享，对系统、接口、数据、参数、平台、账户等这些更宝贵、更核心的资源，必须共有共享，同时要明确谁主管，谁负责日常运营、谁承担风控责任，防止形成基础层贯通融合、应用层却画地为牢的“怪圈”。

ECOS 建设要真正出彩。发布 1.0 版本是今年 ECOS 建设的重中之重，要确保一经推出，一炮而响，真正“在同业有影响力、让基层有感觉”，成为我行科技创新代际领先的新载体、新标志。要对照年度目标任务，集中优势兵力，强化重点项目攻关，年内全面完成企业级业务架构搭建，并在业内首家构建起主机与开放平台并行的完整 IT 架构。要同步做好整章建制、流程优化等配套工作，并通过有效的培训推广，强化创新成果实质运用。

科技体制创新要创造效能。去年我们在科技组织架构上做了很大创新。组织架构是“皮”、机制有效运转才是“魂”。今年要把着力点放在健全机制、发挥作用上，让改革红利真正释放出来。尤其是要在提高研发产能和科技供给能力上下功夫，按照“板块化分工、开放化布局、差异化研发、扁平化管理”的思路，整合研发资源投入，精简研发流程，建立业务与开发直连的快速研发机制。要适度扩大分行自主创新权限，提高对区域市场、特色应用研发的响应速度。要用好金融科技子公司市场化的运作机制，增强人才引进、研发合作、输出服务等方面的灵活性，探索产学研联合攻关机制，打造工行科技创新的“新利器”。

二要构建集约化、智慧化、综合化运营体系。重点深化 3 项改革。一是倾力打造集中营运大后台。建立总行集约运营中心，分步实施全行业务的纵向上收和相关专业后台运营的横向集中，实现运营资源在集团层面的整合共享、核算规则在更高层级的标准规范。这项改革是对现有运营体系的新一轮升级换代，要上下联动、部门协同，先易后难，稳步推进。二是要进一步推进网点岗位整合优化。把新岗位体系建设作为网点转型的先行工程，深入推进“5 变 4”的落地优化，把 20 万的网点人力资源激活用好。三是全面构建线上线下运营新流程。进一步打通各渠道、各平台、各系统边界，解决好线上线下割裂的问题，建立信息共享、流程扣合、资源交互的服务新模式，实现客户需求快速响应。

三要促进人力资源效能大提升。提升人力效能，要做好加减乘除法。加法就是完善全链条、全覆盖的人才培养与发展体系，增加员工自身价值。减法就是按照三年人员规划目标，适当压降人员总量，并通过梳理整合流程，减少对人力资源的“隐性占用”和对服务效能的“显性耗损”。尤其是总行和分行层面要倡导“短平快”的流程，防止将不必要的任务层层压向基层。乘法就是要全面推进科技手段、直线管理、结构调整、平台型团队等创新，重视眼睛向内挖潜增效，发挥提升人力资源投入产出效率的乘数效应。除法就是要将标准化程度较高、附加值相对较低、具备条件的业务通过实施外包等方式，从根本上降低人员占用。

四要调动激发经营主体活力。进一步完善考核评价体系，处理好“条与块、统一性与差异性、机构维与员工维”等关系，更好地激发各经营主体活力与效能。导向要更精准，加强对“最先一公里”考核评价办法的统筹，确保导向更清晰、更聚焦。指标要更精简，建设全行统一的“指标库”，构建简洁、直观、量化的指标体系，提升 MOVA 对客户维和员工维核算的精准度。管理要更精细，一、二级分行要发挥作用，对总行政策做好“收口管理”和“衔接消化”，确保战略在“最后一公里”贯通落地。

重点城市行要持续深化竞争力提升内涵，强化创新发展意识，落实竞争发展责任，发挥好经营发展第一方阵的作用。总分行要保证对重点城市行的资源投入，支持其强化“三基”、拓展“三新”，在市场周期波动中稳定全行“基本盘”。

（五）推进国际化综合化发展稳步向前。重点是坚持“三个天职”的定位，不断调整、完善、丰富、提升国际化综合化发展内涵，促进稳健合规和提质增效发展。

国际化方面，一手要抓好合规管理和风险控制。将全行境外合规会议各项要求部署逐一分解落实，并有机嵌入境外机构公司治理、战略制定、风险防控、业务发展、队伍建设等全流程。要压实境外机构合规经营的主体责任，确保看好自己的门，管好自己的人。相关机构要按照任务书和时间表，以高于监管期望的标准抓好整改工作，以改促建。要压实各专业条线境内外一体化管理责任，充分发挥国际化联席会议的“管总”效能，进一步提升总部对海外的统筹管理能力。今年境外机构合规经营上，要确保不存在大的风险盲区，不遭受大的监管处罚，不发生大的风险事件。此外，今年外汇局将对我行开展包括总分行在内的现场检查。总行相关条线和境内分行要高度重视，做好各项准备工作，确保经得起检查，不“放卫星”。另一手要抓好转型发展。优化区域管理模式，根据监管和经营实际，“一行一策”主动调整境外市场分类。把握好稳健发展跨境融资和拓展本地信贷业务的平衡关系，稳步推进境外信贷转型，更加注重将“中国元素”与境外机构本地特色相结合，量力而行、量体裁衣，避免“水土不服”。要夯实境内国际业务发展基础，加强专业团队建设，创新全产品贸易金融服务体系，实现客户覆盖率和业务渗透率“双提升”。尤其要加快推进国际贸易“单一窗口”对接建设，把握好企业融资信息流和资金流真实性，打造跨境服务新优势。今年国家还将举行第二届“一带一路”国际合作高峰论坛，要以此为契机，推动一批规模大、示范性强的基础设施和产能合作项目成果落地。

综合化方面，要把握集团和各子公司发展规律，在继续完善牌照布局的同时，按照“集团化统筹、全覆盖穿透、差异化管理、专业化发展”的思路，做实综合化协同管理机制，做到“三个更加注重”。一是更加注重综合化子公司与集团的发展协同。子公司要在战略规划、客户准入、风险管控、授权管理、穿透管理等方面，主动融入集团整体发展框架，确保集团看得清公司经营。二是更加注重经营与管理的统一。基础管理和专业能力建设必须要跟上发展步伐，不能“跛足前行”、管理掉队。三是更加注重短期与长远、速度与质量的平衡。不以长期风险为代价，换取短期业绩。依靠集团协同发展，但不能患上“过度依赖症”。工银瑞信要发挥在标准化投资等领域的优势，在非标转标、资产证券化、职业年金等领域深化行司联动，既服务集团大资管大投行转型，又推动自身做强做大。工银租赁要主动融入集团融资业务统一管理体系，做到偏好一致、制度统一，加大存量风险化解处置力度。工银安盛要在抓好行司协同，推动客户共享、产品共研、队伍共建的基础上，调整业务结构，进一步增强内生发展能力。工银国际要立足香港市场和牌照优势，完善投资银行、投资业务、销售交易、资产管理“四轮驱动”的战略布局，切实强化穿透管理，消灭管理真空，提高对集团的盈利贡献。工银投资要把握业务实质，把好客户准入，按市场化法治化原则推进债转股。

（六）全力以赴打好风险防控攻坚战。风险防控是生命线。要进一步深化对风险演变特征和规律的再认识，把握优先顺序，抓住重点风险，打好主动仗和攻坚战。

一要严阵以待应对资产质量新考验。一是强化全口径信用风险的扎口管理。要把牢信用风险总闸口，加强对全集团信贷、债券、代理投资、租赁、票据、银行卡等全口径信用风险的统筹管理，确保全行信贷经营一盘棋。二是深化重点领域风险管控。地方政府融资重点要做好政策把握和区域管理，加强对债务风险预警地区的融资总量控制，提高地级及以下政府类项目的准入要求，优先保障资本金到位、运作规范的存量在建项目合理融资需求，避免工程烂尾。房地产融资要落实因城施策、分类管理要求，控制好房地产开发融资总量。大户风险管控要做实名单制管理和会诊制度，提高预警的及时性和有效性。杜绝海外信贷业务脱出总行视野。要加强“深潜”融资风险治理，确保潜在风险池出大于入、稳步下降。要突出“精准”与“前瞻”，做好重点移出池融资压降。要以信用卡资产下划为契机，进一步落实分行风险管控责任。三是加强线上融资风险管控。线上是重要获客渠道和融资创新方向，但线上业务风险显著高于线下。截至去年末，全行9项线上融资产品不良额××亿元，不良率×%，增长较快。要加强线上合作平台管理，把住客户入口，控制“客户下沉”态势。对客户定位与我行不符，客群资质差、欺诈风险大的平台要果断进一步退出。要重数据但不唯数据，重模型但不唯模型，将大数据分析运用与线下交叉验证有效结合，落实全流程风险管理责任。四是加强不良贷款处置管理。今年总行将继续实施“夯基固本”工程，并把拨备提取比例与处置损失率挂钩，增设押品回收率指标，引导各行切实强化不良资产经营理念，创新处置手段，实现处置效率和效益的更好平衡。

这4年，我们累计拿出3 132亿元用于呆账核销，占同期净利润总额的27%，累计处置不良贷款8 064亿元，占贷款总额的6%。我们付出高昂学费，要学会成长成熟，把刻骨铭心的“教训”和真金白银的“代价”，变为尊重规律、夯实管理、提升能力的“财富”。要完善信贷体制机制改革，确保不忘改革目的和初心。

要对信贷管理基础工作再强化、再提升，切实树立敬畏信贷、敬畏风险的意识；加强准入管理，控住新出血点，加强真实性审核，做好防假工作；加强贷后投后管理，落实信贷责任；加强信贷专业队伍和信贷经营能力建设，真正落实专家治贷、专业治贷、从严治贷。

二要刻不容缓构建全口径风险防控新体系。与较为成熟的信用风险管控体系相比，我们在表外代理投资、股权、委外、境外等全口径风险防控的机制、制度、流程、手段、经验等方面都还存在欠缺。全行要从基础环节入手，以“看得清、摸得透、管得住”为目标，全面摸底，明确责任，消灭隐患，稳健发展。要建立有效穿透的风险全景视图。强化统计和数据支撑，依托集团交叉性风险监控平台，实现对业务嵌套、杠杆率、底层资产、交易对手等关键要素的穿透监控，努力把“看不清”变为“看得清”。要建立简单透明可控的业务发展策略。强化对代理投资、同业、委外、票据、金融市场等跨市场业务的管理，前置风险关口，完善业务审查、基本授权、风险偏好等制度规定。对层级较多、交易结构过于复杂的业务，要“拆链解套”，增强穿透管理能力。对交易对手难以把控、高风险的业务，要坚决退出。对委外业务要下重典，建立合作机构风险监控平台和报表体系，强化事中控制和退出管理，不能当“甩手掌柜”。要建立贯穿集团的统一风控体系。加强集团并表管理，严控子公司层级，实行“瘦身增效”，防止因机构扩张、层级延伸而造成信息不对称。非银子公司的所有业务、交易都要进系统，让总行看得见、看得清。要严格评估各类特殊目的载体（SPV）设立的必要性，加强授权管理，保持清晰的项目架构，避免成为风险隐藏的“黑箱”。

特别强调一下，目前全集团涉及市场风险的表内外资产超过10万亿元，2018年交易总额达到140万亿元。在国际国内金融市场不确定性因素增多的背景下，一旦趋势把握不准，投资决策失误，内部控制失效，极易引发黑天鹅事件，其损失不亚于大户信贷风险暴露。要把健全市场风险管控体系摆到更加重要的位置，加强流动性、利率、汇率等风险的监测分析，完善全流程风险管控，确保业务平稳发展。

三要不折不扣落实内控案防新要求。今年内控案防形势依然严峻，绝不能掉以轻心。要全面开展内控合规“压实责任年”主题活动，确保压实主体责任、监督责任、整改责任，坚决守住案件风险率监管目标，杜绝重大恶性案件和风险事件发生。要抓好“三道防线”联动，落实“一道防线”的第一责任，提升专业管理能力，处理好经营与管理的关系。内控“二道防线”要严字当头，突出对管理责任、违规源头主导责任的问责，提升问责层次，纠正宽松软问题。重视发挥内审“三道防线”作用，将机构审计和专项审计有机结合。要探索建立监管处罚、监管整改与班子绩效考核挂钩机制，防止“不痛不痒”状况。要以“堵塞新案风险，拆解陈案风险”为主线，深入推进信贷、资管、金融市场、投资银行、委外等第三方合作、同业业务、资产处置、集中采购“八大领域”风险治理。要抓住账户、凭证、交易、授权、印章等关键要素，加强案件风险源头追溯和有效防控，重视加强对非法放贷的综合治理，持续推进内部账户清理和管理规范，巩固印章改革成效并做好深化提升。要重视运营风险管理，进一步增强运营全流程管理的严肃性、规范性和针对性，实现“管少、管好”。要重视运用大数据、人工智能等先进技术手段，提升非现场排查的精准性和有效性，推动从“事后治理”向“事前识别、事中干预”转变。

四、开创工商银行党的建设新局面

在前不久召开的十九届中央纪委第三次全体会议上，习近平总书记站在新时代党和国家事业发展全局的高度，深刻总结改革开放40年来党进行自我革命的宝贵经验，对管党治党作出新部署、提出新要求。全行要十分清醒地认识到，“钱袋子”与枪杆子、笔杆子、刀把子同样重要，办金融就是党执政的要事，必须毫不动摇地坚持党的领导来办好金融这桩事关国计民生的要事，必须坚持用党的纪律和要求来监督办金融的工作。在全行党建工作会议上，我们总结了六条党建规律，部署了三大核心任务。全行要不折不扣贯彻好中央全面从严治党新要求，积极落实全行党建工作会议部署，奋力开创党的建设新局面，以高质量党建引领高质量发展。

（一）将以政治建设为统领全面提升党建质量实实在在落到具体工作中。政治建设的根本是听从党中央号令，树牢“四个意识”，坚定“四个自信”，践行“两个维护”。讲政治是具体的，讲的是实干政治，而不是空头政治；不是看说得多好、调门多高，而是要知行合一，保证中央政令畅通，在工商银行一贯到底，用真抓实干诠释忠诚。要把学习贯彻习近平新时代中国特色社会主义思想作为首要政治任务，继续在融会贯通、转化运用上下功夫。各级党委特别是书记要强化政治担当、履行主体责任，以组织实施好“不忘初心、牢记使命”主题教育为促进，把每个领域、每个环节的党建工作抓具体、抓深入。要强化大抓基层的鲜明导向，突出政治功能，提升组织力，抓紧制定《党支部工作条例》实施细则，落实好“两个优先”要求，提高网点负责人等关键岗位党员比例。要结合工商银行实际，驰而不息纠正“四风”，特别是持续发力集中整治形式主义、官僚主义，紧盯表态多、行动少、工作不实等问题，紧盯会议多、文件多、检查多、培训多，以文贯文、以会贯会等问题，紧盯宗旨意识不强、服务客户和基层不用心不务实等问题，拿出有效管用的整治措施。对典型案例要加大查处和通报力度。

（二）将全面从严治党、从严治行向纵深推进。习总书记在中央纪委三次全会上提出了6项任务，强调坚定不移推进全面从严治党，巩固发展反腐败斗争压倒性胜利。党的十八大以来，反腐败斗争取得压倒性胜利，这是全国形势、是总体判断，并不代表在各个领域、各个单位都是如此，我们对反腐败形势的严峻性和复杂性一点都不能低估。习总书记特别强调指出，要加大金融领域反腐力度。全行对此要有清醒认识。金融是一个资金密集、资源富集的特殊行业，腐败风险点多面广、盘根错节，更具有隐蔽性、复杂性。面对金融市场和第三方巨大的利益诱惑，一些意志不坚定者很容易防线失守被“围猎”被“俘虏”。对此，我们决不能盲目乐观、掉以轻心，决不能有与我无关、置身事外的心理。从总行警示教育大会通报的林晓轩等人违纪违法典型案例可以看出，我们党风廉政建设和反腐败工作还有“灯下黑”和薄弱环节，一定程度上还存在宽、松、软问题。全面从严治党、从严治行，永远在路上。要对照赖小民、林晓轩等典型案例，持续开展警示教育活动，查找病灶，以案促改。要用身边事教育身边人，用严管体现厚爱，教育引导广大党员干部算好政治账、经济账、家庭账、名誉账，珍惜党员身份，珍惜和爱护工商银行的“金字招牌”，多添彩、不抹黑。要巩固和深化“八大领域”整治成果，加强对重点环节、关键岗位的制度和系统“硬约束”，强化制度落地执行。要深化巡视巡察工作，以严肃认真的态度和行动做好整改“后半篇文章”。要敢于亮剑，铁腕治行，重拳出击，从具体人、具体事着手，对不正之风和腐败问题，发现一起坚决查处一起，绝不姑息。要通过不想腐、不能腐、不敢腐机制的一体推进，强化工商银行海晏河清、风清气正的好生态、好气象。

（三）全面落实中央纪委国家监委派驻机构改革任务。对包括工商银行在内的中管金融企业实施派驻机构改革，是党中央作出的重大决策部署，是健全党和国家监督体系的重大举措，也是适应中管金融企业党的领导体制、党建工作体制的重大制度创新，对加强党集中统一领导金融工作，推动金融领域全面从严治党和反腐败斗争向纵深发展具有重大意义。派驻改革主要是通过中央纪委国家监委向工商银行全面派驻纪检监察组，围绕监督执纪问责和监督调查处置，履行党的纪律检查和国家监察两大职责。派驻纪检监察组与工商银行党委是监督与被监督的关系，重点监督总行领导班子及其成员和总行党委管理人员，加强对总行机关和直属单位的监督。全行上下尤其是各级党委要充分认识这次改革的政治考量和政治要求，充分认识改革的重要意义和紧迫性，把推进和落实改革作为履行主体责任的重要内容，切实防止当看客。要自觉对标中央要求，加强创新探索，认真研究改革落实举措，拿出有建设性的“工行方案”。这次改革不仅是纪检监察条线的改革，也是全行公司治理架构和内部监督体制机制的重大变革。要同步实施好配合改革，做好党风廉政建设日常工作的及时承接，做到机构调整、职能衔接、流程优化和协调机制建设“四个尽快到位”。尤其是要围绕“改革目的是要加强监督”的原则，重构分工明确、精准发力、高效协同的内部监督体系，发挥好纪律监督、监察监督、巡视监督、派驻监督“四个全覆盖”优势，实现监督力量进一步加强、监督资源进一步整合、监督效能进一步强化。各级党委要切实增强党性，正确对待监督，习惯接受监督，真诚欢迎监督，习惯在受监督的环境中开展工作，积极支持派驻纪检监察组履行职责，全力提供开展工作的必要保障。

（四）积极营造担当进取干事创业的氛围。一要抓好“关键少数”。要坚持选优配强，建设坚强有力的领导班子，尤其要选好“一把手”，发挥“火车头”作用。各级行“一把手”要自觉当好“施工队长”，跑好第一棒，带头落实好中央决策部署和总行战略安排，一级做给一级看，一级带着一级干。二要抓好年轻干部培养选拔。既要宽视野发现，又要多维度培养。要落实好“两个五分之一”要求，健全年轻干部选育用管的全链条机制，深入实施“311”培养规划。要有计划地把优秀年轻干部放到复杂环境中、吃劲岗位上历练，增长见识才干，为建设“百年老店”打造良好代际传承。三要抓好专业能力建设。没有金刚钻，揽不了瓷器活。银行是吃专业饭的，专业能力是硬功夫、硬道理，没有专业能力什么也干不成。要善于观大势识大局，在形势的纷纷扰扰中，拨云见日，看清本质，洞察趋势，掌握规律，以专业视角作出专业决断。要增强创造性抓落实的本领。依靠过硬的政治能力和深厚的专业底蕴，担当务实地落实决策部署，避免空喊口号的形式主义和简单机械的命令主义，克服慢动作、跟不上现象。要加强学习和调研，越是在复杂和困难局面下，越要在学习和调研中找思路，摸实情，想办法，出新招，解难题，强本领。四要抓好生态建设。要树立重实干、重实绩的用人导向，把敢不敢扛事、愿不愿做事、能不能干事作为评判优劣、奖惩升降的重要标准，大张旗鼓地为担当者撑腰，把忠诚干净担当的干部用起来，把不作为、乱作为的干部调下去，不让干事人、老实人吃亏。要出台科学的任期测评办法，健全精准问责，强化正向激励。要注重培养干部的斗争精神，增强斗争本领，塑造敢于斗争的风骨、气节、操守、胆魄。

同志们，今年是三年规划实施承上启下的关键之年。要继续以“奋斗＋落实”的状态和作风，迎难而上，扎实工作，确保各项任务目标圆满完成，用改革发展的新成绩迎接中华人民共和国成立70周年！

在中国工商银行2019年工作会议上的总结讲话

易会满

（2019年1月25日·根据录音整理）

这次年度工作会议就要结束了。一天半的时间里，同志们进行了认真学习和深入讨论。大家普遍反映，这次会议开得很好，为做好今年工作指明了方向、确立了基调、给出了方法、提振了信心，达到了预期目的。我参加了第一小组的讨论，刚才又听了五个小组的集中汇报。总的感受是，这次会议体现了几个特点：一是体现了坚持战略定力，一张蓝图绘到底。会议提出的各项部署安排，既贯彻了党中央国务院对当前形势的判断和对金融工作的要求，又与2017年改革发展研讨会精神一脉相承，体现了环境的新变化，体现了工行特点，体现了我们“不折腾”的经营文化特质。二是体现了坚持辩证思维、底线思维。这次会议的工作部署非常具体，要求也很高，不管是宏观形势分析、核心目标确定，还是具体业务拓展、内控案防安排，都体现了辩证思维和底线思维。各行在学习把握会议精神、安排自身工作的时候，也要更多体现辩证思维、底线思维。三是体现了坚持统筹协调，驾驭全局。我们不仅部署“过河”的任务，也解决好“桥或船”的问题，解决好“怎么看”和“怎么干”的问题，讲清楚环境怎么看、措施怎么干。四是体现了坚持党对金融工作的领导和大行的家国情怀。充分发挥国有企业独特的政治优势，毫不动摇地坚持党的领导，加强党的建设，做好人的工作，在困难环境下调动好各方面的主观能动性，把全行工作放在党和国家大局下研究谋划，是工商银行最大的特点，是我们一直坚守和发扬的治行理念与治行方略。

在会议讨论和汇报中，我高兴地看到，大家有着非常好的精神状态，这来自良好的经营业绩，来自于我们不懈奋斗的过硬作风和在奋斗中形成的理念、模式、艺术、方法。大家尽管感觉任务书沉甸甸的，感觉区域、行业、企业分化在加剧，感觉“春天还没真正到来，冬天可能再次降临”，但还是表现出应有的信心、底气，表现出满满的正能量。年年难过年年过。办法总比困难多。只要我们有“奋斗+落实”这样一种精神状态，任何困难都能克服。此外，大家对总行党委所做的工作安排，有着高度的共识，提出的建议非常有质量和针对性。下面，我结合大家的讨论，再谈几点意见。

一、坚定信心，坚持稳中求进

这次年度工作会议上对形势的分析，是这些年来篇幅最多、分量最重的一次。一方面是因为没有开改革发展研讨会，需要在年度会上对形势有个全面分析研判。另一方面是因为今年的形势确实更复杂、变数更多、不确定性更强、风险挑战更大。讨论中一些同志对外部形势变化表现出一定担忧。这种忧患意识是必要的，我们就是要居安思危、稳不忘忧、优不忘忧，把各种风险考虑全、估计足，作最坏的打算。实际上，看不到风险才是最大的风险。但同时我们也要坚定信心，越在这个时候，信心越至关重要。顺境时多看风险，多讲忧患意识；逆境时多看机遇，多讲信心，这也是辩证法的体现。市场经济条件下，信心和预期就是生产力，就是战斗力。把形势分析透，清醒认识困难和挑战，做到心中有底、心中有备，不至于惊慌失措、手忙脚乱，这有利于我们提振信心。充分认识我国重要战略机遇期及其新内涵，充分认识工商银行应对复杂形势所具备的经验、条件和实力，更有利于我们提振信心。为什么我们强调要有“在风险挑战中创造机遇”的能力，就是讲主观能动性的发挥，讲事在人为。银行是经营风险的。一家优秀的银行就是要有在风险中洞察机会、洞见明天的能力，有先于市场和客户需求作出变化的能力，在主动塑造环境、创造机遇中，办好自己的事，走好自己的路，把转型阵痛期变为发展蓄势期。

做好今年工作，要坚持稳中求进。1月21日，习近平总书记在省部级主要领导干部专题研讨班上发表重要讲话，对防范化解政治、意识形态、经济、科技、社会、外部环境、党的建设等领域重大风险作出深刻分析、提出明确要求，强调必须始终保持高度警惕。在这种复杂严峻环境下，我们一定要把“稳”放在第一位，坚持“稳”字当头，各项工作都服从、服务于“稳”这个大局。对我们这么大体量的银行来讲，看住摊子，守住底线，稳住阵脚，不仅是自身应对复杂形势、保持稳健发展的需要，也是为经济金融的安全稳定在托底压舱，这是我们应有的大行担当。我们利润稳住了，就是进；资产质量管住了，就是进；不出大的风险事件，就是进。同时，“稳”也不是一味求稳，无所作为，而是要在关键领域有所进。消极的“稳”，是稳不住的，以“进”促“稳”，才能真正做到稳。各行在确定自己的年度计划和工作任务时，既要有全行一盘棋的思想，又要结合自身实际，还要紧盯市场和同业，制订一个切实可行、积极进取的计划，处理好稳与进的辩证统一。要把该拓展的客户、该进的市场、该投放的项目、该抓的中收全力抓到手，把“稳”和“进”的具体目标落到实处。我们的经营成果不是等出来的、不是喊出来的，而是干出来的，是拼出来的。过去如此，现在如此，将来也如此。总之，“困难不容低估，信心不可动摇，干劲不能松懈”，这句话大家一定要结合工作实际认真思考，抓好贯彻落地。

二、立足抢先抓早，把好工作节奏

中央经济工作会议和国务院常务会议都突出强调，做好今年经济工作，实现第一季度良好开局十分重要。对全国如此，对全行经营也是如此。开局走好了，全局就走活了。特别是今年一些大的市场机会主要集中在年初和上半年，全行一定要早部署、早启动、早落实、早见效，以快人一步争得全场领先，以“开门红”赢得全年主动，以积极的工作安排落实好中央要求。这里不面面俱到，仅强调几项重点任务。

一是抓好核心经营指标的开门红。年度经营计划已分解下达各行，大家要马上动起来，抓住营销旺季，聚焦核心指标，统筹各项重点工作。存款、贷款、中收、盈利、拓户、转型等都要不唯计划唯市场，在确保完成序时进度的基础上，努力争取更好结果，增强信心，提振士气。对信贷规模问题，刚才谷行长说的我完全赞成。我们可以适度作一些弹性安排，总行该配置的规模、该投放的产品、该给的政策支持要第一时间下去，但全年总量计划还是要守住。否则风险很难驾驭，而且面临资本、资金和管理能力的硬约束。同时，我们要坚持信贷布局和结构调整的定力，结构比总量更重要。相关部门在顶层设计、规模安排时要加强衔接，不断优化品种和区域的摆布，坚持对个贷、民营和普惠、票据等重点产品和重点区域的优先配置，既体现工行站位、提升服务实体经济的力度和精准度，又体现全行战略发展与经营转型方向。

二是抢抓大零售和互联网金融业务竞争发展机遇。我们说大零售业务是稳定器，一方面是因为它平滑周期的特性，另一方面是零售业务需要长期弯腰流汗，深耕细作，下苦功夫、笨功夫，也正因如此，零售业务一旦形成核心竞争优势，对手很难轻易复制和超越。去年我们零售竞争力提升效果明显，打了一个翻身仗、主动仗，要坚定不移地巩固和深化。今年零售市场的机会仍然是比较多的，金融回归本源、回归银行主渠道的趋势仍在持续。在这种背景下，大银行是有优势的，但竞争会更加激烈。零售各相关部门要加强统筹，落实好总行统一部署，强化私私联动、公私联动，强化信息和系统支撑，抓好源头客户拓展和资金流循环增存，抢占市场资金制高点。要重视抓住互联网金融等一些新的市场机会。我们经过三年的探索，e－ICBC 3.0 战略和实施路径日渐清晰，上下共识初步形成，在产品、技术、系统、创新体制方面有了一定的积淀，只要坚定不移往前推，就一定能收到好的效果，进入收获的季节。此外，今年第三方支付公司备付金全部上存央行，其通过备付金存款摆布与银行议价的能力受到限制。总分行要上下联动，全力推动第三方支付绑卡，使之成为中收稳定的一个新发力点。

三是抢抓地方政府专项债扩容和加快发行的机遇。中央经济工作会议明确积极的财政政策要加力提效，重点之一是加大基础设施领域补短板的力度，发挥好有效投资的关键作用。作为配套资金来源，地方债发行将扩容提速，“堵后门要更严，开前门要更大”。年初全国人大已经授权国务院提前下达 1.39 万亿元的地方债，占到去年新增债务限额的 60% 左右。3 月份全国人大将批准全年地方政府债限额，9 月底之前全部完成发行。整个节奏安排较去年明显提前。各行要第一时间与当地政府对接，摸清发行的计划安排以及拟投向的重点项目清单，推动承销发行、债券投资、配套资金支持等全链条的竞争拓展。抓住年初市场利率相对高点完成一批优质资产的战略性配置，在支持实体经济稳增长的同时，也抢占优质市场份额，并为更广泛的银政合作创造条件。同时，要紧密跟踪政府类项目的融资政策动态，在确保合规的基础上，分类施策、区别对待，择优做好配套资金支持。

四是抢抓职业年金的落地机遇。我和谷行长在讲话中都作了布置。这是一项基础性、战略性业务，价值链条长，客户黏性大，一旦拿到手，就会建立起有效的竞争优势，一劳永逸，细水长流。不仅可以带来受托、账管、投管、托管等直接中收贡献，还可以增加资金沉淀；不仅能稳固和机构客户的关系，还能培育一大批优质和持续增长的个人客户。根据人社部安排，第一季度省级职业年金的资格招标将全部完成。各条线、各分行要在去年良好局面基础上，再接再厉，一鼓作气，务必打赢这场营销决胜战，不仅要确保中标资格数量和份额同业第一，更要对标在这一领域有着传统优势的大型保险集团，争取市场份额领先。

三、强化底线思维，把风险防控作为经营生命线

讨论中大家都谈到要进一步加强风险防范和内部控制。去年内审局首次从机构的维度，对 11 家单位进行了审计，通过解剖麻雀，发现了一些全局性、趋势性的问题。这项工作是一个有益的尝试，今年我们还准备择机开展对第二批机构的审计。从这次审计以及其他内外部检查发现的问题看，我们在风险防控上还需要进一步

聚焦发力。

一是树立正确的发展观、业绩观、风险观。我们在检查和整改工作中，要学会跳出问题看问题，从现象看本质，从局部看全局，举一反三，找到共性、找到根源、找到规律。比如，我们审计检查中发现的一些具体问题都非常聚焦，有业务拓展与风险防控不平衡的问题，有操作习惯的问题，也有管控能力不足的问题，其背后反映的其实是一家机构发展观、业绩观、风险观的问题，是如何管好一块“责任田”、带好一支队伍的问题。不解决这个根本问题，光就事论事，就具体问题改具体问题，是于事无补的，这也是我们一些问题屡查屡犯、前查后犯、此查彼犯的重要原因。因此，要重视从根子上解决问题，下大力气抓好对各级经营管理者尤其是各级行一把手的教育培训，端正经营理念，端正经营风气，端正经营行为。要坚持按商业银行规律办事，坚持把十大治行理念和治行方略运用到实际工作中，正确处理短期和长期、局部和整体、速度和质量、业务发展和管理能力等关系。“三个端正”做到了、加强了，才是整改的最大收获。我们的目标是要打造百年老店，基础的理念、文化和行为规范至关重要，决不能形成投机取巧、弄虚作假，不考虑风险或者对风险麻木不仁、没有敬畏感的文化风气。内审部门过段时间可以开展一次“回头看”，重点看看这些被审计机构的经营理念是否真正有所改变、有所提升。

二是下决心补上信用风险管控这个最大短板。我在报告中讲到，近 4 年来全行投入 3 100 多亿元财务资源，核销处置了 8 000 多亿元不良贷款，占到全部贷款余额的 6%，要把刻骨铭心的“教训”和真金白银的“代价”，变为尊重规律、夯实管理、提升能力的“财富”。实际上，到目前为止，我们一些机构还没有真正吸取教训，真正做到长记性，信贷经营管理水平还没有得到根本性的提升。突出表现在新的出血点还没有控住，“管涌”状况依然点多面广，风险管控不平衡的情况突出存在，从总行专业条线到分支机构、从境内到境外，都有较大风险暴露。要看到，我们在信贷经营上是走过历史弯路的，付出过惨重代价，不仅是真金白银的损失，还包括对信贷理念、信贷能力、信贷队伍的冲击。而且对这种冲击的纠偏和矫枉，往往需要花费更长时间、更大力度。因此，千万不能有资产质量已逐步好转、可以松一口气、歇一歇脚的想法，千万不能有自我感觉良好的心态。实际上，信用风险管控依然是我们最大的短板，是我们防风险的第一要务。全行必须要抓好“经济本源、审慎稳健、诚信合规、客户优选、专家治贷、责任落实”24 字信贷理念文化的再认识，抓好信贷体制机制改革、全流程风险防控、信贷经营能力提升，以及专家治贷、专业治贷、铁腕治贷等固本强基措施的再落地。对此，信贷管理部门要不忘初心，以咬定青山不放松的韧劲和狠劲，把这一系列措施持之以恒地抓下去，不达目标不罢休。

三是坚持严字当头，从严治行。管理宽松软是目前表现比较突出的一个现象。反思起来，我们绝大多数的问题，都是管理不严带来的，是没有规矩带来的，是不守纪律带来的。因此，要把全面从严的决心、信号和要求，层层传导下去。要真正严在管人和管事上。人和事是高度相连的，我们不但管人要严，管事也要严。既要抓好关键人、关键岗位、关键少数的管理，也要抓好关键事、关键领域、关键环节的管理，全面提升从严治行能力。要真正严在条块结合的管理上。不仅各级机构要确保辖内一方平安，条线也要担负起严格管理责任。这点接下来还会专门强调。要真正严在问责上。要把信贷问责作为关键领域，改变问责面过宽与问责层次过低的问题，突出“问精问准问严”，突出对管理责任、源头责任、机构和条线责任的问责追责，提高问责层次，严肃问责纪律，不能“不痛不痒”搞个诫勉谈话或给个处分就敷衍了事、鸣金收兵。如果不严格管理、不严格问责，我们付出的巨大成本就形同打了水漂。这个成本是花不起的！此外，在违规和案件问责方面，今年也要拿出动真碰硬、务实管用的措施。比如，探索实行监管整改、监管处罚与机构班子绩效考核挂钩机制，让大家对处罚和整改真正“有感觉”、有触动、有震动，投入精力关注和改进管理工作。

四、调动分行和条线两个积极性，发挥好两个作用

工商银行是属地块块管理和条线职能管理相结合。做好经营工作，必须经纬结合，在坚持总行战略统一性和基本底线的基础上，调动好分行和专业条线两个积极性，提升两个维度的经营管理能力和创新创造活力，营造风清气正、鼓励担当作为的生态环境。

分行要重点提高创造性抓落实的能力。我多次讲过，工商银行这么大一个摊子，各行的资源禀赋、发展阶段和管理基础大不相同，总行政策再科学再精细也不可能照顾到每个地方的特点。这就要求各行在领会总行战略意图和精神实质的基础上，进一步发挥主观能动性，抓好创造性的落实落地，体现本行特色，体现可持续发展，体现分类指导，体现严字当头。不能满足于当二传手，简单照搬照抄，更不能凡事都等着总行“出招”。从我过去多年担任省行行长的切身感受来看，省行就是一个“小总行”，要善于弹钢琴，善于抓统筹。很多事情，包括市场规划、人员和渠道结构调整优化、绩效考核等，省行是可以大有作为，也应该大有作为的。行长要更像一个“行长”，坚持眼睛向下、眼睛向内，挖掘潜力，增强动力，解决存在的问题。比如，一些省行反映总行考核指标过多过细的问题，总行当然要加强源头管控，做好数据和系统支撑，但省行更应该发挥好收口管理和衔接消化的作用，拿出自己的办法意

见，而不是简单一股脑儿传导下去，甚至还搞“层层加码”。这是考验和体现一家省行经营管理能力的重要方面。当然，一些共性的要求、一些底线的要求，如风险管理、内控合规、授权和限额管理等，要保证落地，否则就没有了规矩。此外，在当前严峻复杂形势下，大家要重视加强学习和调研，在管理实践中积累经验和感觉。什么是“感觉”，就是在市场摸爬滚打中形成的认识论和方法论。克强总理在我行考察时强调指出，过去银行习惯跟账本打交道，对产业、对行业、对企业不是很了解，这实际上狭窄了视野，限制了发展。我们各级管理者要带头加强学习，带头走出去深入调研，在与市场的“亲密接触”中，在实践的感悟和积累中开阔视野、创新方法、提升能力。

专业部门要重点提升经营与管理相协调的能力。我们很多问题表现在基层，但根子在总行。其中，总行专业部门管理不到位，是一个重要原因。有的时候、有的专业只顾埋头下指标，不指方向、不教方法、不抓管理、不讲风控。实际上，无论是对一个专业还是对这个专业的管理人员来讲，只有经营和管理相协调、市场和风险相平衡，这样专业才会有大发展，这样干部才是真正成熟的干部。任何一条腿出现“跛足”，都是走不远的。过去我们一些专业看上去发展较快，风风火火，风风光光，但基础管理没同步跟上，过几年就风险暴露，留下一堆烂账。我们建立一条业务线是不容易的，经不起大的折腾。病来如山倒，病去如抽丝。放一个“卫星”，或出一堆风险事件，往往几年都难以恢复元气和士气。所以，不管是前台部门还是后台部门，每个条线都要讲科学发展，都要树立好自己的“三观”，眼睛盯得牢牢的，坚持两条腿走路，把握好业务发展与风险管理的平衡，不仅要“让行长更像个行长”，也要“让专业条线更加专业”。这两条做到了，我们会变成一个更加优秀、更加强大的工商银行。

同志们，年根岁尾，各方面工作交织繁忙。大家回去后一是要抓好这次会议精神的贯彻落实，及早安排学习传达，及早安排和启动明年各项工作，努力开好局、起好步。这里强调一条纪律，总行召开工作会议之后，各行即使已经提前开过自己的会议，也一定要及时抓好全辖的传达贯彻，不能仅党委班子学习一下总行文件就当作落实。二是要抓好安全稳定工作，统筹做好节日期间的流动性保障、客户服务、安全保卫、信访稳定、舆情管理等工作，排查和治理各类安全隐患，开展走访慰问，切实帮助困难员工解决一些实际问题，特别要注意关心有困难的老党员、离退休老干部和老员工。

再过几天就是春节了，我代表总行党委提前向大家致以新春的祝福，祝同志们新的一年里身体健康，工作顺利，经营发展再上新台阶。

在中国工商银行2019年工作会议上的讲话

谷　澍

（2019年1月24日）

一、2018年经营情况

1.1　集团总体经营情况

1.1.1　主要经营指标

国际财务报告准则（集团管理层数据）

主要经营指标	2018	2018H1	2017
1. 盈利能力			
1.1　净利润（亿元）	××	1 607	2 875
1.2　净利润增幅	××	4.5%	3.0%
1.3　拨备前利润（亿元）	××	2 807	4 924
1.4　拨备前利润增幅	××	8.9%	9.1%
1.5　加权平均权益回报率	××	15.33%	14.35%
1.6　加权平均资产回报率	××	1.20%	1.14%

续表

主要经营指标	2018	2018H1	2017
2. 收益结构			
2.1　净利息收益率（NIM）	××	2.30%	2.22%
2.2　手续费及佣金净收入占比	20.0%	21.9%	20.7%
2.3　成本收入比	××	21.51%	26.45%
3. 资产质量			
3.1　不良贷款额（亿元）	××	2 300	2 210
3.2　不良贷款率	××	1.54%	1.55%
3.3　拨备覆盖率	××	173.21%	154.07%
3.4　信贷成本率	××	1.04%	0.87%

注：2018年上半年数据为管理层未经审计数据。

➢2018 年，集团实现净利润××亿元，同比增加××亿元，增长××%；实现拨备前利润××亿元，同比增加××亿元，增长××%；实现营业净收入××亿元，同比增加××亿元，增长××%，拨备前利润和营业收入增幅处于可比同业中较高水平。

➢2018 年，集团 NIM 稳定在××%，较 2017 年上升×个基点。

➢2018 年末，集团不良贷款率降至××%，较年初下降××个基点；拨备覆盖率为××%，较年初提升××个百分点。

□各板块利润贡献情况

2018 年各板块净利润增长情况表　　单位：亿元

机构	2018 年			2017 年	
	净利润	同比增幅	净利润贡献占比	净利润	净利润贡献占比
境内分行（含总行本部）	××	××%	92.3%	2 637	91.7%
境外机构	××	××%	6.8%	177	6.2%
境内控股机构	××	××%	0.9%	61	2.1%
集团	××	××%	—	2 875	3.0%

注：境内控股机构包含重庆璧山和浙江平湖两家村镇银行。

➢2018 年，境内分行实现净利润××亿元，同比增加××亿元，增长××%；境外机构实现净利润××亿元，同比增加××亿元，增长××%；境内控股机构实现净利润××亿元，同比减少××亿元，下降××%。

➢从各板块盈利情况看，境内分行和境外机构对集团净利润增长的拉动作用有所增强，境内分行净利润贡献占比较上年提升 0.6 个百分点至 92.3%，境外机构较上年提升 0.6 个百分点至 6.8%。

1.1.2　主要经营特点

1.1.2.1　盈利格局持续优化，盈利能力保持较高水平

□利润增幅较上年稳步提升

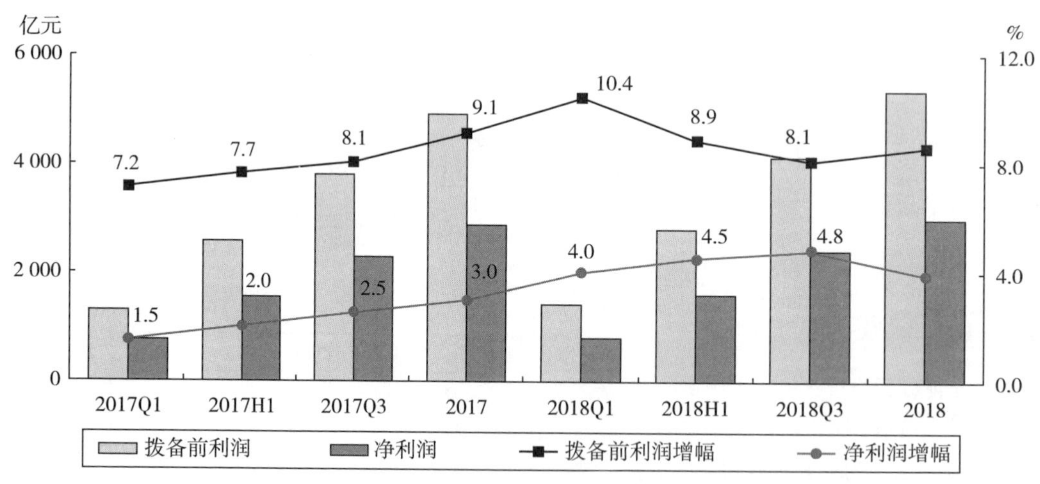

集团利润逐季增长变动情况

➢2018 年，全行主动把握市场形势变化，有效传导经营压力，集团实现拨备前利润××亿元，同比增长××%；实现净利润××亿元，同比增长××%，利润增幅较上年稳步提升，利润总量再创新高，呈现效益和质量双稳局面。

□盈利能力处于同业较优水平

➢2018 年，我行实现营业收入××亿元，同比增长××%，增幅高于建行和中行；实现拨备前利润××亿元，同比增长××%，增幅高于建行和中行。

➢2018 年，农行营业收入以及拨备前利润增幅较我行高主要是由于农行为美元多头且境内为正敞口，使其汇兑损益增幅较我行高所致。此外，农行保本理财业务受市场利率变化影响，2018 年估值增长较多。

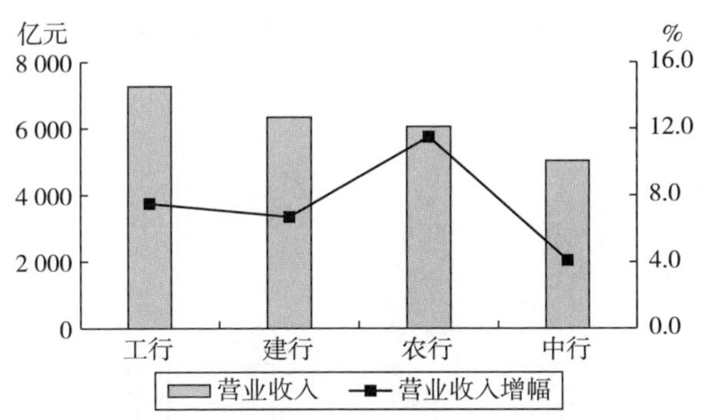

四大行营业收入增长情况

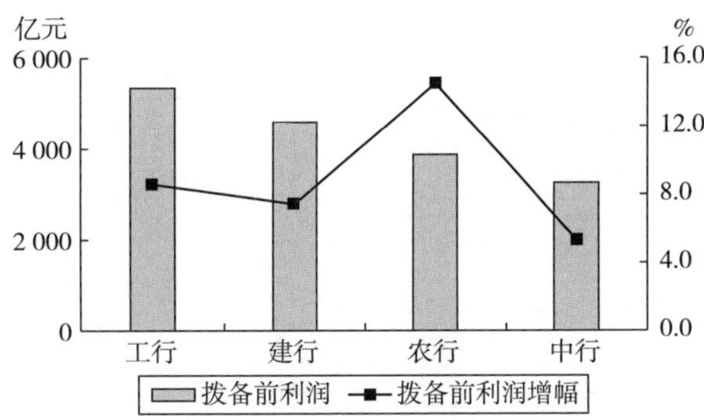

四大行拨备前利润增长情况

□与建行净利润增长动因对比分析

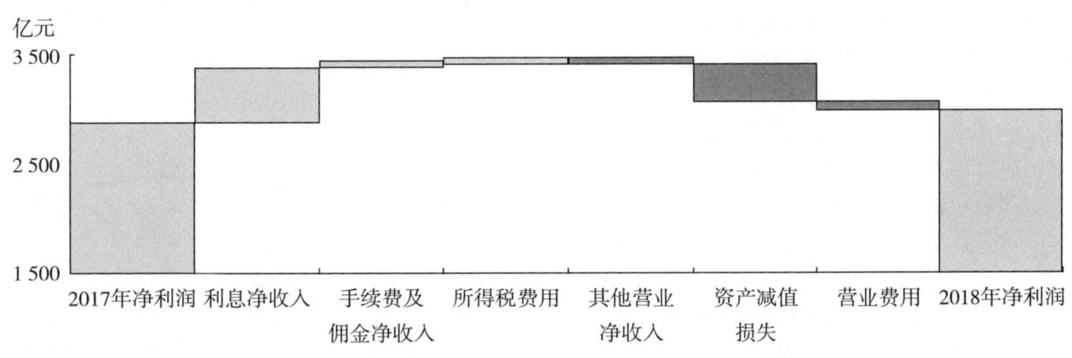

我行集团净利润增长动因

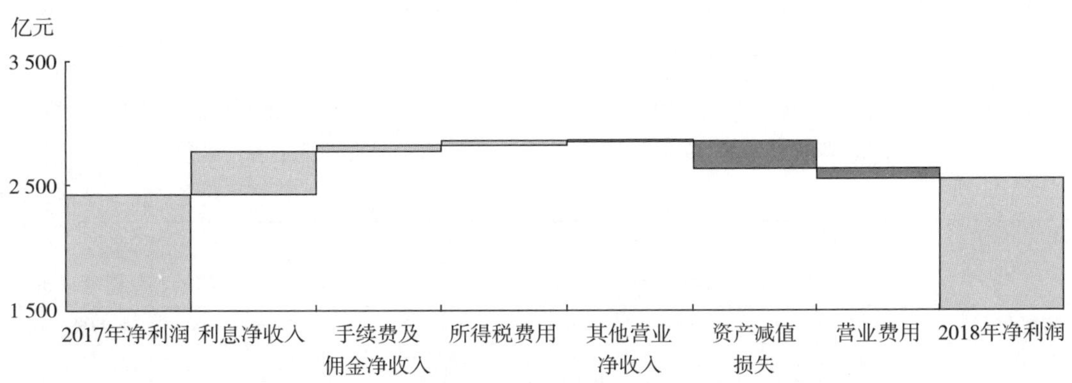

建行集团净利润增长动因

➢2018 年，我行净利润同比增加××亿元，增长××%，主要得益于利息净收入和中间业务净收入的增长。其中，利息净收入同比增加 509 亿元，增长 9.7%；中间业务净收入同比增加 55 亿元，增长 4.0%，中间业务收入实现总量增量同业双第一。建行净利润同比增加××亿元，增长××%。其中，利息净收入同比增加 339 亿元，增长 7.5%；中间业务净收入同比增加 52 亿元，增长 4.4%。

➢从对比情况看，在我行利息净收入以及中间业务净收入增量大于建行的情况下，净利润增量小于建行主要是受减值计提较多以及其他业务收入同比减少所致。2018 年，我行计提资产减值损失××亿元，同比增加××亿元；建行计提××亿元，同比增加××亿元，我行增量较建行多××亿元。此外，我行由于汇兑损失引起的其他业务净收入增量较建行少 68 亿元。

□利息净收入增长四行最高

四大行利息净收入增长情况

单位：亿元

项目	工行	建行	农行	中行
生息资产日均余额	249 115	210 558	205 033	188 785
同比增幅	5.9%	2.8%	5.8%	2.7%
NIM	××%	××%	××%	××%
同比变动	×个基点	××个基点	×个基点	×个基点
利息净收入	5 730	4 864	4 777	3 587
同比增幅	9.7%	7.5%	8.1%	6.0%

➢2018 年，我行实现利息净收入 5 730 亿元，同比增长 9.7%，增幅四行最高。主要得益于我行存款市场竞争力提升，负债稳步增长促进生息资产规模扩张，同时利差保持在较好水平。

➢2018 年，我行狠抓资产负债业务发展薄弱环节，全行市场化定价意识进一步增强，在激烈的市场竞争下，NIM 上升至××%，同比提升×个基点；建行 NIM 同比提升××个基点，剔除由于普惠贷款定向降准因素后（建行定向降准××个百分点，较我行多×个百分点，多提升 NIM×个基点），建行 NIM 提升幅度与我行持平；农行和中行 NIM 同比分别提升×个基点和×个基点。

□集团手续费及佣金净收入实现总量增量双第一

➢2018 年，我行狠抓“三本账”管理，增收节支双向发力，中收实现恢复性增长，集团手续费及佣金净收入达到 1 452 亿元，同比增加 55 亿元；建行实现中间业务净收入 1 230 亿元，同比增加 52 亿元。我行收入总量增量同业双第一。

➢我行境内分行实现手续费及佣金净收入 1 374 亿元，同比增加 31 亿元，增长 2.3%，其中，手续费及佣金收入 1 503 亿元，同比增加 19 亿元，增长 1.3%。

➢2018 年，境内分行基础类产品收入 559 亿元，同比增长 10.3%，增量领先建行 17 亿元，收入结构进一步优化。

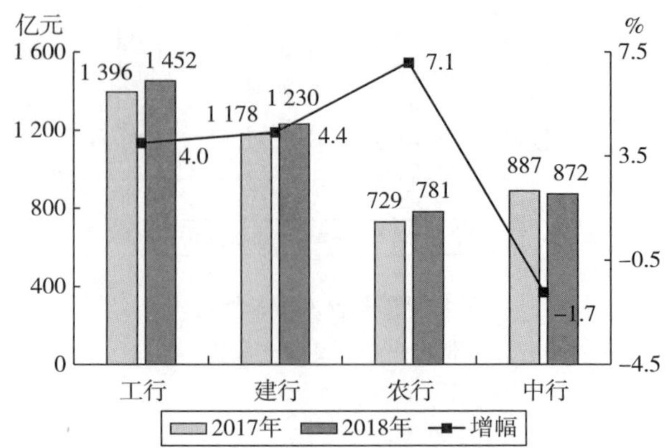

集团中间业务净收入同业对比情况

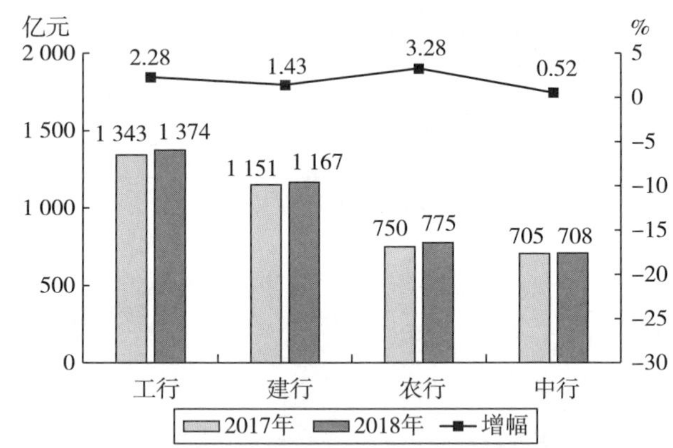

境内分行中间业务净收入同业对比情况

□12 类产品收入总量同业第一

22 类产品同业排名

单位：亿元

产品	2018	同比增量	同比增幅	总量排名	增量排名	产品	2018	同比增量	同比增幅	总量排名	增量排名
信用卡	386.03	73.85	23.66%	2	2	国际业务	48.36	6.04	14.27%	2	1
资产管理	145.41	−76.49	−34.47%	1	4	借记卡	41.85	−13.64	−24.58%	3	2
投行顾问咨询	143.21	−8.1	−5.36%	1	4	人民币个人结算	37.90	5.79	18.03%	3	2
担保承诺	85.76	22.4	35.36%	1	1	银团安排承销与管理	37.21	5.89	18.82%	1	1
人民币对公结算	85.38	6.36	8.05%	2	1	债券承销及代销	31.14	4.13	15.30%	2	2
第三方支付	89.16	30.62	52.29%	3	3	贵金属	28.49	−4.97	−14.84%	1	4
即期结售汇及外汇买卖	71.65	4.89	7.32%	1	1	代理收付	13.11	−0.26	−1.96%	1	2
资产托管	68.02	3.51	5.44%	1	1	委托贷款及公积金归集	12.74	0.45	3.69%	2	1
私人银行	60.47	−15.71	−20.62%	1	3	养老金	10.99	−1.79	−13.98%	1	4
代理保险	52.59	−7.47	−12.43%	3	2	第三方存管	4.28	−1.3	−23.29%	1	4
代销基金	49.21	−1.1	−2.19%	1	4	其他	18.27	3.12	20.58%	2	2

注：表中信用卡收入按同业可比口径计算，第三方支付收入按权责发生制口径计算。

➢22 类产品中，12 类产品收入总量同业第一，担保承诺、银团安排承销与管理、即期结售汇及外汇买卖、资产托管 4 类产品收入总量、增量“双第一”。

➢信用卡、第三方支付、担保承诺收入增量贡献较大，合计增收 122.49 亿元，增长 28.64%。

1.1.2.2　资产质量关键指标趋稳，但同业比较不具优势

□风险管控取得一定成效

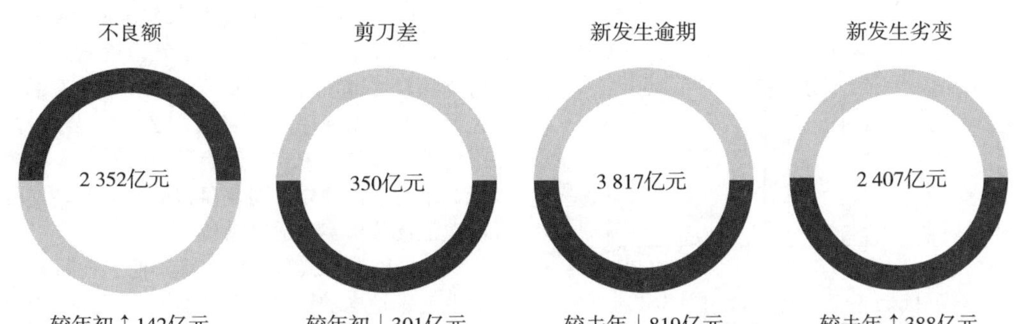

➢2018 年，全行持续严控新增融资质量，逐步收严公司贷款劣变管理要求，劣变标准由逾期 90 天调整至逾期 30 天，同时，加快潜在风险资产处置，资产质量基础进一步夯实。在拨备管理方面，借助新会计准则实施契机，提高潜在风险贷款拨备计提比例，分行潜在风险贷款管理意识进一步增强，资产质量持续向好。2018 年末，集团不良率降至××%，比年初下降××个基点，不良额为××亿元，比年初增加××亿元；集团贷款拨备余额为××亿元，较年初增加××亿元；拨备覆盖率为××%，较年初提高××个百分点。

➢截至 12 月末，集团逾期贷款××亿元，比年初减少××亿元，逾期率××%，较年初下降××个百分点。剪刀差××亿元，较年初减少××亿元，连续××个季度下降。

□资产质量同业比较不具优势

2018 年四大行资产质量对比情况表

单位：亿元

行别	不良余额			不良率		逾期率		剪刀差			拨贷比		信贷成本率		拨备覆盖率	
	12 月末	比年初增减	比年初增幅	12 月末	比年初变动	12 月末	比年初	12 月末	比年初增减	比年初增幅	12 月末	比年初	12 月末	比年初	12 月末	比年初
工行	××	××	××	××	××	××	××	××	××	××	2.68%	0.29%	0.95%	0.08%	××	××
建行	××	××	××	××	××	××	××	××	××	××	3.00%	0.45%	1.04%	0.08%	××	××
农行	××	××	××	××	××	××	××	××	××	××	4.02%	0.25%	1.09%	0.22%	××	××
中行	××	××	××	××	××	××	××	××	××	××	2.55%	0.24%	0.92%	0.15%	××	××

➢从资产质量与同业对比情况看，我行不良贷款率高于建行和中行；逾期贷款率高于建行和农行，资产质量管控压力依然较大。建行逾期率降至××%，低于不良贷款率，剪刀差为××亿元。

➢从风险抵补能力情况看，我行拨贷比、信贷成本率和拨备覆盖率均低于建行和农行，与中行持平，拨备保有水平相对较低。

□清收处置力度增加，财务资源消耗较大

➢2018 年，围绕实质风险管控，我行加大了财务资源支持力度，集团清收处置不良贷款××亿元，同比增加××亿元，使用核销资源××亿元，同比增加××亿元，大幅高于历史同期水平和可比同业。其中，境内分行清收处置不良贷款××亿元，使用核销资源××亿元。

➢2018 年，全行资产处置效益有所提升，境内分行现金清收××亿元，占总处置额的××%，占比高于农行和中行。

2018 年四大行境内分行清收处置情况

单位：亿元

行别	清收处置总额	其中：现金清收（含批量）		以物抵债		重组转化及其他		核销	
		金额	占比	金额	占比	金额	占比	金额	占比
工行	××	××	××	××	××	××	××	××	××
农行	××	××	××	××	××	××	××	××	××
中行	××	××	××	××	××	××	××	××	××
建行	××	××	××	××	××	××	××	××	××

注：四行数据均为境内分行口径。

1.1.2.3　市场竞争能力改善明显，主动负债发挥重要作用

□存款增长领先全行业

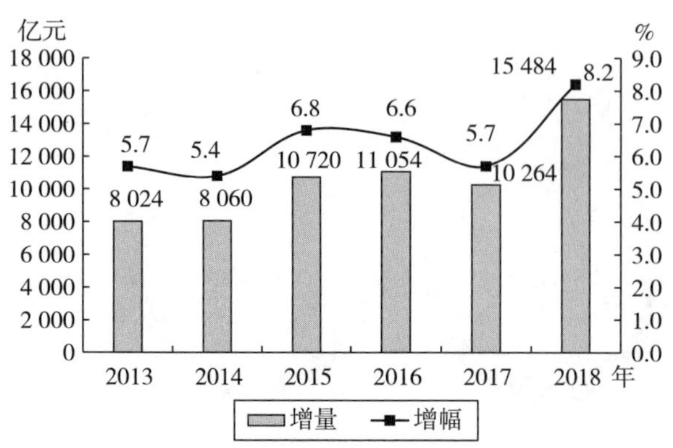

近年来境内人民币存款增长情况

➢2018 年，境内分行全年人民币存款（含同业）增加 15 484 亿元，实现近年最好发展态势，一般性存款增量连续三年超过 1.3 万亿元，达到 2010 年以来最高值。各项存款和一般性存款的时点、日均以及分品种增量均排名四大行首位，存款竞争力进一步巩固提升，也为 2018 年利息收入快速增长作出重要贡献。

➢储蓄存款增加 7 846 亿元，增量达到历史最高，时点和日均增量首次实现双第一；机构存款增加 6 043 亿元，有效发挥了"压舱石"作用；公司存款克服全市场缩量和第三方支付分流不利因素，全年增加 589 亿元，市场占比领先；同业存款增加 1 006 亿元，继续以同业最优价格实现适度增长。

➢人民币存款时点增量较其他三大行领先 5 000 亿元以上；日均增量较其他三大行领先 3 000 亿元以上，新增存款均衡率为 52.6%，时点日均增量双领先。

2018 年境内人民币存款增长同业比较情况　　单位：亿元

项目	工行		建行		农行		中行	
	增量	增幅	增量	增幅	增量	增幅	增量	增幅
人民币全部存款	15 484	8.2%	8 705	5.2%	9 729	5.7%	10 073	9.3%
（一）一般性存款	14 478	8.0%	8 127	5.2%	8 568	5.3%	8 501	8.4%
1. 储蓄存款	7 846	9.4%	7 119	9.9%	6 161	6.4%	4 685	10.3%
2. 对公存款	6 632	6.8%	1 008	1.2%	2 407	3.7%	3 816	6.8%
（二）同业存款	1 006	10.5%	578	5.5%	1 160	14.7%	1 572	21.4%

□存款定价改革成效逐步显现，但成本控制压力较大

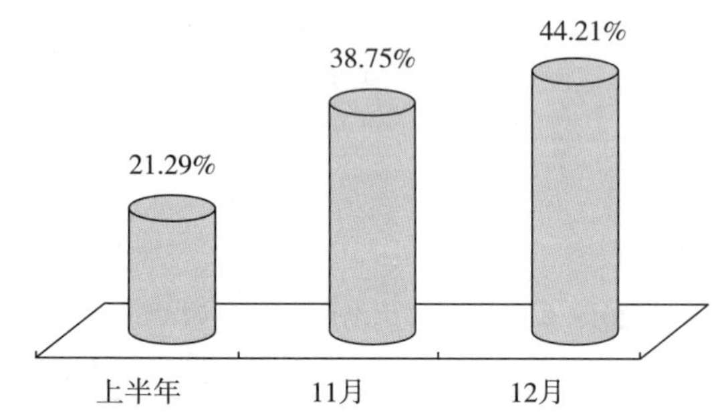

新吸收储蓄存款 1.3 倍以下存款占比

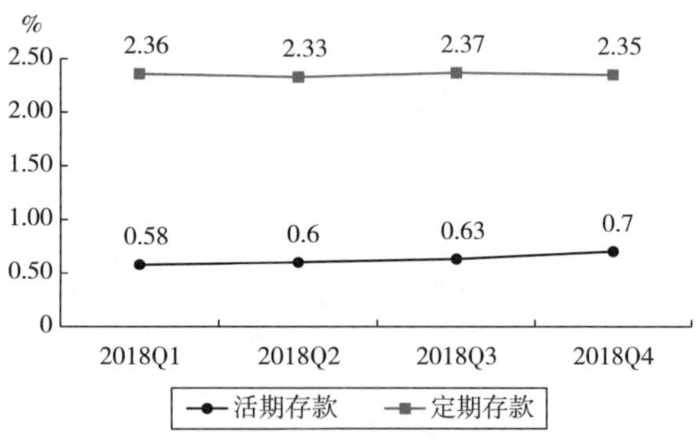

2018 年境内人民币一般性存款活定期付息率走势

➢存款付息率同比略有下降。境内人民币存款（含同业）付息率 1.43%，同比下降 1 个基点。

➢分层定价管理成效显现。2018 年 12 月当月，新吸收储蓄定期存款中利率上浮 1.3 倍以下存款占比 44.21%，分别较去年上半年和 11 月提升 23 个和 5 个百分点。

➢同业存款保持最优。同业存款付息率 1.66%，较建行、农行和中行分别低 78 个基点、113 个基点和 150 个基点，是拉低全行存款成本的主要因素。

➢存款付息成本控制压力较大。2018 年我行结构性存款和保本理财累计增加 5 146 亿元，平均付息成本达 3.8%，成本控制压力加大。此外，境内人民币一般性活期存款付息率 0.63%，较上年末上升 4 个基点，从逐季走势看，第四季度活期存款付息率环比第三季度上升 7 个基点。随着利率中枢的下行，资金运用收益增长难度加大，主动负债业务对财务的压力将进一步显现。

□贷款投放保持同业较优

➢全行积极响应宏观政策要求和客户融资需求形势变化，主动扩大信贷总量，疏通货币政策传导机制，平滑全社会货币信贷运行，有效发挥了大行金融配置主渠道作用。

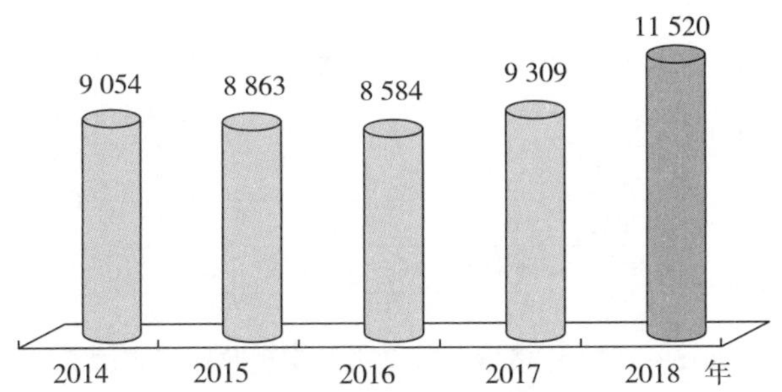

近年来境内人民币贷款增量情况（亿元）

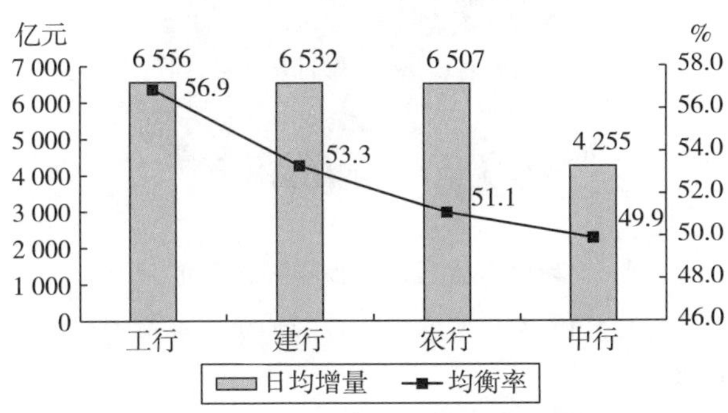

2018 年境内人民币贷款日均增长同业比较情况

➢贷款有效支持实体经济发展。境内人民币贷款（含拆放）增加 11 520 亿元，同比多增 2 211 亿元，增幅 9.1%；其中各项贷款（不含拆放）增加 11 570 亿元，同比多增 1 461 亿元。

➢贷款均衡率持续领先同业。全行根据实体经济需求和货币政策导向，科学安排贷款投放节奏，提高新增贷款投放均衡性，全年人民币贷款日均增量为 6 556 亿元，新增贷款均衡率为 56.9%，均居四行首位。

□重点业务品种领先同业

➢持续聚焦经济重点领域和薄弱环节融资支持。公司贷款增加 4 853 亿元，其中项目贷款（含政府购买服务棚改）增量占比达 86.1%，新市场贷款增量占比达 23%；零售贷款增加 6 701 亿元，余额占比由年初的 37.4% 提高 1.7 个百分点至 39.1%；银保监会口径和人行降准口径普惠贷款分别增加 503 亿元和 273 亿元，分别增长 18.4% 和 13.6%，是各项贷款增速的 2 倍和 1.5 倍。信贷资产证券化累计发行 2 300 亿元，达到当年贷款增量的 20%。

➢重点城市行贷款占比持续提升。“4 + 80”和 80 家重点城市行贷款增量合计分别达 9 503 亿元和 7 546 亿元，同比多增 903 亿元和 794 亿元，分别占全行的 82.5% 和 65.5%，较余额占比高 9.6 个和 8.2 个百分点。

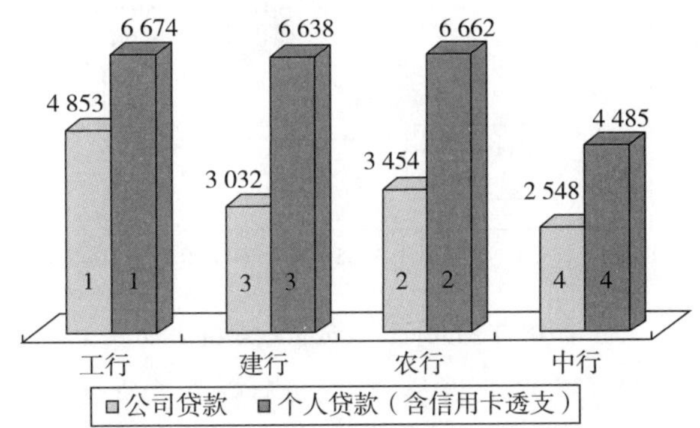

四大行公司和个人贷款增长情况（亿元）

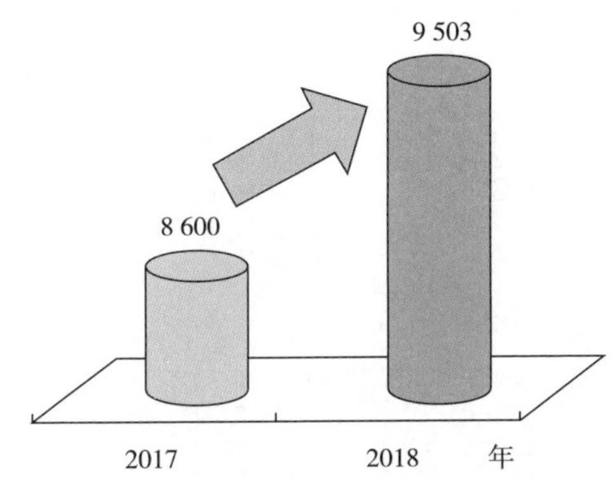

重点城市行贷款增量同比情况（亿元）

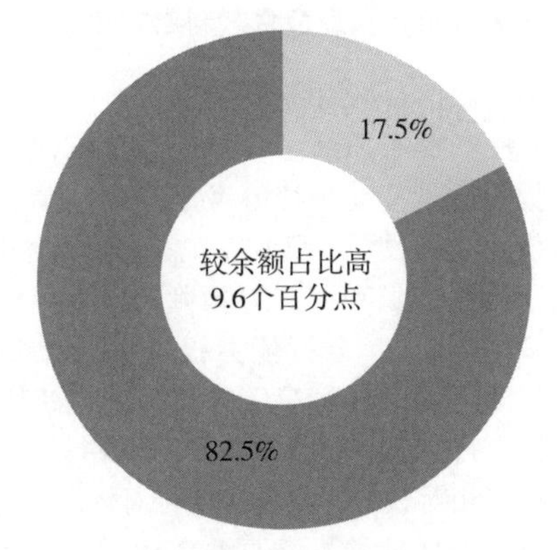

重点城市行贷款增量占比情况

□新发放贷款利率同业第二

➢新发放贷款利率四大行第二，保持较好量价协调发展态势

2018 年，境内分行新发放人民币贷款 58 076 亿元，四大行排名第一，平均利率 5.06%，四大行排名第二。

➢2019 年贷款利率面临一定下行压力

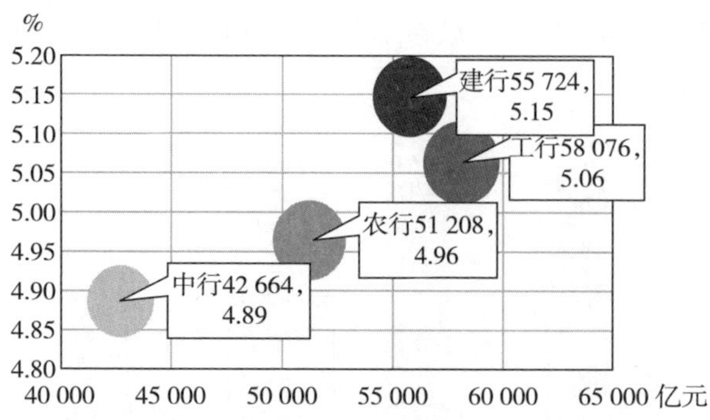

2018 年四大行新发放贷款量价比较

2018 年 12 月当月，境内分行新发放贷款利率 4.99%，比 7 月份高点下降 20 个基点。2018 年下半年以来，四大行月度新发放贷款利率普遍下行，2019 年面临下行压力。

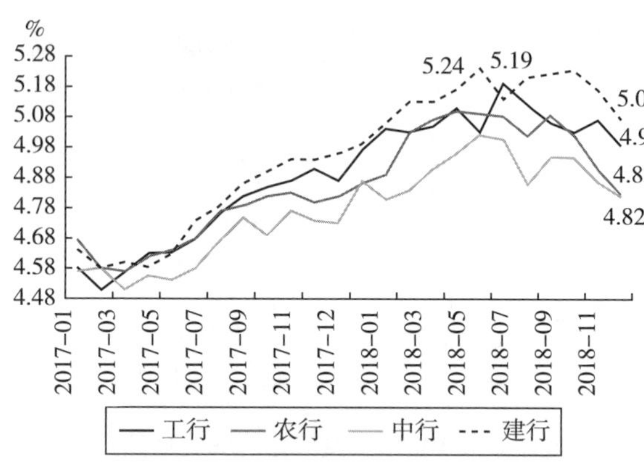

四大行单月新发放贷款利率变化情况

□大类资产摆布集约高效

➢大类资产摆布积极主动，债券投资保持较高增量。预判货币政策变化，统筹考虑全市场债券发行节奏，支持债券"早投资、早收益"；及时调增年度债券投资计划，做好市场利率走势预判，创造更大利润贡献。截至 2018 年末，全行债券投资余额比年初增加 5 520亿元，增量排名四行第一。同时，在 2018 年市场收益率中枢下行 86 个基点的情况下，我行通过加大收益率下行幅度相对较小、投资价值相对较高的地方债投资力度，拉动新增债券投资收益率达到 3.82%，较市场平均水平高 37 个基点，税后实际收益率为 5.13%；组合收益率达到 3.68%，较上年提高 8 个基点，组合税后实际收益率为 4.37%，较上年提高 16 个基点。

➢日均超额备付安全适度，资金管理集约高效。全年日均超额备付率 0.80%，比四行平均水平低 13 个基点，日均节约资金 258 亿元，相当于全年增加利息收入 8 亿元。

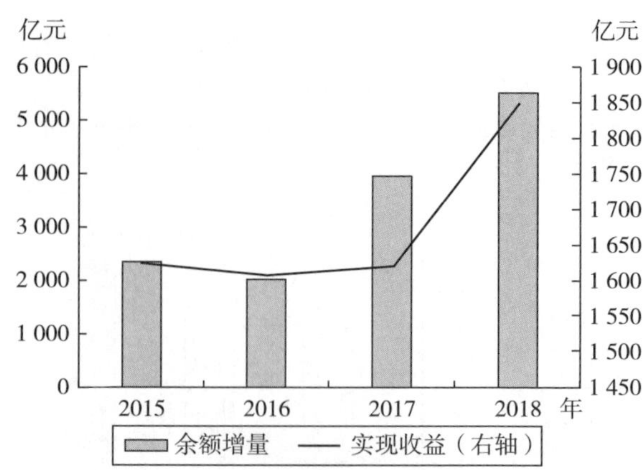

2015—2018 年债券余额增量及实现收益变化情况

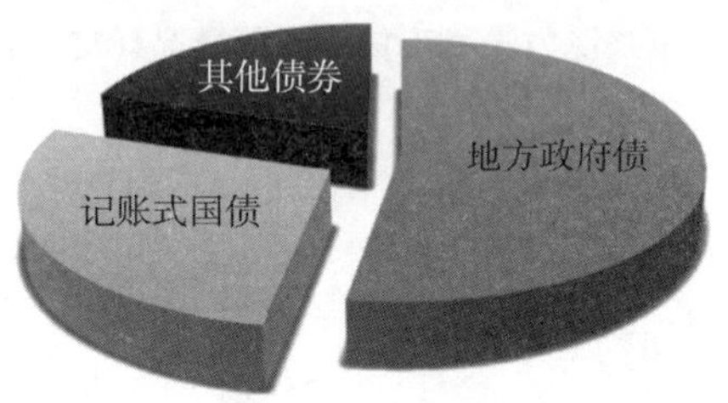

2018 年全行新增债券种类分布

1.1.2.4　客户拓展工作顺利推进，平台支撑能力增强

□新拓展个人客户稳步提升

➢全年新拓展个人客户数比上年有所增加。2018 年，全年新拓展个人客户 4 393.8 万户，较 2017 年增长 9.2%。其中，个人金融业务新拓展客户 2 725.4 万户；融 e 行和融 e 购业务新拓展客户 1 466.6 万户；银行卡新拓展客户 201.8 万户。

新拓展个人客户账户种类统计

账户种类	二级渠道	客户数（万户）	占比（%）
定期	柜面	74.44	1.69
一类账户	柜面	384.25	8.75
	批量	1 471.64	33.49
	自助终端	2 157.29	49.10
	其他	0.8	0.02
	小计	4 013.98	91.36
二类账户	—	38.66	0.88
三类账户	—	0.70	0.02
信用卡账户	—	201.77	4.59
其他产品	其他产品	64.23	1.46
合计		4 393.78	100

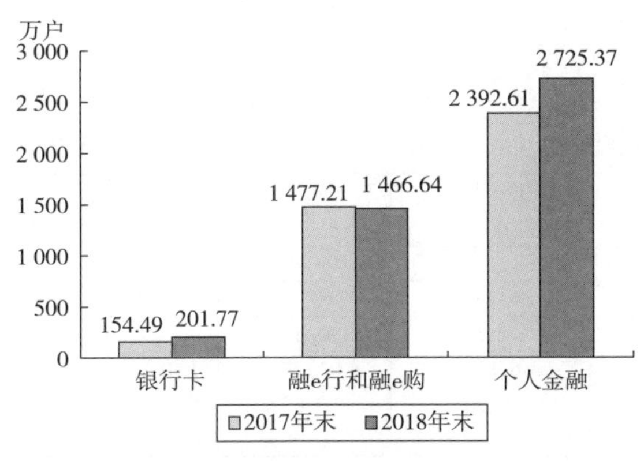

新拓展个人客户

➢从开立账户种类看，一类账户获客 4 014 万户，占比 91.4%，其中，批量（社保、代发工资、校园卡、拆迁等）获客 1 471.6 万户，占比 33.5%；自助终端（网点自助终端、智能终端）开户 2 157.3 万户，占比 49.1%。二类账户获客 38.7 万户，占比 0.9%。三类账户获客 0.7 万户，占比 0.02%。

➢超六成银行卡业务获客主要来自线上渠道。银行卡业务获客 201.8 万户，线上获客占比 67.5%，线下获客占比 32.5%。

□重点客群拓展成效显著

金融社保卡新发卡 2 175.5 万张，创历史新高；新增拓户 1 052.5 万户，占全行净增客户 26%，其中年轻客户占比达 66%；社保客群总量达 1.23 亿户，增幅 20%。

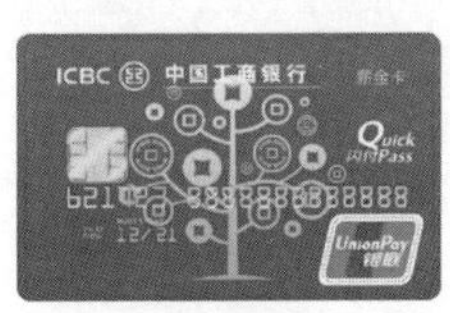

代发个人客户净增 536.8 万户，增幅 6%；代发单位净增 4.87 万户；累计代发资金 3.74 万亿元，较同期增加 4 441 亿元，增幅 13%；代发工资客群总量达 0.93 亿户。

军人客群增逾 50 万户，新获客超 6 万户，军人保障卡市场占比提升 4 个百分点，随军行服务专区覆盖率达 53%，发布 1 211 军人客群工作方案，做大做强品牌。

持续开展开学季、毕业季主题营销活动，大学生及毕业生客户新增 245 万户，同比多增 57 万户；工银 e 校园注册用户 153 万户，较年初增加近 20 万户。

线上获客取得新进展，电子账户开户数 102 万户，新增 90 万户，绑定他行卡 57 万户，占比 56%，其中工银小白数字银行共开立电子账户 53 万户，新增 40 万户。

创新推出“工银 e 钱包”主打产品，围绕六大场景加快应用推广。全行累计投产线上获客项目 32 个，55 个项目进入测试验证阶段，累计储备项目 271 个。

宝贝成长卡客户 648 万户，新增 100 万户；创新推出智慧校园卡、智慧幼儿园两大校园金融服务解决方案，已在 50 多家幼儿园上线，覆盖幼儿、家长和老师超 5 万人。

私人银行时点客户达到 8.07 万户，比年初增加 5 215 户，增幅 6.9%；日均客户达到 6.9 万户，比年初增加 5 334 户，增幅 8.4%。日均客户增长排名前三的分行分别是北京（831 户）、广东（582 户）、上海（510 户）。客户保留率达 67.7%，比上年末增长 1.9 个百分点。

□公司多渠道获客能力进一步提高

2018 年公司客户情况表 单位：万户

日均金融资产分段		0～5 万	5 万～50 万	50 万～500 万	500 万～5 000 万	5 000 万～1 亿	1 亿以上	总计
2018 年	客户数	589.20	98.89	34.25	7.43	0.58	0.55	730.90
	占比	80.61%	13.53%	4.69%	1.02%	0.08%	0.07%	100%
2017 年	客户数	518.82	90.69	32.47	7.11	0.56	0.54	650.20
	占比	79.79%	13.95%	4.99%	1.09%	0.09%	0.08%	100%
2018 年末增幅（较上年末）		13.57%	9.04%	5.47%	4.47%	3.83%	2.10%	12.41%
2018 年末占比变动（较上年末）		0.82%	-0.42%	-0.30%	-0.07%	-0.01%	-0.01%	—

注：数据来源于 MOVA 系统。

➢与 2017 年末相比，公司客户总量增加 80.7 万户，增速 12.41%；在各分段客户中，0～5 万元、5 万～50 万元、50 万～500 万元公司客户增长较快，增幅分别为 13.57%、9.04%和 5.47%。

□机构客户拓展取得明显成效

2018 年机构客户情况表 单位：万户

日均金融资产分段		0～5 万元	5 万～50 万元	50 万～500 万元	500 万～5 000 万元	5 000 万～1 亿元	1 亿元以上	总计
2018 年	客户数	24.09	9.89	6.63	2.86	0.37	0.52	44.36
	占比	54.30%	22.30%	14.96%	6.45%	0.83%	1.17%	100%
2017 年	客户数	22.48	9.38	6.60	2.88	0.37	0.49	41.85
	占比	52.90%	22.40%	15.78%	6.87%	0.89%	1.16%	100%
2018 年末增幅（较上年末）		8.08%	5.48%	0.47%	-0.57%	-0.67%	6.27%	5.98%
2018 年末占比变动（较上年末）		1.40%	-0.10%	-0.82%	-0.42%	-0.06%	0.01%	—

注：数据来源于 MOVA 系统。

➢与 2017 年末相比，机构客户增长 2.51 万户，增速 5.98%；在各分段客户中，0～5 万元、5 万～50 万元、1 亿元以上机构客户增长较快，增幅分别为 8.08%、5.48%和 6.27%。

□三融平台用户双位数增长

➢互联网金融亿级客群全面建成，客户活跃度领跑同业。

融e行
同业“三个第一”
客户规模第一、客户黏性第一、活跃程度第一

移动端月均动户数5 840.8 万，同比增长48.0%

融e购
跻身电商行业前列
银行业电商第一、综合电商第十一（超亚马逊）
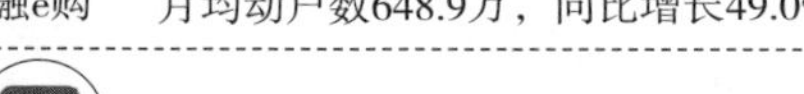
月均动户数648.9万，同比增长49.0%

融e联
易观银行APP月活排名第四
月均动户数3 340.4万，同比增长24.7%

➢企业网上银行客户

2018 年，全行企业网银客户达到 691.7 万户，较年初增长 19.1%。其中证书版客户达到 523.5 万户，较年初净增 97.6 万户。活跃度大幅提高：新增证书版中的动户达到 96.7 万户，同比大幅增长 48.8%。

➢企业手机银行客户

2018 年，企业手机银行动户达到 110.8 万户，同比大幅增长 256.6%。企业手机银行动户中，中小微企业占比高达 81%，零售业、批发业、居民服务业客户数量排名前三。

□平台支持能力显著增强

搭建金融基础设施，增强场景共建的承载和支撑能力

API开放平台

开放9大类400余项金融服务，同业首创“e企付”解决方案，成功对接阿里巴巴、慧聪网、油品通等9家大型B2B平台。

金融生态云平台

上线银校通、云党建、智慧物业、云宗教等云项目，通过“绿色部署、敏捷上线”在全行快速复制推广，构建了金融服务的新生态。

“聚富通”平台

实现了聚合支付、清分结算、模块化输出与对接等多个业界领先功能，上线5大项目，茅台项目吸引3 000余家经销商，带来25.8万个人客户，日均存款余额较合作前增加3亿元。

融e行：更加聚焦金融核心，打造线上金融服务的主阵地。推出手机银行4.0版，实现无介质大额转账、5年历史明细“随心查”等八大创新。

融e购：着力打造“5e品牌”。“工银e采购”交易额同比增长43%，“工银e差旅”中标中央军委差旅项目，“工银e资产”业内首创批量转让多轮次报价模式，“工银e跨境”已开立23个跨境馆和7个跨境专区，“工银e公益”上线国家级贫困县商户574家。

融e联：更加聚焦场景主承载和用户主入口，实施全新改版，打造信息、用户和共享三大中心。公众号累计达到1.2万个，共享业务覆盖21家分行四大类物品。

重点场景领域实现突破

➢政务服务领域，融 e 联政务场景涵盖了身份认证及信息查、推、缴等全功能的生态链。社保类项目覆盖 20 家一级分行，上线 106 个城市。

➢交通出行领域，全行共有 86 个无感通行场景投入运营，自主研发“车牌付”产品试点投产，成功中标吉林、四川等地高速公路无感通行项目，打造了“一次签约、全国通行”的行业标杆。

➢教育领域，“银校通”在全行快速复制推广，上线学校 9 358 家，拓展个人新客户 20.7 万户，新增对公存款时点余额 6.7 亿元。

➢医疗领域，与 301 医院合作推动商医通项目，拓展上游供应商开立企业网银 270 户，带动公司贷款 2.4 亿元、对公存款 53 亿元。

1.1.2.5　经营管理基础进一步夯实，财务资源保障力度加大

□营业费用投入总量持续增加

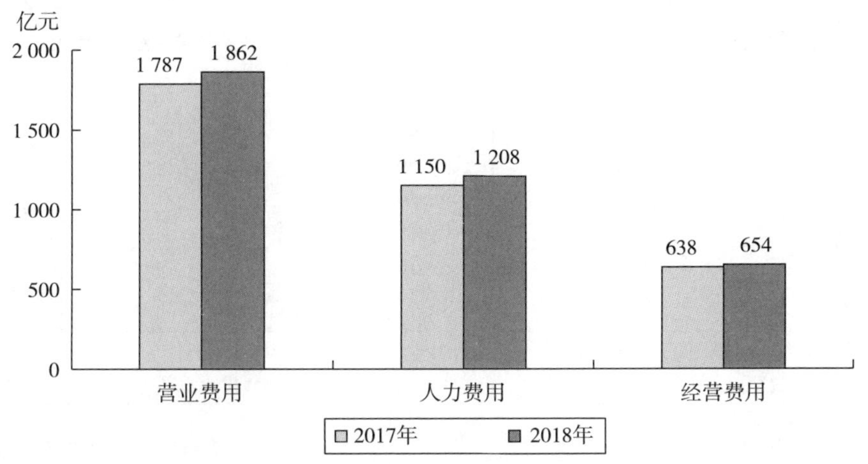

集团营业费用投入总体情况

➢2018 年，集团列支营业费用（不含税金及附加）1 862 亿元，同比增加 75 亿元，增长 4.2%。其中，人力费用 1 208 亿元，同比增长 5.1%；经营费用 654 亿元，同比增长 2.6%。

➢境内分行营业费用投入 1 670 亿元，同比增长 4%。其中，人力费用 1 095 亿元，同比增长 5.3%；经营费用 575 亿元，同比增长 1.7%。

□经营费用投入更加精准

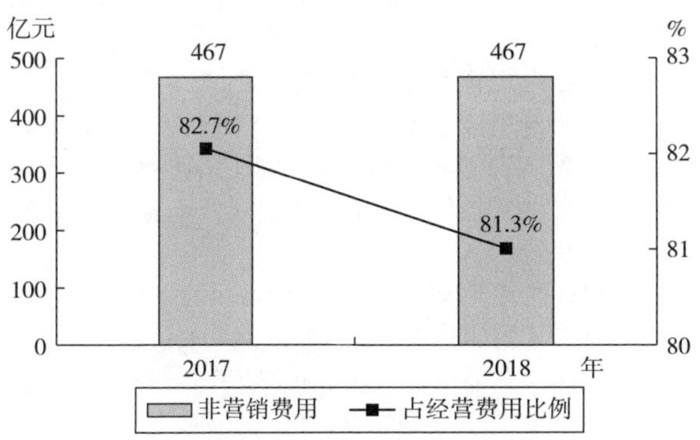

境内分行非营销费用投入情况

➢境内分行折旧、水电等非营销费用列支 467 亿元，占经营费用比例下降约 1.4%，车船使用费、会议费、业务招待费等费用得到有效控制；营销方面投入大

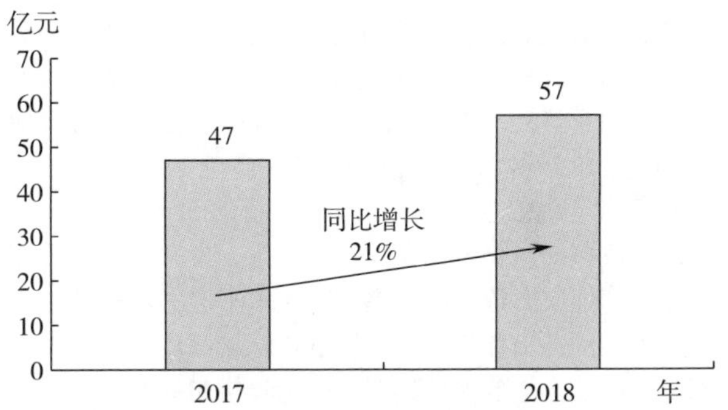

境内分行业务营销（不含业务招待费）投入情况

幅增加，业务营销费（不含业务招待费）57 亿元，可比口径同比增加 10 亿元，增长 21%，有力促进全行业务发展和经营效益提升。

➢境外及控股机构费用增量主要用于合规投入和风险防控能力提升，以及监管检查整改等方面。

□固定资产投入对转型发展的支持力度加大

➢加大对科技投入及网点布局优化等业务转型投入支持力度，2018 年全年固定资产投入 147.8 亿元，预算执行率 98.6%，同比增加 28 亿元、增幅 23.3%。

➢从资源投向看：ECOS 智慧银行、e－ICBC 3.0 等科技投入 39.3 亿元，同比增加 11 亿元、增幅 38.9%，占比上升 3 个百分点；渠道发展投入 66.9 亿元，同比增

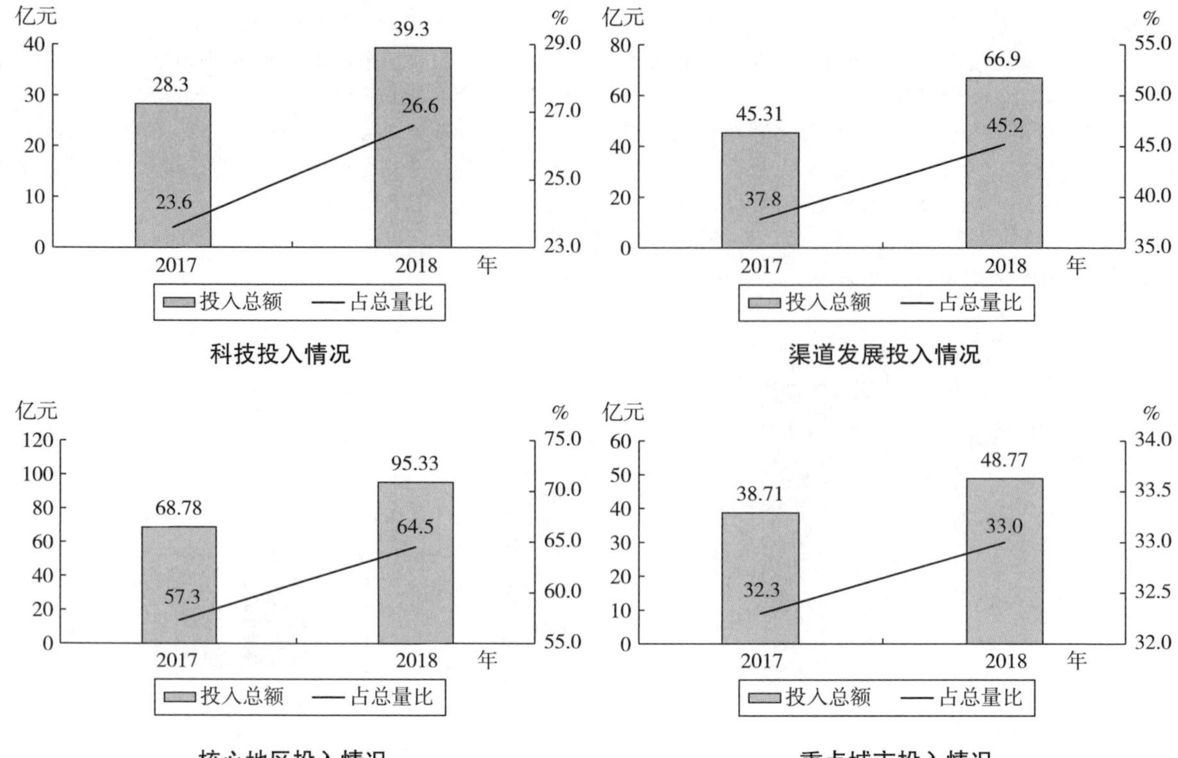

科技投入情况

渠道发展投入情况

核心地区投入情况

重点城市投入情况

加21.6亿元、增幅47.67%，占比上升7.4个百分点。

➢从投入区域看：环渤海、长三角、珠三角三大经济发展核心地区投入95.33亿元，同比增加26.55亿元、增幅38.6%、占比上升7.2个百分点；北京、上海、深圳及“5+1”分行投入48.77亿元，同比增加10.06亿元、增幅26%、占比上升0.7个百分点。

□网点布局进一步优化

完成布局优化383家，业态优化377家，网点对核心区域和优质客群的覆盖率与服务水平进一步提升。全行网点人均各项存款存量与增量均跃居四行第一位，19家分行网点人均各项存款四行排名较年初提升。

□业务运营流程不断完善

➢线上线下运营服务模式初步建立

✓全面推广便捷开户模式，开立单位结算账户累计达60万户，占新开户的70%。先行在浙江台州、江苏泰州成功试点取消开户许可、账户开立之日即可收付款等单位账户体系改革。

✓上门收款智能服务模式成功试点，实现了全流程信息化管理，取消全部纸质凭证及交接登记簿，上门收款服务效率和风险控制水平大幅提升。

✓设计资信证明开立、借记卡换卡不换号等典型场景的线上线下流程，消除服务断点，提高业务办理效率。

➢内部账务核算管理新模式初见成效

✓成功构建内部账务核算新模式，近一半手工记账核算业务场景完成流程改造，实现内部账户使用的源头性管控；

✓核算统一管理平台完成投产应用，各级行随意开户及无效账户长期无人管理的问题得以解决；

✓完成了存量近60亿元不合理挂账的清理。

➢现金安全运营管理手段不断创新

✓推广自动柜员机动态密码锁，管理效率和安全控制水平大幅提升；

✓移动智能查库试点应用，实现查库过程的全流程管控、账实自动核对；

✓金库门禁管理系统成功试点，金库安全技防能力明显增强。

□内控合规管理质效进一步提升

2018年全行发生案件同比减少2件，下降12.5%，实现了“案件总量不上升、重大恶性案件和风险事件杜绝发生”的管控目标，案件风险率低于监管目标值，坚决守住底线。

➢对标监管要求，聚焦重点领域风险，全面完成整治工作任务，落实检查质效和整改问责评估机制。

➢强化“三道防线”联防联控，突出“一道防线”解决90%的问题，实施“八大重点领域”深度治理，编制11个条线的《内部控制手册》。

➢召开境外合规工作会议，坚持以改促建，推广应用集团合规标准化手册，加快境外合规管理长效机制建设。

➢深入开展“固本强化年”主题活动，突出合规养成教育，持续厚植合规文化。

□印章综合改革圆满完成

➤成功建立起以电子印章为主、系统驱动自动用印、签批用印为辅的三种用印模式。

➤规范了行政、合同、财务、核算、特定用途等五大类印章的分类和应用标准。

➤构建了以《印章管理基本规定》为统领，五大类印章专项管理制度为支撑的全新印章管理制度体系。

全面完成与各地5 000余家政府部门的电子印章沟通和备案

对内完成3.1万枚废止实物印章的清理、收缴及销毁

全行在用的业务合同文本全部纳入电子签约系统管理和使用

业务事项的电子用印替代率已达83%

单笔用印时间从2天降低到审批通过后30秒左右完成电子印章打印，用印效率大幅提升。
各类业务合同均按照格式条款签约，签订非格式合同强制上一级业务部门审核，风险防控能力大幅提升。

□基础管理不断加强

坚持“管少才能管好”，通过精简归档项目，深化档案鉴定销毁，组织首次解密审查，加强定密源头管理，促进办公管理更科学、更精细。

全行新增档案较上年减少 267 万卷，降幅达 24%；鉴定销毁各类档案 292 万卷，比前 10 年鉴定销毁总量还多10 万卷，通过严控入口，扩大出口，累计节约档案库房投入 4 000 平方米，更好地满足业务发展需要。

加大档案鉴定销毁力度

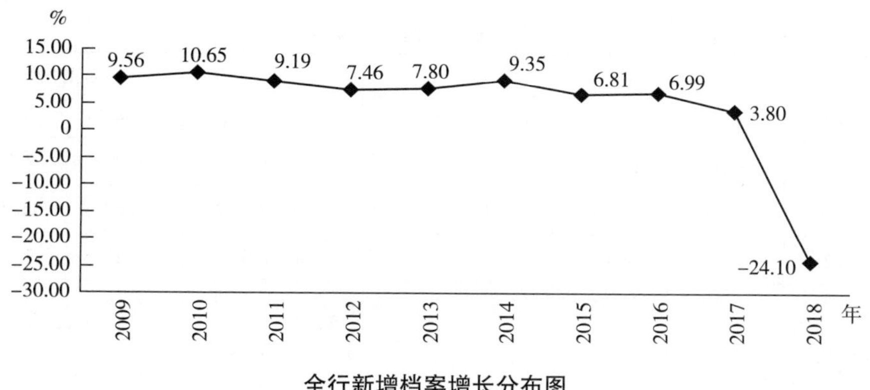

全行新增档案增长分布图

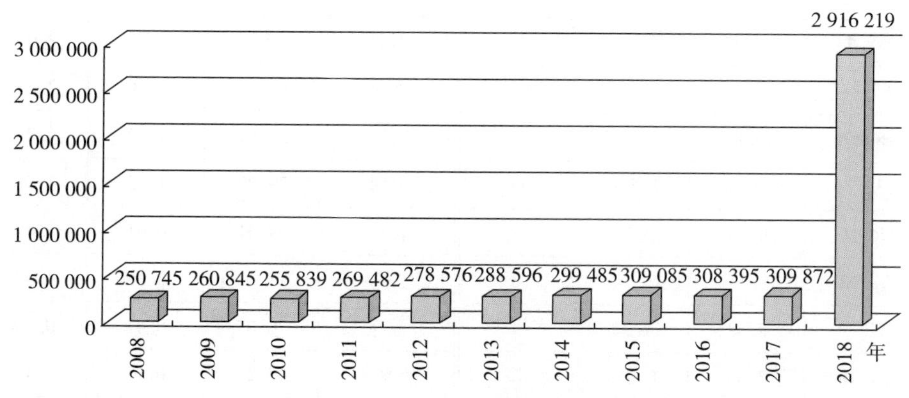

2008—2018 年全行鉴定销毁档案数量分布图

开展首次解密工作

启动我行成立以来首次国家秘密文件解密工作，对1 451 份国家秘密文件进行解密审查，解决“只定不解”造成国家秘密载体长期积压的问题，实现国家秘密动态化管理，促进信息资源合理利用。

精简优化商密事项目录

以管住核心商业秘密为原则，精简优化《商业秘密事项目录》，将商业秘密事项由原来的 239 项精简为 86 项，降幅达 64%，从源头上提升了保密工作的精准化、规范化水平。

□集中采购效率效益进一步提升

➤ 2018 年全行集中采购金额 456. 64 亿元，集中采购占比达到 92. 06%。

完善集中采购制度体系建设，财政部新规及纪检监察工作会议要求得到全面落实。

对标财政新规，以管控实质性风险、提高集采效率

为目标，形成以《集中采购管理规定》为核心，17 个管理办法为主要架构的集中采购制度体系，全面覆盖了审批决策、项目实施、供应商管理、专家管理、档案管理、格式规范等集中采购业务事前、事中和事后各环节。

建立供应商管理关键环节约束机制，“制度空转”问题管控初见成效。

以供应商管理为抓手，解决制度空转问题。提高供应商准入标准，全面规范供应商入库、分级、推荐和后评价管理，建立供应商闭环管理机制。

切实加大集团机构管理力度，全行规范性管理意识和管理效果进一步提升。

通过完善授权及评审权管理，落实一级分行风险管控主体责任，继续加强二级分行集采风险管控。加强境内控股机构和境外机构工作指导，形成适应新形势要求的集团集中采购管理格局。

平衡风险管控与效率提升，项目集中到期难题得到较好解决。

加强实质性风险控制。建立集管会决策机制，扩大使用外部专家，招标项目管理明显加强。推动公开招募和信息公开，单一来源采购得到较好控制，全行占比 2.95%。

多措并举提高效率。建立项目会商和集中审核机制，积极推进电商集采和信息化建设，集采项目与预算、支付、合同、固定资产关联对应，形成有效硬控制，穿透实施项目管理。

1.2　各盈利单元经营情况

1.2.1　境内分行经营情况

□拨备前利润增长情况

境内分行拨备前利润情况（增量排序）　　单位：亿元

分行	拨备前利润				分行	拨备前利润			
	利润	增减	增幅	增幅排名		利润	增减	增幅	增幅排名
北京	606.54	80.78	15.4%	6	宁波	60.22	4.02	7.2%	20
广东	432.70	29.83	7.4%	18	内蒙古	36.57	3.67	11.1%	10
江苏	327.23	29.10	9.8%	11	河南	120.44	3.23	2.8%	27
浙江	281.72	28.62	11.3%	9	青岛	38.24	3.18	9.1%	13
深圳	195.82	26.59	15.7%	5	贵州	96.40	3.14	3.4%	25
重庆	105.39	18.76	21.6%	3	西藏	11.28	3.08	37.6%	1
上海	298.34	18.35	6.6%	21	河北	145.78	2.86	2.0%	30
湖南	83.88	18.01	27.3%	2	天津	69.01	1.56	2.3%	28
四川	189.75	12.82	7.2%	19	大连	28.91	1.42	5.2%	22
湖北	132.74	10.78	8.8%	14	海南	29.27	1.23	4.4%	23
江西	74.75	9.85	15.2%	7	吉林	39.31	0.81	2.1%	29
陕西	72.73	9.56	15.1%	8	青海	13.43	0.56	4.3%	24
新疆	57.19	8.68	17.9%	4	福建	70.05	0.47	0.7%	31
安徽	87.78	7.08	8.8%	15	黑龙江	43.21	0.17	0.4%	32
云南	63.29	5.60	9.7%	12	甘肃	31.09	0.03	0.1%	33
广西	69.23	5.43	8.5%	16	宁夏	12.95	-1.72	-11.7%	34
山东	182.38	4.90	2.8%	26	厦门	22.63	-5.96	-20.9%	36
山西	63.07	4.83	8.3%	17	辽宁	44.70	-10.45	-18.9%	35

➢从境内分行情况看，33 家分行实现拨备前利润正增长，3 家分行拨备前利润下降。其中，增量贡献最大的 10 家行分别是北京、广东、江苏、浙江、深圳、重庆、上海、湖南、四川和湖北分行。拨备前利润同比增幅最大的 5 家行分别是西藏、湖南、重庆、新疆和深圳分行。

□净利润增长情况

境内分行净利润情况（增量排序）　　单位：亿元

分行	净利润			分行	净利润		
		同比增减	同比增幅			同比增减	同比增幅
北京	462.18	72.62	18.6%	安徽	53.32	3.59	7.2%
湖南	53.38	29.23	121.0%	西藏	8.25	2.33	39.3%
广东	276.03	26.80	10.8%	海南	17.52	2.18	14.2%
浙江	168.34	21.11	14.3%	青岛	21.46	1.62	8.1%
云南	37.71	18.32	94.4%	山西	36.90	1.27	3.6%
江苏	202.48	17.11	9.2%	青海	6.81	0.29	4.5%
江西	40.64	16.65	69.4%	甘肃	16.92	-0.47	-2.7%
深圳	124.22	15.79	14.6%	吉林	23.20	-2.10	-8.3%
四川	120.59	9.93	9.0%	黑龙江	26.84	-2.31	-7.9%
宁波	31.84	9.06	39.7%	厦门	14.69	-2.62	-15.1%
内蒙古	15.65	8.54	120.0%	湖北	65.45	-4.24	-6.1%
重庆	64.01	8.32	14.9%	福建	3.05	-5.02	-62.2%
上海	224.61	6.89	3.2%	天津	34.48	-5.78	-14.4%
贵州	65.01	6.70	11.5%	宁夏	0.12	-7.94	-98.6%
河北	67.26	5.97	9.7%	山东	24.90	-13.04	-34.4%
广西	42.63	5.23	14.0%	河南	33.66	-16.72	-33.2%
陕西	42.53	5.00	13.3%	大连	-4.71	-17.49	-136.8%
新疆	35.85	4.49	14.3%	辽宁	1.40	-25.30	-94.8%

注：净利润为账面数。

➢净利润增量贡献前10名分别是北京、湖南、广东、浙江、云南、江苏、江西、深圳、四川和宁波分行。

□存贷利差情况

境内分行本外币存贷利差情况（存贷利差排序）　　单位：%

分行	各项贷款收益率		各项存款付息率		利差		分行	各项贷款收益率		各项存款付息率		利差	
	本期	较上年	本期	较上年	本期	较上年		本期	较上年	本期	较上年	本期	较上年
贵州	4.84	0.03	0.96	0.02	3.87	0.01	福建	4.34	0.07	1.23	0.03	3.11	0.04
西藏	4.45	0.09	0.71	0.18	3.73	-0.08	河北	4.48	0.07	1.44	0.01	3.05	0.06
海南	4.70	0.15	1.05	0.00	3.66	0.16	天津	4.32	0.10	1.31	0.05	3.02	0.05
新疆	4.54	0.07	1.12	0.03	3.42	0.04	黑龙江	4.44	0.26	1.43	-0.04	3.01	0.29
江西	4.56	0.08	1.20	0.01	3.36	0.07	安徽	4.40	0.04	1.40	-0.05	3.00	0.08
甘肃	4.44	0.09	1.10	-0.04	3.34	0.13	云南	4.43	0.03	1.44	-0.06	2.98	0.09
广东	4.51	0.11	1.19	-0.02	3.33	0.13	厦门	4.42	0.06	1.44	0.10	2.98	-0.03
广西	4.48	0.12	1.17	0.02	3.31	0.09	青岛	4.34	0.14	1.40	0.02	2.94	0.12
内蒙古	4.41	0.02	1.16	0.04	3.25	-0.02	深圳	4.54	0.23	1.62	0.05	2.92	0.18

续表

分行	存贷利差						分行	存贷利差					
	各项贷款收益率		各项存款付息率		利差			各项贷款收益率		各项存款付息率		利差	
	本期	较上年	本期	较上年	本期	较上年		本期	较上年	本期	较上年	本期	较上年
宁夏	4.32	-0.13	1.08	0.04	3.24	-0.16	浙江	4.54	0.16	1.64	-0.07	2.90	0.23
四川	4.54	0.04	1.33	0.03	3.21	0.01	山东	4.25	0.05	1.39	-0.04	2.86	0.09
湖南	4.50	0.12	1.33	-0.01	3.17	0.13	山西	4.45	0.16	1.61	-0.08	2.84	0.24
湖北	4.52	0.04	1.36	-0.03	3.16	0.07	重庆	4.39	0.10	1.61	0.04	2.78	0.06
青海	4.38	0.05	1.23	-0.07	3.15	0.13	北京	4.25	0.17	1.54	0.03	2.71	0.14
河南	4.51	0.10	1.37	0.06	3.13	0.04	大连	4.35	0.12	1.64	-0.03	2.70	0.15
吉林	4.57	0.12	1.45	-0.05	3.12	0.18	宁波	4.36	0.25	1.72	-0.05	2.65	0.30
陕西	4.39	0.12	1.27	-0.02	3.12	0.14	辽宁	4.23	-0.01	1.60	-0.02	2.63	0.02
江苏	4.53	0.15	1.41	-0.02	3.12	0.17	上海	4.12	0.01	1.66	0.01	2.46	0.00

➢2018 年，存贷利差前 10 家分行是贵州、西藏、海南、新疆、江西、甘肃、广东、广西、内蒙古和宁夏分行；

➢32 家分行存贷利差较上年有所提升，提升幅度最大的 5 家分别是宁波、黑龙江、山西、浙江和深圳分行。

□中间业务收入情况

同业比较	分行	总量	增幅	总量排名	增量排名	总量同业占比
9 家分行总量增量双第一	江苏	124.59	3.05%	1	1	31.22%
	北京	122.14	0.40%	1	1	43.80%
	上海	119.07	2.33%	1	1	43.15%
	深圳	87.96	25.69%	1	1	32.72%
	山东	67.79	1.03%	1	1	33.13%
	四川	59.61	1.01%	1	1	33.93%
	重庆	38.87	3.50%	1	1	42.24%
	贵州	33.83	13.80%	1	1	46.48%
	宁波	28.34	3.59%	1	1	49.04%
5 家分行总量第一，增量落后	山西	19.7	3.29%	1	2	33.60%
	海南	9.16	1.92%	1	2	32.65%
	广东	168.3	6.38%	1	3	34.11%
	浙江	138.39	2.41%	1	3	40.36%
	湖北	49.23	0.70%	1	3	39.75%

分行	总量	增幅	总量排名	增量排名	总量同业占比	同业比较
广西	22.06	3.49%	2	1	30.11%	5 家分行增量第一，总量落后
云南	18.71	13.13%	2	1	27.93%	
天津	17	1.57%	2	1	25.73%	
吉林	15.17	11.62%	2	1	32.73%	
辽宁	15.77	-3.42%	3	1	22.12%	
安徽	23.96	10.86%	2	2	24.16%	17 家分行总量和增量均未排第一
厦门	10.71	5.45%	2	2	29.37%	
大连	8.56	-3.75%	2	2	29.49%	
福建	31.74	1.42%	2	3	25.31%	
陕西	18.25	3.91%	2	3	26.47%	
新疆	15.21	-1.14%	2	3	30.13%	
青岛	10.63	0.00%	2	3	28.87%	
河北	46.49	-4.94%	2	4	29.24%	
河南	43	-14.44%	2	4	28.38%	
湖南	25.95	-8.96%	2	4	22.24%	
江西	25.05	-2.72%	2	4	29.96%	
黑龙江	14.26	-10.19%	2	4	30.74%	
甘肃	12.42	2.22%	2	4	32.92%	
内蒙古	12.45	15.42%	3	2	22.69%	
青海	3.26	10.01%	3	2	23.16%	
宁夏	4.35	-10.57%	3	4	23.60%	
西藏	0.31	27.88%	4	3	5.62%	

□全部存款月均余额增长情况

同业比较	分行	总量	增幅	总量排名	增量排名	总量同业占比
9 家分行总量增量双第一	北京	39 114	12.27%	1	1	54.66%
	新疆	3 169	18.52%	1	1	35.46%
	贵州	2 969	2.65%	1	1	34.34%
	重庆	3 917	9.46%	1	1	33.19%
	浙江	11 814	11.42%	1	1	33.07%
	宁波	2 019	6.75%	1	1	32.59%
	大连	1 492	1.03%	1	1	31.95%
	广东	16 718	7.26%	1	1	30.28%
	海南	1 353	5.69%	1	1	30.02%
3 家分行总量第一，增量落后	山西	4 295	3.43%	1	2	32.06%
	黑龙江	3 169	3.54%	1	3	31.87%
	上海	13 754	0.97%	1	4	34.57%

分行	总量	增幅	总量排名	增量排名	总量同业占比	同业比较
江西	3 481	11.52%	2	1	28.68%	12 家分行增量第一，总量落后
厦门	1 060	8.52%	2	1	28.41%	
青岛	1 478	9.27%	2	1	27.85%	
辽宁	3 598	3.56%	2	1	27.17%	
山东	7 988	9.61%	2	1	27.01%	
四川	9 006	11.23%	3	1	27.91%	
湖北	6 025	8.19%	3	1	27.30%	
甘肃	1 646	5.49%	3	1	26.27%	
广西	2 989	10.11%	3	1	25.68%	
内蒙古	2 415	9.89%	3	1	24.75%	
云南	3 005	8.88%	3	1	23.91%	
湖南	4 209	7.28%	3	1	22.76%	
吉林	2 537	2.01%	2	2	30.57%	10 家分行总量和增量均未排第一
深圳	6 944	5.86%	2	2	29.85%	
陕西	4 211	8.26%	2	2	26.88%	
河南	5 539	7.40%	2	2	26.05%	
安徽	4 809	10.47%	2	3	26.96%	
天津	2 783	-2.48%	2	4	25.35%	
河北	6 840	7.13%	3	2	25.62%	
江苏	11 782	8.62%	3	2	24.26%	
福建	3 164	8.58%	3	3	22.41%	
苏州	2 376	7.79%	4	2	20.32%	

□全部存款时点余额增长情况

2018 年末境内分行人民币存款（含同业）时点余额增长同业比较情况　　单位：亿元

分行	余额	排名	增量	排名	增幅	分行	余额	排名	增量	排名	增幅	分行	余额	排名	增量	排名	增幅
北京	40 112	1	5 019	1	14.3%	云南	3 019	3	285	1	10.4%	福建	3 223	3	322	2	11.1%
山西	4 345	1	246	1	6.0%	内蒙古	2 453	3	252	1	11.4%	西藏	65	4	19	2	42.8%
重庆	4 069	1	418	1	11.5%	甘肃	1 714	3	148	1	9.4%	广东	17 482	1	847	3	5.1%
江西	3 701	1	499	1	15.6%	青海	696	3	60	1	9.4%	上海	13 652	1	135	3	1.0%
新疆	3 343	1	558	1	20.0%	宁夏	577	3	36	1	6.7%	大连	1 498	1	63	3	4.4%
贵州	3 111	1	150	1	5.1%	黑龙江	3 308	1	240	2	7.8%	安徽	4 946	2	588	3	13.5%
海南	1 375	1	94	1	7.3%	宁波	2 047	1	114	2	5.9%	天津	2 927	2	125	3	4.5%
山东	8 250	2	781	1	10.5%	浙江	12 392	2	1 243	2	11.2%	深圳	5 964	3	-748	3	-11.2%
陕西	4 408	2	429	1	10.8%	辽宁	3 659	2	177	2	5.1%	江苏	11 714	3	795	3	7.3%
河北	7 172	3	958	1	15.4%	青岛	1 493	2	157	2	11.7%	四川	9 161	3	718	3	8.5%
湖北	6 308	3	484	1	8.3%	厦门	1 112	2	68	2	6.5%	湖南	4 203	3	210	3	5.3%
广西	3 046	3	259	1	9.3%	河南	5 568	3	386	2	7.4%	吉林	2 470	2	13	4	0.5%

注：数据来自同业交换数据。

➢大部分分行存款竞争力有所改善。人民币全部存款增量排名当地四大行第一位的分行17家，排名第二位的分行9家，排名第三位的分行9家，排名第四位的分行1家。

➢重点区域存款增长突出。直辖市分行和80家重点城市行新增存款占全行78.3%，较上年提升1.9个百分点。

□信贷资源配置效率情况

2018年各分行存量贷款移位管理情况 单位：亿元

分行	重点移出客户池		流贷及国内贸易融资		A+级及以上一般法人客户增幅	新增规模配置情况	分行	重点移出客户池		流贷及国内贸易融资		A+级及以上一般法人客户增幅	新增规模配置情况
	净移出	其中：战略退出	A-级及以下移位率	A+级及以上移入额占比				净移出	其中：战略退出	A-级及以下移位率	A+级及以上移入额占比		
北京	88	82	40.7%	99.1%	-0.1%	132	厦门	35	2	110.3%	79.2%	2.8%	9
上海	70	50	60.1%	94.1%	0.5%	95	青岛	32	13	26.7%	95.0%	3.2%	8
广东	135	65	34.3%	90.2%	4.7%	71	青海	3	3	19.8%	96.4%	-3.3%	8
深圳	36	37	160.1%	87.5%	2.8%	41	河南	94	62	17.6%	92.1%	-3.5%	7
云南	89	65	48.9%	95.3%	-3.3%	34	山西	37	16	35.4%	97.8%	-2.3%	7
贵州	50	26	25.8%	88.2%	5.0%	32	辽宁	65	42	8.0%	94.6%	-17.1%	6
湖南	75	41	25.4%	96.8%	4.8%	29	四川	59	39	31.9%	89.0%	-0.8%	6
河北	112	74	30.7%	84.4%	-16.8%	24	浙江	116	37	28.6%	84.2%	2.6%	6
广西	34	20	48.5%	92.2%	-1.9%	22	湖北	40	16	25.7%	91.9%	0.1%	5
陕西	26	10	38.8%	96.5%	0	22	宁夏	13	7	41.0%	87.1%	-16.1%	4
重庆	53	34	46.5%	90.1%	-10.6%	22	天津	23	7	21.8%	95.7%	-1.6%	4
江苏	139	93	26.8%	91.1%	0.5%	21	新疆	18	12	20.5%	62.1%	-5.8%	4
内蒙古	45	21	43.0%	94.2%	7.8%	18	宁波	35	15	21.4%	94.5%	-4.8%	2
安徽	38	20	40.2%	86.1%	0.5%	13	海南	8	5	16.5%	96.2%	-6.8%	1
江西	53	45	33.4%	94.8%	-0.8%	13	福建	62	22	19.3%	80.5%	-0.2%	0
大连	37	14	65.8%	96.6%	-23.2%	12	黑龙江	8	3	36.9%	96.4%	-1.9%	0
甘肃	30	23	31.1%	92.3%	6.5%	11	山东	118	64	15.2%	76.9%	-6.7%	0
吉林	39	32	18.8%	87.5%	4.7%	11	全行	1 898	1 118	28.2%	91.1%	-0.6%	700

➢重点移出客户池全口径净移出1 898亿元，其中战略退出1 118亿元、重点行业退出231亿元，33家分行完成净移出任务。

➢全行A+级及以上一般法人客户数下降121户，降幅0.6%，仅14家分行实现增长。

➢全年依据各行移位效果合计挂钩配置新增规模700亿元。

□不良贷款情况

➢21家分行不良贷款余额和不良率较年初双降，1家分行不良率较年初单降。

➢福建、浙江、山西、内蒙古4家分行不良贷款余额和不良率下降幅度较大。

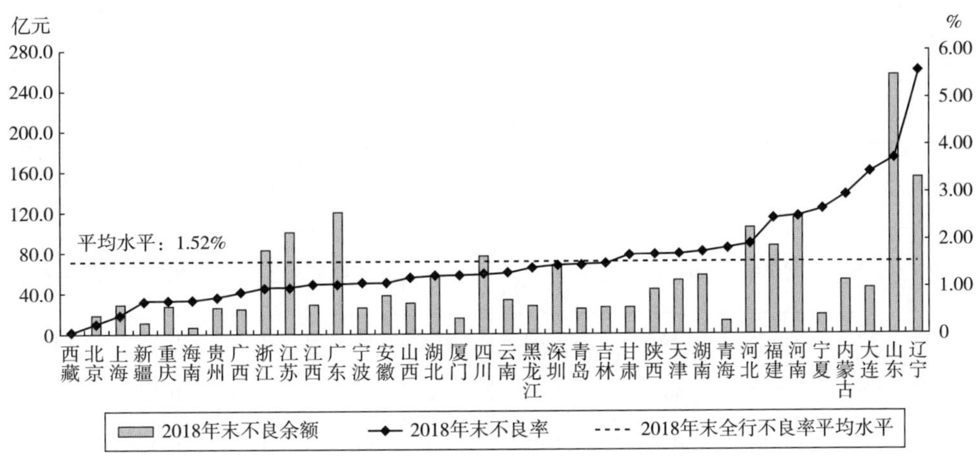

2018 年境内分行不良贷款余额及不良率情况

□贷款劣变情况

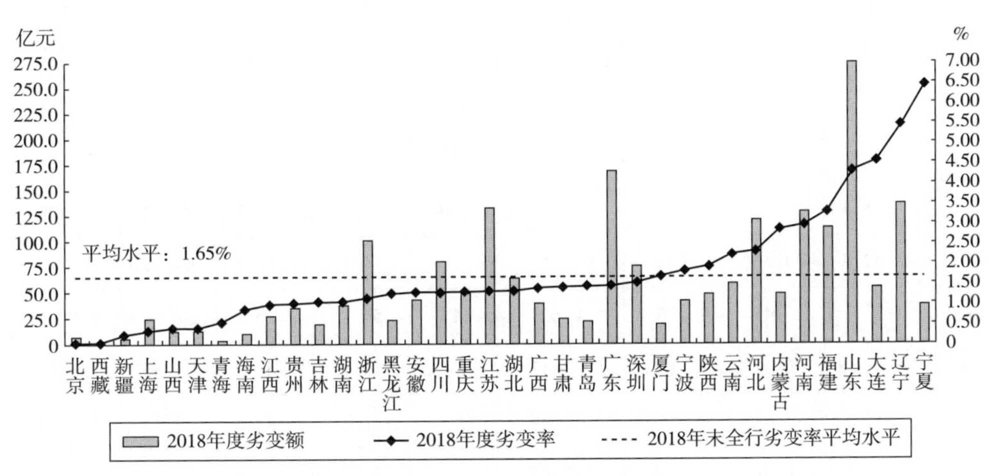

2018 年境内分行累计劣变情况

➢2018 年全行质量分类更加严格，全年共劣变贷款××亿元，比去年多劣变××亿元。

➢北京、西藏、新疆、上海、山西、天津、青海、海南和江西 9 家分行累计劣变率低于 1%。

□剪刀差情况

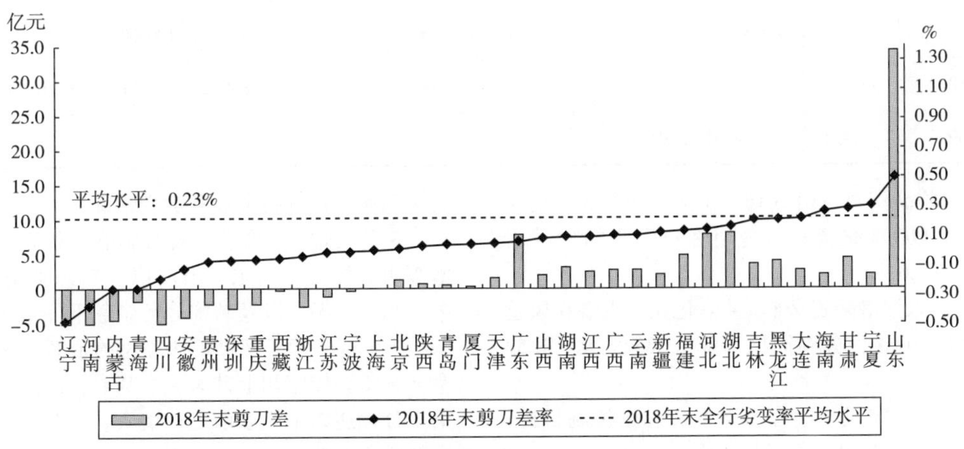

2018 年境内分行剪刀差及剪刀差占比情况

➤35 家分行剪刀差规模和剪刀差占比均较年初下降，12 家分行实现剪刀差为负数。

➤山东、浙江、河南、辽宁等 4 家分行剪刀差规模下降超过 30 亿元。

□潜在风险融资压降情况

2018 年潜在风险融资压降情况

单位：亿元

一级行	潜在风险融资余额			余额在分行公司融资中的占比		一级行	潜在风险融资余额			余额在分行公司融资中的占比	
	2018 年末	较上年末	增降幅	2018 年末	较上年末（增减点数）		2018 年末	较上年末	增降幅	2018 年末	较上年末（增减点数）
大连	86.1	-59.3	-40.75%	10.86%	-8.04	黑龙江	36.1	-9.5	-20.76%	2.84%	-0.85
福建	198.6	-120.5	-37.75%	9.48%	-5.98	新疆	34.3	-23.8	-40.99%	2.79%	-2.11
山东	384.9	-259.7	-40.29%	8.03%	-5.07	安徽	40.5	-39.3	-49.22%	2.49%	-2.67
青岛	59.6	-19.2	-24.37%	6.62%	-2.44	江西	36.9	-3.6	-9.01%	2.44%	-0.47
辽宁	114.4	-141.1	-55.23%	6.38%	-6.98	四川	89.6	-82.4	-47.91%	2.35%	-2.61
海南	28.4	-9.8	-25.54%	5.75%	-2.2	贵州	55.9	-44.6	-44.42%	2.35%	-2.29
内蒙古	76.8	-65.5	-46.04%	5.66%	-4.84	江苏	124.1	-90.2	-42.10%	2.32%	-1.91
重庆	114.4	22.3	24.25%	5.02%	0.58	湖南	50.7	-49.7	-49.50%	2.20%	-2.64
吉林	47.1	-18.4	-28.02%	4.27%	-2.08	甘肃	25.3	-10.8	-29.88%	2.10%	-1
宁波	81.9	-42.5	-34.13%	4.18%	-2.54	广州	71.1	-57.8	-44.86%	2.08%	-2.03
天津	96.5	18.1	23.14%	4.17%	0.62	深圳	54.2	-26.1	-32.51%	1.99%	-1.34
浙江	246.1	-166.8	-40.40%	4.11%	-3.11	厦门	13.1	-40.3	-75.56%	1.98%	-6.95
湖北	124.2	-35.9	-22.41%	4.05%	-1.58	陕西	31.7	-44.3	-58.32%	1.64%	-2.53
河南	96.9	-65.9	-40.49%	3.95%	-2.97	广西	21.3	-38.1	-64.20%	1.39%	-2.72
河北	95.7	-120.3	-55.69%	3.87%	-4.81	上海	44.6	-24.3	-35.32%	0.78%	-0.61
宁夏	18.9	-23.8	-55.64%	3.84%	-4.26	青海	2.4	-3	-54.65%	0.48%	-0.53
云南	68.4	-60.1	-46.76%	3.71%	-3.67	北京	28.5	2.8	10.88%	0.37%	0
苏州	53.7	-37.1	-40.84%	2.96%	-2.48	西藏	0	-1.2	-100.00%	0	-0.51
山西	58.4	-28.2	-32.51%	2.96%	-1.73	全行	2 900.7	-1 880.2	-39.33%	3.26%	-2.44
广东	89.2	-59.1	-39.88%	2.91%	-2.23						

➤潜在风险融资总量由 2016 年最高点 9 873.6 亿元平稳压降至 2 900.7 亿元；占公司客户融资的比重由 12.54% 降至 3.26%。

➤2018 年末深潜融资余额 1 480 亿元、占潜在风险融资总量的 51.02%，分别同比下降 1 035 亿元、1.57 个百分点。

➤大部分分行完成了潜在风险融资总量控制目标；23 家分行压降幅度超过全行平均水平。

□非标代理投资业务劣变情况

➤受强监管、资管新规等影响，非标代理投资业务增幅明显放缓；山东、山西以及广东业务余额增加最多；北京、湖北以及新疆分行余额下降最多。

➤全行非标代理投资业务违约余额××亿元，违约率××%，较年初上升××个基点；湖南、内蒙古以及重庆分行违约率排名前三；重庆、山东、湖北分行违约余额排名前三。

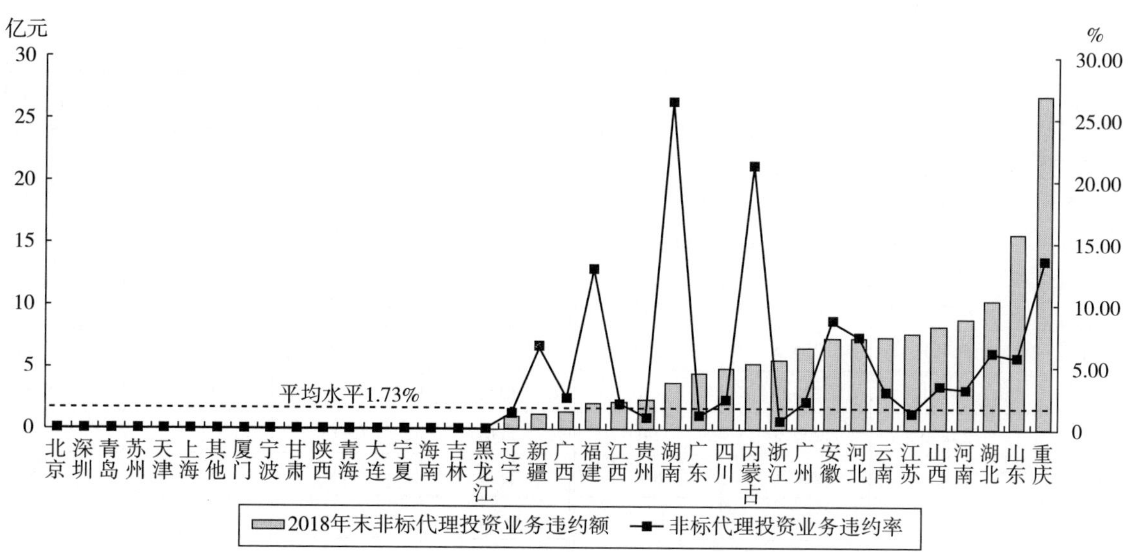

2018 年非标代理投资业务劣变情况

□拨备保有情况

2018 年各分行拨备保有变动情况（按拨备覆盖率变动情况排序）　　单位：%

分行	拨备覆盖率		拨贷比		分行	拨备覆盖率		拨贷比	
	百分比	较年初	百分比	较年初		百分比	较年初	百分比	较年初
浙江	273.83%	91.23%	2.64%	-0.12%	湖南	130.73%	-0.57%	2.27%	-0.67%
新疆	266.74%	81.71%	1.81%	0.21%	贵州	199.53%	-1.11%	1.56%	-0.26%
山西	187.42%	52.57%	2.23%	-0.81%	广东	180.52%	-4.07%	1.92%	-0.43%
天津	149.31%	48.17%	2.55%	0.08%	河北	144.30%	-6.16%	2.77%	-0.34%
大连	127.21%	45.54%	4.37%	1.16%	北京	501.34%	-7.09%	1.04%	-0.17%
江西	165.60%	33.09%	2.74%	0.22%	甘肃	118.48%	-14.48%	1.98%	-0.17%
福建	177.13%	31.56%	4.36%	-0.87%	江苏	172.18%	-14.75%	1.67%	-0.09%
宁波	202.73%	19.80%	2.20%	-0.42%	吉林	162.52%	-19.50%	2.44%	0.20%
上海	339.94%	17.90%	1.37%	-0.12%	山东	91.53%	-26.16%	4.19%	0.19%
内蒙古	162.06%	16.06%	4.77%	-1.48%	辽宁	83.46%	-32.22%	4.65%	0.47%
广西	208.99%	14.58%	1.84%	-0.32%	四川	181.56%	-32.80%	2.32%	-0.08%
青岛	194.92%	12.60%	2.87%	-0.76%	深圳	147.74%	-42.03%	2.13%	0.17%
青海	127.84%	12.41%	2.32%	0.08%	河南	94.11%	-51.19%	2.68%	0.27%
陕西	153.52%	12.17%	2.58%	-0.68%	重庆	258.65%	-65.42%	2.11%	0.01%
云南	173.09%	7.78%	2.25%	-1.15%	海南	322.39%	-84.09%	2.34%	0.40%
湖北	168.95%	7.27%	2.09%	0.23%	厦门	137.11%	-126.07%	1.71%	-1.85%
黑龙江	123.22%	0.72%	1.73%	-0.19%	宁夏	87.53%	-152.30%	2.31%	-0.85%
安徽	175.23%	0.26%	1.90%	-0.12%	分行平均	153.45%	-7.42%	2.34%	-0.20%

➢2018 年，有 18 家分行拨备覆盖率较上年有所提升，有 13 家分行拨贷比较上年有所提升。其中，拨备保有水平较高的有北京、上海、海南、浙江和新疆分行；提升较快的有浙江、新疆、山西、天津、大连和福建分行。

□个人客户增长情况

2018 年各分行全量个人客户情况表（万户）

分行	较上年末增量	其中：1 万以下客户增量	其中：1 万以上客户增量	分行	较上年末增量	其中：1 万以下客户增量	其中：1 万以上客户增量
广东	369.7	342.2	27.5	山西	96.5	95.8	0.6
河南	330.3	325.1	5.2	吉林	96.2	93.6	2.5
四川	320.1	298.6	21.5	新疆	91.5	88.2	3.3
山东	290.7	272.7	17.9	辽宁	91.3	90.3	0.9
湖北	264.1	254.5	9.6	上海	83.4	93.6	-10.3
江苏	241.1	238.5	2.6	福建	80.7	77.2	3.5
北京	232.5	237.1	-4.6	重庆	75.0	71.7	3.3
江西	228.6	220.3	8.3	甘肃	72.9	72.0	0.9
浙江	210.5	199.0	11.5	内蒙古	66.0	64.6	1.4
广西	200.3	195.3	5.0	宁波	37.2	36.5	0.7
河北	187.4	181.3	6.1	天津	33.3	35.6	-2.3
黑龙江	165.0	159.7	5.3	青岛	31.7	30.9	0.8
湖南	147.0	144.9	2.1	海南	27.4	26.6	0.8
安徽	137.0	132.9	4.1	大连	27.3	27.3	0.0
深圳	132.1	125.2	6.8	厦门	23.7	23.0	0.8
贵州	118.1	114.7	3.4	宁夏	18.4	18.8	-0.4
云南	111.2	108.4	2.8	青海	10.6	10.7	-0.1
陕西	99.6	96.0	3.6	西藏	1.5	1.3	0.2

➢与上年末相比，36 家分行全量个人客户均实现正增长，其中，广东、河南、四川、山东、湖北增量排名前5 位。

➢从客户结构看，36 家分行日均金融资产1 万元以下个人客户均实现正增长，31 家分行日均金融资产 1 万元以上个人客户实现正增长。

□公司客户增长情况

2018 年各分行公司客户情况表（户）

分行	较上年末增量	其中：0～5 万元客户增量	其中：5 万～50 万元客户增量	其中：50 万元以上客户增量	分行	较上年末增量	其中：0～5 万元客户增量	其中：5 万～50 万元客户增量	其中：50 万元以上客户增量
广东	148 836	132 296	12 226	4 314	天津	9 883	8 831	944	108
江苏	84 048	71 840	10 005	2 203	青岛	9 527	8 484	782	261
山东	68 070	62 200	4 727	1 143	黑龙江	9 293	8 883	480	-70
浙江	63 103	55 542	5 720	1 841	山西	8 992	7 272	1 425	295
湖北	54 809	49 459	4 461	889	广西	8 945	7 006	1 505	434
河北	46 890	43 372	2 971	547	海南	8 287	7 366	734	187
四川	41 079	34 608	5 046	1 425	福建	6 329	4 983	1 073	273
上海	32 925	26 137	4 630	2 158	吉林	5 399	4 904	501	-6
河南	26 847	23 118	2 790	939	宁波	5 366	4 541	536	289
江西	25 404	22 048	2 647	709	大连	5 232	5 003	155	74

续表

分行	较上年末增量	其中：0～5 万元客户增量	其中：5 万～50 万元客户增量	其中：50 万元以上客户增量	分行	较上年末增量	其中：0～5 万元客户增量	其中：5 万～50 万元客户增量	其中：50 万元以上客户增量
重庆	24 091	21 122	2 578	391	厦门	5 198	4 269	787	142
安徽	23 502	21 630	1 340	532	新疆	4 548	2 827	1 455	266
深圳	16 488	11 998	3 267	1223	内蒙古	2 746	2 101	615	30
湖南	14 044	11 998	1 640	406	云南	2 117	1 348	725	44
北京	13 799	12 068	1 488	243	青海	1 967	1 648	310	9
贵州	13 276	11 327	1 436	513	西藏	1 193	1 003	102	88
甘肃	13 071	12 067	875	129	宁夏	-876	-990	87	27
陕西	11 142	8 936	1 712	494	辽宁	-7 837	-8 385	636	-88

➢与上年末相比，34 家分行公司客户均实现正增长，其中，广东、江苏、山东、浙江、湖北增量排名前 5 位。

➢从客户结构看，宁夏、辽宁日均金融资产 5 万元以下公司客户为负增长，5 万元以上公司客户均实现正增长，33 家分行日均金融资产 50 万元以上公司客户实现正增长，黑龙江、吉林、辽宁三家分行日均金融资产 50 万元以上公司客户为负增长。

□机构客户增长情况

2018 年各行机构客户情况表（户）

分行	较上年末增量	其中：0～5 万元客户增量	其中：5 万～50 万元客户增量	其中：50 万元以上客户增量	分行	较上年末增量	其中：0～5 万元客户增量	其中：5 万～50 万元客户增量	其中：50 万元以上客户增量
四川	2 394	1 786	372	236	陕西	595	351	140	104
广东	2 264	1 023	724	517	重庆	485	277	202	6
山东	2 141	2 030	270	-159	甘肃	336	383	26	-73
浙江	1 808	1 036	495	277	辽宁	329	428	-9	-90
河南	1 572	1 429	201	-58	贵州	319	365	21	-67
湖北	1 515	1 197	308	10	海南	298	277	78	-57
安徽	1 426	1 338	98	-10	云南	246	186	156	-96
湖南	1 278	1 044	280	-46	深圳	231	83	21	127
内蒙古	1 168	933	137	98	厦门	112	81	34	-3
山西	1 125	816	249	60	青岛	94	88	-3	9
福建	891	737	158	-4	大连	77	82	12	-17
江西	815	627	126	62	宁夏	45	35	15	-5
江苏	688	501	190	-3	宁波	35	52	-10	-7
广西	679	644	84	-49	青海	22	-15	53	-16
河北	676	620	79	-23	新疆	22	74	22	-74
北京	643	402	245	-4	天津	17	-14	26	5
黑龙江	612	368	202	42	西藏	14	11	3	0
吉林	604	552	164	-112	上海	-641	-459	-50	-132

➢与上年末相比，有35家分行机构客户实现正增长，其中，四川、广东、山东、浙江、河南增量排名前5位。

➢从客户结构看，有33家分行日均金融资产0～5万元机构客户实现正增长，32家分行日均金融资产5万～50万元机构客户实现正增长，13家分行日均金融资产50万元以上机构客户实现正增长。

□境内分行考核结果——一级分行

排名	分行	标准得分	绩效等级	排名变化（与上年比）	排名	分行	标准得分	绩效等级	排名变化（与上年比）
1	北京	2 252.04	A＋＋	0	17	陕西	1 459.52	A－－	4
2	广东	2 033.45	A＋＋	0	18	安徽	1 403.45	B＋＋	－5
3	上海	2 006.51	A＋＋	0	19	吉林	1 339.98	B＋	－4
4	浙江	1 853.90	A＋＋	1	20	甘肃	1 328.46	B＋	－1
5	四川	1 818.69	A＋＋	3	21	湖南	1 294.04	B	6
6	深圳	1 766.95	A＋＋	0	22	河南	1 282.43	B	－4
7	新疆	1 694.21	A＋＋	2	23	云南	1 275.46	B－	－1
8	重庆	1 686.36	A＋＋	－1	24	山西	1 265.11	B－	－4
9	贵州	1 686.04	A＋＋	－5	25	内蒙古	1 205.29	B－－	6
10	广西	1 638.71	A＋	2	26	黑龙江	1 174.69	C＋＋	－2
11	江苏	1 615.49	A＋	－1	27	天津	1 148.01	C＋＋	－10
12	湖北	1 561.03	A	2	28	青海	1 120.00	C＋	2
13	海南	1 558.00	A	－2	29	福建	1 055.96	C－	1
14	山东	1 515.25	A－	11	30	宁夏	980.78	D＋＋	－2
15	江西	1 500.00	A－－	8	31	辽宁	964.00	D＋＋	－5
16	河北	1 475.83	A－－	0					

□境内分行考核结果——直属分行及省会城市行

排名	分行	标准得分	绩效等级	排名变化（与上年比）	排名	分行	标准得分	绩效等级	排名变化（与上年比）
1	杭州	2 261.69	A＋＋	0	15	西安	1 612.12	A＋	1
2	广州	2 086.80	A＋＋	0	16	宁波	1 610.08	A＋	2
3	成都	1 942.06	A＋＋	0	17	长沙	1 602.51	A＋	－3
4	武汉	1 882.04	A＋＋	2	18	南昌	1 568.39	A	4
5	南京	1 810.66	A＋＋	－1	19	青岛	1 546.09	A－	2
6	贵阳	1 794.92	A＋＋	－1	20	厦门	1 511.07	A－	－5
7	乌鲁木齐	1 748.26	A＋＋	2	21	哈尔滨	1 445.45	B＋＋	－2
8	济南	1 709.16	A＋＋	3	22	太原	1 400.82	B＋＋	－2
9	苏州	1 687.69	A＋＋	3	23	呼和浩特	1 376.76	B＋＋	4
10	南宁	1 684.53	A＋＋	－2	24	兰州	1 356.51	B＋	－1
11	合肥	1 683.60	A＋＋	－1	25	长春	1 327.35	B＋	－12
12	郑州	1 664.59	A＋＋	－5	26	沈阳	1 258.36	B－	－2
13	石家庄	1 648.86	A＋	12	27	福州	1 217.65	B－－	－1
14	昆明	1 614.92	A＋	3	28	大连	1 100.81	C＋	0

1.2.2 重点城市行经营情况

□拨备前利润继续领跑同业，中间业务收入竞争优势明显

➢2018 年重点城市行十强：杭州、昆明、成都、济南、深圳、贵阳、宁波、中山、烟台、绵阳分行。

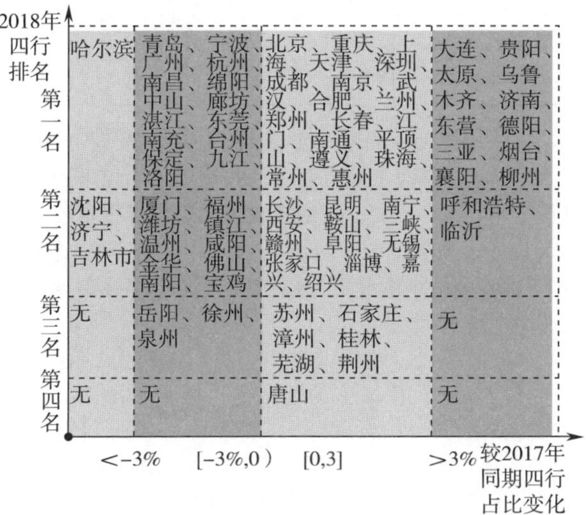

重点城市行拨备前利润四行占比及变化

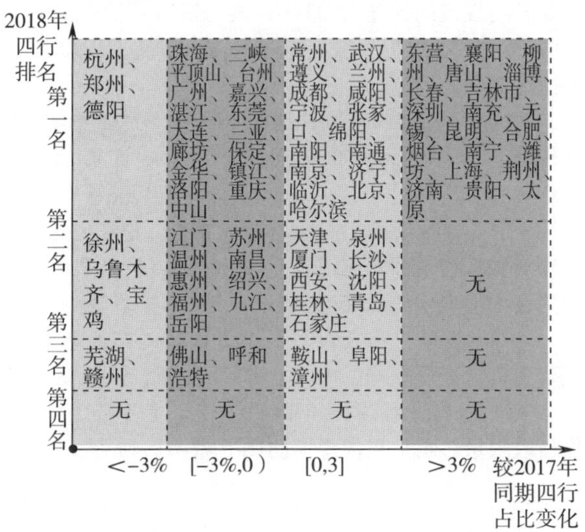

重点城市行中间业务收入四行占比及变化

➢2018 年，84 家重点城市行（含 4 家直辖市行）拨备前利润四行占比 35.46%，同比提升 1.02 个百分点，继续保持四行首位，领先建行的优势扩大至 10.08 个百分点。

➢46 家重点城市行拨备前利润四行排名首位，其中，贵阳、济南、德阳等 11 家分行的四行占比，提升超过 3 个百分点。此外，呼和浩特和临沂 2 家分行的提升幅度也在 3 个百分点以上。

➢2018 年，84 家重点城市行中间业务收入四行占比 38.14%，同比提升 1.02 个百分点，持续位居四行首位，领先建行的优势扩大至 11.07 个百分点。

➢56 家重点城市行中间业务收入四行排名首位。其中，上海、深圳、昆明、合肥、无锡等 20 家分行的四行占比，提升幅度超过 3 个百分点。

□存款竞争力稳步提升，贷款竞争优势更加稳固

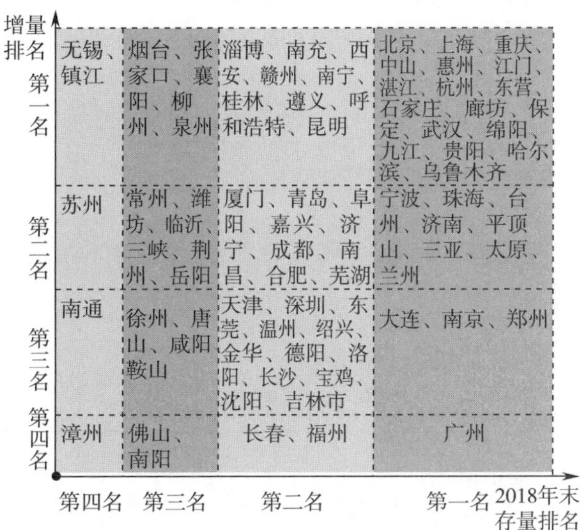

重点城市行各项存款存量、增量排名分布

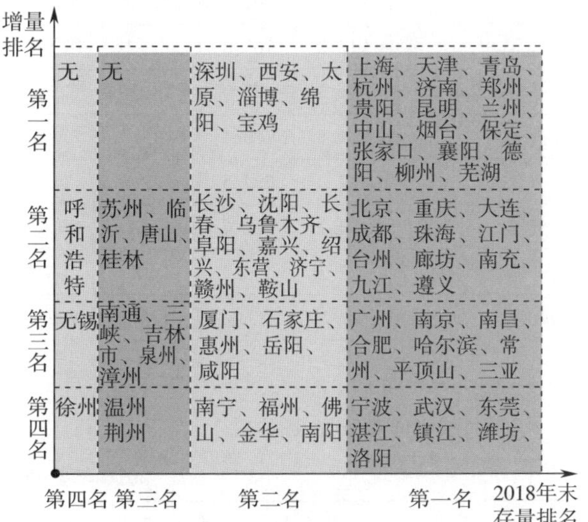

重点城市行各项贷款存量、增量排名分布

➢2018 年末，84 家重点城市行各项存款余额四行占比 33.42%，居四行首位，较 2017 年末提高 0.6 个百分点，增幅四行首位。储蓄存款余额四行占比 30.33%，居四行首位，较 2017 年末提升 0.23 个百分点。对公存款余额四行占比 35.86%，居四行首位，较 2017 末提升 0.97 个百分点。

➢34 家重点城市行各项存款增量排名四行首位，

其中，北京、重庆、武汉、惠州、绵阳等18家分行，余额和增量排名均为四行首位。

➢39家重点城市行储蓄存款增量排名四行首位，其中，广州、杭州、南京、贵阳、平顶山等18家分行，余额和增量排名均为四行首位。

➢2018年末，84家重点城市行各项贷款余额四行占比29.14%，居四行首位，较2017年末提升0.07个百分点。个人贷款余额四行占比28.38%，较2017年末基本持平。

➢24家重点城市行各项贷款增量排名四行首位。其中，天津、郑州、中山、保定、烟台等17家分行余额和增量排名均为四行首位。

➢33家重点城市行个人贷款增量排名四行首位，其中，青岛、广州、成都等23家分行，余额和增量排名均为四行首位。

1.2.3 各条线经营情况

□拨备费用前利润情况

2018年部门条线拨备费用前利润表

业务条线	拨备费用前利润（亿元）			
	完成值	同期值	同比	增幅
个人金融	2 179.1	2 009.6	169.5	8.4%
公司金融	1 558.4	1 525.3	33.1	2.2%
金融市场	917.4	762.3	155.0	20.3%
机构金融	912.8	767.6	145.2	18.9%
结算与现金管理	491.3	473.0	18.3	3.9%
银行卡	224.5	206.4	18.1	8.8%
资产管理	147.4	224.5	-77.0	-34.3%
投资银行	143.1	152.6	-9.5	-6.2%
资产托管	132.5	110.7	21.8	19.7%
国际业务	98.2	89.3	8.9	9.9%
票据业务	63.0	52.4	10.5	20.1%
私人银行	60.0	75.6	-15.5	-20.6%
贵金属业务	59.2	74.3	-15.1	-20.4%
养老金	12.4	16.9	-4.5	-26.6%

➢金融市场条线。拨备费用前利润同比增幅20.3%。主要得益于地方债等债券投资日均规模的增长以及整体收益率提高。税后新增人民币债券投资收益率达5.13%，高于市场平均37个基点；在市场收益率中枢下行86个基点情况下，银行账户组合税后实际收益率逆势提高16个基点。

➢票据条线。同比增幅20.1%。2018年，在票据资产日均余额下降22%的情况下，得益于贴现收益率同比提升86个基点，票据条线拨备费用前利润大幅增长。

➢资产托管条线。同比增幅19.7%。2018年末，全行托管资产规模16.3万亿元，较年初增加7 440亿元，增幅4.78%，显著优于全市场增幅1.92%；托管存款日均规模同比增长32%。根据银行业协会最新披露的第三季度数据，我行托管规模市场占比12.8%，保持绝对领先地位。

➢机构金融条线。同比增幅18.9%。主要是存款日均规模同比增长6 400亿元，付息率同比降低2个基点。

➢个人金融条线。同比增幅8.4%。主要是受个人住房贷款日均余额同比增长6 600亿元、拨备费用前利润同比增加130亿元带动。

➢资产管理、私人银行、投资银行、养老金条线。主要受资管新规影响，中间业务收入同比下降。

➢贵金属条线。同比下降20.4%。主要是受黄金租借新政限量影响，租借规模同比下降41%所致。

□各条线中间业务收入情况

2018年各条线中间业务收入情况

单位：亿元

业务条线	工行	同比增量	同比增幅	总量排名	增量排名	四行占比	占比变化	建行	农行	中行
公司金融业务部	117.76	30.29	34.63%	1	1	39.92%	6.23%	81.01	36.95	59.25
金融市场部	111.57	8.75	8.51%	1	1	35.24%	1.23%	60.35	59.03	85.68
资产托管部	68.02	3.51	5.44%	1	1	37.44%	0.61%	46.27	35.71	31.68
资产管理部	145.41	-76.49	-34.47%	1	3	37.89%	2.48%	90.94	67.8	79.62
贵金属业务部	21.02	-3.62	-14.69%	1	4	43.14%	-5.03%	10.58	10.17	6.96
私人银行部	60.6	-15.58	-20.45%	1	4	87.24%	-3.74%	2.53	0.63	5.7
投资银行部	143.21	-8.11	-5.36%	1	4	55.73%	1.14%	75.33	28.69	9.75
养老金业务部	10.99	-1.79	-13.98%	1	4	91.60%	-1.18%	0.48	0.26	0.28
国际业务部	56.33	4.94	9.61%	2	1	26.81%	2.11%	46.97	37.16	69.67

续表

业务条线	工行	同比增量	同比增幅	总量排名	增量排名	四行占比	占比变化	建行	农行	中行
结算与现金管理部	83.81	6.13	7.89%	2	1	29.79%	1.09%	92.11	59.89	45.51
银行卡业务部	386.03	73.85	23.66%	2	2	30.40%	2.77%	432.06	217.52	234.27
个人金融业务部	198.74	-15.3	-7.15%	3	3	28.67%	0.38%	210.7	203.15	80.64
网络金融部	106.44	37.11	53.53%	3	3	20.65%	1.97%	160.93	201.44	46.69
机构金融业务部	6.94	0.34	5.15%	4	4	17.56%	-1.15%	16.27	7.73	8.59

注：表中银行卡业务部数据按可比口径计算。

➢网络金融部、公司金融业务部、银行卡业务部、国际业务部、金融市场部收入增长较快。

➢公司金融业务部、金融市场部、资产托管部收入总量、增量同业占比"双第一"。

1.2.4　综合化子公司经营情况

➢2018 年，综合化子公司实现净利润 40.6 亿元人民币，同比下降 44.2%。

综合化子公司净利润　　单位：亿元

子公司	2018 年	2017 年	同比增幅	主要特点
工银瑞信	14.8	18.3	-19.5%	整体产品管理费率下降，佣金支出增加较多。
工银国际	13.5	11.7	15.5%	项目退出实现投资收益，资产减值计提金额下降。
工银租赁	5.9	35.7	-83.4%	存量资产计提大额拨备，拨备前利润同比增长 4.2%。
工银投资	5.5	0.9	542%	主要为资本金存放利息收入及项目公允价值变动收益。
工银安盛	0.9	6.2	-85.0%	新金融工具准则实施后股票和基金产生浮亏对损益影响较大，保险准则下净利润同比增长 11.9%。
其中：保险准则下	7.0	6.2	11.9%	
合计	40.6	72.8	-44.2%	—

注：工银国际美元净利润同比增长 9.4%，折人民币增幅 15.5%。

1.2.5　境外机构经营情况

□境外机构盈利贡献持续提升

盈利稳步增长

➢2018 年，境外机构实现净利润 × × 亿美元，同比增长 × ×%（受美元升值影响，折人民币增幅 × ×%）。

➢境外机构净利润集团占比达到 × ×%，较上年末提高 × × 个百分点，对集团盈利增长的拉动作用有所增强。

资产负债规模适度增加

➢2018 年末，境外机构总资产 4 484 亿美元，同比增长 1.8%。贷款余额 2 115 亿美元，同比增长 0.3%；客户存款（不含同业）1 311 亿美元，同比增长 7.0%，存贷款增速较前两年有所回落。

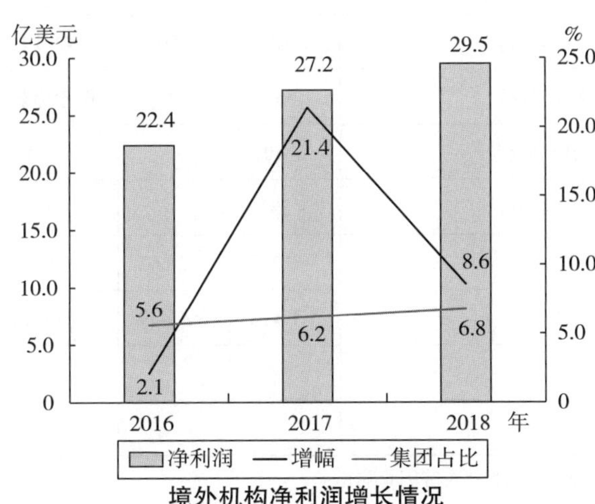

境外机构净利润增长情况

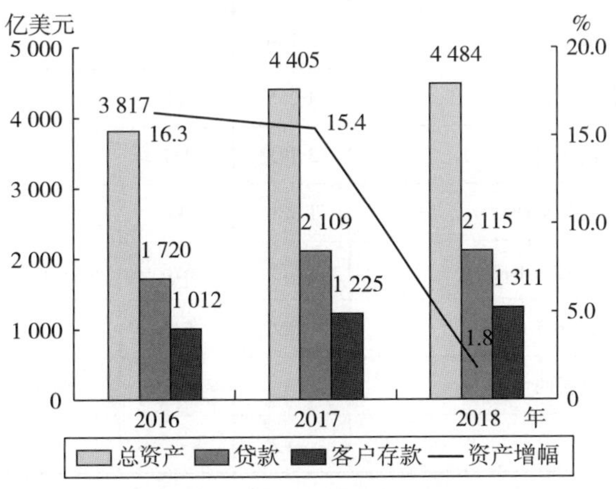

境外机构资产负债增长情况

□各境外机构净利润情况

2018 年境外机构净利润完成情况

单位：万美元

机构名称	当期	同比增减	同比增幅	机构名称	当期	同比增减	同比增幅
港澳地区	163 696	11 529	7.6%	美洲地区	43 163	4 639	12.0%
工银亚洲机构	114 061	8 609	8.2%	美国机构	23 393	3 540	17.8%
工银澳门	30 054	1 231	4.3%	其中：纽约分行	23 046	6 184	36.7%
工银国际	19 580	1 689	9.4%	工银美国	2 515	1 299	106.9%
亚太地区	77 278	16 788	27.8%	工银金融	-2 168	-3 942	-
中东机构	13 547	2 491	22.5%	工银阿根廷	16 814	66	0.4%
其中：迪拜分行	9 404	1 690	21.9%	工银加拿大	2 073	284	15.9%
多哈分行	1 838	333	22.2%	工银巴西	539	150	38.4%
利雅得分行	1 206	402	50.1%	工银秘鲁	229	117	104.3%
阿布扎比分行	597	47	8.5%	工银墨西哥	114	483	扭亏为盈
科威特分行	502	17	3.6%	欧洲地区（不含标准）	9 960	-9 053	-47.6%
新加坡分行	11 046	4 666	73.1%	工银欧洲机构	6 410	-2 172	-25.3%
悉尼分行	10 471	1 743	20.0%	其中：华沙分行	1 259	118	10.4%
湄公河机构	9 890	2 874	41.0%	巴黎分行	908	-112	-11.0%
其中：万象分行	3 713	1 073	40.7%	阿姆斯特丹分行	867	-148	-14.6%
金边分行	2 718	689	33.9%	马德里分行	252	-251	-49.9%
河内分行	2 648	712	36.8%	米兰分行	174	-835	-82.8%
仰光分行	810	400	97.4%	布鲁塞尔分行	125	-38	-23.6%
卡拉奇分行	7 571	2 936	63.3%	工银土耳其	2 668	984	58.4%
首尔分行	6 583	263	4.2%	法兰克福分行	1 337	189	16.5%
工银泰国	6 106	701	13.0%	工银莫斯科	1 100	-800	-42.1%
东京分行	4 255	44	1.1%	布拉格分行	55	793	扭亏为盈
工银印尼	3 193	237	8.0%	工银奥地利	-50	—	—
工银马来西亚	1 936	33	1.7%	苏黎世分行	-335	—	—
工银阿拉木图	1 589	676	74.1%	伦敦机构	-1 225	-7 662	盈利转亏损
孟买分行	1 066	546	105.1%	工银标准	-1 478	-4 449	盈利转亏损
工银新西兰	67	-379	-84.9%				
马尼拉分行	-42	—	—				

注：工银金融 2018 年业绩主要受解决历史问题、执行战略调整和加大合规投入等因素影响。

□各板块经营情况

境外机构

港澳地区

实现净利润16.4亿美元，同比增长7.6%，在境外机构中整体盈利占比56%，奠定境外机构板块增长基础。

分机构：工银亚洲机构净利润同比增长8.2%，主要是生息资产量价齐升带动利息净收入增长较好；工银国际净利润在2017年同比翻番的基础上继续增长9.4%，主要是项目退出实现投资收益，以及资产减值计提金额下降；工银澳门扭转上半年盈利同比下降趋势，全年净利润同比增长4.3%，主要是贷款和债券业务实现较好增长。

亚太地区（不含港澳）

实现净利润7.7亿美元，同比增长27.8%。中东机构、新加坡、悉尼分行、湄公河机构、卡拉奇分行经营稳定，盈利增量贡献较多。

分机构：新加坡分行净利润同比增加4 666 万美元，主要是生息资产规模增加以及资金成本控制取得成效，利息净收入同比大幅增长；中东机构、悉尼分行、湄公河机构、卡拉奇分行自年初以来一直保持平稳增长，全年净利润增幅均超过20%。

美洲地区

实现净利润4.3亿美元，同比增长12.0%，未来面临一定挑战。

分机构：美国机构净利润同比增长17.8%，主要是减税因素拉动净利润增长，同时贷款拨备计提减少；工银阿根廷采取多种方式弥补比索汇率贬值影响，折美元净利润同比微增，好于预期；工银加拿大保持稳定增长。

欧洲地区

欧洲地区（不含标准）实现净利润9 960万美元，同比下降，47.6%。主要是伦敦机构增提大额不良贷款拨备导致亏损；此外，工银土耳其债券投资及簿记贷款规模增长带动利息收入增加，抵消里拉贬值影响，净利润同比增长58.4%。

工银标准受收入波动影响，未实现预期盈利目标。

二、2019 年经营目标

2.1　集团财务收支计划

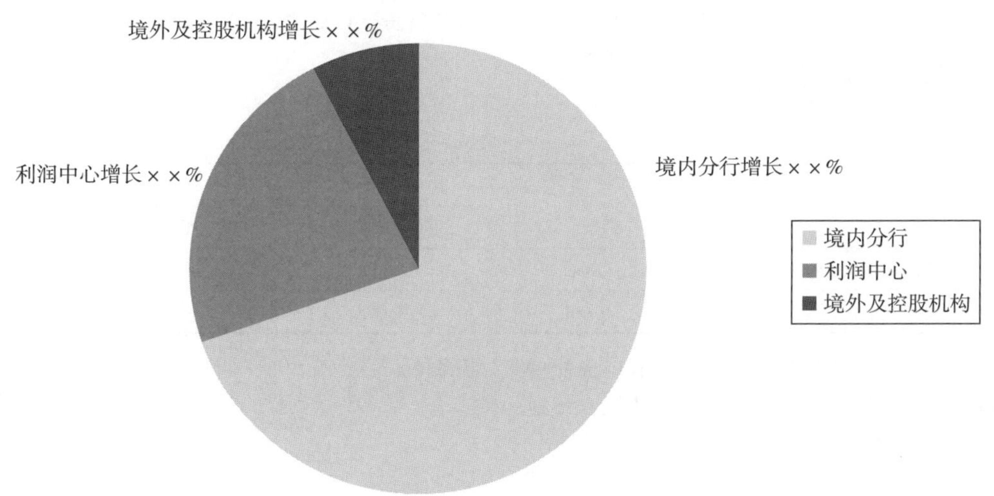

各盈利板块净利润增长目标

➢2019 年，各盈利板块净利润目标按照积极进取的要求进行分解下达，全行要平衡好效益、质量和风控之间的关系，稳中求进，努力推动经营目标顺利实现。

2.2 业务发展计划

（一）境内人民币存贷款计划

境内分行　　单位：亿元

计划项目	2019 年计划			2018 年		
		增量	增幅		增量	增幅
人民币存款（含同业）	219 428	14 000	6.8%	205 428	15 484	8.2%
其中：一般性存款	207 876	13 000	6.7%	194 876	14 478	8.0%
同业存款	11 552	1 000	9.5%	10 552	1 006	10.5%
人民币贷款（含拆放）	150 034	11 600	8.4%	138 434	11 520	9.1%
其中：人民币贷款	147 174	11 000	8.1%	136 174	11 570	9.3%
非存款类金融机构拆放	2 859	600	26.6%	2 259	-50	-2.2%

➢2019 年，人民币各项存款（含同业存款）计划增加 14 000 亿元。其中一般性存款计划增加 13 000 亿元；同业存款计划增加 1 000 亿元。

➢2019 年，人民币各项贷款（含拆放）计划增加 11 600 亿元。

（二）普惠金融专项贷款计划

单位：亿元

计划项目	2019 年计划			2018 年		
		可比增量	可比增幅		可比增量	可比增幅
人民银行降准口径贷款	4 449	1 200	36.9%	2 286	273	8.2%
银保监会普惠口径贷款	4 428	1 200	37.2%	3 228	503	8.0%
精准扶贫贷款	1 555	130	9.1%	1 425	351	10.5%

注：2018 年人民银行降准口径贷款数据按“单户授信小于 500 万元”的老标准进行计算，2019 年人民银行降准口径贷款数据按“单户授信小于 1 000 万元”的新标准进行计算。

➢2019 年，人民银行降准口径贷款计划增加 1 200 亿元，银保监会普惠口径贷款计划增加 1 200 亿元，精准扶贫贷款计划增加 130 亿元。

（三）人民币存贷款利率管理计划

集团

计划项目	2019 年计划			2018 年
		同比增减	同比增幅	
新发放贷款基础利率（LPR）占比	48%	0.0%	—	48.0%
新发放贷款利率平均浮动幅度	6.0%	-5.0%	—	11.0%

➢2019 年，新发放贷款基础利率（LPR）贷款占比计划为 48.0%，新发放贷款利率平均浮动幅度计划为 6.0%。

（四）非信贷融资发展计划

单位：亿元

计划项目	2019 年计划			2018 年		
		同比增减	同比增幅		同比增量	同比增幅
地方债与非信贷融资合计	61 382	5 150	9.16%	56 232	8 379	17.51%
其中：非信贷融资	32 079	3 650	12.84%	28 429	2 852	11.15%
地方政府债投资	29 303	1 500	5.40%	27 803	5 527	24.81%

➢2019 年，非信贷融资业务（含地方债投资）计划增加 5 150 亿元。

2.3　风险控制计划

单位：亿元

计划项目	2019 年计划			2018 年		
		同比增减	同比增幅		同比增量	同比增幅
不良额	××	××	××%	××	××	××%
不良率	××%	××%	—	××%	××%	
剪刀差	××	—	—	××	××	××%

➢2019 年，集团不良贷款额计划控制在××亿元　　以内，不良率计划控制在××%以内。

2.4　资本管理计划

集团

计划项目	2019 年计划			2018 年
		同比增减	同比增幅	
核心一级资本充足率	12.00%	-0.50%	—	12.50%
一级资本充足率	12.50%	-0.40%	—	12.90%
资本充足率	14.00%	-0.70%	—	14.70%

➢2019 年，集团资本充足率计划为××%，一级　　××%。
资本充足率计划为××%，核心一级资本充足率计划为

2.5　客户发展计划

（一）个人客户发展计划

境内分行　　单位：万户

计划项目	2019 年计划			2018 年		
		同比增减	增幅		同比增减	增幅
全量个人客户净增	65 709	5 000	8.24%	60 709	4 000	7.05%

➢2019 年，全量个人客户数力争净增 5 000 万户。

（二）私人银行客户发展计划

境内分行　　单位：户

计划项目	2019 年计划			2018 年		
		同比增减	增幅		同比增减	增幅
私人银行客户总数	87 720	7 000	8.67%	80 720	5 215	6.91%

➢2019 年，私人银行客户数计划净增 7 000 户。

（三）信用卡客户发展计划

境内分行　　单位：万户

计划项目	2019 年计划			2018 年		
		同比增减	增幅		同比增减	增幅
信用卡有效客户数	6 886	1 150	20.05%	5 736	1 116	24.16%

➢2019 年，信用卡有效客户数计划净增 1 150 万户。

（四）公司客户发展计划

境内分行

单位：万户

计划项目	2019 年计划			2018 年		
		同比增减	增幅		同比增减	增幅
日均金融资产 1 万元（含）以上公司客户数	267.5	21	8.52%	246.5	20	8.88%
日均金融资产 5 万元（含）以上公司客户数	149.93	10	7.15%	139.93	9	6.87%

➢2019 年，日均金融资产 1 万元（含）以上公司客户数计划净增 21 万户。其中，日均金融资产 5 万元（含）以上公司客户数计划净增 10 万户。

（五）机构客户发展计划

境内分行

单位：万户

计划项目	2019 年计划			2018 年		
		同比增减	增幅		同比增减	增幅
日均金融资产 5 万元（含）以上机构客户数	207 500	5 500	2.72%	202 000	5 000	2.54%

➢2019 年，日均金融资产 5 万元（含）以上机构客户数计划净增 5 500 户。

（六）网络金融客户发展计划

境内分行

单位：万户

计划项目	2019 年计划			2018 年		
		同比增减	增幅		同比增减	增幅
大型平台合作客户数（户）	100	—	—	—	—	—
B 端互联网金融活跃客户数	340	48	16.45%	292	—	—
互联网金融新增客户数	2 630	24	0.92%	2 606	—	—
互联网金融线上获客数	75	58	335.03%	17	—	—
快捷支付绑卡增量（万张）	12 000	4 167	53.20%	7 833	-1 888	-19.42%
融 e 行拓户和融 e 行、融 e 联月均动户数	12 600	658	5.51%	11 942	1 988.85	19.98%
收费短信工银信使账户增量	2 038	1 438	239.67%	600	—	—

三、2019 年经营调控与考核主要取向

3.1 关于信贷分配方案

主要调整思路：降低初分比例，提升机动比例

全年人民币贷款计划新增 1.16 万亿元，含市场化债转股资金支持 600 亿元。分行计划方面，年初先行分解下达 9 000 亿元，占全年计划的 82%，与去年初计划总数 8 625 亿元接近，但比例有所下降；剩余计划作为机动额度，年内根据实体经济需求、货币政策导向和各行贷款实际投放等因素适时分解下达。

➢基础配置原则：按照质量效益平衡原则，突出储备导向、质量导向、效益导向；紧跟政策导向和市场需求，加强资源保障和任务约束，确保完成普惠贷款和民营企业贷款增长目标；发挥总分行合力，持续提升重点城市行市场竞争力。

分行年度计划 = 重点业务配置（50%）+ 指标挂钩配置（30%）+ 战略配置（20%）

其中：重点业务配置 = 普惠贷款计划 + 民营贷款计划 + 卡分期计划 + 个人住房贷款配置

指标挂钩配置 = 2018 年各行贷款余额 × 差异化挂钩增幅，挂钩增幅由各行存贷利差、存款日均增幅及经济资本系数综合打分排名确定，增幅区间为 1.2% ~3%。

战略配置 = 考虑重点城市行占比及储备需求情况，

给予0.5%～3%的挂钩增幅。

➢机动配置原则：年中根据各行普惠及民营企业贷款任务超额完成情况、重点客户移位及重点城市行市场拓展情况进行追加分配。

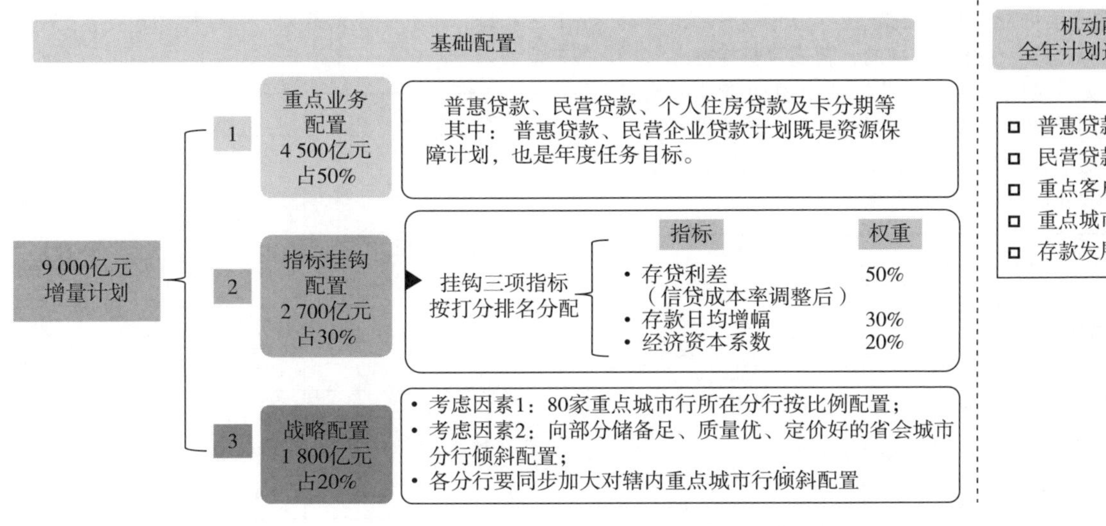

3.2　关于利润核定

主要调整思路：严格拨备保有管理，确保发展可持续性

信贷成本支出

➢客观反映分行信贷成本。今年信贷成本核定考虑以下两个方面因素：一是根据宏观经济变化和新准则要求，及时调整一二阶段贷款拨备计提参数，客观反映分行风险成本和盈利水平，贷款规模越大的分行，信贷成本增量越高；二是随着公司贷款实际违约率上升，根据监管的审慎要求，我行部分内评法模型已低于监管标准，今年将对内评模型进行优化，分行信贷成本将相应增加。

➢提高法人贷款劣变成本。及时完善拨备提取政策，在执行现有拨备计提政策的同时，对于新发生法人不良贷款，拨备计提比例不得低于上年不良贷款处置损失率。2019年，法人贷款劣变后拨备提取最低比例平均提高至51.6%，较2018年（40%）提高11.6个百分点。

➢加大账销案存资产收回力度。考虑到近年来全行核销投入力度加大，总行将对账销案存资产加大精细化管理水平，对2018年4月以后的核销资产，根据逐笔清收处置预案，确定各分行2019年度回收计划，回收额计入分行当年提取拨备总额中，并纳入年度利润计划考虑。

FTP调整影响纳入预算目标

➢为做好大类资产负债布局价格策略引导，年初总行适度扩大了存贷款业务点差，累计增加分行税前利润46亿元，在预算目标核定时将该因素影响纳入考虑。

中间业务收入

➢动因驱动与市场竞争定目标。在充分考虑中收监管、市场和竞争环境的基础上，按照直接动因和市场竞争力等因素核定中收目标。

➢对第三方支付业务相关政策影响进行初始化。2019年起，对第三方支付收入的分润规则进行了调整，发卡行和主办行之间的分润比例从“按增量的3:7”调整为“按总量的7:3”。同时，按照新的分润比例，对2018年中间业务收入等指标影响进行初始化处理。

2019年各行账销案存资产清收处置计划

单位：万元

分行	2019年 清收处置计划	分行	2019年 清收处置计划
北京	4 615.47	广东	38 824.92
天津	5 418.86	广西	4 987.92
河北	6 789.84	海南	1 211.48
山西	4 007.40	四川	5 942.93
内蒙古	3 888.31	贵州	11 411.02
辽宁	4 580.61	云南	4 840.46
吉林	6 762.39	陕西	3 370.39
黑龙江	4 595.93	甘肃	1 040.28
上海	25 194.53	青海	421.04
江苏	20 298.38	宁夏	306.43
浙江	25 418.20	新疆	1 269.47
安徽	7 208.19	重庆	9 279.82
福建	17 574.85	大连	5 670.04
江西	8 838.65	青岛	4 539.62
山东	18 929.46	宁波	6 220.22
河南	8 257.43	深圳	6 189.94
湖北	7 029.24	厦门	3 076.40
湖南	11 189.42	总计	300 000

➤总行将对账销案存资产加大精细化管理水平，2019年度账销案存资产回收额计入分行当年提取拨备总额中，并纳入年度利润计划考虑。

3.3 关于境内分行考核方案

主要调整思路：优化考核导向，精简瘦身指标

➤突出实质风险导向：增设新发生逾期贷款率指标，取消逾期贷款剪刀差指标；加大贷款劣变成本考核，适当降低不良贷款率指标权重；增设押品回收率指标；加大对表外理财资金风险考核。

<table>
<tr><th colspan="2">2018 年指标设置</th><th colspan="2">2019 年指标设置</th></tr>
<tr><th>指标名称</th><th>基本权重</th><th>指标名称</th><th>基本权重</th></tr>
<tr><td>1. 逾期贷款剪刀差</td><td>64</td><td>1. 新发生逾期贷款率</td><td>75</td></tr>
<tr><td>2. 贷款劣变率</td><td>75</td><td>2. 贷款劣变率</td><td>75</td></tr>
<tr><td>3. 不良贷款率</td><td>100</td><td>3. 不良贷款率</td><td>85</td></tr>
<tr><td>4. 法人客户不良资产常规处置占比</td><td>15</td><td>4. 押品回收率</td><td>18</td></tr>
</table>

➤突出互联网金融业务发展：单设互联网金融指标板块；分值由原53分调增至80分，从B端和C端两个维度考核；突出互联网金融获客、活客考核，引导分行抓好线上获客，增加客户活跃度。

<table>
<tr><th colspan="3">2018 年指标设置</th><th colspan="3">2019 年指标设置</th></tr>
<tr><th colspan="2">指标名称</th><th>基本权重</th><th colspan="2">指标名称</th><th>基本权重</th></tr>
<tr><td rowspan="3">对公类</td><td rowspan="2">1. 企业网银证书版客户</td><td rowspan="2">5</td><td rowspan="3">B类</td><td>1. 大型平台企业合作客户数</td><td>10</td></tr>
<tr><td>2. 互联网金融法人获客数</td><td>10</td></tr>
<tr><td>2. e支付活跃商户数</td><td>5</td><td>3. 互联网金融活跃法人客户数</td><td>15</td></tr>
<tr><td rowspan="5">个人类</td><td rowspan="2">1. 场景建设（场景获客贡献）</td><td rowspan="2">10</td><td rowspan="5">C端</td><td>1. 互联网金融新增个人用户数</td><td>6</td></tr>
<tr><td>2. 互联网金融个人获客数</td><td>6</td></tr>
<tr><td>2. 快捷支付绑卡客户数</td><td>±5</td><td>3. 快捷支付绑卡数（增加银联云闪付）</td><td>10</td></tr>
<tr><td>3. 融e行拓展他行客户数（融e行移动端月均动户数）</td><td>18</td><td>4. 融e行拓户、融e行及融e联月均动户数</td><td>15</td></tr>
<tr><td>4. 融e联/融e购客户数（月均动户数）</td><td>15</td><td>5. 收费短信工银信使账户数</td><td>8</td></tr>
</table>

➤优化收入结构考核：将原人均结算理财代理类收入指标口径扩展为全口径中收考核；单独设置结算类中间业务收入指标，权重为30分；精简整合细项中间业务收入指标，单列中收贡献大、潜力大、同业竞争激烈的产品线。

<table>
<tr><th colspan="2">2018 年指标设置</th><th colspan="2">2019 年指标设置</th></tr>
<tr><th>指标名称</th><th>基本权重</th><th>指标名称</th><th>基本权重</th></tr>
<tr><td>人均结算理财代理类收入</td><td>60</td><td>人均中间业务收入</td><td>60</td></tr>
<tr><td rowspan="2"></td><td rowspan="2"></td><td>结算类业务收入</td><td>30</td></tr>
<tr><td>代理销售业务收入</td><td>15</td></tr>
<tr><td>资管业务收入/大资管加分项</td><td>15</td><td>大资管业务收入（含资管、私银、养老金和托管）</td><td>30</td></tr>
<tr><td>投行业务收入/大投行加分项</td><td>30</td><td>大投行业务收入（含投行、银团）</td><td>30</td></tr>
<tr><td rowspan="2">战略成长收入：商品交易业务、承销业务、私人银行、养老金业务、托管业务、贵金属业务，新产品业务、走出去业务、国际业务</td><td rowspan="2">79</td><td>贵金属和账户交易类产品收入</td><td>10</td></tr>
<tr><td>承销业务收入</td><td>5</td></tr>
</table>

➤优化普惠金融业务考核：加大普惠金融业务分类考核力度，指标基本分值由8分调增至40分；加大利润挂钩力度，对完成和超额完成计划的分行，按照一定比例，差异化调增考核利润；继续实施差异化降级降档政策。

分类	浮动比例	完成目标得分
优先发展行	按照基本权重的125%计分	50分
跟进发展行	按基本权重计分	40分
特色发展行	按照基本权重的75%计分	30分

➤调整量价协调考核方式：对保本理财、结构性存款主动负债类存款按90%进行折算考核；调整利率浮动幅度折算方式，将原按与标杆行比较的方式调整为直接按照各行利率浮动情况进行折算；将保本理财、结构性存款的成本纳入存款付息率指标考核。

➤精简指标：细项考核指标共计74个，较上年下降46个。适当精简过程类指标，保留反映核心经营成果的指标；适当整合细项指标，通过综合指标进行考核；取消考评办法中的嵌套办法，每个办法只保留1个最核心的业务指标；整合部分重复考核指标，取消稳存增存加分项指标。

境内分行考核指标表

指标名称	市场地位提升类	夯实基础业务类
一、经营效益类	**395 ±175**	**395 ±150**
调整后风险加权资产回报率	105	105
人均经济增加值	110	110
总资产净回报率（成本收入比调节）	50 ±60	50 ±60
新发放贷款收益率（同业比较调节）	30 ±25	30 ±20
存款付息率（同业比较调节）	40 ±35	40 ±30
人均中间业务收入（同业比较调节）	60 ±55	60 ±40
二、风险内控类	**800 ±30**	**800 ±30**
（一）风险管理评价	**500**	**500**
新发生逾期贷款率	75	75
贷款劣变率	75	75
不良贷款率（其中：银行卡专业不良率）	85（10）	85（10）
2013 年以来新增融资不良率	50	50
不良贷款清收处置损失	85	85
押品回收率	18	18
风险扣分项	112	112
（二）案件风险控制	**200**	**200**
（三）内控合规（外管合规、反洗钱合规）	**100 ±**	**30**
三、大零售及负债业务类	**375 ±5**	**430 ±5**
人均本外币储蓄存款日均增量（系数折算）	95	110
人均本外币公司存款日均增量（系数折算）	45	50
人均本外币机构及同业存款日均增量（系数折算）	45	50
人均本行理财产品日均增量	25	25
大零售业务营业贡献	20	30
全量个人客户数（其中：私人银行客户）（系数折算）	60（10）	70（10）
信用卡有效客户数	10	10
信用卡业务收入（信用卡消费额调节）	12 ±5	12 ±5
个人客户产品渗透率	30	35
代发工资额	15	20

指标名称		市场地位提升类	夯实基础业务类
竞争力达标网点占比		18	18
四、对公及转型优化类		**280 ±105**	**225 ±98**
日均金融资产 5 万元以上公司客户数（系数折算）		55	50
日均金融资产 5 万元以上机构客户数（系数折算）		45	35
结算类业务收入（同业比较调节）		30 ±25	30 ±20
大资管业务收入（含资管、私银、养老金和托管）		30	25
大投行业务收入（含投行、银团）		30	25
代理销售业务收入（含代销保险、代销基金、第三方存管）		15	10
贵金属和账户交易类产品收入		10	6
承销业务收入（承销规模同业比较调节）		5 ±5	3 ±3
大票据营业贡献		9	5
对公客户产品渗透率		30	25
协同联动（跨境联动、行司联动）		21	11
职业年金受托人中标情况		±45	±45
职业年金托管人中标情况		±30	30
五、互联网金融类		**80**	**80**
B 端	大型平台企业合作客户数	10	10
B 端	互联网金融法人获客数	10	10
B 端	互联网金融活跃法人客户数	15	15
C 端	互联网金融新增个人用户数	6	6
C 端	互联网金融个人获客数	6	6
C 端	快捷支付绑卡数	10	10
C 端	融 e 行拓户数、融 e 行及融 e 联月均动户数	15	15
C 端	收费短信工银信使账户数	8	8
六、社会责任类		**70**	**70**
客户服务		25	25
绿色信贷		5	5
普惠金融业务		40	40

合计：市场地位提升类 2 000 ±315，夯实基础业务类 2 000 ±283

3.4 关于总行部门和利润中心考核方案

主要调整思路：保持部室定量考核体系相对稳定，重点对利润中心考核方式进行调整

□部门考核，根据业务发展变化调整导向

➢从前移风险防范关口、做好存量风险管控、加快不良清收处置、强化表外风险管理四个方面，对信管部指标进行调整优化。

➢突出网金部互联网金融发展的统筹职责，突出 B 端与 C 端获客、活客考核。

➢优化普惠金融事业部考核指标，同时将“人行定向降准”口径贷款增量任务分解至个金部、卡部。

➢根据总行部室职能变化，制定金融科技部考核指标，重点考核项目研发效率、系统访问情况，引导提升研发效能。

➢对专项融资部提高风险类指标考核权重，权重由 30% 提高至 50%；降低效益类指标权重，权重由 50% 降低至 30%。

□利润中心考核，进行优化完善

➢金融市场部

——加大债券投资收益率权重，权重由 10% 提高至 25%。

——降低利润总额类指标权重，权重由 64% 降低至 45%。

➢资产管理部

——优化营业贡献考核，将因违约风险产生的预计负债按一定规则计入营业贡献。

——重点考核符合资管新规产品。

——提高风险类指标考核权重，由 10% 提高至 15%。

➢私人银行部

——优化营业贡献考核，将应付给客户的“预期收益”支出和因违约风险产生的预计负债按一定规则计入营业贡献。

——增加产品成本考核（同业比较）。

——重点考核符合资管新规产品。

——提高风险类指标考核权重，由 8% 提高至 20%。

➢票据营业部、贵金属业务部

——落实监管要求，优化风险考核；票据营业风险权重由 35% 提高至 40%；贵金属完善市场风险评价，增设消费者权益保护。

3.5 关于人力费用配置

主要调整思路：坚持与效益贡献挂钩，兼顾效率与公平

➢工资费用继续采用“基础工资 + 绩效工资”方式进行配置。

➢未来一段时期内净利润大幅增长难度很大，即便财政部提高挂钩比例，2019 年工资总额依然较紧。

主要优化调整

- 工资费用
  - ✓ 按照“量入为出、突出效益、差异配置、精细管理”的思路，进一步优化薪酬资源配置，提高费用分配的精准性
  - • 调整工资基数：各机构工资基数以其上年工资总额为基础，考虑人均工资水平、同业竞争力、工资投入产出等因素进行适度调整，兼顾资源配置的效率与公平，重点关注人均工资水平过低、工资总额与效益贡献及市场竞争力不匹配的分行。
  - • 调整基础工资挂钩比例：经营性机构基础工资计划统一调整为工资基数的75%。
  - • 调整绩效工资挂钩方式：在核心挂钩指标保持稳定的基础上，重点调整净利润总量和净利润增量的挂钩比例。如境内分行继续与净利润、中收、存贷款点差、存款、客户和不良贷款等核心指标挂钩，适度降低净利润总量的挂钩比例，加大净利润增量的挂钩比例且进行分档设置
- 非工资性人力费用
  - ✓ 强化保障效果，逐步提高员工福利保障的感受度和均衡度
  - • 综合考虑工资收入变化、历史保障水平等因素，在合规管理基础上，进一步完善职工福利费等重点项目管理方式，持续推动全行福利水平稳中有升，提升非工资性人力费用的边际效益
  - ✓ 加强总行统筹，加大全行性福利保障项目的投入力度
  - • 针对养老、医疗等关键领域，重点解决因机构间财务承受和支付能力差异造成的保障不均问题

3.6　关于经营费用配置

主要调整思路：按成本习性核定保障费用，按价值创造挂钩激励费用

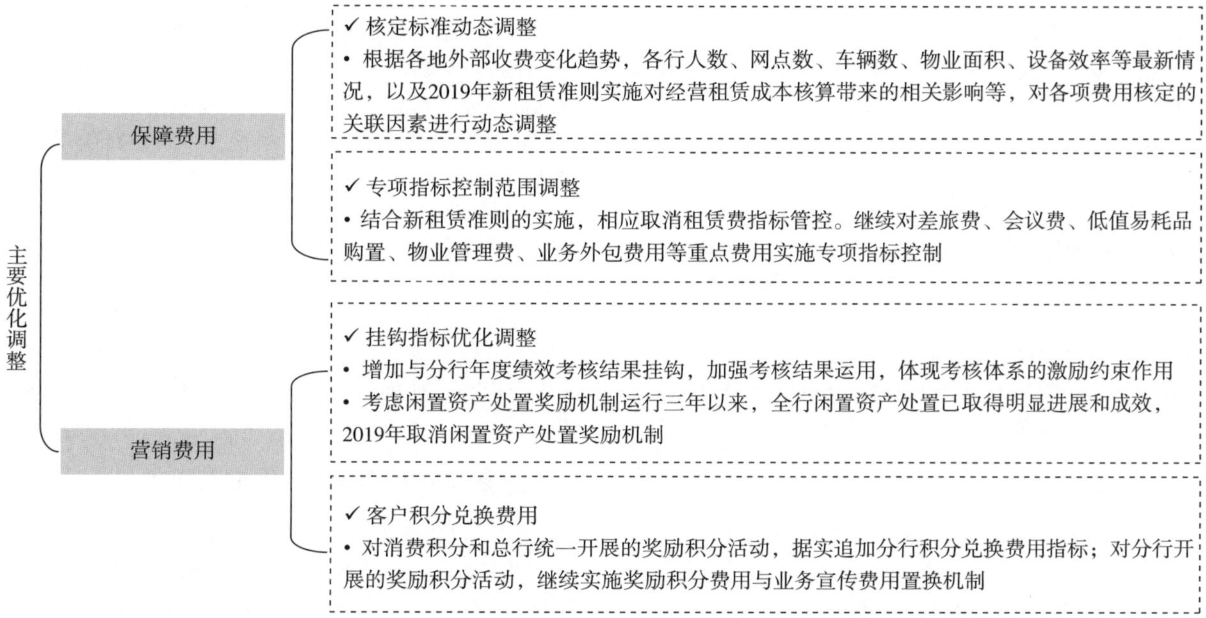

主要优化调整

保障费用

✓ 核定标准动态调整
• 根据各地外部收费变化趋势，各行人数、网点数、车辆数、物业面积、设备效率等最新情况，以及2019年新租赁准则实施对经营租赁成本核算带来的相关影响等，对各项费用核定的关联因素进行动态调整

✓ 专项指标控制范围调整
• 结合新租赁准则的实施，相应取消租赁费指标管控。继续对差旅费、会议费、低值易耗品购置、物业管理费、业务外包费用等重点费用实施专项指标控制

营销费用

✓ 挂钩指标优化调整
• 增加与分行年度绩效考核结果挂钩，加强考核结果运用，体现考核体系的激励约束作用
• 考虑闲置资产处置奖励机制运行三年以来，全行闲置资产处置已取得明显进展和成效，2019年取消闲置资产处置奖励机制

✓ 客户积分兑换费用
• 对消费积分和总行统一开展的奖励积分活动，据实追加分行积分兑换费用指标；对分行开展的奖励积分活动，继续实施奖励积分费用与业务宣传费用置换机制

3.7　关于普惠金融配套机制

主要调整思路：全面加大激励力度，提前兑现降准效益

1. 信贷规模

➢核定普惠贷款专项规模。完善专项计划管理机制，保障普惠贷款优先投放。

➢增加影子规模额度。在普惠贷款专项规模的基础上，每月配置20亿元的影子规模，根据各行进度动态调整。

2. FTP优惠

➢继续实施普惠贷款FTP资金成本优惠（25个基点），并全额补偿分行定价让利损失。

3. 专项激励

➢继续实施普惠金融业务专项激励费用，按各行2019年人行降准口径贷款实际增量的0.16%，核定普惠专项激励工资费用，总额从2018年的0.9亿元增加至1.9亿元。

4. 绩效考核

➢提高绩效考核权重。优先发展行、跟进发展行和特色发展行分值分别为50分、40分和30分，并继续执行分类考核降档政策。

➢加大经营利润挂钩力度。将第二档降准带来的增量效益约47亿元全额转为今年普惠发展预激励，其中一半通过调增考核利润方式实现，一半通过FTP资金成本减免（或增加地方债簿记）方式实现。

调增考核利润

人行降准口径贷款任务完成情况	考核利润挂钩规则（不挂钩工资费用）
完成序时任务	按任务的1.5%调增考核利润
其中：超额完成序时任务	对优先发展行，按超额完成部分的2.5%调增考核利润 对跟进发展行，按照超额完成部分的2%调增考核利润 对特色发展行，不额外调增考核利润
未完成序时任务	按未完成额的2%扣减考核利润（如已被降档，则不再扣减）

FTP资金成本减免
（或按利差等额转为地方债簿记）

人行降准口径贷款任务完成情况	FTP资金成本减免或地方政府债簿记额度奖励规则（挂钩工资费用）
完成序时任务	按照实际增量部分的1.5%等额减免FTP资金成本
其中：不良率情况控制好的分行，额外奖励	不良率控制排名前5位的，额外奖励1% 对排名在中间位次的，当期较上期不良率每下降一个百分点，额外奖励0.2%，最高奖励0.8% 不良率控制排名后5位的，不额外奖励
未完成序时任务	不奖励

以广东分行为例，今年总行下达的降准口径普惠贷款增量任务为150亿元，广东分行属于优先发展行。假设年底圆满完成任务指标（增了160亿元）且不良率控制在全行前5名。

则：按照考核利润挂钩规则，全年可调增考核利润2.25亿元（150×1.5%+10×2.5%）。

按照FTP资金成本减免规则，全年可减免FTP资金成本4亿元（160×1.5%+160×1%）；

同时，若有地方债簿记的需求，则可将FTP资金成本减免按照地方债实际净利差转为地方债簿记额度。按照目前地方债净利差（约2%）可增加簿记地方债200亿元。

上述两种奖励方式，广东分行合计可增加6.25亿元利润，其中2.25亿元调增的考核利润不挂钩工资；4亿元FTP资金减免（或增加簿记的地方债产生的净收益）计入分行账面利润，与其他利润来源一样，同等挂钩工资费用。

注：上述案例为各分行合计达到年度增量计划1 200亿元指标的情况；如超出1 200亿元，则超出部分按照现行规则计算分配基数，根据各行分配基数占比进行奖励，实际所得奖励金额将有所变化。

实施方式：1. 按总行要求进度完成情况，按季兑现给分行，年终统一清算。

2. 对年底未达到增量计划的分行，原已减免的资金成本或簿记债券产生的收益追溯扣回。

3. 各行合计达到年度增量计划1 200亿元，按照现行规则进行奖励；超出1 200亿元，则超出部分按现行规则计算分配基数，根据各行分配基数占比进行奖励。

4. 本方案实施期一年，后续视方案执行效果再行评估。

5. 尽职免责

➢总行已经印发新版的普惠金融业务尽职免责办法，细化了免责标准，明确了免责范围。

各行要不折不扣地将相关政策传导至辖属机构，并比照总行做法制定配套支持措施。总行将对政策落实情况进行检查，对执行不到位的分行进行通报，并督导整改。

四、2019年经营工作重点任务

4.1 以普惠金融为重点，抓好信贷投放

要主动对标经济高质量发展要求，坚持“不唯所有制、不唯大小、不唯行业、只唯优劣”的公平信贷原则，围绕“大小新优”聚力发力。

□总体摆布

总量	➢ 综合考虑新增贷款、存量移位、资产证券化等因素，全年可供投放的信贷资源超过3万亿元。 ✓ 新增贷款1.16万亿元； ✓ 存量到期移位1.8万亿元； ✓ 资产证券化和债转股盘活存量2 200亿元。
结构	➢ 公司贷款增加3 000亿元； ➢ 普惠贷款增加1 200亿元； ➢ 民营贷款增加1 000亿元，还原处置因素增加2 000亿元； ➢ 票据贴现增加300亿元； ➢ 个人住房贷款增加4 800亿元，银行卡透支增加900亿元。
节奏	➢ 1月份、第一季度对于全年的整体态势非常关键，抓好了就能掌握全年信贷工作的主动权。 ➢ 要抓早抓好，增强计划配置、节奏安排、投向把握的科学性、主动性和前瞻性。

□普惠和民营企业

这是今年信贷工作的重中之重，要按照董事长要求抓好“六个落地”，实现增量、扩面、降本、保质。

普惠金融

➢市场空间与增量目标

普惠金融不可不为，更大有可为。初步测算，目前仅线上融资领域的资源储备就超过1万亿元。

产品类别	序号	场景/产品	市场空间	增量目标
合计		—	13 418 亿元	1 200 亿元
经营快贷（8）	1	结算	1 428 亿元	400 亿元
	2	房产支持（余值）	320 亿元	
	3	金融资产支持	400 亿元	
	4	商户	150 亿元	
	5	泛交易链及第三方平台	400 亿元	
	6	开户	1 220 亿元	
	7	税务	2 000 亿元	
	8	优质机构支持	500 亿元	
网贷通（3）	9	e 抵快贷	5 000 亿元	500 亿元
	10	网上质押融资	1 000 亿元	
	11	网上金融资产池质押融资		
线上供应链融资	12	线上供应链融资	500 亿元	100 亿元
线下融资产品	13	银政通、经营型物业贷和固定资产构建贷	—	200 亿元

➢任务分配原则

今年发展任务已分解至各分行，要提前部署、及早行动，确保圆满完成。

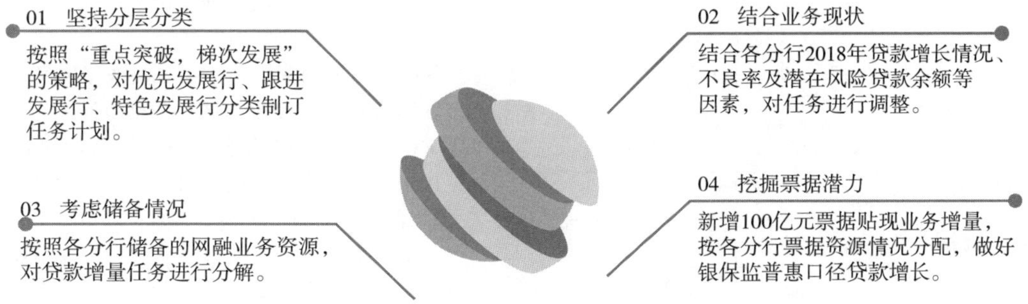

01　坚持分层分类

按照“重点突破，梯次发展”的策略，对优先发展行、跟进发展行、特色发展行分类制订任务计划。

02　结合业务现状

结合各分行2018年贷款增长情况、不良率及潜在风险贷款余额等因素，对任务进行调整。

03　考虑储备情况

按照各分行储备的网融业务资源，对贷款增量任务进行分解。

04　挖掘票据潜力

新增100亿元票据贴现业务增量，按各分行票据资源情况分配，做好银保监普惠口径贷款增长。

➢措施要求

◆抓好线上产品落地，突出做“活”。

◆加强线下服务建设，突出做“专”。

✓抓好一级分行和小微中心的重点突破和梯次发展。

✓强化小微中心“四个职能”。

✓加快小微中心配套机制建设，做好小微中心验收。

◆加强风险控制，2015 年以来新增融资不良率控制在 2% 以内。

✓提升线上融资模型交叉验证和反欺诈能力，做好线上产品的线下风险核查。

✓坚持合规经营，严格落实“七不准”“四公开”“两禁两限”等监管政策规定。

✓落实专家治贷。

民营企业

确保民营企业贷款增量占公司贷款增量的比重不低于三分之一。

➢优选客户

✓聚焦营商环境优越、民营经济发达、产业配套成熟区域的民营企业融资需求。

✓要梳理出细分行业龙头和隐形冠军等民营骨干企业名单。

➢创新产品

✓加大民企纾困债、信用债、可转债、优先股等的投资力度。

✓稳妥开展民企债转股业务，力争累计投资 300 亿元。

✓积极参与政府纾困基金组建，加大对民营企业直接融资支持力度。

➢优化服务

✓实施“民企金融能力提升工程”，帮助其提升市场预判、投融资规划和金融资源运用能力。

✓加强民营企业信用风险管理，提升民营金融服务的可持续性。

将一级分行分为四个梯队，分别制定贷款净增任务。各行要早行动、早见效。

序号	分行	梯队	净增计划（亿）
1	上海	第一梯队	130
2	广州	第一梯队	130
3	深圳	第一梯队	130
4	江苏	第一梯队	130
5	广东	第一梯队	130
6	浙江	第一梯队	130
7	北京	第一梯队	85
1	苏州	第二梯队	50
2	宁波	第二梯队	50
3	山东	第二梯队	50
4	河北	第二梯队	40
5	湖北	第二梯队	40
6	重庆	第二梯队	40
7	四川	第二梯队	40
1	河南	第三梯队	30
2	福建	第三梯队	30
3	安徽	第三梯队	20
4	湖南	第三梯队	20
5	青岛	第三梯队	20
6	厦门	第三梯队	15
7	天津	第三梯队	10
8	海南	第三梯队	10

其他分行为第四梯队，民营企业贷款确保实现正增长。

□公司信贷

➢总行拟调增影子计划额度，以满足战略客户、重大项目融资需求。各行要综合考虑市场环境、同业竞争，统筹信贷总量平衡和布局优化，抢抓优质信贷市场、加大项目储备力度、加快投放节奏，力争上半年净增计划完成率不低于70%。

➢要做好信贷投放布局和重点移入：巩固公共设施、交通运输等优质行业的主体地位；加大重点城市资源倾斜力度；严控承接不能展期、刚性兑付压力大的非银债务；严控人口持续流出、经济增长缓慢区域的个贷增量；稳定流动资金贷款占比。

2019年公司贷款分行业布局

单位：亿元

板块	2018年末余额	预计2019年净增
公司贷款合计	79 998	3 000
交通运输	15 555	800
公共设施（不含棚改）	13 494	650
房地产（含棚改）	7 486	1 400（800）
能源	9 403	0
制造业	13 806	100
其中：先进制造业	5 860	200
建筑	2 307	—
服务业	17 046	100
其中：文化旅游	1 094	180
医教养	1 169	200
采矿	475	-50
农业	427	—

基础产业领域

1. 公共设施板块

➢积极拓展规划经国务院审批的轨道交通项目，及有收费现金流、市场化运作成熟的城市公共事业项目。

➢对于与土地出让收入相关的城市基础设施、产业集聚区等项目，适度收缩地级市下辖区县级融资。

2. 交通运输板块

➢积极拓展国家铁路集团有关铁路项目，择优支持省级铁路投资主体控股的城际铁路项目。

➢积极拓展省级高速公路公司承贷的高速公路项目，优选自身收支平衡的项目进行存量融资置换。

3. 能源

➢积极拓展：天然气管道建设和接收站项目；纳入年度投产目录项目、缺电地区新建自用煤电项目、特高压输电通道已建成的跨省煤电外送项目；优质煤炭企业先进产能项目建设、债转股、煤炭资源并购等。

➢择优支持：大型炼化一体化项目以及优质新兴能源发电项目；具备产业化项目运营经验的煤化工龙头企业优质项目。

4. 房地产

➢坚持因城施策，主要支持经济基础好、人口净流入的一类及重点二类城市。

➢重点支持刚需普通商品住房项目。积极稳妥推进商业性租赁住房融资。从严控制商用房开发融资和商业性棚户区改造融资，审慎把握房地产并购融资。合规开展政府购买服务棚户区改造贷款业务，保障在建项目合理融资需求。

新市场领域

要进一步细化“抓新”的行业分类和目标市场，为有效拓展市场提供相应指引。

先进制造业

➢积极支持：增长潜力大、市场需求稳定、进入壁垒较高的5G产业链、节能与新能源汽车、生物医药、高端装备制造等领域融资需求。

➢择优支持：电子元器件、动力电池、电力装备、军民融合等领域龙头企业和优质项目。

➢重点支持：冶金、化工、建材等传统制造行业优质龙头骨干企业，在符合降杠杆大趋势下，提高我行融资同业占比。

➢做好重工业发达地区以及传统老工业基地密集区域转型升级的配套信贷支持。

幸福产业

➢加大对教育、育幼、养老、医疗、文化、旅游等民生领域支持力度。

➢重点拓展世界遗产、4A级以上景区、医疗产业链、重点院校、教育培训、养老、农业龙头企业等市场，扩大"一县一医院、一市一景区、一行一高校"覆盖面。

物联互联

➢聚焦5G商用及人工智能、工业互联网、物联网等新型基础设施建设领域。

➢分类拓展：传统通信企业、平台型企业、优质高科技企业。

科创企业

➢年内对国家级高新技术企业开户率不低于60%、授信覆盖率不低于15%。

➢加快完善"科创中心+特色支行"的机构布局，及早启动广东、北京、浙江、江苏等地科创中心组建，深化"20+X"特色支行建设。

➢打造评级模型、评估体系、授信模型"三大武器"，促进新市场容错与激励机制有效落地。

□推动票据业务平稳发展

发挥票据业务在支持小微企业发展、调节信贷规模与收益水平上的积极作用，年内票据贴现增加300亿元。

□坚定不移发展个人信贷

个人住房按揭

□强化投融资一体化风险管控

➢坚持"房子是用来住的"的原则，坚定不移发展个人住房按揭贷款。

➢继续采取差异化发展策略，重点支持直辖市和80家重点城市行优先发展，确保房贷增量占全行房贷占比达到80%以上。

➢强化合作机构与按揭项目管理，总行与分行级开发商投放占比力争达到一手房贷投放额的80%。

信用消费贷款

➢响应国家扩大消费的政策号召，回归消费本源，稳妥发展消费贷款。

✓信用卡一般透支增加300亿元。

✓分期付款增加600亿元。做大做强做优汽车分期、账单分期、e分期、场景分期付款业务。

✓融e借业务增加200亿元。

个人消费贷款

➢发展金融资产质押或住房抵押类消费贷款，积极培育个贷新增长点。

4.2　关于信用风险防控

2019年集团资产质量管控目标

指标	2019年目标	比同期
不良额	××亿元	××亿元
不良率	××%	×个基点
逾期额	××亿元	××亿元
逾期率	××%	×个基点
剪刀差	××亿元	—
清收处置	××亿元 （使用核销资源××亿）	同比××亿元
非标代理投资违约率	××%	同比××个基点

力争"看得清、摸得透、管得住"

总行	分行及子机构
把控好集团层面单一客户信用风险总敞口 ➢加强涵盖自营与代理、股权与债权、表内与表外、境内与境外的统一投融资风险限额管理。 ➢丰富完善信用风险统一视图和风险画像。 ➢推进子机构业务数据与全球信贷与代理投资管理系统联动，确保统一限额执行到位。 **强化一体化风险管控机制落地** ➢对分行及子机构在信用风险业务授权、系统、监控等方面做到一体化统筹管理，在风险管理流程和路径等方面做到有序衔接，确保信用风险总闸口实时、灵敏、高效。 ➢对分行、境内外子机构、相关业务条线实施信贷与代理投资业务及风险管控能力系统评价。	**落实集团统一风险偏好** ➢落实集团统一限额管理要求，执行统一风险偏好和客户准入标准。 ➢加强风险监控互联互通，统一客户风险分类和进退策略。各子机构对总行因风险原因退出的客户，不得新增投资。 **提升信用风险一体化管理水平** ➢要全面掌握辖内客户的全口径融资信息（包括区域理财和推荐到总行的投资项目），涉及跨机构、跨境、关联体的，要形成一体化风险管控方案。 ➢要加强信贷组合管理，将传统的单一客户维度风险管控提升到行业、产品组合维度，确保不发生系统性区域性风险。 ➢要落实信贷前中后台风控责任，形成客户准入、审查审批、贷后管理、风险监控的风险防控闭环。

突出做好区域理财风险管理

◆截至2018年底，全行资产管理非标风险项目70笔、余额98亿元，其中45笔为分行推荐总行理财产品投资，余额66亿元。

◆总行相关部门要落实前中后台风险管控责任，完善非标代理投资业务考核机制，压实分行投后管理责任，加强表内外风险监测的联动性，规范分行新规业务授权，审慎开展新规匹配投资。

◆各行要按照“六个一体化”总体要求，严格落实《区域理财业务管理规程》，对区域理财和推荐到总行的投资资产，加强风险排查，积极化解存量风险，保障过渡期业务平稳运行。

□加强资产质量关口管理

法人零剪刀差、实质风险总量大幅下降、潜在风险池明显净化

防逾期

➢ 最大限度减少新发生逾期。各行要加强贷款到期管理，提前逐户沟通还本付息方案。对于归还贷款有暂时困难，后续能正常还息、持续经营的，可通过展期、重组方式调整贷款期限，但要符合监管要求。

• 今年将新发生逾期贷款额控制目标纳入全行年度经营计划。

防劣变

➢ 加大逾期贷款重组转化力度。贷款逾期后不能简单劣变，要继续全力现金清收、追偿担保。对于临时性资金周转困难的，可在担保不弱化、风险敞口不扩大的前提下，积极采取重组转化、贷款要素变更等手段。

➢ 加强个人及信用卡逾期贷款催收力度。要逐笔分析逾期原因，及时了解借款人资产状况，形成“人盯人”差别化催收管理，加大依法催收力度；增强远程银行中心外呼催收力量和效能，加大智能催收和总对总合作催收力度。

优处置

➢ 各行要兼顾处置进度及受偿率，一户一策论证处置方式、形成预案。

➢ 加快处置长账龄资产：积极采用本息减免、重组转化等方式处置长账龄资产，批量转让包中长账龄、短账龄资产要合理搭配。

➢ 合理使用核销资源：核销资源将优先配置给脱困行、受偿率高的分行、重点发展行、常规清收和账销案存计划完成好的分行和机构。各行要将资源用在尽职追索、责任认定到位的不良贷款上。

◆严格贷款质量分类

➢贷款质量分类以实质风险为准。继续执行法人贷款逾期欠息即按照不良贷款管理的要求，重点消化交叉违约、调整过计息周期、突破政策办理业务、分期还款逾期、已资不抵债或实质停产破产等风险贷款。

➢绝对不允许弱化不良贷款收息缓释和资产保全工作，对于所有风险贷款，一律做到应防尽防、应收尽收。

战略退出及潜在风险化解

防控

➢ 做好大户风险会诊和管控：一把手要履行好大户风险管控职责；牵头行要把好融资总闸口，协调成员行统一步调化解风险。对确有风险的客户要及时制定管控措施，抓实跟踪督办；对已经显现风险的客户要充分利用债委会机制，寻求政府及同业支持，最大限度保全我行资产。

➢ 开展十大领域专项治理：在新增融资客户关联交叉违约风险、新增融资押品高评增贷风险、跨境融资业务合规问题等十大领域开展专项治理。

➢ 抓好重点产品风险防控：对供应链融资、固融、内保外贷等重点产品以及经营快贷、融e借等创新产品，要加强监控、贷后管理和押品的全流程监控。

化解

➢ 加大战略退出力度：对监控发现的隐性风险客户以及不符合我行战略导向的客户要纳入重点移出客户池主动开展战略退出，力争全额收回融资或大幅压降同业占比。要加强战略退出后评价，对战略退出客户最终他行劣变的进行奖励。总行将继续设立存量移位专项规模（全年600亿元）。

➢ 加强潜在风险化解：对短中期内可能逾期劣变或涉及重大突发风险事件的客户，要纳入潜在风险管理。

✓ 深潜客户：对尚有化解缓释可能的，要通过帮扶企业恢复经营、协调政府提供支持或引入外部投资者重组等方式进行救助。对化解无望的，要提前做好诉讼保全。

✓ 一般潜在风险客户：对盈利能力低或负债严重过度的，要控制同业占比，优化贷款期限和产品结构；对隐性交叉违约的，要重点关注与股东和上下游的资金往来，严防我行融资被挪用或占用。

重点领域

1.政府融资领域

➢ 审慎合规：坚决不触碰政策红线，优选区域、客户和项目，重点支持在建工程、补短板重点项目。

➢ 前瞻管理：参与配合地方政府隐性债务排查和化债方案制定，对涉及我行融资要争取应纳尽纳。

2.制造业领域

➢ 高度关注新兴产业技术、商业风险，切实防范环境和社会风险。

➢ 有效防范中美经贸摩擦风险，加强对出口导向型企业、核心装备与原材料对外依赖度高的企业准入管理。

3. 产能过剩领域

➢ 保持战略定力，抓紧压降不具备竞争优势和发展前景的客户融资，坚决压退涉及环保违法违规、“僵尸企业”等高风险客户融资。

4.房地产领域

➢ 密切关注调控政策，有效应对热点城市市场回调、三类城市棚改货币化安置比例降低的风险。

➢ 严格落实封闭管理要求，加强资金归集管理。

➢ 合理控制负债总量较大、融资成本高、抗风险能力偏弱的大型房企集团融资总量，严防集团风险向贷款项目传导。

5.信用卡

➢ 把好平台和客群准入关，建立互联网平台准入、限额、监控、评估、预警和退出机制。

➢ 提升反欺诈识别能力，加快新技术在客户准入、调查、业务审核中的应用。

➢ 落实主体责任，今年已将信用卡资产下划各行，要逐级落实信用卡发展与风控的主体责任，按照“谁放款谁负责、谁受益谁负责”的原则，建立前中后台责任清晰的信用卡风控体系，切实推动风控责任落地。

□完善信贷经营管理机制

增强信贷经营内生动力

从抓好信贷体制机制改革、提升信贷经营能力、夯实信贷管理基础、加强产品创新优化和“智慧信贷”系统建设等方面，全面完善信贷经营管理机制。

1. 继续完善信贷体制机制改革

➢要把握好改革试点范围及推进节奏，在总行改革方案的总体框架下，积极稳妥推进大客户中心设置、客户管理模式完善、二级分行信贷审查审核中心设置等工作。

✓一级分行：大客户中心应采取直接经营管理或直接营销模式，如采取牵头营销模式，则没有必要成立。

✓二级分行：公司部承担客户的营销管理和组织推动；对大中型客户直接经营管理的，应组建大客户中心或在公司部下设大客户团队。原则上，公司信贷资源较少、管理较弱的区域要将公司信贷业务集中到二级分行统一开展。

➢要继续强化审查审核中心人员配备及管理，提升二级分行审查审批人员专业素质和风险控制能力。

2. 提升信贷经营能力

➢一级分行：要把提升信贷经营能力作为一项重点工作，总行将对推进缓慢的分行开展专项督导。各行要在信贷规划、存量移位、专家治贷、管理责任认定等关键事项上重点突破。

➢二级分行：要把规定动作做到位，狠抓信贷布局、客户名单制营销、新增融资准入、客户分层会诊等事项。

3. 夯实信贷管理基础

从制度到位、执行到位、检查到位、监控到位四个方面全面夯实信贷管理基础。

➢完善信贷基本制度，重点做好境外、资管业务、并表机构、押品等重点领域制度建设；

➢通过关键少数信贷经营能力培训、增设评估专业资质模块等措施提高信贷队伍专家治贷、专业治贷能力；

➢以“四严”主题活动为抓手推进信贷文化建设，加强信贷和处置领域专项检查，深入开展合规和案防教育，加大针对单个客户、单笔业务、单个机构的“飞行检查”力度；

➢完善客户、机构和人员“三位一体”的信用风险监控体系。

4. 加快信贷产品创新，推进“智慧信贷”系统建设

➢产品创新：完善产品体系，提升融资便利性；出台法人客户综合融资服务管理方案；研究整合流动资金类融资产品；制定线上线下一体化管理的供应链融资政策。

➢智慧信贷

✓完善信用风险统一视图：有效整合全集团信用风险业务数据，形成全集团、全口径的统一视图并应用于信贷业务全流程，实现数据共享、流程联动、统一视图、统一限额。

✓加强智能化应用：积极探索运用新技术，提升信息采集及流程处理效率，缓解信贷人员尤其是客户经理的案头工作压力；探索运用新技术实现公司客户线上贷后管理。

4.3 夯实客户基础，推动存款量价协调发展

□客户发展目标及要求

板块	指标	新增目标值
个金板块	个人客户总量	5 000 万户
	互联网金融个人客户	2 630 万户
	信用卡有效客户	1 150 万户
公司板块	新开对公结算账户	200 万户
	日均金融资产 5 万元以上客户	10 万户
	日均金融资产 1 万元以上客户	21 万户
机构板块	日均金融资产 5 万元以上客户	5 500 户

公司客户

全年新开对公结算账户200万户
重夺对公结算市场第一的位置

平台拓客

要坚持平台拓户思路不动摇，把中小微便捷开户、小微金融服务平台、“工银账户通”、企业通、e缴费等平台利用好、推广好。

产品黏客

打造“工银e企付”“财资云平台”等对公支付创新产品，加快存款产品创新，进一步增强获客黏客能力。

场景获客

构建金融生态，结合行业上下游交易网络与“产供销”场景，运用“产业链、供应链、区块链”以及大数据和人工智能技术，精准分析和定位客户需求，提供针对性的服务。

服务留客

加快“1+N”一体化公司客户需求解决系统完善与推广；发挥“结算+融资”的竞争优势，实现结算与融资业务相互促进。

机构客户

改革客户全面覆盖，重点账户一个不丢。

要把握机构客户“源头存款沉淀减少、下游带动作用显著”的趋势，紧跟重点改革，开展全链条拓户，不断拓深全量客户基础，进一步巩固和扩大机构金融市场优势。

政府机构客户

要全力做好省市级账户营销工作；加大县域市场开发力度，不断向毛细血管客户渗透。

社保客户

跟进中央调剂金改革营销，竞争省级统筹资金；全力竞争医保异地就医周转金账户、机关事业单位医保财政专户和支出户。

军队客户

加大重点单位和新设机构营销，统筹做好2019年“军运会”等活动的金融服务保障。

机关事业单位客户

重点培育健康养老、文化体育、宗教、景区旅游四大新兴潜力行业。

持续加大对医疗卫生、教育、党团工会、公共资源等七大重点领域的营销力度。

以“工云”系列产品等优势产品为抓手，扩大营销。

打赢职业年金营销决胜战

背 景

- 人社部要求，“各地要加快推进职业年金工作进程，要于2019年第一季度前完成招标工作”。
- 据人社部统计，截至目前职业年金存量累计已达4 081亿元，涉及2 785万机关事业单位工作人员，每年新增缴费1 500亿元左右。
- 全国共有33个省区或单位将建立职业年金计划（含中央国家机关事业单位、新疆生产建设兵团），目前在已完成招标的计划中，我行受托资格均进入第一梯队或位列银行业第一名，托管资格均中标最大规模计划，投管资格均中标最多组合。

目 标

- 确保受托、托管、投管三项业务资格在各地职业年金招标中全部入围，受托必须进入前三且位列银行业第一，托管力争中标最大规模计划，投管力争中标最多组合。

要 求

竞争空前激烈，各相关部门、各分行和子公司要着眼全行发展大局，高度重视这项工作，集中资源，全力以赴，增加协同，落实责任，坚决打硬仗，打胜仗。

- 要做足准备，全力保障，“一把手”要带队述标。
- 要营销到人、到门、到位。
- 中标仅是职业年金工作的阶段性成果，要在后续服务中树立标杆，打造工商银行养老金品牌。
- 继续沿用职业年金相关考核政策，保持职业年金受托人中标情况（±45分）、职业年金托管人中标情况（±30分）指标不变，引导抢占职业年金业务发展先机。
- 没有达到上述目标的分行，将在条线考核中扣减50分，取消评优评先资格。

个人客户

坚持下“笨”功夫，再夺储蓄存款“双第一”。

抓好重点客群

- 聚焦代发、建工、拆迁、商户四大客群，同时推进社保、军人、学生、银发、个贷、县域等客群或源头市场，推进批量获客。

做好客户服务

- 改变“重获客，轻运维”的思想，以数字化、智能化为手段，构建覆盖全量客户的精准、智能、高效运维体系。
- 深化分层维护体系建设，提升服务精细化水平；强化智慧营销平台建设，升级智慧服务方案；搭建增值服务体系平台，加大资源投入；夯实客户服务队伍基础，提升管户服务效能。

信用卡

- 加强优质互联网平台获客引流合作，拓展社会化营销。
- 抓好目标客群：争揽行外优质年轻客群；提升信用卡在行内优质房贷客户、中高端客户、私人银行客户中的渗透率。
- 加快产品创新，有力争揽细分客群。

探索获客新路径

- 要以“三融一活”为主体，推广e钱包、e支付等产品，加强直营获客，建立常态化获客主阵地，并针对他行客户配置专属产品。
- 强化合作获客，以II、III类账户切入，探索批量获客新模式。

推动场景建设向高质量转型

- 要把获客活客、持续运营、价值贡献作为衡量场景有效性的原则，增强高频场景引流能力。

交通出行：要推动无感通行向智慧出行转变。

政务服务：要加大与社保、公积金、税务等机构合作。

教育医疗：要以“商医通”和“银校通”两大产品为抓手持续开拓。

民生缴费：要加强e缴费和银联缴费推广，加快研发银联乘车码项目。

□存款发展目标及要求

总体目标：境内人民币存款（含同业存款）时点增量14 000 亿元；日均余额同比增加12 000 亿元以上。

2019 年存款发展计划 单位：亿元

项目品种	2018 年		2019 年计划	
	增量	增幅	增量计划	增幅
人民币存款（含同业）	15 484	8.2%	14 000	6.80%
一、一般性存款	14 478	8.0%	13 000	6.70%
1. 个人存款	7 846	9.4%	7 000	7.70%
2. 公司存款	589	1.4%	1 200	2.90%
3. 机构存款	6 043	10.7%	4 800	7.60%
二、同业存款	1 006	10.5%	1 000	9.50%

✓全社会存款增速继续低位运行，存款竞争日趋激烈，我行要保持同业竞争优势的压力加大。

目前，我行一般性存款占全部金融机构的比重已降至11.5%。即便今年增量占比按11%左右测算，人民币存款（含同业）也要增长14 000亿元以上，才能保持全行资金平衡和同业竞争力。

✓支撑资产业务可持续发展，巩固市场竞争力，也需按相对积极原则安排今年存款发展计划。

➢建立定价管理长效机制，实现量价协调发展

人民币定价改革思路：全面扩大授权，加强总量管控，培育自我约束长效机制。

深化改革主要内容

✓全面扩大存贷款定价授权。按季滚动监测评价，对满足连续3个季度存款付息率四大行排名不下降和连续3个月新发放贷款利率四大行排名不下降条件的一级（直属）分行、重点城市行，全面授予存款和贷款定价权。立足同业可比，加强定价授权动态调整，对达不到授权条件的分行收回授权。

✓加强高利率存款总量管控。按存贷利差、存款付息率、新发放贷款利率、日均存款增量、新发放贷款总量5个指标四行对标情况，分三类核定分行利率上浮存款总量，动态调整部门审批额度。实行主动负债与存款增长挂钩的总量配置机制，发行额度横向分配至存款条线，可用限额纵向分配至分行，提升“竞新引存”和“精准承接”效果。

分行分类管理评分标准 单位：分

四大行排名	存贷利差	存款付息率	新发放贷款利率	日均存款增量	新发放贷款总量
1	20	25	25	20	10
2	16	21	21	16	9
3	12	18	18	12	8
4	8	15	15	8	7

分行评级得分高于85分（含）的，评级为A类；分行评级得分在75分（含）~85分之间的，评级为B类；分行评级得分低于75分的，评级为C类。

主动负债与存款增长挂钩机制

条线（横）	• 发行额度 = 各类主动负债产品发行计划数 × 条线配置比例 • 发行计划数：大额存单执行报备人行额度，存款创新产品和结构性存款综合考虑市场需求、财务和自律约束。 • 条线配置比例：由各条线存款计划占比和量价协调情况确定。
分行（纵）	• 可用限额 =（基本额度 + 奖励额度）× 调节系数 • 基本额度：以分行存款计划为基数，实际配置比例为系数 • 奖励额度：对考核口径存款增量数超过计划数的部分，按其中基础类存款的占比确定。 • 调节系数：按上季度当地四大行的量价排名情况，设置60% ~100%的比例。

外汇定价管理思路：按照风险定价原则加强外汇存贷款定价管理。

➢境内外汇利率管理：

✓完善价格引导，根据全行资金形势和市场利率走势，动态调整外汇存贷款内部资金转移价格和定价标准。

✓强化授权管理，严格落实总行、分行（分行行领导、部门总经理）的三级授权制度，并通过主机（NOVA）、存款利率审批和全球信贷与代理投资管理系统（GCMS）刚性控制各级授权，严肃报价纪律和流程，不得超授权办理业务。

➢境外机构要科学选择存贷款计息方式和重定价周期，有效发挥FTP作用，平衡好防控利率风险与稳步提升NIM的关系。

定价管理

内部定价：考虑流动性、汇率和业务发展导向，落实风险定价原则

外部定价：考虑经济资本、税收和风险成本，坚持市场化定价原则

授权管理

指标		分类			分级（分行）
日均存贷比（<80%） 存贷利差（>全行均值）	⇨	满足两项 满足一项 均不满足	一类行 二类行 三类行	⇨	行长 90个基点 部门 60个基点 行长 50个基点 部门 30个基点 行长 30个基点 部门 10个基点

4.4　关于中间业务收入

要继续围绕“三本账”全力增收，加快优化结构，巩固强化基础类中收贡献，推动资管、私银、投行等有序转型，确保中收实现 1 595 亿元，增长 6.1%，实现总量、增量同业占比“双第一”。

2019 年各部门/利润中心中收计划　单位：亿元

部门	收入目标	增幅
个人金融业务部（1）	219.41	10.40%
个人金融业务部（2）	357.11	31.51%
公司金融业务部	129.53	10%
贵金属业务部	22.60	7.54%
国际业务部	52.05	-7.59%
机构金融业务部	7.20	3.76%
结算与现金管理部	96.35	14.96%
金融市场部	111.30	0.01%
私人银行部	43.00	-29.04%
投资银行部	145.00	1.25%
养老金业务部	8.90	-19.03%
银行卡业务部	439.68	14.36%
资产管理部	110.00	-24.35%
资产托管部	69.80	2.61%
网络金融部	185.70	74.47%
专项融资部	13.55	0
其他	21.47	-2.2%

注：1. “个金部（1）”口径：100% 负责产品 + 90% 代理个人保险业务收入；

“个金部（2）”口径：100% 负责产品 + 90% 代理个人保险业务收入 + 借记卡第三方支付收入。

2. “银行卡部”口径：100% 负责产品 + 信用卡第三方支付收入。

2019 年中收增量结构表　单位：亿元

	产品线	增量
增量合计 170.52 元	第三方支付	68.42
	信用卡	51.69
	个人金融	20.67
	结算与现金管理	12.54
	公司金融	11.78
	投资银行	1.80
	资产托管	1.78
	贵金属	1.58
	机构金融	0.26
	金融市场	0.01
减量合计 59.85 亿元	资产管理	-35.41
	私人银行	-17.60
	国际业务	-4.28
	养老金	-2.09
	其他	-0.48

初步了解 2019 年同业计划增幅均在 6% 以上。

□稳定投行、公司类中收

投行业务

实现收入 145 亿元，增长 1.25%。要保持基础类投行收入增长势头，做大并购重组收入，提升创新产品收入增量，扭转收入连续四年下滑态势。

✓拓展融安 e 信、融智 e 信客户量，提高对公客户渗透率，做大业务量和收入。提高投融资顾问服务能力和质量，力争收入止跌回升。以地市级政府、国有企业及上市公司为目标客户，每家分行至少拓展 3 户财务顾问新客户。

✓做大并购重组交易量和收入。

✓风险资产服务、流动性债务融资工具等新产品，要提高客户渗透率，扩大覆盖面，提高新产品收入增量贡献。

公司类中收

实现收入 129.53 亿元，增长 10%。要挖掘银团收入潜力，尽力实现承诺收入稳中有升。

➢银团安排

✓确保银团安排收入总量、增量“双第一”。

✓推广“我行 + 邮储、中小商业银行”模式，提升国际银团品牌影响力。

✓积极创新并购贷款银团。利用境内资产交易平台，创新银团模式。

➢承诺

✓挖掘票据承诺、法人账户透支承诺、备用贷款承诺、非融资性保函等产品机会，提高议价能力和费率水平。

2018 年银团安排收入同业情况 单位：亿元

银团安排	2018 中收	同比增幅	总量排名	增量排名
工行	37.21	18.82%	1	1
建行	30.41	22.21%	2	2
农行	28.19	12.71%	3	3
中行	22.73	-15.62%	4	4

□推进大资管稳健转型

要按照大资管经营转型实施方案总体安排，把握好转型发展节奏，确保产品规模总量同业第一。重点做好存量产品和投资改造，稳健、有序推动产品和销售转型，提升投研和风控能力，稳住收益、稳住客户、稳住规模、稳住市场优势。

资产管理

✓产品规模年末达到 2.7 万亿元，其中新规产品 0.9 万亿元。

✓按照“前松后紧”的原则推动老产品平稳过渡，优化产品结构，降低产品成本，缩短产品期限。以净值相对稳定的固定收益类产品为基础，积极探索股权类、混合类和衍生类产品布局，培育资管新规下我行理财产品新格局。

✓推动客户结构优化和销售能力升级，加强对营销人员培训，持续提升客户对净值型产品接受程度。

资产托管

✓保持托管规模稳定，扩大市场领先优势，年末托管规模确保达到 16.5 万亿元，增长 1.3%。

✓做大券商公募产品、养老型公募基金等新产品托管规模。重点营销规模 1 000 亿元以上的保险公司集团客户以及保险资产管理机构，争取更多保险托管规模增量。抓住养老金领域的增量资金，做好企业年金基金核心客户维护。

✓做好我行净值化理财产品托管服务；锁定理财规模 200 亿以上银行，做大“托管外包”。

养老金

✓加大重点客户存量挖转力度，加强中小客户“如意养老”集合计划营销，提升企业年金市场份额。

✓做大做强本源业务，创新全生命周期养老金服务。

2019 年“大资管”分产品收入目标

单位：亿元

资产管理	110	-35.41	-24.35%
私人银行	43	-17.6	-29.04%
资产托管	69.8	1.78	2.61%
养老金	8.9	-2.09	-19.03%

私人银行

✓稳妥推进产品配置结构转型

一是按照资管新规要求，稳妥推进存量产品规模及成本控制，加强产品资产负债管理，逐产品做好提前兑付过程梳理和资金对接安排。

二是持续加大净值型产品及遴选业务服务配置，加强投资者教育，抓住市场机遇，精准定位，合规营销，力争将净值及遴选产品规模提升 800 亿元，占比提升至 30% 以上。

✓提升资产管理能力

一是加强投资管理能力建设，加大对市场分析研判，努力提升市场化投资收益。

二是加大非标投资力度，全年投资规模力争达到全行新增非标投资规模的三分之一。

三是按照名单制管理要求，提升非标投资质量。

✓提升客户规模及价值贡献

一是利用“三融”平台，完善一点接入、一键响应服务机制，提升客户体验和综合贡献。

二是加强基层财富顾问及投资顾问能力建设，落实客户管户责任，通过逐户资产组合配置、资金动态监测预警、提升客户留存率。

三是在持续提高日均资产达标私银客户规模的同时，更要关注时点私银客户同业市场对标情况，不断巩固我行私银客户市场领先地位。

□信用卡

➢2019 年，力争信用卡（含信用卡第三方支付）收入 439.68 亿元、增长 14.36%，其中信用卡收入 434.95 亿元、增长 13.49%。要在消费回佣和年费收入方面重点突破，稳健发展分期付款业务。

✓持续增加有效发卡量，激发客户活跃度。

✓利用大数据对客户及消费场景精准分层，通过线上线下、C 端 B 端双轮驱动实现信用卡消费量稳步增长。

✓以收单净收入为抓手，对收单商户实行分类价格管理，杜绝收不抵支现象，促进收单收入恢复性增长。

✓加快外呼团队建设落地，做大账单分期等高费率分期产品交易额。稳步推进专项分期营销转型，逐步扩大汽车分期“直客式”业务规模，参照可比同业调整费率水平。

2018 年信用卡可比口径收入情况　　单位：亿元

收入	工行			建行			工行总量领先	工行增量领先
	2018 年	增量	增幅	2018 年	增量	增幅		
1. 信用卡基础类中收	130.08	11.52	9.72%	136.05	-0.13	-0.09%	-5.97	11.65
2. 信用卡违约金	43.73	24.42	126.41%	34.09	13.72	67.34%	9.64	10.7
3. 信用卡分期付款	212.22	37.92	21.75%	261.92	66.88	34.29%	-49.7	-28.96
合计	386.03	73.85	23.66%	432.06	80.47	22.89%	-46.03	-6.62

2018 年，我行信用卡收入 386.03 亿元，总量落后建行 46 亿元，增量落后 6.62 亿元，主要是信用卡消费等基础类中收、分期付款收入总量分别落后 5.97 亿元和 49.7 亿元。

□基础类中收增量同业第一

1. 第三方支付

力争实现收入 142.43 亿元、增长 59.7%，其中费率调整对增幅贡献 22.43 个百分点。

2019 年，第三方支付业务收入分配、收入确认、费率均有较大变化，利于各行增收。

✓发卡行和主办行之间的分润比例从“按增量的 3:7”调整为“按总量的 7:3”。

✓收入确认方式从“收付实现制”调整为“权责发生制”，2018 年财付通按 2017 年业务量和费率，2019 年按当年业务量和费率确认收入。各分行 2019 年交易量做得越多，实现的收入越多。

✓支付宝、财付通费率均有提升。支付宝由 0.05% 提升至 0.075%；财付通借记卡交易费率由 0.0785% 提升至 0.08%。

2018 年工行、建行支付宝、财付通收入情况　　单位：亿元

行名	支付宝			财付通			合计	
	2018 年	增量	增幅	2018 年	增量	增幅	总量	增量
工行	30.14	7.86	35.30%	48.27	18.38	61.48%	78.41	26.24
建行	34.39	8.44	32.55%	79.08	28.23	55.51%	113.47	36.67
工行 - 建行	-4.25	-0.58		-30.81	-9.85		-35.06	-10.43

2018 年工行、建行支付宝、财付通业务量情况　　单位：万亿元

行名	支付宝			财付通			合计	
	2018 年	增量	增幅	2018 年	增量	增幅	总量	增量
工行	6.39	1.67	35.30%	6.52	2.48	61.47%	12.91	4.15
建行	7.29	1.79	32.55%	7.62	2.72	55.51%	14.91	4.51
工行 - 建行	-0.90	-0.12		-1.10	-0.24		-2.00	-0.36

2018 年，按权责发生制，我行支付宝、财付通两项合计收入 78.41 亿元，落后建行 35.06 亿元，差距同比扩大 10.43 亿元。交易量方面，我行交易量 12.91 万亿元，落后建行 2 万亿元。

✓实现第三方支付交易量增量超过建行。

✓扩大绑卡量和交易量。截至 2018 年末，我行支付宝绑借记卡 1.97 亿张，渗透率 23.76%；绑信用卡 2 000万张，渗透率 13.19%。财付通绑借记卡 2.06 亿张，渗透率 24.78%，绑信用卡 1 700 万张，渗透率 11.21%，均有较大提升空间。要对已绑卡实行白名单管理，唤醒睡眠卡。继续提升信用卡绑卡和交易量占比（财付通信用卡手续费率 0.3%，借记卡 0.08%）。总行将持续优化一键绑卡功能，提升绑卡成功率。

✓3 月底前实现在 MOVA 展示各分行分卡种、分支付机构绑卡量、交易量、交易笔数和收入，支持营销和考核。

✓总行将第三方支付收入按卡种分别纳入个人金融业务部和银行卡业务部预算及考核，全口径纳入网络金融部预算及考核，各行要比照完善考核。

✓加大营销费用投入。2019 年，总行网络金融业务部营销费用总量预算 4.94 亿元，较往年大幅提升，其中 1.8 亿元专项费用用于绑卡促销活动、1.4 亿元用于三融平台活动、1.3 亿元用于场景共建活动。

2. 个人工银信使

力争实现收入30亿元，增长40.56%。

✓要用好新的收费策略，完善差异化营销。

✓提升收费信使签约率和客户量。对存量客户未开通收费信使实行名单制管理，充分利用到期换卡等机会，提高渗透率；对新增客户优先营销收费信使，新发借记卡收费短信信使开通率力争超过40%。

✓加快推进系统优化，5月实现个人工银信使业务按客户、账户业务量统计功能投产，并在MOVA展示。

2018年个人工银信使收入情况 单位：亿元

工银信使	2018中收	同比增幅	总量排名	增量排名
工行	21.34	12.64%	3	3
建行	41.24	19.26%	2	1
农行	52.86	7.54%	1	2
中行	14.88	15.73%	4	4

2018年收入21.34亿元，与建行、农行差距同比分别扩大4.27亿元和1.31亿元。

3. 借记卡

力争实现收入41.95亿元、增长0.24%，扭转连年下降的态势。

✓扩大借记卡消费额。加强信用卡和借记卡刷卡消费的联动营销，总行统筹制订营销方案，分行做好落实。

✓做大有效发卡量。投产和推广线上申办借记卡功能，加大特色卡种营销和套餐推广。

2018年借记卡收入情况 单位：亿元

借记卡	2018中收	同比增幅	总量排名	增量排名
工行	41.85	-24.58%	3	2
建行	51.24	-27.10%	2	3
农行	65.90	-24.35%	1	4
中行	14.72	-18.84%	4	1

4. 人民币对公结算

实现收入98亿元，增长14.78%，用1~2年时间重夺对公账户数和对公结算收入四行第一。

✓持续做好流程优化。3月底前投产“账户通”开、销、变等整合优化新功能，提升便捷开户、智能开户客户体验。制定中介合作管理办法，拓宽账户拓展渠道。

✓实施精细管理，提高基础结算产品创收能力。

✓对优质信贷客户积极营销现金管理，打造“开户+融资+结算”的线上产品，促进结算量增长。

2018年人民币对公结算收入情况 单位：亿元

人民币对公结算	工行			建行			工行-建行	
	2018	增量	增幅	2018	增量	增幅	总量	增量
1. 结算业务	48.98	4.04	8.98%	44.30	-0.14	-0.32%	4.68	4.18
2. 对公账户管理	12.23	-4.74	-27.95%	25.58	-1.76	-6.43%	-13.35	-2.99
3. 现金管理服务	13.53	4.84	55.66%	8.54	-4.47	-34.34%	4.99	9.31
4. 电子银行企业客户服务	10.64	2.23	26.52%	17.26	3.38	24.36%	-6.62	-1.15
合计	85.38	6.36	8.05%	95.68	-2.99	-3.03%	-10.30	9.35

2018年人民币对公结算收入增量列同业第一，总量与建行的差距收窄9.35亿元。

5. 即期结售汇、外汇买卖及账户交易类产品

继续保持“总量同业第一”。

✓大力推广网上银行、手机银行等渠道结售汇，提高网点覆盖率，充分宣传我行外汇买卖币种“一带一路”全覆盖的优势，确保代客外汇买卖及结售汇业务规模稳步增长。

✓建立持有两种及两种以上外币资产个人客户白名单，做大代客外汇买卖业务客户规模和业务量。

✓盯紧高净值客户、第三方存管客户、年轻客群等目标人群，加大账户天然气、账户大豆等新产品推广力度，保持账户交易类产品收入的增长势头。

2018年即期结售汇及外汇买卖收入情况

单位：亿元

即期结售汇及外汇买卖	2018收入	同比增幅	总量排名	增量排名
工行	71.65	7.32%	1	1
中行	63.60	-3.51%	2	3
建行	26.53	-10.00%	3	4
农行	22.73	3.38%	4	2

2019年，账户原油等五个账户交易类产品力争实现收入6.6亿元，增长53.14%。

6. 代理公积金归集

实现收入4.28亿元，增长2.4%。

✓做好稳户拓户工作，对未在我行开立账户的公积金中心要进行名单制营销。

✓提升客户服务水平，满足缴存人、提取人的服务需求。

✓做好住房公积金系统支持。配合住建部开展住房公积金银行数据采集系统测试上线工作；做好住房公积金综合管理系统的优化推广。

2018 年代理公积金归集收入情况　单位：亿元

代理公积金归集	2018 中收	增量	同比增幅
工行	4. 18	0. 28	7. 26%
建行	12. 52	0. 68	5. 73%

7. 代理收付

实现收入 13. 7 亿元，增长 4. 7%。

✓持续做好代发工资客户营销。建立全行重点客户营销项目库。建立代发工资单位星级评定标准体系。搭建“前台营销维护 + 中台数据支持 + 后台监测管理”的代发工资客群智能营销支持服务平台。

✓做好代理财政业务系统建设推广。大力支持各地财政推进非税电子化改革；加快上线“工银 e 政务”，提高我行在政府机构领域客户占有率和产品渗透率。

2018 年代理收付收入情况　单位：亿元

代理收付	2018 中收	同比增幅	总量排名	增量排名
工行	13. 11	-1. 96%	1	2
建行	6. 88	-7. 21%	2	4
农行	5. 98	-8. 08%	4	3
中行	6. 02	30. 34%	3	1

8. 第三方存管

实现收入 4. 3 亿元，按可比口径，增长 10%，继续保持“总量同业第一”。

✓加强第三方存管有效户拓展，促进管理账户资金日均余额增长。

2018 年第三方存管收入情况　单位：亿元

第三方存管	2018 中收	同比增幅	总量排名	增量排名
工行	4. 28	-23. 29%	1	4
建行	4. 04	-20. 43%	2	3
农行	2. 81	-19. 77%	3	1
中行	1. 33	-36. 81%	4	2

□代销业务

要密切关注、准确预判市场轮动变化，抢抓机遇，实现收入总量同业第一。

代销保险

实现收入 66 亿元、增长 25%，力争取得收入总量同业第一。

✓全年代销寿险规模确保 1 180 亿元，力争 1 500 亿元。推动代销车险业务发展，全年代销规模确保完成 20 亿元。

2018 年代销保险收入情况　单位：亿元

代理保险	2018 中收	同比增幅	总量排名	增量排名
工行	52. 59	-12. 43%	3	2
建行	55. 96	-12. 56%	2	3
农行	59. 81	-20. 32%	1	4
中行	24. 93	-19. 11%	4	1

代销基金

实现收入 52. 16 亿元、增长 6%。继续保持“总量同业第一”，力争取得“增量同业第一”。

✓以创新产品 AI 投 2. 0 推动基金销售模式由单产品营销向智能组合营销转变。做大中短债基金销售规模。通过新发、持续营销、定投等模式推动权益类基金销售。

2018 年代销基金收入情况　单位：亿元

代销基金	2018 中收	同比增幅	总量排名	增量排名
工行	49. 21	-2. 19%	1	4
建行	30. 44	11. 55%	2	1
农行	14. 16	10. 39%	4	2
中行	15. 88	7. 44%	3	3

实物贵金属

实现收入 22. 6 亿元、增长 7. 54%。

✓做大实物零售规模。加速实物定制业务发展，挖潜公司、机构客户个性化实物需求。

✓推广代理金交所线上合作获客模式，做大个人代理交易规模。

2019 年实物贵金属收入目标　单位：亿元

类别	2019 年目标	同比增量	同比增幅
实物零售	8. 47	0. 77	10. 00%
代理交易	14. 13	0. 81	6. 08%
合计	22. 6	1. 58	7. 54%

□完善中间业务基础管理

规范收费管理

✓参照同业惯例，规范国内信用证、银行承兑汇票、回单服务、上门服务等12项人民币对公结算产品收费标准。

✓扩大联机收费范围，对结算、银行卡、电子银行、代理收付等标准化产品逐步扩大系统收费刚性控制。

✓规范收费参数表管理，明确收费参数设置及调整层级，梳理操作、审批、监督核对流程。

✓弥补管理漏洞，释放增收潜力。

完善手佣支出管理

✓制定手续费及佣金支出项目表，梳理、细化手佣支出核算，完善手佣支出预算管理，落实部门责任。

✓推行收支“两边算账”管理，补齐手佣支出管理短板，引导各增收单元同时掌握服务价目表和手佣支出项目表，熟悉收入、支出动因。根据手佣支出情况，确定分产品刚性成本支出参数，帮助客户经理议价，并作为系统设置收费下限进行硬控制。

✓2019年对各分行、各相关业务条线实施净收入监测，明年将下达手佣净收入预算。

扩大竞争力评估范围

✓从2019年起实行总行部门、利润中心中间业务收入竞争力评估。要确定中收竞争力评估口径以及保底、期望目标，按季监测，跟踪中收竞争力提升措施落地情况及效果。

✓开展重点产品“竞争力指数”管理，扩大同业对标范围，逐产品制定市场份额提升目标和措施，引导各增收单元扩大领先产品优势，缩小薄弱业务差距。

4.5 关于渠道与运营管理创新

□线上：推进e－ICBC 3.0战略

➢做好自有平台，打造极致体验突出专业化、特色化，深化线上获客、黏客、活客

融e行：定位于专业化、综合化金融服务。面向老人、军人、小微、员工、代发工资等客群，研发“千人千面”个性化、专属化服务，打造极致用户体验。力争到店客户捆绑率达到65%，全年新拓户3 600万户，月均动户达到6 700万户。

融e联：客户“轻入口”。定位于个人场景建设首要入口以及客户信息服务中心、联络中心。提供民生缴费、交通出行、教育医疗、线上政务等轻金融、低门槛服务，不断优化流程体验。

融e购：坚持“三名”战略定位，突出品质化经营，加快建设e资产、e差旅、e采购、e跨境、e公益五大特色品牌和银法通品牌。

工银e生活：加强引流转化，开展目标客群主动营销，重点实现信用卡金融功能与持卡人服务的闭环管理，打造核心场景。

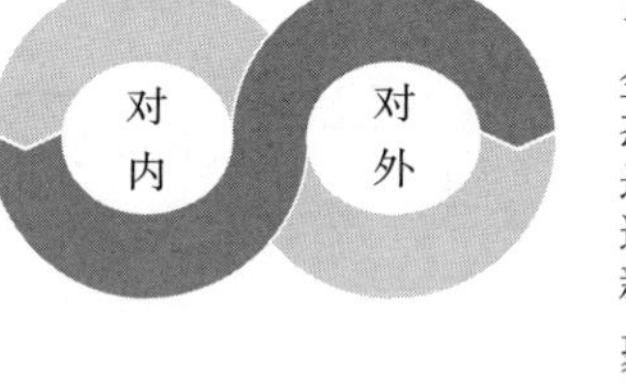

➢输出金融服务，渗透平台企业开拓平台经济蓝海，打造线上无界银行

互联网金融开放平台（API）:金融服务能力输出。围绕互联网百强企业、总行级直营客户等大型龙头企业开展集中营销。实施e企付“双百行动”，新增大型平台企业合作客户突破100家，交易金额突破100亿元。

金融生态云平台:行业合作。持续优化金融生态云服务功能，打造“行业+金融”模式，通过“绿色部署、敏捷上线”实现线上场景快速复制推广和对外合作，构建工行金融服务新生态。

聚富通平台：综合性整体解决方案输出。加快推进大型平台型企业对接，完善“用户+账户+卡券权益+支付+清分+理财+融资”互联网金融核心功能，批量拓展对公客户，抓流量运营激活个人客户，实现B端与C端叠加，打造场景化的开放银行。

企业手机银行：对公移动金融主承载。聚焦中小微客群服务，全面改版，降低使用门槛，加大小额贷款、票据贴现等融资、支付类场景创新。年动户要达到150万户。

□线下：持续提升网点服务竞争能力

➢持续优化网点布局

按照“降总量、优布局、增产能、提形象”目标要求，组合运用“撤、迁、改、提”等策略手段，统筹实施网点优化调整工作，促进全行网点效能与竞争力整体提升。

下一步工作目标和思路

➢撤并300家，梳理目标网点，制定撤并清单，实施有计划的收缩。

➢迁建600家，聚焦金融资源富集区域、新兴人口导入区域、潜力储源汇集区域、服务覆盖空白区域等；占据地段佳、流量大、客群优、物业好的关键点位。

➢深化网点新岗位体系建设

目前全行11.1万名客服经理中，通岗权限人员达到8.3万人、占比75%，有5.5万人实际承担了多项客户服务工作。深化新岗位体系建设，不是简单转个身、翻个牌，关键要提升网点人员业务和服务水平，助推网点转型和竞争力提升。

下一步工作目标和思路

➢加强网点人员综合技能培训，加快构建综合化教育培训机制和直通式培训平台，针对性开展适岗履职能力培训，有效提升通岗履职能力。

➢加大通岗人员考核激励，合理确定履行不同职责客服经理的考核指标及评价方式，建立针对性激励机制，激发队伍活力。

➢持续优化网点劳动组合，因地制宜做好统筹调度，实现多岗位间的灵活补位，提升网点综合服务营销效能。

➢创新网点服务营销模式，发挥通岗权限优势，加强协同联动，增强网点“获客、黏客、活客”能力。

➢深度挖掘网点潜力。

全面构建线上线下运营新流程

坚持线上优先、线上线下一体的原则，加快线上线下运营流程建设，完成重点业务场景订单化流程投产应用，打通各平台、各系统、各渠道边界，建立线上便捷下单、任务自动分配、业务集中处理、信息全程记载、进度透明展现的全流程管理机制，为客户提供“一点接入、全网响应、体验一致、高效顺畅”的高品质金融服务。

优化对公业务流程

聚焦当前核算信息不完整、核算规则不统一、跨系统流程有断点等突出问题，加快建立标准统一、场景驱动的核算引擎，围绕信息共享、客户交互、账户服务等方面全面实施对公业务流程优化，力争用2~3年时间构建起渠道融合、过程联动、运行智慧、管理高效的开放共享型企业级对公业务流程体系，同步建立起集团层面核算和流程统一管理机制。

增加对公业务网点数量

目前，全行开办对公业务的网点有1.47万家，占比92%，但对标可比同业还有较大差距（建行占比为99%）。今年，要再增加开办对公业务的网点300家，网点综合化率上升到94%。

□后台运营：构建集约化、智慧化、综合化体系

倾力打造集团综合运营大后台

➢要进一步组建总行集约运营中心，实行异地同步运作、业务实时互备的双中心运营模式，按照业务标准化程度，利用三年时间分步上收碎片录入业务、支付结算等标准业务、账户外汇和远程授权等复杂业务，实现总行层面的业务生产运营和资源整合共享，为全行业务发展和客户服务提供卓越高效的后台支撑。

探索智能风控管理新模式

➢要重构运营风险事后监控流程，利用风控基础数据信息构建对公客户运营风险关系网络，建立以客户为维度的运营风险量化评分和交易行为偏离模型，丰富非现场核查手段和工具，实施有针对性的风险管控，打造“事前主动防控、事中敏捷干预、事后智能监测”三位一体的全过程风控管理新模式。

推进单位账户体系改革

➢落实人民银行“企业开户便利度不减、风险防控力不减，优化企业账户服务要加强、账户管理要加强”的总体要求，建立单位账户开、销、变、查新流程，打造全行统一的“工银账户通”品牌，为小微金融平台开户提供核心功能支持。

深化内部账务管理体系建设

➢集中力量实施重点科目内部账务核算流程改造，建立内部账务明细销账和挂账账龄管理机制，加强超期挂账和对账监控，构建起“核算有标准、销账有依据、账龄可监测、超期有预警”的内部账务核算管理体系，实现内部账户入账、挂账、销账的全流程、全封闭、全过程有效管控。

加快建立信息化综合物流体系

➢立足于全行现金业务转型升级的需要，通过对现金实物收付、清分、封装、仓储、调拨、交付等环节的全流程信息化改造，建立集现金实物流转、物流调度和库存预测于一体的信息化实物物流体系，实现现金实物的高效流转和金库的智慧运营管理。

4.6 关于 ECOS 工程建设

ECOS 工程不仅是对现有信息系统的技术升级，更是一场银行经营模式的生态变革，其核心理念是“建立金融与科技高度融合的全新生态体系”，以新科技支撑新生态，推动智慧银行战略落地见效。

要全面推进工程四大板块、十大基础任务，以“在同业有影响力，让基层有感觉”为标准，在 10 月份左右发布 ECOS 1.0 版本。

□ECOS 1.0 版本主要特征

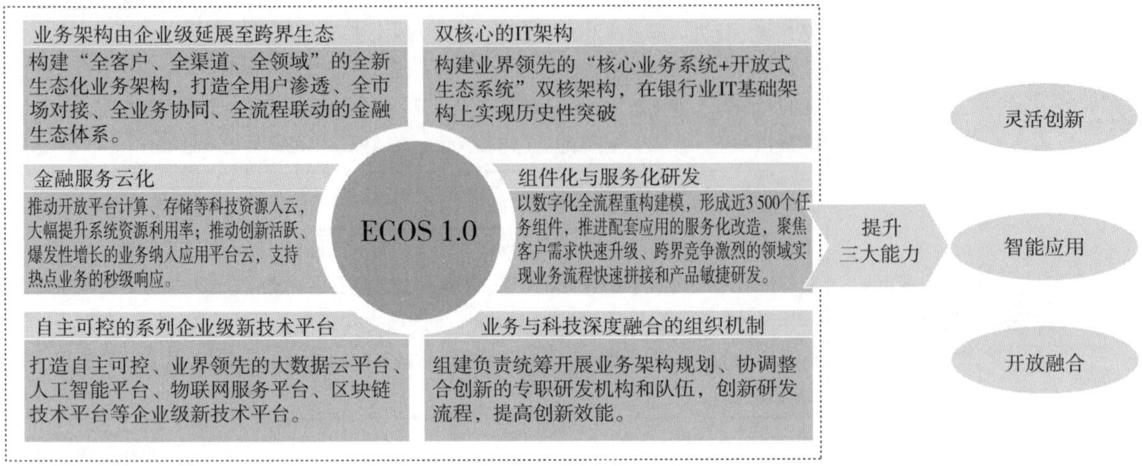

业务架构由企业级延展至跨界生态
构建“全客户、全渠道、全领域”的全新生态化业务架构，打造全用户渗透、全市场对接、全业务协同、全流程联动的金融生态体系。

双核心的IT架构
构建业界领先的“核心业务系统+开放式生态系统”双核架构，在银行业IT基础架构上实现历史性突破

金融服务云化
推动开放平台计算、存储等科技资源入云，大幅提升系统资源利用率；推动创新活跃、爆发性增长的业务纳入应用平台云，支持热点业务的秒级响应。

ECOS 1.0

组件化与服务化研发
以数字化全流程重构建模，形成近3 500个任务组件，推进配套应用的服务化改造，聚焦客户需求快速升级、跨界竞争激烈的领域实现业务流程快速拼接和产品敏捷研发。

自主可控的系列企业级新技术平台
打造自主可控、业界领先的大数据云平台、人工智能平台、物联网服务平台、区块链技术平台等企业级新技术平台。

业务与科技深度融合的组织机制
组建负责统筹开展业务架构规划、协调整合创新的专职研发机构和队伍，创新研发流程，提高创新效能。

提升三大能力

灵活创新

智能应用

开放融合

□重点任务

完成企业级业务架构、管控机制、研发模式三个基础任务，并加快推动其他各项任务的实施。

十大任务	2018 年进展	2019 年重点任务
任务一：整合构建企业级业务架构	构建了业务架构完整视图；完成了 28 个领域业务架构整合构建工作；形成组件 2 300 余个。	整合构建对公存款 8 个领域业务架构，全面完成构建工作。
任务二：建立业务架构管控机制	投产试运行业务架构资产管控平台。	正式发布和应用业务架构管控机制。
任务三：建立基于业务架构的研发模式	在大零售领域相关项目中对新的研发模式进行了试点。	正式启用基于业务架构的项目研发模式，强化业务架构和 IT 架构的有机融合。
任务四：推进应用系统松耦合	主机向开放平台迁移工作完成 ECOS 工程三年目标的 37%；IT 服务化改造工作完成 ECOS 工程三年目标的 24%。	在 15 个领域推进 IT 架构转型，稳步实施主机向开放平台迁移、IT 服务化改造，分别达到 ECOS 工程三年目标的 65% 和 70%。
任务五：构建成熟的分布式 IT 架构体系	建成总体完备、业界领先的分布式技术体系，大力推进分布式技术体系的应用。	全面提升分布式技术体系的企业级能力；完善分布式事务、分布式批量等企业级能力。
任务六：持续提升并全面推广云计算平台	基础设施云（IaaS）入云率达到 30%；应用平台云（PaaS）入云率达到 25%。	基础设施云（IaaS）入云率超过 50%；应用平台云（PaaS）入云率超过 30%。
任务七：建立金融科技基础平台	完成人工智能机器学习、生物识别、区块链、物联网等金融科技平台主体功能建设。	完成人工智能机器学习平台外购产品与开源产品的整合；升级人脸识别、语音识别能力，准确率分别突破 99% 和 89%。
任务八：强化数据质量治理	率先建立自主可控的大数据服务云平台，服务 65 个总行应用和 19 家分行。	全面提升大数据服务云的技术支撑能力，构建大数据服务云灵活查询平台。
任务九：强化数据智能化应用	实现刷脸支付、工小智语音服务、信用卡反欺诈、智能金库管理等大数据智能应用。	加大数据分析在营销和信贷风险分析中的应用。实现人工智能技术在手机银行千人千面服务、声纹识别技术在银行卡启用环节风险防范、机器学习技术在反洗钱预警的应用。
任务十：智慧运营	实现远程授权和集中处理人员跨岗操作；推动线上线下运营流程场景建设。	首批上收分行运营审核和远程授权业务；实施共享运营平台智能化改造。

4.7 关于操作风险与内控案防

目标：坚决守住案件风险率监管目标，杜绝重大恶性案件和风险事件发生。

□当前形势

➢监管要求越来越严

✓监管“严强深精”的特点凸显。2016—2018 年

我行遭受监管处罚年复合增长141%；理财资管、信贷、外汇及中间业务收费等方面受处罚金额占比高。

✓银保监会、审计重点关注贷款（含表外融资）投向是否符合国家宏观调控政策，是否投向禁止性、限制性产业或行业，贷款资料、交易背景、发票、会计报表等是否真实，还款来源及抵质押担保是否合法足值有效，表外业务风险表内承接，贷款的调查审查审批是否尽职，是否有效支持实体经济、民营企业、小微企业发展，以及内部控制是否有效，是否违背审慎经营规则等。

✓央行、外汇局执法检查与监督力度加大。

✓在监管架构、模式、标准、力度等方面，国内监管与国际监管趋同，全球监管信息共享、联合执法渐成常态。

➢案发领域发生变化

✓经过持续几年的整治，“负债端”、传统领域案件得到遏制，“资产端”案件风险突出暴露。

✓监管标准趋严和我们自身存在薄弱环节，使得过往的违规事件，易被认定为违法犯罪案件及风险事件。

✓2015—2018年，全行信贷领域发生案件、风险事件36件，涉案金额××亿元，分别占总量、总额的51%和62%，涉及22家境内分行、1家境外机构。其中，山西分行4件，云南、江西、河北、内蒙古、宁夏、河南、福建、黑龙江、湖北、青海10家分行各2件；涉及员工48人。

✓法人、小企业、个人信贷及信用卡业务均有涉及，包括流动资金贷款、国内保理融资、个人商用房贷款、信用卡汽车分期等23项信贷、信用卡业务。

✓二级分行及以下机构是信贷领域案件防控的前沿阵地，共发生案件35件；一二级支行和二级分行客户经理、支行行长为案件高发岗位，共涉及36人，占总涉案人数的75%。

✓2015—2018年发生案件涉及12项罪名：违法发放贷款罪、骗取贷款罪、贷款诈骗罪、国有公司人员失职罪、受贿罪和非国家工作人员受贿罪、挪用资金罪、合同诈骗罪、职务侵占罪、伪造企业印章罪、信用卡诈骗罪、妨碍信用卡管理罪、伪造金融票证罪。

典型案例

案例1. 内蒙古包头分行员工违法发放贷款案件

2017年1月，公安机关在内蒙古青阳矿业有限公司骗汇案件过程中对内蒙古包头分行9名员工采取刑事强制措施，当地人民法院于2018年10月对9人作出犯违法发放贷款罪的判决。

✓贷前调查对显而易见的“假”视而不见

• 未对贸易背景真实性认真调查审核。

• 未对合同要素真实性认真审核。

✓贷中审查缺乏专业审慎性

• 对国家外管政策理解有误。

• 业务技术性审查失控，未发现贷款资料存在明显瑕疵。

✓贷后检查对资金流向缺乏敏感性

• 未及时发现资金流出不合理。

• 对企业异常还款来源未作分析。

案例2. 青海城西支行员工内外勾结骗取贷款、信用卡诈骗案件

2014—2015年，青海西宁城西支行客户经理何××、省行银行卡中心于××与某公司法定代表人刘××内外勾结，骗取我行贷款，帮助刘××冒用他人身份证骗领100余张信用卡并推荐调额，被其套现，被判犯骗取贷款罪、非国家工作人员受贿罪等。

✓内外勾结

• 客户经理与借款人通谋造假骗取贷款。

• 客户经理与申请人通谋骗领信用卡。

• 客户经理协同借款人套现，风险敞口越滚越大。

• 客户经理受贿，借用贷款资金。

✓制度执行不到位

• 未严格执行“亲访亲签”。

• 对客户集中、批量的大额信用卡调额管理失控。

• 对监测的信用卡可疑交易未认真核查和及时干预。

工作要求：境内

➢加强信贷领域案防

✓前台部门要认真履行“一道防线”案防责任，对照案防要求开展自查、自评估；要把市场营销与案防工作结合起来，在考核、业务组织推动方面，加大条线案防管理力度；要进一步明确营销及管理人员岗位职责，按实质要求做好尽职调查，压实条线案防主体责任。

✓要加强对大额贷款、异常担保方式、押品价值高估的监控分析，从形成案件特征入手，抓关键产品、关键环节监测与核查。

✓各行要严格落实《关于加强信贷领域案防工作的意见》。一是重点抓好前台营销部门信贷业务真实性调查，并通过存量贷款换手排查降低案件隐患，压实案防责任；二是中台审查审批人员加大审查力度，对前台提交资料的真实性、业务办理的合理性严格把关，形成案防合力；三是持续开展虚假贸易背景、虚假担保、虚假主体等关键风险监测与检查，及时发现关键岗位、关键人员异常行为，及时处置重大风险隐患。

➢加强重点领域整改

✓要深化“八大领域”风险治理。

✓要开展重点领域专项检查：对私人银行、非标准化代理投资、项目贷款、法人理财销售、外汇、内部账户及现金实物等业务的合规性及安全管理开展专项检查。对委外、风险分类、客户准入、信息安全、手工计息等环节的异常情况进行重点关注和排查。

√要严肃整改问责：实施新的整改标准，强化“双线整改”责任落地，实现问题整改“一本账”，严肃整改督查评估，推进整改举一反三，实现闭环管理，杜绝虚假整改、形式整改、虚假问责等现象的发生。

➢扎实开展年度内控评价

√要把年度内控评价作为提升内控能力的重要抓手。采用新的评价标准和评价方式；分支机构要通过自我评价、上级评价，实现自我完善。

√要突出重点领域、关键环节。客观揭示内控风险隐患，找出控制设计缺陷和执行缺陷。

√要抓好“三道防线”联动，尤其是压实“一道防线”主体责任。充分运用评价结果，针对控制缺陷制定整改路线图、时间进度表，落实问题整改责任。

➢编制应用《内部控制手册》，加强员工行为管理

√要高质量完成全部编制任务，并建立健全手册更新维护流程和系统控制机制，确保手册持续权威有效。

√要强化手册落地应用，建立手册与岗位、人员的有效映射和应用，确保制度编制者、各级管理者、具体操作者、业务监督者凭此指引，精准落地各项要求。

➢坚决履行反洗钱反恐怖融资义务

√树立全球意识和集团意识。我国反洗钱监管将更突出工作有效性、大金额处罚、联合执法等特点，全行务必高度重视，配合国家战略，做好法塔夫（国际反洗钱组织）第四轮互评估的后续工作，持续保持我行反洗钱先进地位。

√严肃整治“非实名”“证件过期”等客户信息问题。

√严格执行《监管检查配合工作指引》《反洗钱监管评级手册》。

√充分应用可疑交易报告研判成果，主动拦截风险侵入。

工作要求：境外

坚持“以改促建”，全面落实境外合规工作会议精神，建设长效机制，夯实管理基础；把欧美机构整改作为重点，以点带面促进境外合规管理水平整体提升。

主要措施：

➢建机制：完善境外合规管理体系

√推进境外合规管理长效机制建设，优化境外合规管理体系。

√实施“分区分级”的分类管控模式，推进境外区域合规建设，研究建立基于合规风险的分级管控机制。

√境外机构要优化自身合规治理体系，强化内控职能及相关委员会在合规事项的监督决策。

➢夯基础：强化合规风险识别与防控

√开展反洗钱客户身份识别（KYC）专项治理，规范客户定义、分类和尽职调查标准。

√从客户、产品、交易三个维度识别合规风险来源，加强合规风险评估。

√强化跨境融资、资金、清算等业务的合规风险识别与防控。

√关注网络安全、数据信息保护等领域的监管动态。

➢重落实：推进内外部管理要求落地实施

√组织开展境外属地监管规则的梳理与对标。

√推广合规与反洗钱标准化手册，实施标准化流程。

√持续推进欧美机构整改，兼顾整改与日常工作，推动整改成果落地。

➢强保障：持续加大资源投入

√建立健全境外合规资源动态评估与持续投入机制。

√严格合规官、反洗钱官准入审核与履职管理。

√强化合规与反洗钱系统支撑，持续优化自主开发系统，规范外购系统准入认证管理，应用系统化、智能化管理工具。

➢严约束：加强考评问责

√健全境外合规考评机制，加大合规管理在境外机构、主要负责人以及领导班子考核中的权重。

√压实合规责任，明确境外机构合规管理的主体责任，落实专业部门的条线管理责任，强化违规问责。

4.8 抓住薄弱环节，强化市场风险管控

目前全集团涉及市场风险的表内外资产超过10万亿元，2018年金融市场等各类交易总额达140万亿元，在全球金融市场不确定性因素增多的背景下，一旦投资决策失误，带来的损失不亚于大户信贷风险暴露。

基本目标

➢三道防线“制衡”

√一道防线：承担风险管理第一责任；决策和风控流程健全；授权体系适当，对象明确、层级清晰，与风险管理能力相适应；业务看得清、管得住。

√二道防线：能看清每笔业务的开办、审批、存续、合规、风险等情况；有效识别、计量、监测、控制、报告各类业务的风险水平和趋势。

√三道防线：全面独立开展审计监督。

√前中后台彻底分离、有效制约。

➢限额控制“有效”

√坚持集团风险偏好一致、有效传导、分解落实。

√风险限额应与承担的风险、产品复杂程度等相适应，要定期审议、刚性控制、及时调整。

√需明确敞口、止损、集中度、杠杆率等限额，开展实时监控、事前预警。

➢准入管理“审慎”

√新产品准入：投产前完成投资模式分析、风险评估、估值计量、限额核定等工作，并满足系统管理、全流程交易控制等条件。

✓交易对手准入：纳入集团统一客户评级体系，在存续期对客户风险进行全面持续监控。

✓合作机构准入：执行集团统一合作机构政策；风险中台参与准入标准、遴选流程、合作限额设定。

➢识别计量“准确”

✓全面识别各类业务面临的主要风险、新兴风险。

✓应用集团统一的风险计量、VaR值计算、压力测试等模型。

✓对所开办的业务要具备估值能力，包括方法、数据、系统、模型、验证等。

✓健全核算体系，能够按照客户、产品等维度准确核算成本收益。

✓完善模型风险管理和验证管理体系，控制模型风险。

➢控制流程“严密”

✓交易控制：事前控制、交易复核、异常交易监控、损益分析、市值验证、价格监测等全流程控制。

✓行为控制：构建交易员风险视图，实施交易员风险评价。

✓合作机构控制：将合作机构的交易行为统一纳入交易控制体系。

➢IT系统“完备”

✓所有业务、交易、数据进系统，实现全流程系统管理、监控。

✓健全信息系统功能，落实硬控制，具备授权管理、业务审批、事前控制、投资管理、交易簿记与对账、产品估值与核算、合同管理、限额监测、损益分析、价格验证、可疑交易监控、统计分析等功能。

✓总行要能通过系统获取各利润中心、子公司的市场风险数据。

➢数据管理“穿透”

✓实现底层资产、底层交易的穿透，逐笔业务、操作“看得清、摸得透、管得住”。

✓前、中、后台三方数据及时、全面对账。

✓集团统一数据标准、加总规则，确保准确性、完整性、时效性和适应性，具备风险数据加总能力。

➢管理团队“胜任”

✓要有高素质、专业胜任、人员充足的市场风险、产品控制团队。

✓建立市场风险团队评估机制，及时补充管理人员，确保与市场风险水平和复杂程度一致。

重点要求

<table>
<tr><td>工银亚洲</td><td>➢实现集团系统延伸。交易管理尚依赖外购系统，要尽快把总行金融市场业务前中后台系统延伸到位，尽快全面实现系统应用。
➢加强新产品管理。开展新产品准入、评估和退出管理，业务开办前要具备相应的风险识别评估和估值能力，纳入系统的全流程交易控制。
➢审慎开展复杂衍生品交易。要加强复杂衍生品交易风险对冲监测。对现有业务，要再审慎评估自身风控能力。对看不清的业务，尽快退出。
➢开展交易对手信用风险项目建设。交易对手信用风险在集团机构中占比相对较高，要落实属地监管要求，建立保证金管理机制和初始保证金计量系统，有效监控交易对手信用风险。
➢加强全流程风险控制。总行系统延伸前，要采取手工加系统方式，严格落实全流程监控，加强问题管理和问责管理，确保不发生重大风险事件。</td></tr>
<tr><td>工银标准</td><td>➢系统要与总行对接。要推进与总行的系统整合，实现汇率、利率等市场数据共享；定期向总行报送交易业务风险控制相关报告，重大风险事件及时报告。
➢加强全流程风险控制。尽快启用交易系统事前控制功能，并落实事中复核、产品控制等风险管控措施，确保不发生重大风险事件。</td></tr>
<tr><td>工银国际</td><td>➢实现市场风险集中管理。目前市场风险管理职能分散，尤其是产品控制职能分散在前中后台多个部门；银行账户的汇率风险和利率风险由财务部门负责。要进一步整合资源，实现对市场风险的统一管理、集中控制。
➢加强交易账户市场风险管理。要限制交易产品清单，严格非投资级债券准入，适度调减债券总敞口限额指标值，增加非投资级债券敞口比例限额等指标。要加强信用利差风险管理，通过引进系统或第三方服务，丰富风险对冲手段，提升风险计量和组合风险管理能力。
➢加强银行账户市场风险管理。对受市场价格影响较大的资产，目前主要以信用风险管理为主。要加强市场风险管理，强化行业限额、集中度限额等控制，开展情景分析和压力测试。
➢加强资产管理业务市场风险管理。要实施风险限额管理，强化合作机构准入、评价、退出全周期管理，落实交易价格验证和可疑交易监测；要选择合适的工具，避免资产价值大幅波动或亏损带来声誉风险。
➢加强SPV管理。目前SPV结构复杂、层级多、数量大。要进行全面梳理，弄清每个SPV实际承担的职能，对没必要存在的，抓紧清理；对存续的，加强管理；对新设的，审慎论证、合理设计结构，减少嵌套层级。</td></tr>
</table>

续表

工银安盛	对资管业务要加强风险管理： ➢加强风险中台制衡能力。要对业务流程进行全面梳理，合理划分前中后台职责，强化风险中台在业务流程中的制衡作用。 ➢完善风险限额管理。要进一步丰富完善限额体系，限额设置应与所承担的风险、产品复杂程度相适应，要从总量、结构、集中度、单笔、止损、敞口、VaR值等不同维度，落实至公司、账户、交易平台、交易员等不同层面，并在系统中进行设置。 ➢启动产品控制工作。要在集团统一产品控制框架下，配备足够人员，有效开展交易事前控制、事中复核、价格验证、交易对手集中度监控、异常交易监控等工作，防止发生重大风险事件。 ➢强化合作机构管理。风险中台要介入合作机构准入管理流程；要对合作机构评定信用等级，分类核定业务限额，加强对合作机构持续监控与退出管理。要逐步将总行合作机构准入名单覆盖至工银安盛。 ➢完善IT系统建设。要按照集团统一的信息标准，建立集中风险管理信息系统，实现投资、交易、估值等相关信息整合。要加强与总行对接，实现投融资业务全流程数据纳入集团统一管理。
资产管理部	➢实现底层资产全穿透。年内要实现对海外债券、非标组合式基金等4类非标投资底层持仓全部穿透，并将底层数据接入总行系统。对非监管限制原因不能穿透的，要坚决退出。 ➢开展底层交易监控。实现合作机构底层交易明细数据“T+1”日系统自动接入后，要落实一道防线的风控职责，对直接投资交易、合作机构底层交易价格偏离、异常交易实施管控。 ➢切实解决集中度超限问题。要切实承担牵头部门职责，理顺协调机制，探索利用事中限额试算等手段，在投资交易环节实施事中限额审核，避免触及监管红线。 ➢强化期限错配与现金流管理。过渡期结束后有数千亿产品和投资品须申请监管豁免，规模较大，豁免存在不确定性。要加强整体业务和投资组合层面期限错配和现金流监测分析，有效管控正常和压力情景下不同时间段的现金流缺口。 ➢实施估值管理与压力测试。按照全行统一的估值方法与标准，规范进行货币基金、债券、非标债权与股权等各类投资的日常估值与净值披露。按照新规压力测试要求，区分资产大类和单只理财产品开展压力测试。
私人银行部	➢实施合作机构底层交易穿透与交易监控。要尽快实现对跨境投资底层持仓的数据穿透。合作机构底层交易明细数据“T+1”日系统自动接入后，要落实对所有合作机构逐笔交易行为的管理，对价格偏离、异常交易实施管控，切实防范市场风险、利益输送和道德风险。 ➢强化合作机构的遴选与退出管理。完善合作机构选用标准和选用流程，要有效发挥风险中台制衡作用，对投资计划的策略执行进行事后监测，防范策略执行偏移、超出投资范围，不符合合同协议约束等风险。 ➢完善投资策略、费率与业绩分成监控。对管理费率、收益分成情况进行监测，定期评估管理费率与机构投资业绩、风控成效匹配情况。 ➢加强投资交易人员管理。明确投资管理关键岗位，并定期实施轮岗、强制休假，对涉及亲属所在合作机构的业务实行分离管理。 ➢加强理财产品损益核算。落实资管新规净值化、产品单独建账独立核算要求，建立健全逐产品、逐客户、逐账户的投资核算体系，准确核算资金成本、投资收益。

在中国工商银行2019年工作会议上的总结讲话

谷 澍

（2019年1月25日·根据录音整理）

听了大家的发言，讲几点想法。

一、关于今年贷款投放问题

刚才很多同志都提到了，鉴于今年形势变化比较快，建议1月贷款规模再多下一点。尽管从全年看，今年贷款规模初分比例较往年有所下降，但1月下达的贷款计划为2 300亿元（不含拆放），比去年多800亿元。请总行资负部抓紧再作测算，根据各行需求适当调增今年的贷款计划，争取在当前贷款总体利率水平相对较高、项目储备还比较充足的情况下，抢先抓住优质市场，实现早投放早收益。从同业情况看，四大行中，有的行1月投放规模明显高于其他行，而其项目储备未必能与贷款投放节奏相匹配，因此可能加剧对优质信贷市场的争夺。一些分行在小组发言时也谈到了这一问题。大家在贷款营销中要特别注意可比同业贷款投放及储备动态变化情况，灵活采取经营和竞争策略。

二、关于境内外沟通协调问题

境外机构提了很多问题，反映出总行一些部室，特别是一些主要业务部室与境外沟通不够。之前我们也开过几次会，对总行部室关注境外条线发展提出过明确要求。但从现在反映的问题来看，落实还不够、沟通还不够。总行相当一部分部室还有一些思维惯性，保持传统的境内思维，主要工作精力和视野放在境内，对境外的相关市场和业务不熟悉。各个部室特别是主要业务部室，在海外业务、外币业务发展上，要与境外机构多沟通、多听意见，站在集团角度，发挥信息集中的优势，把一个机构反映的问题，由点及面形成一个面向境外整体的政策和制度要求，这是可以做到也应该做到的。

三、关于工作抢先抓早问题

今年春节比较早，年初工作头绪多、任务重。有一些工作在这次会议上讲了总体思路，具体的办法还需要抓紧细化完善。总行相关部门要根据这次会议精神和要求，充分了解分行的想法和反馈，尽快研究完善并下发办法，让相关工作和措施尽早落实到位。

在2019年第一季度行务会议上的讲话

谷 澍

（2019年4月11日·根据录音整理）

刚才，8个部门作了汇报，其他部门提交了书面材料。行领导和高管对分管工作进行了强调。不管是现场发言还是书面材料，都做了认真准备。大家对第一季度的总结、对第二季度的安排，都很符合实际，我都赞成。下面，结合大家的发言，我从两方面谈一下意见。

一、关于第一季度经营情况

总的来看，第一季度各项工作实现了平稳开局，起步向好。从某种程度上讲，经营情况比预期还要好一些。2018年经营状况是这些年来最好的一年，各项指标提到了比较高的基数上。在这种情况下，第一季度保持平稳，保持领先，难度是不小的。在全行几十万员工的共同努力下，我们第一季度取得了不错的成绩，很多工作取得了新的突破，难能可贵。概括起来有以下几点：

（一）盈利能力持续增强。实现净利润××亿元，同比增长××%。反映盈利能力的营业收入和拨备前利润都实现两位数增长，这在近6年来是第一次，特别是拨备前利润同比增长××%，在可比同业中最高。在较强盈利能力的支撑下，在保持净利润合理增长的前提下，我们单季拨备提取额达到××亿元，为历年来最高。去年第一季度提的拨备也比较多，但今年仍同比多提××亿元。拨备覆盖率比上年提升××个百分点，同业排名有所提升。境外及控股机构盈利贡献提升，其中境外机构净利润同比增长××%，境内控股机构净利润同比增长××%，当然这里面有股票和基金浮盈因素拉动。金融市场部净利润同比增长21.8%，值得肯定。

（二）资产质量延续逐季改善势头。不良率、逾期率、剪刀差都在持续下降。3月末不良率××%，比年初下降××个百分点，连续9个季度下降；逾期率××%，比年初下降××个百分点，连续11个季度下降；剪刀差××亿元，比年初下降××亿元，连续11个季度下降。第一季度累计劣变××亿元，比去年第四季度少劣变××亿元，与去年同期持平。新发生逾期××亿元，同比减少××亿元。

（三）贷款投放精准。我们对贷款投放形势判断比较准，动作比较快，第一季度新增贷款××亿元，完成年度计划的××%，体现了年度工作会议“快投放”的要求。同时贷款均衡率比较好，达到76%。从投向看，普惠金融实现突破，几项年初定下的重点品种实现了爆发式增长，带动普惠贷款完成了全年任务的一半以上。我们还重点支持了与稳投资相关的基础设施板块，以及先进制造业、幸福产业、物联互联等新引擎板块。从品种上看，新增中长期公司贷款占全部新增公司贷款的92%，票据贴现减少285亿元，与国家政策导向高度吻合。个人住房贷款较年初新增××亿元，继续保持增量市场第一。从地区结构看，直辖市分行及重点城市行贷款增量占比近八成，我们没有“撒胡椒面”，而是把信贷更多投向优质资源聚集区，投向弱经济周期区域，这样的结构是让人相对放心的。

（四）存款在去年增量大幅领先同业的基础上又实现增量第一。去年全行一般性存款增加 1.45 万亿元，不仅领先同业，还创了近十年的最好水平。在这样的高基数上，今年第一季度我行各项存款、一般性存款及分品种存款增量全部排四行首位，特别是储蓄存款多年来首次实现第一季度第一。从客户看，第一季度新增个人客户1 000多万户，法人客户 25 万户，互联网金融用户 1 300多万户。几项客户指标虽没有完成高标准计划的序时进度，但也是一个非常不容易的成绩。

（五）中收继续保持总量第一并实现两位数增长。第一季度实现手续费及佣金净收入 464 亿元，同比增长 11.6%。一些产品成长为新的盈利增长点。本币结算类业务收入增长了 23%。作为今年重点抓的第三方支付业务，通过加大绑卡力度，调整费率和分润策略，收入增长 113.6%，实现超常规发展。此外，个人工银信使收入同比增长 57%，公司类中收同比增长 57%，投行实现恢复性增长，同比增长 16.8%，代理保险同比增长 112%，信用卡收入同比增长 14.8%。

（六）党建和队伍建设持续加强。第一季度我们在经营上取得的成绩，归根结底靠以党风促经营作风，以党建带动经营工作。没有这条，就不可能取得这么好的经营成果。这是我们做好各项工作的基础和保证。

第一季度在高基数上开局良好，成果来之不易，全行为之付出了巨大的努力，也为实现全年任务目标打下了良好的基础。但也要清醒地看到，经营发展中还存在一些值得关注的问题。

一是保持 NIM 稳定的压力在增大。第一季度，我行是可比同业中唯一一家 NIM 保持稳中有升的行。一方面和存款经营策略存在差异有关，我们在判断利率向下概率更大的情况下，较少使用长期限高利率的存单策略，而一些可比同业更多采用大额存单手段；另一方面也与我们贷款储备较好、贷款投放情况更均衡相关。但 NIM 收窄压力我们同样面临，金融市场部的投资收益已经处于较低水平，贷款利率也渐趋下行，存款市场竞争空前激烈，负债成本易升难降，资产负债两端挤压对 NIM 保持稳定，进而对全年盈利目标实现都形成较大压力。

二是信用风险管控仍然面临较大压力。特别是大户风险非常突出，第一季度新逾期和新劣变贷款中亿元以上大户占比均超过 60%。同时不良贷款清收处置难度加大，批量转让受偿率下降，甚至出现流拍现象。

三是中收持续增长动能面临考验。信用卡作为主力军，二三月份分期付款出现“吃老本”状况，新增乏力。资管收入在去年下降的情况下，今年到目前还没有止住下滑势头。今年增长比较好的几个品种，可持续性还有待观察。

四是案防和合规的形势还很严峻。在资产端，骗贷相关案件没能完全控制住，给我行造成较大声誉和财务损失。同时负债端的案件在沉寂多年后又冒出来，出现柜员监守自盗等情况，暴露出我们在内控管理特别是系统硬控制上还存在漏洞。

二、关于第二季度工作

（一）抓党建、强队伍、优作风。工商银行有一个很大的优势，就是我们全集团在党建方面走在前，在作风方面过得硬，在执行力上更坚决。这种优势要靠坚持党的领导、加强党的建设，把党建全面融入经营发展工作，持久地保持下去。第二季度要做好以下几项重点工作。一要把巡视巡察工作做好，促使各单位都能端正经营思想、改进工作作风。明天将召开全行巡视巡察工作会暨总行本部巡视工作动员部署会，对相关工作进行部署。二要狠抓形式主义、官僚主义整治，督导各部门各级行查找本机构整治重点，解决突出问题，使集团运转能够更加高效，减少浪费，减少内耗，减少无用功。三要继续推动和落实派驻改革，细化明确职能移交清单，确保相关工作有序承接、连贯运转。四要加强队伍建设，抓好各级机构、各个条线的人员规划和干部培养，统筹关键少数和梯队建设，优化人员布局，更好地适应业务发展需要。

（二）服务实体经济，抓好信贷市场的培育。这既是我们支持实体经济的应有之义，也是我们稳定盈利能力的关键举措。

一要抓好贷款储备。第一季度我们之所以能够实现拨备前利润和营业收入两位数增长、优于可比同业，关键是我们前期工作做得扎实，包括信贷储备比较到位。整个第一季度分行的贷款规模都是供不应求的，而有的同业是平时贷款额度用不满，到月末、季末用票据冲量。这种做法，不仅因为均衡度不行，本身就减少了利息收入，而且票据贴现跟贷款利率水平又相差一截。所以扎实的贷款投放，为我们整个季度的盈利领先打下了扎实基础。最近我看同业数据交换，4 月只有我们贷款投放是正增长。在看到储备情况好于同业的同时，我们也要看到自身储备较前期比也有所滑落。现在全行处在资金配置通道中的贷款需求在 1 600 亿元左右，比年初少了 1 700 亿元，其中个人住房贷款排队需求 600 亿元，比年初少了 500 亿元。普惠金融和民营企业贷款储备也并不厚实，虽然第一季度完成了全年计划的一半，但并不等于完成全年任务就十拿九稳。要看到，新增普惠贷款大部分将在年内到期，加上核销资源的倾斜，后续如果不针对实体经济需要找准投放方向，不抓储备、不抓新的投放，余额很快又会滑下来。因此我们看贷款完成进度不能静止观察、而应动态把握。还要看到，有效贷款储备的区域差异分化问题十分突出。有些地方吃不饱，有些地方没需求。但我们不能把所有贷款全部都投到少数吃不饱的地方，毕竟还有一个区域平衡和集中度的问题，这对全行来说也是一个挑战。

预计今年贷款增量还将达到与去年大致相等的一个量级，如果储备不够，下半年即使每个月有额度，我们贷款的均衡度也上不去，相应盈利能力也会往下滑。因此，几个条线都要做好贷款储备，尽全力完成好年初定下的计划。

二要抓好小微和民营优质信贷储备。小微金融，第一，提高经营快贷和 e 抵快贷白名单客户资源转化率和提款率，挖掘这些产品的增长潜力。同时要扩展优化信息来源，加大对白名单客户的交叉验证力度，保证风险控制效果。第二，针对银政通、固定资产购建贷等线下重点产品发展不平衡的问题，加强对一些落后分行的指导和有效模式的复制推广。第三，进一步加强小微中心建设。随着小微贷款规模的增加，管理范围和难度相应加大，一些机构会出现人员不够的情况。要在全行人员优化尚未完全到位的客观条件下，短期内更多通过工作流程优化和管理集约，如探索 e 抵快贷集中办抵、催收等，做到业务增量不增人。民营企业金融服务，第一，继续坚持第一季度的工作方法，按月通报各行民营企业金融服务情况。第二，选择符合国家产业发展方向、主业集中、技术先进的民营企业进行精准支持。对全行 2 400家优质白名单民企开展系列营销活动，把质量比较好的先做到位。第三，在实质风险可控的前提下，优化贷款制度流程，帮助客户解决实际问题。现在主要问题还不是审批动作不够快，而是要在融资品种、授信管理等制度安排上作些调整优化。审批部要加强对民营企业的座谈调研，倾听意见建议，有针对性地优化制度流程。

三要抓好“1 + 3”信贷布局。总的原则是，继续突出重点，服务好国民经济重点领域和薄弱环节。区域上突出雄安新区、粤港澳大湾区、长三角区域一体化、长江生态环境系统性保护战略等重点领域；机构上突出重点城市行，把这些领域做好，既能保证贷款相对安全，又符合国家战略。金研所要继续完善重点城市行竞争力评价办法。资负部要研究优化信贷额度分配制度。年初分配信贷额度的主要特点就是一次分配减少，侧重二次分配。现在区域分化的问题暴露出来，符合我们年初的判断。下一步如何围绕几个重点领域做好信贷规模的二次分配，显得更加重要。前两个月我们该“鼓肚子”的时候能鼓起来，现在略微有点吃力、有点鼓不起来，说明整体信贷储备需求在削弱。同时，二次分配办法调整要在兼顾信贷额度整体和地区平衡的同时，兼顾各分行利润、工资的平衡。

四要抓好科创等新兴市场拓展。拓展科创新兴市场要多研究如何与新动能基金结合起来做。科创市场资金需求的特点应该以资本市场为主，如果单纯做贷款，不太符合规律；如果走得过急，也容易出风险。与新动能基金结合到一起，和一些基金背后优秀的投资公司结合到一起，实现他敢投我敢贷，这种投贷联动模式相对更安全。投行部要做好相关试点工作。

五要抓好个贷市场竞争力提升。今年前两个月商品房销售趋冷，从 3 月开始明显回升，4 月延续了回升态势，与大势相背离的是，进入第二季度以来，我行个人按揭排队需求下降较快。近期，发改委发布《2019 年新型城镇化建设重点任务》，要求放宽城市落户条件，强化城市间房地产市场调控政策协同，预计将对房地产市场特别是大型城市房地产市场产生影响。个金部要加强政策和市场研究，完善应对措施，继续抓好个贷市场竞争力的提升。

（三）关于资产质量。

关于核销资源安排。第一季度全行安排核销资源 200 亿元，相对较少，这实际上也是对全行资产质量的一次压力测试。第二季度可以适度调增核销资源，但需强调几点：一是多核销不意味着可以多劣变。总的来看，不良贷款首先要在核销资源逐渐减少的基础上实现进出平衡，然后再做到“进小于出”，当然这还需要一个过程。第二季度多核销意味着不良率要相应实现下降，而不是不良贷款的“大进大出”。也就是说，多核销更多意味着出大于进，不能核销多少，接着又掉进来同样多的新不良。上面持续劣变，不断把下面的空间填满，多核销的意义就不大了。二是核销资源向普惠和信用卡领域倾斜，把这两个领域的不良率降下来。三是加强账销案存资产回收情况的管理。加大核销力度，是基于财务和经营考量的战略选择，但不等于核了以后，该收的就不收了。信管部和财会部要加大账销案存资产回收情况计入利润计划的管理力度，督导分行严格落实处置责任和预案，防止简单“一核了之”。

关于风险化解。第二季度大户风险防范是一个非常关键的环节。一些分行仍停留在传统思维，以所有制而不是实质经营情况来判断风险状况，简单认为国企贷款没有风险。王首席刚才提到的一些流通领域和低端制造业的地方国企风险，要特别关注。一方面要抓风险化解，另一方面要对这些领域融资进行认真梳理，不能盲目新增贷款。此外，要做好风险缓释，把剪刀差“鼓肚子”情况解决好。要督导分行前瞻性地做好客户还款付息安排和风险摸底，把风险化解工作做在平时、做在前面，尽可能平滑剪刀差余额波动。

关于信贷基础管理。一是信管部牵头，推动建立起全口径信用风险扎口管理机制，特别是在分行要把这个机制建起来。二是风险部牵头，加强对子公司和利润中心风险管控，覆盖信用风险和非信用风险，切实做到所有业务进入系统、风控流程嵌入系统。三是加强信用卡风控能力建设。信用卡是全行中收的重要来源，需要加大业务发展力度，但目前信用卡基础设施建设漏洞较多、短板较多、缺课较多，要尽快补上。四是提高信贷数据质量。银保监会通报指出，我行在信贷资产转让、资产证券化以及理财业务方面报表质量相对较差，包括数据不吻合、钩稽关系不对，等等。管理信息部牵头，要切实把报表质量、数据质量这项最基础的工作抓好。

（四）关于存款和客户工作。重点要提高日均存款，增强存款增长的有效性。

储蓄存款。在客群上，继续抓好重点客群特别是代发工资和社保卡客户拓展营销。第一季度个人客户新增1 000万，代发和社保客户基本各占一半。社保卡客户前两月我行市场占比达到24%，比存量11%的占比有明显提高，要保持势头。在产品上，继续做好结构性存款的滚动发行和承接。相较于大额存单，结构性存款期限较短，要靠反复承接来控制利率成本，挣的是个“辛苦钱”。接下来结构性存款到期较多，要防止出现产品“断供”和资金流失。总行要在内部资金转移价格和额度分配上对分行尽可能给予支持，调动分行积极性。

公司存款。要沿着资金流抓存款，立足M1这个公司存款最大的派生源，探索“政府—企业—个人”之间的资金循环管理，力争在交通、城建、房地产、汽车等重点领域取得突破。要坚持拓客“抓大不放小”。对大客户，要做好“1 + N”服务模式的推广。对中小客群，结现部要牵头做好拓户营销，重点要抓好淘宝电商批量开户项目，金融科技部要尽快投产异地见证开户功能。要利用外部平台吸引客户，加强与用友、金蝶等第三方平台合作，批量拓展小微企业客户。要不断完善小微平台开户功能，优化开户体验。要优化公司结构性存款管理模式，不能搞逐户审批，为分行和一线拓户增存提供更多便利。

机构存款。政务服务场景建设要坚持“两条腿走路”。既要继续推广我行的工银e政务、工银e社保平台，也要紧盯同业，持续跟踪各省政务平台切入的进展情况。这方面全国不大可能有统一模式，各分行要立足本地区实际，选择合适的合作模式。总行相关部门要加大支持力度，加强信息交流共享。政府机构改革营销要力争全胜。第二季度是市县级政府机构改革账户营销的窗口期，要加强指导，组织各分行因地制宜制定实施营销策略。要做好社保改革配套金融服务，加强与人社部门对接，全面启动“社银线上线下一体化服务”试点工作。

同业存款。在当前流动性相对充裕背景下，同业存款储备丰富，成本下降也比较明显，第一季度全行同业存款平均付息率1.65%。要在继续控制好成本的基础上，加大同业市场拓展力度，为金融市场业务发展提供更多可用资金，拓宽收益来源。

打好职业年金收官战。第二季度各省（区、市）职业年金招标工作将全部完成。要在第一季度投标竞争中100%中标的基础上，加强专业能力建设，强化营销攻坚，确保中标各区域职业年金计划。

落实好全行网点工作会议精神。网点工作会议声势不小，要抓好后续落实，不能没了下文。渠道部要牵头抓好落实，尤其是网点减负赋能和优化调整两大工程，要抓进度、抓成效。

（五）关于中间业务收入。

一要推进信用卡业务健康发展。分析中间业务各品种，未来收入增长比较可持续、合规风险又相对较小的，首推信用卡业务。今后能否保持住中收第一的位次，信用卡业务的持续健康发展至关重要。前期行长办公会上已专门布置，各部门要抓好落实，从风险控制、系统完善、拨备提取、资金成本、费用管理、产品创新、队伍建设等各方面给予加强和支持，卡部要抓紧完善自身风控系统和机制，解决制约发展的短板，促进信用卡业务争先进位、挖潜增效。

二要加大第三方支付业务发展力度。这是我们今年主要的增长点，并且现在还处于增长期。要继续加大绑卡力度，提高客户渗透率，同时促进已绑卡客户消费和交易量的提升，让客户动起来。

三要稳住资管和投行业务收入。资管条线要强化底线意识，稳住规模领先优势，控制收入下降趋势，不能每年下降一点，不知道底在哪里。当前形势下投行业务还是大有可为，特别是并购、复杂业务的结构性融资安排、科创基金等方面都很有潜力，要抓住市场机会，争取收入有一个明显的正增长。

四要培育新的增长点。这些年我行中收之所以始终保持第一，就是因为每年都有新增长点。例如，前些年融安e信做得不错。今年第一季度有工银信使，实现收入8亿元、增长57%。信用卡也应该有新增长点，比如消费分期，加强了外呼营销团队力量后，要尽快推动业务上量。投行业务的融智e信第一季度实现收入5.6亿元，也是很好的增长点。各条线、各分行都要加大创新挖潜的力度，争取每年都有新的增长点成长起来。

五要坚持合规经营、规范发展。在当前形势下，中间业务首先要确保合规。财会部要做好统筹把握。对一些敏感的业务领域，指标要适当控制。一些业务在增速较快的情况下，要同时看是否有漏洞和潜在合规风险。业务快速发展时，管理要跟得上，监测要及时，调整要科学。

（六）推进科技创新。

ECOS工程。按照10月发布ECOS 1.0版本目标倒算，第二季度开始，进入施工落地的高峰期。一是ECOS发布要让基层和客户有感觉。研发部门要严把工作进度关、研发质量关和客户体验关，各部门各分行要积极参与工程建设，做好培训宣传和成果运用，让客户和员工切身感受到新系统带来的新价值、新体验。这一点必须做到。二是ECOS建设要围绕重点目标发力。工作要聚焦，不宜全面出击、分散力量。金融科技部要重点围绕分布式业务架构、组件化业务系统、云平台以及开放生态等内容，拿出硬指标、展现硬实力，确保1.0发布后，真正得到监管认可、市场认可。

e－ICBC 3.0。一要将战略重点向B端和G端转移。网金部和机构部、公司部尤其要加强协调配合，深耕线上政务、交通出行、教育医疗、民生缴费、幸福产业

“五大场景”。二要加强企业手机银行营销。目前企业手机银行进入高速增长期。要继续做好营销资源投放，加大运营推广力度。三要大幅提高C端客户活跃度。目前C端月活客户6 400多万人。要继续优化客户体验，提升活跃度。网金部要对现有场景应用中影响客户体验的问题进行细致梳理，会同金融科技部研究解决。

科技组织架构优化。新的科技组织架构搭建完成后，要健全机制，发挥作用。目前全行科技条线有1万多人，其中总行及直属机构有5 000多人。对这些人板块分布和工作量情况要有相应统计，并实现“云化”调配，防止出现时段或板块上的忙闲不均状况。

（七）关于市场风险和内控案防。市场风险方面，年初工作会已作详细部署，风险部要牵头抓好落实。内控案防工作，要以“压实责任年”主题活动为抓手，突出“学”“行”“实”“效”四个字，坚决遏制案件和风险事件多发势头。一是“学”。要做好合规的宣导。前几天案防工作领导小组会上提到，信贷领域过去一些不合规问题现在可能被认定为违法犯罪，转化为刑事案件。要对这些关键环节和风险点进行梳理，加大对全行信贷人员的宣讲力度。非信贷人员尤其是一线人员，也要熟悉业务，知道自己该做什么、不能做什么，靠一道防线解决90%的问题。二是“行”。关键是要落实责任和制度。特别强调，人力部要对关键岗位的轮岗工作进行摸底，实行定期轮岗、强制轮岗，很多案件就是不轮岗带来的。三是“实”。包含两个层面的意义。对分行而言，就是不能光喊口号，光做表面动作，不讲真正落实，不讲实际效果。对总行来讲，就是要提高规章制度的可执行性，确保可落地、可操作。四是“效”。就是要见成效。“压实责任年”活动效果好不好，要看案件数量和涉案金额是否下降，尤其是在信贷、客户信息、信用卡分期付款、现金业务这些风险易发高发领域，看风险是不是真的降下来。

此外，近期在不同领域接连发生几起重大安全事故，党中央、国务院高度重视。安保部要牵头全面深入开展隐患排查整治，坚守安全生产运行的底线。

同志们，第一季度经营开局良好，但当前外部形势变化很快，我们面临的困难和挑战还很多，希望各部门各机构认真对照年初工作会议确定的目标任务，抓紧落实这次行务会重点工作安排，努力把上半年及全年各项计划任务完成好。

在中国工商银行2019年年中工作会议上的讲话

谷　澍

（2019年7月）

一、上半年经营情况

1.1　集团总体经营情况

1.1.1　主要经营指标

国际财务报告准则（集团）

主要经营指标	2019H1	2018	2018H1
1. 盈利能力			
1.1　净利润（亿元）	××	2 987	1 607
1.2　净利润增幅	××	3.9%	4.5%
1.3　拨备前利润（亿元）	××	5 340	2 807
1.4　拨备前利润增幅	××	8.4%	8.9%
1.5　营业收入（亿元）	××	7 251	3 613
1.6　营业收入增幅	××	7.3%	7.3%
1.7　加权平均权益回报率	××	13.79%	15.33%
1.8　加权平均资产回报率	××	1.11%	1.20%
2. 收益结构			
2.1　净利息收益率（NIM）	××	2.30%	2.30%
2.2　手续费及佣金净收入占比	××	20.04%	21.94%
2.3　成本收入比	××	25.71%	21.51%
3. 资产质量			
3.1　不良贷款额（亿元）	××	2 351	2 300
3.2　不良贷款率	××	1.52%	1.54%
3.3　拨备覆盖率	××	175.76%	173.21%
3.4　信贷成本率	××	0.96%	1.04%

注：2019年上半年数据为管理层未经审计数据。

➢2019年上半年，集团实现净利润××亿元，同比增加××亿元，增长××%；实现拨备前利润××亿元，同比增加××亿元，增长××%；实现营业收入××亿元，同比增加××亿元，增长××%，拨备前利润和营业收入增幅处于可比同业较高水平。

➢2019年上半年，集团NIM为××%，较2018年下降××个基点，降幅为同业最小。

➢2019 年 6 月末，集团不良贷款率为××%，较年初下降××个基点；拨备覆盖率为××%，较年初上升××个百分点。

1.1.2 各板块盈利贡献

2019 年上半年各板块净利润增长情况表 单位：亿元

机构	2019H1			2018	
	净利润	同比增幅	净利润贡献占比	净利润	净利润贡献占比
境内分行（含总行本部）	××	××%	91.5%	2 757	92.3%
境外机构	××	××%	6.4%	203	6.8%
境内控股机构	××	××%	2.1%	27	0.9%
集团	××	××%	—	2 987	—

注：境内控股机构包含重庆璧山和浙江平湖两家村镇银行。

➢2019 年上半年，境内分行实现净利润××亿元，同比增长××%；境外机构实现净利润××亿元，同比增长××%；境内控股机构实现净利润××亿元，同比增长××%。

➢各板块盈利贡献基本保持稳定，境内控股机构对集团净利润增长拉动作用有所增强，由上年的 0.9% 提升至今年上半年的 2.1%，主要是今年以来资本市场回暖，工银安盛股票和基金浮盈增长较多。

1.1.3 主要经营特点

1.1.3.1 盈利能力持续提升，保持同业较好水平

□拨备前利润增幅同业最优

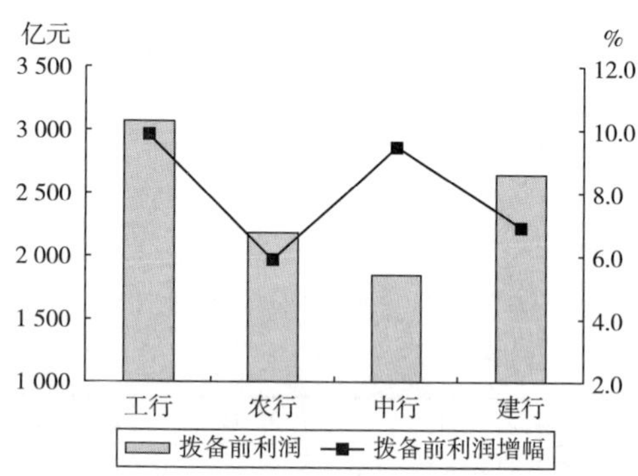

注：同业数据为初步沟通数。

四行拨备前利润增长情况

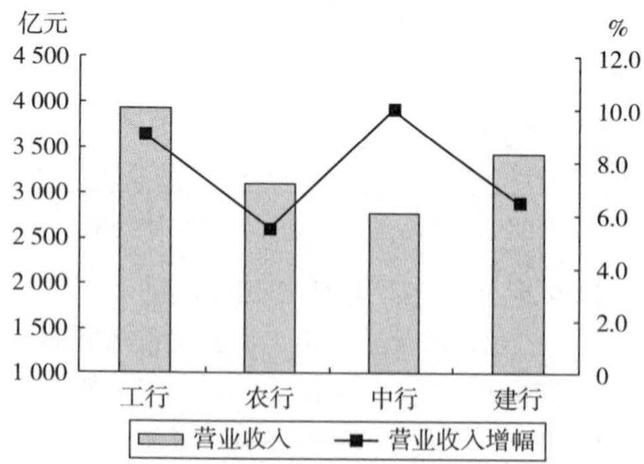

注：同业数据为初步沟通数。

四行营业收入增长情况

➢2019 年上半年，我行实现拨备前利润××亿元，同比增长××%，增幅为四行最高；实现营业收入××亿元，同比增长××%，增幅保持同业较优水平。

□净利润实现近年来最高增速

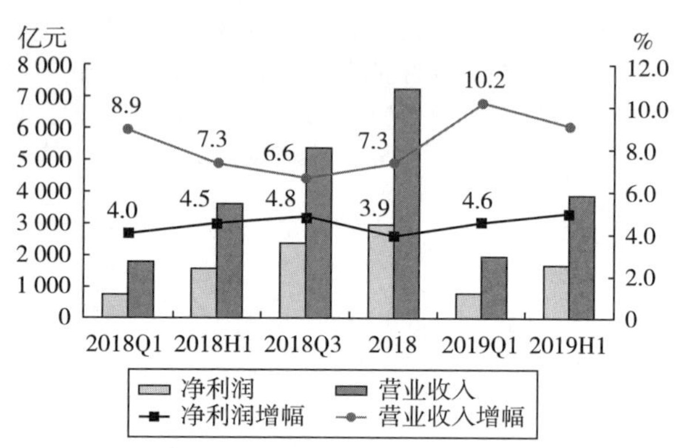

集团净利润和营业收入增长情况

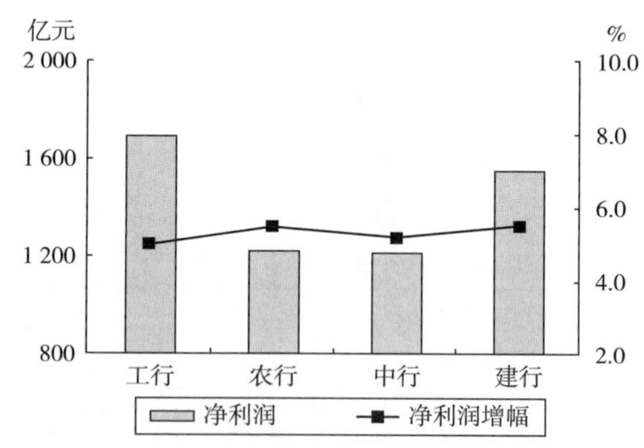

四行净利润增长情况

➢2019 年上半年，我行实现净利润××亿元，同比增长××%，为 2014 年以来的最好水平。

➢我行拨备前利润和营业收入增长较好，但由于风险成本最高，导致净利润增长在同业中不占优势。

□盈利增长结构

四行净利润增长结构　　单位：亿元

盈利增量贡献	工行	农行	中行	建行
2018H1 净利润	××	××	××	××
利息净收入	××	××	××	××
手续费及佣金净收入	××	××	××	××
其他营业净收入	××	××	××	××
营业费用	××	××	××	××
资产减值损失	××	××	××	××
所得税费用及其他	××	××	××	××
2019H1 净利润	××	××	××	××
净利润增速	××	××	××	××

➢从盈利增长的驱动因素看，得益于生息资产规模的稳步增长以及净利息收益率的有效控制（降幅四行最小），我行利息净收入同比增加××亿元（四行最高），同时手佣净收入同比增加××亿元（四行最高），是净利润增长的主要拉动因素；但我行拨备提取增加也较多（××亿元，四行最高）。

□利息净收入增速四行最高

四行利息净收入增长情况　　单位：亿元

项目	工行	农行	中行	建行
生息资产日均余额	263 258	221 799	205 036	221 348
同比增幅	8.2%	10.7%	8.0%	5.8%
NIM	××	××	××	××
同比变动	××	××	××	××
较上年变动	××	××	××	××
利息净收入	2 990	2 376	1 861	2 503
同比增幅	7.7%	1.6%	5.3%	4.5%

➢2019 年上半年，我行实现利息净收入 2 990 亿元，同比增长 7.7%，增幅四行最高。主要得益于我行在保持生息资产规模较快增长的同时，NIM 控制在较好水平，同比变动四行最优。考虑结构性存款因素后，我行量价协调水平依然处于同业较好水平。

➢2019 年以来，受存款竞争日趋激烈、付息成本上升较快，同时市场流动性相对宽松、资产收益率有所下行因素影响，各行息差均有不同程度收窄。我行继续坚持量价协调发展，延续价格“争先进位”和规模“全流量管理”，NIM 同比降幅为四行最小。上半年，我行 NIM 为××%，较去年同期下降××个基点；建行和中行较去年同期分别下降××个基点和××个基点；农行降幅最大，同比下降××个基点。

□手续费及佣金净收入保持较快增长

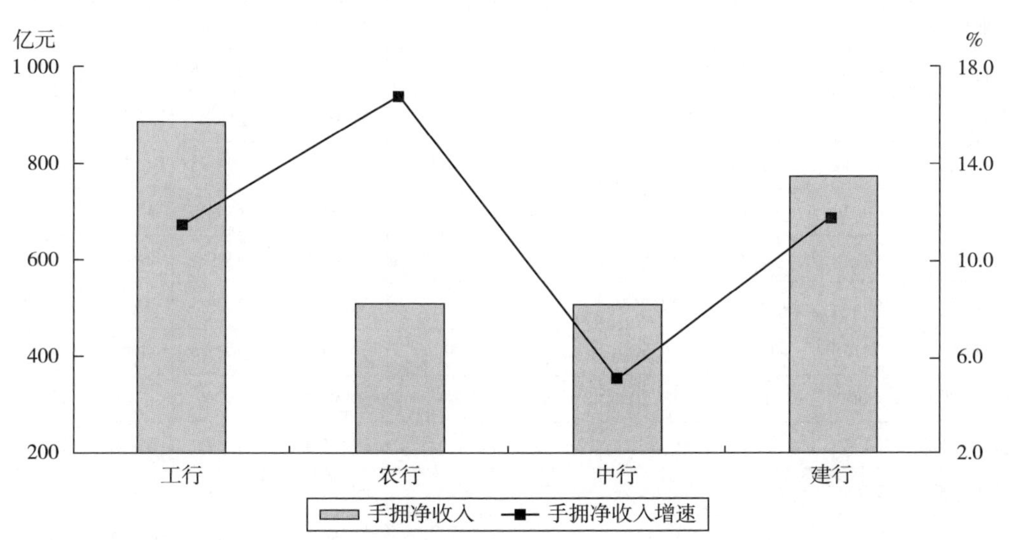

四行手续费及佣金净收入增长情况

➢2019 年上半年，集团手佣净收入达到 882.73 亿元，同比增加 90.13 亿元、增长 11.4%，增幅较第一季度上升 0.5 个百分点，手佣净收入总量、增量实现同业“双第一”。

➢2019 年上半年，境内分行结算类产品收入 312.74 亿元，同比增长 12.13%，增量领先建行 18.96 亿元，收入结构进一步优化。

□13 类产品收入总量同业第一

22 类产品同业排名　　单位：亿元

产品	2019H1	同比增量	同比增幅	总量排名	增量排名	产品	2019H1	同比增量	同比增幅	总量排名	增量排名
投行顾问咨询	90.98	7.42	8.88%	1	1	私人银行	22.21	-13.27	-37.39%	1	4
担保承诺	76.00	20.06	35.87%	1	1	养老金	4.64	-1.39	-23.03%	1	4
资产托管	38.60	1.57	4.25%	1	1	人民币对公结算	49.18	5.91	13.66%	2	2
账户交易及其他	12.30	3.14	34.28%	1	1	债券承销及代销	18.68	5.13	37.90%	2	2
代理收付	7.57	-0.16	-2.05%	1	2	委托贷款及公积金归集	8.53	0.51	6.40%	2	2
即期结售汇及外汇买卖	37.33	-0.17	-0.46%	1	3	第三方存管	2.40	-0.04	-1.76%	2	3
国际业务	28.01	-1.87	-6.27%	1	3	信用卡	198.27	18.00	9.98%	2	4
贵金属	13.98	-2.23	-13.78%	1	3	第三方支付	61.49	22.99	59.70%	3	1
资产管理	59.09	-25.96	-30.52%	1	4	代理保险	51.45	24.49	90.84%	3	1
银团安排承销与管理	28.00	5.68	25.43%	1	4	人民币个人结算	22.98	4.44	23.94%	3	2
代销基金	26.33	-2.31	-8.07%	1	4	借记卡	17.43	-3.48	-16.66%	3	2

注：上表中信用卡收入按同业可比口径计算。

➢22 类产品中，13 类产品收入总量同业第一，投行顾问咨询、担保承诺、资产托管、账户交易及其他 4 类产品收入总量、增量“双第一”。

➢代理保险、第三方支付、担保承诺、信用卡等产品收入增量贡献较大，合计增收 85.54 亿元，增长 28.36%。

□各条线中间业务收入情况

全口径各条线中间业务收入情况　　单位：亿元

部门	工行	同比增量	同比增幅	总量排名	增量排名	四行占比	占比变化	农行	中行	建行
公司金融业务部	148.94	30.21	25.45%	1	1	43.94%	1.81%	43.26	60.76	85.99
投资银行部	94.85	8.38	9.69%	1	1	51.15%	-0.63%	27.56	9.84	53.17
资产托管部	38.60	1.57	4.25%	1	1	37.05%	0.19%	22.46	17.02	26.10
贵金属业务部	11.12	-0.25	-2.16%	1	1	40.70%	2.97%	5.50	4.78	5.92
金融市场部	60.30	3.13	5.47%	1	3	34.37%	-1.44%	32.40	46.04	36.70
国际业务部	44.70	-2.97	-6.22%	1	3	29.47%	-0.39%	29.58	43.96	33.45
资产管理部	60.62	-25.60	-29.70%	1	4	36.20%	-9.95%	24.21	32.31	50.31
私人银行部	22.60	-12.88	-36.30%	1	4	40.81%	-9.87%	7.43	9.91	15.44
养老金业务部	3.09	-1.91	-38.20%	1	4	89.99%	0.67%	0.06	0.19	0.09
结算与现金管理部	61.58	5.14	9.10%	2	2	29.55%	-0.57%	47.42	35.85	63.53
个人金融业务部	232.43	29.71	14.65%	2	3	28.51%	-0.57%	228.11	112.14	242.52
银行卡业务部	200.98	13.58	7.25%	2	4	28.59%	-2.97%	130.29	137.24	234.40
网络金融部	84.41	31.24	58.75%	3	1	24.37%	2.76%	112.50	42.56	106.89
机构金融业务部	18.60	2.93	18.74%	3	3	24.06%	-0.45%	19.63	12.63	26.43

➢公司金融业务部、投资银行部、资产托管部、贵金属业务部收入总量、增量同业占比“双第一”。金融市场部、国际业务部等 5 个部门中收总量同业第一。

➢公司金融业务部、贵金属业务部、网络金融部等 5 个部门同业占比同比提升，资产管理部、私人银行部、银行卡业务部等 9 个部门同业占比同比下降。

1.1.3.2　资产质量持续向好，但与同业仍有差距

□资产质量指标持续向好

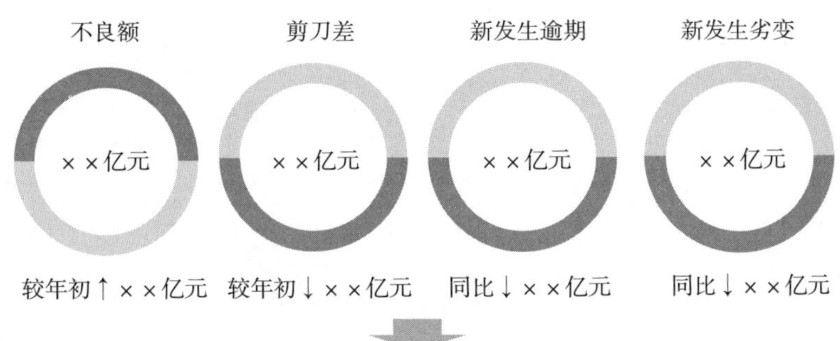

□资产质量与同业相比仍有差距

2019年上半年同业资产质量情况

集团　　单位：亿元

行别	不良余额				不良率			逾期剪刀差				逾期率		
	6月末	年初	比年初增加	比年初增幅	6月末	年初	比年初上升	6月末	年初	比年初增加	比年初增幅	6月末	年初	比年初上升
工行	××	××	××	××%	××	××	××%	××	××	××	××%	××	××	××%
农行	××	××	××	××%	××	××	××%	××	××	××	××%	××	××	××%
中行	××	××	××	××%	××	××	××%	××	××	××	××%	××	××	××%
建行	××	××	××	××%	××	××	××%	××	××	××	××%	××	××	××%

➢截至2019年6月末，集团不良贷款余额为××亿元，较年初增加××亿元；不良率××%，较年初下降××个基点。四行中，农行不良贷款实现“双降”，不良余额较年初减少××亿元，不良率较年初下降××个基点；其他三行为“单降”。

➢全行潜在风险较年初下降，但仍居同业高位。截至6月末，集团剪刀差××亿元，较年初减少××亿元；贷款逾期率为××%，较年初下降××个基点。我行剪刀差和贷款逾期率均高于可比同业。

□风险贷款机构分布情况

2019年上半年同业境内、境外资产质量情况

行别	境内分行					境外分行和子公司				
	不良贷款	不良率	逾期贷款	逾期率	剪刀差	不良贷款	不良率	逾期贷款	逾期率	剪刀差
工行	××	××%	××	××%	××	××	××%	××	××%	××
农行	××	××%	××	××%	××	××	××%	××	××%	××
中行	××	××%	××	××%	××	××	××%	××	××%	××
建行	××	××%	××	××%	××	××	××%	××	××%	××

➢截至2019年6月末，我行境内分行不良贷款率××%，高于农行和建行，低于中行；境内分行逾期率××%，四行最高。

➢截至2019年6月末，我行境外分行和子公司不良贷款率××%，高于中行和建行，低于农行；逾期率××%，高于中行和建行，低于农行。

□清收处置力度持续加大，账销案存资产潜力有待挖掘

2019 年上半年同业清收处置情况

境内分行　　单位：亿元

行别	清收处置总额	处置损失率	其中：现金清收（含批量）		以物抵债		呆账核销（含批量）		重组转化及其他		账销案存收回
			金额	占比	金额	占比	金额	占比	金额	占比	金额
工行	××	××%	××	××%	××	××%	××	××%	××	××%	××
农行	××	××%	××	××%	××	××%	××	××%	××	××%	××
中行	××	××%	××	××%	××	××%	××	××%	××	××%	××
建行	××	××%	××	××%	××	××%	××	××%	××	××%	××

注：处置损失率 =（核销额 - 账销案存回收额）/不良贷款处置额。

➢2019 年上半年，我行（集团）清收处置不良贷款××亿元，其中境内分行清收处置××亿元，居同业首位；处置损失率××%。

➢其中，现金清收××亿元，占比××%，占比高于农行、中行，低于建行；呆账核销金额××亿元，四行最高；重组转化金额××亿元，占比××%，金额和占比均为四行最高；账销案存资产余额与可比同业相当，但我行仅收回××亿元，大幅低于同业。

1.1.3.3　资产负债协调发展，定价改革持续深化

□存款增长创历史最好水平

➢存款运行创历史同期最好水平，增量大幅领先同业。经过全行上下共同努力，上半年境内人民币存款（含同业）增加 19 682 亿元，同比多增 5 376 亿元，增幅达到 9.6%，其中一般性存款比年初增加 1 6367 亿元，同比多增 4 195 亿元。各项存款和一般性存款以及分品种增量均排名四大行首位，存款竞争力进一步巩固提升。

2019 年上半年境内人民币存款增长同业比较情况　　单位：亿元

项目	工行		农行		中行		建行	
	增量	增幅	增量	增幅	增量	增幅	增量	增幅
人民币各项存款	19 682	9.6%	11 938	6.7%	6 662	5.6%	10 330	5.8%
（一）一般性存款	16 367	8.4%	10 922	6.4%	6 345	5.8%	10 096	6.1%
1. 储蓄存款	8 067	8.9%	6 638	6.5%	4 570	9.1%	7 022	8.9%
2. 对公存款	8 301	8.0%	4 284	6.3%	1 775	3.0%	3 074	3.6%
其中：公司存款	2 429	5.9%	1 711	5.8%	1 080	3.5%	-109	-0.3%
机构存款	5 872	9.4%	2 573	6.6%	695	2.4%	3 183	6.8%
（二）同业存款	3 315	31.4%	1 016	11.2%	317	3.6%	235	2.1%

注：同业数据为初步沟通数。

□贷款有效对接实体经济需求

➢贷款增量及到位进度实现历史最高。上半年，全行主动适应宏观政策和实体经济需求变化，适度加快贷款到位进度，有效服务实体经济发展。境内人民币贷款（含拆放）增加 7 881 亿元，同比多增 1 613 亿元，增幅 5.7%，完成 1.16 万亿元年度计划的 67.9%，到位进度为历史同期最高水平。

➢积极服务供给侧结构性改革战略。努力营销拓展"大小新优"市场，公司类贷款增加 4 147 亿元，结构上项目贷款占比超过 60%；个人贷款及个人住房贷款分别增加 3 909 亿元和 3 211 亿元，均排名同业首位，完成两期证券化发行合计 284 亿元，有效缓解个人住房贷款排队压力。银保监会口径和人行降准口径普惠贷款分别增加 1 301 亿元和 1 349 亿元，民营企业贷款增加 1 340亿元，均超额完成序时进度要求。银行卡分期付款增加 81 亿元。

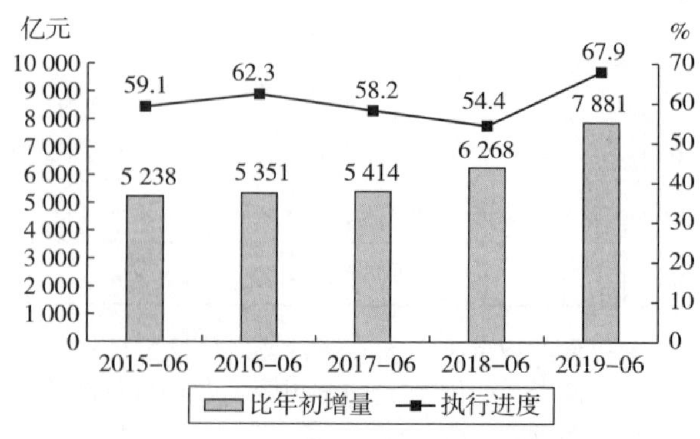

近年来上半年贷款增量及执行进度情况

□持续优化资金营运策略，前瞻做好大类资产布局

➢债券投资快速增长，加大实体经济支持力度。债券投资余额增加 3 270 亿元，同比多增 1 826 亿元，增量为 5 年同期最大值。上半年新发生债券投资 6 006 亿元，新增债券投资收益率 3.66%；其中，新发生地方政府债 4 140 亿元。

➢日均备付低于四行平均，综合提升资金运用收益。上半年日均超额备付（含现金）1 655 亿元，日均超额备付率 1.04%，低于四行平均水平 5 个基点。上半年累计办理非结算性存放同业、票据买入返售等短中期同业业务 6 970 亿元，平均利率 3.27%。

➢积极贯彻货币政策导向，做好资金衔接与运用。积极贯彻落实货币政策操作要求。上半年完成三笔定向降准资金支持债转股业务合计 300 亿元提款，目前已累计动用降准资金 600 亿元；有序归还到期 MLF 合计 2 210亿元。

➢完善流动性风险管理，推进系统与制度建设。持续推进集团流动性风险管理系统完善升级，进一步加强制度基础建设；做好巴塞尔委员会净稳定资金比例监管规则国际一致性现场评估，相关管理情况受到肯定。

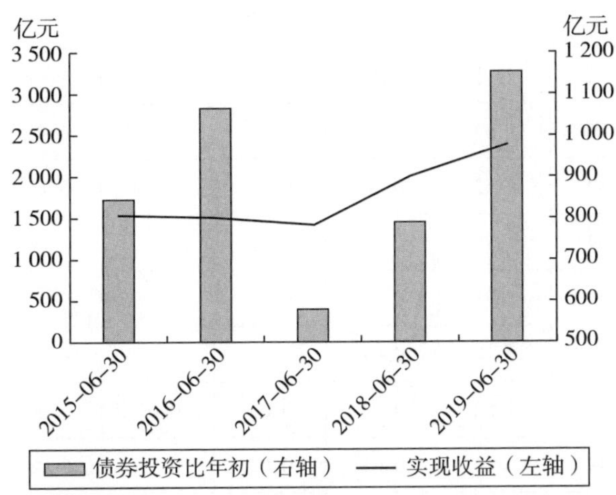

2015—2019 年半年末债券余额增量及实现收益变化情况

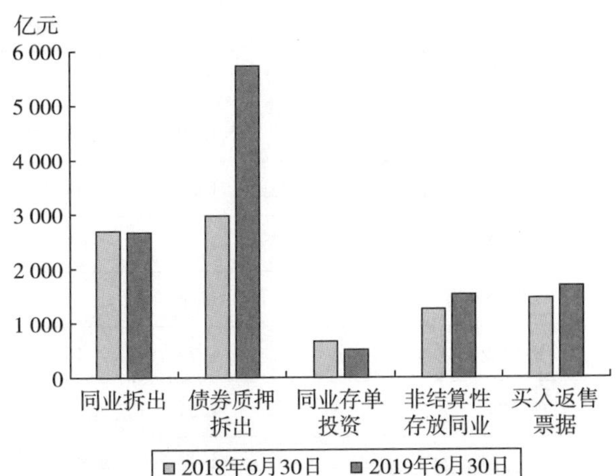

2018 年、2019 年半年末同业资金运用余额对比

□统筹协调外汇资产负债发展，提高外汇资金运作效率

➢境内外汇存贷款平稳增长。境内外汇各项存款（含同业）比年初增加 146 亿美元、增长 13.7%，增量、增幅均为四行第一。外汇贷款（含拆放）比年初增加 80 亿美元、增长 13.2%，增量为四行第一。

上半年境内外汇存贷款增长同业比较情况表　　单位：亿美元

项目	工商银行			农业银行			中国银行			建设银行		
	余额	增量	增幅	余额	增量	增幅	余额	增量	增幅	余额	增量	增幅
一、外币各项存款（含同业）	1 207	146	13.7%	539	59	12.3%	1 617	29	1.8%	588	67	12.8%
（一）一般性存款	964	129	15.5%	535	63	13.5%	1 184	16	1.4%	532	72	15.8%
1. 储蓄存款	211	-10	-4.6%	39	-1	-2.6%	424	-16	-3.6%	93	0	-0.4%
2. 对公存款	753	139	22.7%	496	64	14.9%	760	32	4.4%	439	73	19.9%
（二）同业存款	243	17	7.3%	4	-4	-51.8%	433	13	3.1%	56	-6	-9.2%
二、外币各项贷款（含拆放）	682	80	13.2%	245	42	20.7%	480	-15	-3.0%	327	-16	-4.7%
（一）一般性贷款	434	54	14.3%	232	32	15.8%	388	-23	-5.6%	251	7	2.9%
（二）非存款类金融机构拆放	248	25	11.4%	13	10	380.3%	92	8	9.5%	76	-23	-23.3%

集团外汇业务发展审慎稳健

· 组合运用资金规模、价格调节、额度控制、窗口指导等政策工具控制集团外汇资产增速。

拓展低成本中长期资金来源

· 统筹境外机构发行1年期以上债务融资工具24笔，金额合计等值63.4亿美元，为集团外汇业务提供长期稳定的资金来源。

有效控制集团外汇敞口

· 集团外汇风险敞口为272亿美元，控制在300亿美元限额之内。

□全面深化定价管理改革，存贷款保持较好量价协调发展态势

定价改革全面深化

√全面扩大存贷款定价授权。全面扩大一级（直属）分行、80家重点城市行利率上浮1.4倍存款和贷款定价权。授权个金、公司、机构在总量内审批利率上浮1.5倍优惠存款。

√加强高利率存款总量管控。动态核定分行利率上浮存款总量，动态调整部门审批额度。实行主动负债与存款增长挂钩的总量配置机制。

存贷款保持较好量价协调发展态势

存贷款利差：小幅下降，四行排名进位，实现最优。

• 人民币存贷款利差2.99%，较上年微降1个基点，较第一季度下降3个基点。

• 存贷款利差优于建行5个基点，优于农行7个基点，优于中行26个基点。

2019年上半年四大行收付息率比较（境内分行人民币口径） 单位：%

项目	2019Q2				比2018年			
	工行	农行	中行	建行	工行	农行	中行	建行
一、全口径存款	1.52	1.55	1.86	1.57	0.09	0.10	-0.02	0.12
（一）一般性存款	1.51	1.53	1.82	1.53	0.10	0.14	0.15	0.15
其中：储蓄存款	1.68	1.65	2.04	1.75	0.17	0.21	0.23	0.26
对公存款	1.36	1.36	1.61	1.31	0.03	0.03	0.07	0.04
（二）同业存款	1.73	2.46	2.40	2.18	0.07	-0.33	-0.76	-0.26
二、各项贷款	4.51	4.48	4.60	4.52	0.08	0.01	0.05	0.06
（一）公司贷款	4.50	4.52	4.49	4.44	0.05	0.02	0.07	0.08
（二）个人贷款（含卡）	4.59	4.50	4.82	4.68	0.21	0.09	0.13	0.10
（三）票据贴现	3.53	3.30	3.52	3.40	-1.04	-0.98	-0.95	-1.08
三、存贷利差	2.99	2.92	2.73	2.94	-0.01	-0.09	0.07	-0.07

存款：付息率四行最低

• 存款付息率1.52%，较上年和第一季度分别上升9个基点和2个基点。增幅高于贷款收益率，导致存贷利差自2018年以来首次下降。

• 付息率四行最低，较建行低5个基点，较农行低3个基点。

贷款：收益率排名进位，新发放贷款利率四行最优

• 收益率4.51%，较去年全年上升8个基点，四行排名提升一位。

• 新发放贷款利率4.97%，四行排名第一，继续保持四行最优量价水平。

2019年上半年四大行贷款发生额分品种利率比较 单位：%

项目	本期				比2018年末			
	工行	农行	中行	建行	工行	农行	中行	建行
全行	4.97	4.88	4.76	4.97	-0.09	-0.09	-0.14	-0.18
公司贷款	4.76	4.63	4.48	4.71	-0.10	-0.12	-0.19	-0.20
个人非住房	5.29	5.27	5.61	5.43	-0.41	-0.25	-0.42	-0.44
个人住房	5.63	5.62	5.64	5.64	0.07	0.09	0.06	0.08

□资产负债利率敞口有效调控，利率风险管理基础持续巩固

➢强化利率预判和前瞻性策略调控，持续优化集团资产负债利率错配结构。坚持稳健审慎的风险偏好，积极应对宏观经济和市场环境变化，统筹驾驭资产负债数量限额工具和价格杠杆工具，有效调控利率缺口水平，

利率风险的收益影响和价值影响符合集团策略目标和监管要求。

• 前瞻性调控利率风险敞口，有效应对利率趋势性变化。上半年资产负债净久期缺口较年初提高，境内人民币利率敏感性负缺口较年初扩大 1 253 亿元，有效防范利率下行风险。从利率风险的收益影响看，净利息收益率较年初变动 -1 个基点，符合董事会设定的不低于 -6 个基点的管理目标；从利率风险的价值影响看，法人口径银行账簿最大经济价值变动比例 8.17%，较第一季度末下降 1.59 个百分点，符合 HRS 指标不超过 12.5% 的监管要求。

• 表内外投资久期策略执行有效，估值水平保持浮盈。上半年末，境内人民币表内债券投资久期 3.89，较年初拉长 0.1，有效执行拉长资产端久期的管理策略和年度久期经营计划，债券浮盈 454 亿元，估值变动保持可控；境内人民币表外债券投资久期 2.39，较年初缩短 0.14，债券浮盈 30 亿元。

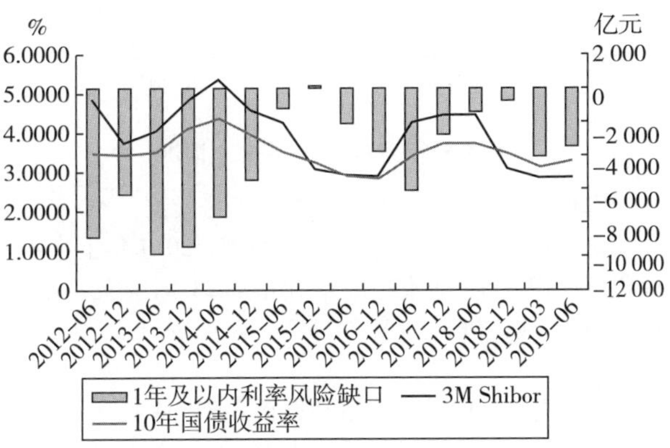

境内人民币利率敏感性缺口变化情况

2019 年上半年境内人民币表内外投资久期及估值变动情况　单位：亿元

债券类型	投资规模	组合久期	比年初	浮动盈亏	比年初
表内债券投资	53 609	3.89	0.10	454	-101
摊余成本类	43 098	4.04	0.09	291	-104
以公允价值计量变动权益类	9 494	2.94	0.05	162	-12
以公允价值计量变动损益类	1 017	6.17	-0.66	2	15
表外债券投资	18 951	2.39	-0.14	30	38

□资本充足率稳健运行，资本补充和资本优化同步推进

➢资本总量持续保持全球同业首位。2019 年上半年末，集团口径资本充足率预计为 15.3% 左右，在监管基础上保留了充足的缓冲区间。根据 2019 年 7 月英国《银行家》杂志发布的数据，我行一级资本净额第七年居全球银行首位。

➢内部挖潜取得显著成效。6 月末，境内分行占用资本的表外贷款承诺余额 7 242 亿元，较年初下降1 979 亿元，降幅 21.46%，第二季度压降计划完成率 368.5%，提高资本充足率约 8 个基点；跨行资金汇划资本占用清理优化取得阶段性成果，实施轧差统计后释放风险加权资产 1 433 亿元，提高资本充足率约 12 个基点。

➢积极推进外源性资本补充工作。上半年完成 1 100亿元二级资本债券发行，有序推进 800 亿元永续债、1 000 亿元境内外优先股发行项目。

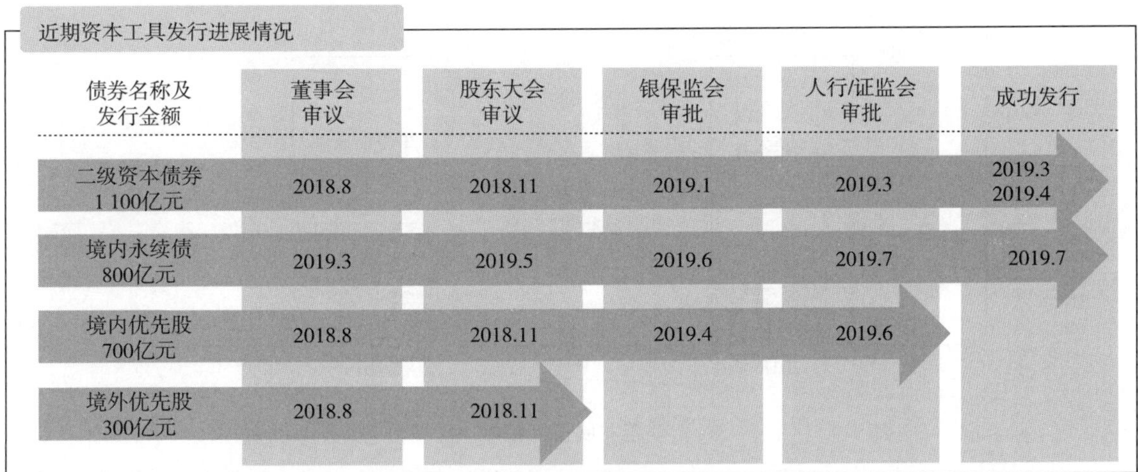
近期资本工具发行进展情况

债券名称及发行金额	董事会审议	股东大会审议	银保监会审批	人行/证监会审批	成功发行
二级资本债券 1 100亿元	2018.8	2018.11	2019.1	2019.3	2019.3 2019.4
境内永续债 800亿元	2019.3	2019.5	2019.6	2019.7	2019.7
境内优先股 700亿元	2018.8	2018.11	2019.4	2019.6	
境外优先股 300亿元	2018.8	2018.11			

注：根据本期 800 亿元永续债发行工作进度安排，我行拟于 7 月 26 日完成簿记发行。

1. 1. 3. 4　资源投入保障有力，支持业务发展转型

□加大营业费用投入，精准投向，有力支持人力与业务发展

境内分行营业费用投入情况　单位：亿元

项目	2019H1			2018H1
		同比增减	同比增幅	
营业费用	734. 58	44. 22	6. 4%	690. 36
1. 人力费用	500. 88	44. 05	9. 6%	456. 83
2. 经营费用	233. 70	0. 17	0. 1%	233. 53
（1）保障费用	209. 76	-3. 67	-1. 7%	213. 43
（2）营销费用	23. 94	3. 85	19. 2%	20. 09
其中：业务宣传（含积分）	19. 66	4. 29	27. 9%	15. 37
业务招待费	4. 28	-0. 45	-9. 5%	4. 72

➢坚持有保有压，经营费用结构进一步优化。

• 控制领域：通过压降低效无效资本性投入，折旧摊销等费用同比下降近 1 亿元，费用活性进一步增强。业务招待费、会议费、车船使用费等中央八项规定相关费用规模同比略降。

• 支持领域：营销费用投入大幅增长，业务宣传费（含积分）投入同比增加 4. 29 亿元，增长 27. 9%。其中，直达客户的积分兑换费用同比增加 2. 22 亿元，增长 99. 6%。

➢2019 年上半年，我行继续坚持加大投入与精准投向相结合，境内分行营业费用投入 735 亿元，同比增加 44 亿元，增长 6. 4%。

➢得益于营业收入较快增长，为加快工资列支提供较好的财务基础。上半年，列支人力费用 501 亿元，同比增长 9. 6%；工资同比增长 16. 0%，列支进度由往年的 43% 左右提高到 50. 2%。

➢上半年，列支经营费用 234 亿元，同比增长 0. 1%，可比口径增长 1. 1%。

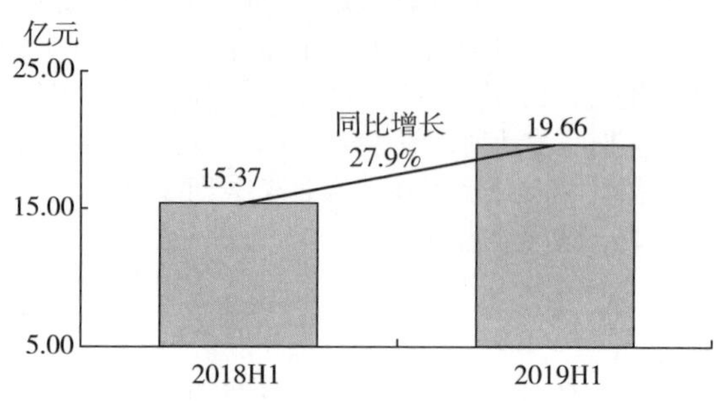

境内分行业务宣传费投入情况

□加大资本性投入力度，支持业务转型

全行加大业务转型投入支持力度，2019 年上半年，固定资产投入 55. 69 亿元，同比增加 28. 84 亿元、增长 107. 4%，预算执行进度 34. 8%，同比提升 16. 9 个百分点。

➢从资源投向看：渠道建设投入 21. 34 亿元，同比增加 13. 77 亿元，预算执行率为 42. 7%，较好支持了渠道业务转型发展。

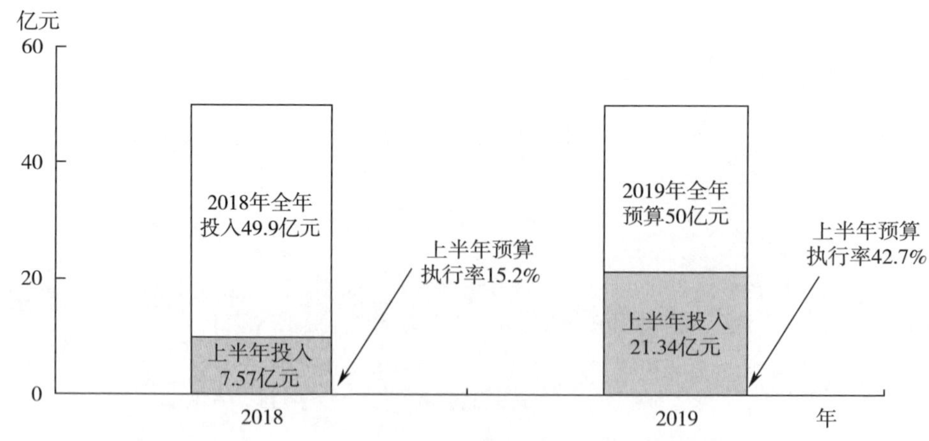

渠道发展投入情况

➢从投入区域看：环渤海、长三角、珠三角三大经济发展核心地区投入 40. 26 亿元，同比增加 19. 39 亿元、增长 92. 9%；北京、上海、深圳及“5 + 1”分行投入 29. 01 亿元，同比增加 16. 61 亿元、增长 133. 9%。

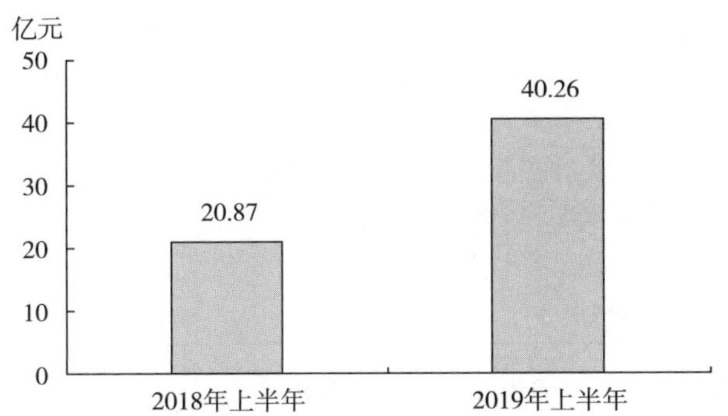

核心地区投入情况

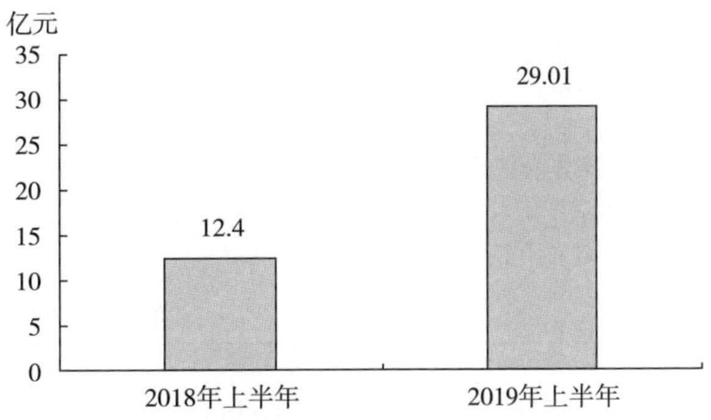

重点城市投入情况

□网点布局优化有序推进

➢从网点装修进度来看：截至2019年6月末，已进入施工阶段的项目1 414个，占总项目比例为69%，较上年同期提高22个百分点。

□加强制度建设，提升集中采购效率

一、坚持举一反三，深化中央巡视整改，切实防止制度空转

➢加大招标采购力度，公开、透明程度进一步提升。上半年全行招标项目占比达到19.5%，较去年提升3.6个百分点。

➢严控单一来源采购，采购竞争性明显提高。上半年全行单一来源占比0.79%，较去年压降2.17个百分点。

➢推广外部专家应用，有效提升对采购决策的辅助支持作用。中央巡视以来，全行11 084名外部专家参加项目评审和集管会。

二、加强供应商关键环节管理，实质风险得到有效管控

➢严控供应商入口关。认真落实供应商入库的"分级审批、集体审议"机制、供应商项目推荐的审查和提示机制，形成权力有效制约，切实防控实质风险。

➢强化存量供应商风险管控。利用融安e信大数据对全行21 000多家供应商进行全面核查，清理不合格供应商1 100多家，库存供应商质量明显提升。

➢加大供应商后评价应用力度。对重大项目进行全行范围满意度调查，约谈整改供应商45家，评价结果得到充分应用，有效提升供应商履约服务水平。

三、强化集团集中采购管理督导，有效提升服务保障能力

➢完善差异化授权管理，充分激发经营活力。压实各机构风险管控主体责任，加大采购结果共享力度，上半年各行相互认同113个项目，同比增加69%。

➢狠抓集中采购效率短板，提升服务保障能力。集中采购的计划管理、会商机制、内部挖潜多管齐下，确保业务大幅增长近两倍情况下，采购项目实施周期同比减少38%，有力支持了全行业务快速发展。

➢继续大力推广融e购线上采购，充分发挥线上采购"公开、透明、高效"特点，持续分流业务压力、提高采购效益。上半年，融e购集采专区累计交易17.63亿元，占全行集采金额近12%。

1.1.3.5　客户基础继续夯实，但结构仍有待优化

□个人客户总量及结构情况

2019年6月末全量个人客户情况表　　单位：万户

日均金融资产分段		1万元以下	1万~5万元	5万~20万元	20万~100万元	100万~800万元	800万元以上	总计
2019年6月	客户数	53 571.76	5 231.22	2 899.35	1 187.73	160.41	7.63	63 058.11
	占比	84.96%	8.30%	4.60%	1.88%	0.25%	0.01%	100%
2018年	客户数	51 583.28	5 369.36	2 828.81	1 111.57	145.90	6.97	61 045.90
	占比	84.50%	8.80%	4.63%	1.82%	0.24%	0.01%	100%
2019年6月增幅（较上年末）		3.85%	−2.57%	2.49%	6.85%	9.95%	9.44%	3.30%
2019年6月占比变动（较上年末）		0.46%	−0.50%	−0.03%	0.06%	0.01%	0	—

注：数据来源于MOVA系统。

➢截至6月末，全量个人客户较上年末增长2 012万户，增速3.30%，其中日均金融资产100万~800万元客户增长最快，增幅9.95%；1万~5万元客户呈现负增长。

➢在各分段客户中，日均金融资产1万元以下个人客户占比提升0.46个百分点，1万~5万元个人客户占比下降0.50个百分点，5万元以上个人客户占比提升0.04个百分点。

➢从获客渠道看，批量渠道（代发工资、社保等）获客756万户，柜面自助终端获客1 101万户。

➢从引流角度看，网络金融引流客户880万户，银行卡引流客户206万户。

□公司客户总量及结构情况

2019年6月末公司客户情况表

单位：万户

日均金融资产分段		5万元以下	5万~50万元	50万~500万元	500万~5 000万元	5 000万~1亿元	1亿元以上	总计
2019年6月	客户数	536.26	102.83	35.74	7.55	0.60	0.57	683.56
	占比	78.45%	15.04%	5.23%	1.11%	0.09%	0.08%	100%
2018年	客户数	484.74	98.93	34.29	7.44	0.58	0.55	626.52
	占比	77.37%	15.79%	5.47%	1.19%	0.09%	0.09%	100%
2019年6月增幅（较上年末）		10.63%	3.94%	4.24%	1.60%	4.33%	2.71%	9.10%
2019年6月占比变动（较上年末）		1.08%	-0.75%	-0.24%	-0.08%	0.00%	-0.01%	—

注：数据来源于MOVA系统。

➢截至6月末，公司客户总量较上年末增加57.04万户，增幅9.10%；在各分段客户中，日均金融资产5万元以下公司客户增长最快，增幅10.63%。

□机构客户总量及结构情况

2019年6月末机构客户情况表

单位：万户

日均金融资产分段		5万元以下	5万~50万元	50万~500万元	500万~5 000万元	5 000万~1亿元	1亿元以上	总计
2019年6月	客户数	25.65	10.07	6.39	2.74	0.36	0.51	45.72
	占比	56.11%	22.02%	13.98%	6.00%	0.78%	1.12%	100%
2018年	客户数	24.06	9.74	6.60	2.85	0.37	0.51	44.11
	占比	54.53%	22.08%	14.96%	6.46%	0.83%	1.15%	100%
2019年6月增幅（较上年末）		6.64%	3.35%	-3.15%	-3.75%	-2.33%	1.05%	3.64%
2019年6月占比变动（较上年末）		1.58%	-0.06%	-0.98%	-0.46%	-0.05%	-0.03%	—

注：数据来源于MOVA系统。

➢截至6月末，机构客户总量较上年末增长1.61万户、增长3.64%；在各分段客户中，日均金融资产5万元以下机构客户增长最快，增长6.64%。

□网络金融客户情况

■ 互联网金融用户规模和活跃度稳步增长

融e行 保持客户规模、活跃、黏性三项同业第一
移动端月均动户数6 566万户，同比增长17.4%
排名易观银行业APP月活榜单第1位

融e购 保持综合电商前十
月均动户数410万户
排名易观银行业电商第1位、综合电商第10位

融e联 保持银行APP月活前列
月均动户数2 803万户
排名易观银行业APP月活榜单第5位

■ 三方支付市场竞争力显著提升

■ 企业手机银行年动户数同业第一

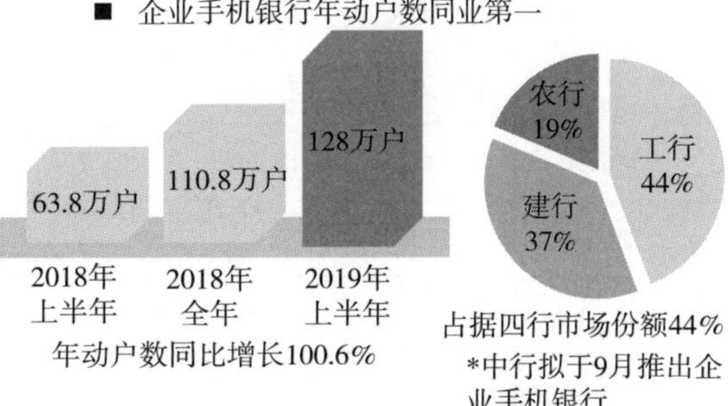

年动户数同比增长100.6%

占据四行市场份额44%

*中行拟于9月推出企业手机银行

· 动户128万，实现翻番，超去年全年
· 中小微企业为主力客群，占比超过80%

□养老金客户情况

上半年，养老金业务条线在落实年初总行党委关于养老金业务“回归本源”发展的战略部署和工作要求上初见成效。

指标	截至6月末规模	较年初增长	较年初增幅	全年计划完成率
受托管理养老金规模（亿元）	1 321	166	14.4%	—
其中：企业年金	1 243	88	7.6%	77%
职业年金	78	78	—	—
管理养老金个人账户（万户）	1 813	26	1.4%	51%
管理养老金企业客户（万户）	5.8	0.3	5.4%	73%

职业年金“决胜战”取得阶段性胜利

上半年，全国共有25个地区完成职业年金基金受托人招标，我行受托中标率100%，且均以银行业第一名成绩中标。

全行业排名	分行
第一名	江西、青海、重庆、贵州（共4家）
第二名	新疆、福建、新疆生产建设兵团、湖北、河北、云南、黑龙江（共7家）

➢托管均中标最大规模计划，在完成托管人招标的16个地区中，中标17个计划。

➢工银瑞信投管均中标最多投资组合，在完成投管人招标的16个地区中，中标40个组合。

企业年金“阵地战”取得较大突破

➢借助我行综合服务和客户广泛优势，加大年金拓客力度。

➢贯彻服务小微企业的工作要求，主动下调如意养老企业年金集合计划费率，让利中小企业。

投标类别	中标情况
企业年金投标	参与了188个项目投标，在公布结果的185个项目中，中标170个，中标率91.9%。中标中国银联、汾酒集团、新疆中泰、太钢集团等重点项目近20个。
其中：集合计划投标	在157个集合计划投标中，中标153个，中标率97.5%。

1.2 各盈利单元经营情况

1.2.1 境内分行经营情况

□营业收入增长情况

单位：亿元

分行	营业收入（按增量排序）				分行	营业收入（按增量排序）			
		同比增量	同比增幅	增幅排名			同比增量	同比增幅	增幅排名
北京	416.50	49.81	13.6%	7	河南	98.00	4.74	5.1%	31
江苏	246.38	33.08	15.5%	3	黑龙江	45.07	4.58	11.3%	12
广东	322.63	28.04	9.5%	18	青岛	30.00	4.53	17.8%	2
浙江	204.96	26.50	14.8%	5	山西	56.68	4.25	8.1%	23
四川	151.25	13.61	9.9%	17	广西	55.52	4.21	8.2%	22
上海	205.97	13.08	6.8%	28	内蒙古	37.99	4.17	12.3%	9
湖北	106.93	10.26	10.6%	14	湖南	69.16	3.92	6.0%	29
深圳	131.54	10.26	8.5%	21	天津	52.87	3.87	7.9%	24
山东	134.42	9.44	7.6%	25	重庆	72.91	3.49	5.0%	32
安徽	76.45	9.15	13.6%	6	大连	23.51	3.07	15.0%	4
厦门	21.79	7.86	56.4%	1	甘肃	29.26	1.92	7.0%	27
河北	113.16	7.65	7.3%	26	辽宁	48.38	1.57	3.3%	33
江西	65.00	7.41	12.9%	8	宁波	43.40	1.38	3.3%	34
福建	64.24	7.04	12.3%	10	青海	11.32	0.90	8.6%	20
贵州	73.31	6.26	9.3%	19	宁夏	10.88	0.56	5.5%	30
陕西	61.62	5.97	10.7%	13	吉林	37.79	0.34	0.9%	36
新疆	47.53	4.95	11.6%	11	海南	22.38	0.29	1.3%	35
云南	51.77	4.93	10.5%	15	西藏	2.39	0.22	10.4%	16

注：还原卡拨备因素影响。

➢上半年，境内分行营业收入同比增长10.3%，全部实现正增长。16家分行增幅超过平均水平，其中北京、江苏、广东、浙江、四川、上海、湖北和深圳等8家分行增量超过10亿元。

□拨备前利润增长情况

单位：亿元

分行	拨备前利润（按增量排序）				分行	拨备前利润（按增量排序）			
		同比增量	同比增幅	增幅排名			同比增量	同比增幅	增幅排名
北京	342.61	43.90	14.7%	5	河南	73.28	3.82	5.5%	24
广东	259.39	23.25	9.8%	12	陕西	43.68	3.26	8.1%	15
江苏	197.16	20.46	11.6%	8	青岛	23.35	3.00	14.7%	4
浙江	159.38	20.07	14.4%	6	云南	39.23	2.42	6.6%	20
四川	112.39	9.70	9.4%	14	湖南	49.93	2.37	5.0%	26
上海	169.37	8.28	5.1%	25	内蒙古	24.97	2.18	9.5%	13
深圳	107.89	7.67	7.7%	17	天津	38.96	1.80	4.8%	27
厦门	17.07	7.58	79.7%	1	山西	38.11	1.50	4.1%	29
湖北	78.63	7.52	10.6%	11	广西	40.77	1.34	3.4%	30
安徽	55.99	5.40	10.7%	10	甘肃	19.81	1.05	5.6%	23
江西	48.92	5.33	12.2%	7	新疆	35.09	0.98	2.9%	31
黑龙江	28.85	4.81	20.0%	3	辽宁	32.80	0.84	2.6%	32
福建	46.23	4.69	11.3%	9	青海	8.12	0.58	7.7%	16
河北	83.07	4.69	6.0%	21	宁夏	7.76	0.43	5.8%	22
山东	104.13	4.36	4.4%	28	西藏	1.64	-0.04	-2.7%	35
贵州	60.49	4.09	7.2%	18	海南	17.56	-0.34	-1.9%	34
大连	16.86	3.98	30.9%	2	宁波	35.03	-0.34	-1.0%	33
重庆	61.27	3.86	6.7%	19	吉林	23.82	-2.21	-8.5%	36

注：1. 还原卡拨备因素影响；

2. 重庆分行剔除去年同期因大楼置换产生的一次性收入4.7亿元。

➢上半年，境内分行拨备前利润同比增长9.3%，32家分行实现正增长，4家分行拨备前利润同比下降。14家分行增幅超过平均水平，其中北京、广东、江苏、浙江等4家分行增量超过20亿元。

□净利润增长情况

单位：亿元

分行	净利润（按增量排序）				分行	净利润（按增量排序）			
		同比增量	同比增幅	增幅排名			同比增量	同比增幅	增幅排名
福建	25.63	14.50	130.4%	3	甘肃	9.77	1.00	11.4%	13
北京	247.60	11.97	5.1%	20	云南	25.26	0.72	2.9%	22
河南	50.21	11.29	29.0%	6	贵州	43.55	0.68	1.6%	24
浙江	112.79	11.23	11.1%	14	上海	126.75	0.60	0.5%	26
大连	7.13	10.11	339.3%	1	辽宁	14.27	0.42	3.1%	21
江苏	129.56	9.69	8.1%	16	西藏	0.86	0.26	41.9%	4
江西	37.93	8.66	29.6%	5	宁夏	0.35	0.22	162.2%	2
陕西	26.88	6.04	29.0%	7	青岛	14.65	0.18	1.2%	25
河北	43.83	4.04	10.2%	15	广东	162.85	-0.75	-0.5%	27

续表

分行	净利润（按增量排序）				分行	净利润（按增量排序）			
		同比增量	同比增幅	增幅排名			同比增量	同比增幅	增幅排名
安徽	39.11	4.01	11.4%	12	深圳	69.79	-0.82	-1.2%	28
黑龙江	17.24	3.60	26.4%	8	新疆	23.84	-0.93	-3.8%	29
广西	29.00	3.33	13.0%	9	湖南	32.97	-1.34	-3.9%	30
重庆	43.71	2.37	5.7%	19	青海	2.10	-2.75	-56.7%	35
内蒙古	21.99	2.30	11.7%	11	湖北	35.14	-4.46	-11.3%	31
天津	23.53	1.69	7.8%	17	山西	25.84	-4.62	-15.2%	32
宁波	25.76	1.62	6.7%	18	吉林	10.72	-5.17	-32.6%	33
四川	71.63	1.44	2.0%	23	海南	8.91	-5.43	-37.9%	34
厦门	10.60	1.17	12.4%	10	山东	3.61	-7.86	-68.5%	36

注：1. 未考虑分行拨备提取可能产生的审计差异；

2. 重庆分行剔除去年同期因大楼置换产生的一次性收入4.7亿元；新疆分行净利润负增长主要是受八一钢铁债转股因素影响。

➢上半年，境内分行净利润同比增长5.3%，26家分行实现正增长，10家分行净利润同比下降。

□中间业务收入情况

同业比较	分行	总量	增幅	总量排名	增量排名	总量同业占比
4家分行总量增量双第一	江苏	80.81	22.11%	1	1	31.59%
	四川	38.39	16.57%	1	1	35.63%
	贵州	22.40	19.13%	1	1	47.66%
	黑龙江	8.90	14.28%	1	1	32.92%
11家分行总量第一，增量落后	浙江	71.32	10.95%	1	2	41.10%
	山东	40.11	11.28%	1	2	33.08%
	江西	16.47	5.24%	1	2	33.20%
	海南	5.00	-5.05%	1	2	34.88%
	湖北	27.53	11.95%	1	3	36.85%
	广东	100.73	4.85%	1	4	30.69%
	北京	70.93	-0.29%	1	4	44.19%
	上海	64.87	0.04%	1	4	39.98%
	深圳	50.38	8.79%	1	4	32.39%
	重庆	21.38	1.85%	1	4	40.96%
	宁波	15.07	-16.72%	1	4	48.62%

分行	总量	增幅	总量排名	增量排名	总量同业占比	同业比较
河北	28.88	23.39%	2	1	28.53%	4家分行增量第一，总量落后
湖南	17.08	20.41%	2	1	25.86%	
甘肃	7.52	11.66%	2	1	34.48%	
青岛	6.91	26.72%	2	1	28.29%	
福建	19.04	11.32%	2	2	26.46%	7家分行总量、增量均落后
内蒙古	7.63	17.89%	2	2	24.83%	
宁夏	2.55	7.97%	2	2	25.40%	
青海	1.89	4.54%	2	2	26.45%	
云南	11.85	11.85%	2	3	29.78%	
天津	10.48	11.64%	2	3	26.52%	
辽宁	9.89	11.47%	2	3	22.96%	
吉林	9.32	3.91%	2	3	33.27%	
新疆	8.56	10.66%	2	3	28.50%	
大连	4.67	-1.28%	2	3	28.97%	
河南	25.98	0.65%	2	4	26.64%	
广西	12.95	5.22%	2	4	29.29%	
山西	10.73	3.04%	2	4	29.86%	
陕西	10.36	3.67%	2	4	23.92%	
厦门	6.11	6.67%	2	4	28.63%	
安徽	16.35	22.32%	3	3	24.75%	
西藏	0.21	21.54%	4	3	6.41%	

注：总量排名、增量排名及同业占比按“中收—第三方支付”口径比较。

□不良贷款变动情况

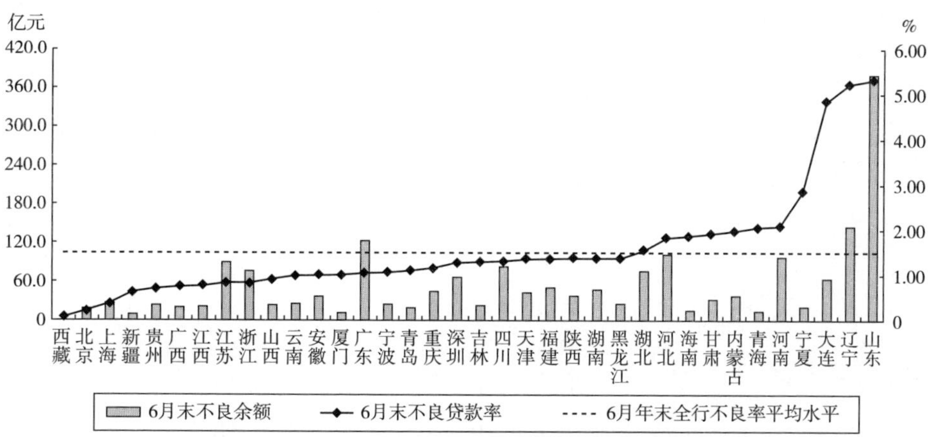

2019 年 6 月末境内分行不良贷款余额及不良率情况

➢23 家分行不良贷款余额和不良率较年初“双降”，4 家分行不良率较年初“单降”。

□剪刀差变动情况

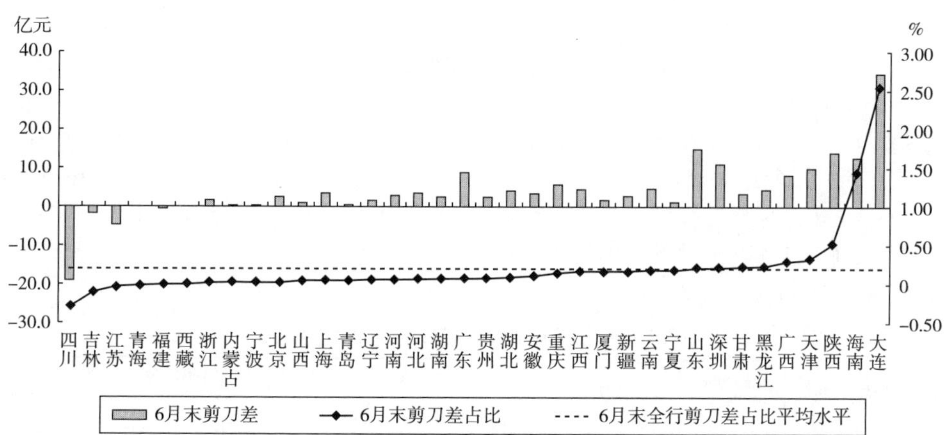

2019 年 6 月末境内分行剪刀差及剪刀差占比情况

➢11 家分行剪刀差规模和剪刀差占比均较年初下降，四川、江苏、吉林、福建、青岛等 5 家分行实现负剪刀差，21 家分行公司剪刀差为负。

□新劣变贷款情况

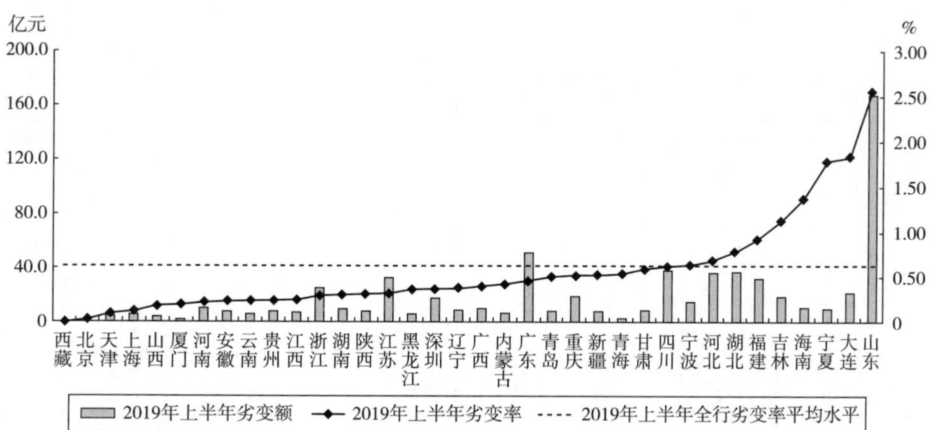

2019 年上半年境内分行累计劣变情况

➢26 家分行累计劣变率低于全行平均水平，西藏、北京、天津、上海、山西、厦门等 6 家分行劣变率低于 0.2%。山东、大连、宁夏、海南、吉林等 5 家分行劣变率在 1% 以上。

□非标代理投资违约率略有上升

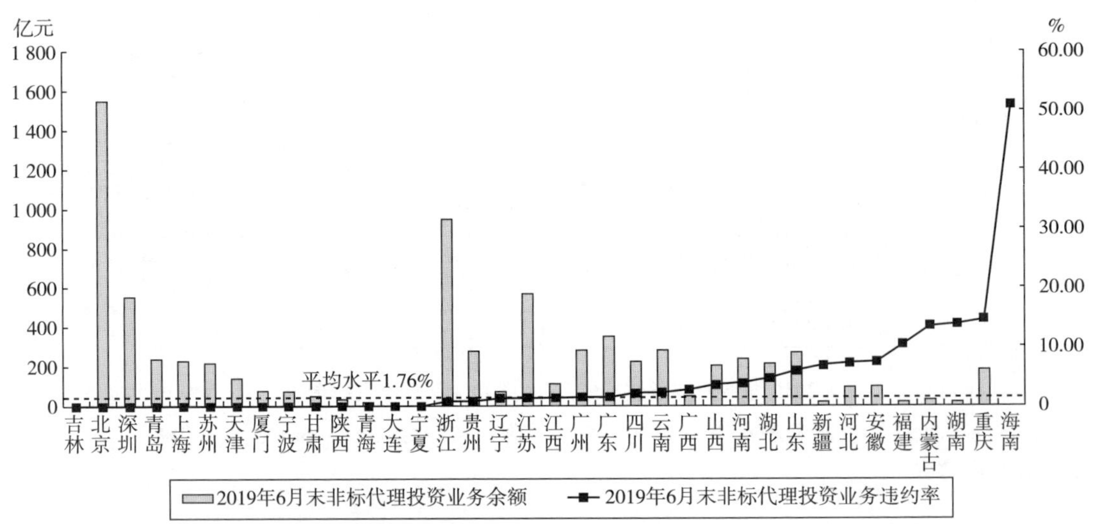

2019 年上半年非标代理投资业务违约情况

➢受强监管、资管新规等影响，非标代理投资业务稳中有降，截至 6 月末，全行非标代理投资业务余额 7 914.05亿元，较年初下降 231.54 亿元。

➢截至 6 月末，全行非标代理投资业务违约余额 139.10 亿元，较年初下降 1.42%；违约率 1.76%，较年初上升 0.03 个百分点。海南（50.93%）、重庆（14.61%）以及湖南（13.83%）分行违约率排名前三；重庆（27 亿元）、山东（16.08 亿元）、湖北（10.29 亿元）分行违约余额排名前三。

□移位管理成效显著

2019 年上半年各分行存量移位管理情况 单位：亿元

分行	重点移出客户池净移出	流贷及国内贸易融资		A+级及以上一般法人客户增幅	新增规模配置情况	分行	重点移出客户池净移出	流贷及国内贸易融资		A+级及以上一般法人客户增幅	新增规模配置情况
		A-级及以下移位率	A+级及以上移入额占比					A-级及以下移位率	A+级及以上移入额占比		
北京	55.7	48.1%	98.1%	4.6%	51	吉林	24.0	28.6%	78.9%	-23.0%	5
江苏	62.1	19.9%	90.7%	7.6%	47	辽宁	25.4	38.8%	95.8%	13.6%	5
上海	45.6	44.2%	89.4%	6.0%	42	甘肃	25.4	22.0%	93.0%	0.4%	4
深圳	31.3	20.4%	90.5%	-0.2%	21	湖北	22.9	29.9%	89.8%	0.6%	4
河北	27.4	21.5%	94.1%	-0.8%	13	内蒙古	12.2	79.7%	93.7%	5.1%	4
江西	28.9	28.0%	88.4%	4.7%	12	河南	25.0	26.0%	86.7%	2.8%	3
陕西	6.7	104.8%	90.4%	2.1%	12	海南	5.4	27.5%	81.0%	-1.2%	2
云南	22.6	59.9%	83.3%	0.5%	12	宁波	27.0	24.3%	88.8%	-0.5%	1
安徽	17.2	31.7%	81.3%	7.3%	11	厦门	3.9	46.6%	96.3%	5.9%	1
浙江	39.8	21.0%	80.7%	3.8%	10	大连	10.8	12.2%	97.1%	4.3%	0
湖南	34.2	23.6%	94.6%	9.4%	9	宁夏	11.8	36.5%	95.4%	-3.8%	0
贵州	16.2	39.9%	72.2%	-2.0%	8	青岛	16.6	19.3%	90.9%	3.1%	0
重庆	30.0	29.3%	89.6%	9.1%	8	山东	39.9	14.9%	90.6%	5.7%	0

续表

分行	重点移出客户池净移出	流贷及国内贸易融资		A+级及以上一般法人客户增幅	新增规模配置情况	分行	重点移出客户池净移出	流贷及国内贸易融资		A+级及以上一般法人客户增幅	新增规模配置情况
		A-级及以下移位率	A+级及以上移入额占比					A-级及以下移位率	A+级及以上移入额占比		
山西	14.1	19.8%	95.5%	4.1%	7	广西	3.0	80.4%	86.4%	4.5%	-2
四川	27.6	29.9%	81.1%	1.7%	6	青海	1.0	83.9%	96.2%	15.5%	-2
天津	17.5	16.8%	95.1%	5.0%	6	福建	10.1	19.3%	78.0%	9.4%	-5
新疆	14.7	98.5%	81.6%	5.0%	6	广东	27.5	36.0%	90.9%	6.9%	-6
黑龙江	9.8	41.4%	94.1%	1.2%	5	全行	785	26.1%	89.6%	4.1%	300

➢全行重点移出客户池全口径净移出785亿元，共30家分行完成重点移出客户池净移出序时任务，13家分行已经提前完成全年任务。

➢全行A+级及以上一般法人客户数增加784户、增长4.1%，28家分行实现增长。

➢全年依据各行移位效果合计挂钩配置新增规模300亿元。

□潜在风险融资进一步下降

2019年上半年潜在风险融资压降情况　　单位：亿元

分行	潜在风险融资余额			余额在分行公司融资中的占比		分行	潜在风险融资余额			余额在分行公司融资中的占比	
	2019年6月末	较年初	增降幅	2019年6月末	较年初（增减点数）		2019年6月末	较年初	增降幅	2019年6月末	较年初（增减点数）
大连	116.8	30.7	35.64%	14.95%	4.26	广东	207.3	20.9	11.24%	2.78%	0.19
福建	144	-56	-28.00%	6.61%	-2.86	江西	46.8	6.8	16.93%	2.73%	0.25
山东	305.8	-97.5	-24.17%	5.82%	-2.14	山西	60.6	-16	-20.88%	2.58%	-0.87
辽宁	106.5	-7.8	-6.85%	5.60%	-0.51	湖南	59.7	5.9	11.02%	2.39%	0.07
内蒙古	76.4	-4.2	-5.18%	5.25%	-0.59	甘肃	28.7	3.4	13.42%	2.25%	0.26
重庆	129.4	-15.3	-10.59%	4.92%	-0.93	贵州	59.4	3.3	5.88%	2.14%	0.02
海南	24.5	-5.1	-17.10%	4.91%	-1.06	安徽	38.7	-6.2	-13.70%	2.06%	-0.57
天津	105.6	4.4	4.33%	4.30%	0.23	厦门	15.8	2.3	16.78%	1.99%	0.18
宁波	80.8	-1.2	-1.40%	3.94%	-0.08	深圳	63.9	9.8	18.00%	1.80%	0.17
青岛	49.5	-10.5	-17.57%	3.71%	-1.52	四川	75.2	-19.6	-20.63%	1.76%	-0.6
吉林	42.1	-5.1	-10.78%	3.62%	-0.65	江苏	147.6	-33.8	-18.64%	1.73%	-0.54%
河南	100	-3.8	-3.65%	3.56%	-0.25	陕西	27.7	-3.9	-12.42%	1.34%	-0.28
宁夏	16.4	-2.5	-13.40%	3.43%	-0.39	上海	61.1	16.5	37.10%	0.94%	0.18
湖北	119.6	-14.7	-10.92%	3.39%	-0.76	广西	15.6	-7	-31.06%	0.93%	-0.49
河北	85.3	-15.7	-15.55%	3.28%	-0.65	新疆	6.8	-29.6	-81.32%	0.53%	-2.4
浙江	230.4	-28.3	-10.93%	3.20%	-0.51	青海	2.1	-0.4	-14.67%	0.38%	—
黑龙江	40.5	4.4	12.08%	3.13%	0.28	北京	29.5	-49	-62.44%	0.30%	-0.53
云南	69.2	-5	-6.78%	3.08%	-0.48	全行	2791.2	-329.8	-10.57%	2.74%	-0.47

➢潜在风险融资总量及占比稳步双降。潜在风险融资合计（含非标代理投资业务潜风余额，下同）2 791.2亿元，较上年末压降329.8亿元，降幅10.57%；潜在风险融资余额占境内法人客户融资余额的2.74%，占比较上年下降0.47个百分点。大连、广东等分行潜在风险融资总量及占比较年初有所上升。山东、福建、新疆等23家境内分行实现潜在风险融资总量及潜在风险融资总量在全量法人客户融资中占比"双下降"。

➢深潜客户融资及占比实现双降。深潜风险融资（即六类风险融资）余额合计1 039.6亿元，较上年末下降324亿元、降幅23.76%；深潜风险融资占季末潜在风险融资余额的37.25%，较上年末下降6.45个百分点。

□不良贷款处置情况

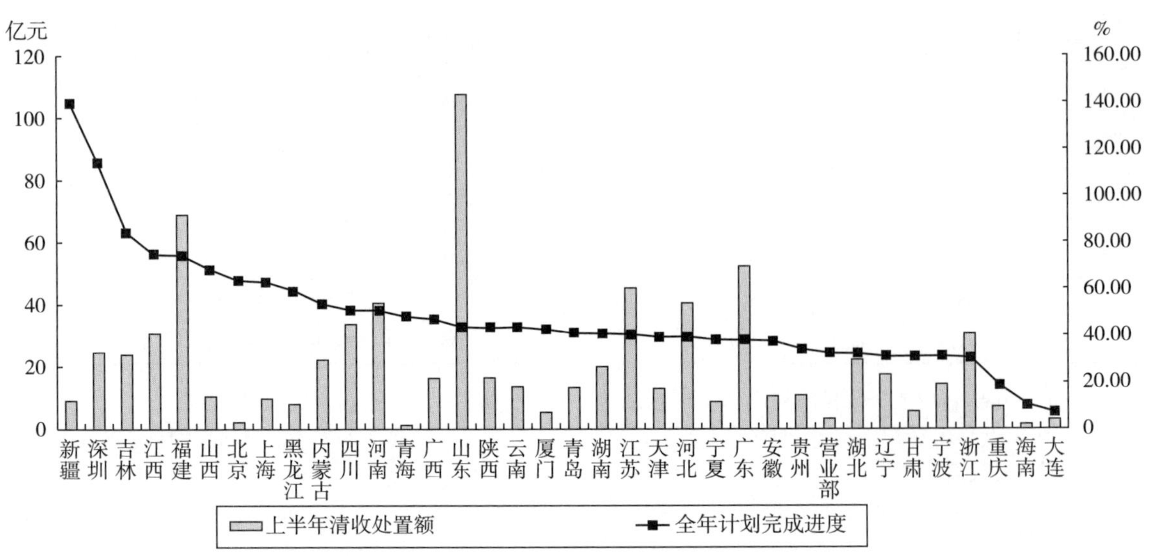

2019 年上半年不良贷款处置任务完成情况

➢2019 年上半年，境内分行共处置不良贷款 857　　亿元。

□账销案存资产清收情况

2019 年上半年各分行账销案存资产清收情况　　单位：亿元

分行	全年任务	收回金额	计划完成率	6 月末余额（本息合计）	分行	全年任务	收回金额	计划完成率	6 月末余额（本息合计）
北京	0. 66	0. 18	26. 79%	73. 68	广东	4. 38	2. 19	49. 93%	246. 72
天津	0. 65	0. 11	16. 66%	53. 77	广西	0. 59	0. 28	47. 03%	44. 89
河北	0. 95	0. 29	30. 23%	135. 63	海南	0. 14	0. 01	4. 66%	10. 86
山西	0. 46	0. 02	5. 12%	31. 18	四川	0. 69	0. 19	27. 97%	35. 58
内蒙古	0. 46	0. 06	11. 97%	35. 36	贵州	2. 00	1. 63	81. 71%	25. 72
辽宁	0. 59	0. 04	6. 24%	62. 69	云南	0. 51	0. 24	47. 67%	30. 05
吉林	0. 78	0. 01	1. 34%	52. 53	陕西	0. 38	0. 05	12. 97%	21. 41
黑龙江	0. 54	0. 03	5. 21%	39. 64	甘肃	0. 13	0. 02	12. 24%	13. 94
上海	2. 90	1. 87	64. 63%	141. 97	青海	0. 05	0. 00	4. 61%	5. 14
江苏	2. 27	0. 97	42. 82%	92. 98	宁夏	0. 04	0. 01	19. 87%	3. 12
浙江	2. 84	1. 14	40. 02%	43. 76	新疆	0. 14	0. 04	30. 12%	8. 94
安徽	0. 82	0. 08	9. 92%	47. 33	重庆	0. 96	0. 21	21. 82%	14. 64
福建	1. 91	0. 40	20. 96%	76. 32	大连	0. 80	0. 49	61. 01%	31. 00
江西	0. 93	0. 31	32. 70%	24. 23	青岛	0. 55	0. 06	10. 58%	35. 93
山东	2. 00	0. 72	35. 88%	136. 27	宁波	0. 72	0. 13	17. 51%	39. 02
河南	1. 05	0. 49	46. 60%	111. 42	深圳	0. 72	0. 19	26. 20%	39. 90
湖北	0. 81	0. 22	26. 83%	51. 01	厦门	0. 35	0. 02	4. 97%	20. 25
湖南	1. 24	0. 71	57. 15%	62. 03	全行	35. 03	13. 38	38. 19%	2 089. 61

➢截至 2019 年 6 月末，全行信贷类账销案存资产　　余额 2 089. 61 亿元，上半年共收回 13. 38 亿元。

□存款竞争力持续改善，重点城市行存款贡献显著

2019 年上半年境内分行人民币存款（含同业）增长同业比较情况　　单位：亿元

地区	余额	排名	增量	排名	地区	余额	排名	增量	排名	地区	余额	排名	增量	排名
合计	225 110	1	19 682	1	山西	4 711	1	354	1	内蒙古	2 818	3	359	1
北京	43 427	1	3 270	1	陕西	4 657	2	238	2	吉林	2 733	2	249	1
广东	18 878	1	1 344	2	湖南	4 529	3	318	3	宁波	2 253	1	200	1
上海	15 202	1	1 524	1	重庆	4 305	1	213	1	甘肃	1 788	3	70	3
浙江	14 170	2	1 727	2	江西	4 138	1	429	1	青岛	1 736	2	242	1
江苏	13 664	2	1 919	1	辽宁	3 920	2	249	1	大连	1 550	1	47	3
四川	9 757	3	564	2	福建	3 846	3	615	1	海南	1 386	1	7	2
山东	8 969	2	665	2	黑龙江	3 624	1	306	1	厦门	1 276	2	159	1
河北	7 891	2	695	1	新疆	3 538	1	186	1	青海	728	3	32	1
深圳	6 990	2	1 021	2	云南	3 420	3	394	1	宁夏	627	3	50	2
湖北	6 744	2	422	1	广西	3 348	2	291	1	西藏	70	4	5	1
河南	6 276	2	687	1	贵州	3 290	1	172	1					
安徽	5 602	2	645	2	天津	2 974	2	38	3					

➢人民币全部存款增量排名当地四大行第一位的分行23家，排名第二位的分行9家，排名第三位的分行4家，大部分分行竞争力有所改善。

➢“80+1+4”家重点城市行存款合计增长1.67万亿元，新增存款占全行84.9%，较上年提升3.9个百分点。

□重点分行是全行贷款同比多增的主体，重点城市行占比持续提升

➢广东、江苏、浙江、北京、深圳、上海、四川、湖北8家分行贷款增量均超过300亿元，合计增加4 182亿元，占境内人民币贷款增量的53.1%，合计同比多增1 216亿元，占全行同比多增额的75.4%。

➢“80+1+4”和“80+1”家重点城市行贷款增量合计分别达6 168亿元和4 883亿元，同比分别多增1 105亿元和817亿元，分别占全行的78%和62%，较余额占比分别高5.9个和6.9个百分点。

➢部分分行重点品种增势较好。江苏、北京、广东、浙江、深圳、湖北、上海、四川、湖南9家分行公司贷款增量超过150亿元；广东、江苏、山东、浙江、福建、河南、四川、上海8家分行个人住房贷款增量超过150亿元。

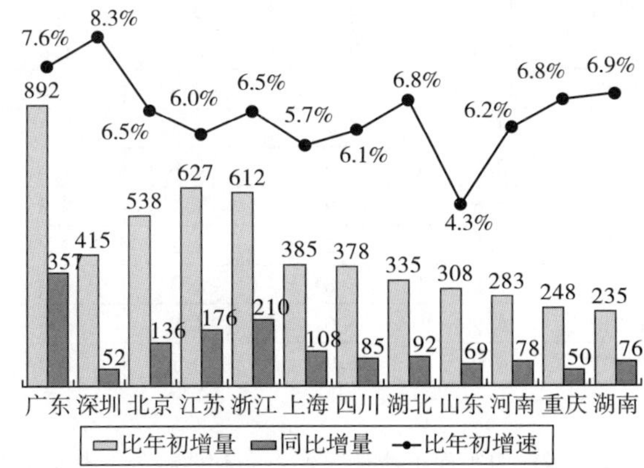

2019 年上半年重点区域分行贷款增长情况

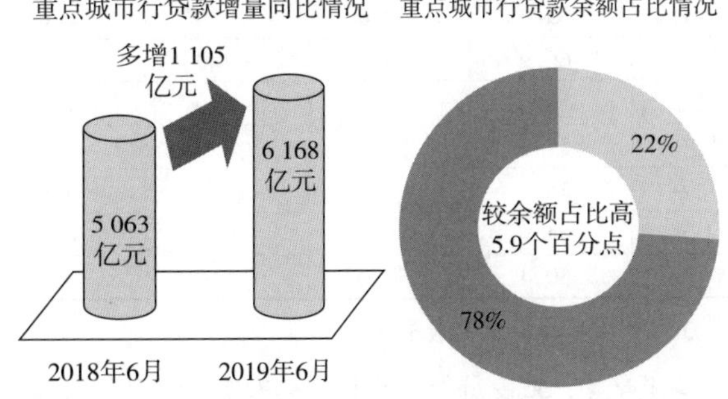

重点城市行贷款增长情况

□存贷利差同业领先，贷款量价协调差异较大

➢存贷利差同业竞争优势明显。17 家分行存贷利差排名当地四行第 1 位，12 家分行排名当地四行第 2 位，7 家分行排名当地四行第 3 位，仅 1 家分行排名当地四行第 4 位。

➢贷款量价协调能力区域化差异显著。部分分行贷款量价协调能力较强，如贷款增量较多的广东、深圳分行，新发放贷款利率分别排名系统内分行第 8 名和第 2 名，排名当地四行第 1 名和第 2 名。部分分行贷款量价协调能力相对较弱，有待进一步提升。

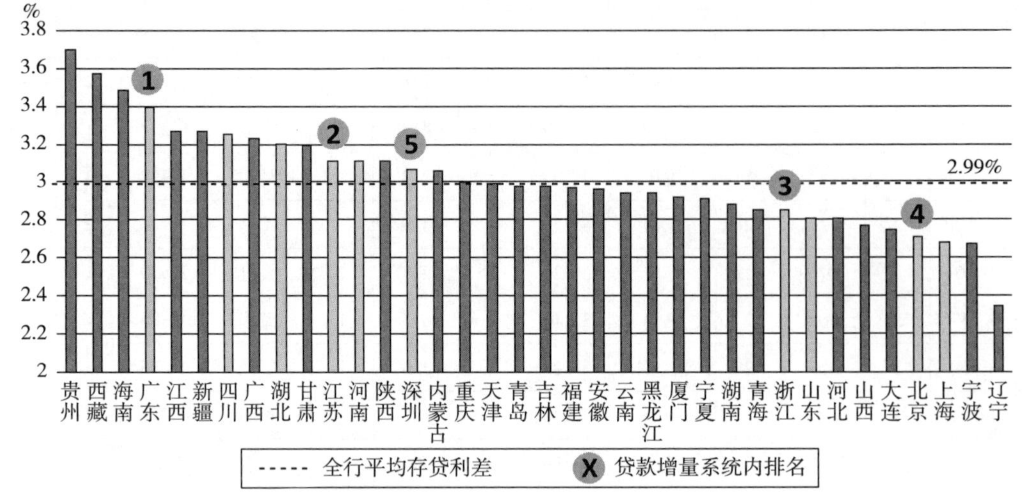

上半年贷款增长较多分行存贷利差情况

□个人客户增长情况

2019 年 6 月末各行全量个人客户情况表 单位：万户

分行	较上年末增量	其中：1 万元以下客户增量	其中：1 万 ~5 万元客户增量	其中：5 万元以上客户增量	分行	较上年末增量	其中：1 万元以下客户增量	其中：1 万 ~5 万元客户增量	其中：5 万元以上客户增量
四川	182.8	172.2	-1.2	11.8	辽宁	49.2	49.7	-3.9	3.5
河南	175.9	175.8	-7.0	7.1	湖南	48.7	51.7	-7.6	4.6
广东	170.9	164.5	-11.1	17.5	山西	47.4	47.1	-4.1	4.4
山东	168.2	152.6	1.9	13.8	新疆	39.7	41.8	-4.3	2.2
浙江	150.2	150.1	-7.0	7.1	重庆	39.2	38.8	-2.2	2.5
广西	138.0	135.8	-1.5	3.7	甘肃	38.0	38.9	-1.5	0.6
安徽	134.3	131.3	-4.7	7.8	福建	37.9	35.9	-2.8	4.8
深圳	109.7	107.1	-1.6	4.3	云南	35.8	37.4	-2.9	1.3
江苏	107.6	106.6	-9.6	10.6	内蒙古	35.7	34.2	-2.2	3.7
河北	91.0	90.4	-6.9	7.4	青岛	28.5	29.0	-2.1	1.6
湖北	89.0	85.4	-4.9	8.6	天津	21.9	22.7	-3.4	2.6
吉林	69.6	70.6	-3.6	2.6	宁波	14.6	14.2	-0.1	0.5
江西	66.9	66.2	-4.9	5.5	厦门	12.1	11.3	-0.8	1.6
贵州	59.7	61.5	-3.0	1.2	海南	9.5	10.9	-1.7	0.3
黑龙江	57.1	56.2	-3.0	3.9	大连	8.8	10.2	-2.2	0.9
北京	55.1	61.3	-12.1	5.9	宁夏	7.8	8.8	-1.3	0.4
上海	54.9	59.1	-10.3	6.1	青海	4.9	5.6	-1.0	0.3
陕西	50.4	51.0	-4.0	3.3	西藏	4.0	3.9	0.1	0.0

注：数据来源于 MOVA 系统。

➢上半年，36 家分行全量个人客户均实现正增长，其中，四川、河南、广东、山东、浙江分行增量排名前 5 位。

➢从客户结构看，36 家分行日均金融资产 1 万元以下个人客户均实现正增长；除山东和西藏外，其他分行日均金融资产 1 万 ~5 万元个人客户均为负增长；36 家分行日均金融资产 5 万元以上个人客户实现正增长。

□公司客户增长情况

2019 年 6 月末各行公司客户情况表　　单位：户

分行	较上年末增量	其中：5 万元以下客户增量	其中：5 万～50 万元客户增量	其中：50 万元以上客户增量	分行	较上年末增量	其中：5 万元以下客户增量	其中：5 万～50 万元客户增量	其中：50 万元以上客户增量
广东	92 681	84 678	5 647	2 356	贵州	10 057	9 958	168	-69
江苏	58 869	50 151	5 861	2 857	湖南	9 725	8 966	808	-49
山东	39 932	34 780	4 187	965	海南	8 766	8 802	-31	-5
浙江	37 302	32 706	3 570	1 026	青岛	8 134	7 411	502	221
河北	29 738	27 191	1 868	679	新疆	7 454	6 899	411	144
湖北	27 493	24 126	2 617	750	四川	6 653	2 117	3 113	1 423
河南	22 978	20 646	1 699	633	深圳	6 618	5 258	648	712
安徽	22 274	20 515	1 270	489	云南	5 847	5 559	183	105
上海	21 605	19 253	1 220	1 132	内蒙古	5 353	5 073	62	218
辽宁	16 303	15 975	237	91	黑龙江	4 975	5 312	-309	-28
陕西	14 995	13 348	988	659	宁波	4 893	4 408	374	111
北京	14 904	16 542	-1 475	-163	甘肃	4 706	4 380	236	90
重庆	14 031	12 599	1 135	297	吉林	3 744	3 792	14	-62
福建	14 012	12 528	1 033	451	厦门	3 305	2 999	158	148
山西	13 879	12 703	686	490	宁夏	2 473	2 549	-57	-19
广西	12 361	11 305	649	407	大连	1 774	1 568	188	18
天津	12 133	11 563	394	176	青海	1 159	1 062	42	55
江西	11 206	9 750	1 067	389	西藏	242	162	52	28

注：数据来源于 MOVA 系统。

➢上半年，36 家分行公司客户均实现正增长，其中，广东、江苏、山东、浙江、河北分行增量排名前 5 位。

➢从客户结构看，36 家分行日均金融资产 5 万元以下公司客户实现正增长，32 家分行日均金融资产 5 万～50 万元公司客户实现正增长，29 家分行日均金融资产 50 万元以上公司客户实现正增长。

□机构客户增长情况

2019 年 6 月末各行机构客户情况表　　单位：户

分行	较上年末增量	其中：5 万元以下客户增量	其中：5 万～50 万元客户增量	其中：50 万元以上客户增量	分行	较上年末增量	其中：5 万元以下客户增量	其中：5 万～50 万元客户增量	其中：50 万元以上客户增量
广东	1 783	1 366	417	0	湖南	362	286	201	-125
山东	1 454	1 494	246	-286	北京	272	178	141	-47
河南	1 033	974	119	-60	天津	223	228	112	-117
浙江	979	738	251	-10	云南	200	293	30	-123
内蒙古	970	957	230	-217	重庆	195	132	102	-39
江西	899	850	101	-52	贵州	190	278	90	-178
山西	832	546	300	-14	海南	140	154	60	-74

续表

分行	较上年末增量	其中：5万元以下客户增量	其中：5万~50万元客户增量	其中：50万元以上客户增量	分行	较上年末增量	其中：5万元以下客户增量	其中：5万~50万元客户增量	其中：50万元以上客户增量
四川	826	834	203	-211	厦门	131	44	69	18
辽宁	817	939	48	-170	新疆	123	430	-193	-114
黑龙江	716	692	83	-59	深圳	106	107	17	-18
湖北	650	530	181	-61	宁波	77	77	21	-21
河北	586	339	340	-93	宁夏	76	84	7	-15
江苏	568	507	190	-129	青岛	69	89	-2	-18
陕西	531	549	114	-132	甘肃	47	167	78	-198
安徽	509	407	143	-41	西藏	0	-2	2	0
广西	456	572	-38	-78	青海	-5	27	37	-69
吉林	396	429	20	-53	大连	-194	-78	-32	-84
福建	376	384	98	-106	上海	-327	364	-508	-183

注：数据来源于MOVA系统。

➢上半年，32家分行机构客户实现正增长，其中，广东、山东、河南、浙江、内蒙古分行增量排名前5位。

➢从客户结构看，34家分行日均金融资产5万元以下机构客户实现正增长；31家分行日均金融资产5万~50万元机构客户实现正增长；除广东、厦门、西藏3家分行外，其他分行日均金融资产50万元以上机构客户均为负增长。

□境内分行考核情况

➢一级分行

排名	分行	标准得分	绩效等级	排名变化（与上年比）	排名	分行	标准得分	绩效等级	排名变化（与上年比）
1	北京	2 096.33	A++	0	17	黑龙江	1 442.04	B++	9
2	深圳	2 016.34	A++	4	18	湖南	1 426.58	B++	3
3	上海	1 954.95	A++	0	19	云南	1 413.77	B++	4
4	江苏	1 866.09	A++	7	20	甘肃	1 388.32	B++	0
5	广东	1 863.19	A++	-3	21	山西	1 388.30	B++	3
6	浙江	1 812.34	A++	-2	22	陕西	1 372.01	B++	-5
7	贵州	1 775.47	A++	2	23	天津	1 356.49	B+	4
8	四川	1 724.02	A++	-3	24	福建	1 339.09	B+	5
9	江西	1 721.80	A++	6	25	内蒙古	1 323.58	B+	0
10	新疆	1 668.31	A++	-3	26	海南	1 313.66	B	-13
11	重庆	1 630.12	A+	-3	27	山东	1 207.83	B--	-13
12	湖北	1 579.13	A	0	28	青海	1 204.40	B--	0
13	安徽	1 577.22	A	5	29	吉林	1 201.09	B--	-10
14	河南	1 527.27	A-	8	30	辽宁	1 108.84	C+	1
15	广西	1 496.36	A--	-5	31	宁夏	969.88	D++	-1
16	河北	1 472.91	A--	0					

□境内分行考核情况

➢直属分行及省会城市行

排名	分行	标准得分	绩效等级	排名变化（与上年比）	排名	分行	标准得分	绩效等级	排名变化（与上年比）
1	杭州	2 150.96	A++	0	15	长沙	1 629.06	A+	2
2	南京	1 966.93	A++	3	16	南宁	1 594.89	A	-6
3	广州	1 911.18	A++	-1	17	哈尔滨	1 591.79	A	4
4	武汉	1 899.70	A++	0	18	厦门	1 589.57	A	2
5	贵阳	1 832.05	A++	1	19	青岛	1 583.94	A	0
6	郑州	1 803.32	A++	6	20	西安	1 571.87	A	-5
7	成都	1 802.60	A++	-4	21	宁波	1 540.97	A-	-5
8	合肥	1 798.07	A++	3	22	太原	1 498.89	A--	0
9	苏州	1 771.89	A++	0	23	福州	1 437.77	B++	4
10	南昌	1 768.74	A++	8	24	呼和浩特	1 403.83	B++	-1
11	石家庄	1 688.39	A++	2	25	沈阳	1 392.10	B++	1
12	乌鲁木齐	1 683.20	A++	-5	26	长春	1 387.98	B++	-1
13	济南	1 640.06	A+	-5	27	兰州	1 321.58	B+	-3
14	昆明	1 633.28	A+	0	28	大连	975.63	D++	0

1.2.2　重点城市行经营情况

□2019 年上半年重点城市行“十强名单”

南京、济南、杭州、哈尔滨、乌鲁木齐、武汉、青岛、平顶山、绵阳、常州

□拨备前利润竞争优势扩大，中间业务收入继续领跑

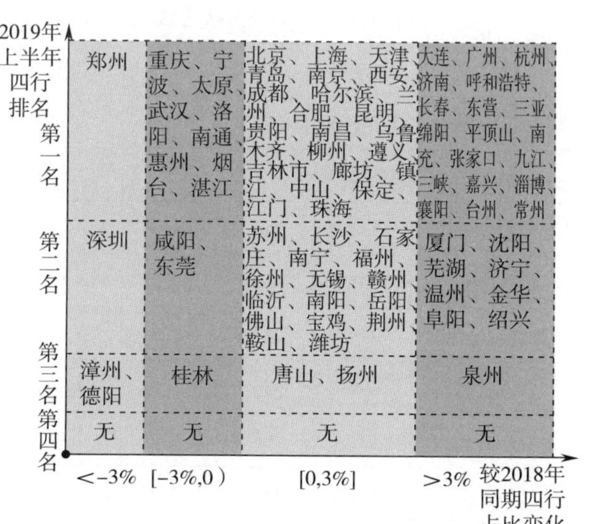

重点城市行拨备前利润四行排名及占比变化

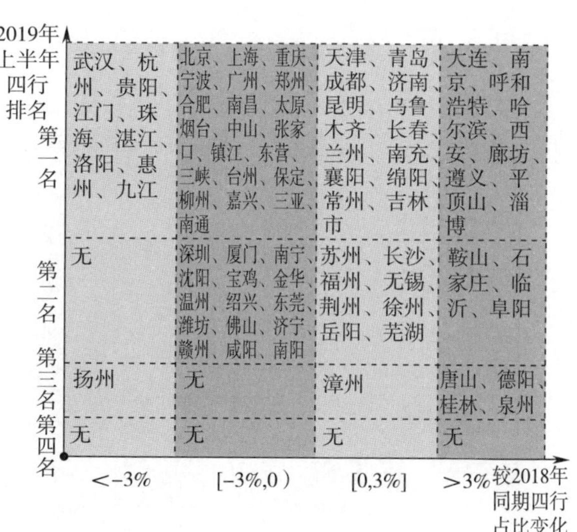

重点城市行中间业务收入四行排名及占比变化

➢2019 年上半年，85 家重点城市行（含 4 家直辖行、深圳分行，下同）拨备前利润较上年同期增长 9.04%；四行占比 36.61%，同比提升 1.31 个百分点，继续保持首位，较建行领先优势由 9.50 个百分点扩大至 11.68 个百分点。

➢52 家重点城市行拨备前利润排名四行首位。杭

州、济南、绵阳等 28 家分行，四行占比同比提升超过 3 个百分点。

➢2019 年上半年，85 家重点城市行中间业务收入较上年同期增长 7.98%；四行占比 35.31%，继续位居首位，领先建行 7.11 个百分点。

➢52 家重点城市行中间业务收入排名四行首位。南京、西安、廊坊等 17 家分行，四行占比同比提升超过 3 个百分点。

□存款竞争力稳步提升，贷款竞争优势持续稳固

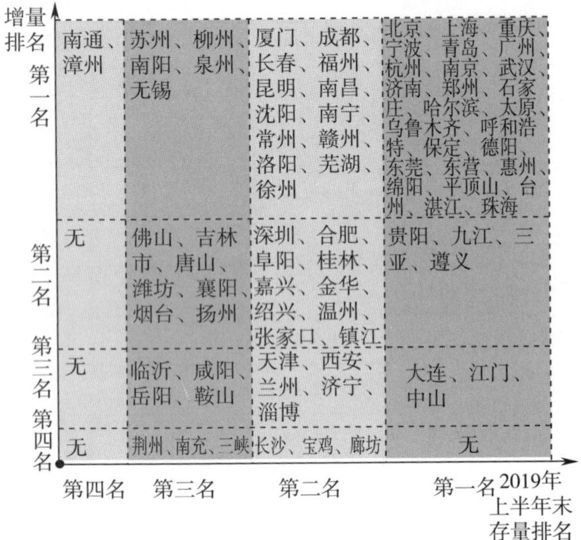

重点城市行各项存款存量、增量排名分布

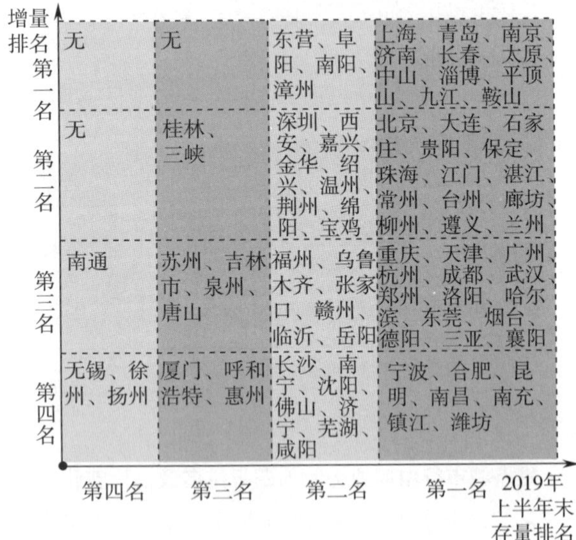

重点城市行各项贷款存量、增量排名分布

➢2019 年上半年末，85 家重点城市行各项存款余额四行占比 33.9%，居四行首位，较上年末提升 0.51 个百分点，增幅四行首位。储蓄存款和对公存款余额四行占比分别为 30.41% 和 36.63%，均为四行首位，较年初分别提升 0.06 个和 0.82 个百分点。

➢46 家重点城市行各项存款增量排名四行首位，36 家储蓄存款增量排名四行首位。北京、宁波、武汉、惠州等 26 家分行各项存款余额和增量排名均为四行首位。上海、杭州等 16 家分行储蓄存款余额和增量排名均为四行首位。

➢2019 年上半年末，85 家重点城市行各项贷款余额四行占比 29.64%，四行居首，较上年末下降 0.25 个百分点，增量四行第二。其中，个人贷款余额（含信用卡，下同）四行占比 28.19%，较上年末提升 0.15 个百分点，增量四行占比 30.48%，四行第一。

➢有 15 家重点城市行各项贷款增量排名四行首位，26 家个人贷款增量排名四行首位。青岛、南京、中山等 11 家分行各项贷款余额和增量排名均为首位。广州、郑州、阜阳等 13 家分行，个人贷款余额和增量排名均为四行首位。

➢11 家存款争先进位行各项存款余额四行占比 23.00%，较年初提升 0.6 个百分点。其中，东莞、德阳、遵义完成夺取同业第一目标，镇江、苏州完成排名进位目标，赣州、临沂、襄阳完成年度跨越序时任务；佛山、岳阳、荆州分行未达序时目标。

➢10 家贷款争先进位行各项贷款余额四行占比 26.68%。其中，太原完成夺取同业第一目标，温州、荆州、呼和浩特完成排名进位目标，江门、镇江、嘉兴完成年度跨越序时任务；绵阳、无锡、南昌分行未达序时目标。

1.2.3 各条线经营情况

2019 年上半年部门条线营业贡献

业务条线	营业贡献（亿元）			
	当期	同期	同比	增幅
个人金融	1 146.5	1 105.8	40.7	3.7%
金融市场	563.9	478.2	85.7	17.9%
公司金融	532.0	546.7	-14.7	-2.7%
机构金融	491.5	431.9	59.6	13.8%
结算与现金管理	249.0	247.6	1.5	0.6%
投资银行	94.2	86.7	7.5	8.7%
资产托管	72.0	66.7	5.3	7.9%
银行卡	121.0	113.6	7.4	6.5%
资产管理	60.3	85.9	-25.5	-29.7%

续表

业务条线	营业贡献（亿元）			
	当期	同期	同比	增幅
国际业务	56.2	54.8	1.3	2.4%
票据业务	34.9	26.1	8.8	33.7%
贵金属业务	29.4	34.2	-4.8	-14.0%
私人银行	22.4	35.2	-12.8	-36.3%
养老金	4.8	6.5	-1.7	-26.2%

备注：1. 营业贡献 = 拨备后利润 + 营业费用。

2. 银行卡条线因拨备规则变动，本表采用拨备费用前利润口径。

➢个人金融条线：个人住房贷款和中收是带动条线业绩增长的主要因素。其中住房贷款“量价双升”，利差收入增加 80 亿元；中收同比增加 59 亿元。存款业务受存款付息成本提高影响，价差收入同比减少 28 亿元。贷款拨备成本上升影响 54 亿元。

➢金融市场条线：把握地方政府债提前发行与年初利率高点加大债券投资力度，日均资产同比增长 12%（增收 42 亿元）、免税收入同比增长 26%（增收 33 亿元）。

➢公司金融条线：中收同比增加 28 亿元，贷款利差收入增加 23 亿元。但由于拨备成本同比增加 62 亿元，导致条线营业贡献同比下降 15 亿元。

➢机构金融条线：主要是存款业务“量价双升”，日均规模同比增长 12%，增收 47 亿元；价差提升 2 个基点，增收 10 亿元。

➢投资银行：基础、品牌类投行均实现增长，中收同比增加 7.5 亿元。

➢资产托管：存款日均规模同比增 745 亿元带动贡献增加 3.7 亿元。

➢银行卡条线：主要受分期付款业务贡献同比增加 8.5 亿元带动。

➢票据条线：票据业务不良资产收回，拨备回转 2.5 亿元；在规模压降情况下，加大周转交易，增加投资收益 2 亿元。

➢贵金属条线：主要受黄金租借新规影响，黄金租借日均规模下降 21% 所致。

➢资产管理、私银、养老金条线：条线业绩下降主要受资管新规影响，中收同比减少。

1.2.4　境外机构经营情况

□境外机构总体经营情况

资产负债规模适度增加

➢2019 年 6 月末，境外机构总资产 4 801 亿美元，较年初增长 7.1%，增幅较 2018 年略有回升。贷款余额 2 161 亿美元，较年初增长 2.2%；客户存款（不含同业）1 369 亿美元，较年初增长 4.4%。

盈利持续增长

➢境外机构近三年盈利持续增长，2018 年之后增幅有所放缓；2019 年上半年，境外机构实现净利润 15.7 亿美元，同比增长 1.6%（折人民币增幅 5.5%）。

➢境外机构净利润集团占比近三年稳步提升，2018 年末达到 6.8%；2019 年上半年集团占比 6.4%，较上年末略降。

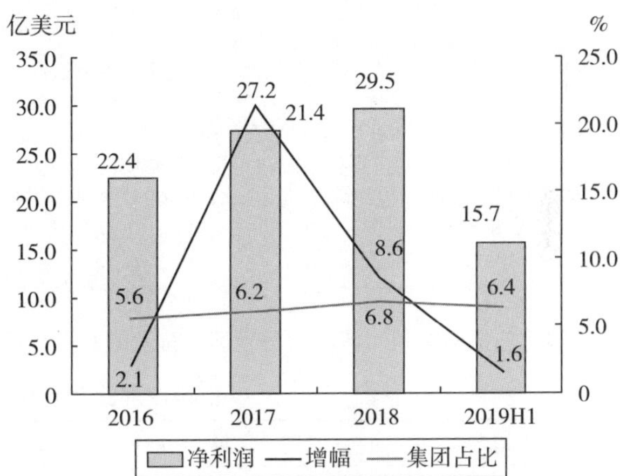

境外机构净利润增长情况

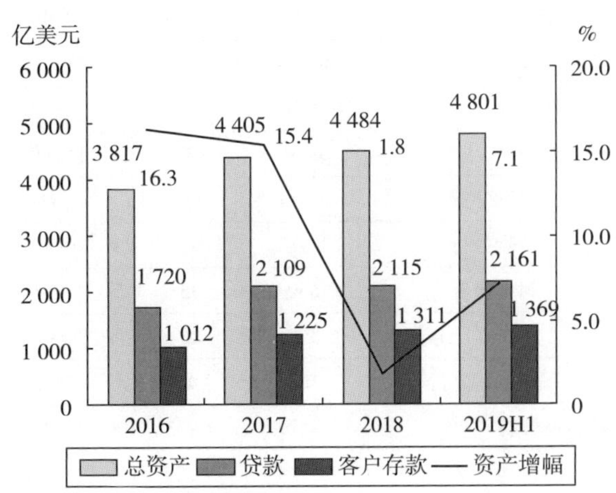

境外机构资产负债增长情况

□境外各板块经营情况

境外机构

港澳地区

实现净利润8.4亿美元，同比增长6.6%，占境外机构整体盈利的56%，完成预算序时目标，奠定境外机构板块盈利基础。

分机构：工银亚洲机构净利润同比增长2.7%，主要是利差提升拉动利息净收入同比增加较好以及不良贷款清收带来处置收入；但生息资产投放难度加大，盈利增幅有所收窄；工银澳门净利润同比增长19.4%，主要是掉期成本较同期下降，同时生息资产平均规模增长带动利息净收入同比增加；工银国际净利润同比增长11.8%，主要是证券公允价值估值提升以及投融资顾问业务收入较同期增长。

亚太地区（不含港澳）

实现净利润4.3亿美元，同比减少3.3%。新加坡、卡拉奇分行经营稳定，盈利增量贡献较多；孟买、悉尼分行盈利负增长。

分机构：新加坡分行净利润同比增长37.7%，主要是上半年取得一次性大额银团贷款前端服务费收入；卡拉奇分行得益于加息影响，净利润同比增长较好；中东机构、工银泰国净利润保持稳定增长；孟买分行由于新增不良贷款增提拨备导致净利润转亏；悉尼分行盈利负增长主要是同期掉期产品估值浮盈较多拉高基数，本期浮盈减少。

美洲地区

实现净利润1.9亿美元，同比下降12.4%。美国机构受监管趋严和资产质量劣变影响，经营面临挑战。

分机构：工银阿根廷净利润同比翻番，主要是出售Prisma股权实现一次性投资收益（4 525万美元）及比索债券估值提升，如剔除股权出售影响在比索同比贬值35%的情况下折美元净利润增幅仍达60%；美国机构净利润同比下降88.7%，主要是纽约分行贷款评级下调增提拨备以及合规投入大幅攀升，此外，工银金融补提合规支出使得净利润转亏，对美国趋于经营情况产生较大影响。

欧洲地区

剔除工银标准后欧洲地区实现净利润1.1亿美元，同比增长11.8%。伦敦机构及工银莫斯科由于同期计提拨备较多拉低，盈利基数，增量盈利贡献较大；工银标准经营情况有所恶化。

分机构：工银欧洲机构受米兰分行增提拨备及发行债券成本上升影响净利润同比下降19.8%；工银标准由于资本市场业务收入同比减少以及费城能源火灾事件影响，上半年累计亏损6 952万美元。

□境外机构净利润情况（分地区、按盈利总量排序）

2019 年上半年境外机构净利润完成情况

单位：万美元

机构名称	当期	同比增减	同比增幅	机构名称	当期	同比增减	同比增幅
港澳地区	84 125	5 172	6.6%	美洲地区	19 405	－2 738	－12.4%
工银亚洲机构	58 580	1 534	2.7%	工银阿根廷	16 140	8 067	99.9%
工银澳门	16 677	2 705	19.4%	美国机构	1 424	－11 177	－88.7%
工银国际	8 869	933	11.8%	其中：纽约分行	1 695	－8 600	－83.5%
亚太地区	42 518	－1 448	－3.3%	工银美国	1 139	－124	－9.8%
中东机构	9 386	934	11.1%	工银金融	－1 410	－2 454	盈利转亏损
其中：迪拜分行	6 314	451	7.7%	工银加拿大	1 053	34	3.3%
多哈分行	1 934	560	40.8%	工银秘鲁	440	426	大幅增长
利雅得分行	650	35	5.6%	工银巴西	319	－37	－10.5%
阿布扎比分行	384	26	7.3%	工银墨西哥	28	－50	－63.8%
科威特分行	104	－138	－57.0%	欧洲地区（不含标准）	11 252	1 189	11.8%
新加坡分行	7 199	1 973	37.7%	工银欧洲机构	4 072	－1 003	－19.8%
湄公河机构	6 135	－229	－3.6%	其中：华沙分行	860	62	7.8%
其中：万象分行	2 295	－233	－9.2%	阿姆斯特丹分行	402	－74	－15.6%
金边分行	2 016	241	13.6%	布鲁塞尔分行	362	321	大幅增长
河内分行	1 411	－229	－13.9%	巴黎分行	276	－430	－60.9%
仰光分行	414	－9	－2.1%	马德里分行	114	－56	－32.7%
卡拉奇分行	5 671	1 434	33.8%	米兰分行	－416	－741	盈利转亏损

续表

机构名称	当期	同比增减	同比增幅	机构名称	当期	同比增减	同比增幅
悉尼分行	4 663	-1 700	-26.7%	伦敦机构	3 027	1 705	129.0%
首尔分行	3 813	136	3.7%	工银土耳其	1 870	-432	-18.8%
工银泰国	3 503	412	13.3%	工银莫斯科	1 489	945	173.7%
东京分行	2 408	57	2.4%	法兰克福分行	911	96	11.8%
工银印尼	1 158	-483	-29.4%	布拉格分行	113	125	扭亏为盈
工银阿拉木图	806	-144	-15.1%	苏黎世分行	-41	-57	盈利转亏损
工银马来西亚	642	-426	-39.9%	工银奥地利	-190	-190	新开业
工银新西兰	504	561	扭亏为盈	工银标准	-6 952	-5 717	亏损扩大
马尼拉分行	-203	-200	首个完整年度				
孟买分行	-3 167	-3 774	盈利转亏损				

1.2.5　综合化子公司经营情况

□总体经营情况

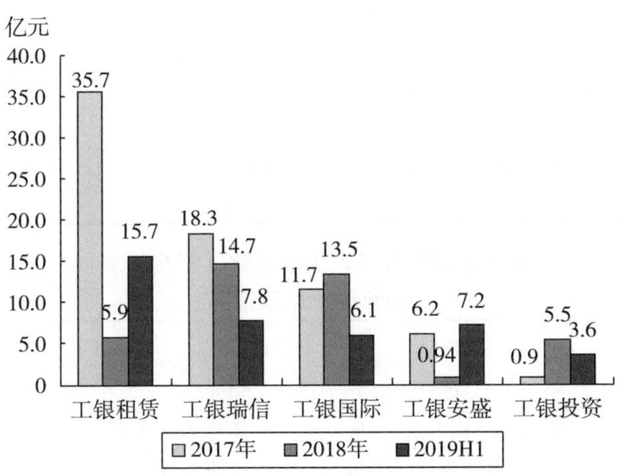

综合化子公司净利润

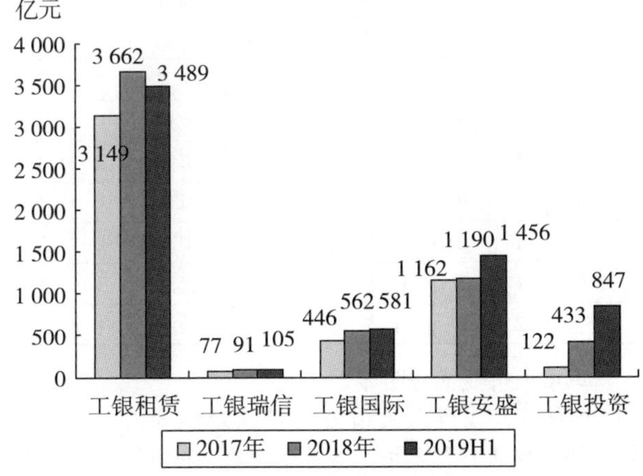

综合化子公司总资产

➢工银租赁实现净利润15.7亿元，同比增长8.0%，主要是去年下半年新投放租赁资产效益显现，租赁资产日均余额较同期增长带动租赁收入增加，但风险资产化解形势仍较为严峻；

➢工银瑞信实现净利润7.8亿元，同比增长9.7%，主要是自有资金投资浮盈增加，同时加大费用管控力度压降营业费用，部分弥补了管理费收入下降的影响；

➢工银国际实现净利润0.9亿美元（折合6.1亿元人民币），同比增长11.8%，主要是美元降息预期带动证券公允价值估值提升，此外，投融资顾问业务收入较同期有较大增长；

➢工银安盛实现净利润7.2亿元，同期受资本市场影响亏损6.8亿元，盈利增长主要来源于资本市场回暖带动股票及基金估值浮盈增加；

➢工银投资实现净利润3.6亿元，同比增长33.3%，主要是上半年收到部分股权投资项目集中分红4.7亿元；

➢工银理财实现净利润0.8亿元，主要为资本金存放利息收入。

二、下半年重点工作

2.1　关于信贷投放

□上半年信贷投放特点

今年以来，全行主动对标经济高质量发展要求，围绕重点领域和薄弱环节聚力发力，各项贷款保持较快增长，有效增加了对实体经济资金供给。截至6月末，境内人民币贷款（含拆放）比年初增加7 881亿元，同比多增1 613亿元、增长5.7%。

➢投放节奏更加稳健均衡。上半年，我行境内人民币贷款日均增量为5 223亿元，同比多增1 487亿元；新增贷款均衡率为66.3%，较四行平均水平高12个百分点。

7月上旬，我行贷款当月增加792亿元，农行、中行和建行贷款分别减少575亿元、1 038亿元和200亿元。我行贷款增长持续性、稳定性好于可比同业。

➢品种结构相对较优

上半年境内人民币贷款增长同业比较情况 单位：亿元

项目	工商银行					农业银行					中国银行					建设银行				
	时点增量	排名	日均增量	排名	新增均衡率	时点增量	排名	日均增量	排名	新增均衡率	时点增量	排名	日均增量	排名	新增增衡率	时点增量	排名	日均增量	排名	新增均衡率
人民币贷款（含拆放）	7 881	3	5 223	1	66.3%	8 752	1	4 725	2	54.0%	4 950	4	2 179	4	44.0%	8 034	2	4 259	3	33.0%
（一）人民币贷款	7 734	3	5 074	2	65.6%	9 786	1	5 946	1	60.8%	6 350	4	3 664	4	57.7%	7 868	2	4 140	3	52.6%
1. 公司贷款	4 147	2	3 088	2	74.5%	5 224	1	3 712	1	71.1%	3 043	4	1 890	4	62.1%	3 447	3	2 206	3	64.0%
2. 个人贷款	3 909	1	2 009	1	51.4%	3 471	2	1 863	2	53.7%	2 485	4	1 256	4	50.5%	2 723	3	1 407	3	51.7%
其中：个人住房贷款	3 211	1	—	—	—	2 593	3	—	—	—	2 262	4	—	—	—	3 018	2	—	—	—
3. 票据贴现	-357	4	-52	4	—	353	3	80	3	22.7%	498	2	398	2	79.9%	1 482	1	557	1	37.6%
4. 银行卡透支	35	4	29	3	82.2%	739	1	290	1	39.2%	324	2	120	2	37.0%	216	3	-29	4	-13.4%
（二）非存款类金融机构拆放	147	2	148	1	101.2%	-1 034	3	-1 220	3	—	-1 400	4	-1 485	4	—	166	1	119	2	71.4%

➢区域布局更切实际，但部分重点区域竞争压力较大

➢在突出向重点区域倾斜配置的同时，兼顾区域协调发展。粤港澳大湾区、长三角分行及北京分行贷款增量合计3 469亿元，增量占比为44%，同比提升5.2个百分点。

➢与同业对比看，部分分行竞争压力较大。江苏、广东、深圳等重点区域分行贷款增量排名靠后。

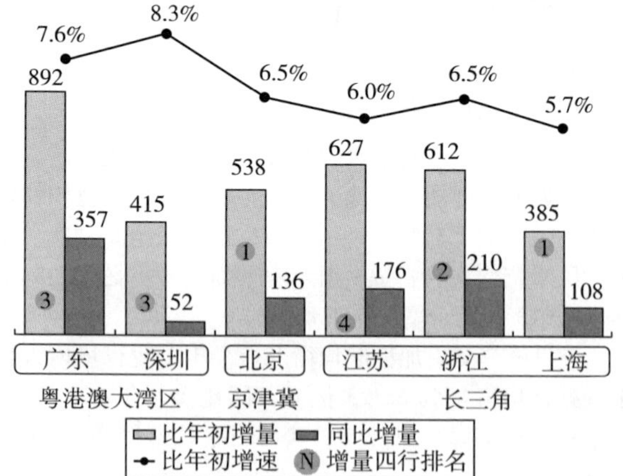

上半年部分重点区域分行贷款增长情况（亿元）

上半年境内分行人民币贷款（不含拆放）增长同业比较情况

地区	余额排名	增量排名	地区	余额排名	增量排名	地区	余额排名	增量排名
广东	1	3	重庆	1	2	内蒙古	2	2
江苏	3	4	安徽	1	4	黑龙江	1	3
浙江	1	2	湖南	2	4	吉林	1	2
北京	1	1	贵州	1	2	新疆	1	2
山东	1	2	天津	1	3	青岛	1	2
上海	1	1	江西	1	1	甘肃	1	3
四川	2	3	广西	1	4	大连	1	3
河北	1	3	辽宁	2	4	厦门	2	4
深圳	2	3	云南	2	3	海南	1	2
湖北	1	2	陕西	2	3	宁夏	1	2
河南	1	3	山西	1	1	青海	2	1
福建	2	3	宁波	1	2	西藏	4	3

➢重点行业优势明显

6月末，我行人民币公司贷款余额8.15万亿元，较年初增加4 147亿元、增长5.4%，余额位居四行第一，增量四行第二。分行业看，我行交通运输、公共设施、能源、制造业、服务业等领域贷款余额均稳居同业第一，产能过剩行业贷款余额四行最低。

✓交通运输、公共设施等板块是四行公司贷款投放

的主要领域：四行平均增量占比58%，与去年同期基本相当。我行增量占比最高（73%），农行第二（68%），中行（40%）和建行（35%）相对较低。

✓能源、制造业、商贸流通板块投放策略存在差异：能源板块中行较年初下降，其他三行均上升；制造业板块我行、农行增量占比近10%，中行、建行增长较少；商贸流通板块建行增长较快，我行、中行较为谨慎。

四行公司贷款分行业增长情况　　单位：亿元

板块	板块存量				板块增量				增量占比			
	工行	农行	中行	建行	工行	农行	中行	建行	工行	农行	中行	建行
交通运输	16 094	12 601	8 451	10 943	783	1 341	453	188	17%	25%	16%	5%
公共设施	16 786	12 928	4 990	13 425	1 955	1 482	139	706	43%	27%	5%	19%
房地产	6 510	6 978	5 361	5 518	582	863	544	419	13%	16%	19%	11%
能源	10 223	9 894	6 187	8 964	153	163	-108	33	3%	3%	-4%	1%
制造业	14 215	12 471	12 680	10 946	386	517	28	109	9%	9%	1%	3%
产能过剩行业	2 563	3 389	2 579	3 039	-62	55	-139	-66	-1%	1%	-5%	-2%
服务业	17 524	13 911	9 086	16 081	1 055	1 186	268	1529	23%	22%	9%	41%
其中：商贸流通	4 753	3 370	3 695	4 503	-41	137	-121	816	-1%	3%	-4%	22%
医教	1 007	697	604	1 322	165	84	48	25	4%	2%	2%	1%
文化	2 072	1 080	916	1 067	105	161	97	150	2%	3%	3%	4%
建筑	2 608	2 733	2 477	3 252	278	334	255	433	6%	6%	9%	12%

➢贷款需求和储备有所下降，区域差异明显

✓截至7月17日，全行资金配置通道中的贷款排队需求合计1 790亿元，分别较上月末和年初下降504亿元和1 980亿元。从公司贷款排队需求结构看，基建类等传统行业贷款占比较高，普惠民营及制造业贷款占比相对较低。

✓广东、浙江、四川、江苏、山东、上海、安徽、深圳8家分行贷款排队需求合计944亿元，占全行的53%，少数分行贷款需求明显不足。

境内分行人民币贷款排队需求情况表　　单位：亿元

序号	地区	排队需求	占比	公司	个人住房按揭	序号	地区	排队需求	占比	公司	个人住房按揭
1	广东	257	14.4%	99	158	19	山西	43	2.4%	29	13
2	浙江	124	6.9%	53	71	20	云南	33	1.9%	26	8
3	四川	117	6.6%	86	32	21	广西	30	1.7%	5	26
4	江苏	115	6.4%	49	66	22	宁波	25	1.4%	8	17
5	山东	114	6.3%	60	54	23	湖南	22	1.2%	7	15
6	上海	76	4.3%	17	60	24	内蒙古	20	1.1%	8	12
7	安徽	75	4.2%	9	66	25	吉林	19	1.1%	10	10
8	深圳	66	3.7%	13	53	26	辽宁	16	0.9%	4	13
9	福建	63	3.5%	12	51	27	天津	16	0.9%	5	11
10	北京	61	3.4%	26	35	28	青岛	14	0.8%	2	12
11	陕西	61	3.4%	46	15	29	厦门	14	0.8%	9	5
12	湖北	60	3.4%	29	31	30	黑龙江	10	0.6%	7	4
13	河南	60	3.3%	25	34	31	大连	9	0.5%	2	7
14	贵州	59	3.3%	26	34	32	甘肃	8	0.4%	4	4
15	江西	49	2.7%	22	27	33	海南	6	0.3%	1	5
16	重庆	48	2.7%	11	37	34	宁夏	3	0.2%	1	2
17	河北	47	2.6%	17	30	35	青海	3	0.2%	2	1
18	新疆	47	2.6%	41	6	36	西藏	1	0.1%	1	0

注：数据截至7月17日。

公司类贷款分行业排队需求情况表　单位：亿元

项目	金额	占比
1. 公司贷款排队需求	774.0	100%
2. 租赁和商务服务业	129.0	16.7%
3. 房地产业	119.6	15.5%
4. 水利、环境和公共设施管理业	112.1	14.5%
5. 制造业	107.2	13.9%
6. 电力、热力、燃气及水生产和供应业	46.5	6.0%
7. 批发和零售业	34.8	4.5%
8. 建筑业	26.3	3.4%
9. 其他	51.4	6.6%

□下半年信贷投放总体考虑

总量

按照“扩总量、优结构、强重点、稳储备”的思路，继续保持贷款平稳均衡增长。

✓新增贷款，下半年计划新增 3 700 亿元以上，还将根据情况适时调增规模。

✓资产证券化，上半年全行完成发行 293 亿元，全年按照 1 000 亿元发行规模计算，下半年还可腾出信贷规模 700 亿元左右。

✓移位再贷，上半年新投放 1.87 万亿元中，移位再贷 1.08 万亿元，下半年预计可移位再贷 8 000 亿元左右。

✓非信贷与地方债投资，在上半年新增 4 507 亿元的基础上，下半年增量空间为 1 000 亿 ~ 1 500 亿元左右。

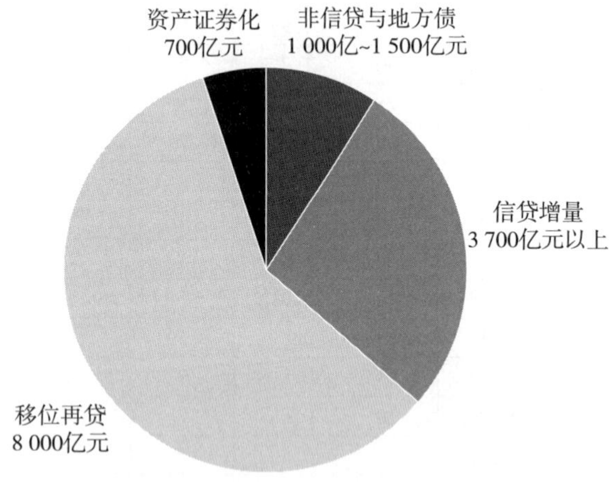

下半年新投放融资总量 1.3 万亿元以上

投向

✓加大对小微企业、民营企业、制造业、重点项目等保障力度，有效落实国家政策导向和监管要求。

✓严格控制房地产开发贷款增长，优化房地产类贷款增量占比。

✓继续加大对重点区域和重点城市行的倾斜。

✓继续把握市场时机，保持票据贴现量同业领先地位；在贷款总量允许的情况下适当回补票据余额。

节奏

✓第三季度要适当加快信贷投放，证券化要尽早腾出规模。

➢聚焦重点区域，做好分地区平衡

根据既定分配原则，适时将年初预留的 2 600 亿元计划进行分解。

上半年境内人民币贷款分地区执行情况

地区	执行进度	地区	执行进度
全行	67.9%	—	—
广东	102.5%	陕西	73.8%
江苏	89.6%	广西	77.3%
浙江	94.8%	云南	75.9%
北京	76.9%	青岛	103.8%
深圳	85.6%	天津	95.9%
上海	80.2%	内蒙古	119.8%
四川	76.3%	新疆	99.1%
湖北	98.5%	吉林	74.3%
山东	84.4%	宁波	55.2%
河南	88.6%	甘肃	75.6%
重庆	91.7%	黑龙江	58.2%
湖南	95.8%	海南	73.5%
福建	103.9%	辽宁	50.6%
安徽	80.4%	厦门	70.9%
贵州	86.1%	大连	52.5%
山西	110.8%	青海	100.3%
河北	57.3%	宁夏	104.1%
江西	87.2%	西藏	70.1%

注：年度计划执行进度为按年初下达计划测算。

对于年度计划进一步调增的额度，按照“突出重点区域、提升利润贡献、联动资产质量”的原则，将信贷资源继续向“需求多、结构优、质量稳、定价好”的分行倾斜。

突出重点区域	✓持续加大对85家重点城市行（含直辖市行及深圳分行）信贷资源倾斜力度，提升市场份额和竞争地位。 ✓动态把握国家政策导向、区域经济发展特点和市场需求变化，推动京津冀、长三角、粤港澳大湾区等重点区域发展，积极发挥区域优势、增强区域竞争力，做好战略布局。 ✓发挥集团综合化优势，组合运用行内银团、信贷资产流转、资产证券化、表外理财投资、信贷存量移位等方式，提升全口径融资服务能力。
提升利润贡献	✓对调增的额度，按一定比例折算成利润指标，提高重点区域分行新增贷款的利润贡献。 ✓分档设置绩效工资与净利润增量的挂钩比例。
联动资产质量	✓新增额度分配与各行信贷经营能力及存量移位评价结果相挂钩。 ✓合理控制部分区域经济增长乏力、市场需求不足、资产质量不佳的分行贷款增长。

➢聚焦重点领域，落实国家政策导向

1　制造业贷款

上半年我行制造业贷款增长较好，但随着下半年部分企业集中还款以及发债规模扩大，制造业贷款继续保持增长的压力较大。全行要聚焦制造业高质量发展，找准发力点，确保全年制造业贷款总量正增长；在结构上，中长期贷款、信用贷款要保持净增。

聚焦优质客户	强化区域差异化发展	完善资源保障机制
对优质客户与项目实施名单制管理，总行配套相应政策进行支持。 ✓传统领域。主动对接地方主管部门，筛选优质企业和优质项目，并加大营销力度。 ✓新兴领域。抓好国家级高新技术企业、战略性新兴产业，重点拓展新兴行业细分领域龙头企业及军民融合重点企业。	✓重点发展行。要引领全行制造业信贷业务发展，确保制造业贷款增速明显高于全行平均水平、资产质量明显优于全行平均水平。同时积极探索信贷经营模式和产品创新，为全行先进制造业市场拓展积累经验。 ✓适度发展行。要抓住辖内新兴制造业发展和传统产业转型升级的机遇，努力提升制造业贷款余额及占比。 ✓稳步发展行。要着重围绕核心客户、重大项目、特色产业集群拓展业务，保持制造业信贷发展与区域经济特色相匹配，贷款规模和资产质量稳中有升。	✓设置专项规模300亿元。根据各行申报新增额度及实际新增额度按月调整专项规模。 ✓适度调整贷款FTP价格。对列入名单制管理的优质制造业企业及项目，新增贷款内部资金转移价格优惠25个基点。 ✓适时调整考核办法与风险容忍度。根据监管要求，对各行经营绩效指标、制造业风险容忍度进行适当调整。 ✓加强队伍建设。组建制造业专项或柔性团队，加大制造业信贷队伍培训力度。打造制造业信贷发展示范机构。

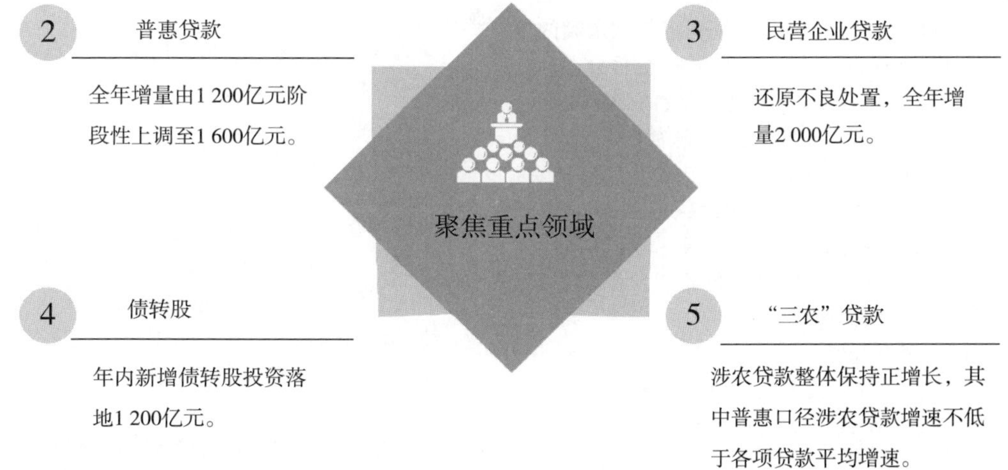

2.2　关于普惠金融

□上半年普惠贷款实现增量、控本、提质、扩面

➢增量。上半年银保监会口径普惠贷款新增1 301亿元，是去年同期增量的3.5倍，完成序时任务217%，较年初增长42%，增速四行第一。人行降准口径普惠贷款新增1 349亿元，是去年同期增量的5倍，完成序时任务的225%，较年初增长42%，阶段性完成定向降准第二档标准。

➢控本。1～6月新发放银保监会口径普惠贷款利率4.55%，同比下降75个基点。

➢提质。上半年银保监会口径普惠贷款不良余额149.3亿元，较年初下降16.9亿元；不良率3.39%，较年初下降1.97个百分点。

➢扩面。截至2019年6月末，银保监会口径普惠贷款客户数57万户，其中法人客户8.6万户，个人客户48.4万户，分别较年初增长1.7万户和28.4万户。2018年以来，经营快贷和e抵快贷业务共增加2.3万法人有贷户、8.5万个人有贷户，线上融资法人客户日均存款增长53.7亿元，增幅20%；线上融资个人客户日均金融资产达到22万元。普惠贷款已逐步成为基层行拓户和开展综合营销的重要抓手，分支行发展普惠金融业务内生动力增强。

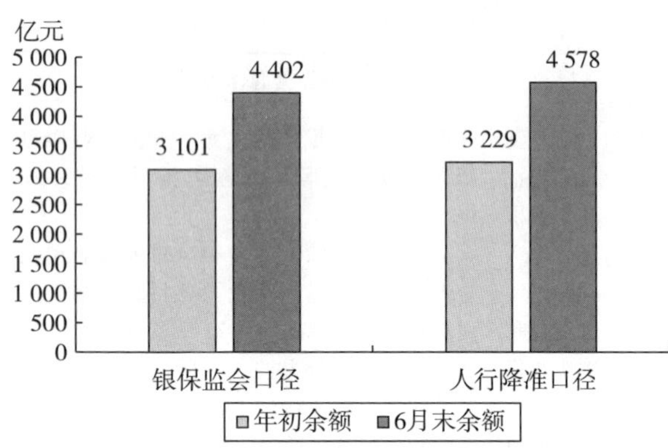

上半年普惠贷款情况

◆业务增长集中在线上渠道、重点产品和重点地区。线上融资驶入发展快车道，业务占比不断提升。上半年银保监会普惠口径线上小微融资业务余额1 800亿元，较年初增长918亿元，分别占同期普惠贷款余额的41%、增量的71%，较2018年分别提升13个百分点和11个百分点。重点产品方面，经营快贷余额为308亿元，较年初增加155亿元；e抵快贷余额为694亿元，较年初增加692亿元。e抵快贷、经营快贷、银政通、购建贷等产品增量占比达94%，高出余额占比39个百分点。重点地区方面，浙江、上海、广东、北京、重庆等10家优先发展行贡献了全行65%的普惠贷款增量，高出同期存量占比9个百分点。

精准扶贫工作有序开展

➢截至6月末，银保监会考核口径精准扶贫贷款余额1 651.71亿元，较年初增加183.73亿元，增速12.52%。

➢总行和25家一级分行成立金融扶贫工作领导小组，金融扶贫组织架构基本形成。

➢政策传导持续强化，金融扶贫能力有效提升，我行获得《金融时报》“年度最佳脱贫攻坚银行奖”。

□当前普惠业务存在的问题

➢品种结构不够均衡。业务增长对e抵快贷的依赖程度较高。经营快贷增长明显放缓，第一季度增加110亿元、增长93%；第二季度增加54亿元、增长23%；线上供应链融资仍处于起步阶段，对业务发展的支撑力度不足。固定资产购建贷、银政通等线下产品集中在少数几家分行，同时整体增量较小。

➢风控能力有待提升。存量贷款不良率虽有下降，但仍处于较高水平。目前经营快贷不良率较低，e抵快贷尚无不良，但资产质量还需要经历更长周期的检验。线上融资产品的风控能力有待提升，还需对借款人身份、资金用途和押品更精细管理。

➢配套机制有待完善。部分考核激励措施未与业务合规及风险情况挂钩，存在政策套利空间。需要进一步平衡业务发展和风险防控关系，以增强可持续发展能力。

□下半年工作思路及措施

总量方面：

➢总行已将全年普惠贷款增量目标阶段性调增至1 600亿元，并将调增优先发展行的年度计划（指导性），调减部分跟进发展行和特色发展行的年度计划。

机制方面：

总行二档降准预激励总额24亿元，在年初制定的1 200亿元增量任务内，按照现行挂钩系数兑现奖励；超额增长部分，按照现行挂钩系数计算分配基数，根据分配基数占比在各行间分配剩余奖励。

➢加大资产质量挂钩力度。对年底逾期率超过全行平均水平且下降幅度低于全行平均下降幅度的分行，原享受的二档降准激励按20%扣回。对享受利率下降补贴的单笔业务，若之后发生不良，则原享受优惠视情追溯扣回。

➢与资金真实流向挂钩，凡经查实有虚假套利行为的，所有FTP补贴全部扣回。

品种方面：

➢在完善e抵快贷的同时，要加大经营快贷创新力度。近期总行新投产了代发工资场景，即将上线海关和烟草场景。各行要积极拓展税务、烟草、医保、龙头企业上下游、专业市场、产业园区等区域场景。

➢线上供应链融资要重点围绕现代农业、建安产业、幸福健康等重点行业，运用“工银e信”“e链快贷”等创新工具，拓展全产业链上下游客户。

价格方面：

➢做好小微企业贷款定价政策传导与监测，在符合监管要求的前提下，结合业务风险状况和担保方式实施差异化定价管理。

➢结合前期专项检查发现的不合规收费问题，督促限期整改。做好存贷挂钩问题专项治理，确保所有问题贷款年底前解决。

力争年内将普惠贷款不良率控制在3%以内。

1. 构建整体风险视图，强化业务监测。整合行内外信息，打通企业与经营者个人信息，构建以客户为中心的整体风险视图，打造以“数据驱动、智能预警、动态管理、持续运营”为特征的融资风险管理体系。

2. 不断提升线上融资风控能力。加快网络融资服务平台建设，优化准入筛选模型，完善动态监测机制，改进存续期管理。

✓准入方面：禁止进入房地产开发等行业，对于贷款前期临时变更股东信息的，须严格审核原因。

✓押品方面：认真核实“e抵快贷”押品信息的准确性。

✓还款来源方面：对于资金回笼不达标、触发风险预警模型的客户，可通过GCMS系统调低额度或关闭提款功能。

✓贷款用途方面：总行将加大资金流向监测力度，发现流向禁止领域的将下发清单至分行核查，经核实存在资金用途问题的，须及时收回贷款。

3. 加强线上线下一体化风控建设。加强小微中心建设，发挥线下专营机构的经营作用，把线上大数据和线下“活情况”相结合，提高一体化风控能力。

4. 持续开展资产质量达标工程。创新清收处置方式，打通线上小额贷款快速核销路径，尽快改善普惠贷款资产质量。

5. 建立综合服务体系。各相关部门要加强联动营销，提供全产品综合金融服务，做到融资与融智并举。

2.3　关于信贷资产质量

□资产质量改善基础不牢固

➢公司贷款

6月末，我行公司贷款不良率2.22%，分别较中行、建行低0.3个和0.16个百分点。但逾期额、逾期率、剪刀差均为四行最高，资产质量仍面临较大压力。

➢个人贷款及信用卡

6月末，我行个贷不良率较年初有所下降，但不良余额、不良率四行最高；信用卡不良额153亿元，较年初增长1.65%，增幅为四行最低，但不良额、不良率均为四行最高。

上半年境内分行公司贷款情况　　单位：亿元

行别	公司贷款					
	贷款余额	不良额	不良率	逾期贷款	逾期率	剪刀差
工行	84 516	1 873	2.22%	1815	2.15%	-58
农行	78 687	1 558	1.98%	1 275	1.62%	-283
中行	56 587	1 426	2.52%	1 145	2.02%	-281
建行	73 700	1 754	2.38%	1 469	1.99%	-285

上半年境内分行个人贷款情况　　单位：亿元

行别	个人贷款					
	贷款余额	不良额	不良率	逾期贷款	逾期率	剪刀差
工行	52 827	267	0.51%	436	0.82%	168
农行	43 328	163	0.38%	390	0.91%	227
中行	37 122	158	0.43%	320	0.87%	162
建行	54 602	202	0.37%	407	0.74%	205

上半年境内分行信用卡融资情况　　单位：亿元

行别	信用卡					
	贷款余额	不良额	不良率	逾期贷款	逾期率	剪刀差
工行	6 310	153	2.43%	335	5.31%	182
农行	4 547	65	1.43%	142	3.12%	77
中行	4 455	100	2.24%	163	3.66%	63
建行	6 750	81	1.20%	160	2.36%	79

➢重点领域和环节

超级大户风险值得关注

大户潜在风险融资占比持续上升的问题仍然突出，上半年新入池亿元以上大户融资金额占新入池总量的82.19%。

✓风险由十亿级向百亿级大户蔓延，风险大户化、国企化趋势未见放缓。

✓超级大户风险化解难度大且易引发次生风险。

新兴线上业务信用风险积聚

6月末，线上融资产品余额3 322亿元，较年初增加867亿元，其中e抵快贷增加692亿元。

e抵快贷、经营快贷、网上票据池质押融资、融e借四项产品在业务发展初期，部分潜在风险逐步暴露。

目前排查发现部分融资潜在风险较高，融 e 借不良率为 2. 11% 。

主要风险点：客户身份或融资背景造假、交叉违约、第一还款来源悬空、押品估值虚高或难变现、资金流向监管禁止领域、办理经营快贷和融 e 借扩大授信。

国内贸易融资风险隐患仍存

6 月末，国内贸易融资余额 1 780 亿元，较年初下降 321 亿元，不良率 2. 6% ，较年初下降 0. 52 个百分点。

2017 年以来新办理国内贸易融资质量相对较好，但借款人信用风险与交易对手信用风险叠加、行内外交易欺诈等问题仍然存在，贸易背景真实性要引起高度关注。

前瞻性战略退出不足

上半年，从重点移出客户池进入潜在风险池的有 112 户、83 亿元，分别占同期新纳入潜在风险池的 36. 25% 和 32. 97% 。

下一步要加大风险的研判、识别与化解力度，减少新纳入潜在风险的客户数量和融资金额。

➢重点分行

山东、河北、河南、大连分行目前资产质量管控压力较大

✓潜在风险融资余额和深潜风险融资占比较高，预计下半年新入池融资较多。

✓存量逾期贷款、剪刀差较高，下半年新发生逾期压力较大。

✓不良贷款处置压力较大，尤其是“冰棍类”资产较多，核销资源需求量较大。

广东分行风险贷款总量较高

✓不良额超过百亿，潜在风险余额超过 200 亿元。

6 月末重点机构资产质量情况　　单位：亿元

机构	潜在风险融资余额	深潜风险融资余额占比	不良额	不良率	逾期贷款	逾期率	剪刀差	全年处置完成进度	冰棍类资产（第一季度末）
山东	305. 8	58. 78%	382. 7	5. 33%	397. 7	5. 54%	15. 0	43. 9%	135. 0
广东	207. 3	13. 94%	124. 1	1. 04%	133. 1	1. 11%	9. 0	37. 9%	31. 2
河北	85. 3	50. 40%	102. 1	1. 82%	105. 6	1. 89%	3. 5	39. 3%	12. 5
河南	100. 0	39. 62%	99. 6	2. 06%	102. 4	2. 12%	2. 8	50. 7%	35. 4
大连	116. 8	52. 62%	65. 6	4. 84%	100. 3	7. 40%	34. 7	7. 0%	17. 4

□工作要求

各行、各业务条线主要负责人作为资产质量管控第一责任人，要对资产质量负总责。资产质量同业较优的分行要保持领先地位，同业落后的分行要力争各项关键指标改善速度优于同业。

➢压潜风、防逾期、控劣变、优处置，持续做好资产质量关口管理

做好潜在风险融资压降

✓ 各行要加强深潜融资治理，通过重组转化等方式加快消化具有交叉违约、调整过结息周期、突破政策办理展期和分期还款逾期等特征的风险贷款，对确实难以化解的要纳入不良管理。

✓ 前台部门要落实主体责任，提前谋划，综合运用重组、债转股、引进优质战略投资者等多种手段化解风险。

最大限度减少新发生逾期

✓ 各行要将逾期欠息的化解工作前移，对于即将到期或结息的贷款，前瞻性做好风险化解预案。

✓ 对于多次临时性逾期的风险大户，要加强管理，减少不必要逾期。

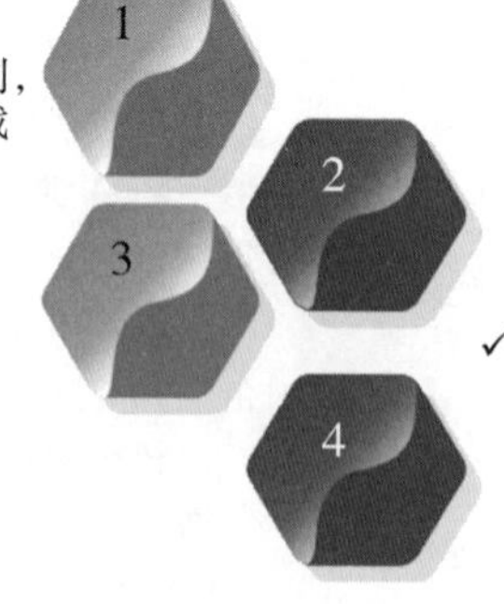

加大逾期化解力度、严控贷款劣变

✓ 各行要加大逾期贷款收息及风险缓释工作力度，加快个人及信用卡逾期贷款催收，及早施策、及时化解，避免出现月末集中化解的现象，严控贷款逾期后简单劣变。

✓ 对于逾期贷款中有实质风险的客户，要及时按不良贷款进行管理。

提升不良经营能力

✓ 各行要加强对不良资产的动态分类管理。

冰棍类资产：存量资产原则上年内处置完毕。

根雕类资产：做好增值管理。

顽石类资产：通过总行牵头营销、依法收贷等方式提高处置效益。

✓ 总行核销资源重点用于解决深潜融资、压降剪刀差、处置冰棍类和根雕类资产。

➢抓好重点领域风险防控

加强重点大户风险防控

✓分层管理：百亿级超级大户总行将进行全覆盖排查分析；十亿元以上法人大户总行将重点监测，存在风险隐患的进行大户会诊；亿元以上大户由各一级（直属）分行进行监测、会诊和管控。

✓各行一把手要重视大户风险管控，加大大户会诊力度，提高前瞻性风险研判质量，明确量化管控方案。风险管理牵头行要把好投融资风险限额，统一全集团风险偏好。

做好线上业务信用风险管控

✓各行要严格客户准入，加强客户资质筛查，注重第一还款来源，加强押品精细化管理，及时有效降低融资风险。

✓总行要加强交叉验证，不断优化白名单筛查模型，确保业务背景真实性，合理把握投放节奏。

强化贸易融资真实性管理

✓对于存量风险业务，各行要重点针对实际的风险承担主体（借款人、借款人交易对手或第三方机构）做好深度排查，对存在虚假嫌疑的业务要坚决退出。

✓对于新办理业务，各行要利用资金流、物流、信息流及合同要素等信息，确保贸易背景真实，严防虚假交易。

加大存量风险客户前瞻性战略退出

✓对大户会诊、重点领域专项治理、日常监控和贷后管理中发现的存在风险隐患但尚未暴露的客户，要纳入重点移出客户池管理，主动开展战略性退出，分类控制好同业占比。

✓掌握退出策略和技巧，做好市场拓展与风险管控的平衡。

总行下半年将继续按照存量移位效果挂钩配置300亿元新增规模。

➢加大账销案存资产清收力度

上半年全行账销案存资产仅收回13.38亿元，未完成序时任务。下半年要加大工作力度，确保完成全年账销案存资产收回35亿元的任务。

全力完成任务目标并力争多收

1. 落实好绩效考核政策。

✓将账销案存资产作为增收资源，全面加强精细化管理。

✓将奖励切实落实到清收处置人员，充分调动基层行对账销案存资产清收工作的积极性。

2. 落实“四个一批”处置要求，特别要用好常规清收和批量转让：清收一批、批量转让一批、转出销账一批、留待观察一批。

✓清收一批——常规清收为主：各行要认真排查、尽量逐户清收，力争单户处置回收最大化。

✓批量转让一批——集中处置资产：筛选长账龄、低受偿及“冰棍类”资产集中处置。

激励机制

1. 完成情况将与分行工资费用奖惩挂钩。两档累进：

✓对于超额完成任务的分行，按照超额部分的5%奖励工资费用，对于超额完成50%以上的分行，按照超额部分的8%奖励。

✓对于未完成任务的分行，按照缺口部分的5%扣减工资费用，对于缺口50%以上的分行，按照缺口部分的8%扣减。

2. 完成情况将与分行行长、分管行长绩效挂钩。

超额完成率×10%奖励、未完成率×10%扣减。

奖励、扣减最多不超过个人绩效10%。

3. 对账销案存收回金额，将等额增配分行核销资源。

➢抓好重点机构和条线的资产质量管控

对山东、广东、河北、河南、大连分行以及银行卡条线分类施策，推动全行资产质量进一步好转。

山东分行

较6月末实现不良额、不良率双降，新增逾期少于上半年。

✓加强大户会诊，持续压降潜在风险。

✓加大不良贷款处置力度，丰富处置手段、提高处置效益。

✓调整信贷投放结构，严格新增融资管理。

广东分行

较6月末实现不良额、不良率双降，新增逾期少于上半年，年末剪刀差回归年初水平。

✓做好潜在风险融资的分类管理及消化。

✓加大不良贷款处置力度，加快消化“冰棍类”资产。

河北、河南分行

较6月末实现不良率下降、不良额不增长。

✓压降潜在风险融资，做好重点大户逾期防控，控制新发生劣变贷款总量。

✓基本保持上半年清收处置水平，提高常规清收占比。

大连分行

严防不良率大幅上升，新增逾期少于上半年，年末剪刀差回归年初水平。

✓加强房地产潜在风险大户分类化解，做好高劣变风险大户的化解预案。

✓用好核销资源重点攻关不良大户。

银行卡

较6月末实现不良额不良率双降，新劣变显著下降。

✓把好客户准入关口，优化准入模型，提升客群质量。

✓完善高风险客户预警、管控体系，防止新增逾期，堵住不良入口。

✓提高逾期及不良贷款催收回款率，多措并举加大不良贷款处置力度。

✓加大资产质量管控力度，对重点区域、高风险领域严肃整治。

争取1~2年时间，实现不良率、剪刀差、潜在风险贷款等核心指标的全面向好。

2.4 关于量价协调与市场份额

□上半年情况

➢存款量价协调管理需进一步关注

✓从环比看，今年以来各项存款单季付息率较快上升，第一、第二季度环比分别上升6个基点、4个基点，增速明显高于去年。

✓从品种看，储蓄存款付息率1.68%，较年初上升17个基点，推动存款付息率上升7.3个基点。

✓从影响看，存款成本增幅高于贷款收益率增幅导致利差收窄，其中，第二季度单季利差环比下降6个基点。

单季付息率环比变化情况 单位：基点

项目	2018Q1	2018Q2	2018Q3	2018Q4	2019Q1	2019Q2
各项存款	1	-2	2	1	6	4
（一）储蓄存款	-2	-4	2	8	7	8
1. 活期储蓄存款	-1	0	6	11	13	10
2. 定期储蓄存款	1	-8	1	6	9	2
（二）对公存款	4	-2	2	-2	5	-1
1. 对公活期存款	1	2	2	-2	3	4
2. 对公定期存款	8	-8	7	-6	7	-2
（三）同业存款	-6	2	2	-4	0	8

➢存款付息率同业比较情况

✓从账面付息率看，我行人民币存款（不含结构性存款和保本理财）付息率为1.52%，低于可比同业。

✓从全口径存款成本看，我行人民币存款（含结构性存款和保本理财）的付息率上升至1.62%，低于可比同业。其中，一般性存款付息率为1.61%，高于建行（1.60%），低于农行（1.63%），低于中行（1.82%）；储蓄存款付息率为1.83%，高于建行（1.82%）和农行（1.77%），低于中行（2.04%）。

上半年人民币存款付息成本四行比较情况表 单位：%

项目	不含结构性存款和保本理财				含结构性存款和保本理财			
	工行	农行	中行	建行	工行	农行	中行	建行
全部存款	1.52	1.55	1.86	1.57	1.62	1.68	1.86	1.63
（一）一般性存款	1.51	1.53	1.82	1.53	1.61	1.63	1.82	1.6
其中：储蓄存款	1.68	1.65	2.04	1.75	1.83	1.77	2.04	1.82
对公存款	1.36	1.36	1.61	1.31	1.41	1.43	1.61	1.37
（二）同业存款	1.69	2.46	2.4	2.18	1.73	2.46	2.4	2.18

➢部分分行存款付息率同业排名靠后或下降

✓从同业情况看，有8家分行付息率同业排名第3（按从低到高），有2家分行同业排名下降。

✓从变化幅度看，贵州、福建、广西、河南4家分行付息率较年初上升超20个基点。

部分分行存款付息率同业比较情况 单位：%

地区	付息率	四行排名	四行排名变化
贵州	1.15	2	↓1
青海	1.30	3	—

续表

地区	付息率	四行排名	四行排名变化
广西	1.37	3	↓2
江西	1.41	3	—
青岛	1.51	3	—
云南	1.53	3	—
河北	1.62	3	—
宁波	1.85	3	—
湖南	1.51	3	—

□面临的形势

➢资产端

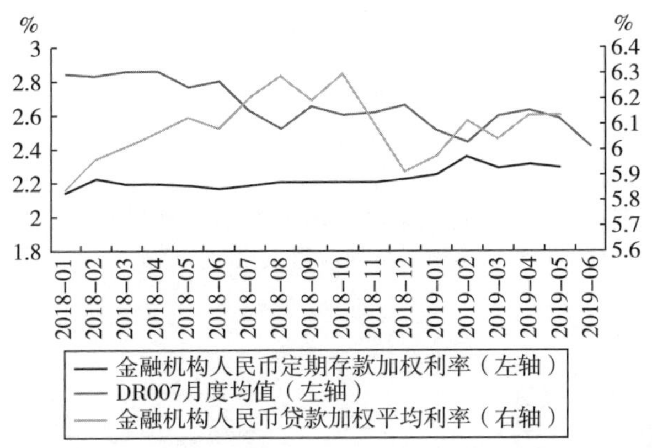

金融机构存贷款利率及市场利率中枢变化

✓从政策导向看，关注货币政策操作引导利率下行的取向和“两轨合一轨”改革。

✓从利率走势看，市场利率中枢下移，货币市场、债券市场总体稳中趋降。

✓从金融环境看，美联储降息预期增强，多家央行先后降息，全球央行政策预计持续宽松。

✓从同业情况看，四大行贷款利率普遍下行趋势还将延续。

➢负债端

✓从市场形势看，存款竞争持续加剧，商业银行存款成本上行压力增加。

✓从同业动态看，上半年四大行存款付息率单季环比均上行。下半年存款成本上行压力将进一步加大。

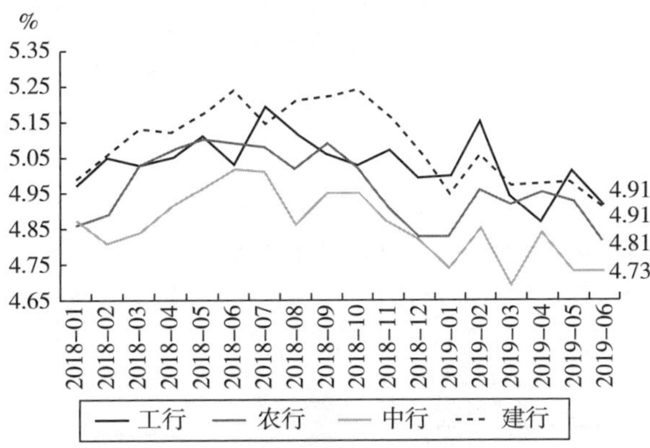

2018 年以来单月新发放贷款利率四行比较情况

□下半年工作要求

1. 加强定价精细化管理，推动量价协调

存款增长方面

各分行要定位同业领先和对标年度存款任务目标。在持续保持同业领先的同时，更加重视日均存款增长。

✓储蓄存款保持增量时点、日均双第一。

✓机构存款继续保持稳定增长，提升和巩固日均存款优势。

✓公司存款努力改变日均存款负增长的局面。

定价管理方面

✓要对定价改革效果进行滚动评价，对改革指标四大行排名下降的分行，要调整利率授权，增强改革激励约束作用。

✓要加强主动负债总量调控，精准使用主动负债产品，做好滚动承接，实现竞新引存。

✓要强化 FTP 引导，加大绩效考核传导力度，健全量价协调自我约束机制。

✓要加强利率自律协调，强化自律底线。

2. 加强利率并轨改革研判，提前做好应对准备

✓要持续跟踪利率“两轨合一轨”改革，加强研判，做好各方面应对准备。

✓要加强 LPR 应用，在保持目前定价水平情况下，增量贷款更多转换为 LPR 定价，提升 LPR 贷款占比，优化贷款利率结构。

2.5　关于客户和服务

2.5.1　重点客群

□坚决打赢 ETC 客户增量同业第一的攻坚战

6 月 1 日至 7 月 21 日，51 天时间全行共新增 ETC 客户 708 万户，其中线上获客 358 万户，线下获客 350 万户。目前全行 ETC 客户总量已突破 1 370 万户，日均新增达 13.9 万户。

ETC 任务完成量前五名为山东、四川、贵州、山西、广东分行；后五名为甘肃、云南、宁夏、青海、海南分行。

ETC 任务完成率前五名为北京、深圳、贵州、厦门、海南分行；后五名为河南、广西、江苏、吉林、云南分行。

708万 

6.1—7.21 ETC客户增量

➢ 亟须解决的问题一：OBU设备不足

 库存紧缺：全行剩余OBU库存90万台，各地存在不同程度缺口

 积压过多：全行共有125万笔订单需延迟发货，需等待20余天

 产能不足：全国OBU市场日均供货量只能达到20万台左右

➢ 解决路径

总行全力协调

要协调生产厂商进行OBU供货倾斜，或跨省调货发行。协调路网中心尽快解决线上订单积压。

分行积极争取

各分行要因地制宜制定OBU备货策略。可采用跨省调货等多种方式满足客户需求。

公私联动支持

目前6家分行已上门与9家设备厂商对接，其他分行也要主动与所在地设备厂商对接，通过给予信贷支持等方式帮助企业扩大生产，锁定优先供货我行。

财务政策灵活

各分行应与当地发行机构密切沟通，对情况特殊的分行（如四川），按照当地主管部门要求，一事一议，采取灵活变通的财务政策，优先保障OBU设备供应，全力争取资源倾斜。

662万 

2009.1—2019.5 ETC客户总量

➢ 亟须解决的问题二：网点激活设备不足

目前，4 688家一代模式示范网点激活设备持有量为5 374套，网均设备数量1.15台，网点营销服务供给能力尚显不足。

有缺口：较6月初已补充近1 800套，但全行仍存在设备需求2 990套

有故障：全行尚存设备故障122套，分布在9个分行的116个网点

各行要根据OBU设备更新换代情况，合理评估手持设备缺口。对确需配置的，应迅速采购或借用，在手持设备到位前，应与发行机构服务网点合作，在网点先行为客户申领OBU并绑定我行卡。对于线下设备暂无法满足营销需求的分行，要先通过工银e生活和融e行APP、小程序等方式进行营销推广。

目前，六大行、股份制银行以及微信、支付宝均已加入ETC营销战场，市场竞争白热化。下一步，全行上下要保持良好的精神状态，继续以“奋斗＋落实”姿态，全力以赴，坚决打赢ETC客户增量同业第一、ETC客户综合金融服务效应最大化的攻坚战！

1 明确时间进度

各行要将第三季度作为全年ETC营销推广的重要窗口期，设定9月底完成全年任务80%的阶段性目标，并将任务逐级分解，有序推进各项工作。

2 拓展市场模式

强化私私联动、公私联动。加强与保险公司、优质互联网平台合作，利用好合作方客户、信息和渠道；加强与滴滴、神州、货车帮、卡车之家等各类汽车行业公司合作，积极开拓货车、公务车、运营车场景。同时进一步完善对特定客群的配套授信政策。

3 财务政策支持

总行将投入专项费用全力支持分行竞争市场，总对总ETC标签相关费用先由各一级分行列支，再由总行采取“营销费用专项追加”和“利润考核还原”两项配套政策给予支持。ETC业务促销原则上以分行开展属地化营销活动为主，促销力度不低于主要同业。

4 强化科技支撑

进一步提升ETC线上申请渠道稳定性，强化网点柜面和外拓终端技术指导；加强与路网中心技术对接，持续优化总对总2.0平台客户体验；尽快完成H5页面开发，对外输出线上ETC发行平台功能；ETC数据纳入数据湖。

5 “1+1+N”最大化

以“办理1笔ETC业务”为出发点，通过“绑定1个工行账户”为核心抓手，围绕存量及新增优质ETC客户，提供N项一揽子综合金融服务，巩固我行在C端、B端和G端各项业务的行业领先地位。

6 布局“后ETC时代”

以客户日常生活场景为切入点，建设覆盖ETC停车、加油、充电、修车、用车、养车等涉车领域智能场景，增强金融服务渗透力。目前，山东、贵州分行已借助ETC进入停车场领域，广东分行已实现ETC无感加油，安徽分行正在搭建ETC自助加油场景。

□坚决打赢职业年金和政府机构改革营销“收官战”

➢职业年金

目前全国共有25个地区完成了职业年金受托人招标，16个地区完成托管人和投管人选择，营销与运营服务压力并重。

下一步工作安排：

✓抓好营销冲刺。未投标的分行受托资格确保位列

第一梯队、力争银行业第一，带动托管争取最大规模计划，投管资格争取最多组合。

✓抓好运营服务。已中标的分行要尽早完成系统联测、管理人选择等运营工作。要加强养老金专业团队建设，确保职业年金后续运营与服务质量。

另外，要持续开展企业年金阵地战，努力提升市场占比。要紧紧抓住养老保险第三支柱重大业务机遇，持续跟进政策走向，提前在政策把握、客户储备、市场宣传与推广等方面做好启动准备。

➢政府机构改革

目前政府机构改革营销进入冲刺阶段，第三季度市县级政府改革所涉及的机构将基本完成账户开立工作。与重点领域改革机构合作正向深化内涵、拓展领域、提高层次方向发展。

下一步工作安排：

✓全面做好营销收官。要圆满完成剩余市县级政府机构改革账户营销收官工作，账户覆盖率力争市级达到50%、区县级达到35%，其中退役、医保、应急、税务四类关键账户力争全覆盖。

✓努力拓展薄弱领域。持续推进专项营销活动，重视做好省级政府、主管厅局等层面的系统对接，努力在教育、医疗卫生、党团工会、公安司法、公共服务等领域，实现更大营销突破。

另外，要抓住军队集中收付改革的机遇，重点落实各军兵种代建工程联动营销工作，以竞争服务新手段实现营销新突破。全力做好“军运会”等重大项目服务保障。

□对公结算账户要确保“存量”“新开”同业双第一

上半年对公结算账户净增64.5万户，同比多增21.5万户。新开对公账户四行排名第一的分行由去年末3家提高到10家。

下一步工作安排：

✓加大平台拓户力度，加强现金管理服务营销。

✓提升新开账户质量，激活存量客户。

✓加强供应链营销，重点加强对优质信贷客户上下游关联企业结算账户营销，力争实现贷款和结算资金闭环管理。

2.5.2　持续优化业务流程

要坚持线上优先、线上线下一体的原则，加快线上线下运营流程建设，着力解决线上线下流程不衔接，跨渠道、跨系统、跨专业服务有断点等问题，提升客户体验和服务水平。

进展情况及成效	➢个人业务方面。已在8家分行试点借记卡换卡不换号和个人资信证明开立场景订单服务新模式。完成挂失业务流程优化，有效减少客户签字与业务授权次数，大幅提高业务处理效率。制定了新版《个人金融业务操作规程》这一关键性基础性制度，明确14大类600多小类个人金融业务的操作规范。同时全面梳理和修订了228个主要业务管理制度，努力解决基层员工长期反映的制度多、散、难执行等问题。 ➢对公业务方面。已全面完成人行取消账户许可新政的全行推广，账户当日开立当日收付，预约到店后开户业务办理时间缩短至半小时。已推广线上自助开通电子商业汇票签发功能，实现客户“一次也不跑”，新增客户自助开通占比96.22%；试点11个贷款种类的直驱发放处理模式，有效减少手工操作和纸质资料跨部门传递，业务处理效率显著提升。
下一步工作安排	➢加快线上线下运营流程建设。要推广个人资信证明、借记卡换卡不换号等场景应用，年底前完成外币预约直配、跨境汇款、主题存单开立、借记卡线上申请等15类业务场景的研发投产，解决基层反映强烈、客户痛点集中的流程问题。狠抓制度流程治理的落地实施，加大新制度、新流程、新功能点的培训力度，努力在服务基层、为基层减负方面取得实效。 ➢持续优化对公业务运营流程。加快电票、贷款发放、函证等场景推广，提高跨系统业务流程处理效率。重点加强单位账户体系建设，严格落实取消银行账户许可“两个不减、两个加强”（即企业开户便利度不减、风险防控力不减，优化企业账户服务要加强、账户管理要加强）要求，切实承担企业银行账户合法合规主体责任，建立以客户为中心的账户服务长效机制。推进单位账户变更、年检等流程优化，强化账户全生命周期管理。创新账户异地见证模式，助力拓户引流。

2.5.3　加强投诉治理，提升品牌形象

➢上半年客户投诉情况：客户投诉集中在重点领域、重点产品和重点分行。

重点领域

全行受理客户投诉3.1万件，主要集中在信用卡（40%）和个人金融（35%）两类业务，合计占投诉总量的75%。

重点产品

银保监部门转办投诉主要集中在信用卡（31%）、个人贷款（30%）和存款（10%）三类产品，合计925件，占转办投诉总量的71%。

重点分行

银保监部门转办我行投诉1 308件，排名六大行第二。宁波、广东、湖南、浙江、福建5家分行数量较多。

银保监转办投诉情况

序号	分行	数量（件）	占比
1	宁波	168	12.84%
2	广东	162	12.39%
3	湖南	101	7.72%
4	浙江	85	6.50%
5	福建	85	6.50%

➢下一步工作要求：切实加大投诉问题根源治理，提高监管转办投诉压降实效

✓突出责任落实。要严格落实消保“一把手”责任制。加大督导、检查、通报、约谈、考核力度，有效压降监管转办投诉数量，务必完成监管转办投诉压降承诺目标。

✓深化根源治理。要将消费者权益保护理念和要求有机融入产品创新、流程设计、系统研发、信息披露等各环节，从根源上提高服务水平，改善服务体验。要建立健全投诉定期报告机制，查找问题根源并举一反三，改进制度流程，督促问题彻底解决。

✓妥善处理投诉。建立顺畅的投诉工单分派机制，强化投诉处理人员责任意识，增强处理技能，防止因投诉处理不及时、不到位等原因导致投诉升级。要提高小额补偿使用的灵活性和有效性，充分释放机制活力。

2.6 关于中间业务收入

□扭转信用卡收入与同业差距扩大的局面

上半年，我行信用卡收入总量四行第二，增量、增幅均为四行第四，收入总量、增量分别落后建行34.11亿元和10.09亿元，差距进一步扩大。

上半年四行信用卡收入情况　　单位：亿元

银行	2019H1	总量排名	同比增量	增量排名	同比增幅	增幅排名
工行	198.27	2	18.00	4	9.98%	4
农行	128.15	4	24.41	2	23.53%	1
中行	132.91	3	23.32	3	21.28%	2
建行	232.38	1	28.09	1	13.75%	3

上半年工行与建行信用卡收入分类对比情况　　单位：亿元

收入	工行			建行			总量差额（工行－建行）	增量差额（工行－建行）
	2019H1	增量	增幅	2019H1	增量	增幅		
1. 基础类中收	57.54	-5.91	-9.31%	69.74	0.68	0.98%	-12.20	-6.59
2. 违约金	19.31	2.12	12.35%	15.16	1.03	7.29%	4.15	1.09
3. 分期付款	121.42	21.78	21.86%	147.48	26.38	21.78%	-26.06	-4.59
合计	198.27	18.00	9.98%	232.38	28.09	13.75%	-34.11	-10.09

➢做强做优分期付款

分期付款业务规模增长乏力，且分行间不均衡性突出，收入对递延结转依赖度同比明显提升。

✓上半年全行分期余额较年初增量同业第四，且差距较大。分期交易额同业第三。宁波、湖南、黑龙江、北京、江苏等14家分行分期付款余额较年初下降。

✓当年新增分期交易实现收入25.16亿元，同比增长12.81%；往年递延结转收入96.26亿元，同比增长24.48%；递延结转收入贡献度为79.28%，同比提升1.66个百分点。

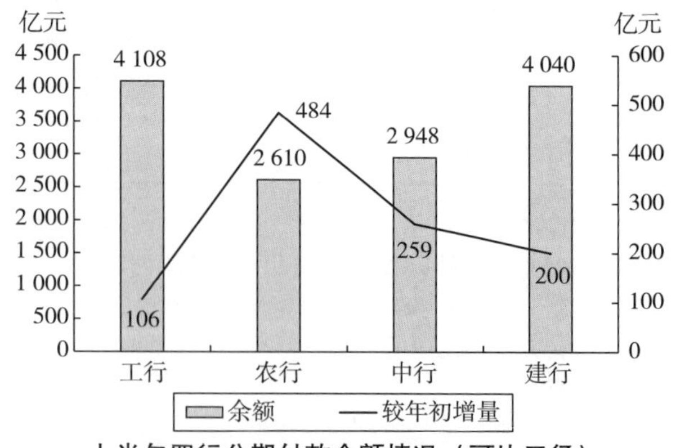

上半年四行分期付款余额情况（可比口径）

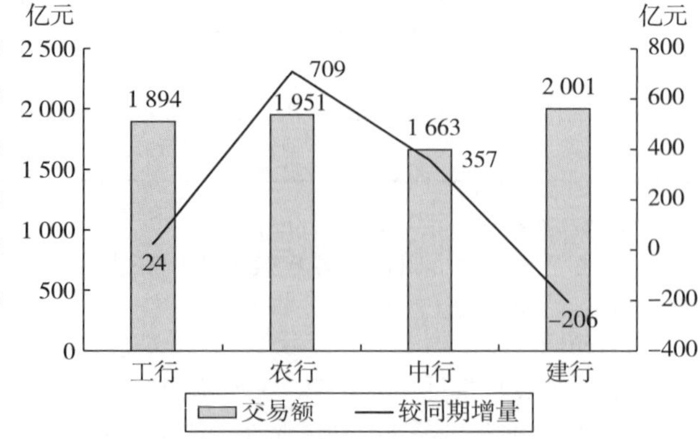

上半年四行分期付款交易额情况（可比口径）

分期付款业务是我行中收的重要品种。上半年，总行出台了调低资金成本率、拨备保有率等一系列激励政策。下半年总行还将为部分重点分行追加分期付款专项信贷规模，且不占用分行整体信贷规模。各行要统一思想，直面竞争，迅速扭转不利局面。

加速发展 e 分期和账单分期

✓e 分期下半年要实现交易额 500 亿元，余额较 6 月末净增 300 亿元。要大力推广优质客户大额 e 分期卡。目标客户：我行中高资产客户、优质六大板块客户、优质房贷客户、私人银行客户等。营销模式：总行统一筛选目标客户，短信营销，批量获客发卡；分行根据总行目标客户清单开展专人外呼；强化公私联动和场景营销。

✓要铺开账单分期营销。西安外呼中心力争全年实现营销账单分期金额 150 亿元。远程银行中心要加快郑州、成都、天津中心外呼营销职场的筹建进度，确保第四季度正式营业。分行外呼团队继续提高外呼座席电话使用率。

稳住汽车分期，实现增量扭负为正

✓加大与厂商贴息 4S 店合作力度，引入优质合作机构，探索供应链融资（ToB）+汽车分期（ToC）公私联动模式。

✓深化优质互联网汽车金融平台合作，实现“一点做全国”。

✓继续与优质传统合作机构开展合作，重点做大有担保资质、风控能力强的跨省合作机构的业务规模。

拓展其他分期业务

✓全力打造现金分期，聚焦年轻客户，优化系统功能，将现金分期嵌入互联网消费场景，第四季度实现业务突破。

✓探索场景分期，拓展家装、教育、旅游等消费融资场景，实现分期业务多元化发展。

➢力促信用卡消费额提升

上半年，全行信用卡消费额累计 1.43 万亿元，同比增长 1.5%，消费额总量、增量分别落后建行 722 亿元和 364 亿元，有 13 家分行消费额同比下降。下半年，要利用国家培育强大国内市场机遇，抓好国庆等重大节点促销，全面开展动态调额，拓展 B 端消费场景，确保实现消费额 1.8 万亿元。

□推进大资管稳健转型

要把握好转型节奏，统筹老产品压降和新产品发行，巩固产品规模市场第一优势，确保收入降幅逐季大幅收窄，且累计降幅不高于建行。

➢今年 6 月末，我行“资管 + 私银”日均规模 3.08 万亿元，是建行的 1.43 倍；上半年我行“资管 + 私银”收入 81 亿元，为建行的 1.24 倍。

➢“资管 + 私银”收入自资管新规实施以来累计降幅及下降金额均高于建行，总量领先优势累计收窄 20.45 亿元。

四行“资管 + 私银”收入变动情况

单位：亿元

银行	2019H1	2017H1	增量	增幅
工行	81	150	-69	-45.77%
农行	32	59	-27	-46.19%
中行	42	63	-20	-32.49%
建行	66	114	-48	-42.30%

➢资产管理

✓稳规模。做好新规产品销售，力争年末新规产品规模达到 9 000 亿元。

✓提利差。提升资产端投资收益水平，压降产品端成本，带动银行端收益率提升。

✓强投资。加大基础设施和行业龙头企业等领域的项目，以及 ABS 类资产、利于转标的基础资产等的投资力度。

✓促协同。推动理财子公司与集团在渠道销售、产品布局、项目推荐、风险管控、系统运营、考核评价、区域理财以及境外发展等方面协同机制落地，实现“1 + 1 > 2”。

➢私人银行

✓抓拓户和金融资产规模增长，力争年末私人银行客户规模达到 9 万户、资产规模达到 1.52 万亿元。

✓做好理财产品、保险、基金等营销协同，做大遴选产品销量和收入。

✓稳步推进私人银行部转型，确保各项工作有序衔接。

➢资产托管：继续保持收入总量、增量“双第一”

✓扩量。抢抓科创板机遇，扩大证券投资基金托管规模。对中小同业客户，要逐户制订营销方案。增加券商集合资管计划、券商公募基金、企业资产证券化托管规模。加大创新产品和债券指数基金的营销布局。

✓开源。尚未完成职业年金托管人招标的分行，要确保至少托管一个职业年金计划。

上半年四行资产托管收入情况　单位：亿元

银行	2019H1	同比增幅
工行	38.60	4.25%
农行	22.46	6.02%
中行	17.02	-0.94%
建行	26.10	4.22%

注：统计口径为中间业务收入。

➢养老金

✓抢抓广东、浙江、四川等 8 个省区职业年金受托人招标机遇，争取同业最好的中标名次。

✓推进“企业年金市场提振计划”，扩大企业年金受托业务市场规模和份额。

上半年四行养老金收入情况　单位：亿元

银行	2019H1	同比增幅
工行	3.06	-34.45%
农行	0.06	-75.40%
中行	0.19	6.49%
建行	0.09	-47.46%

注：我行不含养老金理财销售收入。

□稳定投行、公司中收贡献

投行业务：保持恢复性增长态势，继续扩大收入总量领先优势

✓扬长补短。做强并购重组、结构化融资、咨询服务等优势产品，加快发展股权投资、跨境投行、资产证券化等短板产品。

✓通过做大交易量，提升非标投资银团、融誉e信、ETF换购等新产品收入增量贡献。

✓持续做大融安e信，以及符合收费条件的融智e信客户量。

上半年投行收入情况　单位：亿元

银行	2019H1	同比增幅
工行	90.98	8.88%
农行	27.56	32.60%
中行	9.84	34.36%
建行	52.50	1.32%

公司类中收

➢银团安排：挖潜扩量，力争全年收入增量第一

✓总行将制定提升银团贷款竞争力指导意见，各分行要抓好落实。

✓广东、河南、四川、北京等分行要缩小与同业差距，江西、天津、上海等分行要扭转收入同比下降态势，吉林等分行要实现收入零的突破。

上半年银团安排收入情况　单位：亿元

银行	2019H1	同比增幅
工行	28.00	25.43%
农行	27.25	59.57%
中行	23.09	36.86%
建行	27.64	27.91%

➢票据承诺和对内担保

✓挖掘票据承诺、对内担保等产品增收机会，提高议价能力。

上半年票据承诺收入情况　单位：亿元

银行	2019H1	同比增量	同比增幅
工行	1.27	0.23	22.26%
建行	4.15	-0.40	-8.74%

上半年对内担保收入情况　单位：亿元

银行	2019H1	同比增量	同比增幅
工行	2.19	0.68	44.82%
建行	11.97	1.71	16.62%

□坚持“增量同业第一”目标不动摇，持续提升基础类产品收入贡献

1. 第三方支付

上半年工作情况：

✓按权责发生制，上半年我行“支付宝+财付通”收入合计51.66亿元，同比增长56.89%。收入增量超建行5.73亿元，但收入总量分别落后农行、建行21.63亿元和16.27亿元。

✓从交易量来看，上半年我行“支付宝+财付通”交易量合计7.05万亿元，同比增长28.77%。但第二季度当季交易量合计3.44万亿元，环比下降4.54%，主要是支付宝交易量环比下降14.79%。

工行、建行、农行上半年“支付宝+财付通”收入情况　单位：亿元

银行	支付宝			财付通			收入合计
	业务量	费率	收入	业务量	费率	收入	总量
	①	②	③=①×②	④	⑤	⑥=④×⑤	③+⑥
工行	32 895	0.08%	23.27	37 606	0.08%	28.38	51.66
农行	27 346	0.08%	19.35	57 173	0.10%	53.94	73.29
建行	35 043	0.08%	24.79	41 560	0.11%	43.13	67.92
工行-农行	5 549	—	3.93	-19 567	-0.02%	-25.55	-21.63
工行-建行	-2 148	—	-1.52	-3 954	-0.03%	-14.75	-16.27

下一步工作要求：

✓实行交易量和收入“双线”管理。按季制订分卡种交易量及收入计划，按日监测。

✓扩大绑卡量。强化条线联动，做好网点到店客群、新开卡、融e行等客群渗透；持续开展绑卡促销活动。

✓做大交易量。持续开展促销活动，确保全行日均交易量超过420亿元、增量超可比同业。

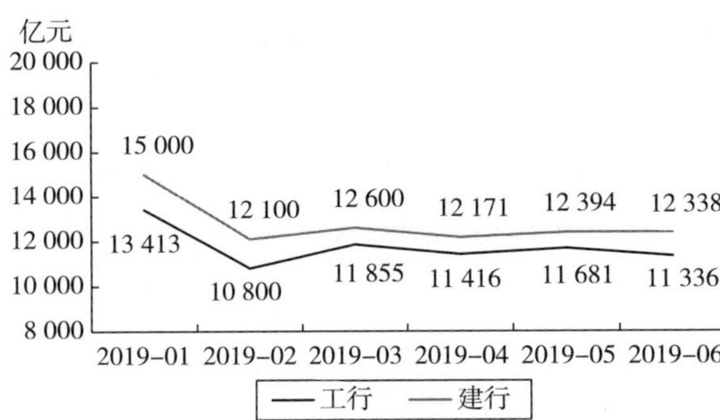

2019年工行、建行第三方支付逐月交易量对比图

2. 个人工银信使：扩大收入增量同业第一优势，为明年收入总量超建行创造条件

✓把握办卡、启用环节，提高新开卡渗透率。

✓梳理存量免费客户，明确压降策略和实施计划。

✓开展数据挖掘，对潜力客户进行二次营销。

✓用好理财产品新品提醒服务、外汇到价提醒等其他收费信使服务。

上半年个人工银信使收入情况　　单位：亿元

银行	2019H1	同比增幅
工行	15.61	58.21%
农行	27.85	5.70%
中行	7.83	6.94%
建行	21.65	9.99%

上半年我行个人工银信使收入15.61亿元，与建行、农行差距同比缩小3.78亿元和4.24亿元。

3. 借记卡：收入总量力争晋位

✓加大借记卡消费促销力度，提升卡均消费回佣收入贡献。

✓加强年费、工本费减免管控，推广特色借记卡服务。

上半年借记卡收入情况　　单位：亿元

银行	2019H1	同比增幅
工行	17.43	-16.66%
农行	26.79	-23.11%
中行	7.06	-7.95%
建行	20.84	-22.84%

4. 人民币对公结算：继续缩小与建行收入总量差距

✓利用缴费云平台、财资云平台等平台类产品以及工银e企付，做大新产品业务和收入规模。

✓做好对新开账户客户的结算产品渗透。

上半年人民币对公结算收入情况　　单位：亿元

人民币对公结算	工行			建行			工行-建行	
	2019H1	增量	增幅	2019H1	增量	增幅	总量	增量
结算业务	25.76	1.22	4.98%	24.44	-0.06	-0.24%	1.32	1.28
对公账户管理	8.73	1.23	16.42%	13.93	0.89	6.81%	-5.19	0.34
现金管理服务	7.55	0.95	14.37%	4.46	-2.71	-37.77%	3.09	3.65
电子银行企业客户服务	7.14	2.51	54.19%	10.14	1.92	23.34%	-3.01	0.59
合计	49.18	5.91	13.66%	52.97	0.04	0.08%	-3.79	5.87

上半年我行人民币对公结算收入增量列同业第二，总量与建行的差距收窄5.87亿元。

5. 即期结售汇、外汇买卖及账户交易类产品

✓分类施策拓展客户，做大代客外汇买卖及结售汇业务规模。

✓以高净值客户、第三方存管客户、年轻客户等客群为重点，扩大账户黄金、账户白银、账户原油、账户天然气等产品交易量。

上半年即期结售汇及外汇买卖收入情况

单位：亿元

银行	2019H1	同比增幅
工行	37.33	-0.46%
农行	11.06	4.95%
中行	30.07	-3.67%
建行	15.26	8.54%

2019 年上半年账户交易类产品收入 3.40 亿元，同比增长 50.67%。

6. 代理公积金归集

✓持续增加存量大企业客户归集人数，对新开结算账户的客户配套营销公积金业务。

✓拓展互联网应用场景。各行要协助地方加快特色公积金应用平台建设，优化服务流程，丰富线上业务办理种类。

上半年代理公积金归集收入情况　单位：亿元

银行	2019H1	增幅
工行	2.96	7.93%
建行	8.12	13.31%
工行 - 建行	-5.16	-5.38%

7. 代理收付

✓围绕“1+3”重点产业、国家高新技术企业、民营骨干企业、财政统发等目标客户，抓好代发工资、棚改拆迁、企业各类津补贴、集资返还款、股权分红等资金的营销争揽，确保完成代发个人客户净增 400 万人的目标。

✓试点分行要推动地方非税电子化试点拓面及系统开发等工作。

上半年代理收付收入情况　单位：亿元

银行	2019H1	同比增幅
工行	7.57	-2.05%
农行	2.88	-5.94%
中行	3.81	5.90%
建行	4.20	-8.34%

8. 第三方存管：力争收入总量同业第一

✓做大存管客户总量。

✓做大管理账户资金规模。优选存量客户、新增拓户、户均存款三项指标较高的证券公司加强合作；联合券商加强对低效账户的产品营销，提供投顾服务，提升交易活跃度。

上半年第三方存管收入情况　单位：亿元

银行	2019H1	同比增幅
工行	2.40	-1.76%
农行	1.28	-10.35%
中行	0.79	31.81%
建行	2.55	17.05%

□代销业务

代销保险：争取收入总量晋位

✓推进期交转型，同时抓住趸交产品投放机会，做大代销寿险收入增量。

✓持续提升车险日销量。

上半年代理保险收入情况　单位：亿元

银行	2019H1	同比增幅
工行	51.45	90.84%
农行	65.13	40.04%
中行	29.11	66.27%
建行	57.09	50.90%

代销基金：扩大收入总量领先优势

✓推动权益基金销售，优先支持工银瑞信产品发行。

✓狠抓 AI 投营销，努力实现余额百亿目标。

上半年代销基金收入情况　单位：亿元

银行	2019H1	同比增幅
工行	26.33	-8.07%
农行	6.67	-17.37%
中行	11.38	2.92%
建行	15.95	-4.21%

实物贵金属：保持收入总量、增量“双第一”

✓瞄准体育赛事等市场热点，丰富实物贵金属产品体系，做大实物销售规模。

✓抓住行情波动窗口，加快代理上金所交易存量客户激活和外部客户引流，力争下半年新增交易额超 700 亿元。

✓加快推出“黄金微定投”等投资升级服务。

上半年实物贵金属收入情况　单位：亿元

银行	2019H1	同比增幅
工行	10.97	-1.27%
农行	5.23	-21.46%
中行	4.76	-6.10%
建行	5.80	-11.43%

□抓紧做好自查整改，切实规范收费管理

要始终将合规放在首位，严格落实管理责任，确保“双线负责制”落地。

✓及时做好整改。对“中间业务收费自查”和“涉企收费专项治理”发现的问题，各行要建立台账，抓紧整改。对于触碰收费底线和屡查屡犯的问题要严肃问责，决不搞下不为例。总行各相关专业部门要认真分析梳理自查发现的各类问题，通过完善制度、优化流程、IT 系统设计等方式，从源头上落实好规范要求。

✓严格落实对小微企业免收“融智 e 信”和“投融资顾问”服务费，对今年 5 月 27 日后的误收费要及时退费。

✓积极配合外部收费检查。目前部分地区监管部门正在对我行一些分支机构开展检查。各级行要高度重视，积极配合，主动汇报自查过程中发现的问题及整改、问责情况，及时、准确回答监管部门提出的各类问题。

✓加强收费定价和减免管理。

2.7　关于国际业务

□巩固境外合规整改成果

➢要将建体系、明标准、抓整改、促落实、强保障

□进一步完善境外机构管理

相结合，不断巩固当前合规治理的成果。

➢要举一反三，打造集团统一、全面有效的合规管理体系，改变当前“被动救火”态势。

➢要按照“急用先改，以改促建”的原则，不断完善合规制度流程，健全合规文化，压实三道防线合规职责，加大履职问责力度。

➢做好监管沟通，对监管标准要做到“心知肚明”，厘清风险边界和行动范围。

➢要加大资源投入，充实合规风险管理队伍。

➢ 差异化。分类施策，明确差异化定位及发展方向，提升亚太等重点盈利机构利润贡献。对于盈利贡献大、增长潜力高的旗舰和重点机构，可加大资源投入，着力推动市场争先进位。

➢ 本地化。精耕细作当地市场，紧抓“一带一路”建设机遇，一要抓好进入本地的中资企业，二要抓好进入中国市场的本地企业。

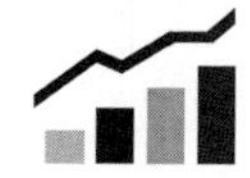

➢ 一体化。各境外机构既要以客户为中心，加快自身一体化产品营销能力建设，又要发挥“ONE ICBC”优势，从市场需求、资金成本、专业能力等维度取长补短，打破单一机构“小而全”的功能布局。

➢ 集约化。充分考虑属地监管意见及自身经营管理需要，提升中后台运营效率，注重集约运营实效。

□加强境外融资业务管理

要制定境外融资总体策略，规划好顶层设计，进一步规范开展境外融资业务。

➢研究制定境外融资总体策略，明确境外融资的总量及国家、行业、业务、客户结构，解决做哪里、做多少、怎么做的问题。专项融资部和各境外机构信贷业务要进行差异化管理，做到既各有侧重，又形成合力。

➢专项融资部要把握好业务方向，严格控制无中资元素的业务，重点支持央企“走出去”；要积极开展银团筹组，压缩控制一般参贷。一般参贷和本地客户主要由各境外机构参加。

➢严把第一还款来源质量关，不因信保保险等附加担保而弱化对项目本身的评审，特别关注单体项目公司、股东背景复杂客户、行业新进入企业等敏感主体。

➢强化存续期管理，研究制订具体工作方案，加强在非洲业务的贷后管理。

□夯实境内国际业务基础

上半年我行境内国际业务中间业务收入四行占比28.33%，同业排名第一，实现了历史性突破，下半年要再接再厉。

✓提升关键区域竞争力，加大对利润贡献大、创新能力强的分行的资源倾斜。

✓提升关键产品竞争力，推动保理、保函和福费廷业务的专业化、规范化发展。

✓创新推动跨境人民币业务发展，更好地满足客户需求。

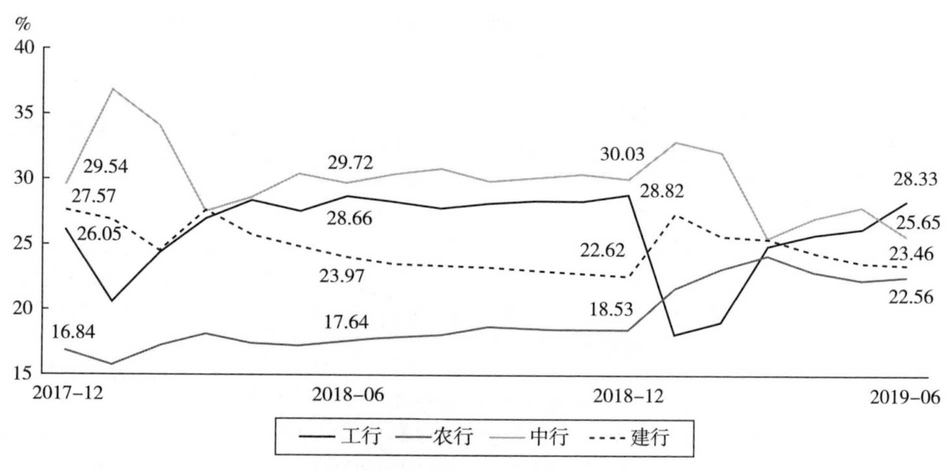

国际业务中收四行占比情况

上半年各行国际业务中间业务收入情况

单位：万元

同业比较	分行	总量	同比增幅	四行占比	四行排名	同业比较	分行	总量	同比增幅	四行占比	四行排名
9家分行四行占比排名第一，其中8家分行实现同比增长	河南	10 220	196.23%	43.47%	1	12家分行四行占比排名第三，其中5家分行实现同比增长	河北	5 447	28.95%	21.22%	3
	四川	7 529	86.04%	32.53%	1		浙江	17 785	20.57%	16.58%	3
	湖北	9 477	44.84%	53.95%	1		内蒙古	478	20.45%	12.00%	3
	湖南	7 054	30.66%	38.07%	1		贵州	3 230	1.42%	25.51%	3
	广西	5 780	16.66%	42.79%	1		辽宁	5 258	0.69%	12.42%	3
	北京	33 907	9.33%	42.71%	1		山东	13 535	-0.96%	20.33%	3
	厦门	5 461	4.78%	27.37%	1		天津	9 230	-2.58%	25.48%	3
	上海	41 908	3.88%	48.13%	1		江西	2 472	-4.40%	21.91%	3
	重庆	12 509	-5.90%	42.78%	1		福建	3 763	-6.40%	19.14%	3
9家分行四行占比排名第二，其中6家分行实现同比增长	宁夏	582	123.32%	34.00%	2		广东	31 648	-26.05%	19.80%	3
	山西	1 667	97.09%	10.82%	2		新疆	1 148	-48.57%	15.89%	3
	甘肃	1 241	38.48%	26.10%	2		吉林	336	-56.49%	19.29%	3
	陕西	1 771	34.39%	18.60%	2	6家分行四行占比排名第四，其中4家分行实现同比增长	云南	613	93.90%	10.77%	4
	青岛	5 068	21.54%	22.50%	2		安徽	2 868	36.71%	13.08%	4
	江苏	27 334	19.55%	25.98%	2		大连	2 039	22.45%	12.00%	4
	宁波	6 723	-30.48%	28.79%	2		青海	41	1.61%	0.59%	4
	黑龙江	584	-41.49%	19.59%	2		海南	828	-62.91%	15.05%	4
	深圳	29 025	-65.43%	37.06%	2		西藏	83	—	—	4

2.8 关于金融科技

□全面推进 ECOS 工程建设

上半年，ECOS 工程各项任务按计划稳步推进。下半年，要整体完成业务架构、管控机制、研发模式三个基础任务，并加快推进其他任务。

十大任务	上半年进展	下半年重点任务
任务一：整合构建企业级业务架构	完成了个人账户、个人存款等 28 个领域业务架构与 IT 架构对接，启动了对公贷款、养老金等领域业务架构整合构建。	整合构建对公贷款等 8 个领域业务架构，全面完成各项工作。
任务二：建立业务架构管控机制	构建了业务架构资产管控流程，以及基于架构资产管控平台实现业务架构、IT 架构资产的生命周期管理。	全面应用业务架构管控机制。
任务三：建立基于业务架构的研发模式	构建业务架构研发应用机制流程，明确架构资产在项目研发各环节中的应用方式，并在 17 个业务领域项目研发中推广。	全面应用基于业务架构的项目研发模式，强化业务架构和 IT 架构的有机融合。
任务四：推进应用系统松耦合	实现个人借记卡协议等 6 项业务从主机迁移到开放平台，下主机进度由年初的 35% 提升至 44%；推进全球现金管理等 90 余个应用实施服务化改造，实施进度从年初的 23% 提升至 43%。	推进 17 个重点领域业务架构落地，将任务组件落地率提升至 78%。完成收单、分期付款、客户基本信息等 12 项核心业务功能下主机，完成三年目标的 67%。
任务五：构建成熟的分布式 IT 架构体系	进一步夯实分布式技术框架基础支撑能力，新增对公电子支付、信贷信息服务等 16 个应用实现分布式架构转型，累计 122 个应用完成分布式转型，占比 82%。	新增 16 个应用完成分布式改造，累计完成改造 138 个应用，完成三年目标的 93%。

续表

十大任务	上半年进展	下半年重点任务
任务六：持续提升并全面推广云计算平台	IaaS 和 PaaS 规模分别达到 24 000 个节点和 9 000 个容器，保持入云规模同业领先，全量应用入云率分别达到 49% 和 28%。	推动 IaaS 总体入云率达到 55%，PaaS 入云率达到 30%，继续保持入云规模同业领先。
任务七：建立金融科技基础平台	人工智能机器学习平台 OCR 识别准确率由 94% 提升至 97%；生物识别平台新增虹膜、指静脉识别服务；投产企业级机器人流程自动化（RPA）平台。	丰富人工智能机器学习平台模型和算法、加快 GPU 等基础设施部署、升级人脸识别能力达到业界先进水平。
任务八：强化数据质量治理	在同业中率先实现大数据平台的国产自主可控，替代了国外数据仓库软硬件产品。	建立全行级模型训练基地，完成近 2 万张数据表入湖。
任务九：强化数据智能化应用	运用智能语音技术降低远程银行人工服务工作量，应答准确率由 73% 提升至 82%，达到业界领先水平。	推动实现大数据在客户流失预测、网点要客识别等场景智能化应用。
任务十：智慧运营	落实人民银行取消企业账户开户许可，优化开户功能及流程；深化集约化运营，完成文档录入“离场 + 驻场”外包系统改造。	对网点现金领缴、ATM 加卸钞等关键物流环节实现信息化改造，优化借记卡申请、外币现金预约等场景运营流程。

➢要加大 ECOS 工程推广应用力度

上半年，零售、对公、运管三大业务板块已建立推广工作机制，有序开展 ECOS 工程推广应用。下半年，要以“在同业有影响力，让基层和客户有感觉”为标准，发布 ECOS 1.0 版本，做到有声势、有影响、有实效，让 ECOS 成为我行金融科技代际领先的新载体、新标志。

创新成果发布会：要精心筹备ECOS 1.0版本创新成果发布会，真正实现“一经推出，一炮而响”。

深化应用：要继续有序开展产品功能上线运营、内部培训和外部宣传等工作，加大相关成果的推广应用。

加强后续管理：要强化推广应用的跟踪评价，确保重点工作落实。

□推动 e－ICBC 3.0 战略加速落地

以平台为自有流量入口，做专业、做极致、做体验。

➢融 e 行：专业化、智能化线上金融交易服务平台。瞄准高净值人群，注重潜在价值，提高前瞻投入，争创绝对第一，打造“您手中的银行，您心中的银行”。

✓加快境外手机银行发展，打通境内与境外手机银行联动，让客户在任意时间、地点、渠道提出的服务需求都能得到集团一体化高效响应。

➢融 e 联：场景主入口和客户信息服务中心。发力线上政务、民生缴费、交通出行、企业专属服务等场景建设，做大融 e 联信息增值服务。

➢融 e 购：强化品质化运营，持续打造商融合作平台、中高端用户服务平台和金融价值创造平台。

➢企业手机银行：服务 B 端长尾客户的主承载平台。

✓做好企业手机银行 2.0 的创新，加快部署人工智能、生物识别等创新技术的应用。

✓开展常态化主题营销，确保年动户突破 200 万户。

➢以 B 端和 G 端作为转型发展的主攻方向，依托合作平台和外部场景，发力政务互联网和产业互联网，构建开放合作共赢的“工行朋友圈”。

G端　横向加快布局省级政务平台

纵向构建多元政务场景

社保、公积金、税务等　车牌付、乘车码　教育云「银校通」　商医云「商医通」　扩展民生缴费种类

线上政务　交通出行　教育　医疗　民生缴费

- ✓ 智慧政务领域，要力争突破东部沿海重点城市、中西部大省及其省会城市。
- ✓ 交通出行场景，要实现100个城市智慧出行项目落地。
- ✓ 银校通缴费学校达到1万所，缴费客户达200万户。

B端　凝聚合力，在大客户、大场景上有更大作为

1 全面推进e企付“双百行动”

年内达到“对接百家平台、实现百亿交易”的“双百”目标。

2 锻造“聚富通”核心竞争力

聚焦产业互联网平台，抓好重点企业营销以及重点项目建设，确保全年新增50家平台型企业。

3 建设“行业+金融”云服务体系

推动财资云、物业云等成熟云场景的复制推广。

按照“聚焦重点、分步实施、确保实效”原则，拓展出行云、景区云等云服务。

□维护信息系统安全，确保安全稳健运营

上半年，在主机交易量同比增长17%的情况下，全行信息系统保持安全平稳运行态势。下半年，要进一步增强安全运营的责任感和使命感，坚持“安全生产第一”原则，全力做好庆祝“新中国成立70周年”等重大活动期间的生产安全保障。

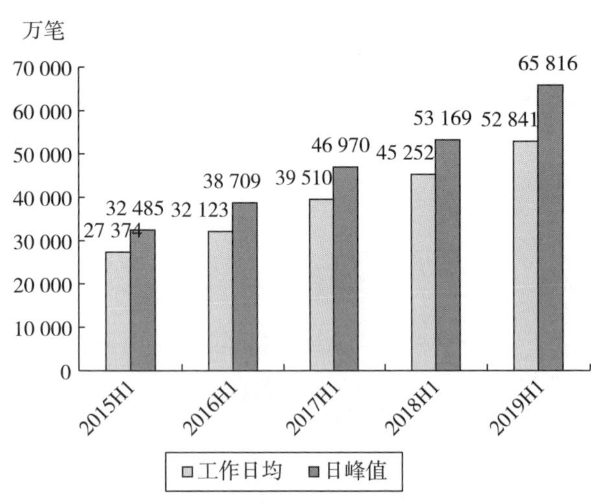

NOVA主机交易量工作日均和峰值情况

NOVA工作日均业务量5.28亿笔，同比增长17%；日峰值业务量6.58亿笔，同比增长24%。

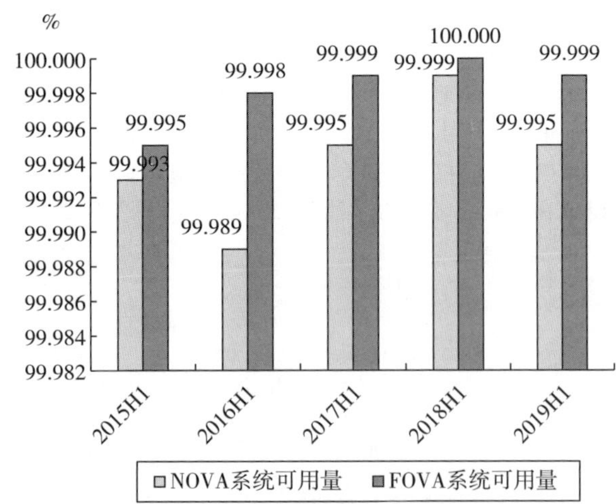

NOVA系统和FOVA系统可用率

NOVA系统可用率99.995%，达到力争指标（99.99%）；FOVA系统可用率达到99.999%。

树立底线意识

- ✓ 提升安全生产意识，特别要增强对涉及重要客户、大额资金、金融市场业务等安全运行的敏感度，绷紧生产运营无小事之弦。
- ✓ 严格落实管理制度和技术规范，加强全流程的风险管理和质量控制。

推动生产运维转型

- ✓ 严格落实程序设计质量控制和预警机制，提高程序运行质量。
- ✓ 提高生产运行监控灵敏度，提升关键系统高可用性和应急处置效率。
- ✓ 增强防范网络攻击能力，夯实信息安全基础。

做好安全保障

- ✓ 要提高政治站位，在庆祝“新中国成立70周年”等重大活动期间，全力做好信息系统的安全稳定运营，确保不发生重大风险事件。

□完善研发机制，加强科技人才队伍建设

上半年进度

➢ 组织架构不断完善
✓ 成立工银科技子公司。
✓ 增设软件开发中心成都、西安研发部。

➢ 研发机制持续优化
✓ 研发资源布局调整，增强对业务部门的端到端服务能力。
✓ 研发模式优化，敏捷迭代需求研发周期缩短37%，版本发布频度提升25%。

➢ 队伍建设有力推进
✓ 持续实施金融科技骨干人才激励计划，队伍的稳定性不断提高，骨干人才离职率较去年同期下降50%。

下半年，要继续推动科技体制机制改革走深走实，持续提升研发产能和科技供给能力，让客户和员工都能真切感受到科技改革带来的红利。

下半年工作

➢ 加大新研发机制推广应用力度。要持续跟进新研发模式的试点项目进展情况，评估实施效果，规范工作流程，逐步扩大试点范围。
➢ 提高金融科技服务供给能力。尽快建立工银科技市场化运作新机制；推进金融科技研究院组建工作，深入开展“ABCDI”等新技术的前瞻性研究及储备。
➢ 加强科技人才队伍建设。年底前，力争软件开发中心成都、西安研发部研发人员分别达到300人；依托工银科技的市场化人才引入及薪酬激励机制，探索引进特定领域的专业人才；加大金融科技人才培训力度，打造“懂业务、通技术”的复合型人才队伍。

2.9　关于风险防控

2.9.1　交叉性风险与市场风险

□管控形势依然严峻

➢交叉性风险突出。6月末，全国交叉性业务规模合计115万亿元，已达到信贷余额的85%；涉及银行理财、券商、基金、信托、保险等各类业务。

➢同业业务风险需要关注。包商银行事件打破同业刚兑，同业业务风险引发高度关注。6月末，我行与重点关注的中小银行表内外业务余额420亿元，其中表外240亿元。

➢市场风险管控难度加大。随着全球经济增速放缓，中美经贸摩擦升级、英国硬脱欧风险难消、各国货币政策预期面临拐点，全球经济金融不确定性增强，可能带来汇率、利率和流动性风险。我行涉及市场风险的表内外资产余额已超10万亿元，金融市场各类交易业务年交易量达到140万亿元。

□交叉性风险

前期主要工作进展

1. 初步建成两大平台

➢建成集团投融资风险监控平台，实现底层数据穿透和客户统一视图。

➢建成集团交叉性风险监控平台，实现关联关系和风险传染路径识别。

2. 稳妥应对包商银行被接管事件

➢排查了中小银行在我行的相关业务和风险情况，做到按日监测。

➢保持同业业务政策、融资、交易稳定，充分发挥大行“稳定器”作用，自觉维护市场秩序。

下一步重点工作

1. 继续完善两大平台功能

从基础环节入手，推动实现“看得清、摸得透、管得住”的目标。

➢扩大业务和数据覆盖范围，提高风险监测的全面性。

➢丰富平台功能，开发压力测试模块，提高风险预警的前瞻性。

➢加快系统功能和数据验证，提高数据的准确性。

2. 加强同业业务信用风险管理

➢在打破同业刚性兑付的背景下，未来金融机构信用分化、流动性分化将更加明显，要有针对性地调整同业授信、融资与合作策略。

□市场风险

前期主要工作进展

1. 优化市场风险治理架构

➢工银亚洲增设高管层市场风险管理委员会，专职市场风险管理审议决策。

➢工银安盛加强风险中台独立性，增强投资各环节的制衡作用。

2. 延伸市场风险管理系统

➢延伸至工银亚洲和华商银行，实现逐级并表计量。

➢延伸至工银国际，对交易账户债券业务进行头寸和限额监控。

➢工银土耳其、工银阿根廷、工银印尼系统建设正在有序推进。

3. 加强产品控制全流程管控

➢工银亚洲、工银标准实现产品控制的每日监控和报告。

➢工银国际独立的产品控制团队，落实债券业务每日监控和报告并实现了事前管控。

4. 完善市场风险限额管理

➢工银亚洲、华商银行市场风险限额纳入集团统一核定。

➢工银标准纳入集团市场风险限额管理体系。

➢审慎核定工银国际债券做市交易组合限额。

➢工银安盛形成限额管理体系，实现系统刚控。

5. 积极应对理财业务风险

➢实现委外机构交易明细系统直连。每日开展底层债券价格偏离和反向交易监测，价格偏离交易数量迅速下降。

➢对企业债发行人进行快速评级。已覆盖全市场92%发行人，解决内部评级无法覆盖非我行客户、外部评级虚高滞后等问题。

➢开展理财投资风险预警。上半年经提示累计退减高风险债50.2亿元。

➢逐步压降无法穿透、超限、未在准入名单机构业务。

➢开展非标债权资产估值验证，强化产品损益分析。

下一步重点工作

1. 以穿透为核心，争取：

➢一是非银子公司投融资业务数据9月底完成入湖，主要包括：工银国际、工银安盛、工银瑞投、工银投资、工银金融、工银租赁、工银资管（全球）的所有投融资业务数据，涵盖贷款、租赁、投行融资、债券、拆借回购、股票、基金、股权投资、非标投资等业务。

➢二是在数据入湖基础上，年底前投产非银子公司风险监测平台，主要实现信用、投资、市场、操作等各类风险的统计、监测、预警与报告。

➢三是对业务复杂、交易量较大、集团系统长时间无法延伸到的工银亚洲、工银标准、工银阿根廷、工银土耳其等4家机构，要力争2020年底前将其全部投融资数据入湖，实现风险计量与风险监测。

2. 加强对交易员监控，加强市场风险前瞻性研究，做好重点机构市场风险管理。

2.9.2　完成私人银行运行机制改革

强化私人银行条线的客户服务职能，剥离投资管理职能。

改革背景		➢监管要求发生变化，资管新规和理财子公司管理办法，对统一理财业务风险偏好提出明确要求。目前主要同业私银业务的产品设计和投资管理均由资产管理部门负责，而我行存在私银部和资管部两个理财资金投资主体。改革代理投资多头管理模式是监管合规的必然之举。 ➢自身主动投资管理能力不足，过度采用委外模式。改革是实现业务稳健发展、有效管控风险的必然之举。
改革方向	三个“转型”	➢从利润中心向直属机构转型。 ➢从产品部门向客户营销服务部门转型。 ➢从产品自主供给向多渠道、全市场产品遴选转型。
改革要点	三个“稳定”	稳定业务：职能剥离、新老划断、存量托管。 ➢新增：新产品发行和投资管理职能移交至理财子公司，统一理财资金的管理主体，进行监管报备、信息披露和风险管理。 ➢存量：存量资产和产品由资管部托管，资产与产品分别建账，存量资产和产品的管理运作分别考核资管部和私人银行部。 稳定客户：统一客户分层、遴选标准，统一管理系统及核算。 ➢产品：私银部在集团内全产品定制或遴选。同时可适量遴选集团外产品。 ➢考核：主要考核客户数、金融资产额和产品销售手续费收入等指标。 稳定队伍：投资管理人随业务走，营销服务队伍保持稳定。 ➢总行：按照新的改革后职能设置，定岗定编，确保私银部本部人员稳定。 ➢分行：做好财富顾问和个人客户经理的衔接，确保分行队伍稳定。

2.9.3　强化操作风险管理与内控案防

目标：坚决守住案件风险率和操作风险损失率监管目标，杜绝发生重大恶性案件和风险事件。

□当前形势

1. 外部监管持续增压，监管行政处罚力度不断加大

✓国际监管保持高压态势。以欧美为主的监管机构持续重拳出击，处罚主要集中在制裁合规与反洗钱、反逃税、反垄断等领域，溯及既往特征明显，呈现从点到面、不断加重的趋势。

✓国内整治金融乱象力度不减。银保监会连续三年治理金融乱象，今年以来重点关注票据套利、资产质量分类、拨备计提、资金流入房地产等领域。人民银行落实FATF互评估要求，提高反洗钱管理标准，增加综合执法检查和反洗钱专项检查，执法力度明显加大。

✓监管处罚金额显著增长。上半年，银保监系统开出1 930张罚单，同比增长12.08%，处罚金额4.93亿元，其中信贷业务以及违规授信、违反审慎经营规则、票据业务、内控管理为前四大处罚事由。人行系统反洗钱工作开出罚单170余张，同比增长124%；罚款金额

约 8 850 万元，同比增长 264%。

2. 案件与风险事件并发，案防形势依然严峻

上半年全行报告案件××起，且涉案金额增幅较大；强化监管监测指标（HRS）案件风险率预估为××%，触发系统预警。上半年报告风险事件××起。千万元以上案件和风险事件数量（××起）、涉案金额同比“双升”。

✓区域分散。陕西、山西、黑龙江、山东、北京、四川、云南、广西、福建、上海、重庆 11 家分行发生案件和案件风险事件。

✓领域集中。信贷业务依然是案件风险高发领域，占比 46.2%，涉案金额占比 92.4%；挪用资金、非法集资等负债端案件仍有暴露，涉案金额较大；监察机构查处职务犯罪力度加大，我行员工被监察机关留置或立案调查的案件 4 起（去年同期为零）。

✓层级升高。二级分行（含营业部）及以上层级案件（风险）共××件，占比××%。涉案人员为各级机构负责人的案件（风险）××件，均属于职务犯罪。

3. 操作风险损失事件数量同比下降，但大额风险敞口不确定性增加

✓集团口径报告操作风险损失事件上半年虽同比下降 14.38%，但损失金额同比上升 18.83%。

□加强业务运营管理

上半年业务运营总体安全平稳。特别是内部账户风险事件同比下降 32.4%，现金营运安全管理有序推进。但个别风险案件也暴露出我们业务运营和网点管理上还有薄弱环节，突出表现在：

➢部分分行、业务部门重营销、轻管理的问题仍然存在。

➢岗位轮换执行不严格。

➢部分运营主管素质不适应岗位要求。

➢分行特色业务管理依然存在薄弱之处。

下一步重点工作

各行要压实主体责任，紧盯重点领域和关键环节，持续提升专业素质和履职能力，切实守好业务运营风险管理第一道防线。

➢加快内部账务核算体系建设。要做好其他应收款科目核算新体系的试点投产，加快推进其他应付款手工挂账场景梳理。力争 2020 年全面完成重点科目内部账务核算体系的建设。

➢强化现金营运安全管理。要加快信息化现金物流体系建设，完善管理机制，加强过程控制，提升风险管理水平。

➢加大运营主管队伍建设力度。要重点加强运营主管培养储备、岗位激励、晋升发展，建立人员管理长效机制，确保队伍能力素质符合风险管理要求。

➢加强分行特色业务管理。要明确制度规范和管理意见，强化外部系统管理和风险刚性控制。各分行要承担起特色业务管理责任，提升客户服务和风险管理水平。

□推动反洗钱重点工作落地

1. 抓好客户身份识别专项治理

要按照“治存量、控增量、建机制”的总体思路，分类、分层、分步开展 KYC 综合整治。

✓治存量：重点解决“非实名”、证件过期、证照注吊销、信息错误等监管关注问题，提高客户信息真实性、完整性、有效性。

✓控增量：优化批量开户、非柜面渠道开户流程，加强对客户身份基本信息要素录入的硬控制，把好客户准入关。

✓建机制：各业务部门要切实担负起客户身份识别主体责任，特别是要明确对公客户 KYC 牵头部门，从制度、系统、流程等方面落实反洗钱要求，强化对受益所有人等重点客户的尽职调查和风险管控。

2. 加强反洗钱中心建设及人员管理

各行要按照“集中做、专家干、统一管”的总体要求，进一步完善反洗钱运行模式和工作机制，加强反洗钱人员配备，提高反洗钱工作质效。

✓集中做：尚未完成一级分行“集中做”的分行要加快改革进度，高标准、高质量建设反洗钱中心。

✓专家干：要配备充足的反洗钱专职人员，组建反洗钱核心团队，实施名单制管理。

✓统一管：通过制定工作标准，量化考核等手段，对反洗钱专职人员的准入、考核及退出实施统一垂直管理。

3. 提升反洗钱系统功能

要充分运用信息技术和科技手段，打造智能化、数字化反洗钱信息系统，增强反洗钱系统支持服务功能。

✓开展上游数据治理：投产全新境内反洗钱系统，持续推进上游数据治理，减少大额及可疑交易明细手工补录量；做好监管检查数据提取数据验证。

✓推进智能反洗钱 3.0 建设：提高可疑交易监测模型精准度和智能化水平，降低交易预警量；加强重点上游犯罪类型、高风险业务的监测、报告和风险管控。

✓加强反洗钱专业应用：推动客户洗钱风险分类结果在各业务领域的应用；建立差异化的业务办理标准、产品使用限制，做好客户风险防控。

4. 构建境外反洗钱合规长效机制

各境外机构要坚持问题导向、目标导向和时间导向，着力解决监管关注的突出问题。

✓完善管理制度：制定《境外机构反洗钱管理办法》，逐步构建层次清晰、覆盖全面的境外机构反洗钱制度体系；境外机构要对标总行和属地监管要求，完善内部制度和流程。

✓启动 KYC 专项治理：实现“客户定义有规范、身份识别有标准、尽职调查有工具、信息输入有依据、

信息输出有口径”治理目标；境外机构要明确 KYC 政策，统一客户信息系统。

✓抓好重点机构整改提升：欧美等重点机构要突出抓好监管发现问题整改，总行部门要加强督导和支持；坚持“当下改”和“长久立”相结合，整体提升境外机构反洗钱合规水平。

□落实各项责任要求

1. “管住人、看住钱、扎牢制度防火墙”，确保不发生重大恶性案件

✓抓履责：班子要落实案防主体责任、监督责任、整改责任。“一把手”要专题听取班子成员案防履职汇报，研究案防策略与措施。

✓重警示：深入开展“压实责任年”主题活动，加强案件警示教育，强化员工合规意识，树牢底线思维。

✓强控制：强化系统硬控制和系统联动控制；严格落实关键岗位轮换制度。抓好各专业内部控制手册和新版内控评价办法的落地应用。

2. 建闭环，控大额，实现操作风险全流程管理

✓建闭环：构建“产品→业务流程→风险环节→内部控制”风险管理模式，将实质风险控制嵌入业务前端和全过程，实现操作风险全流程闭环管理。

✓控大额：建立大额损失事件预估、报备与审核机制；强化大额损失事件预警、应对和处置工作。

3. 坚决守住案件风险率监管目标

✓全方位：对照案件风险列表，总行部门要全方位“扫描”，评估和预防案件风险；分行要全机构、全员、全业务、全客户“普查”案件风险，排查风险隐患。

✓抓“四早”：做到早识别，早预警，早发现，早处置。

✓防“三违”：防范违规操作、遏制违法经营、杜绝违法犯罪。

✓做扎实：精准有效处置“八大领域”风险，突出抓好信贷领域案防。要认真排查支付结算、存款理财领域的案防盲点，防范挪用资金、非法集资类案件风险。

4. 压责任：加大问责力度

✓构建完善“规定—办法—实施细则”立体化网格化责任认定制度体系。

✓落实责任追究机制，强化“问严、问精、问准”，加大管理责任、领导责任问责力度。

✓从严查处员工违规行为，做到合规有责，违规必究。

5. 严约束：加强整改落地分解、督导评估

✓严格落实“错误得到纠正、责任得到追究、风险得到控制、管理得到改进、文化得到提升”五项新的整改标准，做到举一反三，闭环管理；构建“先部门、后机构”的整改任务分解机制，强化“双线整改”，压实整改主体责任。

✓推进整改工作督查评估，坚决治理虚假整改、形式整改、虚假问责。

✓做好综合整治问题整改和监管问题整改，巩固治理成果，提升整改成效。

在中国工商银行2019年第44次党委（扩大）会议上的讲话

谷 澍

（2019年10月24日·根据录音整理）

第三季度，全行经营态势总体平稳。从拨备前利润、营业收入、利息净收入、中间业务收入等主要指标来看，无论是增幅，还是绝对额，都处于市场领先的位置。但从第四季度以及明年的情况看，全行经营压力依然较大，需要集中精力推动解决一些事关全局和长远的重点难点问题，为未来发展增添后劲。对四季度工作，一会儿董事长还要作指示，我结合部门汇报，谈需要重点关注的六个方面。

一、关于资产质量管理

前三季度，尽管全行信贷资产质量核心管控指标向好，但风险防控的形势不容乐观、难度不容低估。剪刀差这个前置指标，9 月末的余额是 316 亿元，但在月中结息日时高达 1 600 亿元，反映出质量管控基础并不牢固。对此，我们在逾期贷款的管控上，还要更前瞻、更有效。目前全行剪刀差主要集中在个贷，公司贷款的剪刀差已为负数，第四季度要把剪刀差压降的重点放到个贷上。重点分行，要力争有所突破。对于减负时机比较

成熟、清收处置条件都已具备的分行，第四季度可在全行“大盘子”总体平衡的前提下，支持其在解决资产质量问题上重点突破，使其能够在未来轻装上阵。重点客户，如天津物产、海航集团、宁波银亿等，不仅分行要挺在前面，总行更要直接跟踪、直接抓到位，千方百计做好风险缓释化解，确保不良资产处置整体有序，防止几个大户风险冲乱全局盘子。

二、关于信贷投放把握

对贷款的总量和结构，第四季度要有一个平衡安排。总量上，在外部环境更趋严峻复杂、国内经济下行压力加大的背景下，为经济平稳运行保驾护航，是我们国有大行义不容辞的责任。要统筹考虑贷款需求、监管要求、同业投放等情况，既不过于激进，又要保持应有的信贷支持力度。结构上，一要及早谋划制造业贷款投放。支持制造业高质量发展，是从党中央、国务院到监管部门都非常重视的一个领域。考虑到贷款集中到期、发债规模扩大及不良资产处置核销等因素的叠加作用，全年要保持一个符合计划和预期的增长，还需要做大量工作。第四季度要按月做好制造业贷款的分析和进度督导。二要把握好个人住房贷款投放。在符合监管要求的前提下，个人住房贷款要尽量保持增量优势。要落实董事长提出的要求，把房屋抵押消费贷款做好。

三、关于存款工作收口

今年全行存款增势较好，年底前要分兵把口、做好收口工作。个人金融业务部要做好旺季营销活动的各项准备，确保在11月份提前启动。要谋划好今年旺季营销的工作重点，突出薄弱环节，突出重点机构。机构金融业务部要高度关注军队存款顶层账户结构性变化带来的巨大考验，主动跟踪资金流向，牵头做好营销摆布，全力维持我行整体市场占比。资产负债管理部要采取有效措施控制存款付息成本，遏制过快上升势头，推动量价协调发展。

四、关于中间业务收入

第三季度中收增速有所减缓，第四季度要把增收工作做实，确保完成全年任务，并为明年工作打好基础。信用卡分期在全行中收中占有很大比重，但今年以来与主要可比同业的差距有所拉大。要在汽车分期收入减缓的情况下，抓好装修分期等新品种营销，抓出新的增长点。大资管要尽快扭转收入过快下滑态势。今年我行大资管收入的下降幅度在可比同业中是偏大的，去年我们降幅最少，两年下来降幅已经到了各行平均水平。大资管相关部门务必要紧张起来，做好分析摸底，提出针对性增收措施。公司、投行在全年任务基本完成的情况下，不能出现松懈，而是要主动挖潜，做到应收尽收。11月初，总行要召开一次行长办公会，专题研究第四季度中间业务收入情况，财务会计部汇报中收安排工作，信用卡、资管、公司、投行等相关部门参会。

五、关于新系统推广

现在，金融科技发展进入一个新阶段，各家银行都在推进主机系统向分布式转化。我行在科技领域一直处于领先地位，但相比较而言，我们的宣传推广工作做得还不够。ECOS发布会是一个很好的宣传推广契机，相关业务部门要确保工程实施按计划落地，做好发布各项准备，面向全社会集中展示我行科技创新成果，巩固和扩大同业领先优势。

六、关于案件防控工作

今年全行发案集中在信贷领域，占到总量的一半左右。下一步要采取硬措施遏制案件反弹高发势头，彰显与工商银行整体实力和形象相匹配的管理能力和水平。明年信贷领域案件要坚决降下来。特别是要注意做好两件事。一是个贷审批集中。总行全面从严治党从严治行推进会上通报的几起个贷案件，实际上都和审批集中不到位有关。总行个金部要加强检查督导和跟踪问效，年底前没有完成集中的，个贷业务一律停办。二是真实性审查。因信贷信息真实性问题，已连续发生多起案件，尤其是在贸易融资领域十分突出。为此，总行决定对特定业务在中台增加真实性审查岗位，但推进的速度比较慢，原因有两方面。一方面是思想不统一。有些分行和中台部门的同志存在顾虑，认为责任界定不清晰。这里再次强调和明确，如果这方面出了风险问题，前台和中台都负有责任。中台部门不会因为不设这个岗就可以规避责任。下一步总行要开专门的视频会，统一思想认识，强调工作要求，尤其要把责任问题同全行讲清楚、讲透彻。另一方面是二级分行的推广问题。现在真实性审查岗在一级分行试点，二级分行自行决定。但如果二级分行有相关业务，又不设岗，应该如何处理？这里也做个明确，凡是做总行要求进行真实性审查的业务，二级分行就有真实性审查的责任。如果不设专岗，也必须把责任严格落实到主审查人身上，严格落实各项规定动作。或者将这类相关业务上收到一级分行进行审查。

解放思想　勇于创新
坚定不移走工行特色网点转型发展之路

——在中国工商银行网点工作会议上的讲话

谷　澍

（2019 年 1 月 26 日）

这次网点工作会议是在我行由传统大行向现代化强行跨越关键时期召开的一次重要会议，主要任务是全面总结过去五年网点竞争力提升实践，立足工商银行长远发展，分析研判趋势，主动谋划工作，动员全行解放思想，勇于创新，推进网点转型发展。下面，我代表总行党委讲几点意见。

一、过去五年网点竞争力提升取得阶段性成效

过去五年是信息科技飞速发展带来广泛影响、深刻变化的五年。面对金融创新活跃、银行生态改变、客户行为变迁，全行主动作为，顺势而为，聚焦网点总量、结构、客户、产品、人员、运营、效能，于 2013 年全面启动网点竞争力提升“七大工程”，推动网点实现了内涵式升级发展，经营面貌发生了积极变化，客户体验和窗口服务能力得到了有效提升。

（一）网点总量、布局“双优化”。五年来，全行主动跟随区域经济发展、人口要素分布以及新市场新客群兴起等变化，按照积极稳妥、进退有度的原则，综合运用“撤、迁、优、改”组合拳，从网点总量布局、业态布局上，对超过 1.1 万家网点进行了资源优化和全面调整。其中，撤并贡献少、不适应发展需要的低效网点 1 100 多家，向优质区域迁建网点近 2 000 家，打造旗舰网点 2 100 多家，装修改造网点 6 000 余家，持续探索优化新型网点业态结构，提升了对核心区域、潜力市场、优质客群的服务覆盖能力。

（二）网点运营能力、人员结构“双改善”。五年来，在不断推进运营标准化、规范化的基础上，近两年又着眼于网点服务运营能力的增强，调整网点功能布局和高低柜口设置，推进网点岗位整合优化，将网点岗位“由 7 变 4”，实现了人员兼岗流动、灵活调度，通岗人员占客服经理的比重大幅提升到 75%，一个分工协同、有机融合、运营高效的新岗位体系基本形成，厅堂和柜面服务营销力量同步增强。依托人力资源“两张表”，解决“人从哪里来”和“人到哪里去”的问题，持续推动网点人员降总量、优结构，网点人员累计净减 3.3 万人，占全行人员总量的比例首次降到 50% 以下。

（三）网点智能化服务功能、生态“双升级”。五年来，简单、标准化的业务继续加快向线上和自助渠道分流，线上对线下业务的替代率已达到 93%。在业内率先建立了智能化网点体系，去年，使用智能设备的活跃客户数量已经超过柜面客户数量，达到 4.7 亿人次；全行个人客户新增 4 100 多万，使用智能设备开户的客户约有 2 100 万。“互联网 +”创新技术在网点落地应用，网点 WiFi 活跃客户超过 6 000 万，“工行服务”小程序访问量超过 3 500 万人次，网点的现代化气息、科技感日益强烈。把互联网共享融合理念融入网点建设中，探讨网点金融元素与周边生态“1 + 1”，打造了 1 000余家店中店、校园店、军人店、书香银行等特色网点，充分利用专业化能力、差异化优势，形成以网点为重心、以场景为依托的生态圈，加快我行金融服务向客户生活、商户经营场景的融合渗透。

（四）网点客户体验、口碑形象“双提升”。五年来，全行因需而变、因变而变，解决痛点，关注焦点，通过五星级网点创建、服务提升工程、服务现场督导、“服务面貌专项整治季”等一系列综合治理、标本兼治的措施，推动“客户为尊、服务如意”的理念深入人心、自觉践行。在风险可控前提下进一步梳理业务、简化流程，推出组合服务、柜面双屏、个人业务无纸化等服务举措，实现了业务办理“一次核查、一次授权、一次签字”和全程透明化，客户和基层员工体验更加友好。开展“工行温度”主题宣传，积极传播我行服务先进典型，主动塑造我行高品质的服务形象，朝着建设“人民满意银行”目标不断迈进。

（五）网点管理效能、价值创造“双增强”。五年来，调动各类资源赋能网点。在考核支持上，实施网点五级分类评价，出台了网点考核指引，通过考核指挥棒，使总行决策部署在“最后一公里”有效穿透，使各类网点在争先晋位中积累优势；科技支持上，初步建立网点“一点一策”经营诊断体系，推广网点援助保障系统、服务营销支持系统，投产应用数据挖掘、画像分析、智能推荐等新工具新技术，总分行对网点经营管

理、营销服务、风险控制等支持更加有力、精准、高效；产品支持上，针对不同客户群体，强化产品渗透的精准性、有效性，获客、黏客能力不断增强。到2018年末，全行网均个人客户、对公客户分别为3.79万户、501户，分别较2013年末提升48%和37%，实现稳步增长。客户基础的巩固带来了业务稳定的增长，网均各项存款、储蓄存款、中间业务收入均位列四行第一，分别比2013年末增长52%、35%和25%，网均价值创造能力领先同业。尤其是去年，全行实现了储蓄存款日均增量、时点增量同业排名“双第一”的五年最好成绩。

五年来的新探索、新实践，我们摸索了一些规律、积累了一些经验，全行要认真、全面地总结，并加以运用和推广。一是坚持科技驱动与为客户创造价值相统一。变是常态，我们唯一不变的是为客户创造价值，让技术进步敏于客户体验、长于服务创新。网点对客户金融需求变化具有即知即觉的优势，只有从客户开始再回到技术创新，准确找到客户的需求和满足这些需求的先进方式，使科技创新成果转化为客户关心、期盼的金融服务，这才是网点竞争力提升的初心和原点。二是坚持顶层设计与基层首创相结合。顶层设计是路线图，基层首创是试验场。顶层设计必须坚持目标导向、整体导向，有效衔接“自上而下”和“自下而上”两条路径。基层首创必须突出问题导向、客户导向，关注差异需求，解决实际问题。大方向定了，尤其要注重鼓励和发挥基层的积极性、主动性、创造性，聚焦新技术应用、线上线下有机融合。三是坚持长远发展与短期提升相衔接。网点竞争力提升是一项长期、系统的工程，是关系工商银行发展根基、影响20万网点员工的大事，远不是增加几项功能、提升几项指标、优化几个项目那么简单。网点竞争力提升必须着眼长远，谋定而后动，必须坚持科学规划、注重质量，聚焦阶段任务，在远近衔接上下功夫，把长远目标落实到当前的一件件具体事情上，赋予当前工作以长远的意义，找准当前与长远相结合的发力点，排出优先顺序，一件事情接着一件事情干，一年接着一年干。四是坚持全面推进与重点突破相协调。全面推进，才能统筹协调，把握大局；重点突破，才能以点带面，激发动能。在网点管理上，任何时候都不能“一刀切”“齐步走”，必须因地制宜，分类指导，尤其注重支持重点区域、重点城市机构争当排头兵，在网点竞争力提升上作表率、争第一，多走一步，走快一步，引领全局、带动全局。五是坚持网点竞争力提升与增强一线员工获得感相融合。竞争力提升的主体是员工、动力也来自员工，只有满意的员工才能创造满意的服务、只有满意的服务才能缔造满意的银行。推进网点工作必须围绕竞争力提升的深层次问题，围绕关系员工切身利益的困难，既松绑、减负，又激励、赋能，激发内生动力，调动员工活力，才能使服务文化、家园文化和“奋斗＋落实”精神在网点得到最鲜活体现、最生动诠释。

五年来网点发展取得的成绩，是全行干部员工担当作为、求实创新的结果。在这里，我代表总行党委向所有为网点竞争力提升工作作出贡献和付出努力的各分行、各部门，尤其是向奋战在网点一线的广大干部员工表示衷心的感谢！

二、深刻认识网点转型发展是关系工商银行改革发展的全局性任务、历史性任务

网点在工商银行发展进程中一直扮演着重要角色，发挥着重要作用。1984年我行成立之初，承接了人民银行几乎所有的基层机构，拥有办事处、分理处和储蓄所等各类网点1.66万个，与我们今天的网点数量相当，网点数量最多的是90年代，超过4万个。无论是哪个时期，无论数量多少，网点作为经营管理的基本单元和业务发展的前沿阵地，承载着客户、产品、业务、员工、技术、品牌等各类经营要素，是全行服务千家万户、联通工商百业的重要窗口，更是长久以来老百姓身边看得见、摸得着、信得过、熟悉温暖的“金字招牌”。当今世界，正在经历一场更大范围、更深层次的科技革命和产业变革，在数字化经济大潮的裹挟下，面对服务体验化、经营生态化、管理智能化为特征的商业行为变化，银行网点不可避免地受到深刻影响和强烈冲击，其生产方式、组织形式、运行模式有可能面临颠覆式重构。旧的手段方法不管用，新的规律经验还不多，搞不好，网点传统的东西没坚守住，新生事物也没干成。网点向哪里转型？网点如何转型？网点总量的平衡点在哪里？这个关系工商银行当前与长远、局部与全局的重大课题紧迫地摆到了我们面前，是对全行上下尤其是对在座各位经营智慧、经营能力的一次大考。这里，从两个方面辩证地来看待。

第一，新时期网点仍然是全行重要的战略性资源和难以复制的核心竞争优势。我行是网点大行，绝大部分业务在网点落地，网点人员占到境内分行人员总量的近一半。网点不仅承担着全行经营主阵地和服务主渠道的作用，还承担着服务社会民生、展示形象信誉的重要职能，具有举足轻重的地位。具体从五个方面来看。

网点是重要的利润单元。从价值贡献看，网点整体利润贡献虽然近年来有所下降，但在全行仍占相当比重。网点到店客户星级优于全行平均水平，户均资产是全行平均水平的3.2倍，户均持有产品数是全行平均水平的1.5倍。网点直接从事经营，直接面对客户，可以说，全行之所以能够保持利润的持续稳定增长，网点功不可没。

网点是复杂交易的主要场景。从交易渠道看，过去一年，与我行发生交易的客户中，不到10%的客户仅在线上交易，40%左右的客户只在线下交易，50%的客户在线上线下都交易。其中，超过90%的线上交易主

要是转账汇款等简单、标准化业务。账户类、存款类、贷款类、投资理财类产品销售主力渠道在网点，其中，全行超过50%的投资理财类产品、超过90%的保险和贷款产品销售来自网点，这说明复杂、高价值的零售产品销售对网点的依赖性仍然比较强。

网点是客流量的稳定器。从到店客流看，目前全行每年有超过6亿人次的到店客流，这是一座亟待深度挖掘的“富矿”。我们讲客户战略，客户是基础，是一切业务发展的前提，而到店客流是我们拓展客户、开展营销服务、挖掘客户潜力最重要、最经济、最有效的途径，目前全行一半以上的融e行、工银e生活等线上客户就是在到店客流中识别、拓展出来的。还要看到，近两年，随着移动互联技术普及应用趋于饱和、客户交易习惯逐步形成固化，网点客流量下降的速度开始出现放缓迹象，预计未来1～2年，银行网点客流量有可能从逐年下降转变为基本保持稳定。对一家网点来说，基本到店客群的长期稳定非常重要，是赖以生存和价值创造的源泉。

网点是有温度的服务纽带。从客户体验来看，工商银行网点本身就是一块“金字招牌”，老百姓对工商银行情感上的信任和依赖是长期积淀、悉心培育的，是极其宝贵的。目前我行网点为近10万户小微企业提供融资服务，为超过1 000万退休职工发放养老金，每天处理的各类社会缴费服务高达47万笔。作为服务行业，我们面对的不是一笔笔枯燥的业务数字，而是业务数字背后有情感、有生命力、有个性的消费者。随着客户换代、金融消费升级，客户进入更关注个性化、体验化、情感化的金融消费新阶段。网点不仅是处理复杂业务、支持客户个性化服务的阵地，更重要的是，在与客户形成更加紧密、更加信任、更加满意的关系上有着不可替代的纽带作用。

网点是银行的独特优势。从互联网金融竞争趋势看，近两年来，随着线上获客和运营成本的持续攀升，线上流量红利逐步衰减，实体渠道的价值越来越受到关注和重视。以BAT为代表的互联网巨头纷纷发力，加快布局线下渠道，尽管铺设速度很快，但无论是总量上还是布局上，都无法同银行既有的网点体系相比。银行庞大、成熟的线下渠道网络成为很多互联网企业难以企及的竞争资源。

第二，推进网点转型发展必须从根源上找准问题和破解难题。经过过去五年的努力，全行网点竞争力全面提升，但竞争力提升永无止境，网点转型发展也是一个与时俱进、动态调整优化的过程。面对外部经营环境尤其是数字化时代正在发生的一系列重大趋势性变化，我们在网点经营发展上的不适应问题显得越发突出。主要表现在：

一是总量结构与市场资源的契合度还有待进一步提升。近几年全行加大力度推进网点优化，但网点总量多与发展快、潜力大区域网点投入不足的问题依然并存，网点的结构与区域资源禀赋、城市功能拓展、人口迁徙还不够契合。从全行整体看，业务规模小、盈利能力差、增长乏力的微利甚至亏损网点仍有近700家；开业三年以上且各项存款3亿元以下的网点有2 800家左右，占到网点总量的17%，占用人员超过2万人，但对全行存款的贡献不到3%，网点优化空间还很大。从区域分布看，过剩与不足并存。比如，在西部地区、东北地区，和这些地区GDP在全国的占比相比，网点总量偏多，在深圳等发达区域，网点总量、密度尚有新布局的空间。特别是城市区域内部分布问题更为严重，网点调整滞后于城市发展节奏的情形在全行共同存在，比如广州、贵阳还有不少网点扎堆在增长乏力的老城区、老社区、老厂区等“空心”地带，近三年全行每年搬迁调整网点的数量仅占总量的3%，又如太原、兰州等大型城市行过去五年仅迁建了几家网点。过去几年，我们把很多精力放在了低效网点，尤其是欠发达地区的低效网点，和这些低效网点对全行的贡献相比，占用工作精力过多，而对非低效网点的布局研究不够、投入不够、优化不够，对发达地区的低效网点关注不够、引导不够、调整不够，总量问题掩盖了结构问题，长此以往会大大削弱全行的竞争能力。

二是网点对客户尤其是新生代客户黏性还在进一步下降。“线下交易自助化、线上交易移动化”已成为趋势。近年来，全行网点柜面日均业务量以每年超过10%的速度下降，柜面日均业务量降到470笔，不足100笔业务的网点超过900家。受此影响，相当数量的网点日均柜口开工不足1个。同时，受去现金化以及监管政策变化影响，ATM交易量也出现快速下滑，2018年同比下降近20%。更令人担忧的是，我行4亿有效客户中过去一年约有22%的客户未在任何渠道上办理过业务，全行到店客户的年均减少量在5%左右。到店客户的平均年龄呈向上迁徙趋势，55岁及以上客户占柜面渠道服务客户的比例达33%，“80后”“90后”新生代群体的金融需求大部分完全实现线上化、自助化。如果远程认证等身份核验技术进一步成熟，更多业务即可实现线上化闭环，客户离柜、离店趋势将更加明显。

三是经营业态探索还没有取得实质性成效。目前，全行智能化网点占比达98%，智能设备覆盖了90%以上的个人非现金业务，通过智能设备新开个人账户占比超过了80%。智能化改造提高了业务处理效率，减轻了柜面服务压力，拓展了新客户，但还不能说智能化改造对网点运营模式产生实质性、革命性改变，在网点业务向线上迁移和客户不到店的趋势下，智能化改造应该只是一个过渡性手段，不是网点转型的根本目标。同样，在网点轻型化改造过程中，一些分行针对业务增长乏力的低效网点，通过撤柜口、缩面积、减人员等方式降低成本，实现止血解困；还有少数分行将轻型化仅作为保留牌照资源的手段，将该撤并的网点转型为轻型化网点，由于牌照申请存在一定难度，这种做法可以理解。但从效益的角度看，这些网点经过轻型化改造后，功能更单一、人员更紧缺，难以实现重塑造血机制的预期，以致业务停滞不前，甚至竞争力有所下降。各行应加强与监管部门的沟通，积极争取监管部门支持我行主动服务经济结构调整和城市布局变革，加快网点布局优化，在服务覆盖空白与不足的区域新设网点。

四是线上线下一体化还没有全面破题。在线下，我行网点经营仍固守厅堂，以交易处理等基础服务为主，目前柜面 150 个常用交易中，近 80% 的长流程业务还没有实现线上运营，成为影响客户体验的重要因素。在线上，尽管启动实施 e－ICBC 3.0 战略，取得了较快发展，但与互联网企业相比，我行在线金融服务能力还有一定差距，难以反哺线下渠道，线上渠道在触达客户和营销转化方面的优势还没有充分发挥出来。线上线下一体化的发力点仍以网点为核心、以到店为前提，能够显著提高网点营销服务能力的有效场景还不够丰富。线上与线下渠道统筹规划和协同发展不够，存在很多割裂和断点，尤其是在长流程服务过程中衔接不畅，距离“一点接入、全程响应”还有一定差距。客观地讲，全行线上线下一体化还没有治好“痛点”，除掉“堵点”，全面破题。

五是管理模式还不够精准到位。这个问题网点反映强烈，减负呼声十分迫切。从目前情况看，网点职能过载、定位不清的问题仍然突出。网点作为全行经营管理链条的终端，需要应对“上面千条线”，包括各类营销、服务、运营、内控等工作任务和考核指标，还承担着报告、报表等繁杂的行政性事务。上级行各专业部门对网点资源争相调度，导致网点工作负荷超重，在市场拓展和客户服务中无法投入更多精力和资源。部分网点考核指标仍然偏多，专业和机构“条块”考核上有时存在一定矛盾，尤其是分行层面到网点、到人“最后一公里”的考核解决得不够好，很多网点仍以“产品销售多寡论高低、产品变现大小论输赢”，员工在拓展与经营客户中仍以“总量”为主，没有形成与全行战略导向相一致的重质量、打基础的营销服务合力，长此以往将损害发展根基。

网点是窗口、是阵地、是形象，是工商银行最为宝贵的资源，但宝贵资源不是简单地指数量，没有过硬的质量，数量再多，也无法体现出工商银行的实力。只有质量提升了，服务社会民生的力量才更强，服务企业百姓的效果才更好，我们国有大行的责任担当才能更好地得以展现。所谓宝贵资源，是指我们每一个网点都能做到作战能力强、单产效能高、营销服务好、基础管理优，成为工商银行专业、精神和风貌的具体体现。综合考虑外部环境变化、同业竞争需要、自身经营发展要求等多种因素，从总量上看，全行网点总量偏多、结构不优与质量不高并存，必须下决心进行深度优化调整。对网点总量上的调整优化，不少分行存在畏难情绪，特别是网点总量需要压缩的分行，担心出现短期存款总量下滑、配套人员调整、区域形象受损等一系列问题，解决起来比较复杂。但要认识到，在发展大趋势和大格局下，如果不主动优化调整，可能我们就会面临“逆向调整”“被动调整”，将短痛变成了长痛，将资源变成了包袱。同时也要算好结构调整的发展账，通过人力资源的进一步优化，通过新业务、新客户的投入和拓展，结构调整将会带来高质量发展、带来新的红利。在这个关系工商银行长远发展的大问题上，我们一定要保持清醒头脑和判断，把握住趋势，不能犯历史性错误。也要认识到，没有网点高质量高水平发展，就没有全行强大的竞争力，新时期全面提高网点发展质量和水平是推动建设现代化强行的必然要求。在金融服务网络化、移动化，人们生活消费方式发生深刻变化的大背景下，推动网点转型发展不是数量增减、简单重复，不能再沿用过去那种一般化、普遍化、常规化的思路和做法，不能再简单地划出延长线、相加线，而要划出提升线、加速线，动员全行尤其是一、二级分行解放思想，更新观念，立足现实，勇于创新，推动网点以更多新途径、更多新模式，努力实现发展质量和水平的螺旋式提升。

三、深化网点转型发展的总体思路和目标任务

对我们这样一家拥有万余家网点、庞大规模体量的银行来说，在深化网点转型发展上没有现成模式照抄照搬，但我们也不是在白纸上画图，现行的理念、制度、流程，现有的市场、客户、服务，都为我们提供了历史经验和创新基础。当然，推进网点转型不可能一蹴而就，存在不确定性，还可能会经历阵痛，甚至付出一些代价，但在方向问题上我们不能错、不能动摇。

（一）总体思路。当前及今后一段时期，全行网点转型发展的总体思路是：坚持以全行整体发展战略为引领，以金融科技为支撑，以服务客户为出发点和落脚点，以“优化调整、减负赋能、智慧转型、协同运营、生态建设”五大工程为重点，深入推进网点“专业化、智慧化、体验化、轻型化”和线上线下一体化，打造科技强、管理优、协同好的新一代网点体系，实现网点价值创造力、市场竞争力、客户服务力、风险控制力领先目标，不断提高金融服务便利性和可得性，努力建设人民满意银行。

“专业化”，银行是吃专业饭的，没有专业化就没有稳固客户、没有市场地位、没有行业尊重。专业化体现在对客户精准定位、精准服务上，体现在面向不同细分客群提供复杂、高附加值、定制化服务的竞争能力和优势上。在激烈的同质化竞争中，每家网点都要潜心打造“非你莫属”的专业化能力。

“智慧化”，不是智能设备的简单叠加，也不是业务从线下到线上的简单迁移，而是以客户为中心，深化大数据方法、工具应用，抢占智能高位，更透彻地感知客户，更敏锐地洞察客户，更智慧地服务客户。

“体验化”，未来网点竞争将更多地体现在谁能为客户提供更有吸引力的极致消费体验上。要抓住客户体验这个致胜根本，通过场景交互、浸入体验、智慧服务等手段，推动客户服务从“到店交易办理”向“逛店体验定制”“商圈智慧体验”的更高阶段升级。

“轻型化”，不是指规模小、面积小、人数少，不是降低成本的简单手段和单一功能的代名词，不是延缓低效网点调整的对策。轻型化是网点的轻资产运营、强协同发展、高效率竞争，背靠的是强大的集约运营平台和智慧大脑支持。要“一点一策”对轻型化网点进行深度改造，把创利能力和市场竞争力作为评估轻型化网点成效的主要依据。

（二）目标任务。在经济社会发展的不同阶段，银行网点的功能定位也有所不同。新时期全行网点的功能定位要立足四个方面，即要成为服务实体经济和民生普惠的重要载体，成为营销拓展的基本阵地，成为场景体验的落地平台，成为展示形象声誉的重要窗口。与网点功能定位相匹配，与全行经营发展大局相协调，新时期网点的总量结构、价值贡献、人员业态、线上线下布局以及内部管理等方面要同步优化、同步强化，具体目标任务是：

在总量结构上，按照“降总量、优布局、增产能、提形象”目标，未来五年，全行每年网点总量净减300家，每年完成网点布局优化600家，通过战略性调整和结构性优化，实现五年网点总量净减1 500家、布局优化3 000家的目标。要正确地理解和看待网点总量结构优化目标。我们不能犯方向性的错误，要有一个总量瘦身的方向性目标，同时，这一目标可以根据经营环境变化做进一步的修正、调整，但结构性的布局优化目标是最低标准的要求。要有序推进网点的“进、退、调”，实现区域间、城际间、城市内功能板块间的总量结构相对平衡。主要从低效网点分布集中的东北地区、西部地区、中部地区收缩，保持直辖市行、直属分行、省会城市行网点总量基本稳定；从人口净流出的四五线城市收缩，加大向国家中心城市、重大区域战略节点城市、新崛起城市的投入；从高密度、资源匮乏、增长缓慢的功能板块收缩，加大向经济金融资源富集、增长较快的新兴区域、活力区域、空白区域的投入。继续推进网点亮化提升，按照每年网点总量12%～15%的比例，对存量网点进行装修改造，网点基础环境差、历史欠账多的分行可以按更高比例掌握，力争经过几年，全行网点环境面貌整体呈现出生机活力。过去几年，全行固定资产投入中网点建设占了较大比重，去年这一比重又有较大幅度的提升，未来几年，总行将会继续加大对网点建设方面的财务资源投入，充分保障网点布局优化、装修改造等各项工作合规、有序完成既定任务目标。

在价值贡献上，未来五年，确保全行网点的网均及人均存款、利润保持四行第一，并逐步扩大领先优势；50%以上分行的网点存款、利润指标要优于当地四行平均水平；4家直辖市分行与80家重点城市行网点网均及人均存款、利润实现当地四行同业领先。网点的价值创造力、市场竞争力以及对全行的利润贡献不断提升。

在人员布局上，网点的背后是人，人员不转型，网点转型就是一句空话。要充分利用好未来几年全行人员退休高峰窗口期，进一步加大网点人员结构调整力度。对网点柜面交易量、到店客流量进行测算，建立业务量考核机制，在此基础上，做到“一减一增”。“一减”，就是减少业务技能单一或从事简单服务的人员；“一增”，就是增加为客户提供专业一站式金融服务的综合型人才。要配套做好转岗安排和技能培训，避免“简单转身”，对其中表现优、能力强、潜力大的员工，要尽快充实到新兴业务条线、客户经理等价值创造力强、投入产出比高的领域和关键岗位。要充分考虑网点一线人员职业发展，提升网点岗位价值和吸引力，使大学生等优秀人才愿意扎根网点、服务基层。争取用五年时间，实现网点人员结构调整3万人，为优化全行人力资源结构分布创造有利条件。

在业态布局上，打造“全行标准＋本地特色”相结合的业态布局，依靠旗舰型网点形成对周边区域的辐射带动。旗舰型网点建设要追求内涵价值，而不是表面上的“高大上”，尤其对产出不高、业务量不足的财富管理中心和理财中心，要尽快瘦身。要结合周边资源特点，建设一批示范性的数字化、场景化、平台化创新网点，探索从单一金融业态向提供泛金融服务的融合业态转变，将网点打造成“金融＋”服务平台，营造“千店多面”的生动格局。增强网点之间的群落化协同，发挥标杆网点的带动作用，实现从“一网当先”到“万网奔腾”。

在线上线下一体化上，树立一体化的思维模式，一体化就是无法再划分出线上与线下的界限，所有经营行为都面向全客户、支持全业务、覆盖全流程。要基于在金融、非金融等各个触点与客户的互动信息，推动过去“离线的网点”成为全新的“在线的网点”，实现虚实交互，让线上线下从相加走向相融，真正互为表里、彼此加持，尽快形成工商银行渠道的代际新优势。

在内部管理上，建立科学的网点管理体系、完善的绩效考评体系、标准化的服务体系，使网点内部管理既精细、专业、规范，又务实、简化、高效，成为同业对标的最佳实践。要抓好网点负责人这个“关键少数”，选优配强，注重专业能力培养和建设，发挥好网点负责人的“头雁”作用。

四、抓好网点转型"五大工程"落地

网点转型是全行的一项基础性工程、战略性工程，不只是渠道管理一个部门的事，是全行的大事。对此，各级党委要有认识、有大局、有责任，要算眼前的减法账，更要算未来的加法账、乘法账，以功成不必在我的襟怀和担当，真正把这项工作抓起来、抓出成效。在具体推动上，要实施好以下"五大工程"。

（一）实施网点优化调整工程。这是"一把手"工程。"一把手"要亲力亲为，既督战又参战。这项工作关系到工商银行的未来，是一项全局性工作，必须是"一把手"工程才能把它做好。总行、一级分行、二级分行要层层成立由行领导牵头的网点优化调整工作领导小组，渠道管理部门牵头，财务会计、人力资源、个人金融、运行管理、结算与现金管理、公司金融等相关条线都要深度参与，出台配套措施，形成总体合力。一级分行、二级分行要做好顶层规划，加强直通式管理，不能简单依靠支行自己抓。总行下达的网点调整任务，将更多采取机制性挂钩办法，完成情况与资源配置相挂钩。今年年底，一个行一个行来盘点，大家来交账，完不成任务、推进缓慢的，得有个说法。当然，在下达任务时，要上下结合，充分听取分行意见，尽量客观、科学，严禁为完成任务逆向调整。在工作推进过程中，要注意把握好两点：一是把握好分类施策。总行将综合考虑系统贡献度、现有网点布局、低效网点存量、单产效能水平、人员规划等因素，明确"重点压降""适度压降"和"内部调整"分行清单，按类下达撤并迁计划。同时，分区域、分城市制定网点"进、退、调"的工作指引，根据不同情况，明确"进多少、退多少、调多少"的时间表和路线图。网点撤并是区域性的，但结构优化、迁移调整是全行性的、全局性的，不能仅在低效网点范围打转。要"一点一策""一行一策"加以分析，对周边经济人口资源处于衰退阶段但经营业绩尚可的网点，要突破一地一块限制，及早纳入调整视野，加快迁移优化；对经济发达地区分行尤其是先进城市行，也不能"一俊遮百丑"，要着眼城市发展全局和资源流动趋向，加大调整力度，在动态调整中争取更大的战略优势。二是把握好目标导向。要尽快形成网点撤并迁目标库，对入库网点建立撤并迁整合管理台账，定向追踪、明确责任、加快推进。要简化网点撤并迁流程，缩短建设周期，提高新网点投放效率，尽早创造市场价值。要加强过程管理，统筹处理好撤并迁后的业务整合、客户承接、资产处置、承接网点考核评价等实际问题，以更加细致的工作、更加全面的协同，最大限度降低因网点撤并迁可能带来的短期客户流失和存款下降等负面影响。

（二）实施网点减负赋能工程。网点减负减什么？主要是把网点多年以来的"超载"职能降下来。首先要对网点"超载"职能进行系统梳理，制定减负清单，开展专项治理，减少一项，销号一项，直至减负清单全面完成。要精简网点各类报告、报表、检查，能合并的合并，能简化的简化；要减少与营销服务不相关或不适当的目标任务。要对网点中后台职能进行集约化管理，通过集中上收、集约运营、流程优化等方式，将行政后勤、财务报销、内控案防等职能尽可能集中到二级分行或一级支行层面，把网点力量解放出来，让网点能够集中精力开展营销服务。这项工作，可以先试点再铺开，今年务必要在"点"上取得明显成效，明年务必要在"面"上取得显著成效。减负清单不能减在纸面上，减在口号上，而要减在实实在在的行动上；减负成效不能由上级行和专业部门说了算，而要由网点和网点员工来评判，让基层一线切切实实感受到、体会到减负带来的变化。

网点赋能赋什么？赋予的既有动能，也有才能。主要聚焦考核赋能，要完善网点考核评价机制，强化"块"在网点考核中的统筹，减少"条"对网点考核的干预。要兼顾统一性和差异化，既在考核中统一设置标准化指标和权重，传导总行战略目标，提高客户数等基础类指标权重，多采用效益效率等综合性指标，又设置差异化指标，推动网点扬长避短、"百花齐放"。指标体系要"简单、直观、标准"，精简指标数量，总指标不超过15个，让网点手中"一张考核表"，心中"一本明白账"，明白总分行的战略导向、明白加劲用力的核心业务方向、明白投入产出的绩效回报。要降低分行考核的工作量，通过MOVA系统实现考核结果"一键"生成。要做好机构维与员工维考核的衔接，确保考核导向一致、指标相互呼应，加强结果应用，发挥好考核的指挥棒作用。要明确总分行的职责，总行主要是完善指导意见，做好数据支撑，一、二级分行是实施主体，承担主体责任。聚焦运营赋能，依托智慧运营改革，持续优化流程，探索建立集约支持保障体系，整合集约后台运营服务资源，构建"标准化接入、智能化处理、专业化服务、全流程管控"的集约运营后台，释放网点服务潜能，实现网点轻型运营。聚焦人员赋能，加大人力资源向网点的倾斜力度，充实网点对公、个人客户经理和外汇等专业人才力量，优化培训和资质认证体系，打造"领军+通才+专才"的网点人才梯队。关心爱护基层员工，真心诚意为他们着想，尽心竭力为他们服务，继续推动为基层员工办好十件实事落地，最大限度调动员工积极性、主动性、创造性。聚焦技术赋能，运用新思维新技术新方法，实现网点营销服务从交易处理、产品销售向客户洞察、交互沟通、顾问定制的分层体验型转变，从传统驻点、扫楼营销向数据驱动、精准营销转变。建立和完善面向网点员工的服务响应支持体系，集中各领域的专家骨干，以电话、网络等远程支持方式，协助网点员工快速解决问题。

（三）实施网点智慧转型工程。选择一批管理基础好、创新意识强的分行开展试点，探索建立智慧网点新体系。一要打造智慧厅堂。将人脸识别、物联网、语音导航、智能机器人等技术引入厅堂服务，提供从客户识别、需求挖掘到资源调度的“一站式”智慧服务，实现网点厅堂营销服务与运营管理的可视化、数字化、智慧化。二要加快智能设备迭代升级。硬件上要投入，但不搞“运动式”覆盖，不能为了配置而配置，而要真正发挥设备的作用。设备功能要进一步完善，提高“一站式”服务能力和灵活嵌入场景能力，将设备与后台中心联动，拓展线下服务场景，延展网点服务。三要增强智慧营销能力。利用线下渠道的独特价值，抓住、抓实与客户互动的每个营销触点。搭建完善的网点智慧营销平台，建立基于客户画像的精准营销、一条龙式营销机制，让网点知道“找谁营销”“营销什么”。要丰富智慧营销平台功能和内容，及时高效为网点提供支持保障。

（四）实施网点协同运营工程。要以网点、线上、直营、远程渠道的协同联动为切入点，推动网点从单体竞争向协同竞争，从线下独立经营为主向线上线下协同经营转变。一要推动网际协同。选择区域集中度较高的网点，灵活构建“强强联合”“核心＋卫星”等群落结构，加快重点城市行覆盖。探索人员在不同网点间的流动合作，建立健全网际运营、营销管理、考核分润等机制，提高不同业态网点间的协同水平。二要推动网点与远程协同。按照“远程主攻熟客服务、网点主攻本地服务”的思路，制定“网点＋远程”协同营销体系，创新网点远程营销协同机制。在后台中心组建专家支持团队，通过智能自助、线上移动等渠道与客户实现深度交互，提供咨询、辅导、核验等远程服务。优化网点远程服务直联机制，与客户之声系统有机衔接，有效提升远程直联对网点的覆盖率。三要推动线上与线下协同。围绕网点社交、商圈经营客户和企业客群，丰富和完善WiFi、蓝牙、智能大屏及微信公众号等渠道入口，建设形态多样、广泛覆盖的新渠道入口网络，拓展无介质服务，发挥网点在客户引流、线上客户落地的主渠道作用。要尽快把那些能够线上处理的业务全都搬到线上，尤其要对长流程、复杂业务场景进行改造，从根本上解决客户体验不佳、服务难落地等长期困扰我们的难题，努力为客户提供“一点接入、全网响应、体验一致、高效顺畅”的高品质服务。四要推动全渠道协同。尽快打通各渠道底层服务信息，实现全渠道信息数据统一管理。要从统一界面、客服入口、评价入口以及信息交互等方面，建立全渠道用户体验标准，让客户在不同渠道和场景间顺畅流转切换。要推动网点与其他渠道的信息共享、流程互通，实现网点与其他渠道在客户拓展、业务推进等方面的“1＋N”效应。

（五）实施网点生态建设工程。适应跨界融合、生态竞争新常态，要跟随客户生活消费轨迹，将金融服务主动融入到生活、消费、社交、娱乐、商务等场景，构建以网点为连接、金融服务与泛金融服务融合的区域生态圈。一要探索“网点＋”特色场景建设。强化网点金融专业场景建设，着眼于小微金融、文化金融、旅游金融、住房金融、消费金融等业务，打造一批“网点＋文化、旅游、贵金属”和服务小微、“三农”、扶贫的特色网点，提升网点专业化服务能力。要公私联动，以企业通、便捷开户、e缴费等为抓手，加强对企业的线上服务。要积极承接与金融相关的政府服务，将网点打造成智慧城市公共服务职能的线下承接点。要结合网点周边区位与客群特征，打造老年健康服务、少儿财商教育等特色场景，创新网点社交化场景建设。二要探索本地商圈建设与生态运营。搭建网点本地商圈服务平台，开展网格化营销，积极拓展周边商户，推动网点从厅堂营销向厅堂与商圈营销转型。要大力营销金融生态云平台，为网点周边教育、医疗、物业、景区等行业客户提供免开发、免运维的综合解决方案。要选择综合实力强、资源条件好的二级分行，以大型商业综合体、专业批发市场和商业街区为目标，试点智慧商圈模式，建设一批模式新颖、有交易规模和影响力的网点本地商圈。要探索组建同类型业态网点的生态联盟，搭建资源共享、业务协同的泛金融生态服务体系。

近期，总行将印发深化网点转型发展工作方案。各部门、各级行要认真消化吸收，结合实际制订具体的实施方案。总行将加大对试点分行的指导和支持力度，加强动态评估，建立容错机制，营造宽松的试点环境，鼓励基层机构勇于成为推进网点转型发展的先锋军。

同志们，深化网点转型发展既需要攻坚克难的勇气，更需要久久为功的坚持。全行上下要进一步解放思想，勇于创新，坚定信心，振奋精神，以时不我待的紧迫感和责无旁贷的使命感，奋发有为，扎实工作，努力走出一条具有工行特色的网点转型发展之路，创造出无愧于时代和使命的新业绩、新成效！

深化改革　强化管理
加快推进智慧运营体系建设

——在中国工商银行运行管理工作会议上的讲话

谷　澍

（2019 年 1 月 29 日）

这次会议的主要任务是，贯彻落实全行工作会议精神，全面总结 2018 年运行管理工作，研究部署 2019 年运行管理改革发展和安全运行任务。下面，我讲几点意见。

一、运行管理为全行转型发展作出积极贡献

过去一年，各级运行管理部门紧紧围绕全行新时期改革发展战略部署，制定新规划、构建新模式，担当新使命、展现新作为，智慧运营体系建设成果丰硕，运行管理基础更加夯实，运营安全、效率、质量水平大幅提升，为现代化强行建设作出了积极贡献。

（一）业务运营风险管理持续强化。坚守安全底线，适应内外部风险形势变化，加强重点领域风险管理的机制建设和措施创新，全行业务运营过程控制进一步强化。

内部账务核算管理新模式初见成效。针对内部账务核算范围广、核算标准不统一、人工操作环节多等方面问题，实施重点科目内部账务核算管理改革，构建起场景驱动为主、审批联动为辅的内部账务核算管理新模式，近一半手工记载的内部账务核算业务场景完成流程改造并纳入新模式管理，实现了内部账户挂账的源头性管控。投产核算统一管理平台，实行重点科目内部账户准入退出的线上管理，实现业务驱动自动化开销户，解决了各级行随意开户及无效账户长期无人管理的问题。深入落实重点科目内部账户管理制度，新增、调整、合并和停用部分科目及账户，实现重点科目及其账户体系的科学、合理、规范。财务会计、运行管理及各业务部门密切配合，完成了存量近 60 亿元不合理挂账的清理。

现金安全运营管理手段不断创新。综合运用移动互联、物联网、生物识别等技术，对现金物流关键环节实施系统任务驱动、信息自动核对和移动智能作业，加强现金运营全过程风险防控。自动柜员机动态密码锁全面推广应用，动态密码和双人指纹驱动加钞，管理效率和安全控制水平大幅提升。移动智能查库在山西等 5 家分行完成推广，通过手持 PAD 实现查库过程的全流程管控、账实自动核对，杜绝虚假查库等不合规问题。金库门禁管理系统在四川分行成功试点，运用生物识别技术，对出入金库各区域人员实现智能管控，金库安全技防能力明显增强。

重点领域风险管理继续加强。扎实推进全网点虚假证照信息共享应用，对冒名开户、办卡等源头风险进行模型预警监控，全年共对两万余个风险账户采取主动管控措施，较好地把控了实质性风险。深入实施网点分级管理、分层施策和分类治理，连续 4 期高风险网点由 157 家降至 23 家，一批基础管理薄弱网点的风险状况得以改观。聚焦内控案防重点领域及业务运营关键环节，组织开展内部账户、现金等十余项专项检查，各专业部门发挥合力，推动新兴业务等领域 30 余类风险实施闭环管理，全行内部风险暴露水平降至 1.82‱。

（二）集团运营支持水平大幅提升。坚持质量效益原则，着力完善境内外综合业务运营后台制度、流程、系统建设，以安全高效运营为全行前台业务加快发展提供了有力支持。

全行支付清算服务体系日益完善。继续推进支付清算业务集约运营，针对线上支付场景，完成零售及国际业务跨境汇款集中运营，实现业务处理平均用时压降 80%，为客户提供更高效的跨境支付清算服务。以首批参与者身份投产人民币跨境支付系统（CIPS）二期工程及境外直参行基础功能，更好地满足了同业客户精细化服务需求，有效提升了境外机构跨境人民币清算市场竞争力。支付清算领域人工智能技术应用取得突破，在跨境支付七大业务场景全面应用。依托全球支付创新（GPI）项目汇款报文状态云端共享，推出跨境汇款进度线上查询和抵达通知服务，极大改善客户体验。

金融市场和资产管理后台建设强化。组织完成近 6 万亿元金融资产新旧会计准则切换，金融市场业务会计核算体系进一步完善。遵循大资管业务监管新规，完成自主管理型底层资产核算平台投产及 110 亿元非标投资品标准化建设，积极助力全行资管业务转型发展。

境外运营体系建设加快推进。制定首个境外业务运营管理三年规划并启动实施，基础管理业务系统加快推

广，工银亚洲、工银马来西亚等8家机构投产前后台分离处理平台，初步实现业务集约处理，客户服务体验不断改善；湄公河区域机构、新加坡分行等40家机构完成会计档案影像系统、主机柜员身份指纹认证系统的推广应用，业务处理有效规范，运营效率及风险控制能力明显提升。运营制度建设不断加强，东京分行、首尔分行等20家机构制定或修订了190余项制度规程及操作手册，覆盖全面、重点突出的境外运营制度体系初步建立。运营管理机制建设稳步推进，工银澳门、工银印尼等7家机构深入开展运营职能梳理，实施运营职能整合，优化运营岗位设置，运营管理组织架构逐步完善。

参数集中规范管理效能充分发挥。基于ECOS企业级架构的参数识别、认证、配置流程初步建立，为业务架构和流程建设项目落地提供了参数支持。贯穿设计、测试、推广、投产的参数质量管理机制高效运行，完成17条业务线、327个项目、累计600余张参数表的设计投产运用，以及139万笔参数维护，实现全年参数安全生产无事故，有力保障全行业务平稳运行和创新发展。境外平台核心系统业务参数全面纳入统一管理，境外参数集约运营水平持续提升。年终决算参数管理、账务核查、损益结转、报表反映等工作圆满完成。

（三）运营体制机制改革开局良好。贯彻落实全行深化改革战略，勇担全行改革重任，着力开展运营领域的体制机制改革，网点运营服务能力显著增强，客户服务体验明显改善，后台支撑作用有效发挥，资源优化配置效果明显。

网点全新岗位体系建设落地见效。全行上下把新岗位体系建设作为新时期网点经营转型的一项先行工程，扎实推进网点岗位整合、通岗权限设置、人员培训认证和绩效考核激励等工作，领先同业建立起“岗位兼容、人员通用、服务综合、运行安全”的网点新岗位体系。涵盖基本规定、管理办法和考核指引等层次清晰的制度体系制定实施，业务办理与客户维护之间的壁垒彻底打通，“五变四”网点岗位体系运转协调。全行11.1万名客服经理中，75%具有通岗履职权限，50%综合承担多项客户服务工作，网点服务营销能力明显增强，人力资源利用效能持续提升。各行按照总行统一部署，因地制宜抓落实，多措并举出成效，北京、上海、重庆等分行积极打造一站式陪同服务模式、人员弹性错峰排班机制和客服经理分层分类考核体系，实现客户和员工满意度双提升，有效激发了网点经营活力、价值创造力和市场竞争力。

线上线下运营服务模式初步建立。按照线上优先、线上线下一体的原则，启动实施线上线下运营流程建设。全面推广基于手机移动端的中小微企业便捷开户模式，开立单位结算账户累计达60万户，占新开户的70%，实现了客户线上申请、线下开户和基础支付结算产品发放的一站式办理，得到人民银行充分认可并在商业银行推介；积极稳妥落实人行取消企业开立账户许可，先行在浙江台州、江苏泰州成功试点，开户时间大幅缩减，账户开立之日即可收付款，客户满意度明显提高。河北等6家分行试点上门收款智能服务模式，实现了身份识别、款项交接、入库、清点、入账等全流程信息化管理，取消全部纸质凭证及交接登记簿，上门收款服务效率和风险控制水平大幅提升。以客户订单为信息汇集和流转中枢，设计资信证明开立、借记卡换卡不换号等典型场景的线上线下流程，消除服务断点，实现客户线上快捷办理、线下便捷交付、全程透明感知的优质服务。

深化集约运营改革迈出坚实步伐。全面推进远程授权一级分行集中，与业务集中处理实施系统整合、业务融合和岗位通融，后台通岗人员比例达43%，实现业务处理中心业务人员灵活调度和统一管理。四川、湖北、广东3家分行以一带一方式跨省集中处理青海、青岛、深圳分行业务，充分发挥规模效应，提高运营效率，降低运营成本。应用机器学习、生物识别等先进技术，改造业务集中处理流程，实现信息的自动采集和客户身份真实性的增强认证，全行文档录入碎片量下降26%、运营审核工作量下降9%，远程授权业务量下降24%，“技术替代人”效果明显。

运营风险智能模型建设启动实施。适应运营风险呈现跨区域、跨系统、跨渠道的新特点，启动运营风险智能管控体系建设。整合梳理客户交易与属性数据，引入工商管理、外部欺诈、反洗钱、征信等行内外信息，实现跨专业、跨平台、跨产品数据的底层穿透，为智能模型建设提供了数据支持。创新运营风险监控思路，以对公客户为切入点，设计客户交易行为偏离模型，应用异常检测算法从海量数据中定位客户异常行为，应用机器学习算法从客户关系网络中识别客户资金盗用风险，探索出运营风险智能模型建设新路径。

全行印章综合改革圆满收官。全行上下凝心聚力、克难奋进，全面推进印章综合改革，以科学有效的顶层方案指导改革，以坚强有力的组织领导推动改革，以齐抓共管的协同机制保障改革，通过技术创新实现了合同线上签约、合同条款防篡改等核心功能，成为首家实现合同电子用印的大型商业银行。运行管理和内控合规两个牵头部门讲政治、顾大局、敢担当，办公室、法律事务、个人金融、银行卡等部门积极作为、通力合作，全面完成了8 000余种在用用印文本的梳理并纳入电子签约系统管理；金融科技部、软件开发中心组建了强大的研发团队，成功实现了合同全文加密、电子骑缝章打印、动态水印生成等十大技术创新；各行“一把手”行长亲自部署、狠抓落实，按计划完成了外部沟通、设备配备、人员培训、合同印制、特色业务改造、印章清缴等大量工作。山西分行首创省行与省交管局协商模式，北京、河北、吉林等分行由各层级负责人亲自带队与地、市、区车管所、房管局进行沟通，取得了政府部门的支持和认可，全行累计完成了5 000余家当地政府部门电子印章沟通备案，清理收缴销毁3.1万枚废止实物印章，电子用印替代率达83%，用印效率和风险防控能力大幅提升。经过全行上下两年的共同努力，成功建立起以电子印章为主、系统驱动自动用印和签批用印为辅的用印模式，规范了行政、合同、财务、核算、特定用途等五大类印章的分类和应用标准，构建了风控严密的印章管理机制和全新的印章管理制度体系，印章综合改革工作圆满完成。

一年来，运行管理围绕全行中心工作，服务大局、锐意进取，智慧运营蓝图清晰呈现。全行业务运营安全平稳，集事前、事中、事后于一体的过程控制机制深入落实，运营风险管理持续强化，业务运营领域未发生案件和重大风险事件，保障了全行改革发展战略稳步实施。新一轮运营改革发展基础全面奠定，基于广泛调研论证，设计了集约运营、流程优化、智能风控等全局性改革方案，开展了大量基础数据整合、系统研发需求设计、先进技术应用研究等基础性工作。多项业务难点得以破解，全行运行管理和有关部门不畏艰辛、潜心钻研，攻克多项技术难关，全行实物印章实现电子化管理，传统现金领域应用物联网技术实现信息化运营，通过信息共享推进线上线下运营流程无缝衔接、解决了开户跑多次的客户体验难题。多个运营领域实现创新，业务集中与远程授权实现融合、网点新旧岗位体系成功转型、机器学习新技术应用于运营流程释放了人力资源。这些成绩的取得来之不易，是各级行党委坚强领导，各机构各部门通力协作的结果，是全行运行管理战线奋发图强、攻坚克难的结果。在此，我谨代表总行党委向全行运行管理战线的干部员工表示衷心感谢！

二、深刻认识运行管理工作面临的新形势

我们在充分肯定智慧运营体系建设取得良好开局的同时，也要站在全局和战略高度深入分析内外部形势和运行管理实际，进一步增强责任意识和担当精神，从全局谋划一域、以一域服务全局，以运营体系的改革创新和强基固本支撑全行行稳致远。

（一）全行战略转型要求运行管理要有大作为。互联网时代，金融市场主体日趋多元，数字领域的非传统竞争者对金融生态带来较大冲击，商业银行经营理念和服务模式受到严峻挑战。全行综合化、国际化战略不断升级，各业务领域都积极谋划实施战略转型，产品设计从做功能向做体验转型，渠道格局从分而治之向协同一体转型，网点定位从离线网点向在线网点转型，流程体验从银行主导向客户主导转型，客户战略从二八法则向全量客户转型，以实现将合适的产品、通过合适的渠道、配置给合适的用户，这些变化对运行管理的基础支撑能力也都提出了更高要求。

（二）内外部严峻形势要求运行管理要善作为。新时期传统风险与新型风险共生、线下风险与线上风险并存，金融监管标准日趋严苛，2018年银保监系统对银行机构开出了3 800余份处罚单，处罚频率、力度远超于往年，需要我们采取更科学有效的措施强化运行风险管理。与此同时，全行核算不规范、核算质量不高等方面问题仍然存在，核算体系对全行产品创新、客户需求定制和精细化管理的支持还不够；线上线下流程割裂、服务存在断点、过程不透明的问题日益凸显；运行管理队伍梯队结构不尽合理，新生力量补充不足，晋升通道狭窄，部分行运营主管、客服经理队伍不稳定、履职能力不强、有效激励不足仍较突出，“后继无人”困境和“简单转身”问题有待解决。面对这些问题，需要运行管理深入研究并切实解决。

如何准确把握这些形势挑战并有效应对，是我们今后的重要任务。前几天总行召开的全行工作会议，明确要求构建集约化、智慧化、综合化运营体系，提出要围绕资源优化配置、服务改进、技术创新应用，突出线上线下流程创新、加快推动网点转型、打造集中运营大后台、构建信息化物流体系、强化风险管控，这些都为运行管理未来发展指明了方向。全行运行管理要认真学习会议精神，从战略定位中认识运行管理重要作用，从任务要求中谋划运行管理未来发展。2019年运行管理工作的总体思路是：坚持运营集约化、管理一体化的总方向，坚持服务客户需求、服务业务发展的总基调，以深化运营体制机制改革为主线，实施改革创新与强基固本双轮驱动，实现智慧运营体系构建与运营基础设施建设双轨并进，推动全行业务运营安全、质量、效率水平再上新台阶，为全行业务高质量发展与高水平运行提供有力支撑。

三、合力攻坚智慧运营，支撑全行业务高质量发展

要运用互联网思维、现代信息技术和精益管理工具，加快构建有利于提升发展质量、提高资源配置效率、增强运营服务效能的智慧运营体系。

（一）平稳推进集团综合运营大后台建设。要深化集约运营改革，加快组建集业务集中处理、事中风险控制、客户专业服务、内部共享服务和质量效率管理等职能于一体的总行集约运营中心，为全行业务发展和客户服务提供卓越高效的后台支撑。要按照先易后难、平稳有序、分步实施的原则，利用三年时间分步完成碎片录入业务、支付结算等标准业务、账户外汇和远程授权等复杂业务的纵向上收，同步做好各业务线同质后台运营职能的横向整合、以及线上线下运营业务的落地承接，打造工商银行集团综合化运营大后台。要深入实施后台智慧运作，通过扩大机器学习技术应用、减少后台人工处理量，充分利用外包资源、建立“驻场＋离场”业

务外包模式，将标准业务交由外包人员做、复杂业务留给行内专业人员做，优化后台人力资源配置，推动中心向专业服务和智慧管控的战略转型。

组建总行中心实施集约运营是对全行业务运营布局的又一次优化调整、是对集约运营体系的新一轮升级换代。全行要凝聚共识、发挥合力，坚定不移地推进集约运营战略落地，人力、财会、科技要抓紧开展机构组建、人员招聘、场地建设和系统研发等事宜，各业务部门要配合做好制度细化、业务规范和规则统一等工作，确保业务在总行中心的安全有序运营。各行要按照总行统一部署和实施步骤，做好各项改革工作衔接安排，提前梳理本行业务规则、严格执行统一标准，确保业务的平稳上收；根据业务上收进度，统筹做好人员转岗安排和技能培训，推动人力资源的有效释放；同步做好客户服务工作，针对大客户的特殊服务需求，配合总行中心做好个性化清算结算服务方案和集约运营流程设计，提高客户服务体验。

（二）统筹推进网点运营赋能与减负。要深入落实网点工作会议精神，以网点岗位体系创新为契机，完善劳动组合管理机制，优化网点内部管理流程，加强网点人员队伍建设，提高网点运营服务效能。

要加快网点岗位“5变4”推广应用。各行要着力开展综合技能培训、考核激励落地、劳动组合优化等工作，推动网点人员从“能做”到“会做、想做、做好”，持续释放新岗位体系制度红利。围绕“会做”，各专业部门要配合企业文化部构建综合化教育培训机制和直通式培训平台，满足网点人员随时随地进行业务学习和制度灵活查询的需要，提高客服经理通岗履职能力，解决“简单转身”问题。围绕“想做”，要加强客服经理考核评价落地实施和效果跟踪，坚持统一管理与分类实施相结合、个人绩效与团队业绩相结合、定量考核与定性评价相结合，提升通岗履职积极性，强化“最后一公里”落地传导。围绕“做好”，要持续优化网点劳动组合管理，统筹推进按月排班、错时上下班、弹性工作制等更为精细化的人员排班调度管理，实现客服经理在柜面与厅堂、阵地与外拓、业务办理与客户维护间的灵活调度和综合利用，充分发挥新岗位体系效能。

要切实为网点减负赋能。要针对网点承担的业务类、事务类、管理类事项分类施策，精简审核授权业务量，通过系统自动核实客户身份和业务直驱处理，在强化风险控制的基础上减少核算授权控制；要通过上收管理、整合优化、流程改造等措施，年内有效减少网点手工报表和登记簿；要推动客服经理的客户服务、产品销售、营销转介、客户维护等履职业绩信息的自动统计和直观展现，切实解决网点员工部分考核数据手工统计的问题。这些工作内容涉及的各相关部门要加强配合、全力推进，不断释放网点服务潜能。

（三）全面推进运营流程新体系建设。要坚持以客为尊、服务全局、创新驱动的原则，统筹推进业务运营流程优化，构建起适应新金融生态和全行战略发展需要的运营流程体系，全面提升我行核心竞争力。

要加快推进线上线下运营流程建设。线上线下一体化运营是打造移动互联时代客户极致体验的重要途径，去年已经完成立梁架柱、夯基垒台的基础工作，今年在落地应用上力度要再大一些，步子再快一些。年内要完成借记卡、本外币现金、理财、票据、信息查询等15类业务场景的线上线下流程研发投产。要以实施订单化管理为手段，打通各平台、各系统、各渠道边界，建立涵盖线上便捷下单、任务自动分配、业务集中处理、信息全程记载、进度透明展现等客户需求全流程管理机制，实现客户服务的全过程跟踪管理。要以线上业务的线下承接为支撑，依托网点手持移动设备，通过生物识别、移动支付等技术手段，实现客户到店后服务需求的快速落地响应。各相关部门要精诚合作共同做好场景梳理、配套制度修订和系统研发等工作；各行要按照总行统一部署稳步实施，对内做好新模式下相关硬件设备配备、物流服务对接，对外做好对客宣传、服务引导等工作，确保项目顺利实施。

要启动对公业务运营流程全面优化。坚持问题导向和战略导向，按照智慧银行ECOS建设的构想，全面实施对公业务流程优化，力争用2～3年的时间构建起渠道融合、过程联动、运行智慧、管理高效的对公业务流程体系。要重点解构基础核算领域流程，加快建立标准统一、场景驱动的核算引擎，为实现核算流程标准化和会计核算统一管理提供支持。要切实推动信贷直驱等跨专业流程优化和落地实施，推进函证、回单、电票等行内与行外的信息、流程交互，实现客户、银行和第三方信息互联互通，提高客户体验、运营效率和风险控制能力。要着眼长远，应用流程建模方法，从业务运营各领域深入实施业务流程解构和改造，逐步建立起开放共享、灵活配置的对公业务流程体系，实现全行业务运营流程的标准统一和管理统一，全面提高对全行战略发展、产品创新和经营管理的基础支撑能力。

（四）探索构建智能风控管理新模式。要研究运营风险智能管控体系建设，逐步建立“事前主动防控、事中敏捷干预、事后智能监测”三位一体的全过程风控管理新模式。要构建覆盖对公客户属性与社会关系、资金交易、业务环境等维度的运营风险关系网络，解析客户资金流向、还原真实交易背景，确保风险“看得清”。要加快智能模型体系研发，先行试点客户交易行为偏离模型，逐步实现对客户、员工、机构异常行为的精准识别、快速响应和主动控制，确保风险“控得住”。要力争上半年试点投产运营风险智能管理平台，并研究建立与客户维度运营风险特点相适应的运作模式和管理机制，推动对公客户全过程风险防控策略的统一管理。

（五）加快建立信息化综合物流体系。要立足于全行现金业务转型升级需要，通过对现金实物收付、清分、封装、仓储、调拨、交付等环节的全流程信息化改造，建立集现金实物流转、物流调度和库存预测于一体的信息化实物物流体系，实现现金实物的高效流转和金库的智慧运营管理。要统筹现金物流智能规划，提供本外币现金和贵金属实物的产品化供给和现金预约直配服务，充分发挥物流体系的服务价值。要建立现金库存预测模型，依托大数据分析和人工智能技术，对网点、ATM 现金备付和供钞频次实施智能预测，科学压降全行现金库存占用，提高现金周转使用效率。要开展金库信息化改造，明确软硬件配置标准，以金库门禁技防、异地远程联网抽查等手段确保金库安全运营，各行要打造一批示范金库，逐步实现全行金库的智能化运营。

四、巩固运营管理基础，确保全行业务高质量运行

要统筹境内与境外、效率与安全、质量与效益协同并进，切实夯实业务核算、资金清算、风险管理、境外运营等领域基础设施建设，支撑全行业务高水平运行。

（一）持续加强单位银行账户体系建设。2019 年人民银行将在全国推行取消企业账户许可，这是贯彻落实党中央、国务院支持民营企业、小微企业发展和“放管服”改革要求的重要举措。各行、各部门要切实提高政治站位，全力推进，年内完成开户核准向备案的转变，提升账户服务、简化业务流程。2 月底前江苏、浙江、宁波、苏州分行要完成监管沟通、制度修订、宣传培训工作。各行在取消账户许可后要严格开户审批和尽职调查，切实承担起账户管理主体责任，确保落实好企业开户便利度、风险防控力不减，优化企业账户服务、账户管理要加强的“两个不减，两个加强”要求。要坚持以客户为中心，在风险可控的基础上，打造单位账户开、销、变、查、对账等重点环节的一体化服务，形成我行线上线下无缝对接、标准化和定制化有机结合的单位账户服务新模式；要打造集团统一的“工银账户通”品牌，为小微金融平台开户提供核心功能支持，将账户服务入口延伸到各地工商局网站等线上渠道及微信等第三方平台，加大拓户引流力度，全面提升我行在对公账户领域的竞争优势。

（二）加快深化内部账务核算管理体系建设。要继续深化内部账务核算管理体系建设，力争再用一年时间，集中力量实施重点科目内部账务核算流程改造，建立内部账务明细销账和挂账账龄管理机制，有效解决重点科目内部账户随意开立、随意过渡以及核算不清晰、管理不严密的问题。要尽快完成内部账务核算场景改造，全面实现以场景驱动为主、审批联动为辅的管理，尽早封闭通用交易的内部账户记账功能，彻底实现对内部账务核算入口的硬控制。要不断完善内部账务核算管理制度，明确部门职责和管理要求，实现标准化、规范化管理。各行要强化内部账务核算统一管理，加快推进分行特色业务改造，年内完成业务梳理和系统改造。

（三）强化业务运营风险关键环节管理。要全面加强网点运营管理，改进网点现场管理方式和手段，提高运营主管履职能力。要持续深化网点运营风险分级管理，精准定位高风险网点及薄弱管理环节，加强针对性治理，持续改善网点运营风险状况。要深化智能督导模式应用，优化系统功能，智能定位督导重点，加快全行推广应用，提升运行督导质量效率。各行要持续强化运营风险的监测、整改、分析、评估全流程闭环管理；要重点加强内部账户核算规范性和资金挂账情况的监督检查；要全面完成移动智能查库、金库门禁管理系统的推广工作，切实强化重点领域风险管理。印章综合改革完成后，各部门要按照“谁的业务谁负责”的要求，强化本条线用印事项的审核、监督和检查，特别要严格按照“上提一级审核、上提两级监督”的要求抓好签批用印管理，切实防范用印风险。

（四）推动境外运营体系规划落地实施。要加强境外机构运营职能建设，在集团统一管理框架下，按照“一行一策”原则梳理明确运营职能定位、优化运营组织架构、整合运营资源，有效加强业务运营统筹管理。要持续加强运营基础管理，年内完成会计档案管理、前后台分离、柜员管理等项目在境外推广，建立健全境外运营制度规程，提升境外运营管理水平。要加快优化境外区域运营布局，积极推进亚太共享运营中心建设，实施业务处理、参数管理、资金清算、风险控制、流程设计、数据分析等于一体的境外集约运营和共享服务，力争第一季度完成顶层方案设计论证，后续稳步推进机构组建和业务试点，努力提升境外业务运营综合服务能力。

（五）努力构建国际一流支付清算银行。要启动集团统一的跨境支付运营系统建设，建立汇款处理、币种兑换、监管报送、费用扣收等全流程支付管理机制，支撑各条线跨境支付产品快速创新发展。要加快支付清算领域的新技术应用，加快推广全球支付创新客户化应用、跨境汇款全额到账等清算产品，不断提升客户服务体验。要适应全球跨境支付监管趋严的发展态势，优化跨境支付清算安排，稳健开展同业清算业务，科学规划集团清算运营布局，有效提升清算价值创造能力和风险管控水平。要完成金融市场后台运营管理平台（GMO）在亚洲、澳新和中东等地区的推广，支持我行全球交易布局。要服务全行大资管发展战略，满足万亿级资管产品净值化的估值核算要求，加快全行理财业务核算运营平台服务升级；持续巩固资产管理运营风控中枢，完善资管业务三方对账机制，为我行资管业务战略转型提供坚实保障。

（六）提升参数运营服务支持能力。要建立参数设计、应用、安全管理的统一标准与规则，推动参数自动识别等创新功能落地实施，支持业务产品创新。要持续加强参数管理分级评价成果应用，实施差异化管理和精细化指导，推动参数管理质量和效率稳步提升。要牢牢把控参数安全管理底线，强化重要业务和关键风险点管控，为全行业务发展提供安全可靠的参数保障。

五、锻造坚实专业基础，保障智慧运营高质量建设

全面构建智慧运营体系是全行改革发展和经营管理的重要支撑，各级行要以党建为统领，加强运行管理专业建设，以先进理念、创新精神、扎实作风和过硬本领，为运行管理高质量发展提供坚实保障。

（一）更加注重改革创新为运行管理注入新动能。各级运行管理要以理念为先导、技术为手段、措施为保证，全面推进业务运营重点领域的改革创新。要适应互联网金融新生态对业务运营的新要求，贯彻共享、开放、包容、智慧的新理念，打造更为先进的业务运营体系。要加快机器学习的研究开发，扩大在业务处理、风险控制、检查监督等领域应用，建立人机协同、智能高效的业务运营新模式，以生产力解放进一步释放人力资源，节约运营成本。要健全创新机制、培育创新氛围，鼓励全行在遵循总行要求的前提下，积极探索业务流程和管理手段的创新，推动业务运营更加安全高效。

（二）更加注重统一管理为集团战略增添新活力。要按照构建核算引擎和建立组件化流程的总体思路，深入实施核算基础建设和业务运营流程优化，推进核算标准统一、业务流程统一和运营规范统一，为实现全行统一运营管理奠定基础。要按照集约运营对业务流程高度标准化的内在要求，深入推进各条线业务流程和运行制度的标准化建设，为实施全行业务集中处理创造必要条件。要统筹线上与线下，柜面与自助等各渠道业务流程，确保业务流程的渠道布局合理、高度协同和体验一致。实现集团层面的业务标准、核算规范和流程统一，意义重大、任务艰巨，各行和各部门都要积极配合统一运营管理机制建设，以此切实提升全行业务核算质量和运营效率，提高客户服务水平。

（三）更加注重队伍建设为改革发展提供强支撑。各行要深入贯彻总行党建工作会议精神，以党建引领发展，加快打造一支政治过硬、素质优良、敢于担当、规模适度、梯次合理的运行管理队伍，提高领导、谋划、推动、落实改革的能力和水平。各级行要加强领导班子中懂运营的管理干部配备，确保专业知识、管理经验、履职能力满足智慧运营体系建设管理要求。要加快引进具有大数据、人工智能、会计核算等背景的专业人才，参与智慧运营体系建设，提高运营体系建设质量；定期选拔综合素质好、专业能力强、工作业绩优的人才建立业务运营专业人才库，确保高素质人才得到充分利用和科学培养，切实增强运行管理改革发展后劲。要以网点转型为契机，加大网点运营专才与服务通才培养，完善运营主管多元激励措施，畅通优秀运营主管晋升途径，提高运营主管岗位吸引力；合理补充客服经理新生力量，保持客服经理队伍基本稳定。要重视运行管理专业队伍代际传承，用管长远、固根本的机制吸引人才、激励人才、造就人才，共同谱写智慧运营体系新篇章。

同志们，2019 年是智慧运营体系建设的攻坚之年，各级运行管理要主动作为，积极进取，以奋斗践行使命担当、用实干诠释优良作风，确保圆满完成各项任务目标，为现代化强行建设作出新的更大贡献！

在中国工商银行2019年全面从严治党暨纪检工作会议上的讲话

谷　澍

（2019 年 2 月 19 日）

这次全面从严治党暨纪检工作会议，是全面贯彻落实党的十九大和十九届中央纪委三次全会精神，有力有序推进纪检监察派驻改革，坚定不移推动全面从严治党、从严治行向纵深发展的一次重要会议。王林组长将对 2018 年全行纪检工作进行总结，对 2019 年工作进行安排部署，我完全赞同。下面，我讲四个方面的意见。

一、全面从严治党取得新成效

2018 年，我们深入学习贯彻习近平新时代中国特色社会主义思想和党的十九大精神，按照党中央的部署要求，巩固、深化、拓展全面从严治党成果，取得了新的成效，为全行改革发展提供了坚强保障。

一是把党的政治建设摆在首位，积极落实新时代党

的建设总要求。牢牢把握坚持党的领导这个根本原则，以党的政治建设为统领，全面提高党的建设质量。以“两个落实”为主题，对近千名一、二级分行党委书记、纪委书记和境外机构负责人开展专题轮训，引导其增强“四个意识”，践行“两个维护”，落实全面从严治党责任。

二是深化政治巡视，延伸压实党内监督。制定实施全行巡视巡察工作五年规划，全面完成第二轮一级机构巡视全覆盖，首次开展对总行本部巡视，将金融精准扶贫纳入巡视重点内容，初步探索了境外巡视。推动安徽分行开展二级机构派驻监督试点。试行延伸监督，提高执纪审查覆盖面和穿透力。

三是严抓作风建设，坚决查纠“四风”问题。修订完善总行党委作风建设26条规定，扎实推动中央八项规定精神在全行的落实。集中开展“四风”问题专项整治，坚决查处通报顶风违纪行为。全年共查处违反中央八项规定精神问题100余个，处理责任人167人。

四是坚持挺纪在前，用好监督执纪“四种形态”。全行各级纪检机构运用“四种形态”累计处理2.5万余人次，注重用好“第一种形态”，切实把纪律和规矩挺在前面。深入推进“八大领域”风险治理，实现各类风险总体可控。

五是做实警示教育，发挥以案促改作用。深入学习贯彻习近平总书记关于“赖小民案”重要批示精神，召开总行党委专题对照检查会和本部警示教育大会，在全行集中两个月时间层层开展警示教育和对照检查，用身边事教育身边人，以案明纪、以案为鉴、以案促改。

成绩来之不易。这是以习近平同志为核心的党中央坚强领导的结果，是中央纪委国家监委具体指导的结果，是全行各级党组织和广大党员干部担当作为的结果。在此，我代表总行党委向国家有关部门和全行干部员工表示衷心感谢！

在全行党建工作会议上，我们总结提炼了新时期国有银行党建工作的6条规律。在过去一年的实践中，我们对全面从严治党的一些重要原则有了更加深刻的认识，这些重要原则进一步丰富了新时期党建工作规律内涵，也将为今后深入推进全面从严治党提供重要遵循。

一是必须按党的方针办金融，按党的纪律管金融。办金融是党执政的要事。必须毫不动摇坚持党的领导来办好金融这桩事关国计民生的要事，必须坚持用党的纪律和要求来监督办金融的工作，必须坚持把工商银行改革发展放到党和国家大局中去谋划和推动，必须确保党中央决策部署在工商银行得到不折不扣贯彻落实。

二是必须抓住人这个核心，始终保持党的先进性和纯洁性。加强党的建设和推动改革发展，说到底要靠人去落实。只有结合银行经营特点，坚持选好人、用好人、管好人，持续加强政治锤炼和专业能力建设，充分调动党员干部的积极性、主动性和创造性，营造风清气正的政治和经营生态，才能不断开创党建工作和事业发展的新局面。

三是必须将全面从严治党与从严治行相结合。没有脱离党建的业务，也没有脱离业务的党建。只有把严的标准、严的措施贯穿于管党治行全过程，把全面从严治党和从严治行相结合，把党内监督和业务监督相结合，把管人和管事相结合，把党风建设和行风建设相结合，把反腐败工作与防范化解金融风险相结合，才能形成党建与业务发展的融合共促，才能为党和国家管好28万亿元资产的“钱袋子”、带好45万人的队伍。

四是必须统筹抓好“两个责任”的落实。主体责任是前提，监督责任是保障。只有抓住责任落实这个“牛鼻子”，推进管党治党主体责任和监督责任的全面覆盖、层层落实，形成齐抓共管的党建工作格局，才能推动党的建设质量不断提升。

二、清醒认识全面从严治党和从严治行的新形势

在前不久召开的十九届中央纪委三次全会上，习近平总书记站在新时代党和国家事业发展全局的高度，充分肯定党的十九大以来全面从严治党取得新的重大成果，深刻总结改革开放40年来党进行自我革命的宝贵经验，对深化全面从严治党作出新部署，提出6项任务：一是深入贯彻落实党的十九大精神，不断强化思想武装；二是加强党的政治建设，保证全党集中统一、令行禁止；三是弘扬优良作风，同心协力实现小康；四是坚决惩治腐败，巩固发展反腐败斗争压倒性胜利；五是强化主体责任，完善监督体系；六是向群众身边不正之风和腐败问题亮剑，维护群众切身利益。习近平总书记的重要讲话充分彰显了我们党自我净化、自我完善、自我革新、自我提高的高度自觉，具有鲜明深刻的政治性、思想性、理论性，对于推动全面从严治党向纵深发展具有重大指导意义。全行各级党组织和党员干部要把学习贯彻习近平总书记重要讲话精神作为一项重要政治任务，掌握核心要义，把握精神实质，切实把思想和行动统一到中央决策部署上来。尤其要深刻领会和把握党的十九大以来全面从严治党取得的成效，看到反腐败斗争已经取得压倒性胜利，进一步坚定推进全面从严治党的信心和决心；深刻领会和把握党永葆先进性和纯洁性“五个必须”的宝贵经验，进一步形成自我净化、自我完善、自我革新、自我提高的有效途径；深刻领会和把握以全面从严治党巩固党的团结统一、为决胜全面建成小康社会提供坚强保障的重要部署，确保党中央决策部署在工商银行得到坚定不移贯彻、不折不扣落实；深刻领会和把握领导干部贯彻新形势下党内政治生活若干准则的要求，从知行合一的角度审视自己、要求自己、检查自己。

当前，要重点推动两个方面的认识再深化。

一要深化对金融领域反腐败斗争形势的认识。习近平总书记在十九届中央纪委三次全会上强调指出，“反腐败斗争已经取得压倒性胜利，但对形势的严峻性和复杂性一点也不能低估”，同时强调“要加大金融领域反腐力度”。中央近期查处通报的赖小民严重违纪违法案充分说明，中央关于金融领域反腐败斗争形势的重大判断是完全正确的，金融领域反腐败斗争已经进入“深水区”。金融是一个特殊行业，掌握着稀缺资源和庞大的资产体量，腐败风险点多面广。尤其在经济下行压力加大和各类金融创新快速发展的背景下，容易引发各类风险向银行体系输入传导，银行被“围猎”的概率明显增加，一些意志不坚定者容易防线失守，被腐蚀、被“俘虏”。因此，必须存敬畏、慎行事，必须强监督、严监督。

从我行自身来看，虽然这些年深入推进全面从严治党和从严治行取得积极成效，但从巡视巡察、监督检查、信访核查等发现的违规违纪问题，尤其是林晓轩等典型案例来看，全行在党风廉政建设和反腐败工作上还存在“灯下黑”和薄弱环节，还存在管理漏洞和监督短板。教训是深刻的，形势是严峻的，考验是巨大的。对此，全行要有清醒认识，决不能盲目乐观，决不能掉以轻心，决不能有与我无关、置身事外的心理。必须拿出过硬措施，推动全面从严治党、从严治行向纵深发展。

二要深化对中管金融企业派驻改革的认识。全面落实派驻改革，是今年全行一项重要任务。今年 1 月初，王林同志被正式任命为中央纪委国家监委驻中国工商银行纪检监察组组长。上周我行派驻改革实施方案已经总行党委研究并报请中央纪委国家监委审定。全行上下尤其是各级党委要正确认识改革、积极拥护改革、全面落实改革。

要深刻认识改革的重要意义和政治考量。中管金融企业派驻改革是党中央作出的重大决策部署，是健全党和国家监督体系的重大举措。具体来讲，派驻改革是加强党对金融工作集中统一领导的有力保证，有利于确保党中央关于金融工作的重大决策部署得到全面贯彻落实。派驻改革是深化国家监察体制改革的内在要求，有效实现了对中管金融企业行使公权力人员的监察全覆盖。派驻改革是完善派驻监督体制机制的重要内容，有利于优化和改进金融系统纪检监察领导体制和工作机制。派驻改革是推动金融系统全面从严治党向纵深发展的现实需要，为打赢防范化解金融风险攻坚战提供了坚强纪律保障。派驻改革是促进中管金融企业治理结构和治理能力现代化的重要契机，有利于我们进一步优化治理结构、提升管理水平。

要明确改革的目标任务和基本要求。按照改革实施方案，计划于 2 月底前完成派驻纪检监察组组建工作，做到机构和人员到位；3 月底前基本摸清监察对象底数，完成派驻纪检监察组履行职责需要建立、完善、调整的相关制度规定；6 月底前完成相关配套制度机制的建立、完善和调整。

改革主要内容包括，总行纪委改设为中央纪委国家监委驻中国工商银行纪检监察组，撤销总行监察室，单设总行党委巡视办，与派驻纪检监察组实现机构分设、人员分开。派驻纪检监察组围绕监督执纪问责和监督调查处置，履行党的纪律检查和国家监察两大职责。派驻纪检监察组是中央纪委国家监委的重要组成部分，由中央纪委国家监委直接领导，向中央纪委国家监委负责。派驻纪检监察组与工商银行党委是监督与被监督的关系，重点监督总行党委班子及其成员和总行党委管理人员，加强对总行本部和直属单位的监督，不再承担总行党委履行主体责任的相关日常工作。撤销各级分支机构内设监察部门，新设纪委办公室（含机关纪委）负责承接原监察部门相关工作，各分行党委巡察办与纪委办公室合署办公。撤销总行纪委第一、第二派驻纪检组，在工银瑞信、工银租赁、工银投资、业务研发中心、数据中心（上海）、私人银行部成立（恢复）纪委，单设纪委办公室或在相关部门中设置专人专岗，承接有关工作。派驻纪检监察组按照“三为主”制度要求，对分支机构纪检机构负责人提名考察、案件查办和履职考核垂直管理；同时，加强对全行各级纪检机构的业务指导和监督检查，确保党风廉政建设和反腐败各项工作在全行落地见效。

各级党组织要积极适应改革的新形势新任务新要求，确保改革顺利推进、落地见效。需要特别强调的是，改革过程中各项相关工作不得弱化，不能出现“空白”。各级党委特别是党委书记对此要切实担起责任。

三、坚定不移推动全面从严治党向纵深发展

2019 年是新中国成立 70 周年，是全面建成小康社会关键之年，也是我行实施三年规划承上启下的一年，是纪检监察派驻改革开局之年。我们要以习近平新时代中国特色社会主义思想为指导，全面贯彻党的十九大和十九届二中、三中全会以及十九届中央纪委三次全会精神，坚持稳中求进工作总基调，积极落实新时代党的建设总要求和全行党建工作会议部署，以政治建设为统领全面提高党的建设质量，有力有序推进纪检监察派驻改革落地见效，把全面从严治党、从严治行引向深入，确保中央决策部署坚决贯彻落实到位，以党建工作和改革发展的优异成绩庆祝新中国成立 70 周年。

做好今年全面从严治党各项工作，关键要坚持“严”字当头、“实”字托底，坚持全面从严、持之以恒，以从严从实的作风担负起全面从严治党的主体责任，以钉钉子精神把管党治党要求抓具体、抓深入、抓

出实效，为实现从大行向强行的跨越提供坚强保障。

（一）在知行合一中加强党的思想建设和政治建设。思想建设是党的基础性建设。要坚持用习近平新时代中国特色社会主义思想武装头脑，做到系统学、跟进学、联系实际学，在学懂弄通做实上持续发力。各级党委要带头强化创新理论武装，切实抓好中心组学习，在深化、消化、转化上下真功夫，将理论学习成果落实到改革发展具体实践中来。要按照中央统一部署，开展好“不忘初心、牢记使命”主题教育，抓好一、二级分行党委书记、纪委书记“两个提升”专题培训，将学习贯彻习近平新时代中国特色社会主义思想作为党校培训的首要任务和贯穿始终的核心内容，做到悟初心、守初心、践初心。要以政治建设为统领，把旗帜鲜明讲政治要求融入各项工作中，树牢“四个意识”，坚定“四个自信”，践行“两个维护”。这是最大的政治纪律、最根本的政治规矩。讲政治不是空喊口号，不是抽象的，必须看行动，见实效。要把坚决贯彻落实中央决策部署作为检验政治建设成效的“试金石”，自觉把全行工作放到党中央工作大局中考量和推动，确保中央政令畅通，在工商银行一贯到底。今年要对贯彻落实习近平总书记重要指示批示情况开展“回头看”，重点检查督促各机构坚决贯彻总书记关于赖小民案重要批示精神，认真开展对照检查和警示教育，从政治上查摆问题、反思自省。要认真落实李克强总理考察座谈重要讲话精神，在推动普惠金融发展、破解企业融资难融资贵问题上迈出新步伐，当好服务实体经济的主力银行。这里需要特别强调的是，要深刻学习领会习近平总书记对推进中央和国家机关党的政治建设作出的“一个带头、三个表率、建设模范机关”的重要指示精神，以深入开展模范机关创建活动为重点，突出抓好总行本部党建工作。总行本部各党支部要切实履行全面从严治党的主体责任，各支部书记要认真履行第一责任，支部副书记兼任支部纪检委员，要充分发挥好监督作用，不断推动本部党建工作全面进步，建设风清气正的模范本部。

（二）有力有序推进派驻改革落地见效。派驻改革变的是全行公司治理架构和监督体制机制，不变的是毫不动摇地坚持党对金融企业的领导，以及我们对国家利益的坚定维护和忠诚担当。在这一点上，监督者和被监督者的目标和使命是完全一致的。各级党组织要正确认识和处理党的领导和公司治理的关系，不断推进党的领导和公司治理一体化；要进一步提高政治站位，坚持创新引领，加强统筹协调，按照改革实施方案要求，抓实抓细各项工作，确保改革起好步、见实效。近期将正式印发我行贯彻落实派驻改革实施方案，对机构人员设置、职责划分、体制机制、队伍建设等方面进行安排。原各级内设监察部门承担的不宜由派驻纪检监察组和纪委办公室继续承担的职责，将交由有关部门承接。如由党委办公室承接履行党风廉政建设主体责任的日常工作牵头职责；由内控合规部门承接银保监会口径案件管理及违反行内规章制度行为调查处理等职责；由党委宣传部承接廉洁文化建设相关工作；由总行机关纪委承接对总行本部处级及以下人员的监督执纪问责工作，等等。相关部门要在明确职责划分的基础上，强化协同配合，确保党风廉政建设日常工作的及时承接、连贯运转。同时，要在人员配备、服务保障等方面为派驻纪检监察组提供全力支持，确保派驻纪检监察组顺畅高效开展工作。

各级党组织和领导干部要增强党性观念，充分认识到党和人民把28万亿元的金融资产交给我们经营管理，是莫大的信任，充分认识到严格监督管理就是对干部最大的关心爱护。一定要正确对待监督，真诚欢迎监督，习惯在受监督的环境中开展工作。对派驻纪检监察组指出的问题和提出的监督建议、监察建议，要认真抓好整改落实。要以派驻改革为契机，进一步优化和完善内部监督体制机制，切实把派驻监督与党内监督、治理层监督、业务监督贯通起来，构建党统一指挥、全面覆盖、权威高效的监督体系。要完善上级监督，把各级行本部和分支机构的纪检工作作为主体责任的重要组成部分，层层传导压力，层层压实见效。安徽分行要在派驻纪检监察组和总行内控合规部等部门指导下，大胆探索，先行先试，形成可推广复制的有效做法。要探索加强对直属机构、综合化子公司和境外机构的监督，在制度机制、日常管理、队伍建设上加大创新力度，确保监督全覆盖、更有效。要强化同级监督，党委书记履行同级监督第一责任，纪委书记履行提醒、报告和协查之责，定期、及时向上级纪检机构汇报同级监督情况。要提升日常监督质效，用好监督执纪“四种形态”，特别是“第一种形态”，用严管体现厚爱。

（三）狠抓形式主义、官僚主义等“四风”治理。习近平总书记深刻指出，“中央八项规定不是五年、十年的规定，而是长期有效的铁规矩、硬杠杠。”全行要巩固拓展作风建设成果，聚焦隐形变异“四风”问题，加强监督检查，对顶风违纪行为严肃查处、通报曝光，坚决防止“四风”问题反弹回潮。尤其要把力戒形式主义、官僚主义作为今年的重要任务，从讲政治的高度审视和破解这一问题，拿出有效管用的整治措施。反对形式主义要着重解决表态多、行动少、工作不实等问题，解决会议多、文件多、检查多、培训多、以文贯文、以会贯会等问题；反对官僚主义要着重解决宗旨意识不强、服务客户和基层不用心、不作为等问题，同时紧盯形式主义、官僚主义新动向新表现。各级行党委和领导干部要把自己摆进去，带头查摆自身存在的形式主义、官僚主义问题。各级纪检监督机构要把整治形式主义、官僚主义摆在突出位置来抓。对典型案例，要坚决追责问责。

（四）一体推进不敢腐、不能腐、不想腐。要把思想和行动统一到党中央关于“加大金融领域反腐力度”的要求部署上来，精确惩治腐败问题。要坚持铁腕治行，重拳出击。持续推进信贷、资管、金融市场、投行、委外等第三方合作、同业业务、资产处置、集中采购等八大领域风险治理，聚焦资金资源富集、问题线索反映集中、腐败问题易发多发的重点领域、重点环节、关键岗位，深化靶向治疗，发现一起坚决查处一起，决不姑息。要坚持惩前毖后，治病救人。问题线索查清后，区分三类情况，把握处理政策：对查明有问题的干部，特别是在党的十九大后仍然不知敬畏、胆大妄为、不收手、不收敛的，要坚决查处、严惩不贷；对查实没有问题的干部，要对本人说清楚，敢于为他们正名撑腰，支持他们大胆工作；对犯了错误愿意回头、愿意改正的干部，为他们创造将功补过的机会，帮助其改正错误、回归正道。要坚持标本兼治，一体推进。不敢腐、不能腐、不想腐是一个有机整体，不是三个阶段的划分，也不是三个环节的割裂。要用好治标利器，夯实治本基础。在严厉惩治、形成震慑的同时，扎牢制度笼子、规范权力运行，加强党性教育和警示教育，推进廉洁文化建设，用正确的价值取向引导和激励干部员工。

（五）深化政治巡视巡察。巡视是全面从严治党的利剑。要深入贯彻习近平总书记“五个持续”的要求，按照总行党委巡视巡察五年工作规划，深化政治巡视巡察。要坚持有形覆盖和有效覆盖相统一，既扩大面，也提升质。今年重点要加大对总行本部的巡视全覆盖力度，推动本部党组织压实管党治党责任；对新成立的全资子公司、控股机构实现同步巡视；以建设廉洁“一带一路”为主线，探索开展境外巡视工作。要建立健全巡视巡察上下联动的监督网，将全行各级党组织、各级领导干部有效纳入巡视巡察监督体系中。要全面审视被巡视巡察党组织工作，着力发现落实中央决策部署及总行党委工作安排方面存在的责任问题、腐败问题、作风问题，把巡视巡察与净化政治生态相结合，与整治群众反映强烈的问题相结合，与解决日常监督发现的突出问题相结合，增强监督实效。要做好巡视巡察“后半篇文章”，探索创新巡视巡察成果运用办法，持续夯实整改主体责任，健全可追踪、可评价、可问责的督查督办制度。对中央及总行党委巡视发现问题整改情况要进行检查监督，严肃追究整改责任不落实的机构和相关人员。要适应派驻改革要求，单设总行党委巡视办，加大巡视组织推动和对各分行巡察工作指导力度。要进一步选优配强巡视巡察专兼职干部，充实巡视巡察力量，提升工作效能。

四、发挥好“关键少数”的表率示范作用

领导干部作为“关键少数”，是党风行风的“风向标”和“导航仪”，在一言一行、身体力行中，都会营造一种风气、倡导一种追求、引领一种方向。全行各级领导干部尤其是主要负责人要适应派驻改革新要求，在落实主体责任和监督责任的认识上再深化、政治上更担当、行动上更主动，对全面从严治党加强全方位、全系统、全过程的领导。要严而又严贯彻新形势下党内政治生活若干准则，深刻理解“四个意识”的特定政治内涵，认真解决在落实“两个维护”中存在的温差、落差、偏差问题，发挥好“头雁”效应，以好作风、好形象带出全行的风清气正。一是要切实担负起政治责任、领导责任、工作责任，对中央决策部署及总行党委工作安排坚定坚决、落实落细。二是要带头严守政治纪律，考虑问题不能仅有单纯业务观点，更要有政治思维，确保与党中央保持高度一致，在重大原则问题和大是大非面前立场坚定、旗帜鲜明。三是要带头严格执行重大问题、重要事项和个人有关事项报告等制度，对党忠诚老实、光明磊落，决不做“两面人”。四是要带头贯彻民主集中制，严格执行领导班子议事决策规则，坚决服从组织决定和组织分工。五是要带头保持清清爽爽的同志关系、规规矩矩的上下级关系，坚决抵制拉拉扯扯、吹吹拍拍等歪风邪气，让党内关系正常化、纯洁化。六是要带头建立健康的工作关系，不能把正常的工作关系变成“交易关系”，不能把管理的公共资源变成个人资源。七是要带头反对特权，严格家教家风，管好自己的家属和身边工作人员，坚决抵制各种违规干预、捞取好处行为。

在推进纪检监察派驻改革、加大金融反腐败力度的新形势下，全行各级纪检机构责任更大、要求更高、担子更重。各级纪检干部要从严从实加强自身建设，经得起磨砺、顶得住压力、打得了硬仗，做立场坚定、意志坚强、行动坚决的表率，以全新的精神面貌和更强的能力素质，实现纪检工作高质量发展。要把对党忠诚作为开展工作的首要原则，自觉把“两个维护”落实到行动上，发现领导班子及成员一般性问题，要坚决亮明态度，及时提醒，重大问题要及时向上级纪检机构报告。要敢于斗争，敢于监督，敢于同触碰纪律红线、底线的行为进行坚决斗争，决不能回避矛盾、当老好人。要在加强学习、提高能力上下功夫，讲政治、练内功、提素质、强本领。全行各级纪检机构要主动向派驻纪检监察组汇报工作，自觉接受派驻纪检监察组的业务指导和监督检查，不断提高专业能力和监督执纪水平。要强化自我监督，自觉接受监督，行使权力慎之又慎、自我约束严之又严，做严格自律的标杆，建设忠诚干净担当的纪检铁军。

同志们，在新的一年，全行上下要团结奋进，以坚如磐石的决心，将全面从严治党、从严治行引向深入，有力保障中央决策部署在工商银行坚决贯彻落实，以改革发展的优异成绩迎接新中国成立70周年！

在中国工商银行2019年信贷工作会议上的讲话

谷　澍

（2019年2月22日）

今天我们召开2019年全行信贷专业会议，主要任务是贯彻落实年初全行工作会议精神，总结过去一年的主要工作，分析当前面临的形势，明确任务目标，统一思想、凝聚共识，对2019年的投融资工作进行安排。下面，我讲六方面内容。

一、2018年投融资管理主要工作成效

过去一年，面对严峻复杂的经济金融形势，全行信管、审批和风险条线认真贯彻落实总行党委的决策部署，严格管控信用风险，不断夯实资产质量基础，积极支持优质市场拓展，投融资管理工作交出了满意的答卷，为全行取得近五年最好经营业绩作出了重要贡献。

第一，资产质量关键指标持续向好，投融资经营发展基础更加牢固。截至2018年末，集团不良贷款××亿元，不良率×%，较年初下降××个基点，连续××个季度下降；2013年以来新增融资不良率×%，较年初下降××个基点；潜在风险融资××亿元，压降××亿元，连续××个季度下降；剪刀差××亿元，较年初减少××亿元，连续××个季度下降。从过程指标看，全行风险管控能力进一步提升。境内外客户评级质量持续提高，对公客户评级完成率达到×%，实现理财信用债发行人批量快速评级，将××户自主决策信用债投资纳入内评体系。全年共对境内××万户拟新增融资公司客户进行准入筛查，累计发现问题客户××户，主动拒贷压降、终止流程或暂缓审批涉及融资申请金额××亿元；对境外××户拟新增融资公司客户进行准入筛查，发现和管控问题客户××户。全行授信审批部门核定公司客户授信方案××万个，审批债项××万笔、××万亿元，完成项目评估××个、新增押品评估××万宗。十二大重点风险领域专项治理成效明显，全年压降××亿元，降幅×%，超额完成治理目标。抢抓有利窗口期，加大财务资源投入，处置不良贷款××亿元，超过全年处置计划××亿元，平均受偿率×%。

第二，政策管理更加灵活前瞻，资源投向符合预期。一是信贷政策的投放引导和授权管理的配套支持作用更加凸显。资源主要投向国民经济重点领域，巩固了服务实体经济主要国有大行地位。基础设施领域中公共设施（含棚改）和交通运输两大板块占公司贷款增量的×%，发挥了“压舱石”作用。先进制造业贷款余额××亿元，占同期制造业贷款余额的比重提高××个百分点。服务业板块贷款增加××亿元，增量集中在文化产业和医教养等领域。个人贷款与信用卡融资余额分别达到××万亿元和××亿元，占全部贷款的比重分别提升××个和××个百分点，有效支持了个人合理住房与消费需求。二是存量移位与增量并轨管理不断完善，重点移出客户池管控成效明显。全年各项贷款移位再贷××万亿元，其中公司贷款移出××万亿元；年中我们利用市场流动性充裕的有利时机，调增重点移出客户池任务××亿元，全年实现净移出××亿元，同比增加××亿元，其中钢铁、煤炭等产能过剩行业谨慎退出类客户表内外融资净移出××亿元。

第三，分行信贷管理模式不断完善，经营能力持续提高。一是规范并推动信贷体制机制改革。目前，除西藏分行外，已经实现信贷经营架构调整在一级（直属）分行的全覆盖。稳妥推进审查审批职能下沉，逐步补齐二级分行信贷经营短板。整合衔接传统转授权与体制机制改革转授权，明确做实做细授信工作机制安排，建立授信审批专业系统指导与管理机制。截至2018年末，二级分行已成立大客户中心（团队）××家、小微中心××家、个贷中心××家，分别较上年增加××家、××家和×××家。××家二级分行设立审查审核中心（团队），较上年增加××家；配备审查人员××人，增加××人。二是着力提升分行信贷经营能力。总行聚焦四大类（完善信贷经营架构、落实关键少数责任、强化重点机制建设、搭建工作交流平台）、十条措施（推进“三中心、三团队”建设、完善新架构下的信贷经营机制、落实责任、推进专家治贷、做好信贷市场规划、实施信贷业务流量管理、建立信贷客户准入与存量客户分级会商机制、加强存续期规范化管理、强化信贷人员资质与培训管理、加强信贷人员绩效考核、总结提炼信贷经营实践经验），制定并督促二级分行信贷经营能力提升方案落地。分行在做好规定动作的基础上，涌现出一批有特色、有效果的实践做法，有的分行开展授信“走出去”和“回头看”工作，强调授信前要做实做细、授信后要跟踪管理；有的分行大力推进信贷智能化建设，引入行内外数据，助力风险预警和普惠金融市

场拓展。三是聚焦重点城市行，推进人格化授权。坚持专家治贷、定向扩权，先后批复北京、浙江2家一级分行和11家二级分行的人格化授权方案，给予分行负责人更大审批权限，累计审批各类贷款突破××亿元，有效提升分行市场竞争力和业务办理效率。

第四，持续加强从严治贷，信贷合规管理取得新进展。深入开展“四严”主题活动，聚焦信贷战略、政策和制度执行的“最后一公里”，夯实信贷合规建设基础。全面梳理近三年内外部检查发现问题及整改情况，健全问题整改逐级督导机制，整改率达到×%。机构人员资质管理进一步完善，境内××家经营机构被授予信贷经营资质，增加××家，占全部经营机构的×%，同比上升××个百分点；人员资质持有率×%，同比上升××个百分点。

第五，进一步做好全面风险管理，交叉风险管控取得新成效。优化集团风险偏好管理，完善分层级的风险偏好指标体系。强化集团并表管理，落实非银子公司“一司一策”提升方案。建立总限额和净限额的二维国别限额管理机制，完善集团内跨境业务的国别敞口统计规则。实现全集团各机构市场风险限额的统一核定并通过系统实时监控，全年未发生大的市场风险事件。建成集团投融资风险监控平台，完成跨风险、跨市场、跨机构、跨产品风险数据的汇集、穿透和整合。建立理财资金平衡报告体系，实现底层交易明细的穿透。

2018年各项成绩来之不易，这是在总行党委正确领导下，信管、审批和风险条线全体员工辛勤努力的结果。在此，我谨代表总行党委向大家表示衷心的感谢！

二、投融资形势与总体工作要求

当前经济运行复杂多变，为主动应对形势变化，党中央明确提出“六稳”工作要求，陆续出台一系列政策措施。全行上下要认清形势，通盘谋划，从最坏处准备、向最好处努力，牢牢把握投融资管理主动权。

今年投融资管理的主要挑战仍在质量管控，“两大一多”问题较为突出。一是潜在性风险融资总量大，目前全行尚有关注贷款××亿元、法人潜在风险融资近××亿元，其中风险较大的深潜融资××亿元；非标代理投资违约额××亿元；单户行外交叉违约在可比同业中规模最大，涉及贷款××亿元。二是不良处置困难加大，资产管理公司收包意愿减弱，价格持续走低。2018年我行批量转让本金受偿率同比下降××个百分点；××个资产包流标，涉及金额××亿元。三是部分区域和机构风险化解困难增多，部分境内分行资产质量压力大，大户风险加快暴露，管控形势较为严峻；个别境外机构和子公司风险也开始显现，集团统一风险管理体系亟待完善。同时，支持民营企业和普惠金融是今年的工作重点，如何在完成投放任务的同时，切实把控好新增贷款质量也是对全行的挑战。此外，一些机构的信贷合规意识有待进一步加强。从近几年信贷领域案件、风险事件以及审计检查情况来看，有的业务办理存在合规问题，有的监督管理失效，有的以信任代替制度，信贷人员违规操作问题较为突出。

同时，我们也要看到投融资发展仍处于重要战略机遇期，需要继续做好对外拓展和对内挖潜，推动投融资业务深耕厚植。市场机会方面，区域重大战略实施、基础设施补短板项目建设陆续推进，构成新一轮投融资增长的重要基础；能源板块重点项目启动、先进制造业加快发展、在建棚改项目后续提款，成为投融资市场接续的重要力量。个人住房及消费信贷需求仍有较大发展空间。重点城市行信贷需求大，日益成为信贷投放重要增长极。客户基础方面，我们拥有良好的客户基础和广阔的战略纵深。我国每年新增2 000多万户市场主体，我行存量公司客户也达到××万户，但有贷户仅为××万户，新增拓展的空间很大。我行存量融资客户在各金融机构贷款余额合计约××万亿元，约占同口径全社会融资总额的×%，×%的公司有贷户为我行与他行共有客户，部分优质客户我们的贷款份额不占优势，可挖掘潜力较大。投融资管理能力方面，我行已形成较为完备的投融资产品和金融服务供给体系，建立了较为有效的投融资管理制度和风控模式。近年来我们也经历了经济下行和质量下行的洗礼，锤炼了队伍，对信贷运行规律有了新的、更全面的认识。这些都是推动投融资业务持续健康发展的有利条件。

2019年是全行资产质量攻坚的关键之年。全年投融资工作的总体要求是：全面贯彻落实全行工作会议决策部署，坚持稳中求进总基调，持续推进资产质量工程和基础管理工程，全面加强信贷队伍建设，完善信用风险一体化管理体系，防范化解重大风险，更好服务实体经济。

今年投融资工作的主要目标是：集团不良贷款余额控制在××亿元以内，不良率×%，其中境外机构不良率×%；非标代理投资违约率×%；逾期贷款余额控制在××亿元以内，逾期率×%，剪刀差××亿元。2013年以来新增融资不良率控制在×%以内。处置不良贷款××亿元。存量移位再贷××万亿元，重点移出客户池净移出××亿元。

实现上述目标，要做到“五个更加”：一要更加突出风险防控这一核心工作，把握好贷款全周期质量管理节奏。二要更加重视主动调整信贷结构，增强对经济周期波动的驾驭能力。三要更加注重优化信贷管理机制，提高信贷经营能力。四要更加突出抓好关键少数，强化专业能力与责任担当。五要更加注重信贷合规经营，确保全年投融资业务领域不发生重特大风险事件。

三、深入推进质量管理工程，持续净化信贷资产

（一）净化源头，着力防范“病从口入”。要加强准入监控分级分层闭环管理，总行要继续创新监控手段，识别管控多头申贷、隐性关联担保、虚假交易背景等风险，加强区域性、集群性风险防范；分行要结合区域风险特征自主做好辖内客户准入监控，提高总分联动的协同性和一致性。要分层抓好2013年以来新增融资质量“红线管理”，确保质量逐年好转，对贷款发放后短期内劣变问题严重的机构和管理人员要严肃问责。

（二）活化存量，加快推进清淤疏堵。各行要积极抓好潜在风险管理工作，今年要开展监管关注重点问题、项目贷款分期还款不落实等八大重点风险领域专项治理，确保潜在风险融资总量稳步下降。要加强深潜融资治理，加快消化具有交叉违约、调整过结息周期、突破政策办理展期和分期还款逾期等特征的风险贷款，对在期限内未完成整改、实质风险明显的贷款要纳入不良管理。今年总行已经把新发生逾期贷款指标纳入分行经营绩效考评，各行要加强逾期贷款管理，下好转化退出先手棋，核心是对有风险化解可能的贷款做好缓释，坚决杜绝因被动消极防控风险造成贷款劣变。对企业还款有暂时困难，后续能正常付息、持续经营的，在符合监管要求前提下，可通过展期、重组等方式调整贷款期限；对企业处于半停产、半关闭状态的，要重点着眼于缓释化解风险；对企业已经停产关闭或扭亏无望的，要按规定纳入不良贷款并做好管理。此外，对于金融资产服务业务，要加强房地产、地方政府平台、产能过剩行业、上市公司领域的监控与风险化解；对于债转股业务，各行要与工银投资加强协同，债转股目标客户必须符合国家和行内相关政策制度要求。

要加强信用卡和个人贷款管理。总行要抓好信用卡逾期催收策略制定和工作督导，各行要整合催收人员与资源，做实上门催收、司法催收等关键动作。要将提升风控能力作为信用卡专业的首要任务，层层落实各级分支机构的风控主体责任，加强信用卡贷前授信、贷中实时智能风险监控和贷后管理，实现市场拓展与风险管控的统筹平衡。要进一步加强个贷客户筛选，优选个人信用消费贷款（融e借）和汽车分期客户，加大住房抵押类产品投放，从严管理个人商用房贷款。认真排查涉嫌虚假或欺诈的个贷风险客户，定期监测分析借款人实际偿债能力。

（三）优化处置，提高资源使用效益。不良资产处置要坚持依法合规，把握好处置节奏。去年在可比同业中，我行处置不良贷款最多，消耗财务资源最大。要提高精细化管理水平，根据账龄、行业、区域等因素对不良资产进行分类管理，合理选择处置方式，强化成本约束。劣变时间较短的不良贷款应以常规清收为主，受偿率低且“冰棍”效应明显的可批量转让。要提高核销资源统筹使用效果，逐步减少财务资源的消耗量，有序解决大额及长账龄大户、假按揭等历史遗留问题，加大信用卡不良资产的清收处置力度，对预期回收率较高的物权类及优质资源类不良资产，要综合运用各类化解手段，提高现金清收成效。抓好受托资产和账销案存资产处置责任落实，年底要实现统一市场包清户。

四、完善投融资管理政策，提升服务实体经济效能

（一）坚持稳健灵活的政策导向，把控好重点领域信贷投放。在传统优势领域突出“稳”，在新兴市场做到“进”。积极推进重点城市行战略，将新增资源更多配置在重点城市，适当提高同业占比，加大对雄安新区建设、京津冀一体化等国家重大战略的支持力度。继续适度提高个人贷款占比，加快拓展优质消费信贷市场。加大对重点行业、重点区域、重点客户和大型项目等领域信贷支持力度，积极支持基础设施在建项目、补短板重点项目融资需求，积极支持制造业高质量发展与消费升级相关服务业。境外机构要合理摆布内外联动业务和本地化业务，内外联动业务要真正做实，本地化业务要真正选优。

公共设施板块，各行要严守合规底线、把控实质风险，把握好土地资金平衡项目、政府投资类项目运作模式、最低资本金制度等关键问题，债务风险预警区域尤其是区县一级要审慎办理。梳理评估我行融资涉及政府隐性债务情况，积极参与化债方案的制订落实。交通运输板块，对于收费公路存在付息困难的地区，主要支持纳入国家公路网规划的项目，其他项目须由股东提供担保并控制融资占比。对于公路PPP项目要强化资本金管理，对于可行性缺口补贴层级为地级市及以下政府的，要优选财政实力较强的地级市项目，其他项目须落实有效担保。房地产板块，坚持因城施策，主动应对热点城市市场回调、三类城市棚改货币化安置比例降低等风险，继续压降商用房开发贷款总量，严格房地产开发企业准入管理，防控好大型房企集团流动性风险。

（二）积极支持民营经济，有效拓展优质民营企业信贷市场。全行要认真学习贯彻近期党中央、国务院对金融服务民营企业的有关要求，把支持民营企业和普惠金融提升到优化信贷结构、拓展优质市场、夯实发展根基的战略高度，确保完成民营企业和普惠金融贷款投放任务。

一要选好客户。聚焦营商环境优良、民营经济发达、产业配套成熟的区域，优选负债水平合理、公司治理完善、主业突出、核心竞争力强的优质民营企业，提出重点支持白名单，做好目标客户营销和综合化金融服务。

二要优化产品。积极支持一般法人优质民营企业小

型技改项目融资需求，在满足相关要求的前提下，可适用评审合一流程。对民营企业向军队、地方政府、国企提供产品和服务过程产生的应收账款，各行可在优选客户的基础上，探索创新应收账款核实确认方式，帮助民营企业打通融资渠道、提前回笼资金。推进重点领域线上供应链业务发展，推广应用数字信用凭据。在把控好风险、精准筛选客户的前提下，努力发展好经营快贷和“e抵快贷”业务。通过创设和投资信用风险缓释凭证（CRMW），支持优质民营企业发行债券。

三要抓好配套。各行要细化落实考核激励机制及专项规模，特别要注意将贷款投放的考核评价与服务企业数量、信贷资产质量统筹起来。

四要把控风险。立足商业可持续原则，既要确保完成全年民营企业信贷投放目标，又要避免运动式投放、把好准入关口。要加强民营企业全生命周期信用风险管理，不得对过度投资、过度融资、盲目多元化经营等问题突出的企业新增融资，存量风险融资要有序收回。

（三）加强授权管理，优化审查审批体系。对于境内分行，适度扩大粤港澳大湾区、“5+1”分行等重点区域及项目贷款、总部大厦建设融资等重点业务的授权；将养老产业项目贷款纳入基础产业类项目贷款管理，执行更高权限。完善二级分行审查审批体系，进一步从业务准入、评级授信、审查审批、机构设置等方面做好规范，要根据二级分行的实际情况稳妥推进审查审批职能下沉，把握好节奏，平衡好效率和风控的关系。对于具备条件且信贷资产规模较大的重点城市行和业务量较大的二级分行，鼓励成立单独的审查审批部门。广东、江苏、浙江等业务量大的省分行可将部分小微信贷业务审批权择优转授至二级分行授信审批部（或审查审核中心）负责人，北京、上海、深圳等城市行可转授至核心支行审批部门负责人。在审查派驻管理方面，要坚持因地制宜，根据业务体量和管理水平合理选择派驻范围，核心是落实好风险责任，总行要做好定期监测。对于境外机构和子公司，要根据监管要求、合规整改情况和风险控制能力，合理调整授权。

（四）加强重点领域审查审批，把好风险关口。要有效控制客户过度融资风险，对融资金融机构多、融资总量大、主业不突出、主要财务指标不佳的大户，要审慎控制融资总量和同业占比，特别要提高对综合化经营集团客户过度融资的识别能力。要做好对政府债务性融资、产能过剩、房地产、代理投资等重点领域的风险审查。要择优支持资产证券化业务，掌握不同类型底层资产的风险特征及控制手段。要加强“走出去”业务的风险防控，突出主权偿债能力把控，审慎把握跨主业并购，从严掌握缺乏国际化运作经验企业实施的跨境并购业务。提升股权估值能力，建立健全符合我行风险偏好的价值评估体系。规范自动化审批管理，完善基础数据，推动模型参数与中后台部门共享。

（五）抓好移出移入两个池子，做好移位管理工作。要推动重点移出客户池战略退出，对“看不清、退得出”的隐性风险客户，各行要加强研判，把握当前有利时机，适时退出。对优质客户，要纳入重点移入客户池，在审批效率、规模保障等方面作出优先安排。总行将继续设立存量移位专项规模（全年600亿元），逐月配置给移位管理成效突出的分行，对未完成重点移出客户池净移出任务的分行适度扣减新增规模。

五、优化信贷经营运转机制，夯实投融资管理根基

（一）强化重点环节管理，完善投融资基本制度。要加强评级管理基础工作，优化评级预警和流程管理。开发完善数字供应链业务、线上小微企业、科创企业以及境外评级模型。要完善集团押品管理制度体系，健全押品全流程评估机制，加强押品准入管理、提高评估质量，逐步提升押品处置回收率。对新兴投资业务，要合理掌握回表资产标准，加强“非标转标”模式风险管理，明确过渡期及理财子公司模式下代理投资的风险管理转型安排。抓好境外机构“三个对标”（对标本地监管规定、对标总行信贷政策制度、对标本地优秀银行最佳实践），完善境外机构评级体系，加强本地化业务准入把控和信贷业务全流程管理。

（二）完善体制机制改革，落实好风险控制责任。经过三年多的改革，境内分行已初步搭建起“分层经营、分类授权、责任清晰、监控有效”的信贷经营管理新架构。下一阶段，总行要梳理总结三年来体制机制改革过程中的成绩和问题，高度关注改革运行情况。分行要因地制宜，进一步理顺大客户中心职责边界以及与公司部、落地支行的职责分工，明确客户风险管理主体责任；落实好小微金融业务经营机构分类管理要求，加快小微中心提质增效工作方案的落地实施，做好跟踪评价。

（三）推进机构经营能力提升，做好评估工作。在一级分行信贷经营能力提升方面，总行要尽快印发指导意见，落实好信贷规划、专家治贷等关键工作事项，及时总结提炼好的经验做法，做好跟踪监测与实施评价。要提升信贷管理智能化水平，聚焦各业务环节，将“信贷专家经验”固化为系统模型，把“人工+现场”的传统信贷作业方式升级为“智能化+远程”的创新模式。今年还要继续推进境外机构和子公司的信贷经营能力提升工作。

在二级分行信贷经营能力提升方面，要开展分类指导，抓好方案落地，推动重点城市行创新举措先行先试。建立推广二级分行信贷经营能力评价指标体系，总结标准化动作，制定量化指标，形成评价成果。

（四）加强一体化管理，提高集团整体风控水平。

一要加强集团信用风险统一管理。要强化全集团各

类表内外、非标代理投资及类信用风险业务的统一风险管理，执行全行统一的政策制度和流程要求，确保全集团信用风险管控落到实处。完善对子机构债转股和自营股权投资业务的风险管理。要强化集团法人、子公司和境外机构的统一风险管理。完善境内外机构信用风险管理分类评价指标体系，逐步将评价对象拓展到利润中心。发挥好系统的闸口作用，通过系统刚性控制来实现信用风险统一管理。

二要完善以客户为中心的投融资风险限额管理。总行目前正在整合现行统一授信和风险限额管理办法，将债权类和股权类风险限额纳入客户统一投融资风险限额，实现全口径管理。相关部门要协同配合，及时做好有关政策制度的衔接，尽快推进配套系统功能改造。要完善客户信用风险统一视图，加快推进工银租赁、工银安盛、工银投资、工银标准、工银金融、工银国际等机构的统一授信实施，加强子公司信贷系统建设，逐步实现授信联动、数据对接和流程控制。各级行要加强境内外关联客户统一授信管理，严格执行做实做细授信工作要求，强化授信执行监督，建立授信后动态管理机制，对过度授信的客户及时调减授信额度，实现闭环管理。要配合监管部门推进联合授信试点工作，总结试点情况，积极探索授信主办行制度。要进一步优化一般公司客户授信测算模型，构建科创企业、外资代理行授信测算模型。

三要深化集团全面风险管理。要进一步完善涵盖集团、法人、区域、行业等各维度的全面风险限额管理体系和分层监控体系，将风险加权资产纳入限额管理。要提升国别风险和主权风险的防控能力，表内外融资均要纳入敞口计量和限额控制；要将所有融资业务纳入相关业务系统，逐步实现系统全流程监测和控制。要加强理财业务与交叉风险管理。实现合作机构底层交易明细“T＋1”系统自动接入，对全量交易实施穿透监控。对信用债发行人实现财务信息自动接入和自动快速评级，推进理财限额管控。完善非标债权及股权、未上市股权、违约债券的估值方法，实现投资品自动化估值和验证。加快集团投融资风险监控平台建设和应用，建立交叉风险监测、预警、压力测试和报告机制，形成更加完整的交叉传染分析视图。要加强重点机构市场风险管理。健全子行风险管理三道防线，做好市场风险限额统一管控和新产品准入管理，确保子行业务发展与风控能力相匹配。统筹做好业务监控和行为监控，构建交易员风险视图，实施交易员风险评价。

六、加强队伍建设，强化合规意识

投融资风险管理根本在人，各行要严格落实好机构与人员管理的各项要求，“用对人、管好人、问清责”。信贷条线全体员工要加强学习、增强本领、廉洁自律，坚持合规操作，以更好应对当前复杂多变的经济金融形势，保障业务健康平稳发展。

（一）抓好人员管理，提高投融资专业水平。

一要严格资质管理。要在信贷专业资质体系中增设项目评估和押品评估模块；实现 GCMS 系统资质刚性联动控制，将全口径信用风险业务纳入控制范围，附属机构、利润中心、境外机构也要比照执行；进一步推动境外机构人员任职资格管理，严格落实信贷资质和专业年限的要求，加快建立适用于当地雇员的信贷资质认证管理体系。

二要加强审查审批和押品评估队伍建设。总行要加大对分行审查审批队伍配置的监督指导力度；各行要督促二级分行选派优秀人员充实审查审批队伍，切实做好二级分行审查人员的任前审核和岗前培训。今年还要在押品评估队伍建设上花大力气，各行要根据评估业务量配足、配强评估人员。

三要提升关键岗位人员专家治贷能力。全面推进信用风险人格化授权。总行已印发人格化授权管理规定，分行要抓好人格化授权的落地实施，制订方案向总行申报。获批复的分行须加强对人格化授权对象履职的精准评价，做好授权方案的后督管理和动态调整。各行要抓好关键岗位人员管理，细化信贷关键岗位任职要求，强化履职评价，促进履职能力和治贷水平的提高，实现“人岗匹配”。

（二）强化合规意识，严肃信贷纪律。

一要抓好信贷和不良资产处置领域案防工作。这是今年全行案防工作的重中之重。去年，信贷领域的案件数量占全行案件总量的×%，司法机构对信贷案件的认定标准也更加严格。信贷人员要严格做到依法合规，坚决不踩国家政策底线与监管红线。尤其是对违法放贷和监管处罚通报的案例，各行务必高度重视，切实加强案防警示教育，提高案防敏感性、责任感和专业技能。对存在案防风险隐患的，要以最快速度拿出针对性方案，抓好整肃整改，重点要做好防假反假，抓实人员履职，责任落实到位。今年尤其要重视加强境外机构合规管理，要建立清晰的信贷合规责任体系，坚决落实监管整改要求。对因合规问题造成重大信贷风险或损失的、因信贷问题整改不到位导致监管评价降级的，总行将严肃追责。

二要继续深入开展“四严”主题活动。今年的“四严”活动要聚焦信贷人员关键环节履职，从严要求、严肃问责。总行要加大直通式督导检查力度，按照“问题没有整改的不放过、问题发生理由没有讲清的不放过、责任人没有依规处理的不放过”的“三不放过”标准，强化流程管理，抓好履职监督，杜绝“整而未治、禁而不绝”。去年底，总行已下发全流程履职监督工作管理办法，各行要高度重视，在第一季度内加快解决重视程度不够、人员配备不足、检查督导不力等问题。

借此机会，我想对在座的各分行一把手再强调一下。你们是所在分行信贷经营和资产质量的主要责任人，要把投融资风险管理提升到关系本机构生存发展的高度，花真功夫研究信贷、扑下身子抓好信贷、下大力气提高管贷治贷水平。要筑牢质量管理生命线、从严治贷；谋划好信贷投向与布局、防范结构风险；推动落实专家治贷、专业治贷。

在当前结构性去杠杆的大环境下，尤其要注重管好超级大户风险。近期，大户风险暴露时有发生，其中不乏融资总额数百亿元、我行融资数十亿元的超级大户。部分大户我行融资占比高，存在多元投资、多头融资、关联关系复杂、公司治理水平低下等问题，这需要各行切实提升营销与风控把关层级。各行一把手要认真抓好这些超级大户的风险防范与化解，做到“亲自抓、亲自问、亲自定”。要定期召集前中后台相关部门专题研究，梳理辖内超级大户清单，总结风险特征，压缩控制融资总量和占比，真正做到“看得清、摸得透、管得住”。

同志们，2019 年全行工作任务艰巨繁重，我们要认真贯彻落实好全行工作会议的战略部署，有效应对外部环境深刻变化，紧紧抓住新时期经济社会发展的历史机遇，迎难而上、扎实工作、勇于创新、敢于担当，圆满完成全年各项任务目标，为全行改革发展作出更大贡献。

在 2019 年财务会计暨资产负债管理工作会议上的讲话

谷　澍

（2019 年 2 月 26 日）

今天召开 2019 年财会资负专业工作会议，主要任务是贯彻落实年初工作会议要求，总结 2018 年工作，分析当前形势，部署 2019 年任务。下面，我讲三点意见。

一、2018 年工作成绩

2018 年，各级财会、资负部门站位集团大局，把握业务运行规律，加强调控管理，推动全年经营目标圆满完成，集团实现净利润××亿元，同比增长×%，主要业务指标在可比同业中处于较好水平，实现了效益和质量的双稳局面。

（一）集团盈利格局持续优化。

一是创利能力进一步提升。利息净收入增幅达到四行最高。对存款业务，通过经营计划部署推动，存款竞争力考核评价，内外部定价传导，充分发挥主动负债“承接竞新”作用，2018 年全行存款日均和时点增量大幅领先同业，人民币各项存款增加 1.5 万亿元。存款付息率控制方面，推动实施市场化定价改革，强化预算引导和分层定价管理，人民币存款付息率较上年稳中有降。对贷款业务，完善计划配置方式和强化需求储备，全行人民币贷款增加 1.15 万亿元，新增贷款均衡率达 56.9%。新发放人民币贷款利率同比提升 34 个基点至 5.06%。对债券业务，把握市场利率变化，及时调增投资规模，债券投资增量四行第一，还原税收后新增人民币债券投资收益率达 5.13%，高于市场平均水平 37 个基点。2018 年我行 NIM 较上年提高×个基点至×%，利息净收入同比增长 9.7%，成为全行盈利稳步增长的“压舱石”。集团手佣净收入总量和增量实现同业“双第一”。通过狠抓“三本账”管理，全行中间业务收入实现恢复性增长，收入结构有所优化，第三方支付、人民币对公结算、个人工银信使、国际业务、即期结售汇及外汇买卖等基础类中收实现 555 亿元，同比增长 11.6%，贡献占比进一步提升。信用卡实现收入 383 亿元，同比增长 17.6%；银团安排、担保承诺业务实现收入 123 亿元，同比增长 29.9%；账户原油等 5 项交易类业务实现收入 4.3 亿元，同比增长 190%，创新抵补效果明显；资产托管实现收入 68 亿元，同比增长 5.4%，保持同业领先地位。

二是实质风险得到有效控制。信贷资产质量进一步夯实，通过前置风险管理关口，优化完善拨备计提政策，加大核销资源投入，实施信贷成本分类递延等措施，分行主动防控劣变意识进一步加强。2018 年末，集团不良率比年初下降×个基点至×%，剪刀差比年初减少 301 亿元至 350 亿元，拨备覆盖率较年初提高××个百分点至××%。建立风险防控与化解全视图，风险防控延伸到表外，资管、私人银行和区域理财风险得到逐步化解，平台包基本完成清户任务；推动子公司平衡好风险处置和盈利贡献的关系，实现稳健可持续发展；全年清理不合理挂账 61 亿元，存量积分兑换费用挂账得到集中清理，待处理应收款挂账余额较年初大幅下降 56%。汇率风险管理取得新进展，建立起多维度、全视角的汇率风险分析视图，并通过多部门会商机制、完善直接投资资本金保值增值方案以及使用多种管理工具，有效应对汇率风险。2018 年，境外资本投入账面价值较年初增值 17 亿美元、增长 6%。

三是资源配置效率持续提升。全年固定资产投入 148 亿元，同比增长 23.2%。其中，ECOS 智慧银行、e-ICBC 3.0 等科技投入同比增长 38.9%，渠道发展等直接生产经营性投入同比增长 47.7%。经营费用列支 655 亿元，同比增长 2.6%；费用结构进一步优化，折旧、水电等费用同比减少 7 亿元、下降 2.8%；车船使用费、会议费、业务招待费得到有效控制；业务营销费同比增长 21%。

（二）调控管理取得预期成效。

一是考核评价战略传导作用进一步加强。通过分类差异化考核，专业条线及板块间的联动协作考核以及构建简单、直观的条线评价体系，强化了战略的精准传导；基本形成差异化网点考核体系，投产员工考核指标优化项目，助力网点考核完善落地。

二是及时出台支持普惠金融业务发展的配套措施。加大普惠金融考核权重，实施考核利润调节和差异化降级降档政策，推出 FTP 全额补贴和规模保障措施，开发小微客户统计核算报表，助力我行普惠金融业务发展。2018 年，银保监会口径和人行降准口径普惠贷款分别增加 502 亿元和 274 亿元、分别增长 18.4% 和 13.6%，分别为各项贷款增速的 2 倍和 1.5 倍。

三是税务筹划有效降低全行税负成本。进项抵扣率较上年提升 0.12 个百分点至 7.60%；小微企业免税政策得以落地，减免税款 4.4 亿元；优化增值税价税分离策略，税率降低后实现综合收益 1.5 亿元；协助境内外机构享受跨境预提所得税优惠，全年节约税金 0.45 亿元。初步建立了境外税收风险全面管理机制。

四是资本管理取得明显成效。资本充足率较年初上升 25 个基点至 15.39%，创历史新高；境内分行经济资本占用增幅较信贷资产增幅低 3.8 个百分点，资本使用效率进一步提高；表外贷款承诺压降 5 600 亿元，提升资本充足率 23 个基点。

（三）基础工作进一步夯实。

一是系统建设提升管理效率。建立财务共享平台，实现了财务开支全流程线上闭环管理，成功投产增值税专票自动认证项目，业务处理质量和效率大幅提升。通过流程优化和自动化水平提升，每年可释放人力近 500 人。优化 MOVA 系统，基本实现了对境内分行绩效考核指标的全覆盖，完成 MOVA 指标口径梳理工作，进一步加大了对基层行 MOVA 应用的支持力度。

二是集中采购管理效能进一步提升。完善集中采购制度体系建设，落实财政新规及 2018 年全行纪检监察工作会议要求，持续深化中央巡视整改，公开招标项目占比较上年提升 0.5 个百分点，单一来源项目占比较上年降低 7.5 个百分点。推进集中采购领域风险整治，实施供应商入库、分级、推荐和后评价闭环管理，对重大疑难项目实行重点跟踪把控，妥善解决采购环节的突出矛盾，“制度空转”问题管控初见成效。网点装修项目用时较上年压降 27%。提高集采会频率，提升沟通层级，采购效率明显提升。

三是条线人才队伍更具专业化。完善人才培养制度，建立财会核心人才库，组织开展境内外机构多层级财会资负专业培训，人才队伍在年龄结构、管理能力和专业水平方面不断改善。

盘点过去一年，财会资负条线人心齐、士气盛、信心强，充满了向心力、凝聚力和战斗力，有力推动我行实现了高质量发展。在此，我代表总行党委向财会、资负战线的同志们表示衷心的感谢和慰问！

二、2019 年主要挑战和工作目标

2019 年，宏观经济金融运行面临的不确定因素仍然较多，内外部风险管控形势依然严峻复杂，全球金融市场波动的不确定性加大，全行上下仍面临着新一轮严峻考验。

一是存贷款市场把握难度加大。从开年存款增长态势看，全行各项存款尽管好于同期，但与主要可比同业相比，各品种存款增量均有一定差距，尽管春节后差距有所缩小，但与往年走势相比，困难和不确定性正在加大。分析当前存款暂时落后于同业的原因，尽管存在第三方支付备付金集中缴存、去年末特种存款延迟划拨、财政性存款到位季节性规律以及春节现金支付、企业发放工资奖金和支付工程款等因素，但观测春节前工资集中发放的时点，我行储蓄存款最高值与主要同业仍有差距，对公存款在向对私转化大幅负增长后回升乏力，这反映出我们在代发工资客户拓展、资金闭环管理等基础性工作还比较薄弱。同时，部分同业在一些地区使用比较激进的价格手段竞争存款，对标我行发行有针对性的存款创新产品，加剧了我行的稳存压力。去年我行各项存款增加 1.5 万亿元，大幅领先同业，今年各家银行均加大存款竞争力度，产品竞争力明显增强，全行存款工作面临的形势更加严峻。就近期情况看，储蓄存款和机构存款基本正常。需要关注的是公司存款，目前较年初下降幅度较大，相关部门要密切关注公司存款变化情况，及时调整应对策略。从贷款情况看，前 2 个月全行贷款投放总体较为主动，但普惠和新市场等板块发展不均衡，后续优质储备的及时补充考验各行市场拓展能力。总的来讲，前 2 个月贷款投放非常理想。总行根据全行工作会议上分行建议及时调增了 1 月份计划，实际投放量在各家银行排名不是最高，但结构更为合理。公司贷款的中长期贷款占比接近 90%，说明公司条线信贷储备工作在各行中最好。与同业 1 月份票据融资大幅增加不同，我行票据融资呈下降走势，票据营业部在票据余额下降的情况下，依然保持直贴票据市场第一，工

作做得非常主动。1月份和2月份我行贷款投放结构符合中央政策要求，得到监管部门的高度认可和新闻媒体的重点关注。

二是NIM收窄趋势对利息净收入增长带来压力。2019年全行利差面临较大收窄压力。从资产端看，市场资金面日趋宽松，2018年9月以来，商业银行新发放企业贷款平均利率由5.6%下降至12月份的5.35%，连续4个月下降；5年期国债收益率目前已经不到3%。从负债端看，存款市场竞争激烈，上浮存款占比和付息率相对较高的主动负债占比进一步提升。今年初我行上浮1.3倍以上存款占全部定期存款比重为7.5%，较上年同期提高超过7个百分点，主动负债占一般性存款比重达到18.7%，较同期提高近6个百分点，我行人民币存款付息率已连续两个季度环比上升，今年1月份存款付息率较四季度继续上升2个基点。由于计结息规则因素，1月份各行对付息率上升的体会还不明显，随着时间的推移，NIM管理的压力会逐渐体现。

三是风险管理面临多重考验。从总体看，我行信贷资产质量尚未根本好转。今明两年又处于资管转型的关键时期，资管、私人银行和各类受托资产相关风险都需要有序化解，风险因素仍然是全行财务平稳运行面临的主要压力。从目前情况看，信贷风险隐患依然突出，全行仍有超过4 500亿元的关注贷款和超过3 000亿元的法人潜在风险融资，占比高于主要可比同业。同时，大力发展普惠金融业务对全行风险控制能力带来新的挑战，受托资产处置缺口依然较大。表外业务风险化解对财务资源的压力集中显现，未来两年是资管转型的关键时期，也是资管风险化解的关键时期，理财产品多年积累的非标资产、债券等项目产生的信用风险损失，以及存量高成本、长期限产品发生的兑付缺口等，对财务形成新的压力。境外及子公司风险防控形势升级，部分境外机构客户集中度高、风险管理不足，暴露出较大的信用风险敞口；部分机构以前年度监管检查相关的罚款支出集中列支，人力成本和中介咨询支出持续增加，财务平衡难度加大；部分机构下设的子公司及SPV股权架构存在多层嵌套，SPV数量多且透明度低，实施监管要求的穿透式管理难度大，蕴含较大的潜在风险。

四是中间业务同业竞争压力依然较大。资管、私银和投行三项产品受资管新政影响较大。2018年三项产品对中收贡献为23.2%，领先建行180亿元。在2019年转型过程中，产品总规模、利差、净值型产品销售及管理费率均持续承压，相关收入增长面临较大挑战。截至1月末，全行理财产品规模（含私人银行）时点余额为3万亿元，较年初减少1 560亿元。基础类中收的转型还需要进一步加快。受第三方支付、银行卡、结算等落后同业影响，我行基础类产品收入总量2018年落后建行27亿元。其中，第三方支付收入受交易量及费率因素影响，分别落后农行和建行42亿元和34亿元。从1月情况看，我行实现中收99亿元，同比增长21.5%，总量落后建行13亿元，增速大幅低于农行。

面对压力和挑战，全行上下在认清形势、坚持底线思维的同时，更要牢牢把握战略机遇，增强信心，化危为机。2019年，财会资负条线的主要工作任务是：认真贯彻落实全行年度工作会议及专业会议部署，科学布局资产负债总量、结构和节奏，稳住息差水平，实现中间业务收入总量第一，用好财务杠杆，统筹化解表内外、境内外、母子公司等各类风险，努力推动经营目标顺利实现。

三、2019年重点工作

（一）抢抓市场机遇，切实提升全行经营创利能力。

一是高度重视存款组织工作，巩固同业市场竞争优势。在当前存款暂时落后同业的情况下，全行要有定力，以同业领先为存款工作目标，继续抓客户、抓产品。要盯住客户基础这一源头性问题。在存款利率大概率下行和资产端利率未能有效回升的背景下，全行要密切关注存款定价，不能完全依靠价格吸引客户，要抓源头资金、抓客户基础。各级行要有针对性的措施，避免简单地只是层层下存款任务指标。要密切关注存款规律变化。当前，我行存款运行基本符合历史经验，也未将高利率产品作为主要竞争工具。但全行必须要高度重视存款回升的不确定性，密切关注存款运行情况，避免出现误判，特别是公司存款的变化。对于存款未能及时回升的分行，要及时找准原因，找出对策，不能出现“等一等、看一看、歇一歇”的想法。要强化板块间和表内外联动发展。要把握社会资金流转规律，打通政府、企业、个人之间资金循环链条，强化板块条线间联动机制，争取全量资金在我行体系内闭环运行。要落实旺季营销工作会议部署，抓住当前宝贵时机，组织推动营销方案落地。要全面梳理掌握表内外存量资金到期分布，前瞻性地制定承接方案，推进表内外负债业务协同联动发展。储蓄存款，各行要以“双第一”为目标，发挥产品优势，以“承接+争揽”为主线，稳定老客户老资金，竞争新客户新资金。在获客方面，完成年初确定的5 000万个人客户目标，加强公私联动、私私联动，在抓好线上获客的同时，重点抓好代发工资等源头性获客渠道拓展，逐步改变我行客户基础薄弱的状况，为重夺储蓄第一大行打牢基础。公司存款，要按照200万户年度任务和序时进度，紧盯拓户数量和质量。各行要结合当地优势产业、重点产业以立体获客方式和渠道争取优质资金源，全面理解和把握客户经营模式、财务管理体制、资金收付方式、支付结算工具等，借助大额资金平台、受托支付跟踪系统等科技工具，针对性做好营销。要切实抓好工商注册、税务登记、招商引资等企业服务入口，抢抓批量客户账户落地。总行公司部要牵头抓好集团财务公司客户存款组织工作，对财务公司存款额度进行统筹安排，把握好量，通过集团财务公司维护大集团客户关系，增加业务机会。机构存款，各行要着力夯实政府、机关事业、社保、军队及同业客户基础，守住优势，扩大胜势，力争实现改革客户全面覆盖，重点账户一个不丢，潜力领域开疆辟土。要注重发挥源头型资源禀赋优势，把握机构客户资金运作增效提速的新趋势、新规律，深化落地客户战略，进一步提高机构金融业务对全行贡献度。

总行年初上调了存款 FTP，全面扩大了分行存款定价授权，并配合旺季营销上调了结构性存款 FTP，支持分行加大存款营销。全行要加强存款资源优化配置和定价授权动态调整，管理成效好的多配置、多授权，管理成效差的少配置、少授权。各行要科学使用利率授权，合理把握主动负债和利率上浮存款总量，将有限资源运用到新客户、新资金的竞争中去。

二是有效对接实体经济需求，统筹安排大类资产布局。信贷方面，在今年信贷规模分配上，总行适度降低了初分比例，意在通过年内机动额度的分配调节，提高贷款分配效益和效率。在总量把握上，总行资负部要重点结合需求储备和市场形势对贷款计划作必要的弹性安排和动态调节。在机动额度分配上，主要考虑各分行普惠贷款、民营贷款、存款以及重点城市行发展、重点客户移入等因素，并与各行信贷资产质量工程评价结果挂钩，通过信贷区域布局摆布协同资产质量控制。在贷款储备上，各分行要主动适应形势变化，加大对优质项目、重点客户、重点领域的营销拓展力度，增强储备需求的持续性和稳定性；总行要定期对各行储备形势进行主动分析，通过行内银团等多种形式，在全行范围内调配好信贷结构。对普惠贷款总行已明确 FTP 全额补贴和预激励措施，各行要向辖内充分传导，对第一季度普惠和民营贷款达不到序时进度的分行，总行将在次月对规模予以扣减。今年一二月份，全行贷款运行情况非常好，信贷储备非常充分，这是全行努力的结果，总行也相应做了及时调控和周密安排。下阶段，一方面要继续抓好项目储备，有效发挥行内银团作用。经济发达地区分行贷款需求量非常大，在抓贷款储备时要继续通过行内银团方式对因经济发展不平衡导致贷款储备区域差异进行调剂，既支持经济发达地区分行，也避免经济不发达地区分行信贷额度的浪费。另一方面一定要把民营和普惠贷款做好。全行要认真学习习近平总书记在中央政治局第十三次集体学习重要讲话中关于民营企业的指示精神，深刻领会总书记关于“要更加注意尊重市场规律，坚持精准支持，选择那些符合国家产业发展方向，主业相对集中于实体经济、技术先进、产品有市场、暂时遇到困难的民营企业重点支持”的要求，既要坚定做好民营企业服务，又不能不顾风险，不分优劣，一哄而上。非信贷方面，金融市场部和各分行要把握市场机遇，做好债券投资与承销，保持合理市场占比，继续体现我行对地方经济发展的支持。外汇及境外资产摆布上，要坚持稳健审慎的原则，把握外汇信贷业务和境外资产负债发展节奏，各境外机构要以“控增速、优结构、守合规、防风险”为原则，按照总行核定的资产增速统筹安排各项业务。

三是深化利率定价改革，实现存贷款量价协调发展。要做好利率定价授权和考核传导工作，各行要强化利率管理主体责任，统筹推动辖内利率定价授权改革落地，做好方案实施、业务培训、参数设置、监测评价、授权调整等工作，完善绩效考核、市场竞争力评价的量价协调指标，解决好定价考核传导的“最后一公里”。浙江、广东、深圳分行要率先建立精细化管理、自我约束的利率长效机制，发挥改革示范和标杆引领作用。要强化存款分层定价，巩固前期成果，加强存款综合定价模型和负债利率敏感性模型的深化应用，延缓利率上浮 1.3 倍存款向 1.4 倍、1.5 倍区间的迁徙；优化创新产品分层定价管理，细化大额存单、存款创新产品的金额分层和利率档次。要依法合规做好行业自律工作，抓住市场利率下行的有利契机，协同引导同业加强付息成本管控，稳定存款竞争秩序，防范非理性竞争和套利风险。要注重表内存款和表外理财协同定价，加强存款和理财发行利率的统筹管理，实现存款和理财的良性互动发展。定价的核心是要有针对性。今年全行利率定价改革将定价全部授权分行，总行只控总量，目的就是要让分行在竞争中能够更加灵活地选择调整产品定价水平。从目前掌握的情况看，我行在存款定价中对自身产品研究的全面和细致程度不如竞争对手，需要进一步加强，做到“知己知彼”，防止出现因研究不力导致竞争力不足。

四是坚守中收总量同业第一底线，打好中间业务转型攻坚战。要加快提升基础类产品中收贡献。1 月份全行支付宝、财付通交易量同比增长 68.69%，各行要用好总行政策，确保第三方支付交易量持续增长且增量超建行。要提升个人工银信使签约率和客户量，实现收入增量同业第一。要规范“人民币对公账户基础服务”等 17 项对公结算收费，认真评估央行“取消企业银行账户许可”政策对我行账户拓展的影响，早日夺回对公账户数和收入总量同业第一的位次。要稳步提高信用卡业务收入。要缩小消费、收单、结算、年费等结算类中收与可比同业差距；要稳健发展分期付款业务，充分利用外呼渠道，做大账单分期等高费率、低风险分期产品交易额，促进分期业务转型；要落实汽车分期“先收后支”政策，确保符合监管规定。要加强借记卡和信用卡刷卡消费的联动营销，做大借记卡消费额。要做大公司、投行收入增量。要确保银团收入总量、增量“双第一”，要根据贷款供求变化，以量补价，稳定承诺收入。要以基础类投行和并购重组为重点，实现投行收入止跌回升。要做大代销基金、代销保险、实物贵金属等销量，努力提升收入增量占比。要做好资管、私银转型，确保在产品转型过程中对目标客户吸引力不下降，保持产品规模、收入总量同业第一优势。要对总行部门、利润中心开展中收竞争力评估，对境外机构试行中收目标管理。要完善手佣支出核算，压实部门责任，有序从毛收入向净收入管理过渡。

（二）发挥财务杠杆作用，强化各类实质风险管控。

一是强化信贷风险管控，有效传导经营压力。要优化拨备管理政策。今年起，在执行原有法人不良贷款拨备计提比例不低于40%的基础上，对于新发生法人不良贷款，拨备计提比例不得低于上年不良贷款处置损失率，未达到要求的分行，将相应扣减考核利润。要足额保有减值准备。新准则实施后，外审发现部分分行贷款减值准备计提不足，各行务必按照拨备管理制度要求，足额计提拨备。对于存在审计差异的分行，总行将等额扣减考核利润。要客观反映信贷成本。总行将根据宏观经济变化和新准则要求，适时调增一、二阶段贷款拨备计提参数，合理、客观反映分行信贷成本。各分行要进一步增强风险防范意识，管控好资产质量。

二是加强非信贷风险管理，有效化解表外业务风险。要强化非标代理投资业务风险管控，遵循“谁发起、谁负责，谁投资、谁负责”的原则，强化表外风险考核引导。目前，考核中对于分行推介总行投资的非标投资项目以及区域理财项目，设置了非标代理投资违约事件扣分项，并根据风险分类模拟扣减考核利润。同时，设置了区域理财风险缺口考核利润还原项，对出现风险缺口并由总行弥补的，按照缺口等额扣减考核利润。对于分行推介总行投的非标投资项目，资管部和私人银行部要加紧制订方案，压实责任；各分行要强化责任管理，充分重视潜在风险化解和非标风险处置，落实表外风险管控要求。要尽快完善银行理财产品会计核算，总行财会部要与资管部、私银部、运管部等共同配合，对我行理财产品的会计核算体系和估值方法进行更新完善，推动理财产品尽快完成净值化管理，及时反映基础金融资产的真实风险和收益。要加强公司贷款表外业务管理，各分行要加快对拨备占用较多的过期未闭卷财务担保业务进行闭卷处理，对于因客户等原因暂时不能闭卷的，要及时与客户协商解决，争取第一季度内完成操作；对于因法律等原因暂时无法闭卷的，要分析原因，落实责任，积极寻求解决办法。要提高受托资产清收处置效益，缩小平台包和统一市场包等处置缺口。对于平台包缺口，继续按照50%扣减考核利润；对于统一市场包缺口，按照100%扣减考核利润。

三是延伸管理半径，对境外及控股机构穿透管理。要建立贯穿集团的统一风控体系，加强集团并表管理，严控子公司层级，防止因机构扩张、层级延伸而造成信息不对称。非银子公司的所有业务、交易都要进系统。要严格评估各类特殊目的载体（SPV）设立的必要性，加强授权管理，保持清晰的项目架构，项目完成的要及时清理，避免成为风险隐藏的“黑箱”。各机构要加大存量信用风险的化解力度，工银租赁要积极推动重点风险项目重组进程，完善各项应对预案。同时，各机构要加大信贷资产风险排查力度，要特别关注易受汇率波动、监管制裁、经济周期影响的行业和客户，提前做好担保措施和风险缓释工作，严控新增不良。要明确跨境业务责任主体。跨境业务参与各方，包括项目发起方、出资方和风险承担方要在合规的基础上，明确风险管理权责分工，实现责权利相匹配，避免风控责任脱节。要严格落实集团转移定价制度要求，防范跨境税务合规风险。

四是完善管理体制，全面提升和强化流动性利率汇率风险管理。总行相关部门要密切关注新兴市场国家汇率波动，切实提升外汇市场研判能力，做好新兴市场币种大幅波动的应对预案，科学制定注资增资方案和汇率风险防范措施。各境外机构要以资本投入的保值增值作为主要管理目标，通过加强货币头寸摆布、合理运用衍生金融工具以及减少资产负债币种错配等方式，不断提升汇率风险管理主动性。各境外及控股机构要切实履行风险管理第一责任，全面开展本机构制度办法与新修订《流动性风险管理办法》和《银行账簿利率风险管理办法》的对标工作，全面夯实流动性和利率风险管理基础；要对标监管要求，确保各项指标符合监管要求。各境外机构、综合化子公司和利润中心要重点关注期限错配带来的流动性风险，加强利率预期管理，做好风险评估，完善敏感性分析和压力测试，确保经营保持平稳。

（三）深化管理调控，激发经营活力和动力。

一是实施综合调控措施，调动各机构经营活力。对于境内分行，年初总行统筹调整了存贷款FTP，增加分行利润超过50亿元，存贷款规模越大的分行，受益越多；总行还将适时调增贷款拨备计提参数，客观反映分行信贷成本。考虑上述因素后，总行核定了各行全年利润计划。各行要认真贯彻总行政策导向，加强统筹协调，积极调整本行资产负债结构，切实加强风险防控，努力推动经营目标实现。对于利润中心，资管部和私人银行部要统筹好资管规模与中收、风险化解与财务成本的关系，稳住收益、客户、规模和市场优势。同时，要制订与经营转型方案配套的财务转型方案，确保平稳过渡。银行卡业务部要强化效益导向，实现业务发展“量质并举”，完善银行卡业务在定价、风控及费用管理方面的机制体制，解决分行在发展卡业务中的痛点、难点问题。对于境外和控股机构，要管控好利率风险、汇率风险和信用风险，平衡好合规和发展的关系，积极挖掘新的盈利增长点。要增强协同发展水平，加大集团内联动，提升总体市场竞争力。

二是持续优化绩效考评体系，确保战略导向精准落地。要发挥各一级、二级分行主体作用，强化统筹组织管理。各级分行要做好条块考评的统筹，坚持“以块为主、以条为辅”，分块考核要坚持效益导向，突出实质风险管控及业务高质量发展，确保经营能力与同业竞争力稳步提升；专业条线评价要围绕全行战略，结合条线工作重点，有效补充分块考核。各维度考核指标导向、口径上总体要保持一致，要构建简洁、直观、量化、客观的指标体系。二级分行作为全行战略传导的关键环节，尤其要做好“收口管理”工作，不得对考评指标进行“瀑布式”传导或“层层加码”增设指标。对网点考核要依据网点考核指引，用好必选指标、选好可选指标，做到统一性与差异化相结合；要严控指标数量，做到导向清晰、简单易行。要强化分块考核结果应用，进一步突出分块考核的主体作用。各级分行要全方位加强分块考核结果应用力度，进一步突出分块考核主体作用。要逐步有序提升综合考核结果在工资费用、分行班子绩效工资和经营费用分配等领域的挂钩力度；要持续做好在机构等级评定、业务授权以及管理人员年度考核等方面的应用；要做好机构考核与员工考核的衔接，网点负责人及员工考核要与网点考核结果关联，以实现机构目标和员工目标的趋同融合，让员工更有参与感与获得感，提升考评“穿透力”，实现考评导向的有效传导。

三是深入研究创新工具，保持资本充足率在较好水平。要继续深化资本管理改革，强化经济资本限额管理。优化经济资本管理模式，坚持“量入为出”的原则，强化各经营单位资本增速上限控制。各境内分行要加强经济资本在产品定价、信贷审批、绩效考核等领域的应用力度。各境外及控股机构要向分支机构充分传导资本约束压力，各利润中心要加强资本占用监测，制定有效的资本管理预案。要进一步推广资本优化提升项目，节约资本占用。要依托“大数据”分析工具，找准节约优化的着力点。要发挥好基层行和专业部门的合力，用好经济资本考核指挥棒，算好“资本账”和“效益账”。要完善资本补充长效机制，积极参与资本工具创新。总行相关部门要统筹内外部形势，适时开展二级资本债、优先股和永续债发行，并择机研究推动TLAC工具创新。各境外子行、综合化子公司要拓宽资本补充渠道，降低对母行的依赖。要关注监管政策变化，延缓G－SIBs升组步伐。各相关机构要强化第三层次资产、非优质流动性债券等G－SIBs得分敏感度较高指标的调控。

（四）坚守合规底线，提升财务规范管理水平。

一是严肃财务纪律，规范财务开支行为。总行根据中央八项规定及其实施细则精神，制定完善了切实改进工作作风密切联系群众的26条规定及配套管理办法，全行要严格贯彻落实。各行要以财务开支平台投产应用为契机，通过系统实现财务开支合规的硬约束。今年总行将在全行组织开展财务会计合规检查，对各行财会管理方面存在的合规问题和风险隐患进行一次全面排查。各行要以本次检查为契机，对本行财务管理情况进行一次全面“大扫除”，推动财务规范管理水平进一步提升。

二是规范重点会计科目使用，提升会计核算质量。各机构要准确理解其他应收款、其他应付款等重点科目的核算规范要求，避免再产生新的不合理挂账。要对重点科目内部账户挂账实施有效的销账和账龄管理，加快清理长账龄挂账，提高核算质量，控制核算风险。对于诉讼费垫款，要按照“谁发起、谁负责”原则，由资产处置部门牵头，对资产相关诉讼费垫款进行清收与核销，法律事务部、财务会计部、运行管理部要按职责分工，加强配合，对存量诉讼费垫款进行全面清理。对于抵债资产，要严格按照公允价值入账，抵入的股权资产和除股权外的其他资产要区分会计科目分别进行确认，并严格按照会计准则要求进行后续计量。

三是加强税务合规管理，兼顾风险防范和成本节约。各涉税业务部门要切实履行本专业税收管理主体责任，提高成本意识，强化基础管理，要在业务模式设计和方案架构搭建之初考虑到税收成本的影响，例如发行债券和资本工具、制订营销方案等；业务环节设计中会同财会部简化操作流程，降低增值税管理成本，妥善做好纳税安排。同时，积极做好后续发票回收管理工作，尽最大努力节约税收成本。各分行要继续做好企业所得税、增值税等主要税种管理工作，跟踪并及时落实国家各项新出台的优惠政策，对于税法规定空白或不明确，各地具体操作不一致、税企双方存在理解差异或分歧的事项，要与总行做好沟通，共同争取税务机关的支持和理解，确保各项申报和税收处理依法合规的同时维护我行合法权益。各境外及控股机构要做好跨境涉税风险防范工作，密切关注跨境税务监管动态，谨慎评估跨境及簿记业务税务合规风险，完善转移定价相关制度和操作规范。要强化涉税风险管控和化解，妥善应对税收争议和外部税务检查，最大努力减少声誉风险和财务影响。要持续跟踪BEPS项目改革进程，妥善进行合规申报。要稳步推进监管整改工作，合理预估合规成本列支影响，及时与总行沟通，降低对集团整体经营的影响，坚决杜绝利用税收调节经营业绩的情况。

四是聚焦重点工作，推进集团采购效能持续提升。2019年要紧紧围绕进一步巩固中央巡视整改成果、持续提升采购领域风险治理成效等重点，做好以下几方面工作。要把分支机构集中采购工作管理水平提高和效能提升作为重中之重。要重视、强化全系统管理，提高全系统采购效能和效率；要继续全面落实一级分行、重点城市行和二级分行集中采购主体责任，强化各级分行实质风险把控和防范能力；要引导各级分行正确处理集中采购与服务业务的关系，既要支持业务发展，又不能损害集中采购的基本要求。要确保集采制度落地。要强化制度执行的主体责任，确保各项制度落实到位。要加大外部专家的使用力度，优化行内专家队伍结构，践行社会责任，加大公开性采购，严控单一来源。要扩大“制度空转”风险整治成效，吸取集中采购领域典型案例教训，以案为戒，以案促改，持续实质风险管控。要深化供应商管理。优化供应商存量结构，严格执行准入标准，构建供应商分级管理机制，强化后评价管理和应用，形成供应商全程闭环管理。要探索数字化、智慧化建设与传统采购模式相结合，实现集中采购的“理念创新”“管理创新”和“手段创新”，建立我行集中采购信息化管理新模式。

（五）从严从实提升党建工作质量，持续强化队伍建设。

一方面要强化队伍思想教育工作，全面强化员工理想信念教育，提高队伍政治素质和政治站位。要强化党风廉政教育，教育引导员工以案为鉴、以案明纪。另一方面要抓专业能力，全面提升干部队伍履职能力。财会、资负条线承担的工作任务综合性、政策性较强，对全行经营影响很大，必须进一步提升干部队伍的专业能力。有的分行片面强调干部的管理协调和组织推动能力，忽视专业能力建设，导致对总行政策理解不深不透，战略落地能力和管理规范性均存在不足。为进一步提高财会资负条线战斗力，总分行要加快对财会资负队伍的培养，分行要将梯队人才的培养与使用结合起来。要完善高层次核心人才的选拔、培养和使用机制，把品德优、专业精、潜力大的优秀年轻干部遴选出来，按照“缺什么、补什么”的原则强化全面培养，并做好人才培养与人才使用的衔接。

同志们，2019 年各级财会、资负专业将肩负着更加艰巨的任务，全行上下要充分发挥好统筹协调和组织推动职能，鼓足干劲，锐意进取，以“奋斗 + 落实”推动全年经营目标顺利实现。

高质量做好新时期内审内控工作
全力以赴地打好风险防控攻坚战

——在中国工商银行2019 年内审内控工作会议上的讲话

谷 澍

（2019 年 2 月 27 日）

这次会议的主要任务是，深入贯彻全行年度工作会议精神，总结 2018 年内审内控工作，分析新时期全行风险防控面临的新形势，安排部署 2019 年重点工作。下面，我讲三点意见。

一、2018 年全行内审内控工作取得新成效

过去一年，面对挑战骤然增多的经营环境，全行认真贯彻中央决策部署和金融监管要求，坚持稳中求进总基调，妥善应对各种风险挑战，保持了平稳健康的发展态势，取得了五年来最好的经营业绩。在这一过程中，各级内审内控部门围绕全行总体战略和中心工作，以坚守风险底线为己任，勤勉履职，务实担当，较好地完成了各项工作任务，取得了新的成效。

（一）在支持全行改革发展、有效防范化解风险方面取得新成效。作为全行公司治理和风险管控体系的重要组成部分，内审内控部门主动适应内外部形势的复杂变化，按照总行部署和监管要求，从治理、机构、管理、运行、技术等多个层面，积极推动完善各项风险管控措施。内审部门坚持独立专业的风险判断，通过“专项审计 + 机构审计”多维覆盖，扎实开展对集团重点领域与机构、主要业务与关键环节风险的监督评价，及时报告全行经营发展过程中各类风险的管理与控制情况，比如在绩效考评审计中，通过“1 元交易”“1 分钱交易”等现象，有效识别出考核套利问题；在机构审计中，全景展示了被审机构的“经营 + 风险”画像，各项审计活动提供了大量具有前瞻性和建设性的审计建议，明确了规范经营与合规管理的工作要求，有力推动了各机构、各领域风险防控机制的持续完善与优化。内控部门按照提前布防、重点突破、深度协作、落地实施的治理路径，持续开展重点领域风险治理。充分发挥案件防范工作领导小组和操作风险管理委员会作用，督导“一道防线解决 90% 问题”推进落实。完善“八大领域”风险源头治理与落地治理推动机制，协同治理责任部门细化治理措施与案防措施，序时推进治理措施执行落地。同时，检查和揭示部分机构在信贷、理财、现金、非标代理投资等领域违规问题，持续清除重点领域风险隐患，促进了全行合规经营和风险防控意识的进一步增强。2018 年全行案件风险率、操作风险损失率均

控制在监管目标值以内，实现了既定的案件管控目标。

（二）在加大监督检查力度、落实从严治行要求方面取得新成效。按照总行党委关于从严治行的部署要求，内审内控部门同其他部门分工负责、密切协作，持续加大对各级机构，以及信贷、资管、反洗钱等风险易发高发领域和关键环节的监督力度。特别是内审部门首次开展的机构审计项目，搭建了涵盖政策执行、经营业绩、风险防控和整改问责的审计内容框架，创建了“数据说话”的机构画像方法，通过探索运用“总分联动”的审计运行模式和“靶向定位”模型挖掘技术，分析评价被审计机构的经营发展情况，揭示和预警了重大风险问题和潜在风险隐患，提出了建设性的审计建议，作出了全局性、趋势性的分析判断，形成了系列报告成果，推动了相关机构贯彻落实总行战略决策和完善风险防控机制。内控部门明确“双线整改”职责和整改完成“五条标准”，重塑整改审核关闭、监督考核、督查评估、责任追究“四项机制”。推行了检查质效与整改督查“两个评估”新机制，对整改情况和结果进行核实和验证，问责通报了整改不力的机构及个人，严肃整改纪律。持续深化责任认定“问严问精问准”要求，搭建形成了信贷、非信贷、非标代理投资“三位一体”责任认定制度体系。有效开展不良贷款批量处置、呆账核销及2亿元以上损失大户责任认定，问责17 411人次，其中副处级以上837人次，问责层级明显上升。大范围的监督检查工作进一步强化了警示教育作用，有力督促了各级机构深入落实从严治行要求、规范经营行为、端正经营作风，并在一定程度上遏制了案件上升的势头。

（三）在落实外部监管要求、保障依法合规经营方面取得新成效。内审部门牵头对标监管、统筹优化全行监管通报问题整改机制，建立和跟踪推进银保监会监管通报问题整改台账，开展整改情况检查，强化了相关机构和部门主体责任意识。修订了《审计发现整改督促工作细则》，加强整改督促，强化动态管理，突出质量控制，提升发现整改跟踪督促工作的效率和效果。同时，主动做好保障国家审计检查各项工作，配合银保监会影子银行和交叉性风险检查、2018年防范化解重大风险和政策落实审计，做好2017年度政策落实和风险防控专项审计、经济责任审计问题的整改工作，及时向审计署反映我行整改成效。内控部门采取治理—评估—检查—整改“四轮驱动”新模式，全面覆盖监管治理要点以及总行确定的“八大领域”，组织开展全行深化整治工作。通过全面自查、总分行“上查下”重点检查、重点领域专项检查、配合监管检查等多维度“摸底”，突出了对一般性违规问题的大范围碾压、对重大风险隐患的深度挖掘、对监管检查发现问题的跟踪整改，推动全行建立357个制度流程，解决50余个难点问题。我行深化整治工作得到监管认可，并在银保监会深化整治推进会上作了经验交流。

（四）在聚焦境外风险防控、着力夯实管理基础方面取得新成效。根据总行关于加强境外机构合规管理的总体要求，内审部门重点加强了对境外机构的审计监督与管理工作，对标监管要求、总行要求和最佳实践，全面规范境外机构内部审计工作，夯实境外内部审计管理工作基础。制定印发了《境外机构内部审计管理办法》《境外机构内审外包管理办法》等一系列制度，持续完善审计管理制度框架，对各类机构实施了差异化审计管理，持续跟踪指导欧美重点机构改进内审方法论，开展对监管检查发现问题的整改工作，提出整改线路图和工作目标，探索区域集约化管理，对境外机构内审组织架构和区域化统筹管理进行持续研究。同时加大了集团和机构两个层面的内审监督检查力度，重点开展了合规管理、反洗钱、信贷管理、资金交易与运行管理等主要风险领域的审计。内控部门坚持“急改结合，以改促建”的原则，牵头制定并推动实施区域整改路线图、时间表，建立总行与境外机构例会机制。完成欧美区域合规团队组建及其工作机制完善，以问题为导向，穿透式直接管控监督境外合规与反洗钱重点领域。推动纽约分行执行令整改，指导强化合规部门管理架构，完成KYC、交易监控等一揽子制度框架建设。同时，协同召开境外合规工作会暨境外机构主要负责人合规培训班，完善境外合规管理长效机制建设方案，编制合规与反洗钱《标准化手册》并推进应用等，加快了境外合规管理长效机制建设步伐。

（五）在优化监督检查方法、提升专业履职能力方面取得新成效。内审内控部门不断探索与风险防控形势相适应的履职方式。一是监督模式持续创新。内审部门打造“审计项目+延伸审计+持续监测”三位一体审计模式，在审计项目实施过程中更加注重对战略、管理和流程的源头审计，加大对集团层面系统、机制、流程和创新情况的评价力度，并将审计范围延伸至更多新领域、新业务、新产品，注重查找制约业务发展和影响安全运营的深层次原因和风险因素。同时，针对区域机构特点、当前关注热点和风险领域焦点，对区域机构进行专题监测和日常监测，并及时进行风险提示，监测效果持续提升。二是信息化水平持续提升。内审内控部门推动监督检查项目全流程信息化，建立信息化建设与应用相互促进的工作机制。增加外部信息获取途径，优化内部信息系统功能，进一步拓展数据来源，夯实监督检查数据基础。加大系统和平台开发力度，构建境内外机构审计风险地图，启动智能反洗钱3.0建设，搭建反洗钱模型在线学习智能平台，有序推进反洗钱系统与业务系统对接；充分运用机器学习平台和图计算、社区网络分析算法等技术，提升监督检查工作效能。实施审计产品化项目和集团内控合规智能化项目，逐步实现检查项目的全流程管理和智能化运作。三是合规文化与队伍建设持续加强。内控部门通过开展“固本强化年”主题活动，进一步强化了正面典型引路，突出了规则意识培育，加强了文化活动与管理工作的融合互动，增强了全行合规文化与意识的养成。同时，内审内控部门还持续加强队伍建设，通过教育培训、实战锻炼、充实力量、内外交流、打造专家团队等方式多管齐下，推动队伍优化专业能力和结构，在工作实践中持续锻炼出一支勤勉敬业、作风过硬的专业团队，成为持续提高合规管理与监督有效性的中坚力量。

过去一年的成绩来之不易，主要得益于我们在打造安全稳健银行的实践中，牢牢把握了以下几点：一是坚定不移维护金融稳定。工商银行作为第一大行，地位重要，任务艰巨，使命光荣。全行坚持贯彻国家总体安全观，将风险管控放到维护国家安全稳定的高度来部署推动，围绕打好风险防控攻坚战，坚决落实守土有责的主体责任和第一责任，不仅实现了自身资产质量稳定和各类风险可控，还较好地发挥了大型银行市场“稳定器”和“压舱石”作用。二是不折不扣落实党委决策。内审内控部门深入贯彻总行党委决策部署，服务全行发展大局，充分发挥自身职能作用，紧盯风险高发领域和关键环节，精准发力，靶向施策，落实风险防控措施，取得了扎实成效。三是持之以恒强化从严治行。对案件和风险事件以及各类违规问题，坚持“失责必究、究必到位”，以问责从严、问责从实，促进了合规经营理念的进一步树立和风控机制的持续完善。四是坚持不懈创新监督手段。内审内控部门持续加强信息化建设，推进各类技术工具的广泛应用，促进了境内外非现场监督体系的完善，拓展了监督检查的覆盖面和有效性。五是多措并举形成监督合力。内审内控部门坚持“三道防线”联防联动，通过整改通报、风险提示、联席会议等多种形式，与各专业、各机构充分共享监督检查信息，避免监督重复和监督真空，提高了监督实际效果。

一年来，内审内控部门有效履行了在公司治理、风险管理和内部控制中的职责，较好地完成了总行党委、董事会、高管层交办的各项任务，为全行安全稳健运行和持续健康发展作出了重要贡献。这些成绩的取得，离不开内审内控系统干部员工的辛勤努力，也得益于审计署、人民银行、银保监会等监管机构的指导与帮助，得益于各机构、各部门的支持与配合。在此，我代表总行党委、董事会和高管层，向大家表示衷心的感谢！

二、新时期全行风险防控面临的新形势新挑战

当前，全行已进入从传统大行向现代化强行跨越的新时期，面对更加复杂的内外部环境，全行风险防控工作也面临更加艰巨的挑战。

（一）外部经济金融环境错综复杂，不确定性明显增加。当前，世界经济增长下行压力加大，全球金融风险进一步抬升。国内环境总体形势稳中有变，经济金融领域深层次结构性问题趋于显性化，长期积累的风险隐患有所暴露。风险在经济结构调整期集中暴露并持续向银行传导，传统风险与交叉性风险、表内外、线上线下相互交织，信用违约风险增多，金融风险点多面广，防控难度加大。在刚刚结束的中共中央政治局第十三次集体学习中，习近平总书记指出，防范化解金融风险特别是防止发生系统性风险，是金融工作的根本性任务。要深化对国际国内金融形势的认识，正确把握金融本质，深化金融供给侧结构性改革，平衡好稳增长和防风险的关系，精准有效处置重点领域风险，深化金融改革开放，增强金融服务实体经济能力，坚决打好防范化解包括金融风险在内的重大风险攻坚战，推动我国金融业健康发展。我们要深刻领会习近平总书记的重要讲话精神，充分认识到防范化解金融风险的长期性、复杂性和艰巨性，切实将风险防控放到讲政治的高度、放到维护国家安全的高度来认识和推动，切实抓实抓牢风险防控这一生命线，建立健全与新时代相适应的风险管理新模式。尤其是内审内控部门要进一步提高政治站位，增强对复杂环境下总体风险、重大风险的前瞻预判，增强准确揭示、预警和处置化解风险能力，守住不发生系统性、区域性风险这个底线。全行上下要坚决打好这场攻坚战，跨越这个关口，在维护国家经济金融安全中发挥好大行基石作用。

（二）全球金融监管持续保持高压态势。从国际监管形势看，全球金融监管体现出“强监管、严监管、深监管、精监管”特点，先后推出宏观审慎管理、巴塞尔协议Ⅲ最终版等一系列新要求，监管力度明显加大，主动性显著增强，处罚更为严厉，特别是在合规与反洗钱领域。我行作为全球系统性重要银行，体现业界地位的同时，也意味着我行的经营规模、国际活跃程度、业务复杂性等会对全球金融稳定产生影响，监管的关注度势必更高，要求更严。因此，我们在任何时候、任何情况下都要有“国家意识”和“大行思维”，习惯于在“聚光灯下起舞”，牢固树立规矩意识，坚持依法合规经营。从国内监管形势看，当前国内金融监管同样呈现出强、严、深、精的特点。监管标准越来越严，检查内容更加精细，处罚力度不断加重，“穿透式”监管成为常态化；监管模式国际化，组建类似“双峰”的监管架构，FATF第四轮互评估推动反洗钱监管标准和体系更加严密完善，监管标准、处罚力度趋同国际标准；同时面临多主体监管，各类主体监管活动趋于活跃，联合执法渐成常态，对金融机构风险管控提出更高要求。与监管的新形势、新要求相比，目前全行合规管理的力度、广度和深度都还不够，工作措施和效果还有差距。我们必须坚持全面从严治党、从严治行的要求，将管事与管人更加紧密地统一起来，管事要严，管人也要严。对此，全行要有更加清醒的认识，切实增强工作

责任感和紧迫感，找差距、补短板、重整改、严问责，着力在思想上、方法上、工作模式上有所突破和创新，在加强合规管理和落实监管要求中充分体现压力传导，真正将“严”字贯穿于经营管理的全过程。

（三）转型发展与业务调整加大合规管理压力。在全行转型发展的过程中，组织体制、业务结构、运营模式、资源配置、渠道布局等方面都会发生变化。从总体上看，我们目前还面临着一些发展不平衡不充分的矛盾，其中风险管控体系还有不适应和不匹配的地方。主要表现在：一是全口径风险防控体系还不够完善。当前尚处于金融风险高发期，风险点多面广，呈现出隐蔽性、复杂性、突发性、传染性强的特点，与较为成熟的信用风险管控体系相比，我们在表外代理投资、股权、委外、境外合规等全口径风险防控的机制、制度、流程、手段和经验等方面都还存在欠缺，全行亟须从基础环节入手，建立有效穿透的风险全景视图，建立简单透明可控的业务发展策略，建立贯穿集团的统一风控体系，确保对各类风险“看得清、摸得透、管得住”。二是内控案防基础还不够牢固。从内外部监督检查发现的问题以及全行发生的案件和风险事件来看，一些机构和业务领域风险暴露程度较高，内控案防形势不容乐观。这其中有外部环境的影响，但更重要的是我们的案防和基础管理工作还存在漏洞和薄弱环节，尤其是存在业绩观不端正、风险意识淡薄、制度流程流于形式、责任落实不到位等问题，管理真空与管理重叠并存，流程缺失与流程冗余并存，必须及时加以纠偏。三是整改问责机制还不够有效。部分机构和业务部门对于整改问责工作不重视、不主动，整改措施难以落地，人员问责不严肃、不到位，甚至刻意避开问责工作，不想碰也不敢触碰问题和矛盾，缺乏担当精神，导致有的问题屡查屡犯、屡禁不止。特别是对银保监会和审计署检查发现问题，就事论事整改多，针对背后的机制性、系统性问题整改不够，层次与效果还需要进一步提升。内控部门要进一步推动整改问责机制的持续完善和执行落地，该通报的严厉通报，该查处的严肃查处，锲而不舍，一督到底。特别是对监管提出的整改问题，要坚决实施对经营机构和专业部门的双线整改、双线问责，建立与机构、上级业务主管部门和责任人“三挂钩”的责任追究机制。抓好违规问责，对问责不力者问责，彻底根治问责“宽松软”。各机构、各部门要增强全局意识与合规管理的主体责任意识，自觉破除“部门墙”，强化协同协作，补台补漏，推动完善综合整治，形成源头整改、实质整改、主动整改的机制、文化和氛围。

（四）专业能力建设亟须加快升级。风险防控永远在路上。内审内控部门无论是在职责定位，还是在方法技术上都要与时俱进，履行好总行党委赋予的职责和使命。一是履职担当仍需强化。内审内控部门的责任在于监督，在于精准发现和揭示风险，对症施治，推动整改和问责。要落实好这些职责，绝不能搞一团和气、回避敏感问题，必须敢于碰硬，敢于揭短，敢于问责，真正把“从严治行”的监督责任扛在肩上。特别是根据中央纪委国家监委派驻机构改革的工作安排，各级内控合规部门将承接银保监会口径案件管理与违反行内规章制度行为的调查处理等职责，要抓紧理顺专业职能定位与工作机制，进一步优化内控合规工作机制，确保职能及时承接，工作有效运转。二是专业能力仍需提升。新形势下各类风险变化错综复杂，各种监管新规持续出台，要履行好监督职责，必须练就过硬本领。各级内审内控部门要主动加强学习，打磨专业本领。尤其是以大数据、云计算、区块链以及人工智能等为特征的金融科技发展新形势，给我们的监督方式、风险视角、管理模式、方法技术、队伍能力等都带来了艰巨挑战。内审内控部门必须因时而变、因势而变，加快监督方式、技术手段的创新，要将“智慧审计”“智能内控”作为主导内审内控未来发展、引领监督模式变革和实现监督层次跃升的新动力，以系统整合、技术创新、实践应用为突破口，加快构建覆盖全面、功能强大的信息应用与管理平台，实现对信息技术的全面掌握、高度整合、充分共享和有效利用，增强精准监督能力，提升工作价值和效率。

三、高质量完成2019年全行风险防控工作

2019年内审与内控工作的主要任务是：以习近平新时代中国特色社会主义思想为指导，深入贯彻党的十九大和十九届二中、三中全会以及中央经济工作会议精神，按照全行年度工作会议部署，围绕落实主体责任、抓实重点治理、压实责任追究、夯实管理基础、做实文化品牌、坚持党建引领，高质量做好全行风险防控工作，杜绝重大案件和风险事件发生，为新时期全行改革发展提供有效的审计支持和内控合规保障。

（一）落实主体责任，高质量发挥三道防线作用。目前，全行已经建立了明晰的风险管控“三道防线”，但从内外部监督检查情况看，我们在短期利益与长期利益的处理、业务发展与管理能力的协调、局部资源配置和全局资源摆布、创新转型和人才支持的适应、从严问责和合规建设的统一，以及进一步提高管理精细化程度等方面，还存在一些问题和不足。其中既有部分制度、流程、系统设计存在缺陷的问题，也有部分机构和人员制度执行不到位、整改落实不到位的问题，还有部分行一把手发展观、业绩观、风险观出现偏差，管企业、带队伍经验不足的问题，暴露出风险防控“三道防线”的履职效能提升不够，主体责任落实不够，合力作用发挥不够。特别是作为第一道防线的业务部门，重指标任务，轻风险管控，过于依赖第二三道防线的风险管控履职，自身的风险防控意识和措施存在弱化软化情况。风险管控“三道防线”涉及全行各级机构、各部门和各

专业条线，是一个互为补充、相互强化的体系。每一道防线都要强化主体责任意识，各司其职、分兵把口、有效履职，共同筑牢风险防控的堤坝。

一是各级机构和经营管理部门要主动作为，把“第一道防线”的风控职责落实到位。要切实贯彻落实好“一道防线”风控职责，坚持业务发展与风险管理两手抓两促进，完善与自身业务相适应的风险管控机制，明确各项业务尤其是创新业务的风险控制点，健全制度、流程和系统设计，组织开展相关业务领域的监督检查，对各类检查发现的问题，认真落实整改问责，守好自己的“责任田”。各境内机构在贯彻执行总行各项战略部署过程中，既要根据本行特色与实际，进行战略解码，确保各项战略落实落地，又要发挥好对基层行的分类指导和监督管理职能；各境外机构要把合规管理与风险控制放到经营管理的突出位置抓紧抓好。

二是各级内控合规和风险管理部门要前瞻跟进，把“第二道防线”的风控职责落实到位。内控合规部门要加强与风险管理各部门的分工合作，协同推动全行风险管理体系建设，完善管理制度机制，统筹整合资源，督促“第一道防线”从源头上管控风险，消除重大恶性案件和风险事件隐患。要完善集团合规管理体系。境内要突出合规经理管理机制落地，强化合规经理履职，研究制定“一道防线”合规履职考评机制。境外要全面强化合规长效机制建设，持续完善集团合规和境外反洗钱标准化手册，并构建起适应境外机构的合规风险评估体系。要完善集团内部控制体系。以《内部控制手册》为切入点，以内控评价为抓手，强化全行、全员、全专业内控责任。推进总行剩余 22 个部门《内部控制手册》编制及落地应用；运用新版评价指标开展 2019 年度内控评价，强化“以评促管、以管促升”，研究建立总行层面专业维度评价结果映射与反馈机制。要完善案防管理体系。修订《案防工作规定》，以“堵塞新案风险，拆解陈案风险”为主线，综合运用和完善下沉一级、内控评价、整改问责等机制，深化重点领域风险治理和案件防范，强化“资产端”案件风险源头有效防控。持续发挥操作风险管理委员会作用，健全操作风险管理工作机制，聚焦业务流程和管理流程，细化限额管控，完善管理制度，优化工具系统，突出监管处罚损失管控。要完善集团反洗钱管理体系。对标国际 FATF 评估标准和同业最佳实践，建立境内外一体化机构洗钱风险评估及制度体系，制定业务条线反洗钱履职清单，推进履职约谈，建立重点联系行工作机制。要开展 KYC 薄弱环节专项治理，细化反洗钱关键岗位履职和监督考评机制。

三是内审部门要强化监督评价，把“第三道防线”的风控职责落实到位。内部审计要坚持从集团和全局视角，揭示影响经营发展和管理效率的体制、机制、系统、流程等方面的瓶颈制约，分析风险背后的深层次成因，以集团内部控制评价工作为抓手，对第一二道防线进行监督评价。同时，要继续开展机构综合审计，重点对战略执行的落地性、资产质量的真实性、转型发展的成效性、风险管控的有效性、整改问责的严肃性、合规文化的遵循性等内容进行审计评价。内审系统要进一步加强对上年机构审计发现问题的整改跟踪，择机开展后续审计整改的核实评价工作，重点关注各机构是否树立正确的发展观、业绩观和风险观，战略规划和经营转型是否落实到位，队伍建设和员工管理是否有效加强等，促进机构审计成果的充分有效利用。

（二）抓实重点治理，高质量完成风险防控任务。在整治市场乱象的大背景下，内审内控部门要结合全行经营管理和风险防控实际，继续聚焦“八大领域”，要善于发现问题，敢于揭示风险，专于提出建议，精于推动整改，强化全方位监督覆盖，治理风险源头，提升全行风险防控的有效性。

一要盯重点，关注重要机构。要关注境内外主要机构风险防控、战略落地、监管落实、客户服务、发展能力等情况，分析经营管理中政策传导、制度执行、机制调整的成效与问题，全景展现机构风险画像。要分类施策，逐步实现对专业部门、高风险点、分支机构的网络式覆盖，并聚焦违规问题集中、严重的业务领域和分支机构开展针对性再检查、再评估。针对境外机构，要坚持“以改促建”，继续推动欧美机构整改，并按照“一区一模式”的方针，健全欧、美、亚太和中东区域合规管理制度与团队工作机制。要进一步完善集团境外机构审计监督和管理机制，落实管理要求，规范审计方法，提高审计质量，推进境外机构审计的系统化管理，构建境外机构审计运作标准化模式，实现境外机构审计项目一体化统筹。

二要盯热点，关注主要风险。要关注传统与新型、线下与线上、表内与表外、跨境与跨界运营中，信用、市场、合规、操作风险等影响全行安全的主要风险管控情况，开展绩效考评、房地产、贵金属、反洗钱、资管、理财等业务的监督检查。要强化信贷领域合规管理，编制违法放贷“判例”特征集和不良贷款责任认定“判例”标准集，关注信贷大户集中度风险和政府债务风险。要强化资管新规实施后理财业务非标转标与合规风险管理，防止跨市场、交叉性风险传染。内控部门要持续深化“八大领域”风险治理，综合运用排查、检查、督查、调查、内控评价等手段，对治理成效进行“回头看”，尤其是对 2018 年度治理中尚未达到治理进度，以及案件风险暴露较高的机构和业务领域要加强重点推动，落实好源头治理和基层落地治理举措，坚决守住不发生系统性风险的底线。

三要盯难点，关注重点业务。内审部门要开展信贷、财务、IT、运行管理等业务领域的专项检查，促进风险管控与业务发展之间的有序衔接与平衡，进一步降低合规成本、提高创新效能。尤其是要摸清集团对各子公司并表管理情况，开展集团股权投资与子公司运营管理审计，全面摸清集团股权投资与子公司运营管理情况，重点排查股权层级复杂、嵌套较多的SPV机构风险，提出切实可行的审计建议。内控部门要做好检查统筹，突出重点，组织各部门对私人银行、非标代理投资、项目贷款、法人理财销售、外汇、内部账户及现金实物的合规性及安全管理开展专项检查，对委外、风险分类、客户准入、信息安全、手工计息等环节的异常情况进行重点关注和排查，持续推进重点业务领域清雷除险。

（三）压实责任追究，高质量落实从严治行要求。要通过推动构建责任追究机制，将从严治行要求落到实处。各级内控部门要以承接中央纪委国家监委派驻改革职能为契机，把坚持和加强全面从严治行贯穿到内控合规工作的全过程，实现既有职能的整合优化和升级，确保内控合规工作得到全面加强。要重构针对各类违规问题、案件及风险事件的“防—查—处”一体化管理体系，实现从事到人、从人到事、人事合一的监督覆盖。自上而下建立健全相关工作机制，确保总分行内控合规专业管理步调一致，工作无缝衔接，确保派驻机构改革的成果在内控合规管理工作中得到充分体现。当前，要重点建立健全三项工作机制：

一是优化完善检查整改问责机制。内控部门要修订《监督检查管理基本规定》，推动落实《监督检查整改工作管理办法》，强化主体责任。要健全整改问责“一本账”闭环控制流程，规范设置问题信息、整改信息和问责信息及其状态功能要素，实现全流程智能化硬控制、提醒、留痕和标准化管理。要完善整改问责机制，健全被查机构、业务主管部门“双线整改”，问题整改、责任人问责“双确认”，检查部门自评估、上级督查评估“双评估”常态化机制。要加大责任追究，对于整改问责不力或造成不良影响的，要建立对机构“亮黄牌”和重点监控，对机构负责人和上级业务主管部门追究责任，并与机构班子绩效考核和内控评价结果挂钩并限制评价等级“三挂钩”责任追究机制。同时，内审内控部门针对监管问题整改，要抓好统筹，完善监督检查系统功能，做好整改落实的牵头协调、监督检查、核实确认、汇总报告和整改通报等工作。

二是健全责任认定管理体系。内控部门要制定《责任认定管理基本规定》，结合已有的《不良贷款责任认定管理办法》《非信贷资产损失责任认定管理办法》《非标准化代理投资业务风险事件责任认定管理办法》以及对应的操作手册，不断构建基于不同业务和相应流程的责任认定管理办法，形成“基本规定—管理办法—实施细则”立体化、网格化的责任认定制度体系。要研究制定《监管罚没类非信贷资产损失责任认定实施细则》，强化监管处罚责任追究，将罚没金额直接与被处罚机构的主要负责人及相关责任人员绩效挂钩，对遭受大额处罚和造成不良声誉影响的，要进一步追究被处罚机构上一级机构的分管领导责任及业务主管部门管理责任。

三是建立违规审理工作机制。要依据《员工违规行为处理规定》，按照“事实清楚、证据确凿、定性准确、处理恰当、手续完备、程序合法”的总体原则，健全违规审理制度，明确违规问题移交的受理标准，完善审理工作机制，优化审理工作流程。加强从业人员对线索处置、审查调查、违规问题及案件审理等业务学习和培训，增强工作本领，确保审理的客观公正、程序规范、错罚相当，提高违规审理工作的权威性。

（四）夯实工作基础，高质量提升风控技术水平。内审内控部门要主动适应形势变化和全行经营管理需要，加强技术创新，进一步提升履职能力和水平。内审部门要在“智慧审计”的目标下，建立符合业务特点的“信息化子规划”，明确信息化应用目标和路径，持续提升审计项目信息化程度。做好审计模型“产品化”工作，进一步完善审计系统功能，重点完善境外、经责等功能模块，在系统易用性和用户体验上下功夫，并探索建立“分析师等级认证激励制度”。内控部门要在系统工具的优化、升级和应用上，进一步整合优化GICC平台，打造智能监督模型，运用大数据和人工智能构建“智能内控”体系。要实施监督检查管理系统3.0建设，突出“智监测—精检查”实效，探索建立业务合规风险“三色区块控制”机制，探索对员工违规操作行为智慧化监督的新模式。推进智能反洗钱3.0建设，持续优化BRAINS、COMPASS两大系统功能，实施反洗钱系统“产品化”项目。

（五）做实文化品牌，高质量开展“主题年”活动。坚持合规文化引领，将合规文化建设进一步融入经营管理全过程。内控部门要组织开展好内控合规“压实责任年”主题活动，突出关键群体引领和合规文化基层延伸的“两个效应”，深化全行对“合规文化建设是风险管理治本之策”的认识。要推动各级机构关键群体主动做好合规文化的宣传者、引领者和示范者，继续推动各一级（直属）分行、二级分行开展好“一把手讲合规课”“践行合规”主题竞赛、合规文化建设联系点等系列文化活动，持续加强合规正向激励，探索搭建具有较强针对性和实效性的合规文化宣教平台，把合规文化建设实践引向深入，为全行稳健发展提供有力的文化支撑。

（六）坚持党建引领，高质量打造内审内控铁军。内审内控部门要贯彻落实好全行党建工作会议精神，始终坚持并强化党建引领，以高度的责任感和使命感带好队伍、干事创业。要旗帜鲜明讲政治，始终坚持把党的政治建设放在首位，牢固树立“国家总体安全观”，始终坚持把风险防控放到讲政治的高度来推动，保持头脑清醒和坚强的政治定力，坚决落实总行党委的战略决策，集中精力做好“自己的事”，守住不发生系统性金融风险的底线。要坚持以品德为核心、作风为基础、能力为重点，加强专业队伍建设。坚持落实“专家引领”要求，完善专业人才培养培训机制，锤炼精湛的业务本领，展现内审内控应有的专业水准。要强化过硬的纪律作风，做到以责立志、以德立身、以能立业、以行立信，着力打造一支忠诚、专业、干净、担当的内审内控监督铁军。

同志们，打好风险防控攻坚战，保障全行稳健经营，责任重大，任务艰巨。内审内控部门要继续保持和发扬优良传统，以“奋斗＋落实”的精神，担当使命，履行职责，为新时期全行改革发展作出新的更大贡献。

在中国工商银行2019年零售业务工作会议上的讲话

谷　澍

（2019年3月1日）

关于去年工作回顾和今年工作部署，我就不面面俱到，今天重点讲六个方面的意见。

一、总结经验，推动旺季和全年工作乘势而上

（一）去年零售经营成绩斐然，要继续坚持储蓄存款增量“双第一”目标不动摇。过去一年，全行零售条线认真贯彻总行党委决策部署，积极进取、同心协力，取得了竞争力全面提升、贡献度全面提高、客户拓展全面加快、风控力全面加强和智慧零售转型全面铺开的良好业绩，这也是我行零售业务近年来取得的最好经营成果。这些成绩也得到了市场、客户和国际评级机构的认可。成绩的取得，凝结了全行零售条线同志们的辛勤汗水，体现了全行上下攻坚克难的工作作风。在此，我代表总行党委，向大家表示衷心的感谢和敬意！

这两年的经营实践，也进一步深化了我们对零售业务经营规律的认识和体会。一是要保持战略定力。零售工作是指挥千军万马排兵布阵，统一思想需要一个较长的过程。因此，战略上必须稳定，不能摇摆。全行要坚持以客户为中心、以市场为导向，紧盯储蓄存款和按揭贷款等核心指标，咬定青山不放松。战略定力包括两方面内涵，一方面是要坚持大零售经营稳定器的战略地位和“第一零售银行”的战略目标，不仅在取得较好成绩时要坚持，在暂时落后、遇到困难时更要强调和坚持。另一方面要始终坚持以客户为中心，只有客户基础扎实，才能有效吸引和留住客户的存款和资金。二是要顺应市场大势。市场形势瞬息万变，只有把握社会资金流动规律，及时捕捉市场热点，才能增强工作的主动性和前瞻性，这也是做好零售工作的前提。去年储蓄存款工作的成功，得益于我们对社会资金回流大势的提前预判和积极应对，得益于在产品布局上比同业提早半年，赢得了市场先机。三是要坚持创新驱动。零售业务既面临激烈的同业竞争，又面临激烈的跨界竞争，是创新的前沿阵地，也是检验一家商业银行创新能力和业务水平的试金石。零售业务没有创新，就没有未来。全行必须营造创新氛围，根据客户需求和市场变化，不断强化产品、模式、平台和管理机制创新。四是要加强板块联动。各部门都要善于从集团利益至上的角度出发，站在市场和客户角度思考问题、安排工作，以客户为中心画好同心圆，在协同方面多做加法、少做减法，真正形成经营合力。五是要坚持带好队伍。必须以党建为统领，致力于打造一支业务精、素质高、能力强的专业人才队伍，充分调动和激发广大干部员工的工作热情，以“奋斗＋落实”为主基调，确保总行党委各项决策部署贯彻执行和既定经营目标实现。这两年零售条线队伍整体战斗力不断提高，尤其总行个金部变化很大，工作能力提升比较明显。近两年部门的汇报材料、制度文件和办法方案等相比之前有进步、逐年向好，也越来越接地气，当然也还有不足，未来要继续坚持和提高。

这几条规律，都是我们在经营实践中积累的宝贵经验。其中，最核心的就是要一以贯之强化对客户和储蓄存款经营的重视，要对标同业，继续紧盯储蓄存款增量“双第一”目标不动摇。全行在今后的工作中，应当遵循这五条规律，把握机遇、乘势而上，保持和延续当前良好的发展局面，瞄准“中国第一零售银行”中期目标奋发努力。

（二）旺季营销总体态势不错，但完成旺季营销任务依然艰巨繁重。今年的旺季营销自去年12月初启动到今天已经整整3个月了。总体来看，全行上下高度重视，行动迅速，围绕“获客吸金”主题，抢抓源头客户、细化过程管理、强化营销宣传、做大市场声势，延续了去年以来良好的发展态势，呈现出显著好于往年、

同业对标明显改善的特点。截至1月末，全行日均储蓄存款较年初和去年11月末的增量均由去年同期的同业第4位提升至首位。截至2月20日，全行日均储蓄存款较年初增加7 248亿元，日均余额同比增加超过1万亿元。个人贷款、个人按揭贷款增量也保持了同业首位，基础结算类中收呈现了企稳回升的势头，代理类业务也较好地把握了旺季机遇，实现了快速发展。

但也要看到，我们距离旺季任务的目标还有差距，客户基础薄弱问题依然明显，尤其是在旺季期间暴露得更加充分。历年来，我行储蓄存款与同业的差距主要集中在春节前10天，特别是前5天。今年与往年情况相近，从2月1日开始到春节期间，我行与同业的差距急剧扩大，春节后又逐步追赶。截至2月20日我行比农行和建行仍少增2 000亿元左右，这暴露出我们代发工资等源头性客户不足的结构问题。但与同期情况相比，我行与同业的差距明显缩小。截至2月末比建行少增1 095亿元，差距绝对额较去年收窄了近1 000亿元，幅度由去年的39%收窄至20%。因此，我们既要看到目前暂时落后，更要增强信心看到自身进步。除了储蓄存款，由于经济环境变化，其他指标也面临一些挑战，如个人住房贷款收单量已明显下降；受社保部门发卡放缓因素影响，个人客户新拓展及净增量较同期均有所下降。当前，旺季工作已经进入最后一个月的冲刺阶段，全行要对照工作目标和部署安排，确保打好收官之战，为圆满实现全年经营目标奠定基础。

从今年前两个月储蓄存款工作情况看，分行普遍感受到竞争更加激烈，也有部分行感觉总行产品支持不如去年。这个现象是正常的，主要是今年与去年的产品布局策略不同。去年我们掌握主动，在结构性存款上取得先机，产品支持力度大、竞争力强。今年在理财产品进一步退潮、结构性存款复杂度高的背景下，同业均将大额存单作为争揽资金的主要产品。但是在长期限大额存单利率高于同期市场资产定价且利率下行概率较高的情况下，大规模、长期限大额存单面临一定的利率风险。因此，对大额存单我们采取紧跟同业、应对挑战的策略。这意味着基层行在储蓄存款上要付出更大的努力。面对困难，全行储蓄存款仍然取得了同比多增2 000亿元、与同业差距显著缩小的成绩，我再次代表总行党委，向个金条线的同志们表示感谢和敬意！同时，全行要认识到储蓄工作的长期性和艰苦性，深入总结分析去年成绩、认清当前形势，不骄傲不气馁、力争上游，不断夯实客户基础、优化客户结构，从根本上提升储蓄存款竞争力。

二、找准线上线下客户入口，深化全量客户战略

全量客户是智慧零售战略的核心要义，也是零售业务经营的基础和核心。全行要下“苦功夫”“笨功夫”，持之以恒推动线上线下双维获客实现突破。

（一）发挥线下主阵地作用，围绕社会资金流向抓好源头客群拓展。一要拓新维存推动代发工资业务发展。要落实重点目标客户营销项目制管理，并重点结合普惠金融发展，强化小微民营企业工资代发及员工金融服务拓展。要注重对存量代发客户的持续维护，抢抓客户资金尤其是绩效工资代发资金，强化对代发金额的考核评价。各行要探索组建代发工资客群营销服务团队，在优化服务、改善体验的基础上抓实代发资金留存。同时，加快搭建代发工资客群智能营销支持系统，以“前台营销维护+中台数据支持+后台监测管理”的融合，为业务管理和客群营销提供支撑。二要抓住机遇推进社保卡发卡激活。今年是社保大规模发卡的最后一年，全行要继续扎实推动社保客群“1320”工作方案落地实施，积极抢抓发卡份额。同时关注国家电子社保卡与社保服务线上化建设，以促进社保卡激活使用为重点，推动社保业务量质共同发展。三要紧盯形势挖抢棚改拆迁市场。按照国家“三年棚改计划”，今年全国预计将安排棚户区改造460万套，同时取消了政府购买模式，融资改为以发债为主。各行要盯紧形势变化，把握营销机遇，将营销重点从项目贷款投放与补偿款发放，延伸至整个拆迁项目链条，尤其关注建设施工阶段、建成安置阶段的综合化金融需求，配套全链条金融服务，打造“拆迁安居”服务品牌，集中优质营销资源，力争在全行打造100个示范标杆项目。四要多部门联动推动商户市场营销。在去年“e商助梦计划”基础上，组建跨专业、多部门联合团队，开展对专业市场的名单制、网格化营销，提供一揽子综合服务，打造我行商户服务品牌。同时，给予分行定价自主权，根据商户综合价值采取灵活定价策略，保障智能POS机、商户盈、经营快贷等主打产品的持续供给。2019年全行新增300家专业市场，净增100万户商户客户，力争在全国打造1 000条惠民示范街、100个智慧景区、300个智慧社区。五要深挖县域市场潜力。继续抓好总行300家重点县域支行，落实营销行动方案，着重抓好渠道下沉、外拓营销、产品精准、分类施策。在资源配置上向客户与资金集中的县域适当倾斜，结合区域特色积极竞争外出务工、经商大户、拆迁安置、留守老人等重点目标客群，提升县域市场零售业务贡献度。

（二）坚持场景营销力度不减，加快推动线上获客实现突破。坚持战略方向不动摇，致力于赋能B端、服务C端，苦练内功、广拓场景，依托金融科技推进互联网线上获客活客向纵深发展。各行要积极布局交通出行、电子政务、教育医疗、民生服务等线上场景拓展，找准合作方的需求痛点，在赋能G端、B端的同时，深入挖掘C端个人客户营销潜力。要加强行内协同联动，善打营销“组合拳”，整合“工银e钱包”“聚富通”“e企付”“银校通”“e商通”产品资源，

从B、C两端对接客户需求，提供全方位的网络金融解决方案，实现金融服务能力向线上平台的输出，通过一批重点项目落地形成线上获客的示范效应。

要把获客和活客的场景区分来看。获客方面，当前线下仍是获客的主阵地。去年全行通过网点（智能设备）和批量（代发工资、拆迁、社保等）两条线下主渠道实现获客3 600万户，是客户增长的绝对主力。因此，要长久不懈地抓好线下源头客户的营销拓展。活客方面，目前客户的交易活动基本以手机银行等线上渠道为主，要创新线上获客活客模式，加强线上场景营销力度。比如通过聚富通突破B端、G端，以自身优势带动工银e钱包等C端产品，以电子账户为抓手，逐步构建小额支付、企业代发、社保代缴、融资理财等线上闭环的活客场景，打造线上渠道“您身边的银行”。目前这种模式已经在步步高、美的、茅台等企业取得了突破。

（三）构建信用卡双轮驱动获客格局。信用卡获客既包括线上也包括线下。线上方面，要继续加强与优质互联网平台的获客引流合作，积极推动“工银信用卡合伙人计划”，将广大商户收银员发展为我行信用卡“合伙人”，全年力争实现互联网渠道新增获客900万户。线下方面，要发挥我行传统优势，提升信用卡在行内房贷客户、中高端客户、私人银行客户、工银安盛客户、工银瑞信客户中的覆盖面和渗透率，全年力争实现线下渠道新增信用卡客户600万户。

三、常抓不懈，留住和维护好客户

贯彻全量客户战略，改变以往“重获客、轻维客”的思想，投入更多的精力和资源，推进客户维护基础性工程建设，构建精准、高效的客户智能维护体系，尽快实现“客户有人管、管户有方案、服务更精准”。

（一）充分发挥自有平台流量入口作用。要按照年初全行工作会议总体部署，以“三融一活”（融e行、融e联、融e购、e生活）为主体，搭建线上活客平台，做好客户维护工作。将融e行打造成为全行专业化、综合化的线上金融服务基础性平台，结合全行零售业务重点客群，研发推出面向学生、军人、老人、小微、代发工资等不同客群“千人千面”的个性化版本。融e联、融e购要进一步突出引流活客基础作用，成为打通B端与C端连接、实现聚客黏客、推动价值客户转化的重要平台。e生活要全新升级为3.0版本，主打消费金融、场景建设、智能服务、权益专享等特色优势，建立线上线下一体化推广机制，为广大消费者和商家打造集金融、消费、生活于一体的综合智能服务平台。

（二）积极抓好个人客户经理队伍建设。一要进一步厘清客户分层，明确管户主体责任。对于金融资产800万元以上、100万~800万元、20万~100万元、5万~20万元和5万元以下的客户，分别对应由财富顾问、财富客户经理、理财客户经理、远维客户经理和客服经理履行管户职责，并制订差异化的培训方案。二要根据总行标准尽快补齐人员短板。按照金融资产20万元以上客户人均管户不超过400户、5万~20万元客户人均管户不超过2万户为标准，尽快配备个人理财经理和远程运维经理队伍。目前，按照总行个金部在个人客户营销系统（PBMS）开立客户经理角色且管户客户数量超过50户的标准，去年末全行共有理财经理2.36万人，还存在较大缺口。请各行结合本行情况加快人员调整，力争年内配齐。同时，随着网点岗位“5变4”，要加快组建一支4万人具有客户维护权限的客服经理队伍。三要做好客户经理队伍的考核和管理。增加过程类、动因类指标，提高考核的及时性和显性化，落实考核激励政策。研究建立私人银行客户“急升缓降”服务机制以及向上推荐驱动机制，加强对私银达标客户留存率和潜力客户推荐率的考核力度。目前私人银行部作为利润中心，面临一些负债成本、资产管理、流动性管理、风险控制等方面的经营压力。未来私人银行要定位于高端客户维护，主要考核高端客户数和达标客户留存率。私人银行客户表外理财产品由资管子公司运作，储蓄存款纳入全行总账。私人银行专业要打造一支投资顾问专业队伍，发挥工行整体优势，全力做好高端客户维护。要强化岗位间协作，做好客户的流转承接和全产品营销，避免出现服务断点。同时，切实加强理财经理晋升机制和荣誉体系建设，通过优秀表彰、工作室挂牌和员工慰问等活动增加队伍的凝聚力和归属感。

（三）创新推出全量客户智能营销服务体系。依托大数据、人工智能等金融科技手段，打造“智能识别、智能分析、智能配置”的新模式，盘活存量客户，创造更多价值。一要优化完善客户分层维护体系。完善以个人金融资产为主，兼顾信用卡、要客、线上用户等维度在内的客户星级评定标准。以规则明确、权益丰富为标准，对外形成标准统一、简单清晰的客户分层体系，对内以贡献度模型为基础，依据客户贡献度标签建立制度化、常态化的营销费用投入机制。二要提供千人千面的差异化服务。升级智能零售服务方案，从各个维度细化客户分群，设计个性化、针对性的组合金融服务方案，明确适销产品和营销目标，提升一线营销人员服务的一致性、持续性和专业性。三要加快智慧营销项目落地应用。进一步完善个人客户统一视图，精准洞察客户的交易行为、投资偏好、群体特征等，针对客户三大类、74项动账交易自动触发和智能推送营销策略，努力打造“将合适的产品、通过合适的渠道、在合适的时机，推送给合适的客户”的精准营销模式，提升长尾客户营销渗透率。各行要广泛应用大数据和人工智能技术做好活客，比如年初推出的融e行年度账单客户反响很好，活客效果凸显。

（四）加快提升客户体验和消费者权益保护水平。

一要依托ECOS工程做好客户体验和流程优化。重点做好个人账户挂失、银行卡换卡、重复授权等近400个已解决内外部体验问题的宣传推广，着力提升全量客户分层服务与智慧营销等客户体验关切度较高的架构成果应用水平，让“科技赋能”取得实效，确保“服务有变化、基层有感觉”。客户体验流程优化是一项精细化的底层工作，个金部做了非常好的基础性工作，陆续实现了老灵通卡支持购买新型理财产品、非综合账户升级为综合账户、单币种账户升级为多币种、跨地区通存通兑等，工作不声不响但颇有成效。二要推动客户体验工作由“被动投诉处理型”向“主动监测提升型”转变。借鉴外部咨询公司专业经验，全面梳理客户体验痛点问题，细化改善体验方法论，固化试点经验。要围绕客户体验设计监测指标，搭建监测平台，建立管理机制，按照“日常服务—业务动因—体制机制—顶层战略”四个层次由浅入深剖析原因、设计解决方案，将以客户为中心的理念日常化、具体化、制度化。昨天，银保监会消保局通报了全行消保工作的情况。对监管提出的问题，我们要全盘接受、认真整改。要认识到问题整改是为了自身更好地发展。客户愿意到我行购买理财产品，从根本上体现的是对我行品牌的认可、对我行保障客户权益的信任。各行要加强对消保工作的重视，在合规的基础上尤其要确保合乎情理，严防不良舆论事件，不要让“有形的指标”损害我们“无形的声誉”。

四、统筹协同，做好网点转型工作落地推进

根据年初全行网点工作会议精神，按照“统筹协同、科学分工、条块结合、密切联动”的原则，全面抓好网点转型五大工程及相关项目的推动。重点抓好以下两个方面的工作。

（一）压实责任，建立工作推动机制。一是在块的推进上，要强化压力传导和机制建设。总行将成立由我担任组长的深化网点转型工作领导小组，建立常态化的工作通报推动机制。总行相关部门要切实承担起相应的组织推动责任，做好目标任务分解。针对基层呼声最高的减负赋能、影响深远的智慧转型工作，要率先从政策、制度、系统、产品、数据与流程等方面为试点分行减压减负。各一级分行要切实发挥项目推动的主导作用，成立由行长牵头的领导小组，建立工作推动机制，因地制宜细化方案，推进项目落地。各二级分行要抓紧衔接落实总省行确定的任务目标，重点在网点管理规范、减负赋能工作上积极作为，有效压降与网点营销服务不相关的任务目标，缓解员工的工作强度和压力。二是在条的推进上，要做好板块联动和专业协同。渠道专业要发挥好整体牵头作用。运营部门要着力推进网点减负赋能工作，抓紧梳理与网点营销服务不相关的事项，制定减负清单，开展专项治理，特别是网点手工登记簿和报表。总行运行管理部已将网点手工登记簿和报表数量从160多种压降至80多种，未来计划继续压降至20多种，在授权方面也做了精简。同时要从岗位组合优化、线上线下一体化流程再造、集约化保障体系建设等方面为网点日常运营管理提供动力支撑。个金专业要重点抓好网点管理规范项目和智慧营销项目，制定网点产品营销准入目录，形成网点服务规范，科学指导全行网点营销服务转型。网金专业要协同渠道专业共同抓好全渠道协同项目，尽快打通各渠道底层服务信息，实现全渠道信息数据统一管理，打造客户全渠道一致体验。银行卡专业要牵头抓好网点生态建设工程，以网点商圈建设为抓手，营造“客户+合作伙伴+网点”三方共赢的金融新生态。网点减负赋能工作落脚点在网点，但并非某个单一层级可以完成。要分清层次，明确从总行直到网点各层级的工作方案，不能空喊口号。

（二）攻坚克难，有序推进网点优化调整。网点优化调整是深化网点转型的“一号工程”，难度大、牵涉面广。全行要按照总行确定的网点撤并、迁建、新建、装修改造等任务目标，统筹做好落地实施，抓好配套支持，将网点优化调整任务完成情况与分行各类资源配置计划分配挂钩，有效支撑零售业务发展。一要做到“退”有章法。要盯住优化调整网点和承接网点两个主体，加强名单制管理，聚焦业务、客户、资产、人员等关键要素的流动重组，周密细致地做好网点优化调整前后各项整合承接工作。要做好组织动员，同步召开优化调整网点和承接网点全员参加、零售部门介入的专题动员会，将总分行战略部署传导到位，明确责任分工，打消基层员工顾虑。要做好客户与资产承接，在网点优化调整后，最大限度地争取原网点的客户、存款、金融资产留存我行。对于网点撤并的，合并后网点两年内储蓄存款流失率不得超过10%。要在全面梳理存量客户状况前提下，制定分层差异化的挽留与承接措施，并为客户挽留与承接预留足够时间。对达到一定资产层级的中高端客户，要严格落实名单制管理，由支行行长、网点负责人、管户客户经理共同做好承接。要做好考核引导，探索建立承接网点相关人员业绩考核与存款留存情况的挂钩机制。要通过多种手段做好客户的宣传解释，确保服务不中断、客户不投诉。各行渠道和个金部门要做好配合，确保客户不流失。总行近期将印发网点调整工作指南，各行要按照总行要求反馈工作方案，不但包括网点调整情况，还要明确客户和储蓄承接等细化安排，尤其要关注一些具体的调整原则。二要做到“进”有标尺。要抓好“事前”精准布局。零售业务各部门在网点优化调整规划立项之初就要积极参与，在网点布局优化系统辅助支持下，通过大数据分析和实地勘察相结合的方式，对拟选物业周边的客户、资金等资源禀赋进行评估，提出专业建议。要抓好“事中”精细管理。用好用足财务资源，统筹兼顾业务发展旺季与装修施工

周期的合理衔接，并以合规管理为前提，坚决筑牢风险底线，有效管控相关道德、法律和合规风险。要抓好“事后”精准经营。有效落实好新建、迁建网点的配套资源和考核模式，使网点有意愿、有能力按设立初衷做好营销服务，快速步入良性经营发展轨道。

五、坚定不移地推进个人资产业务稳健发展

（一）提高政治站位，以普惠贷款为引擎推动零售信贷可持续发展。今年全行人行降准口径普惠贷款增量目标为1 200亿元，其中，个金条线承担350亿元新增任务，要确保一季度率先实现100亿元新增目标；银行卡部承担100亿元新增任务。零售条线开展普惠贷款业务，不仅是响应和落实中央决策及总行党委部署的必然要求，也是零售贷款可持续发展的必然选择。在当前个贷人员配备相对紧张、普惠贷款业务经验不足的情况下，各行零售条线要化压力为动力，克服困难、积极行动，为全行普惠金融业务发展作出贡献。一要做好e抵快贷等重点普惠贷款产品的营销推广。目前个人普惠贷款主要有e抵快贷和组合贷款两个产品。其中e抵快贷开发进度更快、功能更全，是目前的首推产品。全行整体进度不错，上海等部分分行推动较好。现已开办e抵快贷业务的117家城市行，要抓住全行业抢占普惠市场、抢抓优质客户的宝贵时机，通过e抵快贷早日实现突破。组合贷款可以满足消费和经营两种用途，总行也会加紧推进开发进度。对同时具有经营、消费等多样化融资需求的客户，或e抵快贷无法满足客户融资需求的，要通过组合贷款产品来做好客户服务。对于已开办e抵快贷但仍有部分辖内分支机构没有进入楼盘白名单的地区，以及未开办e抵快贷业务但符合组合贷款开办条件的分行和地区，为确保完成普惠贷款目标任务，要积极推动组合贷款的营销拓展。各行还要积极做好个体工商户或小微企业主的个人金融资产质押贷款业务营销。要围绕重点客户群开展针对性营销，落实好总行对普惠贷款绩效考核、信贷规模、专项激励和优惠政策，加快队伍建设，在个贷条线组建一支普惠贷款业务管理和营销的专业队伍。同时，要将实质性风险防控落实到业务流程中去，实现业务快速发展与风险管理相平衡。二要进一步推动融e借业务发展。各行要按照“线上线下双轮驱动、自营与三方齐头并进、市场与合规协调发展”的总体思路，加强公私联动，加大“六大板块”优质客户批量营销，加快推进“秒授信”“秒支付”功能应用与升级，同时稳步推广“急用钱”预借现金产品，打造新的信用卡资产业务增长点。三要抓好信用卡分期付款业务发展。信用卡分期付款是全行中收贡献最大的单一产品线，2018年对全行的中收贡献度接近15%，对大零售板块的中收贡献度超过24%。今年全行要完成分期付款投放额4 000亿元、余额净增600亿元的目标。前两个月，分期付款业务发展还不理想。各行要围绕重点分期产品做好推动。汽车分期市场空间广阔，对于管理规范、风险可控的合作机构跨区域业务，要继续做大规模；同时大力推广我行自主研发的e分期系统，通过“直客式”业务增强市场竞争力。e分期从去年4月推出以来交易额已突破480亿元，市场反响很好。各行要锁定目标客户，围绕大额场景，抓住旺季打折契机，把这款新产品做大做强。账单分期方面，总行正加紧筹建西安外呼营销中心，并在天津、成都、郑州建设远程银行中心“外呼职场”。在这几个中心运营投产前，各行要充分利用自身团队加强外呼营销。在分期付款产品创新上，总行银行卡业务部要加快推出信用类汽车分期、装修分期等新产品，为分行拓展市场提供更有力的抓手。关于部分分行反映的“信用卡资产业务受拨备影响不赚钱”的问题，去年拨备提取率高受到一次性因素影响，但贷款拨备是逐年保有的，如果信用卡的实际损失率低于预期、核销较少、潜在风险下降，那么今年的拨备提取率就会下降。各行信用卡和财会部门要向分行行长解释清楚，不能因为临时性问题就认定该产品是亏损的。

（二）坚持按揭贷款核心地位，推动量价质协调发展。要深入研究和提前预判今年房地产市场环境的变化，多措并举提高房贷业务营销与接单能力，打造一支经得起检验的个贷“铁军”队伍。一要坚定目标，保持定力。总行将建立业务长效规模保障机制，持续推动新增贷款资源向按揭贷款的倾斜，推动按揭贷款占比稳步提升。各行要将大力发展按揭贷款作为一项长期稳定的战略部署，聚焦目标不动摇，坚定发展不松懈。二要统筹布局，差异发展。持续坚持“重点区域、重点企业、重点项目”的发展策略，力争直辖市、80家重点城市行等重点地区房贷增量占全行80%以上，总分行级开发商占本行一手房贷投放额的80%以上，并重点选择社区环境良好、市场销售前景较优的优质房地产项目开展合作。三要表内表外，共同发展。总行将不断优化工作机制，对营销能力强、综合贡献高的分行加大规模等资源的支持力度，推动一批分行在当地市场形成绝对优势，不断做大市场份额。各分行要切实保持收单能力和市场热度，积极把握今年资产证券化收益向好的机遇，力争完成表内增量规模的同时，做好资产证券化，保持表内和表内＋表外两个口径新增按揭业务的市场第一。目前，资产证券化利率处于较低水平，有较大的利润空间，正是考验各行个贷战斗力的时刻。希望各行加大营销力度，争取多接单，在用足人行信贷额度的基础上开展证券化业务。

（三）深入推进个贷经营模式的优化改革。个贷体制机制实施以来，在组织架构、业务处理中心、业务流程、系统开发、队伍建设等方面取得了明显成效，提升了业务的精细化管理和风险防控水平，为全行提升市场

竞争力奠定了基础。今后全行要进一步将个贷经营模式优化工作推向深入。各分行要将个贷专业化组织架构全部调整到位，加快个贷业务处理中心建设，实现“两个百分百”覆盖，持续提高个贷处理中心标准化运营水平。要加快个贷营销中心和服务区建设步伐，高标准建设个贷营销的物理网络渠道，实现个贷营销渠道向客户的延伸。要做好新一代个贷系统的优化升级，提高系统专业化程度，优化业务流程，加强全流程风险防控，提升客户服务水平。

六、深化协同联动，形成经营合力

（一）强化零售板块与资源保障部门联动。总分行资产负债、财务会计、人力资源各类资源配置和管理专业，要以提升收入贡献度、市场竞争力和客户满意度作为标尺，与零售板块部门做好协同联动。要在储蓄存款创新产品发行、内部资金转移定价、个人按揭贷款规模、源头性项目和县域等重点市场费用投入以及个人客户经理队伍建设等方面，给予零售板块相应的支持和倾斜，推动全行零售业务持续做大做强。去年储蓄业务和个贷业务增量跃居同业首位，尤其储蓄存款自有日均同业交换数据以来第一次取得增量“双第一”，对同业是一个震动，极大提升了全行士气。现在即使面临各种困难，也要千方百计地保持良好势头，确保实现增量“双第一”。去年以来，个金条线特别是基层同事付出了巨大努力。在个金爬坡最辛苦、最关键的时刻，资产负债、财务会计、人力资源等相关部门从资源配置上要给予大力支持，推动全行大零售保持良好势头，巩固初步胜果。

（二）发挥好推进委员会的平台作用，深化零售板块间的联动。个金部要切实履行零售推进委员会秘书处的职责，充分发挥牵头作用，其他部门要按照职能分工、各司其职，携手推进协同联动工作。通过深化行内跨部门及行司合作，利用大数据批量营销、网点阵地营销、分行外拓团队、外呼办卡等手段，提升信用卡在行内房贷客户、中高端客户、私人银行客户、工银安盛客户、工银瑞信客户中的覆盖面和渗透率。零售业务各部门与远程银行中心要做好协同联动，在做好大数据挖掘分析的基础上，有的放矢地做好信用卡分期、存款协议类产品、贵金属、私人银行等客户远程营销和维护，不断提升客户价值贡献。

（三）发挥协同优势，推动公私联动和前后台联动。零售业务在抢抓源头客户和源头资金过程中，要充分发挥和借助全行强大的对公业务优势，以公带私、以私促公，实现协同发展。个人客户的资金很大一部分来自于对公单位的工资奖金及各类补贴补偿，全行要进一步加大对财政统发、棚改拆迁、企业分红、三方存管等源头性批量资金项目的投入和争揽，并在项目审批等相关阶段请零售部门介入提前做好个人客户营销方案的制定。同时，也要挖掘全国退伍军人服务等新的市场机遇，努力开创公私联动新局面。这次会议特意请分管对公和信贷板块的主管行长参会，就是要落实这个要求。同时，零售板块也要强化协同意识，协同做好走访营销和日常维护工作，并通过大力发展个人住房贷款引流对公存款增长，通过代理销售、第三方存管支持同业存款和托管业务，发挥以私促公作用。

（四）强化线上线下联动协同。要从全量客户战略的高度处理好获客一体化经营，突出线下渠道对中高端客户的精耕细作，加强远程、外拓渠道对大众客户以及代发、县域等专属客户的批量维护与拓展，全面提升线上渠道对年轻客户、长尾客群、睡眠客户的引流与激活，实现从用户—有效客户—价值客户的梯次经营，夯实全量客户金字塔基。要从客户体验视角加快推进线上线下运营服务一体化，坚持问题导向，从产品布放、业务流程、风险管控等多方面实现营销服务的一致性，构建“线上＋线下”“人工＋电子”“推送＋互动”的立体式渠道服务体系，实现全客户、全渠道、全业务的营销协作。

（五）发挥集团优势，推动行司业务联动。各行要高度重视集团内协同联动，全力支持子公司发展。要将工银安盛、工银瑞信列为代理销售业务的战略支持重点，对子公司重点产品开辟绿色通道，在同类市场、同等条件下支持子公司业务发展，优先销售工银瑞信科创板基金产品、个人养老 FOF 基金、主动管理权益基金以及工银安盛复杂期交保险等产品。同时，要积极推动集团大零售板块的交叉销售和客户引流，工银安盛、工银瑞信要持续强化以客户需求为导向的产品创新能力，围绕重点客群建立行司需求共研、产品适配的合作机制，提升零售业务综合化营销服务水平。要加快自身渠道结构调整优化，积极开拓非工行渠道客户，实现对母行的客户输送与反哺，推动集团内优质客群的转化、共享。

同志们，2019 年是智慧零售战略落地深耕的一年。人到半山路更陡，可以预期今年的市场竞争更加激烈和胶着，今年的改革发展成效，对后续整个零售发展势头的影响尤为关键。各行要认真总结经验，做好旺季最后一个月的收口总结和全年工作的安排部署，发扬钉钉子的精神，以更加奋发有为的状态，日积月累、久久为功，推动零售业务市场竞争力、效益贡献度、客户满意度和风险控制力稳步提升，为全行经营发展再立新功。

科技驱动　加速突破
将智慧银行建设向纵深推进

——在中国工商银行2019年网络金融和金融科技工作会议上的讲话

谷　澍

（2019年3月13日·根据录音整理）

今天我们合并召开网络金融和金融科技工作会议，主要任务是深入贯彻落实全行年度工作会议精神和智慧银行战略部署，总结回顾2018年工作成果，分析研判形势，谋划今年工作重点。下面，我讲三点意见。

一、2018年智慧银行建设稳步推进

2018年是智慧银行战略全面启动的开局之年。在过去一年中，各级网络金融和金融科技部门，紧密围绕全行经营发展，横向抓统筹、重融合，纵向抓落地、重实效，有序推进智慧银行建设，安全生产稳中向好，e-ICBC 3.0战略实施工作加快落地，ECOS工程建设有序推进，科技体制改革启动实施，进一步激发了全行经营活力，为全行转型发展注入新动能。

（一）全行安全生产运行达到历年最好水平。安全是全行业务发展基础，也是智慧银行的核心特征。去年以来，金融科技和网络金融条线会同内控、内审、各业务部门，扎实推进安全生产运行，牢牢守住安全底线。2018年，境内外日均交易量4.78亿笔，同比增长15%，日峰值交易量5.82亿笔，同比增长18%。系统可用率达到99.998%，全行没有发生三级以上重大生产事件与信息安全事件，四级（含）以上生产事件首次降至个位数，全行安全运行达到历史最好水平。

好的形势离不开全行金融科技条线对生产运营和信息安全工作的“精益求精、主动求变”。2018年，全行生产运营水平再上新台阶。主机新一代双活架构全面投产，主机系统业务连续性水平取得新突破；智能化运维建设成效逐步显现，中心自动化变更占比提高23%，分行自动化运维人力资源投入节约40%。数据中心机房基础设施发展规划布局长远、有序推进，全力打造满足未来10年业务发展资源需求的“两地四中心”架构。全集团信息安全防御能力得到巩固加强。在生产环境与40多家国内顶尖外部专业力量开展信息安全实战演练，位列重点防守方总分第一，获得监管部门颁发的“最佳防守单位”称号。

（二）e-ICBC 3.0战略实施取得阶段性成效。

一是坚持全量客户经营核心，推动线上线下一体化的全量客户发展模式初步形成，为全行经营创造新价值和新贡献。在获客上，三融平台用户全面破亿，实现双位数高速增长，跑出了互联网的“加速度”。融e行客户突破3亿，达到3.13亿户，增长10.8%；融e购、融e联客户分别突破1亿户和1.5亿户，增长率分别高达41.3%和31.6%。截至2018年末，全行互联网金融用户达到4.3亿户。在活客上，客户活跃度领跑同业，市场优势持续巩固。融e行客户月活突破6 000万户、年活突破1.3亿户，保持行业客户规模第一、客户黏性第一和活跃程度第一。融e购年度访问客户达到15.6亿人次，年交易客户突破1 000万户，稳居银行系电商之首，综合电商排名进入前十。融e联月活跃客户数跻身银行业APP榜单第四名。企业手机银行年动户达到110.8万户，实现了百万级活跃的历史突破。活跃创造价值，流量带来贡献。2018年全年，网络金融中间业务收入同比大幅增长47.2%；以快捷支付手续费为主的电子商务业务收入同比大幅增长65.6%，位列全行22项产品中收增幅第一位。

二是坚持传承与创新，以互联网平台为基石，推动业务实现新转型和新发展。在服务个人客户上，三融平台定位更加明晰，转型创新持续深化。融e行推出了手机银行4.0版本，同业首创“随心查”“云保管”等服务，赢得客户的强烈反响和一致好评；融e联聚焦场景主承载和用户轻入口，实施3.0版本全新改版，打造了信息、用户和共享三大中心；融e购更加聚焦“三名”定位，5e特色品牌亮点纷呈。在服务对公客户上，围绕平台企业的痛点需求快速给出“工行方案”，创新推出了API开放平台、聚富通、金融生态云三大平台。其中API平台实现了我行优势产品服务的标准化封装和输出，聚富通创新了互联网一体化、场景化的金融服务解决方案，金融生态云实现了系统、产品的“绿色部署、敏捷上线”，显著增强了我行平台在对公领域的战略承载和支撑能力。

三是坚持开放、合作、共赢，以平台化合作和场景共建为突破，开创全行场景面上铺开、点上出彩的新局面。平台企业合作赢得开门红。依托API平台同业首创

e企付产品，成功对接慧聪网等9家大型B2B行业龙头和垂直平台。聚富通全面推广，成功上线贵州茅台云商、重庆冻品汇、四川新华网、湖南万商壹站、河南森田充电桩等5大项目。场景建设实现广布局、快成长。截至2018年末，全行建成互联网场景1 675个，遍布政务、出行等各个领域，涌现出了北京地铁易通行、山东利津黄河大桥无感通行等多个业界首创、行业第一，以浙江银校通为代表的优秀场景在全行广泛复制推广，融e联社保服务已覆盖全国100个二级城市，融e联位列人社部签发电子社保卡数量最多的五大平台之一。

四是坚持安全和发展的平衡，全面提升网络金融业务风险防控能力，构筑互联网安全新防线。网络金融风险监控系统实现了风控规则部署及时化、欺诈交易识别自动化、干预策略调整灵活化，风险监控覆盖率达到77.8%，全年监控业务量84亿笔，拦截1.2万笔欺诈交易，挽回客户资金损失逾8 600万元。

（三）ECOS工程建设取得良好开局。

一是业务架构“新方法”落地起效，带来趋势性“新变化”。按照年初既定路线图，主体完成个人账户等28个领域业务架构整合构建工作。在产品研发上，构建了全区域、全介质、开放化的账户服务新体系，完成了全行5 615万个非综合账户向综合账户的升级，整合后借记卡相关项目研发效率提升约30%；针对不同客群，灵活快速配置上线商户盈、薪金溢、幸福存等11款创新存款产品。在业务运营上，通过搭建集约运营共享新平台，实现远程授权和集中处理人员在同一平台的跨岗操作，后台通岗人员占比达到43%；试点文档录入智能化升级，减少26%录入量；实现远程授权业务智能化改造并在全行推广，授权业务量下降24%。在客户体验上，解决了基层和客户普遍反映的400余个痛点问题，例如账户挂失流程平均处理时长由30分钟缩短至5分钟，打通了9大类个人产品、3 000余项功能的跨地区服务断点，解决客户无法异地购买新型存款、理财等产品的问题，实现本异地无差别服务，提升了基层操作体验和客户服务体验。

二是IT“新架构”初步建成，形成技术支撑“新能力”。构建基于核心业务系统与开放式生态系统“双核驱动”的IT架构，大幅提升对高并发业务场景的支撑能力，快捷支付迁移至开放平台后，平稳支撑了“双十一”12 667笔/秒的交易新峰值；持续提升对爆发性增长业务的支撑能力，依托云计算平台实现纪念币预约等业务系统扩容时间由30分钟缩短至秒级；稳步提升对业务快速创新的支撑能力，开展了15个领域的IT服务化对接，完成了e支付、客户认证等应用的服务化改造，有效支撑了核心产品与高频场景的快速创新。

三是金融科技“新技术”引领同业，开辟业务发展“新境界”。打造业界领先的企业级金融科技平台，加速技术能力向业务价值转化。完成人工智能机器学习平台主体功能建设，在网点布址优化、信用卡反欺诈、跨行查询报文自动查复等场景实现应用。基本建成生物特征识别平台，具备多种生物特征识别能力，应用于ATM刷脸取款、柜面渠道联网核查、社保生存认证等场景。自主研发了金融区块链平台，在“数字雄安”建设等方面取得积极应用成效，确立了我行与雄安新区在区块链金融合作领域的先发优势。初步建成物联网平台，接入40多万台各类设备，在智能金库等项目取得积极应用成效。同业中率先建立自主可控大数据服务云平台，完成大数据服务云双园区建设，服务65个总行应用和19家分行，数据处理时效提升30%。

（四）重点领域创新研发工作取得新成果。金融科技条线紧密围绕全行业务创新计划，推进重点领域创新研发工作取得积极成效。智慧零售建设取得新进展，实现了融e借“秒授信”“秒贷款”“秒支付”，推出工银e分期产品，搭建“客户自助—智能解答—人工协助”多层级、分场景的智能客服体系。公司金融普惠化、综合化服务能力得到提升，推出线上化、灵活化的经营快贷产品、小微供应链融资产品，创新智库服务“融智e信”产品。机构金融领域竞争优势得到加强，搭建军民融合信息化管理平台，实现雄安新区千年秀林工程资金管理、土地征迁资金拨付的业务上线和稳定运营。风险内控管理和业务处理效率不断提升，为全集团严监管、穿透式风险管理，以及私人银行、子公司、境外机构投资品管理等提供系统支持，全面完成印章综合改革系统建设和推广实施。国际化和综合化信息系统建设有序推进，4家境外机构投产核心系统，推出新版境外企业手机银行和网上银行，配合工银欧洲和美国监管整改完成客户信息、涉敏、反洗钱等相关系统改造，持续完善综合化子公司业务系统，为业务拓展和合规发展提供支撑。分行特色业务创新成效突出，先后推出广东专项分期、江苏“金闪借”、北京人脸识别收单等新产品，为全行创新提供了宝贵经验。

（五）具有智慧银行特色的体制机制建设取得新进展。金融科技条线组织架构改革高效实施，总行金融科技部于2018年11月成立，业务研发中心于去年底组建完成，科技公司（筹）和软件开发中心两个研发部筹设工作抓紧推进，科技体制改革在短时间内平稳到位。研发模式“互联网化”转型纵深推进，创新轻流程研发模式，推出移动云测试平台，试点网金业务研发一体化改革，全行创新研发效率质量持续向好。业务统筹机制更为完善，加强全行网络金融业务统筹所需的制度和机制基础建设，强化“总行直营”场景建设推动模式，推动场景合作、对客APP治理等工作有序、高效开展。网络金融和金融科技队伍活力、人力效能持续提高，创新场景建设骨干人才培养机制，加大科技中心队伍激励投入，深化骨干人才激励机制，不断坚实全行创新发展的中坚力量。

同志们，过去的一年里，广大网络金融和金融科技干部员工勇于担当、锐意进取，以“奋斗＋落实”的精神，出色地完成了各项任务，取得了有目共睹的成绩。我行连续五年位列银行业信息科技监管评级行业第一，连续三年蝉联《银行家》最佳金融创新奖，荣获“2018 年度国家网络与信息安全信息通报机制先进单位”等诸多荣誉。网络金融业务荣获中国金融认证中心评选的“2018 最佳个人手机银行奖”、易观之星年度评选的“2018 年度最受欢迎数字应用”等 21 项大奖。在此，我代表总行党委，向全行网络金融和金融科技条线员工，向为全行网络金融和金融科技事业发展作出积极贡献、提供资源保障的各专业条线和各分行致以亲切的问候，对大家在改革中展现出良好的大局意识、专业素质和服务意识，对大家长期以来的努力和辛勤付出，表示衷心的感谢！

二、当前面临的机遇与挑战

明确我们面临的机遇与挑战，是下一阶段将智慧银行建设推向纵深的前提和基础。

（一）我们要深刻认识到，智慧银行建设处于大有可为的发展机遇期。机遇在于金融科技发展正当其时。从大环境看，新一轮科技革命和产业变革加速，中国正在跻身全球金融科技发展的“第一梯队”，科技创新成为新旧动能转换、引领经济新常态的“第一动力”。金融科技作为新形势下科技驱动金融转型升级的新业态，其发展是时代所需、大势所趋。从行业生态看，金融科技创新成果在生产生活各领域遍地开花，推动互联网发展由消费互联网向产业互联网、工业互联网、政务互联网全方位演进。作为科技密集型行业，商业银行的创新发展也需要利用新科技改造服务模式和经营方式，从传统金融产品服务向产品、场景、平台等多位一体服务转型，从而更好地顺应时代发展潮流和客户需求变化趋势。这是我们全面建设智慧银行的根本遵循。

机遇在于强监管促进互联网金融发展回归本源。从 2016 年互联网金融风险专项整治工作算起，“严监管、强监管”进入第三个年头。这期间，个人支付账户实现分类管理，支付机构分类评级，互联网平台销售理财持牌经营，货币基金 T＋0 方式严控规模。特别是随着“断直连、上网联”、客户备付金集中存管等系列支付新规落实到位，以及互联网消费金融强力整顿等监管政策逐步实施，“支付回归、信贷回流”成为大势所趋，互联网金融重回金融本源、协调发展的正轨。这是监管带来的政策机遇。我们如何在落实监管要求的同时，提高政策把握能力，是当下面临的重要课题和工作任务。

机遇在于新兴客户和新兴市场正在加速崛起。从客群看，互联网新红利在“一老一小”两端涌现。老年网民的基础规模和消费潜力能量庞大，低幼年龄儿童、青少年及其父母群体成为互联网消费和服务的主力。从区域看，新红利在城镇、县域、农村和跨境市场出现。国内乡镇农村已经跨越 PC 时代直接进入移动互联网时代，“一带一路”战略推进境外与跨境互联网提速发展，带来了新的发展空间。从市场看，新红利将在平台经济市场中爆发。平台化是互联网发展的主流模式，平台化合作势必成为未来银行金融服务输出的重要形式。从某种程度上说，对平台经济的市场占有将决定未来十年我行互联网金融的战略地位。我行迎来了抢抓新客户、新市场，打造新增长极的重要市场机遇。

（二）我们要深刻认识到，智慧银行建设仍面临来自内外部的挑战。一方面，金融科技焦点赛场的竞争态势更为胶着。从同业看，金融科技已经成为同业“弯道超车”，进而引发竞争格局强弱转化的关键发力点。有的可比同业以金融科技为利器，围绕 B 端、C 端和 G 端全面发力；有的股份制银行聚焦线上线下融合，推动零售业务由“卡时代”向“APP 时代”跃迁。在新一轮金融科技竞争的赛道上，我行的传统优势和领头羊地位不断受到冲击和挑战。从市场格局看，银行服务“通道化”局势仍未有明显改观，互联网企业在移动支付领域形成了垄断格局，并持续向融资、存款等更深更广的金融核心领域渗透。在遭遇支付脱媒之后，银行服务进一步面临账户通道化、信用脱媒、信息脱媒乃至客户关系脱媒的风险。另一方面，业务运营与安全生产形势日益严峻。从监管形势看，严监管在有利于传统大行金融科技更快更好发展的同时，也对我行安全运营、合规管理和业务规范化发展提出了更高要求。从风险形势看，全球信息系统和网络安全威胁呈多样化发展，外部欺诈风险形势愈发复杂，欺诈手法呈现出新型化、多样化的特点。今年我们还将迎来新中国成立 70 周年等系列重要活动，安全保障任务异常艰巨。全行金融科技和网络金融条线务必增强使命意识和责任意识，坚决守住安全生产这一最大“底线”，守住互联网业务不发生重大风险的“生命线”。

我们还要看到内部问题带来的挑战。在战略实施中，还存在着一些不均衡、不充分的问题。主要体现在，内部联动与外部合作的统筹力度亟待加强，B 端与 C 端、线上与线下的联动经营有待提升；与线下比，体验极致、价格更优的线上产品仍供给不足，尤其是在支付、投资、理财以及融资领域，我们手中能打赢市场、创下口碑的“撒手锏”产品还不够多；对标互联网企业，我们在产业互联网领域的研究、布局和发力仍不够迅速，尚未找到有完全把握的发展模式和路径；我们的线上统一运营能力仍相对苍白，运营短板必须加速补足；我们的互联网流程精简、高效协作、快速迭代、敏捷研发等优势还未真正形成，人力、财务、风控以及业务的协作机制仍存在不相适应性，智慧银行体制机制改革仍需深入。

同志们，智慧银行建设不可能一蹴而就，我们必须要认准大方向、厘清大思路，贯彻“以信息技术变革引领银行再造”的治行理念和治行方略，以更大勇气推动金融科技、网络金融条线体制机制变革，进一步释放智慧银行建设红利。

三、智慧银行建设工作要求和重点

全行新一轮三年规划将“打造智慧银行”确定为“八大战略”之一。今年是三年规划实施承上启下的关键之年，是智慧银行建设的发力之年。e－ICBC 3.0 和 ECOS 作为智慧银行的主体内容和基础支撑，是智慧银行战略落地厚植、加速突破的关键所在。全行网络金融专业和金融科技专业要拿出一以贯之的韧劲、一鼓作气的拼劲，坚决落实全行年度工作会议要求，围绕总行党委战略部署和智慧银行战略发展核心目标，坚守“安全生产第一”底线，以深化 e－ICBC 3.0 和 ECOS 两大创新工程建设为核心，以科技组织架构转型为依托，加快向“科技驱动、创新领跑”转型，更充分地激发科技与金融深度融合的“聚变”效应，将智慧银行建设向纵深推进。以下我着重强调五方面工作。

（一）夯实全行安全生产基础。要积极应对新技术、开放化、双核心 IT 架构等新变化给安全生产运营带来的新挑战，提前谋划、主动布局，力争全年不发生 3 级（含）以上重大生产事件，不发生重大信息安全事件，确保全行信息系统安全稳定运行。

一要主动升级生产运营体系。要深入实施智能化运维，围绕主机与开放平台双核架构完善生产运维管理流程，推进大数据、人工智能在运维领域的应用，结合新技术落地应用促进研发与生产运维有效融合。各分行要有效利用全行运维社区平台，提升运维智能化水平。要加强全集团生产运行一体化管理，各境内外分行、集团子公司要扎实做好辖内应用系统、基础设施的生产运维管理，保持住主要生产事件数量稳步下降的良好态势，各中心要做好支持服务。

二要进一步夯实基础设施建设。要积极推进“两地四中心”工程，加快实施北方 D 中心选址及后续基建立项工作，启动实施嘉定园区机房楼二期建设项目。各分行要按照总行部署和要求，结合辖内实际开展二级分行机房改造，继续降低运维压力。要研究推进开放平台关键应用双活架构优化，力争达到主机双活 2.0 的高可用建设水平，进一步压降主机资源开销。要有序推进信息系统安全可靠工作，紧密跟踪国内核心芯片、操作系统等重点技术研发进展，探索安全可靠替换解决方案，推动公文系统试点改造，在交易型数据库转型方面取得突破。

三要提升集团一体化安全防护体系。要加大全集团安全通报和评估等管控力度，持续优化各专业协调推进的安全管理机制，全面建成全行级攻防训练平台，建设独立信息安全运营总控中心，建成一体化安全模型监测体系。各境内外分行、子公司要加强信息安全运营平台推广使用，及时监测、处置本单位安全风险，做好各相关领域的自查和整改工作，确保信息安全核心监测指标达标。今年将继续开展信息安全实战演练，且规模更大、范围更广、水平更高，在日益严峻的信息安全形势和标准更高的监管要求之下，我们要早做准备、全面部署，以优异成绩巩固我行在该领域的“排头兵”地位。

（二）推动 e－ICBC 3.0 战略加速突破、落地厚植。全行要坚持 e－ICBC 3.0 战略实施方向不动摇，统筹推动网络金融业务发展，全面推进“八位一体”战略布局。以 B 端和 G 端为引领，解决政府、企业等客群的难点、痛点，打造互联网金融核心竞争力的突破点；以 C 端为根本，打造极致客户体验，不断明晰深化线上获客、活客、黏客之道；加强外部合作，着力拓展平台型企业客户，构建开放多元的场景服务生态；强化内部联动，加强线上与线下、B 端与 C 端、境内与境外一体化发展，促进网络金融业务价值创造力和市场竞争力的“双力”提升，助推全行智慧银行转型。今年重点要实现“一个突破、两个提升”。

一要实现 B 端和 G 端的能力突破。在新形势下，要更加突出以 B 端和 G 端作为互联网金融业务发展的主攻方向，以开放、合作、共赢的发展理念实现新突破。这也是 3.0 区别于 2.0 战略的重要标志。我们要抢抓两大重点市场、五大重点场景。要全面切入平台经济市场。平台经济市场是我行必须抢占的战略高地，战略机遇期就在近一两年，各行一定要深刻认识到这项工作的重要性、紧迫性，加大聚富通和 API 平台 e 企付的推广，全力以赴抢滩布局。公司、机构、结现等总行各相关部门，以及各重点城市分行要切实承担起客户拓展、客户关系管理的主体职能，守土有责，会同网金部，共同推进 B 端和 G 端市场的营销拓展。对于聚富通，要进一步丰富产品功能和模块，打通商户收单功能，完善管理制度、风控手段和运营服务。全行对公和零售条线要形成联动之势，面向产业、政务和消费互联网及特定客群共同开展营销。其中，公司部、结现部和普惠部要共同做好产业互联网营销，重点突破总行级公司客户、首批百家总行直营民营企业、百强互联网企业和供应链核心企业；机构部要重点拓展学校、社保、医疗等政务互联网平台，实现对智慧城市、智慧医疗、智慧校园等政务民生场景的有效切入；网金和个金部要做好联动，打出“聚富通＋e 钱包”营销的“组合拳”，从 B 端、G 端、C 端全面对接客户需求，提供全方位的网络金融解决方案，从而形成更有黏性、可持续、不断深化的深层次合作关系。对于 e 企付，全行要聚焦大客户、大企业、大平台、大机构，以“一行一策”“一户一案”的方式，集中优势资源和力量强化重点客户攻关，每家分行年内至少实现一家平台合作上线，力争全年对接大型平台企业客户突破 100 家、交易金额突破 100 亿元，实现“双百”目标。总而言之，我们要通过打造一批影响力大、带动力强的标杆和样板，在平台经济市场上打出大行全力出击、强势突破的声势和影响力。要积极抢占企业移动金融服务市场。聚焦中小微客群，全面推广企业手机银行，在客户活跃与交易规模、场景赋能与常态运营、品牌塑造与生态协同等方面迅速确立行业标杆地位，企业手机银行年动户力争突破200万户，将企业手机银行建设成为我行服务B端长尾客户的主承载平台。要深耕线上政务、交通出行、教育医疗、民生缴费和幸福产业“五大场景”。以融e联为主阵地深度拓展社保、公积金、税务等政务场景服务，以工银无感支付通行产品为抓手制定重点客户白名单积极抢占停车、高速等高频出行场景，持之以恒开展银校通、商医通的应用推广，不断扩展民生缴费种类和应用场景，做好养老、旅游、文体等幸福产业的前瞻性布局。在B端和G端发展中，全行要注重发挥网络金融业务连接对公和个人两端的作用，注重B端和G端向C端的带动和延伸，将各类合作机构的网络入口转变成为我行线上获客渠道，将获客渠道和目标延伸至合作伙伴的外部资源及其辐射的广大客户，将平台客户流量转化成为我行线上获客新型源头，加快形成公私互促客户联动发展新模式。

二要不断提升优化C端服务布局。优化平台入口布局和线上统一运营。要以三融平台为主体深耕个人用户，构建简洁、友好的对客服务布局。其中融e行要打造专业级金融服务平台，推出手机银行5.0版本，创新老年、学生、军人、小微、私人银行等五大客群的个性化版本，促进线下业务无介质、无卡化办理，练好线上活客黏客的内功；同时要兼顾线下客户到店捆绑和优质客群渗透转化，全年新增融e行客户3 600万户，月均动户数超过6 700万户，确保融e行客户规模和活跃程度保持同业“双第一”的地位牢不可破。融e联要打造场景建设首要入口、客户信息服务中心和客户联络中心，以Ⅱ、Ⅲ类电子账户等为工具，打造成为拓展他行客户的利器，建立从用户注册、客户转化、账户开立进而贡献金融价值的流程闭环。融e购要打造品质领先、特色鲜明的商融合作平台、中高端用户服务平台和金融价值创造平台，坚守“三名”定位，加快5e、车云贷、银法通等特色板块建设，成为打通B端与C端连接、实现聚客黏客、推动价值客户转化的重要平台。港澳东南亚机构要加强境外移动支付、线上开户业务布局，力争在本地抢占市场先机和有利地位。要统一线上运营，加快打造线上线下一体化的运营体系。尤其要加强数据运营、流量运营、内容运营、客户运营等互联网运营方式的应用，与网点线下运营形成统筹联动；总行层面要进一步探索建立总部级统一运营体系，强化对客服务流程整合能力、推进行内线上平台互联互通和资源共享，集中优势资源直达C端。

三要不断提升网金服务和创收能力。围绕全行中收总量、增量同业占比“双第一”的经营目标，网络金融业务要做好创收增收，成为全行中收增长的新的重要推动力量。要做好三方支付绑卡，促进业务跨越式增长。全年实现第三方支付手续费收入142.43亿元。要坚持“量价并举、以量为主”的发展策略。在“价”方面，总行将牵头做好外部市场统筹，统一谈判，统一签约，同时进一步强化内部市场化方向，大幅提高发卡行分润占比，预计分润总额接近百亿规模，真正改变过去“3家分行干、33家分行看”的局面，让全行都积极行动起来，形成全局工作的强大合力。在“量”方面，各行务必高度重视，举全行之力，全力以赴推动第三方支付绑卡量和交易量实现显著提升，新增快捷支付绑卡量突破1.2亿张，第三方支付绑卡和交易量增量在同业中晋位争先。网金部要主动作为，发挥牵头组织推动作用，联动个金和卡部，紧抓互联网金融、代发工资、新开卡、网点到店等重点客群营销，配足营销资源、用好营销工具，将考核评价、数据支持、督导通报等各项工作落实到位。今年前两个月，我行支付宝与财付通交易量达到2.45万亿元，同比大幅增长58%，按权责发生制创造中收近20亿元，取得良好开局。浙江、上海、湖南、深圳等分行积极开展了营销和宣传模式的创新。各行务必延续发展势头，再接再厉，推动业务发展再提速。

要提升工银信使服务水平，促进收入持续增长。工银信使是重要的基础性业务。小业务有大影响，推广的好与坏、收入的高与低体现出我行的客户基础是否牢固，标志着客户是否将我行作为主办银行。小业务有大作为，全行要抓新增、理存量，夯实业务长效发展的根基，全年实现中收30亿元。抓新增，就是要做好服务内涵提升，以价格调整和包年业务推广为契机，对新增客户优先营销收费信使，切实做到办卡客户、到店客户、存折换卡、代发工资、收单商户、房贷客户等六个全覆盖，新发借记卡收费短信信使开通率达到25%，使新增客户成为收入提升的“源头活水”。理存量，是对存量减免客户实行名单制管理，充分利用到期换卡、第三方支付绑卡等业务触点，通过绑收费信使免工本费、赠送奖励积分、账户安全险免费领等手段，有效提升工银信使在第三方支付、融e行、管户客户等客群中的渗透水平；要强化服务与收费的有效协同，不随意减免，针对现有减免客户，要依据我行实际服务状况，做好协议调整，实现应收尽收。未按照全行统一标准收费的分行，要尽快研究制订与服务相匹配的价格方案。今年前两个月，工银信使中收实现5.1亿元，同比大幅提升56%，包年信使协议数突破250万户，厦门、海南、贵州、云南等7家分行新开借记卡收费信使协议渗透率超过30%，全行拓户增收效应明显。我们要持之以恒、持续深耕，继续保持增长态势。

要做好对公和融e购服务，提升价值创造能力。要强化对公网络金融业务收费管理。完善对公业务收费系统，将企网证书年费收取方式统一调整为自动扣收；要抓好新增、促活存量，按季度理清应收、未收、减免三本账，防止“跑冒滴漏”。要深挖融e购价值潜力。在持续抓好B2C手续费收入的基础上，积极开辟e差旅、e链通、积分专区、广告专区等新兴服务的增值空间，培育新的盈利增长点。

在推动业务发展的同时，全行要进一步统筹做好网络金融业务风险管理，深化风险管理的内部联动和外部合作，深入推进新技术在网络金融业务风险防控中的应用，内外兼修练就强大风控本领，以安全保发展、促发展。

（三）确保ECOS工程建设真正出彩。ECOS工程功在当下、惠及长远，是一项战略性工程，是智慧银行建设的“地基”。全行上下要以高度的历史责任感和使命感，继续调集精兵强将，保障资源投入，扎实推进工程建设，全力开展工程推广应用，以“高质量工程”打底，用“全方位推广”增色，确保ECOS一经推出、一炮而响，成为我行科技代际领先的新载体、新标志。在工程建设方面，要以“在同业有影响力，让基层和客户有感觉”为标准在年内发布ECOS 1.0版本。总行金融科技部门要发挥好“总牵头”作用。抓好工程整体统筹，对照年度目标任务，加强整体协同，带动各业务条线，强化重点项目攻关，统筹推进整体工程建设。抓好业务架构落地，全面完成架构整合构建工作，推广基于业务架构的项目研发模式，同时要密切关注客户和市场需求变化，发现并解决体验问题，持续改善客户服务体验。抓好IT架构转型，承接好企业级业务架构成果，重点实现银行卡、公司、结现、普惠等领域主机向开放平台迁移和服务化改造工作；研究制定云计算应用发展规划，全面提升云计算平台支持能力，实现基础设施云（IaaS）总体入云率超过50%，应用平台云（PaaS）入云率超过30%。抓好金融科技平台建设，研究制定人工智能应用发展规划，推动人工智能在全行业务规模化应用；人脸、语音识别能力达到业界领先水平；实现声纹、虹膜等生物识别技术的场景应用。抓好大数据及智能化应用，建成金融行业集群规模最大、供给能力最强、租户范围最广的大数据服务云体系，提高数据处理时效、访问效率以及访问量；以EAST监管报送为抓手，进一步强化数据质量治理。抓好业务基础体系建设，开展区域化集约运营试点，推动首批分行运营审核和远程授权业务上收；实施共享运营平台智能化改造，进一步减少人工处理工作量。

总行各业务部门要在工程整体统筹下，真正对本板块的系统建设牵起头、负起责，形成业务推进科技创新、科技主动服务业务发展的良性循环，按照工程建设的任务书和时间表，落实好承担的各项工程任务。各分行要紧紧抓住业务体系重构、IT架构转型契机，积极参与ECOS工程建设，学习理解工程相关的新思维、新技术、新模式，提升人员队伍的专业素质。总行后续将结合工程实际需要，组织分行参加具体任务实施工作，各分行要主动参与、积极落实，为工程建设贡献力量。

在工程推广应用方面，要让客户、让员工、让内外部都能切实感受到ECOS工程带来的显著变化。总行金融科技部门要加强工程推广的组织推动、培训宣传和跟踪评价工作。要与零售、对公、运营等相关板块业务部门分工合作，研究制订并印发ECOS工程推广应用方案。要多渠道、多形式地持续发布工程推广动态，并于10月份对外统一发布ECOS 1.0等金融科技创新成果。要跟踪好各分行的落地推广应用情况，督促分行落实工程推广职责。总行个金、银行卡、渠道、网金、结现、运管等相关部门要配合金融科技部做好工程推广方案，推动本条线工程成果在分行的应用。要积极通过各专业工作会议、培训班开展工程宣讲培训和应用推广督导指导。各分行要着力做好工程成果在辖内的推广应用。要强化统筹管理，在分行层面组建跨部门的工程推广工作团队，做好各项任务的跟踪督导工作。要做好总行各类培训内容的转培训，确保辖内各级机构尤其是一线网点服务人员及时掌握新系统的变化，提升业务办理效率和客户体验，让基层和客户切身感受到新系统带来的新价值。要加强工程成果应用，结合本行发展战略、区域资源禀赋、项目储备等情况，基于总行系统平台开展分行特色业务二次创新。

（四）持续深化重点领域创新研发工作。金融科技条线要围绕全行中心工作，同步推进重点领域创新研发工作。智慧零售领域，构建完善全量客户分层服务营销体系，推出线上线下一体化收单服务，实现信用卡智能化审批，打造智慧零售新生态。全公司领域，实现“1+N”一体化营销服务流程的标准化和系统化管理，整合提升全球现金管理一站式综合化服务，构建全集团大投行业务集中管理视图，提升整合式金融服务能力。全机构领域，紧抓机构客户信息化转型机遇，搭建退役军人综合信息管理、差旅管理等平台，打造工会、校园、医疗等民生行业云，推进工银e政务云服务建设，推动“区块链+”综合金融服务平台在雄安新区权益信息、财务资金等方面的合作。普惠金融与信贷融资领域，升级改造小微专属融资产品体系，推进经营快贷产品在税务、开户、账户等重点场景的应用，创新实现线上融资自动审批和贷后风险智能管控。大资管领域，积极落实监管要求，推动资产管理业务系统建设升级，为我行资产管理业务转型和理财子公司建设发展提供系统支撑和保障。同时创新三方回购、信用风险缓释工具等新业务，建设存托业务CDR管理平台。经营管理领域，着力提高自动化管理水平，建设重点区域风险数据库和风险视图，开发集团资金和集团利率管理系统，持续拓展财务开支共享平台。国际化领域，加强跨境金融服务建设，推动国际化业务向跨界合作与数字化转型升级，增强对外汇合规经营的系统支持，全力支持工银欧洲和美国的监管整改，有效支撑境外合规经营。

（五）推进体制机制改革创新走深走实。去年我们在科技组织架构上做了很大创新。组织架构是“皮”，机制有效运转才是“魂”。今年要把着力点放在健全机制、发挥作用上，在提高研发产能和科技供给能力、提高网络金融业务统筹上下功夫，让改革红利真正释放出来。

一要按照“一部、三中心、一公司”的新格局加快完成科技组织架构改革，进一步激发金融科技条线活力。总行金融科技部要做好全集团科技条线的管理与协调，着重加强 ECOS 工程、科技管理转型、新技术应用等重点工作的战略性、前瞻性规划和统筹推动。业务研发中心要强化业务创新的顶层设计和需求整合，同时要针对新业务发展和 IT 架构转型的新情况，改进测试流程和方法，加快职能落地。软件开发中心要尽快实现成都、西安两个新设研发部的运营，加大研发模式变革力度，优化内部研发管理机制和人员分工，增强研发供给能力，提升管理效能。要加强新技术研究能力和机制建设，保持我行技术实力同业领先。要加强业务联动和融合，面向业务和基层提供统一整合的研发服务，实现与业务应用场景“最后一公里”的链接。数据中心（上海）要进一步强化科技安全生产第一道防线的作用，升级构建与 IT 架构转型相适应的生产运维体系，适应业务增长快、技术变革大、安全态势严的发展趋势。科技公司（筹）要发挥好市场化的运作机制，增强人才引进、研发合作、输出服务等方面的灵活性，探索产学研联合攻关机制，打造工行科技创新的“新利器”。各分行要按照总行统一部署，在第一季度完成分行金融科技条线整合优化，做到机构调整与当前重点工作“两不误、两推进”。分行金融科技条线要主动适应外部市场竞争和全行经营转型要求，加快职能转型，积极打造系统首创、具有示范效应的创新项目，不断提升金融科技价值贡献度和服务能力。

二要按照“板块化、开放化、差异化、扁平化”的指导思想实施科技创新研发机制变革，提升创新效能。要以组织架构改革为契机，对研发机制进行深层次的改革，从根本上改善“供需”矛盾。具体来说就是，分工要板块化，强化业务服务导向，推进业务板块和研发资源的直观对接，为业务部门提供“一站式”研发服务体验；布局要开放化，针对场景、生态建设的重点领域建立适应开放化转型发展的研发组织机制，为全行场景生态建设提供有力支撑；研发要差异化，针对不同业务板块采取敏捷迭代优化、快速原型创新、瀑布等差异化研发模式，满足各类业务场景的研发需求；管理要扁平化，精简研发流程，建立业务与开发直连的快速研发机制。总行网金部要持续深化科技业务一体化的研发机制变革，巩固并扩大互联网化的转型成果。

三要按照“全行做、专业干、合作办”的核心原则，抓实网络金融业务的统筹组织推动，营造互联网金融风生水起的良好氛围。网金部作为 3.0 战略总牵头部门，要进一步履行“三个统筹”职责，加强规划、产品、场景、运营等方面的统筹，确保全行发展步调的统一性、一致性；要特别强化对客 APP 的统筹管理，优化新增准入审核，梳理存量的定位和服务边界，减少对传统线下发展模式的路径依赖；要进一步研究增强我行网络金融业务的对外输出和价值创造能力。要靠制度和机制传导将统筹落到实处，总行网金部已牵头制定网络金融业务管理规定，全行要依照管理规定认真执行；要进一步畅通机制，重点捋顺 B 端与 C 端、线上与线下、主办与协办、内联与外合的关系，建立相匹配的业绩归属、考核评价、资源分配等机制，形成良好保障。各业务部门要增强大局观、全局观，系统、平台、接口、账户等资源要全行共用共享，为有需要的部门和专业开放、提供服务。

四要围绕智慧银行建设需要打造高素质、复合型人才队伍，不断提高队伍战斗力和稳定性。要培养一支适应新时期转型要求的干部队伍，为敢担当、有思路、善管理的专业化人才提供更加广阔的发展空间。要打造一支“懂业务、通技术、拓市场”的复合型人才队伍，搭建前瞻性、战略性、系统性人才培训体系，适应新形势加强金融科技及网络金融人才培训。各分行要建立与网金业务发展相匹配的人员队伍，选派优秀骨干充实力量，二级分行要配备专职人员团队，有条件的要建立网金专职机构。要探索更富成效的科技人才激励约束机制，持续加强科技骨干人才激励，完善人才的培养、考核、晋升发展机制，提高队伍稳定性，形成多层次人才储备。

同志们，实施智慧银行战略是我行把握新时期竞争主动权、成为智慧金融生态主导者、开辟经营发展新天地的重要举措。站在新的历史起点上，我们要统一思想认识、明确前进方向，继续以“奋斗＋落实”的状态和作风，迎难而上，扎实工作，全面开启智慧银行建设的新篇章。

在中国工商银行2019年组织人事工作会议上的讲话

谷 澍

（2019年3月14日）

这次会议的主要任务是，深入贯彻习近平新时代中国特色社会主义思想，落实全国组织部长会议、全行党建工作会议和年度工作会议精神，总结过去一年全行组织人事工作取得的成效，分析面临的形势任务，研究部署当前及今后一个时期的组织人事工作。下面，我讲六个方面的意见。

一、过去一年组织人事工作卓有成效

去年以来，全行各级党委和组织人事部门深入贯彻中央精神，认真落实总行党委决策部署，主动对接中央重大改革举措，积极应对复杂多变形势，紧紧围绕全行发展目标和中心任务，深化服务协同，寻求突破创新，各项工作成效显著。

一是基层党建质量全面提升。坚持将党的政治建设摆在首位，深入学习宣传贯彻习近平新时代中国特色社会主义思想和党的十九大精神，完成处级及以上党员干部和基层党支部书记的集中轮训，推动广大干部员工进一步树牢“四个意识”，坚定“四个自信”，坚决做到“两个维护”。树立大抓基层的鲜明导向，以提升组织力为重点，夯实党的基本组织，全行基层党组织从1.4万个增加到1.5万个，境外机构党组织从33个增加到38个，积极推进子公司党建入章工作。不断加强支部标准化、规范化建设，推动党的全面领导在基层机构落地落实。坚持“两个优先”原则，持续优化党员队伍结构。压实党组织书记抓基层党建工作责任，完善述职评议考核机制。认真贯彻落实中央抓党建促脱贫攻坚的工作要求，全行共派驻专职扶贫干部1 000多人，展现了大行担当。坚决反对形式主义、官僚主义，强化监督管理，聚焦不担当、不作为等问题，及时给予批评教育和督促整改，基层党组织政治能力和凝聚力、战斗力得到明显增强。

二是干部队伍建设持续加强。突出政治把关，加强政治素质考察，坚持把政治忠诚作为选人用人的首要标准。优化各级机构领导班子结构，全年共调整91个总行管理机构和部门的204名班子成员，统筹调配全行优秀干部资源，班子合力和整体效能进一步提升。2018年新任职的总行管理干部中，45岁以下的占35%，具有基层经营管理经验的占86%。加大年轻干部培养选拔力度，印发优秀年轻干部发现培养选拔工作意见，深入落实“311”干部培养规划，全面完成1.5万名培养对象选拔入库工作，分层分级压茬推进培养安排，全行优秀干部储备体系基本形成。强化干部监督管理，全行选人用人工作总体满意率连续多年保持高位，得到了上级部门的较高认可。破解考核评价难题，在大型金融机构中率先建立任期考核机制，并对少数任期考核结果不佳的干部作出了相应处理，领导干部的责任意识、任期意识进一步增强。中组部对我行有关考核的经验做法进行了专刊介绍。研究构建总行本部干部成长模型，优化干部培养政策和措施，更好地发挥本部作为人才培养平台和集散地的作用。建立完善业务类人员选拔聘用、境外机构外派管理层动态调整机制，进一步加强干部制度建设。

三是人力资源配置不断优化。有序推进人员总量和结构调整，制定并细化分解三年人员规划，加大督导力度，强化落地实施。人员总量实现稳中有降，年度更新率达到4.8%，平均年龄近十年来首次出现下降，队伍活力明显增强。梳理业务流程，协同运营改革，推动全行网点岗位“5变4”落地，进一步优化岗位设置和劳动组合。网点人员在全行占比降到50%以下，新兴业务、客户经理、信贷前台人员得到充实，客户服务能力和人力资源投入效益进一步提升。统筹开展校园招聘、社会招聘和退役军人接收安置等工作，全年共计招聘2.2万人，以实际行动落实中央“稳就业”要求。打造“工银星辰”招聘品牌，制定加强新员工管理工作的指导意见，人才工作质量和我行雇主形象持续提升。薪酬分配机制持续改进，工资管理的规范化水平不断提高，网点员工考核“最后一公里”机制建设效果逐渐显现，非工资性人力费用使用效果不断增强。系统盘点各职务层级分布和人员编制使用情况，实行干部职数全口径管理，全行编制管理规范性进一步加强。研究推动科技机构改革，促进科技条线建设与业务创新发展的深度融合。开展非大中城市行城区一级支行优化调整，集中经营优势，提升城区机构竞争力。贯彻国家重大战略部署，优化组织机构设置，设立二级分行普惠金融事业部，完成雄安分行申设、深圳分行升格等工作。

一年来，各机构党委和组织人事部门认真落实总行党委工作安排和要求，结合本单位、本地区实际情况，谋实事、出实招，各项工作推动有力、落实有效。组织人事部门不断加强自身建设，通过拓展人力资源数据应用、推进员工服务平台建设等方式，进一步提升了管理效率和服务水平。总体上看，全年组织人事工作进展有序，成效斐然，为全行经营发展提供了坚强保障，也为今后的工作奠定了坚实基础。

这些成绩的取得，归根到底是全行坚决学习贯彻习近平新时代中国特色社会主义思想的结果，是各级党委高度重视和坚强领导的结果，也凝聚了各级组织人事部门干部员工的汗水和智慧。在此，我代表总行党委向全行组织人事战线的同志们表示诚挚的慰问和衷心的感谢！

二、准确把握当前组织人事工作面临的形势任务

摸准脉才能配好方，定准向才能找对路，认识和掌握形势是做好各项工作的前提和基础。要深刻领会、准确把握中央精神、时代特征、发展趋势和任务要求，进一步增强使命感和紧迫感，以高质量的组织人事工作，服务和推动全行新一轮高水平的科学发展。当前，加强和改进全行组织人事工作，要着重把握好以下三点。

一要坚决贯彻中央精神。去年以来，中央相继召开了全国组织工作会议、全国组织部长会议等一系列重要会议，为加强新时代党的建设、做好组织人事工作提供了遵循，指明了方向。从中央要求来看，政治建设力度更大，突出“两个维护”，把旗帜鲜明讲政治的要求全面融入各项工作；思想建设标准更严，突出学懂弄通做实，层层抓好知行合一；组织建设抓得更实，突出抓基层打基础，不断强化政治功能和组织力；纪律建设拧得更紧，突出全面从严，以纪检监察体制改革为契机深入推进党风廉政建设和反腐败斗争；队伍建设要求更高，突出政治标准，强调建设忠诚干净担当的干部队伍。作为国有大行，我们必须在坚决贯彻落实中央精神、全面加强党建工作方面走在前、作表率，以一流党建引领国际一流现代金融企业建设。这就要求各级党委和组织人事部门必须坚持高起点谋划，提高政治站位，深化思想认识，对标先进做法，自觉把组织人事工作放到全行发展的大局中去思考谋划，保证各项工作始终沿着正确的方向前进。必须坚持高水平推进，把握好组织、干部和人力资源各项工作的协同性和关联性，解决好工作过程中遇到的新情况和新问题，确保中央关于党的建设和组织人事工作的各项部署在工商银行能够一贯到底。必须坚持高质量发展，不断提高组织人事工作质量和水平，努力打造有特色、叫得响、影响好的党建品牌，走出一条符合新时代党建工作规律、具有国有大行特点的党建道路，为丰富和完善新时代党建工作贡献工行经验和工行智慧。

二要有效应对形势变化。近年来，国内外、行内外形势发生深刻变化，经营环境日趋复杂，银行面临的风险加大、变数增多。经过35年的风雨兼程，我行发展进入了新的历史阶段，走上了由传统大行向现代化强行跨越的新征程，去年还取得了近五年最好的经营成果。但要看到，与外部环境变化相比，与高质量发展的要求相比，我们的经营态势仍不稳固，资产质量压力较大，经营分化趋势明显，少数区域和条线的班子战斗力还不够强、队伍士气还不够高、市场竞争力还需进一步提升。要有效应对内外部形势的深刻演变，在风高浪急的环境中更好地驾驭复杂局面，关键在党，关键在人。各级党委和组织人事部门要不断深化对国际国内金融形势和全行发展形势的认识，增强忧患意识，抓住完善金融服务、防范金融风险这个重点，以实际行动助力金融供给侧结构性改革。要培养斗争精神，增强斗争本领，既要管好28万亿元资产，抓好经营发展，落实“六稳”要求；也要加强内部管理，带好45万人的队伍，建设坚强有力的领导班子，锻造忠诚干净担当的干部员工队伍，保持风清气正的干事氛围和组织文化，真正做到“管住人、看住钱、扎紧制度防火墙”。

三要着力解决深刻矛盾。当前，全行资源约束趋紧，管理难度增加，组织人事工作的对象和条件发生深刻变化，出现矛盾交叠、问题“多难”的局面。干部队伍代际更迭要求高和梯队建设压力大并存。全行55岁以上的分行班子成员和正处级干部分别达到40%和25%，未来5年将有大量干部到龄退出，亟须补充一批新鲜血液。然而从梯队建设来看，虽然总行党委历来高度重视年轻干部培养选拔工作，近年来采取了多项有力措施，也取得了较好的成效，但分机构、分专业来看，队伍老化、年轻干部储备不足、梯队断档的问题仍然存在，少数机构的问题还比较突出，干部代际传承压力较大。人员总量压降挑战和结构优化要求交织。当前，我行正处于退休高峰期，人员大进大出，每年将更新1.5万人左右。如何在做好人员流量管理和业务平稳衔接的同时，既加快人员更新，实现人员年龄、区域和专业结构的不断优化，又适度压降人员总量，提高人均效益指标，对我们是一个考验。此外，人力资源使用的集约化程度仍不够高，少数领域还存在集中而不集约的问题；价值贡献低的岗位或简单操作性劳动多，而新兴业务所需的高端人才比较紧缺，总量“多人”与结构“缺人”问题仍较为突出。薪酬资源供给有限和需求预期增长较快相冲突。近几年全行工资总额增速较低，未来一段时期内工资总额依然较紧，且存在不同板块配置不平衡、机构间差距过大等问题。与此同时，分支机构和员工对工资的预期不断提升，近年来新设机构、新兴业务条线增多，也对工资总量带来一定压力。这就要求各级党委和组织人事部门要勇于自我革命，加快构建与现代化强行相适应的人力资源体制机制，走出一条结构优化、效

率提升、创新驱动、资源节约的内涵式发展道路。

面对新形势新任务，组织人事工作要紧紧围绕全行中心工作，找准定位，明确方向，把握重点，突破难点，增强工作科学性和实效性。今年，做好组织人事工作的总体要求是：以习近平新时代中国特色社会主义思想为指导，认真落实新时代党的组织路线，深入贯彻全国组织部长会议、全行党建工作会议和年度工作会议精神，坚持以政治建设为统领，全面提高党的建设质量，组织实施好“不忘初心、牢记使命”主题教育，牢固树立大抓基层鲜明导向，着力建设忠诚干净担当的干部队伍，不断加强人才队伍建设，持续提升人力资源效能，推动全行组织人事工作再上一个新台阶，为建设现代化强行提供坚强组织保证。

落实好这个总体要求，一方面，要坚持立足当前与着眼长远相统一，做到长效管用。组织人事工作点多面广，任务繁杂，既要解决当前难题，又要谋划长远发展。要强化谋定而后动的意识。对于涉及面广、影响大的工作，要深入思考，前瞻谋划，排出时间表和路线图，避免犯方向性错误。人员投入、工资增长、干部提拔是刚性的，易进难出、易增难减、易上难下，不能搞“大干快上”，要把握好尺度、进度和分寸，并根据实际情况进行动态调整。要提倡“马上就办”的精神。政策一经制定，措施一旦出台，就要抓紧快办，不能敷衍拖沓。特别是要把握好当期紧要任务的效率要求和时间效应，闻令辄动，一抓到底。要增强常抓不懈的韧劲。对于需要长期用力、久久为功的工作，要持之以恒、常抓常新，不能时冷时热、抓抓停停。要坚持问题导向，奔着问题去，跟着问题走，每年要解决几个堵点、难点和痛点问题，积小胜为大胜，实现工作的螺旋式改进上升。对巡视巡察反馈的有关问题，要坚持抓好整改落实。

另一方面，要坚持集中管理和分级负责相协调，做到条块结合。经营我们这样一个大行，理顺条与块的关系，同时发挥好专业部门和分支机构两个积极性至关重要。要重点突出块的作用，压实各机构在经营管理和资源配置上的主体责任。全行地域跨度大，业务范围广，情况千差万别，要发挥好分支机构接近客户、了解市场、熟悉情况的优势，尊重基层的首创精神，提高应变能力和响应速度，提升市场竞争力。要多给基层减负松绑，特别是要进一步整合考核指标体系，避免出现“上面千条线，下面一根针”的局面，不要让基层束手束脚、无所适从。在“做活”的同时，也要防止“失控”，要确保总行政令畅通、令行禁止，决不能出现“上有政策、下有对策”“工作搞变通、落实打折扣”的情况。要发挥好条线的专业指导和管理职能。各专业条线要发挥自身熟悉政策、熟悉专业的优势，继续做好业务支持和服务保障，为基层指明方向、排忧解难、提供炮火支援。组织人事部门要发挥好人力资源在推动“条”“块”合作共进方面的重要作用，推动职能部门和分支机构搞好纵向衔接、横向协调，努力营造上下一条心、合力办大事的生动局面。

三、坚定不移加强党的基层组织建设

加强党的基层组织建设，关键是从严抓好落实。要以提升组织力为重点，突出政治功能，切实把党的领导落实到全行的方方面面，不断夯实党建工作基础。

（一）坚定不移强化政治建设，切实做到“两个维护”。工商银行是党领导下的银行，从事的是党的金融事业。要深入学习贯彻中央近期印发的《关于加强党的政治建设的意见》，深刻领会政治建设的极端重要性，准确把握新时期讲政治的基本要求，强化党的创新理论武装，形成步调一致向前进的强大力量。要按照中央要求认真组织好“不忘初心、牢记使命”主题教育。以深入学习贯彻习近平新时代中国特色社会主义思想为主要内容，武装头脑、指导实践、推动工作，确保思想统一、意志统一、步调一致；坚决反对形式主义、官僚主义，勇于创新，拼搏奉献，在建设具有全球竞争力的世界一流现代金融企业过程中展现新气象、新作为。关于主题教育活动，中央还会做专门部署，全行要及时做好学习贯彻。要坚决做到“两个维护”，增强维护的自觉，从党的历史、国家发展的进程、工商银行砥砺奋进的征程着眼，深刻认识到“两个维护”对于我们事业发展和改革稳定的重要意义，树立起做好“两个维护”的强大信念和实践自信。要坚定维护的行动，把“两个维护”落实到经营管理和业务工作的各方面全过程。要提高维护的能力，在实践中加强政治历练，提高保持政治定力、驾驭政治局面、防范政治风险的能力，始终保持政治方向的不偏不移。要进一步严肃党内政治生活。对“规定动作”要不折不扣地执行，民主生活会、组织生活会要坚持高标准严要求，真正触及思想和灵魂，开出高质量高水平。要坚持和完善民主集中制，各项决策要经过深入调查研究、广泛听取各方面意见，反复研究、择善而从，真正把民主集中制的优势充分发挥出来。

（二）全面增强政治功能和组织力，切实提高基层党组织建设质量。党组织如果没动作、没声音，就谈不上什么凝聚力、战斗力。全行各级党组织要传承优良传统，发挥主体作用，加强分层分类指导力度，把党的领导融入到公司治理和经营管理的各个环节，把党组织嵌入到各级机构的每个部门和每个网点，切实提升组织活力。要以完善组织设置为载体。落实好《党支部工作条例》，按照经营机构“支部建在网点”和机构本部“支部建在部门”的要求，推动支部标准化、规范化设置；本着“有利加强管理、方便开展活动”的原则，合理设立党小组，规范党小组组织生活。要以机构本部党建为引领。突出加强各级机构本部党的政治建设，坚决做到习近平总书记要求的“带头维护党中央权威和集中统一领导，在深入学习贯彻习近平新时代中国特色社会主义思想上作表率，在坚决贯彻落实党中央各项决策部署上作表率，在始终同党中央保持高度一致上作表率，建设让党中央放心、让人民群众满意的模范机关”。要以强化带头人队伍建设为重点。坚持“两个优先”原则，着力建设高素质党支部书记和党务干部队伍，建立支部书记任前谈话制度，抓实支部书记培训工作，全面推行党组织书记党建述职评议，切实提升基层党组织带头人工作能力。要以激发组织活力为保障。积极推进工商银行党建品牌建设，围绕中心工作打造主题党日特色品牌，坚持服务宗旨打造服务特色品牌，履行大行责任打造抓党建促扶贫特色品牌。加强基层阵地建设，既搭建有形党建阵地，又注重运用新型传播方式，积极创建移动互联党建阵地。持续加强境外机构党建工作，完善组织设置，因地制宜开展组织活动。

（三）培养良好精神风貌，锻造高素质党员队伍。在当前复杂多变的形势下，要引导党员干部筑牢理想信念根基，尤其需要进一步树立对党忠诚、为党分忧、为党尽责、为民造福的理想信念，团结广大员工始终保持积极进取、永不懈怠的精神状态和敢闯敢干、一往无前的奋斗姿态。要引导党员干部养成实干有为的风气，坚持“奋斗+落实”的工作作风，坚持理论联系实际的良好学风，做到勤学会学、善作善成。在实际工作中能干事、敢干事、干净干事，紧盯目标持续用力，把新时代党的建设总要求高标准地落实到具体工作中。要引导党员干部始终坚定为民服务，建设人民满意银行，想问题、作决策、抓工作坚持从群众中来、到群众中去，对内要弯下腰，带着问题深入基层调查研究；对外要沉下心，将解决客户困难、提升客户满意度作为工作的出发点和落脚点，多办实事，多干好事。要加强党员教育管理和激励帮扶，坚持抓两头、带中间，发挥民主评议党员的导向作用和树立先进典型的示范作用，在基层员工中营造标准引领、以上率下的良好氛围，形成先进更先进、后进赶先进的良性循环，塑造砥砺前行、攻坚克难的强大意志。

四、全面加强干部队伍建设

办好党的金融事业，建设世界一流现代金融企业，必须以一流干部队伍作为保障。要坚决贯彻中央关于干部工作的各项决策部署，结合全行发展需要和干部队伍实际，系统谋划，精准发力，扎实推动干部队伍建设取得新成效。

（一）突出政治标准，加强领导班子建设。要继续抓好一把手选配、班子结构优化，结合中央精神和我行实际，着重强化以下两点。一是要加强政治素质考察，把政治标准摆在首位。看干部的政治表现，首先要看在政治上是否忠诚，是否站得稳、过得硬、靠得住，工商银行的干部必须忠诚于党，忠诚于党和人民的金融事业，否则，能力再强，也不能使用。其次，要看是否干净。干部必须坚定理想信念，增强纪律意识，坚持心有所畏、行有所止，守住防腐拒变的底线，不踩违规违纪的红线。再次，要看是否敢担当。好干部必须既敢负责，又能负重，既有责任意识，又有进取精神。要把敢不敢扛事、愿不愿做事、能不能干事作为识别干部、评判优劣、奖惩升降的重要标准，把干了什么事、干了多少事、干的事组织和群众认可不认可作为选拔干部的根本依据。同时，要优化干部政治考察方法，用好日常了解、调研谈话、核实甄别、分析研判、“凡提四必”和以事察人等方法，多维度收集干部信息，实现干部动态、精准画像。二是要坚持以事择人、人岗相适。干部选拔要更多考虑“该用谁”，而不是“谁该用”。在实际干部选配工作中，要先有班子分析，后有干部选拔，既要看班子现在的专业、年龄、经历、性格的搭配情况，更要看机构的核心职能和发展要求，做到优势互补，提升班子整体功能。

（二）突出与时俱进，加强干部制度建设。中央要求、工作形势和队伍状况的变化，对我行的干部制度建设提出了新要求。要紧跟中央精神，根据中央提出的建设素质培养、知事识人、选拔任用、从严管理、正向激励“五大干部体系”的要求，系统梳理我行现行干部制度情况，结合干部队伍现状和未来发展需要，建设形成系统完备、科学规范、有效管用、简便易行的选人用人制度体系。要响应发展需要，对现有制度中存在盲点或滞后于实践的部分，及时进行调整改进。要对现行的管理人员职务职级体系做进一步完善、规范和明确，研究解决好管理类职务与业务类职务的对应衔接问题，更好地推动岗位匹配和干部成长。要加强系统指导，做实“下管一级，监控两级”的管理模式，探索制定干部梯队建设工作指引，为分支机构干部工作提供指导和规范。这里再强调一下，对优秀年轻有潜力的员工，要适当加快提拔到初级管理岗位的速度。据统计，2018 年各分行新提任的副科级干部平均年龄为 37.7 岁，平均参加工作 15.1 年，大量优秀年轻干部在前期成长速度过慢，影响了后续的梯队储备。一些对于处级及以上干部提拔使用的要求，科级及以下的干部没必要照搬照抄，不要把“参照执行”搞成“遵照执行”，各机构要发挥好主观能动性，结合本单位实际，制定切实有效的办法措施。

（三）突出重在培养，加强干部梯队建设。要强化政治训练，做好对全体干部特别是年轻干部的政治教育，培养优良品格和过硬作风，不断增强奋斗底蕴，打造坚强落实能力。要加强优秀干部成才规律研究，形成优秀干部职业发展模板，按规律发现、培养和使用干部。在此基础上，要结合现有干部储备、职数空缺、进退留转等情况，提前布局、系统谋划，制定未来 3～5

年的干部培养使用规划，增强班子建设和干部调配的主动性和前瞻性。要处理好快与慢的关系，对于大部分干部，要一步一个台阶地扎实历练、逐步成长；对于特别优秀的干部，在使用上不能简单看任职先后、时间长短等隐性台阶，组织看准了的要敢于使用，做到“拔得动”。要合理安排优秀干部在不同岗位的任职时间，确保在吃劲岗位特别是正职岗位上有足够时间磨炼，做到“墩得实”。干部本人也要准确评估自己，保持平和心态，既要积极进取，又不盲目攀比，用现在的实绩赢得未来的发展。要进行“炼金式”培养，防止“镀金式”培养。庭院里跑不出千里马，花盆里栽不出万年松。要突出培养的实战性和实效性，把实践锻炼机会作为重要资源向“311”干部倾斜，既要“伯乐相马”，更要“赛场选马”，把他们放到基层一线、艰苦地区的岗位上多几次“热锅上蚂蚁”的考验，多接一些“烫手山芋”式的任务，真正经风雨、长才干。要在重点培养优秀年轻干部的同时，坚持干部使用上的一视同仁。不能一讲到“干部年轻化”，就走向另外一个极端，只重年龄不重能力，那样就会产生新的后遗症。“两个五分之一”作为总体目标，是比例要求，不是平均年龄要求，在一级、直属分行层面要统筹做好，但不必层层下任务、加力度。优秀年轻干部的选拔培养要坚持质量并重，质在量前，要合理使用各年龄段的优秀干部，调动好整个干部队伍的积极性。

（四）突出从严抓小，加强日常管理监督。各级组织人事部门在当好“伯乐”的同时，也要当好“医生”，时刻拧紧从严发条，下足日常功夫。要加强干部监督工作，主动适应纪检监察体制改革之后的职能调整，加强同巡视巡察工作的协同配合，切实履行好从严管理监督干部的主体责任。要延伸监督管理范围，将制度要求有效传导至基层机构，推进各机构选人用人工作水平整体提升。要扩展监督管理内容，既关注程序是否合规，又关注政策是否执行到位、从严管理的要求是否落实等较深层次的问题。对于苗头性、倾向性问题，要有的放矢地开展提醒、函询和诫勉，做到严在经常、管在平时，抓早抓小、防微杜渐。要抓住“关键少数”，使积极开展监督、主动接受监督成为全行的自觉行动。探索运用信息化手段和大数据思维，推动干部监督从单一化、平面化向系统化、立体化转变。要继续夯实基础工作，巩固提升干部人事档案审核等专项工作成果。要继续加强对干部的考核评价，不断完善专业分类、长短期结合的考核体系。探索实行领导干部现场考核，建立健全总行本部员工差异化考核机制，强化结果运用和闭环管理。统筹运用任期考核、巡视巡察、考察审计等了解的情况，畅通干部退出渠道，切实推动干部能上能下。

（五）突出正向激励，加强干部关心关爱。当前，干部员工的指标任务重、工作压力大，在一定程度上存在“不干怕问责、干多怕出事”的问题，亟须引起高度重视。要建立健全干部正向激励机制，坚决落实中央关于激励干部担当作为的意见，提振精气神，激发正能量，不能真像一些干部讲的“从严管理一本书，激励关怀一张纸”。要树立有为才有位的鲜明导向，为实干者撑腰，为干事者鼓劲，把好干部用起来。要完善容错纠错机制，落实好“三个区分开来”要求，不求全责备，让担当作为者没有后顾之忧。近日，中央印发了《关于解决形式主义突出问题为基层减负的通知》，明确提出将2019年作为“基层减负年”，各级党委要学习贯彻好文件精神，把干部从一些无谓的事务中解脱出来，破除片面强调痕迹管理的形式主义做法，减少名目繁多、无谓重复的检查考核和层层统计，不搞繁文缛节，不做表面文章，切实减轻基层负担。要关注干部身心健康，创造条件帮助干部放松减压，将政治教育、思想引导、待遇保障、人文关怀等贯通结合起来，让干部既要负重前行，也能轻装上阵。

五、进一步提升人力资源效能

当前，全行人力资源约束收紧、配置难度加大，要实现更高质量的发展，就必须在提升全要素生产率上下功夫。要以是否有助于提升价值创造力、客户服务力、风险控制力和市场竞争力为标准，对人力资源从投入到产出的全流程进行系统梳理，在精准投入、改善结构、优化流程、加强赋能等关键环节上动真格、见真章，形成部门间横向互联、各层级上下贯通的责任链条，更加有效地配置和使用资源，全面提升人力资源效能。

（一）聚焦规划落地，优化人员投放。要继续绘好三年人员规划这张蓝图，建立完善人员岗位标签体系，摸清家底，夯实基础，做好流量管理，准确对接供需，统筹安排好人员投入的时空布局，做到精准化配置、精细化安排，推进全行人员总量结构的持续优化。要持续加大重点城市行的新增人员投入力度，努力在战略要地形成人力资源比较优势。对人员老化、年龄结构失衡较为严重的县域机构尽快进行人员更新补充，抓紧解决年龄断层、队伍稳定性较差等问题，确保未来能够正常稳定运营。继续加强普惠金融、信贷业务、新兴业务、信息科技、境外合规等专业条线的人员配置，逐步形成更适应未来转型发展的人员结构。全行要牢固树立人力成本约束意识，转变“加职能就要增机构加人员，强风控就要增环节加流程”的粗放思路，加强人力资源投放的产出效益分析，建立完善人力资源配置评估机制。要对标先进同业，更多依靠内部挖潜、盘活存量、金融科技来破解人力资源难题。要针对招聘形势变化，修订招聘录用管理办法，创新人才引进方式，实施分类分层的差异化招聘策略。持续打造好“工银星辰”品牌，强化我行在大学生招聘领域的品牌渠道优势，从源头上锁定优秀人才，为全行储备种子选手。拓宽来源渠道，充分发挥社会招聘对中高端人才引进和县域机构人员补充的重要作用。

（二）聚焦薪酬分配，完善激励机制。在薪酬总量有限的情况下，全行要树立“过紧日子”的思想，在薪酬分配上既要坚持效率优先，激励各机构不断做大“蛋糕”，也要兼顾公平，努力分好“蛋糕”。要突出效益贡献导向，强化“薪酬增长靠利润”的意识。要将薪酬资源更多配置在利润贡献高、增长潜力大的地方，通过创造更高的利润总额，带来更高的工资总额。要差异化设计各类机构工资总额决定机制，提高薪酬资源配置与效益贡献的匹配度。对于经营性机构，应加大与当期业绩的挂钩力度，适当降低基础工资挂钩比例，提高绩效工资挂钩比例。要充分发挥考核和薪酬激励在战略传导中的“指挥棒”作用，从“最先一公里”入手，持续整合和精简考核指标，增强指标的一致性，突出核心目标和重点任务，确保战略在“最后一公里”贯通落地。要处理好战略上的前置投入与保运转的常规投入之间的关系，研究实行薪酬资源事前配置机制，做好对战略领域和重点板块的优先保障和先导投入。要发挥好薪酬的保障功能，关注人均工资水平过低、工资总额连续下降的情况，适当削峰填谷，合理控制地区间差距。进一步规范薪酬发放，加强对岗位工资发放及时性、绩效工资发放均衡性以及员工收入保障性等方面的督导管理，让全行发展成果更多惠及广大干部员工。此外，要进一步优化职工福利费、补充医疗等弹性项目的管理机制，丰富福利项目清单内容，提高管理水平，充分发挥非工资性人力费用在整体薪酬体系中的补充作用，实现全行员工福利保障水平稳中有升且适当均衡。

（三）聚焦流程优化，严控组织规模。机构是企业的“骨骼”，是业务正常运转的基础。要合理确定机构规模，从严评估机构新增需求和价值贡献的匹配情况，有效抑制各级机构本部无序扩张的冲动，打造精简规范、运转高效的组织架构体系。系统梳理各机构编制使用和管理情况，在坚持总量控制的基础上，该减少的要减下来，需增加的原则上通过结构优化实现。要根据环境变化、发展需要和职能调整，合理确定各机构本部部门的人员配备，有的部门经过几年的发展，职能定位出现一定的变化，人员配备也要做相应的调整，实现人员能增能减、优化配置。分类推动境内外中后台集约化中心的建设，实现运营资源和人力资源在更高层面的整合共享。合理选择区域地点，逐步推进集约化中心向成本较低、劳动力供给充足、营运环境良好的非中心区域转移，持续降低运营成本。继续推进城区一级支行优化调整工作，综合考虑资源禀赋、城市发展、客户需求以及支行经营规模、管理幅度等因素，集中经营优势、释放人力资源，降低财务成本，提升整体竞争力。要进一步优化调整业务流程。坚持“短频快”导向，横向减少职能交叉和流程重复，纵向减少不必要的中间环节。总省行要不断提升“画句号”的意识和能力，减少、遏制所有业务、条线都向分支行延伸的冲动，让基层将更多时间精力用在市场拓展、客户维护这些冲锋陷阵的工作上。

（四）聚焦人才培养，激发员工潜能。工商银行的市场竞争力，归根结底体现在我们的干部员工能不能“兵对兵、将对将”地胜过竞争对手。要做好多维度的赋能管理，充分激发出干部员工的价值创造活力，不断巩固提升工商银行人才大行、人才强行的地位和优势。要向员工赋能。根据员工职业发展特点，建立完善分阶段、多样化的系统培养机制，充分培育挖掘员工内在价值。要通过师徒“传帮带”、实战磨炼、关联岗位交流等多种方式，加强重点专业人才队伍建设。要持续提高信贷人员的数量和质量，打造新时期的“信贷铁军”。以科技条线职能整合为契机，适时启动“科技 + 业务”的复合型产品经理队伍建设。加强对外派员工选派标准和总量的管理，培养使用好当地雇员，建设高素质国际化人才队伍。深入推进网点岗位“5 变 4”改革，提高客服经理的通岗履职与营销服务水平。要向岗位赋能。岗位的“专”与“通”是辩证关系，要根据效能提升和人才培养需要，进行合理设置。从当前实际情况看，对总行和省行，可适当多一些专岗，突出专业性、精深化要求；对支行和网点，要多设置通岗，更多强调岗位的通用性和职能的综合化。要适当拓宽岗位职责，打破条线化色彩，使每一个岗位都有较为丰富的内涵和外延，着力培养“一专多能”的复合型人才。要向管理者赋能。继续加强对直线管理者的员工工作能力培养，掌握“管好人、用好人”的方法和技能，使直线管理者成为人力资源管理的业务伙伴，充分调动员工积极性，形成价值创造的乘数效应。

（五）聚焦科技应用，强化创新驱动。在年初全行工作会议上，我们提出要将智慧银行建设向纵深推进，充分激发科技与金融深度融合的“聚变”效应。在这个过程中，各业务部门要发挥好主体作用，各级组织人事部门也要树立智慧银行思维模式，做好协同配合，发挥好金融科技对人力资源效能提升的促进作用。要根据智慧银行项目建设进度，同步做好“机器换人”的岗位替代性分析，合理把握人员置换节奏，破解人员密集占用难题，推动金融科技创新真正转化为生产力。要积极推动建设覆盖全行、服务全行、管理全行的新一代人力资源信息化平台，增强员工服务能力，提升工作处理效率。此外，还要在合理甄选的基础上，适度扩大业务外包适用范畴，加大对附加值较低、标准化程度较高、风险可控岗位的业务外包力度，有效节约自有人力成本。

六、不断加强组织人事部门的履职能力建设

组织人事部门作为管党治党的重要职能部门，作为全行人力资源的战略配置部门，要不断加强自身建设，打造模范部门和过硬组工队伍。

（一）提高政治站位，在从严管理中锤炼队伍。对组工干部来说，第一位的是政治上绝对可靠、对党绝对忠诚。各级组织部门和组工干部要旗帜鲜明讲政治，在工作中牢固树立政治理想，正确把握政治方向，坚定站稳政治立场，严格遵守政治纪律，对党忠诚老实、光明磊落，言行一致、表里如一。要坚持从严要求，保持清正廉洁，坚守公道正派，以公心识人用人。要促进业务干部与组工干部的双向交流培养和组织人事部门的内部轮岗，持续加强组工干部队伍建设。

（二）增强责任意识，在攻坚克难中展现担当。组织人事工作牵一发而动全身，既要发挥支持保障作用，又要发挥引领推动作用。各级组织人事部门和组工干部要充分认识到党委赋予的使命和重担，切实把担当意识融入思想、化为行动，勇于面对矛盾，善于破解瓶颈，敢于较真碰硬，进一步发挥工匠精神、执着精神、务实精神、奉献精神，解决好重点难点问题，做到不辱使命、不负重托。

（三）强化专业能力，在守正出新中创造价值。作为组工干部，既要精通专业，成为“行家里手”；又要慧眼识人，练就“火眼金睛”。在当前环境下，还需要增强创新意识和适应能力，破除观念依赖、路径依赖和工具依赖，注重用新的理念思路、机制措施、技术手段来化解难题，激发人力资源内生动力，为全行转型发展提供组织保障。要以落实全国组工干部五年教育培训规划为契机，深入开展专业能力建设，组织高质量、针对性的培训，确保未来四年内对全体专兼职组工干部轮训一遍，取得扎实成效，提升履职能力。

最后再强调一点，在中央有关部门的领导下，我行纪检监察派驻改革进展顺利，各项工作正在有序推进。各机构要充分认识这次改革的重大意义和深远影响，全力做好支持配合工作，特别是组织人事部门要在职能、干部、人员的调整选配方面加强沟通协作，确保改革顺利完成。

同志们，面对新形势新阶段新任务，各级党委和组织人事部门要继续提高站位，永葆激情，艰苦奋斗，统筹推进各项工作，不断提高组织人事工作质量和水平，为建设现代化强行作出新的更大贡献！以优异的成绩向工商银行成立35周年，向新中国成立70周年献礼！

在全行干部大会上的讲话

谷 澍

（2019年4月22日）

刚才，姜部长宣布了中央对四清同志的任命决定，介绍了四清同志的有关情况，并对工商银行下一步工作提出了明确要求。四清同志也作了表态发言。中央决定陈四清同志担任工商银行党委书记、董事长，充分体现了对工行班子建设的关心、对工行改革发展的支持。我们坚决拥护中央的决定，对四清同志来工商银行工作表示诚挚的欢迎。

四清同志政治站位高、格局视野大、专业能力强、工作作风实，有丰富的领导阅历和经营管理经验，他的到来必将为工商银行发展带来新优势、新动能。全行干部员工尤其是各级领导干部要讲政治、守规矩、识大局，以实际行动全力支持四清同志的工作，确保各项工作有序衔接、有效推进，继续凝心聚力、尽心尽责地把工商银行的事情办得更好，确保中央大政方针和总行党委决策部署不折不扣落到实处。

在以四清同志为班长的党委领导下，我们一定牢固树立“四个意识”，坚定“四个自信”，践行“两个维护”，自觉在思想上政治上行动上同以习近平同志为核心的党中央保持高度一致。我们将深入学习贯彻习近平新时代中国特色社会主义思想，以政治建设为统领全面提高党的建设质量，贯彻新发展理念，聚焦经济高质量发展和供给侧结构性改革的新部署，坚持稳中求进工作总基调，促进全行价值创造力、客户服务力、风险控制力和市场竞争力的提升，充分展现大行责任和担当，向党中央交出一份满意的答卷。

抢抓机遇　高标引领
坚决打赢 ETC 业务发展攻坚战

——在全行 ETC 业务营销推广动员会上的讲话

谷　澍

（2019 年 5 月 29 日）

李克强总理在今年的《政府工作报告》中提出了“两年内基本取消全国高速公路省界收费站，实现不停车快捷收费”的目标。上周以来，国务院办公厅、交通部、人民银行以及银保监会等各部委密集出台相关政策及指导意见，明确要求“加快现有车辆免费安装 ETC 车载装置，到 2019 年底全国 ETC 用户新增 1 亿以上，各省（区、市）汽车 ETC 安装率达到 80% 以上，通行高速公路的车辆 ETC 使用率达到 90% 以上，高速公路基本实现不停车快捷收费”。对此，总行党委高度重视，陈董事长作出了明确指示，要求全行集中资源，确保今年我行 ETC 业务增量达到同业第一。下面，我讲三点意见。

一、加快发展 ETC 业务意义重大

（一）加快发展 ETC 业务是我行实现综合业务发展的制胜之策。商业银行以“存贷汇”起家，其中“汇”就是指的支付业务。ETC 业务的本质就是支付，是商业银行必须牢牢把握的核心业务、基础业务。同时由于支付天然伴随着场景，并可衍生出信用服务价值链、数据营销价值链及综合金融服务价值链，已经成为互联网时代获取客户、积聚价值、创造商机的首要入口，是商业银行和互联网金融公司等众多市场主体的必争之地。

对 C 端而言，ETC 业务是获客活客的“突破口”。ETC 目标客户均为具有一定资产和消费能力的有车一族，消费信贷需求旺盛，抓住了这部分客群，可有效发展信用卡、借记卡、存款、分期付款、理财、保险等一揽子零售业务。对于存量客户发行 ETC 卡也可有效增强客户的黏性与活跃度，ETC 装置与银行账户的绑定具有唯一性、排他性，这个客户一旦成为我行客户，很难被他行挖转。

对 B 端而言，ETC 业务是拓展场景、实现对公合作的“敲门砖”。ETC 业务未来将会很快推广至机场、酒店、商场等各类车辆收费场景，可以此为入口与 B 端企业达成全面业务合作。发展 ETC 业务还可与汽车经销商、车险公司、汽车运输公司、ETC 发行机构等深化合作，带动对公存款、贷款、现金结算等综合业务发展。

对 G 端而言，ETC 业务是深化我行与政府机构合作的“切入点”。此次全国 ETC 推广也已安排各地政府来进行组织实施，我行可以此为契机密切与各级政府机构的合作关系，在多个政银合作领域寻求更大突破。总体而言，我们可以通过 ETC 这个“小业务”去拓展“大市场”，探索 2C2B2G 联动发展新模式，构建起业务深度嵌入、黏性快速提升、资金有效闭环、综合贡献显著提升的发展新优势。

（二）加快发展 ETC 业务是应对市场竞争、赢得市场优势的必然要求。此次全国短时间内大力推广 ETC，对我行而言既是挑战又是机遇。从挑战来看，按照交通部的统一安排，今年要新增 1 亿的 ETC 用户，较之前十几年发展的 ETC 用户总量还多，到今年年底全国汽车 ETC 的安装率将达到 80% 以上，市场将接近饱和。从 ETC 业务存量来看，目前建行 ETC 客户数已达 2 200 万户，占全国 ETC 用户总数的 27.5%，位列同业第一；邮储银行和我行位于第二阵营，ETC 客户数分别达 700 万户和 657 万户。今年全国要完成 1 亿新增 ETC 用户的任务目标，ETC 客户的争揽一定是同业竞争的焦点。据了解，目前主要同业已将此次全国 ETC 大发展作为提升零售业务市场竞争力的战略机遇，我行面临的竞争压力和挑战很大，把握不好，市场就丢掉了。从机遇来看，此次 ETC 的全国推广将为我行快速扩大个人客户总量和信用卡客户总量提供难得的机会。目前我行个人客户总量较大，但活跃客户不足；信用卡客户数虽然位列同业第一，但较第二的优势并不明显。如果我们抓住此次契机争揽更多新的优质客户，不仅可以大幅增加个人客户以及活跃客户总量，优化个人客户结构，也能扩大信用卡客户总量优势，筑牢我行市场领先地位的“安全边界”。因此总行决定全力以赴、主动出击、放手一搏，不仅要在 ETC 市场竞争中占据与工商银行大行地位相匹配的领先位置，更要在个人客户争揽中获取优势，实现更大突破。

二、ETC业务的主要模式与时间表

（一）此次ETC发行的三种主要模式。在ETC行业的市场主体中，交通部负责全国ETC的联网通用，各省均有独立的ETC发行机构负责本地ETC业务推动，可与商业银行、电信运营商、保险公司等开展合作，此次ETC发行主要有三种模式：一是银行网点发行模式。由银行进行推广获客，客户到银行网点开立银行卡账户，并由银行工作人员为客户办理ETC标签（OBU）、绑定银行卡账户并安装激活设备。二是发行机构发行模式。由ETC发行机构进行推广获客，通过高速公路服务区、收费站、发行机构门店、高速公路出入口等渠道为客户办理ETC标签（OBU），帮助客户绑定银行卡账户并安装激活设备。三是互联网发行模式。银行在APP、微信小程序等线上渠道开通ETC申请专门通道，ETC标签（OBU）由ETC发行机构直邮客户，客户可通过线上激活、自主安装使用，同时在线上绑卡，可以是信用卡也可以是借记卡，可以是Ⅰ类户也可以是Ⅱ类户。目前我行是唯一一家支持线上申领ETC的商业银行，比如我行信用卡客户可通过工银e生活APP完成ETC的全流程办理，目前已在山东、贵州上线；再如我行与广东粤通公司合作推出了微信小程序ETC服务，客户可在线开通“粤通宝·工银e钱包”并绑定车牌后使用，目前已在深圳上线。

各行要根据本行实际以及与当地ETC发行机构的对接情况，选取市场竞争力最强、营销效率最高的业务模式开展营销，也可多种模式并行开展。

（二）全国ETC推广关键节点及我行工作时间安排。

5月底前，各省（区、市）将成立由省级人民政府相关领导担任组长的省级工作领导小组，并要向交通部报送ETC发行工作方案。截至5月27日，已有23个省（区、市）成立了工作领导小组，14个省（区、市）已将实施方案报省级人民政府，11个省（区、市）制订了ETC推广方案。今天会后，各行要迅速行动起来，各一级、直属分行要与当地省级交通厅（局）进行对接，各二级分行也要与当地交管部门进行对接，了解当地政策，抓住合作源头，争取合作先机。全行各级机构要于6月中旬前完成与当地交通部门的对接，对接结果报总行银行卡业务部。

6月起，各省交管部门和ETC发行机构将在高速公路服务区和收费站出入口广场，为通行高速公路车辆开展ETC安装服务，并与银行、保险、电信运营商、加油站、4S店、汽车维修厂、停车场、社区等车辆集中场所对接，就近提供一站式全流程安装服务。各行要迅速与当地ETC发行机构对接并达成合作关系，总分行公司、机构、个金、银行卡、网金等各专业、各营业网点要各司其职，可从ETC发行机构切入，也可从ETC发行机构的合作伙伴切入，共同开展联合营销。各行要于6月中旬前完成与当地ETC发行机构的对接，对接结果报总行银行卡业务部。

7月底前，各地将完成机关事业单位公务用车、国有企业车辆以及救护车、消防车、警车等特种车辆安装使用ETC。全行机构条线、公司条线要全面与存量对公客户集中对接，联合银行卡、个金条线共同开展名单制营销，加强对各级政府部门、各类机关事业单位后勤服务中心、各级消防部门以及军队后勤保障部门的营销走访，及时了解客户需求，主动推介我行ETC业务，全力推动我行ETC业务在公务用车领域的拓展，尽快提升我行市场占有率。7月底前务必完成全部机关事业单位公务用车，以及企业车辆的ETC营销工作。

10月底前，各省（区、市）ETC发行机构将与交通部路网中心对接，完成与全国ETC客户服务系统的联调测试和接入工作。我行要充分发挥科技研发优势，力争在6月底前将在线申办ETC的功能先行拓展至融e行，支持我行信用卡、借记卡客户在线申请ETC。同时，尽早支持实时办理信用卡虚拟卡以及他行卡开通我行Ⅱ类户的方式实现绑定，进一步拓展新客户。各行要积极推动当地ETC发行机构尽快与交通部路网中心完成对接，充分发挥我行线上申领ETC的先发优势，抢先于同业开展线上营销。

12月底前，各地将完成道路运输经营企业客运车辆、租赁汽车等营运车辆安装使用ETC。全行公司条线要会同银行卡专业、个金专业对已与我行达成合作的道路运输企业迅速开展营销，帮助企业制订ETC安装计划并开展上门服务，12月底确保完成存量道路运输经营企业客户的全覆盖。

三、全力打好ETC业务大发展的攻坚战

当前，积极响应国家号召推动ETC业务发展，既是我行的社会责任和大行担当，更是我行创新发展综合业务、抢抓优势客户和核心场景的战略机遇。目前全国ETC发行量达8 173万，占汽车保有量的三分之一，仍有较大空间尚待挖掘，但决胜局就在今年下半年，留给我行的时间窗口并不多。因此，对于这个“蓝海市场”的拓展，贵在快、胜在早，只有先人一步营销优质客户，才能占据主动、拔得头筹。全行上下要切实增强危机感和紧迫感，以坚定的决心和扎实的行动全面加快ETC业务的营销推广。

（一）明确目标，分解落实。交通部提出“到2019年底全国ETC用户新增1亿以上”的要求，我行作为最大的商业银行，总的目标是新增ETC客户5 000万户，其中信用卡客户1 500万户，实现增量同业第一。目前总行已参考交通部确定的各省2019年度ETC发行任务量，制定了各分行的ETC客户发展目标，会后将尽快下发。各行要将该目标逐级分解到各二级分行、支

行和网点，明确责任主体，确保完成全年任务目标。在这里我要特别强调，今年 ETC 新增业务量达到同业第一是个硬任务，全行银行卡、个金、公司、机构条线以及各分行必须完成，对完不成同业第一任务的部门和分行，总行要对“一把手”进行问责。

（二）强化推动，形成合力。目前总行已成立全行 ETC 战略工程领导小组，由我任组长，官董秘任副组长，总行银行卡业务部为牵头部门，办公室、公司金融业务部、个人金融业务部、机构金融业务部、网络金融部、财务会计部、渠道管理部、金融科技部、运行管理部为小组成员。各行也要比照总行成立 ETC 业务推动领导小组，由一把手任组长，主管零售业务的副行长任副组长，分行相关部门负责人为小组成员，全面做好总行营销推广工作的传导落地，于 6 月中旬前制定本省 ETC 业务营销推动方案并报总行，同时做好辖内机构的逐级督导与统一培训。

（三）明确策略，强调成效。一是在客户策略上，先抓存量、再抓拓新。一方面以 ETC 标签免费为利器，做好存量客户快速向 ETC 客户转化，提升客户黏性和活跃度；另一方面做好新客户拓展和他行客户挖转，扩大我行个人客户总量和信用卡客户总量。在实现今年新增 5 000 万 ETC 客户的过程中，要力争实现拓展 2 000 万的新客户，实现我行个人客户总量新的突破。二是在产品策略上，信用卡、借记卡齐头并进，尤其是要做好信用卡的绑定。考虑到借记卡可能需要垫资的因素，针对既有信用卡也有借记卡的客户，可优先营销绑定信用卡；对于既没有信用卡也没有借记卡的客户可通过实时新发虚拟信用卡和Ⅱ类户的方式进行绑卡。总行将尽快推出以上新产品和新功能，支持分行拓展线上渠道。在营销过程中要充分尊重客户意愿进行绑定。三是在营销策略上，线上线下双轮驱动。既要充分利用我行网点与当地 ETC 发行机构的线下优势开展 ETC 业务推广，又要大力推动互联网发行模式，特别是从现在到 10 月各地 ETC 发行机构与路网中心互联网平台完成对接之前，各行要更多从线下渠道入手，尽快行动起来，不等不靠、抢占先机。

（四）找准客户，精准发力。目前全国 2.4 亿的机动车保有量里有乘用车也有商用车，有私家车也有公务车，有高端车也有中低端车，这背后对应着亿级不同类型的车主客群，要认真研究细分客群，开展精准营销。一是要在我行存量个人客户中找到 ETC 目标客群。要优先对交通卡、汽车分期、汽车贷款客户，以及在信用卡、借记卡刷卡记录中有过车辆、车险购买，罚款、停车费缴纳、加油、4S 店消费等行为的客户，开展短信营销，引导客户线上办理，或将客户名单通过 EBM 系统直接下发至管户经理、远维经理和叫号机渠道开展营销，对网点到店客户做到自动识别并开展主动营销。原则上我行存量车主客群要做到 ETC 卡全覆盖。二是要在我行存量对公客户中找到 ETC 目标客群。以上门推介、批量营销的形式对公司、机构客户的员工以及公务车辆客群开展营销。原则上对我行公司、机构客户均要开展主动营销，其中公务车辆均要办理我行 ETC 业务，对公客户的员工 60% 以上要办理我行 ETC 业务。三是要在线上线下用车场景中找到 ETC 目标客群。线下方面，要与 ETC 发行机构在加油站、服务区、高速公路收费站出入口、发行机构门店等开展联合营销，要联合社区、街道开展上门营销，要联合汽车经销商、保险公司等开展定向营销。同时，要在商场、酒店、机场、高铁停车场以及居民小区地下车库等车辆密集区域开展地推营销。线上方面，可与汽车之家等全国或地方性汽车销售、汽车资讯互联网平台以及汽车消费金融平台合作，通过优质互联网平台引流的方式快速提升我行 ETC 业务的市场份额，将互联网流量转化为我行 ETC 客户。四是挖转他行客户。根据交通部关于“停止发行储值卡，根据客户需求将既有储值卡转化为记账卡”的相关要求，对于前期开办 ETC 储值卡的地区，分行应积极与 ETC 发行机构合作，将他行储值卡客户努力转化为我行 ETC 客户。五是创新通过“合伙人计划”，充分发动全行员工和社会力量帮助我行找到目标客户、形成口碑营销和社交化营销。

（五）上下联动，分头落实。总行层面，零售业务部门要做好个人客户这一主力客群的拓展渗透。卡部作为牵头部门要统筹好全行 ETC 业务发展、营销方案制订以及系统建设工作，与交通部路网中心对接，并对信用卡 ETC 业务发展目标进行分解落实。个金部负责分解落实借记卡 ETC 业务（含电子Ⅱ类户）发展目标，拓展工银 e 钱包在 ETC 场景的应用，优化线上线下 ETC 绑定借记卡（含电子Ⅱ类户）的流程。卡部要尽快推出 ETC 专用信用卡，同时与个金部共同利用大数据技术在我行存量客户中筛选 ETC 目标客群并尽快下发分行，并联合开展“工银爱购 ETC”专题促销活动，要通过“产品 + 客户 + 促销”的配套方案，形成市场拓展的有力抓手。对公业务部门要抓好 ETC 业务对公客户的营销突破。机构部负责牵头营销政府机关、机关事业单位、军队单位的 ETC 业务，公司部牵头营销道路运输经营企业以及其他公司客户的 ETC 业务，包括公务用车和员工车主批量营销。要严格按照交通部的时间表和工作进度要求，快速跟进，确保我行公司和机构客户车辆在我行办理 ETC 业务的市场份额最多。支持保障部门要全力做好支持配合。科技部要强化科技保障，把 ETC 业务相关系统需求作为最优先级的头号工程，建立起快速响应机制，特别是要按照时间节点尽快上线融 e 行申领 ETC（信用卡、借记卡、电子Ⅱ类户）以及信用卡虚拟发卡功能，全面优化线上 ETC 办理流程，杜绝因办卡门槛高、流程长、客户体验不佳造成市场营销迟缓的现象。财会部要做好财审工作、财务费用支持以及与交通部路网中心的费用结算工作，做到既合规又高效。渠道部要通过网点直通车、网点建议书、服务营销支持系统、网点 WiFi 等渠道持续加强对 ETC 业务的宣传推介，加快上线“码上赢” ETC 产品推广功能，加强对网点营销人员使用“码上赢”等平台新功能的业务指导，也要协同运行管理部、个金部共同组织做好线下网点的 ETC 办理、营销推广及服务工作。办公室要会同业务部门做好全媒体的营销宣传工作，营造 ETC 业务全行办、协力推的良好氛围。

分行层面，一是紧抓进度、狠抓落实。各行一定要有时间进度意识，盯紧关键时间节点，把工作做在前面，时刻保持压力状态。二是迅速营销、打开局面。全行要加快扩大线下网点 ETC 业务受理范围，渠道部牵头打造至少 3 000 家的 ETC 工程示范网点，提供 ETC 卡的实时申请、实时秒开、实时制卡、实时绑卡、实时领取安装激活 ETC 标签等一条龙服务，为客户打造一站式办理的优质体验。要开展网格化营销，根据辖内对公客户清单主动上门营销，以“信用卡、个金专业 + 公司、机构金融专业 + 主办支行”的模式开展“进机关、进企业”综合营销活动，实现以私促公，以公带私，提升客户在我行存贷款、中收等各项业务贡献。要联合 ETC 发行机构开展地推式营销，充分利用线上申领优势对无法依托网点开展业务办理的客群开展营销。三是开展促销、加大宣传。总行将在 ETC 标签费用之外，拿出专项营销费用在全行组织开展“爱购 ETC”促销活动，各行也要结合当地实际，投入资源开展区域特色促销活动；要在高速公路出入口、服务区、大型公共停车场、4S 店、居民小区等车辆密集的场景加大营销宣传，提升我行 ETC 业务的知晓度与参与度。同时要积极做好业务办理中的客户解释和服务工作，提升对 ETC 业务的受理时效，以高品质服务助力 ETC 业务的营销推广。四是加强考核激励。各行要强化营销任务缺口管理，按周开展督导通报，增强压力传导。要在人力费用上加大对一线营销人员的奖励力度，明确奖励分配标准，可以和“码上赢”结合起来，确保谁营销、谁受益，充分调动基层网点与营销人员的积极性。

（六）强化保障，全力支持。一是强化财务支持。总行决定投入专项费用全力支持分行竞争市场，涉及的 ETC 标签相关费用全部由总行统一列支，总体原则是投入费用力度不小于任何同业，根据市场拓展进度进行费用列支。同时还要拿出专项营销费用，目前相关方案正在制订，包括营销个人客户如何奖励，营销对公客户如何奖励等，将于下周发给分行。二是强化政策保障。信用卡 ETC 业务方面，总行卡部将针对优质个人客群、公务车客群、营运车客群制定专属的授信政策，确保实现快速发卡。借记卡 ETC 业务方面，交通部要求“支持车辆先通行后扣款”，这意味着银行在某些情况下需要垫款。目前国家层面正在制定对偷逃车辆通行费等失信行为实施联合惩戒的机制，总行也正在抓紧制订相关方案，包括对客户车辆及财产情况判断、设置准入标准、制定多账户扣收与垫资规则等。各行要积极响应市场需求，不要因担心垫款而丢失市场机会。

同志们，今年是 ETC 业务的转折之年、决胜之年，为各家银行之间的力量对比增加了新的变数，预计面临的市场竞争将会空前的激烈和胶着。能否打好 ETC 这场时间紧、要求高的攻坚战，不仅关系到我行能否在客户拓展、场景建设的市场竞争中赢得先机、占据主动，更关系到我行市场竞争力的提升，同时也是对我们干部能否担当作为的重要考验。希望大家尽快把认识和行动统一到总行战略部署上来，加强组织领导、加快统筹推进，确保实现预期目标。

在 2019 年决算工作会议上的讲话

谷　澍

（2019 年 12 月 9 日）

今天召开决算工作会议的主要任务是，找准主攻方向和薄弱环节，推动全年经营目标圆满实现，并为明年工作创造良好开局。下面，我讲六个方面的内容。

一、当前全行经营情况

今年以来，面对复杂多变的经营形势，全行认真落实党中央、国务院决策部署，坚决贯彻总行党委的各项工作要求，特别是年初、年中工作会议有关安排，攻坚克难、狠抓落实，总体保持了稳中有进的经营态势。

一是经营效益稳步增长。前 11 个月，营业收入、拨备前利润等发展指标均呈现良好增势，并在可比同业中保持相对较优。净利润、拨备前利润和营业收入增速均为近年来同期最好水平。手续费及佣金净收入同比增长 10.5%，结构转型成效初现。其中，第三方支付业务、个人工银信使、代理保险、债券承销及代销、公司类收入、人民币对公结算、基础类投行收入等产品增长较好。

二是更好服务实体经济发展。前 11 个月，境内人民币贷款新投放 3.17 万亿元，其中，新增贷款 1.34 万亿元，存量到期收回新投放 1.83 万亿元；主承销各类债券 1.41 万亿元，居市场首位；承销地方债 6 599 亿元，同比增长 6.15%。从投向看，优先满足国家重大战略项目资金需求，项目贷款增加 4 527 亿元，占公司贷款增量 85%。普惠金融发展提质增效，银保监会和人民银行口径普惠贷款余额分别为 4 598 亿元和 4 790 亿元，均较年初增长 48%，普惠贷款不良余额和不良率实现“双降”。民营企业贷款较年初增加 1 599 亿元，增长 9.1%。制造业贷款余额 1.4 万亿元，保持同业第一，其中先进制造业贷款增加 548 亿元（还原不良处置后 580 亿元）。新增市场化债转股落地项目 52 个、金额 777 亿元。

三是客户基础和市场领先地位进一步巩固。前 11 个月，个人客户净增 3 973 万户，创近年同期最好水平。对公结算账户净增 111.66 万户，较去年同期多增 27.28 万户。ETC 客户增加 3 280 多万户，增量领先同业。得益于良好的客户基础和优质的金融服务，各项存款总量及分品种增量继续保持同业领先，境内人民币各项存款增加 1.93 万亿元，一般性存款增加 1.50 万亿元，其中储蓄存款增加 8 233 亿元，公司存款增加1 458 亿元，机构存款增加 5 356 亿元。同时，全面推进智慧银行建设，实施 IT 架构改造工程，创新推出政务、交通出行、教育医疗、民生缴费等场景服务，打造开放共赢的金融服务生态圈，发布智慧银行生态系统 ECOS 1.0。

四是风险防控扎实推进。在稳定资产质量方面，有针对性地加强对地方债务、房地产、产能过剩、亿元以上大户等重点领域的风险防控，把好新增准入、存量管控、不良处置“三道闸口”，实现资产质量逐季改善。截至 11 月末，集团不良贷款额 2 408 亿元，不良贷款率 1.44%，较年初下降 0.08 个百分点；拨备覆盖率超过 200%。在强化内控合规管理方面，全面开展内控合规“压实责任年”活动，深化信贷、资管、金融市场、投行、委外等第三方合作、同业业务、资产处置、集中采购等“八大领域”风险治理。

总体来说，全行较好地驾驭了复杂的经营局面，保持住了稳健经营步调。今年最后的收官阶段，各机构、各条线要保持定力、再接再厉，统筹好全盘经营和基础工作，巩固好集团健康发展的态势。

二、关于信贷投放总量及结构安排

第四季度以来，国务院金融委和人民银行多次对金融服务实体经济和防范金融风险工作进行部署，要求加大逆周期调节力度，进一步增强信贷对实体经济的支持力度。今年各家银行特别是国有大行信贷总量预计会达到近年来阶段性的高点。各行要正确把握当前信贷形势，统筹做好年底信贷收口和明年初信贷布局工作。

（一）要高质量完成全年贷款投放目标

今年全行在信贷总量多增的同时，保持较好的投放结构，贷款储备、投放节奏和新增贷款均衡性都好于可比同业。但也要关注四季度以来出现的新变化，如 10 月以来公司贷款投放动能有所弱化，部分分行出现了公司贷款负增长、投放节奏向月末集中等现象。在经济下行压力加大的背景下，逆周期适度扩大信贷总量，解决好实体经济局部信用收缩问题，是工商银行应有的大行担当。从近期市场供需变化和可比同业运行情况看，临近年末受实体经济有效信贷需求减弱、不良核销处置等因素影响，一般贷款投放压力加大，各家行抢票据撑规模、竞争优质客户、信贷冲时点的特征较为明显。资负部要结合政策导向、贷款需求、同业投放等情况，统筹做好年末前贷款总量及分品种、分地区结构的平衡调配。各行要按总行计划安排，精细算好信贷流量账，确保年底精准实现计划目标，尤其是信贷需求相对不足的分行，要严把质量关，在增加总量的同时不放松标准。

（二）要确保重点领域贷款投放符合政策要求

今年国家有关部门对各行信贷投向结构提出了五项要求，具体包括普惠、民营企业、精准扶贫、制造业贷款等四项增量考核要求，以及房地产贷款占比的控制要求。一是普惠贷款方面，人行定向降准第二档考核标准是增量达到各项贷款 10% 以上，银保监会要求增幅达到 30% 以上。从执行情况看，11 月末增量阶段性达到了人行定向降准第二档要求，增幅符合银保监会考核要求。浙江、广东、江苏、上海等优先发展行增量占全行的 70% 以上，带动全行普惠金融业务实现了较快发展。二是民营贷款方面，年度确定的任务目标是增加 1 400 亿元，目前全行整体完成情况较好，11 月末民营企业贷款比年初增加 1 599 亿元，如还原核销增量超过2 000 亿元，并且新增客户数首次突破万户，达 1.3 万户。三是精准扶贫贷款方面，监管部门要求精准扶贫贷款持续增长，增幅高于各项贷款平均水平，我行年初确定的任务目标是增加 120 亿元。从执行情况看，前三季度精准扶贫贷款已增加 235 亿元，完成全年任务的近 2 倍，增幅达到 16%。对于上述三项已确定能够完成考核要求和任务目标的业务，各行要精准算账，逐笔将存量到期和核销处置考虑在内，保持增长态势，避免年末出现波动反复。

还有两项业务尚需持续关注，各行要在年底前盯紧进度和有效发力，确保全面完成考核要求。一是房地产贷款方面，第四季度全行房地产贷款增量占比持续稳定在 50% 以下，较半年末下降近 8 个百分点。资负部和个金部要做好与监管部门沟通，关注可比同业动态，在确保符合政策要求的前提下，统筹安排个人住房贷款表内规模和证券化发行，保持全行房地产贷款占比稳中有降。二是制造业贷款方面，目前完成任务压力较大，下一部分我再进行单独分析和布置。

（三）要把年底和明年第一季度信贷投放进行统筹安排

一是平稳衔接好年底与明年第一季度投放。考虑到同业对优质信贷市场竞争加剧，以及年底前正常发放对储备的消耗，各行要高度重视年底信贷储备工作。要重视储备积累，目前全行资金配置通道中的贷款排队需求为1 880亿元，其中公司贷款770亿元，与同期大体持平，个人住房贷款1 110亿元，较去年同期低200亿元。今年年底信贷储备能否达到去年同期的积累水平，将对明年初贷款投放产生决定性影响。总行要按周监测和督导各行信贷储备进展，并相应做好明年初贷款规模配置。要优化储备结构，各行要加强与同期的对比分析，做好客户沟通和放款前的各种准备工作，推动优化储备的品种、行业和客户结构。要关注近期国务院关于固定资产项目资本金比例调整政策的影响，把握市场机遇，加强项目对接，有效增加优质基础设施领域的项目储备。

二是关注LPR应用和贷款定价走势。各行、各条线要密切关注LPR定价改革进程，提升LPR应用水平，确保达到LPR占比考核要求。要加强对贷款市场利率走势的研判，合理摆布合同期限、重定价周期和利率变动方式，精细化提升客户风险定价能力，防范利率风险。要统筹平衡好降成本与商业可持续的关系，根据国家政策导向，对普惠、民营、制造业等重点领域贷款制定收益与风险合理匹配的定价策略。

三、关于推动制造业贷款有效增长

中央高度重视制造业高质量发展，全行要进一步提高政治站位，将支持制造业高质量发展作为服务本源、服务大局的重要发力点。根据国务院常务会议关于推动制造业高质量发展的指示精神，银保监会要求我行制造业贷款较年初增长5%。截至11月末，我行制造业贷款余额为1.4万亿元，较年初增长199亿元，还原不良贷款处置后增长约700亿元，基本完成监管部门的考核要求。制造业信贷业务是我行保证可持续发展的基础。对制造业信贷，我们决不能仅仅满足于完成监管任务，各行要充分认识到积极支持制造业发展既是服务国家经济战略的大局，也是工商银行自身发展的大局。陈四清董事长前几天还和我讲，在制造业信贷问题上，我们要提高政治站位，如果做不好制造业贷款，我们就很难向中央交代，也配不上工商银行这个名字。

年底前，全行还有1 100亿元的制造业贷款到期收回，各分行要确保这部分贷款还款后留下的任务缺口得到及时补充，要认真落实总行近期印发的一系列针对制造业信贷市场拓展的指导性文件。一是加大优质制造业市场投放。重点支持以5G为引领的新一代信息基础设施建设、新能源汽车等新兴制造业重点领域信贷投放；高度重视传统制造业的技术改造项目；积极挖掘军民融合领域金融机会；主动营销细分领域龙头企业和同业优质客户。二是用好保障资源，加大对制造业重点客户的营销拓展。近期总行优化调整了制造业领域相关信贷政策，进一步扩大了制造业重点分行、重点客户的审批授权，优化了中长期流动资金贷款管理办法，调整完善了异地业务管理规定以及工业厂房抵押率规定，解决了代工企业双优业务授信审批权限及授信占用问题。对于优质制造业企业名单中客户，总行已给予各分行25个基点的FTP优惠，及基准利率8.5折定价权限，各行要积极运用新出台的资源保障措施，加大重点头部客户的营销拓展力度。三是做好二次营销。目前制造业重点客户的未使用授信额度约1.4万亿元，全行已批未放的制造业重点项目共5 889个，累计未提款金额达1 114亿元，各行要在年末加大对重点项目和客户的二次营销，分行一把手要亲自带队营销制造业重点客户。四是确保制造业贷款投放质量。制造业贷款投放要符合国家政策及我行信贷政策，不能为完成任务盲目投放。对经营业绩持续恶化，存在盲目扩张、过度融资等行为的制造业企业，要坚持审慎态度。要加强贷款资金流向监控，做好贷中贷后管理，保证信贷资产持续健康发展。

四、全力完成全年中间业务收入任务

目前全行中收面临的突出问题是市场竞争力下滑，可持续增长承压。前三个季度，我行中收增量四行第三，总量领先可比同业93.54亿元，同比收窄50.63亿元。其中，信用卡收入总量落后可比同业53.63亿元，增量落后13.42亿元；第三方支付、个人工银信使、代理保险收入总量均为同业第三；资管、代销基金收入领先可比同业金额同比分别收窄58.45亿元和7.44亿元。22家分行中收总量列同业第二及以后位次。

剩下不到一个月时间，财会部门要继续做好中收组织推动，强化缺口管理，层层压实责任，全力完成年度增收目标。各条线、各分行要根据年末市场特点，明确主攻方向。一是促进分期付款业务量价齐升。要抓好账单分期、e分期、家装分期等新增长点的组织推动，扩大外呼渠道交易额贡献，确保第四季度当季分期交易额超可比同业。要克服过分依赖优惠费率营销的简单化倾向，比照同业，强化分期付款费率管理。二是挖掘“结算类”产品增收潜力。年初以来，总行投入直达客户的促销费用7.67亿元，分别用于第三方支付“绑卡促活”“爱购”等业务营销，第四季度又投入4 050万元奖励积分、2 922万元促销费用，支持特色借记卡发卡和工银信使促销，各行要充分利用费用资源，做大相关产品业务量和收入。要落实企业网银转账汇款等产品联机收费，推动外汇业务提质拓量。要以结算类产品为切入点，逐步挖掘ETC投入带来的综合效益。三是努力扭转资管收入下滑过快的趋势。平衡好销售量、收入与风险的关系，保护分行销售理财产品积极性；明确理财子公司与分行分润关系，支撑新规产品销售。要统筹产品结构、投资策略和净值化等问题，处理好非标投资与实体经济需求、产品规模增长与储蓄存款增长的关系，实现稳健发展。各行要做好优质项目储备与推荐，持续推进区域理财业务平稳转型。四是稳定公司类和投行收入。以银团安排及承销为突破口，实行贷款规模分配与银团贷款发展情况挂钩，提升银团收入增量同业占比和市场影响力。组织好全行企业信息服务业务营销竞赛，推动基础类投行收入季度环比增长。要努力挖掘债转股、科创板等领域投行增收潜力，力争全年品牌类投行收入实现正增长。五是抢抓代销类产品增收机遇。积极推进期交转型，同时抓住趸交产品投放机会，做大代销寿险收入增量。用好1.9亿元奖励积分投入，进一步提升车险收入贡献。持续做好股票混合型基金、实物贵金属及账户交易类产品营销，提高收入增量贡献。六是坚守合规底线。要始终把合规作为增收的重要前提，巩固今年两轮自查整改成果，创造经得起检验的实绩。要不折不扣兑现对“小微”企业各项免费政策，严格执行总行抵押登记费和评估费承担规定。各行对外部检查发现的问题要按照监管部门要求，限期整改并做好沟通汇报。要明确“以贷收费”“存贷挂钩”“捆绑销售”等政策界限，真正做到收费有协议、有依据、有服务、有服务记录。

五、统筹做好各项风险防控与化解工作

尽管今年以来全行信贷资产质量核心指标持续向好，但完成年末管控目标仍面临巨大压力和挑战。全行要在总行的统一安排调度下，加强风险化解，特别是重点做好大户风险防控化解，确保完成年末各项资产质量管控目标，并为明年打好基础、少留包袱。

一是做好“六个统筹”，全面推进不良贷款处置攻坚。做好批量转让与常规核销工作的统筹，既要保证高受偿率与高撬动比项目的处置，又要兼顾长账龄、低受偿不良资产的处置进度，更要注重清收转化的效率。做好重点机构与一般机构的统筹，支持重点行提早脱困、全面脱困。做好公司与个人条线的统筹，建立前中后台协同互补、部门间联动合作的不良资产处置机制，化解法人大户风险，推动个人资产证券化业务。做好境内外处置工作的统筹，兼顾境内外全局，有效控制境外不良贷款上升势头，保持集团境内外资产质量同步向好。做好短期利益与长期利益的统筹。树立不良资产经营理念，抢抓时机，加快“冰棍类”资产变现；精雕细琢“根雕类”资产，力求价值最大化；明确处置时限，快速出清“顽石类”资产，坚决杜绝唯目标任务而忽视工行长远利益的短期行为。做好目标管理与过程管控的统筹。做到应诉尽诉、尽职追索，坚守底线、精准问责，维护我行债权安全。

二是加强年底到期贷款的收息与缓释，做好防逾期工作。当前全行已逾期待化解的公司剪刀差贷款150亿元，多次出现逾期欠息的客户贷款390亿元，计息周期调整后年底集中到期贷款210亿元，这750亿元贷款是年末剪刀差管控的重中之重。对于上述风险贷款中的大额客户，总行将实行名单制管理，逐户与分行制订风险化解方案。各行要紧盯这些客户，提前落实好欠款催缴、清收转化工作。要严格控制10亿元以上、坚决杜绝20亿元以上大户的新发生逾期，避免年末结息日后剪刀差大幅反弹。各行要确保在12月29日前完成风险缓释化解和贷款质量分类工作，为总行统筹全行各项资产质量指标的收官留有充足时间。本着实质重于形式的原则，对于年末逾期欠息的公司贷款，原则上一律纳入不良管理。部分确有政府支持、债委会协议、服务实体经济和维护社会稳定需要的，可商总行酌情特殊处理。

三是把防劣变作为攻坚重点，尤其要做好重点分行、重点客户的风险防范与化解。大户风险较为集中的宁波、海南、天津等分行，要把大户风险化解与处置视为现阶段工作的重中之重，一把手要抓到实处、督导到位，坚决守住不发生区域性风险的底线。目前资产质量与年末目标差距较大的山东、辽宁、大连、重庆、湖北、广东、宁夏等分行，要遏制剪刀差、不良贷款增长势头，加大本息清收力度，积极防控逾期劣变，提前采取风险管控措施，有序安排不良大户的清收处置。

四是强化账销案存资产处置，完成处置目标。截至11月末，全行账销案存资产收回23.7亿元，与年度目标计划有较大缺口，吉林、厦门、陕西、安徽、海南、甘肃、辽宁等分行任务完成率不足10%。我行回收绝对额四行最低，虽然有账龄长（5年以上占比61%）、常规核销规模小（仅为可比同业的30%～50%）等客观原因，但同时也暴露出部分分行行领导重视程度不够、组织推动不力、对客户现金流掌握不全面、清收手段单一、激励措施落实不到位等主观原因。今年，总行下发了账销案存资产清收处置激励方案，明确账销案存资产计划完成情况与分行行领导绩效、分行工资费用挂钩。各行要高度重视，务必树立将账销案存资产作为当期收益资源的意识，一把手要亲自挂帅、主管行长要亲自抓到项目，抓紧年底最后一个月时间，全力以赴缩小缺口，想方设法完成计划。对长账龄、低受偿资产，在依法合规前提下，谨慎组织批量转让。

五是加强境外机构资产质量管理。各境外机构要持续加强不良贷款、剪刀差、潜在风险的统筹管理，确保完成总行年初下达的“一行一策”信贷资产质量管控目标，同时注重好资产质量与合规风险管控的有机结合。香港今年下半年以来持续动荡，第三季度以来经济

指标恶化，旅游、零售、餐饮等支柱产业受到严重冲击，工银亚洲等在港机构信贷资产质量管控面临压力，相关机构要提早制订风险化解预案，确保信贷资产质量稳定。纽约分行要高度重视信贷监管合规和整改，采取有力措施遏制信贷资产质量下滑势头，尽快采取包括资产出售在内的各项措施处置风险资产，确保资产质量板块不被监管降级。

六是高度关注跨市场的交叉风险传导。除银行信贷外，股票和债券等标准化资本市场工具是企业融资的另一重要方式，标准化市场工具违约最终也会导致企业债务的一揽子违约。近年来，我国资本市场波动较为频繁，股票质押爆仓、债券违约或发行失败等对银行信贷业务的交叉风险传染也日益突出。从前三季度情况看，债券市场共有41家发行人的110只债券发生违约，涉及债券余额780亿元。其中，38户违约主体在我行有融资280亿元，涉及集团关联融资840亿元。债券发行主体的频繁违约给我们敲响了警钟，各行务必要高度关注我行客户的债务结构。对存在资本市场融资的，要充分利用资本市场标准化工具价格波动更为透明、对企业风险变化的反应快于信贷业务的特点，做好上市公司股价波动、大股东股票质押率变化、债券发行主体评级变化等先行指标的监测，及时反应，防范资本市场风险向我行信贷业务的交叉传染。

六、进一步提升对公账户及机构客户的营销服务能力

（一）关于对公账户拓展。自去年底召开全行拓户工作会议以来，各行高度重视对公账户拓展，将该项工作与全行转型发展、加强基础工作建设相结合，积极对标可比同业，拓户工作成效显著。截至10月末，全行新开对公结算账户162万户，同比多开43.7万户；新开户四行占比30.53%，同比提升近4个百分点，新开账户与建行的差距由2018年末的46.5万户缩小至4万户。在重视账户数量增长的同时，各行持续关注账户质量的提升，基本结算账户占比78%，有效对公结算账户占比61%，新开户带来的对公存款2 500亿元。各行还不断加强对现有对公客户的服务支持，激活长期不动户10万余户，将长期不动户占比降低至14%，远低于建行的29%。在对标同业方面，至第三季度末已有北京、山西、上海、江苏、浙江、安徽、广东、海南、四川、青岛及宁波等11家分行实现了新开对公结算账户四行占比第一，其中，上海、浙江、广东及海南分行实现了账户增量和存量的四行双第一。在拓户过程中，各行充分利用全球现金管理服务和财资管理云平台，扩大和巩固优质客户基础；发挥企业通源头拓户和小微平台便捷服务优势，持续抢抓中小微企业；借助工银聚平台，高效拓展核心及上下游企业；运用e缴费平台和党费云、物业云、学校云，在推动B端拓户的同时，有效延伸并支持C端和G端的引流获客，拓户对全行相关业务的带动作用不断显现。

在肯定拓户成绩的同时，我们也要看到，今年实现200万对公账户增长的目标还有一定压力。目前拓户工作存在以下几个问题：一是部分行对拓户工作是业务发展基础的认识还不到位，还没有建立起基础业务转型发展的长效机制。二是部分行在人员配备、系统管理、考核机制等配套上存在缺陷。三是一些行对总行推广的几大应用平台了解不多，熟练掌握程度不够，推进力度不足。这些原因导致各分行拓户工作发展并不平衡。深圳、青海、西藏分行新开账户数四行排名仍处末位，云南、河南、黑龙江、内蒙古及河北分行新开户四行排名第三。

岁末年初，各行在做好个人业务旺季营销的同时，也要更加重视对公结算业务，针对上述问题持续发力，紧盯对公结算账户重夺四行第一的目标，常抓不懈。

（二）关于机构客户拓展。要重点抓好以下三方面工作。

一是统筹联动，通过精准服务进一步夯实军队业务“主办行”地位。总行要抓好军改金融服务的统筹跟进与服务体系的配套改进。一方面，要进一步加强高层沟通，尽快形成改革综合金融服务方案，确保主渠道地位不动摇。另一方面，要统筹研究进一步加强全行军队服务工作方案，从组织架构、资源配置、激励考核、服务管理、重点区域支持和产品配套、系统平台等方面，激发调动各级机构积极性和主动性，综合提升全行军队服务能力。各行要提高政治站位，保持战略定力，时刻牢记军队金融服务工作的核心是全面做好各项服务，打赢资金区域集中收付管理改革攻坚战的前提和基础更是抓好服务，改革再变，服务不能变。要聚焦新时期军队应急保障、财务管理、官兵服务等需求变化，统筹全行资源，升级各项配套服务，尤其是要进一步加大辖内重点单位的营销维护力度，进一步强化对官兵的全方位服务，依靠过硬的服务能力，巩固并扩大我行军队业务市场优势。

二是发挥集团合力，通过智慧政务力促银政合作转型升级。今年3月份，我行抓住国家深入推进“放管服”改革、建设“数字政府”的政策机遇，推出了“政务服务门户+重点合作领域”的“多引擎”智慧政务合作方案，既全面满足政府综合政务信息化建设需求，又兼顾重点民生领域深化合作，目前已在全国试点基础上进入全面推广阶段。下一步，对于具备整体对接条件的分行，要借鉴宁夏分行的成功经验，开展全面信息化战略合作，以综合政务平台为载体，积极构建业务场景，多维度嵌入金融服务。对于暂时不具备整体对接条件的分行，要继续深耕细作12大重点领域，以总行推出的各领域“拳头”产品为突破口，因地制宜，快速推广，把项目做实、把服务做优、把声势做大。尤其是教育、“三农”、医保等领域目前正面临转瞬即逝的

政策窗口期，国家加速部署教育培训机构监管、深化农村集体产权制度改革、重塑医疗保障体系，这将衍生出三个“万亿级”市场，总行已针对三个领域资金监管及支付清算率先推出了主打产品，各行要集中力量抢占潜力市场，先人一步奠定竞争优势。

三是在抓好重点客户、项目和区域防风险的同时，深化与同业客户创新合作。近期中小银行流动性分层显著，金融同业领域的不确定性加剧，全行要强化对合作金融机构的风险管理，确保不产生输入性风险和交叉风险，切实维护金融安全。要加大与国家金融基础设施、政策性金融机构、大型保险和头部券商重点项目合作力度。特别是建立了金融同业部的北京、上海、深圳分行，要确保与重点客户的重点项目成功收官，通过与金融机构的创新合作，切实支持实体经济的发展。

除了上面六个方面工作，各机构、各条线年底前还要根据总行下发的年终决算工作通知相关要求，合理安排费用开支及固定资产投资预算，加强税务成本控制和风险管理，做好系统运行维护、账务核对、资产盘点清查等工作，确保顺利完成年终决算各项工作任务。现在大零售等业务条线已经进入旺季营销阶段，各相关部门要集中精力、铆足干劲，按照前期部署做好旺季营销，为明年发展打好坚实基础。

在今年年中工作会议上，陈四清董事长代表总行党委对当前及未来一个时期全行工作做了全面部署，提出要以习近平新时代中国特色社会主义思想为指导，坚持“党建引领、从严治理，客户至上、服务实体，科技驱动、价值创造，国际视野、全球经营，转型务实、改革图强，风控强基、人才兴业”的工作思路，集众智、汇众力，把工商银行建设成为具有全球竞争力的世界一流现代金融企业。剩余最后二十多天时间，是承上启下的关键时期，全行上下要坚定信心、统一思想，全力落实好年初、年中工作会议上总行党委部署的任务目标和要求，确保圆满完成全年任务目标，推动集团经营稳健可持续发展。

在2018年度一级（直属）分行直属党委书记基层党建现场述职会上的讲话

王　林

（2019年1月22日）

按照中央和国家机关工委以及总行党委的安排部署，今年总行第一次开展一级（直属）分行直属党委书记基层党建述职评议考核工作。基层党建述职评议考核，是以习近平新时代中国特色社会主义思想为指导，深入贯彻党的十九大精神，履行管党治党责任的重要举措，也是推进全面从严治党向基层延伸、推动基层党组织全面进步全面过硬的重要抓手。

刚才，9位同志就抓基层党建工作进行了现场述职，实事求是讲成绩，真真切切找问题，扎扎实实定措施。听了之后，总的感觉是，分行直属党委能够认真贯彻落实习近平新时代中国特色社会主义思想和总分行党委决策部署，认真落实全面从严治党各项要求，聚焦主责主业，围绕“三大任务”，不断加强和改进基层党建工作，探索了一些新的做法，积累了一些好的经验。如山西分行持续增强“抓党建、促发展”意识，把“三会一课”与金融工作结合起来，依托“支部家园”平台线上学习交流。提出“八个严查”，严防“四风”反弹，促进分行本部增强服务意识。辽宁分行推动“四个意识”“三个表率”教育宣导落细落实，设立“学习资料”“本部党建”等专栏共享学习资料、交流学习成果，找制度、学制度、守制度。上海分行以党政联席会议为载体，推动党建工作与业务工作同研究同部署。加强主体责任落实，开展目标管理考核，进一步完善党建工作责任清单。推进本部“四风”整治，开展问题导向调研，着力转变机关工作作风。浙江分行定期督导考核党建工作，突出反面警示效应，对落后的党支部书记进行约谈。建立员工“五必谈”“五必访”制度，增强队伍凝聚力。开展本部党支部与基层党组织结对共建，推动经营管理水平提升。湖北分行坚持明责、履责和追责相结合，强化支部党建工作目标责任考核，制定党支部工作细则。建立“队伍清单”，聘任部门党建工作联系人，以网格化工作机制推动工作落地。将党建和年度重点工作分解为五大类70项，建立台账，逐项盘点梳理。广东分行提升组织力，支部建在部室，明确支部书记“五个第一责任人”职责。坚持“打开门来”抓党建，主动与外单位开展党建共建活动。开展支部书记家访活动，及时了解党员的思想动态。强化主动服务一线意识，优化本部工作方式方法。四川分行创新党建工作方法，打造“工银四川微课堂”在线学习品牌，促进党员教育移动化。抓活动强党建，开展“强堡垒、添风采”主题活动。重点实施“攻克一件业务发展的难事”“化解一件困扰员工的心事”等“10 个一”工程。重视员工思想政治工作，抓实“五个必谈”。突出服务基层发展，建立“党员一日大堂经理”活动机制。陕西分行建立“周五最后两小时”党建学习制度，通过直属党委工作微信群监督管理。开展“效能革命　服务承诺”主题活动，通过占比评分和专项扣分机制，推动本部服务效率提升和作风改进。出台党建工作责任制量化考核办法，推动支部党建工作制度化、规范化。厦门分行制定了本部党建工作要点，逐项列明本部党支部党建任务清单。开展党支部年度评价，列出三方面 7 大项 24 点内容进行量化打分，强化结果运用。出台内部服务效率管理实施细则，强化“二线服务一线”理念。

各一级（直属）分行直属党委在推动分行本部党建工作、分行直属党委书记在履行直接责任人责任方面做了很多工作，但在肯定成绩的同时，通过今天的现场述职、日常工作和之前的现场调研，对照中央关于全面从严治党新的更高要求，各一级（直属）分行本部党建工作还存在许多需要改进的地方。如有的单位党委对分行本部党的建设领导责任还没有全面落实到位，专题研究分行本部党的建设、听取直属党委工作汇报还不够。有的单位全面从严治党主体责任履行不够到位，直属党委书记当“挂名”书记、“甩手”书记的现象还存在，班子成员抓分管范围的党建工作、落实“一岗双责”还做得不够。有的单位直属党委机构设置不合理，长时间没有配备直属党委常务副书记。有的单位个别支部书记以专业干部自居，只记得自己是“总经理”，忘了自己是“书记”。有的单位个别部门主要负责人不是党员，有的部门主要负责人没有担任支部书记，党建主体责任存在缺位。有的单位直属党委工作人员配备不足，党务干部队伍年龄偏大、人员偏少，党建工作能力还需进一步提升。有的单位没有开展对各部门党建工作考核，党建工作和中心工作还存在不融合、不均衡现象。有的单位党员先进性作用发挥不充分，党员在年度绩效考核中优秀良好占比低于全行平均水平。有的单位思想政治工作做得不够细、不够深入，人员流失率比较高。有的单位本部党员占比偏低，坚持“两个优先”不到位，党员队伍建设还需加强。有的单位党内组织生活按部就班多、开拓创新少，与时代进步、党员需要、群众期盼的契合度不高、结合不深。这些不足和问题，在今天述职的 9 个分行中存在，在其他分行中也不同程度存在，需要下大力气加以解决。

总的来看，这次现场述职会，既是落实中央和总行党委精神的一项具体措施，也是对分行直属党委落实从严治党责任、加强基层党建工作的一次检查回顾，还是促进各行直属党委之间交流学习、加深认识的一次难得机会。会议开得很好，达到了预期目的。

党的十九大提出了新时代党的建设总要求，中央相继召开十九届中央纪委二次和三次全会、全国组织工作会议、全国宣传思想工作会议、中央企业党的建设工作座谈会等，对落实新时代党的建设总要求、践行新时代党的组织路线做出了新部署，对提高国有企业党建工作质量提出了明确要求。2018 年 11 月，总行召开了全行党建工作会议，党委书记、董事长易会满在会上提出了新形势下全行坚持党的领导、加强党的建设的总要求，对加强全行党建工作、提高党的建设质量进行了安排部署。结合今天的会议，我就进一步做好分行本部基层党建工作讲三个方面的意见。

一、带头做到“两个维护”，扎实推进党的政治建设，做高举旗帜、信念坚定的表率

党的十九大把政治建设纳入党的建设总体布局，强调要以党的政治建设为统领，把政治建设作为党的根本性建设。习近平总书记在推进中央和国家机关党的政治建设重要批示中深刻阐述了中央和国家机关加强党的政治建设的极端重要性，明确了总体要求和目标任务，为机关党的建设指明了方向，提供了根本遵循。工商银行是党领导下的银行，从事的是党的事业，要把旗帜鲜明讲政治全面融入各项工作中，保证中央决策部署在工商银行不折不扣贯彻落实。分行本部要在党的政治建设上走在前列，在党的金融事业实践中进一步树牢“四个意识”，坚定“四个自信”，带头做到“两个维护”，在深入学习贯彻习近平新时代中国特色社会主义思想上作表率，在始终同党中央保持高度一致上作表率，在贯彻落实党中央各项决策部署上作表率，努力建设让党中央放心、让人民群众满意的模范本部。

一是要带头做到“两个维护”。坚决维护习近平总书记的核心地位，坚决维护党中央权威和集中统一领导，这是新时代党的政治建设的首要任务，也是我们要讲的最大的政治、最大的大局。分行本部职能集中、作用突出，党员数量多、占比高，党建工作示范性强、影响面大，更要有较高的政治站位和全局思考，有做好“两个维护”的强大自觉和实践自信，确保在严峻复杂的经济金融形势面前，以更宽大的视野、更宽广的格局来思考经营定位。要教育引导党员干部增强政治敏锐性和政治鉴别力，加强党性锻炼和政治历练，保持政治定力，提高政治免疫力。要带头落实党中央决策部署和习近平总书记对经济金融领域的重要指示批示，找准党的政治建设与业务工作的结合点，把“两个维护”体现在实际行动上，落实到工商银行经营管理和业务工作的各方面全过程，使两者相互融合、相互促进。

二是要深入学习贯彻习近平新时代中国特色社会主义思想。习近平新时代中国特色社会主义思想，是引领中国社会主义新时代的纲领、旗帜和灵魂，为推进新时代国有企业改革发展和党的建设提供了思想武器和行动

指南，也是我们提高党的建设质量、建设世界一流现代金融企业的基本遵循。要深入推进“两学一做”学习教育常态化制度化，把深入学习贯彻习近平新时代中国特色社会主义思想作为首要政治任务，切实在学懂弄通做实上下功夫。要按照中央统一部署，开展以学习贯彻习近平新时代中国特色社会主义思想为主要内容的主题教育，引导党员干部树牢“四个意识”，坚定“四个自信”，悟初心、守初心、践初心。要把学习贯彻习近平新时代中国特色社会主义思想，作为党员干部教育培训的首要任务和中心内容，作为各级党组织学习、民主生活会、组织生活会的重中之重。坚持集中教育与经常教育相结合、组织培训和个人学习相结合，重点抓深化，往深里学，真正学懂弄通；重点抓转化，联系实际学，学出治行、兴行的能力水平，把学习成果和“四个意识”落实到本职岗位和具体行动中。

三是要严明党的政治纪律和政治规矩。要把学习和遵守党章作为基础性经常性工作来抓，做到深学细照笃行。要深入开展党的政治纪律和政治规矩学习教育，教育警示党员干部切实做到“五个必须”，坚决防止“七个有之”，始终做政治上的明白人和老实人。坚决纠正上有政策、下有对策和有令不行、有禁不止行为，严肃查处违反党的政治纪律和政治规矩问题。

四是要加强和改进思想政治工作。要把思想政治工作作为经常性工作来抓，坚持政治引领，注重人文关怀，做好教育引导、解疑释惑、促进和谐、化解矛盾工作。每年要对思想政治工作进行专题研究，针对干部员工思想状况，提出对策措施。要认真落实思想政治工作定期分析报告制度，要利用重要节点开展谈心谈话，做到岗位变动必谈、组织处置必谈、发生家庭变故必谈、发现苗头性问题必谈、民主生活会必谈。要坚持“一把钥匙开一把锁”，不断提高思想政治工作的针对性和实效性。

五是要严肃党内政治生活。要严格执行《关于新形势下党内政治生活的若干准则》，提高民主生活会、组织生活会质量，认真落实“三会一课”制度。坚持党员领导干部讲党课制度，严格党员领导干部参加双重组织生活制度。坚持和完善重温入党志愿书、入党誓词以及党员过“政治生日”等政治仪式，利用庆祝建党、建国等重要节点开展主题党日活动。要培育积极健康的本部政治文化，充分发挥身边榜样的示范作用，深化对党忠诚教育，传承红色基因。总结提炼既符合党中央要求又接地气的价值理念和职业操守，涵养风清气正的政治生态。

二、持之以恒正风肃纪，推动本部作风建设向纵深发展，做服务基层、服务客户的模范

作风建设永远在路上，要大力传承发扬工商银行的优良传统，弘扬忠诚老实、公道正派、实事求是、清正廉洁等价值观，弘扬脚踏实地、真抓实干的工作作风，始终保持风清气正、干净干事的生态土壤，巩固和维护一心一意谋发展的良好局面。

一是要深入学习十九届中央纪委三次全会精神。要认真学习、深刻领会习近平总书记在十九届中央纪委三次全会上的重要讲话精神，一以贯之贯彻落实全面从严治党的方针和要求，强化对践行“四个意识”、贯彻党章和其他党内法规、执行党的路线方针政策和决议情况的监督，督促党员领导干部把“两个维护”落实在实际行动上。驻工商银行纪检监察组工作已正式开启。中管金融企业派驻改革是党中央作出的重大决策部署，是党和国家监督体系的重大组织制度创新，要站在政治和全局的高度，充分认识党中央关于中管金融企业派驻改革的政治考量和政治要求，切实把思想和行动统一到党中央的决策部署上来。要增强自觉接受监督的意识，习惯在监督下开展工作。

二是要巩固拓展作风建设成果。分行本部要坚决贯彻党的十九大对作风建设、纪律建设的新部署，直面顽瘴痼疾，精准用力、持续发力，坚定不移推进正风肃纪。要深入贯彻落实中央八项规定及其实施细则精神，发扬钉钉子精神，紧盯享乐主义和奢靡之风，加大纠正形式主义、官僚主义力度。聚焦隐形变异“四风”问题，加强监督检查，对顶风违纪行为严肃查处、通报曝光，坚决防止“四风”问题反弹回潮。紧盯不敬畏、不在乎、喊口号、装样子的问题，坚决整治形式主义、官僚主义突出问题，推动党中央重大决策部署落地见效。要反对特权思想和特权现象，增强廉洁自律意识，严格家教家风。

三是要加强警示教育，用身边事教育身边人。要清醒认识全面从严治党、从严治行的新形势，加强警示教育，以案为鉴、以案明纪，使广大党员干部特别是领导干部引以为戒，真正受警醒、明底线、知敬畏。要高度警觉党员干部思想上存在的问题和苗头，从点滴抓起，抓小抓早，固本培元，切实筑牢拒腐防变的政治和思想根基，不断把全面从严治党、从严治行引向深入，建设风清气正的模范本部和廉洁银行。

四是要改进服务基层作风。当前，全行各个区域、各个板块都处在转型发展的关键期，基层行各方面经营发展的任务都很重。越是攻坚克难的特殊时期，分行本部越是要牢固树立“基层和一线也是客户”的意识，增强在服务客户、服务基层、服务员工方面的协同性和主动性，在业务营销、综合协调、风险控制、后勤保障等方面为基层行做好指导和服务，为基层行开拓市场和服务客户扫除障碍、破除瓶颈、提供支持，真正使上下拧成一股绳，不断形成推动发展的强大合力。分行本部要努力破解“部门墙”“条线壁垒”和“大企业病”问题，认真落实服务承诺制、首问负责制、限时办结制等内部服务制度，切实做到寓管理于服务之中，以党风

建设带动行风建设，使提供优质服务成为工作习惯和职业素养。分行在制定出台重大政策制度时，要主动听取基层意见，使各项政策决策更加科学、更加接地气、更具指导性，以此促进经营管理效率和客户响应效率的提升。

五是要坚持以客户为中心的发展理念。分行本部党组织和广大党员要坚持党的根本宗旨，牢固树立群众观点，把以客户为中心的思想贯彻到经营发展、客户服务各项工作之中，更好地满足实体经济和人民群众日益多样化的金融需求。要持续改进大众金融服务，以客户需求为本，抓住重点、解决痛点、打造亮点，努力打造卓越服务体验和良好口碑形象，把以客户为中心的文化精髓深植到每名党员、员工的思想深处。要主动适应全面小康社会的建设以及互联网发展带来商业模式、消费模式的巨大变革，与时俱进地改进和创新金融服务，尤其要更加有效地利用我行互联网金融创新优势，推进线上线下一体化服务，不断改善客户服务体验。要加强全面风险管理，从防范化解金融风险的高度，深化各类风险整治，持续保持对各类案件和风险事件的高压态势，切实将守住风险底线作为维护经济金融稳定和人民利益的安全线。

三、强化担当作为，进一步压实管党治党责任，做改革创新、狠抓落实的榜样

习近平总书记强调干工作要“一分部署，九分落实”，总行党委也提出了“奋斗+落实”的关键词。分行本部党组织和广大党员要认真学习习近平总书记在庆祝改革开放40周年大会和中央经济工作会议上的讲话精神，弘扬改革开放精神，立志当金融改革的先锋、闯将，把新时代党的建设总要求高标准地落实到具体工作中，将学习成果体现在服务实体经济的工作实绩上，体现在维护金融安全稳定上，体现在激发经营活力和价值创造力上。

一是要压实管党治党主体责任。分行党委要坚持党的全面领导，切实履行全面从严治党主体责任，做到分行本部党建工作与中心工作一起谋划、一起部署、一起考核。分行党委书记要切实扛起分行本部党建工作第一责任人的职责，直属党委书记要履行本部党建工作直接责任人职责，领导班子其他成员落实“一岗双责”，抓好职责范围内的党建工作。要积极稳妥开展分行各部门党建工作考核，建立健全考核机制，考核结果要作为评价领导班子和领导干部的重要依据，使本部党组织真正重视起来，使各项工作真正做到有的放矢。

二是要在改革创新中强化担当精神。新常态下谋发展，攻坚期中抓改革，是对各级党员干部能力的直接检验。分行本部要用新理念、新思路、新方式加快推动转型发展，坚持抓重点、补短板、强弱项，找准症结，开实药方。面向新时期，全行各个区域、各个板块都处在转型发展的关键期，如船至中流，不进则退，分行本部每个党员都要结合本行本岗位谋划改革创新与转型发展的新招实招。要更加注重传承与创新的融合统一，坚持从解决实际问题出发，对发展做新思考、对结构做新调整、对工作做新谋划，使我们在日新月异的革新浪潮、快速变化的客户需求和日益激烈的市场竞争面前，掌握主动和先机。

三是要以过程控制保落实。分行本部党组织和广大党员要以时时赶考的心态，以走长征路的状态，以踏石留印、抓铁有痕的作风，一件事情接着一件事情干，一个问题接着一个问题解决，一个目标接着一个目标实现。要结合自身实际，将上级的安排部署项目化、清单化，逐项逐条明确责任部门、时间进度、推进措施，进行精细化管理。要抓好督促检查，持续跟踪问效，采用集中督导、随机抽查等方式，保证要求层层传导，工作按时办结。

四是要坚持问题导向抓落实。分行本部党组织对落实全面从严治党的堵点问题、提高基层组织力中的焦点问题、业务工作中的难点问题，要坚持问题导向，坚持辩证思维，重视抓主要矛盾和矛盾的主要方面，重视抓细抓常，以加强本部党建工作为重点，着力打通“最后一公里”，实现党建工作全面过硬、全面提升，把党建工作中存在的短板变成“潜力板”。

同志们，逆水行舟用力撑，一篙松劲退千寻。一级（直属）分行本部是落实总行党委战略决策的重要一环，是分行生产力的坚实基础，是推动党的金融事业不断向前的重要力量。加强和改进分行本部党建工作是摆在广大党员干部面前的一项重大政治任务，各行直属党委要以强烈的责任感和使命感，全面落实新时代党的建设总要求，推动基层党建工作再上新台阶，为走好新时期的长征路提供坚强保障。

在中国工商银行网点工作会议上的讲话

王　林

（2019 年 1 月 26 日）

全行以这样的规格和形式召开网点主题的会议尚属首次，体现了总行党委对网点工作的高度重视与关切。刚才，谷行长的讲话统揽大局、内涵丰富，是新时期深化网点转型工作的一份纲领性文件，为全行指明了方向、提供了遵循。全行上下一定要认真学习，深刻领会，吃透精神实质、把握任务要求、抓好结合落实，以更加主动的意识、更加坚定的信心、更加充足的干劲，不断开创网点转型发展的新局面。下面，结合总行党委要求和谷行长重要讲话精神，就如何推动好、落实好这项工作，再简要谈几点意见。

一要切实把战略高度提起来。深化网点转型发展是一项复杂系统工程，也是关系全行转型创新的重大战略性、基础性工程，涉及多种业务、多级机构、多类资源、多项要素、多个流程、多方利益，决策难点多、推动难度大。对于总行党委的战略部署，各部门、各级行要提高思想站位，把握主攻重点，认识坚定、态度坚决、落地坚实。

二要切实把实施方案抓起来。绘好新时期网点转型发展“蓝图”，实施方案是最重要的“起笔”。起笔落得稳与准，蓝图方能真和实。各部门、各级行要对照总行随后印发的深化网点转型发展工作方案，立足自身实际，抓紧制订各项工程及项目的实施方案，进一步细化任务措施、进度计划和交付成果，强化战略协同和目标引领。

三要切实把主体责任扛起来。作为“一把手工程”，深化网点转型工作要求各级主要负责人抓得起来、沉得下去，主动作为、担起责任，对试点改革亲自部署、对重要方案亲自把关、对关键环节亲自协调、对落实情况亲自督察。同时，要尽快建立“工作领导小组、工程牵头团队、项目实施团队”层层推动、紧密联动、协同攻关的运作机制，完善组织保障。

四要切实把成效标尺严起来。全面推进五大工程，组织开展改革创新，既要注重从整体性、集成性、协调性审视和评价各项任务措施，又要把能否推动我行网点市场竞争力、价值创造力、风险控制力、客户美誉度在可比同业领先，能否在客户、员工等层面有感受、看得见、体验到，作为衡量措施“实不实、有效不有效”的重要标尺和准则。

五要切实把典型标杆树起来。抓好五大工程，要充分激发基层的创新意识和创新活力，及时总结推广相关典型经验，发挥示范带动作用，形成标杆效应；在抓好分行典型的同时，要集中抓好一批标杆网点和标杆网点负责人的选树，使其成为带动全行网点竞争力整体提升的最坚实力量。

同志们，深化网点转型工作是事关全行战略转型和改革创新的一项攻坚战。全行上下要紧紧围绕总行党委要求，坚持以党建为引领、以战略为驱动的工作理念，保持信心恒心、做大优势胜势，砥砺前行、矢志奋斗，为推动全行网点转型与竞争力提升再立新功！

深化派驻改革　忠实履行职责
努力实现新时代纪检监察工作高质量发展

——在中国工商银行 2019 年全面从严治党
暨纪检工作会议上的讲话

王　林

（2019 年 2 月 19 日）

刚才，谷副书记代表总行党委作了非常好的讲话，全行要认真学习领会，抓好贯彻落实。根据会议安排，我就2018年工作和今年任务进行总结和安排。

一、2018年纪检工作回顾

2018年是全面贯彻党的十九大精神的开局之年，是工商银行新三年规划的开篇之年，也是从大行向强行跨越新征程的开启之年。一年来，在中央纪委和总行党委坚强领导下，全行各级纪检机构紧紧围绕学习贯彻习近平新时代中国特色社会主义思想和党的十九大精神，牢固树立“四个意识”，坚定“四个自信”，把“两个维护”贯穿始终，认真履行党章赋予职责，持之以恒正风肃纪反腐，推动纪检工作取得新成效。

（一）以“两个落实”为主线，自觉履行重大政治责任。一是坚守纪检机关的政治属性，担负好“两个维护”政治责任。出台《关于强化“两个落实”监督的意见》，把监督发现问题和推动工作落实结合起来，用监督的力量推动工作，用工作的落实强化监督，保障党中央关于金融工作重大决策部署在全行贯彻落实。二是集中对近千名一、二级分行党委书记、纪委书记和境外机构负责人进行“两个落实”专题轮训，严肃处理国务院办公厅通报的存贷挂钩违规事件责任人并全行通报，推动各级“关键少数”强化落实、抓好落实。三是深入学习贯彻习近平总书记关于赖小民案重要批示精神，通报林晓轩案等10起总行本部违纪违法典型案例，组织全行开展为期两个月的警示教育和对照检查。四是整体把握党内政治生态状况，动态分析管理人员廉政情况，总行纪委共回复党风廉政意见3 000余人次，坚决防止干部“带病提拔”“带病评优”。五是注重用好问责“利器”，通过约谈提醒、组织处理、纪律处分等方式，对党的领导弱化、党的建设缺失、管党治党责任不力等问题及时追责、严肃问责，2018年全行问责副处级及以上管理人员410人，有力营造了讲政治、守纪律、懂规矩的政治氛围。

（二）巩固拓展作风建设成果，坚定不移纠正“四风”。把落实中央八项规定精神、纠正“四风”工作作为重要政治任务，发扬钉钉子精神，防止“四风”问题反弹回潮。一是节点有提醒。抓住元旦、春节、中秋、国庆等重要时间节点，充分发挥“明纪守规树新风”专栏作用，面向40余万员工发布廉洁过节提示，重申纪律红线。二是问题有排查。对十八大以来违反中央八项规定精神问题零报告的7家分行进行现场检查，组织总行12个部室和5家一级分行开展形式主义、官僚主义问题专题调研，着力解决不担当不作为问题，全行集中查找出“四风”问题644个。三是执纪有力度。对执纪审查对象存在“四风”问题的，先于其他问题查处和通报。全行给予相关责任人党纪处分41人、政纪处分87人、党政纪双重处分23人。其中给予形式主义、官僚主义问题责任人党纪处分3人，政纪处分11人，党政纪双重处分2人，组织处理19人，纠正“四风”问题在全行各级机构引起重视。四是制度有规范。协助总行党委修订印发《关于切实改进总行工作作风密切联系群众的规定》，出台《关于加强我行金融精准扶贫工作作风建设的通知》，提供可执行、可操作的规范，进一步扎紧作风建设制度“笼子”。

（三）巡视巡察一体推进，利剑作用得到彰显。一是持续深化政治巡视。完成第二轮对52家一级（直属）机构巡视全覆盖政治任务，其中去年巡视了18家一级机构和总行6个部室，将金融精准扶贫纳入巡视重点内容，同步对4家机构开展信贷风险专项巡视，对2家机构开展金融风险防范专项巡视，初步探索境外巡视，共发现问题685个，提出整改建议222条。巡视工作成效得到中央巡视办认可，我行巡视巡察上下联动机制经验作为国企唯一代表，在中央巡视工作规划推进会做了介绍，信贷风险专项巡视工作也得到了中巡办的宣传推广。二是扎实做好巡视“后半篇文章”。持续跟踪2015年中央专项巡视反馈问题整改效果，巡视回访调研10家机构。对巡视发现的“表象在基层、根子在总部”问题推动总行职能部门解决，发挥政治巡视标本兼治战略作用。三是全面启动巡察工作。探索建立上下联动监督网，以巡视带动巡察工作发展，制定印发《关于建立巡察制度的意见》和《2018年巡察工作指导意见》。各一级机构党委共组建86个巡察组，巡察下级机构268个，发现问题数量4 523个、干部问题线索109件，有效推动全面从严治党、从严治行向基层延伸。

（四）聚焦监督执纪问责主业，层层设置纪律防线。一是把牢纪律戒尺。认真学习贯彻《中国共产党纪律处分条例》，把《条例》纳入各级党委中心组学习、党课、党校教育课程、党员学习规划中，推动形成学条例、明底线、知敬畏、守纪律的浓厚氛围。二是强化日常监督。综合运用听取汇报、个别谈话、检查抽查、督导列席民主生活会等形式，加大日常监督力度。指导安徽分行探索向下级机构派驻纪检组，推动总行纪委两个派驻纪检组发挥常态化、近距离监督优势。完成对5家境外机构廉洁从业专项检查，并探索了境外机构巡视工作方式。推动日常监督与执纪问责相衔接，认真处置监督中发现的问题线索。全行各级纪检机构共收到信访举报2 363件，处置问题线索1 647件，同比分别增长30.8%和10.7%；其中总行纪委收到信访举报860件，处理问题线索629件，运用四种方式直接处置问题线索184件，同比分别增长5.9%、14.4%和26%。探索延伸监督，试点上收5家一级分行问题线索处置权，实现执纪覆盖面与审查效果双提升。三是深化运用监督执纪“四种形态”。全行各级纪检机构运用第一种形态，约谈提醒、谈话函询1.9万人次，占75%，同比增长37%，对如实说明情况且被反映问题不实的党员干部予以采信并反馈告知；妥善运用第二种形态，给予轻处分、组织调整 6 145 人次，占 24%，同比增长 11%；运用第三种形态，给予重处分、重大职务调整 231 人次，占 0.9%，同比减少 20%；运用第四种形态，移送司法机关 58 人，监督执纪由“惩治极少数”向“管住大多数”拓展。其中，总行纪委对总行党委管理干部分别运用第一、二、三种形态 25 人次、11 人次和 2 人次。四是严格履行审理把关职责。加强工作指导、检查与评价，既从严把握纪律标准，又综合个案情况，确保案件质量和执纪平衡。全行共审理违纪违规事项 4 419件，给予党纪政纪处分 6 018 人，同比分别增长 8.3% 和 3.1%。

（五）突出重点查防并举，助力防范化解金融风险。认真落实“打掉老鼠、护好玉盘”工作要求和“案件总量不上升、重大恶性案件和风险事件杜绝发生”管控目标，在防范化解金融风险中发挥了积极作用。一是聚焦信贷、资管、集采等八大重点领域，对群众反映强烈、造成重大风险的问题重拳出击。全行八大重点领域信访查处的违规违纪问题 61 个，处理 138 人。其中总行纪委直接立案 12 件，涉及责任人 25 人。二是深化员工异常行为排查，组织开展融安 e 信和员工涉赌两项专项排查工作。发现各类异常行为人员 2 801 人，给予 923 人党纪政纪处分。三是坚持有案必查、查案必严，全行共查处内部案件和风险事件 15 件，其中一二类案件 9 件、案件风险事件 6 件，实现案件管控目标，对 112 名相关责任人给予党纪政纪处分。四是强化重点监控机构管理，全行共确立各级重点监控机构 241 个，其中总行对 2 家重点监控机构现场督导和帮扶，去年有 23 家一级（直属）分行未新发生重大案件和风险事件，合规经营意识和风险防控能力明显提高。五是用好案例“活教材”，广泛开展“以案说纪、以案说规”警示教育活动，梳理案例 5 499 个，查找问题 9 769 个，完善制度 1 496 个。六是推进廉洁文化“五个一”活动，加快廉洁文化教育基地建设，落实“三个区分开来”原则，组织对被处理问责人员进行回访，实现化解风险、维护稳定和挽救干部相统一。

（六）学习领会改革精神，不断加强自身建设。一是深入学习领会深化国家监察体制改革和《监察法》精神，总行纪委赴 6 家地方纪委监委走访调研。组织一级机构纪委书记专题培训座谈，及时传达学习派驻改革意见精神，统一思想认识，研究推进改革工作，明确过渡期安排，保持工作的连贯性和正常运转。二是持续强化对下级纪检机构的领导，加强对一级机构纪委负责人的提名考察，开展年度述职和外出报备等工作；持续加强政治和业务培训，仅总行全年举办各类培训班 11 期 800 余人次。三是聚焦热点重点问题研究，2 项课题分获中国监察学会金融分会理论研究成果一、二等奖。推荐 3 人参加中央纪委办案、中央巡视工作，选调 150 余人次参加总行巡视，促进纪检干部在实践中增强业务能力。全力推进纪检监察管理平台建设，提升信息化工作水平。四是进一步调整优化总行监察室内设机构和工作职责，新增纪检干部监督管理机构，建立内部监督工作月报制度，处置涉及纪检干部问题线索 23 件次，及时清理门户，努力打造一支忠诚干净担当的纪检队伍。

一年来，全行纪检工作取得的成绩，得益于中央纪委国家监委的正确领导，特别是第三监督检查室的具体指导和大力支持，得益于总行党委的高度重视和坚强领导，得益于全行各级党委和干部员工的充分理解和自警自励，也得益于广大纪检干部的高度自觉和扎实工作。在此，我代表派驻纪检监察组对中央纪委国家监委、各级行党委对纪检工作的领导、关心和支持表示衷心感谢！对全行纪检干部和所有关心和支持纪检工作的机构、部门和同志们表示衷心感谢！

在肯定成绩的同时，我们也要清醒地看到，反腐败斗争形势依然严峻复杂，全面从严治党、从严治行依然任重道远，我们必须把全面从严的要求长期坚持下去。去年 10 月总行警示教育大会通报了总行本部 10 起典型违纪违法案例，特别是林晓轩案的发生，充分反映出总行党委主体责任和纪委监督责任的缺失。从日常信访举报、巡视巡察、各种内外部检查情况看，全行在贯彻“两个从严”、廉洁从业、反对“四风”、务实工作方面还程度不同地存在不少问题，仍有不少人不收敛不收手，顶风违纪，甘于被“围猎”，削减存量、遏制增量的任务仍较繁重。在业务经营中，仍不同程度存在各种违规违纪问题，如“八大领域”的问题没有得到彻底根治，业务领域“屡查屡犯”问题没有得到有效解决。从纪检工作自身看，与党中央、中央纪委的要求相比仍存在一些薄弱环节，各级纪检机构和纪检干部在思想观念、责任担当、方法举措上还不能完全适应新形势新任务。一是深化“三转”仍不够到位，主责主业不够聚焦，职能分工不够明确，越位、缺位、错位等问题同时存在。如有些还没有找准职能部门抓业务、管干部的监督主责与纪检机构“再监督”专责的结合点，将纪检部门的监督代替职能部门的监督。二是对履行监督职责认识仍不到位，对监督的职责内容、途径方式思考不深、探索不够，手段不多，不敢监督、不善监督，特别是日常监督比较薄弱，主动性不强，作用发挥不明显。三是对下级纪检机构业务指导和监督检查机制仍待改善，针对性、可比性、约束性仍显欠缺，工作跟踪问效、质量督查、结果运用机制不够健全，压力层层传导不足。四是履职本领有待提高，监督执纪能力、把握运用“四种形态”能力和统筹协调能力还存在短板，精准发现问题、精准把握政策、精准处置案件的本领还比较薄弱，特别是派驻改革后监察权的授予和行使更加凸显本领恐慌、本领不足、本领落后问题。五是有的纪检干部作风不实、自律不严，甚至发生违规违纪问题，等等。对于上述存在的问题，我们必须高度重视，以派驻改革为动力和契机，认真查找思想差距、作风差距、能力差距、工作差距，以更大决心、更严标准、更实举措抓紧抓好。

二、35 年来纪检工作的认识和体会

2018 年是改革开放 40 周年，也是党的纪律检查机关恢复重建 40 周年，工商银行纪检事业伴随着全行一道走过了从国有专业银行到国有独资商业银行，再到国有股份制银行的逐步发展壮大的 35 年。35 年来，全行纪检机构和纪检干部始终坚持党的领导不动摇，积极适应不同历史时期的形势变化，为确保党中央重大决策部署贯彻落实、促进工商银行持续健康发展提供了坚强保障。刚才，谷副书记在去年全行党建工作会议提出的六条党建工作规律基础上，又从四个方面深化了对全面从严治党的认识，这些基本规律和认识需要全行不断坚持和发扬。同时，全面总结我行纪检工作历史经验，对于推动全面从严治党向纵深发展，实现新时代纪检工作高质量发展，具有重要意义。

（一）坚持党的集中统一领导，确保纪检工作始终沿着正确方向前进。坚持和加强党的领导，是纪检工作最根本的政治原则。35 年来，全行各级纪检机构始终自觉在党中央统一领导下开展工作，认真贯彻落实党中央重大决策部署，加强对党中央大政方针贯彻落实和党章党规执行情况的监督检查，把党的领导贯穿到纪检工作全过程、各方面。在新时代，纪检工作只有更加坚持和加强党的全面领导，坚决做到“两个维护”，确保工商银行事业前进的正确方向和持续健康的发展目标。

（二）坚持与中心工作融合共进，找准履职尽责的切入点和突破口。工商银行的事业在哪里，工商银行的中心任务在哪里，纪检工作也必须及时跟进到哪里。35 年来，全行纪检工作紧紧围绕中心、努力服务大局，促进了改革发展与反腐败斗争相伴相随、相互促进、相得益彰。在新时代，纪检工作更要立足改革发展中心工作，坚持政治与业务相统一，用纪律和规矩为各项工作保驾护航。

（三）坚持把监督作为基本职责、第一职责，充分发挥监督在治理体系中的保障作用。腐败的本质是权力的异化、变质、滥用，治理腐败的关键就是强化监督、管住权力。35 年来，全行纪检工作牢牢抓住监督这个主责，既抓大案要案又抓群众身边作风和腐败问题；既重拳出击着力治标，又定制立规深入治本；既坚持纪在法前，严格依规依纪审理问责，又突出教在纪前，强化思想政治工作，力求纪律约束有硬度、批评教育有力度、组织关怀有温度。在新时代，纪检工作要进一步在精准监督上下功夫，确保既坚持原则、敢于动真碰硬，又能触及灵魂，达到教育、挽救、转化的目的。

（四）坚持把抓“关键少数”作为重点，强化以少率众的“头雁效应”。抓好“关键少数”，就抓住了全面从严治党治行的重点，就会形成“以少率众”的引领效应。35 年来，全行纪检工作始终把破解领导干部特别是一把手监督难题摆在突出位置来抓，不断强化对“关键少数”的管理监督，综合运用信访核查、责任制考评、巡视巡察、纪律审查等手段，保证干部队伍的先进性纯洁性，打造政治过硬、本领高强的金融铁军。在新时代，必须继续强化对领导干部的监督管理，以管好“关键少数”带动管住“绝大多数”。

（五）坚持深化改革创新，为深入推进全面从严治党提供持久动力。事业因改革而兴、因改革而强、因改革而久。35 年来，全行纪检机构主动适应内外部形势发展变化，在实践中摸索，在总结中提升，形成管人与管事、“制度 + 科技”的案防工作机制，建立党纪与行规相结合的《员工违规行为处理规定》等惩戒制度体系，探索纪律监督、巡视巡察监督、派驻监督等方式方法，强化“讲了就要听、定了就要做、安排布置了就要认真落实、不听不做不落实就要严肃执纪问责”的理念传导。在新时代，特别是当前纪检监察派驻改革正在紧锣密鼓推进形势下，我们必须进一步以改革的思维深化改革，以创新的逻辑强化创新，切实将改革的制度优势体现在监督执纪效果的提升上，为深入推进全面从严治党提供持久动力。

（六）坚持打铁必须自身硬，夯实好最根本的队伍基础。35 年来的实践证明，纪检干部只有做到自身正、自身净、自身硬，才能忠实履行党章赋予的重大责任。在新时代，我们必须牢牢把握政治过硬、本领高强要求，在深化理论学习中提高政治站位，在应对复杂环境考验中保持政治定力，在加强实践锻炼中磨砺政治品格和斗争精神，努力在新的实践中展现新气象、新担当、新作为。

“欲知大道，必先为史。”回首来时路，纪检事业与改革同步、与发展同行；展望新征程，纪检工作任重道远、更需奋斗。我们一定要深刻理解、倍加珍惜、自觉运用积累的宝贵经验，在新的实践中不断深化发展。

三、2019 年纪检监察工作主要任务

2019 年是中华人民共和国成立 70 周年，也是全行实现三年规划承上启下的关键一年，还是推进纪检监察派驻改革的开局之年。做好今年工作，意义深远、责任重大，必须适应新形势、抓住新机遇、展现新作为。既要保持政治定力、保持高压态势、保持稳扎稳打，也要以改革创新激发内生动力，在关键领域、薄弱环节上实现突破。2019 年纪检监察工作的主要任务是：以习近平新时代中国特色社会主义思想为指导，深入贯彻党的十九大和十九届二中、三中全会精神，认真落实中央纪委三次全会精神，坚持稳中求进工作总基调，以党的政治建设为统领，强化政治监督，做实日常监督，督促推动全行增强“四个意识”，坚定“四个自信”，做到

“两个维护”；深入推进派驻改革，忠实履行党章和宪法赋予的职责，坚持纪在法前、纪严于法，执纪执法贯通、有效衔接司法，深化金融领域反腐败斗争，一体推进不敢腐、不能腐、不想腐；着力破除形式主义、官僚主义，推动中央八项规定精神成风化俗，努力实现新时代纪检监察工作高质量发展，为推动工商银行全面从严治党、从严治行向纵深发展，推动中央决策部署在工商银行贯彻落实到位提供坚强保证。

（一）深入学习贯彻习近平新时代中国特色社会主义思想，扎实开展“不忘初心、牢记使命”主题教育。一是今年各级纪检机构要继续坚持边实践边学习，扎实开展“不忘初心、牢记使命”主题教育，在学深悟透、务实戒虚、整改提高上持续发力，坚守我们党的初心使命、纪检监察机关的初心使命、党员个人许党报国的初心使命；坚持下抓两级、统一思想，举办一、二级分行党委书记、纪委书记“两个提升”专题轮训，推动其政治能力与经营能力协同提升；依托“三会一课”、民主生活会和组织生活会、谈心谈话、民主评议党员等制度，创新教育方式和载体平台，解决实际问题，推动知行合一；健全完善长效机制，把教育成果转化为坚定理想信念、砥砺党性心性、忠诚履职尽责的思想自觉和实际行动。二是派驻纪检监察组要加强对各级纪检机构学习贯彻情况的监督检查，对搞形式、走过场的严肃批评、追责问责。要督促各级纪检机构在坚持自身学好的同时，加强对本级党委组织推进主题教育情况的监督检查，确保主题教育在全行取得扎扎实实的效果。

（二）以党的政治建设为统领，坚决破除形式主义、官僚主义。纪检机关是政治机关，在加强党的政治建设方面担负着特殊使命和重大责任，必须聚焦政治立场、政治原则、政治担当和政治纪律，主动作为、敢于担当，保证党中央大政方针和决策部署落地生根。

一是督促践行“两个维护”。全行各级党组织和广大党员特别是领导干部，要树牢“四个意识”，做到“两个维护”，在政治立场、政治方向、政治原则、政治道路上始终同以习近平同志为核心的党中央保持高度一致。各级纪检机构要牢牢站稳政治监督定位，以政治纪律为尺子，强化对践行“两个维护”，贯彻党章和其他党内法规，执行党的路线方针政策和决议情况的监督，重点关注习近平总书记的重要批示和党中央、国务院对工商银行具体要求有没有真正得到落实，经常督促各级党委认真对照检查，督促党员领导干部把“两个维护”落实到坚持党对金融工作的全面领导之中，体现在服务实体经济、防控金融风险、深化金融改革的担当尽责之中。

二是健全政治监督机制。要把政治监督作为一项基础性、经常性工作，作为贯通纪律监督、监察监督、巡视监督、派驻监督的一条主线，持续深入抓紧抓实抓出成效。要聚焦工作成效，重点看党的路线方针政策和党中央关于金融工作重大决策部署是否落地落实；聚焦“头雁”群体，重点看党委班子及其成员“一岗双责”是否落实到位；聚焦“政治性、时代性、原则性、战斗性”要求，看本机构党内政治生活是否严肃规范，政治生态是否风清气正；聚焦新时代要求，看全行党员干部是否敢担当善作为。要通过探索对各单位政治生态建设成效进行考核等手段，更加科学、准确、动态地评价“树木”与“森林”的状况。

三是严明政治纪律和政治规矩。各级纪检机构要增强政治敏锐性和政治鉴别力，要针对“七个有之”，认真研究分析工商银行实际，坚决纠正上有政策、下有对策，有令不行、有禁不止行为。今后在选人用人上要加大监督力度，特别是加强对有可能提拔任用的干部的监督。派驻纪检监察组从动议酝酿阶段就参与总行党委选人用人工作，及时发表意见并实行全过程监督，各级党委都要自觉接受同级纪检机构选人用人工作监督。要把好党风廉政意见回复关，认真落实“纪检监察机关意见必听，线索具体的信访举报必查”要求，严把选人用人政治关、廉洁关、形象关，树立正确用人导向，营造良好干事氛围。

四是深入整治形式主义、官僚主义。各级党委要从讲政治高度认识整治形式主义、官僚主义的极端重要性，严格按照总行《关于贯彻落实习近平总书记重要指示精神　集中整治形式主义、官僚主义的实施意见》要求，确定本机构整治重点，解决突出问题，防止以形式主义反对形式主义，以官僚主义反对官僚主义。派驻纪检监察组要把工作重点放在监督各级党委主体责任落实上，推动其梳理问题清单，查找自身政策不接地气、工作要求不切实际等问题。要将形式主义、官僚主义整治纳入执纪监督、审查调查、执纪审理以及巡视巡察等工作重点。对问题线索集中、员工反映突出的分支机构，开展现场监督检查。紧盯对党中央重大决策部署不敬畏、不在乎、喊口号、装样子的现象，严肃查处空泛表态、应景造势、敷衍塞责、出工不出力等突出问题。

（三）坚持巩固深化，推动中央八项规定精神成风化俗。作风之重，关乎事业成败，作风之要，在于久久为功。

一是坚持抓细与抓常相结合。深入贯彻落实习近平总书记关于进一步纠正“四风”、加强作风建设重要批示精神，各级党委要充分履行主体责任，派驻纪检监察组要把监督检查中央八项规定及其实施细则精神和总行26条规定作为重点任务和经常性工作，抓具体、补短板、防反弹，管出习惯、成风化俗。要督促各级纪检机构严格执纪、严查重处，对顶风违纪者既要严肃处理当事人，又要追究领导责任。要将集中整治、现场检查过程中发现的典型问题在全行通报曝光，切实发挥警示教育作用。

二是坚持专项整治与制度建设相结合。要由解决面上问题向解决深层次问题延伸，由集中整治向常态治理深入，坚决防止“四风”问题反弹回潮、卷土重来。各级党委要把问题整改与健全机制有机结合。要针对一些制度由于失之于宽不好执行、界限不明不易执行、程序烦琐难以执行，使制度的效力打折扣的问题，提出行之有效的整改措施，并通过自查、抽查、督查等方式，不断提高制度执行力，使制度的力量得到充分释放。

三是坚持抓“关键少数”和管“绝大多数”相结合。各级领导干部要带头转变作风，经常摆表现、找差距，坚持身体力行、以上率下。要注重督促广大党员干部牢固树立宗旨意识和服务意识，坚持“二线服务一线，全行服务客户”，内转作风、外树形象，打造客户首选和以人为本的银行。

四是坚持纠正“四风”与树立新风相结合。纠正“四风”的最终目标是树立新风。要培育积极向上、风清气正的企业文化，注重人文关怀和心理疏导，坚持用正确的价值取向引导、凝聚、激励干部员工，消除“银行例外论”“金融特殊论”，涵养简单清新健康的新风正气。

（四）牢牢把握监督基本职责、第一职责，切实提升纪律建设质效。监督是纪检机构的基本职责、第一职责。要坚持不懈探索强化监督职能，特别是把同级监督、日常监督、长期监督结合好、做到位。

一是突出监督重点，善用方法手段。派驻纪检监察组要将日常监督向各级党委、“关键少数”、重点领域聚焦，综合运用信访受理、线索处置、约谈提醒、谈话函询、专项检查等多种形式，不断提高发现问题和解决问题的能力。继续探索推行延伸监督，将非总行党委管理的正处级管理人员和专家等业务序列干部的信访举报问题线索处置权上收的试点范围进一步扩大，提高执纪审查覆盖面和有效性。对内要结合纪检监察管理平台建设，研判违纪违规问题的主要特点和变化趋势，对外要努力依托司法执法机关和行业监管部门的大数据资源，运用好综合分析成果，使数据发出“声音”。要推动各级纪检机构整合监督力量，开展上下和片区联动、交叉监督、协作督查等，破解基层专业人员少、力量分散的困境。要督促各级党组织、党员干部认真落实监督责任，要将监督管理有针对性地体现在日常工作中，切实形成监督与接受监督的浓厚氛围和良好习惯。

二是运用“四种形态”，更加精准有力。派驻纪检监察组要加强对各级纪检机构贯通运用“四种形态”的指导，探索制定监督执纪“四种形态”统计指标体系。各级纪检机构要在用好第一种形态上下更大功夫，干部有问题就要及时提醒、批评，咬耳扯袖、红脸出汗，体现严管厚爱。要注重谈话和函询相结合，严格把握适用条件，对线索具体、情节严重的问题，不能“一谈了之”“一函了之”；要加大对函询结果抽查核实力度，对如实说明的予以采信，对欺瞒组织的严肃处理，发挥好采信告知的教育激励作用和抽查核实的监督作用；要鼓励更多的同志，特别是那些犯了小错误还始终背着包袱的同志，主动把事情搞清楚、向组织说清楚，改正自己的错误。说清楚并改正以后，组织上要用适当的方式给其画句号，使他们能够放下包袱，继续为党的金融事业积极工作、作出贡献。对极少数严重违纪甚至涉嫌违法，执迷不悟对抗欺瞒组织的，要坚决依纪依法严肃处理，涉嫌贪污贿赂、滥用职权等职务违法犯罪线索要坚决查处，充分用好监察处置权，发挥派驻监督的职能作用。

三是开展纪律处分决定执行情况检查，维护纪律严肃性和权威性。各级纪检机构要充分发挥统筹协调作用，会同组织部门、受处分人所在单位等，对党的十八大以来办结案件的党纪政纪处分决定执行情况开展一次全方位“拉网式”检查。对于检查中发现的纪律处分决定执行不到位、不规范问题，要责令限期整改；对于一些长期执行不到位的案件，要实行挂牌督办、销号管理。对规避执行、蓄意变通、整改不力的责任单位和人员，要视情节予以严肃问责；要敢于揭短，对典型问题公开通报曝光，发挥警示教育作用。要把纪律处分决定执行中存在的问题作为提升纪律审查工作质量的突破口和着力点，聚焦纪律处分决定宣布和归档、职务级别和工资等相关生活待遇调整、处分影响期内年度考核及评先评优等关键环节，建立健全处分执行内容告知、处分执行公示等制度体系，探索构建纪律处分执行数据平台，不断提高工作的制度化、规范化及信息化水平。

（五）持续深化政治巡视，切实发挥巡视巡察重要作用。对标中央要求、紧跟中央步伐，找准巡视巡察与业务经营管理的结合点和监督的切入点，真正发挥好巡视巡察的震慑遏制和治本作用。

一是在工作站位上，坚持深化政治巡视。要认真贯彻中央巡视工作五年规划和总行巡视五年计划，按照“六围绕一加强”和“五个持续”要求深化政治巡视，全面审视被巡视党组织工作，着力发现落实党的路线方针政策和党中央重大决策部署方面存在的责任问题、腐败问题、作风问题，违反党的“六项纪律”和“七个有之”等问题。

二是在工作体系上，坚持有形覆盖和有效覆盖相统一。统筹安排常规巡视、专项巡视、机动巡视，把巡视巡察与净化政治生态相结合，与整治群众反映强烈的问题相结合，与解决日常监督发现的突出问题相结合，不断增强监督实效，做到发现问题与形成震慑的有形有效覆盖。

三是在工作格局上，坚持上下相联动、左右相衔接。健全上下联动的领导体制，建立完善党委专题会和巡视巡察工作领导小组会议听取巡视巡察汇报情况和巡视巡察工作规划、年度计划报备制度。完善上下联动的制度体系，协助总行党委制定或完善巡视组工作规则、被巡视党组织配合巡视工作规定等制度，指导各分行巡察机构建立完善配套制度。探索建立健全巡视机构与派驻纪检监察组监督协调常态化机制，促进巡视监督与派驻监督在信息收集、分析预判、线索处置、跟踪整改、成果运用方面的有效对接。

四是在监督范围上，坚持境内境外一起抓。要总结前两轮巡视工作经验，今年着重做好总行本部的巡视，以建设廉洁“一带一路”为主线，探索境外巡视工作，逐步实现巡视覆盖全集团，确保党的组织建到哪里，巡视监督就延伸到哪里。

五是在成果运用上，坚持标本兼治相促进。对巡视巡察发现的问题，透过现象看本质，对症下药，确保各项整改措施“标本兼治”，要建立健全可追踪、可评价、可问责的督查督办制度，完善纪检机构、组织部门加强整改日常监督的工作机制，形成有序衔接、互为补充的整改监督链条。要通过不定期抽查、开展“回头看”和现场回访，跟踪督导整改情况，对整改不力的要严肃问责。

六是在组织建设上，坚持专兼职相结合。要进一步选优配强巡视巡察专职干部，形成巡视巡察组组长、副组长、联络员相对固定，组员灵活调配的人员结构。要加强自身政治建设，提高专业素养和业务水平，发挥巡视巡察“熔炉”作用，加大总行巡视办对分行巡察办的工作指导力度。

（六）加大金融反腐力度，巩固发展反腐败斗争压倒性胜利。从十九届中央纪委二次全会将“审批监管”“金融信贷”列为反腐重点领域和关键环节，到三次全会首次明确提出“加大金融领域反腐力度”以及赖小民、林晓轩等违纪违法案件，我们要清醒地认识到，金融领域反腐败斗争已经进入“深水区”，要高度重视各级机构存在的贪腐问题，坚持有贪肃贪、有腐反腐，保持战略定力，培养斗争精神，有力削减存量、有效遏制增量。

一是强化不敢腐的震慑。派驻纪检监察组要按照监察监督全覆盖和有效性要求，把全行法定监察对象全部纳入监督范围，依法行使监察权，严肃查处贪污贿赂、滥用职权、玩忽职守、徇私舞弊等职务违法和职务犯罪，坚决清除甘于被“围猎”的腐败分子，坚决防范各种利益集团拉拢腐蚀干部员工，推动各级党委构建亲清新型银企关系。把惩治贪腐与防控金融风险有效衔接起来，更加谨慎、更加准确、更加讲究政策、更加注意方法，确保执纪执法取得良好政治效果、纪法效果和社会效果。

二是扎牢不能腐的笼子。各级党委要深化以案为鉴、以案促改，不断扎紧扎密制度笼子，真正形成用制度管权、按制度办事、靠制度管人的有效机制。金融腐败往往与金融风险交织在一起，必须把防范化解金融风险作为加大金融反腐力度的应有之义，打好防控金融风险的攻坚战。要不断提升信用风险全周期管理能力，突出抓好新增“出血点”管控、存量风险化解和不良贷款处置。要以“看得清、摸得透、管得住”为目标，加强各类表外、表表外风险防控，强化对子公司的风险穿透管理，严防各类风险叠加碰头、交叉传染。要深入推进“八大领域”风险治理，加强案件风险源头追溯和有效防控。

三是增强不想腐的自觉。各级纪检机构要协助党委把长期性经常教育与阶段性集中教育结合起来，引导广大干部员工树牢正确的世界观、人生观、价值观。派驻纪检监察组将继续办好“明纪守规树新风”专栏，采取同步或分级推送方式，把各种“纪言纪语”“法言法语”转化为易学易记易做的“行言行语”传达给广大干部员工；推动总行党委加快筹建完成杭院廉洁文化教育基地，力争下半年投入使用。要把正面典型示范教育与反面典型警示教育结合起来，通过制作警示教育纪录片、微课件、召开专题组织生活会等方式，用身边人身边事教育干部员工举一反三、引以镜鉴。

四、以改革激发内生动力，切实把制度优势转化为治理效能

党的十八大以来，以习近平同志为核心的党中央把健全党和国家监督体系作为推进国家治理体系和治理能力现代化的重要一环，高度重视纪检监察派驻机构建设。在十九届中央纪委三次全会上，习近平总书记的重要讲话和赵乐际同志的工作报告都对中管金融企业纪检监察体制改革作了明确部署。党中央、中央纪委先后印发《关于深化中央纪委国家监委派驻机构改革的意见》《关于中央纪委国家监委向中管金融企业派驻纪检监察组的实施意见》，召开深化派驻机构改革动员部署会、中管金融企业纪检监察组负责人会议，提出具体要求。总行党委对此高度重视，刚才谷副书记的讲话就派驻改革意义、党委态度以及总体要求讲得非常清楚到位。各级机构要深刻认识党中央推进派驻改革的政治考量和政治要求，深刻理解加强金融机构监督工作的极端重要性和现实紧迫性，切实把思想和行动统一到党中央决策部署上来，认真把改革的具体要求落到实处。

（一）齐心协力，营造共同推动改革良好局面。各级党委要把推进和落实改革作为履行主体责任的重要内容。派驻改革不仅仅是对纪检监察条线的改革，更是对全行治理架构和内部监督体制机制的重大变革。要围绕“改革的目的是要加强监督”原则，同步实施配套改革，发挥好纪律监督、监察监督、巡视监督、派驻监督“四个全覆盖”优势，实现监督资源进一步整合、监督效能进一步强化。各级党组织特别是“一把手”要主动接受监督、正确对待监督、习惯接受监督、真诚欢迎监督，积极支持派驻纪检监察组履行监督职责，提供开展工作的必要保障。派驻纪检监察组要扎实落实改革各

项任务，更要积极主动与总行党委沟通，在关键环节、重要节点、重大问题上合力谋划、共同推进，形成齐抓共管深化改革、推进全面从严治党从严治行向纵深发展的整体合力。

（二）把握时间节点，做到“四个到位”。按照中央纪委国家监委对派驻改革提出的时间表和路线图，加强统筹推进、协调配合，坚决完成好党中央交给的改革任务。一是机构人员到位。尽快完成派驻纪检监察组组建，确保即挂牌即运行。针对人员缺口较大实际，从行内和地方分别选配、选聘熟悉银行业务、具有执纪执法经验的专业人才。各级党委要重视和支持，做好选调和社会招聘工作，积极向派驻纪检监察组推荐和输送人才。二是职能调整到位。十九届中央纪委三次全会对纪检机构和工作实现更高水平、更深层次的“三转”提出新的要求，派驻改革实施意见也对派驻纪检监察组和内设纪检机构职责进行了明确。派驻纪检监察组已对职能职责进行梳理，移交清单也已经总行党委审定。各级党委要领导支持本级纪检机构进一步深化“三转”，强化“三专”建设。三是流程理顺到位。派驻纪检监察组要立足依托纪检、拓展监察、衔接司法，对标《监察法》《监督执纪工作规则》等，建立健全问题线索集中管理和集体排查制度，充实干部问题线索活页夹和廉政档案，规范问题线索处置标准和程序；健全并落实审查调查工作制度规定，依规依纪依法安全开展审查调查工作。四是工作机制到位。改革后，派驻纪检监察组要严格执行工作例会、约谈、述职述廉、重要情况报告、提名考察、线索处置和案件查办报告等工作机制，把派驻监督与工商银行党内监督、治理层监督、业务监督贯通起来，形成同向发力、协作互动的工作格局。

（三）全面落实“三为主”要求，不断提高全系统纪检机构监督执纪问责总体水平。改革实施意见明确，派驻纪检监察组对各级分支机构的纪检机构进行业务指导和监督检查，并按照“三为主”要求进行管理，各分支机构的纪检机构在向同级党委负责的同时，必须对派驻纪检监察组负责。因此，改革后派驻纪检监察组对下级纪检机构的管理不是削弱，而是加强。要进一步完善纪检机构负责人的提名考察，以派驻纪检监察组会同总行党委组织部为主的工作机制；围绕线索管理、审查调查、处分处置等环节，健全线索处置和案件查办工作以派驻纪检监察组领导为主的工作机制；完善对纪检工作和纪检机构负责人的考核以派驻纪检监察组为主的机制，同时建立完善工作例会、日常报告、述责述廉、约谈汇报、工作督办、质量评查等制度，切实强化压力传导，促进成果转化。

（四）着眼政治过硬、本领高强，从严从实加强纪检监察队伍建设。打铁必须自身硬。一是要政治强、站位高。纪检机关作为政治机关，要做到“三个带头”。带头加强党的政治建设，增强“四个意识”；带头自觉同以习近平同志为核心的党中央保持高度一致，坚决维护党中央权威和集中统一领导；带头建设让党中央放心、人民群众满意的模范机关，不断提高政治站位、政治觉悟、政治能力，当好党和人民的忠诚卫士。二是要有信仰、敢担当。要牢固树立“发现问题是本职，不善于发现问题是不称职，能发现的问题没有发现是失职，发现问题不报告不处置是渎职”的意识，坚守党性原则，涵养斗争精神、增强斗争勇气、提高斗争艺术，成为立场坚定、意志坚强、行动坚决的表率。三是要重培育、练内功。要坚持党管干部原则，拓宽选人用人视野，加大选拔调配、轮岗交流力度，探索跟班锻炼、以案代训等方式，培养锻炼优秀干部和业务骨干。要适应改革条件下新的工作规则和业务流程，不断提高执行政策水平、执纪执法水平、思想政治工作水平和信息化工作水平。四是要严律己、重监督。改革后，派驻纪检监察组的监督范围扩大了、手段丰富了，更应在行使权力上慎之又慎、在自我约束上严之又严。派驻纪检监察组和全行纪检干部要认真学习中央纪委国家监委关于杨锡怀、邱大明等纪检监察干部严重违纪违法案件通报精神，深刻吸取教训，做守纪律、讲规矩的表率。要健全内部监督机制，对反映纪检干部的问题线索要认真核查，对不担当、不尽责的要调整岗位，对不忠诚、不干净的要严肃查处。要严管与厚爱结合，对干部真情关怀、真心爱护，营造同心同德、共同奋斗的好环境好氛围。

同志们，新时代全面从严治党标准更高、要求更严，纪检监察工作使命光荣、责任重大。让我们紧密团结在以习近平同志为核心的党中央周围，不忘初心、牢记使命，奋发进取、砥砺前行，扎实推动全面从严治党、党风廉政建设和反腐败斗争向纵深发展，为深入贯彻落实党的十九大精神和党中央重大决策部署，促进工商银行持续健康发展提供坚强保证。

在全行共青团工作创新研讨会上的讲话

王　林

（2019 年 2 月 27 日）

工行的未来在青年，共青团的创新将影响各项工作的创新。刚才，大家结合自己的工作体会讲了很多富有创见的想法和建议，展现了年轻一代敢闯敢干的蓬勃朝气，非常有价值。做好共青团工作需要集思广益，总行团委要把大家的想法和建议认真整理研究，把相关问题解决好；也希望大家保持这种积极的干劲，在后续工作中继续保持好发挥好。借此机会，我想跟大家交流几点想法。

一、准确把握目前全行共青团工作面临的机遇和挑战

刚刚过去的 2018 年，是贯彻党的十九大精神的开局之年。以习近平同志为核心的党中央以巨大的政治勇气和强烈的责任担当，举旗定向、谋篇布局，迎难而上、开拓进取；广大青年自觉把个人梦想融入实现中国梦的伟大实践，学习新知识、开拓新视野，唱响了“奋斗的青春最美丽”的新时代青春之歌。2018 年，是共青团工作具有里程碑意义的一年，在党中央的亲切关怀下，共青团第十八次全国代表大会胜利召开；7 月 2 日，习近平总书记在中南海同团中央新一届领导班子成员集体谈话并发表重要讲话，为做好新时代党的青年工作指明了前进方向、提供了根本遵循。2018 年，也是我行开启由传统大现代化强行跨越新征程的起步之年，在挑战骤然增多的情况下，全行认真贯彻党中央、国务院决策部署，落实金融监管要求，发挥合力，保持定力，激活动力，统筹推进“三大任务”落地和“五大战略工程”实施，交出了一份体现高质量发展要求、体现稳中有进，展现“稳、进、活、新、好”特点的“年度答卷”。在这样的时代背景下，我行团组织引导团青工作不忘跟党初心、牢记青春使命，引领青年员工聚焦主责主业、致力成长成才，创造性地开展了大量工作，取得了扎实成效。在此，我代表总行党委，向大家表示衷心的感谢！

看到成绩的同时，也要清醒地认识到，我们正面临新常态以来的新一轮严峻考验周期。放眼全球，尽管世界经济有望延续复苏态势，但危机的深层次影响仍未消除；环视国内，经济运行稳中有变、变中有忧。国际挑战与国内挑战碰头，我们面临的环境更复杂、不确定因素更多、风险挑战更大。同时，随着我国改革开放深入发展、经济结构不断调整、科技进步日新月异，身处其中的青年在思想意识、流动分化、生活方式、行为特点等方面均发生着深刻变化，特别是怎么激励好、调动好、管理好“90 后”，给团的工作带来严峻挑战，对团员政治素质、基层团的组织与工作覆盖、团干部的事业心和专业能力、团的纪律等诸多方面提出了更高的要求。从我行实际来看，近年来青年骨干人才储备不足、机构间不平衡的问题依然突出。随着未来 5 年员工到龄退休高峰期的到来，以“95 后”为主的新员工群体需要迅速成长为各业务条线的主力，需要具备应对复杂局面、防范风险、承受压力的能力，如何助力培养一大批专业基础扎实、市场反应敏锐、创新意识突出、综合素质优良的青年骨干人才队伍，已成为我行团青工作需要思考和解决的紧迫问题。此外，随着金融脱媒趋势日益显现，发展普惠金融已成为了我行战略转型的重要方向。“工商银行不做小微，就没有未来。”支持小微企业融资的国家政策怎样落地、怎样在基层行得到体现，怎样契合小微企业融资本身复杂、多元、综合的特点，是一个现实的问题。如何发挥团组织的先进性，充分调动广大青年员工的奋斗热情和创新能力，以普惠金融事业为平台助力打好三大攻坚战，为培育青年“好手”“干将”铺设练兵场，仍是我们亟待研究的重点。

当前，全行团青工作拥有的良好发展环境，为我们提供了面对挑战的勇气和信心。总行党委高度重视为团青工作开展提供了根本保障。去年全行党建工作会议特别强调，“群团事业是党的事业的重要组成部分”，并对共青团工作提出了明确要求，“要坚定履行新时代共青团的职责使命，加强对全行青年员工的政治引领，广泛动员青年员工建功新时代，建功工商银行改革发展。要不断扩大团的工作覆盖面，消除团组织在基层的‘真空地带’”。2019 年全行工作会议谋定了全年工作思路和主要任务，全行平稳健康发展特别是改革转型的稳步推进为团青工作开展提供了坚实基础。为探索建立符合实际、具有特色的年轻干部培养选拔机制，总行党委去年还印发了《关于新时期大力发现培养选拔优秀年轻干部的意见》，不断加大年轻干部队伍培养力度，取得积极成效，形成了人才不断涌现、事业薪火相传的生

动局面，为广大青年员工铺设了发光发热、茁壮成长的发展舞台。全行上下都要继续以“奋斗＋落实”的状态和作风，迎难而上，扎实工作。共青团和广大青年作为党的事业的生力军和突击队，更要在全行转型发展实践中努力锻炼成长为政治过硬、作风优良、精通金融工作的骨干队伍。

二、引领当代新青年，强化青年思想政治工作

政治性是群团组织的灵魂。《中共中央关于加强党的政治建设的意见》中明确指出，“各群团组织要认真履行政治职责，充分发挥联系人民群众的桥梁和纽带作用，加大政治动员、政治引领、政治教育工作力度，更好承担起引导群众听党话、跟党走的政治任务，把自己联系的群众最广泛最紧密地团结在党的周围。要坚定不移坚持党的领导，坚定不移走中国特色社会主义群团发展道路，不折不扣落实党中央关于群团改革的决策部署，切实增强群团组织的政治性、先进性、群众性。”共青团作为党领导下的政治组织，要持续引领广大团员青年树立“四个意识”、坚定“四个自信”、坚决做到“两个维护”，牢牢把握培养社会主义建设者和接班人这一根本任务，引导广大团员青年坚定不移听党话、跟党走。

（一）强化政治引领，站在理想信念的制高点上引导青年。要把引导青年员工增强对以习近平同志为核心的党中央的政治认同、思想认同、情感认同作为基本目标开展工作。一是持续开展全行青年理想信念教育，以认真学习习近平新时代中国特色社会主义思想的基本内容、丰富内涵和实践力量为主线，深刻领会全行党建工作会议、年初工作会议、全面从严治党暨纪检工作会议精神，不断提升团干部和团员青年的政治素养。在座的各位团干部要好好学习理解上述会议精神，回去后用青年语言广泛宣传，并在工作中与工商银行实际、各地方实际紧密结合。二是把握重要节点，抓住迎接新中国成立 70 周年、纪念五四运动 100 周年等重大主题，重点宣传以习近平同志为核心的党中央对当代中国青年运动的科学指引和对青年群体的亲切关怀，引导广大青年员工从理想信念的高度将爱国同爱党、爱社会主义相统一。

（二）抓实思想引领，切实提高做好思想教育工作的基本功。一是以讲促学，团委书记自己先学，带头走上讲台、走进青年，各级团组织推动团干部走进基层，在面对面宣讲中用历史的眼光启示青年，用伟大的目标感召青年，用光明的未来激励青年，通过思想碰撞提升和检验学习水平和成效。二是以训促学，发挥行内教育培训的独特作用，突出习近平新时代中国特色社会主义思想的核心课程地位，增加习近平总书记关于青年工作的重要思想的学习研讨内容，不断加强党的理论教育和党性教育占比。三是以写促学，鼓励团干青年动手写学习心得、写工作打算，通过刊物登载、公众号展示、网讯交流等形式互学互比互鉴，实现理论学习成果的固化、深化和转化。我们的《才智青年》要创新传播形式，探索传统媒体怎样更好地与新媒体融合，方便青年们更加快捷地接触优秀内容。

（三）加强价值引领，广泛培养和践行社会主义核心价值观。一是持续开展爱国主义教育，既要用好中华优秀传统文化、革命文化和社会主义先进文化涵育青年爱国思想，又要用好时事案例激发青年员工的民族自尊心和爱国热情。二是不断巩固“奋斗＋落实”精神教育，深入开展各类青年典型选树活动，通过加强典型人物宣传、与青年典型面对面交流等方式，引导青年充分认识到“幸福都是奋斗出来的”。三是充分发挥共青团实践育人的优势，引领全行青年志愿者工作，持续强化青年志愿者组织体系和机制建设，拓展优秀青年志愿服务项目，广泛开展青年志愿者活动，联合社会各界力量继续拓展“耳聪目明计划”等公益品牌，引导青年员工在实践中奉献社会、奉献他人。

三、创造时代新业绩，服务全行转型发展大局

梦想是事业之魂，创新是事业之帆，实干是事业之基。当前，全国各族人民正在为实现中华民族伟大复兴的中国梦努力奋斗，全行上下也在为实现建设具有全球竞争力的世界一流现代金融企业的工行梦奋勇前进。全行各级团组织要把握住时代大局，统一思想、凝聚共识，带领全行青年在实施五大战略工程的征程中展现奋楫扬帆、勇立潮头的火热干劲，从勇于追梦到创新逐梦，再到实干圆梦，圆满完成干事创业的逻辑闭环。

（一）团青工作要与全行中心工作紧密结合。团青工作越深入基层，越要立足岗位；越立足岗位，就越要深入思考中心工作。我们的团青工作既要有主动作为的政治意识和政治觉悟，更要有实实在在的工作载体。年初工作会议提出了“在支持实体经济平稳健康发展中，实现自身稳健可持续发展，以优异成绩迎接中华人民共和国成立 70 周年”的总体要求，号召全行员工做好过紧日子、过苦日子的准备，做好打硬仗、闯难关的准备，以只争朝夕的精神接续奋斗。围绕全行中心工作，共青团要发挥自身优势特点，以创新发展青年文明号、青年岗位能手等传统品牌载体推动岗位建功，围绕业务宣传营销、岗位大练兵、新兴业务市场拓展等活动助力岗位育人，引领广大青年员工增强敬业爱岗意识，发扬大行工匠精神，实现业务发展与团的建设同频共振、相互促进。

（二）团青工作要与推进创新创效紧密结合。创新是引领发展的第一动力，也是我行成立三十五年一路走来、延绵不绝的精神血脉。过去我们依靠改革创新，创

造了一个充满生机和活力的工行；今天全行发展进入到一个船到中流浪更急、不进则退的阶段，更需要我们勇于发扬创新的精神。去年，我行以十六字创新文化理念凝练了我们创新精神的精髓和特色，今年年初工作会议再次强调，要“以改革创新的实招、活招，赢得转型发展的‘胜负手’，在奋斗和变革中锻造一个更加优秀的工商银行”。创新同样也是共青团事业一直强调的精神状态和时代精神，我们要鲜明地扛起“引领青年员工创新创造”的大旗，通过深入开展“创新工行”等一系列活动，为青年创新创造谋政策、建机制、搭平台、找资源，挖掘培养、表彰激励创新典型，组织动员青年员工在增强自主创新能力方面当先锋、打头阵，推动各项工作推陈出新。

（三）团青工作要与服务青年员工紧密结合。共青团是为党做青年群众工作的组织，各级团干部是做青年工作的骨干，心系青年、心向青年、为青年搭建人生出彩的舞台是团干部的天职。希望大家严格落实习近平总书记对团干部“做青年友、不做青年‘官’”的要求，准确掌握新时代青年的特点和需求，切实发挥好党联系青年的桥梁纽带作用。同时，希望大家在工作中引入价值思维，将“为我行改革发展和青年成长成才创造实实在在的价值”作为各项工作开展的出发点和落脚点，发挥共青团的组织优势，联合各业务部门建立科学合理的团青活动体系，围绕“服务青年成长成才”画好活动策划的“同心圆”，充分激发广大青年员工的主观能动性，为工商银行改革发展提供源源不绝的青春力量。

四、塑造组织新风貌，大力推进全面从严治团

求木之长者，必固其根本。不断加强团的自身建设，是新时代对团组织的必然要求，是团青工作应对社会变化的现实需要，也是团干部健康成长的必要保证。我们要用习近平新时代中国特色社会主义思想为团组织的发展铸魂、定向，通过全面从严治团、夯实基层基础、加强队伍建设，保持团组织风清气正、蓬勃向上的精神状态，使团的事业不断焕发出新的生机和活力。

（一）全面从严治团。组织严密、纪律严明、作风严实，是党对共青团的一贯要求，也是从严治团的努力方向。针对当前形势，在今年全面从严治党暨纪检工作会议上，总行党委对全行党组织和党员干部提出了明确要求：要深刻领会和把握党的十九大以来全面从严治党取得的成效；深刻领会和把握党永葆先进性和纯洁性“五个必须”的宝贵经验；深刻领会和把握以全面从严治党巩固党的团结统一、为决胜全面建成小康社会提供坚强保障的重要部署；深刻领会和把握领导干部贯彻新形势下党内政治生活若干准则的要求。团的建设是党的建设的一部分，全面从严治党必然要求推进从严治团。总行团委要围绕加强和改进党对团组织的领导进行深入思考研究，组织全行各级团组织严格按照全面从严治党和从严治行的要求，结合共青团特色和工行实际，大力推进从严治团，把组织生活严起来，把制度笼子扎起来，把纪律戒尺用起来，严出先进性和纯洁性，严出组织力和战斗力。

（二）加强团的基层建设。基层组织是团组织的“神经末梢”，是广大青年感知团、评价团的终端窗口，是团的战斗力、凝聚力的基础源泉。团中央书记处第一书记贺军科同志在团十八届二中全会上强调，“基层是共青团一切工作的基础，加强团的基层建设刻不容缓，全团必须警醒起来。”共青团工作的主战场在基层，没有了团在基层的组织力，共青团就会成为无源之水、无本之木。今年，我们要将基层建设作为全行团组织的工作重点。首先要摸清基层底数，全面准确地掌握全行青年、团员、团组织分布情况，在此基础上做到“数据向上，资源向下”，不断提升工作的针对性和有效性。其次，要积极探索符合全行改革发展要求的基层团组织建设新模式，消除团组织在基层的“真空地带”，实现青年在哪里，团组织就建在哪里，着力扩大团工作的有效覆盖面。抓基层、打基础是一项长期的艰巨任务，不可能毕其功于一役，我们要持之以恒地把这项工作推进下去。

（三）加强团的干部队伍建设。毛主席说过，正确的路线确定之后，干部就是决定的因素。团干部是共青团工作的“领头雁”，加强团干部队伍建设，既要切实把能力强、敢担当、作风硬、严自律的团干部选拔出来、任用起来，又要加强对团干部的日常教育、监督和管理，让团干部真正成为青年的朋友和做青年群众工作的行家里手。全行团干部是工作的骨干力量，要对照习近平总书记提出的“信念坚定、为民服务、勤政务实、敢于担当、清正廉洁”二十字好干部标准要求自己，在政治上、思想上、能力上、担当上、作风上、自律上为广大青年树立楷模。在座的各位总行团委委员和候补委员肩负着研讨和决议全行共青团重要工作部署和方案的重任，希望大家以知促行、知行合一，以更高标准、更严要求检验自己的担当作为，勇于挑最重的担子，敢于啃最硬的骨头，善于接最烫的山芋，从一言一行上为广大团干部做好表率。

同志们，习近平总书记在“7・2”重要讲话中强调，“青年工作，抓住的是当下，传承的是根脉，面向的是未来，攸关党和国家前途命运。”我们沐浴千载难逢的历史荣光，肩负责无旁贷的强国使命，希望我们的团青工作在新的一年中紧跟时代、不断前行，希望各位团干部以强烈的政治责任感投身工作、开拓奋进，带领广大青年员工在党的领导下奋勇投身十九大绘就的宏伟蓝图，为实现中华民族伟大复兴的中国梦、实现建设具有全球竞争力的世界一流现代金融企业的愿景目标汇聚磅礴的青春力量！

在2019年全行宣传思想文化和教育培训工作会议上的讲话

王 林

（2019年3月7日·根据录音整理）

这次会议的主要任务是，深入学习贯彻习近平新时代中国特色社会主义思想和党的十九大精神，贯彻落实全国宣传思想工作会议、全国干部教育培训工作会议精神以及全行2019年工作会议部署，总结2018年工作，分析当前形势，部署2019年任务。下面，我谈几点意见。

一、2018年工作扎实推进，成效明显

过去一年，全行各级宣传思想文化和教育培训工作部门认真贯彻落实中央的决策部署和总行党委的战略安排，按照宣传思想文化和教育培训工作新三年规划要求，保持定力，发挥合力，深挖潜力，激活动力，保质保量完成了各项既定工作任务。

（一）理论学习的牵引力进一步提升。紧紧围绕学习贯彻习近平新时代中国特色社会主义思想和党的十九大精神，持续强化干部员工的理论武装，进一步凝聚全行共同奋进的思想共识和行动力量。发挥"关键少数"头雁效应，开展总行党委中心组学习研讨13次，推动一级机构党委中心组学习560余次；加大基层宣讲力度，总行党委成员带头赴20家分支机构宣讲，组织基层十九大代表、二级机构以上班子成员宣讲5 300余场，覆盖26万人次。发挥"三级党校"理论培训主阵地作用，圆满完成党的十九大精神专题轮训，重点开展二级分行党委书记、纪委书记"两个落实"专题轮训，全年共举办党校培训47期，培训近4 500人次，实现境内外领导干部全覆盖。发挥新媒体和传统载体融合优势，开发形式多样的微课件、口袋书，为全员理论学习提供支持。在"全国金融系统党建创新成果微视频展示活动"中，《党旗下的工行》等25个党建成果获得表彰，在金融系统名列前茅，展示了我行抓党建促发展的良好风貌。

（二）与发展战略的融合力进一步提升。着力推动各项工作与集团战略相融并进，更好地服务全行经营转型升级的新要求。聚焦战略宣导，持续提升"三级党校"的功能，通过高管授课、调研座谈、课题研讨等方式，打造全行战略政策传导的重要平台；持续推动企业文化建设，编印企业文化白皮书，发布创新文化，搭建完成"一个核心、四个支撑、两个延伸"的企业文化体系；持续加强群众性精神文明创建工作，引导各级机构抓服务、展形象、树新风。聚焦战略落地，协同推进廉洁、合规、服务子文化和信贷专业文化的实践活动，推出了北京、广东、贵州、西藏、卡拉奇分行等一批境内外"文化名片"；围绕大零售、大投行、大资管等业务领域，实施了"重点城市行竞争力提升""企业资产证券化业务推广"等一批培训项目，为战略实施提供了有效支撑。聚焦经营管理，以研究解决问题为切入点，在境外短期培训、香港培训等项目中探索"前后延伸"新模式，促进学习成果的萃取转化；根据境内外业务发展需要，开展了基层送训、境外送训等定制化培训，更好地服务经营转型。长杭两院充分发挥研发优势，配合大连分行实施了"对公存款竞争力提升"项目，配合总行人力、投行等部门实施了"大投行板块专业处长培训"项目，取得了良好效果。各机构也结合实际，开发了一批有实效、有特色的培训项目，如北京分行的"创新变革"、上海分行的"普惠科创"、四川分行的"新兴业务"、深圳分行的"卓英培训"等项目，助力辖内业务发展。

（三）对员工发展的助推力进一步提升。着眼提高全行干部员工的理论素养、专业能力和综合素质，分层分类开展员工培训，全年共举办各类培训4.48万期、524万人次，人均受训约12.4天。紧跟人才队伍建设和岗位履职需要，重点实施"311"干部培养及经营管理人才、核心专业人才、国际化人才、一线网点人才等系列项目，助力各层级各序列员工成长成才。各机构精心打造了一批卓有成效的人才培训项目，如天津分行的"513人才"、河北分行的"智赢网点人才"、湖北分行的"骏马成长青年人才"、湖南分行的"客服经理培训"等项目，为辖内员工队伍建设提供有力支持。紧贴人才成长规律和培养周期，以公司信贷客户经理、投资银行顾问等岗位为试点，开展岗位素质模型研究，明确员工素质能力提升路径。推进专业资质认证改革，以"一个大纲、一套题库、一本教材"为抓手，构建"学、考、用"一体化机制，进一步缓解基层工学矛盾。紧随互联网时代学习新趋势新特点，推广移动学

习、知识百科等方式，打造“掌上教材”“微课超市”，满足员工个性化、碎片化学习需求。

（四）专业化服务能力进一步提升。着眼工作定位和资源优势，发挥“战略传导、研讨交流、知识共享和学习发展”的平台作用，进一步增强专业水平和服务能力。深化宣传阵地建设，创新推出“党建之声”“文化工行·精彩视界”等平台载体，不断丰富“文化周刊”“企业文化园地”的内涵形式，更好地服务中央精神和总行战略传导。优化培训实施渠道，组建“工银大学”北京校区，加强香港培训中心功能建设，发挥长杭两院研发和实施优势，示范带动各分行学校能力提升，构建“四位一体”的线下培训平台；完善“移动+网络”线上渠道，全力打造全员学习共享、互动交流的“直通车”“便利店”，形成了线上线下协同服务新格局。强化专业化建设，组建“专家讲师团”，建立“院校教研室”，改进教材案例开发模式，加大新方法新工具应用，服务能力进一步提升；加强从业队伍建设，实施全系统培训，加大内部轮岗、外部学习、授课认证力度，专业能力显著增强。

过去一年中，全行宣传思想文化和教育培训工作始终围绕政治、战略和业务需求，方向明确，重点突出，措施得力，形成了不少好经验好做法，需要认真总结和继续坚持。

一是坚持用党的科学理论武装头脑。作为党委宣传和教育培训部门，我们本身肩负着加强党的思想建设、培养忠诚干净担当的高素质干部队伍的使命。忠诚源于理论清醒，追随来自坚定信仰。我们始终将学习宣传贯彻习近平新时代中国特色社会主义思想作为首要政治任务，无论是组织理论学习、开展文化实践，还是制定培训规划、实施培训项目，都牢牢把握正确的政治方向，引导全行树牢“四个意识”，增强“四个自信”，践行“两个维护”。实践证明，只有站位高了，定位准了，格局大了，认识到位了，各项工作才会抓得更有效。

二是坚持紧扣经营发展战略。我们始终以服务“转型发展战略、经营管理创新、员工成长成才”为己任，依托自身辐射面广、穿透力强的独特优势，助推集团战略传导落地。围绕全行新三年规划，我们编制了本专业三年规划，认真做好统一思想、传导战略、培训人才等工作，凝聚全行共识，汇聚发展合力。实践证明，只有以战略指引方向，聚焦主责主业，切实做到“经营转型到哪里，我们的工作就跟进到哪里”，才能更好地发挥作用、体现价值。

三是坚持遵循人才成长规律。宣传思想文化和教育培训工作归根到底都是做“人”的工作。人的教育培养是一门科学，遵循规律则事半功倍，反之则事倍功半。我们积极探索员工思想政治工作创新，搭建符合时代要求、契合员工需求的新模式新载体；积极探索员工成长规律，面向不同岗位群体，构建涵盖全职业生涯周期、适应各阶段成长需求的员工培训体系，进一步调动广大员工的能动性创造性。实践证明，只有遵循人才成长规律，有针对性地开展工作，才能更大程度地鼓舞员工士气，激发全员创新活力，为全行改革发展提供不竭的智力支撑。

四是坚持传承创新与开放共享。新形势下我们工作的外部环境、工作对象、任务要求发生了深刻变化，比以往任何时候都更加需要传承经验、守正出新、开放共享。我们秉承“开门办学、开放办学”的理念，与部门、条线、基层密切配合，搭建跨板块、跨专业、跨层级的复合型培训平台，积极引入外部优质资源，较好地实现了全行上下协同联动；运用互联网思维，推动兼容、开放、共享的线上平台建设，让培训资源惠及更多员工。实践证明，坚持传承与创新、开放与共享相融合，对于我们破解难题、激活动能、优化路径、厚植优势具有重要意义。

回顾2018年，虽然有困难、有挑战，但各项工作有突破、有亮点，有力助推了全行转型发展，并多次在课题研究、宣传报道、社会表彰等方面获得内外部的肯定和荣誉。取得这样的成绩，是各级党委坚强领导、各机构各专业通力协作的结果，也是与宣传思想文化和教育培训部门担当作为、求实创新分不开的。在这里，我代表总行党委向宣传思想文化和教育培训战线的同志们、向所有关心和支持宣传思想文化和教育培训工作的机构和部门，表示衷心的感谢！

二、深入把握新形势新任务新要求

全国宣传思想工作会议与全国干部教育培训工作会议相继召开，全国干部教育培训五年规划正式发布，对做好新时代宣传思想文化和教育培训工作作出了新部署。近期，先后召开的全行党建工作会议、2019年工作会议、全面从严治党暨纪检工作会议对各项工作任务提出了新要求。我们必须观大势、明大局，对标新任务新要求，认清使命和责任，增强主动性和积极性，进一步做好宣传思想文化和教育培训工作。

（一）新思想引领新航向，要求我们进一步增强做好各项工作的使命感责任感。党的十九大明确提出“建设高素质专业化干部队伍”的要求，习近平总书记着重指出，“善于学习，就是善于进步”“没有全党大学习，没有干部大培训，就没有事业大发展”。对此，前不久召开的全行党建工作会议强调，干部队伍建设要“突出政治标准和专业素养”，提出“要把政治标准作为第一标准，同时要考虑专业化”。这就要求全行干部员工必须更加崇尚学习、积极改造学习、持续深化学习，不断增强适应新时代党和国家事业发展要求的能力。这就要求宣传思想和教育培训工作必须聚焦主责主业，以更鲜明的政治性、思想性和专业性，在学懂弄通做实习近平新时代中国特色社会主义思想上下功夫，在不断提高干部队伍的政治素养、战略思维、专业能力和知识水平上下功夫，为全行转型发展筑牢思想根基、把好政治航向。

（二）新征程描绘新蓝图，要求我们进一步增强做好各项工作的积极性主动性。新时期我行确立了“打造具有全球竞争力的世界一流现代金融企业”的新愿景，迈上了从传统大行向现代化强行跨越的新征程。当前，全行正处于落实改革发展研讨会部署、实施新三年规划的关键时期，2019 年工作会议强调要“坚持发挥人这个第一资源的作用”“坚持充分调动各经营主体的积极性和创造性”。这就要求我们必须坚持既定的蓝图目标，紧紧围绕“五大战略工程”，做好战略宣导、文化引导和知识传导等工作，搭建问题解决、绩效提升、成果转化的平台，在更广范围，用更大力度，鼓舞员工士气，深挖人才潜能，不断激发全行改革发展的内生动力。

（三）新机遇伴随新挑战，要求我们进一步增强做好各项工作的针对性实效性。现代信息技术和金融科技飞速发展，带来银行传统生产要素的重新配置和运营服务模式的快速变革，全行人才队伍的素质结构、员工学习习惯随之发生了全新的改变。同时，我们的工作还存在一些薄弱环节，去年专业会上提到的一些问题还依然存在。比如，理论学习常抓不懈，但距离入脑入心、刻骨铭心的高标准要求尚有差距；员工参训比例高、覆盖面广，但重复培训与培训不足的问题，“白菜萝卜一锅煮、长的短的一刀切”“训非其人、训非其需”的现象仍然存在；总行、分行、学院、学校、部门分层分级抓培训，但协同联动、一体化运作仍需加强，培训的系统性、整体性还不够等。这些问题是工作实践中提出的重要课题，也是实现创新创造的突破口。我们必须主动迎难而上，坚持问题导向，注重整体联动，在破解难题、补齐短板中实现新作为、取得新成效。

为做好 2019 年工作，我们去年组织召开了本专业工作座谈会，专题学习传达了中央有关精神，进一步统一了思想，提高了认识，明确了思路。当前和今后一个时期全行宣传思想文化和教育培训工作的主要任务是：坚持以习近平新时代中国特色社会主义思想和党的十九大精神为指导，贯彻落实全行党建工作会议、2019 年工作会议、全面从严治党暨纪检工作会议精神，按照宣传思想文化和教育培训工作新三年规划部署，聚焦“服务战略、助推业务、传导文化、成就员工”的工作定位，扎实推进宣传思想、企业文化和教育培训工作，为发展战略落地、业务经营转型提供坚强的思想保证和智力支持。

三、坚持旗帜鲜明讲政治，把学习宣传贯彻习近平新时代中国特色社会主义思想引向深入

全国宣传思想工作会议和全国干部教育培训工作会议分别强调指出，“宣传思想工作就是政治工作，讲政治是第一位的要求”“政治性是干部教育培训工作的第一属性”。我们必须将旗帜鲜明讲政治作为根本要求，从政治上谋划和推进各项工作。

（一）坚持政治统领。做好新时代宣传思想文化和教育培训工作，归根到底要把学习宣传贯彻习近平新时代中国特色社会主义思想作为各项工作的首要任务，把增强“四个意识”、坚定“四个自信”、做到“两个维护”作为根本出发点和落脚点。在内容上，要将习近平新时代中国特色社会主义思想作为重中之重，坚持理论同实际相结合，悟原理、求真理、明事理，各项工作都要与党中央精神对标看齐。在对象上，要加强对全行员工尤其是党员领导干部的理论学习和党性教育，抓好“关键少数”，带动“绝大多数”，实现全覆盖。在效果上，要结合工行实际、岗位实际，用员工易听、易懂、易接受的方式，推动学习入脑入心、落地生根。

（二）突出政治素质。要把提高政治素质作为理论学习和干部教育培训第一位的要求，教育引导全行党员干部按照忠诚干净担当的要求提高自己，努力培养斗争精神、增强斗争本领，使思想、能力、行动跟上党中央要求、跟上时代前进步伐、跟上事业发展需要。各级党委中心组要强化创新理论武装，研究分析全行面临的新问题新情况，在深化、消化、转化上下功夫，将学习成果落实到经营管理实践中。各级党校要把习近平新时代中国特色社会主义思想作为贯穿始终的核心内容，突出党的理论教育和党性教育的主课地位，在学懂弄通做实方面不断深化。各级机构要积极探寻党的理论与基层工作的契合点，推动学习模式、话语方式创新，使理论学习“活”起来、“动”起来，不断提高全员学习质效。

（三）加强政治训练。要把提高政治觉悟和政治能力贯穿各项工作的全过程，旗帜鲜明地突出政治导向、政治标准和政治要求。强化习近平新时代中国特色社会主义思想的学习教育，推动往深里走、往实里走、往心里走，引导干部员工提升政治站位、把握政治要求、提高政治能力。强化党章党规党纪的学习教育，严明政治纪律和政治规矩，引导干部员工严肃党内政治生活，保持政治本色。强化党的宗旨和优良传统的学习教育，注重与实践磨砺相结合，运用案例式、模拟式、体验式等教学方法，以知促行、以行促知、知行合一。

需要强调的是，我们必须一以贯之学习贯彻习近平新时代中国特色社会主义思想，既要全面准确领会其中的丰富内涵、思想文化和实践要求，又要深刻把握贯穿其中的基本立场、观点、科学思想方法和工作方法，也

要感悟蕴含其中的政治品格、价值追求、精神风范，还要注重联系国史党史文史，注重联系世情国情党情，注重联系工作实际，多思多想，把每一点都领会深、领会透，努力学思践悟、入脑入心、融会贯通。对于如何学习，我认为，可分为三个阶段：第一个阶段是必须认真通读原文；第二个阶段是必须入脑入心、遵照执行；第三个阶段是必须融会贯通、知其然亦知其所以然，做到真懂真用、正确运用，成为我们思想和行为的指南。目前，我们大多数领导干部处在第一个阶段，有部分领导干部能到第二个阶段，达到第三个阶段的很少。因此，我们要继续在学懂弄通做实上下功夫、在结合实际创造性贯彻落实上下功夫，切实把这一理论落实到各自实际工作中去。

四、汇聚改革发展力量，推动宣传思想和企业文化工作“双加强”

深入贯彻全国宣传思想工作会议精神，落实好“举旗帜、聚民心、育新人、兴文化、展形象”这一使命任务，把社会主义核心价值观作为我行价值理念的精神源泉和独特优势，不断丰富发展企业文化建设体系，开展“感动岁月·我和工行”主题系列活动，进一步统一全行思想、凝聚发展力量。

（一）做好理念传导，用文化凝聚人。“文化自信是更基础、更广泛、更深厚的自信”。要用符合新时代要求、具有鲜明工行特色的企业文化凝人心、聚人气。要持续推动集团价值观传导，适时修订企业文化系列白皮书，形成新时期凝聚带动广大员工砥砺奋进、开拓创新的价值遵循和行动指南。要持续推动文化更深层次助力战略实施，着力推进创新文化建设，打造“创新工行”微创新大赛品牌；根据全行纪检监察派驻改革部署，承接廉洁文化建设职能，加快推进杭院廉洁文化基地建设，使其成为廉洁文化传导的直接窗口和重要阵地；协同推进合规、服务子文化和信贷专业文化建设，在全行厚植防风险、强服务、促发展的文化土壤。

（二）做好典型宣传，用榜样激励人。先进典型是有形的正能量，也是鲜活的价值观。要充分发挥好榜样这个“鲜活的教科书”作用，让各级机构和广大员工学有榜样、行有示范，在全行凝聚起向上向善的强大力量。今年要开展第五届“感动工行”评选表彰，组织文明单位评选，推进学雷锋常态化，选树一批作出突出贡献、彰显大行担当、体现高尚情怀的个人和集体，激励干部员工传承工行文化、弘扬奋斗者荣光，推动全行形成崇德向善、见贤思齐的良好氛围。

（三）做好成果宣传，用成就鼓舞人。辉煌成就鼓舞士气，美好前景催人奋进。要把握新新中国成立70周年和我行成立35周年的重要节点，讲好工行改革发展的“感动岁月”，做好“工行家事35年故事汇编”，画好全行共同奋进的“同心圆”。要持续打造体现时代精神、富有鲜明特色的基层“文化名片”，继续推进“ONE ICBC，ONE FAMILY”境外机构文化活动，加强中华文化、工行文化传播的广度和深度，增强文化自觉和情感认同，汇聚全行和衷共济的精神力量。

新时代宣传思想文化工作要发挥好“宣传队”“播种机”的作用，主动释放正能量、传播好声音、展示好形象。一是要明确讲什么。要大力弘扬社会主义核心价值观，讲好“工行故事”。比如，要讲好战略传导、助推“最后一公里”落地的故事；讲好建设人民满意银行、推进网点转型的故事；讲好弘扬“工匠精神”、倡导“奋斗＋落实”文化的故事。二是要明确对谁讲。要把基层作为主战场，把握需求、回应关切，推动工作进一线、进业务、进网点，更好地调动基层员工的主动性积极性创造性。三是要明确用什么方式讲。要用身边人讲身边事，多让员工自己说、自己演、自己评，把我们“想讲的”变成员工“想听的”。要综合运用网络大学、融e联、晨会直通车等载体，把握互联网时代的思维和话语方式，提升语言的亲和力、对话的平等性和员工的接受度，使工作更接地气、聚人气，更有情感、有温度。

五、增强教育培训工作的针对性和实效性，推动人才培养与战略传导“双驱动”

深入贯彻落实全国干部教育培训工作会议精神，主动从全局角度找准定位、提升功能，逐步推动教育培训工作由单一支持服务职能向战略传导工具、业务合作伙伴、员工培训专家转型，实现人才培养与战略传导协同推进。

（一）聚焦精准施训，提高培训工作的针对性。精准施训既是思想方法，也是工作方法；既是实践要求，也是评价标准。做到精准施训，重点要处理好“三个关系”：一要处理好“站位高”与“落点实”的关系，从科学制订培训计划着手，从选准选好项目主题切入，既要坚持在大局下谋划，又要落实落细落具体。二要处理好“重过程”与“求实效”的关系，统筹把握好培训实施各环节，融合线上线下方式渠道，综合利用行内行外优质资源，切实保证培训实效。三要处理好“需求”与“供给”的关系，坚持“眼睛向下，眼睛向内”，从组织需求、岗位需求和员工需求多个维度，从总行战略传导和基层经营实际多个层面，有针对性地提供培训服务。这里我需要强调的是，准确把握需求是做好培训项目的源头和保障。近年来，我们做了深入、细致的需求调研，这个好的做法，要持之以恒地坚持下去。同时要看到，当前“四风”问题反映比较突出的“培训多”现象，实际上主要是无效、低效和重复培训较多，究其原因还是没能把真正的业务培训需求识别和挖掘出来。各部门、各机构要与培训主管部门积极配合，做实做细需求调研工作，有针对性地制订计划、开发项目，切实避免“为计划而计划、为培训而培训”。

（二）聚焦队伍建设，搭建分层分类的人才培训体系。着眼于员工队伍岗位履职、职业发展的不同需要，积极探索形成内容各有侧重、方式手段多样的培训新格局。要立足不同岗位序列人员需求，围绕领导力、专业力的培养，明确相应的通用知识和专业知识侧重点，按照“差别化运作、一体化推进”的思路统筹开展培训。要搭建员工分级分类能力素质评价认证体系，形成与岗位履职能力相匹配的学习地图，完善人才梯次化培养机制，推进进阶式人才培养。为此，今年要重点实施“311干部培训”“信贷铁军”“个贷生力军”等系列培训项目；并面向管理人员，开展一、二级分行党委书记、纪委书记“两个提升”（提升政治能力、提升经营能力）专题轮训和总行机关本部纪检委员“两个提升”（提升政治能力、提升专业能力）集中培训。要立足员工的不同职业发展阶段，围绕新入职员工、骨干员工和资深员工不同的任职要求，有针对性地开展培训。针对新入职员工，实施“繁星计划”，从文化认同、履职能力等层面，加快“职场新人”向“工行人”的转变。针对具有一定工作经验的骨干员工，重点开展职业拓展性培训，更好地拓宽其职业发展路径，使培训成为一种激励手段。针对工作经验丰富的资深员工，要突出新知识、新技能、新方法的学习应用，使其更好地适应岗位需要。要立足差异化的培训方式方法，区别开展业务适应性和素质能力培训。其中，业务适应性培训要逐步迁移到线上开展，发挥好移动端、知识管理平台“短、频、快”的特点，为员工提供更为便捷、有效的培训服务；素质能力培训要以提高政治素养、增强专业能力、塑造价值理念为重点，利用情景式、模拟式、体验式等方式，促进学用结合、成果转化。同时，要开展面向控股公司和境外机构的专业化培训，探索建立集团一体化培训框架，提高培训覆盖面。

（三）聚焦战略传导，围绕破解业务发展难题实施重点项目。要始终以助推战略落地、解决业务问题为目标，紧扣全行经营发展中亟须突破的重点领域和薄弱环节，开发实施一批战略传导力项目，为破解经营难点提供配套培训解决方案。一方面，要抓好“顶层设计”。围绕2019年全行工作会议部署的重点业务板块需求，聚焦集团发展战略重点领域，对教育培训三年规划进行分解落实；并按照跨专业、多领域、模块化的组织方式，策划实施一批战略性培训项目，推动总行发展战略延伸至基层一线。比如，要重点实施“信贷经营能力提升”系列项目，助力信贷体制机制改革深入推进；要落实国家政策要求，策划实施“普惠金融业绩提升”系列项目，推动全行普惠金融业务发展。另一方面，要回应“基层需求”。近期，总行开展了全行性培训需求调研工作，各行提出了一些较为集中的需求。比如，基层党支部书记的党建能力提升、网点负责人的营销组织能力提升、客服经理的服务能力提升等。针对这些共性需求，总行要认真研究，提出相关培训方案，并有针对性地开展“送训到基层”服务。各一级分行也要着眼于经营发展实践，统筹安排好辖内相关培训，同时注意与总行项目的相互衔接，避免重复开发、重复培训。

（四）聚焦共建共享，提升培训服务的专业化水平。要秉持“创新、融合、开放、共享”新理念，优化网络布局、加强基础建设，形成全行上下协同有力、共建共享的“一盘棋”。要优化线下渠道，企业文化部、长杭两院要整体联动、协同配合，确保开发与实施紧密衔接、一体化推进。香港培训中心要发挥区位优势，在满足境内机构培训需求的同时，进一步辐射东南亚地区机构培训。北京校区要发挥资源优势，在做好培训运营的同时，促进新方法新工具新技术的推广落地，在功能上与两院形成互补。各分行培训学校要进一步提升功能定位，打造专业特色，有条件的分行要利用现有资源成立党校，形成“总行党校—党校分校（教学基地）—分行党校”新三级党校架构，更好地满足全行广大党员的党性教育需要。要适时适当地借助外力，拓展培训渠道，探索与境内外知名机构合作办学，推动产学研一体化发展。要完善线上平台，贴合“互联网+”时代员工学习的新特点，规划好新一代网络大学学习平台，推动知识管理平台建设，加强对移动学习资源的萃取提炼，搭建以基层员工为主导的“互动空间”，营造移动智能、互动高效的在线学习生态圈。要加强基础建设，深化“大纲、题库、教材”“三个一”建设，发挥好资质认证在推动员工自学、牵引职业发展、传导业务知识等方面的作用。构建“1+X”教材案例体系，重点抓好专业资格教材，推动各类学习内容和案例开发应用的多样化、成系列发展。发挥好“专家讲师团”咨询指导、经验传承、资源开发和授课教学的作用；依托“院校教研室”，搭建“项目、师资、专业”三合一聚合平台。

这里，我再具体说一下协同联动问题。企业文化部要牵头抓总，统筹做好需求调研、计划制订、项目研发、资源配置、创新探索等工作，确保培训扎实有效开展。长杭两院要根据总行统一规划，做好相关计划与任务的承接运营，深耕学习资源开发，做强培训项目研发，持续提升专业能力和水平，并发挥辐射引领作用，为分行学校提供培训指导。各分行培训主管部门和培训学校要紧密配合，在总行统一部署下，围绕中心工作和职能分工，做好辖内培训规划与具体运营的紧密衔接，确保全行教育培训管理与实施链条的统一性、连贯性。

六、从严从实加强基础管理，推动队伍专业精神和专业能力“双提升”

要站在严肃政治纪律的高度，把“从严管理”的要求贯穿工作始终。应当说，近年来全行校风教风学风取得了长足进步。特别是，去年总行开展了职工教育经费及院校财务管理专项审计，对全行教育培训工作进行了一次“全面体检”。总、分行以此为契机，坚持问题导向，不断加强内部管理和队伍建设，改进培训服务，深得广大学员肯定。我要强调的是，加强作风建设和队伍建设永远在路上，必须锲而不舍、驰而不息地抓下去，要防止培训学校成为“四风”问题的发源地，尤其要坚决反对形式主义、官僚主义。

（一）从严治校治教治学。总结回顾去年全行教育培训工作，我们看到有一些现象，值得注意。比如，存在一些培训资源浪费的现象。在年初计划制订上，有的机构对培训班次没有做认真调研和科学统筹；到实际执行时，培训时间随意变更，内容重复讲，学员重复训，造成培训资源浪费，也给院校统筹班次带来一定困难。又如，个别参训安排还存在一些随意性。对一些具体参训安排，考虑还不够缜密。尤其是在境外培训上，还出现了培训班即将成行时，没有与组团单位和我行教育培训主管部门进行沟通，因工作原因放弃参训资格，造成了不良影响。再如，个别培训还存在准备不充分的现象。个别机构对于培训班师资、课程提前准备不够，甚至下周一就要开始的培训班，周五才起草培训通知。授课师资接到授课任务晚，学员接到培训通知晚，既不能保证培训授课质量，又给学员提前做好参训安排带来不便。这个现象在2018年是有案例的，也是基层行反映比较突出、强烈的问题。还如，少量培训在管理上还有待完善。个别培训在开班后，主办单位人员不能全程跟班，有时学员在校期间监督管理薄弱，没有做到严格执行考勤纪律，甚至还有个别学员不能按照培训通知规定的时间报到和返程，增加院校承接负担和管理难度。

归根结底，这些都属于培训不严不实的问题。我们必须坚持严以治校，倡导艰苦奋斗、勤俭办学，大力弘扬学习之风、朴素之风、清朗之风。坚持严以治教，严格组织生活制度，严格执行学习、考勤等制度，严格教师管理，严肃讲台纪律。坚持严以治学，认真落实中央八项规定精神和学员管理9条规定、培训纪律要求，以管促学、以学促管，形成学风建设长效机制。

（二）从严落实各项管理规范。要不折不扣地落实总行巡视、党风廉政考评和全行职工教育经费审计的整改要求，确保事事有回音、件件有着落。规范外部合作机构管理，建立供应商名单制，按照全行统一的集中采购要求明确准入标准和条件，确保按需合规使用外部资源。严格培训经费管理，从开支范围、项目标准、核算规定等方面修订《职工教育经费管理办法》，为全行规范使用教育经费提供制度依据。各级机构要严格按照国家有关规定，结合历史结余情况，兼顾合规与效率，积极合理地提取使用职工教育经费。

（三）从严加强队伍建设。宣传思想文化和教育培训工作面向的是全行的未来，是一项崇高而光荣的事业。要聚焦主责主业，着力推动从业队伍由支持保障向专业化服务转型，打造一支具有较强战斗力的宣传思想文化队伍、培训管理队伍和支持运营队伍，实现队伍专业能力和专业精神进一步提升。各级宣传和教育培训条线的同志要提高政治能力，坚持用习近平新时代中国特色社会主义思想武装头脑，加强政治历练和政治修养，全面提升自身政治觉悟和政治能力。要增强专业本领，深化国家方针政策、全行发展战略、经营业务知识的学习，加强新工具新方法的应用，培育“跨界”思维，锤炼“复合”素质，切实在培养自身专业精神、增强专业能力上下功夫，不断提高解决实际问题的能力。要锐意创新创造，坚持守正出新，强化问题导向，树立攻坚克难的勇气担当，探寻解决问题的思路办法，在补齐短板、加固底板上实现新作为，在统筹资源、整合力量上实现新突破，不断增强工作的前瞻性、系统性、创造性。要锤炼优良作风，保持对形式主义、官僚主义高度警觉，大兴“学习 + 调研”之风，弘扬“奋斗 + 落实”之风，锤炼敢担当、崇实干的优良作风，保持斗争精神，培养斗争本领，在深化作风养成、强化作风锤炼中展现新风貌、创造新业绩。

这里我想强调一下，要把整治形式主义、官僚主义作为落实“两个维护”的重要政治任务来抓。习近平总书记在十九届中央纪委三次全会上对形式主义、官僚主义问题的本质做了深入分析，强调“必须从讲政治的高度来审视，从思想和利益根源上来破解”。形式主义、官僚主义是阻碍党的路线方针政策和党中央重大决策部署贯彻落实的大敌，是对“两个维护”的最大破坏。总行党委在2019年全面从严治党暨纪检工作会议上也明确提出，要把力戒形式主义、官僚主义作为2019年全面从严治党的重要任务，要求各级行党委和领导干部把自己摆进去，带头查摆自身存在的形式主义、官僚主义问题，要求各级纪检监察机构把整治形式主义、官僚主义摆在突出位置来抓，对典型案例坚决追责问责。需要指出的是，形式主义有不同的表现，我们要透过现象看本质，善于从政治上发现问题、分析问题、查摆问题。要深刻认识到，形式主义、官僚主义背后是政绩观错位、价值观走偏、权力观扭曲，要在加强党性教育上下功夫，教育引导全行党员领导干部坚定理想信念，筑牢思想防线。要深刻认识到，整治形式主义、官僚主义是一场攻坚战、持久战，也是一场刀刃向内的自我革命，要稳扎稳打、步步为营、久久为功。要坚决破除形式主义、官僚主义，要把中央有关要求坚决落到实处，坚决避免“空喊口号、不抓落实、做表面文章”等问题，突出“实”，力戒“虚”，坚持高标准和守底线相结合，做到“有守”和“有为”有机统一。同时，要发挥好宣传思想文化和教育培训工作统一员工思想、汇聚发展合力的作用，引导全行员工把“两个维护”落在实际行动上，把党的十九大确定的蓝图和党中央系列重大部署变为现实。

同志们，新时期宣传思想文化和教育培训工作，使命光荣，责任重大。让我们在习近平新时代中国特色社会主义思想指引下，紧紧围绕全行改革发展战略，振奋精神，拼搏进取、扎实工作，为打造具有全球竞争力的世界一流现代金融企业作出更大贡献。

坚守底线　夯实基础
合力推进集团反洗钱工作再上新台阶

——在2019年总行反洗钱领导小组会议上的讲话

王　林

（2019年3月13日）

这次会议的主要任务是，深入贯彻新时期反洗钱监管要求，总结2018年工作，分析当前形势，安排部署2019年重点工作。下面，我讲三点意见。

一、2018年集团反洗钱工作取得新成效

2018年是集团反洗钱工作不平凡的一年，面对推陈出新的政策新规、接踵而至的监管检查、艰巨繁重的整改任务，各机构、各部门通力协作、迎难而上、沉着应对，紧扣监管导向精准施策，聚焦重点区域整改提升，持续深化改革强基固本，创新技术手段提质增效，较好地完成了反洗钱领导小组安排的工作任务。概括起来，主要体现在以下五个方面。

（一）反洗钱管理体系日臻完善。为适应国际化发展需要，在总行国际业务部成立了集团涉敏业务管理处，强化对全行涉敏政策、制度、系统的牵头管理和组织指导；在总行内控合规部组建了欧洲北美区域合规管理团队，提高总行对境外重点区域反洗钱工作的直接参与和支持能力。这是继总行反洗钱中心成立后，我行持续加大反洗钱资源投入的重要举措，充分体现了总行党委对反洗钱工作的高度重视。

（二）重点业务风险防控取得新进展。个人金融业务部、运行管理部、结算与现金管理部积极开展客户身份证件信息错误、证件有效期过期专项整治，对相关客户采取限制非柜面渠道或停止支付等控制措施，加大力度、从严标准解决客户信息质量问题；银行卡业务部、私人银行部、信贷与投资管理部等部门积极对接反洗钱客户风险分类系统，全年共利用反洗钱数据拒绝1.8万个高风险客户信用卡及私人银行准入申请，及时阻断并压降不良客户融资5.65亿元，洗钱风险防控范围持续扩大、成效逐步显现。

（三）反洗钱智能化建设全面推进。启动智能反洗钱3.0项目，持续提升监控模型精准度，异常交易报警量下降50%；开发智能研判助手，可疑交易人工甄别效率提高一倍，可疑报告质量和情报价值在国内同业处于领先水平；持续推进反洗钱系统云平台迁移，完成大额和可疑报告报送流程改造，成为首家成功使用新接口规范报送金融机构；打造监管检查标准化数据平台，实现无人值守一站式数据提取；规范客户风险分类服务接口，为业务发展提供决策参考和增值服务。

（四）欧美重点区域整改有序实施。聚焦整改好于监管预期目标重点发力，在总行成立了整改督导办公室，制定并落实欧美机构整改路线图，建立总分行例会机制和属地监管沟通常态化机制，以问题为导向穿透式管控和监督反洗钱重点领域，形成总行与第三方合规“双验证”监督模式；坚持“急用先改、以改促建”原则，在整改具体问题的基础上，更加注重架构、机制、模式等深层次的综合治理。

（五）监管配合统筹能力明显提高。建立监管检查配合工作机制，组建跨部门协作柔性支持团队，指导各分行妥善应对反洗钱监管检查，在监管检查次数增加、问责压力加大的背景下，全年罚款总额稳中有降。积极配合FATF互评估，及时反馈各项评估素材及后续申辩资料，妥善应对FATF专家组现场访谈，高质量完成了监管交办的各项任务。

总体来看，过去一年，各机构、各部门做了大量“打基础、增后劲、利长远”的反洗钱工作，在有效应对复杂严峻形势的实践中经受住了风险考验，在服务和保障全行稳健发展的进程中体现了专业价值，在与监管和同业的互动中树立了大行形象，借此机会我代表总行党委向大家表示感谢！

二、清醒认识当前反洗钱工作面临的严峻形势

近年来，全球洗钱与恐怖融资形势日趋严峻，反洗钱内涵及外延不断扩大，参与主体的多样性、涉及领域的广泛性、面临问题的复杂性，以及外部形势的多变

性，给集团反洗钱工作带来了前所未有的挑战。

（一）国际反洗钱监管保持高压态势。

一是反洗钱标准趋严趋紧。在 FATF 第四轮互评估“高标准、低通过率”的高压态势下，各地区组织及国家纷纷修规立法，升级反洗钱监管标准。以欧盟为例，2017 年以来，出台或更新了 3 个反洗钱法令。整体来看，各国监管关注逐渐趋同，重点集中在受益所有人、政治公众人物、代理行、电汇透明度、高管层履职、互联网金融等领域。

二是监管问责从严态势加剧。据不完全统计，2018 年国际同业监管罚款超 190 亿美元，其中反洗钱罚金占比近 23%。总体来看，美国、欧盟仍是执法行动较为频繁地区，反洗钱履职不力不仅面临行政罚款，甚至会被取消牌照、追究刑事责任。以巴基斯坦最大银行 HBL 为例，其在纽约设立分行已近 40 年，因反洗钱违规问题被纽约金融服务局处以 2.25 亿美元罚款，并退出美国市场。

三是中资银行海外合规风险事件多发。近年来，中资银行海外分支机构遭受监管处罚、执法调查事件多发，近两年监管罚款合计 15.12 亿元，其中反洗钱违规是主要原因之一。在承受巨额罚款之外，境外监管往往还通过交易回溯审查、独立第三方审查等机制，强制要求金融机构提供客户和交易信息，直接危及我国信息安全、金融安全和监管主权。

（二）国内反洗钱监管与国际对标接轨。

一是反洗钱监管标准高频调整。2016 年以来，为有效应对 FATF 互评估，我国反洗钱监管制度进入密集调整期，截至目前，共出台或更新了 17 项与银行相关的反洗钱监管文件，内容广泛、要求严格、影响深远。目前人民银行已经启动修订《反洗钱法》，未来极有可能翻开我国反洗钱工作新篇章。尽管近期 FATF 审议通过了中国第四轮反洗钱互评估报告，但也指出存在一些问题，制度调整还将持续进行。

二是问责事项及标准面临重大调整。人民银行方面，目前反洗钱罚款事项共包括客户身份识别等 7 项，此前通常按问题类别处罚且金额不会太高。易纲行长在去年金融系统反洗钱工作会上明确要求加大处罚和问责力度，2020 年之前完成对所有法人金融机构反洗钱检查全覆盖，并严格落实违规机构和个人“双罚制”。据了解，人行系统内已明确将反洗钱罚则调整为按条处罚，通常一类问题项下会包含多条内容，尤其是客户身份识别可能包括成百上千条明细。可以预见，该罚则正式实施后，反洗钱罚款将呈几何倍数增长。银保监会方面，近期印发的《银行业金融机构反洗钱与反恐怖融资管理办法》正式明确了银保监会反洗钱监管处罚权，处罚措施可在银保监会权限内自由裁量，处罚事项几乎包括全部反洗钱违规问题。面对不同执法主体，银行业反洗钱监管罚款或将大幅增长。

三是联合监管、多头执法将成常态。在此前的监管实践中，反洗钱监管主要由人民银行负责，银保监会主要在境外合规监管板块中关注反洗钱内容。在 FATF 互评估中，专家组指出我国金融监管部门之间反洗钱协作不够。对此，易纲行长明确提出，人民银行、银保监会、证监会及外汇管理局要加强监管协调合作，推进联合风险评估、联合执法监管、联合惩戒等机制建设。目前，银保监会已采取行动，将通过现场检查、非现场评价等措施加强对银行机构的反洗钱监管，在“一行两会一局”联合监管、多头执法的新格局下，金融机构反洗钱工作压力将进一步增大。

在“严、强、深、精”监管背景下，作为国有大行和全球系统性重要银行，我们要进一步提高反洗钱认识和站位，不仅要把反洗钱作为一项重要的合规工作来做，更要当作一项严肃的政治任务来抓，从维护国家安全和金融稳定的高度，切实履行好反洗钱法定义务，更加有力地担负起政治责任和社会责任，为国家打击洗钱及其上游犯罪活动发挥好“压舱石”和“稳定器”作用。同时，针对复杂变化的国内外反洗钱形势，要增强底线思维和忧患意识，筑牢“防火墙”，拉紧“防护网”，严控在反洗钱领域发生“灰犀牛”和“黑天鹅”事件。这是底线，要坚决守住。

三、今年的几项重点工作

本次会议研究确定了今年全行 6 大类 34 项任务，会前已广泛征求过各部门意见，我不再做全面布置。2019 年是反洗钱工作“夯实基础年”，这里重点围绕基础管理再强调以下五个方面的工作。

（一）夯实反洗钱履职管理基础。近年来，人民银行高度重视金融机构管理人员反洗钱履职，特别关注业务条线反洗钱履职。2018 年，人民银行首次处罚了交通银行等 5 家直管金融机构总部及相关责任人。人民银行也将于今年或明年对总行进行反洗钱检查，总行内审局已将反洗钱列入今年专项审计项目，大家都可以提前自查一下，主动查漏补缺，妥善保存好履职留痕记录，为内外部审计检查提供可靠依据。

一是要强化反洗钱管理责任。各机构、各部门“一把手”要切实承担起反洗钱工作第一责任人职责，对反洗钱工作的重视不能仅停留在口头上和纸面上，要将洗钱风险管理要求融入制度、机制、系统、流程、监督、考核和队伍建设等具体工作之中；要把反洗钱合规作为业务发展的前提，不追求没有管理能力的市场地位，不追求没有风控能力的市场占比；要结合本机构、本部门业务发展、客户规模和风险管理等实际情况，合理配备反洗钱履职资源，确保反洗钱人员素质和数量满足工作需要。这也是我今天想向大家强调的，事前加大投入主动合规，远比起出事后受到重罚被动改进的成本要小得多。这是对集团负责，也是对本人和员工负责。

二是要加大反洗钱违规问责力度。去年全行共对2 738名个人进行反洗钱违规问责（包括通报批评378人次，违规积分2 204人次，扣减绩效729人次，告诫谈话56人次，行政警告6人次），全部集中在二级分行及以下机构，其中支行及营业网点人员占比95%以上。这样的问责范围及力度难以对反洗钱违规行为形成有效的震慑、警示和约束。内控合规部要牵头完善反洗钱违规问责机制，针对人民银行检查发现问题，逐项分析成因、找准症结，明确责任归属，细化问责标准，既要问责机构，也要问责条线，对执行类问题可以重点关注操作层面，对设计类、管理类问题必须追根溯源，深究到底，强化对业务条线及各级管理人员的责任追究，真正做到让制度"长牙"，让规矩"带电"，在全行形成"有规必依、违规必究"的反洗钱合规氛围。

（二）夯实客户身份识别基础。近年来，人民银行反洗钱检查问题指向重点集中在客户身份识别领域，在去年对5家金融机构总部开出的610万元罚单中，70%以上罚金均源于客户身份识别。在各地人行对我行的反洗钱检查中，处罚决定书中85%以上均为客户身份识别问题。对此，我们要引以为戒，及时对存在问题进行整改，堵住出血点。更为重要的是，各业务部门要切实增强客户身份识别工作的责任意识，着力解决"不愿做、不敢做、不会做"问题，今后凡是涉及客户身份识别方面的工作，各业务部门负责人要亲自部署、亲自过问、亲自协调、亲自督办，真正把客户身份识别工作主体责任承担起来。

一要厘清公司客户身份识别职责边界。近两年，人民银行高度重视并大力推进非自然人客户受益所有人识别工作，目前我行受益所有人信息完整率为70.29%，无论是工作进度还是信息有效性都距监管预期有一定差距，已有个别分行因受益所有人识别不到位遭到人民银行处罚。目前我行公司客户身份识别这项工作相关部门之间职责边界不清晰，在具体工作开展中无法找到归口部门，甚至互相推诿，导致公司客户身份识别工作产生了较大的管理漏洞，严重影响了相关工作质量及成效。公司金融业务部，结算与现金管理部、普惠金融事业部、运行管理部、信贷与投资管理部等公司客户管理部门要有担当、有作为，切实承担起公司客户洗钱风险管理职责，清晰划分客户身份识别职责边界，协同推进受益所有人识别、客户信息治理等重点工作，避免风险悬空、久拖不前，招致不必要的监管问责。

二要开展客户身份识别专项整治。针对客户身份识别屡查屡犯、逢查必罚的老大难问题，内控合规部要尽快会同个人金融业务部、公司金融业务部、结算与现金管理部、运行管理部等部门研究制订专项治理方案，逐项明确治理措施及时间安排，从制度、系统、流程等方面进行综合治理，尤其是针对总分行设计类问题，不能仅从操作执行层面抓整改，要重点解决"最先一公里"的机制性、流程性问题，特别是在非实名账户等重点领域，要结合当前大部分客户不到店的实际情况，合理采取系统硬控措施，力求"根治顽疾"，不能任由风险敞口越拉越大。相关业务部门及各境内分行要积极配合开展专项整治，并在此基础上主动对本条线、本机构客户身份识别问题自查自纠，全方位排查风险隐患，明确整改路线图并认真组织实施，确保整改到位，力争客户身份识别问题得到明显改善。

三要丰富客户身份识别手段。人民银行已于近期全面取消企业银行账户许可，进一步优化银行企业开户服务，但是反洗钱工作标准没有降低，要求更加严格。一是银行在开户环节要进行详尽的尽职调查，穿透识别企业受益所有人，并加强全生命周期管理。二是银行要全面、独立承担企业银行结算账户合法合规主体责任。更高的时效性及识别要求对银行客户身份识别工作带来了新挑战。运行管理部、结算与现金管理部等部门要统筹规划，引入具有公信力的第三方数据验证企业客户身份，加强对企业开户意愿的核实，合理运用指纹、人脸识别等新技术认证方式优化业务处理流程，有效解决客户身份证件及信息被仿冒或盗用的问题。在个人客户身份认证方面，个人金融业务部要牵头做好依托他行一类账户在我行开立二、三类账户的客户身份识别工作，确保必要信息采集完整并打好客户标识；运行管理部要会同个人金融业务部、金融科技部加快推进公安部可信身份认证服务合作项目，尽快搭建起便捷有效的"实人+实名+实证"个人客户身份认证机制。

（三）夯实境外机构洗钱风险管理基础。在推进境外机构洗钱风险管理的过程中，我们要始终牢记"立足当下与着眼长远相结合、重点突破与整体推进相结合"的基本原则，既要有解决眼前紧迫问题的"治标"措施，也要有治理深层次问题的"治本"之策。

一是要强化重点业务洗钱风险管理。内控合规部要会同相关部门开展境外机构客户身份识别专项治理，重点解决客户定义不清晰、客户身份资料缺失、客户尽职调查停留在表面合规等问题。境外机构要按照总行统一部署，实施客户身份识别专项治理，达到客户定义有规范、识别对象有重点、识别方法有工具、信息输入有依据、信息输出有口径的治理目标。针对监管重点关注的代理行业务，内控合规部、国际业务部要强化风险管控，更新代理行尽职调查问卷。境外机构要结合属地监管和总行要求，强化代理行风险评估、尽职调查和业务监测。

二是要全面推进重点机构整改提升。内控合规部、国际业务部等部门要加强对欧美机构的专业支持及监督管理，以监管指出问题及关注事项为着眼点，加强对集团反洗钱工作有效性的验证及反思，有针对性地完善机制、制度、流程等顶层设计。欧美机构要根据属地监管要求优化区域管理模式，按照整改路线图序时推进、稳步实施、以点带面，实现反洗钱工作的深度治理与拓展提升，对整改有效性进行充分验证，并加强与属地监管的沟通交流，准确领会监管意图。

三是要完善境外机构反洗钱管理机制。内控合规部要按照“全面前瞻、防控有效”的总体要求，加强区域洗钱风险特征研究判断，提高反洗钱分类管理的针对性，对共性问题形成机制性安排，对差异化问题分层次、有重点地推动解决；加强对境外机构属地监管规则的对标分析，准确定位差距、识别风险点，有的放矢补齐短板，并持续推进反洗钱标准化建设。各业务部门要强化对本条线境内外业务反洗钱合规的一体化管控，尤其要注意在境外机构端不能弱化。当前内外联动业务风险已受到欧美等国监管关注，对这类业务要同步对标境内外监管标准、强化洗钱风险管理，严防风险传染或转嫁。境外区域总部要加强对辖属机构反洗钱工作的统筹管理与监督指导，切实发挥好总部的集成管理作用。

（四）夯实洗钱风险识别及管控基础。去年以来，人民银行连续发文要求金融机构高度重视并认真组织实施洗钱风险评估工作。我们要准确理解洗钱风险评估对提升风险管控精准度的起点地位及引领作用，以“看得清、摸得透、控得住”为目标，建立“全风险视图、全周期管理、全流程控制”的洗钱风险管控机制。

一是要完善洗钱风险评估体系。内控合规部要尽快建立健全机构、客户、产品、地域“四维一体”的洗钱风险评估体系，借鉴国际通行标准及最佳实践确定科学的评估方法、指标和模型，明确评估实施、结论验证及成果应用的具体标准及流程，打好风险评估方法论基础，既要“精确制导、命中靶心”，更要“为我所用、精准提升”。金融科技部要配合内控部研发投产洗钱风险评估系统，为评估实施提供系统支持与技术保障，防止因手段及工具的不匹配影响评估工作成效。

二是要用好洗钱风险评估结果。各业务部门及各境内分行要根据总行反洗钱领导小组统一安排，认真实施洗钱风险评估工作，建立风险评估及应用长效机制，结合业务实际合理确定评估单元，细化固有风险及控制有效性的评估颗粒度，对评估发现的高风险因素应深入分析成因，对存在风险隐患的关键环节及时修正，对经结果验证后确定的高风险业务领域及机构要研究制定针对性风险控制措施，力求“靶向施策、对症下药”，避免踩踏红线、确保控制有效。

（五）夯实反洗钱专业队伍建设基础。近年来，我行相继完成反洗钱三大改革，在各分行集中了一批反洗钱人才，但由于个别分行人员配备不足、工作长期超负荷等原因，反洗钱队伍逐渐暴露出满意度下降、稳定性不足等问题。我们要加强对反洗钱人员的关注、关心和关爱，为做好反洗钱工作提供扎实的人才基础及智力保障。

一是要重视反洗钱队伍活力建设。内控合规部与人力资源部要尽快研究制定加强反洗钱人员管理的专项意见，完善反洗钱人员的选拔任用、交流晋升、激励约束等机制，充分调动反洗钱人员主动性和积极性。各境内分行要高度重视并抓好落实，在反洗钱领域配备充足的人力资源，盘活反洗钱队伍及发展机制，推动形成“人尽其才、才尽其用”的生动格局。各境外机构在选聘合规官和反洗钱官等关键岗位人员时，要全面考察、严格筛选、宁缺毋滥。

二是要提升反洗钱专业能力。内控合规部和企业文化部要以持续提高专业胜任能力为目标，科学设置反洗钱专业序列及资格认证体系，合理安排反洗钱培训项目及课程设计，着力培养打造“精、专、深”工匠型反洗钱人才。各业务部门要主动在业务培训中强调反洗钱内容，提升本条线反洗钱工作认知程度及履职能力。各境内外机构要建立覆盖全员的反洗钱培训体系，重点加强业务人员反洗钱培训，确保每位员工拥有与其岗位相适应的反洗钱工作能力。

同志们，今年反洗钱工作任务比较重，各机构、各部门要勇于担当、克难奋进，抓好落实，确保各项任务按时完成，取得看得见的成效，推进集团反洗钱工作迈上新台阶！

在反洗钱重点工作推进会上的讲话

王　林

（2019 年 6 月 24 日）

这次会议的主要任务是，深入贯彻最新反洗钱监管要求和总行反洗钱领导小组会议精神，对当前三项反洗钱重点工作：反洗钱监管执法配合、客户身份识别综合治理、机构洗钱风险评估，进行安排部署。下面，我讲四点意见。

一、充分认识反洗钱工作面临的严峻形势

近年来，国际反洗钱监管持续保持高压态势，国内反洗钱监管逐渐与国际对标接轨，集团反洗钱工作面临的压力与挑战与日俱增。人民银行将马上进场对我行集团总部反洗钱工作进行现场评估，并同步对六家分行进行现场检查，这是人民银行首次对总行开展反洗钱现场评估与检查。各部门、各分行思想上要高度重视，工作上要加强配合，行动上要积极主动，妥善做好监管配合工作。同时要抓好客户身份识别综合治理和机构洗钱风险评估两项重点工作，着力夯实反洗钱工作基础，提高洗钱风险管理针对性和有效性。

一是客户身份识别是监管问责重灾区。客户身份识别历来是人民银行反洗钱监管执法的重点，在去年对5家金融机构总部开出的610万元罚单中，70%以上罚金源于客户身份识别问题。在各地人民银行对我行的反洗钱检查中，处罚决定书中79%以上同样由于客户身份识别问题。根据近期数据统计，当前我行境内分行疑似未达到“实名”要求的个人客户多达2 397.5万，极有可能被监管定义为“与身份不明客户进行交易”，并列为严重违规。同时，证件过期客户共4 582万户，证件有效期错误5 011万户，性别、国籍、地址、职业或电话不准确共计3.4亿项，涉及约1.2亿个人客户。以上错误类型，均为近年监管处罚重点内容。现在人民银行反洗钱执法严格落实“双罚制”，既问责机构、也处罚个人。希望各部门、各分行引起足够重视，密切配合、通力协作，尽快完成治理、堵住出血点，尽量避免招致监管重罚。

二是机构洗钱风险评估成为监管关注新热点。近年来，机构洗钱风险评估作为落实“风险为本”、提升反洗钱工作有效性的重要措施，备受FATF及各国监管的推崇及关注。2019年4月，FATF发布《中国反洗钱和反恐怖融资互评估报告》，指出“中国应重点关注金融机构风险评估的稳健性和实用性，以确保评估能真正反映为金融机构带来风险的实际威胁和缺陷”。人民银行高度重视洗钱风险评估工作，本次对总行的监管执法就以评估形式开展，同时将金融机构洗钱风险评估工作开展情况纳为监管重点，并在反洗钱年度考核评级中扩大指标权重，对评级结果具有重要影响。同时，由于我行客户群体庞大、分支机构众多、业务种类全面且频繁推陈出新，我们自己从风险管理的角度，也迫切需要以“看得清、摸得透、控得住”为目标，建立“全风险视图、全周期管理、全流程控制”的洗钱风险管控机制。这其中，有效的洗钱风险识别与评估是必要的前提和基础，对能否及时发现、有效防控、果断处置风险至关重要。

二、统筹做好反洗钱监管执法配合工作

根据人民银行安排，对我行集团总部的反洗钱现场评估将于6月份正式启动，对6家分行的现场检查也将陆续开始。如何妥善应对好反洗钱监管执法，尽量争取相对正面的监管评价，避免遭受大额问责处罚，维护好集团合规声誉，已成为反洗钱工作迫在眉睫的头等大事。各部门、各分行一定要高度重视、落实责任，加强协作，全力以赴完成各项反洗钱监管执法配合工作。

一是要成立反洗钱监管配合领导协调机构。总行反洗钱监管配合领导小组由我担任组长，成员包括各部门负责人。内控合规部作为本次反洗钱监管配合的牵头组织及协调联络部门，要牵头成立专项工作小组。各部门要指定专门处室负责，指派处长及业务骨干参加工作组，对本部门相关工作要有力协调，确保对外及时响应监管要求、对内有效指导分行检查应对。6家被查行要比照总行成立反洗钱迎检领导小组及工作小组。总分行所有反洗钱监管执法过程中被指出的问题或关注事项要立查立改，争取从轻或减轻处理。

二是要及时准确反馈监管调取资料及数据。各部门、被查行一定要认真准备、准确提取并及时反馈监管调取资料及数据，这是做好监管配合工作的首要任务和基本前提。本次人民银行针对总行开展的洗钱风险评估，与传统的现场检查方式有所差异，评估资料及数据需经提炼分析、分类整理。总行各部门一定要注意加强对反馈材料的验证校对，所有反馈监管材料需经本部门主要负责人审核确认。对反馈材料不及时、存在明显逻辑错误或其他质量问题，影响监管配合工作进展和总体效果的，要直接向我报告。

三是要加强对被查行迎检工作的监督指导。本次人民银行采取总分行一体部署的反洗钱监管执法形式，对6家分行的检查结果将被认定代表我行分支机构的整体水平，并直接影响总部评估结果。各部门要加强对分行应对监管检查的统筹指导，积极推动检查发现问题的立即整改。对6家分行在监管检查中遭受的处罚，内控合规部要牵头分解至相关条线，对被罚机构及条线实施双线问责，对罚款金额超过50万元的条线，要直接给予年度绩效考核降级处理。

三、加快推进客户身份识别综合治理

为加速解决客户身份识别问题，内控合规部已牵头制订客户身份识别综合治理方案，按照“治存量、优增量、完善机制流程”的治理思路，细化明确了61项重点工作任务。各业务部门要切实增强客户身份识别工作的责任意识，严格按照既定任务分工实施推进各项治理工作，真正把客户身份识别工作主体责任承担起来。

一是要重点整治存量客户信息问题数据。个人客户方面，对未达到“实名”要求、证件过期和证件有效

期错误的客户，要抓紧主动采取限制措施；对其他客户基本身份信息无效的客户，要结合具体业务场景使用批量工具调整校正，或研发提示功能引导客户主动自助更新。单位客户方面，对照工商注册信息对存量客户进行差异排查，对错误信息或已变更的重要信息进行核验补录，对工商注册状态为吊销或注销的公司客户、无法核实但交易活跃的潜在高风险账户，要立刻研究并采取限制非柜面交易等合理措施。

二是要完善机制流程严把增量关口。个人客户方面，要系统梳理增量数据来源，逐项理清问题并明确整改措施；优化批量开户方式，强化与柜面启用的联动控制；针对客户信息采集和存储规则，在新产品研发环节配套设计系统流程控制，从源头管控信息质量。单位客户方面，要借鉴个人客户身份要素的校验规则，完善对法定代表人、股东、财务人员留存信息的控制；将受益所有人识别纳入单位账户尽职调查流程，并尽快完成外购受益所有人信息方案及相关系统对接改造；建立工商注册信息异常情形自动推送机制，着力防范冒用身份证件开立企业银行账户。

三是要强化高风险客户身份识别和管控。内控合规部已结合反洗钱和相关专业非现场监测结果，梳理明确了潜在高风险客户来源和特征。各业务部门要在本条线制度流程中明确此类高风险客户的识别标准和要求，并根据尽职调查结果制定相应的控制措施。后续内控合规部要牵头建立高风险客户名单管理机制，各业务部门要积极配合完善相关系统功能，实现高风险客户信息在各业务环节的联动共享，在账户功能调整、开立网银、调整限额等重点交易中，明确提示操作人员客户高风险特征及后续处理要求，实现联防联控。

四、有序推进机构洗钱风险评估

为确保全面落实监管要求、满足我行业务实际并充分借鉴国际通行标准，总行专门聘请了德勤作为外部咨询机构辅助实施首次机构洗钱风险评估工作。德勤具有较为丰富的洗钱风险评估经验，自主研发了洗钱风险评估系统（Dera）并为多家大型全球性银行提供服务，在业内具有良好的口碑。希望大家珍惜外部专家专业支持的机会，认真接受培训，加强沟通交流，努力学习本领，争取在评估结束后培养出一批专业过硬的洗钱风险评估专家人才。

一是要加强评估项目实施的统筹协调。本次我行机构洗钱风险评估项目将分为准备、试点、实施、总结、提升五个阶段序时推进，具体包括21项重点工作任务，各部门、各分行要严格按照既定方案，有序完成各项任务目标。内控合规部要牵头成立机构洗钱风险评估项目组，尽快建立健全机构、客户、产品“三位一体”的洗钱风险评估体系，研究确定科学有效的评估方法、指标和模型。各业务部门要指定专人对口负责、全程参与，原则上项目完成前不得更换。对由于客户主体重叠、业务职能交叉导致的相关问题，各部门要有担当和作为精神，不等、不靠、不拖，加强联动协作，对于推诿扯皮、多次沟通未决的情况要直接向我报告。

二是要准确填写评估信息及数据。我行自主开展的机构洗钱风险评估较监管评估角度有所差异、指标更加细化，其中数据提取是首次评估的难点及关键。总分行各业务部门、金融科技部及内控合规部要密切配合，认真研究确定各评估单元数据提取规则，确保及时、完整、准确提取各项评估数据，严禁提供虚假、错误信息。各部门、分行要加强对本单位评估信息及数据的校对分析，注意相关评估指标之间的逻辑、钩稽关系，反馈评估材料需经本机构分管反洗钱工作负责人审核确认。对资料反馈不及时、交办事项不落实、影响评估进展及成效的，要直接通报单位负责人。

三是要强化风险评估成果应用。内控合规部要根据机构洗钱风险评估结果，进一步研究细化我行洗钱风险管理策略，会同相关业务部门研究制定风险管控措施。对高风险业务或分支机构，要采取包括但不限于调整经营策略、加大资源投入、加强账户管理等措施，力求精准施策，确保控制有效。对评估发现的问题及风险隐患，相关部门及分行要限时整改，对整改不到位的严肃问责。同时内控合规部要牵头制定印发专项管理办法，金融科技部要尽快配套研发投产机构洗钱风险评估系统，逐步建立起常态化洗钱风险评估机制。

同志们，当前国内外反洗钱形势更加复杂严峻，各部门、各分行要进一步增强责任感、使命感和紧迫感，在反洗钱工作上下功夫、有突破、见实效，牢牢守住“不发生重大洗钱风险事件、不遭受大额监管处罚”这个底线，合力推进集团反洗钱工作再上新台阶。

在第一批“不忘初心　牢记使命”主题教育巡回指导工作总结会议上的讲话

王　林

（2019 年 9 月 6 日）

刚刚，我们召开了全行“不忘初心、牢记使命”主题教育第一批总结大会，标志着第一批主题教育基本结束。这三个月来，总行巡回指导组做了大量富有成效的督促指导工作，保证了全行主题教育的扎实深入开展。刚才，11 位巡回指导组组长作了发言，介绍了督促指导工作情况和经验体会。听了之后，很受启发，大家既是主题教育的督促指导者，又是参与者；既抓好了督促指导工作，又使全体组员得到了锻炼和提高。下面，我讲三方面意见。

一、主题教育巡回指导工作的做法成效

各巡回指导组紧紧围绕中央精神，坚决落实总行党委要求，迅速行动，严督实导，主动作为，推动第一批主题教育组织高效有序、行动不偏不松、措施落实有力。

（一）坚持从严把关，夯实工作基础。各巡回指导组坚持严的标准、严的措施、严的纪律，紧紧扭住“五个不放松”要求，认真做好 9 个规定动作，紧盯 10 类调阅材料，采取交叉审阅、专题会议、面对面个别辅导等多种方式，严把质量关，该提醒的及时提醒，该纠正的坚决纠正，推动各单位主题教育深入开展、不走过场。比如，第 7 巡回指导组对指导单位主题教育实施方案累计提出修改建议 80 余条，对把握不准、含糊不清的，及时予以指导；第 9 巡回指导组对个别单位还存在划阶段、分环节的情况及时予以纠偏，对没有做到立行立改的督促尽快行动、加快落实。

（二）突出从实指导，提高工作质量。各巡回指导组紧密结合各单位实际开展指导工作，通过参加集中学习研讨、专题党课、调研成果交流会、专题民主生活会等，累计开展现场指导 800 余次；利用见面会、研讨会、学习会等多个场合，指导各单位领导班子尤其是一把手提高思想认识水平和重视程度；与近 900 名各单位领导班子成员开展了一对一访谈，推动各单位找准找实问题，明确改进方向。比如，第 5 巡回指导组深入各指导单位抽查领导班子和党支部学习情况，随机访谈处级干部和员工，督促各单位学习教育“达标”。第 6 巡回指导组认真落实“学习实、指导实、问题实、效果实”的工作要求，通过访谈考察党委班子学习情况，通过问卷测评检验党课效果，通过下沉一级列席党支部会议强化压力传导，其做法得到中央第 26 指导组的高度肯定，并在中央第 26 指导组主题办主任座谈会上发言。

（三）注重方式方法，务求取得实效。各巡回指导组积极创新工作方式方法，普遍建立了总结例会、学习报告、组内分工、组织生活、工作纪律等内部制度，为开展巡回指导工作提供了机制保障；坚持分类施策、分类指导，确保工作有的放矢、落到实处。比如，第 1 巡回指导组建立了每日一日志、每天一研讨、每周一总结的“三个一”机制，把工作做深、做实。第 2 巡回指导组建立了“分工负责、条块结合、交叉互检”的工作机制，每个组员负责重点联系 2 到 3 家单位，各项工作分块负责、专业把关、交叉互验。第 3 巡回指导组根据联系单位属性不同、差异较大的特点，结合其发展特点和近期重点工作，加强有所侧重的分类指导。第 8 巡回指导组制作了“主题教育要点三张表”，分门别类梳理中央要求、巡回指导组要求、指导单位要求，细化工作落实。

（四）加强自身建设，弘扬优良作风。各巡回指导组强化大局意识、责任意识和服务意识，保持良好作风，认真履职尽责。普遍成立了临时党支部或学习小组，通过支部学、组内学等方式，深入学习交流研讨，提高督促指导能力。深入各单位开展调查研究 116 次，充分掌握活情况、好做法。坚持严于自律、以身作则，在办公、调研等方面自觉做到勤俭节约、轻车简从，不增加联系单位负担，以实际行动展示了良好的作风。比如，第 4 巡回指导组深入各指导单位参加中心组学习和党日活动，同所指导单位领导班子成员一起深入学习、研讨交流。第 10 巡回指导组随同渠道管理部、运行管理部等单位，深入基层调研，实地了解基层网点减负、关爱员工等工作。第 11 巡回指导组召开指导单位党员代表座谈会，充分听取基层群众对主题教育的评价，发扬了从群众中来、到群众中去的优良作风。

二、主题教育巡回指导工作的经验体会

总行第一批主题教育巡回指导工作的扎实开展，为顺利完成主题教育既定目标发挥了积极作用。在指导工作中，大家坚持边实践边探索边总结，积累了一些宝贵经验。

（一）练好基本功，充分吃透中央精神和总行党委要求。主题教育动员大会和总行巡回指导组培训会后，各指导组认真领会中央精神和总行党委要求，及时跟进主题教育各项工作部署，围绕主题教育总要求和根本任务，聚焦四个方面具体工作加强督促指导，做到了政策熟悉、方向明确，指导有把握，督促有底气，为做好督导指导工作奠定了坚实基础。实践证明，只有充分把握中央和总行党委要求，才能确保各项安排部署一贯到底，才能推动各单位主题教育不走样、不跑偏。

（二）到位不越位，紧紧依靠各指导单位领导班子开展工作。主题教育期间，各巡回指导组始终把握好指导引领、督促把关、参谋建议的职能定位，充分尊重各指导单位领导班子主体作用，紧紧依靠各单位开展工作，通过深入了解情况，及时向各单位反馈存在问题，提出工作建议，使各单位切实把“规定动作”做到位，把“自选工作”抓扎实。实践证明，明确自身职能定位，做到尽职不越位、指导不包办，强化主动服务意识，是充分激发各级领导班子行动自觉，推动主题教育真正取得成效的关键。

（三）找准着力点，牢牢抓住重点对象、重点内容、重点环节。各巡回指导组坚持一级抓一级，层层抓落实，把工作重点放在对各一级机构领导班子和领导干部的巡回指导上，督促各一把手切实履行第一责任人职责，推动领导班子充分发挥示范带头作用；把工作重点放在推动整改落实上，把解决问题成效作为检验巡回指导工作质量的标准，向指导单位原汁原味反馈各方面意见，及时传导压力，以压力增添动力，督促各单位立行立改，不断形成整改落实长效机制。实践证明，自始至终抓住重点对象，突出工作关键点，是巡回指导工作事半功倍的重要保证。

3 个月以来，11 个巡回指导组、66 名指导组成员，牢记使命、强化责任，勇挑重担、齐心协力，奋发有为、狠抓落实，实现了对 100 家总行直接管理单位的全过程、全覆盖督促指导，为全行第一批主题教育深入开展、高质量开展发挥了重要的推动作用。主题教育领导小组各成员单位担当作为、履职尽责、共同配合，为主题教育各项工作顺利推进提供了坚实保障。在此，我代表总行党委、代表总行主题教育领导小组，向大家表示衷心的感谢！

三、做好总结收尾工作，巩固督促指导成果

第一批主题教育已基本完成，但整改落实工作依然任重道远。各指导组要再接再厉，站好最后一班岗，确保第一批主题教育善始善终。

（一）继续履行职责，指导各单位做好第一批主题教育总结工作。聚焦主题教育的根本任务、总要求和具体目标，认真审核各单位的总结报告，确保总结报告体现中央精神，落实总行要求，把情况写实，把体会写深，把问题写透，把建议写准。对于总结报告走过场、不深刻不到位的，要求返工重来。同时，要提醒各单位巩固主题教育成果，安排好整改落实工作，为 11 月份的整改落实情况“回头看”打好基础。

（二）总结工作成效，客观准确评估指导单位工作。按照中央要求，接下来，各巡回指导组还要对指导单位进行评估，形成有成效、有问题、有分析、有建议的高质量评估报告。在过去 3 个多月高标准、高强度的工作中，11 个总行巡回指导组都分别探索形成了好的做法和有益经验，这也是第一批主题教育的重要收获之一，希望大家把本组工作总结好、分析好，进一步巩固扩大主题教育督促指导工作成果，对开展第二批主题教育工作提出切实、有效的建议。

（三）立足新的起点，发挥示范带动作用。相关收尾工作完成后，大家就要回到原来的工作岗位。希望大家回去后，能够将参与巡回指导的所思、所想、所获融入自身岗位、实际工作中，组长、副组长要推动抓好本单位的整改落实工作，确保主题教育取得预期成效；指导组的成员要深化学习教育、调查研究、检视问题、整改落实成果，用良好的作风感染、带动身边的人，为推动主题教育持续深化发挥更大作用。

最后，再次感谢大家 3 个多月来的辛劳付出和积极奉献，预祝大家工作顺利，在各自岗位上建功立业，取得更好成绩。

在第二批“不忘初心　牢记使命”主题教育巡回指导组和领导小组工作会议上的讲话

王　林

（2019 年 9 月 16 日）

中央于 9 月 7 日召开了“不忘初心、牢记使命”主题教育第一批总结暨第二批部署会议。总行党委认真贯彻会议精神，在 9 月 10 日召开了第二批“不忘初心、牢记使命”主题教育动员大会，党委书记陈四清同志对全行第二批主题教育进行了动员部署，提出了具体要求，明确了工作方向。今天，我们召开会议，既是对全行第二批“不忘初心、牢记使命”主题教育工作的组织推动，也是一次培训辅导。下面我讲三点意见。

一、提高政治站位，充分认识第二批主题教育的任务要求

相对于第一批主题教育，第二批主题教育参加的单位人员范围广、类型多、数量大，同群众的联系更直接，面临的复杂问题、矛盾困难比较多，组织推动的任务更重，要求更高。

第一，要廓清思想上的模糊认识。第一批主题教育在大家的共同努力下顺利完成，取得良好效果，得到各方面的肯定。在面对第二批主题教育时，大家或多或少会产生懈怠自满的情绪和一些模糊的认识。这其中，既有认为第一批主题教育圆满结束，第二批主题教育主要是在二级分行及以下机构开展，与己无关的思想；也有认为主题教育的要求会前紧后松、前严后宽，第二批主题教育可以放松要求、停滞下来的虎头蛇尾思想；还有认为基层事务性工作多，经营压力大，难以投入足够的时间来抓，可以对主题教育任务有选择地进行的特殊化思想。这些都要在第二批主题教育中注意防范和避免。中央对第二批主题教育的要求很明确，标准很清楚，我们思想上不能放松，工作上更不能放手，要扎扎实实把各项工作一抓到底，确保不折不扣落实。

第二，要认清组织工作的巨大难度。第二批主题教育涉及 400 多个二级分行、3 000 多个一级支行，1.6 万个基层党组织，包括了二级分行、一级支行、网点三级机构，机构庞大，人员众多，信息传导链条长，组织工作难度大。如何确保主题教育的主题主线、根本任务、总的要求准确无误传导到每一层级机构、每一位党员，不失真、不走样；如何确保学习教育、调查研究、检视问题、整改落实四项重点措施，在各层级机构落实到位，让每一位党员领导干部执行到位，使广大党员认识到位，步调一致；如何把握好统一性与差异性的关系、“关键少数”与“绝大多数”的关系、集中性教育与经常性教育的关系，既防止层层加码，增加基层负担，又防止过度创新形式，搞五花八门的自选动作，偏离了主题主线，都需要我们认真思考、拿出办法。

第三，要厘清自身承担的工作责任。第二批主题教育点多面广。以点带面推动工作，是中央督导组的重要工作手段，也是他们了解和评估工商银行主题教育开展情况的主要途径。大家要清醒认识到自身的责任，认识到每一个二级分行、一级支行和基层党组织主题教育开展的情况，不仅代表着所属一级分行、直属分行的主题教育开展情况，也代表着整个工商银行的主题教育工作质量。一个点上出了问题，就会影响到中央督导组对工行的评价。请各一级分行、直属分行，各二级分行的党委主要负责人充分认清担负的职责，高度重视中央督导组的检查评价，把工作做在平时，扎扎实实做好每一级机构、每一个支部的每一项工作，给全集团增光添彩，绝不能因为一个环节上的疏忽造成不良影响。总行也将借鉴这种工作方法，抓两头带中间，既发挥先进典型的示范作用，也会对落后的典型进行情况通报，发挥警示作用，让大家受教育、促整改。

二、抓好四项重点措施，巩固扩大第一批主题教育成果

对于第二批主题教育来说，要坚持标准不降、力度不减，统筹推进四项重点措施，严格按照中央和总行党委要求，认真做好每一项规定动作。

一是要严格按照要求抓好学习教育。学习教育不能偏离中央规定的学习范围，要重点精读《选编》，通读《纲要》《汇编》，逐段逐句学习党章、《准则》和《条例》，学习党史、新中国史，要跟进学习习近平总书记最新重要讲话精神，对于主要观点，要熟记于心。集中学习研讨要聚焦主题主线，每个人都要有思考、有发言，不能以听讲座、听报告、参观红色教育基地等形式代替集中学习研讨。

二是要深入开展调查研究。各二级分行、一级支行领导班子成员要对标第一批主题教育的标准，制订详细的调查研究方案。要聚焦实际问题进行调研，把情况摸

清楚、把症结分析透，提出解决问题、改进工作的思路。要形成高质量的调研报告，召开高质量的调研成果交流会，切实将调研成果转化为推动经营发展的扎实举措。要在调研基础上讲授高质量的专题党课，聚焦学习贯彻习近平新时代中国特色社会主义思想，讲认识体会、差距不足、思路措施、感悟收获。

三是要在检视问题上下大力气、下狠功夫。参加第二批主题教育的党员干部，要重点按照习近平总书记关于“四个对照”“四个找一找”的要求，广泛听取意见建议，一条一条找准找实问题。领导班子成员要认真对照党章党规找差距，逐条列出问题。要针对工作短板、具体问题进行剖析反思，特别是要在主观上、思想上进行深刻检视。查找问题要结合工作实际，响应群众呼声，既要防止“大而空”，又要防止“小而碎”。

四是要以钉钉子精神推动整改落实。对第一批主题教育的整改落实工作，有一些已经立行立改，但大部分还需要抓长抓细，深入推动基层一线整改。要对那些一时难以解决的问题，明确阶段目标、持续整治，特别是对于总行已经安排部署的专项整治工作，要做好上下联动，使整改效果在第二批主题教育期间落地见效。此外，二级分行、一级支行领导班子要高质量开好专题民主生活会，严肃认真进行检视剖析、开展批评与自我批评。

三、强化责任担当，以扎实的工作确保主题教育实效

各级党委要切实履行主体责任。第二批主题教育具体任务在基层，统筹谋划在党委。各级党委要坚持下管一级、监控两级，在指导下级机构主题教育的具体工作中，履行好主体责任。总行党委班子成员将深入基层，对主题教育开展情况进行调研指导。一级分行、直属分行党委要统筹推动所辖机构主题教育，不能搞责任下移；党委书记的重视程度决定了一个分行主题教育开展的水平，要亲自谋划、亲自部署、亲自指导，不能当“甩手掌柜”，出了问题，总行首先问责一把手；党委班子成员要根据分工，明确联系指导的二级分行，实现党委班子对所辖二级分行联系指导的“全覆盖”，每位党委班子成员每月至少深入所联系二级分行和部分一级支行1次，对主题教育的重要工作给予现场具体指导。二级分行党委班子要在抓自身主题教育的同时，对所辖的一级支行和基层党支部实现联系指导“全覆盖”，每月至少进行1次现场指导，防止出现脱节，留下空白。要把这次主题教育开展情况作为分行衡量各级党员领导干部政治素质的重要因素。讲政治不是空的，就是要看一个干部在重大政治活动、关键事件中的表现，看他们能不能冲上前、能不能顶得住、能不能圆满完成各项工作任务。

各级指导组要履行好督促指导责任。要传导压力，督促指导分行党委认真履行主体责任，督促一把手切实履行好第一责任人责任，督促党委班子成员切实履行“一岗双责”，及时传达中央有关精神和总行党委相关要求，督促抓好落实。对于各项工作抓得不严不实不紧，甚至敷衍推脱的，要通过谈话谈心、督促提醒等方式，严肃指出、及时纠正，必要时向上级行党委汇报，抓出几个反面典型。要严格把关，按照习近平总书记关于“四个到位”的重要指示精神，在思想认识、检视问题、整改落实、组织领导上从严要求、从严把关，统筹落实好四项重点措施。要敢于坚持原则、动真碰硬，对于没有达到标准要求的指导单位，该批评的严肃批评，该处理的严肃处理。要务实指导，深入一线、深入群众、深入实际，看看做得怎么样，听听群众怎么说，了解实际情况，及时发现问题，督促帮助解决。要根据不同地域、不同机构、不同层级的实际，加强具体指导、精准指导，增强指导工作的针对性、实效性。

各级领导小组办公室要履行好组织推动责任。领导小组办公室的工作水平决定了主题教育的质量。要做好上传下达的枢纽，及时将中央精神和总行党委要求传达到各级机构和指导组；要做好出谋划策的助手，多出好主意、好办法，推动各项工作不断深化；要做好信息交流的桥梁，及时总结好的经验做法并加以推广运用。

同志们，抓好第二批“不忘初心、牢记使命”主题教育意义重大、任务艰巨。大家要以高度的责任感和使命感，把主题教育谋划好、组织好、开展好，确保高质量完成好主题教育各项工作任务。

在纪检系统全面从严治党座谈会上的讲话

王　林

（2019 年 10 月 10 日 · 根据录音整理）

同志们，刚刚陈书记在讲话中，对大家的工作作了充分肯定，对全面从严治党从严治行的严峻复杂形势进

行了深入分析，对各机构、各部门进一步深刻认识全行全面从严治党从严治行暨警示教育大会的重要意义，贯彻落实好会议精神和《贯彻落实新时代全面从严治党要求的意见》提出了要求，特别是对各级纪委如何履行好监督专责和协助职责提出了具体要求，对全行纪检干部发扬斗争精神、增强斗争本领提出了殷切期望。大家要高度重视，回到本机构、本部门后第一时间向所在机构党委、纪委、党支部传达，认真结合工作实际，抓好贯彻落实。这里，就贯彻落实陈书记讲话精神，抓好第四季度纪检工作，我再强调三个方面要求。

（一）以案为鉴、以案促改，一体推进“三不”机制建设。随着顾国明、谢明两起案件查办工作不断深入推进，两人的严重违纪违法问题也基本查清查实，他们也都向组织提交了忏悔书。忏悔书可以说是一言一语、触目惊心，一字一泪、悔不当初。这是切切实实发生在我们身边沉痛的教训。陈书记刚刚就深刻汲取“顾国明、谢明案”教训，做好以案促改工作进行了专门强调。下一步，派驻纪检监察组将会同总行党委在全行开展“顾国明、谢明案”专题教育整改，着力做好审查调查的“后半篇文章”。全行各级党组织和干部员工，特别是党员领导干部和“一把手”要认真对照反思，以案为鉴、以案促改。各级纪委要协助党委抓好教育整改，注重标本兼治，一体推进不敢腐、不能腐、不想腐。一是以强化不敢腐的震慑为前提和基础，加强与地方纪委监委的沟通协作，不断拓宽发现问题的渠道，深挖细查腐败问题；在涉及严重违纪违法问题时，坚决果断运用第三、第四种形态，以零容忍态度惩治腐败，下决心解决好“宽松软”的问题。二是督促各级党组织开好“顾国明、谢明案”专题组织生活会，用好顾国明、谢明忏悔书，切实做到“三个摆进去”，发挥反面典型案例震慑教育作用。三是重点关注信贷、投行、资管、金融市场等腐败问题易发多发领域，督促各级党委和信贷管理、授信审批等重点条线认真查漏补缺，提出针对性制度整改建议，用好用活纪律检查建议书。四是督促组织人事部门严格执行干部轮岗交流和回避等制度，加大对制度执行情况的监督检查力度，对随意变通、恶意规避的，坚决纠正、严肃处理。五是督促有关部门进一步优化相关考核办法，改进对查办案件工作的考核标准，鼓励各机构、各部门主动发掘线索、主动报告问题、主动查办案件。

（二）在改革中深化“三转”，做深做细做实监督第一职责。6月份在全行正式启动派驻改革以来，总体看各机构能从增强“四个意识”、坚定“四个自信”、做到“两个维护”的高度，落实改革要求，明确具体举措，有序推进各项工作。但是部分机构领会改革精神内涵还不够准确透彻，“三转”还不到位，聚焦主责主业上还有差距。刚刚陈书记专门就纪委持续深化“三转”，认真履行监督专责和协助职责提出了具体要求。下一步，各级纪委要真正把精力和资源向监督执纪问责聚焦，特别是要做深做细做实监督第一职责，用严格的监督确保党中央决策部署和总行党委工作要求贯彻落实。这里强调三点：一是用好两个“月报告”机制，紧盯关键少数。近日，派驻纪检监察组按照“三为主一报告”精神，先后印发通知，建立重大事项日常报告和履职基本情况报告等两个“月报告”机制。其中，日常报告重在发现和报告问题，特别是同级监督中的问题；履职报告重在总结和报告工作，主要是监督执纪问责基本工作情况。大家要从讲政治的高度，积极用好两个“月报告”机制，将其作为加强监督执纪问责，推动“两个责任”落实的有力抓手，重点紧盯“关键少数”，该报告的一定要报告，有效将上级监督和同级监督上下贯通起来，进一步增强监督穿透力和威慑性，通过上下联动、共同发力，解决好同级监督难的问题。二是发挥监督合力，不断健全监督体系。首先，监督的主体责任和监督责任要贯通起来。比如，各级纪委要报请党委定期召开专题会议，听取加强党内监督情况专题报告，综合分析政治生态状况，提出加强和改进的意见和工作措施。再如，党委职能部门要做好相关党风廉政建设日常工作职责的承接，加强职责范围内的党内监督工作。其次，各级纪委要协助党委建立健全监督体系，把党内监督和内控、内审、风险、信贷、法律等监督力量有机整合，探索信息共享制度、监督联席会议制度、联合监督检查机制等方式，充分发挥监督合力，提高监督效能。三是持续纠治“四风”，巩固拓展八项规定精神成果。9月10日，中央纪委国家监委召开贯彻习近平总书记重要批示精神、深入落实中央八项规定精神电视电话会议，要求进一步提高政治站位、保持政治定力，锲而不舍落实中央八项规定精神。总行党委第一时间传达学习了会议精神，陈书记就贯彻落实专门作了安排部署。各级纪委要准确把握新时代落实中央八项规定精神的规律特点和工作要求，突出重点，持续发力纠正“四风”，坚决整治形式主义、官僚主义，对隐形变异的享乐主义、奢靡之风问题继续严查深查，与第二批主题教育相结合，重点查纠漠视群众利益、领导干部利用特殊资源谋取私利等问题。近期，总行党委将会同派驻纪检监察组在全行通报曝光一批违反中央八项规定精神典型案例，教育全行干部员工引以为戒，坚决反对“四风”。

（三）增强斗争精神本领，从严从实加强自身建设。赵乐际同志反复强调，纪检监察干部队伍的素质怎么样、战斗力如何，不仅仅是纪检监察系统的事，还是关系整个全面从严治党、加强党的建设的大事。纪检机关是党的一把利剑，这把利剑只有在重大斗争考验中锻造磨砺，才能锋利坚固、永不蒙尘。全行纪检干部要贯彻落实习近平总书记9月3日在中青年干部培训班开班式上的重要讲话精神，落实总行党委的具体要求，在斗争中经风雨、壮筋骨。一是持续抓好全员培训。继续组织好中央纪委国家监委17张光盘的集中学习，特别是要认真组织好《中国共产党纪律检查机关监督执纪工作规则》《中国共产党问责条例》的学用工作，将其作为“不忘初心、牢记使命”主题教育的重要学习内容。二是进一步健全内部监督制约和管理机制。派驻纪检监察组已经和即将出台近20项制度，进一步规范了监督检查、审查调查、案件审理等工作流程。各级纪委要认真学习领会，结合实际工作抓好落实，增强安全意识、保密意识，特别是要坚决守住办案安全底线，确保依规依纪依法规范使用手中的权力。三是精准运用“四种形态”，把握“两定量、一变量”原则。“两定量”就是事实和党纪国法，“一变量”就是违规违纪人的悔错认错态度，“四种形态”是由低向高转还是由高向低转，这个变量是重要因素。对主动向组织说清楚，愿意回头，愿意改错的同志，可以给他创造将功补过的机会。四是用好提名考察、案件查办、履职考核以上为主的“三为主”要求，不断增强纪检工作的权威性和独立性。五是持续强化纪检监察干部监督与管理，加快建设纪检监察干部监督体系，严肃查处纪检监察干部违纪违法问题，防止纪检系统的“灯下黑”问题。

在2019年巡察工作培训班上的讲话

王　林

（2019年11月21日）

这次培训内容涵盖了中央关于巡视工作的新精神新要求、中央单位贯彻落实《指导意见》专题培训班的转培训、巡察工作实务、行动学习教学等。刚才，几位同志围绕本次培训主题，结合本单位工作实际做了很好的发言，介绍了在巡察监督方面所做的有益探索。可以感受到，我们巡视巡察条线的同志今年做了大量富有成效的工作，工作中呈现出很多特色和亮点。大家也分析了存在的问题，提出了很好的建议，也有很多对今后的工作有借鉴意义的思考。今天借此机会，我想就深入推进巡察工作高质量发展需要把握的6个方面问题，与大家作一个交流。

一、如何正确认识深入推进新时期巡察工作的重大意义

党的十九大对巡视巡察工作做出了重大部署，要求市县建立巡察制度，加大整治群众身边腐败问题力度，建立巡视巡察上下联动的监督工作机制，为巡视巡察工作站在新的历史起点上再出发，指明了前进方向，提供了根本遵循。今年5月召开的全国市县巡察工作推进会，全面总结十八大以来市县巡察实践经验，对落实巡察工作主体责任、解决制约巡察工作高质量发展的突出问题提出了明确要求。

巡视和巡察本质上都是政治监督、组织监督、纪律监督，均以《党章》和《中国共产党巡视工作条例》等党内法规为基本依据，在组织形式、指导思想、工作方式方法、成果运用等方面的要求和标准是一致的。可以说，巡察就是市县党委的巡视，是人民群众身边的巡视。同时，巡察是巡视作为党内监督的一种有效形式在基层的延伸。与巡视相比，巡察监督对象层级较巡视低，更贴近基层干部员工，方法相对灵活，内容指向更加具体，有明显的基层特点。党的基层组织是党的社会基层组织中的战斗堡垒，是党的全部工作和战斗力的基础，同时也是党的方针政策的实践者、执行者、推动者。基层党组织领导班子及其成员，是党和人民密切联系的桥梁纽带，是党执政兴国的重要基础力量。对于工商银行而言，我们有1.9万个基层党组织，这是推动党的金融事业不断向前的重要力量，是全行生产力和战斗力的基础。深入推进新时代巡察工作，切实加强党组织和党员干部监督，使全面从严治党、从严治行向基层延伸，对于增强党的执政能力、厚植党的执政基础和群众基础，对于确保党和国家方针政策、重大部署在全行的贯彻执行，对于提升广大干部员工的幸福感和获得感，都具有重要的现实意义和深远的历史意义。

二、如何强化分行党委履行主体责任的政治意识

开展巡察工作的责任主体是分行党委，党委书记是第一责任人。只有党委重视，特别是书记重视，巡察工作才能有效果、有权威。分行党委要切实提升履行巡察工作主体责任的意识，做到“三个强化”。一是强化谋划部署。按照中央要求，在党委一届任期内要实现巡视巡察全覆盖。各行党委必须统筹谋划、科学部署好本单位巡察工作，高质量实现全覆盖。二是强化组织协调。党委的重要职责就是统筹协调。发挥纪委、组织、内控

及相关业务部门支持配合巡察的作用，需要书记亲自组织协调。三是强化成果运用。党委巡察工作领导小组要及时听取巡察情况汇报，研究成果运用，提出整改意见和分类处置要求，对重点人、重点问题要提出明确的处置意见。听汇报是非常重要的制度，要点人、点事、点问题，听取汇报情况也要向总行一样，逐层报备，总行党委巡视办要重点关注落实情况。

三、如何突出监督重点，发挥巡察政治监督作用

近两年，总行在开展巡视“回头看”的同时，对部分分行巡察工作开展情况进行了检查调研，发现一些分行存在对政治巡察内涵定位把握不准的问题，发现的很多问题仍然偏重于业务问题。如何针对基层机构的特点和实际，科学确定政治巡察监督内容，这些方面大家还存在一些困惑。

习近平总书记强调，巡视要紧扣党组（党委）职能责任，加强政治监督，深入查找贯彻落实党的路线方针政策和党中央重大决策部署存在的政治偏差，坚决整治形式主义、官僚主义，用实际行动践行“两个维护”。赵乐际同志进一步指出，巡察监督的重点有两个方面，一个是党中央大政方针在基层贯彻落实不到位不到底的问题，一个是群众身边的腐败和作风问题。这为我们准确理解把握政治巡察的内涵指明了方向。具体要做到“三个聚焦”：一是聚焦基层贯彻落实党的路线方针政策和党中央决策部署情况。这是基层党组织履行职责使命、践行“两个维护”的根本政治要求。对于我们内部巡察工作来讲，要重点关注被巡察党组织贯彻落实中央和上级行党委服务实体经济、防控金融风险、改进金融服务等重大政策情况，看贯彻坚决不坚决，有没有具体的措施、机制，落实情况怎么样、效果怎么样、干部员工反映怎么样，推动基层党组织以实际行动践行党的初心使命，做到“两个维护”，保证中央经济金融政策落到位落到底。二是聚焦群众身边腐败问题和不正之风。我们基层的领导干部总体上是好的。但从信访举报和巡视巡察情况看，以权谋私等腐败问题，对员工合理诉求推诿扯皮、冷硬横推等作风问题仍有反映。政治巡察要坚持把人民拥护不拥护、赞成不赞成、高兴不高兴作为检验工作的根本标准，凡是员工反映强烈的问题都要严肃认真对待，凡是损害员工利益的行为都要坚决纠正。通过推动解决员工关切的“小问题”，赢得民心向背的“大政治”。三是聚焦基层党组织组织力欠缺问题。目前，一些基层党组织党内生活不规范、不严肃，教育党员和联系群众的作用发挥不足。政治巡察要把基层党组织建设情况作为关注重点，着力发现和推动解决基层党组织弱化、虚化、边缘化问题，不断提升组织力，强化政治功能，巩固党长期执政的组织基础和群众基础。

四、如何建立巡视巡察上下联动的监督机制

建立巡视巡察上下联动的监督机制是党的十九大部署的重要任务，是健全党和国家监督体系的重要举措，是推动全面从严治党向基层延伸的必然要求，也是我们各级巡视巡察机构的重要责任。实践中，有不少分行围绕巡视巡察上下联动进行了探索，有的工作比较深入，形成了有益经验。我体会，建立上下联动监督机制有两个层面的问题需要深入研究。第一个层面，可以理解为“物理”层面的要求，就是加强对巡视巡察工作的统一领导，层层落实责任，整合监督力量，构建上下联动、横向覆盖的工作格局。也就是说，先把上下联动的“架子”搭起来，织好这张“网”。第二个层面，可以理解为“化学”层面的要求，就是要在这个工作格局的基础上，建立上下联动的有效机制。我们不追求形式上的联动，而是要做到实质上的目标一致、同频共振，进而提升监督质效。比如，总行连续两年印发巡察工作指导意见，明确巡察工作重点，一体谋划、一体部署巡视巡察工作；每年组织开展巡察业务培训，巡察组组长、副组长和业务骨干参加巡视工作，给大家创造交流研讨、以干代训的机会，这些都是上下联动的有效抓手。下一步，党委巡视办还将积极推进巡视巡察业务系统建设，逐步实现成果运用和信息数据的联动与共享。

五、如何做好巡察的“后半篇文章”

强化整改落实和巡视成果运用，就像一条红线贯穿于习近平总书记每一次关于巡视工作的重要讲话。在听取十九届中央首轮巡视情况汇报时，习近平总书记指出，发现问题不解决，比不巡视效果还坏，整改落实是“四个意识”的试金石，整改不落实，就是对党不忠诚。在听取脱贫攻坚专项巡视情况汇报时，习近平总书记强调，巡视整改不落实，就是对人民不负责。在听取十九届中央第三轮巡视情况汇报时，习近平总书记再次强调，巡视把问题发现了，必须认真解决问题。否则，巡视效果就会大打折扣，巡视制度就会变成“稻草人”。应当说，习近平总书记对巡视整改的要求越来越具体、阐述越来越深刻，把做好巡视“后半篇文章”提高到了一个新的高度。我们要认真学习领会习近平总书记关于巡视整改工作的重要论述，深刻认识抓好整改的重要性，扎实做好巡视巡察“后半篇文章”。一是压实整改责任。整改的第一责任人是党委书记，要督促党委书记亲自部署、亲自推动，严格对照反馈意见建立问题清单、责任清单、任务清单，明确整改措施和时限。二是规范移交办法。按照干部管理权限和职责分工进行分类移交的同时，各行要充分考虑“熟人社会”因素，探索重点问题线索向上级纪检、组织部门移交的办法和路径，确保巡察移交的问题线索得到妥善处置。三是强

化整改督查。纪委要及时处置巡察移交问题线索，加强对整改落实情况的日常监督，定期梳理整改进展，动态分析整改成效，持续跟踪督办，确保整改落实。组织部门要积极抓好巡察移交的选人用人、党组织建设等方面问题的整改。巡察办要做好基础性工作，加强统筹协调和督促了解，确保件件有着落、事事有回音。目前，总行正在研究制定巡视办与派驻纪检监察组、组织部、内审内控以及相关业务部门的协作配合机制，积极推进各种监督手段融会贯通、同向发力，同时也为分行提供借鉴和参考。

六、如何加强巡察队伍建设

做好巡视巡察工作关键在人。党委巡视办的同志在今年主题教育调研的过程中了解到，目前还有9家分行没有配备专职的巡察组组长，一些分行的巡察办没有配备专职工作人员。巡察工作任务重、压力大，巡察干部身兼数职，难以高质量地开展巡察工作。另外，很多巡察干部也感到能力不足与本领恐慌，对巡察业务不熟悉、不会监督的问题仍然存在。总行党委在今年的全行巡视巡察工作会议上对加强队伍建设提出了明确要求，各行要认真贯彻落实。一是选优配强巡察干部。各行要甄选敢担当、敢监督、敢负责的干部担任专职巡察组组长、副组长，适当增配1～2名巡察办专职工作人员，保持巡察队伍相对稳定。把准备使用的优秀年轻干部，放到组长、副组长岗位锻炼，贯彻习近平总书记“发挥巡视巡察熔炉作用”的要求，真正把巡视巡察作为发现、培养、锻炼干部的重要平台。抽调的干部也要过硬，对知识结构、专业背景、工作履历等都要有标准、有要求。二是加强干部能力建设。巡察工作高质量发展，一定要有高素质的巡察干部作支撑。要加强培训、分类指导，一个是分行自己想办法培训，日常培训、巡前培训要结合起来；一个是积极选派骨干参加总行巡视，以干代训，不断提高履职本领。三是严格监督管理。“在我无瑕，方可律人”。要抓好纪律建设，尤其是工作纪律、保密纪律和廉洁纪律。巡察干部一旦出了问题，会被无限放大。因此一定要把严的标准立起来，从严监督管理，杜绝以巡谋私、跑风漏气、口大气粗等问题，防止“灯下黑”。

这次培训大家还分组开展了行动学习，围绕提升巡察监督质量、巡视巡察上下联动等议题进行了深入探讨。希望同志们结合培训的学习成果，在今后的工作中去实践和验证。党委巡视办要把大家好的想法、做法带回总行。相信大家通过这次培训，学思践悟，会把学习的成果转化为做好巡察工作的本领，以新精神新面貌推动工商银行全面从严治党从严治行向基层延伸、向纵深发展。

同志们，学习贯彻党的十九届四中全会精神，是当前和今后一个时期的重大政治任务，也是我们巡视巡察工作的头等大事。11月4日，中央纪委召开会议，传达学习党的十九届四中全会精神，杨晓渡同志就纪检监察机关学习贯彻全会精神提出了具体要求。今天上午，总行党委专门召开了党的十九届四中全会精神宣讲报告会，党委书记陈四清同志作了题为《坚持和完善中国特色社会主义制度　推进国家治理体系和治理能力现代化　提升金融治理能力　促进经营管理迈上新台阶》的专题辅导报告。我们要深刻认识理解全会的重大意义和精神实质，深刻认识全会通过的《中共中央关于坚持和完善中国特色社会主义制度　推进国家治理体系和治理能力现代化若干重大问题的决定》的内容框架与中国特色社会主义制度和国家治理体系的显著优势，深刻认识全会13项任务特别是关于坚持和完善党和国家监督体系的部署要求，深刻认识纪检监察机关在坚持和完善党和国家监督体系中承担的双重任务。作为巡视巡察人员，也要结合实际，认真学习领会，抓好贯彻落实，充分发挥职能作用，积极推动、带头践行，把我们承担的任务一项一项落实到位。

稳妥积极　抓早抓新
不断开创公司客户一体化金融服务新局面

——在中国工商银行2019年公司客户“1＋N”一体化金融服务工作会议上的讲话

胡　浩

（2019年1月30日）

今天，我们把“全公司金融”涉及的公司金融、普惠金融、结算与现金管理、法律事务、国际业务、投资银行和专项融资七个专业条线，以及工银租赁、工银投资、工银国际三个专业化子公司组织到一起开这个会议，既体现了总行党委对全公司金融协同发展的高度重视和殷切希望，也有利于进一步加强公司客户“1＋N”

一体化金融服务。去年公司普惠结现投行工作会上，我提出要在公司金融板块率先构建“1+N”一体化营销服务体系，一切工作围绕发展客户、服务客户画“同心圆”，实现1和N之间目标一体化、考核一体化、服务一体化，让“1=N”“N=1”。经过一年的努力，取得了阶段性成果，先后完成两期系统开发，并选择7户企业开展试点，系统投产仅半年已实现线上需求收集1 871笔、5 542亿元，办结1 229笔、2 438亿元，一体化营销效果初步显现。今年要进一步加快系统完善与推广，争取再用1至2年时间，打造一个总、分、支行不同层级，客户、产品、前中后台不同部门，境内外、子公司不同机构均能使用的高效公司客户服务系统，真正做到以客户为中心，以市场为导向，围绕“客户需求解决”这“1”个出发点和落脚点，“N”个专业协同配合，统一营销管理、统一政策把握、统一数据展现、统一风险视图，把分散的指头攥成一个有力的拳头，充分体现“1+N”整体服务优势，极大提升服务效率、客户体验与市场竞争能力。

这次会议的主要任务是贯彻落实中央经济工作会议及全行工作会议精神，总结公司板块及子公司2018年工作情况，分析新的经营形势，安排2019年重点工作。下面我讲四个方面意见。

一、2018年全行公司客户服务取得历史最好成绩

2018年，面对复杂多变的经济金融环境，公司金融板块认真贯彻党中央、国务院决策及总行党委部署，落实金融监管要求，围绕服务实体经济、防控金融风险、深化改革创新“三大任务”，聚焦价值创造力、风险控制力、市场竞争力“三力提升”，以“奋斗+落实”的精神状态和工作作风，交出了一份总行党委非常满意的亮丽成绩单，“全公司金融”战略实施硕果累累。

2018年，全行公司客户营业贡献突破2 100亿元，可比口径增长11%，实现公司客户中间业务收入768亿元、占全行全部中间业务收入的51%，为集团利润增长提供有力支撑。公司客户总数达628万户，净增72万户、增长13%，年度计划完成率130%，日均金融资产5万元以上客户净增10.3万户、年度计划完成率412%。人民币公司贷款时点增量4 853亿元、大幅领先同业、超第二名1 400亿元，年度计划完成率162%，普惠贷款银保监口径净增492亿元、人行降准口径净增269亿元，年度计划完成率分别为176%和149%；公司贷款平均收益率较年初上升20个基点，公司信贷有效储备1.1万亿元。公司存款夹缝突破，新开对公结算账户144万户、新开户存款日均余额2 922亿元，考核口径公司存款日均增量2 035亿元，年度计划完成率132%，平均付息成本0.95%，大幅低于其他类存款。全口径融资累计满足客户融资需求超1.1万亿元，其中主承销非金融企业债务融资工具4 160亿元，年度计划完成率119%，同业排名第一，承销质量继续保持四行最优；累计发放并购融资1 150亿元，并购融资余额达3 024亿元，成为国内首家突破3 000亿元的金融机构；累计发放租赁融资993亿元、增长27%；工银国际IPO业务成功跨入香港市场第一梯队，实现承销金额235亿美元、增长316%。潜在风险贷款较年初下降1 889亿元、下降40%，特别是剪刀差首次实现了由正转负。运用法律手段收回风险资产435亿元，平台包受托资产现金清收114亿元，处置结清1 074户、涉及债权本金283亿元，清户户数、债权本金占比分别为97%和94%，基本实现清户。国际化经营实现高质量内涵式发展，境外机构账面净利润29.5亿美元、增长近9%；实现集团跨境人民币业务量4.6万亿元、增长21%；专融产品线余额达4 045亿元、净增423亿元、增长12%。

2018年公司金融服务获得了市场的高度认可及广泛认同，荣获“中国最佳公司银行”“亚洲金融竞争力公司业务银行”“值得信任的公司银行”“年度普惠金融奖”“中国最佳交易银行”“2018中国最佳投资银行”和“新丝绸之路最佳金融机构”等诸多奖项。公司金融板块贡献度、客户满意度、同业竞争力得以有效提升，服务实体经济水平再上新台阶，迈出了新三年规划长征路上坚实的第一步。

一是公司金融经营发展再创新辉煌。全面超额完成各项经营计划指标，同业、条线领先优势明显。中收方面，实现公司类重点产品中收118亿元、同比多实现30亿元，年度计划完成率127%，超全行平均水平28个百分点，为近五年最好水平、各专业第一，实现超常规发展。客户方面，有贷户较年初净增7 480户、增长8%，自2014年以来首次实现正增长。贷款方面，“1+3”信贷布局取得有效突破，新市场增量占比23%、超额完成15%的年初既定目标。幸福产业、先进制造业、物联互联“3”大新引擎板块公司贷款净增1 517亿元、增量占比31%。“4+80”重点城市行公司贷款增量占比提升至93%，重点支持雄安新区、海南自贸区、粤港澳大湾区、长三角经济圈等地区，亚太银团中心及科创中心建设有序推进。项目贷款（含棚改）净增4 178亿元，主动压降流动资金贷款、增量占比仅4%，商业性房地产净增492亿元。民企方面，展现大行责任担当、发挥“头雁”引领作用，快速响应中央部署及总行党委有关要求，出台了支持民企“十条意见”，高效完成100户民营骨干企业“总对总”签约授牌，完成市场首批国有大行民企债券融资支持工具（CRMW）创设与投资，各行迅速开展各具特色民企服务对接。民营企业贷款余额1.78万亿元、净增1 137亿元。

二是普惠金融发展呈现出良好态势。2018年普惠金融领域各项贷款实现全面增长，银保监会、人行

MPA考核指标顺利完成，资产质量稳中向好，组织了有声势和影响力的“工银普惠行”活动，以“一个平台”“三大产品”为特征的线上普惠金融综合服务体系以及区域梯次与横向联动发展的局面初步形成，呈现出近五年来最好发展势头。贷款方面，顺利完成银保监会“两增两控”监管要求，人行MPA口径贷款余额1 979亿元、净增242亿元，完成人行要求增量的235%。着力做好量价统筹，12月新发放普惠贷款平均利率4.35%，较第一季度下降102个基点。区域布局方面，“重点突破、梯次发展”成效初现，10家优先发展行贡献了全行82%的银保监普惠口径贷款增量及84%的人行降准口径贷款增量，同比大幅提升。重点产品方面，银政通、固定资产购建贷款、网贷通、票据池质押融资贷款、网上质押贷款、经营快贷等质量较好的重点产品快速增长，增量占比达105%，同比提升65%。

三是结现基础业务转型实现新突破。账户服务方面，平台拓户效果显著，账户规模稳定增长，账户质量不断提升，实现新开对公基本结算户108万户，占新开对公结算户数的比重超75%；实现结算类中间业务收入109亿元。基础服务方面，不断加强“全球现金管理”“工银小微金融”和“工银聚”三大对公服务平台系统优化和营销推广，创新推出“对公智能开户服务”。小微平台交易客户总数达78万户，小微平台预约开户55万户，开户转化率79%；工银e缴费率先上线云服务，年缴费数突破1.7亿笔、缴费金额近7 600亿元；大额资金监控系统拓展客户1.4万户、新增存款544亿元；加快推进网点对公智能化改造，逐步建立“核心网点+卫星网点”的群落化管理体系。交易银行方面，做实六大产品线，加强现金管理基础、交易数据及交易金融场景建设，探索“平台+数据+金融”的交易银行发展模式，为200家大中型企业搭建电商平台或为其自有电商平台提供结算、融资和理财等服务，聚集上下游客户9万多户，完成订单900万笔、结算金额1.4万亿元、表内外融资65亿元、理财销售219亿元。法人理财方面，推动资管新规背景下理财业务稳定发展，实现法人理财日均规模6 593亿元。

四是投资银行转型升级打开新局面。全行投资银行条线坚持“统筹、协调、创新”理念，境内机构“大投行”业务实现收入250亿元，保持同业第一，投行类7个重点科目实现收入143亿元，表内外投融资总量超过5 000亿元，逐步企稳向好。特别是基础类投行创新成效显著，实现收入73亿元，同比增长12%，扭转了连续6年的下滑态势。品牌类投行亮点突出，境内外并购同业第一优势进一步扩大，财务重组品牌影响力进一步提升，多个重大股权投资项目顺利完成，企业ABS业务成效初显，同业合作模式进一步创新，价值型投研品牌逐步建立，“大投行”行司联动和内外联动机制进一步完善。工银国际，对集团价值贡献全面提升、品牌影响力显著增强，实现营业净收入26亿港元，净利润15亿港元、增长10%，资产不良率下降至1.5%。新经济股权投资坚持价值投资理念，完成京东物流、瓜子二手车、依图科技等多个具有市场影响力的新经济股权投资项目。

五是集团全球化金融服务日益完善。合规管理方面，召开全行境外合规工作会议，明确下阶段境外合规工作方向和路线图，强化境外合规管理长效机制建设；构建境外机构属地监管常态化沟通机制，在总行整改督导办公室框架下有序推进欧美机构整改；完善集团外汇合规统筹管理、涉敏业务专业化管理架构。服务能力方面，集团全球服务网络已覆盖47个国家和地区，机构总数达426家；实现国际业务“单一窗口”系统对接、跨境电商综合服务平台上线、大宗商品人民币计价结算项目落地，新增全球现金管理客户894户，跨境双向人民币资金池签约513户，国际业务大中型客户突破2万户、增长14%，总行级国际贸易融资客户结构进一步优化。境内服务方面，实现境内国际业务营业贡献88亿元、增长13%，境内分行完成国际业务中收56.3亿元、增长10%，四行占比29%、同比提升2.8个百分点，中收规模及在全行占比连续两年“双增长”；境内国际结算量达1.74万亿美元，同比增长5%；国际业务主要经营指标对标主要同业领先优势进一步巩固。跨境融资方面，专项融资产品线不断强化信贷基础管理，审慎开展“走出去”业务，全面暂停无中国元素的主权融资业务，稳步推进全球电力、资源、基建、装备、航空航运项目融资，抢抓一批重点跨境并购项目，持续巩固“走出去”和“一带一路”首选商业银行市场地位。2018年专融产品线新审批承贷“走出去”项目83个、191亿美元；全球资产交易平台实现交易量681亿美元，同比增长12%。

六是集团内行司联动质效不断提升。工银投资方面。实现公司客户债转股签约金额4 421亿元，完成投资805亿元，年内新增落地规模521亿元，同业第一，实现净利润5.5亿元；完成业内首只债转股契约型基金备案，实现广州越秀、山东高速、四川铁投等项目模式、行业、区域多项同业第一，协鑫智慧、广东联泰等多单民企债转股项目投资落地；积极参与被投企业公司治理，建立262人的派驻董事监事人才库，树立行业标杆。工银租赁方面。业务发展稳中有进，资产质量保持稳定，顺利完成资本转增，在香港成立航空子公司，专业化经营步入新阶段。租赁资产余额达3 282亿元，净增399亿元、增长14%，专项减值计划前净利润36亿元、拨备覆盖率286%，融资租赁不良率0.86%，综合收租率98%，剪刀差由年初40亿元大幅压降到11亿元，待租钻井平台营销复工取得实质进展。

七是境内外资产质量持续稳中向好。“全公司金融”各相关专业牢固树立“合规经营、管好风险”的天职意识，将全面风险管理作为各项业务的生命线，持续强化境内外合规能力建设。实现公司贷款潜在风险、逾期、剪刀差“三降”，房地产资产质量专项整治效果显著，不良额降至66亿元、不良率降至0.96%。普惠金融全流程一体化风控有效推进，实现小微贷款不良额、不良率、剪刀差“三降”，成功扭转多年来小微贷款不良率持续上升态势。境外机构不良贷款率保持在0.52%的良好水平。风险资产法律清收成效明显，不良资产法律清收额、现金收回占比及胜诉案件执行率均创近五年新高。胜诉应收余额同比下降17%，为近六年首次下降，被诉法律风险防控取得良好效果，全面实现“被诉案件败诉金额和损失率”双降目标。

八是党建和队伍建设上呈现出新气象。坚持党领导一切，牢牢把握党建这个统领和人这个根本，凝心聚力。深入学习贯彻习近平新时代中国特色社会主义思想和十九大精神，坚持“规定动作做到位，自选动作有特色”，完善制度建设、注重基层调研、突出党群共建，板块党建工作和“家园文化”建设有声有色，为业务发展注入强大动力，并多次荣获总行表彰。大力倡导奋斗精神与工匠文化，围绕岗位履职能力、岗位责任意识、岗位吸引力“三提升”目标，以激发人的积极性、主动性、创造性为着力点，积极推动信贷客户经理和产品营销经理技能大赛、分级培训、考核激励等重点工作，时隔8年再次成功举办全行公司客户经理技能大赛，发现储备了一批优秀人才，队伍素质和服务能力不断提升。

综上所述，全行公司客户服务战线有效贯彻落实了总行党委的战略部署，坚定践行“服务实体经济”经营理念，将公司金融业务锻造成为工商银行核心竞争力，实现跨越式发展。成绩来之不易、难能可贵。这是总行党委正确领导的结果，是各专业全体干部员工艰苦奋斗的结果，也是各分支机构积极营销、各专业大力协作的结果，总行党委对全年公司客户金融服务及取得的亮丽成绩是非常满意的，在此，我代表总行党委对大家表示最衷心的感谢！

二、2019年面临更加严峻复杂形势与挑战

安不忘危，稳不忘忧。去年以来，外部形势变化之快、变化之大、变化之复杂超出预期，多重因素累积叠加、连锁反应，经营发展中一些苗头性倾向性问题值得关注。今年面临“多难”局面，形势更加错综复杂，困难和挑战可能超过以往。要密切跟踪、综合研判、未雨绸缪、妥善应对。

从全球看，世界正面临百年未有之大变局，国际经济形势更加错综复杂。一方面，贸易摩擦、地缘政治、民粹主义、主要经济体货币政策调整外溢效应等加大了全球经济和金融的不确定性，新兴经济体货币贬值和资金外流压力增大，全球经济增长同步性降低，国别风险加大。国际大宗商品及金融市场波动加剧，市场研判难度增加。另一方面，国际金融监管日益严苛、处罚力度持续加大，尤其是对中资银行合规、反洗钱及涉敏业务管理的关注度明显提升，对银行境内外合规管理和稳健经营提出更高要求。

从国内看，国内经济金融领域深层次结构性矛盾在外部冲击下趋于显性化。总体上，我国经济“新”的动能在成长、“好”的因素在累积，但“难”的局面仍未明显改观。一是下行压力在加大。经济运行稳中有变、变中有忧，中美经贸摩擦走势难料，消费、投资、出口边际均有走弱迹象，需求走软可能传导至供给端，加大经济稳定运行的难度。二是分化态势在加深。一些产业结构单一、创新发展滞后和资源枯竭地区面临较大压力。一些产业链下游行业生产经营困难，并会传递至上游企业。受劳动力、原材料、环保等成本上升因素影响，部分企业特别是民营和小微企业经营承压，盈利能力压缩，反映的融资难融资贵问题形成原因复杂，解决起来并非易事。三是金融风险点多面广。在周期性、结构性、体制性因素的叠加影响下，今后一段时期内金融风险仍将处于易发高发期。经济运行困难与金融风险二者相互传导、循环影响，统筹支持实体经济面临更大困难，一些市场主体预期不稳、信心回落，汇市、股市波动加大，共振叠加风险加大。四是境内外汇管理“强监管、严处罚”成为常态，2018年前11个月外汇局查处违规案件3 434起，罚款9.2亿元，违规处罚金额屡创新高。

从自身看，在看到成绩的同时，更要清醒地看到我们的隐忧。经营发展中还存在一些值得关注的问题，主要有六个方面。一是全量客户战略需要进一步做深做透，新户拓展及存量提质仍有很大空间，如何有效推动客户结构加快从金字塔形向橄榄形转变需实质性突破。二是对公支付结算服务创新不足，部分机构存在思想上不够重视、考核管理不到位、营销落实不扎实等问题，对公结算账户领先优势被主要可比同业反超。三是公司存贷稳增长将持续承压。M1延续惯性保持低位运行、备付金新政滞后效应、同业竞争加剧、公司存款同业化等，都将给稳存增存持续带来压力。受中美经贸摩擦、政府债务规范、投资意愿下滑等因素影响，公司信贷有效需求可能下滑，加上央企降两金、控负债，债券融资价格持续走低，如何保持好对实体经济的支持力度需早谋划、早行动、早见效。四是普惠金融发展内生动力仍然不足。2018年即便在全行上下非常努力的情况下，人行降准口径贷款仅净增269亿元，离2019年达到人行定向降准二档标准、净增1 200亿元的要求、普惠贷款三年翻一番的目标还有很大差距。此外，普惠金融线下专营机构职能定位不完整、资源投入不足的问题依然突出，线上产品承接落地力量不足，分行特色场景拓展缓慢等问题亟待解决。五是国际业务长远竞争力有待进

一步提升。专业人才队伍素质及稳定性还不能很好地支持业务发展，部分分行国际业务竞争力下降；客户基础还不够扎实，大客户集中度偏高，中小客户拓展力度有待加强；部分分行资源倾斜力度与市场份额提升要求不匹配；产品创新对客户本外币一体化金融需求的响应程度仍有提升空间。六是经营转型仍存在不少挑战。如投行业务在资管新规、监管趋严、房地产与政府融资项目收紧等复杂局面下，面临的挑战前所未有，在资金端、项目端、收入端多重承压，如何尽快实现止滑增收需有实招、见实效。专项融资如何有效管理好50个国家的资产、加强跨境资产往来的合规性及资产质量也面临不小挑战。工银国际在IPO承销、资产业务增长方面仍有进一步提升空间。工银租赁存量潜在风险对财务影响较大，海工风险处置工作要尽快见到成效。工银投资仍面临债转股项目投资落地难、社会资金募集难、自营资金投资权限较小以及股权投资风险权重过高等困难，如何有效克服需进一步加大力度。

挑战与机遇总是相伴相生，挑战固然艰巨，我们也要看到新的突破方向与发展机会。2019年是新中国成立70周年，也是全面建成小康社会的关键之年。为推动经济高质量发展，近一段时期以来，党中央、国务院相继召开一系列重要会议，深入分析经济运行新形势，明确稳就业、稳金融、稳外贸、稳外资、稳投资、稳预期“六稳”工作要求，明确指出我国发展仍处于并将长期处于重要战略机遇期，我国经济潜力大、韧性强、长期向好的基本面没有变，对推动制造业高质量发展、促进形成强大国内市场、扎实推进乡村战略、促进区域协调发展、加快经济体制经济改革、推动全方位对外开放、加强保障和改善民生等作出重要部署。人民银行、银保监会及国家有关部门也就金融服务实体经济、缓解企业融资难融资贵问题、应对中美经贸摩擦、资管新规细则、金融乱象整治等，出台了一系列新的政策措施，加强逆周期调控等，都将为公司金融板块经营发展带来广泛机遇。

面对错综复杂的形势和经营中的薄弱环节，我们既要看到挑战，也要把握机遇，要主动地而不是被动地、系统地而不是零散地、辩证地而不是孤立地去认识把握和应对解决，牢牢把握经营主动，牢牢守住风险底线。

三、2019年总体工作要求

“不谋万世者，不足谋一时；不谋全局者，不足谋一域。”在机遇与挑战并存、动力与压力同在的形势下，既要反对消极懈怠、不思进取，又要反对盲目乐观、冲动扩张；既要打居安思危、防御风险的有准备之战，更要打知危图安、转危为机的战略主动战。根据全行工作会议的要求和部署，结合对当前经营形势的判断，总行确定了今年公司金融板块的主要工作思路是：紧紧抓住客户这个中心，牢固树立“风险意识、竞争意识”，以“稳妥积极、抓早抓新”为工作总基调，以客户需求解决为导向，以“1 + N”一体化营销服务为主线，坚持“强基固本、转型创新”双轮驱动，坚持“内外联动、行司联动”协同发力，在更好支持实体经济过程中，不断提升客户满意度、板块贡献度！

2019年要确保实现以下经营目标：公司业务方面，力争实现公司客户总量增长10%；公司存款时点新增1 200亿元，日均保持平稳较快增长，确保同业第一；表内公司贷款净增3 000亿元，重点要在结构布局优化上下功夫，新市场领域增量占比不低于15%，幸福产业、先进制造业、物联互联等新引擎板块公司贷款净增800亿元，民营企业贷款增量占全部公司贷款增量的比重不低于1/3；公司类六项重点中间业务收入130亿元；主动做好潜在风险防范和逾期贷款化解工作。普惠业务方面，人行降准口径贷款确保净增1 200亿元，达到定向降准第二档标准；银保监普惠口径贷款净增1 200亿元，银保监普惠口径贷款客户数确保高于2018年末水平，2015年以后新增银保监普惠口径贷款不良率控制在2%以内。结现业务方面，新开对公结算账户200万户、净增110万户，日均金融资产1万元以上客户净增21万户、5万元以上优质客户净增10万户；有效现金管理客户净增2万户，全球现金管理客户净增600户；实现新规下法人理财产品日均规模1 200亿元；通过企业通开户40万户。国际业务方面，境外机构实现净利润30.7亿美元，不良贷款率控制在0.8%以内；实现境内国际业务中收58.7亿元，力争完成国际结算量1.59万亿美元，新增国际业务客户2 000户，完成跨境人民币结算量2万亿元。投行业务方面，实现中间业务收入145亿元，确保实现非标债权融资规模2 000亿元，境内外并购投融资1 600亿元，ABS投资规模100亿元。专项融资方面，实现新承贷“走出去”项目180亿美元左右，产品线余额控制在4 000亿元左右，中间业务收入13.55亿元，境外贷款不良率控制在1.4%以内。法律事务方面，努力实现不良资产和账销案存资产法律清收金额双提升，力争实现消保监管考评结果位居同业前列，监管转办投诉数量较上年明显减少。

四、2019年重点工作安排

面对严峻复杂的内外部经营环境，2019年我们要按照既定战略目标和路线，紧紧围绕进一步提升价值创造力、客户服务力、风险控制力和市场竞争力目标，以党建为引领，贯彻落实中央“六稳”要求，坚持以客户需求解决为核心，坚持以服务实体经济为己任，突出抓好强基固本、转型创新、风险防控，积极构筑经营发展新优势，推动公司客户服务实现新跨越。

（一）聚焦本源，在更好支持实体经济上构筑新优势。重点是按照“巩固、增强、提升、畅通”八字方针，服务好经济高质量发展和供给侧结构性改革。要把1+3信贷布局调整、普惠金融突围、民企服务提升、新兴市场拓展作为促进货币政策传导与落实“六稳”要求的突破口，深化行司联动，打通信贷流入实体经济远端末梢的“经脉”，有效支持实体经济补短板、强弱项、稳预期。

一要坚定抓好1+3信贷布局不动摇。要统筹好信贷总量、节奏与结构，总量上要稳妥积极，节奏上要抢先抓早，结构上要布局优化。要有战略客户、战略行业重点客户同业占比的“底线思维”，要加强项目储备精细化管理，持续强化储备厚度及有效转化，原则上各行公司信贷储备额应不低于本行两个季度所需投放量。要抓好新兴板块拓展及基础产业板块挖潜。先进制造业板块，制造业是实体经济的骨架和支撑，但目前全行制造业投融资业务遇到的问题也比较突出，增长速度持续低于公司贷款平均增速。长此以往，我们不仅会面临集中度过高的问题，更会弱化信贷队伍的基础技能。2019年各行要坚定不移地把制造业作为投融资发展的基本盘，打造“制造业金融服务年”，积极推动制造业高质量发展，重点拓展新一代信息技术、高端装备、新材料、生物医药、军民融合等重点领域及传统产业转型升级中优质龙头企业业务机会，加快退出“僵尸企业”，以综合金融服务活水助力中国制造向中国创造转变、制造大国向制造强国转变。幸福产业板块，要重点拓展世界遗产、4A级以上景区、医疗产业链、重点院校、教育培训、养老、农业龙头企业等领域，扩大“一县一医院、一市一景区、一行一高校”覆盖面。物联互联板块，要坚持有所为有所不为，聚焦5G商用及人工智能、工业互联网、物联网等新型基础设施建设领域，分类拓展传统通信企业、平台型企业、优质高科技企业，加大全产品营销力度。基础产业板块，依然是全行信贷发展的压舱石，要重点围绕“三个支撑带”“四大板块”、乡村振兴、美丽中国建设等国家重大战略，加大基础设施补短板、棚改领域优质项目营销储备，挖掘交通、能源、城建板块存量债务置换重组及油气管网、港口领域整合等业务机会。

二要坚定落实普惠金融战略不动摇。普惠金融既是经营问题，也是大局问题，是必须啃下来的“硬骨头”。各行要深入落实好李克强总理考察座谈重要指示精神，牢固树立“工商银行不做小微，就没有未来”的理念，深化“重点突破、梯次发展”区域布局，扎实推进“工银普惠行”活动，对外构建优势互补、合作共赢的普惠金融新生态，对内巩固“全行办普惠”的联动发展局面。2019年，普惠金融不仅要在“量”“价”两个维度上完成各项监管要求，达到央行定向降准第二档标准，更要从战略、产品、服务、机构到体制机制上，都真正形成良性发展路径。要立足线下普惠金融专营机构建设，突出“做专”。各行要压实二级分行普惠金融事业部职能，积极推动小微中心效能提升，充分保障机构、人员编制，特别要强化小微中心“经营职能”，使其成为线下营销组织中心、业务处理中心、风险管控中心和O2O落地服务中心，实现集约化运营、工厂化运作。要立足线上线下紧密结合，突出“做活”。线上以经营快贷、网贷通、供应链三大产品为抓手，积极推动产品落地，以产品操作便捷、期限灵活等优势吸引优质客户办理“e抵快贷”，提升“经营快贷”白名单客户提款率。线下要加快构建分行区域特色场景，加强银政通、固定资产购建贷款、个人经营贷款等产品应用。要立足政策机制落地传导，突出“做实”。总行将按季度召开普惠金融业务推进委员会议，并已提高普惠金融业务考核权重，加大考核利润挂钩力度，增加专项工资费用激励，实行专项规模保障，推动尽职免责落地，为普惠金融业务发展提供充分资源保障。各行要不折不扣地将相关政策传导至辖属机构，并比照总行做法对普惠金融业务给予配套支持，按季召开普惠金融业务推委会。总行将对各行政策落实情况进行检查，对执行不到位的进行通报、督导整改。要立足商业可持续原则，突出“做强”。要加强大数据监测和风险交叉验证，持续提升风控水平，构建一套从客户批量化准入、调查审批到贷后管理的普惠金融全流程风险防控体系，严防资金挪用套利。

三要坚定提升民企金融服务不动摇。各行要提高政治站位、强化大行担当，确保完成民营企业贷款增量占公司贷款增量比重不低于1/3的任务目标。要突出执行落地，坚持“不唯所有制、不唯大小、不唯行业、只唯优劣”，加强辖内特色行业、特色产业集群研究，聚焦先进制造业、幸福产业、物联互联等前沿板块做好民企金融服务，发挥好支持民营经济的大行引领作用和“头雁”效应。要突出分类施策，按照符合国家产业结构调整方向、扎根实业、主业突出、管理规范、产品有市场、项目有前景、技术有竞争力的标准，在全行筛选2 000户细分行业龙头和隐形冠军，纳入分行直接服务白名单，积极支持民企债券发行、参与政府纾困基金，坚持小额多户策略、稳妥推进民企市场化、法治化债转股。要突出协同配套，实施“优秀民营企业金融能力提升工程”，完善信贷与非信贷统筹联动机制，提供好综合化金融服务。在监管部门指导下，探索民营企业主办行制度，建立健全民营企业服务考评体系。

四要坚定加速新兴市场突破不动摇。要坚持一张蓝图绘到底，实施科创企业营销“931”工程，力争到2021年，实现国家级高新技术企业开户率不低于90%，授信覆盖率不低于30%，有融资余额客户占比不低于10%。机构建设方面，要聚焦“两湾一中心”等重点区域，发挥好科创中心+特色支行“样板”作用，在继续做实深圳、上海两家科创中心的基础上，择机启动广东、北京等科创中心组建工作，做好特色支行跟踪评价，不断提升“抓新拓新”成效。体制机制方面，完善“专业人、短流程”业务机制，打造好服务科创企业“三大武器”，推动科创企业专属评级模型及第三方专业评估推广应用、加速专属授信模型破题，建立多样化风险缓释措施及新市场客户负面清单，促进新市场容错与激励机制有效落地。生态构建方面，要进一步打通“政产学研”链条，整合多方资源加快市场拓展；在深入研究与外部投资机构利益共同点的基础上，实现投贷联动真正落地；与股权、知识产权等交易所加强合作，打通“未上市股权”和“知识产权”两权评估及处置通道，实现“轻资产”客户融资落地。

五要坚定债券精品大行定位不动摇。继续贯彻“债券精品大行”战略，坚持债券承销一流大行的市场定位，保持同业第一地位。各行要进一步明确区域市场定位，努力实现辖内 AAA 级优质发行人覆盖率不低于 50%、承销份额不低于 15% 及注册项目全覆盖三大目标。要积极围绕绿色发展、粤港澳大湾区等国家重点支持领域开展债券创新，结合公司信贷布局推动债券承销客户结构持续优化，积极辅导发行人优化债券长短期结构、发行好资产支持票据，帮助客户降两金、控负债。要依托“属地维护 + 异地承销”相结合的营销服务和分润模式，对境内发行人跨境承销重点项目实施名单化管理和专项推动，切实推动公司客户境内外债券承销一体化战略落地。要强化债券承销风险管理和应急处置能力，对发行人重大事项及风险事件要及时发现并提前预警，丰富并提升债券承销风险管理技术手段及管理水平。

六要坚定深化行司联动服务不动摇。要发挥好子公司牌照优势，打造好“一点接入、全球响应、全集团服务”联动机制。工银投资要重点抓好项目投资落地、资金募集、持股及投后管理、风险防控等工作。要加快推进已签约及“四个一批”债转股项目投资落地，加大优质新项目营销力度，在同业竞争中争先进位；要抓住政策机遇，用好用足定向降准资金，加快拓展金融债、私募基金、私募资管产品、资产证券化等筹资渠道；要建立债转股客户准入联席审议机制，形成债转股客户名单库，加快债转股业务管理信息化建设，持续创新提升风险资产经营处置能力，加强业务风险监测和存续期联动管理，严控投资风险。工银租赁要紧紧围绕“质量效益”发展主线，深入推进“风险攻坚年”行动，强化资金成本控制与风险管控，加大风险化解处置力度；要不断做强专业，巩固航空航运竞争优势，有序推进资产交易，优化全球营销网络；要坚定设备业务转型方向，加大高端制造、城市轨道、医疗健康、生态环保等领域业务拓展，发挥租赁产品优势与集团良性互动。工银国际要持续推动“四轮驱动”业务发展战略，打造“一链一网”产品生态体系，做好投资银行、投资业务、销售交易、资产管理四大板块的产品完善和功能布局，提升全面金融服务能力；要深入落实“一线三点六平台”的集团内定位，继续打造合规管理先进投行，提高对集团的盈利贡献。

（二）苦练内功，在提升基础业务竞争力上构筑新优势。客户、存款和服务是商业银行发展之基、立行之本、价值之源，是一家银行核心竞争力的重要体现。要着眼于全量客户管理、公司存款强基固本、对公结算服务竞争力提升，练好内功，不断增厚业务发展根基，这是应对当前复杂经营环境、实现长久发展的根本保障。

一要突出抓好全量客户管理体系。客户工程是基础工程，客户战略是根本战略，不能搞“一阵风”“运动式”，既要抓客户数量增长，还要抓客户质量提升，更要抓客户服务优化，多措并举，夯实客户基础。聚焦新户拓展，要采取平台拓户、集团派生、链条拓展、场景获客等多种模式，加强综合营销，挖掘拓户潜力，实现批量获客。要整合利用工商企业通、小微企业金融服务平台、大额资金监控平台、工银 e 缴费、e 企付、工银聚和财资管理云等现有平台，将服务触角延伸到客户服务各个环节。聚焦存量提质，要完善存量客户分层分类分包管户服务模式，拓展和深化客群维护；要围绕“抓回归、抓激活、抓挽留”，提升存量客户活性、黏性，重点提升综合贡献前 2% 的公司客户综合化金融服务水平。聚焦一体化营销，以客户为中心，创新客户服务模式，继续深入推进“1 + N”一体化营销服务体系建设，构建板块化、一体化营销新机制。要在 2018 年良好开局的基础上，稳扎稳打，一步一个脚印，以系统建设为统领，分步骤、有侧重地加快完善与推广应用，年内要将集团内重要产品线、所有总行级客户、粤港澳大湾区主要机构纳入一体化营销服务范围，加快客户端开发应用，迭代优化、最终打造“前端统一响应、中间专业服务、后端跟踪评价”的客户全流程服务体系。

二要突出抓好公司存款强基固本。总体判断，今年公司存款市场同业竞争将尤为激烈，把控难度将明显加大，全行要大张旗鼓、背水一战抓好存款工作。要通过“摸规律、优机制、抓大户、推产品”，保持公司存款平稳较快增长，确保同业第一的地位。要加深对 G—B—C—B 宏微观资金循环流转规律研究，打通政府、企业、个人之间资金循环链条，争取全量资金最大限度在我行体系内闭环运行。各行要根据各自区域特点，抓好重点行业突破。要推动公司存款考核机制优化，探索将资金流入量、预测准确性等因素纳入考核，牢牢把握资金源头、做好重点客户服务、强化财务公司合作、提升稳存增存能动性。要持续加强通信、广电、烟草等现金流量大、弱周期行业公司存款大户的营销维护，提高营销层级与频率；加大优惠产品倾斜、加强公私联动、提升服务水平；要加大存款产品创新力度，总行将从期限、定价、金额、计息方式等要素入手，加快推出灵活组合创新及智能定制产品，有序扩大“活期宝”“节节高”试点范围，探索为分行放权赋能新机制。要抓住岁末年初社会资金流转的季节性规律，加强公司与机构、公司与个金等条线联动，在源头资金揽存增存上树立绝对优势，在抢先抓早同业竞争上树立先发优势。

三要突出抓好对公结算竞争力提升。账户是一切金融服务的基础和落脚点，也是长期保持同业竞争优势的关键。各行要切实提高对对公基础业务重要性的认识，2019 年要打好结算业务翻身仗。要将“交易银行”作为公司金融领域转型发展重要战略之一，围绕客户交易行为、管理行为及信息服务需求，大力发展交易银行业务，进一步完善全球现金管理、小微金融服务、工银聚三大平台。要全面做好公司、个人、机构、同业全量客户、国际和国内全域市场对公结算业务联动，尽快重夺对公账户领先地位。要持之以恒推动支付结算等基础类产品做强，将产品创新优势切实转化为客户及市场竞争优势。要全面提升账户服务水平，推动“企业通”“中小微便捷开户”“智能开户”“e 缴费”等新模式加速推广、迭代优化和深度应用，优化对公服务支持体系及业务流程。要提升网点渠道对公服务能力，搭建网点对公业务竞争力评价管理系统，逐步建立全行网点对公业务发展分类评价体系。

（三）对标最佳，在加快业务经营转型上构筑新优势。公司客户需求和市场竞争格局正发生深刻变化，公司客户金融服务需求多元化、综合化、全球化是必然趋势。如何加快转变为综合金融服务商，为客户提供“商行 + 投行”“境内 + 境外”“融资 + 融智”一揽子金融服务方案，是银行面临的很大考验，我们必须坚定不移加快向全功能银行转型。

一要力促“大投行”经营转型再突破。当前投行面临着政策收紧、监管趋严、资金成本走高等较大的外部环境考验，但处于经营转型“黄金时代”的基本面未变，要坚定打造具有全球竞争力的一流投行。要着力解决好“横向如何统筹”“纵向如何落地”两大核心问题，尽快走出一条具有鲜明工行特色和强劲市场竞争力的投行发展道路。横向上，要立足“全行一盘棋”的思想，加强集团内部统筹联动，运用好子公司牌照优势，通过产品服务组合营销、交叉渗透，充分挖掘集团整体资源优势，在投融资一体化、投贷联动等方面取得突破；纵向上，要盯目标、盯执行、盯效果、盯落地，既要加强集团层面投行业务布局顶层设计，又要重视工作下沉、分类指导和差异化发展，加快收益模式转型，稳定投行收入。要做实基础类投行，打造“融安 e 信”“融智 e 信”“金融风险咨询服务”等信息服务“三驾马车”，通过标准化、线上化、自助化改造，扩大客户渗透率，培育新的收入增长点。要做强品牌类投行，加快股权融资顾问和非标债权业务创新转型，推进并购贷款银团化和证券化，设立工银新动能系列基金，境内形成股权、债权、并购业务多点开花的发展格局，同时进一步发挥集团与子公司联动优势，加大 IPO、直接投资等业务的一体化营销，提升港澳地区市场占比，不断延伸业务发展的边界和空间。

二要力促跨境金融专业服务再提质。要优选海外目标市场和客户群。电力领域，抓住电网、发电、电力承包三类客户，撮合境外投资人与中资企业联合开发第三方电力市场。资源领域，锁定国内“三大油”及国际一流油气、矿业、大宗商品贸易企业，重点开拓境外 LNG、油气管道、铜矿、镍矿等项目。基建领域，抓住央企建筑企业及 ENR 前 20 大全球承包企业，重点拓展拉美、亚太区大型公路、铁路、港口、机场、城市综合体及市政项目。装备领域，抢先布局全球 5G 融资市场，推动优质钢铁、水泥、化工、电子信息企业国际产能合作。资产融资领域，抓住国内一线和中东、北美、东南亚主流航空公司，重点支持窄体机境内人民币航空融资和境外美元日税飞机融资，优选中远海运、招商局等 LNG 船东和有优质租约的 LNG 船舶融资项目。要提升全球资产交易能力，推动全球资产交易外部线上平台建设，加快澳门葡语国家资产交易平台建设，完善相关架构和运营模式；强化跨境银团筹组，力争 10 亿美元以上的跨境并购交易全覆盖。要扩大海外人民币清算行数量，推动清算行所在地与境内市场的互联互通，不断提升跨境人民币业务竞争力。

（四）行稳致远，在国际业务核心竞争力上构筑新优势。国际化是工商银行打造世界一流现代金融企业的必经之路，要坚定不移、毫不动摇地推进国际化战略，处理好短期策略、中期规划和长期战略的关系。坚持境内外、本外币一体化服务并重，坚持合规风控与经营转型并重，把增强国际业务竞争力作为适应客户资产负债表全球化趋势、重构银行自身资产负债表的主动战略，作为吸引和稳定越来越国际化本土客户的有效手段，增强项、补短板，蹄疾步稳谋发展，持续提升国际化对集团的综合价值贡献。

一要提升体制机制竞争力。要强化国际化联席会议的“管总”效能，丰富会议机制内涵，把外管合规、涉敏管理、境内国际业务拓展和团队建设等事项纳入联席会议机制统筹推进；坚持问题导向，把境内外机构的实际问题、切肤之痛的问题摸清摸透，从根本上加以解决；推动总行部门和境内外机构打基础、控风险、建立长效合规机制，增加国际化资源投入，确保航向不偏、步点不乱、动力不减。要强化“1 + N”一体化联动发展效能。各专业部门在做自身条线发展规划时，要把境外机构纳入通盘考虑，强化境内外一体化业务指导、协同联动和管理评价。

二要提升关键团队竞争力。要高度重视国际业务的价值贡献、客户拉动和业务带动效应，着眼培育经营发展新动能和客户竞争新优势。要在保证各一级分行独立的国际业务部门建制基本前提下，配备数量充足、素质优良、结构合理的国际业务专业化队伍，建立岗位准入机制，完善与国际业务能力要求、工作复杂程度适应的工资、津贴、考核等配套政策。

三要提升关键区域竞争力。要突出国际业务重点强行带动作用，总行各部门要对市场占比领先的分行保障资源配比，加大在信贷规模、资金定价和考核激励等方面的资源倾斜，确保重点行国际业务领先地位不动摇；市场占比落后的分行要制订赶超计划，加大资源投入，挖掘业务潜力，年内实现同业占比位次提升。

四要提升关键客户竞争力。要发挥联动营销优势，对进出口目标客户制订专项营销方案，加大客户拓展力度。要建立总省市三级分层管户拓户机制，秉承“存量挖潜、增量挖转”的整体原则，制定分层营销目标客户清单，对清单内未在我行开户的要争取开户，对已开户未办理业务的要实现业务覆盖，对已开户办理业务的要提升份额，实现目标客户覆盖率和业务渗透率“双提升”。

五要提升关键渠道竞争力。要借助国际贸易“单一窗口”进出口数据集聚优势，嵌入小微企业融资服务模型，提升中小进出口客户的融资审批效率，降低融资成本。同时要依托跨境电商综合金融服务平台，为中小进出口客户提供线上支付结算、外管申报、海关清关、线上融资等全流程服务，促进我行普惠金融业务“线上化和国际化”发展，做出特色，做出优势。

六要提升关键产品竞争力。要加大对市场需求旺盛、增长潜力大、风险可控的国内信用证福费廷和国际保理业务的拓展力度，以非贸易项下风险参贷、服务贸易对外应付款融资等创新业务为抓手，满足客户新形势下跨境融资需求。要扩大海外人民币清算行数量，推动清算行所在地与境内市场的互联互通，拓展“一带一路”、周边国家及非洲等潜力市场的跨境人民币业务，加快人民币闭环跨境流转业务落地。

（五）严守底线，在加强全面风险防控上构筑新优势。各行要充分认识管控信贷风险是前中后台共同的责任，进一步增强前台风险意识，只有打赢资产质量战，才能更好地开展营销、发展业务。要聚焦表内表外“两张表”和境内境外“两条线”，贯穿集团统一风险偏好，打好风险防控攻坚战，重点防范跨产品、跨市场、跨境业务交叉传输风险及合规风险。一要关注大户、地方政府债务、房地产、产能过剩行业、债券违约等信用风险防控，细化潜在风险管理措施，加强“深潜”贷款风险治理，确保潜在风险池出大于入、稳步下降。二要关注小微企业、民营企业等发展较快领域，切实把好准入关，加强线上融资风险管控，确保风控能力与业务发展相匹配。三要关注跨境融资风险防控，谨慎选择目标国家和市场，特别要关注部分新兴市场国家主权债务风险变化。四要关注外管合规和涉敏业务风险管理。要落实责任，总行部门承担管理责任，境内外机构承担主体责任，把合规作为跨境业务稳健发展的前提，坚决不涉足风险无法控制的市场和业务；要强化管理，因行施策、增强系统风险硬控制，防止外管和涉敏风险跨专业、跨境关联传导；要重视检查，对外汇局今年对总分行的联动检查要高度重视，通过自查、整改、沟通，把问题消灭在萌芽状态，不能在检查中“放卫星”；要严厉问责，强化责任追究，对严重违规机构实行停牌。春节后，我会专门主持召开外管与涉敏合规工作会议，部署今年外管与涉敏合规重点工作、了解各行自查整改和迎检准备情况，要确保不存在大的风险盲区，不发生大的风险事件，不遭受大的监管处罚。五要关注案件风险防控，落实好内控合规“压实责任年”各项要求，强化各专业内部控制手册落地应用，着力做好被诉风险全流程防控，要“看清”被诉风险隐患、“控住”被诉案件风险、“做优”网络查控功能，防控外部风险以被诉案件形式向行内传导；要加强法律与业务部门协作互动，推动法律清收工作提质再升级，努力实现不良资产和账销案存资产法律清收额双提升；要尽职履责持续提升消保工作制度化、规范化、精细化管理水平，确保监管考评居同业前列、监管转办投诉较上年明显减少。

（六）常抓不懈，在加强党建和队伍建设上构筑新优势。作为党领导下的国有大型金融企业，公司金融板块各级机构要牢固树立“国企姓党”的理念，旗帜鲜明抓党建，明明白白抓作风，实实在在抓队伍，不断开创党建和队伍建设新局面。

加强党建引领。要把党的政治建设摆在首位。公司金融板块要落实好全行党建工作会议精神，以习近平新时代中国特色社会主义思想为引领，树牢“四个意识”，坚定“四个自信”，践行“两个维护”，严守党的政治纪律和政治规矩。要持之以恒改进工作作风。从严落实中央八项规定及实施细则精神、校准价值坐标，正确处理好公和私、义和利、是和非、苦和乐的关系。要以抓铁有痕的劲头正风肃纪，在客户营销和服务过程中，严于律己、清正廉洁，严格执行保密工作要求，把全面从严治党、从严治行贯穿于各项业务全过程。要一丝不苟抓落实。抓落实，是一切工作的生命线；不落实，再好的战略也是水中花、镜中月，要形成一级抓一级、一级带一级、层层抓落实的局面，尤其对重点问题要盯住不放，务求办结。要大兴调查研究之风。做决策离不开调研，抓落实也离不开调研，对业务难点、工作痛点，要真正面向市场、深入客户、沉到一线，做到真听、真懂、真解决。

加强队伍建设。事业是靠人干出来的，一流的事业需要一流的队伍、一流的人才。各行要高度重视公司金融板块人才队伍建设和培养，围绕“强、精、振”三大着力点，努力提升公司金融板块履职能力、专业素质和队伍士气。一要“强”化履职能力，通过打造“标准统一、资源统筹、培训分级、效果可视、全员覆盖”的客户经理、产品经理培训新模式，探索举办二级分行行长、境外机构负责人公司金融经营能力提升专题培训班等新方式，深入推动“传帮带”等老传统新机制，切实提高公司金融板块干部员工队伍履职能力。二要做“精”专业队伍，通过选拔骨干人才、注重实岗历练、加大激励力度、坚持动态管理，锻炼培养一批“精通业务、了解市场、擅长实战”的公司金融专业人才，并做好动态调整，干得好就激励、干不好就调整，确保专业的人干专业的事。三要提“振”队伍士气。水不激不跃、人不激不奋，各行要立足长远、持续完善和推动公司金融板块考核激励机制建设，抓好配套资源落地，让高价值创造岗位、业绩突出的人才更踏实、更奋进，不断提振公司金融板块队伍士气和岗位吸引力。与此同时，也要高度重视并抓紧解决基层行法律人员力量普遍薄弱与法律风险防控任务更加艰巨之间的不平衡问题。

同志们，当前形势错综复杂，任务艰巨繁重，我们要坚定信心，鼓足干劲，逐梦前行，在新的一年创造出新的业绩，为我行由传统大行向现代化强行跨越作出新的贡献，以优异的成绩向新中国成立70周年献礼！

夯实合规基础　健全合规机制
推动对公外汇及涉敏合规管理迈上新台阶

——在2019年对公外汇及涉敏合规工作会议上的讲话

胡　浩

（2019年3月4日）

国家外汇管理局即将对我行开展总分行一体化现场检查，召开此次会议的主要任务是贯彻落实2019年年度工作会议和全行境外合规工作会精神，总结对公外汇及涉敏合规管理工作情况，分析当前面临的形势，查找存在的问题，部署下一阶段加强合规管理的工作举措，重点做好外汇局现场检查迎检准备和部署动员。下面，我讲三个方面意见。

一、外汇和涉敏合规管理取得阶段性进展

近年来，全行加快外汇和涉敏合规管理体制机制建设，逐步加大资源保障投入，合规管理能力逐渐提升。

（一）对公外汇合规管理取得新提升。在管理架构方面，总行成立了外汇合规管理领导小组，优化了集团“1个领导小组+6个专业小组+34个成员部门”的统筹管理架构，建立了总行部室外汇合规管理联系人机制，初步形成了横向专业部门分工负责、纵向专业条线具体指导的外汇政策及展业规范传导落实体系。在基础强化方面，外管合规考核体系进一步完善，合规管理、风险管理、组织管理多维度指标不断健全。总行持续优化系统功能和技术架构，重构数据报送云平台项目，监管报送数据质量稳步提升。建立了外汇从业人员资格准入考试机制，上线2个月参加人数已突破5万人。外汇合规更多地纳入到相关条线专业培训，全行对外汇合规重视程度明显提高。在外部评价方面，总行在外汇及跨境人民币展业规范评估中获得满分评价，并荣获“年度最佳贡献奖”和“年度自律先锋奖”。自2009年外汇局实施考核以来，全行涌现了一批监管认可度较高的分行，北京和重庆分行连续十年获得A类评价，河南、天津、湖北和山东分行获得九年A类评价，北京和海南分行近三年外管零处罚。在迎检准备方面，早安排、早动手，总行34个部门于去年11月开展外汇合规全面自查自纠，运行管理部、金融市场部等部门进行了外汇合规检查，内控合规部、内部审计局实施了外汇再监督和专项审计。通过主动排查薄弱环节，及时清除风险隐患，落实整改提升工作方案。

（二）集团涉敏合规管理迈出新步伐。在顶层设计方面，总行国际业务部成立了集团涉敏业务管理专职处室，提升集团专业化水平和统筹力度，管理新架构初步成型。完善涉敏合规制度体系，印发了境外涉敏合规手册和关注要点、重点涉敏国家业务政策等多部规章制度，重修集团涉敏合规管理办法，为相关部门和机构防范涉敏业务风险提供了重要依据。在风险监控方面，个人金融业务部、金融市场部等部门增加了客户准入、新增业务涉敏甄别和审批流程，运行管理部启动了跨境收付业务涉敏甄别工作集中处理的流程改革。总行相关部门开展了条线涉敏自查自纠，重点推进风险检查和排查。新增4家境外机构投产全球特别控制名单系统，覆盖机构扩展至37家。在配套措施方面，建立了涉敏业务定期培训和涉敏风险定期发布机制，制订了涉敏舆情

和境外监管处罚舆情应对预案，开展了境内分行涉敏业务授权测试。

二、当前面临的严峻形势及存在的问题

对公外汇和涉敏合规工作，与全球宏观局势、地缘政治、金融周期、监管体系、法律规定的关联度十分密切，不仅直接关乎我们自身稳健经营，更可能牵动国家政治外交和金融安全，合规管理难度和要求明显高于常规风险。我们常说“基础不牢，地动山摇”。从长远看，决定国际化经营成效的基础还是合规管理能力。总行已经在多个全行重点会议上反复对外管合规和涉敏工作提出了要求，今天我们又专题召开会议，就是要再次强调这项工作的重要性、紧迫性、艰巨性，深刻剖析全行存在的突出问题和困难症结，抓紧查缺补漏，夯实基础，扬长补短。

（一）外部环境和形势复杂严峻。

从全球看，以美国为代表的单边制裁带来的涉敏问题已成为银行易发、高发风险点。美国等国家将制裁作为推行政治、外交政策的战略工具，全球主要监管机构被迫提升美国制裁执行力度，银行业频频受到重罚，代价高昂，教训惨重。2014 年，法国巴黎银行因违反美国制裁法案被史无前例地处以高达 89.7 亿美元巨额罚款，相当于该行两年收益总和。除了支付罚金，该行 13 名高管离职，美元清算业务暂停一年。就在去年 11 月，法国兴业银行因美国制裁违规被罚 13.4 亿美元。上个月又传出瑞银集团因非法招揽客户和帮助富人逃税，被判决支付 42 亿美元罚金，并被责令向法国政府赔偿 8 亿欧元税收损失。在中美贸易摩擦仍存在不确定性深远影响的背景下，我们务必保持高度警惕，守牢风险底线，绝不能授人以柄。

从国内看，监管从严成为新常态。党的十九大将防范化解重大风险列为三大攻坚战之首，中央提出“六稳”要求，持续推进防范化解金融风险工作。在外汇领域，近期“两高”发布司法解释，明确将非法从事资金支付结算及买卖外汇的行为按照非法经营罪、洗钱罪、帮助恐怖活动罪处理，处罚量刑力度加大。外汇局重点严厉打击外汇违法违规，防范跨境资金流动风险。2018 年前 11 个月，外汇局查处外汇违法违规案件 3 434 件，罚没款 9.2 亿元，同比分别增长 17.7% 和 32.4%。涉敏业务监管方面，监管部门也在陆续出台反洗钱涉敏管理新规，要求商业银行既要严格把控涉敏业务风险，严禁触碰合规红线，又要提高站位，服务国家对外开放大局，妥善处理好涉敏业务，不能“一刀切”式地简单处理。

（二）全面审视当前存在的突出问题。

一是站位不够高，大局观不够强。外汇合规是维护国际收支平衡和外汇市场稳定的“压舱石”，违规不仅会造成财务损失、考核降级、影响集团声誉，还会影响人行 MPA 考核，甚至导致法定存款准备金利率被降低。涉敏合规事关国家政治外交和经济金融安全，违规轻则遭受高额处罚，重则给国家添乱、影响国家对外战略。此外，相关风险还可能在境内外机构间跨境传导和交叉传染，侵害国际化发展成果。作为国有大行和全球系统重要性银行，我们有责任有义务坚决贯彻中央部署，防范金融风险，也应有自觉有必要妥善做好涉敏管理，守牢国家金融安全阵地。但从近两年外汇局检查和我行自查情况看，有些总行部门和分行对外汇和涉敏合规事关国家利益的认识不深刻，对集团合规风险后果认识不充分，普遍存在“重业务发展、轻合规管理”现象，对合规风险带给集团的挑战没有给予足够重视和警醒。

二是主体责任落实不到位，权责利不对等。2018 年全行外汇整体考核结果为 B，很不理想，但究其原因，应该说我们也不冤枉。总行部门层面，有些业务部门合规管理职责自我定位不清晰，对外汇和涉敏合规关注不够、投入不多，认为自己仅承担“配合、协助、支持”等从属角色，寄希望于身后防线部门统包统揽，甚至将合规管理排除在职责之外；有些中后台部门以区分本外币为由，不承担外汇和涉敏合规的条线牵头管理责任；有些客户部门声称仅负责客户营销及产品销售，推卸合规管理责任。各级机构层面，有些机构对高风险业务紧盯收益，轻视风险；有些机构对于违规事件不积极主动与监管机构沟通解决，片面依赖总行协调化解。某省分行外管考核结果为 B－，大行考核中历年最低；某省分行遭受外管处罚近 1 700 万元，占全行罚款总额近 50%，单家受罚金额历年最高。此外，总行在去年进行的涉敏非现场监测中，发现多家境内分行存在办理涉一类敏感国家的业务记录，未能认真履行涉敏尽职调查审查和监督责任，风险隐患不容忽视。

三是合规防控效能不到位。管理架构和工作机制有待完善，外汇合规管理领导小组和部室联系人机制还需强化落地执行，真正发挥各专业和各机构管控合力。涉敏合规管理顶层设计还需优化，第一道防线合规管控职能尚需压实。对公外汇和涉敏合规横向考核机制尚未建立。内部控制差距有待弥补，各专业条线的业务办法、操作流程和科技系统等还未完全涵盖外汇和涉敏合规监管要求，管理配套制度、手册还不齐备，部分机构缺乏自身涉敏规章或仅简单转发总行文件，不提任何要求。风险管控流程有待优化，去年我行外汇和涉敏领域均发生多起风险事件，反映出事前调查审查、事中控制与事后管理环节均有不足，风控流程对风险因素识别、控制和缓释仍需强化。检查和整改有效性有待提升，每年监管检查发现问题中，有些是我们自查没有发现，还有些则属于反复发生的顽疾。这一定程度上反映出我们的自查方法落后于监管，对顽疾性问题的整改措施不到位，治标未治本，没有找到真正根源，没有持续跟踪督导。

四是合规保障资源投入不足。专业人员数量与履职

能力不足，大部分专业条线和机构没有根据业务发展速度和规模配备足够的外汇和涉敏合规人员，一些专业条线和机构政策传导与合规培训不及时，人员履职能力不够强，监管沟通、政策研判不到位。这使得各级机构尤其是基层存在畏难心理，不懂、不敢、不愿办理外汇和涉敏业务。岗位激励措施不足，外汇和涉敏合规岗位人员专业要求高、业务责任重、合规压力大、培养周期长，造成日均业务处理量小、贡献度低的表象，加之考核机制对由外汇业务带来的衍生业务、收入与合规操作成本的准确计量不够，各机构对外汇和涉敏工作重视程度不一，使得员工职业发展通道受限，积极性调动不充分，队伍稳定性不高。信息系统合规功能不足，很多外汇业务系统仅实现监管数据报送功能，且存在校验不完整、自动化水平不高等问题，对业务合规办理的刚性控制、违规监测分析等功能尚需加强。涉敏风控系统还存在覆盖范围不完整，监测统计分析、回溯筛查等管理应用不完备的情况。

三、下一步工作要求

“合规无小事，管理见真功”。全行各部门、各机构要提高政治站位，提升全局意识，树立底线思维，健全体制机制，加大资源投入，持之以恒地强化基础管理和能力建设，久久为功提升合规经营和管理水平，推动国际化4.0高质量内涵式发展。2019年对公外汇和涉敏合规管理的主要目标是：外管考核力争提升一个等级，减少外汇违规处罚，不发生大的监管舆情事件，不出现重大涉敏合规风险损失。

（一）要统一思想，提高全局意识。

对公外汇和涉敏合规事关国家金融安全和集团利益，各部门和各机构要坚决贯彻总行党委部署，树立合规管理一盘棋的大局观，强化合规意识，放下“小我”，成就“大我”。要自觉自律落实“风险为本、合规优先”的基本原则，不片面追求没有管理能力的市场地位，不片面追求没有风控能力的市场占比，做到有进有退、有所为有所不为。既要积极支持改革开放大局，做好敏感国家的金融服务，又要牢牢把控涉敏合规实质风险。全行要团结一致，主动做好外汇和涉敏合规管理这道“必答题”，坚定维护好我行来之不易的国际化发展成果。

（二）要主动担当，优化顶层设计。

一方面，要压实责任。各部门、各级机构一把手是对公外汇和涉敏合规管理的第一责任人，既要找准定位、各司其职，层层压实合规管理责任，又要强化联防、互相补位，消除管理盲区和风险隐患。各部门一把手是本条线境内外合规一把手，负有条线合规的管理责任和监督责任，既要“了解客户”，把好客户准入关，从源头上降低风险，又要“了解业务”，严格审核业务背景的真实性和合规性，拒风险于门外，还要落实好尽职审查和监督管理职责，确保监管规定落到实处。各级机构一把手要切实承担合规管理的主体责任和首要责任，要亲自抓、主动抓，确保人、财、物等合规资源的应有投入。要与监管主动沟通、勤于沟通、善于沟通，不能事事依赖总行。这里我还要强调一下，境外机构也要遵守中国外汇管理规定，特别是在内保外贷、风险参贷、跨境债权债务转移等跨境业务尽职审查有效性问题上，要重点强化风险控制，未切实有效履职的境外机构要担责。

另一方面，要健全组织管理架构。总行要对标监管规定和同业最佳实践，健全完善分工合理、职责明确、关系清晰的集团外汇和涉敏合规管理架构。要重点推动对公外汇“1+6+34”统筹机制落地、决策落实，有效发挥外汇管理领导小组“合规脊柱”作用。要强化涉敏合规三道防线机制建设，明确各部门尤其是一道防线部门风险调查、识别、报告等履职要求。要利用国际化联席会议平台，推进解决合规管理痛点问题与迫切诉求。各级机构要以“合规风险事件发生机构或部门承担主体责任、中后台部门承担监督责任、对应指导部门承担相应管理责任”为原则，建立权责利对等、分工明确的职责体系。此外，还要健全本机构涉敏管理体系和运行机制，探索适宜的涉敏甄别集中管理模式。

（三）要完善制度建设，明确合规标准。

要内化监管规定，建立系统性制度体系。总行各部门要对标监管规定全面梳理本条线制度办法建设情况，查找合规管理职能缺失地带和薄弱环节，将监管规定全面内化落实到本条线制度办法中，建立系统性的外汇和涉敏合规制度体系，并强化对分行的合规指导与监督。各部门、各境内外机构要紧密跟踪外汇规定变化，定期开展制度适应性评估，查找差异，及时更新。涉敏制度要注意兼顾对外保密与对内传导的平衡，各境外机构要根据总行已下发的手册尽快编制完善本机构合规手册。

要做细标准化操作规程，落实合规要求。我们一贯提倡为客户提供一站式服务体验，在制定业务操作规程上也要秉承这一思路，注重一线业务人员的实际操作体验。各部门要尽可能制定好上手、易操作、标准化的业务操作规程，增加产品控制节点，合理设置风险管控措施，努力实现业务风险的自动管控，提高合规操作便利水平。

（四）要健全管控体系，加强全流程风险防控。

一是强化风险预警。总行部门要丰富风险预警手段，加强本条线合规风险日常监测，跟踪研判监管动态，及时调整管控策略。各级机构要持续跟踪本地可比同业策略调整、风险事件，及时与总行沟通并采取防护措施，对监管关注的问题企业，要坚决、彻底退出，不要“踩雷”。对于已发现的涉敏高风险客户，要及时调整业务策略。

二是优化风险管控流程。在事前准入方面，新业务、新产品、新系统研发推广前，各部门、各机构要先评估外汇和涉敏合规性，不合规不准入，防止“病从口入”，事前合规“治未病”。在事中控制方面，各专业风险授权要覆盖外管与涉敏合规内容，配合运行管理部门设置合理分级审批权限，优化风险识别模型和筛查算法，实现事中合规的系统硬控制，事中合规“治欲病”。在事后管理方面，总行部门和各级机构要强化对外汇和涉敏日常业务的运行督导，定期全面评估自身体系、制度、流程、系统的合规性，事后管理“治已病”。此外，总行要尽快开展一次涉敏合规的外部评估，对标国际监管标准和同业最佳实践，全面评估涉敏管理有效性。境外机构也要根据属地监管及自身特点开展自评估，或在信息安全前提下审慎引入第三方机构评估。

三是健全保障机制。在检查机制上，总行相关部门每年至少要开展一次本条线对公外汇和涉敏合规检查，聚焦重点领域和关键环节，持续提高非现场检查能力。各级机构要根据监管规定、总行要求及自身风险情况，及时开展自查自纠，消除风险隐患。要定期对各部门、各机构外汇业务进展和外管检查情况进行通报。在问责机制上，各级内控部门要建立涵盖全部问责对象、问责情形、问责标准、问责流程的问责制度。对决策严重失误、失职或失责造成重大合规风险损失，或整改不到位被监管质疑的，要首先追究各部门、各级机构一把手的责任，按照“尽职免责、失职问责”原则追究班子成员及相关人员的责任。在整改机制上，要坚决落实总行部门条线整改的归口管理责任、各级机构属地整改的主体责任，建立整改台账，专人督导。整改问题要一抓到底，做到事事有督导、件件有落实，通过通报、考核、处罚等措施确保整改到位，没有整改完毕不能闭卷。整改问题要分类分层总结共性与根本性原因，建立共享机制，警示风险。

（五）要加强资源投入，建立保障体系。

一是加强人员队伍建设。各部门、各机构在人员配备上，要选齐配优外汇和涉敏合规人员，组建外汇和涉敏专家团队，确保本条线、本机构人员配置与业务规模、复杂程度、发展速度、风险暴露水平相匹配。在人员资质上，要建立从业人员资格考试认证体系和资质管理机制，持证上岗，保证合规人员履职能力和专业水平，并建立规范化、常态化的合规管理人才滚动培养机制，确保履职能力足以支撑三道风险防线作用的有效发挥。在人员培训上，各部门举办的专业培训中要增加外汇和涉敏合规的内容，丰富培训方式方法，通过典型案例分析等深入浅出的形式切实提升培训质量；要通过“晨会直通车”等形式，确保基层从业人员 100% 全覆盖，提升基层人员合规履职能力。在人员激励上，既要讲政治、讲情怀，也要拿出切实有效的激励措施，各级机构可以采取上调岗位工资、设立专项岗位补贴等方式调动从业人员积极性。对作出突出贡献、成功防堵风险案件和重大隐患、检举或处置重大违规问题的集体和个人，给予包括实质奖励和精神奖励在内的正向激励。

二是加大系统资源投入。要完善系统合规管理功能，各部门要对标监管规定将合规要求内化落实到本条线各类系统中，实现合规系统硬控制，风险管控由“人治”转为“机治”。要增强风险识别和控制能力，完善功能，扩大涉敏筛查系统覆盖的业务范围，提升回溯分析与管理功能。使用外购涉敏筛查系统的境外机构，要加强应用管理，组织系统功能评估。要提高数据报送的自动化水平，强化数据治理，通过系统互联、数据共享等方式，提升报表报送效率和数据质量。各级统计主管部门要牵头将各专业条线和各级机构的外管报送数据质量纳入全行数据质量考核和通报体系。要提升系统智能化水平，积极探索人工智能、机器学习等新技术、新方法在外汇和涉敏合规管理领域的运用，加强大数据利用，加大非现场检查系统的优化力度，提升合规效能。

三是健全纵横双线合规考核机制。要进一步优化对公外汇和涉敏合规考核机制，将各级机构合规管理履职情况与相关人员的考核、晋升等直接挂钩。在横向考核上，要建立对公外汇和涉敏合规横向考核机制。外汇合规作为定量考核扣分项，根据外汇局对我行的考核扣分、风险通报、约谈问责、违规处罚等情况定量扣分，直接体现到对应归口管理部门的年度定量考核结果中。涉敏合规作为总行部室国际化考核加分项内容，根据各部门履职情况实施定量考核。在纵向考核上，要进一步提升对公外汇和涉敏合规在分行长考核中的分值和权重，各专业考核评价中要纳入对公外汇和涉敏合规考评指标，运管、人力、渠道、公司、个金等部门要建立面向基层网点支行客服经理、客户经理、运营主管、网点负责人等人员的外汇和涉敏合规考核机制，将合规触角延伸到基层。

（六）要妥善做好保密和舆情管理。

要提高保密意识，持续加强保密宣传教育，不泄露国家秘密，不违规提供我行商业秘密，不擅自传播重要敏感信息，在工作落实中注意方式方法，严格注意保密。要采取必要措施，加强对监管部门和相关企业内部敏感信息的保护，严禁通过电子邮箱、微信微博和社交平台等私人渠道进行传递。“涉敏要敏感”，涉敏规定、管理信息和评估情况要严格控制在行内密级限定范围内，严禁向外界透露，避免暴露风险底线或引发舆情事件。任何机构和个人未经许可严禁接受媒体对监管合规问题的采访。对尚未发布的监管政策，要严格保密，控制知悉范围；对已经发布的监管政策，要准确理解监管意图，不得随意解读。要建立监管舆情快速处理机制，坚持“前瞻、主动、及时”原则妥善应对。发生监管舆情事件时，当事机构和部门要第一时间上报情况，并在办公室和专业部门的指导下及时稳妥应对，通过适当发声渠道主动引导舆论，全力消除负面影响。

此外，我再强调几个外汇局比较关注的重点问题，主要是内保外贷履约率过高，贸易融资期限过长，转口贸易背景真实性审核不到位，为评级为B和C的高风险客户办理业务不审慎等，这些都是外汇局健全跨境资本流动“宏观审慎+微观监管”两位一体管理框架、规范外汇经营活动重点关注的领域，同时又是我行外汇合规问题高发易发区，大家一定要聚焦病灶，对症下药，重点防控。再有一个是地下钱庄问题，这是外汇合规管理的高压线，坚决不能碰。

最后，我要专门讲一讲即将到来的外汇局现场检查。谷行长要求“各部门要密切配合，全力做好各项准备”。我这里再提几点要求：

一要严格落实条线归口管理责任。我再次强调，各部门、各机构一把手是本次检查的第一责任人，要切实负起责任。要按照“谁的业务谁负责、权责利对等”原则，承担归口管理责任，务必“管好自家人、看好自家门、耕好自家田”。同时，要强化跨部门跨机构沟通协调，不允许出现管理真空，不允许出现问题后部门间推诿扯皮。

二要对现有问题落实整改措施。去年，国际业务部和个人金融业务部分别牵头组织了对公和对私外汇业务自查自纠工作，自查发现的问题也将报送外汇局。要压实各部门和各机构的整改责任，逐条落实整改责任人，设定整改进度表，一把手要亲自跟踪整改进度和整改结果，将问题消灭在萌芽状态。这是一项基本要求，绝不能走形式。对已经暴露出来的问题，能整改的务必在外汇局进场前彻底有效整改完毕；无法完成整改的，要深入分析成因，落实有效的风控手段和管理措施，避免重蹈覆辙。

三要全力配合外汇局现场检查工作。总行已成立由行领导牵头、总行34个部门负责人组成的“2019年外汇一体化检查迎检工作领导小组”，国际业务部负责统筹组织推动，并牵头对公外汇检查，个人金融业务部牵头对私外汇检查。各机构要高度重视，在迎检工作安排上比照总行，做好人员、资源的调配和准备工作。办公室要妥善做好检查进场的后勤保障工作。各部门和各机构要安排专人专岗负责全程配合此次检查，确保检查材料及时、准确、完整提供，确保检查问询有效、按时答复。迎检态度要积极、沟通要主动，对检查发现的问题要及早沟通，沟通时既要讲原则，又要注意方式方法。要实施首问负责制，被检查组首先问询的部门，不能以不是自己部门职责为由简单拒绝回复。对于存疑的问题，要向检查组充分解释说明；对于确实存在问题的，要虚心接受、立即整改，力争在检查组离场前整改完毕。被抽查到的分行，要及时向总行反馈检查进展情况。要全力争取检查结果在可承受范围内，任何部门和机构绝不允许放卫星。

同志们，当前形势错综复杂，合规使命任重道远。我们要倍加珍惜来之不易的成绩，胸怀大局、着眼长远，把对公外汇和涉敏合规工作融入到全行合规经营大棋盘中去谋篇布局，坚持问题导向，找准落子方位，强化主动担当，以奋发有为的精神状态和扎实过硬的对策措施，为国际化经营行稳致远保驾护航。

勇于担当　逆势突破
在货币政策传导过程中提升公司存款增量

——在全行公司存款业务推动会上的讲话

胡　浩

（2019年3月20日）

今天，我们召开全行公司存款业务推动会，主要目的是传达落实总行党委关于公司存款业务的新指示、新部署，分析公司存款业务的新情况、新变化，明确公司存款业务发展的新路径、新举措。

今年以来，全行公司存款和拓户增长情况不太乐观，前两个月人民币存款都是较大幅度的负增长，其中1月末较年初下降824亿元，2月末较年初下降2 323亿元，最近几天较年初下降已经超过3 000亿元，其中，一些存款体量大的重点分行下降尤其明显。截至2月末，全行日均金融资产5万元以上公司客户较上年末净增0.49万户，虽同比多增1.41万户，但计划完成率仅为4.94%。

总行党委对此非常关切，2月以来，谷行长已经四次在不同场合提及公司存款业务，其中在2月10日和25日的行长办公会上专门听取了公司存款业务相关工作汇报，在全行资负财会专业会以及零售专业会上专门强调了今年全行公司存款业务面临的严峻形势和挑战，并对增存稳存提出了进一步的要求。谷行长明确指示，各分行要坚持问题导向，要结合自身资源禀赋和经营实际，拿出切实可行的增存方案和措施，防止简单摊派和空喊口号，对因主观工作不力造成公司存款竞争力下滑的，总行将严肃问责。下面，我就新形势下如何落实好总行党委的指示精神、做好公司存款业务讲三个方面意见。

一、如何看待公司存款暂时负增长现象

对今年以来公司存款负增长的情况，大家看法不太一致，有的同志认为这是季节性特点，很正常；有的同志认为这是竞争力下降，很危险。我从货币派生情况、全社会资金情况、我行同期情况、同业竞争情况等维度，提出四个判断。

（一）从货币派生看，政策传导偏弱，增存困难。我行公司存款的主体是活期存款，全社会公司活期存款是狭义货币 M1 的主要组成部分，所以我行公司存款增长趋势与 M1 增长趋势高度相关。

就 M1 来讲，过去 5 年的数据显示，M1 经历了几个比较明显的上升—回落周期。自 2015 年起，M1 经历了长达 18 个月的连续快速增长，增速由 2015 年 2 月的 2.9%拉升至 2016 年 8 月的 25.3%，随后增速放缓，自 2018 年起快速回落，2019 年 1 月为 0.4%，创下自 1986 年有记录以来的历史最低水平，2 月小幅回升至 2%，但也是近年最低点。

本轮 M1 同比增速的下降，是周期性和结构性因素共振的结果，以至于货币派生力度偏弱，信贷投放增加尚未完全有效转化为公司存款。其中，周期性因素是我国经济已由高速增长阶段转向高质量发展阶段，经济增速仍将保持 L 形，部分传统行业企业投资意愿不强、利润增速不高；结构性因素主要是供给侧结构性改革去杠杆、金融监管趋严带来的非标收缩，在金融体系完善升级的过程中，企业资金来源暂时性收窄。我们据此判断，短期内 M1 仍保持低位运行，全市场的公司存款增长仍将比较困难。

（二）从下降趋势看，仍在规律性变化的范围内。就全社会非金融企业存款来讲，受春节因素影响，基本每年前两个月都是负增长，3 月以后会逐步回升。从近五年看，2015 年前两个月非金融企业存款负增长14 999亿元，2016 年负增长 8 006 亿元，2017 年负增长11 327亿元，2018 年负增长 24 811 亿元，2019 年负增长16 487亿元。

就我行公司存款来讲，与全社会的情况类似，近五年每年前两个月（尤其是春节期间）都是下降高峰，3 月份开始会逐步回升。2015 年前两个月公司存款负增长 3 753 亿元，2016 年负增长 1 825 亿元，2017 年负增长 657 亿元，2018 年负增长 1 977 亿元，2019 年负增长 2 323 亿元。前几年我行公司存款每年前两个月的下降额占全社会的 20% 左右，近三年是 8% 左右，今年下降额占比在规律性变化的范围内。

（三）从下降体量看，备付金影响大，有偶然因素。截至 3 月 15 日，全行人民币公司存款时点余额 37 817亿元，较年初下降 3 362 亿元，较同期多降 1 807 亿元，若剔除第三方支付机构备付金存款上存因素（今年和去年轧差后 1 200 亿元左右缺口），较同期多降 600 亿；日均余额 39 297 亿元，较年初下降 890 亿元，较同期少增 2 100 亿元，剔除备付金因素（1 500 亿元缺口），较同期少增 600 亿元。下降额度多于同期，主要是受第三方支付机构备付金影响，有偶然因素。但这一偶然因素却给我们全年存款工作带来很大压力，第三方支付机构备付金存款上存将给我行今年公司存款日均带来 1 500 亿元的缺口，需要我们通过其他客户增存、拓户增存抢先抓早来填补。

（四）从同业竞争看，有攻守易形苗头，必须重视。讲到同业竞争，就要讲讲兵法上的“形”与“势”。“形”就是基本力量对比，“势”就是在市场竞争之间，能不能形成相对的竞争优势。就像我刚才讲的，今年公司存款的变化，虽然整体上是在规律性变化范围内，就是说工商银行公司存款业务的“形”暂时没有大的改变，但是有一些新的苗头值得我们高度警惕，因为如果我们应对不好，就可能影响我们在“势”上占优，甚至出现攻守易形的情况，也就是说，我们从优势一方变成劣势一方，别人从劣势一方变成优势一方。

顺着兵法来讲，这些新的苗头可以归结为“攻”与“守”的问题，“攻坚战”与“持久战”的问题。近期，很多分行反映，除了股份制银行以外，可比同业在全社会公司存款缩量的形势下，加快了“攻”的节奏，加大了“攻”的力度。“攻”的大方向定下来了，剩下就是打法的问题。同业针对不同客户，打法差别较大，对市场上的资金大户，普遍采用“攻坚战”的打法，各层级领导亲自挂帅并充分授权一线营销人员，集中产品、价格、规模、费用等优势资源，调动一线营销人员积极性，尽早锁定客户长期限资金；对于中小存款客户拓展和维护，则是非常有耐心地打“持久战”，在一些我行占优的地区，同业对一些基础性的工作，保持战略定力和执行力，以期建立竞争优势，比如网点对公竞争力提升工程，某可比同业一直全面推行综合柜员制，在某发达省份开办对公业务的网点比例近乎 100%，而我行在该地区有 60% 的网点没有配备对公客户经理。

这些“形”与“势”的问题，“攻”与“守”的问题，“攻坚战”与“持久战”的问题，环环相扣，构成一套完整的竞争策略，在各个业务领域都存在。但是，公司存款业务在面临整体缩量、利率并轨、资金归集、大户招标等挑战下，这些问题更突出，我们自己找准定位也更急迫。我认为，今年公司存款业务“守”是守不住的，应该反守为“攻”，变“战略防御”为

“战略进攻”，“攻坚战”与“持久战”紧密结合。下面，我结合第一季度工作和长期竞争优势的建立，谈谈怎样找准定位，持续强化我们的“形”与“势”。

二、如何完成公司存款第一季度增存任务

总行党委要求全行公司存款第一季度尽快扭负为正。到3月底，也就一周多的工作时间，要实现既定目标，收复3 000亿元的资金失地，必须“攻坚战”与“持久战”相结合，强“攻”资金高地的同时夯实日均存款基础，这就要求分行各层级领导亲自挂帅，集中资源，一举拿下主要阵地，具体要做好以下六项工作。

（一）明确目标任务，压实主体责任。前期，总行公司部已经把任务分解下去了，任务分解基于大家去年增长情况、近期预测情况，我认为比较客观合理。这个任务要作为各行一把手工程，各位公司业务分管行长回去向一把手汇报清楚。如果哪家分行3月末没完成任务，并且增量同业排名在第二名以后的，我认为这就是觉悟和担当的问题，分行党委要书面向总行党委作检查。今天的会开完以后，各行下午就要对公司存款工作进行再部署、对全行上下再动员，确保将增存任务层层分解落实到具体机构、落实到具体责任人。各层级牵头管理部门要落实好主体责任、发挥好主导作用，对本层级公司存款增存结果负总责，坚决杜绝“各管一摊、无人管总”的平行管理问题。

（二）高层亲自营销，逐户落实增量。各行要加大对重点客户、重点资金的营销和监控力度，对于辖属地区内的存款大户，尤其是烟草、移动等系统客户，分行主管副行长和公司部门领导班子要带头挂户营销，落实具体增量贡献。其中，第一梯队行不少于30户，第二梯队分行不少于20户，第三梯队分行不少于10户。要落实每一个重点客户增存安排、到位的时间点，拟到位资金不能如期到位的，要逐笔查找原因，采取有效措施争取客户资金摆布到我行。

（三）抓重点资金源，挖掘新增长点。各行要把握好资产负债业务统筹运作节奏，重点关注信贷投放资金、债券融资资金、资本市场筹资、新房按揭资金、财政拨款等资金源的跟踪营销，关注存款增长与这些资金源的匹配情况。公司存款牵头部门要与相关部门深入联动，加强对客户各类现金流的营销管理力度，做好资金在系统内的承接循环。要从风险防控的角度，高度重视“裸贷”客户治理工作。对于日常结算量较少的客户，属于客户经营问题的，要作为潜在风险客户进行处理；属于我行管理不到位的，要及时采取措施予以扭转，不断提升客户贡献。要积极挖掘存款新的增长源，比如总部经济客户、线上交易平台等客群存款，对冲制造业、房地产等客群存款增长放缓的影响。

（四）用好产品政策，分层精准营销。今年以来，在总行资负、结现、公司等部门的共同努力下，全行公司存款产品有所改善、逐渐丰富，基本可以满足各类客户的需求，近期又从流程、定价等方面进行了优化提升。各行要进一步做好产品政策的分层宣导工作，带领分支机构通过优惠利率存款、大额存单、结构性存款、“节节高”“活期宝”、法人保本理财等产品，以精准营销、综合服务来增存稳存，尤其是要用好3月份旺季营销期间的特殊优惠政策，在抓好结算、拓户的基础上，尽力通过主动负债产品撬动更多业务，持续提升客户的综合贡献。在办理具体业务时，要做到逐户筛查，排除套利客户。

（五）严格通报机制，做实存款预测。3月份，总行已按周对公司存款增长情况进行通报，在最后一周，将按天进行通报，并提高抄报层级。各行存款通报也要比照总行，在一季度末最后十天，做到每天通报，并对存款工作推进慢的分支机构进行强力督导。要进一步提高存款预测的及时性和准确性，一季度末最后十天，每个工作日9：00前向总行上报前一日存款变动原因，17：00前向总行上报第二天大额款项变动预测，争取通过反复细致的客户确认和上下沟通，不断缩小预测值的波动幅度。

（六）紧盯同业动向，确保市场份额。从近期的数据来看，我行在可比同业中暂时处于落后地位，各行要重点关注可比同业的主要竞争手段，建立分层同业对标机制，通过同业对比数据，深入查找暂时落后同业的原因，针对存款大户，对标同业，各个击破，确保市场份额稳中有升。

三、如何打造公司存款持久性竞争优势

前几年，我们以“抓重点地区、重要客户、重大资金”作为公司存款主要增存模式，以“攻”“守”结合作为竞争策略，取得了较好的效果。但是，在全社会增存空间收缩、利率并轨加速、同业竞争加剧的新形势下，原有增存模式和竞争策略实现量价协调发展的压力显著加大，亟待确立公司存款增存新模式和竞争新策略，以取得新的竞争优势。总行多个部门经过深入分析探索，从金融服务实体经济的初心出发，提出“以M1派生生态建设作为公司存款增长的主要模式”，确定2019年的竞争策略是以“攻”为主、“攻坚战”与“持久战”紧密结合。下面，我就如何打造公司存款持久性竞争优势，谈五点想法。

（一）要从货币派生的高度来重新认识公司存款业务。不少人对公司存款的认识是“靠天吃饭、以贷引存、价格比拼”，这都是误解、曲解，把高端业务低端化了，把复杂业务简单化了。公司存款的形成是货币派生的中枢环节和主要表现，货币派生是金融体系服务实体经济的基本形式，促进从储蓄到投资的循环转化，推动经济健康发展，也是大行发挥好货币政策传导主渠道作用的重要方式。

我们为什么要“以M1派生生态建设作为公司存款增长的主要模式”，一方面因为活期存款是全行公司存款的主体，全社会公司活期存款是狭义货币M1的主要组成部分，我行公司活期存款增长趋势与M1增长趋势高度相关，若此生态建设成功，我们的工作重点就从传统的拉存款，转向货币派生生态维护，存款增速也和货币增速较为一致，不出意外的话，肯定能保持合理的增长速度。另一方面因为纯粹单体银行的存款派生规模不超过其放贷规模，若在我行成功建设M1派生生态，就有机会突破这个限制，争取到更大的公司存款增长空间。

那么如何在我行体系内建设M1派生生态？概括来讲，关键在于围绕全行信贷（融资）业务布局，更加积极地为全社会融资客户提供优质服务，争取银团牵头行、债券主承销商等角色，主动从风险防控的角度，为融资客户提供全面的结算网络和资金链路支持。

这对全行来讲，是一个新课题、一个新目标，一定程度上是自我升级进化。我想，“取法乎上，仅得其中；取法乎中，仅得其下”，全行公司存款要想取得长期持续健康发展、形成持久性竞争优势，必须要树立这样一个高远的目标，同时也是最接近存款本质的目标。

（二）要从资金循环管理的角度来落实M1生态建设。资金循环管理是指政府—企业—个人—企业之间的资金流转循环。各行要结合当地优势产业、重点产业积极探索资金循环管理工作，要对行业运行机理、客户经营模式、财务管理体制、资金收付方式、支付结算工具等有深入全面的理解和把握，公司、机构、个金、结现等业务条线要密切配合，借助大额资金平台、受托支付跟踪系统以及其他金融科技工具，及时发现资金漏损的主要环节，有针对性地做好资金富集企业上下游重要行外交易对手的挖掘与营销，从风险防控的角度，通过不断做大和优化生态圈，提高客户、行业现金流量与负债水平的匹配度。

此项工作涉及面广、复杂度高，全行要高度重视、积极探索、因地制宜形成分行业的落地案例。总行公司部牵头，联合总行相关部门和分行，组成柔性团队，今年上半年要在交通、城建、房地产、汽车四个行业取得突破，形成能落地实操的工作方案，今年下半年做好具体实施工作，年内初步完成重点行业M1派生生态建设，明年推广到其他重点行业，后续做好迭代优化和长期维护工作。

（三）要围绕“攻坚战”策略做好业务授权与产品创新。刚才我讲了，今年的公司存款竞争策略是以“攻”为主、“攻坚战”与“持久战”紧密结合。“攻坚战”需要粮草齐备、出奇制胜，这就要求产品、政策部门提前给分行、给前台人员充分的授权和支持，让一线营销人员有足够的自由度，不能等到对手攻城略地，我们还搞层层申请、级级审批，这种效率肯定满足不了“攻坚战”的要求，会贻误战机、丢掉市场，尤其是在现在这种资金缩量、竞争加剧的态势下，肯定会丧失竞争力的。

为了配合“攻坚战”策略，一是要适度下放存款业务审批权限。考虑将各一级分行存款利率审批权限下放至二级分行，以更灵活的定价授权满足客户时效性要求；对同业竞争激烈的地区，下放结构性存款的审批权限至一级分行，只提出限额管理要求，对价格不作刚性控制，并实行责任人制，具体审批责任落实到人。二是要适度扩大主动负债产品客群。对大额存单，剔除烟草系统客户，各行的短期限、长期限产品比例应符合全行的总体比例要求，优先满足总分行级客户业务需求，但不再对客户范围做刚性限制。同时，有序扩大“节节高”“活期宝”等创新产品在优质客户和重点区域的渗透覆盖，最大限度地发挥产品“组合拳”的作用。

（四）要围绕“持久战”策略做好基础管理与基础业务。

一是优化公司存款考评方式。今年总行对一级、直属分行“公司金融条线考核评价”中“公司存款业务”考核内容进行了调整，“公司存款业务”考核权重进一步提升，由往年的18%升至20%；同时试行公司存款流量考核机制，从“行外资金流入量”“行外资金流入量同比增量”两个指标评价，提升分行对资金流量管理的重视程度，有流量才有存量，有流量才有增量；还引入了“本外币财务公司同业活期存款日均增量”等调节项，鼓励分行做好财务公司活期存款与公司存款的联动营销，提升综合竞争力。各行要根据总行的最新考核导向，调整考评重点。

二是持续强化队伍建设。全行应进一步充实公司存款专员队伍、提升队伍素质。目前全行到一级、直属分行层面有近200人的存款专员队伍，在公司存款组织营销推动方面发挥了较大作用。但与目前面临的形势要求相比，队伍的数量和素质都需要进一步提升。各行应优选有信贷业务经验的人才充实到存款专员队伍，因地制宜选取当地特色行业做好资金循环管理的落地研究。要加强对存款专员关于公司存款产品以及相关结现、信贷、投行、国际等业务知识的培训，并且注重案例教学、促进学以致用。分行可定期组织开展以公司存款营销为主题的竞赛活动，比方案、比效果，并配备相应的奖励费用。

三是狠抓拓户管户促增存稳存。我行的公司存款客户集中度较高，2018年末，前600户的公司存款余额占比为30%，其余大量客户余额占比达70%。可见“大户”重要，“大数”也重要，所以要做到“抓大不放小”。抓大户增存方面，要对当地纳税大户实现全覆盖，制定名单逐一营销到我行办理业务；要摸排非我行存款大户，择机以更优质的服务来争取客户；要做好客户的综合服务需求解决，价格和产品上，在适应市场竞争并确保合规前提下合理报价；抓中小户拓展方面，要高度重视人行取消企业银行账户许可带来的契机，提前筹划，发挥我行人员、技术优势，加强工银账户通等产品宣传，形成合力加快拓户；随着电子商务法的实施，互联网平台是批量拓户的重点方向，各行要把握机会尽快实现批量拓户。“客户是基础、账户是关键”，全行要正确认识拓账户与拓客户的紧密关系，协同做好客户账户拓展，相关工作已通过对公结算账户拓户营销活动做了专题部署，各行要加快落地实施。在拓户的同时，要做好客户分包管理，落实包内客户营销责任，并作为营销成果考核的重要依据；同时借助大数据，分析客户行为特征，做好“高流低存”“适配产品响应模型”“流失客户挽回”等方面的工作。

四是提升线下线上全渠道服务能力。要充分结合“线下+线上”渠道，做好公司客户的营销服务。线下渠道方面，要进一步发挥网点对公司客户服务的坚强堡垒作用。2018年末，全行网点综合化率为91.4%，相对可比同业仍有差距。近年来，网点发展对公业务仍然存在“网点专职对公客户营销人员配备不足”“对公业务考核占比权重较低”等问题，部分网点对公业务服务能力严重弱化。下一步，要高度重视这一问题，做好网点负责人、客户经理、客服经理在公司客户营销服务上的人员配置和职责分工；要合理分配网点对公和个人业务考核指标和权重，调动网点员工对公营销服务的积极性。线上渠道方面，要结合e-ICBC 3.0战略、交易银行战略，充分借助金融科技，结合目标客户产、供、销等实际场景，以客户需求为核心组织各类资源打造“平台（场景）金融”，在B端形成我行的核心竞争力。

（五）要围绕合规经营要求把握好发展与风险的关系。合规经营要求是我们业务发展的生命线，近年监管部门对于存款发展合规问题极为重视，连续出台多项文件，如《中国银监会关于进一步规范银行业金融机构吸收公款存款行为的通知》（银监发〔2017〕30号）等。各行要认真学习，加强业务管理，严禁利益输送，严格做好贷款资金受托支付管理和不同类别账户间资金划转管理，严禁恶性竞争，持续提升业务发展规范化水平，要通过提高综合服务水平、提升金融服务能力和品质，促进公司存款业务稳健发展。

同志们，面对第一季度要确保全行公司存款扭负为正、力争完成全年任务35%的目标，大家既要充满信心，又要对困难估计得更足一些，不能仅仅依靠最后几天，要不等不靠、提前放量，为日均存款增长做贡献，为后续工作打好基础。从全年看，估计“两会”之后各项重要政策会较快落地，经济金融发展情况会持续向好，大家要进一步坚定信心。同时，各行要深入全面领会总行提出的公司存款业务发展新模式和竞争新策略，按总行的部署，从金融服务实体经济的高度，从大行情怀和责任使命的高度，勇于担当、逆势突破，在积极参与货币政策传导过程中持续提升公司存款增量。

在国家外汇管理局外汇现场检查离场反馈会上的讲话

胡 浩

（2019年6月5日）

首先，我代表工商银行衷心感谢外汇局及检查组对我行的检查指导。本次检查是对工商银行外汇业务的一次“全面体检”，客观地指出了我行在一些具体业务上存在的问题，以及体制机制方面的短板。

刚才欧阳司长反馈了本次现场检查的基本情况、检查重点关注的问题，并对问题的整改给出了指导和建议。我认为本次检查发现的问题比较符合工行现在的情况，十分切中工行目前的问题。其实，我在调研总行部门和境内外机构的日常工作时，发现这些问题的确是客观存在的。尽管这些年做了一些改进，但还没有完全到位。

刚才欧阳司长指出的内保外贷、风险参贷、外汇市场交易等业务，比较容易发生合规风险。此外，在市场发展中，在与同业竞争时，我行一些产品创新、金融服务创新，在外汇管理方面容易顾此失彼，引发一些问题。我相信，在中美经贸摩擦升级、国际金融市场动荡加剧、国内经济面临一定下行压力的背景下，外汇局检查组给我行提出这些问题，将对我行提升外汇合规管理水平有很大的促进作用。

在过去两个月的现场检查期间，黄术生组长带领的外汇局检查组同志们表现出了非常高的专业水平、职业素养和非常强的敬业精神，同时严格遵守各项规定及外汇局相关要求。检查期间，检查组调阅了35批次、300余项，共20 000多份的电子及纸质材料；访谈80次，涉及20个总行部门、40家境内外机构，共出具了3批次、30份事实确认书。

江苏、广东、上海三家分局检查组也同步对当地分行开展了现场检查。江苏、广东、上海三家分行是我行三个外汇业务大行，现场检查的工作量是巨大的。在对这三家分行的现场检查中，三家分局检查组也表现出了很高的专业素养、认真敬业和勤奋的工作态度。

本次检查发现的问题确实反映出工行包括总行在内，各个层级在外汇业务管理体制、横向考核机制、一道防线合规履职等方面存在的问题。这些问题我行都虚心接受。今天会议以及后续相关情况，我也会及时向总行党委报告。再次感谢外汇局及检查组。

其次，对各部门紧密协作配合检查工作给予肯定。国际业务部、个人金融业务部、金融科技部、办公室、内控合规部等参与本次检查的各相关部门，在本次检查中都做了大量工作，展现了良好的态度与风貌。

在现场检查期间，国际业务部负责总体统筹并牵头对公外汇业务，个人金融业务部牵头对私外汇业务。金融科技部、数据中心、软件开发中心、业务研发中心专门建立数据提取应急保障及整改机制，办公室等部门也较好地完成了后勤保障工作。总行各部门、各境内外机构安排专人全程配合检查，相互之间密切配合、紧密协作，保证了现场检查工作顺利完成。大家做了很多工作，值得肯定，予以表扬。

最后，我行将主动做好问题整改。对自查和检查发现的问题、包括后续发现的一些问题隐患，我们一定会主动整改，而且是从体制机制和总分行多个维度进行系统性整改。我行将以本次检查为契机，进行一次全面完整的整改。国际业务部要统筹，有关部门要认真对待整改工作。整改要有跟踪和效果评估，要以整改效果为导向，形成长效整改机制。对于这次检查发现的情节严重、性质恶劣、严重违反了国家外汇管理规定的问题，要进行责任追究和处罚，不能仅仅是发通报。

总行各专业条线，也要以此为契机，“扫好各自门前雪”。要严格落实条线整改，各部门、各级机构一把手是整改工作第一责任人。请在座的各部门负责人回去后及时向一把手汇报，要做好条线问题的彻底整改。对于检查发现的问题，例如银行间外汇市场交易、见证开户、非贸易项下风险参贷、内保外贷等，要认真对待，绝不能掉以轻心，一定不能出现其他的问题。

有关检查发现问题违规性质的认定，外汇局后续会进一步核定。在此期间，各部门有些实际情况确实要反映的，也可以如实向外汇局反映，但要虚心，不能强词夺理。

此外，欧阳司长指出的人才队伍问题，也十分切中要害。与人民币业务相比，外汇业务产品复杂、涉及的外汇管理规定和国际惯例繁多，外语水平要求高，还涉及涉敏和反洗钱，而且业务办理流程复杂琐碎、耗时较长、风险大、责任重。我行将不断加强外汇业务人才队伍建设，加强外汇从业人员激励，提高外汇从业人员待遇。这有利于我行未来国际化的发展，也是中国经济全球化发展的大趋势。

外汇局抽查的分行是我行外汇业务发展最具有代表性的分行，江苏举办过青奥会、广州举办过亚运会、上海举办过世博会、北京举办过奥运会。得益于这几次盛会，这几家分行的国际业务基础较好、保有一支较强的人才队伍，外汇业务乘势而上发展很快。未来外汇市场逐渐放开，逐步实现人民币可自由兑换，基层行外汇金融服务需求会越来越多。因此基层行的金融服务要同步提升，无论是电子渠道、自助渠道还是传统的物理渠道。金融服务归根结底是人的问题，这方面我行会认真思考，逐步提升。

我相信外汇局下一次再来检查时，我行外汇业务发展会比现在更好。我希望工商银行外汇业务发展水平一年一年不断提高，适应工商银行国际化大银行海外业务发展的需要。

心存敬畏　行有所止
以法治思维和法治方式深入推进全面从严治行

——在“敬畏法律　从严治行”法治专题教育会议上的讲话

胡　浩

（2019年9月24日）

刚才，王林组长结合我行管理干部违纪违法的4个典型案例告诫我们，如果不敬畏法律、不遵守法律，就会受到党纪的严肃处理和法律的严厉制裁。今天参加法治专题教育的，都是总行、分行重要专业条线的领导干部，都是“关键少数”，希望大家按照王组长的要求，以对党和国家，对组织、家庭和个人高度负责的态度，切实强化政治担当、履行管理责任、带头遵守法律，在贯彻落实全面从严治党、全面从严治行方面发挥关键和表率作用。同时还要着力抓好分管机构、条线的学法、守法和用法工作，以法治思维和法治方式促进全行发展质量的提高。下面，我补充讲两点意见。

一、本次法治专题教育是贯彻落实全面从严治党、全面从严治行的重要举措

以习近平同志为核心的党中央高度重视全面推进依法治国，坚定推进全面从严治党。党的十八届四中全会以依法治国为主题，党的十九大将全面依法治国和全面从严治党纳入“新时代坚持和发展中国特色社会主义十四条基本方略”，十九大报告中55次提及“法治”，全面释放依法治国的最强音。工商银行作为党领导下的国有大行，必然要在贯彻落实全面推进依法治国和全面从严治党方面发挥表率作用，必然要更加善于运用法治思维和法治方式推动全行依法合规高质量经营发展，必然要引领44万干部员工更好地形成依规依纪依法履行职责的行动自觉。

工商银行多年来的发展一直比较稳健，这离不开党的坚强领导，离不开总行党委对法治工作的重视，离不开广大干部员工自觉遵守法纪。但我们同时也要看到，当前仍有少数干部员工法治意识比较淡薄，对法律规定、监管要求和行内制度视而不见，履职走过场，执行搞变通；还有个别干部员工严重缺乏法律常识，因不懂法导致在一些业务中过于胆大、糊涂妄为，进而违法构成犯罪，给自己和单位都带来巨额损失和惨痛代价。

刚才王组长讲的四个案例，都是管理干部知法犯法、故意违规。顾国明、谢明都是工商银行培养多年的干部，经历了多个岗位，熟知行内的信贷制度、流程和相关法律规定，但却不敬畏法律，不遵守规则，出现严重的违法违纪行为。各级管理干部要清醒认识到手中的权力是党和国家赋予的，要坚定理想信念，与社会上个别企图围猎自己的不法商人划清界限，依法合规办事。

这次法治专题教育，法律部前期会同内控部做了非常细致的准备，从大量的银行员工违法犯罪案例中精选出最具典型性、最有警示意义，也最容易出现认识误区的案例。一会儿，法律部总经理将通过对这些案例的深入剖析，解读与银行业务密切相关的刑事法律规定、违法行为表现、司法裁判尺度以及违法犯罪后果，厘清实践中常见的一些认识误区。通过“以案说法”的形式，帮助大家了解法律到底是什么？哪些法律是与我们从事的工作密切相关的？法律的底线在哪里？“违规”与“违法”的界限又在哪里？违法犯罪会给个人、家庭和组织带来多么严重的后果，等等。

希望大家能带着这些问题去听，把这些典型案例的法律关键点吃透，并引领干部员工进一步树牢法治意识，提升法治素养，更好地贯彻落实全面从严治党、全面从严治行各项要求。需要强调的是，单靠一次法治培训肯定不能解决所有的法治问题，关键还是功在平时。希望各级管理干部要重视做好常态化的法治培训，尤其要加强对那些业务能力强但不了解法律，也缺乏自我保护意识的干部员工的法治培训，避免因不知法、不懂法而触犯法律法规。同时，也要警示各级管理干部不要知法犯法，以身试法。

二、各级管理干部要切实提升运用法治思维和法治方式防控风险、解决问题的能力

今天参会的各级管理干部是贯彻落实全面从严治党、全面从严治行的“关键少数”。大家对法治的重视程度，对法治思维和法治方式的运用能力，直接关系到全面从严治党、全面从严治行的落实效果，直接关系到工商银行依法合规经营发展的水平和质量。我想提示的是，对于管理干部而言，仅仅做到不违法、不违纪显然是不够的。习近平总书记讲过：“领导干部要把对法治的尊崇、对法律的敬畏转化成思维方式和行为方式，做到在法治之下、而不是法治之外、更不是法治之上想问题、作决策、办事情。”所以，各级管理干部不仅要带头遵法守法，更要切实提升运用法治思维和法治方式防控风险、解决问题的能力，通过法治能力的有效提升，来推动落实全面从严治党、全面从严治行。

一是要注重提升运用法治思维和法治方式来防范化解风险的能力。当前，全球政治经济形势瞬息万变，内外部各种风险交叉叠加，防范化解金融风险，特别是防止发生系统性金融风险，被置于更加重要的位置，而法律手段是防范化解风险最基础且往往最有效的手段。我们一直强调要夯实一道防线的风险防控职责，实质上是要求前台业务部门在拓展业务、创新产品时首先考虑是不是合法合规？会不会侵害金融消费者权益？比如普惠部的e抵快贷、数字信用凭证、跨行资金流向监测等新业务，公司部的集团客户个性化业务合作，结现部的“财资管理云”等，都是很好的创新探索，但在创新过程中一定得有风险防范的意识，要确保我们的产品设计、交易结构经得起法律、监管、市场和客户的检验。当然，法律毕竟是非常专业的领域，遇到专业的法律问题还是要交给法律专家把把关。去年总行法律部对某分行批量转让资产包提出的一条会签审查意见，不仅有效防控了潜在的合规风险，还帮助该笔不良资产估值提升5 000多万元。一条法律意见值5 000多万元，这尽管是个案，但从防住风险就是创造价值的角度看，如果我们在业务前端就能把法律审查发现的潜在风险防住，就能避免日后可能出现的投诉、被诉甚至监管处罚、败诉赔付，就是给工商银行创造实实在在的价值。

在这方面，有些部门、有些条线做得很好，但有些单位、有的同志还需要改进和提高。从国际商业银行实践来看，法律专家发挥的作用是巨大的，甚至直接嵌入

到重要业务部门一起开展工作；另外，很多大企业和高级管理人员都很注重法律保护，会专门聘请常年法律顾问随时提供帮助。从这一点看，同志们既要增强法律知识，还要在遇到专业问题时充分征求总、分行法律专家的意见，必要时咨询外部律师的意见。未来全行法律事务体制改革的方向，应该是进一步充实我们的法律专业队伍，给各业务条线当好法律顾问。

二是要注重提升运用法治思维和法治方式解决问题的能力。“办事依法、遇事找法、解决问题用法、化解矛盾靠法”，是习近平总书记对领导干部提出的基本要求。法律作为重要的维权手段，不仅能帮助我们清收风险资产、挽回被诉损失，更能在一些疑难复杂的个案中最大限度维护我行及员工的合法权益。例如前两年，我们有个机构发生重大风险事件，交易对手动用当地公安以刑事手段干预民事纠纷，跨省抓捕了我行好几名员工，并企图借此逃避5亿元巨额债务，应该说当时的局面相当被动和困难。但在总行党委的支持和沟通协调下，总行法律部在整个事件处理过程中发挥了巨大的作用，充分运用法律手段多次扭转不利局面，后来这几名员工无罪释放，而且5亿元债权本金全额收回。又比如，最近几年在处理欧美的一些重大风险事件过程中，总行法律专家团队也发挥了极其关键的作用，特别是在跨境、跨法域等复杂局面下的工作成效非常明显。这些都是非常艰难但又很成功的，通过法律途径既救命又维权的典型案例，充分显示了法律的力量，总行党委都是给予高度评价和充分肯定的。

各级分支机构在日常经营管理过程中，可能会遇到类似的风险事件。这固然需要法律部门主动担当作为、善于化解难题，但前提是各级机构的管理干部也要有足够的法治意识和敏感性，积极主动地寻求法律支持。千万不要一遇到违纪违法案件，就因为担心露丑而遮遮掩掩，关起门来悄悄商量处理，错失了最好的法律介入时机。实际上，一旦出现重大问题，遮是遮不住的，最好的办法就是及时报告，尽早采取法律措施，最大限度减少损失。

三是要前瞻性做好法律人才储备，并重点向基层行倾斜。在贯彻落实全面从严治党、全面从严治行过程中，在工商银行改革发展创新过程中，肯定会遇到更难应对的法律风险、更难解决的法律问题。这一方面需要各级管理干部抓紧充实相关民事、行政以及刑事法律知识，提升自身运用法治思维和法治方式防控风险、解决问题的能力；另一方面，也要重视储备和培养一批专业过硬、担当作为、实战能力又丰富的法律人才。法律专业门槛相对高，要培养既精通法律又精通业务的高素质法律人才，必须经过足够长时间的培养、足够多实战的训练。但从目前情况来看，全行法律队伍整体力量不均衡、基层机构及人员力量薄弱、高素质法律人才欠缺等现实问题客观存在，在一些机构还比较突出。

今年年初，我到法律部调研时了解到，全行专职法律人员仅有1 100人左右，兼职法律人员也只有1 000多人，他们不仅承担着全行大部分的法律清收和被诉案件代理工作，还要负责法律咨询审查、协助执行、电子签约系统管理、客户投诉和消费者权益保护等工作，尤其是各业务领域的创新产品、创新交易结构、重大项目等都需要法律部门提出专业审查意见。会前法律部还做了个测算，暂不考虑咨询审查等工作的潜在价值贡献，单从法律清收不良资产和避免被诉案件损失的角度，2018年全行法律专兼职人员人均创收就超过1 000万元，这是个非常了不起的数字。因此，各行尤其是基层行一定要对自己的法律专业队伍心中有数，需要充实的抓紧充实；总行层面也可以考虑聘请一些欧美的、世界顶级的常年法律顾问。要前瞻性做好法律人才储备，着力培养专业功底扎实、金融业务精通、实战能力全面的法律专业队伍，并且在日常经营管理中把他们的价值充分发挥出来，让专业人才成为贯彻落实全面从严治党、全面从严治行的重要力量。

同志们，这次法治专题教育是贯彻落实全面从严治党、全面从严治行的重要举措，大家一定要高度重视，认真学习。我相信，当我们每一个干部员工都能真正做到敬畏法律、遵守法律并自觉运用法律的时候，工商银行依法合规经营的水平一定会上一个大的台阶。

在全行普惠金融旺季营销推动会上的讲话

胡　浩

（2019年11月15日）

临近岁末，总行召开的本次会议，既是普惠金融年末收官工作的部署会，又是旺季营销工作的动员会。全行普惠金融条线要统一思想，明确目标，提早规划，紧抓发展机遇，抢占市场资源，做好业务储备和贷款投放。下面我讲三个方面的意见。

一、前三季度普惠业务实现新突破，呈现近年来最好发展局面

今年前三季度，全行普惠金融条线积极应对内外部环境变化，不唯任务，只唯市场，狠抓“e抵快贷”“经营快贷”等拳头产品发展，取得了历史性突破，推动全行普惠金融业务快速健康发展。

（一）普惠贷款多项监管指标取得阶段性提升。

一是贷款余额大幅增长。截至9月末，全行银保监普惠口径贷款余额4 762亿元，较年初增加1 661亿元、增长54%，是去年同期增量的4倍，已超额完成全年增量计划和监管“两增”考核要求；人行降准口径贷款余额4 936亿元，较年初增加1 707亿元，增量占同期全行人民币贷款增量的14.45%，阶段性达到人行降准第二档目标。

二是贷款利率控制得当。今年以来，全行深入贯彻国务院“小微企业综合融资成本降低1个百分点”的要求，在符合监管考核的前提下执行差异化定价，对小微企业实施减费让利。今年前三个季度，全行新发放银保监普惠口径贷款利率4.57%，较去年同期下降53个基点，较去年全年下降37个基点。

三是资产质量显著改善。截至9月末，全行银保监普惠口径不良贷款余额133亿元、不良率2.8%，分别较年初下降33亿元和2.6个百分点，预计年末不良率能够控制在3%以内。

（二）普惠金融综合价值贡献日渐显现。前三季度，普惠金融业务尤其是线上普惠业务的发展，对全行获客、增加存款、拓展代发工资、促进基层行经营转型等方面起到积极的推动作用，综合价值贡献初步显现。

一是拓户效果明显。截至9月末，线上普惠业务有贷户15.9万户，较年初增加8.8万户。其中法人有贷户增加1.5万户，占全行公司有贷户同期增量的117%，为全行贷款拓户提供了重要支撑；个人有贷户增加7.4万户，成为培育个人中高端客户的重要抓手。普惠部联合私人银行部推出的“工银尊享贷”“私银传承贷”等专属融资产品，累计服务私人银行客户5 870户，有力地推动了私人银行业务发展。

二是对存款起到拉动作用。线上普惠产品基于客户结算、纳税等信息授予信用额度，不断传递“信用可积累、可变现”的业务理念，持续引导客户货款归行、结算在行。截至9月末，线上普惠产品客户对公账户日均存款424.6亿元，较年初增加32.5亿元，增幅比全行公司存款增幅高7.3个百分点；小微企业主个人日均金融资产411.3亿元，日均存款230.7亿元，增幅达到23.9%。

三是与代发工资、网上银行等业务协同效果明显。截至9月末，线上普惠产品累计服务代发工资客户4.4万户，当年新拓7 000户，占全行新拓代发工资客户的41%；累计服务代发工资个人客户247.3万户，较年初增加17.5万户，带动个人日均存款520.2亿元，较年初增加46.8亿元。目前，总行正在对“用工贷”准入模型进行进一步优化，提升办理代发工资业务的吸引力，持续推动代发工资业务拓展。

同时，线上普惠产品与企业网银、个人手机银行等电子银行渠道建设相互促进，进一步提升了电子银行客户活跃度。截至9月末，个人手机银行客户18.1万户，较年初增加2.5万户，渗透率95.4%。普惠金融与其他业务的互动互通效果日益显现。

四是成为基层行经营转型新抓手。线上普惠产品标准化程度高、业务流程便捷，降低了产品营销层级，释放了基层行人力资源，提高了业务办理效率，成为基层行营销客户的“敲门砖”。2018年以来，“e抵快贷”和“经营快贷”两款产品累计发放融资25万笔，节约工时685万小时，相当于释放2 100多人的人力资源。此外，线上普惠产品也是抢占区域市场的利器，很多分行结合辖内经济发展特色，积极拓展本地优质场景线上业务。截至9月末，23家分行共挖掘特色场景143个，拓展贷款客户9 459户。

（三）全行办普惠的氛围已逐步形成。“不做小微就没有未来”的理念在全行范围内得到有效传导，普惠条线从业人员“不愿做、不敢做、不会做”的状况逐步得到转变，与各条线开展积极联动，协同效应逐渐显现。个金、银行卡、票据等条线积极发展普惠金融；财务、资负、人力各项考核激励措施落实到位，基层从业人员积极性得到提高；科技等中后台部门为业务发展提供有效保障，产品模型迭代优化有序进行。

前三季度取得的成绩来之不易，在我国经济下行压力加大、同业竞争日趋激烈的环境下，全行上下齐心协力、迎难而上，坚决落实党中央、国务院的决策部署，脚踏实地推进普惠金融发展，取得了近年来最好发展局面。这其中，凝结了全行普惠条线及其他相关条线同志们的辛勤努力，在此，我向大家表示诚挚的慰问，对大家为普惠业务作出的贡献，表示由衷的感谢！

二、当前普惠金融发展面临的内外部挑战与机遇

在看到普惠业务新成绩的同时，我们也要清醒地认识到，我行普惠业务只是取得了初步的突破，业务发展的基础还不稳固，许多分支行的业务能力还有待提高。同时面临的内外部挑战依然非常严峻，一方面银保监会不断完善小微金融服务监管评价体系，相关要求更加具体细化；另一方面四大行在普惠金融领域均持续发力，同业竞争日益激烈。

（一）监管考核要求的新变化。银保监会正在制定商业银行小微企业金融服务监管评价办法，相关监管评价指标全面覆盖当前小微金融服务的各个方面，并且指

标设置较细，既考核服务成效，也对部分具体措施提出监管要求。例如，在“两增两控”之外明确提出单户授信总额1 000万～3 000万元的小微企业贷款增速不得低于各项贷款增速的新要求，同时增加信用贷款、中长期贷款、知识产权质押贷款、“首贷户”增长等评价指标。这就要求我们发展普惠金融业务要更加全面、更加聚焦、更加均衡，不仅要实现单点突破、单一产品上量，而且不同客户层次、不同产品结构甚至不同贷款方式都要实现全面发展和均衡增长。

（二）四大行普惠金融业务竞争激烈。今年以来，四大行普惠贷款增量均创历史新高，对优质小微客户和资产的竞争也更加激烈。2019年，建行和农行分别制订了2 400亿元和1 800亿元的普惠贷款年度增量计划，在上半年就基本完成全年任务的情况下，第三季度继续保持较快的发展速度，银保监口径普惠贷款增量已分别达到2 925亿元和2 060亿元，均创各行历史最好水平。截至9月末，虽然我行普惠贷款取得突破发展、银保监普惠口径贷款增量四行占比从2018年的12%显著提升至21.58%，但我行银保监普惠口径和人行降准口径贷款余额及增量排名均位列第三，贷款余额、户数较建行、农行差距较为明显；存量贷款质量方面，虽然我们的不良率实现了较大幅度下降，但依然是四行最高。面对可比同业已形成的既有优势，我行普惠金融的竞争力亟待进一步提升。

（三）普惠金融可持续发展模式需要不断完善。从近两年的发展情况看，一方面小微贷款呈现比较好的发展态势，但小微贷款规模还比较小，对全行经营转型发展的支撑作用还不够。另一方面虽然普惠业务资产质量持续改善，不良额和不良率双降，新型普惠产品也呈现较好风控水平。比如，经营快贷投产近两年，不良率持续低于1%，e抵快贷今年上量，暂未发生不良。但是很多新产品还没有经历过一个完整周期的考验，随着普惠贷款的大规模投放，风险管控能力仍需要时间检验。此外，从内外部检查结果看，部分业务普惠标识不准确、违反“七不准”“四公开”“两禁两限”的情况仍有发生，普惠金融的合规经营需要各级管理者和业务人员高度重视，坚决落实。

当前普惠金融业务正处于爬坡过坎的关键时期，一方面要充分肯定我们取得的发展成效，对普惠业务的发展前景要充满必胜信心；另一方面也要清醒认识当前的发展形势，准确把握监管要求，充分估计我们面临的困难和挑战，凝心聚力，乘势而上，迎难而进，保持昂扬向上的斗志，加大业务发展推动力度，传递普惠金融的温度，推动全行普惠业务发展再上新台阶。

三、普惠金融旺季营销推动工作的目标要求

2020年，是普惠金融业务迈向下一发展阶段的新起点，是抢占市场资源、夺取同业竞争优势的关键年。结合监管要求、我们的业务能力和同业竞争态势，总行决定从今年11月起到明年第一季度末，在全行范围开展“工银普惠行”旺季营销活动，抓住岁末年初的有利时机，确保第一季度实现银保监普惠口径贷款700亿元增量，力争达到800亿元增量的目标。下面，我就普惠金融旺季营销活动提几点工作要求。

（一）提高认识，落实责任，强化普惠旺季营销的工作推动。从今天开始，全行进入普惠金融旺季营销时间。各分行要深入贯彻落实总行党委关于普惠金融“做真、做实、做好、做活、做持久”的发展要求，立足抢先抓早，坚持干字当头，围绕旺季营销活动目标，用好岁末年初这个有利的窗口期，突出重点，把握节奏，确保实现明年第一季度普惠金融业务“开门红”，为全行2020年任务目标的顺利完成打下良好基础、赢得主动。一是要充分认识普惠金融的发展要求和抢占优质市场资源的重要意义，落实“一把手”责任制，早安排、早行动，尽快成立由普惠金融主管行长担任组长、普惠部及各相关部门主要负责人在内的旺季营销工作小组，在总行方案框架下制订区域旺季营销方案，部署旺季营销工作要求，明确辖内普惠发展目标和各时间节点进度。在明年初召开的全行工作会议上，总行将继续采取与各分行一把手签订“责任状”的形式，把普惠业务发展作为各分行“一把手”工程。二是要结合时间、区域、产品，做好任务分解和统筹安排，将各项工作和责任落实到位。要做好业务资源储备，开展系列营销推广活动，加大资源储备转化力度。三是做好旺季营销业务督导和情况通报，围绕目标任务，把握业务发展节奏，确保完成增量目标，同时要及时梳理解决瓶颈问题，总结经验，分享成功案例。

2018年以来，总行采取了“重点突破、梯次发展”的区域布局策略，取得了比较好的发展成效。各行要结合所在区域情况，因地制宜做好区域发展规划，对标对表，不等不靠，主动作为。优先发展行要强化“头雁”意识，不仅要在系统内领先，而且要在区域内领先。跟进发展行要强化“追赶”意识，在夯实基础、优化结构的同时，对标区域领先同业，追赶系统内先进行，力争早日实现突破跨越。特色发展行要树立“深耕”意识，在持续优化信贷资产质量和承担一定发展任务同时，着力于区域优势产业行业，真正做实做透做优，让客户和地方都能深切感受到工行普惠温度，打响工行普惠金融品牌。

（二）聚焦重点产品，为旺季营销提供有力支撑。

1. 持续发挥线上产品主力军作用。各行要扎实推进普惠重点产品的旺季营销工作，积极适应监管要求，提高经营快贷、线上供应链融资等信用类贷款占比。与此同时，继续推动网贷通业务跑马圈地，促进抵质押与信用类贷款协调发展，为2020年普惠金融业务结构优

化做好铺垫。

一是坚持以“经营快贷”为重点、“一体两翼”为核心的数字化经营策略。全行要积极顺应监管要求，落实经营快贷“一体两翼”发展策略，以数字化经营为业务发展方向，通过数据流引领资金流，以“一体”（行内数据）为主，协同发展“两翼”（外部场景合作和分行特色场景）。总行将持续挖掘“一体”行内数据，不断丰富白名单客户资源储备，11 月底前完成相应白名单的投放工作。从现在起，各行要加快推动税务、海关、结算、用工等场景化信用类贷款的投放，加大总行场景旺季营销力度，及时分解白名单，落实营销责任到人，持续提高用工贷、跨境贷、资产贷等业务覆盖率。要明确辖内烟草贷、税务贷、医保贷等通用场景覆盖率要求，拓展产品增长点。要积极创新特色场景，挖掘区域特色市场，与政府、龙头企业、电商平台及科技公司等开展合作，持续提高特色方案覆盖率及落地见效率，推动业务快速落地，实现旺季营销多点开花。

二是大力推动网贷通业务发展，形成普惠金融业务重要支撑。今年，以“e 抵快贷”为主的网贷通产品在市场拓展中发挥了重要作用，并将继续成为完成普惠旺季营销任务目标的重点支撑产品。各行要充分发挥该产品便捷、高效的优势，全面实现业务的提质、增效、拓面。要强化线上线下一体化获客，广泛借助二维码、行内应用、行外网站等线上端口引流，充分利用基层网点的线下服务渠道和对小微客户聚集区域的走访营销时机，持续积累客户资源。要打好“e 抵快贷”与普通网贷通的旺季营销组合拳。对于符合“e 抵快贷”办理条件的要加快业务处理，对于尚不具备准入条件的地区及房地产，要积极引导通过普通网贷通流程办理；同时法人版网贷通业务与个人版业务要协同发展，实现城市、押品、客群的全覆盖。要加快推进 e 抵快贷在线抵押登记工作，各行应主动对接辖内不动产管理局，加快在线抵押登记功能落地，为提升业务办理效率打好基础。要加强对关键风险点的把控，强化融资存续期间管理，实现业务的全面提质、增效。

三是加快数字供应链融资业务发展。各行要充分认识供应链融资在支持实体经济、提高核心企业粘性、实现小微客户批量拓展、推动信用类贷款发展等方面的重要作用，加大供应链融资的营销力度。今年重点产品是“e 抵快贷”，明年我们要有新的产品增长点，总行提出要加大供应链融资发展，希望各分行高度重视。总行将根据各行资源禀赋情况建立起核心分行、重点分行、重点项目及重点客户多维发展框架，并将给予重点资源倾斜，各核心、重点分行要加快业务发展，积极发挥引领作用。各行要依托普惠、公司、机构、结现、网金等条线资源构建“1 + N”聚合营销模式，加快核心企业准入，建立起核心企业目标客户库。要加强与第三方平台合作，聚焦现代农业、物流、建安、医疗、军工等重点行业板块，积极运用总行重点创新的工银 e 信、e 链快贷、数据链等产品工具，加强支持供应链中的薄弱环节和上下游企业，加速场景自建和共建，拓深、拓广线上供应链场景，尽快实现业务规模化发展。

2. 形成线下重点产品有力支持。全行要紧密结合各地产业特点和小微客户状况，从小微客户接续成长特点出发，科学谋划客户结构，做好区域性场景开发，推动线下业务持续稳健增长。

一是着力强化“固定资产购建贷”等中长期贷款产品推广。各行要基于总行近期印发的产品优化管理办法，切实加大“购建贷”旺季营销宣传力度，充分发挥我行产品在期限方面的优势，营造宣传声势，大幅提升目标客户触达率和转化率，推动“购建贷”业务发展进入快车道。在便利小微客户融资的同时，逐步改善我行小微信贷期限结构、提高贷款综合收益、减轻客户经理转贷工作量。

二是加大与地方政府、政策性担保机构合作，切实推进银政通业务发展。通过多种联动形式，深化银政合作，拓宽风险共担参与方，积极探索推进多方参与的银政合作模式。要结合市场需求，优化融资方案，依托产业集群，推进银政合作类业务批量化落地。

三是加大区域特色产品创新及拓展。各行要充分运用产品创新权限，积极主动研发契合当地市场特点、具备竞争力的创新产品。要进一步加大个人商用车贷款等区域特色产品在资源丰富地区的推广力度，不断增强我行服务重点产业、特色产业、新兴产业小微客户的能力，进一步体现工行普惠金融的“温度”。

四是不断提高“续贷”业务占比。各行要按照监管要求，积极运用“续贷”业务满足小微客户资金连续使用需求，牢固树立“以客为先、把控实质风险”的业务理念，切实提升小微客户“续贷”业务占比。

（三）深化“工银普惠行”，打造“有温度的普惠金融”品牌形象。

去年“工银普惠行”启动以来，全行上下积极行动，做好“三联动、三走进”营销推介活动，宣扬工行普惠金融服务理念，并组织了“千名专家进小微”、普惠金融青年先锋行动等多项富有特色的活动，对内凝聚了力量、提振了士气，对外展示了风貌、树立了形象，彰显了工行“有温度的普惠金融”品牌形象。接下来，各行要结合新阶段、新要求，将各项活动进一步引向深入。

一是要坚决完成好银保监会“百行进万企”融资对接工作。今年 8 ~ 11 月，银保监会在江苏、河南、湖南、重庆、大连 5 省市组织开展了“百行进万企”融资对接活动，组织五省市的各家商业银行对当地所有纳税优质企业共 172 万多户进行对接走访，其中我行承担了 24 万多户企业。五家分行高度重视，分行领导挂帅督导，克服了很多困难，比较好地完成了相关工作要求，同时通过客户调查和融资对接，储备了一批优质客户。银保监会对“百行进万企”活动非常重视，已经召开两次会议，并对该活动提出具体要求。按照银保监会计划安排，将在全国范围开展“百行进万企”活动。各分行要提高政治站位，充分认识这项工作的重要性，提前做好谋划，尽早与当地银保监局进行沟通，将“百行进万企”与“工银普惠行”以及旺季营销活动相结合，加大力度、把握节奏、统筹推进，确保不折不扣完成银保监会的规定动作，在可比同业中取得领先成效，并为业务发展储备客户资源。

二是要打造普惠品牌，推动业务发展。“工行普惠行”永远在路上。各行要依托总行推出的“千名专家进小微”“万名小微成长计划”“普惠青年先锋行动”等系列活动，打造线上和线下相结合，“融资、融智、融才”为一体的普惠金融服务机制，深入千行百业，助力小微企业成长，把工行普惠金融的温暖传播到各地，让小微客户有获得感、让政府部门有认同感、让社会各界有信赖感，让“普惠行”文化行以致远。

（四）加强跨部门协同，不断提高普惠业务价值贡献。

全行应持续强化部门间联动、内外部联动，完成普惠贷款既定目标的同时，提升普惠金融获客、活客、黏客能力，营造旺季营销业务发展氛围，发挥我行工银普惠金融品牌的社会影响力，努力实现普惠金融综合服务第一的目标。一是持续加强外部机构合作。在旺季中，各部门要整合营销渠道，深入专业市场、产业园区、核心企业，挖掘辖内优质资源，制订针对性融资方案，为实现旺季增量目标做好客户资源储备；联合政府部门、商业协会以及第三方平台，加强合作关系，通过开展产品推介会、举办沙龙等形式，集中签约合作企业，全面提升我行普惠金融业务影响力和美誉度。二是多条线联动，在业务拓展的同时提升综合价值贡献。各行普惠部要联合个金、私银、结现、票据、银行卡、国际业务等部门，形成跨部门联动小组，统筹制订营销计划，对目标客户开展全方位、多层级的协同营销。进一步优化客户综合化服务，为不同类型、不同需求、不同价值贡献的小微企业客户，定制差异化服务方案，全面带动对公开户、结算、存贷款、代发工资等业务稳步增长，持续提升普惠金融综合价值贡献。

（五）做好政策传导，确保配套资源支持到位。

对于普惠金融业务发展，总行将继续给予相应的配套资源保障政策，保持激励力度。各行要及时传导总行相关政策，积极与资负、计财等部门协同，加大普惠贷款专项规模保障力度，在总行基本框架下，制定普惠金融专项考核办法，并加强业务通报与督导工作，确保旺季目标实现。具体来说，要做到以下四个到位：一是专项考核激励到位。各行要比照总行普惠业务考核评价办法，抓住旺季营销契机，完善并细化辖内旺季营销考核激励方案，制定旺季营销活动评分标准，举办营销竞赛活动，提升基层业务发展热度，在全行范围内形成普惠业务“比、学、赶、超”的良好氛围。既不能打折扣，也不能搞“平均主义”，专项奖励要到普惠基层员工、客户经理。二是普惠政策传导到位。各行要把总行普惠贷款专项激励、内部资金转移价格（FTP）及经济资本占用等相关政策措施，不折不扣地传导到基层行，强化正向激励和引导，不断提高对小微客户的服务水平。三是贷款规模保障到位。各行要根据旺季营销增量目标，结合自身发展情况，制订普惠贷款投放计划，明确投放总量，加强月中动态监测，做好月末规模支持。四是财务费用保障到位。各行要根据旺季营销活动需要，合理安排相应的营销费用，制定辖内旺季营销阶段性奖励政策，适当上调对普惠从业人员的奖励水平，实现直通式、穿透式考核，充分调动普惠金融从业人员积极性。

（六）持续做好扶贫、涉农相关工作。

从今年情况看，金融精准扶贫贷款取得了比较好的发展。截至9月末，全行余额1 703亿元，较2019年初增加235亿元，增量与增速位居可比同业第二位，计划完成率位居首位，这对于我行来说是重要突破，值得表扬。明年是脱贫攻坚决战决胜的关键一年，各行一定要高度重视金融扶贫工作，提早安排，确保全面完成各项任务指标。辖内有国定贫困县和国定贫困人口的相关一级分行，要保持金融帮扶力度不减，摸清辖内贫困人口特别是未脱贫人口及深度贫困地区的金融需求，做好融资对接、提高综合金融供给深度与广度。辖内没有原生贫困人口的东部地区分行，要做好流入的贫困人口金融服务对接，利用辖内优质法人客户资源组织东西部扶贫协作。同时要抓住乡村振兴带来的农村市场发展的机遇，强化与政府部门、担保机构的合作机制，充分利用金融科技新手段，积极探索工行在农村领域发展普惠贷款的新路径。

同志们，发展普惠金融业务是贯彻党中央、国务院决策部署的具体体现，是工商银行发挥大行“头雁作用”的责任与担当，也是总行党委交给我们的重要任务。2020年，是决定工商银行普惠金融业务能否实现可持续发展的关键时期，希望各行认真落实普惠金融旺季营销活动的相关工作，完成年内发展目标，推动普惠金融业务再上新台阶！

凝心聚力　砥砺前行
奋力夺取机构金融和养老金业务发展新胜利

——在2019年机构金融和养老金业务工作会议上的讲话

谭　炯

（2019年1月31日·根据录音整理）

本次会议的主要任务是，认真贯彻党的十九大和中央经济工作会议精神，全面落实全行年度工作会议部署，总结回顾2018年工作成绩，分析经营发展新形势，安排部署2019年重点工作任务。下面，我围绕2018年的工作回顾、当前的经营形势和2019年的重点工作任务，讲三个方面意见。

一、充分肯定机构金融、养老金业务2018年经营发展取得的优异成绩

2018年是全行实施新一轮三年规划、开启由大行向强行跨越新征程的起步之年。面对政府机构改革、社保改革、军队改革、职业年金启动等外部环境的深刻复杂变化和同业竞争加剧带来的空前压力和挑战，全行机构金融和养老金业务战线迎难而上，锐意进取，实现了全年任务的圆满收官，创造了超越同业的辉煌战绩，成绩来之不易，更难能可贵。

机构金融业务全年经营成效突出体现了三个亮点：第一个亮点是在复杂的改革过程中，同业领先优势更加明显。通过改革营销抢抓账户和各类合作资格，推动了机构存款强势增长，机构存款余额突破6万亿元，时点增量超过6 000亿元，日均增量6 336亿元，这一成绩比往年更具含金量。存款余额、增量四行占比分别为35%和48%，分别较上年提升1个和3个百分点，增量占比接近半壁江山，机构存款同业第一地位更加稳固。第二个亮点是在坚持推进经营转型过程中，客户结构与整体贡献更加优化。在夯实与财政、社保、军队重点客户合作关系的同时，机关事业潜力领域拓新有成，实现机构客户增长2.53万户，并通过第三方存管、代发工资、军人服务、金融社保卡等综合服务，辐射带动了公司客户和上千万个人客户增长。机构存款日均增量在全行一般性存款中的占比从上年的44%增长到50%，更加稳定有力支持全行经营发展。纳入专业考核的贡献达913亿元、增长19%，占全行营业贡献的比重由上年的15%提升到18%，在全部定量考核部门中排名第四。第三个亮点是在加速推进业务发展过程中，量价协调发展更加合理。在拓展客户、做大市场的同时，牢牢守住了成本控制的底线，机构存款、同业存款付息率分别较上年下降2个基点和8个基点，同业存款付息率较三大行平均值低114个基点，是拉低全行存款成本的主要因素。机构存款中高成本存款余额占机构存款余额的7%，占全行高成本存款余额的19%，两项占比在全行各类存款中均为最低。

养老金业务全年经营成效也突出体现了三个亮点：一是行业领先地位进一步稳固。职业年金方面，受托、托管、投管资格中标率达到了100%；企业年金方面，受托管理年金规模较年初增长7%，管理年金个人账户较年初增长4.2%；养老金理财方面，全行养老金理财产品销售规模较年初增长31%；中间业务收入方面，511073科目计划完成率104.4%。各项业务继续稳居银行业首位。二是客户满意度持续提升。去年，养老金业务部印发了客户服务工作指引2018年版，养老金客户回访率达96%，客户满意度达100%。中国电信、国家电网、邮政集团等多家企业均给予我行养老金“满分”或“优秀”的考核成绩，还顺利与河南平煤、山西焦煤、开滦集团等多家重点客户续签服务合同，成功拓展航天科技、集通铁路、云南农信社等多家存量客户其他业务资格。三是不断创新业务产品和运营模式。在集团层面建立养老金战略资产配置团队，整合集团优势提升资产配置能力。业务运营模式进一步调整优化，去年完成所有分行受托投资业务的下放工作，有效提升了受托投资属地化服务水平。积极参与我国养老第三支柱课题研究，全力推动商业银行理财产品纳入养老金投资范围。

总体来看，2018年全行机构金融、养老金战线对形势判断准、对重点业务抓得牢、措施强劲有力，开展了一系列卓有成效的工作，主要体现在“快、准、优、实”四个特点上。

第一个特点“快”，主要体现的是改革营销抓得快、做得快，全行快人一步抢抓重点领域改革契机，迅速部署推动工作，建立了领先优势，夯实了客户基础。一是政府机构改革营销力拔头筹。退役军人事务部、国家医保局等17个重点部委在我行开户，改革客户覆盖

率达到81%，市场份额第一。在已启动账户开立的地方厅局级客户中，医保单位市场覆盖率达到71%，退役军人单位市场覆盖率约40%。北京、四川、广东、山西、重庆、黑龙江、辽宁、河南、天津、陕西等分行能够非常好地发挥我行综合优势，认真落实总行部署要求，在关键领域、重点客户的攻坚战上取得骄人战绩。二是社保改革营销大获全胜。赢得含金量最高的财政部中央级养老调剂基金专户，竞争得到22个省级调剂金户，取得压倒性优势。机关养老改革新开账户共3 137个，市场占比31%，领先第二名8个百分点。新中标5个省级职业年金归集户，保持市场领先。河北、辽宁、福建、江西、山东、湖南、广西、厦门等分行，加大资源投入，灵活调整竞争策略，在激烈竞争中强势突破。成功中标中央国家机关事业单位、新疆、山东、河南、辽宁、上海、福建、安徽职业年金基金受托人资格，中标率100%，除个别地区情况较为特殊外，主要是受托机构在当地的集中度高、竞争激烈，其他地区均位列第一梯队，而且都做到了银行同业排名第一。其中，排名最好的是新疆和福建两省，这两个地区的职业年金受托业务中标排名达到了金融业第二、银行业第一，是目前为止我们在职业年金受托业务投标中取得的最好成绩。去年，我们还充分发挥受托业务源头作用，带动托管和投资管理业务中标最大或最多组合。三是军队改革营销捷报频传。武警部队改革后总部账户实现100%全覆盖；武警军级单位装备账户占比44%，较基本户占比提升19个百分点，同业占比第一。与联保部队军以上单位100%建立合作关系，并在新成立的49家师级单位中拿下60%的客户，有效巩固合作优势。北京、湖北、内蒙古、山东、福建、江苏、河北、河南、陕西、甘肃、广西、辽宁等分行，在军改营销中强化大局意识，一把手和主管行长亲自挂帅出征，加强高层营销，突出跨区域协调联动，取得丰硕战果。

第二个特点“准”，主要体现的是客户服务抓得准，准确掌握客户需求，准确提供综合金融服务。一是在战略对接上抓准了关键源头。牵头与财政部、人社部、退役军人事务部、国家医保局、军委后勤保障部及装备部等源头型总部客户进行战略对接，为国家重点战略实施贡献工行方案，从根本上把握业务先机；与农发行、广发证券、国寿、人保等重点客户签署全面合作协议，为相关部门和分支机构深入合作奠定基础。二是在协同全行上抓好了统筹兼顾。机构金融条线围绕客户综合金融需求，强化部门联动、总分联动、行司联动，独家竞得世界军人运动会银行合作伙伴资格。世界军人运动会是全球军人最高规格的大型综合性运动会，每四年举办一次，每届有100多个国家参会，被誉为“军人奥运会”。今年第七届世界军人运动会将于10月18日在武汉举行。这是我们国家继北京奥运会后又一次举办的规模最大的国际体育盛会，下一步机构金融业务部要发挥好牵头作用，全行要密切配合，共同做好金融服务，力争打造工行服务新形象。此外，“随军行”平台军人用户超136万，地方公开债投资规模同业第一，成功营销同业重点客户跨境并购、境外IPO业务，机构条线代发工资客户数3 497万人，增加233万人，在实现自身业务持续快速发展的同时，有力推动个金、资管、投行、托管、金融市场等条线贡献增长。养老金专业印发了《关于实施企业年金“市场提振计划”的通知》，全年27家分行参与了208个年金项目投标，中标率达71%。云南、山西、河南、江西分行积极联动公司条线，利用全行在公司信贷业务方面的优势开展联动营销，成功中标汾酒集团、安阳钢铁、新余钢铁等多家大型优质客户年金业务资格。去年，我们还大力推广“如意养老”企业年金集合计划，新增运作客户203家。三是业务创新上找准了客户痛点。机构金融条线以解决客户痛点难点为出发点，联合行内部门推广“银校通”“党团工会云”“宗教云”等新产品，撬动机关事业七大重点领域增存410亿元；领先同业打造“工银e政务”“工银e社保”综合服务平台，锻造未来五到十年银政市场竞争力；独家配合军委后勤保障部开展信息化项目建设，抢占军银合作制高点；开发“码上赢”“极速开户”等功能，第三方存管客户总量逆市飘红，反超至第一名；探索实践“银行+保险+期货”联合扶贫新模式，汇聚金融同业合力促进精准扶贫，赢得广泛赞誉。上海、浙江、广东、黑龙江、湖南、山西、陕西等分行率先在重点领域、重点项目上勇于探索，敢为人先，作出了突出贡献。养老金专业与合作机构开展数据自动传输，实现业务不落地处理客户覆盖率69%；使用“工银e养老”创新自助化服务模式，客户覆盖率超过42%。

第三个特点“优”，主要体现的是管理机制更加优化，机制建设蹄疾步稳，多点发力取得显著成效。一是队伍建设机制更加完善。机构金融条线首次制定实施《机构金融客户经理管理办法》，优化客户与客户经理匹配，努力提升整体营销服务水平；扎实开展专业培训，现场面授、知识竞赛和微课件培训多管齐下，全年培训超过2万人次，培训覆盖面和质量均有进步。养老金专业印发《关于加强养老金专业团队建设的意见》，建立以专职人员为核心的养老金专业团队，共有51名分行骨干到总行参加“以工代训”交流培训，培养了38名分行养老金业务专业人才。二是信息系统更加优化。机构金融条线完成3.3万个同业客户层级搭建及全产品入库，组织开展40多万个政府客户数据治理，在推进客户精细化管理方面迈出了坚实一步。养老金专业，进一步提升业务处理的自动化、自助化、系统化水平，全年完成12次养老金综合管理系统版本升级。三是风控支撑更加牢固。印发办法细化同业客户准入管理，扩大同业综合评价覆盖行业，全面落实军队信息保密管理要求，进一步把好风险防控的总阀门。推进养老金法人理财业务专项检查、印章综合改革与内部账户优化工程，将风控重心由事后向事前、事中转移。四是管理运营更加科学。机构金融条线制订实施综合服务方案与业务指导意见，扩大网格化营销方法在全行的推广应用；推动军队客户矩阵式营销管理，落实总分行纵向协同与跨省横向联动；持续推进“大同业”战略解码落地，增加同业存款差异化定价授权分行数量，业务管理更上新台阶。养老金专业，完成了所有分行受托投资业务下放，分行专业水平得以进一步提升，“属地化”服务的优势得以进一步强化。继续推广“工银 e 养老”“数据接口”等新型运营服务模式，大幅提升运营效率。

第四个特点“实”，主要体现的是党建工作抓得实，注重与业务的融合共进，进一步提升了队伍精神面貌。一是政治站位高。全行机构金融、养老金业务战线始终自觉把党中央部署不折不扣落到实处，始终自觉把业务发展融入到国家深化改革和全行经营转型的大局之中，强化责任担当，牢固树立了国有大行服务国家改革发展的品牌形象。二是工作作风实。将廉洁守纪教育纳入专业培训，引导党员干部知敬畏、守底线、廉洁从业；创建与客户联学联建模式，丰富和发展了党建工作开展的多样性；基层调研及营销支持覆盖全国 30 多个省市区，着力解决基层营销服务难点与问题。三是斗志品格昂扬。全行机构金融、养老金业务战线以“改革创新、敢于担当”的精神迎难而上，经受住了复杂多变市场环境和白热化竞争的双重考验，锻炼了队伍，彰显了活力，工作亮点熠熠。坚持全行一盘棋和“以客户为中心”理念，营造“快乐乙方、积极向上”的工作氛围，主动发挥客户部门牵头作用，不断提升产品营销管理专业化水平，协同推动全行重点战略深化发展。

同志们，2018 年是不平凡的一年，全行机构金融和养老金业务战线闯难关、涉险滩、抢高地，交出了一份亮点纷呈、极具含金量的成绩单。在此，我代表总行党委，向全行机构金融、养老金业务发展作出突出贡献的同志们表示真挚的感谢！向大力支持和积极配合的各相关部门、分支机构表示由衷的敬意！

二、全面认识 2019 年业务发展新形势

2019 年是我国全面建成小康社会的决胜年，是国家重点领域改革落地深化年，也是我行第五个三年发展规划承上启下的关键年，做好今年工作意义重大。当前，世界经济增长不确定性较大，国际市场不稳定因素较多；国内经济运行稳中有变、变中有忧，经济下行压力加大。但我国发展仍处于重要战略机遇期的基本判断没有变，将实施积极的财政政策和稳健的货币政策。随着国家全面深化改革、加强保障改善民生，机构金融和养老金业务具有的“政府经济”特点、受经济局部问题影响较小的特征将更加显著，总体来看，机遇大于挑战。全行机构金融业务和养老金战线要牢牢把握经营发展主动权，努力在不确定性中寻找确定性，对发展做新的思考，对策略做新的调整，对工作做新的谋划。下面，我从国家机构改革、同业竞争加剧、客户需求变化等三个方面，简要分析一下当前形势。

（一）国家机构改革影响重大，带来巨大发展机遇，要抢抓机遇、用好机遇，坚定发展信心，抓住工作着力点。政府领域，2019 年国家财政收入总量预计不低于 18 万亿元，财政支出将超过 20 万亿元。国家较大幅度增加地方政府专项债发行，为我行政府存款增长带来一定机遇。机关事业领域，政府深入实施教育强国、健康中国战略，教育、医疗、文旅等行业将会有大量资金涌入，存款沉淀规模有望进一步扩大。社保领域，国家深入保障和改善民生，预计 2019 年全国社保基金结余增长约 1 万亿元，养老基金中央调剂制度和省级统筹加速落地，异地就医结算备付、机关医保等改革即将启动，市场资金资源较为充裕。养老金领域，机遇主要来自两个方面。一方面，机遇来自于养老保障体系的改革与完善。第二支柱的职业年金建设进一步加速，企业年金建设进一步完善；第三支柱的个人税收递延养老保险将结束试点，国家会积极推进个人养老金制度（CIP）建设，第三支柱建设会逐步迈入快车道。这些业务领域的发展为我们带来了千载难逢的机遇。另一方面，我行自身在养老金业务方面与市场相比还有较大差距，这个差距辩证地看就是潜在的市场，差距就是潜在的机遇。比如，我们受托业务余额的市场占比只有 12% 左右，虽然是银行业第一，但在全行业中是第三。去年新增规模的市场占比不足 10%，与行业领先机构相比还有一定差距，差距就意味着发展的空间。军队领域，国家加大现代化国防建设力度，装备系统资金增长潜力巨大，军费管理改革体制全面调整，都将对全行军队业务产生重大影响，也会带来重大机遇。同业领域。市场从“去杠杆”进入“稳杠杆”阶段，金融市场加快创新发展，沪伦通、科创板、纾困基金等政策落地将助推同业新型合作，市场流动性将保持合理充裕，有利于同业存款进一步增长、同业合作进一步深化。

（二）同业竞争空前激烈，要高度警醒、全力应对，捍卫行业领先地位。机构金融方面，近年来主要同业均将我行定为主要竞争目标，采取跟随竞争策略，我行“以一挡多”应对压力增大。特别是，近期同业在挖转我行军队客户方面，力度大、渗透深，对我行军银关系稳固造成较大影响。总结分析，他行实现营销挖转，一方面有他行“高层级、高价格、高投入”超常规营销等客观因素；另一方面也要分析我们自身存在的问题，要看到我们主观努力不够的问题。比如，有的分行在去年重点领域改革营销大获成功的情况下，骄傲自满、心态放松；有的分行存在麻痹心理，对存量客户营

销走访不到位，日常服务不扎实，甚至连客户转户都是后知后觉；有的分行对客户新变化新需求不上心、不了解、不解决，最终导致客户流失；有的分行信息沟通不畅，发现转户苗头后未及时向总行报告，失去了挽回客户的最后机会。教训深刻，令人警醒。全行上下一定要强化守土有责意识，按照客户层级层层压实责任、明确责任人，对由于内部管理不善、服务不到位的问题导致的重点客户转户，一定要追究相关行行领导的管理责任。养老金方面，同业竞争覆盖整个金融业，除银行外，保险、证券、基金及养老金公司纷纷投入力量，市场竞争异常激烈。我们仅仅保持守势是不够的，必须主动出击才能保持当前成果并进一步扩大战果。但仍有个别分行对养老金业务的战略意义和价值贡献认识不到位，对年金客户的服务意识淡漠，特别是以为签约了就成功了，后续服务不到位。有些分行签约后的服务长期无人过问，造成了部分重点客户流失。比如我行管理某钢铁集团年金投资业绩优于同业，但仍然丢失了受托业务资格。讲这些就是要提醒大家，在机构与养老金领域的竞争空前激烈，我们切不可盲目乐观、麻痹大意。

（三）客户需求有更新更高更全面的变化，要认真研究，抓紧完善产品、服务和系统，提升核心竞争力。目前，机构金融和养老金客户需求正在由零散的点对点转变为全领域金融需求，并对产品定价、系统建设、配套服务等方面提出了更高的要求。政府客户对代理银行的综合服务供给能力愈加重视，对信息化平台建设、资金投入的需求日益增加。军队客户对应急资金保障、渠道建设、系统共建等工作要求更高，部队官兵对个人金融服务的需求更加多样。同业客户已经不满足于传统的存款、托管、代销等领域合作，需求逐步延伸到投资银行、资产管理、股权合作等多方面。养老金客户中，法人客户关注点从基本养老金、企业年金向不断丰富完善薪酬福利制度转移，而个人客户关注点正在从当期理财需求向全生命周期养老规划需求转移。两个专业都要找准客户需求变化趋势，打破传统思维惯性和传统路径依赖，抓住满足客户需求的关键点，决胜竞争主战场。

基于以上三个方面的形势分析，下一步要找准业务布局新的思路，优化工作模式。机构金融条线重点要强化两个认识。一是强化对“机构金融客户源头型战略地位”的根本认识。2019 年，随着国家财政收支等各项改革进程到位，各政府职能部门运转效率和资金使用效能将较大提升，资金流向先集中再分散、从公到私流转速度加快，“源头存款沉淀减少、下游带动作用显著”将成为机构存款增长的“新常态”。在新形势下，我们要着重看到，在社会资金流转大循环中，机构金融客户是最大的源头客户，机构金融客户综合服务是全行最大的服务场景。因此，我们要更加重视机构金融业务为全行转型发展所起到的存款支撑、客户带动、渠道融合、技术合作、主业互补的战略协同作用，更加重视稳固机构金融客户基础为全行转型发展带来的长期持续效应，要着力建好机制，配好队伍，做好对机构客户的整体服务。特别是，要加大战略性资源投入，对于市场辐射广、业务影响大的龙头客户，不唯“部门账”，要算“全行账”；不唯“短期账”，要算“长期账”。二是强化对“协同联动内涵外延”的全面认识。协同联动不仅是联动全行部门，共同做好机构金融客户的源头营销服务，还应该是积极主动联动全行部门，抓好从机构源头客户到中下游全量客户的拓户增存。前期，机构部与个金部密切配合，以军保卡、“随军行”平台为抓手，以军队单位为源头，通过抓对公，拓展了军人客户群体；同时，以提升军人个人金融服务满意度为抓手，进而巩固捍卫了对公方面军队客户市场的竞争优势，对公对私紧密结合，这是我们在实践中形成的宝贵经验。新形势下，我们要把这一经验进一步发扬光大，打通条线板块分割，建立广泛联系互动，以公促私、以私促公，进一步提升机构板块对全行的价值贡献。

养老金业务方面，要认真学习领会全行年度工作会议精神，充分认识总行党委对养老金业务的期望与要求，深入思考、重新审视养老金业务的定位与目标。要充分认识到，大力发展养老金业务既是我行服务社会民生、服务国家养老保障体制改革的重要举措；也是促进集团联动发展，获客、活客、黏客的重要抓手；更是我行主动适应金融业态转变的重要突破口。我们要站在服务国计民生、服务集团经营转型的高度，深刻认识养老金业务的综合贡献和价值定位。条线的每一名同志都要牢记，我们是担当大行责任的“先锋队”，是集团进军养老金融蓝海的“桥头堡”，是推动全行协同发展、经营转型的“助燃剂”，同志们身上“使命光荣、责任重大”，要发挥更大力量，作出更多贡献。要充分认识到，当前发展好养老金业务的关键就是要回归本源、固本强基。什么是本源，本源即企业年金、职业年金业务，本源也是与我国三支柱养老体系相关的养老金融服务业务。只有发展好本源业务，才能真正发挥养老金业务的独特贡献，才能在未来养老金市场广阔前景中把握主动。如何回归本源，一方面要坚持做好基础业务，做大基础业务规模，巩固并扩大我行的市场领先地位；另一方面要坚守本源，围绕本源抓创新，围绕本源找突破，不能偏离本源。

三、2019 年重点工作

2019 年机构金融工作的总体思路是：注重发挥源头型资源禀赋优势，把握机构客户资金运作增效提速的新趋势、新规律，统筹全行资源，深化落地客户战略。在巩固客户、存款等核心竞争力市场领先优势的基础上，打造以机构客户资源带动公司、个人业务整体发展的金融生态圈，进一步提高机构金融业务对全行整体贡献度。主要工作目标是：机构存款时点增量达到 4 800

亿元；同业存款时点增量 1 000 亿元；新增日均金融资产 5 万元以上机构客户 5 500 户。

2019 年养老金工作的总体思路是：以“立足本源，做大做强年金业务；围绕本源，创新发展养老金融”为目标，积极推进养老金业务结构的调整和优化。打造全行专业团队，提升专业能力和服务水平，提高市场竞争力；加大对本源业务的资源投入，抢抓年金市场，大幅提高市场占比；发展全生命周期养老金融服务，拓展商业银行在养老金融领域的业务空间。主要工作目标是：职业年金要首争受托并确保中标资格数量和市场份额行业领先且银行同业第一。受托管理企业年金规模当年新增 115 亿元；管理养老金个人账户规模当年新增 50 万户。客户回访率至少达 90%，客户满意度至少达 95%。全行实现养老金业务收入 8.9 亿元，且综合养老保障业务收入占比压降到 55% 以下。

围绕上述目标，2019 年机构金融和养老金业务要重点抓好巩固拓展客户基础、创新引领、优化机制、强化党建四个方面的工作。

（一）夯实战果，巩固拓展客户基础。前期，我们已在国家重点领域改革营销中取得了阶段性胜利。当前，特别是第一季度，既是省级以下政府机构改革的落地期，也是全国职业年金业务推广的落地期，是营销政府机构客户和职业年金业务极为宝贵的窗口期。一定要抓早，强力攻关，实现在客户营销方面的开门红。要力争实现改革客户全面覆盖，重点账户一个不丢，潜力领域开疆辟土，全力夯实机构金融、养老金业务整体客户基础。

机构金融条线要着力夯实政府、机关事业、社保、军队及同业五大领域客户基础，守住优势，扩大胜势。

一是要切实做好政府客户全层级营销拓展。要抓住政府机构改革从中央向地方延伸的机遇，把握财政资金下沉应用趋势，加大各级政府机构客户营销力度，力争客户覆盖率再上新台阶。要紧抓财政源头，积极配合各级财政部门推进收付电子化改革进程，提升代理业务客户覆盖率；抓住地方债扩容机遇，以地方债投资为有力抓手，早营销、早投入、早受益，不断密切与各级财政部门的关系。要全力开展地方机构改革营销，抓紧改革窗口期，重点竞争退役军人、医保、应急、税务四类关键账户，切实解决改革机构痛点，辐射带动我行产品服务全面落地。各级行“一把手”要亲自挂帅指挥，针对重点部门，要亲自拜访送达服务方案。要持续提升重点城市行政府板块竞争力，坚持“一行一策、分类指导”，科学制订分层授权和资源配置方案，不断增强产品创新和综合服务能力，将重点城市行打造成为全行机构金融业务转型发展引擎、服务提升标杆和区域创新高地。需要重点强调的是，要发力县域薄弱短板，以县人民医院和中心医院、中心小学和实验小学、县中学、财政局、人社局、医保局、公共服务局、住建局“两院三校五局”为县域营销重点，以金融科技和创新产品为抓手，以市带县，提升县域市场份额，打通机构客户的“毛细血管”。

二是要加快实现机关事业全领域营销突破。全行要按照每年“巩固一批、拓展一批”的梯次推进策略，年内力争实现机关事业单位板块新增客户 2 万户、各重点行业客户覆盖率不低于 30%。要扩大医疗卫生、教育、党团工会、公共资源、国土住建、城市管理、公检法司监七大重点领域营销战果，打造“智慧医疗”“智慧校园”平台，凭借银校通、党团工会云、统一支付对账等拳头产品，快速推动重点领域营销发展，跑出加速度。要加快宗教、文旅、考试教培等新兴潜力行业拓展，通过大力推广“工云”系列产品，短频快抢占市场。

三是要不断提升社保业务领先优势。要把握社保改革落地深化机遇，争取基本养老省级统筹资金最大化摆布我行，医保客户覆盖率超过 60%。要纵深跟进中央调剂金改革营销，密切关注政策动态和同业竞争态势，加强客户营销走访和账户标准化服务。特别是 22 家调剂金开户行，要在各省加快省级统筹、资金统收统支过程中，充分运用来之不易的先发优势，顺势而上、一鼓作气，全力竞争各省养老统筹资金。要抢抓医保改革营销新机遇，加大对各级财政、医保部门的营销力度，全面完善医保移动支付、异地就医结算、基金监管等配套金融服务，积极参与国家医保信息化系统建设，加快开发地方医保特色系统功能。在全面做好医保机构金融服务的同时，发挥其对医疗全领域的中心辐射作用，提升我行对各级医院、药店、药企及广大参保人的金融服务水平。

四是要全力夯实我行军队业务主办行地位。要紧盯账户和存款，确保改革新开立账户市场占比不低于 60%，存款增量占比不低于 60%。要突出营销重点，要以联保部队、海警新组建的师级以上单位、各军兵种后勤直属保障大队为营销重点目标，各行都要根据辖内客户组建情况，画好作战图，盯紧关键人，对标进度表。要加强营销走访，原则上各分行一把手应当亲自走访辖内军级以上单位，分管行领导应当亲自走访师级以上单位；对于其他军队单位，由属地行统筹安排，实现营销走访全覆盖。重点客户营销情况要及时向总行报告，总行将全力支持分行营销工作。要关注全方位需求，重点关注军人个人金融服务提升、岛礁和境外渠道建设、资金管理顾问咨询、应急资金保障等需求，统筹全行力量，做好配套服务。要结合热点办好主题营销，联动做好军运会、新中国成立 70 周年、海军及空军成立 70 周年等盛事的金融服务保障，宣传要广泛，服务要到位。

五是要持续巩固同业“做市商”地位。要对重点客户开展融资、投行、资管、结算、存管等综合化金融服务，助推负债及中间业务收入增长，合力做大同业客户贡献。对银行客户要精选客户、分类施策，重点为优质城商行和大型农商行、三大政策性银行、新型互联网银行三大类客户，提供差异化产品服务。对证券客户要创新营销手段、丰富合作内容，积极与开通“码上赢”的证券公司开展存管拓户联合营销，并与优质证券公司开展股票质押回购、资产证券化投资、投行项目互荐等新型业务合作，不断强化客户合作关系。对保险客户要紧抓大型集团客户，加大对保费归集户、理赔支出户、资产托管户及新设机构账户的营销，并提升代理销售、投融资、托管业务合作力度，进一步提升市场占有率。对非银行金融机构客户要以创新反哺基础业务发展。

养老金专业要打好三个战役。

一是要打赢职业年金营销决胜战。总行党委多次在重要会议中强调这项工作的重要性。现在，已经到了关键的时间窗口期，今年年度工作会议上再次明确要求：“相关专业和各分行要把职业年金这一战略性业务作为支撑集团大资管发展的‘增长极’，作为检验协同作战能力的‘试金石’，算好综合账，打好联动牌，务必打赢营销决胜战，首争受托并确保中标资格数量和市场份额同业第一。”各行要深刻领会会议精神、坚决落实行领导指示，确保我行受托、托管、投管三项业务资格全部入围，受托资格必须进入前三且位列银行业第一，托管力争中标最大规模计划，投资管理力争中标最多组合。第一季度是职业年金营销重要的时间窗口期，还没有进行职业年金投标的分行，要高度关注相关动态，及时向总行反馈相关信息。要做好营销冲刺准备。各行要继续加强各层级营销走访，要营销到人、到门、到位。要与机构金融条线紧密合作、联合攻关，特别要充分利用我行与财政、社保部门关系密切的优势，确保在与强势保险业的竞争中获得较好名次。要形成合力取得最后胜利。各行要组建由“一把手”带队的述标团队，充分做好投标专业准备，总行要全力以赴做好专业支持，总分行共同努力，争取在投标中取得最好的成绩。当前竞争空前激烈，大家要着眼大局，高度重视，集中资源，全力以赴，增进协同，落实责任，坚决打赢这场职业年金营销决胜战。

二是要打响企业年金市场阵地战。要进一步落实“企业年金市场提振计划”。各行要按照《关于实施企业年金“市场提振计划”的通知》要求完成当年市场份额提升任务；要加大资源投入力度，提升行业地位和市场影响力。要开展联动营销。各行要成立由养老金业务分管行长担任“企业年金市场提振计划”主要责任人，养老金业务与公司、机构、普惠金融、托管等部门负责人组成的领导小组，强化联动营销机制，提高营销合力。要加强大客户营销。落实重点客户名单制要求，实行客户分类管理，明确营销责任人。要重点挖掘信贷客户资源，开展精准营销。要深入基层，挖掘各级机构力量，推动养老金业务在二级分行落地铺开。去年，我们在几家重要客户的年金项目上落标，分析原因主要还是在“早”字上没有下足功夫，信息抓得不早，营销也抓得不早，步步落后。在我行重点信贷客户的招标中落标，教训深刻，大家要认真总结反思，切实改进营销方法。要批量拓展中小客户。各行要加强与普惠金融业务条线的互利互促，共享客户资源，重点做好“如意养老”集合计划产品推广。各行要认真领会总行的考核导向，领会总行要求打好企业年金阵地战的初衷。

三要打好年金服务持久战。要高度重视养老金服务工作。各行要清楚地认识到投标的结束并不意味服务管理工作的结束，反而是意味着真正的竞争才刚刚开始，服务管理一定要跟上。养老金是一项长跑的业务，不仅比谁跑得快，更要比谁跑得远。要认识到日常操作不能代替服务管理。特别要指出的是，职业年金一定要吸取在企业年金服务方面的教训。全行历经三年，投入大量资源，目前的中标情况是比较理想的。但是要提醒大家，职业年金中标后我们与同业在后续服务中的同台竞技开始了，千万不要对服务掉以轻心。大家要拿出做百年老店的决心和信心，坚决打造工商银行养老金业务的金字招牌。

（二）因势革故，创新引领行业发展。机构金融条线要做好创新联动手段、强化产品支撑、变革营销管理模式三项重点工作，加速向“科技驱动、智慧服务”的新型合作转变。养老金专业要围绕养老需求，不断开拓思路，推进业务创新落地实施，力争本年度在重点分行实现突破，并用2～3年时间丰富产品线，优化收入结构，实现经营转型和可持续发展。

一是构建协同联动新手段。全行年度工作会议提出，全行“要将视野扩展到全社会资金的大循环大流转之中，研判分析资金的总量、流向和时间节点，通过抓源头、循流向、盯账户，实现G—B—C的全链条、全封闭拓户增存。”重点要抓好两项工作落地。要丰富上下游获客场景。各行要结合区域经营特色，协同公司、个金、渠道、网金条线，搭建并丰富“社银一体化网点”“随军行”平台、民生缴费、工资发放等有效获客场景，锁定下游军工、基建、进出口等公司客群，激活公务人员、金融从业人员、证券投资人、社保缴款人等优质个人客群，促进全行各条线全量客户增长。要启动全链条资金监测应用。总行机构金融业务部要尽快会同科技部门，做实资金流向全链条监测跟踪，以“规律能预测、资金有承接、管理有闭环”为建设目标，进一步提升财政资金、地方债资金、社保资金、退役资金等的精细化管理水平，各行要做好数据运用和部门协同，确保客户拿得住、资金接得住。

二是打造产品体系新亮点。要敏于造势。全行要以敏锐的触觉抓住客户痛点，做到产品创新先人一步。机构金融条线要充分考虑医疗、教育、宗教等九大领域客户的个性化特点，建设内涵更加丰富、客户黏性更强的“行业云平台”，打造获客的“撒手锏”。针对军队客户信息化建设需求及各项管理要求，把握军民融合趋势，加快开发相关新产品，打造留客的“黏合剂”。各行要配合总行做好需求调研、产品落地和宣传推广。养老金专业要做好四项延伸，即从第二支柱业务向第一、第三支柱业务延伸，从个人理财业务向养老规划业务延伸，从资金端到资产端延伸，从养老金管理到养老服务业务延伸。各行要研发区域特色产品，挖掘业务增长点。要善于顺势。机构金融条线要持续优化并加快推广已有的“工银 e 政务”“工银 e 社保”等创新平台，进一步扩大改革营销成果。总行要组建专项营销团队，各分行要积极行动，尽快在全国范围内掀起营销新高潮。养老金专业要把握好今年 5 月即将结束的个人税收递延养老保险试点窗口期，加强业务研究与政策营销，为商业银行参加第三支柱金融服务争取更多资源与机会，为尽早介入市场做好准备。要巧于借势。要以兼容并包的姿态，积极学习和吸收市场上好的产品和业务模式，为我所用。

三是推动营销管理模式新优化。机构金融条线要对网格化营销管理进行立体化升级。总行要按照行业领域，建立目标客户层、政策分析层、需求挖掘层、方案解决层、执行考核层“五层架构”，为分行对应提供客户图谱、政策分析、产品组合、行业方案、产品覆盖任务表“五大工具”，指导推进全行开展营销。各行要加强任务分解落地，对照目标进度狠抓落实，推动客户覆盖率、产品覆盖率双提升。养老金专业要建立目标客户清单，明确责任主体，要从总行、一级分行到二级分行层层明确营销目标，落实责任。

（三）统筹推动，加快一体化营销机制落地。机构金融条线的目标是加紧构建“1 + N”一体化营销服务体系，通过客户经理一个触点，全面受理客户需求，综合输出全集团金融产品，实现客户服务体验提升。要一步紧跟一步，一环紧扣一环，确保每年有所成、有所进，核心是做到“五个统筹”。养老金专业的目标是优化完善业务联动机制、团队建设机制、人才培养机制、考核激励机制和风险防控机制，不断夯实本源业务发展基础，提高发展动能，引领养老金业务健康快速发展。

一是统筹营销。要打破“部门墙”“机构壁”，一切围绕客户需求，画好同心圆。机构金融条线要发挥前台驱动作用，全面掌握客户需求，联动产品部门，开展整体营销。中后台部门要为前台部门的营销服务工作提供强有力的支持保障。养老金专业要充分挖掘我行优质信贷客户资源推进统筹营销，发挥信贷业务与养老金业务相互促进带动作用，推动形成全行经营一盘棋、转型业务与传统业务协调发展的新局面。

二是统筹服务。机构金融条线要将 2019 年定为“机构金融客户经理队伍建设提升年”，各分行应按照《机构金融客户经理管理办法》优选人员、充实队伍、提升素质、强化激励；优化客户与客户经理匹配，将客户分包到人，强化守土尽责；按照客户分层结果，各级客户管辖行要强化直接经营职能，牵头组建跨层级、跨条线、灵活机动的服务团队，避免多头营销，最大限度降低内部协调成本。要下大力气推动机构客户营销管理系统的推广应用。养老金专业要进一步加强专业团队建设。各行务必要按照《关于加强养老金专业团队建设的意见》尽快配齐与业务规模、发展潜力相符的专、兼职人员。要建立人才长效培养机制。今年总行将继续推进专业人才交流培养，欢迎各行积极选派业务骨干参加，希望交流回行后继续从事养老金业务。

三是统筹定价。要探索重点客户资源配置、综合定价的落地方法，综合考虑客户重要性、贡献度、风险状况和发展潜力等因素，构建以客户为中心的定价机制，算总账、算大账、算综合账。同时，在产品部门间建立收益补偿方案，调动各条线积极性，共同做大客户贡献。各行要在具体项目、重点客户上先行先试，不等不靠。

四是统筹考核。机构金融条线要进一步研究完善客户维度考核体系，对客户营销部门和柔性服务团队，围绕客户贡献指标进行考核，充分调动各方营销服务积极性。同时，健全前中后台捆绑考核机制，形成经营合力。养老金专业要突出业务结构调整，突出本源业务导向，突出全流程监测和管理。各分行要结合总行的考核办法，逐级分解、细化考评指标，明确考核责任主体，加强阶段性的考核管理。

五是统筹风控。根据全行年度工作会议部署，要构建全口径风险防控新体系，杜绝重大恶性案件和风险事件发生。机构金融条线要朝着构建“集评级、准入、评价、授信、限额‘五位一体’的动态化客户风控体系”目标迈进，重点要夯实风控制度基础，完善限制性名单动态管理，优化限额管理机制，扩大同业客户综合评价覆盖行业。要提升系统硬控能力，提升风控专业水平。要深入推进同业业务风险治理，做好风险排查和整改。养老金专业要加强日常风险监测，开展非现场核查与现场调研督导。加强新业务、新产品风险管理，做好预警防范。

（四）党建引领，促进业务高质量发展。全行机构金融和养老金战线要以习近平新时代中国特色社会主义思想和十九大精神为指导，贯彻落实全行党建工作会议精神，以“奋斗 + 落实”的精神，推动党的建设全面进步、全面过硬，进一步促进党建与业务融合发展。

一是要坚持党性为先。将思想政治建设坚持于平常，贯彻于始终，坚持真学、真懂、真用，严格理论学习制度，强化学习效果，进一步树牢“四个意识”，坚定“四个自信”，践行“两个维护”，不断提高政治觉悟。通过加强思想政治教育，增强党员干部用习近平新时代中国特色社会主义思想武装头脑、指导实践的主动性和自觉性。

二是要坚持大局为重。要自觉把营销工作放到贯彻党和国家的方针政策及工商银行改革发展大局中，围绕大局去思考、去定位、去摆布，对外密切客户关系，对内加强部门联动，对下增强服务意识，确保党的路线方针政策和总行党委各项决策部署得到全面贯彻落实。

三是要坚持管理为要。要对标党章党规，对照典型案例，将全面从严治党、从严治行向纵深推进。条线各级领导班子要认真履行好一岗双责，用严管体现厚爱。要持续丰富党建主题实践活动形式，不断推出新载体、搭建新平台。要切实发挥基层党组织战斗堡垒作用和党员的先锋模范作用，打造更具活力的队伍体系，形成提士气、集众智、促发展的生动局面和良性循环。

同志们，发展之路从无坦途，新的一年仍需砥砺奋进。面对新时代提出的新要求与新考验，我们要牢记“以客户为中心”的初心和使命，因势谋变，顺势而为，努力提升机构金融、养老金业务对全行的整体贡献度，为打造“基业长青的百年老店”作出新的更大的贡献！

在2019年资管票据贵金属业务工作会议上的讲话

谭　炯

（2019年2月20日）

这次会议的主要任务是，深入贯彻党的十九大和中央经济工作会议精神，全面落实全行工作会议部署，总结2018年资管、票据、贵金属三个条线的工作，研判新形势新变化，部署2019年重点任务，动员三个条线干部员工凝心聚力、奋勇拼搏，全面推动经营转型和提质增效发展。下面，我讲三方面意见。

一、2018年工作回顾

2018年经营形势复杂严峻、改革任务异常艰巨，三个条线在总行党委的坚强领导下，贯彻落实五大战略工程和党建工作要求，以“奋斗+落实”的精神风貌，攻坚克难、砥砺奋进，实现经营业绩总体平稳，在可比同业竞争中取得新优势。资管业务在全行业中收普遍大幅下降的背景下，实现中收147.91亿元，四行占比提升0.78个百分点达到37.47%，在盈利模式转型中扩大了比较优势；非保本产品规模约1.78万亿元，加上私银产品后规模约2.58万亿元，工农中建招五行占比超过29%，对建行和招行均保持约7 000亿元领先优势，加上保本产品领先优势在1万亿元左右，稳居市场首位。票据业务在全行票据资产日均余额同比降幅达25%的不利条件下，实现拨备费用前利润62.99亿元，增幅20.1%，实现了增效扩盈；贴现业务量首次突破1万亿元大关，在全市场同业机构中排名第一；买入返售业务量首次超过1万亿元，五行占比提升12个百分点达到39%，年末余额1 647亿元，五行占比保持在64%的绝对领先地位。贵金属业务在监管收紧及黄金市场低迷、两头承压的形势下，实现拨备费用前利润59.1亿元，实现实物贵金属中收21.4亿元，连续第九年稳居四行第一，四行占比稳定在46.4%的高位；代理上金所金银总交易规模和黄金融货余额保持场内第一，代理黄金、白银交易量占比分别提升2.1个和4.3个百分点，黄金租赁余额占比提升4个百分点。总体来看，三个条线主动作为、攻坚克难，保持稳健发展的态势，为全行稳定利润表现、巩固市场地位、推进经营转型作出新的贡献。具体成绩体现在四个方面：

（一）服务实体经济与客户营销取得新成效。三个条线坚持服务本源，充分发挥新兴业务的独特优势，为实体经济特别是民营和小微企业提供了大量资金和服务支持，进一步夯实了客户基础，实现共生共荣、共同发展。资管业务制定了服务实体经济支持民营企业15条工作措施，围绕国家重点战略领域加强大企业、大项目布局，积极参与民营经济纾困工作，新增非标、债券投资分别超过2 400亿元和1 900亿元；协同销售部门搭建净值化产品营销体系，为2 536万个人客户、55万法人客户提供优质理财服务，个人与法人理财客户增长均超过10%，全年累计为客户创造收益约850亿元。票据业务落实普惠金融政策，全年小微贴现业务量超过4 400亿元，在贴现总量中占比继续保持在40%以上；小微贴现余额1 978亿元，在贴现余额总量中占比提高7.4个百分点；累计办理再贴现业务493亿元，其中支持小微企业票据占比超过90%；深化“99520+”工程，加大对重点客户的政策服务和利率审批支持，全行贴现业务量同比增长32%，贴现客户数超过3万户，增长17%；推动承兑与贴现组合式营销，承兑贴现比提升3.3个百分点，达到22.2%。贵金属业务积极探索投融资一体化服务机制，着力提升全产业链金融服务能力，成为上金所首家（独家）熊猫普制金币合约做市商、首批白银询价业务做市商，为企业提供高质量贵金属信息咨询和投融资顾问服务；坚决落实总行全量客户发展战略，全年新增实物贵金属有效户73万户；代理业务线上合作获客项目实现有效突破，浙江分行与同花顺公司合作项目上线3个月获客5 200户、成交量超137亿元；精准定位收藏类客群，在融e购平台推出首家商业银行线上邮币收藏服务平台——“邮币馆”专区，运营近2个月，销量、浏览量、关注度等重要指标已达到国内主流电商先进水平，实现销售额近300万元、吸引超30万客户到访。

（二）全面风险管理与机制建设取得新提升。三个条线严守风控底线，紧盯风险高发领域和关键环节，增强风险管理的主动性，实现整体风险可控。资管业务持续完善风控中台建设，着力重塑全面风险管理体系，坚持把握实质风险，全年总行本部主动新增投资保持“零风险”；加大风险资产处置力度和退出管理，连续两年实现非标风险项目余额压降；结合资管新规和业务转型发展要求，全面梳理评估现行制度，编制资产管理领域内部控制手册，切实提升内部风险防控能力。票据业务强化系统刚控与业务监测，对所有票据业务实现T+1全量监督，票据资产不良率下降0.03个百分点至0.05%，票据存管率上升7.45个百分点达到100%，托收逾期率接近为零，假票收进率保持为零。贵金属业务完善风险防控体系建设，积极应对租借新政实施后非产业链企业无法续租的问题，提前做好客户资金安排，确保近50吨黄金按期归还，未因政策突变导致风险；加强合作企业准入管理、质量管理、过程管理和纪律约束，实现产品质量零瑕疵、违规违纪零发生；作为总行首批编制并印发内部控制手册的部门，梳理形成涵盖全产品线的风险控制矩阵。

（三）经营转型与改革创新取得新进展。三个条线稳中求进推动经营转型，充分发挥集团协同优势，在具有牵引作用的改革创新上着重用力，激发了经营活力和高质量发展动力，推动业务提质增效发展。资管业务落实大资管战略，深入推进“五统一”平台建设，持续优化“一体两翼”布局，总分行“六个一体化”全面落地，海外平台发展水平稳步提升，大资管战略协同“四梁八柱”初步构建；在落实资管新规中平稳推进转型，制订资管业务转型方案，稳步推进六大体系建设，制订理财子公司筹建方案，着重理顺“七大关系”；稳妥推动产品转型，老产品规模有序压降，新产品规模峰值超过2 700亿元，在产品净值化转型中稳住了收益表现和市场形象；创新两个交易所的储架发行转标模式，成功发行116亿元的转标ABS业务，在资产转型中找到了非标业务发展新模式。票据业务统筹推进大票据发展战略，成立大票据发展推进委员会，制订全面推进票据业务发展实施方案，推动大票据理念在全行落地，深化票据业务产品线建设，通过实施票据贷款比例管理，加强系统内票据集中配置与系统外周转运作的协同配合，促进了票据资产规模保持基本稳定、条线经营效能稳步提升；顺利投产上海票交所直连与纸电交易融合项目，在业内首家通过验证，实现全行票据业务平稳过渡；推出了“工银e贴”和“付款票据通”等创新产品，加快创新转型步伐。贵金属业务以“强化客户导向、壮大客户基础”为一体，以“创新驱动常态化、专业致胜机制化”为两翼，着力打造“精、新、专”的精品业务线，对外巩固行业龙头地位，对内实现传统业务与新兴业务良性互促；启动“311”创新工程，部分项目已取得实质进展；代理交易业务率先向机构投资者“蓝海”进军，成为第一家上线代理业务程序化交易的商业银行；上金所国际板金库落户深圳分行，抢占向东南亚、南亚地区的国际化发展战略先机。

（四）全面从严治党与队伍建设形成新局面。三个条线坚持提高党建质量，持之以恒抓党建转作风带队伍，在真抓实干中开创全面从严治党新局面。坚持强化思想政治建设，认真学习贯彻习近平新时代中国特色社会主义思想和党的十九大精神，全年共计60余人次参加总行党的十九大精神集中轮训，深入推进“两学一做”学习教育常态化制度化，开展各类党建活动200余次，把党的思想政治建设抓在日常、严在经常。坚持深化党风廉政建设，以总行党委巡视整改为契机，夯实全面从严治党主体责任机制，坚决落实改进工作作风、密切联系群众的26条措施，倡导“学习+调研”之风，弘扬“奋斗+落实”精神。坚持完善党建制度体系，例如资管部党支部印发了全面从严治党和党务公开的实施细则，组建了纪检、组织、宣传、青年工作团队，推进党建工作制度化、规范化、体系化。坚持加强干部队伍建设，推动利润中心人力资源管理改革，坚持好干部标准，通过大资管讲堂、票据讲堂、贵金讲坛、十大专业型人才培训班等项目，打造高素质专业化人才梯队。

去年的成绩来之不易。这是总行党委坚强领导的结果，是三个条线全体干部员工“奋斗+落实”的结果，是各个部门、各级分行、各子公司共同努力的结果。我谨代表总行党委向大家表示衷心的感谢！在充分肯定成绩的同时，我们也要清醒看到还存在的一些短板和不足。例如，部分条线收入实现面临较大挑战，监管新规下经营模式转型任重道远，风险管控压力依然很大，联动协同还存在“上热下冷”现象，专业人才队伍建设仍需加强。问题是导向，使命是方向，“奋斗+落实”永远在路上。三个条线一定要按照总行党委要求，迎难而上、扎实工作，在转型发展中直面挑战、化解问题。

二、准确研判新形势新变化

2019年，我们迎来新中国成立70周年。中国正面临百年未有之大变局，工行也正面临新常态以来新一轮严峻考验周期。全行工作会议指出，既要牢牢把握战略机遇期，也要做好过紧日子、过苦日子的准备，做好打硬仗、闯难关的准备。三个条线务必保持清醒的头脑，研判新形势，洞察新变化，抓住新机遇，应对新挑战，在新的经营环境中平稳健康发展。

（一）当前宏观形势复杂多变，我们必须坚定信心"稳发展"，才能更好地把握机遇，在化挑战为机遇过程中实现稳中求进。国际环境复杂严峻，国内经济运行稳中有变、变中有忧。国际挑战与国内挑战碰头，总量矛盾与结构矛盾并存，经济周期与金融周期叠加，实体困难与预期不稳交织，给我们的经营带来前所未有的压力、挑战和考验。但是，我们要看到，我国发展仍处于并将长期处于重要战略机遇期，中央经济工作会议继续突出"六稳"要求，将实施积极的财政政策和稳健的货币政策，大幅增加地方政府专项债发行规模，保持流动性合理充裕，为我们创造了稳定的大环境和新的发展空间。我们要看到，经济高质量发展带来新机遇。先进制造业和现代服务业深度融合，人工智能、工业互联网、物联网、5G 网络等新型基础设施建设快步向前，城际交通、物流、市政基础设施等投资力度进一步加大，带来的投资空间巨大。我们要看到，深化体制改革带来新机遇。国资国企积极推进混合所有制改革，上交所设立科创板并试点注册制，提供了新的金融服务空间；民营企业发展迎来多重政策利好，年初国务院常务会议决定再推出一批针对小微企业的普惠性减税措施，上周中办国办印发《关于加强金融服务民营企业的若干意见》，前期李克强总理到我行考察期间也对服务民营和小微企业作出重要指示，既提出了要求，也指明了方向。我们要看到，区域协调发展带来新机遇。近日习近平总书记在京津冀考察时再次强调推动京津冀协同发展，区域协调发展正在成为引领高质量发展的重要动力源。我们要看到，居民消费升级带来新机遇。消费结构转为商品与服务双轮驱动，个人所得税专项附加扣除政策利好消费，居民综合金融服务需求日益凸显。我们要看到，全方位对外开放带来新机遇。去年的博鳌亚洲论坛、中国国际进口博览会、庆祝改革开放 40 周年大会都对外宣示了更大的对外开放决心，信用评级市场开放、合格境外机构投资者准入条件和投资范围放宽等金融开放政策密集落地，为跨境金融服务提供了新契机。三个条线要看到机遇、抓住机遇、用好机遇，全面提升业务的深度和广度。

（二）当前监管政策和同业竞争变化集聚交织，我们必须顺势而为"促转型"，才能更好地落实监管新政，在同业竞争中巩固和扩大市场领先优势。金融监管导向、同业竞争形势和全行发展需要，都对经营模式转型提出了新的更高要求。从监管导向看，国内金融监管从严从紧成为常态，以资管新规为代表的金融行业供给侧改革稳步推进，未来投研风控核心竞争力将成为资管市场新格局的重要决定因素；票据业务面临严监管形势，防范票据中介资金套利是监管关注重点，资管新规对票据资管产品未来走势的影响逐渐明朗，票据创新仍具广阔空间；黄金领域监管保持高压，黄金租借新政持续造成影响，积存金、互联网黄金以及黄金资管业务等新规落地，稳定预期下的监管红利将逐步释放，未来业务发展依然大有可为。从市场竞争看，跨业竞争短兵相接，随着准入门槛和监管规则的统一，资管各类机构站到同一起跑线，围绕成熟客户市场、优质投资品市场的争夺将更加激烈，各机构针对民营和小微企业的线上票据贴现产品层出不穷，贵金属代理交易、实物销售等细分市场错位竞争不断强化，经营转型迫在眉睫；跨界竞争风起云涌，互联网金融企业凭借智能投顾、大数据等信息技术优势大力发展金融科技，倒逼商业银行等传统金融机构加快经营模式转型；跨国竞争来势迅猛，伴随金融市场开放加速，外资金融机构纷纷抢滩中国市场，中国金融机构将直面国际金融同业的有力挑战。从全行发展看，全行工作会议提出要坚定不移推进经营转型，将固本强基与转型升级相结合，发挥好基础板块的"压舱石"作用，发挥好战略板块的"头雁效应"，为全行经营发展增添新的动能和优势。三个条线要顺应监管导向，应对市场竞争态势，落实总行党委部署，牢牢把握转型机遇，坚定加快经营转型发展，力争在未来竞争中获得更大的先发优势。

（三）当前风险防控形势依然严峻，我们必须主动作为"防风险"，才能打好风险防控攻坚战，在构建集团全口径风险防控体系过程中守住底线。对银行来讲，风险挑战是最大的挑战，风险防控是第一要务。从市场环境看，当前既有实体经济运行困难带来的信用风险防控压力，也有市场共振、表外业务、委外投资带来的全口径风险管控压力。例如，全球金融市场动荡加剧，可能通过跨境资本流动、大宗商品市场、股市汇市等渠道，形成输入性风险；又如，国内市场信用风险升高，2018 年新增 42 家违约主体，涉及 118 只债券，违约金额超过 1 100 亿元；再如，票据不法中介意图参与到票据流转和融资交易链条中，利用电子票据进行诈骗和过度融资的案件风险逐步显现；还如，受黄金市场下行周期影响，黄金产业链下游行业连续数年增长停滞甚至负增长，上游行业亏损面扩大，市场风险开始暴露。从监管态度看，近期中央首度以"防范化解重大风险"为题开办研讨班，显示出防范化解重大风险的坚定决心；人民银行要求坚持结构性去杠杆的基本思路，稳妥处理地方政府债务风险；银保监会表示将继续整治金融市场乱象，有序化解影子银行风险，要求必须把防范系统性风险与服务实体经济更紧密结合起来。从行内要求看，全行工作会议指出要加强全集团信贷、债券、代理投资、票据等全口径信用风险的统筹管理，以"看得见、摸得透、管得住"为目标，建立"简单、透明、可控"的业务发展策略，强化对资管、同业、委外、票据等八大领域的风险治理。三个条线要深刻认识风险防控工作的重要性和紧迫性，妥善处理防风险和稳增长促发展之间的关系，既要保持战略定力，又要把握节奏进度，有序化解各类风险。

（四）当前大资管统筹协调面临新要求，我们必须凝心聚力“抓协同”，才能更好地服务大局，在深化大资管战略过程中发挥集团合力。当前外部形势变化将影响未来几年甚至十几年大资管行业竞争和发展格局，对我行大资管战略统筹协调提出了新要求。从统筹协调机制建设角度看，推进委的委员单位汇聚了方方面面的新情况、新信息和新资源，要积极探索建立资源互换联动机制，不仅在客户拓展、资金募集、资产组织等方面强化专业协同，在风险管控、系统建设、队伍建设上也要强化内部合作，共同搭建起大资管战略统筹协同的“四梁八柱”。比如，今年总行个人客户新增目标5 000万户，三个条线要更好地融入全量客户发展战略，突出专业条线在当前市场形势下的获客黏客活客作用，实现拓客共赢。从大资管转型发展角度看，新规下大资管经营转型面临过渡期短、转型任务重、系统改造量大的紧迫形势，需要销售、项目、人员、系统等资源支持，不仅推进委的协同职责更加吃重，在原有的前中后台、总分行、境内外协同基础上，新的协同重点和模式也有待进一步挖掘。转型环境下如何发挥集团协同优势，是未来集团大资管业务竞争地位巩固提升的关键。从理财子公司申设筹建角度看，要实现总行党委提出的“1 + 1 >2”的协同效应，仅凭子公司单打独斗是不可能完成的，必须毫不动摇地坚持大资管战略。重点是发挥好理财子公司筹备组的统筹作用，成员部门之间要做好协同，充分保持和延续集团渠道、项目、风控、运营、系统等平台优势，发挥集团合力做好子公司筹建工作。三个条线要坚持集团协同这一战略优势，不断优化协同模式，服务经营转型大局。

发展之路从无坦途。与国家和全行的改革发展一样，三个条线也来到了船到中流浪更急、人到半山路更陡的时候。面对内外部环境的复杂多变，面对我行业务发展中的压力和挑战，只要我们贯彻总行党委的战略部署，在实践中不断深化规律性认识，就一定能抢抓机遇、把握主动，取得新的更大的转型发展成效。

三、2019年重点工作部署

2019年是全行落实改革发展研讨会部署、实施三年规划承上启下的一年，也是集团大资管业务转型发展的关键之年。今年三个条线工作的总体要求是：深入贯彻党的十九大和十九届二中、三中全会以及中央经济工作会议精神，全面落实全行工作会议部署，牢牢把握经营转型发展这根工作主线，坚持稳中求进、以进固稳，深入实施五大战略工程，全面提高党建质量，坚定信心、攻坚克难，打好转型升级攻坚战和创新联动持久战。

具体到各个条线，资管业务的总体思路是：坚持大资管战略引领，严格按照监管要求和总行党委部署，围绕经营转型发展和子公司申设筹建两条主线开展工作，落实好全行工作会议提出的“统筹好产品转型与客户拓展，稳定收益来源”“统筹提升投研和风控能力，夯实收益基础”“统筹联动协作，拓展发展空间”三大要求，既脚踏实地促转型，又不失时机谋发展，在转型中稳住收益、稳住客户、稳住规模、稳住市场优势。核心目标是：力争年末产品时点规模2.7万亿元（其中新产品规模9 000亿元），保持市场规模第一地位；全年实现中收112.08亿元；年末非标风险余额控制在60亿元以内。

票据业务的总体思路是：认真贯彻全行工作会议提出的“要抓好全产品链建设，做大业务流量，增强周转获利能力”总体要求，进一步深化票据业务管理体系改革，深入推动大票据发展理念在全行落地，加快完善票据产品线建设，以支持小微与民营企业、服务实体经济为切入点，全面增强创优、创新、创利能力，扎实巩固风险防控基础和市场领先地位，进一步提升业务条线对全行经营发展的贡献度。核心目标是：力争营业贡献增长5%以上；贴现业务量增长10%以上，继续保持同业领先地位；贴现客户数增长10%以上；票据资产不良率控制在0.1%以内，保持假票收进率为零。

贵金属业务的总体思路是：落实全行工作会议提出的“要把握黄金投资和交易需求回暖、监管政策趋向明朗的机会，在稳步发展实物和融货业务的基础上，积极探索布局新的增长点”的总体要求，充分发挥专营整合优势，做大“黄金银行”客群，在转型创新中提升经营效益、发挥协同价值、巩固市场优势，坚决打赢转型发展攻坚战。核心目标是：力争实物贵金属中收增幅7.5%，在可比同业中保持总量第一；新增实物贵金属有效户150万户，同比翻番；贵金属租赁不良率控制在1.5%以内；全年不发生重特大投诉、舆情、风险损失事件。

上述目标既积极进取，没留多少退路，不是轻轻松松就可以实现的；又科学可期，经过充分评估，是通过努力奋斗可能达成的。三个条线要实现上述目标，就必须善于化挑战为机遇，在不确定性中寻找确定性，重点做好五个方面工作：

（一）坚定不移服务实体经济，抓牢业务发展新机遇。服务实体经济是本源，只能加强，不能削弱。今年三个条线要提高站位，坚决落实服务实体经济的总体要求，坚持“不唯所有制、不唯大小、不唯行业、只唯优劣”的原则，持续提升服务实体经济的核心投研竞争力，发挥国有大行的责任担当。资管业务要做优非标投资长板，稳住非标资产对实体经济支持力度。债权项目方面，要紧抓“一带一路”、京津冀一体化、粤港澳大湾区、雄安新区开发建设等战略发展机遇，持续做好基础产业领域投资，加强同业合作及投资创新，稳步推进类永续债权资产投资，全年实现非标项目储备4 000

亿元，新增投资 3 000 亿元；转标项目方面，要创造条件积极推进非标转标，资管部牵头，总行相关部门提供资金支持，各分行做好利于转标基础资产的推荐，构建“优质非标项目吸收—挂牌转标—理财投资”的顺畅闭环，全年完成非标转标和 PRE - ABS 投资 1 000 亿元；股权项目方面，要抓住供给侧结构性改革和经济高质量发展契机，重点布局和支持国内先进制造业、战略性新兴产业、医疗健康、消费升级、产业和消费互联网、文化娱乐消费、国企混改等创新投资领域的市场化股权项目和基金投资，全年完成投资 50 亿元。要补齐标准化投资短板，重点做好投资策略研究。债券方面，要依托债券池，加强投研驱动，丰富投资策略，逐步由持有到期向“持有到期 + 投资交易”转变，实现“票息 + 资本利得”的多元化收益来源，更好地适应产品净值化需求；权益方面，要重点关注资本市场的政策变化，积极研究股票投资策略，持续完善股票池构建。要强化金融科技创新，特别是在子公司申设筹建过程中，结合智慧银行建设，重点关注“AI 投”，研究打造子公司 APP 智能化投资。票据业务要加大支持中小企业融资力度。进一步细化票贷比管理，保持票据资产余额基本稳定、适度增长，全力支持贴现业务扩大增量，为服务实体经济提供贴现资源保障；深化“99520 +”工程，在有效防控风险、推进量价协调的基础上，实施灵活的利率浮动政策，深化小微企业贴现定价支持；抓住人民银行再贴现支持小微企业的有利政策，力争再贴现业务量超过 600 亿元、日均余额增长 20%。要全面提升服务小微企业水平。加强分层联动服务营销，协同总分行公司条线制订综合服务营销方案，深挖本行有贷户和无贷结算户潜力，拓展新的贴现客户群体；提升重点客户贴现服务优势，以“工银 e 贴”“付款票据通”为抓手，完善配套机制，强化全量拓户，提高线上业务占比，抢占先发优势；积极协同总行相关部门拓展小微企业融资渠道和服务平台，力争全年工信部口径小微企业贴现量增长 15%，年末余额在全部贴现余额占比提升 5 个百分点，银保监会普惠口径贴现余额在年初基础上增长 100 亿元。贵金属业务要围绕中金、五矿、中色、中铝等产业链龙头企业转型升级、拓展市场的需求，加大黄金租赁投放，争取年末重点企业黄金租赁余额增长 10%。要围绕总行“1 + 3”行业板块信贷布局，挖掘涉金先进制造类、科创类企业需求；深挖存量客户，争取年末重点企业黄金租赁余额同比增长 10%。要围绕“用户导向”，优化实物产品体系，科学配置自营和代销、长线和短线、全国性和区域性、消费属性和投资属性的产品，灵活满足不同细分市场消费需求。

（二）稳中求进推进转型发展，提升业务发展新动能。故步自封没有前途，转型发展才有未来。今年三个条线要找准方向、主动作为，顺应发展浪潮，把握转型机遇，力争同业竞争的先发优势，进一步巩固市场地位。资管业务要在经营模式转型过程中，加快推进销售、产品、投研、风控、运行与估值、组织架构等六大体系建设。我要特别强调一点，从转型大局看，提升新产品规模是转型发展的长久之计和重中之重。总行资管部要全面统筹推动新产品布局，以现金管理类和固收类产品为主打，积极探索股权类、混合类、衍生类以及私募产品新布局，形成全面覆盖期限、类型、客户需求的理财产品“九宫格”体系。总行渠道部门要加大对新规产品销售的考核激励，对分行的新规产品销售给予配套奖励，未来适当提高分行销售理财子公司产品的绩效考核权重。各分行要全力做好新产品营销工作，积极拓展新产品客户群，结合销售起点下调、潜在客户增加的有利时机，积极开展各项针对性的营销活动，做大理财客户数量与业务规模；要做好机构客户与合格投资者的拓展工作，提高精准营销能力，吸引行外资金；要持续加大新产品销售力度，以新产品和创新性为重要卖点，通过线上 + 线下等各种方式，千方百计做好营销推动工作；要加快培育全新的合格投资者客户群体，持续加强投资者教育，严格执行理财合规销售要求。同时，总分行要按照“有序压降、前松后紧”的原则平稳推进产品转型，拿捏好新老产品转换的力度和节奏，抓住窗口期对老产品进行净值化改造，为化解风险、稳定收益赢得时间和空间。要落实“1 + 1 > 2”要求，稳妥推进理财子公司申设筹建。上周，银保监会正式批准我行设立理财子公司。根据筹建方案要求，在保留总行资管部的同时筹建子公司，充分保持和延续理财业务所依托的集团平台优势，确保过渡期转型和子公司成立平稳推进、财务考核平稳实现、全流程风控平稳实施、科技系统和业务运行平稳衔接等“四个平稳”，重点理顺理财子公司与集团在渠道销售、产品布局、项目推荐、考核评价、区域理财、风险控制、系统运营等七方面的关系，抓好理财子公司与集团的协同机制落地。理财子公司要强化核心能力建设，对标国际一流资管同业，在核心人才培育、业务模式创新、系统流程优化、经营效益提升等方面坚持高标引领，将理财子公司建设发展成为国内最大、国际领先的先进资管机构。票据业务要通过深化票据产品线建设，加快推进经营转型，在夯实贴现业务发展基础上，积极发展交易业务，提升行内贴现票据周转率，通过完善票贷比管理、优化资源配置管理、增强资金创利水平等措施，推动条线扩盈增效实现新突破，努力提升在全行利润贡献占比。要通过深化大票据战略，加快推进管理转型，发挥好大票据发展推进委员会统筹协调作用，加快形成职责明晰、分工明确的部门间、条线间协作关系，深化分产品对接“施工图”的设计与推广，推动落实承兑、票据池与贴现业务协同联动发展方案，尽早取得实质性突破。要通过深化产品链营销，加快推进服务转型，紧抓供应链核心企业，综合运用承兑、贴现等多种票据工具，形成以“付款票据通”产品为代表的系列供应链票据业务服务方案，实现由融资端竞争向供应链竞争的服务转型。贵金属业务要站在全市场、全产业链高度，强化“一大品牌”（工银金行家）、发挥“两大优势”（大行信用、金融服务）、突出“三大集成”（文化立意、金融赋能、互联网加持），打造“买黄金到工行”的口碑效应，做大“黄金银行”客群。要从开发商品属性向挖掘金融属性转型，积极拓展黄金积存、理财、资管等业务创新空间，使之成为满足客户避险保值需求的重要资产。要从单一产品供应商向B端合作企业和C端客户价值链的整合者转型，对接全量客户和e－ICBC 3.0战略，推进与腾讯合作的“实物金沙”、代理上金所业务线上合作获客以及融e购“邮币馆”等项目，尽快实现规模化产出。要从深耕代理交易业务个人客户市场向开拓“个人＋机构”客户市场转型，组建纵贯总、分、支行的项目小组，拓展对公代理程序化交易业务，抢先奠定战略优势。

（三）持之以恒强化风险管控，筑牢业务发展新防线。防范化解金融风险，特别是防止发生系统性金融风险，是金融工作的根本性任务，也是永恒主题。今年三个条线要始终把风险防控放在更加重要的位置，坚持审慎稳健的经营风格，深化全口径融资风险管控理念，树立规范发展的大行表率。资管业务要加快推进存量风险处置，督导分行提高管理层级，以资管新规过渡期为限制订风险处置方案，明确处置计划和时间安排，严格执行《非标准化代理投资业务风险事件责任认定管理办法》，压实分行责任。要积极做好潜在风险化解，抓住潜在风险项目暂未出现实质性风险的时间窗口，提前采取有效措施，防止出现实质性劣变。要加强总分行联动，总行在做好跟踪督导的同时，积极协助分行完成风险处置工作，分行在高风险债券处置方面，也要为总行提供相应支持。要坚持全面和有效穿透原则，强化底层资产风险监测，扩大底层穿透覆盖范围，力争实现T＋1监测管理，真正做到看得见、摸得透、管得住。要坚持“简单、透明、可控”原则，加强对合作机构投资策略监控和投后管理评价，强化合作机构准入和限额管理。要以制度建设的确定性，应对重大风险的不确定性，根据监管规定完善制度管理体系，构建内控严密、管理有效和动态调整的制度管理架构。要按照监管要求做好风险资本计提，总行本部的老产品计提操作风险资本，理财子公司的新产品计提风险准备金。票据业务要切实把好客户准入关，认真做好客户尽职调查和客户筛选工作，扎牢风险防控的第一道关口。要强化信用风险管控，研究实施银行承兑汇票贴现业务信用风险的限额管理方案，完善票据交易业务信用风险双维度监测机制，有效防范外部风险输入。要构建风险防控新机制，在票交所模式下探索建立高效的全产品线信息传导机制，对重点风险环节和新型风险点进行预警，加强前瞻性管理。要加强系统刚控，建立集贴现与转贴现为一体的监督体系，实现客户准入、业务操作的系统刚控和监督监测。要强化“一道防线”主体责任，建立现场与非现场、全面和重点的监督检查机制，加强票据业务条线案防管理，严防各类风险发生。贵金属业务要坚守黄金租赁资产不良底线，总行层面要进一步优化制度、流程和系统，推进贵金属租赁业务智能化监控体系建设，提高智慧管控水平；各分行要切实将黄金租赁业务融入信用风险管理体系，一手抓不良资产处置，一手抓潜在风险客户管理、日常租后管理、存续期风险监测和现场检查，确保不出现新增大额风险资产。

（四）主动争先深化改革创新，迈上业务发展新台阶。改革创新的目标和初心是打破路径依赖，突破瓶颈约束，开创局面，保持领先。今年三个条线要坚持深化改革创新，全面推动新体制新机制落地实施，为经营提质增效发展赋能。资管业务要深化大资管战略，充分发挥推进委统筹作用，研究推动大资管与大零售、大投行战略板块协同，优化受新规影响较大的“五统一”平台功能点。要抓好境内分行这一“翼”，在资管新规背景下重新定位分行业务，充分发挥分行贴近客户优势，将工作重心落到产品销售和项目推荐两个方面；以完善和实施“六个一体化”管理机制为抓手，加强总分行协同，构建新的分层分类、灵活有效的区域理财系统管理体系。要抓好境外平台这一“翼”，充分发挥多牌照、综合化的经营优势，持续优化完善管理机制，夯实和扩大工银资管（全球）客户基础，建立较为完善的全球布局产品体系和定制化解决方案，力争年末管理及顾问资产规模达到3 000亿元。票据业务要构建业务经营新机制，对内发挥集团优势，完善联动机制，扩大票源“进口”，对外从产品、资金需求对接等方面将合作做大做深，畅通业务“出口”，通过内外合作、资源共享、业务共建、多边共赢，形成票据全链条经营、全产品营销、全渠道拓展、全量客户服务的发展新格局。要构建客户营销新机制，在票据营业部设立大企业客户营销、同业客户营销等团队，建立贴现票据快速流转通道；在分行组建联动营销团队，开辟业务绿色通道，完善考核激励机制，健全营销体系。要构建系统融合新机制，结合总行ECOS工程建设，加强业务与科技系统融合创新，通过“账务、风险、机构”三大场景的业务架构建模和转型，实现系统架构的技术重构和功能提升，积极推进大票据各业务品种数据入“数据湖”，实现票据业务数据全行共享，拓展大数据分析成果应用，持续推进票据统一视图系统的应用建设。要完善票据产品创新新机制，积极探索“工银e贴”与票据池等衔接组合，加快“普惠（小微）专享贴”“企业手机银行工银e贴”等新产品开发，密切跟进“贴现通”创新进度，加快推动票据经纪业务在我行的试点落地。贵金属业务要推进“311”创新工程，尽快形成新的稳定的利润增长点。要打造国内商业银行实物定制业务的“第一平台”，将贵金属定制业务纳入对公司、机构和个人高端客户的综合金融服务方案，把握公司庆典、员工福利、评先创优等重点场景开展营销，实现二级分行全覆盖。要对接网点转型和竞争力提升方案，打造“升级版”贵金属旗舰店，通过黄金回购、邮币专区、高端定制、职业体验、智能生态等场景输出，构建“贵金渠道入口＋实体商品运维＋特色形象口碑＋跨界异业生态”四位一体的营销阵地。北上广等分行要先行先试。要深化分行贵金属专业团队建设和业务联动配套机制建设，落实团队人员配置要求，资源好的、业务发展潜力大的分行，要加快推动团队向重点城市行延伸，探索在深圳和北京等地建立贵金属创新实践基地，为加快创新业务规模化产出提供保障。

（五）纵深推进全面从严治党，营造业务发展新氛围。心中有信仰，脚下才有力量；心存敬畏，方能行稳致远。实践证明，党建强，就会经营活、发展稳、竞争力强，就能经得起严峻复杂环境和市场风浪的考验。今年三个条线要持续巩固总行党委巡视整改成果，把新时代党的建设总要求贯彻到全面从严治党的实践中，不断开创党建和队伍建设新局面。要提高政治站位，坚持党对金融工作的全面领导。坚持党的领导、加强党的建设，是我们的红色基因，是我们的天职、本分。要坚持以习近平新时代中国特色社会主义思想为指引，深入开展“不忘初心、牢记使命”主题教育，夯实“三会一课”组织生活制度，坚持理论结合实践，把旗帜鲜明讲政治贯穿于党建和改革发展全过程，在学深悟透、务实戒虚、整改提高上持续发力，把教育成果转化为坚定理想信念、砥砺党性心性、忠诚履职尽责的思想自觉和实际行动。要强化大局意识，坚决落实总行党委的战略协同部署。今年的资管业务六大体系转型、理财子公司筹建、推进委统筹协调机制、“五统一”平台建设、大票据战略持续深化、贵金属业务谋新图强转型发展的任务更加艰巨，协同要求更高，单靠三个条线单打独斗是远远不够的，必须发挥全集团优势，进一步加强协同联动，强化在渠道销售、产品布局、项目推荐、系统运营、风险控制等领域的深度协作，特别是资源型业务和服务型业务更要加强统筹和联动协同。三个条线以及全行各相关条线要从讲政治、讲大局、讲担当的高度，心往一处想，劲往一处使，推动形成全行一盘棋，确保集团综合收益最大化。要加强作风建设，落实全面从严治党从严治行要求。管党治党，基础在全面，关键在严。既要坚定不移加强党风廉政建设和反腐败工作，贯彻落实中央纪委三次全会、总行警示教育大会、全面从严治党暨纪检工作会议精神，对照赖小民、林晓轩等典型案例，持续开展警示教育活动，用身边事教育身边人，引导广大党员干部算好政治账、经济账、家庭账、名誉账，以案为鉴，以案促改，时刻绷紧廉洁从业这根“弦”；又要驰而不息纠正“四风”，在查摆和纠正形式主义、官僚主义“十种新表现”上下更大功夫，坚持改进作风与完善机制相结合，继续发扬“奋斗＋落实”精神，保证中央政令畅通和总行战略传导落地，在三个条线一贯到底，用真抓实干诠释忠诚。要加强队伍建设，坚持发挥人这个第一资源的作用。事业是靠人干出来的。要坚持贯彻新时代党的组织路线，突出政治标准和专业素养，积极储备和培养核心人才，坚持“五湖四海”选人用人原则，打造忠诚干净担当的高素质人才队伍；要抓好干部队伍专业能力建设，构建市场化激励约束机制，强化经营业绩导向，发挥激励约束作用；要激发青年员工干事创业潜力，教导年轻干部扣好对党忠诚的第一颗扣子、打牢干事创业的底子、敢挑攻坚克难的担子、走好奋斗落实的路子、常照清正廉洁的镜子，形成“江山代有才人出”的良好局面。

同志们，在船到中流、人到半山的关键时刻，三个条线的全体干部员工一定要保持战略定力，拿出一以贯之的韧劲、一抓到底的狠劲、一鼓作气的拼劲，坚决贯彻落实全行工作会议部署，奋勇争先、迎难而上，以奋斗注脚、用担当背书，努力完成全年各项经营任务，用转型升级发展的新成绩，为全行打造基业长青的百年老店作出新的更大的贡献。

坚决落实安全责任　不断提高防控能力
加强重大风险防范　维护全行经营安全

——在2019年全行安全生产暨安全保卫工作会议上的讲话

谭　炯

（2019年3月4日）

党的十九大把防范化解重大风险作为决胜全面建成小康社会三大攻坚战的首要战役。习近平总书记在今年

1月省部级主要领导干部坚持底线思维着力防范化解重大风险专题研讨班上发表重要讲话，强调维护社会大局稳定，要切实落实保安全、护稳定各项措施。总行党委认真贯彻落实总书记重要讲话精神，在年初全行工作会议上对全力以赴打好风险防控攻坚战作出重点部署。

这次会议的主要任务是贯彻落实习近平总书记重要讲话精神和全国安全生产电视电话会议精神，围绕年初全行工作会议确定的总任务总要求，对全行安全生产和安全保卫工作进行安排部署。下面，我谈两部分内容。

第一部分　关于安全生产工作

今年是新中国成立70周年，是全面建成小康社会的关键之年，对做好安全生产工作提出了更严标准、更高要求。1月初国务院召开全国安全生产电视电话会议，李克强总理作出重要批示，强调坚持生命至上，树牢安全发展理念，防范化解重大安全风险。总行党委认真传达贯彻落实李克强总理的重要批示和会议精神，对统筹部署全行安全生产工作提出了明确要求。经研究，今年全行安全生产工作的总体要求是：坚持以习近平新时代中国特色社会主义思想为指导，坚决贯彻落实党中央、国务院关于安全生产工作重要决策部署及要求，以防范化解重大安全风险、坚决杜绝重大事故发生为重点，进一步强化落实安全生产责任，保障安全生产投入，突出重点领域排查整治，不断提高全行安全生产能力与水平，切实营造安全稳定运营环境，为全行健康可持续发展作出新贡献。

这里，我就做好全年安全生产工作提三个具体要求。

一、深刻认识保障安全生产的极端重要性，坚决扛起防范重大安全风险的政治责任

过去一年，全行上下齐抓共管、持续发力，保持了全行安全生产总体平稳态势，实现了全年无重大事故发生的责任目标，维护了全行人员、资金和业务运营安全，为全行经营发展提供了坚实保障。这个成绩的取得，关键在于我们坚持以习近平总书记关于安全生产的重要论述为指引，提高政治站位，强化政治意识，深刻认识做好安全生产工作的重要性，自觉增强抓安全生产的责任感和执行力；这个成绩的取得，得益于各级机构、各部门和广大干部员工始终紧绷安全这根弦，强化责任落实，推进源头治理，狠抓隐患排查，久久为功，持续发力。在此，我谨代表总行党委向所有为安全生产作出贡献和付出努力的同志们致以诚挚的慰问和衷心的感谢！

今年安全生产责任重大，出不得事，也出不起事。工商银行作为国有大行，必须坚决贯彻落实习近平总书记关于中央企业安全生产要带好头作表率的重要指示要求，深刻认识做好当前安全生产工作的极端重要性，把营造安全环境、维护安全运营作为重大政治责任放在心上、抓在手上，把防控重大安全风险、遏制重大事故发生摆在更加突出的位置，以务实行动践行“两个维护”。

确保安全生产运营，必须牢牢抓住责任制这个牛鼻子。在年初全行工作会议上，谷澍行长与各一级（直属）分行、直属机构和境外机构主要负责人签订了安全生产责任书。各分行、各机构要抓紧逐级签订安全生产责任书，让各层级都担起担子，负起责任。一要抓牢领导责任。各级机构的主要负责人要强化“四个意识”，做到知深浅、懂利害、明轻重，切实履行安全生产第一责任人的职责；要强化红线意识，把安全生产作为不可突破的底线、不能逾越的红线紧抓不放，常抓不懈；要强化责任担当，对于涉及多个部门、需要联合解决的重大问题，靠前指挥、亲自协调、跟踪督促，杜绝推诿扯皮。在这方面，去年许多分行的负责同志都切实发挥了带头作用。比如，湖北、山东、贵州等分行主要负责人和分管负责人经常召开会议研究部署工作，经常带队检查督导工作落实，做到了想在前、做在前、防在前。二要抓实专业责任。各级专业部门特别是各级安全生产委员会的成员部门要切实担起本条线安全生产的监督管理责任，做到守土有责、守土负责、守土尽责。充分发挥各级安全保卫部门的组织协调作用，扎实有序地推动开展安全生产督导检查、宣传教育等工作。三要抓好全员责任。要切实抓好责任分解，强化管理考核，使所有层级和各个岗位的人员都明晰职责所在，增强履责意识。要落实重点部位及重大危险源的管理责任，把管理责任部门、规章制度和严禁事项都明示上墙，督促责任部门和责任人员把职责范围内的风险防控好。四要抓严监督问责。要敢于当“铁面包公”，通过曝光重大隐患、通报问题机构、严惩违规行为，使所有人员对安全生产都心存敬畏、不敢懈怠。总之，要织密安全生产责任网络，盯紧安全生产责任主体，狠抓安全生产责任落实督导，确保安全生产工作有人抓、有人管、有人落实。

二、清醒认识当前安全生产面临的严峻考验，全面抓好各项安全生产管控措施落实

做好安全生产工作，必须清醒认识当前形势与挑战，在思想上做好充分准备。从外部形势看，这几年国家安全生产监管从严从紧成为常态，颁布实施多项安全生产法律法规及监管规范，对安全生产事故责任单位和人员的倒查问责力度前所未有。工商银行作为国有大型银行，必须展现大行担当，坚持以打造成金融领域的安全生产标杆为工作目标，坚决贯彻落实国家安全生产法律法规及监管要求。从我行发展看，今年全行贯彻落实中央决策部署、推进转型发展的挑战多、任务重、要求高，决不允许出现安全生产问题影响经营稳定，决不允

许因发生重大安全生产事故导致政治上失分、声誉上受影响，这是对各级机构特别是各级领导干部政治素质与能力的重大考验。应当看到，我行机构类型多、员工数量大，还涉及境内境外，安全生产监督管理点多面广，情况复杂，压力很大。确保安全运营，每一级机构都必须主动担责，切实作为，管好每道关口，守住每个阵地。

做好安全生产工作，必须统筹规划、强力推动。总行安全生产委员会即将印发2019年全行安全生产工作要点，各级机构要认真抓好对照学习，逐项抓好落实。尤其要抓好以下四个重点：一要保证安全投入。各级机构必须牢记安全是发展的基础，安全就是效益，抓好安全就是抓好效益。要从讲政治的高度，算好安全工作的大账，切实把安全投入作为机构运营的底线予以优先保障。应当看到，有的机构仍然对安全投入重视不够、认识不清，不懂算账、不会算账，导致欠账很多，隐患很大。比如，有的机构长期不落实消防法规要求，消防中控室不配备专业人员，办公楼消防设施不进行年度检测，办公楼消防灭火系统瘫痪却始终不修，这些都是要不得的，是十分错误的。总行强调，任何机构特别是领导干部都要切实担起抓安全、防风险的责任，决不允许在安全生产上讨价还价，决不允许把解决问题的责任推给别人、留给后面。二要狠抓隐患排查。必须牢记隐患就意味着事故。要深入细致地开展隐患排查，把隐患消灭在萌芽状态，把风险控制在隐患形成之前。要坚持明查与暗访相结合、排查与抽查相结合、重点查与一般查相结合，既确保全面覆盖，不留死角；又抓住突出领域，实施重点治理。尤其在问题整改上，要坚持零容忍、真问责，决不养痈成患、养患成灾。在这方面，北京、河南等多数分行敢于动真碰硬，真纠真改，问题整改率达到100%。但仍有个别机构抓问题整改疲松软，前期检查发现的问题后期屡查屡有。三要坚持宣传教育。通过安全生产宣讲和普及教育，使安全意识深入人心、安全常识人人皆知。加强法规教育和警示教育，使全体干部员工知晓利害、严守红线。落实重点部位及岗位专业培训考核，确保相关人员掌握专业技能，安全规范作业。四要落实应急准备。从健全指挥机制、完善专项预案、保障应急物资和落实专业力量入手，进一步做好预防应急准备，及时妥善应对突发状况。需要注意的是，根据国家应急管理部预测通报，今年我国气候状况总体偏差，引发重大灾害的可能性加大，各级机构要根据当地灾害预警，进一步完善、改进和强化防灾减灾工作。

三、精准锁定容易引发重大事故的重点问题，切实抓好安全生产源头治理与事故预防

近几年全行开展了危险源压降、消防隐患整治等源头治理工作，在大家的共同努力下，取得了显著成效。但必须看到，安全生产是一项长期性工作，源头治理不可能毕其功于一役，必须坚持抓常态抓长效，切实把好安全生产源头关，掌握安全生产主动权。

今年安全生产源头治理要抓住三个重点。一要抓好危险源管理，特别是要继续严控危险化学品存储风险。所有柴油、汽油等危险化学品的新增必须经过二级分行及以上安全生产委员会审批同意，严禁擅自增加。对因业务运营或生活保障需求，仍需储备使用的柴油、汽油等危险化学品，不仅要建立台账，落实专人，严格管理，也要详细评估存量上限，实行限额管控，还要研究采取替代措施，降低危害等级。这项工作大家一定要重视，要舍得花时间、费精力，还要动脑筋、想办法、调动全员力量、真抓共管。去年浙江分行在这方面积极创新，强力推动，通过采用“加减乘除法”将辖内危险源总量压降了四分之三。今后希望有更多分行在这方面开拓思路，多出实招。二要持续强化消防安全管理。要继续巩固这两年消防隐患排查整治成果，进一步加强高层建筑、出租房屋、人员密集场所、非营业办公场所等四类建筑的消防安全管理，下大力气解决消防安全重点部位管理责任不清、消防设施配备不足或系统故障、消防控制室值班人员专业资质不符三类重点问题。要吸取年初国内外多起燃气爆燃或爆炸致人伤亡事故教训，彻查燃气管道及线路安全，加强用气安全管理。三要突出抓好在建工程安全管理。按照全行网点布局优化和转型升级计划，未来五年将有3 000余家网点进行布局优化，每年有12%～15%的存量网点将进行装修改造，部分机构还有其他新建或改建工程。未来一段时期，抓好在建工程的安全管理责任重大，确保这些建设工程安全是安全生产监督管理重点之一。各级机构的在建工程，要严格落实《建设工程安全生产管理条例》等法规及监管要求，与建设施工单位签订合同，分清落实安全生产管理责任。要在本机构内部落实责任分工，明确牵头部门和协同部门，加强联合监督检查，严格监督施工单位加强安全生产管理，保证工程质量与施工安全。要坚持安全第一，决不能降低建设工程及设施器材安全要求和安全等级，决不能忽视安全赶进度压工期。

同志们，安全生产工作责任重大，使命光荣。我们必须坚持以习近平总书记关于安全生产的重要论述为根本遵循，践行安全发展理念，狠抓安全生产管控，严防重大事故发生，切实保持全行持续安全运营。

第二部分　关于安全保卫工作

今年是落实改革发展研讨会部署、实施三年规划承上启下的重要一年，也是全行经营发展进入船到中流浪更急、不进则退、非进不可的关键时期。总行党委把提升风险控制力作为今年四大工作目标之一，把全力以赴打好风险防控攻坚战作为今年六项重点工作之一。安全保卫工作责任重大，要认真贯彻落实总行党委工作部

署，以严防重大外部欺诈风险为重点，持续提升风险预防管控能力，为全行打赢风险防控攻坚战发挥积极作用，贡献专业力量。

四、总结工作经验，坚持走强基固本提质增效的安全保卫发展道路

2018 年全行安全保卫工作以三大平台深化应用为主线，进一步强基固本、提质增效，提升外部欺诈风险防控能力与水平，各项工作取得明显成效。一是守住了风险底线。在内控案防严峻形势下，确保实现外部案件发案率和损失率均低于万分之零点五，完成总行党委确定的任务目标。二是筑牢了安全防线。按照国家监管新标准要求，全行营业网点、自助银行安防达标率分别提升至 94.28% 和 91.4%，进一步增强了抵御外部攻击能力，成功防范抢劫、盗窃、破坏等外部侵害事件 60 余起。值得肯定的是，吉林、安徽、河南、贵州、新疆、厦门、苏州分行去年安防达标率实现了两个百分之百。三是强化了风险预警。外部欺诈系统预警业务风险 143.27 万次，较上年增长 12.9%；帮助客户识堵电信诈骗 7.7 万笔和避免损失 24 亿元，分别较上年提升 18.5% 和 41.2%。四是提升了管理效能。各级机构现场排查整改问题隐患 1.19 万个，各级报警监控平台远程发现纠改违规操作 1.21 万起，并支持运管、内控、渠道、科技等专业非现场检查 2 824 万次，同比增长 77.8%。五是夯实了基础管理。各级机构积极推进安全保卫业务管理系统在基层落地应用，日常安保履职、应急演练和监督检查等工作事项完成率大幅提升。六是创造了更大效益。融安 e 信实现收入 9.7 亿元，同比增长 44.6%。新增客户 1.6 万家，同比增长 108.6%，尤其是我们与交通银行、广发银行、广州农信社、新加坡大华银行等 30 家境内外金融同业新签合作协议。在与交行、广发两家大行开展的反欺诈合作中，融安 e 信为交通银行提供风险预警 63.6 万笔，为广发银行提供风险筛查 688.8 万笔，得到了两家银行的高度认可，也在同业中进一步扩大了融安 e 信的美誉度。

过去的一年，安全保卫工作守住了风险，作出了贡献，成效显著，值得肯定。这样的成绩是全行安全保卫战线的同志们辛勤努力、奋发作为的结果，也是我们坚持传承与创新相结合，积极探索，勇于创新，大胆实践的结果。在这里，我也代表总行党委，对全行安全保卫条线做出的努力表示衷心的感谢！

近几年来安全保卫工作积累形成了许多宝贵经验，值得总结提炼，归纳起来，主要表现在以下四点：坚持服务大局谋发展。通过服务全行大局定方位、谋发展，全行安全保卫工作拓展了外部欺诈管理职能，担起了安全生产牵头管理职责，在实践中锤炼了能力，挖掘了潜力，激发了活力，开拓了更为广阔的发展空间。坚持改革创新促发展。通过更新管理理念，优化管理模式和创新管理方法，建立起集约高效的安全管理体系架构，开发了先进有效的外部欺诈风险管理平台，做到了紧跟全行改革发展步伐不掉队。坚持科技应用助提升。通过适应大数据、信息化、智能化发展要求，积极运用科技力量升级管理手段，提升管理效能，使安全保卫工作得以发挥更优的专业作用，贡献更大的专业力量。坚持求真务实抓实干。安全保卫条线通过锤炼打造一支忠诚可靠、风清气正、担当作为的人员队伍，使安全保卫工作攻坚克难、创新发展拥有可靠保障。对于这些实践中积累形成的宝贵经验，我们必须倍加珍惜，长期坚持，并在实践中不断完善和发展。

五、认清形势变化，找准加强风险防控的主攻方向

在年初全行工作会议上，总行党委把风险怎么控作为需要重点回答好的第一个问题，要求在看得清的基础上实现管得住。安全保卫工作是全行风险管理的重要一环，承担着牵头外部欺诈风险防控、维护经营环境安全的重要职责，我们必须准确把握当前治安形势与犯罪趋势，精准定位外部欺诈风险防控重点。

从外部环境看，当前我国社会治安大局稳定，这是一个基本判断。但受经济发展下行压力不减，实体经济困难增多等因素影响，诈骗、盗窃等侵财类案件数量仍然高位运行，在公安机关立案的刑事犯罪案件总数中，侵财类案件占比近八成，银行外部欺诈风险防控工作依然面临着较大压力。根据公安部通报，近年来金融领域诈骗呈现重特大案件高发、风险加速聚焦的特征。其中，信贷领域深层次问题不断显露，大要案时有发生，个别还引发区域性金融风险；电子票据犯罪形势不容乐观，发生多起存在贸易背景审查不严、内控管理失位等问题的大案要案；银行卡犯罪手法不断翻新，利用第三方支付实施非法套现突出；打印假币犯罪井喷式增加，伪造外币犯罪多发且伪造仿真度显著提高等。对此，各级机构特别是业务部门必须高度警惕。

从我行自身看，虽然全行外部欺诈事件总数在下降，但是还有许多风险特征值得认真研究，特别是一些案例揭示的重大风险需要深入剖析。概括来看，需要关注以下三点。实体场所方面，要警惕关注地区经济波动造成治安环境变化、撬盗破坏事件增多的态势，持续抓好防抢、防盗、防破坏等工作。去年底山西太原迎新街支行依靠高度的安全意识、牢固的安防设施和严密的安保措施，有效防止了犯罪分子企图抢劫我行的典型案例，充分证明只要营业网点及自助银行设施到位、防范到位，不仅能有效防范犯罪分子攻击，还能产生威慑作用，使犯罪分子打消作案企图。要警惕自助银行在晚间特别是深夜易被犯罪分子实施作案的风险，包括破坏自助设备类事件，以及抢劫、抢夺客户钱财事件增多的风险。需要注意的是，今年春节刚过，就发生了一起客户

夜间到我行自助银行取款时不幸遭遇抢劫身亡的案件。在这起案件中，分行报警监控中心巡查发现异常后第一时间报警，并提供了完整清晰的现场录像。公安机关认定此案为属地刑事案件，与工商银行无关，对分行报警监控中心予以肯定和表扬。这提示我们，必须充分发挥报警监控中心作用，进一步加强报警监控中心应急值守力量，提升应急处置能力，加大对重点区域、特定时段的远程巡查力度。业务经营方面，要看到外部欺诈风险系统预警笔数明显增多，说明部分纳入国家失信、最高法老赖、工商处罚等“黑名单”的企业或人员仍企图通过银行进行借贷或融资，要高度警惕此类业务中的潜在风险；要看到去年贷款、信用卡、票据类诈骗事件数量不降反升，个别案件还造成重大资金风险，反映出相关领域外部欺诈风险防控形势极其严峻，必须扎紧篱笆，严防死守，切忌“埋雷”。境外安全方面，要看到部分国家及地区治安形势的严峻性和复杂性，切实把保护境外机构人员、场所和运营安全摆在更加突出的位置，全面落实安全防范措施，抓好预案演练，做好应急准备。尤其是有下设二级机构的境外机构，要加强对下设机构的指导、协调和督促，全面落实好各项安全管理工作措施和要求。

六、抓住重点领域，全力打好外部欺诈防控攻坚战

2019 年安全保卫工作的总体要求是：认真贯彻落实年初全行工作会议部署要求，持续推进实施安全保卫工作三年发展规划，以“三大平台”交互应用为抓手，强化安全保卫管理监督效能提升，促进外部欺诈风险管控能力提升，深化安全管理与反欺诈价值贡献提升，致力打造最安全银行，为全行防控金融风险、持续健康发展贡献专业力量。

总行已经印发安全保卫工作要点，各级机构要抓好执行落地。借这个机会，我再强调三项重点工作。

（一）加强设施建设，狠抓管理监督，提升抵御外部侵害攻击能力。切实维护各级分支机构包括金库、网点、自助银行的运营环境安全，保护内部人员和银行财产安全，是安全保卫工作的首要之责，必须突出抓好以下工作。

一是强化设施建设，筑牢安全屏障。这方面，我在去年专业会上讲过，今天再次强调，就是要引起大家重视，抓紧解决欠账问题。要补缺口。去年有 16 家一级（直属）分行没有完成安防设施达标改造任务，个别分行不仅未完成达标改造任务而且安防预算执行率不足 60%。这些分行必须深刻反思，认真整改，切不可由于主观懈怠，影响达标改造。要挤水分。安防设施建设事关人命，必须坚持实事求是，决不能搞表面文章、玩数字游戏。去年个别机构报送数据弄虚作假，报告显示辖内网点已达标，但被监管检查发现不达标。各行务必要引以为戒，切实严格审核，层层把关，对所报送数据真实性和准确性负责。总行要组织专项抽查，严惩弄虚作假行为。要严考核。所有境内分行在年底前都要实现营业网点和自助银行技术防范达标率百分之百。这是一项必须完成的硬指标，也是考核各级机构相关负责人是否履行安全责任的硬杠杠。

二是强化应急值守，提升平台效能。切实发挥报警监控联网平台技防功效，及时高效处置突发事件。要加强值守力量。落实人员配备，严格上岗考核，强化执勤纪律，增强夜间带班力量，确保二级分行报警平台 7×24小时双人在岗、规范作业。值得注意的是，在去年总行组织的全行报警监控平台值机人员技能测试中，12 家分行值机人员平均得分不足 60 分，值机人员素质令人堪忧。相关分行务必要认真对待，尽快提升。凡是达不到要求的人员，必须坚决调离。要加强应急演练。重点针对不同突发事件，细化演练科目，完善应急预案，组织报警监控平台联动演练，提高值机人员辨别异常、快速响应和准确处置的战斗能力，做到及时高效处置警情和突发状况。要加强远程巡查。有效依托平台数据应用分析，掌握辖内警情类型、密度和地区分布，针对风险多发区域与时段，加大远程巡查力度。要加强运维管理。定期监测通报平台运行质量，及时纠改问题，排除异常，保证平台及前端设施运行正常。要推动平台升级。加快投产智能运维、图像分析、数据视图等平台功能，为针对性风险分析和差异化风险防控提供技术支撑。要推动境外建设。在总结经验的基础上，探索启动新试点，搭建集团全球统一应急联动指挥网络。

三是狠抓管理监督，夯实基层基础。要按照抓实、抓细、抓严、抓常态、抓长效的思路，进一步强基固本，提质增效。要狠抓履责监督。充分发挥安保业务管理系统的过程监督作用，及时督查整改辖内机构日常履职、检查和演练不到位情况，并将履责情况与考核评价相挂钩。要狠抓检查效能。积极运用远程监控巡查、录像调阅回查和数据异常筛查等非现场检查方式，查找薄弱环节，锁定风险异常，针对问题机构，实施现场督改。各级领导干部要多带队到有问题机构进行检查，充分发挥抓点带面、提醒督促、示范带头作用。要狠抓问题整改。曝光是亮丑更是关爱。要敢于动真碰硬，坚持对整改不及时、不彻底的单位进行通报问责，切实督促其落实整改，筑牢安保工作基础，使坏事向好的方面转化。要强化重点领域监督。督促办公场所和营业网点落实自我管理的主体责任，严格加强人员进出、访客登记和门禁控制管理。持续监督检查保安、守护、押运等安保服务商履约情况，加强履约管理，切实保证服务运营安全。要强化重要时期安保。今年重大活动多、敏感时点多，各级机构要按照当地政府部门及总行相关部署要求，扎实做好重要时期、敏感时点安全保障工作。特别是敏感地区的分支机构及各境外机构都要有针对性地做

好防恐防暴工作。

（二）加强监测预警，深挖潜力价值，提升外部欺诈风险防控能力。今年外部案件防控压力不容小觑，必须坚持以杜绝重大恶性案件和风险事件发生为目标，下大力气抓好案防和风控措施落实。

一是压实案防责任。要监督各级机构落实案防主体责任，各级机构主要负责人和分管负责人要统筹抓好各项安全防范与风险防控措施落实。要督促业务部门落实“一道防线”责任，始终紧绷案防这根弦，事前严格审查，事中认真核查，及时排除潜在风险，不给犯罪分子任何可乘之机。要发挥安保“二道防线”作用，及时分析预警重大风险，指导辖内机构和业务部门进行重点防控。要严格执行重大案件及风险事件报告制度，决不能因漏报、迟报、误报影响案件查处时效及监管评价。

二是加强预警评估。要进一步丰富外部欺诈风险“黑名单”，完善优化预警策略，更加贴近业务风控需求，提供多领域、多维度、多类型风险预警与布控支持。在这方面，许多分行作出积极贡献。比如，去年新疆分行提供了20余万条电信诈骗信息，云南、福建等分行提供了劳动仲裁、环保处罚等多维度风险信息等。希望更多分行发挥积极作用。要进一步增加风险预警针对性。按照不同业务领域进行专项预警分析，研判趋势变化，揭示主要风险，提示多发环节，更好地发挥专业作用。要进一步增强风险评估的穿透力。坚持紧扣重点领域、热点风险和难点问题开展评估，加强深层次问题剖析，注重数据和实例验证，保证评估内容实、分析透、意见准。要进一步提升三大平台数据交互运用和风险诊断能力，积极运用大数据和信息化思维及方法进行决策管理，促进安全保卫管理从“经验”型向“实证”型转变。总行要抓好顶层设计和整体推动，有效引导调动分行积极参与、共同推进。

三是做优融安e信。要按照年初谷澍行长在听取融安e信专题汇报时提出的要求，积极探索可持续、可扩展的长期发展模式。要锲而不舍抓创新。遵循互联网产品发展规律，完善底层架构，推进升级优化，挖掘释放潜力，确保在激烈竞争中不掉队、不落后。要深耕行内抓优化。加强与各专业沟通协调，拓展应用领域，进一步挖掘发挥融安e信在企业综合信用评价、助力业务营销和信贷风控方面的潜力价值，切实把集团内部应用作为融安e信训练和成长的基础平台。目前总行安全保卫部正在进一步深化融安e信与16个总行部门的对接应用，与信贷、公司、机构、结现、网金等部门确定了42项业务对接或优化需求，未来一段时间内将分批分期上线。要分类跟进抓服务。根据行业属性和风控需求进行客户细分，制订个性服务方案，提供贴身服务支持，增强客户黏性，促进产品营销。要持续深入抓宣传，尤其要通过加大融安e信公益版宣传力度，彰显工商银行履行社会责任担当的大行风范。

（三）加强队伍建设，提升专业能力，为安全保卫工作坚守本源创新发展提供人才保障。核心要坚决发挥党建引领作用，打造忠诚干净担当的专业队伍。要倡导忠诚干净。坚决贯彻执行总行党委各项决策部署，服从大局，听从指挥。坚决贯彻落实全面从严治党、从严治行要求，切实筑牢拒腐防变的政治和思想根基。要塑造良好作风。认真贯彻落实总行党委关于“奋斗＋落实”的工作作风要求，强化正向激励，鼓励担当作为，营造奋发进取的积极氛围，培育重实干、出实绩的工作风气。要锻造专业能力。持续分层分类开展专业培训，增强专业思维，传授专业方法，提升专业能力，重点培养一批想干事、能干事、会干事的骨干人才队伍。要高度重视当前安保队伍结构优化和代际传承问题，清醒看到当前二级分行及以下机构安保人员平均年龄超过51岁、65%的人员学历在本科以下等现实问题。各分行要认真研究解决，抓紧把一些素质优良的人员充实到安保队伍中去。

最后，就做好“两会”期间全行安全保卫工作强调几点要求。全国已经进入“两会”时间，切实维护全行持续安全稳定，是各级机构必须确保完成的政治任务。要严格按照国务院及总行有关全国“两会”期间工作要求，进一步压实责任、突出重点、全面落实各项工作举措。要对“两会”期间安全保卫工作进行再强调再安排，督促全辖提高认识，狠抓落实。要加强组织领导，各级机构主要负责人要靠前指挥，抓好协调联动，调动各方力量，全力维护本机构持续安全稳定。要加强信息科技系统运行管理，确保“两会”期间不发生信息系统中断等责任事故。要加大安全检查力度，提高巡查频度，全面排查消除问题隐患。要严格落实行政值班，加强领导带班，配齐配强报警监控平台应急值守力量，全面做好突发事件预防处置准备工作。

同志们，做好今年的安全保卫工作责任重大。各级机构、各部门要进一步增强责任感和使命感，主动担当，攻坚克难，以奋发进取的精神，久久为功的坚持，全力护航工商银行改革发展大局，为打造基业长青的百年老店作出新的、更大的贡献！

坚守本源　创新引领 大力发展养老金融服务

——在2019年养老金业务创新研讨会上的讲话

谭　炯

（2019年4月16日）

非常高兴参加这次养老金业务创新研讨会。当前对养老金业务而言，是一个充满了机遇也充满了挑战的关键时刻，可以讲机遇是千载难逢。我们必须要认清当前形势，集思广益，统一思想，明确战略，清晰定位，奋起直追，促进我行养老金业务做大做强。基于这个目的，总行决定召开创新研讨会，进一步分析发展环境，审视自身发展的优势和不足，研究谋划未来养老金业务的发展方向和攻关重点。下面，我想围绕“怎么看”养老金业务发展和未来养老金业务“怎么干”两个方面，和大家作个交流。

一、养老金业务机遇大于挑战，关键在于回归本源

首先来讲“怎么看”养老金业务发展的问题。简单来讲，一方面，当前养老金业务发展充满机遇，市场非常巨大，前景十分光明；另一方面，业务发展中面临着同业竞争挑战和自身不足等各类问题，经营压力非常大。但总的来说，养老金业务机遇大于挑战，只要我们坚定信心，没有我们战胜不了的困难，没有迈不过去的坎。

养老金业务是一项新型金融业务，发展养老金业务既是服务国家发展战略、顺应国家宏观政策、履行我行社会责任和体现大行担当的需要，又是我行推进经营转型和培育新增长点的重要抓手。从国际经验和国家政策等外部环境来看，养老金业务不仅具备广阔的发展空间，更在整体金融体系内占据着举足轻重的作用，是各类金融机构的必争之地，也是国际银行同业的重要战略业务。从国内养老金市场来看，银行、保险、基金乃至互联网企业都积极拓展养老金业务市场份额，大力发掘养老金业务机会。在这样的背景下，我行养老金业务一定要坚定定位，找准发展方向，进一步推动业务做大做强。

（一）国际养老金市场体量庞大，银行业深度参与养老金管理。经过多年积累，各主要国家的养老金资产规模十分可观，美国、英国、澳大利亚和日本的养老金资产占GDP比重分别达到121%、108%、126%和59%，而我国的这一比例仅为10.7%。因此，我国的养老金规模仍然存在非常大的增长空间，市场潜力非常可观。从国际资产管理行业的经验来看，养老金也是相当重要的资金来源，根据统计，在全球资管市场资金组成中，养老金占比高达57%。面对这么庞大的养老金管理市场，各类金融机构特别是国际银行业深度参与其中，针对不同类型的养老资金和养老客户，提供了全方位、多样化的养老金管理服务。以摩根大通银行为例，他们可以为各类公共养老金以及各类雇主主导的养老金计划提供管理服务，也面向其他养老金管理机构提供投资产品，还提供了针对退休的个人投资规划服务。在服务模式上，摩根大通提供了一站式的养老金管理服务，包括提供投资管理、行政管理、受托管理等各类服务。因此，从国际经验来看，养老金是各国金融体系中非常重要的参与者，未来我国养老金行业发展潜力十分巨大；从国际大行在养老金业务方面的实践来看，我们在养老金业务方面能做的事情很多，业务空间也非常广阔，我们要有对标国际同业的信心和勇气，抢抓机遇，创新发展养老金业务。

（二）党和国家高度重视养老保障事业发展，市场空间十分广阔。当前，我国老龄化进程不断加快，劳动力结构和消费市场面临剧烈变化。党和政府积极构建完善了三支柱养老保障体系，还出台大量政策引导和支持养老服务业的发展。最近一段时期以来，国家对养老保障领域给予前所未有的关注和支持，今年政府工作报告中“养老”两字出现16处，力度空前，为历年之最。具体来看，在养老保障宏观制度层面，第一支柱的基本养老市场化运作加速推进，中央调剂金制度正式运行；第二支柱的职业年金正式启动，已经有16个省市区完成受托人招投标工作，其他省市区正在紧锣密鼓地推进有关工作，企业年金制度也在不断优化；第三支柱的正式政策呼之欲出。养老保障制度的完善将持续促进养老金市场的扩容。在政策支持养老服务业方面，十九大报告、“十三五”规划纲要和今年的政府工作报告中均对养老产业进行战略性部署，十八大以来各级政府出台发展养老产业相关政策文件超过300项。根据中国社科院

预测，2030 年我国养老产业市场容量可达 13 万亿元。可以想见，在需求和政策的双重驱动下，我国的养老金融行业和其他各项养老服务产业都具有广阔的发展前景。

（三）同业机构大举布局，市场竞争空前激烈。面对这样广阔的市场前景和具有高度吸引力的政策环境，各类金融机构均大举布局养老金融和养老服务业，不断拓展业务边界，全力抢占市场先机。在第二支柱方面，保险业在企业年金受托业务上占据了更为主动的市场地位，市场份额高达近 80%；在当前已经完成招标的职业年金计划中，依然是保险业占据了优势，投标排名显著优于银行业。在第三支柱方面，保险业率先进行了个税递延制度的试点，基金业正式发行了养老目标基金，应该说在市场舆论和投资者教育方面，银行业再度处于被动地位。另外值得关注的是，以蚂蚁金服支付宝和微信理财通为代表，各类互联网机构也瞄准养老金融市场，纷纷开设养老专区，借助强大的个人客户流量，通过提供养老规划测算、销售养老目标基金等方式构建养老金融服务体系。在这样激烈竞争、瞬息万变的市场环境中，我们一定要有强烈的使命感、危机感，要及时了解同业机构的最新业务动态，深入分析竞争对手的业务战略，从而找准自身战略定位，明确自身发展方向，全方位提升我行介入养老金融市场的深度和广度，全面提升我行市场地位。

（四）我行养老金业务成果丰硕，但与领先同业仍有不小差距。我们一定要认清自身发展现状，要有紧迫感甚至要有忧患意识。剖析自身，经过十五年的不断发展，我行养老金业务取得了难能可贵的经营成果，积累了丰富的业务经验。一是建立起了丰富的业务与产品体系，开展了企业年金、职业年金、养老金投资顾问和综合养老保障等各类服务，并形成了“工银养老金”品牌体系，形成了良好的市场美誉度和品牌口碑。二是基本建成了总分支业务组织架构，建立起较为完善的管理制度，搭建起属地化运营服务体系，这也是我行相对于保险公司的服务优势。三是取得了四项业务牌照，四项资格齐头并进，在银行业中牢牢确立了领先地位。截至去年末，我行受托、账管、托管业务规模银行业占比分别达 54.5%、50.1% 和 36%，工银瑞信投管业务规模银行系同业占比达 51.56%，四项资格中有三项在 50% 以上，托管 36% 份额也不低。这四项指标年年稳居银行业首位，这是我们的成绩。

分析成绩的时候，我们也要客观地看看不足。第一点不足是市场竞争力和业务指标方面的不足。我们当前在养老金业务全市场的份额，特别是核心受托业务的份额，和工商银行在整个金融体系里面应有的市场份额不相匹配。为什么这么讲？因为目前我行受托业务的全市场占有率仅有 11.6%，虽然在银行业排名第一，但是在全市场 13 家受托人当中排名第三。第一位是国寿，第二位是平安，第三位才是我们工商银行。这是我们的差距。投管方面，我们的市场份额只有 6.5%，虽然我们也是银行第一，但是在全市场排位是第四位。今天重点讲讲我们的受托业务。当前在 36 家一级分行和直属分行中，企业年金受托业务当地市场份额不到 5% 的有 25 家；更令人吃惊的是，当地市场份额不到 1% 的有 11 家，在 36 家分行中占了接近三分之一；甚至部分分行的当地市场份额不到 0.1%。另外，在我们高度关注的一些地区，企业年金受托人市场份额也非常不理想，其中还有个别分行在受托和账管这两项指标上都大幅落后于我们的整体市场占比。第二点不足是团队力量的不足。总行去年印发了《关于加强养老金业务专业团队建设的意见》，这个月还下发了团队建设情况通报，但部分分行仍然没有认识到专业团队建设的重要性，建设工作推进缓慢。目前我们仅有 8 家分行满足在分行本部配备 6 名及以上专职人员的要求，还有近三分之一的分行没有配备养老金专职人员，这其中不乏当地总体市场规模巨大地区的分行。究其原因，还是部分分行对于养老金业务的重视程度不够，资源投入力度不够，没有意识到养老金业务的重要地位和战略意义，没有意识到养老金业务对于全行经营转型和改革发展的关键作用。

所以，在这样的背景下，今天我们召开养老金业务创新研讨会具有极其重要的意义，主要目的是进一步唤醒大家的发展意识、竞争意识、创新意识。前景是美好的，但只有靠奋斗才能达到胜利的彼岸。我们要进一步加强对养老金本源发展创新发展的重视程度，进一步明确我们的战略，加大投入，抓紧行动，奋勇追击，才有可能实现我行养老金业务的成功转型，才能够在整个市场竞争当中占据主动地位，夺回我们工商银行养老金业务应有的荣耀。

二、时不我待，加快推进养老金业务发展与创新

下面来讲讲未来养老金业务“怎么干”的问题。简单来讲，时不我待，要加快推进养老金业务创新发展。未来对养老金的核心要求是要回归本源。回归本源，既是要做大做强年金业务，也是要立足本源，创新发展养老金业务。今天研讨会的目的，也是和大家一起对如何立足当前、应对变化、抓牢机遇、创新发展来交流和碰撞，通过集思广益、统一思想来看清方向、明确路径。

（一）坚定信心，总行党委的高度重视为养老金业务发展指明了方向。总行党委将养老金业务定位于一项转型的业务、一项战略性业务，多次在全行性工作会议上强调养老金业务的重要地位，指出“养老金业务是我行一项重要的转型业务，是一项打基础的业务，是一项细水长流的业务，需要进一步强化”，并对于职业年金营销工作提出了“务求完胜，首争受托人资格，确

保实现所有地区全覆盖和同业份额第一”的明确要求。特别是今年进入职业年金短兵相接的攻坚阶段，谷行长在每周的行长周例会上都会提到职业年金工作，在全行年度工作会议和前不久召开的行务会上也都对职业年金工作作出部署，要求“要立足本源，抢抓机遇，全力做好职业年金营销”。我在开展职业年金高层营销的过程中，也深刻体会到各个金融机构对于职业年金工作的重视。各行不仅是分管行领导出面与我行对接合作，甚至是有些行的董事长和行长出面商谈合作。因此，我们没有理由不高度重视养老金业务的发展。另外，总行正在开展养老金业务改革转型工作，经党委会研究批准后养老金业务部后续将由利润中心转为总行内设部门，通过对养老金业务组织形式和管理模式的优化，进一步促进职能转变，明晰业务定位，夯实发展基础。管理方面的优化与创新将更加有利于全行养老金业务的发展壮大，也更加有利于养老金业务对全行经营转型作出更大贡献。

（二）树立自信，养老金业务多年积累的经营基础是创新发展的有力保障。全行上下多年来在养老金领域的精耕细作，为业务的发展与创新储备了丰厚的资源。从客户资源看，截至 2018 年末，我行共为 5.6 万企业客户、1 787 万个人客户提供养老金融服务；职业年金业务启动在即，我行将为 10 万机关事业单位和 2 800 万公职人员提供直接或间接的养老金融服务。从监管支持看，十多年的展业过程中，我行与监管部门密切配合，向监管部门建言献策，与人社部及各地社保机构、银保监会、财政部、国税总局、银行业协会、全国老龄委等监管部门和单位保持了密切关系，为业务开展和创新营造了良好的政策环境。从同业资源看，企业年金多角色的管理机制，决定了养老金业务同业机构类型众多，且相互之间既有竞争又有合作，借助我行全牌照业务架构和领先的管理规模，我行已与全部同业机构开展了全方位业务合作。从队伍建设看，虽然前面提到了不足，但客观上看，经过多年的发展，我们基本上形成了一支充满着战斗力的养老金队伍。而且我相信，未来为了适应养老金的快速发展，各行一定会加大重视，快速建立起一支人员数量充足、专业水准高、稳定性强的专业团队。

（三）统一认识，牢牢把握今后一段时期养老金业务创新发展的主要方向，重点开展“四大延伸”业务创新。今年以来，总行养老金业务部谋新求变，深入推进养老金业务产品创新，紧紧围绕本源业务，在养老细分市场精耕细作，重点在“四大延伸”战略上下功夫，着力推进业务布局由第二支柱向第一、第三支柱延伸，个人养老理财向个人养老规划延伸，资金端向资产端延伸，养老金管理向全生命周期养老金融服务延伸，不断丰富业务内涵，为我行养老金业务的发展增添新动能。“四大延伸”创新战略的具体内涵也将在今天的研讨会上向大家详细介绍。

总行积极推动发展“四大延伸”创新战略，是和养老金业务面临的政策环境、市场需求和养老金业务本身的特征紧密相连的。伴随着我国三支柱养老保障体系不断健全与完善，养老金客群日益壮大，客户需求日益增长，并且持续呈现多元化、差异化、个性化趋势。我行在养老金业务领域积累了丰富的业务经验，也确立了稳固的市场地位。利用我行长期积累经验和口碑，紧贴养老金政策趋势、市场变化与客户需求，养老金业务创新大有可为。

（四）提高重视，务必贯彻落实好总行各项战略部署和工作任务。未来工商银行养老金业务发展的总体目标是，立足本源、做大做强年金业务，围绕本源、创新发展养老金融，用 2 ~ 3 年的时间，完成养老金业务结构的调整和优化，提升竞争力，提升价值贡献度，打造成为全国一流、具备国际影响力的养老金融服务机构。为了实现这个战略目标，重点工作任务是要打造全行的专业团队，进一步加强队伍建设，数量上要补充，专业能力上还要进一步的培训、培养和锻炼；要加大对本源业务的投入，抢抓年金市场，大力提高市场占比；要发展全生命周期养老金融服务，拓展银行业，特别是工商银行在养老金融业务领域的空间，实现健康可持续、高质量的发展。具体到当前而言，各行要重点抓好以下四项工作：

一要持续打好年金领域的“三大战役”。年初专业会上已经进行了工作部署，各行要凝心聚力打好“三大战役”，进一步巩固并扩大我行年金业务的市场领先地位。今年以来，在全行的奋力拼搏下，“三大战役”都取得了很好的成绩。今天也和大家简单通报一下职业年金的战果。目前有 16 家省市区完成了受托人招投标，我行目前有江西、青海 2 家分行拿到了全行业第一，有福建、湖北、新疆和新疆兵团 4 个地区拿到了全行业第二，7 家分行拿到了全行业第三，2 家分行拿到了全行业第四，1 家分行拿到了全行业的第五，当然这家分行也是受制于客观因素，当地受托人资格竞争空前激烈。总体来讲，成绩还是不错的，充分地表明银行业，特别是我们工商银行在养老金业务方面是有战斗力的，也充分地说明保险业不是不可撼动的，不是不可战胜和超越的。未来大家一定要顺势而上，争取夺得更好的成绩。

二要全力推动“四大延伸”业务创新。各行要深刻领会总行“四大延伸”创新思路，争取早日落地见效。同时也要发挥主观能动性，积极调动行内资源，因地制宜拓展养老金融边界。还要研究辖内客户特点，调动各级机构创新积极性，因地制宜、自下而上地开展业务与产品创新，以及管理上的创新。

三要加快推进养老金专业团队建设。“三大战役”和“四大延伸”的推进，需要分行有更为充足和专业的团队提供支撑，各行要按照《关于加强养老金专业团队建设的意见》和《关于养老金业务专业团队人员配备情况的通报》中的要求，尽快完成专业团队组建工作，配备与业务规模、发展潜力相符的专、兼职人员，解决条线人员短缺问题，从根本上为业务发展提供保障。

四要依法合规经营，守住风险底线。各行在推动养老金业务发展，尤其是业务创新过程中，要依法合规经营，守住风险底线。加强对新业务、新产品风险管理，做好预警防范。切实贯彻总行杜绝违规操作、杜绝重大案件及风险事件的要求，落实总行合规与风险管理工作部署，为养老金业务持续健康发展发挥坚实保障作用。

总之，当前国家正在深入推进养老保障各项改革，金融业也在加速推进养老金融的发展，这是千载难逢的历史机遇。对于我们而言，发展好工商银行养老金业务，发展好大口径的养老金融业务，可谓是“使命光荣、责任重大”。希望大家一定要坚定信心，要有强烈的责任感、使命感，锐意开拓，不断进取。让我们一起撸起袖子加油干，为把工商银行打造成全国一流的具备国际影响力的养老金融服务机构努力奋斗。

再接再厉　坚决完成上半年工作任务

——在2019年部分分行资产托管业务座谈会上的讲话

谭　炯

（2019年6月4日）

今天已经是6月初，距离半年末考核已经非常近了。当前，全行托管条线面临着收入、规模双面承压的严峻形势。在这样的形势下，总行决定召开部分分行托管业务座谈会，主要是和同志们一起进一步分析形势、找到差距、找准不足、统一思想，号召大家进一步不懈努力、共同奋斗，坚决完成各项工作任务，为工商银行的转型发展作出托管条线应有的、新的、更大的贡献。下面，我想围绕一段时期以来托管业务开展情况、工作当中存在的一些差距和问题、未来托管业务发展的总体思路以及当前的重点工作任务，讲四方面意见。

一、2018年资产托管业务逆势增长，成绩显著

过去四年来，在总行党委正确领导和托管条线广大干部员工的不懈努力下，托管条线经营发展取得了骄人的成绩，托管规模、利润、收入、存款等核心指标都实现了翻倍增长，市场领先优势进一步扩大，对全行的贡献持续提升。规模方面，2015—2018年，全行托管资产规模从5.8万亿元增至16.3万亿元、增长181%，增加10.5万亿元，是同期建设银行增量的1.3倍、招商银行增量的1.2倍，四行占比由28%提高至35%、提升7个百分点。收入方面，托管总收入（手续费+存款净息差）由66.5亿元增至133亿元，整整翻了一倍，四年累计为全行创造经营贡献476亿元。其中，托管手续费收入由37.3亿元增至68亿元，平均每年增长7.7亿元。存款方面，托管日均沉淀存款由四年前的1 704亿元增长至4 318亿元、增长153%。

特别是去年，资管新规落地实施，资管行业进入新的发展时期，给托管业务带来新的机遇，同时也带来严峻的挑战。面对行业规模缩减、市场竞争激烈、费率加速下行的复杂经营形势和挑战，托管条线砥砺奋进，锐意进取，经营业绩实现逆势增长，为全行保持市场领先地位作出了重要贡献。主要体现在四个方面：

（一）经营业绩达到历史新高。一是托管规模逆势增长。2018年规模达到16.3万亿元，较上年增加7 440.4亿元、增长4.8%。在全行业规模下降3万亿元、降低2.5%的局面下，实现逆势增长。存量、增量保持“同业双第一”，四行占比35%，提升0.9个百分点，领先第二名4万亿元。二是托管收入实现新高。2018年总收入（手续费+存款净息差）133亿元，增加21.8亿元、增长20%。其中，手续费收入68.02亿元，增加3.5亿元，占全行中收增量的6%、增长5.4%；存款净息差收入64.98亿元，增加18.3亿元、增长39%。三是存款贡献快速提升。2018年日均沉淀存款余额4 318.3亿元，增加1 046.8亿元、增长32%，成为全行机构和同业存款的主要增长来源之一。其中，托管同业存款3 147亿元，占全行同业存款的30%；存款付息率1.04%，比全行同业存款付息率低62个基点，有力推动全行稳存增存、压降存款成本。

（二）市场拓展实现新突破。职业年金营销攻坚战开局良好。反映在两个方面，一方面是在职业年金归集户招投标中，12个省份中我行中标5个省级托管资格，中标率高达42%；另一方面是职业年金托管人招投标也取得了优异成绩，去年以第一档、第一名身份中标中

央机关事业单位、新疆、山东、河南职业年金托管人，中标率100%。今年以来先后中标辽宁、陕西、江西、湖北、湖南、安徽6省职业年金托管人。公募基金托管屡创佳绩。积极参与战略配售基金创新，托管3只战略配售试点基金，占全市场6只战略配售基金的一半，托管金额共计438亿元。全年基金托管收入22.8亿元，增长10.4%，占全行托管收入的三分之一。他行理财“托管+外包”营销成效显著。年内他行理财托管规模增加1 653亿元、增长24%；新增7家外包客户。大型保险托管项目落地运行。新增中国平安400亿元保险资产和400亿元非标资产托管，平安人寿托管规模增加1 274亿元，国寿股份增加1 030亿元。资产证券化翻倍增长。托管规模增加1 538亿元、增长144%，规模存量2 603亿元、排名市场首位。全球托管创新加快。经银保监会、证监会批准，获得存托业务资格，成功营销全市场首单GDR——华泰证券GDR境内基础证券托管。2019年以来，与九号机器人、依图科技达成存托合作意向，成为全市场首单CDR存托人。增值服务研发不断提速。业内首推“工银托管基金通”产品，在机构客户投资公募基金过程中，提供交易便利、信息咨询等增值服务。2018年共签约30家客户，对接近200只托管组合，当年累计交易金额达120亿元，目前已突破300亿元。通过基础托管与增值服务联动，有效增强客户黏性，提升托管竞争力。

（三）风险防控取得新提升。去年随着外部市场波动加剧，监管政策趋严，资管业务风险逐渐暴露，市场违约事件屡有发生。在此背景下，托管条线打造多层次、多维度的风险防控体系，确保托管业务零风险。主要包括三方面工作：一是筑牢防火墙，杜绝“病从口入”。严格执行客户准入、产品准入标准，对私募基金和创新类安心账户等高风险业务逐笔集体审议，从严把控风险。二是定期“体检”，及时清除风险隐患。在私募市场风险高发时期，托管部组织全行深入排查私募基金托管风险，持续跟踪监测异常情况。在近年来全市场超过500家私募机构失联、涉案金额高达数千亿元的严峻形势下，我行在托管业务方面始终保持零风险。当然也要看到，个别分行违反总行有关管理规定，未将私募基金托管报经总行审批，存在一定的违规，导致了一定的风险隐患。三是积极帮助客户防范化解风险。针对债券市场违约、股票质押爆仓等重大风险点，密切监测托管组合持仓情况，充分履行托管人职责，与客户共同防控风险。

（四）“托管业务全行办”进一步形成新局面。在“托管业务全行办”战略思想指导下，全行22家托管分部体系搭建形成，为全行托管业务发展注入了新动力。去年，分行托管规模达到12.6万亿元，在全行托管总规模的占比达到78%；托管收入38.8亿元，全行占比达到57%。其中，北京、广州、上海、深圳、浙江五家分行是托管分部的中流砥柱；17家新分部中，重庆、江苏成为新鲜生力军，培育了特色业务，通过差异化发展，取得了显著的成绩。

总的来讲，通过大家的共同努力，托管业务取得了很好的成绩，也为未来的发展夯实了坚实的基础，更加坚定了进一步加快托管业务发展的信心。成绩的取得饱含了托管条线全体干部员工的心血，在这里我代表总行党委，对同志们的努力付出表示衷心的感谢！

二、今年以来资产托管业务形势严峻，任务艰巨

在肯定成绩的同时，我们也要清醒地看到，和市场比、和总行党委寄予我们的期望比仍有差距，工作中仍然存在一些不足，但更重要的是要看到未来努力的方向和前进的希望。当前，总体形势比较严峻，托管业务面临着双重挑战，一个是规模增长的挑战，一个是收入增长的挑战。特别是从前4个月收入指标看，经营形势非常严峻，面临的任务非常艰巨。简单地讲，就是收入持续下滑，导致未来我们在收入指标上的压力会不断加大。

（一）前4个月托管收入下降压力不断加大。

收入有加速下滑趋势。截至4月末，全行托管手续费收入22亿元，同比减少2.2亿元，降幅接近10%，是近年来首次出现同比负增长的情况，并且呈现出加速下滑态势。1月末，收入同比减少1.1亿元，到4月末，降幅进一步扩大到2.2亿元。每个月的收入也在逐渐下降，4月当月比1月减收超过2 000万元，环比下降5%。这个趋势如果不引起我们的高度重视，不尽快采取有力的办法措施加以遏制，那么到半年末、到年底，收入任务完成情况不堪设想，与新一届总行党委的工作决心、工作要求的差距会越来越大。按照目前的趋势计算，上半年收入估计在32亿元左右，距离完成上半年序时计划有高达3亿元的缺口。

分行降幅高于总行。从总、分行具体情况来看，截至4月末，总行收入同比下降5 910万元、降幅5.9%；分行同比下降1.6亿元、降幅11.5%，分行降幅高出总行降幅一倍。总行由于主要运营公募基金、全国社保等标准化产品，受资管新规冲击较小；而分行主要产品是银行理财及通道类的券商资管计划、基金专户和信托产品等，受冲击和影响较大，收入下降非常明显。

主要分行收入大幅下降。从分行层面看，37家分行中有19家收入同比下降，占到一半以上，降幅超过15%的多达16家，最高降幅甚至达到70%。不仅小行存在收入下降问题，大行受到的收入下降冲击更加严重，收入排名前10的分行中有8家下降，包括广州、上海、浙江、重庆、江苏、江西、山西、贵州，同比降幅从13%到52%不等，共计减收1.9亿元，占全行减收量的86%，单个分行最高减收1.2亿元。其中，减

收金额较大的是广州分行，减收1.2亿元，上海分行减收4 700万元，浙江、重庆分行减收约1 300万元，江苏、山西、贵州分行减收约800万元。

同业对比明显落后。前4个月，建行、中行、农行都实现了收入正增长，农行同比增幅最高，达到11.8%，而我们是负增长。在安心账户托管、和本行理财对应的基金专户、券商资管计划等产品方面，我行增速明显落后于同业。特别是农行、建行、中行的类安心账户托管收入增幅都在20%以上，而我们仅仅增长了3%。

（二）收入下降的主客观原因。通过对收入指标和差距的分析，我们发现，当前我行托管收入大幅下滑主要有两方面原因，一方面是客观环境的原因，一方面是主观努力的问题，竞争发展的主动性、灵活性不足。收入下降有外部市场环境冲击的客观影响，但对标同业，其他大行1～4月托管收入是正增长，我们是负增长，说明客观环境并不是最直接、最根本的原因。

具体来说，客观原因主要有两个：一是整个市场的规模持续收缩。去年全市场托管规模由125万亿元下降至122万亿元，今年严监管措施进一步落实，市场规模预计将持续缩减，预计年内将下降5万亿～10万亿元，降幅达到5%，客观上给托管收入的增长造成困难。特别是，以银行理财为主加快推动“去通道、去嵌套”，基金专户、券商资管计划、信托计划这三类通道业务规模持续萎缩。去年全市场这三类业务分别下降4.1万亿元、4万亿元、3.2万亿元，合计11.3万亿元。受此影响，去年我行这三类通道产品规模下降5 700亿元，降幅13.6%，规模下降对收入影响有滞后效应，预计今年收入同比下降2.5亿元。二是本行理财规模下降、费率下调。4月末，我行理财规模比年初下降3 800亿元，如全年保持这个态势、下降5 000亿元，理财托管业务将减收1亿元。在规模下降的同时，去年底我行理财产品托管费率由万分之四下调为万分之二，对应投资品托管费率由万分之五下调至万分之三，导致托管收入减少约2亿元。综上计算，本行理财及通道产品规模下降、费率下调将导致托管业务减收4亿～5亿元。

客观原因和影响确实存在，但并不是最主要的。最严重、最制约业务发展的，是我们内部的业务管理、工作作风等还存在不足，部分分行经营理念错位，市场营销能力不足，导致我们在同业中收入下滑最为严重。具体来讲，主观原因突出反映在四个方面：

一是部分分行眼光过于集中在行内资源上，缺乏对外部市场的主动开拓。眼睛盯着集团内的，没有盯着市场的。这个问题突出表现在分行对总行资管、私银理财托管资源的争夺上，竞争性压降托管费率，抬高理财存款付息率，这样的结果，不仅不能扩大工商银行的整体利益，也不利于理财业务的健康发展。对于我们这样一个规模大、资源丰富的大行来讲，如果我们眼光仅仅盯着内部资源竞争，将会导致我们丢掉外部市场。

二是部分分行将托管业务单纯作为拉存款的工具。托管业务客观上确实具有很强的存款沉淀效应，但托管业务绝对不是拉存款的工具。在这个问题上一定不能本末倒置，经营理念不能错位。特别是安心账户托管业务，不仅要有沉淀存款，更重要的是要通过扎实的托管服务，创造托管收入，回归托管业务的本源；私募基金托管也是如此，在政府引导基金、产业投资基金等托管中，不能简单地以存款论英雄，要通过实实在在、扎扎实实的托管服务，取得托管收入的丰收。

三是没有充分发挥好总行下划收入的激励作用。去年总行向分行下划托管收入多达22.2亿元，把总行的公募基金托管收入下划给各分行，是为了增强大家与个金条线基金代销的联动配合，同时也是为了激励大家更好地发展托管业务，形成良性循环，这是总行的初衷。但从近期情况看，基金代销激励的效果并不明显。4月末我行公募基金托管规模较年初仅仅增长5%，落后农行、中行近9个百分点。个别分行托管业务体量小，但基金代销量大，在一定程度上形成了依赖基金代销、坐等总行返还收入的惰性思维，造成开拓托管业务的主观能动性不足。

四是个别新设托管分部工作不力。个别分行对“托管业务全行办”战略贯彻不力，成立分部以后业务发展缓慢，主动营销不够，业务推动不力，没有很好地达成设立分部的预期效果。去年自营托管收入低于2 000万元的分行有山东、安徽、黑龙江、海南、宁波、天津、陕西、福建、云南、河北，占新设分部数量的一半以上。

三、下一阶段工作思路

我们分析过去工作中存在的优缺点，实际上是为了更好地找不足，找差距，总结经验，更好地看清未来发展的方向和道路。通过一段时间的分析和研究，总行提出了未来一个时期托管业务发展的总体思路想法，借这个机会也和大家做一个交流。简单来讲，当前托管市场环境发生了根本变化，面临着监管趋严、规模增长受限、竞争加剧等严峻的新挑战。在新的发展时期，托管条线一定要坚持党建引领，按照建设国际一流托管银行的经营思路和目标，对标市场发展，通过三大重点工作举措，即建设智慧托管银行、实施营运集中改革、推进本行理财外包，实现从“托管业务全行办”到“营销重点办、营运集中办”的战略升级，巩固并扩大我行托管业务竞争优势。力争到2020年，“托管＋外包”规模超过20万亿元。在这个基础上，再经过5年的奋斗，到2025年，实现“托管＋外包”规模超过30万亿元的中远期目标。为了实现这个战略目标，核心要抓三项重点工作。

（一）努力建设智慧托管银行，进一步提升托管业务核心竞争力。一个高效强大的系统是托管银行的核心竞争力。道富银行每年在托管系统方面的科技投入超过10亿美元，有力保障了其全球领先地位。未来，我们建设智慧托管银行的总体思路是：借鉴国际一流托管银行经验，以全行智慧银行建设为契机，重构我行托管系统架构，建设营运、数据、管理、客服四大业务平台，围绕客户、资金、产品、数据打造托管金融生态圈，大幅提升我行托管业务的核心竞争力。

具体来看，主要是打造四个智慧平台：一是智慧营运平台。对基础托管营运系统升级改造，建成高效稳定、高度自动化和交互友好的托管业务处理系统。二是智慧数据平台。充分利用目前超过16万亿元托管资产中的海量数据，设计科学的数据架构，为增值服务提供数据基础和有效工具。三是智慧管理平台。加强对全行托管业务的精细化管理，从而为经营决策、风险控制、以及精准营销提供有力的支持。四是智慧客服平台。适应客户个性化需求，构建系统直连、网上银行、移动APP和金融云等多种服务方式，打造全方位、智能化客户服务平台。

（二）实施营运集中改革，提升服务质量和风控水平。2014年以来，我行深入推进“托管业务全行办”战略，通过“增设分部、增加权限、总行组合移交分部营运”等管理措施，有力推动了分行托管业务发展，托管分部数量由过去的5家增至23家，有效抓住了大资管行业爆发式增长的时机，实现了托管业务跨越式发展。

当前来看，随着托管规模、分部数量的不断增加，这种分散营运的模式导致操作风险加大。从国际趋势看，先进全球托管行普遍建立集中营运的管理体系，从而发挥集约优势，提升服务质量，加强风险集中管控，提高团队专业素质。在新形势下，我们需要对标国际先进同业，稳步推进营运集中的转型升级，按照“存量产品保持不变、增量产品适当集中”的原则，针对总行统一管理与营销的产品，在年内形成集中营运改革方案，通过2～3年的努力逐步建立“责权利匹配、资源共享、联动有序、风险共担、收益分成”的新型营运模式。

（三）加快推动本行理财外包，打造5万亿级的战略业务。营运外包是国际资本市场通行模式，也是国际托管银行重要的业务领域。摩根大通外包规模超过10万亿美元，占托管规模的近30%。我行理财子公司即将开业，通过理财营运外包，能够避免后台重复建设，节约运营成本，防控整体风险，促进理财子公司专注于投资研究、专注于资产配置，从而提升子公司的核心竞争力。希望托管部要全力以赴做好理财外包服务，尽快完成和子公司的业务对接、数据移行、系统改造和人员组织培训等相关工作，确保子公司在多方配合下顺利开业。

在此过程中，希望托管部通过本行理财子公司的外包，进一步理顺业务流程，完善系统功能，总结业务经验，建立可持续的盈利和发展模式。在本行3万亿元理财外包基础上，还要紧盯外部市场资源，要大力营销超过5万亿元的中小银行理财业务外包市场，将本行理财外包的成功模式推广复制到外部市场，提升我行外包业务市场竞争力。此外，各类公募、私募基金、外资资产管理业务规模合计超过20万亿元，如果我行能够获得10%的市场份额，可新增2万亿元规模，外包业务市场潜力巨大。希望针对上述三大块市场，通过3～5年的努力，争取在外包业务方面夺取超过5万亿的业务量，推动我行向全球前十大托管行迈进。

四、近期工作安排和要求

以上是未来一段时期托管条线努力的工作思路和工作目标，下面重点讲一讲近期、特别是为了完成好半年工作考核，必须要抓的重点工作。前面也讲到，从当前形势看，托管条线经营压力非常大，规模有增长、但是不足；更重要的是收入同比下滑，相对于序时计划、相对于同业，收入压力大，任务缺口也大。总行党委对完成好半年工作目标高度重视，最近一段时期，董事长、谷行长在不同场合，通过不同形式，再三强调一定要完成好半年工作任务，要对标可比同业，进一步巩固和扩大工商银行各项业务的竞争优势。简单来讲，不仅是确保市场份额第一，更要在此基础上进一步扩大竞争优势。希望大家坚定信心，共同把托管条线的各项工作任务完成好。

（一）加强收入管理，确保完成上半年经营任务。按照全年工作安排和序时进度，上半年全行托管手续费收入任务为35亿元，从预测情况看，离完成任务尚有3亿元的缺口。全行托管条线要高度重视，赶紧行动，在不到一个月的时间内，千方百计弥补任务缺口，确保完成目标任务。

希望北京、上海、广州、深圳、浙江分行作为第一梯队，一定要主动担当作为，利用客户、经验、团队、系统等优势，千方百计拓展收入来源。从当前大家预测的情况看，上海、广州、浙江3家分行存在一定收入缺口，要积极行动，不怨天尤人，确保6月末同比不下降；北京、深圳分行要鼓足干劲，争取多作贡献。第二梯队，江苏、重庆等18家分行已具备场内交易权限，要将标准化场内交易产品作为营销重点，以专业服务赢得市场；同时充分发挥我行托管业务平台作用，从资金端、项目端等多方面切入，将基金公司、证券公司、信托公司与城商行、农商行、地方保险等资金对接，提升托管规模和收入。其他未设立分部的14家分行也要在严控风险前提下努力做好增收工作，为全行完成收入任务贡献力量。

为了做好增收工作，希望总行托管部要进一步研究优化收入激励政策，在核定第二季度下划金额时，将自营收入权重提升至70%，将托管规模和存款权重下调至30%，引导各行既顾规模，也看收入。对于总行下划收入，分行要及时、全额、准确计入托管科目，总行要进一步加强监测，对入账不规范的分行要进行处理。第二季度暂停基金销售奖励政策，引导各行将工作重心聚焦到托管增收上来。

（二）分类施策，做好重点产品外部市场拓展工作。各行要坚持“眼睛向外”，不能只顾挖掘内部资源，而放弃了外部市场。

在银行理财托管上，分行要抓住他行理财净值化转型带来的业务机会，加快跑马圈地，进一步提升市场份额和客户渗透率。

在职业年金基金托管上，各行应巩固前期归集账户营销成果和优势，充分抓住营销机遇期，确保实现托管计划数量“保一争二”的营销目标，并争取托管规模最大的计划。同时，要做好中标后的系统测试、流程设计、协议签署等托管服务工作，切实提高托管服务质效，满足职业年金基金管理人的营运要求。

在券商资管计划托管上，一是把握券商资管向主动管理转型发展的契机，重点营销券商集合资管计划、券商公募基金、企业资产证券化托管业务；二是券商属地分行要承担起第一营销人的责任，积极挖掘外部市场项目机会，提高市场覆盖率和客户渗透率；三是要坚持全行一盘棋，托管、资管、个金、机构、投行等部门要充分协作，与券商开展资源互换，提升托管规模。

在信托计划保管上，要配合信托产品净值化转型需求，联合开发产品，积极营销证券投资类信托计划等创新产品，通过资金方、项目方、托管方联动，努力扩大非标投资类信托保管业务份额。关注政策性银行、城商行、农商行、汽车金融公司等机构信贷资产证券化业务机会，寻求业务突破。

在安心账户托管上，优先选择资金量大、资信背景优的机构开展合作，切实履行托管职责，既要发动分支机构加大营销，又要加强业务项目审核，杜绝外部风险侵入。同时，要提高业务收费水平，不能仅仅将安心账户单纯作为揽存工具，要注意提升托管业务的收入。

（三）关注重点领域，守住风险底线。在监管趋严、市场多变、风险频发的复杂环境下，各行要始终将风险防控作为第一要务，守住风险底线。一是加强对私募基金托管业务的管理，要逐笔报总行审批或备案，对已经开展私募基金托管合作的要密切监测，对于已经出现风险苗头的项目，要及时采取终止协议等措施，防止外部风险传染我行。二是严禁与P2P、担保公司、小贷公司开展托管合作。三是严防基层行套用安心账户托管授权，违规开展高风险业务。

此外，要强化托管业务规范营运，防范操作风险。要进一步完善托管业务营运制度，推动营运标准化建设，确保营运工作有规可依；分行要提高托管营运队伍专业性和稳定性，确保托管营运规范。各行在增收同时要坚守合规与风险底线，确保收费与服务匹配。

（四）加强党建引领，推动托管业务高质量发展。要进一步坚定政治立场。托管业务是深化金融供给侧结构性改革、防范化解金融领域风险的重要力量，是保障大资管业务健康发展的重要制度性安排。托管条线要旗帜鲜明讲政治，充分发挥好第三方独立监督职能，坚定立场，提高站位，在发展托管业务过程中进一步树牢“四个意识”，坚定“四个自信”，带头做到“两个维护”，把握好稳中求进工作总基调，以党的政治建设为统领，推动党建与业务的融合发展。要强化担当作为，改进工作作风。面对复杂局面和艰巨任务，托管条线要进一步强化担当精神，用新理念、新思路、新方式攻坚克难，加快发展。特别是在提升托管规模、增加托管收入方面，各级机构要坚持抓重点，补短板，找准症结，开实药方，确保各项工作任务圆满完成。

同志们，过去四年，我行资产托管业务实现了跨越式发展，取得了骄人的成绩，为工商银行转型发展作出了重大贡献。我坚信，在过去的良好基础上，在新形势下，通过我们积极努力，主动作为，托管条线一定能够创造新的、更好的成绩。

建立完善“真实性”审查机制
切实做好信贷防假反欺诈工作

——在授信审批条线加强“真实性”审查工作动员会上的讲话

廖　林

（2019年12月11日）

刚才总行授信审批部介绍了加强“真实性”审查的背景，并对具体工作进行了布置，我都同意。相关分行也结合本行实际作了发言，认识很深刻，工作措施扎实到位，值得肯定。希望各分行相互借鉴经验，把陈董事长、谷行长要求及总行的工作部署落实到位。我重点讲几个方面的意见，供参考。

一、正确认识当前信贷案防和资产质量面临的严峻形势

党中央、国务院对做好防范化解金融风险工作提出严格要求。总行党委高度重视。在全行年中工作会议上，陈董事长针对“合规案防压力增大”的形势，要求“坚持高压整治与强基固本一体推进”“持之以恒抓好内控案防”。在10月份党委扩大会议上，谷行长要求“采取硬措施遏制案件反弹高发势头”“明年信贷领域案件要坚决降下来”。在8月份召开的全行案防工作会议上，王林组长提出要“落实案防管理责任，做到管住人、看住钱、扎牢制度防火墙”，特别强调要重点做好信贷领域案防工作。对于当前我行信贷案防形势的严峻性，全行上下特别是信贷前中后台三道防线和各级管理者必须深刻认识，高度重视。

（一）信贷领域案件多发，案防形势十分严峻。去年以来，我行案件发生率明显上升，尤其信贷领域案件高发。2018年1月至2019年11月，全行共报告信贷领域案件及案件风险事件××件，涉案金额××亿元，案件数量和涉案金额分别占全行案件总数的××%和××%。从案件金额和性质看，大案、要案增多，特别是“顾国明、谢明案”，性质十分恶劣、涉案金额巨大。今年我行在五大行中案件数量排名第三，涉案金额排名第二，与第一大行地位不匹配。银保监会对我行的监管通报中，已多次强调要高度关注信贷领域案件风险集中、涉案金额明显上升的问题，针对几个大案要案，专门进行了监管约谈。

信贷领域案件高发，给我行价值创造及声誉造成了不良影响。有的案件，涉案金额巨大，直接损失惨重；有的案件，大行中只有我行涉及，与我行严管理、强风控的市场形象相违背；还有的案件，属于非常低级的造假和欺诈行为，各防线都没能识破和防堵，与我行打造世界一流现代金融企业的目标格格不入。特别是顾国明、谢明两大案件，问题主要出在信贷方面，更是严重损害了我行的形象，教训十分沉痛。

（二）前清后溢，资产质量承压。近年来，全行大力推进不良贷款清收处置和风险化解工作，早年就开始部署“过三关”工作，2013年到2019年上半年，全行累计处置不良贷款××亿元，其中核销××亿元，在保持信贷资产质量关键指标持续向好的同时，承受了巨大损失，令人痛心。9月末集团各项不良贷款余额××亿元，不良贷款率××%，贷款剪刀差××亿元，不良贷款率在四大行中最高。今年前三季度，经过全行上下共同努力，通过资产处置和核销等手段，总共处置××亿元不良贷款，但同时又新发生逾期贷款××亿元，××亿元贷款劣变为不良；12月份还有几个超级大户风险需要化解，动辄几十亿元。稳定资产质量的压力很大，需要全行上下继续付出艰巨努力，决不能盲目乐观。

全行要充分认识到，信贷案防和资产质量是有机统一的。从案防经验看，信贷案件和不良贷款往往相伴而生，而且劣变快、清收率低的特点十分明显。如果只是单纯的企业经营不善、偿债能力下降导致的贷款风险，我们还有一些清收化解的手段，但如果信贷案件一出，特别是涉及造假，贷款风险马上暴露，贷款往往血本无归。大家一定要保持清醒头脑，如不抓紧做好信贷案防工作，不良贷款产生的风险源头把不住，前清后溢，我行的贷款质量就很难保证，“跨越周期的稳健”就难以真正成为现实。

（三）失责必究，内外部处罚问责保持高压态势。从外部形势来看，近年来公安司法部门对信贷案件的追责力度明显加大，追责人数多、判罚重，有以下几个特点，大家要高度关注：一是违法发放贷款罪判罚人数较多。据统计，金融机构工作人员被判违法放贷罪的判决已近600例。二是认定违法放贷罪的依据也较多。既有《贷款通则》《商业银行授信工作尽职指引》等部门规章、监管规定，又有银行内部信贷管理制度等。三是违法发放贷款罪立案追诉标准较低。目前法律规定为“放款金额100万元以上或造成直接经济损失金额20万元以上”，按照这个标准，在座各位审批的业务基本都覆盖在内。四是涉及罪名多。信贷领域案件可能触及22个罪名，如果未尽职履责，即使没有被判违法放贷罪，也可能被判失职罪、渎职罪等罪名。据统计，2015年以来我行信贷领域已被判决存在违法犯罪行为的案件××起，共27人受到刑事处罚，最高的一起刑事处罚判刑14年，并处罚金45万元。大家必须要有清醒认识，必须警钟长鸣。

从行内情况看，为强化从严治贷，近年来行内不断加大不良贷款和案件的问责力度，按照“问严、问精、问准”的原则，加大对关键环节、关键人员和关键问题的问责处罚力度，被问责人员的层级也明显提升，一些一级分行行领导、业务部门总经理被问责。

以往工作中一些中后台同志认为业务真实性完全由前台部门负责，对防假反欺诈工作不重视。今天，我要跟大家讲清楚，真实性问题每一环节、每一岗位都必须从严甄别，从以往案件的处理结果看，但凡出了案子，中台一样没逃掉处罚。谷行长已经明确强调，信贷真实性方面出了风险问题，前台和中台都负有责任。因此，对于这个问题，在座的分管行领导、授信审批部总经理都要头脑清醒，统一思想，提高认识。

二、深刻反思信贷案件和不良贷款背后的深层次原因

通过对案件的梳理，不难发现，绝大多数案件都与造假、欺诈有关。不良贷款确实有一部分是企业经营上的原因，但也有相当一部分是造假导致的。因此，一定要深刻反思，要重点从内部查摆问题、查找原因。

（一）外部造假及欺诈行为难以杜绝。

一是企业造假、欺诈的外部诱因较多，短期内难以明显改善。一方面利益驱动企业造假、欺诈。目前国内宏观经济增长速度放缓，一些企业经营困难，资金链紧张，为套取更多的银行融资，企业通过美化经营财务状况、设计包装贸易背景、虚构抵押物等造假方式骗取银行融资。另一方面法制环境不完善，企业造假、欺诈的违法成本较低。我国刑法虽然规定了金融诈骗罪、骗取贷款罪等，但从具体执行看，受处罚的比例总体较少，对不法者的威慑力不够。大家对外部环境要有正确的判断，社会诚信的培养、法制的健全需要经历一个过程，切不可盲目乐观，放松警惕。

二是造假、欺诈手段花样百出。归结起来主要有以下几类：其一是虚构融资主体资格。例如陕西咸阳某石化公司通过虚构兼并合同，包装成一家被中石油“兼并”的企业，穿了个“马甲”骗贷，我行损失近 4 亿元。其二是虚构贸易背景。例如内蒙古某矿业公司伪造与美国波音公司的贸易背景骗贷、骗汇，提供的贸易合同和发票等存在多处不符点，变造报关单，我行均未发现，最终行内 9 名员工被判违法发放贷款罪，最重的被判刑 5 年。其三是虚构融资用途。例如云南某公司本身为橡胶生产企业，编造的融资用途却是购买橡胶作为原材料，资金实际被挪用至另一家无实体经营的融资担保公司。其四是虚构抵质押物及保证担保关系。例如内蒙古某粮食公司实际提供的抵押物为600 吨玉米，却伪造成 1.1 万吨，差了 20 倍，第三方监管企业也未尽责，给我行造成很大损失。还有一些案件通过伪造保证人签名、公章等，提供虚假保证担保关系。其五是财务报表虚假。例如云南某公司实际销售收入 77 亿元，报表上却伪造出 151 亿元，夸大了近一倍，最终导致银行融资总量失控形成不良。其六是内外勾结作案。例如青海某公司骗贷案，客户经理被企业买通，帮助企业虚构融资背景、伪造全套资料，合谋骗取融资，第二调查人未能有效核实，最终客户经理被判刑 12 年，二调被判刑 3 年。

（二）行内防假反欺诈工作存在薄弱环节。

一是思想认识还很不统一。一方面重视程度不够。一些机构负责人业绩观、发展观不端正，重短期经营指标、轻信贷案防，缺乏大局意识和政治站位。另一方面职责认识不清晰。一些前台尽调人员责任心不强，简单地认为风险由中后台把关，放松了对客户和业务“真实性”的调查。一些中台审查人员认为“真实性”由前台负责，放松了对“真实性”这一最重要实质风险的把关。有这些思想存在，我行信贷案防工作就不可能形成合力。谷行长在党委扩大会上指出，这次在授信审批条线建立“真实性”审查机制，推进起来比较慢，很重要的原因就是思想不统一。今天会议的主要目的之一，就是要统一思想认识，把责任问题向全行讲清楚、讲透彻，各分行务必要认识到位、理解到位。

二是前中后台履职不到位。从发生的案件来看，手段高明、确实难以识别的造假其实不多，绝大多数都是由于自己人没有尽责造成的恶果，前中后台都有涉及。其一是前台尽调履职不到位。有的现场调查该做没做，如内蒙古某公司骗贷案，多个调查人都没去现场，一点责任心都没有；有的双人调查执行不到位，第二调查人只管签字、不管核查；有的前台分管负责人完全缺位，对尽调内容不审核、不把关，闭着眼睛点流程；有的对押品的调查核实不够，盲目相信客户或过于依赖外部监管企业。其二是中台审查履职不到位。有的对新客户准入审核情况不予关注；有的对前台尽调履职情况不加审查，缺乏最基本的前后手监督；有的盲目相信前台提供的信息，不做基本的常识判断、逻辑分析和交叉验证，缺乏防假反欺诈的敏感性和严谨性；还有的甚至对显而易见的“假”视而不见，完全失职。其三是后台履职不到位。有的前提条件没有落实就放款；有的对抵质押物的核保、核押不到位，抵质押还没落实就核准放款；有的存续期管理流于形式，总行多次风险提示甚至风险已经显现的，都未及时督促基层行采取风险防控措施。

三是内部机制不完善。其一是信贷管理制度有缺失、执行不到位。例如四川某分行内部员工连续骗贷 27 笔，历时两年多没人发现，暴露出基层行秘钥管理、信贷档案管理、抵质押物管理等多个方面执行不力、管理混乱。其二是授信审批管理机制不够完善，流程设计有缺陷。例如谢明案中，谢明采取化整为零、分拆业务、越权审批的方式，轻易突破或绕过多项制度和流程，甚至贷审会把上次持反对意见的人员排除在外。其三是对关键岗位人员监督管理不到位。例如部分分行行领导长期在当地任职且分管审批，既没有异地交流，也没有分工调整。对“关键少数”任前考核、任中监督、任期管理机制不健全，有的换岗、退休、离职前突击审批业务，关键人员打招呼甚至干预贷款审查审批，也没有实行登记备案制度。

四是防假反欺诈的能力和手段有限。一方面能力明显不足。回过头来看，我们发现许多案件都是低级的假、明显的欺诈。有的编造的交易背景明显不合逻辑，有的合同基本要素不完整或规定内容不合逻辑违反常识，有的相关资料和证明文件相互矛盾，有的抵质押物未进行登记。但是就连这么低级的“假”、这么明显的欺诈我们都没能防住，说明我们防假反欺诈的能力亟待

提高。另一方面手段还非常有限。目前客户经理获取企业信息的渠道过于单一，主要是依赖客户提供的资料和信息。中后台人员可利用的外部信息渠道有限，信息有效性不足和过于繁杂难以有效筛选的问题并存，难以对尽调信息进行有效的交叉验证，靠经验、靠感觉，大大制约了防假反欺诈的效果。

三、齐心协力，确保明年信贷领域案件显著下降

总行党委已经提出“明年信贷领域案件要坚决降下来”，我们肩上的责任很重，目标的实现要靠各分行、信贷条线前中后台部门的共同努力。在这里，我特别强调以下几点。

（一）必须提高站位、高度重视防假反欺诈工作。思想上重视、认识上到位，是做好工作的根本前提。一是于“公”要对国家、对工行、对本机构负责。大家要深刻认识到，做好信贷防假反欺诈工作的目的，不仅是为本机构把控风险、提升管理，为维护工行社会形象、保障稳健发展，更是为防止发生系统性金融风险，保障国家金融安全。一定要提高认识，这样才能开展好工作。二是于“私”要对自己负责。各级管理者一旦思想出了偏差，放松了对自己的要求，最终一定会害了自己。大家看一看，发生的这些案件，哪一个相关责任人没被问责？轻者给自己蒙上污点，严重的葬送了自己的职业生涯。特别是顾国明、谢明更面临牢狱之灾，害了自己，也害了家人。大家千万不要把案例当故事，把自己当看客，要真正把自己摆进去，以案促思，引为镜鉴。

（二）必须统一思想、明确各自的职责定位。信贷案防是全行的事情，信贷条线首当其冲，前中后台要认清自己的职责定位、各尽其责，管好“责任田”。一是必须明确约法三章和若干纪律要求。严禁有章不循、严禁弄虚作假、严禁跑风漏气；始终坚持稳健审慎发展和全面主动控险的理念；始终坚持“One－ICBC”风险偏好；始终坚持代价意识和底线思维；始终坚持风险分散原则；始终坚持资本、收益和风险平衡；始终坚持风险为本、防范灰犀牛和黑天鹅，提高防范化解风险能力；始终坚持管住人、看住钱、扎牢制度防火墙；始终坚持责任到位和监督到位。二是前台要当好第一道防线，要对调查资料的真实性负首要责任。要认真开展现场调查，不能搞变通、走过场；客户基础信息要认真核实；双人调查、调查复核程序要切实履行，核保核押必须现场当面办理，严格遵循双人、“四眼”原则，不能打折扣；关联关系调查要深入细致，注重隐性关联的识别。三是中台作为第二道防线，是防假反欺诈的重要一环，必须切实承担起真实性审查职责。要对客户准入、尽职调查环节的履职情况进行审查；要通过常识判断、逻辑分析、多渠道信息交叉验证等方式，尽可能堵住各类造假和欺诈行为；要结合对客户和业务的实质风险判断，进一步规范和细化“真实性”审查内容。四是后台作业监督环节作为放款把关的最后关口，不能因为前面有多个环节把关，就放松警惕。要对前提条件落实情况，特别是抵质押、保证等增信条件的落实情况进行严格审核，前提条件未落实或变通落实的业务不能放款。

（三）必须尽快完善制度流程，扎牢制度的笼子。全行要深刻吸取教训，着眼全局，亡羊补牢，尽快完善信贷全流程的制度规范。一是建立信贷案防长效机制。信贷前中后台要按照以案促思，以案促改的要求，查漏补缺，进一步完善信贷政策、制度、流程，为全行信贷业务长期健康发展夯实基础。二是授信审批条线要先行先试。本次建立“真实性”审查机制是一项很好的举措。后续还要结合“两明”案专题教育整改，配合组织人事和纪检监察部门加强关键岗位任职履职管理，强化敏感业务监测管理，完善分行集体审议制度，督促中台阳光审贷和会见客户制度有效落实。三是授信审批条线“真实性”审查机制安排，旨在提高中台的防假反欺诈能力，丝毫不替代前台和后台的任何工作和责任。信贷前后和后台部门都要从自身角度出发，认真思考如何加强“真实性”把关，形成合力，共同努力提升我行的防假反欺诈水平。

（四）必须大力拓展信息渠道，提升防假反欺诈能力。统一思想、明确职责、完善制度，最终还需要把实际能力提升起来。一是切实增强责任心。很多案件表面上是能力不足，但根子上还是责任心不强，如果当初工作再认真一点、再细心一点，很多虚假信息都能识破。会后，总分行前中后台相关部门都要组织开展信贷案防形势讲解、法律解读、岗位职责及问责办法的培训，把思想打通、把道理讲透，切实增强信贷工作人员的责任心。二是深入开展案例教学和警示教育。总行相关部门正在开展这方面的工作，各分行一定要把总行做法贯彻下去，对已发生的违法放贷案件和不良贷款典型案例进行复盘和剖析，总结造假和欺诈的主要手段和方式，梳理容易发生风险的操作环节，要从中吸取教训，高昂的学费不能白交。三是充分利用技术手段提高反假能力。信贷前中后台都要大力拓展第三方数据获取渠道，通过工商、税务、海关、法院、电力、水务等外部信息渠道，加大大数据、区块链、人工智能等科技手段运用，多维度交叉验证和判断客户真实经营情况和融资背景。

四、抓好“真实性”审查机制建设与工作落实

对当前信贷案防和资产质量所面临的严峻形势，全行要有清醒认识，进一步统一思想，把各项工作部署贯彻落实好。

一是各分行要高度重视“真实性”审查工作。会后，分管行长要向一把手汇报，一把手要召开党委会，

结合本行实际情况，认真研究和统筹考虑信贷案防工作，在人力资源配置上做出专门安排，保障这项工作有效落实。

二是授信审批分管行长是抓落实的第一责任人。这次“真实性”审查机制安排，涉及面宽，时间紧、任务重，分管行长及授信审批部主要负责人要尽快制订本行方案，加快推动实施，信贷前、后台部门要积极配合，协调推进。

三是各分行要按照“专岗、专责、专品、专流、专人”，这五个“专”的要求，把“反信贷欺诈”专门机制建立好。信息技术、信贷管理、风险管理、数据管理要发挥作用，走智能识别的路子。关于二级分行是否设立“反信贷欺诈”岗的问题，总行明确了优先路径，但也给予一级（直属）分行自主决定权。如果因机制选择不符合本行实际或落实不到位导致案件发生，要从严追究分行党委和授信审批分管行长的责任。

四是各分行要确保在年底前完成一级和二级分行“反信贷欺诈”审查岗设置，确保授信审批条线加强“真实性”审查的相关机制启动运行，总行授信审批部要做好督导工作。

当前内外部形势复杂多变，案防形势十分严峻，信贷条线防假反欺诈面临的困难和挑战很多。希望大家按照总行统一部署和要求，以高度的责任感和担当精神，坚定信心、锐意进取，攻坚克难，狠抓落实，全力争取实现明年信贷条线案防目标。

提升个人按揭贷款核心竞争力　以e抵快贷为主推动个人普惠贷款发展

——在个贷业务专题会上的讲话

官学清

（2019年3月1日·根据录音整理）

一、增强忧患意识和责任意识，进一步提升优质个人按揭贷款核心竞争力

（一）围绕打造第一按揭银行，个人按揭贷款保持良好发展态势。一是个人贷款从2016年末的3.66万亿元增加到2018年末的4.89万亿元，同期在全行信贷规模的比重从31.9%提升到35.92%，个贷不良率从1.05%降至0.52%。二是按揭贷款持续快速增长，截至2018年末，余额增至4.53万亿元，较年初增加6 392亿元，新增同业排名第一。三是个贷经营效益突出，个贷以不到全行36%的贷款规模，创造了81%的新增贷款营业贡献。四是个贷经营模式优化取得明显成效。全行个贷条线按照专业化、集约化和扁平化的原则，紧紧围绕组织架构、个贷业务处理中心、个贷营销渠道建设三项硬件工程，以及个贷业务流程、个贷系统开发、个贷队伍建设三项软件工程，进行改革，促进了风险防控水平和市场竞争力的有效提升。

（二）进一步认清个人按揭贷款市场正在发生的变化。一是随着国家对房地产市场调控持续深化，调控效果开始显现，市场从过热向理性转变。2018年全国商品住宅销售面积增速从7月的4.2%持续下降至12月的2.2%，商品住宅销售额增幅从8月份的16.4%持续下降至12月的14.7%，这显示，以往过热的房地产市场需求带动的住宅交易量、交易额、交易频率的大幅增长已经向理性的、正常的房地产消费市场回归。二是我行的住房按揭贷款收单量、储备量、房贷利率开始呈现下滑态势。从去年下半年开始，我行按揭业务月日均收单量从50亿元下降至40亿元，月日均收单笔数从七八千笔下降到6 000多笔。与此同时，从去年11月开始新发放贷款利率也由持续攀升进入下降通道，在受理环节出现了量价齐跌的情况。今年2月，全行按揭已批未放额停留在六七百亿元的水平，仅为上年同期的1/3。三是房价在不同城市、不同区域、不同楼盘和一手房、二手房之间出现分化。四是房地产开发商可持续经营能力开始分化，大型优质开发商表现出较好的抗压能力，而个别中小开发商很可能出现资金链紧张、个别楼盘烂尾甚至违约的风险情况。

（三）进一步提升按揭贷款核心竞争力。房地产市场的变化对我行的个贷营销能力、营销模式、资源配置、风险识别和客户选择能力带来挑战。因此，2019年我们必须在总结过去两年成功经验的基础上，适应环境变化，坚持战略定力，坚持稳中有进的工作总基调，真正把按揭贷款打造成为战略性优质融资业务。这就要求我们落实好谷行长提出的“把个贷队伍打造成一支能打硬仗的铁军”的要求，加快打造按揭贷款业务的市场营销铁军、优质按揭贷款收单铁军、风险管理铁军。

一要重点发展一手房按揭贷款市场。前期房地产市场需求旺盛，贷款规模是稀缺性资源。在房地产形势转变后，各行要尽快转变观念，加强主动营销，提升营销层级。总分支各层级要层层巩固合作关系，增加合作黏性，不断提升合作份额。要做好一二线重点城市按揭贷款业务发展。对三四线城市的住房按揭市场，一级分行要认真研究和差异化部署，坚持审慎稳健和一城一策的发展策略。以80家重点城市行、直辖市行为重点地区，加大房贷业务推动与规模支持力度，力争使这些地区房贷增量占全行比重达到80%以上。各分行尤其是中西部地区分行要注重省会城市的房贷规模安排与营销拓展，确保省会城市房贷增量为同业前两位，力争第一。在城市区域选择上，要重点选择房价稳定性强、核心区域、价值增长新板块，加强对这些区域的住房按揭贷款市场拓展。要加强与重点开发商、优质开发商的营销合作。对不能持续经营、有楼盘烂尾风险的开发商，必须严控按揭贷款市场准入。优先保证重点开发商个人按揭贷款合作资金需求，提高资金回流效率，力争总、分行级开发商占本行一手房贷款投放额的80%以上，确保对前三大开发商的按揭份额居同业首位。要强化与楼盘销售人员的营销合作，在合规前提下，研究个贷营销人员、个人客户经理的营销激励措施，做好与房地产开发商、销售人员的合作，显著提高优质个人按揭贷款收单量。要提高业务处理效率，2019年按揭业务将进入以“快”取胜的阶段，要持续优化业务流程，发挥银企直连、银政直连的技术优势，全面提高业务处理效率，及时满足合作机构加速资金回笼的根本诉求。

二要积极拓展二手房按揭贷款市场。鉴于二手房价格走势已经出现分化状态，要因城施策，根据不同区域作判断，实施差异化策略，重点对价格相对稳定、下跌风险小的二手房市场提供住房按揭贷款支持。各行应注重区域差异化，以直辖市、省会城市、计划单列市等城市为重点区域，优选合作中介机构，加强押品价值评估管理，培育二手房贷款专业化经营重点支行及业务团队，确保二手房贷款业务健康平稳发展。

三要加强对按揭贷款客户的综合化营销。树立经营客户的理念，充分挖掘个贷客户业务潜力，通过完善考核激励、开展嵌入式营销，加强个贷与零售业务的协同联动，发挥按揭贷款对零售业务综合带动作用，促进储蓄存款、支付结算、信用卡、投资理财、个人网络金融、私人银行、工银安盛保险、工银瑞信基金等相关零售业务对个贷客户群的渗透，提升按揭贷款业务的综合贡献度。

四要做好住房按揭贷款资产证券化。2019年货币基本面相对宽松，资产证券化将有较高的表内表外收益。要统筹好表内住房按揭贷款与证券化的关系，市场情况比较好的重点分行要在做好表内贷款的基础上，做好资产证券化。资产证券化需要强大的收单量，如果今年个贷新增7 000亿元，证券化2 000亿元，则要有9 000亿元的收单量。通过存量住房按揭贷款资产证券化，带动个贷业务效益提升，增加住房按揭贷款的附加值。各行不能以单纯做好表内增量为目标，而要在完成表内增量规模的同时，做好资产证券化，力争全年表内、表内+表外两个口径的新增按揭贷款继续保持同业第一。

各位分管行领导回去后，要迅速部署按揭贷款业务发展工作，做好对个贷业务市场变化的深度调研，实施差异化营销策略和风控策略。各行要打造一只能够适应常态化、理性化房地产市场的个贷及个人客户经理营销队伍，提升市场营销、风险识别能力，确保按揭贷款业务的健康持续发展。

二、做好各项个人贷款业务发展，积极开展个人普惠贷款工作

（一）狠抓落实，大力发展e抵快贷为主的个人普惠贷款业务。

一要深刻理解开展个人普惠贷款业务的重要意义。一方面，开展个人普惠贷款业务是响应国家发展普惠金融战略号召和落实总行党委精神的必然要求。总行党委高度重视全行普惠金融业务发展，多次召开专门会议，研究贯彻落实中央精神，并提出了全行办普惠的要求。另一方面，开展个人普惠贷款业务是培育个贷业务增长点并促进零售金融发展的现实需要。可以预见，普惠金融将迎来更大的发展。作为国有大行，抓住普惠金融发展机遇，大力发展普惠金融，不仅能培育个贷业务新的增长点，更能够满足个人客户多元化融资需求，提升对个人商户客户群的拓展和维护，带动储蓄存款、信用卡、私人银行、个人中间业务等业务的发展。

二要确保完成零售条线普惠贷款新增目标任务。2019年个金条线承担普惠贷款新增350亿元的目标任务，第一季度要率先实现100亿元的新增目标，相当于每个工作日必须达到3亿元增量；银行卡条线承担普惠贷款新增100亿元的目标任务。根据人行口径，个金条线开展个人普惠贷款业务主要产品包括e抵快贷、经营用途的个人房产抵押消费与经营组合贷款，以及客户身份为个体工商户或小微企业主的商用房贷款和经营用途的个人金融资产质押贷款，各行要做好重点产品的营销拓展。

要重点做好e抵快贷产品的营销。对于能够满足客户经营性贷款需求的，可按照最适合客户需求、最有利于业务发展、最合理控制风险的原则，优先推荐e抵快贷产品。考虑到目前个贷业务部门多头管理的实际情况，总行已经明确了个金部门与普惠金融部门在开展e抵快贷产品营销方面的职责分工、业务统计规则等。个贷条线主要负责e抵快贷产品的营销推广，对确实因业务发展需要，需介入部分风控环节的，个贷条线人员应

按普惠条线制定的操作规程来操作，承担相应责任，并执行普惠贷款尽职免责的政策。原则上按照“谁营销，归属谁”的规则统计个金条线完成的个人普惠贷款任务。

要做好个人房产抵押消费与经营组合贷款的营销推广。去年为了顺应监管形势，响应个人普惠金融业务要求，总行从满足监管要求和个人客户多样化融资需求出发，在个金条线推出了具有经营用途的个人房产抵押消费与经营组合贷款，并率先在浙江等7家分行试点。截至今年2月25日，经营用途的组合贷款已经发放了20.2亿元，得到市场的高度认可。试点分行要进一步加大市场营销力度，从满足客户消费、经营的需求出发，做好组合贷款推荐。总行将于近期印发组合贷款在全行推广的通知，各行要提前做好准备，着手市场资源储备，确保3月开始组合贷款业务有较快起步。总行要加强个人普惠贷款业务的通报。

此外，由于目前e抵快贷实行楼盘白名单制度，对于已开办e抵快贷分行中尚没有进入白名单楼盘的分支机构，或者未开办e抵快贷业务但符合个人房产抵押消费与经营组合贷款开办条件的分支机构，为了确保普惠贷款目标任务的完成，要充分发挥个金条线营销力量，积极推广个人房产抵押消费与经营组合贷款。

要做好个体工商户、小微企业主的个人商用房贷款营销。前期总行对个人商用房贷款政策进行了修订，各行要加大个人商用房贷款政策传导与营销推动力度，确保完成符合普惠口径的个人商用房贷款发展任务。各行要准确掌握新修订的个人商用房贷款政策要点，结合本行实际尽快确定分行级城市名单，出台个人商用房贷款发展指引或管理细则，实行差异化、精细化管理。加大对总、分行级大型房地产企业集团的营销维护，实行住房与商用房按揭协同营销。加强对小微企业主、个体工商户的宣传引导，做好个人商用房贷款借款人身份类型调查识别与系统录入，确保符合普惠口径的存量与新增个人商用房贷款，准确纳入普惠贷款范畴。

要做好经营用途的个人金融资产质押贷款营销。各行要建立个人客户经理与个贷营销人员的协同联动机制，充分发挥金融资产质押贷款满足客户流动性需求、业务流程便捷的优势，在促进理财等金融资产营销的同时，提高对身份为小微企业主、个体工商户的金融资产客户质押贷款渗透率。

个金条线开展普惠贷款业务要做好存量个贷客户群、个人金融资产客户群、商户客户群、网商客户群、集群类特定客户群等重点目标客户群的营销，各分行要按照总行的营销工作部署，制订能够落地、有效的营销活动方案，并加强营销管理和组织推动。

要做好信用卡融e借业务。加强对六大板块优质民营企业客户、优质信用卡客户、房贷客户、私人银行客户以及总行预授信客户五类客群的营销。加强融e借互联网支付场景，公积金、税务、社保等可信政务场景以及公牌车、网约车等经营类贷款业务的场景化建设，推动融e借普惠贷款发展。

（二）积极推进个人消费贷款与公积金委托贷款业务的共同发展。一方面，要充分挖掘个人消费信贷业务市场潜力。去年总行调整业务策略，在个人房产抵押综合消费贷款品种基础上，创新开发了个人房产抵押消费与经营组合贷款。近期总行将在全行推广组合贷款产品，各行要充分挖掘旅游、教育、汽车、健康等各类大额高端消费场景下的个人消费贷款业务机会，积极拓展以个人房产抵押为主的消费贷款市场。另一方面，要实现委托贷款业务突破发展。紧抓公积金中心加快转型的有利时机，建立新一代公积金贷款服务体系，以公积金贷款前端营销受理服务为核心，为公积金中心提供新型全流程服务，提升我行在公积金贷款市场的竞争力。各行要切实加强对公积金中心的营销与维护，加大公积金贷款营销力度，不断提升公积金业务的拓户效应和公积金客户的综合贡献。

三、加强个贷业务发展体制机制建设

（一）落实各级行发展个贷业务的主体责任。要压实一级分行、二级分行发展个人贷款业务的主体责任，共同推动个贷业务发展。各行主管行长要作为个贷体制机制改革、业务发展、风险管理，以及实现个人普惠贷款业务发展目标的第一责任人，加强工作的整体部署和统筹安排，推动各相关部门的协同联动。各行个金（个贷）部门负责人要落实好个贷业务、个人普惠贷款业务的组织推动和营销管理责任，与普惠部门协同推进e抵快贷业务发展，做好普惠贷款业务的市场营销活动，注重建立完善个人客户经理与个贷营销人员的联动营销机制，加强对经营用途的个人金融资产质押贷款等品种的营销。

（二）持续深入优化个贷经营模式。个贷经营模式优化工作启动至今，一些分行仍然认识不到位、改革推进不力，与总行的要求还有差距。总行要加强督导和推动，力争今年全行个贷组织架构调整全部到位，提高个贷经营管理组织效率。各行要以“八个集中”为标准，不断优化处理中心业务流程和岗位设置，提高个贷处理中心标准化运营水平。要从中心布局设计、服务流程效率、客户体验口碑等方面，高标准、严要求做好个贷营销的物理网络渠道，将个贷营销中心打造成个贷线下业务营销主战场，实现个贷营销渠道向客户的延伸。要做好新一代个贷系统建设。对个贷系统进行全面优化升级，打造个贷与法贷分离以及模块化、组件化、松耦合的新一代个贷系统，提高个贷系统专业化程度。要进一步优化个人信贷营销、受理、审查审批和贷后管理操作流程。

（三）加强个贷专业队伍建设。一要加强个人普惠贷款业务的人员配备。普惠金融队伍、个贷队伍、个人客户经理队伍之间要协同联动。各行要抓紧在个贷条线培养、建立对普惠贷款懂经营善管理的人才队伍，配备好个人普惠贷款专业管理人员、业务操作人员和市场营销人员。二要提高人员队伍素质。构建个贷客户经理资质、资格、职责、考核、激励等管理体系，持续提升个贷条线人员的整体队伍素质能力。三要提升个贷营销人员、个人客户经理综合营销能力，做好协同营销。个贷客户经理要做好对个贷客户的零售产品综合营销，同时提高网点个人客户经理对e抵快贷、按揭贷款、消费贷款、融e借等个贷业务的营销推荐能力，发挥个人客户经理数量优势、网点阵地营销优势。

四、进一步强化个贷业务风险管理和资源保障

各行要注重业务快速发展与风险防控的协同，加强个贷业务包括个人普惠贷款的风险防控。要按照全流程风险管理理念，坚持借款人主体真实、购房交易行为真实、购房价格真实、首付款支付真实及房产抵押真实“五真实”原则，将实质性风险防控融入到个贷业务全流程环节中去。一要做好区域、机构、客户准入。按揭贷款要选择重点城市、重点区域、重点开发商开展业务，个人商用房贷款要将业务开办机构及按揭项目区域主要限定在总、分行名单内城市的市辖（城）区。个人普惠贷款业务要选择重点市场发展。二要强化审批队伍建设，无论线上还是线下审批，要进一步提高审批效率和审批质量。三要深化抵押物评估管理，健全个贷押品内评机制，实现动态价值评估，加强对押品价值波动监测与预警。四要加强合作机构的管理，强化对房地产开发企业、按揭项目及二手房合作机构的全流程管理。五要做好存量不良贷款处置，加大按揭贷款不良资产证券化力度，加强已经不良资产证券化的贷后管理，强化对个贷剪刀差、逾期的管理。目前贷款的剪刀差主要在个贷，对逾期要加强管理研究，提前3个月做好预警，抓紧降低剪刀差，并做好催收、清收处置工作。六要加强信用消费贷款风险防控，积极推动融e借不良贷款呆账核销，不断优化融e借资产质量。七要按照个贷业务发展目标要求，做好信贷规模资源配置。完善考核激励机制，做好人力、费用的投入，加大金融科技资源支持力度，做好各类个贷业务系统、产品功能开发支持，满足个贷业务响应市场快速变化和业务稳健发展的需要。

在全行授信审批工作座谈会上的讲话

官学清

（2019年4月26日·根据录音整理）

刚才用了将近三个小时的时间，听了各位分管行长的精彩发言，感到很受启发。大家的战略性思维、创新性意识、服务实体经济理念、掌控与识别风险能力都比较强。特别是大家对总行授信审批工作提的建设性意见，都值得参考，有些问题还需要与总行有关部门做更多的交流探讨。根据今年全行年度工作会议、信贷工作会议精神，我就如何做好今年的授信审批工作讲几点意见。

一、进一步提高民营和小微业务审查审批能力和服务水平

民营和小微企业作为我国主要的市场主体，为经济发展作出了重要贡献。作为国有大行，支持民营和小微企业发展是我行义不容辞的责任，更是自身可持续发展的战略需要和内生驱动力。审查审批人员要统一认识，提高站位，认真贯彻落实总行服务民营和普惠金融发展要求，秉承“不唯所有制、不唯大小、不唯行业、只唯优劣”的原则，进一步做好民营和小微企业融资审查审批。

（一）大力支持优质民营企业投融资需求。一是审查审批人员要坚持“两个毫不动摇”，积极支持前台部门拓展优质新市场、新客户，促进民营和小微贷款增量、扩面、降本、保质，发挥好支持民营和小微企业的大行引领作用和“头雁效应”。服务好优质民营企业和小微企业，不仅是工行自身的选择，也受全球投资者关注。很多投资者都在问工行如何增强对优质的民营企业和优质小微企业的融资支持能力，如何在这个前提下有效控制信贷风险。二是突出强化总行和一级分行对优质大中型民营企业“总对总”名单制管理，名单选择要由前中后台共同商定。授信审批部门要积极参与做好对已纳入总行和省行级名单重点民企客户的金融服务，主动协调本行前后台部门，逐户会商确定我行的授信和综合化融资策略。各分行对于名单中的企业要坚持好融资授信原则，因为我们支持的是优质的民营企业和小微企

业。保证我们对优质民营企业和优质小微企业的有效性供给，除了提高前台的尽调能力以外，还主要取决于授信审批团队的融资风险审查能力。我觉得能够做好优质民营企业和优质小微企业的融资审查审批，才是真正检验审查审批队伍能力的核心标准。三是加大对优质民营企业表内外融资需求的支持。现在表外融资主要是两块，一块是股权融资。要明确审查审批标准，提高审查审批能力，确保股权融资最后可以安全退出。还有一块是债券承销和投资。要提升民营企业信用债审查审批能力，加大债券融资支持力度，支持利用投行手段稳步推进优质民营企业降杠杆，在满足资管新规要求下支持民营企业私募股权基金，坚持小额多户策略择优支持民企债转股。

（二）优化完善民营企业分类管理的授信和融资策略。一是对优质大型民营企业，在授信总量较上年不增加的前提下按照相关规定加快授信核定，或通过特别授权一级（直属）分行核定年度授信、增加预留授信等措施，支持前台部门加大营销力度，提升我行授信和融资占比。要提高优质民营企业的授信使用率，可以提升优质客户融资授信的占比。二是对基本面较好、不存在明显过度融资且我行融资占比不高的的民营企业，如其融资渠道较为分散、部分融资成本相对较高，在认真论证、风险可控的前提下，我行可牵头为其办理存量债务重组置换，帮助企业优化债务结构。一定要研究清楚，企业是否长期可持续、是否经营能力较强、是否盈利能力较强、是否创新能力较强。三是对经营出现暂时困难、难以按期还贷的存量民营企业，要按照市场化、法治化原则，分析诊断企业风险根源，一户一策制订风险化解方案，着力化解企业融资风险。对存量过度融资客户，一定要用多种路径，退的判断掌握要有效，退要讲究策略，保证我们安全退出或适当压缩。四是对高风险企业要坚决出清，减少国有金融资产损失。同时要讲究压缩和退出策略，避免简单压缩授信反而加剧风险或增加退出难度。

（三）提升对民营和小微企业的审查审批服务水平。我们这里讲提高审查审批服务水平，就是强化专业性，强调专业审查能力、风险识别能力。一是充分发挥授信审批专业能力，主动配合公司、投行部门从金融专业视角为大中型民营企业当好参谋，提供“融智”和顾问服务，帮助企业做好经营战略、财务管理分析和投融资决策。授信审批部门配合前台部门帮助企业诊断，当好企业的“金融医师”。二是探索开展民企融资产品和方案创新。针对优质客户的个性化融资需求，各分行可积极向总行提出个案创新申请或产品创新建议，特别是大家谈到的轻资产、新型企业的融资产品和融资方案，审查审批条线要能够做些选点调研，要做些探索，要有创新。三是进一步优化审查审批流程，提高服务时效。总行正在组织修订小微业务审查要点，优化审议规则，对具有短、频、快特点的线上小微业务，积极推动自动化审批模式。各分行要执行好阳光审贷制度和限时服务承诺，在承诺时效内努力再缩短审查审批时间，进一步提升服务效率。四是遵循公平信贷原则，各类融资业务不得对民营企业设置歧视性要求，同等条件下民营企业与国有企业贷款利率和贷款条件保持一致，业务审批书不得附加以贷转存等不合理条件。我们要坚持“不唯所有制，不唯大小，不唯行业，只唯优劣”，强化公平性原则。优质民营企业和优质小微企业的市场空间是有限的，我们只能主动一点，越早动，才能越早地抓到优质民营企业和优质小微企业。五是近期总行前中台部门考虑在 5 ~ 7 月联合举办 2 ~ 3 场民营企业座谈会，听取民企业务诉求、需要解决的重点问题以及对我行融资政策、产品、流程、服务等方面的意见建议。

（四）提升对民营和小微企业的专业化风险防控水平。一是要突出第一还款来源分析，同时充分关注民营企业的再融资能力、财政补贴、税收返还等非经常性收入等，综合判断企业的偿债能力。要综合判断第一还款来源和第二还款来源。对于轻资产的新兴行业客户，要重点关注第一还款来源和盈利模式及其战略发展前景。二是要强化对企业战略、公司治理、股权结构、科研投入、核心技术、人才队伍等非财务因素的研判，不拘泥于财务指标计算，多维度了解掌握企业的发展前景和趋势，提高风险防控措施针对性和前瞻性。未来对民营企业的判断，需要关注许多非财务性要素，特别是战略类、公司治理类、股权结构类，还有科技企业的盈利模式。三是要大力拓展第三方数据获取渠道，通过工商、税务、海关、法院、电力、水务等外部非金融、非财务数据信息，多维度交叉验证和判断客户真实经营情况和信用风险。四是要充分发挥“专家治贷”作用，总行将组织分行审贷专家建立 50 人左右的民营企业审查审批专家团队，建立常态化交流研讨机制。各分行要着力培养专业人才，积极推荐人选，共同做好专家经验的提炼、汇集与成果应用。

二、加强全集团、全口径信用风险审查审批统筹管理

整个集团的信用风险审查审批管理，涵盖表内融资风险和表外融资风险。总行一直要求开展“全集团、全口径”的管理，要做好统筹管理。在统筹理念下，要做好顶层设计，分类推进。近几年，总行授信审批部对境内分行信用风险审查审批管理做了不少工作，但对境外机构、子公司、各业务条线信用风险审查审批的统筹管理才刚起步，“全集团、全口径”的信用风险审查审批体系尚未完全建立。授信审批部门要加强集团信用风险审查审批统筹管理，提高工银集团信用风险防控整体水平。

（一）加强全集团统一投融资风险限额管理。一是

总行近期印发了《一般法人客户统一投融资风险限额管理办法》，按照“以客户为中心”的原则，建立了“表内＋表外”“境内＋境外”“股权＋债权”“自营＋代理”全集团、全口径的风险限额管理体系。各分行要认真学习新办法，在布置今年年度授信工作时，要充分考虑新旧办法交替带来的影响，统筹安排好授信审批工作，确保平稳有序衔接。二是把握好授信总量和结构。要加强对企业关联关系的识别，特别是对于多元化经营的民营企业，要把控住实质风险，严格统一授信管理。对集团关联客户要综合考量集团整体风险承受能力和战略发展前景，注重从集团层面整体把握授信总量，避免对成员企业简单加总授信。现在有一个问题，关联关系的穿透性把握很难，特别是股权结构。如何实质性做好集团融资风险把控，对我们来讲也是一个挑战。所以，重要的还是对企业风险承受能力的判断和经营战略的判断。除对优质客户、优质项目可预留一部分授信额度外，对于一些经营情况不稳定的客户，也可按照“内紧外松”原则预留部分授信额度，由授信审批部门从严把控使用。要着力优化授信结构，推进授信层级上移，重点支持集团本部、上市公司、高层级子公司以及下属优质成员企业融资需求，严格控制层级过低、经营欠佳成员企业或僵尸企业授信。要合理摆布集团客户授信分项结构和区域结构。要认真研究授信结构安排，在授信总量把控以外，更加注重结构，更加注重层级，更加注重核心资产和优质资产。三是强化授信后动态管理。各分行要严格落实授信方案提出的相关要求，研究制定总体授信合作策略和融资安排。同时要加强授信后管理，对于经营指标明显下滑、同业融资压缩、出现突发风险事件等情况的，要及时进行授信动态调整或授信冻结。

（二）加强对各子公司信用风险审查审批统筹管理。在去年情况摸底的基础上，总行授信审批部今年要进一步开展对工银瑞信、工银安盛、工银租赁、工银瑞投、工银投资等各控股机构的业务调研，对各控股机构现有信用风险审查审批机制进行全面评估，指导各机构健全信用风险审查审批制度，优化审查审批流程，规范集体审议规程，加强审查审批队伍建设，明确职责分工，结合具体运营模式和业务特点，进一步优化信用风险审查审批管理体系。各分行要认真做好本机构向子公司推荐业务的风险把关和监控管理，客户在分行，融资在分行，推荐需要负责任，确保本行推荐业务风险可控。

（三）参与完善相关业务条线信用风险审查审批机制。要做好全集团相关条线的融资审查的统筹工作。信用卡、个贷、普惠、专融这几条业务线都有自己的融资审批制度安排和团队安排，各位分管行长要统筹起来。一是做好信用卡审查审批统筹管理，根据信用卡“资产下划”后转型发展要求，协助加强线下业务审查审批人员管理和业务风险管控，统一个人客户风险偏好。各位分管授信审批的分管行长要介入进去，担起相关责任，特别是线下审批。二是总行授信审批部已于今年第一季度对私人银行部非标投资审查审批流程进行了评估分析，从非标投资审查制度、机制、管理、队伍等方面提出了优化调整建议。后续要根据总行确定的改革方案，协助私人银行部做好审查审批体系完善工作。三是继续开展个人金融、资产管理、专项融资、贵金属等业务条线信用风险审查审批机制调研，总行授信审批部要发挥专业优势，协助各业务条线优化和完善信用风险审查审批机制、管理制度和业务流程，加强队伍建设，帮助相关业务条线提升信用风险把控能力。省行授信审查审批团队要主动担当，协助相关条线审批团队重点防范个人消费贷款、经营性贷款、金融资产质押贷款、个人信用贷款违规流入股市、房市或进行投资理财，重点防范假按揭，防范信用卡汽车分期、消费分期、信用贷款等各类风险。

（四）把控好高风险区域客户和大户融资风险。一是从严把控高风险区域的客户授信。各位分管授信审查审批的行长基本都分管信贷管理，所以中台和后台在这方面的意识比较强。各分行要结合各地区域经济环境等因素，合理掌握客户授信和融资策略。对地方政府的融资策略要优化调整，暴露风险的层级是在市级、县级的平台上，要关注地方融资风险。要深入研究所在地区的金融环境和产业、经济环境，把区域特征搞清楚，对融资结构、融资总量要进行区域化安排。对于社会融资规模与GDP增速相背离、财政支出与收入严重失衡、区域风险事件频发、辖内金融体系不良率高企、征信环境欠佳的地区，要严格把控存量客户授信总量和融资余额，加快压降劣质、低效客户授信额度，从严核定新准入客户授信总量。二是切实做好大户风险防范。近年来部分分行大户风险暴露加快，管控形势比较严峻。审查审批团队要提早审查过度融资、关联交易、大额亏损、重大投资损失、风险重大舆情、担保圈等情况，形成不同的融资审查审批策略。在关注总量时要关注结构，关注增量的时候要关注存量。更加主动、前瞻地掌握大户的融资、授信策略。

三、加强二级分行审查审批体系建设和系统管理

目前，全行已基本完成信贷体制机制改革，实现了信贷经营架构调整在一级（直属）分行（除西藏外）的全覆盖。此次改革的一项重要内容就是稳妥推进审查审批职能向二级分行下沉。改革成功与否，关键就在于审查审批职能下沉后，二级分行信贷资产质量能否经受住考验。去年初，总行印发了《关于加强授信审批专业系统指导与管理的意见》，年中建立了授信审批风险监测机制，今年又开始分批选派省行授信审批部副总经

理到总行交流轮训，初步建立了制度化、系统化的条线管理体系。各分行也要突出加强对辖内二级分行审查审批工作的系统指导与管理，提升二级分行审查审批把关能力。下面，我强调几点要求：

（一）结合二级分行实际稳妥推进审查审批职能下沉。一是遵循“成熟一家、下沉一家”的原则，坚决不搞“一刀切”。各分行要结合二级分行管理能力、客户基础、业务规模等实际情况，在审查人员配备到位的前提下，稳妥推进审查审批职能下沉，因行施策，合理确定转授权对象、金额和业务品种，完善差异化和人格化转授权管理。授信审批权下放要考虑队伍、能力、素质等多方面因素，要处理好发展与风险控制的关系。同理，授权和人格化转授权要差异化。二是规范授信项下授权审批业务管理。授权下放要综合考虑审查审批队伍的能力，同时要统筹考虑业绩观、发展观和风险观，提高二级分行审查审批的独立性。同时，做好授信项下授权审批业务的管理和优化。总行已经印发了授信项下授权审批业务管理规定，明确单笔业务由“核查”调整为“审查”，统一由中台人员承担审查职责，审查与作业监督不再兼任，各行要按照最新要求规范审查岗位设置和管理。

（二）推动二级分行组建审查审批机构。要根据条件、根据需要组建审查审批机构。重点城市行要有授信审批部。目前二级分行单独设立授信审批部（分部或审查审核中心）的仅 115 家，占比 19%，其中重点城市行单独设立的比例为 46%，其余二级分行仅设立了隶属于信管部的审查审核团队甚至只有个别兼职审查人员，难以有效保证审查审批质量。各行要切实抓好二级分行审查审批机构建设。重点城市行原则上均应单独成立授信审批部或审查审核中心，加快充实审查队伍，增强风险把控能力，提升重点城市行竞争力。对于业务量较大或贷款在一定规模以上的二级分行，鼓励单独成立审查审核中心，确保有一定数量具备相应信贷资质的审查审批人员履行风险把控职责，有效提升二级分行风险把关水平。

（三）进一步加强二级分行审查审批队伍建设。整体来看，目前二级分行审查人员数量普遍较少，尤其是部分业务量较大的二级分行审查人员缺编严重，与业务量明显不匹配。此外，一些二级分行审查人员专业素质参差不齐，转岗多年或新上岗人员比例较高，业务素质和风控经验不足，难以保证审查工作质量。各分行要进一步加强二级分行审查审批队伍建设。一是选派优秀人员充实二级分行审查审批队伍，认真做好人员遴选配备和专业培训，进一步优化审查业务量标准，确保审查人员配备与当地业务实际情况相匹配。要在行内资源里优选人才，用心打造审查队伍，在一把手的支持下精挑细选，做好培训，通过“以工代训”等多种路径提升整体素质。二是加强关键少数管理。各分行授信审批部要对二级分行审查审批部门主要负责人的聘任进行准入审核，加强跟踪评价，对风险把关不到位、内部管理弱化的负责人，要加强督促和指导，对不能有效履职的，应及时提出人员调整建议。三是做好二级分行审查人员岗前培训，对于新转岗从事审查审批的人员，在上岗前须通过“以工代训”方式在一级（直属）分行授信审批部交流学习不少于 3 个月。四是严格执行派驻管理，防止“派而不管”。派驻人员在审查审批中的各种风险责任都要担责，一定要强化与派驻机构的协同，包括派驻在个贷中心、小微中心的。派驻制的核心是保持审查审批的独立性，在保持独立性的基础上强调有效性。坚持审贷分离。各分行要做好个贷中心和小微中心的派驻方案审核及派驻运行情况监控评价，既要用好派驻制，也要确保派驻制管理落实到位。

（四）切实抓好对二级分行的系统指导与管理。一是强化一级（直属）分行主体责任。在座的各位分管行长作为本行授信审批条线体制机制建设、队伍建设和授信审批质量的第一责任人，要全面负责对辖内二级分行的系统指导与管理工作，特别要做好重点城市行的系统指导与管理，要做重点强化管理。二是辖内二级分行较多、下沉业务量较大的分行，应在授信审批部尽快成立单独科室负责系统指导与管理工作，其他分行应设置专岗负责该项工作。各分行要进一步完善系统指导与管理细则，抓好落实，做好对二级分行审查审批人员的政策传导、工作督导、业务指导和技能辅导，切实强化二级分行信贷能力建设。三是各行要加快建立授信审批风险监测机制，综合应用现场检查与非现场监测手段，加强对二级分行，特别是重点城市行、人格化授权分行以及武汉、成都、南京、杭州、苏州等充分授权机构审查审批质量的监督和管理。对新增不良率明显偏高、剪刀差较大的分支机构，要加大指导力度，问题严重的要及时上收审批权。浙江、江苏、四川、湖北四家分行要对充分授权的重点城市行强化授信审批统筹管理。

四、不断提升审查审批技术水平

（一）加快优化投融资风险限额测算模型。随着企业经营环境、商业模式、经营特点的日益变化，现行的债权类限额测算模型对部分行业适用性较差，有必要调整优化。总行已经明确将制定限额测算模型的职能从总行信贷与投资管理部划转到授信审批部。本次办法修订后，授信审批部门如何按照“自上而下”的原则确定限额总量，包括如何确定股权类风险限额测算方法等问题，都需要加快深入研究。总行授信审批部去年优化了境内商业银行限额测算模型，近期会同总行公司部制定了科创企业限额测算模型，后续还要结合不同行业、不同类型客户经营和财务特点，陆续优化完善一般公司法人客户、境内非银行金融机构、外资代理行等领域客户的风险限额测算模型。各分行授信审批部在日常工作中，要注意收集总结风险限测算模型存在的主要问题，跟踪新模型使用情况，并及时向总行提出优化建议。

（二）加快建立完善符合工银集团风险偏好的价值评估体系。一直以来，我行在基础设施类、工业类等领域积累了较为丰富的项目评估经验，但随着近年来我行加大对“三新”市场的拓展力度，也逐渐暴露出我行在这些新兴领域的项目评估经验仍显不足，对一些先进制造业领域的发展前景缺乏技术评价和数据支撑，尚未形成与我行风险偏好相适应的股权估值体系。此外，近年来不良贷款押品处置价值远低于初评和重评价值的问题也较突出，押品评估管理有待强化。授信审批部门要在这些方面加大力度进行研究、改进和提升，健全覆盖项目评估、股权估值和押品评估的价值评估体系。现在项目贷款评估没有大的问题，主要难点在股权价值评估，尤其是并购，无论是境内还是境外，交易结构特别复杂，估值很难，特别是商誉估值更难。新业态的估值还需要探索突破。并购项目的风险判断标准不一样，特别是轻资产客户。一是不断加强对先进制造业、“三新”市场等领域的评估方法研究，特别是对于一些“独角兽”企业和细分行业的“隐形冠军”企业，更要深入开展调研，总结梳理评估经验和方法，指导全行做好项目评估工作。对重点项目持续开展后评价，不断调整修正评估技术指标与经济参数。二是提升股权估值能力，加大对企业股权及资产估值技术的研究与应用，要把握估值的合理性和审慎性，加强中介机构准入管理。特别是要提升对商誉资产较大的企业，包括互联网、文创等企业以及跨境并购的股权估值能力，加快建立符合我行风险偏好的价值评估体系。三是高度重视押品初评工作，把好准入关口，提高评估方法和取值的合理性和审慎性，对外评结果进行独立分析判断，杜绝“以贷定评”。进一步严肃中介机构准入退出管理，严格执行中介机构年审制度和集体审议机制，做好定期跟踪考核评价。四是针对复杂疑难业务，充分发挥外部咨询机制的“辅助外脑”作用，有效结合外部技术专家和内部风控专家意见，提升对重点领域的风险识别把控能力。五是加强评估队伍建设，总行正在研究将项目评估和押品评估资质纳入信贷专业资质统一管理，做好评估资质接续管理，稳步壮大信贷评估队伍。各分行也要不断加强评估队伍建设，根据评估业务量配足、配强评估人员。

（三）积极探索“智慧审批”，提高审查审批的模型化和智能化水平。基于大数据和人工智能技术应用的智慧审批模式是授信审批发展的大势所趋，全行授信审批部门要主动顺应形势，积极推动授信审批工作转型创新。一是加大对“智慧审批”的研究力度。今年总行授信审批部把“智慧审批”作为重点研究课题，探索提出以大数据应用为特征的授信审批转型规划、实施路径、机制保障和队伍配备，提高审查审批的模型化和智能化水平。总行授信审批部要与重点分行加强联动，对授信审批大数据分析以及模型化分析进行探索，提升在线审查审批数据获取能力，特别是外部数据的获取能力，实现交叉验证。要树立智慧授信审查审批的理念，目前一些债项已经做到了，包括小微、融e借、信用卡业务，如何在其他方面继续推进，需要运用金融科技手段以及大数据，加强外部数据交叉验证、身份识别。广东、上海、北京、浙江分行正在尝试，要跟总行一起推进启动相关工作。二是大力推动小额化、标准化业务的自动化审批。稳步扩大个人信贷业务自动化审批范围和比例，积极参与小微网络融资线上审批模型的优化和构建，进一步提高自动化审批模型的风险识别和把控能力。

五、进一步强化授信审批专业内控案防工作

今年1月，十九届中央纪委三次全会强调要“加大金融领域反腐败力度”，并推动实施中管金融企业派驻改革。近期中央查处通报了多起金融领域严重违纪违法案件，“强监管、严问责”将成为新常态。总行前期通报了多起违法放贷案件，个别授信审批人员也受到行政处分。各分行对当前形势要有清醒的认识，坚决贯彻全行全面从严治党暨纪检工作会议和内审内控工作会议精神，时刻保持“法律观念”“合规意识”和“底线思维”，严格执行，守土有责。

（一）持续加强党风廉政建设，打造作风过硬的授信审批队伍。一是坚持党建引领，严格贯彻“从严治党、从严治行”要求，认真落实“一岗双责”，坚持正确的发展观、业绩观和风险观，教育和引导授信审批员工依法合规，尽职履责，廉洁审贷，坚决不踩国家政策底线、监管和法律红线。二是认真开展案防管理和警示教育。谷行长在第一季度内控案防领导小组会上指出，信贷领域是今年案防重点。各级行要切实提高信贷案防敏感性，特别关注近期几起行内员工违法放贷案，以案为鉴，坚决防止审查审批人员因违法放贷被追究法律责任。三是加强审查审批条线的内控案防排查，将业务监控与人员管理有机统一，对本机构存在的突出案防风险隐患，要尽快拿出针对性的方案措施，集中精力抓好整肃整改。

（二）进一步提升审查审批防假反假技术水平。当前防假反假形势严峻、任务艰巨，需要信贷前中后台共同努力，授信审批部门也要不断提升防假反假技术水平。授信审批部门要将防假反假作为加强审查审批管理的重要内容，从常识常理、钩稽关系入手，积极应用行内外信息系统开展大数据交叉验证，在审批环节堵截显而易见的“假”。当前要特别加强对跨境融资（内保外贷）、国内贸易融资、三四线城市个人按揭、融e借等领域的防假反假工作。各分行要研究中台部门真实性审

查的机制性安排，制定审查审批防假反假操作规范，明确重点关注和核实事项，持续提高防假反假能力。

（三）强化授信审批人员行为管理，参与做好不良评议。一是各行要聚焦审查审批的关键环节，开展针对性的履职行为监测，加大直通式、突击式督导检查力度。做好审查审批人员异常行为排查，落实关键岗位人员岗位轮换和强制休假制度。二是总行已制定了《授信审批条线从业人员行为管理细则》，后续总行人力资源部将统一印发全行，各行要对照细则加强授信审批员工行为规范管理，切实落实“一道防线”主体责任。三是总行已编制了授信审批专业《内部控制手册》，提出了各业务操作环节的关键风险点和风险控制措施。各级行授信审批人员要按照总行统一要求，加强各项业务活动和管理活动的内控合规管理，严防操作风险。四是在厘清履职责任的基础上，优化不良贷款正向评价机制，加快建立对审查人员已审业务整体质量的评价体系。当前要进一步厘清防假反假、风险缓释和股权投资等新兴领域的风险责任认定，总行授信审批部要与内控部沟通。今年，各行要突出落实好民营和普惠领域信贷从业人员尽职免责管理要求，授信审批部门要积极参与不良评议工作。总行已细化完善普惠贷款从业人员的尽职免责制度。对审查审批人员已做到关键尽职的要予以免责，帮助审查审批人员卸下包袱，敢于担当。

六、需要进一步思考研究的重点问题

针对当前授信审批工作面临的形势，结合上午各分行反映的情况，希望授信审批条线进一步思考和研究以下几个重点问题：一是审查审批怎么服务重点区域融资的问题，尤其是大湾区、雄安新区、长江经济带及其他重要区域。二是估值问题，特别是股权估值、债转股估值、并购估值。并购中有些非金融、非上市股权以及B轮、C轮的估值都存在较大难度。三是如何提高对“三新”企业，特别是轻资产领域的“独角兽”“隐形冠军”和前三甲企业的审查审批能力。为了把握优质市场，总行授信审批部要与相关重点分行一起研究找路径、找方法、找技术。四是债券承销的问题。很多企业依赖发债减少财务成本，大量债券长期滚动发行，所以在承销时如何把控风险，如何在承销债券、ABS、ABN等业务时优选客户。五是商誉的问题。在并购业务、投资类业务、结构化融资业务中要高度重视无形资产、商誉的问题。六是债转股业务名单制的问题。要切实加强名单制管理，此次债转股要市场化运作，要落实分行的推荐责任、筛选责任。七是地方债务化解问题以及应对隐性债务显性化的审查审批策略。八是跨境业务的审查审批掌握。

同志们，当前内外部经营形势复杂多变，全行信用风险防控面临的困难和挑战还很多，完成全年经营目标仍需再接再厉。授信审批工作任务繁重，压力很大，希望大家继续按照总行统一部署和要求，以高度的责任感和担当精神，坚定信心、锐意进取，攻坚克难，狠抓落实，为全行业务发展和信贷资产质量持续提升作出更大的贡献。

在2019年全行信用卡暨商户业务推动会上的讲话

官学清

（2019年5月15日）

今天我们在这里召开2019年全行信用卡暨商户业务推动会，主要是为了贯彻落实年度工作会议和零售业务工作会议精神，进一步增强信心、增添措施、狠抓落实，全面完成信用卡业务今年的发展任务和风控任务。

刚才听了六个分行的发言，我很受启发。一是信用卡业务是“一把手工程”。二是信用卡在小行也可以做成大业务。三是信用卡业务必须传统手段和创新手段双轮驱动。四是信用卡业务必须一手抓发展，一手抓风控。为了更好地落实谷行长在大零售工作会议上的讲话精神，我讲以下几点意见。

一、落实信用卡业务主体责任，坚持线上线下双轮驱动，全面完成信用卡业务年度目标

2019年是信用卡全面深化互联网转型发展之年，也是实施信用卡新三年规划承上启下的一年，要全力以赴完成五大核心目标：一是确保完成440亿元的中收任务。信用卡已经是全行中间业务收入的支柱业务之一。二是全年信用卡客户数净增1 100万户，有效客户数净增1 150万户，保持并扩大同业双第一领先优势。从第一季度数据来看，这两个指标完成情况不理想，没有理由松懈。全年要实现信用卡消费额3.2万亿元，确保消

费额超过建行，重回四行第一。我们现在是第二名，较第一名还有100多亿元的差距。e生活注册客户年末超过5 000万户，绑卡客户超过3 000万户；互联网平台绑卡客户数净增1 000万户。三是e支付商户净增100万户，活跃商户总量达110万户；实现收单交易额3.5万亿元。四是信用卡贷款余额净增900亿元。第一季度仅净增40多亿元，需要加快进度；全年分期付款投放额实现4 000亿元，目前进度尚可，但余额增量不理想；融e借余额全年净增200亿元，其中普惠口径贷款100亿元。五是资产质量实现稳步改善。要一手抓存量处置核销，一手抓增量质量提升，确保银行卡专业贷款不良率控制在2.0%以内，信用卡贷款劣变率控制在0.3%以内。

要实现以上目标，关键是要落实一级（直属）分行、城市行信用卡业务发展与风控的主体责任以及集团协同发展责任。今年1月总行把信用卡资产业务下划给一级分行，就是要把主体责任交还给一级分行。在业务发展上，各行要立足ONE ICBC集团优势，建立健全信用卡与各板块及子公司常态化、长效化的协同发展机制。深化信用卡与个人金融、网络金融、私银、公司金融、机构金融、结现、渠道以及工银安盛、工银瑞信等的集团协同配合，打通客户资源优势、营销通道和资源配置，深度挖掘我行庞大的个人客群、法人客群，力促信用卡业务“覆盖全客户、打通全渠道、融入全场景”。在商户业务发展上，要在深化与零售板块继续推进“e商助梦计划”的基础上，加快在公司业务、机构业务、结现业务等对公板块全面启动“e商助梦计划”，围绕商户客群打造具备市场竞争力的产品和服务，实现商户业务“零售+对公”的双轮驱动。在风险管控上，各一级（直属）分行、城市行要以信用卡资产下划为契机，进一步明晰信用卡风险管理体系，建立总分行职能明确、前中后台责任清晰的信用卡风险管理体系。在总行层面，积极推动信用卡逾期不良贷款的管理与处置纳入全行经营计划和风险处置计划，尽快建立起严谨的责任认定和评议机制，做到失职必究、尽职免责。在分行层面，要强化信用卡客户准入尽职调查责任，增强信用卡贷后管理责任、信用卡风险处置责任和不良资产处置责任。

要继续坚持“线上线下双轮驱动”和互联网化转型的信用卡业务发展思路，在发挥互联网新优势的同时充分释放我行传统优势。线上方面，要继续坚持互联网化转型发展定力，不断完善获客、支付、融资、服务、管理“五个互联网化”发展路径，积极搭建线上线下一体化的互联网消费金融生态圈。线下方面，今年开始要重新重视线下渠道，充分依托我行庞大的网点、客户经理等资源，推进信用卡获客、商户营销以及分期付款、融e借等信用卡资产业务的线下拓展。

二、强力推进获客与活客工作，全面提升信用卡客户发展能力

我们的目标是信用卡总量、客户数、有效客户数、e生活注册客户数、绑卡客户数等客户类核心指标保持可比同业第一。信用卡业务必须要坚持发展主线，力争用一到两年时间实现客户总量和有效客户总量对可比同业保持1 000万户的优势，筑牢我行领先的“安全边界”。大家要按照两个1 000万的领先目标抓牢、抓实信用卡客户和有效客户拓展工作。从第一季度情况看，信用卡客户数增量呈现“低于同期、低于同业”的态势，特别是一些资源大行，从当地GDP规模、金融资源总量、城镇人口总量、个人客户总量与当地同业信用卡业务发展情况进行对比，差距是非常大的。

今年在信用卡获客工作上：首要任务是打通营销渠道、增强营销力量，既要抓好新客户拓展，又要抓好存量客户渗透，既要突破线上，又要挖掘线下，全年力争实现线上获客900万户，占新增信用卡客户总量的60%，线下获客600万户，占新增信用卡客户总量的40%。线下获客方面，一是以网点为阵地加强信用卡拓户。网点获客具有客户资质较好、面对面核验等优势，各行要全面铺开“一日一网点一户”的信用卡拓户工程，强化个人客户经理对管户客户、房贷客户等优质客群的信用卡营销责任。我行有10万的大堂服务人员从柜台走出来了，要充分发挥这支队伍的作用，把信用卡的营销职能交给个人客户经理和大堂服务人员。二是加强跨专业联动，最大限度提升信用卡在我行优质客群中的覆盖面和渗透率。在私私联动上，各分行个金专业要承担起对中高端客户与房贷客户的信用卡营销责任，卡部配合，年内力争中高端客户信用卡渗透率提升10个百分点至33%，房贷客户信用卡渗透率提升10个百分点至42%。以中高端客户营销为例，目前总行已筛选连续三年资产稳定的无卡客户1 243万户，对其中492万符合批量获客条件的客户开展短信营销；对其中165万优质管户客户通过EBM系统直接下发至理财客户经理、远维客户经理和叫号机渠道，并制定了专属授信政策、双免快速审批及反欺诈应用策略。各行要尽快组织力量加强对客户经理和网点的专题培训，快速提升营销能力，同时加强数据通报与考核激励，确保完成任务。私人银行部门要强化私人银行客户的信用卡营销责任，卡部配合，年末私人银行客户信用卡渗透率力争达到90%。在公私联动上，各级行信用卡专业要主动深化与公司、机构、结现等对公部门的联动，组建多部门、多专业的联合营销团队，对政府机构、事业单位、军队武警、医院学校、金融同业以及优质公司等六大板块优质客群，以名单制的形式分解到支行和网点，做好信用卡集群式批量营销。今年要重点以军运会为契机，实现军魂卡发卡量的有效突破。在行司联动上，工银安盛和工

银瑞信要与卡部配合好，提升信用卡在我行优质保险、基金客户中的渗透率。工银瑞信要对2 200万的基金客户做好信用卡渗透，工银安盛要利用100多万的保险客户资源和1万多人的个险营销团队做好信用卡拓展。两家机构今年要各力争拓展10万~30万信用卡客户。

线上获客方面，要以互联网平台引流和合伙人计划为两大抓手提升互联网获客成效。一方面要继续加强与优质互联网平台的引流获客合作，强化合作平台管理、优化产品展现形式、嵌入多样化的反欺诈手段，同时进一步加强资源投入力度，在互联网风控逐步到位、实质风险可控的前提下提升线上获客审批通过率，增强引流获客效果。另一方面，要在确保业务合规的基础上，加快推动信用卡合伙人计划，努力将行内员工的50%打造成标准化的信用卡合伙人，同时将合伙人范围由行内员工拓展至行外客户、合作伙伴及商户收银员，继续开展合伙人激励活动，充分调动广大合伙人的营销积极性，形成社交式获客品牌。在信用卡线上获客上，总行卡部和各分行要主动争揽高质量、无欺诈风险、无反洗钱风险的优质客户。

在信用卡活客工作上：一方面要配备专人和专项资源推动活客工作。各分行要高度重视信用卡质态提升，安排专人负责活客推进；加大对活客工作的资源投入，配置一定营销费用统筹规划好全年活客促销。关键是要策划好促销活动，用好促销费用，同时要善于整合现有促销资源提升活客成效。比如，加大“爱购新客礼”“工银爱购”、e生活、绑卡等促销活动的宣传力度，实现获客活客双重效果。另一方面要全力开展属地化客户激活。总行将为分行提供大数据支持，按月下发睡眠客户明细，分行要认真研究、细分数据，按照睡眠客户、即将流失客户等客群特征分类施策，锁定有一定激活概率的目标客户，针对性推送本地促销信息，最大限度提升精准激活效果。

三、发挥集团优势，构建高效的商户发展机制，加快商户业务发展

现在大家普遍有个误区，觉得扫码支付成为主流后，我们就不用再发展商户了。我们不能只看到商户回佣的下降和分流，而应看到商户所带来的存款、结算和个人客群拓展。虽然线上业务给实体商业带来很大冲击，但基于人类社会的基本需求，实体商户并不会消亡，线上线下将长期共存。因此，全行对商户业务的发展还是要坚定信心，要坚持将商户收单作为全行基础核心业务，进一步加大商户拓展力度，通过商户业务发展，形成对融资、存款、结算、贵金属、私人银行等一揽子业务的带动效应。一是要继续与大零售板块联动，深度推广“e商助梦计划”，做大综合贡献。下一步要继续加快在专业市场、商业街区和各类智慧场景的落地实施，其中智慧场景建设要与网金部配合实施。各分行要组建板块联合营销团队，开展商户业务的线上线下一体化拓展，同时要根据商户综合价值采取灵活定价或阶段性费率优惠政策，保障智能POS机、商户盈、经营快贷等主打产品的持续供给，增强商户合作黏性。近几年河北、山东、四川分行的商户业务做得很好，希望各行尤其是大行要加大商户拓展力度，通过分析收单交易额占社会商品零售总额比重等数据找到差距，从而进行有效突破。2019年全行要实现新增专业市场300家、惠民示范街1 000条。二是要与对公板块联动，努力实现商户市场“全覆盖”，不断提升中收贡献。要推动商户总量快速增长，加强市场、行业和区域细分，优化商户结构，有效拓展北京、上海、广州、深圳等经济发达城市的商户市场。卡部要联合公司、机构、结现等对大型集团商户、连锁类商户、总对总平台商户，以及批发类、保险类、房地产等传统高交易额商户进行名单制营销，同时也请对公部门主动做好信用卡嵌入式营销，把零售业务做好了，法人业务的黏性也会增强。要加快推广费率与收单交易额、存款余额相挂钩的动态灵活定价机制，实现大中型商户全覆盖。对于餐饮、超市、加油、便利店等优质连锁类商户，要加入“工银爱购”促销、网金部绑卡促销、银联云闪付促销，并将优质商户迁移到e生活平台开展O2O运营。要以e支付收款码、服务商合作、e商通为利器，针对小微商户、个体户特别是无营业执照的个人商贩开展精准营销。要紧抓国内清算市场开放契机，在有效防范国际欺诈的前提下，大力开拓外卡收单市场。与此同时，要重视对传统线下收单市场的维护提升，大力开展商户收银员培训项目，进一步提升商户活跃度。三是要强化网格化营销机制，推动商户业务“落地生根”。依托网点生态圈建设，以网点周边优质商户为目标，把商圈建设与“网点+”特色场景建设结合起来，搭建网点本地商圈服务平台，为网点周边教育、医疗、物业、景区等行业客户提供综合化支付解决方案，推动网点从厅堂营销向厅堂营销与商圈营销并举转型。从今年第一季度情况来看，有的分行收单交易额同比增长还是不错的，业务量同比下降的几个大行应该认真分析，从数据背后找原因、找对策、找提升空间。

四、有效开展各类促销活动，显著提升信用卡消费额和交易额

我们的目标是今年信用卡消费额和交易额要重回第一，目前与领先同业的差距不大，大家要付出更多努力尽快赶超。一是要大力开展“工银爱购”促销活动。今年以来，总行已将“工银信用卡爱购”升级为“工银爱购”，由卡部、个金部共同组织开展信用卡与借记卡的联合促销，力争通过“逢节必促”“逢游必促”，将“工银爱购”打造为爆点集中、影响力大、识别度高并且具有工行烙印的促销品牌。关于爱购活动，请大

家一定策划好，总行有关部门也会提供相关资源投入，总分行要按照1∶1比例配套投入营销资源。具体分工上，总行统一组织平台类、集团连锁类商户等总对总促销，各分行要因地制宜地开展一系列区域特色和本地商户促销活动。希望今年的促销活动声势大，有明显成效，核心就是要带动消费额和交易额的提升。二是要加快推动互联网平台信用卡绑卡工作。在绑卡上信用卡手续费是借记卡的3倍左右，请大家高度重视信用卡的互联网平台绑卡工作。目前总行通过大数据精准筛选了绑卡目标客户约5 000万户，各行要用足用好网金部绑卡促销资源，对目标客户进行精准营销，并在本地“爱购”促销活动中选择小额高频场景同步开展绑卡促销，对网点e生活“一键绑卡”开展穿透式考核，通过网点叫号机、PBMS等方式识别客户，引导客户绑卡。下一步总行还将加快推动支付宝绑卡消费累计积分，实现积分抵现功能在更多互联网平台的上线，为分行营销绑卡提供更有力的支持。三是要建立主动、精准、差异化的调额机制。信用卡初始额度很重要，直接影响后续客户的交易频率和用卡习惯，必须做到精准、差异和主动。目前我行信用卡已实现总行集中审批，有条件、有能力在初始授信额度、主动调额、精准调额、差异化调额等方面做深做细。要着重针对中高端优质客群做好初始授信额度提升和额度动态调整工作，把优质客户营销进来。资产向优质客户集中是最好的风险管控措施。总行卡部要认真研究并做好精准授信和主动调额工作，真正激活客户的刷卡意愿，促进消费额和交易额增长。四是要打造消费额提升新增长点。今年1～4月一些大行的信用卡消费额较去年同期负增长，或较序时任务存在一定缺口，需要尽快扭转被动局面。下一步，总行将推广e缴费平台的信用卡支付以及“商务采购卡”新产品，从民生消费与企业消费两方面提升整体消费额。各行特别是北京、上海、广东、浙江、福建、河北、江苏等大行要按照总行统一部署，全力推广这两个新项目，为全行消费额提升多作贡献。

五、坚定信心、优化路径，强力拓展信用卡优质资产业务

在今年第一季度行务会上，谷行长已明确提出，“我行能否保持住中收第一的位次，信用卡业务的持续健康发展至关重要”，而资产业务又是信用卡中收增长的重要动力与源泉。对于信用卡资产业务，大家要有两方面认识。一是要正确看待信用卡优质资产业务发展与风控的关系。信用卡资产业务的发展空间是非常大的，信用卡不做资产业务就没有未来。二是正确看待信用卡利息和中收的关系。关键是要围绕优质品种、优质客群去做资产业务。目前信用卡资产业务发展还不平衡，一些金融资源丰富、市场潜力大的重点城市行还没有形成共识，缺乏有效发展动力与机制，必须下力气尽快扭转局面。

（一）分期付款要继续做大规模、提升效益。

一是抓牢汽车分期。汽车分期是我行的传统业务、优势业务，有几个方面值得大家关注。比如，汽车销售市场的变化。下一步，汽车销售的热点将向中高端车转移、向新能源车转移、向县域市场转移。汽车的资产安全性相对较好，是个人资产业务中除了房子以外比较好的抵押品。希望大家认真分析汽车消费市场和汽车金融市场，主动采取措施进行拓展。我们的汽车分期业务一定要坚持三条腿走路：第一是间客式。像贵州、浙江等能够打造有效风控手段、选好合作伙伴、管控好合作伙伴风险的分行，要继续做大间客式业务。间客式业务要差异化发展，对于有担保资质、风控能力强的跨省合作机构要进一步做大做强；对于“一点接全国”模式的贷款规模需求，总行将在每月初的贷款计划中切块给予优先保障。对于无担保资质的合作机构上半年要限期引入履约保证保险合作，达到监管要求；对于不能达到监管要求的合作机构，要转为纯荐客的业务模式，不再履行担保责任。第二是直客式。各行要在6月底前全部完成e分期系统的推广应用，为直客式发展提供利器。同时可通过第三方荐客、我行独立风控的模式铺开直客式营销，推动直客式业务快速上量。第三是厂商贴息式。要通过总分联动、公私联动实现更多总对总贴息品牌的迅速突破，本地有厂商资源的分行务必尽快达成业务合作。各行一定要因地制宜，可以三种方式都用，也可以选某一种或两种使用，具体取决于当地的汽车消费市场。目前我们已采取了多种风控措施，包括视频面签、落地认证等，同时公安部全国车辆异地抵押查询功能也会尽快上线。前期总行召集北京、天津、上海、重庆、深圳、苏州等分行召开了专题会议，目前来看这些分行已经开始行动并显现出初步成效，希望看到大家更大的收获。这里我再强调一下合作机构管理的问题，2018年以来，经全行主动清理整顿，目前我行合作机构数量可控，共保留了512家，质量也有所提高。下一步要对合作机构进行分类管理，要根据其经营的可持续能力、规范性和合法性实施不同的策略，明确与哪些机构合作域内业务，与哪些合作域外业务，明确域外业务怎样与落地行进行联动。要把好合作机构准入关，总行卡部负责对跨区域合作机构的准入进行审批，各一级（直属）分行负责对省内合作机构的准入进行审批，切实落实好各层级准入审批责任制，真正管好、管住合作机构，避免出现系统性、操作性风险。

二是抓实e分期。e分期具有带动分期、消费额、中收、存款、发卡的综合作用，各行要抓住费率优惠的契机，全力开展好“一日一网点一单分期”营销活动。卡部要与个金部、渠道部等积极联动，将优质房贷客户和优质大额客户等目标客户清单推送至营业网点客户经理，同时加强电话短信外呼营销、网点阵地营销和集团客户上门批量营销。总行卡部要对房贷客户、高资产客

户、可证实收入客户等优质客群制定更有竞争力的授信政策，各行要结合价格优惠跟进营销推广。针对年轻客群在婚庆、旅游、教育等领域的消费需求，各行可将e分期包装成适应不同场景、不同客群的特色产品，营销拓展新的目标客户，多渠道促进e分期业务发展。

三是抓活家装分期。家装分期是尚待挖掘的蓝海市场，市场空间比汽车分期更大。家装分期是重点城市行的重要业务，特别是要做好直客式的家装分期，可以与大型品牌装修公司、互联网家装平台、家居家电卖场等开展合作。要认识客户、了解客户，做真实客群的家装分期，要防范家装分期资金流入房市、股市或理财市场。

四是做大账单分期。总行卡部正在抓紧筹建西安外呼中心，力争全年账单分期外呼金额150亿元，实现手续费收入10.5亿元。各行要及时在系统更新客户联系信息，开展属地化促销活动，同时妥善解决客户投诉，与总行联动共同提升外呼营销成效。同时积极学习同业经验，争取中国银联的支持，尽快推出小微企业卡，有效拓展小微企业这一潜力市场。

（二）融e借要重点做好三方面工作，实现业务健康快速发展。一是全力完成普惠贷款任务。各行要加强板块联动，深入挖掘存量金融资产客户、房贷客户、私人银行客户和小企业主客户等客群，将符合普惠条件的客户纳入融e借白名单，并开展针对性营销突破，确保完成全年100亿元的普惠贷款目标。二是坚持把六大板块客群作为融e借优先发展的重要客群开展营销。截至目前，融e借对六大板块客群的贷款累放额达850亿元，贷款余额172亿元，不良率仅0.58%。下一步各行要继续推广“消费信贷团队＋公司机构金融专业＋主办支行”的营销模式，以及“建立管户负责制，实施二次上门营销”的营销经验，形成融e借对六大板块客群的持续营销机制。三是加快推进“秒授信”“秒支付”场景应用。秒授信方面，目前全行通过对接公积金、税务、社保等可信政务数据，已在117个城市开通融e借秒授信，2019年要争取在200家城市行上线；秒支付方面，目前通过引入保险在线实时理赔实现了零不良，2019年要力争与20家头部互联网平台达成合作。

六、强化责任担当，有效防控信用卡资产业务风险

尽管信用卡风险管控的主体责任交回了一级分行，但总行银行卡业务部作为前台部门，有天然的职责做好信用卡资产业务的风险管控。根据谷行长指示，去年下半年以来，全行信用卡专业条线在信用风险、操作风险、合规风险、廉洁风险管控上采取了一系列措施，信用卡资产业务风险管控的有效性有了明显提升。在这里我要提示大家两点：一是信用卡是综合业务，一定要树立正确的发展观、业绩观和风险观。二是信用卡客群都是个人，除汽车分期有部分抵押外，其他业务都没有抵押，还款来源依靠个人收入的稳定性和还款意愿，因此一定要提升对信用风险的识别和管控能力。

在具体举措上，要持续提升信用卡业务全流程风控水平，切实增强“自主、可控、可靠”的风控能力。一是加快提升大数据智能风控水平，加强客户准入管控。总行卡部要持续深度运用Blaze决策引擎项目，提升智能风控的响应速度和风险决策能力。加快引入反欺诈外部数据进行交叉验证，推进线上线下全渠道的人脸识别功能应用，全方位增强欺诈风险防控能力，切实把好客户准入关口。二是加强信用卡贷前授信管理。主要是要增强对信用卡不同客群信用风险的识别和管控能力，实现信用卡差异化、精准化的授信。总行层面，针对监管机构“刚性扣减”政策，总行卡部要做好政策解读，统一执行标准、优化系统功能，联合个金部、普惠部做好个人客户融资限额管理；全面优化个人客户信用授信政策，科学制定合理的授信策略和额度管理机制，包括客户初始额度和动态调额的管理，解决客户准入难、额度低的问题，同时也要加强对“年龄低、学历低、资产低、收入低、风险高”等“四低一高”客户的风险识别及授信控制。此外，还要在年底前实现除专项分期外全行信用类业务的总行集中审批。分行层面，要强化前台营销部门的客户准入和尽职调查责任，配备专业化调查人员，今年上半年要力争实现调查业务全部集中至一级（直属）分行处理，前端尽调还是要发挥信用卡和个金营销人员、网点营销人员，包括客户服务人员的积极性。三是加强信用卡贷中实时智能风险监控及处置。总行层面，强化贷中高违约风险监控系统建设，引入智能语音外呼技术，搭建智能风控决策与干预平台，提升监控模型精准度，减轻分行的核查压力。分行层面，要对“发卡、启卡、首账单日”三个关键时点的欺诈风险、贷中集中性风险事件以及高违约预警客户、高风险商户进行及时核查和处置。同时要进一步防控贷中违规风险，针对行内外监管部门检查发现的问题，认真核查并做好整改工作。四是加大信用卡贷后管理力度，全面提升清收处置成效。在逾期催收方面，要加快建立“总行集约化＋分行属地化”“行内催收＋外包催收”的催收体系，全面提升催收成效。对于逾期90天以上客户，主要由各发卡机构进行上门、司法、分行合作催收等属地化催收。在合作催收上，各一级（直属）分行要加强对合作催收机构的分级分类管理，统一进行催收公司准入采购、任务委外及后续跟踪监督，重点做好批量开展的合作催收业务管理，探索驻场外包催收模式。各分行在合作催收机构准入时，应着重对合作机构的管理能力、行业地位、技术实力、服务质量以及为其他银行业金融机构提供服务的情况等事项进行尽职调查，强化合作催收机构规范化、名单化管理，同时优化催收考核指标与奖惩机制，提升催收效果。各发卡机构，包括直辖市分行、直属分行、省会城市分行

及其他二级分行，可以建立信用卡专职清收处置团队。同时要继续加大对账销案存和证券化资产的清收和管理力度，可以探索通过资产包的方式加大信用卡账销案存资产的清收力度，提高清收成效。在不良资产处置方面，优先对融e借和小微逸贷公司卡不良贷款进行组卷核销；稳步推动汽车专项分期不良资产证券化工作。各行要积极筛选和确认合格基础资产，做好尽职调查工作，力争今年发行首单汽车专项分期和融e借不良贷款证券化项目。五是加强内控合规管理。要进一步加强信用卡专业合规经理队伍建设，有效把控合规风险，坚决杜绝监管风险。要主动适应新时期反洗钱监管形势变化，深化信用卡客户身份识别综合整治，强化对反洗钱高风险客户的精准识别和有效管控，为业务持续稳健发展提供良好合规保障。要进一步加强信用卡境外业务及相应机构的监督管理，严控包括信用卡个人外汇业务合规风险等在内的各类风险。

七、打造e生活平台，构建优秀APP品牌

e生活是集融e购和融e行相关功能为一体的，针对信用卡客群的互联网金融平台。近年来e生活发展得很好，已成为工商银行互联网金融平台的重要组成部分。大家要用好、推广好、爱护好e生活，在e生活上打造消费金融、场景建设、智能服务、权益专享等特色优势，尽快实现e生活与“三融”平台的协同联动发展，使e生活达到同业信用卡APP领先水平。一是优化平台功能。总行卡部要加快建设e生活消费金融功能，实现金融功能与持卡人服务的闭环管理。二是树立e生活“赋能营销”的全新定位，实现从“营销e生活”到“用e生活营销”这一思维转变。要将e生活与信用卡获客“一日一网点一户”及资产业务“一日一网点一单分期”和融e借的活动相结合，在助力业务发展的同时达成e生活“一日一柜一户”的营销目标，切实推进e生活为业务发展赋能机制的建立。三是加强平台运营。各行要真正落地“三融一活”平台的相互引流与捆绑考核，推动e生活“进网点、进企业、进场景”，对新办卡客户、活跃客户、已注册未绑卡等目标客群开展主动营销。四是加快场景建设。总行卡部要坚持以自主研发为主，与第三方服务商合作为辅，以场景建设为入口提供一整套服务方案。要以“三融一活”平台为入口嵌入场景建设，实现e生活与“三融”平台协同共振。对活跃度低、市场竞争力欠佳的场景适时退出。各行要积极对接互联网特色场景，与政府、优势企业合作，打造具有区域特色和流量优势的“本地专属”栏目，加快提升e生活在当地的知名度与影响力。

八、开展服务投诉整治，提升信用卡服务水平

全行要高度重视客户服务对工银信用卡客户基础、品牌形象和市场口碑的重要影响，以及对信用卡业务长期可持续发展的深远意义，投入更多的精力和资源推进客户维护基础性工程建设。今年第一季度信用卡的投诉量有所抬头，归根结底是信用卡服务水平不佳、品牌效应不够，我们不能以持卡人多、交易量大作为理由。谷行长要求“投诉量的增长要引起高度关注并抓紧解决”，并针对投诉问题召开了专题办公会，我们要落实好会议精神，切实压降信用卡投诉量。一是将信用卡电话接听率保持在同业较优水平。接听率的高低与投诉量有密切关联。要继续提高信用卡电话接听率，达到90%以上的目标。二是以远程银行中心的信用卡投诉整治为抓手，持续提升信用卡服务水平。远程银行中心将对投诉进行分类分级，充分揭示问题和痛点。卡部要针对投诉痛点进行专题研究，从流程、制度、产品、风控等方面找投诉背后的原因。我们必须对客户投诉高度重视，第一时间响应，第一时间处理。三是要将优质高效的信用卡服务工作渗透至办卡、启卡、消费、分期、换卡等客户全生命周期。卡部要坚持问题导向、强化顶层设计，全面梳理优化影响客户体验和引起客户纠纷投诉的各项信用卡政策、制度、系统、流程等问题，从源头提升客户满意度；分行层面要配备专人专岗从事信用卡投诉管理，建立信用卡投诉应急反应机制，加强信用卡专业与法律、渠道、财务等相关专业的联动配合。要畅通客户服务问题解决通道、落实责任机制，特别是对客户投诉等重大敏感问题要第一时间响应、第一时间处理到位，杜绝客户二次投诉甚至升级投诉。各位分管行长要就信用卡投诉问题召开专题会议研究部署。今年对信用卡投诉的处理要分解到分行去，找原因、找责任，进行考核挂钩、问责挂钩。同时要建立监管转办投诉快速处置机制，各分行卡部负责人要全程跟进监管转办投诉，做到逐项分解、深入剖析、举一反三，对于客户投诉处理不力的情况要进行追责，确保实现“监管转办投诉数量同业排名退出前三”的工作目标，努力构建与全球客户数最多发卡银行地位相称的服务形象与信誉口碑。信用卡促销宣传语言要朴实，多进行敏感性分析，合乎社会的各种期望，避免成为社会舆论的焦点和爆点。

九、构建信用卡业务发展动力机制，增强信用卡发展能力

前不久谷行长主持召开了专题办公会，对信用卡发展的动力机制问题进行了专门安排，会后总行资负部、信管部、财会部、风险部等相关部门都已经采取了相应措施支持信用卡业务发展。目前信用卡专业资金成本已初步下调，比如信用卡分期付款的FTP已下降10个基点，融e借普惠口径贷款已采取25个基点优惠和央行降准预激励，同时信用卡逾期损失率将尽快下调0.32个百分点，实现信用卡风险成本的进一步压降，使分行

的净利润不受影响。总行金融科技部将对信用卡投入更多的研发资源，专职信用卡研发人员数量将尽快由目前的550人提升至850人，更好地解决信用卡科技资源供给不足的问题。授信审批团队人数年底前将增加至300人，尽快实现信用类业务全行集中审批。重点城市行信用卡竞争力提升工作已全面启动，要进一步落实重点城市行对于发展信用卡业务的主体责任，强化业绩考评与当地资源禀赋相匹配。后续总行将持续加强信用卡成本管控，树立正面的经营导向；进一步解决好分期付款业务“先收后支”和商户业务“前端分润”的落地问题，帮助分行更好地拓展市场。同时今年第三季度前将完成全行信用卡及部分分行借记卡的制卡邮寄集中工作，各行要在制卡设备和空白卡调拨上提供支持，根据总行制卡集中计划进行业务准备和业务调整，确保有序衔接。以上动力机制问题，总行卡部将和相关部门对接，持续研究解决。动力机制涉及大家的考核利益，但更重要的是通过问题的解决，进一步提升大家对信用卡业务的战略认识，这是关键。

十、进一步加强信用卡队伍建设和党建工作，增强市场竞争能力

各行信用卡专业部门要继续坚持以党建为引领，将信用卡专业条线打造成为全行“零售铁军”的重要组成部分。一是要打造作风过硬的信用卡队伍。要继续保持锐意创新、积极进取的工作状态，弘扬“勇往直前、勇争一流”的牡丹卡新精神，确保总行的各项决策部署不折不扣落地见效。二是要加快专业化队伍建设。有条件、有前瞻意识的分支机构要设立分期业务团队和商户业务团队，同时要善于将全行个人客户经理队伍与信用卡队伍结合起来，柜员、法人客户经理队伍、第三方合伙人都可以成为信用卡业务的宣传者与营销员，大家要把视野放宽，真正形成全行办信用卡的态势和格局。三是要强化人才队伍建设。总行卡部要尽快建立全行信用卡资产业务从业人员的资格认证体系，提升信用卡资产业务从业人员的信用风险识别管控能力。要强化全行信用卡业务从业人员包括各级行本部信用卡专业人员的党风廉政建设，抓好廉洁风险控制，以及各类欺诈、套现等内外部案件防控，加强日常监督检查，切实做到业务发展和党风廉政工作同规划、同部署、同落实。

同志们，今年已过去四个半月，全行信用卡条线业务进度较序时计划还有较大差距，希望大家回去后狠抓十项重点工作的落实，尤其要盯住上半年的目标任务，实行缺口管理，努力实现时间过半任务过半，为圆满完成全年目标任务奠定坚实基础。

在网络金融工作推进会上的讲话

官学清

（2019年5月15日）

大家在讨论中提到了几个问题，一是B端和G端如何突破，以及突破过程中资源配置的渠道和手段。二是网络金融工作中总行的统筹统管如何与分行的主动性、创造性结合起来的问题。三是平台引流和第三方引流后，如何通过互联网手段和手机银行，对引流来的用户进行二次开发和价值提升，如何把用户变客户，客户变有效客户、活跃客户，推动客户金融资产、融资、价值贡献的增长。四是关于场景建设及后台的运营管理和价值提升问题。

今年1~4月，全行网络金融条线坚持3.0战略实施方向不动摇，统筹推进网络金融业务发展，G—B—C三端齐发力，G端和B端布局快速推进，C端个人客户发展稳步提升，中间业务收入增长势头强劲，自有流量入口持续创新优化，在抢先抓早中实现了全年经营的良好开局起势，为实现全年任务目标打下了良好的基础。最后，我重点围绕年初工作会议精神，以及网络金融工作会议“一个突破、两个提升”的工作部署，就全年工作的落地和推进，谈七个方面的意见。

一、关于“三融”平台的客户发展工作

在“三融”平台打造的过程中，希望大家更好地发挥各平台“营销利器”的作用。“三融”平台是我行的自建场景，是客户的线上主入口。今年以来，“三融”平台发展整体保持稳中有进，但融e行客户规模的同业领先优势在缩小，融e购、融e联平台的月均动户数有所下滑，反映出了我行客户基础相对薄弱，平台增长动能相对不足等深层次问题。在互联网领域，平台客户规模、活跃用户是核心指标，是平台发展好与坏的重要衡量。我们要坚持以这两个核心指标为指引，持续做好平台的深耕和经营，不断夯实客户基础、优化客户体验，促进C端个人客户服务的有效提升。

（一）要把融e行作为发展“第一要务”。大家深

切感受到，工商银行的融 e 行平台是有活力、有实力、有能力的。要牢牢树立手机银行作为线上专业金融服务平台、线上工商银行的市场形象和服务口碑，确保客户规模和活跃度的同业领先优势。要切实加大规模拓展力度。从自身发展来看，我行手机银行经过多年的建设，已经牢牢树立了业界标杆和典范的地位。下一步，总行将顺应 APP 时代趋势，强化手机银行智慧化、专业化、个性化建设，6 月份面向老年客群推出幸福生活版，7 月份上线军人版，8 月份推出学生版，10 月份推出手机银行 5.0 版本，并推进小微企业、私人银行、员工客群等版本年内上线，促进线下业务无介质办理，争取引领手机银行新一轮发展潮流，为新一轮增长注入新动能。要从有效客户、活跃客户、月动客户、日动客户等更高的标准来和同业比。再对比跨界同业，比如直销银行的发展模式、单位产能、获客能力，甚至包括风控能力，都开辟了一种新的业态和模式。我们一定要有危机感和紧迫感，特别是要研究手机银行的机遇、空间、危机、担当，要有加快发展手机银行已经时不我待、刻不容缓的意识。要看到同业，特别是跨界竞争同业新的进攻方法、战略投入、技术路径以及产品路径。全行上下要进一步发挥融 e 行对全行业务的平台承载、营销支持和价值贡献作用，要先把“武器”用好。有些行对融 e 行还不了解，功能不清楚，营销利器“利”在哪里不清楚。融 e 行肯定有不完善的地方，我们需要进一步优化，提高其有效性，但任何互联网产品在推出来时都有不完善的地方，需要在动态变化中加以完善。要容许大家去创新、去创造。

全行要以线下为基，从线上突破。线下，抓好客户到店捆绑和优质客群渗透转化。我们做渠道转型，就是通过业态变化，吸引更多的线下客户到店，将其发展成为我们的客户。我们要针对所有到店客群做好手机银行的捆绑，特别是加大对优质客群的渗透，5 万以上金融资产客群要通过线下线上去做，不断提高渗透水平。新增个人客户、网点到店客户、代发工资客户三大客群渗透率要分别达到 50%、60% 和 70%。线上，做好第三方支付客户、消费信贷客户两大客群的精准营销。全年确保手机银行净增客户不低于 3 600 万，力争达到4 000 万。这个增量指标要对标同业来看，增量要明显高于竞争对手。

要深化活客黏客运营工作。各行要在继续做好客户首用辅导的基础上，着力加强三方面工作。一是以产品吸引客户。以手机银行的新服务体验、新功能宣传为契机，加强智能语音助理、亲情账户、一键检测、信用卡页签、线上线下一体化订单与网点无介质等亮点服务推广，吸引客户点击使用。根据以往经验，手机银行新版本推出后，往往会带动起一波获客活客的高潮，大家一定要利用好这个窗口期，放大市场效应。二是以运营激活客户。总行已经启动了“品悦美好生活”主题营销活动，各行要配合组织做好辖内活动开展。基于互联网营销平台、大数据精准营销、社会化营销、新媒体营销等手段，开展线上营销推广，激励用户转发分享，以客引客，提升线上获客活客能力；线下围绕投资理财、支付消费、旅游出行、运动健康等重点客群、重要场景，组织特色活动，营造强大宣传声势。大家要积极大胆去创新，用资源做好活动促销。要处理好统和放、统和活的关系，特别是在促销、活客这块，各行要按照本地特色、本地资源和一把手重视程度，去做好活客工作。一把手的金融科技意识和能力决定了他对网络金融的重视程度。三是以场景引流活客。加大线上线下场景联动，通过融 e 购精选商品、线下热门商户、热门缴费项目以及热卖金融产品的二维码，引导客户使用手机银行进行扫码支付和购买，培育使用习惯。四是以网点无介质服务实现线上线下业务联动。通过手机银行扫码、刷脸认证等方式创新业务流程，降低网点业务对银行卡、身份证等传统介质的依赖。目前刷脸认证已经开始在全行推广，要在确保客户金融资产的安全性和客户识别的真实性前提下，大胆创新应用新技术。同时，在手机银行加大推广申请办卡、申请换卡、卡启用、账户挂失、解除挂失等线上线下业务联动办理，结合 ECOS 工程建设扩大并完善服务范围，进一步提升手机银行的黏性与客户活跃度，助推全行大零售业务发展。在客户活跃度方面，我们要大做文章，先把客户请进来，再让客户活起来，提升活客比例。

（二）提升融 e 联线上获客活客能力。融 e 联平台的发展要从单纯依靠工银信使的“单脚跳”，转变为服务信使与场景引流协同发展的“双腿跑”，将融 e 联打造成为场景主承载和信息服务中心，继续用好其功能。要推动线上获客在融 e 联落地生根。总行将进一步加强融 e 联 H5 线上获客能力建设，创新更灵活多变的获客形式和激励模式，吸引用户成为合伙人，探索裂变式营销，并提供获客漏斗分析、二次引流、用户激活与转化等量化分析工具。各行要牢牢把握住各类输出和引入场景合作、营销活动契机，充分运用 H5 线上获客工具，将注册页面无缝嵌入在场景服务、营销活动流程中，实现用户无感快捷注册，跟踪分析不同场景、活动和渠道中的用户触达、参与、注册、登录等环节的转化率，进一步提升资源投入的有效性和产出比。融 e 联线上获客功能一定要发挥好。现在已经有 1.5 亿客户，更重要的是要使客户用起来、黏起来。收费工银信使业务主要是做增量客户，同时要减少跑、冒、滴、漏。要全力提振平台活跃度。总行已经制定了融 e 联月均动户环比上升、同比上升、全力冲刺全年目标三个阶段性任务，将陆续开展五大专项推动工作，包括数据分析和分行督导，本地化公众号主页推广，物流、教育、代发工资等场景营销，服务信使和信息源建设，重点产品精细化运营等。各行要以本地服务主页为依托，不断丰富政务服务、生活缴费、服务信使、网点服务等特色场景，增加证券、保险、基金以及日常生活消费等高频场景服务功能，打造聚集用户流量的场景主阵地；要组织做好“发现本地惊喜”活动，充分利用线上线下渠道开展宣传，形成本地用户“必来、常来、喜欢来”的市场印象和声势，重点探索通过第三方合作渠道开展宣传引流。与此同时，依托本次活动开展精准营销工作，针对长期睡眠户、短期流失户、非实名用户及其他细分客群进行定向唤醒，在存量用户中挖掘活跃度增长潜力。

（三）强化融 e 购平台品质化、特色化运营。融 e 购要坚守“三名”定位，围绕打造品质领先、特色鲜明的商融合作平台、中高端用户服务平台和金融价值创造平台的工作目标。作为银行系电商，要将电商交易和金融资产、金融服务联系在一起，这是我们的特色。要坚持发展融 e 购平台，继续提高其质效。要大力拓展“有市场、聚人气、会管理”的优质商户，对融 e 购入驻商户要提高要求，各行要做好品牌建设；精心选择精准扶贫商户，利用平台做好扶贫工作；加快特色板块建设，围绕用户和商户促活积极开展有针对性的营销活动，使融 e 购成为打通 B 端与 C 端、实现聚客黏客、推动价值客户转化的重要平台。

各行要落实责任、强化联动、加紧推进，做到“业务指标有人盯、商户经营有人管、营销活动有人推、平台服务有人抓”。要加大对活跃度高、服务品质好、商品销量大、价值贡献多的优质商户的扶持力度，通过数据支持、资源倾斜、金融服务为商户经营提供更多的价值创造，并加强联动营销，充分利用商户线上线下资源，加大对融 e 购的品牌宣传和获客引流。要依托融 e 购“商业 + 金融”特色场景，积极挖掘辖内资源禀赋打造分行特色项目，总行将对优势突出、特色鲜明、能够促进金融业务发展、可以贡献中间业务收入的项目进行资源扶持，择优在全国推广。要把扶贫、公益以及积分专区、e 资产、e 采购、银法通、商筑通作为融 e 购的推动重点。融 e 购有 5 个特色品牌，实际上发挥了“商品 + 金融”的连接优势。总行将联合发文全面推广 e 资产模式，各行要加强与风险资产处置部门的沟通，并积极向资产管理公司、中小银行等外部客户宣传推介。银法通是总行新推出的面向“智慧法院”场景的解决方案，包括网络询价（评估）、网络拍卖，以及配套的案款管理、保证金管理、法拍房贷款等金融服务。融 e 购已获得最高人民法院询价（评估）试点资质和拍卖正式资质，询价系统已运行，拍卖系统将于 6 月份投产。各行要做好行内沟通，将工行不良资产中涉诉标的物优先通过融 e 购评估和拍卖，同时积极营销辖内法院上线融 e 购，做好业务试点和推广，努力抢占市场份额，尽快形成市场效应。我们的“三融”平台要做升级版，提升对战略的支持力度，形成价值创造贡献。

二、关于场景建设与运营管理工作

网络金融专业要主动配合公司、机构业务部门，继续发挥在全行互联网场景建设中的统筹作用和创新引领作用，将五大重点领域的场景建设持续推进、常抓不懈。

（一）积极抢占交通出行场景，全年实现 100 家城市智慧出行项目落地。总行已经印发通知，加快推进智慧停车领域的业务发展。我行智慧停车服务平台包含车牌付/扫码付和智慧停车管理系统。车牌付/扫码付输出我行支付、结算能力，满足线上和线下场景需要；智慧停车管理系统输出我行车场管理、订单计费、会员管理等能力。两者组合输出，提供了智慧停车领域的综合解决方案。各行要加强组织推动，加速项目落地。一是充分调研、加强沟通，深入了解本地区智慧停车市场和同业竞争情况，抓住“拆除高速公路省界收费站”“全面推广移动支付系统”“建设城市路侧停车电子收费系统”等政策契机，加强与政府部门沟通合作，抢占系统建设机会，形成先发优势。二是明确目标、推广合作，一方面要细分市场，优先发展机场、高铁、三甲医疗机构、大型商超、学校等人流量大的停车场所；另一方面，要加强外部合作，借助停车运营的头部企业，大型停车场系统集成商，借力发展，通过合作构建一体化的城市车主智慧出行服务平台，提升我行产品服务的触达率。三是加强协作、加大投入，各行对内要明确各业务条线职责分工，加强部门联动协作，形成工作合力；对外要加大重点项目的资源投入，包括营销费用支持和业务技术人员支持。

（二）深化教育场景建设。银校通推广要着重做好“分层”和“联动”。分层方面，总行将探索引入外部合作方，下半年将推出集教学管理、智慧校园、智慧学习、家校互动为一体的场景化教育服务，形成以“银校通”为基础的产品分层服务体系，满足不同校园客群的需求。联动方面，各行要深入挖掘 C 端客户的价值内涵，密切联动个金部，带动宝贝成长卡线上发卡、家庭资产配置产品、青少年财商教育等产品服务，拓展校园年轻客群和家长客群，以 B 带 C 不断提升“银校通”服务价值。各行尤其要围绕 9 月秋季开学学费缴纳高峰时段，积极开展产品营销和服务渗透，确保缴费客户和收费学校在较去年翻番的基础上，新增个人新客编客户超过 30 万人。

（三）加强“商医通”医疗场景建设。一是要充分认识商医通的业务创新模式。商医通是我行首次实现“嵌入场景、输出金融”和“外部引入、云端部署”的垂直领域行业解决方案，涵盖认证、开户、支付、理财、信用、融资等综合金融服务，是我行从 B 端切入医疗领域的有力武器。二是要深刻理解当前医疗改革大背景下医疗采购领域的复杂性和敏感性，各行要将商医通纳入目标医院整体服务方案，面向重点医院开展清单式摸查营销，按照“一户一策”的方式为医院提供定制化解决方案。对于已经建有互联网医疗采购平台的医院，要从医院采购部门和软件服务商两端入手，依托我行 API 开放平台，将各类金融服务输出到医院现有平台；对于尚未建设线上采购平台的医院，要联合我行合作服务商合医公司，发挥我行金融生态云的技术实力和市场公信力，积极引导医院使用我行“商医云”服务。三是总行已依托商医通项目推出了专属化的商医贷融资服务方案和合医平台线上供应链融资业务方案，符合相关要求的医院均可开展融资合作，各行要在项目拓展中，以商医通场景合作为切入，将产品链条做深做长，积极拓展上游供应商、生产商开户和办理融资，大力带动普惠金融业务发展。

（四）不断开拓民生缴费领域。全行要以 e 缴费产品为切入，以各类金融生态云服务输出为抓手，推动民生缴费市场占领和份额提升。要抢占公交、地铁等高频领域，依托融 e 行、融 e 联等 APP 乘车码支付功能，加大与当地银联机构的合作，提升我行平台在公共出行场景的服务能力。要以融 e 联为主阵地，加强水、电、交通缴罚等缴费类业务在融 e 联公众号的部署，不断扩展民生缴费种类和应用场景。

（五）积极布局幸福产业领域。幸福产业涉及旅游、文化、体育、健康、养老等五大板块，点多面广，潜力巨大。随着我国经济发展水平进一步提升，旅游、文化等领域消费持续上升。与此同时，面对更多人群老龄化产生的健康、养老需求，供给方面始终存在不充分、不平衡的矛盾。这些市场需求需要我们利用互联网新技术、新模式加以研究解决，为我们场景建设切入幸福产业带来重大机遇。全行要高度重视国家在相关领域的政策布局，围绕丰富人民群众精神文化生活、推进消费稳定增长、发展壮大旅游产业、社区养老服务业以及精心筹办冬奥会、军运会等规划，根据辖区情况，选取 1～2 个板块，突出重点，寻找合适的切入点，提前布局幸福产业场景建设。要加强各领域的场景建设，先要把“单”拿下来。要做好大旅游、大文化、博物馆、图书馆、养老平台，除了政府养老平台，还有商业化养老平台，要把我行的金融服务嵌入进去。

（六）持续推进 TOP 20 头部企业场景合作。总行已梳理了 TOP 20 的合作清单，包含互联网、金融业、交通物流、通讯电信等行业的 22 家头部企业。全行要在此基础上持续推进与各行业头部企业的场景合作，不断丰富完善 TOP 20 合作清单，实现“20 + N”的合作对接模式，加强相关营销推动工作。N 就是各行要做的，大行要做 100 个以上，小行不能低于 20 个。一是聚焦合作对象，TOP 20 合作对象主要是在线上场景有高频业务流量或者垄断性服务的企业。例如微信、抖音等社交平台，拥有大量的线上活跃客户，是流量提供方；铁路“12306”、电信等合作方由于其相对垄断的服务，是内容提供方。针对不同的合作方，要寻找合适的切入点对接合作。二是明确合作内容，以“支付 + 账户”输出为合作基础，结合合作方的具体需求，同步推动聚富通、e 企付、融 e 借、三融平台、e 钱包等产品的合作。通过多维度的业务合作，进行资源互换，实现客群引流，拓展合作深度，最终达到合作共赢的生态目标。三是加速落实推动，针对今日头条、美团、铁路 12306 等重点合作企业，总行将同分行联动推进项目落地实施；针对区域性的合作企业，各分行要制订拜访计划，明确合作内容，并建立周报月报制度，跟踪推动合作落实。

各行在场景建设中，要始终坚持金融本源为主。既要实现技术的连接性，同时又要形成金融赋能。要让客户有价值感，特别是大客户，再带动其上下游、合作端。各行要研究体现银行的基本职能。一是账户，二是支付。通过账户、支付来获取更多的客户。账户、支付、用户、客户的关系要处理好，核心是让银行与客户的黏性提升。要把每个客群的产品特性打造出来。刚才大家反映集中的场景建设后的运营管理、如何提升质量和效益等问题，要进行单独研究。场景是工具、是手段、是过程，最终目标是做金融。场景的第一金融切入是做账户，第二是做支付，如果账户和支付都没有，要做流量、做粉丝，依托场景获得用户，通过用户运营、内容运营、数据运营逐步实现客户转化、价值提升，最终达到流量变现。要善于培养跨界思维，我们既要低头拉车，也要抬头看路，善于换个角度看问题，“跳出金融看金融”。对于政府工作报告以及各地政府机构的政策动向，我们要紧密跟进、综合研判、敏锐反应、提前布局，争取最大的发展先机和市场主动权。

三、关于聚富通推广工作

现阶段，聚富通的平台条件、市场环境和政策监管环境已经成熟，全行进入全面推广的关键时期。以下我着重强调两个方面的工作。

（一）深入了解和把握聚富通的优势特点，进一步发挥其“营销利器”作用。聚富通是总行打造的非常重要的、针对 B 端和 G 端的营销利器。聚富通具有几个功能，包括电子钱包、聚合支付、账户和智慧清分、商户管理等，并且得到了监管的初步认同。希望大家把聚富通利器用好，特别要实现金融赋能，帮助企业价值成长，更重要的是实现聚富通对 B 端和 G 端客户的网络金融连接的主动性和主控性。聚富通是我行适应平台化合作趋势而快速推出的互联网产品，能够全面满足平台企业客户的综合化服务需求。在对外合作中，合作方更愿意与单一部门合作，实现“一点接入全系统对接”，减少与银行各业务部门签署不同协议、分别开发对接的负担。因此，聚富通的综合化集成是其第一大“卖点”，能够成为合作切入的重要砝码和有力武器。第二大优势是监管合规性。聚富通有效解决了平台企业经营面临的“二清”业务、虚拟账户等监管合规痛点问题。目前，总行已经启动了聚富通业务方案向人总行的总对总业务报备，其中我行以内部户作为资金监管账户的业务模式也得到了人总行初步认可，对此总行找到并确认了一个核算科目，既满足内部户条件，也可以核算为存款，满足基层行业务发展的原动力，实现监管合规、基层动力、业务发展多维度的利益最大化。第三大优势是金融赋能。过去只有核心企业可以得到银行的青睐，聚富通合作方式下，可以让传统模式下难以得到金融支持的小微企业、平台上成千上万的子商户有更多机会享受银行的普惠融资。各位分管行领导对于聚富通平台的基本原理、产品功能、特点亮点以及所对应的平台型企业存在的痛点难点要做到心中有数。

（二）明确方向和重点，主攻产业互联网平台。在市场推广上，聚富通的主攻方向聚焦于产业互联网平台。各行要联动公司部、机构部、结现部、个金部、银行卡部，全面梳理本地区的公司部直营客户、百强互联网企业、百强民营企业、本地区互联网高流量的头部企业以及政府相关主管部门，有的地方叫数据公司、数据中心，还有一些是第三方IT和互联网支持企业，要以新的模式、新的供给去实现新协议签署。全行要参照公司客户管理方式，实行“名单制 + 分级制”管理，区分总行级、省行级、地市级，分级负责营销，确保清单企业全面排查、营销到位，不漏掉一个企业、不错失一个机会。总行将按照“先对接先上线先收益”原则对各分行项目进行资源投入，支持各行上半年首批实现名单内40家平台型企业对接。在产品推广上，总行将加快完善融e借、经营快贷、工银e企付、收款管家卡等功能，解决融资贷款、线上B2B支付、线下转账汇款等问题，进一步满足产业互联网线上线下支付和清分的一体化需求。

各位分管行长主管零售业务，一定要有法人客户意识。网络金融业务对着B端和C端。C端是大家比较熟悉的个人端，B端和G端全部是法人客户。各行一要加强普惠融资产品的嵌入和输出。要联动普惠部，深入分析平台业务逻辑，形成特色场景融资方案，通过聚富通向平台输出经营快贷产品，以客户经营数据作为授信依据，形成准入白名单，为平台买卖双方提供网络融资服务。总行计划基于美的、轻盐、今麦郎项目开展网络融资试点，广东、湖南和河北分行要积极推动试点工作落地。二要加强与e钱包的组合营销。谷行长明确了“聚富通 + e钱包”的组合营销模式，一般场景下两个产品一起用。e钱包不支持聚合支付，也无法替平台合规经营的子商户提供资金清分功能，并且当前也不具备互联网平台需要的虚拟卡券等权益类钱包功能，同样卡部收单产品不支持e钱包，而聚富通实现了基础架构平台的搭建，博采众长，将行内e钱包、聚合支付、商户收单、结算清分、普惠金融、余额理财等优势产品进行了整合，形成面向互联网企业、产业平台型企业的综合服务解决方案，实现不同产品间的组合，站在客户角度较好地满足了开放性、综合性和差异化金融赋能。为此在营销中，我们要围绕客户需求痛点，采取“一户一策”方式，善打“聚富通 + e钱包”产品组合拳，形成有效的、有针对性的服务方案。同时，为更好地服务平台需求，总行网金部要会同个金部、科技部尽快提升基金理财与聚富通的联动，形成钱包内余额理财、快赎支付等市场迫切的产品服务。三要加强与法客系统、卡部收单平台的联动和数据统一视图，卡部、网金等产品主管部门应加强联动，将商户风控功能相互开放，共同落实好《中国人民银行关于进一步加强支付结算管理　防范电信网络新型违法犯罪有关事项的通知》（银发〔2019〕85号）的要求，形成工作合力。请大家回去对聚富通的功能、营销场景、工作流程进行梳理，明确如何签单、如何上线、如何测试、如何投产，做好相关工作安排。

四、关于B端和G端的突破工作

加快B端和G端领域的突破，是事关未来工商银行在互联网金融市场地位的战略之举。全行务必要统一思想，将e－ICBC 3.0的战略重点向B端和G端转移，打造新形势下互联网金融核心竞争力的发力点和突破口。在今年年初网络金融和金融科技工作会议上，谷行长已经对B端和G端突破做了工作安排，我们要贯彻落实。

B端和G端突破的总体工作思路是：聚焦B端、G端11大基础行业领域，加快创新推广G－B－C业务联动的五条基础产品线，以做大六类基础客群为目标，集全行之力在新的市场竞争中强势突破，巩固提升同业地位和社会影响力。总行已经制订了B端和G端市场突破的整体方案，后续将进一步研究论证，形成正式文件下发。各行要切实发挥主体责任，进一步增强统筹联动意识，加强公私联动、行司联动、总分协同，形成“全行一盘棋”的协同作战能力。要进一步做好G端和B端的市场下沉、行业细分，深入分析不同类型的客户需求，结合每个行自身的区域特点和优势，找准目标客户、合作策略、合作切入点，提出更为明确具体的主攻方向和市场方案，做到守土有责、各司其职、营销到位、高效响应。

面向G端，要采取“整体推进、重点突破”的发展策略。依托API平台、金融生态云、聚富通、融e联平台以及“工银e政务”“工银e社保”“行业云平台”

承载的各类金融服务能力，全面探寻与各地政务信息化建设的合作，加大在重点区域、重点领域、重点产品、重点客群的营销对接，争取切入和参与的重要机会。关于G端，总行机构部已经在全面推进相关工作。要重点关注中西部地区和三四线城市。要结合当地政府实际需求拟订合作模式，完善业务方案，力争早日实现业务落地，以点的突破打开工作局面。针对移动端政务平台已经上线但服务能力仍有较大提升空间的省份区域，要做好进一步营销沟通，寻找合适的切入点。一线城市也有机会，关键是有没有营销武器，输出什么，带来什么价值，选择什么样的产品路径和技术路径。当前最重要的就是去抓订单，然后优化产品、差异化对接产品，做好科技开发投入、测试上线。要重点拓展八大基础领域。围绕医疗卫生、教育、公共资源、党团工会、国土住建、城市管理、公检法司监、文化体育等八大领域，研究制定相匹配的合作策略、合作方向及产品配套，提供横向互通、纵向穿透，跨客群、一体化的综合性服务。要重点推广五大基础产品线，账户管理、薪资服务、支付清分、公共缴费、普惠金融等五大产品线是我们的优势所在，要优先实现对外输出和赋能；后续总行还将研究推出云认证、云签约、云安全等契合市场需求的新产品。全行要通过这些产品的服务和推广，将我行服务内容由账户金融、交易金融等传统金融功能向场景金融、生态金融方向拓展，服务模式从向客户提供标准化的产品，向根据客户实际需要灵活提供模块化、组件化嵌入与服务转变，服务对象由服务单一的客户纵深至服务客户所处的产业生态转变。要以G带C重点拓展六类客群，包括代发客群、个体客群、社保客群、年轻客群、军人客群、棚改客群，真正实现公私互促联动获客。每个分行要根据自身区域特点及差异化优势，明确各自在G端领域的主攻方向和重点项目，正式上报总行。

面向B端，全行要全面推广企业手机银行、e企付、金融生态云三大平台。企业手机银行方面，全行一要深耕存量市场。以7月企业手机银行2.0全面升级改版为契机，重点聚焦小微客群，对存量企业客户、企网客户深耕细作，加强金融科技和大数据能力应用，推动其向移动金融转移，通过建立常态化的互联网主题运营模式，增强客户的活跃和黏性，持续保持市场热度。二要瞄准新增市场。以企业手机银行拓展非工行客户，接下来部分省份将放开对公预约开户及报备，这是发展企业手机银行的大好时机。各行一定要与总行公司部、结现部、普惠部联动，做好准备。特别是做好增量市场，实现在线开户，将开户便利性全面提高，加快企业手机银行业务拓展。要对标全国超过1亿的市场主体和日均1.8万户的新设企业，积极挖掘市场空间，渗透县域个体工商户群体、特约商户群体、供应链核心企业等重点市场，力争完成全年200万动户的任务目标。e企付方面，要全面推进和落实“双百行动”工作安排，“一户一案”制订营销服务方案，e企付方案非常好，在企业财务管理、信息化管理方面有竞争优势。要组建项目直营团队，强化对基层行人、财、物等各方面资源的配置，做到“一点接入、全局响应”，推动项目快速落地见效。要对平台资质进行严格把关，禁止与网贷平台、理财平台、支付机构、交易所等开展支付合作，在严格落实风险防控措施的前提下开展对接。对于已上线的合作平台，要加强平台日常运营情况的监测监督，及时总结项目推广经验，形成标准化、通用性模式。金融生态云方面，总行已经初步建立了“行业+金融”的金融生态云对外服务体系，并配套门户展现、服务目录、产品运营等，有比较强的服务能力，目前投产上线教育云、党建工会云等8款云产品。下一步，总行将结合宏观政策导向、市场发展趋势、重点行业特点等，进一步拓展出行云、景区云、金融监管服务云等云服务。全行要高度重视“云平台”的建设推广，在总行做好统筹规划、科学布局的基础上，各行一要做好落地实施，推动银校通、宗教云、政务云、人事云、党建云等成熟云场景的复制推广，快速占领流量入口，促进我行互联网场景建设“遍地开花”。二要做好创新应用。分行可以根据自身区域特点勇于开拓、积极创新、积累经验，对于符合全行推广、客户需求契合度高、获客活客效应强的行业云可以进一步输送给总行，不断丰富全行金融生态云服务体系。

五、关于第三方支付绑卡工作

第三方支付业务收入处于增长期，要成为全行稳中收的一个新的发力点。虽然三方支付收入的增量增幅实现了同业晋位，但交易额总量仍落后同业，说明在绑卡客户的活跃度提升上仍有较大潜力空间。全行要将各项指标全面对标同业，推动三方支付绑卡量和交易量再提升。总行将持续加大营销资源的投入，深化与微信、支付宝的联合营销活动，并通过优化活动资金分配，提升绑卡送券核销率，来促进全行绑卡促活再上新台阶。全行一要将线上线下活动相结合，全面渗透网点到店客群。网点到店客群是我们拓展客户、开展营销服务、挖掘客户潜力最重要、最经济、最有效的途径。4月份绑卡新增中，从渠道上看自助终端占比15.5%，从客户结构看新开户客户占比39%，数据显示线下网点的引导营销是绑卡新增的重要增长渠道。接下来全行要进一步依托网点执行力高、转化率高的优点，结合线上活动覆盖广、参与深与灵活度高的优势，最大限度地激发线上线下相结合的能量潜力。二要加大贷记卡绑卡营销。4月绑卡新增中，贷记卡新客户中的渗透率仅为25.8%，显著低于借记卡的43.9%，在2018年新开贷记卡客户占比仅为5.6%。贷记卡的手续费率为3‰，是借记卡的近4倍，对于提升收入有更大的促进作用，要成为我们重要的发力点。各行要对营销资源投入进行结构性调整，向贷记卡绑卡和消费进行倾斜，扩大创收增收效应。三要将各项指标全面对标同业。既要守住基本盘，也要盯住对手盘。财付通方面，湖南、福建、江苏、湖北等分行与当地建行的交易额差距较大，浙江、广东、河北、山东等分行与当地农行的交易额差距较大；支付宝方面，福建、湖南等分行与当地建行的交易额落后幅度较大，江苏、浙江等分行与当地农行的交易额落后幅度较大。上述分行务必对标同业，加大工作推动力度。

六、关于工银信使工作

1～4月，工银信使中收的增量和增速都实现同业第一，达到初步成效。下一步，信使增收的工作重心要放在加快收费信使协议增长上，重点做增量，“开源、堵漏、节流”三管齐下，夯实收入可持续发展的根基。开源，要加快新收费协议数的拓展。总行将于6月中旬按照“交易网点第一、电子银行第二、开户行第三”的原则调整工银信使中收入账和协议归属原则，各行要以此为契机，利用智能终端开卡/启卡联动开通工银信使、存量客户签信使送账户安全险等手段，做好新开卡和存量持卡客户的到店捆绑，确保2019年新开借记卡收费协议渗透率不低于30%；公私联动方面，利用总行统一下发的代发工资企业收费信使渗透清单，重点面向渗透率不足30%的代发企业进行上门营销，实现以B促C批量拓展；线上营销方面，总行计划开展签协议送话费、抽奖送手机等营销活动，并与三方绑卡工作形成联动促销，开展“签第三方快捷支付、免费赠送一个月信使体验”活动，各行要配套营销资源，切实做好新增信使协议拓展。堵漏，要做好流失收费协议的唤醒和挽留。1～4月，全行已经流失981万个收费协议，其中扣费失败占比41%、转向融e联免费协议占比48%、客户主动注销占比11%，这些是影响净增协议数增长的主要原因。各行要重点配好资源，针对主动注销、扣费失败的两大客群做好精准营销和唤醒工作，对于转向融e联免费协议的客户，要尊重客户选择。节流，要做好免费信使协议的压降。1～4月，全行免费信使协议净增数量达到480万个，超过收费信使协议净增数量的三倍。我们一方面要尊重客户意愿，同时要通过相关服务，区分客群，分层对接，避免引起客户大量投诉。免费信使协议压降工作任重道远，一方面要转变思路，避免将免费工银信使作为营销对公企业、个人客户的手段，严控免费协议的增加；另一方面要立即开展免费信使协议数的渠道来源、客户类型、免费原因梳理工作，明确改进策略和实施计划，并联动卡部做好信用卡免费信使门槛上调工作，力争实现2019年免费信使协议零增长。总体来说，工银信使收入工作一要抓增量，二要抓退出客群的挽留，三要压降存量免费客群。

七、关于网络金融风险防控工作

最后，我再特别强调一下风险防控问题。今年以来，伴随着新形势的变化、新业态的衍生、新监管的要求，网络金融风险防控面临的挑战日益严峻。全行要按照“针对性强、管控有力、措施到位、确保不出问题”四方面要求，深入分析和防范网络金融业务各类风险，制定并实施具体有效的风险管控举措。一要加强全行网络金融专业条线党风廉政案防工作。要高度关注内控案防，确保专业条线不发生大案要案，不发生廉洁风险、道德风险；要加大网金条线人才储备、干部储备和资源投入，人才是第一资源，人才缺失是业务发展的最大风险，网络金融条线是高端人才聚集地，要加强干部的培养、管理和提升，要将有活力、有朝气、有专业能力、有工作责任心的骨干配置到网金专业，加大市场攻坚力度。二要防范外部欺诈风险。要及时做好制度培训和传导，加强对网点一线人员的网络金融业务风险教育，强化合规意识。要重点抓好线上网络金融业务风险管理，大量的工作是在总行网络金融部。线上如果出问题就是全国的大问题，如客户资金被盗、系统不安全、参数设置出问题等。前期我和总行网络金融部专门研究了防范线上网络金融操作风险、监管合规风险、廉洁风险和客户信息安全风险等问题，相关措施要贯彻落实好。抓好网络金融业务和重点环节的风险管理，包括电子银行注册、U盾保管与发放、内部员工违规持有客户U盾等，妥善处理外部欺诈风险管理和风险事件。三要高度重视客户信息保护。按照国家法律法规以及近期国家四部委和总行关于个人信息专项治理的工作要求，对各行辖内以我行名义发布或由我行管理的对客APP开展排查，存在问题的要及时整改，并将个人信息泄露风险纳入业务流程和产品设计阶段的风险评估范围；加强个人信息保护长效机制建设，持续依法合规运营管理，坚决杜绝强制、过度收集个人信息，或未经消费者同意、违反法律法规和双方约定收集、使用个人信息，或非法出售、非法向他人提供个人信息等违法违规行为。大家知道，欧盟制定的GDPR法规要求非常严格。我国也正在加强信息安全管理力度，我们在获取信息、对外输出信息时，必须守法、合法、合规。四要规范互联网对外合作管理，防范外部输入性风险。在做API接入、对外签约的时候，一定要防范非法集资、洗钱等风险，做好论证；做好员工及关键岗位管理、员工异常行为排查工作。五要强化技术风险管控，会同科技部门做好技术对接风险、系统安全风险、代码风险等风险管控。六要重视客户投诉。要加强网络金融投诉的分类管理，特别是客户投诉的重大事件管理，梳理排查投诉反映的各类问题，确保2019年网金条线投诉维权事件明显下降。要强化、细化融e购管控措施，强化物流递送，保证“三名”品质。要严格商户准入和商品管理，对入驻商户要进行论证，建立有效的准入审议机制和投诉问题倒查机制，对侵权商户进行全面清理，对引发重大舆情或投诉的分行要追责。要高度重视网络金融安全，网络金融业务的发展必须是在安全前提下的发展，特别是要确保客户金融资产的安全。

在2019年全行集中采购工作座谈会上的讲话

官学清

（2019年5月16日·根据录音整理）

一、2018年全行集中采购工作成效显著

2018年，在总行党委的正确领导下，集中采购工作紧紧围绕全行发展战略，持续深化中央巡视整改要求，认真落实财政新规，不断加强实质性风险管控，管理效能进一步提升，合规性和有效性显著增强，为全行业务发展和风险防控提供了有力支撑。

（一）完善制度体系建设，严格落实财政新规。2018年，总行认真按照监管要求，根据我行实际，全面修订和完善了集中采购制度，不断强化制度硬约束，形成了以“管理规定”为核心，以“实施办法”“工作章程”等15个管理办法为主体的制度体系，践行了财政新规。

（二）立行立改、举一反三，中央巡视组反馈问题得到全面整改。对中央巡视组提到的四个问题，我们一项一项整改，目前基本上整改到位。一是加大外部专家使用力度。2018年全行外部专家一共参与了5 000多人次集中采购会议，提供了很好的专业支持。二是加大公开招标力度，强化项目管理。全行招标项目占比较上年提升了0.47个百分点。三是严格管控单一来源采购。单一来源采购占比为2.95%，较2017年下降7.47个百分点。四是加强监督检查，落实全面整改，防止问题反弹。去年总行开展了全行性自查和整改工作，确保制度落地执行。专门对山西分行就中央巡视整改工作又进行了“回头看”，督促山西分行对中央巡视反馈问题再深化全面整改；对北京、河北、辽宁等10家分行开展了深化整治现场检查。

（三）建立供应商管理机制，“制度空转”风险管控初见成效。供应商制度空转是总行党委巡视组多次提到的问题。为什么把集中采购作为八大重点风险领域来治理，因为它是有案件和事件表现的，其核心点在哪里，在供应商。去年采取了以下几项措施：一是积极创新管理举措，加强供应商管理。总行主动发起公开招募，利用外部信息与行内资源积极推进供应商穿透式核查，强化供应商满意度测评。二是优化供应商准入管理，构建多部门共同推荐机制，提高供应商的入库门槛，引入更多综合实力强、品牌信誉好的供应商入库。三是创新供应商分级管理机制，构建了供应商分级与项目匹配要求和采购部提示补充的机制，切实提高实质风险管控水平。四是完善项目供应商推荐环节，实行推荐和审查准入分离，项目的主管部门推荐供应商，审查准入交给集中采购团队，有效防止了标准选定的主观性和随意性。五是加强供应商履约评价和失信行为惩戒，形成有力约束。

（四）加大管理力度，集中采购管理效果进一步提升。一是完善管理机制，实现质量与效益、风险控制与效率提高的两个兼顾。完善评分办法，新增了考评服务类项目的“基准价偏离度综合评分法”，确保服务质量更好。优化集中采购部的工作流程，改串行工作模式为并行。积极做好财务开支共享服务平台建设，持续完善集采系统功能。不少分行也探索了很多提高集中采购效率的方法，刚才浙江行也讲了很多非常好的路径。二是加强授权管理，激发经营活力。通过采购要素和级别的控制，强化集中采购授权和层级管理，支持项目资源共享。三是进一步加大全行网点建设支持力度，重点服务网点的转型、新建和迁建，支持网点布局优化调整，全行网点装修的集中采购环节用时持续缩短，去年平均用时小于28天，较2017年下降27.37%。四是全面规范采购业务，加强境内控股机构和境外机构工作指导，积极推动扩大采购结果的全集团共享。

（五）加强教育培训，提升全行采购人员思想认识和专业胜任能力。一是重视全行集中采购人员的政治意识、纪律意识和合规意识的提升。坚持通过抓党建来促管理，增强“两个维护”的思想自觉和行动自觉；认真组织警示教育活动，严格落实党委要求，营造风清气正、公开透明的工作氛围。二是加强集中采购相关人员的工作培训。主动学习吸取外界管理创新经验，积极探索集中采购风险管控长效机制的建设，整体凝聚力和战斗力得到极大提升。

二、2019 年集中采购工作主要挑战和目标

2019 年，国内外宏观经济、金融形势依然严峻，特别是外部监管力度持续加强，全行集中采购工作也面临新的考验。第一个挑战是财政部对集中采购新规的实施要求越来越高，集中采购被纳入总行八大风险领域，须继续强化专项整治，建立防范制度空转问题的长效机制。我们的供应商原来 20 000 多家，拟清理 2 000 多家，还要补供应商进来。要进一步增强危机感、责任感和忧患意识。第二个挑战是在金融科技快速发展的环境下，战略客户在智慧城市、智慧政务、智慧企业等新技术运用方面向我们提出了合作类采购需求。合作类项目财务开支的可行性、集中采购的合法性、有效性都值得大家去探讨。刚才很多同志提了这方面遇到的难题和建议。这需要我们不断优化采购模式、采购路径，提升集中采购的合规性和合法性，明确有效性的判断标准。通过集中采购进一步增加客户黏性和线上客户引流，提升客户体验。第三个挑战是集中采购面临多元化、跨境化、跨行业趋势，要前瞻地研究。作为中台的集中采购部门，要有基层意识、前台意识和服务意识，一定要紧贴市场，紧贴同业竞争，紧贴业态变化，我希望我们的集中采购一定要不断优化流程，深度介入前台合作类业务。

面对未来的挑战，今年的集中采购任务主要是：贯彻好全行 2019 年工作会议和全面从严治党暨纪检工作会议精神，以及财务会计暨资产负债管理工作会议的部署，紧紧围绕全行发展战略，进一步巩固好中央巡视整改成果。进一步增强集中采购专业人员的服务意识、风险意识和创新意识，增强集中采购工作的主动性。进一步强化对供应商制度空转问题的专项整治，持续提升采购领域风险治理成效。进一步夯实制度落地执行，管控好集中采购实质风险。进一步运用金融科技手段，提高集中采购效能和效率，有效服务集团战略发展和客户。

三、2019 年集中采购工作的主要安排

（一）强化分支机构和子公司管理，提高集团采购效能。

一是要继续完善差异化授权，处理好收权和放权的关系。总行将继续按照“差异化管理，提高效率，监控重点，防范风险”的年度授权原则，根据不同机构的特点，实施差异化的授权管理。

二是要加强总行和一级（直属）分行、重点城市行联动，发挥好战略引领和服务保障作用。一级分行要加强辖区内集中采购工作的统管。相关省行要把“5 + 1”分行集中采购工作管理好，承担起统筹管理责任。加强对重点城市行集中采购工作的指导和管理。转授权是有条件的，特别是渠道建设的集中采购，要重点防控廉洁风险、交割风险。

三是要强化境内控股机构管理，加大境外机构的统筹和指导。实现集团集中采购资源与境内控股机构和境外机构共享的常态化，打通共享系统，更好地为境内控股机构和境外机构集中采购工作提供技术支持。境内控股机构要按照总行集中采购相关制度，结合自身所处的行业特征，完善自身的集中采购制度，特别是加强对其分公司和分部的管控，同时要加强对二三级子公司的集中采购统一管理。境外机构的集中采购工作应遵循当地的法律法规，有条件的可以探讨区域统一集中采购，不断提高集中采购风险管控能力。

四是要进一步做好重点项目集中采购，提高集中采购能力和效能。要采取多种措施，提升全行集中采购效率。各行可以相互借鉴，采取提前启动集中采购项目的方式。要优化授权，提高效率。集中采购部门要跟前台部门进行会商，对重大项目要提前介入，积极主动支持前台发展业务。要同步启动集采流程，节约流程时间。要建立上会前预审沟通机制。只要是合规的、合法的、合纪的、有效的方式，大家都可以去探索。要进一步加强对网点装修项目的统筹管理。集中采购团队要注意提高效率，支持网点调迁及装修，提升网点竞争力。对于重大、复杂的集中采购项目，集中采购团队要深入到项目主管部门，对风控要心中有数，做到事前有预案、事中有控制、事后有评价。要继续探讨扩大认同项目采购方式。关于集团外的四大行认同采购，要请示财政部；政府类的认同也要请示财政部，由财政部书面批复后再定。对于扩大行内认同项目，各分行要自行清理供应商，要负推荐责任，推荐经得起考验的品牌供应商，对供应商的合规性、商业可持续性以及廉洁自律风险管控能力、售后服务履约能力进行全面评价。要继续推进专项集中采购项目，减少各机构重复采购，降低采购成本。对专项集中采购清单，总行要分批发布，增加专项集中采购项目。

（二）加强制度落地，推进合规管理。

一是要进一步强化制度落地工作。要强化一级（直属）分行的主体责任。各一级分行要主动作为，特别是对辖内机构的采购，要实施检查督导。今年各分行要主动开展对所辖机构集中采购工作的综合大检查，这是迎接外部检查和巡视的重要基础。对于发现的问题，要举一反三进行整改。要全面解决“应采未采”问题。对主观恶意化整为零的“应采未采”行为，应该严肃追责，对技术性犯错的“应采未采”，也要进行相应追责。要树立集中采购的法制化理念，要敬畏制度规定。要吸取集中采购领域典型案例教训，以案为戒，以案促改，希望大家从集中采购环节堵住个别供应商围标、围猎所带来的廉洁风险、交割风险等。

二是要深化合规采购，确保新规执行。深入推进合规采购，始终将合规管理、风险防范放在首要位置，强化实质风险把控和防范。要加强集管会的决策执行力度，对集管会决策事项进行后续检查，利用财务闭环管理系统加强对集中采购项目后续执行的监督检查。集中

采购管理部门要进一步强化审查职责，为集管会提示风险关注点，提高集管会审议质量。要高度重视内外部专家管理和使用，提高专家的审查能力。充分发挥外部专家的作用，原则上总行集管会每次都要有外部高级专家参加，并且经过行领导批准，外部专家都有投票权，真心实意请他们参与投票，参与决策。各机构30%至50%的集管会应有外部高级专家参加，这是最低工作要求，今年占比至少到30%。自行组织实施的统一集中采购、供应商评审、定点供应项目、项目预算500万元（含）以上的一般集中采购项目，原则上应邀请外部专家参加项目专家小组。要优化行内专家库专业，加大专家队伍建设，强化聘任管理、考核评价、培训表彰，提高专家队伍的专业水准和风险把关能力。行外和行内专家队伍的使用可以总行和分行打通，可以采取现场加视频的方式。关于外部专家津贴制度，请财会部跟人力资源部好好商量一下，关键要物有所值。另外，要落实专家组成中“项目主管部门人员不能超过三分之一”的要求，如有项目专业特殊、没有其他人员替代等特殊情况要特别报告审批。要做好集中采购项目信息公开，加强集中采购的公开、透明管理，充分发挥社会监督作用。同时要加大绿色采购力度，对国企、民企等市场主体一视同仁，营造公平绿色的竞争环境。

三是要规范集中采购方式选择，严控单一来源采购。要优先采用公开性的采购方式实施集中采购。进一步加大招标、竞争性磋商、竞争性谈判采购方式的应用。严格管控单一来源采购方式。对单一来源采购项目要严格审核把关，同时对上门询价的采购方式要进行合理性、有效性的分析和把控。

（三）深化供应商管理，防控实质风险。

一是要扩大供应商信息库，优化存量结构。要多元化拓展供应商入库渠道，坚持“公开招募+推荐入库”制度。坚持只唯优劣，不唯身份，一视同仁、公平竞争，扩大供应商信息库。要加强供应商入库管理。项目主管部门可以推荐供应商入库，集中采购管理部门要按照审查标准独立进行审查，采取智慧审查方式，充分发挥科技作用，进行多维度大数据分析和观察。集中采购部要对重点供应商建立集体审议制度，《供应商管理办法》已经明确相关规定，请大家落实到位。对供应商的管理一定要严格，要把品牌供应商选进入库。要对供应商进行分类管理，综合考虑存量供应商基本情况、合同签署情况、履约情况、供货情况和评价情况，切实做到管增量、优存量，不断完善供应商入库、出库、退库机制。

二是要严格执行供应商资质标准，强化供应商廉洁管理。要拆分需求立项与项目供应商推荐环节。供应商要先入库后再做项目。认真落实项目主管部门供应商推荐责任与集中采购管理部门审查责任。严格执行供应商资质标准。强化项目供应商资质的审核把关、风险评估，多维度评估风险。强化廉洁管理。通过实施承诺制及退库制，强化供应商廉洁管理。

三是要构建供应商分级分类管理机制，积极探索分级匹配挂钩管理。要积极推进供应商分级系统建设工作。在供应商库自动分级功能投产应用前，通过手工方式做好供应商分级管理工作。要强化供应商分级与推荐项目供应商的匹配管理。建立项目主管部门推荐、集中采购管理部门提示补充的供应商推荐机制，探索供应商分级的匹配挂钩管理，原则上以供应商分级为主要依据，结合项目特点进行择优推荐。

四是要强化供应商后评价管理和应用。要加强供应商后评价组织管理及后评价结果应用，跟退出挂钩，否则后评价没有效果。后评价要真实客观。要加大供应商失信行为的惩戒力度。供应商及其核心子公司中标以后，如有违约行为或不能有效履行供应商职责的，可直接终止其入围资格。对于集中采购或日常管理过程中供应商发生的违法违纪、违反相关采购规定或合同约定等行为，要及时调整供应商级别或冻结使用，落实失信行为惩戒要求。对于失信供应商要有效管控，该退库的退库，该终止的终止，该追究违约责任的追究责任。

（四）提高工作效率，处理好风险和发展的关系。

一是要加强集中采购信息化建设。探索电子化、数据化、智慧化建设，借鉴国内外先进经验，将传统与创新相结合，不断推动在线采购、在线管理，建立我行集中采购信息化管理新模式。要加快系统新功能的投产。分批推广应用线上评审谈判，加速“三库”投产应用，将智慧化集中采购工作提高到一个新水平。金融科技部要全力支持推进集中采购智慧化建设。要全面推广财务开支共享服务平台集中采购应用，进一步提升集中采购管理决策能力，防范风险，提高效能。要推进电子合同模板化，进一步规范全行采购类合同审批、签署。要启动集中采购新报表系统应用，丰富集中采购管理手段。要进一步完善融e购电商平台采购管理，对接融e购电商平台，优化授权，进一步推广集中采购商品上线，探索零星商品采购上线。

二是要强化采购项目事前与事中管理。要进一步提升项目计划管理水平，不断提高项目计划执行率。要加大源头管理力度，将集中采购计划管理纳入年度预算管理，进一步提升资源管理配置水平和项目实施效率。要加强评审谈判管理。集中采购管理部门与项目主管部门要相互支持配合，集中采购部门要主动担当，强化对前台部门的支持，严格执行采购制度，完善内部工作流程。加强招标代理机构的管理，监督好代理机构，防范代理机构和投标人串标、围标，严控代理机构各类风险。

三是要正确处理风险管控和业务发展的关系。进一步树立服务意识，加大集中采购对集团战略落地和业务发展的支持力度。正确处理业务发展与合规采购的关系，严守制度红线，重点防范廉洁风险、交割风险和履约风险等多种风险。针对大家反映的业务发展类、行业客户发展类及相关第三方平台合作类项目问题，总行将进行专题研究。

（五）加强队伍建设，提高采购专业水平。

一是要严守底线，打造廉洁自律的采购队伍。要认真开展廉洁自律教育学习活动，不断增强合规意识，切实做到自觉遵纪守规，防范和抵制商业贿赂、利益输送等潜在风险。加强保密管理，严肃保密纪律。在集中采购结果未公开之前，相关信息均属于核心商业机密，从项目前台部门到专家队伍，到集管会委员，都要加强各个环节的保密工作。

二是要学以促用，提升采购队伍专业能力和管理水平。集中采购人员一定要学习前台业务，要深入基层、深入客户，了解各方面变化。特别是要主动跨界学习集中采购先进经验。我们在集中采购理念、技术运用、流程上并不十分先进，要跨界学习别人。工商银行的集中采购要引领同业。要运用先进的金融科技手段，用更好的方法流程管好集中采购。

三是要加强采购人员队伍的整体管理。总行财会部和各行财会部对集中采购队伍要统一管理，干部要统一使用，加强多岗位交流，把集中采购这支专业队伍建设好，把这个专业打造好。要将集中采购工作纳入全行财务管理中，进一步强化集中采购力量配备，实现集中采购管理团队与财务管理团队有效协同。要重视集中采购专业人员的职业发展，构建多渠道职业发展通道，进一步完善分支机构集中采购管理能力评价机制。

最后，希望各级行有效创新、主动为之、勇担责任，把全行集中采购工作提高到一个新的水平，在把控好风险的同时，支持好全行业务发展。

在“全面打造第一个人金融银行”工作会议上的会前讲话

官学清

（2019 年 8 月 6 日）

在会议正式开始前我先讲以下几点：

第一，前一阶段总行个金部、银行卡部、财务会计部三个部门负责人分别写了《决心书》，这三份决心书是代表各位一级分行行长写的，是代表在座各位分管行长写的，是大家共同的《决心书》。

第二，董事长在工商银行原有大零售战略、第一零售银行战略的基础上，坚持战略传承与创新，响亮而明确地提出了未来工商银行要打造“第一个人金融银行”的战略安排。

第三，董事长对个人金融业务提出了“三个打通、三个一体化”的目标。一是要打通线上和线下，实现线上线下一体化；二是要打通表内和表外，实现表内表外一体化；三是要打通境内和境外，实现境内境外一体化。这“三个打通和三个一体化”，请大家用心记住。

第四，全力推进交叉销售战略。董事长提出了十二字要求，即“以公带私，以私促公，私私互动”。过去工商银行提出的是“私私联动”，现在把“联动”改成“互动”，更体现出“私私一体化”的理念，将所有个金业务板块实现一体化协同。未来我们要坚决推行交叉销售战略，尽快补齐当前产品渗透率较低的短板。

第五，强化获客和产品销售、交易频率的协同。这里有三个维度的概念：一是获客，二是产品销售，三是交易频率，这三个维度是相互促进的关系。获取客户后必须靠有效、精准的产品销售加上客户高频的金融交易，才能在获客后进一步实现客户活跃度和贡献度的提升。这是董事长提出的另一个关键词和关键点。

第六，打造“坐商+融e行+个人金融服务”的复合生态。所谓“复合生态”是一种渠道思维，是围绕整个生态环境的建设。生态建设中最重要的就是口碑，是令客户尊享的品牌，这是对工商银行整个渠道思维的大优化。生态前面加上了“复合”两个字，就要体现立体式、全功能、嵌入式的含义。我们要深入研究如何在全行个金业务板块打造复合生态，以及各个区域的复合生态。

董事长对手机银行的发展提出了一系列新的安排，主要有两方面的构想。一方面是要优化金融科技架构与手机银行定位。手机银行体现的是移动互联战略。一是要打造手机银行的核心平台，提升其功能；二是要强化三融平台一体化和协同化。工商银行的 APP 是三融平台+工银e生活的“3+1”形态，如何实现这些平台的聚合化、一体化、协同化发展是一个战略性的思考。ECOS 1.0 版本发布后，肯定会为手机银行的再提升、再发展提供一个更加强大的技术平台和技术架构。另一方面，董事长要求手机银行要实现两个维度的目标：即随手和随心。手机银行就是要随手拿来，但“随心所得”是一个更高要求，是要成为客户心目中的手机银行，不仅要做大客户量，更重要的是优化结构，提高手机银行客户交易频率和交易额度。

对于 ETC 推广，董事长提出三方面要求：一是 ETC 拓客要形成“势”，即做出势头，这将为工商银行创造中高端客户发展的未来空间。二是要实施“1+1+N”的综合营销。三是要认识到，OBU 设备赠送和其他客户优惠等资金支出并不是成本，而是投资，将在未来两三年通过客户的综合金融贡献取得回报。

董事长在年中工作会议上专门用“煲汤”的理论讲解了运用金融科技赋能的理念，要通过手机银行等互联网金融为 C 端客户赋能、为 B 端客户赋能、为 I 端客户赋能，构建新的“ICBC”。在座各位个金分管行长，要自问是否有强烈的意识让手机银行为 C 端、B 端和 I 端客户赋能。目前我们手机银行客户覆盖率还不够高，按照活跃客户的口径测算就更低，亟待进一步提升。

最后，董事长提出要打造以全量金融资产为主、以手机银行为平台的客户分层管理体系。“全量金融资产”也就是“储蓄存款+N 个其他金融资产”的金融资产组合。工商银行现在全量个人客户的金融资产超过 14 万亿元，领先同业第二只有几千亿元，优势并不明显。未来要以手机银行为平台打造客户分层体系，强化我行领先优势。

对于董事长提出的打造“第一个人金融银行”的战略要求，我们要早抓落地、早抓落实。今天我们将用一天的时间专题研讨如何全面打造“第一个人金融银行”——维度是什么，定位是什么，战略重点在哪里，困难在哪里，资源保障和体制机制优化的路径在哪里，产品在哪里，客户在哪里等一系列问题与措施。希望今天能够听到各位行长的分享与精彩见解。

坚定信心　狠抓落实
为全面打造“第一个人金融银行”而努力奋斗

——在“全面打造第一个人金融银行”工作会议上的总结讲话

官学清

（2019 年 8 月 6 日）

今天听了总行个金部关于全行个人客户发展情况的报告，听了分行十七位分管行长的精彩分享，非常受启发。接下来，我想围绕全面打造“第一个人金融银行”战略，谈一下个人的认识，与大家分享。

我的讲话题目是：坚定信心、狠抓落实，为全面打造“第一个人金融银行”而努力奋斗。为什么要用这个标题呢？我认为作为个金战线的同志们，天然的职责就是增强我行个人金融业务的竞争能力、服务能力、价值创造能力和风险控制能力。董事长代表总行新一届党委在年中工作会议上正式提出工商银行要打造“第一个人金融银行”的战略安排以后，全行已经形成了广泛的认识和响应。从今天各位行长的分享看，有的分行已经快速行动，主要负责人洞察力强、领悟力强、执行力强，快速传导部署。对标董事长提出的“第一个人金融银行”的战略号令，我们必须用“奋斗+落实”的姿态和精神状态去努力奋斗。

一、高度认识、认同打造“第一个人金融银行”战略，增强机遇意识、忧患意识、责任意识，坚定信心，强力突破“第一个人金融银行”建设的开局工作

第一，要进一步增强战略认同，全面提高全行个人金融条线对打造“第一个人金融银行”战略的认知水平、认可程度，增强战略实施的主动性和创造性。第一个维度，董事长是在全面了解和认识工商银行的现状、充分研究和调查工商银行的战略之后，按照战略传承与创新的思路提出了“第一个人金融银行”的新战略安排。这是我行多年来实施的“大零售”战略和“第一零售银行”战略在新阶段、新时代、新环境下的战略传承和创新。第二个维度，董事长在讲话中明确指出，个人金融业务具有分散风险、稳定收益的作用。个人金融业务具有高成长性和高价值贡献特征，同时也是从金融角度贯彻落实我们党“以人民为中心”发展思想的出发点和落脚点，是“建设人民满意银行”的战略布局重点。我们正在进行“不忘初心、牢记使命”主题教育，要求牢固树立“以人民为中心”的发展思想，对金融企业而言就是坚持“以客户为中心”，对个人金融业务而言，要“以满足个人客户金融服务需求为中心”。董事长响亮提出“第一个人金融银行”战略安排，就是“不忘初心、牢记使命”在工商银行的具体表现。第三个维度，提出“第一个人金融银行”。“第一”要求我们在个人金融业务发展当中、在市场竞争当中、在与对手的比拼当中，要有引领同业的勇气、锐气和信心。江苏分行今年上半年的实践表明，任何

“恐农症”都会在工商银行强大的执行力下发生变化，要有信心去引领同业而不是跟随同业。只有我们每位同事从内心认可、认同“第一”的战略要求，才能转化为我们战略实施的具体行动。

第二，要增强机遇意识、忧患意识、责任意识。从机遇意识看，一是国民财富分配正在向居民进行大幅度、多渠道、多元化的转移，财富的大转移和大变化对我们个人金融战略的实施带来了广阔空间。二是中国的城市化进程、都市化进程、城镇化进程越来越快，正在有超过1亿的人群从农民变市民、变居民，为我们“第一个人金融银行”实施创造了新的巨大市场空间。三是金融科技为我们提供了新时代的竞争武器，能够弥补我们在县域网点不足的重大劣势。工商银行IT技术的代际优势、金融科技的领先优势，必将成为我们打造“第一个人金融银行”的核心武器。四是个人金融资产、个人金融负债、个人金融交易正在发生大的变化，个人金融市场将迎来大变革、大洗牌，如果我们能抓住这个大变革，就能在未来掌握主动权和制高点。五是随着监管的强化，金融消费者回归理性，风险偏好持续调整，从而形成了个人客户、个人金融资源向主流银行、安全银行、价值银行回归的大趋势，这为我们打造“第一个人金融银行”带来了新的时代机遇。六是工商银行强大的法人客户资源、法人金融业务资源还有待我们深度挖掘，可以将其转化为打造“第一个人金融银行”强大的市场资源和客户资源。七是工商银行全行各层级的班子实力、队伍实力、个金条线干部员工的专业能力、精气神状态、市场竞争能力以及战斗力，构成我们打造“第一个人金融银行”的坚实基础，我们有条件、有能力、有信心去打造“第一个人金融银行”。

从忧患意识看，尽管过去个人金融业务发展取得了辉煌的成就，奠定了牢固基础，特别是最近几年各项业务增量实现了很多“第一”，但我们要冷静地看待和分析。与同业的比较、与客户的期待、与社会的评价、与全球市场的对比、与总行党委的战略部署要求相比，我们还有很多差距。全行个人金融条线的干部员工必须进一步增强忧患意识。一是与部分可比同业的历史差距与现实挑战并存。有的省对比农行、有的对比农商行、有的对比建行都存在一定差距，既有过去岁月留给我们的历史差距，也有现实差距，别人还在继续前进并采取各种措施增强他们竞争力。二是与农商行等非可比同业的市场资源相比，我们差距明显。中国的财富在向居民转移、向市民转移、向农民转移，“藏富于民”越来越明显。下一步要研究清楚与五大行以外的非可比同业，特别是农商行在个人金融业务中的竞争力情况，找准市场的空间。现在五大行在整个社会金融资产占比仅为38%，另外还有62%在非可比同业中。三是与规模相对较小、但特色化的招商银行比较，我们在个人中高端客群维护、增量驱动力和财富顾问水平上存在差距。招行的网点远远不及我们，但是其金融资产已达几万亿元，高净值客户数量超过了我们，需要有忧患意识。四是与第三方支付公司等平台公司比较，在与类金融机构的跨界非对称竞争中，我们也存在差距。尽管这些机构可能存在一定违法、违规行为，但我们还是要看到这些机构的创新能力、应变能力、平台能力、引流能力、场景能力。过去我们长期只与农行、建行、中行比较，未来一定要有更加全面的同业比较和跨业比较，学习其他类型机构的优点和长处。五是个人客户的金融需求出现了几个“化”的特征变化——线上化、移动化、综合化，还有最重要一点是金融消费的比选化。要研究不同客群金融行为特征的变化，除了研究社会资金的运动规律以外，还必须研究个人客群的行为特征变化、风险偏好变化以及金融资产组合能力的变化、金融交易特征的变化。现在大量的客户拓展采取批量化、平台化、场景化、生态化、体验化等方式，如果我们仍按照老方式来做，一定是事倍功半。如果我们能适应新时代、适应新变化，适应个人金融客群的新需求、新期待，就会事半功倍。六是监管政策发生变化。现在的监管要求越来越严格，特别是对个人金融业务发展提出了新的期待、新的要求，我们只能适应，不能抱怨。越是主动适应，我们的金融服务力、价值创造力和风险控制力才会越强。我们有个别机构对监管强化不适应，主要原因是没有做好准备。在经济金融“新常态”阶段，金融风险防控是重中之重，这是十九大报告提出的“三大攻坚战”之一。防范和化解重大风险，其中主要就是金融风险，这是监管的主基调，我们必须适应，是对我们适应能力、调整能力和合规能力的考验。七是金融市场发生重大变化。利率市场化、汇率市场化正在加速推进，必将对个人金融资产管理、个人金融消费行为产生重大影响。同时，金融产品的跨市场化和交叉化竞争也会越来越激烈。在我们主要的35项个人金融产品里面，围绕货币市场类的已经不到10个，另外25个全是综合化的跨市场产品。要研究如何穿透这几大市场，提高对这些金融资产的跨界管理能力。八是客户基础和相关资源保证制度等弱项仍然比较明显。大家对这些问题做了不同程度的解读，更重要的是大家要用战略的眼光看到客群的变迁。30岁以下年轻客群的行为偏好、家庭杠杆率、理财理念、金融消费理念完全不同于30岁以上的客群。这些人都是在互联网金融时代成长的人群。

从责任意识看，一是个金条线要承担起总行重大战略的实施责任。总行党委已经定下“第一个人金融银行”的战略安排，我们就必须实施好。在最近召开的党委扩大会上，董事长一再讲要抓落实，今天也听到有四五个行一把手已经开会研究，快速行动。我认为这是对全行特别是对管理层干部行动力最重要的考验。二是要承担起客户服务责任，满足人民群众金融服务需求，这是我们的金融服务责任，也是社会责任。要努力提升人民群众金融服务的可得性、普惠性、便利性、安全性、有效性、精准性，满足其各种金融梦想的实现。这次主题教育的具体目标是理论学习有收获、思想政治受洗礼、干事创业敢担当、为民服务解难题、清正廉洁做表率。对于我们个人金融服务而言，要为民服务解难题。什么叫为民服务？个人金融业务就是为人民服务的金融业务，解难题就是帮助人民实现各种梦想，达到各种金融风险管控的目标、各种金融资产保值增值的目标、各种金融交易的便利性、有效性的目标。三是要落实好个人金融消费、个人金融资产的安全以及风险管理责任。7 月 30 日中央政治局会议提出要进一步加大内需，这就要求我们要用金融手段去支持内需的增长，涉及到消费分期、汽车分期等多项个人金融业务。同时，我们的融资产品做得越好，客户就越少到 P2P 去融资，金融资产就越少被侵害，就能保障我们客户的金融资产安全，也是为国家金融安全作贡献。四是要增强提高个人金融业务价值创造力、金融服务能力、风险控制能力、市场竞争能力的责任感。五是要担负起打造新时期个人金融业务新体系的责任。我们的个人金融业务体系已经运行了很多年，必须要适应新时期金融科技的挑战，以及对标董事长提出的新战略号令，用变革的思维、改革的勇气、优化的能力、强化的手段，全面推进个金条线的新体系建设。

二、构建全面打造“第一个人金融银行”的四梁八柱

构建“第一个人金融银行”“四梁八柱”中的“四梁”就是“第一” + “个人” + “金融” + “责任”。

“第一”的含义就是最高标准、最优结构和最领先。首先是经营规模第一，这包含以下几个维度：一是全量客户，每年必须确保增加 4 000 万，力争 5 000 万，只有拓展了新的客户和账户，我们才有进一步激活客户的基础。有效客户强调的是金融资产 5 000 ~ 5 万元以及 5 万元以上的双口径客户。5 万元以上客户数的两个口径——时点金融资产和日均金融资产，我们现在还有较大差距。董事长期待工商银行早日将双口径下 5 万元以上金融资产的客群数量突破 1 亿户，到不了 1 亿户就算不上“第一个人金融银行”。目前 5 万元日均金融资产客户和 5 万元时点金融资产客户的重合率很高，下迁的客户达几百万户。二是个人金融资产和储蓄存款增量第一。要在个人金融资产与储蓄存款 1:0.7 系数不动的情况下，实现储蓄存款增量第一。要研究优化和管理个人金融资产和储蓄存款的系数比例。三是个人贷款第一。四是个人金融中间业务收入第一。五是个人手机银行第一。六是信用卡第一。七是私人银行第一。个金部还提出了第一安全银行，就是风险控制第一。第二是服务品牌第一。品牌美誉度和认可度是首要问题。一定要赢得客户口碑，赢得社会认可、同业认可、监管认可。同时还要加强品牌的传播，打造第一品牌。其中还包括产品覆盖率第一和客户流失率最低。客户流失率高说明存在服务场景、环境设施、服务态度、服务产品、服务价值等一系列问题。第三是经营质态第一。一是资金安全有保障。二是资产质量优良。三是客户结构最优。四是形成个人金融业务的内生驱动力，即形成机制、渠道、产品和队伍的四大内生驱动力。第四是价值创造力第一。一是营业贡献的总量、增量和占比持续提升。营业贡献总量、增量、占比三者要综合地看、穿透历史记录地看。二是协同效应要增强。要把个人金融业务和法人金融业务的协同效应体现在价值创造中，以个人金融业务巩固法人金融业务，实现战略协同价值。三是股票估值的升值。现在全球投资者对商业银行的估值，很重要是看个人金融业务的贡献以及成长性。

“个人”的含义体现在几个维度：一是体现在“以客户为中心”，就是客户总量、有效客户、中高端客户、年轻客群等几个方面。二是体现在账户。三是体现在平台型用户，“三融”平台上很多用户还不是我们的客户。一定要记住个人金融银行的“个人”是有三个维度，要全面理解和把握，关注客户的来源。

“金融”的含义有以下几方面的含义：一是集团内和集团外。二是银行和非银行。三是金融和泛金融。金融的含义是很大的，涵盖存、贷、汇、投资、融资等业务，既包括资产也包括负债，既包括账户也包括客户，既包括表内也包括表外。

“责任”是指要全面落实一级分行、城市分行的主体责任，以及个金条线的主体责任和全行的协同责任。一是要打通一把手。打通一把手要靠各位分管行长，靠各位一把手的主动性、领悟力、执行力和决策规划能力。二是要打通法人和资源管理部门分管领导以及相关部门的的思想认识和行为意识。我们在座的个金业务分管行长一定要发挥主观能动性，要用批发业务的思维推动个金业务，不断强化批发业务思维和主动协同思维。

“打造第一个人金融银行”的八柱包括：第一是渠道。一是线下网点的优化布局必须强力推行。目前我行线下网点还存在大量的结构性问题，必须全面落实到位，只有优化布局，才能让我们的网点重新焕发生命力。二是打通线上线下一体化，手机银行和线下网点一体化打通，这方面总行渠道部、网金部、个金部要做专题研究。工商银行线下网点是做线上业务的重大优势，线上业务又是我们保持线下网点生命力、战斗力、创造力的核心优势。三是要迅速探索优质合作伙伴的第三方渠道。四是要建设金融生态，在后面的手机银行专题会中我们会再探讨。在渠道建设中，要开动脑筋研究打造平台型、复合生态型的引流获客、黏客模式，形成嵌入式、入口式、引流式、平台化、场景化的复合生态圈。第二是交叉销售。主要实现以公带私、以私促公、私私互动和境内外联动、集团和子公司联动。第三是产品创

新。第四是科技资源投入。要将我们的科技资源转变成个人金融业务的强大武器，用在精准营销、风险识别以及线上线下一体化、客群拓展、客户结构转型升级等方面。第五是个人客户经理队伍和产品经理队伍的建设。第六是绩效考核体系的优化和重构。第七是风险控制体系的优化和强化。第八是党建引领、队伍建设和文化建设。

三、全面打造“第一个人金融银行”要落实的具体工作

第一，迅速制订全行的总体方案和若干具体业务方案，形成1+N方案格局，用三到五年时间实施“第一个人金融银行”战略。总体方案需要大家贡献思想火花，请个金部近期尽快拿出讨论稿。

第二，各一级分行和城市分行要抓紧制订自己的实施方案，特别是要专题召开党委会研究制订方案，定出明年的目标，而且是全方位的、全产品的、全功能的、全球化的目标。同时，总行层面要考虑如何优化资源配置、优化系统建设、优化绩效考核、推进产品创新。

第三，要全面完成、超额完成今年年度主要经营目标。其中，储蓄和个人金融资产增量要实现双第一，个贷和按揭贷款增量要实现双第一。要有效完成全量客户和有效客户以及中高端客户的增量目标和稳定目标。一是要继续紧盯代发工资市场、拆迁市场、商友市场、社保市场、养老市场、县域市场。二是要强力做好5万元以上个人金融资产双口径客户增长，明年要纳入考核，争取今年第四季度就纳进去。三是全面构建5 000～5万客群的向上驱动机制以及产品、系统方案。董事长将这个客群称作个人金融业务的富矿，含金量很高。四是全面激活零余额账户，大量是社保账户，要在下半年全面开展激活行动专项工程，转化一大批零余额账户为有效客户。五是全面提升客户渗透率和交叉销售率。在管信部监测的35个产品中选出重点产品，分层分类进行渗透率考核。总行个金部可以考虑把产品分为一二三级，进行不同的渗透率考核，并实行缺口管理。渗透率指标要在完成总量客户、有效客户目标的基础上完成。六是要全面推进手机银行的C端建设。董事长讲的是要用广东“煨汤”的理念，将手机银行全面融入到个人金融业务之中，使之成为核心竞争武器。要强力推进手机银行建设，提升客群覆盖率，特别要提高月活客户覆盖率，以“交易活跃”为准。要强化促销，打造个人客户手中的银行和心中的银行。“心中的银行”有很多维度，要优化平台建设，强化促销，提升客户体验，有很多工作要做。

第四，各行要迅速启动三个新模式、新机制的建设，即以公带私、以私促公、私私互动。私私互动是比较有基础的，要像总行一样，个金部是领头羊，银行卡部、网络金融部、私人银行部、渠道部是排头兵，还加两个子公司，用这样的布局来推动私私互动。更重要的是，请各位个金分管行长要增强自信，增强主动沟通能力。董事长已经对对公板块提出了要求，打造“第一个人金融银行”也是对公板块的重要职责，包括公司部、机构部、普惠部、结现部等部门。

第五，强化风险控制，特别是加强操作风险、信用风险、声誉风险和廉洁风险管控，一定要防范飞单销售，要严肃治理保险回佣问题，以及信用卡调额、内外勾结、信用卡诈骗套现等问题。

第六，要抓好党建引领和主题教育工作。个金业务条线要依靠党建工作引领，这是我们打造第一个人金融银行的制胜法宝。要抓好主题教育工作，把主题教育的正能量转换成打造“第一个人金融银行”的强大动能。

第七，总行相关部门、各一级分行对打造“第一个人金融银行”要分类施策。各行的实际情况不同，对标的对手不一样，业务基础也不一样。东、中、西部差距很大，城市化进程不一样，人口数量不能简单比较，应该重点关注人口总量乘以城市化率。要分类施策、精准施测、一行一策，可以考虑选择一些重点行作为试点来推进。

在私人银行业务专题会上的讲话

官学清

（2019年8月6日）

第一，总行实施私人银行部改革的原因。去年12月26日，我们召开了私人银行工作专题会议，会上提出了要强化产品管理、投资管理、客户端管理以及资产端管理。通过大半年的努力，我行私人银行业务保持了健康向上的发展态势，客户维护和稳定工作也比较有效。总行党委经过审慎研究作出决定，调整总行私人银行部的业务运作模式、投资端职能，以后负责集中主要精力和资源做好个人高净值客户的市场拓展和维护工

作，做好个人高净值客户金融资产的提升工作。主要的考虑因素有以下几点：一是构建以个人客户为中心的分层维护体系的需要。高净值客户是个人客群里面的顶端客群，他们的金融需求是多样化、多元化的，甚至是全球化的。职能调整后，可以让私人银行部集中精力做客户拓展和客户关系管理工作，以及金融资产组合管理。二是对标资管新规要求的需要。资管新规要求产品实行标准化，尽管有过渡期、转换期的部署，但无论是过去我们做的存量产品还是按照新规做的标准化产品，都需要去转换、去对标。三是打造第一个人金融银行的需要。要打造第一个人金融银行就必须打造第一私人银行。要实现这个目标，就要全面提升对全辖私人银行客户的金融服务能力、市场竞争能力、风险控制能力以及财富顾问服务能力。

第二，对于一级分行、城市分行，私人银行中心的管理体制和服务模式不变，继续维持现状。过去从分部制改为中心模式以后，各分行的私人银行中心或私人银行部与个金部协同化营销，共同维护私人银行客户，共同拓展市场，共同开展金融资产组合管理。目前，总行没有考虑要对一级分行和城市分行的私人银行机构做体制调整，继续维持现状。

第三，需要关注几个重点问题。一是私人银行是个人金融银行的支柱业务，要打造第一个人金融银行必须有第一私人银行做支撑，因此在发展战略和发展信心上不能偏移。二是调整以后私人银行部的产品供给主要来自两方面：一方面是以资管部为主的新资管产品供给，同时由个金部、工银瑞信、工银安盛开发适合私人银行客群的，具有相对竞争力的私人银行专属产品。另一方面是来自行外的遴选产品供给，主要是实行机构、产品“双准入”管控体系下的集团外遴选的产品代销。这项业务属于表表外业务，我们既要为私人银行客户做好增值服务，又要体现工商银行代销产品的基本风险偏好和价值偏好。实施“双准入”，主要是因为现在整个资管行业的很多遴选产品暴露了风险，部分银行的私人银行客群受到损失较大，引起了媒体的广泛关注。因此集团要加强对集团外遴选产品的“双准入”管控，其中，机构方面由个金部负责准入，产品方面由私人银行部负责前后台制约的产品遴选准入。针对超高净值客户，私人银行部要开放一个定制化的产品通道，这样客群才可以做定制化的安排。但前提必须是打破刚兑，而且要对产品组合进行全封闭管理，全面规范销售行为，全面开展合规信息披露，让这部分超高净值客群在承受相对较高风险的基础上实现相对较高的收益。三是关于产品价格竞争力问题。工商银行私人银行客群70%是与实业相关的客群，其财富绝大部分来自于实业，并且绝大部分与工行都有法人金融业务合作关系。对这一类客群，我们不能采取价格追逐型的金融资产配置服务策略，否则会导致大批高净值客户金融资产本金受到侵害。我们要做风险中立型的配置策略，根据客户的风险分类、风险承受能力和金融消费能力做出相应的金融资产组合安排。如果有个别高净值客户是高风险高收益追逐型，我们就要采取定制化的产品安排，严格按照打破刚兑的要求进行封闭式的账户管理、规范的销售以及严密准确的信息披露，由总行资管部以及行外第三方机构提供产品供给。工商银行私人银行一定要走价格水平适当、附加法人金融服务和非金融服务的客户服务模式。最近由于权益市场波动，有些风格激进银行的高净值客户损失惨重，面临着很大挑战。从这个角度看，我们一定要充满信心，充分发挥“产品＋法人金融服务＋非金融服务”的优势，去弥补价格劣势，要用投行思维和批发银行思维做好私人银行客户的关系管理和金融资产组合安排工作。

我们要按照董事长提出的“六端”去做好私人银行业务。特别是以下几方面。一是客户端。要全力发展私人银行客群，做好增量，包括两个维度的增量。一个是金融资产时点800万元以上的客户增量，另一个是半年内月日均金融资产600万元以上的同业披露口径的客户增量。大家要按照这两个口径拓展私人银行客户，力争完成全年私人银行客户达标任务。二是负债端。要继续压降高预期收益型产品，现在我们有部分产品成本还在4.5%及以上，要用新的较低成本的产品去替代。目前整个市场利率是下行的，但对于预期收益型产品，还没有打破刚兑，所以我们要对高预期收益型产品实行提前到期，这需要做好客户解释工作。三是由个金部牵头，私人银行部配合，全面构建600万～800万元客群向上驱动考核和向下问责机制。600万～800万元客群的管户责任在个金部，对向上驱动达标客户要实行6:4或7:3的责任分解，建立一个共同向上的驱动机制。对于800万元以上的时点、日均向下劣变的客群，也要建立6:4或7:3的问责机制。这个机制就是鼓励越来越多600万～800万元的客群向上驱动，变成私人银行达标客户。这个机制我们将在9月份正式运行，个金部、私银部两个部门要抓紧把文件下发给各行。特别要注意，对于600万～800万元客群以及私人银行达标客群，一定要建立多维度的客户经理维护机制。其中，达标私人银行客群由私人银行财富顾问和理财经理、网点客户经理共同维护，600万～800万元客群由理财经理和网点客户经理共同维护。对于私人银行业务考核问题，总行将全面取消私人银行的利润中心考核，转化为三大核心指标：一是双口径维度的高净值客户总量、增量考核。二是高净值客户的金融资产总量和增量考核。三是代销手续费收入考核，这不完全是原来意义上的中间业务收入，原来私人银行中收很大一块是理财收益转化的，现在主要是考核销售手续费。这个考核要分清楚集团内、集团外，如果集团外产品销售手续费的相关考核力度太大，私人银行部就会销售高风险产品，这样有可能给客户带来金融资产损失，其所带来的声誉风险将远远超出我们获取的代销手续费。因此，我们要遴选好行外机构和产品。

最后，我对私人银行转型提四点要求：一是各位分管行长要承担主体责任，稳定好区域市场，稳定好私人银行正面的市场形象。工商银行私人银行改革就是从利润中心转变为客户关系管理部门，这是一种正常的调整，要共同维护我们的正面形象，正面形象就是一种竞争力。7 月份数据表明，绝大多数私人银行客户是信任工商银行的，私人银行客群数量增加了 1 2000 户，金融资产增加了 2 000 亿元，均创历史新高。这是一种信任，要靠大家共同努力维护好。二是要稳住私人银行核心人才队伍，要告知员工，我们下一步打造第一私人银行的战略空间非常大，成长性会更高，职业发展的通道会多元化。三是要稳定客户金融资产，提升客户金融资产总量和增量。四是要探索私人银行服务的新模式、新途径。

我希望大家通过贯彻落实今天会议精神，把私人银行工作推向新的阶段。让我们在总行党委的领导下，落实好改革调整方案，不断加强客户关系管理，稳住客户、稳住规模、防控风险，为打造第一个人金融银行作出的新贡献。

在县域个人金融业务专题会上的总结讲话

官学清

（2019 年 8 月 6 日）

感谢八家分行分管行长的发言，总行个金部要会同相关部门吸收好大家的建议，优化方案。下面，我讲几点想法：

第一，只有突破县域市场，才能实现打造第一个人金融银行的突破性进展。这八家分行是有选择的，说到底就是和农行差距很大的分行。我们需要对标同业，主动抓、有效抓。只有把县域突破了，才有可能实现第一个人金融银行的目标。

第二，突破县域个人金融市场要多元施策、综合施策。谷行长提出了“下沉网点、线上突破、配置资源、调整政策”，16 字方针，一级行、二级行要按照谷行长提出的方针把自留田种好，总行将进行督导。八家分行要有强大的动能去拓展县域个人金融市场，要有一种紧迫感、一种内生动能。

第三，全国范围要重点抓好 300 家县支行。目前很多一级分行在县域领域与同业差距很大。

第四，我们要对拓展县域个人金融市场充满信心。当前抓县域个人金融市场正当其时，总行层面会打通一把手、打通主干道、打通主渠道，做好县域个人金融市场拓展的资源配置。中西部县域将有 1 亿人群实现城市化进程，其创业、消费、住房、就学等都将为个人金融业务提供市场空间，现在不做县域，未来市场就没有了。除了以供应链为主的高附加值的企业留在城市，大量小微企业在向县域下沉，进入县域工业园区。美丽乡村战略的实施、财政兜底政策、土地财产收益权的变化将推动县域居民财富持续增长，财富正在向乡村转移、向农民转移，未来 20 年农民会越来越富，到 2035 年基本实现现代化的阶段，县域将具备大量的市场资源。

最后，我再提几点要求：

一是要落实一级行、二级行的主体责任。总行条线负责制订方案，负责给资源、给产品、建系统、抓监测。主体责任在管辖区域的行长、分管行长和个金业务部门负责人及团队。

二是大量的县支行要以发展零售业务为主，推动第一个人金融银行战略在县域市场实现突破，实现 G 端和 B 端协同配合。

三是根据大家的建议，总行要在融资、G 端和 B 端对 C 端的联动、县域版产品等方面予以完善。更重要的是每个一级分行要尽快制订属于自己的地方版本方案，方案内容要更细更实，抓手更具体、目标更清晰，考核更到位。在资源配置方面，省行的调控空间非常大，主要取决于一把手和分管行长，一定要把拓展县域个人金融市场作为打造第一个人金融银行的先手利器。

抢抓机遇　背水一战
坚决打赢 ETC 业务营销攻坚战

——在 ETC 阶段性工作推进会上的讲话

官学清

（2019 年 8 月 7 日）

今天我们在这里召开 ETC 阶段性工作推进会，主要任务是安排部署下一阶段目标计划与重点工作，对总行党委在年中工作会议上关于 ETC 业务的部署进行再安排、再落实。总体来说，前两个月我行 ETC 业务营销实现了良好开局，阶段性成绩值得肯定。但也要清醒地认识到 ETC 营销攻坚阶段才刚刚开始，同业的营销布阵和强烈冲击对我们形成了新的挑战，更加艰巨的任务还在后面。大家不能有丝毫的懈怠，现在还不是总结的时候，要更加鼓足干劲、持续奋战，确保完成“全年 ETC 业务增量同业第一”的任务目标。刚才通报时对不少分行取得的阶段性成效和经验进行了介绍，请大家认真学习借鉴。

我讲话的题目是《抢抓机遇、背水一战，坚决打赢 ETC 业务营销攻坚战》。为什么是背水一战？现在同业发力很猛，特别是可比同业为扭转前一阶段的暂时落后状态，正在全力动员、全面出击、全力以赴，动用一切措施和手段，能否最后保住领先地位关键看后几个月的市场争夺。我们刚爬上一个小山坡，还有更艰巨的山峰等待攀爬。因此全行要铆足一股劲，继续奋发勇为，坚决消除连续作战的疲劳思想，进一步调整斗志和战斗状态，再聚焦、再聚神、再聚力，打赢未来三个月的攻坚战，尤其是 8 月、9 月和 10 月，关系到后面能否取得最终胜利。今天，我主要讲面临的挑战。

一、牢固树立时间进度意识，确保完成阶段性攻坚目标

攻坚就是要爬上最高的山坡。目前我行的营销工作刚登上一个小台阶，目前的同业第一不代表最后的同业第一。为了抢占先机、赢得主动，总行将接下来的 ETC 营销工作划分为两个阶段。一是决战阶段。即第三季度是决定我行此次 ETC 战役胜败的决战期，特别是前两个月，决战阶段要再聚焦、再集中兵力、再聚力出击。要争取在 9 月底前完成全年 ETC 任务指标的 80% 左右，力争新增 ETC 客户 4 000 万户。目前时间仅剩不到两个月，还有 2 900 万客户的缺口，任务十分艰巨。首先要确保 2 900 万的订单在手。考虑到 OBU 供货问题，以及客户实际安装情况，为确保达成 2 900 万户营销任务，必须达到 3 900 万客户储备量，保证有 1 000 万富余储备客户在手，在后期营销工作中才能不慌不忙。在抓客户订单上，要有三个“一批”的思想，即跟踪营销一批、订单在手一批、等待 OBU 安装激活一批，保证充足的客户储备。由于 OBU 设备供应受厂商生产能力限制，客户储备显得更为重要。从现在开始要将订单量进行专题通报，储备客户相当于项目营销中的“储备军”，尤其要重视线下客户储备。这个阶段要确保客群找得准、客群储备量大、订单量大、设备配得足、系统跟得上、费用投到位，实现 ETC 客户日均增量 50 万以上。由于 OBU 供货量、客户安装量难以实际掌控，所以要切实把“ETC，选工行”的营销攻势打出来，取得同业领先优势。二是决胜阶段。即在第四季度中，前期容易营销的客户可能都已经营销完毕，剩下的是更艰巨的、路途遥远的需全面扫街走楼的营销任务。大家要发扬不怕疲劳、连续作战的顽强作风，全力以赴打好收官战，确保取得 ETC 战役的最终胜利。

总行这样安排主要基于两方面考虑。一方面是抢抓 ETC 营销黄金期的需要。现阶段国务院、交通部大力推广 ETC，实行通行费 95 折优惠等政策，各商业银行更是以 OBU 设备免费并叠加各种促销手段全渠道、多维度地抢夺 ETC 客户。在这种大范围、高强度的促销和宣传环境中，很多潜在目标客户都会被挖掘并将很快办理完毕。如果 9 月底前不能牢牢把握客户订单，我们将失去完成全年任务的最佳时机。另一方面是实现人力资源价值最大化的需要。ETC 业务涉及办卡绑卡、设备派发、安装激活等一系列环节，流程相对复杂，同时还需与 ETC 发行机构、合作机构进行对接，需要投入大量的人力物力。第三季度前两个月客观上有条件、有能力组织大规模的全员营销，第四季度开始全行需要将人力资源集中在个人金融业务的旺季营销上，难以再调用大量的人力集中开展 ETC 专项营销。因此，充分利用国庆七天长假宝贵营销时机，强力推进未来两个月 ETC 营销攻坚战，对各部门总经理、分行行长、营销人员是一个重要的考验。各行在第三季度的 ETC 营销攻坚中，

要做到“快”“实”“细”“严”，即动作要快，供货等举措要实，工作安排要细，进度管理要严，做到合规开支，严格按照时间表来统筹推进。现在距离9月底只剩下不到两个月的时间了，大家一定要只争朝夕、克服万难，确保打赢未来两个月攻坚战。今天开展集中培训，希望能节省宝贵营销时间，将更多的精力投入一线的组织推动和市场拓展当中。

二、加强组织推动，为持续奋战提供坚实保障

总体来讲，各一级分行行长、分管行长都对ETC工作给予了高度重视，组织发动效果比较好。但是也有少数分行，组织推动明显滞后。营销效果不好有许多客观因素，比如与当地发行机构系统对接晚、OBU设备供货不足等，进度相对慢的分行必须端正态度、思想到位、行动到位。在此我再强调一下，今年ETC增量同业第一的目标是总行党委做出的重大战略部署，必须不折不扣完成。董事长对各行ETC营销进展非常关注，尤其关注排名靠后分行的落后原因。谷行长在全行ETC业务营销动员会上多次明确指出，“今年ETC新增业务量达到同业第一是硬任务，全行银行卡、个金、网金、渠道、公司、机构条线以及各分行都必须完成，对完不成同业第一任务的部门和分行，总行要对‘一把手’进行行政问责”。阶段性的特殊原因不应成为一直落后的原因，希望大家严把进度、狠抓突破，认真对待。前一阶段的工作成果证明了工商银行干部员工能坚决贯彻落实总行党委的战略安排和部署，是一支优秀的干部队伍，在ETC营销的第一阶段展现出的精气神、工作面貌、营销状态及忘我奋斗精神值得充分肯定和尊敬，让我们感动。大家舍我其谁的市场竞争意识和能力已经充分展现，要继续保持这种状态。8月、9月是休假高峰期，希望ETC营销条线的同志们能够克服困难、坚守岗位。这两个月总行会强化监测，推动营销进展。

接下来4个多月的营销攻坚需要全行上下持续加强组织推动，为市场拓展提供坚实保障。一是组织好促销活动，为一线营销配足资源。总行直接投入巨额费用助力ETC营销推广，总分行要各司其职、紧密配合，实现促销活动效果最大化。总行层面统一开展ETC合伙人社会化营销、与第三方平台的合作以及广告宣传；分行要紧盯同业，行长和分管行长要加强调研，及时解决重大问题，特别是要紧盯所在区域内可比同业在获客促销方面的新动向、新途径和新手段，及时研究可比同业的特别手段、特殊安排，迅速采取有针对性的应对措施，并向总行相关部门及时汇报。要开展具有较强市场竞争力的属地化促销活动，确保促销力度不低于当地主要同业。总行将根据分行实际任务完成情况，对分行进行促销费用专项追加和利润考核还原。考核标准已经下发，此次总行采取集中财务资源的办法为ETC营销提供坚实保障。二是强化督导检查，解除一线营销后顾之忧。从现在开始到12月末，总行ETC业务战略领导小组成员部室将成立多个调研督导小组，深入分行开展调研督导，切实解决基层问题。各一级（直属）分行也要承担主体责任，深入辖内所有二级分行及主要支行网点开展督导检查，对一时难以解决而市场和基层行又迫切需要解决的问题，务必高度重视，尽量在自身资源条件和政策条件下，充分发挥担当精神。要秉承“一户ETC都不能流失”的战斗思想，快速研究、落实和解决辖内问题。三是以上率下、率先垂范，持续激发营销热情。全行ETC营销攻坚战打响以来，董事长、谷行长、总行相关部室负责人及各分行行领导利用工作日、节假日下基层、走企业、进社区，调研业务、鼓舞士气；基层干部员工牺牲休息时间，热情饱满、自我加压，不顾酷暑炎热，深入高速路口、汽车销售公司、加油站、停车场等场景全面开展外拓营销，以实际行动践行新时期工行精神。正是凭借这种“无人不知、无人不做”的全行办营销热潮，我们在仅仅两个月的时间内就拓展了远超过去十年的ETC客户。各部门、各分行一定要将这种战斗状态保持下去，一级带着一级干，咬定青山不放松，一鼓作气完成目标。

三、强力突破OBU供货瓶颈，确保供货充足

前期我们已预计到OBU供货会遇到瓶颈。按照今年全国新增1亿多ETC客户的目标，下半年OBU设备需求量比过去10年的总量还要多，供货商面临巨大压力。尽管我行采取了一系列措施，但OBU设备供应的产能瓶颈依然存在。因此掌握供货源、争抢OBU设备、抢抓客户订单至关重要。要坚持“两手抓”的思想，抢抓前端客户订单，确保客户真实有效，把客户资源牢牢锁定，做好客户服务管理工作。同时全行要全力以赴变被动为主动，变坐等为上门，动用各种有效资源和合规合法手段，“八仙过海、各显神通”，确保优先拿货，为ETC业务营销提供必不可少的先决条件。近期总行公司部、银行卡部联合北京、上海、深圳、贵州、湖南、江苏等分行对全国13家OBU主要厂商逐一上门走访，为分行拿货创造了有利条件。各行要因地制宜制定本行OBU备货策略，一方面要与当地ETC发行机构保持密切沟通，确保优先拿货，有条件的分行可采用跨省调货的方式发行他省ETC。与此同时，总行银行卡部要协调重点发行机构更好地实现跨省调货，并协调路网中心尽快解决我行线上订单积压问题。总行公司部、银行卡部要继续做好与主要厂商的对接，对于积极配合OBU设备供货的厂商，所在地分行要将厂商发展为我行的长期优质客户。在此仍要强调“两手抓”的思想，即前端抓客户订单、后端抓OBU供货订单，严格按照新增3 900万客户目标开展营销工作，从现在开始要以

发展客户量及储备客户量两个口径进行营销考核，跟踪营销中的客户不计入考核，必须以签订ETC安装协议作为考核关键节点。同时以客户号、身份证号、联系电话为抓手开展营销，将客户牢牢抓住。

四、持续加大线下营销力度

线下网点是工商银行的传统优势，也是ETC营销的重要阵地。前期在全行营销的ETC客户中有一半的客户来自线下。当前，全行ETC工程示范网点建设目标已全面完成，但新一代设备覆盖率低的分行仍需加强硬件建设，暂时落后的分行网点要持续加大线下营销力度，强化主阵地作用，实现ETC全流程办理服务。

一是要强化网点阵地营销。一方面，总行筛选了ETC目标客户清单，已下发至智能PAD和叫号机渠道，并经过系统优化，增加了目标客户到店时取号凭条提示和客服经理PAD短信提醒功能。各行要组织网点客户经理、客服经理根据ETC目标客户到店提示，积极运用网点WiFi等工具开展现场营销，各分行个金部、运管部要抓起来，各分管行长要落实到位，将到店客户营销坚决落实到位，提高ETC客户营销成功率。另一方面，ETC目标客户清单也已通过EBM系统下发至管户经理和远维客户经理，各行要通过PBMS系统查询目标客户清单，并通过短信、电话、融e联等方式主动联系客户开展营销。对以上阵地营销工作，各分行要推动落实到位，总行银行卡部、个金部、渠道部和运管部要加强考核督导和渠道管理，提高营销成功率，将下发清单中的5 000万客户的营销工作认真落实。清单中的客户大多为需要置换升级的存量客户，除去我行存量客户，剩余客户为我行Ⅱ类账户和他行Ⅰ类账户，必须做好存量优质客户二次营销、换代营销工作。要结合“百日千万”ETC业务营销竞赛活动，充分激发全行个人、对公客户经理队伍的营销积极性，加强重点批量客群的定向营销。

二是要组织好外拓营销。总行已下发《ETC外拓营销小分队业务指引》，各行要以一级支行为单位成立一支或多支外拓营销小分队，选取高速公路服务区、收费站、ETC发行机构门店、加油站、4S店、汽修厂、停车场、社区等车辆集中场所和汽车上下游产业链开展场景化外拓营销，源头发力。要利用好便携智能柜员机快速发卡以及“码上赢”的特色和优势，实现外拓营销的业务落地和业绩归属。在外拓营销中，各行要注意员工安全风险控制及销售声誉风险控制。

三是要充分利用ETC信用卡“权益丰富、快速发卡”的先发优势拓展市场。

五、不断完善线上营销渠道

经过前期的艰苦努力，我行依托交通部路网中心2.0平台，已基本建立起了“三融一活”平台、小程序、公众号全覆盖，总对总、分对分模式同发力的立体式、社交化线上营销格局，并联合多家ETC发行机构推出了“工银e钱包”ETC发行模式，目前线上ETC营销已具备较好条件。下一步要对线上渠道进行持续性地优化完善，不断扩大线上营销成果。总行层面，一是银行卡部要紧跟路网中心全国联网进度，尽早实现我行总对总线上ETC办理渠道全面覆盖全国所有发行机构。二是银行卡、个金、网金、渠道、科技等部门要根据生产运行情况和客户反馈，不断推动各线上平台的迭代升级，增强系统稳定性，持续提升线上全流程客户体验，实现客户体验同业最优，增强获客效果。分行层面，一是要积极推动当地ETC发行机构与路网中心的联网对接，同时有“分对分”模式线上发行渠道的分行要持续做好自有渠道的优化与体验提升。二是要积极与本地发行机构对接“工银e钱包”发行模式，丰富发行渠道。山东、深圳分行作为“工银e钱包”模式“一点接入，全国发行”的落地承接行，要根据总行统一部署，联合发行机构做好全国ETC客户的市场营销、权益投放和售后服务，保障系统的稳定性和安全性。三是积极拓展外部互联网平台为我行ETC业务引流。目前总行已经完成H5页面研发，可支持在第三方互联网平台完成工行ETC业务的申请绑定。下一步要总分联动，加快与优质第三方互联网平台合作，通过H5模式向外输出对接，将互联网流量转化为我行ETC客户，其中与支付宝和腾讯的ETC合作在进一步论证后要全力推进、尽快上线。

六、全面铺开合伙人营销

目前我行ETC业务推广主要采取自建渠道、自主营销的模式。但自有资源与渠道是有限的，随着ETC营销进入攻坚环节，亟须打通第三方合作渠道，发动广大社会力量，打破自有人员渠道营销的“天花板”，推动全行ETC业务营销渠道持续拓展。目前总行银行卡部已经正式推出“ETC合伙人”营销活动，费用统一由总行列支。各分行在充分利用“合伙人”活动营销ETC的必须要严格把控费用支出合法合规风险，保证引流客户的真实性、有效性和可靠性，决不允许套取营销费用的案件发生，一定要选优质合伙人。各行要以“ETC合伙人”为抓手全面铺开与优质第三方机构的合作，核心是要以出行场景为出发点，由合作方独立获客办理ETC业务并营销绑定工行账户。一是要迅速与地方ETC发行机构合作。各行要迅速摸清当地发行机构的队伍状况、业务模式等，早日对接落地，充分利用其场景硬、队伍足、业务熟的优势营销我行ETC业务。二是要与我行500余家汽车分期合作机构合作，明确每家机构的ETC营销目标，定期跟踪完成情况，提高落地执行效率。同时要做好分类管理，注意营销方式的合法合规性，避免产生强买强卖问题，引发客户投诉。三是要积极与具备地推队伍或线上优质营销渠道的保险公司，特别是以车险为主业的保险公司、汽车服务商等第三方机构合作。目前总行正在与顺丰、捷信等公司进行营销洽谈，各分行也要积极对接汽车经销商、优质财险公司、二手车交易平台等属地合作机构。全行上下要充分发挥“ETC 合伙人”的社交营销功能，发动各类合作机构员工全部成为我行“ETC 合伙人”，发挥社会化传播的最大效应，实现借力突破。同时要持续优化完善“ETC 合伙人”系统功能和业务流程，确保业绩统计准确、费用支出合理合规、奖励兑现及时。工银安盛和工银瑞信也要充分利用自身渠道、营销队伍及客户资源，投入精力抓好 ETC 营销，切实担当起集团内部“合伙人”的角色。

七、持续开展对公客户营销

当前全行共有 700 万对公客户，其员工数量、汽车保有量都非常可观，对公客户 ETC 业务的营销潜力巨大，有些可比同业的 ETC 推广工作就是由公司部牵头负责的。因此在座各位回去要第一时间向一把手报告，请分管公司业务的分管行长抓起来，充分调动和发挥公司部、机构部的力量，开展好批量式推广营销，做好物流公司货车、客车、分时租赁公司车辆 ETC 营销工作。前期总行公司部、机构部组织推动有力。全行机构、公司条线及普惠金融部要进一步联动摸排本地区政府部门、事业单位、军队单位及各类企业，尤其是民营企业、小微企业的数量、单位员工数量、汽车拥有量等，制定目标客户清单，分层、分类、分级、有针对性地开展名单制营销，重点营销公务车保有量较多的公检法司、城管、税务、市场监管等单位和道路运输企业、出租车公司、快车公司等。总行银行卡部要会同公司、审批、科技部门，加快完善客货车等运营车辆 ETC 产品方案，出台配套授信政策，特别是个体运输户相关的融资授信政策，同时加快系统开发对接，与滴滴、神州、货车帮、卡车之家等各类汽车互联网公司开展 ETC 业务合作，尽早实现对公客户 ETC 营销方面大的突破。对运输企业、运输大户，一定要配套出台融资政策，发挥 ETC 信用卡的透支缴费功能。

八、持续加强科技支持保障

在前期 ETC 业务推广中，科技条线投入了很大心血，金融科技部做了大量工作，先后实现了新接口上线、接口升级等重大功能，以及客户端全流程业务功能的投产应用。后续还要重点做好以下几项工作。一是在支持前端营销方面，针对货车、营运车等公司客户群体，要依托我行科技优势，为客户提供涵盖 ETC 发行、结账、对账等个性化、全流程的业务解决方案，并实现系统对接，为拓展公车市场提供有力支撑；针对“合伙人”营销，要进一步简化被推荐人的办理流程，实现支持分行创建属地 ETC 合伙人活动等功能。二是在完善数据统计方面，由于各行发行模式不同，目前在 ETC 业务数据统计上，存在着总分行分散统计、手工汇总等问题。目前，总行已组织绝大部分分行完成了数据入湖工作，要建立更加准确、更具时效性的数据采集及核对机制，在兑现营销业绩时，要确保业绩统计准确，决不允许客户经理套取业绩，这是一条风险防范红线。决不允许 ETC 客户套取营销费用的案件发生，决不允许在 OBU 供货过程中采取违法违规手段，决不允许在与第三方合伙人合作过程中发生财务开支违规风险事件。严守大额财务开支合法合规风险红线，明年要接受 ETC 营销支出的专项审计，现在开支的每笔钱要经得起历史检验，必须确保 ETC 营销费用专款专用。尤其要对第三方合伙人精准识别，做到精准统计营销业绩、费用支出，坚决杜绝大规模营销工作中事故、案件的发生。在扩大总对总数据范围的同时，组织各行将 ETC 发行信息导入总行数据池，使全行数据统计更加精准。三是在客户体验方面，持续开展全流程优化工作，例如在申请查询、撤单、换卡换签等售后服务，以及客户扣费、对账等常见环节中，对影响客户体验、造成客户不便的问题要及时发现、及时解决，对系统潜在问题要及时梳理排查，不断提升业务流程的便捷性和友好度。

九、以“1＋1＋N”的新理念加强综合营销

我行投入巨大财务资源进行 ETC 客户营销，这是一项业务投资，并非成本开支。投资将在未来两三年中通过“1＋1＋N”综合金融服务获得回报，收回成本并获取收益。各行要树立投资意识，秉持“1＋1＋N”客户经营理念，以“办理 1 笔 ETC 业务”为切入点，以“绑定 1 个工行账户”为核心抓手，围绕存量及新增优质 ETC 客户，提供“N 项一揽子综合金融服务”。更重要的是，要实现线上线下一体化，把线下营销线上办理以及线上营销线下落地结合起来，把线上非我行客户办理的Ⅱ类、Ⅲ类账户转化为线下我行Ⅰ类账户，以信用卡带动储蓄账户余额零的突破，既要办理信用卡也要营销借记卡。针对线上非我行Ⅱ类、Ⅲ类账户线下转Ⅰ类账户及其他产品的问题，总行银行卡部、个金部要全面部署相关工作，扩大营销成果。同时，各行要迅速执行前期总行印发的综合营销服务方案，明确银行卡、个金、网金、贵金属等部门及对公部门的职能分工。各行要进一步细化属地业务推广方案，合理把握时间节奏。其中，第三季度既要把主要精力放在扩大 ETC 客户规模、订单以及 OBU 设备的安装激活上，也要同步规划和启动 ETC 客户综合营销服务工作，尤其是要深入挖掘车队企业的金融服务需求，以车为抓手持续延伸金融服务。要更加深入挖掘 ETC 客户的综合金融服务需求，加强交叉销售，不仅要锁定来之不易的优质客户，也要

营销好客户背后的每一个家庭，实现1带2的营销，拓展家庭金融服务，实现综合业务效益最大化。需要强调的是，在营销过程中要充分尊重客户意愿，避免过度捆绑营销和不规范营销现象，杜绝重大投诉和负面舆情，要以我行金融产品优势及优惠为抓手开展营销工作。

十、前瞻布局“后ETC时代”

在国家的大力倡导和推动下，ETC业务快速普及，全行要抓紧研究“后ETC时代”的金融服务方案，让ETC客户享受到工行个人金融服务的优先优惠，做好后续增值服务。有车客户绝大多数是中产阶级，将ETC客户转化为我行优质客户资源，延伸我行个人金融服务体现优先优惠政策是下一个阶段面临的重要课题。在即将到来的“后ETC时代”，依托ETC无感支付功能构建ETC应用场景、搭建ETC消费生态圈将成为未来趋势。各行要依托我行的科技优势和C端、B端、G端资源优势，提早规划和布局ETC生态闭环；总行银行卡、个金、网金、公司、机构和科技等部门要密切联动，围绕车辆销售、维修保养、道路通行、加油充电、停车缴费等汽车上下游产业链，积极寻找合作伙伴，共建智慧停车场、智慧加油站、智慧充电站、智慧服务站、现代物流运输货运市场、智慧理赔等应用场景，实现我行金融服务在汽车类场景的全面渗透。中石化和建行已在深圳联手建设无感加油项目。目前我行部分分行已经走在了前面，例如山东、贵州分行积极参与ETC停车场建设，使用ETC进行停车收费服务，既能缓解交通拥堵还能大幅提升我行ETC银行卡消费额。同时由总行个金部、渠道部牵头深入挖掘“后ETC时代”个人金融增值服务方案，为ETC客户提供金融服务优惠及柜面专属优先办理服务。广东分行建成了利用ETC实现不下车支付的无感加油项目，安徽分行正在搭建ETC自助加油场景，这些分行的先进经验要推广覆盖到所有分行，以点带动面，激发基层创新潜能。各行都要树立前瞻意识，积极谋划布局，做好“后ETC时代”生态圈项目建设，迅速研究系统运维方案。

最后，我再强调后ETC时代的两项工作。一是做好总结回顾的准备工作，现阶段要大力开展创新、创造、创意，以便在ETC攻坚结束后更好地全面进行回顾总结。二是做好先进经验、精彩案例的宣传推广以及先进典型、个人标兵的表彰，用先进的力量提升整支条线队伍的精气神。这是在关键时刻和重大事项上对整支队伍的一次考验，优秀的党员、干部在重大事项上要显身手、能担责、承担压力、创造业绩。9月1日开始初将进入第二阶段的“不忘初心、牢记使命”主题教育，广大干部员工要以“为民服务解难题”为目标和要求，为广大人民群众切实提高物流效率、节约物流成本、增强经济活力。

同志们，发展ETC业务是落实总行党委“全面打造第一个人金融银行”战略要求的重要举措，前两个月的良好开局为后续ETC攻坚战打下了坚实基础。在剩下的4个多月时间里，全行要坚定目标、万众一心、众志成城，以“咬定青山不放松”的决心，坚决打赢ETC业务营销攻坚战，全面夺取ETC客户增量同业第一的最终胜利！

在手机银行专题会上的总结讲话

官学清

（2019年8月7日）

第一，如何理解董事长的战略安排。董事长到我行就任以后一直在思考战略的传承和创新，对手机银行工作做了一系列指示。董事长主要聚焦三个方面，第一是第一个人金融银行、第二是第一手机银行、第三是国际化和综合化战略。对于如何打造第一手机银行，董事长已经响亮提出要打造“第一个人手机银行”的目标，这是针对个人的，还有就是第一法人手机银行。我们今年法人手机银行年动户的目标是突破200万户，主要是公司客户，当然也有一部分机构客户，第一法人手机银行和第一个人手机银行是要联动的。今天讲的是第一个人手机银行，为什么董事长没有提第一网络金融银行呢？“网络金融”是一个专业术语，既包括PC端，也包括手机端。那么董事长为什么提第一个人手机银行？因为它是手机端，强调的是移动化，而现在使用PC端的一般是企业财务人员或办理大额交易的客户，小额高频交易都在手机上做。所以我觉得要深刻理解董事长这段话，包括几个维度：

第一个要求是不仅要成为“您手中的银行”，还要成为“您心中的银行”，这个“心中”要求非常高，就是你心目中最优的银行、最好的银行、心仪的银行、让你动心的银行，这个是挺难的。所以这个“心中的银行”定位是非常高的。大家要思考，如何把工商银行的口碑印刻到手机银行使用者的心目中。

第二个要求是走遍全球。带着手机走遍全球就是境内外打通，现在境内手机银行发展快，而境外手机银行相对落后。因为监管不同，科技发展程度不同，子公司模式不同，我们还没有打通。尽享所有，“尽”的要求是很高的，该尽则尽，要想明白这几个关键词，大家仔细想想“一机在手，走遍全球，尽享所有”这几个字的要求应该怎么做到？

第三个要求是“强化用户思维，瞄准高值人群、注重潜在价值、加大前瞻投入”。一是用户思维，用户不等于客户，因为我们的融 e 联和融 e 购很多是用户，但并不是客户，用户思维要把用户变成客户，你怎么留住他，让他变成你真正的客户，有贡献的才叫客户。二是高值人群，高值既有价值的意思，也有品位的意思，还有分层的意思。三是潜在价值，潜在对应的是现实价值，就是针对我们的年轻客群，20 岁以下的、20 岁到 30 岁的客户，潜在是未来的现实价值，现在看是战略价值。四是前瞻投入，董事长在年中工作会议上讲了广东菜和湖南菜做法的差别。如何让我们手机银行为 C 端、G 端和 B 端直接赋能？这里面很核心的思想就是我们 C 端的客户关系管理部门必须给手机银行赋能，这是义务，也是责任，也是做好 C 端客户的最重要的竞争武器。董事长称之为“重器”，竞争制胜的重器，是个人金融业务转型升级的核心。就如何贯彻好董事长对手机银行的系列战略安排，总行网金部从网络金融角度提出了“五新”，现在行里面还没讨论，我们觉得还要深入思考，今天先不说。大家都谈了很多意见，究竟怎么做才能在未来有限的时间内打造第一手机银行，特别是如何制定第一个人手机银行的方案和目标选择，在资源投入上用什么手段，在责任分解上走什么路径？我们要尽快做出一个非常完善的方案，向总行党委做一个汇报，要形成全行的行动方案。

第二，如何落实第一个人手机银行的主体责任。我们各分行分管个金的行长，个金部、私人银行部、渠道部等部门，还有两个子公司都要承担打造“第一个人手机银行”的主体责任。手机银行是给 C 端客户赋能的，我们所有分管个人金融的行长要知道主体责任在自己身上。现在有部分分管个金的行长不分管网金，认为手机银行 C 端的发展是分管网金行长的任务。这是错误的。分管个金的行长要承担主体责任。董事长提出，要改变现在的手机银行发展模式。e－ICBC 的模式过去是对的，过去 e－ICBC 是分管网金行长的责任，那是湖南菜的做法，现在变成广东煨汤，就是大家的责任，是在座各位分管个金行长的责任。从今天开始，所有 C 端的手机银行渗透率、月均动户（月活）等指标要交给分管个金的行长和个金、私人银行、渠道、银行卡等部门，全面考核手机银行覆盖率、渗透率和月活客群，按照 8:2 的责任分解，80% 是前台部门，20% 由网金部承担。网金部的任务是聚焦 APP 的完善、升级和极致体验上去，聚焦到各种专属版本的开发上去；而营销责任，渗透率责任，活跃客户的拓户、稳户、留客目标，交给前台部门、客户关系管理部门。要把这几个部门的责任分解好。

第三，各一级分行要全面对标同业找差距。各分行，特别是客户规模、月活总量同业排名第二、第三的，要重视两个维度：一是手机银行个人客户总量、增量以及月活客户总量、增量，要定出如何争先晋位，什么时间达到同业第一，要做出两年、三年的规划，先把下半年的进度赶上来，包括个人手机银行的客户总数、增量以及月活客户总量、增量。二是要全面提升手机银行在几个专业条线的渗透率，最少要提高 5 个百分点。按 5 个百分点、8 个百分点、10 个百分点来设定目标，网金部拿出方案，高覆盖率的分行提高 5 个百分点，中覆盖率的分行提高 8 个百分点，低覆盖率的分行提高 10 个百分点。要开展一场像 ETC 营销一样的的个人手机银行大拓展行动，几条线同步作战，包括个金、银行卡、私人银行、渠道等部门，以及两个子公司，网金部负责提供所有的工具和平台优化、版本升级。

第四，各平台的优化问题。现在我们的 APP 有三融平台、e 生活，还有个金部负责的 e 校园，我认为这几个平台当前整合是很难的，但统筹是必要的，要探索新的统筹路径，减少负面效应。每一个平台都要做活、做强，全面提高平台的影响力，正向的传播力。特别是 e 校园，这个 APP 是针对大学生人群、中学生人群的，要强力突破。各个分行的小平台 APP，要提高质量，增强价值贡献，增强正面传播力。我们先不关，但你做不好就下来，留给大家一年两年的时间。要探索新方法、新路径，引导客户正面评价，宣传好正面效应。关于平台问题大家也一直提意见，有的行长在之前也提到了，但三个平台逻辑关系不一样，结构不一样，底层架构也不一样。关于平台的专属版本开发，要跟上时代步伐，根据我们前台部门的需求，手机银行就是千人千面、多版本。刚才还讲了互动化，这些都很好，要把我们的平台建设做好，充分发挥平台功能，平台建好了，就是引流客户、活跃客户的重要抓手，是留住客户的法宝。

第五，如何用个人手机银行突破县域。有的行长讲，网点竞争力比农行差，怎么办？就是靠手机银行。我们在县域上要采取以手机银行为先、外拓团队为辅、第三方合作以及物理网点作补充的思路，把我们的手机银行开到乡下去，覆盖到农村去，实现星星之火的态势。我觉得手机银行是留给我们打开县域市场的一个新的时代武器，十年前可能做不到，十年以后的今天是能做得到的，要聚焦资源，全力开发，早日投产。

第六，其他几个方面的重点工作。一是关于如何改善客户体验的问题，我建议要针对不同客群的不同版本优化体验，老年客群和年轻客群对手机银行的评价、感觉是完全不同的，吐槽的绝大部分是新生代，他们对金融科技敏感性很强、游离度也高、流失率也高，对这类客群的产品开发必须要强化客户体验。二是领导要用起来，员工要宣传起来，形成强大的传播效应。三是要盯准同业，引领同业，不仅要盯，还要引领，不要跟随。要做好新版本的开发和投产。

第七，关于第三方支付的绑卡工作。前期进展不错，但是下半年、明年要继续坚持好，加大绑卡量，提高绑卡率，特别是信用卡绑卡率，加大绑卡的促销力度。要扩大第三方支付绑卡的金融交易额，现在费率已经谈完了，利润分享机制、挂钩机制也改完了，完全取决于大家的动能。现在我们和第一、第二的差距还存在，这是历史形成的，但每年都要赶，争取三年超越过去。个金部门和银行卡部门要担当起主体责任。绑卡责任这个“绑”字很好，表面是绑卡，实际上是为客户提供便捷性和安全性。

第八，关于手机银行的风险控制问题。要强化开放平台下的手机银行风险管控，为客户金融资产安全、金融交易安全提供各种技术防范、流程防范和管理防范工具。特别要注意防范手机银行平台的各种反洗钱风险和各种监管违规处罚的风险。

最后，强调一下聚富通方面的工作。聚富通是针对法人客群开发的重要网络金融产品，现在在七个城市、八个平台试点，试点完成后我们想全国推开。这个版本报备人民银行的时候，人民银行提出一些意见和建议，现在在进行评审，评审完了以后将会批复我们全国推广，是有附带管理要求的全国推广。我们有以下几点想法：一是全部实行白名单制度进行全国推广，叫名单准入式，不是所有客户都能享受工行聚富通服务的，因为这里面涉及二清，要穿透后面的二清账户的各种风险。二是要对聚富通产品功能继续赋能。三是要通过聚富通去带动 C 端个人客群的拓展，为我们的个人手机银行继续赋能，连接 B 端，带动 C 端。同时，在聚富通之外各分行要全力支持配合总行机构部推动智慧政务、智慧校园、智慧医院等各种场景建设，个金部和相关团队全面介入这几大智慧场景的建设，因为这是下一步巩固未来 C 端客群最重要的互联网金融落地项目。各位分管行长要全面、主动、有效地介入，通过 B 端和 G 端的智慧政务、智慧校园、智慧医院和智慧民生，去巩固 B 端和 G 端客户，同时能够带动 C 端的发展。我们一定要嵌入进去，现在不用互联网思维解决不了 C 端客群的拓展模式问题。网络金融部门要全身心融入到“打造第一个人金融银行”的战略当中来，只有依靠前台个金部、私人银行部、银行卡部，还有公司部、机构部、普惠部以及结现部，才能把网络金融真正做成营销利器，也才能成为我们战略发展的重器。大家一定要有这种主动意识、融入意识、一体化意识、协同意识、支持意识。今天有一部分同时分管个金和网金的行长参会了，大部分分行网金部老总也参会了，还有一部分分管行长没来，请回去以后向分管行长汇报，要把我们工商银行网络金融的战略优势、工具优势转变成为拓展 B 端、G 端和 C 端市场的营销优势和制胜武器。

在全行不良资产处置工作视频会上的讲话

官学清

（2019 年 10 月 9 日）

刚才，信贷与投资管理部的两位负责同志总结了今年前三季度工作，并对第四季度工作进行了安排，我都赞成。下面我就如何认真落实全行年中工作会议精神，推动不良资产处置工作合规有效开展，讲几点意见。

一、认清形势，进一步强化不良资产处置的集团化统筹与统管

当前，我行不良资产处置工作取得了阶段性成效，资产质量管控效果较好。但也要清醒地认识到，资产质量管控与不良资产处置工作仍面临诸多挑战。一是经济发展不确定性因素增多，经济运行仍面临不少挑战。信用风险涵盖法人与个人、债权与股权融资、分行与子公司等多方面。不良资产呈现多点多发态势，非标投资领域风险也不断暴露，股权融资、表外代客投资等均出现了高潜在风险甚至不良资产。二是大户风险暴露加剧，一些僵尸企业更是陷入断臂求生的境地。三是监管标准趋严，去年以来，监管部门进一步收紧逾期贷款归入不良贷款的标准，使不良贷款管控面临新的挑战和压力。四是抵押物价值发生分化。不同地区不同类型的抵押物资产价格走势呈现差异化，有些抵押物价值贬损，有些则是稳中有升，对处置时机及方式选择带来新考验。五是存量风险资产保持高位。剪刀差贷款、深度潜在风险融资、交叉违约贷款等额度仍较大。

所以，大家对当前形势要有清醒的认识，不能盲目

乐观。许多不良资产成因复杂，涉及的部门与环节较多，在处置过程中，要坚持“全行一盘棋”，充分发挥集团的综合化优势，有效协同授信审批、法律、内控、公司、投行、国际等部门以及子公司，整合线上线下交易平台，提高不良资产经营能力。同时，必须强化“四个＋”的意识，即法人＋个人、境内＋境外、表内＋表外、债权＋股权统筹管理、统一处置的意识。还要进一步加强对域内与域外、总行与分行及子公司的统一管理，构建前中后台协同互补、部门间联动合作的不良资产处置机制，形成集团合力，推动全口径不良资产处置向纵深开展，实现资产处置回收价值的最大化。

（一）统一推进“法人＋个人”处置工作。一要全面梳理法人、个贷、信用卡不良资产涉及的业务品种，统筹个人经营贷款、住房按揭贷款、e抵快贷等个贷产品与法人贷款的质量管理和资源分配目标，加大对长账龄普惠贷款的清收处置力度。二要明确个贷、信用卡不良贷款的常规清收处置目标与占比要求，重点加大个贷、信用卡核销力度，加强资产证券化和常规清收，有序开展个人抵押类债权重组。此外，要大力压降个贷、信用卡剪刀差。三要落实不良资产处置部门主体责任与个金、银行卡专业条线责任。

（二）统一管理“境内＋境外”不良资产处置。全行不良资产管理要兼顾境内外全局。总行处置管理部门要加大统筹安排，通过统一配置资源、统一制订计划，促进境内与境外不良资产处置工作的相互协调。需要强调的是，对境外机构不良资产的处置必须符合当地监管要求。

（三）统筹“表内＋表外”“债权＋股权”不良资产处置。表外不良资产及深度潜在风险资产分布广，涉及资产管理、私人银行、贵金属、投行等业务部门，以及工银租赁、工银瑞信、工银投资、工银理财等子公司。总行和各分行不良资产处置管理部门要加强统筹管理，总行相关业务部门、各分行及子公司要承担好主体责任，与处置管理部门协同处置。要狠抓非标不良资产清收，对于表外代客理财和非标资产，要将需处置的清单下发到各一级（直属）分行，本着“谁推荐，谁负责承担催收责任”的原则加快清收处置。

（四）统筹域内、域外处置工作，密切总行与分行及子公司的联动。一些不良贷款客户业务涉及全国乃至全球，要加强总分行与子公司的联动。对同一融资人在多地融资并涉及“债权＋股权”等多种方式的不良资产，总行授信审批部、信贷管理部、公司业务部等要发挥统筹功能，提高处置效率，全力保障我行权益。要充分发挥集团多牌照经营优势，调动各类有效资源，统筹运用债转股、商投联动、债务重组及法律诉讼等方式，促进域内外项目的处置，切实提升处置效益。

二、强力推动常规处置，提高常规清收占比

常规处置是不良资产管理处置的核心基础工作，常规清收能力是不良贷款处置能力的重要体现。各行要切实提高认识，增强常规清收能力。

（一）大力提高现金清收成效。今年前三季度，全行累计现金清收××亿元，距全年任务目标尚有××亿元缺口。各行、各业务条线要严格按照专户清收方案，提前落实现金清收项目，落实还款资金来源。要加强对保证人或第三方追偿力度，做到催收有力，追收有效。要发挥诉讼收贷的优势，提升法律清收能力，并适时通过拍卖抵押物等多种方式，推进现金清收。

（二）有效推进债务重组，做好债务真实性转化。重组转化的目标是资产质量的好转，核心在转化，通过重组使资产质量转化成正常形态。今年前三季度，全行累计实现债务重组××亿元，距全年任务目标尚有××亿元缺口。各一级（直属）分行一把手要直接参与余额1亿元（含）以上不良贷款的重组转化，主管行长要直接参与余额2 000万（含）以上的不良贷款的重组转化。要坚决落实一户一策，采用现金受偿、留债、以物（股）抵债、债务减免、债转股等多种方式，综合施策，提升资产处置的整体效益。希望各行在第四季度进一步探索重组方式，总结推广更多成功案例，实现高质量的转化。在此提几点要求：

一是对采取要素调整、重定贷款期限的，要审慎确定重组贷款的金额和期限。原则上，我行重组后贷款担保条件不弱于前期，同等条件下不弱于其他债权人。二是对引入战略投资者重组的，要充分发挥集团客户及资源优势，结合重组企业在市场、品牌、队伍等方面的资源优势，充分挖掘重组企业产业价值，化解风险。要充分利用投行手段开展重组业务。三是在涉债委会项目处置中，要充分发挥主动性、能动性，通过协调地方政府落实属地责任、督促企业落实主体责任、强化金融机构债权人一致行动，共同使风险资产得到转化，实现银政企共赢目标。四是按照市场化、法治化原则实施债转股。工银投资要优选对象，严防损失扩大。五是对于产权明晰、易于变现的资产，要适时通过以物抵债方式抵偿债权，及时变现。六是加强还款免息政策的应用。与诉讼相配合，确保损失最小化，利益最大化。

（三）加大诉讼清收力度。将诉讼作为常规处置的重要手段，做到应诉尽诉，早起诉、早判决、早执行，切实提高诉讼清收、以诉促谈、诉讼和解及合理解除抵（质）押担保责任清收等成效。法律事务部要提高已诉案件的执行率，并确保执行款及早归位。

三、合理高效运用批量转让方式，有效提高批量转让受偿率

前三季度，我行不良贷款批量转让××亿元，本金受偿率仅为××%，较2018年平均水平下降××个百分点。目前整体转让市场受让主体少，竞价不充分，不利于我行的商业化转让工作。对此，各行要加强针对性处置策略研究，优化组包技巧，努力提高受偿率。

（一）要对借款人（融资人）进行穿透管理。各行要认真研究组包工作，对每一个资产包、每一个债务人进行研究。真实掌握借款人的资产负债情况，提高估值定价的合理性，不得将尚在正常生产经营的企业打包处置。

（二）要抢抓资产首押首封权，提高诉讼清收的效能。虽然我行对抵押物的优先受偿权不会因其他机构的法院首封而丧失，但会极大地延长我行抵押物处置时间，增加收购方的时间成本，降低我行资产受偿率。因此，各行要高度重视抢抓资产首封权。

（三）要注重批量转让工作的可持续性。部分分行将易处置、受偿率高的不良资产优先处置，将难啃的"硬骨头"留到将来，致使批量转让受偿率剧降，给总行的统筹管理工作带来一定的困难。各行要由行长负责，加强辖内不良资产的统一调度，统筹不同二级分行不良资产分布情况，对资产包进行拆包审查，同时要打破机构和条块壁垒，由高受偿率资产带动低受偿率资产，防止财务资源过度集中消耗，增加后续处置工作难度。

（四）要审慎转让抵押物价值充足的大户不良贷款。要密切关注国家扩大内需、产业升级和国民经济空间布局的政策变化，优化处置思路，真正把"处置"变为"经营"。特别是要充分研判工业地产、商业地产、商品房、城市综合体、文旅项目及酒店等抵押物的未来升值潜力，提高不良资产精细化管理水平。

（五）严格按照总行要求推进不良资产批量转让工作。第四季度拟处置的资产包审查材料原则上须在11月15日前报送总行审查。各行要倒排组包各关键环节时间节点，确保审查要件齐全，留出充足的路演和推介时间。从11月15日至12月中，各行要加强资产推介，积极向四大资产管理公司、地方资产管理公司及其他合格购买人推介资产，努力提高资产价格。同时要严格把握时间进度，按照"成熟一批，处置一批"的组包策略，加快组包进程。今年12月份要启动明年第一季度的批量转让组包工作。

四、强化账销案存资产处置，完善有效激励机制

一要加强账销案存资产处置管理，提升账销案存资产经营价值。深度挖掘账销案存资产价值，严格审慎批量转让。重点关注房地产、高速公路、白酒、旅游景区等七类资产，力争本金全额受偿。对于我行已查封、仍有受偿可能的资产，要提出最低受偿要求。要综合运用诉讼清收、债务减免等各类常规处置手段，按照"权在力催"的原则，比照表内不良资产管理要求，全面查找各项关联财产线索，做到表外不良资产与表内不良资产管理处置标准的统一，有效推进诉讼执行进程，切实提高受偿率。其中，对于债权本金5 000万元以上的账销案存资产，要由省行分管行长组织制订清收处置方案，落实专人和团队管理。

二要建立有效团队奖励机制，实施账销案存资产清收梯度激励。各行要结合自身情况，按团队进行奖励，或结合资产清收难易程度建立梯度奖励政策，充分调动清收处置的积极性。

五、坚持依法合规处置，最大化保障我行利益

（一）牢固树立合规红线意识，确保合规处置。各分行、各级信贷与投资管理部门、处置管理部门要落实处置合规主体责任，预防与治理相结合，确保合规风险排查和防控到位。尤其要盯住风险高发环节，严把不良资产审核关，突出对资产估值合理性及转让必要性的审核。严格遵守财政部关于批量转让、呆账核销规定，严格遵守不良资产处置各种道德风险防范规定，坚决打击各类违法犯罪行为。要继续加大包括不良资产处置在内的"八大领域"的风险治理，密切关注估值、交易对手、费用、权证等风险高发环节。近期各行要开展对近三年不良资产处置"回头看"检查，重点检查批量转让、核销等业务，是否合规合法，是否存在道德风险和操作风险。

（二）防止不良资产借款人、保证人等利益相关方通过批量转让资产包的方式逃废银行债务。批量转让前，要与资产管理公司进行充分沟通，了解其最终处置途径，有效落实法律约束。对于拟采取二次转让的，要了解实际购买人意向，严防转让给债务人或其利益相关方。

（三）强化基础管理。不良资产处置业务高度敏感，全行关心，社会关注，债务人与投资人均高度关切。各行要提高认识，进一步规范处置业务，严格按照总行相关规定开展尽调估值、账务处理与档案管理工作，严格执行制度，切实将"五个逐户"、换手管理等要求执行到位。总行将通过现场检查、监测与审计，加强对不合规行为的排查，并强化问责约束。

同志们，全年不良资产处置处在关键阶段，希望大家保持时不我待的紧迫感与责任感，优选处置方式，合规有效地开展不良资产处置工作，确保圆满完成年度各项清收处置目标任务，为全行资产质量的巩固提升作出贡献。

着力增强市场竞争能力 有效健全风险防控体系 大力推进全行个人信贷业务高质量发展

——在全行个人金融业务重点工作推动会上的讲话（之一）

官学清

（2019年10月28日）

在总行党委的高度重视下，我行个人信贷业务快速发展，利率水平持续提升，资产质量保持基本稳定，构建了以个人住房按揭、个人信用卡资产业务、个人消费贷款、经营性贷款、普惠类贷款以及个人ABS证券化信贷业务为主的个人信贷业务体系。截至2019年9月末，个人信贷业务余额达6.33万亿元，占全行人民币贷款的36.2%，压舱石、稳定器的作用凸显。随着经济下行压力增大，房地产调控持续深入，政策和市场环境正在发生较大的变化，对个人信贷业务的高质量发展带来了挑战。在当前全面打造“第一个人金融银行”战略下，在实现“第一个人贷款银行”和“第一信用卡银行”目标过程中，全行要进一步加强对个人信贷业务发展形势的认识，以个人信贷业务高质量发展为主线，坚持精细化管理、精准化营销，做到一手抓业务发展，一手抓风险防控，为全行个人金融业务发展和盈利持续增长作出更大贡献。下面我讲几点意见。

一、个人信贷业务发展取得明显成效

一是个人信贷规模。近年来个人信贷业务快速发展，规模持续增长。截至9月末，全口径个人信贷余额6.33万亿元（个人贷款余额5.45万亿元+信用卡资产余额6 514亿元+出表按揭贷款证券化金额ABS 2 383亿元），较年初增加5 802亿元。

二是业务结构。个人贷款是我行个人信贷主体，占全口径个人信贷的86.1%，同业排名第二。其中，个人按揭贷款余额4.99万亿元，占全行个人贷款的92.4%，同业排名第二。

三是资产质量。截至9月末，个人信贷不良率0.47%，个人贷款不良率0.38%，信用卡资产不良率2.68%，其中信用卡不良率2.71%，融e借不良率2.44%。

四是营业贡献。2018年大口径个人信贷营业贡献714亿元，今年前三季度实现营业贡献596亿元，以占全行不到37%的贷款规模创造了全行贷款75%的营业贡献。个人信贷客群作为优质客群，通过缴存购房保证金、嵌入营销等各种方式带动了储蓄存款、私人银行、信用卡、手机银行、融e联等各类零售业务，并利用按揭贷款规模优势密切了与重点开发商的合作，促进了大型房地产开发企业等公司存款的发展。同时，军人公积金业务支持了机构业务的客户维护和拓展，综合贡献度十分突出。

五是机制优化。自2017年全行启动个人贷款经营模式优化工作以来，个人信贷管理机制进一步完善，个人信贷业务竞争力显著提升。通过全面推进个人贷款业务处理中心建设，实施个人贷款业务操作层面前后台分离，个人贷款操作层面风险管控能力进一步提升。信用卡资产业务风控机制进一步优化。

六是队伍建设。以个人信贷经营模式优化为契机，以个人信贷队伍规范管理、业绩考核评价和专业资格考试为突破口，我行基本建立了专业管理、业务处理与风控、个人信贷客户经理三支个人信贷专业队伍，管理能力、营销能力、业务处理能力、风控能力有所增强。目前全行在个人信贷领域的风险识别能力、管控能力和处置能力还不能适应现在的业务发展需要。如果我们再不清醒地做出正确判断和决策，特别是个人贷款规模已达到6.33万亿元，个人信贷客群已达1.2亿，其中信用卡客户1亿，个人贷款客户2 000多万。如何管理好这么大的客群，任务十分艰巨。

所以这次会议有三组关键词：一是抓个人信贷市场竞争能力；二是抓个人信贷风险管理，这是重中之重；三是抓个人信贷高质量发展。

二、有效把握个人信贷业务发展市场机遇，清醒认识个人信贷业务面临的挑战

我们首先要认识到未来三年个人信贷业务发展面临着很大的机遇。

一是中国城市化进程持续推进，个人按揭贷款市场空间仍然广阔。中国的城市化进程、都市化进程、城镇化进程越来越快，正在有超过1亿的人群从农民变市民、变居民，为个人按揭贷款业务创造了巨大市场空

间。特别是直辖市、省会城市、计划单列市等重点城市的区域首位度进一步提高，长三角、大湾区、京津冀、成渝经济圈、中部城市群、西咸一体化等区域经济相对发达、城镇化程度较高、城市圈群发展趋势明显，为我们发展个人按揭贷款业务战略区域选择明确方向。

二是城市品质提升，为个人信贷业务带来更大发展机会。伴随着人口、产业、资源进一步向重点城市集中，大城市的吸附及辐射带动能力更强，不仅带来房地产市场稳定的新增需求，而且在个人消费领域、个人经营领域都蕴藏着很大的融资需求市场。

三是国家促进消费扩内需战略的推进，为个人消费贷款业务发展带来机遇期。9月初国务院印发了《关于加快发展流通促进商业消费的意见》，提出20条稳定消费预期、提振消费信心的政策措施，随着居民收入稳步提高，消费持续升级，汽车、教育、养老、旅游、租赁等领域大额消费融资需求将快速增长。

四是国家“双创”和普惠金融战略实施，带来了更多个人经营贷款业务发展机遇。在国家高度重视和大力推动下，以民营经济、小微企业为重要组成部分的市场经营主体持续壮大活跃，酝酿着非常丰富的个人经营贷款业务机遇。

各行要好好分析市场机遇，每个市场都有差异，特别是个人消费这块市场，国家还将陆续出台扩大消费内需的政策，将为消费金融带来很大的市场和业务机会。但是，我们这几年个人消费金融业务基本上处于发展停滞阶段，除了信用卡有所发展，其他个人消费信贷业务有待重视和发展起来。

与此同时，我们更要清醒地认识到未来三年个人信贷业务发展面临的巨大挑战。

一是居民家庭杠杆率提升到较高水平。我国居民家庭杠杆率已经较高且存在明显的结构性特征，年轻群体、中低收入群体家庭杠杆率明显偏高，个人信贷业务风险有所增加，对我们风控水平和客户风险识别能力提出更高要求。

二是经济增长进入高质量发展阶段，给个人信贷业务风险管控带来严重挑战。当前中国经济向高质量发展阶段迈进，结构性调整和经济下行压力加大，叠加中美经贸摩擦不确定性影响，对国内企业经营、个人就业、居民收入稳定等方面都会带来一些不利影响，这将导致部分个人信贷客户还款能力和意愿下降，进而可能引发局部个人信贷违约风险。

三是消费金融领域同业和跨界市场竞争更趋激烈。近年来，部分TOP互联网公司依托其消费场景，积极开展跨界消费金融业务，重点拓展小额消费贷款领域，并大量布局线下商店，推行新零售业态。同业金融机构、金控集团、汽车集团等纷纷进入消费金融市场。部分金融机构成立消费金融部，重构消费金融布局。

四是房地产市场分化给个人按揭贷款业务发展带来新挑战。随着国家宏观调控持续深化，房地产市场需求已经向理性回归，区域、城市、楼盘以及一手房、二手房之间呈现明显分化趋势。从最近国庆节前后的市场形势看，各城市间的房地产销量、价格走势进一步分化。房地产开发商可持续经营能力开始分化，一些中小开发商可能出现资金链断裂。楼盘烂尾、假按揭现象很可能抬头，给个人按揭贷款业务风险管控带来新考验。

五是个人破产制度加快出台的新趋势给个人信贷风险管理带来新课题。浙江等部分地区已启动探索个人债务清理机制，个人破产制度将打破个人“欠债还钱终身制”的无限责任，对个人信贷风险精细化管理带来了新挑战。境内个人信贷业务实际上一直是在个人承担无限责任制度下开展的。目前司法实践中如果借款人只有唯一一套房子，银行要提供房租或周转房才能拍卖抵押房产。同时存在司法执法效率、个人信贷核销政策严格、处置措施有限等问题。如果相关法规改成个人有限责任且个人信贷业务信用风险管理能力、消化能力、处置能力再不提升起来，就会出现重大战略性风险。

当前一些个贷业务的风险已经开始显现，个人信贷的不良率比较高，信用卡不良率处于四大行首位，我们这两年通过不良资产证券化处置了很多个人信贷不良贷款，这些风险暴露值得总结反思。还有逾期问题，都是个贷业务风险的一个重要信号。第二个信号是，今年以来个贷业务领域的案件有所上升，尤其是湖南分行个贷案件，连续十年作案。还有可能存在的、已经发生但还没发现的案件，包括个贷职务侵占、内外勾结、违法放贷、商业贿赂案件，等等。所以整体上风险防控形势比较严峻，需要我们整理思路、总结分析、寻找解决办法。

六是金融监管对个人消费业务发展的要求更趋严格。金融监管对个人消费贷款资金用途严格监管，检查处罚力度不断加大。

七是我行个人信贷业务经营管理基础面临一系列严峻挑战。主要体现在：第一，部分分支机构个人信贷业务发展观、风险观、业绩观急需进一步端正，蔑视、轻视、忽视个人信贷业务风险现象突出。个人信贷的不良率虽然低，但这是用二十年较长贷款期限换来的，在房价稳定上升的情况下不会出现问题，但如果房价下跌30%的话，可能就会出现较大风险。我们要看结构，包括品种结构、区域结构、客群结构。全行打造新时期的个人信贷体系特别是风控体系。我们要高度重视，从前台尽调到中台审批、到后台处理、再到风险的化解、处置、核销，包括现在个金条线推动的普惠贷款产品个人类“e抵快贷”，都要做好客户准入，把控好风险。前台部门要担当起来，尽到尽调责任。第二，全行个人客户的综合授信和融资限额体系还没有形成，一个人、一个家庭在工商银行的融资是多少，一定要十分清晰。第三，分支机构的个人信贷市场竞争能力、风险识别和处置能力、经营管理能力都亟待增强，特别是二级分行个人信贷业务的风险管理能力是非常薄弱的。第四，大数据时代下的风险精准识别、交叉验证能力不强，特别是大数据在个贷审批中的应用不充分，尽管有线上审批，但是交叉验证应用还需要提升。第五，部分分支机构个人信贷业务的显性和隐性风险还较大，特别是一些二级行无论是信用卡、个人按揭贷款还是个人经营性贷款、e抵快贷，都存在较大的显性和隐性风险，且问题较为突出。近期出现的个人信贷业务案件损失巨大、教训深刻。第六，个人信贷业务综合营销与价值挖掘能力亟待提升。第七，个人信贷业务队伍建设需要继续加强。

因此，全行上下特别是个金、信用卡、信贷管理、风险管理、不良资产处置等业务条线必须增强责任意识、忧患意识。个金条线要履行好主体责任，信用卡条线要融入整个个人信贷业务综合管理之中，信贷管理条线要加强对个人信贷业务的风险管理、监测以及相关工作，不良资产处置中心要履行好对个人信贷不良资产的处置责任。要继续坚定个人信贷业务高质量发展战略，优选目标市场、产品和客群，进一步增强市场竞争力，全面实现“第一个人贷款银行”和“第一个人信用卡银行”目标。要构建新时期个人信贷业务风险控制新机制，用三年时间把新机制探索出来，有的需要深化，有的需要完善，有的还需要重构。比如，个人综合授信体系和融资限额体系必须重构。要综合施策，本着对历史、对工行未来负责的精神，正视、重视全行个人信贷业务已经存在的信贷风险、案件风险和员工道德风险。要进一步增强个人信贷业务风险控制力和风险化解处置能力。现在全行个贷、银行卡业务的剪刀差问题是块硬骨头。如果把个人信贷业务质量做好，规模就能做大。全行一定要把个人信贷资产质量和案件风险防范的“攻坚战、保卫战”两战打好。

三、明确未来三年个人信贷业务发展主要目标

（一）把全面打造“第一个人贷款银行”作为“第一个人金融银行”战略的重要支柱。树立“第一个人贷款银行”目标，在三年内个人贷款余额、新增额、利率水平、不良率等各项关键指标处于同业前列。

（二）构建个人按揭贷款优先发展，信用卡资产业务转型发展，个人消费类贷款、个人经营类贷款高质量发展的格局。坚持个人按揭贷款业务的主体地位不动摇；努力做大做好个人信用卡资产业务；抓住市场机遇，加快突破商品住宅抵押类个人消费贷款、个人经营性贷款发展，培育个人信贷业务新的强劲增长点，实现个人信贷业务整体协同发展。要加大商品住宅抵押的个人消费贷款业务发展，这样可以突破按揭贷款的规模限制，但前提是保证个人消费贷款的用途真实可靠。

（三）全面打通各类个人贷款与信用卡资产业务体系，构建新时期个人客户综合授信和融资限额体系，打造个人信贷统筹管理新机制。加强个人信贷业务统筹管理，明年开始做好顶层设计，从总量到区域、到结构、到产品，都要做好规划。以建立个人信贷客户综合授信体系为抓手，统筹做好个人信贷各条线准入标准、产品政策、风险管理、市场营销等。

（四）全面提升一级、二级分行个人信贷经营管理能力，强化个人信贷业务风险文化、合规文化，全面实现个人信贷业务高质量发展。加强对一级分行、二级分行个人信贷经营管理专业人员的配备、培养，压实分行个人信贷业务经营管理主体责任，增强个人信贷业务经营管理能力，做好风险、合规文化建设，实现业务发展与风险管理协同。

四、多措并举推动个人信贷业务高质量发展

全面落实总行《关于全面打造“第一个人金融银行”若干意见》中“第一个人贷款银行”和“第一信用卡银行”有关个人信贷业务的相关规定，坚持战略定力，显著提升同业竞争力和风险控制力。

（一）适应房地产市场新形势变化，全力推动个人按揭贷款业务健康发展。

一是坚持个人按揭贷款业务核心地位不动摇。主动适应当前按揭贷款规模紧张的形势，统筹表内外规模安排。顺应市场分化、政策变化、房价分化，加强对辖内机构的业务传导与营销推动，各行要对辖内房地产市场的“三化”做好顶层把握，坚持高质量发展和风控并举，保持稳定按揭收单量，确保对按揭业务发展温度与营销力度不减，确保全行按揭贷款业务平稳持续发展。

二是实现按揭贷款规模投向区域、开发商与产品结构合理摆布。要以总行名单内竞争力提升重点城市、直辖市以及长三角、大湾区、京津冀、成渝经济圈、中部城市群、西咸一体化等国家重点经济带、都市圈、城市群为重点地区，继续坚持重点区域、客户、项目、开发商、一手房发展策略，强化房贷规模倾斜与优质按揭收单能力匹配，力争重点地区在全行房贷增量占比达到80%以上。一级分行要重视省会城市按揭市场份额提升，力争省会城市房贷增量同业第一。各行一定要抓住省会城市和重点城市，房贷规模是有限的，这个规模一定要用好，要做好顶层安排。对于经济欠发达、人口净流出、房地产市场低迷、库存压力上升的地区，从严控制按揭项目准入与贷款投放，特别是纯按揭项目要提高准入。比如，房地产开发商在风险大的地区的准入标准要提高，一级分行、二级分行要把握好，纯按揭项目容易出现假按揭，一房多抵、一房多卖等情况。要确保对重点开发商的规模保障与投放倾斜，适度压缩对中小开发商按揭收单与投放，总、省行级开发商按揭贷款发放额要力争占到一手房贷款发放额80%以上。要强化一

手房贷款投放；优选、精选二手房中介合作机构，加强押品价值真实性评估，注重二手房区域差异化策略，有力控制房价下跌20%以上区域的二手房贷款投放占比。

三是注重按揭贷款量价协调及收益提升。保持按揭收单、发放与储备量之间匹配平衡，保持月收单与发放量合理配比，发挥价格与收单平衡调节机制，提高议价能力，确保定价水平持续上升。

四是继续加大按揭贷款证券化力度。今年还有几期证券化，明年要加大力度。个人按揭贷款规模额度是等不来的，各行要提高站位，增强参与证券化的动力。要按总行统一部署安排加快推进房贷证券化，部署辖内机构提早做好按揭收单营销与资源储备，确保优质按揭营销与实际投放力度不减。

五是稳步做好LPR工作。前期的工作很平稳，各行要将部署贷款市场报价利率应用与落实区域差别化住房信贷政策共同推动，坚持风险定价原则，提高市场化自主定价能力和风险防控水平，提升客户认知和接受程度。同时，各行要做好相关舆情管理。

六是做好以按揭贷款客户为主个人贷款客群综合营销。围绕“获客、引存、提质、增效”，重点推动房贷客户综合化营销，促进储蓄存款、信用卡、手机银行、中收的增长及拓户，尤其是二手房卖方私人银行客户拓户等关联业务发展，提升房贷客户综合贡献度。

（二）全力推进信用卡资产业务转型发展，全面提升信用卡市场竞争力和风险防控能力，显著提升中收贡献。加大信用卡资产业务转型力度，全面提升市场竞争力，为第四季度和明年中收目标实现打下坚实基础。现在直客式、厂商模式没有做起来，非汽车的消费分期、家装分期有所增长但是力度不够。第四季度还剩两个多月的时间，各行要抓紧部署。在抓好ETC的同时，还要抓好信用卡汽车分期、消费分期和家装分期业务。

一是多渠道发展汽车分期。坚持间客式、直客式、厂商式三轮驱动。要合规稳健发展间客式，优选合作机构数量，优先与优质互联网金融平台合作。间客式模式要注意风控，重点关注第三方合作机构的可持续经营能力，是否涉及扫黑除恶。要加快发展直客式汽车分期，推动总对总分期和厂商贴息合作，具备条件的分行尽快建立汽车分期直营团队。

二是加快推进消费分期。要重点抓好e分期、账单分期和房屋抵押类家装分期。e分期要作为营业网点日常营销抓手，针对优质目标客群做好精准营销，通过公私联动开展优质对公单位职场营销与批量获客。账单分期要依托电话外呼营销加快发展，加快西安外呼中心和郑州、成都、天津远程银行中心外呼职场建设，分行要扩大外呼力量。家装分期要进一步优化产品功能，落实有效抵押物，全力拓展市场。

三是大力推进透支业务转分期工作，提升营业贡献。我行普通透支余额很大，在四大行中最高，下一步要加强普通透支转分期业务。不间断开展“爱购”系列促销活动，扩大促销覆盖地区；持续开展常态化促销提额活动，激发客户消费潜力；构建信用卡消费长期回馈体系，丰富互联网头部平台绑卡促销活动形式，吸引客户长期绑卡消费。

四是积极稳妥开展融e借。要在风险可控的前提下，通过公私联动拓展“六大板块”优质客群，扩充白名单规模。拓展使用场景，优化产品功能，实现Ⅱ类户消费触发融e借贷款。加强与优质互联网平台和持牌机构合作，开拓融e借与汽车金融公司联合贷模式。要继续发展好融e借，防范假交易和交叉风险传递。

（三）顺应个人消费领域新变化，重新打造新时期个人消费信贷体系。

一是改变错误认识，认清战略空间及重大市场机遇，打好“组合拳”，大力发展商品住宅抵押类个人消费贷款。要高度重视发展个人消费贷款业务，这既是落实中央关于促进消费扩大内需的政策要求，又是抓住消费信贷市场机遇、实现个人信贷业务均衡发展、突破个人按揭贷款发展约束并推进个人贷款业务高质量发展的重要举措。全行要重点围绕汽车、教育、养老、租赁、装修、旅游等重点消费领域，进一步细分消费场景和客群，全力拓展商品住房抵押类和存量贷款抵押物LTV低于40%客户群综合消费及单项消费贷款业务。要设计好产品，研究有效措施拓展个人按揭贷款客户的消费贷款业务，这类客户风险可控，LTV留下了60%的可用边界，有很大的空间。

二是明确个人消费贷款发展策略。消费贷款要从后手拳变成先手拳、组合拳，重点做好抵押+信用、白名单+客群、线上+线下、法人+个人，精准营销、精挑细选、精耕细作、精细管理。要坚持“以公带私、私私互动”，做好对养老、汽车、教育等机构的联动营销。与集团合作开展的消费贷款业务，不能形成集团虚假融资，要确保贷款发放给个人客群。要开展个人贷款与信用卡整合营销，打破专业限制，以客户为中心整合后端产品，更好满足客户需求，尤其是在抵押类消费贷款营销上，要着重发挥好理财经理、个人客户经理对客户的触点营销作用。

三是打造适应不同消费场景的个人消费贷款产品体系。总行要构建以抵押、质押、保证、信用（融e借）为主线的基础产品体系，持续进行产品功能优化，完善个人房产抵押消费与经营组合贷款期限等政策，加快系统功能优化开发。要尽快优化个人金融资产质押贷款政策和系统功能，完善金融资产质押类个人消费贷款产品，重点做好与理财、保险、基金等金融资产嵌入式、联动式精准营销。

四是重构工行消费金融品牌。加快研究推出工行统一的个人消费信贷品牌，构建消费品牌体系，加强宣传推广，提升市场美誉度和知名度，支持个人消费贷款业务整装再出发。

（四）实现个人公积金贷款代理业务突破发展。

一是加强业务细分和市场定位，实施差别化的业务策略。对房价水平较低、公积金贷款额度基本可以覆盖缴存职工贷款需求的地区，要坚持发展纯公积金贷款业务；对房价水平较高、公积金贷款额度无法完全覆盖缴存职工贷款需求的地区，要大力拓展公积金组合贷款业务，在信贷规模、审查审批等方面加大倾斜力度，打造新的增长点。

二是加强精准营销和基础管理，努力提高与公积金中心合作覆盖率，加强对开发商和房地产中介的营销，从源头获取公积金贷款资源，加强与自营房贷同步联动营销，充分调动分支机构及业务人员发展公积金贷款业务的积极性。

三是加强创新推广和综合营销，主动顺应公积金中心自建信息系统和金融业务互联网化的趋势，积极推广与公积金中心系统互联功能。未来可能会形成全国公积金统一体系，要加强和住建部的联系。积极开展零售业务交叉营销，不断提升公积金客户综合贡献。

（五）持续做好个人普惠贷款业务高质量发展。全行个金条线要继续做好个人普惠贷款业务发展，要以经营用途的个人房产抵押消费与经营组合贷款、个人金融资产质押贷款等为关键产品，重点开展针对身份为个体工商户或小微企业主的存量个人房贷客户群、商户客户群、金融资产客户群、网商客户群以及创业者等特定客户群精准营销。要在现有职责分工下做好“e抵快贷”精准营销，履行好客户推荐职责，对不符合风控标准的客户，不得向普惠条线推荐业务，把好“e抵快贷”业务风险防控关。要充分发挥个人商用房贷款在服务小微企业融资、提升普惠金融服务方面的重要作用，注重区域、开发商、物业类型、楼盘区位的细分，注重第一还款来源、抵押物价值评估及抵押担保落实，实现个人商用房贷款业务健康平稳发展。

（六）全面完成个人信贷经营模式优化工作。全行要以个人信贷经营模式优化为契机，进一步夯实二级分行个人信贷业务经营主体地位，确保个人信贷业务战略传导、政策传达、业务推动快速、顺畅、高效。要限期完成个人贷款业务集中处理，全面实现个人贷款业务处理中心建成比例和辖内个人贷款业务开办机构集中处理覆盖率两个“百分百”的目标。要对标总行建设要求及标准，加快个人信贷营销中心推广建设，充分利用好营销阵地，推动个人信贷客户经理向综合化营销转型。

五、有效加强个人信贷业务风险防控

（一）重构个人信贷业务风险观。当前对比同业，我行个人信贷资产质量并不占优。今年以来发生几起个贷案件，进一步反映出我行个人信贷经营能力、案件防控能力和管理基础还比较薄弱，需要保持头脑清醒，树立正确的发展观、业绩观和风险观，统筹管好全产品经营、全流程风控、全风险管控和全量风险资产清收处置。

（二）构建新的个人信贷责任体系。要构建周密严谨、环环相扣的个人信贷全流程风险防控体系，实施前中后台分离和换手操作，明确每个操作环节责任，落实好防假、防骗责任。个人信贷调查人员要切实做到尽职调查，确保贷款申请事项真实；审查审批人员要对贷款审慎把关；业务处理人员要做到业务操作合规，坚决杜绝“一手清”。今年几个案件都是“一手清”造成的，特别是湖南分行的案件，就是总行要求个贷业务集中而不集中、假集中造成的。现在还有一些分行不落实，出了案件要问责；贷后管理人员要坚持做好现场及非现场检查，积极主动做好逾期催收，有序推进不良资产处置。要实施个人信贷巡查巡检工作机制，重点对个人信贷管理职能改革、业务处理中心建设、押品真实性、印章管理、征信管理等方面，开展全行自查和总行现场检查，对发现的问题认真整改、严肃问责。特别是权证方面，目前我行他项权证管理不系统，要推动与不动产登记部门的联网核查核实，而且权证的办证比例有问题，使本来应该安全的个人按揭贷款出现了风险，必须把办证率显著提升上去。

（三）建立个人客户综合授信和融资限额管理体系。总行要承担起牵头统筹职责，实施对单一个人客户统一的综合授信管理，认真执行总行《个人客户融资限额管理办法》，严格核定我行愿意并能够承受的最高融资额度，统一控制个人客户在我行个人贷款、信用卡资产业务等各类融资风险总量，建立涵盖表内外、境内外、子公司的统一个人融资限额体系，有效管控融资人的家庭杠杆率。总行个金部要牵头抓紧开发个人客户融资限额系统，打通个贷系统与信用卡系统，建立个人智能化风险监控平台和体系。

（四）加强剪刀差管理，控制潜在风险。要全面落实个金、银行卡、基层机构、远程银行中心的催收责任。要强化个人信贷一体化催收体系建设，增加还款提醒渠道，开展机器人智能语音催收，对频繁逾期客户前移电话催收时点，实施差异化催收。进一步压实N2剪刀差贷款的上门催收责任，综合治理因客户联系方式无效造成误催、停催、失联等问题。要优化个人信贷剪刀差考核，根据N1/N2贷款还款表现设置不同权重。要严格个人信贷不良贷款认定标准，遵循审慎性原则探索将N3剪刀差纳入不良，控制6个月内不能持续正常还款的不良贷款质量分类上调。

（五）开展个人贷款重组工作。对还款意愿较好、但因多种原因造成还款能力下降的客户，逾期初期要充分运用期限变更等重组手段调整或变更还款计划，提前化解劣变风险。要积极通过重组盘活烂尾房地产按揭项目，化解批量违约重大风险。烂尾项目的化解必须用法人思维来做，个金部牵头整理所有批量违约项目清单，联合公司、投行等部门充分利用法人客户资源和优势来化解。对存在虚假按揭的项目，要还原公司贷款本质后快速处置，化解个人不良贷款。

（六）统筹管理好、处置好个人不良资产。要树立经营不良资产的成本效益意识，采取差异化举措，防止形成个人不良资产堰塞湖。要加大常规清收，特别是诉讼追收力度，将个人信贷应诉未诉率、诉讼执行率、三年以上不良占比纳入不良资产处置中心考核。对批量违约的房地产按揭项目，要实行名单制管理，单独研究，明确一二级分行领导责任。要有效推进个人信贷不良资产证券化和核销处置，优化授权制度。关于核销的授权，重点城市行可以调整，理顺个人信贷核销常态化机制，保障个人信贷不良处置必要财务资源。今年年底前要完成历史遗留假按揭、假车贷、逸贷等小额追索类和8年以上账龄个人信贷不良核销。各行要全面落实总、分行处置中心个人不良资产处置责任。

（七）履行好优质按揭贷款和信用卡不良资产ABS资产的受托管理责任。各行要经营好证券化资产。各级行处置中心要尽职履责，应收尽收，以对投资者负责、对工商银行声誉负责为第一要务，确保完成债券约定收益的底线任务。部分受托处置进度严重迟缓的分行，要切实履行主体责任，提高清收重视程度，确保个人信贷资产证券化处置运转有序。

（八）加强分行个人信贷风险管理能力建设。对分行个人信贷管理人员要提出明确的任职资格准入条件。尽快解决二级分行个人信贷专职风险管理人员风控“盲点”问题。风险管控的核心是信用风险、操作风险及LPR计价的利率市场化变动风险。做好二级分行个人信贷专业的人员配备，要对信用风险有敬畏心。

（九）开展专项整治，综合施策，确保明年起不再发生新的个人信贷业务案件。要全面开展个人信贷业务案件风险专项排查与整治，重点盯住个人信贷职务侵占、内外勾结诈骗、外部欺诈等案件，盯住个人信贷审批、贷款定价及资源配置中的案件风险，严防假客户、假交易、假抵押、假首付。要进一步加强对反常业务、人员、操作的梳理排查，发挥专家治贷作用，针对典型问题、风险高发业务开展现场检查、飞行检查、交叉检查，及时发现、快速整改、严肃问责，严格他律监督。要进一步加强对全行个人信贷条线人员案防形势和案件防范的警示教育，以案促改，认真吸取个人信贷类各种案件的教训，加大个金、银行卡条线问责力度。要严防严控第三方合作的商业贿赂、涉黑涉恶及骗取个人贷款和信用卡资产案件，特别是防范第三方合作机构骗取汽车分期贷款及“e抵快贷”案件风险。

（十）做好信用卡业务全面风险管理。要部署优化“融e借”模型，提升高风险客户识别能力，持续优化清理白名单，强化资金用途违规交易硬控制。尽快实现e分期系统与专项分期系统的整合，提升自动化、智能化的大数据风控能力和业务管理能力。持续优化应用信用卡大数据决策新平台，构筑与互联网转型相匹配、具有自主知识产权和核心竞争力的信用卡智能风控新体系。要加强信用卡贷前、贷中、贷后全流程风控管理，切实提升反欺诈水平。要建立起总分行责任清晰、分工协作的信用卡催收体系，进一步压实各级机构信用卡风控的主体责任，持续抓好呆账核销与不良资产证券化，加大账销案存资产的清收力度。

六、优化完善个人信贷资源保障机制

（一）确保个人信贷规模资源。为实现“第一个人贷款银行”目标，我们必须保持个人信贷业务发展战略定力，确保个人信贷新增规模资源配置。要确保用足人行下达的按揭贷款规模计划，加大个人消费贷款、个人经营贷款规模支持。要优先保障个人按揭贷款，抓好ABS，做好相关资源配置。

（二）做好财务资源投入策略性安排。要进一步加大财务资源的配套支持，有力支持个人信贷领域的产品创新、服务升级、渠道延伸、系统完善、科技开发，不断提高个人信贷业务管理效率，提升客户体验，赢得市场口碑。各分行要加强主动配置，做好财务资源投入，加大对个贷市场拓展支持力度。

（三）强化核销处置资源投入。目前个人信贷拨备覆盖率291%，计提比例充足。要加大个人信贷核销资源投入，不良资产处置中心要保障个人类不良资产合理核销资源。各行要加快进度，组好卷，进行有效审查，经得起财政部门的审查、检查。

（四）加大对内控资源的投入。要加强个人信贷领域防假，继续完善个人信贷风险监测模型和非现场检查工具，开展押品领域专项检查和巡查巡检。总行内控部、风险部、信管部三个部门非常重视个人信贷业务风险监测、预警和报告，个人信贷业务条线要进一步加强针对性整改工作。要加大LTV超过70%和房价下跌20%的客户、区域的风险监测，以及假按揭、首付、用途、权证的内控监督。

（五）切实做好人力资源保障。要加大对个人信贷专业条线人力资源投入和建设。进一步加强直接营销和集中风险控制的职能。要持续加强个人信贷专业队伍培训，健全个人信贷业务处理中后台人员资质、职责、考核、激励等管理体系。

（六）加大金融科技研发资源保障。要加大人工智能、大数据等新技术在个人信贷系统方面的应用。明年要重点把综合授信系统和银行卡部的系统打通，充分利用人工智能技术提高风险识别能力，提高管理和服务效率。要进一步完善个人信贷生态圈建设，加大与政府在身份识别、房产交易、抵押登记、税务信息等方面信息共享和系统合作，有效防控假客户、假交易和假权证风险。要加强个人信贷系统统筹管理，实现个人信贷、信用卡分期、对外担保等信息共享。要引入外部可信数据，加强在个人信贷审批、押品评估、贷后监测等方面的应用。要全面提升个人信贷业务审查审批队伍建设水平，推进智慧化审批建设，进一步提高审查审批能力。自动化审批需要大量应用新技术，进一步提升自动化审批水平。

坚定必胜信心　狠抓工作落实
勇创境内个人外汇业务同业第一

——在全行个人金融业务重点工作推动会上的讲话（之二）

官学清

（2019 年 10 月 29 日）

今天会议主要目的是落实 10 月 14 日召开的全行外汇业务座谈会精神，会上陈董事长明确提出在两三年左右将工商银行打造成境内外汇业务第一银行的目标。现在中国银行市场领先。中行在境外占有优势，我行境外业务处在大力发展阶段。而在境内外汇业务方面，我行是有条件与同业领先者进行对比和竞争的。从个人板块看，我行与中行差距明显。我行外汇储蓄余额 200 多亿美元，中行 400 多亿美元，差一半。要用两三年时间赶超，任务十分艰巨。个人结售汇业务量同样存在一半左右差距，个人外汇汇款存在差距，其他个人外汇业务小指标差距就更大。任务十分艰巨，但是目标是明确的。今天会议是做初步部署，把思想统一起来。下面我讲几点意见。

一、正视差距，提振信心，抢抓机遇，改变个人外汇业务发展格局

目前我行个人外汇业务发展是相对落后的、被动的，这是一个基本判断。为什么被动？因为没有主动抓过。所谓落后是指各项个人外汇业务指标明显落后，与我们拥有的资源条件、基础条件不相称。长期以来个人金融条线忽视个人外汇业务的现象突出存在。如果不正视这种差距，对事物发展的洞察不够，我们的思想转变就不够，我们的行动就更不够，效果差距更大。

（一）清醒认识同业竞争差距。近年来，全行上下认真贯彻金融监管要求，推进了个人外汇业务的合规稳健发展。但要冷静地看到，与个人外汇强行相比，我们还存在较大的差距。现在中国利率市场化、汇率市场化、人民币国际化带来新变化，再用“传统”两字会将我们带入误区。

一是外汇储蓄余额方面。截至第三季度末，全行外汇储蓄余额 205.43 亿美元，其中不少是和结构性存款产品创新相关的，真正的基础外汇客群规模不大，纯外汇活期、定期、通知存款占比不高。与中行差距 203.33 亿美元，是中行的一半。全行除上海分行超过当地中行外，其他大行明显落后，福建、辽宁、山东、河北、天津、四川、大连、黑龙江、河南、湖北、陕西等分行只有当地中行的零头，广东、浙江、江苏、深圳等分行为当地中行的一半，要好好对照找差距。

二是个人外汇汇款方面。去年我行业务量为 249.29 亿美元，中行为 553.81 亿美元，我们是他们的 45% 左右。广东、浙江、福建、江苏、山东、辽宁、河北、河南、深圳、天津、湖北、黑龙江、四川等分行与当地中行差距较大，很多不到中行一半。

三是个人结售汇方面。我行去年业务量为 376.86 亿美元，中行为 886.35 亿美元，不到中行的一半，主要差在广东、浙江、江苏、福建、山东、河北、辽宁、河南、湖北、黑龙江、天津、四川、陕西等分行。国际借贷记卡、外卡收单、个人外汇类金融市场业务都有明显差距。

四是业务办理渠道方面。中行实施本外币一体化管理，对私柜台均可受理外币存取款等基础个人外汇业务。我行除上海、北京等少数行可以全网点受理外，其他分行均采用外汇专柜办理模式，在服务能力上还存在较大差距。我们有 1.6 万家网点，数量上是有优势的，但是个人外汇业务开办率不够，浪费网点资源。

五是服务品牌方面。中行开办个人外汇业务早，形成了一体化服务体系，有独有外汇品牌优势。我行办外汇也有 20 多年。各行不能总是强化中行是外汇专业银行的观念。从这个角度讲，我行需要较长时间构建工商银行的个人外汇业务品牌。目前在上海、北京等地区能感受到我行个人外汇品牌，其他一些重点区域的品牌建设还需明显强化。

六是发展机制方面。尚未形成全行办外汇的责任意识，部门协同机制有待完善，政策保障机制，尤其是在

考核评价、队伍建设、产品定价等方面与中行相比还有差距。我行个人外汇业务落后有历史原因，但是也有现实原因，不能完全归咎于历史原因。工商银行办个人外汇业务20多年，外汇局批复了1.2万家办理个人外汇业务网点资格，办不好怪谁呢？这些差距要让大家警醒起来。

（二）坚定必胜信心，提振精气神。

一要改变三个错误认识。一提起个人外汇业务，很多同志会有一些畏难情绪和认识上的误区。

第一，认为技不如人。潜意识存在畏难情绪，总认为中行是外汇业务专业银行，我们技不如人，越不办越不敢办，形成恶性循环。事实上，我行有一批业务精湛、合规意识强的人才队伍，特别是这些年入行的大学生素质都很高。何来技不如人？要从上到下改变意识，上海、北京分行就是改变错误意识后成功的例证。要去寻找差距、弥补差距。

第二，认为业务空间不大。有些同志认为个人外汇是小众业务，客户规模有限，业务需求不多。实际上，随着近年来中国更加主动、全面地融入全球经济，个人客户对外汇业务需求和外汇资产配置需求日益强烈。

第三，认为贡献不多。有些同志认为个人外汇储蓄业务规模200亿美元，折合1 000多亿元人民币。我行人民币储蓄存款前三季度增加1万亿元，余额10万亿元，看不上这1 000亿元。不对！要将这1 000多亿元看作对1万亿元增量、10万亿元存量的有力支撑，这样才会形成人民币和外币储蓄存款良性互动的格局。

要对照检查这三个错误意识，思考如何将个人外汇业务从一个小众业务发展成大众业务，从小舞台发展成大平台。

二要强化责任意识。第一，个人外汇业务是打造第一个人金融银行的重要方面。陈董事长提出在第一个人金融银行战略中，要打通境内和境外，实现境内境外一体化。要服务个人客群的外汇业务需求和外汇资产配置，与本币资产配置共同形成我行全球化资产配置能力，这也是“第一个人金融银行”重要的组成部分。

第二，有利于形成与人民币业务协同共振效应。我行人民币大行强行的优势为发展个人外汇业务提供了客户和资金来源。我们有6亿多个人客户，但个人外汇业务覆盖率明显偏低。个人结售汇客户数1 300万户，其中第三季度交易的才130万。个人外汇业务客群，在各类分层客群中占比低、交易频率低。

第三，有助于满足中高端客户服务需求。持有外汇资产、办理外汇汇款、结售汇等外汇交易客群都属于中高端客群。不能提供有效的个人外汇服务，就不能实现本外币协同服务，也很难稳定人民币储蓄存款和资产配置，客户的存款、资产会流失到他行。

第四，有助于提升综合贡献。外汇储蓄能有效带动结售汇、跨境汇款、账户交易产品、信用卡、个人外汇资产质押贷款等多种业务发展，实现境内外一体化、本外币个人金融业务一体化发展。

三是加快发展个人外汇业务具有基础条件。第一，客群优势。我行有6亿多个人客户，个人金融资产总额超过14万亿元。与同业相比，配置外汇储蓄存款的客户占比还比较低，在外汇客群规模上还有很大增长潜力，我行超越中国银行的重要优势就是客群优势。

第二，网点优势。我行网点总数达到1.6万家，大部分网点已实现智能化改造，配备7.8万台智能设备，融e行客户3.33亿户，具有线上和线下的渠道优势。手机银行具有外汇储蓄和交易功能，智能设备可以做客户推荐和服务。个人结汇前三季度几十万笔，智能设备结汇31万笔，售汇142万笔。

第三，法人客群优势。我行有760万公司客户，很多是外向型企业，很多央企都是我行客户，都在全球布局。

第四，境内外一体化优势。我行已在48个国家建立了428家机构，并通过参股标准银行集团覆盖了非洲20个国家，在境外网络覆盖的国家和地区数量上已超过中国银行。

第五，发展基础、经验优势。工商银行可以办好个人外汇业务的广泛影响和声誉正在形成，上海、北京分行在工银速汇、开户见证等业务方面已经积累了良好口碑，深圳、广州分行有较大的发展空间。

（三）抓住业务发展机遇。

一是总行党委高度重视。陈董事长在全行外汇业务座谈会上明确提出，我行有资源、有能力实现境内外汇业务第一大行的目标，对个人外汇业务提出殷切期望。成为外汇业务第一大行的关键就是个人外汇。总行党委的高度重视和战略定力是个人外汇业务发展的驱动力和指导力。

二是顺应藏汇于民趋势。随着美元进入降息通道，人民币汇率双向波动，客户金融资产水平提升，对个人外汇业务提出了服务升级需求，客户外币金融资源和服务需求加大。配置个人外汇储蓄的客户不断上升，从调查情况看，配置个人外汇储蓄的客户占比目前仅为7.86%，还有很大空间。其中，5万元以上客户为15.91%，20万以上客户为24.56%，100万元以上客户为45.12%。要关注外汇储蓄客群增量。

三是抓住汇率市场化、人民币国际化、金融开放机遇。近期人民币兑美元汇率双向波动，有利于个人外汇藏汇于民和金融市场交易业务的发展。伴随着共建“一带一路”深入推进，人民币国际化进程将进一步加快，带动外汇业务发展。同时，金融开放步伐不断加大，推动外资、外籍客户的发展。

四是客群全球化布局，“走出去、请进来”规模扩大。从各类客群情况看，2018年我国各类出国留学人员××万人，同比增长12%。其中我国在美留学生

××万人，占美国留学生的33%，连续9年保持第一。在“走出去”企业方面，我国在境外中资企业××万家，员工数量约××万人，大部分是施工和制造业外派人员，要做好这些客户的拓展。华人华侨客群方面，每年侨汇流入资金超过××亿美元。尤其是广东、福建、浙江华人华侨量大，要强化华人华侨市场。在华外国公民客群方面，目前在华常住外国人口接近××万。

五是员工队伍的领悟力和执行力。工商银行从上到下员工队伍领悟力、执行力强，能够准确领会总行精神，这是工商银行相较同业最大的优势。

二、主要目标

围绕打造实现“第一个人外汇银行”战略，力争2~3年实现如下目标：

（一）市场竞争力领先。实现个人外汇储蓄存款余额第一，带动个人结售汇、个人外汇汇款规模接近或超过领先同业。这三项业务将形成良性互动，互相促进。尤其是北京、上海、广东、浙江、江苏、深圳等经济发达地区分行要加快提升市场竞争力，同时福建、辽宁、山东、河北、天津、四川、湖北、湖南、黑龙江、陕西等相对潜力较大的分行要加快追赶力度，形成20家左右个人外汇大行。此外，要抓重点城市行和广东、福建、浙江等省的侨乡机构。

（二）形成发展新格局、新体系、新形象。逐步形成产品互为支撑、渠道互为补充、机构互为协同、公私互为联动的业务发展新格局。构建涵盖长效发展机制、后台支持保障等内容的个人外汇业务经营体系。打造本外币一体化、境内外一体化、对公对私一体化第一个人外汇金融银行新形象。要争取用2~3年在个人外汇市场显著提升工商银行口碑效应。

三、主要措施

（一）落实领导责任，强化组织协同。请各位主管行长主抓，不能“等靠要”。今年剩下2个月要先打好基础。个人金融业务部作为个人外汇业务的牵头部门，要强化客群分析，研究制定个人外汇业务发展指导意见，拿出任务实施时间表和路线图。抓好财富客群，主要是做好20万元以上的客户的外汇储蓄存款配置，以及风险管理和产品配置。国际业务部作为外汇业务统筹部门，要加强外汇业务的公私板块协同，统筹境内外机构，打通个人外汇客户全球化服务功能，提供个人外汇合规管理支撑。私人银行部等客户部门要做好高净值客户个人外汇资产配置，两年内将私银客户外汇储蓄增加到30亿~50亿美元，外汇储蓄在私银客户金融资产中的比重从0.4%提升至5%。财务会计部、资产负债管理部、人力资源部等资源配置部门要在考核评价、利率定价、人员配置上给予支持，相关措施要落地，建立跨部门协调机制。请各主管行长做好分行内部统筹支持。金融市场部、银行卡业务部等产品部门要在账户贵金属、外汇结构性存款、多币种信用卡等方面强化创新，特别是金融市场部的账户贵金属、外汇结构性存款空间很大；国际卡要加大发展，存款余额达到10亿~20亿美元。渠道管理部主要抓好智能柜员机服务，与运行管理部、个人金融业务部做好客户服务人员和智能柜员机结售汇业务。网络金融部要在手机银行渠道提升个人外汇业务的市场竞争力和品牌形象，优化系统功能版本，让个人客户形成使用手机银行办理外汇业务的习惯。在做好现有线上个人外汇产品服务的同时，将个人外汇资产质押贷款、开户见证业务、留学类服务、海外代发工资等业务线上化。运行管理部、金融科技部等保障支撑部门做好外币现钞日常运维、系统开发等，在各项个人外汇业务方面做好工行版本的手机银行、营销系统、本外币一体化的系统建设。各分行做好统筹布局、顶层设计、联动协同，改变分散管理的现状。

（二）拓展个人外汇业务客群。目前全行个人外汇储蓄客户600万户，账户贵金属客户数1 300万户，个人结售汇客户数1 300万户。下一步，个人外汇业务客群年度增长率要提高到10%以上。不能只靠产品价格，要靠做大个人外汇客群、个人外汇金融资产量、交易量、客户活跃度，构建以活期、定期、通知存款为主的个人外汇储蓄驱动机制。

要加强个人外汇客群精细化管理。着力做好外汇资产金融客群、留学金融客群、商旅金融客群、全球资产配置客群、华人华侨客群、在华外籍客群、中高端金融资产客群等重点客群的营销拓展。其中，中高端金融资产客群是我行有别于中行的优势。运用人工智能方式，通过大数据挖掘，制定产品套餐，实施精准营销。

针对“走出去”客群，要在符合监管政策的前提下，为有真实交易用途的客户提供购汇服务。要抓住留学生客户，面向留学家庭开展营销活动。要做好“走出去”企业员工境外代发，加强公私协同，实现总对总对接。要为高净值客户提供全球化金融资产配置方案，构建全球资产管理架构，拓展全球化客户服务体系。

针对“走进来”客群，要面向海外华人市场，提供有竞争力的侨汇服务，特别是广东、福建、浙江等侨乡大省要重点加强营销。要为在华外籍居民提供本外币一体化服务，制订有针对性的服务方案。

（三）优化创新个人外汇产品体系。

一是丰富创新外汇储蓄产品结构。高度重视各类纯外汇储蓄存款，这是业务竞争的焦点，也是我行实现同业第一的关键。将个人结售汇、外汇汇款嵌入个人外汇活期存款经营体系进行交叉销售，形成水涨船高的效应。提升个人外汇通知存款在外汇储蓄中的比重。研究面向境内客户和境外华侨发行外汇大额存单，关注其客群、价格、汇率及利率风险。

二是加强投资交易类与外汇储蓄类产品协同互动。

发挥我行账户交易类产品的独特优势，并将之作为主攻方向和突破口。要在前期营销活动取得效果的基础上，继续开展精准营销，引导客户提升交易频度，培育新客户群。尽快推出结构性外汇产品，为客户提供结构、币种、期限多样，收益率具有市场竞争力的产品。研究发行外汇理财产品。

三是丰富个人外汇产品种类和功能。要加大多币种信用卡和国际借记卡的开发和营销，研究信用卡自动购汇还款机制。要将外汇金融资产质押贷款作为质押贷款业务的重要组成部分。要将工银安盛、工银瑞信等子公司产品嵌入个人外汇服务中，将境外旅游保险、基金与个人外汇业务相结合。要将个人结算和清算产品融合，研究跨境支付运营体系。

四是研究引流境外投资者外汇资金。把握“沪港通”“沪伦通”发展机遇，通过第三方存管推动个人购汇业务发展，带动外汇储蓄、账户交易、外汇汇款业务发展。研究拓展境外股权投资者客群，为其境外投资分红回流提供便利服务，这方面可与工银亚洲、工银澳门、工银加拿大等境外机构形成互动。

（四）构建线下线上相结合的个人外汇经营渠道。

线下渠道，一是具有个人外汇业务资质和业务功能，开通办理业务的网点达到1.3万家，包括三种类型：5 000家主要办理个人外汇储蓄业务网点，具有基础设施和人员条件，现钞币种以美元为主，其他币种视需求而定；4 000家基础个人外汇业务骨干网点；4 000家综合精品个人外汇业务网点，提供全功能个人外汇业务产品服务。个人金融业务部牵头这项工作，精准化筛选网点名单，11月底前确定网点名单。建设过程中，人力资源部提供人员条件，运行管理部提供运营条件，国际业务部负责申请网点个人外汇相关资质。1.3万家网点要力争在明年上半年基本建成，且能够统计每家网点客户量、交易量。二是建立个人外汇业务队伍，由人力资源部、国际业务部、个人金融业务部共同推进。三是加强自助、智能、外拓渠道建设，由渠道管理部负责。四是引入第三方渠道，由运行管理部和个人金融业务部推动，利用为中小银行提供外币现钞服务的机会，吸引更多的个人外汇客户。

线上渠道，一是网络金融部负责将手机银行、网上银行作为个人外汇业务发展的突破口，强化个人外汇汇款、结售汇等基础业务客户、账户交易类客户、证券基金等第三方存管客户的外汇服务。优化线上渠道的个人外汇业务专属功能。二是银行卡业务部负责在工银“e生活”APP中增加个人外汇客户服务专区。

（五）建立个人外汇业务资源保障机制。

一是考核评价方面，将个人外汇储蓄增长纳入全行“第一个人金融银行”战略，构建对个人外汇储蓄增长的考核评估和绩效挂钩机制。强化考核倾斜，外币按照汇率1:3倍数折算。加大对各一级（直属）分行和重点城市行竞争能力外汇储蓄考核，以及主管行长考核权重。

二是定价方面，赋予北京、上海、江苏、浙江、广东、深圳等重点分行灵活的利率定价权，根据市场价格和同业竞争，灵活制定外汇储蓄利率。对重点城市行实施弹性授权。要着力做大被动负债，同时合理利用主动负债竞争特定客群。

三是运营方面，加强对网点外币现钞调运、配送管理支持，增加常用币种各类面额的现钞库存配备数量，灵活提供外币小币种的预约存取服务，组织外币真假钞鉴别培训。

四是科技方面，发挥金融科技赋能，强化个人外汇业务相关系统开发，做好大数据和人工智能开发运用，围绕客户、账户、产品、数据、业务和服务开展系统建设。

五是人才队伍方面，在一级分行设立专职或柔性个人外汇团队。在员工中培养选拔个人外汇人才，个人外汇业务网点配备不少于2名合格的外汇从业人员，个人外汇岗位等级要高于同岗位其他职务人员。组织做好业务培训考试和资格认证。

六是政策指导方面，准确把握监管政策，指导分行合规经营，积极为网点申请个人外汇业务办理资质。

（六）坚持合规经营。

个人外汇业务强监管态势没有改变。各行要将合规经营作为业务发展的前提，坚持交易用途、用汇背景“两真实”原则。今年总行印发了《个人外汇业务合规管理意见》等系列文件，各行要认真贯彻执行。特别是对于个人外汇检查中发现的问题，要在工作中注意，防范案件风险。持续推进“规章、系统、培训、检查”四位一体的个人外汇合规管理体系，动态更新规章制度，完善升级监控模型尤其是分拆监控模型，加大培训力度，强化现场与非现场检查，做到既有守“底线”的合规意识，又兼具“高标”的服务能力。

今天的会议对个人外汇业务工作做了初步部署，明年上半年还要召开专题会议持续推进，希望到时各行个人外汇业务发展能有好的起步。

关于推进渠道　网金工作

——在全行个人金融业务重点工作推动会上的讲话（之三）

官学清

（2019 年 10 月 29 日）

今天这个会，是为贯彻总行党委年中工作会提出全面打造“第一个人金融银行”战略、推进个人金融、渠道建设和网络金融发展而召开的。各分行主管个金、渠道和网络金融的副行长坐在一起，用了将近两天的时间，重点围绕全面打造“第一个人金融银行”战略，研究推进个人信贷业务、个人外汇业务以及个金重点业务并进行差距分析，今天下午重点研究推进线下渠道建设和线上渠道完善提升等工作。

一、线下渠道转型发展

工商银行有近 1.6 万个线下网点。这是工商银行的优势。今年初总行党委对深化网点转型工作做了部署。大半年过去了，刚才渠道部通报了取得的成效和进步。陈董事长和谷行长非常重视线下网点渠道调整、转型、升级和智慧化、智能化建设，要通过线下网点转型发展一系列措施，有效助力我行第一个人金融银行战略的实施。

（一）关于网点优化调整。关于今后全行 1.6 万个网点的发展，从总体布局看，总量控制会基本稳定。今年将完成 300 个低效网点撤并，未来两年我们会适度把握总量压缩节奏和力度。更重要的是做线下网点结构性调整。结构性调整有几篇文章，第一篇文章就是对 302 个重点县域的网点怎么大幅调整，我们已经做出了计划：未来三年要在 302 个重点县域调整 500 个物理网点，对相关工作做了精准化的安排。目前，初步报告形成了，正等待正式印发。经过充分论证以后，我们将启动这 302 个重点县域的 500 个网点调整，要求是在三年之内必须完成，从明年开始，明年要求至少调整 200 个、后年 200 个、最后一年 100 个，形成“221”的结构。县域网点调整不仅要达到新的标准，更重要的是要提升产能，就是刚才渠道部提到的，要把人配优、把机制建好、把产能提上去，这是针对 302 个重点县域的。第二篇文章是对非重点县域 50 个网点的调迁任务，第三篇文章是在空白县新建 50 个网点。加在一起共 600 个网点，这是新的迁建任务，不是原址优化升级。针对县域地区整体，还有 600 个网点原址优化升级。这样，网点调迁、优化调整总体上是“双 600”的安排。

为什么董事长、谷行长一再强调网点调整？首先，必须要打通今天在座主管渠道行长思想主渠道。要看到县域个人金融业务发展的边际收益是越来越大的，因为随着中国城市化加快、居民财富转移、财富下沉以及金融消费行为变化，县城特别是重点县城个人金融资源聚集度越来越大。我们跟农行的主要差距恰恰在县域，我们现在比农行差了 1 万多亿元的储蓄存款，在重点县域就差 12 000 亿元，我们必须限期补这个短板。物理网点调迁就是补短板的重要抓手，我们要在县城加上县域调迁 600 个和优化升级 600 个网点。网点渠道调整，加上县域版手机银行，再加上外拓团队、远维团队组建，再加上第三方合伙人，就形成了工商银行在县域里面主打的四大渠道体系。希望迅速利用 11 月和 12 月两个月时间，做好明年调迁和优化升级网点的规划。第一季度做规划、做集中采购，第二季度正式进入施工环节，力争在明年下半年大部分能够正式投产，同时启动后年另外 200 个网点调整，实现压茬推进。

大家一定回去把道理想清楚、讲清楚。特别是江苏、山东、湖北、四川、湖南、河南，还有福建以及广东等大行要着重做好网点优化调整。县域市场资源结构性富集程度是不一样的，稀缺程度、匹配度是不一样的，要做好精准优化调整。

（二）关于智慧网点转型。现在金融科技层出不穷，网点业态在发生深刻变化。今年 6 月，我们利用 5G 技术在苏州率先发布了新的智慧网点。目前，正在北京分行筹建一个标杆性智慧网点。几点要求：一是智慧网点要充分运用好新的金融科技，所有技术能用则用。二是要跟踪好数字货币和区块链技术的运用。渠道部一定要对金融新技术抱着强烈的热情、积极的动力、有效的利用。三是线下渠道要加大泛金融和社会化场景连接，让我们的网点重新增添人气和生气。现在不少网点客流量在下降，让人很着急。要用开放的心态、服务的心态、社会连接的心态，既增强金融服务功能，又增强金融的社交功能以及泛金融等相关社会化服务功能。现在我们的“工行驿站”有聚人气、增人气功能。在今年、明年的渠道建设上，一定要把网点的人气、人流重新做起来，形成对到店客群的各种产品渗透。如果到店率越来越低，会对我们的网点业态产生较大的影响。四是在网点创新当中，鼓励大家去探讨更多的服务创新和技术创新。

（三）关于强化服务基础建设。这两年我们网点服务是大幅改善的，群众的满意度和美誉度都在提升。但是另一方面，我们要清醒看到，有几项工作还得抓落实、抓具体、抓到位。一是员工的生活保障类设施建设，一定要在11月份基本做到位，特别是空气净化、就餐饮水以及其他生活服务设施。11月份，“不忘初心、牢记使命”主题教育要针对这些问题进行“回头看”，就剩下一个月时间了，大家抓好进度、落实好。二是在未来两三年对安全隐患网点进行调迁整治，主要是两类：一类是地质灾害包括地震侵害等，我们在全行排查发现这类网点还有不少，抗震烈度是不够的。我们的要求是，抗7级以下网点都得在未来两年进行调迁。第二类就是对洪灾侵害、泥石流侵害网点进行调迁。希望各位主管行长本着对员工生命负责、对客户生命负责的理念，加快推进相关工作落地。三是继续抓好远程银行中心建设与转型。现在远程银行中心总体不错。对于这样一支庞大的专业队伍，今后应怎么做到对信用卡、借记卡等持卡人的服务以及个贷、信用卡等协同催收，我们要加强研究，大做文章。远程银行中心智能化、智慧化建设和集团化、全球化建设都是有很大空间的，要加强中心建设和转型的新布局、新发展。四是做好服务投诉整治。现在全行阶段性出现ETC投诉量很大，各位主管渠道、个金的行长要加强协同，加大对相关服务投诉的整治力度。渠道部、个金部、信用卡部要强化对投诉的相关管理、管控。

（四）关于深化网点转型。要落实今年年初总行对深化网点转型五大工程的总体部署。刚才渠道部通报了相关工作，这几大工程的实施进度总体都不错。在网点优化调整工程上，今年要完成300个低效网点的撤并，现在还差一点，希望大家落实好。对于网点减负赋能、协同运营、生态建设等其他工程，请大家结合渠道部的统一部署做好推进。

（五）物理渠道建设与全面打造“第一个人金融银行”协同。各位主管渠道行长一定要认真领会总行党委关于“第一个人金融银行”战略的所有指示和讲话精神，要主动站位、主动融入，全心全力支持好“第一个人金融银行”的打造，要把工商银行的物理渠道变成一个竞争优势。一是要做好物理渠道的落地服务和到店客群的有效服务。二是做好智能设备的优化升级。渠道部要谋划和做好自助设备、智能设备管理，不断提升智能设备的功能，完善相关技术和转型路径，实现智能设备服务效率和效能的良好提升。三是要通过各种渠道创新，全面融入到打造“第一个人金融银行”的战略当中。四是要深入到县域个人金融市场去做大量的调研和推进。前期，总行渠道部去了几家个金重点县域调研，效果很好，感受到个人金融市场的巨大空间，感觉到我们渠道建设和调迁的巨大任务。特别一级分行主管行长，一定要进县城、进县域，要抱着一种情怀、一种情感进去。

一定要记住县域网点边际产能是很高的。现在城市市场的个人金融资产理财化趋势越来越强，在金融资产中储蓄存款只占了50%，比如上海就是50%多；而县域市场基本上是90%，边际效应不一样。要改变另外一个错误认识：认为一旦进了县域，我们就要到乡下去。我们的市场重点在县城及个别重点集镇。乡下市场拓展靠什么？要靠手机银行、靠第三方合作伙伴、靠外拓团队和远维团队。

（六）关于渠道条线案件风险防控。要做好渠道条线案件风险防控：一是网点购置类案件；二是网点租赁类案件；三是装修公司类案件；四是智能设备采购类案件；五是第三方服务采购类案件。网点建设相关采购量大、装修量大，特别是在网点调迁当中，如果到了县城更容易出问题。

二、有效推进“第一手机银行”重点工作

（一）落实个人金融主管行长、个人金融部总经理推进个人手机银行业务主体责任。网络金融部给我们提供了一个很好的平台，有手机银行各类版本，这是我们做好个人金融市场的“撒手锏”。我认为个人客户的手机银行拓展要以个人金融团队为主。我建议总行个金部和网金部研究一个办法，以考核个金条线为主，按照6:4的责任进行推进。谁管客户啊？谁服务客户啊？这6亿多客户是个金专业职责。个人客群手机银行渗透率应以个金条线为主。有几个抓手：一是网络金融部打造好平台，特别是融e行平台，让平台能够吸引客群，把C端客群量做大。网金部讲了三融平台的优化升级和各种版本的投产，要形成一种口碑效应、传播效应，让更多C端客户来使用工商银行手机银行。现在我们的手机银行和建行比，总客群只差1%，300万；有效客群只差5%，也是300万。很危险哪！现在我们与建行已经基本是并驾齐驱的状态了，我们还有理由不担负这份责任吗？各位个金主管行长和个金部总经理一定要把推进个人手机银行的工作抓在手上、扛在肩上、落实在行动上、表现在数据上。我们看看客群渗透率，18岁以下的个人渗透率是很低的，5 000～5万元资产客群的渗透空间特别大，基本上还有一到两亿客群的空间。个人手机银行既抓现实又抓未来，三年后再看，没有个人手机银行就没有个人金融业务，一定要看到这种战略压力。

（二）狠抓第三方支付绑卡。今年我行第三方支付绑卡已经明显进步。但数据跟建行相比差距实在太大。尽管我们增量明显，但我们是在低基数、低规模基础上的增长，决不能掉以轻心！我们还在追赶，我们还在第三位。今年的手续费增长靠三个要素驱动：一是绑卡量、

二是交易量、三是提费率，主要靠提费率。第三方支付要做好两件事：一是把绑卡量提上去，无论信用卡还是借记卡，要大幅提高绑卡量；二是提高交易量，主要抓促销。交易额上去了，费率、手续费收入才会上来。

（三）做好线上业务的线下落地工作。现在很多线上客群到网点的落地服务不够，线上线下还没有打通。希望个金部、网金部、渠道部和运管部认真研究，怎样打通线上客户到线下网点落地服务。重点要实现以下三个目标：一是Ⅱ类账户向Ⅰ类账户转化的落地服务。二是激活手机银行Ⅰ类账户、零余额账户、不活跃账户的落地服务。三是激活低频交易的手机银行客群的落地服务。我们有三亿多手机银行客群，活跃客户只有几千万户，说明我们这三亿客群的空间特别大。靠什么提高客户活跃度？一方面靠线上的场景优化，提高交易便利性、安全性；另一方面靠线下一万多网点的落地服务。关于线上和线下打通的问题，必须在明年找到突破口。关于线下客群服务的线上化、手机银行化，需要个金部做好覆盖率提升工作。但开通覆盖率提高之后，还要提高交易活跃覆盖率，还有交易频率、交易额度、活跃度，这样才能线上线下打通。董事长提出的“三个打通”，首先线上线下还没有打通，我们要尽快研究突破这一问题，推进场景化的建设、生态化的建设、机制化的建设，形成线下客群线上化打通、线上客户服务线下落地打通，不断提高客户的活跃度、交易频率。

（四）强化G端和B端突破，推动GBC三端联动发展。总行网金部牵头制订了GBC三端业务联动工作方案。个金部必须主动配合。G端和B端是下一步分割个人金融市场的重大转折点，大家回忆一下10到20年前拓展代发工资市场的情景。如果这个市场抓不住，不能用法人手机银行渗透突破，下一步拓展C端市场将非常困难。主管个金的行长绝对不能被动应战，而应该主动参与、全面介入，促进第一法人手机银行的打造，并用C端的服务方案推进G端和B端的突破。主管网络金融的行长在研究G端和B端业务的时候，一定要联合个人金融的主管行长，研究G端和B端的八大基础市场领域，研究在突破G端和B端的过程中个人金融专业做什么、怎么做，研究连接点是什么以及渠道、方案、覆盖率在哪里。尽管工商银行在G端和B端市场上具有相对优势，但是追兵越来越多，不仅有银行业的追兵，还有非银行业的追兵。在B端的小微金融方面，拓展法人手机银行一定会带来代发工资个人手机银行客户以及供应链上下游的个人手机银行客户。请主管个人金融的行长与主管法人金融的行长、公司部、机构部全力配合。如果G端和B端不能突破，将来很难批量化地获取C端客群。在金融科技的驱动下，市场处于新一轮分割阶段，我们原有的优势如果不用手机银行的模式去巩固，我们的市场份额必将再一次被分割。如果下一步再引入区块链技术，整个金融生态竞争将更加激烈。时代巨变，压力剧增，催人奋进。希望大家通过G端和B端的突破带动C端客群发展，用C端巩固G端和B端，形成良性互动。

（五）用极致体验全面打造手机银行服务口碑。一方面做好手机银行行内测试、体验、开发的相关安排，另一方面做好客户体验。虽然现在手机银行体验有一些负面舆论，但总行网金部不断推出新版本，进行改造升级，并且未来将在ECOS架构下，不断提升手机银行体验，提升工商银行科技领先、手机银行领先的良好品牌形象，来推动市场营销。近期，总行将发布ECOS系统，开展大范围的宣传，我们的手机银行新版本要做好推广。请大家一定要正确引导舆论，坚定对工商银行科技优势的信心。

（六）充分发挥手机银行新版本优势。近期手机银行将发布多个新版本。其中很重要的是县域版本，一定要精心打磨、早日投产。其他的专属版本要不断优化、升级。除了个人手机银行之外，希望个人金融主管行长认真研究以下几个产品：一是聚富通，研究怎样用聚合支付的手段，用G端和B端巩固C端。二是e企付。三是金融生态云平台。四是法人手机银行。大家要把这些产品研究透彻，将其作为拓展市场的“撒手锏”。网络金融主管行长和部门总经理要主动协同打造“第一个人金融银行”，全面提升不同客群的手机银行覆盖率，实现个人手机银行的发展目标，同时促进法人手机银行发展，保持我行的市场竞争力。

（七）从严做好网络金融风险防控工作。现在网络金融风险事件层出不穷，风险主要集中在以下几个方面：一是客户信息安全管理，这是一个巨大的挑战。二是客户资金安全管理。三是网络金融服务投诉，客户交易失败或资金被盗后投诉量会大量增加。四是舆情管理，无论是个人手机银行还是法人手机银行都出现了负面舆情。五是做好内部案件防控，不要认为网络金融条线内部不会出现操作风险案件，除总行要管理好各个平台的操作风险之外，各分行要把网络金融团队管理好，特别是要重视手机银行、API开放平台、第三方合作机构以及场景建设的管理。

同志们，希望大家围绕总行党委全面打造“第一个人金融银行”战略，推动个人金融业务发展、线下渠道建设与服务提升、线上平台建设形成强大协同效应，共同为个人金融业务发展作出新的贡献。

第七部分

大事记

责任编辑：赵会玉

1月

1月2日

易会满董事长主持召开2018年经营情况通报会，并做总结讲话。谷澍行长、王林纪委书记、胡浩副行长、谭炯副行长、王百荣首席风险官、官学清董事会秘书出席。

组任字〔2019〕49号：王林同志任中央纪委国家监委驻中国工商银行纪检监察组组长。

胡浩副行长赴公司金融业务部调研，听取2018年公司金融业务经营发展情况及2019年工作计划的汇报，部署下一阶段重点工作。

1月3日

王林组长主持召开监管通报问题整改工作推动会。

胡浩副行长赴投资银行部调研，听取2018年投行业务经营发展情况以及2019年工作计划的汇报，部署下一阶段重点工作。

胡浩副行长拜访中航工业集团总会计师李耀，双方就加强全面战略合作等话题进行交流。

1月4日

中共中央政治局常委、国务院总理李克强到工商银行考察普惠金融业务发展情况，易会满董事长、谷澍行长、胡浩副行长陪同。

中共中央政治局常委、国务院总理李克强在银保监会主持召开普惠金融服务座谈会，易会满董事长、谷澍行长参加。

工业和信息化部召开金融业关键信息基础设施国产化座谈会，谷澍行长参加。

海南省政府在北京召开金融座谈会，胡浩副行长参加。

1月7日

易会满董事长、谷澍行长、官学清董事会秘书拜访中投公司总经理屠光绍和汇金公司总经理沈如军等股东单位负责人，就2018年经营情况、2019年面临的经营环境和形势等话题进行交流。

谷澍行长、官学清董事会秘书出席工商银行与故宫博物院联合举办的“贺岁迎祥——紫禁城里过大年”主题展览开幕式。

王林组长赴监察室传达学习中央纪委国家监委驻中管金融企业纪检监察组负责人会议精神。

胡浩副行长赴结算与现金管理部调研，听取2018年结现业务经营发展情况及2019年工作计划的汇报，部署下一阶段重点工作。

胡浩副行长赴普惠金融事业部调研，听取2018年普惠金融业务经营发展情况及2019年工作计划的汇报，部署下一阶段重点工作。

胡浩副行长赴银保监会参加2019年准入工作座谈会。

1月8日

党委书记易会满主持召开第1次党委（扩大）会议，传达学习关于中央纪委国家监委向中管金融企业派驻纪检监察组的实施意见和驻中管金融企业纪检监察组负责人会议精神、中央农村工作会议精神、全国政府秘书长和办公厅主任会议精神，研究贯彻落实意见；研究审议财务会计部关于2018年业务经营和资产清收处置情况的汇报、关于2019年度经营计划的议案等13项拟提交董事会审议的议案和汇报事项，以及直属党委关于《总行本部部室党建工作考核办法》、人力资源部关于《中国工商银行员工亲属回避管理规定》的汇报。党委副书记谷澍，党委委员王林、胡浩、谭炯出席。

易会满董事长会见德勤全球主席柯睿尚，双方就全球金融监管动态、银行风险管控及金融科技创新等话题进行交流。

中国宝武钢铁集团新疆八一钢铁有限公司增资扩股暨市场化债转股框架协议签约在北京举行，胡浩副行长出席并代表金融机构致辞。

胡浩副行长主持召开毕马威2018年度预审工作情况汇报会。

谭炯副行长参加证监会存托业务现场验收检查会议。

1月9日

易会满董事长参加国务院常务会议。

党委书记易会满主持召开第2次党委（扩大）会议，传达学习李克强总理在普惠金融服务座谈会上讲话精神和在工商银行考察时的讲话精神，研究贯彻落实意见。党委副书记谷澍，党委委员王林、胡浩、谭炯出席。

谷澍行长主持召开第1次行务会议，听取相关部门和业务板块2018年工作情况及2019年工作计划的汇报，研究2019年工作思路。易会满董事长、王林组长、胡浩副行长、谭炯副行长、王百荣首席风险官、官学清董事会秘书出席。

王林组长主持召开总行党委2018年度民主生活会征求意见座谈会。

1月10日

谷澍行长、胡浩副行长、谭炯副行长出席金融科技发展委员会暨智慧银行信息系统建设工程领导小组2019年第一次会议。

王林组长赴监察室主持学习《中国共产党纪律检查机关监督执纪工作规则》。

胡浩副行长赴国际业务部调研，听取2018年国际业务经营发展情况及2019年工作计划的汇报，部署下一阶段重点工作。

1 月 11 日

易会满董事长主持召开中国工商银行股份有限公司董事会会议，会议审议通过《关于 2019 年度固定资产投资预算的议案》等 7 项议案，并听取《关于 2018 年度内部审计工作的汇报》等 6 项汇报。谷澍副董事长等 13 位董事会成员及官学清董事会秘书出席，监事会部分成员及总行相关部门负责人列席。

人民银行召开取消企业账户许可动员电视电话会议，胡浩副行长参加。

胡浩副行长赴工银投资调研，听取 2018 年经营发展情况及 2019 年工作计划的汇报，部署下一阶段重点工作。

谭炯副行长赴上海出差。其间，到票据营业部、贵金属业务部调研，分别听取 2018 年经营发展情况及 2019 年工作计划的汇报，部署下一阶段重点工作。

工银党任免〔2019〕4 号决定：任命平凡同志为中国工商银行云南省分行党委书记。免去郭伟同志中国工商银行云南省分行党委书记职务，另有任用。

工银党任免〔2019〕6 号决定：任命郭伟同志为中国工商银行湖北省分行党委书记。免去王芝斌同志中国工商银行湖北省分行党委书记职务。

工银党任免〔2019〕8 号决定：任命毕晓宏同志为中国工商银行西藏自治区分行党委书记。免去王学勇同志中国工商银行西藏自治区分行党委书记职务，另有任用。

工银党任免〔2019〕9 号决定：任命王学勇同志为中国工商银行广西壮族自治区分行党委书记。免去彭正江同志中国工商银行广西壮族自治区分行党委书记职务。

工银任免〔2019〕18 号决定：聘任郭伟为中国工商银行湖北省分行行长，聘期至 2024 年 1 月止。因工作需要或其他原因，聘期可提前中止。解聘王芝斌中国工商银行湖北省分行行长职务。

工银任免〔2019〕20 号决定：聘任王学勇为中国工商银行广西壮族自治区分行行长，聘期至 2024 年 1 月止。因工作需要或其他原因，聘期可提前中止。解聘彭正江中国工商银行广西壮族自治区分行行长职务。

1 月 11 日

易会满董事长、谷澍行长参加第十九届中央纪委三次全会。

1 月 11 日 –1 月 13 日

王林组长参加第十九届中央纪委三次全会。

1 月 14 日

谷澍行长会见日本三井住友银行行长高岛诚，双方就进一步推进两行互惠合作等话题进行交流。

王林组长赴监察室传达学习十九届中央纪委三次全会精神。

胡浩副行长会见创新工场（北京）股份有限公司董事长李开复，双方就支持科创型企业发展、加强投贷联动业务合作、共同探索金融科技领域合作等话题进行交流。

1 月 14 日 –1 月 15 日

易会满董事长赴云南、湖北出差。在云南期间，拜访云南省委书记陈豪、省长阮成发、常务副省长宗国英等地方党政负责人。先后赴云南分行、内审昆明分局宣布干部任免事项。经总行党委研究决定，平凡同志任云南分行行长、党委书记；郭伟同志不再担任云南分行行长、党委书记职务，另有任用；合杰同志任内部审计局昆明分局局长；张卫东同志不再担任内部审计局昆明分局局长职务。在湖北期间，拜访湖北省委书记蒋超良、省长王晓东等地方党政负责人。赴湖北分行宣布干部任免事项。经总行党委研究决定，郭伟同志任湖北分行行长、党委书记，王芝斌同志不再担任湖北分行行长、党委书记职务。

谭炯副行长参加全国组织部长会议。

1 月 15 日

工银党任免〔2019〕11 号决定：任命王海璐同志为工银瑞信基金管理有限公司党委书记。免去郭特华同志工银瑞信基金管理有限公司党委书记职务。

工银发〔2019〕10 号决定：提名郭特华任工银瑞信基金管理有限公司董事长，尚军不再担任工银瑞信基金管理有限公司董事长、董事职务，另有任用。

工银发〔2019〕11 号决定：提名王海璐任工银瑞信基金管理有限公司董事、总经理，郭特华不再担任工银瑞信基金管理有限公司总经理职务，另有任用。

1 月 16 日

谷澍行长、谭炯副行长出席融安 e 信业务专题汇报会。

王林组长赴西藏出差。其间，拜访西藏自治区党委常委、自治区常务副主席罗布顿珠。赴西藏分行宣布干部任免。经总行党委研究决定，毕晓宏同志任西藏分行行长、党委书记；王学勇同志不再担任西藏分行行长、党委书记职务，另有任用。

胡浩副行长参加外交部召开的巴基斯坦贷款有关事宜专题会议。

谭炯副行长出席资产管理业务 2019 年度投资策略会。

谭炯副行长会见中国银行副行长吴富林，双方就商业银行资本管理、永续债发行等话题进行交流。

谭炯副行长会见亚洲开发银行副行长英格丽・范威斯，双方就深化金融市场业务、资产管理业务、清洁能源项目融资、银团贷款等话题进行交流。

1 月 17 日

易会满董事长、胡浩副行长分别会见法国央行副行长兼金融审慎监管局主席 Denis Beau，就工商银行经营情况、欧洲金融业发展、金融科技发展与监管等话题交换意见。

王林组长赴广西出差。其间，拜访广西自治区政府常务副主席秦如培。赴广西分行宣布干部任免。经总行党委研究决定，王学勇同志任广西分行行长、党委书记，彭正江同志不再担任广西分行行长、党委书记职务。

1月18日

党委书记易会满主持召开第3次党委（扩大）会议，传达学习十九届中央纪委三次全会精神，研究贯彻落实意见；研究审议战略管理与投资者关系部关于与雄安集团合资设立证券公司的汇报、党委组织部关于总行党委2018年度民主生活会对照检查材料的汇报，以及内部审计局、内审直属分局、上海分局、南京分局、沈阳分局关于2018年度机构审计工作的汇报。党委副书记谷澍，党委委员王林、胡浩、谭炯出席。

谭炯副行长参加银保监会召开的监管标准化数据质量稽核调查情况通报会。

1月21日

谷澍行长主持召开网络金融推进委员会2019年第一次会议，胡浩副行长、官学清董事会秘书出席。

1月22日

在李克强总理和柬埔寨首相洪森见证下，易会满董事长代表工商银行与柬埔寨发展理事会秘书长宋金达，在人民大会堂签署在“一带一路”倡议和“四角战略”下促进中柬投资合作的协议。

王林组长出席2018年度一级（直属）分行直属党委书记基层党建现场述职会议并讲话。

胡浩副行长主持召开“走出去”信贷转型工作业务协调会。

谭炯副行长出席重点金融同业机构座谈会。

1月23日

谷澍行长、官学清董事会秘书赴工银瑞信宣布干部任免事项。经总行党委研究决定，尚军同志不再担任工银瑞信董事长、董事，提名郭特华同志担任工银瑞信董事长，不再担任工银瑞信总经理、党委书记职务；王海璐同志担任工银瑞信党委书记，并提名任工银瑞信总经理、董事。

王林组长出席总行机关离休干部迎春茶话会。

胡浩副行长主持召开专题会议，研究工银租赁法国波邦海工船项目债务重组事宜。

胡浩副行长赴工银租赁调研，听取2018年工银租赁业务经营发展情况及2019年工作计划的汇报，部署下一阶段重点工作。

谭炯副行长拜访中央国债登记结算公司董事长水汝庆，双方就进一步加强业务合作等话题进行交流。

谭炯副行长拜访中国华电集团有限公司总会计师邵国勇，双方就进一步加强企业年金业务合作等话题进行交流。

谭炯副行长主持召开监管标准化数据（EAST）报送工作领导小组会议。

工银任免〔2019〕49号决定：解聘王海璐金融市场部副总经理职务，另有任用。

1月24日－1月25日

中国工商银行2019年工作会议在北京召开。易会满董事长、谷澍行长出席并讲话，王林组长主持，胡浩副行长、谭炯副行长、王百荣首席风险官、官学清董事会秘书出席。

1月25日

总行召开2018年度党组织书记抓基层党建工作述职评议考核会议。党委副书记谷澍主持，代表党委进行点评并作总结讲话，党委委员王林、胡浩、谭炯，王百荣首席风险官、官学清董事会秘书参加。

1月26日

召开第4次党委（扩大）会议。中组部干部四局局长钟海东宣布中央关于工商银行领导班子的调整决定：易会满同志不再担任中国工商银行党委书记、董事长职务，工商银行工作由谷澍同志临时负责。

总行召开2019年网点工作会议，谷澍行长出席并讲话，王林组长主持。胡浩副行长、谭炯副行长、王百荣首席风险官、官学清董事会秘书出席。

1月27日

关于董事长辞任的公告：因工作调动，易会满先生辞去本行董事长、执行董事、董事会战略委员会主席及委员职务。

1月28日

总行召开离退休老领导迎新春座谈会。张肖、田瑞璋、黄玉峻、王占祥、肖昌秀、董东庆、张衢、王丽丽等老领导出席。谷澍行长出席并讲话，王林组长主持，胡浩副行长、谭炯副行长、王百荣首席风险官、官学清董事会秘书出席。

1月29日

总行召开座谈会欢送易会满同志调任中国证券监督管理委员会党委书记、主席。谷澍行长主持，王林组长、胡浩副行长、谭炯副行长、王百荣首席风险官、官学清董事会秘书出席。

总行召开2019年运行管理工作会议，谷澍行长出席并讲话。

王林组长赴工会工作委员会调研，听取2018年工会工作情况及2019年工作计划的汇报，部署下一阶段重点工作。

1月30日

谷澍行长参加国务院常务会议。

谷澍行长会见工业与信息化部副部长辛国斌，双方就全面深化银政合作等话题交换意见。

总行召开2019年公司客户“1＋N”一体化金融服务工作会议，胡浩副行长出席并讲话。

胡浩副行长赴专项融资部调研，听取2018年业务发展情况及2019年工作计划的汇报，部署下一阶段重点工作。

谭炯副行长对总行本部办公楼、车公庄办公楼及北京分行开展春节及“两会”前安全生产检查，听取相关机构负责人工作汇报，并对下一步工作提出要求。

谭炯副行长出席融e购“邮币馆”开业。

1月31日

总行举行2019年春节团拜会。谷澍行长发表新春贺辞，向全行员工致以新春的问候，胡浩副行长主持，谭炯副行长、王百荣首席风险官、官学清董事会秘书出席。

中央和国家机关党的工作暨纪检工作会议在北京召开，王林组长参加。

胡浩副行长赴法律事务部（消费者权益保护办公室）调研，听取2018年法律和消费者权益保护工作情况及2019年工作计划的汇报，部署下一阶段重点工作。

总行召开2019年机构金融、养老金业务工作会议，谭炯副行长出席并讲话。

2月

2月1日

王林组长赴内控合规部调研，听取2018年内控合规工作情况及2019年工作计划的汇报，部署下一阶段重点工作。

王林组长参加监察室党支部2018年度民主生活会会前集中学习，深入学习习近平总书记在中央政治局民主生活会上的重要讲话精神。

工银发〔2019〕23号：根据国务院国人字〔2019〕25号文件通知，易会满不再担任中国工商银行董事长职务。

2月3日

王林组长参加监察室党支部2018年度民主生活会。

2月11日

谷澍行长参加国务院常务会议。

2月12日

谷澍行长、王林组长、胡浩副行长、谭炯副行长出席总行党委2018年度民主生活会。

2月12日－2月13日

王林组长赴安徽分行参加2018年度分行党委民主生活会并讲话。

2月13日

胡浩副行长主持召开落实人民银行取消企业账户许可工作专题会议，研究部署工商银行取消企业账户行政许可推广和单位账户体系建设相关工作。

2月14日

谷澍行长、王百荣首席风险官赴城市金融研究所（深改办）调研，听取城市金融研究所（深改办）总体情况、2018年工作情况及2019年工作计划的汇报，部署下一阶段重点工作。

2月15日

党委副书记谷澍主持召开第5次党委（扩大）会议，研究讨论关于贯彻落实派驻改革工作部署实施方案和2019年全面从严治党暨纪检工作会议材料，传达学习2019年中央和国家机关党的工作会议暨纪检工作会议精神，研究审议2019年总分行本部党建工作安排、关于发行不超过800亿元人民币无固定期限资本债券方案、关于1 000亿元优先股最终发行方案。党委委员王林、胡浩、谭炯出席。

谭炯副行长参加养老金业务部党支部2018年度民主生活会。

2月18日

胡浩副行长赴国际结算单证中心调研，听取单证中心工作汇报，观看全球单证系统与网银单证业务演示，看望慰问干部员工。

2月19日

总行召开2019年全面从严治党暨纪检工作会议。党委副书记谷澍讲话，王林组长总结安排纪检监察工作，党委委员胡浩主持，党委委员谭炯、首席风险官王百荣、董事会秘书官学清参加。

胡浩副行长参加投资银行部党支部2018年度民主生活会。

谭炯副行长赴办公室调研，听取当前工作情况与下一步工作思路的汇报，部署下一阶段重点工作。

2月20日

谷澍行长会见沙特国际电力与水务集团董事长Mohammad A. Abunayyan，双方就加强战略合作等话题进行交流。

胡浩副行长会见宝武钢铁集团总会计师、董事会秘书朱永红，双方就市场化债转股、重组并购、债券发行、产融结合领域业务合作等话题进行交流。

胡浩副行长通过视频方式宣布悉尼分行人事任免。经研究决定，罗伟同志任悉尼分行总经理，柳洪斌同志不再担任悉尼分行总经理职务，另有任用。

总行召开2019年资管票据贵金属业务工作会议，谭炯副行长出席并讲话。

谭炯副行长主持召开工银理财子公司筹备组工作启动会。

谭炯副行长主持召开银保监会影子银行和交叉金融检查发现问题整改问责情况督导会。

2月21日

党委副书记谷澍主持召开第6次党委（扩大）会议，传达学习中央《关于加强党的政治建设的意见》

《中国共产党重大事项请示报告条例》和中办、国办《关于加强金融服务民营企业的若干意见》，研究贯彻落实意见，研究审议关于监事会履职访谈有关问题和建议的报告，听取关于工银瑞信、私人银行部专项巡视情况的汇报。党委委员王林、胡浩、谭炯出席。

2月21日－2月22日

谭炯副行长赴上海出席重点金融同业机构座谈会，拜访上海证券交易所总经理蒋锋，出席双方战略合作框架协议签约，参加贵金属业务部党委2018年度民主生活会。

2月22日

总行召开2019年信贷工作会议，谷澍行长出席并讲话，王百荣首席风险官主持，官学清董事会秘书宣读对信贷管理、授信审批和风险管理三个专业先进集体与先进个人的表彰通报。

胡浩副行长出席城企联动普惠养老专项行动启动会议，代表工商银行与国家发改委副主任连维良共同签署关于合作开展城企联动普惠养老服务专项行动战略合作协议。

2月25日

谷澍行长、官学清董事会秘书赴个人金融业务部调研，听取2018年个人金融业务经营发展情况及2019年工作计划的汇报，部署下一阶段重点工作。

王林组长参加全国党建研究会召开的第六届理事会第四次全体会议。

谭炯副行长主持召开银保监会影子银行和交叉金融检查发现问题整改问责情况督导会。

2月26日

总行召开2019年财会资负工作会议，谷澍行长出席并讲话。

胡浩副行长赴直属党委调研，听取2018年直属党委工作情况与2019年工作思路的汇报，部署下一阶段重点工作。

总行召开2019年信访工作会议，谭炯副行长出席并讲话。

谭炯副行长会见交通银行副行长吕家进，双方就商业银行资本管理、资本补充工具发行、资产管理业务转型等话题进行交流。

谭炯副行长拜访中国有色矿业集团董事长王彤宙，双方就加强企业年金及相关业务合作等话题进行交流。

谭炯副行长主持召开银保监会影子银行和交叉金融检查发现问题整改问责情况督导会。

2月26日－2月28日

胡浩副行长赴青岛分行参加2018年度分行党委民主生活会，并走访民营企业客户。

2月27日

总行召开2019年内审内控工作会议，谷澍行长出席并讲话，王林组长主持会议。

王林组长出席共青团工作创新研讨会并讲话。

2月27日－3月3日

谭炯副行长赴广东、广西、湖南出差。其间，走访机构客户，拜访广东省副省长张光军、湖南省副省长吴桂英，参加湖南分行党委2018年度民主生活会，到一线支行调研。

2月28日

银保监会消保局局长郭武平来工商银行通报营业场所销售行为检查结果，谷澍行长出席通报会。

3月

3月1日

总行召开2019年零售业务工作会议，谷澍行长出席并讲话，官学清董事会秘书主持并做总结讲话。

胡浩副行长会见五矿集团总会计师刘才明，双方就进一步加强银企全面合作等话题进行交流。

3月1日－3月6日

王林组长参加中央纪委国家监委第1期深化派驻机构改革专题培训班。

3月4日

谷澍行长会见英格兰银行副行长兼英国审慎监管局局长Sam Woods，双方就中国宏观经济形势、银行业发展状况、工商银行经营情况及国际化战略、在英机构发展战略等话题交换意见。

总行召开2019年安全生产暨安全保卫工作会议，谭炯副行长出席并讲话。

总行召开2019年对公外汇及涉敏合规工作会议，胡浩副行长出席并讲话。

3月5日

谷澍行长列席十三届全国人大二次会议开幕式。

胡浩副行长会见申万宏源集团董事长储晓明，双方就进一步加强银证全面合作等话题进行交流。

3月6日

王林组长参加中央纪委国家监委召开的第三监督检查室派驻改革推进会议。

胡浩副行长主持召开总行直属党委全委会。

谭炯副行长会见铭基国际投资公司首席执行官William Hackett，双方就资产管理、资产托管、国际业务领域业务合作等话题进行交流。

谭炯副行长会见浦发银行副行长谢伟，双方就商业银行资本补充工具发行、深化双方合作等话题进行交流。

3月7日

党委副书记谷澍主持召开第7次党委（扩大）会议，传达学习党中央领导经济工作有关文件，研究审议

2019 年组织人事工作会议材料。党委委员王林、胡浩、谭炯出席。

谷澍行长赴北京分行参加 2018 年度分行党委民主生活会。

总行召开 2019 年宣传思想文化和教育培训工作会议，王林组长出席并讲话。

3 月 8 日

谷澍行长列席十三届全国人大二次会议第二次全体会议。

王林组长赴派驻纪检监察组传达学习习近平总书记在中央政治局第十三次集体学习时的重要讲话精神和在《求是》杂志发表的《在新的起点上深化国家监察体制改革》重要文章，以及赵乐际、杨晓渡同志有关讲话指示精神和《中国共产党重大事项请示报告条例》。

谭炯副行长会见中国银行副行长孙煜，双方就年金、同业、托管、金融市场和资产管理领域业务合作等话题进行交流。

3 月 9 日

工银任免〔2019〕90 号决定：聘任毕晓宏为中国工商银行西藏自治区分行行长，聘期至 2024 年 3 月止。因工作需要或其他原因，聘期可提前中止。解聘王学勇中国工商银行西藏自治区分行行长职务。

3 月 11 日

谷澍行长会见四川省巴中市市委书记罗增斌，与巴中市委市政府相关负责同志就下一步脱贫攻坚工作交换意见。

王林组长主持召开毕马威 2018 年度财务报表审计结果汇报会。

3 月 12 日

谷澍行长列席十三届人大二次会议第三次全体会议。

谷澍行长、胡浩副行长会见国家发改委副主任罗文、重庆市委常委段成刚以及国家信息中心主任程晓波，双方就利用大数据技术、创新普惠金融服务模式、支持小微企业发展等话题进行交流，并共同出席工商银行与国家信息中心、重庆两江新区战略合作协议及试点落地协议签约。

王林组长主持召开全国党建研究会课题研究工作启动会，传达学习全国党建研究会第六届理事会第四次全体会议精神，安排部署 2019 年度党建课题研究工作。

胡浩副行长会见中国华能集团有限公司总会计师王益华，双方签署《支持陇东能源基地建设合作备忘录》及《巴基斯坦萨希瓦尔电站 2 亿美元流动资金银团贷款融资意向书》，并就进一步加强银企全面合作等话题进行交流。

胡浩副行长视频主持召开工银伦敦 2019 年第一次董事会会议。

3 月 13 日

总行召开 2019 年网络金融、金融科技工作会议，谷澍行长出席并讲话，官学清董事会秘书主持会议。

王林组长主持召开 2019 年总行反洗钱领导小组会议。

胡浩副行长主持召开第二次“一带一路”银行家圆桌会筹备工作第二轮行内协调会，研究部署本次会议筹备及主要成果推进工作。

3 月 14 日

谷澍行长会见迪拜国际金融中心（DIFC）总裁 Essa Kazim，双方就工商银行金融科技发展现状及规划、DIFC 发展战略等话题进行交流。

总行召开 2019 年组织人事工作会议，谷澍行长出席并讲话，王林组长主持会议，胡浩副行长、谭炯副行长、王百荣首席风险官、官学清董事会秘书出席。

胡浩副行长会见中国铝业集团有限公司总会计师叶国华，双方就进一步加强银企全面合作等话题进行交流。

3 月 14 日 –3 月 17 日

谭炯副行长赴上海出差。其间，出席重点分行票据业务座谈会，走访平安养老公司，会见桥水基金总裁 Ray Dalio，双方就当前宏观经济金融形势、国内资本市场发展、桥水基金在中国的业务发展以及未来合作等话题进行交流。

3 月 15 日

谷澍行长列席十三届全国人大二次会议闭幕式。

上海市委市政府在北京召开加快推进上海国际金融中心建设座谈会，谷澍行长应邀出席并发言。

胡浩副行长会见海关总署党委委员、国家口岸管理办公室主任张广志，双方就加强业务合作等话题进行交流，并共同出席国际贸易“单一窗口”合作对接试点协议签约。

3 月 18 日 –3 月 20 日

谭炯副行长赴深圳出差。其间，走访深圳证券交易所，出席双方战略合作框架协议签约，参加广东片区重点金融同业机构座谈活动，并到深圳分行调研。

3 月 19 日

胡浩副行长出席“中国工商银行—骨干民营企业高管金融培训班”开班并致辞。

3 月 20 日

谷澍行长参加国务院常务会议。

党委副书记谷澍主持召开第 8 次党委（扩大）会议，研究审议财务会计部关于 2018 年度财务决算方案的议案、关于 2018 年度利润分配方案的议案等 25 项拟提交董事会的议案和汇报事项。党委委员胡浩、谭炯出席。

总行召开全行公司存款业务推动会，胡浩副行长出席并讲话。

3 月 21 日

谷澍行长、胡浩副行长赴公司金融业务部宣布干部调整事项。经中央研究决定，崔勇同志提任中国农业银行党委委员、副行长，不再担任工商银行公司金融业务部总经理职务。

谷澍行长会见澳新银行首席执行官 Shayne Elliott，双方围绕中国宏观经济形势、两行战略转型发展及业务合作等话题进行交流。

王林组长、王百荣首席风险官出席操作风险暨内部控制管理委员会 2019 年第一次会议。

胡浩副行长会见碧桂园集团总裁莫斌，双方就加强银企全面合作等话题进行交流。

谭炯副行长会见光大银行行长葛海蛟，双方就加强年金业务合作等话题进行交流。

3 月 22 日

党委副书记谷澍主持总行党委中心组（扩大）学习，围绕习近平总书记关于巡视工作重要指示和全国巡视工作会议暨十九届中央第三轮巡视动员部署会议精神、习近平总书记在中央政治局第 13 次集体学习时的重要讲话精神、《关于加强和改进中央和国家机关党的建设的意见》开展研讨，结合实际研究工商银行落实举措。党委委员王林、胡浩、谭炯出席。

谷澍行长、胡浩副行长会见 TCL 集团董事长李东生，双方就推动全面合作等话题进行交流。

胡浩副行长会见人民银行金融消费权益保护局局长余文建，并出席人民银行数字普惠金融调研座谈会，双方就数字技术应用、数字普惠金融服务体系建设、数字普惠金融风险防范和消费者权益保护等话题交换意见。

3 月 23 日

王林组长出席总行本部党支部副书记、纪检委员“两个提升”培训班结业，听取培训成果汇报，并做总结讲话。

工银任免〔2019〕101 号决定：聘任平凡为中国工商银行云南省分行行长，聘期至 2024 年 3 月止。因工作需要或其他原因，聘期可提前中止。解聘郭伟中国工商银行云南省分行行长职务。

3 月 25 日

谷澍行长、谭炯副行长会见中国再保险（集团）股份有限公司总裁和春雷、副总裁赵威，双方就深化业务合作等话题进行交流，并共同签署战略合作协议。

3 月 25 日 –3 月 28 日

胡浩副行长参加中央党校省部级干部深入推动长江经济带发展专题研讨班学习。

3 月 26 日

谷澍行长参加国务院常务会议。

中国工商银行股份有限公司董事会召开会议，谷澍副董事长主持，12 位董事会成员出席，监事会部分成员及总行相关部门负责人列席会议。会议审议通过《关于调整部分董事会专门委员会主席及委员的议案》。

谭炯副行长拜访北京市副市长卢彦，双方就加强支持首都经济建设、职业年金业务合作等话题进行交流。

3 月 27 日 –3 月 29 日

谭炯副行长赴香港出差。其间，走访中国太平保险集团有限责任公司，并赴工银亚洲和工银资管（全球）调研。

工银任免〔2019〕102 号决定：解聘崔勇公司金融业务部总经理职务。

3 月 28 日

中国工商银行股份有限公司董事会召开会议，谷澍副董事长主持，12 位董事会成员出席，官学清董事会秘书参加会议。王百荣首席风险官、监事会成员及总行相关部门负责人列席会议。会议审议通过《关于 2018 年度报告及摘要的议案》等 18 项议案，并听取《关于 2018 年度内部控制审计结果的汇报》等 6 项汇报。

工商银行在北京、香港两地采取同步视频和全球电话会议方式，召开 2018 年度业绩发布会。谷澍行长、胡浩副行长、谭炯副行长、王百荣首席风险官、官学清董事会秘书出席。

3 月 29 日

谷澍行长、王林组长、胡浩副行长、王百荣首席风险官出席银保监会 2018 年度监管通报会。

王林组长赴派驻纪检监察组传达学习习近平总书记关于深化国家监察体制改革重要讲话精神，以及中央纪委国家监委传达学习全国两会精神专题会议精神。

谭炯副行长赴上海出席旧区改造项目银企战略合作协议签约。

4 月

4 月 1 日

谷澍行长、王林组长、谭炯副行长出席总行安全生产委员会 2019 年第一次会议。

胡浩副行长拜访中核集团总会计师陈书堂，双方就新形势下推动银企全面合作等话题进行交流，并签署全面战略合作协议。

4 月 2 日 –4 月 4 日

谭炯副行长赴广东、湖北出差。在广东期间，参加 2019 年中国广州国际投资年会，与市政府签署合作协议。在湖北期间，拜访副省长赵海山，参加军运会现场工作会、银行合作伙伴新闻发布会。

4 月 3 日

谷澍行长参加国务院常务会议。

谷澍行长、王林组长、王百荣首席风险官出席案件防范工作领导小组会议。

胡浩副行长会见法国道达尔集团首席财务官 Patrick de la Chevardiere，双方就推进全球范围内深入合作等话题进行交流。

胡浩副行长会见中国旅游集团总会计师马王军，双方就继续深化战略合作关系，加强多领域、全产品业务合作等话题进行交流。

4月4日

谷澍行长会见德意志银行首席执行官 Christian Sewing，双方就中德经济走势、两行业务合作等话题进行交流。

4月8日

谷澍行长会见恒大集团董事局主席许家印，双方就当前国内房地产行业形势、银企合作等话题进行交流。

谭炯副行长会见保赛固公司董事局副主席 German Gut，双方就深化业务合作等话题进行交流，并出席全球安全服务战略合作备忘录签署活动。

4月9日

谷澍行长会见广东长隆集团董事长苏志刚，双方就进一步推动全面战略合作等话题进行交流。

谷澍行长拜访国家烟草专卖局（中国烟草总公司）党组书记、局长张建民，双方就进一步深化银企战略合作关系等话题进行交流。

胡浩副行长主持召开国家外汇管理局现场检查进场会。

谭炯副行长出席总行外部欺诈风险评估管理领导小组2019年工作会议。

4月9日－4月11日

胡浩副行长赴江西出差。其间，开展康养产业调研，出席重点分行幸福产业暨康养行业拓展座谈会，部署全行下一步康养产业市场拓展工作，考察南昌象湖养老和绿康医养两家企业，并赴江西分行调研。

4月10日

党委副书记谷澍主持召开第9次党委（扩大）会议，研究审议党委组织部提交的《关于工银科技党委设置方案的汇报》、内控合规部提交的《关于工银金融 Pre－released ADR 业务监管调查进展情况的汇报》、直属党委提交的《关于工银国际员工卢伟违纪处理情况的汇报》、巡视办公室提交的全行巡视巡察工作会暨总行本部巡视工作动员部署会材料，以及派驻纪检监察组提出的《关于上海分行行长助理陈静违纪立案审查情况的汇报》，派驻纪检监察组组长、党委委员王林，党委委员谭炯出席。首席风险官王百荣、董事会秘书官学清列席。

王林组长出席中央和国家机关纪检监察工委执纪审查工作专项检查见面会。

4月11日

谷澍行长主持召开第2次行务会议，听取相关部门和业务板块关于2019年第一季度工作情况及第二季度工作计划的汇报。王林组长、胡浩副行长、谭炯副行长、王百荣首席风险官出席。

4月12日

谷澍行长、王林组长、胡浩副行长、王百荣首席风险官出席全行巡视巡察工作会暨总行本部巡视工作动员部署会。

王林组长主持召开王瑛同志先进事迹报告会。

胡浩副行长会见沙特阿拉伯住房部部长麦吉德·阿勒侯盖，双方就沙特经济形势、住房市场发展现状及保障房项目推进情况以及未来合作方向等话题进行交流。

4月12日－4月15日

谭炯副行长赴四川出差，到凉山金阳、巴中南江和通江、达州万源等4个对口扶贫点的7个乡镇开展精准扶贫工作调研。

4月13日

王林组长出席2019年一级（直属）分行、直属机构纪委书记监察室主任培训班。

4月15日－4月19日

胡浩副行长赴广州、深圳出差。在广州期间，拜访人民银行广州分行行长白鹤祥，走访民营企业。在深圳期间，主持召开海外党建工作座谈会、粤港澳大湾区联动座谈会，并开展普惠金融业务调研。

4月16日

王林组长出席总行党校第18期领导干部研究班开班。

谭炯副行长出席养老金条线业务与产品创新研讨会。

谭炯副行长会见世界黄金协会首席执行官泰达维，双方就加强业务合作等话题进行交流，并出席全面战略伙伴关系合作备忘录签约活动。

4月17日

谷澍行长参加国务院常务会议。

谷澍行长接受英国《银行家》杂志主编 Brian Caplen和亚洲编辑 Kimberley Long 专访，就工商银行过去一年的经营业绩、当前外部经济环境的影响、国际化经营和支持“一带一路”倡议情况、受互联网金融科技发展的影响、金融服务支持小微企业以及资本补充计划等问题回答对方提问。

4月18日

谭炯副行长出席2019年度征信信息安全工作领导小组会议。

4月19日

谭炯副行长出席总行保密委员会暨密码工作领导小组工作会议。

4月22日

召开总行中层以上干部大会。中共中央组织部副部长（正部长级）姜信治宣布党中央关于中国工商银行主要领导变动的决定：陈四清同志任中国工商银行董事长、党委书记。

召开第10次党委（扩大）会议，党委书记陈四清主持班子成员见面会，党委副书记谷澍，派驻纪检监察组组长、党委委员王林，党委委员胡浩、谭炯出席。首席风险官王百荣、董事会秘书官学清列席。

党委书记陈四清主持召开第11次党委（扩大）会议，研究审议财务会计部关于2019年第一季度经营情况的汇报、管理信息部关于2019年第一季度报告的议案等18项拟提交董事会的议案和汇报事项，以及法律事务部《关于美国司法部对工银金融Pre－release ADR业务反垄断调查事项应对策略的汇报》等3项汇报事项。党委副书记谷澍，派驻纪检监察组组长、党委委员王林，党委委员胡浩、谭炯出席。首席风险官王百荣、董事会秘书官学清列席。

胡浩副行长会见浙江绿康医养投资管理有限公司董事长卓永岳，双方就深化康养领域银企合作进行交流。

4月23日

陈四清董事长参加国务院第二次廉政工作会议。

谷澍行长会见标银集团首席执行官Sim Tshabalala，双方就两国宏观形势、两行经营发展情况、双方战略合作以及金融科技等话题进行交流。

王林组长为二级分行党委书记、纪委书记“两个提升”专题培训班（第一期）授课并座谈。

胡浩副行长会见中船集团总会计师贾海英，双方就债转股、债券承销与投资、产业基金多领域业务合作等话题进行交流。

工银党〔2019〕16号决定：根据中共中央中委〔2019〕131号文件通知，陈四清同志任中国工商银行党委书记。

4月24日

谷澍行长、胡浩副行长出席第二届“一带一路”银行家圆桌会议。

谷澍行长会见美国货币监理署（OCC）副主席万斯·普莱斯，双方就中美两国宏观经济、美国银行业状况、监管关注重点及工商银行经营情况等话题进行交流。

4月25日

陈四清董事长赴北京分行调研。

谷澍行长主持召开第2次行长办公会议，研究审议2019年度基本授权方案。王林组长、胡浩副行长、谭炯副行长、王百荣首席风险官出席。

谷澍行长出席“一带一路”国际合作高峰论坛资金融通分论坛。

谷澍行长会见瑞士联邦主席于利·毛雷尔，双方就中瑞双边关系、工商银行与瑞士合作情况、深化中瑞“一带一路”及人民币业务合作等话题进行交流。

王林组长主持召开派驻纪检监察组2019年第1次组长办公会。

4月26日

陈四清董事长参加第二届“一带一路”国际合作高峰论坛开幕式。

王林组长主持召开派驻纪检监察组全体干部会议，宣布派驻纪检监察组副组长任命并组织集体学习。

胡浩副行长会见美国Bright Sphere投资集团亚洲公司副主席、尼克松基金会董事会成员、美国前总统尼克松家族成员克里斯托弗·尼克松·考克斯，双方就资产管理等领域业务合作进行交流。

胡浩副行长出席中捷“一带一路”金融合作圆桌会议。

胡浩副行长主持召开专题会议，研究部署小微和民营企业中间业务收入合规管理、支持三农和扶贫等工作。

国人字〔2019〕132号决定：国务院2019年4月26日决定，同意陈四清为中国工商银行董事长人选，不再担任中国银行董事长职务。请按有关规定办理，结果报国务院备案。

4月26日－4月27日

谭炯副行长赴山西出差。其间，拜访省长楼阳生，并到岢岚神堂坪支行慰问一线员工。

4月27日

陈四清董事长会见匈牙利总理维克多·欧尔班，双方就加强在匈牙利及中东欧市场合作，欧洲宏观经济形势等话题交换意见。

4月28日

在中奥两国总理共同见证下，陈四清董事长与奥地利国库署署长马库斯·斯蒂克斯签署奥地利政府与中国工商银行关于奥地利熊猫债发行谅解备忘录。

陈四清董事长、谭炯副行长现场调研总行机关食堂。

胡浩副行长会见戴姆勒集团全球司库Kurt Schaefer，双方就进一步加强全面合作等话题进行交流。

谭炯副行长出席工银理财有限责任公司创立大会并致辞。

4月29日

陈四清董事长为国务院特殊津贴获得同志颁发证书。

陈四清董事长、胡浩副行长到普惠金融事业部看望干部员工，与员工亲切交谈，了解普惠金融业务发展情况，鼓励大家做“有情怀的工行普惠人”。

谷澍副董事长主持召开中国工商银行股份有限公司董事会会议，会议审议通过《关于选举陈四清先生为中国工商银行股份有限公司董事长的议案》《关于2019年第一季度报告的议案》等9项议案，并听取《关于〈中国工商银行股份有限公司2018年度关联交易专项报告〉的汇报》等9项汇报。11位董事会成员及董事会秘书官学清出席，监事会部分成员及总行相关部门负责人列席。

谭炯副行长带队抽查总行本部办公楼夜间安全管理

情况。

4 月 30 日

陈四清董事长赴人民大会堂参加纪念五四运动 100 周年大会。

陈四清董事长主持召开会议，研究部署劳动节假期行政值班与安全保卫相关工作，谷澍行长、王林组长出席。

5 月

5 月 5 日

陈四清董事长参加国务院常务会议。

党委书记陈四清主持召开第 12 次党委（扩大）会议，学习中央关于打好“三大攻坚战”的一系列决策部署，听取风险管理部关于加强集团全面风险管理、打好金融风险防控攻坚战的汇报，普惠金融事业部关于工商银行金融精准扶贫工作情况的汇报，党委办公室关于定点扶贫工作的汇报，以及城市金融研究所关于积极推行绿色金融、全力支持打胜污染防治攻坚战的汇报，研究下一步贯彻落实的思路举措。党委副书记谷澍，派驻纪检监察组组长、党委委员王林，党委委员胡浩、谭炯出席。首席风险官王百荣、董事会秘书官学清列席。

谭炯副行长出席工银量化股债轮动策略指数发布会并致辞。

5 月 6 日

陈四清董事长、谭炯副行长拜会全国社会保障基金理事会理事长刘伟，双方就基金托管业务、存款业务、信息科技以及投贷联动等话题进行交流。

谷澍行长会见海南省人民政府副省长沈丹阳，双方就进一步深化海南自贸区（港）建设合作相关事宜交换意见。

胡浩副行长参加中央和国家机关解决形式主义突出问题为基层减负工作推进会。

5 月 6 日 –5 月 8 日

胡浩副行长赴山西太原出差。其间，出席山西分行与山西省农村信用社联合社融安 e 信、融智 e 信暨战略合作协议签约，走访太原智林股份和山西美特好农产品加工配送中心，并就“三农”、小微、精准扶贫等开展调研。

5 月 7 日

总行在京举行“青春心向党　奋斗在工行”五四青年主题活动，党委书记、董事长陈四清出席活动并致辞。党委副书记、行长谷澍，总行原行长杨凯生，派驻纪检监察组组长、党委委员王林，党委委员、副行长谭炯，董事会秘书官学清出席活动。

5 月 8 日

陈四清董事长参加国务院常务会议。

陈四清董事长、谷澍行长、官学清董事会秘书赴雄安新区出席工银科技有限公司开业，并与雄安新区管委会举行会谈。

王林组长听取 2019 年总行本部第一批次巡视中期汇报。

王林组长出席银保监会 2019 年度监管强化标准通报会。

谭炯副行长会见荷宝投资管理集团首席执行官吉尔伯特·范·哈塞尔，双方就全球资产管理行业发展趋势和未来的合作机遇等话题进行交流。

5 月 8 日 –5 月 10 日

谭炯副行长赴上海、浙江出差。在上海期间，出席 2019 年中国品牌价值评价信息发布会。在浙江期间，到湖州分行调研并慰问一线员工。

5 月 9 日

谷澍行长出席 2019 年市场利率定价自律机制工作会议。

胡浩副行长主持召开专题会议，研究加快数字供应链金融发展有关工作。

5 月 9 日 –5 月 10 日

王林组长赴长院出席第二期二级分行党委书记、纪委书记“两个提升”专题培训班结业并开展调研。

5 月 10 日

陈四清董事长、谷澍行长看望原总行行长张肖同志。

陈四清董事长、胡浩副行长和官学清董事会秘书会见中国民生银行行长郑万春，双方就商业银行资本管理、无固定期限资本债券发行及投资、银行经营转型发展以及继续深化双方交流合作等话题进行交流。

胡浩副行长参加银保监会 2019 年第一季度小微企业金融服务情况通报会。

胡浩副行长会见广州越秀集团有限公司董事长张招兴，双方就银企近期业务合作及正在办理的债转股业务等话题进行交流。

5 月 13 日

谷澍行长会见中国铁路工程集团董事长李长进、财务总监杨良，双方就加强全面战略合作、共同推进境内外重大投融资项目等话题进行交流。

胡浩副行长主持召开国际化联席会议 2019 年第一次会议。

5 月 14 日

陈四清董事长参加国务院常务会议。

陈四清董事长、王林组长出席总行党校第 18 期领导干部研究班学员座谈会。

谷澍行长会见天津市市委副书记、市长张国清和副市长康义，双方就协力推动天津经济转型发展等话题交换意见。

谷澍行长会见广西壮族自治区党委常委、人民政府常务副主席秦如培，双方就助推广西经济发展、建设面向东盟金融开放门户等话题交换意见。

胡浩副行长出席第二期民营企业高管金融研修班开班并致辞。

胡浩副行长主持召开“智慧投行”系统建设 2019 年工作会议。

胡浩副行长视频主持召开工银伦敦 2019 年第二次董事会会议。

5 月 14 日 –5 月 17 日

谭炯副行长赴黑龙江、天津、青岛出差。在黑龙江期间，拜会省政府副省长沈莹，双方就加强黑龙江省机关事业单位职业年金、国资企业改革等领域合作进行交流。在天津期间，参加第三届世界智能大会。

5 月 15 日

党委书记陈四清主持召开第 13 次党委（扩大）会议，传达学习习近平总书记在中央政治局会议上关于第一季度经济形势的重要讲话精神，以及李克强总理在国务院第二次廉政工作会议上的讲话精神；研究审议党委办公室提交的《治理形式主义突出问题为基层减负 30 条措施》，运行管理部提交的《总行集约运营中心组建方案》，党委组织部提交的《关于加强一级（直属）分行下辖机构助理管理的意见》和有关干部事项。党委副书记谷澍，派驻纪检监察组组长、党委委员王林，党委委员胡浩出席。首席风险官王百荣列席。

谷澍行长、胡浩副行长出席投资银行业务推进委员会 2019 年第一次会议。

5 月 15 日 –5 月 17 日

胡浩副行长赴重庆出席第二届中国西部国际投资贸易洽谈会开幕式，对重庆先进制造业和康养产业进行调研，并走访重点客户。

5 月 16 日

陈四清董事长会见福建省副省长郭宁宁。

谷澍行长出席租赁公司与中船集团、丹麦马士基航运三方合作协议签约，并与中船集团总经理杨金成会谈。

谷澍行长出席《中国大型商业银行股改史》新书发布会并发表演讲。

工银任免〔2019〕134 号决定：聘任朱春华为内部审计局上海分局局长，聘期至 2024 年 2 月止。因工作需要或其他原因，聘期可提前中止。解聘黄纪宪内部审计局上海分局局长职务。

5 月 17 日

党委书记陈四清主持召开第 14 次党委（扩大）会议，传达学习中共中央办公厅关于中美经贸摩擦有关情况的通报。党委副书记谷澍，党委委员胡浩、谭炯出席，首席风险官王百荣列席。

陈四清董事长、谷澍行长、胡浩副行长、谭炯副行长、王百荣首席风险官出席金融扶贫工作领导小组会议。

王林组长赴杭院出席第三期二级分行党委书记、纪委书记“两个提升”专题培训班结业并开展调研。

5 月 19 日 –5 月 26 日

陈四清董事长赴奥地利、捷克出访。在奥地利期间，出席工银奥地利开业活动，会见奥地利金融市场监管局（FMA）局长、执行董事赫尔穆特・埃特尔和克劳斯・库普夫穆勒，会见中国驻奥地利大使李晓驷，并赴工银奥地利慰问员工。在捷克期间，会见捷克总统米洛什・泽曼，双方就工行在捷机构经营、中捷经贸关系、合作开发第三方市场等话题交换意见；会见捷克央行行长伊日・鲁斯诺克、副行长托马什・尼德茨基及中国驻捷克大使张建敏，赴布拉格分行调研，并走访重点客户。

5 月 20 日

谷澍行长主持召开金融科技发展委员会暨智慧银行信息系统建设工程领导小组 2019 年第二次会议。

谷澍行长、胡浩副行长、谭炯副行长出席 2019 年第一次临时股东大会。

5 月 21 日

胡浩副行长出席国家开发银行主办的“中日第三方金融市场合作论坛”，并作为中方金融机构唯一代表致辞。

谭炯副行长会见黑龙江省人社厅厅长黄迎新，双方就加强支持黑龙江省经济建设、职业年金等领域的合作进行交流。

工银发〔2019〕46 号决定：根据国务院国人字〔2019〕132 号文件通知，经履行相关法律规定程序，陈四清任中国工商银行董事长。

5 月 22 日

谷澍行长参加国务院常务会议。

王林组长赴内审上海分局宣布干部任免事项。经总行党委研究决定，朱春华同志任内部审计局上海分局局长，黄纪宪同志不再担任内部审计局上海分局局长职务。

胡浩副行长赴公司金融业务部党支部开展党建工作调研，听取支部党建工作情况汇报，并对新形势下持续提升党建工作水平提出要求。

5 月 23 日

王林组长主持召开派驻纪检监察组 2019 年第 2 次组长办公会。

胡浩副行长主持召开专题会议，研究监管转办客户投诉问题根源治理措施。

5 月 23 日 –5 月 24 日

谭炯副行长赴甘肃出席由中国经济信息社和工商银行甘肃分行联合主办的第二届“甘肃・祁连山高峰论坛”，拜会甘肃省委副书记、省长唐仁健，省委常委、常务副省长宋亮，省委常委、宣传部部长陈青等地方党政负责人，并到兰州八一支行看望慰问。

5月24日

王林组长出席总行党校第18期领导干部研究班结业。

胡浩副行长赴国家发改委参加债转股有关工作会议。

5月24日－5月31日

王林组长赴西藏、新疆出差，调研分行党中央金融精准扶贫政策和总行党委有关部署落实情况，看望慰问驻村工作同志和贫困群众。

5月27日

陈四清董事长主持召开专题会议，听取财务会计部、资产负债管理部、信贷与投资管理部、授信审批部、人力资源部工作情况汇报。

谭炯副行长会见中国银行副行长吴富林，双方就商业银行资本管理、优先股发行、深化交流合作等话题进行交流。

5月27日－6月2日

胡浩副行长出访南非、莫桑比克。在南非期间，出席标银集团董事会系列会议。在莫桑比克期间，出席中非跨境金融服务座谈会，并分别调研慰问当地机构。

5月28日

陈四清董事长拜访中国证监会主席易会满，感谢易会满对工商银行改革发展作出的贡献，并就加快资本市场业务发展、支持资本市场改革等话题进行交流。

陈四清董事长、谭炯副行长会见中国银联董事长邵伏军，双方就加强业务合作等话题进行交流。

谭炯副行长会见中信信托董事长陈一松，双方就当前宏观经济形势、资管行业转型发展、未来银信业务合作等话题进行交流。

5月29日

陈四清董事长参加国务院常务会议。

党委书记陈四清主持召开第15次党委（扩大）会议，传达学习习近平总书记在中央财经委员会第四次会议上的重要讲话精神，研究审议董事会办公室关于提请董事会审议提名卢永真先生为中国工商银行股份有限公司非执行董事候选人的汇报。党委副书记谷澍、党委委员谭炯出席，首席风险官王百荣列席。

谷澍行长出席ETC业务营销推广视频会。

谭炯副行长会见富达董事长Abigail Johnson，双方就中美两国未来经济形势、资产管理业务的开展经验以及业务合作机会等话题进行交流。

5月30日

谷澍行长出席北京市人民政府主办的“2019金融街论坛年会”，并以“重视发挥金融机构在金融治理中的积极作用”为题发表演讲。

谭炯副行长出席第二届全行数据分析建模大赛总决赛并致辞。

5月31日

党委书记陈四清参加中共中央“不忘初心、牢记使命”主题教育工作会议。

6月

6月3日

党委书记陈四清主持召开第16次党委（扩大）会议，传达学习“不忘初心、牢记使命”主题教育工作会议精神，研究审议党委组织部提交的《“不忘初心、牢记使命”主题教育动员部署相关工作安排》、直属党委提交的《关于规范总分行本部基层党组织设置的意见》、派驻纪检监察组提交的《对上海分行行长助理陈静的处分意见》，以及党委组织部提交的有关干部事项。党委副书记谷澍，派驻纪检监察组组长、党委委员王林，党委委员胡浩、谭炯出席。首席风险官王百荣、董事会秘书官学清列席。

王林组长主持召开派驻纪检监察组2019年第3次组长办公会。

工银党任免〔2019〕24号决定：任命刘方洲为中国工商银行数据中心党委书记，免去其中国工商银行数据中心（上海）党委书记职务。

工银任免〔2019〕140号决定：聘任刘方洲为中国工商银行数据中心总经理，聘期至2024年5月止。因工作需要或其他原因，聘期可提前中止。解聘其中国工商银行数据中心（上海）副总经理职务。

6月4日

党委书记陈四清，党委副书记谷澍，党委委员王林、胡浩、谭炯出席中央第二十六指导组与总行党委班子见面会、“不忘初心、牢记使命”主题教育动员大会。

谭炯副行长出席部分分行资产托管业务座谈会。

6月5日

陈四清董事长参加国务院常务会议。

党委书记陈四清主持召开第17次党委（扩大）会议，研究审议派驻纪检监察组提交的中国工商银行派驻改革实施方案，以及党委组织部提交的有关干部事项。党委副书记谷澍，派驻纪检监察组组长、党委委员王林，党委委员胡浩、谭炯出席。首席风险官王百荣、董事会秘书官学清列席。

党委书记陈四清主持召开第18次党委（扩大）会议，专题听取关于重庆分行谢明案有关情况的汇报。党委副书记谷澍，派驻纪检监察组组长、党委委员王林，党委委员胡浩、谭炯出席。

陈四清董事长、胡浩副行长会见辽宁省省委常委、常务副省长陈向群，双方就助推辽宁经济发展、深化银政合作等话题交换意见。

谷澍行长、王林组长、王百荣首席风险官、官学清董事会秘书出席总行风险管理委员会2019年第二次会议。

中国工商银行2019年第2期（总第62期）创新沙龙在总行举行。谷澍行长为获奖课题颁奖并致辞，王百荣首席风险官主持本期沙龙。

胡浩副行长出席外管局外汇现场检查离场反馈会。

谭炯副行长拜会国家能源集团党组副书记、企业年金理事会理事长张国厚，双方就企业年金等业务合作进行交流。

6月6日

党委书记陈四清主持召开第19次党委（扩大）会议，通报上海分行党委书记、行长顾国明个人涉嫌严重违纪违法情况，研究上海分行干部调整事宜，研究部署相关工作。党委副书记谷澍，派驻纪检监察组组长、党委委员王林，党委委员胡浩、谭炯出席。

陈四清董事长、谭炯副行长、官学清董事会秘书出席工银理财有限责任公司理财创新产品发布暨战略合作签约活动。

陈四清董事长、谷澍行长会见陕西省委常委、常务副省长梁桂，双方就推进陕西省经济高质量发展、深化银政合作等话题交换意见。

王林组长参加中央纪委国家监委“不忘初心、牢记使命”主题教育动员大会。

工银党任免〔2019〕25号决定：任命付捷为中国工商银行上海市分行党委书记。免去顾国明中国工商银行上海市分行党委书记职务。

工银任免〔2019〕143号决定：聘任付捷为中国工商银行上海市分行行长，聘期至2024年6月止。因工作需要或其他原因，聘期可提前中止。解聘顾国明中国工商银行上海市分行行长职务。

6月7日

王林组长、谭炯副行长赴上海主持召开上海分行中层以上干部大会，通报上海分行党委书记、行长顾国明个人涉嫌严重违纪违法，目前正在接受纪律审查和监察调查的相关情况，并宣布总行党委对上海分行主要负责人调整的决定。经总行党委研究决定，付捷任上海分行党委书记、行长，免去顾国明上海分行党委书记、行长职务。

6月9日–6月12日

谷澍行长赴香港、上海出差。在香港期间，出席财新传媒主办的“财新峰会香港场：双向开放，携手未来”，并以“数字驱动，开创跨境金融合作新局面”为题发表演讲。在上海期间，出席银保监会2019年国际咨询委员会第一次全体会议，作为商业银行代表结合工商银行实践就金融科技的影响及其监管做主题发言；赴数据中心调研，赴上海分行基层网点考察ETC业务拓展情况。

6月10日

陈四清董事长参加国务院常务会议。

党委书记陈四清主持召开第20次党委（扩大）会议，专题听取2019年第一批总行本部巡视工作汇报。派驻纪检监察组组长、党委委员王林，党委委员胡浩、谭炯出席。

王林组长、王百荣首席风险官出席总行操作风险暨内部控制管理委员会2019年第二次会议。

工银党任免〔2019〕28号决定：免去付捷同志中国工商银行山东省分行党委书记职务，另有任用。

工银任免〔2019〕148号决定：解聘付捷中国工商银行山东省分行行长职务，另有任用。

6月11日

陈四清董事长、王百荣首席风险官拜访中国中化集团有限公司兼中国化工集团有限公司董事长宁高宁，双方就“两化”合作、债务优化、服务“三农”等话题进行交流。

陈四清董事长先后到办公室和国际业务部进行调研并慰问员工。

王林组长主持召开“不忘初心、牢记使命”主题教育领导小组办公室工作会议和主题教育巡回指导组培训会议。

工银党任免〔2019〕27号决定：任命顾建纲同志为工银理财有限责任公司党委书记，任命唐凌云同志为党委副书记，任命王海峰、魏泉红、李振华、刘劲松、杨波同志为党委委员，任命李振华同志为纪委书记。

6月12日

陈四清董事长主持召开专题会议，听取国际业务部关于工商银行国际化经营情况的汇报。胡浩副行长、王百荣首席风险官出席。

王林组长主持召开派驻纪检监察组2019年第4次组长办公会。

6月12日–16日

陈四清董事长赴上海、香港出差。在上海期间，出席第十一届陆家嘴论坛，会见安盛集团董事长德尼·杜威，双方就中国经济走势、深化双方合作关系和工银安盛业务发展等进行交流。在香港期间，主持召开粤港澳大湾区座谈会，并赴工银亚洲、工银国际调研。

6月13日

王林组长、胡浩副行长出席总行党委2019年第一批次巡视反馈暨整改动员大会。

胡浩副行长会见蚂蚁金服首席技术官程立，双方就进一步深化跨境金融服务、大湾区业务等话题进行交流。

6月14日

谷澍行长会见德勤新任全球主席舒亚玟，双方就工商银行及德勤的发展战略、中美贸易摩擦和英国脱欧等全球热点问题对业务发展的影响等话题进行交流。

王林组长参加中央纪委国家监委“不忘初心、牢记使命”主题教育派驻工作组座谈会。

王林组长主持召开派驻纪检监察组干部大会。

6 月 14 日－6 月 15 日

王林组长赴长院出席第四期二级分行党委书记、纪委书记“两个提升”培训班结业并开展调研。

6 月 17 日

总行党委开展“不忘初心、牢记使命”主题教育中心组集中学习研讨，围绕习近平总书记在“不忘初心、牢记使命”主题教育工作会议上的重要讲话，进行原文学习和交流研讨。总行党委中心组全体成员参加学习。党委书记陈四清同志主持学习，并做重点发言。党委副书记谷澍，派驻纪检监察组组长、党委委员王林，党委委员胡浩、谭炯结合分管工作，交流学习体会。中央指导组第二十六组组长邓声明和全体同志列席并作指导。

党委书记陈四清主持召开第 21 次党委（扩大）会议，研究审议风险管理部、内控合规部关于强化审慎标准实施进展、2019 年第一季度美国区域风险管理、监管和内审检查情况的汇报，信贷与投资管理部关于对宝钢集团新疆八一钢铁有限公司实施债转股的议案，公司金融业务部关于为越秀集团办理债转优先股业务的议案等 3 项拟提交董事会的议案和汇报事项，信息科技业务总监关于工银科技设立北京分公司的汇报，以及党委组织部关于干部事项的汇报。党委副书记谷澍，派驻纪检监察组组长、党委委员王林，党委委员胡浩、谭炯出席，首席风险官王百荣列席。

谷澍行长主持召开第 3 次行长办公会议，研究审议派驻纪检监察组提交的《关于建议给予内蒙古分行时任副行长王学勇　陕西分行副行长王建设行政警告处分的报告》。王林组长，胡浩、谭炯副行长，王百荣首席风险官出席。

谭炯副行长会见中国太平保险集团有限责任公司副总经理洪波，双方回顾战略协议签署以来的合作情况，并就深化交流合作等话题进行交流。

工银任免〔2019〕149 号决定：聘任惠平为省行行长级干部，解聘其监察室主任职务。聘任韩奇、苏万龙、王晓波为总行副总经理级干部，解聘其监察室副主任职务。

6 月 18 日

王林组长主持召开派驻纪检监察组 2019 年第 5 次组长办公会。

工银党任免〔2019〕29 号决定：免去惠平同志中国工商银行纪委副书记、巡视工作领导小组办公室主任职务。

6 月 18 日－6 月 19 日

胡浩副行长赴武汉开展“共抓大保护——长江经济带绿色发展金融服务”专题调研。其间，与长江沿岸 13 家分行负责人就长江经济带绿色发展金融服务开展情况进行座谈，会见三峡集团、国投集团、中节能集团有关负责人，共商“长江大保护”银企合作事宜，并出席工商银行与三家企业“共抓长江大保护”战略合作协议签约。

6 月 19 日

陈四清董事长参加国务院常务会议。

党委书记陈四清，党委副书记谷澍，派驻纪检监察组组长、党委委员王林，党委委员谭炯，首席风险官王百荣，董事会秘书官学清出席“不忘初心、牢记使命”主题教育领导小组第一次会议。

工银任免〔2019〕159 号决定：聘任钱斌为网络金融部总经理，聘期至 2024 年 6 月止。因工作需要或其他原因，聘期可提前中止。解聘其数据中心（上海）总经理职务。

6 月 20 日

陈四清董事长主持召开中国工商银行股份有限公司董事会会议，谷澍副董事长等 12 位董事会成员出席会议，官学清董事会秘书参加会议。王百荣首席风险官、监事会成员及总行相关部门负责人列席会议。

中国工商银行股份有限公司 2018 年度股东年会在北京和香港两地通过视频连线的方式同步召开。会议由陈四清董事长主持，谷澍副董事长、行长，胡浩副行长、谭炯副行长及董事会、监事会成员，官学清董事会秘书出席会议。

6 月 20 日－6 月 21 日

王林组长赴杭院与部分二级分行党委书记、纪委书记及新招录纪检干部座谈。

6 月 21 日

王林组长参加中央纪委国家监委“不忘初心、牢记使命”主题教育组长学习工作交流会（第一讲）。

胡浩副行长主持召开直属党委 2019 年第 4 次全委会，审议总行本部“不忘初心、牢记使命”主题教育工作方案。

6 月 21 日－6 月 22 日

王林组长出席总行本部党支部副书记、纪检委员“两个提升”培训班第二阶段结业并讲授党课。

6 月 24 日

党委书记陈四清主持召开第 22 次党委（扩大）会议，听取关于工商银行上半年全面从严治党有关情况的通报，研究审议全面从严治党从严治行暨警示教育大会会议材料。党委副书记谷澍，派驻纪检监察组组长、党委委员王林，党委委员胡浩、谭炯出席。首席风险官王百荣、董事会秘书官学清列席。

总行党委中心组围绕“不忘初心、牢记使命”主题教育有关安排，聚焦“锤炼政治品格”专题，开展集中学习研讨，深入学习领会习近平总书记关于推进党的建设伟大工程、坚定不移全面从严治党的重要论述，听取了派驻纪检监察组关于工商银行上半年全面从严治党有关情况的通报，并围绕全面从严治党从严治行暨警示教育大会相关工作进行了研讨。党委书记陈四清同志主持学习，并作重点发言。党委副书记谷澍，派驻纪检监察组组长、党委委员王林分别结合分管工作进行重点发言，党委委员胡浩、谭炯交流学习体会。中央指导组第二十六组副组长叶兴旺和相关同志列席指导。

王林组长出席全行反洗钱重点工作推进会议。

6月25日

王林组长主持召开监管通报问题整改督导会。

胡浩副行长出席总分行机关“新时代新思想新征程”系列大讲堂2019年第1讲。

6月26日

陈四清董事长参加国务院常务会议。

王林组长主持召开派驻纪检监察组2019年第6次组长办公会。

胡浩副行长出席投资银行条线“不忘初心、牢记使命”主题调研交流座谈会。

谭炯副行长主持召开企业年金管理委员会2019年度会议。

6月26日-6月28日

胡浩副行长赴湖南长沙出差。其间，参加第一届中非经贸博览会，出席开幕式、中非经贸合作磋商会等系列活动，并会见湖南省人民政府副省长何报翔、中国建筑集团副总经理周勇、中国交通建设股份有限公司副总裁文岗等政企人士。赴湖南分行进行“不忘初心、牢记使命”主题教育机关党建条线专题调研，听取湖南分行及长沙、株洲、湘潭、岳阳、常德五家二级分行主要负责人关于“不忘初心、牢记使命”主题教育开展情况和机关党建工作情况的汇报，对开展好主题教育活动及促进党建和业务同步发展提出要求。

6月27日

陈四清董事长拜访中船集团董事长雷凡培，并出席工银租赁与中国船舶工业集团、意大利Moby公司豪华客滚船融资租赁项目合作签约活动。

王林组长参加中央纪委国家监委“不忘初心、牢记使命”主题教育党课和年中工作会议。

谭炯副行长参加资产管理部和工银理财有限责任公司“不忘初心、牢记使命”主题党日活动，赴国家博物馆参观“复兴之路”新时代部分“不忘初心　砥砺奋进　不断开创新时代中国特色社会主义事业新局面”大型主题展览。

6月28日

王林组长主持召开派驻纪检监察组2019年第7次组长办公会。

7月

7月1日

党委书记陈四清主持召开“不忘初心、牢记使命”主题教育领导小组第二次会议，党委副书记谷澍，党委委员王林、胡浩、谭炯出席，王百荣首席风险官，官学清董事会秘书列席。

党委书记陈四清讲授“不忘初心、牢记使命”主题教育专题党课，党委副书记谷澍主持，党委委员王林、胡浩、谭炯出席。

谭炯副行长会见中国银行副行长孙煜，双方就进一步深化合作等话题进行交流，并共同出席基金业务合作协议签约活动。

7月1日-7月2日

总行党委中心组开展“不忘初心、牢记使命”主题教育专题学习研讨，党委书记陈四清主持，党委副书记谷澍，党委委员王林、胡浩、谭炯出席，王百荣首席风险官、官学清董事会秘书列席。

7月2日

王林组长参加驻银保监会纪检监察组“不忘初心、牢记使命”主题教育工作会议。

7月3日

陈四清董事长参加国务院常务会议。

陈四清董事长赴人力资源部（党委组织部）调研。

谷澍行长会见加拿大蒙特利尔银行首席执行官Darryl White，双方就互利伙伴关系和重点合作、美国经济走势和货币政策、加拿大银行业发展、虚拟货币等话题进行交流。

王林组长主持召开分管部门“不忘初心、牢记使命”主题教育工作会议。

胡浩副行长、王百荣首席风险官会见英国审慎监管局董事Duncan Mackinnon，双方就经济金融形势、工商银行经营及国际化发展、在英机构发展等话题进行交流。

胡浩副行长会见土耳其总统财政办公室主任Goksel Asan，双方就“一带一路”项目合作、跨境人民币业务、代理行业务等话题进行交流。

7月4日

陈四清董事长、谷澍行长、胡浩副行长、王百荣首席风险官、官学清董事会秘书会见标准银行集团董事长Thulani Gcabashe、首席执行官Sim Tshabalala，双方就进一步推动战略合作等话题进行交流。

王林组长主持召开“不忘初心、牢记使命”主题教育巡回指导组和领导小组办公室工作会议。

胡浩副行长会见龙湖集团董事长吴亚军，双方就进一步加强银企合作等话题进行交流。

7 月 5 日

党委书记陈四清，党委副书记谷澍，党委委员王林、胡浩、谭炯出席全面从严治党从严治行暨警示教育大会。

谷澍行长会见黑龙江省副省长沈莹，双方就支持黑龙江经济发展、进一步深化银政合作等话题进行交流。

7 月 6 日

王林组长讲授“不忘初心、牢记使命”主题教育专题党课，并主持召开纪检监察工作会议。

7 月 8 日

总行党委中心组开展“不忘初心、牢记使命”主题教育专题学习，党委书记陈四清主持，党委副书记谷澍，党委委员王林、胡浩、谭炯出席，官学清董事会秘书列席。

胡浩副行长会见台湾鸿海集团财务长黄德才，双方就进一步加强信息沟通、共同推动银企全面合作等话题进行交流。

7 月 9 日 –7 月 12 日

陈四清董事长赴深圳、香港、澳门出差。在深圳期间，分别会见腾讯公司董事会主席兼首席执行官马化腾、港珠澳大桥管理局党委书记朱永灵，并前往港珠澳大桥考察。在香港期间，会见香港中联办主任王志民。在澳门期间，会见澳门特区行政长官崔世安、全国政协副主席何厚铧、澳门中联办主任傅自应和原澳门立法会主席贺一诚，并对工银澳门进行调研。

7 月 9 日

谷澍行长主持召开信息系统安全生产保障工作会议。

王林组长主持召开经济责任审计工作座谈会。

7 月 9 日 –7 月 12 日

谭炯副行长出访意大利和卢森堡，参加中意金融论坛和亚洲基础设施投资银行 2019 年年会，走访欧利盛资产管理公司、卢森堡央行等机构，并赴米兰分行、工银欧洲调研。

7 月 10 日

谷澍行长参加国务院常务会议。

王林组长主持召开境内综合化子公司党委书记、纪委书记调研座谈会。

7 月 10 日 –7 月 11 日

胡浩副行长赴河北石家庄开展“不忘初心，牢记使命”主题教育调研，并拜访河北省常务副省长袁桐利，营销高速公路重大项目。

7 月 11 日

谷澍行长会见三井住友信托银行董事长 Tsunekage HITOSHI，双方就加强资产管理、资产托管、资金支持等重点领域业务合作和日本宏观经济走势、中美贸易摩擦等话题进行交流。

7 月 11 日 –7 月 12 日

王林组长赴安徽、河北分行开展“不忘初心、牢记使命”主题教育调研。

7 月 12 日

谷澍行长出席“共同推进广西建设面向东盟的金融开放门户”座谈会，并代表工商银行与广西自治区政府签署合作备忘录。

党委副书记谷澍为分管部室党员干部讲授“不忘初心、牢记使命”主题教育专题党课。

7 月 15 日

党委书记陈四清主持召开第 25 次党委（扩大）会议，传达中央和国家机关党的建设工作会议精神，听取党委巡视办关于开展 2019 年第二批巡视工作和巡视组组长副组长名单的汇报，听取主题教育领导小组办公室关于向中央第二十六指导组报送已有问题清单和整改情况的汇报，并研究党委组织部提交的有关干部事项。党委副书记谷澍，党委委员王林、胡浩、谭炯出席，王百荣首席风险官、官学清董事会秘书列席。

7 月 15 日 –7 月 16 日

总行党委中心组开展“不忘初心、牢记使命”主题教育专题学习，党委书记陈四清主持，党委副书记谷澍，党委委员王林、胡浩、谭炯出席，王百荣首席风险官、官学清董事会秘书列席。

7 月 16 日

党委书记陈四清主持召开第 26 次党委（扩大）会议，听取关于上半年经营情况和下一阶段重点工作的汇报，研究年中工作会议材料。党委副书记谷澍，党委委员王林、胡浩、谭炯出席，王百荣首席风险官、官学清董事会秘书列席。

陈四清董事长、官学清董事会秘书会见安盛集团总裁托马斯 · 布博，双方就深化业务合作等话题进行交流。

陈四清董事长、官学清董事会秘书出席工商银行与银联签约。

王林组长主持召开 2019 年第二批本部巡视动员部署会。

7 月 17 日

陈四清董事长参加国务院常务会议。

陈四清董事长会见新加坡金鹰集团董事会主席陈江和，双方就进一步加强银企全面合作等话题进行交流。

谷澍行长、谭炯副行长出席科创板银证合作启动仪式。

7 月 17 日 –7 月 18 日

胡浩副行长赴河南分行开展“不忘初心、牢记使命”主题教育调研。

7 月 18 日

陈四清董事长、谭炯副行长会见中国人民保险集团股份有限公司董事长缪建民、总裁白涛，双方就加强业务合作等话题进行交流。

王林组长参加中央纪委国家监委“不忘初心、牢记使命”主题教育学习工作交流会。

王林组长主持召开部分一级分行纪委书记调整任免暨集体谈话会议。

7月18日–7月19日

党委副书记谷澍赴青海分行开展“不忘初心、牢记使命”主题教育调研，并拜会青海省委书记王建军，省长刘宁，副省长王黎明、刘涛，省委秘书长于丛乐。

谭炯副行长赴四川分行开展“不忘初心、牢记使命”主题教育调研，并走访中国工程物理研究院。

7月19日

陈四清董事长、胡浩副行长会见阿里巴巴集团董事局主席马云，双方就深化银企全面合作等话题进行交流。

陈四清董事长会见西门子股份有限公司总裁兼首席执行官、中德经济顾问委员会德方主席凯飒，双方就中德经顾委机制创新、中德经顾委第六次全体会议筹办和加强中德战略领域项目合作等话题进行交流。

7月22日

党委书记陈四清主持召开第27次党委（扩大）会议，研究战略管理与投资者关系部提交的关于工银投资入股锦州银行事项、党委组织部提交的有关人事事项。党委副书记谷澍，党委委员王林、胡浩、谭炯出席，王百荣首席风险官、官学清董事会秘书列席。

陈四清董事长在人民大会堂代表工商银行与阿布扎比港口公司、中江集团交换工商银行、阿布扎比港口公司和江苏海投关于开展阿布扎比哈利法工业园区暨中阿产能合作示范园合作备忘录。

谭炯副行长会见日本野村控股公司中国委员会主席饭山俊康，双方就资产管理、资产托管、跨境业务合作等话题进行交流。

7月23日

胡浩副行长主持召开专题会议，研究促进专项融资业务健康规范发展有关事项。

谭炯副行长出席中国银行业协会托管专业委员会五届一次全体会议。

7月24日

陈四清董事长参加国务院常务会议。

受陈四清董事长委托，谷澍副董事长主持召开中国工商银行股份有限公司董事会会议，胡浩执行董事和谭炯执行董事等14位董事会成员出席会议，官学清董事会秘书参加会议。

中央纪委国家监委“不忘初心、牢记使命”主题教育派驻工作组对驻工行纪检监察组进行走访指导，王林组长出席会议。

王林组长主持召开“不忘初心，牢记使命”主题教育征求意见建议座谈会。

胡浩副行长会见一汽集团总会计师曾祥新，双方就进一步加强全面合作等话题进行交流。

胡浩副行长出席公司金融业务部支部党日活动。

7月25日–7月26日

全行2019年年中工作会议在北京召开。陈四清董事长，谷澍行长出席并讲话，王林组长主持会议，胡浩副行长、谭炯副行长、王百荣首席风险官、官学清董事会秘书出席。

7月25日

王林组长主持召开新任正职干部集体谈话会。

7月26日

党委书记陈四清，党委副书记谷澍，党委委员王林、胡浩、谭炯出席海外党建工作座谈会。

7月27日

王林组长出席内部审计局分局局长工作会议。

7月28日

党委委员谭炯出席机构金融业务部支部党日活动。

7月29日

谷澍行长会见上海市副市长吴清，双方就深化金融领域合作、助力上海国际金融中心建设等话题进行交流。

7月30日

党委书记陈四清主持召开第28次党委（扩大）会议，传达中央政治局会议关于当前经济形势和经济工作精神，传达习近平总书记《在深化党和国家机构改革总结会议上的讲话》，传达中共中央办公厅《坚决把政治纪律政治规矩立起来严起来执行到位——各地区各部门贯彻落实习近平总书记重要指示批示“回头看”情况综述》，传达贯彻《执纪审查工作专项检查报告》，并研究党委组织部提交的有关人事事项。党委副书记谷澍，党委委员王林、胡浩出席。

谷澍行长、王林组长、王百荣首席风险官出席银保监会2019年半年度监管会谈。

王林组长出席派驻纪检监察组《监察机关监督执法工作规定》专题学习。

胡浩副行长主持召开第二届进口博览会筹备协调会。

7月31日

陈四清董事长参加国务院常务会议。

王林组长赴深圳主持召开部分境外机构党组织负责人调研座谈会。

谭炯副行长会见交通银行副行长吕家进，双方就商业银行资本管理、资产管理业务转型等话题进行交流。

7月31日–8月2日

党委书记陈四清赴浙江分行开展“不忘初心、牢记使命”主题教育调研，并主持召开长江三角洲区域一体化发展座谈会。

7月31日–8月1日

王林组长赴深圳主持召开工银亚洲、工银国际、工银澳门、华商银行等部分境外机构党组织负责人“不忘初心、牢记使命”主题教育调研座谈会。

8月

8月1日

谭炯副行长会见施罗德投资管理首席执行官兼施罗德集团全球分销主管 John Troiano，双方就资产管理、资产托管、国际业务合作等话题进行交流。

8月2日

王林组长出席2019年全行案防工作会议。

胡浩副行长会见中国有色金属集团总会计师安宜，双方就进一步加强银企合作等话题进行交流。

谭炯副行长赴武汉主持召开军运会项目现场推动会。

8月5日

党委书记陈四清主持召开第29次党委（扩大）会议，传达7月30日中央政治局会议关于当前经济形势和经济工作精神，传达习近平总书记《在深化党和国家机构改革总结会议上的讲话》，传达中共中央办公厅《坚决把政治纪律政治规矩立起来严起来执行到位——各地区各部门贯彻落实习近平总书记重要指示批示“回头看”情况综述》，传达贯彻《执纪审查工作专项检查报告》，研究有关干部事项。党委副书记谷澍，党委委员胡浩、谭炯出席，官学清董事会秘书列席。

党委书记陈四清主持召开“不忘初心、牢记使命”主题教育领导小组第三次会议，党委副书记谷澍，党委委员胡浩、谭炯，官学清董事会秘书出席。

总行党委中心组开展“不忘初心、牢记使命”主题教育专题学习，党委书记陈四清主持，党委副书记谷澍，党委委员胡浩、谭炯出席，官学清董事会秘书列席。

8月6日－8月8日

陈四清董事长、谭炯副行长赴四川开展定点扶贫工作调研，先后到巴中南江、通江和达州万源三个工商银行定点扶贫县市，慰问贫困群众，看望扶贫干部，调研扶贫项目，并在达州市组织召开“不忘初心、牢记使命”主题教育定点扶贫工作座谈会，在通江县瞻仰川陕革命根据地红军烈士陵园。

8月7日

胡浩副行长主持召开专题会议，研究公司信贷结构调整。

胡浩副行长会见蚂蚁金融服务集团总裁胡晓明，双方就建立“总对总”合作机制，共同落实陈四清董事长与马云主席7月19日会面商定的深化全面合作等话题进行交流。

8月8日－8月9日

党委副书记、行长谷澍赴福建分行开展“不忘初心、牢记使命”主题教育调研，并拜会福建省委书记于伟国、省长唐登杰、省委秘书长郑新聪、副省长郭宁宁等党政负责人，走访宁德时代新能源科技股份有限公司，出席双方“一带一路”境外战略合作协议签约仪式。

8月8日

胡浩副行长主持召开毕马威2019年中期审阅结果汇报会。

8月9日

党委书记陈四清出席“不忘初心、牢记使命”北京分行年轻干部座谈会，听取北京分行工作汇报，并与北京分行年轻干部代表进行交流。

陈四清董事长出席金砖国家工商理事会中方理事会2019年第一次会议。

8月10日

谭炯副行长出席“走进万科——2019年合作伙伴交流会”。

8月12日

党委书记陈四清主持召开第30次党委（扩大）会议，审议关于给予资产管理部原副总经理杨治宇、私人银行部原副总经理王华纪律处分的报告。党委副书记谷澍，党委委员王林、胡浩、谭炯出席，官学清董事会秘书列席。

党委书记陈四清主持召开“不忘初心、牢记使命”主题教育对照党章党规找差距专题会议。党委副书记谷澍，党委委员王林、胡浩、谭炯，官学清董事会秘书参加会议。

陈四清董事长赴城市金融研究所（深改办）调研并看望慰问干部员工。

谷澍行长会见老挝央行行长宋赛，双方就国有商业银行股改及经营管理提升等话题进行交流。

谷澍行长赴信贷与投资管理部宣布干部调整事项。魏学坤同志担任锦州银行党委书记，不再担任总行信贷与投资管理部总经理职务，相关任免职手续将按照有关规定办理，信贷与投资管理部工作由冯军伏临时牵头负责。

8月13日

谷澍行长主持召开总行风险管理委员会2019年第三次会议，王林组长、谭炯副行长、官学清董事会秘书出席会议。

党委委员胡浩出席总行党校第19期领导干部研究班开班，并讲授专题党课。

胡浩副行长主持召开国际化联席会议机制下的国际化发展研讨会。

谭炯副行长会见广发银行常务副行长尹矣，双方就商业银行资本管理、资本补充工具发行、深化双方交流合作等话题进行交流。

8 月 14 日 –8 月 16 日

党委委员胡浩赴青岛开展“不忘初心、牢记使命”主题教育调研，并走访海信集团和赛轮集团。其间，胡浩副行长出席工银伦敦 2019 年第三次董事会会议。

8 月 15 日

党委副书记谷澍赴业务研发中心开展“不忘初心、牢记使命”主题教育调研。

王林组长参加派驻纪检监察组支部党日活动。

谭炯副行长会见南方基金管理股份有限公司总经理杨小松，双方就资产管理行业经营管理、深化银基合作等话题进行交流。

8 月 16 日

谷澍行长参加国务院常务会议。

王林组长主持召开派驻纪检监察组对照党章党规找差距专题会议。

王林组长参加派驻纪检监察组审查调查安全专题学习。

胡浩副行长出席先进制造产业投资基金第二期成立大会。

谭炯会见外贸信托党委书记、总经理伊力扎提，双方就当前资管行业发展形势、双方未来业务合作等话题进行交流。

8 月 19 日

总行召开“不忘初心、牢记使命”主题教育调研成果交流会，党委书记陈四清主持，党委副书记谷澍，党委委员王林、胡浩、谭炯，官学清董事会秘书参加会议。

党委书记陈四清主持召开第 31 次党委（扩大）会议，听取关于以和解方式了结马德里分行反洗钱刑事调查事件的汇报，审议《关于通过工银欧洲在希腊设立代表处的议案》。党委副书记谷澍，党委委员王林、胡浩、谭炯出席，官学清董事会秘书列席。

8 月 20 日

王林组长出席总行操作风险暨内部控制管理委员会 2019 年第三次会议。

胡浩副行长拜会海关总署国家口岸管理办公室主任黄冠胜，双方就进一步深化“单一窗口”业务合作等话题进行交流。

谭炯副行长拜访大家保险集团法定代表人兼安邦接管组组长何肖峰，双方就加强全面业务合作等话题进行交流。

谭炯副行长主持召开总行保密委员会会议。

8 月 21 日

陈四清董事长、胡浩副行长拜会国务院国有资产监督管理委员会主任郝鹏，双方就深化务实合作、防范化解金融风险等话题进行交流。

陈四清董事长、胡浩副行长会见中国移动集团董事长杨杰，双方就巩固和加强全面战略合作等话题进行交流。

胡浩副行长会见 TCL 集团首席运营官杜鹏，双方就推动全面业务合作等话题进行交流。

8 月 22 日

陈四清董事长主持召开 2019 年金融扶贫工作领导小组第二次会议，胡浩副行长、谭炯副行长、官学清董事会秘书出席。

以工银党〔2019〕39 号决定：拟提名总行信贷与投资管理部总经理魏学坤同志任锦州银行董事长、党委书记。魏学坤同志不再担任总行信贷与投资管理部总经理职务。

8 月 23 日

党委书记陈四清主持召开第 32 次党委会议，审议专题民主生活会班子检视剖析材料。党委副书记谷澍，党委委员王林、胡浩、谭炯出席。

党委书记陈四清主持召开第 33 次党委（扩大）会议，审议拟提交董事会、监事会的议案或汇报事项。党委副书记谷澍，党委委员王林、胡浩、谭炯出席。

陈四清董事长、谭炯副行长出席全行机构金融业务座谈会，听取机构金融业务部关于机构金融业务发展情况的汇报和重点分行发言，就推动解决机构金融工作重点难点问题进行交流。

谷澍行长会见鹏华基金总裁邓召明，双方就基金代销与托管业务、扩大合作规模等话题进行交流。

谷澍行长会见桥水投资公司创始人、董事长兼联席首席投资官 Ray Dalio，双方就中国和全球宏观经济发展、投资理念以及业务合作机会等话题进行交流。

王林组长主持召开派驻纪检监察组、党委巡视办主题教育调研成果交流会。

胡浩副行长出席重点分行市场化债转股业务推动会议，为市场化债转股业务存续期管理优秀分行颁奖并做总结讲话。

党委委员谭炯为全行机构金融条线干部员工代表讲授“不忘初心、牢记使命”主题教育专题党课。

8 月 25 日 –8 月 27 日

陈四清董事长赴重庆出席第二届中国国际智能产业博览会开幕式暨大数据智能化高峰会，并陪同中央政治局委员、国务院副总理刘鹤视察工商银行展厅，向刘鹤详细介绍了工商银行在人工智能、金融科技等领域的研究和应用情况，以及普惠金融业务最新发展情况。其间，赴重庆分行进行调研，听取重庆分行工作汇报，参观红岩革命纪念馆，考察重庆市礼嘉智慧体验园。

8 月 27 日

王林组长主持召开《关于贯彻落实新时代全面从严治党要求的实施意见》研讨会。

谭炯副行长主持召开专题会议，研究与恒丰银行票据纠纷有关应对工作。

8 月 28 日

陈四清董事长主持召开独立董事座谈会，官学清董事会秘书参加。

陈四清董事长会见商务部副部长、中国国际进口博览局局长王炳南，双方就工商银行国际化发展情况、金融服务优势、进博会配套活动等话题进行交流。

胡浩副行长拜访中国移动副总裁、总会计师董昕，双方就加强优先股投资、全面资金业务等话题进行交流。

谭炯副行长出席中国工商银行工银理财节第二届828 论坛并致辞，官学清董事会秘书做主题演讲。

8 月 29 日

党委书记陈四清，党委副书记谷澍，党委委员王林、胡浩、谭炯出席“不忘初心、牢记使命”主题教育专题民主生活会。中央第二十六指导组全体列席。

陈四清董事长主持召开中国工商银行股份有限公司董事会会议，谷澍副董事长、胡浩执行董事和谭炯执行董事等 14 位董事会成员出席会议，官学清董事会秘书参加会议。监事会成员及总行相关部门负责人列席会议。会议审议通过了《关于 2019 半年度报告及摘要的议案》等十六项议案，听取了《关于 2019 年上半年经营情况的汇报》等两项汇报。

谷澍行长、胡浩副行长、谭炯副行长、官学清董事会秘书出席 2019 年中期业绩发布会。

以工银任免〔2019〕201 号决定：解聘魏学坤信贷与投资管理部总经理职务。

8 月 30 日

党委书记陈四清出席“不忘初心、牢记使命”主题教育干部座谈会。

陈四清董事长会见德勤全球主席舒亚汶，双方就进一步深化合作等话题进行交流。

谷澍行长会见辽宁省副省长王明玉、副省长张立林，双方就金融支持辽宁经济发展、进一步深化银政合作等话题进行交流。

王林组长主持召开派驻纪检监察组“不忘初心、牢记使命”专题民主生活会。

胡浩副行长主持总分行机关“新时代新思想新征程”系列大讲堂活动 2019 年第 2 讲。杨凯生老行长围绕“打好精准脱贫攻坚战”主题进行授课。

谭炯副行长会见中国人民保险集团副总裁肖建友，双方就推动重点项目落地、深化银保合作等话题进行交流。

9 月

9 月 2 日

党委书记陈四清主持召开第 34 次党委（扩大）会议，传达习近平总书记在中央政治局会议上关于上半年经济形势的重要讲话精神，中共中央国务院关于印发《打好防范化解重大金融风险攻坚战行动方案》的通知，以及《关于茅台酒厂（集团）公司原党委副书记董事长袁仁国严重违纪违法案的通报》，研究审议派驻纪检监察组提交的《中国工商银行党委管理领导班子单位纪委书记提名考察办法》以及党委组织部关于干部事项的汇报。党委副书记谷澍，党委委员王林、胡浩、谭炯出席。

谭炯副行长参加中国红十字会第十一次全国会员代表大会。

9 月 3 日

陈四清董事长、谷澍行长、谭炯副行长、官学清董事会秘书出席 2019 年中期业绩发布暨反向路演活动管理层见面会。

谷澍行长、王林组长主持召开人民银行反洗钱现场评估进场见面会。

9 月 3 日 –9 月 4 日

陈四清董事长赴上海拜会中央政治局委员、上海市委书记李强，双方就进一步深化合作、支持上海市经济金融发展等话题进行交流。

9 月 4 日

谷澍行长参加国务院常务会议。

谭炯副行长会见日本住友商事株式会社副社长高畑恒一，双方就加强日本市场全面合作、共同开发第三方市场、实现中国市场合作升级等话题进行交流。

谭炯副行长会见国家开发投资集团有限公司总会计师沈翎，双方就深化业务合作等话题进行交流。

9 月 5 日

陈四清董事长拜访国家烟草专卖局局长、中国烟草总公司总经理张建民，双方就深化银企战略合作关系等话题进行交流。

王林组长出席 2019 年教师节座谈会。

谭炯副行长会见包商银行接管组副组长李国荣，双方就化解包商银行金融风险、开展同业合作等话题进行交流。

9 月 6 日

陈四清董事长出席中德经济顾问委员会第六次会议。

全行召开“不忘初心、牢记使命”主题教育第一批总结大会，总结第一批主题教育开展情况，深化认识体会，巩固拓展成果。党委书记陈四清代表总行党委作总结讲话。“不忘初心、牢记使命”主题教育中央第二十六指导组组长邓声明出席会议并讲话，指导组全体同志到会指导。王林组长、谭炯副行长、官学清董事会秘书出席会议。

王林组长主持召开“不忘初心、牢记使命”主题教育第一批巡回指导工作总结会议。

9月6日－9月13日

谷澍行长出访波兰、匈牙利、奥地利。在波兰期间，拜会波兰金融监管局副局长德洛兹多夫斯卡女士，与波兰财政部副部长彼得·诺瓦克先生举行会谈，拜访中国驻波兰使馆，赴华沙分行调研并慰问员工。在匈牙利期间，拜访匈牙利副总理兼财政部长 Mihály Varga、匈牙利中央银行行长 Matolcsy Gyorgy ，会见匈牙利进出口银行首席执行官 Jákli Gergely，拜访中国驻匈牙利使馆。在奥地利期间，拜访奥地利金融市场监管局局长、执行董事赫尔穆特·埃特尔，拜会奥地利国库署署长马库斯·斯提克斯，会见奥地利 Andritz 集团总裁兼首席执行官沃尔夫刚·莱特纳，拜访中国驻奥地利使馆，赴工银奥地利调研并慰问员工。

9月9日

党委书记陈四清主持召开第35次党委（扩大）会议，传达《中共中央办公厅关于贵州省认真贯彻习近平总书记重要指示批示精神深入开展领导干部利用茅台酒谋取私利问题专项整治情况的通报》，传达全国金融形势通报和工作经验交流电视电话会议精神，研究行领导和高管分工及代管安排。党委委员王林、胡浩出席，官学清董事会秘书列席。

党委书记陈四清主持召开“不忘初心、牢记使命”主题教育领导小组第四次会议，党委委员王林、胡浩出席，官学清董事会秘书列席。

陈四清董事长会见捷克驻华大使佟福德，双方就中捷经贸合作、布拉格分行经营发展等话题进行交流。

陈四清董事长会见中国大唐集团董事长陈飞虎，双方就加强银企合作、国有企业降杠杆等话题进行交流。

胡浩副行长参加银保监会小微企业金融政策落实情况专题座谈会。

9月10日

全行召开第二批“不忘初心、牢记使命”主题教育动员大会。党委书记、董事长陈四清作动员讲话，胡浩副行长、官学清董事会秘书出席会议。

王林组长出席国际化人才培训项目汇报会。

9月11日

陈四清董事长出席国务院常务会议。

王林组长参加中央纪委国家监委派驻机构组长学习工作交流会。

胡浩副行长参加中央第十二督导组联系企业座谈会。

9月12日

党委书记陈四清主持召开第36次党委（扩大）会议，听取并审议通过派驻纪检监察组关于建议给予有关干部党纪政务处分的通报，以及党委组织部有关干部事项的汇报。党委委员王林、胡浩出席。

党委书记陈四清主持召开“不忘初心、牢记使命”主题教育领导小组第五次会议，党委委员王林、胡浩出席，官学清董事会秘书列席。

胡浩副行长赴银保监会参加大型银行境外合规经营相关情况会议。

胡浩副行长听取相关部门关于第二届进博会筹备工作进展情况的专题汇报，研究部署下一步工作。

9月16日

党委书记陈四清主持召开第37次党委（扩大）会议，传达习近平总书记在中央财经委员会第五次会议上的重要讲话精神，听取金融科技部关于工商银行金融科技治理情况及设立金融科技研究院的汇报，以及关于金融科技发展规划的汇报。党委副书记谷澍，党委委员王林、胡浩出席，官学清董事会秘书列席。

谷澍行长会见卢森堡财政部长格拉美亚，双方就工商银行欧洲机构发展战略、卢森堡金融监管理念、绿色金融等话题进行交流。

王林组长出席第二批“不忘初心、牢记使命”主题教育巡回指导组和领导小组工作会议，对全行第二批主题教育各项工作进行培训部署。

9月16日－9月18日

胡浩副行长赴长院出席2019年境内分行国际业务高级管理人员培训班开班座谈，为2019年一级机构内设部室党支部书记示范培训班授课，主持召开金融支持东北全面振兴座谈会。

9月17日

陈四清董事长、谷澍行长、官学清董事会秘书出席全面打造“第一个人金融银行”座谈会。

9月18日

陈四清董事长出席京津冀协同发展座谈会。

9月19日

党委书记陈四清主持召开第38次党委（扩大）会议，听取战投部关于投资北京中经惠众科技有限公司股权相关事项的汇报，研究党委组织部有关干部事项，传达国务院中管金融机构加强内部治理、防范风险座谈会精神，布置国庆全行安全保卫与服务保障工作。党委副书记谷澍，党委委员王林、胡浩出席，官学清董事会秘书列席。

王林组长出席总行党校第十九期领导干部研究班结业并讲话。

9月20日

陈四清董事长主持召开集团风险管理专题会议，王林组长、胡浩副行长、官学清董事会秘书出席。

胡浩副行长出席人民银行与国际清算银行主办的人民币国际化研讨会，就促进境外央行类机构人民币投资作主旨发言。

9月20日－9月22日

谷澍行长赴广西参加第16届中国—东盟博览会和中国—东盟商务与投资峰会，参加开幕式并在相关会议、论坛致辞。

9 月 23 日

党委书记陈四清、党委副书记谷澍、党委委员王林出席总行党委巡视工作领导小组会议。

9 月 24 日

党委书记陈四清主持召开第 39 次党委（扩大）会议，传达“贯彻习近平总书记重要批示精神、深入落实中央八项规定精神”电视电话会议精神，听取党委组织部关于调整总分行职数管理方式并重新核定部分机构相关职数的汇报，听取法律事务部关于马德里分行刑事和解方案落实计划的汇报，审议派驻纪检监察组关于给予重庆分行原党委委员、副行长谢明党纪处分的通报。党委副书记谷澍，党委委员王林、胡浩出席，官学清董事会秘书列席。

谷澍行长、官学清董事会秘书出席金融科技发展委员会暨智慧银行 ECOS 工程领导小组 2019 年第三次会议。

王林组长、胡浩副行长出席“敬畏法律　从严治行”专题教育大会。

王林组长、胡浩副行长出席总行党委 2019 年第二批本部巡视反馈暨整改动员会。

胡浩副行长会见清华大学常务副校长王希勤、清华控股董事长龙大伟，出席工商银行与清华控股债转股基金签约并致辞。

9 月 24 日 –9 月 27 日

胡浩副行长赴浙江出差。其间，赴杭院出席 2019 年普惠金融客户经理技能大赛总决赛，并为大赛获奖团队和选手颁奖。调研先进制造业，走访诺尔康神经电子科技公司和新华三集团两家先进制造业客户。

9 月 25 日

王林组长主持召开银保监会监管通报问题整改工作推动会议。

9 月 26 日

陈四清董事长参加中央第二批“不忘初心、牢记使命”主题教育推进会。

陈四清董事长赴离退休人员管理部、内控合规部调研并慰问员工。

谷澍行长参加国务院常务会议。

王林组长参加中央纪委国家监委派驻机构组长学习工作交流会。

根据中共中央组织部组任字〔2019〕348 号文件通知，谭炯同志不再担任中国工商银行党委委员职务。

根据国务院国人字〔2019〕191 号文件通知，谭炯不再担任中国工商银行执行董事、副行长职务。

9 月 27 日

陈四清董事长出席总行青年员工座谈会。

谷澍行长主持召开专题会议，听取经营情况工作汇报。

9 月 27 日 –9 月 29 日

王林组长赴安徽、上海分行开展“不忘初心、牢记使命”主题教育调研。

9 月 29 日

陈四清董事长、胡浩副行长会见新鸿基地产集团董事会主席郭炳联，双方就加强银企合作等话题进行交流。

胡浩副行长会见新加坡金鹰集团董事局主席陈江河，双方就进一步加强银企全面合作等话题进行交流。

9 月 30 日

陈四清董事长、谷澍行长参加国庆招待会。

胡浩副行长调研国庆节前总行安全稳定运营工作。

10 月

10 月 8 日

陈四清董事长参加国务院常务会议。

党委书记陈四清主持召开第 40 次党委（扩大）会议，听取风险管理部、深改办关于集团全面风险管理情况的汇报、关于打好防范化解金融风险攻坚战的汇报，听取深改办关于工商银行在雄安核心区选址事项的汇报，听取内控合规部关于成立总行违规问责委员会及其工作规则的汇报，听取党委组织部关于中青年干部培训班事项的汇报。党委副书记谷澍，党委委员王林、胡浩出席，官学清董事会秘书列席。

党委书记陈四清主持召开“不忘初心、牢记使命”主题教育领导小组第六次会议，党委副书记谷澍，党委委员王林、胡浩出席，官学清董事会秘书列席。

陈四清董事长会见山东省委常委、青岛市委书记王清宪，双方就进一步深化合作、支持青岛市经济社会发展等话题交换意见。

10 月 9 日

陈四清董事长参加中共中央组织部全国干部监督工作会议。

10 月 9 日 –10 月 11 日

谷澍行长、胡浩副行长赴上海参加“聚力一体化　聚焦高质量　金融助力长三角”活动。其间，拜会上海市委副书记、市长应勇和市委常委、副市长吴清，会见锦江国际（集团）有限公司董事长俞敏亮、总裁郭丽娟，出席工商银行与锦江国际（集团）有限公司互联网金融业务战略合作协议签约活动，并赴上海分行调研。

10 月 10 日

党委书记陈四清、党委委员王林、官学清董事会秘书出席纪检系统全面从严治党座谈会。

10 月 11 日

党委书记陈四清主持召开第 41 次党委（扩大）会议，听取工银亚洲、工银国际关于香港局势的分析和近期工作情况的汇报。党委副书记谷澍，党委委员王林、胡浩出席，官学清董事会秘书列席。

王林组长主持召开第二批“不忘初心、牢记使命”主题教育推进会。

10 月 12 日

胡浩副行长拜访国电投集团副总经理、总会计师杨亚，参观国电投集团清洁能源展厅，并就进一步加强银企全面合作进行交流。

10 月 14 日

党委书记陈四清主持召开第 42 次党委（扩大）会议，传达习近平总书记在中央政治局第十七次集体学习时的重要讲话精神，传达中共中央办公厅关于秦光荣严重违纪违法问题及其教训警示的通报，传达全国干部监督工作会议精神，听取党委办公室关于工商银行党内制度建设和管理有关情况的汇报，研究有关干部事项。党委副书记谷澍、党委委员王林出席，官学清董事会秘书列席。

陈四清董事长主持召开专题会议，听取关于外汇业务发展情况的汇报。王林组长、官学清董事会秘书出席。

谷澍行长会见来访的塔吉克斯坦第一副总理达弗拉塔里·赛义德，双方就深化共建“一带一路”、加强项目融资合作等话题交换意见。

10 月 14 日－10 月 15 日

胡浩副行长出席辽宁省政府和东北振兴合作机制主办的“金融助振兴——辽宁行动”主旨会议并致辞，代表工商银行与辽宁省人民政府签署支持重大基础设施建设及制造业发展战略合作协议。

10 月 15 日

陈四清董事长拜访国家开发银行董事长赵欢，双方就落实国家战略要求、巩固战略伙伴关系进行交流。

陈四清董事长主持召开专题会议，听取分管部门工作汇报，安排部署有关工作。

陈四清董事长赴金融市场部调研并慰问干部员工。

王林组长出席总行党校第二十期领导干部研究班开班并讲话。

10 月 15 日－10 月 18 日

谷澍行长出访美国。其间，拜会中国常驻联合国大使张军、联合国副秘书长刘振民，出席联合国全球可持续发展投资者联盟（GISD）成立大会并发表演讲，接受新华社专访，拜会美国当地资产管理公司，与工商银行美国机构高层座谈。

10 月 16 日

陈四清董事长参加国务院常务会议。

胡浩副行长会见来访的英国石油公司（BP）全球司库 Kate Thomson，双方就进一步扩大合作范围，提升合作层次进行交流。

10 月 16 日－10 月 21 日

陈四清董事长赴湖北参加第七届世界军人运动会开幕式，拜访省委省政府负责人，出席工商银行与中南财经政法大学战略合作协议签约活动，主持召开中部地区发展座谈会，并赴分行开展“不忘初心、牢记使命”主题教育调研。

10 月 16 日－10 月 19 日

王林组长赴青海分行开展第二批“不忘初心、牢记使命”主题教育专题调研，与部分支行行长、基层党支部书记、网点负责人和一线员工代表进行座谈交流，深入城中支行等一级支行和基层网点进行调研，看望慰问高原艰苦地区员工。

10 月 17 日

胡浩副行长主持召开毕马威 2019 年第三季度商定程序汇报会。

胡浩副行长会见贵州省副省长谭炯，双方就进一步深化合作、助力贵州经济金融发展等话题交换意见。

胡浩副行长出席并主持 2019 年第 3 期创新沙龙。沈炳熙监事参加。

10 月 19 日－10 月 21 日

陈四清董事长深入四川省凉山彝族自治州金阳县，慰问贫困群众，调研扶贫项目，并对下一步的定点扶贫工作进行部署。四川省副省长李云泽、官学清董事会秘书一同参加调研。

10 月 20 日－10 月 21 日

谷澍行长出席银行科技发展奖现场观摩研讨会并致辞。

10 月 21 日

王林组长主持召开“不忘初心、牢记使命”主题教育专项整治推进会。

胡浩副行长会见来访的新加坡金融管理局（MAS）副局长王宗智，双方就工行整体经营情况、绿色金融及数字银行等情况进行交流。

胡浩副行长听取相关部门和上海分行关于第二届进博会筹备工作进展情况专题汇报，研究部署下一步工作。

10 月 22 日

党委书记陈四清主持召开第 43 次党委（扩大）会议，研究审议拟提交董事会的议案或汇报事项，听取内部审计局关于审计署审计查出重点问题整改情况的汇报，研究有关干部事项。党委副书记谷澍，党委委员王林、胡浩出席，官学清董事会秘书列席。

谷澍行长会见来访的奥地利金融市场监管局（FMA）局长、执行主席赫尔穆特·埃特尔先生，双方就我国经济形势、银行业情况、工商银行国际化及在奥发展情况等话题进行交流。

王林组长出席 2019 年中青年干部培训班开班并讲话。

胡浩副行长参加中央和国家机关推进新时代机关党建高质量发展研讨班开班仪式。

10 月 23 日

陈四清董事长参加国务院常务会议。

党委书记陈四清、党委副书记谷澍、党委委员王林出席全面从严治党从严治行推进会。

谷澍行长出席奋斗卡升级暨牡丹黑金卡发布仪式并致辞，官学清董事会秘书为首位牡丹黑金卡（世界之极）持卡人郎平颁卡。

王林组长主持召开党建研究工作座谈交流会。

10 月 23 日－10 月 30 日

胡浩副行长出访菲律宾、澳大利亚。在菲律宾期间，拜会菲律宾央行行长 Benjamin E. Diokno 和财政部长 Carlos G. Dominguez，拜会中国驻菲律宾大使赵鉴华，并赴马尼拉分行调研慰问。在澳大利亚期间，拜会澳大利亚审慎监督管理局，走访国家能源集团神华清洁能源控股有限公司和澳大利亚塔斯马尼亚州水电集团，并赴悉尼分行调研。

10 月 24 日

党委书记陈四清主持召开第 44 次党委（扩大）会议，听取关于前三季度经营情况与下阶段重点工作的汇报。党委副书记谷澍、党委委员王林出席，官学清董事会秘书列席。

党委书记陈四清主持召开第 45 次党委（扩大）会议，党委副书记谷澍、党委委员王林出席。

陈四清董事长、谷澍行长、官学清董事会秘书出席总行机关离退休老同志集体祝寿会，为 70 周岁和 80 周岁的离退休老同志庆祝生日。

陈四清董事长、王林组长出席“不忘初心、牢记使命”主题教育中央第十二巡回督导组沟通会。

10 月 25 日

陈四清董事长主持召开中国工商银行股份有限公司董事会会议，谷澍副董事长等 13 位董事会成员出席，官学清董事会秘书参加，监事会部分成员及总行相关部门负责人列席。

陈四清董事长会见重庆市副市长李波，双方就支持重庆市经济社会发展、进一步深化金融合作等交换意见。

10 月 27 日

“工贺新婚　一生同行”集体婚礼在中国工商银行总行大楼中心花园举行。陈四清董事长作为主婚人在婚礼上致辞，王林组长、官学清董事会秘书出席。

10 月 28 日－10 月 31 日

党委书记、董事长陈四清，党委副书记、行长谷澍参加党的十九届四中全会。

10 月 30 日

王林组长出席第二批“不忘初心、牢记使命”主题教育工作培训会。

11 月

11 月 1 日

陈四清董事长出席 2019 年中青年干部培训班座谈会，听取学员代表的工作汇报和意见建议，并与在场学员亲切交流。

陈四清董事长出席总行本部中青年干部座谈会，与来自总行本部 10 个部门的 29 名中青年干部代表亲切交流。

王林组长主持召开会议宣布党委巡视办干部任命。经总行党委研究决定，邱建华、贾建强两位同志任总行党委巡视组专职组长，赵向军同志任总行党委巡视办副主任。

王林组长召开部分一级（直属）分行纪委书记调整任免暨集体谈话会议。

胡浩副行长参加银保监会 2019 年三季度监管会谈。

胡浩副行长主持召开投资银行业务推进委员会 2019 年第二次会议。

11 月 2 日－11 月 3 日

陈四清董事长赴济南参加第三届中国企业改革发展论坛。其间，拜会山东省委书记刘家义、省长龚正，双方就进一步深化合作，支持山东省经济社会发展交换意见；赴山东分行宣布干部任免事项，经党委研究决定，赵桂德同志担任山东分行行长、党委书记。赵树厂同志不再担任山东分行党委委员、纪委书记兼工会主任，另有任用；吴进同志担任山东分行党委委员、纪委书记兼工会主任。

11 月 4 日

党委书记陈四清主持召开第 46 次党委（扩大）会议，传达党的十九届四中全会精神。党委副书记谷澍，党委委员王林、胡浩出席。

党委书记陈四清主持召开第 47 次党委会议，传达习近平总书记在党的十九届四中全会结束后关于中美关系问题和香港局势的重要讲话精神，研究有关干部事项。党委副书记谷澍，党委委员王林、胡浩出席。

党委书记陈四清主持召开“不忘初心、牢记使命”主题教育领导小组第七次会议，党委副书记谷澍、党委委员王林出席。

胡浩副行长参加银保监会银行业金融机构“百行进万企”动员部署会议。

11 月 5 日－11 月 6 日

陈四清董事长、胡浩副行长在上海参加第二届进博会暨虹桥国际经济论坛开幕式并出席第二届进博会系列活动。其间，陈四清董事长出席工商银行与中国人民银行共同举办的第二届中国国际进口博览会金融科技论坛并致辞。

11 月 5 日 –11 月 9 日

王林组长出访越南、老挝、柬埔寨，围绕工商银行在当地境外机构加强党的领导、深化党的建设、全面从严治党和开展“不忘初心、牢记使命”主题教育、服务国家“一带一路”战略等方面的情况，深入开展监督调研。

11 月 6 日

谷澍行长出席中法经济峰会系列活动，并在“中法第三方市场合作”议题下发表主旨演讲。

11 月 7 日

党委书记陈四清主持召开第 48 次党委（扩大）会议，宣布廖林同志任职事项。根据工作需要，经中组部研究决定，廖林同志任工商银行副行长、党委委员。党委副书记谷澍出席，官学清董事会秘书列席。

陈四清董事长拜访百度公司董事长兼首席执行官李彦宏，双方就进一步深化银企合作、共同探索金融科技创新与应用等议题进行交流。

陈四清董事长会见华润集团董事长傅育宁，双方就巩固和加强银企全面战略合作进行交流。

胡浩副行长赴杭州出席第三期民营企业高管金融研修班开班并致辞。

11 月 8 日

陈四清董事长、谷澍行长、官学清董事会秘书出席工商银行智慧银行生态系统 ECOS 发布会。

陈四清董事长、谷澍行长出席 2019 年金融（定点）扶贫工作领导小组第三次会议。

胡浩副行长出席银保监会核心监管联席会议，向中外监管机构介绍工商银行经营管理情况。

11 月 9 日 –11 月 17 日

陈四清董事长出访希腊、巴西。在希腊期间，在两国领导人的共同见证下，陈四清董事长代表工商银行接受希腊央行颁发的希腊代表处牌照；参加希腊可再生能源项目签约仪式等系列活动。在巴西期间，作为金砖国家工商理事会中方理事，赴巴西利亚出席金砖国家工商理事会相关活动，并赴圣保罗对工银巴西开展调研。

11 月 11 日

王林组长出席中央纪委国家监委组织部派驻改革调研座谈会。

胡浩副行长出席总行机构金融、养老金业务高级管理人员培训班开班仪式并讲话。

11 月 12 日

胡浩副行长会见福特汽车全球司库 Dave Webb，双方就进一步加强银企全球化合作进行交流。

胡浩副行长会见五矿集团副总经理任珠峰，双方就进一步加强银企全面合作进行交流。

11 月 12 日 –11 月 14 日

王林组长赴福建分行开展第二批“不忘初心、牢记使命”主题教育专题调研，召开调研座谈会，与基层干部员工代表面对面交流，了解第二批主题教育开展情况，听取对总行主题教育整改整治情况的评价意见。

11 月 13 日

谷澍行长参加国务院常务会议。

胡浩副行长出席首届机构金融客户营销技能大赛总决赛，并为大赛获奖团队和选手颁奖。

胡浩副行长视频出席工银伦敦 2019 年第四次董事会会议。

11 月 14 日

谷澍行长出席“工银大学——澳门青年金融人才培训学校”揭牌活动。

谷澍行长主持召开总行风险管理委员会 2019 年第四次会议，胡浩副行长、党委委员廖林、官学清董事会秘书出席。

胡浩副行长赴总行党校为总行第 20 期领导干部研究班和中青年干部培训班学员讲授专题党课。

11 月 15 日

谷澍行长、胡浩副行长出席制造业信贷市场拓展座谈会。

谷澍行长会见海南省副省长沈丹阳，双方就加大合作力度，促进政银企合作，以及对重点客户提供融资支持等事宜交换意见。

王林组长出席 2019 年中青年干部培训班结业并讲话。

王林组长出席部分一级机构新任纪委书记集体谈话会。

胡浩副行长出席全行普惠金融旺季营销推动会并讲话。

党委委员廖林出席 2019 年北京国际钱币博览会开幕式。

11 月 17 日 –11 月 18 日

谷澍行长赴宁夏分行开展第二批“不忘初心、牢记使命”主题教育专题调研，代表工商银行与宁夏自治区签署“互联网 + 政务”战略合作协议，并出席“我的宁夏”手机 APP 上线发布等系列活动。

党委委员廖林赴上海出席建设安全高效的金融基础设施国际研讨会。

11 月 18 日

陈四清董事长会见青海省省长刘宁、副省长王黎明，双方就进一步深化合作、支持青海省经济社会发展、防范化解风险等交换意见。

王林组长主持召开操作风险暨内部控制管理委员会 2019 年第四次会议。

11 月 19 日

党委书记陈四清主持召开第 49 次党委（扩大）会议，传达深圳 11 · 15 会议精神。党委副书记谷澍，党委委员王林、胡浩、廖林出席，官学清董事会秘书列席。

党委书记陈四清主持召开第50次党委（扩大）会议，传达习近平总书记在中央政治局常委会会议上关于前三季度经济形势的重要讲话精神，审议拟提交董事会的议案，研究深改办关于深化研究体系改革事项，审议派驻纪检监察组关于给予上海分行原党委书记、行长顾国明党纪政务处分的通报，研究有关干部事项。党委副书记谷澍，党委委员王林、胡浩、廖林出席，官学清董事会秘书列席。

谷澍行长会见五粮液集团董事长李曙光，双方就全面深化银企合作进行交流。

谷澍行长出席全行旺季营销工作推动会并讲话，官学清董事会秘书主持会议。

胡浩副行长主持召开专题会议，研究物业管理改革相关事宜。

胡浩副行长会见新华三集团总裁于英涛，双方就进一步加强银企全面合作进行交流。

11月19日－11月20日

王林组长赴贵州宣布干部任免。经总行党委研究决定，陈平同志因到龄退休不再担任贵州分行行长、党委书记职务，暂由贵州分行副行长、党委副书记吴涛临时负责贵州分行全面工作。

11月20日

谷澍行长参加国务院常务会议。

谷澍行长参加最高法院、人民银行和银保监会联合组织召开的推进金融纠纷多元化解机制建设电视电话会议，并作为金融机构唯一代表做交流发言。

胡浩副行长会见中国国家铁路集团总会计师余邦利，双方就进一步加强战略合作进行交流。

胡浩副行长会见香港置地集团公司中国物业发展及投资执行董事凌常峰，双方就进一步深化银企全面合作关系进行交流。

胡浩副行长会见来访的沙特国际电力与水务集团首席执行官帕迪·帕德曼那特汗，双方就巩固和加强合作关系进行交流。

11月21日

党委书记陈四清，党委副书记谷澍，党委委员王林、胡浩、廖林，官学清董事会秘书出席党的十九届四中全会精神宣讲报告会。

陈四清董事长、胡浩副行长会见中粮集团董事长吕军、总会计师骆家駹，双方就加强银企合作进行交流。在陈四清、吕军的见证下，胡浩和骆家駹代表双方签署了全面战略合作协议。

党委委员廖林参加银保监会制造业金融服务工作座谈会。

11月21日－11月26日

谷澍行长出访缅甸、新加坡，拜会当地监管机构、政府部门、企业客户、中国驻当地使馆，出席“中债—工行人民币债券指数”在新加坡交易所发布暨挂牌活动，并调研仰光分行、新加坡分行。

11月21日－11月23日

王林组长赴浙江出差。其间，赴浙江金融培训学校出席巡察工作经验分享交流会，与巡察工作培训班全体学员座谈，开展主题教育整改落实情况“回头看”调研，并出席全行纪检监察系统学习贯彻党的十九届四中全会精神视频会。

11月22日

受陈四清董事长委托，胡浩执行董事、副行长主持召开中国工商银行股份有限公司董事会会议，14位董事会成员出席会议，官学清董事会秘书参加会议。监事会成员及总行相关部门负责人列席会议。

胡浩副行长出席首届成方金融科技论坛并发表主旨演讲。

党委委员廖林出席总行党校第二十期领导干部研究班结业并讲话。

11月25日

根据国务院国人字〔2019〕258号文件通知，经履行相关法律规定程序，廖林任中国工商银行副行长。

11月26日

党委书记陈四清，党委委员王林、胡浩、廖林，官学清董事会秘书出席“守初心担使命　凝心共筑中国梦”党建知识竞赛决赛并为参赛队伍颁奖。

胡浩副行长出席中国船舶工业集团有限公司成立大会。

11月27日

陈四清董事长参加国务院常务会议。

党委书记陈四清主持召开第51次党委（扩大）会议暨党委中心组学习，传达学习习近平总书记在中央政治局第十八次集体学习时的重要讲话精神，学习研讨党的十九届四中全会精神。党委副书记谷澍，党委委员王林、廖林出席，官学清董事会秘书列席。

党委书记陈四清主持召开第52次党委（扩大）会议，传达赵乐际同志在部分中管金融企业派驻纪检监察组组长座谈会上的讲话精神，听取直属党委关于第五届总行直属机关党委、纪委委员候选人预备人选推选情况的汇报，听取党委办公室关于印发《中国工商银行重大事项请示报告实施办法》的报告，研究行领导和高管分工及代管工作。党委副书记谷澍，党委委员王林、廖林出席，官学清董事会秘书列席。

党委书记陈四清主持召开“不忘初心、牢记使命”主题教育领导小组第八次会议，党委副书记谷澍，党委委员王林、廖林，官学清董事会秘书出席。

谷澍行长会见来访的匈牙利副总理兼财政部长米哈伊·沃尔高，并代表工商银行与匈牙利财政部签署合作备忘录。

11月27日－11月29日

胡浩副行长赴海南、深圳出差。在海南期间，出席第五届深海能源大会并调研海南分行。在深圳期间，拜访招商局集团总会计师周松、招商局工业集团有限公司总经理胡贤甫，并调研租赁公司海洋能源建设与生产装备。

11 月 28 日

谷澍行长会见吉林省副省长蔡东，双方就金融支持吉林经济发展、进一步深化银政合作交换意见。

11 月 28 日 –11 月 30 日

廖林副行长赴云南参加中央金融单位定点扶贫工作研讨会。其间，深入深度贫困地区的兰坪县支行等基层网点慰问干部员工，并赴云南大理分行宣讲党的十九届四中全会精神。

11 月 29 日

党委书记陈四清主持召开第 53 次党委（扩大）会议，中组部有关局负责同志宣布杨国中同志任中国工商银行监事长、党委副书记。党委副书记谷澍、党委委员王林出席，官学清董事会秘书列席。

谷澍行长赴安全保卫部宣布干部调整事项。经总行党委研究决定，因年龄原因靳晓鹏同志不再担任安全保卫部总经理职务，安全保卫部工作由郭春野同志临时牵头。

12 月

12 月 1 日 –12 月 4 日

陈四清董事长、官学清董事会秘书出访南非，拜会南非总统西里尔·拉马福萨，会见中国驻南非大使林松添，出席工商银行与标准银行集团 2019 年战略合作会议，并赴工商银行非洲代表处慰问干部员工。

12 月 3 日

胡浩副行长会见中信建投证券董事长王常青、总裁李格平、监事长李士华，双方就加强全面战略合作进行交流。

胡浩副行长会见来访的托克集团董事 Pierre Lorinet、财务总监 Christophe Salmon，双方就巩固和加强合作关系进行交流。

廖林副行长出席北京金融街合作发展理事会第一届一次全体大会并讲话。

廖林副行长赴授信审批部、不良资产管理处置中心进行工作调研。

12 月 4 日

谷澍行长参加国务院常务会议。

胡浩副行长会见中国太平保险集团有限责任公司副总经理洪波，双方回顾了战略协议签署以来的合作情况，并就深化合作关系进行交流。

廖林副行长赴安全保卫部进行工作调研。

12 月 5 日

谷澍行长会见来访的德明信资产管理公司创始人兼执行主席 David Booth，双方就资产管理、国际业务等领域合作进行交流。

王林组长与总行党委巡视办开展调研座谈。

胡浩副行长出席中粮集团成立 70 周年活动，并作为唯一银行战略合作伙伴致辞。

廖林副行长赴内控合规部进行工作调研。

廖林副行长赴资产管理部、工银理财进行工作调研。

12 月 6 日

胡浩副行长主持召开国际化联席会议 2019 年第三次会议。

12 月 9 日

党委书记陈四清主持召开第 54 次党委（扩大）会议，听取董事会办公室关于提请董事会审议召集 2020 年第一次临时股东大会的汇报等 3 项议题，研究个人金融业务部《全面打造“第一个人金融银行”若干意见》等 2 项议题，审议党委组织部《加强全行党的政治建设的具体措施》等 2 项议题，研究行领导和高管分工，研究有关干部事项。党委副书记谷澍、杨国中，党委委员王林、胡浩、廖林出席。官学清董事会秘书列席。

谷澍行长主持召开全行年度决算工作会议。

谷澍行长主持召开专题会议，研究信用卡汽车专项分期业务和 ETC 数字信用卡整改问题。廖林副行长、官学清董事会秘书参加。

胡浩副行长出席国家石油天然气管网集团成立大会。

12 月 10 日

王林组长主持召开“三不”机制建设暨监督工作座谈会。

廖林副行长对总行本部办公楼安全管理工作进行检查。

12 月 10 日 –12 月 12 日

陈四清董事长、谷澍行长参加中央经济工作会议。

12 月 10 日 –12 月 13 日

胡浩副行长赴深圳、广东出差。在深圳期间，主持召开“抢抓新机遇、培育新动能、谱写新篇章”公司金融经营发展座谈会，走访深投控集团。在广东期间，参加广州越秀集团股份有限公司 100 亿元债转优先股项目落地活动。

12 月 11 日

党委副书记杨国中赴离退休人员管理部进行工作调研。

廖林副行长出席全行授信审批条线加强“真实性”审查工作动员会。

12 月 12 日

陈四清董事长参加国务院常务会议。

党委副书记杨国中赴办公室进行工作调研。

王林组长参加中央纪委国家监委派驻组长工作交流会（第七场）。

廖林副行长赴城市金融研究所（深改办）进行工作调研。

12 月 13 日

党委书记陈四清主持召开第 55 次党委（扩大）会议，传达学习中央经济工作会议精神，结合实际研究贯彻落实意见。党委副书记谷澍、杨国中，党委委员王林、廖林出席，王百荣首席风险官、官学清董事会秘书列席。

胡浩副行长出席 2019 年现金管理业务高端客户推介会和产品营销经理实战营销大赛总决赛，为大赛获奖团队和中国工商银行五一劳动奖章获得者颁奖。

12 月 16 日

党委书记陈四清主持召开第 56 次党委（扩大）会议，传达习近平总书记在中央政治局第十九次集体学习时的重要讲话精神，审议深改办《关于加快京津冀协同发展的意见》。党委副书记谷澍，党委委员王林、胡浩、廖林出席，王百荣首席风险官、官学清董事会秘书列席。

陈四清董事长、胡浩副行长会见阿里巴巴集团董事局主席兼首席执行官张勇、蚂蚁金服总裁胡晓明，双方就加强银企合作进行交流。

陈四清董事长、谷澍行长、胡浩副行长出席总行举办的经济形势高级研讨会。

党委副书记杨国中参加全国离退休干部先进集体和先进个人表彰大会。

12 月 17 日

陈四清董事长、谷澍行长、胡浩副行长出席首届工行小微客户节开幕式。

党委副书记杨国中赴监事会办公室进行工作调研。

胡浩副行长参加人民银行关于金融机构与外资咨询公司合作事宜会议。

12 月 18 日

党委副书记杨国中赴工会工作委员会进行工作调研。

王林组长出席中央第十二巡回督导组“不忘初心、牢记使命”主题教育调研座谈会。

胡浩副行长赴投资银行部进行工作调研。

12 月 18 日－12 月 22 日

陈四清董事长出访瑞士，拜会中国驻瑞士大使耿文兵，会见中化集团、中国化工董事长宁高宁，中粮集团副总经理、中粮国际董事长栾日成，并赴苏黎世分行慰问员工。

12 月 19 日

谷澍行长会见来访的新加坡交易所总裁罗文才，双方就人民币债券市场国际化及指数挂钩产品研发合作等情况进行交流。

12 月 19 日－12 月 20 日

王林组长赴长春金融研修学院出席纪检监察案件审理业务培训班座谈会。

12 月 20 日

党委副书记杨国中赴团委进行工作调研。

廖林副行长赴人民银行参加人民币国际化暨扩大人民币在周边国家使用工作座谈会。

廖林副行长主持召开大资管工作会议，研究新形势下进一步深化大资管战略的发展思路。

12 月 20 日－12 月 21 日

胡浩副行长参加中央农村工作会议。

12 月 23 日

党委书记陈四清主持召开第 57 次党委（扩大）会议，专题讨论 2020 年工作。党委副书记谷澍、杨国中，党委委员王林、胡浩、廖林出席，王百荣首席风险官、官学清董事会秘书列席。

党委书记陈四清主持召开第 58 次党委（扩大）会议，研究落实“顾国明、谢明案”纪律检查建议书及专题教育整改事项，传达“学习贯彻《2019—2023 年全国党政领导班子建设规划纲要》座谈会”精神，研究落实《关于新一届党委履职中决策议事情况的监督报告》建议事项，研究有关干部事项。党委副书记谷澍、杨国中，党委委员王林、胡浩、廖林出席，王百荣首席风险官、官学清董事会秘书列席。

王林组长出席巡视巡察工作研讨会。

12 月 24 日

党委副书记杨国中参加团中央“美丽中国　青春行动”系列活动。

王林组长出席一级（直属）分行纪委书记现场述职会。

胡浩副行长出席审计署民营企业融资情况调研座谈会。

廖林副行长参加全国法院审理债券纠纷案件座谈会。

12 月 25 日

陈四清董事长、谷澍行长、党委副书记杨国中、王林组长、廖林副行长、王百荣首席风险官出席现代金融研究院成立仪式。

胡浩副行长出席推动广州金融高质量发展座谈会。

12 月 25 日－12 月 26 日

总行在京召开交流汇报会，深入贯彻落实党的十九届四中全会和中央经济工作会议精神，共同研究谋划推动全行高质量发展的思路举措。陈四清董事长就会议交流汇报情况作了总结讲评，党委成员、高管参会并做点评发言。

12 月 27 日

中国共产党中国工商银行直属机关第五次代表大会

在北京召开，党委书记陈四清，党委副书记杨国中，党委委员王林、胡浩，王百荣首席风险官出席会议，中央和国家机关工委副书记李勇到会指导。

党委书记、董事长、巡视工作领导小组组长陈四清，派驻纪检监察组组长、党委委员、巡视工作领导小组副组长王林拜会中央纪委常委、国家监委委员、中央巡视领导工作小组成员、中央巡视办主任王鸿津同志。

谷澍行长、官学清董事会秘书出席人力资源和社会保障部与11家机构举行的《社会保障卡创新应用服务合作协议》签约活动。

胡浩副行长出席总行直属机关直属党委全委会。

廖林副行长出席中化能源股份有限公司增资引战项目签约活动。

12月30日

陈四清董事长参加国务院常务会议。

党委书记陈四清主持召开第59次党委（扩大）会议，传达贯彻中央农村工作会议精神，传达学习《党政领导干部选拔任用工作条例》，审议工银理财《关于确立工银理财与外资合资谈判工作框架的报告》等3项议题，听取派驻纪检监察组关于建议印发《中国工商银行党委讨论和决定党员处分事项工作程序实施细则（试行）》和《中国工商银行对受党纪政务处分人员回访教育实施办法（试行）》的通报。党委副书记谷澍、杨国中，党委委员王林、廖林出席，王百荣首席风险官、官学清董事会秘书列席。

党委书记陈四清主持召开“不忘初心、牢记使命”主题教育领导小组第九次会议，党委副书记谷澍、杨国中，党委委员王林、廖林，王百荣首席风险官、官学清董事会秘书出席。

党委副书记杨国中对总行本部办公楼运行管理情况进行检查，听取相关负责人工作汇报，对下一步工作提出明确要求，并看望慰问干部员工。

王林组长主持召开银保监会监管通报问题整改工作推动会。

12月31日

陈四清董事长、谷澍行长、党委副书记杨国中等全体行领导和高管前往总行财务会计部、资产负债管理部、安全保卫部、网络金融部、内部审计局、党委巡视办、运行管理部、金融科技部、资产管理部、机构金融业务部、金融市场部、投资银行部、风险管理部和北京分行，看望慰问连日来辛勤奋战在年终决算岗位的干部员工。

陈四清董事长、官学清董事会秘书出席工商银行北京金融街智慧银行旗舰店开业。

陈四清董事长、王林组长前往派驻纪检监察组看望慰问并指导工作。

以工银党任免〔2019〕88号决定：胡浩同志任中共中国工商银行直属机关委员会书记，张兴东同志任中共中国工商银行直属机关委员会常务副书记。

第八部分

附录

责任编辑：李　荃

2019年中国工商银行党委成员、董事、监事及高管人员名录

党委

党委书记：陈四清
党委副书记：谷澍、杨国中
党委委员、中央纪委国家监委驻中国工商银行纪检监察组组长：王林
党委委员：胡浩、廖林

董事

董事长、执行董事：陈四清
副董事长、执行董事：谷澍
执行董事：胡浩
非执行董事：叶东海、郑福清、梅迎春、董轼、卢永真
独立非执行董事：梁定邦、杨绍信、希拉·C. 贝尔、沈思、努特·韦林克、胡祖六

监事

股东代表监事：张炜、惠平、黄力
外部监事：瞿强、沈炳熙
职工代表监事：惠平、黄力

高级管理人员

行长：谷澍
副行长：胡浩、廖林
首席风险官：王百荣
董事会秘书：官学清

总行内设机构名录

总监

区域总监：施刚
信息科技业务总监：吕仲涛

办公室

主任：谢泰峰
副主任：张彪、王元元、邢新华、史绍伟、卞俊峰、贾炜

董事会办公室

主任：乔晋声
副主任：金晖、张程

监事会办公室

主任：张炜
副主任：郭敏

公司金融业务部

副总经理：黄梅（临时负责）、戴莲、张保、李新彬、蔡谦、卫峥

普惠金融事业部

总经理：田哲
副总经理：陈昭旭

个人金融业务部

总经理：宋建华
副总经理：任西明、徐建斌、周杨、张航宇、辛峰、王永生

机构金融业务部

总经理：熊燕
副总经理：郭琳、张凯、田庆松、王连成

结算与现金管理部

总经理：曾琪
副总经理：翁伟勇、司春晓、王鈜

网络金融部

总经理：钱斌
副总经理：张立军、王嵩、徐晓群、鲁小涛、杨雷、王青林

信贷与投资管理部

副总经理：冯军伏（临时负责）、谢嘉、宁洁、张虹、刘超、周冀平

授信审批部

总经理：杨志忠
副总经理：刘志、张泽祥、任海燕、孙炜

风险管理部

总经理：刘瑞霞
副总经理：季景玉、武宗选、刘震、李宏凯

内部审计局

局长：黄力
副局长：王景华、原擒龙、史晓媛、马恒山、王丰

内控合规部

总经理：吴翔江
副总经理：赵联盟、王栋、李哲、罗丽军、叶凯、廉何

法律事务部（消费者权益保护办公室）

总经理：董建军
副总经理：刘湘玲、张国蓉、贾连杰、余保福

财务会计部

总经理：张文武
副总经理：黎丽、王凤玲、王刚、王志敏、黄焱

人力资源部

总经理：顾斌
副总经理：霍江、苗帅、张江山、陈炅

资产负债管理部

总经理：周玮
副总经理：赵传新、郑福鹏、邓洪

战略管理与投资者关系部

总经理：乔晋声
副总经理：杨学宁、王昌盛、吴敏敏

渠道管理部

总经理：郝彬
副总经理：陈静娴、彭兆芝、韩旭升、刘华、吕艾国、马铁军

国际业务部

总经理：张伟武
副总经理：宋扬、汪蔚菁、李红燕、王鲲、王顺

金融科技部

总经理：马雁
副总经理：李秀媛、孔兵、陈满才、张安龙、张健

运行管理部

总经理：毛群
副总经理：高军、刘伟、彭华、张立新、戴辛晨、王鹏、王光生

管理信息部

总经理：苏宗国
副总经理：陈道斌、鲁滔

企业文化部（教育部）

总经理：宋翰乙
副总经理：邵光华、陈立忠

团委

团委书记：孙伯龙

直属党委

常务副书记：张兴东
副书记：郑延东

城市金融研究所

所长：周月秋
副所长：殷红、刘向明、王祺

派驻纪检监察组

副组长：惠平、韩奇、苏万龙、王晓波

党委巡视办

副主任：赵向军

安全保卫部

副总经理：郭春野（临时负责）、施维

离退休人员管理部

总经理：杨烈
副总经理：孙洪霞、杨元泽

工会工作委员会

常务副主任：王保林
副主任：熊少军

金融市场部

总经理：朱长法
副总经理：沈士生、胡亚冰、王屯、贾蔚、李勇

资产管理部

总经理：顾建纲
副总经理：肖婉如、杨帆

资产托管部

总经理：李勇
副总经理：晏秋生、张伟、蒋松云

投资银行部

总经理：李峰
副总经理：张都兴、殷仲洁、李钢、程斌宏

专项融资部（营业部）

总经理：刘建昌
副总经理：沈敏、李涛、赵富军

养老金业务部

副总经理：刘彤（主持工作）、周永发、何亚平

总行直属机构名录

牡丹卡中心

总裁、党委书记：王都富
副总经理、执行副总裁、党委委员：龙春玲、周跃东、吕文宁、周万山、沈卫裕、罗榕
纪委书记、党委委员：赵力
地址：北京市西城区金融大街 5 号－甲 5 号，新盛大厦 A 座
邮编：100032

私人银行部

总经理、党委书记：张小东
副总经理、党委委员：邹慧丽、郑琇煦、陈坚
地址：上海市中山东一路 24 号 6 楼
邮编：200002

贵金属业务部

总经理、党委书记：李宝权
副总经理、纪委书记、党委委员：赵文建
副总经理、党委委员：仇奕、陈一颖、李雪松
地址：上海市中山东二路 11 号 18 楼
邮编：200002

票据营业部

总经理、党委书记：徐晓岚
副总经理、党委委员：何邵聪、王永琪
副总经理：刘斌
地址：上海市虹口区天潼路 133 号 17 楼
邮编：200080

长春金融研修学院

院长、党委书记：刘德奇
副院长、党委委员：赵中彪、黄大武
纪委书记、党委委员：陈爱武
地址：长春市二道区公平路 448 号
邮编：130033

杭州金融研修学院

院长、党委书记：陈华蓉
副院长、纪委书记、党委委员：王龙华
副院长、党委委员：吕香茹
地址：杭州市西湖区留下街道屏峰 888 号
邮编：310023

软件开发中心

总经理、党委书记：杨龙如
副总经理、党委委员：李金浩、罗毅、简志雄、王雍、王旭光（兼）、高鸿升
副总经理、纪委书记、党委委员：吴绵顺
地址：珠海市唐家湾软件园路 2 号
邮编：519080

业务研发中心

总经理、党委书记：毛卫东
副总经理、党委委员：黎万明、王晓静、敦宏程
副总经理、党委委员、纪委书记：汪斌
派驻纪检组长、党委委员：张颖
地址：北京市海淀区西三旗建材东路 16 号
邮编：100096

数据中心（上海）

总经理、党委书记：刘方洲
副总经理、党委委员：丁旭东、王长江、王旭光（兼）、徐志扬
纪委书记、党委委员：葛翠凤
地址：上海市杨高北路 2005 号（台南西路 80 号）
邮编：200131

国际结算单证中心

总经理：李红燕
副总经理：荆仁、夏霖
地址：北京市东城区朝阳门内大街 188 号鸿安商务大厦二层
邮编：100010

远程银行中心

总经理：陈静娴
副总经理：彭兆芝、韩旭升、马铁军（兼）
地址：北京市西城区德胜门外大街 77 号德胜国际中心 D 座
邮编：100088

远程银行中心（石家庄）

总经理：马铁军

副总经理：徐志强
地址：石家庄市桥西区时光街88号
邮编：050081

远程银行中心（合肥）

总经理：曾建平
副总经理：戴敏
地址：合肥市东流路999号新城国际大厦B座14楼
邮编：230031

远程银行中心（广州）

总经理：张敬华
副总经理：陈强
地址：广州市天河区科韵路32－34号2楼
邮编：510665

各一级分行、直属分行名录

北京分行

行长、党委书记：施刚
副行长、党委副书记：龚萍
副行长、党委委员：汪晓芳、王建红、李建民、张展、应维云、曲琰
党委委员、纪委书记：赵树厂
地址：北京市西城区复兴门南大街2号（天银大厦B座）
邮编：100031

天津分行

行长、党委书记：蒋伟
副行长、党委副书记：刘惠新
副行长、党委委员：张静、张希刚、梅霜、王建军
党委委员、纪委书记：宋立新
地址：天津市河西区围堤道123号
邮编：300074

河北分行

行长、党委书记：史立军
副行长、党委委员：李明海、王琦、余龙、王爱东、张志勇、储成龙
党委委员、纪委书记：刘泽华
地址：石家庄市中山西路188号中华商务B座
邮编：050051

山西分行

行长、党委书记：陆钦
副行长、党委委员：张强、孙以洲、梅超、邹建文、甄燕
纪委书记、党委委员：胡亚辉
地址：太原市迎泽大街145号
邮编：030001

内蒙古分行

副行长、党委委员：涂晓光、王化臣、常江、曲向泽
纪委书记、党委委员：王伟
地址：呼和浩特市新城区东二环路10号
邮编：010060

辽宁分行

行长、党委书记：鞠延强
副行长、党委委员：宋宁、刘静波、徐言峰、郭文峰、王旭
纪委书记、党委委员：王伟、张彦辉
地址：沈阳市和平区南京北街88号
邮编：110001

吉林分行

行长、党委书记：岳万国
副行长、党委副书记：周春晓
纪委书记、党委委员：曲云军
副行长、党委委员：白颖、孙占国、窦洪涛、史举
地址：长春市人民大街9559号
邮编：130022

黑龙江分行

行长、党委书记：张晓辛
副行长、党委委员：杨秀芬、张希杰、魏连彬、王玉刚、乔峰
纪委书记、党委委员：牛晓东
地址：哈尔滨市道里区中央大街218号
邮编：150010

上海分行

行长、党委书记：付捷
党委副书记：吴勇
副行长、党委委员：朱晓怡、曹琦、高翀、张颖、潘强
纪委书记、党委委员：任建军
副行长：张晓琪
地址：上海市浦东新区浦东大道9号
邮编：200120

江苏分行

行长、党委书记：田枫林
副行长、党委副书记：吴宗辉
副行长、党委委员：岳小勇、刘任捷、姜乔、田耕、邱亚光
纪委书记、党委委员：李永平
地址：南京市中山南路 408 号
邮编：210006

浙江分行

行长、党委书记：戴春林
副行长、党委委员：叶定金、张松财、杨忆、王伟民、邵锦华、阮云波
纪委书记、党委委员：张脉群
地址：杭州市中河中路 150 号
邮政编码：310009

安徽分行

行长、党委书记：胡伟谊
副行长、党委委员：朱勇、陈澍、郑晔、石海龙
纪委书记、党委委员：金伟东
地址：合肥市芜湖路 189 号
邮编：230001

福建分行

行长、党委书记：俞龙
副行长、党委委员：李良茂、王升烽、陈建兴、杨海涛、陈建愉
纪委书记、党委委员：林建忠
地址：福州市古田路 108 号
邮编：350005

江西分行

行长、党委书记：陈汀
副行长、党委委员：张少华、周维、姜成茂、张毅、张屾
纪委书记、党委委员：陈田武
地址：南昌市抚河北路 233 号
邮编：330008

山东分行

行长、党委书记：赵桂德
副行长、党委委员：徐光林、刘爱峰、朱岩峰、吴迎春、张冠军
纪委书记、党委委员：吴进
地址：济南市经四路 310 号
邮编：250001

河南分行

行长、党委书记：邹平
副行长、党委委员：姚虎、张有赋、王晓东、李照明、夏宗福、韩强
纪委书记、党委委员：刘小全
地址：郑州市经三路 99 号
邮编：450011

湖北分行

行长、党委书记：郭伟
纪委书记、党委委员：宋克修
副行长、党委委员：吴代强、施光军、邱世杰、夏志青、周刚、华静
地址：武汉市武昌区中北路 31 号
邮编：430071

湖南分行

行长、党委书记：苏国庆
副行长、党委委员：郑子术、聂建国、张慎、张昕煜
纪委书记、党委委员：邹克胜
地址：长沙市芙蓉中路一段 619 号
邮编：410011

广东分行

行长、党委书记：沈晓东
党委副书记、工委会主任：卢卓雄
副行长、党委委员：谢忠、周骏、刘刚、陈明、陆锦文
纪委书记、党委委员：刘岩方
党委委员：胡贤文
地址：广东省广州市沿江西路 123 号
邮编：510120

深圳分行

行长、党委书记：徐守本
副行长、党委副书记：李学民
副行长、党委委员：姚玉平、周杰、骆伟华、何翔
副行长、纪委书记、党委委员：王增科
地址：深圳市罗湖区深南东路 5055 金融中心大厦北座
邮编：518015

海南分行

行长、党委书记：胡晔
副行长、党委委员：蔡文、王树慧、陈学坤、张波、李峰

纪委书记、党委委员：胡铁川
地址：海南省海口市美兰区和平南路 54 号
邮编：570203

广西分行

行长、党委书记：王学勇
副行长、党委委员：杨永、陈志彪、杨世亮、余昌涛
纪委书记、党委委员：严发忠
地址：南宁市教育路 15－1 号
邮编：530022

重庆分行

行长、党委书记：刘亚干
纪委书记、党委委员：马培雄
副行长、党委委员：贺明、韩忠东、李红、曹茜
地址：重庆市南岸区江南大道 9 号
邮编：400060

四川分行

行长、党委书记：韩松
副行长、党委委员：洪维刚、罗毅、陈丹、王涛、周玥
纪委书记、党委委员：熊红英
地址：成都市总府路 35 号
邮编：610016

贵州分行

副行长、党委副书记：吴涛（临时负责）
副行长、党委委员：黄文晖、蒋云志、何骏、周伟
纪委书记、党委委员：凤兆龙
党委委员：谢嘉
地址：贵阳市中华北路 200 号
邮编：550001

云南分行

行长、党委书记：平凡
副行长、党委委员：余良、姚胜琦
纪委书记、党委委员：李双平
地址：昆明市青年路 395 号邦克大厦
邮编：650021

陕西分行

行长、党委书记：高志新
副行长、党委委员：王军锋、王建设、王引平、田亚欧、麻旭恒、陶能虹
纪委书记、党委委员：周民志
地址：西安市东新街 395 号
邮编：710004

甘肃分行

行长、党委书记：宋关昶
副行长、党委委员：李昶、晏贵宾、张振民、袁桃、郑允弢、贝玉双
纪委书记、党委委员：童玉会
地址：兰州市庆阳路 408 号
邮编：730030

青海分行

行长、党委书记：张卫东
纪委书记、党委委员：王振宇
副行长、党委委员：李香玲、陈春霞、张禹、陈斌、韩占永
地址：西宁市胜利路 2 号
邮编：810001

宁夏分行

行长、党委书记：王跃民
副行长、党委委员：廉智、栗宁安、郝宗民
纪委书记、党委委员：杨彤
地址：银川市黄河东路 901 号
邮编：750002

新疆分行

行长、党委书记：张家琦
副行长、党委副书记：邢雷、文德明、博来
纪委书记、党委委员：张维梁
地址：乌鲁木齐市人民路 231 号
邮编：830002

西藏分行

行长、党委书记：毕晓宏
副行长、党委副书记：格桑曲珍
副行长、党委委员：余志伟、刘军
纪委书记、党委委员：林进
地址：拉萨市金珠中路 31 号
邮编：850000

大连分行

行长、党委书记：姚春和
副行长、党委副书记：钱忠华
副行长、党委委员：高亚林、李秉章、王刚剑
纪委书记、党委委员：何松
地址：大连市中山区中山广场 5 号
邮政编码：116001

青岛分行

行长、党委书记：牛喜军
副行长、党委委员：程青、陈兵、赵晓滨、孙伟、李霞
纪委书记、党委委员：邵冬霞
地址：青岛市市南区山东路25号
邮编：266071

宁波分行

行长、党委书记：陶飚
副行长、党委委员：江甬辉、蔡志文、陈霄、潘海英、徐艳
纪委书记、党委委员：王进峰
党委委员：郑冲
地址：宁波市中山西路218号
邮编：315010

厦门分行

行长、党委书记：董继松
副行长、党委委员：黄立波、曾桂华、陈大文、崔航宇
纪委书记、党委委员：赵晋
地址：厦门市湖滨北路17号工商银行大厦
邮编：361012

苏州分行

行长、党委书记：邱亚光
副行长、党委委员：杨晓东、杨磊、蔡小娟
纪委书记、党委委员：苏建旭
地址：苏州工业园区旺墩路122号
邮编：215028

各内审分局名录

直属分局

局长：黄庆惠
副局长：李新明、何黎萍、刘辉成
地址：北京市西城区白云路10号工商银行二层
邮编：100045

天津分局

局长：孙建勇
副局长：兰莉、罗勇、赵义民、张杰
地址：天津市河西区围堤道123号天津金融大厦26—27层
邮编：300074

沈阳分局

局长：王洪冰
副局长：陈晓光、刘相勇
地址：沈阳市和平区和平北大街180号
邮编：110001

上海分局

局长：朱春华
副局长：周春明、顾红英
地址：上海市黄浦区金陵东路2号光明金融大厦
邮编：200002

南京分局

局长：应俊惠
副局长：时辉、蔡万周
地址：南京市建邺区兴隆大街172－5号
邮编：210019

武汉分局

局长：邱建华
副局长：张龙清、苏昆山
地址：武汉市武昌区中北路31号18－19层
邮编：430071

广州分局

局长：黄再红
副局长：黄泉进、杨军、吴传武、肖舟、朱荣华
地址：广州市海珠区昌岗东路五巷23号
邮编：510260

成都分局

局长：张延挺
副局长：严盖、刘永斌、李海臣
地址：成都市锦江区总府路35号总府大厦
邮编：610017

昆明分局

局长：合杰
副局长：杨勇革
地址：昆明市青年路395号邦克大厦
邮编：650011

西安分局

局长：吴宁锋
副局长：苏南宏
地址：西安市雁塔区高新路1号金融大厦15楼
邮编：710075

各省会城市分行名录

石家庄分行

行长、党委书记：张志勇
地址：石家庄市桥西区平安南大街113号
邮编：050021

太原分行

行长、党委书记：邹建文
地址：太原市新建路86号
邮编：030002

呼和浩特分行

行长、党委书记：曲向泽
地址：呼和浩特市锡林北路105号
邮编：010010

沈阳分行

行长、党委书记：韩基广
地址：沈阳市沈河区友好街9号
邮编：110013

长春分行

行长、党委书记：孙占国
地址：长春市朝阳区同志街136号
邮编：130061

哈尔滨分行

行长、党委书记：魏连彬
地址：哈尔滨市道里区河洛街7号
邮编：150076

南京分行

行长、党委书记：田耕
地址：南京市中山南路408号
邮编：210006

杭州分行

行长、党委书记：包伶捷
地址：杭州市庆春路90号
邮编：310003

合肥分行

行长、党委书记：石海龙
地址：合肥市潜山路320号新华国际广场A座
邮编：230031

福州分行

行长、党委书记：张建明
地址：福州市八一七中路600号
邮编：350004

南昌分行

行长、党委书记：肖东
地址：南昌市中山路206号
邮编：330003

济南分行

行长、党委书记：朱岩峰
地址：济南市历下区黑虎泉西路57号
邮编：250011

郑州分行

行长、党委书记：王晓东
地址：郑州市花园路24号
邮编：450008

武汉分行

行长、党委书记：邱世杰
地址：武汉市武昌区中南路2号
邮编：430071

长沙分行

行长、党委书记：张慎
地址：长沙市五一大道465号
邮编：410005

广州分行

行长、党委书记：周骏
地址：广州市大沙头路29号
邮编：510100

南宁分行

行长、党委书记：杨世亮
地址：南宁市民族大道38－2号
邮编：530022

成都分行

行长、党委书记：罗毅
地址：成都市藩库街9号
邮编：610016

昆明分行

行长、党委书记：刘健雄

地址：昆明市五一路 164 号
邮编：650000

贵阳分行

行长、党委书记：蒋云志
地址：贵阳市省府路 1 号
邮编：550001

西安分行

行长、党委书记：麻旭恒
地址：西安市东木头市 9 号
邮编：710002

兰州分行

行长、党委书记：蒲五斤
地址：兰州市静宁路 358 号
邮编：730030

乌鲁木齐分行

行长、党委书记：王睿
地址：乌鲁木齐市新民路 2 号
邮编：830002

各二级分行机构名录

北京分行

分行营业部

行长、党委书记：汪旭升
地址：西城区复兴门南大街 2 号天银大厦 B 座
邮编：100031

东城支行

行长、党委书记：王耕欣
地址：东城区东四十条 24 号
邮编：100007

王府井支行

行长、党委书记：聂建文
地址：东城区金宝街 18 号 A
邮编：100008

和平里支行

行长、党委书记：齐兆惠
地址：东城区安定门东大街 28 号雍和大厦 A 座
邮编：10007

长安支行

行长、党委书记：鲍晓晨
地址：西城区宣内大街乙 6 号
邮编：100031

新街口支行

行长、党委书记：李彤
地址：西城区西直门内大街 143 号
邮编：100035

南礼士路支行

行长、党委书记：江波
地址：西城区月坛南街 1 号院 5 号楼
邮编：100045

金融街支行

行长、党委书记：李鸿斌
地址：西城区太平桥大街丰汇园 11 号
邮编：100032

地安门支行

行长、党委书记：张建东
地址：西城区德胜门外大街 77 号 D 座
邮编：100088

崇文支行

行长、党委书记：肖斌
地址：东城区永外大街 86 号
邮编：100075

宣武支行

行长、党委书记：张渠
地址：西城区菜市口大街 1 号
邮编：100052

广安门支行

行长、党委书记：贯鹏华
地址：西城区广外南滨河路 3 号
邮编：100055

珠市口支行

行长、党委书记：闫彬
地址：东城区珠市口东大街 15 号
邮编：100050

朝阳支行

行长、党委书记：王耀红

地址：朝阳区朝外大街 1 号
邮编：100020

九龙山支行

行长、党委书记：夏栋杰
地址：朝阳区广渠路甲 40 号
邮编：100022

亚运村支行

行长、党委书记：刘笑东
地址：朝阳区慧忠北里 407 号
邮编：100012

望京支行

行长、党委书记：姚毅
地址：朝阳区酒仙桥路甲 10 号
邮编：100015

商务中心区支行

行长、党委书记：张军
地址：朝阳区建国路 108 号
邮编：100022

海淀支行

行长、党委书记：张俊杰
地址：海淀区中关村东路 100 号
邮编：100190

海淀西区支行

行长、党委书记：尹承德
地址：海淀区北四环西路 65 号
邮编：100080

中关村支行

行长、党委书记：潘端升
地址：海淀区上地信息路 2 号
邮编：100085

翠微路支行

行长、党委书记：郭俊
地址：海淀区阜成路 79 号
邮编：100142

西客站支行

行长、党委书记：任小克
地址：海淀区莲花池东路 39 号
邮编：100036

丰台支行

行长、党委书记：王智先
地址：丰台区文体路 19 号
邮编：100071

方庄支行

行长、党委书记：李湛
地址：丰台区蒲芳路 5 号
邮编：100022

经济技术开发区支行

行长、党委书记：方园
地址：经济技术开发区荣昌东街甲 5 号
邮编：100176

石景山支行

行长、党委书记：郭英淳
地址：石景山区政达路 2 号
邮编：100040

门头沟支行

行长、党委书记：祁卫士
地址：门头沟区新桥大街 16 号
邮编：102300

房山支行

行长、党委书记：范文
地址：房山区良乡西潞北大街 32 号
邮编：102488

通州支行

行长、党委书记：王炜
地址：通州区新华西街 47 号
邮编：101100

大兴支行

行长、党委书记：王强
地址：大兴区兴政街 24 号
邮编：102600

顺义支行

副行长、党委副书记：周宏峰（临时负责）
地址：顺义区仓上街 1 号
邮编：101300

昌平支行

行长、党委书记：苏一平

地址：昌平区鼓楼西街 35 号
邮编：102200

怀柔支行

行长、党委书记：张德辉
地址：怀柔区商业街 23 号
邮编：101400

密云支行

行长、党委书记：石建欣
地址：密云区鼓楼南大街 7 号
邮编：101500

平谷支行

行长、党委书记：马刚
地址：平谷区府前西街 14 号
邮编：101200

延庆支行

副行长、党委副书记：陈哲（临时负责）
地址：延庆区东街 28 号
邮编：102100

天津分行

营业部

行长、党委书记：李林原
地址：天津市和平区赤峰道 12 号
邮编：300041

和平支行

行长、党委书记：张立群
地址：天津市和平区和平路 254 号
邮编：300020

新华支行

副行长、党委委员：戴素梅（临时负责）
地址：天津市和平区西康路 33 号
邮编：300051

南开支行

行长、党委书记：梁俊杰
地址：天津市南开区黄河道东头 12 号
邮编：300101

河北支行

行长、党委书记：运东东
地址：天津市河北区滨海道 69 号
邮编：300010

红桥支行

行长、党委书记：何应实
地址：天津市红桥区大丰路金融大厦
邮编：300121

河西支行

行长、党委书记：戴江
地址：天津市河西区围堤道 123 号
邮编：300074

广厦支行

行长、党委书记：邢军
地址：天津市河西区大沽南路 361 号
邮编：300202

河东支行

行长、党委书记：姚霞
地址：天津市河东区十一经路河东金融大厦
邮编：300171

新技术产业园区支行

行长、党委书记：刘鹏
地址：天津市南开区红旗路 208 号增 2 号
邮编：300190

津西支行

行长、党委书记：张运航
地址：天津市西青开发区津港公路龙府花园 4 号楼
邮编：300385

自贸易区分行

行长、党委书记：王双宁
地址：天津市滨海新区（中心商务区）新华路菜市街 1 号
邮编：300450

开发区分行

副行长、党委副书记：卢永波（临时负责）
地址：天津开发区广场东路 20 号滨海金融街 E5AB 座
邮编：300457

保税区分行

行长、党委书记：王志咏
地址：天津港保税区天保大道 176 号
邮编：300461

汉沽支行

行长、党委书记：王刚
地址：天津市滨海新区汉沽新开中路69号
邮编：300480

大港支行

行长、党委书记：张震宇
地址：天津市滨海新区大港迎宾街79号
邮编：300270

西青支行

行长、党委书记：毕堃
地址：天津市西青区杨柳青新华道77号
邮编：300380

北辰支行

行长、党委书记：张志芳
地址：天津市北辰区京津路346号
邮编：300400

东丽支行

行长、党委书记：石晓宁
地址：天津市东丽区福山路与先锋路交口
邮编：300300

津南支行

行长、党委书记：陈宏
地址：天津市津南区咸水沽体育场路35号
邮编：300350

宁河支行

行长、党总支书记：曹雷
地址：天津市宁河区芦台镇商业道59号
邮编：301500

武清支行

行长、党委书记：华国强
地址：天津市武清开发区福源道与泉旺路交口俊安金融中心
邮编：301700

蓟州支行

行长、党委书记：袁乃村
地址：天津市蓟州区城关兴华大街1号
邮编：301900

宝坻支行

行长、党委书记：杨建伟
地址：天津市宝坻区城关镇南关大街2号
邮编：301800

静海支行

行长、党委书记：刘建农
地址：天津市静海区静海镇胜利大街21号
邮编：301600

国信支行

行长、党委书记：张健
地址：天津市西青区卫津南路与丽江道交口西南侧美域广场5－106
邮编：300381

红旗路支行

行长、党委书记：曹宇斌
地址：天津市新技术产业园区华苑产业区榕苑路2号海益国际2号楼4层
邮编：300384

成都道支行

副行长、党委委员：刘磊（临时负责）
地址：天津市和平区成都道25号
邮编：300050

北站支行

行长、党委书记：张志福
地址：天津市河北区中山路22号
邮编：300142

新村支行

行长、党委书记：赵玉柱
地址：天津市红桥区咸阳北路与丁字沽一号路交口康平楼底商
邮编：300131

唐家口支行

行长、党委书记：刘西泉
地址：天津市河东区天山路中段
邮编：300162

陈塘庄支行

行长、党委书记：秦志远
地址：天津市河西区大沽南路880号增1号
邮编：300220

空港经济区支行

行长、党总支书记：钟岩

地址：天津空港经济区汇津广场 1－4 号楼 S－23
邮编：300308

河北分行

邯郸分行

行长、党委书记：王维纲
地址：邯郸市人民东路 248 号
邮编：056100

邢台分行

行长、党委书记：李志华
地址：邢台市郭守敬北路 285 号
邮编：054059

衡水分行

行长、党委书记：刘刚
地址：衡水市人民西路 321 号
邮编：053000

沧州分行

行长、党委书记：林延生
地址：沧州市清池大道 13 号
邮编：061000

保定分行

行长、党委书记：丛小东
地址：保定市东风中路 1902 号
邮编：071051

廊坊分行

行长、党委书记：杨力民
地址：廊坊市和平路 78 号
邮编：065000

唐山分行

行长、党委书记：韩晓坤
地址：唐山市新华东道 102 号
邮编：063000

秦皇岛分行

党委书记：卢斌
行长：王伟炜
地址：秦皇岛市建设大街 136 号
邮编：066000

承德分行

行长、党委书记：赵洪瑕
地址：承德市西大街 26 号
邮编：067000

张家口分行

行长、党委书记：马颖
地址：张家口市解放大街 20 号
邮编：075000

雄安分行

行长、党委书记：储成龙
地址：保定市容城县奥威路 64 号
邮编：071700

山西分行

大同分行

行长、党委书记：王东山
地址：大同市新建西路 44 号
邮编：037006

阳泉分行

行长、党委书记：郭守诚
地址：阳泉市德胜东街 13 号
邮编：045000

长治分行

行长、党委书记：宋德缙
地址：长治市太行东街 167 号
邮编：046011

晋城分行

行长、党委书记：王军
地址：晋城市凤台西街 55 号
邮编：048026

朔州分行

行长、党委书记：马向阳
地址：朔州市振华西街 50 号
邮编：036000

忻州分行

行长、党委书记：吴海龙
地址：忻州市长征西街 27 号
邮编：034000

吕梁分行

行长、党委书记：赵阳
地址：吕梁市离石区永宁东路 29 号

邮编：033000

晋中分行

行长、党委书记：靳小红
地址：晋中市榆次区迎宾路 28 号
邮编：030600

临汾分行

行长、党委书记：裴小业
地址：临汾市尧都区鼓楼北街 44 号
邮编：041000

运城分行

行长、党委书记：贾文彬
地址：运城市红旗东街 242 号
邮编：044000

内蒙古分行

包头分行

行长、党委书记：郭永煜
地址：包头市昆都仑区钢铁大街 46 号
邮编：014100

鄂尔多斯分行

行长、党委书记：王晓勇
地址：鄂尔多斯市伊金霍洛旗阿勒腾席热镇文明路北纵八路西兴泰鄂尔多斯中心商务广场 B 区 T4 楼
邮编：017200

巴彦淖尔分行

行长、党委书记：岳志强
地址：巴彦淖尔市临河区胜利路 51 号
邮编：015000

乌海分行

行长、党委书记：苏守华
地址：乌海市海勃湾区人民北路 77 号
邮政编码：016000

阿拉善盟分行

行长、党委书记：华沛雄
地址：阿拉善盟巴彦浩特额鲁特东路 05 号
邮编：750306

乌兰察布分行

行长、党委书记：赵子龙
地址：乌兰察布市集宁区桥东五马路 6 号
邮编：012000

锡林郭勒盟分行

行长、党委书记：于永志
地址：锡林浩特市察哈尔街 23 号
邮编：026000

赤峰分行

行长、党委书记：孙国军
地址：赤峰市红山区钢铁西街 18 号
邮编：024000

通辽分行

行长、党委书记：李燕平
地址：通辽市科尔沁区永清大街 352 号
邮编：028000

兴安盟分行

行长、党委书记：邓子来
地址：乌兰浩特市兴安北大路 90 号
邮编：137400

呼伦贝尔分行

行长、党委书记：刘文明
地址：呼伦贝尔市海拉尔区伊敏大街 40 号
邮编：021008

满洲里分行

行长、党委书记：刘春雷
地址：满洲里市三道街 4 号
邮编：021400

辽宁分行

鞍山分行

行长、党委书记：姜民
地址：鞍山市铁东区二一九路 32 号
邮编：114002

抚顺分行

行长、党委书记：刘伟
地址：抚顺市新抚区中央大街东七路 4 号
邮编：113008

本溪分行

行长、党委书记：杨树波
地址：本溪市平山区曙光路 3 号
邮编：117000

丹东分行

行长、党委书记：王立军
地址：丹东市元宝区锦山大街 113 号
邮编：118000

锦州分行

行长、党委书记：张弢
地址：锦州市凌河区解放路五段 24 甲
邮编：121000

营口分行

行长、党委书记：林继维
地址：营口市金牛山大街西 4 号
邮编：115000

阜新分行

行长、党委书记：程海鹏
地址：阜新市细河区解放大街 8 号
邮编：123000

辽阳分行

行长、党委书记：张铁平
地址：辽阳市白塔区中华大街 157 号
邮编：111000

铁岭分行

行长、党委书记：梁文波
地址：铁岭市银州区银州路 27 号
邮编：112000

朝阳分行

行长、党委书记：李军
地址：朝阳市双塔区朝阳大街四段 3 号
邮编：122000

盘锦分行

行长、党委书记：王卓力
地址：盘锦市兴隆台区市府大街 9 号
邮编：124010

葫芦岛分行

行长、党委书记：何彬
地址：葫芦岛市龙港区龙湾大街 38 号
邮编：125000

吉林分行

吉林市分行

行长、党委书记：巨新
地址：吉林市松江路 9 号
邮编：132011

四平分行

行长、党委书记：李响
地址：四平市铁西区英雄大路 258 号
邮编：136000

辽源分行

行长、党委书记：刘海峰
地址：辽源市人民大街 518 号
邮编：136200

通化分行

行长、党委书记：曲志勇
地址：通化市东昌区滨江西路 3801 号
邮编：134000

白山分行

行长、党委书记：胡跃斌
地址：白山市通江路 2 号
邮编：134300

白城分行

行长、党委书记：刘红军
地址：白城市中兴东大路 10 号
邮编：137000

松原分行

行长、党委委员：袁学彬
地址：松原市宁江区长宁南街 2101 号
邮编：138001

延边分行

行长、党委书记：关泽锋
地址：延吉市长白山西路 1732 号
邮编：133001

黑龙江分行

齐齐哈尔分行

行长、党委书记：王志玉
地址：齐齐哈尔市龙沙区龙华路 89 号

邮编：161005

牡丹江分行

行长、党委书记：房丽华
地址：牡丹江市东安区太平路271号
邮编：157006

佳木斯分行

行长、党委书记：黄光伟
地址：佳木斯市前进区保卫路311号
邮编：154002

大庆分行

副行长、党委副书记：罗广剑（临时负责）
地址：大庆市萨尔图区东风路37号
邮编：163001

鹤岗分行

行长、党委书记：王春起
地址：鹤岗市工农区东解放路69号
邮编：154101

鸡西分行

行长、党委书记：任鸿发
地址：鸡西市鸡冠区红旗路25号
邮编：158100

双鸭山分行

行长、党委书记：王凤君
地址：双鸭山市尖山区新兴大街187号
邮编：155100

伊春分行

行长、党委书记：李安
地址：伊春市伊春区新兴中大街14号
邮编：153000

七台河分行

行长、党委书记：梁爱民
地址：七台河市桃山区大同街58号
邮编：154600

绥化分行

行长、党委书记：贾凤涛
地址：绥化市北林区中兴西路72号
邮编：152052

黑河分行

行长、党委书记：詹嵩
地址：黑河市通江路27号
邮编：164399

大兴安岭分行

行长、党委书记：徐艳波
地址：大兴安岭地区加格达奇区人民路30号
邮编：165000

上海分行

分行营业部

行长、党委书记：徐光华
地址：上海市黄浦区中山东一路24号
邮编：200002

分行第二营业部

行长、党委书记：王本弘
地址：上海市浦东新区即墨路88号
邮编：200120

外滩支行

行长、党委书记：周优泽
地址：上海市黄浦区中山东二路11号
邮编：200002

浦东分行

行长、党委书记：王德湛
地址：上海市浦东新区浦东南路2024－2034号
邮编：200127

静安支行

行长、党委书记：陈磊
地址：上海市静安区康定路699号
邮编：200040

徐汇支行

行长、党委书记：李毓菖
地址：上海市徐汇区辛耕路133号3－6层
邮编：200030

虹口支行

行长、党委书记：王睿
地址：上海市虹口区东大名路578号
邮编：200080

闸北支行

行长、党委书记：周宏
地址：上海市静安区广中西路571、581、587、

591、611、615 号

邮编：200072

卢湾支行

行长、党委书记：余璟

地址：上海市黄浦区淮海中路 98 号

邮编：200021

黄浦支行

行长、党委书记：苏岳勤

地址：上海市黄浦区四川中路 346 号

邮编：200021

杨浦支行

行长、党委书记：王育松

地址：上海市杨浦区淞沪路 383 号 1－2 层、8－11 层

邮编：200433

普陀支行

行长、党委书记：徐晖

地址：上海市普陀区大渡河路 388 弄 5 号 1、2、20、21 层

邮编：200062

长宁支行

行长、党委书记：王卫政

地址：上海市长宁区延安西路 895 号

邮编：200050

宝山支行

行长、党委书记：糜良

地址：上海市宝山区淞滨路 318 号

邮编：200940

闵行支行

行长、党委书记：杨勇

地址：上海市闵行区都市路 4855 号 2 号楼 202 室、1502 室、1602 室

邮编：201199

金山支行

行长、党委书记：查春光

地址：上海市金山区石化卫零路 558 号

邮编：200540

漕河泾开发区支行

行长、党委书记：徐劲松

地址：上海市宜山路 900 号

邮编：200233

虹桥开发区支行

行长、党委书记：吴晓春

地址：上海市长宁区娄山关路 83 号

邮编：200336

浦东开发区支行

行长、党委书记：沈小刚

地址：上海市浦东新区金桥路 1391 号 1－7 层

邮编：200129

嘉定支行

行长、党委书记：曹枫

地址：上海市嘉定区德富路 1288 号

邮编：100050

南汇支行

行长、党委书记：吴斌

地址：上海市浦东新区惠南镇城南路 258 号

邮编：201399

奉贤支行

行长、党委书记：沈晓泉

地址：上海市奉贤区南桥镇南奉公路 7809 号

邮编：201499

松江支行

行长、党委书记：郑唐浩

地址：上海市松江区中山二路 218－228 号 1 层（平高大厦）、216 号 2－4 层（平高大厦）

邮编：201600

青浦支行

行长、党委书记：叶明雯

地址：上海市青浦区城中东路 485 号

邮编：201700

崇明支行

副行长、党委委员：张忆萍（临时负责）

地址：上海市崇明区城桥镇南门路 158 号

邮编：202150

自贸试验区新片区分行

行长、党总支书记：詹晟

地址：上海市浦东新区临港新城新元南路 555 号

邮编：201306

张江科技支行

行长、党委书记：朱樑
地址：上海市浦东新区张江路 633 号
邮编：201120

世博支行

行长、党委书记：张铭
地址：上海市浦东新区国展路 839 号华电大厦 1 层 101 室、21 层
邮编：200126

自贸试验区分行

行长、党总支书记：钱海静
地址：上海市浦东新区马吉路 28 号
邮编：200131

虹桥商务区支行

行长、党总支书记：叶青
地址：上海市闵行区申虹路 666 弄 9 号 101、102 室
邮编：201106

江苏分行

无锡分行

行长、党委书记：汪超
地址：无锡市五爱路 30 号
邮编：214031

徐州分行

行长、党委书记：张华军
地址：徐州市大同街 31 号
邮编：221003

常州分行

行长、党委书记：杨庆生
地址：常州市延陵中路 680 号
邮编：213003

南通分行

行长、党委书记：张明
地址：南通市姚港路 8 号
邮编：226006

连云港分行

行长、党委书记：彭越钦
地址：连云港市海连中路 118 号
邮编：222004

淮安分行

行长、党委书记：张健
地址：淮安市淮海西路 81 号
邮编：223001

盐城分行

行长、党委书记：周良坤
地址：盐城市世纪大道 5 号金融城 1 号楼
邮编：224005

扬州分行

行长、党委书记：张济华
地址：扬州市文昌西路 1 号
邮编：225009

镇江分行

行长、党委书记：陈向东
地址：镇江市解放路 308 号
邮编：212001

泰州分行

行长、党委书记：李杰
地址：泰州市青年北路 188 号
邮编：225300

宿迁分行

行长、党委书记：徐渠
地址：宿迁市洪泽湖路 810 号
邮编：223800

浙江分行

温州分行

行长、党委书记：胡寅
地址：温州市滨江商务区 CBD 片区香源路 99 号
邮政编码：325003

嘉兴分行

行长、党委书记：聂晶
地址：嘉兴市禾兴南路 419 号
邮编：314001

湖州分行

行长、党委书记：李幼平
地址：湖州市苕溪西路 258 号
邮编：313000

绍兴分行

行长、党委书记：蒋顺根
地址：绍兴市胜利东路180号
邮编：312000

金华分行

行长、党委书记：吕忠
地址：金华市八一北街595号
邮编：321000

衢州分行

行长、党委书记：陆益民
地址：衢州市市区上街66号
邮编：324000

台州分行

行长、党委书记：张仕乾
地址：台州市椒江区市府大道609号
邮编：318000

丽水分行

行长、党委书记：应海卿
地址：丽水市丽阳街555号
邮编：323000

舟山分行

行长、党委书记：黄震宇
地址：舟山市临城定沈路628号
邮编：316000

义乌分行

副行长、党委副书记：楼雪君（临时负责）
地址：义乌市篁园路128号
邮编：322000

萧山分行

行长、党委书记：施锡昌
地址：杭州市萧山区城厢镇城河街54号
邮编：311200

安徽分行

淮北分行

行长、党委书记：钱泽龙
地址：淮北市人民中路192号
邮编：235000

宿州分行

行长、党委书记：徐广诚
地址：宿州市淮海中路58号
邮编：234000

蚌埠分行

行长、党委书记：屠彦恒
地址：蚌埠市蚌山区中兴街95号
邮编：233000

阜阳分行

行长、党委书记：孙建民
地址：阜阳市颍州区清河东路568号
邮编：236001

淮南分行

行长、党委书记：姜涌
地址：淮南市国庆中路287号
邮编：232007

滁州分行

行长、党委书记：周晨光
地址：滁州市南谯北路852号
邮编：239000

六安分行

行长、党委书记：陈宪明
地址：六安市解放南路79号
邮编：237000

马鞍山分行

行长、党委书记：王晓东
地址：马鞍山市雨山区太白大道3455号
邮编：243071

芜湖分行

行长、党委书记：杨良彬
地址：芜湖市文化路38号
邮编：241000

宣城分行

行长、党委书记：胡静
地址：宣城市鳌峰西路76号
邮编：242000

铜陵分行

行长、党委书记：方伟

地址：铜陵市长江东路 50 号
邮编：244000

池州分行

行长、党委书记：许民
地址：池州市秋浦西路 117 号
邮编：247000

安庆分行

行长、党委书记：纪小岗
地址：安庆市孝肃路 230 号
邮政编码：246004

黄山分行

行长、党委书记：石砚
地址：黄山市屯溪区黄山中路 57 号
邮编：245000

亳州分行

行长、党委书记：王全
地址：亳州市谯城区魏武大道 983 号
邮编：236800

福建分行

泉州分行

行长、党委书记：周灿森
地址：泉州市丰泽街 610 号
邮编：362000

漳州分行

行长、党委书记：王黎强
地址：漳州市元光南路 3 号工行大楼
邮编：363000

三明分行

行长、党委书记：陈飞斌
地址：三明市和仁新村一幢
邮编：365000

南平分行

行长、党委书记：阮杰
地址：南平市东山路 2 号
邮编：353000

莆田分行

行长、党委书记：郑一鹏
地址：莆田市荔城大道南段 968 号
邮编：351100

龙岩分行

行长、党委书记：庄文聪
地址：龙岩市九一南路 47 号
邮编：364000

宁德分行

行长、党委书记：吴家春
地址：宁德市东侨区海滨 1 号
邮编：352100

晋江分行

党委书记：周灿森（兼）
行长、党委副书记：许志钦
地址：青阳街道崇德路 273 号
邮编：362200

福建自贸试验区平潭片区分行

副行长、党支部书记：刘滨涛
地址：平潭潭城镇海坛中路 73 号
邮编：350400

福建自贸试验区福州片区分行

行长、党支部书记：张志彬
地址：福州市马尾区君竹路 24 号
邮编：350015

江西分行

赣州分行

行长、党委书记：赵乘南
地址：赣州市文清路 39 号
邮编：341000

宜春分行

行长、党委书记：黄新根
地址：宜春市袁州区秀江中路 219 号
邮编：336000

吉安分行

行长、党委书记：方怡
地址：吉安市井冈山大道 103 号
邮编：343000

上饶分行

行长、党委书记：纪英武
地址：上饶市滨江西路 25 号

邮编：334000

抚州分行

行长、党委书记：陈红根
地址：抚州市赣东大道439号
邮编：344000

九江分行

行长、党委书记：谢建国
地址：九江市滨江路99号
邮编：332000

景德镇分行

行长、党委书记：罗德平
地址：景德镇市瓷都大道1106号
邮编：333000

萍乡分行

行长、党委书记：徐惟
地址：萍乡市建设西路76号
邮编：337000

新余分行

行长、党委书记：陈世勇
地址：新余市仙来东大道269号
邮编：338000

鹰潭分行

行长、党委书记：李强
地址：鹰潭市环城西路1号
邮编：335000

山东分行

淄博分行

行长、党委书记：金滨
地址：淄博市张店金晶大道158号
邮编：255000

枣庄分行

行长、党委书记：张东海
地址：枣庄市光明大道2399号
邮编：277102

东营分行

行长、党委书记：冯建军
地址：东营市南一路278号
邮编：257091

烟台分行

行长、党委书记：吴建勇
地址：烟台市芝罘区海港路1号
邮编：264000

潍坊分行

行长、党委书记：陈文
地址：潍坊市奎文区胜利东街5099号
邮编：261031

济宁分行

行长、党委书记：鞠立坤
地址：济宁市红星东路115号
邮编：272017

泰安分行

行长、党委书记：祝广成
地址：泰安市财源大街135号
邮编：271000

威海分行

行长、党委书记：刘光海
地址：威海市文化西路188号
邮编：264209

日照分行

行长、党委书记：杨明
地址：日照市黄海一路43号
邮编：276826

莱芜分行

行长、党委书记：李沧海
地址：莱芜市鲁中东大街1号
邮编：271100

临沂分行

行长、党委书记：侯传和
地址：临沂市兰山区平安路135号
邮编：276000

德州分行

行长、党委书记：朱前锋
地址：德州市天衢中路1561号
邮编：253016

聊城分行

行长、党委书记：王艳峰

地址：聊城市昌润南路 7 号
邮编：252000

滨州分行

行长、党委书记：乔宏宇
地址：滨州市滨城区渤海十八路 568 号
邮编：256600

菏泽分行

行长、党委书记：吕洪海
地址：菏泽市人民路 1366 号
邮编：274000

河南分行

洛阳分行

行长、党委书记：贺伍有
地址：洛阳市中州中路 230 号
邮编：471000

开封分行

行长、党委书记：王振
地址：开封市丁角街 88 号
邮编：475000

新乡分行

行长、党委书记：王海峰
地址：新乡市和平大道 88 号
邮编：453003

焦作分行

行长、党委书记：马世良
地址：焦作市焦东中路 23 号
邮编：454002

平顶山分行

行长、党委书记：张延庆
地址：平顶山市矿工中路南 37 号
邮编：467000

安阳分行

行长、党委书记：穆谢伟
地址：安阳市文峰大道中段
邮编：455000

鹤壁分行

副行长、党委副书记：吴秀红（临时负责）
地址：鹤壁市兴鹤大街 235 号
邮编：458030

濮阳分行

行长、党委书记：周广华
地址：濮阳市建设路 16 号
邮编：457000

许昌分行

行长、党委书记：崔胜利
地址：许昌市七一路 88 号
邮编：461000

漯河分行

行长、党委书记：王齐锋
地址：漯河市黄河路 692 号
邮编：462000

三门峡分行

行长、党委书记：王志刚
地址：三门峡市崤山路中段 42 号
邮编：472000

南阳分行

行长、党委书记：党向阳
地址：南阳市工业路 124 号
邮编：473000

驻马店分行

行长、党委书记：陈卫东
地址：驻马店市解放路东段
邮编：463000

商丘分行

行长、党委书记：史卫红
地址：商丘市文化东路 569 号
邮编：476000

周口分行

行长、党委书记：刘玉山
地址：周口市工农路 20 号
邮编：466000

信阳分行

行长、党委书记：吴昊
地址：信阳市四一路 41 号
邮编：464000

济源分行

行长、党委书记：朱艳蓉

地址：济源市宣化东街 131 号
邮编：454650

湖北分行

三峡分行

行长、党委书记：韩强
地址：宜昌市夷陵大道特 169 号
邮编：443000

襄阳分行

行长、党委书记：徐云峰
地址：襄阳市前进路 69 号
邮编：441003

荆州分行

行长、党委书记：徐向东
地址：荆州市沙市区北京中路 352 号
邮编：434000

孝感分行

行长、党委书记：易必新
地址：孝感市园林二路 47 号
邮编：432000

十堰分行

行长、党委书记：何志宝
地址：十堰市公园路 7 号
邮编：442000

荆门分行

行长、党委书记：邹凡
地址：荆门市象山一路 1 号
邮编：448000

黄冈分行

行长、党委书记：伍先跃
地址：黄冈市新港二路 1 号
邮编：438000

黄石分行

行长、党委书记：程先志
地址：黄石市南京路 18 号
邮编：435000

咸宁分行

行长、党委书记：刘杨
地址：咸宁市淦河大道 66 号
邮编：437100

随州分行

行长、党委书记：万剑
地址：随州市烈山大道 493 号
邮编：441300

恩施分行

行长、党委书记：左垚峰
地址：恩施市施州大道 30 号
邮编：445000

鄂州分行

行长、党委书记：吴小强
地址：鄂州市凤凰路 50 号
邮编：436000

湖南分行

株洲分行

行长、党委书记：喻毅彦
地址：株洲市建设南路 320 号
邮编：412000

湘潭分行

行长、党委书记：朱炎生
地址：湘潭市韶山中路 1 号
邮编：411000

衡阳分行

行长、党委书记：李勇
地址：衡阳市解放路 1 号
邮编：421001

邵阳分行

行长、党委书记：刘忠敏
地址：邵阳市红旗路 389 号
邮编：422000

岳阳分行

行长、党委书记：刘超
地址：岳阳市南湖大道 115 号
邮编：414000

益阳分行

行长、党委书记：王健
地址：益阳市益宾路 9 号
邮编：413000

常德分行

行长、党委书记：黄堃
地址：常德市人民中路 358 号
邮编：415000

永州分行

行长、党委书记：杜凌翼
地址：永州市零陵区南津南路 196 号
邮编：425100

郴州分行

行长、党委书记：许建林
地址：郴州市北湖路 27 号
邮编：423000

娄底分行

行长、党委书记：陈轶珑
地址：娄底市乐坪东街 7 号
邮编：417000

怀化分行

行长、党委书记：何军安
地址：怀化市迎丰中路 569 号
邮编：418000

湘西分行

行长、党委书记：周壮山
地址：吉首市人民北路 79 号
邮编：416000

张家界分行

行长、党委书记：胡敏
地址：张家界市回龙路 29 号
邮编：427000

广东分行

中山分行

行长、党委书记：曾广洺
地址：广东省中山市石岐悦来南路 7 号
邮编：528400

惠州分行

行长、党委书记：徐晓飞
地址：广东省惠州市文明 1 路 3 号
邮编：516003

东莞分行

行长、党委书记：许长明
地址：广东省东莞市莞太路胜和路段 18 号
邮编：523009

汕头分行

行长、党委书记：林绍生
地址：广东省汕头市迎宾路 1 号工行大楼
邮编：515041

江门分行

行长、党委书记：刘勇
地址：广东省江门市港口路 93 号
邮编：529030

河源分行

行长、党委书记：林伟
地址：广东省河源市沿江路 13 号
邮编：517000

揭阳分行

行长、党委书记：蔡志成
地址：广东省揭阳市黄岐山大道中段
邮编：522031

清远分行

行长、党委书记：吴卫权
地址：广东省清远市桥北一路 1 号
邮编：511500

佛山分行

行长、党委书记：梁少群
地址：广东省佛山市汾江中路 130 号
邮编：528000

汕尾分行

行长、党委书记：江光明
地址：广东省汕尾市四马路中段
邮编：516600

珠海分行

行长、党委书记：童志军
地址：珠海市吉大景山路 19 号工商银行大厦
邮编：519015

湛江分行

行长、党委书记：符辉

地址：广东省湛江市康顺路 29 号
邮编：524043

梅州分行

行长、党委书记：肖文泽
地址：广东省梅州市嘉应东路 18 号
邮编：514021

肇庆分行

行长、党委书记：梁勤
地址：广东省肇庆市端州三路 34 号
邮编：526040

潮州分行

行长、党委书记：林斌
地址：广东省潮州市潮州大道中段
邮编：521000

云浮分行

行长、党委书记：夏国杰
地址：广东省云浮市建设北路 3 号
邮编：527300

茂名分行

行长、党委书记：余松友
地址：广东省茂名市人民南路 36 号
邮编：525000

韶关分行

行长、党委书记：邓湧
地址：广东省韶关市建国路 2 号
邮编：512000

阳江分行

行长、党委书记：陈泽鹏
地址：广东省阳江市新江北路 488 号
邮编：529500

横琴分行

行长、党委书记：童志军
地址：珠海市横琴新区十字门中央商务区横琴金融产业服务基地 1 号楼
邮编：519031

海南分行

三亚分行

行长、党委书记：王玲
地址：海南省三亚市吉阳区解放路 743 号
邮编：572000

洋浦分行

行长、党委书记：崔智礼
地址：洋浦经济开发区工商银行大厦
邮编：578101

儋州分行

行长、党委书记：许康芸
地址：儋州市人民中路 319 号
邮编：571700

广西分行

柳州分行

行长、党委书记：龙云
地址：柳州市广雅路 19 号
邮编：545001

桂林分行

行长、党委书记：汪春
地址：桂林市中山路 16 号
邮编：541001

梧州分行

行长、党委书记：张阳春
地址：梧州市大学路 25 号
邮编：543002

北海分行

行长、党委书记：左清喜
地址：北海市四川南路 63 号
邮编：536000

防城港分行

行长、党委书记：彭正强
地址：防城港市友谊大道 11 号
邮编：535700

钦州分行

行长、党委书记：苏辉
地址：钦州市向阳路 8 号
邮编：535000

贵港分行

行长、党委书记：陈德明
地址：贵港市桂林路 708 号东方巴黎写字楼 21 ~

23 层

邮编：537100

玉林分行

行长、党委书记：黄伟
地址：玉林市一环东路 158 号
邮编：537000

百色分行

行长、党委书记：琚宏彬
地址：百色市中山二路 1 号
邮编：533000

河池分行

行长、党委书记：徐彬
地址：河池市新建路 74 号
邮编：547000

来宾分行

副行长、党委副书记：林盛超
地址：来宾市新兴路 140 号
邮编：546100

崇左分行

行长、党委书记：黄勤
地址：崇左市江南路 42 号
邮编：532200

贺州分行

行长、党委书记：黎东屏
地址：贺州市建设东路 2 号
邮编：542800

重庆分行

两江分行

行长、党委书记：方蕾
地址：重庆市渝北区黄山大道中段 56 号渝兴广场 B1 栋
邮编：401121

万州分行

行长、党委书记：刘永洪
地址：重庆市万州区白岩路 81 号
邮编：404000

涪陵分行

行长、党委书记：刘波
地址：重庆市涪陵区兴华中路 2 号
邮编：408099

黔江分行

行长、党委书记：龚兵
地址：重庆市黔江区新华大道西段 1128 号
邮编：409099

高科技支行

党委书记：颜小锋
行长：王瑛玮
地址：重庆市渝州路 54 号
邮编：400039

朝天门支行

行长、党委书记：李大勇
地址：重庆市渝中区民族路 24 号
邮编：400011

渝中支行

行长、党委书记：赖涛
地址：重庆市渝中区民族路 177 号
邮编：400010

江北支行

行长、党委书记：蒋勇
地址：重庆市渝北区龙溪镇加州花园 B4－4
邮编：401147

沙坪坝支行

行长、党委书记：苏海涛
地址：重庆市沙坪坝区小龙坎新街 78 号
邮编：400030

九龙坡支行

行长、党委书记：颜小锋
地址：重庆市九龙坡区杨家坪正街 13 号
邮编：400050

南岸支行

行长、党委书记：刘英丽
地址：重庆市南岸区江南大道 9 号
邮编：400060

大渡口支行

行长、党委书记：高兵
地址：重庆市大渡口区钢花路 350 号
邮编：400084

北碚支行

行长、党委书记：张克强
地址：重庆市北碚区康宁路60号
邮编：400700

巴南支行

行长、党委书记：文革兵
地址：重庆市巴南区龙洲湾龙海大道3号
邮编：401320

渝北支行

行长、党委书记：唐莉
地址：重庆市渝北区仙桃街道桂馥大道1号华辰·财富广场C座12－15楼
邮编：401120

永川支行

行长、党委书记：杨忠坚
地址：重庆市永川区人民南路66号
邮编：402160

江津支行

行长、党委书记：李东
地址：重庆市江津区几江大同路322号
邮编：402260

合川支行

行长、党委副书记：陶庆年
地址：重庆市合川区苏家街3号
邮编：401520

长寿支行

行长、党委书记：胡显明
地址：重庆市长寿区桃源大道6号
地址：401220

南坪支行

党委书记：雷成亮
行长：刘同宇
地址：重庆市南岸区南坪西路5号
邮编：400060

两路口支行

行长、党委书记：袁毅
地址：重庆市渝中区重庆村55号附1号
邮编：400014

自由贸易试验区分行

行长、党委书记：李理
地址：重庆市南岸区泰昌路61号附2号2－1、附2号2－2、附2号2－3、附3号、附4号
邮编：400061

四川分行

绵阳分行

行长、党委书记：李思林
地址：绵阳市涪城区警钟街10号
邮编：621000

宜宾分行

行长、党委书记：何虎
地址：宜宾市南岸商贸路101号
邮编：644002

达州分行

行长、党委书记：赵建明
地址：达州市达川区西环路538号
邮编：635000

泸州分行

行长、党委书记：马强
地址：泸州市江阳区迎晖路77号
邮编：646000

德阳分行

行长、党委书记：徐向上
地址：德阳市旌阳区凯江路33号
邮编：618000

南充分行

行长、党委书记：李绍平
地址：南充市顺庆区丝绸路86号
邮编：637000

眉山分行

行长、党委书记：贾林恒
地址：眉山市东坡区三苏路81号
邮编：620010

乐山分行

行长、党委书记：李小波
地址：乐山市中区紫云后街10号
邮编：614000

广安分行

行长、党委书记：周伯林
地址：广安市城南新区金安大道二段 1 号
邮编：638000

内江分行

行长、党委书记：刘海
地址：内江市中区中央路 48－52 号
邮编：641000

遂宁分行

行长、党委书记：李俊民
地址：遂宁市船山区遂州北路 159 号
邮编：629000

广元分行

行长、党委书记：刘翔
地址：广元市利州区利州东路 667 号
邮编：628017

雅安分行

行长、党委书记：周星玙
地址：雅安市雨城区东大街 17 号
邮编：625000

资阳分行

行长、党委书记：李光福
地址：资阳市雁江区西门桥 24 号
邮编：641300

巴中分行

行长、党委书记：彭浪
地址：巴中市巴州区江北大道 56 号
邮编：636600

自贡分行

行长、党委书记：张钧
地址：自贡市自流井区尚义灏二支路 1 号
邮编：643000

凉山分行

行长、党委书记：陈良
地址：四川省凉山彝族自治州西昌市航天大道三段 28 号
邮编：615000

攀枝花分行

行长、党委书记：王彬
地址：攀枝花市攀枝花大道东段 492 号
邮编：617000

云南分行

曲靖分行

行长、党委书记：李永德
地址：曲靖市麒麟东路 6 号
邮编：655000

红河分行

行长、党委书记：李胜祥
地址：红河州蒙自市天马路 41 号
邮编：661199

玉溪分行

行长、党委书记：张晶岚
地址：玉溪市玉兴路 21 号
邮编：653100

大理分行

行长、党委书记：杨光龙
地址：大理州大理市下关人民街 30 号
邮编：671000

保山分行

行长、党委书记：段斌丽
地址：保山市隆阳区保岫东路 37 号
邮编：678000

昭通分行

行长、党委书记：鲁瑞
地址：昭通市昭阳区学生路 123 号
邮编：657000

楚雄分行

副行长、党委副书记：张希（临时负责）
地址：楚雄州楚雄市北浦路 175 号
邮编：675000

丽江分行

副行长、党委副书记：蒋威力（临时负责）
地址：丽江市古城区香格里大道 1071 号
邮编：674100

西双版纳分行

行长、党委书记：陈丽华
地址：西双版纳州景洪市宣慰大道 112 号

邮编：666100

文山分行

副行长、党委副书记：李辉（临时负责）
地址：文山州文山市普阳西路 66 号
邮编：663099

临沧分行

副行长、党委副书记：王军（临时负责）
地址：临沧市临翔区南塘街 144 号
邮编：677099

德宏分行

行长、党委书记：张忠
地址：德宏州芒市胞波路 30 号
邮编：678400

怒江分行

行长、党委书记：李锡钦
地址：泸水市六库镇新城区沧江路 48 号
邮编：673199

普洱分行

行长、党委书记：刘振阳
地址：普洱市思茅区人民西路 90 号
邮编：665000

迪庆分行

行长、党委书记：李涛
地址：迪庆州香格里拉县长征大道 28 号
邮编：674400

贵州分行

贵安分行

行长、党委书记：龙凌
地址：贵安新区百马大道贵安云谷智都汇
邮编：550001

遵义分行

行长、党委书记：殷泓渊
地址：遵义市红花岗区新华路 8 号
邮编：563000

六盘水分行

行长、党委委员：张艳
地址：六盘水市凉都大道 59 号
邮编：553001

安顺分行

行长、党委书记：杜英杰
地址：安顺市西秀区建设路 12 号
邮编：561000

毕节分行

行长、党委书记：徐志刚
地址：毕节市七星关区麻园大道
邮编：551700

铜仁分行

行长、党委书记：盛军
地址：铜仁市共青路 37 号
邮编：554300

凯里分行

行长、党委书记：向立高
地址：凯里市北京西路 15 号
邮编：556600

都匀分行

行长、党委书记：吴奇
地址：都匀市广惠路 263 号
邮编：558000

兴义分行

行长、党委书记：龙梅
地址：兴义市瑞金北路 7 号
邮编：562400

陕西分行

铜川分行

行长、党委书记：吴浩强
地址：铜川市新区华原东道 7 号
邮编：727000

宝鸡分行

行长、党委书记：杨永生
地址：宝鸡市经二路 157 号
邮编：721000

咸阳分行

行长、党委书记：王育新
地址：咸阳市人民中路 37 号
邮编：712000

渭南分行

行长、党委书记：张宏亮
地址：渭南市前进路中段 87 号
邮编：714000

商洛分行

行长、党委书记：张仲国
地址：商洛市迎宾路一号
邮编：726000

汉中分行

行长、党委书记：宋联海
地址：汉中市汉台区人民路 106 号
邮编：723000

安康分行

行长、党委书记：李敏
地址：安康市汉滨区解放路 16 号
邮编：725000

延安分行

行长、党委书记：叶昭辉
地址：延安市师范路 441 号
邮编：716000

榆林分行

行长、党委书记：王益武
地址：榆林市长城路西 32 号
邮编：719000

陕西自贸区西安沣东分行

行长、党委书记：张瑞华
地址：西安市未央区西咸路 501 号启航时代广场 A 座
邮编：710086

甘肃分行

天水分行

行长、党委书记：鲁彬先
地址：天水市秦州区建设路 185 号
邮编：741000

白银分行

行长、党委书记：史明太
地址：白银市白银区人民路 81 号
邮编：730900

金昌分行

行长、党委书记：陈勇
地址：金昌市新华路 18 号
邮编：737100

嘉峪关分行

行长、党委书记：高玉涛
地址：嘉峪关市新华中路 476 号
邮编：735100

酒泉分行

行长、党委书记：王伯平
地址：酒泉市肃州区解放路 1 号
邮编：735000

张掖分行

行长、党委书记：许国军
地址：张掖市甘州县府街 99 号
邮编：734000

武威分行

行长、党委书记：师建华
地址：武威市凉州区西大街 9 号
邮编：733000

定西分行

行长、党委书记：韩文生
地址：安定区大什字
邮编：743000

平凉分行

行长、党委书记：刘敏
地址：平凉市崆峒区西大街 75 号
邮编：744000

庆阳分行

行长、党委书记：吕进财
地址：庆阳市西大街 232 号
邮编：745000

陇南分行

行长、党委书记：朱晓明
地址：陇南市武都区盘旋路 006 号
邮编：746000

临夏分行

行长、党委书记：张永庆

地址：临夏市团结路 50 号
邮编：731100

甘南分行

行长、党委书记：苏晓明
地址：甘南州合作市碌曲东路 18 号
邮编：747000

场区分行

行长、党委书记：张翠红
地址：兰州市 27 支局 48 信箱 106 号
邮编：732750

新疆分行

伊犁哈萨克自治州分行

行长、党委书记：冶生中
地址：伊宁市斯大林东路 12 号
邮编：835000

塔城分行

行长、党委书记：徐振杰
地址：塔城市新华街 153 号
邮编：834700

阿勒泰分行

行长、党委书记：杨波
地址：阿勒泰市金山路 4 号
邮编：836500

克拉玛依石油分行

行长、党委书记：杨宪法
地址：克拉玛依市天山路 38 号
邮编：834000

博尔塔拉蒙古自治州分行

行长、党委书记：肖功亮
地址：博乐市青得里大街 148 号
邮编：833400

昌吉回族自治州分行

行长、党委书记：吴文达
地址：昌吉市文化西路 3 号
邮编：831100

哈密分行

党委副书记、行长：边红疆
党委书记：杨铂
地址：哈密市中山北路 18 号
邮编：839000

吐鲁番分行

行长、党委书记：刘辉
地址：吐鲁番市绿洲中路 390 号
邮编：838000

巴音郭楞蒙古自治州分行

行长、党委书记：王新
地址：库尔勒市石化大道工行大厦 30 号
邮编：841000

新疆第七支行

行长、党委书记：王晓钟
地址：乌鲁木齐 21 信箱 456 分箱
邮编：841700

阿克苏分行

行长、党委书记：米荣昆
地址：阿克苏市北大街 24 号
邮编：843000

喀什分行

行长、党委书记：符光毅
地址：喀什市人民东路 1 号
邮编：844000

和田分行

行长、党委书记：李杰
地址：和田市乌鲁木齐南路 2 号
邮编：848000

石河子分行

行长、党委书记：刘康康
地址：石河子市北四路 23 小区 240 号
邮编：832000

新疆克州分行

行长、党委委员：吴文莲
地址：阿图什市松他克北路 22 号
邮编：845350

境内控股及独资子公司名录

工银瑞信基金管理有限公司

地址：北京市西城区金融大街 5 号新盛大厦 A 座

邮编：100033
电话：010－66583333
传真：010－66583158

工银金融租赁有限公司

地址：天津市经济开发区广场东路20号金融街E5AB座
邮编：300457
电话：022－66283766/010－66105888
传真：022－66224510/010－66105999

工银安盛人寿保险有限公司

地址：上海市浦东陆家嘴环路166号未来资产大厦19楼
邮编：200120
电话：021－5879－2288
传真：021－5879－2299

工银金融资产投资有限公司

地址：南京市蒲滨路211号江北新区扬子科创中心一期B幢19－20层
邮编：211800
电话：025－58172219

工银理财有限责任公司

地址：北京市西城区太平桥大街96号中海财富中心
邮编：100032
电话：010－66076588
传真：010－81011513

工银科技有限公司

地址：中国（河北）自由贸易试验区雄安片区容城县雄安市民服务中心企业办公区C栋第1层111单元
邮编：071700
电话：010－58270028
传真：010－58270300

重庆璧山工银村镇银行

地址：重庆市璧山区奥康大道1号
邮编：402760
电话：023－85297704
传真：023－85297709

浙江平湖工银村镇银行

地址：浙江省平湖市城南西路258号
邮编：314200
电话：0573－85139616
传真：0573－85139626

境外机构名录

港澳地区

香港分行

Industrial and Commercial Bank of China Limited, Hong Kong Branch
地址：33/F, ICBC Tower, 3 Garden Road, Central, Hong Kong
邮箱：icbchk@icbcasia.com
电话：＋852－25881188
传真：＋852－25881160
SWIFT：ICBKHKHH

中国工商银行（亚洲）有限公司

Industrial and Commercial Bank of China (Asia) Limited
地址：33/F, ICBC Tower, 3 Garden Road, Central, Hong Kong
邮箱：enquiry@icbcasia.com
电话：＋852－35108888
传真：＋852－28051166
SWIFT：UBHKHKHH

工银国际控股有限公司

ICBC International Holdings Limited
地址：37/F, ICBC Tower, 3 Garden Road, Central, Hong Kong
邮箱：info@icbci.com.hk
电话：＋852－26833888
传真：＋852－26833900
SWIFT：ICILHKH1

中国工商银行（澳门）股份有限公司

Industrial and Commercial Bank of China (Macau) Limited
地址：18th Floor, ICBC Tower, Macau Landmark, 555 Avenida da Amizade, Macau
邮箱：icbc@mc.icbc.com.cn
电话：＋853－28555222
传真：＋853－28338064
SWIFT：ICBKMOMX

澳门分行

Industrial and Commercial Bank of China Limited,

Macau Branch

地址：Alm. Dr. Carlos d'Assumpcao, No. 393 - 437, 9 Andar, Edf. Dynasty Plaza, Macau

邮箱：icbc@ mc. icbc. com. cn

电话：+853 - 28555222

传真：+853 - 28338064

SWIFT：ICBKMOMM

亚太地区

东京分行

Industrial and Commercial Bank of China Limited, Tokyo Branch

地址：5 - 1 Marunouchi 1 - Chome, Chiyoda - Ku Tokyo, 100 - 6512, Japan

邮箱：icbctokyo@ icbc. co. jp

电话：+813 - 52232088

传真：+813 - 52198525

SWIFT：ICBKJPJT

首尔分行

Industrial and Commercial Bank of China Limited, Seoul Branch

地址：16th Floor, Taepyeongno Bldg. , #73 Sejong - daero, Jung - gu, Seoul 100 - 767, Korea

邮箱：icbcseoul@ kr. icbc. com. cn

电话：+82 - 237886670

传真：+82 - 27553748

SWIFT：ICBKKRSE

釜山分行

Industrial and Commercial Bank of China Limited, Busan Branch

地址：1st Floor, ABL Life Bldg. , # 640 Jungang - daero, Busanjin - gu, Busan 47353, Korea

邮箱：busanadmin@ kr. icbc. com. cn

电话：+82 - 514638868

传真：+82 - 514636880

SWIFT：ICBKKRSE

中国工商银行股份有限公司蒙古代表处

Industrial and Commercial Bank of China Limited, Mongolia Representative Office

地址：Suite 1108, 11th floor, Shangri - la Office, Shangri - la Centre, 19A Olympic Street, Sukhbaatar District - 1, Ulaanbaatar, Mongolia 邮箱：mgdbcgw @ dccsh. icbc. com. cn

电话：+976 - 77108822，+976 - 77106677

传真：+976 - 77108866

新加坡分行

Industrial and Commercial Bank of China Limited, Singapore Branch

地址：6 Raffles Quay #12 - 01, Singapore 048580

邮箱：icbcsg@ sg. icbc. com. cn

电话：+65 - 65381066

传真：+65 - 65381370

SWIFT：ICBKSGSG

中国工商银行（印度尼西亚）有限公司

PT. Bank ICBC Indonesia

地址：The City Tower 32nd Floor, Jl. M. H. Thamrin No. 81, Jakarta Pusat 10310, Indonesia

邮箱：cs@ ina. icbc. com. cn

电话：+62 - 2123556000

传真：+62 - 2131996016

SWIFT：ICBKIDJA

中国工商银行马来西亚有限公司

Industrial and Commercial Bank of China (Malaysia) Berhad

地址：Level 10, Menara Maxis, Kuala Lumpur City Centre, 50088 Kuala Lumpur, Malaysia

邮箱：icbcmalaysia@ my. icbc. com. cn

电话：+603 - 23013399

传真：+603 - 23013388

SWIFT：ICBKMYKL

马尼拉分行

Industrial and Commercial Bank of China Limited, Manila Branch

地址：24F, The Curve, 32nd Street Corner, 3rd Ave, BGC, Taguig City, Manila 1634, Philippines

邮箱：info@ ph. icbc. com. cn

电话：+63 - 282803300

传真：+63 - 284032023

SWIFT：ICBKPHMM

中国工商银行（泰国）股份有限公司

Industrial and Commercial Bank of China (Thai) Public Company Limited

地址：622 Emporium Tower 11th - 13th Fl. , Sukhumvit Road, Khlong Ton, Khlong Toei, Bangkok, Thailand

电话：+66 - 26295588

传真：+66 - 26639888

SWIFT：ICBKTHBK

河内分行

Industrial and Commercial Bank of China Limited, Hanoi Branch

地址：3rd Floor Daeha Business Center, No. 360, Kim Ma Str., Ba Dinh Dist., Hanoi, Vietnam

邮箱：admin@ vn. icbc. com. cn

电话：+84－2462698888

传真：+84－2462699800

SWIFT：ICBKVNVN

中国工商银行股份有限公司胡志明市代表处

Industrial and Commercial Bank of China Limited, Ho Chi Minh City Representative Office

地址：12th floor Deutsches Haus building, 33 Le Duan Street, District 1, Ho Chi Minh City, Vietnam

邮箱：mai. hoanghau@ vn. icbc. com. cn

电话：+84－28－35208991

万象分行

Industrial and Commercial Bank of China Limited, Vientiane Branch

地址：Asean Road, Home No. 358, Unit12, Sibounheuang Village, Chanthabouly District, Vientiane Capital, Lao PDR

邮箱：icbcvte@ la. icbc. com. cn

电话：+856－21258888

传真：+856－21258897

SWIFT：ICBKLALA

金边分行

Industrial and Commercial Bank of China Limited, Phnom Penh Branch

地址：17th Floor, Exchange Square, No. 19－20, Street 106, Phnom Penh, Cambodia

邮箱：icbckh@ kh. icbc. com. cn

电话：+855－23955880

传真：+855－23965268

SWIFT：ICBKKHPP

仰光分行

Industrial and Commercial Bank of China Limited, Yangon Branch

地址：ICBC Center, Crystal Tower, Kyun Taw Road, Kamayut Township, Yangon, Myanmar

电话：+95－019339258

传真：+95－019339278

SWIFT：ICBKMMMY

中国工商银行（阿拉木图）股份公司

Industrial and Commercial Bank of China (Almaty) Joint Stock Company

地址：150/230, Abai/Turgut Ozal Street, Almaty, Kazakhstan. 050046

邮箱：office@ kz. icbc. com. cn

电话：+7－7272377085

传真：+7－7272377070

SWIFT：ICBKKZKX

卡拉奇分行

Industrial and Commercial Bank of China Limited, Karachi Branch

地址：15th & 16th Floor, Ocean Tower, G－3, Block－9, Scheme # 5, Main Clifton Road, Karachi, Pakistan. P. C：75600

邮箱：service@ pk. icbc. com. cn

电话：+92－2135208988

传真：+92－2135208930

SWIFT：ICBKPKKA

孟买分行

Industrial and Commercial Bank of China Limited, Mumbai Branch

地址：801, 8th Floor, A Wing, One BKC, C－66, G Block, Bandra Kurla Complex, Bandra East, Mumbai－400051, India

邮箱：icbcmumbai@ india. icbc. com. cn

电话：+91－2271110300

传真：+91－2271110353

SWIFT：ICBKINBB

迪拜国际金融中心分行

Industrial and Commercial Bank of China Limited, Dubai (DIFC) Branch

地址：Floor 5&6, Gate Village Building 1, Dubai International Financial Center, Dubai, United Arab Emirates P. O. Box：506856

邮箱：dboffice@ dxb. icbc. com. cn

电话：+971－47031111

传真：+971－47031199

SWIFT：ICBKAEAD

阿布扎比分行

Industrial and Commercial Bank of China Limited, Abu Dhabi Branch

地址：Addax Tower Offices 5207, 5208 and 5209, Al

Reem Island, Abu Dhabi, United Arab Emirates P. O. Box 62108

邮箱：dboffice@ dxb. icbc. com. cn

电话：+971－24998600

传真：+971－24998622

SWIFT：ICBKAEAA

多哈分行

Industrial and Commercial Bank of China Limited, Doha (QFC) Branch

地址：Level 20, Burj Doha, Al Corniche Street, West Bay, Doha, Qatar P. O. BOX：11217

邮箱：ICBCDOHA@ doh. icbc. com. cn

电话：+974－44072758

传真：+974－44072751

SWIFT：ICBKQAQA

利雅得分行

Industrial and Commercial Bank of China Limited, Riyadh Branch

地址：Level 4&8, A1 Faisaliah Tower Building No：7277－King Fahad Road Al Olaya, Zip Code：12212, Additional No.：3333, Unit No.：95, Kingdom of Saudi Arabia

邮箱：service@ sa. icbc. com. cn

电话：+966－112899800

传真：+966－112899879

SWIFT：ICBKSARI

科威特分行

Industrial and Commercial Bank of China Limited, Kuwait Branch

地址：Building 2A (Al－Tijaria Tower), Floor 7&8, Al－Soor Street, Al－Morqab, Block3, Kuwait City, Kuwait

邮箱：info@ kw. icbc. com. cn

电话：+965－22281777

传真：+965－22281799

SWIFT：ICBKKWKW

悉尼分行

Industrial and Commercial Bank of China Limited, Sydney Branch

地址：Level 42, Tower 1, International Towers, 100 Barangaroo Avenue, Sydney NSW 2000 Australia

邮箱：info@ icbc. com. au

电话：+612－94755588

传真：+612－82885878

SWIFT：ICBKAU2S

中国工商银行新西兰有限公司

Industrial and Commercial Bank of China (New Zealand) Limited

地址：Level 11, 188 Quay Street, Auckland 1010, New Zealand

邮箱：info@ nz. icbc. com. cn

电话：+64－93747288

传真：+64－93747287

SWIFT：ICBKNZ2A

欧洲地区

法兰克福分行

Industrial and Commercial Bank of China Limited, Frankfurt Branch

地址：Bockenheimer Anlage 15, 60322 Frankfurt am Main, Germany

邮箱：icbc@ icbc－ffm. de

电话：+49－6950604700

传真：+49－6950604708

SWIFT：ICBKDEFF

卢森堡分行

Industrial and Commercial Bank of China Limited, Luxembourg Branch

地址：32, Boulevard Royal, L－2449 Luxembourg, B. P. 278 L－2012 Luxembourg

邮箱：office@ eu. icbc. com. cn

电话：+352－2686661

传真：+352－26866666

SWIFT：ICBKLULL

中国工商银行（欧洲）有限公司

Industrial and Commercial Bank of China (Europe) S. A.

地址：32, Boulevard Royal, L－2449 Luxembourg, B. P. 278 L－2012 Luxembourg

邮箱：office@ eu. icbc. com. cn

电话：+352－2686661

传真：+352－26866666

SWIFT：ICBKLULU

中国工商银行（欧洲）有限公司巴黎分行

Industrial and Commercial Bank of China (Europe) S. A. Paris Branch

地址：73 Boulevard Haussmann, 75008, Paris

邮箱：administration@ fr. icbc. com. cn
电话：+33 - 140065858
传真：+33 - 140065899
SWIFT：ICBKFRPP

中国工商银行（欧洲）有限公司阿姆斯特丹分行

Industrial and Commercial Bank of China (Europe) S. A. Amsterdam Branch
地址：Johannes Vermeerstraat 7 - 9, 1071 DK, Amsterdam, the Netherlands
邮箱：icbcamsterdam@ nl. icbc. com. cn
电话：+31 - 205706666
传真：+31 - 206702774
SWIFT：ICBKNL2A

中国工商银行（欧洲）有限公司布鲁塞尔分行

Industrial and Commercial Bank of China (Europe) S. A. Brussels Branch
地址：81, Avenue Louise, 1050 Brussels, Belgium
邮箱：info@ be. icbc. com. cn
电话：+32 - 2 - 5398888
传真：+32 - 2 - 5398870
SWIFT：ICBKBEBB

中国工商银行（欧洲）有限公司米兰分行

Industrial and Commercial Bank of China (Europe) S. A. Milan Branch
地址：Via Tommaso Grossi 2, Milano, Italy
邮箱：hradmin@ it. icbc. com. cn
电话：+39 - 0200668899
传真：+39 - 0200668888
SWIFT：ICBKITMM

中国工商银行（欧洲）有限公司马德里分行

Industrial and Commercial Bank of China (Europe) S. A. Sucursal en España
地址：Paseo de Recoletos, 12, 28001, Madrid, España
邮箱：icbcspain@ es. icbc. com. cn
电话：+34 - 902195588
传真：+34 - 912168866
SWIFT：ICBKESMM

中国工商银行（欧洲）有限公司华沙分行

Industrial and Commercial Bank of China (Europe) S. A. Poland Branch
地址：Plac Trzech Krzy y 18, 00 - 499, Warszawa, Poland
邮箱：info@ pl. icbc. com. cn
电话：+48 - 222788066
传真：+48 - 222788090
SWIFT：ICBKPLPW

中国工商银行（伦敦）有限公司

ICBC (London) PLC
地址：81 King William Street, London EC4N 7BG, UK
邮箱：admin@ icbclondon. com
电话：+44 - 2073978888
传真：+44 - 2073978899
SWIFT：ICBKGB2L

伦敦分行

Industrial and Commercial Bank of China Limited, London Branch
地址：81 King William Street, London EC4N 7BG, UK
邮箱：admin@ icbclondon. com
电话：+44 - 2073978888
传真：+44 - 2073978890
SWIFT：ICBKGB3L

工银标准银行公众有限公司

ICBC Standard Bank PLC
地址：20 Gresham Street, London, United Kingdom, EC2V 7JE
邮箱：londonmarketing@ icbcstandard. com
电话：+44 - 2031455000
传真：+44 - 2031895000
SWIFT：SBLLGB2L

中国工商银行（莫斯科）股份公司

Bank ICBC (joint stock company)
地址：Building 29, Serebryanicheskaya embankment, Moscow, Russia Federation 109028
邮箱：info@ ms. icbc. com. cn
电话：+7 - 4952873099
传真：+7 - 4952873098
SWIFT：ICBKRUMM

中国工商银行（土耳其）股份有限公司

ICBC Turkey Bank Anonim Şirketi
地址：Maslak Mah. Dereboyu, 2 Caddesi No：13 34398 Sariyer, STANBUL
邮箱：gongwen@ tr. icbc. com. cn
电话：+90 - 2123355011
SWIFT：ICBKTRIS

布拉格分行

Industrial and Commercial Bank of China Limited, Prague Branch, odštěpný závod

地址：12F City Empiria, Na Strži 1702/65, 14000 Prague 4 – Nusle, Czech Republic

邮箱：info@ cz. icbc. com. cn

电话：+420 – 237762888

传真：+420 – 237762899

SWIFT：ICBKCZPP

苏黎世分行

Industrial and Commercial Bank of China Limited, Beijing, Zurich Branch

地址：Nüschelerstrasse 1, CH – 8001, Zurich, Switzerland

邮箱：service@ ch. icbc. com. cn

电话：+41 – 58 – 9095588

传真：+41 – 58 – 9095577

SWIFT：ICBKCHZZ

中国工商银行奥地利有限公司

ICBC Austria Bank GmbH

地址：Kolingasse 4, 1090 Vienna, Austria

邮箱：generaldept@ at. icbc. com. cn

电话：+43 – 1 – 9395588

SWIFT：ICBKATWW

美洲地区

纽约分行

Industrial and Commercial Bank of China Limited, New York Branch

地址：725 Fifth Avenue, 20th Floor, New York, NY 10022, USA

邮箱：info – nyb@ us. icbc. com. cn

电话：+1 – 2128387799

传真：+1 – 2128386688

SWIFT：ICBKUS33

中国工商银行（美国）

Industrial and Commercial Bank of China (USA) NA

地址：1633 Broadway, 28th Floor, New York, NY 10019

邮箱：info@ us. icbc. com. cn

电话：+1 – 2122388208

传真：+1 – 2122193211

SWIFT：ICBKUS3N

工银金融服务有限责任公司

Industrial and Commercial Bank of China Financial Services LLC

地址：1633 Broadway, 28th Floor, New York, NY, 10019, USA

邮箱：info@ icbkfs. com

电话：+1 – 2129937300

传真：+1 – 2129937349

SWIFT：ICBKUS33FIN, ICBKUS3F

中国工商银行（加拿大）有限公司

Industrial and Commercial Bank of China (Canada)

地址：Unit 3710, Bay Adelaide Centre, 333 Bay Street, Toronto, Ontario, M5H 2R2, Canada

邮箱：info@ icbk. ca

电话：+1 – 4163665588

传真：+1 – 4166072000

SWIFT：ICBKCAT2

中国工商银行（墨西哥）有限公司

Industrial and Commercial Bank of China Mexico S. A.

地址：Paseo de la Reforma 250, Piso 18, Col. Juarez, C. P. 06600, Del. Cuauhtemoc, Ciudad de Mexico

邮箱：info@ icbc. com. mx

电话：+52 – 5541253388

SWIFT：ICBKMXMM

中国工商银行（巴西）有限公司

Industrial and Commercial Bank of China (Brasil) S. A.

地址：Av. Brigadeiro Faria Lima, 3477 – Block B – 6 andar – SAO PAULO/SP – Brasil

邮箱：bxgw@ br. icbc. com. cn

电话：+55 – 1123956600

SWIFT：ICBKBRSP

中国工商银行（秘鲁）有限公司

ICBC PERU BANK

地址：Calle Las Orquideas 585, Oficina 501, San Isidro, Lima, Peru

邮箱：perugw2@ pe. icbc. com. cn

电话：+51 – 16316801

传真：+51 – 16316803

SWIFT：ICBKPEPL

中国工商银行（阿根廷）股份有限公司

Industrial and Commercial Bank of China (Argentina)

S. A.

地址：Blvd. Cecilia Grierson 355，（C1107 CPG）Buenos Aires，Argentina

邮箱：gongwen@ ar. icbc. com. cn

电话：+54 –1148203784

传真：+54 –1148201901

SWIFT：ICBKARBA

工银投资（阿根廷）共同投资基金管理股份有限公司

ICBC Investments Argentina S. A. Sociedad Gerente de Fondos Comunes de Inversión

地址：lvd. Cecilia Grierson 355，Piso 14，（C1107CPG）CABA，Argentina

邮箱：alpha. sales@ icbc. com. ar

电话：+54 –1143949432

Inversora Diagonal 股份有限公司

Inversora Diagonal S. A.

地址：Florida 99，（C1105CPG）CABA，Argentina

电话：+54 –1148202200

非洲地区

中国工商银行股份有限公司非洲代表处

Industrial and Commercial Bank of China Limited，African Representative Office

地址 1：47 Price Drive，Constantia，Cape Town ，South Africa，7806

地址 2：T11，2nd Floor East，30 Baker Street，Rosebank，Johannesburg，Gauteng，South Africa，2196

邮箱：icbcafrica@ afr. icbc. com. cn

电话：+27 –117215950

传真：+27 –212008012

中国工商银行员工情况表

2019 年 12 月 31 日

序号	机构名称	合同制人员合计	性别结构		年龄结构								学历结构				
			男	女	平均年龄	25 岁及以下	26 ~ 30 岁	31 ~ 35 岁	36 ~ 40 岁	41 ~ 45 岁	46 ~ 50 岁	50 岁以上	博士研究生	硕士研究生	大学本科	大专	专科以下
1	合计	422 383	211 352	211 031	42	32 793	51 043	57 566	38 713	39 886	74 590	127 792	555	31 248	237 519	113 508	39 553
2	总行本部	3 998	2 306	1 692	36	199	915	954	964	493	192	281	284	2 625	1 060	22	7
3	北京分行	19 121	8 419	10 702	39	2 121	2 573	4 200	2 827	1 491	2 264	3 645	28	3 081	12 011	3 176	825
4	天津分行	7 916	3 895	4 021	43	586	927	690	919	663	1 411	2 720	3	487	4 168	2 033	1 225
5	河北分行	19 450	10 917	8 533	45	1 143	1 382	1 571	1 076	2 028	4 422	7 828	2	662	9 293	6 326	3 167
6	山西分行	13 600	6 823	6 777	45	314	875	1 540	1 137	1 828	2 575	5 331	2	703	5 330	5 355	2 210
7	内蒙古分行	10 851	5 700	5 151	46	563	639	871	576	1 226	2 636	4 340	1	315	5 491	3 339	1 705
8	辽宁分行	16 537	8 515	8 022	45	857	1 247	966	1 632	1 785	3 482	6 568		717	8 937	5 863	1 020
9	吉林分行	11 200	5 581	5 619	44	446	944	986	1 233	1 714	2 230	3 647	3	425	6 319	2 907	1 546
10	黑龙江分行	13 758	7 557	6 201	46	608	938	779	618	1 700	3 280	5 835	2	340	6 270	4 837	2 309
11	上海分行	14 044	5 345	8 699	38	1 637	2 402	3 025	1 318	1 269	1 695	2 698	26	1 327	9 386	2 252	1 053
12	江苏分行	19 062	9 973	9 089	42	2 099	2 111	2 966	1 383	1 004	2 953	6 546	8	1 180	11 030	4 861	1 983
13	浙江分行	20 566	8 579	11 987	38	2 547	3 094	4 251	3 019	1 789	2 377	3 489	11	1 288	14 841	3 444	982
14	安徽分行	12 424	7 173	5 251	44	774	1 636	1 140	677	1 102	2 328	4 767	4	652	6 419	4 022	1 327
15	福建分行	11 212	5 445	5 767	43	534	1 247	1 337	1 238	1 218	2 030	3 608	5	371	7 108	2 662	1 066
16	江西分行	9 924	5 246	4 678	44	495	1 046	809	738	1 275	2 003	3 558	2	407	4 722	3 391	1 402
17	山东分行	20 109	10 906	9 203	44	1 381	1 836	2 451	1 900	2 047	3 667	6 827	10	1 357	11 225	5 976	1 541
18	河南分行	19 043	10 391	8 652	45	1 045	1 923	1 433	676	2 200	5 016	6 750	5	652	9 632	5 926	2 828
19	湖北分行	16 597	8 550	8 047	45	978	1 783	1 201	671	1 504	3 874	6 586	9	1 122	8 183	4 980	2 303
20	湖南分行	12 933	6 656	6 277	45	847	990	901	1 040	1 275	2 367	5 513	1	522	6 262	4 884	1 264
21	广东分行	19 662	10 508	9 154	40	1 641	2 610	3 754	2 308	2 342	3 612	3 395	16	747	11 792	5 577	1 530
22	海南分行	2 674	1 529	1 145	43	233	282	210	207	347	532	863	1	120	1 653	701	199

续表

序号	机构名称	合同制人员合计	性别结构		年龄结构								学历结构				
			男	女	平均年龄	25岁及以下	26～30岁	31～35岁	36～40岁	41～45岁	46～50岁	50岁以上	博士研究生	硕士研究生	大学本科	大专	专科以下
23	广西分行	9 597	4 529	5 068	43	637	1 203	1 090	1 140	682	1 558	3 287		219	5 507	2 734	1 137
24	重庆分行	6 750	3 507	3 243	41	535	1 175	1 070	424	387	1 158	2 001	5	730	3 360	1 993	662
25	四川分行	16 268	7 911	8 357	42	733	2 091	2 911	1 601	1 435	3 090	4 407	15	1 230	9 183	4 992	848
26	云南分行	8 105	4 009	4 096	44	692	966	806	450	559	1 493	3 139	1	263	4 675	2 548	618
27	贵州分行	7 100	3 828	3 272	40	996	1 446	852	285	359	840	2 322	1	339	4 246	1 862	652
28	陕西分行	11 700	6 157	5 543	46	651	940	857	561	1 042	2 723	4 926	8	715	5 311	4 537	1 129
29	甘肃分行	6 976	3 845	3 131	46	494	615	320	389	530	1 464	3 164	2	154	4 122	2 212	486
30	青海分行	2 143	982	1 161	38	361	508	156	126	158	358	476	2	59	1 549	489	44
31	宁夏分行	2 680	1 325	1 355	42	280	423	355	111	160	574	777		95	1 546	839	200
32	新疆分行	7 867	3 504	4 363	42	721	1 156	783	506	698	1 239	2 764	5	272	4 632	2 363	595
33	西藏分行	241	143	98	33	62	62	33	17	28	32	7	1	20	210	10	
34	深圳分行	5 631	2 623	3 008	36	791	1 012	1 263	908	406	643	608	7	886	3 866	660	212
35	大连分行	3 787	1 483	2 304	42	156	374	741	358	374	890	894	2	314	2 384	954	133
36	青岛分行	3 441	1 729	1 712	40	402	505	596	332	217	366	1 023		383	2 057	674	327
37	宁波分行	4 052	1 583	2 469	38	365	620	913	586	425	413	730	1	215	2 912	670	254
38	厦门分行	2 340	1 026	1 314	40	170	400	410	158	271	429	502	3	194	1 675	279	189
39	广州分行	10 300	4 200	6 100	37	1 157	1 521	2 426	2 131	903	1 428	734	10	780	7 180	1 971	359
40	苏州分行	4 359	1 925	2 434	37	434	766	1 197	496	279	407	780	1	317	3 179	664	198
41	总行银行卡业务部（牡丹卡中心）	802	318	484	34	40	217	272	138	72	42	21	13	354	420	12	3
42	总行贵金属业务部	107	73	34	36	8	18	32	19	16	9	5	4	62	41		
43	总行票据营业部	308	130	178	39	9	56	69	46	38	51	39	2	110	183	12	1
44	总行私人银行部	172	114	58	34	16	47	46	29	14	14	6	6	123	40	3	

续表

序号	机构名称	合同制人员合计	性别结构		年龄结构								学历结构				
			男	女	平均年龄	25岁及以下	26~30岁	31~35岁	36~40岁	41~45岁	46~50岁	50岁以上	博士研究生	硕士研究生	大学本科	大专	专科以下
45	长春金融研修学院	64	37	27	39	4	12	14	13	1	3	17	1	32	29	2	
46	杭州金融研修学院	73	38	35	40	4	12	19	8	1	6	23	1	32	40		
47	业务研发中心	1 299	669	630	32	232	441	337	147	74	43	25	8	700	585	5	1
48	数据中心	1 091	691	400	32	203	293	298	173	49	37	38	5	443	623	16	4
49	软件开发中心	5 297	3 267	2 030	32	935	1 465	1 555	946	230	104	62	17	2 240	3 024	14	2
50	内部审计局直属分局	50	32	18	42		4	10	6	12	11	7	1	25	24		
51	内部审计局天津分局	47	31	16	45		4	10	3	3	6	21	1	12	34		
52	内部审计局沈阳分局	46	28	18	46	1		5	9	5	10	16		14	32		
53	内部审计局上海分局	44	24	20	44		3	7	5	11	6	12		14	30		
54	内部审计局南京分局	42	29	13	43		3	9	4	8	8	10		11	30	1	
55	内部审计局武汉分局	37	23	14	45		1	5	6	8	6	11		12	25		
56	内部审计局广州分局	42	30	12	47		3	3	5	3	11	17	4	10	28		
57	内部审计局成都分局	46	27	19	42		4	11	8	5	8	10	1	19	25	1	
58	内部审计局昆明分局	43	22	21	43		5	10	2	5	9	12		11	32		
59	内部审计局西安分局	46	31	15	44		3	14	4	2	4	19	1	12	32	1	
60	网络融资中心	146	77	69	27	78	51	12	3		2		1	97	48		
61	国际结算单证中心	669	136	533	31	92	235	229	66	21	21	5		333	335	1	
62	远程银行中心	3 491	1 007	2 484	32	440	816	1 658	289	85	125	78	1	153	2 878	452	7
63	网络金融部用户发展中心																
64	网络金融部运营支持中心	218	91	127	32	16	96	62	34	5	3	2	1	60	154	3	
65	网络金融部创新研发中心	185	104	81	30	30	71	65	14	5				84	101		

中国工商银行系统机构设置情况表

2019 年 12 月 31 日

序号	机构名称	合计	总行	一级分行	直属分行	省会城市行	二级分行	一级支行			基层营业网点				总行利润中心、直属机构及其分支
								合计	县支行	城区支行	合计	二级支行	分理处	储蓄所	
1	合计	16 045	1	32	4	23	428	2 994	1 301	1 693	12 535	12 022	404	109	28
2	总行本部	1	1												
3	总行部门类利润中心	6													6
4	北京分行	568		1			37				530	508	10	12	
5	天津分行	333		1			24	9	2	7	299	299			
6	河北分行	783		1		1	11	211	91	120	559	559			
7	山西分行	455		1		1	10	135	67	68	308	308			
8	内蒙古分行	361		1		1	12	106	50	56	241	241			
9	辽宁分行	581		1		1	12	126	29	97	441	434	4	3	
10	吉林分行	363		1		1	8	86	29	57	267	254	3	10	
11	黑龙江分行	521		1		1	13	153	58	95	353	350	2	1	
12	上海分行	479		1			36				442	442			
13	江苏分行	881		1		1	11	119	40	79	749	732	14	3	
14	浙江分行	793		1		1	11	106	44	62	674	618	56		
15	安徽分行	541		1		1	15	154	43	111	370	370			
16	福建分行	450		1		1	10	83	50	33	355	355			
17	江西分行	418		1		1	11	119	76	43	286	267	19		
18	山东分行	892		1		1	15	158	78	80	717	416	238	63	
19	河南分行	714		1		1	17	183	83	100	512	512			
20	湖北分行	702		1		1	13	109	44	65	578	578			
21	湖南分行	532		1		1	13	135	62	73	382	381	1		
22	广东分行	980		1			19	199	54	145	761	761			
23	海南分行	122		1			4	15	9	6	102	102			
24	广西分行	450		1		1	13	107	55	52	328	328			
25	重庆分行	313		1			22	22	22		268	268			
26	四川分行	725		1		1	18	112	78	34	593	569	24		
27	云南分行	358		1		1	15	66	34	32	275	275			

续表

序号	机构名称	合计	总行	一级分行	直属分行	省会城市行	二级分行	一级支行			基层营业网点				总行利润中心、直属机构及其分支
								合计	县支行	城区支行	合计	二级支行	分理处	储蓄所	
28	贵州分行	288		1		1	8	71	48	23	207	206	1		
29	陕西分行	460		1		1	10	113	49	64	335	323	8	4	
30	甘肃分行	295		1		1	14	57	40	17	222	222			
31	青海分行	81		1			1	12	6	6	67	67			
32	宁夏分行	99		1				18	6	12	80	74	6		
33	新疆分行	247		1		1	15	60	39	21	170	170			
34	西藏分行	6		1				5		5					
35	深圳分行	140		1			1	27		27	111	111			
36	大连分行	166			1			20	4	16	145	145			
37	青岛分行	123			1			19	3	16	103	90	6	7	
38	宁波分行	167			1		2	18	3	15	146	144	1	1	
39	厦门分行	69			1		1	18		18	49	49			
40	广州分行	364				1	2	35	3	32	326	325		1	
41	苏州分行	196					4	8	2	6	184	169	11	4	
42	长春金融研修学院	1													1
43	杭州金融研修学院	1													1
44	总行银行卡业务部（牡丹卡中心）	4													4
45	软件开发中心	1													1
46	数据中心（北京）	1													1
47	数据中心（上海）	1													1
48	远程银行中心	1													1
49	国际结算单证中心	1													1
51	总行票据营业部	9													9
52	总行私人银行部	1													1
53	总行贵金属业务部	1													1

注：本表不包括境内控股公司和境外机构。

2019 年总行级重点城市行综合竞争能力评价结果

2019 年总行级重点城市行十强

排序	一级分行	城市行
1	江苏	南京
2	浙江	杭州
3	河南	平顶山
4	山东	济南
5	新疆	乌鲁木齐
6	四川	绵阳
7	湖北	武汉
8	黑龙江	哈尔滨
9	广东	惠州
10	广东	广州

评选依据：以各项存款增量四行占比大于存量四行占比作为前提条件，按照连续四个季度综合竞争能力评价结果排名平均值进行排序，确定总行级重点城市行十强。

2019 年综合竞争能力评价结果（直属行、省会城市行）

排名	一级分行	城市行	得分	2019 年	上季度
1	浙江	杭州	1 098. 76	A +	A +
2	江苏	南京	958. 30	A +	A +
3	山东	济南	943. 10	A +	A +
4	湖北	武汉	925. 48	A +	A –
5	新疆	乌鲁木齐	900. 04	A –	A +
6	黑龙江	哈尔滨	898. 13	A –	A +
7	四川	成都	888. 35	A –	B +
8	广东	广州	887. 74	A –	A +
9	江苏	苏州	867. 27	B +	B +
10	云南	昆明	866. 97	B +	B +
11	安徽	合肥	857. 29	B +	B –
12	青岛	青岛	848. 92	B +	A +
13	陕西	西安	841. 93	B +	C +
14	内蒙古	呼和浩特	815. 53	B –	B –
15	河北	石家庄	815. 38	B –	B –
16	山西	太原	805. 48	B –	B –
17	厦门	厦门	768. 32	C +	C +
18	江西	南昌	720. 14	C –	C +

续表

排名	一级分行	城市行	得分	2019 年	上季度
19	广西	南宁	709.96	C－	D－
20	河南	郑州	681.04	C－	C－
21	福建	福州	680.21	C－	C－
22	贵州	贵阳	634.98	D＋	C＋
23	湖南	长沙	626.80	D＋	D＋
24	辽宁	沈阳	619.41	D－	D－
25	吉林	长春	586.81	D－	C－
26	宁波	宁波	579.88	E＋	D＋
27	甘肃	兰州	558.41	E＋	E－
28	大连	大连	333.36	E－	E＋

评价结果划档标准：

A＋：910 分（含）以上 A－：[880，910) B＋：[840，880) B－：[790，840)
C＋：[730，790) C－：[670，730) D＋：[620，670) D－：[580，620)
E＋：[550，580) E－：550 分以下

2019 年综合竞争能力评价结果（重点二级分行）

排名	一级分行	城市行	得分	2019 年	上季度
1	河南	平顶山	1 024.22	A＋	A＋
2	四川	绵阳	954.21	A＋	A＋
3	广东	惠州	945.78	A＋	A＋
4	河北	保定	941.71	A＋	A＋
5	广西	柳州	931.63	A＋	A＋
6	江苏	常州	898.24	A＋	A＋
7	广东	东莞	888.82	A＋	A＋
8	浙江	台州	868.52	A＋	A＋
9	广东	江门	864.38	A＋	B＋
10	浙江	嘉兴	861.91	A＋	B＋
11	江苏	无锡	851.43	A＋	A＋
12	江西	赣州	832.13	A＋	A－
13	浙江	金华	828.93	A＋	B＋
14	江西	九江	821.85	A＋	A－
15	浙江	绍兴	804.10	A－	B－
16	山东	临沂	784.06	A－	A－
17	福建	泉州	759.10	B＋	B＋
18	安徽	阜阳	751.48	B＋	B＋
19	广东	中山	747.90	B＋	B＋
20	浙江	温州	738.89	B＋	B－

续表

排名	一级分行	城市行	得分	2019 年	上季度
21	四川	德阳	720. 21	B -	B +
22	广东	珠海	715. 81	B -	B -
23	河南	洛阳	713. 72	B -	C +
24	广西	桂林	712. 76	B -	C +
25	海南	三亚	690. 37	B -	B +
26	贵州	遵义	683. 05	B -	B +
27	湖北	荆州	676. 43	B -	C -
28	广东	湛江	674. 16	B -	C -
29	湖南	岳阳	673. 73	B -	B -
30	湖北	三峡	670. 54	B -	C +
31	河北	唐山	659. 22	C +	B -
32	山东	东营	650. 39	C +	C +
33	江苏	镇江	636. 91	C +	C +
34	陕西	宝鸡	630. 49	C +	C -
35	福建	漳州	624. 30	C +	D +
36	山东	淄博	599. 37	C -	D +
37	山东	烟台	588. 24	C -	B -
38	江苏	徐州	583. 35	C -	C +
39	江苏	南通	571. 22	C -	B -
40	湖北	襄阳	565. 12	C -	D -
41	广东	佛山	558. 02	C -	C -
42	河北	张家口	549. 43	C -	C -
43	河北	廊坊	543. 52	C -	C -
44	河南	南阳	540. 55	C -	C -
45	四川	南充	540. 17	C -	C -
46	山东	潍坊	537. 04	C -	C -
47	安徽	芜湖	536. 50	C -	C -
48	江苏	扬州	497. 00	D +	D +
49	陕西	咸阳	449. 44	D -	E -
50	吉林	吉林市	445. 56	D -	D -
51	辽宁	鞍山	433. 29	D -	E -
52	山东	济宁	425. 73	D -	D +

评价结果划档标准：

A +：820 分（含）以上　A -：[780，820)　B +：[730，780)　B -：[670，730)

C +：[600，670)　C -：[530，600)　D +：[470，530)　D -：[420，470)

E +：[380，420)　E -：380 分以下

2019年度二级分行经营效益30强

地区	分行	按绩效得分排名	按净利润排名	按人均 EVA 排名	三项因素综合排名
广东	惠州	2	3	4	1
广东	东莞	1	1	12	2
江苏	常州	3	5	19	3
广东	中山	11	6	11	4
苏州	昆山	10	16	3	5
广东	珠海	13	13	7	6
浙江	嘉兴	4	7	24	7
江苏	宿迁	8	25	8	8
苏州	吴江	12	30	5	9
浙江	湖州	6	17	27	10
江苏	南通	25	8	20	11
浙江	萧山	21	22	15	12
江苏	无锡	15	4	41	13
广东	佛山	24	2	34	14
广东	江门	18	15	35	15
河北	保定	20	12	43	16
浙江	金华	7	9	61	17
广东	河源	17	56	10	18
广东	横琴	9	80	1	19
浙江	台州	5	11	79	20
贵州	兴义	30	49	16	21
安徽	滁州	27	44	25	22
四川	绵阳	29	21	51	23
广东	汕尾	39	59	6	24
浙江	温州	14	10	84	25
贵州	六盘水	53	38	17	26
广东	肇庆	47	40	23	27
江苏	徐州	44	18	57	28
浙江	衢州	33	35	53	29
四川	眉山	31	64	26	30

2019 年度城区支行经营效益 40 强

地区	支行	按绩效得分排名	按净利润排名	按人均 EVA 排名	三项因素综合排名
北京	翠微路	3	1	3	1
北京	新街口	2	2	4	2
深圳	高新园南区	1	11	1	3
北京	营业部	8	4	2	4
浙江	西湖	5	12	6	5
深圳	福田	7	15	8	6
北京	宣武	25	3	5	7
北京	长安	18	6	15	8
深圳	红围	16	23	17	9
北京	南礼士路	28	7	23	10
广东	南方	6	34	26	11
北京	西区	9	8	51	12
浙江	朝晖	17	35	21	13
北京	海淀	13	13	56	14
深圳	营业部	62	10	10	15
广东	第一	22	44	18	16
深圳	宝安	11	47	27	17
广东	高新	10	42	37	18
上海	第二营业部	51	36	29	19
广东	北京路	77	16	25	20
上海	营业部	108	5	7	21
四川	春熙	37	25	58	22
深圳	上步	12	78	32	23
四川	滨江	54	17	54	24
浙江	营业部	61	37	28	25
上海	黄浦	20	9	102	26
浙江	艮山	14	92	31	27
北京	西客站	69	14	63	28
北京	中关村	26	22	98	29
深圳	华为	4	134	13	30
重庆	渝中	102	21	30	31
北京	东城	60	19	75	32
北京	地安门	93	27	40	33
深圳	喜年	45	72	47	34
深圳	龙岗	21	100	44	35
上海	长宁	24	18	125	36
苏州	营业部	39	116	22	37
苏州	吴中	35	58	85	38
江苏	营业部	67	107	9	39
深圳	华强	83	66	35	40

2019 年排名情况

排名机构	排名	排名依据
《福布斯》	全球企业 2 000 强排名第 1 位	按公司销售收入、利润、资产、市值四项指标综合排名
《银行家》	全球银行 1 000 强排名第 1 位	按银行一级资本排名
《财富》	世界 500 强排名第 26 位 （商业银行子榜单排名第 1 位）	按公司营业收入排名
Brand Finance	全球银行品牌 500 强排名第 1 位	按银行品牌价值排名

2019 年获奖情况

境外奖项

奖项名称	颁奖机构
中国最佳银行	《环球金融》
中国最佳公司银行	
中国最佳贵金属银行	
中国最佳私人银行	《银行家》
亚洲最佳财富顾问数字化赋能私人银行	
中国最佳银行	《金融亚洲》
中国最佳贸易融资银行	
中国最佳现金管理银行	
中国最佳交易银行	
可持续金融板块下最佳金融机构债券	《财资》
亚洲 G3 债券最佳投资机构	
中国最佳保险托管银行	
中国最佳可持续发展金融发行人	
中国最佳债券承销商	
中国最佳资产管理机构	
最佳熊猫债项目	
边佳兰炼化一体化炼化项目获“亚太地区年度石化项目”	《国际项目融资》
迪拜光热电站项目获“中东和非洲地区年度电力项目”	
海外市场表现最佳的绿色金融银行	《亚洲货币》
年度最佳绿色金融银行	
中国最佳贵金属银行	
中国最佳交易银行	
最佳境内债务融资银行	

续表

奖项名称	颁奖机构
亚太区最佳现金管理银行	《亚洲银行家》
中国最佳大型交易银行	
中国最佳大型零售银行	
中国最佳大型托管银行	
中国最佳大型现金管理银行	
中国最佳私人银行	
最佳大数据分析产品——掌上决策现金流监测系统	
最佳人工智能应用——智能客服和运营体系建设	
最佳商业平台应用及项目	
最佳数字转型应用	
最佳离岸客户中心铜奖	香港客户中心协会
金融创新服务实体经济十佳金融产品	香港商报
香港公司管治卓越奖	香港上市公司商会
亚太呼叫中心领袖联盟卓越服务金奖	亚太呼叫中心协会
依兰奖（ELAN）“最佳人气奖”（生肖信用卡）	ICMA：国际卡片制造商协会
数据智能营销领军团队	JCB
外卡收单卓越贡献奖	
最佳产品创意奖（樱空枫雪卡）	
最佳产品设计奖（樱空枫雪卡）	
最佳产品助力奖	
最佳合作伙伴奖	
最佳金融科技创新奖	
工银信用卡最佳创新实践奖——跨境消费分期与小米国际市场支付	万事达卡
工银信用卡最佳大数据营销决策奖	
工银信用卡最佳风险监控奖	
工银信用卡最佳高端产品奖——（牡丹黑金卡世界之极）	
工银信用卡最佳高端权益设计奖——（牡丹黑金卡世界之极）	
工银信用卡最佳公务卡解决方案奖（公务卡）	
工银信用卡最佳卡面设计奖——（牡丹黑金卡世界之极）	
工银信用卡最佳市场营销活动奖——爱购全球之跨境“月月刷”	
工银信用卡最具影响力收单银行奖	
最佳境外交易额贡献产品奖（国际借记卡）	
Visa 卓越产品创新奖（公务卡）	VISA
Visa 卓越大数据合作奖	
Visa 卓越风险监控奖	
Visa 卓越高端产品设计奖（牡丹黑金卡）	
Visa 卓越国际借记卡奖（国际借记卡）	
Visa 卓越跨境促销合作奖	
Visa 卓越女性产品奖（女性信用卡——光芒系列）	
Visa 卓越校园营销奖（Visa 星座卡校园跑）	
工银信用卡卓越风险监测防控奖	

境内奖项

奖项名称	颁奖机构
金融联合教育宣传活动优秀组织单位	中国银行保险监督管理委员会
首都金融创新激励项目	北京市地方金融监督管理局
保理专业委员会突出贡献单位奖	中国银行业协会
践行“一带一路”倡议成效奖	
绿色银行总体评价优秀单位	
银行业普及金融知识万里行活动最佳成效单位	
银行业文明规范服务工作突出贡献奖	
助力打赢“三大攻坚战”成效奖	
最佳精准扶贫贡献奖	
年度优秀信用违约互换尝试报价机构	中国银行间市场交易商协会
银行间债券市场优秀利率债做市商	
银行间债券市场优秀信用债做市商	
银行间债券市场优秀综合做市机构	
银行间本币市场对外开放贡献奖——优秀结算代理人	全国银行间同业拆借中心
银行间本币市场对外开放贡献奖——优秀债券通报价机构	
银行间本币市场核心交易商	
银行间本币市场优秀货币市场交易商	
银行间本币市场优秀债券市场交易商	
银行间本币市场优秀债券市场交易商——柜台债券市场贡献奖	
银行间本币市场最佳技术奖	
优秀衍生品市场交易商	
度询价市场流动性贡献奖	上海黄金交易所
银行间询价市场最佳做市商	
优秀国际业务会员	
优秀金融类会员特等奖	
最佳创新业务会员	
最佳代理业务会员	
最佳竞价交易会员	
年度优秀承兑机构	上海票据交易所
年度优秀会员单位	
年度优秀科技工作机构	
年度优秀贴现机构	
年度优秀信息统计工作机构	
年度优秀银行类交易商	
创新业务推进奖——信用风险缓释工具	上海清算所
信用违约互换集中清算核心报价团成员	
优秀承销商	

续表

奖项名称	颁奖机构
地方政府债券优秀承销商	上海证券交易所
优秀利率债承销机构奖	深圳证券交易所
中国黄金市场杰出贡献奖	世界黄金协会
CLPA 年度最佳并购服务奖	中国有限合伙人联盟
金融服务民营及中小企业优秀案例奖（青岛 e 链）	中国中小企业协会
柜台流通式债券优秀机构奖	中央国债登记结算有限责任公司
银行类优秀承销机构奖	
优秀 ABS 发起机构	
优秀国债做市结算奖	
优秀结算代理机构奖	
优秀托管人	
优秀自营机构奖	
对外开放贡献奖	中国外汇交易中心
银行间外汇市场“最佳外币拆借报价行奖”	
银行间外汇市场“最佳外币拆借会员奖”	
综合最佳做市机构	
最佳阿联酋迪拉姆直接交易做市机构奖	
最佳波兰兹罗提直接交易做市机构奖	
最佳即期撮合做市机构奖	
最佳即期询价做市机构奖	
最佳竞价做市机构奖	
最佳卢布直接交易做市机构奖	
最佳南非兰特直接交易做市机构奖	
最佳沙特里亚尔直接交易做市机构奖	
最佳外币对做市机构奖	
最佳外汇市场技术支持奖	
最佳外汇市场交易后支持奖	
最佳询价做市机构奖	
最佳远掉询价做市机构奖	
最受欢迎即期撮合做市机构奖	
最受欢迎竞价做市机构奖	
最受欢迎询价做市机构奖	
最受欢迎综合做市机构奖	
中国并购专项奖——最佳并购管理奖	中国并购公会
中国并购专项奖——最佳并购交易奖	
中国并购专项奖——最佳并购推广奖	
埃及本班光伏项目获“一带一路”最佳项目奖	银行间常态化合作机制
迪拜光热电站项目获“一带一路”最佳项目奖	
穆瑞英国海上风电项目获“一带一路”最佳项目奖	

续表

奖项名称	颁奖机构
十佳呼叫中心卓越客户体验奖	中国电子商会
最佳供应链金融银行	中国供应链金融年会
贵金属行业卓越贡献奖	中国黄金协会
年度最佳 RMBS 奖	中国金融前沿论坛
中国四星级企业公民	中国企业公民大会
可持续合规管理卓越企业	中国企业管理研究会社会责任与可持续发展专业委员会
“金理财”年度机构专属类理财产品卓越奖：工银理财——“添利宝”净值型理财产品	《上海证券报》
“金理财”年度净值型理财产品卓越奖：工银理财——鑫稳利定期开放净值型理财产品	
“金理财”年度资产管理 TOP 大奖：工银理财有限责任公司	
最佳资产管理银行	《21 世纪经济报道》
长青奖——可持续发展效益奖	《财经》
年度最佳交易银行	《财资中国》杂志
年度最佳现金管理银行	
最佳全球现金管理银行	
“金圆桌”董事会公司治理勋章	《董事会》
“金圆桌”最具创新力董秘	
富国中国优选理财师评选卓越机构奖	《福布斯》杂志富国基金
金蝉奖——社会责任银行	《华夏时报》
“金貔貅奖——年度金牌创新力金融产品”奖项	《金融理财》
第十届“金貔貅奖”年度金牌市场影响力金融产品（生肖信用卡）	
第十届“金貔貅奖”年度金牌信用卡银行	
第十届“金貔貅奖”年度金牌信用卡银行杰出成就奖（王都富总裁）	
零售金融创新·实践大奖——最佳零售银行奖	《零售银行》
最佳交易银行	《贸易金融》
中国金鼎奖　年度卓越私人银行	《每日经济新闻》
杰出责任报告	《南方周末》
年度杰出责任企业	
最佳上市公司	《新财富》
年度可持续发展奖	《新浪财经》
责任投资最佳银行奖	
十佳供应链金融创新奖	《银行家》（中国）
十佳民营企业金融服务创新奖	
中国金融创新奖——十佳银行智能网点创新奖	
中国金融创新奖之“十佳投资银行创新奖”	
金砖奖“最具创新信用卡”（熊猫信用卡）	《南方都市报》

续表

奖项名称	颁奖机构
工银银联生肖信用卡品牌整合营销传播（生肖信用卡）	《证券时报》
全能银行投行业务天玑奖	
养老金融服务银行天玑奖	
中国区银行业天玑奖——普惠金融服务银行	
中国企业海外形象突出贡献奖（生肖信用卡）	《中国报道》
年度最佳理财银行	《中国基金报》
最佳基金托管银行英华奖	
年度责任企业	《中国新闻周刊》
中国银行业发展研究优秀成果评选（2019）组织奖	《中国银行业》
最佳科创企业金融服务机构	《科技日报》
“中国数字传媒大奖 Digital Media Awards”整合传播金奖（奋斗信用卡）	Campaign 杂志
银行智库金帆奖	21 财经
品牌建设信用卡中心	
亚洲旅游最受欢迎旅游金融产品奖（环球 Plus 信用卡）	
资产证券化·介甫奖——不良贷款资产证券化优秀影响力产品奖	财视中国
资产证券化·介甫奖——优秀 ABS 发起人	
最佳熊猫债券承销商	财新智库
最佳托管银行	东方财富网
优秀企业公民	二十一世纪传媒
年度金牛理财银行	金牛理财网
年度金牛银行理财产品：添利宝	
“金融界领航中国年度评选”杰出小微企业金融服务奖	金融界网站
“金融界领航中国年度评选”杰出银行普惠金融奖	
杰出私人银行品牌奖	
领航中国年度评选杰出银行科创企业服务奖	
领航中国年度评选杰出银行投行业务品牌奖	
领航中国年度评选杰出银行投资银行创新奖	
第十五届“金耳唛杯”中国最佳客户中心——卓越客户服务奖	客户世界机构
实现可持续发展目标企业最佳实践（生态保护与关注气候变化）	联合国全球契约中国网络
最值得投资者信任的上市公司	央广网

2019 年重要评选表彰活动结果

一、全国级荣誉

全国五一劳动奖状

广东中山分行

全国五一劳动奖章

段柳平（女） 江西景德镇分行乐平东湖支行行长

全国五一巾帼标兵

林瑞英 福建莆田分行工会办公室负责人、女工委主任

全国巾帼文明岗

上海淮海中路第二支行
上海浦东分行营业厅
江苏徐州分行营业部营业室
浙江舟山分行营业部营业室
福建泉州分行营业部营业厅
广东佛山分行营业部
广东清远分行新城支行营业室
海南定安支行营业部
四川成都青羊工业园区支行
新疆乌鲁木齐新民路支行营业室

全国巾帼建功标兵

杨小宁 山东济南市中支行行长
陈彦婷 海南三亚分行行长助理

全国巾帼建功先进集体

安徽合肥海汇支行

二、全国金融系统荣誉

全国金融五一劳动奖状

山东济南分行
四川眉山分行
新疆喀什分行
广州同福中路支行
内蒙古分行
江西瑞金支行

全国金融五一劳动奖章

李 斌 北京市新街口支行大客户组网点级机构负责人
张 红（女） 天津分行东丽中街支行行长
张志勇 河北石家庄分行党委书记、行长
马东伟 山西朔州分行右玉支行副行长
周 波（蒙古族） 内蒙古分行人力资源部总经理、组织部长
申明慧（女） 辽宁沈阳分行浑南支行副行长
张 怡（女） 吉林长春分行个人金融业务部总经理
徐 静（女） 黑龙江黑河分行机构业务部经理
霍 琴（女） 上海分行第二营业部市场发展一部经理
王小洁（女） 江苏连云港分行灌南支行党总支书记、行长
聂 晶 浙江嘉兴分行党委书记、行长
苑卫东 安徽分行纪委副书记、监察室主任
邓颖琦（女） 福建漳州分行个人金融业务部副经理、女工委主任
李丽娜（女） 江西南昌分行青山湖支行行长助理
王玉国 山东潍坊分行大客户中心兼公司金融业务部总经理
周海莲（女） 河南周口分行郸城新华路支行个人客户经理
吴 健 湖北分行驻村工作队队长
窦娟娟（女） 湖南怀化分行溆浦支行行长
陈学强 广东东莞分行长安支行行长
黄 静（壮族） 广西分行运行管理部高级经理
陈 茵（女） 海南分行业务处理中心经理
钟颖颖（女） 四川德阳分行广汉支行运营业务主管
姜 云（女） 云南昆明分行南屏支行个人客户

经理
陈　玲（女）　陕西宝鸡分行清姜支行理财经理
史明太　甘肃白银分行党委书记、行长
慕德梅（女）　青海西宁分行城东支行机构部主任
彭云朗（女）　新疆乌鲁木齐分行北京路支行营业室个人客户经理
李　霁（女）　大连分行运行管理部总经理
李　雷　青岛分行德仁路支行行长
王伟尧　宁波分行信息科技部网络管理科经理三级
何尧华　深圳分行财务会计部专家、总经理
郑　虹（女）　厦门市分行信息科技部设备管理团队主管
徐　云　苏州分行工业园区支行行长
史妍姝（女）　广州分行投资银行部副经理
施旭东　贵金属业务部业务管理处处长
王　岩（满族）　长春金融研修学院党委组织部部长、办公室主任、人力资源部总经理
王　涛　杭州金融研修学院网络大学运营中心资深经理
王　凯　软件开发中心北京开发六部总经理
韩贝贝（女）　远程银行中心（合肥）客户服务一部副经理
赵立云（女）　内审直属分局风险专家
程　实　工银国际首席经济学家、研究部主管
苏建明　业务研发中心部门总经理
孙东光　工银租赁信息科技部主管
黄　梅（女）　总行公司金融业务部副总经理
刘　敬（女）　北京石景山支行机构金融业务部经理
宋晓荣（女）　河北沧州黄骅支行行长
卓敏静（女）　浙江温州龙湾天河支行客户经理
徐广诚　安徽宿州分行党委书记、行长
彭　玲（女）　江西抚州南丰支行行长
王梦雨（女）　河南郑州科学大道支行理财经理
范小钢　广东分行技术团队主管
吕　讯　四川分行信息科技部高级经理
侯　俊　贵州贵阳云岩支行党总支书记、行长
张晶岚（女）　云南玉溪分行党委书记、行长
王　萌（女）　宁波镇海支行营业部副经理

全国金融先锋号

广西柳州分行高新开发区支行营业室

全国金融五一巾帼标兵岗

北京丰台支行万丰路网点支行
上海市南京东路支行
浙江金华永康城西支行
湖北黄冈分行蕲春支行营业室
广州北京路支行营业室
四川乐山分行营业部
云南西双版纳分行景洪开发区支行
陕西省分行西安曲江支行营业室
深圳市分行营业部结算部

全国金融五一巾帼标兵

田　芳　河北邢台分行桥东青园支行网点负责人
肖　红　湖北孝感孝南支行经济师
金舞森　贵州安顺平坝支行副行长、经济师
侯　萍　深圳南山支行客服经理
李佩璇　江苏徐州分行公司金融业务部办事员
郭特华　工银瑞信基金管理有限公司党委书记、总经理、高级经济师

三、全行性荣誉

第二届中国工商银行“大行工匠”

梁耀广　北京分行业务营运中心高级经理
宋莹梅　北京分行翠微路支行高级经理兼机构（军队）金融业务部经理
孙　静　北京分行朝阳支行营业部个人客户经理
邢志香　北京分行法律事务部（消费者权益保护办公室）高级法律顾问
刘　朋　天津分行金融科技部应用开发一科经理
安　静　河北石家庄分行桥西支行机构与结算业务部经理
蔡建浩　河北分行金融科技部应用研发科副经理
蔡丽丽　河北廊坊分行个人金融业务部经理二级财富顾问
于亚静　河北承德分行热河支行党支部书记、行长
郝红兵　山西阳泉分行北大街支行客户经理
李建华　山西忻州分行五寨支行客服经理
刘林海　山西太原分行迎泽支行对公客户经理
董　宏　内蒙古分行金融科技部高级经理
顾文江　内蒙古赤峰分行广场支行对公营销部经理
王世清　内蒙古分行风险资产处置中心资深经理
任东玲　辽宁抚顺分行新城支行行长

王晓兵　辽宁阜新分行实物管理中心经理（三级）
李　燕　吉林延边分行光明铁南支行副行长
李玉霞　吉林分行国际业务部外汇合规岗
齐　艳　吉林省吉林市分行驻吉化公司支行营业部客服经理
朱美玲　吉林长春分行人民广场支行营业部客服经理
王　巍　黑龙江大庆分行开发区景苑支行行长
徐　薇　黑龙江哈尔滨顾乡支行景江支行理财经理
邹向群　黑龙江绥化分行海伦支行大堂经理
梁庆华　上海分行运行管理部制度核算科主管
任欲翔　上海分行长宁延安西路支行综合客户经理
吴　燕　上海分行世博支行业务管理部高级信贷经理
夏　青　上海分行静安南京西路支行高级客户经理
陈　华　江苏省分行内控合规部三级经理、科长
吕冬花　江苏盐城分行营业部营业室网点负责人
朱　程　江苏南京分行机构金融业务部高级营销经理
陈　添　浙江金华分行渠道管理部服务专管员
寿家美　浙江分行金融科技部应用三科科长
卓敏静　浙江温州分行龙湾支行营业部个人客户经理
卜晓雯　安徽合肥分行绩溪路支行网点负责人
宫　允　安徽阜阳分行文峰支行客户经理
宁　莉　安徽宣城分行广德支行大堂经理
饶仲燕　福建南平分行邵武支行营业室副主任
熊建飞　福建分行办公室文档机要管理科副科长
卓　敏　福建宁德分行古田支行理财经理
曾旗红　江西吉安分行泰和支行大道分理处客户经理
徐牡丹　江西鹰潭分行四海支行大堂经理
游　江　江西抚州分行营业部综合柜员
吕　良　山东潍坊分行寿光支行电子银行专管员
乔海英　山东菏泽分行定陶支行营业室运营副主任
于国柱　山东淄博分行运行管理部现金运营中心副主任
赵爱华　山东济南分行平阴支行营业室主任柜员
陈占弟　河南三门峡分行内控保卫部经理
潘细宝　河南漯河分行办公室经理
王晓慧　河南平顶山分行营业部客户经理
常　青　湖北分行运行风险监控中心经理三级
韩治彩　湖北襄阳分行襄州支行营业室副主任
周春锋　湖北武汉分行金融科技部系统应用组长
陶文伟　湖南湘潭分行湘江支行对公有贷客户经理
欧阳春　燕湖南邵阳分行运行管理部运行督导员
蔡　嘉　广东分行金融科技部高级经理
郑金荣　广东佛山分行杏坛支行营业室网点运营主管
胡洪涛　广西百色分行营业部网点负责人
吴振民　海南分行运行管理部高级业务经理
许　菲　海南分行营业部高级客户经理、营业室主任
何　慧　四川达州分行营业室个人客户经理
盛建勤　四川成都分行滨江支行法人客户营销部客户经理
钟颖颖　四川德阳分行广汉支行综合部运营业务主管
邓生涛　贵州六盘水分行机构业务部副总经理
宋　春　贵州兴义分行城区支行行长
高彩莉　陕西延安分行吴起支行运营主管
胡嘉伟　陕西宝鸡分行结算与现金管理部客户经理
吕永喜　陕西汉中分行高新支行大堂经理
姜　荣　甘肃武威分行现金运营中心清分员
陶剑勇　甘肃兰州分行金城支行营业室主任
田永宏　宁夏分行固原支行个人客户经理
李　静　新疆伊犁州分行营业部理财经理
魏　娜　新疆巴州分行和静支行客服经理
董　群　重庆分行建新北路支行营业室客服经理
万家英　重庆分行江津片区支行行长助理兼万盛支行行长
任洪德　大连分行马栏广场支行营业部理财经理
董春友　青岛分行四方支行兴隆路支行客服经理
李　雷　青岛分行李沧第二支行德仁路支行行长
陈丽娟　深圳市分行盐田支行产品经理岗
邹晋辉　深圳分行深圳湾支行个人理财经理
阮颖瑜　广州分行北京路支行运营主管
俞琴琴　苏州分行相城支行黄桥支行运营主管
龚燕燕　票据营业部上海分部总经理
林　勇　业务研发中心业务架构部资深经理
高建华　数据中心系统四部总经理
黄　炳　软件开发中心上海研发部高级经理
罗立为　软件开发中心广州技术部资深经理
高　科　远程银行中心（成都）座席组长
李　翔　国际结算单证中心资深产品经理
李剑峰　工银瑞信固定收益投资总监兼任养老金投资中心总经理
王治冬　工银租赁航空子公司总经理助理
喻凌燕　工银安盛总精算师及首席风险官
陈　真　东京分行副总经理
韩　芳　迪拜分行金融机构部主管
陆　宁　工银欧洲风险管理部主管
吴承俊　首尔分行资金部副部长
袁　航　工银澳门信息科技部总经理
陈道斌　总行管理信息部副总经理
郑延东　总行直属党委副书记、机关纪委书记

工商银行五一劳动奖状

北京分行海淀支行
天津分行营业部
河北秦皇岛分行昌黎支行
山西忻州分行原平支行
内蒙古鄂尔多斯分行东胜支行
辽宁葫芦岛分行滨海支行
吉林松原分行吉林油田支行
黑龙江哈尔滨分行
上海分行营业部营业厅
江苏南京分行浦口支行
浙江杭州分行钱江支行
安徽池州分行
福建南平分行建阳支行
江西吉安分行井冈山支行
山东威海分行营业部
河南洛阳分行新安支行
湖北荆州分行监利支行
湖南长沙分行中山路支行
广东汕尾分行
广西玉林分行营业部
重庆万州分行
四川眉山分行
贵州六盘水分行盘州支行
云南昆明分行北京路支行
陕西分行陕西自贸区西安沣东支行
甘肃兰州分行新区支行
大连分行长兴岛支行
深圳分行宝安支行
苏州分行相城支行
广州分行广州第一支行

工商银行五一劳动奖章

景　玥　北京分行翠微路支行副行长
王　倩（女）　北京分行海淀西区支行个人融资业务部经理
侯永丽（女）　北京分行南礼士路三里河支行行长
刘　畅　天津分行大客户经营中心对公客户经理
李　拓　天津分行津西支行个人客户经理
张志勇　河北省分行副行长兼石家庄分行行长
李保军　河北张家口桥西支行行长
肖献利（女）　河北邯郸分行涉县龙山支行客户经理
杜晋伟　山西太原分行迎宾路支行行长
金　楠　山西晋城分行巴公支行行长
张　敏　山西临汾分行洪洞支行行长
赵保国　内蒙古呼和浩特分行石东路支行行长
马学军　内蒙古包头分行昆都仑支行行长
姜国军（蒙古族）　内蒙古分行个人金融业务部总经理
杨鸿滨　辽宁沈阳分行和平支行行长
刘金涛　辽宁鞍山分行台安支行党总支书记、行长
任东玲（女）　辽宁抚顺分行银河湾支行网点负责人
张胜兰（女）　吉林长春分行南广场支行个贷部主任
王　欣　吉林省吉林市分行哈达支行行长
李　响　吉林白城分行经济开发区支行营业部经理
姜冬梅（女）　黑龙江双鸭山分行饶河支行行长
陈洪亮　黑龙江大兴安岭分行机构金融业务部经理
卢春明　上海分行宝山支行个人金融业务部经理
袁晓玲（女）　上海分行复兴中路支行网点负责人
徐　冰（女）　上海分行浦东开发区支行营业厅主任
张谷平　江苏常州分行溧阳支行行长兼党委书记
许雷平　江苏无锡分行高级经理
王小洁（女）　江苏连云港分行灌南支行行长兼党委书记
聂　晶　浙江嘉兴分行党委书记、行长
俞国伟　浙江萧山分行江南支行党支部书记、行长
方依依（女）　浙江湖州分行南浔练市支行行长
刘　萍（女）　安徽分行信贷与投资管理部总经理
许含芝（女）　安徽合肥分行四牌楼支行行长
申明芝（女）　安徽分行个人金融业务部总经理
林福胜　福建泉州分行洛江支行党支部书记、行长
张丽娘（女）　福建龙岩分行上杭支行客户经理
邓颖琦（女）　福建分行漳州分行个人金融业务部副经理
游细莲（女）　江西宜春分行万载支行行长
屈　坚　江西南昌分行北京西路支行行长
贺小艳（女）　江西萍乡分行莲花支行个人客户经理
滕云静（女）　山东济南分行党委委员、副行长
王玉国　山东潍坊分行公司金融业务部总经理兼大客户中心总经理

曲培悌（女）　山东烟台分行营业部总经理
尚文鼎（女）　河南平顶山分行个人金融业务部经理
王巧玲（女）　河南郑州分行康平路支行行长
王玉珍（女）　河南周口分行铁路支行行长
许中华（女）　湖北分行网络金融部副总经理
何　革　湖北三峡分行宜都支行行长
由金凤（女，土家族）　湖北恩施分行临江支行柜员
谢日红（女）　湖南株洲分行醴陵支行营业部高级柜员
李　安　湖南长沙分行司门口支行行长
陈国锋　湖南衡阳分行华新支行党总支书记、行长
戴莉芬（女）　广东分行高级信贷专家
欧少梅（女）　广东中山分行小榄支行副行长
钟　兰（女）　广东江门分行个人金融业务部办事员
李荣德　广西桂林分行党委委员、副行长、资深营销经理
玉　桂（女、壮族）　广西百色分行营业部客服经理
陈　茵（女）　海南分行业务处理中心经理
武　健　重庆分行渝北龙溪支行负责人
钟颖颖（女）　四川德阳分行广汉支行综合部业务主管
钱　熙（女）　四川绵阳分行游仙支行个人客户经理
吴晓琴（女）　四川成都分行人力资源部总经理、党委组织部部长
张　俊　贵州分行内控合规部总经理
陈　庆（女）　贵州贵阳分行中华路支行行长
姜　云（女）　云南昆明分行南屏支行营业室客户经理
陈丽华（女）　云南西双版纳分行行长
宋联海　陕西西安分行北大街支行行长
陈　玲（女）　陕西宝鸡分行清姜支行个人客户经理
李福平　陕西咸阳分行渠道管理部员工
马永莉（女）　甘肃兰州分行金城静宁路支行行长
史明太　甘肃白银分行党委书记、行长
张会苏（女）　青海分行格尔木玲珑湾支行个人客户经理
田永宏　宁夏分行固原支行个人客户经理
彭云朗（女）　新疆乌鲁木齐分行北京路支行营业室理财经理
符光毅　新疆喀什分行党委书记、行长
姚泽宇　西藏分行综合管理部总经理
银　波（女）　大连分行青泥洼桥支行行长助理
李棣华　青岛分行市南第二支行党委书记、行长
宋　新　宁波分行人力资源部总经理
何尧华　深圳分行财会资金专家兼财务会计部总经理
李国尧　深圳分行盐田支行营业部副经理（驻广东河源紫金县凤安镇回龙村扶贫工作队队长）
陈冬诚　厦门分行灌口支行理财经理
徐　云　苏州分行工业园区支行行长
谢明东　广州分行流花支行行长
史妍姝（女）　广州分行投资银行部股权融资顾问组副经理
谭剑峰　广州分行同福中路支行市场发展部副经理
龚燕燕（女）　票据营业部上海分部总经理
郝　飞　牡丹卡中心消费信贷市场二部总经理
苏建明　业务研发中心信息安全部总经理
王　凯　软件开发中心北京开发六部总经理
王　伟　远程银行中心客户服务二部南方二科业务运营经理三级
黄　莉（女）　国际结算单证中心（合肥）总经理
张　波　工银瑞信机构销售业务总监
卢　钰（女）　工银租赁交通管理部部门负责人
汪　懿（女）　工银安盛人寿市场产品部总经理
窦东鸣　总行个人金融业务部负债管理处处长
颜　婷（女）　工银亚洲人力资源部总经理
陆　宁　工银欧洲本部卢森堡分行风险管理部主管

工银先锋号

北京分行西客站白云路支行
天津分行北站支行营业室
河北保定分行莲池支行营业室
山西大同分行灵丘支行营业室
内蒙古锡林郭勒盟分行多伦支行
辽宁朝阳分行西城支行
吉林通化分行公司金融业务部
黑龙江鹤岗分行向秀丽支行营业室
上海分行松江工业区支行
江苏南通分行公司金融业务部
浙江台州分行玉环陈屿支行
安徽滁州分行丰乐支行营业室
福建分行信管与投资管理部

江西分行信息科技部软件开发一科
山东泰安分行营业部营业室
河南郑州分行南阳路支行军队业务团队
湖北武汉分行机场河支行
湖南永州分行祁阳支行营业部
广东分行自贸试验区横琴琴海支行
广西柳州分行高新支行营业室
海南海口分行秀英支行营业部
重庆分行沙坪坝支行公司金融业务一部
四川达州分行营业室
贵州都匀分行桥城支行
云南保山分行腾冲支行营业室
陕西渭南分行社保卡营销团队
甘肃分行技术支持中心
青海分行西宁西门口支行
宁夏分行银川开发区支行营业室
新疆博州分行营业部
新疆分行机构金融业务部
西藏分行银行卡业务部
青岛分行开发区支行营业部
厦门分行高科技园支行
苏州分行工业园区支行营业部
广州分行同福中路支行营业室
私人银行部风险管理团队
贵金属业务部现货资产管理处
内审直属分局内审二处
杭州金融研修学院信息科技部
业务研发中心信息安全部蓝军团队
数据中心（上海）系统三部操作系统组
软件开发中心广州开发三部
远程银行中心（石家庄）个贷催收团队
工银瑞信养老金投资中心
工银安盛惠州中心支公司
工银投资人力行政部
总行办公室公共关系处

四、全行工会系统荣誉

模范职工之家

北京新街口支行工会委员会
北京海淀西区支行工会委员会
北京分行西客站支行工会委员会
天津分行工会工作委员会
天津宝坻支行基层工会委员会
天津北站支行基层工会委员会
河北沧州河西支行工会委员会
河北廊坊新华支行工会委员会
河北唐山滦州支行工会委员会
山西晋城阳城支行工会委员会
山西忻州定襄支行工会委员会
山西阳泉平定支行工会委员会
内蒙古分行包头滨河支行工会委员会
内蒙古分行呼和浩特石羊桥东路支行工会委员会
内蒙古分行呼伦贝尔河东支行工会委员会
辽宁抚顺分行工会委员会
辽宁朝阳分行工会委员会
辽宁沈阳分行大东支行工会委员会
吉林省吉林市分行驻吉化公司支行工会委员会
吉林四平伊通支行工会委员会
吉林辽源东风支行工会委员会
黑龙江七台河市分行工会委员会
黑龙江大兴安岭分行漠河支行工会委员会
黑龙江哈尔滨革新支行工会委员会
上海浦东分行工会委员会
上海奉贤支行工会委员会
上海徐汇支行工会委员会
江苏南京浦口支行工会委员会
江苏阜宁支行工会委员会
江苏镇江中山支行工会委员会
浙江丽水分行工会委员会
浙江杭州余杭支行工会委员会
浙江嘉兴海盐支行工会委员会
安徽安庆分行桐城支行工会委员会
安徽池州分行青阳支行工会委员会
安徽马鞍山分行当涂支行工会委员会
福建霞浦支行工会委员会
福建连江支行工会委员会
福建建瓯支行工会委员会
江西南昌新建支行工会委员会
江西丰城支行工会委员会
江西东乡支行工会委员会
山东济南槐荫支行工会委员会
山东菏泽郓城支行工会委员会
山东淄博高新支行工会委员会
河南漯河分行工会委员会
河南郑州新郑支行工会委员会
河南商丘民权支行工会委员会
湖北武汉分行工会委员会
湖北恩施分行工会委员会
湖北黄冈分行工会委员会
湖南长沙韶山路支行工会委员会
湖南永州城建支行工会委员会
湖南桑植支行工会委员会
广东东莞市分行工会委员会
广东汕头市分行工会委员会

广东中山市分行工会委员会
海南海口海甸支行工会委员会
海南陵水支行工会委员会
广西百色平果县支行工会委员会
广西桂林阳桥支行工会委员会
广西柳州高新支行工会委员会
重庆万州分行工会委员会
重庆市巴南区支行工会委员会
重庆永川支行工会委员会
四川成都龙泉支行工会委员会
四川成都双流支行工会委员会
四川北川支行工会委员会
云南分行机关工会委员会
云南昆明西市区支行工会委员会
云南昆明正义支行工会委员会
贵州都匀福泉支行工会委员会
贵州贵阳中西支行工会委员会
贵州遵义京华支行工会委员会
陕西铜川分行工会委员会
陕西山阳县支行工会委员会
陕西西安莲湖路支行工会委员会
甘肃张掖分行工会委员会
甘肃会宁支行工会委员会
甘肃成县支行工会委员会
青海海西支行工会委员会
青海乐都支行工会委员会
宁夏分行盐池支行工会委员会
宁夏分行中卫支行工会委员会
新疆巴州分行工会委员会
新疆阿克苏分行本部机关工会委员会
新疆伊犁州分行本部工会委员会
西藏分行工会工作委员会
西藏分行拉萨东城支行工会委员会
深圳红围支行工会委员会
深圳光明支行工会委员会
深圳布吉支行工会委员会
大连金州支行工会委员会
大连旅顺口支行工会委员会
青岛南京路贵都支行工会委员会
青岛即墨支行工会委员会
宁波北仑支行工会委员会
宁波鄞州支行工会委员会
厦门集美支行工会委员会
厦门鹭江支行工会委员会
广州白云路支行工会委员会
广州市第一支行工会委员会
苏州昆山分行工会委员会
苏州张家港分行工会委员会

优秀工会干部

王　琳　北京丰台支行工会副主席
张志良　北京珠市口支行工会经理
孔　欣　北京方庄支行工会主席
崔永娟　天津宝坻支行工会主席
王海英　天津北站支行工会主席
耿利民　天津红桥支行工会主席
郭瑞兴　河北分行工会办公室副主任
贾大可　河北廊坊分行工会办公室副主任
孙成钢　河北唐山分行工会办公室经理
张　颖　山西分行机关工会副主席
葛　茜　山西临汾分行工会副主席
蔡　军　山西太原分行工会办公室副主任
云姝碧　内蒙古分行工会办公室经理
陈迎春　内蒙古呼和浩特分行工会办公室主任
董海峰　内蒙古包头分行工会办公室副主任
关青海　辽宁分行工会办公室经理
李季敏　辽宁鞍山分行工会办公室主任
陈　工　辽宁葫芦岛分行工会办公室主任、女工委主任
王翠婧　吉林通化分行女工委主任
王建波　吉林松原工会办公室主任
朱洪来　吉林长春经开支行工会主席
张昕红　黑龙江分行工会办公室经理
刘　伟　黑龙江大庆分行工会办公室经理
关　伟　黑龙江鸡西分行工会主席
陈　聪　上海嘉定支行工会主席
赵洪存　上海闸北支行工会副主席
鲍　勇　上海长宁支行工会主席
束长春　江苏泰州分行工会办公室主任
袁　澄　江苏常州经济开发区支行工会副主席
胡　宁　江苏南京玄武支行工会主席
周佳妮　浙江分行女工委委员兼台州分行工会委员、女工委委员
梅　冰　浙江温州分行工会经理
崔文琴　浙江湖州吴兴支行工会主席
李虎林　安徽马鞍山分行工会办公室主任
潘泽年　安徽安庆分行工会办公室经理
沈浪东　安徽芜湖分行工会办公室主任
王铁锋　福建分行工会办公室副主任
苏德华　福建泉州分行德化支行工会主席
林　岚　福建龙岩分行工会办公室副主任、女工委主任
黎　磊　江西分行工会经理
田　维　江西赣州分行工会经理
涂序荣　江西南昌支行工会主席
刘　静　山东济南分行工会主席

宫　芹　山东泰安分行工会办公室经理
姜翠平　山东烟台分行女工委主任
郝　丽　河南分行工会办公室经理
张　蕾　河南开封分行女工委主任
史平禹　河南平顶山分行工会办公室副主任
胡亚娟　湖北三峡分行工会办公室主任
袁　艳　湖北荆州分行工会办公室主任
周凌华　湖北襄阳分行工会办公室主任
周晓霞　湖南长沙分行工会办公室副主任
何卫锋　湖南永州分行女工委主任
伍晓斌　湖南衡阳耒阳支行工会主席
马忠民　广东分行工会办公室高级经理
金　忠　广东惠州分行工会办公室主任
罗　聿　广东珠海市分行工会办公室主任
许有辉　海口海甸支行工会副主席
符　强　海南昌江支行工会主席
谢　秋　广西来宾分行工会经理
韦向宁　广西南宁分行工会办公室经理
谭冬松　广西梧州分行工会经理
雷红卫　重庆分行本部工会委员
刘　婧　重庆沙坪坝支行工会办公室主任
史　玲　重庆分行九龙坡支行工会主席
李　玲　四川德阳分行工会主管
邓利民　四川广安分行工会经理
王长征　四川成都分行春熙支行工会经理
阴海鹰　云南分行工会办公室经理
严　毅　云南昆明分行工会办公室经理
韩　华　云南西双版纳分行工会办公室经理
吴贵芳　贵州分行贵阳分行工会主席
郭　忆　贵州分行六盘水分行工会办公室主任
景　芳　贵州分行安顺分行工会办公室主任
赵勇前　陕西西安分行工会办公室主任
雎　义　陕西咸阳分行工会主席
寇智婷　陕西延安分行机关工会主席、女工委主任
王　欣　甘肃分行工会办公室经理
赵春辉　甘肃武威分行工会办公室主任
陈建林　甘肃兰州七里河支行工会主席
朱庆国　青海分行海西支行工会经理
尹浩波　青海分行民和支行工会经理
高　宏　宁夏分行工会办公室经理
翁建华　宁夏分行银川西夏支行工会主席
赵　敏　新疆分行工会办公室经理
卢　红　新疆巴州分行工会经理
秦水英　新疆石河子分行工会办公室主任
严　勇　西藏分行工会办公室组织委员
任　兵　西藏林芝支行工会经理
李曼娜　深圳分行营业部工会主席
罗寒松　深圳福永支行工会主席
宋洁泉　深圳坪山支行工会主席
董爱民　大连分行工会办公室经理
宁志豪　大连普兰店支行工会主任
徐　黎　青岛分行工会办公室经理
刘　军　青岛分行市南第二支行工会主席
汪交根　宁波分行工会办公室资深经理
谢隆亮　宁波镇海支行工会副主席
郑育新　厦门分行营业部工会主席
吴翠玉　厦门美仁宫支行工会委员
戚　杏　广州环城支行工会主席
冼兆涛　广州北京路支行工会主席
姚向红　苏州分行机关工会副主席
沈　漪　苏州昆山分行工会副主席
迟建伟　长春金融研修学院工会办公室主要负责人
姜秋林　杭州金融研修学院工会委员
高　彤　业务研发中心女工委委员
宋志发　业务研发中心经审委主任
陈增乔　数据中心工会经理
朱胜西　软件开发中心上海研发部工会主席
周昭义　贵金属业务部工会经理
杨　莉　票据营业部重庆分部工会经理
金　叶　私人银行部女工委委员
蔡文迪　牡丹卡中心工会经理
周天睿　工银瑞信基金管理有限公司经审委委员
佟　舟　工银金融租赁有限公司工会经理
朱　鹤　工银安盛人寿保险有限公司工会委员
张　猛　国际结算单证中心工会委员
张治平　远程银行中心（成都）工会主席